DICTIONNAIRE FRANÇAIS~ANGLAIS ANGLAIS~FRANÇAIS FRENCH~ENGLISH ENGLISH~FRENCH DICTIONARY

ROBERT · COLLINS POCHE
DICTIONNAIRE FRANÇAIS - ANGLAIS ANGLAIS - FRANÇAIS

par

Beryl T. Atkins
Alain Duval
Hélène M. A. Lewis
Rosemary C. Milne

établi d'après le texte du

DICTIONNAIRE
FRANÇAIS-ANGLAIS
ANGLAIS-FRANÇAIS
LE ROBERT & COLLINS

S. N. L. - Le Robert

COLLINS · ROBERT PAPERBACK FRENCH~ENGLISH ENGLISH~FRENCH DICTIONARY

by

Beryl T. Atkins **Alain Duval**
Hélène M. A. Lewis **Rosemary C. Milne**

based on the

COLLINS–ROBERT
FRENCH–ENGLISH
ENGLISH–FRENCH
DICTIONARY

Collins
London Glasgow Toronto

TABLE DES MATIÈRES

TABLE OF CONTENTS

S. N. L.-Le Robert
107, av. Parmentier, 75011 PARIS
ISBN 2-85036-091-0

Collins Publishers
P.O. Box, Glasgow, G4 0NB, Great Britain
100, Lesmill Road, Don Mills, Ontario M3B 2T5, Canada

ISBN 0 00 433456 6

Première édition 1984
First published in this edition 1985

Printed and bound in Great Britain
by William Collins Sons & Co Ltd
P.O. Box, Glasgow, G4 0NB

INTRODUCTION

Le ROBERT & COLLINS POCHE reprend dans un format réduit le texte du ROBERT & COLLINS CADET.

Vous y trouverez plus de 60 000 mots et expressions qui composent l'essentiel du français et de l'anglais tels qu'ils sont parlés et écrits aujourd'hui dans le monde.

Le texte, rédigé par une équipe bilingue d'enseignants et de linguistes, vous donne les moyens de comprendre la langue étrangère, mais aussi la possibilité de vous exprimer avec confiance sans avoir de connaissances approfondies.

Les mots ou les expressions qui ne possèdent qu'un seul sens sont rares. Aussi une explication entre parenthèses précède-t-elle toujours les traductions variées qui rendent compte de ces différences. De nombreux exemples pratiques illustrent les problèmes de grammaire, et un astérisque, placé devant certains mots, vous incite à les utiliser avec prudence en indiquant un niveau de langue familier.

Le mot à traduire, les traductions et les explications sont présentés dans une typographie fortement différenciée qui vous permet de consulter l'ouvrage sans peine.

Enfin, de nombreuses phrases de la conversation courante ont été regroupées en fin de volume. Ce petit guide vous permettra de résoudre les problèmes que vous rencontrerez quotidiennement à l'étranger, ou lorsque vous écrirez une lettre.

INTRODUCTION

The COLLINS-ROBERT POCHE presents in a compressed format the text of the COLLINS-ROBERT SCHOOL.

It contains more than 60 000 words and phrases, the essential core of English and French, reflecting the language as it is spoken and written throughout the world today.

The dictionary was compiled by a bilingual team of teachers and language specialists. You will find in it all that you need, not only to understand the foreign language, but also to express yourself confidently in it, whatever your basic knowledge of the language.

Few words have only one meaning. For this reason, the various translations given carry a bracketed note to help you identify which specific sense of the headword each translation refers to. Help with grammatical problems is to be found in numerous practical examples, and the use of the asterisk to highlight colloquial words and phrases warns you to take a certain amount of care with these expressions.

Headwords, translations and explanatory notes are clearly differentiated one from the other, and the layout leads you quickly and efficiently to what you are looking for.

At the end of the book, there is a useful section containing a large number of current idiomatic phrases which will be of great help to you in the everyday use of the language, when you are visiting France or writing a letter in French.

abréviation	**abrév, abbr**	abbreviation
adjectif	**adj**	adjective
administration	**Admin**	administration
adverbe	**adv**	adverb
agriculture	**Agr**	agriculture
anatomie	**Anat**	anatomy
antiquité	**Antiq**	ancient history
architecture	**Archit**	architecture
article	**art**	article
astrologie	**Astrol**	astrology
astronomie	**Astron**	astronomy
automobile	**Aut**	automobiles
auxiliaire	**aux**	auxiliary
aviation	**Aviat**	aviation
biologie	**Bio**	biology
botanique	**Bot**	botany
britannique, Grande-Bretagne	**Brit**	British, Great Britain
canadien, Canada	**Can**	Canadian, Canada
chimie	**Chim, Chem**	chemistry
cinéma	**Ciné, Cine**	cinema
commerce	**Comm**	commerce
comparatif	**comp**	comparative
conditionnel	**cond**	conditional
conjonction	**conj**	conjunction
construction	**Constr**	building trade
mots composés	**cpd**	compound, in compounds
cuisine	**Culin**	cookery
défini	**déf, def**	definite
démonstratif	**dém, dem**	demonstrative
diminutif	**dim**	diminutive
direct	**dir**	direct
économie	**Écon, Econ**	economics
électricité, électronique	**Élec, Elec**	electricity, electronics
euphémisme	**euph**	euphemism
exclamation	**excl**	exclamation
féminin	**f**	feminine
figuré	**fig**	figuratively
finance	**Fin**	finance
football	**Ftbl**	football
futur	**fut**	future
en général, généralement	**gén, gen**	in general, generally
géographie	**Géog, Geog**	geography
géologie	**Géol, Geol**	geology
géométrie	**Géom, Geom**	geometry
grammaire	**Gram**	grammar
gymnastique	**Gym**	gymnastics
histoire	**Hist**	history
humoristique	**hum**	humorous
impératif	**impér, imper**	imperative
impersonnel	**impers**	impersonal
industrie	**Ind**	industry
indéfini	**indéf, indef**	indefinite
indicatif	**indic**	indicative
indirect	**indir**	indirect
infinitif	**infin**	infinitive
interrogatif	**interrog**	interrogative
invariable	**inv**	invariable
ironique	**iro**	ironic
irrégulier	**irrég**	irregular
droit, juridique	**Jur**	law, legal
linguistique	**Ling**	linguistics
littéral, au sens propre	**lit**	literally
littérature	**Littérat, Literat**	literature
masculin	**m**	masculine
mathématiques	**Math**	mathematics
médecine	**Méd, Med**	medicine

météorologie	**Mét, Met**	meteorology
militaire	**Mil**	military
musique	**Mus**	music
mythologie	**Myth**	mythology
nom	**n**	noun
nautique	**Naut**	nautical, naval
négatif	**nég, neg**	negative
numéral	**num**	numerical
objet	**obj**	object
opposé	**opp**	opposite
optique	**Opt**	optics
ornithologie	**Orn**	ornithology
	o.s.	oneself
parlement	**Parl**	parliament
passif	**pass**	passive
péjoratif	**péj, pej**	pejorative
personnel	**pers**	personal
pharmacie	**Pharm**	pharmacy
philosophie	**Philos**	philosophy
photographie	**Phot**	photography
physique	**Phys**	physics
physiologie	**Physiol**	physiology
pluriel	**pl**	plural
politique	**Pol**	politics
possessif	**poss**	possessive
préfixe	**préf, pref**	prefix
préposition	**prép, prep**	preposition
prétérit	**prét, pret**	preterite
pronom	**pron**	pronoun
psychiatrie, psychologie	**Psych**	psychiatry, psychology
participe passé	**ptp**	past participle
quelque chose	**qch**	
quelqu'un	**qn**	
marque déposée	®	registered trademark
radio	**Rad**	radio
relatif	**rel**	relative
religion	**Rel**	religion
	sb	somebody, someone
sciences	**Sci**	science
école	**Scol**	school
écossais, Écosse	**Scot**	Scottish, Scotland
singulier	**sg**	singular
sociologie	**Soc, Sociol**	sociology, social work
Bourse	**St Ex**	Stock Exchange
	sth	something
subjonctif	**subj**	subjunctive
suffixe	**suf**	suffix
superlatif	**superl**	superlative
technique	**Tech**	technical
télécommunications	**Télec, Telec**	telecommunications
industrie textile	**Tex**	textiles
théâtre	**Théât, Theat**	theatre
télévision	**TV**	television
typographie	**Typ**	typography
université	**Univ**	university
américain, États-Unis	**US**	American, United States
voir	**V**	see
verbe	**vb**	verb
médecine vétérinaire	**Vét, Vet**	veterinary medicine
verbe intransitif	**vi**	intransitive verb
verbe pronominal	**vpr**	pronominal verb
verbe transitif	**vt**	transitive verb
verbe transitif et intransitif	**vti**	transitive and intransitive verb
zoologie	**Zool**	zoology
emploi familier	*	colloquial, familiar

Les marques déposées ®

Les termes qui constituent à notre connaissance une marque déposée ont été désignés comme tels. La présence ou l'absence de cette désignation ne peut toutefois être considérée comme ayant valeur juridique.

Trademarks ®

Words which we have reason to believe constitute registered trademarks are designated as such. However, neither the presence nor the absence of such designation should be regarded as affecting the legal status of any trademark.

Conjugaison des verbes français

Chaque verbe de la partie français-anglais est suivi d'un numéro entre parenthèses qui renvoie aux tableaux de conjugaisons établis pour le MICRO ROBERT et pour le ROBERT MÉTHODIQUE. Le lecteur pourra se référer à ces ouvrages pour vérifier la correction orthographique des formes conjuguées des verbes français.

Conjugation of French verbs

Every verb in the French-English section is followed by a number in brackets. This is a cross-reference to the verb tables drawn up for the MICRO ROBERT and the ROBERT MÉTHODIQUE, and allows the user to look up in these works the correct form of conjugated parts of the French verbs.

Verbes forts anglais

Le prétérit et le participe passé des verbes forts anglais sont mentionnés directement à la suite de la racine verbale. Lorsqu'ils sont orthographiquement éloignés de cette dernière, ils figurent également en tant qu'articles indépendants de la nomenclature.

English strong verbs

The past tense and past participle of English strong verbs are indicated directly after the main verb headword. In addition, when they are not alphabetically adjacent to the main verb, these parts also figure as headwords in the dictionary.

Phonetic Transcription of French

Vowels

[i] **i**l, v**i**e, l**y**re
[e] bl**é**, jou**er**
[ɛ] l**ai**t, jou**et**, m**e**rci
[a] pl**a**t, p**a**tte
[ɑ] b**a**s, p**â**te
[ɔ] m**o**rt, d**o**nner
[o] m**o**t, d**ô**me, **eau**, g**au**che
[ʊ] gen**ou**, r**ou**e
[y] r**u**e, vét**u**
[ø] p**eu**, d**eu**x
[œ] p**eu**r, m**eu**ble
[ə] l**e**, pr**e**mier
[ɛ̃] mat**in**, pl**ein**
[ɑ̃] s**an**s, v**en**t
[ɔ̃] b**on**, **om**bre
[œ̃] l**un**di, br**un**

Semi-consonants

[j] **y**eux, pa**ill**e, p**i**ed
[w] **ou**i, n**ou**er
[ɥ] h**u**ile, l**u**i

Consonants

[p] **p**ère, sou**p**e
[t] **t**erre, vi**t**e
[k] **c**ou, **qu**i, sa**c**, **k**épi
[b] **b**on, ro**b**e
[d] **d**ans, ai**d**e
[g] **g**are, ba**gu**e
[f] **f**eu, neu**f**, **ph**oto
[s] **s**ale, **c**elui, **ç**a, de**ss**ous, ta**ss**e, na**t**ion
[ʃ] **ch**at, ta**ch**e
[v] **v**ous, rê**v**e
[z] **z**éro, mai**s**on, ro**s**e
[ʒ] **j**e, **g**ilet, **g**eôle
[l] **l**ent, so**l**
[ʀ] **r**ue, veni**r**
[m] **m**ain, fe**mm**e
[n] **n**ous, to**nn**e, a**n**imal
[ɲ] a**gn**eau, vi**gn**e
[h] **h**op! (exclamative)
['] **h**aricot (no liaison)
[ŋ] words borrowed from English: campi**ng**

Transcription phonétique de l'anglais

Voyelles et diphtongues

[iː] b**ea**d, s**ee**
[ɑː] b**a**rd, c**a**lm
[ɔː] b**o**rn, c**o**rk
[uː] b**oo**n, f**oo**l
[ɜː] b**u**rn, f**e**rn, w**o**rk
[ɪ] s**i**t, pit**y**
[e] s**e**t, l**e**ss
[æ] s**a**t, **a**pple
[ʌ] f**u**n, c**o**me
[ɒ] f**o**nd, w**a**sh
[ʊ] f**u**ll, s**oo**t
[ə] compos**e**r, **a**bove
[eɪ] b**ay**, f**a**te
[aɪ] b**uy**, l**ie**
[ɔɪ] b**oy**, v**oi**ce
[əʊ] n**o**, ag**o**
[aʊ] n**ow**, pl**ough**
[ɪə] t**ier**, b**eer**
[ɛə] t**are**, f**air**
[ʊə] t**our**

Consonnes

[p] **p**at, **p**o**p**e
[b] **b**at, **b**a**b**y
[t] **t**ab, s**t**ru**t**
[d] **d**ab, men**d**e**d**
[k] **c**ot, **k**iss, **ch**ord
[g] **g**ot, a**g**o**g**
[f] **f**ine, ra**ff**le
[v] **v**ine, ri**v**er
[s] pot**s**, **s**it, ri**c**e
[z] pod**s**, bu**zz**
[θ] **th**in, ma**th**s
[ð] **th**is, o**th**er
[ʃ] **sh**ip, **s**ugar
[ʒ] mea**s**ure
[tʃ] **ch**ance
[dʒ] **j**ust, e**dg**e
[l] **l**itt**l**e, p**l**ace
[r] **r**an, sti**rr**ing
[m] ra**m**, **m**u**mm**y
[n] ra**n**, **n**ut
[ŋ] ra**ng**, ba**n**k
[h] **h**at, re**h**eat
[j] **y**et, mi**ll**ion
[w] **w**et, be**w**ail
[x] lo**ch**

Divers

Un caractère en italique représente un son qui peut ne pas être prononcé.
[ʳ] représente un [r] entendu s'il forme une liaison avec la voyelle du mot suivant.
[ˈ] accent tonique
[ˌ] accent secondaire

DICTIONNAIRE FRANÇAIS-ANGLAIS
FRENCH-ENGLISH DICTIONARY

A, a [ɑ] *nm (lettre)* A, a.

à [a] *prép (avec le, les :* **au, aux) (a)** *(déplacement)* to; *(dans)* into. **aller ~ Paris** to go to Paris; **entrez au salon** go into the lounge. **(b)** *(position)* at; *(dans)* in. **habiter ~ Paris** to live in Paris; **être ~ l'école** to be at school. **(c)** *(temps)* at; *(date)* on; *(époque)* in. **~ 6 heures** at 6 o'clock; **~ samedi!** see you on Saturday!; **au 19ᵉ siècle** in the 19th century. **(d)** *(rapport)* by, per; *(approximation)* to. **faire du 50 ~ l'heure** to do 50 km an *ou* per hour; **être payé au poids** to be paid by weight; **4 ~ 5 mètres** 4 to 5 metres; **gagner par 2 ~ 1** to win by 2 to 1. **(e)** *(appartenance)* of, to. **ce sac est ~ Peter** this bag is Peter's, this bag belongs to Peter; **un ami ~ elle** a friend of hers. **(f)** *(moyen)* on, by, with. **aller ~ vélo** to go by bike; **aller ~ pied** to go on foot; **écrire qch au crayon** to write sth with a pencil *ou* in pencil; **ils l'ont fait ~ 3** they did it between the 3 of them. **(g)** *(caractérisation)* with. **robe ~ manches** dress with sleeves; **tasse ~ thé** tea cup. **(h)** *(destination)* for, to. **maison ~ vendre** house for sale; *(dédicace)* **~ ma sœur** to *ou* for my sister. **(i)** *(conséquence)* to; *(hypothèse)* from. **~ leur grande surprise** much to their surprise; **~ ce que j'ai compris** from what I understood.

abaissement [abɛsmɑ̃] *nm (chute)* fall, drop (*de* in); *(abjection)* degradation. ◆ **abaisser** (1) — **1** *vt* **(a)** *(niveau etc)* to lower, bring down. **(b)** to humiliate. — **2 s'abaisser** *vpr* **(a)** *(température, taux)* to fall, drop. **(b)** *(s'humilier)* to humble o.s. **s'~ à faire** to stoop to doing.

abandon [abɑ̃dɔ̃] *nm (délaissement)* abandonment; *(manque de soin)* neglected state; *(Sport)* withdrawal (*de* from). **laisser à l'~** to neglect; **parler avec ~** to talk freely *ou* without constraint.

abandonner [abɑ̃dɔne] (1) — **1** *vt (gén)* to abandon; *(personne)* to desert; *(technique, lutte)* to give up; *(course)* to withdraw from. **~ qch à qn** to leave sth to sb; **usine abandonnée** disused factory. — **2 s'abandonner** *vpr* to let o.s. go. **s'~ au désespoir** to give way to despair.

abasourdir [abazuʀdiʀ] (2) *vt* to stun.

abat-jour [abaʒuʀ] *nm inv* lampshade.

abats [aba] *nmpl (volaille)* giblets; *(bœuf)* offal.

abattage [abataʒ] *nm (animal)* slaughter; *(arbre)* felling.

abattant [abatɑ̃] *nm* flap *(of table, desk).*

abattement [abatmɑ̃] *nm* **(a)** *(dépression)* despondency; *(fatigue)* exhaustion. **(b)** *(rabais)* reduction; *(fiscal)* tax allowance.

abattoir [abatwaʀ] *nm* slaughterhouse.

abattre [abatʀ(ə)] (41) — **1** *vt* **(a)** *(arbre)* to cut down, fell; *(mur)* to knock down; *(avion)* to shoot down. **~ du travail** to get through a lot of work. **(b)** *(tuer) (personne, fauve)* to shoot; *(chien)* to destroy; *(bœuf)* to slaughter. **(c)** *(physiquement)* to exhaust; *(moralement)* to demoralize. **ne te laisse pas ~** don't let things get you down. — **2 s'abattre** *vpr* to fall down. *(ennemi)* **s'~ sur qn** to swoop down on sb. ◆ **abattu, e** *adj (fatigué)* exhausted; *(déprimé)* demoralized.

abbaye [abei] *nf* abbey. ◆ **abbé** *nm (abbaye)* abbot; *(prêtre)* priest.

abc [abese] *nm :* **l'~ du métier** the rudiments of the job.

abcès [apsɛ] *nm* abscess.

abdication [abdikɑsjɔ̃] *nf* abdication. ◆ **abdiquer** *vti* to abdicate.

abdomen [abdɔmɛn] *nm* abdomen.

abeille [abɛj] *nf* bee.

aberrant, e [abɛʀɑ̃, ɑ̃t] *adj* absurd. ◆ **aberration** *nf* aberration.

abêtir [abetiʀ] (2) *vt :* **~ qn** to make sb stupid. ◆ **abêtissement** *nm* stupidity.

abhorrer [abɔʀe] (1) *vt* to abhor, loathe.

abîme [abim] *nm* gulf, chasm. **au bord de l'~** on the brink of ruin.

abîmer [abime] (1) *vt* to damage, spoil. **s'~** to get spoilt *ou* damaged.

abject, e [abʒɛkt] *adj* abject.

abjurer [abʒyʀe] (1) *vt* to abjure.

ablutions [ablysjɔ̃] *nfpl* ablutions.

abnégation [abnegɑsjɔ̃] *nf* abnegation.

aboiement [abwamɑ̃] *nm (chien)* bark.

abois [abwa] *nmpl :* **aux ~** at bay.

abolir [abɔliʀ] (2) *vt* to abolish. ◆ **abolition** *nf* abolition.

abominable [abɔminabl(ə)] *adj* abominable.

abondamment [abɔ̃damɑ̃] *adv* abundantly.

abondance [abɔ̃dɑ̃s] *nf (profusion)* abundance; *(opulence)* affluence. **des fruits en ~** fruit in plenty. ◆ **abondant, e** *adj (réserves)* plentiful; *(chevelure)* thick. **avec d'~es photographies** with numerous photographs. ◆ **abonder** (1) *vi* to be plentiful. **~ en** to be full of; **il abonda dans notre sens** he was in complete agreement with us.

abonné, e [abɔne] — **1** *adj :* **être ~ à** *(journal)* to subscribe to; *(téléphone, gaz)* to have. — **2** *nm,f (Presse, Téléc)* subscriber; *(Élec, Gaz)* consumer. ◆ **abonnement** *nm (Presse)* subscription; *(Téléc)* rental; *(Rail, Théât)* season ticket. ◆ **s'abonner** (1) *vpr* to subscribe (*à* to), to buy a season ticket (*à* for).

abord [abɔʀ] *nm* **(a)** *(environs)* **~s** surroundings; **aux ~s de** around. **(b)** *(accès)* approach; *(accueil)* manner. **(c) d'~** first, in the first place; **au premier ~** at first sight. ◆ **abordable** *adj (prix)* reasonable.

abordage [abɔʀdaʒ] *nm (assaut)* boarding; *(accident)* collision.

aborder [abɔʀde] (1) — **1** *vt (lieu)* to reach; *(personne)* to approach; *(sujet)* to tackle. — **2** *vi (Naut)* to land (*dans, sur* on).

aboutir [abutiʀ] (2) *vi* **(a)** *(réussir)* to succeed. **faire ~** to bring to a successful conclusion. **(b) ~ à** *ou* **dans** *(lieu)* to end up in; *(désordre)* to result in; **il n'aboutira jamais à rien** he'll never get anywhere. ◆ **aboutissement** *nm (résultat)* outcome; *(succès)* success.

aboyer [abwaje] (8) *vi* to bark.

abrasif, -ive [abʀazif, iv] *adj, nm* abrasive.

abrégé [abʀeʒe] *nm* summary. ◆ **abréger** (3 *et* 6) *vt (gén)* to shorten; *(texte)* to abridge; *(mot)* to abbreviate.
abreuver [abʀœve] (1) — **1** *vt (animal)* to water. **~ qn de** to shower sb with. — **2 s'abreuver** *vpr* to drink. ◆ **abreuvoir** *nm* drinking trough.
abréviation [abʀevjɑsjɔ̃] *nf* abbreviation.
abri [abʀi] *nm (cabane)* shelter; *(fig)* refuge (*contre* from). **~ à vélos** bicycle shed; **mettre à l'~, se mettre à l'~** to shelter (*de* from); **c'est à l'~** *(de la pluie)* it's under shelter; *(du vol)* it's in a safe place.
abricot [abʀiko] *nm, adj inv* apricot. ◆ **abricotier** *nm* apricot tree.
abriter [abʀite] (1) — **1** *vt (protéger)* to shelter; *(héberger)* to accomodate. — **2 s'abriter** *vpr* to shelter (*de* from).
abrupt, e [abʀupt, pt(ə)] *adj* abrupt.
abruti, e* [abʀyti] *nm,f* idiot. ◆ **abrutir** (2) *vt* : **~ qn** to make sb stupid. ◆ **abrutissant, e** *adj (bruit)* stunning; *(travail)* mind-destroying. ◆ **abrutissement** *nm (fatigue)* exhaustion; *(abêtissement)* stupidity.
absence [apsɑ̃s] *nf* absence (*de* of). ◆ **absent, e** — **1** *adj (gén)* absent (*de* from); *(distrait)* absent-minded; *(objet)* missing. — **2** *nm,f* missing person; *(en classe)* absentee. ◆ **s'absenter** (1) *vpr* : **s'~ d'un lieu** to leave a place.
absolu, e [apsɔly] *adj* absolute. **règle ~e** hard-and-fast rule. ◆ **absolument** *adv* absolutely. **~ pas!** certainly not!
absolution [apsɔlysjɔ̃] *nf* absolution.
absorber [apsɔʀbe] (1) *vt (gén)* to absorb; *(aliment)* to take; *(firme)* to take over; *(attention)* to occupy, take up. **être absorbé dans une lecture** to be absorbed in reading. ◆ **absorbant, e** *adj (matière)* absorbent; *(tâche)* absorbing. ◆ **absorption** *nf* absorption.
absoudre [apsudʀ(ə)] (51) *vt* to absolve.
abstenir (s') [apstəniʀ] (22) *vpr* to abstain (*de faire* from doing). ◆ **abstention** *nf* abstention.
abstinence [apstinɑ̃s] *nf* abstinence.
abstraction [apstʀaksjɔ̃] *nf* abstraction. **faire ~ de** to disregard.
abstraire [apstʀɛʀ] (50) *vt* to abstract (*de* from). ◆ **abstrait, e** *adj* abstract.
absurde [apsyʀd(ə)] *adj* absurd. ◆ **absurdité** *nf* absurdity.
abus [aby] *nm* abuse. **faire ~ de** *(force)* to abuse; *(médicament)* to overuse.
abuser [abyze] (1) — **1 abuser de** *vt indir (situation, victime)* to take advantage of; *(autorité, hospitalité)* to abuse; *(médicaments)* to overuse; *(plaisirs)* to overindulge in. **je ne veux pas ~ de votre temps** I don't want to waste your time; **tu abuses!** you're going too far! — **2** *vt (tromper)* to deceive. — **3 s'abuser** *vpr (erreur)* to be mistaken; *(illusions)* to delude o.s.
abusif, -ive [abyzif, iv] *adj (pratique)* improper; *(prix, punition)* excessive.
acabit [akabi] *nm (péj)* sort, type.
acacia [akasja] *nm* acacia.
académie [akademi] *nf* **(a)** *(société)* learned society. **l'A~ française** the French Academy; *(école)* **~ de dessin** art school, academy of art. **(b)** *(Univ)* ≃ regional education authority. ◆ **académicien, -ienne** *nm,f* academician. ◆ **académique** *adj* academic.
acajou [akaʒu] *nm, adj inv* mahogany.
acariâtre [akaʀjɑtʀ(ə)] *adj* cantankerous.
accablement [akɑbləmɑ̃] *nm (abattement)* despondency; *(fatigue)* exhaustion. ◆ **accabler** (1) *vt* to overwhelm (*de* with). **~ qn de travail** to overload sb with work.
accalmie [akalmi] *nf (gén)* lull (*de* in); *(fièvre)* respite.
accaparement [akapaʀmɑ̃] *nm* monopolizing. ◆ **accaparer** (1) *vt (gén)* to monopolize; *(temps)* to take up. ◆ **accapareur** *nm* monopolizer.
accéder [aksede] (6) *vt indir* : **~ à** *(lieu)* to reach, get to; *(pouvoir)* to attain; *(grade)* to rise to; *(prière)* to grant.
accélérateur [akseleʀatœʀ] *nm* accelerator. ◆ **accélération** *nf* acceleration. ◆ **accélérer** (6) — **1** *vt* to speed up. — **2** *vi* to accelerate, speed up.
accent [aksɑ̃] *nm (prononciation, Orthographe)* accent; *(Phonétique)* stress. **e ~ grave** e grave; **e ~ aigu** e acute; **~ circonflexe** circumflex; **mettre l'~ sur** to stress; **~ plaintif** plaintive tone. ◆ **accentuation** *nf* accentuation. ◆ **accentuer** (1) — **1** *vt (gén)* to accentuate; *(syllabe)* to stress; *(effort)* to intensify. — **2 s'accentuer** *vpr* to become more marked.
acceptable [aksɛptabl(ə)] *adj (condition)* acceptable; *(travail)* reasonable. ◆ **acceptation** *nf* acceptance. ◆ **accepter** (1) *vt* to accept. **~ de faire** to agree to do.
acception [aksɛpsjɔ̃] *nf* meaning, sense.
accès [aksɛ] *nm* **(a)** *(action d'entrer)* access; *(porte)* entrance. **~ interdit** no entry; **donner ~ à** to give access to. **(b)** *(colère, toux, folie)* fit; *(fièvre)* attack.
accessible [aksesibl(ə)] *adj (lieu)* accessible (*à* to); *(personne)* approachable; *(but)* attainable.
accession [aksɛsjɔ̃] *nf* : **~ à** *(pouvoir)* attainment of; *(rang)* rise to.
accessit [aksesit] *nm (Scol)* ≃ certificate of merit.
accessoire [akseswaʀ] — **1** *adj* secondary, incidental. — **2** *nm (Théât)* prop; *(Aut)* accessory. **~s de toilette** toilet requisites. ◆ **accessoirement** *adv (si besoin est)* if necessary. ◆ **accessoiriste** *nmf* property man (*ou* girl).
accident [aksidɑ̃] *nm (gén)* accident; *(Aut, Aviat)* crash. **~ de terrain** undulation. ◆ **accidenté, e** — **1** *adj (région)* undulating; *(véhicule)* damaged. — **2** *nm,f* casualty, injured person. ◆ **accidentel, -elle** *adj* accidental. ◆ **accidentellement** *adv (par hasard)* accidentally; *(mourir)* in an accident.
acclamation [aklamɑsjɔ̃] *nf* : **~s** cheers. ◆ **acclamer** (1) *vt* to cheer, acclaim.
acclimatation [aklimatɑsjɔ̃] *nf* acclimatization. ◆ **acclimater** (1) *vt* to acclimatize.
accointances [akwɛ̃tɑ̃s] *nfpl* contacts, links.
accolade [akɔlad] *nf* **(a)** *(étreinte)* embrace. **donner l'~** to embrace. **(b)** *(Typ)* brace. ◆ **accoler** (1) *vt* to place side by side.
accommoder [akɔmɔde] (1) — **1** *vt* **(a)** *(plat)* to prepare (*à* in, with). **(b)** *(combiner)* to combine; *(adapter)* to adapt. — **2 s'accommoder** *vpr* : **s'~ de** to put up with. ◆ **accommodant, e** *adj* accommodating.
accompagnateur, -trice [akɔ̃paɲatœʀ, tʀis] *nm,f (Mus)* accompanist; *(guide)* guide; *(Tourisme)* courier. ◆ **accompagnement** *nm (Mus)* accompaniment. ◆ **accompagner** (1) *vt* to accompany. **du chou accompagnait le rôti** cabbage was served with the roast.
accomplir [akɔ̃pliʀ] (2) *vt (gén)* to do; *(promesse, mission, exploit)* to carry out, accomplish. ◆ **accompli, e** *adj (expérimenté)*

accomplished. ◆ **accomplissement** *nm* accomplishment.
accord [akɔʀ] *nm* **(a)** *(gén, Gram)* agreement; *(harmonie)* harmony. **être d'~, se mettre d'~** to agree (*avec* with); **d'~!** all right!, O.K.!;* **en ~ avec le paysage** in keeping with the landscape. **(b)** *(Mus)* chord. **~ parfait** triad.
accordéon [akɔʀdeɔ̃] *nm* accordion. **en ~*** *(voiture)* crumpled; *(pantalon)* wrinkled.
accorder [akɔʀde] (1) — **1** *vt (donner)* to give, grant; *(concéder)* to admit; *(harmoniser)* to match; *(Mus)* to tune. — **2 s'accorder** *vpr* to agree (*avec* with). **bien s'~ avec qn** to get on well with sb.
accoster [akɔste] (1) — **1** *vt (personne)* to accost. — **2** *vi (Naut)* to berth.
accotement [akɔtmɑ̃] *nm (Aut)* verge.
accouchement [akuʃmɑ̃] *nm* delivery. ◆ **accoucher** (1) *vi* to give birth. **~ d'un garçon** to give birth to a boy, have a boy. ◆ **accoucheur** *nm* obstetrician.
accouder (s') [akude] (1) *vpr* to lean (*sur* on). ◆ **accoudoir** *nm* armrest.
accoupler [akuple] (1) *vt* to couple.
accourir [akuʀiʀ] (11) *vi* to rush up, hurry (*à, vers* to).
accoutrement [akutʀəmɑ̃] *nm* getup*. ◆ **accoutrer** (1) *vt* to get up* (*de* in).
accoutumance [akutymɑ̃s] *nf (habitude)* habituation (*à* to); *(besoin)* addiction (*à* to). ◆ **accoutumer** (1) *vt* to accustom. **s'~ à faire** to get used *ou* accustomed to doing. ◆ **accoutumé, e** *adj* usual.
accréditer [akʀedite] (1) *vt (rumeur)* to substantiate; *(personne)* to accredit (*auprès de* to).
accroc [akʀo] *nm* **(a)** *(tissu)* tear (*à* in); *(règle)* breach (*à* of). **faire un ~ à qch** to tear sth. **(b)** *(anicroche)* hitch. **sans ~s** without a hitch.
accrochage [akʀɔʃaʒ] *nm (Aut)* collision; *(Mil)* engagement; *(dispute)* clash.
accrocher [akʀɔʃe] (1) — **1** *vt* **(a)** *(tableau)* to hang up (*à* on); *(wagons)* to couple (*à* to). **(b)** *(fig : saisir, coincer)* to catch. **~ une voiture** to bump into a car. — **2** *vi (fermeture éclair)* to jam; *(pourparlers)* to come up against a hitch. **cette planche accroche** this board is rough. — **3 s'accrocher** *vpr (se cramponner)* to cling on; *(se disputer)* to have a clash (*avec* with). **s'~ à qch** to cling to sth. ◆ **accrocheur, -euse** *adj (concurrent)* tenacious; *(slogan)* catchy.
accroissement [akʀwasmɑ̃] *nm* increase (*de* in). ◆ **accroître** *vt*, **s'accroître** *vpr* (55) to increase.
accroupir (s') [akʀupiʀ] (2) *vpr* to squat, crouch. **accroupi** squatting, crouching.
accueil [akœj] *nm* **(a)** *(visiteur)* welcome; *(sinistrés, idée)* reception. **(b)** *(hébergement)* accommodation. ◆ **accueillant, e** *adj* welcoming. ◆ **accueillir** (12) *vt* **(a)** *(aller chercher)* to collect; *(recevoir)* to welcome; *(héberger)* to accommodate. **~ par des huées** to greet with jeers. **(b)** *(nouvelle)* to receive.
acculer [akyle] (1) *vt* : **~ qn à qch** to drive sb to sth; **nous sommes acculés** we're cornered.
accumulateur [akymylatœʀ] *nm* battery.
accumulation [akymylɑsjɔ̃] *nf* accumulation. ◆ **accumuler** *vt*, **s'accumuler** *vpr* (1) to accumulate.
accusateur, -trice [akyzatœʀ, tʀis] — **1** *adj (regard)* accusing. — **2** *nm,f* accuser.
accusation [akyzɑsjɔ̃] *nf* *(gén)* accusation; *(Jur)* charge. *(le procureur etc)* **l'~** the prosecution; **mettre en ~** to indict; **mise en ~** indictment.
accuser [akyze] (1) — **1** *vt* **(a)** *(gén)* to accuse (*de* of); *(blâmer)* to blame (*de* for); *(Jur)* to charge (*de* with). **(b)** *(contraste)* to emphasize; *(fatigue)* to show. **~ réception de qch** to acknowledge receipt of sth. — **2 s'accuser** *vpr (tendance)* to become more marked. ◆ **accusé, e** — **1** *adj (marqué)* marked. — **2** *nm,f* accused; *(procès)* defendant. **~ de réception** acknowledgement of receipt.
acerbe [asɛʀb(ə)] *adj* caustic, acid.
acéré, e [aseʀe] *adj (pointe)* sharp; *(raillerie)* cutting.
achalandé, e [aʃalɑ̃de] *adj* : **bien ~** *(denrées)* well-stocked; *(clients)* well-patronized.
acharné, e [aʃaʀne] *adj (combat)* fierce; *(efforts, travailleur)* relentless. **~ contre** set against. ◆ **acharnement** *nm* fierceness; relentlessness. ◆ **s'acharner** (1) *vpr* : **s'~ contre qn** to hound sb; **s'~ à faire qch** to try desperately to do sth.
achat [aʃa] *nm* purchase. **faire l'~ de qch** to purchase *ou* buy sth; **faire des ~s** to go shopping.
acheminer [aʃmine] (1) *vt* to send. **s'~ vers** to head for.
acheter [aʃte] (5) *vt* to buy, purchase (*au vendeur* from the seller; *pour qn* for sb); *(corrompre)* to bribe. **je lui ai acheté une robe** I bought her a dress. ◆ **acheteur, -euse** *nm,f* buyer.
achèvement [aʃɛvmɑ̃] *nm* completion.
achever [aʃve] (5) — **1** *vt (gén)* to finish, end; *(blessé)* to finish off; *(cheval)* to destroy. **ça m'a achevé!** it was the end of me! — **2 s'achever** *vpr* to end *(par, sur* with). ◆ **achevé, e** *adj (parfait)* perfect.
achopper [aʃɔpe] (1) *vi* : **~ sur** to stumble over.
acide [asid] *adj, nm* acid. ◆ **acidité** *nf* acidity.
acier [asje] *nm* steel. ◆ **aciérie** *nf* steelworks.
acné [akne] *nf* : **~ juvénile** teenage acne.
acolyte [akɔlit] *nm (péj)* associate.
acompte [acɔ̃t] *nm (arrhes)* deposit, down payment; *(régulier)* instalment; *(sur salaire)* advance.
à-côté [akote] *nm (problème)* side aspect; *(argent)* extra.
à-coup [aku] *nm* jolt. **par ~s** in fits and starts; **sans ~s** smoothly.
acoustique [akustik] — **1** *adj* acoustic. — **2** *nf* acoustics.
acquéreur [akeʀœʀ] *nm* buyer, purchaser. ◆ **acquérir** (21) *vt (gén)* to purchase, buy; *(célébrité)* to win; *(valeur, expérience)* to gain. **~ la certitude de** to become certain of.
acquiescement [akjɛsmɑ̃] *nm (approbation)* approval, agreement; *(consentement)* acquiescence, assent. ◆ **acquiescer** (3) *vi* to approve, agree; to acquiesce, assent (*à* to).
acquis, e [aki, iz] — **1** *adj (caractères)* acquired; *(fait)* established. **tenir pour ~** to take for granted; **être ~ à un projet** to be strongly in favour of a plan. — **2** *nm (savoir)* experience. ◆ **acquisition** *nf (savoir)* acquisition; *(objet)* purchase.
acquit [aki] *nm (Comm)* receipt. **par ~ de conscience** to set my *(ou* his *etc)* mind at rest.
acquittement [akitmɑ̃] *nm (accusé)* acquittal; *(facture)* payment. ◆ **acquitter** (1) *vt* to acquit; to pay. **s'~ de** *(promesse, fonction)* to fulfil, carry out.

âcre [ɑkʀ(ə)] *adj* acrid, pungent.
acrobate [akʀɔbat] *nmf* acrobat. ◆ **acrobatie** *nf* acrobatic feat. **faire des ~s** to perform acrobatics. ◆ **acrobatique** *adj* acrobatic.
acte [akt(ə)] *(gén, Théât)* act; *(notaire)* deed; *(état civil)* certificate. **~ d'accusation** bill of indictment; **~ de vente** bill of sale; **faire ~ de candidature** to apply; **faire ~ de présence** to put in an appearance; **prendre ~ de** to take note of.
acteur [aktœʀ] *nm* actor.
actif, -ive [aktif, iv] — **1** *adj (gén)* active; *(armée)* regular. — **2** *nm (Ling)* active; *(Fin)* assets. **c'est à mettre à son ~** it is a point in his favour.
action [aksjɔ̃] *nf* **(a)** *(gén, Jur, Mil)* action, act. **bonne ~** good deed; **~ d'éclat** brilliant feat; **commettre une mauvaise ~** to behave badly; **passer à l'~** to go into action; **mettre qch en ~** to put sth into action. **(b)** *(Théât : intrigue)* plot. **(c)** *(Fin)* share. **~s** shares, stocks.
actionnaire [aksjɔnɛʀ] *nmf* shareholder.
actionner [aksjɔne] (1) *vt* to activate.
activement [aktivmɑ̃] *adv* actively.
activer [aktive] (1) — **1** *vt (travaux)* to speed up; *(feu)* to stoke. — **2 s'activer** *vpr (s'affairer)* to bustle about; (* : *se hâter*) to get a move on.
activisme [aktivism(ə)] *nm* activism. ◆ **activiste** *adj, nmf* activist.
activité [aktivite] *nf (gén)* activity; *(rue)* bustle. **être en ~** *(usine)* to be in operation; *(volcan)* to be active; *(fonctionnaire)* to be in active employment.
actrice [aktʀis] *nf* actress.
actualité [aktɥalite] *nf* : **l'~** current events; *(nouvelles)* **les ~s** the news *(sg)*; **sujet d'~** topical subject. ◆ **actuel, -elle** *adj (présent)* present; *(d'actualité)* topical. **à l'époque ~elle** nowadays. ◆ **actuellement** *adv* at present.
acupuncture [akypɔ̃ktyʀ] *nf* acupuncture.
adage [adaʒ] *nm* adage.
adaptable [adaptabl(ə)] *adj* adaptable. ◆ **adaptateur, -trice** *nm,f* adapter. ◆ **adaptation** *nf* adaptation. ◆ **adapter** (1) — **1** *vt (gén)* to adapt (*à* to). *(Tech)* **~ qch à** to fit sth to. — **2 s'adapter** *vpr (gén)* to adapt (*à* to). *(Tech)* **s'~ à** to fit.
addition [adisjɔ̃] *nf (gén)* addition; *(facture)* bill, check *(US)*. ◆ **additionner** (1) *vt* to add up. **~ qch à** to add sth to.
adepte [adɛpt(ə)] *nmf* follower.
adéquat, e [adekwa, at] *adj* appropriate.
adhérence [adeʀɑ̃s] *nf* adhesion (*à* to). ◆ **adhérent, e** *nm,f* adherent. ◆ **adhérer à** (6) *vt indir (surface)* to stick to, adhere to; *(club)* to join, become a member of.
adhésif, -ive [adezif, iv] *adj, nm* adhesive.
adhésion [adezjɔ̃] *nf* **(a)** *(accord)* adherence (*à* to). **(b)** *(club)* membership (*à* of).
adieu, *pl* **~x** [adjø] *excl, nm* farewell, goodbye. **dire ~ à** to say goodbye to.
adjacent, e [adʒasɑ̃, ɑ̃t] *adj* adjacent (*à* to).
adjectif [adʒɛktif] *nm* adjective.
adjoindre [adʒwɛ̃dʀ(ə)] (49) *vt* to add. ◆ **adjoint, e** *adj, nm,f* assistant. **~ au maire** deputy mayor. ◆ **adjonction** *nf* addition.
adjudant [adʒydɑ̃] *nm* warrant officer.
adjuger [adʒyʒe] (3) *vt (enchères)* to auction; *(récompense)* to award (*à* to). **adjugé, vendu!** going, going, gone!; **s'~ qch*** to grab sth.
adjuration [adʒyʀɑsjɔ̃] *nf* entreaty. ◆ **adjurer** (1) *vt* : **~ qn de faire** to entreat sb to do.

admettre [admɛtʀ(ə)] (56) *vt (visiteur, nouveau membre)* to admit; *(erreur)* to admit, acknowledge; *(excuse, attitude)* to accept; *(par supposition)* to suppose, assume. **c'est chose admise** it's an accepted fact; **règle qui n'admet pas d'exception** rule which admits of no exception; **il a été admis à l'examen** he passed the exam.
administrateur, -trice [administʀatœʀ, tʀis] *nm,f* administrator. ◆ **administratif, -ive** *adj* administrative. ◆ **administration** *nf* **(a)** *(entreprise)* management, running; *(pays)* running, government; *(justice, remède)* administration. **(b)** *(service public)* government department. **l'~ locale** local government; **l'~ des Impôts** the tax office. ◆ **administrer** (1) *vt* **(a)** to manage; to run; to govern; to administer. **(b)** *(coup)* to deal; *(preuve)* to produce.
admirable [admiʀabl(ə)] *adj* admirable. ◆ **admirateur, -trice** *nm,f* admirer. ◆ **admiratif, -ive** *adj* admiring. ◆ **admiration** *nf* admiration. **faire l'~ de qn** to fill sb with admiration. ◆ **admirer** (1) *vt* to admire.
admis, e [admi, iz] *nm,f (Scol)* successful candidate. ◆ **admissible** *adj (conduite)* acceptable; *(postulant)* eligible (*à* for). ◆ **admission** *nf (club)* admission, entry; *(école)* acceptance, entrance (*à* to). **demande d' ~** application (*à* to join).
adolescence [adɔlesɑ̃s] *nf* adolescence. ◆ **adolescent, e** *nm,f* adolescent, teenager.
adonner (s') [adɔne] (1) *vpr* : s'**~** à *(études)* to devote o.s. to; *(vice)* to take to.
adopter [adɔpte] (1) *vt* to adopt. ◆ **adoptif, -ive** *adj (enfant)* adopted ; *(parent)* adoptive. ◆ **adoption** *nf* adoption.
adorable [adɔʀabl(ə)] *adj* adorable, delightful. ◆ **adorateur, -trice** *nm,f* worshipper. ◆ **adoration** *nf* adoration, worship. **être en ~ devant** to adore, worship. ◆ **adorer** (1) *vt* to adore, worship.
adosser [adose] (1) *vt* : **~ qch à** to stand sth against; **s'~ contre qch** to lean against sth.
adoucir [adusiʀ] (2) — **1** *vt (gén)* to soften; *(avec sucre)* to sweeten; *(conditions pénibles)* to ease. — **2 s'adoucir** *vpr* to soften; *(température)* to get milder; *(pente)* to become gentler. ◆ **adoucissement** *nm* softening; easing. **un ~ de la température** a spell of milder weather. ◆ **adoucisseur** *nm* : **~ d'eau** water softener.
adresse [adʀɛs] *nf* **(a)** *(domicile)* address. **à l'~ de** for the attention of. **(b)** *(manuelle)* deftness, skill; *(subtilité)* shrewdness, skill. **jeu d'~** game of skill.
adresser [adʀese] (1) — **1** *vt (lettre)* to send; *(remarque, requête)* to address; *(compliment)* to pay; *(sourire)* to give (*à* to); *(reproche)* to aim (*à* at). **~ la parole à qn** to address sb. — **2 s'adresser** *vpr* : s'**~ à** *(interlocuteur)* to speak to, address; *(responsable)* to go and see; *(bureau)* to apply to; **livre qui s'adresse aux femmes** book written for women.
adroit, e [adʀwa, wat] *adj (manuellement)* skilful, deft; *(subtil)* shrewd. **~ de ses mains** clever with one's hands.
adulte [adylt(ə)] — **1** *adj (personne)* adult; *(animal, plante)* fully-grown. — **2** *nmf* adult, grown-up.
adultère [adyltɛʀ] — **1** *adj* : **femme ~** adulteress; **homme ~** adulterer. — **2** *nm* adultery.
advenir [advəniʀ] (22) *vb impers* **(a)** *(survenir)* **~ que** to happen that; **il m'advint de l** hap-

pened to; **advienne que pourra** come what may. **(b)** *(devenir)* ~ **de** to become of.
adverbe [advɛʀb(ə)] *nm* adverb. ◆ **adverbial, e** *mpl* **-aux** *adj* adverbial.
adversaire [advɛʀsɛʀ] *nmf* opponent, adversary. ◆ **adverse** *adj (forces)* opposing; *(sort)* adverse. ◆ **adversité** *nf* adversity.
aération [aeʀɑsjɔ̃] *nf* ventilation.
aérer [aeʀe] (6) *vt (pièce)* to air; *(présentation)* to lighten. **pièce aérée** airy room; **s'~** to get some fresh air.
aérien, -ienne [aeʀjɛ̃, jɛn] *adj (gén)* air; *(photographie)* aerial; *(câble)* overhead; *(démarche)* light.
aéro [aeʀo] *préf* : ◆ **aéro-club** *nm* flying club. ◆ **aérodrome** *nm* airfield. ◆ **aérodynamique** *adj* streamlined, aerodynamic. ◆ **aérogare** *nf (aéroport)* airport; *(en ville)* air terminal. ◆ **aéroglisseur** *nm* hovercraft. ◆ **aéronautique** *nf* aeronautics *(sg)*. ◆ **aéroplane** *nm* aeroplane, airplane *(US)*. ◆ **aéroport** *nm* airport. ◆ **aérosol** *nm* aerosol.
affabilité [afabilite] *nf* affability. ◆ **affable** *adj* affable.
affaiblir *vt*, **s'affaiblir** *vpr* [afebliʀ] (2) to weaken. ◆ **affaiblissement** *nm* weakening.
affaire [afɛʀ] *nf* **(a)** *(gén : histoire)* matter, business; *(Jur : procès)* case; *(firme, boutique)* business; *(transaction)* deal, bargain. **une bonne ~** a good deal *ou* bargain; **c'est l'~ de quelques minutes** it'll only take a minute; **ce n'est pas ton ~** it's none of your business. **(b) ~s** *(gén, Pol)* affairs; *(commerce)* business; *(habits)* clothes; *(objets)* things, belongings; **venir pour ~s** to come on business. **(c) avoir ~ à** *(cas)* to be faced with; *(personne)* to speak to; **tu auras ~ à moi!** you'll be hearing from me!; **être à son ~** to be in one's element; **ce n'est pas une ~** it's nothing to get worked up about; **faire ~ avec qn** to make a bargain *ou* deal with sb; **j'en fais mon ~** I'll deal with that; **ça fait mon ~** that's just what I need; **cela ne fait rien à l'~** that's got nothing to do with it; **il en a fait une ~ d'état*** he made a great issue of it; **il m'a tiré d'~** he helped me out.
affairement [afɛʀmɑ̃] *nm* bustling activity. ◆ **s'affairer** (1) *vpr* to bustle about (*à faire* doing). **être affairé** to be busy.
affaissement [afɛsmɑ̃] *nm* subsidence. ◆ **s'affaisser** (1) *vpr (sol)* to subside; *(poutre)* to sag; *(plancher)* to cave in; *(s'écrouler)* to collapse.
affaler (s') [afale] (1) *vpr* to slump down.
affamé, e [afame] *adj* starving. ◆ **affamer** (1) *vt* to starve.
affectation [afɛktɑsjɔ̃] *nf* **(a)** *(immeuble, somme)* allocation (*à* to, for). **(b)** *(nomination)* appointment; *(à une région)* posting. **(c)** *(simulation)* affectation.
affecter [afɛkte] (1) *vt* **(a)** *(feindre)* to affect. **~ de faire** to pretend to do. **(b)** *(destiner)* to allocate (*à* to, for). **(c)** *(nommer)* to appoint (*à* to). **(d)** *(émouvoir)* to affect, move; *(concerner)* to affect.
affectif, -ive [afɛktif, iv] *adj (gén)* affective; *(vie)* emotional. ◆ **affection** *nf* **(a)** *(tendresse)* affection. **avoir de l'~ pour** to be fond of. **(b)** *(maladie)* disease. ◆ **affectionner** (1) *vt* to be fond of. ◆ **affectivité** *nf* affectivity. ◆ **affectueux, -euse** *adj* affectionate. ◆ **affectueusement** *adv* affectionately.
affermir [afɛʀmiʀ] (2) *vt* to strengthen. ◆ **affermissement** *nm* strengthening.
affiche [afiʃ] *nf* poster; *(Théât)* play bill; *(officielle)* public notice. *(Théât)* **tenir longtemps l'~** to have a long run. ◆ **afficher** (1) *vt (résultat)* to stick up; *(Théât)* to bill; *(émotion, vice)* to display.
affilé, e [afile] — **1** *adj* sharp. — **2** *nf* : **d'~e** in a row. ◆ **affiler** (1) *vt* to sharpen.
affiliation [afiljɑsjɔ̃] *nf* affiliation. ◆ **affilié, e** *nm,f* affiliated member. ◆ **s'affilier** (7) *vpr* to become affiliated (*à* to).
affiner [afine] (1) *vt (gén)* to refine; *(sens)* to sharpen.
affinité [afinite] *nf* affinity.
affirmatif, -ive [afiʀmatif, iv] *adj, nf* affirmative. **il a été ~** he was quite positive. ◆ **affirmation** *nf* assertion.
affirmer [afiʀme] (1) *vt (fait, volonté)* to maintain, assert; *(autorité, talent)* to assert. **pouvez-vous l'~?** can you swear to it *ou* be positive about it?
affleurer [aflœʀe] (1) — **1** *vi* to show on the surface. — **2** *vt (Tech)* to make flush.
affliction [afliksjɔ̃] *nf* affliction.
affliger [afliʒe] (3) *vt* to distress. **être affligé de** to be afflicted with.
affluence [aflyɑ̃s] *nf* crowd. **heure d'~** peak *ou* rush hour.
affluent [aflyɑ̃] *nm* tributary.
affluer [aflye] (1) *vi (sang)* to rush; *(foule)* to flock (*à, vers* to); *(lettres, argent)* to flood in. ◆ **afflux** *nm (fluide)* rush; *(argent, foule)* influx.
affolant, e [afolɑ̃, ɑ̃t] *adj* alarming. ◆ **affolé, e** *adj* panicstricken. **je suis ~ de voir ça*** I'm appalled at that. ◆ **affolement** *nm* panic. **pas d'~!*** don't panic! ◆ **affoler** (1) — **1** *vt* to throw into a panic. — **2 s'affoler** *vpr* to panic.
affranchir [afʀɑ̃ʃiʀ] (2) *vt (lettre)* to stamp; *(à la machine)* to frank; *(esclave, esprit)* to free (*de* from). ◆ **affranchissement** *nm* stamping; franking; freeing; *(prix payé)* postage.
affres [afʀ(ə)] *nfpl* : **les ~ de** the pangs of.
affréter [afʀete] (6) *vt* to charter.
affreusement [afʀøzmɑ̃] *adv* horribly, dreadfully, awfully. ◆ **affreux, -euse** *adj (laid)* hideous, ghastly; *(abominable)* dreadful, awful.
affrioler [afʀijɔle] (1) *vt* to tempt.
affront [afʀɔ̃] *nm* affront.
affrontement [afʀɔ̃tmɑ̃] *nm* confrontation. ◆ **affronter** (1) *vt (adversaire, danger)* to confront, face; *(mort, froid)* to brave.
affubler [afyble] (1) *vt* : **~ qn de** *(vêtement)* to rig sb out in; *(nom)* to give sb.
affût [afy] *nm* : **~ de canon** gun carriage; **chasser à l'~** to lie in wait for game; **être à l'~ de qch** to be on the look-out for sth.
affûter [afyte] (1) *vt* to sharpen.
afin [afɛ̃] *prép* : **~ de** to, in order to, so as to; **~ que** + *subj* so that, in order that.
africain, -aine [afʀikɛ̃, ɛn] *adj*. **A ~, -aine** *nm,f* African. ◆ **Afrique** *nf* Africa.
agacement [agasmɑ̃] *nm* irritation. ◆ **agacer** (3) *vt* to irritate.
âge [ɑʒ] *nm* age. **quel ~ avez-vous?** how old are you?; **d'un ~ avancé** elderly; **d'~ moyen** middle-aged; **il a pris de l'~** he has aged; **j'ai passé l'~ de le faire** I'm too old to do it; **être en ~ de** to be old enough to; **l'~ adulte** adulthood; **l'~ ingrat** the awkward age; **l'~ mûr** maturity, middle age. ◆ **âgé, e** *adj* : **être ~** to be old; **être ~ de 9 ans** to be 9 years old; **enfant ~ de 4 ans** 4 year-old child; **dame ~e** elderly lady.

agence [aʒɑ̃s] *nf (succursale)* branch; *(bureaux)* offices; *(organisme)* agency. ~ **immobilière** estate agent's office; ~ **de presse** news agency.
agencement [aʒɑ̃smɑ̃] *nm (disposition)* arrangement; *(équipement)* equipment. ◆ **agencer** (3) *vt* to arrange; to equip.
agenda [aʒɑ̃da] *nm* diary.
agenouiller (s') [aʒnuje] (1) *vpr* to kneel. **être agenouillé** to be kneeling.
agent [aʒɑ̃] *nm (gén)* agent; *(de police)* policeman. **pardon monsieur l'~** excuse me, officer; ~ **d'assurances** insurance agent; ~ **de change** stockbroker.
agglomération [aglɔmeʀɑsjɔ̃] *nf (ville)* town; **l'~ parisienne** Paris and its suburbs.
aggloméré [aglɔmeʀe] *nm (bois)* chipboard.
aggravation [agʀavɑsjɔ̃] *nf (situation)* worsening; *(impôt, chômage)* increase. ◆ **aggraver** (1) — **1** *vt* to make worse; to increase. — **2 s'aggraver** *vpr* to get worse; to increase.
agile [aʒil] *adj* agile, nimble. ◆ **agilité** *nf* agility, nimbleness.
agir [aʒiʀ] (2) — **1** *vi (gén)* to act; *(se comporter)* to behave (*envers* towards). — **2 s'agir** *vb impers* **(a)** *(il est question de)* **il s'agit d'un temple grec** it is a Greek temple; **de quoi s'agit-il?** what's it about?; **il ne s'agit pas d'argent** it's not a question of money; **les livres dont il s'agit** the books in question. **(b)** *(il est nécessaire de faire)* **il s'agit pour lui de réussir** what he has to do is succeed.
agissements [aʒismɑ̃] *nmpl (péj)* schemes.
agitateur, -trice [aʒitatœʀ, tʀis] *nm,f* agitator.
agitation [aʒitɑsjɔ̃] *nf (nervosité)* restlessness; *(inquiétude)* agitation; *(rue)* bustle; *(Pol)* unrest. ◆ **agité, e** *adj* **(a)** *(remuant)* restless; *(troublé)* agitated. **(b)** *(mer)* rough; *(vie)* hectic; *(époque)* troubled; *(nuit)* restless. ◆ **agiter** (1) — **1** *vt* **(a)** *(secouer)* to shake; *(bras)* to wave; *(menace)* to brandish. **(b)** *(inquiéter)* to trouble, worry. — **2 s'agiter** *vpr (malade)* to toss restlessly; *(élève)* to fidget; *(foule)* to stir.
agneau, *pl* **~x** [aɲo] *nm* lamb; *(fourrure)* lambskin.
agonie [agɔni] *nf* death throes. **être à l'~** to be at death's door. ◆ **agoniser** (1) *vi* to be dying.
agrafe [agʀaf] *nf (vêtement)* hook; *(papiers)* staple; *(Méd)* clip. ◆ **agrafer** (1) *vt* to hook up; to staple. ◆ **agrafeuse** *nf* stapler.
agrandir [agʀɑ̃diʀ] (2) — **1** *vt (gén)* to widen; *(firme)* to expand; *(photographie)* to enlarge. *(maison)* **faire ~** to extend. — **2 s'agrandir** *vpr (famille, entreprise)* to expand; *(écart)* to widen; *(trou)* to get bigger. ◆ **agrandissement** *nm (local)* extension; *(ville)* expansion; *(Phot)* enlargement.
agréable [agʀeabl(ə)] *adj* pleasant, agreeable, nice. **pour lui être ~** in order to please him. ◆ **agréablement** *adv* pleasantly, agreeably.
agréer [agʀee] (1) *vt* to accept. **veuillez ~ mes sincères salutations** yours sincerely; **fournisseur agréé** registered dealer; **si cela vous agrée** if it suits you.
agrément [agʀemɑ̃] *nm* **(a)** *(charme)* attractiveness, pleasantness. **voyage d'~** pleasure trip. **(b)** *(accord)* assent. ◆ **agrémenter** (1) *vt* to embellish. **~ qch de** to accompany sth with.
agrès [agʀɛ] *nmpl (Naut)* tackle; *(Sport)* gymnastics apparatus.
agresser [agʀese] (1) *vt* to attack. ◆ **agresseur** *nm* attacker. ◆ **agressif, -ive** *adj* aggressive. ◆ **agression** *nf* attack. ◆ **agressivité** *nf* aggressiveness.
agricole [agʀikɔl] *adj (gén)* agricultural; *(ouvrier, produits)* farm; *(population)* farming. ◆ **agriculteur** *nm* farmer. ◆ **agriculture** *nf* agriculture, farming.
agripper [agʀipe] (1) *vt* to grab *ou* clutch hold of. **s'~ à qch** to clutch *ou* grip sth.
agronome [agʀɔnɔm] *nm* agronomist.
agrumes [agʀym] *nmpl* citrus fruits.
aguerrir [ageʀiʀ] (2) *vt* to harden (*contre* against). **troupes aguerries** seasoned troops.
aguets [agɛ] *nmpl* : **aux ~** on the look-out.
ahuri, e [ayʀi] — **1** *adj (stupéfait)* stunned, staggered; *(stupide)* stupefied. — **2** *nm,f (péj)* blockhead*. ◆ **ahurissant, e** *adj* staggering. ◆ **ahurissement** *nm* stupefaction.
aide [ɛd] — **1** *nf* help, assistance, aid. **crier à l'~** to shout for help; **venir en ~ à qn** to help sb; **à l'~ de** with the help *ou* aid of. — **2** *nmf* assistant. **~ de camp** aide-de-camp.
aider [ede] (1) — **1** *vt* to help. **je me suis fait ~ par** *ou* **de mon frère** I got my brother to help *ou* assist me; **aidée de sa canne** with the help *ou* aid of her walking stick. — **2 s'aider** *vpr* : **s'~ de** to use.
aïe [aj] *excl* ouch!
aïeul [ajœl] *nm* grandfather. ◆ **aïeule** *nf* grandmother. ◆ **aïeux** *nmpl* forefathers.
aigle [ɛgl(ə)] *nmf* eagle. **ce n'est pas un ~*** he's no genius.
aigre [ɛgʀ(ə)] *adj (goût)* sour; *(son)* sharp; *(vent)* bitter, keen; *(critique)* harsh. **~-doux** bitter-sweet. ◆ **aigreur** *nf (goût)* sourness; *(ton)* sharpness. **~s d'estomac** heartburn. ◆ **aigrir** (2) — **1** *vt (personne)* to embitter. — **2 s'aigrir** *vpr (aliment)* to turn sour.
aigu, -uë [egy] *adj (son)* high-pitched, shrill; *(Mus)* high; *(douleur)* acute, sharp; *(pointe)* sharp, pointed.
aiguillage [egɥijaʒ] *nm (instrument)* points, switch *(US)*.
aiguille [egɥij] *nf (gén)* needle; *(horloge)* hand; *(balance)* pointer. **~ de pin** pine needle.
aiguiller [egɥije] (1) *vt* to direct, steer (*vers* towards); *(Rail)* to shunt, switch *(US)*. ◆ **aiguilleur** *nm* pointsman, switchman *(US)*.
aiguillon [egɥijɔ̃] *nm (insecte)* sting. ◆ **aiguillonner** (1) *vt (fig)* to spur on.
aiguiser [egize] (1) *vt (outil)* to sharpen; *(appétit)* to whet.
ail, pl **~s, aulx** [aj,o] *nm* garlic.
aile [ɛl] *nf (gén)* wing; *(moulin)* sail; *(hélice)* blade. **donner des ~s** to lend wings. ◆ **aileron** *nm (raie)* fin; *(avion)* aileron. ◆ **ailette** *nf* blade. ◆ **ailier** *nm* winger.
ailleurs [ajœʀ] *adv* somewhere else, elsewhere. **nulle part ~** nowhere else; **par ~** *(autrement)* otherwise; *(en outre)* moreover; **d'~** *(de plus)* moreover; *(entre parenthèses)* by the way.
aimable [ɛmabl(ə)] *adj* kind, nice (*envers* to). **c'est très ~ à vous** it's most kind of you; ◆ **aimablement** *adv* kindly, nicely.
aimant[1], e [ɛmɑ̃, ɑ̃t] *adj* loving, affectionate.
aimant[2] [ɛmɑ̃] *nm* magnet. ◆ **aimanté, e** *adj* magnetic. ◆ **aimanter** (1) *vt* to magnetize.
aimer [eme] (1) — **1** *vt (amour)* to love, be in love with ; *(amitié, goût)* to like, be fond of. **je n'aime pas beaucoup cet acteur** I'm not very keen on that actor; **elle n'aime pas qu'il sorte le soir** she doesn't like him to go out at night; **elle aimerait mieux des livres** she would rather have books; **j'aimerais autant le faire** I'd just as soon do it. — **2 s'aimer** *vpr* to be in love, love each other.

aine [ɛn] *nf* groin *(Anat)*.
aîné, e [ene] — **1** *adj (entre 2)* elder, older; *(plus de 2)* eldest, oldest. — **2** *nm,f* eldest child. **il est mon ~ de 2 ans** he's 2 years older than me.
ainsi [ɛ̃si] *adv (de cette façon)* **ça s'est passé ~** it happened in this way *ou* like this; *(donc)* **~ tu vas partir!** so, you're going to leave!; **~ que je le disais** just as I said; **sa beauté ~ que sa candeur** her beauty as well as her innocence; **pour ~ dire** so to speak, as it were; **et ~ de suite** and so on (and so forth).
air [ɛʀ] *nm* **(a)** *(gaz, espace)* air; *(vent)* breeze; *(courant d'air)* draught. **avec ~ conditionné** with air conditioning; **sans ~** stuffy; **l'~ libre** the open air; **mettre la literie à l'~** to air the bedclothes; **sortir prendre l'~** to go out for a breath of fresh air; **regarde en l'~** look up; *(idée)* **être dans l'~** to be in the air; **flanquer en l'~*** *(jeter)* to chuck away*; *(gâcher)* to mess up*; **en l'~** *(paroles)* idle, empty; *(en désordre)* upside down. **(b)** *(expression)* look, air. **ça m'a l'~ d'un mensonge** it sounds to me like a lie; **elle a l'~ intelligente** she looks *ou* seems intelligent; **il a eu l'~ de ne pas comprendre** he didn't seem to understand. **(c)** *(opéra)* aria; *(mélodie)* tune, air.
aire [ɛʀ] *nf (gén, Math)* area. **~ de lancement** launching site.
aisance [ɛzɑ̃s] *nf (facilité)* ease; *(richesse)* affluence.
aise [ɛz] *nf* joy, pleasure. **être à l'~** *(situation)* to feel at ease; *(confort)* to feel comfortable; *(richesse)* to be comfortably off; **mal à l'~** ill at ease; uncomfortable; **mettez-vous à l'~** make yourself at home *ou* comfortable; **à votre ~!** please yourself!; **aimer ses ~s** to be fond of one's creature comforts. ◆ **aisé, e** *adj (facile)* easy; *(riche)* well-to-do. ◆ **aisément** *adv* easily.
aisselle [ɛsɛl] *nf* armpit.
ajonc [aʒɔ̃] *nm* : **~(s)** gorse.
ajournement [aʒuʀnəmɑ̃] *nm (gén)* adjournment; *(décision)* deferment; *(candidat)* failing. ◆ **ajourner** (1) *vt* to adjourn (*d'une semaine* for a week); to defer; to fail.
ajout [aʒu] *nm* addition. ◆ **ajouter** (1) — **1** *vt* to add. **~ foi aux dires de qn** to believe sb's statements. — **2 ajouter à** *vt indir*, **s'ajouter à** *vpr* to add to.
ajustage [aʒystaʒ] *nm (Tech)* fitting. ◆ **ajustement** *nm (prix)* adjustment. ◆ **ajuster** (1) — **1** *vt (adapter)* to adjust; *(cible)* to aim at. **~ qch à** to fit sth to; **robe ajustée** close-fitting dress. — **2 s'ajuster** *vpr (s'emboîter)* to fit (together).
alarme [alaʀm(ə)] *nf* alarm. **donner l'~** to give the alarm. ◆ **alarmer** (1) — **1** *vt* to alarm. — **2 s'alarmer** *vpr* to become alarmed (*de* about, at).
albâtre [albɑtʀ(ə)] *nm* alabaster.
albatros [albatʀos] *nm* albatross.
albinos [albinos] *nmf, adj inv* albino.
album [albɔm] *nm* album. **~ à colorier** colouring book.
albumine [albymin] *nf* albumin.
alchimie [alʃimi] *nf* alchemy. ◆ **alchimiste** *nm* alchemist.
alcool [alkɔl] *nm* : **de l'~** *(gén)* alcohol; *(eau de vie)* spirits; **~ à 90°** surgical spirit; **~ de prune** plum brandy. ◆ **alcoolique** *adj, nmf* alcoholic. ◆ **alcoolisé, e** *adj* alcoholic. ◆ **alcoolisme** *nm* alcoholism.
alcôve [alkov] *nf* alcove.
aléa [alea] *nm* hazard, risk. ◆ **aléatoire** *adj (incertain)* uncertain; *(risqué)* chancy, risky.
alentour [alɑ̃tuʀ] *adv* : **~ (de)** around, round about. ◆ **alentours** *nmpl (ville)* neighbourhood. **aux ~ de Dijon** in the vicinity *ou* neighbourhood of Dijon; **aux ~ de 8 heures** round about 8 o'clock.
alerte [alɛʀt(ə)] — **1** *adj (personne)* agile; *(esprit)* alert, agile; *(style)* brisk. — **2** *nf* alert, alarm; *(Méd etc : avertissement)* warning sign. **donner l'~ à qn** to alert sb; **~ aérienne** air raid warning; **~!** watch out! ◆ **alerter** (1) *vt (donner l'alarme)* to alert; *(informer)* to inform, notify; *(prévenir)* to warn.
alezan, e [alzɑ̃, an] *adj, nm,f* chestnut *(horse)*.
algèbre [alʒɛbʀ(ə)] *nf* algebra. ◆ **algébrique** *adj* algebraic.
Algérie [alʒeʀi] *nf* Algeria. ◆ **algérien, -ienne** *adj*, **A~, -ienne** *nm,f* Algerian.
algue [alg(ə)] *nf* : **~(s)** seaweed.
alibi [alibi] *nm* alibi.
aliénation [aljenɑsjɔ̃] *nf (gén)* alienation; *(Méd)* derangement. ◆ **aliéné, e** *nm,f* mental patient. ◆ **aliéner** *vt*, **s'aliéner** *vpr* to alienate.
alignement [aliɲmɑ̃] *nm* alignment. **être à l'~** to be in line. ◆ **aligner** (1) — **1** *vt (gén)* to line up; *(chiffres)* to string together. **~ sa politique** *etc* **sur** to bring one's policies *etc* into line with. — **2 s'aligner** *vpr (soldats)* to line up. **s'~ sur un pays** to align o.s. with a country.
aliment [alimɑ̃] *nm* : **~(s)** food. ◆ **alimentaire** *adj (besoins)* food.
alimentation [alimɑ̃tɑsjɔ̃] *nf (action)* feeding; *(régime)* diet; *(métier)* food trade; *(rayon)* groceries. **magasin d'~** grocery store; **l'~ en eau des villes** supplying water to towns. ◆ **alimenter** (1) — **1** *vt (gén)* to feed; *(moteur, ville)* to supply (*en* with). — **2 s'alimenter** *vpr* to eat.
alinéa [alinea] *nm* paragraph.
aliter (s') [alite] (1) *vpr* to take to one's bed. **rester alité** to be confined to bed.
allaitement [alɛtmɑ̃] *nm* feeding. ◆ **allaiter** (1) *vt (femme)* to breast-feed; *(animal)* to suckle. **~ au biberon** to bottle-feed.
allant [alɑ̃] *nm (dynamisme)* drive.
allécher [aleʃe] (6) *vt* to tempt.
allée [ale] *nf (gén)* path; *(parc)* walk; *(large)* avenue; *(cinéma, bus)* aisle. **leurs ~s et venues** their comings and goings.
alléger [aleʒe] (6 *et* 3) *vt* to lighten.
allégorie [alegɔʀi] *nf* allegory.
allègre [alɛgʀ(ə)] *adj (gai)* cheerful; *(vif)* lively. ◆ **allégresse** *nf* elation, exhilaration.
alléguer [alege] (6) *vt (prétexte)* to put forward. **il allégua que...** he argued that... .
Allemagne [almaɲ] *nf* Germany. ◆ **allemand, e** *adj, nm*, **A~, e** *nm,f* German.
aller [ale] (9) — **1** *vi* **(a)** *(gén)* to go. **~ et venir** to come and go; **~ à Paris** to go to Paris; **~ sur ses 8 ans** to be nearly 8. **(b)** *(santé, situation)* **comment allez-vous? — ça va*** how are you? — I'm fine; **ça va mieux** I'm feeling better; **ça va les affaires?*** how are you getting on?; **ça va mal** *(santé)* I'm not well; *(situation)* things aren't going too well; **ta pendule va bien?** is your clock right? **(c)** *(convenir)* **~ à qn** *(costume)* to fit sb; *(plan, genre)* to suit sb; *(climat)* to agree with sb; **~ bien avec** to go well with; **ces ciseaux ne vont pas** these scissors won't do *ou* are no good. **(d) allons!, allez!** come on!; **comme tu y vas!** you're going a bit far!; **~ de soi** to be self-evident *ou* obvious;

cela va sans dire it goes without saying; **il en va de même pour les autres** the same applies to the others; **il y va de votre vie** your life is at stake. — **2** *vb aux* (+ *infin*) **(a)** *(futur immédiat)* to be going to. **ils allaient commencer** they were going *ou* were about to start. **(b)** **~ faire qch** to go and do sth; **il est allé me chercher mes lunettes** he went to get my glasses. — **3 s'en aller** *vpr* **(a)** *(partir)* to go away, leave; *(mourir)* to die; *(prendre sa retraite)* to retire. **ils s'en vont à Paris** they are going to Paris. **(b)** *(tache)* to come off. — **4** *nm* *(trajet)* outward journey; *(billet)* single *ou* one-way *(US)* ticket. **je ne fais que l'~-retour** I'm just going there and back; **prendre un ~-retour** to buy a return *ou* round-trip *(US)* ticket.

allergie [alɛʀʒi] *nf* allergy. ◆ **allergique** *adj* allergic (*à* to).

alliage [aljaʒ] *nm* alloy.

alliance [aljɑ̃s] *nf* *(Pol)* alliance; *(mariage)* marriage; *(bague)* wedding ring; *(mélange)* combination. **oncle par ~** uncle by marriage. ◆ **allié, e** — **1** *adj* allied. — **2** *nm,f* ally. ◆ **allier** (7) — **1** *vt* to combine. — **2 s'allier** *vpr* *(efforts)* to combine, unite; *(Pol)* to become allied (*à* to).

alligator [aligatɔʀ] *nm* alligator.

allô [alo] *excl* *(Téléc)* hullo!

allocation [alɔkɑsjɔ̃] *nf* **(a)** (*V* **allouer**) allocation; granting. **(b)** *(somme)* allowance. **~ de chômage** unemployment benefit; **~s familiales** child benefits.

allocution [alɔkysjɔ̃] *nf* short speech.

allongement [alɔ̃ʒmɑ̃] *nm* lengthening.

allonger [alɔ̃ʒe] (3) — **1** *vt* *(rendre plus long)* to lengthen; *(étendre)* to stretch out; *(Culin)* *(sauce)* to thin. — **2 s'allonger** *vpr* **(a)** *(ombres, jours)* to lengthen; *(enfant)* to grow taller; *(discours)* to drag on. **(b)** *(s'étendre)* to lie down. ◆ **allongé, e** *adj* **(a)** *(étendu)* **être ~** to be lying; **~ sur son lit** lying on one's bed. **(b)** *(long)* long.

allouer [alwe] (1) *vt* *(gén)* to allocate; *(indemnité)* to grant; *(temps)* to allow, allocate.

allumage [alymaʒ] *nm* *(Aut)* ignition.

allume-cigare [alymsigaʀ] *nm inv* cigar lighter.

allume-gaz [alymgaz] *nm inv* gas lighter *(for cooker)*.

allumer [alyme] (1) — **1** *vt* *(feu)* to light. *(électricité)* to switch *ou* turn on. **laisse la lumière allumée** leave the light on. — **2 s'allumer** *vpr* *(incendie)* to flare up; *(guerre)* to break out. **où est-ce que ça s'allume ?** where do you switch it on?

allumette [alymɛt] *nf* match.

allure [alyʀ] *nf* **(a)** *(vitesse)* *(véhicule)* speed; *(piéton)* pace. **à toute ~** at top *ou* full speed. **(b)** *(démarche)* walk; *(attitude)* look, appearance. **d'~ bizarre** odd-looking.

allusion [alyzjɔ̃] *nf* allusion (*à* to), hint (*à* at). **faire ~ à** to allude to, hint at.

aloi [alwa] *nm* : **de bon ~** wholesome; **de mauvais ~** unwholesome.

alors [alɔʀ] *adv* then. **~ que** *(simultanéité)* while, when; *(opposition)* whereas; **il pleut — et ~?** it's raining — so what?

alouette [alwɛt] *nf* skylark.

alourdir [aluʀdiʀ] (2) — **1** *vt* *(gén)* to make heavy; *(impôts)* to increase. — **2 s'alourdir** *vpr* to get heavy. ◆ **alourdissement** *nm* heaviness; *(impôts)* increase (*de* in).

Alpes [alp(ə)] *nfpl* : **les ~** the Alps.

alphabet [alfabɛ] *nm* alphabet. **~ morse** Morse code. ◆ **alphabétique** *adj* alphabetical.

alpin, e [alpɛ̃, in] *adj* alpine. ◆ **alpinisme** *nm* mountaineering, climbing. ◆ **alpiniste** *nmf* mountaineer, climber.

altération [alteʀɑsjɔ̃] *nf* *(gén)* change, alteration; *(texte, vérité, visage)* distortion; *(santé, relations)* deterioration; *(Mus)* accidental.

altercation [altɛʀkɑsjɔ̃] *nf* altercation.

altérer [alteʀe] (6) — **1** *vt* **(a)** *(modifier)* to change, alter; *(vérité etc)* to distort; *(denrées)* to spoil. **(b)** *(assoiffer)* to make thirsty. — **2 s'altérer** *vpr* *(nourriture)* to go off; *(santé, relations)* to deteriorate; *(voix)* to break; *(vin)* to spoil.

alternance [altɛʀnɑ̃s] *nf* alternation. **être en ~** to alternate.

alternatif, -ive [altɛʀnatif, iv] — **1** *adj* alternate; *(Élec)* alternating. — **2** *nf* alternative. ◆ **alternativement** *adv* alternately. ◆ **alterné, e** *adj* alternate. ◆ **alterner** (1) *vt* to alternate (*avec* with).

altesse [altɛs] *nf* *(titre)* highness.

altitude [altityd] *nf* altitude, height. **à 500 mètres d'~** at a height *ou* an altitude of 500 metres.

alto [alto] *nm* *(instrument)* viola.

altruisme [altʀɥism(ə)] *nm* altruism. ◆ **altruiste** — **1** *adj* altruistic. — **2** *nmf* altruist.

aluminium [alyminjɔm] *nm* aluminium.

alunir [alyniʀ] (2) *vi* to land on the moon.

alvéole [alveɔl] *nf ou m* cell.

amabilité [amabilite] *nf* kindness. **ayez l'~ de** be so kind as to.

amadouer [amadwe] (1) *vt* to mollify.

amaigrir [amegʀiʀ] (2) *vt* to make thin. ◆ **amaigrissant, e** *adj* *(régime)* slimming. ◆ **amaigrissement** *nm* *(pathologique)* thinness; *(volontaire)* slimming. **un ~ de 3 kg** a loss in weight of 3 kg.

amalgame [amalgam] *nm* combination. ◆ **amalgamer** *vt*, **s'amalgamer** *vpr* to combine.

amande [amɑ̃d] *nf* almond. ◆ **amandier** *nm* almond tree.

amant [amɑ̃] *nm* lover.

amarre [amaʀ] *nf* mooring rope. ◆ **amarrer** (1) *vt* *(navire)* to moor; *(paquet)* to make fast.

amas [amɑ] *nm* heap, pile. ◆ **amasser** (1) — **1** *vt* to pile up, amass. — **2 s'amasser** *vpr* to pile up; *(foule)* to gather.

amateur [amatœʀ] *nm* amateur. **~ d'art** art lover; **y a-t-il des ~s?** is anyone interested? ◆ **amateurisme** *nm* *(Sport)* amateurism; *(péj)* amateurishness.

ambages [ɑ̃baʒ] *nfpl* : **sans ~** in plain language.

ambassade [ɑ̃basad] *nf* embassy; *(démarche)* mission. ◆ **ambassadeur** *nm* ambassador (*auprès de* to).

ambiance [ɑ̃bjɑ̃s] *nf* atmosphere (*de* in, of). ◆ **ambiant, e** *adj* *(milieu)* surrounding; *(température)* ambient.

ambigu, -uë [ɑ̃bigy] *adj* ambiguous. ◆ **ambiguïté** *nf* ambiguity. **déclarer sans ~** to say unambiguously.

ambitieux, -euse [ɑ̃bisjø, øz] *adj* ambitious. ◆ **ambition** *nf* ambition. ◆ **ambitionner** (1) *vt* : **il ambitionne de faire** his ambition is to do.

ambulance [ɑ̃bylɑ̃s] *nf* ambulance. ◆ **ambulancier, -ière** *nm,f* *(conducteur)* ambulance driver; *(infirmier)* ambulance man (*ou* woman).

ambulant, e [ɑ̃bylɑ̃, ɑ̃t] *adj* travelling.

âme [ɑm] *nf* soul. **grandeur d'~** noble-mindedness; **en mon ~ et conscience** in all conscience; **il est musicien dans l'~** he's a musician to the core; **il erre comme une ~ en peine** he is wandering about like a lost soul; **son ~ damnée** his henchman; **trouver l'~ sœur** to find a soul mate; **l'~ d'un complot** the moving spirit in a plot.

amélioration [ameljɔʀɑsjɔ̃] *nf* improvement. ◆ **améliorer** *vt*, **s'améliorer** *vpr* (1) to improve.

aménagement [amenaʒmɑ̃] *nm (gén)* development; *(local)* fitting out; *(horaire)* adjustment; *(route)* building. ◆ **aménager** (3) *vt* to develop; to fit out; to adjust; to build. **~ un bureau dans une chambre** to fit up a study in a bedroom.

amende [amɑ̃d] *nf* fine. **donner une ~ à** to fine.

amendement [amɑ̃dmɑ̃] *nm* amendment. ◆ **amender** (1) — **1** *vt (loi)* to amend; *(champ)* to enrich. — **2 s'amender** *vpr* to mend one's ways.

amener [amne] (5) — **1** *vt (personne, objet)* to bring; *(catastrophe)* to cause, bring about. **~ qn à faire qch** *(circonstances)* to lead sb to do sth; *(personne)* to get sb to do sth; **~ la conversation sur un sujet** to lead the conversation on to a subject. — **2 s'amener*** *vpr (venir)* to come along.

amenuiser (s') [amənɥize] (1) *vpr (gén)* to dwindle; *(chances)* to lessen.

amer, -ère [amɛʀ] *adj* bitter.

américain, e [ameʀikɛ̃, ɛn] — **1** *adj* American. — **2** *nm (Ling)* American English. — **3 A ~, -aine** *nm,f* American. ◆ **américanisme** *nm* americanism. ◆ **Amérique** *nf* America.

amerrir [ameʀiʀ] (2) *vi (Aviat)* to make a sea landing; *(Espace)* to splash down. ◆ **amerrissage** *nm* sea landing; splashdown.

amertume [amɛʀtym] *nf (lit, fig)* bitterness.

ameublement [amœbləmɑ̃] *nm* furniture.

ameuter [amøte] (1) *vt (voisins)* to bring out; *(population)* to rouse (*contre* against).

ami, e [ami] — **1** *nm,f* friend; *(amant)* boyfriend; *(maîtresse)* girlfriend, lady-friend. **se faire un ~ de qn** to make friends with sb; **~s des bêtes** animal lovers; **mon cher ~** my dear fellow. — **2** *adj* friendly. **être ~ avec qn** to be friendly *ou* be good friends with sb.

amiable [amjabl(ə)] *adj* : **à l'~** *(vente)* private; *(accord)* amicable.

amiante [amjɑ̃t] *nm* asbestos.

amical, e, *mpl* **-aux** [amikal, o] — **1** *adj* friendly. — **2** *nf* association, club. ◆ **amicalement** *adv* in a friendly way. *(lettre)* **~, Paul** yours Paul.

amidon [amidɔ̃] *nm* starch. ◆ **amidonner** (1) *vt* to starch.

amincir [amɛ̃siʀ] (2) — **1** *vt (couche)* to thin. — **2 s'amincir** *vpr* to get thinner.

amiral, e, *mpl* **-aux** [amiʀal, o] — **1** *adj* : **vaisseau ~** flagship. — **2** *nm* admiral. ◆ **amirauté** *nf* admiralty.

amitié [amitje] *nf* **(a)** *(sentiment)* friendship. **avoir de l'~ pour qn** to be fond of sb; **faites-moi l'~ de venir** do me the favour of coming. **(b)** *(lettre)* **~s, Paul** yours, Paul; **elle vous fait toutes ses ~s** she sends her regards.

ammoniac [amɔnjak] *nm* ammonia. ◆ **ammoniaque** *nf* liquid ammonia.

amnésie [amnezi] *nf* amnesia. ◆ **amnésique** *adj, nmf* amnesic.

amnistie [amnisti] *nf* amnesty.

amoindrir [amwɛ̃dʀiʀ] (2) — **1** *vt (forces)* to weaken; *(quantité)* to diminish. *(humilier)* **~ qn** to belittle sb. — **2 s'amoindrir** *vpr* to weaken; to diminish.

amollir [amɔliʀ] (2) *vt* to soften.

amonceler [amɔ̃sle] (4) — **1** *vt* to pile *ou* heap up. — **2 s'amonceler** *vpr* to pile *ou* heap up; *(difficultés)* to accumulate; *(nuages, neige)* to bank up. ◆ **amoncellement** *nm (tas)* pile, heap; *(accumulation)* accumulation.

amont [amɔ̃] *nm* : **en ~** *(rivière)* upstream; *(pente)* uphill (*de* from).

amorce [amɔʀs(ə)] *nf* **(a)** *(Pêche)* bait. **(b)** *(explosif)* cap. **(c)** *(début)* start, beginning. ◆ **amorcer** (3) *vt (hameçon)* to bait; *(client)* to entice; *(pompe)* to prime; *(travaux)* to start, begin. **une détente s'amorce** there are signs of a detente.

amorphe [amɔʀf(ə)] *adj* passive.

amortir [amɔʀtiʀ] (2) *vt* **(a)** *(coup)* to cushion, soften; *(bruit)* to deaden, muffle. **(b)** *(dette)* to pay off; *(matériel)* to write off. **pour ~ la dépense** to recoup the cost. ◆ **amortissement** *nm (dette)* paying off. ◆ **amortisseur** *nm* shock absorber.

amour [amuʀ] *nm* love. **faire l'~** to make love (*avec* to, with); **cet enfant est un ~** that child's a real darling; **un ~ de bébé** a lovely *ou* sweet little baby; **pour l'~ de Dieu** for God's sake; **faire qch avec ~** to do sth with loving care. ◆ **amoureux, -euse** — **1** *adj (aventures)* amorous. **être ~** to be in love (*de* with). — **2** *nm,f* love, sweetheart. **les ~ de la nature** nature-lovers. ◆ **amoureusement** *adv* lovingly, amorously. ◆ **amour-propre** *nm* self-esteem, pride.

amovible [amɔvibl(ə)] *adj* removable, detachable.

ampère [ɑ̃pɛʀ] *nm* ampere, amp.

amphibie [ɑ̃fibi] — **1** *adj* amphibious. — **2** *nm* amphibian.

amphithéâtre [ɑ̃fiteɑtʀ(ə)] *nm (Archit, Géol)* amphitheatre; *(Univ)* lecture hall.

ample [ɑ̃pl(ə)] *adj (jupe)* full; *(geste)* sweeping; *(projet)* vast; *(sujet)* wide-ranging. **faire ~s provisions de** to gather a good supply of; **donner d'~s détails** to give a wealth of detail. ◆ **amplement** *adv (mériter)* fully. **ça suffit ~** that's more than enough, that's ample.

ampleur [ɑ̃plœʀ] *nf (vêtement)* fullness; *(sujet)* scope, range; *(crise)* scale, extent. **prendre de l'~** to grow in scale.

amplificateur [ɑ̃plifikatœʀ] *nm* amplifier. ◆ **amplification** *nf (gén)* increase; *(son)* amplification. ◆ **amplifier** (7) — **1** *vt* to increase; to amplify. — **2 s'amplifier** *vpr* to increase.

ampoule [ɑ̃pul] *nf (Élec)* bulb; *(Pharm)* phial; *(main)* blister.

amputation [ɑ̃pytasjɔ̃] *nf (bras etc)* amputation; *(texte, budget)* drastic cut (*de* in). ◆ **amputer** (1) *vt* to amputate; to cut drastically (*de* by).

amusant, e [amyzɑ̃, ɑ̃t] *adj* amusing, entertaining.

amuse-gueule [amyzgœl] *nm inv* appetizer.

amusement [amyzmɑ̃] *nm (jeu)* game; *(passe-temps)* diversion, pastime.

amuser [amyze] (1) — **1** *vt* to amuse, entertain **si vous croyez que ça m'amuse!** if you think I enjoy it! — **2 s'amuser** *vpr* **(a)** *(jouer) (enfants)* to play (*avec* with). **s'~ à un jeu** to play a game; **s'~ à faire** to amuse o.s. doing; *(fig)* **ne t'amuse pas à recommencer, sinon!** don't do *ou* start that again, or else! **(b)** *(se divertir)* **nous nous sommes bien amusés** we had great fun, we really enjoyed ourselves.

amygdale [amidal] *nf* tonsil.

an [ɑ̃] *nm* year. **dans 3 ~s** in 3 years, in 3 years' time; **enfant de six ~s** six-year-old child; **il a 22 ~s** he is 22; **je m'en moque comme de l'~ quarante** I couldn't care less.

anachronique [anakʀɔnik] *adj* anachronistic. ◆ **anachronisme** *nm* anachronism.

analogie [analɔʒi] *nf* analogy. ◆ **analogue** — **1** *adj* analogous (*à* to). — **2** *nm* analogue.

analyse [analiz] *nf (gén)* analysis; *(Méd)* test. **se faire faire des ~s** to have some tests done; **~ grammaticale** parsing. ◆ **analyser** (1) *vt* to analyse.

ananas [anana(s)] *nm* pineapple.

anarchie [anaʀʃi] *nf* anarchy. ◆ **anarchique** *adj* anarchic. ◆ **anarchisme** *nm* anarchism. ◆ **anarchiste** — **1** *adj* anarchistic. — **2** *nmf* anarchist.

anatomie [anatɔmi] *nf* anatomy. ◆ **anatomique** *adj* anatomical.

ancestral, e, *mpl* **-aux** [ɑ̃sɛstʀal, o] *adj* ancestral.

ancêtre [ɑ̃sɛtʀ(ə)] *nmf* ancestor.

anchois [ɑ̃ʃwa] *nm* anchovy.

ancien, -ienne [ɑ̃sjɛ̃, jɛn] — **1** *adj* **(a)** *(gén)* old; *(de l'antiquité)* ancient; *(objet d'art)* antique. **~ combattant** ex-serviceman; **dans l'~ temps** in olden days. **(b)** *(précédent)* former. **~ élève** former pupil. — **2** *nm (mobilier)* **l'~** antiques. — **3** *nm,f (par l'âge)* elder, old person; *(par l'expérience)* senior person. *(Hist)* **les ~s** the Ancients. ◆ **anciennement** *adv* formerly. ◆ **ancienneté** *nf* age; *(dans un emploi)* length of service. *(privilège)* **à l'~** by seniority.

ancre [ɑ̃kʀ(ə)] *nf* anchor. **jeter l'~** to cast anchor; **lever l'~** to weigh anchor. ◆ **ancrer** (1) *vt* to anchor. **idée bien ancrée** firmly rooted idea.

andouille [ɑ̃duj] *nf (Culin)* andouille; (* : *imbécile)* clot*, fool. **faire l'~** to act the fool.

âne [ɑn] *nm* donkey, ass; *(fig)* ass, fool.

anéantir [aneɑ̃tiʀ] (2) *vt (détruire)* to destroy; *(fatigue)* to exhaust; *(chaleur, chagrin)* to overwhelm. ◆ **anéantissement** *nm* destruction; exhaustion; *(abattement)* dejection.

anecdote [anɛkdɔt] *nf* anecdote.

anémie [anemi] *nf* anaemia. ◆ **anémique** *adj* anaemic.

anémone [anemɔn] *nf* anemone. **~ de mer** sea anemone.

ânerie [ɑnʀi] *nf (caractère)* stupidity; *(parole)* stupid remark; *(gaffe)* blunder. **dire des ~s** to talk rubbish.

ânesse [ɑnɛs] *nf* she-ass.

anesthésie [anɛstezi] *nf* anaesthetic. **faire une ~** to give an anaesthetic. ◆ **anesthésique** *adj, nm* anaesthetic. ◆ **anesthésiste** *nmf* anaesthetist.

ange [ɑ̃ʒ] *nm* angel. **oui mon ~** yes, darling; **avoir une patience d'~** to have the patience of a saint; **un ~ passa** there was an awkward pause; **être aux ~s** to be in seventh heaven; **~ gardien** *(Rel, fig)* guardian angel; *(garde du corps)* bodyguard. ◆ **angélique** *adj* angelic.

angélus [ɑ̃ʒelys] *nm* angelus.

angine [ɑ̃ʒin] *nf* : **avoir une ~** to have tonsillitis.

anglais, e [ɑ̃glɛ, ɛz] — **1** *adj* English. — **2** *nm* **(a)** **A~** Englishman; **les A~** English people, the English; *(hommes)* Englishmen. **(b)** *(Ling)* English. — **3** *nf* **(a)** **A~e** Englishwoman. **(b)** *(Coiffure)* **~es** ringlets. — **4** *adv* : **parler ~** to speak English.

angle [ɑ̃gl(ə)] *nm (gén)* angle; *(coin)* corner. **le magasin qui fait l'~** the shop on the corner; **à ~ droit** at right angles.

Angleterre [ɑ̃glətɛʀ] *nf* England.

anglican, e [ɑ̃glikɑ̃, an] *adj, nm,f* Anglican.

angliciste [ɑ̃glisist(ə)] *nmf (étudiant)* student of English; *(spécialiste)* anglicist. ◆ **anglicisme** *nm* anglicism.

anglo- [ɑ̃glɔ] *préf* anglo-. ◆ **anglo-saxon, -onne** *adj, nmf* Anglo-Saxon. ◆ **anglophile** *adj, nmf* : **être ~** to be an anglophile. ◆ **anglophobe** *adj, nmf* : **être ~** to be an anglophobe. ◆ **anglophone** — **1** *adj* English-speaking. — **2** *nmf* English speaker.

angoisse [ɑ̃gwas] *nf* anguish. ◆ **angoissant, e** *adj* agonizing. ◆ **angoissé, e** *adj (voix)* anguished; *(question)* agonized. **être ~** to be in anguish. ◆ **angoisser** (1) *vt* to cause anguish to.

anguille [ɑ̃gij] *nf* eel. **il y a ~ sous roche** there's something in the wind.

anicroche* [anikʀɔʃ] *nf* hitch, snag. **sans ~s** smoothly, without a hitch.

animal, e, *mpl* **-aux** [animal, o] *adj, nm* animal. **quel ~!*** what a lout!

animateur, -trice [animatœʀ, tʀis] *nm,f (spectacle)* compère; *(centres culturels)* leader, organizer.

animation [animɑsjɔ̃] *nf (gén)* liveliness, animation; *(affairement)* bustle. **mettre de l'~ dans une réunion** to liven up a meeting.

animé, e [anime] *adj (gén)* lively; *(discussion)* animated; *(rue)* busy. *(Philos)* **être ~** animate being.

animer [anime] (1) — **1** *vt* **(a)** *(groupe)* to lead; *(réunion)* to conduct; *(spectacle)* to compère; *(conversation)* to liven up. **(b)** *(sentiment, mouvement)* to drive. **la joie qui anime son visage** the joy that shines in his face; **animé d'un mouvement régulier** moving in a steady rhythm. — **2 s'animer** *vpr (personne, rue)* to come to life; *(conversation)* to liven up; *(yeux)* to light up.

animosité [animozite] *nf* animosity.

anis [ani(s)] *nm (plante)* anise; *(Culin)* aniseed.

ankyloser [ɑ̃kiloze] (1) — **1** *vt* to stiffen. **être ankylosé** to be stiff. — **2 s'ankyloser** *vpr* to get stiff.

annales [anal] *nfpl* annals.

anneau, *pl* **~x** [ano] *nm (gén)* ring; *(chaîne)* link; *(serpent)* coil.

année [ane] *nf* year. **tout au long de l'~** the whole year round; **les ~s 20** the 20s; **~ bissextile** leap year.

annexe [anɛks(ə)] — **1** *adj (dépenses)* subsidiary. — **2** *nf (Constr)* annexe; *(document)* annex (*de* to). ◆ **annexer** (1) *vt (territoire)* to annex; *(document)* to append (*à* to). ◆ **annexion** *nf* annexation.

anniversaire [anivɛʀsɛʀ] *nm (naissance)* birthday; *(événement)* anniversary.

annonce [anɔ̃s] *nf* announcement; *(publicité)* advertisement. **petites ~s** small ads.

annoncer [anɔ̃se] (3) — **1** *vt* **(a)** *(fait, personne)* to announce (*à* to). **~ la mauvaise nouvelle à qn** to break the bad news to sb; **on annonce un grave incendie** a serious fire is reported to have broken out. **(b)** *(prédire)* *(pluie, chômage)* to forecast; *(par un présage)* to foretell. **ce radoucissement annonce la pluie** this warmer weather is a sign of rain. **(c)** *(dénoter)* to indicate. — **2 s'annoncer** *vpr (personne)* to announce o.s.;

(événement) to approach. **ça s'annonce difficile** it looks like being difficult.
annonceur [anɔ̃sœʀ] *nm (publicité)* advertiser; *(speaker)* announcer.
annotation [anɔtɑsjɔ̃] *nf* annotation. ◆ **annoter** (1) *vt* to annotate.
annuaire [anɥɛʀ] *nm* : ~ **(téléphonique)** telephone directory, phone book*.
annuel, -elle [anɥɛl] *adj* annual, yearly.
annulaire [anylɛʀ] *nm* ring *ou* third finger.
annulation [anylɑsjɔ̃] *nf (contrat)* nullification; *(commande)* cancellation; *(mariage)* annulment. ◆ **annuler** (1) *vt* to nullify; to annul; to cancel.
anodin, e [anɔdɛ̃, in] *adj (gén)* insignificant; *(blessure)* harmless.
anomalie [anɔmali] *nf* anomaly.
anonymat [anɔnima] *nm* anonymity. **garder l'~** to remain anonymous. ◆ **anonyme** *adj (sans nom)* anonymous; *(impersonnel)* impersonal.
anorak [anɔʀak] *nm* anorak.
anormal, e, *mpl* **-aux** [anɔʀmal, o] *adj* abnormal.
anse [ɑ̃s] *nf (tasse)* handle; *(Géog)* cove.
antagonisme [ɑ̃tagɔnism(ə)] *nm* antagonism. ◆ **antagoniste** — **1** *adj* antagonistic. — **2** *nmf* antagonist.
antan [ɑ̃tɑ̃] *nm* : **d'~** of long ago.
antarctique [ɑ̃taʀktik] — **1** *adj* antarctic. — **2** *nm* : **l'A~** the Antarctic.
antécédent [ɑ̃tesedɑ̃] *nm* antecedent. *(Méd)* **~s** previous history.
antenne [ɑ̃tɛn] *nf* **(a)** *(insecte)* antenna, feeler; *(TV)* aerial. **(b)** *(Rad, TV) (station)* station; *(écoute)* **sur** *ou* **à l'~** on the air; **gardez l'~** stay tuned in; **je donne l'~ à Paris** over to Paris. **(c)** *(succursale)* sub-branch; *(Méd)* emergency unit.
antérieur, e [ɑ̃teʀjœʀ] *adj (situation)* previous, former; *(partie)* front. **membre ~** forelimb; **c'est ~ à 1980** it was before 1980. ◆ **antérieurement** *adv* earlier. **~ à** before, prior to.
anthologie [ɑ̃tɔlɔʒi] *nf* anthology.
anthracite [ɑ̃tʀasit] — **1** *nm* anthracite. — **2** *adj inv* charcoal grey.
anthropophage [ɑ̃tʀɔpɔfaʒ] *adj, nm* cannibal. ◆ **anthropophagie** *nf* cannibalism.
anti [ɑ̃ti] *préf* anti-. **antisémitisme** *etc* antisemitism *etc;* **sérum antitétanique** tetanus serum; **campagne antialcoolique** campaign against alcohol.
antiaérien, -ienne [ɑ̃tiaeʀjɛ̃, jɛn] *adj (canon)* anti-aircraft; *(abri)* air-raid.
antiatomique [ɑ̃tiatɔmik] *adj* : **abri ~** fallout shelter.
antibiotique [ɑ̃tibjɔtik] *adj, nm* antibiotic.
antibrouillard [ɑ̃tibʀujaʀ] *adj, nm* : **phare ~** fog lamp.
antichambre [ɑ̃tiʃɑ̃bʀ(ə)] *nf* antechamber.
antichoc [ɑ̃tiʃɔk] *adj (montre)* shockproof.
anticipation [ɑ̃tisipɑsjɔ̃] *nf* : **roman d'~** science fiction novel. ◆ **anticiper** (1) *vti* to anticipate. **~ sur qch** to anticipate sth. ◆ **anticipé, e** *adj (retour)* early; *(paiement)* advance. **avec mes remerciements ~s** thanking you in advance.
anticyclone [ɑ̃tisiklon] *nm* anticyclone.
antidote [ɑ̃tidɔt] *nm* antidote.
antigel [ɑ̃tiʒɛl] *nm* antifreeze.
antillais, e [ɑ̃tijɛ, ɛz] *adj,* **A~, e** *nm,f* West Indian. ◆ **Antilles** *nfpl* : **les ~** the West Indies.
antilope [ɑ̃tilɔp] *nf* antelope.
antimite [ɑ̃timit] *nm* mothballs.
antipathie [ɑ̃tipati] *nf* antipathy. ◆ **antipathique** *adj* unpleasant.
antipode [ɑ̃tipɔd] *nm (Géog)* **les ~s** the antipodes; *(fig)* **être aux ~s de qch** to be the polar opposite of sth.
antiquaire [ɑ̃tikɛʀ] *nmf* antique dealer. ◆ **antique** *adj* ancient; *(péj)* antiquated. ◆ **antiquité** *nf (gén)* antiquity; *(meuble)* antique.
antiseptique [ɑ̃tisɛptik] *adj, nm* antiseptic.
antivol [ɑ̃tivɔl] *nm, adj inv* : **dispositif ~** antitheft device.
antre [ɑ̃tʀ(ə)] *nm* den, lair.
anus [anys] *nm* anus.
anxiété [ɑ̃ksjete] *nf* anxiety. ◆ **anxieux, -euse** — **1** *adj* anxious. — **2** *nm,f* worrier.
aorte [aɔʀt(ə)] *nf* aorta.
août [u] *nm* August; *V* **septembre.**
apaisant, e [apɛzɑ̃, ɑ̃t] *adj* soothing. ◆ **apaisement** *nm (calme)* calm, quiet; *(soulagement)* relief; *(pour rassurer)* reassurance. ◆ **apaiser** (1) — **1** *vt (personne)* to calm down; *(désir, faim)* to appease; *(douleur, conscience)* to soothe. — **2 s'apaiser** *vpr (personne)* to calm down; *(vacarme, douleur)* to die down.
apathie [apati] *nf* apathy. ◆ **apathique** *adj* apathetic.
apatride [apatʀid] *nmf* stateless person.
apercevoir [apɛʀsəvwaʀ] (28) — **1** *vt (voir)* to see; *(brièvement)* to glimpse; *(remarquer)* to notice; *(danger)* to see, perceive. — **2 s'apercevoir** *vpr* : **s'~ de** to notice; **s'~ que** to notice *ou* realize that.
aperçu [apɛʀsy] *nm* general idea.
apéritif [apeʀitif] *nm* aperitif.
apesanteur [apəzɑ̃tœʀ] *nf* weightlessness.
à-peu-près [apøpʀɛ] *nm inv* vague approximation..
apeuré, e [apœʀe] *adj* frightened, scared.
aphone [afɔn] *adj* voiceless.
aphte [aft(ə)] *nm* mouth ulcer.
apitoyer [apitwaje] (8) *vt* to move to pity. **s'~ sur** to feel pity for.
aplanir [aplaniʀ] (2) *vt (terrain)* to level; *(difficultés)* to smooth away.
aplatir [aplatiʀ] (2) — **1** *vt (gén)* to flatten; *(pli)* to smooth out. — **2 s'aplatir** *vpr* **(a)** *(personne)* to flatten o.s. *(contre* against); (* ; *tomber)* to fall flat on one's face; *(s'humilier)* to grovel *(devant* before). **(b)** *(choses) (devenir plus plat)* to become flatter; *(s'écraser)* to smash *(contre* against). **aplati** flat.
aplomb [aplɔ̃] *nm (assurance)* self-assurance; *(insolence)* nerve, cheek*; *(équilibre)* balance; *(verticalité)* plumb. **d'~** *(corps)* steady; *(mur)* plumb; **tu n'as pas l'air d'~*** you look out of sorts; **se remettre d'~** to get back on one's feet again.
apocalypse [apɔkalips(ə)] *nf* : **l'A~** Revelation, the Apocalypse. ◆ **apocalyptique** *adj* apocalyptic.
apogée [apɔʒe] *nm* apogee.
apoplexie [apɔplɛksi] *nf* apoplexy.
apostrophe [apɔstʀɔf] *nf (Gram)* apostrophe; *(interpellation)* rude remark. ◆ **apostropher** (1) *vt* to shout at.
apothéose [apɔteoz] *nf* apotheosis.
apôtre [apotʀ(ə)] *nm* apostle.
apparaître [apaʀɛtʀ(ə)] (57) *vi* to appear *(à* to); *(fièvre, boutons)* to break out.
apparat [apaʀa] *nm (pompe)* pomp. **d'~** ceremonial.
appareil [apaʀɛj] *nm (instrument)* appliance; *(poste)* set; *(téléphone)* telephone; *(Aviat)* air

craft *(inv)*; *(dentier)* brace; *(pour fracture)* splint. ~ **digestif** digestive system; **qui est à l'~?** who's speaking?; **un ~-photo** a camera; ~ **à sous** *(distributeur)* slot machine; *(jeu)* fruit machine.

appareiller [apaReje] (1) *vi (Naut)* to cast off.

apparemment [apaRamɑ̃] *adv* apparently.

apparence [apaRɑ̃s] *nf* appearance. **malgré les ~s** in spite of appearances; **selon toute ~** in all probability; **en ~** apparently. ◆ **apparent, e** *adj (gén)* apparent; *(poutre)* visible.

apparenter (s') [apaRɑ̃te] (1) *vpr* : **s'~ à** *(ressembler à)* to be similar to.

appariteur [apaRitœR] *nm (Univ)* attendant.

apparition [apaRisjɔ̃] *nf (arrivée)* appearance; *(boutons, fièvre)* outbreak; *(spectre)* apparition. **faire son ~** to appear.

appartement [apaRtəmɑ̃] *nm* flat, apartment *(US)*.

appartenance [apaRtənɑ̃s] *nf* membership (*à* of).

appartenir [apaRtəniR] (22) — **1 appartenir à** *vt indir* to belong to. — **2** *vb impers* : **il m'appartient de le faire** it is up to me to do it.

appât [apɑ] *nm* bait. **mordre à l'~** to rise to the bait; **l'~ du gain** the lure of gain. ◆ **appâter** (1) *vt (gibier, client)* to lure, entice; *(piège)* to bait.

appauvrir [apovRiR] (2) — **1** *vt* to impoverish. — **2 s'appauvrir** *vpr* to grow poorer. ◆ **appauvrissement** *nm* impoverishment.

appel [apɛl] *nm* **(a)** *(cri)* call; *(demande pressante)* appeal. ~ **à l'aide** call for help; **faire ~ à** *(générosité)* to appeal to; *(pompiers)* to call on; **ça fait ~ à des connaissances spéciales** it calls for specialist knowledge; *(Scol)* **faire l'~** to call the register. **(b)** *(Jur)* appeal. **faire ~ d'un jugement** to appeal against a judgment. **(c)** *(élan)* take-off. **(d)** ~ **d'air** draught; ~ **téléphonique** phone call; **faire un ~ de phares** to flash one's headlights.

appelé [aple] *nm (Mil)* conscript, draftee *(US)*. *(Rel, fig)* **il y a beaucoup d'~s et peu d'élus** many are called but few are chosen.

appeler [aple] (4) — **1** *vt (gén)* to call; *(pompiers, nom)* to call out; *(téléphoner à)* to call, phone; *(médecin)* to send for. ~ **un chat un chat** to call a spade a spade; ~ **qn à l'aide** to call to sb for help; ~ **qn à un poste** to appoint sb to a post; **la méthode est appelée à se généraliser** the method is likely to become widespread; **ça appelle des explications** it calls for an explanation; **en ~ à** to appeal to; **en ~ de** to appeal against. — **2 s'appeler** *vpr* : **il s'appelle Paul** his name is Paul, he's called Paul.

appellation [apelɑsjɔ̃] *nf (label)* appellation; *(mot)* term, name.

appendicite [apɛ̃disit] *nf* appendicitis.

appentis [apɑ̃ti] *nm* lean-to.

appesantir [apəzɑ̃tiR] (2) — **1** *vt (lit)* to make heavy; *(autorité)* to strengthen (*sur* over). — **2 s'appesantir** *vpr* to grow heavier; to grow stronger. **s'~ sur un sujet** to dwell on a subject.

appétissant, e [apetisɑ̃, ɑ̃t] *adj* appetizing. ◆ **appétit** *nm* appetite (*de* for). **avoir de l'~** to have a good appetite; **mettre qn en ~** to give sb an appetite; **manger avec ~** to eat heartily.

applaudir [aplodiR] (2) — **1** *vti (lit)* to applaud, clap. — **2 applaudir à** *vt indir (initiative)* to applaud. — **3 s'applaudir** *vpr* to congratulate o.s. (*d'avoir fait* for having done). ◆ **applaudissement** *nm* : ~**s** applause.

applicable [aplikabl(ə)] *adj* applicable (*à* to).

application [aplikɑsjɔ̃] *nf* **(a)** (*V* **appliquer**) application; implementation; use. **mettre en ~** to implement; **les ~s d'une théorie** the applications of a theory. **(b)** *(attention)* application (*à qch* to sth).

applique [aplik] *nf* wall lamp.

appliqué, e [aplike] *adj (personne)* painstaking; *(écriture)* careful. **linguistique** *etc* ~**e** applied linguistics *etc*.

appliquer [aplike] (1) — **1** *vt (gén)* to apply (*à* to); *(décision)* to implement; *(recette)* to use; *(gifle)* to give. ~ **sa main sur qch** to put one's hand on sth; **faire ~ la loi** to enforce the law. — **2 s'appliquer** *vpr (élève)* to apply o.s. (*à faire* to doing).

appoint [apwɛ̃] *nm* : **faire l'~** to give the right money; **salaire d'~** extra income. ◆ **appointements** *nmpl* salary.

apport [apɔR] *nm (capitaux, culture)* contribution; *(chaleur, eau)* supply. **l'~ en vitamines d'un aliment** the vitamins supplied by a food.

apporter [apɔRte] (1) *(gén)* to bring (*à* to); *(modification)* to introduce; *(solution)* to supply; *(soin)* to exercise (*à faire* in doing). **apporte-le-lui** take it to him; **apporte-le en montant** bring it up.

apposition [apozisjɔ̃] *nf* apposition.

appréciable [apResjabl(ə)] *adj* appreciable. ◆ **appréciation** *nf* assessment, estimation. **je le laisse à votre ~** I leave you to judge for yourself. ◆ **apprécier** (7) *vt (évaluer)* to estimate, assess; *(aimer)* to appreciate. **mets très apprécié** much appreciated dish.

appréhender [apReɑ̃de] (1) *vt (arrêter)* to apprehend; *(redouter)* to dread (*de faire* doing). ~ **que** to fear that. ◆ **appréhension** *nf* apprehension. **avoir de l'~** to be apprehensive.

apprendre [apRɑ̃dR(ə)] (58) *vt* **(a)** *(leçon, métier)* to learn; *(fait)* to learn of. **(b)** ~ **qch à qn** *(nouvelle)* to tell sb of sth; *(science)* to teach sb sth; **ça lui apprendra!** that'll teach him!

apprenti, e [apRɑ̃ti] *nm,f (métier)* apprentice; *(débutant)* novice. ◆ **apprentissage** *nm* apprenticeship; *(fig)* initiation (*de* into). **école d'~** training school.

apprêter [apRete] (1) — **1** *vt* to get ready. — **2 s'apprêter** *vpr* **(a)** to get ready (*à qch* for sth, *à faire* to do). **(b)** *(toilette)* to get o.s. ready.

apprivoiser [apRivwaze] (1) *vt* to tame. **s' ~** to become tame; **apprivoisé** tame.

approbateur, -trice [apRɔbatœR, tRis] *adj* approving. ◆ **approbation** *nf* approval, approbation.

approchant, e [apRɔʃɑ̃, ɑ̃t] *adj (genre)* similar (*de* to); *(résultat)* close (*de* to).

approche [apRɔʃ] *nf* approach. **à l'~ de l'hiver** as winter draws near *ou* approaches; **les ~s de la ville** the approaches to the town.

approché, e [apRɔʃe] *adj* approximate.

approcher [apRɔʃe] (1) — **1** *vt (objet)* to move near (*de* to); *(personne)* to approach. — **2** *vi* to approach. **approche!** come here!; ~ **de** to approach. — **3 s'approcher** *vpr (venir)* to approach. **il s'approcha de moi** he came up to me, he approached me.

approfondir [apRɔfɔ̃diR] (2) — **1** *vt (gén)* to deepen; *(étude)* to go deeper into. **examen**

approfondi detailed examination. — **2 s'approfondir** *vpr* to become deeper.
approprier (s') [apRɔpRije] (7) *vpr (bien, droit)* to appropriate. **s'~ à** to suit; **méthode appropriée** appropriate *ou* suitable method.
approuver [apRuve] (1) *vt (personne)* to agree with; *(décision)* to approve of.
approvisionnement [apRɔvizjɔnmɑ̃] *nm (action)* supplying (*en, de* of). *(réserves)* **~s** supplies, provisions. ◆ **approvisionner** (1) — **1** *vt (magasin)* to supply (*en, de* with); *(compte)* to pay money into. **bien approvisionné en fruits** well stocked with fruit. — **2 s'approvisionner** *vpr* to stock up (*en* with). **s'~ au marché** to shop at the market.
approximatif, -ive [apRɔksimatif, iv] *adj (évaluation)* approximate, rough; *(termes)* vague. ◆ **approximativement** *adv* approximately, roughly. ◆ **approximation** *nf* approximation, rough estimate.
appui [apɥi] — **1** *nm* support. **prendre ~ sur** *(personne)* to lean on; *(objet)* to rest on; **~ de fenêtre** window sill; **à l'~ de qch** in support of sth. ◆ **appui(e)-bras** *nm inv* armrest. ◆ **appui(e)-tête** *nm inv* headrest.
appuyer [apɥije] (8) — **1** *vt (doigt)* to press (*sur* on); *(personne, thèse)* to support. **~ qch contre qch** to lean sth against sth. — **2** *vi* : **~ sur** *(sonnette)* to press; *(argument)* to stress; **~ sur des colonnes** to rest on pillars. — **3 s'appuyer** *vpr* : **s'~ sur** *(mur)* to lean on; *(preuve)* to rely on.
âpre [ɑpR(ə)] *adj (gén)* bitter; *(temps)* raw; *(son)* harsh; *(concurrence, critique)* fierce. **~ au gain** grasping. ◆ **âpreté** *nf* bitterness; rawness; harshness; fierceness.
après [apRɛ] — **1** *prép* after. **~ coup** afterwards; **~ quoi** after which, and afterwards; **~ tout** after all; **collé ~ le mur** stuck on the wall; **crier ~ qn** to shout at sb; **en colère ~ qn** angry with sb; **~ que vous lui aurez parlé** after you have spoken to him; **d'~ lui** according to him; **d'~ Balzac** adapted from Balzac. — **2** *adv (ensuite)* afterwards, after. *(plus tard)* **2 jours ~** 2 days later; **et puis ~?** *(lit)* and then what?; *(et alors)* so what?; **le mois d'~** the following month. — **3** : **~-demain** *adv* the day after tomorrow; **~-guerre** *nm* post-war years; **~-midi** *nm ou nf inv* afternoon.
à-propos [apRɔpo] *nm (remarque)* aptness; *(personne)* presence of mind.
apte [apt(ə)] *adj* : **~ à qch** capable of sth; **~ à faire** capable of doing; *(Mil)* **~ (au service)** fit for service. ◆ **aptitude** *nf* aptitude (*à faire* for doing), ability (*à faire* to do).
aquarelle [akwaRɛl] *nf (technique)* watercolours; *(tableau)* watercolour.
aquarium [akwaRjɔm] *nm* aquarium.
aquatique [akwatik] *adj* aquatic.
aqueduc [akdyk] *nm* aqueduct.
arabe [aRab] — **1** *adj (gén)* Arabian; *(nation)* Arab; *(langue)* Arabic. — **2** *nm (Ling)* Arabic. — **3** *nmf* : **A~** Arab. ◆ **Arabie** *nf* Arabia. **~ Saoudite, ~ Séoudite** Saudi Arabia.
arable [aRabl(ə)] *adj* arable.
arachide [aRaʃid] *nf* peanut, groundnut.
araignée [aReɲe] *nf* spider. **~ de mer** spider crab.
arbalète [aRbalɛt] *nf* crossbow.
arbitraire [aRbitRɛR] *adj, nm* arbitrary. **l'~ de qch** the arbitrary nature of sth.
arbitrage [aRbitRaʒ] *nm (gén, Jur)* arbitration; *(Sport)* refereeing; *(Tennis)* umpiring. ◆ **arbitre** *nm* arbiter; referee; umpire; *(Jur)* arbitrator. ◆ **arbitrer** (1) *vt* to arbitrate; to referee; to umpire.
arborer [aRbɔRe] (1) *vt (gén)* to display; *(vêtement, médaille, sourire)* to wear; *(drapeau)* to bear; *(gros titre)* to carry.
arbre [aRbR(ə)] *nm* tree; *(Tech)* shaft. **~ à cames** camshaft; **~ généalogique** family tree; **~ de Noël** Christmas tree. ◆ **arbrisseau,** *pl* **~x** *nm* shrub. ◆ **arbuste** *nm* bush.
arc [aRk] *nm (arme)* bow; *(Géom, Élec)* arc; *(Archit)* arch. **en ~ de cercle** in a semi-circle.
arcade [aRkad] *nf* arch.
arcanes [aRkan] *nmpl* mysteries.
arc-bouter (s') [aRkbute] (1) *vpr* to lean (*contre* against, *sur* on).
arc-en-ciel, *pl* **~s-~-~** [aRkɑ̃sjɛl] *nm* rainbow.
archaïque [aRkaik] *adj* archaic. ◆ **archaïsme** *nm* archaism.
archange [aRkɑ̃ʒ] *nm* archangel.
arche [aRʃ(ə)] *nf (Archit)* arch. **l'~ de Noé** Noah's Ark.
archéologie [aRkeɔlɔʒi] *nf* archaeology. ◆ **archéologique** *adj* archaeological. ◆ **archéologue** *nmf* archaeologist.
archétype [aRketip] *nm* archetype.
archevêque [aRʃəvɛk] *nm* archbishop. ◆ **archevêché** *nm (territoire)* archbishopric; *(palais)* archbishop's palace.
archi... [aRʃi] *préf (riche)* enormously; *(faux)* totally, quite. **~ duc** *etc* archduke *etc.*
archipel [aRʃipɛl] *nm* archipelago.
architecte [aRʃitɛkt(ə)] *nm* architect. ◆ **architecture** *nf* architecture.
archives [aRʃiv] *nfpl* records, archives.
arctique [aRktik] *adj, nm* Arctic.
ardent, e [aRdɑ̃, ɑ̃t] *adj (soleil)* blazing; *(foi, partisan)* fervent, ardent; *(yeux, chaleur)* burning (*de* with). ◆ **ardeur** *nf* fervour, ardour.
ardoise [aRdwaz] *nf* slate.
ardu, e [aRdy] *adj* difficult.
arène [aRɛn] *nf* arena.
arête [aRɛt] *nf (poisson)* fishbone; *(cube)* edge; *(montagne)* ridge.
argent [aRʒɑ̃] *nm* **(a)** *(métal, couleur)* silver. **cuiller en ~** silver spoon. **(b)** *(Fin)* money. **~ de poche** pocket money; **payer ~ comptant** to pay cash; **on en a pour son ~** we get good value for money. ◆ **argenté, e** *adj (couleur)* silver, silvery; *(couverts)* silver-plated. ◆ **argenterie** *nf* silverware.
Argentine [aRʒɑ̃tin] *nf* : **l'~** Argentina, the Argentine.
argile [aRʒil] *nf* clay.
argot [aRgo] *nm* slang. ◆ **argotique** *adj* slangy.
argument [aRgymɑ̃] *nm* argument. ◆ **argumentation** *nf* argumentation.
argus [aRgys] *nm* : guide to secondhand car prices.
aride [aRid] *adj* arid. ◆ **aridité** *nf* aridity.
aristocrate [aRistɔkRat] *nmf* aristocrat. ◆ **aristocratie** *nf* aristocracy. ◆ **aristocratique** *adj* aristocratic.
arithmétique [aRitmetik] — **1** *nf* arithmetic. — **2** *adj* arithmetical.
arlequin [aRləkɛ̃] *nm* Harlequin.
armateur [aRmatœR] *nm* shipowner.
armature [aRmatyR] *nf* framework.
arme [aRm(ə)] *nf* weapon, arm. **~ à feu** firearm, gun; **enseigne aux ~s de** sign bearing the arms of; **à ~s égales** on equal terms; **passer qn par les ~s** to shoot sb *(by firing squad)*; **partir avec**

~s et bagages to pack up and go; **prendre les ~s** to take up arms; **aux ~s!** to arms!

armée [aʀme] *nf* army. **quelle ~ d'incapables*** what a useless bunch*; **l'~ de l'air** the Air Force; **l'~ du Salut** the Salvation Army.

armement [aʀməmɑ̃] *nm (soldat)* arms, weapons; *(pays)* armament.

armer [aʀme] (1) — **1** *vt (personne)* to arm (*de* with); *(navire)* to fit out, equip; *(fusil)* to cock; *(appareil-photo)* to wind on. — **2 s'armer** *vpr* to arm o.s.

armistice [aʀmistis] *nm* armistice.

armoire [aʀmwaʀ] *nf (gén)* cupboard; *(penderie)* wardrobe. **~ à pharmacie** medicine cabinet.

armoiries [aʀmwaʀi] *nfpl* coat of arms.

armure [aʀmyʀ] *nf* armour. ◆ **armurier** *nm (fusils)* gunsmith; *(couteaux)* armourer. ◆ **armurerie** *nf* gunsmith's; armourer's.

aromate [aʀɔmat] *nm (thym etc)* herb; *(poivre etc)* spice. **~s** seasoning. ◆ **aromatique** *adj* aromatic. ◆ **aromatiser** (1) *vt* to flavour. ◆ **arôme** *nm* aroma.

arpenter [aʀpɑ̃te] (1) *vt (marcher)* to pace up and down; *(mesurer)* to survey. ◆ **arpenteur** *nm* (land) surveyor.

arquer [aʀke] (1) *vt (tige)* to curve; *(dos)* to arch. **il a les jambes arquées** he's bow-legged.

arrache-pied (d') [daʀaʃpje] *adv* relentlessly.

arracher [aʀaʃe] (1) *vt (légume)* to lift; *(plante)* to pull up; *(dent)* to take out, extract; *(poil, clou)* to pull out; *(chemise, affiche)* to tear off. **~ qch à qn** to snatch *ou* grab sth from sb; **~ qn à la mort** to snatch sb away from death; **s'~ les cheveux** to tear one's hair.

arrangeant, e [aʀɑ̃ʒɑ̃, ɑ̃t] *adj* obliging.

arrangement [aʀɑ̃ʒmɑ̃] *nm* arrangement.

arranger [aʀɑ̃ʒe] (3) — **1** *vt* **(a)** *(objets, rencontre)* to arrange. **(b)** *(réparer) (gén)* to fix, repair; *(querelle)* to settle, sort out. **ça n'arrange rien** it doesn't help matters. **(c)** *(contenter)* to suit. **si ça vous arrange** if that suits you, if that's convenient for you. — **2 s'arranger** *vpr (se mettre d'accord)* to come to an arrangement; *(s'améliorer)* to get better; *(se débrouiller)* to manage. **arrangez-vous avec lui** sort it out with him.

arrestation [aʀɛstɑsjɔ̃] *nf* arrest. **en état d'~** under arrest.

arrêt [aʀɛ] *nm* **(a)** *(gén)* stop; *(bouton)* stop button. *(action)* **l'~ de qch** the stopping of sth; **~ du cœur** cardiac arrest; **~ de travail** *(grève)* stoppage; *(congé)* sick leave; **5 minutes d'~** a 5-minute stop; **tomber en ~** to stop short; **sans ~** *(sans interruption)* without stopping, non-stop; *(fréquemment)* constantly. **(b)** *(Jur : décision)* ruling, decision. **~ de mort** death sentence; *(Mil)* **aux ~s** under arrest.

arrêté, e [aʀete] — **1** *adj (idée etc)* firm. — **2** *nm (loi)* order. **~ municipal** ≃ bye-law.

arrêter [aʀete] (1) — **1** *vt* **(a)** *(gén)* to stop; *(progression)* to check, halt; *(études)* to give up; *(criminel)* to arrest. **arrêtez-moi près de la poste** drop me by the post office. **(b)** *(décider : jour, plan)* to decide on; *(choix)* to make. — **2** *vi* to stop. **~ de fumer** to give up *ou* stop smoking. — **3 s'arrêter** *vpr* to stop. **s'~ sur le bas-côté** to pull up *ou* stop by the roadside; **s'~ net** to stop dead; **sans s'~** without stopping, without a break; **s'~ à** *(détails)* to pay too much attention to.

arrhes [aʀ] *nfpl* deposit.

arrière [aʀjɛʀ] — **1** *nm (gén)* back; *(bateau)* stern; *(train)* rear; *(Sport)* fullback. *(Mil)* les **~s** the rear; **faire un pas en ~** to step back(wards); **100 ans en ~** 100 years ago; **revenir en ~** to go back; **à l'~** at the back (*de* of). — **2** *adj inv* : **roue ~** rear wheel; **siège ~** back seat. — **3** *préf* **~-grand-mère** *etc* great-grandmother *etc*; **~-boutique** back shop; **~-cuisine** scullery; **~-garde** rearguard; **~-goût** aftertaste; **~-pensée** ulterior motive; **~-plan** background.

arriéré, e [aʀjeʀe] — **1** *adj* backward. — **2** *nm (travail)* backlog; *(paiement)* arrears.

arrimer [aʀime] (1) *vt (cargaison)* to stow; *(colis)* to secure.

arrivage [aʀivaʒ] *nm (marchandises)* arrival; *(touristes)* fresh load *ou* influx.

arrivant, e [aʀivɑ̃, ɑ̃t] *nm,f* newcomer.

arrivée [aʀive] *nf (gén)* arrival, coming; *(course)* finish. **~ de gaz** gas inlet.

arriver [aʀive] (1) — **1** *vt* **(a)** *(destination)* to arrive. *(lit, fig)* **~ à qch** to come to sth; **~ chez soi** to arrive *ou* get *ou* reach home; **j'arrive!** I'm coming!; **il ne t'arrive pas à la cheville** he can't hold a candle to you. **(b)** *(réussir)* to succeed *ou* get on in life. **~ à faire qch** to succeed in doing sth, manage to do sth. **(c)** *(se produire)* to happen. **faire ~ un accident** to bring about an accident. — **2** *vb impers* **il lui est arrivé un malheur** something dreadful has happened to him; **il lui arrivera des ennuis** he'll get himself into trouble; **quoi qu'il arrive** whatever happens; **il m'arrive d'oublier, il arrive que j'oublie** I sometimes forget.

arrivisme [aʀivism(ə)] *nm* pushfulness. ◆ **arriviste** *nmf* go-getter*.

arrogance [aʀɔgɑ̃s] *nf* arrogance. ◆ **arrogant, e** *adj* arrogant.

arroger (s') [aʀɔʒe] (3) *vpr* to assume (without right).

arrondi, e [aʀɔ̃di] — **1** *adj* round. — **2** *nm* roundness. ◆ **arrondir** (2) *vt (objet)* to make round; *(coin, nombre)* to round off (*à* to). **~ sa fortune** to increase one's wealth; **~ les angles** to smooth things over.

arroser [aʀoze] (1) *vt (gén)* to water. **~ un succès** to drink to a success; **~ qch d'essence** to pour petrol over sth; **se faire ~** to get drenched *ou* soaked. ◆ **arroseuse** *nf* water cart. ◆ **arrosoir** *nm* watering can.

arsenal, *pl* **-aux** [aʀsənal, o] *nm (Mil)* arsenal; *(* : collection)* collection.

art [aʀ] *nm (gén)* art; *(adresse)* skill. **les ~s et métiers** industrial arts and crafts; **avoir l'~ de faire qch** to have the art *ou* knack of doing sth.

artère [aʀtɛʀ] *nf* artery; *(rue)* road.

artichaut [aʀtiʃo] *nm* artichoke.

article [aʀtikl(ə)] *nm (gén)* article; *(produit)* item, product; *(de dictionnaire)* entry. **~s de voyage** travel goods; **faire l'~ à qn** to give sb the sales patter; **à l'~ de la mort** at the point of death.

articulation [aʀtikylɑsjɔ̃] *nf (os)* joint; *(doigts)* knuckle; *(Tech, Ling)* articulation; *(discours)* link. ◆ **articuler** (1) *vt (gén)* to articulate; *(prononcer)* to pronounce.

artifice [aʀtifis] *nm* trick. *(Art)* **l'~** artifice. ◆ **artificiel, -elle** *adj* artificial.

artillerie [aʀtijʀi] *nf* artillery.

artimon [aʀtimɔ̃] *nm* mizzen.

artisan [aʀtizɑ̃] *nm* craftsman, artisan. ◆ **artisanal, e,** *mpl* **-aux** *adj* : **fabrication ~e** production by craftsmen. ◆ **artisanat** *nm (métier)* craft industry; *(classe sociale)* artisans.

artiste [aRtist(ə)] *nmf (peintre etc)* artist; *(music-hall)* artiste, entertainer. ◆ **artistique** *adj* artistic.
as [ɑs] *nm (lit, fig)* ace. **l'~ de l'école** the school's star pupil; **c'est passé à l'~*** it went unnoticed.
ascendant, e [asɑ̃dɑ̃, ɑ̃t] — **1** *adj* rising, upward. — **2** *nm (influence)* ascendancy (*sur* over). *(parents)* **~s** ascendants.
ascenseur [asɑ̃sœR] *nm* lift, elevator *(US)*.
ascension [asɑ̃sjɔ̃] *nf (gén)* ascent; *(sociale)* rise. *(Rel)* **l'A~** Ascension Day; **faire l'~ d'une montagne** to climb a mountain.
ascète [asɛt] *nm* ascetic.
asiatique [azjatik] *adj*, **A~** *nmf* Asian. ◆ **Asie** *nf* Asia.
asile [azil] *nm* refuge; *(politique, de fous)* asylum. **~ de vieillards** old people's home.
aspect [aspɛ] *nm (allure)* look, appearance; *(angle)* aspect. **d'~ sinistre** sinister-looking.
asperge [aspɛRʒ(ə)] *nf* asparagus.
asperger [aspɛRʒe] (3) *vt* to splash (*de* with).
aspérité [aspeRite] *nf* bump.
asphalte [asfalt(ə)] *nm* asphalt.
asphyxie [asfiksi] *nf* suffocation, asphyxiation. ◆ **asphyxier** (7) *vt* to suffocate, asphyxiate.
aspirateur [aspiRatœR] *nm* vacuum cleaner, hoover ®. **passer à l'~** to vacuum, hoover.
aspiration [aspiRɑsjɔ̃] *nf* **(a)** *(air)* inhalation; *(Ling)* aspiration; *(liquide)* sucking up. **(b)** *(ambition)* aspiration, longing (*à* for). ◆ **aspirer** (1) — **1** *vt* to inhale; to suck up; to aspirate. — **2 aspirer à** *vt indir* to aspire to.
aspirine [aspiRin] *nf* aspirin.
assagir *vt*, **s'assagir** *vpr* [asaʒiR] (2) to quieten down.
assaillant, e [asajɑ̃, ɑ̃t] *nm,f* assailant. ◆ **assaillir** (13) *vt* to assail (*de* with).
assainir [aseniR] (2) *vt (logement)* to clean up; *(air)* to purify; *(finances)* to stabilize. ◆ **assainissement** *nm* cleaning up; stabilization.
assaisonnement [asɛzɔnmɑ̃] *nm (gén)* seasoning; *(salade)* dressing. ◆ **assaisonner** (1) *vt* to season; to dress.
assassin [asasɛ̃] *nm (gén)* murderer; *(Pol)* assassin. ◆ **assassinat** *nm* murder; assassination. ◆ **assassiner** (1) *vt* to murder; to assassinate.
assaut [aso] *nm* assault, attack (*de* on). **donner l'~** to attack; **prendre d'~** to storm.
assèchement [asɛʃmɑ̃] *nm* drainage. ◆ **assécher** (6) *vt* to drain.
assemblage [asɑ̃blaʒ] *nm (action)* assembling; *(structure)* assembly; *(collection)* collection. ◆ **assemblée** *nf* meeting; *(Pol)* assembly. **l'~ des fidèles** the congregation. ◆ **assembler** *vt*, **s'assembler** *vpr* (1) to assemble.
asséner [asene] (5) *vt (coup)* to strike.
assentiment [asɑ̃timɑ̃] *nm* assent (*à* to).
asseoir [aswaR] (26) — **1** *vt* **(a)** **~ qn** to sit sb down; *(personne couchée)* to sit sb up; **faire ~ qn** to ask sb to sit down. **(b) être assis** to be sitting *ou* seated; **assis entre deux chaises** in an awkward position. **(c)** *(réputation)* to establish. **(d)** (*: *stupéfier*) to stagger, stun. — **2 s'asseoir** *vpr* to sit down; to sit up.
assermenté, e [asɛRmɑ̃te] *adj* sworn.
assertion [asɛRsjɔ̃] *nf* assertion.
asservir [asɛRviR] (2) *vt (personne)* to enslave; *(pays)* to subjugate. ◆ **asservissement** *nm* *(action)* enslavement; *(état)* slavery (*à* to).
assesseur [asesœR] *nm* assessor.
assez [ase] *adv* **(a)** enough. **~ grand** big enough; **pas ~ souvent** not often enough; **avez-vous acheté ~ de pain?** have you bought enough bread?; **il n'est pas ~ sot pour le croire** he is not so stupid as to believe him. **(b)** *(intensif, agréable etc)* rather, quite. **il était ~ tard** it was quite *ou* fairly late; **j'en ai ~ de toi!** I've had enough of you!, I'm fed up with you!
assidu, e [asidy] *adj (ponctuel)* regular; *(appliqué)* assiduous, painstaking. ◆ **assiduité** *nf* regularity; assiduity (*à* to).
assiéger [asjeʒe] (3 et 6) *vt* to besiege.
assiette [asjɛt] *nf* plate. **~ plate** dinner plate; **~ creuse** soup plate; **~ anglaise** assorted cold roast meats; **il n'est pas dans son ~** he's feeling out of sorts. ◆ **assiettée** *nf* plateful.
assigner [asiɲe] (1) *vt (place)* to assign, allocate; *(but)* to set, fix (*à* to). **~ à comparaître** to summons; **~ qn à résidence** to put sb under house arrest.
assimilation [asimilɑsjɔ̃] *nf (gén)* assimilation; *(comparaison)* comparison (*à* to); *(classification)* classification (*à* as). ◆ **assimiler** (1) *vt* to assimilate. **~ qn à** *(comparer)* to liken *ou* compare sb to; *(classer)* to class sb as.
assis, e[1] [asi, iz] *adj V* **asseoir.**
assise[2] [asiz] *nf* basis.
assises [asiz] *nfpl* : **les ~** the assizes.
assistance [asistɑ̃s] *nf* **(a)** *(spectateurs)* audience. **(b)** *(aide)* assistance; *(légale, technique)* aid. **l'A~ publique** ≃ the Health Service; **enfant de l'A~** child in care. **(c)** *(présence)* attendance. ◆ **assistant, e** *nm,f* assistant. **~e sociale** social worker; *(spectateurs)* **les ~s** those present.
assister [asiste] (1) — **1 assister à** *vt indir* *(cérémonie, cours)* to attend; *(spectacle)* to be at; *(événement)* to witness. — **2** *vt (aider)* to assist.
association [asɔsjɑsjɔ̃] *nf (gén)* association; *(collaboration)* partnership. ◆ **associé, e** *nm,f* partner. ◆ **associer** (7) — **1** *vt (gén)* to associate (*à* with). **~ qn à** *(affaire)* to make sb a partner in; *(triomphe)* to include sb in. — **2 s'associer** *vpr (s'unir)* to join together; *(Comm)* to form a partnership. **s'~ à qch** to associate o.s. with sth.
assoiffer [aswafe] (1) *vt* to make thirsty. **assoiffé** thirsty.
assombrir [asɔ̃bRiR] (2) — **1** *vt (lit)* to darken; *(fig)* to fill with gloom. — **2 s'assombrir** *vpr* to darken; to become gloomy.
assommer [asɔme] (1) *vt (étourdir)* to stun; (* : *ennuyer*) to bore.
Assomption [asɔ̃psjɔ̃] *nf* : **l'~** the Assumption; *(jour)* Assumption Day.
assortiment [asɔRtimɑ̃] *nm* assortment.
assortir [asɔRtiR] (2) *vt (accorder)* to match. *(accompagner)* **~ qch de** to accompany sth with; **écharpe assortie** matching scarf.
assoupir (s') [asupiR] (2) *vpr* to doze off. **il est assoupi** he is dozing. ◆ **assoupissement** *nm* doze.
assouplir [asupliR] (2) — **1** *vt (objets)* to make supple; *(règlements)* to relax. — **2 s'assouplir** *vpr* to become supple; to relax. ◆ **assouplissement** *nm* suppling up; relaxing.
assourdir [asuRdiR] (2) *vt (personne)* to deafen; *(étouffer)* to deaden, muffle.
assouvir [asuviR] (2) *vt (faim etc)* to satisfy. ◆ **assouvissement** *nm* satisfaction.

assujettir [asyʒetiʀ] (2) *vt (peuple)* to subjugate. **~ qn à une règle** to subject sb to a rule. **assujetti à une taxe** subject to duty. ◆ **assujettissement** *nm* subjection.
assumer [asyme] (1) *vt (responsabilité)* to take on, assume; *(poste)* to hold; *(rôle)* to fulfil; *(conséquence)* to accept.
assurance [asyʀɑ̃s] *nf (confiance)* self-confidence, (self-)assurance; *(garantie)* assurance; *(contrat)* insurance policy; *(firme)* insurance company. **~ sur la vie** life insurance; **être aux ~s sociales** ≃ to be in the National Insurance scheme.
assuré, e [asyʀe] — **1** *adj (gén)* assured; *(démarche)* steady. **mal ~** unsteady; **~ du succès** sure of success. — **2** *nm,f* policyholder. ◆ **assurément** *adv* assuredly.
assurer [asyʀe] (1) — **1** *vt* **(a) ~ à qn que** to assure sb that; **~ que** to affirm that; **~ qn de qch** to assure sb of sth. **(b)** *(maison etc)* to insure (*contre* against). **(c)** *(surveillance)* to maintain; *(service)* to provide. **~ la protection de** to protect. **(d)** *(succès, paix)* to ensure; *(prise)* to steady; *(Alpinisme)* to belay. — **2 s'assurer** *vpr* to insure o.s. **s'~ sur la vie** to insure one's life; **s'~ la victoire** to secure *ou* ensure victory; **s'~ de qch** to make sure of sth, check sth. ◆ **assureur** *nm (agent)* insurance agent; *(société)* insurance company.
astérisque [asteʀisk(ə)] *nm* asterisk.
asthme [asm(ə)] *nm* asthma.
asticot [astiko] *nm* maggot.
astiquer [astike] (1) *vt* to polish.
astre [astʀ(ə)] *nm* star.
astreindre [astʀɛ̃dʀ(ə)] (49) *vt* : **~ qn à faire** to compel *ou* force sb to do; **s'~ à qch** to compel *ou* force o.s. to do sth; **astreignant** exacting, demanding. ◆ **astreinte** *nf* constraint.
astrologie [astʀɔlɔʒi] *nf* astrology. ◆ **astrologue** *nm* astrologer.
astronaute [astʀɔnot] *nmf* astronaut. ◆ **astronautique** *nf* astronautics *(sg)*.
astronome [astʀɔnɔm] *nm* astronomer. ◆ **astronomie** *nf* astronomy. ◆ **astronomique** *adj* astronomical.
astuce [astys] *nf (adresse)* cleverness; *(truc)* trick; *(jeu de mot)* pun. ◆ **astucieux, -ieuse** *adj* clever.
atelier [atəlje] *nm (ouvrier)* workshop; *(artiste)* studio.
athée [ate] — **1** *adj* atheistic. — **2** *nmf* atheist. ◆ **athéisme** *nm* atheism.
athlète [atlɛt] *nmf* athlete. ◆ **athlétique** *adj* athletic. ◆ **athlétisme** *nm* athletics *(sg)*.
atlantique [atlɑ̃tik] *adj, nm* Atlantic.
atlas [atlɑs] *nm* atlas.
atmosphère [atmɔsfɛʀ] *nf* atmosphere.
atome [atom] *nm* atom. ◆ **atomique** *adj* atomic.
atout [atu] *nm (Cartes)* trump; *(avantage)* asset. **~ cœur** hearts are trumps.
âtre [ɑtʀ(ə)] *nm* hearth.
atroce [atʀɔs] *adj (crime)* atrocious; *(douleur)* excruciating; *(temps etc)* dreadful. ◆ **atrocité** *nf* atrocity.
attabler (s') [atable] (1) *vpr* to sit down at the table.
attache [ataʃ] *nf (boucle)* fastener. *(lit, fig : liens)* **~s** ties. ◆ **attaché** *nm (Pol, Presse)* attaché; *(Admin)* assistant. ◆ **attachement** *nm* attachment (*à* to). ◆ **attacher** (1) *vt* **(a)** *(animal, paquet)* to tie up; *(ensemble)* to tie together; *(ceinture)* to do up, fasten. *(robe)* **s'~ dans le dos** to do up at the back. **(b)** *(importance, valeur)* to attach (*à* to). **être attaché à qch** to be attached to sth.
attaquant, e [atakɑ̃, ɑ̃t] *nm,f* attacker. ◆ **attaque** *nf (gén)* attack. **passer à l'~** to move into the attack; **être d'~** to be on form. ◆ **attaquer** (1) *vt (gén)* to attack; *(problème)* to tackle; *(commencer)* to begin. **~ qn en justice** to bring an action against sb; **s'~ à** *(gén)* to attack; *(problème)* to tackle.
attarder (s') [ataʀde] (1) *vpr* to linger. **attardé** *(en retard)* late; *(mentalement)* backward.
atteindre [atɛ̃dʀ(ə)] (49) *vt* **(a)** *(lieu, objectif)* to reach. **cette tour atteint 30 mètres** this tower is 30 metres high; **~ à la perfection** to attain *ou* achieve perfection. **(b)** *(contacter)* to contact. **(c)** *(pierre, tireur)* to hit (*à* in); *(maladie, reproches)* to affect. **être atteint de** to be suffering from. ◆ **atteinte** *nf* attack (*à* on).
attelage [atlaʒ] *nm* team. ◆ **atteler** (4) *vt* to hitch up (*à* to). **s'~ à** *(tâche)* to get down to.
attenant, e [atnɑ̃, ɑ̃t] *adj* : **~ (à)** adjoining.
attendre [atɑ̃dʀ(ə)] (41) — **1** *vt* **(a) ~ qn** to wait for sb; **~ la fin** to wait until the end; **~ 10 minutes** to wait 10 minutes; **nous attendons qu'il vienne** we are waiting for him to come; **le dîner nous attend** dinner is ready (for us); **une surprise l'attend** there's a surprise awaiting him *ou* in store for him; **en attendant** in the meantime; **attendez un peu** wait a second; **ces fruits ne peuvent pas ~** this fruit won't keep; **faire ~ qn** to keep sb waiting; **se faire ~** to be a long time coming. **(b)** *(escompter)* **~ qch de qn** to expect sth from sb; **~ un enfant** to be expecting a baby. — **2 s'attendre** *vpr* : **s'~ à qch** to expect sth; **je m'attends à ce qu'il écrive** I expect him to write.
attendrir [atɑ̃dʀiʀ] (2) *vt (viande)* to tenderize; *(personne)* to move (to pity). **s'~** to be moved (*sur* by). ◆ **attendri, e** *adj* tender. ◆ **attendrissant, e** *adj* moving. ◆ **attendrissement** *nm* emotion.
attendu, e [atɑ̃dy] — **1** *adj (espéré)* long-awaited; *(prévu)* expected. — **2** *prép* given, considering (*que* that).
attentat [atɑ̃ta] *nm (gén)* attack (*contre* on); *(meurtre)* murder attempt. **~ à la bombe** bomb attack.
attente [atɑ̃t] *nf (gén)* wait; *(espoir)* expectation. **dans l'~ de qch** waiting for sth.
attenter [atɑ̃te] (1) *vi* : **~ à** *(gén)* to attack; *(vie)* to make an attempt on.
attentif, -ive [atɑ̃tif, iv] *adj (gén)* attentive; *(examen)* careful, close. ◆ **attentivement** *adv* attentively; carefully, closely.
attention [atɑ̃sjɔ̃] *nf (gén)* attention; *(soin)* care. **avec ~** *(écouter)* attentively; *(examiner)* carefully, closely; **~!** watch!, mind!, careful!; **~ à la marche** mind the step; **~ à la peinture** (caution) wet paint; **fais ~** be careful; **prêter ~ à qch** to pay attention to sth. ◆ **attentionné, e** *adj* thoughtful, considerate (*pour* towards).
atténuer [atenɥe] (1) — **1** *vt (douleur)* to ease; *(propos)* to tone down; *(punition)* to mitigate; *(son, coup)* to soften. — **2 s'atténuer** *vpr (douleur, bruit)* to die down; *(violence)* to subside.
atterrer [ateʀe] (1) *vt* to dismay, appal.
atterrir [ateʀiʀ] (2) *vi* to land, touch down. ◆ **atterrissage** *nm* landing.
attestation [atɛstɑsjɔ̃] *nf* certificate. ◆ **attester** (1) *vt* **~ (de) qch** to testify to sth.

attifer* [atife] (1) *vt (habiller)* to get up*.
attirail* [atiʀaj] *nm* gear.
attirance [atiʀɑ̃s] *nf* attraction (*pour* for). ◆ **attirant, e** *adj* attractive. ◆ **attirer** (1) *vt (gén)* to attract; *(en appâtant)* to lure, entice; *(foule)* to draw; *(sympathie)* to win, gain. ~ **l'attention de qn sur qch** to draw sb's attention to sth; **tu vas t'~ des ennuis** you're going to bring trouble upon yourself.
attiser [atize] (1) *vt (feu)* to poke up.
attitré, e [atitʀe] *adj (habituel)* regular; *(agréé)* accredited.
attitude [atityd] *nf (maintien)* bearing; *(comportement)* attitude.
attraction [atʀaksjɔ̃] *nf* attraction.
attrait [atʀɛ] *nm* appeal, attraction.
attrape [atʀap] *nf (farce)* trick. ◆ **attrape-nigaud*** *nm* con*.
attraper [atʀape] (1) *vt* **(a)** *(prendre)* to catch; *(accent)* to pick up. **tu vas ~ froid** you'll catch cold. **(b)** *(gronder)* to tell off*. **se faire ~ par qn** to get a telling off from sb*. **(c)** *(tromper)* to take in.
attrayant, e [atʀɛjɑ̃, ɑ̃t] *adj* attractive.
attribuer [atʀibɥe] (1) *vt (gén)* to attribute; *(importance)* to attach; *(prix)* to award; *(rôle, part)* to allocate (*à* to). **s'~ le meilleur rôle** to give o.s. the best role. ◆ **attribut** *nm (symbole)* attribute. **adjectif ~** predicative adjective. ◆ **attribution** *nf* attribution.
attrister [atʀiste] (1) *vt* to sadden.
attroupement [atʀupmɑ̃] *nm* crowd. ◆ **s'attrouper** (1) *vpr* to form a crowd.
au [o] *V* **à.**
aubaine [obɛn] *nf* godsend; *(financière)* windfall.
aube [ob] *nf (aurore)* dawn, daybreak; *(soutane)* alb. **roue à ~s** paddle wheel.
aubépine [obepin] *nf* hawthorn.
auberge [obɛʀʒ(ə)] *nf* inn. **~ de jeunesse** youth hostel. ◆ **aubergiste** *nmf* innkeeper.
aubergine [obɛʀʒin] *nf* aubergine, eggplant.
aucun, e [okœ̃, yn] — **1** *adj (nég)* no, not any; *(positif)* any. **il n'a ~e preuve** he has no proof, he hasn't any proof. — **2** *pron (nég)* none; *(quelqu'un)* anyone. **~ de ses enfants** none of his children; **d'~s** some. ◆ **aucunement** *adv* in no way.
audace [odas] *nf (témérité)* boldness, audacity; *(originalité)* daring. **avoir l'~ de** to dare to. ◆ **audacieux, -ieuse** *adj* bold, audacious; daring.
au-deçà, au-dedans *V* **deçà, dedans** *etc.*
audible [odibl(ə)] *adj* audible.
audience [odjɑ̃s] *nf (entretien)* audience; *(Jur)* hearing.
audio-visuel, -elle [odjɔvizɥɛl] *adj* audiovisual.
auditeur, -trice [oditœʀ, tʀis] *nm,f* listener.
audition [odisjɔ̃] *nf (gén)* hearing; *(Mus : essai)* audition. ◆ **auditoire** *nm* audience. ◆ **auditorium** *nm (Rad)* public studio.
auge [oʒ] *nf* trough.
augmentation [ɔgmɑ̃tasjɔ̃] *nf (action)* increasing, raising (*de* of); *(résultat)* increase, rise (*de* in). ◆ **augmenter** (1) — **1** *vt* to increase, raise. **~ qn de 50 F** to increase sb's salary by 50 francs. — **2** *vi (gén)* to increase; *(prix)* to rise, go up; *(production, inquiétude)* to grow.
augure [ɔgyʀ] *nm (devin)* oracle; *(présage)* omen. **de bon ~** of good omen. ◆ **augurer** (1) *vt* to foresee (*de* from).
auguste [ɔgyst(ə)] *adj* august.
aujourd'hui [oʒuʀdɥi] *adv* today.
aumône [ɔmon] *nf* alms. ◆ **aumônier** *nm* chaplain.
auparavant [opaʀavɑ̃] *adv* before.
auprès [opʀɛ] *prép* : **~ de** *(près de)* next to; *(avec)* with; *(comparé à)* compared with.
auquel [okɛl] *V* **lequel.**
auréole [ɔʀeɔl] *nf* halo; *(tache)* ring.
auriculaire [ɔʀikylɛʀ] *nm* little finger.
aurore [ɔʀɔʀ] *nf* dawn, daybreak.
ausculter [ɔskylte] (1) *vt* to auscultate.
auspices [ɔspis] *nmpl* auspices.
aussi [osi] — **1** *adv* **(a)** *(également)* too, also. **je suis fatigué et eux ~** I'm tired and so are they *ou* and they are also *ou* too *ou* as well. **(b)** *(comparaison)* **~ grand** *etc* **que** as tall *etc* as; **pas ~ souvent** *etc* **que** not so *ou* as often *etc* as; **ça m'a fait ~ mal** it hurt me just as much. **(c)** *(si)* so. **je ne te savais pas ~ bête** I didn't think you were so stupid; **une ~ bonne occasion** such a good opportunity. — **2** *conj (donc)* therefore.
aussitôt [osito] *adv* immediately. **~ arrivé** as soon as he arrived.
austère [ɔstɛʀ] *adj* austere. ◆ **austérité** *nf* austerity.
austral, e, *mpl* **~s** [ɔstʀal] *adj* southern.
Australie [ɔstʀali] *nf* Australia. ◆ **australien, -ienne** *adj,* **A~, -ienne** *nm,f* Australian.
autant [otɑ̃] *adv* **(a)** *(rapport)* **~ d'argent** *etc* **que** as much money *etc* as; **~ d'arbres** *etc* **que** as many trees *etc* as; **je ne peux pas en dire ~** I can't say as much *ou* the same; **~ il est généreux, ~ elle est avare** he is as generous as she is miserly; **il peut crier ~ qu'il veut** he can scream as much as he likes. **(b)** *(tant)* **~ de** *(succès, eau)* so much; *(personnes)* so many. **pourquoi travaille-t-il ~?** why does he work so much *ou* so hard? **(c) d'autant : ce sera augmenté d'~** it will be increased in proportion; **c'est d'~ plus dangereux qu'il n'y a pas de parapet** it's all the more dangerous since *ou* because there is no parapet. **(d)** *(hypothèse)* **~ que possible** as much *ou* as far as possible; **~ dire qu'il est fou** you might as well say that he's mad; **il ne vous remerciera pas pour ~** for all that you won't get any thanks from him.
autel [otɛl] *nm* altar.
auteur [otœʀ] *nm (gén)* author; *(femme)* authoress; *(opéra)* composer; *(tableau)* painter. **l'~ de l'accident** the person who caused the accident.
authenticité [otɑ̃tisite] *nf* authenticity. ◆ **authentifier** (7) *vt* to authenticate. ◆ **authentique** *adj* authentic.
auto [oto] — **1** *nf* car, automobile *(US)*. — **2** *préf (gén)* self-. **~discipline** *etc* self-discipline *etc;* **~-intoxication** auto-intoxication; **~-radio** car radio.
autobus [otɔbys] *nm* bus.
autocar [otɔkaʀ] *nm* coach, bus *(US)*.
autochtone [otɔktɔn] *adj, nmf* native.
autocollant, e [otɔkɔlɑ̃, ɑ̃t] — **1** *adj* self-adhesive. — **2** *nm* sticker.
autodidacte [otodidakt(ə)] *adj* self taught.
auto-école [otoekɔl] *nf* driving school.
autographe [otɔgʀaf] *adj, nm* autograph.
automate [otɔmat] *nm* automaton.
automatique [otɔmatik] *adj* automatic. ◆ **automatiquement** *adv* automatically. ◆ **automatisation** *nf* automation. ◆ **automatiser** (1) *vt* to automate. ◆ **automatisme** *nm* automatism.

automitrailleuse [ɔtɔmitʀɑjøz] *nf* armoured car.
automne [ɔtɔn] *nm* autumn, fall *(US)*.
automobile [ɔtɔmɔbil] — **1** *adj* motor. — **2** *nf* motor car, automobile *(US)*. **l'~** the car industry. ◆ **automobiliste** *nmf* motorist.
autonome [ɔtɔnɔm] *adj* autonomous. ◆ **autonomie** *nf* autonomy.
autopsie [ɔtɔpsi] *nf* autopsy, post-mortem examination.
autorail [ɔtɔʀɑj] *nm* railcar.
autorisation [ɔtɔʀizɑsjɔ̃] *nf* permission; *(permis)* permit. ◆ **autoriser** (1) *vt* to give permission for, authorize. **~ qn** to give sb permission *ou* allow sb (*à faire* to do).
autoritaire [ɔtɔʀitɛʀ] *adj, nmf* authoritarian. ◆ **autorité** *nf* authority (*sur* over). **les ~s** the authorities; **faire ~** to be authoritative.
autoroute [ɔtɔʀut] *nf* motorway, highway *(US)*.
auto-stop [ɔtɔstɔp] *nm* hitch-hiking. **faire de l'~** to hitch-hike; **prendre qn en ~** to give a lift to sb. ◆ **auto-stoppeur, -euse** *nm,f* hitch-hiker.
autour [otuʀ] *adv, prép :* **~ (de)** around, round.
autre [otʀ(ə)] — **1** *adj indéf* other. **c'est une ~ question** that's another *ou* a different question; **elle a 2 ~s enfants** she has 2 other *ou* 2 more children; **nous ~s Français** we Frenchmen; **j'ai d'~s chats à fouetter** I've other fish to fry; **~ chose, Madame?** anything *ou* something else, madam?; **~ part** somewhere else; **d'~ part** *(par contre)* on the other hand; *(de plus)* moreover; **c'est une ~ paire de manches*** that's another story. — **2** *pron indéf* **l'~** the other (one); **un ~** another (one); *(supplémentaire)* one more; **rien d'~** nothing else; **personne d'~** no one else; **il n'en fait jamais d'~s!** that's just typical of him; **il en a vu d'~s!** he's seen worse!, **les deux ~s** the other two, the two others; **d'une minute à l'~** any minute.
autrefois [otʀəfwa] *adv* in the past.
autrement [otʀəmɑ̃] *adv* **(a)** *(différemment)* differently. **agir ~ que d'habitude** to act differently from usual; **comment aller à Londres ~ que par le train?** how can we get to London other than by train?; **on ne peut pas faire ~** it's impossible to do otherwise; **il n'a pas pu faire ~ que de me voir** he couldn't help seeing me; **~ dit** in other words. **(b)** *(sinon)* otherwise. **(c)** *(comparatif)* **~ intelligent** far more intelligent (*que* than).
Autriche [otʀiʃ] *nf* Austria. ◆ **autrichien, -ienne** *adj*, **A~, -ienne** *nm,f* Austrian.
autruche [otʀyʃ] *nf* ostrich.
autrui [otʀɥi] *pron* others.
auvent [ovɑ̃] *nm* canopy.
aux [o] *V* **à.** ◆ **auxquels** *V* **lequel.**
auxiliaire [ɔksiljɛʀ] — **1** *adj* auxiliary. — **2** *nmf (assistant)* assistant. — **3** *nm (Gram, Mil)* auxiliary.
avachir (s') [avaʃiʀ] (2) to become limp.
aval [aval] *nm :* **en ~** downstream (*de* from).
avalanche [avalɑ̃ʃ] *nf* avalanche.
avaler [avale] (1) *vt* to swallow. **il a avalé de travers** something went down the wrong way.
avance [avɑ̃s] *nf* **(a)** *(progression)* advance. **(b)** *(sur concurrent etc)* lead. **avoir de l'~ sur qn** to have a lead over sb. **(c) avoir de l'~, être en ~** *(sur l'heure fixée)* to be early; *(sur l'horaire)* to be ahead of schedule; **ma montre prend de l'~** my watch is gaining; **en ~ pour son âge** advanced for his age; **à l'~, d'~** in advance, beforehand. **(d) ~ (de fonds)** advance; **~s** *(ouvertures)* overtures; *(galantes)* advances.
avancé, e [avɑ̃se] *adj (gén)* advanced. **à une heure ~e de la nuit** late at night; **d'un âge ~** well on in years; **nous voilà bien ~s!*** a long way that's got us!
avancement [avɑ̃smɑ̃] *nm (promotion)* promotion; *(progrès)* progress.
avancer [avɑ̃se] (3) — **1** *vt* **(a)** *(objet)* to move forward; *(main)* to hold out; *(pendule, hypothèse)* to put forward; *(date)* to bring forward. **(b)** *(faire progresser) (travail)* to speed up. **cela ne t'avancera à rien de crier*** you won't get anywhere by shouting. **(c)** *(argent)* to advance; (* : *prêter*) to lend. — **2** *vi* **(a)** *(personne)* to move forward, advance; *(travail)* to make progress. **faire ~** *(travail)* to speed up; *(science)* to further; **~ en grade** to get promotion; **tout cela n'avance à rien** that doesn't get us any further *ou* anywhere. **(b)** *(montre)* **~ de 10 minutes par jour** to gain 10 minutes a day; **j'avance de 10 minutes** I'm 10 minutes fast. **(c)** *(cap)* to project, jut out (*dans* into); *(menton)* to protrude. — **3 s'avancer** *vpr* to move forward, advance; *(fig : s'engager)* to commit o.s. **il s'avança vers nous** he came towards us.
avanie [avani] *nf* snub.
avant [avɑ̃] — **1** *prép* before. **~ que je ne parte** before I leave; **pas ~ 10 heures** not until *ou* before 10; **~ un mois** within a month; **~ peu** shortly; **~ tout** above all; **en classe, elle est ~ sa sœur** at school she is ahead of her sister.
— **2** *adv* **(a)** *(temps)* before. **quelques mois ~** a few months before *ou* previously *ou* earlier; **le train d'~ était plein** the previous train was full. **(b)** *(espace)* **être en ~** to be in front, be ahead; **en ~, marche!** forward march!; *(fig)* **mettre qch en ~** to put sth forward; **aller plus ~** to go further.
— **3** *nm (voiture, train)* front; *(navire)* bow, stem; *(Sport : joueur)* forward. **aller de l'~** to forge ahead.
— **4** *adj inv (roue etc)* front.
— **5** *préf inv* **~-bras** forearm; **~-centre** centre-forward; **signe ~-coureur** forerunner; **~-dernier** last but one; **~-garde** *(Mil)* vanguard; *(Art, Pol)* avant-garde; **~-goût** foretaste; **~-hier** the day before yesterday; **~-poste** outpost; **~-première** preview; **~-projet** pilot study; **~-propos** foreword; **l'~-veille de** two days before.
avantage [avɑ̃taʒ] *nm* **(a)** *(gén)* advantage. **j'ai ~ à l'acheter** it's worth my while to buy it; **c'est à ton ~** it's to your advantage. **(b)** *(Fin : gain)* benefit. **~s en nature** benefits in kind. **(c)** *(plaisir)* pleasure. ◆ **avantager** (3) *vt* to favour; *(mettre en valeur)* to flatter. ◆ **avantageux, -euse** *adj (affaire)* worthwhile, profitable; *(prix)* attractive; *(portrait)* flattering.
avare [avaʀ] — **1** *adj* miserly. **~ de** *(paroles)* sparing of. — **2** *nmf* miser. ◆ **avarice** *nf* miserliness.
avarie [avaʀi] *nf :* **~(s)** damage.
avarier (s') [avaʀje] (7) *vpr* to go bad, rot. **viande avariée** rotting meat.
avatar [avataʀ] *nm (péripéties)* **~s*** misadventures.
avec [avɛk] *prép et adv (gén)* with; *(envers)* to. **c'est fait ~ du plomb** it's made of lead; **gentil ~ qn** kind to sb; **séparer qch d'~ qch d'autre** to separate sth from sth else; **tiens mes gants, je ne peux pas conduire ~** hold my gloves, I can't drive with them on.

avenant, e [avnɑ̃, ɑ̃t] — **1** *adj* pleasant. — **2** *nm* **(a)** à **l'~** in keeping (*de* with). **(b)** *(contrat)* endorsement.
avènement [avɛnmɑ̃] *nm (roi)* accession (*à* to); *(régime, idée)* advent.
avenir [avniʀ] *nm* future. **dans un proche ~** in the near future; **à l'~** from now on, in future; **il a de l'~** he's a man with a future *ou* with good prospects.
aventure [avɑ̃tyʀ] *nf (péripétie)* adventure; *(entreprise)* venture; *(amoureuse)* affair; *(malencontreuse)* experience. **si, par ~** *ou* **d'~** if by any chance. ◆ **aventuré, e** *adj* risky. ◆ **aventurer** (1) — **1** *vt* to risk. — **2 s'aventurer** *vpr* to venture (*dans* into, *à faire* to do). ◆ **aventureux, -euse** *adj (personne)* adventurous; *(projet)* risky. ◆ **aventurier** *nm* adventurer. ◆ **aventurière** *nf* adventuress.
avenue [avny] *nf* avenue.
avérer (s') [aveʀe] (6) *vpr* : **il s'avère que** it turns out that.
averse [avɛʀs(ə)] *nf* shower.
aversion [avɛʀsjɔ̃] *nf* aversion (*pour* to), loathing (*pour* for).
avertir [avɛʀtiʀ] (2) *vt (mettre en garde)* to warn; *(renseigner)* to inform (*de qch* of sth). **public averti** informed public. ◆ **avertissement** *nm* warning. ◆ **avertisseur** — **1** *adj* warning. — **2** *nm (Aut)* horn.
aveu, *pl* **~x** [avø] *nm* : **~x** confession, admission.
aveugle [avœgl(ə)] — **1** *adj* blind (*à qch* to sth). **devenir ~** to go blind. — **2** *nmf* blind man (*ou* woman). **les ~s** the blind. ◆ **aveuglement** *nm* blindness. ◆ **aveuglément** *adv* blindly. ◆ **aveugler** (1) *vt* to blind. ◆ **aveuglette** *nf* : **à l'~** *(décider)* blindly; **avancer à l'~** to grope one's way along.
aviateur, -trice [avjatœʀ, tʀis] *nm,f* aviator, pilot. ◆ **aviation** *nf* : **l'~** *(sport, métier)* flying; *(secteur)* aviation; *(Mil)* the air force.
avide [avid] *adj (cupide)* greedy; *(ardent)* avid, eager (*de qch* for sth). ◆ **avidité** *nf* greed; eagerness, avidity (*de* for).
avilir [aviliʀ] (2) *vt* to degrade. ◆ **avilissement** *nm* degradation.
aviné, e [avine] *adj* inebriated.
avion [avjɔ̃] *nm* (air)plane, aircraft *(pl inv)*. **aller à Paris en ~** to go to Paris by air *ou* by plane, fly to Paris; **par ~** by air(mail); **~ de chasse** fighter (plane); **~ de ligne** airliner; **~ à réaction** jet (plane).
aviron [aviʀɔ̃] *nm (rame)* oar; *(sport)* rowing. **faire de l'~** to row.
avis [avi] *nm* **(a)** opinion. **être de l'~ de qn** to agree with sb; **à mon ~** in my opinion, to my mind. **(b)** *(conseil)* **un ~** a piece of advice, some advice. **(c)** *(notification)* notice. **jusqu'à nouvel ~** until further notice; **~ de crédit** credit advice.
aviser [avize] (1) — **1** *vt (avertir)* to advise, inform, notify (*de* of) ; *(apercevoir)* to notice. — **2** *vi* to decide what to do. — **3 s'aviser** *vpr* : **s'~ de qch** to realize sth suddenly; **s'~ de faire qch** to take it into one's head to do sth. ◆ **avisé, e** *adj* sensible, wise. **bien ~** well advised.
aviver [avive] (1) *vt (douleur)* to sharpen; *(chagrin)* to deepen; *(désir)* to arouse; *(colère, souvenirs)* to stir up.
avocat, e [avɔka, at] — **1** *nm,f (fonction)* barrister, attorney(-at-law) *(US)*; *(fig)* advocate. **consulter son ~** to consult one's lawyer; **l'accusé et son ~** the accused and his counsel; **~ général** counsel for the prosecution. — **2** *nm (fruit)* avocado (pear).
avoine [avwan] *nf* oats.
avoir [avwaʀ] (34) — **1** *vt* **(a)** *(gén)* to have; *(chapeau etc)* to have on, wear; *(âge, forme, couleur)* to be; *(chagrin etc)* to feel; *(geste)* to make; *(atteindre)* to get. **il n'a pas d'argent** he has no money, he hasn't got any money; **on les aura!** we'll get them!; **il a les mains qui tremblent** his hands are shaking; **~ 3 mètres de haut** to be 3 metres high; **~ faim** to be *ou* feel hungry; **qu'est-ce qu'il a?** what's the matter with him? **(b)** (* : *duper*) to take in, con*. **se faire ~** to be had*. **(c) en ~ après** *ou* **contre qn*** to be mad at* *ou* cross with sb; **j'en ai pour 10 F** it costs me 10 francs; **tu en as pour combien de temps?** how long will it take you?
— **2** *vb aux* **(a)** *(avec ptp)* **dis-moi si tu l'as vu** tell me if you have seen him; **je l'ai vu hier** I saw him yesterday; **il a dû trop manger** he must have eaten too much. **(b)** (+ *infin* : *devoir*) **j'ai à travailler** I have to work, I must work; **il n'a pas à se plaindre** he can't complain; **vous n'avez pas à vous en soucier** you needn't worry about it; **vous n'avez qu'à lui écrire** just write to him; **vous aurez votre robe nettoyée** your dress will be cleaned.
— **3** *vb impers* **(a) il y a** *(avec sg)* there is; *(avec pl)* there are; **il y avait beaucoup de gens** there were a lot of people; **il n'y a pas de quoi** don't mention it; **qu'y a-t-il?** what's the matter?; **il n'y a que lui pour faire cela!** only he would do that!; **il n'y a qu'à les laisser partir** just let them go. **(b)** *(temps)* **il y a 10 ans que je le connais** I have known him (for) 10 years; **il y a 10 ans, nous étions à Paris** 10 years ago we were in Paris. **(c)** *(distance)* **il y a 10 km d'ici à Paris** it is 10 km from here to Paris.
— **4** *nm (bien)* resources; *(crédit)* credit. **~s** holdings.
avoisiner [avwazine] (1) *vt* to border on. ◆ **avoisinant, e** *adj* neighbouring.
avortement [avɔʀtəmɑ̃] *nm* abortion. ◆ **avorter** (1) *vi (projet)* to fail. *(personne)* **(se faire) ~** to have an abortion.
avoué, e [avwe] — **1** *adj* avowed. — **2** *nm* ≃ solicitor, attorney at law *(US)*.
avouer [avwe] (1) — **1** *vt (amour)* to confess; *(fait)* to admit; *(crime)* to admit to, confess to. **s'~ vaincu** to admit defeat. — **2** *vi (coupable)* to confess, own up.
avril [avʀil] *nm* April. *V* **septembre.**
axe [aks(ə)] *nm (Tech)* axle; *(Math)* axis; *(route)* main road. **être dans l'~** to be on the same line (*de* as). ◆ **axer** (1) *vt* : **~ qch sur** to centre sth on.
axiome [aksjom] *nm* axiom.
azalée [azale] *nf* azalea.
azote [azɔt] *nf* nitrogen.
azur [azyʀ] *nm (couleur)* azure; *(ciel)* sky.

B

B, b [be] *nm (lettre)* B, b.
babiller [babije] (1) *vi (bébé)* to babble; *(oiseau)* to twitter.
babines [babin] *nfpl (Zool, fig)* chops.
babiole [babjɔl] *nf (bibelot)* trinket; *(vétille)* trifle; *(petit cadeau)* token gift.
bâbord [babɔʀ] *nm* port side. **à ~** to port.
babouin [babwɛ̃] *nm* baboon.
bac [bak] *nm* **(a)** *abrév de baccalauréat.* **(b)** *(bateau)* ferryboat. **~ à voitures** car-ferry. **(c)** *(récipient)* tank, vat; *(évier)* sink. **~ à glace** ice-tray.
baccalauréat [bakalɔʀea] *nm* ≃ G.C.E. A-levels.
bâche [bɑʃ] *nf* canvas cover. **~ goudronnée** tarpaulin.
bachelier, -ière [baʃəlje, jɛʀ] *nm,f holder of the baccalauréat.*
bachotage [baʃɔtaʒ] *nm* cramming. ◆ **bachoter** (1) *vi* to cram (for an exam).
bacille [basil] *nm* germ.
bâcler [bɑkle] (1) *vt* to scamp. **c'est du travail bâclé** it's slapdash work.
bactérie [bakteʀi] *nf* bacterium (*pl* bacteria).
badaud [bado] *nm (curieux)* curious onlooker; *(promeneur)* stroller.
badigeonner [badiʒɔne] (1) *vt (à la chaux)* to whitewash; *(péj : peindre)* to daub (*de* with); *(plaie)* to paint (*à, avec* with).
badine [badin] *nf* switch.
badinage [badinaʒ] *nm* banter. ◆ **badiner** (1) *vi* to joke. **il ne badine pas sur la discipline** he's strict on discipline; **et je ne badine pas!** I'm not joking!
baffe* [baf] *nf* slap, clout.
bafouer [bafwe] (1) *vt* to deride, ridicule.
bafouiller [bafuje] (1) *vti* to splutter, stammer.
bâfrer* [bɑfʀe] (1) *vi* to guzzle, gobble.
bagage [bagaʒ] *nm (valise)* bag; *(Mil)* kit; *(diplômes)* qualifications. **~s** luggage, baggage; **faire ses ~s** to pack; **~s à main** hand luggage. ◆ **bagagiste** *nm* baggage handler.
bagarre [bagaʀ] *nf* fight, brawl. **aimer la ~** to love fighting. ◆ **se bagarrer*** (1) *vpr* to fight.
bagatelle [bagatɛl] *nf* trifle. **c'est une ~** it's nothing, it's a trifle.
bagnard [baɲaʀ] *nm* convict. ◆ **bagne** *nm (prison)* penal colony; *(peine)* hard labour. **quel ~!*** what a grind!*
bagnole* [baɲɔl] *nf* car, buggy*.
bagout* [bagu] *nm :* **avoir du ~** to have the gift of the gab.
bague [bag] *nf* ring.
baguenauder (se)* [bagnode] (1) *vpr* to mooch about*, trail around.
baguette [bagɛt] *nf (bois)* switch, stick; *(pain)* stick of French bread. **~ de chef d'orchestre** conductor's baton; **~ magique** magic wand; **manger avec des ~s** to eat with chopsticks; **mener qn à la ~** to rule sb with an iron hand.
bah [ba] *excl (indifférence)* pooh!; *(doute)* really!
bahut [bay] *nm (coffre)* chest; *(buffet)* sideboard; (* : *lycée*) school.
baie [bɛ] *nf (golfe)* bay; *(fenêtre)* picture window; *(fruit)* berry.
baignade [bɛɲad] *nf (bain)* bathe; *(lieu)* bathing place. **aimer la ~** to like bathing.
baigner [beɲe] (1) — **1** *vt (gén)* to bathe. **~ un bébé** to bath a baby; **visage baigné de larmes** face bathed in tears; **chemise baignée de sueur** sweat-soaked shirt. — **2** *vi (linge, fruits)* to soak (*dans* in). **~ dans la graisse** to lie in a pool of grease; **~ dans la brume** to be shrouded in mist; **tout baigne dans l'huile*** everything's looking great*. — **3 se baigner** *vpr (mer)* to go bathing; *(piscine)* to go swimming; *(baignoire)* to have a bath. ◆ **baigneur, -euse** — **1** *nm,f* swimmer. — **2** *nm (jouet)* baby doll.
baignoire [bɛɲwaʀ] *nf (bain)* bath; *(Théât)* ground floor box.
bail [baj], *pl* **baux** [bo] *nm* lease. **ça fait un ~!*** it's ages (*que* since).
bâillement [bɑjmɑ̃] *nm* yawn. ◆ **bâiller** (1) *vi (personne)* to yawn (*de* with); *(col)* to gape.
bailleur [bajœʀ] *nm* lessor. **~ de fonds** backer.
bâillon [bɑjɔ̃] *nm* gag. ◆ **bâillonner** (1) *vt* to gag.
bain [bɛ̃] *nm (gén)* bath; *(de mer)* bathe; *(en nageant)* swim. *(piscine)* **petit ~** shallow end; **grand ~** deep end; *(lieu)* **~s publics** public baths; **prendre un ~** to have a bath; **prendre un ~ de soleil** to sunbathe; **prendre un ~ de foule** to go on a walkabout; **faire chauffer au ~-marie** to heat in a double boiler; **nous sommes tous dans le même ~** we're all in the same boat; **tu seras vite dans le ~** you'll soon get the hang of it*.
baïonnette [bajɔnɛt] *nf* bayonet.
baiser [beze] — **1** *nm* kiss. *(fin de lettre)* **bons ~s** much love. — **2** (1) *vt* to kiss.
baisse [bɛs] *nf* fall, drop (*de* in). **être en ~** to be falling *ou* dropping; **~ sur le beurre** butter down in price.
baisser [bese] (1) — **1** *vt (bras, objet, voix)* to lower; *(chauffage)* to turn down; *(prix)* to bring down, reduce. **baisse la branche** pull the branch down; **~ les yeux** to look down, lower one's eyes; *(fig)* **~ les bras** to give up; **~ ses phares** to dip one's headlights. — **2** *vi (gén)* to fall, drop; *(provisions)* to run *ou* get low; *(soleil)* to go down, sink; *(forces)* to fail. **il a baissé dans mon estime** he has sunk *ou* gone down in my estimation; **le jour baisse** the light is failing. — **3 se baisser** *vpr (pour ramasser)* to bend down, stoop; *(pour éviter)* to duck.
bal, *pl* **~s** [bal] *nm (réunion)* dance; *(de gala)* ball; *(lieu)* dance hall. **aller au ~** to go dancing; **~ costumé** fancy dress ball.
balade* [balad] *nf* walk; *(en auto)* run. ◆ **balader*** (1) — **1** *vt (traîner)* to trail round; *(promener)* to take for a walk; *(en auto)* to take for a run. — **2 se balader** *vpr* to go for a walk; to go for a run.
balafre [balafʀ(ə)] *nf (blessure)* gash; *(cicatrice)* scar. ◆ **balafrer** (1) *vt* to gash; to scar.

balai [balɛ] *nm* broom, brush. **passer le ~** to give the floor a sweep; **~-brosse** long-handled scrubbing brush.
balance [balɑ̃s] *nf (gén)* pair of scales; *(à bascule)* weighing machine; *(de chimiste)* balance; *(fig : équilibre)* balance; *(Pêche)* drop-net. *(Astron)* **la B~** Libra; **mettre dans la ~ le pour et le contre** to weigh up the pros and cons; *(fig)* **faire pencher la ~** to tip the scales; **~ commerciale** balance of trade.
balancer [balɑ̃se] (3) — **1** *vt (gén)* to swing; *(branches, bateau)* to rock; (* : *lancer*) to fling, chuck*; (* : *se débarrasser de*) to chuck out*. — **2 se balancer** *vpr (gén)* to swing; *(bateau)* to rock; *(branches)* to sway; *(sur bascule)* to seesaw. **je m'en balance*** I couldn't care less about it. ◆ **balancier** *nm (pendule)* pendulum; *(équilibriste)* pole. ◆ **balançoire** *nf (suspendue)* swing; *(sur pivot)* seesaw. **faire de la ~** to have a go on a swing (*ou* a seesaw).
balayer [baleje] (8) *vt (poussière)* to sweep up; *(trottoir)* to sweep; *(objection)* to brush *ou* sweep aside. **~ le ciel** *(phare)* to sweep across the sky; *(radar)* to scan the sky. ◆ **balayette** *nf* small handbrush. ◆ **balayeur, -euse** *nm,f* road-sweeper.
balbutiement [balbysimɑ̃] *nm* : **~s** stammering; *(bébé)* babbling; *(fig : débuts)* beginnings. ◆ **balbutier** (7) *vti* to stammer.
balcon [balkɔ̃] *nm* balcony. *(Théât)* **premier ~** dress circle; **deuxième ~** upper circle.
baldaquin [baldakɛ̃] *nm* canopy.
Baléares [baleaʀ] *nfpl* : **les ~** the Balearic Islands.
baleine [balɛn] *nf* **(a)** *(animal)* whale. **(b)** *(corset)* stay; *(parapluie)* rib. ◆ **baleinier** *nm* whaler. ◆ **baleinière** *nf* whaling boat.
balise [baliz] *nf (sur la côte)* beacon; *(bouée)* marker buoy; *(aéroport)* runway light. ◆ **baliser** (1) *vt* to mark out with beacons *ou* lights.
balivernes [balivɛʀn] *nfpl* nonsense. **dire des ~s** to talk nonsense.
ballant, e [balɑ̃, ɑ̃t] — **1** *adj (bras, jambes)* dangling. — **2** *nm (câble)* slack; *(chargement)* sway, roll. **avoir du ~** to be slack.
ballast [balast] *nm* ballast.
balle [bal] *nf (projectile)* bullet; *(ballon)* ball. **jouer à la ~** to play (with a) ball; *(fig)* **saisir la ~ au bond** to seize one's chance; **dix ~s*** ten francs.
ballerine [balʀin] *nf (danseuse)* ballerina, ballet dancer; *(soulier)* ballet shoe.
ballet [balɛ] *nm* ballet; *(musique)* ballet music.
ballon [balɔ̃] *nm (Sport)* ball; *(Aviat)* balloon. **~ de football** football; **~ en baudruche** child's toy balloon. **~ dirigeable** airship. **~ d'eau chaude** hot water tank.
ballonner [balɔne] (1) *vt* : **je suis ballonné** I feel bloated.
ballot [balo] *nm (paquet)* bundle; (* : *nigaud*) nitwit*. **c'est ~** it's a bit daft*.
ballottage [balɔtaʒ] *nm* : **il y a ~** there will have to be a second ballot.
ballotter [balɔte] (1) — **1** *vi (objet)* to roll around, bang about; *(tête)* to loll. — **2** *vt (personne)* to shake about, jolt; *(bateau)* to toss.
balourd, e [baluʀ, uʀd(ə)] *nm,f* dolt, oaf. ◆ **balourdise** *nf (manuelle)* clumsiness; *(manque de finesse)* doltishness; *(gaffe)* blunder.
balustrade [balystʀad] *nf (décorative)* balustrade; *(garde-fou)* railing.
bambin [bɑ̃bɛ̃] *nm* small child.
bambou [bɑ̃bu] *nm* bamboo.
ban [bɑ̃] *nm* **(a)** *(mariage)* **~s** banns. **(b)** *(applaudissements)* round of applause. **un ~ pour X!** three cheers for X!
banal, e, *mpl* **~s** [banal] *adj (gén)* commonplace, banal; *(idée)* trite; *(insignifiant)* trivial. **peu ~** unusual. ◆ **banalité** *nf* banality; triteness; triviality. **dire une ~** to make a trite remark.
banane [banan] *nf* banana. ◆ **bananier** *nm (arbre)* banana tree; *(bateau)* banana boat.
banc [bɑ̃] *nm (siège)* seat, bench; *(établi)* (work) bench; *(coraux)* reef; *(poissons)* shoal; *(nuages)* bank, patch. **~ d'école** desk seat; **~ de sable** sandbank; **~ des accusés** dock; **~ des avocats** bar; **~ d'église** pew; **~ d'essai** test bed; *(fig)* testing ground.
bancaire [bɑ̃kɛʀ] *adj* banking. **chèque ~** (bank) cheque.
bancal, e, *mpl* **~s** [bɑ̃kal] *adj (personne)* lame; *(chaise)* wobbly.
bande[1] [bɑ̃d] *nf (morceau)* strip; *(dessin)* stripe; *(pansement)* bandage; *(film)* film; *(en radio)* band; *(sur chaussée)* line; *(pour magnétophone, ordinateur)* tape; *(autour d'un journal)* wrapper. *(fig)* **par la ~** in a roundabout way; **~ dessinée** comic strip, strip cartoon; **~ sonore** sound track; **~ Velpeau** crêpe bandage.
bande[2] [bɑ̃d] *nf (gens)* band, group; *(oiseaux)* flock; *(animaux)* pack. **ils sont partis en ~** they set off in a group; **faire ~ à part** to keep to o.s; **~ d'imbéciles!*** bunch *ou* pack of idiots!*
bandeau *pl* **~x** [bɑ̃do] *nm (ruban)* headband; *(pansement)* head bandage; *(pour les yeux)* blindfold.
bander [bɑ̃de] (1) *vt* **(a)** *(plaie)* to bandage. **~ les yeux à qn** to blindfold sb. **(b)** *(arc)* to bend; *(muscles)* to flex.
banderole [bɑ̃dʀɔl] *nf (drapeau)* pennant. **~ publicitaire** advertising streamer.
bandit [bɑ̃di] *nm (voleur)* gangster; *(brigand)* bandit; *(escroc)* crook, shark*. **~ armé** gunman; **~ de grand chemin** highwayman. ◆ **banditisme** *nm* violent crime.
bandoulière [bɑ̃duljɛʀ] *nf* shoulder strap. **en ~** slung across the shoulder.
bang [bɑ̃g] *nm inv, excl* bang.
banlieue [bɑ̃ljø] *nf* suburbs. **proche ~** inner suburbs; **grande ~** outer suburbs; **maison de ~** suburban house; **train de ~** commuter train. ◆ **banlieusard, e** *nm,f* suburbanite.
bannière [banjɛʀ] *nf* banner; *(chemise)* shirttail.
bannir [baniʀ] (2) *vt* to banish (*de* from); *(usage)* to prohibit. ◆ **banni, e** *nm,f* exile. ◆ **bannissement** *nm* banishment.
banque [bɑ̃k] *nf* bank. **avoir de l'argent en ~** to have money in the bank. ◆ **banquier** *nm (Fin, Jeux)* banker.
banqueroute [bɑ̃kʀut] *nf* bankruptcy.
banquet [bɑ̃kɛ] *nm* dinner; *(d'apparat)* banquet.
banquette [bɑ̃kɛt] *nf* (bench) seat.
banquise [bɑ̃kiz] *nf* ice field; *(flottante)* ice floe.
baptême [batɛm] *nm (sacrement)* baptism; *(cérémonie)* christening, baptism. **~ de l'air** first flight.
baptiser [batize] (1) *vt (Rel)* to baptize, christen; *(surnommer)* to christen, dub. ◆ **baptisme** *nm* baptism. ◆ **baptiste** *nmf, adj* Baptist.
baquet [bakɛ] *nm* tub.

bar [baʀ] *nm (lieu)* bar; *(poisson)* bass.
baragouiner* [baʀagwine] (1) *vt* to gabble. **il baragouine un peu l'espagnol** he can speak a bit of Spanish. ◆ **baragouin*** *nm* gibberish, double Dutch.
baraque [baʀak] *nf (abri)* shed; *(boutique)* stall; (* : *maison*) place*.
baraquement [baʀakmɑ̃] *nm* : **~s** group of huts; *(Mil)* camp.
barbant, e* [baʀbɑ̃, ɑ̃t] *adj* boring, deadly dull.
barbare [baʀbaʀ] — **1** *adj (invasion)* barbarian; *(crime)* barbarous. — **2** *nm* barbarian. ◆ **barbarie** *nf (cruauté)* barbarity. ◆ **barbarisme** *nm (mot)* barbarism.
barbe [baʀb(ə)] *nf* beard. **à la ~ de qn** under sb's nose; **rire dans sa ~** to laugh up one's sleeve; **la ~!*** damn it!*; **quelle ~!*** what a drag!*; **oh toi, la ~!*** oh shut up, you!*; **~ à papa** candyfloss.
barbecue [baʀbəkju] *nm* barbecue.
barbelé, e [baʀbəle] *adj, nm* : **fil de fer ~** barbed wire; **les ~s** the barbed wire fence.
barber* [baʀbe] (1) *vt* to bore stiff*. **se ~** to be bored stiff* (*à faire* doing).
barbier [baʀbje] *nm* barber.
barbiturique [baʀbityʀik] *nm* barbiturate.
barboter [baʀbɔte] (1) — **1** *vt* (* : *voler*) to pinch*, steal (*à* from). — **2** *vi (canard, enfant)* to dabble, splash about.
barbouiller [baʀbuje] (1) *vt (salir)* to smear (*de* with); *(péj : peindre)* to daub *ou* slap paint on. **~ une feuille de dessins** to scribble drawings on a piece of paper; **~ l'estomac** to upset the stomach; **être barbouillé*** to feel queasy, have an upset stomach.
barbu, e [baʀby] *adj* bearded.
barda* [baʀda] *nm* gear; *(soldat)* kit.
barder* [baʀde] (1) *vb impers* : **ça va ~!** sparks will fly!
barème [baʀɛm] *nm (tarif)* price list; *(échelle)* scale.
baril [baʀi(l)] *nm (gén)* barrel; *(poudre)* keg; *(lessive)* drum.
bariolé, e [baʀjɔle] *adj* gaily-coloured.
baromètre [baʀɔmɛtʀ(ə)] *nm* barometer. **le ~ est au beau fixe** the barometer is set at fair; **le ~ est à la pluie** the barometer is pointing to rain.
baron [baʀɔ̃] *nm* baron. ◆ **baronne** *nf* baroness.
baroque [baʀɔk] *adj (idée)* weird, wild; *(Art)* baroque.
barque [baʀk(ə)] *nf* small boat.
barrage [baʀaʒ] *nm (rivière)* dam; *(petit)* weir; *(barrière)* barrier; *(Mil)* barrage. **~ de police** police roadblock; **faire ~ à** to stand in the way of.
barre [baʀ] *nf (morceau)* bar; *(trait)* line, stroke; *(gouvernail)* helm; *(houle)* race. **être à la ~** to be at the helm; **~ des témoins** witness box; **comparaître à la ~** to appear as a witness; **~ de fraction** fraction line; **~ d'appui** window rail; **~ fixe** horizontal bar; **~ de mesure** bar line; **~ à mine** crowbar.
barreau, *pl* **~x** [baʀo] *nm (échelle)* rung; *(cage)* bar. *(Jur)* **le ~** the bar.
barrer [baʀe] (1) — **1** *vt* **(a)** *(porte)* to bar; *(route) (par accident)* to block; *(pour travaux, par la police)* to close, shut off. **~ la route à qn** to bar *ou* block sb's way. **(b)** *(mot)* to cross *ou* score out; *(feuille)* to cross. **chèque barré** crossed cheque. **(c)** *(Naut)* to steer. — **2 se barrer*** *vpr* to clear off*.
barrette [baʀɛt] *nf (cheveux)* hair slide.
barreur [baʀœʀ] *nm (gén)* helmsman; *(Aviron)* cox.
barricade [baʀikad] *nf* barricade.
barricader [baʀikade] (1) *vt* to barricade. **se ~ derrière** to barricade o.s. behind.
barrière [baʀjɛʀ] *nf (clôture)* fence; *(porte)* gate; *(obstacle)* barrier. **~ douanière** tariff barrier; **~ de passage à niveau** level crossing gate.
barrique [baʀik] *nf* barrel, cask.
bas[1], basse [bɑ, bɑs] — **1** *adj* **(a)** *(gén)* low; *(abject)* mean, base. **les basses branches** the lower *ou* bottom branches; **~ sur pattes** short-legged; **je l'ai eu à ~ prix** I got it cheap; **c'est la basse mer** the tide is out, it's low tide; **être au plus ~** *(personne)* to be very low; *(prix)* to be at their lowest; **au ~ mot** at the very least; **en ce ~ monde** here below; **en ~ âge** young. **(b) ~-côté** *(route)* verge; *(église)* side aisle; **basse-cour** *(lieu)* farmyard; *(volaille)* poultry; **~-fond** *(Naut)* shallow; **les ~-fonds de la société** the dregs of society; **les ~-fonds de la ville** the seediest parts of the town; *(Boucherie)* **les ~ morceaux** the cheap cuts; **~-relief** low relief; **~-ventre** stomach, guts. — **2** *adv (parler)* softly, in a low voice. **trop ~** too low; **mets-le plus ~** *(objet)* put it lower down; *(transistor)* turn it down; **traiter qn plus ~ que terre** to treat sb like dirt; **mettre ~** to give birth; **mettre ~ les armes** *(Mil)* to lay down one's arms; *(fig)* to throw in the sponge; **~ les pattes!** *(à un chien)* down!; (* : *fig*) paws off!*; **à ~ le fascisme!** down with fascism! — **3** *nm* bottom, lower part. **en ~** at the bottom; *(par l'escalier)* downstairs; **le tiroir du ~** the bottom drawer; **lire de ~ en haut** to read from the bottom up. — **4** *nf (Mus)* bass.
bas[2] [bɑ] *nm* stocking. *(fig)* **~ de laine** savings.
basané, e [bazane] *adj* tanned; *(indigène)* swarthy.
bascule [baskyl] *nf (balançoire)* seesaw; *(balance)* weighing machine.
basculer [baskyle] (1) *vi* to fall *ou* topple over. **il bascula dans le vide** he toppled over the edge; **faire ~** *(benne)* to tip up; *(contenu)* to tip out; *(personne)* to topple over.
base [bɑz] *nf (lit, Chim, Mil)* base; *(principe fondamental)* basis. **des ~s solides en anglais** a good grounding in English; **produit à ~ de soude** soda-based product; **règles de ~** basic rules; *(fig)* **~ de départ** starting point *(fig)*; **~ de lancement** launching site.
base-ball [bɛzbol] *nm* baseball.
baser [baze] (1) *vt* to base (*sur* on). *(Mil.)* **être basé à** to be based at; **sur quoi vous basez-vous?** what basis *ou* grounds have you? (*pour dire* for saying).
basket* [baskɛt] *nm* basketball. **~s** sneakers, trainers. ◆ **basket-ball** *nm* basketball.
basketteur, -euse [baskɛtœʀ, øz] *nm,f* basketball player.
basse [bɑs] *V* **bas[1]**.
bassement [bɑsmɑ̃] *adv* basely, meanly.
bassesse [bɑsɛs] *nf (servilité)* servility; *(mesquinerie)* baseness; *(acte)* low act.
bassin [basɛ̃] *nm (pièce d'eau)* pond; *(piscine)* pool; *(fontaine)* basin; *(cuvette)* bowl; *(Méd)* bedpan; *(Géol)* basin; *(Anat)* pelvis; *(Naut)* dock. **~ houiller** coalfield. ◆ **bassine** *nf* bowl; *(contenu)* bowlful.
basson [bɑsɔ̃] *nm (instrument)* bassoon; *(musicien)* bassoonist.

bastingage [bastɛ̃gaʒ] *nm* (ship's) rail; *(Hist)* bulwark.
bastion [bastjɔ̃] *nm* bastion.
bât [bɑ] *nm* packsaddle. *(fig)* **c'est là où le ~ blesse** that's where the shoe pinches.
bataclan* [bataklɑ̃] *nm* junk*. **et tout le ~** the whole caboodle*.
bataille [bataj] *nf (Mil)* battle; *(rixe)* fight; *(Cartes)* beggar-my-neighbour. **~ rangée** pitched battle; **il a les cheveux en ~** his hair's all tousled. ◆ **batailler** (1) *vi* to fight. ◆ **batailleur, -euse** *adj* aggressive. ◆ **bataillon** *nm* battalion.
bâtard, e [bɑtaʀ, aʀd(ə)] — **1** *adj* illegitimate, bastard *(péj)*. — **2** *nm,f (personne)* illegitimate child, bastard *(péj)*; *(chien)* mongrel. — **3** *nm* ≃ Vienna roll.
bateau, *pl* **~x** [bato] *nm (gén)* boat; *(grand)* ship. **faire du ~** *(à voiles)* to go sailing; *(à rames etc)* to go boating; **~ amiral** flagship; **~ de commerce** merchant ship; **~ de guerre** warship, battleship; **~ de sauvetage** lifeboat; **~ à vapeur** steamer.
bâti, e [bɑti] — **1** *adj* : **bien ~** well-built; **terrain non ~** undeveloped site. — **2** *nm (robe)* tacking, basting; *(porte)* frame.
batifoler [batifɔle] (1) *vi* to lark about.
bâtiment [bɑtimɑ̃] *nm (édifice)* building; *(bateau)* ship. *(industrie)* **le ~** the building industry *ou* trade.
bâtir [bɑtiʀ] (2) *vt (gén, fig)* to build; *(couture)* to tack, baste. **se faire ~ une maison** to have a house built; **terrain à ~** building land. ◆ **bâtisse** *nf* building. ◆ **bâtisseur, -euse** *nm,f* builder.
bâton [bɑtɔ̃] *nm (canne, morceau)* stick; *(trait)* stroke. **~ de rouge à lèvres** lipstick; **il m'a mis des ~s dans les roues** he put a spoke in my wheel; **parler à ~s rompus** to talk casually about this and that.
battage [bataʒ] *nm (publicité)* publicity campaign. **faire du ~ autour de qch** to plug sth*.
battant [batɑ̃] *nm (cloche)* tongue; *(porte)* flap, door; *(fenêtre)* window. **porte à double ~** double door.
battement [batmɑ̃] *nm* **(a) ~(s)** *(paupières)* blinking, *(cœur)* beating. **avoir des ~s de cœur** to have palpitations. **(b)** *(intervalle)* interval. **2 minutes de ~** *(attente)* 2 minutes' wait; *(temps libre)* 2 minutes to spare.
batterie [batʀi] *nf (Mil, Tech)* battery. **dévoiler ses ~s** to show one's hand; *(Jazz)* **la ~** the drums; **~ de cuisine** pots and pans.
batteur [batœʀ] *nm (Culin)* whisk; *(Mus)* drummer. ◆ **batteuse** *nf* threshing machine.
battre [batʀ(ə)] (41) — **1** *vt (gén)* to beat; *(blé)* to thresh; *(blanc d'œuf)* to whisk; *(crème)* to whip; *(cartes)* to shuffle. **se faire ~** to be beaten; **~ qn à plates coutures** to beat sb hollow; **~ le fer pendant qu'il est chaud** to strike while the iron is hot; **œufs battus en neige** stiff egg whites; **hors des sentiers battus** off the beaten track; **~ la mesure** to beat time; **~ le rappel de ses amis** to rally one's friends; **~ en brèche une théorie** to demolish a theory; **~ froid à qn** to give sb the cold shoulder; **~ son plein** to be at its height; **~ pavillon britannique** to fly the British flag; **~ monnaie** to strike *ou* mint coins. — **2** *vi (cœur)* to beat; *(pluie)* to beat, lash *(contre* against); *(porte)* to bang. **~ en retraite** to beat a retreat, fall back. — **3 battre de** *vt indir* : **~ des mains** to clap one's hands; *(fig)* to dance for joy; **~ des ailes** to flap its wings; *(fig)* **~ de l'aile** to be in a shaky state. — **4 se battre** *vpr* to fight *(avec* with, *contre* against). **se ~ comme des chiffonniers** to fight like cat and dog. ◆ **battue** *nf (Chasse)* beat.
baume [bom] *nm* balm.
baux [bo] *nmpl de* **bail.**
bavard, e [bavaʀ, aʀd(ə)] — **1** *adj* talkative. — **2** *nm,f* chatterbox*.
bavardage [bavaʀdaʒ] *nm* chattering. **~s** *(propos)* idle chatter; *(indiscrétion)* gossip.
bavarder [bavaʀde] (1) *vi* to chat, chatter.
bave [bav] *nf (personne)* dribble; *(animal)* slaver; *(escargot)* slime.
baver [bave] (1) *vi (personne)* to dribble; *(animal)* to slaver; *(chien enragé)* to foam at the mouth; *(stylo)* to leak; *(liquide)* to run. **en ~*** to have a rough time of it. ◆ **baveux, -euse** *adj (personne)* dribbling; *(omelette)* runny. ◆ **bavoir** *nm* bib. ◆ **bavure** *nf (tache)* smudge; *(Tech)* burr; *(erreur)* mistake.
bazar [bazaʀ] *nm (magasin)* general store; (* : *affaires*) gear. **quel ~!*** what a shambles!*; **et tout le ~*** the whole caboodle*. ◆ **bazarder*** (1) *vt (jeter)* to chuck out*; *(vendre)* to sell off.
béant, e [beɑ̃, ɑ̃t] *adj* gaping.
béat, e [bea, at] *adj (personne)* blissfully happy; *(sourire)* beatific. ◆ **béatitude** *nf (bonheur)* bliss.
beau [bo], **bel** *devant voyelle ou h muet*, **belle** *f, mpl* **beaux** — **1** *adj* **(a)** *(gén)* beautiful, lovely; *(homme)* handsome, goodlooking; *(discours, match, occasion)* fine. **~ geste** noble gesture; **~ parleur** smooth talker; **les beaux-arts** *(Art)* fine arts; *(école)* the Art School; **mettre ses beaux habits** to put on one's best clothes; **il fait très ~ temps** the weather's very good, it's very fine; **c'est la belle vie!** this is the life!; **un ~ jour** one fine day; **la belle affaire!** so what?*; **être dans un ~ pétrin*** to be in a fine old mess*; **ce n'est pas ~ de mentir** it isn't nice to tell lies; **ça me fait une belle jambe!*** a fat lot of good it does me!*; **c'est du ~ travail!** well done!; **pleurer de plus belle** to cry more than ever *ou* even more; **à la belle étoile** out in the open; **il y a belle lurette qu'il est parti** it is ages since he left, **faire qch pour les beaux yeux de qn** to do sth just to please sb; **le plus ~ de l'histoire, c'est que...** the best part about it is that...; **c'est trop ~ pour être vrai** it's too good to be true; **se faire ~** to get dressed up; **on a ~ dire, il n'est pas bête** say what you like, he is not stupid; **c'était bel et bien lui** it was him all right. **(b)** *(famille)* **~-père** father-in-law; *(remariage)* step-father; **belle-fille** daughter-in-law; *(remariage)* step-daughter; **mes beaux-parents** my in-laws.
— **2** *nm* : **le ~** the beautiful; *(chien)* **faire le ~** to sit up and beg; **être au ~** to be set fair; **c'est du ~!** that's a fine thing to do!
— **3** *nf (femme)* beauty; *(compagne)* lady friend; *(Jeux)* deciding match. **en faire de belles** to get up to mischief; **la Belle au bois dormant** Sleeping Beauty.
beaucoup [boku] *adv* a lot. **~ de monde** a lot of people, many people; **~ d'eau** a lot of water; **avec ~ de soin** with great care; **il a eu ~ de chance** he's been very lucky; **~ trop lentement** much *ou* far too slowly; **je préfère cela de ~** I much prefer it, I like it much *ou* far better; **c'est ~ dire** that's saying a lot.
beauté [bote] *nf (gén)* beauty; *(femme)* beauty, loveliness; *(homme)* handsomeness. **de toute ~**

very beautiful; **se faire une ~** to powder one's nose; **finir qch en ~** to finish sth with a flourish.
bébé [bebe] — **1** *nm* baby. — **2** *adj* babyish.
bec [bɛk] *nm (oiseau)* beak, bill; *(plume)* nib; *(carafe)* lip; *(théière)* spout; (* : *bouche*) mouth. **tomber sur un ~*** to hit a snag; **rester le ~ dans l'eau*** to be left in the lurch; **~ Bunsen** Bunsen burner; **~-de-cane** doorhandle; **~ de gaz** lamp post, gaslamp.
bécarre [bekaʀ] *nm (Mus)* natural.
bêche [bɛʃ] *nf* spade. ◆ **bêcher** (1) *vt* to dig.
becquée [beke] *nf* beakful. **donner la ~ à** to feed. ◆ **becqueter** (4) *vt* to peck (at).
bedaine* [bədɛn] *nf* paunch.
bedeau, *pl* **~x** [bədo] *nm* beadle.
bedonnant, e* [bədɔnɑ̃, ɑ̃t] *adj* portly.
bée [be] *adj* : **être bouche ~** to stand open-mouthed *ou* gaping.
beffroi [befʀwa] *nm* belfry.
bégaiement [begɛmɑ̃] *nm* stammering, stuttering.
bégayer [begeje] (8) *vti* to stammer, stutter.
bégonia [begɔnja] *nm* begonia.
bègue [bɛg] *nmf* stammerer, stutterer.
beige [bɛʒ] *adj, nm* beige.
beignet [bɛɲɛ] *nm (fruits)* fritter; *(pâte frite)* doughnut.
bel [bɛl] *adj V* **beau.**
bêlement [bɛlmɑ̃] *nm* bleating.
bêler [bele] (1) *vi (Zool, fig)* to bleat.
belette [bəlɛt] *nf* weasel.
belge [bɛlʒ(ə)] — **1** *adj* Belgian. — **2 Belge** *nmf* Belgian. ◆ **Belgique** *nf* Belgium.
bélier [belje] *nm* ram.
belle [bɛl] *V* **beau.**
belligérant, e [beliʒeʀɑ̃, ɑ̃t] *adj, nm,f* belligerent.
belliqueux, -euse [belikø, øz] *adj (humeur)* quarrelsome; *(politique, peuple)* warlike.
belvédère [bɛlvedɛʀ] *nm* belvedere; *(vue)* (panoramic) viewpoint.
bémol [bemɔl] *nm (Mus)* flat.
bénédiction [benediksjɔ̃] *nf* blessing.
bénéfice [benefis] *nm (Comm)* profit; *(avantage)* advantage, benefit. **faire des ~s** to make a profit. ◆ **bénéficiaire** *nmf (gén)* beneficiary. ◆ **bénéficier de** (7) *vt indir (jouir de)* to have, enjoy; *(obtenir)* to get, have; *(tirer profit de)* to benefit from. **faire ~ qn d'une remise** to give *ou* allow sb a discount. ◆ **bénéfique** *adj* beneficial.
Bénélux [benelyks] *nm* : **le ~** the Benelux countries.
bénévole [benevɔl] *adj* voluntary. ◆ **bénévolement** *adv* voluntarily.
bénin, -igne [benɛ̃, iɲ] *adj (accident)* slight, minor; *(maladie)* mild; *(tumeur)* benign.
bénir [beniʀ] (2) *vt* to bless. **soyez béni!** bless you! ◆ **bénit, e** *adj* consecrated; *(eau)* holy. ◆ **bénitier** *nm (Rel)* stoup.
benjamin, ine [bɛ̃ʒamɛ̃, in] *nm,f* youngest child.
benne [bɛn] *nf (camion) (basculante)* tipper; *(amovible)* skip; *(grue)* scoop; *(téléphérique)* cable-car; *(mine)* skip, truck.
béquille [bekij] *nf (infirme)* crutch; *(moto)* stand.
berceau, *pl* **~x** [bɛʀso] *nm (lit)* cradle, crib; *(lieu d'origine)* birthplace; *(charmille)* arbour.
bercer [bɛʀse] (3) *vt (gén)* to rock. *(tromper)* **~ de** to delude with. ◆ **berceuse** *nf (chanson)* lullaby.
berge [bɛʀʒ(ə)] *nf (rivière)* bank.
berger [bɛʀʒe] *nm* shepherd. **chien de ~** sheepdog; **~ allemand** alsatian. ◆ **bergère** *nf* shepherdess. ◆ **bergerie** *nf* sheepfold.
berline [bɛʀlin] *nf (Aut)* saloon car, sedan *(US)*; *(à chevaux)* berlin.
berlingot [bɛʀlɛ̃go] *nm (bonbon)* boiled sweet; *(emballage)* (pyramid-shaped) carton.
berlue [bɛʀly] *nf* : **avoir la ~** to be seeing things.
berne [bɛʀn(ə)] *nf* : **en ~** ≃ at half-mast; **mettre en ~** ≃ to half-mast.
bernique [bəʀnik] — **1** *nf* limpet. — **2** *excl* (*) nothing doing!*
besogne [bəzɔɲ] *nf (travail)* work, job.
besoin [bəzwɛ̃] *nm* need (*de* for, *de faire* to do). **ceux qui sont dans le ~** the needy; *(euph)* **faire ses ~s** to relieve o.s.; **avoir ~ de qch** to need sth; **il n'a pas ~ de venir** he doesn't have to come, there's no need for him to come; **pas ~ de dire que** it goes without saying that; **au ~, si ~ est** if necessary, if need be; **pour les ~s de la cause** for the purpose in hand.
bestial, e, *mpl* **-aux** [bɛstjal, o] *adj* bestial, brutish. ◆ **bestialité** *nf* bestiality, brutishness.
bestiaux [bɛstjo] *nmpl (gén)* livestock; *(bovins)* cattle.
bestiole [bɛstjɔl] *nf* tiny creature.
bétail [betaj] *nm (gén)* livestock; *(bovins)* cattle.
bête [bɛt] — **1** *nf (animal)* animal; *(insecte)* bug, creature. **~ sauvage** wild beast *ou* creature; **pauvre petite ~** poor little thing *ou* creature; **grosse ~!*** you big silly!*; **~ à bon dieu** ladybird; **~ à cornes** horned animal; *(iro)* **~ curieuse** strange animal; **~ fauve** big cat; **c'est ma ~ noire** *(chose)* that's my pet hate; *(personne)* I just can't stand him; **~ de somme** beast of burden. — **2** *adj* stupid, silly, foolish. **être ~ comme ses pieds** to be as thick as a brick; **ce n'est pas ~** that's not a bad idea; (* : *très simple*) **c'est tout ~** it's quite *ou* dead* simple. ◆ **bêtement** *adv* stupidly, foolishly.
bêtise [betiz] *nf* stupidity. **j'ai eu la ~ de** I was foolish enough to; **faire une ~** *ou* **des ~s** to do something stupid *ou* silly; **dire des ~s** to talk nonsense; **dépenser son argent en ~s** to spend one's money on rubbish.
béton [betɔ̃] *nm* concrete. **~ armé** reinforced concrete.
betterave [bɛtʀav] *nf* : **~ fourragère** mangelwurzel, beet; **~ rouge** beetroot; **~ sucrière** sugar beet.
beuglement [bøgləmɑ̃] *nm (vache)* mooing; *(taureau)* bellowing; *(radio)* blaring.
beugler [bøgle] (1) *vi (vache)* to moo; *(taureau)* to bellow; *(radio)* to blare.
beurre [bœʀ] *nm* butter. **~ noir** brown butter sauce; **~ d'anchois** anchovy paste; **ça va mettre du ~ dans les épinards*** that will buy a few extras; **faire son ~*** to make a packet*. ◆ **beurrer** (1) *vt* to butter. ◆ **beurrier** *nm* butter dish.
beuverie [bœvʀi] *nf* drinking bout.
bévue [bevy] *nf* blunder.
bi... [bi] *préf* bi... .
biais [bjɛ] *nm (moyen)* device, means. **par le ~ de** by means of; **en ~** *(poser)* slantwise; *(couper)* diagonally; **regarder qn de ~** to give sb a sidelong glance.
bibelot [biblo] *nm (sans valeur)* trinket; *(de valeur)* curio.

biberon [bibʀɔ̃] *nm* baby's bottle. **l'heure du ~** baby's feeding time; **nourrir au ~** to bottle-feed.
bible [bibl(ə)] *nf* bible. ◆ **biblique** *adj* biblical.
bibliothécaire [biblijɔtekɛʀ] *nmf* librarian.
bibliothèque [biblijɔtɛk] *nf (édifice, collection)* library; *(meuble)* bookcase. **~ de gare** station bookstall.
bicarbonate [bikaʀbɔnat] *nm* bicarbonate.
biceps [bisɛps] *nm* biceps.
biche [biʃ] *nf* doe. *(fig)* **ma ~** darling.
bichonner *vt*, **se bichonner** *vpr* [biʃɔne] (1) to titivate.
bicoque [bikɔk] *nf (péj)* shack*.
bicyclette [bisiklɛt] *nf* bicycle, bike. *(sport)* **la ~** cycling; *(promenade)* **faire de la ~** to go for a cycle ride.
bidon [bidɔ̃] — **1** *nm (gén)* can, tin; *(lait)* churn; *(campeur, soldat)* flask. — **2** *adj inv* (*) *(attentat)* mock. ◆ **bidonville** *nm* shanty town.
bidule* [bidyl] *nm* thingumabob*.
bielle [bjɛl] *nf* connecting rod.
bien [bjɛ̃] — **1** *adv* **(a)** *(gén)* well; *(fonctionner)* properly. **il parle ~ l'anglais** he speaks good English, he speaks English well; **il a ~ pris ce que je lui ai dit** he took what I had to say in good part; **il s'y est ~ pris pour le faire** he went about it the right way; **vous avez ~ fait** you did the right thing; **vous feriez ~ de** you'd do well *ou* you'd be well advised to; **il peut très ~ le faire** he can quite easily do it; **écoute-moi ~** listen to me carefully; **mets-toi ~ en face** stand right *ou* straight opposite; **c'est ~ compris?** is that clearly *ou* quite understood?; **c'est ~ fait pour lui** it serves him right. **(b)** *(très)* very; *(beaucoup)* very much; *(trop)* rather. **~ mieux** much better; **~ content** very glad; **~ plus cher** far *ou* much more expensive; **c'est ~ long** it's rather long; **~ des gens** a lot of people, many people; **j'ai eu ~ du mal à le faire** I had a lot *ou* a great deal of difficulty doing it. **(c)** *(effectivement)* definitely. **c'est ~ une erreur** it's definitely *ou* certainly a mistake; **est-ce ~ mon manteau?** is it really my coat?; **c'est ~ ma veine!*** it's just my luck!; **c'était ~ la peine!** after all that trouble!; **où peut-il ~ être?** where on earth can he be?; **j'espère ~!** I should hope so!; **on verra ~** we'll see; **il se pourrait ~ qu'il pleuve** it could well rain; **il faut ~ le supporter** one just has to put up with it; **j'irais ~ mais ...** I'd willingly *ou* gladly go but ...; **ça m'est ~ égal** it's all the same to me; **~ sûr** of course; **il y a ~ 3 jours que je ne l'ai vu** I haven't seen him for at least 3 days. **(d) ~ qu'il le sache** although *ou* though he knows.
— **2** *adj inv (de qualité)* good; *(en bonne santé)* well; *(agréable)* nice, pleasant; *(à l'aise)* at ease; *(beau) (personne)* good-looking; *(chose)* nice. **donnez-lui quelque chose de ~** give him something really good; **on est ~ à l'ombre** it's pleasant *ou* nice in the shade; **je suis ~ dans ce fauteuil** I'm comfortable in this chair; **elle se trouve ~ dans son nouveau poste** she's happy in her new job; **se mettre ~ avec qn** to get on good terms with sb; **ce n'est pas ~ de** it's not nice to; **c'est ~ à vous de les aider** it's good of you to help them.
— **3** *nm* **(a)** good. **faire le ~** to do good; **ça m'a fait du ~** it did me good; **dire du ~ de** to speak highly of; **vouloir du ~ à qn** to wish sb well. **(b)** *(possession)* possession; *(argent)* fortune; *(terres)* estate. **~s de consommation** consumer goods; **~ mal acquis ne profite jamais** ill-gotten gains seldom prosper. ◆ **bien-aimé, e** *adj, nm,f* beloved. ◆ **bien-être** *nm (physique)* well-being; *(matériel)* comfort.
bienfaisance [bjɛ̃fəzɑ̃s] *nf* : **œuvre de ~** charity, charitable organisation. ◆ **bienfaisant, e** *adj (remède)* beneficial; *(personne)* kind.
bienfait [bjɛ̃fɛ] *nm* kindness. **les ~s de** *(science)* the benefits of; *(cure)* the beneficial effects of. ◆ **bienfaiteur** *nm* benefactor. ◆ **bienfaitrice** *nf* benefactress.
bienséance [bjɛ̃seɑ̃s] *nf* propriety. ◆ **bienséant, e** *adj* proper, becoming.
bientôt [bjɛ̃to] *adv* soon. **à ~!** see you soon!; **c'est pour ~?** is it due soon?; **il est ~ minuit** it's nearly midnight.
bienveillance [bjɛ̃vɛjɑ̃s] *nf* kindness (*envers* to). ◆ **bienveillant, e** *adj* benevolent, kindly.
bienvenu, e [bjɛ̃vny] — **1** *nm,f* : **être le ~** (*ou* **la ~e**) to be most welcome. — **2** *nf* welcome. **souhaiter la ~e à qn** to welcome sb.
bière [bjɛʀ] *nf (boisson)* beer; *(cercueil)* coffin. **~ blonde** lager; **~ pression** draught beer.
biffer [bife] (1) *vt* to cross out.
bifteck [biftɛk] *nm* piece of steak, steak.
bifurcation [bifyʀkɑsjɔ̃] *nf* fork.
bifurquer [bifyʀke] (1) *vi (route)* to fork; *(véhicule)* to turn off (*vers, sur* for). **~ sur la droite** to bear right.
bigarré, e [bigaʀe] *adj* gaily-coloured.
bigorneau, *pl* **~x** [bigɔʀno] *nm* winkle.
bigot, e [bigo, ɔt] *(péj)* — **1** *adj* over-devout. — **2** *nm,f* religious bigot. ◆ **bigoterie** *nf* religious bigotry.
bigoudi [bigudi] *nm* (hair-)curler.
bijou, *pl* **~x** [biʒu] *nm* jewel; *(fig)* gem. **mon ~*** my love. ◆ **bijouterie** *nf (boutique)* jeweller's shop; *(commerce)* jewellery business. ◆ **bijoutier, -ière** *nm,f* jeweller.
bilan [bilɑ̃] *nm (évaluation)* assessment; *(résultats)* result, outcome; *(Fin)* balance sheet. **faire le ~ de** to take stock of, assess; **~ de santé** medical checkup.
bile [bil] *nf* bile. **se faire de la ~*** to get worried (*pour* about).
bilingue [bilɛ̃g] *adj* bilingual. ◆ **bilinguisme** *nm* bilingualism.
billard [bijaʀ] *nm (jeu)* billiards *(sg)*; *(table)* billiard table. **faire un ~** to play a game of billiards; **~ électrique** pinball machine; **passer sur le ~*** to have an operation; **c'est du ~*** it's dead easy*.
bille [bij] *nf* marble; *(billard)* billiard ball.
billet [bijɛ] *nm* ticket. **~ aller** single *ou* one-way *(US)* ticket; **~ aller et retour** return *ou* round-trip *(US)* ticket; **~ de banque** banknote, bill *(US)*; **~ doux** love letter; **~ de faveur** complimentary ticket, *(Mil)* **~ de logement** billet.
billot [bijo] *nm* block.
biner [bine] (1) *vt* to hoe, harrow. ◆ **binette** *nf (Agr)* hoe; (* : *visage*) face.
biographie [bjɔgʀafi] *nf* biography. ◆ **biographique** *adj* biographical.
biologie [bjɔlɔʒi] *nf* biology. ◆ **biologique** *adj* biological. ◆ **biologiste** *nmf* biologist.
bique [bik] *nf* nanny-goat. ◆ **biquet, -ette** *nm,f (Zool)* kid.
bis[1] [bis] *adv (sur partition)* repeat. **~!** encore!; *(numéro)* **12 ~** 12a.
bis[2], **e** [bi, biz] *adj* greyish-brown.
bisaïeul [bizajœl] *nm* great-grandfather. ◆ **bisaïeule** *nf* great-grandmother.

biscornu, e [biskɔʀny] *adj (forme)* crooked; *(idée)* tortuous, cranky.
biscotte [biskɔt] *nf* rusk.
biscuit [biskɥi] *nm (mou)* sponge cake; *(sec)* biscuit, cracker *(US)*. ◆ **biscuiterie** *nf* biscuit factory.
bise [biz] *nf (vent)* North wind; *(baiser)* kiss.
biseau, *pl* **~x** [bizo] *nm* bevel. **en ~** bevelled.
bison [bizɔ̃] *nm* bison, American buffalo.
bistouri [bistuʀi] *nm* lancet.
bistro(t) [bistʀo] *nm* café, bar.
bitume [bitym] *nm (matière)* bitumen; *(revêtement)* asphalt, Tarmac ®.
bizarre [bizaʀ] *adj* strange, odd, peculiar. ◆ **bizarrement** *adv* strangely, oddly, peculiarly. ◆ **bizarrerie** *nf* strangeness, oddness. **~s** peculiarities, oddities.
blackbouler [blakbule] (1) *vt (élection)* to blackball; *(examen)* to fail.
blafard, e [blafaʀ, aʀd(ə)] *adj* wan, pale.
blague [blag] *nf* **(a)** (*) *(histoire)* joke; *(farce)* hoax; *(erreur)* blunder. **faire une ~ à qn** to play a trick on sb; **sans ~?** you're joking! **(b) ~ à tabac** tobacco pouch. ◆ **blaguer*** (1) *vi* to be joking. ◆ **blagueur, -euse*** — **1** *adj* teasing. — **2** *nm,f* joker.
blaireau, *pl* **~x** [blɛʀo] *nm (Zool)* badger; *(pour barbe)* shaving brush.
blâmable [blɑmabl(ə)] *adj* blameful.
blâme [blɑm] *nm (désapprobation)* blame; *(réprimande)* reprimand. ◆ **blâmer** (1) *vt* to blame; to reprimand.
blanc, blanche [blɑ̃, blɑ̃ʃ] — **1** *adj (gén)* white (*de* with); *(page, copie)* blank. **~ comme un linge** as white as a sheet; **~ comme neige** as pure as the driven snow. — **2** *nm (couleur)* white; *(espace)* blank; *(vin)* white wine. **le ~** *(tissu)* household linen; *(lavage)* whites; **'laisser en ~'** 'leave this space blank'; **~ d'œuf** egg white; **~ de poulet** breast of chicken; *(homme)* **B~** White, white man; **tirer à ~** to fire blanks; **cartouche à ~** blank cartridge. — **3** *nf (Mus)* minim. *(femme)* **Blanche** white woman. ◆ **blanchâtre** *adj* whitish, off-white. ◆ **Blanche-Neige** *nf* Snow White. ◆ **blancheur** *nf* whiteness.
blanchir [blɑ̃ʃiʀ] (2) — **1** *vt (gén)* to whiten, lighten; *(laver)* to launder; *(disculper)* to clear. — **2** *vi (cheveux)* to go white; *(couleur)* to become lighter. ◆ **blanchissage** *nm* laundering. **note de ~** laundry bill. ◆ **blanchisserie** *nf* laundry. ◆ **blanchisseur** *nm* launderer. ◆ **blanchisseuse** *nf* launderess.
blanquette [blɑ̃kɛt] *nf* : **~ de veau** blanquette of veal.
blasé, e [blaze] *adj* blasé. **~ de** bored with.
blason [blazɔ̃] *nm* coat of arms.
blasphème [blasfɛm] *nm* blasphemy. ◆ **blasphémer** (6) *vti* to blaspheme.
blatte [blat] *nf* cockroach.
blé [ble] *nm* wheat.
bled* [blɛd] *nm* village. **~ perdu** hole*.
blême [blɛm] *adj* pale, wan (*de* with).
blesser [blese] (1) *vt (accident)* to hurt, injure; *(Mil)* to wound; *(offenser)* to hurt, wound. **être blessé au bras** to have an arm injury. ◆ **blessant, e** *adj* cutting. ◆ **blessé, e** *nm,f* injured *ou* wounded person, casualty. **l'accident a fait 10 ~s** 10 people were injured *ou* hurt in the accident; **~ grave** seriously injured person; **~s de la route** road casualties. ◆ **blessure** *nf* injury; wound.
blet, blette [blɛ, blɛt] *adj* overripe.
bleu, e [blø] — **1** *adj (couleur)* blue; *(steak)* very rare. — **2** *nm (couleur)* blue; *(meurtrissure)* bruise; *(fromage)* blue-veined cheese; (* : *débutant*) beginner. *(fig)* **il n'y a vu que du ~*** he didn't suspect a thing; **~ marine** navy blue; **~s de travail** overalls. ◆ **bleuet** *nm* cornflower. ◆ **bleuté, e** *adj (reflet)* bluish; *(verre)* blue-tinted.
blindage [blɛ̃daʒ] *nm (Mil)* armour plating; *(porte)* reinforcing.
blinder [blɛ̃de] (1) *vt (Mil)* to armour; *(porte)* to reinforce. ◆ **blindé** *nm* armoured car, tank.
bloc [blɔk] *nm (marbre)* block; *(papier)* pad; *(Pol)* bloc. **faire ~ contre qn** to unite against sb; **visser qch à ~** to screw sth up tight; **vendre qch en ~** to sell sth as a whole; **~-évier** sink unit; **~-moteur** engine block; **~-notes** desk-pad; **~ opératoire** operating theatre suite.
blocage [blɔkaʒ] *nm (prix)* freeze; *(compte)* freezing; *(mental)* block.
blockhaus [blɔkos] *nm* blockhouse.
blocus [blɔkys] *nm* blockade.
blond, e [blɔ̃, ɔ̃d] — **1** *adj (cheveux)* fair, blond; *(personne)* fair, fair-haired; *(sable)* golden. — **2** *nm (couleur)* blond; *(homme)* fair-haired man. — **3** *nf (bière)* lager; *(cigarette)* Virginia cigarette; *(femme)* blonde.
bloquer [blɔke] (1) — **1** *vt* **(a)** *(grouper)* to lump *ou* group together. **(b)** *(porte)* to jam; *(écrou)* to overtighten; *(ballon)* to block; *(rue)* to block up; *(marchandises, négociations)* to hold up; *(salaires, compte)* to freeze. **~ les freins** to jam on the brakes; **port bloqué par la glace** icebound port; *(situation)* **être bloqué** to have reached stalemate. — **2 se bloquer** *vpr (porte, machine)* to jam; *(roue)* to lock.
blottir (se) [blɔtiʀ] (2) *vpr* to curl up, snuggle up.
blouse [bluz] *nf (tablier)* overall; *(médecin)* white coat.
blouson [bluzɔ̃] *nm* jacket, windjammer. **~ noir** ≃ teddy-boy.
blue-jean, *pl* **~-~s** [bludʒin] *nm* jeans, denims.
bluff* [blœf] *nm* bluff. ◆ **bluffer*** (1) *vi* to bluff.
boa [bɔa] *nm* boa.
bobine [bɔbin] *nf (fil, film)* reel; *(électrique)* coil; (* : *visage*) face.
bobo* [bobo] *nm (plaie)* sore; *(coupure)* cut. **j'ai ~, ça fait ~** it hurts.
bocal, *pl* **-aux** [bɔkal, o] *nm* jar. **mettre en ~aux** to preserve, bottle.
bock [bɔk] *nm* glass of beer; *(verre)* beer glass.
bœuf [bœf], *pl* **~s** [bø] *nm (labour)* ox (*pl* oxen); *(boucherie)* bullock; *(viande)* beef.
bohème [bɔɛm] *adj, nmf* bohemian.
bohémien, -ienne [bɔemjɛ̃, jɛn] *nm,f* gipsy.
boire [bwaʀ] (53) *vt* to drink; *(plante, buvard)* to soak up. **~ un verre** to have a drink; **faire ~ qn, donner à ~ à qn** to give sb sth to drink *ou* a drink; **~ à la santé de qn** to drink sb's health; **ça se boit bien** it is very drinkable; **~ comme un trou*** to drink like a fish; *(fig)* **~ du petit lait** to lap it up*; **il y a à ~ et à manger** you have to pick and choose what to believe.
bois [bwa] *nm (gén)* wood. **~ blanc** whitewood; **~ de lit** bedstead; **chaise de** *ou* **en ~** wooden chair; **rester de ~** to remain unmoved; **il va voir de quel ~ je me chauffe!** I'll show him what I'm made of!; **les ~** *(Mus)* the woodwind instruments; *(cerf)* the antlers. ◆ **boisé, e** *adj* wooded. ◆ **boiserie** *nf* : **~(s)** panelling.

boisson [bwasɔ̃] *nf* drink.
boîte [bwat] *nf* **(a)** *(gén)* box; *(en métal)* tin; *(conserves)* can. **mettre en ~** to can; *(fig)* **mettre qn en ~*** to pull sb's leg*; **~ d'allumettes** box of matches; **~ à gants** glove compartment; **~ à** *ou* **aux lettres** letterbox; **~ à ordures** dustbin, trash can *(US);* **~ à outils** toolbox; **~ postale 150** P.O. Box 150; **~ de vitesses** gearbox. **(b)** (*) *(cabaret)* night club; *(firme)* firm; *(bureau)* office; *(école)* school.
boiter [bwate] (1) *vi* to limp. ◆ **boiteux, -euse** *adj (personne)* lame; *(meuble)* wobbly; *(raisonnement)* shaky; *(phrase)* clumsy.
boîtier [bwatje] *nm* case.
bol [bɔl] *nm* bowl. **~ d'air** breath of fresh air; **avoir du ~*** to be lucky.
bolide [bɔlid] *nm (voiture)* racing car. **comme un ~** at top speed, like a rocket.
bombardement [bɔ̃baʀdəmɑ̃] *nm (bombes)* bombing; *(obus)* shelling. **~ aérien** air-raid; **~ atomique** atom-bomb attack.
bombarder [bɔ̃baʀde] (1) *vt (bombes)* to bomb; *(obus)* to shell. *(fig)* **~ de** *(cailloux)* to pelt with; *(questions, lettres)* to bombard with. ◆ **bombardier** *nm* bomber.
bombe [bɔ̃b] *nf (Mil)* bomb. **éclater comme une ~** to come as a bombshell; **~ insecticide** fly spray; **~ glacée** ice pudding; **faire la ~*** to go on a binge*.
bombé, e [bɔ̃be] *adj (forme)* rounded; *(front)* domed; *(route)* cambered.
bomber [bɔ̃be] (1) *vt :* **~ le torse** *(lit)* to thrust out one's chest; *(fig)* to swagger about.
bon¹, bonne¹ [bɔ̃, bɔn] — **1** *adj* **(a)** *(gén)* good; *(produit)* good quality; *(odeur, ambiance)* good, nice, pleasant; *(placement)* sound. **être ~ en anglais** to be good at English; **une personne de ~ conseil** a person of sound judgment; **il a la bonne vie** he has a nice life; **c'était le ~ temps!** those were the days! **(b)** *(charitable) (personne, action)* good, kind. **~ mouvement** nice gesture. **(c)** *(utilisable) (billet)* valid. *(médicament)* **~ jusqu'au 5 mai** use before 5th May; **ce vernis est-il encore ~?** is this varnish still usable?; **est-ce que cette eau est bonne?** is this water safe to drink? **(d)** *(recommandé)* **il est ~ de louer de bonne heure** it's wise *ou* advisable to book early; **croire ~ de faire** to see fit to do; **comme ~ vous semble** as you think best. **(e)** *(apte)* **~ pour le service** fit for service; **c'est ~ pour ceux qui n'ont rien à faire** it's all right *ou* fine for people who have nothing to do; **c'est une bonne à rien** she's a good-for-nothing; **ce n'est ~ à rien** it's no good *ou* use; **c'est ~ à jeter** it's fit for the dustbin; **c'est ~ à nous créer des ennuis** it will only create problems for us; **c'est ~ à savoir** it's useful to know that, that's worth knowing. **(f)** *(correct) (méthode, calcul)* right; *(fonctionnement)* proper. **au ~ moment** at the right time; **le ~ usage** correct usage of language; **il est de ~ ton de** it is good manners to; **si ma mémoire est bonne** if I remember correctly. **(g)** *(intensif)* good; *(averse)* heavy. **après un ~ moment** after quite some time; **je te le dis une bonne fois** I'm telling you once and for all; **un ~ nombre de** a good many. **(h)** *(souhaits)* **~ anniversaire!** happy birthday!; **~ appétit!** enjoy your meal!; **~ courage!** good luck!; **~ retour!** safe journey back!; **bonne santé!** I hope you keep well!; **bonnes vacances!** have a good holiday! **(i)** *(locutions)* **c'est ~!** (all) right!, OK!*; **~ sang!** damn it!*; **~s baisers** much love; **~ débarras!** good riddance!; **~ gré mal gré** willy-nilly; (à) **~ marché** cheap; **de ~ cœur** *(manger, rire)* heartily; *(accepter)* willingly; **à ~ compte** *(s'en sortir)* lightly; *(acheter)* cheap; **de bonne heure** early; **à la bonne heure!** that's fine!; **être ~ enfant** to be good-natured; **c'est de bonne guerre** that's fair enough; **elle est bien bonne celle-là!*** that's a good one!; **voilà une bonne chose de faite** that's one good job done. **(j) le B~ Dieu** the good Lord; **bonne étoile** lucky star; *(péj)* **bonne femme** woman; **~ mot** witty remark; *(Scol)* **~ point** star; *(fig)* **un ~ point pour vous!** that's a point in your favour!; **~ sens** common sense; **bonne sœur*** nun. — **2** *adv :* **il fait ~ ici** it's nice here. — **3** *nm (personne)* good person. **cette solution a du ~** this solution has its good points; *V aussi* **bon²**. — **4** *nf :* **en voilà une bonne!** that's a good one!; *(iro)* **tu en as de bonnes, toi!*** you must be joking!*; *V aussi* **bonne²**.
bon² [bɔ̃] *nm (formulaire)* slip; *(coupon d'échange)* coupon, voucher; *(Fin)* bond.
bonbon [bɔ̃bɔ̃] *nm* sweet, candy *(US)*.
bonbonnière [bɔ̃bɔnjɛʀ] *nf (boîte)* sweet box; *(fig : appartement)* bijou residence.
bond [bɔ̃] *nm* leap, bound. **faire des ~s** to leap about; **se lever d'un ~** to leap *ou* spring up; **les prix ont fait un ~** prices have shot up *ou* soared.
bonde [bɔ̃d] *nf (tonneau)* bung; *(évier)* plug.
bondé, e [bɔ̃de] *adj* packed.
bondir [bɔ̃diʀ] (2) *vi* to leap *ou* spring up. **~ de joie** to jump for joy; **cela me fait ~*** it makes me hopping mad*; **~ vers** to rush to; **~ sur sa proie** to pounce on one's prey.
bonheur [bɔnœʀ] *nm (félicité)* happiness; *(chance)* good luck, good fortune. **faire le ~ de qn** to make sb happy; **quel ~!** what a delight!; **par ~** fortunately, luckily; **au petit ~ la chance*** haphazardly.
bonhomie [bɔnɔmi] *nf* good-naturedness.
bonhomme [bɔnɔm], *pl* **bonshommes** [bɔ̃zɔm] — **1** *nm* (*) man, fellow. **~ de neige** snowman. — **2** *adj inv* good-natured.
boniment [bɔnimɑ̃] *nm (baratin)* patter; *(mensonge)* fib*.
bonjour [bɔ̃ʒuʀ] *nm (gén)* hello; *(matin)* good morning; *(après-midi)* good afternoon. **donnez-lui le ~ de ma part** give him my regards.
bonne² [bɔn] *nf* maid. **~ d'enfants** nanny; *V aussi* **bon¹**.
bonnement [bɔnmɑ̃] *adv :* **tout ~** quite simply.
bonnet [bɔnɛ] *nm* bonnet. **prendre qch sous son ~** to make sth one's concern; **c'est ~ blanc et blanc ~** it's six of one and half a dozen of the other; **~ de bain** bathing cap. ◆ **bonneterie** *nf (objets)* hosiery; *(magasin)* hosier's shop. ◆ **bonnetier, -ière** *nm,f* hosier.
bonsoir [bɔ̃swaʀ] *nm* good evening; *(en se couchant)* good night.
bonté [bɔ̃te] *nf* kindness. **~ divine!** good heavens!
bord [bɔʀ] *nm* **(a)** *(gén)* edge; *(route, lac)* side; *(précipice)* brink; *(verre, chapeau)* brim. **~ du trottoir** kerb, curb *(US)*, **marcher au ~ de la rivière** to walk along the river bank; **passer ses vacances au ~ de la mer** to spend one's holidays at the seaside; **au ~ de** *(ruine etc)* on the verge of; **rempli à ras ~** full to the brim *ou* to overflowing; **nous sommes du même ~** we are on the same side; **fou sur les ~s*** a bit mad. **(b)** *(Aviat, Naut)* **à ~ de qch** aboard sth; **jeter par-dessus ~** to throw overboard; **à ~**

d'une voiture bleue in a blue car. **(c)** *(bordée)* tack. **tirer des ~s** to tack.
border [bɔʀde] (1) *vt (Couture)* to edge (*de* with); *(arbres, maisons)* to line; *(sentier)* to run alongside; *(dans un lit)* to tuck in. **bordé de fleurs** edged with flowers.
bordereau, *pl* **~x** [bɔʀdəʀo] *nm* note, slip; *(facture)* invoice.
bordure [bɔʀdyʀ] *nf (gén)* edge; *(fleurs)* border. **en ~ de** alongside.
borgne [bɔʀɲ(ə)] *adj (personne)* one-eyed, blind in one eye.
borne [bɔʀn(ə)] *nf (route)* kilometre-marker, ≃ milestone; *(terrain)* boundary marker; *(monument)* post of stone; *(Élec)* terminal. **3 ~s*** 3 kilometres; **dépasser les ~s** to go too far; **sans ~s** boundless; **mettre des ~s à** to limit. ◆ **borné, e** *adj (personne)* narrow-minded; *(intelligence)* limited. ◆ **borner** (1) *vt* to limit. **se ~ à faire** to restrict o.s. to doing.
bosquet [bɔskɛ] *nm* copse, grove.
bosse [bɔs] *nf (chameau, bossu)* hump; *(coup, monticule)* bump. **avoir la ~ du théâtre** to be a born actor.
bosseler [bɔsle] (4) *vt* to dent.
bosser* [bɔse] (1) — **1** *vi* to work; *(travailler dur)* to slog away*. — **2** *vt (examen)* to swot for. ◆ **bosseur, -euse*** *nm,f* slogger*.
bossu, e [bɔsy] — **1** *adj* hunchbacked. — **2** *nm,f* hunchback.
bot [bo] *adj* : **pied ~** club-foot.
botte [bɔt] *nf* **(a)** boot; *(cavalier)* riding boot; *(égoutier)* wader. **~ de caoutchouc** wellington boot, gumboot. **(b)** *(légumes)* bunch; *(foin)* sheaf; *(au carré)* bale. ◆ **bottillon** *nm* ankle boot. ◆ **bottine** *nf* ankle boot.
Bottin [bɔtɛ̃] *nm* ® directory, phonebook.
bouc [buk] *nm (animal)* billy goat; *(barbe)* goatee. **~ émissaire** scapegoat.
boucan* [bukɑ̃] *nm* din. **faire du ~** to kick up* a din.
bouche [buʃ] *nf* mouth. **j'ai la ~ pâteuse** my tongue feels coated; **fermer la ~ à qn** to shut sb up; **de ~ à oreille** by word of mouth; **il en a plein la ~** he can talk of nothing else; **faire la fine ~** to turn one's nose up; **~ d'aération** air vent; **le ~ à ~** the kiss of life; **~ d'égout** manhole; **~ d'incendie** fire hydrant; **~ de métro** metro entrance.
bouchée [buʃe] *nf* mouthful. **pour une ~ de pain** for a song; **mettre les ~s doubles** to put on a spurt; **une ~ au chocolat** a chocolate; **~ à la reine** savoury vol-au-vent.
boucher¹ [buʃe] (1) *vt (bouteille)* to cork; *(trou)* to fill up; *(fuite)* to stop; *(lavabo, rue, vue)* to block. **~ le passage** to be in the way; **ça lui en a bouché un coin*** it floored* him; **se ~ le nez** to hold one's nose; **se ~ les oreilles** to put one's fingers in one's ears; **le temps est bouché** the weather is dull.
boucher² [buʃe] *nm* butcher. ◆ **bouchère** *nf* (woman) butcher; *(épouse)* butcher's wife. ◆ **boucherie** *nf (magasin)* butcher's shop; *(métier)* butchery trade; *(massacre)* slaughter.
bouchon [buʃɔ̃] *nm (gén)* top, cap; *(en liège)* cork; *(flotteur)* float; *(encombrement)* traffic jam.
boucle [bukl(ə)] *nf (ceinture)* buckle; *(cheveux)* curl; *(lacet)* bow; *(rivière)* loop; *(Sport)* lap; *(Aviat, Écriture)* loop. **~ d'oreille** earring.
bouclé, e [bukle] *adj* curly.
boucler [bukle] (1) — **1** *vt (ceinture)* to buckle, fasten; (*) *(porte)* to shut; *(circuit)* to complete; *(budget)* to balance; (* : *enfermer*) to lock up; *(Mil : encercler)* to seal off. **~ sa valise** to pack one's bags; **tu vas la ~!*** will you shut up!*. — **2** *vi (cheveux)* to curl, be curly.
bouclier [buklije] *nm* shield.
bouder [bude] (1) *vi* to sulk. ◆ **bouderie** *nf* sulk. ◆ **boudeur, -euse** *adj* sulky.
boudin [budɛ̃] *nm (bourrelet)* roll. **~ noir** ≃ black pudding; **~ blanc** ≃ white pudding.
boudoir [budwaʀ] *nm (salon)* boudoir; *(biscuit)* sponge finger.
boue [bu] *nf* mud.
bouée [bwe] *nf* buoy; *(baigneur)* rubber ring. **~ de sauvetage** lifebuoy.
boueux, -euse [bwø, øz] — **1** *adj* muddy. — **2** *nm* dustman, garbage collector *(US)*.
bouffe* [buf] *nf* grub*.
bouffée [bufe] *nf (parfum)* whiff; *(pipe, vent)* puff; *(orgueil)* fit. *(Méd)* **~ de chaleur** hot flush.
bouffer* [bufe] (1) *vti* to eat.
bouffon, -onne [bufɔ̃, ɔn] — **1** *adj* farcical, comical. — **2** *nm (pitre)* clown; *(Hist)* jester.
bougeoir [buʒwaʀ] *nm* candlestick.
bouger [buʒe] (3) — **1** *vi* to move. *(idées, prix)* **ne pas ~** to stay the same. — **2** *vt (objet)* to move. **il n'a pas bougé le petit doigt** he didn't lift a finger. — **3 se bouger*** *vpr* to move.
bougie [buʒi] *nf* candle; *(Aut)* spark plug; (* : *visage*) face.
bougon, -onne [bugɔ̃, ɔn] *adj* grumpy. ◆ **bougonner** (1) *vi* to grumble.
bouillant, e [bujɑ̃, ɑ̃t] *adj (brûlant)* boiling hot; *(qui bout)* boiling.
bouillie [buji] *nf* porridge. **mettre en ~** to reduce to a pulp.
bouillir [bujiʀ] (15) *vi* to boil. **faire ~** *(eau, linge)* to boil; **faire ~ qn** to make sb's blood boil; **~ d'impatience** to seethe with impatience. ◆ **bouilloire** *nf* kettle.
bouillon [bujɔ̃] *nm (soupe)* stock. **couler à gros ~s** to gush out.
bouillotte [bujɔt] *nf* hot-water bottle.
boulanger [bulɑ̃ʒe] *nm* baker. ◆ **boulangère** *nf* (woman) baker; *(épouse)* baker's wife. ◆ **boulangerie** *nf (magasin)* baker's shop, bakery; *(commerce)* bakery trade.
boule [bul] *nf (gén)* ball; *(Boules)* bowl; *(Casino)* boule. **avoir une ~ dans la gorge** to have a lump in one's throat; **perdre la ~*** to go nuts*; **être en ~*** to be mad*; **~ de gomme** fruit pastille; **~ de neige** snowball.
bouleau, *pl* **~x** [bulo] *nm* silver birch.
bouledogue [buldɔg] *nm* bulldog.
boulet [bulɛ] *nm (forçat)* ball and chain; *(charbon)* coal nut. **~ de canon** cannonball.
boulette [bulɛt] *nf (papier)* pellet; *(viande)* meatball; (* : *erreur*) blunder.
boulevard [bulvaʀ] *nm* boulevard.
bouleversant, e [bulvɛʀsɑ̃, ɑ̃t] *adj (récit)* deeply moving; *(nouvelle)* shattering.
bouleversement [bulvɛʀsəmɑ̃] *nm* upheaval.
bouleverser [bulvɛʀse] (1) *vt* to upset.
boulon [bulɔ̃] *nm* bolt.
boulot* [bulo] *nm (gén)* work; *(emploi)* job.
boulotter* [bulɔte] (1) *vti* to eat.
bouquet [bukɛ] *nm (gén)* bunch; *(fleurs)* bunch of flowers; *(feu d'artifice)* crowning piece; *(vin)* bouquet; *(crevette)* prawn. *(fig)* **c'est le ~!*** that takes the cake!*
bouquin* [bukɛ̃] *nm* book. ◆ **bouquiner*** (1) *vti* to read.

bourde* [buʀd(ə)] *nf* blunder.
bourdon [buʀdɔ̃] *nm* *(Zool)* bumblebee; *(cloche)* great bell. **avoir le ~*** to have the blues*.
bourdonnement [buʀdɔnmɑ̃] *nm (voix, insecte)* buzz; *(moteur)* drone. ◆ **bourdonner** (1) *vi* to buzz; to drone.
bourg [buʀ] *nm*, **bourgade** [buʀgad] *nf* village, small town.
bourgeois, e [buʀʒwa, waz] — **1** *adj (gén)* middle-class; *(Pol, péj)* bourgeois. — **2** *nm,f* bourgeois, middle-class person. ◆ **bougeoisie** *nf* middle-class, bourgeoisie. **petite ~** lower middle-class.
bourgeon [buʀʒɔ̃] *nm* bud.
bourrasque [buʀask(ə)] *nf (vent)* gust; *(pluie)* squall; *(neige)* flurry.
bourratif, -ive [buʀatif, iv] *adj* filling.
bourré, e [buʀe] *adj* packed, crammed *(de* with); (* : *ivre)* tight*.
bourreau, *pl* **~x** [buʀo] *nm (tortionnaire)* torturer; *(Justice)* executioner; *(pendaison)* hangman. **~ d'enfants** child batterer; **~ de travail** glutton for work*, workaholic*.
bourrelet [buʀlɛ] *nm* roll.
bourrer [buʀe] (1) *vt (gén)* to fill; *(valise)* to cram full. **les frites, ça bourre!** chips are very filling!
bourrique [buʀik] *nf* she-ass. **faire tourner qn en ~** to drive sb mad*.
bourru, e [buʀy] *adj* surly.
bourse [buʀs(ə)] *nf* purse. *(Fin)* **la B~** the Stock Exchange *ou* Market *(US)*; **~ d'études** student's grant; **sans ~ délier** without spending a penny; **ils font ~ commune** they pool their earnings. ◆ **boursier, -ière** — **1** *adj* Stock Market. — **2** *nm,f (étudiant)* grant-holder.
boursoufler [buʀsufle] (1) *vt* to puff up, bloat.
bousculade [buskylad] *nf (remous)* jostle, crush; *(hâte)* rush.
bousculer [buskyle] (1) *vt (pousser)* to jostle; *(presser)* to rush.
boussole [busɔl] *nf* compass.
bout [bu] *nm* **(a)** *(extrémité)* end; *(pointue)* tip. *(fig)* **du ~ des lèvres** reluctantly, half-heartedly; **jusqu'au ~ des ongles** to one's fingertips; **savoir qch sur le ~ du doigt** to have sth at one's fingertips; **au ~ d'un mois** at the end of a month; **d'un ~ à l'autre du voyage** throughout the journey; **ce n'est pas le ~ du monde!** it's not the end of the world!; **au ~ du compte** in the end; **~ à ~** end to end; **de ~ en ~** from start to finish; **à ~ portant** at point-blank range. **(b)** *(morceau)* piece, bit. **~ de terrain** patch of land; **cela fait un ~ de chemin** it's quite a long way away; **il est resté un bon ~ de temps** he stayed quite some time. **(c) être à ~** *(fatigué)* to be all in*; *(en colère)* to have had enough; **à ~ de souffle** out of breath; **être à ~ de ressources** to have no money left; **être à ~ de nerfs** to be at the end of one's tether; **pousser qn à ~** to push sb to the limit of his patience.
boutade [butad] *nf* sally, quip.
boute-en-train [butɑ̃tʀɛ̃] *nm inv* live wire*.
bouteille [butɛj] *nf (gén)* bottle; *(gaz)* cylinder. ®**~ Thermos** Thermos flask; **mettre en ~s** to bottle.
boutique [butik] *nf* shop, store. ◆ **boutiquier, -ière** *nm,f* shopkeeper.
bouton [butɔ̃] *nm (Couture)* button; *(Élec)* switch; *(porte, radio)* knob; *(sonnette)* button; *(Méd)* spot, pimple; *(Bot)* bud. **en ~** in bud; **~ de col** collar stud; **~ de manchette** cufflink; **~-d'or** buttercup; **~-pression** press-stud. ◆ **boutonner** (1) *vt* to button up. ◆ **boutonnière** *nf* buttonhole.
bouture [butyʀ] *nf* cutting.
bovin, e [bɔvɛ̃, in] — **1** *adj* bovine. — **2** *nmpl :* **~s** cattle.
bowling [buliŋ] *nm (jeu)* tenpin bowling; *(salle)* bowling alley.
box, *pl* **boxes** [bɔks] *nm (dortoir)* cubicle; *(écurie)* loose-box; *(garage)* lock-up garage. **~ des accusés** dock.
boxe [bɔks(ə)] *nf* boxing.
boxer [bɔkse] (1) *vi* to box. ◆ **boxeur** *nm* boxer.
boyau, *pl* **~x** [bwajo] *nm (intestins)* **~x** guts; **~ de chat** cat gut.
boycottage [bɔjkɔtaʒ] *nm* boycott. ◆ **boycotter** (1) *vt* to boycott.
bracelet [bʀaslɛ] *nm (poignet)* bracelet; *(bras, cheville)* bangle; *(montre)* strap. **~-montre** wrist watch.
braconnage [bʀakɔnaʒ] *nm* poaching. ◆ **braconner** (1) *vi* to poach. ◆ **braconnier** *nm* poacher.
brader [bʀade] (1) *vt* to sell cut price. ◆ **braderie** *nf* cut-price market.
braguette [bʀagɛt] *nf* fly, flies *(of trousers)*.
brailler [bʀɑje] (1) *vi* to bawl.
braire [bʀɛʀ] (50) *vi* to bray.
braise [bʀɛz] *nf :* **~(s)** embers.
brancard [bʀɑ̃kaʀ] *nm* stretcher. ◆ **brancardier, -ière** *nm,f* stretcher-bearer.
branchages [bʀɑ̃ʃaʒ] *nmpl* fallen branches.
branche [bʀɑ̃ʃ] *nf (lit, fig)* branch; *(lunettes)* side-piece; *(compas)* leg; *(ciseaux)* blade.
branchement [bʀɑ̃ʃmɑ̃] *nm (action)* connecting-up; *(conduite)* connection.
brancher [bʀɑ̃ʃe] (1) *vt (prise)* to plug in; *(téléphone)* to connect up.
branchies [bʀɑ̃ʃi] *nfpl* gills.
brandir [bʀɑ̃diʀ] (2) *vt* to brandish, flourish.
branlant, e [bʀɑ̃lɑ̃, ɑ̃t] *adj (gén)* shaky; *(dent)* loose.
braquer [bʀake] (1) *vt (Aut)* to turn. **~ une arme sur** to point *ou* aim a weapon at; **~ les yeux sur qch** to fix one's eyes on sth. **~ qn** to antagonize sb; **être braqué contre qch** to be set against sth.
bras [bʀa] *nm* **(a)** arm. **au ~ de qn** on sb's arm; **se donner le ~** to link arms; **~ dessus, ~ dessous** arm in arm. **(b)** *(travailleur)* hand, worker. **(c)** *(outil)* handle; *(fauteuil, électrophone)* arm; *(croix)* limb; *(brancard)* shaft; *(fleuve)* branch. **(d)** *(fig)* **~ droit** right-hand man; **en ~ de chemise** in one's shirt sleeves; **saisir qn à ~ le corps** to seize sb bodily; **avoir le ~ long** to have a long arm; **à ~ ouverts** with open arms; **lever les ~ au ciel** to throw up one's arms; **les ~ m'en tombent** I'm stunned; **avoir qch sur les ~*** to be stuck* with sth.
brasier [bʀɑzje] *nm* inferno.
brassage [bʀɑsaʒ] *nm (mélange)* mixing; *(bière)* brewing.
brassard [bʀasaʀ] *nm* armband.
brasse [bʀas] *nf (distance)* fathom; *(nage)* breast-stroke. **~ papillon** butterfly-stroke.
brassée [bʀase] *nf* armful.
brasser [bʀase] (1) *vt (mélanger)* to mix; *(cartes)* to shuffle; *(bière)* to brew. ◆ **brasserie** *nf (café)* ≃ pub, brasserie; *(usine)* brewery.

bravade [bRavad] *nf* daring act. **par ~** out of bravado.
brave [bRav] *adj (courageux)* brave; *(bon)* nice; *(honnête)* decent, honest. **de ~s gens** decent people. ◆ **bravement** *adv* bravely.
braver [bRave] (1) *vt (autorité)* to defy; *(danger)* to brave.
bravo [bRavo] *nm* cheer. **~!** *(félicitation)* well done!; *(approbation)* hear! hear!
bravoure [bRavur] *nf* bravery.
break [bRɛk] *nm* estate car, station wagon *(US)*.
brebis [bRəbi] *nf (Zool)* ewe. **~ égarée** stray sheep; **~ galeuse** black sheep.
brèche [bRɛʃ] *nf* breach.
bredouille [bRəduj] *adj (gén)* empty-handed.
bredouiller [bRəduje] (1) *vti* to stammer, mumble.
bref, brève [bRɛf, ɛv] — **1** *adj* brief, short. **soyez ~** be brief; **à ~ délai** shortly. — **2** *adv (passons)* anyway. *(pour résumer)* **en ~** in short, in brief.
breloque [bRəlɔk] *nf* bracelet charm.
Brésil [bRezil] *nm* Brazil. ◆ **brésilien, -ienne** *adj*, **B~, -ienne** *nm,f* Brazilian.
Bretagne [bRətaɲ] *nf* Brittany.
bretelle [bRətɛl] *nf (gén)* strap; *(fusil)* sling; *(autoroute)* slip road. *(pantalon)* **~s** braces, suspenders *(US)*. **~ de raccordement** access road.
breuvage [bRœvaʒ] *nm* drink.
brève [bRɛv] *V* **bref.**
brevet [bRəvɛ] *nm (diplôme)* diploma, certificate; *(pilote)* licence. **~ d'invention** patent. ◆ **breveté, e** *adj (invention)* patented; *(technicien)* qualified.
bréviaire [bRevjɛR] *nm* breviary.
bribe [bRib] *nf* bit.
bric-à-brac [bRikabRak] *nm inv (objets)* bric-a-brac; *(magasin)* junk shop.
bricole* [bRikɔl] *nf (babiole)* trifle; *(cadeau)* token; *(travail)* small job. **Il ne reste que des ~s** there are only a few bits and pieces left; **10 F et des ~s** 10 francs odd*.
bricolage [bRikɔlaʒ] *nm* odd jobs. **rayon ~** do-it-yourself department.
bricoler [bRikɔle] (1) — **1** *vi* to do odd jobs; — **2** *vt (réparer)* to fix up, mend; *(fabriquer)* to knock together. ◆ **bricoleur** *nm* handyman.
bride [bRid] *nf (Équitation)* bridle; *(bonnet)* string; *(en cuir)* strap. **laisser la ~ sur le cou à qn** to leave sb a free hand; **à ~ abattue** flat out. ◆ **brider** (1) *vt* to bridle. **yeux bridés** slit eyes.
bridge [bRidʒ(ə)] *nm (jeu, dents)* bridge; *(partie)* game of bridge.
brièvement [bRijɛvmɑ̃] *adv* briefly. ◆ **brièveté** *nf* brevity.
brigand [bRigɑ̃] *nm* brigand; *(filou)* crook; *(hum : enfant)* rascal.
briguer [bRige] (1) *vt (emploi)* to covet; *(suffrages)* to solicit.
brillamment [bRijamɑ̃] *adv* brilliantly.
brillant, e [bRijɑ̃, ɑ̃t] — **1** *adj (luisant)* shiny; *(étincelant)* sparkling; *(personne, idées)* brilliant. **yeux ~s de fièvre** eyes bright with fever. — **2** *nm (diamant)* brilliant; *(reflet)* shine.
briller [bRije] (1) *vi (gén)* to shine (*de* with); *(diamant)* to sparkle; *(étoile)* to twinkle; *(éclair)* to flash. **faire ~** *(meuble etc)* to polish; **il ne brille pas par le courage** courage is not his strong point; **~ par son absence** to be conspicuous by one's absence.
brimade [bRimad] *nf* vexation.
brimer [bRime] (1) *vt* to bully, rag.
brin [bRɛ̃] *nm (herbe)* blade; *(muguet)* sprig; *(osier)* twig; *(paille)* wisp. **un beau ~ de fille** a fine-looking girl; **un ~ de** a touch *ou* grain of; **faire un ~ de toilette** to have a quick wash. ◆ **brindille** *nf* twig.
bringue* [bRɛ̃g] *nf* : **faire la ~** to go on a binge*.
bringuebaler* [bRɛ̃gbale] (1) — **1** *vi* to shake about, joggle; *(avec bruit)* to rattle. — **2** *vt* to cart about.
brio [bRijo] *nm* brilliance; *(Mus)* brio. **avec ~** brilliantly.
brioche [bRijɔʃ] *nf* brioche, bun; (* : *ventre*) paunch.
brique [bRik] *nf (Constr)* brick; (*) a million old francs.
briquer* [bRike] (1) *vt* to polish up.
briquet [bRikɛ] *nm* cigarette lighter.
brise [bRiz] *nf* breeze.
brise-glace [bRiz-glas] *nm inv* ice breaker.
brise-lames [bRiz-lam] *nm inv* breakwater.
briser [bRize] (1) — **1** *vt (gén)* to break; *(carrière)* to ruin, wreck; *(espoir, rébellion)* to crush. **~ en mille morceaux** to smash to smithereens; **~ la glace** to break the ice; **d'une voix brisée par l'émotion** in a voice choked with emotion; **brisé de fatigue** worn out, exhausted; **brisé de chagrin** broken-hearted. — **2** *vi* to break (*avec* with, *contre* against). — **3 se briser** *vpr* to break (*contre* against).
britannique [bRitanik] — **1** *adj* British. — **2** *nm,f* : **B~** British citizen; **les B~s** the British.
broc [bRo] *nm* pitcher.
brocanteur [bRɔkɑ̃tœR] *nm* secondhand furniture dealer.
broche [bRɔʃ] *nf (bijou)* brooch; *(Culin)* spit; *(Tech, Méd)* pin.
brochet [bRɔʃe] *nm* pike *(pl inv)*.
brochette [bRɔʃɛt] *nf (ustensile)* skewer; *(plat)* kebab. **~ de** *(décorations)* row of.
brochure [bRɔʃyR] *nf* brochure, pamphlet.
broder [bRɔde] (1) *vti* to embroider (*de* with). ◆ **broderie** *nf (art)* embroidery; *(objet)* piece of embroidery. ◆ **brodeuse** *nf* embroideress.
bronche [bRɔ̃ʃ] *nf* : **~s** bronchial tubes.
broncher [bRɔ̃ʃe] (1) *vi (cheval)* to stumble. **personne n'osait ~*** no one dared move a muscle; **sans ~** *(sans peur)* without flinching; *(sans protester)* uncomplainingly; *(sans se tromper)* without faltering.
bronchite [bRɔ̃ʃit] *nf* : **la ~** bronchitis; **il a fait 2 ~s** he's had bronchitis twice.
bronzage [bRɔ̃zɑʒ] *nm* suntan.
bronze [bRɔ̃z] *nm* bronze.
bronzé, e [bRɔ̃ze] *adj* suntanned, sunburnt.
bronzer [bRɔ̃ze] (1) — **1** *vt* to tan. — **2** *vi* to get a tan. — **3 se bronzer** *vpr* to sunbathe.
brosse [bRɔs] *nf* brush; *(en chiendent)* scrubbing-brush. **~ à dents** toothbrush; **avoir les cheveux en ~** to have a crew-cut. ◆ **brosser** (1) — **1** *vt* to brush; to scrub; *(peindre)* to paint. **~ qn** to brush sb's clothes. — **2 se brosser** *vpr* to brush one's clothes. **se ~ les dents** to brush one's teeth.
brouette [bRuɛt] *nf* wheelbarrow.
brouhaha [bRuaa] *nm* hubbub.
brouillard [bRujaR] *nm* fog; *(léger)* mist; *(avec fumée)* smog. **il fait du ~** it's foggy; *(fig)* **être dans le ~** to be lost.
brouille [bRuj] *nf* quarrel; *(légère)* tiff.

brouiller [bRuje] (1) — **1** *vt* **(a)** *(contour, vue)* to blur; *(idées)* to muddle up; *(message)* to scramble; *(Rad)* to jam. *(fig)* **~ les pistes** *ou* **cartes** to cloud the issue. **(b)** *(fâcher)* to put on bad terms (*avec* with). **être brouillé avec qn** to have fallen out with sb. — **2 se brouiller** *vpr* to become blurred; to get muddled up. **se ~ avec qn** to fall out with sb; **le temps se brouille** the weather is breaking.
brouillon, -onne [bRujɔ̃, ɔn] — **1** *adj (sans soin)* untidy; *(sans organisation)* muddle-headed. — **2** *nm (devoir)* rough copy; *(ébauche)* rough draft. **papier ~** rough paper; **prendre qch au ~** to make a rough copy of sth.
broussaille [bRusaj] *nf* : **~s** undergrowth, scrub. **en ~** *(cheveux)* unkempt, tousled.
brousse [bRus] *nf* : **la ~** the bush; *(fig)* **en pleine ~*** in the middle of nowhere.
brouter [bRute] (1) *vti* to graze.
broutille* [bRutij] *nf* : **c'est de la ~*** *(mauvaise qualité)* it's cheap rubbish; *(sans importance)* it's not worth mentioning.
broyer [bRwaje] (8) *vt* to grind; *(main)* to crush. *(fig)* **~ du noir** to be down in the dumps*.
bru [bRy] *nf* daughter-in-law.
brugnon [bRyɲɔ̃] *nm* nectarine.
bruit [bRɥi] *nm (gén)* noise; *(sourd)* thud; *(strident)* screech; *(voix, moteur)* sound; *(vaisselle)* clatter; *(fig : nouvelle)* rumour. **des ~s de pas** footsteps; **~ de fond** background noise; **on n'entend aucun ~** you can't hear a sound; **faire du ~** to make a noise; **sans ~** noiselessly; **beaucoup de ~ pour rien** much ado about nothing; **faire grand ~ autour de** to make a great to-do about; **le ~ court que** rumour has it that.
brûlant, e [bRylɑ̃, ɑ̃t] *adj (objet)* burning hot; *(plat, liquide)* piping hot; *(soleil)* scorching; *(sujet)* ticklish. **~ de fièvre** burning with fever; **c'est d'une actualité ~e** it's the burning question of the hour.
brûle-pourpoint [bRyl-puRpwɛ̃] *adv* : **à ~** point-blank.
brûler [bRyle] (1) — **1** *vt (gén)* to burn; *(eau bouillante)* to scald. **brûlé par le soleil** *(vacancier)* sunburnt, suntanned; *(herbe)* sun-scorched. **brûlé vif** burnt alive; **grand brûlé** badly burnt person; **~ la chandelle par les deux bouts** to burn the candle at both ends; **~ un feu rouge** to go through a red light; **~ une étape** to miss out a stop; **les yeux me brûlent** my eyes are smarting. — **2** *vi (lumière, feu, rôti)* to burn; *(maison)* to be on fire. **ça sent le brûlé** there's a smell of burning; **goût de brûlé** burnt taste; **ça brûle** you'll get burnt; *(jeu)* **tu brûles!** you're getting hot!; **~ d'envie de faire qch** to be burning to do sth; **~ d'impatience** to seethe with impatience. — **3 se brûler** *vpr* to burn o.s.; *(s'ébouillanter)* to scald o.s. **se ~ la cervelle** to blow one's brains out. ◆ **brûleur** *nm* burner. ◆ **brûlure** *nf* burn; *(d'eau bouillante)* scald; **~s d'estomac** heartburn.
brume [bRym] *nf* mist; *(dense)* fog; *(légère)* haze. ◆ **brumeux, -euse** *adj* misty; foggy; *(fig)* obscure, hazy.
brun, e [bRœ̃, yn] *adj (gén)* brown; *(cheveux, tabac)* dark; *(peau)* swarthy; *(bronzé)* tanned. **il est ~** he's dark-haired.
brusque [bRysk(ə)] *adj* abrupt. ◆ **brusquement** *adv* abruptly. ◆ **brusquer** (1) *vt* to rush. ◆ **brusquerie** *nf* abruptness.
brut, e[1] [bRyt] *adj (diamant)* rough; *(pétrole)* crude; *(sucre)* unrefined; *(métal)* raw; *(champagne)* brut; *(fait, idée)* crude, raw. **à l'état ~** in the rough; **10 kg ~** 10 kg gross.
brutal, e, *mpl* **-aux** [bRytal, o] *adj (caractère)* rough, brutal; *(jeu)* rough; *(réponse, franchise)* blunt; *(mort)* sudden; *(coup)* brutal. ◆ **brutalement** *adv* roughly; brutally; bluntly; suddenly. ◆ **brutaliser** (1) *vt personne* to illtreat. ◆ **brutalité** *nf* brutality; roughness; suddenness; *(acte)* brutality. ◆ **brute**[2] *nf (brutal)* brute; *(grossier)* boor, lout. **grosse ~!*** big bully!
Bruxelles [bRysɛl] *n* Brussels.
bruyamment [bRɥijamɑ̃] *adv* noisily.
bruyant, e [bRɥijɑ̃, ɑ̃t] *adj* noisy.
bruyère [bRyjɛR] *nf (plante)* heather; *(terrain)* heathland. **pipe en ~** briar pipe.
bûche [byʃ] *nf* log. **~ de Noël** Yule log; **ramasser une ~*** to come a cropper*.
bûcheron [byʃRɔ̃] *nm* woodcutter, lumberjack.
budget [bydʒɛ] *nm* budget. ◆ **budgétaire** *adj* budgetary.
buée [bɥe] *nf* mist, condensation. **couvert de ~** misted up, steamed up.
buffet [byfɛ] *nm (meuble)* sideboard; *(réception)* buffet. **~ de gare** station buffet; **~ de cuisine** kitchen dresser.
buffle [byfl(ə)] *nm* buffalo.
buis [bɥi] *nm* boxwood.
buisson [bɥisɔ̃] *nm* bush.
bulbe [bylb(ə)] *nm* bulb.
Bulgarie [bylgaRi] *nf* Bulgaria. ◆ **bulgare** *adj, nm,* **B~** *nmf* Bulgarian.
bulldozer [buldozœR] *nm* bulldozer.
bulle [byl] *nf* bubble; *(Rel)* bull; *(bande dessinée)* balloon. **faire des ~s** to blow bubbles.
bulletin [byltɛ̃] *nm (communiqué)* bulletin; *(formulaire)* form; *(certificat)* certificate; *(billet)* ticket; *(Scol)* report; *(Pol)* ballot paper. **~ météorologique** weather forecast; **~-réponse** reply form *ou* coupon; **~ de salaire** pay-slip.
bureau, *pl* **~x** [byRo] *nm (meuble)* desk; *(chambre)* study; *(lieu de travail)* office; *(section)* department; *(comité)* committee; *(exécutif)* board. **heures de ~** office hours; **~ de change** bureau de change; **~ de location** booking *ou* box office; **~ de placement** employment agency; **~ de poste** post office; **~ de tabac** tobacconist's shop; **~ de vote** polling station.
bureaucrate [byRokRat] *nm,f* bureaucrat. ◆ **bureaucratie** *nf (péj)* bureaucracy, red tape. ◆ **bureaucratique** *adj* bureaucratic.
burin [byRɛ̃] *nm* cold chisel.
burlesque [byRlɛsk(ə)] *adj (Théât)* burlesque; *(comique)* comical; *(ridicule)* ludicrous.
bus* [bys] *nm* bus.
buste [byst(ə)] *nm* chest.
but [by] *nm (gén, Sport)* goal; *(intention)* aim, purpose. **errer sans ~** to wander aimlessly about; **il a pour ~ de faire** he is aiming to do; **aller droit au ~** to go straight to the point; **dans le ~ de faire** with the aim of doing; **le ~ de l'opération** the object *ou* point of the operation; **de ~ en blanc** *(demander)* point-blank.
butane [bytan] *nm (Chim)* butane; *(en bouteille)* calor gas.
buté, e [byte] *adj* stubborn, obstinate.
buter [byte] (1) — **1** *vi* : **~ contre** *(trébucher)* to stumble over; *(cogner)* to bump into; *(s'appuyer)* to rest against; **~ contre** *ou* **sur une difficulté** to come up against a difficulty. — **2 se buter** *vpr* to dig one's heels in.

butin [bytɛ̃] *nm (armée)* spoils; *(voleur)* loot; *(fig)* booty.
butiner [bytine] (1) *vi* to gather nectar.
butte [byt] *nf* mound, hillock. **être en ~ à** to be exposed to.
buvable [byvabl(ə)] *adj* drinkable.
buvard [byvaʀ] *nm (papier)* blotting paper; *(sous-main)* blotter.
buvette [byvɛt] *nf* refreshment stall.
buveur, -euse [byvœʀ,øz] *nm,f* drinker; *(café)* customer.

C

C, c [se] *nm (lettre)* C, c.
c' [s] *abrév de* **ce.**
ça [sa] *pron dém* = **cela** *(langue parlée).*
çà [sa] *adv* : **~ et là** here and there.
cabane [kaban] *nf (hutte)* cabin; *(remise)* shed; *(péj)* shack. (* : *prison*) **en ~** behind bars; **~ à lapins** rabbit hutch.
cabaret [kabaʀɛ] *nm* night club; *(Hist : café)* inn.
cabas [kabɑ] *nm* shopping bag.
cabillaud [kabijo] *nm* cod.
cabine [kabin] *nf (Espace, Naut)* cabin; *(avion)* cockpit; *(piscine)* cubicle; *(Audiovisuel)* booth. **~ d'ascenseur** liftcage; **~ de bain** bathing hut; **~ d'essayage** fitting room; **~ téléphonique** phone box *ou* booth.
cabinet [kabinɛ] *nm (médecin)* surgery, consulting-room; *(notaire)* office; *(immobilier)* agency; *(clientèle)* practice; *(gouvernement)* cabinet. **~ de toilette** bathroom; *(w.c.)* **les ~s** the toilet.
câble [kɑbl(ə)] *nm* cable. **~ d'amarrage** mooring line. ◆ **câbler** (1) *vt* to cable.
cabosser [kabɔse] (1) *vt* to dent.
cabrer [kɑbʀe] (1) — **1** *vt (cheval)* to make rear up; *(avion)* to nose up. **~ qn** to put sb's back up. — **2 se cabrer** *vpr* to rear up; *(personne)* to rebel (*contre* against).
cabriole [kabʀijɔl] *nf* caper.
cabriolet [kabʀijɔlɛ] *nm (Aut)* convertible.
caca* [kaka] *nm* : **faire ~** to do a job*.
cacah(o)uète [kakawɛt] *nf* peanut.
cacao [kakao] *nm* cocoa.
cachalot [kaʃalo] *nm* sperm whale.
cache [kaʃ] — **1** *nm (gén)* card; *(Phot)* mask. — **2** *nf* hiding place; *(pour butin)* cache.
cachemire [kaʃmiʀ] *nm (laine)* cashmere; *(dessin)* paisley pattern.
caché, e [kaʃe] *adj (gén)* hidden; *(secret)* secret.
cache-cache [kaʃ-kaʃ] *nm inv (lit, fig)* hide-and-seek.
cache-col [kaʃkɔl] *nm inv*, **cache-nez** [kaʃne] *nm inv* scarf, muffler.
cacher [kaʃe] (1) — **1** *vt* to hide, conceal. **~ son jeu** *(lit)* to keep one's cards up; *(fig)* to hide one's game; **tu me caches la lumière** you're in my light; **il n'a pas caché que** he made no secret of the fact that. — **2 se cacher** *vpr* to hide, be concealed. **faire qch sans se ~** to do sth openly.
cache-tampon [kaʃtampɔ̃] *nm inv* hunt-the-thimble.
cachet [kaʃɛ] *nm (pilule)* tablet; *(timbre)* stamp; *(sceau)* seal; *(fig : caractère)* style; *(rétribution)* fee. **~ de la poste** postmark. ◆ **cacheter** (4) *vt* to seal.
cachette [kaʃɛt] *nf* hiding-place. **en ~** secretly.
cachot [kaʃo] *nm* dungeon.
cachotterie [kaʃɔtʀi] *nf* mystery. ◆ **cachottier, -ière** *adj* secretive.
cactus [kaktys] *nm inv* cactus.
cadastre [kadastʀ(ə)] *nm (registre)* land register.
cadavérique [kadɑveʀik] *adj* deathly pale.
cadavre [kadɑvʀ(ə)] *nm* corpse, dead body.
cadeau, *pl* **~x** [kado] *nm* present, gift (*de qn* from sb). **faire ~ de qch à qn** to give sb sth as a present.
cadenas [kadnɑ] *nm* padlock. ◆ **cadenasser** (1) *vt* to padlock.
cadence [kadɑ̃s] *nf (gén)* rhythm; *(tir, production)* rate; *(marche)* pace. **en ~** rhythmically. ◆ **cadencé, e** *adj* rhythmical.
cadet, -ette [kadɛ, ɛt] — **1** *adj (entre 2)* younger; *(plus de 2)* youngest. **mon fils ~** my younger son. — **2** *nm,f* youngest child; *(sport)* minor *(15-17 years).* **il est mon ~ de 2 ans** he's 2 years younger than me; **c'est le ~ de mes soucis** it's the least of my worries.
cadran [kadʀɑ̃] *nm (gén)* dial; *(baromètre)* face. **~ solaire** sundial.
cadre [kɑdʀ(ə)] *nm* **(a)** *(chassis)* frame; *(sur formulaire)* space, box. **(b)** *(décor)* setting, surroundings. **(c)** *(limites)* **dans le ~ de** *(fonctions)* within the scope *ou* limits of; *(festival)* within the context *ou* framework of. **(d)** *(chef)* executive, manager; *(Mil)* officer. **les ~s** the managerial staff; **~ supérieur** senior executive; **~ moyen** junior executive; **rayé des ~s** *(licencié)* dismissed; *(libéré)* discharged.
cadrer [kɑdʀe] (1) — **1** *vi* to tally (*avec* with). — **2** *vt (Phot)* to centre.
cafard [kafaʀ] *nm (insecte)* cockroach. **avoir le ~*** to have the blues*.
café [kafe] *nm (produit)* coffee; *(lieu)* café. **~ au lait** white coffee; *(couleur)* coffee-coloured. ◆ **cafetier, -ière** — **1** *nm,f* café-owner. — **2** *nf (pot)* coffeepot; (* : *tête*) nut*.
cage [kaʒ] *nf (gén)* cage; *(Sport : buts)* goal. **~ d'ascenseur** lift shaft; **~ d'escalier** stairwell.
cageot [kaʒo] *nm* crate.
cagibi [kaʒibi] *nm* box room.
cagnotte [kaɲɔt] *nf (caisse commune)* kitty; (* : *économies*) hoard.

cagoule [kagul] *nf (moine)* cowl; *(bandit)* hood; *(enfant)* balaclava.
cahier [kaje] *nm (Scol)* exercise book; *(revue)* journal. ~ **de brouillon** roughbook, jotter; ~ **de textes** homework notebook.
cahin-caha* [kaɛ̃kaa] *adv* : **aller** ~ *(vie, marcheur)* to jog along; *(santé)* to be so-so*.
cahot [kao] *nm* jolt, bump.
cahute [kayt] *nf* shack.
caïd [kaid] *nm (meneur)* big chief*; (* : *as*) ace (*en* at).
caille [kaj] *nf* quail.
cailler [kaje] (1) *vi (lait)* to curdle; *(sang)* to clot; (* : *avoir froid*) to be cold. ◆ **caillot** *nm* blood clot.
caillou, *pl* ~**x** [kaju] *nm (gén)* stone; *(petit galet)* pebble; *(grosse pierre)* boulder; (* : *diamant*) stone. **il n'a pas un poil sur le** ~* he's as bald as a coot.
caisse [kɛs] *nf* **(a)** *(boîte)* box; *(cageot)* crate. ~ **à outils** toolbox; ~ **de résonance** resonance chamber. **(b)** *(machine)* cash register, till; *(portable)* cashbox. ~ **enregistreuse** cash register; ~ **noire** secret funds; **avoir de l'argent en** ~ to have ready cash; **faire la** ~ to do the till. **(c)** *(comptoir) (gén)* cashdesk; *(banque)* cashier's desk; *(supermarché)* checkout. **(d)** ~ **de sécurité sociale** social security office; ~ **de retraite** pension fund; ~ **d'épargne** savings bank. ◆ **caissette** *nf* (small) box. ◆ **caissier, -ière** *nm,f (gén)* cashier; *(banque)* teller; *(supermarché)* check-out assistant; *(cinéma)* box-office assistant. ◆ **caisson** *nm* caisson.
cajoler [kaʒɔle] (1) *vt* to cuddle. ◆ **cajolerie** *nf* cuddle.
cake [kɛk] *nm* fruit cake.
calamité [kalamite] *nf* calamity.
calcaire [kalkɛʀ] — **1** *adj (gén)* chalky; *(eau)* hard; *(Géol)* limestone. — **2** *nm* limestone.
calciné, e [kalsine] *adj* burnt to a cinder.
calcium [kalsjɔm] *nm* calcium.
calcul [kalkyl] *nm* **(a)** *(gén, fig)* calculation; *(exercice scolaire)* sum. *(discipline)* **le** ~ arithmetic; **erreur de** ~ miscalculation. **(b)** *(Méd)* stone. ◆ **calculatrice** *nf* calculator. ◆ **calculer** (1) — **1** *vt* to calculate, work out. ~ **son coup** to plan one's move carefully; **tout bien calculé** everything considered. — **2** *vi (Math)* to calculate; *(économiser)* to count the pennies.
cale [kal] *nf (pour bloquer)* wedge; *(soute)* hold; *(plan incliné)* slipway. ~ **sèche** dry dock.
calé, e* [kale] *adj (personne)* bright; *(problème)* tough.
caleçon [kalsɔ̃] *nm* pair of underpants. ~**s de bain** bathing trunks.
calembour [kalɑ̃buʀ] *nm* pun.
calendrier [kalɑ̃dʀije] *nm* calendar; *(programme)* timetable.
calepin [kalpɛ̃] *nm* notebook.
caler [kale] (1) — **1** *vt (meuble)* to wedge; *(malade)* to prop up. **ça vous cale l'estomac*** it fills you up; **se** ~ **dans un fauteuil** to settle o.s. comfortably in an armchair. — **2** *vi (véhicule)* to stall; (* : *abandonner*) to give up.
calfeutrer [kalføtʀe] (1) *vt* to draughtproof.
calibre [kalibʀ(ə)] *nm (gén, fig)* calibre; *(œufs, fruits)* grade.
calice [kalis] *nm (Rel)* chalice; *(Bot)* calyx.
califourchon [kalifuʀʃɔ̃] *nm* : **à** ~ astride.
câlin, e [kɑlɛ̃, in] — **1** *adj (enfant, chat)* cuddly; *(mère, ton)* tender, loving. — **2** *nm* cuddle. ◆ **câliner** (1) *vt* to cuddle. ◆ **câlinerie** *nf* tenderness. ~**s** caresses.
calmant [kalmɑ̃] *nm (pour les nerfs)* tranquillizer; *(contre la douleur)* painkiller.
calmar [kalmaʀ] *nm* squid.
calme [kalm(ə)] — **1** *adj* calm, quiet. — **2** *nm* calmness, quietness; *(sang-froid)* sangfroid. **du** ~! *(restez tranquille)* keep quiet!; *(pas de panique)* keep cool! *ou* calm!; *(Pol)* **ramener le** ~ to restore order; *(Naut)* ~ **plat** dead calm; *(fig)* **c'est le** ~ **plat** things are at a standstill. ◆ **calmement** *adv (agir)* calmly; *(se dérouler)* quietly.
calmer [kalme] (1) — **1** *vt (gén)* to calm down; *(douleur)* to soothe; *(impatience)* to curb; *(faim)* to appease; *(soif)* to quench. — **2 se calmer** *vpr (personne, mer)* to calm down; *(douleur)* to ease; *(fièvre, ardeur)* to subside.
calomnie [kalɔmni] *nf* slander; *(par écrit)* libel. ◆ **calomnier** (7) *vt* to slander; to libel. ◆ **calomnieux, -euse** *adj* slanderous; libellous.
calorie [kalɔʀi] *nf* calorie. ◆ **calorifique** *adj* calorific.
calorifuger [kalɔʀifyʒe] (3) *vt* to lag, insulate.
calotte [kalɔt] *nf (bonnet)* skullcap; *(partie supérieure)* crown; (* : *gifle*) slap. ~ **glaciaire** icecap.
calque [kalk(ə)] *nm (dessin)* tracing; *(papier)* tracing paper; *(fig)* carbon copy. ◆ **calquer** (1) *vt* to trace; to copy exactly.
calumet [kalymɛ] *nm* : **le** ~ **de la paix** the pipe of peace.
calvaire [kalvɛʀ] *nm (Rel)* Calvary; *(souffrance)* suffering, martyrdom.
calvitie [kalvisi] *nf* baldness.
camarade [kamaʀad] *nmf* friend, mate*; *(Pol)* comrade. ~ **d'école** schoolmate. ◆ **camaraderie** *nf* friendship.
cambouis [kɑ̃bwi] *nm* dirty oil *ou* grease.
cambré, e [kɑ̃bʀe] *adj* arched.
cambrer [kɑ̃bʀe] (1) *vt (pied, dos)* to arch. **se** ~ to arch one's back.
cambriolage [kɑ̃bʀiɔlaʒ] *nm* burglary.
cambrioler [kɑ̃bʀijɔle] (1) *vt* to burgle, burglarize *(US)*. ◆ **cambrioleur** *nm* burglar.
cambrousse* [kɑ̃bʀus] *nf* country. **en pleine** ~ out in the sticks*.
cambrure [kɑ̃bʀyʀ] *nf (reins)* curve; *(pied)* arch; *(route)* camber.
caméléon [kameleɔ̃] *nm* chameleon.
camélia [kamelja] *nm* camellia.
camelot [kamlo] *nm* street pedlar.
camelote* [kamlɔt] *nf (pacotille)* junk*; *(marchandise)* stuff*.
caméra [kameʀa] *nf (Ciné, TV)* camera; *(amateur)* cine camera, movie camera *(US)*.
camion [kamjɔ̃] *nm (ouvert)* lorry, truck *(US)*; *(fermé)* van, truck *(US)*. ~**-citerne** *nm, pl* ~**s-**~**s** tanker, tank truck *(US)*; ~ **de déménagement** removal van. ◆ **camionnette** *nf* small van.
camisole [kamizɔl] *nf* : ~ **de force** strait jacket.
camomille [kamɔmij] *nf* camomile.
camouflage [kamuflaʒ] *nm* camouflage.
camoufler [kamufle] (1) *vt (Mil)* to camouflage; *(cacher)* to conceal; *(déguiser)* to disguise.
camp [kɑ̃] *nm (gén)* camp; *(parti, Sport)* side. ~ **de toile** campsite.
campagnard, e [kɑ̃paɲaʀ, aʀd(ə)] — **1** *adj* country. — **2** *nm* countryman. — **3** *nf* countrywoman.

campagne [kɑ̃paɲ] *nf* **(a)** *(gén)* country; *(paysage)* countryside. **(b)** *(Mil, Pol, Presse)* campaign. **faire ~** to fight a campaign; **mener une ~ contre** to campaign against.
campement [kɑ̃pmɑ̃] *nm* camp, encampment.
camper [kɑ̃pe] (1) — **1** *vi* to camp. — **2** *vt* *(troupes)* to camp out; *(personnage)* to portray; *(lunettes etc)* to plant (*sur* on). **se ~ devant** to plant o.s. in front of. ◆ **campeur, -euse** *nm,f* camper.
camphre [kɑ̃fʀ(ə)] *nm* camphor.
camping [kɑ̃piŋ] *nm (lieu)* campsite. *(activité)* **le ~** camping; **faire du ~** to go camping.
campus [kɑ̃pys] *nm* campus.
Canada [kanada] *nm* Canada. ◆ **canadianisme** *nm* Canadianism. ◆ **canadien, -ienne** — **1** *adj* Canadian. — **2** *nm,f:* **C~,-ienne** Canadian. — **3** *nf (veste)* fur-lined jacket.
canaille [kanɑj] *nf (salaud, escroc)* crook; *(hum : enfant)* rascal.
canal, *pl* **-aux** [kanal, o] *nm (artificiel)* canal; *(détroit)* channel; *(tuyau, fossé)* duct; *(Anat)* canal, duct; *(TV)* channel. ◆ **canalisation** *nf* pipe. ◆ **canaliser** (1) *vt (foule)* to channel; *(fleuve)* to canalize.
canapé [kanape] *nm (meuble)* settee, couch; *(Culin)* canapé, open sandwich.
canard [kanaʀ] *nm (gén)* duck; *(mâle)* drake; (* : *journal*) rag*. *(Mus)* **faire un ~** to hit a wrong note.
canari [kanaʀi] *nm* canary.
cancans [kɑ̃kɑ̃] *nmpl* gossip. ◆ **cancaner** (1) *vi* to gossip.
cancer [kɑ̃sɛʀ] *nm* cancer. ◆ **cancéreux, -euse** *adj (tumeur)* cancerous; *(personne)* with cancer. ◆ **cancérigène** *adj* carcinogenic.
cancre [kɑ̃kʀ(ə)] *nm (péj)* dunce.
candélabre [kɑ̃delɑbʀ(ə)] *nm* candelabra.
candeur [kɑ̃dœʀ] *nf* naïvety.
candidat, e [kɑ̃dida, at] *nm,f* candidate (*à* at); *(poste)* applicant (*à* for). ◆ **candidature** *nf* candidature, candidacy *(US);* application (*à* for). **poser sa ~ à un poste** to apply for a job.
candide [kɑ̃did] *adj* naïve.
cane [kan] *nf* female duck. ◆ **caneton** *nm* duckling.
canevas [kanva] *nm* **(a)** *(livre)* framework. **(b)** *(toile)* canvas; *(ouvrage)* tapestry work.
caniche [kaniʃ] *nm* poodle.
canicule [kanikyl] *nf* scorching heat. *(juillet-août)* **la ~** the dog days.
canif [kanif] *nm* penknife, pocket knife.
canine [kanin] *nf* canine.
caniveau, *pl* **~x** [kanivo] *nm* roadside gutter.
canne [kan] *nf* walking stick. **~ à pêche** fishing rod; **~ à sucre** sugar cane.
cannelle [kanɛl] *nf* cinnamon.
cannibale [kanibal] — **1** *adj* cannibal. — **2** *nmf* cannibal, man-eater. ◆ **cannibalisme** *nm* cannibalism.
canoë [kanɔe] *nm* canoe. **faire du ~** to canoe.
canon [kanɔ̃] *nm* **(a)** *(arme)* gun; *(Hist)* cannon; *(fusil, clé)* barrel. **(b)** *(Rel, Mus)* canon. *(code)* **~s** canons.
cañon [kaɲɔ̃] *nm* canyon.
canot [kano] *nm* boat, dinghy. **~ automobile** motorboat; **~ pneumatique** rubber dinghy; **~ de sauvetage** lifeboat.
cantatrice [kɑ̃tatʀis] *nf* opera singer.
cantine [kɑ̃tin] *nf* canteen; *(service)* school meals; *(malle)* tin trunk.
cantique [kɑ̃tik] *nm* hymn.
canton [kɑ̃tɔ̃] *nm (gén)* district; *(Suisse)* canton.
cantonade [kɑ̃tɔnad] *nf* **: dire qch à la ~** to say sth to everyone in general.
cantonnement [kɑ̃tɔnmɑ̃] *nm (action)* stationing; *(lieu)* quarters, billet; *(camp)* camp.
cantonner [kɑ̃tɔne] (1) *vt (Mil)* to station. **~ qn dans un travail** to confine sb to a job.
cantonnier [kɑ̃tɔnje] *nm* roadman.
canular [kanylaʀ] *nm* hoax.
caoutchouc [kautʃu] *nm (matière)* rubber; *(élastique)* rubber *ou* elastic band. ® **~ mousse** foam rubber. ◆ **caoutchouteux, -euse** *adj* rubbery.
cap [kap] *nm (Géog)* cape. **le ~ Horn** Cape Horn; **passer le ~ de l'examen** to get over the hurdle of the exam; **franchir le ~ des 40 ans** to turn 40; **franchir le ~ des 50 millions** to pass the 50-million mark; **changer de ~** to change course; **mettre le ~ sur** to head for.
capable [kapabl(ə)] *adj* able, capable. **~ de faire** capable of doing; **te sens-tu ~ de tout manger?** do you feel you can eat it all?; **il est ~ de l'avoir perdu** he's quite likely to have lost it.
capacité [kapasite] *nf (gén)* capacity. **~s intellectuelles** intellectual abilities *ou* capacities; **avoir ~ pour** to be legally entitled to.
cape [kap] *nf (courte)* cape; *(longue)* cloak.
capilotade [kapilɔtad] *nf* **: mettre en ~** to reduce to a pulp.
capitaine [kapitɛn] *nm (gén)* captain. **~ au long cours** master mariner; **~ des pompiers** fire chief.
capital, e, *mpl* **-aux** [kapital, o] — **1** *adj (gén)* major, main; *(importance, peine)* capital. **il est ~ d'y aller** it is absolutely essential to go. — **2** *nm (Fin, Pol)* capital. **~aux** money, capital; **le ~ artistique du pays** the artistic wealth *ou* resources of the country. — **3** *nf (lettre)* capital letter; *(métropole)* capital city.
capitalisme [kapitalism(ə)] *nm* capitalism. ◆ **capitaliste** *adj, nmf* capitalist.
capiteux, -euse [kapitø, øz] *adj* intoxicating.
capitonner [kapitɔne] (1) *vt* to pad (*de* with).
capitulation [kapitylɑsjɔ̃] *nf* capitulation, surrender.
capituler [kapityle] (1) *vi* to capitulate, surrender.
caporal, *pl* **-aux** [kapɔʀal, o] *nm* corporal.
capot [kapo] *nm* bonnet, hood *(US)*.
capote [kapɔt] *nf (voiture)* hood, top *(US)*; *(manteau)* greatcoat.
capoter [kapɔte] (1) *vi* to overturn.
câpre [kɑpʀ(ə)] *nf (Culin)* caper.
caprice [kapʀis] *nm* whim, caprice. **faire un ~** to throw a tantrum; **~ de la nature** freak of nature. ◆ **capricieux, -ieuse** *adj* capricious, whimsical; *(lunatique)* temperamental.
Capricorne [kapʀikɔʀn(ə)] *nm* **: le ~** Capricorn.
capsule [kapsyl] *nf* capsule.
capter [kapte] (1) *vt (confiance)* to win; *(émission)* to pick up; *(source)* to harness.
captif, -ive [kaptif, iv] *adj, nm,f* captive.
captiver [kaptive] (1) *vt* to captivate. ◆ **captivité** *nf* captivity.
capture [kaptyʀ] *nf* catch.
capturer [kaptyʀe] (1) *vt* to catch, capture.
capuche [kapyʃ] *nf* hood. ◆ **capuchon** *nm* hood; *(Rel)* cowl; *(pèlerine)* hooded raincoat; *(stylo)* top, cap.
capucine [kapysin] *nf (fleur)* nasturtium.

car¹ [kaʀ] *nm* coach, bus *(US)*. **~ de police** police van.
car² [kaʀ] *conj* because, for.
carabine [kaʀabin] *nf* rifle.
caractère [kaʀaktɛʀ] *nm* **(a)** *(nature)* character, nature; *(style)* character. **avoir bon ~** to be good-natured; **avoir mauvais ~** to be ill-natured; **ça n'a aucun ~ de gravité** it shows no sign of seriousness; **elle a du ~** she's a woman of character. **(b)** *(caractéristique)* characteristic, feature. **(c)** *(Typ)* character, letter. **~s gras** bold type; **~s d'imprimerie** block capitals. ◆ **caractériser** (1) *vt* to characterize. ◆ **caractéristique** — **1** *adj* characteristic (*de* of). — **2** *nf* characteristic, typical feature.
carafe [kaʀaf] *nf (gén)* carafe; *(en cristal)* decanter.
carambolage [kaʀɑ̃bɔlaʒ] *nm* pileup.
caramel [kaʀamɛl] *nm (mou)* fudge; *(dur)* toffee, butterscotch; *(sur gâteau)* caramel.
carapace [kaʀapas] *nf* shell.
carat [kaʀa] *nm* carat.
caravane [kaʀavan] *nf (convoi)* caravan; *(fig)* stream; *(véhicule)* caravan, trailer *(US)*. ◆ **caravaning** *nm* caravanning.
carbone [kaʀbɔn] *nm* carbon.
carbonisé, e [kaʀbɔnize] *adj (restes)* charred. **mort ~** burned to death.
carburant [kaʀbyʀɑ̃] *nm* fuel. ◆ **carburateur** *nm* carburettor.
carcasse [kaʀkas] *nf (corps)* carcass; *(abat-jour)* frame; *(bateau, immeuble)* shell.
cardiaque [kaʀdjak] *adj* cardiac. **être ~** to have a heart condition. **2** *nmf* heart patient.
cardinal, e, *mpl* **-aux** [kaʀdinal, o] *adj, nm* cardinal.
cardiologie [kaʀdjɔlɔʒi] *nf* cardiology. ◆ **cardiologue** *nmf* cardiologist, heart specialist.
carême [kaʀɛm] *nm* : **le C~** Lent.
carence [kaʀɑ̃s] *nf (incompétence)* incompetence; *(manque)* shortage (*en* of); *(Méd)* deficiency. **les ~s de** the shortcomings of.
caressant, e [kaʀɛsɑ̃, ɑ̃t] *adj (enfant)* affectionate; *(voix, brise)* caressing.
caresser [kaʀese] (1) *vt* to caress, stroke; *(projet)* to toy with.
cargaison [kaʀgɛzɔ̃] *nf* cargo, freight; *(fig)* load, stock. ◆ **cargo** *nm* cargo boat, freighter.
caricatural, e *mpl* **-aux** [kaʀikatyʀal, o] *adj (ridicule)* ridiculous; *(exagéré)* caricatured.
caricature [kaʀikatyʀ] *nf* caricature. ◆ **caricaturer** (1) *vt* to caricature.
carie [kaʀi] *nf* : **la ~ dentaire** tooth decay; **j'ai une ~** I've got a bad tooth. ◆ **carier** (7) *vt* to decay. **dent cariée** bad *ou* decayed tooth.
carillon [kaʀijɔ̃] *nm (cloches)* peal of bells; *(horloge)* chiming clock; *(sonnette)* door chime; *(air)* chimes.
carlingue [kaʀlɛ̃g] *nf (avion)* cabin.
carnage [kaʀnaʒ] *nm* carnage, slaughter.
carnassier, -ière [kaʀnasje, jɛʀ] — **1** *adj* carnivorous, flesh-eating. — **2** *nm* carnivore.
carnaval, *pl* **~s** [kaʀnaval] *nm* carnival.
carnet [kaʀnɛ] *nm (calepin)* notebook; *(timbres, chèques)* book. **~ de notes** school report.
carnivore [kaʀnivɔʀ] — **1** *adj (animal)* carnivorous, flesh-eating. — **2** *nm* carnivore.
carotide [kaʀɔtid] *nf* carotid artery.
carotte [kaʀɔt] *nf* carrot; **les ~s sont cuites!*** they've (*ou* we've *etc*) had it!*.
carpe [kaʀp(ə)] *nf* carp *(pl inv)*.
carpette [kaʀpɛt] *nf (tapis)* rug; *(péj)* doormat.
carré, e [kaʀe] — **1** *adj (Math, forme)* square; *(franc)* straightforward. **mètre ~** square metre. — **2** *nm* square. **~ de terre** patch *ou* plot of land; **3 au ~** 3 squared; **mettre au ~** to square.
carreau, *pl* **~x** [kaʀo] *nm* **(a)** *(par terre)* floor tile; *(au mur)* wall tile; *(sol)* tiled floor. **rester sur le ~*** *(bagarre)* to be laid out cold*; *(examen)* to fail. **(b)** *(vitre)* window pane. **(c)** *(sur un tissu)* check; *(sur du papier)* square. **à ~x** checked. **(d)** *(cartes)* diamond. **se tenir à ~*** to keep one's nose clean*.
carrefour [kaʀfuʀ] *nm* crossroads; *(fig : jonction)* junction, meeting point.
carrelage [kaʀlaʒ] *nm (action)* tiling; *(sol)* tiled floor.
carreler [kaʀle] (4) *vt* to tile. ◆ **carreleur** *nm* tiler.
carrelet [kaʀlɛ] *nm (poisson)* plaice; *(filet)* square fishing net.
carrément [kaʀemɑ̃] *adv (directement)* straight; *(complètement)* completely. **vas-y ~** go right ahead.
carrière [kaʀjɛʀ] *nf* **(a)** *(sable)* sandpit; *(roches etc)* quarry. **(b)** *(profession)* career. **faire ~ dans la banque** *(gén)* to make banking one's career; *(réussir)* to make a good career for o.s. in banking.
carriole [kaʀjɔl] *nf (péj)* cart.
carrossable [kaʀɔsabl(ə)] *adj* suitable for motor vehicles.
carrosse [kaʀɔs] *nm* horse-drawn coach.
carrosserie [kaʀɔsʀi] *nf* body, coachwork.
carrure [kaʀyʀ] *nf (personne)* build; *(vêtement)* size; *(fig)* calibre, stature. **de forte ~** well-built.
cartable [kaʀtabl(ə)] *nm* (school)bag; *(à bretelles)* satchel.
carte [kaʀt(ə)] *nf (gén)* card; *(Rail)* season ticket; *(Géog)* map; *(Astron, Mét, Naut)* chart; *(au restaurant)* menu. **~ de crédit** credit card; **~ grise** logbook; **~ à jouer** playing card; **~ de lecteur** library ticket; **~ postale** postcard; **~ routière** roadmap; **~ des vins** wine list; **~ de visite** visiting card; **avoir ~ blanche** to have carte blanche *ou* a free hand; **repas à la ~** à la carte meal.
cartilage [kaʀtilaʒ] *nm (Anat)* cartilage; *(viande)* gristle.
carton [kaʀtɔ̃] *nm (matière)* cardboard; *(morceau)* piece of cardboard; *(boîte)* (cardboard) box, carton; *(cartable)* schoolbag; *(dossier)* file; *(cible)* target. **faire un ~** *(à la fête)* to have a go at the rifle range; (* : *sur l'ennemi*) to take a potshot* (*sur* at); **~ à chapeau** hatbox; **~ à dessin** portfolio; **~ pâte** pasteboard.
cartouche [kaʀtuʃ] *nf* cartridge; *(cigarettes)* carton.
cas [kɑ] *nm (gén)* case. **il s'est mis dans un mauvais ~** he's got himself into a tricky situation; **faire grand ~ de** to set great store by; **il ne fait jamais aucun ~ de nos observations** he never takes any notice of our comments; **c'est bien le ~ de le dire!** you've said it!; **au ~ où il pleuvrait** in case it rains; **en ce ~** in that case; **en ~ de** in case of, in the event of; **en ~ de besoin, le ~ échéant** if need be; **en ~ d'urgence** in an emergency; **en aucun ~** on no account, under no circumstances; **en tout ~** in any case; **il a un ~ de conscience** he's in a moral dilemma.
casanier, -ière [kazanje, jɛʀ] *adj, nm,f* stay-at-home.

casaque [kazak] *nf (jockey)* blouse.
cascade [kaskad] *nf* waterfall; *(mots etc)* stream, torrent.
case [kɑz] *nf (carré)* square; *(tiroir)* compartment; *(hutte)* hut, cabin. **il a une ~ vide*** he has a screw loose*.
caser* [kaze] (1) *vt (placer)* to put; *(loger)* to put up; *(marier)* to find a husband (*ou* wife) for; *(dans un métier)* to find a job for.
caserne [kazɛʀn(ə)] *nf* barracks *(gén sg)*. **~ de pompiers** fire station.
cash* [kaʃ] *adv* : **payer ~** to pay cash down.
casier [kɑzje] *nm (gén)* compartment; *(fermant à clef)* locker; *(pour courrier)* pigeonhole; *(Pêche)* lobster pot. **~ à bouteilles** bottle rack; **~ judiciaire** police record.
casino [kazino] *nm* casino.
casque [kask(ə)] *nm (gén)* helmet; *(motocycliste etc)* crash helmet; *(sèche-cheveux)* hairdrier. **~ à écouteurs** headphones, headset *(US)*; **les C~s bleus** the U.N. peace-keeping troops. ◆ **casqué, e** *adj* wearing a helmet.
casquer* [kaske] (1) *vi (payer)* to fork out*.
casquette [kaskɛt] *nf* cap.
cassable [kɑsabl(ə)] *adj* breakable.
cassant, e [kɑsɑ̃, ɑ̃t] *adj (substance)* brittle; *(ton)* brusque, abrupt. **ce n'est pas ~*** it's not exactly tiring work.
cassation [kɑsɑsjɔ̃] *nf (Jur)* cassation.
casse [kɑs] *nf (action)* breakage; *(objets cassés)* breakages. **il va y avoir de la ~*** there's going to be some rough stuff*; **mettre à la ~** to scrap.
casse-croûte [kɑskʀut] *nm inv* snack, lunch *(US)*.
casse-noisettes [kɑsnwazɛt] *ou* **casse-noix** [kɑsnwa] *nm inv* nutcrackers.
casse-pieds [kɑspje] *nmf inv (importun)* nuisance; *(ennuyeux)* bore.
casser [kɑse] (1) — **1** *vt (gén)* to break; *(noix)* to crack; *(branche)* to snap; *(jugement)* to quash. **~ les prix** to slash prices; **~ la croûte*** to have a bite to eat; **~ la figure à qn*** to punch sb in the face*; **~ les pieds à qn*** *(fatiguer)* to bore sb stiff; *(irriter)* to get on sb's nerves; **~ sa pipe*** to snuff it; **ça ne casse rien*** it's nothing special; **à tout ~*** *(extraordinaire)* fantastic*; *(tout au plus)* at the most. — **2** *vi (gén)* to break; *(branche)* to snap. — **3 se casser** *vpr* to break. **se ~ une jambe** to break a leg; *(lit, fig)* **se ~ la figure*** to come a cropper*; **se ~ le nez** to find no one in; **il ne s'est pas cassé la tête*** he didn't overtax himself.
casse-tête [kɑstɛt] *nm inv (problème)* headache; *(jeu)* brain teaser.
casserole [kasʀɔl] *nf* saucepan.
cassette [kasɛt] *nf (coffret)* casket; *(magnétophone)* cassette.
cassis [kasis] *nm (fruit)* blackcurrant.
cassure [kɑsyʀ] *nf (gén)* break; *(fissure)* crack.
castagnettes [kastaɲɛt] *nfpl* castanets.
caste [kast(ə)] *nf* caste.
castor [kastɔʀ] *nm* beaver.
castration [kastʀɑsjɔ̃] *nf (gén)* castration; *(chat)* neutering.
castrer [kastʀe] (1) *vt (gén)* to castrate; *(chat)* to neuter.
cataclysme [kataklism(ə)] *nm* cataclysm.
catacombes [katakɔ̃b(ə)] *nfpl* catacombs.
catalogue [katalɔg] *nm* catalogue.
cataplasme [kataplasm(ə)] *nm* poultice.
catapulte [katapylt(ə)] *nf* catapult. ◆ **catapulter** (1) *vt* to catapult.
cataracte [kataʀakt(ə)] *nf (gén, Méd)* cataract.
catastrophe [katastʀɔf] *nf* disaster, catastrophe. **en ~** *(partir)* in a mad rush; **atterrir en ~** to make an emergency landing. ◆ **catastropher*** (1) *vt* to shatter, stun. ◆ **catastrophique** *adj* disastrous, catastrophic.
catch [katʃ] *nm* all-in wrestling. ◆ **catcheur, -euse** *nm,f* all-in wrestler.
catéchisme [kateʃism(ə)] *nm* catechism.
catégorie [kategɔʀi] *nf (gén)* category; *(Boxe, Hôtellerie)* class; *(personnel)* grade. ◆ **catégorique** *adj (gén)* categorical; *(refus)* flat. ◆ **catégoriquement** *adv* categorically; flatly.
cathédrale [katedʀal] *nf* cathedral.
catholicisme [katɔlisism(ə)] *nm* Roman Catholicism. ◆ **catholique** — **1** *adj* Roman Catholic. **pas très ~*** fishy*, shady. — **2** *nmf* Roman Catholic.
catimini [katimini] *adv* : **en ~** on the sly.
cauchemar [koʃmaʀ] *nm* nightmare. ◆ **cauchemardesque** *adj* nightmarish.
causant, e [kozɑ̃, ɑ̃t] *adj* talkative, chatty.
cause [koz] *nf* **(a)** *(raison)* cause (*de* of). **la chaleur en est la ~** it is caused by the heat. **(b)** *(Jur)* case. **plaider sa ~** to plead one's case. **(c)** *(parti)* cause. **faire ~ commune avec qn** to take sides with sb. **(d) à ~ de** because of; **être en ~** *(personne, intérêts etc)* to be involved; **son honnêteté n'est pas en ~** his honesty is not in question; **mettre en ~** *(projet)* to call into question; *(personne)* to implicate; **mettre qn hors de ~** to clear sb; **pour ~ de** on account of; **et pour ~!** and for (a very) good reason!
causer[1] [koze] (1) *vt (provoquer)* to cause; *(entraîner)* to bring about.
causer[2] [koze] (1) *vi (se parler)* to chat, talk; (* : *faire un discours)* to speak, talk (*sur, de* about). **~ politique** to talk politics; **~ à qn*** to talk *ou* speak to sb. ◆ **causerie** *nf (conférence)* talk; *(conversation)* chat. ◆ **causette** *nf* : **faire la ~** to have a chat *ou* natter* (*avec* with).
cautériser [kɔteʀize] (1) *vt* to cauterize.
caution [kosjɔ̃] *nf (Fin)* guarantee, security; *(morale)* guarantee; *(appui)* backing, support. **libéré sous ~** released on bail.
cavalcade [kavalkad] *nf (désordonnée)* stampede; *(défilé)* cavalcade.
cavaler* [kavale] (1) *vi (courir)* to run.
cavalerie [kavalʀi] *nf* cavalry.
cavalier, -ière [kavalje, jɛʀ] — **1** *adj (impertinent)* offhand. **allée ~ière** bridle path. — **2** *nmf (Équitation)* rider; *(bal)* partner. **faire ~ seul** to go it alone. — **3** *nm (Mil)* trooper, cavalryman; *(accompagnateur)* escort; *(Échecs)* knight. ◆ **cavalièrement** *adv* offhandedly.
cave [kav] *nf* cellar. ◆ **caveau,** *pl* **~x** *nm (sépulture)* vault, tomb; *(cave)* small cellar.
caverne [kavɛʀn(ə)] *nf* cave, cavern.
caviar [kavjaʀ] *nm* caviar.
cavité [kavite] *nf* cavity.
ce [sə], **cet** [sɛt] *devant voyelle ou h muet au masculin,* **cette** [sɛt] *f,* **ces** [se] *pl* — **1** *adj dém (proximité)* this; *(pl)* these; *(non-proximité)* that; *(pl)* those. **ce chapeau-ci** this hat; **cette nuit** *(qui vient)* tonight; *(passée)* last night; **en ces temps troublés** *(de nos jours)* in these troubled days; *(dans le passé)* in those troubled days; **un de ces jours** one of these days; **ces messieurs sont en réunion** the gentlemen are in a meeting; **cette idée!** what an idea! — **2** *pron dém* **(a) qui est-ce? - c'est un médecin** who's he? *ou* who's that? - he is a doctor; **qui**

a crié? - c'est lui who shouted? - he did *ou* it was him; **ce sont eux qui mentaient** they are the ones who *ou* it's they who were lying; **c'est toi qui le dis!** that's what you say!; **c'est dire s'il a eu peur** that shows how frightened he was; **ce faisant** in so doing; **pour ce faire** with this end in view. **(b) ce qui, ce que** what; *(reprenant une proposition)* which; **elle fait ce qu'on lui dit** she does as she is told; **il faut être diplômé, ce qu'il n'est pas** you have to have qualifications, which he hasn't; **ce que ce film est lent!** how slow this film is!, what a slow film this is!

ceci [səsi] *pron dém* this. **à ~ près que** except that.

cécité [sesite] *nf* blindness.

céder [sede] (6) — **1** *vt* to give up. **~ qch à qn** to let sb have sth; **~ le pas à qn** to give precedence to sb; **~ du terrain** *(Mil)* to yield ground; *(fig)* to make concessions; *(épidémie)* to recede. — **2** *vi (personne)* to give in (*à* to); *(branche)* to give way.

cédille [sedij] *nf* cedilla.

cèdre [sɛdʀ(ə)] *nm* cedar.

ceinture [sɛ̃tyʀ] *nf* **(a)** *(gén)* belt; *(pyjamas)* cord; *(écharpe)* sash; *(gaine)* girdle. **se mettre la ~*** to tighten one's belt; **~ de sauvetage** life belt; **~ de sécurité** seat belt. **(b)** *(taille)* *(Couture)* waistband; *(Anat)* waist. **l'eau lui arrivait à la ~** he was waist-deep in water *ou* up to his waist in water. **(c)** *(murailles)* ring; *(arbres)* belt; *(métro, bus)* circle line. ◆ **ceinturer** (1) *vt (personne)* to seize round the waist; *(ville)* to surround. ◆ **ceinturon** *nm* belt.

cela [s(ə)la] *pron dém* that; *(sujet apparent)* it. **qu'est-ce que ~ veut dire?** what does that *ou* this mean?; **~ fait 10 jours qu'il est parti** it is 10 days since he left; **quand ~?** when was that?; **voyez-vous ~!** did you ever hear of such a thing!; **à ~ près que** except that; **il y a ~ de bien que** the one good thing is that.

célébration [selebʀɑsjɔ̃] *nf* celebration.

célèbre [selɛbʀ(ə)] *adj* famous (*par* for).

célébrer [selebʀe] (6) *vt (gén)* to celebrate; *(cérémonie)* to hold.

célébrité [selebʀite] *nf (renommée)* fame; *(personne)* celebrity.

céleri [sɛlʀi] *nm* : **~ en branche(s)** celery; **~-rave** celeriac.

célérité [seleʀite] *nf* promptness, swiftness.

céleste [selɛst(ə)] *adj* heavenly.

célibat [seliba] *nm (homme)* bachelorhood; *(femme)* spinsterhood; *(prêtre)* celibacy. ◆ **célibataire** — **1** *adj* single, unmarried. — **2** *nm* bachelor; *(Admin)* single man. — **3** *nf* single *ou* unmarried woman.

celle [sɛl] *pron dém V* **celui.**

cellier [selje] *nm* storeroom *(for wine and food)*.

cellophane [selɔfan] *nf* ® cellophane ®.

cellule [selyl] *nf* cell.

cellulite [selylit] *nf* cellulitis.

celluloïd [selylɔid] *nm* celluloid.

cellulose [selyloz] *nf* cellulose.

celui [səlɥi], **celle** [sɛl], *mpl* **ceux** [sø], *fpl* **celles** [sɛl] *pron dém* : **celui-ci, celle-ci** this one; **ceux-ci, celles-ci** these; **celui-là, celle-là** that one; **ceux-là, celles-là** those; **elle écrivit à son frère; celui-ci ne répondit pas** she wrote to her brother, but he did not answer; **elle est bien bonne, celle-là!** that's a bit much!; **ses romans sont ceux qui se vendent le mieux** his novels are the ones that sell best; **celui dont je t'ai parlé** the one I told you about.

cendre [sɑ̃dʀ(ə)] *nf (gén)* ash; *(braises)* embers. ◆ **cendré, e** — **1** *adj* ash. — **2** *nf (piste)* cinder track. ◆ **cendrier** *nm (fumeur)* ashtray; *(poêle)* ash pan.

Cendrillon [sɑ̃dʀijɔ̃] *nf (lit, fig)* Cinderella.

censé, e [sɑ̃se] *adj* : **être ~ faire qch** to be supposed to do sth.

censeur [sɑ̃sœʀ] *nm (Hist, Presse)* censor; *(fig)* critic; *(Scol)* ≃ deputy *ou* assistant head.

censure [sɑ̃syʀ] *nf (examen)* censorhip; *(censeurs)* board of censors. ◆ **censurer** (1) *vt (Ciné, Presse)* to censor; *(fig, Pol)* to censure.

cent [sɑ̃] — **1** *adj* **(a)** one *ou* a hundred. **quatre ~ treize** four hundred and thirteen; **deux ~s chaises** two hundred chairs; *(ordinal : inv)* **page quatre ~** page four hundred. **(b) il a ~ fois raison** he's absolutely right; **~ fois mieux** a hundred times better; **il est aux ~ coups** he is frantic; **faire les ~ pas** to pace up and down; **tu ne vas pas attendre ~ sept ans*** you can't wait for ever. — **2** *nm* **(a)** a hundred. **~ pour ~** a hundred per cent; *pour autres locutions V* **six. (b)** *(monnaie)* cent.

centaine [sɑ̃tɛn] *nf* hundred. *(environ cent)* **une ~ de** about a hundred; **plusieurs ~s de** several hundred; **des ~s de** hundreds of; *V* **soixantaine.**

centenaire [sɑ̃tnɛʀ] — **1** *adj* : **c'est ~** it is a hundred years old. — **2** *nmf (personne)* centenarian. — **3** *nm (anniversaire)* centenary.

centième [sɑ̃tjɛm] *adj, nmf* hundredth; *pour loc V* **sixième.**

centigrade [sɑ̃tigʀad] *adj* centigrade. ◆ **centigramme** *nm* centigramme. ◆ **centilitre** *nm* centilitre. ◆ **centime** *nm* centime. ◆ **centimètre** *nm* centimetre; *(ruban)* tape measure.

central, e, *mpl* **-aux** [sɑ̃tʀal, o] — **1** *adj (gén)* central; *(partie)* centre; *(bureau)* main. — **2** *nm* : **~ téléphonique** telephone exchange. — **3** *nf (prison)* central prison. **~e électrique** power station; **~e syndicale** trade union.

centraliser [sɑ̃tʀalize] (1) *vt* to centralize.

centre [sɑ̃tʀ(ə)] *nm (gén)* centre. **~-ville** town *ou* city centre; **~ commercial** shopping centre; **~ hospitalier** hospital complex; **~ de tri** sorting office.

centrer [sɑ̃tʀe] (1) *vt (Sport, Tech)* to centre.

centuple [sɑ̃typl(ə)] *nm* : **le ~ de 10** a hundred times 10; **au ~** a hundredfold.

cep [sɛp] *nm* : **~ de vigne** vine stock. ◆ **cépage** *nm* vine.

cependant [s(ə)pɑ̃dɑ̃] *conj* **(a)** *(pourtant)* nevertheless, however. **et ~ c'est vrai** yet *ou* but nevertheless it is true. **(b)** *(pendant ce temps)* meanwhile. **~ que** while.

céramique [seʀamik] *nf* ceramic. *(art)* **la ~** ceramics; **vase en ~** ceramic vase.

cerceau, *pl* **~x** [sɛʀso] *nm* hoop.

cercle [sɛʀkl(ə)] *nm (gén)* circle; *(club)* club. **faire ~ autour de qn** to make a circle *ou* ring round sb; **~ vicieux** vicious circle.

cercueil [sɛʀkœj] *nm* coffin, casket *(US)*.

céréale [seʀeal] *nf* cereal.

cérébral, e, *mpl* **-aux** [seʀebʀal, o] *adj (Méd)* cerebral; *(travail)* mental.

cérémonial, *pl* **~s** [seʀemɔnjal] *nm* ceremonial.

cérémonie [seʀemɔni] *nf* ceremony. **sans ~** *(manger)* informally; *(réception)* informal; **habits de ~** formal dress. ◆ **cérémonieux, -euse** *adj* ceremonious, formal.

cerf [sɛʀ] *nm* stag. ◆ **cerf-volant,** *pl* **~s-~s** *nm* kite.
cerfeuil [sɛʀfœj] *nn.* chervil.
cerise [s(ə)ʀiz] *nf* cherry. ◆ **cerisier** *nm* cherry tree.
cerner [sɛʀne] (1) *vt (ennemi)* to surround; *(problème)* to delimit, define. **avoir les yeux cernés** to have dark rings under one's eyes.
certain, e [sɛʀtɛ̃, ɛn] — **1** *adj* **(a)** *(après n : incontestable) (gén)* certain; *(preuve)* positive, definite. **c'est ~** there's no doubt about it, that's quite certain. **(b)** *(convaincu)* sure, certain *(de qch* of sth). — **2** *adj indéf* certain. **un ~ M.** X a certain Mr. X; **dans un ~ sens** in a way; **dans ~s cas** in some *ou* certain cases; **c'est à une ~e distance d'ici** it's some distance from here. — **3** *pron indéf pl :* **~s** *(personnes)* some people; *(choses)* some. ◆ **certainement** *adv* certainly. ◆ **certes** *adv* certainly.
certificat [sɛʀtifika] *nm* certificate.
certifier [sɛʀtifje] (7) *vt :* **~ qch à qn** to assure sb of sth; **copie certifiée conforme** certified copy.
certitude [sɛʀtityd] *nf* certainty. **j'ai la ~ d'être le plus fort** I am certain *ou* sure of being the strongest.
cerveau, *pl* **~x** [sɛʀvo] *nm* brain. **le ~ de la bande** the brains of the gang.
cervelle [sɛʀvɛl] *nf (Anat)* brain; *(Culin)* brains; *(tête)* head.
ces [se] *adj dém V* **ce.**
césarienne [sezaʀjɛn] *nf* Caesarean section.
cesse [sɛs] *nf :* **sans ~** continuously; **il n'a de ~ que** he won't rest until.
cesser [sese] (1) — **1** *vt (gén)* to stop; *(relations)* to break off; *(fabrication)* to discontinue. — **2 cesser de** *vt indir :* **~ de faire qch** *(gén)* to stop doing sth; *(renoncer)* to give up doing sth; **ça a cessé d'exister** it has ceased to exist; **il ne cesse de dire que** he keeps on saying that. — **3** *vi* to stop, cease; *(fièvre)* to die down. **faire ~** to put a stop to. ◆ **cessez-le-feu** *nm inv* ceasefire.
cession [sɛsjɔ̃] *nf* transfer.
c'est-à-dire [setadiʀ] *conj* that is to say. **~ que** *(conséquence)* which means that; *(excuse)* the thing is that.
cet [sɛt] *adj dém V* **ce.**
ceux [sø] *adj dém V* **celui.**
chacal, *pl* **~s** [ʃakal] *nm* jackal.
chacun, e [ʃakœ̃, yn] *pron indéf (isolément)* each one; *(tous)* each, every one. **~ de** each *ou* every one of; **~ son tour!** each in turn!; **~ son goût** every man to his own taste.
chagrin [ʃagʀɛ̃] *nm* grief, sorrow. **faire du ~ à qn** to upset *ou* distress sb; **avoir du ~** to be sorry *ou* upset. ◆ **chagriner** (1) *vt (désoler)* to distress, upset; *(tracasser)* to worry, bother.
chahut [ʃay] *nm* uproar. ◆ **chahuter** (1) — **1** *vi (faire du bruit)* to make an uproar; *(faire les fous)* to romp. — **2** *vt (professeur)* to rag, play up. ◆ **chahuteur, -euse** *adj nm.f* rowdy.
chai [ʃɛ] *nm* wine and spirits store.
chaîne [ʃɛn] *nf (gén)* chain; *(montagnes)* range; *(magasins)* string, chain; *(TV, Rad)* channel. **~ hi-fi** hi-fi system; **~ de montage** assembly line; **~ de fabrication** production line; **produire à la ~** to mass-produce. ◆ **chaînette** *nf* small chain. ◆ **chaînon** *nm (lit, fig)* link; *(montagnes)* secondary range.
chair [ʃɛʀ] *nf* flesh. **en ~ et en os** in the flesh; **(couleur) ~** flesh-coloured; **donner la ~ de poule** to give gooseflesh *ou* goosebumps *(US);* **~ à saucisse** sausage meat; *(fig)* **je vais en faire de la ~ à pâté** I'm going to make mincemeat of him; **bien en ~** plump.
chaire [ʃɛʀ] *nf (prédicateur)* pulpit; *(pape)* throne; *(professeur) (estrade)* rostrum; *(poste)* chair.
chaise [ʃɛz] *nf* chair. **~ de bébé** highchair; **~ électrique** electric chair; **~ longue** deckchair.
châle [ʃɑl] *nm* shawl.
chalet [ʃalɛ] *nm* chalet.
chaleur [ʃalœʀ] *nf* **(a)** *(gén, Phys)* heat; *(agréable)* warmth. **(b)** *(discussion)* heat; *(accueil)* warmth; *(convictions)* fervour. **défendre avec ~** to defend hotly. **(c)** *(Zool)* **être en ~** to be in heat; *(Méd)* **avoir des ~s** to have hot flushes. ◆ **chaleureusement** *adv* warmly. ◆ **chaleureux, -euse** *adj* warm.
chaloupe [ʃalup] *nf* launch.
chalumeau, *pl* **~x** [ʃalymo] *nm* blowlamp, blowtorch *(US).*
chalut [ʃaly] *nm* trawl net. ◆ **chalutier** *nm (bateau)* trawler.
chamailler (se)* [ʃamɑje] (1) *vpr* to squabble.
chamarré, e [ʃamaʀe] *adj* richly coloured.
chamboulement* [ʃɑ̃bulmɑ̃] *nm* chaos. ◆ **chambouler*** (1) *vt* to mess up*.
chambre [ʃɑ̃bʀ(ə)] *nf* **(a)** bedroom. **faire ~ à part** to sleep in separate rooms; **~ d'amis** spare room; **~ à coucher** *(pièce)* bedroom; *(mobilier)* bedroom suite; **~ forte** strongroom; **~ froide** cold room. **(b)** *(Pol)* House, Chamber; *(tribunal)* court; *(Admin, groupement)* chamber. **~ de commerce** Chamber of Commerce; **la C~ des communes** the House of Commons; **la C~ des députés** the Chamber of Deputies; **la C~ des lords** the House of Lords. **(c)** *(Anat, Tech)* chamber. **~ à air** inner tube.
chameau, *pl* **~x** [ʃamo] *nm (Zool)* camel.
chamois [ʃamwa] *nm* chamois.
champ [ʃɑ̃] *nm* field. *(Phot)* **être dans le ~** to be in shot; **laisser le ~ libre à qn** to leave sb a clear field; **~ d'action** sphere of activity; **~ d'aviation** airfield; **~ de bataille** battlefield; **~ de courses** racecourse; **~ de foire** fairground; **~ de tir** *(terrain)* rifle range; *(visée)* field of fire. ◆ **champêtre** *adj (gén)* rural; *(vie)* country.
champignon [ʃɑ̃piɲɔ̃] *nm (gén)* mushroom; *(vénéneux)* toadstool; *(Aut*)* accelerator.
champion, -onne [ʃɑ̃pjɔ̃, ɔn] — **1** *adj* (*) first-rate. — **2** *nm.f (gén)* champion. ◆ **championnat** *nm* championship.
chance [ʃɑ̃s] *nf* **(a)** *(bonne fortune)* (good) luck, good fortune. **avoir la ~ de faire** to be lucky enough to do; **par ~** luckily, fortunately; **pas de ~!** hard *ou* bad luck! **(b)** *(hasard)* luck, chance. **tenter sa ~** to try one's luck; **mettre toutes les ~s de son côté** to take no chances. **(c)** *(possibilité)* chance. **il y a toutes les ~s que** the chances are that.
chancelant, e [ʃɑ̃slɑ̃, ɑ̃t] *adj (pas)* unsteady, faltering; *(santé, autorité)* shaky.
chanceler [ʃɑ̃sle] (4) *vi (gén)* to totter; *(résolution)* to waver, falter.
chancelier [ʃɑ̃səlje] *nm* chancellor; *(ambassade)* secretary. **le C~ de l'Échiquier** the Chancellor of the Exchequer. ◆ **chancellerie** *nf* chancellery.
chanceux, -euse [ʃɑ̃sø, øz] *adj* lucky, fortunate.
chandail [ʃɑ̃daj] *nm* thick jersey *ou* sweater.
chandelier [ʃɑ̃dəlje] *nm* candlestick; *(à plusieurs branches)* candelabra.

chandelle [ʃɑ̃dɛl] *nf* candle. **dîner aux ~s** dinner by candlelight.
change [ʃɑ̃ʒ] *nm (devises)* exchange; *(taux)* exchange rate. *(fig)* **gagner au ~** to gain on the exchange *ou* deal; **donner le ~ à qn** to throw sb off the scent.
changeant, e [ʃɑ̃ʒɑ̃, ɑ̃t] *adj (gén)* changeable; *(paysage)* changing.
changement [ʃɑ̃ʒmɑ̃] *nm (gén)* change (*de* in, of); *(transformation)* alteration; *(Admin : mutation)* transfer. **le ~ de la roue** changing the wheel, the wheel change; **la situation reste sans ~** the situation remains unchanged; **~ en bien** change for the better; **~ de direction** *(sens)* change of direction; *(dirigeants)* change of management; **~ de vitesse** *(dispositif)* gears, gear lever.
changer [ʃɑ̃ʒe] (3) — **1** *vt* **(a)** *(modifier)* to change, alter. **ce chapeau la change** this hat makes her look different; **cela ne change rien au fait que** it doesn't alter the fact that; **~ qch en** to change *ou* turn sth into; **cela les changera de leur routine** it will make a change for them from their routine. **(b)** *(remplacer)* to change; *(échanger)* to exchange (*contre* for). **~ un malade** to change a patient. **(c)** *(déplacer)* to move. **~ qch de place** to move sth to a different place.
— **2 changer de** *vt indir* to change. **~ de domicile** to move house; **~ d'avis** to change one's mind; **change de disque!*** put another record on!*; **~ de train** to change trains; **~ de position** to alter *ou* change one's position; **changeons de sujet** let's change the subject; **~ de place avec qn** to change places with sb.
— **3** *vi (se transformer)* to change, alter; *(train)* to change. **~ en mal** to change for the worse; **ça change** it makes a change (*de* from).
— **4 se changer** *vpr* to change one's clothes. **se ~ en** to change *ou* turn into.
changeur [ʃɑ̃ʒœʀ] *nm* moneychanger. **~ de monnaie** change machine.
chanson [ʃɑ̃sɔ̃] *nf* song. **c'est toujours la même ~** it's always the same old story; **~ folklorique** folk-song.
chant [ʃɑ̃] *nm (action, art)* singing; *(chanson)* song; *(chapitre)* canto. **le ~ de l'oiseau** the song of the bird; **au ~ du coq** at cockcrow; **~ de Noël** Christmas carol; **~ religieux** hymn.
chantage [ʃɑ̃taʒ] *nm* blackmail.
chanter [ʃɑ̃te] (1) — **1** *vt* to sing. **qu'est-ce qu'il nous chante là?*** what's this he's telling us?.
— **2** *vi (gén)* to sing; *(coq)* to crow; *(poule)* to cackle; *(ruisseau)* to babble. **c'est comme si on chantait*** it's a waste of breath; *(par chantage)* **faire ~ qn** to blackmail sb; **si ça te chante*** if it appeals to you, if you fancy it. ◆ **chanteur, -euse** *nm,f* singer.
chantier [ʃɑ̃tje] *nm (Constr)* building site; *(route)* roadworks; *(entrepôt)* depot, yard. **quel ~ dans ta chambre!*** what a shambles* *ou* mess in your room!; **mettre qch en ~** to start work on sth; **~ de démolition** demolition site; **~ naval** shipyard.
chanvre [ʃɑ̃vʀ(ə)] *nm* hemp.
chaos [kao] *nm* chaos. ◆ **chaotique** *adj* chaotic.
chaparder* [ʃapaʀde] (1) *vti* to pilfer (*à* from).
chapeau, *pl* **~x** [ʃapo] *nm (gén)* hat; *(champignon)* cap. **tirer son ~ à qn*** to take off one's hat to sb; **~!*** well done!; **sur les ~x de roues*** at top speed; **~ haut-de-forme** top hat; **~ melon** bowler hat; **~ mou** trilby, fedora *(US)*. ◆ **chapeauter** (1) *vt* to head, oversee.
chapelain [ʃaplɛ̃] *nm* chaplain.
chapelet [ʃaplɛ] *nm (Rel)* rosary. *(fig)* **~ de** string of.
chapelier, -ière [ʃapəlje, jɛʀ] *nm,f* hatter.
chapelle [ʃapɛl] *nf* chapel. **~ ardente** chapel of rest.
chapelure [ʃaplyʀ] *nf* dried bread-crumbs.
chapiteau, *pl* **~x** [ʃapito] *nm (colonne)* capital; *(cirque)* big top.
chapitre [ʃapitʀ(ə)] *nm (livre)* chapter; *(budget)* section, item; *(Rel)* chapter. **sur ce ~** on that subjet *ou* score.
chaque [ʃak] *adj* every, each. **10 F ~** 10 francs each; **à ~ instant** every other second.
char [ʃaʀ] *nm (Mil)* tank; *(carnaval)* (carnival) float; *(Antiq)* chariot.
charabia* [ʃaʀabja] *nm* gibberish, gobbledygook*.
charbon [ʃaʀbɔ̃] *nm* coal; *(arc électrique)* carbon. **~ de bois** charcoal; **être sur des ~s ardents** to be like a cat on hot bricks.
charcuterie [ʃaʀkytʀi] *nf (magasin)* pork butcher's shop and delicatessen; *(produits)* cooked pork meats. ◆ **charcutier, -ière** *nm,f* pork butcher; *(traiteur)* delicatessen dealer; (**fig*) butcher*.
chardon [ʃaʀdɔ̃] *nm* thistle.
chardonneret [ʃaʀdɔnʀɛ] *nm* goldfinch.
charge [ʃaʀʒ(ə)] *nf* **(a)** *(lit, fig : fardeau)* burden; *(véhicule)* load. **(b)** *(responsabilité)* responsibility; *(poste)* office. **(c)** *(dépenses)* **~s** expenses, costs; *(locataire)* maintenance charges; **~s sociales** social security contributions. **(d)** *(Mil, Jur)* charge. **(e)** *(fusil, batterie)* *(action)* charging; *(quantité)* charge. **mettre une batterie en ~** to put a battery on charge. **(f) être à la ~ de qn** *(frais)* to be payable by sb; *(personne)* to be dependent upon sb; **enfants à ~** dependent children; **avoir la ~ de faire qch** to be responsible for doing sth; **prendre en ~** to take care of; **j'accepte, à ~ de revanche** I agree, on condition that I can do the same in return.
chargé, e [ʃaʀʒe] — **1** *adj (gén)* loaded; *(estomac)* overloaded; *(programme)* full. **~ d'honneurs** laden with honours; **~ de menaces** full of threats; **~ d'une mission** in charge of a mission; **avoir la langue ~e** to have a coated tongue. — **2** : **~ d'affaires** *nm* chargé d'affaires; **~ de mission** *nm* official representative.
chargement [ʃaʀʒəmɑ̃] *nm (action)* loading; *(marchandises : gén)* load; *(navire)* freight, cargo.
charger [ʃaʀʒe] (3) — **1** *vt (gén)* to load; *(Mil : attaquer)* to charge; *(Élec)* to charge. **~ qn de** *(paquets)* to load sb up with; *(impôts)* to burden sb with; *(taxi)* **~ un client** to pick up a passenger; *(responsabilité)* **~ qn de qch** to put sb in charge of sth; **~ qn de faire** to ask *ou* instruct sb to do. — **2 se charger** *vpr* : **se ~ de** to see to, take care of; **se ~ de faire** to undertake to do; **je me charge de lui** I'll take charge *ou* care of him.
chargeur [ʃaʀʒœʀ] *nm (Phot)* cartridge; *(arme)* magazine; *(balles)* clip. **~ de batterie** battery charger.
chariot [ʃaʀjo] *nm (charrette)* waggon; *(petit)* cart; *(à roulettes)* trolley; *(de manutention)* truck; *(machine à écrire)* carriage.
charitable [ʃaʀitabl(ə)] *adj (gén)* charitable (*envers* towards).

charité [ʃaʀite] *nf* charity. **demander la ~** to beg for charity; **~ bien ordonnée commence par soi-même** charity begins at home; **vente de ~** sale of work.
charivari* [ʃaʀivaʀi] *nm* hullabaloo*.
charlatan [ʃaʀlatɑ̃] *nm (gén)* charlatan; *(médecin)* quack.
charmant, e [ʃaʀmɑ̃, ɑ̃t] *adj* charming, delightful.
charme [ʃaʀm(ə)] *nm (attrait)* charm, appeal; *(envoûtement)* spell. **le ~ de la nouveauté** the attraction of novelty; **tenir qn sous le ~ (de)** to hold sb spellbound (with); **faire du ~ à qn** to make eyes at sb; **se porter comme un ~** to feel as fit as a fiddle. ◆ **charmer** (1) *vt* to charm, delight. **être charmé de faire** to be delighted to do. ◆ **charmeur, -euse** — **1** *adj* winning, engaging. — **2** *nm,f* charmer. **~ de serpent** snake charmer.
charnière [ʃaʀnjɛʀ] *nf* hinge.
charnu, e [ʃaʀny] *adj* fleshy.
charpente [ʃaʀpɑ̃t] *nf (gén)* framework; *(carrure)* build. ◆ **charpentier** *nm* carpenter; *(Naut)* shipwright.
charpie [ʃaʀpi] *nf* : **mettre en ~** to tear to shreds.
charretier [ʃaʀtje] *nm* carter.
charrette [ʃaʀɛt] *nf* cart. **~ à bras** handcart, barrow.
charrier [ʃaʀje] (7) — **1** *vt (gén)* to carry; *(avec brouette)* to cart along; *(sur le dos)* to heave along. — **2** *vi* (*) *(abuser)* to go too far. *(plaisanter)* **tu charries** you must be joking.
charrue [ʃaʀy] *nf* plough, plow *(US)*. **mettre la ~ avant les bœufs** to put the cart before the horse.
charte [ʃaʀt(ə)] *nf* charter.
charter [ʃaʀtɛʀ] *nm (vol)* charter flight; *(avion)* chartered plane.
chasse [ʃas] *nf* **(a)** *(gén)* hunting; *(au fusil)* shooting. **aller à la ~ aux papillons** to go butterfly-hunting; **~ à courre** stag-hunting; **~ sous-marine** underwater fishing. **(b)** *(période)* hunting *ou* shooting season; *(terrain)* hunting ground. **faire une bonne ~** to get a good bag; **~ gardée** private hunting ground. **(c) la ~** *(chasseurs)* the hunt; *(Aviat)* the fighters. **(d)** *(poursuite)* chase. **faire la ~ à qch** to hunt sth down; **~ à l'homme** manhunt; **donner la ~** to give chase (*à* to); **se mettre en ~ pour trouver qch** to go hunting for sth. **(e) ~ d'eau** toilet flush; **tirer la ~ (d'eau)** to flush the toilet.
chasse-neige [ʃasnɛʒ] *nm inv* snowplough.
chasser [ʃase] (1) — **1** *vt* **(a)** *(gén)* to hunt; *(au fusil)* to shoot. **~ le faisan** to go pheasant-shooting. **(b)** *(importun, odeur, idée)* to drive *ou* chase away. **(c)** *(clou)* to drive in. — **2** *vi* **(a)** *(gén)* to go hunting; *(au fusil)* to go shooting. **(b)** *(véhicule)* to skid.
chasseur [ʃasœʀ] *nm* hunter, huntsman; *(soldat)* chasseur; *(avion)* fighter; *(hôtel)* page boy.
chassis [ʃɑsi] *nm (véhicule)* chassis; *(Agr)* cold frame.
chaste [ʃast(ə)] *adj* chaste; *(oreilles)* innocent. ◆ **chasteté** *nf* chastity.
chat [ʃa] *nm (gén)* cat; *(mâle)* tomcat. **petit ~** kitten; **mon petit ~*** pet*, love; **jouer à ~** to play tig; **(c'est toi le) ~!** you're it! *ou* he!; **il n'y avait pas un ~ dehors** there wasn't a soul outside; **avoir un ~ dans la gorge** to have a frog in one's throat; **~ échaudé craint l'eau froide** once bitten, twice shy.
châtaigne [ʃɑtɛɲ] *nf* (fruit) chestnut; (* : *coup*) clout, biff*. ◆ **châtaignier** *nm* chestnut tree.
châtain [ʃɑtɛ̃] *adj inv (cheveux)* chestnut; *(personne)* brown-haired.
château *pl* **~x** [ʃɑto] *nm (fort)* castle; *(palais)* palace; *(manoir)* mansion; *(en France)* château. **bâtir des ~x en Espagne** to build castles in the air *ou* in Spain; **~ de cartes** house of cards; **~ d'eau** water tower; **~ fort** stronghold, fortified castle.
châtelain [ʃɑtlɛ̃] *nm* manor-owner. ◆ **châtelaine** *nf* lady of the manor.
châtier [ʃɑtje] (7) *vt (gén)* to punish; *(style)* to refine. ◆ **châtiment** *nm* punishment.
chatoiement [ʃatwamɑ̃] *nm* shimmer.
chaton [ʃatɔ̃] *nm (chat)* kitten.
chatouillement [ʃatujmɑ̃] *nm* : **~(s)** tickle.
chatouiller [ʃatuje] (1) *vt* to tickle. ◆ **chatouilleux, -euse** *adj (lit)* ticklish; *(susceptible)* touchy (*sur* on, about).
chatoyer [ʃatwaje] (8) *vi* to shimmer.
châtrer [ʃɑtʀe] (1) *vt (gén)* to castrate; *(chat)* to neuter.
chatte [ʃat] *nf* (she-)cat.
chaud, e [ʃo, od] — **1** *adj (agréable)* warm; *(brûlant)* hot; *(partisan)* keen; *(discussion)* heated; *(tempérament)* hot; *(voix, couleur)* warm. **il n'est pas très ~ pour le faire*** he is not very keen on doing it; **points ~s** hot spots.
— **2** *nm* : **le ~** the heat, the warmth; *(Méd)* **~ et froid** chill; **garder qch au ~** to keep sth warm *ou* hot.
— **3** *adv* : **avoir ~** to be *ou* feel warm; *(trop)* to be *ou* feel hot; *(fig)* **j'ai eu ~!** I got a real fright; **ça ne me fait ni ~ ni froid** I couldn't care less; **tenir ~ à qn** to keep sb warm. ◆ **chaudement** *adv (gén)* warmly; *(défendre)* heatedly, hotly.
chaudière [ʃodjɛʀ] *nf* boiler.
chaudron [ʃodʀɔ̃] *nm* cauldron.
chauffage [ʃofaʒ] *nm* heating. **~ central** central heating.
chauffard [ʃofaʀ] *nm (péj)* reckless driver.
chauffe-eau [ʃofo] *nm inv* immersion heater.
chauffe-plats [ʃofpla] *nm inv* plate-warmer, hotplate.
chauffer [ʃofe] (1) — **1** *vt (gén)* to heat; *(soleil)* to warm. **~ qch à blanc** to heat sth whitehot. — **2** *vi (aliment, assiette)* to be heating up, be warming up; *(moteur)* to warm up; *(four)* to heat up. **faire ~ qch** to heat *ou* warm sth up; **ça va ~!*** sparks will fly! — **3 se chauffer** *vpr* to warm o. s. **se ~ au bois** to use wood for heating.
chaufferie [ʃofʀi] *nf (usine)* boiler room; *(navire)* stokehold.
chauffeur [ʃofœʀ] *nm* driver; *(privé)* chauffeur. **voiture sans ~** self-drive car.
chaume [ʃom] *nm (champ)* stubble; *(toit)* thatch. ◆ **chaumière** *nf* cottage; *(de chaume)* thatched cottage.
chaussée [ʃose] *nf (route)* road, roadway; *(surélevée)* causeway. '**~ déformée**' 'uneven road surface'.
chausse-pied, *pl* **~~s** [ʃospje] *nm* shoehorn.
chausser [ʃose] (1) *vt (souliers, lunettes)* to put on. **~ du 40** to take size 40 in shoes; **se ~** to put one's shoes on; **chaussé de bottes** wearing boots.
chaussette [ʃosɛt] *nf* sock.
chausson [ʃosɔ̃] *nm* slipper; *(bébé)* bootee; *(danseur)* ballet shoe; *(Culin)* turnover.

chaussure [ʃosyʀ] *nf (basse)* shoe; *(montante)* boot. **rayon ~s** shoe *ou* footwear department.
chauve [ʃov] *adj* bald.
chauve-souris, *pl* **~s-~** [ʃovsuʀi] *nf* bat.
chauvin, e [ʃovɛ̃, in] — **1** *adj* chauvinistic. — **2** *nm,f* chauvinist. ◆ **chauvinisme** *nm* chauvinism.
chaux [ʃo] *nf* lime. **blanchi à la ~** whitewashed.
chavirer [ʃaviʀe] (1) *vi* : **(faire) ~** to capsize.
chef [ʃɛf] — **1** *nm (usine)* head, boss*; *(tribu)* chief, chieftain; *(mouvement)* leader; *(Culin)* chef. **commandant en ~** commander-in-chief; **rédacteur en ~** chief editor; **de son propre ~** on his own initiative; **~ d'accusation** charge; **~ de bureau** head clerk; **~ comptable** chief accountant; **~ d'entreprise** company manager; **~ d'État** head of state; **~ de famille** head of the family; **~ de file** leader; **~ de gare** station master; **~-lieu** county town; **~ d'œuvre** masterpiece; **~ d'orchestre** conductor; **~ de service** section *ou* departmental head; **~ de train** guard; **au premier ~** greatly. — **2** *adj inv*: **gardien ~** chief warden.
chemin [ʃ(ə)mɛ̃] *nm (gén)* path; *(piste)* track; *(de campagne)* lane; *(lit, fig : trajet)* way *(de, pour* to). **il y a une heure de ~** it's an hour's walk (*ou* drive); **quel ~ a-t-elle pris?** which way did she go?; **se mettre en ~** to set off; **faire du ~** *(véhicule, chercheur)* to come a long way; *(idée)* to gain ground; *(concession)* **faire la moitié du ~** to go half-way to meet sb; **cela n'en prend pas le ~** it doesn't look likely; **le ~ de croix** the Way of the Cross; **~ de fer** railway, railroad *(US)*; **par ~ de fer** by rail; **~ de halage** tow-path.
cheminée [ʃ(ə)mine] *nf (extérieure)* chimney (stack); *(intérieure)* fireplace; *(encadrement)* mantelpiece; *(bateau, train)* funnel; *(volcan, lampe)* chimney. **~ d'aération** ventilation shaft.
cheminement [ʃ(ə)minmɑ̃] *nm (marcheurs)* progress, advance; *(pensée)* progression. ◆ **cheminer** (1) *vi (personne)* to walk (along).
cheminot [ʃ(ə)mino] *nm* railwayman, railroad man *(US)*.
chemise [ʃ(ə)miz] *nf (homme)* shirt; *(femme, bébé)* vest; *(dossier)* folder. **il s'en moque comme de sa première ~** he doesn't care a fig*; **~ de nuit** *(femme)* nightdress; *(homme)* nightshirt. ◆ **chemisette** *nf* short-sleeved shirt. ◆ **chemisier** *nm (vêtement)* blouse.
chenal, *pl* **-aux** [ʃənal, o] *nm* channel.
chêne [ʃɛn] *nm* oak.
chenil [ʃ(ə)ni(l)] *nm* kennels.
chenille [ʃ(ə)nij] *nf (Aut, Zool)* caterpillar.
chèque [ʃɛk] *nm* cheque, check *(US)*. **~ de 100 F** cheque for 100 francs; *(lit, fig)* **~ en blanc** blank cheque; **~ postal** ≃ (Post Office) Girocheque; **~ sans provision** bad *ou* dud* cheque; **~ de voyage** traveller's cheque. ◆ **chéquier** *nm* cheque book.
cher, chère [ʃɛʀ] — **1** *adj* **(a)** *(aimé)* dear *(à* to). **les êtres ~s** the loved ones; **ce ~ vieux Louis!*** dear old Louis! **(b)** *(coûteux)* expensive, dear. **pas ~** cheap, inexpensive. — **2** *nm,f* : **mon ~, ma chère** my dear. — **3** *adv (coûter, payer)* a lot of money. **vendre ~** to charge high prices; **je ne l'ai pas acheté ~** I didn't pay much for it; **ça vaut ~** it's expensive, it costs a lot; *(fig)* **il ne vaut pas ~** he's a bad lot; *(fig)* **ça lui a coûté ~** it cost him dear.
chercher [ʃɛʀʃe] (1) *vt* **(a)** *(gén)* to look for; *(gloire)* to seek; *(sur un livre)* to look up; *(dans sa mémoire)* to try to think of. **~ qn des yeux** to look around for sb; **tu l'auras cherché!** you asked for it!; **~ à faire** to try to do. **(b) va me ~ mon sac** go and fetch *ou* get me my bag; **il est venu le ~ à la gare** he came to meet *ou* collect him at the station; **envoyer qn ~ le médecin** to send sb for the doctor; **ça va ~ dans les 30 F** it'll come to something like 30 francs. **(c)** *(fig)* **~ fortune** to seek one's fortune; **~ des histoires à qn** to try to make trouble for sb; **~ midi à quatorze heures** to look for complications; **~ la petite bête** to split hairs.
chercheur, -euse [ʃɛʀʃœʀ, øz] *nm,f* researcher, research worker. **~ de** *(gén)* seeker of; **~ d'or** gold digger.
chèrement [ʃɛʀmɑ̃] *adv* dearly.
chéri, e [ʃeʀi] — **1** *adj* beloved. **maman ~e** mother dear *ou* darling. — **2** *nm,f* darling.
chérir [ʃeʀiʀ] (2) *vt* to cherish.
cherté [ʃɛʀte] *nf* high price. **la ~ de la vie** the high cost of living.
chétif, -ive [ʃetif, iv] *adj* puny.
cheval, *pl* **-aux** [ʃ(ə)val, o] *nm (animal)* horse. **~** *ou* **~aux vapeur** horsepower; **~ aux de bois** roundabout, carousel *(US)*; **~ de course** racehorse; **ce n'est pas le mauvais ~*** he's not a bad sort; **à ~** on horseback; **à ~ sur une chaise** sitting astride a chair; **à ~ sur deux mois** overlapping two different months; **être très à ~ sur le règlement** to be a real stickler for the rules; **de ~*** *(remède)* drastic; *(fièvre)* raging.
chevaleresque [ʃ(ə)valʀɛsk(ə)] *adj* chivalrous, gentlemanly.
chevalet [ʃ(ə)valɛ] *nm (peintre)* easel.
chevalier [ʃ(ə)valje] *nm (Hist)* knight; *(légion d'honneur)* chevalier. **faire qn ~** to knight sb; **~ servant** attentive escort.
chevalière [ʃ(ə)valjɛʀ] *nf* signet ring.
chevauchée [ʃ(ə)voʃe] *nf (course)* ride.
chevauchement [ʃ(ə)voʃmɑ̃] *nm* overlapping.
chevaucher [ʃ(ə)voʃe] (1) — **1** *vt* to be *ou* sit astride. — **2 se chevaucher** *vpr* to overlap. — **3** *vi* to ride.
chevet [ʃ(ə)vɛ] *nm* : **au ~ de qn** at sb's bedside.
chevelu, e [ʃɛvly] *adj* long-haired.
chevelure [ʃɛvlyʀ] *nf (cheveux)* hair. **elle avait une ~ abondante** she had thick hair *ou* a thick head of hair.
cheveu, *pl* **~x** [ʃ(ə)vø] *nm (poil)* hair. *(chevelure)* **il a les ~x bruns** he has dark hair, he is dark-haired; **2 ~x blancs** 2 white hairs; **il s'en est fallu d'un ~ qu'ils ne se tuent** they escaped death by a hair's breadth; **avoir un ~ sur la langue*** to have a lisp; **se faire des ~x blancs*** to worry o.s. stiff*; **arriver comme un ~ sur la soupe*** to come at the most awkward moment; **tiré par les ~x** far-fetched.
cheville [ʃ(ə)vij] *nf (Anat)* ankle; *(pour joindre)* peg, pin; *(pour clou)* rawlplug; *(poème)* cheville. **être en ~ avec qn*** to be in contact *ou* touch with sb.
chèvre [ʃɛvʀ(ə)] *nf* (she-)goat, (nanny-)goat. ◆ **chevreau,** *pl* **~x** *nm* kid.
chèvrefeuille [ʃɛvʀəfœj] *nm* honeysuckle.
chevreuil [ʃəvʀœj] *nm* roe deer.
chevron [ʃəvʀɔ̃] *nm (poutre)* rafter; *(galon)* stripe, chevron.
chevronné, e [ʃəvʀɔne] *adj* practised, seasoned.
chevroter [ʃəvʀɔte] (1) *vi* to quaver.
chez [ʃe] *prép* : **rentrer ~ soi** to go back home; **faites comme ~ vous** make yourself at home; **~ nous** *(gén)* at home; *(famille)* in our family;

(pays) in our country; **il est ~ sa tante** he's at his aunt's (house); **aller ~ le boucher** to go to the butcher's; **~ Balzac** in Balzac; **c'est une habitude ~ lui** it's a habit with him.
chic [ʃik] — **1** *nm (toilette)* stylishness; *(personne)* style. **avoir le ~ pour faire qch** to have the knack of doing sth. — **2** *adj inv (élégant)* stylish, smart; (* : *gentil*) nice (*avec* to). — **3** *excl :* ~! terrific!*, great!*.
chicane [ʃikan] *nf* **(a)** *(route)* in and out. **(b)** *(querelle)* squabble. ◆ **chicaner** (1) *vi* to quibble. ◆ **chicanier, -ière** *nm,f* quibbler.
chiche [ʃiʃ] *adj (personne)* mean; *(repas)* meagre. **~ que je le fais!*** I bet you I do it!*.
chichis* [ʃiʃi] *nmpl :* **faire des ~** to make a fuss; **sans ~** *(recevoir)* informally.
chicorée [ʃikɔʀe] *nf (salade)* endive; *(à café)* chicory.
chien [ʃjɛ̃] — **1** *nm (animal)* dog; *(fusil)* hammer. **en ~ de fusil** curled up; **temps de ~*** rotten weather*; **entre ~ et loup** in the dusk; **recevoir qn comme un ~ dans un jeu de quilles** to give sb a cold reception. — **2** *adj inv (avare)* mean; *(méchant)* rotten*. — **3** : **~ de berger** sheepdog; **~ de chasse** retriever; **~ de garde** watch dog; **~-loup** wolfhound; **~ policier** police dog.
chiendent [ʃjɛ̃dɑ̃] *nm* couch grass.
chienne [ʃjɛn] *nf* bitch.
chiffon [ʃifɔ̃] *nm* (piece of) rag. **~ de papier** scrap of paper; **~ à poussière** duster. ◆ **chiffonner** (1) *vt (papier)* to crumple. **ça me chiffonne*** it bothers me. ◆ **chiffonnier** *nm* ragman. **se battre comme des ~s** to fight like cat and dog.
chiffre [ʃifʀ(ə)] *nm (gén)* figure; *(somme)* sum; *(code)* code; *(initiales)* initials. **~ d'affaires** turnover. ◆ **chiffrer** (1) *vt (coder)* to encode; *(évaluer)* to assess. **se ~ à** to amount to.
chignole [ʃiɲɔl] *nf* drill.
chignon [ʃiɲɔ̃] *nm* bun, chignon.
Chili [ʃili] *nm* Chile.
chimère [ʃimɛʀ] *nf* pipe dream, idle fancy. ◆ **chimérique** *adj* fanciful.
chimie [ʃimi] *nf* chemistry. ◆ **chimique** *adj* chemical. ◆ **chimiste** *nmf* chemist *(scientist)*.
chimpanzé [ʃɛ̃pɑ̃ze] *nm* chimpanzee.
Chine [ʃin] *nf* China. ◆ **chinois, e** — **1** *adj* Chinese; *(tatillon)* hair-splitting. — **2** *nm* **(a)** *(Ling)* Chinese. *(péj)* **c'est du ~*** it's all Greek to me*. **(b) C~** Chinese. — **3** *nf :* **C~e** Chinese woman.
chiot [ʃjo] *nm* puppy.
chiper* [ʃipe] (1) *vt (voler)* to pinch*.
chipie [ʃipi] *nf* minx.
chipoter* [ʃipɔte] (1) *vi (manger)* to pick at one's food; *(ergoter)* to quibble *(sur* over).
chiqué* [ʃike] *nm* bluffing.
chiquenaude [ʃiknod] *nf* flick.
chirurgical, e, *mpl* **-aux** [ʃiʀyʀʒikal, o] *adj* surgical. ◆ **chirurgie** *nf (science)* surgery. ◆ **chirurgien** *nm* surgeon. **~-dentiste** dental surgeon.
chlore [klɔʀ] *nm* chlorine.
chloroforme [klɔʀɔfɔʀm(ə)] *nm* chloroform.
chlorophylle [klɔʀɔfil] *nf* chlorophyll.
choc [ʃɔk] *nm* **(a)** *(heurt) (gén)* shock; *(vagues, véhicules)* crash; *(intérêts)* clash; *(sur la tête etc)* blow, bump. **traitement de ~** shock treatment; **prix-~** special price. **(b)** *(bruit) (violent)* crash; *(sourd)* thud. **(c)** *(émotion)* shock.
chocolat [ʃɔkɔla] *nm* chocolate. **~ à croquer** plain chocolate. ◆ **chocolaté, e** *adj* chocolate-flavoured.
chœur [kœʀ] *nm (gén)* chorus; *(Rel)* choir. **tous en ~!** all together now!
choir [ʃwaʀ] *vi* to fall. **laisser ~** to drop.
choisir [ʃwaziʀ] (2) *vt* to choose, select.
choix [ʃwa] *nm* choice. **il y a du ~** there is a choice *ou* a wide selection; **je n'avais pas le ~** I had no option *ou* choice; **produits de ~** choice products; **articles de second ~** seconds.
choléra [kɔleʀa] *nm* cholera.
cholestérol [kɔlɛsteʀɔl] *nm* cholesterol.
chômage [ʃomaʒ] *nm* unemployment. **au ~** unemployed, out of work; **mettre qn au ~** to make sb redundant; **~ partiel** short-time working; **mettre en ~ technique** to lay off. ◆ **chômer** (1) *vi (être inactif)* to be idle. **jour chomé** public holiday. ◆ **chômeur, -euse** *nm,f* unemployed person.
chope [ʃɔp] *nf* pint.
chopine* [ʃɔpin] *nf* bottle (of wine).
choquer [ʃɔke] (1) *vt (attitude)* to shock, appal; *(accident, deuil)* to shake. **~ les oreilles de qn** to offend sb's ears.
choral, e, *mpl* **~s** [kɔʀal] — **1** *adj* choral. — **2** *nf* choir.
chorégraphie [kɔʀegʀafi] *nf* choreography.
chose [ʃoz] *nf (gén)* thing; *(question)* matter. **c'est une ~ admise** it's an accepted fact; **c'est ~ faite** it's done; **peu de ~** nothing much; **avant toute ~** above all else; **c'est tout autre ~** it's another matter; **il va vous expliquer la ~** he'll tell you about it; **en mettant les ~s au mieux** at best; **être tout ~** to feel a bit peculiar.
chou, *pl* **~x** [ʃu] *nm (Bot)* cabbage; *(gâteau)* puff; *(*: amour)* darling. **~ de Bruxelles** Brussels sprout; **~-fleur** cauliflower; **~ rouge** red cabbage. — **2** *adj inv (ravissant)* delightful. ◆ **chouchou, -te*** *nm,f* pet. ◆ **chouchouter*** (1) *vt* to pamper, pet. ◆ **choucroute** *nf* sauerkraut.
chouette¹* [ʃwɛt] *adj (beau)* great*; *(gentil)* nice.
chouette² [ʃwɛt] *nf* owl.
choyer [ʃwaje] (8) *vt* to pamper, spoil.
chrétien, -ienne [kʀetjɛ̃, jɛn] *adj,* **C~, -ienne** *nm,f* Christian. ◆ **chrétienté** *nf* Christendom.
christ [kʀist] *nm;* **le C~** Christ. ◆ **christianisme** *nm* Christianity.
chrome [kʀom] *nm* chromium. ◆ **chromer** (1) *vt* to chromium-plate.
chromosome [kʀɔmozom] *nm* chromosome.
chronique [kʀɔnik] — **1** *adj* chronic. — **2** *nf (Littérat)* chronicle; *(Presse)* column. ◆ **chroniqueur** *nm* chronicler; columnist.
chrono* [kʀɔno] *nm abrév de* **chronomètre.**
chronologie [kʀɔnɔlɔʒi] *nf* chronology. ◆ **chronologique** *adj* chronological.
chronomètre [kʀɔnɔmɛtʀ(ə)] *nm* stopwatch. ◆ **chronométrer** (6) *vt* to time. ◆ **chronométreur** *nm* timekeeper.
chrysanthème [kʀizɑ̃tɛm] *nm* chrysanthemum.
chuchotement [ʃyʃɔtmɑ̃] *nm* whisper. ◆ **chuchoter** (1) *vti* to whisper.
chut [ʃyt] *excl* sh!
chute [ʃyt] *nf* **(a)** *(gén)* fall; *(régime)* collapse *(de* of); *(monnaie, température)* drop *(de* in). **faire une ~ de 3 mètres** to fall 3 metres; **~ libre** free fall. **(b)** *(Géog)* **~ d'eau** waterfall; **les ~s du Niagara** the Niagara Falls; **fortes ~s de neige** heavy snowfalls. **(c)** *(tissu)* scrap; *(bois)*

off-cut. ◆ **chuter** (1) *vi* to fall. **faire ~ qn** to bring sb down.

ci [si] *adv* : **celui-~, celle-~** this one; **ceux-~** these (ones); **ce livre-~** this book; **ces jours-~** *(avenir)* in the next few days; *(passé)* these past few days; *(présent)* these days; **de ~ de là** here and there; **~-contre** opposite; **~-dessous** below; **~-dessus** above; **~-gît** here lies; **les papiers ~-joints** the enclosed papers.

cible [sibl(ə)] *nf* target.

cicatrice [sikatʀis] *nf* scar. ◆ **cicatriser** *vt*, **se cicatriser** *vpr* (1) to heal over.

cidre [sidʀ(ə)] *nm* cider.

ciel [sjɛl], *pl* **cieux** [sjø] *nm* sky. *(Rel)* **le ~, les cieux** heaven; **juste ~!** good heavens!; **mine à ~ ouvert** opencast mine.

cierge [sjɛʀʒ(ə)] *nm (Rel)* candle.

cigale [sigal] *nf* cicada.

cigare [sigaʀ] *nm* cigare. ◆ **cigarette** *nf* cigarette. **~ à bout filtre** tipped cigarette.

cigogne [sigɔɲ] *nf* stork.

cil [sil] *nm* eyelash.

cime [sim] *nf (montagne)* summit; *(arbre)* top; *(gloire)* peak, height.

ciment [simɑ̃] *nm* cement. ◆ **cimenter** (1) *vt* to cement.

cimetière [simtjɛʀ] *nm (ville)* cemetery; *(église)* graveyard, churchyard.

cinéaste [sineast(ə)] *nmf* film maker.

ciné-club [sineklœb] *nm* film society.

cinéma [sinema] *nm (gén)* cinema; *(salle)* cinema, movie theater *(US)*. **faire du ~** to be a film actor (*ou* actress); **producteur de ~** film producer; **aller au ~** to go to the pictures *ou* movies *(US)*; **quel ~!** what a fuss. ◆ **cinématographique** *adj* film, cinema.

cinglant [sɛ̃glɑ̃, ɑ̃t] *adj (vent)* biting; *(pluie)* lashing; *(propos)* cutting.

cinglé, e* [sɛ̃gle] — **1** *adj* cracked*. — **2** *nm,f* crackpot*.

cingler [sɛ̃gle] (1) — **1** *vt (fouetter)* to lash. — **2** *vi (Naut)* **~ vers** to make for.

cinq [sɛ̃k] *adj, nm* five; *V* **six.**

cinquantaine [sɛ̃kɑ̃tɛn] *nf* about fifty.

cinquante [sɛ̃kɑ̃t] *adj, nm* fifty. ◆ **cinquantième** *adj, nmf* fiftieth.

cinquième [sɛ̃kjɛm] — **1** *adj, nmf* fifth. **être la ~ roue du carrosse*** to count for nothing; *V* **sixième.** — **2** *nf (Scol)* second year, 10th grade *(US)*. ◆ **cinquièmement** *adv* in the fifth place.

cintre [sɛ̃tʀ(ə)] *nm* coat hanger. ◆ **cintré, e** *adj (chemise)* slim-fitting.

cirage [siʀaʒ] *nm (produit)* shoe polish, *(action)* polishing. *(évanoui)* **être dans le ~*** to be dazed.

circonférence [siʀkɔ̃feʀɑ̃s] *nf* circumference.

circonflexe [siʀkɔ̃flɛks(ə)] *adj* : **accent ~** circumflex.

circonscription [siʀkɔ̃skʀipsjɔ̃] *nf* district, area. **~ électorale** constituency.

circonscrire [siʀkɔ̃skʀiʀ] (39) *vt (épidémie)* to contain; *(sujet)* to define.

circonspect, e [siʀkɔ̃spɛ, ɛkt(ə)] *adj* circumspect. ◆ **circonspection** *nf* circumspection.

circonstance [siʀkɔ̃stɑ̃s] *nf (occasion)* occasion; *(situation)* circumstance. **en la ~** on this occasion; **dans ces ~s** in these circumstances; **~s atténuantes** mitigating circumstances; **propos de ~** appropriate words. ◆ **circonstancié, e** *adj* detailed. ◆ **circonstanciel, -ielle** *adj* adverbial.

circuit [siʀkɥi] *nm (touristique)* tour; *(compliqué)* roundabout route; *(Sport, Élec)* circuit. **~ de distribution** distribution network; **~ fermé** closed circuit; **~ intégré** integrated circuit.

circulaire [siʀkylɛʀ] *adj, nf* circular.

circulation [siʀkylɑsjɔ̃] *nf (gén)* circulation; *(marchandises)* movement; *(trains)* running; *(voitures)* traffic. **mettre en ~** *(argent)* to put into circulation; *(livre)* to bring out.

circuler [siʀkyle] (1) *vi* **(a)** *(gén)* to circulate; *(rumeur)* to go round. **faire ~** to circulate. **(b)** *(voiture)* to go; *(passant)* to walk. **circulez!** move along!; **faire ~** *(voitures)* to move on; *(plat)* to hand round.

cire [siʀ] *nf (gén)* wax; *(meubles)* polish. ◆ **ciré** *nm* oilskin. ◆ **cirer** (1) *vt* to polish.

cirque [siʀk(ə)] *nm* circus. **quel ~!*** what chaos!

cisailler [sizɑje] (1) *vt* to cut; (* : *maladroitement*) to hack. ◆ **cisailles** *nfpl (métal, arbre)* shears; *(fil de fer)* wire cutters.

ciseau, *pl* **~x** [sizo] *nm* **(a) paire de ~x** pair of scissors; **(b)** *(sculpture)* chisel.

ciseler [sizle] (5) *vt* to chisel, engrave.

citadelle [sitadɛl] *nf* citadel.

citadin, e [sitadɛ̃, in] — **1** *adj* urban, town, city. — **2** *nm,f* city dweller.

citation [sitɑsjɔ̃] *nf (auteur)* quotation.

cité [site] *nf (ville)* city; *(petite)* town; *(lotissement)* housing estate. **~-dortoir** *nf* dormitory town; **~-jardin** *nf* garden city; **~ universitaire** student halls of residence.

citer [site] (1) *vt* to quote, cite.

citerne [sitɛʀn(ə)] *nf* tank.

citoyen, -enne [sitwajɛ̃, ɛn] *nm,f* citizen. ◆ **citoyenneté** *nf* citizenship.

citron [sitʀɔ̃] *nm* lemon. ◆ **citronnade** *nf* lemon squash. ◆ **citronnier** *nm* lemon tree.

citrouille [sitʀuj] *nf* pumpkin.

civet [sivɛ] *nm* stew.

civière [sivjɛʀ] *nf* stretcher.

civil, e [sivil] — **1** *adj (guerre, mariage)* civil; *(non militaire)* civilian; *(poli)* civil. — **2** *nm* civilian. **en ~** *(soldat)* in civilian clothes; *(policier)* in plain clothes; **dans le ~** in civilian life. ◆ **civilement** *adv* **(a) être ~ responsable** to be legally responsible; **se marier ~** to have a civil wedding. **(b)** *(poliment)* civilly.

civilisation [sivilizɑsjɔ̃] *nf* civilization. ◆ **civiliser** (1) — **1** *vt* to civilize. — **2 se civiliser** *vpr* to become civilized.

civilité [sivilite] *nf* civility.

civique [sivik] *adj* civic. ◆ **civisme** *nm* public-spiritedness.

clair, e [klɛʀ] — **1** *adj* **(a)** *(pièce)* bright, light; *(couleur) (vive)* bright; *(pâle)* light; *(robe)* light-coloured. **bleu ~** light blue. **(b)** *(soupe, tissu usé)* thin. **(c)** *(ciel, idée)* clear. **par temps ~** on a clear day; **il est ~ que** it is clear *ou* plain that. — **2** *adv (voir)* clearly. **il fait ~** it is daylight. — **3** *nm* : **tirer qch au ~** to clear sth up; **le plus ~ de mon temps** most of my time; **au ~ de lune** in the moonlight. ◆ **clairement** *adv* clearly. ◆ **claire-voie** *nf* : **à ~** openwork.

clairière [klɛʀjɛʀ] *nf* clearing, glade.

clairon [klɛʀɔ̃] *nm* bugle; *(joueur)* bugler. ◆ **claironnant, e** *adj (voix)* resonant.

clairsemé, e [klɛʀsəme] *adj* sparse.

clairvoyance [klɛʀvwajɑ̃s] *nf* perceptiveness. ◆ **clairvoyant, e** *adj* perceptive.

clamer [klame] (1) *vt (gén)* to shout out; *(innocence)* to proclaim. ◆ **clameur** *nf (cris)* clamour. **~s** protests.

clan [klɑ̃] *nm* clan.
clandestin, e [klɑ̃dɛstɛ̃, in] *adj (gén)* clandestine; *(mouvement)* underground. **passager ~** stowaway. ◆ **clandestinement** *adv* clandestinely. ◆ **clandestinité** *nf* : **dans la ~** clandestinely.
clapet [klapɛ] *nm* valve.
clapier [klapje] *nm* hutch.
clapoter [klapɔte] (1) *vi* to lap. ◆ **clapotis** *nm* lapping.
claquage [klakaʒ] *nm (blessure)* strained muscle.
claque [klak] *nf (gifle)* slap; *(Théât)* claque.
claquement [klakmɑ̃] *nm* (*V* **claquer**) bang; crack; click; snap.
claquer [klake] (1) — **1** *vi* **(a)** *(volet)* to bang; *(drapeau)* to flap; *(fouet)* to crack; *(coup de feu)* to ring out. **faire ~** *(porte)* to bang; *(fouet)* to crack; *(doigts)* to snap; *(langue)* to click; **~ dans ses mains** to clap; **il claquait des dents** his teeth were chattering. **(b)** (* : *mourir*) *(personne)* to die; *(lampe)* to pack in*; *(élastique)* to snap. — **2** *vt (gifler)* to slap; *(fermer)* to snap shut; (* : *fatiguer*) to tire out; (* : *casser*) to bust*. **se ~ un muscle** to strain a muscle.
claquette [klakɛt] *nf (danse)* **~s** tap-dancing.
clarification [klaʀifikɑsjɔ̃] *nf* clarification.
clarifier *vt*, **se clarifier** *vpr* [klaʀifje] (7) to clarify.
clarinette [klaʀinɛt] *nf* clarinet.
clarté [klaʀte] *nf (gén)* light; *(pièce, ciel)* brightness; *(eau, son)* clearness; *(explication)* clarity. **à la ~ de la lampe** in the lamplight.
classe [klɑs] *nf* **(a)** *(catégorie)* class. **les ~s moyennes** the middle classes; **de première ~** *(employé)* top grade; *(hôtel, billet)* 1st class; *(Aviat)* **~ touriste** economy class. **(b)** *(valeur)* class. **elle a de la ~** she's got class. **(c)** *(Scol)* *(élèves, cours)* class; *(année)* year, grade *(US)*; *(salle)* classroom. **il est premier de la ~** he is top of the class; **aller en ~** to go to school. **(d)** *(Mil)* **soldat de 1ère** (*ou* **2ème**) **~** ≃ private; **la ~ 1982** the class of '82; **faire ses ~s** to do one's training.
classement [klɑsmɑ̃] *nm* **(a)** *(papiers)* filing; *(livres)* classification; *(candidats)* grading. **(b)** *(Jur : affaire)* closing. **(c)** *(rang) (élève)* place; *(coureur)* placing. **(d)** *(liste) (élèves)* class list; *(coureurs)* finishing list. **~ général** overall placings.
classer [klɑse] (1) *vt (papiers)* to file; *(livres)* to classify; *(candidats)* to grade. **X, que l'on classe parmi** X, who ranks among; **monument classé** listed building; **se ~ parmi les premiers** to be among the first; **être bien classé** to be well placed. **(b)** *(clore) (affaire)* to close.
classeur [klɑsœʀ] *nm (meuble)* filing cabinet; *(dossier)* loose-leaf file.
classification [klasifikɑsjɔ̃] *nf* classification. ◆ **classifier** (7) *vt* to classify.
classique [klasik] — **1** *adj (en art)* classical; *(habituel)* classic. **c'est ~!** it's the classic situation! — **2** *nm (auteur, œuvre)* classic.
clause [kloz] *nf* clause.
clavecin [klavsɛ̃] *nm* harpsichord.
clavicule [klavikyl] *nf* collarbone.
clavier [klavje] *nm* keyboard.
clé *ou* **clef** [kle] *nf (pour ouvrir)* key (*de* to); *(outil)* spanner; *(gamme)* clef. **mettre sous ~** to put under lock and key; **mettre la ~ sous la porte** to clear out; **position-~** key position; **~ de contact** ignition key; **~ à molette** adjustable wrench; **~ de voûte** keystone.
clémence [klemɑ̃s] *nf (temps)* mildness; *(juge)* leniency. ◆ **clément, e** *adj* mild; lenient.
clémentine [klemɑ̃tin] *nf* clementine.
clerc [klɛʀ] *nm (notaire etc)* clerk.
clergé [klɛʀʒe] *nm* clergy. ◆ **clérical, e,** *mpl* **-aux** *adj, nm,f* clerical.
cliché [kliʃe] *nm (banal)* cliché; *(photo)* negative.
client, e [klijɑ̃, ɑ̃t] *nm,f (gén)* customer; *(avocat)* client; *(hôtel)* guest, *(médecin)* patient; *(taxi)* fare; (* *péj : individu*) fellow, guy*. ◆ **clientèle** *nf (magasin)* customers, clientèle; *(avocat, médecin)* practice; *(parti)* supporters. **accorder sa ~ à qn** to give sb one's custom, patronize sb.
cligner [kliɲe] (1) *vt indir* : **~ des yeux** to blink; **~ de l'œil** to wink (*en direction de* at).
clignotant [kliɲɔtɑ̃] *nm (Aut)* indicator.
clignoter [kliɲɔte] (1) *vi (yeux)* to blink; *(étoile)* to twinkle; *(lampe)* to flicker; *(pour signal)* to flash, wink.
climat [klima] *nm* climate. ◆ **climatique** *adj* climatic. ◆ **climatisation** *nf* air conditioning. ◆ **climatiser** (1) *vt* to air-condition.
clin [klɛ̃] *nm* : **~ d'œil** wink; **faire un ~ d'œil** to wink (*à* at); **en un ~ d'œil** in the twinkling of an eye.
clinique [klinik] — **1** *adj* clinical. — **2** *nf (établissement)* nursing home; *(section d'hôpital)* clinic. **~ d'accouchement** maternity home.
clinquant, e [klɛ̃kɑ̃, ɑ̃t] — **1** *adj* flashy. — **2** *nm (bijoux)* tawdry jewellery.
clique [klik] *nf (Mus)* band; *(péj)* clique, set. **prendre ses ~s et ses claques*** to pack up and go.
cliqueter [klikte] (4) *vi (gén)* to clink; *(vaisselle)* to clatter; *(chaînes)* to jangle; *(armes)* to clash. ◆ **cliquetis** *nm* clink; clatter; jangle; clash.
clivage [klivaʒ] *nm* split (*de* in).
clochard, e* [klɔʃaʀ, aʀd(ə)] *nm,f* down-and-out, tramp.
cloche [klɔʃ] *nf (gén)* bell; *(plat)* lid; *(plantes)* cloche; (* : *imbécile*) idiot*. **~ à fromage** cheese cover. ◆ **cloche-pied** *adv* : **sauter à ~** to hop.
clocher[1] [klɔʃe] *nm (en pointe)* steeple; *(quadrangulaire)* church tower; *(fig : village)* village.
clocher*[2] [klɔʃe] (1) *vi* : **il y a qch qui cloche** there's sth wrong (*dans* with).
clochette [klɔʃɛt] *nf* small bell; *(fleur)* bellflower.
cloison [klwazɔ̃] *nf* partition; *(fig)* barrier. ◆ **cloisonner** (1) *vt* to compartmentalize.
cloître [klwatʀ(ə)] *nm* cloister. ◆ **cloîtrer** (1) *vt* to shut away (*dans* in); *(Rel)* to cloister.
clopin-clopant [klɔpɛ̃klɔpɑ̃] *adv* : **aller ~** to hobble along.
clopiner [klɔpine] (1) *vi* to hobble along.
cloque [klɔk] *nf* blister. ◆ **cloquer** (1) *vi* to blister.
clore [klɔʀ] (45) *vt (terminer)* to close, end; *(entourer)* to enclose (*de* with); *(fermer) (porte)* to close, shut; *(lettre)* to seal. ◆ **clos, e** — **1** *adj (système, yeux)* closed; *(espace)* enclosed. — **2** *nm (pré)* field; *(vignoble)* vineyard.
clôture [klotyʀ] *nf* **(a)** *(barrière)* fence; *(haie)* hedge; *(mur)* wall. **(b)** *(débat, liste)* closing, closure; *(bureaux)* closing. **date de ~** closing date. ◆ **clôturer** (1) *vt (champ)* to fence; *(liste)* to close.

clou [klu] *nm (objet)* nail; *(pustule)* boil. **traverser dans les ~s** to cross at the pedestrian crossing; **le ~ du spectacle** the star turn; **des ~s!*** nothing doing!*; **~ de girofle** clove. ◆ **clouer** (1) *vt* to nail down. **~ qn sur place** to nail sb to the spot; **~ qn au lit** to keep sb confined to bed; **~ le bec à qn*** to shut sb up*.
clown [klun] *nm* clown. **faire le ~** to play the fool. ◆ **clownerie** *nf* silly trick. **~s** clowning.
club [klœb] *nm* club.
co [kɔ] *préf* co-, joint. **coaccusé** codefendant; **coacquéreur** joint purchaser; **codétenu** fellow prisoner; **coéquipier** team mate.
coaguler *vti*, **se coaguler** *vpr* [kɔagyle] (1) *(gén)* to coagulate; *(sang)* to clot.
coaliser *vt*, **se coaliser** *vpr* [kɔalize] (1) to make a coalition. ◆ **coalition** *nf* coalition.
coasser [kɔase] (1) *vi* to croak.
cobaye [kɔbaj] *nm (lit, fig)* guinea-pig.
cocarde [kɔkaʀd(ə)] *nf* rosette; *(sur voiture)* sticker.
cocasse [kɔkas] *adj* comical, funny. ◆ **cocasserie** *nf* funniness.
coccinelle [kɔksinɛl] *nf* ladybird.
coccyx [kɔksis] *nm* coccyx.
cocher[1] [kɔʃe] (1) *vt* to tick off.
cocher[2] [kɔʃe] *nm* coachman; *(fiacre)* cabman.
cochon [kɔʃɔ̃] *nm (animal)* pig; (* : *viande*) pork; (* : *personne*) dirty pig*. **~ d'Inde** guinea-pig; **quel temps de ~!*** what lousy weather!* ◆ **cochonnerie*** *nf* : **de la ~** *(nourriture)* disgusting food; *(marchandise)* rubbish; **faire des ~s** to make a mess.
cocktail [kɔktɛl] *nm (réunion)* cocktail party; *(boisson)* cocktail.
cocon [kɔkɔ̃] *nm* cocoon.
cocorico [kɔkɔʀiko] *nm, excl* cock-a-doodle-do.
cocotier [kɔkɔtje] *nm* coconut palm.
cocotte [kɔkɔt] *nf* (* : *poule*) hen; *(marmite)* casserole. **~ minute** ® pressure cooker.
code [kɔd] *nm (gén)* code. **C~ de la route** highway code; *(Aut)* **se mettre en ~** to dip one's headlights. ◆ **coder** (1) *vt* to code.
codification [kɔdifikɑsjɔ̃] *nf* codification. ◆ **codifier** (7) *vt* to codify.
coefficient [kɔefisjɑ̃] *nm* coefficient.
cœur [kœʀ] *nm* **(a)** *(gén)* heart; *(fruit)* core. **au ~ de** in the heart of; **~ de palmier** heart of palm; **~ d'artichaut** artichoke heart; **atout ~** hearts are trumps; **on l'a opéré à ~ ouvert** he had an open-heart operation. **(b)** *(estomac)* **avoir mal au ~** to feel sick; **odeur qui soulève le ~** nauseating smell. **(c)** *(affectivité)* **ça m'est resté sur le ~** I still feel sore about that; **je suis de tout ~ avec vous** I do sympathize with you; **spectacle à vous fendre le ~** heartbreaking sight; **avoir le ~ gros** to have a heavy heart; **au fond de son ~** in his heart of hearts. **(d)** *(bonté)* **avoir bon ~** to be kindhearted; **sans ~** heartless. **(e)** *(humeur)* **avoir le ~ gai** to feel happy; **de bon ~** willingly; **si le ~ vous en dit** if you feel like it. **(f)** *(courage)* **donner du ~ au ventre à qn*** to buck sb up*; **avoir du ~ au ventre*** to have guts*. **(g)** *(conscience)* **par ~** by heart; **je veux en avoir le ~ net** I want to be clear in my own mind about it; **avoir à ~ de faire** to make a point of doing; **prendre les choses à ~** to take things to heart; **ça me tient à ~** it's close to my heart.
coexistence [kɔɛgzistɑ̃s] *nf* coexistence. ◆ **coexister** (1) *vi* to coexist.
coffre [kɔfʀ(ə)] *nm (meuble)* chest; *(Aut)* boot, trunk *(US)*; *(cassette)* coffer. **~-fort** safe. ◆ **coffret** *nm* casket.
cognac [kɔɲak] *nm* cognac.
cogner [kɔɲe] (1) — **1** *vt (objet)* to knock; (* : *battre*) to beat up. **~ sur la table** to bang on the table; **~ à la porte** to knock at the door. — **2** *vi (volet)* to bang (*contre* against); (*) *(boxeur)* to hit out hard; *(soleil)* to beat down. — **3 se cogner** *vpr* : **se ~ le genou contre** to bang one's knee against; **c'est à se ~ la tête contre les murs** it's enough to drive you up the wall.
cohabitation [kɔabitɑsjɔ̃] *nf* cohabitation. ◆ **cohabiter** (1) *vi* to live together, cohabit. **~ avec** to live with.
cohérence [kɔeʀɑ̃s] *nf* coherence, consistency. ◆ **cohérent, e** *adj* coherent, consistent.
cohésion [kɔezjɔ̃] *nf* cohesion.
cohue [kɔy] *nf (foule)* crowd; *(bousculade)* crush.
coiffer [kwafe] (1) *vt* **(a) ~ qn** to do sb's hair; **se faire ~** to have one's hair done; **se ~** to do one's hair; **il est bien coiffé** his hair looks nice; **il est mal coiffé** his hair looks untidy; **être coiffé en brosse** to have a crew cut. **(b)** *(chapeau)* to put on. **coiffé d'un chapeau** wearing a hat. **(c)** *(organismes)* to control; *(concurrent)* to beat. ◆ **coiffeur, euse** — **1** *nm,f* hairdresser. — **2** *nf (meuble)* dressing table. ◆ **coiffure** *nf* hair style; *(chapeau)* hat. *(métier)* **la ~** hairdressing.
coin [kwɛ̃] *nm* **(a)** *(angle)* corner. **au ~ du feu** by the fireside; **le magasin qui fait le ~** the shop at the corner; **sourire en ~** half smile; **regard en ~** side glance; **surveiller qn du ~ de l'œil** to watch sb out of the corner of one's eye. **(b)** *(région)* area; *(village)* place; *(endroit)* corner. **un ~ de ciel** a patch of sky; **je l'ai mis dans un ~** I put it somewhere; **dans tous les ~s et recoins** in every nook and cranny; **l'épicier du ~** the local grocer. **(c)** *(cale)* wedge.
coincer [kwɛ̃se] (3) — **1** *vt (intentionnellement)* to wedge; *(accidentellement)* to jam; (* : *prendre)* to catch. **nous sommes coincés** we are stuck. — **2 se coincer** *vpr* to get jammed *ou* stuck.
coïncidence [kɔɛ̃sidɑ̃s] *nf (gén)* coincidence. ◆ **coïncider** (1) *vi* to coincide (*avec* with).
coke [kɔk] *nm* coke.
col [kɔl] *nm* **(a)** *(chemise)* collar. **~ roulé** poloneck sweater. **(b)** *(Géog)* pass ; *(Anat, fig)* neck.
colchique [kɔlʃik] *nm* autumn crocus.
colère [kɔlɛʀ] *nf* anger. **se mettre en ~** to get angry (*contre* with); **faire une ~** to throw a tantrum. ◆ **coléreux, -euse** *adj* quick-tempered.
colimaçon [kɔlimasɔ̃] *nm* : **escalier en ~** spiral staircase.
colin [kɔlɛ̃] *nm* hake.
colique [kɔlik] *nf (diarrhée)* diarrhoea.
colis [kɔli] *nm* parcel. **par ~ postal** by parcel post.
collaborateur, -trice [kɔlabɔʀatœʀ, tʀis] *nm,f (gén)* colleague; *(journal)* contributor; *(livre)* collaborator. ◆ **collaboration** *nf* collaboration (*à* on); contribution (*à* to). ◆ **collaborer** (1) *vi* to collaborate (*à* on); to contribute (*à* to).
collage [kɔlaʒ] *nm* sticking; *(tableau)* collage.
collant, e [kɔlɑ̃, ɑ̃t] — **1** *adj (ajusté)* tight-fitting; *(poisseux)* sticky. — **2** *nm (maillot)* leotard; *(bas)* tights.
collation [kɔlɑsjɔ̃] *nf* snack.

colle [kɔl] *nf* **(a)** *(gén)* glue; *(à papier)* paste. **(b)** (* : *question)* poser*. **(c)** *(examen blanc)* mock oral exam; *(retenue)* detention.
collecte [kɔlɛkt(ə)] *nf* collection. ◆ **collecter** (1) *vt* to collect.
collectif, -ive [kɔlɛktif, iv] *adj (gén)* collective; *(billet)* group; *(licenciements)* mass. **immeuble ~** block of flats. ◆ **collectivement** *adv* collectively.
collection [kɔlɛksjɔ̃] *nf* collection. ◆ **collectionner** (1) *vt* to collect. ◆ **collectionneur, -euse** *nm,f* collector.
collectivité [kɔlɛktivite] *nf (groupe)* group; *(organisation)* body, organisation. **la ~** the community; **vivre en ~** to lead a communal life.
collège [kɔlɛʒ] *nm* **(a)** *(Scol)* secondary school, high school *(US)*; *(privé)* private school. **~ technique** technical school. **(b)** *(Pol, Rel)* college. ◆ **collégien** *nm* schoolboy. ◆ **collégienne** *nf* schoolgirl.
collègue [kɔlɛg] *nmf* colleague.
coller [kɔle] (1) — **1** *vt* **(a)** *(timbre)* to stick; *(papier peint)* to hang. **~ son oreille à la porte** to press one's ear to the door; **il colla l'armoire contre le mur** he stood the wardrobe against the wall; **se ~ devant qn** to stand in front of sb; **colle tes valises dans un coin*** dump* your bags in a corner; **on m'a collé ce travail*** I've got stuck* with this job. **(b)** *(Scol) (consigner)* to give a detention to; *(recaler)* to fail. **se faire ~** to be given a detention; to be failed. — **2** *vi (être poisseux)* to be sticky; *(adhérer)* to stick (*à* to). *(fig)* **ça ne colle pas*** it doesn't work.
collet [kɔlɛ] *nm (piège)* noose; *(Tech)* collar. **elle est très ~ monté** she's very straitlaced.
colleur, -euse [kɔlœʀ, øz] *nm,f* : **~ d'affiches** billsticker.
collier [kɔlje] *nm (bijou)* necklace; *(chien, tuyau)* collar; *(barbe)* beard.
colline [kɔlin] *nf* hill.
collision [kɔlizjɔ̃] *nf (véhicules)* collision; *(fig)* clash. **entrer en ~** to collide (*avec* with).
colmater [kɔlmate] (1) *vt (fuite)* to seal off; *(fissure)* to fill in.
colombe [kɔlɔ̃b] *nf* dove.
colon [kɔlɔ̃] *nm (pionnier)* settler; *(enfant)* child, boarder.
colonel [kɔlɔnɛl] *nm* colonel; *(armée de l'air)* group captain.
colonial, e, *mpl* **-aux** [kɔlɔnjal, o] *adj, nm* colonial. ◆ **colonialisme** *nm* colonialism. ◆ **colonialiste** *adj, nmf* colonialist.
colonie [kɔlɔni] *nf (gén)* colony. **~ de vacances** holiday camp. ◆ **colonisateur, -trice** — **1** *adj* colonizing. — **2** *nm,f* colonizer. ◆ **colonisation** *nf* colonization. ◆ **coloniser** (1) *vt* to colonize.
colonnade [kɔlɔnad] *nf* colonnade.
colonne [kɔlɔn] *nf (gén)* column. **~ montante** rising main; **~ de secours** rescue party; **~ vertébrale** spine.
colorant, e [kɔlɔʀɑ̃, ɑ̃t] *adj, nm* colouring. ◆ **coloration** *nf* colouring.
coloré, e [kɔlɔʀe] *adj (teint)* ruddy; *(objet)* coloured; *(foule, récit)* colourful.
colorer [kɔlɔʀe] (1) — **1** *vt* to colour. **~ qch en bleu** to colour sth blue. — **2** **se colorer** *vpr* to turn red. **se ~ de** to be coloured with.
coloriage [kɔlɔʀjaʒ] *nm (action)* colouring; *(dessin)* coloured drawing. ◆ **colorier** (7) *vt* to colour in. ◆ **coloris** *nm* colour, shade.
colossal, e *mpl* **-aux** [kɔlɔsal, o] *adj* colossal, huge. ◆ **colosse** *nm* giant.
coma [kɔma] *nm (méd)* coma. **dans le ~** in a coma. ◆ **comateux** *adj* : **état ~** comatose state.
combat [kɔ̃ba] *nm (gén)* fight; *(Mil)* battle; *(Sport)* match. **tué au ~** killed in action; **les ~s continuent** the fighting goes on. ◆ **combatif, -ive** *adj* : **être ~** to be of a fighting spirit. ◆ **combattant, e** — **1** *adj* fighting, combattant. — **2** *nmf (guerre)* combattant; *(bagarre)* brawler. ◆ **combattre** (41) *vt* to fight.
combien [kɔ̃bjɛ̃] — **1** *adv (quantité)* **~ de lait** *etc*? how much milk *etc*?; *(nombre)* **~ de crayons** *etc*? how many pencils *etc*?; **depuis ~ de temps?** how long?; **~ mesure-t-il?** how big is it? — **2** *nm* : **le ~ êtes-vous?** where are you placed?; **le ~ sommes-nous?** what date is it?; **il y en a tous les ~?** how often do they come?
combinaison [kɔ̃binɛzɔ̃] *nf* **(a)** *(gén, Math)* combination. **(b)** *(femme)* slip; *(aviateur)* flying suit; *(mécanicien)* boiler suit. **(c)** *(astuce)* device. ◆ **combine*** *nf* trick. **il est dans la ~** he's in on the trick. ◆ **combiner** (1) — **1** *vt (grouper)* to combine (*avec* with); *(élaborer)* to devise. — **2** **se combiner** *vpr* to combine (*avec* with).
comble [kɔ̃bl(ə)] — **1** *adj* packed. — **2** *nm* **(a)** **le ~ de** the height of; **pour ~ (de malheur)** to cap *ou* crown it all; **c'est le ~!** that's the last straw! **(b)** *(pièce)* **les ~s** the attic.
combler [kɔ̃ble] (1) *vt* **(a)** *(trou)* to fill in; *(déficit)* to make good; *(lacune)* to fill. **~ son retard** to make up lost time. **(b)** *(désir)* to fulfil; *(personne)* to gratify. **~ qn de** *(cadeaux)* to shower sb with; *(joie)*to fill sb with; **vraiment, vous nous comblez!** really, you're too good to us!
combustible [kɔ̃bystibl(ə)] — **1** *adj* combustible. — **2** *nm* fuel. ◆ **combustion** *nf* combustion.
comédie [kɔmedi] *nf (Théât)* comedy. **~ musicale** musical; *(fig)* **jouer la ~** to put on an act; **faire la ~** to make a fuss *ou* a scene. ◆ **comédien** *nm* actor; *(hypocrite)* sham. ◆ **comédienne** *nf* actress; sham.
comestible [kɔmɛstibl(ə)] — **1** *adj* edible. — **2** *nmpl* : **~s** delicatessen.
comète [kɔmɛt] *nf* comet.
comique [kɔmik] — **1** *adj (Théât)* comic; *(fig)* comical. — **2** *nm* **(a)** **le ~** comedy; **le ~ de qch** the comical side of sth. **(b)** *(artiste)* comic, comedian; *(dramaturge)* comedy writer.
comité [kɔmite] *nm* committee. **~ directeur** board of management.
commandant [kɔmɑ̃dɑ̃] *nm (armée de terre)* major; *(armée de l'air)* squadron leader; *(transports civils)* captain. **~ en second** second in command.
commande [kɔmɑ̃d] *nf* **(a)** *(Comm)* order. **passer une ~** to put in an order (*de* for); **fait sur ~** made to order. **(b)** *(Tech)* **~s** controls; **être aux ~s** to be in control.
commandement [kɔmɑ̃dmɑ̃] *nm* command; *(Rel)* commandment. **prendre le ~ de** to take command of; **à mon ~** on my command.
commander [kɔmɑ̃de] (1) *vt* **(a)** *(ordonner)* to order, command; *(armée)* to command. **la prudence commande que ...** prudence demands that...; **celui qui commande** the person in command *ou* in charge; **ce bouton commande la sirène** this switch controls the siren; **ces choses-là ne se commandent pas** you can't

help these things. **(b)** *(marchandises, repas)* to order.
commando [kɔmɑ̃do] *nm* commando.
comme [kɔm] — **1** *conj* **(a)** *(temps)* as; *(cause)* as, since. **~ le rideau se levait** as the curtain was rising; **~ il pleut** since it's raining. **(b)** *(comparaison)* as, like. **il pense ~ nous** he thinks as we do *ou* like us; **un homme ~ lui** a man like him *ou* such as him; **en ville ~ à la campagne** in town as well as in the country; **il écrit ~ il parle** he writes as *ou* the way he speaks; **dur ~ du fer** as hard as iron; **il y eut ~ une lueur** there was a sort of light. **(c)** *(en tant que)* as. **~ étudiant** as a student. **(d) ~ si** as if, as though; **~ pour faire** as if to do; **il était ~ fasciné** it was as though *ou* as if he were fascinated. **(e) ~ cela** like that; **~ ci ~ ça** so-so; **~ il vous plaira** as you wish; **~ de juste** naturally; **~ il faut** *(manger)* properly; *(personne)* decent. — **2** *adv* : **~ ces enfants sont bruyants!** how noisy these children are!; **~ il fait beau!** what lovely weather!
commémoratif, -ive [kɔmemɔʀatif, iv] *adj* commemorative. ◆ **commémoration** *nf* commemoration. ◆ **commémorer** (1) *vt* to commemorate.
commencement [kɔmɑ̃smɑ̃] *nm* beginning, start. **au ~** in the beginning, at the start; **du ~ à la fin** from beginning to end, from start to finish.
commencer [kɔmɑ̃se] (3) — **1** *vt* to begin, start. — **2** *vi* to begin, start (*à faire* to do, *par faire* by doing). **ça commence bien!** that's a good start!; **pour ~** to begin *ou* start with; **~ à** (*ou* **de**) **faire** to begin *ou* start to do *ou* doing.
comment [kɔmɑ̃] *adv* **(a)** how. **~ appelles-tu cela?** what do you call that?; **~ allez-vous?** how are you?; **~ faire?** how shall we do it? **(b)** *(excl)* **~?** pardon?, what?*; **~ cela?** what do you mean?; **~ donc!** of course!
commentaire [kɔmɑ̃tɛʀ] *nm* *(remarque)* comment; *(exposé)* commentary (*sur, de* on). **ça se passe de ~** it speaks for itself. ◆ **commentateur, -trice** *nm,f* commentator. ◆ **commenter** (1) *vt* *(match)* to commentate; *(événement)* to comment on.
commérage [kɔmeʀaʒ] *nm* : **~(s)** gossip.
commerçant, e [kɔmɛʀsɑ̃, ɑ̃t] — **1** *adj* *(rue)* shopping. **il est très ~** he's got good business sense. — **2** *nm,f* shopkeeper.
commerce [kɔmɛʀs(ə)] *nm* **(a) le ~** trade, commerce; *(affaires)* business. **~ de gros** wholesale trade; **faire du ~ avec** to trade with; **dans le ~** *(objet)* in the shops. **(b)** *(boutique)* business. ◆ **commercer** (3) *vi* to trade (*avec* with). ◆ **commercial, e,** *mpl* **-iaux** *adj* commercial. ◆ **commercialisation** *nf* marketing. ◆ **commercialiser** (1) *vt* to market.
commère [kɔmɛʀ] *nf* : **une ~** a gossip.
commettre [kɔmɛtʀ(ə)] (56) *vt* *(crime)* to commit; *(erreur)* to make.
commis [kɔmi] *nm* shop assistant. **~ voyageur** commercial traveller.
commisération [kɔmizeʀɑsjɔ̃] *nf* commiseration.
commissaire [kɔmisɛʀ] *nm* : **~ de police** police superintendent; **~-priseur** auctioneer. ◆ **commissariat** *nm* **(a) ~ de police** police station. **(b)** *(ministère)* department.
commission [kɔmisjɔ̃] *nf* **(a)** *(comité)* committee, commission. **(b)** *(message)* message. **(c)** *(course)* errand. **faire les ~s** to do the shopping. **(d)** *(pourcentage)* commission (*sur* on). ◆ **commissionnaire** *nm* *(livreur)* delivery man; *(messager)* messenger.
commode [kɔmɔd] — **1** *adj* *(facile)* easy; *(pratique)* convenient, handy (*pour faire* for doing). **il n'est pas ~** he's very strict. — **2** *nf* *(meuble)* chest of drawers. ◆ **commodément** *adv* easily; conveniently. ◆ **commodité** *nf* convenience.
commotion [kɔmosjɔ̃] *nf* *(secousse)* shock; *(révolution)* upheaval. **~ cérébrale** concussion. ◆ **commotionner** (1) *vt* : **~ qn** to give sb a shock, shake sb.
commuer [kɔmɥe] (1) *vt* *(peine)* to commute (*en* to).
commun, e[1] [kɔmœ̃, yn] — **1** *adj* *(gén)* common (*à* to); *(effort, démarche)* joint; *(ami)* mutual; *(pièce)* shared. **d'un ~ accord** of one accord; **ils n'ont rien de ~** they have nothing in common (*avec* with); **peu ~** uncommon, unusual. — **2** *nm* **(a) le ~ des mortels** the common run of people. **(b)** *(bâtiments)* **les ~s** the outbuildings. ◆ **communément** *adv* commonly.
communal, e, *mpl* **-aux** [kɔmynal, o] *adj* *(local)* local.
communauté [kɔmynote] *nf* *(gén)* community. **vivre en ~** to live communally; **mettre qch en ~** to pool sth; **la C~ économique européenne** the European Economic Community.
communal, e, *mpl* **-aux** [kɔmynal, o] *adj* *(local)* local.
commune[2] [kɔmyn] *nf* *(ville)* town; *(territoire)* district; *(autorités)* town (*ou* district) council. *(parlement)* **les C~s** the Commons.
communicatif, -ive [kɔmynikatif, iv] *adj* *(rire)* infectious; *(personne)* communicative.
communication [kɔmynikɑsjɔ̃] *nf* *(gén)* communication. **mettre qn en ~ avec qn** to put sb in touch with sb; *(au téléphone)* to put sb through to sb; **~ téléphonique** phone call.
communier [kɔmynje] (7) *vi* to take communion. ◆ **communion** *nf* *(Rel, fig)* communion.
communiquer [kɔmynike] (1) — **1** *vt* *(donner)* to give; *(envoyer)* to send; *(nouvelle, mouvement, peur)* to communicate. — **2** *vi* *(personnes, pièces)* to communicate (*avec* with). — **3 se communiquer** *vpr* *(feu etc)* **se ~ à** to spread to. ◆ **communiqué** *nm* communiqué. **~ de presse** press release.
communisme [kɔmynism(ə)] *nm* communism. ◆ **communiste** *adj, nmf* communist.
compact, e [kɔ̃pakt, akt(ə)] *adj* dense.
compagne [kɔ̃paɲ] *nf* companion; *(maîtresse)* ladyfriend, *(animal)* mate. **~ de classe** classmate. ◆ **compagnie** *nf* *(gén)* company. **en ~ de** in company with; **tenir ~ à qn** to keep sb company; **la banque X et ~** the bank of X and company. ◆ **compagnon** *nm* *(ami)* companion; *(ouvrier)* craftsman. **~ de travail** fellow worker, workmate.
comparable [kɔ̃paʀabl(ə)] *adj* comparable.
comparaison [kɔ̃paʀɛzɔ̃] *nf* comparison (*à* to, *avec* with). **en ~ de** in comparison with.
comparaître [kɔ̃paʀɛtʀ(ə)] (57) *vi* *(Jur)* to appear.
comparatif, -ive [kɔ̃paʀatif, iv] *adj, nm* comparative.
comparer [kɔ̃paʀe] (1) *vt* to compare (*avec* with, *à* to).
comparse [kɔ̃paʀs(ə)] *nmf* *(péj)* stooge.
compartiment [kɔ̃paʀtimɑ̃] *nm* compartment.
comparution [kɔ̃paʀysjɔ̃] *nf* *(Jur)* appearance.

compas [kɔ̃pa] *nm (Géom)* pair of compasses; *(Naut)* compass. **avoir le ~ dans l'œil** to have an accurate eye.

compassion [kɔ̃pɑsjɔ̃] *nf* compassion.

compatibilité [kɔ̃patibilite] *nf* compatibility. ◆ **compatible** *adj* compatible.

compatriote [kɔ̃patʀijɔt] *nmf* compatriot.

compensation [kɔ̃pɑ̃sɑsjɔ̃] *nf* compensation. **en ~ des dégâts** in compensation for the damage. ◆ **compenser** (1) *vt* to compensate for. **~ qch par autre chose** to make up for sth with sth else.

compère [kɔ̃pɛʀ] *nm* accomplice.

compétence [kɔ̃petɑ̃s] *nf (gén)* competence. **~s** abilities. ◆ **compétent, e** *adj* competent, capable. **l'autorité ~e** the authority concerned.

compétitif, -ive [kɔ̃petitif, iv] *adj* competitive. ◆ **compétition** *nf* **(a)** *(épreuve)* event. **faire de la ~** to go in for competitive sport; **la ~ automobile** motor racing. **(b)** *(concurrence)* competition. ◆ **compétitivité** *nf* competitiveness.

complainte [kɔ̃plɛ̃t] *nf* lament.

complaire (se) [kɔ̃plɛʀ] (54) *vpr* : **se ~ à faire qch** to delight *ou* revel in doing sth.

complaisance [kɔ̃plɛzɑ̃s] *nf (obligeance)* kindness (*envers* to, towards); *(indulgence)* indulgence; *(connivence)* connivance; *(fatuité)* complacency. ◆ **complaisant, e** *adj* kind; indulgent; conniving; complacent.

complément [kɔ̃plemɑ̃] *nm (gén)* complement; *(reste)* rest, remainder. **~ circonstanciel de lieu** adverbial phrase of place; **~ d'objet direct** direct object; **~ d'agent** agent. ◆ **complémentaire** *adj (gén)* complementary; *(renseignement)* further.

complet, -ète [kɔ̃plɛ, ɛt] — **1** *adj (gén)* complete; *(examen)* thorough; *(train)* full. *(écriteau)* '~' *(hôtel)* 'no vacancies'; *(parking)* 'full up'. — **2** *nm* **(a)** **nous sommes au ~** we are all here; **la famille au grand ~** the entire family. **(b)** **~-veston** suit. ◆ **complètement** *adv (gén)* completely; *(étudier)* thoroughly.

compléter [kɔ̃plete] (6) — **1** *vt (somme)* to make up; *(collection)* to complete; *(garde-robe)* to add to; *(études)* to round off; *(améliorer)* to supplement. — **2 se compléter** *vpr (caractères)* to complement one another.

complexe [kɔ̃plɛks(ə)] *adj, nm* complex. ◆ **complexer** (1) *vt* : **ça le complexe** it gives him a complex; **être très complexé** to be very mixed up. ◆ **complexité** *nf* complexity.

complication [kɔ̃plikɑsjɔ̃] *nf (complexité)* complexity; *(ennui)* complication. *(Méd)* **~s** complications.

complice [kɔ̃plis] — **1** *adj (regard)* knowing; *(attitude)* conniving. **être ~ de qch** to be a party to sth. — **2** *nmf* accomplice. ◆ **complicité** *nf* complicity.

compliment [kɔ̃plimɑ̃] *nm* compliment. **~s** congratulations; **faire des ~s à qn** to compliment *ou* congratulate sb. ◆ **complimenter** (1) *vt* to congratulate, compliment (*pour* on).

compliquer [kɔ̃plike] (1) — **1** *vt* to complicate. — **2 se compliquer** *vpr* to become complicated. **se ~ l'existence** to make life complicated for o.s. ◆ **compliqué, e** *adj* complicated.

complot [kɔ̃plo] *nm* plot. ◆ **comploter** (1) *vti* to plot (*de faire* to do). ◆ **comploteur** *nm* plotter.

comportement [kɔ̃pɔʀt(ə)mɑ̃] *nm* behaviour (*envers* towards).

comporter [kɔ̃pɔʀte] (1) — **1** *vt (dispositif, exceptions)* to have, include; *(risques)* to entail, involve. **ça comporte quatre parties** it consists of four parts. — **2 se comporter** *vpr (personne)* to behave (*en* like).

composant, e [kɔ̃pozɑ̃, ɑ̃t] *adj, nm,f* component.

composer [kɔ̃poze] (1) — **1** *vt (fabriquer)* to make up; *(former)* to form; *(choisir)* to select; *(symphonie)* to compose; *(numéro de téléphone)* to dial. — **2** *vi (Scol)* to do a test. — **3 se composer** *vpr* : **se ~ de, être composé de** to be composed of. ◆ **composé, e** *adj, nm (Chim, Gram)* compound.

compositeur [kɔ̃pozitœʀ] *nm (Mus)* composer.

composition [kɔ̃pozisjɔ̃] *nf (gén)* composition; *(choix)* selection; *(formation)* formation; *(examen)* test, exam. **quelle est la ~ du gâteau?** what is the cake made of?; *(rédaction)* **~ française** French essay.

compote [kɔ̃pɔt] *nf* compote. **~ de pommes** stewed apples. ◆ **compotier** *nm* fruit dish.

comprendre [kɔ̃pʀɑ̃dʀ(ə)] (58) *vt* **(a)** *(comporter)* to be composed of, consist of; *(inclure)* to include. **(b)** *(mentalement) (gén)* to understand; *(point de vue)* to see; *(gravité)* to realize. **vous m'avez mal compris** you've misunderstood me; **se faire ~** to make o.s. understood; **j'espère que je me suis bien fait ~** I hope I've made myself quite clear; **ça se comprend** it's quite understandable. ◆ **compréhensible** *adj (clair)* comprehensible; *(concevable)* understandable. ◆ **compréhensif, -ive** *adj* understanding. ◆ **compréhension** *nf* understanding.

compresse [kɔ̃pʀɛs] *nf* compress.

compression [kɔ̃pʀesjɔ̃] *nf (gén)* compression; *(restriction)* reduction, cutback (*de* in).

comprimer [kɔ̃pʀime] (1) *vt (air, artère)* to compress; *(pour emballer)* to pack tightly together; *(dépenses, personnel)* to cut down, reduce. ◆ **comprimé** *nm* tablet.

compris, e [kɔ̃pʀi, iz] *adj* **(a)** *(inclus)* included. **être ~ entre** to be contained between. **(b)** *(d'accord)* **c'est ~!** it's agreed *ou* understood.

compromettre [kɔ̃pʀɔmɛtʀ(ə)] (56) — **1** *vt* to compromise. — **2 se compromettre** *vpr* to compromise o.s. ◆ **compromis** *nm* compromise. ◆ **compromission** *nf* shady deal.

comptabiliser [kɔ̃tabilize] (1) *vt (Fin)* to post. ◆ **comptabilité** *nf (science)* accountancy, bookkeeping; *(comptes)* accounts, books; *(service)* accounts department; *(profession)* accountancy. **s'occuper de la ~** to keep the accounts. ◆ **comptable** *nmf* accountant.

comptant [kɔ̃tɑ̃] *adv (payer)* in cash; *(acheter)* for cash.

compte [kɔ̃t] *nm* **(a)** *(calcul)* count. **faire le ~ de qch** to count sth; **~ à rebours** countdown. **(b)** *(nombre)* number; *(quantité)* amount. **nous sommes loin du ~** we are a long way short of the target. **(c)** *(Banque, comptabilité)* account; *(facture)* account, bill. **~ en banque** bank account; **~ chèque postal** ≃ Giro account; **faire ses ~s** to do one's accounts; **son ~ est bon** he's had it*; **rendre des ~s à qn** to give sb an explanation. **(d)** *(responsabilité)* **s'installer à son ~** to set up one's own business; **mettre qch sur le ~ de** to attribute sth to; **dire qch sur le ~ de qn** to say sth about sb; **pour le ~ de** on behalf of; **pour mon ~** *(opinion)* personally; *(usage)* for my own use. **(e) tenir ~ de qch** to take sth into account; **ne pas tenir ~ de qch** to disregard sth; **~ tenu de** considering, in view of; **tout ~ fait** all things considered; **~ rendu** *(gén)* account, report; *(film)* review.

compte-gouttes [kɔ̃tgut] *nm inv* dropper; *(fig)* **au ~** sparingly.
compter [kɔ̃te] (1) — **1** *vt* **(a)** *(calculer)* to count. **(b)** *(prévoir)* to allow, reckon. **j'ai compté qu'il nous en fallait 10** I reckoned we'd need 10; **il faut ~ 10 jours** you must allow 10 days. **(c)** *(tenir compte de)* to take into account. **sans ~ la fatigue** not to mention tiredness. **(d)** *(facturer)* **~ qch à qn** to charge sb for sth. **(e)** *(avoir l'intention de)* to intend (*faire* to do); *(s'attendre à)* to expect. **je ne compte pas qu'il vienne** I am not expecting him to come. — **2** *vi* **(a)** *(calculer)* to count. **à ~ de** starting from. **(b)** *(être économe)* to economize. *(lit)* **sans ~** regardless of expense; **se dépenser sans ~** to spare no effort. **(c)** *(avoir de l'importance)* to count, matter. **(d)** *(tenir compte de)* **~ avec qch** to reckon with sth, allow for sth. **(e)** *(figurer)* **~ parmi** to be *ou* rank among. **(f)** *(se fier à)* **~ sur** to count on, rely on; **nous comptons sur vous** we're relying on you; **j'y compte bien!** I should hope so!
compteur [kɔ̃tœʀ] *nm* meter. **~ Geiger** Geiger counter; **~ de vitesse** speedometer.
comptoir [kɔ̃twaʀ] *nm (magasin)* counter; *(bar)* bar; *(colonie)* trading post.
compulser [kɔ̃pylse] (1) *vt* to consult, examine.
comte [kɔ̃t] *nm* count; *(Brit)* earl. ◆ **comté** *nm* county. ◆ **comtesse** *nf* countess.
concave [kɔ̃kav] *adj* concave.
concéder [kɔ̃sede] (6) *vt* to concede. **je vous concède que** I'll grant you that.
concentration [kɔ̃sɑ̃tʀɑsjɔ̃] *nf* concentration.
concentrer *vt*, **se concentrer** *vpr* [kɔ̃sɑ̃tʀe] (1) *(gén)* to concentrate; *(regards)* to fix (*sur* on). ◆ **concentré, e** — **1** *adj (acide)* concentrated; *(lait)* condensed; *(candidat)* in a state of concentration. — **2** *nm* concentrate, extract. **~ de tomates** tomato purée.
concentrique [kɔ̃sɑ̃tʀik] *adj* concentric.
concept [kɔ̃sɛpt] *nm* concept.
conception [kɔ̃sɛpsjɔ̃] *nf (enfant)* conception; *(idée)* idea; *(réalisation)* creation. **la ~ de qch** the conception of sth.
concerner [kɔ̃sɛʀne] (1) *vt* to concern. **en ce qui me concerne** as far as I'm concerned.
concert [kɔ̃sɛʀ] *nm (Mus)* concert; *(accord)* agreement. **~ de louanges** chorus of praise; **de ~** together (*avec* with).
concertation [kɔ̃sɛʀtɑsjɔ̃] *nf (dialogue)* dialogue; *(rencontre)* meeting. ◆ **concerté, e** *adj* concerted. ◆ **se concerter** (1) *vpr* to consult each other.
concerto [kɔ̃sɛʀto] *nm* concerto.
concession [kɔ̃sesjɔ̃] *nf* concession (*à* to). ◆ **concessionnaire** *nmf* agent, dealer.
concevable [kɔ̃svabl(ə)] *adj* conceivable.
concevoir [kɔ̃s(ə)vwaʀ] (28) *vt* **(a)** *(gén)* to conceive; *(projet)* to devise; *(réaction)* to understand. **bien conçu** well thought-out; **voilà comment je conçois la chose** that's how I see it; **lettre ainsi conçue** letter expressed in these terms. **(b)** *(doutes, jalousie)* to feel. **(c)** *(engendrer)* to conceive.
concierge [kɔ̃sjɛʀʒ(ə)] *nmf* caretaker.
concile [kɔ̃sil] *nm (Rel)* council.
conciliable [kɔ̃siljabl(ə)] *adj* reconcilable. ◆ **conciliant, e** *adj* conciliatory. ◆ **conciliateur, -trice** *nm,f* conciliator. ◆ **conciliation** *nf* conciliation.
concilier [kɔ̃silje] (7) *vt (exigences)* to reconcile (*avec* with). **se ~ les bonnes grâces de qn** to win sb's favour.
concis, e [kɔ̃si, iz] *adj* concise. ◆ **concision** *nf* concision.
concitoyen, -yenne [kɔ̃sitwajɛ̃,jɛn] *nm,f* fellow citizen.
conclave [kɔ̃klav] *nm (Rel)* conclave.
concluant, e [kɔ̃klyɑ̃, ɑ̃t] *adj* conclusive.
conclure [kɔ̃klyʀ] (35) — **1** *vt* to conclude. **marché conclu!** it's a deal! — **2 conclure à** *vt indir* : **ils ont conclu au suicide** they concluded that it was suicide. ◆ **conclusion** *nf* conclusion. **en ~** in conclusion.
concombre [kɔ̃kɔ̃bʀ(ə)] *nm* cucumber.
concordance [kɔ̃kɔʀdɑ̃s] *nf (témoignages)* agreement; *(résultats)* similarity (*de* of). *(Gram)* **~ des temps** sequence of tenses. ◆ **concorde** *nf* concord. ◆ **concorder** (1) *vi (faits)* to agree; *(idées)* to match.
concourir [kɔ̃kuʀiʀ] (11) *vi (concurrent)* to compete (*pour* for); *(converger)* to converge (*vers* towards). **~ à faire qch** to work towards doing sth.
concours [kɔ̃kuʀ] *nm (jeu)* competition; *(examen)* competitive examination. **~ hippique** horse show; **prêter son ~ à qch** to lend one's support to sth; **~ de circonstances** combination of circumstances.
concret, -ète [kɔ̃kʀɛ, ɛt] *adj* concrete. ◆ **concrètement** *adv* in concrete terms. ◆ **se concrétiser** (1) *vpr* to materialize.
concurrence [kɔ̃kyʀɑ̃s] *nf (gén, Comm)* competition. **faire ~ à qn** to compete with sb; **jusqu'à ~ de ...** to a limit of... . ◆ **concurrencer** (3) *vt* to compete with. ◆ **concurrent, e** *nm,f (Comm, Sport)* competitor; *(concours)* candidate. ◆ **concurrentiel, -elle** *adj (Écon)* competitive.
condamnable [kɔ̃danabl(ə)] *adj* reprehensible.
condamnation [kɔ̃danɑsjɔ̃] *nf (gén)* condemnation; *(peine)* sentence. **il a trois ~s à son actif** he has three convictions; **~ à mort** death sentence; **~ à une amende** imposition of a fine.
condamner [kɔ̃dane] (1) *vt* **(a)** *(gén)* to condemn; *(accusé)* to sentence (*à* to). **~ à mort** to sentence to death; **~ qn à une amende** to fine sb; **plusieurs fois condamné pour vol...** several times convicted of theft...; *(malade)* **il est condamné** he's done for; **condamné à l'échec** doomed to failure. **(b)** *(porte)* to block up; *(pièce)* to lock up. ◆ **condamné, e** *nm,f* sentenced person, convict. **~ à mort** condemned man.
condensateur [kɔ̃dɑ̃satœʀ] *nm* condenser. ◆ **condensation** *nf* condensation. ◆ **condenser** *vt*, **se condenser** *vpr* (1) to condense.
condescendance [kɔ̃desɑ̃dɑ̃s] *nf* condescension. ◆ **condescendant, e** *adj* condescending. ◆ **condescendre** (41) *vi* : **~ à faire** to condescend to do.
condiment [kɔ̃dimɑ̃] *nm* condiment.
condisciple [kɔ̃disipl(ə)] *nm (Scol)* schoolfellow; *(Univ)* fellow student.
condition [kɔ̃disjɔ̃] *nf* **(a)** *(gén)* condition. **dans ces ~s** under these conditions; **en bonne ~** *(envoi)* in good condition; *(athlète)* in condition, fit; **remplir les ~s requises** to fulfil the requirements; **à ~ d'être** *ou* **que tu sois sage** provided that *ou* on condition that you're good. **(b)** *(Comm)* **~s** terms. **(c)** *(métier)* profession, trade. *(situation)* **étudiant de ~ modeste** student from a modest home; **améliorer la ~ des ouvriers** to improve the conditions of the workers. ◆ **conditionnel, -elle** *adj, nm* conditional. ◆ **conditionnement** *nm (embal-*

lage) packaging; *(endoctrinement)* conditioning. ◆ **conditionner** (1) *vt* to package; to condition.
condoléances [kɔ̃dɔleɑ̃s] *nfpl* condolences. **présenter ses ~ à qn** to offer sb one's sympathy *ou* condolences.
conducteur, -trice [kɔ̃dyktœʀ, tʀis] — **1** *adj (Élec)* conducting. — **2** *nm,f (chauffeur)* driver. — **3** *nm (Élec)* conductor.
conduire [kɔ̃dɥiʀ] (38) — **1** *vt (gén)* to lead (*à* to); *(véhicule)* to drive; *(embarcation)* to steer; *(avion)* to pilot; *(négociations)* to conduct. **~ qn à la gare** *(en voiture)* to take *ou* drive sb to the station. — **2 se conduire** *vpr* to behave (*comme* as). **il s'est mal conduit** he behaved badly. ◆ **conduit** *nm* pipe. **~ d'aération** air duct. ◆ **conduite** *nf* **(a)** *(comportement)* behaviour; *(Scol)* conduct. **(b)** *(tuyau)* pipe; *(eau, gaz)* main. **(c) la ~ d'une voiture** driving a car; **sous la ~ de qn** led by sb.
cone [kon] *nm* cone.
confection [kɔ̃fɛksjɔ̃] *nf (fabrication)* preparation. *(métier)* **la ~** the ready-to-wear business. ◆ **confectionner** (1) *vt* to prepare, make.
confédération [kɔ̃fedeʀɑsjɔ̃] *nf* confederation.
conférence [kɔ̃feʀɑ̃s] *nf (exposé)* lecture; *(réunion)* conference, meeting. **~ de presse** press conference. ◆ **conférencier, -ière** *nm,f* speaker, lecturer.
conférer [kɔ̃feʀe] (6) *vti* to confer (*à* on, *sur* about).
confesser [kɔ̃fese] (1) — **1** *vt* to confess. — **2 se confesser** *vpr* to go to confession. **se ~ à** to confess to. ◆ **confesseur** *nm* confessor. ◆ **confession** *nf (aveu)* confession; *(religion)* denomination.
confetti [kɔ̃feti] *nm* : **~(s)** confetti.
confiance [kɔ̃fjɑ̃s] *nf* confidence, trust. **avoir ~ en, faire ~ à** to trust, have confidence in; **maison de ~** trustworthy *ou* reliable firm; **un poste de ~** a position of trust; **~ en soi** self-confidence. ◆ **confiant, e** *adj (assuré)* confident; *(sans défiance)* confiding.
confidence [kɔ̃fidɑ̃s] *nf* confidence. **faire une ~ à qn** to confide sth to sb; **mettre qn dans la ~** to let sb into the secret. ◆ **confident** *nm* confidant. ◆ **confidente** *nf* confidante. ◆ **confidentiel, -ielle** *adj* confidential; *(sur enveloppe)* private.
confier [kɔ̃fje] (7) *vt (secret)* to confide (*à* to). **se ~ à qn** to confide in sb; **je vous confie mes clefs** I'll leave my keys with you.
confiner [kɔ̃fine] (1) — **1** *vt* to confine. — **2 confiner à** *vt indir* to border on. ◆ **confiné, e** *adj* close, stuffy.
confins [kɔ̃fɛ̃] *nmpl* borders.
confire [kɔ̃fiʀ] (37) *vt* to preserve; *(vinaigre)* to pickle. ◆ **confit, e** — **1** *adj (fruit)* crystallized. — **2** *nm* : **~ d'oie** conserve of goose. ◆ **confiture** *nf* jam. **~ d'oranges** marmalade.
confirmation [kɔ̃fiʀmɑsjɔ̃] *nf* confirmation. ◆ **confirmer** (1) *vt* to confirm. **la nouvelle se confirme** there is some confirmation of the news.
confiscation [kɔ̃fiskɑsjɔ̃] *nf* confiscation.
confiserie [kɔ̃fizʀi] *nf* confectionery; *(magasin)* confectioner's (shop). ◆ **confiseur, -euse** *nm,f* confectioner.
confisquer [kɔ̃fiske] (1) *vt* to confiscate.
conflit [kɔ̃fli] *nm* conflict, clash. **entrer en ~ avec qn** to clash with sb.
confondre [kɔ̃fɔ̃dʀ(ə)] (41) — **1** *vt (par erreur)* to mix up, confuse; *(fusionner)* to merge; *(déconcerter)* to astound (*par* with). **~ qch avec qch d'autre** to mistake sth for sth else. — **2 se confondre** *vpr (couleurs, silhouettes)* to merge. **nos intérêts se confondent** our interests are one and the same; **se ~ en excuses** to apologize profusely.
conforme [kɔ̃fɔʀm(ə)] *adj* correct. **~ à** *(modèle)* true to; *(plan, règle)* in accordance with.
conformément [kɔ̃fɔʀmemɑ̃] *adv* : **~ à** in accordance with.
conformer [kɔ̃fɔʀme] (1) — **1** *vt* to model (*à* on). — **2 se conformer** *vpr* to conform (*à* to).
conformisme [kɔ̃fɔʀmism(ə)] *nm* conformity. ◆ **conformiste** *adj, nmf* conformist.
conformité [kɔ̃fɔʀmite] *nf (identité)* similarity; *(fidélité)* faithfulness (*à* to). **en ~ avec** in accordance with.
confort [kɔ̃fɔʀ] *nm* comfort. **appartement tout ~** flat with all mod cons. ◆ **confortable** *adj* comfortable. ◆ **confortablement** *adv* comfortably.
confrère [kɔ̃fʀɛʀ] *nm* colleague. ◆ **confrérie** *nf* brotherhood.
confrontation [kɔ̃fʀɔ̃tɑsjɔ̃] *nf* confrontation; *(comparaison)* comparison ◆ **confronter** (1) *vt* to confront; to compare
confus, e [kɔ̃fy, yz] *adj* **(a)** *(gén)* confused; *(esprit, style)* muddled; *(idée)* hazy. **(b)** *(honteux)* ashamed, embarrassed (*de qch* of sth, *d'avoir fait* at having done). ◆ **confusion** *nf (honte)* embarrassment; *(désordre)* confusion; *(erreur)* mistake (*de* in).
congé [kɔ̃ʒe] *nm* **(a)** *(vacances)* holiday, vacation *(US)*; *(Mil)* leave. **trois jours de ~** three days' holiday, three days off; **~s scolaires** school holidays. **(b)** *(arrêt)* **donner du ~** to give some leave; **~ de maladie** sick leave. **(c)** *(départ)* **donner ~** to give notice (*à* to); **prendre ~ de qn** to take one's leave of sb. ◆ **congédier** (7) *vt* to dismiss.
congélateur [kɔ̃ʒelatœʀ] *nm (meuble)* deep-freeze; *(compartiment)* freezer compartment. ◆ **congeler** *vt*, **se congeler** *vpr* (5) to freeze. **poisson congelé** frozen fish.
congénère [kɔ̃ʒenɛʀ] *nmf* fellow creature. ◆ **congénital, e,** *mpl* **-aux** *adj* congenital.
congestion [kɔ̃ʒɛstjɔ̃] *nf* congestion. **~ (cérébrale)** stroke. ◆ **congestionner** (1) *vt (personne)* to make flushed.
congratulations [kɔ̃gʀatylɑsjɔ̃] *nfpl* congratulations. ◆ **congratuler** (1) *vt* to congratulate.
congrégation [kɔ̃gʀegɑsjɔ̃] *nf* congregation.
congrès [kɔ̃gʀɛ] *nm* congress.
conifère [kɔnifɛʀ] *nm* conifer.
conique [kɔnik] *adj* cone-shaped.
conjecture [kɔ̃ʒɛktyʀ] *nf* conjecture.
conjoint, e [kɔ̃ʒwɛ̃, wɛ̃t] — **1** *adj (action)* joint. — **2** *nm,f* spouse. **les ~s** the husband and wife.
conjonction [kɔ̃ʒɔ̃ksjɔ̃] *nf* conjunction.
conjoncture [kɔ̃ʒɔ̃ktyʀ] *nf* circumstances. **crise de ~** economic crisis.
conjugaison [kɔ̃ʒygɛzɔ̃] *nf* conjugation.
conjugal, e, *mpl* **-aux** [kɔ̃ʒygal, o] *adj* conjugal.
conjuguer [kɔ̃ʒyge] (1) — **1** *vt (verbe)* to conjugate; *(combiner)* to combine. — **2 se conjuguer** *vpr (efforts)* to combine. *(verbe)* **se ~ avec** to be conjugated with.
conjuration [kɔ̃ʒyʀɑsjɔ̃] *nf* conspiracy. ◆ **conjurer** (1) *vt (sort)* to ward off. **~ qn de faire qch** to beseech sb to do sth. ◆ **conjuré, e** *nm,f* conspirator.

connaissance [kɔnɛsɑ̃s] *nf* **(a)** *(savoir)* ~(s) knowledge; **avoir des ~s** to be knowledgeable. **(b)** *(personne)* acquaintance. **(c)** *(conscience)* consciousness. **sans ~** unconscious; **reprendre ~** to regain consciousness. **(d) pas à ma ~** not to my knowledge, not as far as I know; **en ~ de cause** with full knowledge of the facts; **faire ~ avec qn** to meet sb; **prendre ~ de qch** to read sth. ◆ **connaisseur** *nm* connoisseur.

connaître [kɔnɛtʀ(ə)] (57) *vt* **(a)** *(gén)* to know; *(restaurant etc.)* to know of. **connaît-il la nouvelle?** has he heard the news?; **~ qn de vue** to know sb by sight; **~ la vie** to know about life; **se faire ~** to make o.s. known; **il m'a fait ~ son frère** he introduced me to his brother; **il connaît son affaire, il s'y connaît** he knows a lot about it; **bien connu** well-known. **(b)** *(succès)* to enjoy, have; *(privations)* to experience.

connecter [kɔnɛkte] (1) *vt* to connect. ◆ **connexion** *nf* connection.

connivence [kɔnivɑ̃s] *nf* connivance.

conquérant [kɔ̃keʀɑ̃] *nm* conqueror. ◆ **conquérir** (21) *vt (gén)* to conquer; *(estime)* to win; *(fig : séduire)* to win over. ◆ **conquête** *nf* conquest. **faire la ~ de** to conquer; to win over.

consacrer [kɔ̃sakʀe] (1) *vt (Rel)* to consecrate. **~ du temps à faire qch** to devote time to doing sth; **se ~ à sa famille** to devote o.s. to one's family; **expression consacrée** set phrase; **pouvez-vous me ~ un instant?** can you spare me a moment?

consciemment [kɔ̃sjamɑ̃] *adv* consciously.

conscience [kɔ̃sjɑ̃s] *nf* **(a)** *(psychologique)* consciousness. **la ~ de qch** the awareness *ou* consciousness of sth; **avoir ~ que** to be aware *ou* conscious that, realize that. **(b)** *(morale)* conscience. **avoir mauvaise ~** to have a bad *ou* guilty conscience; **~ professionnelle** conscientiousness. ◆ **consciencieux, -ieuse** *adj* conscientious. ◆ **conscient, e** *adj (non évanoui)* conscious; *(lucide)* lucid. **~ de** conscious *ou* aware of.

conscrit [kɔ̃skʀi] *nm* conscript, draftee *(US)*.

consécration [kɔ̃sekʀɑsjɔ̃] *nf* consecration.

consécutif, -ive [kɔ̃sekytif, iv] *adj* consecutive. **~ à** following upon. ◆ **consécutivement** *adv* consecutively.

conseil [kɔ̃sɛj] *nm* **(a) un ~** some advice, a piece of advice; **sur mes ~s** on my advice. **(b)** *(personne)* **ingénieur-~** consulting engineer. **(c)** *(organisme)* council, committee; *(séance)* meeting. **tenir ~** to hold a meeting; **~ d'administration** board of directors; **~ de classe** staff meeting; **~ de discipline** disciplinary committee; **~ des ministres** Cabinet meeting; **~ municipal** town council.

conseiller[1] [kɔ̃seje] (1) *vt* : **~ qch** to recommend sth; **~ qn** to advise sb; **~ à qn de faire qch** to advise sb to do sth; **il est conseillé de** it is advisable to.

conseiller[2]**, -ère** [kɔ̃seje, kɔ̃sɛjɛʀ] *nm,f (expert)* adviser; *(d'un conseil)* councillor. **~ municipal** town councillor.

consentement [kɔ̃sɑ̃tmɑ̃] *nm* consent. ◆ **consentir** (16) — **1** *vi* to agree, consent (*à* to). **êtes-vous consentant?** do you consent to it? — **2** *vt (prêt)* to grant (*à* to).

conséquence [kɔ̃sekɑ̃s] *nf (gén)* consequence; *(résultat)* result; *(conclusion)* conclusion. **en ~** *(donc)* consequently; *(agir)* accordingly; **sans ~** *(fâcheuse)* without repercussions; *(sans importance)* of no consequence. ◆ **conséquent, e** *adj (important)* sizeable. **par ~** consequently.

conservateur, -trice [kɔ̃sɛʀvatœʀ, tʀis] — **1** *adj* conservative. — **2** *nm,f (musée)* curator; *(Pol)* conservative. ◆ **conservatisme** *nm* conservatism.

conservatoire [kɔ̃sɛʀvatwaʀ] *nm* school, academy *(of music, drama)*.

conserve [kɔ̃sɛʀv] *nf* : **les ~s** canned food; **mettre en ~** *(boîte)* to can; *(bocal)* to bottle. ◆ **conserver** (1) — **1** *vt (gén)* to keep; *(stocker)* to store; *(vitesse)* to maintain; *(espoir, sens)* to retain. *(fig : personne)* **bien conservé** well-preserved. — **2 se conserver** *vpr (aliments)* to keep. ◆ **conserverie** *nf* canning factory.

considérable [kɔ̃sideʀabl(ə)] *adj* huge, considerable.

considération [kɔ̃sideʀɑsjɔ̃] *nf* **(a)** *(examen)* consideration. **prendre qch en ~** to take sth into consideration *ou* account. **(b)** *(motif)* consideration. **(c)** *(remarques)* **~s** reflections. **(d)** *(respect)* esteem, respect. ◆ **considérer** (6) *vt* **(a)** *(gén)* to consider. **tout bien considéré** all things considered; **je le considère comme mon fils** I look upon him as my son; **considérant que** considering that. **(b)** *(respecter)* to respect.

consigne [kɔ̃siɲ] *nf (instructions)* orders; *(Scol : punition)* detention; *(bagages)* left-luggage (office); *(bouteille)* deposit. **~ automatique** left-luggage lockers. ◆ **consigner** (1) *vt (fait)* to record; *(soldat)* to confine to barracks; *(élève)* to keep in detention. **bouteille consignée** returnable bottle.

consistance [kɔ̃sistɑ̃s] *nf* consistency. ◆ **consistant, e** *adj (repas)* substantial; *(nourriture)* solid.

consister [kɔ̃siste] (1) *vi (se composer de)* **~ en** to consist of, be made up of; *(résider dans)* **~ dans** to consist in.

consolation [kɔ̃sɔlɑsjɔ̃] *nf* consolation.

consoler [kɔ̃sɔle] (1) *vt (personne)* to console; *(chagrin)* to soothe. **se ~ d'une perte** to be consoled for *ou* get over a loss.

consolidation [kɔ̃sɔlidɑsjɔ̃] *nf* strengthening; *(accord)* consolidation. ◆ **consolider** (1) *vt* to strengthen; to consolidate.

consommateur, -trice [kɔ̃sɔmatœʀ, tʀis] *nm,f (acheteur)* consumer; *(café)* customer. ◆ **consommation** *nf* consumption; *(boisson)* drink. **prendre les ~s** to take the orders; **biens de ~** consumer goods. ◆ **consommer** (1) *vt (gén)* to consume; *(nourriture)* to eat; *(boissons)* to drink; *(carburant)* to use.

consonne [kɔ̃sɔn] *nf* consonant.

conspirateur, -trice [kɔ̃spiʀatœʀ, tʀis] *nm,f* conspirer, plotter. ◆ **conspiration** *nf* conspiracy. ◆ **conspirer** (1) *vi* to conspire, plot (*contre* against).

constamment [kɔ̃stamɑ̃] *adv* constantly.

constant, e [kɔ̃stɑ̃, ɑ̃t] — **1** *adj (gén)* constant; *(effort)* steadfast. — **2** *nf (Math)* constant; *(fig)* permanent feature. ◆ **constance** *nf* constancy, steadfastness.

constat [kɔ̃sta] *nm* report. **~ d'huissier** certified report. ◆ **constatation** *nf (remarque)* observation. **la ~ de qch** noticing sth. ◆ **constater** (1) *vt* to note, notice, see; *(par constat)* to record; *(décès)* to certify.

constellation [kɔ̃stelɑsjɔ̃] *nf* constellation. ◆ **constellé, e** *adj* : **~ de** *(astres)* studded with; *(taches)* spotted with.

consternation [kɔ̃stɛʀnɑsjɔ̃] *nf* consternation, dismay. ◆ **consterner** (1) *vt* to dismay. **air consterné** air of consternation *ou* dismay.
constipation [kɔ̃stipɑsjɔ̃] *nf* constipation. ◆ **constiper** (1) *vt* to constipate. ◆ **constipé, e** *adj (péj : guindé)* stiff; *(Méd)* constipated.
constituer [kɔ̃stitɥe] (1) — **1** *vt* **(a)** *(gouvernement)* to form; *(bibliothèque)* to build up; *(dossier)* to make up. **constitué de plusieurs morceaux** made up *ou* composed of several pieces; *(physiquement)* **bien constitué** of sound constitution. **(b)** *(délit, motif)* to constitute. — **2 se constituer** *vpr :* **se ~ prisonnier** to give o.s. up. ◆ **constitution** *nf (composition)* composition, make-up; *(Méd, Pol)* constitution. **la ~ d'un comité** setting up a committee. ◆ **constitutionnel, -elle** *adj* constitutional.
constructeur [kɔ̃stʀyktœʀ] *nm (automobile)* manufacturer; *(maison)* builder. ◆ **constructif, -ive** *adj* constructive. ◆ **construction** *nf* **(a)** *(action)* building, construction. **en ~** under construction. **(b)** *(industrie)* **la ~** the building trade; **les ~s navales** shipbuilding. **(c)** *(édifice)* building.
construire [kɔ̃stʀɥiʀ] (38) *vt* to build, construct. **ça se construit avec le subjonctif** it takes the subjunctive.
consul [kɔ̃syl] *nm* consul. ◆ **consulaire** *adj* consular. ◆ **consulat** *nm* consulate.
consultatif, -ive [kɔ̃syltatif, iv] *adj* consultative, advisory. ◆ **consultation** *nf* consultation. **d'une ~ difficile** difficult to consult; *(Méd)* **les heures de ~** surgery *ou* consulting hours.
consulter [kɔ̃sylte] (1) — **1** *vt* to consult. — **2** *vi (médecin)* to hold surgery. — **3 se consulter** *vpr* to consult each other.
consumer [kɔ̃syme] (1) — **1** *vt (incendie)* to consume, burn; *(fig)* to consume. **débris consumés** charred debris. — **2 se consumer** *vpr* to burn.
contact [kɔ̃takt] *nm (gén)* contact; *(toucher)* touch. *(Aut)* **mettre le ~** to switch on the ignition; **prendre ~** get in touch *ou* contact (*avec* with); **mettre en ~** *(objets)* to bring into contact; *(affaires)* to put in touch; **prise de ~** *(entrevue)* first meeting; **au ~ de l'air** in contact with the air. ◆ **contacter** (1) *vt* to contact, get in touch with.
contagieux, -euse [kɔ̃taʒjø, øz] *adj* infectious; *(par le contact)* contagious. ◆ **contagion** *nf* contagion.
contamination [kɔ̃taminɑsjɔ̃] *nf* contamination. ◆ **contaminer** (1) *vt* to contaminate.
conte [kɔ̃t] *nm* tale, story. *(lit, fig)* **~ de fée** fairy tale *ou* story.
contemplation [kɔ̃tɑ̃plɑsjɔ̃] *nf* contemplation. ◆ **contempler** (1) *vt* to contemplate, gaze at.
contemporain, e [kɔ̃tɑ̃pɔʀɛ̃, ɛn] — **1** *adj* contemporary (*de* with). — **2** *nm* contemporary.
contenance [kɔ̃tnɑ̃s] *nf (capacité)* capacity; *(attitude)* attitude. **perdre ~** to lose one's composure. ◆ **contenant** *nm :* **le ~** the container.
contenir [kɔ̃tniʀ] (22) — **1** *vt (gén)* to contain; *(larmes)* to hold back; *(foule)* to hold in check. — **2 se contenir** *vpr* to contain o.s.
content, e [kɔ̃tɑ̃, ɑ̃t] — **1** *adj* pleased, happy (*de* with). **non ~ d'être ...** not content with being ... . — **2** *nm :* **avoir son ~ de qch** to have had one's fill of sth. ◆ **contentement** *nm* contentment, satisfaction. **~ de soi** self-satisfaction. ◆ **contenter** (1) — **1** *vt* to satisfy. — **2 se contenter** *vpr :* **se ~ de qch** to content o.s. with sth.
contenu, e [kɔ̃tny] — **1** *adj (colère)* suppressed. — **2** *nm (récipient)* contents; *(texte)* content.
conter [kɔ̃te] (1) *vt :* **~ qch à qn** to tell sth to sb.
contestable [kɔ̃tɛstabl(ə)] *adj* questionable. ◆ **contestataire** *nmf* protester. ◆ **contestation** *nf (discussion)* dispute. **la ~ des résultats** disputing the results; *(Pol)* **faire de la ~** to protest. ◆ **conteste** *nf :* **sans ~** unquestionably. ◆ **contester** (1) — **1** *vt* to question. **roman très contesté** very controversial novel. — **2** *vi* to protest.
conteur [kɔ̃tœʀ] *nm (écrivain)* storywriter; *(narrateur)* storyteller.
contexte [kɔ̃tɛkst(ə)] *nm* context.
contigu, -uë [kɔ̃tigy] *adj* adjacent (*à* to).
continent [kɔ̃tinɑ̃] *nm* continent. *(terre ferme)* **le ~** the mainland. ◆ **continental, e,** *mpl* **-aux** *adj* continental.
contingence [kɔ̃tɛ̃ʒɑ̃s] *nf (gén)* contingency.
contingent [kɔ̃tɛ̃ʒɑ̃] *nm (quota)* quota; *(part)* share; *(Mil)* contingent. ◆ **contingenter** (1) *vt* to fix a quota on.
continu, e [kɔ̃tiny] *adj (gén)* continuous; *(ligne)* unbroken. ◆ **continuel, -elle** *adj (continu)* continuous; *(qui se répète)* continual. ◆ **continuellement** *adv* continuously; continually.
continuer [kɔ̃tinɥe] (1) — **1** *vt* to continue. **~ son chemin** to go on, continue on one's way. — **2** *vi* to continue, go on. **~ de** *ou* **à manger** to keep on *ou* continue eating. — **3 se continuer** *vpr* to go on, continue.
contorsion [kɔ̃tɔʀsjɔ̃] *nf* contortion.
contour [kɔ̃tuʀ] *nm* outline, contour. ◆ **contourner** (1) *vt* to go round.
contraceptif, -ive [kɔ̃tʀasɛptif, iv] *adj, nm* contraceptive. ◆ **contraception** *nf* contraception.
contracter [kɔ̃tʀakte] (1) — **1** *vt (muscle)* to tense; *(dette, maladie)* to contract; *(assurance)* to take out. — **2 se contracter** *vpr (muscle)* to tense; *(Phys : corps)* to contract. ◆ **contraction** *nf (action)* tensing; *(état)* tenseness; *(spasme)* contraction.
contractuel, -elle [kɔ̃tʀaktɥɛl] *nm,f (Police)* ≃ traffic warden.
contradiction [kɔ̃tʀadiksjɔ̃] *nf* contradiction. **être en ~ avec** to contradict. ◆ **contradictoire** *adj* contradictory.
contraignant, e [kɔ̃tʀɛɲɑ̃, ɑ̃t] *adj* restricting, constraining. ◆ **contraindre** (52) *vt :* **~ qn à faire qch** to force *ou* compel sb to do sth; **se ~** to restrain o.s. ◆ **contrainte** *nf* constraint. **sous la ~** under constraint *ou* duress; **sans ~** unrestrainedly.
contraire [kɔ̃tʀɛʀ] — **1** *adj (gén)* opposite; *(vent, action)* contrary; *(intérêts)* conflicting. **~ à la santé** bad for the health. — **2** *nm* opposite. **c'est tout le ~** it's just the opposite; **au ~** on the contrary. ◆ **contrairement** *adv :* **~ à** contrary to; **~ aux autres ...** unlike the others ... .
contrarier [kɔ̃tʀaʀje] (7) *vt (personne)* to annoy; *(projets)* to frustrate, thwart; *(mouvement)* to impede. ◆ **contrariété** *nf* annoyance.
contraste [kɔ̃tʀast(ə)] *nm (gén)* contrast. **en ~ avec** in contrast to. ◆ **contraster** (1) *vti* to contrast.
contrat [kɔ̃tʀa] *nm* contract.

contravention [kɔ̃tʀavɑ̃sjɔ̃] *nf (Aut)* fine; *(de stationnement)* parking ticket. **dresser ~ à qn** to fine sb.

contre [kɔ̃tʀ(ə)] — **1** *prép et adv* **(a)** *(contact)* against. **appuyez-vous ~** lean against *ou* on it; **joue ~ joue** cheek to cheek. **(b)** *(hostilité)* against. *(Sport)* **Poitiers ~ Lyon** Poitiers versus *ou* against Lyons; **en colère ~ qn** angry with sb. **(c)** *(protection)* **s'abriter ~ le vent** to shelter from the wind; **des comprimés ~ la grippe** tablets for flu. **(d)** *(échange) (argent)* in exchange for; *(promesse)* in return for. **(e)** *(rapport)* **1 bon ~ 3 mauvais** 1 good one for 3 bad ones; **9 voix ~ 4** 9 votes to 4. **(f) ~ toute apparence** despite appearances; **par ~** on the other hand. — **2** *préf* counter-. **~-attaque** *etc* counter-attack *etc;* **~-indication** contraindication; **à ~-jour** against the sunlight; **~-performance** substandard performance; **prendre le ~-pied de ce que dit qn** to say exactly the opposite of sb else; **~-plaqué** plywood.

contrebalancer [kɔ̃tʀəbalɑ̃se] (3) *vt (poids)* to counterbalance; *(influence)* to offset.

contrebande [kɔ̃tʀəbɑ̃d] *nf* : **faire de la ~** to do some smuggling; **produits de ~** smuggled goods. ◆ **contrebandier** *nm* smuggler.

contrebas [kɔ̃tʀəbɑ] *nm* : **en ~ (de)** below.

contrebasse [kɔ̃tʀəbɑs] *nf* double bass.

contrecarrer [kɔ̃tʀəkaʀe] (1) *vt* to thwart.

contrecœur [kɔ̃tʀəkœʀ] *adv* : **à ~** reluctantly.

contrecoup [kɔ̃tʀəku] *nm* repercussions.

contredire [kɔ̃tʀədiʀ] (37) *vt* to contradict.

contrée [kɔ̃tʀe] *nf (pays)* land; *(région)* region.

contrefaçon [kɔ̃tʀəfasɔ̃] *nf (gén)* imitation; *(falsification)* forgery. ◆ **contrefaire** (60) *vt* to imitate; *(falsifier)* to counterfeit, forge.

contremaître [kɔ̃tʀəmɛtʀ(ə)] *nm* foreman.

contrepartie [kɔ̃tʀəpaʀti] *nf* : **en ~** *(échange)* in return; *(compensation)* in compensation (*de* for).

contrepoids [kɔ̃tʀəpwa] *nm* counterweight, counterbalance. **faire ~** to act as a counterbalance.

contrer [kɔ̃tʀe] (1) *vt* to counter.

contresens [kɔ̃tʀəsɑ̃s] *nm (traduction)* mistranslation. *(Aut)* **à ~** the wrong way.

contretemps [kɔ̃tʀətɑ̃] *nm (retard)* hitch.

contribuable [kɔ̃tʀibyabl(ə)] *nmf* taxpayer.

contribuer [kɔ̃tʀibɥe] (1) : **~ à** *vt indir* to contribute towards. ◆ **contribution** *nf* **(a)** *(participation)* contribution. **mettre qn à ~** to make use of sb. **(b)** *(impôts)* **~s** *(commune)* rates; *(état)* taxes; *(bureaux)* tax office.

contrit, e [kɔ̃tʀi, it] *adj* contrite. ◆ **contrition** *nf* contrition.

contrôle [kɔ̃tʀol] *nm (gén)* control; *(vérification)* check; *(billets)* inspection; *(opérations)* supervision; *(Théât : bureau)* booking office. **~ d'identité** identity check; **le ~ de la qualité** quality check; **garder le ~ de qch** to remain in control of sth. ◆ **contrôler** (1) *vt* to control; to check; to inspect; to supervise. **se ~** to control o.s. ◆ **contrôleur** *nm* inspector.

controverse [kɔ̃tʀɔvɛʀs(ə)] *nf* controversy. ◆ **controversé, e** *adj* much debated.

contusion [kɔ̃tyzjɔ̃] *nf* bruise. ◆ **contusionner** (1) *vt* to bruise.

conurbation [kɔnyʀbɑsjɔ̃] *nf* conurbation.

convaincant, e [kɔ̃vɛ̃kɑ̃, ɑ̃t] *adj* convincing.

convaincre [kɔ̃vɛ̃kʀ(ə)] (42) *vt* to convince (*de qch* of sth). **~ qn de faire qch** to persuade sb to do sth. ◆ **convaincu, e** *adj* convinced.

convalescence [kɔ̃valesɑ̃s] *nf* convalescence. **être en ~** to be convalescing; **maison de ~** convalescent home. ◆ **convalescent, e** *adj, nm,f* convalescent.

convenable [kɔ̃vnabl(ə)] *adj (approprié)* suitable; *(acceptable)* decent, acceptable. ◆ **convenablement** *adv* suitably; decently, acceptably.

convenance [kɔ̃vnɑ̃s] *nf* : **est-ce à votre ~?** is it to your liking?; **les ~s** *(préférences)* preferences; *(sociales)* the proprieties.

convenir [kɔ̃vniʀ] (22) — **1 convenir à** *vt indir* : **~ à qn** *(offre)* to suit sb; *(lecture)* to be suitable for sb; *(climat)* to agree with sb; *(date)* to be convenient for sb. — **2 convenir de** *vt indir (erreur)* to admit; *(date, lieu)* to agree upon. **comme convenu** as agreed. — **3** *vb impers* : **il convient de faire** *(il vaut mieux)* it's advisable to do; *(il est bienséant de)* it is polite to do.

convention [kɔ̃vɑ̃sjɔ̃] *nf (gén)* agreement; *(tacite)* understanding; *(Art, Pol, bienséance)* convention. ◆ **conventionnel, -elle** *adj* conventional.

convergence [kɔ̃vɛʀʒɑ̃s] *nf* convergence. ◆ **convergent, e** *adj* convergent. ◆ **converger** (3) *vi (gén)* to converge; *(regards)* to focus (*sur* on).

conversation [kɔ̃vɛʀsɑsjɔ̃] *nf (gén)* conversation; *(Pol)* talk. **dans la ~ courante** in informal speech. ◆ **converser** (1) *vi* to converse (*avec* with).

conversion [kɔ̃vɛʀsjɔ̃] *nf* conversion. ◆ **convertible** — **1** *adj* convertible (*en* into). — **2** *nm (canapé)* bed-settee. ◆ **convertir** (2) — **1** *vt* to convert (*à* to, *en* into). — **2 se convertir** *vpr* to be converted (*à* to).

convexe [kɔ̃vɛks(ə)] *adj* convex.

conviction [kɔ̃viksjɔ̃] *nf* conviction.

convier [kɔ̃vje] (7) *vt* : **~ à** to invite to. ◆ **convive** *nmf* guest.

convoiter [kɔ̃vwate] (1) *vt* to covet. ◆ **convoitise** *nf* : **la ~** covetousness; **regard de ~** covetous look.

convocation [kɔ̃vɔkasjɔ̃] *nf (gén)* summons; *(candidat)* notification to attend. **la ~ de l'assemblée** convening the assembly.

convoi [kɔ̃vwa] *nm (funèbre)* funeral procession; *(train)* train; *(véhicules)* convoy.

convoquer [kɔ̃vɔke] (1) *vt (assemblée)* to convene; *(membre)* to invite (*à* to); *(candidat)* to ask to attend; *(prévenu, subordonné)* to summon.

convulsif, -ive [kɔ̃vylsif, iv] *adj* convulsive. ◆ **convulsion** *nf* convulsion.

coopératif, -ive [kɔɔpeʀatif, iv] *adj, nf* cooperative. ◆ **coopération** *nf* cooperation. ◆ **coopérer** (6) *vi* to cooperate (*à* in).

coordination [kɔɔʀdinɑsjɔ̃] *nf* coordination. ◆ **coordonnées** *nfpl (Math)* coordinates; *(adresse)* whereabouts. ◆ **coordonner** (1) *vt* to coordinate.

copain*, copine* [kɔpɛ̃, in] — **1** *nm,f* pal*, chum*, buddy* *(US)*. — **2** *adj* : **~ avec** pally* with.

copeau, *pl* **~x** [kɔpo] *nm (bois)* shaving; *(métal)* turning.

copie [kɔpi] *nf (exemplaire)* copy; *(imitation)* imitation; *(feuille)* sheet of paper. *(Scol)* **rendre sa ~** to hand in one's paper; **prendre ~ de** to make a copy of; **c'est la ~ de sa mère** she's the image of her mother. ◆ **copier** (7) *vt (gén)* to copy; *(Scol)* to crib (*sur* from). **~ qch**

au propre to make a fair copy of sth; **vous me la copierez!*** that's one to remember! ◆ **copieur, -euse** *nm,f (Scol)* cribber.

copieux, -euse [kɔpjø, øz] *adj (gén)* copious; *(repas)* hearty.

copilote [kɔpilɔt] *nmf* co-pilot.

copine* [kɔpin] *nf V* **copain***.

coq [kɔk] *nm* cock; *(cuisinier)* ship's cook. **être comme un ~ en pâte** to be in clover; **sauter du ~ à l'âne** to jump from one subject to another; **~ au vin** coq au vin.

coque [kɔk] *nf* **(a)** *(bateau)* hull; *(avion)* fuselage; *(Culin)* **à la ~** boiled. **(b)** *(mollusque)* cockle. ◆ **coquetier** *nm* egg cup.

coquelicot [kɔkliko] *nm* poppy.

coqueluche [kɔklyʃ] *nf* whooping cough.

coquet, -ette [kɔkɛ, ɛt] *adj (joli)* pretty; *(élégant)* smart, stylish; *(par tempérament)* clothes-conscious. **~ revenu*** tidy income*.

coquillage [kɔkijaʒ] *nm (coquille)* shell. *(mollusque)* **~(s)** shellfish.

coquille [kɔkij] *nf (gén)* shell; *(Typ)* misprint. **~ Saint-Jacques** *(animal)* scallop; *(carapace)* scallop shell. ◆ **coquillettes** *nfpl* pasta shells.

coquin, e [kɔkɛ̃, in] — **1** *adj (malicieux)* mischievous; *(grivois)* naughty. — **2** *nm,f* rascal.

cor [kɔʀ] *nm* **(a)** *(Mus)* horn. **~ anglais** cor anglais; **~ de chasse** hunting horn; **~ d'harmonie** French horn; **demander qch à ~ et à cri** to clamour for sth. **(b) ~ au pied** corn.

corail, *pl* **-aux** [kɔʀaj, o] *nm, adj inv* coral.

corbeau, *pl* **~x** [kɔʀbo] *nm (gén)* crow. **grand ~** raven.

corbeille [kɔʀbɛj] *nf* basket. **~ à papiers** waste paper basket.

corbillard [kɔʀbijaʀ] *nm* hearse.

cordage [kɔrdaʒ] *nm* rope. *(voilure)* **~s** rigging.

corde [kɔʀd(ə)] *nf (câble, matière)* rope; *(raquette etc)* string. **~ à linge** clothes line; **~ à sauter** skipping rope; **~s vocales** vocal cords; **monter à la ~** to climb a rope; **les (instruments à) ~s** the stringed instruments; **avoir plusieurs ~s à son arc** to have more than one string to one's bow; **c'est dans ses ~s** it's in his line; **prendre un virage à la ~** to hug the bend; **il pleut des ~s*** it's pouring. ◆ **cordée** *nf* roped party. ◆ **cordelette** *nf* cord.

cordial, e, *mpl* **-iaux** [kɔʀdjal, jo] — **1** *adj* warm, cordial. — **2** *nm* cordial. ◆ **cordialité** *nf* warmth, cordiality.

cordon [kɔʀdɔ̃] *nm (rideau)* cord; *(tablier)* tie; *(sac)* string; *(souliers)* lace; *(soldats)* cordon; *(décoration)* ribbon. **~ de sonnette** bell-pull; **tenir les ~s de la bourse** to hold the purse strings; **~-bleu*** *nm* cordon-bleu cook.

cordonnerie [kɔʀdɔnʀi] *nf (boutique)* shoemender's (shop); *(métier)* shoemending. ◆ **cordonnier** *nm* shoemender, cobbler.

coriace [kɔʀjas] *adj (lit, fig)* tough.

corne [kɔʀn(ə)] *nf (gén)* horn; *(cerf)* antler; *(page)* dog-ear; *(peau dure)* hard skin. **bête à ~** horned animal; **~ d'abondance** horn of plenty; **~ à chaussures** shoehorn.

cornée [kɔʀne] *nf* cornea.

corneille [kɔʀnɛj] *nf* crow.

cornemuse [kɔʀnəmyz] *nf* bagpipes. **joueur de ~** bagpiper.

corner[1] [kɔʀne] (1) — **1** *vt (livre)* to make dog-eared. — **2** *vi (Aut)* to sound one's horn.

corner[2] [kɔʀnɛʀ] *nm (Ftbl)* corner.

cornet [kɔʀnɛ] *nm (récipient)* cornet. **~ acoustique** ear trumpet; **~ à dés** dice cup; **~ à pistons** cornet.

corniche [kɔʀniʃ] *nf (Archit)* cornice; *(Géog)* ledge.

cornichon [kɔʀniʃɔ̃] *nm* gherkin; (***** : *bête*) nitwit*.

corporation [kɔʀpɔʀɑsjɔ̃] *nf* professional body.

corporel, -elle [kɔʀpɔʀɛl] *adj (châtiment)* corporal; *(besoin)* bodily.

corps [kɔʀ] *nm* **(a)** *(gén, Chim, fig)* body; *(cadavre)* corpse. **~ gras** greasy substance; **~ de bâtiment** building; *(Mil)* **un ~ à ~** a hand-to-hand fight; **trembler de tout son ~** to tremble all over; **se donner ~ et âme à qch** to give o.s. heart and soul to sth; **donner ~ à qch** to give substance to sth; **prendre ~** to take shape; **à mon ~ défendant** against my will. **(b)** *(armée)* corps; *(profession)* profession. **~ diplomatique** diplomatic corps; **~ électoral** electorate; **le ~ enseignant** the teaching profession; **~ de sapeurs-pompiers** fire-brigade.

corpulence [kɔʀpylɑ̃s] *nf* stoutness, corpulence. **de moyenne ~** of medium build. ◆ **corpulent, e** *adj* stout, corpulent.

correct, e [kɔʀɛkt, ɛkt(ə)] *adj (gén)* correct; *(réponse)* right; *(fonctionnement, tenue)* proper. ◆ **correctement** *adv* correctly; properly. ◆ **correcteur, -trice** *nm,f (examen)* marker; *(Typ)* proof-reader. ◆ **correction** *nf (gén)* correction; *(châtiment)* hiding; *(Typ)* proof-reading; *(examen)* marking; *(résultat)* correctness; *(tenue)* propriety. ◆ **correctionnel** *adj* : **le tribunal ~** the criminal court.

correspondance [kɔʀɛspɔ̃dɑ̃s] *nf (conformité, lettres)* correspondence; *(rapport)* relation, connection; *(transports)* connection. **cours par ~** correspondence course. ◆ **correspondant, e** — **1** *adj* corresponding. — **2** *nm,f (gén, Presse)* correspondent; *(Scol)* penfriend.

correspondre [kɔʀɛspɔ̃dʀ(ə)] (41) — **1 correspondre à** *vt indir (goûts)* to suit; *(description)* to fit; *(dimension)* to correspond to. — **2** *vi (écrire)* to correspond; *(chambres)* to communicate (*avec* with). — **3 se correspondre** *vpr* to communicate.

corrida [kɔʀida] *nf* bullfight.

corridor [kɔʀidɔʀ] *nm* corridor.

corriger [kɔʀiʒe] (3) *vt (gén)* to correct; *(punir)* to beat; *(Typ)* to proofread; *(examen)* to mark; *(abus)* to remedy. **~ qn de qch** to cure sb of sth. ◆ **corrigé** *nm (exercice)* correct version; *(traduction)* fair copy. **recueil de ~s** key to exercises.

corroder [kɔʀɔde] (1) *vt* to corrode.

corrompre [kɔʀɔ̃pʀ(ə)] (4) *vt (gén)* to corrupt; *(témoin)* to bribe. ◆ **corrompu, e** *adj* corrupt.

corrosif, -ive [kɔʀosif, iv] *adj* corrosive; *(fig)* caustic. ◆ **corrosion** *nf* corrosion.

corruption [kɔʀypsjɔ̃] *nf* corruption.

corsage [kɔʀsaʒ] *nm* blouse.

corsaire [kɔʀsɛʀ] *nm* privateer.

Corse [kɔʀs(ə)] *nf* Corsica. ◆ **corse** *adj,* **C~** *nmf* Corsican.

corser [kɔʀse] (1) *vt (difficulté)* to increase. **ça se corse** things are hotting up. ◆ **corsé, e** *adj (vin)* full-bodied; *(café)* strong; *(mets, histoire)* spicy; *(problème)* stiff.

corset [kɔʀsɛ] *nm* corset.

cortège [kɔʀtɛʒ] *nm (gén)* procession; *(prince)* retinue. **~ de** series of.

corvée [kɔʀve] *nf (Mil)* fatigue duty; *(gén)* chore. **quelle ~!** what a chore!

cosmique [kɔsmik] *adj* cosmic. ◆ **cosmonaute** *nmf* cosmonaut. ◆ **cosmopolite** *adj* cosmopolitan. ◆ **cosmos** *nm (univers)* cosmos; *(Espace)* outer space.

cosse [kɔs] *nf (pois)* pod.

cossu, e [kɔsy] *adj (personne)* well-off; *(maison)* grand.

costaud, e* [kɔsto, od] *adj* strong, sturdy.

costume [kɔstym] *nm* suit; *(folklorique, d'acteur)* costume. ◆ **costumer** (1) *vt* : **~ qn en** to dress sb up as; **se ~ en** to dress up as; **être costumé** to wear fancy dress.

cotation [kɔtɑsjɔ̃] *nf (Bourse)* quotation.

cote [kɔt] *nf* **(a)** *(Bourse) (cours)* quotation; *(liste)* share index; *(cheval)* odds (*de* on); *(film, popularité)* rating. **avoir la ~*** to be very popular (*auprès de* with). **(b)** *(carte)* spot height; *(croquis)* dimensions; *(bibliothèque)* classification mark. **~ d'alerte** danger mark; **~ mal taillée** rough-and-ready settlement.

côte [kot] *nf* **(a)** rib; *(veau, agneau)* cutlet; *(mouton, porc)* chop. **se tenir les ~s de rire** to roar with laughter; **~ à ~** side by side. **(b)** *(colline)* slope; *(route)* hill; *(littoral)* coast. **la ~ d'Azur** the Riviera.

côté [kote] — **1** *nm* **(a)** side. **chambre ~ rue** room overlooking the street; **se mettre du ~ du plus fort** to side with the strongest; **les bons ~s de qch** the good points of sth; **prendre qch du bon ~** to take sth well; **par certains ~s** in some respects *ou* ways; **d'un ~ ... d'un autre ~ ...** on the one hand ... on the other hand...; **du ~ santé*** as far as my health is concerned. **(b)** *(direction)* **de ce ~-ci** this way; **de l'autre ~** the other way, in the other direction; **aller du ~ de la mer** to go towards the sea; **de tous ~s** everywhere; **de mon ~** for my part. — **2 à côté** *adv* nearby. **les gens d'à ~** the people next door; **à ~ de qch** next to sth, beside sth; *(comparaison)* compared to sth; **viser** *ou* **passer à ~ de qch** to miss sth, **à ~ de la question** off the point. — **3 de côté** *adv (se tourner)* sideways; *(sauter, laisser)* aside, to one side. **mettre qch de ~** to put sth aside.

coteau, *pl* **~x** [kɔto] *nm (colline)* hill; *(versant)* hillside.

côtelette [kotlɛt] *nf (mouton, porc)* chop; *(veau, agneau)* cutlet.

coter [kɔte] (1) *vt (Bourse)* to quote. *(fig)* **bien coté** highly thought of; **coté à l'Argus** listed in the secondhand car book.

côtier, -ière [kotje, jɛʀ] *adj (pêche)* inshore; *(navigation, région)* coastal.

cotisation [kɔtizɑsjɔ̃] *nf (club)* subscription; *(sécurité sociale)* contribution. ◆ **cotiser** (1) — **1** *vi* to subscribe, pay one's subscription *ou* contributions (*à* to). — **2 se cotiser** *vpr* to club together.

coton [kɔtɔ̃] — **1** *nm (gén)* cotton; *(tampon)* cotton-wool swab. **~ hydrophile** cotton wool, absorbent cotton *(US)*; **j'ai les jambes en ~** my legs feel like cotton wool. — **2** *adj* (* : *ardu*) stiff*. ◆ **cotonnade** *nf* cotton fabric.

côtoyer [kotwaje] (8) *vt* to be next to. **~ la malhonnêteté** to be bordering *ou* verging on dishonesty.

cotte [kɔt] *nf (salopette)* dungarees.

cou [ku] *nm* neck. **jusqu'au ~** up to one's neck; **~-de-pied** *nm* instep.

couchant [kuʃɑ̃] — **1** *adj* : **soleil ~** setting sun. — **2** *nm* : **le ~** the west.

couche [kuʃ] *nf* **(a)** *(gén)* layer; *(peinture)* coat. **~ sociale** social stratum; **en tenir une ~*** to be really thick*. **(b)** *(lit)* bed; *(Horticulture)* hotbed. **(c)** *(bébé)* nappy, diaper *(US)*.

coucher [kuʃe] (1) — **1** *vt* **(a)** *(mettre au lit)* to put to bed; *(héberger)* to put up. **être couché** to be in bed. **(b)** *(blessé)* to lay out; *(échelle etc)* to lay down. **être couché** to be lying. **(c)** *(inscrire)* to inscribe. **(d) ~ en joue** *(fusil)* to aim; *(personne)* to aim at. — **2** *vi (dormir)* to sleep (*avec* with). — **3 se coucher** *vpr* to go to bed; *(s'étendre)* to lie down; *(soleil, lune)* to set, go down. — **4** *nm* : **le moment du ~** bedtime; **au ~ du soleil** at sunset *ou* sundown *(US)*. ◆ **couchette** *nf (voyageur)* berth, couchette; *(marin)* bunk.

coucou [kuku] *nm (oiseau)* cuckoo; *(pendule)* cuckoo clock; *(péj : avion)* old crate; *(fleur)* cowslip. **~ me voici!** peek-a-boo!

coude [kud] *nm (Anat)* elbow; *(route, tuyau)* bend. *(fig)* **se serrer les ~s** to stick together; **~ à ~** shoulder to shoulder.

coudre [kudʀ(ə)] (48) *vt* to sew.

couenne [kwan] *nf (lard)* rind.

couiner [kwine] (1) *vi* to squeal.

coulée [kule] *nf (métal)* casting. **~ de lave** lava flow; **~ de boue** mud slide.

couler [kule] (1) — **1** *vi* **(a)** *(liquide, paroles)* to flow; *(sueur, robinet, nez, fromage)* to run; *(fuir)* to leak. **faire ~** *(bain)* to run; *(sang)* to shed *(fig)*; **ça coule de source** it's obvious. **(b)** *(bateau, personne)* to sink. — **2** *vt* **(a)** *(ciment)* to pour ; *(métal, statue)* to cast. **(b)** *(bateau)* to sink ; *(candidat)* to fail. **(c) ~ des jours heureux** to enjoy happy days. — **3 se couler** *vpr* : **se ~ dans qch** to slip into sth. ◆ **coulant, e** — **1** *adj (pâte)* runny; (* : *indulgent*) easy-going. — **2** *nm (ceinture)* sliding loop.

couleur [kulœʀ] *nf (gén, fig)* colour; *(Cartes)* suit. **de ~ claire** light-coloured; **film en ~s** colour film; **gens de ~** coloured people; **les ~s** *(linge)* coloureds; *(emblème)* the colours; **boîte de ~s** paintbox; **~ locale** local colour; **sous ~ de faire** while pretending to do.

couleuvre [kulœvʀ(ə)] *nf* grass snake.

coulisse [kulis] *nf (Théât)* **~(s)** wings; **porte à ~** sliding door. ◆ **coulisser** (1) *vi (porte)* to slide.

couloir [kulwaʀ] *nm* corridor, passage; *(pour voitures)* lane.

coup [ku] — **1** *nm* **(a)** *(choc)* knock; *(affectif, hostile)* blow. **~ de pied** kick; **~ de poing** punch; **donner un ~** to hit, bang (*sur* on); **d'un ~ de genou** *etc* with a nudge *ou* thrust of his knee *etc*; **recevoir un ~ de couteau** to be knifed; **sous le ~ de la surprise** gripped by surprise; **~ de feu** shot ; **tuer qn d'un ~ de feu** to shoot sb dead. **(b)** *(avec instrument)* **~ de crayon** stroke of a pencil; **~ de marteau** blow of a hammer; **~ de peinture** coat of paint; **~ de téléphone** phone call; **passer un ~ de chiffon à qch** to give sth a wipe; **donner un ~ de frein** to brake. **(c)** *(Golf, Tennis)* stroke; *(Boxe)* punch; *(Échecs)* move. **~ d'envoi** kick-off; **~ franc** free kick. **(d)** *(bruit)* **~ de tonnerre** *(lit)* thunderclap; *(fig)* bombshell; **~ de sonnette** ring; **les douze ~s de midi** the twelve strokes of noon. **(e)** *(produit par les éléments)* **~ de vent** gust of wind; **~(s) de soleil** sunburn; **prendre un ~ de froid** to catch a chill. **(f)** *(entreprise) (cambrioleurs)* job*; *(contre qn)* trick. **tenter le ~*** to have a go*, **être dans le ~** to be in on it; **faire un sale ~ à qn** to play a dirty trick on sb. **(g)** (* : *verre*) **boire un ~** to have a drink. **(h)** (* : *fois*) time. **à tous les ~s** every time; **pour un ~** for once; **rire un bon ~** to have a good laugh. **(i)** *(locutions)* **à ~ sûr** definitely; **après ~** after the event; **~ sur ~** in quick succession; **sur le ~** *(alors)* at the time; *(tué)* instantly; **d'un seul ~** at one go; **tout à ~** all of a sudden; **tenir le ~** to hold out; **avoir le ~ (de main)** to have the knack. — **2** : **~ d'arrêt** sharp check; **~ de chance** stroke of luck; *(lit, fig)* **~ de dés** toss of the dice; **~ d'essai** first attempt; **~ d'État** coup (d'état); **~ de force** armed takeover; *(fig)* **~ de foudre** love at first sight; *(lit, fig)* **~ de grâce** finishing blow; **~ de main** *(aide)* helping hand; *(raid)* raid; **~ de maître** master stroke; **~ d'œil** *(regard)* glance; *(spectacle)* view.

coupable [kupabl(ə)] — **1** *adj* guilty (*de* of); *(négligence)* culpable. — **2** *nmf (Jur)* guilty party; *(fig)* culprit.

coupage [kupaʒ] *nm (action)* blending; *(avec de l'eau)* dilution; *(résultat)* blend.

coupant, e [kupɑ̃, ɑ̃t] *adj (lame, ton)* sharp.

coupe¹ [kup] *nf (à fruits)* dish; *(contenu)* dishful; *(à boire)* goblet; *(Sport)* cup.

coupe² [kup] *nf (action)* cutting; *(résultat)* cut; *(section)* section. **~ de cheveux** haircut; **être sous la ~ de qn** to be under sb's control. ◆ **coupe-papier** *nm inv* paper knife.

coupé [kupe] *nm* coupé.

couper [kupe] (1) — **1** *vt* **(a)** *(gén)* to cut; *(séparer, supprimer)* to cut off; *(route)* to cut across; *(arbre)* to cut down; *(rôti)* to carve; *(appétit)* to take away. **se faire ~ les cheveux** to get one's hair cut; *(Aut)* **~ le contact** to switch off the ignition; **~ les ponts avec qn** to break off communications with sb. **(b)** *(voyage)* to break; *(journée)* to break up. **(c)** *(vin)* to blend; *(avec de l'eau)* to dilute. **(d)** *(locutions)* **~ les bras à qn** to dishearten sb; **~ la poire en deux** to meet halfway; **~ les cheveux en quatre** to split hairs; **~ l'herbe sous le pied à qn** to cut the ground from under sb's feet; **~ la parole à qn** to cut sb short; **~ le souffle à qn** *(lit)* to wind sb; *(fig)* to take sb's breath away. — **2 couper à** *vt indir:* **tu n'y couperas pas** you won't get out of it; **~ court à qch** to cut sth short. — **3** *vi (gén)* to cut; *(jouer atout)* to trump. **~ au plus court** to take the quickest way. — **4 se couper** *vpr* to cut o.s.; *(se trahir)* to give o.s. away. **se ~ les ongles** to cut one's nails.

couperet [kupʀɛ] *nm (boucher)* cleaver, chopper; *(guillotine)* blade.

couple [kupl(ə)] *nm (gén)* couple; *(patineurs)* pair. ◆ **coupler** (1) *vt* to couple together.

couplet [kuplɛ] *nm (chanson)* verse.

coupole [kupɔl] *nf* dome.

coupon [kupɔ̃] *nm (Couture)* roll; *(ticket)* coupon. **~-réponse** *nm* reply coupon.

coupure [kupyʀ] *nf (gén)* cut; *(fig : fossé)* break; *(billet de banque)* note; *(de journal)* cutting. **~ de courant** power cut.

cour [kuʀ] *nf* **(a)** *(gén)* courtyard; *(gare)* forecourt; *(caserne)* square. **~ de récréation** playground. **(b)** *(Jur)* court. **~ d'appel** Court of Appeal; **~ martiale** court martial. **(c)** *(roi)* court. **faire la ~ à qn** to court sb.

courage [kuʀaʒ] *nm* courage. *(ardeur)* **entreprendre qch avec ~** to undertake sth with a will; **je ne m'en sens pas le ~** I don't feel up to it; **~!** cheer up!; **perdre ~** to lose heart.

◆ **courageusement** *adv* courageously. ◆ **courageux, -euse** *adj* courageous.

couramment [kuʀamɑ̃] *adv (parler)* fluently; *(se produire)* commonly.

courant, e [kuʀɑ̃, ɑ̃t] — **1** *adj* **(a)** *(banal)* common; *(dépenses, usage)* everyday; *(modèle)* standard. **pas ~** uncommon. **(b)** *(en cours)* *(année)* current. **votre lettre du 5 ~** your letter of the 5th inst. — **2** *nm (cours d'eau, électricité)* current; *(opinions)* trend. **~ littéraire** literary movement; **un ~ de sympathie** a wave of sympathy; **couper le ~** to cut off the power; **dans le ~ du mois** in the course of the month; **être au ~ de qch** to know about sth; **mettre qn au ~ de** to tell sb about; **il se tient au ~** he keeps himself up to date *ou* informed.

courbature [kuʀbatyʀ] *nf* ache. ◆ **courbaturé, e** *adj* aching.

courbe [kuʀb] — **1** *adj* curved. — **2** *nf* curve. ◆ **courber** *vti,* **se courber** *vpr* (1) to bend. **~ la tête** to bow *ou* bend one's head.

coureur, -euse [kuʀœʀ, øz] *nm,f (Athlétisme)* runner. **~ automobile** racing-car driver; **~ cycliste** racing cyclist.

courge [kuʀʒ(ə)] *nf (plante)* gourd; *(Culin)* marrow, squash *(US)*. ◆ **courgette** *nf* courgette.

courir [kuʀiʀ] (11) — **1** *vi* **(a)** *(gén)* to run; *(Aut, Cyclisme)* to race. **sortir en courant** to run out; **~ à toutes jambes** to run like the wind; **~ chercher le docteur** to rush *ou* run for the doctor; **faire qch en courant** to do sth in a rush. **(b) ~ à l'échec** to be heading for failure; **~ sur ses 20 ans** to be approaching 20; **faire ~ un bruit** to spread a rumour; **le bruit court que...** there is a rumour going round that...; **par les temps qui courent** nowadays; **tu peux toujours ~!*** you can whistle for it!* — **2** *vt (le monde)* to roam; *(les magasins)* to go round; *(risque)* to run. **~ un 100 mètres** to run (in) *ou* compete in a 100 metres race; **~ le Grand Prix** to race in the Grand Prix; **~ sa chance** to try one's luck; **ça ne court pas les rues** it is hard to find.

couronne [kuʀɔn] *nf (roi, dent)* crown; *(fleurs)* wreath. ◆ **couronnement** *nm (roi)* coronation; *(carrière)* crowning achievement. ◆ **couronner** (1) *vt (gén)* to crown; *(ouvrage, auteur)* to award a prize to. *(iro)* **et pour ~ le tout** and to crown it all; **couronné de succès** crowned with success; **se ~ le genou** to graze one's knee.

courrier [kuʀje] *nm (reçu)* mail, letters; *(à écrire)* letters. **~ du cœur** broken hearts' column.

courroie [kuʀwa] *nf* strap; *(Tech)* belt.

cours [kuʀ] *nm* **(a)** *(astre, rivière, temps)* course; *(maladie)* progress. **descendre le ~ de la Seine** to go down the Seine; **~ d'eau** river, stream. **(b)** *(Fin) (monnaie)* currency; *(titre, objet)* price; *(devises)* rate. **avoir ~** to be legal tender. **(c)** *(leçon) (Scol)* class; *(Univ)* lecture; *(école)* school. **faire un ~ sur** to give a class on; *(enseignement)* **~ par correspondance** *etc* correspondence course *etc:* *(année)* **~ préparatoire** *etc* 1st *etc* year in primary school. **(d) en ~** *(année)* current; *(affaires)* in hand; *(essais)* in progress; **en ~ de réparation** undergoing repairs; **en ~ de route** on the way; **au ~ de** in the course of; **donner libre ~ à** to give free rein to.

course [kuʀs(ə)] *nf* **(a)** *(épreuve)* race; *(discipline) (Athlétisme)* running; *(Aut, Courses, Cyclisme)* racing. **faire la ~ avec qn** to race with sb; **il n'est plus dans la ~*** he's out of touch now. **(b)** *(projectile)* flight; *(navire)* course; *(nuages, temps)* swift passage; *(pièce mécanique)* movement. **(c)** *(excursion)* hike; *(ascension)* climb. *(taxi)* **payer la ~** to pay the fare. **(d)** *(commission)* errand. **faire des ~s** to do some shopping.

coursier [kuRsje] *nm* messenger.

court[1], e [kuR, kuRt(ə)] — **1** *adj (gén)* short. **~ métrage** short film; **il a été très ~** he was very brief; **de ~e durée** *(joie)* short-lived; **faire la ~e échelle à qn** to give sb a leg up; **tirer à la ~e paille** to draw lots; **être à ~ d'argent** to be short of money; **prendre qn de ~** to catch sb unprepared. — **2** *adv* : **s'arrêter ~** to stop short. — **3** *préf* : **~-bouillon** court-bouillon; **~-circuit** short-circuit; **~-circuiter** to short-circuit.

court[2] [kuR] *nm* tennis court.

courtier, -ière [kuRtje, jɛR] *nm,f* broker.

courtisan [kuRtizɑ̃] *nm (Hist)* courtier. ◆ **courtiser** (1) *vt* to pay court to.

courtois, e [kuRtwa, az] *adj* courteous. ◆ **courtoisie** *nf* courtesy.

cousin, e [kuzɛ̃, in] — **1** *nm,f* cousin. **~ germain** first cousin. — **2** *nm* mosquito.

coussin [kusɛ̃] *nm* cushion.

cousu, e [kuzy] *adj* sewn, stiched. **~ main** handsewn.

coût [ku] *nm* cost. **le ~ de la vie** the cost of living.

couteau, *pl* **~x** [kuto] *nm (pour couper)* knife; *(coquillage)* rasor-shell. **~ à cran d'arrêt** flick-knife; **~ à découper** carving knife; **être à ~x tirés** to be at daggers drawn (*avec* with); **remuer le ~ dans la plaie** to twist the knife in the wound.

coûter [kute] (1) *vti* to cost. **les vacances, ça coûte!** holidays are expensive *ou* cost a lot!; *(fig)* **ça va lui ~ cher** it will cost him dear; **coûte que coûte** at all costs; **ça lui a coûté la vie** it cost him his life. ◆ **coûteux, -euse** *adj* costly, expensive.

coutume [kutym] *nf* custom. **avoir ~ de** to be in the habit of; **comme de ~** as usual. ◆ **coutumier, -ière** *adj* customary, usual.

couture [kutyR] *nf* **(a)** *(activité)* sewing; *(métier)* dressmaking. **faire de la ~** to sew. **(b)** *(suite de points)* seam; *(cicatrice)* scar; *(suture)* stitches; **sous toutes les ~s** from every angle. ◆ **couturier** *nm* couturier, fashion designer. ◆ **couturière** *nf* dressmaker.

couvée [kuve] *nf* clutch.

couvent [kuvɑ̃] *nm (sœurs)* convent; *(moines)* monastery; *(internat)* convent school.

couver [kuve] (1) — **1** *vi* **(a)** *(feu, haine)* to smoulder; *(émeute)* to be brewing. **(b)** *(poule)* to sit on its eggs. — **2** *vt (œufs)* to hatch; *(enfant)* to be overprotective towards; *(maladie)* to be sickening for. **~ qch des yeux** *(tendresse)* to look lovingly at sth; *(convoitise)* to look longingly at sth.

couvercle [kuvɛRkl(ə)] *nm* lid.

couvert, e [kuvɛR, ɛRt(ə)] — **1** *adj (gén)* covered; *(ciel)* overcast. **~ de** covered in *ou* with. — **2** *nm* **(a) les ~s en argent** the silver cutlery; **mettre 4 ~s** to lay *ou* set the table for 4. **(b)** *(au restaurant)* cover charge. **(c) se mettre à ~** *(Mil)* to take cover; *(contre des réclamations)* to cover o.s.; **sous ~ de** under cover of.

couverture [kuvɛRtyR] *nf (lit, fig : protection)* cover; *(literie)* blanket; *(toiture)* roofing.

couvre- [kuvR(ə)] *préf* : **~-feu** *nm* curfew; **~-lit** *nm* bedspread; **~-pieds** *nm* quilt.

couvreur [kuvRœR] *nm* roofer.

couvrir [kuvRiR] (18) — **1** *vt (lit, fig)* to cover (*de, avec* with); *(voix)* to drown; *(sentiments)* to conceal. **~ un toit de tuiles** to tile a roof; **couvre bien les enfants** wrap the children up well; **~ qn de cadeaux** to shower gifts on sb. — **2 se couvrir** *vpr (personne)* to wrap (o.s.) up; *(chapeau)* to put one's hat on; *(ciel)* to become overcast.

crabe [kRɑb] *nm* crab.

crachat [kRaʃa] *nm* : **~(s)** spit, spittle.

crachement [kRaʃmɑ̃] *nm* : **~(s)** *(salive etc)* spitting; *(radio)* crackle.

cracher [kRaʃe] (1) — **1** *vi* to spit (*sur* at). *(plume)* to sputter; *(radio)* to crackle. — **2** *vt (gén)* to spit out; *(fumée)* to belch out; (* : *argent*) to cough up*.

crachin [kRaʃɛ̃] *nm* drizzle.

crack [kRak] *nm (poulain)* star horse; (* : *as*) wizard*; *(en sport)* ace.

craie [kRɛ] *nf* chalk.

craindre [kRɛ̃dR(ə)] (52) *vt (personne)* to fear, be afraid *ou* scared of. **~ pour qch** to fear for sth; **c'est un vêtement qui ne craint pas** it's a sturdy garment; **il craint la chaleur** *(personne)* he can't stand the heat; *(arbre)* it can be damaged by the heat.

crainte [kRɛ̃t] *nf* fear. **soyez sans ~** have no fear; **marcher sans ~** to walk fearlessly; **par ~ de** for fear of; **de ~ que** for fear that. ◆ **craintif, -ive** *adj* timorous, timid.

cramoisi, e [kRamwazi] *adj* crimson.

crampe [kRɑ̃p] *nf* : **~(s)** cramp.

crampon [kRɑ̃pɔ̃] *nm (chaussure)* stud. **~ à glace** crampon. ◆ **se cramponner** (1) *vpr* to hold on. **se ~ à** *(branche)* to cling to.

cran [kRɑ̃] *nm (crémaillère)* notch; *(arme)* catch; *(ceinture)* hole; *(cheveux)* wave. **avoir du ~*** to have guts*; **être à ~** to be very edgy. ◆ **cranté, e** *adj* notched.

crâne [kRɑn] *nm (Anat)* skull; *(fig)* head.

crâner* [kRɑne] (1) *vi* to show off. ◆ **crâneur, -euse*** *nm,f* show-off.

crapaud [kRapo] *nm* toad.

crapule [kRapyl] *nf* scoundrel. ◆ **crapuleux, -euse** *adj (action)* villainous.

craqueler *vt*, **se craqueler** *vpr* [kRakle] (4) to crack. ◆ **craquelure** *nf* crack.

craquement [kRakmɑ̃] *nm* : **~(s)** *(parquet)* creak; *(feuilles)* crackle; *(biscuit)* crunch. ◆ **craquer** (1) — **1** *vi* **(a)** *(bruit)* to creak; to crackle; to crunch. **(b)** *(céder)* *(bas)* to rip; *(glace etc)* to crack; *(branche)* to snap; *(entreprise, accusé)* to collapse. — **2** *vt (vêtement)* to rip; *(allumette)* to strike.

crasse [kRas] — **1** *nf* grime, filth. — **2** *adj (bêtise)* crass. ◆ **crasseux, -euse** *adj* grimy, filthy.

cratère [kRatɛR] *nm* crater.

cravache [kRavaʃ] *nf* riding crop. **mener qn à la ~** to drive sb ruthlessly.

cravate [kRavat] *nf* tie. ◆ **se cravater** (1) *vpr* to put one's tie on.

crayeux, -euse [kRɛjø, øz] *adj* chalky.

crayon [kRɛjɔ̃] *nm* pencil; *(dessin)* pencil drawing. **~ à bille** ball-point pen; **~ de couleur** crayon, coloured pencil; **~ noir** lead pencil. ◆ **crayonner** (1) *vt (notes)* to scribble; *(dessin)* to sketch.

créance [kReɑ̃s] *nf* financial claim. ◆ **créancier, -ière** *nm,f* creditor.

créateur, -trice [kreatœr, tris] — **1** *adj* creative. — **2** *nm,f* creator. ◆ **création** *nf* creation.
créature [kreatyr] *nf* creature.
crèche [krɛʃ] *nf (de Noël)* crib; *(garderie)* day nursery.
crédibilité [kredibilite] *nf* credibility.
crédit [kredi] *nm (Fin, fig)* credit. **faire ~ à qn** *(argent)* to give sb credit; *(confiance)* to have confidence in sb; *(fonds)* **~s** funds; **acheter qch à ~** to buy sth on credit *ou* easy terms. ◆ **créditer** (1) *vt* : **~ qn de** to credit sb with. ◆ **créditeur, -trice** *adj* in credit. **solde ~** credit balance.
crédule [kredyl] *adj* credulous, gullible. ◆ **crédulité** *nf* credulity, gullibility.
créer [kree] (1) *vt* to create.
crémaillère [kremajɛr] *nf* : **pendre la ~** to have a house-warming party.
crème [krɛm] — **1** *nf (gén)* cream; *(peau du lait)* skin; *(entremets)* cream dessert. *(liqueur)* **~ de bananes** crème de bananes; **~ anglaise** egg custard; **~ Chantilly** whipped cream; **~ glacée** ice cream; **~ à raser** shaving cream. — **2** *adj inv* cream-coloured. — **3** *nm (café)* white coffee. ◆ **crémerie** *nf (magasin)* dairy. ◆ **crémeux, -euse** *adj* creamy. ◆ **crémier** *nm* dairyman. ◆ **crémière** *nf* dairywoman.
créneau, *pl* **~x** [kreno] *nm* **(a)** *(rempart)* **les ~x** the battlements. **(b)** *(Aut)* **faire un ~** to park *(between two cars)*. **(c)** *(horaire etc)* gap; *(Rad)* slot.
crêpe [krɛp] — **1** *nf* pancake. — **2** *nm (matière)* crepe. ◆ **crêperie** *nf* pancake shop.
crépi, e [krepi] *adj, nm* roughcast.
crépitement [krepitmɑ̃] *nm* : **~(s)** *(feu)* crackling; *(friture)* spluttering; *(mitrailleuse)* rattle. ◆ **crépiter** (1) *vi* to crackle; to splutter; to rattle out; *(applaudissements)* to break out.
crépu, e [krepy] *adj (cheveux)* frizzy.
crépuscule [krepyskyl] *nm* twilight, dusk.
cresson [kresɔ̃] *nm* : **~ (de fontaine)** watercress.
crête [krɛt] *nf* **(a)** *(oiseau)* crest. **~ de coq** cockscomb. **(b)** *(mur)* top; *(toit, montagne)* ridge; *(vague)* crest.
crétin, e [kretɛ̃, in] — **1** *adj* cretinous*. — **2** *nm,f* cretin*.
creuser [krøze] (1) — **1** *vt (gén)* to dig; *(sol)* to dig out; *(puits)* to sink, bore; *(sillon)* to plough; *(fig : abîme)* to create. **~ une idée** to develop an idea; **ça creuse l'estomac*** it gives you a real appetite; **se ~ la cervelle*** to rack one's brains. — **2** *vi* to dig (*dans* into).
creuset [krøzɛ] *nm* crucible.
creux, -euse [krø, øz] — **1** *adj (objet, son)* hollow; *(estomac)* empty; *(paroles)* empty, hollow. **les heures creuses** slack periods. — **2** *nm (gén)* hollow; *(trou)* hole; *(période)* slack period. **le ~ des reins** the small of the back; **manger dans le ~ de la main** to eat out of one's hand; **avoir un ~ dans l'estomac** to feel empty; *(Naut)* **des ~ de 2 mètres** 2-metre high waves.
crevaison [krəvɛzɔ̃] *nf (Aut)* puncture, flat.
crevasse [krəvas] *nf (gén)* crack; *(mur)* crevice; *(glacier)* crevasse. ◆ **crevasser** *vt,* **se crevasser** *vpr* (1) to crack.
crever [krəve] (5) — **1** *vt (gén)* to burst; *(pneu)* to puncture; (* : *fatiguer*) to kill*. **~ les yeux à qn** to blind sb; *(fig)* **~ le cœur à qn** to break sb's heart; **cela crève les yeux** it stares you in the face!; **se ~ au travail*** to work o.s. to death; **je suis crevé** I'm all in* *ou* tired out. — **2** *vi* (* : *mourir*) to die, snuff it*. **chien crevé** dead dog; **~ de froid*** to freeze to death; **~ de soif** to die of thirst; **on crève de chaud ici*** it's boiling in here*; *(Aut)* **j'ai crevé** I have a puncture.
crevette [krəvɛt] *nf* : **~ rose** prawn; **~ grise** shrimp.
cri [kri] *nm (gén)* shout, cry; *(hurlement)* yell, howl; *(aigu)* squeal; *(peur)* scream; *(appel)* call. **~ de guerre** war cry. ◆ **criant, e** *adj* glaring. ◆ **criard, e** *adj (son)* piercing; *(couleur)* loud, garish.
crible [kribl(ə)] *nm* riddle. *(fig)* **passer qch au ~** to go through sth with a fine-tooth comb. ◆ **criblé, e** *adj* : **~ de** *(taches)* covered in; *(dettes)* crippled with; *(balles)* riddled with.
cric [krik] *nm* (car) jack.
crier [krije] (7) — **1** *vi (gén)* to shout, cry out; *(hurler)* to yell, howl; *(aigu)* to squeal; *(peur)* to scream; *(appel)* to call out. **~ de douleur** to scream in pain; **~ contre qn** to nag at sb; **tes parents vont ~** your parents are going to make a fuss; **~ au scandale** to call it a scandal; — **2** *vt* to shout out; *(innocence)* to proclaim. **~ à qn de se taire** to shout at sb to be quiet; **~ qch sur les toits** to cry sth from the rooftops; **sans ~ gare** without a warning; **~ grâce** to beg for mercy.
crime [krim] *nm (gén)* crime; *(meurtre)* murder. ◆ **criminalité** *nf* criminality. ◆ **criminel, -elle** — **1** *adj* criminal. — **2** *nm,f* criminal.
crin [krɛ̃] *nm* horsehair.
crinière [krinjɛr] *nf* mane.
crique [krik] *nf* creek, inlet.
criquet [krikɛ] *nm* locust
crise [kriz] *nf (situation)* crisis; *(pénurie)* shortage. *(accès)* **~ de nerfs** *etc* fit of hysterics *etc; (maladie)* **~ cardiaque** *etc* heart *etc* attack.
crispation [krispɑsjɔ̃] *nf (spasme)* twitch; *(nervosité)* state of tension. ◆ **crisper** (1) — **1** *vt (visage)* to contort; *(muscles)* to tense; *(poings)* to clench. **~ qn*** to get on sb's nerves*. — **2 se crisper** *vpr (sourire)* to become strained; *(personne)* to get tense.
crissement [krismɑ̃] *nm* : **~(s)** *(gravier)* crunch; *(pneus)* screech. ◆ **crisser** (1) *vi* to crunch; to screech.
cristal, *pl* **-aux** [kristal, o] *nm* crystal. **~aux de soude** washing soda. ◆ **cristallin, e** *adj* crystalline. ◆ **cristalliser** *vti,* **se cristalliser** *vpr* (1) to crystallize.
critère [kritɛr] *nm* criterion (*pl* criteria).
critiquable [kritikabl(ə)] *adj* open to criticism.
critique [kritik] — **1** *adj* critical. — **2** *nf (blâme)* criticism; *(de films etc)* review. **faire la ~ de** *(film)* to review. — **3** *nmf* critic.
critiquer [kritike] (1) *vt* to criticize.
croassement [krɔasmɑ̃] *nm* caw. ◆ **croasser** (1) *vi* to caw.
croc [kro] *nm (dent)* fang; *(crochet)* hook. **faire un ~-en-jambe à qn** to trip sb up.
croche [krɔʃ] *nf* quaver.
crochet [krɔʃɛ] *nm (gén, Boxe)* hook; *(vêtement)* fastener; *(serpent)* fang; *(cambrioleur)* picklock; *(pour tricot)* crochet hook. *(Typ)* **entre ~s** in square brackets; **vivre aux ~s de qn*** to live off sb; **faire un ~ par Paris** to make a detour through Paris. ◆ **crocheter** (5) *vt (serrure)* to pick. ◆ **crochu, e** *adj (nez)* hooked; *(doigts)* claw-like.
crocodile [krɔkɔdil] *nm* crocodile.
crocus [krɔkys] *nm* crocus.
croire [krwar] (44) — **1** *vt* to believe; *(penser)* to think; *(paraître)* to seem. **je te crois sur parole** I'll take your word for it; **il a cru bien**

faire he meant well; **je crois que oui** I think so; **il se croit malin** he thinks he's clever; **il n'en croyait pas ses yeux** he couldn't believe his eyes; **c'est à n'y pas ~**! it's unbelievable!; **il faut ~ que** it would seem that; **on croirait une hirondelle** it looks like a swallow; **tu ne peux pas ~ combien il nous manque** you cannot imagine how much we miss him. — **2 croire à, croire en** *vt indir (foi)* to believe in; *(confiance)* to have confidence in.

croisade [kRwazad] *nf (Hist, fig)* crusade.

croisement [kRwazmɑ̃] *nm (action)* crossing; *(véhicule)* passing; *(race)* cross; *(carrefour)* crossroads.

croiser [kRwaze] (1) — **1** *vt (gén)* to cross *(avec* with); *(bras)* to fold; *(véhicule, passant)* to pass. **les jambes croisées** cross-legged. — **2** *vi (Naut)* to cruise. — **3 se croiser** *vpr (gén)* to cross; *(regards)* to meet; *(personnes, véhicules)* to pass each other.

croiseur [kRwazœR] *nm* cruiser *(warship)*.

croisière [kRwazjɛR] *nf* cruise. **faire une ~** to go on a cruise.

croissance [kRwasɑ̃s] *nf* growth.

croissant [kRwasɑ̃] *nm (forme)* crescent; *(Culin)* croissant.

croître [kRwatR(ə)] (55) *vi (gén)* to grow; *(bruit, quantité)* to increase; *(jours)* to get longer; *(lune)* to wax.

croix [kRwa] *nf (gén)* cross. **les bras en ~** with one's arms out-spread; **tu peux faire une ~ dessus*** you might as well forget it!

croquant, e [kRɔkɑ̃, ɑ̃t] *adj* crisp, crunchy.

croque [kRɔk] *préf :* **croque-mitaine** *nm* bogey man, ogre. ◆ **croque-monsieur** *nm inv* toasted cheese sandwich with ham. ◆ **croque-mort** *nm* undertaker's assistant.

croquer [kRɔke] (1) — **1** *vt* **(a)** *(bonbons)* to crunch; *(fruits)* to munch. **(b)** *(dessiner)* to sketch. — **2** *vi* to be crunchy, be crisp. **~ dans une pomme** to bite into an apple.

croquet [kRɔkɛ] *nm* croquet.

croquette [kRɔkɛt] *nf* croquette.

croquis [kRɔki] *nm* sketch.

crosse [kRɔs] *nf (fusil)* butt; *(revolver)* grip; *(violon)* head; *(évêque)* crook, crosier.

crotte [kRɔt] *nf :* **de la ~** *(excrément)* manure, dung; *(boue)* mud; **une ~ de chien** some dog's dirt; **~ de chocolat** chocolate. ◆ **crotté, e** *adj* muddy. ◆ **crottin** *nm* dung, manure.

crouler [kRule] (1) *vi (gén)* to collapse; *(empire, mur)* to crumble. **la salle croulait sous les applaudissements** the room shook with the applause.

croupe [kRup] *nf* rump, hindquarters. **monter en ~** to ride pillion.

croupir [kRupiR] (2) *vi* to stagnate. **eau croupie** stagnant water.

croustiller [kRustije] (1) *vi (pâte)* to be crusty; *(chips)* to be crisp.

croûte [kRut] *nf (pain)* crust; *(fromage)* rind; *(vol-au-vent)* case; *(terre, glace)* layer; *(plaie)* scab; *(péj : tableau)* daub.

croûton [kRutɔ̃] *nm (bout du pain)* crust.

croyance [kRwajɑ̃s] *nf* belief *(à, en* in). ◆ **croyant, e** *nm,f* believer.

cru¹, e¹ [kRy] *adj (non cuit)* raw; *(grossier)* crude, coarse; *(brutal)* blunt; *(lumière)* harsh.

cru² [kRy] *nm (vignoble)* vineyard; *(vin)* wine, vintage. **du ~** local, **de son ~** of his own invention.

cruauté [kRyote] *nf* cruelty *(envers* to).

cruche [kRyʃ] *nf (récipient)* pitcher, jug; (* : *imbécile)* ass*.

crucial, e *mpl* **-aux** [kRysjal, o] *adj* crucial.

crucifier [kRysifje] (7) *vt* to crucify. ◆ **crucifix** *nm* crucifix. ◆ **crucifixion** *nf* crucifixion.

crudité [kRydite] *nf :* **~s** ≃ mixed salad.

crue² [kRy] *nf (montée des eaux)* rise in the water level; *(inondation)* flood. **en ~** in spate.

cruel, -elle [kRyɛl] *adj (gén)* cruel; *(animal)* ferocious; *(sort)* harsh; *(nécessité)* bitter. ◆ **cruellement** *adv* cruelly.

crustacé [kRystase] *nm* shellfish.

crypte [kRipt(ə)] *nf* crypt.

Cuba [kyba] *nf* Cuba. ◆ **cubain, e** *adj,* **C~, e** *nm,f* Cuban.

cube [kyb] — **1** *nm (gén)* cube; *(jeu)* wooden brick. **élever au ~** to cube. — **2** *adj :* **mètre ~** cubic metre. ◆ **cubique** *adj* cubic.

cueillette (kœjɛt] *nf (action)* picking; *(récolte)* harvest *ou* crop of fruit.

cueillir [kœjiR] (12) *vt* to pick.

cuiller, cuillère [kɥijɛR] *nf* spoon; *(contenu)* spoonful. **~ à café** coffee spoon. ◆ **cuillerée** *nf* spoonful.

cuir [kɥiR] *nm* leather; *(brut)* hide. **~ chevelu** scalp.

cuirasse [kɥiRas] *nf* breastplate. ◆ **cuirassé** *nm* battleship. ◆ **cuirasser** (1) *vt (endurcir)* to harden *(contre* against).

cuire [kɥiR] (38) — **1** *vt* *(aussi* **faire ~)** to cook. **~ au four** *(gâteau, pain)* to bake; *(viande)* to roast; **~ à la poêle** to fry ; **faire trop ~ qch** to overcook sth; **ne pas faire assez ~ qch** to undercook sth. — **2** *vi (aliment)* to cook. **~ à gros bouillon(s)** to boil hard ; **on cuit ici !*** it's boiling in here!*; **les yeux me cuisaient** my eyes were smarting.

cuisant, e [kɥizɑ̃, ɑ̃t] *adj (douleur)* smarting, burning; *(froid, échec)* bitter; *(remarque)* stinging.

cuisine [kɥizin] *nf (pièce)* kitchen ; *(art)* cookery, cooking; *(nourriture)* cooking, food. **elle fait la ~** she does the cooking. ◆ **cuisiner** (1) *vt* to cook. ◆ **cuisinier, -ière** — **1** *nm,f (personne)* cook. — **2** *nf* cooker.

cuisse [kɥis] *nf* thigh. **~ de poulet** chicken leg.

cuisson [kɥisɔ̃] *nf (aliments)* cooking; *(pain)* baking; *(gigot)* roasting.

cuit, e [kɥi, kɥit] — **1** *adj (plat)* cooked; *(pain, viande)* ready, done. **bien ~** well done; **trop ~** overdone; **pas assez ~** underdone; **c'est du tout ~*** it's a walkover* ; **il est ~*** he's had it*. — **2** *nf :* **prendre une ~e*** to get plastered*.

cuivre [kɥivR(ə)] *nm :* **~ rouge** copper; **~ jaune** brass; *(Mus)* **les ~s** the brass.

cul [ky] *nm (Anat :* *) backside*; *(bouteille)* bottom. ◆ **cul-de-sac** *pl* **~s-~-** *nm* cul-de-sac, dead end.

culasse [kylas] *nf (moteur)* cylinder head; *(fusil)* breech.

culbute [kylbyt] *nf (cabriole)* somersault; *(chute)* tumble, fall. ◆ **culbuter** (1) — **1** *vi (personne)* to tumble; *(chose)* to topple over. — **2** *vt* to knock over.

culinaire [kylinɛR] *adj* culinary.

culminer [kylmine] (1) *vi (colère)* to reach a peak; *(sommet)* to tower *(au-dessus de* above). **~ à** to reach its highest point at.

culot *[kylo] *nm* cheek*.

culotte [kylɔt] *nf* trousers; *(sous-vêtement)* pants. **~ de cheval** riding breeches.

culpabilité [kylpabilite] *nf* guilt.

culte [kylt(ə)] *nm (vénération, pratiques)* cult; *(religion)* religion; *(office)* church service. **avoir le ~ de** to worship.
cultivateur, -trice [kyltivatœʀ, tʀis] *nm,f* farmer. ◆ **cultivé, e** *adj (instruit)* cultured. ◆ **cultiver** (1) — **1** *vt* to cultivate. — **2 se cultiver** *vpr* to cultivate one's mind.
culture [kyltyʀ] *nf* **(a)** *(champ)* cultivation; *(légumes)* growing. **méthodes de ~** farming methods; *(terres)* **~s** land under cultivation. **(b)** *(savoir)* **la ~** culture; **~ générale** general knowledge; **faire de la ~ physique** to do physical training. **(c)** *(Bio)* culture. ◆ **culturel, -elle** *adj* cultural.
cumin [kymɛ̃] *nm* caraway seeds, cumin.
cumul [kymyl] *nm* **: le ~ de 2 choses** having 2 things concurrently. ◆ **cumuler** (1) *vt* to have concurrently.
cupide [kypid] *adj* greedy. ◆ **cupidité** *nf* greed.
curable [kyʀabl(ə)] *adj* curable. ◆ **curatif, -ive** *adj* curative.
cure [kyʀ] *nf* **(a)** course of treatment. **~ d'amaigrissement** slimming course; **~ de repos** rest cure. **(b)** *(paroisse)* cure; *(maison)* presbytery.
curé [kyʀe] *nm* priest.
cure-dent, *pl* **~-~s** [kyʀdɑ̃] *nm* toothpick.
curer [kyʀe] (1) *vt* to clean. **se ~ les dents** to pick one's teeth.
curieusement [kyʀjøzmɑ̃] *adv* curiously.
curieux, -euse [kyʀjø, øz] — **1** *adj (indiscret)* curious, inquisitive; *(bizarre)* curious, funny. *(intéressé)* **esprit ~** inquiring mind; **~ de savoir** curious to know. — **2** *nm,f (indiscret)* busybody; *(badaud)* onlooker, bystander. ◆ **curiosité** *nf* curiosity; inquisitiveness; *(chose)* curious object (*ou* sight).
cuti(-réaction) [kyti(ʀeaksjɔ̃)] *nf* skin test.
cuve [kyv] *nf (tonneau)* vat; *(citerne)* tank. ◆ **cuvée** *nf (vin)* vintage.
cuvette [kyvɛt] *nf (gén)* bowl; *(évier)* basin; *(W.-C.)* pan; *(Géog)* basin.
cycle [sikl(ə)] *nm* cycle. **premier ~** *(Scol)* lower school; *(Univ)* first and second year. ◆ **cyclisme** *nm* cycling. ◆ **cycliste** — **1** *adj (course)* cycle; *(coureur)* racing. — **2** *nmf* cyclist. ◆ **cyclomoteur** *nm* moped.
cyclone [siklon] *nm* cyclone.
cygne [siɲ] *nm* swan.
cylindre [silɛ̃dʀ(ə)] *nm* cylinder.
cymbale [sɛ̃bal] *nf* cymbal.
cynique [sinik] — **1** *adj* cynical. — **2** *nm* cynic. ◆ **cynisme** *nm* cynicism.
cyprès [sipʀɛ] *nm* cypress.

D

D, d [de] *nm (lettre)* D, d. ◆ **d'** *V* **de.**
dactylo [daktilo] *nf* typist. ◆ **dactylo(graphie)** *nf* typing. ◆ **dactylographier** (7) *vt* to type.
dada [dada] *nm* (* : *cheval*) horsy*; *(marotte)* hobby horse, pet subject.
dadais [dadɛ] *nm* **: grand ~** awkward lump.
dahlia [dalja] *nm* dahlia.
daigner [deɲe] (1) *vt* to deign.
daim [dɛ̃] *nm* fallow deer; *(peau)* buckskin; *(cuir)* suede.
dais [dɛ] *nm* canopy.
dallage [dalaʒ] *nm (gén)* paving.
dalle [dal] *nf* paving stone. **~ funéraire** gravestone. ◆ **daller** (1) *vt* to pave.
daltonien, -ienne [daltɔnjɛ̃, jɛn] *adj* colourblind.
dame [dam] *nf* **(a)** *(gén)* lady; (* : *épouse*) wife. **coiffeur pour ~s** ladies' hairdresser; **~ de compagnie** lady's companion; **~ patronnesse** patroness. **(b)** *(Cartes, Échecs)* queen; *(Dames)* crown. **le jeu de ~s** draughts, checkers *(US)*. ◆ **damier** *nm* draughtboard, checkerboard *(US)*.
damnation [dɑnɑsjɔ̃] *nf* damnation. ◆ **damné, e** — **1** *adj* (* : *maudit*) cursed*. — **2** *nm,f* **: les ~s** the damned. ◆ **damner** (1) *vt* to damn. **faire ~ qn*** to drive sb mad*.
dancing [dɑ̃siŋ] *nm* dance hall.
dandiner (se) [dɑ̃dine] (1) *vpr* to waddle.
Danemark [danmaʀk] *nm* Denmark.
danger [dɑ̃ʒe] *nm* danger. **mettre en ~** to endanger; **il est en ~ de mort** his life is in danger; **courir un ~** to run a risk; **en cas de ~** in case of emergency; **~ public** public menace; **les ~s de la route** road hazards; **mission sans ~** safe mission. ◆ **dangereusement** *adv* dangerously. ◆ **dangereux, -euse** *adj* dangerous (*pour* to).
danois, e [danwa, waz] — **1** *adj, nm* Danish. — **2** *nm,f* **: D~, e** Dane.
dans [dɑ̃] *prép (gén)* in; *(mouvement)* into; *(limites)* within; *(approximation)* about. **~ le temps** in the past; **être ~ les affaires** to be in business; **pénétrer ~ la forêt** to go into the forest; **~ un rayon restreint** within a restricted radius; **prendre qch ~ sa poche** to take sth from *ou* out of one's pocket; **cela coûte ~ les 50 F** it costs about 50 francs; **errer ~ la ville** to wander about the town.
danse [dɑ̃s] *nf (valse etc)* dance. *(art)* **la ~** dancing; **la ~ classique** ballet dancing; **de ~** *(professeur)* dancing; *(musique)* dance. ◆ **danser** (1) *vti* to dance. **faire ~ qn** to dance with sb. ◆ **danseur, -euse** *nm,f (gén)* dancer; *(partenaire)* partner; *(ballet)* ballet dancer.
dard [daʀ] *nm (animal)* sting.
dare-dare* [daʀdaʀ] *loc adv* double-quick.
date [dat] *nf* date. **~ de naissance** date of birth; **à quelle ~?** on what date?; **~ limite** deadline; **prendre ~ avec qn** to fix a date with sb; *(événement)* **faire ~** to stand out (*dans* in); **le**

premier en ~ the first; **ami de longue ~** long-standing friend; **connaître qn de fraîche ~** to have known sb for a short time.
dater [date] (1) *vi* to date (*de* from); *(être démodé)* to be dated. **ça date de quand?** when did it happen?; **à ~ de demain** as from tomorrow.
datte [dat] *nf* date. ◆ **dattier** *nm* date palm.
daube [dob] *nf* : **bœuf en ~** casserole of beef, beef stew.
dauphin [dofɛ̃] *nm (Zool)* dolphin.
daurade [dɔʀad] *nf* sea bream.
davantage [davɑ̃taʒ] *adv* more; *(plus longtemps)* longer. **bien ~** much more; **~ d'argent** more money; **je n'en ai pas ~** I haven't got any more; *(de plus en plus)* **chaque jour ~** more and more every day.
de [d(ə)] (*devant voyelle et h muet* : **d'**; *contraction avec* **le, les** : **du, des**) — **1** *prép* **(a)** *(provenance)* out of, from; *(localisation)* in, on. **sortir ~ la maison** to come out of the house; **l'avion ~ Londres** *(provenance)* the plane from London; *(destination)* the plane for London; **les voisins du 2e** the neighbours on the 2nd floor; **le meilleur du monde** the best in the world. **(b)** *(appartenance)* of. **la maison ~ mon ami** my friend's house; **un roman ~ Wells** a novel by Wells; **le pied ~ la table** the leg of the table, the table leg. **(c)** *(caractérisation)* of. **regard ~ haine** look of hatred; **le professeur d'anglais** the English teacher; **objet ~ cristal** crystal object; **2 verres ~ cassés** 2 broken glasses. **(d)** *(contenu)* of. **une tasse ~ thé** a cup of tea. **(e)** *(temps)* **~ jour** by day; **~ 6 à 8** from 6 to 8; **3 heures du matin** 3 o'clock in the morning. **(f)** *(mesure)* **pièce ~ 6 m²** room measuring 6 m²; **enfant ~ 5 ans** 5-year-old child; **ce poteau a 5 mètres ~ haut** this post is 5 metres high; **plus grand ~ 5 cm** 5 cm taller; **il gagne 9 F ~ l'heure** he earns 9 francs an hour. **(g)** *(moyen)* **frapper ~ la main** to hit with one's hand; **se nourrir ~ racines** to live on roots; **il vit ~ sa peinture** he lives by his painting; **parler d'une voix ferme** to speak in a firm voice. **(h)** *(copule)* **décider ~ faire** to decide to do; **empêcher qn ~ faire** to prevent sb from doing; **content ~ qch** pleased with sth. — **2** *art (affirmation)* some *(souvent omis)*; *(interrogation, négation)* any. **boire ~ l'eau au robinet** to drink some water from the tap; **voulez-vous du pain?** do you want any bread?; **je n'ai pas de voisins** I haven't any neighbours, I have no neighbours.
dé [de] *nm* die, dice. **~s** dice; **~ à coudre** thimble; **les ~s sont jetés** the die is cast.
déambuler [deɑ̃byle] (1) *vi* to stroll about.
débâcle [debɑkl(ə)] *nf (armée)* rout; *(régime)* collapse; *(glaces)* breaking up.
déballer [debale] (1) *vt (affaires)* to unpack; *(marchandises)* to display.
débandade [debɑ̃dad] *nf (fuite)* headlong flight. **en ~** in disorder.
débarbouiller *vt*, **se débarbouiller** *vpr* [debaʀbuje] (1) to wash.
débarcadère [debaʀkadɛʀ] *nm* landing stage.
débarquement [debaʀkəmɑ̃] *nm* landing. ◆ **débarquer** (1) — **1** *vt (gén)* to land; *(marchandises)* to unload. — **2** *vi* to disembark, land. **tu débarques!*** where have you been?
débarras [debaʀa] *nm (pièce)* lumber room; *(placard)* cupboard. **bon ~!** good riddance! ◆ **débarrasser** (1) — **1** *vt* to clear (*de* of). **~ la table** to clear the table; **~ qn de qch** to relieve sb of sth. — **2 se débarrasser** *vpr* : **se ~ de** *(gén)* to get rid of; *(vêtement)* to take off.
débat [deba] *nm* debate. ◆ **débattre** (41) — **1** *vt* to discuss, debate. — **2 se débattre** *vpr* to struggle (*contre* with).
débauche [deboʃ] *nf (vice)* debauchery. *(abondance)* **~ de** profusion of.
débile [debil] *adj (gén)* feeble; *(péj)* moronic. **c'est un ~ mental** he is mentally deficient.
débiliter [debilite] (1) *vt (climat)* to debilitate, *(propos)* to demoralize.
débiner* [debine] (1) — **1** *vt* : **~ qn*** to run sb down*. — **2 se débiner** *vpr* to clear off*.
débit [debi] *nm* **(a)** *(Fin)* debit. **(b)** *(vente)* turnover. **cette boutique a du ~** this shop has a quick turnover. **(c)** *(fleuve)* flow; *(machine)* output. **(d)** *(élocution)* delivery. **(e) ~ de boissons** *(Admin)* drinking establishment; **~ de tabac** tobacconist's. ◆ **débiter** (1) *vt (compte)* to debit; *(vendre)* to sell; *(produire)* to produce; *(tailler)* to cut up. ◆ **débiteur, -trice** — **1** *adj* : **être ~** to be in debt (*de 50 F* by 50 francs). — **2** *nmf* debtor.
déblaiement [deblɛmɑ̃] *nm* clearing. ◆ **déblais** *nmpl (gravats)* rubble; *(terre)* earth. ◆ **déblayer** (8) *vt* to clear.
débloquer [deblɔke] (1) *vt (gén)* to release; *(compte, prix)* to free; *(route)* to unblock.
déboires [debwaʀ] *nmpl* setbacks.
déboîter [debwate] (1) — **1** *vt (tuyaux)* to disconnect. **se ~ l'épaule** to dislocate one's shoulder. — **2** *vi (voiture)* to pull out.
débonnaire [debɔnɛʀ] *adj* good-natured.
débordant, e [debɔʀdɑ̃, ɑ̃t] *adj (activité)* exuberant; *(joie)* overflowing.
débordement [debɔʀdəmɑ̃] *nm (Mil, Sport)* outflanking; *(joie)* outburst; *(activité)* explosion. *(débauches)* **~s** excesses.
déborder [debɔʀde] (1) — **1** *vi (en dessinant)* to go over the edge. **~ de qch** *(liquide)* to overflow sth; *(en bouillant)* to boil over sth; *(alignement)* to stick out of sth; **plein à ~** full to overflowing (*de* with); **c'est la goutte qui a fait ~ le vase** that was the last straw; **~ de santé** *etc* to be bursting with health *etc.* — **2** *vt (dépasser)* to extend beyond; *(Mil, Sport)* to outflank; *(d'un alignement)* to stick out beyond. **être débordé de travail** to be snowed under with work*.
débouché [debuʃe] *nm (pays, économie)* outlet; *(vallée, carrière)* opening.
déboucher [debuʃe] (1) — **1** *vt (tuyau)* to unblock; *(bouteille)* to uncork; *(tube)* to uncap. — **2** *vi* : **~ de** to come out of; **~ sur qch** *(voiture)* to come out into sth; *(discussion)* to lead up to sth.
débourser [debuʀse] (1) *vt* to lay out.
debout [dəbu] *adv, adj inv (personne)* **être ~** to be standing; *(levé)* to be up; *(guéri)* to be up and about; **se mettre ~** to stand up; **mettre qch ~** to stand sth upright; *(lit, fig)* **tenir ~** to stand up.
déboutonner [debutɔne] (1) *vt* to unbutton.
débraillé, e [debʀaje] *adj* slovenly.
débrancher [debʀɑ̃ʃe] (1) *vt* to disconnect.
débrayage [debʀɛjaʒ] *nm (pédale)* clutch; *(grève)* stoppage. ◆ **débrayer** (8) *vi* to disengage the clutch; to stop work.
débridé, e [debʀide] *adj* unbridled.
débris [debʀi] *nm* fragment. **les ~** *(décombres)* the debris *(sg)*; *(détritus)* the rubbish; *(reste)* the remains (*de* of).

débrouillard, e* [debʀujaʀ, aʀd(ə)] *adj* resourceful. ◆ **débrouillardise*** *nf* resourcefulness. ◆ **débrouiller** (1) — **1** *vt (fils)* to disentangle; *(mystère)* to unravel. — **2 se débrouiller** *vpr* to manage.
débroussailler [debʀusaje] (1) *vt (terrain)* to clear; *(problème)* to do the spadework on.
début [deby] *nm* beginning, start. **salaire de ~** starting salary; **dès le ~** from the start *ou* beginning; **au ~** at first, in the beginning; **faire ses ~s** to start. ◆ **débutant, e** — **1** *adj* novice. — **2** *nm,f* beginner, novice. ◆ **débuter** (1) *vti* to start, begin (*par, sur* with).
deçà [dəsa] *adv* : **en ~ de** *(fleuve)* on this side of; **~, delà** here and there.
décacheter [dekaʃte] (4) *vt* to unseal, open.
décade [dekad] *nf (décennie)* decade; *(dix jours)* period of ten days.
décadence [dekadɑ̃s] *nf (processus)* decline; *(état)* decadence. **tomber en ~** to fall into decline. ◆ **décadent, e** *adj, nm,f* decadent.
décalage [dekalaʒ] *nm (gén)* gap (*entre* between). **~ horaire** time difference.
décaler [dekale] (1) *vt (avancer)* to move forward; *(reculer)* to move back; *(déséquilibrer)* to unwedge.
décalquer [dekalke] (1) *vt* to trace; *(par pression)* to transfer.
décamper* [dekɑ̃pe] (1) *vi* to clear off*.
décanter [dekɑ̃te] (1) *vt* to allow to settle.
décaper [dekape] (1) *vt (gén)* to clean; *(à l'abrasif)* to scour; *(à la brosse)* to scrub; *(au papier de verre)* to sand.
décapiter [dekapite] (1) *vt* to behead.
décapotable [dekapɔtabl(ə)] *adj (Aut)* convertible.
décapsuler [dekapsyle] (1) *vt* to take the top off.
décéder [desede] (6) *vi* to die.
déceler [desle] (5) *vt* to detect.
décembre [desɑ̃bʀ(ə)] *nm* December; *V* **septembre.**
décence [desɑ̃s] *nf* decency. ◆ **décemment** *adv* decently. ◆ **décent, e** *adj* decent.
décennie [deseni] *nf* decade.
décentralisation [desɑ̃tʀalizɑsjɔ̃] *nf* decentralization. ◆ **décentraliser** (1) *vt* to decentralize.
déception [desɛpsjɔ̃] *nf* disappointment.
décerner [desɛʀne] (1) *vt* to award.
décès [desɛ] *nm* death.
décevoir [desvwaʀ] (28) *vt* to disappoint.
déchaînement [deʃɛnmɑ̃] *nm (fureur)* fury.
déchaîner [deʃene] (1) — **1** *vt (rires, cris)* to raise; *(violence)* to unleash; *(enthousiasme)* to arouse. — **2 se déchaîner** *vpr (rires, tempête)* to break out; *(personne)* to let fly (*contre* at). ◆ **déchaîné, e** *adj (furieux)* furious (*contre* with); *(flots)* raging; *(enthousiasme)* wild.
déchanter [deʃɑ̃te] (1) *vi* to become disillusioned.
décharge [deʃaʀʒ(ə)] *nf (ordures)* rubbish *ou* garbage *(US)* dump; *(salve)* volley of shots. **~ électrique** electrical discharge; **il faut dire à sa ~ que ...** it must be said in his defence that ...
décharger [deʃaʀʒe] (3) *vt (véhicule)* to unload (*de* from); *(conscience)* to unburden; *(arme)* to discharge. **~ qn de** *(tâche)* to relieve sb of; *(pile)* **se ~** to go flat.
décharné, e [deʃaʀne] *adj (corps)* emaciated; *(visage)* gaunt.
déchausser [deʃose] (1) — **1** *vt* : **~ un enfant** to take a child's shoes off. — **2 se déchausser** *vpr (personne)* to take one's shoes off.
déchéance [deʃeɑ̃s] *nf (morale)* decay; *(physique)* degeneration.
déchet [deʃɛ] *nm (morceau)* scrap. **~s radioactifs** radioactive waste; **il y a du ~** there is some wastage; **~ humain** human wreck.
déchiffrer [deʃifʀe] (1) *vt (message)* to decipher; *(énigme)* to solve.
déchiqueter [deʃikte] (4) *vt* to tear to pieces.
déchirant, e [deʃiʀɑ̃, ɑ̃t] *adj* heartbreaking. ◆ **déchirement** *nm (douleur)* wrench. *(Pol : divisions)* **~s** rifts.
déchirer [deʃiʀe] (1) — **1** *vt* to tear; *(lacérer)* to tear up; *(ouvrir)* to tear open; *(querelle)* to tear apart. **cris qui déchirent les oreilles** cries which split one's ears; **spectacle qui déchire le cœur** heartrending sight. — **2 se déchirer** *vpr* to tear; *(cœur)* to break. ◆ **déchirure** *nf* tear.
déci [desi] *préf* deci.
décidé, e [deside] *adj* determined (*à faire* to do). **c'est ~!** that's settled!
décidément [desidemɑ̃] *adv* really.
décider [deside] (1) — **1** *vt* to decide (*de faire* to do). **~ qch** to decide on sth; **~ qn à faire** to persuade sb to do. — **2 se décider** *vpr (personne)* to make up one's mind (*à faire* to do). **ça se décide demain** it will be decided *ou* settled tomorrow; **est-ce qu'il va se ~ à faire beau?*** do you think it'll turn out fine?
décimal, e, *mpl* **-aux** [desimal, o] *adj, nf* decimal.
décimer [desime] (1) *vt* to decimate.
décisif, -ive [desizif, iv] *adj (gén)* decisive; *(coup, facteur)* deciding.
décision [desizjɔ̃] *nf* decision.
déclamer [deklame] (1) *vt* to declaim.
déclaration [deklaʀɑsjɔ̃] *nf (gén)* declaration; *(discours)* statement; *(décès)* registration; *(vol)* notification. **~ de guerre** declaration of war; *(formulaire)* **~ d'impôts** tax return. ◆ **déclarer** (1) — **1** *vt (gén)* to declare; *(annoncer)* to announce; *(décès)* to register; *(vol)* to notify. **~ la guerre** to declare war (*à* on); **je vous déclare que** I tell you that; **avec l'intention déclarée de** with the declared intention of. — **2 se déclarer** *vpr (incendie)* to break out. **se ~ satisfait** to declare o.s. satisfied.
déclasser [deklɑse] (1) *vt (coureur)* to relegate; *(fiches)* to get out of order.
déclenchement [deklɑ̃ʃmɑ̃] *nm (bouton)* release; *(attaque)* launching; *(hostilités)* opening. ◆ **déclencher** (1) — **1** *vt (mécanisme)* to release; *(sonnerie)* to set off; *(ouverture)* to activate; *(attaque, grève)* to launch; *(catastrophe)* to trigger off; *(tir)* to open. — **2 se déclencher** *vpr (sonnerie)* to go off; *(attaque, grève)* to start.
déclic [deklik] *nm (bruit)* click; *(mécanisme)* trigger mechanism.
déclin [deklɛ̃] *nm (gén)* decline (*de* in). **être à son ~** *(soleil)* to be setting; *(lune)* to be waning; **en ~** on the decline.
déclinaison [deklinɛzɔ̃] *nf (verbe)* declension.
décliner [dekline] (1) — **1** *vt (identité)* to state, give; *(offre)* to decline; *(verbe)* to decline. — **2** *vi (gén)* to decline; *(ardeur)* to wane; *(jour)* to draw to a close; *(soleil)* to go down; *(lune)* to wane.
déclivité [deklivite] *nf* incline.
décocher [dekɔʃe] (1) *vt (flèche, regard)* to shoot; *(coup)* to let fly.
décoder [dekɔde] (1) *vt* to decipher.
décoiffer [dekwafe] (1) *vt* : **~ qn** to disarrange sb's hair; **je suis décoiffé** my hair is in a mess; **se ~** to take one's hat off.

décoincer [dekwɛ̃se] (3) *vt* to unjam.
décollage [dekolaʒ] *nm* takeoff. ◆ **décoller** (1) — **1** *vt* to unstick. — **2** *vi* to take off. — **3 se décoller** *vpr (timbre)* to come unstuck.
décolleté, e [dekɔlte] — **1** *adj (robe)* low-cut. — **2** *nm* low neckline.
décoloration [dekɔlɔʀɑsjɔ̃] *nf* : **se faire faire une ~** to have one's hair bleached. ◆ **décolorer** (1) — **1** *vt (cheveux)* to bleach; *(tissu)* to fade. — **2 se décolorer** *vpr (gén)* to lose its colour; *(tissu)* to fade.
décombres [dekɔ̃bʀ(ə)] *nmpl* rubble, debris *(sg)*.
décommander [dekɔmɑ̃de] (1) *vt (gén)* to cancel; *(invités)* to put off. **se ~** to cancel an appointment.
décomposer [dekɔ̃poze] (1) — **1** *vt (mouvement, phrase)* to break up; *(Chim)* to decompose. — **2 se décomposer** *vpr (viande)* to decompose; *(visage)* to change dramatically. ◆ **décomposition** *nf* breaking up; decomposition. **en ~** in a state of decomposition.
décompte [dekɔ̃t] *nm (compte)* detailed account. **faire le ~ des points** to count up the points. ◆ **décompter** (1) *vt* to deduct.
déconcerter [dekɔ̃sɛʀte] (1) *vt* to disconcert.
déconfit, e [dekɔ̃fi, it] *adj* crestfallen.
décongeler [dekɔ̃ʒle] (5) *vt* to thaw.
déconnecter [dekɔnɛkte] (1) *vt* to disconnect.
déconseiller [dekɔ̃seje] (1) *vt* : **~ qch à qn** to advise sb against sth; **c'est déconseillé** it's inadvisable.
déconsidérer [dekɔ̃sideʀe] (6) *vt* to discredit.
décontenancer [dekɔ̃tnɑ̃se] (3) *vt* to disconcert.
décontracter *vt*, **se décontracter** *vpr* [dekɔ̃tʀakte] (1) to relax. ◆ **décontraction** *nf* relaxation.
déconvenue [dekɔ̃vny] *nf* disappointment.
décor [dekɔʀ] *nm (paysage)* scenery; *(milieu)* setting. *(Théât)* **le ~, les ~s** the scenery, **un ~ de théâtre** a stage set. ◆ **décorateur, -trice** *nm,f* interior decorator; *(Théât)* set designer. ◆ **décoratif, -ive** *adj* decorative. ◆ **décoration** *nf* decoration. ◆ **décorer** (1) *vt* to decorate; *(robe)* to trim.
décortiquer [dekɔʀtike] (1) *vt (crevettes)* to shell; *(riz)* to hull; *(texte)* to dissect.
découcher [dekuʃe] (1) *vi* to stay out all night.
découdre [dekudʀ(ə)] (48) — **1** *vt (vêtement)* to unpick. — **2 se découdre** *vpr (robe)* to come unstitched; *(bouton)* to come off.
découler [dekule] (1) *vi* to ensue, follow (*de* from).
découpage [dekupaʒ] *nm (action)* cutting; *(image)* cut-out. ◆ **découpé, e** *adj (relief)* jagged. ◆ **découper** (1) — **1** *vt (gén)* to cut; *(viande)* to carve. — **2 se découper** *vpr (silhouette)* to stand out (*sur* against). ◆ **découpure** *nf (contour)* jagged outline.
découragement [dekuʀaʒmɑ̃] *nm* discouragement. ◆ **décourager** (3) — **1** *vt* to discourage (*de* from). — **2 se décourager** *vpr* to lose heart.
décousu, e [dekuzy] *adj (Couture)* unstitched; *(fig)* disjointed.
découvert, e [dekuvɛʀ, ɛʀt(ə)] — **1** *adj (tête)* bare; *(lieu)* open. **être à ~** to be exposed; **agir à ~** to act openly. — **2** *nm (compte)* overdraft; *(caisse)* deficit. — **3** *nf* discovery. **aller à la ~e de** to go in search of.
découvrir [dekuvʀiʀ] (18) — **1** *vt (invention)* to discover; *(cause)* to find out; *(ruines, membres)* to uncover; *(casserole)* to take the lid off; *(panorama)* to see. **~ le pot aux roses*** to uncover the fiddle*. — **2 se découvrir** *vpr (chapeau)* to take off one's hat; *(couvertures)* to uncover o.s.
décret [dekʀɛ] *nm* decree. ◆ **décréter** (6) *vt (gén)* to order; *(état d'urgence)* to declare.
décrier [dekʀije] (7) *vt* to disparage.
décrire [dekʀiʀ] (39) *vt* to describe.
décrocher [dekʀɔʃe] (1) — **1** *vt (rideau)* to take down; *(fermoir)* to undo; *(wagon)* to uncouple; *(téléphone)* to pick up, lift; *(fig : contrat, examen)* to get. — **2** *vi (Téléc)* to pick up *ou* lift the receiver; (* : *ne pas comprendre)* to lose track.
décroître [dekʀwatʀ(ə)] (55) *vi (gén)* to decrease; *(fièvre, crue)* to go down; *(lune)* to wane; *(jour)* to get shorter.
déçu, e [desy] *adj* disappointed.
dédaigner [dedeɲe] (1) *vt (gén)* to scorn, disdain; *(offre)* to spurn; *(menaces)* to disregard. **il ne dédaigne pas la plaisanterie** he's not averse to a joke. ◆ **dédaigneux, -euse** *adj* disdainful (*de* of). ◆ **dédain** *nm* disdain (*de* for).
dédale [dedal] *nm* maze.
dedans [d(ə)dɑ̃] — **1** *adv* inside. **au ~ de lui** deep down; **au ~ de** inside; **il est rentré ~*** *(accident)* he crashed straight into it; *(bagarre)* he laid into him*; **il s'est fichu ~*** he got it all wrong. — **2** *nm* inside.
dédicace [dedikas] *nf* inscription. ◆ **dédicacer** (3) *vt* to inscribe (*à qn* to sb).
dédier [dedje] (7) *vt* : **~ qch à** to dedicate sth to.
dédire (se) [dediʀ] (37) *vpr (engagements)* to go back on one's word; *(affirmation)* to withdraw. ◆ **dédit** *nm (caution)* penalty.
dédommagement [dedɔmaʒmɑ̃] *nm* compensation (*de* for). ◆ **dédommager** (3) *vt* : **~ qn** to compensate sb (*de* for).
dédouaner [dedwane] (1) *vt (Comm)* to clear through customs; (*) *(personne)* to clear.
dédoubler [deduble] (1) *vt (classe)* to divide in two.
déductible [dedyktibl(ə)] *adj* deductible.
déduction [dedyksjɔ̃] *nf* deduction. **~ faite de** after deduction of.
déduire [dedɥiʀ] (38) *vt (ôter)* to deduct (*de* from); *(conclure)* to deduce (*de* from).
déesse [deɛs] *nf* goddess.
défaillance [defajɑ̃s] *nf (évanouissement)* blackout; *(faiblesse)* weakness; *(panne)* fault, breakdown (*de* in). **~ cardiaque** heart failure; **~ de mémoire** lapse of memory. ◆ **défaillant, e** *adj (forces)* failing; *(voix, pas)* unsteady; *(personne)* weak. ◆ **défaillir** (13) *vi (personne)* to faint; *(forces)* to weaken. **sans ~** without flinching.
défaire [defɛʀ] (60) — **1** *vt (installation)* to take down, dismantle; *(nœud)* to undo; *(valise)* to unpack. **~ qn de qch** to rid sb of sth. — **2 se défaire** *vpr (ficelle)* to come undone. **se ~ de qch** to get rid of sth. ◆ **défait, e**[1] *adj (visage)* haggard; *(cheveux)* tousled; *(lit)* rumpled. ◆ **défaite**[2] *nf* defeat. ◆ **défaitiste** *adj, nmf* defeatist.
défalquer [defalke] (1) *vt* to deduct.
défaut [defo] *nm* **(a)** *(gén)* flaw; *(étoffe)* fault; *(système)* defect; *(personne)* fault, failing. **~ de prononciation** speech defect; **le ~ de la cuirasse** the chink in the armour; **être en ~** to be at fault; **prendre qn en ~** to catch sb out.

(b) *(désavantage)* drawback. **le ~ c'est que ...** the snag is that... **(c)** *(manque)* **~ de** *(raisonnement)* lack of; *(main-d'œuvre)* shortage of; **ça me fait ~** I lack it; **à ~ de** for lack of.
défavorable [defavɔRabl(ə)] *adj* unfavourable (*à* to).
défavoriser [defavɔRize] (1) *vt* to put at a disadvantage. **les couches défavorisées de la population** the disadvantaged sections of the population.
défection [defɛksjɔ̃] *nf* desertion. **faire ~** to desert.
défectueux, -euse [defɛktɥø, øz] *adj* defective. ◆ **défectuosité** *nf (état)* defectiveness; *(défaut)* defect, fault (*de* in).
défendable [defɑ̃dabl(ə)] *adj* defensible.
défendre [defɑ̃dR(ə)] (41) — **1** *vt (protéger) (gén)* to defend; *(du froid)* to protect (*de* from). *(interdire)* **~ à qn de faire** to forbid sb to do. — **2 se défendre** *vpr (se protéger)* to defend o.s. (*contre* against). **il se défend bien en affaires** he does well in business; **ça se défend** it is défensible; *(se justifier)* **se ~ d'avoir fait qch** to deny doing sth; *(s'empêcher de)* **se ~ de faire** to refrain from doing.
defense [defɑ̃s] *nf* **(a)** *(protection)* defence. **prendre la ~ de qn** to stand up for sb; **sans ~** defenceless. **(b)** *(interdiction)* **~ d'entrer** no admittance; **~ de fumer** no smoking; **la ~ que je lui ai faite** what I forbade him to do. **(c)** *(éléphant)* tusk. ◆ **défenseur** *nm (gén)* defender; *(avocat)* counsel for the defence. ◆ **défensif, -ive** *adj, nf* defensive.
déférence [defeRɑ̃s] *nf* deference.
déferlement [defɛRləmɑ̃] *nm* wave. ◆ **déferler** (1) *vi (vagues)* to break. **~ sur le pays** to sweep through the country;
défi [defi] *nm* challenge. **mettre qn au ~** to defy sb (*de faire* to do); **d'un air de ~** defiantly.
défiance [defjɑ̃s] *nf* mistrust. **être sans ~** to be unsuspecting. ◆ **défiant, e** *adj* mistrustful.
déficience [defisjɑ̃s] *nf* deficiency. ◆ **déficient, e** *adj* deficient.
déficit [defisit] *nm* deficit. ◆ **déficitaire** *adj* in deficit.
défier [defje] (7) *vt (adversaire)* to challenge (*à* to); *(adversité)* to defy. **~ qn de faire qch** to defy sb to do sth; **ça défie toute concurrence** it is unbeatable.
défigurer [defigyRe] (1) *vt (visage, paysage)* to disfigure; *(réalité)* to distort.
défilé [defile] *nm (cortège)* procession; *(manifestation)* march; *(militaire)* parade; *(voitures)* stream; *(montagneux)* narrow pass. ◆ **défiler** (1) — **1** *vi (Mil)* to parade; *(manifestants)* to march (*devant* past); *(souvenirs)* to pass (*dans* through). — **2 se défiler** *vpr (refuser)* **il s'est défilé** he wriggled out of it.
définir [definiR] (2) *vt* to define. ◆ **défini, e** *adj* definite.
définitif, -ive [definitif, iv] — **1** *adj definitive.* — **2** *nf* : **en ~ive** in fact. ◆ **définitivement** *adv (partir)* for good; *(résoudre)* definitively.
définition [definisjɔ̃] *nf* definition; *(mots croisés)* clue.
déflagration [deflagRɑsjɔ̃] *nf* explosion.
défoncer [defɔ̃se] (3) *vt* to break. **fauteuil défoncé** sunken armchair.
déformation [defɔRmasjɔ̃] *nf* deformation. **c'est de la ~ professionnelle** it's force of habit. ◆ **déformer** (1) — **1** *vt (objet)* to put out of shape; *(visage, vérité)* to distort; *(esprit)* to warp. **chaussée déformée** uneven road surface. — **2 se déformer** *vpr* to lose its shape.
défouler (se) [defule] (1) *vpr* to unwind.
défraîchir (se) [defReʃiR] (2) *vpr (passer)* to fade; *(s'user)* to become worn.
défricher [defRiʃe] (1) *vt (terrain)* to clear; *(sujet)* to do the spadework on.
défroisser [defRwase] (1) *vt* to smooth out.
défunt, e [defœ̃, œ̃t] — **1** *adj* : **son ~ père** his late father. — **2** *nm,f* deceased.
dégagé, e [degaʒe] *adj (route, ciel)* clear; *(vue)* open; *(front)* bare; *(ton, manières)* casual.
dégagement [degaʒmɑ̃] *nm* **(a)** (*action : V* **dégager)** freeing; release; clearing. **itinéraire de ~** alternative route. **(b)** *(émanation)* emission. **(c)** *(Ftbl)* clearance.
dégager [degaʒe] (3) — **1** *vt* **(a)** *(personne, objet)* to free (*de* from); *(crédits)* to release; *(nez, passage)* to clear. **~ sa responsabilité d'une affaire** to disclaim responsibility in a matter; **allons, dégagez!*** move along! **(b)** *(odeur, chaleur)* to give off, emit; *(conclusion)* to draw. — **2 se dégager** *vpr* **(a)** *(personne)* to free *ou* extricate o.s.; *(ciel, rue)* to clear. **se ~ de** to free o.s. from. **(b)** *(odeur, chaleur)* to be given off; *(conclusion)* to be drawn; *(impression)* to emerge (*de* from).
dégainer [degene] (1) *vt (arme)* to draw.
dégarnir [degaRniR] (2) — **1** *vt* to empty. **être dégarni** to be bare. — **2 se dégarnir** *vpr (salle)* to empty; *(tête)* to go bald; *(arbre)* to lose its leaves; *(stock)* to be cleaned out.
dégât [degɑ] *nm* : **du ~, des ~s** damage.
dégel [deʒɛl] *nm (lit, fig)* thaw. ◆ **dégeler** (5) *vti,* **se dégeler** *vpr* to thaw.
dégénérer [deʒeneRe] (6) *vi (gén)* to degenerate (*en* into). ◆ **dégénéré, e** *adj, nm,f* degenerate.
dégingandé, e* [deʒɛ̃gɑ̃de] *adj* gangling.
dégivrer [deʒivRe] (1) *vt* to defrost.
déglinguer* [deglɛ̃ge] (1) — **1** *vt* to knock to pieces. **2 se déglinguer** *vpr* to fall apart.
dégonfler [degɔ̃fle] (1) — **1** *vt (ballon)* to deflate; *(enflure)* to reduce. **pneu dégonflé** flat tyre. — **2 se dégonfler** *vpr (lit)* to go down; (* : *avoir peur*) to chicken out*.
dégorger [degɔRʒe] (3) *vi* : **(faire) ~** *(viande)* to soak; *(concombres)* to sweat.
dégot(t)er* [degɔte] (1) *vt* to dig up*.
dégouliner [deguline] (1) *vi (filet)* to trickle; *(goutte)* to drip.
dégourdir (se) [deguRdiR] (2) *vpr* : **se ~ les jambes** to stretch one's legs a bit. ◆ **dégourdi, e*** *adj (malin)* smart.
dégoût [degu] *nm* : **le ~** disgust, distaste (*de* for). ◆ **dégoûtant, e** *adj* disgusting. ◆ **dégoûté, e** *adj* : **je suis ~!** I am fed up!* ◆ **dégoûter** (1) *vt* to disgust. **ce plat me dégoûte** I find this dish disgusting; **~ qn de qch** to put sb off sth.
dégradation [degRadɑsjɔ̃] *nf (personne)* degradation; *(temps)* deterioration. *(dégâts)* **~s** damage. ◆ **dégrader** (1) — **1** *vt (personne)* to degrade; *(maison)* to damage. — **2 se dégrader** *vpr (moralement)* to degrade o.s.; *(santé, bâtiment)* to deteriorate; *(temps)* to break.
dégrafer [degRafe] (1) *vt* to unfasten.
degré [dəgRe] *nm* degree. **~ centigrade** degree centigrade; **~ en alcool d'un liquide** percentage of alcohol in a liquid; **vin de 11 ~s** 11° wine; **enseignement du second ~** secondary education; **~ de parenté** degree of family relation-

ship; **à un ~ avancé de** at an advanced stage of; **au plus haut ~** in the extreme.

dégressif, -ive [degʀesif, iv] *adj* descending.

dégringoler [degʀɛ̃gɔle] (1) — **1** *vi* to tumble down. **faire ~ qch** to topple sth over. — **2** *vt* *(pente)* to rush down.

déguenillé, e [degnije] *adj* ragged, tattered.

déguerpir* [degɛʀpiʀ] (2) *vi* to clear off*. **faire ~** to drive off.

déguisement [degizmɑ̃] *nm (pour tromper)* disguise; *(pour s'amuser)* fancy dress. ◆ **déguiser** (1) — **1** *vt (voix, pensée)* to disguise; — **2 se déguiser** *vpr* to dress up; *(pour tromper)* to disguise o.s.

dégustation [degystɑsjɔ̃] *nf (vin)* tasting; *(fromage)* sampling. ◆ **déguster** (1) — **1** *vt* to taste; to sample; *(repas)* to enjoy. — **2** *vi* (* : *souffrir*) to have a rough time of it*.

dehors [dəɔʀ] — **1** *adv* outside. **passer la journée (au) ~** to spend the day out of doors *ou* outside; **en ~ du sujet** outside the subject; **en ~ de cela** apart from that; **il a voulu rester en ~** he wanted to keep out of it; **mettre qn ~*** to put sb out. — **2** *nm (extérieur)* outside. *(apparences)* **sous des ~ aimables** under a friendly exterior.

déjà [deʒa] *adv* **(a)** already. **je l'ai ~ vu** I've seen it before, I've already seen it; **est-il ~ rentré?** has he come home yet? **(b)** *(intensif)* **c'est ~ un gros camion** that's quite a big truck; **il est ~ assez paresseux** he's lazy enough as it is; **c'est combien, ~?** how much is it again?

déjeuner [deʒœne] (1) — **1** *vi* to have lunch; *(le matin)* to have breakfast. — **2** *nm* lunch. **prendre son ~** to have lunch.

déjouer [deʒwe] (1) *vt (complot)* to foil; *(surveillance)* to elude.

delà [dəla] — **1** *adv* : **au-~, par-~** beyond (that). — **2** *prép* : **au ~ de** beyond; *(somme)* over, above; **par-~ les apparences** beneath appearances. — **3** *nm*: **l'au-~** the beyond.

délabrement [delɑbʀəmɑ̃] *nm* dilapidation.

délabrer (se) [delɑbʀe] (1) *vpr (mur)* to fall into decay; *(santé)* to break down. ◆ **délabré, e** *adj (maison)* dilapidated; *(santé)* broken.

délacer [delase] (3) — **1** *vt* to undo. — **2 se délacer** *vpr (par accident)* to come undone.

délai [delɛ] *nm* **(a)** *(limite)* time limit. **~ de livraison** delivery time; **~ impératif** absolute deadline; **il faut compter un ~ de huit jours** you'll have to allow a week; **dans les plus brefs ~s** as soon as possible; **dans les ~s** within the time limit. **(b)** *(sursis)* extension. **demander un ~** to ask for more time; **sans ~** without delay; **~ de paiement** term of payment.

délaisser [delese] (1) *vt (abandonner)* to abandon; *(négliger)* to neglect.

délassement [delɑsmɑ̃] *nm* relaxation. ◆ **se délasser** (1) *vpr* to relax.

délavé, e [delave] *adj* faded.

délayer [deleje] (8) *vt* to mix (*dans* with).

delco [dɛlko] *nm* ® distributor.

délectable [delɛktabl(ə)] *adj* delectable. ◆ **délectation** *nf* delight (*de qch* in sth, *à faire* in doing). ◆ **se délecter** (1) *vpr* to delight.

délégation [delegɑsjɔ̃] *nf* delegation. **venir en ~** to come as a delegation. ◆ **délégué, e** *nm,f* delegate. ◆ **déléguer** (6) *vt* to delegate (*à* to).

délibération [delibeʀɑsjɔ̃] *nf* deliberation.

délibéré, e [delibeʀe] *adj (intentionnel)* deliberate; *(assuré)* resolute. ◆ **délibérément** *adv* deliberately; resolutely.

délibérer [delibeʀe] (6) *vi* to deliberate (*sur* upon). **~ de qch** to deliberate sth; **~ de faire qch** to resolve to do sth.

délicat, e [delika, at] *adj* **(a)** *(gén)* delicate; *(voile)* fine; *(mets)* dainty; *(nuance)* subtle; *(mouvement)* gentle. **(b)** *(difficile)* delicate, tricky. **(c)** *(plein de tact)* tactful. **peu ~** unscrupulous. **(d)** *(exigeant)* particular. **faire le ~** to be particular. ◆ **délicatement** *adv* delicately; finely; daintily; subtly; gently. ◆ **délicatesse** *nf* delicacy; fineness; daintiness; subtlety; gentleness; tact.

délice [delis] *nm* delight. **ça ferait les ~s de mon père** it would delight my father. ◆ **délicieusement** *adv (gén)* delightfully; *(parfumé)* deliciously. ◆ **délicieux, -ieuse** *adj (fruit)* delicious; *(lieu, sensation)* delightful.

délié, e [delje] — **1** *adj (agile)* nimble; *(minu)* fine. — **2** *nm (lettre)* upstroke.

délier [delje] (7) *vt* to untie. **~ la langue de qn** to loosen sb's tongue.

délimitation [delimitɑsjɔ̃] *nf* delimitation. ◆ **délimiter** (1) *vt* to delimit.

délinquance [delɛ̃kɑ̃s] *nf* delinquency. ◆ **délinquant, e** *adj* delinquent.

délire [deliʀ] *nm (Méd)* delirium; *(frénésie)* frenzy. **c'est du ~!*** it's sheer madness!; **foule en ~** frenzied crowd. ◆ **délirer** (1) *vi* to be delirious (*de* with). **il délire!*** he's raving!*

délit [deli] *nm* offence.

délivrance [delivʀɑ̃s] *nf* **(a)** *(prisonniers)* release; *(pays)* deliverance. **(b)** *(soulagement)* relief. **(c)** *(reçu)* issue. ◆ **délivrer** (1) — **1** *vt* **(a)** *(prisonnier)* to release. **~ qn de** to relieve sb of. **(b)** *(reçu)* to issue. — **2 se délivrer** *vpr* to free o.s. (*de* from).

déloger [delɔʒe] (3) *vt (locataire)* to turn out; *(ennemi)* to dislodge (*de* from).

déloyal, e, *mpl* **-aux** [delwajal, o] *adj (personne)* disloyal (*envers* towards); *(procédé)* unfair.

delta [dɛlta] *nm* delta.

déluge [delyʒ] *nm (pluie)* downpour; *(larmes, paroles)* flood; *(coups)* shower. *(Bible)* **le ~** the Flood; **ça remonte au ~** it's as old as the hills.

déluré, e [delyʀe] *adj (éveillé)* smart; *(effronté)* forward.

démagogie [demagɔʒi] *nf* demagogy. ◆ **démagogique** *adj* demagogic. ◆ **démagogue** *nm* demagogue.

demain [d(ə)mɛ̃] *adv* tomorrow. **ce n'est pas ~ la veille*** it's not just around the corner.

demande [d(ə)mɑ̃d] *nf (requête)* request; *(revendication)* demand; *(question)* question; *(emploi)* application (*de* for). *(Écon)* **l'offre et la ~** supply and demand; **adressez votre ~ au ministère** apply to the ministry; **~ en mariage** proposal of marriage; **à la ~ de qn** at sb's request; **sur ~** on request.

demander [d(ə)mɑ̃de] (1) — **1** *vt* **(a)** *(objet, personne)* to ask for; *(nom, heure, chemin)* to ask; *(entrevue)* to request; *(emploi)* to apply for. **il m'a demandé mon stylo** he asked me for my pen; **~ un service à qn** to ask a favour of sb; **~ à qn de faire qch** to ask sb to do sth; **~ des nouvelles de qn** to inquire after sb; **~ qn en mariage** to propose to sb; **le patron vous demande** the boss wants to see you; **il demande qu'on le laisse partir** he is asking to be allowed to leave; **produit très demandé** product which is in great demand. **(b)** *(nécessiter)* to require, need. **ce travail va lui ~ 6 heures** he'll need *ou* take 6 hours to do this job. — **2 se demander** *vpr* to wonder. **se ~ si** to wonder if. ◆ **demandeur** *nm* : ~ **d'emploi** person looking for work.

démangeaison [demɑ̃ʒɛzɔ̃] *nf* : **j'ai une ~** I've got an itch. ◆ **démanger** (3) *vt* : **ça me démange** it itches; *(fig)* **ça me démange de faire ...** I'm itching to do ... .

démantèlement [demɑ̃tɛlmɑ̃] *nm (forteresse)* demolition; *(gang, empire)* break up. ◆ **démanteler** (5) *vt* to demolish; to break up.

démantibuler* [demɑ̃tibyle] (1) — **1** *vt* to demolish. — **2 se démantibuler*** *vpr* to fall apart.

démaquillant [demakijɑ̃] *nm* make-up remover. ◆ **se démaquiller** (1) *vpr* to remove one's make-up.

démarcation [demaʀkɑsjɔ̃] *nf* demarcation.

démarche [demaʀʃ(ə)] *nf (allure)* walk; *(raisonnement)* reasoning; *(demande)* approach. ◆ **démarcheur** *nm* door-to-door salesman.

démarrage [demaʀaʒ] *nm (mise en marche)* starting; *(début, départ)* start. ◆ **démarrer** (1) *vi (moteur, conducteur)* to start up; *(véhicule)* to move off; *(coureur)* to pull away. **l'affaire a bien démarré** the affair got off to a good start; **faire ~** to start. ◆ **démarreur** *nm* starter.

démasquer [demaske] (1) *vt* to unmask.

démêlé [demele] *nm (dispute)* brush. ◆ **démêler** (1) *vt* to untangle.

déménagement [demenaʒmɑ̃] *nm (meubles)* removal; *(changement de domicile)* move. ◆ **déménager** (3) — **1** *vt* to move. — **2** *vi* to move house; (* : *être fou*) to be crackers*. ◆ **déménageur** *nm* furniture remover.

démence [demɑ̃s] *nf* madness, insanity. ◆ **dément, e** — **1** *adj* mad, insane. **c'est ~!** it's incredible! — **2** *nm,f* lunatic. ◆ **démentiel, -ielle** *adj* insane.

démener (se) [dɛmne] (5) *vpr (se débattre)* to struggle; *(se dépenser)* to exert o.s.

démenti [demɑ̃ti] *nm* denial.

démentir [demɑ̃tiʀ] (16) *vt (nouvelle)* to deny; *(apparences)* to belie; *(espoirs)* to disappoint. **ça ne s'est jamais démenti** it has never failed.

démériter [demeʀite] (1) *vi* to show o.s. unworthy of one's task.

démesure [deməzyʀ] *nf* immoderation. ◆ **démesuré, e** *adj (gén)* enormous; *(orgueil)* immoderate.

démettre [demɛtʀ(ə)] (56) *vt (articulation)* to dislocate. *(fonctionnaire)* to dismiss (*de* from). **se ~ de ses fonctions** to resign (from) one's duties.

demeure [dəmœʀ] *nf* residence. **s'installer à ~** to settle permanently; **mettre qn en ~ de faire qch** to order sb to do sth.

demeurer [dəmœʀe] (1) *vi* **(a)** *(avec avoir : habiter)* to live. **il demeure rue d'Ulm** he lives in the rue d'Ulm. **(b)** *(avec être : rester)* to remain, stay. **~ fidèle** to remain faithful; **au demeurant** for all that; **c'est un demeuré*** he's a half-wit*.

demi, e [d(ə)mi] — **1** *adv* : **(à) ~ plein** *etc* half-full *etc*; **il ne te croit qu'à ~** he only half believes you. — **2** *adj* : **une livre et ~e** one and a half pounds, a pound and a half; **à six heures et ~e** at half past six. — **3** *nm,f* half. **deux ~s** two halves. — **4** *nf (à l'horloge)* **la ~e a sonné** the half hour has struck; **c'est déjà la ~e** it's already half past. — **5** *nm (bière)* ≃ half-pint; *(Sport)* half-back. — **6** *préf inv (le 2ᵉ élément donne le genre et porte la marque du pluriel)* half. **une ~-douzaine d'œufs** half a dozen eggs; **dans une ~-heure** in half an hour; **la première ~-heure** the first half-hour; **en ~-cercle** semicircular; **~-finale** semifinal; **~-frère** half-brother; **~-pension** half-board; **billet à ~-tarif** half-price ticket; **faire ~-tour** to go back.

démilitarisation [demilitaʀizɑsjɔ̃] *nf* demilitarization.

démission [demisjɔ̃] *nf* resignation. **donner sa ~** to hand in one's resignation. ◆ **démissionner** (1) *vi* to resign; *(fig)* to give up.

démobilisation [demɔbilizɑsjɔ̃] *nf* demobilization. ◆ **démobiliser** (1) *vt* to demobilize.

démocrate [demɔkʀat] — **1** *adj* democratic. — **2** *nmf* democrat. ◆ **démocratie** *nf* democracy. ◆ **démocratique** *adj* democratic. ◆ **démocratisation** *nf* democratization. ◆ **démocratiser** *vt*, **se démocratiser** *vpr* (1) to democratize.

démodé, e [demɔde] *adj* old-fashioned. ◆ **se démoder** (1) *vpr* to go out of fashion.

démographie [demɔgʀafi] *nf* demography. ◆ **démographique** *adj* demographic. **poussée ~** population increase.

demoiselle [d(ə)mwazɛl] *nf (jeune)* young lady; *(âgée)* single lady. **~ d'honneur** *(mariage)* bridesmaid; *(reine)* maid of honour.

démolir [demɔliʀ] (2) *vt* to demolish. ◆ **démolisseur** *nm* demolition worker. ◆ **démolition** *nf* demolition. **en ~** in the course of being demolished.

démon [demɔ̃] *nm* demon. **le ~** the Devil; **le ~ du jeu** a passion for gambling; **mauvais ~** evil spirit. ◆ **démoniaque** *adj* demoniacal.

démonstrateur, -trice [demɔ̃stʀatœʀ, tʀis] *nm, f (vendeur)* demonstrator. ◆ **démonstratif, -ive** *adj* demonstrative. **peu ~** undemonstrative. ◆ **démonstration** *nf* demonstration. **faire une ~** to give a demonstration; **~s de** *(joie, force)* show of.

démontage [demɔ̃taʒ] *nm* dismantling.

démonter [demɔ̃te] (1) — **1** *vt (gén)* to dismantle; *(appareil)* to take apart; *(pneu, porte)* to take off; *(déconcerter)* to disconcert. **mer démontée** raging sea. — **2 se démonter** *vpr (assemblage)* to come apart; *(personne)* to become flustered. ◆ **démonte-pneu** *nm* tyre lever.

démontrable [demɔ̃tʀabl(ə)] *adj* demonstrable. ◆ **démontrer** (1) *vt (expliquer)* to demonstrate; *(prouver)* to prove. **cela démontre que** it shows *ou* indicates that.

démoralisation [demɔʀalizɑsjɔ̃] *nf* demoralization. ◆ **démoraliser** (1) *vt* to demoralize. **se ~** to become demoralized.

démordre [demɔʀdʀ(ə)] (41) *vi* : **il ne démord pas de sa décision** he won't go back on his decision.

démouler [demule] (1) *vt (statue)* to remove from the mould; *(gâteau)* to turn out.

démunir [demyniʀ] (2) *vt* : **~ qn de** to deprive sb of; **~ qch de** to divest sth of; **~ de** to part with. **démuni d'intérêt** devoid of interest; **démuni de tout** destitute.

dénatalité [denatalite] *nf* fall in the birth rate.

dénaturer [denatyʀe] (1) *vt (faits)* to distort.

dénégation [denegɑsjɔ̃] *nf* denial.

dénicher [deniʃe] (1) *vt (gén)* to discover; *(fugitif)* to flush out.

denier [dənje] *nm* denier. *(hum)* **de mes ~s** out of my own pocket; **les ~s publics** public monies.

dénier [denje] (7) *vt* to deny. **~ qch à qn** to deny sb sth.
dénigrement [denigʀəmɑ̃] *nm* denigration. ◆ **dénigrer** (1) *vt* to denigrate.
dénivellation [denivɛlɑsjɔ̃] *nf (pente)* slope.
dénombrer [denɔ̃bʀe] (1) *vt* to count.
dénominateur [denɔminatœʀ] *nm* denominator.
dénomination [denɔminasjɔ̃] *nf* designation. ◆ **dénommer** (1) *vt* to name. **le dénommé X** the man named X.
dénoncer [denɔ̃se] (3) — **1** *vt* to denounce. **sa hâte le dénonça** his haste betrayed him; **~ qn à la police** to inform against sb. — **2 se dénoncer** *vpr* to give o.s. up (*à* to). ◆ **dénonciateur, -trice** *nm,f* informer. ◆ **dénonciation** *nf* denunciation.
dénoter [denɔte] (1) *vt* to denote.
dénouement [denumɑ̃] *nm (Théât)* dénouement; *(aventure)* outcome.
dénouer [denwe] (1) — **1** *vt (lien)* to untie; *(situation)* to untangle. — **2 se dénouer** *vpr* to come untied.
dénoyauter [denwajote] (1) *vt (fruit)* to stone, pit.
denrée [dɑ̃ʀe] *nf* food, foodstuff. **~s coloniales** colonial produce.
dense [dɑ̃s] *adj* dense. ◆ **densité** *nf (Phys)* density; *(brouillard, foule)* denseness.
dent [dɑ̃] *nf (gén)* tooth; *(fourchette)* prong; *(engrenage)* cog. **avoir la ~*** to be hungry; **avoir une ~ contre qn** to have a grudge against sb; *(ambitieux)* **avoir les ~s longues** to have one's sights fixed high; *(très occupé)* **être sur les ~s** to be working flat out*; **faire ses ~s** to teethe; **croquer qch à belles ~s** to bite into sth with gusto; **manger du bout des ~s** to nibble. ◆ **dentaire** *adj* dental.
dentelé, e [dɑ̃tle] *adj (côte)* jagged; *(bord)* serrated.
dentelle [dɑ̃tɛl] *nf* lace.
dentier [dɑ̃tje] *nm* denture. ◆ **dentifrice** *nm* toothpaste. ◆ **dentiste** *nmf* dentist.
dénudé, e [denyde] *adj (gén)* bare; *(crâne)* bald.
dénué, e [denɥe] *adj* : **~ de qch** devoid of sth, without sth; **~ de tout** destitute; **~ de tout fondement** completely unfounded.◆ **dénuement** *nm* destitution.
déodorant [deɔdɔʀɑ̃] *nm* deodorant.
dépannage [depanaʒ] *nm* fixing, repairing. **service de ~** breakdown service; **partir pour un ~** to go out on a breakdown job. ◆ **dépanner** (1) *vt (réparer)* to fix, repair; (* : *tirer d'embarras)* to help out. ◆ **dépanneur** *nm (Aut)* breakdown mechanic; *(TV)* television repairman. ◆ **dépanneuse** *nf* breakdown truck.
dépareillé, e [depaʀeje] *adj (objet)* odd. **articles ~s** oddments.
déparer [depaʀe] (1) *vt* to spoil, mar.
départ [depaʀ] *nm (gén)* departure; *(Sport)* start. **mon ~ de l'hôtel** my departure from the hotel; **faux ~** false start; **la substance de ~** the original substance; **être sur le ~** to be about to leave *ou* go; **excursions au ~ de Chamonix** excursions (departing) from Chamonix; *(fig)* **au ~** at the start *ou* outset.
departager [depaʀtaʒe] (3) *vt* to decide between.
département [depaʀtəmɑ̃] *nm (gén)* department. ◆ **départemental, e,** *mpl* **-aux** *adj* departmental. **route ~e** secondary road.
dépassé, e [depɑse] *adj (périmé)* out-moded.
dépassement [depɑsmɑ̃] *nm (Aut)* overtaking, passing.
dépasser [depɑse] (1) — **1** *vt* **(a)** *(endroit)* to pass, go past; *(véhicule, piéton)* to overtake, pass. **(b)** *(limite, quantité)* to exceed. **~ qch en hauteur** to be higher than sth; **tout colis qui dépasse 20 kg** all parcels over 20 kg; **il ne veut pas ~ 100 F** he won't go above 100 francs; **~ qn en intelligence** to surpass sb in intelligence. **(c)** *(instructions, attributions)* to go beyond, overstep. **cela dépasse les bornes** that's going too far; **cela dépasse mes forces** it's beyond my strength. **(d)** (* : *dérouter)* **cela me dépasse!** it is beyond me!; **être dépassé par les événements** to be overtaken by events. — **2** *vi (balcon, clou)* to stick out (*de* of).
dépaysement [depeizmɑ̃] *nm* disorientation. ◆ **dépayser** (1) *vt* to disorientate.
dépecer [depəse] (5) *vt (boucher)* to joint, cut up; *(lion)* to dismember.
dépêche [depɛʃ] *nf* dispatch.
dépêcher [depeʃe] (1) — **1** *vt* to dispatch, send (*auprès de* to). — **2 se dépêcher** *vpr* to hurry. **dépêche toi!** hurry up!
dépeigner [depeɲe] (1) *vt* : **~ qn** to make sb's hair untidy; **dépeigné** with dishevelled hair.
dépeindre [depɛ̃dʀ(ə)] (52) *vt* to depict.
dépendance [depɑ̃dɑ̃s] *nf (interdépendance)* dependency; *(asservissement)* subordination; *(bâtiment)* outbuilding; *(territoire)* dependency.
dépendre [depɑ̃dʀ(ə)] (41) **~ de** *vt indir (gén)* to depend on, be dependent on. **~ d'un organisme** to come under an organisation; **ça dépend** it depends.
dépens [depɑ̃] *nmpl* : **aux ~ de** at the expense of; **je l'ai appris à mes ~** I learnt this to my cost.
dépense [depɑ̃s] *nf (argent)* expense; *(électricité)* consumption. **c'est une grosse ~** it's a large outlay; **~s publiques** public spending; **pousser qn à la ~** to make sb spend money; **regarder à la ~** to watch one's spending; **~ physique** physical exercise; **~ de temps** spending of time. ◆ **dépenser** (1) — **1** *vt (gén)* to spend; *(électricité)* to use, consume. **~ inutilement qch** to waste sth. — **2 se dépenser** *vpr* to exert o.s. ◆ **dépensier, -ière** *adj, nm,f* : **être ~** to be a spendthrift.
dépérir [depeʀiʀ] (2) *vi (personne)* to waste away; *(plante)* to wither; *(affaire)* to go downhill.
dépêtrer (se) [depetʀe] (1) *vpr* to extricate o.s. (*de* from).
dépeuplement [depœpləmɑ̃] *nm* depopulation. ◆ **se dépeupler** (1) *vpr* to be depopulated.
dépistage [depistaʒ] *nm* detection. ◆ **dépister** (1) *vt (gibier)* to track down.
dépit [depi] *nm* vexation. **en ~ de** in spite of; **en ~ du bon sens** contrary to good sense.
déplacement [deplasmɑ̃] *nm (action)* moving; *(mouvement)* movement; *(voyage)* trip. **frais de ~** travelling expenses. ◆ **déplacer** (3) — **1** *vt* to move, shift. — **2 se déplacer** *vpr* to move. **se ~ une articulation** to displace a joint. ◆ **déplacé, e** *adj (propos)* uncalled-for.
déplaire [deplɛʀ] (54) *vt* : **ça me déplaît** I dislike *ou* don't like it; **n'en déplaise à son mari** with all due respect to her husband. ◆ **déplaisant, e** *adj* unpleasant.
dépliant [deplijɑ̃] *nm* leaflet. ◆ **déplier** (7) *vt* to unfold.

déplorable [deplɔRabl(ə)] *adj* deplorable. ◆ **déplorer** (1) *vt* to deplore.

déploiement [deplwamɑ̃] *nm* deployment. ◆ **déployer** (8) — **1** *vt (carte)* to spread out; *(ailes)* to spread; *(troupes, talents)*, to deploy. — **2 se déployer** *vpr (drapeau)* to unfurl; *(ailes)* to spread; *(troupes)* to deploy; *(cortège)* to spread out.

déportation [depɔRtɑsjɔ̃] *nf* deportation; *(dans un camp)* imprisonment. ◆ **déporter** (1) *vt* **(a)** to deport; to imprison in a concentration camp. **(b)** *(vent)* to carry off course. **se ~ vers la gauche** to swerve to the left. ◆ **déporté, e** *nm,f* deportee; prisoner.

déposer [depoze] (1) — **1** *vt* **(a)** *(gerbe, armes)* to lay down; *(ordures)* to dump; *(colis)* to leave; *(passager)* to drop; *(argent)* to deposit; *(plainte)* to file; *(projet de loi)* to bring in; *(rapport)* to send in. **~ son bilan** to go into voluntary liquidation. **(b)** *(souverain)* to depose. **(c)** *(moteur etc : ôter)* to take out. — **2** *vi* **(a)** *(liquide)* to leave some sediment. **laisser ~** to leave to settle. **(b)** *(Jur)* to testify. — **3 se déposer** *vpr (poussière, lie)* to settle. ◆ **dépositaire** *nmf (objet confié)* depository; *(secret)* possessor; *(Comm)* agent (*de* for). ◆ **déposition** *nf (gén)* deposition.

déposséder [depɔsede] (6) *vt* : **~ qn de** *(terres)* to dispossess sb of; *(droits)* to deprive sb of. ◆ **dépossession** *nf* dispossession; deprivation.

dépôt [depo] *nm* **(a)** *(action)* **procéder au ~ d'une gerbe** to lay a wreath. **(b)** *(garde)* trust. **avoir qch en ~** to hold sth in trust. **(c)** *(Fin)* **~ de garantie** deposit; **~ de bilan** statement of affairs. **(d)** *(liquide)* **il y a du ~** there is some sediment. **(e)** *(entrepôt)* warehouse; *(véhicules)* depot; *(ordures, munitions)* dump. **(f)** *(prison)* jail, prison.

dépotoir [depɔtwaR] *nm* dumping ground.

dépouille [depuj] *nf (peau)* skin, hide. **~ mortelle** mortal remains; *(butin)* **~s** spoils.

dépouillé, e [depuje] *adj (décor)* bare.

dépouillement. [depujmɑ̃] *nm* **(a)** *(courrier)* perusal; *(scrutin)* counting. **(b)** *(sobriété)* lack of ornamentation. **(c)** *(de biens, droits)* deprivation. ◆ **dépouiller** (1) — **1** *vt (courrier)* to peruse; *(scrutin)* to count. **~ qn de qch** to strip sb of sth. — **2 se dépouiller** *vpr* : **se ~ de** *(vêtements)* to remove; **les arbres se dépouillent** the trees are shedding their leaves.

dépourvu, e [depuRvy] — **1** *adj* : **~ de qch** devoid of sth, without sth. — **2** *nm* : **prendre qn au ~** to catch sb unprepared *ou* unawares.

dépravation [depRavɑsjɔ̃] *nf* depravity. ◆ **dépraver** (1) *vt* to deprave.

dépréciation [depresjɑsjɔ̃] *nf* depreciation (*de* in). ◆ **déprécier** *vt*, **se déprécier** *vpr* (7) to depreciate.

déprédations [depRedɑsjɔ̃] *nfpl* damage.

dépressif, -ive [depResif, iv] *adj* depressive. ◆ **dépression** *nf (gén)* depression. **une ~ nerveuse** a nervous breakdown.

déprimer [depRime] (1) *vt (moralement)* to depress; *(physiquement)* to debilitate.

depuis [dəpɥi] — **1** *prép* **(a)** *(temps : point de départ)* since. **il attend ~ hier** he has been waiting since yesterday; **~ son plus jeune âge** since *ou* from early chidhood; **~ cela, ~ lors** since then; **~ le matin jusqu'au soir** from morning till night. **(b)** *(durée)* for. **il attend ~ une semaine** he has been waiting for a week now; **~ ces derniers mois** over the last few months; **tu le connais ~ longtemps?** have you known him long? **(c)** *(lieu)* since, from. **~ Nice il a fait le plein 3 fois** he's filled up 3 times since Nice; **le concert est retransmis ~ Paris** the concert is broadcast from Paris. **(d)** *(rang, quantité)* from. **~ le premier jusqu'au dernier** from the first to the last. **(e) ~ qu'il est ministre** since he became a minister; **~ le temps qu'il apprend le français** considering how long he's been learning French. — **2** *adv* : **je ne l'ai pas revu ~** I haven't seen him since.

député [depyte] *nm* deputy; *(britannique)* Member of Parliament; *(américain)* representative.

déraciner [deRasine] (1) *vt* to uproot.

déraillement [deRɑjmɑ̃] *nm* derailment. ◆ **dérailler** (1) *vi (train)* to be derailed; (* : *divaguer*) to rave; (* : *mal fonctionner*) to be on the blink*. **faire ~ un train** to derail a train. ◆ **dérailleur** *nm (bicyclette)* dérailleur gears.

déraisonnable [deRɛzɔnabl(ə)] *adj* unreasonable.

dérangement [deRɑ̃ʒmɑ̃] *nm (gêne)* trouble, inconvenience; *(déplacement)* trip. *(machine)* **en ~** out of order.

déranger [deRɑ̃ʒe] (3) — **1** *vt (gén)* to disturb; *(projets, routine)* to disrupt, upset; *(temps)* to unsettle. **ça vous dérange si je fume?** do you mind if I smoke?; **il a le cerveau dérangé** his mind is deranged; **il a l'estomac dérangé** his stomach is upset. — **2 se déranger** *vpr (médecin)* to come out; *(pour une démarche)* to go along, come along; *(changer de place)* to move. **ne vous dérangez pas pour moi** don't put yourself out on my account.

dérapage [deRapaʒ] *nm* skid. ◆ **déraper** (1) *vi (véhicule)* to skid; *(personne, échelle)* to slip.

dérèglement [deRRɛgləmɑ̃] *nm* upset. ◆ **dérégler** (6) — **1** *vt (gén)* to upset; *(temps)* to unsettle; *(appareil)* **être déréglé** to be out of order. — **2 se dérégler** *vpr (appareil)* to go wrong.

dérider *vt*, **se dérider** *vpr* [deRide] (1) to brighten up.

dérision [deRizjɔ̃] *nf* derision. **par ~** derisively; **tourner en ~** to mock. ◆ **dérisoire** *adj* derisory.

dérivatif [deRivatif] *nm* distraction.

dérivation [deRivɑsjɔ̃] *nf* derivation; *(rivière)* diversion; *(avion)* deviation.

dérive [deRiv] *nf* **(a)** *(déviation)* drift. **aller à la ~** to drift. **(b)** *(dispositif)* *(avion)* fin; *(bateau)* centre-board.

dériver [deRive] (1) — **1** *vt* to derive (*de* from); *(rivière)* to divert. **un dérivé** *(gén)* a derivative; *(produit)* a by-product. — **2** *vi (dévier)* to drift.

dermatologie [dɛRmatɔlɔʒi] *nf* dermatology. ◆ **dermatologue** *nmf* dermatologist.

dernier, -ière [dɛRnje, jɛR] — **1** *adj* **(a)** *(gén)* last; *(étage, grade)* top; *(rang)* back; *(quantité)* lowest, poorest. **les 100 ~ières pages** the last 100 pages; **voici les ~ières nouvelles** here is the latest news; **de ~ ordre** very inferior. **(b)** *(ultime)* *(regard, effort)* last, final. **quel est votre ~ prix?** what's your final offer?; **en ~ière analyse** in the last analysis; **en ~ lieu** finally; **mettre la ~ière main à qch** to put the finishing touches to sth; **avoir le ~ mot** to have the last word; **en ~ recours** as a last resort; **rendre le ~ soupir** to breathe one's last; **il faut payer avant le 15, ~ délai** the 15th is the final date for payment; **ces ~s temps** lately; **c'est le ~ cri** it's the very latest thing; **grossier au ~**

point extremely rude; **de la ~ière importance** of the utmost importance. — **2** *nm,f* last (one). **sortir le ~** to leave last; **il est le ~ de sa classe** he's at the bottom of the class; **c'est le ~ de mes soucis** it's the least of my worries; **ce ~** *(de deux)* the latter; *(de plusieurs)* the last-mentioned; **~-né** youngest child; **acheter qch en ~** to buy sth last; **vous connaissez la ~ière?*** have you heard the latest?

dernièrement [dɛRnjɛRmɑ̃] *adv* recently.

dérobade [deRɔbad] *nf* evasion. ◆ **dérober** (1) — **1** *vt (voler)* to steal; *(cacher)* to hide, conceal *(à qn* from sb). — **2 se dérober** *vpr (refuser)* to shy away; *(se libérer)* to slip away; *(sol, genoux)* to give way. ◆ **dérobé, e** — **1** *adj (porte)* secret, hidden. — **2** *nf* : **à la ~e** secretly.

dérogation [deRɔgɑsjɔ̃] *nf* dispensation.

déroulement [deRulmɑ̃] *nm (cérémonie)* progress; *(action)* development. ◆ **dérouler** (1) — **1** *vt (fil)* to unwind; *(nappe)* to unroll. — **2 se dérouler** *vpr (se produire)* to take place. **la manifestation s'est déroulée dans le calme** the demonstration went off peacefully.

déroute [deRut] *nf* rout. **en ~** routed; **mettre en ~** to rout.

dérouter [deRute] (1) *vt (avion)* to reroute; *(candidat)* to disconcert; *(poursuivants)* to throw off the scent.

derrick [dɛRik] *nm* derrick.

derrière [dɛRjɛR] — **1** *prép et adv* behind. **assis 3 rangs ~** sitting 3 rows back *ou* behind; *(Aut)* **monter ~** to sit in the back; **regarde ~** look behind *ou* back; **par-~** *(entrer)* by the back; *(attaquer)* from behind; *(s'attacher)* at the back. — **2** *nm (personne)* bottom, behind*; *(animal)* hindquarters, rump; *(objet)* back. **porte de ~** back door.

des [de] *V* **de.**

dès [dɛ] *prép* from. **~ le début** from the start; **~ Lyon il a plu sans arrêt** it never stopped raining from Lyons onwards; **~ qu'il aura fini il viendra** as soon as he's finished he'll come; **~ l'époque romaine** as early as Roman times; **~ son enfance** since childhood; **~ maintenant** right now; **~ lors** from that moment; **~ lors que** *(puisque)* since, as.

désabusé, e [dezabyze] *adj* disenchanted.

désaccord [dezakɔR] *nm (mésentente)* discord; *(contradiction)* discrepancy. **je suis en ~ avec vous** I disagree with you.

désaccordé, e [dezakɔRde] *adj (piano)* out of tune.

désaccoutumer [dezakutyme] (1) *vt* : **~ qn de qch** to get sb out of the habit of sth.

désaffecté, e [dezafɛkte] *adj* disused.

désagréable [dezagReabl(ə)] *adj* disagreeable.

désagrément [dezagRemɑ̃] *nm* annoyance.

désaltérant, e [dezalteRɑ̃, ɑ̃t] *adj* thirst-quenching. ◆ **désaltérer** (6) — **1** *vt* to quench the thirst of. — **2 se désaltérer** *vpr* to quench one's thirst.

désappointement [dezapwɛ̃tmɑ̃] *nm* disappointment. ◆ **désappointer** (1) *vt* to disappoint.

désapprobateur, -trice [dezapRɔbatœR, tRis] *adj* disapproving. ◆ **désapprobation** *nf* disapproval.

désapprouver [dezapRuve] (1) *vt* to disapprove of.

désarçonner [dezaRsɔne] (1) *vt (cheval)* to unseat; *(réponse)* to nonplus.

désarmant, e [dezaRmɑ̃, ɑ̃t] *adj* disarming. ◆ **désarmé, e** *adj (lit)* unarmed; *(fig)* helpless. ◆ **désarmement** *nm (pays)* disarmament. ◆ **désarmer** (1) *vti* to disarm.

désarroi [dezaRwa] *nm* confusion.

désastre [dezastR(ə)] *nm* disaster. ◆ **désastreux, -euse** *adj (gén)* disastrous; *(conditions)* appalling.

désavantage [dezavɑ̃taʒ] *nm (gén)* disadvantage; *(handicap)* handicap. **avoir un ~ sur qn** to be at a disadvantage in comparison with sb. ◆ **désavantager** (3) *vt* to put at a disadvantage. ◆ **désavantageux, -euse** *adj* disadvantageous.

désaveu [dezavø] *nm (reniement)* disavowal; *(blâme)* repudiation. ◆ **désavouer** (1) *vt* to disavow; to repudiate.

desaxé, e [dezakse] *nm,f* maniac.

desceller [desele] (1) *vt (pierre)* to pull free.

descendance [desɑ̃dɑ̃s] *nf (enfants)* descendants; *(origine)* descent.

descendant, e [desɑ̃dɑ̃, ɑ̃t] — **1** *adj* descending. — **2** *nm,f* descendant.

descendre [desɑ̃dR(ə)] (41) — **1** *vi* **(a)** *(aller)* to go down; *(venir)* to come down. **descends me voir** come down and see me; **~ à pied** to walk down; **~ en ville** to go into town; **~ à l'hôtel** to stay at a hotel; **la rue descend** the street slopes down. **(b) ~ de** *(arbre)* to climb down from; *(voiture)* to get out of; **fais ~ le chien du fauteuil** get the dog down off the armchair; **~ de bicyclette** to get off one's bicycle; **~ d'un ancêtre** to be descended from an ancestor. **(c)** *(obscurité, neige)* to fall; *(soleil)* to go down; *(brouillard)* to come down *(sur* over); *(prix, température)* to fall, drop; *(marée)* to go out. — **2** *vt (escalier)* to go down; *(valise, objet)* to take *ou* bring down; *(store)* to lower; (* : *au fusil*) to shoot down. **~ la rue en courant** to run down the street; **descends-moi mes lunettes** bring *ou* fetch me my glasses down; **se faire ~*** to get shot.

descente [desɑ̃t] *nf* **(a)** *(action)* descent. **la ~ dans le puits est dangereuse** going down the well is dangerous; **~ en parachute** parachute drop; *(Ski)* **épreuve de ~** downhill race; **accueillir qn à la ~ du train** to meet sb off the train. **(b)** *(raid)* raid. **faire une ~ dans qch** to raid sth. **(c)** *(pente)* downward slope. **freiner dans les ~s** to brake going downhill; **la ~ de la cave** the entrance into the cellar. **(d) ~ de lit** bedside rug.

descriptif, -ive [dɛskRiptif, iv] *adj* descriptive. ◆ **description** *nf* description.

désembuer [dezɑ̃bye] (1) *vt (vitre)* to demist.

désemparé, e [dezɑ̃paRe] *adj* distraught.

désenchanté, e [dezɑ̃ʃɑ̃te] *adj* disenchanted. ◆ **désenchantement** *nm* disenchantment.

déséquilibre [dezekilibR(ə)] *nm (entre quantités)* imbalance; *(mental)* unbalance. **en ~** *(armoire)* unsteady; *(budget)* unbalanced. ◆ **déséquilibrer** (1) *vt* to throw off balance. **un déséquilibré** an unbalanced person.

désert, e [dezɛR, ɛRt(ə)] — **1** *adj* deserted. — **2** *nm* desert.

déserter [dezɛRte] (1) *vti* to desert. ◆ **déserteur** *nm* deserter. ◆ **désertion** *nf* desertion.

désertique [dezɛRtik] *adj* desert.

désespérant, e [dezɛspeRɑ̃, ɑ̃t] *adj (horrible)* appalling. ◆ **désespéré, e** *adj (cas)* hopeless; *(effort)* desperate. ◆ **désespérément** *adv* desperately. ◆ **désespérer** (6) — **1** *vt* to drive to despair. — **2** *vi* to despair. **~ de faire** to despair of doing. — **3 se désespérer** *vpr* to despair.

désespoir [dezɛspwaʀ] *nm* despair. **faire le ~ de qn** to drive sb to despair; **être au ~** to be in despair; **en ~ de cause** in desperation.
déshabiller [dezabije] (1) — **1** *vt* to undress. — **2 se déshabiller** *vpr* to undress; *(manteau etc)* to take off one's coat *ou* things.
déshabituer [dezabitɥe] (1) *vt* : **~ qn de qch** to break sb of the habit of sth.
désherbant [dezɛʀbɑ̃] *nm* weed-killer. ◆ **désherber** (1) *vt* to weed.
déshériter [dezeʀite] (1) *vt (héritier)* to disinherit. **les déshérités** the deprived.
déshonneur [dezɔnœʀ] *nm* dishonour. ◆ **déshonorant, e** *adj* dishonourable. ◆ **déshonorer** (1) — **1** *vt* to dishonour. — **2 se déshonorer** *vpr* to bring dishonour on o.s.
déshydratation [dezidʀatɑsjɔ̃] *nf* dehydration. ◆ **déshydrater** *vt*, **se déshydrater** *vpr* (1) to dehydrate.
désigner [deziɲe] (1) *vt (du doigt)* to point out; *(à un emploi)* to appoint (*à* to). **chaque partie est désignée par un mot** each part is referred to by a word; **être tout désigné pour faire qch** to be cut out to do sth.
désillusion [dezilyzjɔ̃] *nf* disillusion.
désinfectant, e [dezɛ̃fɛktɑ̃, ɑ̃t] *adj, nm* disinfectant. ◆ **désinfecter** (1) *vt* to disinfect. ◆ **désinfection** *nf* disinfection.
désintégrer (se) [dezɛ̃tegʀe] (6) *vpr* to disintegrate.
désintéressé, e [dezɛ̃teʀese] *adj* disinterested. ◆ **désintérêt** *nm* disinterest.
désintoxiquer [dezɛ̃tɔksike] (1) *vt (alcoolique)* to dry out.
désinvolte [dezɛ̃vɔlt(ə)] *adj* casual, offhand. ◆ **désinvolture** *nf* casualness.
désir [deziʀ] *nm* desire (*de qch* for sth). ◆ **désirable** *adj* desirable. **peu ~** undesirable.
désirer [deziʀe] (1) *vt (vouloir)* to want; *(convoiter)* to desire. **il désire que tu viennes** he wants you to come; **ça laisse beaucoup à ~** it leaves a lot to be desired. ◆ **désireux, -euse** *adj* : **~ de** anxious to.
désistement [dezistəmɑ̃] *nm* withdrawal. ◆ **désister** (1) *vpr* to withdraw.
désobéir [dezɔbeiʀ] (2) *vi* to be disobedient. **~ à qn** to disobey sb. ◆ **désobéissance** *nf* disobedience (*à* to). ◆ **désobéissant, e** *adj* disobedient.
désobligeant, e [dezɔbliʒɑ̃, ɑ̃t] *adj* disagreeable.
désodorisant, e [dezɔdɔʀizɑ̃, ɑ̃t] *adj, nm* deodorant. ◆ **désodoriser** (1) *vt* to deodorize.
désœuvré, e [dezœvʀe] *adj* idle. ◆ **désœuvrement** *nm* idleness.
désolation [dezɔlɑsjɔ̃] *nf (consternation)* distress. ◆ **désolé, e** *adj* **(a)** *(endroit)* desolate. **(b)** *(affligé)* distressed; *(contrit)* sorry. ◆ **désoler** (1) — **1** *vt* to distress. — **2 se désoler** *vpr* to be upset.
désolidariser (se) [desɔlidaʀize] (1) *vpr* : **se ~ de** to dissociate o.s. from.
désopilant, e [dezɔpilɑ̃, ɑ̃t] *adj* hilarious.
désordonné, e [dezɔʀdɔne] *adj (personne)* untidy; *(mouvements)* uncoordinated.
désordre [dezɔʀdʀ(ə)] *nm* **(a)** *(mauvais rangement)* untidiness. **être en ~** to be untidy; **quel ~!** what a mess! **(b)** *(agitation)* disorder. **faire du ~** to cause a disturbance.
désorganisation [dezɔʀganizɑsjɔ̃] *nf* disorganization. ◆ **désorganiser** (1) *vt* to disorganize.
désorienter [dezɔʀjɑ̃te] (1) *vt* to disorientate.
désormais [dezɔʀmɛ] *adv* in future.
désosser [dezɔse] (1) *vt (viande)* to bone.
despote [dɛspɔt] *nm* despot. ◆ **despotique** *adj* despotic. ◆ **despotisme** *nm* despotism.
desquels, desquelles [dekɛl] *V* **lequel.**
dessaisir (se) [desezir] (2) *vpr* : **se ~ de** to part with.
dessaler [desale] (1) *vt* : **(faire) ~** *(viande)* to soak.
dessécher [deseʃe] (6) — **1** *vt* to dry out. — **2 se dessécher** *vpr (gén)* to go dry; *(plante)* to wither.
dessein [desɛ̃] *nm (gén)* design; *(intention)* intention. **faire qch à ~** to do sth intentionally.
desseller [desele] (1) *vt* to unsaddle.
desserrer [deseʀe] (1) — **1** *vt (gén)* to loosen; *(étreinte)* to relax; *(frein)* to release. — **2 se desserrer** *vpr (nœud, écrou)* to come loose.
dessert [desɛʀ] *nm* dessert.
desservir [desɛʀviʀ] (14) *vt* **(a)** *(plat, table)* to clear away. **(b)** *(autobus)* to serve. **(c)** *(nuire à)* to harm.
dessin [desɛ̃] *nm (gén)* drawing; *(motif)* pattern; *(contour)* outline. **~ animé** cartoon film; **~ humoristique** cartoon; *(art)* **le ~** drawing; **planche à ~** drawing board. ◆ **dessinateur, -trice** *nm,f (artiste)* drawer. **~ industriel** draughtsman; **~ humoristique** cartoonist. ◆ **dessiner** (1) — **1** *vt* to draw. — **2 se dessiner** *vpr (apparaître)* to take shape.
dessous [d(ə)su] — **1** *adv (sous)* under, beneath; *(plus bas)* below. **les enfants au-~ de 7 ans** children under 7; **20° au-~ de zéro** 20° below zero; **être au-~ de tout** to be quite hopeless; **faire qch en ~** to do sth in an underhand manner. — **2** *nm (objet)* bottom, underside; *(pied)* sole. **les gens du ~** the people downstairs; **avoir le ~** to get the worst of it; **les ~ de la politique** the hidden side of politics; *(Habillement)* **les ~** underwear; **~ de plat** table mat.
dessus [d(ə)sy] — **1** *adv* : **c'est écrit ~** it's written on it; **il lui a tiré ~** he shot at him; **passez par-~** go over it; **au-~** above; **les enfants au-~ de 7 ans** children over 7; **20° au-~ de zéro** 20° above zero; **au-~ de mes forces** beyond my strength. — **2** *nm* top. **les gens du ~** the people upstairs; *(fig)* **le ~ du panier** the pick of the bunch; **prendre le ~** to get the upper hand; **reprendre le ~** to get over it; **~ de lit** bedspread.
destin [dɛstɛ̃] *nm (sort)* fate; *(avenir, vocation)* destiny.
destinataire [dɛstinatɛʀ] *nmf* addressee.
destination [dɛstinɑsjɔ̃] *nf (direction)* destination; *(usage)* purpose. **train à ~ de Londres** train to London.
destiner [dɛstine] (1) *vt* **(a)** *(attribuer)* **~ qch à qn** *(gén)* to intend *ou* mean sth for sb; **le sort qui lui était destiné** the fate that was in store for him; **les fonds seront destinés à la recherche** the money will be devoted to research. **(b)** *(vouer)* **~ qn à une fonction** to destine sb for a post; **il se destine à l'enseignement** he intends to go into teaching. ◆ **destinée** *nf (sort)* fate; *(avenir, vocation)* destiny.
destituer [dɛstitɥe] (1) *vt (ministre)* to dismiss; *(roi)* to depose. ◆ **destitution** *nf* dismissal; deposition.
destructeur, -trice [dɛstʀyktœʀ, tʀis] — **1** *adj* destructive. — **2** *nm,f* destroyer. ◆ **destruction** *nf* destruction.
désuet, -ète [desɥɛ, ɛt] *adj* old-fashioned.

détachant [detaʃɑ̃] *nm* stain-remover.
détaché, e [detaʃe] *adj (air)* detached.
détachement [detaʃmɑ̃] *nm (indifférence)* detachment; *(Mil)* detachment; *(fonctionnaire)* secondment.
détacher [detaʃe] (1) — **1** *vt* **(a)** *(gén)* to untie; *(ôter)* to remove, take off. '**~ suivant le pointillé**' 'tear off along the dotted line'; **~ ses mots** to separate one's words; **~ qn de qch** to turn sb away from sth. **(b)** *(fonctionnaire)* to second. **être détaché** to be on secondment. **(c)** *(nettoyer)* to clean. — **2 se détacher** *vpr* **(a)** *(prisonnier)* to free o.s. (*de* from); *(paquet, nœud)* to come untied; *(papier collé)* to come off; *(coureur)* to pull away (*de* from). **(b)** *(ressortir)* to stand out (*sur* against).
détail [detaj] *nm* detail. **dans le ~** in detail; **entrer dans les ~s** to go into details *ou* particulars; **faire le ~ d'un compte** to give a breakdown of an account; **vendre au ~** *(vin)* to sell retail; *(articles)* to sell separately. ◆ **détaillant, e** *nm,f* retailer. ◆ **détaillé, e** *adj* detailed. ◆ **détailler** (1) *vt* **(a)** *(marchandise)* to sell retail; *(à l'unité)* to sell separately. **(b)** *(expliquer)* to explain in detail; *(examiner)* to examine.
détaler [detale] (1) *vi* to run away.
détartrer [detaʀtʀe] (1) *vt (dents)* to scale; *(chaudière)* to descale.
détecter [detɛkte] (1) *vt* to detect. ◆ **détecteur, -trice** *adj, nm* detector. ◆ **détection** *nf* detection. ◆ **détective** *nm* : **~ privé** private detective.
déteindre [detɛ̃dʀ(ə)] (52) *vi (gén)* to lose its colour; *(au lavage)* to run (*sur* into); *(au soleil)* to fade.
détendre [detɑ̃dʀ(ə)] (41) — **1** *vt (ressort)* to release; *(corde)* to slacken, loosen; *(personne, atmosphère)* to relax; *(nerfs)* to calm. — **2 se détendre** *vpr* to relax. **se ~ les jambes** to unbend one's legs. ◆ **détendu, e** *adj (personne, atmosphère)* relaxed; *(câble)* slack.
détenir [detniʀ] (22) *vt (gén)* to have; *(titre)* to hold; *(prisonnier)* to detain. **~ le pouvoir** to be in power.
détente [detɑ̃t] *nf* **(a)** *(délassement)* relaxation. *(Pol)* **la ~** détente. **(b)** *(élan)* spring; *(bond)* bound. **(c)** *(gâchette)* trigger.
détenteur, -trice [detɑ̃tœʀ, tʀis] *nm,f (record)* holder.
détention [detɑ̃sjɔ̃] *nf* **(a)** *(armes)* possession. **(b)** *(captivité)* detention. ◆ **détenu, e** *nm,f* prisoner.
détergent, e [detɛʀʒɑ̃, ɑ̃t] *adj, nm* detergent.
détérioration [detɛʀjɔʀɑsjɔ̃] *nf* damage (*de* to); deterioration (*de* in). **~s** damage. ◆ **détériorer** (1) — **1** *vt* to damage, spoil. — **2 se détériorer** *vpr* to deteriorate.
détermination [detɛʀminɑsjɔ̃] *nf (fermeté)* determination. **la ~ d'une date** deciding on a date. ◆ **déterminé, e** *adj (but)* definite; *(quantité)* given; *(ton)* determined. ◆ **déterminer** (1) *vt (gén)* to determine; *(par calcul)* to work out; *(motiver)* to cause.
déterrer [deteʀe] (1) *vt* to dig up.
détersif, -ive [detɛʀsif, iv] *adj, nm* detergent.
détestable [detɛstabl(ə)] *adj* dreadful, appalling. ◆ **détester** (1) *vt* to hate, detest. **elle déteste attendre** she hates having to wait; **il ne déteste pas le chocolat** he is not averse to chocolate.
détonation [detɔnɑsjɔ̃] *nf (obus)* detonation; *(fusil)* bang.
détour [detuʀ] *nm* **(a)** *(sinuosité)* bend, curve. **faire des ~s** to wind about. **(b)** *(déviation)* detour. **(c)** *(subterfuge)* roundabout means; *(circonlocution)* circumlocution. **dire sans ~s** to say plainly.
détournement [detuʀnəmɑ̃] *nm (rivière)* diversion. **~ d'avion** hijacking; **~ de fonds** embezzlement.
détourner [detuʀne] (1) — **1** *vt* **(a)** *(gén)* to divert (*de* from); *(pirate de l'air)* to hijack. **~ les yeux** to look away; **~ qn du droit chemin** to lead sb astray; **de façon ~e** in a roundabout way. **(b)** *(voler)* to embezzle. — **2 se détourner** *vpr* to turn away. **se ~ de sa route** to make a detour.
détraquer [detʀake] (1) — **1** *vt (machine)* to put out of order; *(personne)* to upset; *(mentalement)* to unhinge. **~ le temps** to unsettle the weather; **c'est un détraqué*** he's a headcase*. — **2 se détraquer** *vpr (machine)* to go wrong; *(estomac)* to be upset; *(temps)* to break.
détrempé, e [detʀɑ̃pe] *adj* soaking wet.
détresse [detʀɛs] *nf* distress.
détriment [detʀimɑ̃] *nm* : **au ~ de** to the detriment of.
détritus [detʀitys] *nmpl* rubbish, refuse.
détroit [detʀwa] *nm* strait. **le ~ de Gibraltar** the straits of Gibraltar.
détromper [detʀɔ̃pe] (1) *vt* to disabuse (*de* of).
détrôner [detʀone] (1) *vt* to dethrone.
détrousser [detʀuse] (1) *vt* to rob.
détruire [detʀɥiʀ (38) *vt* to destroy.
dette [dɛt] *nf* debt. **avoir des ~s** to be in debt; **je suis en ~ envers vous** I am indebted to you.
deuil [dœj] *nm (perte)* bereavement, death; *(chagrin)* grief; *(vêtements)* mourning clothes. **être en ~** to be in mourning; **~ national** national mourning; **faire son ~ de qch*** to say goodbye to sth*.
deux [dø] *adj, nm* two. **~ fois** twice; **je les ai vus tous (les) ~** I saw them both, I saw both of them; **des ~ côtés de la rue** on both sides *ou* on either side of the street; **tous les ~ jours** every other day; *(en épelant)* **~ t** double t; **c'est à ~ minutes d'ici** it's only a couple of minutes from here; **j'ai ~ mots à vous dire** I want to have a word with you; **essayer et réussir, cela fait ~** to try and to succeed are two entirely different things; **pris entre ~ feux** caught in the crossfire; *V* **six.** ◆ **deux-pièces** *nm inv (ensemble)* two-piece suit; *(appartement)* two-room flat *ou* appartment *(US)*. ◆ **deux-points** *nm inv* colon. ◆ **deux-roues** *nm inv* two-wheeled vehicle. ◆ **deuxième** *adj, nmf* second. *(Mil)* **~ classe** private; *V* **sixième.** ◆ **deuxièmement** *adv* secondly.
dévaler [devale] (1) *vti* to hurtle down. **~ dans les escaliers** to tumble down the stairs.
dévaliser [devalize] (1) *vt* to rob.
dévalorisation [devalɔʀizɑsjɔ̃] *nf* depreciation. ◆ **dévaloriser** *vt*, **se dévaloriser** *vpr* (1) to depreciate.
dévaluation [devalyɑsjɔ̃] *nf* devaluation. ◆ **dévaluer** *vt*, **se dévaluer** *vpr* (1) to devalue.
devancer [dəvɑ̃se] (3) *vt (distancer)* to get ahead of; *(précéder)* to arrive ahead of; *(objection, désir)* to anticipate. ◆ **devancier, -ière** *nm,f* precursor.
devant [d(ə)vɑ̃] — **1** *prép* **(a)** *(position)* in front of; *(dépassement)* past. **il est passé ~ moi sans me voir** he walked past me without seeing me; **il est ~ moi en classe** he sits in front of me at

school; *(classement)* he is ahead of me at school; **avoir du temps ~ soi** to have time to spare; **aller droit ~ soi** to go straight on. **(b)** *(en présence de)* before. **par-~ notaire** in the presence of a notary; **~ la situation** *(étant donné)* in view of the situation; *(face à)* faced with the situation.— **2** *adv* : **vous êtes juste ~** you are right in front of it; **il est loin ~** he's a long way ahead; **je suis passé ~** I went past it; **fais passer le plateau ~** pass the tray forward. — **3** *nm* front. **roue de ~** front wheel; **prendre les ~s** to take the initiative; **je suis allé au-~ de lui** I went to meet him; **aller au-~ des ennuis** to be looking for trouble.

devanture [d(ə)vɑ̃tyʀ] *nf* shop window.

dévaster [devaste] (11) *vt* to devastate.

déveine* [devɛn] *nf* rotten luck*.

développement [devlɔpmɑ̃] *nm (gén)* development; *(commerce)* expansion. ◆ **développer** (1) — **1** *vt* to develop; to expand; *(paquet)* to unwrap. — **2 se développer** *vpr* to develop; to expand; *(habitude)* to spread.

devenir [dəvniʀ] (22) *vi* to become. **~ médecin** to become a doctor; **il est devenu tout rouge** he turned quite red; **~ vieux** to grow old; **que sont devenues mes lunettes?** where have my glasses got to?

dévergonder (se) [devɛʀgɔ̃de] (1) *vpr* to run wild.

déverser [devɛʀse] (1) — **1** *vt (gén)* to pour out; *(ordures)* to dump. — **2 se déverser** *vpr* to pour out (*dans* into).

dévêtir *vt*, **se dévêtir** *vpr* [devetiʀ] (20) to undress.

déviation [devjɑsjɔ̃] *nf (route)* diversion.

dévier [devje] (7) — **1** *vi (aiguille)* to deviate; *(bateau, projectile)* to veer off course *(projet)* to diverge (*de* from). **la conversation déviait dangereusement** the conversation was taking a dangerous turn; **faire ~ qch** to divert sth. — **2** *vt (circulation)* to divert; *(coup)* to deflect.

devin [dəvɛ̃] *nm* soothsayer. ◆ **deviner** (1) *vt* to guess. ◆ **devinette** *nf* riddle.

devis [d(ə)vi] *nm* estimate, quotation.

dévisager [devizaʒe] (3) *vt* to stare at.

devise [d(ə)viz] *nf* motto. *(argent)* **~s** (foreign) currency.

dévisser [devise] (1) *vt* to unscrew.

dévoiler [devwale] (1) *vt* to reveal, disclose.

devoir [d(ə)vwaʀ] (28) — **1** *vt* to owe. **il réclame ce qui lui est dû** he is asking for what is owing to him; **je dois à mes parents d'avoir réussi** I owe my success to my parents; **il lui doit bien cela!** it's the least he can do for him! — **2** *vb aux* **(a)** *(obligation)* to have to. **dois-je lui écrire?** must I *ou* do I have to write to him?; **il aurait dû la prévenir** he should have *ou* ought to have warned her; **non, tu ne dois pas le rembourser** no, you need not *ou* don't have to pay it back; **cela devait arriver** it was bound to happen. **(b)** *(prévision)* **il doit arriver ce soir** he is due to arrive tonight; **vous deviez le lui cacher** you were supposed to hide it from him. **(c)** *(probabilité)* **vous devez vous tromper** you must be mistaken; **elle ne doit pas être bête** she can't be stupid. — **3 se devoir** *vpr* : **nous nous devons de le lui dire** it is our duty to tell him; **comme il se doit** *(comme il faut)* as is right; *(comme prévu)* as expected. — **4** *nm* **(a)** *(obligation)* duty. **se faire un ~ de faire** to make it one's duty to do; **présenter ses ~s à qn** to pay one's respects to sb. **(b)** *(Scol)* exercise. *(à la maison)* **faire ses ~s** to do one's homework.

dévolu, e [devɔly] *adj* allotted (*à* to).

dévorer [devɔʀe] (1) *vt (lit, fig)* to devour. **cet enfant dévore!** this child has a huge appetite!; **~ qn du regard** to eye sb greedily; **la soif le dévore** he has a burning thirst.

dévot, e [devo, ɔt] *adj* devout. ◆ **dévotion** *nf (piété)* devoutness; *(culte)* devotion.

dévouement [devumɑ̃] *nm* devotion. ◆ **se dévouer** (1) *vpr* to sacrifice o.s. (*pour* for). *(se consacrer à)* **se ~ à** to devote o.s. to.

dévoyé, e [devwaje] *adj, nm,f* delinquent.

dextérité [dɛksteʀite] *nf* skill, dexterity.

diabète [djabɛt] *nm* diabetes *(sg)*. ◆ **diabétique** *adj, nmf* diabetic.

diable [djɑbl(ə)] *nm* **(a)** devil. **pauvre ~** poor devil; **grand ~** tall fellow; **il a le ~ au corps** he is the very devil; **tirer le ~ par la queue** to live from hand to mouth; **habiter au ~ vauvert** to live miles from anywhere; **il faisait un vent du ~** there was the devil of a wind. **(b)** *(excl)* **D~!** well!; **qu'il aille au ~!** the devil take him!; **du courage que ~!** cheer up, dash it!; **quand ~ l'as-tu jeté?** when the devil did you throw it out?; **c'est bien le ~ si** it would be most unusual if; **ce n'est pas le ~!** it's not the end of the world! ◆ **diabolique** *adj* diabolical.

diadème [djadɛm] *nm* diadem.

diagnostic [djagnɔstik] *nm* diagnosis. ◆ **diagnostiquer** (1) *vt* to diagnose.

diagonal, e, *mpl* **-aux** [djagɔnal, o] *adj, nf* diagonal. **en ~e** diagonally.

diagramme [djagʀam] *nm (schéma)* diagram; *(graphique)* graph.

dialecte [djalɛkt(ə)] *nm* dialect. ◆ **dialectal, e,** *mpl* **-aux** *adj* dialectal.

dialogue [djalɔg] *nm (gén)* dialogue; *(conversation)* conversation. ◆ **dialoguer** (1) *vi* to have a conversation; *(négocier)* to have a dialogue.

diamant [djamɑ̃] *nm* diamond.

diamètre [djamɛtʀ(ə)] *nm* diameter.

diapason [djapazɔ̃] *nm* tuning fork.

diaphragme [djafʀagm(ə)] *nm* diaphragm.

diapositive [djapozitiv] *nf (Phot)* slide.

diarrhée [djaʀe] *nf* diarrhœa.

dictateur [diktatœʀ] *nm* dictator. ◆ **dictatorial, e,** *mpl* **-aux** *adj* dictatorial. ◆ **dictature** *nf* dictatorship. *(fig)* **c'est de la ~!** this is tyranny!

dictée [dikte] *nf* dictation. **écrire sous la ~ de qn** to take down sb's dictation. ◆ **dicter** (1) *vt* to dictate (*à* to).

diction [diksjɔ̃] *nf* diction.

dictionnaire [diksjɔnɛʀ] *nm* dictionary.

dicton [diktɔ̃] *nm* saying, dictum.

dièse [djɛz] *adj, nm* : **fa ~** F sharp.

diesel [djezɛl] *nm* diesel.

diète [djɛt] *nf (jeûne)* starvation diet. ◆ **diététicien, -ienne** *nm,f* dietician. ◆ **diététique** — **1** *adj* : **produits ~s** health foods. — **2** *nf* dietetics *(sg)*.

dieu, *pl* **~x** [djø] *nm* god. **le bon D~** the good Lord; **on lui donnerait le bon D~ sans confession** he looks as if butter wouldn't melt in his mouth; **mon D~!** my goodness!; **mon D~ oui** well yes; **D~ vous bénisse!** God bless you!; **D~ seul le sait** God only knows; **D~ soit loué!** praise God!; **D~ merci** thank goodness; **tu vas te taire bon D~!*** for Heaven's sake will you shut up!*

diffamation [difamɑsjɔ̃] *nf* : **~(s)** *(paroles)* slander; *(écrits)* libel. ◆ **diffamer** (1) *vt* to slander; to libel.

différé, e [difeʀe] *adj (TV)* pre-recorded.

différemment [difeʀamɑ̃] *adv* differently.

différence [difeʀɑ̃s] *nf* difference. **ne pas faire de ~** to make no distinction (*entre* between); **à la ~ de** unlike.

différenciation [difeʀɑ̃sjɑsjɔ̃] *nf* differentiation. ◆ **différencier** (7) — **1** *vt* to differentiate. — **2 se différencier** *vpr* to differ (*de* from).

différend [difeʀɑ̃] *nm* disagreement.

différent, e [difeʀɑ̃, ɑ̃t] *adj (gén)* different (*de* from). *(divers)* **pour ~es raisons** for various reasons.

différer [difeʀe] (6) — **1** *vi* to differ (*de* from, *par* in). — **2** *vt (visite etc)* to postpone; *(jugement)* to defer.

difficile [difisil] *adj (gén)* difficult; *(situation)* awkward, tricky*. **~ à faire** difficult *ou* hard to do; **être ~ sur la nourriture** to be fussy about one's food. ◆ **difficilement** *adv* with difficulty. **c'est ~ visible** it's difficult *ou* hard to see. ◆ **difficulté** *nf* difficulty (*à faire* in doing). **être en ~** to be in difficulties.

difforme [difɔʀm(ə)] *adj* deformed. ◆ **difformité** *nf* deformity.

diffuser [difyze] (1) *vt (lumière, chaleur)* to diffuse; *(livres)* to distribute; *(émission)* to broadcast. ◆ **diffusion** *nf* diffusion; distribution; broadcasting.

digérer [diʒeʀe] (6) *vt* to digest. **~ bien** to have a good digestion. ◆ **digeste** *adj* digestible. ◆ **digestif, -ive** — **1** *adj* digestive. — **2** *nm (liqueur)* liqueur. ◆ **digestion** *nf* digestion.

digital, e, *mpl* **-aux** [diʒital, o] *adj* digital.

digne [diɲ] *adj (auguste)* dignified; *(à la hauteur)* worthy. **~ de** worthy of; **~ d'éloges** praiseworthy; **~ d'envie** enviable; **il n'est pas ~ de vivre** he's not fit to live. ◆ **dignement** *adv (se conduire)* with dignity; *(récompenser)* fittingly. ◆ **dignitaire** *nm* dignitary. ◆ **dignité** *nf* dignity.

digression [digʀesjɔ̃] *nf* digression.

digue [dig] *nf* dyke.

dilapider [dilapide] (1) *vt* to squander.

dilatation [dilatɑsjɔ̃] *nf (gén)* dilation; *(métal, gaz)* expansion. ◆ **dilater** (1) — **1** *vt* to dilate; to cause to expand. — **2 se dilater** *vpr* to dilate; to expand.

dilemme [dilɛm] *nm* dilemma.

dilettante [diletɑ̃t] *nmf (péj)* amateur.

diligence [diliʒɑ̃s] *nf* **(a)** *(empressement)* haste; *(soin)* diligence. **(b)** *(voiture)* stagecoach.

diluer [dilɥe] (1) *vt* to dilute; *(peinture)* to thin down. ◆ **dilution** *nf* dilution; thinning down.

diluvienne [dilyvjɛn] *adj f (pluie)* torrential.

dimanche [dimɑ̃ʃ] *nm* Sunday. **le ~ de Pâques** Easter Sunday; *V* **samedi.**

dimension [dimɑ̃sjɔ̃] *nf* size. **avoir la même ~** to be the same size; *(mesures)* **~s** dimensions, measurements.

diminuer [diminɥe] (1) — **1** *vt* **(a)** *(gén)* to reduce, decrease; *(son)* to turn down; *(intérêt)* to lessen, diminish. **ça l'a beaucoup diminué** this has greatly undermined his health. **(b)** *(dénigrer)* to belittle. — **2** *vi (gén)* to diminish, decrease (*de, en* in); *(orage, bruit)* to die down; *(prix)* to go down; *(jours)* to grow shorter. ◆ **diminutif** *nm* diminutive. ◆ **diminution** *nf* decrease; *(de prix)* reduction.

dinde [dɛ̃d] *nf* turkey(hen). ◆ **dindon** *nm* turkey cock. **être le ~ de la farce** to be made a fool of.

dîner [dine] (1) — **1** *vi* to have dinner. **avoir qn à ~** to have sb to dinner. — **2** *nm* dinner; *(réception)* dinner party. ◆ **dîneur, -euse** *nm,f* diner.

dingue* [dɛ̃g] — **1** *adj* nuts*, crazy* (*de* about). — **2** *nmf* nutcase*.

dinosaure [dinozɔʀ] *nm* dinosaur.

diocèse [djɔsɛz] *nm* diocese.

diphtérie [difteʀi] *nf* diphtheria. ◆ **diphtérique** *adj* diphtherial.

diphtongue [diftɔ̃g] *nf* diphthong.

diplomate [diplɔmat] — **1** *adj* diplomatic. — **2** *nmf (Pol)* diplomat; *(fig)* diplomatist. ◆ **diplomatie** *nf* diplomacy. ◆ **diplomatique** *adj* diplomatic.

diplôme [diplom] *nm* diploma. **avoir des ~s** to have qualifications. ◆ **diplômé, e** *adj* qualified.

dire [diʀ] (37) — **1** *vt* **(a)** *(paroles etc)* to say; *(mensonge, secret)* to tell. **~ bonjour à qn** to say hullo to sb; **il ne croyait pas si bien ~** he didn't know how right he was; **on le dit malade** he's rumoured to be ill; **il sait ce qu'il dit** he knows what he's talking about; **~ des bêtises** to talk nonsense; **son silence en dit long** his silence speaks for itself. **(b) ~ à qn que** to tell sb that, say to sb that; **'méfie-toi' me dit-il** he said to me, 'be cautious'; **ce nom me dit qch** this name rings a bell; **dites-lui de partir** tell him to go; **je me suis laissé ~ que** I was told that; **il m'a fait ~ qu'il viendrait** he sent me word that he'd come. **(c)** *(plaire)* **cela vous dit de sortir?** do you feel like going out?; **cela ne me dit rien qui vaille** I don't like the look of that. **(d)** *(penser)* to think. **qu'est-ce que tu dis de ma robe?** what do you think of my dress?; **qu'est-ce que vous diriez d'une promenade?** how about a walk?; **on dirait qu'il va pleuvoir** it looks like rain; **on dirait du poulet** it tastes like chicken. **(e)** *(décider)* **disons demain** let's make it tomorrow; **il est dit que je ne gagnerai jamais** I'm destined never to win; **bon, voilà qui est dit** right, it's settled; **à l'heure dite** at the appointed time. **(f) vouloir ~** to mean; **cette phrase ne veut rien ~** this sentence does not mean a thing. **(g)** *(locutions)* **X, dit le Chacal** X, known as the Jackal; **pour ainsi ~** so to speak; **dis donc!** *(à propos)* by the way; *(holà)* hey!; **cela va sans ~** it goes without saying; **à vrai ~** to tell the truth; **il n'y a pas à ~** there's no doubt about it; **c'est tout ~** that just shows you; **ce n'est pas pour ~, mais...** *(se vanter)* I don't wish to boast but...; *(se plaindre)* I don't wish to complain but...; **c'est-à-~** that is to say; **soit dit en passant** incidentally. — **2 se dire** *vpr* : **il se dit qu'il était tard** he said to himself that it was late; **il se dit malade** he claims to be ill; **elles se dirent au revoir** they said goodbye to each other; **comment se dit... en français?** what is the French for...? — **3** *nm* : **d'après ses ~s** according to what he says.

direct, e [diʀɛkt, ɛkt(ə)] — **1** *adj* direct. **ses chefs ~s** his immediate superiors. — **2** *nm (train)* express *ou* fast train. *(Boxe)* **~ du gauche** straight left; **en ~ de New York** live from New York. ◆ **directement** *adv* directly. **il est ~ allé se coucher** he went straight to bed.

directeur, -trice [diʀɛktœʀ, tʀis] — **1** *adj* leading. — **2** *nm (responsable)* manager; *(administrateur)* director. **~ d'école** headmaster. — **3** *nf* manageress; director. **~trice d'école** headmistress.

direction [diʀɛksjɔ̃] *nf* **(a)** *(sens)* direction. **dans quelle ~ est-il parti?** which way did he go?; **train**

en ~ de Paris train for Paris. **(b)** *(firme)* running, management; *(parti)* leadership. **prendre la ~ des opérations** to take charge *ou* control of operations. **(c)** *(bureau)* director's *ou* manager's office. *(chefs)* **la ~** the management; *(service)* **la ~ du personnel** the personnel department. **(d)** *(Aut : mécanisme)* steering.

directive [diʀɛktiv] *nf* directive.

directrice [diʀɛktʀis] *V* **directeur.**

dirigeable [diʀiʒabl(ə)] *adj, nm* airship.

dirigeant, e [diʀiʒɑ̃, ɑ̃t] — **1** *adj (classe)* ruling. — **2** *nm,f (firme)* manager; *(pays)* leader.

diriger [diʀiʒe] (3) — **1** *vt* **(a)** *(commander) (gén)* to run; *(entreprise)* to manage; *(pays, parti, enquête)* to lead; *(opération)* to direct; *(recherches)* to supervise; *(orchestre)* to conduct. **(b)** *(voiture, bateau)* to steer; *(avion)* to pilot, fly. **(c)** *(aiguiller) (gén)* to direct (*sur, vers* to); *(arme)* to point, aim (*sur* at). **~ son regard sur qch** to look towards sth; **la flèche est dirigée vers la gauche** the arrow is pointing to the left. — **2 se diriger** *vpr :* **se ~ vers** *(lieu)* to make one's way towards; *(carrière)* to turn towards.

discernement [disɛʀnəmɑ̃] *nm :* **sans ~** without distinction. ◆ **discerner** (1) *vt* to discern, make out.

disciple [disipl(ə)] *nm* disciple.

disciplinaire [disiplinɛʀ] *adj* disciplinary. ◆ **discipline** *nf* discipline. ◆ **discipliné, e** *adj* well-disciplined. ◆ **discipliner** (1) *vt* to discipline.

discontinu, e [diskɔ̃tiny] *adj* intermittent. ◆ **discontinuer** (1) *vi :* **sans ~** without a break.

disconvenir [diskɔ̃vniʀ] (22) *vi :* **je n'en disconviens pas** I don't deny it.

discordance [diskɔʀdɑ̃s] *nf (caractères)* conflict; *(sons)* discordance; *(couleurs)* clash. *(témoignages)* **~s** discrepancies. ◆ **discordant, e** *adj* conflicting; discordant; clashing. ◆ **discorde** *nf* discord.

discothèque [diskɔtɛk] *nf (bâtiment)* record library; *(club)* disco.

discourir [diskuʀiʀ] (11) *vi* to talk. ◆ **discours** *nm* speech. **perdre son temps en ~** to waste one's time talking; **au ~ direct** in direct speech.

discourtois, e [diskuʀtwa, waz] *adj* discourteous.

discréditer [diskʀedite] (1) *vt* to discredit.

discret, -ète [diskʀɛ, ɛt] *adj* discreet. *(timide) (personne)* unassuming; *(vêtement)* plain; *(couleur, endroit)* quiet. ◆ **discrètement** *adv* discreetly; plainly; quietly. ◆ **discrétion** *nf* discretion; plainness. **vin à ~** unlimited wine.

discrimination [diskʀiminɑsjɔ̃] *nf* discrimination.

disculper [diskylpe] (1) — **1** *vt* to exonerate (*de* from). — **2 se disculper** *vpr* to exonerate o.s.

discussion [diskysjɔ̃] *nf (gén)* discussion; *(débat)* debate; *(conversation)* talk; *(querelle)* argument. ◆ **discutable** *adj* debatable, questionable. ◆ **discuter** (1) — **1** *vt (gén)* to discuss; *(projet de loi)* to debate; *(prix)* to argue about; *(ordre)* to question. — **2** *vi (parler)* to talk; *(parlementer)* to argue (*avec* with). **~ de qch** to discuss sth.

disette [dizɛt] *nf* food shortage.

diseuse [dizøz] *nf :* **~ de bonne aventure** fortune-teller.

disgrâce [disgʀɑs] *nf* disgrace.

disgracieux, -ieuse [disgʀasjø, jøz] *adj (démarche)* ungainly; *(laid)* plain.

disjoncteur [disʒɔ̃ktœʀ] *nm* circuit breaker.

dislocation [dislɔkɑsjɔ̃] *nf (membre)* dislocation; *(empire)* break up. ◆ **disloquer** (1) — **1** *vt* to break up. — **2 se disloquer** *vpr (meuble)* to come apart; *(cortège)* to break up. **se ~ le bras** to dislocate one's arm.

disparaître [dispaʀɛtʀ(ə)] (57) *vi* **(a)** *(gén)* to disappear, vanish. **~ discrètement** to slip away quietly; **faire ~** *(obstacle)* to remove; *(personne)* to get rid of; **il le fit ~ dans sa poche** he hid it in his pocket. **(b)** *(race, coutume)* to die out; *(personne)* to die; *(navire)* to sink.

disparate [dispaʀat] *adj* disparate. ◆ **disparité** *nf* disparity (*de* in).

disparition [dispaʀisjɔ̃] *nf (gén)* disappearance; *(tache, obstacle)* removal; *(objet, bateau)* loss; *(mort)* death.

disparu, e [dispaʀy] *adj (gén)* vanished; *(mort)* dead; *(manquant)* missing; *(bonheur)* lost. **il a été porté ~** he has been reported missing; **le cher ~** the dear departed.

dispensaire [dispɑ̃sɛʀ] *nm* community clinic.

dispense [dispɑ̃s] *nf (exemption)* exemption (*de* from); *(permission)* permission.

dispenser [dispɑ̃se] (1) — **1** *vt* **(a)** *(exempter)* to exempt (*de faire* from doing). **se faire ~** to get exempted. **(b)** *(bienfaits, lumière)* to dispense. **~ des soins à un malade** to give medical care to a patient. — **2 se dispenser** *vpr :* **se ~ de** *(corvée)* to avoid; **se ~ de faire qch** to get out of doing sth; **il peut se ~ de travailler** he doesn't need to work.

disperser [dispɛʀse] (1) — **1** *vt (gén)* to scatter; *(foule)* to disperse. — **2 se disperser** *vpr (foule)* to disperse; *(élève)* to dissipate one's efforts. ◆ **dispersion** *nf* scattering; dispersal; dissipation.

disponible [dispɔnibl(ə)] *adj (livre)* available; *(personne)* free.

dispos, e [dispo, oz] *adj* refreshed.

disposé, e [dispoze] *adj :* **bien ~** *(personne)* in a good mood; *(appartement)* well laid-out; **bien ~ envers qn** well-disposed towards sb; **être ~ à faire** to be disposed to do.

disposer [dispoze] (1) — **1** *vt (objets)* to place, arrange. **~ qn à faire qch** to prepare sb to do sth. — **2** *vi :* **vous pouvez ~** you may leave. — **3 disposer de** *vt indir (argent, moyens)* to have at one's disposal. **vous pouvez en ~** you can use it. — **4 se disposer** *vpr :* **se ~ à faire** to prepare to do, be about to do.

dispositif [dispozitif] *nm (mécanisme)* device. **~ de défense** defence system.

disposition [dispozisjɔ̃] *nf* **(a)** *(meubles)* arrangement; *(invités)* placing; *(terrain)* situation; *(pièces)* layout. **(b)** *(usage)* disposal. **être à la ~ de qn** to be at sb's disposal. **(c)** *(mesures)* **~s** measures, steps; *(préparatifs)* **prendre ses ~s** to make arrangements. **(d)** *(humeur)* mood. **être dans de bonnes ~s à l'égard de qn** to feel well-disposed towards sb. **(e)** *(aptitude)* **~s** aptitude, ability. **(f)** *(tendance)* tendency (*à* to). **(g)** *(clause)* clause.

disproportion [dispʀɔpɔʀsjɔ̃] *nf* disproportion (*de* in). ◆ **disproportionné, e** *adj (objet)* disproportionately large.

dispute [dispyt] *nf* argument, quarrel. ◆ **disputer** (1) — **1** *vt* **(a) ~ qch à qn** to fight with sb over sth. **(b)** *(combat)* to fight; *(match)* to play. **match très disputé** close-fought match. **(c)** (* : *gronder*) to tell off*. **se faire ~** to get a telling-off* (*par* from). — **2 se disputer** *vpr* to quarrel. **se ~ qch** to fight over sth.

disquaire [diskɛʀ] *nm* record-dealer.
disqualification [diskalifikɑsjɔ̃] *nf* disqualification. ◆ **disqualifier** (7) *vt* to disqualify.
disque [disk(ə)] *nm (gén, Méd)* disc; *(Sport)* discus; *(Musique)* record.
dissection [disɛksjɔ̃] *nf* dissection.
dissemblable [disɑ̃blabl(ə)] *adj* dissimilar.
dissémination [diseminɑsjɔ̃] *nf* scattering, spreading. ◆ **disséminer** *vt*, **se disséminer** *vpr* (1) to scatter, spread out.
dissension [disɑ̃sjɔ̃] *nf* dissension.
disséquer [diseke] (6) *vt* to dissect.
dissertation [disɛʀtɑsjɔ̃] *nf* essay. ◆ **disserter** (1) *vi* : ~ **sur** *(parler)* to speak on; *(écrire)* to write an essay on.
dissidence [disidɑ̃s] *nf* dissidence. ◆ **dissident, e** *adj, nm,f* dissident.
dissimulation [disimylɑsjɔ̃] *nf (duplicité)* dissimulation; *(action de cacher)* concealment. ◆ **dissimuler** (1) — **1** *vt* to conceal (*à qn* from sb). **caractère dissimulé** secretive character. — **2 se dissimuler** *vpr* to conceal o.s.
dissipation [disipɑsjɔ̃] *nf* **(a)** *(indiscipline)* misbehaviour. **(b) après ~ du brouillard** once the fog has cleared.
dissiper [disipe] (1) — **1** *vt (fumée, crainte)* to dispel; *(nuage)* to disperse; *(malentendu)* to clear up; *(fortune)* to fritter away. **~ qn** to lead sb astray. — **2 se dissiper** *vpr (fumée)* to drift away; *(nuages, brouillard)* to clear; *(inquiétude)* to vanish; *(élève)* to misbehave.
dissocier [disɔsje] (7) — **1** *vt* to dissociate. — **2 se dissocier** *vpr (éléments)* to break up. **se ~ de qn** to dissociate o.s. from sb.
dissolu, e [disɔly] *adj* dissolute.
dissolution [disɔlysjɔ̃] *nf (assemblée)* dissolution; *(parti)* break-up.
dissolvant [disɔlvɑ̃] *nm* nail polish remover.
dissoudre *vt*, **se dissoudre** *vpr* [disudʀ(ə)] (51) to dissolve; *(association)* to break up.
dissuader [disɥade] (1) *vt* to dissuade (*de faire* from doing). ◆ **dissuasion** *nf* dissuasion.
dissymétrie [disimetʀi] *nf* dissymmetry.
distance [distɑ̃s] *nf* distance. **à quelle ~ est la gare?** how far away is the station?; **habiter à une grande ~** to live a long way away (*de* from); **nés à quelques années de ~** born within a few years of one another; **garder ses ~s** to keep one's distance (*vis à vis de* from); **tenir qn à ~** to keep sb at arm's length; **mettre en marche à ~** *(appareil)* to start up by remote control. ◆ **distancer** (3) *vt* to leave behind. **se laisser ~** to be left behind. ◆ **distant, e** *adj* distant. **une ville ~e de 10 km** a town 10 km away.
distendre [distɑ̃dʀ(ə)] (41) *vt (peau)* to distend. ◆ **distendu, e** *adj (corde)* slack.
distillation [distilɑsjɔ̃] *nf* distillation. ◆ **distiller** (1) *vt* to distil. ◆ **distillerie** *nf (usine)* distillery.
distinct, e [distɛ̃(kt), distɛ̃kt(ə)] *adj* distinct (*de* from). ◆ **distinctement** *adv* distinctly. ◆ **distinctif, -ive** *adj* distinctive. ◆ **distinction** *nf* distinction.
distinguer [distɛ̃ge] (1) — **1** *vt (gén)* to distinguish; *(percevoir)* to make out; *(choisir)* to single out. **il distingue mal sans lunettes** he can't see very well without his glasses; **~ une chose d'avec une autre** to distinguish *ou* tell one thing from another; **ce qui le distingue des autres** what sets him apart from the others. **2 se distinguer** *vpr (réussir)* to distinguish o.s. **il se distingue par son absence** he is conspicuous by his absence; **ces objets se distinguent par leur couleur** these objects can be distinguished by their colour. ◆ **distingué, e** *adj* distinguished.
distordre *vt*, **se distordre** *vpr* [distɔʀdʀ(ə)] (41) to twist. ◆ **distorsion** *nf* distortion.
distraction [distʀaksjɔ̃] *nf* **(a)** *(inattention)* absent-mindedness. **j'ai eu une ~** my concentration lapsed. **(b)** *(passe-temps)* distraction, amusement. **la ~** recreation.
distraire [distʀɛʀ] (50) — **1** *vt (divertir)* to entertain; *(déranger)* to distract. — **2 se distraire** *vpr* to amuse o.s. ◆ **distrait, e** *adj* absent-minded. ◆ **distrayant, e** *adj* entertaining.
distribuer [distʀibɥe] (1) *vt (gén)* to distribute, *(gâteau)* to share out; *(courrier)* to deliver; *(travail)* to allocate; *(cartes)* to deal; *(eau)* to supply. ◆ **distributeur, -trice** — **1** *nm,f* distributor. — **2** *nm (appareil)* machine. **~ automatique** slot machine. ◆ **distribution** *nf* **(a)** distribution; *(courrier)* delivery; *(eau)* supply. **~ gratuite** free gifts; **~ des prix** prize giving. **(b)** *(acteurs)* cast. **(c)** *(plan d'appartement)* layout.
district [distʀik(t)] *nm* district.
diurne [djyʀn(ə)] *adj* diurnal.
divagation [divagɑsjɔ̃] *nf* rambling. ◆ **divaguer** (1) *vi (délirer)* to ramble.
divan [divɑ̃] *nm* divan.
divergence [divɛʀʒɑ̃s] *nf* divergence. ◆ **divergent, e** *adj* divergent. ◆ **diverger** (3) *vi* to diverge.
divers, e [divɛʀ, ɛʀs(ə)] *adj (varié)* varied; *(différent)* different; *(plusieurs)* various, several.
diversifier [divɛʀsifje] (7) — **1** *vt (exercices)* to vary; *(production)* to diversify. — **2 se diversifier** *vpr* to diversify.
diversion [divɛʀsjɔ̃] *nf* diversion. **faire ~** to create a diversion.
diversité [divɛʀsite] *nf* diversity.
divertir [divɛʀtiʀ] (2) — **1** *vt* to amuse, entertain. — **2 se divertir** *vpr* to amuse o.s. ◆ **divertissant, e** *adj* amusing, entertaining. ◆ **divertissement** *nm* distraction, entertainment, amusement. **le ~** recreation.
dividende [dividɑ̃d] *nm* dividend.
divin, e [divɛ̃, in] *adj* divine. ◆ **divinité** *nf* divinity.
diviser [divize] (1) — **1** *vt* to divide. **~ en 3** to divide in 3. — **2 se diviser** *vpr* to divide. **se ~ en 3 chapitres** to be divided into 3 chapters. ◆ **divisible** *adj* divisible. ◆ **division** *nf (gén)* division; *(dans un parti)* split.
divorce [divɔʀs] *nm* divorce (*d'avec* from). ◆ **divorcer** (3) *vi* to get divorced. **~ d'avec sa femme** to divorce one's wife. ◆ **divorcé, e** *nm,f* divorcee.
divulguer [divylge] (1) *vt* to divulge.
dix [dis] — **1** *adj inv, nm* ten. — **2** : **~-huit** eighteen; **~-huitième** eighteenth; **~-neuf** nineteen; **~neuvième** nineteenth; **~-sept** seventeen; **~septième** seventeenth. ◆ **dixième** *adj, nmf* tenth. ◆ **dizaine** *nf* about ten; *V* **soixantaine.**
do [do] *nm inv (note)* C; *(chanté)* doh.
docile [dɔsil] *adj* docile. ◆ **docilité** *nf* docility.
dock [dɔk] *nm (bassin)* dock; *(bâtiment)* warehouse. ◆ **docker** *nm* docker.
docteur [dɔktœʀ] *nm (gén, Univ)* doctor (*ès, en* of). **le ~ Lebrun** Dr Lebrun. ◆ **doctorat** *nm* doctorate (*ès, en* in). ◆ **doctoresse** *nf* lady doctor.
doctrinaire [dɔktʀinɛʀ] — **1** *adj* doctrinaire. — **2** *nmf* doctrinarian. ◆ **doctrine** *nf* doctrine.

document [dɔkymɑ̃] *nm* document. ◆ **documentaire** *nm* documentary. ◆ **documentaliste** *nmf* archivist. ◆ **documentation** *nf* documentation, literature. ◆ **se documenter** (1) *vpr* to gather information (*sur* on, about).

dodeliner [dɔdline] (1) *vi* : **il dodelinait de la tête** his head kept nodding gently forward.

dodo* [dodo] *nm* : **aller au ~** to go to bye-byes*.

dodu, e [dody] *adj* plump.

dogme [dɔgm(ə)] *nm* dogma.

dogue [dɔg] *nm* mastiff.

doigt [dwa] *nm (gén)* finger; *(mesure)* inch. **~ de pied** toe; **un ~ de vin** a drop of wine; **il a été à deux ~s de se tuer** he was within an inch of being killed; **il ne sait rien faire de ses dix ~s** he's a good-for-nothing; **se mettre le ~ dans l'œil*** to be kidding o.s.*; **il n'a pas levé le petit ~** he didn't lift a finger; **son petit ~ le lui a dit** a little bird told him. ◆ **doigté** *nm (chirurgien)* touch; *(fig : tact)* tact.

doléances [dɔleɑ̃s] *nfpl* complaints.

dollar [dɔlaʀ] *nm* dollar.

domaine [dɔmɛn] *nm (propriété)* estate; *(sphère)* domain, field.

dôme [dom] *nm* dome.

domestique [dɔmɛstik] — **1** *nmf* servant. — **2** *adj* domestic. ◆ **domestiquer** (1) *vt* to domesticate.

domicile [dɔmisil] *nm* home. **le ~ conjugal** the marital home; **dernier ~ connu** last known address; **travailler à ~** to work at home.

dominant, e [dɔminɑ̃, ɑ̃t] — **1** *adj (gén)* dominant; *(idée)* main. — **2** *nf* dominant characteristic.

domination [dɔminɑsjɔ̃] *nf* domination. **les pays sous la ~ britannique** countries under British rule.

dominer [dɔmine] (1) — **1** *vt (gén)* to dominate; *(concurrent)* to outclass; *(situation)* to master; *(par la taille)* to tower above. **~ le monde** to rule the world; **se ~** to control o.s. — **2** *vi (gén)* to dominate; *(idée, théorie)* to prevail.

dominion [dɔminjɔn] *nm* dominion.

domino [dɔmino] *nm* domino. *(jeu)* **les ~s** dominoes *(sg)*.

dommage [dɔmaʒ] *nm (préjudice)* harm, injury. *(dégât)* **~(s)** damage; **c'est ~!, quel ~!** what a shame!; **~s corporels** physical injury; **~s de guerre** war damages; **~s et intérêts** damages.

domptage [dɔ̃taʒ] *nm* taming. ◆ **dompter** (1) *vt (gén)* to tame; *(rebelles)* to subdue; *(passions)* to master. ◆ **dompteur, -euse** *nm,f* liontamer.

don [dɔ̃] *nm* **(a)** *(aptitude)* gift, talent (*pour* for). **elle a le ~ de m'énerver** she has a knack of getting on my nerves. **(b)** *(cadeau)* gift; *(offrande)* donation. **faire ~ de** to give. ◆ **donation** *nf* donation.

donc [dɔ̃k] *conj (gén)* so; *(par conséquent)* therefore. **c'était ~ un espion?** so he was a spy?; **tais-toi ~!** do be quiet!; **dis ~** I say.

donjon [dɔ̃ʒɔ̃] *nm* keep.

donné, e [dɔne] — **1** *adj (lieu, date),* given. **étant ~ la situation** in view of *ou* considering the situation. — **2** *nf* fact; *(Sciences)* datum (*pl :* data).

donner [dɔne] (1) — **1** *vt* **(a)** *(gén)* to give (*à* to); *(vieux habits)* to give away; *(cartes)* to deal; *(sa vie, sa place)* to give up; *(permission)* to grant. **~ à manger à qn** to give sb sth to eat; **pouvez-vous me ~ l'heure?** could you tell me the time?; **ça lui donne un air triste** it makes him look sad; **cela donne soif** this makes you (feel) thirsty; **c'est donné*** it's dirt cheap; **je vous le donne en mille** you'll never guess; **on lui donnerait le bon Dieu sans confession** he looks as if butter wouldn't melt in his mouth. **(b)** *(avec à + infin : faire)* **il m'a donné à penser que** he made me think that; **~ ses chaussures à ressemeler** to take one's shoes to be resoled. **(c)** *(organiser) (réception)* to give, hold; *(film)* to show; *(pièce)* to put on. **(d)** *(attribuer)* **quel âge lui donnez-vous?** how old would you say he was?; **~ un fait pour certain** to present a fact as a certainty. **(e)** *(résultat, récolte)* to yield. **les pommiers ont bien donné** the apple-trees have produced a good crop. — **2** *vi :* **la porte donne sur la rue** the door opens onto the street; **je ne sais pas où ~ de la tête** I don't know which way to turn; **~ dans le snobisme** to be rather snobbish. — **3 se donner** *vpr :* **se ~ à qch** to devote o.s. to sth; **se ~ un maître** to choose o.s. a master; **se ~ de la peine** to take trouble; **se ~ du bon temps** to have a good time.

donneur, -euse [dɔnœʀ, øz] *nm,f (gén)* giver; *(Cartes)* dealer; *(Méd)* donor.

dont [dɔ̃] *pron rel* of whom; *(choses)* of which; *(appartenance)* whose. **la maison ~ on voit le toit** the house the roof of which *ou* whose roof you can see; **ils ont 3 filles ~ 2 sont mariées** they have 3 daughters, 2 of whom are married; **la maladie ~ elle souffre** the illness she suffers from *ou* from which she suffers.

doper [dɔpe] (1) *vt* to dope. **se ~** to dope o.s.

dorénavant [dɔʀenavɑ̃] *adv* from now on.

dorer [dɔʀe] (1) — **1** *vt (objet)* to gild; *(peau)* to tan. **se ~ au soleil** to bask in the sun. — **2** *vi (rôti)* to brown. ◆ **doré, e** — **1** *adj (objet)* gilt; *(peau)* tanned. — **2** *nm (matière)* gilt.

dorloter [dɔʀlɔte] (1) *vt* to pamper, cosset.

dormir [dɔʀmiʀ] (16) *vi (personne)* to sleep; *(nature, ville)* to be still *ou* quiet. **il dort** he's sleeping *ou* asleep; **eau dormante** still water; **avoir envie de ~** to feel sleepy; **ce n'est pas le moment de ~!** this is no time for idling!; **histoire à ~ debout** cock-and-bull story; **~ comme un loir** to sleep like a log; **~ tranquille** *(sans soucis)* to rest easy.

dorsal, e, *mpl* **-aux** [dɔʀsal, o] *adj* dorsal.

dortoir [dɔʀtwaʀ] *nm* dormitory.

dorure [dɔʀyʀ] *nf* gilding.

dos [do] *nm (gén)* back; *(livre)* spine; *(lame)* blunt edge. **au ~ de la lettre** on the back of the letter; **'voir au ~'** 'see over'; **aller à ~ d'âne** to ride on a donkey; **~ à ~** back to back; **se mettre qn à ~** to turn sb against one; **avoir qn sur le ~** to have sb breathing down one's neck; **mettre qch sur le ~ de qn** to blame sb for sth; **il n'y va pas avec le ~ de la cuiller*** he certainly doesn't go in for half-measures.

dosage [dozaʒ] *nm (action)* measuring out; *(mélange)* mixture; *(équilibre)* balance. ◆ **dose** *nf (Pharm)* dose; *(quantité)* amount, quantity. **forcer la ~** to overstep the mark. ◆ **doser** (1) *vt (mesurer)* to measure out; *(équilibrer)* to balance.

dossier [dosje] *nm (siège)* back; *(documents)* file.

dot [dɔt] *nf* dowry. ◆ **dotation** *nf* endowment. ◆ **doter** (1) *vt :* **~ de** *(matériels)* to equip with; *(qualités)* to endow with.

douane [dwan] *nf* : **la ~** the customs; **passer à la ~** to go through customs. ◆ **douanier, -ière** — **1** *adj* customs. — **2** *nm,f* customs officer.
doublage [dublaʒ] *nm (film)* dubbing.
double [dubl(ə)] — **1** *adj* double. **le prix est ~ de ce qu'il était** the price is double what it was; **faire qch en ~ exemplaire** to make two copies of sth; **faire ~ emploi** to be redundant; **à ~ tranchant** double-edged. — **2** *nm* **(a) manger le ~** to eat twice as much; **4 est le ~ de 2** 4 is twice 2; **c'est le ~ du prix normal** it is double the normal price. **(b)** *(copie)* copy; *(sosie)* double. **avoir qch en ~** to have two of sth. **(c)** *(Tennis)* **faire un ~** to play a doubles match. — **3** *adv* double.
doublement [dubləmɑ̃] — **1** *adv* doubly. — **2** *nm* doubling; *(véhicule)* overtaking, passing.
doubler [duble] (1) **1** *vt (augmenter)* to double; *(acteur)* to stand in for; *(film)* to dub; *(vêtement)* to line; *(dépasser) (véhicule)* to overtake, pass. **~ le pas** to speed up; **~ un cap** to round a cape. **2** *vi (augmenter)* to double. **~ de poids** to double in weight. **3 se doubler** *vpr:* **se ~ de qch** to be coupled with sth. ◆ **doublure** *nf* **(a)** *(étoffe)* lining. **(b)** *(remplaçant)* understudy; *(cascadeur)* stuntman.
douce [dus] *V* **doux.** ◆ **doucement** *adv (gentiment)* gently; *(sans bruit)* quietly, softly; *(prudemment)* carefully; *(rouler)* slowly. **allez-y ~!*** easy *or* gently does it! ◆ **douceur** *nf* **(a)** *(peau)* softness; *(temps)* mildness; *(personne)* gentleness. **(b)** *(sucrerie)* sweet. **(c) en ~** *(démarrer)* smoothly; *(commencer)* gently.
douche [duʃ] *nf* shower; (* : *averse*) soaking. ◆ **se doucher** (1) *vpr* to take a shower.
doué, e [dwe] *adj* gifted, talented (*en* at). **~ de** *(vie etc)* endowed with.
douille [duj] *nf (cartouche)* case; *(électrique)* socket.
douillet, -ette [dujɛ, ɛt] *adj (craintif)* soft; *(confortable)* cosy.
douleur [dulœʀ] *nf* pain; *(chagrin)* sorrow. ◆ **douloureux, -euse** *adj* painful.
doute [dut] *nm* doubt. **dans le ~, abstiens-toi** when in doubt, don't; **sans ~** no doubt; **sans aucun ~** without a doubt; **mettre en ~** to question. ◆ **douter** (1) — **1 douter de** *vt indir (gén)* to doubt; *(authenticité)* to question. **je doute qu'il vienne** I doubt if *ou* whether he'll come; **il ne doute de rien!*** he's got some nerve! — **2 se douter** *vpr* : **se ~ de qch** to suspect sth; **je m'en doute** I can well imagine that. ◆ **douteux, -euse** *adj* doubtful; questionable; *(péj)* dubious.
Douvres [duvʀ(ə)] *n* Dover.
doux, douce [du, dus] *adj (gén)* soft; *(manières, pente, chaleur)* gentle; *(temps)* mild; *(au goût)* sweet. **~ comme un agneau** as meek as a lamb; **cuire à feu ~** to simmer gently; **en douce*** on the quiet.
douze [duz] *adj, nm inv* twelve; *V* **six.** ◆ **douzaine** *nf* dozen. ◆ **douzième** *adj, nmf* twelfth; *V* **sixième.**
doyen, -enne [dwajɛ̃, ɛn] *nm,f* doyen.
draconien, -ienne [dʀakɔnjɛ̃,jɛn] *adj* draconian.
dragée [dʀaʒe] *nf* sugared almond. **tenir la ~ haute à qn** to be a good match for sb.
dragon [dʀagɔ̃] *nm* dragon; *(soldat)* dragoon.
draguer [dʀage] (1) *vt (pour nettoyer)* to dredge; (* : *flirter)* to chat up*.
drainer [dʀene] (1) *vt* to drain.
dramatique [dʀamatik] *adj (Théât)* dramatic; *(tragique)* tragic. ◆ **dramatiser** (1) *vt* to dramatize. ◆ **drame** *nm* drama.
drap [dʀa] *nm* : **~ (de lit)** sheet; *(tissu)* **du ~** woollen cloth; **mettre qn dans de beaux ~s** to land sb in a fine mess.
drapeau, *pl* **~x** [dʀapo] *nm (gén)* flag. **le ~ tricolore** the tricolour; **être sous les ~x** to do one's national service.
draper [dʀape] (1) *vt* to drape. ◆ **draperie** *nf* drapery.
dressage [dʀɛsaʒ] *nm* training
dresser [dʀese] (1) — **1** *vt* **(a)** *(liste)* to draw up. **~ une contravention à qn** to report sb. **(b)** *(échelle)* to set up; *(tente)* to pitch; *(mât)* to raise; *(tête)* to raise, lift. **~ la table** to lay the table. **(c) ~ qn contre** to set sb against. **(d)** *(animal : gén)* to train; *(lion)* to tame; *(cheval)* to break in. **ça le dressera!*** that'll teach him a lesson!; **~ un enfant*** to teach a child his place. — **2 se dresser** *vpr (objet)* to stand; *(personne)* to stand up; *(cheveux)* to stand on end. **se ~ contre qn** to rise up against sb. ◆ **dresseur, -euse** *nm,f* trainer.
drogue [dʀɔg] *nf* drug. **la ~** drugs. ◆ **drogué, e** *nm,f* drug addict. ◆ **droguer** (1) *vt (malade)* to dose up; *(victime)* to drug. **il se drogue** he's on drugs. ◆ **droguerie** *nf* hardware shop. ◆ **droguiste** *nmf* hardware merchant.
droit[1], e[1] [dʀwa, dʀwat] — **1** *adj (bras)* right. **du côté ~** on the right-hand side. — **2** *nm,f (Boxe)* right. — **3** *nf* : **la ~e** *(gén)* the right; *(côté)* the right-hand side; **à ~e de** on *ou* to the right of; **garder sa ~e** to keep to the right; **idées de ~e** right-wing ideas.
droit[2], e[2] [dʀwa, dʀwat] — **1** *adj* **(a)** *(lit)* straight. *(Rel)* **le ~ chemin** the straight and narrow way; **tiens-toi ~** *(debout)* stand up straight; *(assis)* sit up straight. **(b)** *(loyal)* upright. — **2** *nf* straight line. — **3** *adv* straight. **aller ~ au but** to go straight to the point.
droit[3] [dʀwa] *nm* **(a)** *(prérogative)* right. **de quel ~ est-il entré?** what right had he to come in?; **avoir le ~ de faire** to be allowed to do; **avoir ~ à qch** to be entitled to sth; **être dans son ~** to be quite within one's rights; **~ de grâce** right of reprieve; **le ~ de vote** the right to vote. **(b)** *(Jur)* **le ~** law; **faire son ~** to study law. **(c)** *(taxe),* duty, tax; *(d'inscription etc)* fee. **~ d'entrée** entrance fee; **~s de douane** customs duties. **~s d'auteur** royalties.
droitier, -ière [dʀwatje, jɛʀ] *adj* right-handed.
droiture [dʀwatyʀ] *nf* uprightness.
drôle [dʀol] *adj (amusant)* funny, amusing; *(bizarre)* funny, odd. **faire une ~ de tête** to pull a wry face; **de ~s de progrès*** fantastic *ou* terrific progress*. ◆ **drôlement** *adv* funnily. **il fait ~ froid*** it's terribly *ou* awfully cold.
dromadaire [dʀɔmadɛʀ] *nm* dromedary.
dru, e [dʀy] — **1** *adj (herbe)* thick; *(barbe)* bushy; *(pluie)* heavy. — **2** *adv* thickly; heavily.
du [dy] *V* **de.**
dû, due [dy] — **1** *adj* due. **la somme qui lui est due** the sum owing to him; **troubles ~s à...** troubles due to...; **en bonne et due forme** in due form. — **2** *nm* due; *(argent)* dues. ◆ **dûment** *adv* duly.
duc [dyk] *nm* duke. ◆ **duché** *nm* dukedom. ◆ **duchesse** *nf* duchess.
duel [dɥɛl] *nm* duel. **se battre en ~** to fight a duel.
dune [dyn] *nf* dune.

duo [dɥo] *nm (Mus)* duet; *(Théât, fig)* duo.
dupe [dyp] *nf* dupe. **je ne suis pas ~** I'm not taken in by it. ◆ **duper** (1) *vt* to dupe, deceive.
duplex [dyplɛks] *nm (appartement)* maisonette; *(Télec)* link-up.
duplicata [dyplikata] *nm inv* duplicate.
dur, e [dyʀ] — **1** *adj* **(a)** *(substance)* hard; *(brosse)* stiff; *(viande)* tough. **être ~ d'oreille** to be hard of hearing. **(b)** *(problème)* hard; *(enfant)* difficult. **(c)** *(conditions)* harsh, hard; *(combat)* fierce. **être ~ avec qn** to be hard on sb. — **2** *adv* (*) hard. **le soleil tape ~** the sun is beating down; **croire à qch ~ comme fer** to believe firmly in sth. — **3** *nm,f* (* : *personne)* tough guy*. **en voir de ~es*** to have a tough time of it.
durable [dyʀabl(ə)] *adj* lasting.
durant [dyʀɑ̃] *prép (au cours de)* during; *(mesure de temps)* for. **il a plu ~ la nuit** it rained during the night; **2 heures ~** for 2 hours.
durcir *vt,* **se durcir** *vpr* [dyʀsiʀ] (2) to harden. ◆ **durcissement** *nm* hardening.
durée [dyʀe] *nf (gén)* duration, *(bail)* term. **pendant une ~ d'un mois** for a period of one month; **de courte ~** short.
durement [dyʀmɑ̃] *adv* harshly. **~ éprouvé** sorely tried; **élever qn ~** to bring sb up the hard way.
durer [dyʀe] (1) *vi* to last. **la fête a duré toute la nuit** the party went on *ou* lasted all night.
dureté [dyʀte] *nf (gén)* hardness; *(brosse)* stiffness; *(viande)* toughness; *(traitement)* harshness.
duvet [dyvɛ] *nm* down; *(sac de couchage)* sleeping bag.
dynamique [dinamik] — **1** *adj (gén)* dynamic. — **2** *nf (Phys)* dynamics *(sg)*. ◆ **dynamisme** *nm* dynamism.
dynamite [dinamit] *nf* dynamite. ◆ **dynamiter** (1) *vt* to dynamite.
dynamo [dinamo] *nf* dynamo.
dynastie [dinasti] *nf* dynasty.
dysenterie [disɑ̃tʀi] *nf* dysentery.

E

E, e [ə] *nm (lettre)* E, e.
eau, *pl* **~x** [o] — **1** *nf* water. **apporter de l'~ au moulin de qn** to strengthen sb's case; **j'en avais l'~ à la bouche** it made my mouth water; **être en ~** to be bathed in perspiration; *(Naut)* **mettre à l'~** to launch; *(chaussures)* **prendre l'~** to leak; **il y a de l'~ dans le gaz*** things aren't running too smoothly. — **2** : **~ de Cologne** eau de Cologne; **~ douce** fresh water; **~ gazeuse** soda water; **~ de javel** bleach; **~ salée** salt water; **~-de-vie (de prune** *etc*) (plum *etc*) brandy.
ébahir [ebaiʀ] (2) *vt* to astound.
ébats [eba] *nmpl* frolics. ◆ **s'ébattre** (41) *vpr* to frolic.
ébauche [eboʃ] *nf (livre, projet)* rough outline; *(amitié)* beginnings. **première ~** rough draft. ◆ **ébaucher** (1) *vt (tableau)* to sketch out; *(plan)* to outline; *(conversation)* to start up. **~ un geste** to give a hint of a movement.
ébène [ebɛn] *nf* ebony. ◆ **ébéniste** *nm* cabinetmaker. ◆ **ébénisterie** *nf* cabinetmaking.
éberluer [ebɛʀlɥe] (1) *vt* to astound.
éblouir [ebluiʀ] (2) *vt* to dazzle. ◆ **éblouissement** *nm (lumière)* dazzle; *(émerveillement)* bedazzlement; *(vertige)* dizzy turn.
éborgner [ebɔʀɲe] (1) *vt* : **~ qn** to blind sb in one eye.
éboueur [ebwœʀ] *nm* dustman, garbage collector *(US)*.
ébouillanter [ebujɑ̃te] (1) *vt* to scald.
éboulement [ebulmɑ̃] *nm (progressif)* crumbling; *(soudain)* collapse; *(amas)* heap of rocks, earth *etc*. ◆ **s'ébouler** (1) *vpr* to crumble; to collapse.
ébouriffer [ebuʀife] (1) *vt* to ruffle.
ébranler [ebʀɑ̃le] (1) — **1** *vt* to shake. — **2 s'ébranler** *vpr (cortège)* to move off.
ébrécher [ebʀeʃe] (6) *vt* to chip.
ébriété [ebʀijete] *nf* intoxication.
ébrouer (s') [ebʀue] (1) *vpr* to shake o.s.
ébruiter [ebʀɥite] (1) — **1** *vt* to spread about. — **2 s'ébruiter** *vpr* to leak out.
ébullition [ebylisjɔ̃] *nf* : **porter à ~** to bring to the boil; **être en ~** *(liquide)* to be boiling; *(fig)* to be in an uproar.
écaille [ekɑj] *nf (poisson)* scale; *(peinture)* flake. ◆ **s'écailler** *vpr (peinture)* to flake off.
écarlate [ekaʀlat] *adj, nf* scarlet.
écarquiller [ekaʀkije] (1) *vt* : **~ les yeux** to stare wide-eyed (*devant* at).
écart [ekaʀ] *nm* **(a)** *(objets, dates)* gap; *(chiffres)* difference (*de* between). **~ de régime** lapse in one's diet; **ses ~s de conduite** his bad behaviour. **(b) faire un ~** *(cheval)* to shy; *(voiture)* to swerve; *(piéton)* to leap aside; **faire le grand ~** to do the splits. **(c) tirer qn à l'~** to take sb aside; **rester à l'~** to stay in the background; **à l'~ de la route** off the road; **tenir qn à l'~ de qch** to keep sb away from sth.
écartement [ekaʀtəmɑ̃] *nm* space, gap.
écarter [ekaʀte] (1) — **1** *vt* **(a)** *(séparer)* to move apart; *(éloigner)* to move away. **les jambes écartées** with his legs wide apart; **les bras écartés** with his arms outspread. **(b)** *(objection, idée)* to dismiss; *(candidature)* to turn down. **endroit écarté** isolated place; **tout danger est écarté** there is no danger; **ça nous écarte de notre propos** this is leading us off the subject. — **2 s'écarter** *vpr (se séparer)* to part; *(s'éloigner)* to move away; *(reculer)* to step back (*de* from). **s'~ de qch** to stray from sth.
ecchymose [ekimoz] *nf* bruise.

ecclésiastique [eklezjastik] — **1** *adj* ecclesiastical. — **2** *nm* ecclesiastic.

écervelé, e [esɛʀvəle] *nm,f* scatterbrain.

échafaud [eʃafo] *nm* scaffold. **il risque l'~** he's risking his neck. ◆ **échafaudage** *nm (tas)* heap; *(constr)* ~(s) scaffolding. ◆ **échafauder** (1) *vt* to build up.

échalote [eʃalɔt] *nf* shallot.

échancré, e [eʃɑ̃kʀe] *adj (robe)* with a scooped neckline; *(côte)* indented.

échange [eʃɑ̃ʒ] *nm (gén)* exchange; *(troc)* swap. **~s commerciaux** trade; **en ~** *(par contre)* on the other hand; *(troc)* in exchange (*de* for). ◆ **échanger** (3) *vt (gén)* to exchange, swap (*contre* for). ◆ **échangeur** *nm (autoroute)* interchange.

échantillon [eʃɑ̃tijɔ̃] *nm* sample. ◆ **échantillonnage** *nm (collection)* range.

échappatoire [eʃapatwaʀ] *nf* way out. ◆ **échappée** *nf (Sport)* breakaway; *(vue)* vista. ◆ **échappement** *nm (Aut)* exhaust.

échapper [eʃape] (1) — **1** *vi* : **~ à** to escape from; **~ à la règle** to be an exception to the rule; **ce qu'il a dit m'a échappé** *(entendre)* I did not catch what he said; *(comprendre)* I did not grasp what he said; **rien ne lui échappe** he doesn't miss a thing; **~ des mains de qn** to slip out of sb's hands; **laisser ~ l'occasion** to let slip the opportunity; **il l'a échappé belle** he had a narrow escape. — **2 s'échapper** *vpr (gén)* to escape; *(coureur)* to pull away; *(cri)* to burst (*de* from). **la voiture réussit à s'~** the car got away; **des flammes s'échappaient du toit** flames were coming out of the roof.

écharde [eʃaʀd(ə)] *nf* splinter (of wood).

écharpe [eʃaʀp(ə)] *nf (femme)* scarf; *(maire)* sash. **bras en ~** arm in a sling.

échasse [eʃɑs] *nf (gén)* stilt.

échauder [eʃode] (1) *vt (ébouillanter)* to scald. *(fig)* **~ qn** to teach sb a lesson.

échauffement [eʃofmɑ̃] *nm (Sport)* warm-up; *(moteur)* overheating.

échauffer [eʃofe] (1) — **1** *vt (moteur)* to overheat. **échauffé par la course** hot after the race. — **2 s'échauffer** *vpr (Sport)* to warm up; *(débat)* to become heated.

échauffourée [eʃofuʀe] *nf* skirmish.

échéance [eʃeɑ̃s] *nf (gén)* date; *(pour payer)* date of payment. **faire face à ses ~s** to meet one's financial commitments; **à longue ~** in the long run; **à courte ~** before long.

échec [eʃɛk] *nm* **(a)** *(insuccès)* failure. **tenir qn en ~** to hold sb in check; **faire ~ à qn** to foil sb *ou* sb's plans. **(b)** *(Jeux)* **les ~s** chess; **être en ~** to be in check; **faire ~ au roi** to check the king; **faire ~ et mat** to checkmate.

échelle [eʃɛl] *nf (objet)* ladder; *(croquis, salaires etc)* scale. **à l'~ mondiale** on a world scale.

échelon [eʃlɔ̃] *nm (échelle)* rung; *(hiérarchie)* grade. **à l'~ national** at the national level. ◆ **échelonner** (1) *vt* to space out.

échevelé, e [eʃəvle] *adj (personne)* tousled; *(rythme)* frenzied.

échine [eʃin] *nf* spine; *(Culin)* loin. ◆ **s'échiner** (1) *vpr* to work o.s. to death (*à faire qch* doing sth).

échiquier [eʃikje] *nm* chessboard.

écho [eko] *nm (gén)* echo; *(témoignage)* account, report; *(réponse)* response; *(Presse)* item of gossip. **se faire l'~ de** to repeat.

échouer [eʃwe] (1) *vi* **(a)** *(rater)* to fail. **~ à un examen** to fail an exam; **faire ~** *(complot)* to foil; *(projet)* to wreck. **(b)** *(aboutir)* to end up (*dans* in). **(c)** (*aussi* **s'échouer**) *(bateau)* to run aground; *(débris)* to be washed up.

éclabousser [eklabuse] (1) *vt* to splash (*de* with). ◆ **éclaboussure** *nf* splash.

éclair [eklɛʀ] *nm (orage)* flash of lightning; *(Phot)* flash; *(gâteau)* éclair. **~ de** *(génie etc)* flash of; **en un ~** in a flash; **visite ~** lightning visit.

éclairage [eklɛʀaʒ] *nm (intérieur)* lighting; *(luminosité)* light level. **sous cet ~** in this light.

éclaircie [eklɛʀsi] *nf* bright interval.

éclaircir [eklɛʀsiʀ] (2) — **1** *vt* **(a)** *(teinte)* to lighten. **(b)** *(soupe)* to make thinner; *(cheveux)* to thin. **(c)** *(mystère, situation)* to clarify. — **2 s'éclaircir** *vpr* **(a)** *(ciel)* to clear; *(temps)* to clear up. **(b)** *(arbres, foule)* to thin out. **(c)** *(situation)* to become clearer. ◆ **éclaircissement** *nm* clarification. **j'exige des ~s** I demand an explanation.

éclairer [eklεʀe] (1) — **1** *vt* **(a)** *(lampe)* to light; *(soleil)* to shine on. **mal éclairé** badly-lit. **(b)** *(situation)* to throw light on. **(c) ~ qn** to light the way for sb; *(renseigner)* to enlighten sb (*sur* about). — **2** *vi* : **~ bien** to give a good light. — **3 s'éclairer** *vpr (visage)* to brighten. **tout s'éclaire!** everything's becoming clear!; **s'~ à la bougie** to use candlelight.

éclaireur [eklɛʀœʀ] *nm* scout. **partir en ~** to scout out the ground. ◆ **éclaireuse** *nf* girl guide.

éclat [ekla] *nm* **(a)** *(os, bois)* splinter; *(grenade, pierre)* fragment. **~ d'obus** piece of shrapnel. **(b)** *(lumière, cérémonie)* brilliance; *(vernis)* shine; *(phares)* glare; *(yeux)* sparkle; *(jeunesse)* radiance; *(nom)* fame. **(c)** *(scandale)* **faire un ~** to make a fuss; **~s de voix** shouts; **~ de colère** angry outburst; **~ de rire** roar of laughter. ◆ **éclatant, e** *adj (lumineux)* bright; *(sonore)* loud; *(blancheur, succès)* dazzling; *(dons)* brilliant; *(exemple)* striking. **~ de santé** radiant with health.

éclatement [eklatmɑ̃] *nm (bombe)* explosion; *(pneu)* bursting (*de* of); *(parti)* beak-up (*de* in).

éclater [eklate] (1) *vi* **(a)** *(bombe)* to explode; *(pneu)* to burst; *(parti)* to break up. **(b)** *(fléau, applaudissement)* to break out; *(scandale, orage)* to break. **des cris ont éclaté** there were shouts. **(c)** *(vérité, joie)* to shine. **(d) ~ de rire** to burst out laughing; **~ en sanglots** to burst into tears. **(e) faire ~** *(bombe)* to explode; *(ballon)* to burst; **faire ~ sa joie** to give free rein to one's joy.

éclipse [eklips(ə)] *nf* eclipse. ◆ **éclipser** (1) — **1** *vt* to eclipse. — **2 s'éclipser*** *vpr* to slip away.

éclore [eklɔʀ] (45) *vi (œuf)* to hatch; *(fleur)* to open out. ◆ **éclosion** *nf* hatching; opening.

écluse [eklyz] *nf (canal)* lock.

écœurant, e [ekœʀɑ̃, ɑ̃t] *adj (gâteau)* sickly; *(fig)* disgusting. ◆ **écœurement** *nm* disgust. ◆ **écœurer** (1) *vt* : **~ qn** *(gâteau)* to make sb feel sick; *(conduite)* to disgust sb.

école [ekɔl] *nf* school. *(éducation)* **l'~** education; **être à bonne ~** to be in good hands; **faire l'~ buissonnière** to play truant *ou* hooky; **~ maternelle** nursery school; **~ normale** ≃ teachers' training college. ◆ **écolier** *nm* schoolboy. ◆ **écolière** *nf* schoolgirl.

écologie [ekɔlɔʒi] *nf* ecology. ◆ **écologiste** — **1** *adj* ecological. — **2** *nmf* ecologist.

économe [ekɔnɔm] — **1** *adj* thrifty. ~ **de son temps** sparing of one's time. — **2** *nmf (Admin)* bursar.
économie [ekɔnɔmi] *nf* **(a)** *(science)* economics *(sg); (Pol : système)* economy. **(b)** *(épargne)* economy, thrift. **(c)** *(gain)* saving. **~s** savings; **faire des ~s** to save money; **faire des ~s de chauffage** to economize on heating; **il n'y a pas de petites ~s** every little helps. ◆ **économique** *adj (Écon)* economic; *(bon marché)* economical. ◆ **économiser** (1) *vt (électricité, temps, forces)* to save; *(argent)* to save up. ~ **sur** to economize on. ◆ **économiste** *nmf* economist.
écoper [ekɔpe] (1) *vti (Naut)* to bale (out). ~ **d'une punition*** to catch it*.
écorce [ekɔʀs(ə)] *nf (arbre)* bark; *(orange)* peel. **l'~ terrestre** the earth's crust.
écorcher [ekɔʀʃe] (1) *vt* **(a)** *(égratigner)* to graze; *(par frottement)* to rub. ~ **les oreilles de qn** to grate on sb's ears. **(b)** *(mot)* to mispronounce. **il écorche l'allemand** he speaks broken German. ◆ **écorchure** *nf* graze.
écossais, e [ekɔsɛ, ɛz] — **1** *adj (gén)* Scottish; *(whisky)* Scotch; *(tissu)* tartan. — **2** *nm,f* : **É~, e** Scot. ◆ **Écosse** *nf* Scotland.
écosser [ekɔse] (1) *vt* to shell, pod.
écot [eko] *nm* share (of a bill).
écoulement [ekulmɑ̃] *nm (eau, voitures)* flow; *(temps)* passage; *(marchandises)* selling. ◆ **écouler** (1) — **1** *vt* to sell. — **2 s'écouler** *vpr* **(a)** *(suinter)* to seep out; *(couler)* to flow out. **(b)** *(temps)* to pass, go by; *(foule)* to drift away. **sa vie écoulée** his past life.
écourter [ekuʀte] (1) *vt (gén)* to shorten; *(visite)* to cut short.
écoute [ekut] *nf* : **être à l'~ de qch** to be listening to sth; *(TV)* **heures de grande ~** peak viewing hours.
écouter [ekute] (1) *vt* to listen. ~ **qch** to listen to sth; ~ **qn parler** to hear sb speak; ~ **aux portes** to eavesdrop; **faire ~ un disque à qn** to play a record to sb; **si je m'écoutais je n'irais pas** if I'd any sense I wouldn't go. ◆ **écouteur** *nm (téléphone)* receiver. *(Rad)* **~s** headphones.
écrabouiller* [ekʀabuje] (1) *vt* to crush.
écran [ekʀɑ̃] *nm* screen. **faire ~ à qn** *(abriter)* to screen sb; *(gêner)* to get in the way of sb.
écraser [ekʀɑze] (1) — **1** *vt (gén, fig)* to crush; *(en purée)* to mash. ~ **sous la dent** to crunch; *(voiture)* ~ **qn** to run sb over; **il s'est fait ~** he was run over; **être écrasé de chaleur** to be overcome by the heat; **notre équipe s'est fait ~** our team was beaten hollow; **nombre écrasant** overwhelming number. — **2 s'écraser** *vpr* to crash (*contre* on, against); *(dans le métro)* to get crushed (*dans* in).
écrémer [ekʀeme] (6) *vt* to skim.
écrevisse [ekʀəvis] *nf* freshwater crayfish.
écrier (s') [ekʀije] (7) *vpr* to exclaim.
écrin [ekʀɛ̃] *nm* jewellery case.
écrire [ekʀiʀ] (39) *vt (gén)* to write; *(orthographier)* to spell. ~ **gros** to have large handwriting; ~ **à la machine** to type; **c'était écrit** it was bound to happen. ◆ **écrit** *nm (ouvrage)* piece of writing; *(examen)* written paper. **par ~** in writing. ◆ **écriteau,** *pl* **~x** *nm* notice, sign. ◆ **écriture** *nf* **(a)** *(à la main)* handwriting; *(alphabet)* writing; *(style)* style. **l'É~ Sainte** the Scriptures. **(b)** *(comptes)* **~s** accounts; **tenir les ~s** to keep the accounts. ◆ **écrivain** *nm (homme)* writer; *(femme)* woman writer.
écrou [ekʀu] *nm (Tech)* nut.
écrouer [ekʀue] (1) *vt* to imprison.
écroulement [ekʀulmɑ̃] *nm* collapse. ◆ **s'écrouler** (1) *vpr* to collapse. **être écroulé** *(malheur)* to be prostrate with grief; *(rire)* to be doubled up with laughter.
écueil [ekœj] *nm (lit)* reef; *(problème)* stumbling block; *(piège)* pitfall.
écuelle [ekɥɛl] *nf* bowl.
éculé, e [ekyle] *adj (soulier)* down-at-heel; *(plaisanterie)* hackneyed.
écume [ekym] *nf (gén)* foam; *(cheval)* lather. ◆ **écumer** (1) — **1** *vt (bouillon)* to skim. — **2** *vi* to foam; to be in a lather. ◆ **écumoire** *nf* skimmer.
écureuil [ekyʀœj] *nm* squirrel.
écurie [ekyʀi] *nf* stable; *(fig : sale)* pigsty. ~ **de course** racing stable.
écusson [ekysɔ̃] *nm* badge.
écuyer, -ière [ekɥije, jɛʀ] *nm,f (cavalier)* rider.
eczéma [ɛgzema] *nm* eczema.
Éden [edɛn] *nm* : **l'~** Eden.
édicter [edikte] (1) *vt* to decree.
édification [edifikɑsjɔ̃] *nf (maison)* building; *(esprit)* edification. ◆ **édifice** *nm* building. ◆ **édifier** (7) *vt* to build; to edify.
Édimbourg [edɛ̃buʀ] *n* Edinburgh.
édit [edi] *nm* edict.
éditer [edite] (1) *vt* to publish. ◆ **éditeur, -trice** *nm,f* publisher. ◆ **édition** *nf (action)* publishing; *(livre)* edition.
éditorial, *pl* **-iaux** [editɔʀjal, jo] *nm* leader, editorial. ◆ **éditorialiste** *nmf* leader writer.
édredon [edʀədɔ̃] *nm* eiderdown.
éducateur, -trice [edykatœʀ, tʀis] *nm,f* educator. ◆ **éducatif, -ive** *adj* educational. ◆ **éducation** *nf* education; *(familiale)* upbringing. ~ **physique** physical education. ◆ **éduquer** (1) *vt* to educate; *(à la maison)* to bring up. **bien éduqué** well-mannered.
effacer [efase] (3) — **1** *vt (gén)* to erase; *(gomme)* to rub out; *(chiffon)* to wipe off. — **2 s'effacer** *vpr* **(a)** *(inscription)* to fade. **ça s'efface bien** it's easy to clean. **(b)** *(s'écarter)* to move aside; *(se retirer)* to withdraw. **personne très effacée** retiring person.
effarement [efaʀmɑ̃] *nm* alarm. ◆ **effarer** (1) *vt* to alarm.
effaroucher [efaʀuʃe] (1) — **1** *vt* to frighten away. — **2 s'effaroucher** *vpr* to take fright (*de* at).
effectif, -ive [efɛktif, iv] — **1** *adj* effective. — **2** *nm (taille)* size. **~s** numbers. ◆ **effectivement** *adv (aider)* effectively; *(se produire)* actually. **oui, ~!** yes indeed!
effectuer [efɛktɥe] (1) — **1** *vt (gén)* to make; *(expérience)* to carry out. — **2 s'effectuer** *vpr* : **le voyage s'est effectué sans incident** the journey went off without a hitch.
efféminé, e [efemine] *adj* effeminate.
effervescence [efɛʀvesɑ̃s] *nf* agitation. ◆ **effervescent, e** *adj* effervescent.
effet [efɛ] *nm* **(a)** *(résultat, procédé)* effect. ~ **de style** stylistic effect; **c'est l'~ du hasard** it is quite by chance; **avoir pour ~ de** to result in; **ce médicament fait de l'~** this medicine is effective. **(b)** *(impression)* impression (*sur* on). **c'est tout l'~ que ça te fait?** is that all it means to you?; **il me fait l'~ d'être une belle crapule** he seems like a real crook to me. **(c)** *(habits)* **~s** clothes. **(d)** *(balle)* spin. **(e) avec ~ rétroactif** backdated; **prendre ~ à la date de** to take effect as from; ~ **de commerce** bill of exchange; **oui, en ~** yes indeed; **c'est en ~ plus rapide** it's

actually faster; **à cet ~** to that effect; **sous l'~ de** under the influence of.
efficace [efikas] *adj (mesure)* effective; *(remède)* efficacious; *(personne, machine)* efficient. ◆ **efficacité** *nf* effectiveness; efficacy; efficiency.
effigie [efiʒi] *nf* effigy.
effilé, e [efile] *adj* tapering.
effilocher *vt*, **s'effilocher** *vpr* [efilɔʃe] (1) to fray.
effleurer [eflœʀe] (1) *vt (frôler)* to touch lightly; *(érafler)* to graze. **~ l'esprit de qn** to cross sb's mind.
effondrement [efɔ̃dʀəmɑ̃] *nm* collapse. ◆ **s'effondrer** (1) *vpr (gén)* to collapse; *(empire, espoir)* to crumble; *(accusé)* to break down. **être effondré** to be shattered.
efforcer (s') [efɔʀse] (3) *vpr* : **s'~ de faire** to try hard to do.
effort [efɔʀ] *nm* effort. **faire de gros ~s** to make a great effort; **faire tous ses ~s** to do one's utmost; **sans ~** effortlessly.
effraction [efʀaksjɔ̃] *nf* break-in. **entrer par ~** to break in.
effranger *vt*, **s'effranger** *vpr* [efʀɑ̃ʒe] (3) to fray.
effrayant, e [efʀɛjɑ̃, ɑ̃t] *adj* frightening. ◆ **effrayer** (8) — **1** *vt* to frighten. — **2 s'effrayer** *vpr* to be frightened (*de* by).
effréné, e [efʀene] *adj (course)* frantic; *(passion, luxe)* unbridled.
effriter *vt*, **s'effriter** *vpr* [efʀite] (1) to crumble.
effroi [efʀwɑ] *nm* terror, dread.
effronté, e [efʀɔ̃te] *adj* insolent. ◆ **effronterie** *nf* insolence.
effroyable [efʀwajabl(ə)] *adj* dreadful.
effusion [efyzjɔ̃] *nf* effusion. **~ de sang** bloodshed.
égal, e, *mpl* **-aux** [egal, o] — **1** *adj* **(a)** *(valeur)* equal (*en* in, *à* to); *(régularité)* even. **à ~e distance de** equidistant from. **(b) ça m'est ~** I don't mind; *(je m'en fiche)* I don't care; **c'est ~, il aurait pu écrire** all the same he might have written. — **2** *nm,f (personne)* equal. **sans ~** unequalled. ◆ **également** *adv (gén)* equally; *(aussi)* too, as well. ◆ **égaler** (1) *vt* to equal (*en* in). **2 plus 2 égalent 4** 2 plus 2 equals 4.
égalisation [egalizɑsjɔ̃] *nf* equalization. ◆ **égaliser** (1) *vti* to equalize.
égalité [egalite] *nf (identité)* equality; *(régularité)* evenness, regularity. **être à ~** *(gén)* to be equal; *(match nul)* to draw.
égard [egaʀ] *nm (respect)* ~(s) consideration; **à l'~ de** *(envers)* towards; *(à propos de)* concerning; **à cet ~** in this respect.
égarement [egaʀmɑ̃] *nm (trouble)* distraction.
égarer [egaʀe] (1) — **1** *vt (enquêteurs)* to mislead; *(objet)* to mislay. — **2 s'égarer** *vpr (gén)* to get lost; *(discussion)* to wander from the point. ◆ **égaré, e** *adj (voyageur)* lost; *(animal, obus)* stray; *(air)* distraught.
égayer [egeje] (8) — **1** *vt (gén)* to brighten up; *(divertir)* to amuse. — **2 s'égayer** *vpr* to amuse o.s.
églantier [eglɑ̃tje] *nm (arbre)* wild rose. ◆ **églantine** *nf (fleur)* wild rose.
église [egliz] *nf (gén)* church.
égoïsme [egɔism(ə)] *nm* selfishness, egoism. ◆ **égoïste** — **1** *adj* selfish, egoistic. — **2** *nmf* egoist.
égorger [egɔʀʒe] (3) *vt* to cut the throat of.
égout [egu] *nm* sewer.
égoutter [egute] (1) — **1** *vt (avec passoire)* to strain; *(en tordant)* to wring out. **(faire) ~** *(eau)* to drain off; *(linge)* to hang up to drip. — **2 s'égoutter** *vpr* to drip. ◆ **égouttoir** *nm (sur évier)* draining rack; *(passoire)* strainer, colander.
égratigner [egʀatiɲe] (1) *vt* to scratch. ◆ **égratignure** *nf* scratch.
égrillard, e [egʀijaʀ, aʀd(ə)] *adj* bawdy.
Égypte [eʒipt] *nf* Egypt. ◆ **égyptien, -ienne** *adj*, **É~, -ienne** *nm,f* Egyptian.
éhonté, e [eɔ̃te] *adj* shameless.
éjecter [eʒɛkte] (1) *vt* to eject.
élaboration [elabɔʀɑsjɔ̃] *nf* elaboration. ◆ **élaborer** (1) *vt* to elaborate.
élaguer [elage] (1) *vt* to prune.
élan[1] [elɑ̃] *nm (Zool)* elk, moose.
élan[2] [elɑ̃] *nm* **(a)** *(course)* run up; *(saut)* spring; *(vitesse acquise)* momentum. **prendre de l'~** to gather speed. **(b)** *(ferveur)* fervour. **~s (d'affection)** bursts of affection.
élancer [elɑ̃se] (3) — **1** *vi (blessure)* to give shooting pains. — **2 s'élancer** *vpr (se précipiter)* to rush, dash (*vers* towards); *(se dresser)* to soar (upwards). **forme élancée** slender shape.
élargir *vt*, **s'élargir** *vpr* [elaʀʒiʀ] (2) *(gén)* to widen; *(débat)* to broaden. ◆ **élargissement** *nm* widening; broadening.
élasticité [elastisite] *nf* elasticity. ◆ **élastique** — **1** *adj (objet)* elastic; *(démarche)* springy; *(fig)* flexible. — **2** *nm (de bureau)* elastic *ou* rubber band; *(Couture)* elastic.
électeur, -trice [elɛktœʀ, tʀis] *nm,f* voter. ◆ **élection** *nf* election. **jour des ~s** polling *ou* election day; **~ partielle** ≃ by-election. ◆ **électoral, e** *mpl* **-aux** *adj* election. ◆ **électorat** *nm* voters.
électricien [elɛktʀisjɛ̃] *nm* electrician. ◆ **électricité** *nf* electricity. ◆ **électrifier** (7) *vt* to electrify. ◆ **électrique** *adj* electrical.
électro [elɛktʀɔ] *préf* electro.
électrocuter [elɛktʀɔkyte] (1) *vt* to electrocute.
électrode [elɛktʀɔd] *nf* electrode.
électroménager [elɛktʀɔmenaʒe] *adj (appareil)* household electrical.
électron [elɛktʀɔ̃] *nm* electron.
électronicien, -ienne [elɛktʀɔnisjɛ̃, jɛn] *nm,f* electronics engineer. ◆ **électronique** — **1** *adj* electronic. — **2** *nf* electronics *(sg)*.
électrophone [elɛktʀɔfɔn] *nm* record player.
élégance [elegɑ̃s] *nf* elegance; *(conduite)* generosity. ◆ **élégant, e** *adj* elegant; generous.
élément [elemɑ̃] *nm (gén)* element; *(machine)* part, component; *(armée)* unit; *(fait)* fact. **~s préfabriqués** ready-made units; **c'est le meilleur ~ de ma classe** he's the best pupil in my class; **être dans son ~*** to be in one's element. ◆ **élémentaire** *adj* elementary.
éléphant [elefɑ̃] *nm* elephant.
élevage [ɛlvaʒ] *nm (action)* breeding; *(ferme)* farm. *(bétail)* **faire de l'~ de** to breed cattle; **~ de poulets** poultry farm.
élévation [elevɑsjɔ̃] *nf* elevation.
élève [elɛv] *nmf* pupil.
élevé, e [ɛlve] *adj (gén)* high; *(pertes)* heavy. **peu ~** low; *(pertes)* slight; **bien ~** well-mannered; **mal ~** ill-mannered, rude.
élever [ɛlve] (5) — **1** *vt (objection, niveau etc)* to raise; *(mur)* to put up; *(enfant)* to bring up; *(bétail)* to breed, rear. — **2 s'élever** *vpr (gén)* to rise, go up; *(objection)* to arise. *(somme)*

s'~ **à** to amount to; s'~ **contre** to rise up against. ◆ **éleveur, -euse** *nm,f* stockbreeder.

éligible [eliʒibl(ə)] *adj* eligible.

élimer *vt,* **s'élimer** *vpr* [elime] (1) to fray.

élimination [eliminɑsjɔ̃] *nf* elimination. ◆ **éliminer** (1) *vt* to eliminate.

élire [eliʀ] (43) *vt* to elect.

élite [elit] *nf* élite. **d'~** first-class.

elle [ɛl] *pron pers f* **(a)** *(sujet) (personne, nation)* she; *(chose)* it; *(animal, bébé)* she, it. **~s** they. **(b)** *(objet)* her; it. **~s** them. **ce livre est à ~** this book belongs to her *ou* is hers. **(c) ~** (-même) herself; **elle ne pense qu'à ~** she only thinks of herself. **(d)** *(comparaison)* **il est plus grand qu'~** he is taller than she is *ou* than her.

ellipse [elips(ə)] *nf (Géom)* ellipse.

élocution [elɔkysjɔ̃] *nf* diction. **défaut d'~** speech impediment.

éloge [elɔʒ] *nm:* **~(s)** praise; **faire l'~ de** to praise; **~ funèbre** funeral oration. ◆ **élogieux, -ieuse** *adj* laudatory.

éloigné, e [elwaɲe] *adj* distant (*de* from). **est-ce très ~ de la gare ?** is it very far from the station? **~ de 3 km** 3 km away; **se tenir ~ de** to keep away from.

éloignement [elwaɲmɑ̃] *nm* distance.

éloigner [elwaɲe] (1) — **1** *vt* to move *ou* take away; *(espacer)* to space out; *(fig : dissiper)* to remove (*de* from); *(danger)* to ward off. — **2 s'éloigner** *vpr (partir)* to move *ou* go away (*de* from); *(se reculer)* to move back; *(souvenir)* to fade. **s'~ de** to wander *ou* stray from.

élongation [elɔ̃gɑsjɔ̃] *nf :* **se faire une ~** to strain a muscle.

éloquence *nf* eloquence. ◆ **éloquent, e** *adj* eloquent.

élu, e [ely] *nm,f (député)* elected member. **l'heureux ~** the lucky man; *(Rel)* **les É~s** the Elect.

élucidation [elysidɑsjɔ̃] *nf* elucidation. ◆ **élucider** (1) *vt* to elucidate.

élucubrations [elykybʀɑsjɔ̃] *nfpl* wild imaginings.

éluder [elyde] (1) *vt* to evade, elude.

émacié, e [emasje] *adj* emaciated.

émail, *pl* **-aux,** [emaj, o] *nm* enamel. *(Art)* **~aux** pieces of enamel work. ◆ **émailler** (1) *vt* to enamel. **émaillé de fautes** sprinkled with mistakes.

émanation [emanɑsjɔ̃] *nf (odeurs)* **~s** exhalations. **c'est l'~ de** it's the outcome of.

émancipation [emɑ̃sipɑsjɔ̃] *nf (Jur)* emancipation; *(fig)* liberation. ◆ **émanciper** (1) — **1** *vt* to emancipate. — **2 s'émanciper** *vpr* to become liberated.

émaner [emane] (1) **~ de** *vt indir* to emanate from.

emballage [ɑ̃balaʒ] *nm (action)* packing; *(boîte)* packet, package. ◆ **emballement*** *nm (enthousiasme)* craze; *(colère)* angry outburst. ◆ **emballer** (1) — **1** *vt (paquet)* to pack; *(moteur)* to rev up; (* : *enthousiasmer)* to thrill. — **2 s'emballer** *vpr* **(a)** (*) *(enthousiasme)* to get carried away; *(colère)* to fly off the handle*. **(b)** *(cheval)* to bolt.

embarcadère [ɑ̃baʀkadɛʀ] *nm* landing stage.

embarcation [ɑ̃baʀkɑsjɔ̃] *nf* (small) boat.

embardée [ɑ̃baʀde] *nf (Aut)* swerve. **faire une ~** to swerve.

embargo [ɑ̃baʀgo] *nm* embargo. **mettre l'~ sur** to put an embargo on.

embarquement [ɑ̃baʀkəmɑ̃] *nm (cargaison)* loading; *(passagers)* boarding. **avant l'~** before boarding. ◆ **embarquer** (1) — **1** *vt* to load; to take on board; (* : *emporter)* to carry off. — **2** *vi (aussi* **s'embarquer**) *(en bateau)* to embark, board; *(en avion)* to board. **s'~ dans une aventure** to set off on an adventure.

embarras [ɑ̃baʀa] *nm (ennui)* obstacle; *(gêne)* embarrassment; *(situation délicate)* awkward position. **être dans l'~** *(dilemme)* to be in a dilemma; *(argent)* to be in financial difficulties; **~ gastrique** stomach upset; **faire des ~** *(chichis)* to make a fuss; *(ennuis)* to make trouble (*à qn* for sb). ◆ **embarrassant, e** *adj (situation)* embarrassing; *(problème)* awkward. ◆ **embarrassé, e** *adj* embarrassed. ◆ **embarrasser** (1) — **1** *vt (paquets)* to clutter; *(vêtements)* to hamper. **~ l'estomac** to lie heavy on the stomach; **ça m'embarrasse** *(obstacle)* it's in my way; *(ennui)* it puts me in an awkward position. — **2 s'embarrasser** *vpr :* **s'~ de qch** to burden o.s. with sth.

embauche [ɑ̃boʃ] *nf* hiring. **bureau d'~** job centre. ◆ **embaucher** (1) *vt* to take on, hire.

embaumer [ɑ̃bome] (1) — **1** *vt (cadavre)* to embalm. **l'air embaumait le lilas** the air was fragrant with the scent of lilac. — **2** *vi* to be fragrant.

embellir [ɑ̃beliʀ] (2) — **1** *vt* to make attractive. — **2** *vi* to grow more attractive. ◆ **embellissement** *nm* improvement.

embêtement* [ɑ̃bɛtmɑ̃] *nm :* **~(s)** trouble. ◆ **embêter*** (1) — **1** *vt (tracasser)* to bother, worry; *(irriter)* to annoy; *(ennuyer)* to bore. — **2 s'embêter*** *vpr* to be bored.

emblée [ɑ̃ble] *adv :* **d'~** straightaway.

emblème [ɑ̃blɛm] *nm* emblem.

emboîter [ɑ̃bwate] (1) — **1** *vt* to fit together. **~ qch dans** to fit sth into; **~ le pas à qn** to follow sb. — **2 s'emboîter** *vpr* to fit together.

embonpoint [ɑ̃bɔ̃pwɛ̃] *nm* stoutness.

embouchure [ɑ̃buʃyʀ] *nf* mouth.

embourber *vt,* **s'embourber** *vpr* [ɑ̃buʀbe] (1) *(voiture)* to get stuck in the mud.

embout [ɑ̃bu] *nm (canne)* tip; *(tuyau)* nozzle.

embouteillage [ɑ̃butɛjaʒ] *nm* traffic jam, holdup. ◆ **embouteiller** (1) *vt (Aut)* to jam, block; *(Téléphone)* to block.

emboutir [ɑ̃butiʀ] (2) *vt (métal)* to stamp; *(accident)* to crash into.

embranchement [ɑ̃bʀɑ̃ʃmɑ̃] *nm* junction.

embraser [ɑ̃bʀɑze] (1) — **1** *vt (forêt)* to set on fire; *(cœur)* to fire. — **2 s'embraser** *vpr* to blaze up.

embrasser [ɑ̃bʀase] (1) — **1** *vt* to kiss; *(aspects)* to embrace; *(carrière)* to take up. — **2 s'embrasser** *vpr* to kiss (each other).

embrasure [ɑ̃bʀɑzyʀ] *nf* embrasure. **dans l'~ de la porte** in the doorway.

embrayage [ɑ̃bʀɛjaʒ] *nm (mécanisme)* clutch. ◆ **embrayer** (8) *vi* to engage the clutch.

embrouiller [ɑ̃bʀuje] (1) — **1** *vt* to muddle up. — **2 s'embrouiller** *vpr* to get in a muddle (*dans* with).

embruns [ɑ̃bʀœ̃] *nmpl* sea spray.

embryon [ɑ̃bʀijɔ̃] *nm* embryo.

embûche [ɑ̃byʃ] *nf* pitfall, trap.

embuer [ɑ̃bɥe] (1) *vt* to mist up.

embuscade [ɑ̃byskad] *nf* ambush. ◆ **s'embusquer** (1) *vpr* to lie in ambush.

éméché, e* [emeʃe] *adj* tipsy, merry.

émeraude [ɛmʀod] *nf, adj inv* emerald.

émerger [emɛʀʒe] (3) *vi* to emerge.

émeri [ɛmʀi] *nm* emery.

émerveillement [emɛʀvɛjmɑ̃] *nm* wonder. ◆ **émerveiller** (1) *vt* to fill with wonder. **s'~ de** to marvel at.

émetteur [emɛtœʀ] *nm* transmitter.

émettre [emɛtʀ(ə)] (56) *vt (gén)* to emit; *(Rad)* to broadcast; *(monnaie)* to issue; *(hypothèse)* to put forward; *(vœux)* to express.

émeute [emøt] *nf* riot.

émietter *vt*, **s'émietter** *vpr* [emjete] (1) to crumble.

émigrant, e [emigʀɑ̃, ɑ̃t] *nm,f* emigrant. ◆ **émigration** *nf* emigration. ◆ **émigré, e** *nm,f (Hist)* émigré; *(Pol)* expatriate. ◆ **émigrer** (1) *vi* to emigrate.

éminence [eminɑ̃s] *nf* eminence. ◆ **éminent, e** *adj* eminent.

émir [emiʀ] *nm* emir. ◆ **émirat** *nm* emirate.

émissaire [emisɛʀ] *nm* emissary.

émission [emisjɔ̃] *nf* **(a)** *(action) (gén)* emission; *(Rad)* broadcast; *(emprunt)* issue. **(b)** *(spectacle)* programme, broadcast.

emmagasiner [ɑ̃magazine] (1) *vt* to accumulate.

emmailloter [ɑ̃majɔte] (1) *vt* to wrap up.

emmêler [ɑ̃mele] (1) — **1** *vt (fil)* to tangle (up); *(dates)* to confuse, muddle. — **2 s'emmêler** *vpr (lit)* to get in a tangle; *(fig)* to get in a muddle (*dans* with).

emménagement [ɑ̃menaʒmɑ̃] *nm* moving in. ◆ **emménager** (3) *vi* to move in. **~ dans** to move into.

emmener [ɑ̃mne] (5) *vt* to take. **~ promener qn** to take sb for a walk.

emmitoufler (s') [ɑ̃mitufle] (1) *vpr* to muffle o.s. up.

émoi [emwa] *nm (trouble)* agitation; *(de joie)* excitement; *(tumulte)* commotion. **en ~** *(personne)* excited; *(rue)* in a commotion.

émotif, -ive [emɔtif, iv] *adj* emotive. ◆ **émotion** *nf* emotion. *(peur)* **donner des ~s à qn*** to give sb a fright. ◆ **émotionnel, -elle** *adj* emotional.

émoussé, e [emuse] *adj* blunt; *(goût)* dulled.

émouvant, e [emuvɑ̃, ɑ̃t] *adj* moving, touching. ◆ **émouvoir** (27) *vt (beauté)* to rouse, stir; *(misère)* to touch, move. **se laisser ~ par des prières** to be moved by entreaties; **il ne s'émeut de rien** nothing upsets him.

empailler [ɑ̃paje] (1) *vt (animal)* to stuff. ◆ **empailleur, -euse** *nm,f* taxidermist.

empaqueter [ɑ̃pakte] (4) *vt* to pack.

emparer (s') [ɑ̃paʀe] (1) *vpr* : **s'~ de qch** to seize *ou* grab sth; *(sentiment)* **s'~ de qn** to seize hold of sb.

empêchement [ɑ̃pɛʃmɑ̃] *nm* difficulty. **avoir un ~** to be detained. ◆ **empêcher** (1) *vt* to prevent, stop. **~ qn de faire** to prevent sb from doing, stop sb doing; **il n'empêche qu'il a tort** all the same he's wrong; **il n'a pas pu s'~ de rire** he couldn't help laughing, he couldn't stop himself laughing.

empereur [ɑ̃pʀœʀ] *nm* emperor.

empester [ɑ̃pɛste] (1) — **1** *vi* to stink. — **2** *vt* to stink of.

empêtrer (s') [ɑ̃petʀe] (1) *vpr* to get tangled up (*dans* in).

emphase [ɑ̃fɑz] *nf* pomposity. ◆ **emphatique** *adj* pompous; *(Ling)* emphatic.

empiéter [ɑ̃pjete] (6) *vi* : **~ sur** *(gén)* to encroach on; *(terrain)* to overlap into.

empiffrer (s') [ɑ̃pifʀe] (1) *vpr* to stuff o.s.* (*de* with).

empiler [ɑ̃pile] (1) — **1** *vt* to pile, stack. — **2 s'empiler** *vpr* to be piled up (*sur* on).

empire [ɑ̃piʀ] *nm* **(a)** *(pays)* empire. **pas pour un ~!** not for all the world! **(b)** *(emprise)* influence. **sous l'~ de** *(colère)* in the grip of; **~ sur soi-même** self-control.

empirer [ɑ̃piʀe] (1) — **1** *vi* to get worse. — **2** *vt* to make worse.

empirique [ɑ̃piʀik] *adj* empirical.

emplacement [ɑ̃plasmɑ̃] *nm* site.

emplâtre [ɑ̃plɑtʀ(ə)] *nm (Méd)* plaster; *(pneu)* patch.

emplette [ɑ̃plɛt] *nf* purchase. **faire des ~s** to do some shopping.

emplir *vt*, **s'emplir** *vpr* [ɑ̃pliʀ] (2) to fill (*de* with).

emploi [ɑ̃plwa] *nm* **(a)** *(gén)* use; *(mot)* usage. **~ du temps** timetable, schedule. **(b)** *(poste)* job. **l'~** employment; **sans ~** unemployed. ◆ **employé, e** *nm,f* employee. **~ de bureau** office worker, clerk; **l'~ du gaz** the gas man. ◆ **employer** (8) *vt (gén)* to use; *(moyen, ouvrier)* to employ. **mal ~** to misuse; **s'~ à faire qch** to apply o.s. to doing sth. ◆ **employeur, -euse** *nm,f* employer.

empocher* [ɑ̃pɔʃe] (1) *vt* to pocket.

empoigner [ɑ̃pwaɲe] (1) *vt* to grab.

empoisonnement [ɑ̃pwazɔnmɑ̃] *nm* poisoning; *(aliments)* food-poisoning. (* : *ennui*) **~(s)** bother. ◆ **empoisonner** (1) — **1** *vt* : **~ qn** *(assassin)* to poison sb; *(aliment)* to give sb food poisoning; *(importuner)* to annoy sb. — **2 s'empoisonner** *vpr* to poison o.s.; to get food poisoning; *(ennui)* to get bored.

emporté, e [ɑ̃pɔʀte] *adj* quick-tempered.

emportement [ɑ̃pɔʀtəmɑ̃] *nm* fit of anger.

emporter [ɑ̃pɔʀte] (1) — **1** *vt* **(a)** to take away. **il ne l'emportera pas en paradis!** he'll soon be smiling on the other side of his face! **(b)** *(vent, train)* to carry along; *(maladie)* to carry off; *(colère)* to carry away. **il a eu le bras emporté** his arm was taken off; **emporté par son élan** carried along by his own momentum. **(c)** *(gagner)* to take, win. **l'~** to get the upper hand (*sur* of). — **2 s'emporter** *vpr (de colère)* to lose one's temper (*contre* with); *(cheval)* to bolt.

empoté, e* [ɑ̃pɔte] *nm,f* awkward lump*.

empourprer *vt*, **s'empourprer** *vpr* [ɑ̃puʀpʀe] (1) to turn crimson.

empreint, e[1] [ɑ̃pʀɛ̃, ɛ̃t] *adj* : **~ de** full of.

empreinte[2] [ɑ̃pʀɛ̃t] *nf (gén)* imprint, impression; *(animal)* track; *(fig : marque)* stamp. **~ de pas** footprint; **~s digitales** fingerprints.

empressé, e [ɑ̃pʀese] *adj* attentive. ◆ **empressement** *nm (zèle)* attentiveness; *(hâte)* eagerness. ◆ **s'empresser** (1) *vpr* : **s'~ autour de qn** to fuss around sb; **s'~ de faire** to hasten to do.

emprise [ɑ̃pʀiz] *nf* hold, ascendancy (*sur* over). **sous l'~ de** *(colère)* in the grip of.

emprisonnement [ɑ̃pʀizɔnmɑ̃] *nm* imprisonment. ◆ **emprisonner** (1) *vt* to imprison.

emprunt [ɑ̃pʀœ̃] *nm (somme)* loan; *(Ling : mot)* borrowing. *(action)* **l'~ de qch** borrowing sth; **d'~** *(nom)* assumed; *(matériel)* borrowed. ◆ **emprunté, e** *adj (gêné)* awkward; *(factice)* feigned. ◆ **emprunter** (1) *vt (gén)* to borrow (*à* from); *(nom)* to assume; *(style)* to use; *(route)* to take. ◆ **emprunteur, -euse** *nm,f* borrower.

ému, e [emy] *adj (personne)* moved, touched; *(par peur)* nervous; *(voix)* emotional; *(souvenirs)* tender.

émulsion [emylsjɔ̃] *nf* emulsion.

en[1] [ɑ̃] *prép* **(a)** *(gén)* in; *(direction)* to; *(moyen de transport)* by. **vivre ~ France** to live in France; **aller ~ Angleterre** to go to England; **de jour ~ jour** from day to day; **ils y sont allés ~ voiture** they went by car, they drove there; **~ sang** covered in blood; **carte ~ couleur** coloured postcard; **~ groupe** in a group. **(b)** *(transformation) (changer etc)* into. **traduisez ~ anglais** translate into English; **casser ~ deux** to break in two; **casser ~ deux morceaux** to break into two pieces. **(c)** *(comme)* as. **~ tant qu'ami** as a friend; **agir ~ tyran** to act like a tyrant; **donné ~ cadeau** given as a present. **(d)** *(composition)* made of, in. **c'est ~ or** it is made of gold; **une bague ~ or** a gold ring. **(e)** *(avec gérondif)* **entrer ~ courant** to run in; **faire obéir qn ~ le punissant** to make sb obey by punishing him; **~ apprenant la nouvelle** on hearing the news; **il a buté ~ montant dans l'autobus** he tripped getting into *ou* as he got into the bus; **il s'est endormi ~ lisant le journal** he fell asleep while reading the newspaper.

en[2] [ɑ̃] *pron* from *ou* with *etc* it. **il ~ revient** he's just come back (from there); **il saisit sa canne et l'~ frappa** he seized his stick and struck him with it; **~ mourir** to die of it; **je t'~ donne 10 F** I'll give you 10 francs for it. **(b)** *(quantitatif)* **prenez-~** *(bonbons)* take some (of them); *(café)* take some (of it); **donne-m'~ un** give me one; **il n'y ~ a plus** *(pain)* there isn't any left; *(biscuits)* there aren't any left.

encadrement [ɑ̃kadʀəmɑ̃] *nm (cadre)* frame; *(instruction)* training. **personnel d'~** executive staff; **dans l'~ de la porte** in the doorway. ◆ **encadrer** (1) *vt (tableau)* to frame; *(étudiants, recrues)* to train; *(prisonnier)* to surround. **je ne peux pas l'~*** I can't stand him*.

encaissement [ɑ̃kɛsmɑ̃] *nm (argent)* collection; *(chèque)* cashing; *(vallée)* depth. ◆ **encaisser** (1) *vt* to collect; to cash; (* : *coups*) to take. **je ne peux pas l'~*** I can't stand him*. ◆ **encaissé, e** *adj (vallée)* deep. ◆ **encaisseur** *nm* collector.

en-cas [ɑ̃kɑ] *nm (nourriture)* snack.

encastrer [ɑ̃kastʀe] (1) — **1** *vt (dans mur)* to embed (*dans* in); *(dans boîtier)* to fit (*dans* into). — **2 s'encastrer** *vpr* to fit (*dans* into).

encaustique [ɑ̃kɔstik] *nf* polish. ◆ **encaustiquer** (1) *vt* to polish.

enceindre [ɑ̃sɛ̃dʀ(ə)] (52) *vt* to surround.

enceinte [ɑ̃sɛ̃t] — **1** *adj f* pregnant (*de qn* by sb). **~ de 5 mois** 5 months pregnant. — **2** *nf (mur)* wall; *(espace clos)* enclosure. **dans l'~ de la ville** inside the town; **~ acoustique** loudspeaker.

encens [ɑ̃sɑ̃] *nm* incense. ◆ **encensoir** *nm* censer.

encercler [ɑ̃sɛʀkle] (1) *vt* to surround.

enchaînement [ɑ̃ʃɛnmɑ̃] *nm (liaison)* linking. *(série)* **~ de** *(circonstances)* string of. ◆ **enchaîner** (1) — **1** *vt (prisonnier)* to chain up (*à* to); *(épisodes)* to link together. **tout s'enchaîne** it's all linked. — **2** *vi (continuer)* to move on.

enchantement [ɑ̃ʃɑ̃tmɑ̃] *nm* enchantment. **comme par ~** as if by magic. ◆ **enchanter** (1) *vt* to enchant. **j'en suis enchanté** I'm delighted with it. ◆ **enchanteur, -teresse** — **1** *adj* enchanting. — **2** *nm* enchanter. — **3** *nf* enchantress.

enchère [ɑ̃ʃɛʀ] *nf* bid. **les ~s** the bidding; **mettre aux ~s** to put up for auction.

enchevêtrement [ɑ̃ʃ(ə)vɛtʀəmɑ̃] *nm* tangle. ◆ **enchevêtrer** (1) — **1** *vt* to tangle. — **2 s'enchevêtrer** *vpr* to become entangled.

enclave [ɑ̃klav] *nf* enclave. ◆ **enclaver** (1) *vt* to enclose.

enclencher [ɑ̃klɑ̃ʃe] (1) *vt* to engage.

enclin, e [ɑ̃klɛ̃, in] *adj* inclined, prone (*à* to).

enclore [ɑ̃klɔʀ] (45) *vt* to enclose. ◆ **enclos** *nm (gén)* enclosure; *(moutons)* fold.

enclume [ɑ̃klym] *nf* anvil.

encoche [ɑ̃kɔʃ] *nf* notch (*à* in).

encoller [ɑ̃kɔle] (1) *vt (papier)* to paste.

encolure [ɑ̃kɔlyʀ] *nf* neck.

encombrant, e [ɑ̃kɔ̃bʀɑ̃, ɑ̃t] *adj* cumbersome. ◆ **encombre** *nm* : **sans ~** without incident. ◆ **encombrement** *nm* **(a)** *(gén)* congestion; *(Aut)* traffic jam. **(b)** *(volume)* bulk. ◆ **encombrer** (1) — **1** *vt (pièce, mémoire)* to clutter up; *(téléphone)* to block. *(gêner)* **ça m'encombre** it's in my way. — **2 s'encombrer** *vpr* : **s'~ de** to burden o.s. with.

encontre [ɑ̃kɔ̃tʀ(ə)] *prép* : **à l'~ de** *(contre)* against; *(au contraire de)* contrary to.

encore [ɑ̃kɔʀ] *adv* **(a)** *(toujours)* still. **pas ~** not yet; **il n'est pas ~ prêt** he's not ready yet; **il fait ~ nuit** it's still dark. **(b)** *(pas plus tard que)* only. **ce matin ~** only this morning. **(c)** *(de nouveau)* again. **ça s'est ~ défait** it has come undone again *ou* once more; **j'en veux ~** I want some more; **pendant ~ 2 jours** for another 2 days, for 2 more days; **il fait ~ plus froid qu'hier** it's even colder than yesterday; **~ autant** as much again. **(d)** *(aussi)* too, also, as well. **(e) ~ faut-il le faire** you still have to do it; **c'est passable, et ~!** it'll do, but only just!; **si ~** if only.

encouragement [ɑ̃kuʀaʒmɑ̃] *nm* encouragement. ◆ **encourager** (3) *vt (gén)* to encourage.

encourir [ɑ̃kuʀiʀ] (11) *vt* to incur.

encrasser (s') [ɑ̃kʀase] (1) *vpr* to get dirty.

encre [ɑ̃kʀ(ə)] *nf* ink. **~ de Chine** Indian ink. ◆ **encrier** *nm* inkwell.

encroûter (s')* [ɑ̃kʀute] (1) *vpr* to stagnate.

encyclique [ɑ̃siklik] *adj, nf* encyclical.

encyclopédie [ɑ̃siklɔpedi] *nf* encyclopaedia. ◆ **encyclopédique** *adj* encyclopaedic.

endémique [ɑ̃demik] *adj* endemic.

endetter *vt*, **s'endetter** *vpr* [ɑ̃dete] (1) to get into debt. **être endetté** to be in debt; *(fig)* to be indebted (*envers qn* to sb).

endiablé, e [ɑ̃djɑble] *adj* furious, wild.

endiguer [ɑ̃dige] (1) *vt* to hold back.

endimanché, e [ɑ̃dimɑ̃ʃe] *adj* in one's Sunday best.

endive [ɑ̃div] *nf* : **~(s)** chicory.

endoctrinement [ɑ̃dɔktʀinmɑ̃] *nm* indoctrination. ◆ **endoctriner** (1) *vt* to indoctrinate.

endolori, e [ɑ̃dɔlɔʀi] *adj* painful, aching.

endommager [ɑ̃dɔmaʒe] (3) *vt* to damage.

endormir [ɑ̃dɔʀmiʀ] (16) — **1** *vt (personne)* to send to sleep; *(duper)* to beguile; *(douleur)* to deaden; *(soupçons)* to allay. — **2 s'endormir** *vpr* to go to sleep, fall asleep. **s'~ sur ses lauriers** to rest on one's laurels.

endosser [ɑ̃dose] (1) *vt (vêtement)* to put on; *(responsabilité)* to shoulder; *(chèque)* to endorse.

endroit [ɑ̃dʀwa] *nm* **(a)** *(lieu)* place; *(récit)* passage. **à quel ~?** where?; **par ~s** in places;

à l'~ de qn regarding sb. **(b)** *(bon côté)* right side. **à l'~** *(vêtement)* the right way out; *(objet posé)* the right way round.
enduire [ɑ̃dɥiʀ] (38) *vt* to coat (*de* with). ◆ **enduit** *nm* coating.
endurance [ɑ̃dyʀɑ̃s] *nf* endurance. ◆ **endurant, e** *adj* tough, hardy.
endurcir [ɑ̃dyʀsiʀ] (2) *vt (corps)* to toughen; *(âme)* to harden. **criminel endurci** hardened criminal.
endurer [ɑ̃dyʀe] (1) *vt* to endure, bear.
énergétique [enɛʀʒetik] *adj* *(ressources)* energy; *(aliment)* energy-giving.
énergie [enɛʀʒi] *nf* *(gén)* energy; *(morale)* spirit. ◆ **énergique** *adj (physiquement)* energetic; *(moralement)* spirited; *(résistance, ton)* forceful; *(remède)* powerful; *(mesures)* drastic. ◆ **énergiquement** *adv* energetically; spiritedly; forcefully; powerfully; drastically.
énergumène [enɛʀgymɛn] *nmf* rowdy character.
énervement [enɛʀvəmɑ̃] *nm* *(irritation)* annoyance; *(excitation)* agitation. ◆ **énerver** (1) — **1** *vt* : **~ qn** *(agiter)* to get sb wound up *ou* excited; *(agacer)* to annoy sb. — **2 s'énerver** *vpr* to get wound up *ou* excited.
enfance [ɑ̃fɑ̃s] *nf (jeunesse)* childhood; *(petite enfance)* infancy. **c'est l'~ de l'art** it's child's play; *(enfants)* **~ déshéritée** deprived children.
enfant [ɑ̃fɑ̃] — **1** *nmf (gén)* child. **faire l'~** to behave childishly; **sans ~** childless. — **2** : **~ de chœur** altar boy; **~ trouvé** foundling; **~ unique** only child. ◆ **enfanter** (1) *vt* to give birth to. ◆ **enfantillage** *nm* : **~(s)** childishness. ◆ **enfantin, e** *adj* childlike; *(puéril)* childish. *(facile)* **c'est ~** it's child's play.
enfer [ɑ̃fɛʀ] *nm* hell. **l'~ est pavé de bonnes intentions** the road to hell is paved with good intentions; **bruit d'~** infernal noise; **feu d'~** raging fire.
enfermer [ɑ̃fɛʀme] (1) *vt* to shut up; *(à clef)* to lock up; *(dans un dilemme)* to trap (*dans* in). **il est bon à ~ (à l'asile)*** he ought to be locked up; **s'~ dans** *(chambre)* to lock o.s. in; *(rôle)* to stick to.
enferrer (s') [ɑ̃feʀe] (1) *vpr* to tie o.s. in knots.
enfilade [ɑ̃filad] *nf* : **une ~ de** a row of.
enfiler [ɑ̃file] (1) *vt (aiguille)* to thread; *(rue)* to take; *(vêtement)* to slip on. **~ qch dans** to slip sth into.
enfin [ɑ̃fɛ̃] *adv (à la fin)* at last; *(en dernier lieu)* lastly; *(somme toute)* after all; *(quand même)* all the same; *(restrictif)* well. **il y est ~ arrivé** he has at last *ou* finally succeeded; **c'est un élève qui, ~, n'est pas bête** this pupil is not stupid, after all; **~, tu aurais pu le faire!** all the same you could have done it!; **~, dans un sens, oui** well - in a way, yes; **mais ~** but.
enflammer [ɑ̃flame] (1) — **1** *vt (bois)* to set on fire; *(imagination)* to fire. — **2 s'enflammer** *vpr (bois)* to catch fire; *(colère)* to flare up; *(ferveur)* to become impassioned. ◆ **enflammé, e** *adj (allumette)* burning; *(caractère)* fiery, passionate; *(plaie)* inflamed.
enfler *vti*, **s'enfler** *vpr* [ɑ̃fle] (1) to swell. **se faire ~ de 10 F*** to be done out of 10 francs*. ◆ **enflure** *nf* swelling.
enfoncer [ɑ̃fɔ̃se] (3) — **1** *vt* **(a)** *(pieu)* to drive in; *(punaise)* to push in. **~ un couteau dans** to plunge a knife into; **~ qch dans sa poche** to put *ou* stick* sth in one's pocket. **(b)** *(abîmer)* to smash in; (* : *concurrent*) to beat hollow*. **côte enfoncée** broken rib. — **2** *vi (pénétrer)* to sink in; *(céder)* to give way. — **3 s'enfoncer** *vpr* **(a)** *(gén)* to sink (*dans* in, into). **s'~ dans** *(forêt)* to disappear into; **s'~ une arête dans la gorge** to get a bone stuck in one's throat; **enfoncez-vous bien ça dans le crâne*** now get this into your head*; **à mentir, tu ne fais que t'~ davantage** by lying, you're just getting yourself into deeper and deeper water. **(b)** *(céder)* to give way.
enfouir [ɑ̃fwiʀ] (2) *vt* to bury (*dans* in).
enfourcher [ɑ̃fuʀʃe] (1) *vt* to mount.
enfreindre [ɑ̃fʀɛ̃dʀ(ə)] (52) *vt* to infringe.
enfuir (s') [ɑ̃fɥiʀ] (17) *vpr* to run away, escape (*de* from).
engageant, e [ɑ̃gaʒɑ̃, ɑ̃t] *adj* attractive.
engagement [ɑ̃gaʒmɑ̃] *nm* **(a)** *(promesse)* promise; *(Pol etc: position)* commitment. **prendre l'~ de** to undertake to; **sans ~ de votre part** without obligation on your part; **~s financiers** financial commitments. **(b)** *(contrat)* engagement. **(c)** *(début)* start; *(coup d'envoi)* kick-off. **(d)** *(attaque)* engagement.
engager [ɑ̃gaʒe] (3) — **1** *vt* **(a)** *(ouvrier)* to take on; *(recrues)* to enlist; *(concurrents)* to enter. **(b)** *(combat, discussion)* to start; *(Jur : poursuites)* to institute; *(objets)* to insert (*dans* in). **la partie est bien engagée** the match is well under way. **(c)** *(mettre en gage)* to pawn; *(investir)* to invest. **(d)** *(promesse)* **~ qn** to bind sb; **ça n'engage à rien** it doesn't commit you to anything; **~ qn à faire** to urge sb to do. — **2 s'engager** *vpr* **(a)** *(promettre)* to commit o.s. **s'~ à faire** to undertake to do; **écrivain engagé** committed writer. **(b) s'~ dans** *(frais)* to incur; *(discussion)* to enter into; *(affaire)* to embark on. **(c) s'~ dans** *(mécanisme)* to fit into; *(véhicule)* to turn into; **s'~ sur la chaussée** to step onto the road. **(d)** *(combat, pourparlers)* to start. **(e)** *(recrues)* to enlist. **s'~ dans l'armée** to join the army.
engelure [ɑ̃ʒlyʀ] *nf* chilblain.
engendrer [ɑ̃ʒɑ̃dʀe] (1) *vt (enfant)* to father; *(fig)* to generate.
engin [ɑ̃ʒɛ̃] *nm (machine)* machine; *(outil)* instrument; *(auto)* vehicle; *(avion)* aircraft; (* : *truc*) contraption.
englober [ɑ̃glɔbe] (1) *vt* to include (*dans* in).
engloutir [ɑ̃glutiʀ] (2) — **1** *vt (nourriture)* to gobble up; *(navire)* to engulf; *(fortune)* to devour. — **2 s'engloutir** *vpr* to be engulfed.
engorgement [ɑ̃gɔʀʒəmɑ̃] *nm (tuyau)* block; *(marché)* glut. ◆ **engorger** (3) *vt* to block; to glut.
engouement [ɑ̃gumɑ̃] *nm* craze (*pour* for).
engouffrer [ɑ̃gufʀe] (1) — **1** *vt (fortune)* to devour; *(nourriture)* to gobble up; *(navire)* to engulf. — **2 s'engouffrer** *vpr* to rush.
engourdir [ɑ̃guʀdiʀ] (2) — **1** *vt (membres)* to numb; *(esprit)* to dull. — **2 s'engourdir** *vpr* to go numb; to grow dull. ◆ **engourdissement** *nm* numbness; dullness; *(sommeil)* sleepiness.
engrais [ɑ̃gʀɛ] *nm* fertilizer; *(animal)* manure. **mettre à l'~** to fatten up. ◆ **engraisser** (1) — **1** *vt (volailles)* to cram; *(bétail)* to fatten up; *(terre)* to manure, fertilize. — **2** *vi* (*) to put on weight.
engrenage [ɑ̃gʀənaʒ] *nm* gearing; *(fig)* chain.
engueuler* [ɑ̃gœle] (1) *vt* : **~ qn** to give sb a bawling out*; **s'~** to have a row.
enguirlander* [ɑ̃giʀlɑ̃de] (1) *vt* : **~ qn** to give sb a telling-off.
enhardir [ɑ̃aʀdiʀ] (2) — **1** *vt* to make bolder. — **2 s'enhardir** *vpr* to get bolder.

énigmatique [enigmatik] *adj* enigmatic. ◆ **énigme** *nf (mystère)* enigma; *(jeu)* riddle.
enivrer [ɑ̃nivʀe] (1) — **1** *vt* to intoxicate, make drunk. — **2 s'enivrer** *vpr* to get drunk (*de* on).
enjambée [ɑ̃ʒɑ̃be] *nf* stride.
enjamber [ɑ̃ʒɑ̃be] (1) *vt* to stride over; *(pont)* to span.
enjeu, *pl* **~x** [ɑ̃ʒø] *nm* stake (*de* in).
enjoindre [ɑ̃ʒwɛ̃dʀ(ə)] (49) *vt* : **~ à qn de faire** to order sb to do.
enjôler [ɑ̃ʒole] (1) *vt* : **~ qn** to get round sb.
enjoliver [ɑ̃ʒɔlive] (1) *vt* to embellish. ◆ **enjoliveur** *nm* hub cap.
enjoué, e [ɑ̃ʒwe] *adj* cheerful. ◆ **enjouement** *nm* cheerfulness.
enlacement [ɑ̃lɑsmɑ̃] *nm (étreinte)* embrace; *(enchevêtrement)* intertwining. ◆ **enlacer** (3) *vt (étreindre)* to clasp, hug; *(enchevêtrer)* to intertwine.
enlaidir [ɑ̃lediʀ] (2) — **1** *vt* to make ugly. — **2** *vi* to become ugly.
enlevé, e [ɑ̃lve] *adj (rythme etc)* lively.
enlèvement [ɑ̃lɛvmɑ̃] *nm (gén)* removal; *(ordures)* collection; *(rapt)* kidnapping.
enlever [ɑ̃lve] (5) — **1** *vt* **(a)** *(gén)* to remove, take away; *(ordures)* to collect; *(rapt)* to kidnap; *(vêtement)* to take off; *(tache)* to take out. **~ qch à qn** to take sth away from sb; **enlève tes coudes de la table** take your elbows off the table; **ça lui enlèvera le goût de recommencer** that'll cure him of trying that again; **faire ~ qch** to have sth taken away. **(b)** *(victoire)* to win; *(Mil : position)* to capture, take. **~ la décision** to carry the day; **~ une affaire** to pull off a deal. — **2 s'enlever** *vpr (tache etc)* to come off.
enliser (s') [ɑ̃lize] (1) *vpr* to sink (*dans* into).
enneigé, e [ɑ̃neʒe] *adj* snowed up.
ennemi, e [ɛnmi] — **1** *adj (Mil)* enemy; *(hostile)* hostile. — **2** *nm,f* enemy.
ennui [ɑ̃nɥi] *nm (désœuvrement)* boredom; *(monotonie)* tediousness; *(tracas)* trouble. **avoir des ~s** to have troubles; **faire des ~s à qn** to make trouble for sb; **l'~, c'est que...** the trouble is that...
ennuyer [ɑ̃nɥije] (8) — **1** *vt (lasser)* to bore; *(préoccuper, gêner)* to trouble; *(irriter)* to annoy. **si cela ne vous ennuie pas trop** if you wouldn't mind. — **2 s'ennuyer** *vpr* to get bored. **s'~ de qn** to miss sb. ◆ **ennuyeux, -euse** *adj (lassant)* boring, tedious; *(irritant)* annoying; *(préoccupant)* worrying.
énoncé [enɔ̃se] *nm (sujet)* exposition; *(problème)* terms.
énoncer [enɔ̃se] (3) *vt (gén)* to say; *(idée)* to express.
énorme [enɔʀm(ə)] *adj* enormous, huge. ◆ **énormément** *adv* enormously, hugely. **~ déçu** greatly disappointed; **~ de gens** an enormous number of people.◆ **énormité** *nf (poids, somme)* hugeness; *(demande)* enormity. *(erreur)* **une ~** a howler*.
enquérir (s') [ɑ̃keʀiʀ] (21) *vpr* to inquire, ask (*de* about).
enquête [ɑ̃kɛt] *nf (gén)* inquiry; *(après décès)* inquest; *(Police)* investigation; *(sondage)* survey. ◆ **enquêter** (1) *vi* to hold an inquiry. **~ sur qch** to investigate sth. ◆ **enquêteur, -euse** *nm, f (Police)* officer; *(sondage)* pollster. **les ~s** the police.
enquiquiner* [ɑ̃kikine] (1) *vt* to bother.
enraciner [ɑ̃ʀasine] (1) — **1** *vt* to root. *(préjugé)* **solidement enraciné** deep-rooted. — **2 s'enraciner** *vpr* to take root.
enragé, e [ɑ̃ʀaʒe] *adj (chien)* rabid; *(fig: passionné)* keen (*de* on).
enrager [ɑ̃ʀaʒe] (3) *vi* to be furious. **faire ~ qn*** *(taquiner)* to tease sb; *(importuner)* to pester sb.
enrayer [ɑ̃ʀeje] (8) — **1** *vt (maladie)* to check, stop. — **2 s'enrayer** *vpr* to jam.
enregistrement [ɑ̃ʀʒistʀəmɑ̃] *nm (acte)* registration; *(bagages)* check-in; *(musique)* recording. ◆ **enregistrer** (1) *vt (voix)* to record; *(acte)* to register; *(commande)* to enter. **(faire) ~ ses bagages** to register one's luggage; *(Aviat)* to check in one's luggage.
enrhumer (s') [ɑ̃ʀyme] (1) *vpr* to catch (a) cold. **être enrhumé** to have a cold.
enrichir [ɑ̃ʀiʃiʀ] (2) — **1** *vt* enrich. — **2 s'enrichir** *vpr* to grow rich; *(collection)* to be enriched (*de* with). ◆ **enrichissement** *nm* enrichment.
enrober [ɑ̃ʀɔbe] (1) *vt* to coat (*de* with).
enrôler *vt,* **s'enrôler** *vpr* [ɑ̃ʀole] (1) to enlist.
enrouement [ɑ̃ʀumɑ̃] *nm* hoarseness. ◆ **s'enrouer** (1) *vpr* to go hoarse. **enroué** hoarse.
enrouler [ɑ̃ʀule] (1) — **1** *vt* to roll up. — **2 s'enrouler** *vpr (serpent)* to coil up. **s'~ dans une couverture** to roll o.s. up in a blanket.
ensabler *vt,* **s'ensabler** *vpr* [ɑ̃sɑble] (1) *(port)* to silt up; *(voiture)* to get stuck in the sand.
ensanglanter [ɑ̃sɑ̃glɑ̃te] (1) *vt* to cover with blood.
enseignant, e [ɑ̃sɛɲɑ̃, ɑ̃t] — **1** *adj* teaching. — **2** *nm,f* teacher.
enseigne [ɑ̃sɛɲ] *nf* shop sign; *(drapeau)* ensign.
enseignement [ɑ̃sɛɲmɑ̃] *nm (éducation)* education; *(métier, pédagogie)* teaching; *(leçon)* lesson. **~ par correspondance** postal tuition; **être dans l'~** to be a teacher. ◆ **enseigner** (1) *vt* to teach. **~ qch à qn** to teach sb sth.
ensemble [ɑ̃sɑ̃bl(ə)] — **1** *adv* together. **tous ~** all together. — **2** *nm* **(a)** *(totalité)* whole. **l'~ du personnel** the whole staff; **dans l'~** on the whole; **vue d'~** overall view. **(b)** *(objets)* set; *(maisons)* housing scheme; *(costume)* suit; *(orchestre)* ensemble. **(c)** *(accord, unité)* unity.
ensemencer [ɑ̃smɑ̃se] (3) *vt* to sow.
ensevelir [ɑ̃səvliʀ] (2) *vt* to bury.
ensoleillé, e [ɑ̃sɔleje] *adj* sunny. ◆ **ensoleillement** *nm* hours of sunshine.
ensommeillé, e [ɑ̃sɔmeje] *adj* sleepy.
ensorceler [ɑ̃sɔʀsəle] (4) *vt* to bewitch.
ensuite [ɑ̃sɥit] *adv (puis)* then, next; *(par la suite)* afterwards.
ensuivre (s') [ɑ̃sɥivʀ(ə)] (40) *vpr* to follow. **et tout ce qui s'ensuit** and all the rest.
entaille [ɑ̃tɑj] *nf (gén)* cut; *(profonde)* gash; *(sur objet)* notch; *(allongée)* groove. ◆ **entailler** (1) *vt* to cut; to gash; to notch.
entame [ɑ̃tam] *nf* first slice.
entamer [ɑ̃tame] (1) *vt* **(a)** *(commencer)* to start; *(discussion, partie)* to open; *(poursuites)* to institute. **(b)** *(résistance)* to wear down; *(conviction)* to shake; *(réputation)* to damage. **(c)** *(inciser)* to cut into.
entartrer *vt,* **s'entartrer** *vpr* [ɑ̃taʀtʀe] (1) to scale.
entasser *vt,* **s'entasser** *vpr* [ɑ̃tɑse] (1) to pile up (*sur* onto). **s'~ dans** to cram *ou* pack into.
entendre [ɑ̃tɑ̃dʀ(ə)] (41) — **1** *vt* **(a)** to hear. **il ne l'entend pas de cette oreille** he doesn't see

it like that; **à l'~** to hear him talk; **~ raison** to listen to reason; **~ parler de** to hear of *ou* about; **on entend dire que** it is said that; **sa voix se fit ~** his voice was heard. **(b)** *(comprendre)* to understand; *(vouloir)* to intend, mean. **laisser ~ à qn que** to give sb to understand that; **j'entends être obéi** I intend *ou* mean to be obeyed; **qu'entendez-vous par là?** what do you mean by that? — **2 s'entendre** *vpr* **(a)** *(être d'accord)* to agree (*sur* on). **ils s'entendent bien** they get on well. **(b)** *(s'y connaître)* **il s'y entend pour le faire** he knows how to do it. **(c)** *(se comprendre)* to mean. **ça s'entend de deux façons** it can mean two things. ◆ **entendu, e** *adj (convenu)* agreed. *(évidemment)* **bien ~!** of course!; *(sourire, air)* knowing. ◆ **entente** *nf (amitié, compréhension)* understanding; *(accord)* agreement. **vivre en bonne ~** to live in harmony.

entériner [ɑ̃teʀine] (1) *vt* to ratify, confirm.

enterrement [ɑ̃tɛʀmɑ̃] *nm* burial; *(cérémonie)* funeral; *(convoi)* funeral procession. **faire une tête d'~*** to look gloomy. ◆ **enterrer** (1) *vt* to bury.

en-tête, *pl* **en-têtes** [ɑ̃tɛt] *nm* heading.

entêté, e [ɑ̃tete] *adj* stubborn. ◆ **entêtement** *nm* stubbornness. ◆ **entêter** (1) — **1** *vt (parfum)* to go to the head of. — **2 s'entêter** *vpr* to persist (*à faire* in doing).

enthousiasme [ɑ̃tuzjasm(ə)] *nm* enthusiasm. ◆ **enthousiasmer** (1) — **1** *vt* to fill with enthusiasm. — **2 s'enthousiasmer** *vpr* to be enthusiastic (*pour* about, over). ◆ **enthousiaste** *adj* enthusiastic.

enticher (s') [ɑ̃tiʃe] (1) *vpr* to become infatuated (*de* with).

entier, -ière [ɑ̃tje, jɛʀ] — **1** *adj (plein)* whole, full; *(intact)* intact; *(absolu)* absolute, complete; *(caractère)* unbending. **une heure ~ière** a whole *ou* full hour; **pain ~** wholemeal bread; **lait ~** full-cream milk. — **2** *nm* whole. **lire qch en ~** to read the whole of sth, read sth right through. ◆ **entièrement** *adv* completely, wholly, fully.

entité [ɑ̃tite] *nf* entity.

entonner [ɑ̃tɔne] (1) *vt* to sing.

entonnoir [ɑ̃tɔnwaʀ] *nm (Culin)* funnel.

entorse [ɑ̃tɔʀs(ə)] *nf (Méd)* sprain; *(fig)* breach (*à* of). **se faire une ~ au poignet** to sprain one's wrist; **faire une ~ à** *(règlement etc)* to bend.

entortiller [ɑ̃tɔʀtije] (1) *vt* **(a)** *(ficelle)* to twist. **(b)** *(duper)* to hoodwink.

entourage [ɑ̃tuʀaʒ] *nm (famille)* family circle; *(fenêtre etc)* surround. ◆ **entourer** (1) *vt (gén)* to surround (*de* with); *(envelopper)* to wrap (*de* in). **les gens qui nous entourent** people around us; **s'~ de** to surround o.s. with.

entracte [ɑ̃tʀakt(ə)] *nm* interval.

entraide [ɑ̃tʀɛd] *nf* mutual aid. ◆ **s'entraider** (1) *vpr* to help one another.

entrailles [ɑ̃tʀɑj] *nfpl* entrails.

entrain [ɑ̃tʀɛ̃] *nm* spirit, liveliness. **faire qch sans ~** to do sth half-heartedly. ◆ **entraînant, e** *adj (rythme)* lively.

entraînement [ɑ̃tʀɛnmɑ̃] *nm (Sport)* training.

entraîner [ɑ̃tʀene] (1) — **1** *vt* **(a)** *(emporter) (gén)* to carry along; *(sentiments)* to carry away; *(Tech : moteur)* to drive. **~ qn à faire qch** to lead sb to do sth. **(b)** *(dépenses, chutes) (impliquer)* to entail, mean; *(causer)* to lead to. **(c)** *(athlète)* to train (*à* for). — **2 s'entraîner** *vpr (gén)* to train o.s.; *(Sport)* to train. ◆ **entraîneur** *nm* trainer.

entrave [ɑ̃tʀav] *nf* hindrance (*à* to). *(fig)* **les ~s de** the fetters of. ◆ **entraver** (1) *vt (circulation)* to hold up; *(action)* to hinder.

entre [ɑ̃tʀ(ə)] *prép (gén)* between; *(parmi)* among; *(dans)* in; *(à travers)* through. **~ nous** between you and me; **~ autres** among other things; **~ parenthèses** in brackets; **passer ~ les mailles** to slip through the net; **ils se sont disputés ~ eux** they have quarrelled with each other *ou* with one another; **~ chien et loup** when darkness is falling; **~ deux âges** middle-aged; **pris ~ deux feux** caught in the crossfire.

entrebâiller [ɑ̃tʀəbaje] (1) *vt* to half-open. **être entrebâillé** to be ajar *ou* half-open.

entrechoquer *vt*, **s'entrechoquer** *vpr* [ɑ̃tʀəʃɔke] (1) to knock together.

entrecôte [ɑ̃tʀəkot] *nf* entrecôte *ou* rib steak.

entrecouper [ɑ̃tʀəkupe] (1) — **1** *vt* : **~ de** to interrupt with; **voix entrecoupée** broken voice. — **2 s'entrecouper** *vpr (lignes)* to intersect.

entrecroiser *vt*, **s'entrecroiser** *vpr* [ɑ̃tʀəkʀwaze] (1) *(fils)* to intertwine; *(lignes)* to intersect.

entrée [ɑ̃tʀe] *nf* **(a)** *(arrivée)* entry, entrance; *(accès)* admission (*de* to). *(pancarte)* '~' 'way in'; '**~ libre**' 'admission free'; '**~ interdite**' 'no entry'; **son ~** as he entered; **depuis son ~ à l'université** since he went to university; **avoir ses ~s auprès de qn** to have easy access to sb. **(b)** *(billet)* ticket. *(recette)* **les ~s** the takings. **(c)** *(porte)* entrance; *(vestibule)* entrance (hall). **~ de service** tradesman's entrance. **(d)** *(début)* **à l'~ de l'hiver** at the beginning of winter; **~ en matière** introduction. **(e)** *(Culin)* first *ou* main course. **(f)** *(comptabilité)* entry.

entrefaites [ɑ̃tʀəfɛt] *nfpl* : **sur ces ~** at that moment.

entre-jambes [ɑ̃tʀəʒɑ̃b] *nm inv* crotch.

entrelacer *vt*, **s'entrelacer** *vpr* [ɑ̃tʀəlase] (3) to intertwine.

entremêler *vt*, **s'entremêler** *vpr* [ɑ̃tʀəmele] (1) to intermingle.

entremets [ɑ̃tʀəmɛ] *nm* cream dessert.

entremetteur, -euse [ɑ̃tʀəmɛtœʀ, øz] *nm,f (péj)* go-between.

entremise [ɑ̃tʀəmiz] *nf* intervention.

entreposer [ɑ̃tʀəpoze] (1) *vt* to store.

entrepôt [ɑ̃tʀəpo] *nm* warehouse.

entreprenant, e [ɑ̃tʀəpʀənɑ̃, ɑ̃t] *adj* enterprising. ◆ **entreprendre** (58) *vt* to begin *ou* start on. **~ de faire qch** to undertake to do sth. ◆ **entrepreneur** *nm* contractor. **~ de pompes funèbres** undertaker. ◆ **entreprise** *nf (firme)* firm; *(tentative)* undertaking, venture.

entrer [ɑ̃tʀe] (1) — **1** *vi* **(a)** *(aller)* to go in, enter; *(venir)* to come in. **entrez!** come in!; **la clef n'entre pas** the key won't go in; **l'eau entre par le toit** water comes in through the roof; **alors ces maths, ça entre?*** are you getting the hang of maths then?*. **(b) ~ dans** *(gén)* to go into; *(catégorie)* to fall into; *(arbre)* to crash into; *(club, parti)* to join; *(vue de qn)* to share; **~ dans une pièce** to go *ou* come into a room, enter a room; **~ en convalescence** *etc* to begin convalescing *etc;* **c'est entré pour beaucoup dans sa décision** it weighed heavily in his decision; **il n'entre pas dans mes intentions de le faire** I have no intention of doing so; **~ dans la cinquantaine** to turn fifty; **~ dans le vif du sujet** to get to the heart of the matter. **(c) laisser ~** to let in; **laisser ~ qn dans** to let sb into; **faire ~ qn** to show sb in; **faire ~ qch dans** to put sth into; **il m'a fait ~ dans leur club**

(aidé) he got me into their club; *(contraint)* he made me join their club. — **2** *vt :* **~ les bras dans les manches** to put one's arms into the sleeves.

entresol [ɑ̃tʀəsɔl] *nm* mezzanine.

entre-temps [ɑ̃tʀətɑ̃] *adv* meanwhile.

entretenir [ɑ̃tʀətniʀ] (22) *vt* **(a)** *(propriété, machine)* to maintain; *(famille)* to support, keep; *(correspondance)* to keep up. **bien entretenu** well kept; **~ le feu** to keep the fire going; **s'~ en forme** to keep fit. **(b)** *(converser)* **~ qn, s'~ avec qn** to speak to sb (*de* about). ◆ **entretien** *nm* **(a)** *(route, famille)* maintenance. **(b)** *(conversation)* conversation ; *(entrevue)* interview ; *(Pol)* **~(s)** talks, discussions.

entre-tuer (s') [ɑ̃tʀətɥe] (1) *vpr* to kill one another.

entrevoir [ɑ̃tʀəvwaʀ] (30) *vt* to glimpse.

entrevue [ɑ̃tʀəvy] *nf (discussion)* meeting; *(audience)* interview.

entrouvrir *vt*, **s'entrouvrir** *vpr* [ɑ̃tʀuvʀiʀ] (18) to half-open.

envahir [ɑ̃vaiʀ] (2) *vt (ennemi)* to invade; *(herbes)* to overrun; *(douleur, sommeil)* to overcome. ◆ **envahissant, e** *adj (personne)* intrusive. ◆ **envahisseur** *nm* invader.

envaser *vt*, **s'envaser** *vpr* [ɑ̃vɑze] (1) *(port)* to silt up.

enveloppe [ɑ̃vlɔp] *nf* **(a)** *(postale)* envelope. **mettre sous ~** to put in an envelope. **(b)** *(emballage)* covering; *(en métal)* casing; *(graine)* husk. ◆ **envelopper** (1) *vt* **(a)** *(objet, enfant)* to wrap up. **(b)** *(brume)* to envelop, shroud.

envenimer [ɑ̃vnime] (1) — **1** *vt (querelle)* to inflame. — **2 s'envenimer** *vpr (plaie)* to go septic; *(situation)* to grow more bitter.

envergure [ɑ̃vɛʀgyʀ] *nf (oiseau, avion)* wingspan; *(fig : taille)* scale, scope; *(fig : calibre)* calibre. *(entreprise)* **de grande ~** large-scale.

envers [ɑ̃vɛʀ] — **1** *prép* towards, to. **~ et contre tous** despite all opposition. — **2** *nm (étoffe)* wrong side; *(papier)* back; *(médaille)* reverse. **à l'~** the wrong way round.

envie [ɑ̃vi] *nf* **(a)** *(désir)* desire; *(besoin)* need (*de qch* for sth, *de faire* to do). **avoir ~ de** to want; **j'ai ~ d'y aller** I feel like going, I'd like to go. **(b)** *(convoitise)* envy. **mon bonheur lui fait ~** he envies my happiness. ◆ **envier** (7) *vt* to envy. **il n'a rien à m'~** he has no cause to be jealous of me. ◆ **envieux, -euse** *adj* envious. **faire des ~** to arouse envy.

environ [ɑ̃viʀɔ̃] — **1** *adv* about. **c'est à 100 km ~** it's about 100 km away. — **2** *nmpl :* **les ~s** the surroundings; **aux ~s de 10 F** round about 10 francs. ◆ **environnement** *nm* environment. ◆ **environner** (1) *vt* to surround.

envisager [ɑ̃vizaʒe] (3) *vt* to envisage, contemplate (*de faire* doing).

envoi [ɑ̃vwa] *nm (action)* sending; *(colis)* parcel. **~ contre remboursement** cash on delivery.

envol [ɑ̃vɔl] *nm (avion)* takeoff. **prendre son ~** *(oiseau)* to take flight. ◆ **s'envoler** (1) *vpr (oiseau)* to fly away; *(avion)* to take off; *(chapeau)* to blow off; *(espoirs)* to vanish.

envoûter [ɑ̃vute] (1) *vt* to bewitch.

envoyer [ɑ̃vwaje] (8) *vt (gén)* to send; *(marchandises)* to dispatch, send off; *(candidature)* to send in; *(pierre)* to throw. **~ des coups de poing à qn** to punch sb; **~ chercher qn** to send for sb; **~ promener qn*** to send sb packing*; **~ promener qch*** *(objet)* to send sth flying; *(métier)* to pack sth in*. ◆ **envoyé, e** *nm,f (gén)* messenger; *(Pol)* envoy; *(Presse)* correspondent. ◆ **envoyeur, -euse** *nm,f* sender.

épagneul, e [epaɲœl] *nm,f* spaniel.

épais, -aisse [epɛ, ɛs] — **1** *adj (gén)* thick; *(neige)* deep; *(barbe)* bushy; *(nuit)* pitch-black; *(fig : stupide)* dull. **~ de 5 cm** 5 cm thick. — **2** *adv :* **il n'y en a pas ~!*** there's not much of it! ◆ **épaisseur** *nf* thickness; depth. **la neige a un mètre d'~** the snow is a metre deep. ◆ **épaissir** *vti*, **s'épaissir** *vpr* (2) to thicken.

épanchement [epɑ̃ʃmɑ̃] *nm* effusion. ◆ **s'épancher** (1) *vpr (personne)* to pour out one's feelings; *(sang)* to pour out.

épanouir (s') [epanwiʀ] (2) *vpr (fleur)* to bloom, open out; *(visage)* to light up; *(personne)* to blossom. ◆ **épanoui, e** *adj (fleur)* in full bloom; *(sourire)* radiant. ◆ **épanouissement** *nm* blossoming.

épargnant, e [epaʀɲɑ̃, ɑ̃t] *nm,f* saver. ◆ **épargne** *nf (somme)* savings. *(vertu)* **l'~** saving. ◆ **épargner** (1) *vt (argent)* to save; *(ennemi)* to spare. **pour t'~ des explications** to spare you explanations.

éparpillement [eparpijmɑ̃] *nm* scattering. ◆ **éparpiller** *vt*, **s'éparpiller** *vpr* (1) to scatter. ◆ **épars, e** *adj* scattered.

épatant, e* [epatɑ̃, ɑ̃t] *adj* splendid, great*.

épaté, e [epate] *adj (nez)* flat.

épater* [epate] (1) *vt* to amaze.

épaule [epol] *nf* shoulder.

épauler [epole] (1) *vt* **(a)** *(personne)* to back up, support. **(b)** *(fusil)* to raise.

épaulette [epolɛt] *nf* epaulette.

épave [epav] *nf* wreck.

épée [epe] *nf* sword.

épeler [eple] (4 *ou* 5) *vt* to spell.

éperdu, e [epɛʀdy] *adj* **(a)** *(personne, regard)* distraught; *(amour)* passionate; *(fuite)* headlong. **~ de gratitude** overcome with gratitude. ◆ **éperdument** *adv (aimer)* passionately. **je m'en moque ~** I couldn't care less.

éperon [epʀɔ̃] *nm* spur. ◆ **éperonner** (1) *vt (cheval)* to spur on.

épervier [epɛʀvje] *nm* sparrowhawk.

éphémère [efemɛʀ] *adj* short-lived.

épi [epi] *nm (blé)* ear; *(cheveux)* tuft.

épice [epis] *nf* spice. ◆ **épicé, e** *adj* spicy. ◆ **épicer** (3) *vt* to spice.

épicerie [episʀi] *nf (magasin)* grocer's shop; *(nourriture)* groceries. **~ fine** ≃ delicatessen. ◆ **épicier, -ière** *nm,f* grocer; *(fruits et légumes)* greengrocer.

épidémie [epidemi] *nf* epidemic. ◆ **épidémique** *adj* epidemic.

épiderme [epidɛʀm(ə)] *nm* skin.

épier [epje] (7) *vt (personne)* to spy on; *(geste)* to watch closely; *(bruit)* to listen out for; *(occasion)* to watch out for.

épilepsie [epilɛpsi] *nf* epilepsy. ◆ **épileptique** *adj, nmf* epileptic.

épiler [epile] (1) *vt (jambes)* to remove the hair from; *(sourcils)* to pluck.

épilogue [epilɔg] *nm* epilogue.

épinard [epinaʀ] *nm :* **~(s)** spinach.

épine [epin] *nf (buisson)* thorn; *(hérisson, oursin)* spine, prickle. **~ dorsale** backbone; **vous m'enlevez une belle ~ du pied** you have got me out of a spot*. ◆ **épineux, -euse** *adj* thorny.

épingle [epɛ̃gl(ə)] *nf* pin. **virage en ~ à cheveux** hairpin bend; **~ à linge** clothes peg *ou* pin *(US)*; **~ de nourrice** safety pin; **tirer son ~ du jeu** to manage to extricate o.s. ◆ **épingler** (1) *vt* to pin on (*sur* to); (* : *arrêter*) to nab*.

Épiphanie [epifani] *nf* : **l'~** Epiphany, Twelfth Night.
épique [epik] *adj* epic.
épiscopal, e, *mpl* **-aux** [episkɔpal, o] *adj* episcopal. ◆ **épiscopat** *nm* episcopacy.
épisode [epizɔd] *nm* episode. **film à ~s** serial. ◆ **épisodique** *adj* occasional. ◆ **épisodiquement** *adv* occasionally.
épitaphe [epitaf] *nf* epitaph.
épithète [epitɛt] *nf* **(a)** **(adjectif)** ~ attributive adjective. **(b)** *(qualificatif)* epithet.
épître [epitʀ(ə)] *nf* epistle.
éploré, e [eplɔʀe] *adj* tearful.
éplucher [eplyʃe] (1) *vt (gén)* to peel; *(salade)* to clean; *(bonbon)* to unwrap; *(comptes)* to dissect. ◆ **épluchures** *nfpl* peelings.
éponge [epɔ̃ʒ] *nf* sponge. **passons l'~!** let's forget all about it! ◆ **éponger** (3) *vt (liquide)* to mop *ou* sponge up; *(front)* to mop; *(dette)* to absorb.
épopée [epɔpe] *nf* epic.
époque [epɔk] *nf (gén)* time; *(ère)* age, epoch. **à l'~** at the time; **meuble d'~** genuine antique.
époumoner (s') [epumɔne] (1) *vpr* to shout o.s. hoarse.
épouse [epuz] *nf* wife. ◆ **épouser** (1) *vt (personne)* to marry; *(idée)* to take up; *(contours)* to follow.
épousseter [epuste] (4) *vt* to dust.
époustoufler* [epustufle] (1) *vt* to stagger.
épouvantable [epuvɑ̃tabl(ə)] *adj* appalling, dreadful. ◆ **épouvantail** *nm (à oiseaux)* scarecrow. ◆ **épouvante** *nf* terror. **film d'~** horror film. ◆ **épouvanter** (1) *vt* to appal.
époux [epu] *nm* husband. **les ~** the husband and wife.
épreuve [epʀœv] *nf* **(a)** *(essai)* test. **~ de force** test of strength; **mettre à l'~** to put to the test; **à l'~ des balles** bulletproof; **courage à toute ~** unfailing courage. **(b)** *(malheur)* ordeal. **(c)** *(Scol)* test; *(Sport)* event. **(d)** *(Typ)* proof; *(Phot)* print.
épris, e [epʀi, iz] *adj* in love (*de* with).
éprouver [epʀuve] (1) *vt* **(a)** *(sensation)* to feel; *(perte)* to suffer; *(difficultés)* to experience. **(b)** *(tester)* to test. **(c)** *(maladie)* to afflict; *(nouvelle)* to distress. ◆ **éprouvant, e** *adj* testing. ◆ **éprouvé, e** *adj (remède)* well-tried.
éprouvette [epʀuvɛt] *nf* test-tube.
épuisement [epɥizmɑ̃] *nm* exhaustion. ◆ **épuiser** (1) — **1** *vt* to exhaust. — **2 s'épuiser** *vpr (réserves)* to run out; *(personne)* to exhaust o.s. (*à faire qch* doing sth). ◆ **épuisé, e** *adj (gén)* exhausted; *(marchandises)* sold out; *(livre)* out of print.
épuisette [epɥizɛt] *nf* landing net; *(à crevettes)* shrimping net.
épuration [epyʀɑsjɔ̃] *nf (lit)* purification; *(Pol)* purge. ◆ **épurer** (1) *vt* to purify; to purge.
équateur [ekwatœʀ] *nm* equator. ◆ **équatorial, e,** *mpl* **-aux** *adj* equatorial.
équation [ekwɑsjɔ̃] *nf* equation.
équerre [ekɛʀ] *nf (pour tracer)* set square; *(de soutien)* brace. **être d'~** to be straight.
équestre [ekɛstʀ(ə)] *adj* equestrian.
équidistant, e [ekɥidistɑ̃, ɑ̃t] *adj* equidistant (*de* from).
équilatéral, e, *mpl* **-aux** [ekɥilateʀal, o] *adj* equilateral.
équilibre [ekilibʀ(ə)] *nm* balance. **perdre l'~** to lose one's balance; **être en ~** *(personne)* to balance; *(objet)* to be balanced; **mettre qch en ~** to balance sth (*sur* on); **budget en ~** balanced budget; **l'~ du monde** the world balance of power. ◆ **équilibré, e** *adj* well-balanced. **mal ~** unbalanced. ◆ **équilibrer** (1) — **1** *vt* to balance. — **2 s'équilibrer** *vpr (forces etc)* to counterbalance each other. ◆ **équilibriste** *nmf* tightrope walker.
équinoxe [ekinɔks(ə)] *nm* equinox.
équipage [ekipaʒ] *nm (Aviat, Naut)* crew; *(chevaux)* team.
équipe [ekip] *nf (Sport)* team; *(ouvriers)* gang; *(par roulement)* shift. **faire ~ avec** to team up with. ◆ **équipier, -ière** *nm,f* team member.
équipée [ekipe] *nf (prisonnier)* escape; *(aventurier)* venture; *(promeneur)* jaunt.
équipement [ekipmɑ̃] *nm* equipment. ◆ **équiper** (1) *vt* to equip (*de* with). **s'~** to equip o.s.
équitable [ekitabl(ə)] *adj* fair. ◆ **équitablement** *adv* fairly.
équitation [ekitɑsjɔ̃] *nf* horse-riding.
équité [ekite] *nf* equity.
équivalence [ekivalɑ̃s] *nf* equivalence. ◆ **équivalent, e** — **1** *adj* equivalent (*à* to). — **2** *nm* equivalent (*de* of). ◆ **équivaloir** (29) *vi* to be equivalent (*à* to).
équivoque [ekivɔk] — **1** *adj (ambigu)* equivocal; *(louche)* dubious. — **2** *nf* ambiguity. **sans ~** unequivocal.
érable [eʀabl(ə)] *nm* maple.
érafler [eʀafle] (1) *vt* to scratch, graze. ◆ **éraflure** *nf* scratch, graze.
éraillé, e [eʀɑje] *adj (voix)* rasping.
ère [ɛʀ] *nf* era. **avant notre ~** B.C.; **de notre ~** A.D.
érection [eʀɛksjɔ̃] *nf* erection.
éreinter [eʀɛ̃te] (1) *vt* to exhaust, wear out.
ergot [ɛʀgo] *nm (coq)* spur.
ergoter [ɛʀgɔte] (1) *vi* to quibble (*sur* about).
ériger [eʀiʒe] (3) *vt* to erect. **il s'érige en maître** he sets himself up as a master.
ermite [ɛʀmit] *nm* hermit.
éroder [eʀɔde] (1) *vt* to erode. ◆ **érosion** *nf* erosion.
érotisme [eʀɔtism(ə)] *nm* eroticism. ◆ **érotique** *adj* erotic.
errer [ɛʀe] (1) *vi* to wander, roam (*sur* over); *(se tromper)* to err. **chien errant** stray dog.
erreur [ɛʀœʀ] *nf* mistake, error. **~ de traduction** mistranslation; **~ judiciaire** miscarriage of justice; **sauf ~** unless I'm mistaken; **par ~** by mistake; **faire ~** to be wrong *ou* mistaken; **~s de jeunesse** errors of youth. ◆ **erroné, e** *adj* erroneous.
ersatz [ɛʀzats] *nm (lit, fig)* ersatz.
érudit, e [eʀydi, it] — **1** *adj* erudite. — **2** *nm,f* scholar. ◆ **érudition** *nf* erudition.
éruption [eʀypsjɔ̃] *nf* eruption. **entrer en ~** to erupt.
ès [ɛs] *prép* of.
escabeau, *pl* **~x** [ɛskabo] *nm (tabouret)* stool; *(échelle)* stepladder.
escadre [ɛskadʀ(ə)] *nf* squadron. ◆ **escadrille** *nf* flight. ◆ **escadron** *nm* squadron.
escalade [ɛskalad] *nf (action)* climbing; *(Pol)* escalation. **une belle ~** a beautiful climb. ◆ **escalader** (1) *vt* to climb.
escale [ɛskal] *nf (Naut)* port of call; *(Aviat)* stop. **faire ~ à** to call at; to stop over at; **vol sans ~** non-stop flight.
escalier [ɛskalje] *nm (marches)* stairs; *(cage)* staircase. **dans l'~** on the stairs; **~ de service** backstairs; **~ roulant** escalator; **~ de secours** fire escape.
escalope [ɛskalɔp] *nf* escalope.

escamotable [ɛskamɔtabl(ə)] *adj* retractable.
escamoter [ɛskamɔte] (1) *vt (cartes)* to conjure away; *(difficulté)* to evade; *(Aviat)* to retract.
escapade [ɛskapad] *nf (promenade)* jaunt. *(écolier)* **faire une ~** to run away.
escargot [ɛskaʀgo] *nm* snail.
escarmouche [ɛskaʀmuʃ] *nf* skirmish.
escarpé, e [ɛskaʀpe] *adj* steep. ◆ **escarpement** *nm (côte)* steep slope.
escarpin [ɛskaʀpɛ̃] *nm* flat shoe.
escient [esjɑ̃] *nm* : **à bon ~** advisedly; **à mauvais ~** ill-advisedly.
esclaffer (s') [ɛsklafe] (1) *vpr* to burst out laughing.
esclandre [ɛsklɑ̃dʀ(ə)] *nm* scene.
esclavage [ɛsklavaʒ] *nm* slavery. **réduire en ~** to enslave. ◆ **esclave** *nm* slave (*de* to).
escompte [ɛskɔ̃t] *nm* discount. ◆ **escompter** (1) *vt (Fin)* to discount; *(espérer)* to expect.
escorte [ɛskɔʀt(ə)] *nf* escort. ◆ **escorter** (1) *vt* to escort.
escouade [ɛskwad] *nf* squad.
escrime [ɛskʀim] *nf* fencing. **faire de l'~** to fence. ◆ **s'escrimer** * (1) *vpr* :**s'~ à faire qch** to wear o.s. out doing sth.
escroc [ɛskʀo] *nm* swindler. ◆ **escroquer** (1) *vt* : **~ qch à qn** to swindle sb out of sth. ◆ **escroquerie** *nf* swindle; *(Jur)* fraud.
ésotérique [ezɔteʀik] *adj* esoteric.
espace [ɛspas] *nm* space. **manquer d'~** to be short of space; **~ parcouru** distance covered; **~ vital** living space. ◆ **espacement** *nm* spacing. ◆ **espacer** (3) — **1** *vt* to space out. — **2 s'espacer** *vpr* to become less frequent.
espadon [ɛspadɔ̃] *nm* swordfish.
espadrille [ɛspadʀij] *nf* rope-soled sandal.
Espagne [ɛspaɲ] *nf* Spain. ◆ **espagnol, e** — **1** *adj* Spanish. — **2** *nm (Ling)* Spanish. — **3** *nm,f* : **E~**, **e** Spaniard.
espèce [ɛspɛs] *nf* **(a)** *(Bio, Rel)* species. **~ humaine** human race. **(b)** *(sorte)* sort, kind. **ça n'a aucune ~ d'importance** that is of absolutely no importance; **~ de maladroit!** you clumsy clot!* **(c)** *(Fin)* **~s** cash; **en ~s** in cash.
espérance [ɛspeʀɑ̃s] *nf* hope. **avoir de grandes ~s d'avenir** to have great prospects. ◆ **espérer** (6) — **1** *vt* to hope for. **~ réussir** to hope to succeed; **je l'espère** I hope so. — **2** *vi (avoir confiance)* to have faith (*en* in).
espiègle [ɛspjɛgl(ə)] — **1** *adj* mischievous. ◆ **espièglerie** *nf* mischievousness; *(tour)* prank.
espion, -onne [ɛspjɔ̃, ɔn] *nm,f* spy. ◆ **espionnage** *nm* espionage, spying. ◆ **espionner** (1) *vt* to spy on.
esplanade [ɛsplanad] *nf* esplanade.
espoir [ɛspwaʀ] *nm* hope. **avoir bon ~ de faire** to be confident of doing; *(situation)* **sans ~** hopeless.
esprit [ɛspʀi] *nm* **(a)** *(pensée)* mind. **avoir l'~ large** to be broad-minded; **avoir l'~ d'analyse** to have an analytical mind; **il m'est venu à l'~ que** it crossed my mind that. **(b)** *(humour)* wit. **faire de l'~** to try to be witty. **(c)** *(être humain)* person; *(fantôme)* spirit. **c'est un ~ subtil** he is a shrewd man. **(d)** *(loi, époque, texte)* spirit. **(e)** *(attitude)* spirit. **l'~ de cette classe** the attitude of this class; **~ d'équipe** team spirit; **~ de contradiction** argumentativeness; **~ de famille** family feeling.
esquimau, -aude, *mpl* **~x** [ɛskimo, od] — **1** *adj* Eskimo. — **2** *nm (Ling)* Eskimo; *(glace)* choc-ice. — **3** *nm,f* : **E~, -aude** Eskimo.
esquinter* [ɛskɛ̃te] (1) — **1** *vt (objet)* to mess up; *(santé)* to ruin. — **2 s'esquinter** *vpr* to tire o.s. out (*à faire* doing).
esquisse [ɛskis] *nf (Peinture)* sketch; *(projet)* outline. ◆ **esquisser** (1) *vt* to sketch; to outline. **~ un geste** to half-make a gesture.
esquive [ɛskiv] *nf* evasion. ◆ **esquiver** (1) — **1** *vt* to evade. — **2 s'esquiver** *vpr* to slip away.
essai [esɛ] *nm* **(a)** *(test)* test. *(course automobile)* **~s** practice; **prendre qn à l'~** to take sb on for a trial period; **faire l'~ d'un produit** to try out a product. **(b)** *(tentative)* attempt, try. **(c)** *(Rugby)* try. **(d)** *(Littérat)* essay.
essaim [esɛ̃] *nm* swarm.
essayage [esɛjaʒ] *nm (Couture)* fitting.
essayer [eseje] (8) *vt (tenter)* to try; *(tester)* to test *ou* try out; *(vêtement)* to try on. **s'~ à faire** to try one's hand at doing.
essence [esɑ̃s] *nf* **(a)** *(carburant)* petrol, gas(oline) *(US)*; *(solvant)* spirit. *(extrait)* **~ de rose** rose oil. **(b)** *(principal)* essence. **par ~** in essence. **(c)** *(espèce)* species.
essentiel, -elle [esɑ̃sjɛl] — **1** *adj* essential (*à, pour* for). — **2** *nm* : **l'~** *(objets, résumé)* the essentials; *(l'important)* the main thing; **l'~ de ce qu'il dit** most of what he says. ◆ **essentiellement** *adv* essentially.
essieu, *pl* **~x** [esjø] *nm* axle.
essor [esɔʀ] *nm (oiseau)* flight; *(pays)* expansion. **prendre son ~** to fly off; to expand.
essorer [esɔʀe] (1) *vt (manuellement)* to wring (out); *(force centrifuge)* to spin-dry. ◆ **essoreuse** *nf* spin-dryer.
essoufflement [esufləmɑ̃] *nm* breathlessness. ◆ **essouffler** (1) — **1** *vt* to make breathless. **être essoufflé** to be out of breath. — **2 s'essouffler** *vpr* to get out of breath.
essuie- [esɥi] *préf* : **~-glace** *nm inv* windscreen *ou* windshield *(US)* wiper; **~-mains,** *nm inv* hand towel.
essuyer [esɥije] (8) — **1** *vt (objet)* to wipe; *(pertes, reproches)* to suffer. **~ un coup de feu** to be shot at. — **2 s'essuyer** *vpr* to dry o.s. **s'~ les mains** to dry *ou* wipe one's hands.
est[1] [ɛ] *V* **être.**
est[2] [ɛst] — **1** *nm* east. **à l'~** *(situation)* in the east; *(direction)* to the east; **les pays de l'E~** the eastern countries. — **2** *adj inv (région)* eastern; *(côté)* east; *(direction)* easterly.
estafilade [ɛstafilad] *nf* slash.
estampe [ɛstɑ̃p] *nf* print.
estampille [ɛstɑ̃pij] *nf* stamp.
esthète [ɛstɛt] *nmf* aesthete. ◆ **esthéticien, -ienne** *nm,f (Méd)* beautician. ◆ **esthétique** — **1** *adj* attractive; *(Art)* aesthetic. — **2** *nf* attractiveness. *(discipline)* **l'~** aesthetics *(sg)*.
estimable [ɛstimabl(ə)] *adj (respectable)* estimable. ◆ **estimation** *nf (objets)* valuation; *(dégâts, distance)* estimation. ◆ **estime** *nf* esteem. ◆ **estimer** (1) *vt* **(a)** *(objet)* to value; *(distance, dégâts)* to estimate. **(b)** *(respecter)* to esteem; *(apprécier)* to prize, appreciate. **plat très estimé** greatly appreciated dish. **(c)** *(considérer)* **~ que...** to consider that...; **~ inutile de faire** to consider it pointless to do; **s'~ heureux d'un résultat** to consider o.s. fortunate with a result.
estival, e, *mpl* **-aux** [ɛstival, o] *adj* summer. ◆ **estivant, e** *nm,f* holiday-maker.
estomac [ɛstɔma] *nm* stomach. **avoir l'~ creux** to feel empty.

estomper (s') [ɛstɔ̃pe] (1) *vpr* to become blurred.
estrade [ɛstʀad] *nf* platform, rostrum.
estragon [ɛstʀagɔ̃] *nm* tarragon.
estropier [ɛtʀɔpje] (7) *vt (personne)* to cripple, disable; *(citation, langue étrangère)* to mangle. ◆ **estropié, e** *nm,f* cripple.
estuaire [ɛstɥɛʀ] *nm* estuary.
estudiantin, e [ɛstydjɑ̃tɛ, in] *adj* student.
esturgeon [ɛstyʀʒɔ̃] *nm* sturgeon.
et [e] *conj* and. **~ moi?** what about me?; **~ puis** and then; **vingt ~ un** twenty-one; **à midi ~ quart** at a quarter past twelve; **le vingt ~ unième** the twenty-first.
étable [etabl(ə)] *nf* cowshed.
établi [etabli] *nm* workbench.
établir [etabliʀ] (2) — **1** *vt (gén)* to establish; *(usine, record, communications)* to set up; *(liste, plan)* to draw up; *(chèque)* to make out; *(prix)* to fix; *(démonstration)* to base (*sur* on). **il est établi que** it's an established fact that. — **2 s'établir** *vpr (personne)* to establish o.s.; *(pouvoir)* to become established; *(contacts)* to develop. **s'~ boulanger** to set o.s. up as a baker; **un grand silence s'établit** a great silence fell. ◆ **établissement** *nm* **(a)** *(action)* establishing; setting-up; drawing-up; fixing; development. **(b)** *(bâtiment)* establishment; *(colonie)* settlement; *(firme)* company. **~ hospitalier** hospital.
étage [etaʒ] *nm (bâtiment)* floor, storey; *(fusée)* stage; *(jardin)* level. **au premier ~** on the first *ou* second (US) floor; **maison à deux ~s** three storey house. ◆ **s'étager** (3) *vpr* to rise in tiers *ou* terraces. ◆ **étagère** *nf (tablette)* shelf; *(meuble)* shelves.
étai [etɛ] *nm* stay.
étain [etɛ̃] *nm (minerai)* tin; *(Orfèvrerie) (matière)* pewter; *(objet)* piece of pewterware.
étal [etal] *nm* stall.
étalage [etalaʒ] *nm (gén, fig)* display; *(devanture)* shop window; *(tréteaux)* stand; *(articles)* display. **faire ~ de** to display ◆ **étalagiste** *nmf* window dresser.
étale [etal] *adj (mer, situation)* slack.
étalement [etalmɑ̃] *nm (paiement)* spreading; *(vacances)* staggering.
étaler [etale] (1) — **1** *vt (objets, beurre, pain)* to spread; *(journal)* to spread out; *(marchandise, connaissances)* to display; *(crème solaire)* to apply; *(vacances)* to stagger (*sur 3 mois* over 3 months). — **2 s'étaler** *vpr (plaine)* to stretch out; *(vacances)* to be staggered (*sur* over); **s'~ par terre*** to fall flat on one's face*.
étalon [etalɔ̃] *nm (mesure)* standard; *(cheval)* stallion.
étamine [etamin] *nf (plante)* stamen.
étanche [etɑ̃ʃ] *adj (vêtements, montre)* waterproof; *(compartiment, fig)* watertight. **~ à l'air** airtight. ◆ **étanchéité** *nf* waterproofness; watertightness; airtightness.
étancher [etɑ̃ʃe] (1) *vt (sang)* to stem; *(soif)* to quench.
étang [etɑ̃] *nm* pond.
étape [etap] *nf (gén)* stage; *(Sport)* stopover point. **faire ~ à** to stop off at.
état [eta] *nm* **(a)** *(personne)* state. **~ de santé** health; **~ d'âme** mood; **~ d'esprit** frame *ou* state of mind; **il n'est pas en ~ de le faire** he's in no state to do it; **il était dans tous ses ~s** he was in a terrible state. **(b)** *(objet, situation)* state. **~ d'alerte** state of alert; **~ de choses** situation; **en mauvais ~** in bad condition; **en ~ de marche** in working order; **remettre en ~** to repair; **à l'~ brut** in its raw state; **à l'~ neuf** as good as new. **(c)** *(nation)* state. **les É~s Unis** the United States. **(d)** *(métier)* profession, trade. **~ civil** civil status. **(e)** *(compte)* statement, account; *(inventaire)* inventory. **~s de service** service record. **(f) faire ~ de** *(ses services etc)* to instance; **mettre en ~ d'arrestation** to put under arrest; **en tout ~ de cause** in any case; **en ~ d'ivresse** in a drunken state; **mettre qn hors d'~ de nuire** to render sb harmless. ◆ **étatisé, e** *adj* state-controlled. ◆ **état-major,** *pl* **~s-~s** *nm (officiers)* staff; *(bureaux)* staff headquarters.
étau, *pl* **~x** [eto] *nm* vice. *(fig)* **l'~ se resserre** the noose is tightening.
étayer [eteje] (8) *vt (mur)* to prop up; *(théorie)* to support.
et cetera [ɛtsetera] *locution* et cetera, and so on (and so forth).
été [ete] *nm* summer. **~ de la Saint-Martin** Indian summer.
éteindre [etɛ̃dʀ(ə)] (52) — **1** *vt (flamme)* to put out, extinguish; *(gaz, électricité)* to turn off, switch off; *(envie)* to kill; *(soif)* to quench. — **2 s'éteindre** *vpr (lit, fig : mourir)* to die; *(feu)* to go out. ◆ **éteint, e** *adj (race, volcan)* extinct; *(regard)* dull.
étendard [etɑ̃daʀ] *nm* standard.
étendre [etɑ̃dʀ(ə)] (41) — **1** *vt* **(a)** *(beurre, ailes)* to spread; *(bras, blessé)* to stretch out. **~ du linge** to hang up the washing; **étendu sur le sol** lying on the ground. **(b)** *(agrandir)* to extend (*sur* over); *(vocabulaire)* to widen. **(c) ~ qch d'eau** to dilute sth with water. — **2 s'étendre** *vpr* **(a)** *(s'allonger)* to stretch out; *(se reposer)* to lie down. **s'~ sur un sujet** to dwell on a subject. **(b)** *(forêt, travaux)* to stretch, extend (*sur* over); *(brouillard, épidémie)* to spread; *(pouvoir)* to expand. ◆ **étendu, e**[1] *adj* wide. ◆ **étendue**[2] *nf (surface)* area; *(durée)* duration, length. **~ de sable** stretch *ou* expanse of sand.
éternel, -elle [etɛʀnɛl] — **1** *adj* eternal. — **2** *nm* **: l'É~** the Eternal, the Everlasting. ◆ **éternellement** *adv* eternally.
éterniser (s') [etɛʀnize] (1) *vpr (attente)* to drag on; *(visiteur)* to linger too long. **on ne peut pas s'~ ici** we can't stay here for ever.
éternité [etɛʀnite] *nf* eternity. **ça a duré une ~** it lasted for ages; **de toute ~** from time immemorial; **pour l'~** to all eternity.
éternuement [etɛʀnymɑ̃] *nm* sneeze.
éternuer [etɛʀnɥe] (1) *vi* to sneeze.
éther [etɛʀ] *nm* ether.
éthique [etik] — **1** *adj* ethical. — **2** *nf (Philos)* ethics *(sg)*; *(code moral)* moral code.
ethnie [ɛtni] *nf* ethnic group. ◆ **ethnique** *adj* ethnic.
ethnologie [ɛtnɔlɔʒi] *nf* ethnology. ◆ **ethnologue** *nmf* ethnologist.
étinceler [etɛ̃sle] (4) *vi (gén)* to sparkle, glitter (*de* with); *(étoile)* to twinkle.
étincelle [etɛ̃sɛl] *nf* spark. **jeter des ~s** to throw out sparks; **faire des ~s*** *(élève)* to shine; *(dispute)* to make the sparks fly.
étioler (s') [etjɔle] (1) *vpr (plante)* to wilt; *(personne)* to wither away.
étiqueter [etikte] (4) *vt* to label.
étiquette [etikɛt] *nf* label. *(protocole)* **l'~** etiquette.
étirer *vt*, **s'étirer** *vpr* [etiʀe] (1) to stretch.
étoffe [etɔf] *nf* material, fabric.

étoffer *vt*, **s'étoffer** *vpr* [etɔfe] (1) to fill out.
étoile [etwal] *nf* star. ~ **filante** shooting star; ~ **de mer** starfish; **bonne** ~ lucky star; **dormir à la belle** ~ to sleep out in the open; **(hôtel) trois** ~**s** three-star hotel.
étoilé, e [etwale] *adj* starry.
étonnant, e [etɔnɑ̃, ɑ̃t] *adj (surprenant)* amazing, astonishing; *(remarquable : personne)* amazing. ◆ **étonnement** *nm* amazement, astonishment. ◆ **étonner** (1) — **1** *vt* to amaze, astonish. — **2 s'étonner** *vpr* to be amazed, marvel (*de* at).
étouffant, e [etufɑ̃, ɑ̃t] *adj* stifling.
étouffement [etufmɑ̃] *nm (personne)* suffocation; *(scandale)* hushing-up.
étouffer [etufe] (1) — **1** *vt* **(a)** *(assassin)* to smother; *(chaleur)* to suffocate; *(sanglots, aliment)* to choke. **(b)** *(bruit)* to muffle; *(scandale)* to hush up; *(cris, sentiments)* to stifle; *(révolte)* to quell; *(feu)* to put out. — **2** *vi* to suffocate. — **3 s'étouffer** *vpr (mourir)* to suffocate; *(en mangeant)* to choke. ◆ **étouffé, e** *adj (rire)* suppressed; *(voix)* subdued; *(bruit)* muffled.
étourderie [eturdəri] *nf* thoughtlessness. **une** ~ a thoughtless blunder. ◆ **étourdi, e** — **1** *adj* thoughtless. — **2** *nm,f* scatterbrain. ◆ **étourdiment** *adv* thoughtlessly. ◆ **étourdir** (2) *vt (coup)* to stun; *(bruit)* to deafen. *(attitude, vin)* ~ **qn** to make sb dizzy. ◆ **étourdissant, e** *adj (bruit)* deafening; *(succès, beauté)* stunning; *(rythme)* intoxicating. ◆ **étourdissement** *nm (syncope)* blackout; *(vertige)* dizzy spell; *(griserie)* intoxication.
étourneau, *pl* ~**x** [eturno] *nm* starling.
étrange [etrɑ̃ʒ] *adj* strange, odd. ◆ **étrangement** *adv* strangely, oddly.
étranger, -ère [etrɑ̃ʒe, ɛr] — **1** *adj (autre pays)* foreign; *(inconnu)* strange (*à* to). **être** ~ to be a foreigner; **son nom ne m'est pas** ~ his name is not unknown to me; **être** ~ **à un complot** to have no part in a plot. — **2** *nm,f* foreigner; stranger. — **3** *nm* : **vivre à l'**~ to live abroad *ou* in foreign parts.
étrangeté [etrɑ̃ʒte] *nf* strangeness. **une** ~ a strange thing.
étranglement [etrɑ̃gləmɑ̃] *nm (victime)* strangulation; *(vallée)* neck. ◆ **étrangler** (1) *vt (personne)* to strangle; *(presse)* to stifle; *(taille)* to squeeze. **ce col m'étrangle** this collar chokes me; **s'**~ **de rire** to choke with laughter. ◆ **étranglé, e** *adj (rue)* narrow; *(voix)* choking with emotion. ◆ **étrangleur, -euse** *nm,f* strangler.
être [ɛtr(ə)] (61) — **1** *vb copule* **(a)** *(gén)* to be. **elle est médecin** she is a doctor; **si j'étais vous** if I were you; **nous sommes le 12 janvier** it is January 12th; **je suis pour** I'm in favour of it. **(b)** *(appartenance)* **à qui est ce livre? - il est à moi** whose book is this? - it's mine *ou* it belongs to me; **c'était à elle de protester** it was up to her to protest; ~ **de l'expédition** to take part in the expedition. — **2** *vb aux* : **est-il venu?** has he come?; **il est passé hier** he came yesterday; *(passif)* **c'est fait en France** it's made in France; **c'est à manger tout de suite** it should be eaten straightaway. — **3** *vi (exister, habiter)* to be. *(être allé)* **il n'avait jamais été à Londres** he'd never been to London; **j'ai été en Italie l'an dernier** I went to Italy last year. — **4** *vb impers* **(a)** *(gén)* to be. **j'en suis là** I'm there, I've got that far; **j'en suis à me demander si** I've come to wonder if; **il était une fois** once upon a time there was; **tu y es?** are you ready? **(b)** *(insistance)* **c'est lui qui me l'a dit** he told me; **est-ce que vous saviez?** did you know?; **il fait beau, n'est-ce pas?** it's a lovely day, isn't it? **(c)** *(supposition)* **ne serait-ce que pour nous ennuyer** if only to annoy us. — **5** *nm (personne)* person. ~ **humain** human being; **de tout son** ~ with all his heart.
étreindre [etrɛ̃dr(ə)] (52) *vt (gén)* to grip; *(ami)* to embrace; *(ennemi)* to grasp.
étreinte [etrɛ̃t] *nf* grip; embrace; grasp.
étrenner [etrene] (1) *vt* to use for the first time.
étrennes [etrɛn] *nfpl (enfant)* New Year's gift; *(facteur etc)* ≃ Christmas box.
étrier [etrije] *nm* stirrup.
étriqué, e [etrike] *adj (habit)* tight; *(vie)* narrow.
étroit, e [etrwa, wat] *adj (gén)* narrow; *(vêtement, étreinte)* tight; *(surveillance, liens)* close. **être à l'**~ *(logé)* to live in cramped conditions. ◆ **étroitement** *adv (lier)* closely; *(tenir)* tightly. ◆ **étroitesse** *nf* narrowness; tightness; crampedness; closeness. ~ **d'esprit** narrow-mindedness.
étude [etyd] *nf* **(a)** *(gén)* study. **mettre qch à l'**~ to study sth; **faire des** ~**s** to study. **(b)** *(classe du soir)* preparation. *(Scol)* **(salle d')**~ study room. **(c)** *(Jur)* *(bureau)* office; *(clientèle)* practice. ◆ **étudiant, e** *adj, nm,f* student. ◆ **étudier** (7) *vt (gén)* to study; *(procédé)* to devise; *(machine)* to design.
étui [etɥi] *nm (gén)* case; *(revolver)* holster.
étuve [etyv] *nf (de désinfection)* sterilizer; *(fig)* oven.
étymologie [etimɔlɔʒi] *nf* etymology. ◆ **étymologique** *adj* etymological.
eucalyptus [økaliptys] *nm* eucalyptus.
Eucharistie [økaristi] *nf* : **l'**~ the Eucharist.
eunuque [ønyk] *nm* eunuch.
euphémisme [øfemism(ə)] *nm* euphemism.
euphorie [øfɔri] *nf* euphoria. ◆ **euphorique** *adj* euphoric.
Europe [ørɔp] *nf* Europe. ◆ **européen, -éenne** *adj*, **E**~, **-éenne** *nm,f* European.
euthanasie [øtanazi] *nf* euthanasia.
eux [ø] *pron pers (sujet)* they; *(objet)* them; *(réfléchi)* themselves. **nous y allons,** ~ **non** we are going but they aren't; **cette maison est-elle à** ~**?** is this house theirs?
évacuation [evakɥasjɔ̃] *nf* evacuation.
évacuer [evakɥe] (1) *vt* to evacuate.
évader (s') [evade] (1) *vpr* to escape (*de* from). **faire s'**~ **qn** to help sb escape; **un évadé** an escaped prisoner.
évaluation [evalɥasjɔ̃] *nf (bijoux)* valuation; *(dégâts, prix)* assessment. ◆ **évaluer** (1) *vt* to value; to assess.
évangélique [evɑ̃ʒelik] *adj* evangelical.
évangile [evɑ̃ʒil] *nm* gospel.
évanouir (s') [evanwir] (2) *vpr* to faint (*de* from); *(rêves, craintes)* to vanish, disappear. ◆ **évanoui, e** *adj* unconscious. ◆ **évanouissement** *nm* loss of consciousness; *(fig)* disappearance. **un** ~ a fainting fit.
évaporation [evapɔrasjɔ̃] *nf* evaporation. ◆ **évaporer** *vt*, **s'évaporer** *vpr* to evaporate.
évasif, -ive [evasif, iv] *adj* evasive.
évasion [evazjɔ̃] *nf* escape. ~ **fiscale** tax evasion.
évêché [eveʃe] *nm (région)* bishopric; *(palais)* bishop's palace; *(ville)* cathedral town.
éveil [evɛj] *nm (personne)* awakening; *(sentiment)* arousing. **être en** ~ to be on the alert;

donner l'~ to raise the alarm. ◆ **éveiller** (1) — **1** *vt* to awaken; to arouse. **être éveillé** to be awake; *(intelligent)* to be bright; **tenir éveillé** to keep awake. — **2 s'éveiller** *vpr* to awaken; to be aroused; *(ville, nature)* to wake up.

événement [evɛnmɑ̃] *nm* event.

éventail [evɑ̃taj] *nm (instrument)* fan; *(fig : gamme)* range.

éventé, e [evɑ̃te] *adj (bière)* flat.

éventration [evɑ̃tʀɑsjɔ̃] *nf (Méd)* rupture.

éventrer [evɑ̃tʀe] (1) *vt (personne)* to disembowel; *(sac)* to tear open; *(coffre)* to smash open.

éventualité [evɑ̃tɥalite] *nf* possibility. **dans cette ~** in that case. ◆ **éventuel, -elle** *adj* possible. ◆ **éventuellement** *adv* possibly.

évêque [evɛk] *nm* bishop.

évertuer (s') [evɛʀtɥe] (1) *vpr* : **s'~ à faire** to struggle hard to do.

éviction [eviksjɔ̃] *nf* eviction.

évidemment [evidamɑ̃] *adv* obviously; *(bien sûr)* of course.

évidence [evidɑ̃s] *nf* : **l'~ de qch** the obviousness of sth; **c'est une ~** it's an obvious fact; **se rendre à l'~** to yield to the facts; **être en ~** to be conspicuous *ou* in evidence; **mettre en ~** *(fait)* to underline; *(objet)* to put in a conspicuous position; **de toute ~** quite obviously. ◆ **évident, e** *adj* obvious, evident.

évider [evide] (1) *vt* to hollow out.

évier [evje] *nm* sink.

évincer [evɛ̃se] (3) *vt* to oust.

éviter [evite] (1) *vt (gén)* to avoid (*de faire* doing); *(coup)* to dodge. **pour ~ que ça n'arrive** to prevent it from happening; **ça lui a évité le déplacement** that saved him the bother of going.

évocateur, -trice [evɔkatœʀ, tʀis] *adj* evocative (*de* of). ◆ **évocation** *nf* evocation.

évoluer [evɔlɥe] (1) *vi* **(a)** *(changer)* to evolve, change, *(maladie)* to develop. **(b)** *(se déplacer)* to move about. ◆ **évolué, e** *adj (peuple)* advanced; *(personne) (compréhensif)* broad-minded; *(indépendant)* independent. ◆ **évolution** *nf* evolution; development; movement; advancement.

évoquer [evɔke] (1) *vt (gén)* to evoke; *(souvenir)* to recall; *(problème)* to touch on.

exacerber [ɛgzasɛʀbe] (1) *vt* to exacerbate.

exact, e [ɛgza, akt(ə)] *adj (juste, précis)* exact, accurate; *(ponctuel)* punctual. **est-il ~ que?** is it right *ou* correct that? ◆ **exactement** *adv* exactly. ◆ **exactitude** *nf* exactness, accuracy; punctuality.

exaction [ɛgzaksjɔ̃] *nf* exaction.

ex æquo [ɛgzeko] — **1** *adj inv* equally placed. — **2** *adv (classer)* equal.

exagération [ɛgzaʒeʀɑsjɔ̃] *nf* exaggeration. ◆ **exagérément** *adv* exaggeratedly. ◆ **exagérer** (6) *vt* to exaggerate. **il exagère** he goes too far; **s'~ qch** to exaggerate sth; **c'est un peu exagéré** it's a bit much*.

exaltant, e [ɛgzaltɑ̃, ɑ̃t] *adj* exalting. ◆ **exaltation** *nf (excitation)* excitement; *(glorification)* exaltation. ◆ **exalté, e** *nm,f (péj)* fanatic. ◆ **exalter** (1) *vt* to excite, to exalt.

examen [ɛgzamɛ̃] *nm (gén)* examination; *(d'une demande)* consideration. *(Méd)* **se faire faire des ~s** to have some tests done.

examinateur, -trice [ɛgzaminatœʀ, tʀis] *nm,f* examiner. ◆ **examiner** (1) *vt* to examine; *(demande)* to consider.

exaspération [ɛgzaspeʀɑsjɔ̃] *nf* exasperation. ◆ **exaspérer** (6) *vt* to exasperate.

exaucer [ɛgzose] (3) *vt* to grant. **~ qn** to grant sb's wish.

excavation [ɛkskavɑsjɔ̃] *nf* excavation.

excédent [ɛksedɑ̃] *nm* surplus (*sur* over). **un ~ de poids** some excess weight; **budget en ~** surplus budget. ◆ **excédentaire** *adj (production)* excess, surplus.

excéder [ɛksede] (6) *vt (dépasser)* to exceed; *(agacer)* to exasperate. **excédé de fatigue** exhausted.

excellence [ɛksɛlɑ̃s] *nf* excellence. **par ~** *(héros)* par excellence; *(aimer)* above all else; **Son E~** his Excellency. ◆ **excellent, e** *adj* excellent. ◆ **exceller** (1) *vi* to excel (*dans* in).

excentricité [ɛksɑ̃tʀisite] *nf* eccentricity. ◆ **excentrique** *adj, nmf* eccentric.

excepter [ɛksɛpte] (1) *vt* to except (*de* from). **sans ~ personne** without excluding anyone. ◆ **excepté, e** *adj, prép* except. ◆ **exception** *nf* exception. **mesure d'~** exceptional measure; **faire ~ à la règle** to be an exception to the rule; **à l'~ de** except for. ◆ **exceptionnel, -elle** *adj* exceptional.

excès [ɛksɛ] *nm* **(a)** *(surplus)* excess, surplus. **~ de précautions** excessive care. **(b)** *(abus)* excess. **des ~ de langage** immoderate language; **tomber dans l'~ inverse** to go to the opposite extreme; **faire un ~ de vitesse** to break the speed limit; **faire des ~ de table** to overindulge. ◆ **excessif, -ive** *adj* excessive. ◆ **excessivement** *adv* excessively.

excitant, e [ɛksitɑ̃, ɑ̃t] — **1** *adj* exciting. — **2** *nm* stimulant. ◆ **excitation** *nf* excitement; *(Méd, Élec)* excitation. ◆ **excité, e** *nm,f* hothead.

exciter [ɛksite] (1) — **1** *vt (gén) to excite; (désir)* to arouse. **le café excite** coffee is a stimulant; **il commence à m'~*** he's getting on my nerves; **~ qn contre qn** to set sb against sb; **~ qn à faire qch** to urge sb to do sth. — **2 s'exciter** *vpr (enthousiaste)* to get excited (*sur* about, over); *(nerveux)* to get worked up*; (*: *fâché*) to get angry.

exclamation [ɛksklamɑsjɔ̃] *nf* exclamation. ◆ **s'exclamer** (1) *vpr* to exclaim.

exclure [ɛksklyʀ] (35) *vt (personne)* to expel; *(hypothèse)* to exclude. **c'est tout à fait exclu** it's quite out of the question. ◆ **exclusif, -ive** *adj* exclusive. ◆ **exclusion** *nf* exclusion; expulsion (*de* from). *(sauf)* **à l'~ de** with the exception of. ◆ **exclusivement** *adv (seulement)* exclusively. **du 10 au 15 ~** from the 10th to the 15th exclusive. ◆ **exclusivité** *nf* : **avoir l'~ de qch** to have exclusive rights to sth.

excommunication [ɛkskɔmynikɑsjɔ̃] *nf* excommunication.

excommunier [ɛkskɔmynje] (7) *vt* to excommunicate.

excréments [ɛkskʀemɑ̃] *nmpl* excrement.

excroissance [ɛkskʀwasɑ̃s] *nf* outgrowth.

excursion [ɛkskyʀsjɔ̃] *nf* excursion, trip; *(à pied)* walk, hike.

excuse [ɛkskyz] *nf (prétexte)* excuse. *(regret)* **~s** apology; **faire des ~s** to apologize (*à qn* to sb).

excuser [ɛkskyze] (1) *vt* to excuse. **excusez-moi de ne pas venir** I'm sorry I can't come; **se faire ~** to ask to be excused; **s'~ de qch** to apologize for sth (*auprès de* to).

exécrable [ɛgzekʀabl(ə)] *adj* execrable.

exécrer [ɛgzekʀe] (6) *vt* to loathe, execrate.

exécuter [ɛgzekyte] (1) — **1** *vt* **(a)** *(objet)* to make; *(travail, promesse)* to carry out; *(mouvements)* to execute; *(symphonie)* to perform. **il a fait ~ des travaux** he had some work done. **(b)** *(tuer)* to execute. — **2 s'exécuter** *vpr* *(obéir)* to comply; *(payer)* to pay up. ◆ **exécutif, -ive** *adj, nm* executive. ◆ **exécution** *nf* making; carrying out; execution; performance. **mettre à ~** *(projet, idées)* to carry out; **en ~ de la loi** in compliance with the law.

exemplaire [ɛgzɑ̃plɛʀ] — **1** *adj* exemplary. — **2** *nm (livre)* copy; *(échantillon)* example.

exemple [ɛgzɑ̃pl(ə)] *nm* example, instance. **donner l'~** to set an example (*de* of); **à l'~ de son père** just like his father; **par ~** *(explicatif)* for example *ou* instance; (*: *par contre*) on the other hand; **(ça) par ~!** my word!.

exempt, e [ɛgzɑ̃, ɑ̃t] *adj* : **~ de** exempt from. ◆ **exempter** (1) *vt* to exempt (*de* from). ◆ **exemption** *nf* exemption.

exercer [ɛgzɛʀse] (3) — **1** *vt* **(a)** *(profession)* to practise; *(fonction)* to fulfil; *(talents, droit)* to exercise; *(influence, poussée)* to exert; *(représailles)* to take. **quel métier exercez-vous?** what job do you do? **(b)** *(corps, esprit)* to train (*à* to, for). — **2 s'exercer** *vpr (pianiste)* to practise. **s'~ à faire qch** to train o.s. to do sth; **oreille exercée** trained ear.

exercice [ɛgzɛʀsis] *nm (gén)* exercise. **l'~ de qch** the practice of sth; **dans l'~ de ses fonctions** in the execution of his duties; **être en ~** *(médecin)* to be in practice; *(fonctionnaire)* to hold office; **faire de l'~** to take some exercise; *(Mil)* **l'~** drill.

exhaler [ɛgzale] (1) *vt* to exhale. **s'~ de** to rise from.

exhaustif, -ive [ɛgzostif, iv] *adj* exhaustive.

exhiber [ɛgzibe] (1) *vt* to show. ◆ **exhibition** *nf (péj)* **ses ~s** his showing off. ◆ **exhibitionnisme** *nm* exhibitionism.

exhortation [ɛgzɔʀtɑsjɔ̃] *nf* exhortation.

exhorter [ɛgzɔʀte] (1) *vt* to exhort (*à* to).

exhumation [ɛgzymɑsjɔ̃] *nf* exhumation.

exhumer [ɛgzyme] (1) *vt* to exhume; *(fig)* to unearth.

exigeant, e [ɛgziʒɑ̃, ɑ̃t] *adj* demanding. ◆ **exigence** *nf* demand, requirement. **il est d'une ~!** he's so particular! ◆ **exiger** (3) *vt* to demand, require (*qch de qn* sth of *ou* from sb). **j'exige que vous le fassiez** I insist on your doing it, I demand that you do it. ◆ **exigible** *adj* payable.

exigu, -uë [ɛgzigy] *adj (lieu, ressources)* tight; *(délais)* short. ◆ **exiguïté** *nf* tightness; shortness.

exil [ɛgzil] *nm* exile. ◆ **exilé, e** *nm,f* exile. ◆ **exiler** (1) *vt* to exile. **s'~** to go into exile.

existence [ɛgzistɑ̃s] *nf (gén)* existence. **dans l'~** in life.

exister [ɛgziste] (1) *vi* to exist. **il existe des gens** there are people.

exode [ɛgzɔd] *nm* exodus.

exonération [ɛgzɔneʀɑsjɔ̃] *nf* exemption. ◆ **exonérer** (6) *vt (Fin)* to exempt (*de* from).

exorbitant, e [ɛgzɔʀbitɑ̃, ɑ̃t] *adj* exorbitant.

exorciser [ɛgzɔʀsize] (1) *vt* to exorcize. ◆ **exorcisme** *nm* exorcism. ◆ **exorciste** *nm* exorcist.

exotique [ɛgzɔtik] *adj* exotic. ◆ **exotisme** *nm* exoticism.

expansif, -ive [ɛkspɑ̃sif, iv] *adj* expansive.

expansion [ɛkspɑ̃sjɔ̃] *nf (extension)* expansion; *(effusion)* expansiveness. **en ~** expanding.

expatrier (s') [ɛkspatʀije] (7) *vpr* to expatriate o.s.

expectative [ɛkspɛktativ] *nf* : **je suis dans l'~** I still don't know.

expédient, e [ɛkspedjɑ̃, ɑ̃t] *adj, nm* expedient.

expédier [ɛkspedje] (7) *vt (paquet etc)* to send, dispatch; (*: *client, affaire*) to dispose of, deal with. **~ par bateau** to ship. ◆ **expéditeur, -trice** — **1** *adj* dispatching. — **2** *nm,f* sender. ◆ **expéditif, -ive** *adj* expeditious. ◆ **expédition** *nf (action)* dispatch; shipping; *(paquet)* consignment; *(par bateau)* shipment; *(Mil)* expedition.

expérience [ɛkspeʀjɑ̃s] *nf* **(a)** *(gén)* experience. **sans ~** inexperienced; **tente l'~** try it; **faire l'~ de qch** to experience sth. **(b)** *(scientifique)* experiment.

expérimental, e, *mpl* **-aux** [ɛkspeʀimɑ̃tal, o] *adj* experimental. ◆ **expérimentateur, -trice** *nm,f* experimenter. ◆ **expérimentation** *nf* experimentation. ◆ **expérimenté, e** *adj* experienced. ◆ **expérimenter** (1) *vt (appareil)* to test; *(remède)* to experiment with.

expert, e [ɛkspɛʀ, ɛʀt(ə)] — **1** *adj* expert (*en* in). — **2** *nm* expert; *(d'assurances)* valuer. **~-comptable** ≃ chartered accountant.

expertise [ɛkspɛʀtiz] *nf (évaluation)* valuation; *(rapport)* expert's report.

expertiser [ɛkspɛʀtize] (1) *vt (bijou)* to value; *(dégâts)* to assess.

expiation [ɛkspjɑsjɔ̃] *nf* expiation (*de* of).

expier [ɛkspje] (7) *vt* to expiate.

expiration [ɛkspiʀɑsjɔ̃] *nf* expiry. **venir à ~** to expire.

expirer [ɛkspiʀe] (1) — **1** *vt (air)* to breathe out. — **2** *vi (mourir, prendre fin)* to expire.

explication [ɛksplikɑsjɔ̃] *nf* explanation (*de* for); *(discussion)* discussion; *(Scol : d'un texte)* analysis.

explicite [ɛksplisit] *adj* explicit.

expliquer [ɛksplike] (1) — **1** *vt* to explain (*à qn* to sb); *(Scol : texte)* to analyse. — **2 s'expliquer** *vpr* to explain o.s. **s'~ qch** to understand sth; **ça s'explique par le mauvais temps** it is explained by the bad weather; **s'~ avec qn** to explain o.s. to sb, discuss with sb.

exploit [ɛksplwa] *nm* exploit, feat.

exploitant, e [ɛksplwatɑ̃, ɑ̃t] *nm,f* farmer. ◆ **exploitation** *nf* **(a)** *(gén)* exploitation; *(d'une mine)* working; *(d'une usine)* running. **mettre en ~** to exploit. **(b)** *(entreprise)* concern; *(ferme)* farm. ◆ **exploiter** (1) *vt* to exploit; to work; to run. ◆ **exploiteur, -euse** *nm,f* exploiter.

explorateur, -trice [ɛksplɔʀatœʀ, tʀis] *nm,f* explorer. ◆ **exploration** *nf* exploration. ◆ **explorer** (1) *vt* to explore.

exploser [ɛksploze] (1) *vi* to explode. **faire ~** *(bombe)* to explode; *(bâtiment)* to blow up; **cette remarque le fit ~** he blew up at that remark. ◆ **explosif, -ive** *adj, nm* explosive. ◆ **explosion** *nf* explosion; *(joie, colère)* outburst. **faire ~** to explode; to blow up.

exportateur, -trice [ɛkspɔʀtatœʀ, tʀis] — **1** *adj* exporting. — **2** *nm,f* exporter. ◆ **exportation** *nf* export. ◆ **exporter** (1) *vt* to export.

exposant, e [ɛkspozɑ̃, ɑ̃t] — **1** *nm,f (foire)* exhibitor. — **2** *nm (Math)* exponent.

exposé [ɛkspoze] *nm (conférence)* talk (*sur* on). **faire l'~ de la situation** to give an account of the situation.

exposer [ɛkspoze] (1) — **1** *vt* **(a)** *(marchandises)* to display; *(tableaux)* to show. **(b)** *(expliquer)* to explain. **(c)** *(au danger, au vent)* to expose (*à* to); *(vie, réputation)* to risk. **sa conduite l'expose à des reproches** his behaviour lays him open to blame; **exposé au sud** facing south. — **2 s'exposer** *vpr* to expose o.s.

exposition [ɛkspozisjɔ̃] *nf* **(a)** *(marchandises)* display; *(tableaux)* exhibition. **(b)** *(foire)* exhibition. **l'E~ Universelle** the World Fair. **(c)** *(Phot)* exposure. **(d)** *(introduction)* exposition. **(e)** *(orientation)* aspect.

exprès¹ [ɛksprɛ] *adv (spécialement)* specially; *(intentionnellement)* on purpose.

exprès², -esse [ɛksprɛs] *adj (interdiction)* formal. **lettre ~** express letter.

express [ɛksprɛs] *adj, nm inv* : **(train) ~** fast train; **(café) ~** espresso coffee.

expressément [ɛksprɛsemɑ̃] *adv (formellement)* expressly; *(spécialement)* specially.

expressif, -ive [ɛksprɛsif, iv] *adj* expressive.

expression [ɛksprɛsjɔ̃] *nf (gén)* expression. **~ figée** set expression.

exprimer [ɛksprime] (1) — **1** *vt (idée)* to express; *(jus)* to press out. — **2 s'exprimer** *vpr (personne)* to express o.s.; *(sentiment)* to be expressed.

exproprier [ɛksprɔprije] (7) *vt* to place a compulsory purchase order on.

expulser [ɛkspylse] (1) *vt (membre)* to expel; *(locataire)* to evict; *(manifestant)* to eject (*de* from); *(joueur)* to send off. ◆ **expulsion** *nf* expulsion; eviction; ejection; sending off.

exquis, -ise [ɛkski, iz] *adj (mets)* exquisite; *(personne, temps)* delightful.

extase [ɛkstɑz] *nf* ecstasy. **en ~ devant** in ecstasies over. ◆ **s'extasier** (7) *vpr* to go into ecstasies (*sur* over).

extensible [ɛkstɑ̃sibl(ə)] *adj* extensible.

extensif, -ive [ɛkstɑ̃sif, iv] *adj* extensive.

extension [ɛkstɑ̃sjɔ̃] *nf (gén)* extension; *(commerce)* expansion; *(ressort)* stretching. **prendre de l'~** to spread.

exténuer [ɛkstenɥe] (1) *vt* to exhaust.

extérieur, e [ɛksterjœr] — **1** *adj (gén)* outside; *(apparence)* outward; *(commerce, politique)* foreign. **signes ~s de richesse** outward signs of wealth; **être ~ à un sujet** to be external to *ou* outside a subject. — **2** *nm (objet)* outside, exterior; *(personne)* exterior. **c'est à l'~ de la ville** it's outside the town; *(Ciné)* **~s** location shots; **vendre à l'~** to sell abroad. ◆ **extérieurement** *adv (du dehors)* on the outside, externally; *(en apparence)* outwardly. ◆ **extérioriser** (1) *vt (joie etc)* to show.

extermination [ɛkstɛrminɑsjɔ̃] *nf* extermination. ◆ **exterminer** (1) *vt* to exterminate.

externe [ɛkstɛrn(ə)] — **1** *adj* external. — **2** *nmf (Scol)* day pupil; *(Méd)* non-resident student.

extincteur [ɛkstɛ̃ktœr] *nm* fire extinguisher.

extinction [ɛkstɛ̃ksjɔ̃] *nf (incendie)* extinguishing; *(peuple)* extinction. **~ de voix** loss of voice.

extirper [ɛkstirpe] (1) *vt* to eradicate.

extorquer [ɛkstɔrke] (1) *vt* to extort (*à qn* from sb). ◆ **extorqueur, -euse** *nm,f* extortioner. ◆ **extorsion** *nf* extortion.

extra [ɛkstra] — **1** *nm inv (domestique)* extra servant *ou* help; *(gâterie)* special treat. — **2** *adj inv (excellent)* first-rate. — **3** *préf* extra. **~-fin** extra fine.

extraction [ɛkstraksjɔ̃] *nf* (*V* **extraire**) extraction; mining; quarrying.

extrader [ɛkstrade] (1) *vt* to extradite. ◆ **extradition** *nf* extradition.

extraire [ɛkstrɛr] (50) *vt (gén)* to extract; *(charbon)* to mine; *(marbre)* to quarry. **~ qch de sa poche** to take sth out of one's pocket. ◆ **extrait** *nm (gén)* extract. **~ de naissance** *etc* birth *etc* certificate.

extraordinaire [ɛkstraɔrdinɛr] *adj* extraordinary.

extravagance [ɛkstravagɑ̃s] *nf* extravagance. **ses ~s** his extravagant behaviour. ◆ **extravagant, e** *adj* extravagant.

extrême [ɛkstrɛm] *adj, nm* extreme. **~ droite** extreme right; **l'E~-Orient** the Far East. ◆ **extrêmement** *adv* extremely. ◆ **extrémisme** *nm* extremism. ◆ **extrémiste** *adj, nmf* extremist.

extrémité [ɛkstremite] *nf (limite)* limit; *(bout)* end; *(objet mince)* tip; *(village)* extremity. **à la dernière ~** *(misère)* in the most dire plight; *(mort)* on the point of death.

exubérance [ɛgzyberɑ̃s] *nf* exuberance. **ses ~s** his exuberant behaviour. ◆ **exubérant, e** *adj* exuberant.

exultation [ɛgzyltɑsjɔ̃] *nf* exultation.

exulter [ɛgzylte] (1) *vi* to exult.

F

F, f [ɛf] *nm (lettre)* F, f.

fa [fɑ] *nm inv (Mus)* F; *(en chantant)* fa.

fable [fɑbl(ə)] *nf* fable; *(mensonge)* tale.

fabricant [fabrikɑ̃] *nm* manufacturer. ◆ **fabrication** *nf* making; *(industrielle)* manufacturing. **de ~ française** of French make. ◆ **fabrique** *nf* factory. ◆ **fabriquer** (1) *vt* to make; to manufacture; *(histoire)* to make up. **il s'est fabriqué une cabane** he made himself a shed; **qu'est-ce qu'il fabrique?*** what is he up to?*

fabuleux, -euse [fabylø, øz] *adj* fabulous.

fac* [fak] *nf abrév de* **faculté.**

façade [fasad] *nf (maison)* front; *(arrière)* back; *(fig)* façade.

face [fas] *nf* **(a)** *(visage)* face. **sauver la ~** to save face. **(b)** *(objet)* side; *(médaille)* front; *(à pile ou face)* heads. **(c) regarder qn en ~** to look sb in the face; **faire ~ à** *(lieu, difficulté)* to face; *(engagement)* to meet; **se faire ~** to be facing each other; **la dame d'en ~** the lady

opposite; ~ **à, en ~ de** in front of; *(TV)* **un ~ à ~** a face to face discussion.
facétie [fasesi] *nf (drôlerie)* joke; *(farce)* prank. ◆ **facétieux, -euse** *adj* facetious.
facette [fasɛt] *nf* facet.
fâcher [fɑʃe] (1) — **1** *vt (gén)* to anger; *(contrarier)* to distress. — **2 se fâcher** *vpr* to get angry; *(se brouiller)* to fall out (*avec* with). ◆ **fâché, e** *adj (en colère)* angry, cross (*contre* with); *(contrarié)* sorry (*de qch* about sth). ◆ **fâcherie** *nf* quarrel. ◆ **fâcheux, -euse** *adj* unfortunate.
facile [fasil] *adj (problème)* easy (*à faire* to do); *(caractère)* easy-going. *(péj)* **effet ~** facile effect; **il est ~ à vivre** he's easy to get on with. ◆ **facilement** *adv* easily. ◆ **facilité** *nf* **(a)** *(simplicité)* easiness. *(aisance)* **il travaille avec ~** he works with ease. **(b)** *(aptitude)* ability; *(tendance)* tendency. **(c)** *(possibilité)* facility. **~s de transport** transport facilities; *(Comm)* **~s de paiement** easy terms. ◆ **faciliter** (1) *vt* to facilitate. **~ les choses** to make matters easier.
façon [fasɔ̃] *nf* **(a)** *(manière)* way. **de quelle ~ est-ce arrivé?** how did it happen?; **d'une certaine ~** in a way; **d'une ~ générale** generally speaking; **de toutes ~s** in any case, anyway; **de cette ~** in this way; **de ~ à ne pas le déranger** so as not to disturb him; **de ~ à ce qu'il puisse regarder** so that he can see. **(b) sans ~** *(accepter)* without fuss; *(repas)* unpretentious; **merci, sans ~** no thanks, honestly; **faire des ~s** to make a fuss. **(c)** *(imitation)* **veste ~ daim** jacket in imitation suede.
façonner [fasɔne] (1) *vt (gén)* to make; *(industriellement)* to manufacture.
facteur [faktœʀ] *nm (Poste)* postman; *(élément, Math)* factor.
factice [faktis] *adj (gén)* artificial; *(bijou)* imitation.
faction [faksjɔ̃] *nf* **(a)** *(groupe)* faction. **(b)** *(Mil)* **être de ~** to be on guard.
factrice [faktʀis] *nf* postwoman.
facture [faktyʀ] *nf (gén)* bill; *(Comm)* invoice. ◆ **facturer** (1) *vt* to invoice. **~ qch 20 F à qn** to charge sb 20 francs for sth.
facultatif, -ive [fakyltatif, iv] *adj* optional.
faculté [fakylte] *nf* **(a)** *(Univ)* faculty. **(b)** *(don)* faculty; *(pouvoir)* power; *(propriété)* property; *(droit)* right. *(possibilité)* **je te laisse la ~ de choisir** I'll give you the freedom to choose.
fade [fad] *adj (plat)* tasteless; *(teinte, conversation)* dull.
fagot [fago] *nm* bundle of sticks.
fagoter* [fagɔte] (1) *vt* to rig out*.
faible [fɛbl(ə)] — **1** *adj (physiquement)* weak, feeble; *(quantité)* small; *(qualité, rendement)* poor; *(espoir, bruit, odeur)* slight, faint; *(lumière)* dim. **il est trop ~ avec elle** he is too soft with her; **~ en français** poor at French. — **2** *nm* **(a)** *(sans volonté)* weakling. *(sans défense)* **les ~s** the weak; **~ d'esprit** feeble-minded person. **(b)** *(déficience, penchant)* weakness. ◆ **faiblement** *adv* weakly; poorly; slightly, faintly; dimly. ◆ **faiblesse** *nf* **(a)** weakness; feebleness; smallness; slightness, faintness; dimness. **la ~ de la demande** the low *ou* poor demand; **~ d'esprit** feeble mindedness. **(b)** *(syncope, défaut)* weakness. ◆ **faiblir** (2) *vi* to get weaker (*ou* smaller *etc*); *(résistance)* to weaken; *(forces)* to fail.
faïence [fajɑ̃s] *nf (substance)* earthenware; *(objets)* crockery, earthenware.
faille [faj] *nf (roche)* fault; *(raisonnement)* flaw; *(amitié)* rift.
faillir [fajiʀ] *vi* : **j'ai failli tomber** I almost fell; **~ à sa promesse** to fail to keep one's promise.
faillite [fajit] *nf (Comm)* bankruptcy; *(fig)* collapse. **faire ~** to go bankrupt.
faim [fɛ̃] *nf* hunger. **avoir ~** to be hungry; **manger à sa ~** to eat one's fill; **j'ai une ~ de loup** I'm famished.
fainéant, e [feneɑ̃, ɑ̃t] — **1** *adj* idle. — **2** *nm,f* idler. ◆ **fainéanter** (1) *vi* to idle about. ◆ **fainéantise** *nf* idleness.
faire [fɛʀ] (60) — **1** *vt* **(a)** *(fabrication)* to make; *(maison)* to build; *(repas)* to cook; *(cours)* to give. **~ du thé** to make tea. **(b)** *(activité)* to do. **que faites-vous?** *(dans la vie)* what is your job?; *(en ce moment)* what are you doing?; **~ du français** to study French. **(c)** *(faute, bruit, geste, projet)* to make; *(rêve, chute, angine)* to have; *(farce, piano, tennis)* to play. **~ de la fièvre** to have a temperature. **(d)** *(fonction)* **~ le malade** to feign illness; **quel idiot je fais!** what a fool I am!; **il en a fait son héritier** he's made him his heir; **ils ont fait de cette pièce une cuisine** they made the room into a kitchen; **la cuisine fait salle à manger** the kitchen serves as a dining-room. **(e)** *(parcours)* to do. **~ un voyage** to go on a journey; **~ du 100 km/h** to do 100 km/h. **(f)** *(ménage)* to do; *(lit)* to make; *(chaussures)* to clean. **(g)** *(mesure)* to be. **2 et 2 font 4** 2 and 2 are *ou* make 4; **ça fait 3 mètres de long** it is 3 metres long; **combien fait cette chaise?** how much is this chair?; **je vous la fais 100 F** I'll let you have it for 100 F. **(h)** *(effet)* **~ du bien à qn** to do good to sb; **~ du chagrin à qn** to make sb unhappy; **qu'est-ce que cela peut te ~?** what does it matter to you?; **cela ne vous ferait rien de sortir?** would you mind going out? **(i) n'avoir que ~ de** to have no need of; **ne ~ que de protester** to keep on and on protesting; **je ne fais que d'arriver** I've only just arrived.
— **2** *vi* **(a)** *(agir)* to do. **~ de son mieux** to do one's best; **faites comme chez vous** make yourself at home. **(b)** *(dire)* to say. **il fit un 'ah' de surprise** he gave a surprised 'ah'. **(c)** *(durer)* **ce chapeau me fera encore un hiver** this hat will last me another winter. **(d)** *(paraître)* to look. **~ vieux** to look old. **(e)** *(devenir)* to make, be. **cet enfant fera un bon musicien** this child will make *ou* be a good musician.
— **3** *vb impers* : **il fait beau** it is fine, the weather is fine; **cela fait 2 ans que je ne l'ai pas vu** it is 2 years since I last saw him, I haven't seen him for 2 years; **ça fait 2 ans qu'il est parti** he left 2 years ago; **cela fait que nous devons partir** the result is that we must leave.
— **4** *vb substitut* to do. **il travaille mieux que je ne fais** he works better than I do.
— **5 se faire** *vpr* **(a)** *(robe, amis)* to make o.s.; *(argent)* to make, earn. **il se fait sa cuisine** he does his own cooking; **cela ne se fait pas** it's not done; **s'en ~** to worry. **(b)** *(fromage, vin)* to mature. **(c)** *(devenir)* to become, get. **se ~ vieux** to be getting old; **se ~ beau** to make o.s. beautiful; **se ~ à qch** to get used to sth. **(d)** *(impers)* **il peut se ~ qu'il pleuve** it may rain; **comment se fait-il qu'il soit absent?** how is it that he is absent?
— **6** *vb aux* : **il m'a fait partir** *(obligé)* he made me go; *(convaincu)* he got me to go; *(aidé)* he helped me to go; **se ~ vomir** to make o.s.

vomit; se ~ **faire une robe** to have a dress made.
— **7**: **~-part** *nm inv* announcement (of a birth *ou* death *etc*).

faisable [fəzabl(ə)] *adj* feasible.

faisan [fəzɑ̃] *nm* pheasant.

faisceau, *pl* **~x** [fɛso] *nm (rayon)* beam.

fait[1] [fɛ] *nm* **(a)** *(gén)* fact; *(événement)* event. **~ nouveau** new development; **~ divers** news item; **~ accompli** fait accompli; **~s et gestes** actions. **(b) au ~** *(à propos)* by the way; **en venir au ~** to get to the point; **être au ~ de qch** to be informed of sth; **de ~, en ~** in fact; **en ~ de** *(en guise de)* by way of a; **situation de ~** de facto situation; **de ce ~** therefore; **prendre ~ et cause pour qn** to side with sb; **comme par un ~ exprès** as if on purpose.

fait[2], e [fɛ, fɛt] *adj* **(a) ceci n'est pas ~ pour lui plaire** this is not likely to please him. **(b)** *(fini)* **c'en est ~ de notre vie calme** that's the end of our quiet life. **(c)** *(mûr) (personne)* mature; *(fromage)* ripe. **il est ~ comme un rat*** he's cornered!; **c'est bien ~!** it serves them right!

faîte [fɛt] *nm (montagne)* summit; *(arbre, toit)* top; *(gloire)* peak.

falaise [falɛz] *nf* cliff.

falloir [falwaʀ] (29) — **1** *vb impers* **(a)** *(besoin)* to need. **il me faut du pain** I need some bread; **il me le faut à tout prix** I must have it at all costs; **s'il le faut** if need be; **il faut de tout pour faire un monde** it takes all sorts to make a world. **(b)** *(obligation)* **il faut que tu y ailles** you must go, you have to go; **il faudrait qu'il parte** he ought to *ou* should go; **que faut-il leur dire?** what shall I tell them?; **il fallait me le dire** you should have told me; **il a fallu qu'elle le perde!** she had to go and lose it!; **faut-il donc être bête!** some people are so stupid! — **2 s'en falloir** *vpr* : **il s'en faut de beaucoup qu'il soit heureux** he is far from happy; **peu s'en est fallu qu'il pleure** he almost wept.

falsifier [falsifje] (7) *vt* to falsify.

famélique [famelik] *adj* half-starved.

fameux, -euse [famø, øz] *adj* **(a)** (*: *bon*) first-rate. **ce n'est pas ~** it's not brilliant. **(b)** (*: *intensif*) **c'est un ~ problème** it's a big problem; **quel est le nom de cette ~euse rue?** what's the name of that famous street? **(c)** *(célèbre)* famous (*pour* for).

familial, e *mpl* **-aux** [familjal, o] *adj* family.

familiariser [familjaʀize] (1) *vt* to familiarize. **se ~ avec** *(lieu)* to familiarize o.s. with; **être familiarisé avec** to be familiar with. ◆ **familiarité** *nf* familiarity.

familier, -ière [familje, jɛʀ] — **1** *adj* **(a)** *(bien connu)* familiar. **ça m'est ~** I'm familiar with it. **(b)** *(amical)* informal, friendly; *(désinvolte)* offhand, casual. **expression ~ière** colloquial expression. — **2** *nm (club)* regular visitor (*de* to); *(famille)* friend (*de* of). ◆ **familièrement** *adv* informally; casually; colloquially.

famille [famij] *nf* family. **dîner de ~** family dinner; **passer ses vacances en ~** to spend one's holidays with the family.

famine [famin] *nf* famine.

fanal, *pl* **-aux** [fanal, o] *nm* lantern.

fanatique [fanatik] — **1** *adj* fanatical (*de* about). — **2** *nmf* fanatic. ◆ **fanatisme** *nm* fanaticism.

faner (se) [fane] (1) *vpr* to fade.

fanfare [fɑ̃faʀ] *nf (orchestre)* brass band; *(musique)* fanfare. **en ~** *(réveil)* noisy; *(partir)* noisily.

fanfaron, -onne [fɑ̃faʀɔ̃, ɔn] — **1** *adj* boastful. — **2** *nm,f* boaster. **faire le ~** to boast.

fanfreluche [fɑ̃fʀəlyʃ] *nf* trimming.

fanion [fanjɔ̃] *nm* pennant.

fantaisie [fɑ̃tezi] *nf* **(a)** *(caprice)* whim. **je me suis payé une petite ~** I bought myself a little present; **il veut vivre à sa ~** he wants to live as he pleases. **(b)** *(imagination)* fancy, imagination; *(entrain)* liveliness. **(c) boutons** *etc* **~** fancy buttons *etc*. ◆ **fantaisiste** — **1** *adj* *(faux)* fanciful; *(bizarre)* eccentric. — **2** *nmf* *(Théât)* variety artist; *(original)* eccentric.

fantasme [fɑ̃tasm(ə)] *nm* fantasy.

fantasque [fɑ̃task(ə)] *adj (humeur)* whimsical; *(chose)* weird, fantastic.

fantassin [fɑ̃tasɛ̃] *nm* infantryman.

fantastique [fɑ̃tastik] *adj* fantastic.

fantoche [fɑ̃tɔʃ] *nm, adj* puppet.

fantôme [fɑ̃tom] — **1** *nm* ghost. — **2** *adj (firme)* bogus.

faon [fɑ̃] *nm (Zool)* fawn.

farce [faʀs(ə)] *nf* **(a)** *(tour)* practical joke, hoax. **faire une ~ à qn** to play a joke on sb. **(b)** *(Théât)* farce. **(c)** *(Culin)* stuffing. ◆ **farceur, -euse** *nm,f* joker.

farcir [faʀsiʀ] (2) *vt (Culin)* to stuff. **farci de fautes** packed with mistakes; **il faudra se le ~*** we'll have to put up with it*.

fard [faʀ] *nm* make-up; *(acteur)* greasepaint.

fardeau, *pl* **~x** [faʀdo] *nm* burden.

farfelu, e* [faʀfəly] *adj, nm,f* eccentric.

farine [faʀin] *nf (blé)* flour. **~ d'avoine** oatmeal. ◆ **fariner** (1) *vt* to flour.

farouche [faʀuʃ] *adj* **(a)** *(timide)* shy; *(peu sociable)* unsociable. **(b)** *(hostile)* fierce; *(indompté)* wild. **ennemi ~** bitter enemy. **(c)** *(volonté, résistance)* unshakeable; *(énergie)* irrepressible.

fart [faʀ(t)] *nm* (ski) wax.

fascination [fasinɑsjɔ̃] *nf* fascination (*sur* on, over). ◆ **fasciner** (1) *vt* to fascinate.

fascisme [faʃism(ə)] *nm* fascism. ◆ **fasciste** *adj, nmf* fascist.

faste [fast(ə)] *nm* splendour.

fastidieux, -euse [fastidjø, øz] *adj* tedious.

fatal, e, *mpl* **~s** [fatal] *adj (mortel)* fatal; *(inévitable)* inevitable; *(ton, instant)* fateful. ◆ **fatalement** *adv* inevitably. ◆ **fatalité** *nf* *(destin)* fate; *(coïncidence)* fateful coincidence. ◆ **fatidique** *adj* fateful.

fatigant, e [fatigɑ̃, ɑ̃t] *adj (épuisant)* tiring; *(agaçant)* tiresome, tedious. ◆ **fatigue** *nf* tiredness. ◆ **fatiguer** (1) — **1** *vt* **(a)** *(personne)* to tire; *(moteur, cœur)* to strain. **(b)** *(agacer)* to annoy. — **2** *vi (moteur)* to strain; *(personne)* to tire. — **3 se fatiguer** *vpr* to get tired (*de qch* of sth); *(se surmener)* to overwork o.s. **se ~ à faire qch** to tire o.s. out doing sth; **se ~ les yeux** to strain one's eyes.

fatras [fatʀa] *nm* jumble.

faubourg [fobuʀ] *nm* suburb.

faucher [foʃe] (1) *vt* **(a)** *(herbe)* to mow. **la mort l'a fauché** death cut him down. **(b)** (*: *voler*) to pinch*. ◆ **fauché, e*** *adj (sans argent)* stony-broke*.

faucille [fosij] *nf* sickle.

faucon [fokɔ̃] *nm* falcon, hawk.

faufiler (se) [fofile] (1) *vpr:* **se ~ parmi la foule** to worm one's way through the crowd; **se ~ à l'intérieur** to slip in.

faune [fon] *nf (Zool)* wildlife; *(péj)* set.

faussaire [fosɛʀ] *nmf* forger.

faussement [fosmɑ̃] *adv (accuser)* wrongly. **~ modeste** falsely modest.
fausser [fose] (1) *vt (calcul, réalité)* to distort; *(clef)* to bend; *(charnière)* to buckle. **~ compagnie à qn** to give sb the slip.
fausseté [foste] *nf (inexactitude)* falseness; *(duplicité)* duplicity.
faute [fot] *nf (erreur)* mistake, error; *(péché)* sin; *(délit)* offence; *(responsabilité)* fault. **~ de frappe** typing error; **~ d'impression** misprint; **faire une ~** to make a mistake; **c'est de la ~ de Richard** it's Richard's fault; **être en ~** to be at fault *ou* in the wrong; **~ d'argent** for want of money; **~ de quoi** failing which.
fauteuil [fotœj] *nm* armchair; *(président)* chair; *(théâtre)* seat. **~ à bascule** rocking-chair; **~ roulant** wheelchair.
fautif, -ive [fotif, iv] *adj (faux)* faulty; *(coupable)* guilty. **je suis (le) ~** I'm the one to blame.
fauve [fov] — **1** *adj (couleur)* fawn. — **2** *nm* big cat.
faux[1] [fo] *nf* scythe.
faux[2], **fausse** [fo, fos] — **1** *adj* **(a)** *(documents)* forged, fake; *(marbre)* imitation; *(dent, nez)* false. **(b)** *(colère)* feigned; *(promesse)* false; *(situation)* awkward. **(c)** *(affirmation)* untrue; *(calcul)* wrong; *(piano)* out of tune; *(rumeur, soupçons)* false. **c'est ~** that's wrong; **faire fausse route** to be on the wrong track; **faire un ~ pas** to stumble. — **2** *nm (contrefaçon)* forgery. — **3** *adv (chanter)* out of tune. — **4** : **fausse alerte** false alarm; **faire ~ bond à qn** to let sb down; **fausse clef** skeleton key; **fausse couche** miscarriage; **~ frais** incidental expenses; **~-fuyant** equivocation; **fausse manœuvre** wrong move; **~-monnayeur** forger; **~ nom** false name; **fausse note** wrong note; **~ problème** non-problem; **~ sens** mistranslation.
faveur [favœʀ] *nf* **(a)** favour. **faites-moi la ~ de...** would you be so kind as to...; **de ~** *(billet)* **complimentary;** *(régime)* **preferential; être en ~ de qch** to be in favour of sth; **à la ~ de** thanks to. **(b)** *(ruban)* favour. ◆ **favorable** *adj* favourable (*à* to). ◆ **favori, -ite** *adj, nm,f* favourite. ◆ **favoris** *nmpl* side whiskers. ◆ **favoriser** (1) *vt* to favour. ◆ **favoritisme** *nm* favouritism.
fébrile [febʀil] *adj* feverish. ◆ **fébrilité** *nf* feverishness.
fécond, e [fekɔ̃, ɔ̃d] *adj* fertile; *(fig)* fruitful. ◆ **fécondation** *nf* fertilization. ◆ **féconder** (1) *vt* to fertilize. ◆ **fécondité** *nf* fertility.
fécule [fekyl] *nf* starch.
fédéral, e, *mpl* **-aux** [fedeʀal, o] *adj* federal. ◆ **fédération** *nf* federation.
fée [fe] *nf* fairy.
féerie [fe(e)ʀi] *nf (Théât)* extravaganza; *(vision)* enchantment. ◆ **féerique** *adj* magical.
feindre [fɛ̃dʀ(ə)] (52) — **1** *vt* to feign. **ignorance feinte** feigned ignorance ; **~ de faire** to pretend to do. — **2** *vi* to dissemble. ◆ **feinte** *nf (manœuvre)* dummy move; *(Boxe)* feint; *(ruse)* ruse.
fêler *vt,* **se fêler** *vpr* [fele] (1) to crack.
félicité [felisite] *nf (Rel)* bliss.
félicitations [felisitɑsjɔ̃] *nfpl* congratulations (*pour* on). ◆ **féliciter** (1) *vt* to congratulate. **se ~ de qch** to congratulate o.s. on sth.
félin, e [felɛ̃, in] *adj, nm* feline.
fêlure [felyʀ] *nf* crack.
femelle [fəmɛl] *adj, nf* female. **souris** *etc* **~** she mouse *etc.*

féminin, e [feminɛ̃, in] *adj (gén)* feminine; *(sexe)* female. *(Ling)* **au ~** in the feminine; **mode ~e** women's fashion. ◆ **féminisme** *nm* feminism. ◆ **féministe** *adj, nmf* feminist. ◆ **féminité** *nf* femininity.
femme [fam] *nf* woman; *(épouse)* wife. **la ~** woman; **~ médecin** lady *ou* woman doctor. **~ de chambre** chambermaid; **~ d'intérieur** housewife; **~ de ménage** domestic help; **~ du monde** society woman.
fémur [femyʀ] *nm* thighbone.
fendiller *vt,* **se fendiller** *vpr* [fɑ̃dije] (1) to crack.
fendre [fɑ̃dʀ(ə)] (41) — **1** *vt (gén)* to split; *(plâtre)* to crack. **~ du bois** to chop wood; **~ la foule** to push one's way through the crowd; **récit qui fend le cœur** heartbreaking story; **jupe fendue** slit skirt. — **2 se fendre** *vpr* to crack. **se ~ la lèvre** to cut one's lip.
fenêtre [f(ə)nɛtʀ(ə)] *nf* window. **~ à guillotine** sash window; **~ à battants** casement window.
fente [fɑ̃t] *nf* **(a)** *(fissure)* crack. **(b)** *(volet)* slit; *(boîte à lettres)* slot; *(veston)* vent.
féodal, e, *mpl* **-aux** [feɔdal, o] *adj* feudal.
fer [fɛʀ] *nm (métal)* iron; *(lame)* blade; *(de soulier)* steel tip; *(pour flèche)* head. *(chaînes)* **~s** chains; **~-blanc** tinplate; **~ à cheval** horseshoe; **~ forgé** wrought iron; **~ à repasser** iron.
férié, e [feʀje] *adj* : **jour ~** public holiday.
ferme[1] [fɛʀm(ə)] — **1** *adj (gén)* firm; *(viande)* tough; **~ sur ses jambes** steady on one's legs. — **2** *adv (travailler)* hard; *(discuter)* vigorously.
ferme[2] [fɛʀm(ə)] *nf (domaine)* farm; *(habitation)* farmhouse.
fermé, e [fɛʀme] *adj (gén)* closed; *(robinet)* off; *(club)* exclusive; *(personne)* uncommunicative. **être ~ à** *(sentiment)* to be impervious to.
fermement [fɛʀməmɑ̃] *adv* firmly.
ferment [fɛʀmɑ̃] *nm* ferment. ◆ **fermentation** *nf* fermentation. ◆ **fermenter** (1) *vi* to ferment.
fermer [fɛʀme] (1) *vt (gén)* to close; *(porte)* to shut, close; *(boutique)* to close *ou* shut down; *(passage)* to block; *(manteau)* to do up, fasten; *(gaz)* to turn off. **~ à clef** to lock; **~ au verrou** to bolt; **ferme-la!*** shut up!*; **~ les yeux sur qch** to turn a blind eye to sth; **~ la marche** to bring up the rear. — **2** *vi,* **se fermer** *vpr* to close, shut; *(vêtement)* to do up, fasten.
fermeté [fɛʀməte] *nf* firmness.
fermeture [fɛʀmətyʀ] *nf (action)* closing; *(mécanisme)* catch. **~ annuelle** annual closure; **à l'heure de la ~** at closing time; **~ éclair** ® zip (fastener), zipper.
fermier, -ière [fɛʀmje, jɛʀ] — **1** *adj* farm. — **2** *nm* farmer. — **3** *nf* farmer's wife; *(indépendante)* woman farmer.
fermoir [fɛʀmwaʀ] *nm* clasp.
féroce [feʀɔs] *adj* ferocious. ◆ **férocité** *nf* ferocity.
ferraille [fɛʀɑj] *nf (déchets)* scrap iron; (*: *monnaie)* small change. **mettre à la ~** to scrap. ◆ **ferrailleur** *nm* scrap merchant.
ferrer [fɛʀe] (1) *vt* **(a)** *(cheval)* to shoe; *(soulier)* to nail. **(b)** *(poisson)* to strike. **(c) être ferré sur qch*** to be clued up about sth*.
ferronnerie [fɛʀɔnʀi] *nf (métier)* ironwork; *(objets)* ironware, wrought-iron objects. ◆ **ferronnier** *nm* ironware merchant.
ferroviaire [fɛʀɔvjɛʀ] *adj* rail.
ferry-boat, *pl* **~-~s** [fɛʀibot] *nm (voitures)* car ferry; *(trains)* train ferry.

fertile [fɛʀtil] *adj* fertile; *(fig)* fruitful. ◆ **fertiliser** (1) *vt* to fertilize. ◆ **fertilité** *nf* fertility.
fervent, e [fɛʀvɑ̃, ɑ̃t] — **1** *adj* fervent. — **2** *nm,f* devotee. **~ de musique** music lover. ◆ **ferveur** *nf* fervour.
fesse [fɛs] *nf* buttock. ◆ **fessée** *nf* spanking.
festin [fɛstɛ̃] *nm* feast.
festival, *pl* **~s** [fɛstival] *nm* festival.
festivités [fɛstivite] *nfpl* festivities.
festoyer [fɛstwaje] (8) *vi* to feast.
fête [fɛt] — **1** *nf* **(a)** *(religieuse)* feast; *(civile)* holiday. **(b)** *(prénom)* name day. **la ~ de la Saint-Jean** Saint John's day. **(c)** *(congé)* holiday. **3 jours de ~** 3 days off, 3 days' holiday. **(d)** *(foire)* fair; *(folklorique)* festival. **la ~ de la ville** the town festival; **air de ~** festive air. **(e)** *(réception)* party. **(f) être à la ~** to have a great time ; **faire sa ~ à qn*** to bash sb up* ; **faire la ~** * to live it up*; **faire ~ à qn** to give sb a warm reception; **elle se faisait une ~ d'y aller** she was really looking forward to going. — **2 ~ de charité** charity fair; **~ foraine** fun fair; **la ~ des Mères** Mother's Day. ◆ **fêter** (1) *vt* to celebrate.
fétiche [fetiʃ] *nm* fetish.
fétide [fetid] *adj* fetid.
fétu [fety] *nm* : **~ (de paille)** wisp of straw.
feu¹, *pl* **~x** [fø] — **1** *nm* **(a)** *(gén, fig)* fire. **faire du ~** to make a fire; *(cigarette)* **avez-vous du ~?** have you a light?; **prendre ~** to catch fire; **mettre le ~ à qch** to set fire to sth; **en ~** on fire; **il n'y a pas le ~!*** there's no panic!*; **j'ai la gorge en ~** my throat is burning; **faire ~** to fire; **dans le ~ de la discussion** in the heat of the discussion; **mettre le ~ aux poudres** to touch off a crisis; **mettre à ~ une fusée** to fire off a rocket. **(b)** *(Culin)* **mettre qch sur le ~** to put sth on the stove; **plat qui va au ~** fireproof dish; **faire cuire à petit ~** to cook gently. **(c)** *(lumière)* light. **~ de position** sidelight ; **~ rouge** set of traffic lights ; **~ vert** green light; **le ~ est au rouge** the lights are red. — **2** : **~ d'artifice** fireworks; **~ de Bengale** Bengal light; **~ follet** will-o'-the-wisp; **~ de joie** bonfire.
feu² [fø] *adj* : **~ ma tante** my late aunt.
feuillage [fœjaʒ] *nm* foliage.
feuille [fœj] *nf* *(plante)* leaf; *(papier, acier)* sheet; *(journal)* paper. **~ d'impôt** tax form; **~ de paye** pay slip. ◆ **feuillet** *nm* leaf, page. ◆ **feuilleter** (4) *vt* *(livre)* to leaf through. **pâte feuilletée** puff pastry. ◆ **feuilleton** *nm* *(à suivre)* serial; *(complet)* series *(sg)*. ◆ **feuillu, e** *adj* leafy.
feutre [føtʀ(ə)] *nm* felt; *(chapeau)* felt hat; *(stylo)* felt-tip pen. ◆ **feutré, e** *adj* *(atmosphère)* muffled.
fève [fɛv] broad bean; *(gâteau)* charm.
février [fevʀije] *nm* February; *V* **septembre.**
fi [fi] *excl* pooh! **faire ~ de** to snap one's fingers at.
fiable [fjabl(ə)] *adj* reliable.
fiacre [fjakʀ(ə)] *nm* hackney cab.
fiançailles [fjɑ̃sɑj] *nfpl* engagement. ◆ **fiancé** *nm* fiancé. **les ~s** the engaged couple. ◆ **fiancée** *nf* fiancée. ◆ **fiancer** (3) — **1** *vt* to betroth. — **2 se fiancer** *vpr* to get engaged (*avec* to).
fiasco [fjasko] *nm* : **faire ~** to be a fiasco.
fibre [fibʀ(ə)] *nf* fibre. **~ de verre** fibre glass; **~ maternelle** maternal streak.
ficelle [fisɛl] *nf* *(matière)* string; *(morceau)* piece of string; *(pain)* stick of French bread. **connaître les ~s** to know the tricks.
fiche [fiʃ] *nf* **(a)** *(carte)* card; *(feuille)* sheet, slip; *(formulaire)* form. **~ de paye** pay slip. **(b)** *(cheville)* pin.
ficher¹ [fiʃe] (1) *vt* **(a)** *(suspects)* to put on file. **(b)** *(enfoncer)* to drive (*dans* into).
ficher²* [fiʃe] (1) — **1** *vt* **(a)** *(faire)* to do. **je n'en ai rien à fiche** I couldn't care less (*de* about). **(b)** *(donner)* to give. **fiche-moi la paix!** leave me in peace! **(c)** *(mettre)* to put. **~ qn à la porte** to throw sb out*; **~ le camp** to clear off*. — **2 se ficher** *vpr* **(a) se ~ qch dans l'œil** to poke sth in one's eye; **se ~ par terre** to fall flat on one's face. **(b) se ~ de qn** to pull sb's leg; **se ~ de qch** to make fun of sth; **il s'en fiche** he couldn't care less about it; **il se fiche du monde!** he's got a nerve!.
fichier [fiʃje] *nm* file.
fichu¹ [fiʃy] *nm* head scarf.
fichu², e* [fiʃy] *adj* **(a)** *(temps, métier)* rotten*, lousy*. **il y a une ~e différence** there's a heck of a difference*. **(b) c'est ~** it's finished, it's had it*; **c'est bien ~** it's clever; **être mal ~** *(personne)* to feel rotten*; *(travail)* to be hopeless. **(c)** *(capable)* **il est ~ d'y aller** he's quite likely to go; **il n'est pas ~ de le faire** he can't even do it.
fictif, -ive [fiktif, iv] *adj* *(imaginaire)* imaginary; *(faux)* fictitious. ◆ **fiction** *nf* *(imagination)* fiction; *(fait)* invention.
fidèle [fidɛl] — **1** *adj* *(gén)* faithful (*à* to); *(client)* regular; *(récit)* accurate. — **2** *nmf* *(client)* regular customer. **les ~s** *(croyants)* the faithful; *(assemblée)* the congregation. ◆ **fidèlement** *adv* faithfully; regularly; accurately. ◆ **fidélité** *nf* faithfulness; accuracy.
fief [fjɛf] *nm* fief.
fiel [fjɛl] *nm* gall.
fier¹, fière [fjɛʀ] *adj* proud. **avoir fière allure** to cut a fine figure; **un ~ imbécile** a prize idiot; **je te dois une fière chandelle** I'm terribly indebted to you. ◆ **fièrement** *adv* proudly. ◆ **fierté** *nf* pride.
fier² (se) [fje] (7) *vpr* : **se ~ à** to trust, rely on.
fièvre [fjɛvʀ(ə)] *nf* **(a)** *(température)* fever, temperature. **avoir 39 de ~** to have a temperature of 104 (°F) *ou* 39 (°C). **(b)** *(maladie)* fever. **~ jaune** yellow fever; **~ aphteuse** foot-and-mouth disease. ◆ **fiévreux, -euse** *adj* feverish.
fifre [fifʀ(ə)] *nm* fife; *(joueur)* fife player.
figer *vti,* **se figer** *vpr* [fiʒe] (3) *(huile)* to congeal; *(sang)* to clot. ◆ **figé, e** *adj* *(manières)* stiff; *(sourire)* fixed. **expression ~e** set expression.
fignoler* [fiɲɔle] (1) *vt* to put the finishing touches to.
figue [fig] *nf* fig. **~ de Barbarie** prickly pear. ◆ **figuier** *nm* fig tree.
figurant, e [figyʀɑ̃, ɑ̃t] *nm,f* *(Ciné)* extra; *(Théât)* walker-on.
figure [figyʀ] *nf* *(visage)* face; *(personnage)* figure; *(image)* illustration; *(Danse, Math)* figure. **faire ~ de favori** to be looked on as the favourite; **faire bonne ~** to put up a good show.
figurer [figyʀe] (1) — **1** *vt* to represent. — **2** *vi* to appear. — **3 se figurer** *vpr* to imagine. ◆ **figuré, e** *adj* figurative.
figurine [figyʀin] *nf* figurine.
fil [fil] *nm* *(gén, fig)* thread; *(cuivre)* wire; *(haricots, marionnette)* string; *(bois)* grain; *(rasoir)* edge; *(Tex: matière)* linen. **~ conducteur** lead; **~ de fer** wire; **~ à plomb** plumbline; **j'ai ta mère au bout du ~** I have your mother

on the line; **au ~ des jours** with the passing days; **le ~ de l'eau** the current; **donner du ~ à retordre à qn** to make life difficult for sb; **ne tenir qu'à un ~** to hang by a thread; **de ~ en aiguille** one thing leading to another.
filament [filamɑ̃] *nm* filament.
filature [filatyʀ] *nf* **(a)** *(Tex)* spinning; *(usine)* mill. **(b)** *(surveillance)* shadowing.
file [fil] *nf* line; *(Aut : couloir)* lane. **~ d'attente** queue; **se garer en double ~** to double-park; **se mettre en ~** to line up; **en ~ indienne** in single file; **à la ~** one after the other.
filer [file] (1) — **1** *vt* **(a)** *(laine etc)* to spin. **~ un mauvais coton*** to be in a bad way. **(b)** *(Police etc : suivre)* to shadow. **(c)** (* : *donner*) to slip. **(d)** *(bas)* to ladder. **(e) navire qui file 20 nœuds** ship which does 20 knots. — **2** *vi* **(a)** (*) *(courir)* to fly by; *(s'en aller)* to dash off. **~ à l'anglaise** to take French leave; **~ entre les doigts de qn** to slip between sb's fingers; **~ doux** to behave o.s. **(b)** *(bas)* to ladder.
filet [filɛ] *nm* **(a)** *(eau)* trickle; *(fumée)* wisp; *(lumière)* streak; *(vinaigre)* drop. **(b)** *(viande)* fillet. **(c)** *(Pêche, Sport)* net. **~ à provisions** string bag; **~ à bagages** luggage rack.
filial, e, *mpl* **-aux** [filial, o] — **1** *adj* filial. — **2** *nf* subsidiary company.
filière [filjɛʀ] *nf* *(administration)* channels; *(drogue)* network.
filigrane [filigʀan] *nm* watermark.
filin [filɛ̃] *nm* rope.
fille [fij] *nf* (*opp de* **fils**) daughter; (*opp de* **garçon**) girl. **vieille ~** old maid; *(péj)* **~-mère** unmarried mother. ◆ **fillette** *nf* little girl.
filleul [fijœl] *nm* godson. ◆ **filleule** *nf* goddaughter.
film [film] *nm* film. ◆ **filmer** (1) *vt* *(personne)* to film; *(scène)* to film, shoot.
filon [filɔ̃] *nm* *(Minér)* seam; *(sujet)* theme. **trouver le ~** to strike it lucky.
filou* [filu] *nm* rogue.
fils [fis] *nm* son. **M. Martin ~** Mr Martin junior; *(péj)* **~ à papa** daddy's boy.
filtre [filtʀ(ə)] *nm* *(gén)* filter. ◆ **filtrer** (1) — **1** *vt* to filter; *(nouvelles, spectateurs)* to screen. — **2** *vi* to filter.
fin[1], **fine**[1] [fɛ̃, fin] — **1** *adj* *(objet)* thin; *(taille)* slim, slender; *(ouïe, vue)* sharp; *(qualité, travail)* fine; *(esprit, remarque)* shrewd, clever; *(fig : expert)* expert. **perles fines** real pearls; **fines herbes** herbs; **fine mouche** sharp customer; **le ~ du ~** the last word (*de* in); **tu as l'air ~** you look a fool!; **jouer au plus ~ avec qn** to try to outsmart sb; **au ~ fond du tiroir** right at the back of the drawer; **savoir le ~ mot de l'histoire** to know the real story behind it all. — **2** *adv* *(moudre)* finely; *(écrire)* small. **~ prêt** quite *ou* all ready.
fin[2] [fɛ̃] *nf* **(a)** end. **à la ~, en ~ de compte** in the end, finally; **ça suffit à la ~!*** that's enough now!; **voyage sans ~** endless journey; **prendre ~** to come to an end; **mettre ~ à** to put an end to; **avoir une ~ tragique** to die a tragic death; **~ de série** oddment. **(b)** *(but)* end, aim. **à toutes ~s utiles** for your information.
final, e, *mpl* **~s** [final] — **1** *adj* final. — **2** *nm* *(Mus)* finale. — **3** *nf* *(Sport)* final. ◆ **finalement** *adv* in the end, finally. ◆ **finaliste** *adj, nmf* finalist.
finance [finɑ̃s] *nf* finance. *(Ministère)* **les F~s** ≃ the Treasury. ◆ **financement** *nm* financing. ◆ **financer** (3) *vt* to finance. ◆ **financier, -ière** — **1** *adj* financial. — **2** *nm* financier.
finement [finmɑ̃] *adv* *(ciselé)* finely; *(agir)* shrewdly.
finesse [finɛs] *nf* (*V* **fin**[1] **1**) thinness; fineness; sharpness; slimness; shrewdness. *(langue)* **~s** niceties; **il connaît toutes les ~s** he knows all the tricks.
fini, e [fini] — **1** *adj* *(produit)* finished; *(espace)* finite; (* : *menteur*) utter. — **2** *nm* *(ouvrage)* finish.
finir [finiʀ] (2) — **1** *vt* *(terminer)* to finish, end; *(arrêter)* to stop (*de faire* doing). **finis ton pain!** eat up *ou* finish your bread! — **2** *vi* to finish, end. **tout est fini** it's all over; **il finira en prison** he will end up in prison; **il a fini par se décider** he made up his mind in the end; **en ~ avec une situation** to put an end to a situation; **pour vous en ~** to cut the story short; **histoire qui n'en finit pas** never-ending story.
finition [finisjɔ̃] *nf* finish.
Finlande [fɛ̃lɑ̃d] *nf* Finland. ◆ **finlandais, e** *ou* ◆ **finnois, e** — **1** *adj, nm* Finnish. — **2 Finlandais, e** *nm,f* Finn.
firmament [fiʀmamɑ̃] *nm* firmament.
firme [fiʀm(ə)] *nf* firm.
fisc [fisk] *nm* ≃ Inland Revenue *(Brit),* ≃ Internal Revenue *(US).* ◆ **fiscal, e,** *mpl* **-aux** *adj* fiscal, tax. ◆ **fiscalité** *nf* *(système)* tax system; *(impôts)* taxation.
fission [fisjɔ̃] *nf* fission.
fissure [fisyʀ] *nf* crack. ◆ **fissurer** *vt,* **se fissurer** *vpr* (1) to crack.
fixation [fiksɑsjɔ̃] *nf* *(action)* fixing; *(complexe)* fixation; *(attache)* fastening.
fixe [fiks(ə)] — **1** *adj* *(gén)* fixed; *(emploi)* permanent, steady. **à heure ~** at a set time. — **2** *nm* *(paye)* fixed salary.
fixer [fikse] (1) — **1** *vt* *(attacher)* to fix, fasten (*à* to); *(prix, date)* to fix, set. **~ qn du regard** to stare at sb; **je ne suis pas encore fixé** I haven't made up my mind yet; **à l'heure fixée** at the agreed time; **~ qn sur qch*** to put sb in the picture about sth*. — **2 se fixer** *vpr* *(s'installer)* to settle; *(usage)* to become fixed.
flacon [flakɔ̃] *nm* bottle.
flageoler [flaʒɔle] (1) *vi* : **~ sur ses jambes** to quake at the knees.
flagrant, e [flagʀɑ̃, ɑ̃t] *adj* *(erreur)* blatant. **pris en ~ délit** caught red-handed.
flair [flɛʀ] *nm* *(chien)* nose; *(fig)* intuition. ◆ **flairer** (1) *vt* to sniff at; *(fig)* to sense.
flamand, e [flamɑ̃, ɑ̃d] — **1** *adj, nm* Flemish. — **2** *nm,f* : **F~, e** Flemish man (*ou* woman).
flambant [flɑ̃bɑ̃] *adv* : **~ neuf** brand new.
flambeau, *pl* **~x** [flɑ̃bo] *nm* torch.
flambée [flɑ̃be] *nf* **(a)** *(feu)* quick blaze. **(b)** *(violence)* outburst; *(prix)* explosion.
flamber [flɑ̃be] (1) — **1** *vi* *(bois)* to burn ; *(feu)* to blaze. — **2** *vt* *(crêpe)* to flambe ; *(volaille)* to singe ; *(aiguille)* to sterilize.
flamboyer [flɑ̃bwaje] (8) *vi* *(flamme)* to blaze; *(yeux)* to flash.
flamme [flam] *nf* flame; *(fig : ardeur)* fire. **en ~s** on fire; **plein de ~** passionate.
flan [flɑ̃] *nm* custard tart.
flanc [flɑ̃] *nm* *(objet)* side; *(animal, armée)* flank; *(montagne)* slope. **tirer au ~*** to skive*; *(maladie)* **mettre qn sur le ~*** to knock sb out; **à ~ de coteau** on the hillside; **prendre de ~** to catch broadside on.
flancher* [flɑ̃ʃe] (1) *vi* to lose one's nerve.
Flandre [flɑ̃dʀ(ə)] *nf* : **la ~, les ~s** Flanders.
flanelle [flanɛl] *nf* *(Tex)* flannel.

flâner [flɑne] (1) *vi* to stroll. ◆ **flânerie** *nf* stroll. ◆ **flâneur** *nm* stroller.
flanquer [flɑ̃ke] (1) *vt (lit)* to flank ; (* : *donner*) to give ; (* : *jeter*) to fling. ~ **qn à la porte*** to throw sb out*.
flaque [flak] *nf* : ~ **de sang** *etc* pool of blood *etc* ; ~ **d'eau** puddle.
flash [flaʃ] *nm (Phot)* flash ; *(Rad)* newsflash.
flasque [flask(ə)] *adj* limp.
flatter [flate] (1) *vt* to flatter. **se** ~ **de qch** to pride o.s. on sth. ◆ **flatterie** *nf* flattery. ◆ **flatteur, -euse** — **1** *adj* flattering. — **2** *nm,f* flatterer.
fléau, *pl* ~**x** [fleo] *nm* **(a)** *(calamité)* curse. **(b)** *(balance)* beam ; *(Agr)* flail.
flèche [flɛʃ] *nf (arme)* arrow ; *(en caoutchouc)* dart ; *(église)* spire. **comme une** ~ like a shot ; *(prix)* **monter en** ~ to soar. ◆ **flécher** (1) *vt* to arrow. ◆ **fléchette** *nf* dart.
fléchir [fleʃiʀ] (2) — **1** *vt (plier)* to bend ; *(apaiser)* to soothe. — **2** *vi (gén)* to weaken ; *(attention)* to flag ; *(prix)* to drop. ◆ **fléchissement** *nm (prix)* drop.
flegmatique [flɛgmatik] *adj* phlegmatic.
flegme [flɛgm(ə)] *nm* composure.
flemmard, e* [flemaʀ, aʀd(ə)] — **1** *adj* bone-idle*. — **2** *nm,f* lazybones*. ◆ **flemme*** *nf* laziness. **j'ai la** ~ **de le faire** I can't be bothered doing it.
flétrir *vt,* **se flétrir** *vpr* [fletʀiʀ] (2) to wither.
fleur [flœʀ] *nf* flower ; *(arbre)* blossom. **en** ~**s** in blossom ; **couvrir qn de** ~**s** to shower praise on sb ; **dans la** ~ **de l'âge** in the prime of life ; **à** ~ **de terre** just above the ground ; **j'ai les nerfs à** ~ **de peau** my nerves are all on edge ; **faire une** ~ **à qn*** to do sb a good turn.
fleuret [flœʀɛ] *nm (épée)* foil.
fleurir [flœʀiʀ] (2) — **1** *vi* **(a)** *(arbre, sentiment)* to blossom; *(fleur)* to flower, bloom. **(b)** (*imp.* **florissait,** *p. prés.* **florissant**) *(commerce)* to flourish. — **2** *vt* to decorate with flowers. ◆ **fleuri, e** *adj* in bloom. ◆ **fleuriste** *nmf (personne)* florist; *(boutique)* florist's shop.
fleuve [flœv] — **1** *nm* river. — **2** *adj inv (discours)* interminable.
flexible [flɛksibl(ə)] *adj* flexible.
flexion [flɛksjɔ̃] *nf* flexion.
flibustier [flibystje] *nm* freebooter.
flic*[flik] *nm* cop*.
flirt [flœʀt] *nm (amourette)* brief romance. **le** ~ flirting. ◆ **flirter** (1) *vi* to flirt.
floc [flɔk] *nm, excl* plop.
flocon [flɔkɔ̃] *nm* flake.
floraison [flɔʀɛzɔ̃] *nf* flowering.
floralies [flɔʀali] *nfpl* flower show.
flore [flɔʀ] *nf* flora.
florin [flɔʀɛ̃] *nm* florin.
florissant, e [flɔʀisɑ̃, ɑ̃t] *adj (pays)* flourishing ; *(santé, teint)* blooming.
flot [flo] *nm* flood, stream. *(marée)* **le** ~ the floodtide ; **les** ~**s** the waves ; **à grands** ~**s** in streams ; **être à** ~ to be afloat ; **mettre à** ~ to launch.
flotte [flɔt] *nf* **(a)** *(Aviat, Naut)* fleet. **(b)** (*) *(pluie)* rain ; *(eau)* water.
flottement [flɔtmɑ̃] *nm* hesitation, indecision.
flotter [flɔte] (1) — **1** *vi (bateau)* to float ; *(brume, parfum)* to hang ; *(cheveux)* to stream out ; *(drapeau)* to flutter. **il flotte dans ses vêtements** his clothes are too big for him. — **2** *vb impers* (* : *pleuvoir*) to rain. ◆ **flotteur** *nm* float.
flottille [flɔtij] *nf* flotilla.
flou, e [flu] — **1** *adj (gén)* vague; *(photo)* blurred. — **2** *nm* vagueness; blurredness.
fluctuation [flyktyɑsjɔ̃] *nf* fluctuation (*de* in). ◆ **fluctuer** (1) *vi* to fluctuate.
fluet, -ette [flyɛ, ɛt] *adj (corps)* slender ; *(voix)* thin.
fluide [flyid] — **1** *adj* fluid. — **2** *nm* fluid ; *(fig : pouvoir)* mysterious power.
fluor [flyɔʀ] *nm* fluorine. ◆ **fluorescent, e** *adj* fluorescent.
flûte [flyt] — **1** *nf* flute ; *(verre)* flute glass. ~ **à bec** recorder ; ~ **de Pan** Pan's pipes. — **2** *excl* (*) dash it !* ◆ **flûtiste** *nmf* flautist.
flux [fly] *nm* flood. **le** ~ **et le reflux** the ebb and flow.
fluxion [flyksjɔ̃] *nf* swelling ; *(dentaire)* absess. ~ **de poitrine** pneumonia.
foc [fɔk] *nm* jib.
fœtus [fetys] *nm* foetus.
foi [fwa] *nf (gén)* faith ; *(confiance)* trust ; *(promesse)* word. **avoir la** ~ to have faith ; **digne de** ~ reliable, trustworthy; **cette lettre en fait** ~ this letter proves it ; **de bonne** ~ in good faith ; **ma** ~ ...well...
foie [fwa] *nm* liver. ~ **gras** foie gras.
foin [fwɛ̃] *nm* hay. **faire les** ~**s** to make hay.
foire [fwaʀ] *nf (marché)* fair ; *(fête)* fun fair. **faire la** ~* to go on a spree.
fois [fwa] *nf* time. **une** ~ once ; **deux** ~ twice ; **trois** ~ three times ; **peu de** ~ on few occasions ; **payer en plusieurs** ~ to pay in several instalments ; **il avait deux** ~ **rien** he had absolutely nothing ; **il était une** ~ once upon a time there was ; **une** ~ **n'est pas coutume** once in a while does no harm ; **une** ~ **pour toutes** once and for all ; **une** ~ **qu'il sera parti** once he has left ; **des** ~ *(parfois)* sometimes ; **si des** ~ **vous le rencontrez** if you should happen to meet him ; **à la** ~ *(répondre)* at once ; **il était à la** ~ **grand et gros** he was both tall and fat.
foison [fwazɔ̃] *nf* : **il y a des légumes à** ~ there is an abundance of vegetables. ◆ **foisonnement** *nm* abundance. ◆ **foisonner** (1) *vi* to abound (*de* in).
folâtrer [fɔlɑtʀe] (1) *vi* to frolic.
folichon, -onne*[fɔliʃɔ̃, ɔn] *adj* : **ce n'est pas très** ~ it's not much fun.
folie [fɔli] *nf* **(a) la** ~ madness, lunacy. **il a la** ~ **des timbres-poste** he is mad about stamps ; **aimer qn à la** ~ to be madly in love with sb. **(b)** *(erreur)* extravagance. **il ferait des** ~**s pour elle** he would do anything for her.
folklore [fɔklɔʀ] *nm* folklore. ◆ **folklorique** *adj* folk ; (* : *excentrique*) outlandish.
folle [fɔl] *V* **fou.** ◆ **follement** *adv* madly.
foncer [fɔ̃se] (3) *vi* **(a)** (*) to tear along*. ~ **sur qn** to charge at sb. **(b)** *(couleur)* to turn *ou* go darker. ◆ **foncé, e** *adj* dark.
foncier, -ière [fɔ̃sje, jɛʀ] *adj* **(a)** *(impôt)* land ; *(propriété)* landed. **(b)** *(fondamental)* basic.
fonction [fɔ̃ksjɔ̃] *nf* **(a)** *(métier)* post, office. ~**s** duties ; **être en** ~ to be in office ; **la** ~ **publique** the civil service. **(b)** *(rôle)* function. **faire** ~ **de directeur** to act as a manager. **(c)** *(Math)* function. **c'est** ~ **du résultat** it depends on the result ; **en** ~ **de** according to.
fonctionnaire [fɔ̃ksjɔnɛʀ] *nf (gén)* state employee ; *(ministère)* ≃ civil servant.
fonctionnel, -elle [fɔ̃ksjɔnɛl] *adj* functional.
fonctionnement [fɔ̃ksjɔnmɑ̃] *nm* operation. **pendant le** ~ **de l'appareil** while the machine is in operation. ◆ **fonctionner** (1) *vi* to operate.

fond [fɔ̃] *nm* **(a)** *(récipient, vallée etc)* bottom; *(gorge, pièce)* back. **~ d'artichaut** artichoke heart; **y a-t-il beaucoup de ~?** is it very deep?; **au ~ du couloir** at the far end of the corridor; **sans ~** bottomless. **(b)** *(fig : tréfonds)* **au ~ de son cœur** deep down; **je vais vous dire le ~ de ma pensée** I shall tell you what I really think; **il a un bon ~** he's a good person at heart; **~ de vérité** element of truth. **(c)** *(contenu)* content; *(arrière-plan)* background. **ouvrage de ~** basic work; **avec ~ musical** with background music. **(d)** *(lie)* sediment. *(petite quantité)* **juste un ~ (de verre)** just a drop; **racler les ~s de tiroirs** to scrape some money together. **(e)** *(Sport)* **de ~** long-distance. **(f) ~ de teint** (make-up) foundation; **le ~ de l'air est frais*** it's a bit chilly; **au ~, dans le ~** in fact; **à ~** thoroughly; **à ~ de train** full tilt; **de ~ en comble** completely.

fondamental, e, *mpl* **-aux** [fɔ̃damɑ̃tal, o] *adj* fundamental, basic.

fondateur, -trice [fɔ̃datœʀ, tʀis] *nm,f* founder. ◆ **fondation** *nf* foundation. ◆ **fondé, e** — **1** *adj* well-founded, justified. **mal ~** ill-founded. — **2** *nm* : **~ de pouvoir** *(Jur)* authorized representative; *(Banque)* senior executive. ◆ **fondement** *nm* foundation. ◆ **fonder** (1) *vt* *(gén)* to found; *(famille)* to start; *(richesse)* to build; *(espoirs)* to place (*sur* on). **sur quoi vous fondez-vous?** what grounds do you have?

fonderie [fɔ̃dʀi] *nf* *(usine)* smelting works; *(de moulage)* foundry.

fondre [fɔ̃dʀ(ə)] (41) — **1** *vt* **(a)** *(aussi* **faire ~)** *(eau)* to dissolve; *(chaleur)* to melt; *(minerai)* to smelt. **(b)** *(statue)* to cast, found; *(idées)* to fuse together (*en* into). — **2** *vi* *(chaleur)* to melt; *(eau)* to dissolve; *(fig)* to melt away. **~ en larmes** to burst into tears; **~ sur qn** to swoop down on sb. — **3 se fondre** *vpr* to merge (*dans* into).

fondrière [fɔ̃dʀijɛʀ] *nf* pothole, rut.

fonds [fɔ̃] *nm* *(sg : gén)* fund; *(pl : argent)* funds, capital. **~ de commerce** business; **mise de ~** initial capital outlay; **ne pas être en ~** to be out of funds.

fontaine [fɔ̃tɛn] *nf* *(ornementale)* fountain; *(naturelle)* spring.

fonte [fɔ̃t] *nf* **(a)** *(action) (gén)* melting; *(minerai)* smelting; *(cloche)* casting. **à la ~ des neiges** when the thaw sets in. **(b)** *(métal)* cast iron.

fonts [fɔ̃] *nmpl* : **~ baptismaux** font.

football [futbol] *nm* football, soccer. ◆ **footballeur** *nm* footballer.

footing [futiŋ] *nm* : **faire du ~** to go jogging.

forage [fɔʀaʒ] *nm* boring.

forain [fɔʀɛ̃] *nm* fairground entertainer. **marchand ~** stallholder; *V* **fête.**

forçat [fɔʀsa] *nm* convict.

force [fɔʀs(ə)] — **1** *nf* *(gén)* force; *(physique)* strength. **avoir de la ~** to be strong; **~ de frappe** nuclear deterrent; **les ~s armées** the armed forces; **les ~s de l'ordre** the police force; **dans la ~ de l'âge** in the prime of life; **de toutes mes ~s** *(frapper)* with all my might; *(désirer)* with all my heart; **vent de ~ 4** force 4 wind; **par la ~ des choses** by force of circumstances; *(joueurs)* **de la même ~** evenly matched; **il est de ~ à le faire** he's equal to it; **à ~s égales** on equal terms; **en ~** in force; **faire entrer qn de ~** to force sb to enter; **vouloir à toute ~** to want at all costs; **à ~ d'essayer** by dint of trying; **à ~, tu vas le casser*** you'll end up breaking it. — **2** *adv* *(hum : beaucoup de)* many. ◆ **forcé, e** *adj* *(gén)* forced; *(conséquence)* inevitable; *(amabilité)* strained. ◆ **forcément** *adv* *(inévitablement)* inevitably; *(évidemment)* of course. **ça devait ~ arriver** it was bound to happen; **pas ~** not necessarily.

forcené, e [fɔʀsəne] — **1** *adj* *(travail)* frenzied. — **2** *nm,f* *(fou)* maniac; *(fanatique)* fanatic.

forceps [fɔʀsɛps] *nm* forceps.

forcer [fɔʀse] (3) — **1** *vt* *(gén)* to force; *(porte)* to force open; *(blocus)* to run; *(ennemi)* to track down; *(allure)* to increase; *(talent, voix)* to strain. **~ qn à faire** to force *ou* compel sb to do; **se ~** to force o.s.; **ils m'ont forcé la main** they forced my hand; **~ le passage** to force one's way through; **~ la dose*** to overdo it. — **2** *vi* *(exagérer)* to overdo it; *(en tirant)* to force it; *(être coincé)* to jam. **sans ~*** easily.

forcing [fɔʀsiŋ] *nm* pressure. **faire du ~** to pile on the pressure.

forcir [fɔʀsiʀ] (2) *vi* to fill out.

forer [fɔʀe] (1) *vt* to bore. ◆ **foret** *nm* drill.

forestier, -ière [fɔʀɛstje, jɛʀ] *adj* forest. ◆ **forêt** *nf* forest. **~ vierge** virgin forest.

forfait [fɔʀfɛ] *nm* **(a)** fixed *ou* set price. **~-vacances** package holiday. **(b)** *(abandon)* withdrawal. **déclarer ~** to withdraw. **(c)** *(crime)* infamy. ◆ **forfaitaire** *adj* standard, uniform.

forge [fɔʀʒ(ə)] *nf* forge. ◆ **forger** (3) *vt* *(métal)* to forge; *(fig)* to form. **c'est forgé de toutes pièces** it's a complete fabrication; **se ~ qch** to create sth for o.s. ◆ **forgeron** *nm* blacksmith.

formaliser [fɔʀmalize] (1) — **1** *vt* to formalize. — **2 se formaliser** *vpr* to take offence (*de* at). ◆ **formalité** *nf* formality.

format [fɔʀma] *nm* format.

formation [fɔʀmɑsjɔ̃] *nf* *(gén)* formation; *(apprentissage)* training; *(éducation)* education.

forme [fɔʀm(ə)] *nf* **(a)** *(contour)* form, shape; *(silhouette)* figure. **en ~ de cloche** bell-shaped; **sans ~** shapeless; **prendre ~** to take shape; **sous ~ de comprimés** in tablet form. **(b)** *(genre)* **~ de pensée** *etc* way of thinking *etc.* **(c)** *(Art, Jur, Ling)* form. **de pure ~** purely formal; **en bonne et due ~** in due form; **sans autre ~ de procès** without further ado. **(d)** *(convenances)* **~s** proprieties. **(e)** *(physique)* form. **être en ~** to be on form. **(f)** *(instrument)* form.

formel, -elle [fɔʀmɛl] *adj* *(gén)* formal; *(catégorique)* positive. ◆ **formellement** *adv* formally; positively.

former [fɔʀme] (1) *vt* *(gén)* to form; *(constituer)* to make up; *(instruire)* to train.

formidable [fɔʀmidabl(ə)] *adj* *(gén)* tremendous; (* : *incroyable*) incredible.

formulaire [fɔʀmylɛʀ] *nm* form.

formule [fɔʀmyl] *nf* *(Chim, Math)* formula; *(expression)* phrase, expression; *(méthode)* method; *(formulaire)* form. *(lettre)* **~ de politesse** letter ending.

formulation [fɔʀmylasjɔ̃] *nf* formulation. ◆ **formuler** (1) *vt* to formulate.

fort, e [fɔʀ, fɔʀt(ə)] — **1** *adj* **(a)** *(puissant)* strong; *(important)* big, great; *(bruit)* loud; *(pluie, rhume)* heavy; *(pente)* steep. **~e tête** rebel; **le prix ~** the full price; **la dame est plus ~e que le valet** the queen is higher than the jack; **avoir affaire à ~e partie** to have a tough opponent; **il avait une ~e envie de rire** he had a strong desire to laugh; **il y a de ~es chances** there's a strong chance. **(b)** *(doué)* clever. **~ en** good at. **(c) il se fait ~ de le faire** he's quite sure he can do it; **à plus ~e raison, tu aurais dû venir** all the more reason for you to have come; **c'est plus ~ que moi** I can't help it; **c'est trop ~!** that's too much!; **c'est trop ~ pour moi** it's beyond me; **et le plus ~ c'est que...** and the best part of it is that... — **2** *adv* **(a)** *(crier)* loudly, loud; *(lancer)* hard. **respirez bien ~** take a deep breath; **tu y vas ~*** you're going too far. **(b)** *(détester)* strongly; *(mécontent)* most, highly. **j'en doute ~** I very much doubt it; **j'ai ~ à faire avec lui** I have a hard job with him. — **3** *nm (forteresse)* fort; *(spécialité)* strong point. **au ~ de qch** at the height of sth.

fortement [fɔʀtəmɑ̃] *adv (conseiller)* strongly; *(frapper)* hard. **j'espère ~ que** I very much hope that.

forteresse [fɔʀtəʀɛs] *nf* fortress, stronghold.

fortifiant [fɔʀtifjɑ̃] *nm* tonic. ◆ **fortification** *nf* fortification. ◆ **fortifier** (7) *vt* to strengthen, fortify.

fortuit, e [fɔʀtɥi, ɥit] *adj* fortuitous.

fortune [fɔʀtyn] *nf* fortune. **faire ~** to make one's fortune; **mauvaise ~** misfortune; **venez dîner à la ~ du pot** come to dinner and take pot luck; **lit de ~** makeshift bed. ◆ **fortuné, e** *adj (riche)* wealthy; *(heureux)* fortunate.

forum [fɔʀɔm] *nm* forum.

fosse [fos] *nf (trou)* pit; *(tombe)* grave. **~ d'aisances** cesspool; **~ septique** septic tank.

fossé [fose] *nm (gén)* ditch; *(fig)* gulf, gap.

fossette [fosɛt] *nf* dimple.

fossile [fosil] *nm, adj* fossil.

fossoyeur [foswajœʀ] *nm* gravedigger.

fou [fu], **fol** *devant voyelle ou h muet*, **folle** [fɔl] *f* — **1** *adj* **(a)** *(personne, idée etc)* mad, crazy, insane; *(gestes, course)* wild; *(camion)* runaway; *(cheveux)* unruly. **~ de qch** mad about sth; **devenir ~** to go mad; **avoir le ~ rire** to have the giggles. **(b)** (* : *énorme)* fantastic*, tremendous; *(prix)* huge. **un temps** *etc* **~** a lot of time *etc*; **j'ai eu un mal ~ pour venir** I had a terrible job to get here. — **2** *nm,f* madman (*ou* madwoman), lunatic. **faire le ~** to lark about. — **3** *nm (Échecs)* bishop; *(bouffon)* jester, fool.

foudre [fudʀ(ə)] *nf* : **la ~** lightning; *(colère)* **les ~s** the wrath.

foudroyant, e [fudʀwajɑ̃, ɑ̃t] *adj (vitesse)* lightning; *(maladie)* violent; *(succès)* stunning. ◆ **foudroyer** (8) *vt* to strike. **~ qn du regard** to look daggers at sb.

fouet [fwɛ] *nm* whip; *(Culin)* whisk. ◆ **fouetter** (1) *vt* to whip; to whisk; *(punition)* to flog. **il n'y a pas de quoi ~ un chat** it's nothing to make a fuss about.

fougère [fuʒɛʀ] *nf* fern.

fougue [fug] *nf* ardour, spirit. ◆ **fougueux, -euse** *adj* fiery, ardent.

fouille [fuj] *nf* search. *(Archéol)* **~s** excavations. ◆ **fouiller** (1) — **1** *vt (gén)* to search; *(personne)* to frisk; *(région)* to scour; *(question)* to go into. **très fouillé** very detailed. — **2** *vi* : **~ dans** *(armoire)* to rummage in; *(bagages)* to go through; *(mémoire)* to search.

fouillis [fuji] *nm* jumble, mess. **être en ~** to be in a mess.

fouine [fwin] *nf* stone marten. ◆ **fouiner** (1) *vi* to nose about.

foulard [fulaʀ] *nm* scarf.

foule [ful] *nf* crowd. **une ~ d'objets** masses of objects.

foulée [fule] *nf* stride. **dans la ~** in my *etc* stride.

fouler [fule] (1) — **1** *vt (raisins)* to press; *(sol)* to tread upon. **~ aux pieds** to trample underfoot. — **2 se fouler** *vpr* **(a)** **se ~ la cheville** to sprain one's ankle. **(b)** (* : *travailler)* to flog o.s. to death*. ◆ **foulure** *nf* sprain.

four [fuʀ] *nm* **(a)** *(Culin)* oven; *(potier)* kiln; *(Ind)* furnace. **cuire au ~** *(gâteau)* to bake; *(viande)* to roast. **~ crématoire** crematorium furnace. **(b)** *(Théât)* **faire un ~** to be a flop. **(c) petit ~** fancy cake.

fourbe [fuʀb(ə)] *adj* deceitful. ◆ **fourberie** *nf* deceit.

fourbi* [fuʀbi] *nm (attirail)* gear*; *(fouillis)* mess. **et tout le ~** and the whole caboodle*.

fourbu, e [fuʀby] *adj* exhausted.

fourche [fuʀʃ(ə)] *nf (gén)* fork; *(à foin)* pitchfork. ◆ **fourcher** (1) *vi* : **ma langue a fourché** it was a slip of the tongue. ◆ **fourchette** *nf (lit)* fork; *(Statistique)* margin. ◆ **fourchu, e** *adj* forked.

fourgon [fuʀgɔ̃] *nm (wagon)* waggon; *(camion)* van. **~ mortuaire** hearse. ◆ **fourgonnette** *nf* small van.

fourmi [fuʀmi] *nf* ant. **avoir des ~s dans les jambes** to have pins and needles in one's legs. ◆ **fourmilière** *nf* ant heap; *(fig)* hive of activity. ◆ **fourmiller** (1) *vi* to swarm (*de* with).

fournaise [fuʀnɛz] *nf* blaze; *(fig)* furnace.

fourneau, *pl* **~x** [fuʀno] *nm (poêle)* stove.

fournée [fuʀne] *nf* batch.

fourni, e [fuʀni] *adj (épais)* thick. **peu ~** thin.

fourniment* [fuʀnimɑ̃] *nm* gear*.

fournir [fuʀniʀ] (2) — **1** *vt (gén)* to supply, provide; *(pièce d'identité)* to produce; *(exemple)* to give; *(effort)* to put in. **~ qch à qn** to supply sb with sth. — **2 se fournir** *vpr* to provide o.s. (*de* with). **je me fournis chez cet épicier** I shop at this grocer's. ◆ **fournisseur** *nm (détaillant)* retailer; *(Comm, Ind)* supplier. ◆ **fourniture** *nf* supply.

fourrage [fuʀaʒ] *nm* fodder.

fourré[1] [fuʀe] *nm* thicket. **les ~s** the bushes.

fourré[2], e [fuʀe] *adj (bonbon)* filled; *(gants)* fur-lined. **chocolats ~s** chocolate creams.

fourreau, *pl* **~x** [fuʀo] *nm (épée)* sheath; *(parapluie)* cover.

fourrer* [fuʀe] (1) *vt (mettre)* to stick*. **il ne savait plus où se ~** he didn't know where to put himself. ◆ **fourre-tout** *nm inv (placard)* junk cupboard; *(sac)* holdall.

fourreur [fuʀœʀ] *nm* furrier.

fourrière [fuʀjɛʀ] *nf (chien, auto)* pound.

fourrure [fuʀyʀ] *nf (pelage)* coat; *(manteau etc)* fur.

fourvoyer [fuʀvwaje] (8) *vt* : **~ qn** to lead sb astray; **se ~** to go astray.

foutaise* [futɛz] *nf* : **de la ~** rubbish*.

foutre* [futʀ(ə)] — **1** *vt (faire)* to do; *(donner)* to give; *(mettre)* to stick*. **~ qch en l'air** to chuck sth away*; **fous le camp!** clear off! — **2 se foutre** *vpr* : **se ~ de qn** to take the mickey out of sb*; **je m'en fous** I couldn't give a damn*. ◆ **foutu, e*** *adj (temps etc)* damned*. **c'est ~** it's all up*; **se sentir mal ~** to feel lousy*.

foyer [fwaje] *nm* **(a)** *(maison)* home; *(famille)* family. **(b)** *(chaudière)* firebox; *(âtre)* fireplace. **(c)** *(vieillards)* home; *(étudiants)* hostel; *(club)* club; *(Théât)* foyer. **(d)** *(Opt, Phys)* focus. *(fig)* **~ de** centre of.

fracas [fʀaka] *nm (gén)* crash; *(train, bataille)* roar. ◆ **fracassant, e** *adj (bruit)* deafening;

(déclaration) sensational. ◆ **fracasser** (1) *vt* to smash. se ~ **contre** to crash against.
fraction [fʀaksjɔ̃] *nf (Math)* fraction; *(gén : partie)* part. **une ~ de seconde** a split second. ◆ **fractionner** *vt*, **se fractionner** *vpr* (1) to divide, split up.
fracture [fʀaktyʀ] *nf* fracture. ◆ **fracturer** (1) *vt* to fracture; *(serrure)* to break.
fragile [fʀaʒil] *adj (gén)* fragile; *(peau)* delicate; *(équilibre)* shaky; *(bonheur)* frail. ◆ **fragilité** *nf* fragility; delicacy; shakiness; frailty.
fragment [fʀagmɑ̃] *nm* fragment, bit. ◆ **fragmentaire** *adj* fragmentary. ◆ **fragmentation** *nf* fragmentation. ◆ **fragmenter** *vt*, **se fragmenter** *vpr* (1) to fragment.
fraîchement [fʀɛʃmɑ̃] *adv (récemment)* freshly, newly; *(accueillir)* coolly.
fraîcheur [fʀɛʃœʀ] *nf (froid)* coolness; *(nouveauté)* freshness.
frais[1], **fraîche** [fʀɛ, fʀɛʃ] — **1** *adj (froid)* cool; *(récent, neuf etc)* fresh; *(peinture)* wet. **~ et dispos** as fresh as a daisy; *(Comm)* **argent ~** ready cash; **nous voilà ~!*** we're in a fix!* — **2** *adv* **(a) il fait ~** it's cool; **il faut boire ~** you need cool drinks. **(b)** *(récemment)* newly. — **3** *nm* : **prendre le ~** to take a breath of fresh air; **mettre au ~** to put in a cool place.
frais[2] [fʀɛ] *nmpl* expenses; *(Admin : droits)* charges, fees. **~ généraux** overheads; **~ de scolarité** school fees; **se mettre en ~** to go to great expense; **aux ~ de la princesse*** at the firm's *etc* expense; **à peu de ~** cheaply.
fraise [fʀɛz] *nf (fruit)* strawberry; *(dentiste)* drill. ◆ **fraisier** *nm* strawberry plant.
framboise [fʀɑ̃bwaz] *nf* raspberry. ◆ **framboisier** *nm* raspberry cane.
franc[1], **franche** [fʀɑ̃, fʀɑ̃ʃ] *adj (personne, regard)* frank, candid; *(gaieté)* open; *(différence)* clear-cut; *(cassure)* clean; *(imbécile)* downright; *(zone, ville)* free. **~ de port** postage paid; **~-maçon** freemason; **~-maçonnerie** freemasonry; *(Mil)* **~-tireur** irregular.
franc[2] [fʀɑ̃] *nm (monnaie)* franc.
français, e [fʀɑ̃sɛ, ɛz] — **1** *adj, nm* French. — **2** *nm* : **F~** Frenchman; **les F~** *(gens)* the French, French people; *(hommes)* Frenchmen. — **3** *nf* : **F~e** Frenchwoman. ◆ **France** *nf* France.
franchement [fʀɑ̃ʃmɑ̃] *adv* **(a)** *(parler)* frankly; *(agir)* openly; *(frapper)* boldly; *(demander)* clearly, straight out. *(fig : honnêtement)* **~!** honestly!; **allez-y ~** go right ahead. **(b)** *(tout à fait)* really. **c'est ~ trop cher** it's far too dear.
franchir [fʀɑ̃ʃiʀ] (2) *vt (obstacle)* to jump over; *(seuil)* to cross; *(porte)* to go through; *(distance)* to cover; *(mur du son)* to break; *(difficulté)* to surmount; *(limite)* to overstep.
franchise [fʀɑ̃ʃiz] *nf (sincérité)* frankness; *(exemption)* exemption; *(Assurance)* excess. **~ de bagages** baggage allowance.
franco [fʀɑ̃ko] *adv* : **~ (de port)** postage-paid; **y aller ~*** to go right ahead.
franco- [fʀɑ̃ko] *préf* franco-. ◆ **franco-canadien** *nm* French Canadian. ◆ **francophile** *adj, nmf* francophile. ◆ **francophobe** *adj, nmf* francophobe. ◆ **francophone** — **1** *adj* French-speaking. — **2** *nmf* native French speaker.
frange [fʀɑ̃ʒ] *nf* fringe.
frangin* [fʀɑ̃ʒɛ̃] *nm* brother. ◆ **frangine*** *nf* sister.
franquette* [fʀɑ̃kɛt] *nf* : **à la bonne ~** simply, without any fuss.
frappant, e [fʀapɑ̃, ɑ̃t] *adj* striking.
frappe [fʀap] *nf (médaille)* striking; *(courrier)* typing.
frapper [fʀape] (1) — **1** *vt (gén)* to strike; *(projectile, mesure)* to hit; *(couteau)* to stab. **~ le regard** to catch the eye; **frappé à mort** fatally wounded; **frappé de panique** panic-stricken; **~ qn d'une amende** to impose a fine on sb; **à boire frappé** serve chilled. — **2** *vi* to strike; *(à la porte)* to knock; *(sur la table)* to bang. **~ dans ses mains** to clap one's hands. — **3 se frapper** *vpr* **(a)** se **~ la poitrine** to beat one's breast. **(b)** (* : *se tracasser*) to get o.s. worked up*.
frasque [fʀask(ə)] *nf* escapade.
fraternel, -elle [fʀatɛʀnɛl] *adj* brotherly. ◆ **fraterniser** (1) *vi* to fraternize. ◆ **fraternité** *nf* fraternity, brotherhood.
fraude [fʀod] *nf* : **la ~** fraud; *(à un examen)* cheating; **passer qch en ~** to smuggle sth in; **~ fiscale** tax evasion. ◆ **frauder** (1) *vti* to cheat. **~ le fisc** to evade taxation. ◆ **fraudeur, -euse** *nm,f* person guilty of fraud; *(douane)* smuggler; *(fisc)* tax evader. ◆ **frauduleux, -euse** *adj* fraudulent.
frayer [fʀeje] (8) *vt (chemin)* to open up. **se ~ un passage** to push one's way through.
frayeur [fʀɛjœʀ] *nf* fright.
fredaine [fʀədɛn] *nf* escapade.
fredonner [fʀədɔne] (1) *vt* to hum.
freezer [fʀizœʀ] *nm* ice-compartment.
frégate [fʀegat] *nf* frigate.
frein [fʀɛ̃] *nm* brake. **mettre un ~ à** to curb, check. ◆ **freinage** *nm* braking. ◆ **freiner** (1) *vti* to slow down.
frelaté, e [fʀəlate] *adj (aliment)* adulterated; *(milieu)* corrupting.
frêle [fʀɛl] *adj* frail.
frelon [fʀəlɔ̃] *nm* hornet.
frémir [fʀemiʀ] (2) *vi (gén)* to tremble; *(froid)* to shiver; *(eau chaude)* to simmer. ◆ **frémissement** *nm* shiver; simmering. **un ~ de plaisir** a thrill of pleasure.
frénésie [fʀenezi] *nf* frenzy. ◆ **frénétique** *adj* frenzied.
fréquemment [fʀekamɑ̃] *adv* frequently. ◆ **fréquence** *nf* frequency. ◆ **fréquent, e** *adj* frequent. ◆ **fréquentation** *nf* frequenting. *(relations)* **~s** acquaintances. ◆ **fréquenté, e** *adj (lieu)* busy. **mal ~** of ill repute. ◆ **fréquenter** (1) *vt (lieu)* to frequent; *(voisins)* to see frequently.
frère [fʀɛʀ] *nm* brother. **peuples ~s** sister countries; *(Rel)* **mes ~s** brethren; **~ Antoine** Brother Antoine, Friar Antoine.
fresque [fʀɛsk(ə)] *nf (Art)* fresco; *(Littérat)* portrait.
fret [fʀɛ] *nm* freight.
frétiller [fʀetije] (1) *vi* to wriggle.
friable [fʀijabl(ə)] *adj* crumbly, flaky.
friand, e [fʀijɑ̃, ɑ̃d] — **1** *adj* : **~ de** fond of. — **2** *nm (pâté)* (minced) meat pie. ◆ **friandise** *nf* titbit, delicacy.
fric* [fʀik] *nm (argent)* dough*, lolly*.
fric-frac*, *pl* **~-~(s)** [fʀikfʀak] *nm* break-in.
friche [fʀiʃ] *nf* : **laisser en ~** to let lie fallow.
friction [fʀiksjɔ̃] *nf (gén)* friction; *(massage)* rub-down; *(chez le coiffeur)* scalp massage. ◆ **frictionner** (1) *vt* to rub.
frigidaire [fʀiʒidɛʀ] *nm* ®, **frigo*** [fʀigo] *nm* refrigerator, fridge. ◆ **frigorifier** (7) *vt (lit)* to refrigerate. **être frigorifié*** to be frozen stiff.
frileux, -euse [fʀilø, øz] *adj (personne)* sensitive to the cold; *(geste)* shivery.

frime* [fRim] *nf* : **c'est de la ~** it's just for show.
frimousse [fRimus] *nf* sweet little face.
fringale* [fRɛ̃gal] *nf* raging hunger.
fringant, e [fRɛ̃gɑ̃, ɑ̃t] *adj (cheval)* frisky; *(personne)* dashing.
fringues* [fRɛ̃g] *nfpl* togs*, gear*.
friper *vt*, **se friper** *vpr* [fRipe] (1) to crumple.
fripier, -ière [fRipje, jɛR] *nm,f* secondhand clothes dealer.
fripon, -onne [fRipɔ̃, ɔn] — **1** *adj* roguish. — **2** *nm,f* rogue.
fripouille [fRipuj] *nf (péj)* rogue.
frire [fRiR] *vti* : **~, faire ~** to fry.
frise [fRiz] *nf* frieze.
friser [fRize] (1) — **1** *vt* **(a) ~ qn** to curl sb's hair. **(b)** *(surface)* to graze, skim. **~ la soixantaine** to be nearly sixty. — **2** *vi (cheveux)* to curl; *(personne)* to have curly hair. ◆ **frisé, e** *adj (cheveux)* curly; *(personne)* curly-haired. ◆ **frisette** *nf* little curl.
frisquet* [fRiskɛ] *adj m* chilly.
frisson [fRisɔ̃] *nm (peur)* shudder; *(froid)* shiver; *(joie)* quiver. ◆ **frissonner** (1) *vi* to shudder; to shiver; *(feuillage)* to quiver, tremble.
frit, e [fRi, fRit] *adj* fried. ◆ **frites** *nfpl* chips, French fries *(US)*. ◆ **friture** *nf (graisse)* deep fat; *(mets)* fried fish; *(Radio)* crackle.
frivole [fRivɔl] *adj* frivolous. ◆ **frivolité** *nf* frivolity.
froc* [fRɔk] *nm* trousers.
froid, e [fRwa, fRwad] — **1** *adj (gén)* cold; *(calcul)* cool. **garder la tête ~e** to keep cool. — **2** *nm* **(a) le ~** the cold; **j'ai ~** I am cold; **j'ai ~ aux pieds** my feet are cold; **prendre ~** to catch cold; **n'avoir pas ~ aux yeux** to be adventurous; **ça fait ~ dans le dos** it makes you shudder. **(b)** *(brouille)* coolness. **être en ~ avec qn** to be on bad terms with sb. ◆ **froidement** *adv (accueillir)* coldly; *(calculer)* coolly; *(tuer)* in cold blood. ◆ **froideur** *nf* coldness.
froisser [fRwase] (1) *vt (habit)* to crumple, crease; *(personne)* to hurt, offend.
frôler [fRole] (1) *vt (toucher)* to brush against; *(passer près de)* to skim. **~ la mort** to come within a hair's breadth of death.
fromage [fRɔmaʒ] *nm* cheese. **~ blanc** soft white cheese; **~ de chèvre** goat's milk cheese. ◆ **fromager, -ère** — **1** *adj* cheese. — **2** *nm* cheesemonger. ◆ **fromagerie** *nf* cheese dairy.
froment [fRɔmɑ̃] *nm* wheat.
fronce [fRɔ̃s] *nf* gather. ◆ **froncer** (3) *vt (Couture)* to gather. **~ les sourcils** to frown.
fronde [fRɔ̃d] *nf (arme, jouet)* sling; *(fig)* revolt.
front [fRɔ̃] *nm (Anat)* forehead; *(Mét, Mil, Pol)* front. **~ de mer** sea front; **tué au ~** killed in action; **de ~** *(à la fois)* at the same time; *(de face)* head-on; **marcher à trois de ~** to walk three abreast; **faire ~ à qch** to face up to sth; **faire ~ commun contre** to join forces against; **avoir le ~ de faire** to have the front to do. ◆ **frontal, e,** *mpl* **-aux** *adj (collision)* head-on; *(attaque, os)* frontal.
frontière [fRɔ̃tjɛR] *nf* frontier, border; *(fig)* limit. **~ naturelle** natural boundary.
fronton [fRɔ̃tɔ̃] *nm* pediment.
frottement [fRɔtmɑ̃] *nm (action)* rubbing; *(friction)* friction. ◆ **frotter** (1) — **1** *vt (gén)* to rub; *(astiquer)* to shine; *(gratter)* to scrape; *(allumette)* to strike. — **2** *vi* to rub, scrape. — **3 se frotter** *vpr* to rub o.s. **se ~ les mains** to rub one's hands; *(attaquer)* **se ~ à qn** to cross swords with sb.
froussard, e* [fRusaR, aRd(ə)] *nm,f* coward. ◆ **frousse*** *nf* fright. **avoir la ~** to be scared stiff*.
fructifier [fRyktifje] (7) *vi* to yield a profit. **faire ~** to increase. ◆ **fructueux, -euse** *adj* fruitful, profitable.
frugal, e, *mpl* **-aux** [fRygal, o] *adj* frugal. ◆ **frugalité** *nf* frugality.
fruit [fRɥi] *nm* fruit. **il y a des ~s** there is some fruit; **porter ses ~s** to bear fruit; **~s confits** candied fruits; **~s de mer** seafood. ◆ **fruité, e** *adj* fruity. ◆ **fruitier, -ière** — **1** *adj* fruit. — **2** *nm,f* fruiterer.
frusques* [fRysk(ə)] *nfpl* togs*.
frustration [fRystRɑsjɔ̃] *nf* frustration. ◆ **frustrer** (1) *vt* to frustrate. **~ qn de** to deprive sb of.
fuel [fjul] *nm* heating oil.
fugitif, -ive [fyʒitif, iv] — **1** *adj (impression etc)* fleeting. — **2** *nm,f* fugitive.
fugue [fyg] *nf* **(a) faire une ~** to run away. **(b)** *(Mus)* fugue.
fuir [fɥiR] (17) — **1** *vt (s'échapper)* to run away from; *(éviter)* to avoid. — **2** *vi* **(a)** *(prisonnier)* to runaway, escape; *(troupes)* to take flight; *(temps)* to fly by. **faire ~** to drive away. **(b)** *(liquide)* to leak. ◆ **fuite** *nf* **(a)** *(fugitif)* flight, escape; *(temps)* swift passage. **prendre la ~** to take flight; **mettre qn en ~** to put sb to flight; **les voleurs en ~** the thieves on the run. **(b)** *(liquide, nouvelle)* leak.
fulgurant, e [fylgyRɑ̃, ɑ̃t] *adj (vitesse etc)* lightning.
fume-cigarette [fymsigaRɛt] *nm inv* cigarette holder.
fumée [fyme] *nf (gén)* smoke; *(vapeur d'eau)* steam. *(Chim)* **~s** fumes; **la ~ ne vous gêne pas?** do you mind my smoking?; **il n'y a pas de ~ sans feu** there's no smoke without fire. ◆ **fumer** (1) — **1** *vi* to smoke; to steam. — **2** *vt* to smoke; *(Agr)* to manure. ◆ **fumet** *nm* aroma. ◆ **fumeur, -euse**[1] *nm,f* smoker. ◆ **fumeux, -euse**[2] *adj (confus)* woolly.
fumier [fymje] *nm* dung, manure.
fumiste [fymist(ə)] — **1** *nm* heating engineer. — **2** *nmf(*)* *(employé)* shirker; *(philosophe)* phoney*. ◆ **fumisterie*** *nf* : **c'est une ~** it's a fraud.
funambule [fynɑ̃byl] *nmf* tightrope walker.
funèbre [fynɛbR(ə)] *adj (gén)* funeral; *(atmosphère)* gloomy.
funérailles [fyneRɑj] *nfpl* funeral.
funéraire [fyneRɛR] *adj* funeral.
funeste [fynɛst(ə)] *adj (désastreux)* disastrous; *(mortel)* fatal. **jour ~** fateful day.
fur [fyR] *nm* : **au ~ et à mesure** little by little; **au ~ et à mesure de vos besoins** as and when you need it.
furet [fyRɛ] *nm (animal)* ferret. ◆ **fureter** (5) *vi* to ferret about. ◆ **fureteur, -euse** *adj* inquisitive.
fureur [fyRœR] *nf* fury, rage. **mettre en ~** to infuriate, enrage; *(mode)* **faire ~** to be all the rage. ◆ **furie** *nf (mégère)* shrew; *(colère)* fury. ◆ **furieux, -euse** *adj* furious (*contre* with, at); *(envie, coup)* tremendous.
furoncle [fyRɔ̃kl(ə)] *nm* boil.
furtif, -ive [fyRtif, iv] *adj* furtive.
fusain [fyzɛ̃] *nm (crayon)* charcoal crayon; *(arbre)* spindle-tree.
fuseau, *pl* **~x** [fyzo] *nm (fileuse)* spindle; *(pantalon)* stretch ski pants. **~ horaire** time zone.

fusée [fyze] *nf* rocket.

fuselage [fyzlaʒ] *nm* fuselage.

fuser [fyze] (1) *vi (cris)* to burst forth; *(lumière)* to stream out.

fusible [fyzibl(ə)] *nm* fuse.

fusil [fyzi] *nm* **(a)** *(arme)* rifle, gun; *(de chasse)* shotgun. **changer son ~ d'épaule** to change one's plans. **(b)** *(allume-gaz)* gas lighter; *(à aiguiser)* steel. ◆ **fusillade** *nf (bruit)* shooting; *(combat)* shooting battle. ◆ **fusiller** (1) *vt* to shoot.

fusion [fyzjɔ̃] *nf (gén)* fusion; *(Comm)* merger. ◆ **fusionner** (1) *vti* to merge.

fût [fy] *nm (arbre)* trunk; *(tonneau)* barrel.

futaie [fytɛ] *nf* forest.

futé, e [fyte] *adj* crafty, sly.

futile [fytil] *adj* futile. ◆ **futilité** *nf* futility.

futur, e [fytyʀ] — **1** *adj* future. **~e maman** mother-to-be. — **2** *nm* **: le ~** the future. — **3** *nm,f* fiancé(e).

fuyant, e [fɥijɑ̃, ɑ̃t] *adj (personne)* evasive; *(vision)* fleeting.

fuyard, e [fɥijaʀ, aʀd(ə)] *nm,f* runaway.

G

G, g [ʒe] *nm (lettre)* G, g.

gabardine [gabaʀdin] *nf* gabardine.

gabarit [gabaʀi] *nm* size.

gâcher [gɑʃe] (1) *vt* **(a)** *(plâtre, mortier)* to mix. **(b)** *(gaspiller)* to waste; *(gâter)* to spoil. ◆ **gâcheur, -euse** *adj* wasteful. ◆ **gâchis** *nm (désordre)* mess; *(gaspillage)* waste.

gâchette [gɑʃɛt] *nf* trigger.

gadget [gadʒɛt] *nm* gadget.

gadoue [gadu] *nf (boue)* mud; *(neige)* slush.

gaffe [gaf] *nf (bévue)* blunder; *(Pêche)* gaff. **faire ~*** to be careful (*à* of). ◆ **gaffer** (1) *vi* to blunder. ◆ **gaffeur, -euse** *nm,f* blunderer.

gag [gag] *nm* gag.

gage [gaʒ] *nm* **(a)** *(créance)* security. **mettre qch en ~** to pawn sth; **~ de sincérité** proof of one's sincerity; **en ~ de** in token of. **(b)** *(Jeux)* forfeit. **(c)** *(salaire)* **~s** wages; **tueur à ~s** hired killer; **être aux ~s de qn** to be in the pay of sb.

gager [gaʒe] (3) *vt* **: ~ que** to wager that. ◆ **gageure** *nf* wager. **c'est une ~** it's attempting the impossible.

gagnant, e [gaɲɑ̃, ɑ̃t] — **1** *adj* winning. — **2** *nm,f* winner.

gagner [gɑɲe] (1) — **1** *vt* **(a)** *(gén)* to gain; *(par le hasard)* to win; *(par le travail)* to earn. **~ sa vie** to earn one's living; **~ le gros lot** to win the jackpot; **vous n'y gagnerez rien** you'll gain nothing by it; **~ du terrain** to gain ground. **(b)** *(convaincre)* to win over. **(c)** *(atteindre)* to reach. — **2** *vi* **(a)** to gain; to win. *(iro)* **tu as gagné!*** you got what you asked for!; **vous y gagnez** it's to your advantage. **(b)** *(s'améliorer)* **il gagne à être connu** he improves on acquaintance. **(c)** *(épidémie)* to spread, gain ground.

gagne-pain* [gaɲpɛ̃] *nm inv* job.

gai, e [ge] *adj (personne)* cheerful, happy, merry; *(ivre)* merry, tipsy; *(couleur etc)* bright. *(iro : amusant)* **c'est ~!** that's great!* ◆ **gaiement** *adv* cheerfully, happily, merrily. *(iro)* **allons-y ~!** let's get on with it! ◆ **gaieté** *nf* cheerfulness; brightness. **de ~ de cœur** lightheartedly; *(joies)* **les ~s de** the delights *ou* joys of.

gaillard, e [gajaʀ, aʀd(ə)] — **1** *adj (fort)* strong; *(grivois)* bawdy. — **2** *nm (* : type)* fellow, guy*; *(costaud)* strapping fellow.

gain [gɛ̃] *nm (salaire)* earnings, wages; *(avantage)* advantage; *(économie)* saving. *(lucre)* **le ~** gain; *(bénéfices)* **~s** profits; *(au jeu)* winnings; **ça nous permet un ~ de temps** it saves us time; **obtenir ~ de cause** to win; **donner ~ de cause à qn** to pronounce sb right.

gaine [gɛn] *nf (Habillement)* girdle. **~ d'aération** ventilation shaft.

galamment [galamɑ̃] *adv* courteously. ◆ **galant, e** — **1** *adj (courtois)* courteous; *(amoureux)* flirtatious, gallant. — **2** *nm* suitor. ◆ **galanterie** *nf* courtesy.

galaxie [galaksi] *nf* galaxy.

galbe [galb(ə)] *nm* curve. ◆ **galbé, e** *adj* curved.

gale [gal] *nf (personne)* scabies; *(chien, chat)* mange; *(mouton)* scab.

galère [galɛʀ] *nf (navire)* galley; *(fig : histoire)* business.

galerie [galʀi] *nf (gén)* gallery; *(Théât)* circle; *(public)* audience; *(Aut)* roof rack. **~ marchande** shopping arcade.

galérien [galeʀjɛ̃] *nm* galley slave.

galet [galɛ] *nm* pebble. **~s** shingle.

galette [galɛt] *nf round, flat cake.*

galeux, -euse [galø, øz] *adj (chien)* mangy. **traiter comme un chien ~** to treat like dirt.

galimatias [galimatja] *nm* gibberish.

galipette* [galipɛt] *nf* somersault.

Galles [gal] *nfpl* **: le pays de ~** Wales. ◆ **gallois, e** — **1** *adj, nm* Welsh. — **2** *nm:* **G~** Welshman. — **3** *nf:* **G~e** Welshwoman.

galoche [galɔʃ] *nf* clog.

galon [galɔ̃] *nm* braid; *(Mil)* stripe.

galop [galo] *nm* gallop. *(fig)* **~ d'essai** trial run; **partir au ~** *(cheval)* to set off at a gallop; *(personne)* to rush off. ◆ **galopade** *nf* stampede. ◆ **galoper** (1) *vi (cheval)* to gallop; *(enfant)* to run. ◆ **galopin*** *nm* rascal.

galvaniser [galvanize] (1) *vt* to galvanize.

galvauder [galvode] (1) — **1** *vt* to debase. — **2** *vi (vagabonder)* to idle around.

gambade [gɑ̃bad] *nf* caper. ◆ **gambader** (1) *vi* to caper about. ~ **de joie** to jump for joy.
gamelle [gamɛl] *nf (soldat)* mess tin; *(ouvrier)* billy-can.
gamin, e [gamɛ̃, in] — **1** *adj (espiègle)* playful; *(puéril)* childish. — **2** *nm,f* (*) kid*. ◆ **gaminerie** *nf* playfulness; childishness.
gamme [gam] *nf (Mus)* scale; *(fig)* range.
gang [gɑ̃g] *nm* gang of crooks.
ganglion [gɑ̃glijɔ̃] *nm* ganglion.
gangrène [gɑ̃gʀɛn] *nf* gangrene.
gangster [gɑ̃gstɛʀ] *nm* gangster; *(fig)* crook. ◆ **gangstérisme** *nm* gangsterism.
gant [gɑ̃] *nm* glove. **~s de boxe** boxing gloves; **~ de toilette** face flannel, wash glove; **ça me va comme un ~** it suits me perfectly; **prendre des ~s avec qn** to be careful with sb; **relever le ~** to take up the gauntlet.
garage [gaʀaʒ] *nm* garage. ◆ **garagiste** *nm* garageman.
garant, e [gaʀɑ̃, ɑ̃t] *nm,f* guarantor (*de* for). **se porter ~ de qch** to guarantee sth. ◆ **garantie** *nf (gén)* guarantee; *(gage)* security; *(protection)* safeguard. *(police d'assurance)* **~s** cover; **sous ~** under guarantee; **c'est sans ~** I can't guarantee it. ◆ **garantir** (2) *vt* to guarantee. **~ à qn que** to assure sb that; **~ qch de** to protect sth from; **garanti 3 ans** guaranteed for 3 years.
garçon [gaʀsɔ̃] *nm* boy; *(célibataire)* bachelor. *(commis)* **~ de bureau** office assistant; **~ de café** waiter; **~ d'honneur** best man. ◆ **garçonnet** *nm* small boy.
garde¹ [gaʀd(ə)] *nf* **(a)** *(surveillance)* guard. **prendre en ~** to take into one's care; **être sous bonne ~** to be under guard; **~ à vue** police custody. **(b)** *(service)* *(soldat)* guard duty. **être de ~** to be on duty; **pharmacie de ~** duty chemist's. **(c)** *(escorte)* guard. **(d)** *(infirmière)* nurse. **(e)** *(Boxe, Escrime)* guard. **en ~!** on guard! **(f)** *(épée)* hilt. **(g) mettre en ~** to warn; **mise en ~** warning; **faire bonne ~** to keep a close watch; **prenez ~ de ne pas tomber** mind you don't fall; **prends ~ aux voitures** watch out for the cars; **sans y prendre ~** without realizing it; **être sur ses ~s** to be on one's guard.
garde² [gaʀd(ə)] *nm (gén)* guard; *(château)* warden; *(jardin public)* keeper. **~ champêtre** village policeman; **~ du corps** body-guard; **~ des Sceaux** ≃ Lord Chancellor, Attorney General *(US)*.
garde- [gaʀd(ə)] *préf* : **garde-barrière** *nmf, pl* **~s-~(s)** level-crossing keeper; **garde-chasse** *nm, pl* **~s-~(s)** gamekeeper; **garde-côte** *nm, pl* **~-~(s)** coastguard ship; **garde-fou** *nm, pl* **~-~s** *(en fer)* railing; *(en pierre)* parapet; **garde-manger** *nm inv* meat safe; **garde-pêche** *nm inv* water bailiff; **garde-robe** *nf, pl* **~-~s** *(habits)* wardrobe; **se mettre au garde-à-vous** to stand to attention.
garder [gaʀde] (1) — **1** *vt* **(a)** *(surveiller)* to look after, keep an eye on; *(défendre)* to guard; *(protéger)* to protect (*de* from). **(b)** *(conserver)* *(gén)* to keep; *(vêtement)* to keep on; *(police)* to detain. **~ le lit** to stay in bed; **~ qn à déjeuner** to have sb stay for lunch; **~ en retenue** to keep in detention; **~ son calme** to keep calm; **~ l'anonymat** to remain anonymous; **~ rancune à qn** to bear sb a grudge. — **2 se garder** *vpr (denrées)* to keep. **se ~ de qch** to guard against sth; **se ~ de faire qch** to be careful not to do sth. ◆ **garderie** *nf (Scol)* child-minding service. ◆ **gardien, -ienne** *nm,f (gén)* guard; *(enfant)* child-minder; *(prison)* officer; *(château)* warden; *(musée, hôtel)* attendant; *(phare, zoo)* keeper; *(fig : défenseur)* guardian. **~ de but** goalkeeper; **~ d'immeuble** caretaker; **~ de nuit** night watchman; **~ de la paix** policeman.
gare¹ [gaʀ] *nf* station. **~ routière** *(camions)* haulage depot; *(autocars)* coach *ou* bus station; **~ de triage** marshalling yard.
gare²* [gaʀ] *excl* : **~ à toi!** just watch it!*; **~ à ta tête** mind your head.
garer [gaʀe] (1) — **1** *vt* to park. — **2 se garer** *vpr* to park; *(piéton)* to get out of the way.
gargariser (se) [gaʀgaʀize] (1) *vpr* to gargle. ◆ **gargarisme** *nm* gargle.
gargote [gaʀgɔt] *nf (péj)* cheap restaurant.
gargouille [gaʀguj] *nf* gargoyle. ◆ **gargouiller** (1) *vi* to gurgle. ◆ **gargouillis** *nm* gurgling.
garnement [gaʀnəmɑ̃] *nm* rascal.
garnir [gaʀniʀ] (2) — **1** *vt (remplir)* to fill; *(couvrir)* to cover; *(doubler)* to line; *(décorer)* to decorate (*de* with). **~ une étagère de livres** to put books on a shelf. — **2 se garnir** *vpr (salle)* to fill up (*de* with). ◆ **garni, e** *adj (plat)* served with vegetables. **bien ~** *(portefeuille)* well-lined; *(réfrigérateur)* well-stocked; *(estomac, boîte)* full.
garnison [gaʀnizɔ̃] *nf* garrison.
garniture [gaʀnityʀ] *nf (doublage)* lining; *(légumes)* vegetables; *(décoration)* trimming.
gars* [gɑ] *nm (enfant)* lad; *(type)* fellow, guy*.
gas-oil [gɑzɔjl] *nm* diesel oil.
gaspillage [gaspijaʒ] *nm (gén)* wasting; *(fortune)* squandering. ◆ **gaspiller** (1) *vt* to waste; to squander.
gastrique [gastʀik] *adj* gastric.
gastronome [gastʀɔnɔm] *nmf* gastronome. ◆ **gastronomie** *nf* gastronomy. ◆ **gastronomique** *adj* gastronomic.
gâteau, *pl* **~x** [gɑto] *nm* cake; *(au restaurant)* gâteau. **~ de riz** rice pudding; **~ sec** biscuit; **c'est du ~*** it's a piece of cake*.
gâter [gɑte] (1) — **1** *vt* to spoil. **avoir les dents gâtées** to have bad teeth; **et, ce qui ne gâte rien** and, which is all to the good. — **2 se gâter** *vpr (viande)* to go bad; *(relations)* to go sour; *(temps)* to break. **ça va se ~!** there's going to be trouble! ◆ **gaterie** *nf* little treat.
gâteux, -euse* [gɑtø, øz] *adj* senile.
gâtisme [gɑtism(ə)] *nm* senility.
gauche [goʃ] — **1** *adj* **(a)** *(bras)* left; *(poche, côté)* left-hand. **(b)** *(maladroit)* clumsy, awkward; *(tordu)* warped. — **2** *nm (Boxe)* left. — **3** *nf* left. **à ~** on the left; **tiroir de ~** left-hand drawer; **idées de ~** left-wing ideas; **mettre de l'argent à ~*** to put money aside. ◆ **gauchement** *adv* clumsily, awkwardly. ◆ **gaucher, -ère** *adj* left-handed. ◆ **gaucherie** *nf* awkwardness, clumsiness. ◆ **gauchir** *vt*, **se gauchir** *vpr* (2) to warp. ◆ **gauchisme** *nm* leftism. ◆ **gauchiste** *adj, nmf* leftist.
gaudriole* [godʀijɔl] *nf (propos)* bawdy joke.
gaufre [gofʀ(ə)] *nf* waffle. ◆ **gaufrette** *nf* wafer. ◆ **gaufrier** *nm* waffle iron.
gaule [gol] *nf* pole; *(Pêche)* fishing rod.
gaulois, e [golwa, waz] — **1** *adj* **(a)** *(de Gaule)* Gallic. **(b)** *(grivois)* bawdy. — **2** *nm, f*: **G~, e** Gaul.
gausser (se) [gose] (1) *vpr* : **se ~ de** to poke fun at.
gaver [gave] (1) *vt (animal)* to force-feed. **je suis gavé!** I'm full!; **se ~ de** to stuff o.s. with.
gaz [gɑz] *nm inv* gas. *(euph)* **avoir des ~** to have wind; **~ carbonique** carbon dioxide;

~ **d'échappement** exhaust gas; ~ **lacrymogène** teargas.
gaze [gaz] *nf* gauze.
gazelle [gazɛl] *nf* gazelle.
gazer* [gaze] (1) *vi (marcher)* to work. **ça gaze?** how's things?*
gazette [gazɛt] *nf* newspaper.
gazeux, -euse [gazø, øz] *adj (Chim)* gaseous; *(boisson)* fizzy.
gazoduc [gazɔdyk] *nm* gas pipeline.
gazole [gazɔl] *nm* diesel oil.
gazomètre [gazɔmɛtʀ(ə)] *nm* gasometer.
gazon [gazɔ̃] *nm (pelouse)* lawn. **le** ~ turf.
gazouiller [gazuje] (1) *vi (oiseau)* to chirp; *(ruisseau, bébé)* to babble. ◆ **gazouillis** *nm* chirping; babbling.
geai [ʒɛ] *nm* jay.
géant, e [ʒeɑ̃, ɑ̃t] — **1** *adj* gigantic. — **2** *nm* giant. — **3** *nf* giantess.
geindre [ʒɛ̃dʀ(ə)] (52) *vi* to groan, moan.
gel [ʒɛl] *nm (froid)* frost; *(pâte)* gel; *(Fin : blocage)* freezing.
gélatine [ʒelatin] *nf* gelatine. ◆ **gélatineux, -euse** *adj* gelatinous, jelly-like.
gelée [ʒ(ə)le] *nf* **(a)** *(gel)* frost. ~ **blanche** hoarfrost. **(b)** *(Culin)* jelly.
geler [ʒ(ə)le] (5) — **1** *vt* to freeze. — **2** *vi (gén)* to freeze; *(récoltes)* to be blighted by frost; *(membre)* to be frostbitten. — **3** *vb impers* : **il gèle** it's freezing.
gélule [ʒelyl] *nf (Méd)* capsule.
Gémeaux [ʒemo] *nmpl* : **les** ~ Gemini.
gémir [ʒemiʀ] (2) *vi* to groan, moan (*de* with). ◆ **gémissement** *nm* : ~(s) groaning, moaning.
gênant, e [ʒɛnɑ̃, ɑ̃t] *adj* embarrassing; *(physiquement)* awkward, uncomfortable.
gencive [ʒɑ̃siv] *nf* gum.
gendarme [ʒɑ̃daʀm(ə)] *nm* gendarme, policeman. ◆ **gendarmerie** *nf* gendarmerie, police force; *(bureaux)* police station.
gendre [ʒɑ̃dʀ(ə)] *nm* son-in-law.
gène [ʒɛn] *nm* gene.
gêne [ʒɛn] *nf (physique)* discomfort; *(dérangement)* trouble, bother; *(manque d'argent)* financial difficulties; *(embarras)* embarrassment. **avoir de la** ~ **à faire qch** to find it difficult to do sth.
généalogie [ʒenealɔʒi] *nf* genealogy. ◆ **généalogique** *adj* genealogical.
gêner [ʒene] (1) — **1** *vt (déranger)* to bother, disturb; *(embarrasser)* to embarrass; *(financièrement)* to put in financial difficulties; *(faire obstacle)* to hamper, hinder. ~ **le passage** to be in the way; **ça me gêne pour respirer** it hampers my breathing; **cela vous gênerait de ne pas fumer?** would you mind not smoking? — **2 se gêner** *vpr* : **ne vous gênez pas pour moi** don't mind me; **il ne s'est pas gêné pour le lui dire** he didn't mind telling him.
général, e, *mpl* **-aux** [ʒeneʀal, o] — **1** *adj* general. **à la surprise** ~**e** to the surprise of most people; **en** ~ in general. — **2** *nm* general. ~ **de brigade** brigadier. — **3** *nf* **(a)** *(épouse)* general's wife. **(b)** *(Théât)* dress rehearsal. ◆ **généralement** *adv* generally.
généralisation [ʒeneʀalizasjɔ̃] *nf* generalization. ◆ **généraliser** (1) — **1** *vt* to generalize. — **2 se généraliser** *vpr* to become general. ◆ **généraliste** *nm (Méd)* G. P., general practitioner. ◆ **généralité** *nf* majority. ~**s** general points.
générateur, -trice [ʒeneʀatœʀ, tʀis] *nm,f* generator.
génération [ʒeneʀasjɔ̃] *nf* generation. ◆ **générer** (6) *vt* to generate.
généreux, -euse [ʒeneʀø, øz] *adj* generous. ◆ **générosité** *nf* generosity. *(largesses)* ~**s** kindnesses.
genêt [ʒ(ə)nɛ] *nm (plante)* broom.
génétique [ʒenetik] — **1** *adj* genetic. — **2** *nf* genetics *(sg)*.
gêneur, -euse [ʒɛnœʀ, øz] *nm,f* intruder.
Genève [ʒ(ə)nɛv] *n* Geneva.
génial, e, *mpl* **-aux** [ʒenjal, o] *adj* of genius; (* : *formidable)* fantastic*.
génie [ʒeni] *nm* **(a)** *(gén)* genius; *(Myth)* spirit. **avoir le** ~ **des affaires** to have a genius for business; **le mauvais** ~ **de qn** sb's evil genius. **(b)** *(Mil)* **le** ~ ≃ the Engineers; ~ **civil** civil engineering.
genièvre [ʒənjɛvʀ(ə)] *nm (boisson)* Hollands gin; *(arbre)* juniper.
génisse [ʒenis] *nf* heifer.
génital, e, *mpl* **-aux** [ʒenital, o] *adj* genital.
génocide [ʒenɔsid] *nm* genocide.
genou, *pl* ~**x** [ʒ(ə)nu] *nm* knee. **il était à** ~**x** he was kneeling; **se mettre à** ~**x** to kneel down; **faire du** ~ **à qn*** to play footsie with sb*; **être sur les** ~**x*** to be on one's knees*.
genre [ʒɑ̃ʀ] *nm* **(a)** *(espèce)* kind, type, sort. ~ **de vie** lifestyle, way of life; **le** ~ **humain** mankind; **le mieux dans le** ~ the best of its kind. **(b)** *(allure)* manner. **avoir bon** ~ to have a pleasant air; **ce n'est pas son** ~ it's not like him. **(c)** *(Art)* genre; *(Gram)* gender.
gens [ʒɑ̃] *nmpl* : **les** ~ people; **braves** ~ good people *ou* folk; **les** ~ **d'Église** the clergy.
gentil, -ille [ʒɑ̃ti, ij] *adj (aimable)* kind, nice (*avec* to); *(agréable)* nice, pleasant; *(sage)* good. **c'est** ~ **à toi de...** it's kind of you to...; **sois** ~**, va me le chercher** be a dear and get it for me. ◆ **gentillesse** *nf* kindness. ◆ **gentiment** *adv* kindly, nicely.
gentilhomme [ʒɑ̃tijɔm], *pl* **gentilshommes** [ʒɑ̃tizɔm] *nm* gentleman.
génuflexion [ʒenyflɛksjɔ̃] *nf* genuflexion.
géographe [ʒeɔgʀaf] *nmf* geographer. ◆ **géographie** *nf* geography. ◆ **géographique** *adj* geographical.
geôle [ʒol] *nf* gaol, jail. ◆ **geôlier, -ière** *nm,f* gaoler, jailer.
géologie [ʒeɔlɔʒi] *nf* geology.
géomètre [ʒeɔmɛtʀ(ə)] *nm (arpenteur)* surveyor; *(mathématicien)* geometer. ◆ **géométrique** *adj* geometrical. ◆ **géométrie** *nf* geometry.
gérance [ʒeʀɑ̃s] *nf* management. **mettre qch en** ~ to appoint a manager for sth. ◆ **gérant** *nm* manager; *(immeuble)* managing agent. ◆ **gérante** *nf* manageress.
géranium [ʒeʀanjɔm] *nm* geranium.
gerbe [ʒɛʀb(ə)] *nf (blé)* sheaf; *(étincelles)* shower; *(fleurs, eau)* spray.
gercer *vt,* **se gercer** *vpr* [ʒɛʀse] (3) *(peau)* to chap. ◆ **gerçure** *nf* crack.
gérer [ʒeʀe] (6) *vt* to manage.
germain, e [ʒɛʀmɛ̃, ɛn] *adj* : **cousin** ~ first cousin.
germe [ʒɛʀm(ə)] *nm* germ. **avoir qch en** ~ to contain the seeds of sth. ◆ **germer** (1) *vi* to germinate.
gérondif [ʒeʀɔ̃dif] *nm* gerund.
gésier [ʒezje] *nm* gizzard.

gésir [ʒezir] *vi* : **il gisait sur le sol** he was lying on the ground.
gestation [ʒɛstɑsjɔ̃] *nf* gestation.
geste [ʒɛst(ə)] *nm* gesture. **faire un ~** to make a move *ou* a gesture.
gesticulation [ʒɛstikylɑsjɔ̃] *nf* gesticulation. ◆ **gesticuler** (1) *vi* to gesticulate.
gestion [ʒɛstjɔ̃] *nf* management. ◆ **gestionnaire** — **1** *adj* administrative. — **2** *nmf* administrator.
geyser [ʒɛzɛʀ] *nm* geyser.
ghetto [gɛto] *nm* ghetto.
gibecière [ʒibsjɛʀ] *nf* shoulder bag.
gibet [ʒibɛ] *nm* gallows.
gibier [ʒibje] *nm* game. **~ à plume** game birds; **~ de potence** gallows bird; **le gros ~** big game.
giboulée [ʒibule] *nf* (sudden) shower. **~ de mars** April shower.
giclée [ʒikle] *nf* spray. ◆ **gicler** (1) *vi* to spurt. **faire ~ de l'eau** to send up a spray of water.
gifle [ʒifl(ə)] *nf* slap in the face. ◆ **gifler** (1) *vt* : **~ qn** to slap sb in the face.
gigantesque [ʒigɑ̃tɛsk(ə)] *adj* gigantic.
gigolo [ʒigɔlo] *nm* gigolo.
gigot [ʒigo] *nm* joint. **~ de mouton** leg of mutton.
gigoter* [ʒigɔte] (1) *vi* to wriggle about.
gilet [ʒilɛ] *nm (de complet)* waistcoat, vest *(US)*; *(cardigan)* cardigan. **~ de corps** vest, undershirt *(US)*; **~ de sauvetage** life jacket.
gin [dʒin] *nm* gin.
gingembre [ʒɛ̃ʒɑ̃bʀ(ə)] *nm* ginger.
girafe [ʒiʀaf] *nf* giraffe.
girofle [ʒiʀɔfl(ə)] *nm* : **clou de ~** clove.
giroflée [ʒiʀɔfle] *nf* wallflower.
girouette [ʒiʀwɛt] *nf* weather cock.
gisement [ʒizmɑ̃] *nm (minerai)* deposit.
gitan, e [ʒitɑ̃, an] *nm,f* gipsy.
gîte [ʒit] *nm (abri)* shelter; *(maison)* home; *(lièvre)* form. **~ à la noix** topside.
givre [ʒivʀ(ə)] *nm* hoarfrost. ◆ **givré, e** *adj* frosted; (* : *ivre*) tight*; (* : *fou*) nuts*. ◆ **givrer** *vt* (1) to frost up.
glace [glas] *nf* **(a)** *(eau)* ice. *(Géog)* **~s** ice fields. **(b)** *(Culin)* ice cream. **(c)** *(miroir)* mirror; *(verre)* glass; *(fenêtre)* window. ◆ **glacer** (3) — **1** *vt (geler)* to freeze; *(rafraîchir)* to chill, ice; *(au sucre)* to ice; *(au jus)* to glaze. **~ qn** to turn sb cold; **glacé d'horreur** frozen with horror. — **2 se glacer** *vpr* to freeze. ◆ **glacé, e** *adj (lac)* frozen; *(vent, chambre)* icy, freezing; *(boisson)* iced; *(papier, fruit)* glazed; *(accueil)* icy, frosty. **j'ai les mains ~es** my hands are frozen. ◆ **glacial, e,** *mpl* **~s** *ou* **-aux** *adj* icy. ◆ **glacier** *nm* **(a)** *(Géog)* glacier. **(b)** *(fabricant)* ice-cream maker; *(vendeur)* ice-cream man. ◆ **glacière** *nf* icebox. ◆ **glaçon** *nm (rivière)* block of ice; *(toit)* icicle; *(boisson)* ice cube. **avec des ~s** on the rocks.
gladiateur [gladjatœʀ] *nm* gladiator.
glaïeul [glajœl] *nm* gladiolus (*pl* gladioli).
glaise [glɛz] *nf* clay.
gland [glɑ̃] *nm* acorn; *(ornement)* tassel.
glande [glɑ̃d] *nf* gland.
glaner [glane] (1) *vt* to glean.
glapir [glapiʀ] (2) *vi* to yelp. ◆ **glapissement** *nm* : **~(s)** yelping.
glas [glɑ] *nm* knell.
glissade [glisad] *nf (par jeu)* slide; *(chute)* slip; *(dérapage)* skid.
glissant, e [glisɑ̃, ɑ̃t] *adj* slippery.
glissement [glismɑ̃] *nm (électoral)* swing. **~ de terrain** landslide.
glisser [glise] (1) — **1** *vi* **(a)** *(gén)* to slide; *(voilier, nuages)* to glide along. **faire ~ qch sur le sol** to slide sth along; **il se laissa ~ par terre** he slid down on the ground; **~ sur un sujet** to skate over a subject. **(b)** *(déraper) (personne)* to slip; *(véhicule)* to skid; *(parquet)* to be slippery. **il m'a fait ~** he made me slip; **~ de la table** to slip *ou* slide off the table. — **2** *vt (introduire)* to slip (*dans* into); *(murmurer)* to whisper. — **3 se glisser** *vpr (gén)* to slip; *(soupçon, erreur)* to creep (*dans* into). **se ~ jusqu'au premier rang** to edge one's way to the front.
glissière [glisjɛʀ] *nf* groove. **porte à ~** sliding door.
global, e, *mpl* **-aux** [glɔbal, o] *adj* global.
globe [glɔb] *nm* globe. **~ oculaire** eyeball.
globule [glɔbyl] *nm (gén)* globule; *(du sang)* corpuscle. ◆ **globuleux, -euse** *adj (forme)* globular; *(œil)* protruding.
gloire [glwaʀ] *nf (renommée)* glory, fame; *(louange)* glory, praise; *(homme célèbre)* celebrity; *(mérite)* credit. **heure de ~** hour of glory; **tirer ~ de qch** to be proud of sth; **à la ~ de** in praise of. ◆ **glorieux, -euse** *adj* glorious.
glorification [glɔʀifikɑsjɔ̃] *nf* glorification. ◆ **glorifier** (7) — **1** *vt* to glorify. — **2 se glorifier** *vpr* : **se ~ de** to glory in.
glossaire [glɔsɛʀ] *nm* glossary.
glotte [glɔt] *nf* glottis.
gloussement [glusmɑ̃] *nm (personne)* chuckle; *(poule)* cluck. ◆ **glousser** (1) *vi* to chuckle; to cluck.
glouton, -onne [glutɔ̃, ɔn] — **1** *adj* gluttonous. — **2** *nm,f* glutton. ◆ **gloutonnerie** *nf* gluttony.
glu [gly] *nf* birdlime. ◆ **gluant, e** *adj* sticky.
glucose [glykoz] *nm* glucose.
glycérine [gliseʀin] *nf* glycerine.
glycine [glisin] *nf* wisteria.
gnognote* [ɲɔɲɔt] *nf* : **c'est de la ~!** it's rubbish!
gnôle* [ɲol] *nf* firewater*, hooch*.
gnome [gnom] *nm* gnome.
gnon* [ɲɔ̃] *nm* bash*.
goal [gol] *nm* goalkeeper, goalie*.
gobelet [gɔblɛ] *nm (enfant)* beaker; *(étain)* tumbler; *(dés)* cup. **~ en papier** paper cup.
gober [gɔbe] (1) *vt* to swallow.
godasse* [gɔdas] *nf* shoe.
godet [gɔdɛ] *nm* pot; (* : *verre*) glass.
godille* [gɔdij] *nf (objet)* **à la ~** useless*.
goéland [gɔelɑ̃] *nm* seagull, gull.
goélette [gɔelɛt] *nf* schooner.
goémon [gɔemɔ̃] *nm* wrack.
gogo* [gɔgo] — **1** *nm* sucker*, mug*. — **2** *adv* : **du vin** *etc* **à ~** wine *etc* galore.
goguenard, e [gɔgnaʀ, aʀd(ə)] *adj* mocking.
goguette* [gɔgɛt] *nf* : **en ~** on the binge*.
goinfre* [gwɛ̃fʀ(ə)] *(glouton)* — **1** *adj* piggish*. — **2** *nm* pig*. ◆ **se goinfrer*** (1) *vpr* to make a pig of o.s.*. **se ~ de** to guzzle.
goitre [gwatʀ(ə)] *nm* goitre.
golf [gɔlf] *nm (Sport)* golf; *(terrain)* golf course.
golfe [gɔlf(ə)] *nm* gulf; *(petit)* bay.
gomme [gɔm] *nf* rubber, eraser *(US)*.**à la ~*** useless* ◆ **gommer** (1) *vt* to rub out, erase.
gond [gɔ̃] *nm* hinge.
gondole [gɔ̃dɔl] *nf* gondola. ◆ **gondolier** *nm* gondolier.

gondoler (se) [gɔ̃dɔle] (1) *(papier)* to crinkle; *(planche)* to warp; *(tôle)* to buckle; (* : *rire*) to laugh one's head off.
gonflement [gɔ̃fləmɑ̃] *nm (action)* inflation; *(grosseur)* swelling; *(exagération)* exaggeration.
gonfler [gɔ̃fle] (1) — **1** *vt (gén, fig)* to inflate; *(avec pompe)* to pump up; *(en soufflant)* to blow up; *(poitrine)* to puff out; *(rivière, voiles, cœur)* to swell. **gonflé d'orgueil** puffed up with pride. — **2** *vi (gén)* to swell; *(pâte)* to rise. — **3 se gonfler** *vpr* to swell. ◆ **gonflé, e** *adj (yeux)* puffy, swollen. **je me sens ~** I feel bloated; **il est ~!*** he's got some nerve!*
gong [gɔ̃(g)] *nm (Mus)* gong; *(Boxe)* bell.
gorge [gɔʀʒ(ə)] *nf (gosier)* throat; *(poitrine)* breast; *(vallée)* gorge; *(rainure)* groove. **avoir la ~ serrée** to have a lump in one's throat; **à ~ déployée** *(rire)* heartily; *(chanter)* at the top of one's voice.
gorgée [gɔʀʒe] *nf* mouthful; *(petite)* sip; *(grande)* gulp.
gorger [gɔʀʒe] (3) — **1** *vt* to fill (*de* with). **gorgé de** full of. — **2 se gorger** *vpr* to gorge o.s. (*de* with).
gorille [gɔʀij] *nm* gorilla; (* : *garde*) bodyguard.
gosier [gozje] *nm* throat.
gosse* [gɔs] *nmf* kid*.
gothique [gɔtik] *adj* Gothic.
gouache [gwaʃ] *nf* poster paint.
goudron [gudʀɔ̃] *nm* tar. ◆ **goudronner** (1) *vt (route)* to tar.
gouffre [gufʀ(ə)] *nm* abyss, gulf.
goujat [guʒa] *nm* boor.
goulot [gulo] *nm* neck. **~ d'étranglement** bottleneck.
goulu, e [guly] — **1** *adj* gluttonous. — **2** *nm,f* glutton.
goupiller* [gupije] (1) — **1** *vt* to fix*. **bien goupillé** well thought out. — **2 se goupiller** * *vpr* to work.
gourde [guʀd(ə)] — **1** *nf (Bot)* gourd; *(à eau)* flask; (* : *empoté*) clot*. — **2** *adj* (*) thick*.
gourdin [guʀdɛ̃] *nm* club, bludgeon.
gourer (se)* [guʀe] (1) *vpr* to slip up (*dans* in).
gourmand, e [guʀmɑ̃, ɑ̃d] — **1** *adj* greedy — **2** *nm,f* glutton. ◆ **gourmandise** *nf (défaut)* greed; *(gâterie)* delicacy.
gourmet [guʀmɛ] *nm* gourmet.
gourmette [guʀmɛt] *nf* chain bracelet.
gousse [gus] *nf (vanille)* pod; *(ail)* clove.
goût [gu] *nm* taste. **ça a un ~ de fraise** it tastes like strawberry; *(aliment)* **sans ~** tasteless; **à mon ~** for my liking *ou* taste; **de bon ~** tasteful, in good taste; **de mauvais ~** tasteless, in bad *ou* poor taste; **prendre ~ à qch** to get a taste for sth; **tous les ~s sont dans la nature** it takes all sorts to make a world; **ou qch dans ce ~-là*** or sth of that sort.
goûter [gute] (1) — **1** *vt (aliment)* to taste; *(repos, spectacle)* to enjoy. **~ à** *ou* **de qch** to taste sth. — **2** *vi (manger)* to have tea. — **3** *nm* (after-school) snack; *(fête)* tea party.
goutte [gut] *nf (gén)* drop; *(Méd)* gout; *(alcool)* brandy. **~ de rosée** dewdrop; **~ de sueur** bead of sweat; **faire du ~-à-~ à qn** to put sb on the drip; **c'est la ~ qui fait déborder le vase** it's the last straw. ◆ **gouttelette** *nf* droplet. ◆ **goutter** (1) *vi* to drip (*de* from).
gouttière [gutjɛʀ] *nf (horizontale)* gutter; *(verticale)* drainpipe; *(Méd)* plaster cast.
gouvernail [guvɛʀnaj] *nm (pale)* rudder; *(barre)* helm, tiller.
gouvernante [guvɛʀnɑ̃t] *nf (institutrice)* governess; *(intendante)* housekeeper.
gouvernement [guvɛʀnəmɑ̃] *nm* government. ◆ **gouvernemental, e,** *mpl* **-aux** *adj* government. ◆ **gouverner** (1) *vt* to govern. **le parti qui gouverne** the party in power *ou* in office. ◆ **gouverneur** *nm* governor.
grabat [gʀaba] *nm* pallet.
grabuge* [gʀabyʒ] *nm* : **il va y avoir du ~** there'll be a rumpus*.
grâce [gʀɑs] *nf* **(a)** *(charme)* grace. **(b)** *(faveur)* favour. **être dans les bonnes ~s de qn** to be in sb's good books; **gagner les bonnes ~s de qn** to gain sb's favour; **donner à qn une semaine de ~** to give sb a week's grace; **~ à qn** thanks to sb; **~ à Dieu!** thank God!; **de bonne ~** with a good grace. **(c)** *(miséricorde)* mercy; *(Jur)* pardon. **crier ~** to cry for mercy; **de ~** for pity's sake; **je vous fais ~ des détails** I'll spare you the details. **(d)** *(Rel)* grace. **à la ~ de Dieu!** it's in God's hands!; *(déesse)* **G~** Grace.
gracier [gʀasje] (7) *vt* to pardon.
gracieux, -ieuse [gʀasjø, jøz] *adj (élégant)* graceful; *(aimable)* gracious; *(gratuit)* free. ◆ **gracieusement** *adv* gracefully; graciously; *(gratuitement)* free of charge.
gracile [gʀasil] *adj* slender.
gradation [gʀadɑsjɔ̃] *nf* gradation.
grade [gʀad] *nm (Admin, Mil)* rank; *(Tech)* grade. **monter en ~** to be promoted. ◆ **gradé** *nm (gén)* officer.
gradin [gʀadɛ̃] *nm* : **les ~s** *(Théât)* the tiers; *(stade)* the terracing; **en ~s** terraced.
graduer [gʀadɥe] (1) *vt* to graduate. ◆ **graduel, -elle** *adj* gradual. ◆ **graduellement** *adv* gradually.
graffiti [gʀafiti] *nmpl* graffiti.
grain [gʀɛ̃] *nm* **(a)** *(gén, fig)* grain; *(café)* bean; *(poussière)* speck; *(chapelet)* bead; *(cassis etc)* berry. *(semence)* **le ~** the seed; **~ de raisin** grape; **~ de poivre** peppercorn; **~ de beauté** beauty spot; **mettre son ~ de sel*** to put one's oar in*; **il a un ~*** he's a bit touched*. **(b)** *(texture)* grain. **(c)** *(averse)* heavy shower; *(bourrasque)* squall.
graine [gʀɛn] *nf* seed. **prends-en de la ~*** take a leaf out of his (*ou* her) book*.
graisse [gʀɛs] *nf (gén)* fat; *(lubrifiant)* grease. ◆ **graisser** (1) *vt* to grease. **~ la patte à qn*** to grease sb's palm. ◆ **graisseux, -euse** *adj* greasy.
grammaire [gʀamɛʀ] *nf* grammar. ◆ **grammatical, e,** *mpl* **-aux** *adj* grammatical. ◆ **grammaticalement** *adv* grammatically.
gramme [gʀam] *nm* gramme.
grand, e [gʀɑ̃, gʀɑ̃d] — **1** *adj* **(a)** *(gén)* big; *(haut)* tall; *(important, remarquable)* great; *(quantité)* large; *(bruit)* loud; *(vent)* strong, high; *(chaleur)* intense; *(fig : âme)* noble. **un ~ ami de** a great friend of; **les ~s malades** the seriously ill. **(b)** *(plus âgé)* big. **son ~ frère** his big *ou* older brother; **les ~es classes** the senior forms; **~ âge** great age, old age. **(c)** *(très, beaucoup)* a lot of. **il n'y a pas ~ monde** there aren't a lot of people *ou* very many people; **avoir ~ peur** to be very frightened; **de ~ matin** very early in the morning. **(d)** *(locutions)* **cela ne vaut pas ~-chose** it's not worth much; **à ma ~e surprise** much to my surprise; **de ~ cœur** wholeheartedly; **à ~s cris** vociferously; **de ~e envergure** large-scale; **au ~ jour** *(lit)* in broad daylight; *(fig)* in the open; **en ~e partie** largely;

à ~-peine with great difficulty; **il est ~ temps de faire ceci** it's high time this was done.
— **2** *adv* : **voir ~** to think big*; **faire qch en ~** to do sth on a large scale; **ouvrir ~ la fenêtre** to open the window wide.
— **3** *nm,f (adulte)* adult; *(enfant)* older child. **mon ~** my dear; **les ~s de ce monde** those in high places; **les quatre G~s** the Big Four; **Pierre le G~** Peter the Great.
— **4** : **le ~ air** the open air; **la ~e banlieue** the outer suburbs; **la G~e-Bretagne** Great Britain; **~ ensemble** housing scheme; **~ magasin** department store; **~ manitou*** big shot*; **~-mère** grandmother; (* : *vieille dame*) granny*; **le ~ monde** high society; **~-oncle** great-uncle; **~s-parents** grand-parents; **~-père** grandfather; (* : *vieux monsieur*) old man; **~e personne** grown-up; **le ~ public** the general public; *(Pol)* **~e puissance** major power; **la ~-rue** the high *ou* main street; **~e surface** hypermarket; **~-tante** great-aunt; **les ~es vacances** the summer holidays *ou* vacation *(US)*.

grandement [gʀɑ̃dmɑ̃] *adv* greatly. **il a ~ le temps** he has plenty of time; **il est ~ temps** it's high time.

grandeur [gʀɑ̃dœʀ] *nf (gén)* greatness; *(objet)* size. **~ nature** life-size; **~ d'âme** nobility of soul.

grandiose [gʀɑ̃djoz] *adj* grandiose.

grandir [gʀɑ̃diʀ] (2) — **1** *vi* to grow; *(bruit)* to grow louder. **~ de 10 cm** to grow 10 cm; *(âge)* **en grandissant** as you grow up. — **2** *vt (microscope)* to magnify. **ça le grandit** it makes him look taller.

grange [gʀɑ̃ʒ] *nf* barn.

granit(e) [gʀanit] *nm* granite.

granulé [gʀanyle] *nm* granule. ◆ **granuleux, -euse** *adj* granular.

graphique [gʀafik] — **1** *adj* graphic. — **2** *nm (courbe)* graph.

grappe [gʀap] *nf* cluster. **~ de raisin** bunch of grapes.

grappin [gʀapɛ̃] *nm* grapnel. **mettre le ~ sur *** to grab.

gras, grasse [gʀɑ, gʀɑs] — **1** *adj (gén)* fat; *(bouillon)* fatty; *(mains)* greasy; *(trait)* thick; *(toux)* loose; *(rire)* coarse. **faire la grasse matinée** to have a long lie. — **2** *nm (Culin)* fat; *(sale)* grease. ◆ **grassement** *adv* : **~ payé** highly paid, well paid.

gratification [gʀatifikɑsjɔ̃] *nf* bonus.

gratifier [gʀatifje] (7) *vt* : **~ qn de** to reward sb with.

gratin [gʀatɛ̃] *nm (plat)* cheese dish; *(croûte)* cheese topping. (* : *haute société*) **le ~** the upper crust; **au ~** au gratin.

gratis [gʀatis] *adv* free.

gratitude [gʀatityd] *nf* gratitude.

gratte-ciel [gʀatsjɛl] *nm inv* skyscraper.

gratter [gʀate] (1) — **1** *vt (surface)* to scratch; *(avec un outil)* to scrape. **ça me gratte** I've got an itch, it makes me itch. — **2** *vi* **(a)** *(plume)* to scratch; *(drap : irriter)* to be scratchy. **(b)** (*) *(économiser)* to save; *(travailler)* to slog away*; *(écrire)* to scribble. — **3 se gratter** *vpr* to scratch o.s.

grattoir [gʀatwaʀ] *nm* scraper.

gratuit, e [gʀatɥi, ɥit] *adj (sans payer)* free; *(affirmation)* unwarranted; *(cruauté)* gratuitous. ◆ **gratuité** *nf* : **la ~ de l'éducation** *etc* free education *etc.* ◆ **gratuitement** *adv* free of charge; gratuitously.

gravats [gʀavɑ] *nmpl* rubble.

grave [gʀav] *adj (solennel)* grave; *(alarmant)* serious, grave; *(accent)* grave; *(note)* low; *(voix)* deep. ◆ **gravement** *adv* gravely; seriously.

graver [gʀave] (1) *vt (gén)* to engrave; *(sur bois)* to carve (*dans* on); *(à l'eau-forte)* to etch. ◆ **graveur** *nm* engraver; *(sur bois)* wood-cutter.

gravier [gʀavje] *nm* : **un ~** a bit of gravel; **le ~** gravel. ◆ **gravillon** *nm* bit of gravel. **des ~s** loose chippings.

gravir [gʀaviʀ] (2) *vt* to climb.

gravité [gʀavite] *nf* gravity.

graviter [gʀavite] (1) *vi* to revolve.

gravure [gʀavyʀ] *nf (action)* engraving; *(tableau)* print; *(photo)* plate. **une ~ sur bois** a woodcut.

gré [gʀe] *nm (volonté)* will; *(goût)* liking, taste. **à votre ~** as you like *ou* please; **de ~ ou de force** whether he likes it or not; **de bon ~** willingly; **de mauvais ~** grudgingly; **volant au ~ du vent** flying in the wind; **au ~ des événements** according to events.

grec, grecque [gʀɛk] — **1** *adj, nm* Greek. — **2** *nm,f* : **G~(que)** Greek. ◆ **Grèce** *nf* Greece.

gredin [gʀədɛ̃] *nm* rascal.

greffe[1] [gʀɛf] *nf (organe)* transplant; *(tissu, branche)* graft. ◆ **greffer** (1) *vt* to transplant; to graft. ◆ **greffon** *nm* transplant; graft.

greffe[2] [gʀɛf] *nm* clerk of the court's office. ◆ **greffier** *nm* clerk of the court.

grégaire [gʀegɛʀ] *adj* gregarious.

grêle[1] [gʀɛl] *adj (jambes, personne)* spindly; *(son)* shrill.

grêle[2] [gʀɛl] *nf* hail. **averse de ~** hail storm. ◆ **grêler** (1) *vb impers* : **il grêle** it is hailing. ◆ **grêlon** *nm* hailstone.

grelot [gʀəlo] *nm* bell.

grelotter [gʀəlɔte] (1) *vi* to shiver (*de* with).

grenade [gʀənad] *nf (fruit)* pomegranate; *(explosif)* grenade. ◆ **grenadine** *nf* grenadine.

grenat [gʀəna] *adj inv* dark red.

grenier [gʀənje] *nm* attic, garret; *(pour grain etc)* loft.

grenouille [gʀənuj] *nf* frog.

grès [gʀɛ] *nm (Géol)* sandstone; *(Poterie)* stoneware.

grésil [gʀezi(l)] *nm (Mét)* fine hail.

grésiller [gʀezije] (1) *vi (huile)* to sizzle; *(radio)* to crackle.

grève [gʀɛv] *nf* **(a)** strike. **se mettre en ~** to go on strike; **~ de la faim** hunger strike. **(b)** *(mer)* shore; *(rivière)* bank. ◆ **gréviste** *nmf* striker.

gribouiller [gʀibuje] (1) *vt* to scribble, scrawl. ◆ **gribouillis** *nm* scribble.

grief [gʀijɛf] *nm* grievance. **faire ~ à qn de qch** to hold sth against sb.

grièvement [gʀijɛvmɑ̃] *adv* seriously.

griffe [gʀif] *nf* **(a)** *(ongle)* claw. **montrer ses ~s** to show one's claws. **(b)** *(couturier)* maker's label; *(fonctionnaire)* signature stamp. ◆ **griffer** (1) *vt* to scratch; *(avec force)* to claw.

griffonner [gʀifɔne] (1) *vt (écrire)* to scribble, scrawl; *(dessiner)* to scrawl.

grignoter [gʀiɲɔte] (1) *vti* to nibble.

gril [gʀi(l)] *nm (Culin)* steak pan, grill pan. **être sur le ~*** to be on tenterhooks. ◆ **grillade** *nf (viande)* grill.

grillage [gʀijaʒ] *nm* wire netting; *(clôture)* wire fence.

grille [gʀij] *nf (clôture)* railings; *(portail)* gate; *(barreaux)* bars; *(pour cheminée)* grate; *(mots croisés)* grid; *(fig : échelle)* scale.

grille-pain [gRijpɛ̃] *nm inv* toaster.
griller [gRije] (1) *vt* **(a)** (*Culin : aussi* **faire ~**) *(pain, amandes)* to toast; *(viande)* to grill; *(café, châtaignes)* to roast. **(b)** *(fig)* **~ un feu rouge** to jump the lights; **~ une étape** to cut out a stop. **se ~ au soleil** to roast in the sun. **(c)** *(casser) (lampe)* to blow; *(moteur)* to burn out.
grillon [gRijɔ̃] *nm* cricket.
grimace [gRimas] *nf* grimace. **faire des ~s** to make *ou* pull faces; **il fit une ~** he pulled a face. ◆ **grimacer** (3) *vi* to grimace (*de* with).
grimer *vt,* **se grimer** *vpr* [gRime] (1) to make up.
grimper [gRɛ̃pe] (1) — **1** *vi (personne)* to climb; *(fièvre, prix)* to soar. **~ aux arbres** to climb trees; **ça grimpe dur!** it's a steep climb! — **2** *vt* to climb.
grincement [gRɛ̃smɑ̃] *nm :* **~(s)** *(gén)* grating; *(plancher)* creaking; *(plume)* scratching. ◆ **grincer** (3) *vi* to grate; to creak; to scratch. **~ des dents** to grind one's teeth; *(lit, fig)* **grinçant** grating.
grincheux, -euse [gRɛ̃ʃø, øz] *adj* grumpy.
grippe [gRip] *nf :* **la ~** flu; **une ~ à bout** of flu; **prendre qn en ~** to take a sudden dislike to sb. ◆ **grippé, e** *adj :* **il est ~** he's got flu.
gris, e [gRi, gRiz] *adj* grey, gray *(US); (morne)* dull; *(soûl)* tipsy. **~ perle** pearl grey; **faire ~e mine** to look put out. ◆ **grisaille** *nf* greyness; dullness. ◆ **grisâtre** *adj* greyish.
griser [gRize] (1) *vt* to intoxicate. **se ~ de** to be intoxicated by, be carried away by. ◆ **griserie** *nf* intoxication.
grisou [gRizu] *nm* firedamp.
grive [gRiv] *nf (oiseau)* thrush.
grivois, e [gRivwa, waz] *adj* saucy.
grog [gRɔg] *nm* grog.
grognement [gRɔɲmɑ̃] *nm (gén)* growl; *(cochon)* grunt. ◆ **grogner** (1) *vi* to grunt; ◆ **grognon** *adj* grumpy.
groin [gRwɛ̃] *nm (animal)* snout.
grommeler [gRɔmle] (4) *vti* to mutter.
grondement [gRɔ̃dmɑ̃] *nm :* **~(s)** *(canon, orage)* rumbling; *(foule)* muttering. ◆ **gronder** (1) — **1** *vt (enfant)* to scold. — **2** *vi* to rumble; to mutter; *(colère)* to be brewing.
groom [gRum] *nm* bellboy.
gros, grosse [gRo, gRos] — **1** *adj (gén)* big, large; *(épais)* thick; *(gras)* fat; *(lourd, fort)* heavy (*de* with) ; *(dégâts, progrès)* great. **le ~ travail** the heavy work; **c'est vraiment un peu ~** it's a bit thick*; **avoir le cœur ~** to have a heavy heart; **le chat fait le ~ dos** the cat is arching its back; **faire les ~ yeux à un enfant** to glower at a child. — **2** *nm (personne)* fat man. **le ~ du travail** the bulk of the work; **en ~** broadly; **le commerce de ~** the wholesale business; **vendre en ~** to sell wholesale. — **3** *nf* fat woman. — **4** *adv (beaucoup)* a lot. **écrire ~** to write big; **en avoir ~ sur le cœur** to be upset. — **5** : **~ bonnet*** bigwig*; *(Mus)* **grosse caisse** bass drum; **~ intestin** large intestine; **~ lot** jackpot; **~ mot** rude word; **~ plan** close-up; **~ sel** coarse salt; **~ titre** headline.
groseille [gRozɛj] *nf* red (*ou* white) currant. **~ à maquereau** gooseberry. ◆ **groseillier** *nm* currant bush.
grossesse [gRosɛs] *nf* pregnancy.
grosseur [gRosœR] *nf* **(a)** *(objet)* size; *(fil, bâton)* thickness; *(personne)* weight. **(b)** *(tumeur)* lump.
grossier, -ière [gRosje, jɛR] *adj* **(a)** *(matière, traits)* coarse; *(instrument, ruse)* crude; *(réparation, estimation)* rough. **(b)** *(erreur, ignorance)* gross. **(c)** *(insolent)* rude (*envers* to); *(vulgaire)* coarse. ◆ **grossièreté** *nf* coarseness; crudeness; rudeness. **dire des ~s** to use rude language.
grossir [gRosiR] (2) — **1** *vi (gén)* to grow; *(personne)* to put on weight, get fat; *(bruit)* to get louder. — **2** *vt* **(a)** *(lunettes)* to enlarge, magnify; *(exagérer)* to exaggerate. **(b)** *(foule, rivière)* to swell; *(somme)* to increase. ◆ **grossiste** *nmf* wholesaler.
grotesque [gRɔtɛsk(ə)] *adj (risible)* ludicrous; *(difforme)* grotesque.
grotte [gRɔt] *nf (naturelle)* cave; *(artificielle)* grotto.
grouillement [gRujmɑ̃] *nm (foule)* milling; *(rue)* swarming. ◆ **grouiller** (1) — **1** *vi* to mill about; to be swarming with people. — **2** **se grouiller** *vpr* (*) to get a move on*.
groupe [gRup] *nm* group. **un ~ de touristes** a group *ou* party of tourists; **~ électrogène** generating set; **~ scolaire** school complex; **~ sanguin** blood group. ◆ **groupement** *nm (action)* grouping; *(groupe)* group. ◆ **grouper** (1) — **1** *vt* to group; *(ressources)* to pool. — **2** **se grouper** *vpr* to gather.
grue [gRy] *nf (machine, oiseau)* crane; (* *prostituée*) tart.
grumeau, *pl* **~x** [gRymo] *nm (sauce)* lump.
gruyère [gRyjɛR] *nm* gruyère cheese.
gué [ge] *nm* ford. **passer à ~** to ford.
guenille [gənij] *nf* rag.
guenon [gənɔ̃] *nf* female monkey.
guépard [gepaR] *nm* cheetah.
guêpe [gɛp] *nf* wasp. ◆ **guêpier** *nm (piège)* trap; *(nid)* wasp's nest.
guère [gɛR] *adv* hardly, scarcely. **il n'y a ~ de monde** there's hardly *ou* scarcely anybody there; **il n'y a ~ que lui qui ...** he's about the only one who...; **je n'aime ~ qu'on me questionne** I don't much like being questioned.
guéridon [geRidɔ̃] *nm* pedestal table.
guérilla [geRija] *nf* guerrilla warfare.
guérir [geRiR] (2) — **1** *vt (gén)* to cure; *(membre, blessure)* to heal. — **2** *vi (malade)* to recover (*de* from); *(blessure)* to heal. **se ~ de** to cure o.s. of. ◆ **guérison** *nf (malade)* recovery; *(maladie)* curing; *(membre, plaie)* healing. ◆ **guérisseur, -euse** *nm,f* healer; *(péj)* quack.
guérite [geRit] *nf (Mil)* sentry box; *(sur chantier)* site hut.
guerre [gɛR] *nf* war. **la ~ de Sécession** the American Civil War; **en ~** at war (*avec* with); **faire la ~ à** to wage war on; **faire la ~ à qn pour obtenir qch** to battle with sb to get sth; **de ~ lasse elle accepta** she gave up the struggle and accepted. ◆ **guerrier, -ière** — **1** *adj (nation)* warlike; *(danse)* war. — **2** *nm,f* warrior.
guet [gɛ] *nm* watch. **faire le ~** to be on the watch *ou* look-out.
guet-apens, *pl* **~s-~** *nm* [gɛtapɑ̃] ambush.
guêtre [gɛtR(ə)] *nf* gaiter.
guetter [gete] (1) *vt (épier)* to watch; *(attendre)* to be on the look-out for.
guetteur [gɛtœR] *nm* look-out.
gueule [gœl] *nf* **(a)** (*) *(bouche)* mouth; *(figure)* face; *(aspect)* look. **(b)** *(animal, four)* mouth; *(canon)* muzzle. **se jeter dans la ~ du loup** to

throw o.s. into the lion's jaws. ◆ **gueuler*** (1) *vi* to bawl (*de* with).
gueuleton* [gœltɔ̃] *nm* blow-out*.
gui [gi] *nm* mistletoe.
guibolle* [gibɔl] *nf (jambe)* leg.
guichet [giʃɛ] *nm (banque)* counter; *(théâtre)* box office; *(gare)* ticket office. ◆ **guichetier, -ière** *nm,f* counter clerk.
guide [gid] — **1** *nm (gén)* guide; *(livre)* guide book. — **2** *nfpl (rênes)* **~s** reins. ◆ **guider** (1) *vt* to guide.
guidon [gidɔ̃] *nm (vélo)* handlebars.
guigne* [giɲ(ə)] *nf* rotten luck*.
guignol [giɲɔl] *nm (marionnette)* guignol; *(péj)* clown; *(spectacle)* puppet show. **c'est du ~!** it's a farce!
guillemet [gijmɛ] *nm* inverted comma.
guilleret, -ette [gijʀɛ, ɛt] *adj (enjoué)* perky.
guillotine [gijɔtin] *nf* guillotine. ◆ **guillotiner** (1) *vt* to guillotine.
guimauve [gimov] *nf* marshmallow.
guimbarde* [gɛ̃baʀd(ə)] *nf* : **(vieille) ~** old banger*.
guindé, e [gɛ̃de] *adj (personne)* stiff; *(style)* stilted.
guingois* [gɛ̃gwa] *adv* : **de ~** skew-whiff*.
guirlande [giʀlɑ̃d] *nf* garland.
guise [giz] *nf* : **n'en faire qu'à sa ~** to do as one pleases *ou* likes; **en ~ de** by way of.
guitare [gitaʀ] *nf* guitar. ◆ **guitariste** *nmf* guitarist.
guttural, e, *mpl* **-aux** [gytyʀal, o] *adj* guttural.
gym [ʒim] *nf* gym, P.E.
gymnase [ʒimnaz] *nm* gymnasium, gym. ◆ **gymnaste** *nmf* gymnast. ◆ **gymanastique** *nf* gymnastics *(sg)*. **professeur de ~** physical education *ou* P.E. teacher.
gynécologie [ʒinekɔlɔʒi] *nf* gynaecology. ◆ **gynécologique** *adj* gynaecological. ◆ **gynécologue** *nmf* gynaecologist.
gyroscope [ʒiʀɔskɔp] *nm* gyroscope.

H

H, h [aʃ] *nm (lettre)* H, h. **H aspiré** aspirate h; **H muet** silent *ou* mute h.
habile [abil] *adj* skilful, clever (*à faire* at doing). ◆ **habileté** *nf* skill, skilfulness, cleverness.
habillement [abijmɑ̃] *nm (costume)* clothes; *(profession)* clothing trade.
habiller [abije] (1) — **1** *vt (personne)* to dress (*de* in); *(mur, fauteuil)* to cover (*de* with). — **2 s'habiller** *vpr* to dress, get dressed; *(se déguiser)* to dress up (*en* as). **elle s'habille long** she wears long skirts. ◆ **habillé, e** *adj (robe, soirée)* dressy. **mal ~** badly dressed; **être ~ de noir** to be dressed in *ou* wearing black.
habit [abi] *nm (costume)* suit; *(Théât)* costume; *(de cérémonie)* tails. **les ~s** clothes; *(tenue)* **son ~** his dress; **l'~ ne fait pas le moine** do not judge by appearances.
habitable [abitabl(ə)] *adj* habitable.
habitant, e [abitɑ̃, ɑ̃t] *nm,f (maison)* occupant; *(pays)* inhabitant. **loger chez l'~** to stay with local people.
habitation [abitɑsjɔ̃] *nf* house. **conditions d'~** housing *ou* living conditions.
habiter [abite] (1) — **1** *vt (maison)* to live in; *(région)* to inhabit. — **2** *vi* to live.
habitude [abityd] *nf* habit. *(coutumes)* **~s** customs; **avoir l'~ de faire** to be used to doing; **avoir une longue ~ de** to have long experience of; **d'~** usually; **comme d'~** as usual.
habitué, e [abitɥe] *nm,f (maison)* regular visitor; *(café)* regular customer. ◆ **habituel, -elle** *adj* usual, habitual. ◆ **habituellement** *adv* usually.
habituer [abitɥe] *vt* : **~ qn à faire** to accustom sb to doing; **s'~ à faire** to get used to doing.
hache ['aʃ] *nf* axe. **~ de guerre** hatchet. ◆ **haché, e** *adj (viande)* minced; *(style)* jerky. ◆ **hacher** (1) *vt (au couteau)* to chop; *(avec un appareil)* to mince. ◆ **hachette** *nf* hatchet. ◆ **hachis** *nm* mince. **~ Parmentier** ≃ shepherd's pie. ◆ **hachoir** *nm (couteau)* chopper; *(appareil)* (meat-)mincer.
hagard, e ['agaʀ, aʀd(ə)] *adj* distraught, wild.
haie ['ɛ] *nf* **(a)** *(clôture)* hedge; *(spectateurs)* line, row. **(b)** *(coureur)* hurdle; *(chevaux)* fence. **110 mètres ~s** 110 metres hurdles.
haillon ['ɑjɔ̃] *nm* rag.
haine ['ɛn] *nf* hatred, hate (*de, pour* of). **avoir de la ~ pour** to be filled with hate for. ◆ **haineux, -euse** *adj* full of hatred *ou* hate.
haïr ['aiʀ] (10) *vt* to detest, hate.
halage ['alaʒ] *nm* towing. **chemin de ~** towpath.
hâle ['ɑl] *nm* tan, sunburn. ◆ **hâlé, e** *adj* tanned, sunburnt.
haleine [alɛn] *nf (souffle)* breath; *(respiration)* breathing. **hors d'~** out of breath, breathless; **tenir qn en ~** to keep sb in suspense; **travail de longue ~** long-term job.
haler ['ale] (1) *vt* to tow.
haletant, e ['altɑ̃, ɑ̃t] *adj* panting; *(voix)* breathless.
haleter ['alte] (5) *vi (personne)* to pant (*de* with); *(moteur)* to puff.
hall ['ol] *nm (immeuble)* hall, foyer; *(gare)* arrival (*ou* departure) hall.
halle ['al] *nf* : **les H~s** *the central food market of Paris.*
hallucination [alysinɑsjɔ̃] *nf* hallucination.
halo ['alo] *nm* halo.
halte ['alt(ə)] *nf (pause)* stop, break; *(fig)* pause; *(endroit)* stopping place; *(Rail)* halt. **faire ~** to stop; **~!** stop!; **~ aux essais nucléaires!** no more nuclear tests!

haltère [altɛʀ] *nm (à boules)* dumbbell; *(à disques)* barbell. **faire des ~s** to do weight lifting.
hamac ['amak] *nm* hammock.
hameau, *pl* **~x** ['amo] *nm* hamlet.
hameçon [amsɔ̃] *nm* fish hook.
hanche ['ɑ̃ʃ] *nf (personne)* hip; *(cheval)* haunch.
hand-ball ['ɑ̃dbal] *nm* handball.
handicap ['ɑ̃dikap] *nm* handicap. ◆ **handicapé, e** — **1** *adj* handicapped. — **2** *nm,f* handicapped person. ◆ **handicaper** (1) *vt* to handicap.
hangar ['ɑ̃gaʀ] *nm (gén)* shed; *(marchandises)* warehouse; *(avions)* hangar.
hanneton ['antɔ̃] *nm* maybug.
hanter ['ɑ̃te] (1) *vt* to haunt.
hantise ['ɑ̃tiz] *nf* obsessive fear.
happer ['ape] (1) *vt (avec la gueule)* to snap up; *(avec la main)* to snatch up.
haras ['aʀɑ] *nm* stud farm.
harasser ['aʀase] (1) *vt* to exhaust.
harceler ['aʀsəle] (5) *vt* to harass (*de* with).
hardi, e ['aʀdi] *adj* bold, daring. ◆ **hardiesse** *nf* boldness, daring. **une ~** a bold remark. ◆ **hardiment** *adv* boldly, daringly.
hareng ['aʀɑ̃] *nm* herring. **~ saur** smoked herring, kipper.
hargne ['aʀɲ(ə)] *nf* aggressiveness. ◆ **hargneux, -euse** *adj* aggressive.
haricot ['aʀiko] *nm* bean. **~ blanc** haricot bean; **~ vert** French bean; **~ de mouton** mutton stew.
harmonica [aʀmɔnika] *nm* harmonica, mouth organ.
harmonie [aʀmɔni] *nf (gén)* harmony; *(fanfare)* wind band. ◆ **harmonieux, -euse** *adj* harmonious. ◆ **harmoniser** *vt*, **s'harmoniser** *vpr* (1) to harmonize.
harmonium [aʀmɔnjɔm] *nm* harmonium.
harnais ['aʀnɛ] *nm* harness.
harpe ['aʀp(ə)] *nf (Mus)* harp.
harpon ['aʀpɔ̃] *nm* harpoon. ◆ **harponner** (1) *vt (baleine)* to harpoon; *(au passage)* to waylay.
hasard ['azaʀ] *nm (coïncidence)* coincidence. *(destin)* chance, fate, luck. *(risques)* **~s** hazards; **un ~ heureux** a stroke of luck; **au ~** *(aller)* aimlessly; *(agir)* haphazardly; *(tirer, citer)* at random; **à tout ~** just in case; **par ~** by chance. ◆ **hasarder** (1) *vt (vie)* to risk; *(hypothèse)* to hazard, venture. **se ~ à faire** to risk doing, venture to do. ◆ **hasardeux, -euse** *adj* risky.
hâte ['ɑt] *nf (empressement)* haste; *(impatience)* impatience. **à la ~** in a hurry; **avoir ~ de faire** to be eager to do. ◆ **hâter** (1) — **1** *vt* to hasten. **~ le pas** to quicken one's pace. — **2 se hâter** *vpr* to hurry, hasten (*de faire* to do). **hâtez-vous** hurry up. ◆ **hâtif, -ive** *adj (développement)* precocious; *(décision)* hasty. ◆ **hâtivement** *adv* hurriedly, hastily.
hausse ['os] *nf* rise, increase (*de* in). **être en ~** to be going up. ◆ **hausser** (1) *vt* to raise. **~ les épaules** to shrug one's shoulders; **se ~ sur la pointe des pieds** to stand up on tiptoe.
haut, e ['o, 'ot] — **1** *adj (gén)* high; *(en taille)* tall. **un mur ~ de 3 mètres** a wall 3 metres high; **marcher la tête ~e** to walk with one's head held high; **la mer est ~e** it is high tide, the tide is in; **en ~e mer** on the open sea; **à voix ~e** aloud, out loud; **~ en couleur** colourful; **avoir la ~e main sur qch** to have supreme control of sth; **~e cuisine** *etc* haute cuisine *etc;* **~ fonctionnaire** high-ranking civil servant; **la ~e bourgeoisie** the upper middle classes; **dans la plus ~e antiquité** in earliest antiquity; **la H~e Normandie** Upper Normandy.
— **2** *nm* top. **le mur a 3 mètres de ~** the wall is 3 metres high; **en ~** at the top; *(étage)* upstairs; **l'étagère du ~** the top shelf; **des ~s et des bas** ups and downs; **tomber de ~** *(lit)* to fall from a height; *(fig)* to have one's hopes dashed; **prendre qch de ~** to take sth in a high and mighty way; **d'en ~** from above.
— **3** *adv* high; *(sur colis)* 'this side up'. **lire tout ~** to read aloud; **des gens ~ placés** people in high places; **'voir plus ~'** 'see above'; **~ les mains!** hands up!; **gagner ~ la main** to win hands down.
— **4** : **avoir un ~-le-cœur** to retch; **~ commissaire** high commissioner; **avoir un ~-le-corps** to start, jump; **~-de-forme** *nm, pl* **~s-~-~** top hat; **~-fourneau** *nm, pl* **~s-~x** blast furnace; **en ~ lieu** in high places; **~-parleur** *nm, pl* **~-~s** loudspeaker.
hautain, e ['otɛ̃, ɛn] *adj* haughty.
hautbois ['obwɑ] *nm* oboe.
hautement ['otmɑ̃] *adv* highly.
hauteur ['otœʀ] *nf* **(a)** height. **prendre de la ~** to climb, gain height; **arriver à la ~ de qn** to draw level with sb; **être à la ~ de la situation** to be equal to the situation. **(b)** *(Géom : ligne)* perpendicular. **(c)** *(colline)* hill. **(d)** *(arrogance)* haughtiness.
hâve ['ɑv] *adj* gaunt, haggard.
havre ['ɑvʀ(ə)] *nm* haven.
Haye ['ɛ] *nf* : **La ~** the Hague.
hebdomadaire [ɛbdɔmadɛʀ] *adj, nm* weekly.
hébergement [ebɛʀʒəmɑ̃] *nm* accommodation. ◆ **héberger** (3) *vt* to accommodate.
hébéter [ebete] (6) *vt* to stupefy.
hébraïque [ebʀaik] *adj* Hebrew, Hebraic.
hébreu, *pl* **~x** [ebʀø] *adj m, nm* Hebrew. **pour moi, c'est de l'~*** it's all Greek to me!
hécatombe [ekatɔ̃b] *nf* slaughter.
hecto ... [ɛkto] *préf* hecto ...
hégémonie [eʒemɔni] *nf* hegemony.
hein* ['ɛ̃] *excl* eh.
hélas ['elɑs] — **1** *excl* alas! — **2** *adv* unfortunately.
héler ['ele] (6) *vt* to hail.
hélice [elis] *nf* propeller, screw.
hélicoptère [elikɔptɛʀ] *nm* helicopter.
hélium [eljɔm] *nm* helium.
helvétique [ɛlvetik] *adj* Swiss.
hématie [emati] *nf* red blood corpuscle.
hématome [ematom] *nm* bruise.
hémisphère [emisfɛʀ] *nm* hemisphere. **~ nord** northern hemisphere.
hémorragie [emɔʀaʒi] *nf* haemorrhage.
hémorroïde [emɔʀɔid] *nf* haemorrhoid, pile.
hennir ['eniʀ] (2) *vi* to neigh, whinny. ◆ **hennissement** *nm* neigh, whinny.
hep ['ɛp, hɛp] *excl* hey!
hépatique [epatik] *adj* hepatic. ◆ **hépatite** *nf* hepatitis.
herbage [ɛʀbaʒ] *nm* pasture.
herbe [ɛʀb(ə)] *nf* grass. **une ~** a blade of grass; *(Culin, Méd)* a herb; **mauvaise ~** weed; **en ~** *(blé)* green, unripe; *(avocat)* budding; **couper l'~ sous les pieds de qn** to cut the ground from under sb's feet. ◆ **herbeux, -euse** *adj* grassy. ◆ **herbivore** — **1** *adj* herbivorous. — **2** *nm* herbivore.

herboriste [ɛʀbɔʀist(ə)] *nmf* herbalist. ◆ **herboristerie** *nf* herbalist's shop.
Hercule [ɛʀkyl] *nm* Hercules.
héréditaire [eʀeditɛʀ] *adj* hereditary. ◆ **hérédité** *nf* heredity.
hérésie [eʀezi] *nf (Rel)* heresy. ◆ **hérétique** — **1** *adj* heretical. — **2** *nmf* heretic.
hérisser ['eʀise] (1) — **1** *vt* : **le chat hérisse ses poils** the cat makes its coat bristle; *(colère)* **~ qn** to put sb's back up*. — **2 se hérisser** *vpr (lit, fig)* to bristle. ◆ **hérissé, e** *adj* bristling (*de* with).
hérisson ['eʀisɔ̃] *nm* hedgehog.
héritage [eʀitaʒ] *nm* inheritance; *(culturel)* heritage. **faire un ~** to come into an inheritance; **tante à ~** rich aunt. ◆ **hériter** (1) *vti* to inherit. **~ (de) qch de qn** to inherit sth from sb. ◆ **héritier** *nm* heir. ◆ **héritière** *nf* heiress.
hermétique [ɛʀmetik] *adj (joint)* airtight; *(barrage)* impenetrable; *(écrivain)* obscure. ◆ **hermétiquement** *adv* tightly.
hermine [ɛʀmin] *nf* ermine.
hernie ['ɛʀni] *nf* hernia, rupture. **~ discale** slipped disc.
héroïne [eʀɔin] *nf (femme)* heroine; *(drogue)* heroin.
héroïque [eʀɔik] *adj* heroic. ◆ **héroïsme** *nm* heroism.
héron ['eʀɔ̃] *nm* heron.
héros ['eʀo] *nm* hero.
hésitant, e [ezitɑ̃, ɑ̃t] *adj (gén)* hesitant; *(caractère)* wavering; *(voix, pas)* faltering. ◆ **hésitation** *nf* hesitation. **après bien des ~s** after much hesitation. ◆ **hésiter** (1) *vi* to hesitate; *(en récitant)* to falter. **~ à faire qch** to be reluctant to do sth.
hétéroclite [eteʀɔklit] *adj* heterogeneous.
hétérogène [eteʀɔʒɛn] *adj* heterogeneous.
hêtre ['ɛtʀ(ə)] *nm (arbre)* beech tree; *(bois)* beech wood.
heure [œʀ] *nf* **(a)** *(mesure)* hour. **20 F de l'~** 20 francs an hour *ou* per hour; **3 ~s de travail** 3 hours' work; **d'~ en ~** hourly; **24 ~s sur 24** 24 hours a day; **faire des ~s supplémentaires** to work overtime. **(b)** *(de la journée)* **quelle ~ est-il?** what time is it?; **il est 6 ~s** it is 6 o'clock, **3 ~s 10** 10 past 3. **(c)** *(fixée)* time. **avant l'~** before time, early; **à l'~** on time; **après l'~** late; **mettre sa montre à l'~** to put one's watch right. **(d)** *(moment)* **l'~ du déjeuner** lunchtime; **~ de pointe** rush hour; **les ~s creuses** slack periods; **à l'~ H** at zero hour; **~ de gloire** hour of glory; **il attend son ~** he is biding his time; **repas chaud à toute ~** hot meals all day; **tout à l'~** *(passé)* a short while ago; *(futur)* in a little while.
heureusement [œʀøzmɑ̃] *adv* fortunately, luckily.
heureux, -euse [œʀø, øz] *adj (gén)* happy; *(chanceux)* fortunate, lucky. **vivre ~** to live happily; **j'en suis ~** I'm pleased *ou* happy with it, I'm glad *ou* pleased to hear it; **~ en amour** lucky in love; **c'est encore ~!** it's just as well!; **attendre un ~ événement** to be expecting a happy event.
heurt ['œʀ] *nm (choc)* collision; *(conflit)* clash. **sans ~s** smoothly. ◆ **heurter** (1) — **1** *vt (cogner)* to strike, hit, knock; *(bousculer)* to jostle; *(par collision)* to collide with; *(fig : choquer)* to offend. **rythme heurté** jerky rhythm; **~ qn de front** to clash head-on with sb. — **2 heurter contre** *vt indir* to strike against. — **3 se heurter** *vpr* to collide; *(fig)* to clash. **se ~ à un problème** to come up against a problem.
hexagone [ɛgzagɔn] *nm* hexagone; *(fig : France)* France.
hiberner [ibɛʀne] (1) *vi* to hibernate.
hibou, *pl* **~x** ['ibu] *nm* owl.
hic* ['ik] *nm* : **c'est là le ~** that's the snag.
hideux, -euse ['idø, øz] *adj* hideous.
hier [jɛʀ] *adv* yesterday. **~ soir** yesterday evening, last night; **je ne suis pas né d'~** I wasn't born yesterday.
hiérarchie ['jeʀaʀʃi] *nf* hierarchy. ◆ **hiérarchique** *adj* hierarchical.
hi-fi ['ifi] *adj, nf* hi-fi.
hilare [ilaʀ] *adj* beaming. ◆ **hilarité** *nf* hilarity.
hindou, e [ɛ̃du] *adj,* **H~, e** *nm,f (citoyen)* Indian; *(croyant)* Hindu.
hippique [ipik] *adj* : **concours ~** horse show.
hippocampe [ipɔkɑ̃p] *nm* sea horse.
hippodrome [ipɔdʀom] *nm* racecourse.
hippopotame [ipɔpɔtam] *nm* hippopotamus, hippo.
hirondelle [iʀɔ̃dɛl] *nf* swallow.
hirsute [iʀsyt] *adj (tête)* tousled; *(personne)* shaggy-haired; *(barbe)* shaggy.
hisser ['ise] (1) *vt* to hoist. **se ~ sur un toit** to haul o.s. up onto a roof.
histoire [istwaʀ] *nf* **(a)** *(science)* **l'~** history; **c'est de l'~ ancienne*** all that's ancient history*. **(b)** *(récit)*story; *(historique)* history; (* : *mensonge*) story*, fib*; (* : *affaire*) business. **~ drôle** joke; **c'est une ~ à dormir debout** it's a cock-and-bull story; **~ de prendre l'air*** just for a breath of fresh air; **c'est une drôle d'~*** it's a funny business; **faire des ~s à qn*** to make trouble for sb; **quelle ~ pour si peu!*** what a fuss about nothing! ◆ **historien, -ienne** *nm,f* historian. ◆ **historique** — **1** *adj* historic. — **2** *nm* : **faire l'~ de qch** to review sth.
hiver [ivɛʀ] *nm* winter. ◆ **hivernal, e** *mpl* **-aux** *adj* winter; *(fig : glacial)* wintry.
hochement ['ɔʃmɑ̃] *nm* : **~ de tête** *(affirmatif)* nod; *(négatif)* shake of the head. ◆ **hocher** (1) *vt* : **~ la tête** to nod; to shake one's head. ◆ **hochet** *nm (bébé)* rattle.
hockey ['ɔkɛ] *nm* hockey. **~ sur glace** ice hockey; **~ sur gazon** field hockey.
holà ['ɔla, hɔla] — **1** *excl* hold! — **2** *nm* : **mettre le ~ à qch** to put a stop to sth.
hold-up ['ɔldœp] *nm inv* hold-up.
hollandais, e ['ɔlɑ̃dɛ, ɛz] — **1** *adj, nm* Dutch. — **2** *nm* : **H~** Dutchman. — **3** *nf* : **H~e** Dutchwoman. ◆ **Hollande** *nf* Holland.
homard ['ɔmaʀ] *nm* lobster.
homicide [ɔmisid] *nm* murder. **~ par imprudence** manslaughter.
hommage [ɔmaʒ] *nm* : **rendre ~ à qn** to pay homage *ou* tribute to sb; **présenter ses ~s à qn** to pay one's respects to sb; **en ~ de ma gratitude** as a token of my gratitude.
homme [ɔm] *nm* man. *(espèce)* **l'~** man, mankind; **des vêtements d'~** men's clothes; **comme un seul ~** as one man; **un ~ averti en vaut deux** forewarned is forearmed; **~ d'affaires** businessman; **~ d'État** statesman; **~-grenouille** frogman; **l'~ de la rue** the man in the street; **~ de lettres** man of letters; **~ du monde** man about town, gentleman.
homogène [ɔmɔʒɛn] *adj* homogeneous.
homologue [ɔmɔlɔg] — **1** *adj* homologous (*de* to). — **2** *nm* counterpart, opposite number.
homologuer [ɔmɔlɔge] (1) *vt* to ratify.

homonyme [ɔmɔnim] — **1** *adj* homonymous. — **2** *nm (Ling)* homonym; *(personne)* namesake. ◆ **homonymie** *nf* homonymy.

homosexualité [ɔmɔsɛksɥalite] *nf* homosexuality. ◆ **homosexuel, -elle** *adj, nm,f* homosexual.

Hongrie [ˈɔ̃gʀi] *nf* Hungary. ◆ **hongrois, e** *adj, nm,* **H~**, e *nm,f* Hungarian.

honnête [ɔnɛt] *adj (gén)* honest; *(satisfaisant)* reasonable, fair. ◆ **honnêtement** *adv* honestly; reasonably. ◆ **honnêteté** *nf* honesty.

honneur [ɔnœʀ] *nm* honour. **mettre son ~ à faire qch** to make it a point of honour to do sth; **en l'~ de** in honour of; **invité d'~** guest of honour; *(titre)* **votre H~** Your Honour; **~ aux dames** ladies first; **à vous l'~** after you; **faire ~ à** *(sa famille)* to be a credit to; *(repas)* to do justice to; **c'est à son ~** it's to his credit; **j'ai l'~ de solliciter** I am writing to request. ◆ **honorabilité** *nf* worthiness. ◆ **honorable** *adj (gén)* honourable; *(sentiments)* creditable; *(résultats)* decent. ◆ **honoraire** — **1** *adj* honorary. — **2** *nmpl :* **~s** fees. ◆ **honorer** (1) — **1** *vt* to honour (*de* with). **cette franchise l'honore** this frankness does him credit. — **2 s'honorer** *vpr :* **s'~ de** to pride o.s. upon. ◆ **honorifique** *adj* honorary.

honte [ˈɔ̃t] *nf* **(a)** *(déshonneur)* disgrace, shame. **c'est une ~!** that's a disgrace! **(b)** *(gêne)* shame. **avoir ~ de qch** to be *ou* feel ashamed of sth; **faire ~ à qn** to make sb feel ashamed. ◆ **honteux, -euse** *adj (déshonorant)* shameful; *(confus)* ashamed (*de* of). **c'est ~!** it's disgraceful!

hôpital, *pl* **-aux** [ɔpital, o] *nm* hospital.

hoquet [ˈɔkɛ] *nm* hiccough. ◆ **hoqueter** (4) *vi* to hiccough.

horaire [ɔʀɛʀ] — **1** *adj* hourly. — **2** *nm* timetable, schedule.

horde [ˈɔʀd(ə)] *nf* horde.

horizon [ɔʀizɔ̃] *nm (gén)* horizon; *(paysage)* landscape. **à l'~** on the horizon. ◆ **horizontal, e,** *mpl* **-aux** *adj, nf* horizontal.

horloge [ɔʀlɔʒ] *nf* clock. **~ normande** grandfather clock. ◆ **horloger, -ère** *nm,f* watchmaker. ◆ **horlogerie** *nf (métier)* watch-making; *(magasin)* watchmaker's shop.

hormis [ˈɔʀmi] *prép* save.

hormone [ɔʀmɔn] *nf* hormone.

horoscope [ɔʀɔskɔp] *nm* horoscope.

horreur [ɔʀœʀ] *nf (gén)* horror; *(répugnance)* loathing. **vision d'~** horrifying sight; **les ~s de la guerre** the horrors of war; **quelle ~!** how dreadful!; **j'ai ~ de ça, ça me fait ~** I loathe *ou* detest it.

horrible [ɔʀibl(ə)] *adj (effrayant)* horrible; *(laid)* hideous; *(mauvais)* dreadful. ◆ **horriblement** *adv* horribly; ◆ **horrifier** (7) *vt* to horrify.

hors [ˈɔʀ] — **1** *prép* **(a)** *(excepté)* except for, apart from. **(b) ~ de** out of; **~ d'haleine** *etc* out of breath *etc;* **~ de prix** exorbitant; **~ d'ici!** get out of here!; **il est ~ d'affaire** he's over the worst; **il est ~ de doute que** it is beyond doubt that; **mettre ~ d'état de nuire** to render harmless; **c'est ~ de question** it is out of the question; **être ~ de soi** to be beside o.s. with anger. — **2** : **~-bord** *nm inv* speedboat; **~-d'œuvre** *nm inv* hors d'œuvre; **~-jeu** offside; **~-la-loi** *nm inv* outlaw; **~ ligne, ~ pair** outstanding; **~-taxe** duty-free.

hortensia [ɔʀtɑ̃sja] *nm* hydrangea.

horticulture [ɔʀtikyltyʀ] *nf* horticulture.

hospice [ɔspis] *nm* home. **~ de vieillards** old people's home.

hospitalier, -ière [ɔspitalje, jɛʀ] *adj (Méd)* hospital; *(accueillant)* hospitable.

hospitalisation [ɔspitalizɑsjɔ̃] *nf* hospitalization. ◆ **hospitaliser** (1) *vt* to hospitalize. ◆ **hospitalité** *nf* hospitality.

hostie [ɔsti] *nf (Rel)* host.

hostile [ɔstil] *adj* hostile (*à* to). ◆ **hostilité** *nf* hostility.

hôte [ot] — **1** *nm (maître de maison)* host. — **2** *nmf (invité)* guest.

hôtel [otɛl] *nm* hotel. **~ particulier** private mansion; **~ de ville** town hall. ◆ **hôtelier, -ière** — **1** *adj* hotel. — **2** *nm,f* hotelier. ◆ **hôtellerie** *nf (auberge)* inn; *(profession)* hotel business.

hôtesse [otɛs] *nf* hostess. **~ de l'air** air hostess.

hotte [ˈɔt] *nf (panier)* basket; *(cheminée)* hood.

hou [ˈu, hu] *excl (peur)* boo!; *(honte)* tut-tut!

houblon [ˈublɔ̃] *nm :* **le ~** hops.

houille [ˈuj] *nf* coal. **~ blanche** hydroelectric power. ◆ **houiller, -ère** — **1** *adj* coal. — **2** *nf* coalmine.

houle [ˈul] *nf* swell. ◆ **houleux, -euse** *adj (mer, séance)* stormy; *(foule)* turbulent.

housse [ˈus] *nf* dust cover.

houx [ˈu] *nm* holly.

hublot [ˈyblo] *nm* porthole.

huche [ˈyʃ] *nf :* **~ à pain** bread bin.

huées [ˈɥe] *nfpl* boos. ◆ **huer** (1) *vt* to boo.

huile [ɥil] *nf* oil; (* : *notable*) bigwig*. **~ de table** salad oil; **~ de foie de morue** cod-liver oil; **jeter de l'~ sur le feu** to add fuel to the flames; **mer d'~** glassy sea; **peint à l'~** painted in oils. ◆ **huiler** (1) *vt* to oil, lubricate. ◆ **huileux, -euse** *adj* oily.

huis [ɥi] *nm* door. **à ~ clos** in camera.

huissier [ɥisje] *nm (appariteur)* usher; *(Jur)* ≃ bailiff.

huit [ˈɥi(t)] *adj, nm inv* eight. **lundi en ~** a week on Monday; **dans ~ jours** in a week; *V* **six.** ◆ **huitaine** *nf* about eight. ◆ **huitième** *adj, nmf* eighth; *V* **sixième.**

huître [ɥitʀ(ə)] *nf* oyster.

humain, e [ymɛ̃, ɛn] — **1** *adj (gén)* human; *(compatissant)* humane. — **2** *nm* human. ◆ **humainement** *adv* humanly; humanely. ◆ **humaniser** (1) *vt* to humanize. ◆ **humanitaire** *adj* humanitarian. ◆ **humanité** *nf* humanity. **l'~** humanity, mankind.

humble [œ̃bl(ə)] *adj* humble.

humecter [ymɛkte] (1) *vt (linge)* to dampen; *(front)* to moisten.

humer [ˈyme] (1) *vt* to smell.

humeur [ymœʀ] *nf* **(a)** *(momentanée)* mood, humour. **de bonne ~** in a good mood *ou* humour; **se sentir d'~ à travailler** to feel in the mood for work; **plein de bonne ~** good-humoured. **(b)** *(tempérament)* temper, temperament; *(irritation)* bad temper, ill humour. **(c)** *(Méd)* secretion.

humide [ymid] *adj (gén)* damp; *(mains)* moist; *(climat chaud)* humid. ◆ **humidifier** (7) *vt* to humidify. ◆ **humidité** *nf* dampness; humidity. **taches d'~** damp patches.

humiliation [ymiljɑsjɔ̃] *nf* humiliation. ◆ **humilier** (7) *vt* to humiliate.

humilité [ymilite] *nf* humility.

humoriste [ymɔʀist(ə)] *nmf* humorist. ◆ **humoristique** *adj* humorous.

humour [ymuʀ] *nm* humour. **~ noir** sick humour; **avoir de l'~** to have a sense of humour.

hune ['yn] *nf (bateau)* top.

huppé, e* ['ype] *adj (riche)* posh*, classy*.

hurlement ['yʀləmɑ̃] *nm (personne)* howl, yell; *(vent)* roar; *(sirène)* wail. ◆ **hurler** (1) — **1** *vi* to howl, yell; to roar; to wail. **faire ~ sa télé*** to let one's T.V. blare out*. — **2** *vt* to roar, bellow out.

hurluberlu [yʀlybɛʀly] *nm* crank.

hutte ['yt] *nf* hut.

hybride [ibʀid] *adj, nm* hybrid.

hydratation [idʀatɑsjɔ̃] *nf* moisturizing, hydration. ◆ **hydrater** (1) *vt* to moisturize.

hydraulique [idʀolik] *adj* hydraulic.

hydravion [idʀavjɔ̃] *nm* seaplane.

hydrocarbure [idʀɔkaʀbyʀ] *nm* hydrocarbon.

hydrogène [idʀɔʒɛn] *nm* hydrogen.

hydroglisseur [idʀɔglisœʀ] *nm* hydroplane.

hyène [jɛn] *nf* hyena.

hygiène [iʒjɛn] *nf* hygiene. ◆ **hygiénique** *adj* hygienic.

hymne [imn(ə)] *nm (Littérat, Rel)* hymn. **~ national** national anthem.

hyper... [ipɛʀ] *préf* hyper...

hyperbole [ipɛʀbɔl] *nf (Math)* hyperbola; *(Littérat)* hyperbole.

hypermarché [ipɛʀmaʀʃe] *nf* hypermarket.

hypertension [ipɛʀtɑ̃sjɔ̃] *nf* high blood pressure, hypertension.

hypnose [ipnoz] *nf* hypnosis. ◆ **hypnotique** *adj* hypnotic. ◆ **hypnotiser** (1) *vt* to hypnotize. ◆ **hypnotiseur** *nm* hypnotist. ◆ **hypnotisme** *nm* hypnotism.

hypo... [ipɔ] *préf* hypo...

hypocrisie [ipɔkʀizi] *nf* hypocrisy. ◆ **hypocrite** — **1** *adj* hypocritical. — **2** *nmf* hypocrite.

hypotension [ipɔtɑ̃sjɔ̃] *nf* low blood pressure.

hypoténuse [ipɔtenyz] *nf* hypotenuse.

hypothèque [ipɔtɛk] *nf* mortgage. ◆ **hypothéquer** (6) *vt* to mortgage.

hypothèse [ipɔtɛz] *nf* hypothesis. ◆ **hypothétique** *adj* hypothetical.

hystérie [isteʀi] *nf* hysteria. ◆ **hystérique** — **1** *adj* hysterical. — **2** *nmf (Méd)* hysteric; *(péj)* hysterical sort.

I

I, i [i] *nm (lettre)* I, i.

ibis [ibis] *nm* ibis.

iceberg [isbɛʀg] *nm* iceberg.

ici [isi] *adv* **(a)** *(espace)* here. **~-bas** here below; **les gens d'~** the local people; **passez par ~** come this way. **(b)** *(temps)* now. **jusqu'~** up until now; **d'~ demain** by to morrow; **d'~ peu** shortly; **d'~ là** in the meantime.

icône [ikon] *nf* icon.

idéal, e, *mpl* **-aux** [ideal, o] *adj, nm* ideal. **l'~ serait** the ideal thing would be. ◆ **idéalement** *adv* ideally. ◆ **idéalisme** *nm* idealism. ◆ **idéaliste** — **1** *adj* idealistic. — **2** *nmf* idealist.

idée [ide] *nf* **(a)** *(gén)* idea. **~ fixe** obsession; **~ noire** black thought; **~ de génie** brainwave; **l'~ de faire** the idea of doing; **avoir une ~ derrière la tête** to have something at the back of one's mind; **tu te fais des ~s** you're imagining things; **on n'a pas ~!*** it's incredible!; **avoir les ~s larges** to be broad-minded; **il n'en fait qu'à son ~** he does just as he likes; **il y a de l'~*** it's an idea. **(b)** *(esprit)* mind. **avoir dans l'~ de faire** to have it in mind to do; **il s'est mis dans l'~ de faire** he took it into his head to do.

identification [idɑ̃tifikɑsjɔ̃] *nf* identification. ◆ **identifier** *vt*, **s'identifier** *vpr* (7) to identify (*à* with).

identité [idɑ̃tite] *nf* identity.

idéologie [ideɔlɔʒi] *nf* ideology. ◆ **idéologique** *adj* ideological.

idiomatique [idjɔmatik] *adj* idiomatic. **expression ~** idiom. ◆ **idiome** *nm (langue)* idiom.

idiot, e [idjo, idjɔt] — **1** *adj* idiotic, stupid. — **2** *nm,f* idiot. **ne fais pas l'~*** don't be stupid. ◆ **idiotement** *adv* idiotically, stupidly. ◆ **idiotie** *nf* idiocy, stupidity. **une ~** an idiotic thing.

idolâtrer [idɔlatʀe] (1) *vt* to idolize. ◆ **idolâtrie** *nf* idolatry.

idole [idɔl] *nf* idol.

idylle [idil] *nf* idyll. ◆ **idyllique** *adj* idyllic.

if [if] *nm* yew (tree).

igloo, iglou [iglu] *nm* igloo.

ignare [iɲaʀ] *(péj)* — **1** *adj* ignorant. — **2** *nmf* ignoramus.

ignoble [iɲɔbl(ə)] *adj* vile, base.

ignorance [iɲɔʀɑ̃s] *nf* ignorance. **il a de graves ~s en maths** there are serious gaps in his knowledge of maths. ◆ **ignorant, e** — **1** *adj* ignorant. — **2** *nm,f* ignoramus. **ne fais pas l'~** stop pretending you don't know what I mean. ◆ **ignorer** (1) *vt* **(a) je l'ignore** I don't know; **vous n'ignorez pas que** you know *ou* are aware that. **(b)** *(bouder)* to ignore. ◆ **ignoré, e** *adj* unknown.

il [il] *pron pers m (personne)* he; *(chose)* it. **~s** they; **~ y a 3 enfants** there are 3 children; *(non traduit)* **~ est si beau cet arbre** this tree is so beautiful.

île [il] *nf* island. **les ~s Britanniques** the British Isles.

illégal, e, *mpl* **-aux** [ilegal, o] *adj* illegal, unlawful. ◆ **illégalité** *nf* illegality.

illégitime [ileʒitim] *adj* illegitimate.

illettré, e [iletʀe] *adj, nm,f* illiterate.

illicite [ilisit] *adj* illicit.

illimité, e [ilimite] *adj* unlimited.

illisible [ilizibl(ə)] *adj (indéchiffrable)* illegible; *(mauvais)* unreadable.

illogique [ilɔʒik] *adj* illogical. ◆ **illogisme** *nm* illogicality.
illumination [ilyminɑsjɔ̃] *nf* illumination; *(inspiration)* flash of inspiration. ◆ **illuminé, e** *nm,f (péj)* crank *(péj)*. ◆ **illuminer** (1) — **1** *vt* to light up, illuminate; *(projecteurs)* to floodlight. — **2 s'illuminer** *vpr* to light up (*de* with).
illusion [ilyzjɔ̃] *nf* illusion. ◆ **s'illusionner** (1) *vpr* to delude o.s. (*sur* about). ◆ **illusionniste** *nmf* conjurer. ◆ **illusoire** *adj* illusory.
illustration [ilystrɑsjɔ̃] *nf (gén)* illustration. ◆ **illustre** *adj* illustrious. ◆ **illustré** *nm (journal)* comic. ◆ **illustrer** (1) — **1** *vt* to illustrate (*de* with). — **2 s'illustrer** *vpr* to become famous (*par, dans* through).
îlot [ilo] *nm (île, zone)* island; *(maisons)* block.
image [imaʒ] *nf (dessin)* picture; *(métaphore)* image; *(reflet)* reflection. **~ de marque** *(parti, firme)* public image. ◆ **imagé, e** *adj* full of imagery.
imaginaire [imaʒinɛʀ] *adj* imaginary. ◆ **imaginatif, -ive** *adj* imaginative. ◆ **imagination** *nf* imagination. ◆ **imaginer** (1) *vt (supposer)* to imagine; *(inventer)* to devise, dream up. **s'~ que** to imagine that.
imbattable [ɛ̃batabl(ə)] *adj* unbeatable.
imbécile [ɛ̃besil] — **1** *adj* stupid, idiotic. — **2** *nmf* idiot, imbecile. **ne fais pas l'~*** don't be stupid. ◆ **imbécillité** *nf* idiocy. **une ~** an idiotic thing.
imbiber [ɛ̃bibe] (1) *vt* to moisten (*de* with). **imbibé de** saturated with.
imbroglio [ɛ̃bʀɔljo] *nm* imbroglio.
imbu, e [ɛ̃by] *adj* : **~ de** full of.
imbuvable [ɛ̃byvabl(ə)] *adj (lit)* undrinkable; (* : *personne*) insufferable.
imitateur, -trice [imitatœʀ, tʀis] *nm,f (gén)* imitator; *(d'un personnage)* impersonator. ◆ **imitation** *nf* imitation; impersonation; *(signature)* forgery. **c'est en ~ cuir** it's made of imitation leather. ◆ **imiter** (1) *vt* to imitate; to impersonate; to forge. **tout le monde l'imita** everybody did likewise.
immaculé, e [imakyle] *adj* spotless, immaculate. **d'un blanc ~** spotlessly white.
immangeable [ɛ̃mɑ̃ʒabl(ə)] *adj* uneatable, inedible.
immatriculation [imatʀikylɑsjɔ̃] *nf* registration. ◆ **immatriculer** (1) *vt* to register. **faire ~, se faire ~** to register.
immédiat, e [imedja, at] — **1** *adj* immediate. — **2** *nm* : **dans l'~** for the time being. ◆ **immédiatement** *adv* immediately.
immense [imɑ̃s] *adj* immense, huge. ◆ **immensément** *adv* immensely. ◆ **immensité** *nf* immensity, hugeness.
immerger [imɛʀʒe] (3) *vt* to immerse, submerge. ◆ **immersion** *nf* immersion, submersion.
immeuble [imœbl(ə)] *nm* building; *(d'habitation)* block of flats, apartment building *(US)*. **~ de bureaux** office block.
immigrant, e [imigʀɑ̃, ɑ̃t] *adj, nm,f* immigrant. ◆ **immigration** *nf* immigration. ◆ **immigrer** (1) *vi* to immigrate.
imminence [iminɑ̃s] *nf* imminence. ◆ **imminent, e** *adj* imminent.
immiscer (s') [imise] (3) *vpr* : **s'~ dans** to interfere in.
immobile [imɔbil] *adj* motionless, immobile.
immobilier, -ière [imɔbilje, jɛʀ] — **1** *adj* : **bien ~** property. — **2** *nm* : **l'~** the property *ou* real-estate business.
immobilisation [imɔbilizɑsjɔ̃] *nf* immobilization. ◆ **immobiliser** (1) — **1** *vt (gén)* to immobilize; *(véhicule)* to stop. — **2 s'immobiliser** *vpr* to stop. ◆ **immobilité** *nf* stillness. **~ forcée** forced immobility.
immolation [imɔlɑsjɔ̃] *nf* sacrifice. ◆ **immoler** (1) *vt* to sacrifice (*à* to).
immonde [imɔ̃d] *adj (taudis)* squalid, foul; *(personne)* base, vile. ◆ **immondices** *nfpl (ordures)* refuse.
immoral, e, *mpl* **-aux** [imɔʀal, o] *adj* immoral. ◆ **immoralité** *nf* immorality.
immortaliser [imɔʀtalize] (1) — **1** *vt* to immortalize. — **2 s'immortaliser** *vpr* to win immortality. ◆ **immortalité** *nf* immortality. ◆ **immortel, -elle** — **1** *adj* immortal. — **2** *nf (fleur)* everlasting flower.
immuable [imɥabl(ə)] *adj* unchanging.
immuniser [imynize] (1) *vt* to immunize. ◆ **immunité** *nf* immunity.
impact [ɛ̃pakt] *nm* impact.
impair, e [ɛ̃pɛʀ] — **1** *adj* odd. — **2** *nm* blunder.
impalpable [ɛ̃palpabl(ə)] *adj* impalpable.
impardonnable [ɛ̃paʀdɔnabl(ə)] *adj* unforgivable, unpardonable.
imparfait, e [ɛ̃paʀfɛ, ɛt] *adj, nm* imperfect.
impartial, e, *mpl* **-aux** [ɛ̃paʀsjal, o] *adj* impartial, unbiased. ◆ **impartialité** *nf* impartiality.
impasse [ɛ̃pas] *nf (rue)* dead end; *(fig)* impasse. **être dans l'~** to be at deadlock.
impassible [ɛ̃pasibl(ə)] *adj* impassive.
impatiemment [ɛ̃pasjamɑ̃] *adv* impatiently. ◆ **impatience** *nf* impatience. ◆ **impatient, e** *adj* impatient. **~ de faire** eager to do. ◆ **impatienter** (1) — **1** *vt* to irritate, annoy. — **2 s'impatienter** *vpr* to get impatient (*contre* with, at).
impeccable [ɛ̃pekabl(ə)] *adj* impeccable.
impénétrable [ɛ̃penetʀabl(ə)] *adj* impenetrable (*à* to, by).
impénitent, e [ɛ̃penitɑ̃, ɑ̃t] *adj* unrepentant.
impensable [ɛ̃pɑ̃sabl(ə)] *adj* unbelievable.
impératif, -ive [ɛ̃peʀatif, iv] — **1** *adj* imperative. — **2** *nm* **(a)** *(Ling)* **l'~** the imperative. **(b)** *(fonction)* requirement; *(mode, horaire)* demand; *(Mil)* imperative. ◆ **impérativement** *adv* imperatively.
impératrice [ɛ̃peʀatʀis] *nf* empress.
imperceptible [ɛ̃pɛʀsɛptibl(ə)] *adj* imperceptible (*à* to).
imperfection [ɛ̃pɛʀfɛksjɔ̃] *nf* imperfection.
impérial, e, *mpl* **-aux** [ɛ̃peʀjal, o] — **1** *adj* imperial. — **2** *nf (autobus)* top deck. ◆ **impérialisme** *nm* imperialism. ◆ **impérialiste** *adj, nmf* imperialist.
impérieux, -euse [ɛ̃peʀjø, øz] *adj (autoritaire)* imperious; *(pressant)* pressing.
impérissable [ɛ̃peʀisabl(ə)] *adj* imperishable.
imperméable [ɛ̃pɛʀmeabl(ə)] — **1** *adj (roches)* impermeable; *(tissu)* waterproof. **~ à l'air** airtight; *(fig : insensible)* **~ à** impervious to. — **2** *nm (manteau)* raincoat.
impersonnel, -elle [ɛ̃pɛʀsɔnɛl] *adj* impersonal.
impertinence [ɛ̃pɛʀtinɑ̃s] *nf* impertinence. ◆ **impertinent, e** *adj* impertinent.
imperturbable [ɛ̃pɛʀtyʀbabl(ə)] *adj* imperturbable.
impétueux, -euse [ɛ̃petɥø,øz] *adj* impetuous. ◆ **impétuosité** *nf* impetuosity.
impie [ɛ̃pi] *adj* impious, ungodly. ◆ **impiété** *nf* impiety, ungodliness.
impitoyable [ɛ̃pitwajabl(ə)] *adj* merciless, pitiless.

implacable [ɛ̃plakabl(ə)] *adj* implacable.
implantation [ɛ̃plɑ̃tɑsjɔ̃] *nf* establishment; *(Méd)* implantation. ◆ **implanter** (1) *vt* to establish; to implant.
implication [ɛ̃plikɑsjɔ̃] *nf* implication.
implicite [ɛ̃plisit] *adj* implicit.
impliquer [ɛ̃plike] (1) *vt* to imply (*que* that). **~ qn dans** to implicate sb in.
imploration [ɛ̃plɔʀɑsjɔ̃] *nf* entreaty. ◆ **implorer** (1) *vt* to implore.
impoli, e [ɛ̃pɔli] *adj* impolite, rude (*envers* to). ◆ **impolitesse** *nf* impoliteness, rudeness; *(remarque)* impolite *ou* rude remark.
impopulaire [ɛ̃pɔpylɛʀ] *adj* unpopular. ◆ **impopularité** *nf* unpopularity.
importance [ɛ̃pɔʀtɑ̃s] *nf (gén)* importance; *(taille)* size; *(dégâts)* extent. **sans ~** unimportant, insignificant; **ça n'a pas d'~** it doesn't matter; **d'une certaine ~** sizeable; **prendre de l'~** to become more important. ◆ **important, e** *adj* important; significant; sizeable; extensive. **l'~ est de** the important thing is to.
importateur, -trice [ɛ̃pɔʀtatœʀ, tʀis] — **1** *adj* importing. — **2** *nm,f* importer. ◆ **importation** *nf (action)* importation; *(produit)* import. ◆ **importer**[1] (1) *vt* to import (*de* from).
importer[2] [ɛ̃pɔʀte] (1) *vi (être important)* to matter. **il importe de faire** it is important to do; **peu importe** *(gén)* it doesn't matter; *(pas de préférence)* I don't mind; *(je m'en moque)* I don't care; **n'importe qui** anybody; **n'importe quoi** anything; **n'importe comment** anyhow; **n'importe où** anywhere; **n'importe quand** anytime.
importun, e [ɛ̃pɔʀtœ̃, yn] — **1** *adj* troublesome. — **2** *nm,f* intruder. ◆ **importuner** (1) *vt* to bother.
imposant, e [ɛ̃pozɑ̃, ɑ̃t] *adj* imposing.
imposer [ɛ̃poze] (1) — **1** *vt (gén)* to impose *(à qn* on sb); *(conditions)* to lay down; *(Fin : taxer)* to tax. **en ~ à qn** to impress sb. — **2 s'imposer** *vpr (être nécessaire)* to be essential; *(se faire connaître)* to make o.s. known. **s'~ une tâche** to set o.s. a task; **s'~ à qn** to impose upon sb. ◆ **imposition** *nf (Fin)* taxation.
impossibilité [ɛ̃pɔsibilite] *nf* impossibility. **être dans l'~ de faire** to find it impossible to do. ◆ **impossible** — **1** *adj* impossible. — **2** *nm :* **je ferai l'~** I'll do my utmost.
imposteur [ɛ̃pɔstœʀ] *nm* impostor. ◆ **imposture** *nf* imposture.
impôt [ɛ̃po] *nm :* **~(s)** tax; **~s locaux** rates.
impotent, e [ɛ̃pɔtɑ̃, ɑ̃t] — **1** *adj* disabled, crippled. — **2** *nm,f* cripple.
imprécis, e [ɛ̃pʀesi, iz] *adj* imprecise. ◆ **imprécision** *nf* imprecision.
imprégner [ɛ̃pʀeɲe] (6) *vt (remplir)* to fill; *(eau)* to impregnate (*de* with).
imprenable [ɛ̃pʀənabl(ə)] *adj (forteresse)* impregnable. **vue ~** open outlook.
imprésario [ɛ̃pʀesaʀjo] *nm* manager.
impression [ɛ̃pʀesjɔ̃] *nf* **(a)** *(sensation)* impression. **faire bonne ~** to create a good impression. **(b)** *(livre)* printing. **(c)** *(Peinture)* undercoat. ◆ **impressionnable** *adj* impressionable. ◆ **impressionnant, e** *adj* impressive. ◆ **impressionner** (1) *vt* to impress.
imprévisible [ɛ̃pʀevizibl(ə)] *adj* unpredictable.
imprévoyance [ɛ̃pʀevwajɑ̃s] *nf* lack of foresight; *(d'argent)* improvidence. ◆ **imprévoyant, e** *adj* improvident.
imprévu, e [ɛ̃pʀevy] — **1** *adj* unexpected, unforeseen. — **2** *nm* unexpected *ou* unforeseen event.
imprimer [ɛ̃pʀime] (1) *vt (livre)* to print; *(marque)* to imprint (*dans* in, on); *(mouvement)* to transmit (*à* to). ◆ **imprimé, e** — **1** *adj* printed. — **2** *nm* printed letter. ◆ **imprimerie** *nf (firme)* printing works. *(technique)* **l'~** printing. ◆ **imprimeur** *nm* printer.
improbable [ɛ̃pʀɔbabl(ə)] *adj* unlikely, improbable.
impromptu, e [ɛ̃pʀɔ̃pty] — **1** *adj (départ)* sudden; *(visite)* surprise; *(repas)* impromptu. — **2** *nm, adv* impromptu.
impropre [ɛ̃pʀɔpʀ(ə)] *adj (terme)* inappropriate. **~ à** unsuitable *ou* unfit for ◆ **impropriété** *nf* incorrectness.
improvisation [ɛ̃pʀɔvizɑsjɔ̃] *nf* improvisation. ◆ **improviser** (1) *vt* to improvise. **s'~ cuisinier** to act as cook. ◆ **improviste** *nm :* **à l'~** unexpectedly.
imprudemment [ɛ̃pʀydamɑ̃] *adv* carelessly, imprudently. ◆ **imprudence** *nf* carelessness, imprudence. **une ~** a careless action. ◆ **imprudent, e** — **1** *adj* careless, imprudent. **il est ~ de** it's unwise to. — **2** *nm,f* careless person.
impuissant, e [ɛ̃pɥisɑ̃, ɑ̃t] *adj* helpless.
impulsif, -ive [ɛ̃pylsif, iv] *adj* impulsive. ◆ **impulsion** *nf* impulse; *(fig : élan)* impetus.
impuni, e [ɛ̃pyni] *adj* unpunished.
impur, e [ɛ̃pyʀ] *adj* impure. ◆ **impureté** *nf* impurity.
imputer [ɛ̃pyte] (1) *vt :* **~ à** to impute *ou* attribute to; *(Fin)* to charge to.
inabordable [inabɔʀdabl(ə)] *adj (prix)* prohibitive.
inacceptable [inaksɛptabl(ə)] *adj (offre)* unacceptable; *(propos)* outrageous.
inaccessible [inaksesibl(ə)] *adj* inaccessible.
inaccoutumé, e [inakutyme] *adj* unusual.
inachevé, e [inaʃve] *adj* unfinished.
inactif, -ive [inaktif, iv] *adj* inactive; *(population)* non-working. ◆ **inaction** *nf* inactivity.
inadéquat, e [inadekwa, at] *adj* inadequate.
inadmissible [inadmisibl(ə)] *adj* outrageous.
inadvertance [inadvɛʀtɑ̃s] *nf :* **par ~** inadvertently.
inaltérable [inalteʀabl(ə)] *adj* stable.
inanimé, e [inanime] *adj (matière)* inanimate; *(évanoui)* unconscious; *(mort)* lifeless.
inaperçu, e [inapɛʀsy] *adj* unnoticed. **passer ~** to pass unnoticed.
inappréciable [inapʀesjabl(ə)] *adj (aide)* invaluable; *(bonheur)* inestimable.
inapte [inapt(ə)] *adj* incapable (*à faire* of doing).
inarticulé, e [inaʀtikyle] *adj* inarticulate.
inattendu, e [inatɑ̃dy] *adj* unexpected, unforeseen.
inattentif, -ive [inatɑ̃tif, iv] *adj* inattentive (*à* to). ◆ **inattention** *nf* inattention. **faute d'~** careless mistake.
inaudible [inodibl(ə)] *adj* inaudible.
inauguration [inɔgyʀɑsjɔ̃] *nf* inauguration. ◆ **inaugurer** (1) *vt* to inaugurate.
incalculable [ɛ̃kalkylabl(ə)] *adj* incalculable.
incandescent, e [ɛ̃kɑ̃desɑ̃, ɑ̃t] *adj* incandescent, white-hot.
incantation [ɛ̃kɑ̃tɑsjɔ̃] *nf* incantation.
incapable [ɛ̃kapabl(ə)] — **1** *adj* incapable. **~ de bouger** unable to move, incapable of moving. — **2** *nmf* incompetent. ◆ **incapacité** *nf (incompétence)* incapability; *(invalidité)* disablement.

être dans l'~ de faire to be unable to do, be incapable of doing.

incarcération [ɛ̃kaʀseʀɑsjɔ̃] *nf* incarceration. ◆ **incarcérer** (6) *vt* to incarcerate.

incarnation [ɛ̃kaʀnɑsjɔ̃] *nf (Rel)* incarnation; *(fig)* embodiment. ◆ **incarné, e** *adj (ongle)* ingrown. ◆ **incarner** (1) *vt* to embody.

incartade [ɛ̃kaʀtad] *nf* prank.

incassable [ɛ̃kɑsabl(ə)] *adj* unbreakable.

incendiaire [ɛ̃sɑ̃djɛʀ] — **1** *nmf* arsonist. — **2** *adj* incendiary. ◆ **incendie** *nm* fire. ~ **criminel** arson. ◆ **incendier** (7) *vt* to set fire to. *(réprimander)* ~ **qn*** to give sb a telling-off*.

incertain, e [ɛ̃sɛʀtɛ̃, ɛn] *adj (gén)* uncertain (*de* about); *(lumière)* dim; *(fait)* doubtful. ◆ **incertitude** *nf* uncertainty.

incessamment [ɛ̃sɛsamɑ̃] *adv* shortly. ◆ **incessant, e** *adj* incessant.

inceste [ɛ̃sɛst(ə)] *nm* incest. ◆ **incestueux, -euse** *adj* incestuous.

inchangé, e [ɛ̃ʃɑ̃ʒe] *adj* unchanged.

incidence [ɛ̃sidɑ̃s] *nf (conséquence)* effect; *(Écon, Phys)* incidence.

incident [ɛ̃sidɑ̃] *nm* incident. ~ **technique** technical hitch.

incinération [ɛ̃sineʀɑsjɔ̃] *nf* incineration; *(mort)* cremation. ◆ **incinérer** (6) *vt* to incinerate; to cremate.

inciser [ɛ̃size] (1) *vt* to incise. ◆ **incisif, -ive** — **1** *adj* incisive. — **2** *nf (dent)* incisor. ◆ **incision** *nf* incision.

incitation [ɛ̃sitɑsjɔ̃] *nf* incitement (*à* to). ◆ **inciter** (1) *vt :* ~ **qn à faire** to incite *ou* urge sb to do.

inclinaison [ɛ̃klinɛzɔ̃] *nf (route)* gradient; *(toit)* slope; *(mur)* lean; *(chapeau, tête)* tilt. ◆ **inclination** *nf* **(a)** *(penchant)* inclination. **avoir de l'~ pour** to have a liking for. **(b)** *(acquiescement)* nod; *(salut)* inclination of the head; *(du buste)* bow.

incliner [ɛ̃kline] (1) — **1** *vt* **(a)** *(pencher)* to tilt; *(courber)* to bend. ~ **la tête** to bow *ou* incline one's head. **(b)** ~ **qn à** to encourage sb to. — **2** *vi :* ~ **à** to be inclined to; *(bifurquer)* ~ **vers** to veer towards. — **3 s'incliner** *vpr* **(a)** *(se courber)* to bow; *(s'avouer battu)* to admit defeat. **s'~ devant un ordre** to accept an order. **(b)** *(arbre)* to bend over; *(mur)* to lean; *(chemin)* to slope.

inclure [ɛ̃klyʀ] (35) *vt* to include; *(enveloppe)* to enclose (*dans* in). **jusqu'au 10 mars inclus** until March 10th inclusive. ◆ **inclusion** *nf* inclusion.

incohérence [ɛ̃kɔeʀɑ̃s] *nf* incoherence; *(illogisme)* inconsistency. ◆ **incohérent, e** *adj* incoherent; inconsistent.

incolore [ɛ̃kɔlɔʀ] *adj* colourless; *(vernis)* clear.

incomber [ɛ̃kɔ̃be] (1) ~ **à** *vt indir :* **il nous incombe de** it falls to us to; **ça vous incombe** it is your responsibility.

incommoder [ɛ̃kɔmɔde] (1) *vt* to disturb, bother. **être incommodé** to be indisposed.

incomparable [ɛ̃kɔ̃paʀabl(ə)] *adj* incomparable.

incompatibilité [ɛ̃kɔ̃patibilite] *nf* incompatibility. ◆ **incompatible** *adj* incompatible (*avec* with).

incompétence [ɛ̃kɔ̃petɑ̃s] *nf* incompetence. ◆ **incompétent, e** *adj* incompetent.

incomplet, -ète [ɛ̃kɔ̃plɛ, ɛt] *adj* incomplete.

incompréhensible [ɛ̃kɔ̃pʀeɑ̃sibl(ə)] *adj* incomprehensible. ◆ **incompréhensif, -ive** *adj* unsympathetic. ◆ **incompréhension** *nf (ignorance)* lack of understanding; *(hostilité)* lack of sympathy. ◆ **incompris, e** *adj* misunderstood.

inconcevable [ɛ̃kɔ̃svabl(ə)] *adj* inconceivable.

inconciliable [ɛ̃kɔ̃siljabl(ə)] *adj* irreconcilable.

inconditionnel, -elle [ɛ̃kɔ̃disjɔnɛl] *adj* unconditional.

inconfort [ɛ̃kɔ̃fɔʀ] *nm* discomfort. ◆ **inconfortable** *adj* uncomfortable.

inconnu, e [ɛ̃kɔny] — **1** *adj* unknown (*à qn* to sb). — **2** *nm,f* stranger. — **3** *nm :* **l'~** the unknown. — **4** *nf (Math, fig)* unknown quantity.

inconsciemment [ɛ̃kɔ̃sjamɑ̃] *adv* unconsciously. ◆ **inconscience** *nf* unconsciousness. **c'est de l'~** that's sheer madness. ◆ **inconscient, e** — **1** *adj* unconscious; (* : *fou*) mad*. ~ **de** unaware of. — **2** *nm (Psych)* **l'~** the unconscious. — **3** *nm,f* (*) lunatic.

inconsidéré, e [ɛ̃kɔ̃sideʀe] *adj* thoughtless.

inconsolable [ɛ̃kɔ̃sɔlabl(ə)] *adj* inconsolable.

inconstance [ɛ̃kɔ̃stɑ̃s] *nf* fickleness. ◆ **inconstant, e** *adj* fickle.

incontestable [ɛ̃kɔ̃tɛstabl(ə)] *adj* incontestable. ◆ **incontesté, e** *adj* uncontested.

incontinence [ɛ̃kɔ̃tinɑ̃s] *nf* incontinence. ◆ **incontinent, e** *adj* incontinent.

incontrôlable [ɛ̃kɔ̃tʀolabl(ə)] *adj (non vérifiable)* unverifiable; *(irrépressible)* uncontrollable. ◆ **incontrôlé, e** *adj* unverified; uncontrolled.

inconvenance [ɛ̃kɔ̃vnɑ̃s] *nf* impropriety. ◆ **inconvenant, e** *adj* improper; *(personne)* impolite.

inconvénient [ɛ̃kɔ̃venjɑ̃] *nm (désavantage)* disadvantage, drawback; *(risque)* risk. **si vous n'y voyez pas d'~...** if you have no objections...

incorporation [ɛ̃kɔʀpɔʀɑsjɔ̃] *nf* incorporation; *(Mil)* enlistment. ◆ **incorporer** (1) *vt* to incorporate; to enlist (*dans* into).

incorrect, e [ɛ̃kɔʀɛkt, ɛkt(ə)] *adj* **(a)** *(réglage)* faulty; *(solution)* incorrect, wrong. **(b)** *(langage)* improper; *(tenue)* indecent; *(personne)* impolite; *(procédé)* underhand. ◆ **incorrection** *nf* impropriety; *(action)* impolite action.

incorrigible [ɛ̃kɔʀiʒibl(ə)] *adj* incorrigible.

incorruptible [ɛ̃kɔʀyptibl(ə)] *adj* incorruptible.

incrédule [ɛ̃kʀedyl] *adj* incredulous. ◆ **incrédulité** *nf* incredulity.

incriminer [ɛ̃kʀimine] (1) *vt (personne)* to incriminate.

incroyable [ɛ̃kʀwajabl(ə)] *adj* incredible, unbelievable. ◆ **incroyant, e** *nm,f* nonbeliever.

incrustation [ɛ̃kʀystɑsjɔ̃] *nf (ornement)* inlay; *(Géol)* incrustation. ◆ **incruster** (1) — **1** *vt (Art)* to inlay. — **2 s'incruster** *vpr (invité)* to take root. **s'~ dans** to become embedded in.

inculpation [ɛ̃kylpɑsjɔ̃] *nf (action)* charging. **sous l'~ de** on a charge of. ◆ **inculpé, e** *nm,f* accused. ◆ **inculper** (1) *vt* to charge (*de* with).

inculquer [ɛ̃kylke] (1) *vt :* ~ **à qn** to inculcate in sb.

inculte [ɛ̃kylt(ə)] *adj (terre)* uncultivated; *(barbe)* unkempt; *(personne)* uneducated.

incurable [ɛ̃kyʀabl(ə)] *adj, nmf* incurable.

incursion [ɛ̃kyʀsjɔ̃] *nf* incursion.

incurver *vt*, **s'incurver** *vpr* [ɛ̃kyʀve] (1) to curve.

Inde [ɛ̃d] *nf* India. **les ~s** the Indies.

indécence [ɛ̃desɑ̃s] *nf* indecency. ◆ **indécent, e** *adj* indecent.

indécis, e [ɛ̃desi, iz] *adj (gén)* undecided (*sur* about); *(réponse)* vague. ◆ **indécision** *nf (tempérament)* indecisiveness; *(temporaire)* indecision (*sur* about).
indéfendable [ɛ̃defɑ̃dabl(ə)] *adj* indefensible.
indéfini, e [ɛ̃defini] *adj (vague)* undefined; *(indéterminé)* indefinite. ◆ **indéfiniment** *adv* indefinitely.
indélébile [ɛ̃delebil] *adj* indelible.
indélicat, e [ɛ̃delika, at] *adj (malhonnête)* dishonest.
indémaillable [ɛ̃demɑjabl(ə)] *adj* run-resist.
indemne [ɛ̃dɛmn(ə)] *adj* unharmed, unscathed.
indemnisation [ɛ̃dɛmnizɑsjɔ̃] *nf (action)* indemnification; *(somme)* indemnity, compensation. **10 F d'~** 10 francs compensation. ◆ **indemniser** (1) *vt* to indemnify (*de* for). ◆ **indemnité** *nf* indemnity; *(prime)* allowance.
indéniable [ɛ̃denjabl(ə)] *adj* undeniable.
indentation [ɛ̃dɑ̃tɑsjɔ̃] *nf* indentation.
indépendamment [ɛ̃depɑ̃damɑ̃] *adv (seul)* independently. **~ de cela** apart from that. ◆ **indépendance** *nf* independence. ◆ **indépendant, e** *adj* independent (*de* of).
indescriptible [ɛ̃dɛskʀiptibl(ə)] *adj* indescribable.
indésirable [ɛ̃deziʀabl(ə)] *adj, nmf* undesirable.
indestructible [ɛ̃destʀyktibl(ə)] *adj* indestructible.
indétermination [ɛ̃detɛʀminɑsjɔ̃] *nf (irrésolution)* indecision. ◆ **indéterminé, e** *adj* unspecified.
index [ɛ̃dɛks] *nm (doigt)* forefinger; *(liste)* index. ◆ **indexation** *nf* indexing. ◆ **indexer** (1) *vt* to index (*sur* to).
indicatif, -ive [ɛ̃dikatif, iv] — **1** *adj* indicative (*de* of). — **2** *nm (mélodie)* signature tune. **~ téléphonique** dialling code. *(Ling)* **l'~** the indicative. ◆ **indication** *nf (gén)* indication (*de* of); *(directive)* instruction, direction; *(renseignement)* piece of information.
indice [ɛ̃dis] *nm (signe)* sign; *(élément d'enquête)* clue; *(Admin : grade)* grading. **~ des prix** price index.
indien, -ienne [ɛ̃djɛ̃, jɛn] — **1** *adj* Indian. — **2** *nm,f:* **I~, -ienne** *(Inde)* Indian; *(Amérique)* (Red *ou* American) Indian.
indifféremment [ɛ̃difeʀamɑ̃] *adv* equally. ◆ **indifférence** *nf* indifference (*envers* to). ◆ **indifférent, e** *adj* indifferent (*à* to). **cela m'est ~** it doesn't matter to me.
indigence [ɛ̃diʒɑ̃s] *nf* poverty. ◆ **indigent, e** *adj* poor.
indigène [ɛ̃diʒɛn] *adj, nmf* native.
indigeste [ɛ̃diʒɛst] *adj* indigestible. ◆ **indigestion** *nf* indigestion. **avoir une ~** to get indigestion.
indignation [ɛ̃diɲɑsjɔ̃] *nf* indignation. ◆ **indigné, e** *adj* indignant (*par* at). ◆ **indigner** (1) *vt* : **~ qn** to make sb indignant; **s'~** to get indignant (*de* at).
indigne [ɛ̃diɲ] *adj (acte)* shameful; *(personne)* unworthy (*de* of).
indignité [ɛ̃diɲite] *nf* shamefulness; *(personne)* unworthiness.
indiqué, e [ɛ̃dike] *adj (conseillé)* advisable; *(adéquat)* appropriate, suitable.
indiquer [ɛ̃dike] (1) *vt (montrer)* to show, indicate (*à qn* to sb); *(écrire)* to write; *(fixer : date)* to give. **qu'indique la pancarte?** what does the sign say?; **à l'heure indiquée** at the agreed *ou* appointed time.
indirect, e [ɛ̃diʀɛkt, ɛkt(ə)] *adj* indirect.
indiscipliné, e [ɛ̃disipline] *adj* unruly.
indiscret, -ète [ɛ̃diskʀɛ, ɛt] *adj (gén)* indiscreet; *(curieux)* inquisitive. ◆ **indiscrétion** *nf* indiscretion; inquisitiveness.
indiscutable [ɛ̃diskytabl(ə)] *adj* unquestionable.
indispensable [ɛ̃dispɑ̃sabl(ə)] *adj* essential (*à* to). **se rendre ~** to make o.s. indispensable.
indisponible [ɛ̃dispɔnibl(ə)] *adj* unavailable.
indisposé, e [ɛ̃dispoze] *adj (malade)* indisposed. ◆ **indisposer** (1) *vt (rendre malade)* to upset; *(mécontenter)* to antagonize. ◆ **indisposition** *nf* upset.
indissociable [ɛ̃disɔsjabl(ə)] *adj* indissociable.
indistinct, e [ɛ̃distɛ̃(kt), ɛ̃kt(ə)] *adj* indistinct. ◆ **indistinctement** *adv* indistinctly; *(indifféremment)* indiscriminately.
individu [ɛ̃dividy] *nm (gén)* individual; *(corps)* body. ◆ **individualiser** (1) *vt* to individualize. ◆ **individualisme** *nm* individualism. ◆ **individuel, -elle** *adj (gén)* individual; *(caractères)* distinctive. ◆ **individuellement** *adv* individually.
indivisible [ɛ̃divizibl(ə)] *adj* indivisible.
indolence [ɛ̃dɔlɑ̃s] *nf* indolence. ◆ **indolent, e** *adj* indolent.
indolore [ɛ̃dɔlɔʀ] *adj* painless.
indomptable [ɛ̃dɔ̃tabl(ə)] *adj (gén)* untameable; *(volonté)* indomitable.
induire [ɛ̃dɥiʀ] (38) *vt* **(a) ~ qn en erreur** to mislead sb. **(b)** *(inférer)* to infer (*de* from).
indulgence [ɛ̃dylʒɑ̃s] *nf* indulgence; *(juge)* leniency. ◆ **indulgent, e** *adj* indulgent (*avec* with); lenient (*envers* to).
industrialisation [ɛ̃dystʀializɑsjɔ̃] *nf* industrialization. ◆ **industrialiser** (1) *vt* to industrialize. ◆ **industrie** *nf* industry. **l'~ du spectacle** show business. ◆ **industriel, -elle** — **1** *adj* industrial. — **2** *nm* industrialist, manufacturer. ◆ **industriellement** *adv* industrially.
inébranlable [inebʀɑ̃labl(ə)] *adj (résolu)* unshakeable; *(inamovible)* immovable.
inédit, e [inedi, it] *adj (texte)* unpublished; *(trouvaille)* original.
ineffable [inefabl(ə)] *adj* ineffable.
inefficace [inefikas] *adj* ineffective.
inégal, e, *mpl* **-aux** [inegal, o] *adj (irrégulier)* uneven; *(disproportionné)* unequal. ◆ **inégalé, e** *adj* unequalled. ◆ **inégalité** *nf (différence)* difference (*de* between); *(injustice)* inequality; *(irrégularité)* unevenness.
inéluctable [inelyktabl(ə)] *adj, nm* inescapable.
inepte [inɛpt(ə)] *adj* inept. ◆ **ineptie** *nf* ineptitude. **une ~** an inept remark.
inépuisable [inepɥizabl(ə)] *adj* inexhaustible.
inerte [inɛʀt(ə)] *adj (gén)* inert; *(corps)* lifeless. ◆ **inertie** *nf* inertia.
inestimable [inɛstimabl(ə)] *adj* invaluable; *(valeur)* incalculable.
inévitable [inevitabl(ə)] *adj* inevitable.
inexact, e [inɛgza(kt), akt(ə)] *adj* inaccurate, inexact. ◆ **inexactitude** *nf* inaccuracy.
inexcusable [inɛkskyzabl(ə)] *adj* inexcusable, unforgivable.
inexistant, e [inɛgzistɑ̃, ɑ̃t] *adj* non-existent
inexorable [inɛgzɔʀabl(ə)] *adj (destin)* inexorable; *(juge)* inflexible.
inexpérience [inɛkspeʀjɑ̃s] *nf* inexperience. ◆ **inexpérimenté, e** *adj* inexperienced.
inexplicable [inɛksplikabl(ə)] *adj* inexplicable. ◆ **inexpliqué, e** *adj* unexplained.
inexpressif, -ive [inɛkspʀesif, iv] *adj* expressionless, inexpressive.

in extremis [inɛkstʀemis] *loc adv* at the last minute.
inextricable [inɛkstʀikabl(ə)] *adj* inextricable.
infaillible [ɛ̃fajibl(ə)] *adj* infallible.
infâme [ɛ̃fɑm] *adj (vil)* vile; *(dégoûtant)* disgusting. ◆ **infamie** *nf* infamy. **une ~** a vile action.
infanterie [ɛ̃fɑ̃tʀi] *nf* infantry.
infantile [ɛ̃fɑ̃til] *adj* infantile.
infarctus [ɛ̃faʀktys] *nm* coronary.
infatigable [ɛ̃fatigabl(ə)] *adj* indefatigable, tireless.
infect, e [ɛ̃fɛkt, ɛkt(ə)] *adj* revolting, filthy.
infecter [ɛ̃fɛkte] (1) — **1** *vt* to infect. — **2 s'infecter** *vpr* to become infected. ◆ **infectieux, -euse** *adj* infectious. ◆ **infection** *nf (Méd)* infection; *(puanteur)* stench.
inférieur, e [ɛ̃feʀjœʀ] — **1** *adj (plus bas)* lower; *(plus petit)* smaller (*à* than); *(moins bon)* inferior (*à* to). **~ à la moyenne** below average. — **2** *nm,f* inferior. ◆ **infériorité** *nf* inferiority.
infernal, e, *mpl* **-aux** [ɛ̃fɛʀnal, o] *adj* infernal.
infester [ɛ̃fɛste] (1) *vt* to infest.
infidèle [ɛ̃fidɛl] *adj* unfaithful (*à* to). ◆ **infidélité** *nf* unfaithfulness. **une ~** an infidelity.
infiltration [ɛ̃filtʀɑsjɔ̃] *nf (gén)* infiltration; *(liquide)* percolation; *(piqûre)* injection. ◆ **s'infiltrer** (1) *vpr* : **s'~ dans** to infiltrate; *(liquide)* to percolate.
infime [ɛ̃fim] *adj* tiny, minute.
infini, e [ɛ̃fini] — **1** *adj* infinite. — **2** *nm* : **l'~** *(Philos)* the infinite; *(Math, Phot)* infinity; **à l'~** endlessly. ◆ **infiniment** *adv* infinitely. ◆ **infinité** *nf* infinity.
infinitif, -ive [ɛ̃finitif, iv] *adj, nm* infinitive.
infirme [ɛ̃fiʀm(ə)] — **1** *adj* crippled, disabled. — **2** *nmf* cripple. ◆ **infirmerie** *nf (gén)* infirmary; *(école, navire)* sick bay. ◆ **infirmier** *nm* male nurse. ◆ **infirmière** *nf* nurse. ◆ **infirmité** *nf* disability.
inflammable [ɛ̃flamabl(ə)] *adj* inflammable, flammable.
inflammation [ɛ̃flamɑsjɔ̃] *nf* inflammation.
inflation [ɛ̃flɑsjɔ̃] *nf* inflation.
inflexibilité [ɛ̃flɛksibilité] *nf* inflexibility. ◆ **inflexible** *adj* inflexible.
infliger [ɛ̃fliʒe] (3) *vt (gén)* to inflict; *(amende)* to impose (*à* on).
influençable [ɛ̃flyɑ̃sabl(ə)] *adj* easily influenced. ◆ **influence** *nf* influence (*sur* on). ◆ **influencer** (3) *vt* to influence. ◆ **influent, e** *adj* influential. ◆ **influer** (1) *vi* : **~ sur** to influence.
informateur, -trice [ɛ̃fɔʀmatœʀ, tʀis] *nm,f* informer.
informaticien, -ienne [ɛ̃fɔʀmatisjɛ̃, jɛn] *nm,f* computer scientist.
information [ɛ̃fɔʀmɑsjɔ̃] *nf (gén)* information; *(renseignement)* piece of information; *(nouvelle)* piece of news; *(Jur : enquête)* inquiry. **les ~s** the news *(sg)*.
informatique [ɛ̃fɔʀmatik] *nf* : **l'~** *(science)* computer science; *(techniques)* data processing.
informe [ɛ̃fɔʀm(ə)] *adj* shapeless.
informer [ɛ̃fɔʀme] (1) — **1** *vt* to inform (*de* of, about). — **2 s'informer** *vpr* to inquire, find out, ask (*de* about).
infortune [ɛ̃fɔʀtyn] *nf* misfortune. ◆ **infortuné, e** — **1** *adj* wretched. — **2** *nm,f* wretch.
infraction [ɛ̃fʀaksjɔ̃] *nf* offence. **être en ~** to be committing an offence.
infranchissable [ɛ̃fʀɑ̃ʃisabl(ə)] *adj (lit)* impassable; *(fig)* insurmountable.
infrarouge [ɛ̃fʀaʀuʒ] *adj, nm* infrared.
infrastructure [ɛ̃fʀastʀyktyʀ] *nf (Constr)* substructure; *(Écon, fig)* infrastructure.
infructueux, -euse [ɛ̃fʀyktɥø, øz] *adj* fruitless, unfruitful.
infuser [ɛ̃fyze] (1) *vt* : **(laisser** *ou* **faire) ~ qch** to leave sth to brew *ou* infuse. ◆ **infusion** *nf* infusion. **~ de tilleul** lime tea.
ingénier (s') [ɛ̃ʒenje] (7) *vpr* : **s'~ à faire** to try hard to do.
ingénieur [ɛ̃ʒenjœʀ] *nm* engineer.
ingénieux, -euse [ɛ̃ʒenjø, øz] *adj* ingenious. ◆ **ingéniosité** *nf* ingenuity.
ingénu, e [ɛ̃ʒeny] *adj* naïve.
ingérence [ɛ̃ʒeʀɑ̃s] *nf* interference (*dans* in). ◆ **s'ingérer** (6) *vpr* : **s'~ dans** to interfere in.
ingrat, e [ɛ̃gʀa, at] *adj (personne)* ungrateful (*envers* to); *(métier)* thankless; *(visage)* unattractive. ◆ **ingratitude** *nf* ingratitude, ungratefulness (*envers* towards).
ingrédient [ɛ̃gʀedjɑ̃] *nm* ingredient.
inguérissable [ɛ̃geʀisabl(ə)] *adj* incurable.
ingurgiter [ɛ̃gyʀʒite] (1) *vt* to ingurgitate.
inhabité, e [inabite] *adj* uninhabited.
inhabituel, -elle [inabitɥɛl] *adj* unusual.
inhalation [inalɑsjɔ̃] *nf* inhalation. ◆ **inhaler** (1) *vt* to inhale, breathe in.
inhérent, e [ineʀɑ̃, ɑ̃t] *adj* inherent (*à* in).
inhibition [inibisjɔ̃] *nf* inhibition.
inhumain, e [inymɛ̃, ɛn] *adj* inhuman.
inhumation [inymɑsjɔ̃] *nf* interment.
inhumer [inyme] (1) *vt* to inter.
inimaginable [inimaʒinabl(ə)] *adj* unimaginable.
inimitable [inimitabl(ə)] *adj* inimitable.
inimitié [inimitje] *nf* enmity.
ininterrompu, e [inɛ̃tɛʀɔ̃py] *adj (ligne)* unbroken; *(flot)* steady, uninterrupted.
inique [inik] *adj* iniquitous.
initial, e, *mpl* **-aux** [inisjal, o] *adj, nf* initial. ◆ **initialement** *adv* initially.
initiative [inisjativ] *nf* initiative.
initiateur, -trice [inisjatœʀ, tʀis] *nm,f* initiator. ◆ **initiation** *nf* initiation (*à* into). ◆ **initié, e** *nm,f* initiate. ◆ **initier** (7) *vt* to initiate. **s'~ à** to be initiated into.
injecter [ɛ̃ʒɛkte] (1) *vt* to inject.
injection [ɛ̃ʒɛksjɔ̃] *nf* injection.
injonction [ɛ̃ʒɔ̃ksjɔ̃] *nf* injunction, command.
injure [ɛ̃ʒyʀ] *nf* insult. **des ~s** abuse, insults. ◆ **injurier** (7) *vt* to abuse, insult. ◆ **injurieux, -euse** *adj* abusive, insulting (*pour* to).
injuste [ɛ̃ʒyst(ə)] *adj (gén)* unjust; *(partial)* unfair (*avec* to). ◆ **injustice** *nf* injustice; unfairness. **une ~** an injustice.
injustifiable [ɛ̃ʒystifjabl(ə)] *adj* unjustifiable. ◆ **injustifié, e** *adj* unjustified.
inlassable [ɛ̃lɑsabl(ə)] *adj* tireless.
inné, e [ine] *adj* innate, inborn.
innocence [inɔsɑ̃s] *nf* innocence. ◆ **innocent, e** *adj, nm,f* innocent (*de* of). ◆ **innocenter** (1) *vt* to clear (*de* of).
innombrable [inɔ̃bʀabl(ə)] *adj* countless.
innovateur, -trice [inɔvatœʀ, tʀis] — **1** *adj* innovatory. — **2** *nm,f* innovator. ◆ **innovation** *nf* innovation. ◆ **innover** (1) *vi* to innovate.
inoccupé, e [inɔkype] *adj* unoccupied.
inoculer [inɔkyle] (1) *vt* : **~ qch à qn** to infect sb with sth.
inodore [inɔdɔʀ] *adj (gaz)* odourless; *(fleur)* scentless.
inoffensif, -ive [inɔfɑ̃sif, iv] *adj* harmless, innocuous.

inondation [inɔ̃dasjɔ̃] *nf* flood. ◆ **inonder** (1) *vt* to flood (*de* with). **inondé de soleil** bathed in sunlight; *(pluie)* **se faire ~** to get soaked.
inoubliable [inublijabl(ə)] *adj* unforgettable.
inouï, e [inwi] *adj (jamais vu)* unheard-of; *(incroyable)* incredible.
inoxydable [inɔksidabl(ə)] *adj (acier)* stainless; *(couteau)* stainless steel.
inqualifiable [ɛ̃kalifjabl(ə)] *adj* unspeakable.
inquiet, -ète [ɛ̃kjɛ, ɛt] — **1** *adj* worried, anxious (*de* about); *(gestes)* uneasy. — **2** *nm,f* worrier. ◆ **inquiétant, e** *adj* worrying. ◆ **inquiéter** (6) — **1** *vt* to worry. — **2 s'inquiéter** *vpr* to worry; *(s'enquérir)* to inquire (*de* about). ◆ **inquiétude** *nf* anxiety, worry.
inquisiteur, -trice [ɛ̃kizitœʀ, tʀis] — **1** *adj* inquisitive. — **2** *nm* inquisitor. ◆ **inquisition** *nf* inquisition.
insalubre [ɛ̃salybʀ(ə)] *adj* insalubrious, unhealthy.
insanité [ɛ̃sanite] *nf* insanity. **une ~** an insane act (*ou* remark).
insatiable [ɛ̃sasjabl(ə)] *adj* insatiable.
inscription [ɛ̃skʀipsjɔ̃] *nf* **(a)** *(légende)* inscription. **(b)** *(immatriculation)* enrolment, registration (*à* in). **l'~ à un club** joining a club; **il y a 3 ~s** 3 people have enrolled.
inscrire [ɛ̃skʀiʀ] (39) — **1** *vt (nom, date)* to note down, write down; *(dans la pierre)* to inscribe; *(étudiant)* to register, enrol; *(pour rendez-vous)* to put down. **~ une question à l'ordre du jour** to put a question on the agenda. — **2 s'inscrire** *vpr* to register, enrol (*à* at); to put one's name down (*sur* on). **s'~ à un club** to join a club; **s'~ dans le cadre de qch** to fit into sth. ◆ **inscrit, e** *nm,f* registered member (*ou* student).
insecte [ɛ̃sɛkt(ə)] *nm* insect.
insecticide [ɛ̃sɛktisid] *adj, nm* insecticide.
insécurité [ɛ̃sekyʀite] *nf* insecurity.
insémination [ɛ̃seminasjɔ̃] *nf* insemination.
insensé, e [ɛ̃sɑ̃se] *adj* insane.
insensibiliser [ɛ̃sɑ̃sibilize] (1) *vt* to anaesthetize. ◆ **insensibilité** *nf* insensitivity. ◆ **insensible** *adj* insensitive (*à* to); *(imperceptible)* imperceptible.
inséparable [ɛ̃sepaʀabl(ə)] *adj* inseparable (*de* from).
insérer [ɛ̃seʀe] (6) *vt* to insert. **s'~ dans** to fit into. ◆ **insertion** *nf* insertion.
insidieux, -euse [ɛ̃sidjø, øz] *adj* insidious.
insigne [ɛ̃siɲ] *nm (cocarde)* badge; *(emblème)* insignia.
insignifiance [ɛ̃siɲifjɑ̃s] *nf* insignificance. ◆ **insignifiant, e** *adj* insignificant; *(somme)* trifling.
insinuation [ɛ̃sinɥasjɔ̃] *nf* insinuation. ◆ **insinuer** (1) — **1** *vt* to insinuate, imply. — **2 s'insinuer** *vpr* : **s'~ dans** to creep into.
insipide [ɛ̃sipid] *adj* insipid.
insistance [ɛ̃sistɑ̃s] *nf* insistence (*à faire* on doing). ◆ **insistant, e** *adj* insistent. ◆ **insister** (1) *vi* to be insistent (*auprès de* with), insist. **~ sur qch** to stress sth.
insolation [ɛ̃sɔlasjɔ̃] *nf (malaise)* sunstroke. **une ~** a touch of sunstroke.
insolence [ɛ̃sɔlɑ̃s] *nf* insolence; *(remarque)* insolent remark. ◆ **insolent, e** *adj* insolent.
insolite [ɛ̃sɔlit] *adj* unusual, strange.
insoluble [ɛ̃sɔlybl(ə)] *adj* insoluble.
insomnie [ɛ̃sɔmni] *nf* insomnia.
insonoriser [ɛ̃sɔnɔʀize] (1) *vt* to soundproof.
insouciance [ɛ̃susjɑ̃s] *nf* carefree attitude. ◆ **insouciant, e** *ou* ◆ **insoucieux, -euse** *adj* carefree.
insoumission [ɛ̃sumisjɔ̃] *nf* rebelliousness.
insoutenable [ɛ̃sutnabl(ə)] *adj* unbearable.
inspecter [ɛ̃spɛkte] (1) *vt* to inspect. ◆ **inspecteur, -trice** *nm,f* inspector. ◆ **inspection** *nf* inspection.
inspiration [ɛ̃spiʀasjɔ̃] *nf (idée)* inspiration; *(respiration)* breath. ◆ **inspirer** (1) — **1** *vt* to inspire. **il ne m'inspire pas confiance** he doesn't inspire me with confidence; **être bien inspiré** to be truly inspired; **s'~ d'un modèle** to be inspired by a model. — **2** *vi (respirer)* to breathe in.
instabilité [ɛ̃stabilite] *nf* instability, unsteadiness. ◆ **instable** *adj* unstable, unsteady; *(temps)* unsettled.
installateur [ɛ̃stalatœʀ] *nm* fitter.
installation [ɛ̃stalasjɔ̃] *nf* **(a)** *(téléphone)* installation; *(local)* fitting out; *(locataire)* settling in; *(artisan)* setting up. **(b)** *(appareils)* fittings, installations.
installer [ɛ̃stale] (1) — **1** *vt (gén)* to install; *(étagère, tente)* to put up; *(appartement)* to fit out; *(bureaux)* to set up. **ils ont installé leur bureau dans le grenier** they've turned the attic into a study. — **2 s'installer** *vpr (commerçant)* to set o.s. up (*comme* as); *(locataire)* to settle in; *(dans un fauteuil)* to settle down. **ils sont bien installés** they have a comfortable home; **s'~ dans la guerre** to settle into war.
instance [ɛ̃stɑ̃s] *nf (autorité)* authority. *(prières)* **~s** entreaties; **tribunal d'~** ≃ magistrates' court; **demander qch avec ~** to ask earnestly for sth; **en ~ de départ** on the point of departure.
instant [ɛ̃stɑ̃] *nm* moment, instant. **à l'~** now; **à tout ~** *(d'un moment à l'autre)* at any moment; *(tout le temps)* all the time, every minute; **par ~s** at times; **pour l'~** for the time being.
instantané e [ɛ̃stɑ̃tane] — **1** *adj* instantaneous. — **2** *nm (Phot)* snapshot.
instauration [ɛ̃stɔʀasjɔ̃] *nf* institution.
instaurer [ɛ̃stɔʀe] (1) *vt* to institute.
instigateur, -trice [ɛ̃stigatœʀ, tʀis] *nm,f* instigator. ◆ **instigation** *nf* instigation.
instinct [ɛ̃stɛ̃] *nm (gén)* instinct. **d'~** instinctively. ◆ **instinctif, -ive** *adj* instinctive.
instituer [ɛ̃stitɥe] (1) *vt* to institute.
institut [ɛ̃stity] *nm* institute. **~ de beauté** beauty salon.
instituteur, -trice [ɛ̃stitytœʀ, tʀis] *nm,f* primary school teacher.
institution [ɛ̃stitysjɔ̃] *nf (gén)* institution; *(école)* private school.
instructif, -ive [ɛ̃stʀyktif, iv] *adj* instructive.
instruction [ɛ̃stʀyksjɔ̃] *nf* **(a)** education. **avoir de l'~** to be well educated. **(b)** *(Jur)* investigation. **(c)** *(circulaire)* directive. *(ordres)* **~s** instructions.
instruire [ɛ̃stʀɥiʀ] (38) — **1** *vt (gén)* to teach, educate; *(Jur)* to investigate. **~ qn de qch** to inform sb of sth. — **2 s'instruire** *vpr* to educate o.s. ◆ **instruit, e** *adj* educated.
instrument [ɛ̃stʀymɑ̃] *nm* instrument. **~ de musique** musical instrument; **~s de travail** tools.
insu [ɛ̃sy] *nm* : **à mon ~** without my *ou* me knowing it.
insuffisance [ɛ̃syfizɑ̃s] *nf (quantité)* insufficiency; *(qualité)* inadequacy. **une ~ de per-**

sonnel a shortage of staff. ◆ **insuffisant, e** *adj* insufficient; inadequate. **c'est ~** it's not enough.
insulaire [ɛ̃sylɛʀ] — **1** *adj* island. — **2** *nmf* islander.
insuline [ɛ̃sylin] *nf* insulin.
insulte [ɛ̃sylt(ə)] *nf* insult. **~s** insults, abuse. ◆ **insulter** (1) *vt* to insult, abuse.
insupportable [ɛ̃sypɔʀtabl(ə)] *adj* unbearable, insufferable.
insurger (s') [ɛ̃syʀʒe] (3) *vpr* to rebel, revolt (*contre* against). ◆ **insurgé, e** *adj, nm,f* rebel, insurgent.
insurmontable [ɛ̃syʀmɔ̃tabl(ə)] *adj (obstacle)* insurmountable.
insurrection [ɛ̃syʀɛksjɔ̃] *nf* insurrection.
intact, e [ɛ̃takt, akt(ə)] *adj* intact.
intarissable [ɛ̃taʀisabl(ə)] *adj* inexhaustible.
intégral, e, *mpl* **-aux** [ɛ̃tegʀal, o] *adj* complete. **texte ~** unabridged version; *(Ciné)* **version ~e** uncut version. ◆ **intégralement** *adv* in full. ◆ **intégralité** *nf* : **l'~ de la somme** the whole of the sum; **dans son ~** in full.
intégration [ɛ̃tegʀɑsjɔ̃] *nf* integration (*à* into). ◆ **intégrer** (6) *vt* to integrate. **s'~ à** to become integrated into.
intègre [ɛ̃tɛgʀ(ə)] *adj* upright, honest.
intégrité [ɛ̃tegʀite] *nf* integrity.
intellectuel, -elle [ɛ̃telɛktɥɛl] *adj nm,f* intellectual.
intelligence [ɛ̃teliʒɑ̃s] *nf (aptitude)* intelligence. *(compréhension)* **avoir l'~ de qch** to have a good grasp *ou* understanding of sth; **signe d'~** sign of complicity; **vivre en bonne ~ avec qn** to be on good terms with sb. ◆ **intelligent, e** *adj* intelligent, clever, ◆ **intelligemment** *adv* intelligently, cleverly.
intelligible [ɛ̃teliʒibl(ə)] *adj* intelligible.
intempérance [ɛ̃tɑ̃peʀɑ̃s] *nf* intemperance.
intempéries [ɛ̃tɑ̃peʀi] *nfpl* bad weather.
intempestif, -ive [ɛ̃tɑ̃pɛstif, iv] *adj (gén)* untimely; *(zèle)* excessive.
intenable [ɛ̃tnabl(ə)] *adj (situation)* unbearable; *(personne)* unruly.
intendance [ɛ̃tɑ̃dɑ̃s] *nf (Mil)* supplies office; *(Scol)* bursar's office. ◆ **intendant** *nm (Scol)* bursar; *(régisseur)* steward. ◆ **intendante** *nf (Scol)* bursar; *(régisseur)* housekeeper.
intense [ɛ̃tɑ̃s] *adj (gén)* intense; *(circulation)* dense, heavy. ◆ **intensément** *adv* intensely. ◆ **intensif, -ive** *adj* intensive. ◆ **intensifier** *vt,* **s'intensifier** *vpr* (7) to intensify. ◆ **intensité** *nf* intensity.
intenter [ɛ̃tɑ̃te] (1) *vt* : **~ un procès à qn** to take proceedings against sb.
intention [ɛ̃tɑ̃sjɔ̃] *nf* intention (*de faire* of doing). **à cette ~** with this intention; **à l'~ de qn** for sb. ◆ **intentionné, e** *adj* : **mal ~** ill-intentioned. ◆ **intentionnel, -elle** *adj* intentional.
inter [ɛ̃tɛʀ] *préf* inter... . **~ministériel** *etc* interdepartmental *etc.*
interaction [ɛ̃tɛʀaksjɔ̃] *nf* interaction.
intercaler [ɛ̃tɛʀkale] (1) *vt* to insert. **s'~ entre** to come in between.
intercéder [ɛ̃tɛʀsede] (6) *vi* to intercede (*auprès de* with).
intercepter [ɛ̃tɛʀsɛpte] (1) *vt* to intercept. ◆ **interception** *nf* interception.
interchangeable [ɛ̃tɛʀʃɑ̃ʒabl(ə)] *adj* interchangeable.
interclasse [ɛ̃tɛʀklɑs] *nm (Scol)* break.
interdiction [ɛ̃tɛʀdiksjɔ̃] *nf (gén)* ban (*de* on). '**~ de fumer**' 'smoking prohibited'; **~ de parler** it is forbidden to talk.
interdire [ɛ̃tɛʀdiʀ] (37) *vt* to forbid; *(Admin)* to prohibit, ban. **~ à qn de faire qch** to forbid sb to do sth; *(rendre impossible)* to prevent sb from doing sth; **sa santé lui interdit tout travail** his health does not allow *ou* permit him to do any work; **s'~ toute remarque** to refrain from making any remark.
interdit, e [ɛ̃tɛʀdi, it] *adj* **(a) stationnement ~** no parking; **il est ~ de faire** it is forbidden to do. **(b)** *(surpris)* dumbfounded.
intéressant, e [ɛ̃teʀɛsɑ̃, ɑ̃t] *adj (captivant)* interesting; *(avantageux)* attractive. **faire son ~** to show off.
intéressé, e [ɛ̃teʀese] *adj* **(a)** *(en cause)* concerned. **l'~** the person concerned. **(b)** *(égoïste) (personne)* self-interested; *(motif)* interested.
intéresser [ɛ̃teʀese] (1) *vt (captiver)* to interest; *(concerner)* to affect, concern. **ça pourrait vous ~** this might interest you *ou* be of interest to you; **s'~ à qch** to be interested in sth.
intérêt [ɛ̃teʀɛ] *nm (attention)* interest. **porter de l'~ à** to take an interest in; **sans ~** *(ennuyeux)* uninteresting; *(sans importance)* of no importance; **il a ~ à accepter** it's in his interest to accept; **7 % d'~** 7 % interest; *(égoïsme)* **agir par ~** to act out of self-interest; **il a des ~s dans l'affaire** he has a stake in the business.
interférence [ɛ̃tɛʀfeʀɑ̃s] *nf* interference.
intérieur, e [ɛ̃teʀjœʀ] — **1** *adj (gén)* inner, inside; *(paroi)* interior; *(marché)* home; *(politique, vol)* domestic, internal. — **2** *nm (gén)* interior; *(tiroir etc)* inside. **à l'~** inside; *(de la maison)* indoors; **à l'~ de nos frontières** within our frontiers; *(Ftbl)* **~ gauche** inside-left. ◆ **intérieurement** *adv* inwardly.
intérim [ɛ̃teʀim] *nm (période)* interim period. **assurer l'~ de qn** to deputize for sb, stand in for sb; **ministre par ~** acting minister. ◆ **intérimaire** — **1** *adj* interim, temporary. — **2** *nmf (secrétaire)* temporary secretary, temp*; *(médecin)* locum.
interjection [ɛ̃tɛʀʒɛksjɔ̃] *nf* interjection.
interligne [ɛ̃tɛʀliɲ] *nm* space between the lines.
interlocuteur, -trice [ɛ̃tɛʀlɔkytœʀ, tʀis] *nm,f* : **mon ~** the person I was speaking to.
interloquer [ɛ̃tɛʀlɔke] (1) *vt* to take aback.
intermède [ɛ̃tɛʀmɛd] *nm (Théât, gén)* interlude.
intermédiaire [ɛ̃tɛʀmedjɛʀ] — **1** *adj* intermediate. — **2** *nmf* intermediary, go-between; *(Comm)* middleman. **sans ~** directly; **par l'~ de** through.
interminable [ɛ̃tɛʀminabl(ə)] *adj* endless, interminable.
intermittence [ɛ̃tɛʀmitɑ̃s] *nf* : **par ~** intermittently. ◆ **intermittent, e** *adj* intermittent.
internat [ɛ̃tɛʀna] *nm* boarding school.
international, e, *mpl* **-aux** [ɛ̃tɛʀnasjɔnal, o] *adj* international.
interne [ɛ̃tɛʀn(ə)] — **1** *adj* internal. — **2** *nmf (Scol)* boarder. **~ des hôpitaux** houseman, intern *(US)*. ◆ **internement** *nm (Pol)* internment; ◆ **interner** (1) *vt (Pol)* to intern; *(Méd)* to place in a mental hospital.
interpellation [ɛ̃tɛʀpelɑsjɔ̃] *nf (cri)* call; *(Police)* questioning, interrogation. ◆ **interpeller** (1) *vt (appeler)* to call *ou* shout out to; *(malfaiteur)* to question, interrogate.
interphone [ɛ̃tɛʀfɔn] *nm* intercom.

interposer [ɛ̃tɛʀpoze] (1) — **1** *vt* to interpose. — **2 s'interposer** *vpr* to intervene.
interprétariat [ɛ̃tɛʀpʀetaʀja] *nm* interpreting. ◆ **interprétation** *nf* interpretation. ◆ **interprète** *nmf (traducteur)* interpreter; *(artiste)* performer. ◆ **interpréter** (6) *vt* **(a)** *(rôle, sonate)* to play; *(chanson)* to sing. **(b)** *(expliquer)* to interpret. **mal ~** to misinterpret.
interrogateur, -trice [ɛ̃teʀɔgatœʀ, tʀis] — **1** *adj (air)* questioning, inquiring. — **2** *nm,f* oral examiner. ◆ **interrogatif, -ive** *adj, nm* interrogative. ◆ **interrogation** *nf* questioning, interrogation; *(question)* question; *(Scol : exercice)* test. ◆ **interrogatoire** *nm* questioning, interrogation. ◆ **interroger** (3) *vt (gén)* to question, ask (*sur* about); *(minutieusement)* to interrogate; *(élève)* to test, examine orally. **s'~ sur qch** to wonder about sth.
interrompre [ɛ̃teʀɔ̃pʀ(ə)] (41) — **1** to break off, interrupt. **~ qn** to interrupt sb. — **2 s'interrompre** *vpr* to break off. ◆ **interrupteur** *nm (Élec)* switch. ◆ **interruption** *nf* interruption. **sans ~** without a break.
intersection [ɛ̃tɛʀsɛksjɔ̃] *nf* intersection.
interstice [ɛ̃tɛʀstis] *nm* crack, chink.
intervalle [ɛ̃tɛʀval] *nm (espace)* space; *(temps)* interval. **à 2 jours d'~** after an interval of 2 days; **dans l'~** *(temporel)* in the meantime; *(spatial)* in between.
intervenir [ɛ̃tɛʀvəniʀ] (22) *vi (entrer en action)* to intervene; *(Méd)* to operate; *(se produire)* to take place, occur. ◆ **intervention** *nf (gén)* intervention; *(Méd)* operation.
intervertir [ɛ̃tɛʀvɛʀtiʀ] (2) *vt* to invert.
interview [ɛ̃tɛʀvju] *nf (Presse, TV)* interview. ◆ **interviewer** (1) *vt* to interview.
intestin [ɛ̃tɛstɛ̃] *nm* intestine. **~s** intestines, bowels. ◆ **intestinal, e** *mpl* **-aux** *adj* intestinal.
intime [ɛ̃tim] — **1** *adj (gén)* intimate; *(journal, vie)* private; *(cérémonie)* quiet. **être ~ avec qn** to be close to sb. — **2** *nmf* close friend. ◆ **intimement** *adj* intimately. **~ persuadé** deeply convinced.
intimidation [ɛ̃timidɑsjɔ̃] *nf* intimidation. ◆ **intimider** (1) *vt* to intimidate.
intimité [ɛ̃timite] *nf (gén)* intimacy; *(vie privée)* privacy. **dans la plus stricte ~** in the strictest privacy.
intituler [ɛ̃tityle] (1) — **1** *vt* to entitle. — **2 s'intituler** *vpr* to be entitled.
intolérable [ɛ̃tɔleʀabl(ə)] *adj* intolerable.
intolérance [ɛ̃tɔleʀɑ̃s] *nf* intolerance. ◆ **intolérant, e** *adj* intolerant.
intonation [ɛ̃tɔnɑsjɔ̃] *nf* intonation. **~ de voix** tone of voice.
intouchable [ɛ̃tuʃabl(ə)] *adj, nmf* untouchable.
intoxication [ɛ̃tɔksikɑsjɔ̃] *nf* poisoning. **~ alimentaire** food poisoning. ◆ **intoxiqué, e** *nm,f* drug *etc* addict. ◆ **intoxiquer** (1) *vt* to poison.
intraduisible [ɛ̃tʀadɥizibl(ə)] *adj (texte)* untranslatable.
intraitable [ɛ̃tʀɛtabl(ə)] *adj* inflexible.
intransigeance [ɛ̃tʀɑ̃ziʒɑ̃s] *nf* intransigence. ◆ **intransigeant, e** *adj* intransigent.
intransitif, -ive [ɛ̃tʀɑ̃zitif, iv] *adj, nm* intransitive.
intrépide [ɛ̃tʀepid] *adj* intrepid. ◆ **intrépidité** *nf* intrepidity.
intrigue [ɛ̃tʀig] *nf (manœuvre)* intrigue, scheme; *(liaison)* love affair; *(Théât)* plot. ◆ **intriguer** (1) — **1** *vt* to intrigue, puzzle. — **2** *vi* to scheme, intrigue.
intrinsèque [ɛ̃tʀɛ̃sɛk] *adj* intrinsic.
introduction [ɛ̃tʀɔdyksjɔ̃] *nf* introduction.
introduire [ɛ̃tʀɔdɥiʀ] (38) — **1** *vt (gén)* to introduce; *(visiteur)* to show in; *(idées nouvelles)* to bring in (*dans* into). — **2 s'introduire** *vpr* to get in. **s'~ dans** to get into.
introuvable [ɛ̃tʀuvabl(ə)] *adj:* **c'est ~** it cannot be found.
intrus, e [ɛ̃tʀy, yz] *nm,f* intruder. ◆ **intrusion** *nf* intrusion (*dans* in).
intuitif, -ive [ɛ̃tɥitif, iv] *adj* intuitive. ◆ **intuition** *nf* intuition.
inusité, e [inyzite] *adj* uncommon.
inutile [inytil] *adj* useless; *(superflu)* needless. **~ de vous dire que** I hardly need say that. ◆ **inutilement** *adv* uselessly; needlessly. ◆ **inutilité** *nf* uselessness; needlessness.
inutilisable [inytilizabl(ə)] *adj* unusable.
inutilisé, e [inytilize] *adj* unused.
invalide [ɛ̃valid] — **1** *nmf* disabled person. — **2** *adj (Méd)* disabled. ◆ **invalidité** *nf* disablement.
invariable [ɛ̃vaʀjabl(ə)] *adj* invariable.
invasion [ɛ̃vɑzjɔ̃] *nf* invasion.
invective [ɛ̃vɛktiv] *nf* invective. ◆ **invectiver** (1) — **1** *vt* to shout abuse at. — **2** *vi* to inveigh (*contre* against).
invendable [ɛ̃vɑ̃dabl(ə)] *adj* unsaleable.
invendu, e [ɛ̃vɑ̃dy] *adj* unsold.
inventaire [ɛ̃vɑ̃tɛʀ] *nm (gén)* inventory; *(liste)* stocklist; *(fig : recensement)* survey. **faire l'~ de** to take stock of.
inventer [ɛ̃vɑ̃te] (1) *vt* to invent. **il n'a pas inventé la poudre** he'll never set the Thames on fire. ◆ **inventeur, -trice** *nm,f* inventor. ◆ **inventif, -ive** *adj* inventive. ◆ **invention** *nf* invention. **de mon ~** of my own invention.
invérifiable [ɛ̃veʀifjabl(ə)] *adj* unverifiable.
inverse [ɛ̃vɛʀs(ə)] — **1** *adj (gén)* opposite. **dans l'ordre ~** in the reverse order. — **2** *nm : l'~* the opposite, the reverse; **à l'~** conversely. ◆ **inversement** *adv* conversely. ◆ **inverser** (1) *vt (ordre)* to reverse, invert. ◆ **inversion** *nf* inversion.
investigation [ɛ̃vɛstigɑsjɔ̃] *nf* investigation.
investir [ɛ̃vestiʀ] (2) *vt* to invest. ◆ **investissement** *nm (Écon)* investment; *(Mil)* investing. ◆ **investiture** *nf* nomination, appointment.
invétéré, e [ɛ̃veteʀe] *adj* inveterate.
invincibilité [ɛ̃vɛ̃sibilite] *nf* invincibility. ◆ **invincible** *adj* invincible.
invisibilité [ɛ̃vizibilite] *nf* invisibility. ◆ **invisible** *adj* invisible.
invitation [ɛ̃vitɑsjɔ̃] *nf* invitation (*à* to). ◆ **invité, e** *nm,f* guest. ◆ **inviter** (1) *vt* to invite (*à* to).
invivable [ɛ̃vivabl(ə)] *adj* unbearable.
invocation [ɛ̃vɔkɑsjɔ̃] *nf* invocation (*à* to).
involontaire [ɛ̃vɔlɔ̃tɛʀ] *adj (gén)* unintentional; *(incontrôlé)* involuntary.
invoquer [ɛ̃vɔke] (1) *vt (excuse)* to put forward; *(témoignage)* to call upon; *(Dieu)* to invoke, call upon.
invraisemblable [ɛ̃vʀɛsɑ̃blabl(ə)] *adj (nouvelle)* improbable; *(insolence)* incredible. ◆ **invraisemblance** *nf* improbability.
invulnérable [ɛ̃vylneʀabl(ə)] *adj* invulnerable (*à* to).
iode [jɔd] *nm* iodine.
iris [iʀis] *nm* iris.
irlandais, e [iʀlɑ̃dɛ, ɛz] — **1** *adj, nm* Irish. — **2** *nm : I~* Irishman. — **3** *nf : I~e* Irishwoman.

◆ **Irlande** *nf* : **l'~** *(pays)* Ireland; *(État)* the Irish Republic.
ironie [iʀɔni] *nf* irony. ◆ **ironique** *adj* ironical.
irraisonné, e [iʀɛzɔne] *adj* irrational.
irréalisable [iʀealizabl(ə)] *adj (but)* unrealizable; *(projet)* unworkable.
irrécupérable [iʀekypeʀabl(ə)] *adj (voiture)* beyond repair; *(personne)* irredeemable.
irréductible [iʀedyktibl(ə)] *adj (gén)* irreducible; *(ennemi)* implacable.
irréel, -elle [iʀeɛl] *adj* unreal.
irréfléchi, e [iʀefleʃi] *adj* thoughtless.
irréfutable [iʀefytabl(ə)] *adj* irrefutable.
irrégularité [iʀegylaʀite] *nf* irregularity.
irrégulier, -ière [iʀegylje, jɛʀ] *adj (gén)* irregular; *(terrain, travail)* uneven.
irrémédiable [iʀemedjabl(ə)] *adj (perte)* irreparable; *(mal)* irremediable.
irremplaçable [iʀɑ̃plasabl(ə)] *adj* irreplaceable.
irréprochable [iʀepʀɔʃabl(ə)] *adj (conduite)* irreproachable; *(tenue)* impeccable.
irrésistible [iʀezistibl(ə)] *adj (gén)* irresistible; *(amusant)* hilarious.
irrésolu, e [iʀezɔly] *adj (personne)* irresolute. ◆ **irrésolution** *nf* irresoluteness.
irrespirable [iʀɛspiʀabl(ə)] *adj (gén)* unbreathable; *(fig)* stifling.
irréversible [iʀevɛʀsibl(ə)] *adj* irreversible.
irrévocable [iʀevɔkabl(ə)] *adj* irrevocable.
irrigation [iʀigɑsjɔ̃] *nf* irrigation. ◆ **irriguer** (1) *vt* to irrigate.
irritable [iʀitabl(ə)] *adj* irritable. ◆ **irritation** *nf* irritation. ◆ **irriter** (1) *vt* to irritate. **s'~ de qch** to feel irritated *ou* annoyed at sth.
irruption [iʀypsjɔ̃] *nf* irruption. **faire ~ chez qn** to burst in on sb.
Islam [islam] *nm* : **l'~** Islam. ◆ **islamique** *adj* Islamic.
islandais, e [islɑ̃dɛ, ɛz] — **1** *adj, nm* Icelandic. — **2** *nm,f* : **I~, e** Icelander. ◆ **Islande** *nf* Iceland.
isolant [izɔlɑ̃] *nm* insulator. ◆ **isolation** *nf* insulation. **~ phonique** soundproofing. ◆ **isolé, e** *adj (gén)* isolated; *(délaissé)* lonely; *(à l'écart)* remote. ◆ **isolement** *nm* isolation; loneliness; remoteness. ◆ **isolément** *adv* in isolation. ◆ **isoler** (1) — **1** *vt (gén)* to isolate (*de* from); *(Élec)* to insulate; *(contre le bruit)* to soundproof. — **2 s'isoler** *vpr* to isolate o.s. ◆ **isoloir** *nm* polling booth.
isorel [izɔʀɛl] *nm* ® hardboard.
Israël [isʀaɛl] *nm* Israel. ◆ **israélien, -ienne** *adj,* **I~, -ienne** *nm,f* Israeli. ◆ **israélite** — **1** *adj* Jewish. — **2** *nm* : **I~** Jew. — **3** *nf* : **I~** Jewess.
issu, e [1] [isy] *adj* : **être ~ de** to come from.
issue[2] [isy] *nf (sortie)* exit; *(fig : solution)* way out; *(fin)* outcome. **voie sans ~** dead end; **~ fatale** fatal outcome; **à l'~ de** at the conclusion *ou* close of.
Italie [itali] *nf* Italy. ◆ **italien, -ienne** *adj, nm,* **I~, -ienne** *nm,f* Italian.
italique [italik] *nm* italics.
itinéraire [itineʀɛʀ] *nm* route; *(fig)* itinerary.
itinérant, e [itineʀɑ̃, ɑ̃t] *adj* itinerant.
ivoire [ivwaʀ] *nm* ivory.
ivre [ivʀ(ə)] *adj* drunk. **~ de joie** wild with joy. ◆ **ivresse** *nf* drunkenness. **avec ~** rapturously. ◆ **ivrogne** *nmf* drunkard.

J

J, j [ʒi] *nm (lettre)* J, j.
j' [ʒ(ə)] *V* **je.**
jacasser [ʒakase] (1) *vi* to chatter.
jachère [ʒaʃɛʀ] *nf* : **mettre une terre en ~** to leave a piece of land fallow.
jacinthe [ʒasɛ̃t] *nf* hyacinth. **~ des bois** bluebell.
jade [ʒad] *nm* jade; *(objet)* jade object.
jadis [ʒadis] *adv* formerly, long ago. **mes amis de ~** my friends of long ago.
jaguar [ʒagwaʀ] *nm* jaguar.
jaillir [ʒajiʀ] (2) *vi (gén)* to gush out; *(lumière)* to flash; *(cris)* to burst out; *(idée, vérité)* to spring (*de* from). **il jaillit dans la pièce** he burst into the room. ◆ **jaillissement** *nm (liquide)* gush.
jais [ʒɛ] *nm (Minér)* jet; *(couleur)* jet black.
jalon [ʒalɔ̃] *nm (étape)* step. **poser des ~s** to prepare the ground. ◆ **jalonner** (1) *vt (border)* to line. **carrière jalonnée de succès** career punctuated with successes.
jalouser [ʒaluze] (1) *vt* to be jealous of. ◆ **jalousie** *nf (sentiment)* jealousy; *(persienne)* venetian blind. ◆ **jaloux, -ouse** *adj* jealous.
jamais [ʒamɛ] *adv* **(a)** *(négatif)* never. **il partit pour ne ~ plus revenir** he departed never to return; **sans ~ rien faire** without ever doing anything; **ce n'est ~ qu'un enfant** he is only a child; **~ de la vie!** never!; **~ deux sans trois!** there's always a third time! **(b)** *(indéfini)* ever. **si ~ tu le vois** if you ever see him, if by any chance you see him; **plus chers que ~** dearer than ever; **à tout ~** for ever.
jambe [ʒɑ̃b] *nf* leg. **~ de pantalon** trouser leg; **prendre ses ~s à son cou** to take to one's heels; **faire qch par-dessus la ~*** to do sth in a slipshod way; **tenir la ~ à qn*** to detain sb; **elle est toujours dans mes ~s*** she's always in my way.
jambon [ʒɑ̃bɔ̃] *nm* ham. **~ fumé** smoked ham, gammon; **~ blanc** boiled ham. ◆ **jambonneau,** *pl* **~x** *nm* knuckle of ham.
jante [ʒɑ̃t] *nf* rim.
janvier [ʒɑ̃vje] *nm* January; *V* **septembre.**

Japon [ʒapɔ̃] *nm* Japan. ◆ **japonais, e** *adj, nm,* **J~, e** *nm,f* Japanese.
jappement [ʒapmɑ̃] *nm* yap, yelp. ◆ **japper** (1) *vi* to yap, yelp.
jaquette [ʒakɛt] *nf (homme)* morning coat; *(livre)* dust jacket.
jardin [ʒaʀdɛ̃] *nm* garden. **~ d'enfants** nursery school; **~ public** public park *ou* gardens. ◆ **jardinage** *nm* gardening. ◆ **jardiner** (1) *vi* to garden. ◆ **jardinier, -ière** — **1** *nm,f* gardener. — **2** *nf (caisse)* window box. **~ière de légumes** mixed vegetables.
jargon [ʒaʀgɔ̃] *nm (gén)* jargon; *(baragouin)* gibberish.
jarret [ʒaʀɛ] *nm (homme)* ham; *(animal)* hock. *(Culin)* **~ de veau** knuckle of veal.
jarretelle [ʒaʀtɛl] *nf* suspender, garter *(US)*.
jarretière [ʒaʀtjɛʀ] *nf* garter.
jars [ʒaʀ] *nm* gander.
jaser [ʒaze] (1) *vi (enfant)* to chatter; *(oiseau)* to twitter; *(ruisseau)* to babble; *(médire)* to gossip.
jasmin [ʒasmɛ̃] *nm* jasmine.
jauge [ʒoʒ] *nf (compteur)* gauge; *(règle graduée)* dipstick; *(capacité)* capacity; *(de navire)* tonnage. ◆ **jauger** (3) — **1** *vt* to gauge the capacity of. **~ qn du regard** to size sb up. — **2** *vi* to have a capacity of.
jaune [ʒon] — **1** *adj* yellow. — **2** *nmf* : **J~** Asiatic. — **3** *nm (couleur)* yellow; *(péj : non gréviste)* scab*. **~ d'œuf** egg yolk. ◆ **jaunir** (2) *vti* to turn yellow. ◆ **jaunisse** *nf* jaundice. **en faire une ~*** *(de jalousie)* to turn green with envy.
java [ʒava] *nf* popular waltz. **faire la ~*** to live it up*.
javelliser [ʒavelize] (1) *vt* to chlorinate.
javelot [ʒavlo] *nm* javelin.
jazz [dʒaz] *nm* jazz.
je, j' [ʒ(ə)] *pron pers* I.
jean [dʒin] *nm* (pair of) jeans.
jeep [ʒip] *nf* jeep.
jérémiades* [ʒeʀemjad] *nfpl* moaning.
jerrycan [ʒeʀikan] *nm* jerry can.
jésuite [ʒezɥit] *nm, adj* Jesuit.
jésus [ʒezy] *nm* : **J~(-Christ)** Jesus (Christ); *(date)* **avant J~-Christ** B.C.; **après J~-Christ** A.D.; **mon ~*** my darling.
jet[1] [ʒɛ] *nm (eau etc)* jet; *(lumière)* beam; *(pierre)* throw. **premier ~** first sketch; **à ~ continu** in a continuous stream; **~ d'eau** *(fontaine)* fountain; *(gerbe)* spray.
jet[2] [dʒɛt] *nm (avion)* jet.
jetée [ʒ(ə)te] *nf* jetty; *(grande)* pier.
jeter [ʒ(ə)te] (4) — **1** *vt* **(a)** *(lancer)* to throw; *(avec force)* to fling, hurl; *(au rebut)* to throw away *ou* out. **~ qch à qn** to throw sth to sb; *(agressivement)* to throw sth at sb; **~ dehors** *(visiteur)* to throw out; *(employé)* to sack. **(b)** *(pont)* to throw (*sur* over); *(fondations)* to lay. **(c)** *(lueur, regard)* to give, cast; *(cri)* to utter, let out. **~ un coup d'œil sur qch** *(rapidement)* to glance at sth; *(pour surveiller)* to take a look at sth. **(d)** *(dans le désespoir)* to plunge; *(dans l'embarras)* to throw (*dans* into). **ça me jette hors de moi** it drives me frantic *ou* wild. **(e)** *(discrédit, sort)* to cast. **~ le trouble chez qn** to disturb sb; **~ un froid** to cast a chill. **(f)** *(dire)* to say (*à* to). **(g) ~ son dévolu sur qch** to set one's heart on sth; *(fig)* **~ du lest** to make concessions; **~ l'argent par les fenêtres** to spend money like water; **~ le manche après la cognée** to throw in one's hand; **~ de la poudre aux yeux de qn** to impress sb. — **2 se jeter** *vpr* **(a)** se **~ par la fenêtre** to throw o.s. out of the window; **se ~ sur qn** to rush at sb; **se ~ à l'eau** *(lit)* to plunge into the water; *(fig)* to take the plunge. **(b)** *(rivière)* to flow (*dans* into).
jeton [ʒ(ə)tɔ̃] *nm (Jeu)* counter; *(Roulette)* chip. **~ de téléphone** telephone token; **avoir les ~s*** to have the jitters*.
jeu, *pl* **~x** [ʒø] *nm* **(a)** *(gén)* game. **~ d'adresse** game of skill; **~ de société** parlour game; **~ de mots** pun; **J~x olympiques** Olympic games; **~-concours** competition; **~ télévisé** television quiz; **~ de patience** jigsaw puzzle; *(Tennis)* **mener par 5 ~x à 2** to lead by 5 games to 2. **(b)** *(série) (pions, clefs)* set. **~ de construction** building set; **~ de cartes** pack of cards. **(c)** *(lieu)* **~ de boules** bowling ground. **(d)** *(Cartes : main)* hand. **avoir du ~** to have a good hand. **(e) le ~** *(amusement)* play; *(Casino)* gambling. **(f)** *(fonctionnement)* working; *(Tech)* play. **il y a du ~** it's a bit loose, there's a bit of play. **(g) le ~ n'en vaut pas la chandelle** the game is not worth the candle; **il a beau ~ de protester** it's easy for him to complain; **ce qui est en ~** what is at stake; **faire le ~ de qn** to play into sb's hands; **c'est un ~ d'enfant** it's child's play; **par ~** for fun.
jeudi [ʒødi] *nm* Thursday; *V* **samedi.**
jeun [ʒœ̃] *adv* : **être à ~** to have consumed nothing, have an empty stomach.
jeune [ʒœn] — **1** *adj* **(a)** *(gén)* young; *(apparence)* youthful; *(industrie)* new. **dans mon ~ âge** in my youth; **mon ~ frère** my younger brother; **Durand ~** Durand junior. **(b)** (*) *(inexpérimenté)* inexperienced; *(insuffisant)* short, skimpy. **c'est un peu ~** it's a bit on the short side. — **2** *nm* youth. **les ~s** young people. — **3** *nf* girl. — **4** : **~ fille** girl; **~s gens** young people; **~ marié** bridegroom; **~ mariée** bride; **les ~s mariés** the newly-weds; *(Théât)* **~ premier** leading man.
jeûne [ʒøn] *nm* fast. ◆ **jeûner** (1) *vi (gén)* to go without food; *(Rel)* to fast.
jeunesse [ʒœnɛs] *nf (gén)* youth; *(apparence)* youthfulness. *(personnes)* **la ~** young people.
joaillerie [ʒɔɑjʀi] *nf (marchandise)* jewellery; *(magasin)* jeweller's shop. ◆ **joaillier, -ière** *nm,f* jeweller.
jockey [ʒɔkɛ] *nm* jockey.
joie [ʒwa] *nf (gén)* joy; *(plaisir)* pleasure. **au comble de la ~** overjoyed; **~ de vivre** cheerfulness; **je me ferai une ~ de le faire** I shall be delighted to do it.
joindre [ʒwɛ̃dʀ(ə)] (49) — **1** *vt (gén)* to join (*à* to); *(villes)* to link (*à* with); *(efforts)* to combine; *(correspondant)* to contact, get in touch with; *(dans une enveloppe)* to enclose (*à* with). **~ les deux bouts*** to make ends meet; **carte jointe à un cadeau** card attached to a gift. — **2** *vi (fenêtre, porte)* to shut, close; *(planches etc)* to join. — **3 se joindre** *vpr* : **se ~ à** *(groupe)* to join; *(foule)* to mingle *ou* mix with; *(discussion)* to join in. ◆ **joint** *nm (articulation)* joint; *(ligne)* join; *(en ciment, mastic)* pointing. **~ de robinet** tap washer; **trouver le ~*** to come up with the answer. ◆ **jointure** *nf* joint; join.
joker [ʒɔkɛʀ] *nm (Cartes)* joker.
joli, e [ʒɔli] *adj (gén)* nice; *(femme)* pretty. **il est ~ garçon** he is good-looking; **tout ça c'est bien ~ mais** that's all very well but; **vous avez fait du ~!** you've made a fine mess of things!

◆ **joliment** *adv* nicely; prettily. **il était ~ en retard*** he was pretty late*.
jonc [ʒɔ̃] *nm* bulrush.
joncher [ʒɔ̃ʃe] (1) *vt* to strew (*de* with).
jonction [ʒɔ̃ksjɔ̃] *nf* junction.
jongler [ʒɔ̃gle] (1) *vi* to juggle (*avec* with). ◆ **jonglerie** *nf* juggling. ◆ **jongleur, -euse** *nm,f* juggler.
jonque [ʒɔ̃k] *nf (Naut)* junk.
jonquille [ʒɔ̃kij] *nf* daffodil.
joue [ʒu] *nf (Anat)* cheek. *(Mil)* **mettre en ~ qch** to aim at sth.
jouer [ʒwe] (1) — **1** *vi* **(a)** to play (*avec* with, *à faire* at doing). **~ aux cartes** to play cards; **~ du piano** to play the piano; **faire qch pour ~** to do sth for fun; **~ perdant** to play a losing game; **~ de malheur** to be dogged by ill luck; **à vous de ~!** your turn!; *(Échecs)* your move!; **bien joué!** well done! **(b)** *(Casino)* to gamble. **~ à la roulette** to play roulette; **~ aux courses** to bet on the horses. **(c)** *(Théât)* to act. **(d)** *(fonctionner)* to work. **(e)** *(joindre mal)* to be loose; *(se voiler)* to warp. **(f)** *(être important)* to count. **cette mesure joue pour tout le monde** this measure applies to everybody; **il a fait ~ ses appuis politiques** he made use of his political connections. — **2** *vt* **(a)** *(gén)* to play; *(film)* to put on, show; *(argent)* to stake (*sur* on); *(cheval)* to back; *(réputation)* to wager. **~ un tour à qn** to play a trick on sb; *(fig)* **~ la comédie** to put on an act; *(fig)* **le drame s'est joué très rapidement** the tragedy happened very quickly. **(b)** *(tromper)* to deceive. — **3 jouer de** *vt indir (utiliser)* to use, make use of. — **4 se jouer** *vpr* : **se ~ de qn** to deceive sb; **se ~ des difficultés** to make light of the difficulties. ◆ **jouet** *nm* toy, plaything. ◆ **joueur, -euse** *nm,f* player; *(Casino)* gambler. **être beau ~** to be a good loser; **il est très ~** he's very playful.
joufflu, e [ʒufly] *adj* chubby.
joug [ʒu] *nm (Agr, fig)* yoke; *(balance)* beam.
jouir [ʒwiʀ] (2) **~ de** *vt indir* to enjoy. ◆ **jouissance** *nf (volupté)* pleasure; *(usage)* use.
joujou*, *pl* **~x** [ʒuʒu] *nm* toy. **faire ~** to play.
jour [ʒuʀ] — **1** *nm* **(a)** *(gén)* day. **dans 2 ~s** in 2 days' time, in 2 days; **un de ces ~s** one of these days; **le ~ de Pâques** Easter Day; **ce n'est vraiment pas le ~!** you *etc* have picked the wrong day!; **un œuf du ~** an egg laid today. **(b)** *(indéterminé)* **mettre fin à ses ~s** to put an end to one's life; **leurs vieux ~s** their old age; **les mauvais ~s** hard times. **(c)** *(lit, fig : lumière)* light. **il fait ~** it is daylight; **le ~** in the daytime; **jeter un ~ nouveau sur** to throw new light on. **(d)** *(ouverture) (mur, haie)* gap. *(Couture)* **~s** hemstitching. **(e)** *(locutions)* **donner le ~ à** to give birth to; **voir le ~** to be born; **c'est le ~ et la nuit!** it's like night and day!; **vivre au ~ le ~** to live from day to day; **mettre à ~** to bring up to date; **mise à ~** updating; **un ~ ou l'autre** sooner or later; **du ~ au lendemain** overnight; **chose de tous les ~s** everyday thing; **de nos ~s** these days, nowadays; **il y a 2 ans ~ pour ~** 2 years ago to the day. — **2** : **le ~ de l'An** New Year's day; **~ de congé** day off; **~ férié** public holiday; **~ de fête** holiday; **le ~ J** D-day; **le ~ des Morts** All Souls' Day; **~ ouvrable** weekday; **le ~ des Rois** Epiphany, Twelfth Night; **le ~ du Seigneur** Sunday.
journal, *pl* **-aux** [ʒuʀnal, o] *nm* newspaper; *(magazine)* magazine; *(bulletin)* journal; *(intime)* diary, journal; *(Rad)* news. **~ de bord** ship's log; **~ pour enfants** children's comic.
journalier, -ière [ʒuʀnalje, jɛʀ] *adj (de chaque jour)* daily; *(banal)* everyday.
journalisme [ʒuʀnalism(ə)] *nm* journalism. ◆ **journaliste** *nmf* journalist. ◆ **journalistique** *adj* journalistic.
journée [ʒuʀne] *nf* day. **dans la ~ d'hier** yesterday; **faire la ~ continue** to work over lunch; **~ de repos** day off.
journellement [ʒuʀnɛlmɑ̃] *adv (quotidiennement)* daily; *(souvent)* every day.
joute [ʒut] *nf* joust.
jovial, e, *mpl* **-aux** *ou* **~s** [ʒɔvjal, o] *adj* jovial, jolly. ◆ **jovialité** *nf* joviality.
joyau, *pl* **~x** [ʒwajo] *nm* gem, jewel.
joyeusement [ʒwajøzmɑ̃] *adv* joyfully, merrily, cheerfully. ◆ **joyeux, -euse** *adj* joyful, merry, cheerful. **~ Noël!** merry *ou* happy Christmas!; **~euse fête!** many happy returns!
jubilé [ʒybile] *nm* jubilee.
jubilation [ʒybilɑsjɔ̃] *nf* jubilation. ◆ **jubiler*** (1) *vi* to be jubilant.
jucher *vt*, **se jucher** *vpr* [ʒyʃe] (1) to perch (*sur* on).
judiciaire [ʒydisjɛʀ] *adj* judicial.
judicieux, -euse [ʒydisjø, øz] *adj* judicious.
judo [ʒydo] *nm* judo. ◆ **judoka** *nmf* judoka.
juge [ʒyʒ] *nm (gén)* judge. **oui, Monsieur le J~** yes, your Honour; **le ~ X** Mr Justice X; **~ d'instruction** examining magistrate; **~ de paix** justice of the peace; **~ de touche** linesman.
jugé [ʒyʒe] *nm* : **au ~** by guesswork.
jugement [ʒyʒmɑ̃] *nm (Gén, Rel)* judgment; *(criminel)* sentence; *(civil)* decision, award. **passer en ~** to stand trial; **porter un ~ sur** to pass judgment on.
jugeote* [ʒyʒɔt] *nf* gumption*.
juger [ʒyʒe] (3) — **1** *vt (gén, Jur)* to judge; *(accusé)* to try (*pour* for); *(différend)* to arbitrate in. *(estimer)* **~ que** to consider *ou* reckon that; **jugez combien j'étais surpris** imagine how surprised I was; **~ qn ridicule** to find sb ridiculous; **~ mal qn** to think badly of sb; **~ bon de faire** to consider it advisable to do. — **2 juger de** *vt indir* to judge.
juguler [ʒygyle] (1) *vt* to suppress.
juif, juive [ʒɥif, ʒɥiv] — **1** *adj* Jewish. — **2** *nm* : **J~** Jew. — **3** *nf* : **Juive** Jewess.
juillet [ʒɥijɛ] *nm* July; *V* **septembre.**
juin [ʒɥɛ̃] *nm* June; *V* **septembre.**
jumeau, -elle *mpl* **~x** [ʒymo, ɛl] — **1** *adj (gén)* twin; *(maison)* semi-detached. — **2** *nm,f (personne)* twin; *(sosie)* double. — **3** *nf* : **jumelles** binoculars; *(de théâtre)* opera glasses. ◆ **jumelage** *nm* twinning. ◆ **jumeler** (4) *vt (villes)* to twin; *(efforts)* to join.
jument [ʒymɑ̃] *nf* mare.
jungle [ʒɔ̃gl(ə)] *nf* jungle.
junior [ʒynjɔʀ] *adj, nmf* junior.
junte [ʒœ̃t] *nf* junta.
jupe [ʒyp] *nf* skirt. ◆ **jupon** *nm* waist petticoat *ou* slip.
juré, e [ʒyʀe] — **1** *adj* sworn. — **2** *nm,f* juror, juryman (*ou* woman). **les ~s** the members of the jury.
jurer [ʒyʀe] (1) — **1** *vt* to swear. **faire ~ à qn de garder le secret** to swear sb to secrecy; **ah! je vous jure!** honestly!; **on ne jure plus que par lui** everyone swears by him. — **2 jurer de** *vt indir* to swear to. **il ne faut ~ de rien** you never can tell. — **3** *vi* **(a)** *(pester)* to swear, curse. **(b)** *(couleurs)* to clash, jar. — **4 se**

jurer *vpr* : **se ~ qch** *(à soi-même)* to vow sth to o.s.; *(l'un à l'autre)* to swear *ou* vow sth to each other.
juridiction [ʒyʀidiksjɔ̃] *nf (compétence)* jurisdiction; *(tribunal)* court of law.
juridique [ʒyʀidik] *adj* legal.
juriste [ʒyʀist(ə)] *nm (avocat)* lawyer; *(professeur)* jurist.
juron [ʒyʀɔ̃] *nm* oath, swearword. **dire des ~s** to swear, curse.
jury [ʒyʀi] *nm (Jur)* jury; *(Art, Sport)* panel of judges; *(Scol)* board of examiners.
jus [ʒy] *nm* **(a)** *(liquide)* juice. **~ de fruit** fruit juice; **~ de viande** gravy. **(b)** (*) *(café)* coffee; *(courant)* juice*; *(eau)* water.
jusque [ʒysk(ə)] — **1** *prép* **(a)** *(lieu)* **jusqu'à la, jusqu'au** to; **j'ai marché jusqu'au village** I walked to *ou* as far as the village; **jusqu'où?** how far?; **en avoir ~-là*** to be fed up*. **(b)** *(temps)* **jusqu'à, jusqu'en** until, till, up to; **jusqu'à quand?** until when?, how long?; **jusqu'à présent** until now, so far; **jusqu'au bout** to the end; **du matin jusqu'au soir** from morning till night. **(c)** *(limite)* up to. **jusqu'à 20 kg** up to 20 kg; **aller jusqu'à dire** to go so far as to say. **(d)** *(y compris)* even. **ils ont regardé ~ sous le lit** they even looked under the bed. — **2** *conj* : **jusqu'à ce que** until.
juste [ʒyst(ə)] — **1** *adj* **(a)** *(légitime)* just; *(équitable)* just, fair (*envers* to). **à ~ titre** with just cause. **(b)** *(calcul, réponse)* right; *(raisonnement, remarque)* sound; *(appareil)* accurate; *(oreille)* good; *(note, voix)* true; *(piano)* well-tuned. **à l'heure ~** right on time; **à 6 heures ~s** on the stroke of 6; **apprécier qch à son ~ prix** to appreciate the true worth of sth; **le ~ milieu** the happy medium; **très ~!** quite right! **(c)** *(trop court)* tight. *(quantité)* **c'est un peu ~** it's a bit on the short side; *(on a eu peur)* **c'était ~** it was a close thing. — **2** *adv* **(a)** *(compter, viser)* accurately; *(raisonner)* soundly; *(deviner)* rightly; *(chanter)* in tune. **la pendule va ~** the clock is keeping good time. **(b)** *(exactement)* just, exactly. **~ au-dessus** just above; **3 kg ~** 3 kg exactly. **(c)** *(seulement)* only, just. **(d)** *(pas assez)* not quite enough. **(e) que veut-il au ~?** what exactly does he want?; **comme de ~** of course; **tout ~** *(seulement)* only just; *(à peine)* hardly, barely; *(exactement)* exactly.
justement [ʒystəmɑ̃] *adv* **(a)** *(précisément)* just, precisely. **(b)** *(remarquer)* rightly, justly.
justesse [ʒystɛs] *nf (gén)* accuracy; *(raisonnement)* soundness. **de ~** narrowly.
justice [ʒystis] *nf* **(a)** *(gén)* justice. **rendre la ~** to dispense justice; **rendre ~ à qn** to do sb justice; **ce n'est que ~** it's only fair; **se faire ~** *(se venger)* to take the law into one's own hands; *(se suicider)* to take one's life. **(b)** *(tribunal)* court; *(autorités)* law. **la ~ le recherche** he is wanted by the law; **passer en ~** to stand trial; **aller en ~** to take a case to court. ◆ **justicier** *nm* defender of justice.
justifiable [ʒystifjabl(ə)] *adj* justifiable.
justificatif [ʒystifikatif] *nm* proof.
justification [ʒystifikɑsjɔ̃] *nf (explication)* justification; *(preuve)* proof.
justifier [ʒystifje] (7) — **1** *vt* to justify. — **2** **justifier de** *vt indir* to prove. — **3 se justifier** *vpr* to justify o.s.
jute [ʒyt] *nm* jute.
juteux, -euse [ʒytø, øz] *adj* juicy.
juvénile [ʒyvenil] *adj (allure)* youthful.
juxtaposer [ʒykstapoze] (1) *vt* to juxtapose. ◆ **juxtaposition** *nf* juxtaposition.

K

K, k [ka] *nm (lettre)* K, k.
kaki [kaki] *adj, nm (couleur)* khaki.
kaléidoscope [kaleidɔskɔp] *nm* kaleidoscope.
kangourou [kɑ̃guʀu] *nm* kangaroo.
karaté [kaʀate] *nm* karate.
kayak [kajak] *nm* canoe. **faire du ~** to go canoeing.
képi [kepi] *nm* kepi.
kermesse [kɛʀmɛs] *nf* fair; *(de charité)* bazaar, fête.
kérosène [keʀozɛn] *nm* kerosene, jet fuel.
kidnapper [kidnape] (1) *vt* to kidnap. ◆ **kidnappeur, -euse** *nm,f* kidnapper.
kilo [kilo] — **1** *nm* kilo. — **2** *préf* kilo... ◆ **kilogramme** *etc nm* kilogramme *etc.* ◆ **kilométrage** *nm* ≃ *(voiture)* mileage.
kinésithérapeute [kineziteʀapøt] *nmf* physiotherapist. ◆ **kinésithérapie** *nf* physiotherapy.
kiosque [kjɔsk(ə)] *nm (journaux etc)* kiosk; *(jardin)* pavilion.
kirsch [kiʀʃ] *nm* kirsch.
klaxon [klaksɔn] *nm* ® *(Aut)* horn. ◆ **klaxonner** (1) *vi* to sound one's horn.
kleptomane [klɛptɔman] *adj, nmf* kleptomaniac. ◆ **kleptomanie** *nf* kleptomania.
knock-out [nɔkawt] — **1** *adj* knocked out. **mettre qn ~** to knock sb out. — **2** *nm* knock-out.
krach [kʀak] *nm (Bourse)* crash.
kyrielle [kiʀjɛl] *nf (grand nombre)* stream.
kyste [kist(ə)] *nm* cyst.

L

L, l [ɛl] *nm ou nf (lettre)* L, l.

l' [l(ə)], **la¹** [la] *V* **le.**

la² [la] *nm inv (note)* A; *(chanté)* la.

là [la] — **1** *adv* **(a)** *(espace)* there. **c'est ~ où** *ou* **que je suis né** that's where I was born; **c'est à 3 km de ~** it's 3 km away (from there); **passez par ~** go that way. **(b)** *(temps)* then. **à partir de ~** from then on; **à quelques jours de ~** a few days later. **(c)** *(pour désigner)* that. **ils en sont ~** that's the stage they've reached; **ce jour-~** that day; **en ce temps-~** in those days; **ce qu'il dit ~** what he says; **de ~ vient que nous ne le voyons plus** that's why we don't see him any more; **tout est ~** that's the whole question; **alors ~!** well!; **oh ~ ~!** dear! dear! — **2** : **~-bas** over there; **~-dedans** inside; **~-dessous** underneath; **~-dessus** on that; **~-haut** up there; *(à l'étage)* upstairs.

label [labɛl] *nm (Comm)* stamp, seal.

labeur [labœʀ] *nm* labour.

laboratoire [labɔʀatwaʀ] *nm* laboratory.

laborieux, -euse [labɔʀjø, øz] *adj (pénible)* laborious; *(travailleur)* hard-working, industrious. **les classes ~euses** the working classes.

labour [labuʀ] *nm (avec charrue)* ploughing, plowing *(US)*; *(avec bêche)* digging; *(champ)* ploughed field. ◆ **labourer** (1) *vt* to plough, plow *(US)*; to dig; *(visage, corps)* to gash. **ça me laboure les côtes** it is digging into my sides.

labyrinthe [labiʀɛ̃t] *nm* maze, labyrinth.

lac [lak] *nm* lake. **le ~ Léman** Lake Geneva; **c'est dans le ~*** it has fallen through.

lacer [lɑse] (3) *vt* to lace up.

lacérer [laseʀe] (6) *vt (vêtement)* to tear *ou* rip up; *(corps)* to lacerate.

lacet [lɑsɛ] *nm (chaussure)* shoe lace; *(route)* sharp bend, twist; *(piège)* snare. **en ~** winding, twisty.

lâche [lɑʃ] — **1** *adj (nœud etc)* loose; *(personne)* cowardly. — **2** *nmf* coward. ◆ **lâchement** *adv* in a cowardly way.

lâcher [lɑʃe] (1) — **1** *vt* **(a)** *(objet)* to let go of; *(bombes)* to drop; *(juron)* to come out with. **lâche-moi!** let go of me!; **~ un chien sur qn** to set a dog on sb; **~ prise** to let go. **(b)** (* : *abandonner*) to give up. **il ne m'a pas lâché** *(poursuivant)* he stuck to me; *(mal de tête)* it didn't leave me. **(c)** *(desserrer)* to loosen. — **2** *vi (corde)* to break, give way; *(frein)* to fail. **ses nerfs ont lâché** he broke down. — **3** *nm* : **~ de ballons** release of balloons.

lâcheté [lɑʃte] *nf* cowardice; *(acte)* cowardly act.

laconique [lakɔnik] *adj* laconic.

lacté, e [lakte] *adj* milk.

lacune [lakyn] *nf* gap, deficiency.

ladite [ladit] *adj V* **ledit.**

lagune [lagyn] *nf* lagoon.

laid, e [lɛ, lɛd] *adj (gén)* ugly; *(région)* unattractive; *(bâtiment)* unsightly; *(action)* low, mean. **c'est ~ de montrer du doigt** it's rude to point. ◆ **laideur** *nf* ugliness; unattractiveness; unsightliness.

lainage [lɛnaʒ] *nm* woollen garment. ◆ **laine** *nf* wool. **~ de verre** glass wool.

laïque [laik] *adj (tribunal)* lay, civil; *(vie)* secular; *(collège)* non-religious.

laisse [lɛs] *nf* leash, lead.

laisser [lese] (1) — **1** *vt* to leave (*à qn* to sb). **il m'a laissé ce vase pour 10 F** he let me have this vase for 10 francs; **laisse-moi le temps d'y réfléchir** give me time to think about it; **~ la vie à qn** to spare sb's life; **il y a laissé sa vie** it cost him his life; **~ qn debout** to keep sb standing; **c'était à prendre ou à ~** it was a case of take it or leave it; **avec lui il faut en prendre et en ~** you must take what he tells you with a pinch of salt. — **2** *vb aux* : **~ qn faire qch** to let sb do sth; **le gouvernement laisse faire!** the government does nothing!; **laissez-moi rire** don't make me laugh. — **3 se laisser** *vpr* : **se ~ aller** to let o.s. go; **je me suis laissé surprendre par la pluie** I got caught in the rain; **je n'ai pas l'intention de me ~ faire** I'm not going to let myself be pushed around. ◆ **laisser-aller** *nm inv* carelessness. ◆ **laissez-passer** *nm inv* pass.

lait [lɛ] *nm* milk. **petit ~** whey; *(fig)* **boire du petit ~** to lap it up; **frère de ~** foster brother; **chocolat au ~** milk chocolate; **~ de beauté** beauty lotion; **~ caillé** curds; **~ entier** unskimmed milk. ◆ **laitage** *nm* milk product. ◆ **laitance** *nf* soft roe. ◆ **laiterie** *nf* dairy. ◆ **laiteux, -euse** *adj* milky. ◆ **laitier, -ière** — **1** *adj* dairy. — **2** *nm (livreur)* milkman; *(vendeur)* dairyman. — **3** *nf* dairywoman.

laiton [lɛtɔ̃] *nm* brass.

laitue [lety] *nf* lettuce.

lama [lama] *nm (Zool)* llama; *(Rel)* lama.

lambeau, *pl* **~x** [lɑ̃bo] *nm* scrap. **en ~x** in tatters; **mettre en ~x** to tear to shreds; **tomber en ~x** to fall to pieces.

lambin, e* [lɑ̃bɛ̃, in] *adj* slow.

lame [lam] *nf* **(a)** *(métal, verre)* strip; *(ressort)* leaf; **~ de parquet** floorboard. **(b)** *(poignard, tondeuse)* blade. **~ de rasoir** razor blade. **(c)** *(épée)* sword; *(escrimeur)* swordsman. **(d)** *(vague)* wave. **~s de fond** ground swell. ◆ **lamelle** *nf* small strip.

lamentable [lamɑ̃tabl(ə)] *adj* lamentable.

lamentation [lamɑ̃tɑsjɔ̃] *nf* : **~(s)** moaning. ◆ **se lamenter** (1) *vpr* to moan.

laminer [lamine] (1) *vt* to laminate. ◆ **laminoir** *nm* rolling mill.

lampadaire [lɑ̃padɛʀ] *nm (intérieur)* standard lamp; *(rue)* street lamp.

lampe [lɑ̃p(ə)] *nf* lamp; *(ampoule)* bulb; *(Rad)* valve. **~ de bureau** desk light; **~ de poche** torch, flashlight *(US)*; **~ à souder** blowlamp. ◆ **lampion** *nm* Chinese lantern.

lance¹ [lɑ̃s] *nf (arme)* spear; *(tournoi)* lance. **~ d'incendie** fire hose.

lance² [lɑ̃s] *préf* : **~-flammes** *nm inv* flame thrower; **~-missiles** *nm inv* missile launcher; **~-pierres** *nm inv* catapult.

lancée [lɑ̃se] *nf* : **être sur sa ~** to have got under way; **continuer sur sa ~** to keep going.

lancement [lɑ̃smɑ̃] *nm (gén)* throwing; *(navire, campagne etc)* launching; *(emprunt)* issuing. **le ~ du poids** putting the shot.

lancer [lɑ̃se] (3) — **1** *vt* **(a)** *(objet)* to throw (*à* to); *(violemment)* to hurl, fling; *(bombes)* to drop; *(fumée, s.o.s.)* to send out; *(proclamation)* to issue; *(hurlement)* to give out. **elle lui lança un coup d'œil furieux** she flashed a furious glance at him; **'je refuse' lança-t-il** 'I refuse' he said. **(b)** *(navire, idée, produit, attaque)* to launch; *(emprunt)* to issue. **(c)** *(moteur)* to rev up; *(voiture)* to get up to full speed; *(balançoire)* to set going. — **2 se lancer** *vpr (prendre de l'élan)* to build up speed; *(sauter)* to leap, jump; *(se précipiter)* to dash, rush (*contre* at). **se ~ à l'assaut** to leap to the attack; **se ~ dans** *(discussion etc)* to launch into. — **3** *nm* **(a)** *(Sport)* **un ~** a throw; **le ~ du poids** *etc V* **lancement. (b)** *(Pêche)* rod and reel.

lancinant, e [lɑ̃sinɑ̃, ɑ̃t] *adj (douleur)* shooting; *(musique)* insistent.

landau [lɑ̃do] *nm (d'enfant)* pram, baby carriage *(US)*; *(carrosse)* landau.

lande [lɑ̃d] *nf* moor.

langage [lɑ̃gaʒ] *nm* language.

lange [lɑ̃ʒ] *nm* baby's blanket. ◆ **langer** (3) *vt (bébé)* to change the nappy of.

langoureux, -euse [lɑ̃gurø, øz] *adj* languorous.

langouste [lɑ̃gust(ə)] *nf* crawfish, spiny lobster *(US)*. ◆ **langoustine** *nf* Dublin bay prawn. *(Culin)* **~s** scampi.

langue [lɑ̃g] *nf* **(a)** *(Anat)* tongue. **tirer la ~** to stick out one's tongue; **il a la ~ bien pendue** he's a chatterbox; **donner sa ~ au chat** to give in; **j'ai le mot sur le bout de la ~** the word is on the tip of my tongue; **mauvaise ~** spiteful gossip. **(b)** *(Ling)* language. **les gens de ~ anglaise** English-speaking people; **~ maternelle** mother tongue; **~ de terre** spit of land. ◆ **languette** *nf* tongue.

langueur [lɑ̃gœʀ] *nf* languor. ◆ **languir** (2) *vi (personne)* to languish, pine (*après qch* for sth); *(conversation etc)* to flag; (* : *attendre*) to wait.

lanière [lanjɛʀ] *nf (cuir)* strap; *(étoffe)* strip; *(fouet)* lash.

lanterne [lɑ̃tɛʀn(ə)] *nf* lantern; *(électrique)* lamp, light. *(Aut)* **~s** sidelights.

laper [lape] (1) *vti* to lap.

lapider [lapide] (1) *vt* to stone.

lapin [lapɛ̃] *nm* rabbit; *(fourrure)* rabbitskin. **~ de garenne** wild rabbit; **mon ~** my lamb; **poser un ~ à qn*** to stand sb up*. ◆ **lapine** *nf* (doc) rabbit.

laps [laps] *nm* : **~ de temps** lapse of time.

lapsus [lapsys] *nm* slip of the tongue.

laquais [lakɛ] *nm* lackey, footman.

laque [lak] *nf* lacquer.

laquelle [lakɛl] *V* **lequel.**

laquer [lake] (1) *vt* to lacquer.

larcin [laʀsɛ̃] *nm (vol)* theft; *(butin)* spoils.

lard [laʀ] *nm (gras)* pork fat; *(viande)* bacon.

large [laʀʒ(ə)] — **1** *adj (surface)* wide, broad, *(concessions, pouvoirs)* wide; *(sens, esprit)* broad; *(fig : généreux)* generous. **~ de 3 mètres** 3 metres wide; **dans une ~ mesure** to a great *ou* large extent; **1 kg de viande pour 4, c'est ~** 1 kg of meat for 4 is ample *ou* plenty; **~ d'idées** broad-minded. — **2** *nm* **(a) 3 mètres de ~** 3 metres wide; **être au ~** to have plenty of room. **(b)** *(Naut)* **le ~** the open sea; **au ~ de** Calais off Calais; *(fig)* **prendre le ~*** to clear off*.

largement [laʀʒəmɑ̃] *adv (gén)* widely; *(généreusement)* generously; *(tout à fait)* quite. *(au moins)* **ça fait ~ 3 kg** it is easily *ou* at least 3 kg; **idée ~ répandue** widespread view; **déborder ~ le sujet** to go well beyond the limits of the subject; **vous avez ~ le temps** you have ample time *ou* plenty of time.

largesse [laʀʒɛs] *nf* generosity; *(cadeau)* generous gift.

largeur [laʀʒœʀ] *nf* width, breadth; *(idées)* broadness. **dans le sens de la ~** widthwise.

larguer [laʀge] (1) *vt (amarres)* to cast off, slip; *(parachutiste)* to drop; (* : *abandonner*) to ditch*. **être largué*** to be all at sea*.

larme [laʀm(ə)] *nf (lit)* tear; (* : *goutte*) drop. **en ~s** in tears. ◆ **larmoyant, e** *adj* tearful.

larron [laʀɔ̃] *nm* thief. **s'entendre comme ~s en foire** to be as thick as thieves.

larve [laʀv(ə)] *nf* larva (*pl* larvae). ◆ **larvé, e** *adj* latent.

larynx [laʀɛ̃ks] *nm* larynx. ◆ **laryngite** *nf* laryngitis.

las, lasse [lɑ, lɑs] *adj* weary, tired (*de* of).

lascar* [laskaʀ] *nm* fellow.

lascif, -ive [lasif, iv] *adj* lascivious.

laser [lazɛʀ] *nm* laser.

lasser [lɑse] (1) *vt* to weary, tire. **se ~ de faire qch** to grow weary of doing sth; **lassant** wearisome, tiresome. ◆ **lassitude** *nf* weariness, lassitude.

lasso [laso] *nm* lasso. **prendre au ~** to lasso.

latent, e [latɑ̃, ɑ̃t] *adj* latent.

latéral, e, *mpl* **-aux** [lateʀal, o] *adj* lateral.

latex [latɛks] *nm inv* latex.

latin, e [latɛ̃, in] *adj, nm,* **L~, e** *nm,f* Latin. **j'y perds mon ~** I can't make head nor tail of it.

latitude [latityd] *nf* latitude.

latte [lat] *nf (gén)* lath; *(plancher)* board.

lauréat, e [lɔʀea, at] — **1** *adj* prize-winning. — **2** *nm,f* prize winner.

laurier [lɔʀje] *nm (Bot)* laurel; *(Culin)* bay leaves. **feuille de ~** bay leaf. ◆ **laurier-rose,** *pl* **~s-~s** *nm* oleander.

lavable [lavabl(ə)] *adj* washable.

lavabo [lavabo] *nm* washbasin. *(W.C.)* **les ~s** the toilets.

lavage [lavaʒ] *nm* washing. **~ d'estomac** stomach wash; **~ de cerveau** brainwashing.

lavande [lavɑ̃d] *nf* lavender.

lavandière [lavɑ̃djɛʀ] *nf* washerwoman.

lave[1] [lav] *nf* : **~(s)** lava.

lave[2] [lav] *préf* : **~-glace,** *pl* **~-~s** *nm* windscreen *ou* windshield *(US)* washer; **~-mains** *nm inv* wash-stand; **~-vaisselle** *nm inv* dishwasher.

lavement [lavmɑ̃] *nm* enema.

laver [lave] (1) — **1** *vt (gén)* to wash; *(affront)* to avenge. **~ à grande eau** to swill down; **~ la vaisselle** to do the washing up, wash the dishes; **~ qn de qch** to clear sb of sth. — **2 se laver** *vpr* to have a wash. **se ~ la figure** to wash one's face; **se ~ les dents** to clean *ou* brush one's teeth; **je m'en lave les mains** I wash my hands of the matter. ◆ **laverie** *nf* : **~ automatique** launderette. ◆ **lavette** *nf (chiffon)* dish cloth; *(péj)* drip*. ◆ **laveur** *nm* : **~ de carreaux** window cleaner. ◆ **lavoir** *nm (dehors)* washing-place; *(édifice)* wash house; *(bac)* washtub.

laxatif, -ive [laksatif, iv] *adj, nm* laxative.

laxisme [laksism(ə)] *nm* laxity.
layette [lɛjɛt] *nf* baby clothes, layette.
le [l(ə)], **la** [la], **les** [le] — **1** *art déf* (*avec à, de* **au, aux, du, des**) **(a)** *(détermination)* the. **les enfants sont en retard** the children are late; **la femme de l'épicier** the grocer's wife. **(b)** *(généralisation)* the *(parfois non traduit)*. **~ hibou vole la nuit** owls fly at night, the owl flies at night; **~ jeunesse** youth; **les riches** the rich; **l'homme et la femme** man and woman. **(c)** *(temps)* the *(souvent omis)*. **l'hiver dernier** last winter; **il ne travaille pas ~ samedi** he doesn't work on Saturdays; **~ matin** in the morning. **(d)** *(mesure)* 5 F **~ mètre** 5 francs a metre; **j'en ai fait ~ dixième** I have done a tenth of it. **(e)** *(possession)* **elle ouvrit les yeux** she opened her eyes; **j'ai mal au pied** I've a pain in my foot; **il a les cheveux noirs** he has black hair. **(f)** *(démonstratif)* **faites attention, les enfants!** be careful children!; **oh ~ beau chien!** what a lovely dog! — **2** *pron (homme)* him; *(femme, bateau)* her; *(animal, chose)* it. **les** them; **regarde-la** look at her *ou* it; **demande-~-lui** ask him.
lécher [leʃe] (6) *vt (gén)* to lick; *(vagues)* to wash *ou* lap against; *(fig : fignoler)* to polish up. **se ~ les doigts** to lick one's fingers. ◆ **lèche-vitrines*** *nm* : **faire du ~** to go window-shopping.
leçon [l(ə)sɔ̃] *nf (gén)* lesson. **faire la ~ à qn** to lecture sb.
lecteur, -trice [lɛktœʀ, tʀis] *nm,f (gén)* reader; *(Univ)* foreign language assistant. **~ de cassettes** cassette player.
lecture [lɛktyʀ] *nf* reading. **faire la ~ à qn** to read to sb; **donner ~ de qch** to read sth out (*à qn* to sb); **apportez-moi de la ~** bring me something to read *ou* some books.
ledit [lədi], **ladite** [ladit] *adj* the aforesaid.
légal, e, *mpl* **-aux** [legal, o] *adj* legal. ◆ **légalement** *adv* legally. ◆ **légalisation** *nf* legalization. ◆ **légaliser** (1) *vt* to legalize. ◆ **légalité** *nf* : **la ~ de qch** the legality of sth; **rester dans la ~** to keep within the law.
légataire [legatɛʀ] *nmf* legatee.
légation [legɑsjɔ̃] *nf (Diplomatie)* legation.
légendaire [leʒɑ̃dɛʀ] *adj* legendary. ◆ **légende** *nf* **(a)** *(mythe)* legend. **(b)** *(médaille)* legend; *(dessin)* caption; *(carte)* key.
léger, -ère [leʒe, ɛʀ] *adj (gén)* light; *(bruit, maladie etc)* slight; *(construction, argument)* flimsy; *(personne) (superficiel)* thoughtless; *(frivole)* fickle. **un blessé ~** a slightly injured person; **agir à la ~ère** to act thoughtlessly. ◆ **légèrement** *adv* lightly; slightly; thoughtlessly. **~ plus grand** slightly bigger. ◆ **légèreté** *nf* lightness; thoughtlessness; fickleness.
légion [leʒjɔ̃] *nf* legion. ◆ **légionnaire** *nm* *(Hist)* legionary; *(moderne)* legionnaire.
législatif -ive [leʒislatif, iv] — **1** *adj* legislative. — **2** *nm* : **le ~** the legislature. ◆ **législation** *nf* legislation. ◆ **législature** *nf (durée)* term of office.
légitime [leʒitim] *adj (gén)* legitimate; *(colère)* justifiable. **j'étais en état de ~ défense** I was acting in self-defence. ◆ **légitimité** *nf* legitimacy.
legs [lɛg] *nm* legacy. ◆ **léguer** (6) *vt (Jur)* to bequeath; *(tradition)* to hand down.
légume [legym] *nm* vegetable. **~s secs** dry vegetables.
lendemain [lɑ̃dmɛ̃] *nm* **(a) le ~** the next *ou* following day, the day after; **le ~ de son arrivée** the day after his arrival. **(b) ~s** *(conséquences)* consequences; *(perspectives)* prospects.
lent, e [lɑ̃, lɑ̃t] *adj* slow. **à l'esprit ~** slow-witted. ◆ **lentement** *adv* slowly. ◆ **lenteur** *nf* slowness.
lentille [lɑ̃tij] *nf (Culin)* lentil; *(Opt)* lens.
léopard [leɔpaʀ] *nm* leopard.
lèpre [lɛpʀ(ə)] *nf* leprosy. ◆ **lépreux, -euse** — **1** *adj (lit)* leprous; *(mur)* flaking. — **2** *nm,f* leper.
lequel [ləkɛl], **laquelle** [lakɛl], *m(f)pl* **lesquel(le)s** [lekɛl] *(avec à, de* **auquel, duquel** *etc)* — **1** *pron* **(a)** *(relatif) (personne : sujet)* who; *(personne : objet)* whom; *(chose)* which *(souvent non traduit)*. **j'ai écrit au directeur, ~ n'a jamais répondu** I wrote to the manager, who has never answered; **le pont sur ~ vous êtes passé** the bridge you came over. **(b)** *(interrogatif)* which. **va voir ma sœur — laquelle?** go and see my sister — which one? — **2** *adj* : **auquel cas** in which case.
les [le] *V* **le.**
lèse-majesté [lɛzmaʒɛste] *nf* lese-majesty.
léser [leze] (6) *vt (personne)* to wrong; *(intérêts)* to damage; *(Méd)* to injure.
lésiner [lezine] (1) *vi* to skimp (*sur* on).
lésion [lezjɔ̃] *nf* lesion.
lessivage [lesivaʒ] *nm* washing. ◆ **lessive** *nf* *(produit)* washing powder; *(linge)* washing. **faire la ~** to do the washing. ◆ **lessiver** (1) *vt (lit)* to wash. *(fatigué)* **être lessivé*** to be dead beat*. ◆ **lessiveuse** *nf* (laundry) boiler.
lest [lɛst] *nm* ballast. ◆ **lester** (1) *vt* to ballast.
leste [lɛst(ə)] *adj (agile)* nimble, agile; *(grivois)* risqué.
léthargie [letaʀʒi] *nf* lethargy. ◆ **léthargique** *adj* lethargic.
lettre [lɛtʀ(ə)] *nf* **(a)** *(caractère)* letter. **écrire en toutes ~s** to write in full. **(b)** *(missive)* letter. **~ recommandée** recorded delivery letter; *(assurant sa valeur)* registered letter. **(c) les belles ~s** literature; **homme de ~s** man of letters; **fort en ~s** good at arts subjects; **professeur de ~s** teacher of French *(in France)*. **(d) rester ~ morte** to go unheeded; **c'est passé comme une ~ à la poste*** it went off smoothly; **prendre qch au pied de la ~** to take sth literally; **exécuter qch à la ~** to carry out sth to the letter. ◆ **lettré, e** *adj* well-read.
leucémie [løsemi] *nf* leukaemia.
leur [lœʀ] — **1** *pron pers* them. **il ~ est facile de le faire** it is easy for them to do it. — **2** *adj poss* their. **ils ont ~s petites manies** they have their little fads. — **3** *pron poss* : **le ~, la ~, les ~s** theirs. — **4** *nm* **(a) ils ont mis du ~** they pulled their weight. **(b) les ~s** *(famille)* their family; *(partisans)* their own people; **ils ont encore fait des ~s*** they've done it again*; **nous étions des ~s** we were with them.
leurre [lœʀ] *nm (illusion)* delusion; *(duperie)* deception; *(piège)* trap, snare; *(Pêche, Chasse)* lure. ◆ **leurrer** (1) *vt* to delude. **se ~** to delude o.s.
levain [ləvɛ̃] *nm (pain)* leaven.
levant [ləvɑ̃] — **1** *adj* : **soleil ~** rising sun. — **2** *nm* : **le ~** the East.
levé, e [l(ə)ve] — **1** *adj* : **être ~** to be up. — **2** *nf* **(a)** *(interdiction)* lifting; *(armée)* levying. **la ~ du corps** the funeral. **(b)** *(Poste)* collection. **(c)** *(Cartes)* trick. **(d)** *(remblai)* levee.
lever [l(ə)ve] (5) — **1** *vt* **(a)** *(objet, bras)* to raise, lift; *(la main en classe)* to put up. **~ l'ancre** *(Naut)* to weigh anchor; *(fig)* to make

tracks*. **(b)** *(blocus)* to raise; *(séance)* to close; *(difficulté)* to remove; *(interdiction)* to lift; *(impôts, armée)* to levy. **(c)** *(malade)* to get up. **faire ~ qn** *(d'une chaise)* to make sb stand up. — **2** *vi (plante)* to come up; *(pâte)* to rise. — **3 se lever** *vpr (rideau, main)* to go up; *(personne)* to get up (*de* from); *(soleil, lune, vent)* to rise; *(jour)* to break. **le temps se lève** the weather is clearing. — **4** *nm (roi)* levee. *(Méd)* **au ~** on rising; **~ de soleil** sunrise; **~ du jour** daybreak, dawn; *(Théât)* **le ~ du rideau** the curtain.

levier [ləvje] *nm* lever. **faire ~ sur qch** to lever sth up.

lèvre [lɛvʀ(ə)] *nf* lip.

lévrier [levʀije] *nm* greyhound.

levure [l(ə)vyʀ] *nf (ferment)* yeast.

lexique [lɛksik] *nm* vocabulary; *(glossaire)* lexicon.

lézard [lezaʀ] *nm* lizard.

lézarde [lezaʀd(ə)] *nf (fissure)* crack. ◆ **se lézarder** (1) *vpr* to crack.

liaison [ljɛzɔ̃] *nf (rapport)* connection; *(Phonétique)* liaison; *(Transport)* link. **~ amoureuse** love affair; **entrer en ~ avec qn** to get in contact with sb; **officier de ~** liaison officer.

liane [ljan] *nf* creeper.

liasse [ljas] *nf* bundle, wad.

libeller [libele] (1) *vt* to write.

libellule [libelyl] *nf* dragonfly.

libéral, e, *mpl* **-aux** [libeʀal, o] *adj, nm,f* liberal. ◆ **libéralisation** *nf* liberalization. ◆ **libéraliser** (1) *vt* to liberalize. ◆ **libéralisme** *nm* liberalism. ◆ **libéralité** *nf* liberality; *(don)* generous gift.

libérateur -trice [libeʀatœʀ, tʀis] — **1** *adj* liberating. — **2** *nm,f* liberator.

libération [libeʀɑsjɔ̃] *nf (prisonnier)* release; *(soldat)* discharge; *(pays)* liberation.

libérer [libeʀe] (6) — **1** *vt (prisonnier, gaz etc)* to release; *(soldat)* to discharge; *(pays)* to free, liberate (*de* from); *(instincts)* to give free rein to. — **2 se libérer** *vpr* to free o.s. (*de* from).

liberté [libeʀte] *nf* freedom, liberty. **mettre en ~** to free, release; **mise en ~** release; **être en ~** to be free; **avoir toute ~ pour agir** to have full freedom to act; *(loisir)* **moments de ~** spare *ou* free time; *(droit)* **les ~s syndicales** the rights of the unions.

libertin, e [libɛʀtɛ̃, in] *adj, nm,f* libertine.

libraire [libʀɛʀ] *nmf* bookseller. ◆ **librairie** *nf* bookshop.

libre [libʀ(ə)] *adj* **(a)** *(sans contrainte)* free (*de qch* from sth). **'entrée ~'** 'entrance free'; **en vente ~** on open sale; **~ comme l'air** as free as a bird; **vous êtes ~ de refuser** you're free to refuse; **donner ~ cours à** to give free rein to. **(b)** *(non occupé) (gén)* free; *(passage)* clear; *(taxi)* empty; *(place, W.C.)* vacant. *(Téléc)* **la ligne n'est pas ~** the line is engaged; **avoir du temps ~** to have some spare *ou* free time. **(c)** *(enseignement)* private and Roman Catholic. ◆ **libre arbitre** *nm* free will. ◆ **libre-echange** *nm* free trade. ◆ **librement** *adv* freely. ◆ **libre penseur** *nm* freethinker. ◆ **libre-service,** *pl* **~s-~s** *nm* self-service.

licence [lisɑ̃s] *nf* **(a)** *(Univ)* degree. **~ ès lettres** Arts degree, ≃ B.A.; **~ ès sciences** Science degree, ≃ B.Sc. **(b)** *(autorisation, Sport)* permit; *(Comm, Jur)* licence. **(c)** *(des mœurs)* licentiousness. ◆ **licencié, e** *nm,f* **(a) ~ ès lettres** *etc* Bachelor of Arts *etc*, arts *etc* graduate. **(b)** *(Sport)* permit-holder.

lichette* [liʃɛt] *nf* nibble.

licite [lisit] *adj* lawful, licit.

licorne [likɔʀn(ə)] *nf* unicorn.

lie [li] *nf* dregs.

liège [ljɛʒ] *nm* cork.

lien [ljɛ̃] *nm (attache)* bond, tie; *(corrélation)* link, connection. **~s de parenté** family ties.

lier [lje] (7) — **1** *vt* **(a)** *(attacher)* to bind, tie up. **~ qn à un arbre** to tie sb to a tree. **(b)** *(relier)* to link, connect. **étroitement lié** closely linked *ou* connected. **(c)** *(unir)* to bind. **(d)** *(sauce)* to thicken. **(e) ~ conversation** to strike up a conversation. — **2 se lier** *vpr* to make friends (*avec qn* with sb). **ils sont très liés** they are very close friends.

lierre [ljɛʀ] *nm* ivy.

lieu, *pl* **~x** [ljø] *nm* **(a)** *(endroit)* place. *(fig)* **~ commun** commonplace; **~-dit** locality; **~ de naissance** birthplace; **en tous ~x** everywhere; **en ~ sûr** in a safe place; **sur les ~x de l'accident** on the scene of the accident; *(locaux)* **les ~x** the premises. **(b) en premier ~** in the first place; **en dernier ~** lastly; **au ~ de qch** instead of sth; **en ~ et place de qn** on behalf of sb; **avoir ~** *(se produire)* to take place; **avoir ~ d'être inquiet** to have reason to be worried; **s'il y a ~** if necessary; **donner ~ à des critiques** to give rise to criticism; **tenir ~ de qch** to take the place of sth.

lieue [ljø] *nf* league.

lieutenant [ljøtnɑ̃] *nm* lieutenant; *(marine marchande)* mate.

lièvre [ljɛvʀ(ə)] *nm* hare.

ligament [ligamɑ̃] *nm* ligament.

ligature [ligatyʀ] *nf* ligature.

ligne [liɲ] *nf* **(a)** *(trait, etc)* line. **se mettre en ~** to line up; **~ d'horizon** skyline; **~ de départ** starting line; *(Aut)* **~ droite** stretch of straight road. **(b)** *(formes) (gén)* lines; *(Mode)* look. **garder la ~** to keep one's figure. **(c)** *(règle)* line. **~ de conduite** line of action. **(d)** *(Rail)* line. *(service)* **~ d'autobus** bus service; **~ d'aviation** *(compagnie)* air line; *(trajet)* air route. **(e)** *(Élec) (gén)* line; *(câbles)* wires. **être en ~** to be connected. **(f)** *(Pêche)* fishing line. **(g) faire entrer en ~ de compte** to take into account; **sur toute la ~** all along the line.

lignée [liɲe] *nf (postérité)* descendants; *(race)* line; *(tradition)* tradition.

ligoter [ligɔte] (1) *vt* to bind, tie up.

ligue [lig] *nf* league. ◆ **se liguer** (1) *vpr* to be in league (*contre* against).

lilas [lilɑ] *nm, adj inv* lilac.

limace [limas] *nf (Zool)* slug.

limande [limɑ̃d] *nf (poisson)* dab. **~-sole** lemon sole.

lime [lim] *nf* file. ◆ **limer** (1) *vt* to file.

limier [limje] *nm* bloodhound; *(fig)* sleuth.

limitatif, -ive [limitatif, iv] *adj* restrictive. ◆ **limitation** *nf* limitation. **~ de vitesse** speed limit.

limite [limit] — **1** *nf (gén)* limit; *(jardin)* boundary. **~ d'âge** age limit; **sans ~** boundless, limitless; **il dépasse les ~s!** he's going a bit too far!; **à la ~** in a way; **dans une certaine ~** up to a point; **jusqu'à la dernière ~** to the end. — **2** *adj* : **cas ~** borderline case; **âge ~** maximum age; **date ~** deadline. ◆ **limiter** (1) *vt (restreindre)* to limit; *(border)* to border. **~ les dégâts*** to stop things getting any worse; **se ~ à faire** to limit *ou* confine o.s. to doing.

limoger [limɔʒe] (3) *vt* to dismiss, fire*.
limonade [limɔnad] *nf* lemonade.
limpide [lɛ̃pid] *adj (gén)* limpid; *(explication)* lucid. ◆ **limpidité** *nf* limpidity; lucidity.
lin [lɛ̃] *nm (plante)* flax; *(tissu)* linen.
linceul [lɛ̃sœl] *nm* shroud.
linéaire [lineɛʀ] *adj* linear.
linge [lɛ̃ʒ] *nm* : **le ~** *(tissu)* linen; *(lessive)* the washing; **~ de corps** underwear; **blanc comme un ~** as white as a sheet. ◆ **lingerie** *nf (local)* linen room; *(sous-vêtements)* lingerie, underwear.
lingot [lɛ̃go] *nm* ingot.
linguiste [lɛ̃gɥist(ə)] *nmf* linguist. ◆ **linguistique** — **1** *nf* linguistics *(sg)*. — **2** *adj* linguistic.
lion [ljɔ̃] *nm* lion. ◆ **lionceau** *pl* **~x** *nm* lion cub. ◆ **lionne** *nf* lioness.
liquéfier *vt*, **se liquéfier** *vpr* [likefje] (7) to liquefy.
liqueur [likœʀ] *nf* liqueur.
liquidation [likidasjɔ̃] *nf (gén)* liquidation; *(compte)* settlement; *(retraite)* payment; *(vente)* sale. **mettre en ~** to liquidate. ◆ **liquider** (1) *vt* **(a)** to liquidate; to settle; to pay; to sell (off). **(b)** (*) *(se débarrasser de)* to get rid of; *(finir)* to finish off.
liquide [likid] — **1** *adj* liquid. — **2** *nm* liquid. *(argent)* **du ~** ready money *ou* cash.
liquoreux, -euse [likɔʀø, øz] *adj* syrupy.
lire¹ [liʀ] (43) *vt* to read; *(discours)* to read out.
lire² [liʀ] *nf* lira.
lis [lis] *nm* lily.
liseron [lizʀɔ̃] *nm* bindweed, convolvulus.
lisibilité [lizibilité] *nf* legibility. ◆ **lisible** *adj (écriture)* legible; *(livre)* readable.
lisière [lizjɛʀ] *nf* edge.
lisse [lis] *adj* smooth. ◆ **lisser** (1) *vt* to smooth out.
liste [list(ə)] *nf* list.
lit [li] *nm* bed. **~ d'une personne** single bed; **~ de deux personnes** double bed; **~ de camp** campbed; **~ d'enfant** cot; **~ de mort** deathbed; **se mettre au ~** to go to bed; **faire le ~** to make the bed. ◆ **literie** *nf* bedding.
lithographie [litɔgʀafi] *nf (technique)* lithography; *(image)* lithograph.
litière [litjɛʀ] *nf* litter.
litige [litiʒ] *nm* dispute. **objet de ~** object of contention. ◆ **litigieux, -ieuse** *adj* contentious.
litre [litʀ(ə)] *nm* litre.
littéraire [liteʀɛʀ] *adj* literary. ◆ **littérature** *nf* literature.
littéral, e, *mpl* **-aux** [liteʀal, o] *adj* literal. ◆ **littéralement** *adv* literally.
littoral, e, *mpl* **-aux** [litɔʀal, o] — **1** *adj* coastal. — **2** *nm* coast.
liturgie [lityʀʒi] *nf* liturgy. ◆ **liturgique** *adj* liturgical.
livide [livid] *adj (pâle)* pallid; *(bleu)* livid.
livraison [livʀɛzɔ̃] *nf* delivery.
livre¹ [livʀ(ə)] *nm* book. **~ de bord** ship's log; **~ d'or** visitors' book; **~ de poche** paperback.
livre² [livʀ(ə)] *nf (poids)* ≃ pound, half a kilo. *(monnaie)* **~ sterling** pound sterling.
livrée [livʀe] *nf (uniforme)* livery.
livrer [livʀe] (1) — **1** *vt (marchandise)* to deliver; *(secret)* to give away; *(prisonnier)* to hand over (*à* to). **être livré à soi-même** to be left to o.s.; **~ bataille** to do battle (*à* with); **~ passage à qn** to let sb pass. — **2 se livrer** *vpr* : **se ~ à** *(destin)* to abandon o.s. to; *(boisson)* to indulge in; *(occupation)* to do; *(enquête)* to carry out; *(la police)* to give o.s. up to. ◆ **livreur, -euse** *nm,f* delivery boy (*ou* girl).
livret [livʀɛ] *nm (gén)* book; *(Mus)* libretto. **~ scolaire** report book.
local, e, *mpl* **-aux** [lɔkal, o] — **1** *adj* local. — **2** *nm (salle)* room. **~aux** offices, premises. ◆ **localement** *adv (ici)* locally; *(par endroits)* in places. ◆ **localisation** *nf* localization. ◆ **localiser** (1) *vt* to localize. ◆ **localité** *nf* locality.
locataire [lɔkatɛʀ] *nmf (appartement)* tenant; *(chambre)* lodger. ◆ **location** *nf* **(a)** *(par locataire) (maison)* renting; *(voiture)* hiring. **(b)** *(par propriétaire) (maison)* renting out, letting; *(voiture)* hiring out; *(écriteau)* **~ de voitures** 'cars for hire'. **(c)** *(bail)* lease. **~-vente** hire purchase. **(d)** *(réservation)* booking. **bureau de ~** advance booking office.
locomotive [lɔkɔmɔtiv] *nf* locomotive, engine.
locution [lɔkysjɔ̃] *nf* phrase. **~ figée** set phrase.
loge [lɔʒ] *nf (concierge)* lodge; *(artiste)* dressing room; *(spectateur)* box. *(fig)* **être aux premières ~s** to have a ringside seat.
logeable [lɔʒabl(ə)] *adj (spacieux)* roomy.
logement [lɔʒmɑ̃] *nm (hébergement)* housing; *(appartement)* flat, apartment *(US)*. **trouver un ~** to find accommodation.
loger [lɔʒe] (3) — **1** *vi* to live (*dans* in, *chez* with, at). — **2** *vt (ami)* to put up; *(client)* to accommodate. **salle qui loge beaucoup de monde** room which can hold a lot of people; **~ une balle dans** to lodge a bullet in. — **3 se loger** *vpr (jeunes mariés)* to find somewhere to live; *(touristes)* to find accommodation. **être bien logé** to have a nice place; **être logé à la même enseigne** to be in the same boat. ◆ **logeur** *nm* landlord. ◆ **logeuse** *nf* landlady. ◆ **logis** *nm* dwelling.
logique [lɔʒik] — **1** *nf* logic. — **2** *adj* logical. ◆ **logiquement** *adv* logically.
loi [lwa] *nf* law; *(fig)* rule. **~ martiale** martial law.
loin [lwɛ̃] *adv* far. **plus ~** further, farther; **au ~** in the distance; **de ~** from a distance; **il n'est pas ~ de minuit** it isn't far off midnight; **c'est ~ tout cela!** *(passé)* that was a long time ago!; *(futur)* that's a long way off!; **~ de là** far from it.
lointain, e [lwɛ̃tɛ̃, ɛn] — **1** *adj* distant. — **2** *nm* : **dans le ~** in the distance.
loir [lwaʀ] *nm* dormouse.
loisir [lwaziʀ] *nm* : **~s** *(temps libre)* leisure *ou* spare time; *(activités)* leisure *ou* spare time activities; **avoir le ~ de faire** to have time to do.
londonien, -ienne [lɔ̃dɔnjɛ̃, jɛn] — **1** *adj* London. — **2** *nmf* : **L~, -ienne** Londoner. ◆ **Londres** *n* London.
long, longue [lɔ̃, lɔ̃g] — **1** *adj (gén)* long; *(amitié)* long-standing. **un pont ~ de 30 mètres** a bridge 30 metres long; **il était ~ à venir** he was a long time coming; **ils se connaissent de longue date** they have known each other for a long time; **à ~ terme** *(prévoir)* in the long term *ou* run; *(projet)* longterm; **ça n'a pas fait ~ feu** it didn't last long; **~ métrage** full-length film. — **2** *adv* : **s'habiller ~** to wear long clothes; **en savoir ~** to know a lot (*sur* about). — **3** *nm* : **un bateau de 7 mètres de ~** a boat 7 metres long; **en ~** lengthwise; **étendu de tout son ~** stretched out at full length; **le ~ du fleuve** along the river; **tout du ~** all along; **de ~ en**

large back and forth; *(fig)* **en ~ et en large** at great length. — **4** *nf* : **à la longue** in the end. ◆ **long-courrier,** *pl* **~-~s** *nm* long-distance aircraft. ◆ **longue-vue,** *pl* **~s-~s** *nf* telescope.

longer [lɔ̃ʒe] (3) *vt (limiter)* to border; *(circuler le long de)* to go along.

longitude [lɔ̃ʒityd] *nf* longitude. **à 50° de ~ est** at 50° longitude east.

longtemps [lɔ̃tɑ̃] *adv* for a long time. **je n'en ai pas pour ~** I shan't be long.

longue [lɔ̃g] *V* **long.**

longuement [lɔ̃gmɑ̃] *adv (longtemps)* for a long time; *(en détail)* at length.

longueur [lɔ̃gœʀ] *nf* length. **~ d'onde** wavelength; **à ~ de journée** all day long; **traîner en ~** to drag on; *(dans un film)* **~s** monotonous moments.

lopin [lɔpɛ̃] *nm* : **~ de terre** patch of land.

loquace [lɔkas] *adj* talkative.

loque [lɔk] *nf* : **~s** rags; **tomber en ~s** to be in tatters; **~ humaine** human wreck.

loquet [lɔkɛ] *nm* latch.

lorgner* [lɔʀɲe] (1) *vt* to eye. ◆ **lorgnette** *nf* spyglass. ◆ **lorgnon** *nm* pince-nez.

lors [lɔʀ] *adv* : **~ de** at the time of.

lorsque [lɔʀsk(ə)] *conj* when.

losange [lɔzɑ̃ʒ] *nm* diamond.

lot [lo] *nm* **(a)** *(Loterie)* prize. **le gros ~** the jackpot. **(b)** *(portion* share. **(c)** *(assortiment)* batch, set; *(aux enchères)* lot. **(d)** *(destin)* lot, fate.

loterie [lɔtʀi] *nf* lottery.

lotion [losjɔ̃] *nf* lotion.

lotir [lɔtiʀ] (2) *vt (équiper)* to provide (*de* with). **mal loti** badly off. ◆ **lotissement** *nm (ensemble)* housing estate; *(parcelle)* plot, lot.

loto [lɔto] *nm (jeu)* lotto; *(matériel)* lotto set. **~ national** *national bingo competition.*

lotus [lɔtys] *nm* lotus.

louable [lwabl(ə)] *adj* praiseworthy, laudable. ◆ **louange** *nf* praise. **à la ~ de** in praise of.

loubar(d) [lubaʀ] *nm* young thug.

louche¹ [luʃ] *adj* shady, fishy*, suspicious.

louche² [luʃ] *nf* ladle.

loucher [luʃe] (1) *vi* to squint.

louer¹ [lwe] (1) — **1** *vt* to praise (*de* for). **Dieu soit loué!** thank God! — **2 se louer** *vpr* : **se ~ de** to be pleased with; **se ~ d'avoir fait qch** to congratulate o.s. on having done sth.

louer² [lwe] (1) *vt* **(a)** *(propriétaire) (maison)* to let, rent out; *(voiture)* to hire out. **(b)** *(locataire)* to rent; to hire. **à ~** *(chambre etc)* to let, for rent *(US)*. **(c)** *(place)* to book. ◆ **loueur, -euse** *nm,f* hirer.

loup [lu] *nm (carnassier)* wolf; *(poisson)* bass; *(masque)* eye mask. **~-garou** *nm* werewolf.

loupe [lup] *nf* magnifying glass.

louper* [lupe] (1) *vt (train)* to miss; *(travail)* to mess up*; *(examen)* to flunk*.

lourd, e [luʀ, luʀd(ə)] *adj (gén)* heavy (*de* with); *(chaleur)* sultry, close; *(faute)* serious. **j'ai la tête ~e** I feel a bit headachy; **il n'y a pas ~ de pain*** there isn't much bread. ◆ **lourdaud, e** — **1** *adj* oafish. — **2** *nm,f* oaf. ◆ **lourdement** *adv (gén)* heavily. **se tromper ~** to make a big mistake. ◆ **lourdeur** *nf* heaviness. **avoir des ~s d'estomac** to feel bloated.

loustic* [lustik] *nm* lad*.

loutre [lutʀ(ə)] *nf* otter.

louve [luv] *nf* she-wolf. ◆ **louveteau,** *pl* **~x** *nm (scout)* cub scout.

loyal, e, *mpl* **-aux** [lwajal, o] *adj (fidèle)* loyal, faithful; *(honnête)* fair (*envers* to). ◆ **loyauté** *nf* loyalty, faithfulness; fairness.

loyer [lwaje] *nm* rent.

lubie [lybi] *nf* whim.

lubrifiant [lybʀifjɑ̃] *nm* lubricant. ◆ **lubrifier** (7) *vt* to lubricate.

lubrique [lybʀik] *adj* lewd.

lucarne [lykaʀn(ə)] *nf (toit)* skylight; *(en saillie)* dormer window.

lucide [lysid] *adj (gén)* lucid; *(accidenté)* conscious; *(observateur)* clear headed. ◆ **lucidité** *nf* lucidity; consciousness; clearheadedness.

lucratif, -ive [lykʀatif, iv] *adj* lucrative. **à but non ~** non-profitmaking.

lueur [lɥœʀ] *nf* : **~(s)** *(lit)* faint light; *(fig)* glimmer, gleam; *(braises)* glow; **à la ~ d'une bougie** by candlelight.

luge [lyʒ] *nf* sledge, sled *(US)*.

lugubre [lygybʀ(ə)] *adj* gloomy, dismal.

lui [lɥi] — **1** *pron pers mf (homme)* him; *(femme)* her; *(chose)* it. **il ~ est facile de le faire** it's easy for him *ou* her to do it. — **2** *pron m* **(a)** *(homme)* him; *(emphatique)* he; *(chose)* it. **c'est ~** it's him; **c'est ~ qui me l'a dit** he told me himself. **(b)** *(avec prép)* **un ami à ~** a friend of his, one of his friends; **il ne pense qu'à ~** he only thinks of himself; **elle veut une photo de ~** she wants a photo of him. **(c)** *(comparaison)* **j'ai mangé plus que ~** I ate more than he did *ou* than him*.

luire [lɥiʀ] (38) *vi (gén)* to shine; *(reflet humide)* to glisten; *(reflet moiré)* to shimmer.

lumbago [lɔ̃bago] *nm* lumbago.

lumière [lymjɛʀ] *nf* light. **la ~ du soleil** the sunlight; **il y a de la ~ dans sa chambre** there's a light on in his room; **faire la ~ sur qch** to clear sth up; *(péj)* **ce n'est pas une ~** he doesn't really shine; *(connaissances)* **~s** knowledge. ◆ **luminaire** *nm* light, lamp. ◆ **lumineux, -euse** *adj (gén)* luminous; *(fontaine, enseigne)* illuminated; *(rayon)* of light. **c'est ~!** it's as clear as daylight! ◆ **luminosité** *nf* luminosity.

lunch [lœnʃ] *nm* buffet lunch.

lundi [lœdi] *nm* Monday; *V* **samedi.**

lunatique [lynatik] *adj* temperamental.

lune [lyn] *nf* moon. **pleine ~** full moon; **~ de miel** honeymoon; **être dans la ~** to be in a dream; **demander la ~** to ask for the moon.

lunette [lynɛt] *nf* **(a) ~s** glasses; *(de protection)* goggles; **~s de soleil** sunglasses. **(b)** *(télescope)* telescope. *(Aut)* **~ arrière** rear window.

luron* [lyʀɔ̃] *nm* lad*. **gai ~** gay dog.

lustre [lystʀ(ə)] *nm (éclat)* lustre; *(luminaire)* chandelier. **depuis des ~s** for ages.

lustré, e [lystʀe] *adj (poil)* glossy; *(manche usée)* shiny.

luth [lyt] *nm* lute.

lutin [lytɛ̃] *nm* imp.

lutte [lyt] *nf (bataille)* struggle, fight; *(Sport)* wrestling. *(action)* **la ~** fighting. ◆ **lutter** (1) *vi* to struggle, fight (*contre* against). ◆ **lutteur, -euse** *nm,f (Sport)* wrestler; *(fig)* fighter.

luxe [lyks(ə)] *nm (gén)* luxury; *(maison)* luxuriousness. **de ~** *(voiture)* luxury; *(produits)* de luxe; **un ~ de détails** a wealth of details. ◆ **luxueux, -euse** *adj* luxurious.

Luxembourg [lyksɑ̃buʀ] *nm* Luxembourg.

luxation [lyksasjɔ̃] *nf* dislocation. ◆ **luxer** (1) *vt* to dislocate.

luxuriant, e [lyksyʀjɑ̃, ɑ̃t] *adj* luxuriant.

luzerne [lyzɛʀn(ə)] *nf* lucerne, alfalfa.

lycée [lise] *nm* ≃ secondary school, high school *(US)*. ◆ **lycéen, -enne** *nm,f* secondary school *ou* high school *(US)* pupil (*ou* boy *ou* girl).
lyncher [lɛ̃ʃe] (1) *vt* to lynch.
lynx [lɛ̃ks] *nm* lynx.
lyre [liʀ] *nf* lyre. ◆ **lyrique** *adj (Art)* lyric; *(fig)* lyrical. ◆ **lyrisme** *nm* lyricism.
lys [lis] *nm* = **lis.**

M

M, m [ɛm] *nm ou nf (lettre)* M, m.
m' [m(ə)] *V* **me.**
ma [ma] *adj poss V* **mon.**
macabre [makɑbʀ(ə)] *adj* gruesome.
macadam [makadam] *nm (goudron)* Tarmac R.
macaron [makaʀɔ̃] *nm (gâteau)* macaroon; *(insigne)* button, badge; *(autocollant)* sticker.
macaroni [makaʀɔni] *nm* : **~(s)** macaroni.
macédoine [masedwan] *nf* : **~ de légumes** mixed vegetables; **~ de fruits** fruit salad.
macération [maseʀɑsjɔ̃] *nf* soaking. ◆ **macérer** (6) *vti* : **(faire) ~** to soak.
mâche [mɑʃ] *nf* corn salad, lambs' lettuce.
mâchefer [mɑʃfɛʀ] *nm* clinker.
mâcher [mɑʃe] (1) *vt* to chew; *(avec bruit)* to munch. **il ne mâche pas ses mots** he doesn't mince his words.
machin [maʃɛ̃] *nm (chose)* thing, whatsit*; *(personne)* what's-his-name*.
machinal, e, *mpl* **-aux** [maʃinal, o] *adj* mechanical. ◆ **machinalement** *adv* mechanically.
machination [maʃinɑsjɔ̃] *nf* plot, machination.
machine [maʃin] — **1** *nf (gén)* machine; *(moteur, locomotive)* engine; *(avion)* plane; *(moto)* bike. **fait à la ~** machine-made; **faire ~ arrière** *(Naut)* to go astern; *(fig)* to back-pedal. — **2** : **~ à coudre** sewing machine; **~ à écrire** typewriter; **~ à laver** washing machine; **~ à laver la vaisselle** dishwasher; **~-outil** machine tool; **~ à sous** *(Casino)* fruit machine; *(distributeur)* slot machine.
machiner [maʃine] (1) *vt* to plot.
machiniste [maʃinist(ə)] *nm (Théât)* stagehand; *(Transport)* driver.
mâchoire [mɑʃwaʀ] *nf* jaw.
maçon [masɔ̃] *nm (gén)* builder; *(pierre)* stone mason; *(briques)* bricklayer. ◆ **maçonnerie** *nf (pierres)* masonry, stonework; *(briques)* brickwork.
macro... [makʀɔ] *préf* macro... .
maculer [makyle] (1) *vt* to stain (*de* with).
Madame [madam], *pl* **Mesdames** [medam] *nf* **(a)** *(en parlant)* **bonjour ~** *(courant)* good morning; *(nom connu)* good morning, Mrs X; *(avec déférence)* good morning, Madam; **Mesdames Messieurs** ladies and gentlemen; **~ dit que c'est à elle** the lady says it belongs to her. **(b)** *(sur une enveloppe)* **~** X Mrs X. **(c)** *(en-tête de lettre)* Dear Madam; *(nom connu)* Dear Mrs X.
Mademoiselle [madmwazɛl], *pl* **Mesdemoiselles** [medmwazɛl] *nf* miss; *(en-tête de lettre)* Dear Madam; *(nom connu)* Dear Miss X. **bonjour ~** *(courant)* good morning; *(nom connu)* good morning, Miss X; **bonjour Mesdemoiselles** good morning ladies.
madère [madɛʀ] *nm* Madeira (wine).
madone [madɔn] *nf* madonna.
maf(f)ia [mafja] *nf (gang)* gang, ring. **la M~** the Maf(f)ia.
magasin [magazɛ̃] *nm* **(a)** *(boutique)* shop, store; *(entrepôt)* warehouse. **faire les ~s** to go shopping; **avoir qch en ~** to have sth in stock. **(b)** *(fusil, appareil-photo)* magazine.
magazine [magazin] *nm (Presse)* magazine. *(Rad, TV)* **~ féminin** woman's programme.
mage [maʒ] *nm* magus (*pl* magi).
magicien, -ienne [maʒisjɛ̃, jɛn] *nm,f* magician. ◆ **magie** *nf* magic. **comme par ~** as if by magic. ◆ **magique** *adj* magic, magical.
magistral, e, *mpl* **-aux** [maʒistʀal, o] *adj (éminent)* masterly; *(hum : gigantesque)* colossal. *(Univ)* **cours ~** lecture.
magistrat [maʒistʀa] *nm* magistrate. ◆ **magistrature** *nf (Jur)* magistracy.
magma [magma] *nm* magma.
magnanime [maɲanim] *adj* magnanimous.
magnat [magna] *nm* tycoon, magnate.
magner (se)* [maɲe] (1) *vpr* to hurry up.
magnésium [maɲezjɔm] *nm* magnesium.
magnétique [maɲetik] *adj* magnetic. ◆ **magnétiser** (1) *vt* to magnetize. ◆ **magnétisme** *nm* magnetism.
magnéto [maɲeto] *nf, préf* magneto. ◆ **magnétophone** *nm* tape recorder. **~ à cassettes** cassette recorder. ◆ **magnétoscope** *nm* video cassette recorder.
magnifique [maɲifik] *adj* magnificent, gorgeous.
magot* [mago] *nm (argent)* packet*; *(économies)* nest egg.
mai [mɛ] *nm* May; *V* **septembre.**
maigre [mɛgʀ(ə)] — **1** *adj* **(a)** *(personne)* thin. **(b)** *(bouillon)* clear; *(viande)* lean; *(fromage)* low-fat. *(Rel)* **faire ~** to eat no meat. **(c)** *(faible) (gén)* meagre, poor; *(espoir)* slim, slight. **c'est un peu ~** it's a bit on the short side. — **2** *nm (viande)* lean meat; *(jus)* thin gravy. ◆ **maigreur** *nf* thinness. ◆ **maigrir** (2) — **1** *vi* to get thinner, lose weight. **il a maigri de 5 kg** he has lost 5 kg; **se faire ~** to slim. — **2** *vt* : **~ qn** *(vêtement)* to make sb look slimmer.
maille [maj] *nf (tricot)* stitch; *(filet)* mesh. *(bas)* **~ filée** ladder; *(lit, fig)* **passer à travers les ~s** to slip through the net; **avoir ~ à partir avec qn** to get into trouble with sb.
maillet [majɛ] *nm* mallet.
maillon [mɑjɔ̃] *nm* link.

maillot [majo] *nm (Danse)* leotard; *(Sport)* jersey; *(bébé)* baby's wrap. **~ de bain** *(homme)* swimming trunks; *(femme)* swimming costume, swimsuit; **~ de corps** vest, undershirt *(US)*.

main [mɛ̃] *nf* **(a)** hand. **donner la ~ à qn** to hold sb's hand; **la ~ dans la ~** *(promeneurs)* hand in hand; *(escrocs)* hand in glove; **les ~s en l'air!** hands up!; **à ~ droite** on the right hand side; **de ~ de maître** with a master's hand; **en ~s propres** personally; **fait ~** handmade; **vol à ~ armée** armed robbery; **pris la ~ dans le sac** caught red-handed; **les ~s vides** empty handed; **avoir tout sous la ~** to have everything at hand. **(b)** (+ *vb*) **avoir la ~ heureuse** to be lucky; **avoir la ~ lourde** to be heavy-handed; **je ne suis pas à ma ~** I can't get a proper grip; **perdre la ~** to lose one's touch; **se faire la ~** to get one's hand in; **faire ~ basse sur qch** to run off with sth; **laisser les ~s libres à qn** to give sb a free hand; **en venir aux ~s** to come to blows; **mettre la ~ à la pâte** to lend a hand; **mettre la dernière ~ à** to put the finishing touches to; **prendre qch en ~** to take sth in hand; **il n'y va pas de ~ morte** he overdoes it a bit; **j'en mettrais ma ~ au feu** *ou* **à couper** I'd stake my life on it; **prêter ~-forte à qn** to come to sb's assistance. ◆ **main courante** *nf* handrail. ◆ **main-d'œuvre** *nf* labour, manpower.

maint, e [mɛ̃, ɛ̃t] *adj* many. **~ étranger** many a foreigner, many foreigners.

maintenant [mɛ̃tnɑ̃] *adv* now. **les jeunes de ~** young people nowadays *ou* today.

maintenir [mɛ̃tniʀ] (22) — **1** *vt (gén)* to keep; *(objet)* to support; *(décision)* to stand by. **~ qch en équilibre** to keep *ou* hold sth balanced. — **2 se maintenir** *vpr (temps, amélioration)* to persist; *(malade)* to hold one's own; *(prix)* to hold steady. ◆ **maintien** *nm (sauvegarde)* maintenance; *(posture)* bearing.

maire [mɛʀ] *nm* mayor. ◆ **mairie** *nf (bâtiment)* town hall; *(administration)* town council.

mais [mɛ] *conj* but. **~ oui** of course; **non ~!** look here!

maïs [mais] *nm* maize, corn *(US)*.

maison [mɛzɔ̃] *nf* **(a)** *(bâtiment)* house; *(immeuble)* building; *(locatif)* block of flats. **~ d'arrêt** prison; **la M~ Blanche** the White House; **~ de campagne** house in the country; **~ de repos** convalescent home; **~ de retraite** old people's home. **(b)** *(foyer)* home. **être à la ~** to be at home; **rentrer à la ~** to go back home; **fait (à la) ~** home made. **(c)** *(entreprise)* firm, company; *(grand magasin)* store; *(boutique)* shop. **(d) employés de ~** domestic staff. ◆ **maisonnée** *nf* household. ◆ **maisonnette** *nf* small house.

maître, maîtresse [mɛtʀ(ə), mɛtʀɛs] — **1** *adj (principal)* main, chief, major. **une maîtresse femme** a managing woman. — **2** *nm (gén)* master; *(Pol : dirigeant)* ruler. **~ d'école** teacher; *(titre)* **mon cher M~** Dear Mr X; **être ~ de faire** to be free to do; **rester ~ de soi** to keep one's self-control; **se rendre ~ de** *(pays)* to gain control of; *(incendie)* to bring under control. — **3** *nf* mistress. **maîtresse d'école** teacher. — **4** : **~ de conférences** ≃ senior lecturer; **~ d'équipage** boatswain; **~ d'hôtel** *(restaurant)* head waiter; **~ de maison** host; **maîtresse de maison** *(ménagère)* housewife; *(hôtesse)* hostess; **~ nageur** swimming instructor.

maîtrise [metʀiz] *nf* **(a)** *(contrôle)* mastery, control; *(habileté)* skill, expertise. **~ de soi** self-control; **avoir la ~ de** to control. **(b)** *(chœur)* choir. **(c)** *(Univ) research degree* ≃ master's degree. ◆ **maîtriser** (1) — **1** *vt (gén)* to master; *(révolte)* to suppress; *(inflation)* to control. — **2 se maîtriser** *vpr* to control o.s.

majesté [maʒɛste] *nf* majesty. **Sa M~** *(roi)* His Majesty; *(reine)* Her Majesty. ◆ **majestueusement** *adv* majestically. ◆ **majestueux, -euse** *adj* majestic.

majeur, e [maʒœʀ] — **1** *adj* **(a)** *(principal)* major. **la ~e partie des gens** most people. **(b)** *(Jur)* **être ~** to be of age. **(c)** *(Mus)* major. — **2** *nm,f (Jur)* major. — **3** *nm* middle finger.

major [maʒɔʀ] *nm* medical officer.

majoration [maʒɔʀɑsjɔ̃] *nf (hausse)* rise, increase (*de* in); *(supplément)* surcharge. ◆ **majorer** (1) *vt* to increase, raise (*de* by).

majoritaire [maʒɔʀitɛʀ] *adj* : **être ~** to be in the majority.

majorité [maʒɔʀite] *nf* majority. *(Pol)* **la ~** the government; **composé en ~ de** mainly composed of; *(Jur)* **atteindre sa ~** to come of age.

majuscule [maʒyskyl] — **1** *adj* capital. — **2** *nf* capital letter.

mal [mal] — **1** *adv* **(a)** *(fonctionner etc)* badly, not properly. **ça ferme ~** it shuts badly *ou* doesn't shut properly; **il s'y est ~ pris** he set about it the wrong way; **de ~ en pis** from bad to worse; **~ renseigner** *etc* to misinform *etc;* **on comprend ~ pourquoi** it is difficult to understand why; **~ choisi** *etc* ill-chosen *etc* ; **~ en point** in a bad state; **~ à propos** at the wrong moment. **(b)** *(agir)* badly, wrongly. **trouves-tu ~ qu'il y soit allé?** do you think it was wrong of him to go? **(c)** *(malade)* **se sentir ~** to feel ill; **~ portant** in poor health; **se trouver ~** to faint. **(d) il n'a pas ~ travaillé** he has worked quite well; **vous ne feriez pas ~ d'y aller** it wouldn't be a bad idea if you went. **(e)** *(beaucoup)* **pas ~*** quite a lot; **je m'en fiche pas ~!** I couldn't care less! — **2** *adj inv (mauvais)* wrong, bad; *(malade)* ill; *(mal à l'aise)* uncomfortable. **être ~ avec qn** to be on bad terms with sb; **pas ~*** not bad*, quite good. — **3** *nm,pl* **maux** [mo] **(a)** *(mauvais)* evil, ill. **le ~** evil; **dire du ~ de qn** to speak ill of sb. **(b)** *(dommage)* harm. **faire du ~ à** to harm, hurt. **(c)** *(douleur)* pain; *(maladie)* illness, disease. **se faire du ~** to hurt o.s.; **ça fait ~, j'ai ~** it hurts; **j'ai ~ dans le dos** I've got a pain in my back; **avoir un ~ de tête** to have a headache; **avoir ~ au pied** to have a sore foot; **des maux d'estomac** stomach pains; **~ blanc** whitlow; **avoir le ~ de mer** to be seasick; **~ du pays** homesickness. **(d)** *(effort)* difficulty, trouble. **se donner du ~ à faire qch** to take trouble over sth.

malabar* [malabaʀ] *nm* muscle man*.

malade [malad] — **1** *adj (homme)* ill, sick, unwell; (* : *fou*) mad; *(organe, plante)* diseased; *(dent, jambe)* bad. **tomber ~** to fall ill *ou* sick; **ça me rend ~** it makes me sick (*de* with). — **2** *nmf* invalid, sick person; *(d'un médecin)* patient. **les ~s** the sick. ◆ **maladie** *nf* illness, disease; (* : *obsession*) mania. **~ de foie** liver complaint; **il en a fait une ~*** he was in a terrible state about it. ◆ **maladif, -ive** *adj* sickly; *(obsession)* pathological.

maladresse [maladʀɛs] *nf* clumsiness, awkwardness. **une ~** a blunder. ◆ **maladroit, e** *adj* clumsy, awkward.

malaise [malɛz] *nm* **(a)** *(Méd)* dizzy turn. **avoir un ~** to feel faint *ou* dizzy. **(b)** *(fig : trouble)* uneasiness.
malaisé, e [maleze] *adj* difficult.
malaxer [malakse] (1) *vt (triturer)* to knead; *(mélanger)* to mix.
malchance [malʃɑ̃s] *nf* misfortune. **par ~** unfortunately. ◆ **malchanceux, -euse** *adj* unlucky.
mâle [mɑl] — **1** *adj (gén)* male; *(viril)* manly. — **2** *nm* male.
malédiction [malediksjɔ̃] *nf* curse.
maléfice [malefis] *nm* evil spell. ◆ **maléfique** *adj* evil.
malencontreux, -euse [malɑ̃kɔ̃tʀø, øz] *adj* unfortunate.
malentendu [malɑ̃tɑ̃dy] *nm* misunderstanding.
malfaçon [malfasɔ̃] *nf* fault, defect.
malfaisant, e [malfəzɑ̃, ɑ̃t] *adj* evil, harmful.
malfaiteur [malfɛtœʀ] *nm* criminal.
malformation [malfɔʀmɑsjɔ̃] *nf* malformation.
malgré [malgʀe] *prép* in spite of, despite. **~ moi** reluctantly; **~ tout** after all.
malhabile [malabil] *adj* clumsy.
malheur [malœʀ] *nm (gén)* misfortune; *(accident)* accident. **famille dans le ~** family in misfortune *ou* faced with adversity; *(maudit)* **de ~*** wretched; **par ~** unfortunately; **quel ~ qu'il ne soit pas venu** what a shame *ou* pity he didn't come. ◆ **malheureusement** *adv* unfortunately. ◆ **malheureux, -euse** — **1** *adj (victime, parole)* unfortunate; *(enfant, vie)* unhappy; *(air)* distressed; *(candidat)* unlucky. **il y avait 3 ~ spectateurs*** there was a miserable handful of spectators. — **2** *nm,f (infortuné)* poor wretch; *(indigent)* needy person.
malhonnête [malɔnɛt] *adj* dishonest. ◆ **malhonnêteté** *nf* dishonesty. **une ~** a dishonest action.
malice [malis] *nf (espièglerie)* mischievousness; *(méchanceté)* malice, spite. ◆ **malicieux, -euse** *adj* mischievous.
malin, -igne [malɛ̃, iɲ] *ou* **-ine*** [in] *adj (intelligent)* smart, clever; *(mauvais)* malignant. (* : *difficile*) **ce n'est pas bien ~** it isn't difficult.
malingre [malɛ̃gʀ(ə)] *adj* puny.
malintentionné, e [malɛ̃tɑ̃sjɔne] *adj* ill-intentioned (*envers* towards).
malle [mal] *nf (valise)* trunk; *(voiture)* boot, trunk *(US)*. ◆ **mallette** *nf* suitcase.
malmener [malməne] (5) *vt* to manhandle.
malnutrition [malnytʀisjɔ̃] *nf* malnutrition.
malodorant, e [malɔdɔʀɑ̃, ɑ̃t] *adj* foul-smelling.
malotru, e [malɔtʀy] *nm,f* lout, boor.
malpoli, e [malpɔli] *adj* impolite.
malpropre [malpʀɔpʀ(ə)] *adj* dirty. ◆ **malpropreté** *nf* dirtiness.
malsain, e [malsɛ̃, ɛn] *adj* unhealthy.
malt [malt] *nm* malt.
maltraiter [maltʀete] (1) *vt* to ill-treat.
malveillance [malvɛjɑ̃s] *nf* malevolence. ◆ **malveillant, e** *adj* malevolent.
maman [mamɑ̃] *nf* mummy, mother.
mamelle [mamɛl] *nf (animal)* teat; *(femme)* breast. ◆ **mamelon** *nm (colline)* hillock.
mamie [mami] *nf* granny*.
mammifère [mamifɛʀ] *nm* mammal.
mammouth [mamut] *nm* mammoth.
manche [mɑ̃ʃ] — **1** *nf* **(a)** *(Habillement)* sleeve. **sans ~s** sleeveless. **(b)** *(Sport)* round; *(Cartes)* game. **(c)** *(Géog)* **la M~** the English Channel. — **2** *nm* handle. **~ à balai** *(gén)* broomstick; *(Aviat)* joystick.
manchette [mɑ̃ʃɛt] *nf (chemise)* cuff; *(journal)* headline; *(Lutte)* forearm blow.
manchot, -ote [mɑ̃ʃo, ɔt] — **1** *adj* one-armed (*ou* one-handed); *(des deux)* armless (*ou* handless).— **2** *nm (oiseau)* penguin.
mandarin [mɑ̃daʀɛ̃] *nm* mandarin.
mandarine [mɑ̃daʀin] *nf* mandarin orange, tangerine.
mandat [mɑ̃da] *nm (postal)* postal order, money order; *(procuration)* proxy; *(politique)* mandate; *(Police etc)* warrant. ◆ **mandataire** *nmf (Jur)* proxy; *(représentant)* representative; *(aux Halles)* sales agent. ◆ **mandater** (1) *vt (personne)* to commission; *(Pol)* to mandate; *(somme)* to make over.
mandoline [mɑ̃dɔlin] *nf* mandolin(e).
manège [manɛʒ] *nm* **(a) ~ (de chevaux de bois)** roundabout, carousel *(US)*. **(b)** *(Équitation)* riding school; *(piste)* ring. **(c)** *(agissements)* game.
manette [manɛt] *nf* lever, tap.
mangeable [mɑ̃ʒabl(ə)] *adj* edible, eatable. ◆ **mangeaille** *nf (péj)* food. ◆ **mangeoire** *nf* trough, manger.
manger [mɑ̃ʒe] (3) — **1** *vt* **(a)** to eat. **donner à ~ à qn** to feed sb; **faire ~ qch à qn** to give sb sth to eat; **mange!** eat up!; **on mange bien à cet hôtel** the food is good at this hotel; **mangé aux mites** moth-eaten; **~ comme quatre** to eat like a horse; **~ à sa faim** to have enough to eat; **~ du bout des dents** to pick at one's food. **(b)** *(faire un repas)* **~ au restaurant** to eat out, have a meal out; **c'est l'heure de ~** *(midi)* it's lunchtime; *(soir)* it's dinnertime; **inviter qn à ~** to invite sb for a meal. **(c)** *(électricité, économies)* to go through; *(temps)* to take up; *(mots)* to swallow. — **2** *nm (nourriture)* food; *(repas)* meal. ◆ **mangeur, -euse** *nm,f* eater.
mangue [mɑ̃g] *nf* mango.
maniaque [manjak] — **1** *adj* fussy. — **2** *nmf (fou)* maniac; *(méticuleux)* fusspot*.
manie [mani] *nf (habitude)* habit; *(obsession)* mania.
maniabilité [manjabilite] *nf* handiness. ◆ **maniable** *adj* handy. ◆ **maniement** *nm* handling. ◆ **manier** (7) *vt* to handle.
manière [manjɛʀ] *nf* **(a)** *(façon)* way. **il le fera à sa ~** he'll do it his own way; **~ de vivre** way of life; **de quelle ~ as-tu fait cela?** how did you do that?; **employer la ~ forte** to use strong-arm measures; **d'une certaine ~** in a way; **d'une ~ générale** generally speaking; **de toute ~** anyway; **de ~ à faire** so as to do; **de ~ (à ce) que nous arrivions à l'heure** so that we get there on time. **(b) avoir de bonnes ~s** to have good manners; **faire des ~s** *(chichis)* to make a fuss. ◆ **maniéré, e** *adj* affected.
manifestant, e [manifɛstɑ̃, ɑ̃t] *nm,f* demonstrator.
manifestation [manifɛstɑsjɔ̃] *nf* **(a)** *(Pol)* demonstration. **(b)** *(opinion)* expression; *(maladie)* appearance. **(c)** *(fête)* event.
manifeste [manifɛst] — **1** *adj* obvious, evident, manifest. — **2** *nm* manifesto. ◆ **manifestement** *adv* obviously.
manifester [manifɛste] (1) — **1** *vt (gén)* to show; *(sentiment)* to express. — **2** *vi (Pol)* to demonstrate. — **3 se manifester** *vpr (émotion)* to show itself, express itself; *(difficultés)* to arise; *(personne) (se présenter)* to appear;

(se faire remarquer) to attract attention; *(dans un débat)* to make o.s. heard.
manigance [manigɑ̃s] *nf* trick. ◆ **manigancer** (3) *vt* to plot.
manipulation [manipylɑsjɔ̃] *nf (maniement)* handling; *(expérience)* experiment. *(Méd, péj)* ~s manipulation. ◆ **manipuler** (1) *vt* to handle; *(péj)* to manipulate.
manivelle [manivɛl] *nf* crank.
manne [man] *nf (aubaine)* godsend.
mannequin [mankɛ̃] *nm (personne)* model; *(objet)* dummy.
manœuvre [manœvʀ(ə)] — **1** *nf* manœuvre. ~ **d'obstruction** obstructive move; ~**s frauduleuses** fraudulent schemes; **grandes** ~**s** army manœuvres. — **2** *nm* labourer, unskilled worker. ◆ **manœuvrer** (1) — **1** *vt (véhicule)* to manœuvre; *(machine)* to operate, work. — **2** *vi* to manœuvre.
manoir [manwaʀ] *nm* manor house.
manque [mɑ̃k] *nm* **(a)** ~ **de** *(faiblesse)* lack of, want of; *(pénurie)* shortage of; ~ **à gagner** loss of profit. **(b)** ~**s** *(roman)* faults; *(personne)* failings. **(c)** *(vide)* gap, emptiness. ◆ **manquement** *nm* lapse. ~ **à** *(règle)* breach of.
manquer [mɑ̃ke] (1) — **1** *vt (photo, gâteau)* to spoil; *(examen)* to fail; *(but, train),* to miss. **essai manqué** abortive attempt; **je l'ai manqué de 5 minutes** I missed him by 5 minutes; **ils ont manqué leur coup** their attempt failed. — **2** *vi* **(a)** *(faire défaut)* to be lacking. **l'argent vint à** ~ money ran out; **ce qui me manque c'est le temps** what I lack is time. **(b)** *(absent)* to be absent; *(disparu)* to be missing. **(c)** *(échouer)* to fail. — **3 manquer à** *vt indir (ses devoirs)* to neglect. **il nous manque** we miss him. — **4 manquer de** *vt indir* **(a)** *(intelligence)* to lack; *(argent, main-d'œuvre)* to be short of, lack. **(b)** *(faillir)* **il a manqué mourir** he nearly *ou* almost died. **(c)** *(formules nég)* **ne manquez pas de le remercier** don't forget to thank him; **ça ne manque pas de charme** it's not without charm, it has a certain charm; **ça ne va pas** ~ **d'arriver*** it's bound to happen. — **5** *vb impers :* **il manque 2 chaises** we are 2 chairs short; **il ne manquait plus que ça** that's all we needed. — **6 se manquer** *vpr (suicide)* to fail.
mansarde [mɑ̃saʀd(ə)] *nf* attic.
manteau, *pl* ~**x** [mɑ̃to] *nm* coat.
manuel, -elle [manɥɛl] — **1** *adj* manual. — **2** *nm (livre)* manual, handbook. ~ **de lecture** reader. ◆ **manuellement** *adv* manually.
manufacture [manyfaktyʀ] *nf (usine)* factory; *(fabrication)* manufacture. ◆ **manufacturer** (1) *vt* to manufacture.
manuscrit, e [manyskʀi, it] — **1** *adj* handwritten. **pages** ~**es** manuscript pages. — **2** *nm* manuscript; *(dactylographié)* typescript.
manutention [manytɑ̃sjɔ̃] *nf* handling. ◆ **manutentionnaire** *nmf* packer.
mappemonde [mapmɔ̃d] *nf (carte)* map of the world; *(sphère)* globe.
maquereau, *pl* ~**x** [makʀo] *nm* mackerel.
maquette [makɛt] *nf* scale model.
maquillage [makijaʒ] *nm* make up. ◆ **maquiller** (1) — **1** *vt (visage)* to make up; *(vérité)* to fake. — **2 se maquiller** *vpr* to make up.
maquis [maki] *nm (Géog)* scrub, bush; *(labyrinthe)* maze; *(Hist)* maquis. **prendre le** ~ to go underground. ◆ **maquisard, e** *nm,f* maquis.
maraîcher, -ère [maʀeʃe, maʀeʃɛʀ] *nm,f* market gardener, truck farmer *(US).*
marais [maʀɛ] *nm* marsh, swamp.
marasme [maʀasm(ə)] *nm* depression; *(Écon, Pol)* stagnation, slump.
marathon [maʀatɔ̃] *nm* marathon.
marâtre [maʀɑtʀ(ə)] *nf* cruel mother.
marbre [maʀbʀ(ə)] *nm* marble. **rester de** ~ to remain impassive. ◆ **marbrier** *nm* monumental mason.
marc [maʀ] *nm (raisin)* marc; *(alcool)* brandy. ~ **de café** coffee grounds.
marchand, e [maʀʃɑ̃, ɑ̃d] — **1** *adj (valeur)* market. — **2** *nm,f* shopkeeper; *(de marché)* stallholder; *(vins)* merchant; *(meubles)* dealer. **la** ~**e de chaussures** the shoeshop owner; ~ **ambulant** hawker; ~ **de biens** ≃ estate agent, realtor *(US);* ~ **de couleurs** ironmonger; ~ **de journaux** newsagent; ~ **de légumes** greengrocer; ~ **de sable** sandman.
marchandage [maʀʃɑ̃daʒ] *nm* bargaining, haggling. ◆ **marchander** (1) — **1** *vi* to bargain, haggle. — **2** *vt (objet)* to haggle *ou* bargain over. **il n'a pas marchandé ses compliments** he wasn't sparing with his compliments.
marchandise [maʀʃɑ̃diz] *nf* commodity. ~**s** goods, merchandise.
marche[1] [maʀʃ(ə)] *nf* **(a)** *(démarche)* walk, step; *(rythme)* pace, step; *(trajet)* walk. *(Sport)* **la** ~ walking; **se mettre en** ~ to get moving. **(b)** *(Mus, Mil, Pol)* march. **ouvrir la** ~ to lead the way; **faire** ~ **sur** to march upon. **(c)** *(véhicule)* running; *(navire)* sailing; *(usine, machine)* working; *(événements)* course. **mettre en** ~ to start; **véhicule en** ~ moving vehicle; **en état de** ~ in working order; *(Tech)* ~**-arrêt** on-off; **faire** ~ **arrière** *(Aut)* to reverse; *(fig)* to backpedal; ~ **à suivre** correct procedure.
marche[2] [maʀʃ(ə)] *nf (escalier)* step.
marché [maʀʃe] *nm* **(a)** *(lieu)* market. **faire son** ~ to go shopping; **le M**~ **commun** the Common Market. **(b)** *(transaction)* bargain, deal. **passer un** ~ **avec qn** to make a deal with sb.
marchepied [maʀʃəpje] *nm (train)* step; *(voiture)* running board.
marcher [maʀʃe] (1) *vi* **(a)** to walk; *(soldats)* to march. **faire** ~ **un bébé** to help a baby walk; ~ **dans une flaque d'eau** to step in a puddle; ~ **sur les pieds de qn** to tread on sb's toes. **(b)** (*) *(consentir)* to agree; *(être dupé)* to be taken in. **faire** ~ **qn** to pull sb's leg. **(c)** *(avec véhicule)* **on a bien marché** we made good time; **nous marchions à 100 à l'heure** we were doing a hundred. **(d)** *(appareil, usine, ruse)* to work; *(affaires, études)* to go well. **faire** ~ *(appareil)* to work, operate; *(entreprise)* to run; **est-ce que le métro marche?** is the underground running? ◆ **marcheur, -euse** *nm,f* walker; *(Pol)* marcher.
mardi [maʀdi] *nm* Tuesday. **M**~ **gras** Shrove Tuesday; *V* **samedi.**
mare [maʀ] *nf (étang)* pond; *(flaque)* pool.
marécage [maʀekaʒ] *nm* marsh, swamp. ◆ **marécageux, -euse** *adj* marshy, swampy.
maréchal, *pl* **-aux** [maʀeʃal, o] *nm* marshal. ~**-ferrant** blacksmith.
marée [maʀe] *nf* tide. **à** ~ **basse** at low tide; ~ **noire** oil slick; *(poissons)* **la** ~ fresh fish; *(fig)* ~ **de** flood of.
marelle [maʀɛl] *nf* hopscotch.
margarine [maʀgaʀin] *nf* margarine, marge*.
marge [maʀʒ(ə)] *nf* margin. ~ **de sécurité** safety margin; **j'ai encore de la** ~ I still have time to spare; **en** ~ **de la société** on the fringe of society. ◆ **marginal, e** *mpl* **-aux** — **1** *adj* marginal. — **2** *nm,f* dropout.

marguerite [margərit] *nf* oxeye daisy.
mari [mari] *nm* husband.
mariage [marjaʒ] *nm* **(a)** *(lit, fig : union)* marriage. **50 ans de ~** 50 years of marriage; **donner qn en ~ à** to give sb in marriage to. **(b)** *(cérémonie)* wedding. **cadeau de ~** wedding present. ◆ **marié, e** — **1** *adj* married. — **2** *nm* groom. **les ~s** *(jour du mariage)* the bride and bridegroom; *(après le mariage)* the newlyweds. — **3** *nf* bride. **robe de ~e** wedding dress. ◆ **marier** (7) — **1** *vt (personne)* to marry; *(couleurs)* to blend. **se ~** to get married; **se ~ avec qn** to marry sb, get married to sb.
marin, e [marɛ̃, in] — **1** *adj* sea. — **2** *nm* sailor. — **3** *nf* navy. **~ marchande** merchant navy.
mariner [marine] (1) *vti* to marinade.
marionnette [marjɔnɛt] *nf (lit, fig)* puppet; *(à fils)* marionette.
maritime [maritim] *adj (gén)* maritime; *(côtier)* coastal; *(commerce, droit)* shipping.
marmaille* [marmɑj] *nf* gang of kids*.
marmelade [marməlad] *nf* stewed fruit.
marmite [marmit] *nf* cooking-pot.
marmonner [marmɔne] (1) *vt* to mumble.
marmot* [marmo] *nm* kid*, brat* *(péj)*.
marmotte [marmɔt] *nf (animal)* marmot; (* : *dormeur*) dormouse.
maroquinerie [marɔkinri] *nf* fine leather goods shop.
marotte [marɔt] *nf* hobby, craze.
marquant, e [markɑ̃, ɑ̃t] *(événement)* outstanding; *(souvenir)* vivid.
marque [mark] *nf* **(a)** *(lit, fig : trace)* mark; *(tampon)* stamp. *(Sport)* **à vos ~s!** on your marks! **(b)** *(Comm) (nourriture)* brand; *(objets)* make. **~ déposée** registered trademark; **visiteur de ~** important visitor, V.I.P. **(c)** *(score)* score.
marquer [marke] (1) — **1** *vt* **(a)** *(par une trace)* to mark; *(animal, criminel)* to brand. **la souffrance l'a marqué** suffering has left its mark on him. **(b)** *(indiquer)* to show. **la pendule marque 6 heures** the clock points to 6 o'clock; **la déception se marquait sur son visage** disappointment showed in his face. **(c)** *(écrire)* to note down. **on l'a marqué absent** he was marked absent; **qu'y a-t-il de marqué?** what's written on it? **(d)** *(joueur)* to mark; *(but)* to score. **(e) ~ le coup*** to mark the occasion; **~ le pas** to mark time ; **~ un temps d'arrêt** to mark a pause. — **2** *vi (événement)* to stand out; *(coup)* to reach home, tell; *(trace)* to leave a mark. ◆ **marqué, e** *adj* pronounced, marked. ◆ **marqueur** *nm (stylo)* felt-tip pen.
marquis [marki] *nm* marquess. ◆ **marquise** *nf* marchioness; *(auvent)* glass canopy.
marraine [marɛn] *nf* godmother.
marrant, e* [marɑ̃, ɑ̃t] *adj* funny.
marre* [mar] *adv* : **en avoir ~** to be fed up* (*de* with), be sick* (*de of*).
marrer* (se) [mare] (1) *vpr* to laugh.
marron [marɔ̃] — **1** *nm* **(a)** chestnut. **~ d'Inde** horse chestnut; **~ glacé** marron glacé. **(b)** *(couleur)* brown. **(c)** (* : *coup*) thump, clout*. — **2** *adj inv* brown. ◆ **marronnier** *nm* chestnut tree.
Mars [mars] *nm (Astron, Myth)* Mars.
mars [mars] *nm* March; *V* **septembre.**
marsouin [marswɛ̃] *nm* porpoise.
marteau, *pl* **~x** [marto] *nm* hammer. **~-pilon** power hammer; **~-piqueur** pneumatic drill; **être ~*** to be nuts*. ◆ **marteler** (5) *vt* to hammer.
martial, e, *mpl* **-aux** [marsjal, o] *adj* martial.
martien, -ienne [marsjɛ̃, jɛn] *adj, nm,f* Martian.
martyr, e¹ [martir] — **1** *adj* martyred. **enfant ~** battered child. — **2** *nm,f* martyr. ◆ **martyre²** *nm* martyrdom. **souffrir le ~** to suffer agonies. ◆ **martyriser** (1) *vt* to torture; *(enfant)* to batter.
mascarade [maskarad] *nf* masquerade.
mascotte [maskɔt] *nf* mascot.
masculin, e [maskylɛ̃, in] — **1** *adj (gén)* male; *(viril)* manly; *(péj)* mannish; *(Gram)* masculine. — **2** *nm (Gram)* masculine.
masque [mask(ə)] *nm* mask. **~ à gaz** gas mask. ◆ **masquer** (1) — **1** *vt (gén)* to mask (*à qn* from sb); *(lumière, vue)* to block. — **2 se masquer** *vpr* to hide (*derrière* behind).
massacre [masakr(ə)] *nm* slaughter, massacre. ◆ **massacrer** (1) *vt (tuer)* to slaughter, massacre; (* : *saboter*) to make a mess of.
massage [masaʒ] *nm* massage.
masse [mas] *nf* **(a)** *(volume)* mass. **~ monétaire** money supply; **taillé dans la ~** carved from the block; *(Élec)* **faire ~** to act as an earth. **(b)** *(foule)* **la ~** the masses; **la ~ des lecteurs** the majority of readers; **manifestation de ~** mass demonstration; **venir en ~** to come en masse; **une ~ de*** masses of; **il n'y en a pas des ~s*** *(objets)* there aren't very many; *(argent)* there isn't very much. **(c)** *(maillet)* sledgehammer. ◆ **masser¹** *vt*, **se masser** *vpr* (1) to mass.
masser² [mase] (1) *vt* to massage. **se faire ~** to have a massage. ◆ **masseur** *nm* masseur. ◆ **masseuse** *nf* masseuse.
massif, -ive [masif, iv] — **1** *adj* massive. *(pur)* **or ~** solid gold. — **2** *nm (montagnes)* massif; *(fleurs, arbres)* clump. ◆ **massivement** *adv (répondre)* en masse; *(injecter)* in massive doses.
massue [masy] *nf* club, bludgeon.
mastic [mastik] *nm* putty.
mastiquer [mastike] (1) *vt (mâcher)* to chew.
masure [mazyr] *nf* hovel.
mat¹ [mat] *adj inv (Échecs)* **être ~** to be checkmate; **faire ~** to checkmate.
mat², e [mat] *adj (couleur)* matt; *(bruit)* dull.
mât [mɑ] *nm (bateau)* mast; *(pylône)* pole, post; *(drapeau)* flagpole.
match [matʃ] *nm (Sport)* match, game *(US)*. **faire ~ nul** to draw.
matelas [matla] *nm* mattress. **~ pneumatique** air bed, Lilo®. ◆ **matelasser** (1) *vt (meuble)* to pad; *(tissu)* to quilt.
matelot [matlo] *nm* sailor, seaman.
mater [mate] (1) *vt* **(a)** *(rebelles)* to subdue; *(révolution)* to suppress. **(b)** *(Échecs)* to checkmate. **(c)** *(marteler)* to burr.
matériau [materjo] *nm inv* material. ◆ **matériaux** *nmpl* materials.
matériel, -elle [materjɛl] — **1** *adj (gén)* material; *(financier)* financial; *(organisation)* practical. — **2** *nm* equipment. **~ d'exploitation** plant.
maternel, -elle [matɛrnɛl] *adj (gén)* maternal; *(geste, amour)* motherly. **école ~elle** state nursery shool. ◆ **maternité** *nf* maternity hospital.
mathématique [matematik] — **1** *adj* mathematical. — **2** *nfpl* : **les ~s** mathematics.
matière [matjɛr] *nf (produit)* material, substance; *(sujet)* subject. **~s grasses** fat; **~ plastique** plastic; **~ première** raw material; **la ~** matter; **en la ~** on the matter *ou* subject; **en ~ poétique** as regards poetry.
matin [matɛ̃] *nm* morning. **2 h du ~** 2 a.m., 2 in the morning. ◆ **matinal, e,** *mpl* **-aux** *adj*

(tâches) morning; *(heure)* early. **être ~** to get up early. ◆ **matinée** *nf (matin)* morning; *(spectacle)* matinée.

matou [matu] *nm* tomcat.

matraque [matʀak] *nf (police)* truncheon, billy *(US)*; *(malfaiteur)* cosh. ◆ **matraquer** (1) *vt* to beat up.

matrice [matʀis] *nf (utérus)* womb; *(Tech)* matrix.

matrimonial, e, *mpl* **-aux** [matʀimɔnjal, o] *adj* matrimonial.

matrone [matʀɔn] *nf* matronly woman.

mâture [mɑtyʀ] *nf* masts.

maturité [matyʀite] *nf* maturity.

maudire [modiʀ] (2) *vt* to curse. ◆ **maudit, e** — **1** *adj* (* : *sacré*) blasted*, confounded*. — **2** *nm,f* damned soul.

maugréer [mogʀee] (1) *vi* to grouse, grumble (*contre* about, at).

mausolée [mozɔle] *nm* mausoleum.

maussade [mosad] *adj* gloomy, sullen.

mauvais, e [mɔvɛ, ɛz] — **1** *adj* **(a)** *(en qualité)* bad; *(appareil)* faulty; *(santé, film, élève)* poor. **~ en géographie** bad at geography. **(b)** *(erroné)* wrong. **il ne serait pas ~ d'y aller** it wouldn't be a bad idea if we went. **(c)** *(nuisible)* bad; *(blessure, personne)* nasty; *(mer)* rough. **~ coucheur** awkward customer; **~e herbe** weed; **~e langue** gossip; **~e passe** tight spot; **~ plaisant** hoaxer; **en ~e posture** in a tricky *ou* nasty position; **la soupe a un ~ goût** the soup tastes nasty; **il fait ~** the weather is bad; **se faire du ~ sang** to worry; **faire la ~e tête** to sulk; **faire subir de ~ traitements à** to ill-treat. — **2** *nm* : **le ~** the bad part.

mauve [mov] *adj, nm (couleur)* mauve.

mauviette [movjɛt] *nf (péj)* weakling.

maxi... [maksi] *préf* maxi... .

maxillaire [maksilɛʀ] *nm* jawbone.

maxime [maksim] *nf* maxim.

maximal, e *mpl* **-aux** [maksimal, o] *adj* maximal. ◆ **maximum** *pl* **~s** *ou* **maxima** *adj, nm* maximum. **il faut rester au ~ à l'ombre** one must stay as much as possible in the shade.

mayonnaise [majɔnɛz] *nf* mayonnaise.

mazout [mazut] *nm* heating oil. **poêle à ~** oil fired stove.

me, m' [m(ə)] *pron pers* me; *(réfléchi)* myself.

méandre [meɑ̃dʀ(ə)] *nm* meander.

mec* [mɛk] *nm* guy.

mécanicien [mekanisjɛ̃] *nm (Aut)* garage mechanic; *(Naut)* engineer; *(Rail)* engine driver, engineer *(US)*.

mécanique [mekanik] — **1** *adj* mechanical. **ennuis ~s** engine trouble. — **2** *nf (gén)* mechanics *(sg)*; *(mécanisme)* mechanism. ◆ **mécanisation** *nf* mechanization. ◆ **mécaniser** (1) *vt* to mechanize. ◆ **mécanisme** *nm* mechanism.

méchamment [meʃamɑ̃] *adv (cruellement)* nastily, wickedly, (* : *très*) *(bon)* fantastically*; *(abîmé)* badly.

méchanceté [meʃɑ̃ste] *nf* nastiness, wickedness. **une ~** a nasty *ou* wicked action; **dire des ~s** to say spiteful things.

méchant, e — **1** *adj* **(a)** *(mauvais)* nasty, wicked; *(enfant)* naughty. **ce n'est pas ~*** *(blessure)* it's not serious; *(examen)* it's not difficult. **(b)** (*) *(insignifiant)* miserable; *(sensationnel)* fantastic*. — **2** *nm,f (enfant)* naughty child; *(personne)* wicked person.

mèche [mɛʃ] *nf (lampe)* wick; *(bombe)* fuse; *(cheveux)* lock; *(chignole)* bit. **être de ~ avec qn*** to be in league with sb.

méconnaissable [mekɔnɛsabl(ə)] *adj* unrecognizable. ◆ **méconnaissance** *nf* ignorance (*de* of). ◆ **méconnaître** (57) *vt (mérites)* to underestimate; *(devoirs)* to ignore. **il méconnaît les faits** he does not know the facts. ◆ **méconnu, e** *adj* unrecognized.

mécontent, e [mekɔ̃tɑ̃, ɑ̃t] — **1** *adj* dissatisfied; *(irrité)* annoyed (*de* with). — **2** *nm,f* grumbler ; *(Pol)* malcontent. ◆ **mécontentement** *nm* dissatisfaction; annoyance; *(Pol)* discontent. ◆ **mécontenter** (1) *vt* to dissatisfy; to annoy.

médaille [medaj] *nf (décoration)* medal; *(insigne)* badge; *(chien)* name tag. ◆ **médaillé, e** *nm,f* medalholder. ◆ **médaillon** *nm (Art, Culin)* medallion; *(bijou)* locket.

médecin [mɛdsɛ̃] *nm* doctor. ◆ **médecine** *nf* medicine.

médiateur, -trice [medjatœʀ, tʀis] — **1** *nm,f* mediator; *(grève)* arbitrator. — **2** *nf (Géom)* median. ◆ **médiation** *nf* mediation; arbitration.

médical, e, *mpl* **-aux** [medikal, o] *adj* medical. ◆ **médicament** *nm* medicine, drug.

médiéval, e, *mpl* **-aux** [medjeval, o] *adj* medieval.

médiocre [medjɔkʀ(ə)] *adj (gén)* mediocre; *(personne, emploi)* second-rate. ◆ **médiocrement** *adv (intelligent)* not particularly; *(travailler)* indifferently. ◆ **médiocrité** *nf* mediocrity.

médire [mediʀ] (37) *vi* : **~ de qn** to speak ill of sb. ◆ **médisance** *nf* piece of gossip. **dire des ~s** to gossip. ◆ **médisant, e** *adj (paroles)* slanderous. **être ~** to spread gossip.

méditatif, -ive [meditatif, iv] *adj* meditative, thoughtful. ◆ **méditation** *nf* : **~(s)** meditation. ◆ **méditer** (1) — **1** *vt (pensée)* to meditate on; *(projet)* to meditate. **~ de faire qch** to plan to do sth. — **2** *vi* to meditate (*sur* on).

Méditerranée [mediteʀane] *nf* : **la (mer) ~** the Mediterranean (Sea). ◆ **méditerranéen, -enne** *adj* Mediterranean.

méduse [medyz] *nf* jellyfish.

meeting [mitiŋ] *nm* meeting.

méfait [mefɛ] *nm* misdemeanour. **les ~s de** the ravages of.

méfiance [mefjɑ̃s] *nf* distrust, mistrust, suspicion. **être sans ~** to be unsuspecting. ◆ **méfiant, e** *adj* distrustful, mistrustful, suspicious. ◆ **se méfier** (7) *vpr* to be suspicious. **méfie-toi** be careful (*de* about); **méfie-toi de lui** don't trust him.

méga [mega] *préf* mega... .

mégarde [megaʀd(ə)] *nf* : **par ~** by mistake.

mégère [meʒɛʀ] *nf (péj : femme)* shrew.

mégot* [mego] *nm* cigarette butt *ou* end.

meilleur, e [mɛjœʀ] — **1** *adj* better (*que* than). **le ~ de tous** the best of the lot; **~ marché** cheaper; **~s vœux** best wishes. — **2** *adv (sentir)* better. — **3** *nm,f* : **le ~, la ~e** the best; **le ~ de son temps** the best part of one's time; **prendre le ~ sur qn** to get the better of sb.

mélancolie [melɑ̃kɔli] *nf* melancholy. ◆ **mélancolique** *adj* melancholy.

mélange [melɑ̃ʒ] *nm* **(a)** *(opération)* mixing; *(couleurs, vins)* blending. **(b)** *(résultat)* mixture; blend. ◆ **mélanger** (3) — **1** *vt* to mix; to blend; *(par erreur)* to mix up. **public mélangé** mixed public. — **2 se mélanger** *vpr* to mix; to blend.

mélasse [melas] *nf (sucre)* treacle, molasses *(US)*; *(boue)* muck. **être dans la ~*** to be in the soup*.

mêlée [mele] *nf (bataille)* mêlée; *(Rugby)* scrum.
mêler [mele] (1) — **1** *vt* to mix; *(liquides)* to blend; *(traits de caractère)* to combine; *(par erreur)* to mix up. **~ qn à** *(affaire)* to involve sb in; *(conversation)* to bring sb into. — **2 se mêler** *vpr* to mix; to combine (*à* with). **se ~ à** *(conversation)* to join in; *(groupe)* to join. **se ~ de qch** to meddle with sth; **mêle-toi de tes affaires!** mind your own business!; **se ~ de faire qch** to take it upon o.s. to do sth. ◆ **méli-mélo*** *nm* muddle.
mélodie [melɔdi] *nf (air)* tune; *(œuvre)* melody. ◆ **mélodieux, -euse** *adj* melodious, tuneful.
mélodrame [melɔdʀam] *nm* melodrama. ◆ **mélodramatique** *adj* melodramatic.
melon [m(ə)lɔ̃] *nm* melon. **chapeau ~** bowler hat.
membrane [mɑ̃bʀan] *nf* membrane.
membre [mɑ̃bʀ(ə)] *nm (Anat)* limb; *(personne)* member; *(Math, Ling)* member.
même [mɛm] — **1** *adj* **(a)** *(identique)* same. **il arrive en ~ temps que toi** he arrives at the same time as you. **(b)** *(réel)* very. **ce sont ses paroles ~s** those are his very words; **il est la générosité ~** he is generosity itself. **(c) moi-~** myself; **toi-~** yourself; **lui-~** himself; **elle-~** herself; **nous-~s** ourselves; **vous-~** yourself; **vous-~s** yourselves; **eux-** *ou* **elles-~s** themselves; **faire qch par soi-~** to do sth by oneself. — **2** *pron indéf :* **le** *ou* **la ~** the same one. — **3** *adv* **(a)** even. **~ pas lui** not even him; **~ si** even if, even though. **(b) ici ~** in this very place; **c'est cela ~** that's just *ou* exactly it. **(c) à ~ le sol** *etc* on the ground *etc;* **à ~ la peau** next to the skin; **être à ~ de faire** to be able to do; **faire de ~** to do the same *ou* likewise; **moi de ~** me too; **il en est de ~ pour moi** it's the same for me; **quand ~, tout de ~** all the same, even so.
mémé* [meme] *nf,* **mémère*** [memɛʀ] *nf* granny*.
mémoire [memwaʀ] — **1** *nf* memory. **de ~** from memory; **pour ~** as a matter of interest; **avoir la ~ courte** to have a short memory; **à la ~ de** in memory of. — **2** *nm (requête)* memorandum; *(rapport)* report; *(facture)* bill; *(souvenirs)* **~s** memoirs. ◆ **mémorable** *adj* memorable. ◆ **mémorandum** *nm* memorandum. ◆ **mémorial,** *pl* **-aux** *nm (Archit)* memorial. ◆ **mémoriser** (1) *vt* to memorize.
menace [mənas] *nf* threat. ◆ **menacer** (3) *vt* to threaten (*de* with). **menaçant** threatening; **la pluie menace** it looks like rain.
ménage [menaʒ] *nm (couple)* couple. *(entretien)* **faire le ~** to do the housework; **se mettre en ~ avec qn** to set up house with sb; **faire bon ~ avec qn** to get on well with sb.
ménagement [menaʒmɑ̃] *nm* care. **avec ~** gently ; **sans ~** roughly.
ménager¹, -ère [menaʒe, ɛʀ] — **1** *adj* **(a)** *(ustensiles)* household, domestic. **(b)** *(économe)* **~ de** sparing of. — **2** *nf (femme)* housewife; *(couverts)* canteen of cutlery.
ménager² [menaʒe] (3) *vt* **(a)** *(personne)* to treat gently; *(temps, argent)* to use carefully; *(santé)* to take care of. **il faut vous ~** you should take things easy; **il n'a pas ménagé ses efforts** he spared no effort. **(b)** *(rencontre etc)* to arrange, organize. **il nous ménage une surprise** he has a surprise in store for us; **~ une place pour** to make room for.
ménagerie [menaʒʀi] *nf* menagerie.
mendiant, e [mɑ̃djɑ̃, ɑ̃t] *nm,f* beggar. ◆ **mendicité** *nf* begging. ◆ **mendier** (7) — **1** *vt* to beg for. — **2** *vi* to beg.
menées [məne] *nfpl* intrigues.
mener [məne] (5) *vt (gén)* to lead; *(pays)* to run; *(enquête)* to carry out, conduct. **mène-le à sa chambre** take him to his room; **~ qch à bien** to carry sth off; *(Sport)* **l'Écosse mène** Scotland is in the lead; **~ la vie dure à qn** to rule sb with an iron hand; **~ qn en bateau*** to take sb for a ride*; **il n'en menait pas large** his heart was in his boots. ◆ **meneur** *nm (chef)* ringleader; *(agitateur)* agitator. **~ d'hommes** born leader; **~ de jeu** compère.
méningite [menɛ̃ʒit] *nf* meningitis.
ménopause [menɔpoz] *nf* menopause.
menotte [mənɔt] *nf* (* : *main*) hand. **~s** handcuffs; **mettre les ~s à qn** to handcuff sb.
mensonge [mɑ̃sɔ̃ʒ] *nm* lie, untruth. **le ~** lying. ◆ **mensonger, -ère** *adj* untrue, false.
mensualité [mɑ̃sɥalite] *nf* monthly payment. ◆ **mensuel, -elle** — **1** *adj* monthly. — **2** *nm* monthly. ◆ **mensuellement** *adv* monthly.
mensurations [mɑ̃syʀɑsjɔ̃] *nfpl* measurements.
mental, e, *mpl* **-aux** [mɑ̃tal, o] *adj* mental. ◆ **mentalité** *nf* mentality.
menteur, -euse [mɑ̃tœʀ, øz] — **1** *adj (proverbe)* false; *(enfant)* untruthful, lying.— **2** *nm,f* liar.
menthe [mɑ̃t] *nf* mint.
mention [mɑ̃sjɔ̃] *nf* **(a)** *(action)* mention. **faire ~ de** to mention. **(b)** *(annotation)* note, comment. **'rayer la ~ inutile'** 'delete as appropriate'. **(c)** *(Scol)* **~ très bien** ≃ grade A pass; **être reçu avec ~** to pass with distinction. ◆ **mentionner** (1) *vt* to mention.
mentir [mɑ̃tiʀ] (16) *vi* to lie (*à qn* to sb, *sur* about). **sans ~** quite honestly; **faire ~ le proverbe** to give the lie to the proverb; **~ à sa réputation** to belie one's reputation.
menton [mɑ̃tɔ̃] *nm* chin.
menu¹ [məny] *nm (repas)* meal; *(carte)* menu; *(régime)* diet. **~ à prix fixe** set menu; **~ touristique** standard menu.
menu², e [məny] — **1** *adj (petit)* small, tiny; *(grêle)* slender, slim; *(voix)* thin; *(incidents)* minor, trifling. **dans les ~s détails** in minute detail; **~e monnaie** small *ou* loose change. — **2** *adv (hacher)* fine.
menuiserie [mənɥizʀi] *nf* joinery; *(en bâtiment)* carpentry ; *(atelier)* joiner's workshop. ◆ **menuisier** *nm* joiner; carpenter.
méprendre (se) [mepʀɑ̃dʀ(ə)] (58) *vpr* to make a mistake (*sur* about).
mépris [mepʀi] *nm* contempt, scorn. **au ~ du danger** regardless of danger. ◆ **méprisable** *adj* contemptible, despicable. ◆ **méprisant, e** *adj* contemptuous, scornful.
méprise [mepʀiz] *nf (erreur)* mistake, error ; *(malentendu)* misunderstanding.
mépriser [mepʀize] (1) *vt* to scorn, despise.
mer [mɛʀ] *nf* sea; *(marée)* tide. **la ~ est haute** the tide is high *ou* in; **en haute** *ou* **pleine ~** on the open sea; **prendre la ~** to put out to sea; **ce n'est pas la ~ à boire!** it's not asking the impossible!
mercenaire [mɛʀsənɛʀ] *adj, nm* mercenary.
mercerie [mɛʀsəʀi] *nf* haberdashery, notions *(US); (boutique)* haberdasher's shop. ◆ **mercier, -ière** *nm,f* haberdasher.
merci [mɛʀsi] — **1** *excl* thank you (*de, pour* for). **~ beaucoup** thank you very much, many

thanks. — **2** *nf* mercy. **crier ~** to cry for mercy; **sans ~** *(combat)* merciless.

mercredi [mɛʀkʀədi] *nm* Wednesday. **~ des Cendres** Ash Wednesday; *V* **samedi.**

mercure [mɛʀkyʀ] *nm* mercury. ◆ **mercurochrome** *nm* mercurochrome.

merde* [mɛʀd(ə)] — **1** *nf* shit*. — **2** *excl* hell!*

mère [mɛʀ] *nf* mother. **~ de famille** mother, housewife; **maison ~** parent company.

méridien [meʀidjɛ̃] *nm* meridian.

méridional, e, *mpl* **-aux** [meʀidjɔnal, o] — **1** *adj* southern. — **2** *nm,f:* **M~,** e Southerner.

meringue [məʀɛ̃g] *nf* meringue.

méritant, e [meʀitɑ̃, ɑ̃t] *adj* deserving. ◆ **mérite** *nm* merit, credit. ◆ **mériter** (1) *vt* to deserve, merit. **bien mérité** well-deserved; **ça mérite d'être noté** it is worth noting. ◆ **méritoire** *adj* commendable, creditable.

merlan [mɛʀlɑ̃] *nm* whiting.

merle [mɛʀl(ə)] *nm* blackbird.

merveille [mɛʀvɛj] *nf* marvel, wonder. **à ~** *(fonctionner)* perfectly, **faire ~** to work wonders. ◆ **merveilleusement** *adv* marvellously, wonderfully. ◆ **merveilleux, -euse** — **1** *adj (magnifique)* marvellous, wonderful; *(magique)* magic. — **2** *nm* : **le ~** the supernatural.

mes [me] *adj poss V* **mon.** ◆ **Mesdames** *etc V* **Madame** *etc.*

mésange [mezɑ̃ʒ] *nf* tit.

mésaventure [mezavɑ̃tyʀ] *nf* misadventure.

mésentente [mezɑ̃tɑ̃t] *nf* dissension.

mesquin, e [mɛskɛ̃, in] *adj* mean. ◆ **mesquinerie** *nf* meanness. **une ~** a mean trick.

mess [mɛs] *nm (armée)* mess.

message [mesaʒ] *nm* message. **~ publicitaire** advertisement. ◆ **messager, -ère** *nm,f* messenger.

messe [mɛs] *nf* mass. **aller à la ~** to go to mass.

messie [mesi] *nm* messiah.

mesure [m(ə)zyʀ] *nf* **(a)** *(évaluation, dimension)* measurement, *(étalon, quantité)* measure. **~ de longueur** measure of length; **dépasser la ~** to overstep the mark; **boire outre ~** to drink to excess; **il est à ma ~** *(travail)* it is within my capabilities; *(adversaire)* he's a good match for me. **(b)** *(modération)* moderation. *(orgueil)* **sans ~** immoderate. **(c)** *(moyen)* measure, step. **j'ai pris mes ~s** I have made arrangements. **(d)** *(Mus) (cadence)* time, tempo; *(division)* bar. **être en ~** to be in time. **(e)** *(Habillement)* **~s** measurements; **est-ce bien à ma ~?** is it my size?, will it fit me?; **sur ~** made to measure. **(f) dans la ~ du possible** as far as possible; **dans la ~ où** in as much as, in so far as; **dans une certaine ~** to some extent; **être en ~ de faire qch** to be in a position to do sth; **au fur et à ~** gradually; **à ~ que** as.

mesurer [məzyʀe] (1) — **1** *vt (gén)* to measure; *(dégâts, valeur, conséquences)* to assess; *(proportionner)* to match (*à, sur* to). **cette pièce mesure 3 mètres sur 10** this room measures 3 metres by 10; **le temps nous est mesuré** our time is limited; **~ ses paroles** to moderate one's language. — **2 se mesurer** *vpr* : **se ~ avec** *(personne)* to pit o.s. against; *(difficulté)* to confront, tackle; **se ~ du regard** to size each other up. ◆ **mesuré, e** *adj (ton, pas)* measured; *(personne)* moderate (*dans* in).

métal, *pl* **-aux** [metal, o] *nm* metal. ◆ **métallique** *adj (objet)* metal; *(reflet)* metallic. **bruit ~** jangle. ◆ **métallisé, e** *adj (peinture)* metallic. ◆ **métallurgie** *nf* metallurgical industry. ◆ **métallurgique** *adj* metallurgic. ◆ **métallurgiste** *nm (ouvrier)* steel *ou* metal-worker; *(industriel)* metallurgist.

métamorphose [metamɔʀfoz] *nf* metamorphosis. ◆ **métamorphoser** (1) *vt* to transform (*en* into). — **2 se métamorphoser** *vpr* to be transformed (*en* into).

métaphore [metafɔʀ] *nf* metaphor.

météore [meteɔʀ] *nm* meteor.

météo [meteo] *nf (bulletin)* weather forecast. ◆ **météorologie** *nf (science)* meteorology; *(services)* Meteorological Office. ◆ **météorologique** *adj (phénomène)* meteorological; *(station etc)* weather.

métèque [metɛk] *nmf (péj)* wog* *(péj).*

méthode [metɔd] *nf (gén)* method; *(livre)* manual. **faire qch avec ~** to do sth methodically. ◆ **méthodique** *adj* methodical.

méticuleux, -euse [metikylø, øz] *adj* meticulous.

métier [metje] *nm* **(a)** *(gén : travail)* job, occupation; *(manuel)* trade; *(intellectuel)* profession. **il connaît son ~** he knows his job; **avoir du ~** to have practical experience; **homme de ~** specialist. **(b) ~ à tisser** weaving loom.

métis, -isse [metis] *nm,f* half-caste.

mètre [mɛtʀ(ə)] *nm (gén)* metre; *(instrument)* (metre) rule. **~ carré** square metre; *(Sport)* **un 100 ~s** a 100-metre race. ◆ **métreur** *nm* quantity surveyor. ◆ **métrique** *adj* metric.

métro [metʀo] *nm* underground, subway *(US).* **le ~ de Londres** the tube.

métronome [metʀɔnɔm] *nm* metronome.

métropole [metʀɔpɔl] *nf (ville)* metropolis; *(état)* home country. ◆ **métropolitain, e** *adj* metropolitan.

mets [mɛ] *nm* dish.

mettable [mɛtabl(ə)] *adj* wearable, decent.

metteur [mɛtœʀ] *nm* : **~ en scène** *(Théât)* producer; *(Ciné)* director.

mettre [mɛtʀ(ə)] (56) — **1** *vt* **(a)** *(placer)* to put. **je mets Molière parmi les plus grands écrivains** I rank Molière among the greatest writers; **~ qch à plat** to lay sth down flat; **~ qch à cuire** to put sth on to cook. **(b)** *(vêtements, lunettes)* to put on; *(radio, chauffage)* to put *ou* switch *ou* turn on. **je ne mets plus mon gilet** I've stopped wearing my cardigan; **~ le réveil à 7 heures** to set the alarm for 7 o'clock. **(c)** *(consacrer)* **j'ai mis 2 heures à le faire** I took 2 hours to do it, I spent 2 hours over it; **il y a mis le temps!** he's taken his time!; **il faut y ~ le prix** you have to pay for it. **(d)** *(écrire)* **~ en anglais** to put into English; **il met qu'il est bien arrivé** he writes that he arrived safely. **(e)** *(supposer)* **mettons que je me sois trompé** let's say *ou* suppose I've got it wrong. — **2 se mettre** *vpr* **(a)** *(personne)* to put o.s.; *(objet)* to go. **mets-toi là** stand (*ou* sit) there; **elle ne savait plus où se ~** she didn't know where to put herself; **se ~ de l'encre sur les doigts** to get ink on one's fingers. **(b)** *(temps)* **se ~ au froid** to turn cold; **ça se met à la pluie** it looks like rain. **(c)** *(s'habiller)* **se ~ en robe** to put on a dress; **je n'ai rien à me ~** I've got nothing to wear. **(d) se ~ à rire** to start laughing; **se ~ au travail** to set to work; **il s'est bien mis à l'anglais** he's really taken to English. **(e)** *(se grouper)* **ils se sont mis à 2 pour pousser la voiture** the 2 of them joined forces to push the car; **se ~ avec qn** *(faire équipe)* to team up with sb; *(prendre parti)* to side with sb.

meuble [mœbl(ə)] — **1** *nm* piece of furniture. **les ~s** the furniture. — **2** *adj (terre)* loose. ◆ **meubler** (1) — **1** *vt (pièce)* to furnish; *(loisirs)* to fill (*de* with). — **2 se meubler** *vpr* to buy furniture.
meuglement [møgləmɑ̃] *nm* : ~(s) mooing. ◆ **meugler** (1) *vi* to moo.
meule [møl] *nf (à moudre)* millstone; *(à aiguiser)* grindstone; *(de foin)* haystack.
meunier [mønje] *nm* miller.
meurtre [mœʀtʀ(ə)] *nm* murder. ◆ **meurtrier, -ière** — **1** *adj* deadly. — **2** *nm* murderer. — **3** *nf* murderess; *(Archit)* loophole.
meurtrir [mœʀtʀiʀ] (2) *vt* to bruise. ◆ **meurtrissure** *nf* bruise.
meute [møt] *nf* pack.
mévente [mevɑ̃t] *nf* slump in sales.
mexicain, e [mɛksikɛ̃, ɛn] *adj*, **M~,e** *nm,f* Mexican. ◆ **Mexique** *nm* Mexico.
mi [mi] *nm (Mus)* E; *(en chantant)* mi.
mi- [mi] *préf* half, mid-. **la mi-janvier** the middle of January, mid-January; **à mi-chemin** halfway; **manche mi-longue** elbow-length sleeve; **à mi-corps** up to the waist; **à mi-voix** in a low voice; *V* **mi-temps.**
miaou [mjau] *nm* miaow. **faire ~** to miaow.
miaulement [mjolmɑ̃] *nm* : ~(s) mewing. ◆ **miauler** (1) *vi* to mew.
mica [mika] *nm (roche)* mica.
miche [miʃ] *nf* round loaf, cob loaf.
micheline [miʃlin] *nf* railcar.
micmac* [mikmak] *nm (intrigue)* game*; *(complications)* fuss.
micro [mikʀo] — **1** *nm* microphone, mike*. — **2** *préf* micro.... **~film** *etc* microfilm *etc*. ◆ **microbe** *nm* germ, microbe. ◆ **microphone** *nm* microphone. ◆ **microscope** *nm* microscope. ◆ **microscopique** *adj* microscopic. ◆ **microsillon** *nm* long-playing record, L. P.
midi [midi] *nm* **(a)** *(heure)* 12 o'clock. **à ~** at 12 o'clock, at noon, at midday; *(heure de déjeuner)* at lunchtime; *(repas)* for lunch; *(période)* **en plein ~** right in the middle of the day. **(b)** *(sud)* south. **le M~** the South of France, the Midi.
mie [mi] *nf* crumb (of the loaf).
miel [mjɛl] *nm* honey. ◆ **mielleux, -euse** *adj (personne)* unctuous; *(paroles)* honeyed.
mien, mienne [mjɛ̃, mjɛn] — **1** *pron poss* : **le ~** *etc* mine, my own. — **2** *nm* : **les ~s** my family; *V* **sien.**
miette [mjɛt] *nf (pain)* crumb; *(fig)* scrap. **en ~s** *(verre)* in bits *ou* pieces; *(gâteau)* in crumbs;
mieux [mjø] (*comp, superl de* **bien**) — **1** *adv* **(a)** better (*que* than). **aller ~** to be better; **~ vaut tard que jamais** better late than never; **il va de ~ en ~** he's getting better and better. **(b) le ~, la ~, les ~** the best; *(de deux)* the better; **j'ai fait du ~ que j'ai pu** I did my best. — **2** *adj inv (gén)* better; *(plus beau)* better-looking. **le ~ serait de** the best thing would be to; **au ~** at best; **tu n'as rien de ~ à faire?** haven't you got anything better to do? — **3** *nm* **(a)** best. **aider qn de son ~** to do one's best to help sb. **(b)** *(progrès)* improvement.
mièvre [mjɛvʀ(ə)] *adj* vapid.
mignon, -onne [miɲɔ̃, ɔn] *adj* pretty, nice, sweet. **donne-le-moi, tu seras ~*** give it to me there's a dear*.
migraine [migʀɛn] *nf* headache.
migrateur [migʀatœʀ] *nm* migrant.
mijoter [miʒɔte] (1) — **1** *vt* **(a)** *(Culin)* **(faire) ~** *(lentement)* to simmer; *(avec soin)* to concoct. **(b)** (* : *tramer*) to plot. — **2** *vi (plat)* to simmer.
mil [mil] *nm* a *ou* one thousand.
mile [mil] *nm* mile *(1 609 mètres)*.
milice [milis] *nf* militia. ◆ **milicien** *nm* militiaman.
milieu, *pl* **~x** [miljø] *nm* **(a)** *(centre)* middle. **celui du ~** the one in the middle, the middle one; **au ~ de** *(au centre de)* in the middle of; *(parmi)* among; **au ~ de la descente** halfway down; **au ~ de l'hiver** in mid-winter; **il n'y a pas de ~ entre** there is no middle course *ou* way between; **le juste ~** the happy medium. **(b)** *(environnement)* environment; *(Phys)* medium; *(groupe)* set, circle. **~ social** social background; **~x bien informés** well-informed circles; *(Crime)* **le ~** the underworld.
militaire [militɛʀ] — **1** *adj* military, army. — **2** *nm* serviceman, soldier.
militant, e [militɑ̃, ɑ̃t] *adj, nm,f* militant. ◆ **militer** (1) *vi* to be a militant. **~ pour** to militate in favour of .
mille¹ [mil] *adj et nm inv* a *ou* one thousand. **~ un** one thousand and one; **trois ~** three thousand; **c'est ~ fois trop grand** it's far too big; **mettre dans le ~** to hit the bull's-eye.
mille² [mil] *nm* **(a) ~ (marin)** nautical mile *(1 852 m)*. **(b)** *(Can)* mile *(1 609 m)*.
millénaire [milenɛʀ] *nm* millennium.
mille-pattes [milpat] *nm inv* centipede.
milli [mili] *préf* milli. **~gramme** *etc* milligram(me) *etc*.
milliard [miljaʀ] *nm* thousand million, billion *(US)*. **10 ~s de francs** 10 thousand million francs. ◆ **milliardaire** *nmf* millionaire, billionaire *(US)*.
millième [miljɛm] *adj, nmf* thousandth.
millier [milje] *nm* thousand. **un ~ de gens** about a thousand people; **il y en a des ~s** there are thousands of them.
million [miljɔ̃] *nm* million. **2 ~s de francs** 2 million francs. ◆ **millionième** *adj, nmf* millionth. ◆ **millionnaire** *nmf* millionaire.
mime [mim] *nm* **(a)** *(personne)* mimic; *(professionnel)* mime. **(b)** *(art, pièce)* mime. ◆ **mimer** (1) *vt (Théât)* to mime; *(singer)* to mimic. ◆ **mimique** *nf* expressive gesture.
mimosa [mimoza] *nm* mimosa.
minable [minabl(ə)] — **1** *adj (décrépit)* shabby-looking; *(médiocre)* hopeless*; *(salaire, vie)* miserable, wretched. — **2** *nmf* washout*.
minauder [minode] (1) *vi* to mince about.
mince [mɛ̃s] — **1** *adj (peu épais)* thin; *(svelte, infime)* slim, slender. **ce n'est pas une ~ affaire** it's no easy task. — **2** *adv (couper)* thinly, in thin slices. — **3** *excl* (*) **~ (alors)!** drat!* ◆ **minceur** *nf* slenderness. ◆ **mincir** (2) *vi* to get slimmer *ou* thinner.
mine¹ [min] *nf (physionomie)* expression, look; *(allure)* appearance. **faire triste ~** to look a sorry sight; **avoir bonne ~** to look well; **il a meilleure ~** he looks better; **j'ai fait ~ de lui donner une gifle** I made as if to slap him.
mine² [min] *nf (or, renseignements)* mine. **~ de charbon** *(gén)* coalmine; *(puits)* pit, mine; *(entreprise)* colliery; **~ de crayon** pencil lead.
miner [mine] (1) *vt* to undermine; *(avec explosifs)* to mine. **miné par la jalousie** consumed by jealousy.
minerai [minʀɛ] *nm* ore.

minéral, e, *mpl* **-aux** [mineʀal, o] *adj, nm* mineral.

minéralogique [mineʀalɔʒik] *adj* : **plaque ~** licence *ou* number plate.

minet, -ette * [minɛ, ɛt] *nm,f (chat)* puss*, pussy-cat*.

mineur, e [minœʀ] — **1** *adj (gén)* minor. **être ~** to be under age. — **2** *nm,f* minor. — **3** *nm (Mus)* minor; *(ouvrier)* miner.

mini [mini] *préf* mini.

miniature [minjatyʀ] *adj, nf* miniature. ◆ **miniaturiser** (1) *vt* to miniaturize.

minier, -ière [minje, jɛʀ] *adj* mining.

minimal, e, *mpl* **-aux** [minimal, o] *adj* minimum. ◆ **minime** *adj* minor; *(différence)* minimal; *(salaire)* paltry. ◆ **minimiser** (1) *vt* to minimize. ◆ **minimum** *pl* **~s** *ou* **minima** *adj, nm* minimum. **un ~ de temps** a minimum amount of time; **il faut rester le ~ au soleil** you must stay in the sun as little as possible.

ministère [ministɛʀ] *nm (département)* ministry, department *(surtout US)*; *(gouvernement)* government; *(Rel)* ministry. **~ de l'Intérieur** Ministry of the Interior, ≃ Home Office *(Brit)*, Department of the Interior *(US)*; *(Jur)* **le ~ public** the Prosecution. ◆ **ministériel, -elle** *adj (gén)* ministerial; *(remaniement)* cabinet. ◆ **ministre** *nm* minister, secretary *(surtout US)*. **~ de l'Intérieur** Minister of the Interior, ≃ Home Secretary *(Brit)*, Secretary of the Interior *(US)*; **~ plénipotentiaire** minister plenipotentiary; **~ du culte** minister of religion.

minium [minjɔm] *nm* red lead paint.

minoration [minɔʀasjɔ̃] *nf* cut, reduction (*de* in). ◆ **minorer** (1) *vt* to cut, reduce.

minoritaire [minɔʀitɛʀ] *adj* : **être ~** to be in the minority. ◆ **minorité** *nf* minority. *(Pol)* **mettre en ~** to defeat.

minoterie [minɔtʀi] *nf* flour-mill.

minou* [minu] *nm* pussy-cat*, puss*.

minuit [minɥi] *nm* midnight.

minuscule [minyskyl] — **1** *adj* minute, tiny, minuscule. — **2** *nf* : **(lettre) ~** small letter.

minute [minyt] *nf* minute; *(moment)* minute, moment. **on me l'a apporté à la ~** it has just this moment been brought to me. ◆ **minuter** (1) *vt* to time. ◆ **minuterie** *nf (lumière)* time switch.

minutie [minysi] *nf* meticulousness. *(détails : péj)* **~s** trifling details, minutiae. ◆ **minutieusement** *adv (avec soin)* meticulously; *(dans le détail)* in minute detail. ◆ **minutieux, -euse** *adj (personne)* meticulous; *(inspection)* minute.

mioche* [mjɔʃ] *nmf* kid*.

mirabelle [miʀabɛl] *nf* cherry plum.

miracle [miʀakl(ə)] *nm* miracle. **faire des ~s** to work miracles; **par ~** miraculously; **le remède ~** the miracle cure. ◆ **miraculeux, -euse** *adj* miraculous.

mirador [miʀadɔʀ] *nm (Mil)* watchtower.

mirage [miʀaʒ] *nm* mirage.

mirer (se) [miʀe] (1) *vpr* to gaze at o.s.; *(chose)* to be mirrored.

mirobolant, e* [miʀɔbɔlɑ̃, ɑ̃t] *adj* fabulous*.

miroir [miʀwaʀ] *nm* mirror. ◆ **miroiter** (1) *vi (étinceler)* to sparkle, gleam; *(chatoyer)* to shimmer. **il lui fit ~ les avantages** he painted in glowing colours the advantages. ◆ **miroiterie** *nf* mirror factory.

mis, e¹ [mi, miz] *adj* : **bien ~** well-dressed.

misaine [mizɛn] *nf* : *(voile)* foresail; *(mât)* foremast.

misanthrope [mizɑ̃tʀɔp] — **1** *nmf* misanthropist. — **2** *adj* misanthropic.

mise² [miz] *nf* **(a)** *(action)* putting. **~ en service** *etc* putting into service *etc*; **~ en accusation** impeachment; *(fusée)* **~ à feu** blast-off; **~ de fonds** capital outlay; **~ en garde** warning; **~ en liberté** release; **~ en plis** set; **~ au point** *(Tech)* adjustment; *(explication)* clarification; **~ en scène** production; *(fig)* performance. **(b)** *(enjeu)* stake; *(Comm)* outlay. **(c)** *(habillement)* clothing. **(d)** *(remarque)* **être de ~** to be in place.

miser [mize] (1) *vt (argent)* to stake, bet (*sur* on). (* : *compter sur*) **~ sur** to bank on, count on.

misérable [mizeʀabl(ə)] — **1** *adj (pauvre)* poverty-stricken; *(d'aspect)* seedy, mean; *(pitoyable)* miserable wretched; *(sans valeur)* paltry, miserable. — **2** *nmf* wretch.

misère [mizɛʀ] *nf* **(a)** *(pauvreté)* poverty. **être dans la ~** to be poverty-stricken; **salaire de ~** starvation wage. **(b) ~s** *(malheur)* miseries; (* : *ennuis*) troubles; **faire des ~s à qn*** to be nasty to sb; **quelle ~!** what a shame! ◆ **miséreux, -euse** *nm,f* poor person.

miséricorde [mizeʀikɔʀd(ə)] *nf* mercy.

misogyne [mizɔʒin] — **1** *adj* misogynous. — **2** *nmf* misogynist.

missel [misɛl] *nm* missal.

missile [misil] *nm* missile.

mission [misjɔ̃] *nf* mission. ◆ **missionnaire** *adj, nmf* missionary.

mite [mit] *nf* clothes moth. ◆ **se miter** (1) *vpr* to get moth-eaten. ◆ **miteux, -euse** *adj* shabby.

mi-temps [mitɑ̃] *nf inv (Sport)* half. **à la ~** at half-time; **travailler à ~** to work part-time.

mitigé, e [mitiʒe] *adj* mixed.

mitraille [mitʀaj] *nf* hail of bullets. ◆ **mitrailler** (1) *vt* to machine gun; *(de questions)* to bombard (*de* with). ◆ **mitraillette** *nf* submachine gun. ◆ **mitrailleuse** *nf* machine gun.

mitron [mitʀɔ̃] *nm* baker's boy.

mixer, mixeur [miksœʀ] *nm* liquidizer.

mixte [mikst(ə)] *adj (gén)* mixed; *(commission)* joint; *(rôle)* dual. **lycée ~** *(d'enseignement)* comprehensive school; *(des deux sexes)* coeducational school; **cuisinière ~** gas and electric cooker.

mixture [mikstyʀ] *nf (lit)* mixture; *(péj)* concoction.

mobile [mɔbil] — **1** *adj (gén)* mobile; *(pièce)* moving; *(panneau)* movable. — **2** *nm (impulsion)* motive (*de* for); *(Art)* mobile.

mobilier [mɔbilje] *nm* furniture.

mobilisation [mɔbilizasjɔ̃] *nf* mobilization. ◆ **mobiliser** (1) *vt* to mobilize.

mobilité [mɔbilite] *nf* mobility.

mobylette [mɔbilɛt] *nf* ® moped.

mocassin [mɔkasɛ̃] *nm* mocassin.

moche* [mɔʃ] *adj (laid)* ugly; *(mauvais)* rotten*.

modalité [mɔdalite] *nf* mode.

mode¹ [mɔd] *nf (gén)* fashion; *(coutume)* custom; *(péj : engouement)* craze. *(métier)* **la ~** the fashion business. **suivre la ~** to keep in fashion; **à la ~** fashionable; **c'est la ~ des boucles d'oreilles** earrings are in fashion; **journal de ~** fashion magazine.

mode² [mɔd] *nm* **(a)** *(méthode)* method; *(genre)* way. **~ de vie** way of life; **~ d'emploi** directions for use. **(b)** *(Gram)* mood; *(Mus)* mode.

modèle [mɔdɛl] — **1** *nm* model. **~ réduit** small-scale model; **~ déposé** registered design; **petit**

~ small size; **prendre qn pour ~** to model o.s. upon sb. — **2** *adj* model. ◆ **modelé** *nm (corps)* contours; *(paysage)* relief. ◆ **modeler** (5) *vt* to model, mould. **se ~ sur** to model o.s. on.

modérateur, -trice [mɔdeʀatœʀ, tʀis] *adj* moderating. ◆ **modération** *nf (retenue)* moderation, restraint; *(diminution)* reduction. ◆ **modéré, e** *adj* moderate. ◆ **modérément** *adv (manger)* in moderation; *(satisfait)* moderately. ◆ **modérer** (6) — **1** *vt (gén)* to moderate; *(réduire)* to reduce. — **2 se modérer** *vpr* to restrain o.s.

moderne [mɔdɛʀn(ə)] — **1** *adj* modern. — **2** *nm (style)* modern style. ◆ **modernisation** *nf* modernization. ◆ **moderniser** (1) *vt* to modernize. ◆ **modernisme** *nm* modernism.

modeste [mɔdɛst(ə)] *adj* modest. **faire le ~** to make a show of modesty. ◆ **modestement** *adv* modestly. ◆ **modestie** *nf* modesty. **fausse ~** false modesty.

modification [mɔdifikɑsjɔ̃] *nf* modification, alteration. ◆ **modifier** (7) — **1** *vt* to modify, alter. — **2 se modifier** *vpr* to alter, be modified.

modique [mɔdik] *adj* modest, low.

modiste [mɔdist(ə)] *nf* milliner.

module [mɔdyl] *nm* module.

modulation [mɔdylɑsjɔ̃] *nf* modulation. **poste à ~ de fréquence** VHF *ou* FM radio. ◆ **moduler** (1) *vti* to modulate.

moelle [mwal] *nf* marrow. **~ épinière** spinal cord.

moelleux, -euse [mwalø, øz] — **1** *adj (tapis)* soft; *(aliment)* smooth. — **2** *nm* softness; smoothness.

mœurs [mœʀ(s)] *nfpl* **(a)** *(morale)* morals, moral standards. **affaire de ~** sex case; **la police des ~** ≃ the vice squad. **(b)** *(coutumes)* customs, habits; *(goûts)* tastes. **c'est entré dans les ~** it has become normal practice. **(c)** *(manières)* manners, ways.

moi [mwa] — **1** *pron pers* **(a)** *(objet)* me; *(sujet)* I. **écoute-~ ça!*** just listen to that!; **mon mari et ~ refusons** my husband and I refuse; **~ qui vous parle** I myself. **(b)** *(avec prép)* **venez chez ~** come to my place; **j'ai un appartement à ~** I have a flat of my own; **ce livre est à ~** this book is mine; **il veut une photo de ~** he wants a photo of me. **(c)** *(comparaison)* I, me. **il mange plus que ~** he eats more than I do *ou* than me. — **2** *nm* : **le ~** the self.

moignon [mwaɲɔ̃] *nm* stump.

moindre [mwɛ̃dʀ(ə)] *adj* **(a)** *(moins grand)* lesser; *(inférieur)* lower. **les dégâts sont bien ~s** the damage is much less; **à ~ prix** at a lower price. **(b) le ~** the least *etc;* **le ~ de deux maux** the lesser of two evils; **c'est la ~ des choses!** it's a pleasure!, it's the least I could do!

moine [mwan] *nm* monk, friar.

moineau, *pl* **~x** [mwano] *nm* sparrow.

moins [mwɛ̃] — **1** *adv* **(a)** less. **il est ~ grand que son frère** he is not as tall as his brother; **vous avez 5 ans de ~ qu'elle** you are 5 years younger than she is; **il y a 3 verres en ~** there are 3 glasses missing; **~ je fume, plus je mange** the less I smoke the more I eat. **(b) ~ de** *(quantité : argent, pain etc)* less, not so much; *(nombre : personnes, objets etc)* fewer, not so many; **les enfants de ~ de 4 ans** children under 4; **ça coûte ~ de 100 F** it costs less than 100 francs; **en ~ de deux*** in a flash. **(c) le ~** the least; **c'est le ~ qu'on puisse faire** it's the least one can do; **le ~ haut** the lowest. **(d) le signe ~** the minus sign. **(e) à ~ qu'il ne vienne** unless he comes; **du ~, au ~** at least; **de ~ en ~** less and less. — **2** *prép (soustraction)* **6 ~ 2** 6 minus 2; *(heure)* **4 heures ~ 5** 5 to 4; **il n'est que ~ 10*** it's only 10 to*; *(température)* **il fait ~ 5°** it is 5° below freezing, it's minus 5°.

moire [mwaʀ] *nf* moiré. ◆ **moiré, e** *adj* moiré.

mois [mwa] *nm (période)* month; *(paie)* monthly salary. **bébé de 6 ~** 6-month-old baby.

moisi, e [mwazi] — **1** *adj* mouldy. — **2** *nm* mould. **odeur de ~** musty smell. ◆ **moisir** (2) — **1** *vt* to make mouldy. — **2** *vi* to go mouldy; *(fig)* to stagnate. ◆ **moisissure** *nf* mould.

moisson [mwasɔ̃] *nf* harvest. **faire la ~** to harvest. ◆ **moissonner** (1) *vt (céréale)* to harvest; *(champ)* to reap. ◆ **moissonneur, -euse** *nm,f* harvester. **~euse-batteuse** combine harvester.

moite [mwat] *adj (gén)* sticky; *(mains)* sweaty; *(atmosphère)* muggy. ◆ **moiteur** *nf* stickiness; sweatiness; mugginess.

moitié [mwatje] *nf (partie)* half (*pl* halves); *(milieu)* halfway mark. **donne-m'en la ~** give me half of it; **la ~ du temps** half the time; **il a fait le travail à ~** he has half done the work; **à ~ plein** half-full; **à ~ chemin** at the halfway mark; **à ~ prix** at half-price; **réduire de ~** to cut by half, halve; **~ ~** half-and-half, fifty-fifty*; *(hum : épouse)* **ma ~** my better half*, my wife.

moka [mɔka] *nm (gâteau)* coffee cream cake; *(café)* mocha coffee.

molaire [mɔlɛʀ] *nf (dent)* molar.

môle [mol] *nm* jetty.

molécule [mɔlekyl] *nf* molecule.

molester [mɔlɛste] (1) *vt* to manhandle, maul.

molette [mɔlɛt] *nf* toothed wheel.

molle [mɔl] *adj f V* **mou.** ◆ **mollement** *adv (tomber)* softly ; *(protester)* feebly. ◆ **mollesse** *nf (substance)* softness; *(faiblesse)* weakness, feebleness; *(indolence)* sluggishness; *(manque d'autorité)* spinelessness; *(indulgence)* laxness.

mollet [mɔlɛ] *nm (jambe)* calf.

molletonner [mɔltɔne] (1) *vt* to line.

mollir [mɔliʀ] (2) *vi (substance)* to soften, go soft; *(fig : céder)* to yield, give way.

mollusque [mɔlysk(ə)] *nm* mollusc.

molosse [mɔlɔs] *nm* big dog *ou* hound.

môme* [mom] *nmf* kid*.

moment [mɔmɑ̃] *nm* **(a)** *(instant)* while, moment; *(période)* time. **ça va prendre un ~** it will take some time *ou* a good while; **il réfléchit un ~** he thought for a moment; **arriver au bon ~** to come at the right time; **à ses ~s perdus** in his spare time; **au ~ de l'accident** at the time of the accident, when the accident happened; **au ~ où elle entrait** when *ou* as she was going in. **(b) en ce ~** at the moment, at present; **à tout ~, d'un ~ à l'autre** at any moment *ou* time; **à ce ~-là** *(temps)* at that time; *(circonstance)* in that case; **du ~ où** *ou* **que** since, seeing that; **par ~s** now and then, at times; **pour le ~** for the time being; **sur le ~** at the time. ◆ **momentané, e** *adj* momentary. ◆ **momentanément** *adv (en ce moment)* at present; *(un court instant)* momentarily.

momie [mɔmi] *nf* mummy.

mon [mɔ̃], **ma** [ma], **mes** [me] *adj poss* my. *(Rel)* **oui ~ Père** yes Father; **~ Dieu!** good heavens!

monarchie [mɔnaʀʃi] *nf* monarchy. ◆ **monarchique** *adj* monarchistic. ◆ **monarque** *nm* monarch.

monastère [mɔnastɛʀ] *nm* monastery.

monceau, *pl* **~x** [mɔ̃so] *nm* heap.

mondain, e [mɔ̃dɛ̃, ɛn] *adj (réunion)* society; *(obligations)* social; *(ton)* refined. **vie ~e** society life; **la police ~e** ≃ the vice squad. ◆ **mondanités** *nfpl (divertissements)* society life; *(propos)* society small talk.

monde [mɔ̃d] *nm* **(a)** world. **dans le ~ entier** all over the world; **il se moque du ~** he's got a nerve; **mettre au ~** to bring into the world; **le meilleur du ~** the best in the world; **le mieux du ~** perfectly, like a dream*; **pas le moins du ~** not in the least; **pour rien au ~** not for all the world; **se faire tout un ~ de qch** to make a fuss about sth; **c'est un ~!*** if that doesn't beat all!*; **il y a un ~ entre** there is a world of difference between. **(b)** *(gens)* people. **est-ce qu'il y a du ~?** is there anybody there?; *(y a-t-il foule)* are there a lot of people there?; **ce week-end nous avons du ~** we have visitors this weekend. **(c)** *(milieu social)* set, circle. **le grand ~** high society; **homme du ~** man about town, gentleman. ◆ **mondial, e,** *mpl* **-aux** *adj* world. ◆ **mondialement** *adv* : **~ connu** world-famous.

mongolien, -ienne [mɔ̃gɔljɛ̃, jɛn] *adj, nm,f* mongol. ◆ **mongolisme** *nm* mongolism.

monétaire [mɔnetɛʀ] *adj (politique)* monetary; *(circulation)* currency.

moniteur [mɔnitœʀ] *nm (Sport)* instructor; *(colonie)* supervisor. ◆ **monitrice** *nf* instructress; supervisor.

monnaie [mɔnɛ] *nf (devises)* currency; *(pièce)* coin; *(appoint)* change. **petite ~** small change; **faire la ~ de 100 F** to get change for 100 francs; **c'est ~ courante** it's common practice; **rendre à qn la ~ de sa pièce** to pay sb back in his own coin. ◆ **monnayer** (8) *vt* to convert into cash.

mono [mɔnɔ] *préf* mono.

monocle [mɔnɔkl(ə)] *nm* monocle, eyeglass.

monocorde [mɔnɔkɔʀd(ə)] *adj* monotonous.

monolingue [mɔnɔlɛ̃g] *adj* monolingual.

monologue [mɔnɔlɔg] *nm* monologue.

monoplace [mɔnɔplas] *nmf* single-seater.

monopole [mɔnɔpɔl] *nm* monopoly. ◆ **monopolisation** *nf* monopolization. ◆ **monopoliser** (1) *vt* to monopolize.

monosyllabe [mɔnɔsilab] *nm* monosyllable.

monotone [mɔnɔtɔn] *adj* monotonous. ◆ **monotonie** *nf* monotony.

monseigneur [mɔ̃sɛɲœʀ], *pl* **messeigneurs** [mesɛɲœʀ] *nm (archevêque, duc)* His Grace; *(cardinal)* His Eminence; *(prince)* His Highness. **oui, ~** yes, your Grace *etc.*

Monsieur [məsjø], *pl* **Messieurs** [mesjø] *nm* **(a) bonjour ~** *(courant)* good morning; *(nom connu)* good morning Mr X; *(avec déférence)* good morning sir; **Messieurs** gentlemen; **~ le Président** Mr President; **mon bon ~*** my dear sir; **~ dit que c'est à lui** the gentleman says it's his; **~ tout le monde** the average man. **(b)** *(sur une enveloppe)* **~ X** Mr X; *(en-tête de lettre)* Dear Sir; *(nom connu)* Dear Mr X. **(c)** *(sans majuscule)* gentleman.

monstre [mɔ̃stʀ(ə)] — **1** *nm* monster. *(Ciné)* **~ sacré** superstar. — **2** *adj* (*) monstrous. ◆ **monstrueux, -euse** *adj* monstrous. ◆ **monstruosité** *nf* monstrosity. **dire des ~s** to say monstrous things.

mont [mɔ̃] *nm* mountain. *(nom propre)* **le ~** Everest *etc*; **être toujours par ~s et par vaux*** to be always on the move. ◆ **mont-de-piété,** *pl* **~s-~-~** *nm* (state-owned) pawnshop.

montage [mɔ̃taʒ] *nm (appareil)* assembly; *(film)* editing; *(électricité)* connection. **~ de photographies** photomontage.

montagnard, e [mɔ̃taɲaʀ, aʀd(ə)] *nm,f* mountain dweller.

montagne [mɔ̃taɲ] *nf* mountain. *(région)* **la ~** the mountains; **il se fait une ~ de cet examen** he's making far too much of this exam; **les ~s Rocheuses** the Rocky Mountains; **~s russes** roller coaster. ◆ **montagneux, -euse** *adj* mountainous; *(accidenté)* hilly.

montant, e [mɔ̃tɑ̃, ɑ̃t] — **1** *adj (mouvement)* upward, rising; *(robe)* high-necked. — **2** *nm (bâti)* upright; *(somme)* total amount.

monte-charge [mɔ̃tʃaʀʒ(ə)] *nm inv* service elevator.

montée [mɔ̃te] *nf* **(a)** *(escalade)* climb; *(côte)* hill. **(b)** *(ballon, avion)* ascent; *(eaux, prix)* rise.

monter[1] [mɔ̃te] (1) — **1** *vi* **(a)** *(grimper)* to go up; *(s'élever, augmenter)* to rise (*à* to, *dans* into); *(avion)* to climb; *(mer)* to come in; *(vedette)* to be on the way up; *(bruit)* to come (*de* from). **~ en courant** to run up(stairs); **monte me voir** come up and see me; **l'eau monte aux genoux** the water comes up to the knees; **ça fait ~ les prix** it sends prices up. **(b) ~ sur** *(table)* to climb on; *(colline, échelle)* to climb up. **monté sur une chaise** standing on a chair. **(c)** *(moyen de transport)* **~ dans un train** to get on a train, board a train; **~ à bord d'un navire** to go on board *ou* aboard a ship; **~ à cheval** to get on *ou* mount a horse; *(faire du cheval)* to ride. **(d)** *(locutions)* **~ en grade** to be promoted; *(Culin)* **(faire) ~ des blancs en neige** to whisk up egg whites; **le sang lui monta au visage** the blood rushed to his face; **~ en graine** to bolt, go to seed; **~ à l'assaut de** to launch an attack on; **~ sur ses grands chevaux** to get on one's high horse; **~ sur le trône** to ascend the throne. — **2** *vt (côte)* to go up; *(valise)* to take up; *(cheval)* to ride. **~ l'escalier** to go upstairs; **~ qn contre** to set sb against; **~ la garde** to mount guard. — **3 se monter** *vpr (frais)* **se ~ à** to come to; **se ~ la tête** to get worked up.

monter[2] [mɔ̃te] (1) *vt (machine, robe)* to assemble; *(tente)* to pitch; *(diamant)* to set; *(pneu, pièce de théâtre)* to put on; *(affaire)* to set up; *(complot)* to hatch. **coup monté** put-up job*; **être bien monté en qch** to be well-equipped with sth. ◆ **monteur, -euse** *nm,f (Tech)* fitter; *(Ciné)* film editor.

monticule [mɔ̃tikyl] *nm* mound.

montre [mɔ̃tʀ(ə)] *nf* **(a)** watch. **~-bracelet** wrist watch; **~ en main** exactly, precisely. **(b) faire ~ de** *(courage)* to show.

montrer [mɔ̃tʀe] (1) — **1** *vt (gén)* to show; *(détail)* to point out; (du *doigt*) to point to; *(ostensiblement)* to show off (*à* to). **~ à qn à faire qch** to show sb how to do sth; **je lui montrerai de quel bois je me chauffe** I'll show him what I'm made of; **~ les dents** to bare one's teeth. — **2 se montrer** *vpr* to appear, show o.s.; *(se faire respecter)* to assert o.s. **se ~ désagréable** to behave unpleasantly.

monture [mɔ̃tyʀ] *nf* **(a)** *(cheval)* mount. **(b)** *(lunettes)* frame; *(bijou)* setting.

monument [mɔnymɑ̃] *nm* monument. *(commémoratif)* ~ **aux morts** war memorial; **les** ~**s de Paris** the famous buildings *ou* sights of Paris. ◆ **monumental, e,** *mpl* **-aux** *adj* monumental.
moquer (se) [mɔke] (1) *vpr* : **se** ~ **de** to make fun of, laugh at; **vous vous moquez du monde!** you've got an absolute nerve!; **je m'en moque*** I couldn't care less. ◆ **moquerie** *nf* : ~(s) mockery. ◆ **moqueur, -euse** *adj* mocking.
moquette [mɔkɛt] *nf* fitted carpet.
moral, e, *mpl* **-aux** [mɔʀal, o] — **1** *adj* moral. — **2** *nm (état d'esprit)* morale. **avoir bon** ~ to be in good spirits; **au** ~ mentally. — **3** *nf* **(a)** *(doctrine)* moral code; *(mœurs)* morals, moral standards. **faire la** ~**e à qn** to lecture sb. **(b)** *(fable)* moral. ◆ **moralement** *adv* morally. ◆ **moralité** *nf (mœurs)* morals, moral standards.
morbide [mɔʀbid] *adj* morbid.
morceau, *pl* ~**x** [mɔʀso] *nm (gén)* piece; *(bout)* bit; *(passage)* passage; *(sucre)* lump; *(terre)* patch, plot; *(Boucherie)* cut. **manger un** ~ to have a bite to eat. ◆ **morceler** (4) *vt (gén)* to divide up.
mordant, e [mɔʀdɑ̃, ɑ̃t] — **1** *adj (ton)* cutting, scathing; *(froid)* biting. — **2** *nm (gén)* bite; *(ironie)* irony.
mordiller [mɔʀdije] (1) *vt* to nibble at.
mordre [mɔʀdʀ(ə)] (41) — **1** *vt* to bite. ~ **qn à la jambe** to bite sb's leg; *(balle)* ~ **la ligne** to touch the line. — **2** *vi* to bite. ~ **dans une pomme** to bite into an apple ; *(empiéter)* ~ **sur qch** to overlap into sth; **il a mordu aux maths*** he's taken to maths. ◆ **mordu, e*** *adj* : **être** ~ **de** to be crazy* about ; **c'est un** ~ **du football** he is a great football fan *ou* buff *(US)*.
morfondre (se) [mɔʀfɔ̃dʀ(ə)] (42) *vpr* to languish.
morgue [mɔʀg(ə)] *nf* **(a)** *(fierté)* haughtiness. **(b)** *(Police)* morgue; *(hôpital)* mortuary.
moribond, e [mɔʀibɔ̃, ɔ̃d] *adj* dying.
morne [mɔʀn(ə)] *adj* dull.
morose [mɔʀoz] *adj* morose. ◆ **morosité** *nf* moroseness.
morphine [mɔʀfin] *nf* morphine.
morphologie [mɔʀfɔlɔʒi] *nf* morphology.
mors [mɔʀ] *nm (cheval)* bit. *(fig)* **prendre le** ~ **aux dents** to take the bit between one's teeth.
morse [mɔʀs(ə)] *nm (animal)* walrus; *(code)* Morse (code).
morsure [mɔʀsyʀ] *nf* bite.
mort¹ [mɔʀ] *nf* death. **donner la** ~ **à qn** to kill sb; **en danger de** ~ in danger of one's life; **à la** ~ **de sa mère** when his mother died; **il n'y a pas eu** ~ **d'homme** there was no loss of life; ~ **au tyran!, à** ~ **le tyran!** death to the tyrant!; **silence de** ~ deathly hush; **peine de** ~ death penalty; **blessé à** ~ *(combat)* mortally wounded; *(accident)* fatally injured; **mettre qn à** ~ to put sb to death; **nous sommes fâchés à** ~ we're at daggers drawn; **il avait la** ~ **dans l'âme** his heart ached.
mort², e [mɔʀ, mɔʀt(ə)] — **1** *adj* dead. **il est** ~ **depuis 2 ans** he's been dead for 2 years, he died 2 years ago; ~ **de fatigue** dead tired; ~ **de peur** frightened to death. — **2** *nm* **(a)** dead man. **les** ~**s** the dead; **il y a eu un** ~ one man was killed; **faire le** ~ *(lit)* to pretend to be dead; *(fig)* to lie low. **(b)** *(Cartes)* dummy. — **3** *nf* dead woman. ◆ **mort-né, e,** *pl* ~-~**(e)s** *adj* stillborn. ◆ **mort-aux-rats** *nf* rat poison. ◆ **morte-saison** *nf* slack *ou* off season.
mortadelle [mɔʀtadɛl] *nf* mortadella.
mortalité [mɔʀtalite] *nf* mortality.
mortel, -elle [mɔʀtɛl] — **1** *adj (gén)* mortal; *(blessure)* fatal; *(poison)* deadly, lethal; *(livre)* deadly boring. — **2** *nm,f* mortal. ◆ **mortellement** *adv* fatally.
mortier [mɔʀtje] *nm (gén)* mortar.
mortification [mɔʀtifikɑsjɔ̃] *nf* mortification. ◆ **mortifier** (7) *vt* to mortify.
mortuaire [mɔʀtɥɛʀ] *adj* mortuary. **la maison** ~ the house of the deceased.
morue [mɔʀy] *nf* cod.
mosaïque [mɔzaik] *nf* mosaic.
Moscou [mɔsku] *n* Moscow.
mosquée [mɔske] *nf* mosque.
mot [mo] *nm (gén)* word; *(lettre)* note. **sur ces** ~**s** with these words; ~ **à** ~, ~ **pour** ~ word for word; **en toucher un** ~ **à qn** to have a word with sb about it; **se donner le** ~ to pass the word round; **avoir des** ~**s avec qn** to have words with sb; **tenir le** ~ **de l'énigme** to hold the key to the mystery; **il a son** ~ **à dire** he's entitled to have his say; **je vais lui dire deux** ~**s** I'll give him a piece of my mind; **prendre qn au** ~ to take sb at his word; ~**s croisés** crossword puzzle; **bon** ~ witticism, witty remark; ~ **d'ordre** watchword; ~ **de passe** password.
motard [mɔtaʀ] *nm* motorcyclist; *(Police)* motorcycle policeman.
motel [mɔtɛl] *nm* motel.
moteur¹ [mɔtœʀ] *nm* motor, engine.
moteur², -trice¹ [mɔtœʀ, tʀis] *adj (muscle)* motor; *(troubles)* motory; *(force)* driving.
motif [mɔtif] *nm* **(a)** *(raison)* reason, grounds; *(Jur)* motive (*de* for). **(b)** *(dessin)* pattern.
motion [mosjɔ̃] *nf (Pol)* motion. ~ **de censure** censure motion.
motivation [mɔtivɑsjɔ̃] *nf* motivation. ◆ **motiver** (1) *vt (pousser à agir)* to motivate; *(justifier)* to justify. **être motivé** to be motivated.
moto* [mɔto] *nf* (motor)bike*. ◆ **moto-cross** *nm inv* motocross. ◆ **motoculteur** *nm* cultivator. ◆ **motocycliste** *nmf* motorcyclist.
motoriser [mɔtɔʀize] (1) *vt* to motorize. **être motorisé*** to have a car.
motrice² [mɔtʀis] *nf* motor unit; *V* **moteur²**.
motte [mɔt] *nf (terre)* clod; *(gazon)* turf, sod; *(beurre)* lump, block.
mou, molle [mu, mɔl] (*masc.* **mol** [mɔl] *devant voyelle ou h muet*) — **1** *adj (substance)* soft; *(faible)* weak, feeble; *(sans énergie)* sluggish; *(sans autorité)* spineless; *(indulgent)* lax. **bruit** ~ muffled noise. — **2** *nm* **(a)** *(corde)* **avoir du** ~ to be slack. **(b)** *(Boucherie)* lights.
mouchard* [muʃaʀ] *nm (Scol)* sneak*; *(Police)* grass. ◆ **moucharder*** (1) *vt* to sneak on*; to grass on.
mouche [muʃ] *nf* fly. ~ **à vers** bluebottle; **quelle** ~ **t'a piqué?** what has bitten you?*; **prendre la** ~ to take the huff*; **faire** ~ to hit home.
moucher (se) [muʃe] (1) *vpr* to blow one's nose.
moucheron [muʃʀɔ̃] *nm* midge; (* : *enfant*) kid*.
moucheté, e [muʃte] *adj (œuf)* speckled; *(laine)* flecked.
mouchoir [muʃwaʀ] *nm* handkerchief. *(en papier)* tissue. **ils sont arrivés dans un** ~ it was a close finish.
moudre [mudʀ(ə)] (47) *vt* to grind.
moue [mu] *nf* pout. **faire la** ~ *(tiquer)* to pull a face; *(enfant gâté)* to pout.
mouette [mwɛt] *nf* seagull.

moufle [mufl(ə)] *nf* mitten.
mouiller [muje] (1) — **1** *vt* to wet. **se faire ~** to get wet; **~ l'ancre** to cast *ou* drop anchor. — **2** *vi (Naut)* to lie at anchor. — **3 se mouiller** *vpr* to get o.s. wet; (* : *risquer*) to commit o.s. ◆ **mouillé, e** *adj* wet.
moulage [mulaʒ] *nm* cast.
moule[1] [mul] *nm* mould. **~ à gâteaux** cake tin; **~ à gaufre** waffle-iron; **~ à tarte** flan case.
moule[2] [mul] *nf* mussel.
mouler [mule] (1) *vt (briques)* to mould; *(statue)* to cast. **robe qui moule** tight-fitting dress.
moulin [mulɛ̃] *nm* mill; (* : *moteur*) engine. ◆ **mouliner** (1) *vt* to put through a vegetable mill. ◆ **moulinet** *nm (Pêche)* reel; *(Escrime)* flourish. ◆ **moulinette** *nf* ® vegetable mill.
moulu, e [muly] *adj (de coups)* aching all over; (* : *de fatigue*) worn-out.
moulure [mulyʀ] *nf* moulding.
mourant, e [muʀɑ̃, ɑ̃t] *adj* dying; *(voix)* faint; *(rythme)* deadly. **un ~** a dying man.
mourir [muʀiʀ] (19) *vi (gén)* to die; *(bruit)* to die away; *(coutume)* to die out. **faire ~ qn** to kill sb; **tu n'en mourras pas!*** it won't kill you!; **il meurt d'envie de le faire** he's dying to do it; **s'ennuyer à ~** to be bored to death; **~ de faim** *(lit)* to starve to death; *(fig)* to be famished *ou* starving; **je meurs de soif** I am parched; **c'est à ~ de rire** it's killing*.
mousquetaire [muskətɛʀ] *nm* musketeer.
mousse[1] [mus] *nf (herbe)* moss; *(bière, eau)* froth, foam; *(savon)* lather; *(champagne)* bubbles; *(Culin)* mousse. **~ au chocolat** chocolate mousse; **~ de caoutchouc** foam rubber.
mousse[2] [mus] *nm* ship's boy.
mousseline [muslin] *nf* muslin.
mousser [muse] (1) *vi (bière, eau)* to froth, foam; *(champagne)* to sparkle; *(savon)* to lather. ◆ **mousseux** *nm* sparkling wine.
mousson [musɔ̃] *nf* monsoon.
moustache [mustaʃ] *nf (homme)* moustache. *(animal)* **~s** whiskers.
moustiquaire [mustikɛʀ] *nf (rideau)* mosquito net; *(fenêtre)* screen. ◆ **moustique** *nm* mosquito; (* : *enfant*) kid*.
moutarde [mutaʀd(ə)] *nf* mustard. **~ forte** English mustard; **~ à l'estragon** French mustard; **la ~ me monta au nez** I lost my temper.
mouton [mutɔ̃] *nm (animal)* sheep; *(viande)* mutton; *(peau)* sheepskin. *(poussière)* **~s** bits of fluff.
mouvant, e [muvɑ̃, ɑ̃t] *adj (gén)* moving; *(situation)* fluid; *(terrain)* shifting.
mouvement [muvmɑ̃] *nm* **(a)** *(geste)* movement; *(en gymnastique)* exercise; *(impulsion)* impulse, reaction. **bon ~** kind gesture; **~ de colère** burst of anger. **(b)** *(agitation)* activity, bustle. **(c)** *(déplacement)* movement; *(manœuvre)* move. **être en ~** to be on the move; **se mettre en ~** to start *ou* set off; **le ~ perpétuel** perpetual motion; **~ de fonds** movement of capital; **~ de personnel** changes in staff. **(d)** *(idées)* evolution; *(prix)* trend. **être dans le ~** to keep up-to-date. **(e)** *(phrase)* rhythm; *(tragédie)* action. **(f)** *(groupe)* movement. **(g)** *(symphonie)* movement. **(h)** *(mécanisme)* movement. **~ d'horlogerie** time mechanism. ◆ **mouvementé, e** *adj (récit etc)* eventful; *(séance)* stormy. ◆ **mouvoir** (27) — **1** *vt* to move; *(sentiment)* to drive. — **2 se mouvoir** *vpr* to move.
moyen, -enne [mwajɛ̃, ɛn] — **1** *adj (gén)* average (*en* at); *(temps)* mixed. **résultat très ~** poor result; **de taille ~enne** medium-sized. — **2** *nm* **(a)** means, way. **~s de défense** *etc* means of defence *etc;* **c'est l'unique ~ de s'en sortir** it's the only way out; **se débrouiller avec les ~s du bord** to use makeshift devices; **au ~ de** by means of; **est-ce qu'il y a ~ de lui parler?** is it possible to speak to him? **(b)** *(physiques)* **~s** abilities; **par ses propres ~s** all by himself. **(c)** *(financiers)* **~s** means; **c'est au-dessus de ses ~s** he can't afford it. — **3** *nf* average. **la ~enne d'âge** the average age; **la ~enne des gens** most people; **en ~enne** on average; **cet élève est dans la ~enne** this pupil is about average; **avoir la ~enne** *(devoir)* to get half marks; *(examen)* to get a pass. ◆ **moyen âge** *nm* : **le ~** the Middle Ages. ◆ **Moyen-Orient** *nm* : **le ~** the Middle East. ◆ **moyennant** *prép (argent)* for; *(travail, effort)* with. ◆ **moyennement** *adv (content)* moderately; *(travailler)* moderately well.
moyeu, *pl* **~x** [mwajø] *nm (roue)* hub.
mue [my] *nf* moulting; *(serpent)* sloughing. ◆ **muer** (1) — **1** *vi* to moult; to slough. **sa voix mue** his voice is breaking. — **2** *vt,* **se muer** *vpr* to change, turn (*en* into).
muet, -ette [mɥɛ, ɛt] — **1** *adj (infirme)* dumb; *(silencieux)* silent. **~ de surprise** speechless with surprise. — **2** *nm,f* dumb person.
mufle [myfl(ə)] *nm (chien etc)* muzzle; (* ; *goujat*) boor, lout.
mugir [myʒiʀ] (2) *vi (vache)* to moo; *(bœuf)* to bellow; *(vent, sirène)* to howl. ◆ **mugissement** *nm* : **~**(s) mooing; bellowing; howling.
muguet [mygɛ] *nm* lily of the valley.
mule [myl] *nf* (she-)mule; *(pantoufle)* mule. ◆ **mulet** *nm (âne)* (he-)mule; *(poisson)* mullet.
multicolore [myltikɔlɔʀ] *adj* multicoloured.
multiple [myltipl(ə)] — **1** *adj* numerous, multiple. **à usages ~s** multi-purpose. — **2** *nm* multiple. ◆ **multiplication** *nf* multiplication. ◆ **multiplicité** *nf* multiplicity. ◆ **multiplier** (7) — **1** *vt* to multiply (*par* by). — **2 se multiplier** *vpr* to multiply; *(infirmier)* to do one's utmost.
multitude [myltityd] *nf* multitude. **la ~ de** the mass of; **la ~ des gens** the majority of people.
municipal, e, *mpl* **-aux** [mynisipal, o] *adj (élection, stade)* municipal; *(conseil)* town. **arrêté ~** local by-law. ◆ **municipalité** *nf (ville)* town; *(conseil)* town council.
munir [myniʀ] (2) *vt* to provide, equip (*de* with). **se ~ de** to provide o.s. with.
munitions [mynisjɔ̃] *nfpl* ammunition.
muqueuse [mykøz] *nf* mucous membrane.
mur [myʀ] *nm* wall. **faire le ~*** to jump the wall; **le ~ du son** the sound barrier. ◆ **muraille** *nf* wall. ◆ **mural, e,** *mpl* **-aux** *adj* wall; *(Art)* mural. ◆ **murer** (1) — **1** *vt (ouverture)* to wall up, brick up. — **2 se murer** *vpr (chez soi)* to shut o.s. up; *(dans son silence)* to immure o.s.
mûr, e[1] [myʀ] *adj (fruit, projet)* ripe; *(tissu)* worn; *(personne)* mature. **pas ~** unripe; **trop ~** overripe; **~ pour le mariage** ready for marriage.
mûre[2] [myʀ] *nf (ronce)* blackberry, bramble; *(mûrier)* mulberry.
mûrement [myʀmɑ̃] *adv* : **ayant ~ réfléchi** after much thought.
mûrier [myʀje] *nm* mulberry bush.
mûrir [myʀiʀ] (2) — **1** *vi (fruit)* to ripen; *(idée, personne)* to mature; *(abcès)* to come to a head. — **2** *vt (fruit)* to ripen; *(projet)* to nurture; *(personne)* to make mature.

murmure [myRmyR] *nm* murmur. ◆ **murmurer** (1) *vti* to murmur.
muscade [myskad] *nf* nutmeg.
muscat [myska] *nm (raisin)* muscat grape; *(vin)* muscatel.
muscle [myskl(ə)] *nm* muscle. ◆ **musclé, e** *adj* brawny. ◆ **musculaire** *adj (force)* muscular.
muse [myz] *nf* Muse.
museau, *pl* **~x** [myzo] *nm (chien, bovin)* muzzle; *(porc)* snout; *(Culin)* brawn; (* : *visage*) face. ◆ **museler** (4) *vt* to muzzle. ◆ **muselière** *nf* muzzle.
musée [myze] *nm (gén)* museum; *(tableaux)* art gallery. ◆ **muséum** *nm* museum.
musical, e, *mpl* **-aux** [myzikal, o] *adj* musical. ◆ **music-hall,** *pl* **~-~s** *nm* variety theatre, music hall. **faire du ~** to be in variety; ◆ **musicien, -ienne** — **1** *adj* musical. — **2** *nm,f* musician. ◆ **musique** *nf (Art)* music; *(orchestre)* band.
musulman, e [myzylmɑ̃, an] *adj, nm,f* Moslem, Muslim.
mutation [mytɑsjɔ̃] *nf (gén)* transformation; *(Bio)* mutation; *(Admin)* transfer. ◆ **muter** (1) *vt* to transfer.
mutilation [mytilɑsjɔ̃] *nf* mutilation. ◆ **mutilé, e** — **1** *adj* : **être ~** to be disabled. — **2** *nm,f* cripple, disabled person. ◆ **mutiler** (1) *vt (gén)* to mutilate; *(personne)* to maim; *(statue, arbre)* to deface.
mutin, e [mytɛ̃, in] *adj (espiègle)* mischievous. — **2** *nm* mutineer. ◆ **mutiné, e** *adj* mutinous. ◆ **se mutiner** (1) *vpr* to mutiny. ◆ **mutinerie** *nf* mutiny.
mutisme [mytism(ə)] *nm* silence.
mutuel, -elle [mytɥɛl] — **1** *adj* mutual. — **2** *nf* mutual benefit society. ◆ **mutuellement** *adv (s'aider)* one another, each other. **~ ressenti** mutually felt.
myope [mjɔp] *adj* short-sighted. ◆ **myopie** *nf* short-sightedness.
myosotis [mjɔzɔtis] *nm* forget-me-not.
myrtille [miRtij] *nf* bilberry.
mystère [mistɛR] *nm* mystery. ◆ **mystérieux, -euse** *adj* mysterious.
mystification [mistifikɑsjɔ̃] *nf* hoax. ◆ **mystifier** (7) *vt* to fool, take in.
mystique [mistik] — **1** *adj* mystical. — **2** *nmf (personne)* mystic. — **3** *nf (péj)* blind belief (*de* in). ◆ **mysticisme** *nm* mysticism.
mythe [mit] *nm* myth. ◆ **mythique** *adj* mythical. ◆ **mythologie** *nf* mythology. ◆ **mythologique** *adj* mythological.
myxomatose [miksɔmatoz] *nf* myxomatosis.

N

N, n [ɛn] *nm (lettre)* N, n.
n' [n] *V* **ne.**
nacre [nakR(ə)] *nf* mother-of-pearl. ◆ **nacré, e** *adj* pearly.
nage [naʒ] *nf* **(a) la ~** swimming; **une ~** a stroke; **~ sur le dos** backstroke; **~ libre** freestyle. **(b) être en ~** to be bathed in sweat; **mettre qn en ~** to make sb sweat. ◆ **nageoire** *nf (poisson)* fin; *(phoque)* flipper. ◆ **nager** (3) — **1** *vi (personne)* to swim; *(objet)* to float. **je nage complètement*** I'm completely at sea*. — **2** *vt* to swim. ◆ **nageur, -euse** *nm,f* swimmer.
naguère [nagɛR] *adv (récemment)* not long ago; *(autrefois)* formerly.
naïf, naïve [naif, naiv] — **1** *adj* naïve. — **2** *nm,f* innocent. ◆ **naïveté** *nf* naïvety.
nain, e [nɛ̃, nɛn] — **1** *adj* dwarfish. — **2** *nm,f* dwarf.
naissance [nɛsɑ̃s] *nf (gén)* birth; *(cheveux)* root; *(cou)* base. **à la ~** at birth; **de ~** *(aveugle)* from birth; *(français)* by birth; **prendre ~** to take form; **donner ~ à** *(enfant)* to give birth to; *(rumeurs)* to give rise to.
naître [nɛtR(ə)] (59) *vi (gén)* to be born; *(difficulté)* to arise. **il vient de ~** he has just been born; **X est né le 4 mars** X was born on March 4; **Mme Durand, née Dupont** Mme Durand, née Dupont; **être né coiffé** to be born lucky; **il n'est pas né d'hier** he wasn't born yesterday; **faire ~** *(industrie)* to create; *(désir)* to arouse.
nana* [nana] *nf (femme)* girl, chick*.
nantir [nɑ̃tiR] (2) *vt* to provide (*de* with). **se ~ de** to provide o.s. with. ◆ **nanti, e** *adj (riche)* affluent.
napalm [napalm] *nm* napalm.
naphtaline [naftalin] *nf* mothballs.
nappe [nap] *nf* tablecloth; *(gaz, pétrole)* layer; *(brouillard)* blanket; *(eau, feu)* sheet. **~ de mazout** oil slick. ◆ **napper** (1) *vt (Culin)* to coat (*de* with). ◆ **napperon** *nm* doily.
narcotique [naRkɔtik] *adj, nm* narcotic.
narguer [naRge] (1) *vt* to scoff at.
narine [naRin] *nf* nostril.
narquois, e [naRkwa, waz] *adj* mocking.
narrateur, -trice [naRatœR, tRis] *nm,f* narrator. ◆ **narration** *nf (action)* narration; *(récit)* narrative ; *(Scol : rédaction)* essay. ◆ **narrer** (1) *vt* to narrate.
nasal, e, *mpl* **-aux** [nazal, o] *adj* nasal.
naseau, *pl* **~x** [nazo] *nm (cheval)* nostril.
nasiller [nazije] (1) *vi (personne)* to have a nasal twang; *(micro)* to whine.
nasse [nas] *nf* hoop net.
natal, e, *mpl* **~s** [natal] *adj* native. ◆ **natalité** *nf* birth rate.
natation [natɑsjɔ̃] *nf* swimming.
natif, -ive [natif, iv] *adj, nm,f* native.
nation [nɑsjɔ̃] *nf* nation. **les N~s Unies** the United Nations. ◆ **national, e,** *mpl* **-aux** *adj*

(gén) national; *(éducation)* state. **route ~e** ≃ 'A' road, state highway *(US)*. ◆ **nationalisation** *nf* nationalization. ◆ **nationaliser** (1) *vt* to nationalize. ◆ **nationalisme** *nm* nationalism. ◆ **nationaliste** *adj, nmf* nationalist. ◆ **nationalité** *nf* nationality.

natte [nat] *nf (tresse)* pigtail, plait; *(paillasse)* mat.

naturalisation [natyʀalizɑsjɔ̃] *nf* naturalization. ◆ **naturaliser** (1) *vt* to naturalize. **se faire ~ français** to become a naturalized Frenchman.

nature [natyʀ] — **1** *nf* **(a)** *(caractère)* nature. **ce n'est pas de ~ à** it's not likely to. **(b)** *(monde)* **la ~** nature; **disparaître dans la ~*** to vanish into thin air. **(c)** *(sorte)* nature, kind. **de toute ~** of all kinds. **(d)** *(Art)* **plus grand que ~** more than life-size; **~ morte** still life. **(e)** *(Fin)* **en ~** in kind. — **2** *adj inv (eau, thé etc)* plain.

naturel, -elle [natyʀɛl] — **1** *adj (gén)* natural; *(besoins)* bodily. *(politesse)* **c'est tout ~** please don't mention it. — **2** *nm (caractère)* nature; *(absence d'affectation)* naturalness. ◆ **naturellement** *adv* naturally.

naufrage [nofʀaʒ] *nm* : **un ~** a shipwreck; **le ~ du bateau** the wreck of the ship; **faire ~** *(bateau)* to be wrecked; *(marin)* to be shipwrecked. ◆ **naufragé, e** *adj* shipwrecked.

nauséabond, e [nozeabɔ̃, ɔ̃d(ə)] *adj* nauseating, foul.

nausée [noze] *nf* : **avoir la ~** *ou* **des ~s** to feel sick, have bouts of nausea; **ça me donne la ~** it makes me sick.

nautique [notik] *adj* nautical. **sports ~s** water sports.

naval, e, *mpl* **~s** [naval] *adj (gén)* naval; *(industrie)* ship-building.

navet [navɛ] *nm* turnip; *(péj)* third-rate film.

navette [navɛt] *nf* **(a)** *(Tex)* shuttle. **(b)** *(transport)* shuttle service. **faire la ~ entre** to go back and forward between.

navigateur [navigatœʀ] *nm (gén)* navigator. **~ solitaire** lone sailor. ◆ **navigation** *nf (pilotage)* navigation; *(trafic)* sea (*ou* air) traffic. ◆ **naviguer** (1) *vi (bateau)* to sail; *(avion)* to fly; *(piloter)* to navigate. **bateau en état de ~** seaworthy ship.

navire [naviʀ] *nm* ship. **~ de guerre** warship.

navrer [navʀe] (1) *vt* to distress, upset. **je suis navré** I'm sorry (*de* to).

nazi, e [nazi] *adj, nm,f* Nazi. ◆ **nazisme** *nm* Nazism.

ne [n(ə)] *adv nég,* **n'** *devant voyelles et h muet* **(a)** not. **je n'ai pas d'argent** I have no money, I haven't any money; **~ me dérangez pas** don't *ou* do not disturb me. **(b) ~ ... que** only; **il n'y a pas que vous** you're not the only one. **(c)** *(sans valeur nég)* **j'ai peur qu'il ~ vienne** I am afraid that he will come.

né, e [ne] *adj, nm,f* born. **premier ~** first-born.

néanmoins [neɑ̃mwɛ̃] *adv* nevertheless, yet.

néant [neɑ̃] *nm (aucun)* none. **le ~** nothingness.

nébuleux, -euse [nebylø, øz] — **1** *adj (discours)* nebulous. — **2** *nf (Astron)* nebula.

nécessaire [nesesɛʀ] — **1** *adj (gén)* necessary. **il est ~ qu'on le fasse** we need *ou* have to do it, we must do it, it's necessary to do it. — **2** *nm* : **je n'ai pas le ~** I haven't got what's needed *ou* necessary; **le strict ~** the bare necessities *ou* essentials; **je vais faire le ~** I'll see to it; **~ de toilette** toilet bag; **~ de voyage** overnight bag. ◆ **nécessairement** *adv (faux etc)* necessarily; *(échouer)* inevitably. ◆ **nécessité** *nf (gén)* necessity; *(pauvreté)* destitution. *(exigences)* **~s** demands; **je n'en vois pas la ~** I don't see the need for it. ◆ **nécessiter** (1) *vt* to necessitate, require.

nécropole [nekʀɔpɔl] *nf* necropolis.

nectar [nɛktaʀ] *nm* nectar.

néerlandais, e [neɛʀlɑ̃dɛ, ɛz] — **1** *adj* Dutch. — **2** *nm* **(a) N~** Dutchman; **les N~** the Dutch. **(b)** *(Ling)* Dutch. — **3** *nf* : **N~e** Dutchwoman.

nef [nɛf] *nf* nave.

néfaste [nefast(ə)] *adj (nuisible)* harmful (*à* to); *(funeste)* ill-fated, unlucky.

négatif, -ive [negatif, iv] *adj, nm,f* negative. ◆ **négation** *nf* negation.

négligé, e [negliʒe] — **1** *adj (tenue)* slovenly; *(travail, style)* slipshod. — **2** *nm (laisser-aller)* slovenliness; *(vêtement)* négligée. ◆ **négligeable** *adj (gén)* negligible; *(détail)* trivial. **non ~** not inconsiderable. ◆ **négligence** *nf* negligence; *(erreur)* omission. ◆ **négligent, e** *adj (sans soin)* negligent, careless; *(nonchalant)* casual. ◆ **négliger** (3) — **1** *vt (gén)* to neglect; *(tenue)* to be careless about; *(conseil)* to disregard. — **2 se négliger** *vpr (santé)* to neglect o.s.; *(tenue)* to neglect one's appearance.

négociable [negɔsjabl(ə)] *adj* negotiable. ◆ **négociant, e** *nm,f* merchant. **~ en gros** wholesaler. ◆ **négociateur, -trice** *nm,f* negotiator. ◆ **négociation** *nf* negotiation. ◆ **négocier** (7) *vti* to negotiate.

nègre [nɛgʀ(ə)] — **1** *nm (péj)* Negro, nigger *(péj)*; *(écrivain)* ghost writer. — **2** *adj* Negro. ◆ **négresse** *nf* Negress.

neige [nɛʒ] *nf* snow. **aller à la ~*** to go skiing; **~ carbonique** dry ice. ◆ **neiger** (3) *vb impers* : **il neige** it's snowing. ◆ **neigeux, -euse** *adj (sommet)* snow-covered; *(aspect)* snowy.

nénuphar [nenyfaʀ] *nm* water lily.

néo- [neɔ] *préf* neo-.

néologisme [neɔlɔʒism(ə)] *nm* neologism.

néon [neɔ̃] *nm* neon.

néo-zélandais, e [neɔzelɑ̃dɛ, ɛz] — **1** *adj* New Zealand. — **2** *nm,f* : **N~,** e New Zealander.

nerf [nɛʀ] *nm* nerve. **avoir les ~s à vif** to be on edge; **être sur les ~s** to live on one's nerves; **taper* sur les ~s de qn** to get on sb's nerves; **du ~!** buck up!*; **ça manque de ~** it has no go about it. ◆ **nerveusement** *adv (excité)* nervously; *(agacé)* nervily. ◆ **nerveux, -euse** *adj (gén)* nervous; *(irritable)* nervy; *(maigre)* wiry; *(vigoureux)* vigorous; *(cellule)* nerve; *(moteur)* responsive; *(viande)* stringy. ◆ **nervosité** *nf (agitation)* nervousness; *(passagère)* agitation; *(irritabilité)* nerviness.

nervure [nɛʀvyʀ] *nf (feuille)* nervure.

n'est-ce pas [nɛspɑ] *adv* : **il est fort, ~?** he is strong, isn't he?; **il l'ignore, ~?** he doesn't know, does he?

net, nette [nɛt] — **1** *adj* **(a)** *(propre)* clean; *(travail)* neat, tidy; *(conscience)* clear. **(b)** *(clair)* clear; *(réponse)* straight, plain; *(refus)* flat; *(situation)* clearcut; *(différence)* marked, *(photo)* sharp; *(cassure)* clean. **(c)** *(poids, prix)* net. — **2** *adv* **(a)** *(s'arrêter)* dead; *(tué)* outright. **se casser ~** to break clean through. **(b)** *(parler)* frankly, bluntly; *(refuser)* flatly. **(c)** *(Comm)* net. **2 kg ~** 2 kg net. ◆ **nettement** *adv (gén)* clearly; *(dire)* bluntly, frankly; *(s'améliorer)* markedly. ◆ **netteté** *nf (travail)* neatness; *(explication)* clearness; *(contour)* sharpness.

nettoiement [nɛtwamɑ̃] *nm* cleaning. ◆ **nettoyage** *nm* cleaning. **~ à sec** dry cleaning.

◆ **nettoyer** (8) *vt (objet)* to clean; *(jardin)* to clear; *(ruiner, vider)* to clean out.
neuf[1] [nœf] *adj inv, nm inv* nine; *V* **six.**
neuf[2], **neuve** [nœf, nœv] — **1** *adj* new. — **2** *nm* : **il y a du ~** there has been a new development; **remettre à ~** to do up like new.
neurasthénie [nøʀasteni] *nf* depression.
neurologie [nøʀɔlɔʒi] *nf* neurology. ◆ **neurologue** *nmf* neurologist.
neutraliser [nøtʀalize] (1) *vt* to neutralize. ◆ **neutralité** *nf* neutrality. ◆ **neutre** *adj (gén)* neutral; *(Ling)* neuter. *(Élec)* **le ~** neutral. ◆ **neutron** *nm* neutron.
neuvième [nœvjɛm] *adj, nmf* ninth; *V* **sixième.**
neveu, *pl* **~x** [n(ə)vø] *nm* nephew.
névralgie [nevʀalʒi] *nf* neuralgia.
névrose [nevʀoz] *nf* neurosis. ◆ **névrosé, e** *adj, nm,f* neurotic. ◆ **névrotique** *adj* neurotic.
nez [ne] *nm* nose. **cela sent le brûlé à plein ~** there's a strong smell of burning; **tu as le ~ dessus!** it's right under your nose!; **lever le ~** to look up; **fermer la porte au ~ de qn** to shut the door in sb's face; **~ à ~** face to face (*avec* with); **avoir du ~** to have flair; **il m'a dans le ~*** he can't stand me*; **ça lui est passé sous le ~*** it slipped through his fingers.
ni [ni] *conj* nor. **~ l'un ~ l'autre** neither one nor the other; **~ plus ~ moins** no more no less.
niais, e [njɛ, ɛz] — **1** *adj* silly. — **2** *nm,f* simpleton. ◆ **niaiserie** *nf* silliness. **~s** foolish remarks *etc.*
niche [niʃ] *nf* **(a)** *(alcôve)* niche, recess; *(chien)* kennel. **(b)** *(farce)* trick.
nichée [niʃe] *nf (oiseaux)* brood; *(chiens)* litter. ◆ **nicher** (1) — **1** *vi* to nest. — **2 se nicher** *vpr (oiseau)* to nest; *(village etc)* to nestle; (* : *se mettre*) to stick* *ou* put o.s.
nickel [nikɛl] *nm* nickel. ◆ **nickeler** (4) *vt* to nickel-plate.
nicotine [nikɔtin] *nf* nicotine.
nid [ni] *nm* nest; *(repaire)* den. **~ de poule** pothole; **~ de résistance** centre of resistance.
nièce [njɛs] *nf* niece.
nier [nje] (7) *vt* to deny (*avoir fait* having done). **il nie** he denies it.
nigaud, e [nigo, od] — **1** *adj* silly. — **2** *nm,f* simpleton.
nippon, e *ou* **-onne** [nipɔ̃, ɔn] *adj,* **N~, e** *nm,f* Japanese.
niveau, *pl* **~x** [nivo] *nm (gén)* level; *(jauge)* gauge; *(Scol : compétence)* standard. **au ~ du sol** at ground level; **au même ~ que** level with; **mettre à ~** to make level; **~ de langue** register; **~ social** social standing; **~ de vie** standard of living; *(Scol)* **au ~** up to standard. ◆ **niveler** (4) *vt* to level. ◆ **nivellement** *nm* levelling.
noble [nɔbl(ə)] — **1** *adj* noble. — **2** *nm* nobleman. **les ~s** the nobility. — **3** *nf* noblewoman. ◆ **noblesse** *nf* nobility. **la petite ~** the gentry.
noce [nɔs] *nf (cérémonie)* wedding; *(cortège)* wedding party. **~s** wedding; **faire la ~*** to live it up*; **je n'étais pas à la ~** I was having a pretty uncomfortable time. ◆ **noceur, -euse*** *nm,f* reveller.
nocif, -ive [nɔsif, iv] *adj* harmful. ◆ **nocivité** *nf* harmfulness.
noctambule [nɔktɑ̃byl] *nmf* night-owl.
nocturne [nɔktyʀn(ə)] *adj* nocturnal, night.
Noël [nɔɛl] *nm* Christmas; *(chant)* carol; *(cadeau)* Christmas present.
nœud [nø] *nm (gén)* knot; *(ruban)* bow. *(fig : liens)* **~s** ties, bonds; **faire son ~ de cravate** to knot *ou* tie one's tie; **~ coulant** slipknot; **~ ferroviaire** rail junction; **~ papillon** bow tie.
noir, e [nwaʀ] — **1** *adj (gén, fig)* black; *(peau bronzée)* tanned; *(yeux, cheveux)* dark; *(race)* black, coloured; *(misère)* utter; *(idée)* gloomy; (* : *ivre*) drunk, tight. **il faisait nuit ~e** it was pitch-dark; **rue ~e de monde** street teeming with people. — **2** *nm (couleur)* black; *(trace)* black mark; *(obscurité)* dark, darkness. **vendre au ~** to sell on the black market; **travailler au ~** to work on the side, moonlight*. **(d)** *(personne)* **N~** black. — **3** *nf (Mus)* crotchet. *(personne)* **N~e** black (woman). ◆ **noirceur** *nf* blackness; darkness; *(acte perfide)* black deed. ◆ **noircir** (2) — **1** *vt* to blacken. **~ la situation** to paint a black picture of the situation. — **2** *vi (peau)* to tan; *(ciel)* to darken.
noise [nwaz] *nf* : **chercher ~ à qn** to try to pick a quarrel with sb.
noisetier [nwaztje] *nm* hazel tree. ◆ **noisette** — **1** *adj inv* hazel. — **2** *nf (fruit)* hazelnut; *(beurre)* knob.
noix [nwa] *nf (fruit)* walnut; *(côtelette)* eye; *(beurre)* knob. **à la ~*** rubbishy; **~ de coco** coconut; **~ de veau** cushion of veal.
nom [nɔ̃] *nm* name. **petit ~, ~ de baptême** Christian *ou* first name; **~ commun** common noun; **~ d'emprunt** assumed name; **~ de famille** surname; **~ de jeune fille** maiden name; **~ propre** proper noun; **crime sans ~** unspeakable crime; **se faire un ~** to make a name for o.s.; **parler au ~ de qn** to speak for *ou* on behalf of sb; **au ~ du ciel!** in heaven's name!; **~ de ~!*** damn it!*; **traiter qn de tous les ~s** to call sb names.
nomade [nɔmad] — **1** *adj* nomadic. — **2** *nmf* nomad.
nombre [nɔ̃bʀ(ə)] *nm* number. **les gagnants sont au ~ de 3** there are 3 winners; **sans ~** innumerable; **être en ~** to be in large numbers; **faire ~** to make up the numbers; **le plus grand ~** the great majority of people; **est-il du ~ des reçus?** is he among those who passed?
nombreux, -euse [nɔ̃bʀø, øz] *adj (objets)* numerous; *(foule, collection)* large. **de ~ accidents** many *ou* numerous accidents; **peu ~** few.
nombril [nɔ̃bʀi] *nm* navel, belly button*.
nominal, e, *mpl* **-aux** [nɔminal, o] *adj* nominal. ◆ **nominatif, -ive** — **1** *adj* : **liste ~ive** list of names. — **2** *nm (Ling)* nominative.
nomination [nɔminɑsjɔ̃] *nf* appointment, nomination (*à* to). ◆ **nommément** *adv (par son nom)* by name; *(spécialement)* particularly. ◆ **nommer** (1) — **1** *vt (fonctionnaire)* to appoint; *(candidat)* to nominate (*à* to); *(nom)* to name. — **2 se nommer** *vpr (s'appeler)* to be called; *(se présenter)* to introduce o.s.
non [nɔ̃] — **1** *adv* no. **le connaissez-vous? — ~** do you know him? — no (I don't); **bien sûr que ~!** of course not!; **faire ~ de la tête** to shake one's head; **je pense que ~** I don't think so; **erreur ou ~** mistake or no mistake; **~ (pas) que...** not that...; **tu vas cesser de pleurer ~?** do stop crying; **c'est bon ~?** it's good isn't it?; **nous ne l'avons pas vu — nous ~ plus** we didn't see him — neither did we *ou* we didn't either; **~ sans raison** not without reason; **toutes les places ~ réservées** all the unreserved seats, all seats not reserved; **il y a eu 30 ~** there were 30 votes against. — **2** *préf* non-. **~-agression** non-aggression; **~-existant** non-existent; **~-sens** *(absurdité)* piece of nonsense; *(en tra-*

duction) meaningless word; **~-vérifié** unverified.

nonante [nɔnɑ̃t] *adj* ninety.

nonchalance [nɔ̃ʃalɑ̃s] *nf* nonchalance. ◆ **nonchalant, e** *adj* nonchalant.

nord [nɔʀ] — **1** *nm* north. **au ~** *(situation)* in the north; *(direction)* to the north; **l'Europe du ~** Northern Europe; **l'Amérique du N~** North America. — **2** *adj inv (région)* northern; *(côté, pôle)* north; *(direction)* northerly. **~-africain** *etc* North African *etc.* ◆ **nordique** — **1** *adj* Nordic. — **2** *nmf* : **N~** Scandinavian. ◆ **Nordiste** *nmf* Northerner, Yankee.

normal, e, *mpl* **-aux** [nɔʀmal, o] — **1** *adj* normal. **il n'est pas ~** there's something wrong with him; **c'est ~!** it's natural! — **2** *nf* : **la ~e** *(norme)* the norm; *(habitude)* normality. **au-dessus de la ~e** above average. ◆ **normalement** *adv* normally, usually. ◆ **normaliser** (1) *vt (situation)* to normalize; *(produit)* to standardize.

Normandie [nɔʀmɑ̃di] *nf* Normandy. ◆ **normand, e** *adj,* **N~, e** *nm,f* Norman.

norme [nɔʀm(ə)] *nf* norm; *(Tech)* standard.

Norvège [nɔʀvɛʒ] *nf* Norway. ◆ **norvégien, -ienne** *adj, nm,* **N~, -ienne** *nm,f* Norwegian.

nos [no] *adj poss V* **notre.**

nostalgie [nɔstalʒi] *nf* nostalgia. ◆ **nostalgique** *adj* nostalgic.

notabilité [nɔtabilite] *nf* notability. ◆ **notable** *adj, nm* notable.

notaire [nɔtɛʀ] *nm* ≃ solicitor.

notamment [nɔtamɑ̃] *adv* notably.

notation [nɔtɑsjɔ̃] *nf (gén)* notation; *(chiffrée)* marking ; *(remarque)* remark.

note [nɔt] *nf* **(a)** *(écrite)* note. **prendre qch en ~** to make a note of sth, write sth down; **~ de service** memorandum. **(b)** *(chiffrée)* mark. **bonne ~** good mark. **(c)** *(facture)* bill, check *(US).* **(d)** *(Mus, fig)* note. ◆ **noter** (1) *vt* **(a)** *(inscrire)* to write down, note down; *(remarquer)* to notice; *(faire un repère)* to mark. **il faut ~ qu'il a des excuses** he has an excuse mind *ou* mark you. **(b)** *(devoir)* to mark; *(élève)* to give a mark to. ◆ **notice** *nf (gén)* note; *(mode d'emploi)* directions, instructions.

notification [nɔtifikɑsjɔ̃] *nf* notification. ◆ **notifier** (7) *vt* to notify.

notion [nosjɔ̃] *nf* notion.

notoire [nɔtwaʀ] *adj (criminel)* notorious; *(fait)* wel-lknown. ◆ **notoriété** *nf (fait)* notoriety; *(renommée)* fame. **c'est de ~ publique** that's common knowledge.

notre [nɔtʀ(ə)], *pl* **nos** [no] *adj poss* our.

nôtre [notʀ(ə)] — **1** *pron poss* : **le ~** *etc* ours, our own. — **2** *nm* : **nous y mettrons du ~** we'll do our bit; **les ~s** *(famille)* our family; *(partisans)* our people; **il sera des ~s** he will join us.

nouer [nwe] (1) *vt (ficelle)* to tie, knot; *(paquet)* to tie up; *(alliance)* to form; *(conversation)* to start. **avoir la gorge nouée** to have a lump in one's throat. ◆ **noueux, -euse** *adj* gnarled.

nougat [nuga] *nm* nougat. **c'est du ~*** it's dead easy*.

nouille [nuj] *nf* **(a)** *(Culin)* **~s** pasta, noodles. **(b)** (*) *(imbécile)* noodle*; *(mollasson)* big lump*.

nounou* [nunu] *nf* nanny.

nounours [nunuʀs] *nm* teddy bear.

nourrice [nuʀis] *nf* child-minder; *(qui allaite)* wet nurse. **mettre un enfant en ~** to foster a child.

nourrir [nuʀiʀ] (2) — **1** *vt* to feed; *(projet)* to nurse; *(espoir, haine)* to nourish. **bien nourri** well-fed. — **2** *vi* to be nourishing. — **3 se nourrir** *vpr* to eat. **se ~ de** to feed on. ◆ **nourri, e** *adj (fusillade)* heavy; *(conversation)* lively. ◆ **nourrissant, e** *adj* nourishing. ◆ **nourrisson** *nm* infant. ◆ **nourriture** *nf* food; *(régime)* diet.

nous [nu] *pron pers (sujet)* we; *(objet)* us. **écoutez-~** listen to us; **cette maison est à ~** this house is ours; **un élève à ~** one of our pupils; **il est aussi fort que ~** he is as strong as we are *ou* as us*; **~ ~ sommes bien amusés** we thoroughly enjoyed ourselves; **~ ~ détestons** we hate each other.

nouveau, nouvelle[1] [nuvo, nuvɛl] **(nouvel** *devant nm à voyelle ou h muet), mpl* **nouveaux** — **1** *adj* new. **tout ~** brand-new; **il y a eu un ~ tremblement de terre** there has been a further *ou* a fresh earthquake. — **2** *nm,f* new man (*ou* woman); *(Scol)* new boy (*ou* girl). — **3** *nm* : **il y a du ~** there has been a new development; **de** *ou* **à ~** again. — **4** : **Nouvel An** New Year; **Nouvelle-Angleterre** New England; **nouveaux mariés** newly-weds; **~-né,** *mpl* **~-nés** newborn child; **~ venu** newcomer; **Nouvelle-Zélande** New Zealand.

nouveauté [nuvote] *nf* novelty; *(chose)* new thing.

nouvelle[2] [nuvɛl] *nf* **(a)** *(écho)* **une ~** a piece of news; **vous connaissez la ~?** have you heard the news?; **les ~s sont bonnes** the news is good; **j'irai prendre de ses ~s** I'll go and see how he's getting on; **il aura de mes ~s!*** I'll give him what for!*; **vous m'en direz des ~s** I'm sure you'll like it. **(b)** *(court récit)* short story.

nouvellement [nuvɛlmɑ̃] *adv* recently, newly.

novembre [nɔvɑ̃bʀ(ə)] *nm* November; *V* **septembre.**

novice [nɔvis] — **1** *adj* inexperienced (*dans* in). — **2** *nmf* novice, beginner.

noyade [nwajad] *nf* drowing. **une ~** a drowning accident.

noyau, *pl* **~x** [nwajo] *nm (fruit)* stone, pit *(US)*; *(cellule)* nucleus; *(groupe)* small group. **~ de résistance** centre of resistance.

noyer[1] [nwaje] *nm* walnut tree.

noyer[2] [nwaje] (8) — **1** *vt* to drown; *(moteur, rives)* to flood. **~ le poisson*** to confuse the issue; **noyé dans la foule** lost in the crowd. — **2 se noyer** *vpr* to drown; *(volontairement)* to drown o.s.; *(dans les détails)* to get bogged down. **se ~ dans un verre d'eau** to make a mountain out of a molehill. ◆ **noyé, e** — **1** *adj (fig : perdu)* **être ~** to be out of one's depth, be all at sea (*en* in). — **2** *nm,f* drowned person.

nu, e [ny] — **1** *adj (personne)* naked; *(bras, mur etc)* bare. **tête ~e** bareheaded; **~ jusqu'à la ceinture** stripped to the waist; **se mettre ~** to strip off; **mettre à ~** to strip. — **2** *nm* nude. ◆ **nu-pieds** — **1** *nmpl (sandales)* flip-flops. — **2** *adj, adv* barefoot.

nuage [nɥaʒ] *nm* cloud. **il est dans les ~s** his head is in the clouds; **sans ~s** *(ciel)* cloudless; *(bonheur)* unclouded. ◆ **nuageux, -euse** *adj* cloudy.

nuance [nɥɑ̃s] *nf (couleur)* shade; *(sens)* shade of meaning; *(différence)* difference; *(touche)* touch, note; *(subtilité)* subtlety. **sans ~** unsubtle. ◆ **nuancer** (3) *vt (opinion)* to qualify.

nucléaire [nykleɛʀ] *adj* nuclear.

nudisme [nydizm(ə)] *nm* nudism. ◆ **nudiste** *adj, nmf* nudist. ◆ **nudité** *nf (personne)* nakedness, nudity; *(mur)* bareness.
nuée [nɥe] *nf (gén)* cloud; *(ennemis)* horde, host.
nues [ny] *nfpl* : **porter qn aux ~s** to praise sb to the skies; **tomber des ~s** to be completely taken aback.
nuire [nɥiʀ] (38) **~ à** *vt indir* to harm, injure. **ça lui nuit** it's a disadvantage to him. ◆ **nuisible** *adj* harmful, injurious (*à* to). **animaux ~s** pests.
nuit [nɥi] *nf* **(a)** *(obscurité)* darkness, night. **il fait ~ noire** it's pitch dark; **à la ~ tombante** at nightfall. **(b)** *(temps)* night. **cette ~** *(passée)* last night; *(qui vient)* tonight; **~ blanche** sleepless night; **rouler la ~** *ou* **de ~** to drive at night; *(service etc)* **de ~** night.
nul, nulle [nyl] — **1** *adj indéf* **(a)** *(aucun)* no. **~ autre** no one else; **nulle part** nowhere; **sans ~ doute** without any doubt. **(b)** *(résultat, risque)* nil; *(testament)* **~ (et non avenu)** null and void; **score ~** draw. **(c)** *(personne, travail)* useless (*en* at); *(récolte)* non-existant. — **2** *pron indéf* no one. ◆ **nullement** *adv* not at all. ◆ **nullité** *nf (Jur)* nullity; *(personne)* uselessness (*en* at). *(péj)* **c'est une ~** he's a washout*.
numéraire [nymeʀɛʀ] *nm* cash.
numéral, e, *mpl* **-aux** [nymeʀal, o] *adj, nm* numeral. ◆ **numérique** *adj* numerical. ◆ **numéro** *nm (gén)* number; *(au cirque)* act, turn. **j'habite au ~ 6** I live at number 6; *(Presse)* **vieux ~** back number *ou* issue; **faire son ~** to put on an act (*à* for); *(personne)* **c'est un drôle de ~!*** what a character! ◆ **numéroter** (1) *vt* to number.
nuptial, e, *mpl* **-aux** [nypsjal, o] *adj (bénédiction)* nuptial; *(cérémonie)* wedding.
nuque [nyk] *nf* nape of the neck.
nurse [nœʀs(ə)] *nf* nanny, children's nurse.
nutritif, -ive [nytʀitif, iv] *adj (nourrissant)* nutritious. **valeur ~ive** food value. ◆ **nutrition** *nf* nutrition.
nylon [nilɔ̃] *nm* ® nylon.
nymphe [nɛ̃f] *nf* nymph.

O, o [o] *nm (lettre)* O, o.
oasis [ɔazis] *nf* oasis.
obéir [ɔbeiʀ] (2) **~ à** *vt indir (personne)* to obey; *(voilier, cheval)* to respond to. ◆ **obéissance** *nf* obedience (*à* to). ◆ **obéissant, e** *adj* obedient.
obélisque [ɔbelisk(ə)] *nm* obelisk.
obèse [ɔbɛz] *adj* obese. ◆ **obésité** *nf* obesity.
objecter [ɔbʒɛkte] (1) *vt (argument)* to put forward. **~ que** to object that (*à qn* to sb); **je n'ai rien à ~** I have no objection. ◆ **objecteur** *nm* : **~ de conscience** conscientious objector. ◆ **objection** *nf* objection.
objectif, -ive [ɔbʒɛktif, iv] *adj, nm* objective. ◆ **objectivement** *adv* objectively. ◆ **objectivité** *nf* objectivity.
objet [ɔbʒɛ] *nm (gén)* object; *(sujet)* subject. **~s de toilette** toilet requisites; **les ~s trouvés** the lost property office; **être l'~ de** *(discussion)* to be the subject of; *(soins)* to be shown.
obligation [ɔbligɑsjɔ̃] *nf (devoir)* obligation; *(Fin)* bond. **avoir l'~ de faire** to be under an obligation to do. ◆ **obligatoire** *adj* compulsory, obligatory; (* : *inévitable*) inevitable. ◆ **obligatoirement** *adv* inevitably.
obligeance [ɔbliʒɑ̃s] *nf* kindness.
obligeant, e [ɔbliʒɑ̃, ɑ̃t] *adj (personne)* obliging; *(offre)* kind.
obliger [ɔbliʒe] (3) *vt* **(a)** *(forcer)* **~ qn à faire** to oblige *ou* compel sb to do; **je suis obligé de vous laisser** I have to *ou* I'm obliged to leave you; **il est bien obligé** he has no choice; **c'était obligé!** it was bound to happen! **(b)** *(rendre service à)* to oblige. **être obligé à qn** to be obliged *ou* indebted to sb (*de qch* for sth).
oblique [ɔblik] — **1** *adj* oblique. — **2** *nf* oblique line. ◆ **obliquer** (1) *vi (voiture)* to turn off.
oblitérer [ɔbliteʀe] (6) *vt (timbre)* to cancel.
oblong, -ongue [ɔblɔ̃, ɔ̃g] *adj* oblong.
obnubiler [ɔbnybile] (1) *vt* to obsess.
obole [ɔbɔl] *nf (contribution)* offering.
obscène [ɔpsɛn] *adj* obscene. ◆ **obscénité** *nf* obscenity.
obscur, e [ɔpskyʀ] *adj (lit)* dark; *(confus)* obscure; *(vague)* vague, dim. ◆ **obscurcir** (1) — **1** *vt* to darken; *(fig)* to obscure. — **2 s'obscurcir** *vpr (ciel)* to darken; *(vue)* to grow dim; *(mystère)* to deepen. ◆ **obscurément** *adv* obscurely. ◆ **obscurité** *nf* darkness; obscurity.
obséder [ɔpsede] (6) *vt* to obsess. ◆ **obsédant, e** *adj* obsessive. ◆ **obsédé, e** *nm,f* maniac.
obsèques [ɔpsɛk] *nfpl* funeral.
observateur -trice [ɔpsɛʀvatœʀ, tʀis] — **1** *adj* observant. — **2** *nm,f* observer. ◆ **observation** *nf (gén)* observation; *(objection)* objection; *(reproche)* reproof; *(commentaire)* comment; *(obéissance)* observance. **faire une ~ à qn** to reprove sb; *(Méd)* **en ~** under observation. ◆ **observatoire** *nm* observatory.
observer [ɔpsɛʀve] (1) *vt* **(a)** *(regarder)* to observe; *(adversaire)* to watch; *(au microscope)* to examine. **(b)** *(remarquer)* to notice, observe. **faire ~ qch** to point sth out. **(c)** *(respecter)* to observe, keep.
obsession [ɔpsesjɔ̃] *nf* obsession. **avoir l'~ de qch** to have an obsession with sth.
obstacle [ɔpstakl(ə)] *nm (gén)* obstacle; *(Équitation)* jump, fence. **faire ~ à qch** to block sth.

obstination [ɔpstinasjɔ̃] *nf* obstinacy. ◆ **obstiné, e** *adj* obstinate. ◆ **s'obstiner** (1) *vpr* to insist. **s'~ à faire** to persist in doing.
obstruction [ɔpstʀyksjɔ̃] *nf* obstruction. **faire de l'~** to be obstructive. ◆ **obstruer** (1) *vt* to obstruct, block.
obtenir [ɔptəniʀ] (22) *vt* to obtain, get. **elle a obtenu qu'il paie** she got him to pay. ◆ **obtention** *nf* : **pour l' ~ du visa** to obtain the visa.
obtus, e [ɔpty, yz] *adj* obtuse.
obus [ɔby] *nm* shell.
occasion [ɔkazjɔ̃] *nf* **(a)** *(circonstance)* occasion; *(possibilité)* opportunity. **à l'~ de** on the occasion of; **venez à l'~** come some time. **(b)** *(Comm)* secondhand buy; (* : *avantageuse)* bargain. **d'~** secondhand. ◆ **occasionnel, -elle** *adj (gén)* occasional. ◆ **occasionnellement** *adv* occasionally. ◆ **occasionner** (1) *vt* to cause.
occident [ɔksidɑ̃] *nm* west. ◆ **occidental, e,** *mpl* **-aux** *adj* western. **les ~aux** Western countries, the West.
occulte [ɔkylt(ə)] *adj* occult.
occupant, e [ɔkypɑ̃, ɑ̃t] *nm,f* occupant. *(Mil)* **l'~** the occupying forces. ◆ **occupation** *nf* occupation. **vaquer à ses ~s** to go about one's business. ◆ **occupé, e** *adj (personne)* busy; *(toilettes, téléphone)* engaged; *(places, zone, usine)* occupied. ◆ **occuper** (1) — **1** *vt (gén)* to occupy; *(logement)* to live in; *(poste)* to hold; *(main-d'œuvre)* to employ. **mon travail m'occupe beaucoup** my work keeps me very busy. — **2 s'occuper** *vpr* : **s'~ de** *(problème)* to deal with, take care of ; *(organisme)* to be in charge of ; *(enfant, malade)* to look after; *(client)* to attend to. **occupe-toi de tes affaires*** mind your own business; **s'~ à faire qch** to busy o.s. doing sth.
occurrence [ɔkyʀɑ̃s] *nf* : **en l'~** in this case.
océan [ɔseɑ̃] *nm* ocean. ◆ **océanique** *adj* oceanic.
ocre [ɔkʀ(ə)] *nf, adj inv* ochre.
octane [ɔktan] *nm* octane.
octave [ɔktav] *nf (Mus)* octave.
octobre [ɔktɔbʀ(ə)] *nm* October; *V* **septembre.**
octroyer [ɔktʀwaje] (8) *vt* to grant (*à* to). **s'~ qch** to grant o.s. sth.
oculaire [ɔkylɛʀ] *adj* ocular. ◆ **oculiste** *nmf* eye specialist, oculist.
ode [ɔd] *nf* ode.
odeur [ɔdœʀ] *nf (gén)* smell, odour; *(de fleurs etc)* fragrance, scent. **être en ~ de sainteté** to be in favour. ◆ **odorant, e** *adj* sweet-smelling. ◆ **odorat** *nm* sense of smell.
odieux, -euse [ɔdjø, øz] *adj* odious.
œil [œj], *pl* **yeux** [jø] *nm* eye. **avoir de bons yeux** to have good eyes *ou* eyesight; **à l'~ nu** with the naked eye; **~ au beurre noir** black eye; **à mes yeux** in my opinion; **d'un ~ d'envie** with an envious look; **voir qch d'un bon ~** to view sth favourably; **il a l'~** he has sharp eyes; **chercher qn des yeux** to look around for sb; *(gratuitement)* **à l'~*** for nothing, for free*; **mon ~!*** my eye!*; **avoir qn à l'~** to keep an eye on sb; **faire de l'~ à qn** to make eyes at sb; **coûter les yeux de la tête** to cost the earth; **faire les yeux doux à qn** to make sheep's eyes at sb; **faire des yeux ronds** to stare round-eyed. ◆ **œillade** *nf* wink. ◆ **œillères** *nfpl* blinkers.
œillet [œjɛ] *nm* carnation. **~ d'Inde** French marigold; **~ mignardise** pink.
œsophage [ezɔfaʒ] *nm* œsophagus.
œuf [œf], *pl* **~s** [ø] *nm* egg. **~s brouillés** scrambled eggs; **~ à la coque** (soft-)boiled egg; **~ dur** hard-boiled egg; **~ sur le plat** fried egg; **détruire dans l'~** to nip in the bud.
œuvre [œvʀ(ə)] *nf* work. **~s choisies** selected works; **se mettre à l'~** to get down to work; **mettre en ~** *(moyens)* to implement; **mise en ~** implementation; **il faut tout mettre en ~ pour** everything must be done to; **faire ~ de pionnier** to act as a pioneer; *(institution)* **bonne ~, ~ de bienfaisance** charitable organization, charity.
offensant, e [ɔfɑ̃sɑ̃, ɑ̃t] *adj* offensive, insulting. ◆ **offense** *nf* insult; *(Rel : péché)* offence. ◆ **offenser** (1) *vt* to offend. **s'~ de qch** to take offence at sth.
offensif, -ive [ɔfɑ̃sif, iv] *adj, nf* offensive.
office [ɔfis] *nm* **(a)** *(métier)* office; *(fonction)* function. **faire ~ de** to act as; **d'~** automatically; **bons ~s** good offices. **(b)** *(bureau)* bureau, agency. **(c)** *(messe)* church service. **(d)** *(cuisine)* pantry.
officiel, -elle [ɔfisjɛl] *adj, nm,f* official. ◆ **officiellement** *adv* officially.
officier[1] [ɔfisje] *nm* officer.
officier[2] [ɔfisje] (7) *vi* to officiate.
officieux, -euse [ɔfisjø, øz] *adj* unofficial.
offrande [ɔfʀɑ̃d] *nf* offering. ◆ **offrant** *nm* : **au plus ~** to the highest bidder. ◆ **offre** *nf (gén)* offer; *(aux enchères)* bid. **l'~ et la demande** supply and demand; **il y avait plusieurs ~s d'emploi** there were several jobs advertised.
offrir [ɔfʀiʀ] (18) — **1** *vt* **(a)** *(cadeau) (donner)* to give (*à* to); *(acheter)* to buy (*à* for). **c'est pour ~?** is it for a present? **(b)** *(présenter : choix etc)* to offer; *(démission)* to tender. **~ de faire** to offer to do; **cela n'offre rien de particulier** there is nothing special about that. — **2 s'offrir** *vpr* : **s'~ à faire qch** to offer to do sth.
offusquer [ɔfyske] (1) *vt* to offend. **s'~ de** to take offence at.
ogre [ɔgʀ(ə)] *nm* ogre. **manger comme un ~** to eat like a horse.
oie [wa] *nf* goose.
oignon [ɔɲɔ̃] *nm (légume)* onion; *(tulipe etc)* bulb. **ce n'est pas mes ~s*** it's no business of mine.
oiseau, *pl* **~x** [wazo] *nm* bird. **~ de proie** bird of prey; **trouver l'~ rare** to find the man (*ou* woman) in a million; **drôle d'~*** queer fish*.
oisif, -ive [wazif, iv] *adj* idle. ◆ **oisiveté** *nf* idleness.
oléoduc [ɔleɔdyk] *nm* oil pipeline.
olive [ɔliv] *nf* olive. ◆ **olivier** *nm (arbre)* olive tree; *(bois)* olive-wood.
olympique [ɔlɛ̃pik] *adj* Olympic.
ombrage [ɔ̃bʀaʒ] *nm (ombre)* shade. **prendre ~ de qch** to take offence at sth. ◆ **ombragé, e** *adj* shady. ◆ **ombrager** (3) *vt* to shade. ◆ **ombrageux, -euse** *adj* easily offended.
ombre [ɔ̃bʀ(ə)] *nf* **(a)** shade; *(portée)* shadow; *(obscurité)* darkness. **à l'~** in the shade; **tu me fais de l'~** you're in my light. **(b)** *(forme)* shadow; *(fantôme)* shade. **(c)** *(fig)* **laisser dans l'~** to leave in the dark; **une ~ de moustache** a hint of a moustache; **il n'y a pas l'~ d'un doute** there's not the shadow of a doubt; **jeter une ~ sur qch** to cast a gloom over sth; **mettre qn à l'~*** to put sb behind bars; **~s chinoises** shadow show. ◆ **ombrelle** *nf* parasol, sunshade.
omelette [ɔmlɛt] *nf* omelette.

omettre [ɔmɛtʀ(ə)] (56) *vt* to omit. ◆ **omission** *nf* omission.
omnibus [ɔmnibys] *nm* stopping train.
omoplate [ɔmɔplat] *nf* shoulder blade.
on [ɔ̃] *pron (celui qui parle)* one, you, we; *(les gens)* people, they; *(quelqu'un)* someone. **~ ne sait jamais** one *ou* you never can tell; **~ dit que** people *ou* they say that, it's said that; **~ t'a téléphoné** someone phoned you; (* : *nous*) we phoned you; *(sens passif)* **~ l'interrogea** he was questioned; *(intensif)* **c'est ~ ne peut plus beau** it couldn't be lovelier.
once [ɔ̃s] *nf* ounce.
oncle [ɔ̃kl(ə)] *nm* uncle.
onctueux, -euse [ɔ̃ktɥø, øz] *adj* creamy; *(paroles)* unctuous.
onde [ɔ̃d] *nf* wave. **petites ~s, ~s moyennes** medium waves; **sur les ~s** *(radio)* on the radio; *(mer)* on the waters.
ondée [ɔ̃de] *nf* (rain) shower.
on-dit [ɔ̃di] *nm inv* rumour.
ondulation [ɔ̃dylɑsjɔ̃] *nf* undulation. *(cheveux)* **~s** waves. ◆ **onduler** (1) *vi (gén)* to undulate; *(blés)* to wave; *(cheveux)* to be wavy.
onéreux, -euse [ɔneʀø, øz] *adj* costly.
ongle [ɔ̃gl(ə)] *nm (personne)* finger nail; *(animal)* claw.
onomatopée [ɔnɔmatɔpe] *nf* onomatopoeia.
O.N.U. [ɔny] *nm* U.N.O.
onze [ɔ̃z] *adj, nm inv* eleven. **le ~ novembre** Armistice Day; *V* **six.** ◆ **onzième** *adj, nmf* eleventh.
opale [ɔpal] *nf* opal.
opacité [ɔpasite] *nf* opaqueness. ◆ **opaque** *adj* opaque (*à* to).
opéra [ɔpeʀa] *nm (œuvre)* opera; *(édifice)* opera house. **~-comique** light opera. ◆ **opérette** *nf* operetta.
opération [ɔpeʀɑsjɔ̃] *nf (gén)* operation; *(financière)* deal. ◆ **opérer** (6) — **1** *vt* **(a)** *(malade)* to operate on (*de* for); *(tumeur)* to remove; *(réforme)* to carry out. **se faire ~ de qch** to have an operation, have sth removed. **(b)** *(choix)* to make. **un changement s'était opéré** a change had taken place. — **2** *vi (remède)* to work; *(technicien etc)* to proceed.
ophtalmologiste [ɔftalmɔlɔʒist(ə)] *nmf* ophthalmologist, eye specialist.
opiner [ɔpine] (1) *vi* to nod.
opiniâtre [ɔpinjɑtʀ(ə)] *adj* obstinate.
opinion [ɔpinjɔ̃] *nf* opinion (*sur* on, about).
opium [ɔpjɔm] *nm* opium.
opportun, e [ɔpɔʀtœ̃, yn] *adj* opportune. ◆ **opportunité** *nf* opportuneness.
opposant, e [ɔpozɑ̃, ɑ̃t] *nm,f* opponent (*à* of). ◆ **opposé, e** — **1** *adj (rive, direction)* opposite; *(camp)* opposing; *(intérêts)* conflicting. **la maison ~e à la nôtre** the house opposite ours; *(contre)* **~ à** opposed to, against. — **2** *nm* **l'~** the opposite, the reverse (*de* of); **à l'~** *(de l'autre côté)* on the opposite side (*de* from). ◆ **opposer** (1) — **1** *vt* **(a)** *(diviser)* to divide (*à* from); *(contraster)* to contrast; *(rivaux)* to bring into conflict (*à* with). **(b)** *(arguments)* to put forward; *(résistance)* to put up. **~ son refus** to refuse. — **2 s'opposer** *vpr (équipes)* to confront each other; *(rivaux)* to clash; *(théories)* to conflict; *(styles)* to contrast (*à* with). **s'~ à qch** to oppose sth; **rien ne s'y oppose** there's nothing against it. ◆ **opposition** *nf* opposition (*à* to). **mettre en ~** to contrast; **mettre ~ à** *(décision)* to oppose; *(chèque)* to stop; **par ~ à** as opposed to.
oppressant, e [ɔpʀesɑ̃, ɑ̃t] *adj* oppressive. ◆ **oppresser** (1) *vt (gén)* to oppress; *(suffoquer)* to suffocate. ◆ **oppresseur** *nm* oppressor. ◆ **oppression** *nf* oppression.
opprimer [ɔpʀime] (1) *vt* to oppress.
opter [ɔpte] (1) *vi* : **~ pour** to opt for; **~ entre** to choose between.
opticien, -ienne [ɔptisjɛ̃, jɛn] *nm,f* optician.
optimisme [ɔptimism(ə)] *nm* optimism. ◆ **optimiste** — **1** *adj* optimistic. — **2** *nmf* optimist.
optimal, e, *mpl* **-aux** [ɔptimal, o] *adj* optimal. ◆ **optimum,** *pl* **~s** *ou* **optima** *nm, adj* optimum.
option [ɔpsjɔ̃] *nf* option.
optique [ɔptik] — **1** *adj (verre)* optical; *(nerf)* optic. — **2** *nf (science, appareils)* optics *(sg)*; *(perspective)* perspective.
opulence [ɔpylɑ̃s] *nf* opulence. ◆ **opulent, e** *adj* opulent.
or[1] [ɔʀ] *nm* gold. **~ noir** black gold; **en ~** *(objet)* gold; *(occasion)* golden; *(sujet)* marvellous; **faire des affaires d'~** to make a fortune.
or[2] [ɔʀ] *conj (transition)* now; *(pourtant)* but, yet.
oracle [ɔʀɑkl(ə)] *nm* oracle.
orage [ɔʀaʒ] *nm (tempête)* thunderstorm; *(dispute)* row. ◆ **orageux, -euse** *adj (gén, fig)* stormy; *(temps)* thundery.
oraison [ɔʀɛzɔ̃] *nf* prayer. **~ funèbre** funeral oration.
oral, e *mpl* **-aux** [ɔʀal, o] *adj, nm* oral.
orange [ɔʀɑ̃ʒ] *adj inv, nmf* orange. ◆ **orangé, e** *adj* orangey. ◆ **orangeade** *nf* orangeade. ◆ **oranger** *nm* orange tree.
orang-outan(g), *pl* **~s-~s** [ɔʀɑ̃utɑ̃] *nm* orang-outang.
orateur [ɔʀatœʀ] *nm (gén)* speaker.
oratorio [ɔʀatɔʀjo] *nm* oratorio.
orbite [ɔʀbit] *nf (œil)* eye-socket; *(astre)* orbit; *(zone d'influence)* sphere of influence.
orchestre [ɔʀkɛstʀ(ə)] *nm* orchestra; *(jazz, danse)* band; *(parterre)* stalls, orchestra *(US)*. ◆ **orchestrer** (1) *vt* to orchestrate.
orchidée [ɔʀkide] *nf* orchid.
ordinaire [ɔʀdinɛʀ] — **1** *adj (gén)* ordinary; *(habituel)* usual; *(péj : commun)* common; *(qualité)* standard; *(de tous les jours)* everyday. **peu ~** unusual. — **2** *nm (nourriture)* **l'~** the food; **qui sort de l'~** which is out of the ordinary; **comme à l'~** as usual; **d'~** usually, as a rule. ◆ **ordinairement** *adv* usually, as a rule.
ordinal, e, *mpl* **-aux** [ɔʀdinal, o] — **1** *adj* ordinal. — **2** *nm* ordinal number.
ordinateur [ɔʀdinatœʀ] *nm* computer.
ordonnance [ɔʀdɔnɑ̃s] *nf (organisation)* organization; *(Méd)* prescription; *(décret)* order; *(Mil : domestique)* batman.
ordonner [ɔʀdɔne] (1) *vt (commander)* to order; *(organiser)* to organize; *(traitement)* to prescribe; *(prêtre)* to ordain. ◆ **ordonné, e** *adj* orderly.
ordre [ɔʀdʀ(ə)] *nm* **(a)** *(succession, importance)* order. **par ~ alphabétique** in alphabetical order; **dans un autre ~ d'idées** in a different way; **motifs d'~ personnel** reasons of a personal nature; **un chiffre de l'~ de** a figure of the order of; **~ de grandeur** rough estimate; **de premier ~** first-rate; **de dernier ~** third-rate. **(b)** *(organisation)* order; *(personne, chambre)* tidiness, orderliness. **l'~ public** law and order; **avoir de l'~** to be tidy *ou* orderly; **en ~** *(maison)* tidy, orderly; *(comptes)* in order;

sans ~ untidy; **mettre en ~** to tidy up; **mettre bon ~ à qch** to sort sth out; **en ~ de marche** in working order. **(c)** *(association, catégorie)* order. **entrer dans les ~s** to take orders; **l'~ des médecins** ≃ the Medical Association. **(d)** *(commandement) (gén)* order; *(Mil)* order, command. **par ~ de, sur l'~ de** by order of; **être aux ~s de qn** to be at sb's disposal; *(Mil)* **à vos ~s!** yes sir!; **l'~ du jour** *(Mil)* the order of the day; *(programme)* the agenda.
ordure [ɔRdyR] *nf* dirt, filth. *(détritus)* **~s** rubbish, refuse, garbage *(US)*; **jeter qch aux ~s** to throw sth into the dustbin *ou* garbage can *(US)*.
orée [ɔRe] *nf (bois)* edge.
oreille [ɔRɛj] *nf* ear. **tirer les ~s à qn** *(lit)* to tweak sb's ears; *(fig)* to tell sb off*; **se faire tirer l'~** to need a lot of persuading; **l'~ basse** crestfallen; **avoir l'~ fine** to have a sharp ear. ◆ **oreiller** *nm* pillow. ◆ **oreillons** *nmpl* : **les ~** mumps.
orfèvre [ɔRfɛvR(ə)] *nm* silversmith, goldsmith; *(fig)* expert. ◆ **orfèvrerie** *nf* silversmith's *ou* goldsmith's trade. **pièce d'~** piece of silver *ou* gold plate.
organe [ɔRgan] *nm (gén)* organ; *(porte-parole)* spokesman. **~s de transmission** transmission system.
organigramme [ɔRganigRam] *nm* flow chart.
organique [ɔRganik] *adj* organic.
organisateur, -trice [ɔRganizatœR, tRis] *nm,f* organizer. ◆ **organisation** *nf* organization. ◆ **organiser** (1) *vt* to organize. **s'~** to organize o.s., get organized.
organisme [ɔRganism(ə)] *nm* body, organism.
orge [ɔRʒ(ə)] *nf* barley.
orgie [ɔRʒi] *nf* orgy.
orgue [ɔRg(ə)] *nm* organ. **~ de Barbarie** barrel organ; **les grandes ~s** *(nfpl)* the great organs.
orgueil [ɔRgœj] *nm* pride. **tirer ~ de qch** to take pride in sth. ◆ **orgueilleux, -euse** *adj* proud.
orient [ɔRjɑ̃] *nm* : **l'O~** the East, the Orient. ◆ **oriental, e** *mpl* **-aux** — **1** *adj (région)* eastern; *(produits)* oriental. — **2** *nm* : **O~** Oriental. — **3** *nf* : **O~e** Oriental woman.
orientable [ɔRjɑ̃tabl(ə)] *adj* adjustable. ◆ **orientation** *nf (gén)* direction, orientation; *(maison)* aspect; *(science)* trends; *(magazine)* political tendencies. *(action)* **l'~ de l'antenne** positioning *ou* adjusting the aerial; **~ professionnelle** career guidance. ◆ **orienté, e** *adj (partial)* slanted. ◆ **orienter** (1) — **1** *vt (gén)* to direct; *(objet)* to position, adjust; *(élèves)* to orientate (*vers* towards). — **2 s'orienter** *vpr (voyageur)* to find one's bearings. **s'~ vers** to turn towards.
orifice [ɔRifis] *nm* opening; *(tuyau)* mouth.
originaire [ɔRiʒinɛR] *adj (plante)* **~ de** native to; **il est ~ de** he is a native of.
original, e, *mpl* **-aux** [ɔRiʒinal, o] — **1** *adj* original; *(bizarre)* eccentric. — **2** *nm,f* eccentric. — **3** *nm (tableau etc)* original. ◆ **originalité** *nf* originality; eccentricity. **une ~** an original feature.
origine [ɔRiʒin] *nf* origin. **d'~** *(pays)* of origin; *(pneus)* original. **coutume d'~ ancienne** custom of long standing; **à l'~** originally; **dès l'~** from the beginning. ◆ **originel, -elle** *adj* original.
orme [ɔRm(ə)] *nm* elm.
ornement [ɔRnəmɑ̃] *nm (gén)* ornament. ◆ **orner** (1) *vt* to decorate (*de* with). **robe ornée d'un galon** dress trimmed with braid.
ornière [ɔRnjɛR] *nf* rut. *(fig)* **il est sorti de l'~** he's out of the wood.
orphelin, e [ɔRfəlɛ̃, in] — **1** *adj* orphaned. — **2** *nm,f* orphan. ◆ **orphelinat** *nm* orphanage.
orteil [ɔRtɛj] *nm* toe. **gros ~** big toe.
orthodoxe [ɔRtɔdɔks(ə)] *adj, nmf* orthodox. ◆ **orthodoxie** *nf* orthodoxy.
orthographe [ɔRtɔgRaf] *nf* spelling. ◆ **orthographier** (7) *vt* to spell.
ortie [ɔRti] *nf* nettle.
os [ɔs] *nm* bone. **tomber sur un ~*** to hit* a snag.
oscillation [ɔsilɑsjɔ̃] *nf* oscillation; *(prix)* fluctuation. ◆ **osciller** (1) *vi (Tech)* to oscillate; *(tête)* to rock; *(flamme)* flicker; *(prix)* to fluctuate; *(hésiter)* to waver.
oseille [ozɛj] *nf* sorrel; (* : *argent*) dough*.
oser [oze] (1) *vt* to dare. **si j'ose dire** if I may say so. ◆ **osé, e** *adj* daring.
osier [ozje] *nm* wicker.
ossature [ɔsatyR] *nf* frame. ◆ **osselets** *nmpl* knucklebones. ◆ **ossements** *nmpl* bones. ◆ **osseux, -euse** *adj* bone; *(maigre)* bony.
ostensible [ɔstɑ̃sibl(ə)] *adj* conspicuous.
ostentation [ɔstɑ̃tɑsjɔ̃] *nf* ostentation.
otage [ɔtaʒ] *nm* hostage.
O.T.A.N. [ɔtɑ̃] *nm* N.A.T.O.
otarie [ɔtaRi] *nf* sea-lion.
ôter [ote] (1) *vt (gén)* to remove (*de* from); *(ornement, scrupules)* to take away; *(vêtement)* to take off; *(tache)* to take out (*de* of). **ôte tes mains de la porte!** take your hands off the door!; **~ qch à qn** *(objet)* to take sth away from sb; *(droits, forces)* to deprive sb of sth; **ôtez-vous de là!** get out of there!
otite [ɔtit] *nf* ear infection.
oto-rhino-laryngologiste [ɔtɔRinɔlaRɛ̃gɔlɔʒist(ə)] *nmf* ear, nose and throat specialist.
ou [u] *conj* or. **avec ~ sans sucre?** with or without sugar?; **~ il est malade ~ il est fou** he's either sick or mad.
où [u] — **1** *pron* **(a)** *(lieu)* where. **la ville ~ j'habite** the town I live in *ou* where I live. **(b)** *(situation)* in *etc* which. **l'état ~ c'est** the state in which it is, the state it is in; **la famille d'~ il sort** the family he comes from. **(c)** *(temps)* when. **le jour ~ je l'ai rencontré** the day (when) I met him. — **2** *adv rel* where. **~ que l'on aille** wherever one goes; **d'~ l'on peut conclure que...** from which one may conclude that...; **d'~ son silence** hence his silence. — **3** *adv interrog* where. **~ es-tu?** where are you?; **~ voulez-vous en venir?** what are you getting at?
ouailles [wɑj] *nfpl (Rel, hum)* flock.
ouate [wat] *nf* cotton wool, absorbent cotton *(US)*.
oubli [ubli] *nm (trou de mémoire)* lapse of memory; *(omission)* omission; *(négligence)* oversight. **l'~** oblivion, forgetfulness; **l'~ de qch** forgetting sth. ◆ **oublier** (7) — **1** *vt (gén)* to forget; *(fautes d'orthographe)* to miss; *(phrase)* to leave out. — **2 s'oublier** *vpr (personne)* to forget o.s. **ça s'oublie facilement** it's easily forgotten.
ouest [wɛst] — **1** *nm* west. **à l'~** *(situation)* in the west; *(direction)* to the west, westwards; **l'Europe de l'~** Western Europe. — **2** *adj inv (région)* western; *(côté)* west; *(direction)* westerly.
ouf [uf] *excl* phew!
oui [wi] *adv* yes. **le connaissez-vous?** — **~** do you know him? — yes (I do); **faire ~ de la tête**

to nod; **je pense que ~** (yes) I think so; **il va accepter, ~ ou non?** is he or isn't he going to accept?; **il y a eu 30 ~** there were 30 votes in favour; **pleurer pour un ~ ou pour un non** to cry at the drop of a hat.

ouïe [wi] *nf* hearing. ◆ **ouï-dire** *nm inv* : **par ~** by hearsay. ◆ **ouïr** (10) *vt* to hear.

ouïes [wi] *nfpl* gills.

ouille [uj] *excl* ouch!

ouragan [uʀagɑ̃] *nm* hurricane.

ourler [uʀle] (1) *vt* to hem. ◆ **ourlet** *nm* hem.

ours [uʀs] *nm* bear. **~ en peluche** teddy bear; **~ blanc** polar bear.

oursin [uʀsɛ̃] *nm* sea urchin.

oust(e)* [ust(ə)] *excl* off with you!

outil [uti] *nm* tool; *(agricole)* implement. ◆ **outillage** *nm (bricoleur)* set of tools; *(usine)* equipment. ◆ **outiller** (1) *vt* to equip.

outrage [utʀaʒ] *nm* insult (*à* to). ◆ **outragé, e** *adj* offended. ◆ **outrageant, e** *adj* offensive. ◆ **outrager** (3) *vt* to offend.

outrageux, -euse [utʀaʒø, øz] *adj* outrageous, excessive.

outrance [utʀɑ̃s] *nf (excès)* excess. ◆ **outrancier, -ière** *adj* excessive.

outre [utʀ(ə)] *prép* besides. **~ son salaire** on top of *ou* in addition to his salary; **en ~** moreover, besides; **~ mesure** to excess; **passer ~** to carry on regardless (*à* of); **~-Manche** across the Channel; **~-mer** overseas.

outrepasser [utʀəpɑse] (1) *vt (droits)* to exceed; *(limites)* to overstep.

outrer [utʀe] (1) *vt (exagérer)* to exaggerate; *(indigner)* to outrage. ◆ **outré, e** *adj* exaggerated; outraged (*par* by).

outsider [awtsajdœʀ] *nm* front runner.

ouvert, e [uvɛʀ, ɛʀt] *adj (gén)* open (*à* to); *(robinet)* on; *(personne)* open-minded. ◆ **ouvertement** *adv* openly. ◆ **ouverture** *nf (gén)* opening; *(Mus)* overture. *(avances)* **~s** overtures; *(bureau)* **à l'~** at opening time; **~ d'esprit** open-mindedness. ◆ **ouvrable** *adj* : **jour ~** working day; **heures ~s** business hours.

ouvrage [uvʀaʒ] *nm (gén)* work; *(objet)* piece of work; *(livre)* book. *(pont etc)* **~ d'art** structure; **se mettre à l'~** to start work. ◆ **ouvragé, e** *adj* finely worked.

ouvre [uvʀə] *préf* : **~-boîte(s)** *nm inv* tin-opener; **~ bouteille(s)** *nm inv* bottle-opener.

ouvreuse [uvʀøz] *nf* usherette.

ouvrier, -ière [uvʀije, ijɛʀ] — **1** *adj (quartier)* working-class; *(agitation)* industrial, labour. — **2** *nm* worker, workman. **~ agricole** farm labourer *ou* hand; **~ qualifié** skilled worker. — **3** *nf* female worker.

ouvrir [uvʀiʀ] (18) — **1** *vt (gén)* to open; *(mur, ventre, perspectives)* to open up; *(porte fermée à clef)* to unlock; *(robinet, radio)* to turn on; *(ailes)* to spread; *(manteau)* to undo; *(procession)* to lead; *(hostilités)* to begin, open; *(appétit)* to whet. **va ~!** go and open *ou* answer the door!; **fais-toi ~ par la concierge** ask *ou* get the caretaker to let you in; **~ l'œil** to keep one's eyes open; **~ la voie à qn** to lead the way for sb; **~ la marche** to take the lead. — **2** *vi* to open (*sur* on, *par* with). — **3 s'ouvrir** *vpr (gén)* to open; *(fleur)* to open out. **robe qui s'ouvre par devant** dress that undoes at the front; **s'~ un passage dans la foule** to cut one's way through the crowd; **la porte a dû s'~** the door must have come open; **s'~ à** *(problèmes)* to become aware of; *(confident)* to open one's heart to; **s'~ la jambe** to cut one's leg.

ovaire [ɔvɛʀ] *nm* ovary.

ovale [ɔval] *adj, nm* oval.

ovation [ɔvɑsjɔ̃] *nf* ovation. **faire une ~ à qn** to give sb an ovation.

ovulation [ɔvylɑsjɔ̃] *nf* ovulation. ◆ **ovule** *nm (Physiol)* ovum.

oxydation [ɔksidɑsjɔ̃] *nf* oxidization. ◆ **oxyde** *nm* oxide. **~ de carbone** carbon monoxide. ◆ **oxyder** (1) *vt* to oxidize. **s'~** to become oxidized.

oxygène [ɔksiʒɛn] *nm* oxygen. ◆ **oxygéner** (6) *vt* to oxygenate. **s'~*** to get some fresh air.

ozone [ozon] *nm* ozone.

P

P, p [pe] *nm (lettre)* P, p.

pachyderme [paʃidɛʀm(ə)] *nm* elephant.

pacification [pasifikɑsjɔ̃] *nf* pacification. ◆ **pacifier** (7) *vt* to pacify. ◆ **pacifique** — **1** *adj (gén)* peaceful; *(humeur)* peaceable; *(océan)* Pacific. — **2** *nm* : **le P~** the Pacific. ◆ **pacifiste** *nmf, adj* pacifist.

pacotille [pakɔtij] *nf* poor-quality stuff.

pacte [pakt(ə)] *nm* pact. ◆ **pactiser** (1) *vt (se liguer)* to take sides; *(transiger)* to come to terms (*avec* with).

pactole [paktɔl] *nm* gold mine.

pagaie [pagɛ] *nf* paddle.

pagaïe, pagaille [pagaj] *nf* mess. **mettre la ~ dans qch** to mess sth up; **il y en a en ~*** there are loads* *ou* masses of them.

pagayer [pageje] (8) *vi* to paddle.

page[1] [paʒ] *nf* page; *(passage)* passage. **~ de garde** flyleaf; **être à la ~** to be up-to-date.

page[2] [paʒ] *nm (Hist)* page.

pagne [paɲ] *nm* loincloth.

pagode [pagɔd] *nf* pagoda.

paie [pɛ] *nf (gén)* pay; *(ouvrier)* wages. **ça fait une ~ que nous ne nous sommes pas vus*** it's ages since we last saw each other. ◆ **paiement** *nm* payment.

païen, -ïenne [pajɛ̃, jɛn] *adj, nm,f* pagan, heathen.

paillasse [pajas] *nf (matelas)* straw mattress. *(évier)* draining board. ◆ **paillasson** *nm* doormat.

paille [paj] *nf* straw; *(pour boire)* drinking straw; *(Tech : défaut)* flaw. ~ **de riz** straw; **mettre sur la** ~ to reduce to poverty; *(un rien)* **une** ~!* peanuts!*

paillette [pajɛt] *nf (or)* speck; *(mica, lessive)* flake; *(sur robe)* sequin.

pain [pɛ̃] *nm (gén)* bread. *(miche)* **un** ~ a loaf; *(gâteau)* a bun; *(cire)* a bar. ~ **de campagne** farmhouse bread; ~ **d'épices** ≃ gingerbread; ~ **de Gênes** Genoa cake; ~ **grillé** toast; ~ **de mie** sandwich loaf; **se vendre comme des petits** ~**s** to sell like hot cakes; **avoir du** ~ **sur la planche*** to have a lot on one's plate.

pair[1] [pɛʀ] *nm (personne)* peer; *(Fin)* par. **jeune fille au** ~ au pair girl; **ça va de** ~ it goes hand in hand (*avec* with).

pair[2], e[1] [pɛʀ] *adj (nombre)* even. **le côté** ~ the even-numbers side of the street.

paire[2] [pɛʀ] *nf* pair. **c'est une autre** ~ **de manches*** that's another story.

paisible [pezibl(ə)] *adj* peaceful, quiet; *(sans agressivité)* peaceable.

paître [pɛtʀ(ə)] (57) *vi* to graze. **faire** ~ to graze; **envoyer** ~ **qn*** to send sb packing*.

paix [pɛ] *nf (gén)* peace; *(traité)* peace treaty; *(silence)* peacefulness. **avoir la** ~ to have a bit of peace and quiet; **avoir la conscience en** ~ to have a clear conscience; **fiche-moi la** ~!* leave me alone!

Pakistan [pakistɑ̃] *nm* Pakistan. ◆ **pakistanais, e** *adj*, **P**~, **e** *nm,f* Pakistani.

palace [palas] *nm* luxury hotel.

palais [palɛ] *nm (édifice)* palace; *(bouche)* palate. ~ **des expositions** exhibition hall; **le P**~ **de Justice** the Law Courts; ~ **des sports** sports stadium.

palan [palɑ̃] *nm* hoist.

pale [pal] *nf (hélice)* blade; *(roue)* paddle.

pâle [pɑl] *adj (gén)* pale; *(maladif)* pallid.

Palestine [palestin] *nf* Palestine. ◆ **palestinien, -ienne** *adj*, **P**~, **ienne** *nm,f* Palestinian.

paletot [palto] *nm* knitted jacket.

palette [palɛt] *nf (Peinture)* palette; *(Boucherie)* shoulder.

pâleur [pɑlœʀ] *nf* paleness; *(maladive)* pallor.

palier [palje] *nm (escalier)* landing; *(route)* level; *(étape)* stage.

pâlir [pɑliʀ] (2) *vti* to turn pale. **faire** ~ **qn d'envie** to make sb green with envy.

palissade [palisad] *nf (pieux)* fence; *(planches)* boarding.

palliatif [paljatif] *nm* palliative. ◆ **pallier** (7) *vt (difficulté)* to get round; *(manque)* to compensate for.

palmarès [palmaʀɛs] *nm* list of prizes *ou* winners; *(athlète etc)* record.

palme [palm(ə)] *nf (feuille)* palm leaf; *(symbole)* palm; *(nageur)* flipper. ◆ **palmé, e** *adj (oiseau)* webfooted. ◆ **palmier** *nm* palm tree; *(gâteau)* palmier.

pâlot, -otte* [pɑlo, ɔt] *adj* pale, peaky*.

palourde [paluʀd(ə)] *nf* clam.

palper [palpe] (1) *vt* to finger; *(Méd)* to palpate.

palpitations [palpitɑsjɔ̃] *nfpl* palpitations. ◆ **palpiter** (1) *vi (cœur)* to beat; *(violemment)* to pound; *(narines)* to quiver.

paludisme [palydism(ə)] *nm* malaria.

pamphlet [pɑ̃flɛ] *nm* lampoon.

pamplemousse [pɑ̃pləmus] *nm* grapefruit.

pan[1] [pɑ̃] *nm (morceau)* piece; *(basque)* tail. ~ **de mur** wall; **il est en** ~ **de chemise** he has just his shirt on.

pan[2] [pɑ̃] *excl (fusil)* bang!; *(gifle)* slap!

pan[3] [pɑ̃] *préf* Pan-. **panaméricain** *etc* Pan-American *etc*.

panacée [panase] *nf* panacea.

panache [panaʃ] *nm* plume; *(héroïsme)* gallantry.

panaché, e [panaʃe] — **1** *adj (assortiment)* motley; *(glace)* mixed-flavour. — **2** *nm (boisson)* shandy.

panaris [panaʀi] *nm* whitlow.

pancarte [pɑ̃kaʀt(ə)] *nf (gén)* sign, notice; *(Aut)* road sign; *(manifestant)* placard.

pancréas [pɑ̃kʀeɑs] *nm* pancreas.

paner [pane] (1) *vt* to coat with breadcrumbs.

panier [panje] *nm* basket. **ils sont tous à mettre dans le même** ~ they are all much of a muchness; **mettre au** ~ to throw out; ~ **percé** spendthrift; ~ **à salade** *(Culin)* salad basket; (**fig*) police van.

panique [panik] *nf* panic. **pris de** ~ panic-stricken. ◆ **paniquer** *vi*, **se paniquer*** *vpr* (1) to panic.

panne [pan] *nf* breakdown. **je suis tombé en** ~ my car has broken down; **tomber en** ~ **sèche** to run out of petrol *ou* gas *(US)*; ~ **de courant** *etc* power failure *etc*.

panneau, *pl* ~**x** [pano] *nm (porte etc)* panel; *(écriteau)* sign, notice. ~ **d'affichage** *(résultats)* notice board; *(publicité)* hoarding, billboard *(US)*; ~ **indicateur** signpost; ~ **de signalisation** road-sign; **tomber dans le** ~* to fall into the trap. ◆ **panonceau,** *pl* ~**x** *nm (plaque)* plaque; *(publicitaire)* sign.

panoplie [panɔpli] *nf (jouet)* outfit; *(moyens etc)* range. ~ **d'armes** display of weapons.

panorama [panɔʀama] *nm* panorama. ◆ **panoramique** *adj* panoramic.

panse [pɑ̃s] *nf* paunch; (* : *ventre)* belly*.

pansement [pɑ̃smɑ̃] *nm* dressing; *(bandage)* bandage. ~ **adhésif** sticking plaster, bandaid ® *(US)*. ◆ **panser** (1) *vt (plaie)* to dress; *(bras)* to put a dressing on; *(blessé)* to dress the wounds of; *(cheval)* to groom.

pantalon [pɑ̃talɔ̃] *nm* trousers, pants *(US)*. **10** ~**s** 10 pairs of trousers.

panthéon [pɑ̃teɔ̃] *nm* pantheon.

panthère [pɑ̃tɛʀ] *nf* panther.

pantin [pɑ̃tɛ̃] *nm (jouet)* jumping jack; *(péj : personne)* puppet.

pantomime [pɑ̃tɔmim] *nf (art)* mime; *(spectacle)* mime show; *(fig)* scene, fuss.

pantoufle [pɑ̃tufl(ə)] *nf* slipper.

paon [pɑ̃] *nm* peacock.

papa [papa] *nm* dad, daddy. **la musique de** ~* old-fashioned music; **c'est un** ~ **gâteau** he spoils children.

papauté [papote] *nf* papacy. ◆ **pape** *nm* pope.

paperasse [papʀas] *nf (péj)* ~(s) papers; *(à remplir)* forms.

papeterie [papɛtʀi] *nf (magasin)* stationer's shop; *(fourniture)* stationery; *(fabrique)* paper mill. ◆ **papetier, -ière** *nm,f* stationer.

papier [papje] *nm (gén)* paper; *(feuille)* sheet of paper; *(formulaire)* form; *(article)* article. **sac en** ~ paper bag; ~ **aluminium** aluminium foil, tinfoil; ~**s d'identité** identity papers; ~ **hygiénique** toilet paper; ~ **journal** newspaper; ~ **à lettres** writing paper, notepaper; ~ **peint** wallpaper; ~ **de verre** sandpaper; **sur** ~ **libre** on plain paper; **être dans les petits ~s de qn** to be in sb's good books.

papillon [papijɔ̃] *nm (insecte)* butterfly; *(écrou)* wing *ou* butterfly nut; *(contravention)* parking ticket; *(autocollant)* sticker. **~ de nuit** moth.

papotage [papɔtaʒ] *nm* : ~(s) chatter. ◆ **papoter** (1) *vi* to chatter.

paquebot [pakbo] *nm* liner, steam ship.

pâquerette [pɑkʀɛt] *nf* daisy.

Pâques [pɑk] — **1** *nm* Easter. — **2** *nfpl* : **joyeuses ~** Happy Easter.

paquet [pakɛ] *nm* **(a)** *(café)* bag; *(cigarettes)* packet; *(cartes)* pack; *(linge)* bundle. **(b)** *(colis)* parcel. **faire ses ~s** to pack one's bags; **il y a mis le ~*** he spared no expense. **(c)** *(Rugby)* **~ d'avants** pack; **~ de mer** heavy sea. ◆ **paquetage** *nm (Mil)* pack, kit.

par [paʀ] *prép* **(a)** *(gén)* by. **~ le train** by rail *ou* train; **~ erreur** by mistake; **~ bien des côtés** in many ways; **ça ferme ~ un verrou** it locks with a bolt; **faire qch ~ soi-même** to do sth for o.s. **(b)** *(motif)* out of, from, for. **~ habitude** out of *ou* from habit; **~ plaisir** for pleasure. **(c)** *(lieu, état)* through. **il est sorti ~ la fenêtre** he went out through the window; **il habite ~ ici** he lives round here; **sortez ~ ici** go out this way; **~ où allons-nous commencer?** where shall we begin? **(d)** *(provenance)* from. **apprendre qch ~ un ami** to learn sth from *ou* through a friend; **arriver ~ le nord** to arrive from the north. **(e)** *(distribution, mesure)* a, per, by. **marcher 2 ~ 2** to walk 2 by 2; **3 fois ~ an** 3 times a *ou* per year; **~ moments** at times; **ils sont venus ~ milliers** they came in their thousands; **~ 3 fois, on lui a demandé** he has been asked 3 times. **(f)** *(atmosphère)* in; *(moment)* on. **~ une belle nuit** one *ou* on a beautiful night; **~ ce froid** in this cold; **sortir ~ moins 10°** to go out when it's minus 10°; **~ où allons-nous commencer?** where shall we begin? **(g) ~ trop grand** *etc* far too big *etc*.

parabole [paʀabɔl] *nf (Math)* parabola; *(Rel)* parable.

parachever [paʀaʃve] (5) *vt* to perfect.

parachute [paʀaʃyt] *nm* parachute. ◆ **parachuter** (1) *vt* to parachute. ◆ **parachutisme** *nm* parachuting. **faire du ~** to go parachuting. ◆ **parachutiste** *nmf* parachutist; *(Mil)* paratrooper.

parade [paʀad] *nf (spectacle)* parade; *(Escrime)* parry; *(fig)* answer, reply. ◆ **parader** (1) *vi* to show off.

paradis [paʀadi] *nm* paradise, heaven. ◆ **paradisiaque** *adj* heavenly.

paradoxe [paʀadɔks(ə)] *nm* paradox. ◆ **paradoxal, e,** *mpl* **-aux** *adj* paradoxical.

paraffine [paʀafin] *nf* paraffin wax.

parages [paʀaʒ] *nmpl* : **dans les ~** round here; **dans les ~ de** in the vicinity of.

paragraphe [paʀagʀaf] *nm* paragraph.

paraître [paʀɛtʀ(ə)] (57) *vi* **(a)** *(se montrer)* to appear; *(être visible)* to show (*sur* on). **faire ~ qch** *(éditeur)* to bring sth out; *(auteur)* to have sth published; **laisser ~ son irritation** to let one's annoyance show. **(b)** *(sembler)* to look, seem, appear. **cela me paraît une erreur** it looks *ou* seems like a mistake to me.

parallèle [paʀalɛl] — **1** *adj (Math)* parallel (*à* to); *(comparable)* similar. — **2** *nf (Math)* parallel line. — **3** *nm* parallel. **mettre en ~** to compare. ◆ **parallèlement** *adv* parallel (*à* to); *(similairement)* in the same way (*à* as).

paralyser [paʀalize] (1) *vt* to paralyse. ◆ **paralysie** *nf* paralysis. ◆ **paralytique** *adj, nmf* paralytic.

paranoïaque [paʀanɔjak] *adj, nmf* paranoiac.

parapet [paʀapɛ] *nm* parapet.

paraphe [paʀaf] *nm* signature.

paraphrase [paʀafʀɑz] *nf* paraphrase.

parapluie [paʀaplɥi] *nm* umbrella.

parasite [paʀazit] — **1** *nm* parasite. (*Rad*) **~s** interference. — **2** *adj* parasitical.

parasol [paʀasɔl] *nm (gén)* parasol; *(plage)* beach umbrella.

paratonnerre [paʀatɔnɛʀ] *nm* lightning conductor.

paravent [paʀavɑ̃] *nm* folding screen.

parc [paʀk] *nm* park; *(château)* grounds; *(Mil : entrepôt)* depot. **~ à bébé** playpen; **~ à huîtres** oyster bed; **~ de stationnement** car park, parking lot *(US)*.

parcelle [paʀsɛl] *nf* fragment. **~ de terre** plot of land.

parce que [paʀsk(ə)] *conj* because.

parchemin [paʀʃəmɛ̃] *nm* parchment.

parcimonie [paʀsimɔni] *nf* parsimony.

par-ci par-là [paʀsipaʀla] *adv (espace)* here and there; *(temps)* now and then.

parcmètre [paʀkmɛtʀ(ə)] *nm* parking meter.

parcourir [paʀkuʀiʀ] (11) *vt (distance)* to cover, travel; *(pays)* to travel up and down; *(des yeux)* to glance at. **un frisson parcourut son corps** a shiver ran through his body. ◆ **parcours** *nm (distance)* distance; *(trajet)* journey; *(itinéraire)* route.

par-delà [paʀdəla] *prép* beyond.

par-derrière [paʀdɛʀjɛʀ] — **1** *prép* behind. — **2** *adv (se trouver)* at the back.

par-dessous [paʀd(ə)su] *prép, adv* under.

pardessus [paʀdəsy] *nm* overcoat.

par-dessus [paʀd(ə)sy] *prép, adv* over. **~ tout** above all; **j'en ai ~ la tête** I'm sick and tired of it; **~ le marché** into the bargain; **~ bord** overboard.

par-devant [paʀd(ə)vɑ̃] — **1** *prép* : **~ notaire** before a lawyer. — **2** *adv* at the front.

pardon [paʀdɔ̃] *nm (grâce)* forgiveness, pardon. **demander ~ à qn d'avoir fait** to apologize to sb for doing; **je vous demande ~** I'm sorry, I beg your pardon; *(pour demander)* excuse me. ◆ **pardonnable** *adj* pardonable, forgivable. ◆ **pardonner** (1) — **1** *vt* to forgive (*d'avoir fait* for doing). — **2** *vi* : **erreur qui ne pardonne pas** fatal mistake.

pare- [paʀ] *préf* : **~-brise** *nm inv* windscreen, windshield *(US)*; **~-chocs** *nm inv* bumper, fender *(US)*.

paré, e [paʀe] *adj (prêt)* ready.

pareil, -eille [paʀɛj] — **1** *adj (identique)* similar; *(tel)* such. **~ que, ~ à** the same as, similar to; **c'est toujours ~** it's always the same; **je n'ai jamais entendu un discours ~** I've never heard such a speech. — **2** *nm,f* : **nos ~s** our fellow men; **ne pas avoir son ~** to be second to none; **c'est du ~ au même*** it comes to the same thing. — **3** *adv* the same thing (*que* as). ◆ **pareillement** *adv* the same (*à* as).

parent, e [paʀɑ̃, ɑ̃t] — **1** *adj* related (*de* to). — **2** *nm,f* relative, relation. — **3** *nmpl* : **~s** parents; *(ancêtres)* ancestors, forefathers. ◆ **parenté** *nf* relationship.

parenthèse [paʀɑ̃tɛz] *nf (digression)* digression; *(signe)* bracket, parenthesis. **entre ~s** in brackets; *(fig)* incidentally.

parer¹ [paʀe] (1) — **1** *vt* to adorn; *(viande)* to dress. — **2 se parer** *vpr* to put on all one's finery.

parer² [paʀe] (1) — **1** *vt (coup)* to parry. — **2 parer à** *vt indir (gén)* to deal with; *(danger)* to ward off.

paresse [paʀɛs] *nf* laziness, idleness; *(péché)* sloth. ◆ **paresser** (1) *vi* to laze about. ◆ **paresseux, -euse** — **1** *adj (personne)* lazy, idle. — **2** *nm,f* lazybones*.

parfaire [paʀfɛʀ] (60) *vt* to perfect. ◆ **parfait, e** — **1** *adj (gén)* perfect. — **2** *nm (Ling)* perfect. **~ au café** coffee parfait. ◆ **parfaitement** *adv* perfectly; *(bien sûr)* certainly.

parfois [paʀfwa] *adv* sometimes.

parfum [paʀfœ̃] *nm (substance)* perfume, scent; *(odeur)* scent, fragrance; *(goût)* flavour. **mettre qn au ~ *** to put sb in the picture*. ◆ **parfumé, e** *adj (savon)* scented; *(fleur)* fragrant. **~ au café** coffee-flavoured. ◆ **parfumer** (1) *vt* to perfume. ◆ **parfumerie** *nf* perfumery; *(boutique)* perfume shop.

pari [paʀi] *nm* bet, wager. ◆ **parier** (7) *vt* to bet, wager. ◆ **parieur, -euse** *nm,f* punter.

parisien, -ienne [paʀizjɛ̃, jɛn] — **1** *adj* Paris, Parisian. — **2** *nm,f* : **P~, ienne** Parisian.

paritaire [paʀitɛʀ] *adj (commission)* joint; *(représentation)* equal. ◆ **parité** *nf* parity.

parjure [paʀʒyʀ] — **1** *nm (faux serment)* perjury. — **2** *nmf* perjurer. ◆ **se parjurer** (1) *vpr* to perjure o.s.

parking [paʀkiŋ] *nm (lieu)* car park, parking lot *(US)*; *(action)* parking.

parlant, e [paʀlɑ̃, ɑ̃t] — **1** *adj* eloquent, meaningful. — **2** *adv* : **économiquement** *etc* **~** economically *etc* speaking.

parlement [paʀləmɑ̃] *nm* parliament. ◆ **parlementaire** — **1** *adj* parliamentary. — **2** *nmf (Pol)* member of Parliament; *(négociateur)* negociator. ◆ **parlementer** (1) *vi* to parley.

parler [paʀle] (1) — **1** *vi* to talk, speak. **moi qui vous parle** I myself; *(fig)* **trouver à qui ~** to meet one's match; **faire ~ de soi** to get o.s. talked about; **~ mal de qn** to speak ill of sb; **quand on parle du loup (on en voit la queue)** speak of the devil (and he will appear); **il m'en a parlé** he told me about it, he spoke to me about it; **on m'a beaucoup parlé de vous** I've heard a lot about you; **les faits parlent d'eux-mêmes** the facts speak for themselves; **de quoi ça parle, ton livre?** what is your book about?; **vous parlez!*** you're telling me!*; **n'en parlons plus** let's forget it; **sans ~ de...** not to mention..., to say nothing of...; **vous n'avez qu'à ~** just say the word. — **2** *vt* **~ (l')anglais** to speak English; **~ politique** to talk politics. — **3** *nm* speech; *(régional)* dialect. ◆ **parlé, e** *adj (langue)* spoken. ◆ **parleur, -euse** *nm,f* talker. ◆ **parloir** *nm (école, prison)* visiting room; *(couvent)* parlour.

parmi [paʀmi] *prép* among.

parodie [paʀɔdi] *nf* parody. ◆ **parodier** (7) *vt* to parody.

paroi [paʀwa] *nf* wall; *(cloison)* partition. **~ rocheuse** rock face.

paroisse [paʀwas] *nf* parish. ◆ **paroissial, e,** *mpl* **-aux** *adj* parish. **salle ~e** church hall. ◆ **paroissien, -ienne** *nm,f* parishioner.

parole [paʀɔl] *nf* **(a)** *(mot)* word; *(remarque)* remark. *(chanson)* **~s** lyrics; **histoire sans ~s** wordless cartoon. **(b)** *(promesse)* word. **tenir ~** to keep one's word; **je l'ai cru sur ~** I took his word for it; **ma ~!*** my word! **(c)** *(faculté)* speech. **passer la ~ à qn** to hand over to sb; **prendre la ~** to speak.

paroxysme [paʀɔksism(ə)] *nm* height.

parpaing [paʀpɛ̃] *nm* breeze-block.

parquer [paʀke] (1) — **1** *vt (voiture)* to park; *(bétail)* to pen. — **2 se parquer** *vpr* to park.

parquet [paʀkɛ] *nm (plancher)* floor; *(Jur)* public prosecutor's department.

parrain [paʀɛ̃] *nm (Rel)* godfather; *(fig)* sponsor. ◆ **parrainer** (1) *vt* to sponsor.

parsemer [paʀsəme] (5) *vt* to sprinkle (*de* with). **~ le sol** to be sprinkled over the ground.

part [paʀ] *nf* **(a)** *(portion, partie)* part, share; *(participation)* part. **la ~ du lion** the lion's share. **prendre ~ à** *(débat)* to take part in; *(douleur)* to share in; **faire la ~ de la fatigue** to make allowances for tiredness; **pour une large ~** to a great extent. **(b) à ~** *(de côté)* aside; *(séparément)* separately; *(excepté)* except for, apart from; **plaisanterie à ~** joking apart; **cas à ~** special case. **(c) faire ~ de qch à qn** to tell sb about sth; **de la ~ de qn** from sb; **pour ma ~** as far as I'm concerned; *(Téléphone)* **c'est de la ~ de qui?** who's calling?; **de toutes ~s** from all sides; **d'autre ~** *(de plus)* moreover; **d'une ~... d'autre ~** on the one hand... on the other hand; **de ~ en ~** right through; **membre à ~ entière** full member.

partage [paʀtaʒ] *nm (division)* division; *(distribution)* sharing out; *(part)* share. ◆ **partager** (3) *vt (fractionner)* to divide up; *(distribuer)* to share out; *(avoir en commun)* to share (*avec* with). **~ en 2** to divide in 2; **partagé entre l'amour et la haine** torn between love and hatred; **se ~ qch** to share sth; **les avis sont partagés** opinion is divided.

partance [paʀtɑ̃s] *nf* : **en ~** due to leave; **en ~ pour Londres** for London.

partenaire [paʀtənɛʀ] *nmf* partner.

parterre [paʀtɛʀ] *nm* **(a)** *(plate-bande)* border, flower bed. **(b)** *(Théât)* stalls, orchestra *(US)*; *(public)* audience.

parti [paʀti] *nm* **(a)** *(groupe)* party; *(en mariage)* match. **prendre ~ pour qn** to take sb's side. **(b)** *(solution)* option. **prendre le ~ de faire** to decide to do; **prendre son ~ de qch** to come to terms with sth; **tirer ~ de qch** to take advantage of sth. **(c) ~ pris** prejudice, bias.

partial, e, *mpl* **-aux** [paʀsjal, o] *adj* biased. ◆ **partialité** *nf* bias.

participant, e [paʀtisipɑ̃, ɑ̃t] — **1** *adj* participating. — **2** *nm,f (concours)* entrant; *(débat)* participant (*à* in). ◆ **participation** *nf* participation; *(spectacle)* appearance. **'~ aux frais : 50 F'** 'cost : 50 francs'; **~ aux bénéfices** profit-sharing. ◆ **participe** *nm* participle. ◆ **participer à** (1) *vt indir (gén)* to take part in, participate in; *(concours)* to enter; *(frais)* to contribute to; *(profits)* to share in; *(spectacle)* to appear in.

particulariser [paʀtikylaʀize] (1) *vt* to particularize. ◆ **particularité** *nf* particularity.

particule [paʀtikyl] *nf* particle.

particulier, -ière [paʀtikylje, jɛʀ] — **1** *adj (gén)* particular; *(inhabituel)* unusual; *(étrange)* peculiar, odd. *(privé)* **leçons ~ières** private lessons; **en ~** in particular; *(en privé)* in private; **c'est ~ à** it's peculiar to. — **2** *nm (Admin : personne)* private individual. ◆ **particulièrement** *adv* particularly. **tout ~** especially.

partie [paʀti] *nf* **(a)** *(fraction)* part. **la majeure ~ du temps** most of the time; **en ~** partly, in part; **en majeure ~** for the most part; **faire ~**

de *(gén)* to be part of; *(club)* to belong to; *(gagnants)* to be among. **(b)** *(spécialité)* field, subject. **il n'est pas de la ~** it's not his line *ou* field. **(c)** *(Cartes, Sport)* game. **(d)** *(contrat)* party; *(procès)* litigant. **être ~ prenante dans qch** to be a party to sth; **la ~ adverse** *(Mil)* the opponent; **prendre qn à ~** to attack sb. **(e)** *(sortie, réunion)* party. **ce n'est pas une ~ de plaisir!** it's not my idea of fun!; **ils ont la ~ belle** it's easy for them; **se mettre de la ~** to join in; **ce n'est que ~ remise** it will be for another time.

partiel, -elle [paʀsjɛl] — **1** *adj* partial, part. — **2** *nm (Univ)* class exam. ◆ **partiellement** *adv* partially, partly.

partir [paʀtiʀ] (16) *vi* **(a)** *(gén)* to go (*pour* to); *(quitter un lieu)* to leave; *(se mettre en route)* to set off (*pour* for); *(s'éloigner)* to go away. **il est parti chercher du pain** he has gone to buy some bread; **faire ~ qn** to chase sb away. **(b)** *(moteur)* to start; *(fusée, coup de fusil)* to go off. **la voiture partit** the car drove off; **faire ~** *(voiture)* to start; *(fusée)* to launch; *(pétard)* to set off. **(c)** *(fig : commencer)* to start. **si tu pars de ce principe** if you start from this notion; *(affaire)* **~ bien** to get off to a good start; **le pays est mal parti** the country is in a bad way; **~ dans des digressions** to launch into digressions; **on est parti pour ne pas déjeuner** at this rate we won't get any lunch. **(d)** *(disparaître)* *(gén)* to go; *(tache)* to come out; *(bouton)* to come off; *(odeur)* to clear. **faire ~** *(tache)* to remove; **à ~ de** from; **à ~ de maintenant** from now on; **pantalons à ~ de 50 F** trousers from 50 francs (upwards).

partisan, e [paʀtizɑ̃, an] — **1** *adj (partial)* partisan. **être ~ de faire qch** to be in favour of doing sth. — **2** *nm,f (gén)* supporter; *(Mil)* partisan.

partition [paʀtisjɔ̃] *nf* **(a)** *(Mus)* score. **(b)** *(division)* partition.

partout [paʀtu] *adv* everywhere. **~ où** wherever; **avoir mal ~** to ache all over; *(Sport)* **2 ~** 2 all.

parure [paʀyʀ] *nf (toilette)* costume; *(bijoux)* jewels.

parution [paʀysjɔ̃] *nf* appearance, publication.

parvenir [paʀvəniʀ] (22) **~ à** *vt indir* to reach, get to. **faire ~ qch à qn** to send sth to sb; **~ à ses fins** to achieve one's ends; **~ à faire qch** to manage to do sth. ◆ **parvenu, e** *adj, nm,f* *(péj)* upstart.

parvis [paʀvi] *nm* square *(in front of church)*.

pas[1] [pɑ] *nm* **(a)** *(gén)* step; *(bruit)* footstep; *(trace)* footprint; *(démarche)* tread. **faire un ~ en arrière** to step *ou* take a step back; **~ à ~** step by step. **(b)** *(distance)* pace. **c'est à deux ~ d'ici** it's just a stone's throw from here; **d'un bon ~** at a brisk pace; **à ~ de loup** steathily; *(Mil)* **marcher au ~** to march; **rouler au ~** to drive dead slow*; **au ~ de course** at a run. **(c) j'y vais de ce ~** I'll go straight away; **mettre qn au ~** to bring sb to heel; **avoir le ~ sur qn** to rank before sb; **prendre le ~ sur** to supplant. **(d) le ~ de Calais** the Straits of Dover; **le ~ de la porte** the doorstep; **~ de vis** thread.

pas[2] [pɑ] *adv nég* **(a)** not. **je ne sais ~** I don't know; **ce n'est ~ moins bon** it's no less good; **il m'a dit de ne ~ le faire** he told me not to do it; **elle travaille, mais lui ~** she works, but he doesn't; **~ de sucre, merci!** no sugar, thanks!; **~ du tout** not at all; **~ encore** not yet. **(b) ~ possible!*** no!; **~ de chance!*** bad luck!; **content, n'est-ce ~** *ou* **~ vrai?*** you're pleased, aren't you?; **~ de ça!** none of that!; **~ plus tard qu'hier** only *ou* just yesterday; **ils ont ~ mal d'argent** they have quite a lot of money.

passable [pɑsabl(ə)] *adj* reasonable. *(Univ)* **mention ~** passmark. ◆ **passablement** *adv* *(travailler)* reasonably well; *(long)* rather, fairly; *(beaucoup)* quite a lot (*de* of).

passade [pɑsad] *nf* passing fancy.

passage [pɑsaʒ] *nm* **(a)** *(gén)* passage; *(traversée)* crossing. **le ~ du jour à la nuit** the change from day to night; **attendre le ~ de l'autobus** to wait for the bus to come ; **il est de ~ à Paris** he is in *ou* visiting Paris at the moment; **je l'ai saisi au ~** I grabbed him as I went past; **barrer le ~ à qn** to block sb's way. **(b) ~ clouté** pedestrian crossing; '**~ interdit**' 'no entry'; **~ à niveau** level crossing, grade crossing *(US)*; **~ souterrain** subway, underground passage *(US)*.

passager, -ère [pɑsaʒe, ɛʀ] — **1** *adj* **(a)** *(temporaire)* temporary. **pluies ~ères** intermittent *ou* occasional showers. **(b)** *(rue)* busy. — **2** *nm,f* passenger. **~ clandestin** stowaway. ◆ **passagèrement** *adv* temporarily.

passant, e [pɑsɑ̃, ɑ̃t] — **1** *adj (rue)* busy. — **2** *nm,f* passer-by. — **3** *nm (ceinture)* loop.

passe [pɑs] *nf* pass. **être en ~ de faire** to be on the way to doing; **traverser une mauvaise ~** to go through a bad patch. ◆ **passe-droit,** *pl* **~-~s** *nm* undeserved privilege. ◆ **passe-montagne,** *pl* **~-~s** *nm* balaclava. ◆ **passe-partout** — **1** *nm inv* skeleton *ou* master key. — **2** *adj inv* : **formule** *etc* **~** all-purpose phrase *etc.* ◆ **passe-temps** *nm inv* pastime.

passé, e [pɑse] — **1** *adj* **(a)** *(dernier)* last. **le mois ~** last month. **(b)** *(révolu)* past. **~ de mode** out of fashion; **sa gloire ~e** his past *ou* former glory; **c'est ~ maintenant** it's all over now. **(c)** *(fané)* faded. **(d)** *(plus de)* **il est 8 heures ~es** it's past *ou* after 8 o'clock; **ça fait une heure ~e que je t'attends** I've been waiting for you for more than *ou* over an hour. — **2** *nm (gén)* past; *(Gram)* past tense. **~ antérieur** past anterior; **~ composé** perfect; **~ simple** past historic. — **3** *prép* after. **~ 6 heures** after 6 o'clock.

passeport [pɑspɔʀ] *nm* passport.

passer [pɑse] (1) — **1** *vi* **(a)** *(gén, fig)* to pass; *(démarcheur)* to call. **il passait dans la rue** he was walking down the street; **~ prendre qn** to call for sb; **le facteur est passé** the postman has been. **(b) ~ sous** *etc* to go under *etc*; **~ devant la maison** to pass *ou* go past the house; **passe devant** you go first; **le travail passe avant les loisirs** work comes before leisure; **~ sur** *(détail, faute)* to pass over; **~ d'un état à l'autre** to change *ou* pass from one state to another; **la photo passa de main en main** the photo was passed *ou* handed round; **~ directeur** to be appointed director; **passe pour cette fois** I'll let you off this time. **(c)** *(temps)* to go by, pass. **comme le temps passe!** how time flies!; **cela fait ~ le temps** it passes the time. **(d)** *(liquide)* to percolate; *(courant électrique)* to get through. **(e)** *(film, acteur)* to be on. **~ à la télé*** to be on TV*. **(f)** *(queue etc : dépasser)* to stick out. **(g)** *(disparaître) (gén)* to pass; *(couleur)* to fade; *(mode)* to die out; *(douleur)* to wear off; *(colère, orage)* to die down. **cela fera ~ votre rhume** that will make your cold better; **le plus dur est passé** the worst is over; **ça lui passera!***

he'll grow out of it! **(h)** *(Aut)* **~ en première** to go into first (gear); **~ en seconde** to change into second. **(i)** *(lit, fig)* **~ par** to go through; **par où êtes-vous passé?** which way did you go?; **il faudra bien en ~ par là** there's no way round it. **(j) ~ pour un imbécile** to be taken for a fool; **il passe pour intelligent** he is supposed *ou* thought to be intelligent; **se faire ~ pour** to pass o.s. off as; **faire ~ qn pour** to make sb out to be. **(k)** y **~*** : **tout le monde y a** *ou* **y est passé** everybody got it; **toute sa fortune y a passé** his whole fortune went on it. **(l) laisser ~** *(gén)* to let in *(ou* past *etc)*; *(occasion)* to let slip.

— **2** *vt* **(a)** *(frontière)* to cross; *(obstacle)* to get through *(ou* over *etc*). **~ une rivière à la nage** to swim across a river. **(b)** *(examen)* to sit, take; *(visite médicale)* to have. **(c)** *(temps)* to spend (*à faire* doing). **pour ~ le temps** to pass the time. **(d)** *(omettre)* to miss. **et j'en passe!** and that's not all! **(e)** *(permettre)* to tolerate. **on lui passe tout** he gets away with everything. **(f)** *(transmettre : objet etc)* **(faire) ~** to pass (*à* to); **~ qch en fraude** to smuggle sth in; *(au téléphone)* **je vous passe M X** I'm putting you through to Mr X; **passe-lui un coup de fil** give him a ring. **(g)** *(mettre)* to put; *(pull)* to slip on. **~ la main à la fenêtre** to stick one's hand out of the window; **passe le chiffon dans le salon** dust the sitting room, give the sitting room a dust; **elle lui passa la main dans les cheveux** she ran her hand through his hair; **se ~ les mains à l'eau** to rinse one's hands. **(h)** *(dépasser) (maison)* to pass, go past. **~ les bornes** to go too far; **tu as passé l'âge** you are too old (*de* for). **(i)** *(soupe, thé)* to strain; *(café)* to pour the water on. **(j)** *(film)* to show; *(disque)* to put on, play. **(k)** *(commande)* to place; *(accord)* to reach, come to; *(contrat)* to sign.

— **3 se passer** *vpr* **(a)** *(avoir lieu)* to take place, happen. **qu'est-ce qu'il se passe?** what's going on?; **tout s'est bien passé** everything went off smoothly. **(b) se ~ de faire** to go without doing; **ça se passe de commentaires** it needs no comment.

passerelle [pɑsʀɛl] *nf (pont)* footbridge; *(Aviat, Naut)* gangway; *(du commandant)* bridge; *(fig : passage)* link.

passible [pasibl(ə)] *adj* liable (*de* to, for).

passif, -ive [pasif, iv] — **1** *adj (gén)* passive. — **2** *nm (Ling)* passive; *(Fin)* liabilities. ◆ **passivité** *nf* passivity.

passion [pɑsjɔ̃] *nf* passion. **avoir la ~ de qch** to have a passion for sth. ◆ **passionnant, e** *adj* fascinating, exciting. ◆ **passionné, e** *adj* passionate. **être ~ de** to have a passion for. ◆ **passionnément** *adv* passionately. ◆ **passionner** (1) *vt* to fascinate. **se ~ pour** to have a passion for.

passoire [pɑswaʀ] *nf (gén, fig)* sieve; *(thé)* strainer; *(légumes)* colander.

pastel [pastɛl] *nm, adj inv* pastel.

pastèque [pastɛk] *nf* watermelon.

pasteur [pastœʀ] *nm (prêtre)* minister, pastor; *(berger)* shepherd.

pasteurisation [pastœʀizɑsjɔ̃] *nf* pasteurization. ◆ **pasteuriser** (1) *vt* to pasteurize.

pastille [pastij] *nf (bonbon)* pastille; *(disque)* disc. **~s de menthe** mints.

patate [patat] *nf* (* : *légume*) potato, spud*; (* : *bête*) chump*. **~ douce** sweet potato.

patatras [patatʀa] *excl* crash!

pataud, e [pato, od] *adj* lumpish, clumsy.

patauger [patoʒe] (3) *vi* to splash about.

pâte [pɑt] *nf* **(a)** *(à tarte)* pastry; *(à gâteaux)* mixture; *(à pain)* dough; *(à frire)* batter. **~ brisée** shortcrust pastry; **~ feuilletée** puff *ou* flaky pastry. **(b)** *(fromage)* cheese. **(c) ~s alimentaires** pasta; *(dans la soupe)* noodles. **(d)** *(gén : substance)* paste; *(crème)* cream. **~ d'amandes** almond paste; **~ de fruits** fruit jelly; **~ à modeler** Plasticine ◆ **pâté** *nm (Culin)* pâté; *(d'encre)* inkblot. **~ en croûte** ≃ meat pie; **~ de maisons** block of houses; **~ de sable** sandpie, sandcastle. ◆ **pâtée** *nf (chien, volaille)* mash, feed; *(porcs)* swill.

patelin* [patlɛ̃] *nm* village.

patent, e[1] [patɑ̃, ɑ̃t] *adj* obvious, patent.

patente[2] [patɑ̃t] *nf* trading licence. ◆ **patenté, e** *adj* licensed.

patère [patɛʀ] *nf* coat-peg.

paternalisme [patɛʀnalizm(ə)] *nm* paternalism.

paternel, -elle [patɛʀnɛl] *adj* paternal; *(bienveillant)* fatherly.

pâteux, -euse [pɑtø, øz] *adj (gén)* pasty; *(langue)* coated; *(voix)* thick, husky.

pathétique [patetik] *adj* pathetic.

pathologique [patɔlɔʒik] *adj* pathological.

patibulaire [patibylɛʀ] *adj* sinister.

patiemment [pasjamɑ̃] *adv* patiently. ◆ **patience** *nf* patience. **prendre ~** to be patient. ◆ **patient, e** *adj nm,f* patient. ◆ **patienter** (1) *vi* to wait. **pour ~** to pass the time.

patin [patɛ̃] *nm* : **~s à glace** iceskates; **~s à roulettes** roller skates; **~ de frein** brake block; **faire du ~** to go skating. ◆ **patinage** *nm* skating. **~ artistique** figure skating. ◆ **patiner**[1] (1) *vi* to skate; *(voiture)* to spin; *(embrayage)* to slip. ◆ **patinette** *nf* scooter. ◆ **patineur, -euse** *nm,f* skater. ◆ **patinoire** *nf* skating rink.

patine [patin] *nf* patina. ◆ **patiner**[2] (1) *vt* to give a patina to.

pâtir [pɑtiʀ] (2) *vi* to suffer (*de* because of).

pâtisserie [pɑtisʀi] *nf (magasin)* cake shop, confectioner's; *(gâteau)* cake, pastry; *(art ménager)* cake-making. ◆ **pâtissier, -ière** *nm,f* confectioner, pastrycook.

patois [patwa] *nm* patois.

patraque* [patʀak] *adj* peaky*, out of sorts.

pâtre [pɑtʀ(ə)] *nm* shepherd.

patriarche [patʀijaʀʃ(ə)] *nm* patriarch.

patrie [patʀi] *nf* homeland, fatherland.

patrimoine [patʀimwan] *nm (gén)* inheritance; *(Jur)* patrimony; *(fig)* heritage.

patriote [patʀiɔt] *nmf* patriot. ◆ **patriotique** *adj* patriotic. ◆ **patriotisme** *nm* patriotism.

patron, -onne [patʀɔ̃, ɔn] — **1** *nm,f (chef)* boss*; *(saint)* patron saint. — **2** *nm (couture)* pattern. **taille grand ~** large size. ◆ **patronage** *nm (protection)* patronage; *(organisation)* youth club. ◆ **patronat** *nm* : **le ~** the employers. ◆ **patronner** (1) *vt* to sponsor, support.

patrouille [patʀuj] *nf* patrol. ◆ **patrouiller** (1) *vi* to patrol.

patte [pat] *nf* **(a)** *(jambe)* leg. **~s de devant** forelegs; **~s de derrière** hindlegs; **court sur ~s** short-legged. **(b)** *(pied)* foot; *(chat)* paw; (* : *main*) hand. **(c)** *(languette)* tongue; *(sur l'épaule)* épaulette. **(d)** *(favoris)* **~s de lapin** sideburns.

pâturage [pɑtyʀaʒ] *nm* pasture. ◆ **pâture** *nf (nourriture)* food.

paume [pom] *nf (main)* palm.

paumer* [pome] (1) *vt (perdre)* to lose.
paupière [popjɛʀ] *nf* eyelid.
paupiette [popjɛt] *nf* : **~ de veau** veal olive.
pause [poz] *nf* pause; *(halte)* break.
pauvre [povʀ(ə)] — **1** *adj* poor. **pays ~ en ressources** country short of resources; **un ~ d'esprit** a half-wit; **mon ~ ami** my dear friend. — **2** *nmf* poor man *ou* woman. ◆ **pauvrement** *adv* poorly; *(vêtu)* shabbily. ◆ **pauvreté** *nf* poverty.
pavaner (se) [pavane] (1) *vpr* to strut about.
pavé [pave] *nm (chaussée)* cobblestone; *(cour)* paving stone. **mettre qn sur le ~** to throw sb out. ◆ **paver** (1) *vt* to cobble; to pave.
pavillon [pavijɔ̃] *nm* **(a)** *(villa)* house; *(de gardien)* lodge; *(d'hôpital)* ward, pavilion. **(b)** *(drapeau)* flag.
pavoiser [pavwaze] (1) — **1** *vt* to deck with flags. — **2** *vi* to put out flags; *(fig)* to exult.
pavot [pavo] *nm* poppy.
payant, e [pɛjɑ̃, ɑ̃t] *adj (rentable)* profitable. *(entrée)* **c'est ~** you have to pay to get in. ◆ **paye** *nf* = **paie.** ◆ **payement** *nm* = **paiement.**
payer [peje] (8) — **1** *vt (somme, personne)* to pay; *(travail, objet, faute)* to pay for. *(fig)* **il est payé pour le savoir** he has learnt that to his cost; **il m'a fait ~ 10 F** he charged me 10 francs (*pour* for); **~ qch à qn** to buy sth for sb; **il l'a payé de sa vie** it cost him his life; **il me le paiera!** he'll pay for this! — **2** *vi (gén)* to pay; *(effort)* to pay off; *(métier)* to be well-paid. **~ de sa personne** to sacrifice o.s.; **ça ne paie pas de mine, mais** it isn't much to look at but. — **3 se payer** *vpr* : **se ~ qch** to buy o.s. sth; **se ~ la tête de qn** to pull sb's leg.
pays [pei] *nm (contrée)* country, land; *(région)* region; *(village)* village. **les gens du ~** local people; **les P~-Bas** *nmpl* the Netherlands; **le ~ de Galles** Wales.
paysage [peizaʒ] *nm (point de vue)* landscape; *(décor)* scenery.
paysan, -anne [peizɑ̃, an] — **1** *adj* farming; *(péj : manières)* peasant. — **2** *nm* country man, farmer; *(péj)* peasant. — **3** *nf* peasant woman, countrywoman. ◆ **paysannerie** *nf* peasantry, farmers.
péage [peaʒ] *nm* toll; *(barrière)* tollgate.
peau, *pl* **~ x** [po] *nf (gén)* skin; *(cuir)* hide; *(fourrure)* pelt; *(du fromage)* rind. **risquer sa ~*** to risk one's neck*; **être bien dans sa ~*** to feel quite at ease; **avoir le jeu** *etc* **dans la ~*** to have gambling *etc* in one's blood; **gants de ~** leather gloves; **~ de chamois** chamois leather; **~ de mouton** sheepskin; **un P~-Rouge** a Red Indian.
pêche¹ [pɛʃ] *nf* peach. ◆ **pêcher¹** *nm* peach tree.
pêche² [pɛʃ] *nf* **(a)** *(activité)* fishing. **la ~ à la ligne** line fishing; *(rivière)* angling; **la ~ aux moules** the gathering of mussels; **aller à la ~** to go fishing. **(b)** *(poissons)* catch. ◆ **pêcher²** (1) — **1** *vt (poisson)* to catch; *(coquillages)* to gather; (* : *idée*) to dig up*. **~ la truite** to fish for trout. — **2** *vi* to go fishing. ◆ **pêcheur** *nm* fisherman; angler.
péché [peʃe] *nm* sin. **~ mortel** deadly sin; **c'est son ~ mignon** it's his little weakness. ◆ **pécher** (6) *vi* to sin. **~ par imprudence** to be too reckless; **ça pèche par bien des points** it has a lot of weaknesses. ◆ **pécheur, pécheresse** *nm,f* sinner.
pécule [pekyl] *nm (économies)* savings; *(gain)* earnings.
pécuniaire [pekynjɛʀ] *adj* financial.
pédagogie [pedagɔʒi] *nf* education. ◆ **pédagogique** *adj* educational. ◆ **pédagogue** *nmf* teacher.
pédale [pedal] *nf* pedal. ◆ **pédaler** (1) *vi* to pedal. ◆ **pédalier** *nm* pedal and gear mechanism. ◆ **pédalo** *nm* pedal-boat.
pédéraste [pedeʀast(ə)] *nm* homosexual.
pédiatre [pedjatʀ(ə)] *nmf* paediatrician. ◆ **pédiatrie** *nf* paediatrics *(sg)*.
pédicure [pedikyʀ] *nmf* chiropodist.
pedigree [pedigʀe] *nm* pedigree.
pègre [pɛgʀ(ə)] *nf* : **la ~** the underworld.
peigne [pɛɲ] *nm* comb. **passer qch au ~ fin** to go through sth with a finetooth comb. ◆ **peigner** (1) *vt* : **~ qn** to comb sb's hair; **se ~** to comb one's hair; **mal peigné** tousled.
peignoir [pɛɲwaʀ] *nm* dressing gown. **~ (de bain)** bathrobe.
peindre [pɛ̃dʀ(ə)] (52) *vt* to paint. **~ qch en jaune** to paint sth yellow.
peine [pɛn] *nf* **(a)** *(chagrin)* sorrow, sadness. **avoir de la ~** to be sad; **cela m'a fait de la ~** I felt sorry; **~s de cœur** emotional troubles; **il faisait ~ à voir** he looked a pitiful sight. **(b)** *(effort)* effort, trouble. **si tu te donnais la ~ d'essayer** if you would bother to try; **est-ce que c'est la ~ d'y aller?** is it worth going?, is there any point in going?; **ce n'est pas la ~** don't bother; **c'était bien la ~ de sortir!** it was a waste of time going out! **(c)** *(difficulté)* difficulty. **avoir de la ~ à faire** to have difficulty in doing; **sans ~** without difficulty. **(d)** *(punition)* punishment, penalty; *(Jur)* sentence. **~ de mort** death sentence; **défense d'afficher sous ~ d'amende** billposters will be fined; **pour la ~** for that. **(e) à ~** *(chaud etc)* hardly, barely. **il est à ~ 2 heures** it's only just 2 o'clock; **à ~ rentré, il a dû ressortir** he had hardly *ou* scarcely got in when he had to go out again. ◆ **peiner** (1) — **1** *vi* to struggle. — **2** *vt* to sadden, distress.
peintre [pɛ̃tʀ(ə)] *nmf* painter. **~ en bâtiment** house painter. ◆ **peinture** *nf (matière)* paint; *(action, tableau)* painting. **faire de la ~** to paint; **attention à la ~!** wet paint! ◆ **peinturlurer** (1) *vt* to daub with paint.
péjoratif, -ive [peʒɔʀatif, iv] *adj* derogatory, pejorative.
pelage [pəlaʒ] *nm* coat, fur.
pêle-mêle [pɛlmɛl] *adv* higgledy-piggledy.
peler [pəle] (5) *vti* to peel.
pèlerin [pɛlʀɛ̃] *nm* pilgrim. ◆ **pèlerinage** *nm* pilgrimage.
pèlerine [pɛlʀin] *nf* cape.
pélican [pelikɑ̃] *nm* pelican.
pelle [pɛl] *nf (gén)* shovel; *(enfant)* spade. **~ à ordures** dustpan; **~ à tarte** pie server; **il y en a à la ~*** there are loads of them*. ◆ **pelletée** *nf* shovelful.
pellicule [pelikyl] *nf* film. *(Méd)* **~s** dandruff.
pelote [p(ə)lɔt] *nf (laine)* ball; *(épingles)* pin cushion.
peloton [p(ə)lɔtɔ̃] *nm (Mil)* platoon; *(Sport)* pack. **~ d'exécution** firing squad.
pelouse [p(ə)luz] *nf* lawn; *(Sport)* field.
peluche [p(ə)lyʃ] *nf* plush. **chien en ~** fluffy dog.
pelure [p(ə)lyʀ] *nf (épluchure)* peeling.
pénal, e, *mpl* **-aux** [penal, o] *adj* penal. ◆ **pénaliser** (1) *vt* to penalize. ◆ **pénalité** *nf*

penalty. ◆ **penalty,** *pl* ~**ies** *nm (Ftbl)* penalty kick.

penaud, e [pəno, od] *adj* sheepish.

penchant [pɑ̃ʃɑ̃] *nm (tendance)* tendency (*à faire* to do); *(faible)* liking (*pour* for).

pencher [pɑ̃ʃe] (1) — **1** *vt* to tilt. — **2** *vi* **(a)** *(mur, arbre)* to lean over; *(navire)* to list; *(objet)* to tilt. **faire ~ la balance** to tip the scales. **(b) ~ pour qch** to favour sth. — **3 se pencher** *vpr* to lean over; *(au dehors)* to lean out. se **~ sur un problème** to turn one's attention to a problem. ◆ **penché, e** *adj (tableau, poteau)* slanting; *(objet)* tilting; *(écriture)* sloping.

pendaison [pɑ̃dɛzɔ̃] *nf* hanging. **~ de crémaillère** house-warming party.

pendant¹, e [pɑ̃dɑ̃, ɑ̃t] — **1** *adj (branches)* hanging; *(question)* outstanding. — **2** *nm* : **~ d'oreille** drop earring; *(contrepartie)* **le ~ de qch** the matching piece to sth; **faire ~ à** to match.

pendant² [pɑ̃dɑ̃] — **1** *prép (au cours de)* during; *(durée)* for. **~ la journée** during the day; **~ ce temps** meanwhile; **marcher ~ des heures** to walk for hours. — **2** : **~ que** *conj* while.

pendentif [pɑ̃dɑ̃tif] *nm (bijou)* pendant.

penderie [pɑ̃dʀi] *nf* wardrobe.

pendre [pɑ̃dʀ(ə)] (41) — **1** *vt (objet)* to hang up; *(criminel)* to hang. **qu'il aille se faire ~ ailleurs!*** he can go hang!* — **2** *vi* to hang (*de* from). **laisser ~ ses jambes** to dangle one's legs; **cela lui pend au nez*** he's got it coming to him*. — **3 se pendre** *vpr (se tuer)* to hang o.s. se **~ à** *(branche)* to hang from. ◆ **pendu, e** — **1** *adj (chose)* hanging up. **~ à** hanging from; **être ~ au téléphone*** to spend all one's time on the telephone. — **2** *nm,f* hanged man (*ou* woman).

pendule [pɑ̃dyl] — **1** *nf* clock. — **2** *nm* pendulum. ◆ **pendulette** *nf* small clock.

pénétrant, e [penetʀɑ̃, ɑ̃t] *(gén)* penetrating; *(pluie)* drenching; *(froid)* piercing. ◆ **pénétration** *nf* penetration. ◆ **pénétrer** (6) — **1** *vi* to get in. **~ dans une maison** to get into *ou* enter a house; **faire ~ qn dans une pièce** to let sb into a room. — **2** *vt (gén)* to penetrate; *(odeur, sentiment)* to fill. — **3 se pénétrer** *vpr* : se **~ d'une idée** to become convinced of an idea; *(conscient)* **pénétré de qch** conscious of sth.

pénible [penibl(ə)] *adj (fatigant)* tiresome; *(douloureux)* painful (*à* to). **~ à lire** hard *ou* difficult to read. ◆ **péniblement** *adv* with difficulty.

péniche [peniʃ] *nf* barge.

pénicilline [penisilin] *nf* penicillin.

péninsule [penɛ̃syl] *nf* peninsula.

pénitence [penitɑ̃s] *nf* punishment. **faire ~** to repent (*de* of); **mettre qn en ~** to make sb stand in the corner. ◆ **pénitencier** *nm* penitentiary. ◆ **pénitentiaire** *adj* prison.

pénombre [penɔ̃bʀ(ə)] *nf* darkness.

pensée [pɑ̃se] *nf (idée)* thought; *(fleur)* pansy.

penser [pɑ̃se] (1) — **1** *vi* to think. **~ à qch** *(réfléchir)* to think about sth; *(prévoir)* to think of sth; *(se souvenir)* to remember sth; **il me fait ~ à mon père** he makes me think of *ou* he reminds me of my father; **pensez-vous!** you must be joking!*; **je pense bien!** of course! — **2** *vt* to think. **il en pense du bien** he has a high opinion of it; **qu'en pensez-vous?** what do you think about *ou* of it?; **je pense que oui** I think so; **vous pensez bien qu'elle a refusé** you can well imagine that she refused; **j'ai pensé mourir** I thought I was going to die; **je pense y aller** *(intention)* I'm thinking of going; *(espoir)* I expect to go. ◆ **penseur** *nm* thinker. ◆ **pensif, -ive** *adj* pensive, thoughtful.

pension [pɑ̃sjɔ̃] *nf* **(a)** *(allocation)* pension. *(divorcée)* **~ alimentaire** alimony. **(b)** *(Scol)* boarding school. **~ de famille** ≃ boarding house, guesthouse; **être en ~ chez qn** to board with sb; **~ complète** full board. ◆ **pensionnaire** *nmf (Scol)* boarder; *(famille)* lodger; *(hôtel)* resident. ◆ **pensionnat** *nm* boarding school.

pentagone [pɛ̃tagɔn] *nm* pentagon.

pente [pɑ̃t] *nf* slope; *(fig : tendance)* tendency. **être en ~** to slope down; **en ~** *(toit)* sloping; *(allée)* on a slope; *(fig)* **remonter la ~** to get on one's feet again.

Pentecôte [pɑ̃tkot] *nf (dimanche)* Whit Sunday; *(période)* Whitsun.

pénurie [penyʀi] *nf* shortage.

pépé* [pepe] *nm* grandad*, grandpa*.

pépée* [pepe] *nf (fille)* bird*, chick*.

pépère* [pepɛʀ] — **1** *nm* grandad*, grandpa*. — **2** *adj* quiet.

pépin [pepɛ̃] *nm (orange etc)* pip; (* : *ennui*) snag, hitch; (* : *parapluie*) brolly*. ◆ **pépinière** *nf* tree nursery.

perçant, e [pɛʀsɑ̃, ɑ̃t] *adj (gén)* piercing; *(vue)* sharp, keen.

percée [pɛʀse] *nf (trou)* opening; *(attaque)* breakthrough.

perce-neige [pɛʀsənɛʒ] *nm inv* snowdrop.

percepteur [pɛʀsɛptœʀ] *nm* tax collector. ◆ **perceptible** *adj* perceptible (*à* to). ◆ **perception** *nf* **(a)** *(sensation)* perception. **(b)** *(impôt)* collection; *(bureau)* tax office.

percer [pɛʀse] (3) — **1** *vt* **(a)** *(trouer)* to pierce; *(avec perceuse)* to drill, bore; *(abcès)* to lance; *(mystère)* to penetrate. **percé de trous** full of holes. **(b)** *(ouverture)* to pierce, make; *(tunnel)* to bore (*dans* through). **mur percé de petites fenêtres** wall with small windows set in it; **~ une dent** to cut a tooth. — **2** *vi (abcès)* to burst; *(soleil)* to break through; *(émotion)* to show; *(vedette)* to become famous. **il a une dent qui perce** he's cutting a tooth. ◆ **perceuse** *nf* drill.

percevoir [pɛʀsəvwaʀ] (28) *vt (sensation)* to perceive; *(taxe)* to collect; *(indemnité)* to receive, get.

perche [pɛʀʃ(ə)] *nf (poisson)* perch; *(bâton)* pole.

percher *vi*, **se percher** *vpr* [pɛʀʃe] (1) to perch; *(volailles)* to roost. **perché sur** perched upon. ◆ **perchoir** *nm (lit, fig)* perch.

percussion [pɛʀkysjɔ̃] *nf* percussion.

percuter [pɛʀkyte] (1) *vt* to strike; *(accident)* to crash into.

perdant, e [pɛʀdɑ̃, ɑ̃t] — **1** *adj* losing. **je suis ~** I lose out*. — **2** *nm,f* loser.

perdition [pɛʀdisjɔ̃] *nf (Rel)* perdition. *(Naut)* **en ~** in distress.

perdre [pɛʀdʀ(ə)] (41) — **1** *vt (gén)* to lose; *(habitude)* to get out of; *(temps, argent)* to waste (*à qch* on sth, *à faire* doing); *(occasion)* to lose, miss. **~ qn de vue** to lose sight of sb; **il ne perd rien pour attendre!** I'll be quits with him yet!; **son ambition l'a perdu** ambition was his downfall. — **2** *vi (gén)* to lose (*sur* on). **tu as perdu en ne venant pas** you missed something by not coming. — **3 se perdre** *vpr (s'égarer)* to get lost; *(disparaître)* to disappear; *(devenir inutilisable)* to be wasted. ◆ **perdu, e** *adj* **(a)**

(gén) lost; *(malade)* done for; *(balle)* stray; *(récolte)* ruined. **c'est de l'argent ~** it's a waste of money; **moments ~s** spare time. **(b)** *(endroit)* out-of-the-way, isolated.
perdreau, *pl* **~x** [pɛʀdʀo] *nm.* **perdrix** [pɛʀdʀi] *nf* partridge.
père [pɛʀ] *nm* father. *(ancêtres)* **~s** forefathers, ancestors; *(Rel)* **mon P~** Father; (* : *monsieur*) **le ~ Benoit** old man Benoit*; **le ~ Noël** Father Christmas, Santa Claus.
péremptoire [peʀɑ̃ptwaʀ] *adj* peremptory.
perfection [pɛʀfɛksjɔ̃] *nf* perfection. **à la ~** to perfection. ◆ **perfectionné, e** *adj* sophisticated. ◆ **perfectionnement** *nm* improvement. ◆ **perfectionner** (1) *vt* to improve. **se ~ en anglais** to improve one's English.
perfide [pɛʀfid] *adj* perfidious. ◆ **perfidie** *nf* perfidy; *(acte)* perfidious act.
perforation [pɛʀfɔʀɑsjɔ̃] *nf* punch; *(Méd)* perforation. ◆ **perforer** (1) *vt (gén)* to pierce; *(carte, bande)* to punch; *(Méd)* to perforate.
performance [pɛʀfɔʀmɑ̃s] *nf* performance.
perfusion [pɛʀfyzjɔ̃] *nf* perfusion.
péricliter [peʀiklite] (1) *vi* to collapse.
péril [peʀil] *nm* peril. **mettre en ~** to imperil; **au ~ de sa vie** at the risk of one's life. ◆ **périlleux, -euse** *adj* perilous.
périmé, e [peʀime] *adj :* **être ~** to be no longer valid.
périmètre [peʀimɛtʀ(ə)] *nm (Math)* perimeter; *(zone)* area.
période [peʀjɔd] *nf* period, time. ◆ **périodique** — **1** *adj* periodic. — **2** *nm (Presse)* periodical.
péripétie [peʀipesi] *nf* event, episode.
périphérie [peʀifeʀi] *nf (limite)* periphery; *(banlieue)* outskirts. ◆ **périphérique** — **1** *adj* peripheral. — **2** *nm (boulevard)* ring road, circular route *(US).*
périphrase [peʀifʀɑz] *nf* circumlocution.
périple [peʀipl(ə)] *nm* journey.
périr [peʀiʀ] (2) *vi* to perish. **~ noyé** to drown; **faire ~** to kill. ◆ **périssable** *adj* perishable.
périscope [peʀiskɔp] *nm* periscope.
perle [pɛʀl(ə)] *nf (bijou)* pearl; *(boule)* bead; *(eau)* drop; *(fig)* gem.
permanence [pɛʀmanɑ̃s] *nf* **(a)** *(durée)* permanence. **en ~** permanently. **(b)** *(bureau)* duty office; *(Pol)* committee room; *(Scol)* study room. **être de ~** to be on duty. ◆ **permanent, e** — **1** *adj (gén)* permanent; *(armée, comité)* standing; *(spectacle)* continuous. — **2** *nf (Coiffure)* perm.
perméable [pɛʀmeabl(ə)] *adj* permeable.
permettre [pɛʀmɛtʀ(ə)] (56) — **1** *vt* to allow, permit. **~ à qn de faire** *(permission)* to allow *ou* permit sb to do; *(possibilité)* to enable sb to do; **il se croit tout permis** he thinks he can do what he likes; *(sollicitation)* **vous permettez?** may I?; **vous permettez que je fume?** do you mind if I smoke? — **2 se permettre** *vpr* to allow o.s. **se ~ de faire qch** to take the liberty of doing sth; *(achat)* **je ne peux pas me le ~** I can't afford it. ◆ **permis, e** — **1** *adj* permitted, allowed. — **2** *nm* permit, licence. **~ de conduire** driving licence. ◆ **permission** *nf* permission; *(Mil)* leave. **demander la ~** to ask permission (*de* to); **en ~** on leave.
permutation [pɛʀmytɑsjɔ̃] *nf* permutation. ◆ **permuter** (1) *vt* to permutate.
perpendiculaire [pɛʀpɑ̃dikylɛʀ] *adj, nf* perpendicular (*à* to).
perpétrer [pɛʀpetʀe] (6) *vt* to perpetrate.
perpétuel, -elle [pɛʀpetɥɛl] *adj* perpetual. ◆ **perpétuer** (1) *vt* to perpetuate. ◆ **perpétuité** *nf* perpetuity. *(condamnation)* **à ~** for life.
perplexe [pɛʀplɛks(ə)] *adj* perplexed, puzzled. **laisser ~** to perplex, puzzle. ◆ **perplexité** *nf* perplexity.
perquisition [pɛʀkizisjɔ̃] *nf (Police)* search. ◆ **perquisitionner** (1) *vi* to carry out a search.
perron [pɛʀɔ̃] *nm* steps *(leading to entrance).*
perroquet [pɛʀɔkɛ] *nm* parrot.
perruche [peʀyʃ] *nf* budgerigar, budgie*; *(bavard)* chatterbox*.
perruque [peʀyk] *nf* wig.
persécuter [pɛʀsekyte] (1) *vt* to persecute. ◆ **persécution** *nf* persecution.
persévérance [pɛʀseveʀɑ̃s] *nf* perseverance. ◆ **persévérer** (6) *vi* to persevere.
persienne [pɛʀsjɛn] *nf* metal shutter.
persiflage [pɛʀsiflaʒ] *nm* mockery.
persil [pɛʀsi] *nm* parsley.
persistance [pɛʀsistɑ̃s] *nf* persistence. ◆ **persistant, e** *adj* persistent. ◆ **persister** (1) *vi* to persist. **~ à faire** to persist in doing; **je persiste à croire que...** I still believe that...
personnage [pɛʀsɔnaʒ] *nm (gén)* character; *(tableau)* figure. **~ influent** influential person. ◆ **personnalité** *nf* personality.
personne [pɛʀsɔn] — **1** *nf* person. **~ âgée** elderly person; **~ à charge** dependent; **deux ~s** two people, two persons *(US);* **100 F par ~** 100 francs per head *ou* per person; **être bien fait de sa ~** to be good-looking; **je m'en occupe en ~** I'll see to it personally; **c'est la bonté en ~** he's kindness itself *ou* personified. — **2** *pron (quelqu'un)* anyone, anybody; *(aucun)* no one, nobody. **il n'y a ~** there's no one *ou* nobody there, there isn't anyone *ou* anybody there. ◆ **personnel, -elle** — **1** *adj (gén)* personal; *(égoïste)* selfish. — **2** *nm* staff. ◆ **personnellement** *adv* personally. ◆ **personnifier** (7) *vt* to personify, embody.
perspective [pɛʀspɛktiv] *nf* **(a)** *(Art)* perspective. **(b)** *(point de vue) (lit)* view; *(fig)* viewpoint. **(c)** *(possibilité)* prospect.
perspicace [pɛʀspikas] *adj* perspicacious. ◆ **perspicacité** *nf* insight, perspicacity.
persuader [pɛʀsɥade] (1) *vt* to persuade, convince. **j'en suis persuadé** I'm convinced of it. ◆ **persuasif, -ive** *adj* persuasive, convincing. ◆ **persuasion** *nf* persuasion; *(croyance)* conviction.
perte [pɛʀt(ə)] *nf (gén)* loss; *(ruine)* ruin. **~ de** *(chaleur)* loss of; *(temps)* waste of; **à ~ de vue** as far as the eye can see; **~ sèche** dead loss.
pertinemment [pɛʀtinamɑ̃] *adv :* **savoir ~ que** to know full well that. ◆ **pertinence** *nf* pertinence, relevance. ◆ **pertinent, e** *adj (remarque)* pertinent, relevant; *(analyse)* judicious.
perturbateur, -trice [pɛʀtyʀbatœʀ, tʀis] — **1** *adj* disruptive. — **2** *nm,f* troublemaker. ◆ **perturbation** *nf (gén)* disturbance; *(réunion)* disruption; *(personne)* perturbation. ◆ **perturber** (1) *vt* to disturb; to disrupt; to perturb.
pervenche [pɛʀvɑ̃ʃ] *nf* periwinkle.
pervers, e [pɛʀvɛʀ, ɛʀs(ə)] — **1** *adj (joie)* perverse; *(personne)* perverted. — **2** *nm,f* pervert. ◆ **perversion** *nf* perversion. ◆ **perversité** *nf* perversity. ◆ **pervertir** (2) *vt* to pervert.
pesamment [pəzamɑ̃] *adv* heavily. ◆ **pesant, e** — **1** *adj* heavy. — **2** *nm :* **valoir son ~ d'or** to be worth one's weight in gold. ◆ **pesan-**

teur *nf (Phys)* gravity; *(lourdeur)* heaviness. ◆ **pesée** *nf (action)* weighing; *(poussée)* push, thrust. ◆ **pèse-personne,** *pl* **~-~s** *nm* scales.
peser [pəze] (5) — **1** *vt (lit)* to weigh; *(fig : évaluer)* to weigh up. **tout bien pesé** everything considered. — **2** *vi* to weigh. **~ lourd** *(objet)* to be heavy; *(argument)* to carry weight; **~ sur** *(objet)* to press on; *(décision)* to influence; **ce qui pèse sur lui** *(menace)* what hangs over him; *(responsabilité)* what rests on his shoulders; **ça me pèse** it weighs heavy on me.
pessimisme [pesimism(ə)] *nm* pessimism. ◆ **pessimiste** — **1** *adj* pessimistic (*sur* about). — **2** *nmf* pessimist.
peste [pɛst(ə)] *nf* plague; *(péj)* pest.
pester [pɛste] (1) *vi* to curse. **~ contre qch** to curse sth.
pestilentiel, -elle [pɛstilɑ̃sjɛl] *adj* stinking.
pet* [pɛ] *nm* fart*. **faire le ~*** to be on watch.
pétale [petal] *nm* petal.
pétarader [petaʀade] (1) *vi* to backfire.
pétard [petaʀ] *nm* banger, firecracker. **être en ~*** to be raging mad*.
péter* [pete] (6) — **1** *vi (éclater)* to burst; *(casser)* to snap; *(avoir des vents)* to fart*. — **2** *vt* to bust*.
pétillant, e [petijɑ̃, ɑ̃t] *adj (eau)* bubbly, fizzy; *(vin)* sparkling. ◆ **pétillement** *nm* : **~(s)** *(feu)* crackling; *(liquide)* bubbling; *(yeux, joie)* sparkling. ◆ **pétiller** (1) *vi* to crackle; to bubble; to sparkle.
petit, e [p(ə)ti, it] — **1** *adj* **(a)** *(gén)* small; *(nuance affective)* little; *(trajet, lettre)* short; *(épaisseur)* thin. **son ~ frère** his younger *ou* little brother; **un ~ Anglais** an English boy; **le ~ Jésus** baby Jesus; **un bon ~ repas** a nice little meal; *(euph)* **le ~ coin** the bathroom; **il en a pour une ~e heure** it won't take him more than an hour. **(b)** *(bruit, espoir)* faint, slight; *(coup)* light, gentle; *(opération, détail, fonctionnaire)* minor. **(c)** *(mesquin)* mean, petty, low. **(d) être dans les ~s papiers de qn** to be in sb's good books; **mettre les ~s plats dans les grands** to lay on a first rate meal; **être aux ~s soins pour qn** to dance attendance on sb; **être dans ses ~s souliers** to be shaking in one's shoes. — **2** *adv* : **~ à ~** little by little. — **3** *nm,f* (little) child; *(personne)* small person. **le ~ Durand** young Durand, the Durand boy; *(chatte)* **faire des ~s** to have kittens; **c'est le monde en ~** it is the world in miniature. — **4 : ~ ami** boyfriend; **~e amie** girlfriend; **~ cousin** distant cousin; **~ déjeuner** breakfast; **le ~ doigt** the little finger; **le ~ écran** television, TV; **~s-enfants** grandchildren; **~e-fille** granddaughter; **~-fils** grandson; **~-neveu** great-nephew; **~e-nièce** great-niece; **~ nom*** Christian name, first name; **~-pois** garden pea. ◆ **petitement** *adv* : **être logé ~** to have a small house. ◆ **petitesse** *nf (taille)* smallness; *(mesquinerie)* meanness, pettiness.
pétition [petisjɔ̃] *nf* petition.
pétrifier [petʀifje] (7) *vt* to petrify; *(fig)* to paralyze (*de* with).
pétrin [petʀɛ̃] *nm* kneading-trough. (* : *ennui*) **être dans le ~** to be in a mess*. ◆ **pétrir** (2) *vt* to knead.
pétrole [petʀɔl] *nm (brut)* oil, petroleum; *(lampant)* paraffin. ◆ **pétrolier, -ière** — **1** *adj* oil. — **2** *nm (navire)* oil tanker; *(financier)* oil magnate. ◆ **pétrolifère** *adj* oil-bearing.
peu [pø] — **1** *adv* **(a)** *(petite quantité)* little, not much; *(petit nombre)* few, not many. **~ de** *(argent, soleil)* little, not much; *(gens, voitures)* few, not many; **c'est trop ~** it's not enough; **il est ~ sociable** he is not very sociable; **c'est un ~ grand** it's a little *ou* a bit too big; **il est ici pour ~ de temps** he is here for only a short time *ou* while. **(b)** *(locutions)* **il l'a battu de ~** he just beat him; **à ~ près terminé** almost *ou* nearly finished; **à ~ près 10 kilos** roughly 10 kilos; **à ~ de chose près** more or less; **c'est ~ de chose** it' s nothing; **~ à ~** little by little. — **2** *nm* **(a)** little. **le ~ d'argent qu'elle a** the little money she has; **son ~ de patience** his lack of patience; **le ~ d'amis qu'elle avait** the few friends she had. **(b) un petit ~** a little bit; **un ~ d'eau** some *ou* a little water; **un ~ moins de monde** slightly fewer people; **pour un ~** *ou* **un ~ plus il écrasait le chien** he very nearly ran over the dog; **un ~ partout** just about everywhere.
peuplade [pœplad] *nf* tribe, people. ◆ **peuple** *nm (gén)* people; *(foule)* crowd (of people). **le ~** ordinary people. ◆ **peuplé, e** *adj* populated. ◆ **peuplement** *nm (action)* populating; *(population)* population. ◆ **peupler** (1) *vt (colonie)* to populate; *(habiter)* to inhabit. **se ~ de monde** to be filled with people.
peuplier [pøplije] *nm* poplar tree.
peur [pœʀ] *nf* fear. **prendre ~** to take fright; **faire ~ à qn** to frighten *ou* scare sb; **avoir ~** to be frightened *ou* afraid *ou* scared (*de* of); **j'ai bien ~ qu'il ne pleuve** I'm afraid it's going to rain; **il a couru de ~ de manquer le train** he ran for fear of missing the train. ◆ **peureux, -euse** *adj* fearful.
peut-être [pøtɛtʀ(ə)] *adv* perhaps, maybe.
phalange [falɑ̃ʒ] *nf* phalanx.
pharaon [faʀaɔ̃] *nm* Pharaoh.
phare [faʀ] *nm (tour)* lighthouse; *(voiture)* headlight, headlamp. **rouler pleins ~s** to drive on full beam *ou* high beams *(US)*.
pharmaceutique [faʀmasøtik] *adj* pharmaceutical. ◆ **pharmacie** *nf (magasin)* chemist's (shop), pharmacy, drugstore *(Can, US)*; *(profession)* pharmacy; *(produits)* pharmaceuticals, medicines. **armoire à ~** medicine cabinet. ◆ **pharmacien, -ienne** *nm,f* dispensing chemist, pharmacist, druggist *(US)*.
phase [fɑz] *nf* phase.
phénoménal, e, *mpl* **-aux** [fenɔmenal, o] *adj* phenomenal. ◆ **phénomène** *nm* phenomenon; *(excentrique)* character.
philanthrope [filɑ̃tʀɔp] *nmf* philanthropist. ◆ **philanthropie** *nf* philanthropy. ◆ **philanthropique** *adj* philanthropic.
philatélie [filateli]] *nf* philately, stamp collecting. ◆ **philatélique** *adj* philatelic. ◆ **philatéliste** *nmf* philatelist, stamp collector.
philosophe [filɔzɔf] — **1** *nmf* philosopher. **2** *adj* philosophical. ◆ **philosopher** (1) *vi* to philosophize. ◆ **philosophie** *nf* philosophy. ◆ **philosophique** *adj* philosophical.
phlébite [flebit] *nf* phlebitis.
phobie [fɔbi] *nf* phobia.
phonétique [fɔnetik] — **1** *nf* phonetics *(sg)*. **2** *adj* phonetic.
phoque [fɔk] *nm* seal.
phosphate [fɔsfat] *nm* phosphate.
phosphore [fɔsfɔʀ] *nm* phosphorus. ◆ **phosphorescent, e** *adj* phosphorescent.
photo [fɔto] *nf* photo. **prendre qn en ~** to take a photo of sb. ◆ **photocopie** *nf* photocopy. ◆ **photocopier** (7) *vt* to photocopy. ◆ **photocopieur** *nm* photocopier. ◆ **photographe** *nmf (artiste)* photographer; *(commerçant)* camera

dealer. ◆ **photographie** *nf (art)* photography; *(image)* photograph. ◆ **photographier** (7) *vt* to photograph. **se faire ~** to have one's photo(graph) taken. ◆ **photographique** *adj* photographic.
phrase [fRɑz] *nf* sentence. **~ toute faite** stock phrase.
physicien, -ienne [fizisjɛ̃, jɛn] *nm,f* physicist.
physiologie [fizjɔlɔʒi] *nf* physiology. ◆ **physiologique** *adj* physiological.
physionomie [fizjɔnɔmi] *nf* face. ◆ **physionomiste** *adj, nmf* : **il est ~** he has a good memory for faces.
physique [fizik] — **1** *adj* physical. — **2** *nm* physique. **au ~** physically.
piaffer [pjafe] (1) *vi (cheval)* to stamp; *(d'impatience)* to fidget.
piailler [pjɑje] (1) *vi* to squawk.
pianiste [pjanist(ə)] *nmf* pianist. ◆ **piano** *nm* piano.
pic [pik] *nm (cime)* peak; *(pioche)* pickaxe. **~ à glace** ice pick; *(oiseau)* **~ vert** woodpecker; **à ~** *(falaise)* sheer; *(couler)* straight down; *(arriver)* in the nick of time.
pichet [piʃɛ] *nm* pitcher, jug.
picoler* [pikɔle] (1) *vi* to drink, tipple*.
picorer [pikɔRe] (1) *vti* to peck.
picotement [pikɔtmɑ̃] *nm* : **~(s)** *(gorge)* tickling; *(yeux, peau)* stinging. ◆ **picoter** (1) *vt* to tickle; to sting.
pie [pi] *nf* magpie.
pièce [pjɛs] *nf (gén)* piece; *(chambre)* room; *(document)* paper; *(canon)* gun; *(reprise)* patch. **~ de monnaie** coin; **~ de théâtre** play; **~ d'identité** identity paper; **~ détachée** part; *(de rechange)* spare part; **~ d'eau** ornamental lake; **~ montée** tiered cake; **mettre en ~s** to pull to pieces; **se vendre à la ~** to be sold separately; **2 F ~** 2 francs each; **deux ~s** *(costume)* two piece suit; *(maison)* 2-room flat *ou* apartment *(US)*; **donner la ~ à qn*** to give sb a tip.
pied [pje] *nm* **(a)** *(gén)* foot (*pl* feet); *(table)* leg; *(appareil photo)* stand, tripod; *(lampe)* base; *(verre)* stem; *(salade, tomate)* plant. **aller à ~** to go on foot; **~s et poings liés** bound hand and foot; **~ de vigne** vine; **~ de porc** pig's trotter; **vivre sur un grand ~** to live in style; **sur un ~ d'égalité** on an equal footing; **il chante comme un ~*** he's a useless* singer. **(b)** *(avec prép)* **au ~ de la lettre** literally; **au ~ levé** at a moment's notice; **de ~ ferme** resolutely. **(c)** *(avec verbes)* **avoir ~** to be able to touch the bottom; **avoir bon ~ bon œil** to be as fit as a fiddle; **avoir les ~s sur terre** to have one's feet firmly on the ground; **faire des ~s et des mains pour faire qch*** to move heaven and earth to do sth; **faire un ~ de nez à qn** to thumb one's nose at sb; **cela lui fera les ~s*** that'll teach him; **mettre ~ à terre** to dismount; **mettre qn au ~ du mur** to put sb to the test; **mettre les ~s dans le plat*** *(gaffer)* to put one's foot in it; *(intervenir)* to put one's foot down; **mettre qch sur ~** to set sth up. ◆ **pied-de-poule** *nm* hound's-tooth cloth.
piédestal, *pl* **-aux** [pjedɛstal, o] *nm* pedestal.
piège [pjɛʒ] *nm (lit, fig)* trap; *(fosse)* pit; *(collet)* snare. **tendre un ~ à qn** to set a trap for sb. ◆ **piéger** (3) *vt* to trap; *(avec explosifs)* to booby-trap. **voiture piégée** car-bomb; **se faire ~** to be trapped.
pierre [pjɛR] *nf* stone. **faire d'une ~ deux coups** to kill two birds with one stone; **~ d'achoppement** stumbling block; **~ ponce** pumice stone; **~ précieuse** precious stone, gem; **~ tombale** tombstone. ◆ **pierreries** *nfpl* gems, precious stones. ◆ **pierreux, -euse** *adj* stony.
piété [pjete] *nf* piety.
piétiner [pjetine] (1) — **1** *vi (trépigner)* to stamp one's feet; *(patauger)* to wade about; *(ne pas avancer) (personne)* to stand about; *(enquête)* to mark time. — **2** *vt* to trample *ou* tread on.
piéton [pjetɔ̃] *nm* pedestrian. ◆ **piétonne** *ou* ◆ **piétonnière** *adj f* : **rue ~** pedestrian precinct.
piètre [pjɛtR(ə)] *adj* very poor.
pieu, *pl* **~x**[1] [pjø] *nm* post; *(pointu)* stake; *(en ciment)* pile; (* : *lit*) bed.
pieuvre [pjœvR(ə)] *nf* octopus.
pieux[2], **-euse** [pjø, øz] *adj* pious.
pif* [pif] *nm (nez)* beak*, nose. **au ~** at a rough guess.
pigeon [piʒɔ̃] *nm (oiseau)* pigeon; (* : *dupe*) mug*. **~ voyageur** homing pigeon. ◆ **pigeonnier** *nm* dovecote.
piger* [piʒe] (3) *vi* to twig*, understand.
pigment [pigmɑ̃] *nm* pigment.
pignon [piɲɔ̃] *nm (maison)* gable.
pile [pil] — **1** *nf (tas, pilier)* pile; *(électrique)* battery. **~ atomique** nuclear reactor; *(pièce)* **~ ou face?** heads or tails?; **tirer à ~ ou face** to toss up. — **2** *adv* (*) *(s'arrêter)* dead*; *(arriver)* just at the right time. **à 2 heures ~** at dead on 2*.
piler [pile] (1) *vt* to crush, pound.
pilier [pilje] *nm* pillar; *(Rugby)* prop forward.
pillage [pijaʒ] *nm* looting, pillaging. ◆ **pillard, e** — **1** *adj* looting, pillaging. — **2** *nm,f* looter. ◆ **piller** (1) *vt* to loot, pillage.
pilon [pilɔ̃] *nm (instrument)* pestle; *(poulet)* drumstick. ◆ **pilonner** (1) *vt (Mil)* to shell.
pilori [pilɔRi] *nm* pillory.
pilotage [pilɔtaʒ] *nm* piloting. ◆ **pilote** — **1** *adj (ferme)* experimental. — **2** *nm (Aviat, Naut)* pilot; *(Aut)* driver; *(fig : guide)* guide. ◆ **piloter** (1) *vt* to pilot; to drive.
pilotis [pilɔti] *nm* pile.
pilule [pilyl] *nf* pill.
piment [pimɑ̃] *nm* chilli pepper; *(fig)* spice. **~ doux** pepper, capsicum. ◆ **pimenté, e** *adj (plat)* hot.
pimpant, e [pɛ̃pɑ̃, ɑ̃t] *adj* spruce.
pin [pɛ̃] *nm (arbre)* pine tree; *(bois)* pine.
pinard* [pinaR] *nm* plonk*, cheap wine.
pince [pɛ̃s] *nf (tenailles)* pliers; *(pincettes)* tongs; *(levier)* crowbar; *(crabe)* claw; *(couture)* dart. **une ~-monseigneur** a jemmy; **~ à épiler** tweezers; **~ à linge** clothes peg; **~ à sucre** sugar tongs.
pinceau, *pl* **~x** [pɛ̃so] *nm* paint brush.
pincer [pɛ̃se] (3) *vt (gén)* to pinch, nip; *(guitare)* to pluck; (* : *arrêter*) to cop. **se ~ le doigt dans la porte** to trap one's finger in the door; **se ~ le nez** to hold one's nose. ◆ **pincé, e** — **1** *adj (air, ton)* stiff. — **2** *nf (sel)* pinch. ◆ **pincettes** *nfpl* fire tongs. **il n'est pas à prendre avec des ~** *(sale)* he's filthy dirty; *(mécontent)* he's like a bear with a sore head.
pinède [pinɛd] *nf* pinewood, pine forest.
pingouin [pɛ̃gwɛ̃] *nm (arctique)* auk; *(gén)* penguin.
ping-pong [piŋpɔ̃g] *nm* table tennis.
pingre [pɛ̃gR(ə)] — **1** *adj* niggardly. — **2** *nmf* niggard.
pinson [pɛ̃sɔ̃] *nm* chaffinch.
pintade [pɛ̃tad] *nf* guinea-fowl.

pioche [pjɔʃ] *nf* mattock, pickaxe. ◆ **piocher** (1) *vt (terre)* to dig up; *(carte)* to pick up.
piolet [pjɔlɛ] *nm* ice axe.
pion [pjɔ̃] *nm* **(a)** *(Échecs)* pawn; *(Jeu)* piece. **(b)** *(Scol : péj)* ≃ supervisor.
pionnier [pjɔnje] *nm* pioneer.
pipe [pip] *nf* pipe.
pipi* [pipi] *nm* wee*. **faire ~** to go to the toilet.
piquant, e [pikɑ̃, ɑ̃t] — **1** *adj (détail)* spicy; *(goût)* pungent; *(vin)* sour. **sauce ~e** piquant sauce. — **2** *nm (hérisson, oursin)* spine; *(rosier)* thorn; *(chardon)* prickle; *(conversation)* piquancy.
pique [pik] — **1** *nf (arme)* pike; *(critique)* cutting remark. — **2** *nm (carte)* spade; *(couleur)* spades.
pique-assiette* [pikasjɛt] *nmf inv* scrounger*.
pique-nique, *pl* **~-~s** [piknik] *nm* picnic. ◆ **pique-niquer** (1) *vi* to have a picnic, picnic.
piquer [pike] (1) — **1** *vt* **(a)** *(guêpe, ortie)* to sting; *(moustique, serpent)* to bite; *(pointe)* to prick; *(Méd)* to give an injection to. **~ une épingle dans** to stick a pin in; *(Couture)* **~ qch** to stitch sth, sew sth up; **ça pique** *(démangeaison)* it itches; *(liqueur)* it burns; *(barbe, ronces)* it prickles. **(b)** *(curiosité)* to arouse, excite; *(vexer)* to nettle. **(c)** (*) *(crise de nerfs)* to have; *(maladie)* to pick up, catch, get; *(portefeuille)* to pinch* (*à* from); *(voleur)* to nab*. **~ dans le tas** to pick at random. — **2** *vi* **(a)** *(moutarde, radis)* to be hot; *(vin)* to be sour; *(fromage)* to be pungent. **(b) ~ vers** to head towards; *(avion)* **~ du nez** to go into a nose-dive. — **3 se piquer** *vpr* **(a)** *(aiguille)* to prick o.s.; *(orties)* to get stung; **se ~ de faire qch** to pride o.s. on one's ability to do sth; **il s'est piqué au jeu** it grew on him. **(b)** *(miroir, linge)* to go mildewed; *(métal)* to be pitted; *(vin)* to go sour.
piquet [pikɛ] *nm (pieu)* post, stake; *(tente)* peg. **~ de grève** strike-picket; *(Scol)* **mettre qn au ~** to put sb in the corner.
piqueter [pikte] (4) *vt* to dot (*de* with).
piqûre [pikyʀ] *nf (épingle)* prick; *(guêpe, ortie)* sting; *(moustique)* bite; *(seringue)* injection; *(en couture)* stitch; *(trace, trou)* hole. **faire une ~** to give an injection.
pirate [piʀat] *adj, nm* pirate. **~ de l'air** hijacker. ◆ **piraterie** *nf* piracy.
pire [piʀ] — **1** *adj (comp)* worse. *(superl)* **le ~, la ~** the worst. — **2** *nm* : **le ~** the worst; **au ~** at the worst.
pirogue [piʀɔg] *nf* dugout canoe.
pirouette [piʀwɛt] *nf* pirouette.
pis¹ [pi] *nm (vache)* udder.
pis² [pi] — **1** *adj, adv* worse. **de ~ en ~** worse and worse. — **2** *nm* : **le ~** the worst; **au ~ aller** if the worst comes to the worst. ◆ **pis-aller** *nm inv* stopgap.
pisciculture [pisikyltyʀ] *nf* fish breeding.
piscine [pisin] *nf* swimming pool.
pissenlit [pisɑ̃li] *nm* dandelion.
pisse* [pis] *nf* pee*. ◆ **pisser*** (1) *vi (personne)* to pee*; *(récipient)* to gush out.
pistache [pistaʃ] *nf* pistachio.
piste [pist(ə)] *nf* **(a)** *(animal, suspect)* track, trail; *(Police : indice)* lead. **sur la bonne ~** on the right track. **(b)** *(hippodrome)* course; *(stade)* track; *(patinage)* rink; *(danse)* floor; *(skieurs)* run; *(cirque)* ring; *(avions)* runway; *(magnétophone)* track.
pistolet [pistɔlɛ] *nm (arme)* pistol, gun; *(peintre)* spray gun.

piston [pistɔ̃] *nm (machine)* piston; *(trompette)* valve.
piteux, -euse [pitø, øz] *adj* pitiful.
pitié [pitje] *nf* pity. **avoir ~ de qn** *(plaindre)* to pity sb; *(faire grâce)* to have pity *ou* mercy on sb; **il me fait ~** I feel sorry for him; **être sans ~** to be pitiless.
piton [pitɔ̃] *nm* **(a)** *(à anneau)* eye; *(à crochet)* hook; *(alpiniste)* piton. **(b)** *(sommet)* peak.
pitoyable [pitwajabl(ə)] *adj* pitiful.
pitre [pitʀ(ə)] *nm* clown. **faire le ~** to clown about. ◆ **pitrerie** *nf* : **~(s)** clowning.
pittoresque [pitɔʀɛsk(ə)] *adj* picturesque.
pivert [pivɛʀ] *nm* green woodpecker.
pivoine [pivwan] *nf* peony.
pivot [pivo] *nm (gén)* pivot; *(dent)* post. ◆ **pivoter** (1) *vi* to revolve, pivot. **faire ~ qch** to swivel sth round.
placage [plakaʒ] *nm (en bois)* veneer; *(en pierre)* facing.
placard [plakaʀ] *nm (armoire)* cupboard; *(affiche)* poster. ◆ **placarder** (1) *vt (affiche)* to stick up.
place [plas] *nf* **(a)** *(esplanade)* square. **(b)** *(objet, personne)* place. **changer qch de ~** to move sth; **il ne tient pas en ~** he can't keep still; **à votre ~** if I were you, in your place. **(c)** *(espace libre)* room, space. **prendre de la ~** to take up room *ou* space. **(d)** *(siège, billet)* seat; *(prix d'un trajet)* fare; *(emplacement réservé)* space. **payer ~ entière** to pay full price; **~ de parking** parking space; **prenez ~** take a seat. **(e)** *(rang)* place. **(f)** *(emploi)* job. *(Pol)* **les gens en ~** influential people. **(g) ~ forte** fortified town; **~ financière** money market. **(h) rester sur ~** to stay on the spot; **à la ~** instead (*de* of); **mettre qch en ~** to set sth up; **faire ~ nette** to make a clean sweep.
placement [plasmɑ̃] *nm (argent)* investment.
placer [plase] (3) — **1** *vt* **(a)** *(mettre) (gén)* to place, put; *(invité, spectateur)* to seat. **~ qn comme vendeur** to find sb a job as a salesman. **(b)** *(vendre)* to place, sell. **(c)** *(investir)* to invest. — **2 se placer** *vpr (personne)* to take up a position; *(événement)* to take place, occur. **si nous nous plaçons dans cette perspective** if we look at things from this angle; **se ~ 2e** to be *ou* come 2nd. ◆ **placé, e** *adj* : **la fenêtre est ~e à gauche** the window is on the left; **être bien ~** *(concurrent)* to be well placed; *(spectateur)* to have a good seat; **je suis mal ~ pour vous répondre** I'm in no position to answer.
placide [plasid] *adj* placid.
plafond [plafɔ̃] *nm* ceiling.
plage [plaʒ] *nf (mer)* beach; *(disque)* track; *(ville)* seaside resort; *(fig : zone)* area.
plaider [plede] (1) *vti* to plead. ◆ **plaideur, -euse** *nm,f* litigant. ◆ **plaidoirie** *nf* speech. ◆ **plaidoyer** *nm* defence, plea.
plaie [plɛ] *nf (gén)* wound; *(coupure)* cut; *(fig : fléau)* scourge.
plaignant, e [plɛɲɑ̃, ɑ̃t] — **1** *adj (partie)* litigant. — **2** *nm,f* plaintiff.
plaindre [plɛ̃dʀ(ə)] (52) — **1** *vt (personne)* to pity, feel sorry for. — **2 se plaindre** *vpr (gémir)* to moan; *(protester)* to complain (*de* about); *(Jur)* to make a complaint (*auprès de* to). **se ~ de** *(maux de tête etc)* to complain of.
plaine [plɛn] *nf* plain.
plainte [plɛ̃t] *nf (gémissement)* moan, groan; *(protestation)* complaint. **porter ~** to lodge a

complaint (*contre* against). ◆ **plaintif, -ive** *adj* plaintive, doleful.

plaire [plɛʀ] (54) — **1** *vi :* **ça me plaît** I like *ou* enjoy it; **ça ne me plaît pas beaucoup** I'm not keen on it; **il cherche à ~ à tout le monde** he tries to please everyone; **ça te plairait d'aller au cinéma?** would you like to go to the pictures?; **quand ça me plaît** when I feel like it, when it suits me; **je fais ce qui me plaît** I do as I like *ou* please. — **2** *vb impers :* **et s'il me plaît d'y aller?** and what if I want to go?; **s'il te plaît, s'il vous plaît** please. — **3 se plaire** *vpr :* **il se plaît à Londres** he likes *ou* enjoys being in London; **plante qui se plaît à l'ombre** plant which thrives in the shade.

plaisance [plɛzɑ̃s] *nf :* **bateau de ~** yacht. ◆ **plaisancier** *nm* yachtsman.

plaisant, e [plɛzɑ̃, ɑ̃t] *adj (agréable)* pleasant; *(amusant)* amusing, funny.

plaisanter [plɛzɑ̃te] (1) *vi* to joke (*sur* about). **vous plaisantez** you must be joking; **pour ~** for fun. ◆ **plaisanterie** *nf* joke. **mauvaise ~** hoax. ◆ **plaisantin** *nm (blagueur)* joker; *(fumiste)* clown.

plaisir [pleziʀ] *nm* pleasure. **j'ai le ~ de vous annoncer que...** I have pleasure in announcing that...; **ranger pour le ~ de ranger** to tidy up just for the sake of it; **au ~ de vous revoir** I'll see you again sometime; **faire ~ à qn** to please sb; **cela me fait ~ de vous voir** I'm pleased *ou* delighted to see you; **fais-moi ~ : mange ta soupe** eat your soup, there's a dear; **si ça peut te faire ~!** if it will make you happy!

plan¹ [plɑ̃] *nm* **(a)** *(projet, dessin)* plan; *(carte d'une ville)* map. **laisser qch en ~*** to abandon *ou* ditch* sth. **(b)** *(Math etc : surface)* plane. **en ~ incliné** sloping; **~ d'eau** stretch of water. **(c)** *(Ciné)* shot. **premier ~** foreground; **dernier ~** background. **(d)** *(fig : niveau)* plane. **de premier ~** of utmost importance, major.

plan², plane [plɑ̃, plan] *adj* flat.

planche [plɑ̃ʃ] *nf (en bois)* plank, board; *(gravure)* plate; *(légumes)* bed. **~ à repasser** ironing board; *(fig)* **~ de salut** last hope; *(Théât)* **monter sur les ~s** to go on the stage; *(Natation)* **faire la ~** to float on one's back; **cabine en ~s** wooden hut. ◆ **plancher** *nm* floor.

plancton [plɑ̃ktɔ̃] *nm* plankton.

planer [plane] (1) *vi (oiseau)* to glide, hover; *(danger)* to hang (*sur* over).

planète [planɛt] *nf* planet.

planeur [planœʀ] *nm* glider.

planification [planifikɑsjɔ̃] *nf* planning. ◆ **planifier** (7) *vt* to plan. ◆ **planning** *nm* programme, schedule. **~ familial** family planning.

planque* [plɑ̃k] *nf (cachette)* hideout; *(travail)* cushy* job. ◆ **planquer*** *vt,* **se planquer*** *vpr* (1) to hide.

plant [plɑ̃] *nm (plante)* plant; *(semis)* bed.

plantation [plɑ̃tɑsjɔ̃] *nf (action)* planting; *(terrain)* bed; *(arbres)* plantation.

plante [plɑ̃t] *nf* plant. **~ grasse** succulent plant; **~ verte** green foliage plant; **~ des pieds** sole of the foot.

planter [plɑ̃te] (1) *vt* **(a)** *(plante)* to plant; *(clou, pieu)* to drive in; *(tente)* to pitch; *(objet : mettre)* to put; (* : *abandonner*) to pack in*. **se ~ une épine dans le doigt** to get a thorn stuck in one's finger; **rester planté devant une vitrine*** to stand looking at a shop window.

planton [plɑ̃tɔ̃] *nm (Mil)* orderly. **faire le ~*** to hang about*.

plantureux, -euse [plɑ̃tyʀø, øz] *adj (repas)* copious; *(région)* fertile; *(récolte)* bumper, heavy.

plaquage [plakaʒ] *nm (Rugby)* tackle.

plaque [plak] *nf (gén)* plate; *(marbre, chocolat)* slab; *(de verglas, sur la peau)* patch; *(écriteau)* plaque; *(insigne)* badge. **~ minéralogique** number *ou* license *(US)* plate.

plaquer [plake] (1) *vt* **(a)** *(bois)* to veneer; *(bijoux)* to plate. **plaqué or** gold-plated. **(b)** (* : *abandonner*) to give up. **(c)** *(aplatir) (gén)* to flatten; *(cheveux)* to plaster down; *(Rugby)* to tackle.

plasma [plasma] *nm* plasma.

plastic [plastik] *nm* gelignite.

plastifier [plastifje] (7) *vt* to coat with plastic.

plastique [plastik] *adj, nm* plastic.

plastiquer [plastike] (1) *vt* to plant a plastic bomb in.

plastron [plastʀɔ̃] *nm (chemise)* shirt front; *(escrimeur)* plastron.

plat¹, plate [pla, plat] — **1** *adj* flat. **poser qch à ~** to lay sth flat; **être à ~** *(pneu, batterie)* to be flat; *(automobiliste)* to have a flat tyre; *(malade)* to be washed out*; **tomber à ~ ventre** to fall flat on one's face; **se mettre à ~ ventre devant qn** to crawl to sb. — **2** *nm* flat part. ◆ **plate-bande,** *pl* **~s-~s** *nf* flower bed. ◆ **plate-forme,** *pl* **~s-~s** *nf* platform.

plat² [pla] *nm (récipient, mets)* dish; *(partie du repas)* course. **il en a fait tout un ~*** he made a great fuss about it; **mettre les petits ~s dans les grands** to lay on a slap-up meal.

platane [platan] *nm* plane tree.

plateau, *pl* **~x** [plato] *nm (de serveur)* tray; *(balance)* pan; *(électrophone)* turntable, deck; *(table)* top; *(graphique)* plateau; *(montagne)* plateau; *(théâtre)* stage; *(cinéma)* set. **~ de fromages** cheeseboard.

platine [platin] — **1** *nm (métal)* platinum. — **2** *nf (tourne-disque)* deck, turntable.

platitude [platityd] *nf* platitude.

plâtre [plɑtʀ(ə)] *nm (matière)* plaster; *(objet)* plaster cast. **les ~s** the plasterwork. ◆ **plâtrer** (1) *vt (mur)* to plaster; *(jambe)* to set in plaster. ◆ **plâtrier** *nm* plasterer.

plausible [plozibl(ə)] *adj* plausible.

plébiscite [plebisit] *nm* plebiscite.

pléiade [plejad] *nf* pleiad.

plein, pleine [plɛ̃, plɛn] — **1** *adj* **(a)** *(rempli)* full (*de* of); *(journée)* busy; *(succès etc; total)* complete. **~ à craquer** full to bursting, crammed full; **~ de taches** covered in stains; **salle pleine de monde** crowded room; **remarque pleine de finesse** very shrewd remark; **absent un jour ~** absent for a whole day; **à ~ temps** full-time. **(b)** *(paroi)* solid; *(trait)* unbroken. **(c)** *(intensité)* **la pleine lumière** the bright light; **en pleine mer** on the open sea; **avoir pleine conscience de qch** to be fully aware of sth; **membre de ~ droit** rightful member; **ça sent l'ammoniaque à ~ nez** there's an overpowering smell of ammonia; **prendre qch à pleines mains** to grasp sth firmly; **jeux de ~ air** outdoor games; **s'asseoir en ~ air** to sit in the open air; **en ~ milieu** right *ou* bang* in the middle; **en pleine jeunesse** in the bloom of youth; **en ~ jour** in broad daylight; **je suis en ~ travail** I'm in the middle of work. — **2** *adv :* **avoir de l'encre ~ les mains** to have ink all over one's hands; **il a des jouets ~ un placard** he's got a cupboard full of toys; **~ de gens*** lots of people; **en ~ devant toi** right *ou* straight in

front of you; à ~ *(utiliser)* to the full. — **3** *nm (voiture)* **faire le ~** to fill up the tank; **battre son ~** to be at its height.
pleinement [plɛnmɑ̃] *adv* fully.
plénipotentiaire [plenipɔtɑ̃sjɛʀ] *adj, nm* plenipotentiary.
pléonasme [pleɔnasm(ə)] *nm* pleonasm.
pléthore [pletɔʀ] *nf* superabundance. ◆ **pléthorique** *adj* excessive.
pleurer [plœʀe] (1) — **1** *vi (personne)* to cry, weep (*sur* over); *(yeux)* to water, run. **~ de rire** to shed tears of laughter. — **2** *vt* **(a)** *(personne)* to mourn; *(chose)* to bemoan. **~ des larmes de joie** to weep *ou* shed tears of joy. **(b)** *(péj) (quémander)* to shout for; *(lésiner sur)* to stint. **~ misère** to moan about one's lot.
pleurésie [plœʀezi] *nf* pleurisy.
pleurnicher [plœʀniʃe] (1) *vi* to snivel*.
pleurs [plœʀ] *nmpl :* **en ~** in tears.
pleuviner [pløvine] (1) *vi* to drizzle.
pleuvoir [pløvwaʀ] (23) — **1** *vb impers* to rain. **il pleut** it's raining; *(à torrents)* it's pouring. — **2** *vi (critiques etc)* to shower down.
plexiglas [plɛksiglas] *nm* plexiglass ®.
pli [pli] *nm* **(a)** *(rideau, peau etc)* fold; *(pantalon, front)* crease; *(jupe)* pleat. **faux ~** crease; **ton manteau fait un ~** your coat creases up. **(b)** *(habitude)* habit. **mauvais ~** bad habit. **(c)** *(enveloppe)* envelope; *(lettre)* letter. **(d)** *(Cartes)* trick. **faire un ~** to take a trick.
pliant, e [plijɑ̃, ɑ̃t] — **1** *adj* collapsible, folding— **2** *nm* folding stool.
plie [pli] *nf* plaice.
plier [plije] (7) — **1** *vt (gén)* to fold; *(branche, genou)* to bend. **~ bagage** to pack up and go; **plié de rire** doubled up with laughter; **~ qn à une discipline** to force a discipline upon sb. — **2** *vi (branche)* to bend; *(personne)* to yield, give in; *(armée)* to give way. — **3 se plier** *vpr (chaise)* to fold up. **se ~ à qch** to submit to sth.
plinthe [plɛ̃t] *nf* skirting board.
plisser [plise] (1) — **1** *vt (froisser)* to crease; *(lèvres)* to pucker; *(yeux)* to screw up; *(front)* to crease. *(jupe)* **plissé** pleated. — **2** *vi* to become creased.
pliure [plijyʀ] *nf (gén)* fold; *(bras)* bend.
plomb [plɔ̃] *nm (métal)* lead; *(Pêche)* sinker; *(Chasse)* piece of shot; *(fusible)* fuse. **de ~** *(tuyau)* lead; *(soldat)* lead, tin; *(ciel)* leaden; *(soleil)* blazing; *(sommeil)* deep, heavy; **avoir du ~ dans l'aile** to be in a bad way; **avoir du ~ dans la tête** to have common sense.
plombage [plɔ̃baʒ] *nm (dent)* filling. ◆ **plomber** (1) *vt (dent)* to fill; *(colis)* to seal (with lead). ◆ **plomberie** *nf* plumbing; *(atelier)* plumber's shop. ◆ **plombier** *nm* plumber.
plongée [plɔ̃ʒe] *nf (action)* diving; *(exercice)* dive. ◆ **plongeoir** *nm* diving board. ◆ **plongeon** *nm* dive. **faire un ~** to dive.
plonger [plɔ̃ʒe] (3) — **1** *vi (personne, avion)* to dive; *(route)* to plunge down. **tir** *etc* **plongeant** plunging fire *etc;* **il plongea dans sa poche** he plunged his hand into his pocket. — **2** *vt* to plunge (*dans* into). — **3 se plonger** *vpr :* **se ~ dans** *(lecture)* to bury o.s. in; *(eau)* to plunge into. ◆ **plongeur, -euse** *nm,f* **(a)** diver; *(sans scaphandre)* skin diver. **(b)** *(restaurant)* dishwasher.
plouf [pluf] *nm, excl* splash.
ployer [plwaje] (8) *vti* to bend.
pluie [plɥi] *nf* rain; *(averse)* shower; *(fine)* drizzle. **le temps est à la ~** it looks like rain; *(fig)* **~ de** shower of; **faire la ~ et le beau temps** to rule the roost; **il n'est pas né de la dernière ~** he wasn't born yesterday.
plumage [plymaʒ] *nm* plumage, feathers.
plume [plym] *nf* feather; *(pour écrire)* pen. **il y a laissé des ~s*** he got his fingers burnt. ◆ **plumeau,** *pl* **~x** *nm* feather duster. ◆ **plumer** (1) *vt (volaille)* to pluck; (* : *personne*) to fleece*. ◆ **plumet** *nm* plume. ◆ **plumier** *nm* pencil box.
plupart [plypaʀ] *nf :* **la ~ des gens** most people, the majority of people; **pour la ~** for the most part, **la ~ du temps** most of the time.
pluriel, -elle [plyʀjɛl] *adj, nm* plural.
plus — **1** *adv nég* [ply] **(a)** *(temps)* no longer. **il n'en a ~ besoin** he doesn't need it any longer, he no longer needs it. **(b)** *(quantité)* no more. **elle n'a ~ de pain** she hasn't got any more bread, she's got no bread left; **il n'y a ~ rien** there's nothing left; **on n'y voit ~ guère** you can hardly see anything now. **(c)** *(avec que)* **~ que 5 km à faire** only another 5 km to go. — **2** *adv comparatif* [ply(s)] **(a)** *(travailler etc)* more (*que* than). **il est ~ âgé que moi** he is older than me *ou* than I am; **trois fois ~ cher que...** three times as expensive as...; **~ de pain** *etc* more bread *etc;* **les enfants de ~ de 4 ans** children over 4; **il n'y avait pas ~ de 10 personnes** there were no more than 10 people; **il est ~ de 9 heures** it's after 9 o'clock; **~ il gagne, moins il est content** the more he earns, the less happy he is. **(b) elle a 10 ans de ~ que lui** she's 10 years older than him; **il y a 10 personnes de ~ qu'hier** there are 10 more people than yesterday; **c'est en ~** it's extra; **en ~ de son travail** in addition to his work; **de ~ en ~** more and more; **de ~ en ~ vite** faster and faster; **~ ou moins** more or less; **de ~, qui ~ est** moreover. — **3** *adv superlatif* [ply(s)] : **le ~ long** the longest; **la ~ belle** the most beautiful; **la ~ grande partie de son temps** most of his time; **ce que j'aime le ~** what I like most *ou* best; **c'est le samedi qu'il y a le ~ de monde** Saturday is the day there are the most people; **prends le ~ possible de livres** take as many books as possible; **au ~** at the most. — **4** *conj* [plys] plus. **lui ~ sa mère** him plus* *ou* he and his mother; *(degré)* **il fait ~ deux** it's two above freezing. — **5** *nm* [plys] *(Math)* **signe ~** plus sign. ◆ **plus-que-parfait** *nm* pluperfect, past perfect. ◆ **plus-value** *nf (bénéfice)* profit; *(imposable)* capital gains.
plusieurs [plyzjœʀ] *adj, pron* several.
plutonium [plytɔnjɔm] *nm* plutonium.
plutôt [plyto] *adv* rather (*que* than). **prends ce livre ~ que celui-là** take this book rather than *ou* instead of that one; **il est ~ petit** he is rather *ou* fairly *ou* quite small.
pluvieux, -euse [plyvjø, øz] *adj* rainy, wet.
pneu [pnø] *nm (roue)* tyre, tire *(US); (lettre)* letter sent by pneumatic tube. ◆ **pneumatique** — **1** *adj (Sci)* pneumatic; *(gonflable)* inflatable. — **2** *nm* **= pneu.**
pneumonie [pnømɔni] *nf :* **la ~** pneumonia; **une ~** a bout of pneumonia.
poche [pɔʃ] *nf (gén)* pocket; *(sac)* bag. **~ revolver** hip pocket; **de ~** *(mouchoir)* pocket; *(livre)* paperback; **il l'a payé de sa ~** he paid for it out of his own pocket; **mettre qn dans sa ~*** to twist sb round one's little finger; **c'est dans la ~!*** it's in the bag!*; **faire les ~s à qn*** to go through sb's pockets.
pocher [pɔʃe] (1) *vt (Culin)* to poach.

pochette [pɔʃɛt] *nf (mouchoir)* pocket handkerchief; *(sac)* bag; *(d'allumettes)* book. **~ surprise** lucky bag.
podium [pɔdjɔm] *nm* podium.
poêle[1] [pwal] *nf* : **~ à frire** frying pan.
poêle[2], **poële** [pwal] *nm* stove.
poème [pɔɛm] *nm* poem. ◆ **poésie** *nf (art)* poetry; *(poème)* poem. ◆ **poète** — **1** *nm* poet. — **2** *adj (tempérament)* poetic. ◆ **poétique** *adj* poetic.
poids [pwa] *nm* weight. **~ lourd** *(personne)* heavyweight; *(camion)* lorry, truck *(US)*; **~ mort** dead load; **prendre du ~** to gain *ou* put on weight; **il ne fait pas le ~** he doesn't measure up; **argument de ~** weighty argument; *(Sport)* **lancer le ~** to put the shot.
poignant, e [pwaɲɑ̃, ɑ̃t] *adj* poignant.
poignard [pwaɲaʀ] *nm* dagger. **coup de ~** stab. ◆ **poignarder** (1) *vt* to stab.
poigne [pwaɲ] *nf (étreinte)* grip.
poignée [pwaɲe] *nf (bouton)* handle; *(quantité)* handful. **~ de main** handshake; **donner une ~ de main à qn** to shake hands with sb.
poignet [pwaɲɛ] *nm* wrist; *(chemise)* cuff.
poil [pwal] *nm (personne)* hair; *(brosse)* bristle; *(pelage)* coat, fur. **les ~s d'un tapis** the pile of a carpet; *(couleur)* **~ de carotte** red-haired. **(b) être à ~ *** to be in one's birthday suit*; **se mettre à ~** to strip off; **c'est au ~ *** it's great*; **avoir un ~ dans la main*** to be bone-idle*; **être de mauvais ~*** to be in a bad mood. ◆ **poilu, e** *adj* hairy.
poinçon [pwɛ̃sɔ̃] *nm (outil)* awl; *(estampille)* hallmark. ◆ **poinçonner** (1) *vt (billet)* to punch.
poindre [pwɛ̃dʀ(ə)] (49) *vi (jour)* to break.
poing [pwɛ̃] *nm* fist. **coup de ~** punch.
point[1] [pwɛ̃] — **1** *nm* **(a)** *(gén)* point; *(Scol : note)* mark; *(ordre du jour)* item. **~ de rencontre** *etc* meeting *etc* point; **~ faible** weak point; **au ~ où on en est** considering the situation we're in; **jusqu'à un certain ~** up to a point, to a certain extent; **au plus haut ~** extremely; **sa colère avait atteint un ~ tel que...** he was so angry that..., his anger was such that...; **faire le ~** *(pilote)* to plot one's position; *(fig)* to sum up the situation. **(b)** *(en morse, sur i etc)* dot; *(sur dé)* pip; *(tache)* spot; *(ponctuation)* full stop, period. *(fig)* **mettre les ~s sur les i** to spell it out; **mettre un ~ final à qch** to put an end to sth. **(c)** *(Couture)* stitch. **faire un ~ à qch** to put a stitch in sth. **(d) à ~** *(viande)* medium; **arriver à ~** to arrive just at the right moment; **mettre au ~** *(photo)* to focus; *(procédé)* to perfect; **mettre une affaire au ~ avec qn** to finalize the details of a matter with sb; **j'étais sur le ~ de faire du café** I was just going to make some coffee. — **2** : **~ de côté** stitch *(pain in the side)*; **~ culminant** peak; **~ de départ** starting point; **~ d'exclamation** exclamation mark *ou* point *(US)*; **~ d'interrogation** question mark; **le ~ du jour** daybreak; *(Aut)* **~ mort** neutral; *(fig)* **au ~ mort** at a standstill; **~ de repère** *(dans l'espace)* landmark; *(dans le temps)* point of reference; **~s de suspension** suspension points; **~ de suture** stitch; **~ de vente** shop, store; **~ virgule** semicolon; **~ de vue** viewpoint; **au ~ de vue argent** from the financial point of view.
point[2] [pwɛ̃] *adv* = **pas**[2].
pointage [pwɛ̃taʒ] *nm (contrôle)* check.
pointe [pwɛ̃t] *nf (gén)* point; *(extrémité)* tip; *(clou)* tack; *(pour grille, chaussure)* spike; *(foulard)* triangular scarf. **~ de terre** spit of land; **sur la ~ des pieds** on tiptoe; *(Danse)* **faire des ~s** to dance on points; **en ~** pointed; **~ de** *(ail, ironie)* touch *ou* hint of; **~ de vitesse** burst of speed; **à la ~ de** *(actualité etc)* in the forefront of; **de ~** *(industrie)* leading; *(technique)* latest; **heure de ~** peak hour; **faire une ~ jusqu'à Paris** to push on as far as Paris.
pointer [pwɛ̃te] (1) — **1** *vt (cocher)* to tick off; *(diriger)* to aim (*vers* at), direct (*vers* towards); *(doigt)* to point (*sur* at). — **2** *vi* **(a)** *(employé) (arrivée)* to clock in; *(départ)* to clock out. **(b)** *(apparaître) (gén)* to appear; *(jour)* to break, dawn. — **3 se pointer*** *vpr (arriver)* to turn up*.
pointillé, e [pwɛ̃tije] *adj* dotted.
pointilleux, -euse [pwɛ̃tijø, øz] *adj* pernickety.
pointu, e [pwɛ̃ty] *adj* pointed; *(aiguisé)* sharp.
pointure [pwɛ̃tyʀ] *nf* size. **quelle est votre ~?** what size are you?
poire [pwaʀ] *nf* pear.
poireau, *pl* **~x** [pwaʀo] *nm* leek.
poirier [pwaʀje] *nm* pear tree.
pois [pwa] *nm (légume)* pea; *(dessin)* dot, spot. **petits ~** garden peas; **~ chiche** chickpea; **~ de senteur** sweet pea.
poison [pwazɔ̃] *nm* poison.
poisseux, -euse [pwasø, øz] *adj* sticky.
poisson [pwasɔ̃] *nm* fish. **2 ~s** 2 fish *ou* fishes; **comme un ~ dans l'eau** in one's element; *(Astron)* **P~s** Pisces; *(blague)* **~ d'avril** April fool's trick; **~ rouge** goldfish. ◆ **poissonnerie** *nf* fishmonger's shop. ◆ **poissonneux, -euse** *adj* full of fish. ◆ **poissonnier, -ière** *nm,f* fishmonger.
poitrail [pwatʀaj] *nm* breast.
poitrine [pwatʀin] *nf (gén)* chest; *(Culin)* breast.
poivre [pwavʀ(ə)] *nm* pepper; *(grain)* peppercorn. ◆ **poivré, e** *adj* peppery. ◆ **poivrer** (1) *vt* to pepper. ◆ **poivrier** *nm (plante)* pepper plant; *(objet)* pepperpot. ◆ **poivron** *nm* capsicum, red *ou* green pepper.
poivrot, e* [pwavʀo, ɔt] *nm,f* drunkard.
poker [pɔkɛʀ] *nm* poker.
polaire [pɔlɛʀ] *adj* polar. ◆ **pôle** *nm* pole.
polémique [pɔlemik] — **1** *adj* controversial. — **2** *nf* argument, polemic.
poli, e [pɔli] *adj (personne)* polite (*avec* to); *(métal)* polished. ◆ **poliment** *adv* politely.
police [pɔlis] *nf* **(a)** *(corps)* police, police force; *(règlements)* regulations. **la ~ est à ses trousses** the police are after him; **faire la ~** to keep law and order; **~ judiciaire** ≃ Criminal Investigation Department, CID; **~ secours** ≃ emergency services. **(b) ~ d'assurance** insurance policy. ◆ **policier, -ière** — **1** *adj (gén)* police; *(roman)* detective. — **2** *nm* policeman.
poliomyélite [pɔljɔmjelit] *nf* poliomyelitis.
polir [pɔliʀ] (2) *vt* to polish.
polisson, -onne [pɔlisɔ̃, ɔn] — **1** *adj* naughty. — **2** *nm,f (enfant)* little devil*.
politesse [pɔlitɛs] *nf* politeness; *(parole)* polite remark; *(action)* polite gesture.
politicien, -ienne [pɔlitisjɛ̃, jɛn] *nm,f* politician; *(péj)* political schemer.
politique [pɔlitik] — **1** *adj* political; *(habile)* politic. **homme ~** politician. — **2** *nf* **(a)** *(science, carrière)* politics *(sg)*. **faire de la ~** to be in politics. **(b)** *(tactique)* policy; *(globale)* **la ~ du gouvernement** the government's policies. ◆ **politiser** (1) *vt* to politicize.
pollen [pɔlɛn] *nm* pollen.

polluer [pɔlɥe] (1) *vt* to pollute. **produit polluant** pollutant. ◆ **pollution** *nf* pollution.
polo [pɔlo] *nm (sport)* polo; *(chemise)* sports shirt.
polochon* [pɔlɔʃɔ̃] *nm* bolster.
Pologne [pɔlɔɲ] *nf* Poland. ◆ **polonais, e** — **1** *adj* Polish. — **2** *nm* **(a)** **P~** Pole. **(b)** *(Ling)* Polish. — **3** *nf* **(a)** **P~e** Pole. **(b)** *(Mus, Culin)* polonaise.
poltron, -onne [pɔltʀɔ̃, ɔn] — **1** *adj* cowardly. — **2** *nm,f* coward.
polycopier [pɔlikɔpje] (7) *vt* to duplicate, stencil.
polyester [pɔliɛstɛʀ] *nm* polyester.
polyglotte [pɔliglɔt] *adj, nmf* polyglot.
polygone [pɔligɔn] *nm* polygon.
Polynésie [pɔlinezi] *nf* Polynesia.
polyvalent, e [pɔlivalɑ̃, ɑ̃t] *adj (rôle)* varied; *(usages)* various, many.
pommade [pɔmad] *nf* ointment.
pomme [pɔm] *nf* apple; *(arrosoir)* rose. **tomber dans les ~s*** to faint, pass out*; **~ d'Adam** Adam's apple; **~s chips** potato crisps, chips *(US)*; **~s frites** chips, French fries *(US)*; **~ de pin** pine *ou* fir cone; **~ de terre** potato.
pommeau, *pl* **~x** [pɔmo] *nm (épée, selle)* pommel; *(canne)* knob.
pommelé, e [pɔmle] *adj (cheval)* dappled; *(ciel)* mackerel.
pommette [pɔmɛt] *nf* cheekbone.
pommier [pɔmje] *nm* apple tree.
pompe [pɔ̃p] *nf* **(a)** *(machine)* pump; (* : *chaussure)* shoe. **à toute ~** flat out*; **~ à essence** petrol *ou* gas *(US)* station; **~ à incendie** fire engine. **(b)** *(solennité)* pomp. **en grande ~** with great pomp. **~s funèbres** funeral director's, undertaker's. ◆ **pomper** (1) *vt* to pump; *(buvard)* to soak up; (*: *épuiser)* to tire out. ◆ **pompeux, -euse** *adj* pompous. ◆ **pompier** *nm* fireman. **les ~s** the fire brigade. ◆ **pompiste** *nmf* petrol *ou* gasoline *(US)* pump attendant.
pompon [pɔ̃pɔ̃] *nm* pompon. **c'est le ~!*** it's the last straw!
pomponner [pɔ̃pɔne] (1) *vt* to titivate.
poncer [pɔ̃se] (3) *vt* to sand, rub down. ◆ **ponceuse** *nf* sander.
ponction [pɔ̃ksjɔ̃] *nf (lombaire)* puncture; *(pulmonaire)* tapping; *(argent)* withdrawal.
ponctualité [pɔ̃ktɥalite] *nf* punctuality.
ponctuation [pɔ̃ktɥɑsjɔ̃] *nf* punctuation.
ponctuel, -elle [pɔ̃ktɥɛl] *adj* punctual.
ponctuer [pɔ̃ktɥe] (1) *vt* to punctuate (*de* with).
pondération [pɔ̃deʀɑsjɔ̃] *nf (calme)* level-headedness; *(équilibrage)* balancing. ◆ **pondéré, e** *adj* level-headed.
pondéreux, -euse [pɔ̃deʀø, øz] *adj* heavy.
pondre [pɔ̃dʀ(ə)] (41) *vti (œuf)* to lay.
poney [pɔnɛ] *nm* pony.
pont [pɔ̃] *nm (gén)* bridge; *(navire)* deck; *(voiture)* axle; *(de graissage)* ramp.*(vacances)* **faire le ~** to make a long weekend of it; **~ aérien** airlift; **les P~s et chaussées** the department of civil engineering; **~-levis** drawbridge.
ponte[1] [pɔ̃t] *nf* egg-laying.
ponte[2] [pɔ̃t] *nm* big shot*, big noise*
pontife [pɔ̃tif] *nm* pontiff. ◆ **pontifical, e,** *mpl* **-aux** *adj (messe)* pontifical; *(gardes)* papal.
ponton [pɔ̃tɔ̃] *nm* pontoon, landing stage.
pope [pɔp] *nm* Orthodox priest.
popote* [pɔpɔt] — **1** *nf (cuisine)* cooking. — **2** *adj inv* stay-at-home.
populace [pɔpylas] *nf (péj)* rabble.
populaire [pɔpylɛʀ] *adj (gén)* popular; *(quartier)* working-class; *(expression)* colloquial. **république ~** people's republic.
popularité [pɔpylaʀite] *nf* popularity.
population [pɔpylɑsjɔ̃] *nf* population.
porc [pɔʀ] *nm (animal)* pig, hog *(US)*; *(viande)* pork; *(péj : personne)* pig.
porcelaine [pɔʀsəlɛn] *nf* porcelain, china.
porc-épic, *pl* **~s-~s** [pɔʀkepik] *nm* porcupine.
porche [pɔʀʃ(ə)] *nm* porch.
porcherie [pɔʀʃəʀi] *nf* pigsty.
pore [pɔʀ] *nm* pore. ◆ **poreux, -euse** *adj* porous.
pornographie [pɔʀnɔgʀafi] *nf* pornography.
port[1] [pɔʀ] *nm* harbour, port. **arriver à bon ~** to arrive safe and sound.
port[2] [pɔʀ] *nm (transport)* carriage. *(prix)* **en ~ dû** postage due : **le ~ de la barbe** wearing a beard.
portail [pɔʀtaj] *nm* portal.
portant, e [pɔʀtɑ̃, ɑ̃t] *adj* : **bien ~** in good health.
portatif, -ive [pɔʀtatif, iv] *adj* portable.
porte [pɔʀt(ə)] *nf (gén)* door; *(forteresse, jardin)* gate. **~ cochère** carriage entrance; **~ d'embarquement** departure gate; **~ d'entrée** front door; **~-fenêtre** French window; **~ de secours** emergency exit; **~ de sortie** way out; **faire du ~ à ~** to sell from door to door; **mettre qn à la ~** *(licencier)* to sack sb; *(éjecter)* to throw sb out; **prendre la ~** to go away, leave; **aimable comme une ~ de prison** like a bear with a sore head.
porte- [pɔʀt(ə)] *préf formant nm* : **~-avions** aircraft carrier; **~-bagages** luggage rack; **~-clefs** *(anneau)* key ring; *(étui)* key case; **~-documents** attaché case; **en ~-à-faux** *(objet)* precariously balanced; **~-monnaie** purse; **~-parapluies** umbrella stand; **~-parole** spokesman; **~-plume** penholder; **~-savon** soapdish; **~-serviettes** towel rail.
porté, e[1] [pɔʀte] *adj* : **être ~ à faire** to be inclined to do; **être ~ sur qch** to be partial to sth.
portée[2] [pɔʀte] *nf* **(a)** *(fusil)* range; *(paroles)* impact; *(voûte)* span. **à ~ de voix** within earshot; **c'est à la ~ de toutes les bourses** it's within everyone's means; **hors de ~** out of reach (*de* of); **se mettre à la ~ des enfants** to come down to a child's level. **(b)** *(Mus)* stave, staff. **(c)** *(animaux)* litter.
portefeuille [pɔʀtəfœj] *nm* wallet; *(ministre)* portfolio.
portemanteau, *pl* **~x** [pɔʀtmɑ̃to] *nm* coat hanger; *(sur pied)* hat stand.
porter [pɔʀte] (1) — **1** *vt* **(a)** *(paquet, responsabilité)* to carry; *(intérêts, fruit)* to bear. **je ne le porte pas dans mon cœur** I am not exactly fond of him. **(b)** *(amener)* to take, bring. **porte-lui ce livre** take him this book; **il s'est fait ~ à manger** he had food brought to him; **~ bonheur** to bring good luck; **~ le nombre à** to bring the number up to. **(c)** *(barbe etc)* to have; *(vêtement)* to wear; *(nom, inscription)* to bear. **~ le nom de Jérôme** to be called Jerome. **(d)** *(inscrire)* to write down; *(somme)* to enter (*sur* in). **se faire ~ absent** to go absent; **se faire ~ malade** to report sick; **porté disparu** reported missing. **(e)** *(sentiment)* to have, feel (*à* for); *(coup)* to deal (*à* to); *(attaque)* to make (*contre* against). **faire ~ son choix sur** to direct one's choice towards; **~ qn à faire qch** to lead sb to do sth. — **2** *vi* **(a)** *(bruit)* to carry.

le son a porté à 500 mètres the sound carried 500 metres. **(b)** *(reproche, coup)* to hit home. **(c)** ~ **sur** *(édifice)* to be supported by; *(débat)* to be about; *(accent)* to fall on. ~ **contre qch** to strike sth. — **3 se porter** *vpr* : **se ~ bien** to be *ou* feel well; **se ~ candidat** to stand as a candidate; *(regard etc)* **se ~ sur** to fall on.

porteur [pɔʀtœʀ] *nm (colis)* porter; *(message, chèque)* bearer; *(actions)* shareholder; *(eau, germes)* carrier.

portier [pɔʀtje] *nm* janitor.

portière [pɔʀtjɛʀ] *nf* door.

portillon [pɔʀtijɔ̃] *nm* gate.

portion [pɔʀsjɔ̃] *nf* portion.

portique [pɔʀtik] *nm (Archit)* portico; *(Sport)* crossbar.

porto [pɔʀto] *nm* port. *(ville)* **P~** Oporto.

portrait [pɔʀtʀɛ] *nm (peinture)* portrait; *(photo)* photograph. **~-robot** identikit picture.

portuaire [pɔʀtɥɛʀ] *adj* port, harbour.

Portugal [pɔʀtygal] *nm* Portugal. ◆ **portugais, e** *adj, nm,* **P~, e** *nm,f* Portuguese.

pose [poz] *nf (installation)* installation; *(attitude)* pose; *(photo)* exposure; *(bouton)* time exposure.

posé, e [poze] *adj* calm, steady.

poser [poze] (1) — **1** *vt* **(a)** *(placer)* to put *ou* lay down; *(debout)* to stand. ~ **son manteau** to take off one's coat. **(b)** *(carrelage, fondations)* to lay; *(gaz)* to install; *(moquette, serrure)* to fit (*sur* on). *(fig)* ~ **des jalons** to prepare the ground. **(c)** *(condition)* to lay down, state; *(problème)* to pose; *(devinette)* to set. ~ **une question à qn** to ask sb a question; ~ **sa candidature** to apply (*à* for). — **2** *vi (modèle)* to pose (*pour* for). *(poutre)* ~ **sur** to rest on. — **3 se poser** *vpr (oiseau)* to alight (*sur* on); *(avion)* to land, touch down; *(regard)* to settle, fix (*sur* on); *(problème)* to come up, arise. **se ~ comme victime** to claim to be a victim; **comme menteur, il se pose là*** he's a terrible liar; **il commence à se ~ des questions** he's beginning to wonder.

poseur [pozœʀ] *nm (ouvrier)* layer.

positif, -ive [pozitif, iv] *adj, nm* positive.

position [pozisjɔ̃] *nf* position. **rester sur ses ~s** to stand one's ground; **avoir une ~ de repli** to have something to fall back on; **prendre ~ contre** to take a stand against; **être en première ~** to be first; *(compte)* **demander sa ~** to ask for the balance of one's account.

posséder [pɔsede] (6) — **1** *vt (gén)* to have; *(fortune, qualité)* to possess; *(maison)* to own; *(diplôme)* to hold. **possédé du démon** possessed by the devil; (* : *duper*) ~ **qn** to take sb in*. — **2 se posséder** *vpr (personne)* to control o.s. ◆ **possesseur** *nm* possessor, owner; holder. ◆ **possessif, -ive** *adj, nm* possessive. ◆ **possession** *nf* possession. **la ~ d'une arme** possessing a weapon; **prendre ~ de** to take possession of.

possibilité [pɔsibilite] *nf* possibility. **ai-je la ~ de le faire?** can I do that?; **~s de logement** accommodation facilities.

possible [pɔsibl(ə)] — **1** *adj* possible. **lui serait-il ~ d'arriver plus tôt?** could he possibly *ou* would it be possible for him to come earlier?; **si ~** if possible, if you can; **il est ~ qu'il vienne** he may *ou* might possibly come; **ce n'est pas ~** *(faux)* that can't be true; *(irréalisable)* it's impossible. — **2** *nm* : **dans les limites du ~** within the realms of possibility; **faire tout son ~** to do one's utmost (*pour* to); **énervant au ~** extremely annoying.

post- [pɔst] *préf* post-.

postal, e, *mpl* **-aux** [pɔstal, o] *adj* postal.

poste¹ [pɔst(ə)] *nf (bureau)* post office; *(service)* postal *ou* mail service. **par la ~** by post *ou* mail; **~ aérienne** airmail; **~ restante** poste restante.

poste² [pɔst(ə)] *nm* **(a)** *(emplacement)* post. **~ de douane** *etc* customs *etc* post; **~ de commandement** headquarters; **~ d'essence** petrol *ou* gas *(US)* station; **~ de pilotage** cockpit; **~ de police** police station. **(b)** *(emploi) (gén)* job; *(fonctionnaire)* post. **(c)** *(radio, TV)* set. **~ émetteur** transmitter; *(téléphone)* **~ 23** extension 23.

poster¹ [pɔste] (1) *vt (lettre)* post, mail; *(sentinelle)* to post, station.

poster² [pɔstɛʀ] *nm* poster.

postérieur, e [pɔsteʀjœʀ] — **1** *adj (temps)* later; *(espace)* back. **~ à** after. — **2** *nm* (*) behind*. ◆ **postérieurement** *adv* later. **~ à** after.

postérité [pɔsteʀite] *nf* posterity.

posthume [pɔstym] *adj* posthumous.

postiche [pɔstiʃ] *adj* false.

postier, -ière [pɔstje, jɛʀ] *nm,f* post office worker.

post-scriptum [pɔstskʀiptɔm] *nm inv* postscript.

postulant, e [pɔstylɑ̃, ɑ̃t] *nm,f* applicant. ◆ **postuler** (1) *vt (emploi)* to apply for; *(principe)* to postulate.

posture [pɔstyʀ] *nf* posture, position.

pot [po] — **1** *nm* **(a)** *(en verre)* jar; *(en terre)* pot; *(en carton)* carton; *(de bébé)* potty. **tu viens boire un ~?*** are you coming for a drink? **(b)** (* : *chance*) luck. **avoir du ~** to be lucky. — **2** : **~ de chambre** chamberpot; **~ à eau** water jug; **~ d'échappement** exhaust pipe; **~-au-feu** *(plat)* (beef) stew; *(viande)* stewing beef; **~ de fleurs** *(récipient)* flowerpot; *(fleurs)* pot of flowers; **~-de-vin** bribe, backhander*.

potable [pɔtabl(ə)] *adj* drinkable. **eau ~** drinking water.

potage [pɔtaʒ] *nm* soup.

potager, -ère [pɔtaʒe, ɛʀ] — **1** *adj* vegetable. — **2** *nm* kitchen *ou* vegetable garden.

pote* [pɔt] *nm* pal*, mate*.

poteau, *pl* **~x** [pɔto] *nm* post. **~ indicateur** signpost.

potelé, e [pɔtle] *adj (enfant)* plump, chubby; *(bras)* plump.

potence [pɔtɑ̃s] *nf (gibet)* gallows *(sg)*; *(support)* bracket.

potentiel, -elle [pɔtɑ̃sjɛl] *adj, nm* potential.

poterie [pɔtʀi] *nf* pottery; *(objet)* piece of pottery. ◆ **potiche** *nf* oriental vase. ◆ **potier** *nm* potter.

potin* [pɔtɛ̃] *nm (vacarme)* din, racket. **faire du ~** to make a noise; *(commérage)* **~s** gossip.

potion [posjɔ̃] *nf* potion.

potiron [pɔtiʀɔ̃] *nm* pumpkin.

pou, *pl* **~x** [pu] *nm* louse (*pl* lice).

pouah [pwa] *excl* ugh!

poubelle [pubɛl] *nf* dustbin, trash can *(US)*. **mettre à la ~** to throw away.

pouce [pus] *nm (main)* thumb; *(pied)* big toe; *(mesure)* inch. *(au jeu)* **~!** pax!; **manger sur le ~*** to have a quick snack.

poudre [pudʀ(ə)] *nf* powder. **en ~** *(lait)* dried, powdered; *(chocolat)* drinking; *(sucre)* granulated; **~ à laver** soap powder. ◆ **poudrer** (1) *vt* to powder. ◆ **poudreux, -euse** *adj (poussiéreux)* dusty. **neige ~euse** powder snow. ◆ **poudrier** *nm* (powder) compact. ◆ **poudrière** *nf* powder magazine; *(fig)* powder keg *(fig)*.

pouffer [pufe] (1) *vi* : **~ (de rire)** to snigger.

pouilleux, -euse [pujø, øz] *adj* dirty, filthy.

poulailler [pulɑje] *nm* henhouse. *(théâtre)* **le ~*** the gods*.

poulain [pulɛ̃] *nm* foal.

poule [pul] *nf* **(a)** hen; *(Culin)* fowl. **~ mouillée*** coward, softy*; **la ~ aux œufs d'or** the goose that lays the golden eggs; **~ au pot** boiled chicken; **quand les ~s auront des dents** when pigs can fly. **(b)** (*) *(maîtresse)* mistress; *(prostituée)* whore. **ma ~** my pet. **(c)** *(Rugby)* group. ◆ **poulet** *nm* chicken; (* : *flic*) cop*.

pouliche [puliʃ] *nf* filly.

poulie [puli] *nf* pulley; *(avec caisse)* block.

poulpe [pulp(ə)] *nm* octopus.

pouls [pu] *nm* pulse.

poumon [pumɔ̃] *nm* lung. **~ d'acier** iron lung.

poupe [pup] *nf* stern.

poupée [pupe] *nf* doll, dolly.

poupon [pupɔ̃] *nm* little baby. ◆ **pouponner** (1) *vi* to play mother. ◆ **pouponnière** *nf* day nursery, crèche.

pour [puʀ] — **1** *prép* **(a)** *(gén)* for. **il part ~ l'Espagne** he leaves for Spain, he is off to Spain; **il lui faut sa voiture ~ demain** he must have his car for *ou* by tomorrow; **son amour ~ les bêtes** his love of animals; **il a été très gentil ~ ma mère** he was very kind to my mother; **sa fille est tout ~ lui** his daughter is everything to him; **je suis ~*** I'm all for it; **il y est ~ beaucoup** he is largely responsible for it; **donnez-moi ~ 30 F d'essence** give me 30 francs' worth of petrol. **(b)** *(à la place de)* **parler ~ qn** to speak on behalf of sb; *(comme)* **il a ~ adjoint son cousin** he has his cousin as his deputy. **(c)** *(rapport)* **~ cent** per cent; **jour ~ jour** to the day. **(d)** *(emphatique)* **~ moi** personally, for my part; **~ ce qui est de notre voyage** as for our journey, as far as our journey is concerned. **(e)** *(but)* to. **je viens ~ l'aider** I'm coming to help him; **je n'ai rien dit ~ ne pas le blesser** I didn't say anything in order not to *ou* so as not to hurt him; **il est parti ~ ne plus revenir** he left never to return; **j'étais ~ partir*** I was just about to go; **écris ta lettre ~ qu'elle parte ce soir** write your letter so that it leaves this evening. **(f)** *(restriction)* **~ riche qu'il soit** rich though he is; **~ peu qu'il soit sorti...** if on top of it all he has gone out...; **~ autant que je sache** as far as I know. — **2** *nm* : **le ~ et le contre** the arguments for and against, the pros and the cons.

pourboire [puʀbwaʀ] *nm* tip.

pourcentage [puʀsɑ̃taʒ] *nm* percentage.

pourchasser [puʀʃase] (1) *vt* to pursue.

pourparlers [puʀpaʀle] *nmpl* talks.

pourpre [puʀpʀ(ə)] — **1** *adj, nm (couleur)* crimson. — **2** *nf (matière, symbole)* purple.

pourquoi [puʀkwa] — **1** *conj, adv* why. — **2** *nm inv (raison)* reason (*de* for); *(question)* question.

pourrir [puʀiʀ] (2) — **1** *vi (fruit)* to go rotten *ou* bad; *(bois)* to rot away. — **2** *vt (fruit)* to rot; *(fig : enfant)* to spoil. ◆ **pourri, e** — **1** *adj* rotten. — **2** *nm (morceau)* rotten *ou* bad part; *(odeur)* putrid smell. ◆ **pourriture** *nf* rot.

poursuite [puʀsɥit] *nf (gén)* pursuit (*de* of); *(continuation)* continuation. **à la ~ de** in pursuit of; **engager des ~s contre** to take legal action against. ◆ **poursuivant, e** *nm,f* pursuer. ◆ **poursuivre** (40) — **1** *vt (gén)* to pursue; *(harceler)* to hound; *(hanter)* to haunt; *(continuer)* to continue, go *ou* carry on with. **~ sa marche** to keep going, walk on; **~ qn en justice** *(au criminel)* to prosecute sb; *(au civil)* to sue sb. — **2** *vi* to carry on, go on, continue. — **3 se poursuivre** *vpr* to go on, continue.

pourtant [puʀtɑ̃] *adv* yet, nevertheless. **il n'est ~ pas intelligent** and yet he's not clever, he's not clever though.

pourtour [puʀtuʀ] *nm* edge.

pourvoir [puʀvwaʀ] (25) — **1** *vt* : **~ qn de qch** to provide *ou* equip sb with sth; **pourvu de** equipped with. — **2 pourvoir à** *vt indir (besoins)* to provide for, cater for; *(emploi)* to fill. ◆ **pourvoyeur, -euse** *nm,f* supplier.

pourvu [puʀvy] *conj* : **~ que** *(souhait)* let's hope; *(condition)* provided (that), so long as.

pousse [pus] *nf (action)* growth; *(bourgeon)* shoot.

poussé, e[1] [puse] *adj (études)* advanced; *(enquête)* exhaustive.

poussée[2] [puse] *nf* **(a)** *(pression)* pressure; *(coup)* push, shove; *(Mil)* thrust. **(b)** *(acné)* attack; *(prix)* rise. **~ de fièvre** (sudden) fever.

pousser [puse] (1) — **1** *vt* **(a)** *(gén)* to push; *(verrou)* to slide; *(objet gênant)* to move, push aside; *(du coude)* to nudge; *(en bousculant)* to jostle. **~ la porte** *(fermer)* to push the door to *ou* shut; *(ouvrir)* to push the door open. **(b)** *(moteur)* to drive hard; *(chauffage)* to turn up; *(élève)* to push. **(c) ~ qn à faire qch** to drive *ou* urge sb to do sth; **son échec nous pousse à croire que...** his failure leads us to think that... . **(d)** *(continuer)* to continue; *(poursuivre)* to pursue. **~ qch à la perfection** to carry *ou* bring sth to perfection; **il a poussé la gentillesse jusqu'à faire** he was kind enough to do; **~ qn à bout** to push sb to breaking point. **(e)** *(cri)* to let out; *(soupir)* to heave. **~ des cris** to shout, scream. — **2** *vi* **(a)** *(grandir) (gén)* to grow; *(graine)* to sprout. **faire ~ des tomates** to grow tomatoes; **se laisser ~ la barbe** to grow a beard, **il a une dent qui pousse** he's cutting a tooth. **(b)** *(faire un effort)* to push. **faut pas ~!*** this is going a bit far!; **~ jusqu'à Lyon** to push on as far as Lyons. — **3 se pousser** *vpr (se déplacer)* to move, shift*.

poussette [pusɛt] *nf* push chair.

poussière [pusjɛʀ] *nf* dust. **avoir une ~ dans l'œil** to have a speck of dust in one's eye; **3 F et des ~s*** just over 3 francs. ◆ **poussiéreux, -euse** *adj* dusty.

poussif, -ive [pusif, iv] *adj* puffing.

poussin [pusɛ̃] *nm* chick. **mon ~!*** pet!

poussoir [puswaʀ] *nm* button.

poutre [putʀ(ə)] *nf (en bois)* beam; *(en métal)* girder. ◆ **poutrelle** *nf* girder.

pouvoir[1] [puvwaʀ] (33) — **1** *vb aux* **(a)** *(permission)* can, may, to be allowed to. **peut-il venir?** can he *ou* may he come?; **il peut ne pas venir** he doesn't have to come, he needn't come. **(b)** *(possibilité)* can, to be able to. **il n'a pas pu venir** he couldn't *ou* wasn't able to *ou* was unable to come; **il ne peut pas s'empêcher de tousser** he can't help coughing. **(c)** *(éventualité, suggestion)* may, can. **il peut être français** he may *ou* might *ou* could be French; **qu'est-ce que cela peut bien lui faire?*** what's that got to do with him?*; **puissiez-vous dire vrai!** let us pray *ou* hope you're right! — **2** *vb impers* : **il**

peut *ou* **pourrait pleuvoir** it may *ou* might *ou* could rain. — **3** *vt* can. **il partira dès qu'il le pourra** he will leave as soon as he can *ou* is able to; **il n'en peut plus** he can't take any more; **on n'y peut rien** it can't be helped. — **4 se pouvoir** *vpr* : **il se peut qu'elle vienne** she may *ou* might come; **cela se pourrait bien** that's quite possible.

pouvoir[2] [puvwaʀ] *nm* **(a)** power. ~ **d'achat** purchasing power; *(gouvernement)* **le** ~ the government; **le parti au** ~ the party in office, the ruling party; **prendre le** ~ *(légalement)* to come to power; *(illégalement)* to seize power; **les ~s publics** the authorities. **(b)** *(procuration)* proxy.

prairie [pʀeʀi] *nf* meadow.

praline [pʀalin] *nf* sugared almond. ◆ **praliné, e** *adj* praline-flavoured.

praticable [pʀatikabl(ə)] *adj* practicable.

praticien, -ienne [pʀatisjɛ̃, jɛn] *nm,f* practitioner.

pratiquant, e [pʀatikɑ̃, ɑ̃t] *nm,f* regular churchgoer.

pratique [pʀatik] — **1** *adj (commode) (gén)* practical; *(instrument)* handy; *(emploi du temps)* convenient. — **2** *nf* **(a)** *(habitude)* practice; *(expérience)* practical experience. **en** ~ in practice; **mettre en** ~ to put into practice. **(b)** *(règle)* observance; *(sport, médecine)* practising. ◆ **pratiquement** *adv (en pratique)* in practice; *(presque)* practically.

pratiquer [pʀatike] (1) — **1** *vt* **(a)** *(art etc)* to practise; *(football)* to play. **(b)** *(ouverture)* to make; *(opération)* to carry out (*sur* on). **(c)** *(méthode)* to use. — **2** *vi (Méd)* to be in practice. — **3 se pratiquer** *vpr (méthode)* to be the practice. **les prix qui se pratiquent à Paris** prices which prevail in Paris.

pré [pʀe] *nm* meadow.

pré... [pʀe] *préf* pre... .

préalable [pʀealabl(ə)] — **1** *adj (condition)* preliminary; *(accord)* prior, previous. ~ **à** prior to. — **2** *nm* precondition. **au** ~ first, beforehand. ◆ **préalablement** *adv* first, beforehand.

préambule [pʀeɑ̃byl] *nm (loi)* preamble; *(fig : prélude)* prelude (*à* to).

préau, *pl* **~x** [pʀeo] *nm (école)* covered playground; *(prison, couvent)* inner courtyard.

préavis [pʀeavi] *nm* advance notice.

précaire [pʀekɛʀ] *adj (gén)* precarious; *(santé)* shaky.

précaution [pʀekosjɔ̃] *nf (disposition)* precaution; *(prudence)* caution, care. **pour plus de** ~ to be on the safe side. ◆ **précautionneux, -euse** *adj (prudent)* cautious; *(soigneux)* careful.

précédemment [pʀesedamɑ̃] *adv* before, previously. ◆ **précédent, e** — **1** *adj* previous, preceding. — **2** *nm* precedent. **sans** ~ unprecedented. ◆ **précéder** (6) *vti* to precede. **il m'a précédé de 5 minutes** he got there 5 minutes before me, he preceded me by 5 minutes; **faire** ~ **qch de** to precede sth by.

précepte [pʀesɛpt(ə)] *nm* precept.

prêcher [pʀeʃe] (1) *vti* to preach.

précieux, -euse [pʀesjø, øz] *adj* precious.

précipice [pʀesipis] *nm* chasm, abyss.

précipitamment [pʀesipitamɑ̃] *adv* hastily. ◆ **précipitation** *nf (hâte)* haste. *(pluie)* **~s** precipitation. ◆ **précipité, e** *adj (gén)* hasty; *(rythme)* swift. ◆ **précipiter** (1) — **1** *vt (jeter)* to throw *ou* hurl down; *(hâter)* to hasten; *(plonger)* to plunge (*dans* into). **il ne faut rien** ~ we mustn't rush things. — **2 se précipiter** *vpr (gén)* to rush (*sur* at); *(s'accélérer)* to speed up. **se** ~ **au-dehors** to rush outside.

précis, e [pʀesi, iz] — **1** *adj (gén)* precise; *(instrument)* accurate. **rien de** ~ nothing in particular; **à 4 heures ~es** at 4 o'clock sharp. — **2** *nm (résumé)* précis, summary; *(manuel)* handbook. ◆ **précisément** *adv* precisely; accurately. ~ **à ce moment-là** right at that moment, at that very moment. ◆ **préciser** (1) — **1** *vt* to specify, make clear. **je dois** ~ **que...** I must point out that... . — **2 se préciser** *vpr* to become clearer. ◆ **précision** *nf* **(a)** precision; accuracy. **(b)** *(détail)* piece of information; *(explication)* explanation.

précoce [pʀekɔs] *adj (gén)* early; *(enfant)* precocious. ◆ **précocité** *nf* earliness; precociousness.

préconçu, e [pʀekɔ̃sy] *adj* preconceived.

préconiser [pʀekɔnize] (1) *vt* to recommend.

précurseur [pʀekyʀsœʀ] — **1** *adj m* precursory. — **2** *nm* precursor.

prédécesseur [pʀedesesœʀ] *nm* predecessor.

prédestination [pʀedɛstinɑsjɔ̃] *nf* predestination. ◆ **prédestiner** (1) *vt* to predestine.

prédicateur [pʀedikatœʀ] *nm* preacher.

prédiction [pʀediksjɔ̃] *nf* prediction.

prédilection [pʀedilɛksjɔ̃] *nf* predilection.

prédire [pʀediʀ] (37) *vt* to predict.

prédisposer [pʀedispoze] (1) *vt* to predispose. ◆ **prédisposition** *nf* predisposition (*à* to).

prédominance [pʀedɔminɑ̃s] *nf* predominance. ◆ **prédominant, e** *adj* predominant. ◆ **prédominer** (1) *vi (gén)* to predominate.

préfabriqué, e [pʀefabʀike] *adj* prefabricated.

préface [pʀefas] *nf* preface.

préfecture [pʀefɛktyʀ] *nf* prefecture. ~ **de police** Paris police headquarters.

préférable [pʀefeʀabl(ə)] *adj* preferable (*à qch* to sth), better (*à qch* than sth). ◆ **préféré, e** *adj, nm,f* favourite, pet*. ◆ **préférence** *nf* preference. **de** ~ preferably; **de** ~ **à** rather than. ◆ **préférentiel, -ielle** *adj* preferential. ◆ **préférer** (6) *vt* to prefer (*à* to). **je préfère aller au cinéma** I prefer to go *ou* I would rather go to the cinema.

préfet [pʀefɛ] *nm* prefect.

préfigurer [pʀefigyʀe] (1) *vt* to foreshadow.

préfixe [pʀefiks] *nm* prefix.

préhistoire [pʀeistwaʀ] *nf* prehistory. ◆ **préhistorique** *adj* prehistoric.

préjudice [pʀeʒydis] *nm (matériel)* loss; *(moral)* harm. **porter** ~ **à qn** to harm sb; **au** ~ **de** at the expense of. ◆ **préjudiciable** *adj* harmful (*à* to).

préjugé [pʀeʒyʒe] *nm* prejudice. **avoir un** ~ **contre** to be prejudiced *ou* biased against.

préjuger [pʀeʒyʒe] (3) *vt,* ~ **de** *vt indir* to prejudge.

prélasser (se) [pʀelɑse] (1) *vpr* to lounge.

prélat [pʀela] *nm* prelate.

prélèvement [pʀelɛvmɑ̃] *nm (déduction)* deduction; *(retrait d'argent)* withdrawal. **faire un** ~ **de sang** to take a blood sample. ◆ **prélever** (5) *vt* to deduct; to withdraw; to take (*sur* from).

préliminaire [pʀeliminɛʀ] *adj, nm* preliminary.

prélude [pʀelyd] *nm* prelude (*à* to).

prématuré, e [pʀematyʀe] — **1** *adj (gén)* premature; *(mort)* untimely. — **2** *nm,f* premature baby.

préméditation [pRemeditɑsjɔ̃] *nf* premeditation. **avec ~** *(tuer)* with intent. ◆ **préméditer** (1) *vt* to premeditate. **~ de faire** to plan to do.

premier, -ière [pRəmje, jɛR] — **1** *adj* **(a)** *(gén)* first; *(enfance)* early; *(rang)* front. **en ~ière page** on the front page; **les 100 ~ières pages** the first 100 pages; **le P~ Mai** the First of May, May Day; **ses ~s poèmes** his first *ou* early poems. **(b)** *(en importance)* **~ ministre** Prime Minister, Premier; **~ rôle** leading part; **de ~ière qualité** top-quality; **de ~ ordre** first-rate; **c'est de ~ière urgence** it's a matter of the utmost urgency; **~ en classe** top of the class, first in the class; **de ~ière importance** of prime *ou* the first importance; **de ~ière nécessité** absolutely essential; **c'est le ~ écrivain français** he's the leading *ou* foremost French writer. **(c)** *(du début : grade, prix)* bottom. **c'était le ~ prix** it was the cheapest; **la ~ière marche** *(en bas)* the bottom step; *(en haut)* the top step. **(d)** *(après n : fondamental)* *(cause)* basic; *(objectif, qualité)* prime; *(état)* initial, original. **(e) au ~ abord** at first sight; **du ~ coup** at the first go *ou* try; **en ~ lieu** in the first place; **être aux ~ières loges** to have a front seat; **~ière nouvelle!** it's news to me!; **faire les ~s pas** to make the first move; **dans les ~s temps** at first. — **2** *nm,f* first one. **passer le ~** to go first. — **3** *nm* *(gén)* first; *(étage)* first floor, second floor *(US)*. **en ~** first. — **4** *nf* *(gén)* first; *(Rail etc)* first class; *(Théât)* first night; *(Ciné)* première; *(classe)* ≃ lower sixth, junior year *(US)*. *(vitesse)* **passer en ~ière** to go into first gear.

premièrement [pRəmjɛRmɑ̃] *adv* firstly, in the first place.

prémonition [pRemɔnisjɔ̃] *nf* premonition. ◆ **prémonitoire** *adj* premonitory.

prémunir [pRemyniR] (2) *vt* to protect.

prenant, e [pRənɑ̃, ɑ̃t] *adj* captivating.

prendre [pRɑ̃dR(ə)] (58) — **1** *vt* **(a)** *(gén)* to take; *(poisson, voleur, maladie)* to catch; *(repas)* to have; *(billet, essence)* to get; *(passager)* to pick up; *(employé)* to take on; *(air, ton, lunettes)* to put on; *(par écrit)* to write down. **il l'a pris dans le tiroir** he took it out of the drawer; **il prit un journal sur la table** he picked up *ou* took a newspaper from the table; **~ qn à faire qch** to catch sb doing sth; **j'ai pris mon manteau** *ou* **mon manteau s'est pris dans la porte** I caught *ou* trapped my coat in the door; **fais-lui ~ son médicament** give him his medicine; **savoir ~ un problème** to know how to tackle a problem; **qu'est-ce qu'on a pris!** *(défaite)* we took a beating!*; *(averse)* we got drenched! **(b)** *(déduire)* to take off, deduct (*sur* from); *(faire payer)* to charge. **~ cher** to charge high prices; **~ de l'argent à la banque** to withdraw money from the bank. **(c) ~ qn pour un autre** to mistake sb for sb else; **~ qn pour un idiot** to take sb for a fool. **(d)** *(fièvre, remords)* to strike; *(doute, colère)* to seize, sweep over. **pris de panique** panic-stricken; **il me prend l'envie de faire** I feel like doing; **qu'est-ce qui te prend?*** what's the matter with you?, what's come over you? **(e)** *(locutions)* **à tout ~** on the whole, all in all; **c'est à ~ ou à laisser** take it or leave it; **il faut en ~ et en laisser** you have to take it with a pinch of salt; **~ sur soi de faire qch** to take it upon o.s. to do sth.
— **2** *vi* *(ciment, pâte)* to set; *(plante)* to take root; *(vaccin)* to take; *(mode)* to catch on; *(bois)* to catch fire. **avec moi, ça ne prend pas*** it doesn't work with me*; **~ à gauche** to go *ou* turn left.
— **3 se prendre** *vpr* **(a) se ~ au sérieux** to take o.s. seriously; **il se prend pour un intellectuel** he thinks he's an intellectual; **s'y ~ bien pour faire qch** to set about doing sth the right way; **s'y ~ à deux fois pour faire qch** to take two attempts to do sth; **s'en ~ à** *(agresser)* to attack; *(blâmer)* to blame. **(b)** *(se solidifier)* to set hard. **se ~ en glace** to freeze over.

preneur, -euse [pRənœR, øz] *nm,f* buyer.

prénom [pRenɔ̃] *nm* Christian name, first name; *(Admin)* forename, given name *(US)*. ◆ **prénommer** (1) *vt* to call, name. **se ~** to be called *ou* named.

préoccupation [pReɔkypɑsjɔ̃] *nf* *(gén)* worry; *(problème à résoudre)* preoccupation, concern. ◆ **préoccuper** (1) — **1** *vt* *(inquiéter)* to worry; *(absorber)* to preoccupy. **l'avenir le préoccupe** he is concerned about the future. — **2 se préoccuper** *vpr* *(s'occuper)* to concern o.s. (*de* with); *(s'inquiéter)* to worry (*de* about).

préparatifs [pRepaRatif] *nmpl* preparations (*de* for). ◆ **préparation** *nf* preparation. ◆ **préparatoire** *adj* preparatory.

préparer [pRepaRe] (1) — **1** *vt* *(gén)* to prepare; *(organiser)* to organize; *(repas)* to make, get ready; *(examen)* to prepare for. **~ qn à qch** to prepare sb for sth; **il nous prépare une surprise** he has a surprise in store for us. — **2 se préparer** *vpr* *(s'apprêter)* to prepare o.s., get ready. **préparez-vous à venir** be prepared to come; **un orage se prépare** there's going to be a storm, there's a storm brewing.

prépondérance [pRepɔ̃deRɑ̃s] *nf* supremacy, domination. ◆ **prépondérant, e** *adj* dominant.

préposé, e [pRepoze] — **1** *ptp* : **~ à** in charge of. — **2** *nm,f* employee; *(des postes)* postman (*ou* woman).

préposition [pRepozisjɔ̃] *nf* preposition.

préretraite [pReR(ə)tRɛt] *nf* early retirement.

prérogative [pReRɔgativ] *nf* prerogative.

près [pRɛ] *adv* **(a)** near, close. **~ de la maison** close to *ou* near (to) the house; **elle est ~ de sa mère** she's with her mother; **il en a dépensé ~ de la moitié** he has spent nearly *ou* almost half of it; **il a été ~ de refuser** he was about to refuse; *(iro)* **je ne suis pas ~ de partir** I'm not likely to be going yet; **être ~ de son argent** to be tight-fisted. **(b) de ~** closely; **il voit mal de ~** he can't see very well close to. **(c) à peu de chose ~** more or less; **à beaucoup ~** by far; **ils sont identiques, à la couleur ~** they are identical apart from *ou* except for the colour; **à cela ~ que...** apart from the fact that...; **je vais vous donner le chiffre à un franc ~** I'll give you the figure to within about a franc; **il n'est pas à 10 minutes ~** he can spare 10 minutes.

présage [pRezaʒ] *nm* omen, sign. ◆ **présager** (3) *vt* *(annoncer)* to be a sign of; *(prévoir)* to predict.

presbytère [pRɛsbitɛR] *nm* presbytery.

prescription [pRɛskRipsjɔ̃] *nf* prescription. ◆ **prescrire** (39) *vt* to prescribe.

préséance [pReseɑ̃s] *nf* precedence.

présence [pRezɑ̃s] *nf* *(gén)* presence; *(au bureau, à l'école)* attendance. **être en ~** to be face to face; **~ d'esprit** presence of mind.

présent¹, e [pRezɑ̃, ɑ̃t] — **1** *adj* *(gén)* present. **je l'ai ~ à l'esprit** I have it in mind. — **2** *nm* *(Gram)* present tense. *(époque)* **le ~** the present; **il y avait 5 ~s** there were 5 people present *ou* there; **à ~** at present, now.

présent² [prezɑ̃] *nm (cadeau)* gift, present.

présentable [prezɑ̃tabl(ə)] *adj* presentable. ◆ **présentateur, -trice** *nm,f* presenter. ◆ **présentation** *nf (gén)* presentation; *(nouveau venu)* introduction. **~ de mode** fashion show.

présenter [prezɑ̃te] (1) — **1** *vt (gén)* to present; *(passeport, danger, avantage)* to show; *(personne)* to introduce (*à* to); *(marchandises)* to display; *(émission)* to compere; *(théorie)* to expound. **~ sa candidature à un poste** to apply for a job; **travail bien présenté** well-presented piece of work. — **2** *vi (personne)* **~ bien** to have a good appearance. — **3 se présenter** *vpr* **(a)** *(aller)* to go (*chez* to). **il ne s'est présenté personne** no one came *ou* appeared. **(b)** *(candidat)* to come forward. **se ~ à** *(élection)* to stand *ou* run *(US)* for; *(examen)* to sit, take; *(concours)* to enter for. **(c)** *(donner son nom)* to introduce o.s. **(d)** *(solution etc)* to present itself; *(occasion)* to arise; *(difficulté)* to crop up. **(e)** *(apparaître)* **se ~ sous forme de cachets** to come in the form of tablets; **l'affaire se présente bien** things are looking good; **se ~ sous un nouveau jour** to appear in a new light.

préservation [prezɛrvɑsjɔ̃] *nf* preservation, protection. ◆ **préserver** (1) *vt* to protect (*de* from, against)

présidence [prezidɑ̃s] *nf (pays, club)* presidency; *(comité, firme)* chairmanship; *(université)* vice-chancellorship; *(résidence)* presidential palace. ◆ **président** *nm* president; chairman; vice-chancellor. *(Scol)* **~ du jury** chief examiner; **~ directeur général** chairman and managing director; *(Jur)* **Monsieur le ~** your Honour. ◆ **présidente** *nf (en titre)* president *etc*; *(épouse)* president's *etc* wife. ◆ **présidentiel, -elle** *adj* presidential.

présider [prezide] (1) *vt (gén)* to preside over; *(débat)* to chair. **~ un dîner** to be the guest of honour at a dinner.

présomption [prezɔ̃psjɔ̃] *nf (supposition)* presumption; *(prétention)* presumptuousness. ◆ **présomptueux, -euse** *adj* presumptuous.

presque [prɛsk(ə)] *adv* almost, nearly. *(négatif)* **~ rien** hardly *ou* scarcely anything, next to nothing.

presqu'île [prɛskil] *nf* peninsula.

pressant, e [prɛsɑ̃, ɑ̃t] *adj (besoin)* pressing; *(travail, désir)* urgent; *(demande)* insistent.

presse [prɛs] *nf* **(a)** *(institution)* press; *(journaux)* newspapers. **avoir bonne ~** to be well thought of. **(b)** *(appareil)* press. **mettre sous ~** *(livre)* to send to press; *(journal)* to put to bed.

presse-citron [prɛssitrɔ̃] *nm inv* lemon squeezer.

pressentir [prɛsɑ̃tir] (16) *vt* to sense. **rien ne laissait ~ sa mort** there was nothing to hint at his death. ◆ **pressentiment** *nm* presentiment.

presse-papiers [prɛspapje] *nm inv* paperweight.

presse-purée [prɛspyre] *nm inv* potato-masher.

presser [prese] (1) — **1** *vt (gén, fig)* to press; *(éponge, fruit)* to squeeze; *(départ)* to hasten, speed up. **~ qn de faire** to urge sb to do; **faire ~ qn** to hurry sb (up); **~ le pas** to speed up; **pas pressé** hurried pace; **~ qn de questions** to bombard sb with questions. — **2** *vi (affaire)* to be urgent. **parer au plus pressé** to do the most urgent things first; **le temps presse** time is short; **rien ne presse** there's no hurry. — **3 se presser** *vpr* **(a) se ~ contre qn** to squeeze up against sb; **se ~ autour de qn** to crowd round sb. **(b)** *(se hâter)* to hurry up. **être pressé** to be in a hurry.

pressing [presiŋ] *nm* dry-cleaner's.

pression [prɛsjɔ̃] *nf (gén)* pressure; *(bouton)* press-stud. **mettre sous ~** to pressurize; **faire ~ sur** *(objet)* to press on; *(personne)* to put pressure on; **bière à la ~** draught beer. ◆ **pressoir** *nm (appareil)* press; *(local)* press-house.

◆ **pressuriser** (1) *vt* to pressurize.

prestance [prɛstɑ̃s] *nf* imposing bearing.

prestation [prɛstɑsjɔ̃] *nf (allocation)* benefit, allowance; *(performance)* performance. *(services)* **~s** service.

prestidigitateur, -trice [prɛstidiʒitatœr, tris] *nm,f* conjurer. ◆ **prestidigitation** *nf* conjuring.

prestige [prɛstiʒ] *nm* prestige. ◆ **prestigieux, -euse** *adj* prestigious.

présumer [prezyme] (1) *vt* to presume. **trop ~ de** to overestimate.

prêt¹ [prɛ] *nm (emprunt)* loan.

prêt², e [prɛ, ɛt] *adj (préparé)* ready (*à qch* for sth, *à faire* to do). **il est ~ à tout** he will do anything; *(disposé)* **~ à** ready *ou* willing to. ◆ **prêt-à-porter** *nm* ready-to-wear clothes.

prétendant, e [pretɑ̃dɑ̃, ɑ̃t] — **1** *nm (prince)* pretender; *(amoureux)* suitor. — **2** *nm,f (candidat)* candidate (*à* for).

prétendre [pretɑ̃dr(ə)] (41) *vt (affirmer)* to claim, maintain; *(vouloir)* to want. **il se prétend médecin** he claims he's a doctor; **on le prétend riche** he is said to be rich; *(avoir la prétention de)* **tu ne prétends pas le faire tout seul?** you don't pretend *ou* expect to do it on your own?; **~ à faire** to aspire to do. ◆ **prétendu, e** *adj (chose)* alleged; *(personne)* so-called, would-be.

prétentieux, -euse [pretɑ̃sjø, øz] *adj* pretentious. ◆ **prétention** *nf (exigence)* claim; *(ambition)* pretension, claim (*à* to); *(vanité)* pretentiousness. **sans ~** unpretentious.

prêter [prete] (1) — **1** *vt (gén)* to lend; *(intention)* to attribute, ascribe; *(importance)* to attach (*à* to). **on lui prête l'intention de démissionner** he is alleged to be going to resign; **~ main forte à qn** to lend sb a hand; **~ attention à** to pay attention to; **~ l'oreille** to listen (*à* to); **~ serment** to take an oath. — **2 prêter à** *vt indir (critique)* to be open to, give rise to. **~ à rire** to be ridiculous. ◆ **prêteur, -euse** *nm,f* money lender. **~ sur gages** pawnbroker.

prétérit [preterit] *nm* preterite.

prétexte [pretɛkst(ə)] *nm* pretext, excuse. **sous ~ de** on the pretext *ou* pretence of; **sous aucun ~** on no account. ◆ **prétexter** (1) *vt* : **~ qch** to give sth as a pretext.

prêtre [prɛtr(ə)] *nm* priest. ◆ **prêtrise** *nf* priesthood.

preuve [prœv] *nf* proof. **je n'ai pas de ~s** I have no proof *ou* evidence; **faire ~ de** to show; **faire ses ~s** *(personne)* to prove o.s.; *(technique)* to be well-tried.

prévaloir [prevalwar] (29) *vi* to prevail (*sur* over.

prévenance [prevnɑ̃s] *nf* : **~(s)** thoughtfulness. ◆ **prévenant, e** *adj* thoughtful.

prévenir [prevnir] (22) *vt* **(a)** *(menacer)* to warn; *(aviser)* to inform, tell (*de* about). **~ le médecin** to call the doctor. **(b)** *(accident)* to prevent; *(besoin)* to anticipate. ◆ **préventif, -ive** *adj* preventive. ◆ **prévention** *nf (empê-*

chement) prevention; *(préjugé)* prejudice. ~ **routière** road safety. ◆ **prévenu, e** — **1** *adj :* ~ **contre qn** prejudiced against sb. — **2** *nm,f (Jur)* defendant.

prévisible [pRevizibl(ə)] *adj* foreseeable. ◆ **prévision** *nf* prediction. **~s budgétaires** budget estimates; **~s météorologiques** weather forecast; **en ~ de qch** in anticipation of sth.

prévoir [pRevwar] (24) *vt* **(a)** *(deviner)* to foresee, anticipate; *(temps)* to forecast. **rien ne laissait ~ que** there was nothing to suggest that; **plus tôt que prévu** earlier than anticipated. **(b)** *(temps, place, argent)* to allow; *(équipements, repas)* to provide; *(voyage)* to plan. **voiture prévue pour 4 personnes** car designed to take 4 people; **tout est prévu** everything has been organized; **au moment prévu** at the appointed *ou* scheduled time.

prévoyance [pRevwajɑ̃s] *nf* foresight, forethought. ◆ **prévoyant, e** *adj* provident.

prier [pRije] (7) — **1** *vt (Rel)* to pray to; *(implorer)* to beg; *(inviter)* to invite; *(ordonner)* to request. **je vous en prie** please do; **voulez-vous ouvrir la fenêtre je vous prie?** would you mind opening the window please?; **il s'est fait ~** he needed coaxing. — **2** *vi* to pray *(pour* for). ◆ **prière** *nf (Rel)* prayer; *(demande)* request; *(supplication)* plea, entreaty. **~ de ne pas fumer** no smoking please.

primaire [pRimɛR] *adj* primary. *(Scol)* **en ~** in primary school.

primauté [pRimote] *nf* primacy.

prime[1] [pRim] *nf (cadeau)* free gift; *(bonus)* bonus; *(subvention)* subsidy; *(indemnité)* allowance; *(Assurance, Bourse)* premium.

prime[2] [pRim] *adj :* **de ~ abord** at first glance.

primer [pRime] (1) *vt (surpasser)* to prevail over; *(récompenser)* to award a prize to.

primeur [pRimœR] — **1** *nfpl :* **~s** early fruit and vegetables. — **2** *nf :* **avoir la ~ de qch** to be the first to hear sth.

primevère [pRimvɛR] *nf* primrose, primula.

primitif, -ive [pRimitif, iv] — **1** *adj (gén)* primitive; *(originel)* original. — **2** *nm,f* primitive. ◆ **primitivement** *adv* originally.

primo [pRimo] *adv* first.

primordial, e, *mpl* **-aux** [pRimɔRdjal, o] *adj* primordial.

prince [pRɛ̃s] *nm* prince. ◆ **princesse** *nf* princess. ◆ **princier, -ière** *adj* princely.

principal, e, *mpl* **-aux** [pRɛ̃sipal, o] — **1** *adj* principal, main, chief. **un des rôles ~aux** a major role. — **2** *nm* headmaster. **c'est le ~** that's the main thing. — **3** *nf (Gram)* main clause.

principauté [pRɛ̃sipote] *nf* principality.

principe [pRɛ̃sip] *nm* principle. **en ~** *(d'habitude)* as a rule; *(théoriquement)* in principle.

printanier, -ière [pRɛ̃tanje, jɛR] *adj (soleil)* spring; *(temps)* spring-like. ◆ **printemps** *nm* spring.

prioritaire [pRijɔRitɛR] *adj* having priority. ◆ **priorité** *nf* priority. **en ~** as a priority; *(Aut)* **avoir la ~** to have right of way *(sur* over).

pris, prise[1] [pRi, pRiz] *adj (place)* taken; *(mains)* full; *(personne)* busy, engaged; *(nez)* stuffed-up; *(gorge)* hoarse. **~ de peur** stricken with fear.

prise[2] [pRiz] — **1** *nf (gén)* hold, grip; *(pour soulever)* purchase; *(Chasse, Pêche)* catch; *(Mil, Dames, Échecs)* capture; *(Méd : dose)* dose. *(Aut)* **être en ~** to be in gear; **donner ~ à qch** to give rise to sth; **aux ~s avec qn** grappling with sb. — **2** : **~ d'air** air inlet; **~ de conscience** awareness; **~ de contact** initial contact; **~ de courant** *(mâle)* plug; *(femelle)* socket; **~ de position** stand; **~ de sang** blood test; *(photo)* **~ de vue** shot.

priser [pRize] (1) — **1** *vt (apprécier)* to prize, value. — **2** *vi (tabac)* to take snuff.

prisme [pRism(ə)] *nm* prism.

prison [pRizɔ̃] *nf (lieu)* prison, jail; *(peine)* imprisonment. **mettre en ~** to send to prison *ou* jail. ◆ **prisonnier, -ière** — **1** *adj (soldat)* captive. — **2** *nm,f* prisoner. **faire qn ~** to take sb prisoner.

privation [pRivɑsjɔ̃] *nf (suppression)* deprivation. **~s** privations, hardship.

privautés [pRivote] *nfpl* liberties.

privé, e [pRive] — **1** *adj* private. — **2** *nm (vie)* private life; *(firmes)* private sector.

priver [pRive] (1) — **1** *vt :* **~ qn de qch** to deprive sb of sth; **~ qch d'un élément** to remove an element from sth; *(nourriture)* **cela ne me prive pas** I don't miss it. — **2 se priver** *vpr :* **se ~ de qch** to go *ou* do without sth; **il ne s'est pas privé de le dire** he had no hesitation in saying so.

privilège [pRivilɛʒ] *nm* privilege. ◆ **privilégié, e** *adj* privileged. ◆ **privilégier** (7) *vt* to favour.

prix [pRi] *nm* **(a)** *(gén)* price; *(location, transport)* cost. **~ de revient** cost price; **menu à ~ fixe** set price menu; **ça n'a pas de ~** it is priceless; **y mettre le ~** to pay a lot for sth; **objet de ~** expensive object; **à tout ~** at all costs; **à aucun ~** on no account; **au ~ de grands efforts** at the expense of great effort. **(b)** *(récompense)* prize; *(vainqueur)* prizewinner; *(livre)* prize winning book. **(c)** *(Courses)* race. *(Aut)* **Grand ~ automobile** Grand Prix.

pro [pRo] *nm, préf* pro.

probabilité [pRɔbabilite] *nf* probability, likelihood. ◆ **probable** *adj* probable, likely. **peu ~** unlikely. ◆ **probablement** *adv* probably.

probant, e [pRɔbɑ̃, ɑ̃t] *adj* convincing.

probité [pRɔbite] *nf* probity, integrity.

problème [pRɔblɛm] *nm (gén)* problem; *(à débattre)* issue.

procéder [pRɔsede] (6) — **1** *vi* to proceed; *(moralement)* to behave. — **2 procéder à** *vt indir (enquête)* to conduct, carry out. ◆ **procédé** *nm (méthode)* process. *(conduite)* **~s** behaviour.

procédure [pRɔsedyR] *nf (gén)* procedure; *(poursuites)* proceedings.

procès [pRɔsɛ] *nm (civil)* lawsuit; *(criminel)* trial. **engager un ~ contre qn** to sue sb; **gagner son ~** to win one's case; **~-verbal** *(compte-rendu)* minutes; *(constat)* report; *(de contravention)* statement. **dresser un ~-verbal contre qn** to book sb.

procession [pRɔsesjɔ̃] *nf* procession.

processus [pRɔsesys] *nm* process.

prochain, e [pRɔʃɛ̃, ɛn] — **1** *adj* **(a)** *(suivant)* next. **le mois ~** next month; **une ~e fois** some other time. **(b)** *(arrivée)* imminent; *(avenir)* near, immediate. **un jour ~** soon. — **2** *nm* fellow man. ◆ **prochainement** *adv* soon, shortly.

proche [pRɔʃ] — **1** *adj (gén)* close, near; *(village)* neighbouring, nearby. **~ de** near *ou* close to; **de ~ en ~** gradually; **le P~-Orient** the Near-East; **dans un ~ avenir** in the near future. — **2** *nmpl :* **~s** close relations.

proclamation [pRɔklamɑsjɔ̃] *nf (gén)* proclamation; *(élections)* declaration; *(examen)* announcement. ◆ **proclamer** (1) *vt* to proclaim; to declare; to announce.

procréation [pRɔkReɑsjɔ̃] *nf* procreation. ◆ **procréer** (1) *vt* to procreate.

procuration [pRɔkyRɑsjɔ̃] *nf* proxy; *(Fin)* power of attorney.

procurer [pRɔkyRe] (1) *vt* to bring, give (*à qn* for sb). **se ~ qch** to acquire sth.

procureur [pRɔkyRœR] *nm* public *ou* state prosecutor.

prodigalité [pRɔdigalite] *nf* prodigality; *(profusion)* profusion.

prodige [pRɔdiʒ] — **1** *nm (événement)* marvel, wonder; *(personne)* prodigy. **faire des ~s** to work wonders; **des ~s de courage** prodigious courage. — **2** *adj :* **enfant ~** child prodigy. ◆ **prodigieux, -euse** *adj (gén)* fantastic; *(effort, personne)* prodigious.

prodigue [pRɔdig] *adj (dépensier)* wasteful, prodigal. ◆ **prodiguer** (1) *vt* to give. **~ qch à qn** to lavish sth on sb.

producteur, -trice [pRɔdyktœR, tRis] — **1** *adj (gén, Agr)* producing. **pays ~ de pétrole** oil-producing country, oil producer. — **2** *nm,f* producer. ◆ **productif, -ive** *adj* productive. ◆ **production** *nf (gén)* production; *(produit)* product. ◆ **productivité** *nf* productivity. ◆ **produire** (38) — **1** *vt (gén)* to produce; *(intérêt)* to yield, return. — **2 se produire** *vpr* **(a)** *(survenir)* to happen, take place. **(b)** *(acteur)* to appear.

produit [pRɔdɥi] *nm (gén)* product; *(Chim)* chemical. **~s** *(Agr)* produce; *(Comm, Ind)* goods, products; **~s alimentaires** foodstuffs; **~s de beauté** cosmetics; **le ~ de la collecte** the proceeds from the collection.

proéminent, e [pRɔeminɑ̃, ɑ̃t] *adj* prominent.

prof* [pRɔf] *abrév de* **professeur.**

profanation [pRɔfanɑsjɔ̃] *nf* desecration, profanation. ◆ **profane** — **1** *adj* secular. — **2** *nmf* lay person. ◆ **profaner** (1) *vt* to desecrate, profane.

proférer [pRɔfeRe] (6) *vt (parole)* to utter.

professer [pRɔfese] (1) *vt* **(a)** *(opinion etc)* to profess, declare. **(b)** *(enseigner)* to teach.

professeur [pRɔfɛsœR] *nm* teacher; *(université)* professor.

profession [pRɔfɛsjɔ̃] *nf (gén)* occupation; *(manuelle)* trade; *(libérale)* profession. **~ de foi** profession of faith. ◆ **professionnel, -elle** — **1** *adj (gén)* occupational; *(formation)* vocational; *(secret, faute)* professional. **école ~elle** training college. — **2** *nm,f (gén, Sport)* professional.

professorat [pRɔfɛsɔRa] *nm :* **le ~** teaching.

profil [pRɔfil] *nm* profile. **de ~** in profile. ◆ **se profiler** (1) *vpr* to stand out (*sur* against).

profit [pRɔfi] *nm (gén)* profit; *(avantage)* benefit, advantage. **faire du ~** to be economical; **vous avez ~ à faire cela** it's in your interest *ou* to your advantage to do that; **tirer ~ de, mettre à ~** *(gén)* to take advantage of; *(leçon)* to benefit from; **collecte au ~ des aveugles** collection in aid of the blind. ◆ **profitable** *adj (utile)* beneficial; *(lucratif)* profitable (*à* to). ◆ **profiter** (1) — **1 profiter de** *vt indir:* to take advantage of; *(vacances)* to make the most of. — **2 profiter à** *vt indir :* **ça lui a profité** he benefited by it. ◆ **profiteur, -euse** *nm,f* profiteer.

profond, e [pRɔfɔ̃, ɔ̃d] — **1** *adj (gén)* deep; *(erreur, sentiment)* profound; *(cause, tendance)* underlying. **peu ~** shallow; **~ de 3 mètres** 3 metres deep. — **2** *nm :* **au plus ~ de** in the depths of. — **3** *adv (creuser)* deep. ◆ **profondément** *adv* deeply; profoundly. **il dort ~** he is sound *ou* fast asleep. ◆ **profondeur** *nf* depth; profundity. **les ~s** the depths (*de* of); **en ~** *(agir)* in depth; *(creuser)* deep.

profusion [pRɔfyzjɔ̃] *nf* profusion. **des fruits à ~** fruit in plenty.

progéniture [pRɔʒenityR] *nf* offspring.

programmation [pRɔgRamɑsjɔ̃] *nf* programming.

programme [pRɔgRam] *nm* **(a)** *(gén)* programme, program *(US)*; *(emploi du temps)* timetable; *(Ordinateurs)* program. **(b)** *(Scol) (d'une matière)* syllabus; *(d'une classe)* curriculum. ◆ **programmer** (1) *vt (émission)* to bill; *(ordinateur)* to program; (* : *prévoir*) to plan. ◆ **programmeur, -euse** *nm,f* computer programmer.

progrès [pRɔgRɛ] *nm* progress. **faire des ~** to make progress. ◆ **progresser** (1) *vi* to progress. ◆ **progressif, -ive** *adj* progressive. ◆ **progression** *nf (gén)* progress; *(ennemi)* advance; *(maladie)* progression. ◆ **progressiste** *adj, nmf* progressive. ◆ **progressivement** *adv* progressively.

prohiber [pRɔibe] (1) *vt* to prohibit. ◆ **prohibitif, -ive** *adj* prohibitive. ◆ **prohibition** *nf* prohibition.

proie [pRwa] *nf* prey. **en ~ à** tortured by.

projecteur [pRɔʒɛktœR] *nm* **(a)** *(film)* projector. **(b)** *(lampe) (théâtre)* spotlight; *(bateau)* searchlight; *(monument)* floodlight.

projectile [pRɔʒɛktil] *nm* missile, projectile.

projection [pRɔʒɛksjɔ̃] *nf* **(a)** *(film) (action)* projection; *(séance)* showing. **salle de ~** film theatre. **(b)** *(pierres etc)* throwing.

projet [pRɔʒɛ] *nm (gén)* plan; *(ébauche de roman etc)* draft. **~ de loi** bill.

projeter [pRɔʒte] (4) *vt (envisager)* to plan (*de faire* to do); *(jeter)* to throw; *(ombre, film)* to project.

prolétaire [pRɔletɛR] *nm* proletarian. ◆ **prolétariat** *nm* proletariat.

prolifération [pRɔlifeRɑsjɔ̃] *nf* proliferation. ◆ **proliférer** (6) *vi* to proliferate. ◆ **prolifique** *adj* prolific.

prologue [pRɔlɔg] *nm* prologue (*à* to).

prolongation [pRɔlɔ̃gɑsjɔ̃] *nf* prolongation. *(Ftbl)* **~s** extra time. ◆ **prolongé, e** *adj* prolonged. ◆ **prolongement** *nm (route)* continuation; *(bâtiment)* extension. **être dans le ~ de qch** to run straight on from sth; *(suites)* **~s** repercussions. ◆ **prolonger** (3) — **1** *vt* to prolong. — **2 se prolonger** *vpr (gén)* to go on, continue; *(effet)* to last, persist.

promenade [pRɔmnad] *nf* **(a)** *(à pied)* walk; *(en voiture)* drive, ride; *(en bateau)* sail; *(en vélo, à cheval)* ride. **faire une ~** to go out for a walk. **(b)** *(avenue)* walk, esplanade. ◆ **promener** (5) — **1** *vt :* **~ qn** to take sb for a walk; *(péj)* **~ qch partout*** to trail sth everywhere; **~ ses regards sur qch** to run one's eyes over sth. — **2 se promener** *vpr* to go for a walk *etc.* ◆ **promeneur, -euse** *nm,f* walker.

promesse [pRɔmɛs] *nf* promise. **~ d'achat** commitment to buy; **j'ai sa ~** I have his word for it. ◆ **prometteur, -euse** *adj* promising. ◆ **promettre** (56) *vt* to promise. **je te le promets** I promise you; *(iro)* **ça promet!** that's

promising! *(iro)*; se ~ **de faire** to mean *ou* resolve to do. ◆ **promis, e** *adj* : **être ~ à qch** to be destined for sth.
promiscuité [pRɔmiskɥite] *nf* lack of privacy (*de* in).
promontoire [pRɔmɔ̃twaR] *nm* headland.
promoteur [pRɔmɔtœR] *nm* promoter; *(immobilier)* property developer.
promotion [pRɔmosjɔ̃] *nf* *(gén)* promotion; *(Scol : année)* year; *(article réclame)* special offer. ~ **sociale** social advancement. ◆ **promotionnel, -elle** *adj (article)* on special offer; *(vente)* promotional.
promouvoir [pRɔmuvwaR] (27) *vt* to promote (*à* to).
prompt, prompte [pRɔ̃, pRɔ̃t] *adj* swift, rapid. ~ **rétablissement!** get well soon! ◆ **promptitude** *nf* swiftness, rapidity.
promulguer [pRɔmylge] (1) *vt* to promulgate.
prôner [pRone] (1) *vt (vanter)* to extol; *(préconiser)* to advocate.
pronom [pRɔnɔ̃] *nm* pronoun. ◆ **pronominal, e,** *mpl* **-aux** *adj* pronominal. **verbe ~** reflexive verb.
prononcer [pRɔnɔ̃se] (3) — **1** *vt* **(a)** *(articuler)* to pronounce. ~ **distinctement** to speak clearly. **(b)** *(parole)* to utter; *(discours)* to make; *(sentence)* to pronounce. — **2 se prononcer** *vpr* **(a)** to reach a decision (*sur* on). **se ~ en faveur de** to pronounce o.s. in favour of. **(b)** *(mot)* to be pronounced. ◆ **prononcé, e** *adj* pronounced. ◆ **prononciation** *nf* pronunciation. **défaut de ~** speech defect.
pronostic [pRɔnɔstik] *nm* forecast. ◆ **pronostiquer** (1) *vt* to forecast.
propagande [pRɔpagɑ̃d] *nf* propaganda.
propagation [pRɔpagɑsjɔ̃] *nf* propagation, spreading. ◆ **propager** *vt*, **se propager** *vpr* (3) to propagate, spread.
propane [pRɔpan] *nm* propane.
propension [pRɔpɑ̃sjɔ̃] *nf* propensity (*à qch* for sth, *à faire* to do).
prophète [pRɔfɛt] *nm* prophet. ◆ **prophétie** *nf* prophecy. ◆ **prophétique** *adj* prophetic. ◆ **prophétiser** (1) *vt* to prophesy.
propice [pRɔpis] *adj* favourable (*à* to).
proportion [pRɔpɔRsjɔ̃] *nf* proportion. **en ~** in proportion (*de* to); **toutes ~s gardées** relatively speaking. ◆ **proportionné, e** *adj* : ~ **à** proportionate to; **bien ~** well-proportioned. ◆ **proportionnel, -elle** *adj* proportional (*à* to). ◆ **proportionner** (1) *vt* to proportion.
propos [pRɔpo] *nm* **(a)** *(paroles)* remarks, words. **(b)** *(intention)* intention. **de ~ délibéré** on purpose. **(c)** *(sujet)* subject. **à ~ de ta voiture** about your car; **à ~ de l'annonce** regarding *ou* concerning the advertisement; **à ce ~** in this connection. **(d) arriver à ~** to come at the right moment; **juger à ~ de faire qch** to see fit to do sth; **à ~, dis-moi...** incidentally *ou* by the way, tell me... .
proposer [pRɔpoze] (1) — **1** *vt (offrir)* to offer (*de faire* to do); *(suggérer)* to propose (*de faire* doing); *(solution, candidat)* to put forward. — **2 se proposer** *vpr* **(a)** *(offrir ses services)* to offer one's services. **(b)** *(but, tâche)* to set o.s. **se ~ de faire** to propose to do. ◆ **proposition** *nf (offre)* proposal; *(affirmation)* proposition; *(Gram)* clause.
propre¹ [pRɔpR(ə)] — **1** *adj (pas sali)* clean; *(net)* neat, tidy; *(fig : décent)* decent. **ce n'est pas ~ de faire ça** it's messy to do that; **nous voilà ~s!*** now we're in a fine mess!* — **2** *nm* : **recopier qch au ~** to make a fair copy of sth; **c'est du ~!*** what a mess!
propre² [pRɔpR(ə)] — **1** *adj* **(a)** *(possessif)* own. **par mes ~s moyens** on my own; **de son ~ chef** on his own initiative; *(spécifique)* ~ **à** peculiar to, characteristic of. **(b)** *(qui convient)* suitable, appropriate (*à* for). **poste ~ à lui apporter des satisfactions** job likely to bring him satisfaction. **(c)** *(sens d'un mot)* literal. — **2** *nm* : **c'est le ~ de qch** it's a peculiarity *ou* feature of sth; **avoir qch en ~** to have exclusive possession of sth. ◆ **propre-à-rien,** *pl* **~s-~-~** *nmf* good-for-nothing.
proprement [pRɔpRəmɑ̃] *adv* **(a)** (*V* **propre¹**) cleanly; neatly, tidily; decently. **mange ~!** eat properly! **(b)** *(exactement)* exactly; *(exclusivement)* specifically. **à ~ parler** strictly speaking; **le village ~ dit** the village itself; **~ scandaleux** absolutely disgraceful. ◆ **propreté** *nf* cleanliness; neatness; tidiness; *(hygiène)* hygiene.
propriétaire [pRɔpRijetɛR] — **1** *nm (gén)* owner; *(entreprise)* proprietor; *(appartement loué)* landlord. — **2** *nf* owner; proprietress; landlady. ◆ **propriété** *nf (bien, caractéristique)* property; *(correction d'un mot etc)* suitability, appropriateness. *(possession)* **la ~ de qch** the ownership of sth; **~ privée** private property.
propulser [pRɔpylse] (1) *vt* **(a)** *(moteur)* to propel, drive. **(b)** *(projeter)* to hurl, fling. ◆ **propulsion** *nf* propulsion.
prorata [pRɔRata] *nm inv* : **au ~ de** in proportion to.
prosaïque [pRozaik] *adj* prosaic.
proscription [pRɔskRipsjɔ̃] *nf* *(interdiction)* proscription; *(bannissement)* banishment. ◆ **proscrire** (39) *vt* to proscribe; to banish. ◆ **proscrit, e** *nm,f (hors-la-loi)* outlaw; *(exilé)* exile.
prose [pRoz] *nf* prose.
prospecter [pRɔspɛkte] (1) *vt* to prospect. ◆ **prospection** *nf* prospecting.
prospectus [pRɔspɛktys] *nm* leaflet.
prospère [pRɔspɛR] *adj (gén)* flourishing; *(pays, commerçant)* prosperous. ◆ **prospérer** (6) *vi* to flourish; to prosper. ◆ **prospérité** *nf* prosperity.
prosterner (se) [pRɔstɛRne] (1) *vpr* to prostrate o.s. (*devant* before). **prosterné** prostrate.
prostituée [pRɔstitɥe] *nf* prostitute. ◆ **se prostituer** (1) *vpr* to prostitute o.s. ◆ **prostitution** *nf* prostitution.
protagoniste [pRɔtagɔnist(ə)] *nm* protagonist.
protecteur, -trice [pRɔtɛktœR, tRis] — **1** *adj* *(gén)* protective (*de* of); *(air)* patronizing. — **2** *nm,f* protector. ◆ **protection** *nf (défense)* protection; *(patronage)* patronage; *(blindage)* armour-plating. ◆ **protectionnisme** *nm* protectionism.
protéger [pRɔteʒe] (6 *et* 3) — **1** *vt (gén)* to protect; *(fig : patronner)* to patronize. — **2 se protéger** *vpr* to protect o.s. ◆ **protégé** *nm* protégé. ◆ **protégée** *nf* protégée.
protéine [pRɔtein] *nf* protein.
protestant, e [pRɔtɛstɑ̃, ɑ̃t] *adj, nm,f* Protestant. ◆ **protestantisme** *nm* Protestantism.
protestataire [pRɔtɛstatɛR] *nmf* protester. ◆ **protestation** *nf (plainte)* protest; *(déclaration)* protestation. ◆ **protester** (1) *vti* to protest (*contre* against, about).
protocole [pRɔtɔkɔl] *nm* protocol. **~ d'accord** draft treaty.
prototype [pRɔtɔtip] *nm* prototype.

protubérant, e [pRɔtybeRã, ãt] *adj* bulging.
proue [pRu] *nf* bow, bows, prow.
prouesse [pRuɛs] *nf* feat.
prouver [pRuve] (1) *vt* to prove.
provenance [pRɔvnɑ̃s] *nf* origin. **en ~ de l'Angleterre** from England. ◆ **provenir de** (22) *vt indir* to come from.
proverbe [pRɔvɛRb(ə)] *nm* proverb. ◆ **proverbial, e,** *mpl* **-aux** *adj* proverbial.
providence [pRɔvidɑ̃s] *nf* providence. ◆ **providentiel, -elle** *adj* providential.
province [pRɔvɛ̃s] *nf* province. **vivre en ~** to live in the provinces; **de ~** provincial. ◆ **provincial, e,** *mpl* **-aux** *adj nm,f* provincial.
proviseur [pRɔvizœR] *nm* headmaster (*of a lycée*).
provision [pRɔvizjɔ̃] *nf* **(a)** *(réserve)* stock, supply. **faire ~ de** to stock up with. **(b) ~s** *(vivres)* provisions, food; *(courses)* groceries, shopping; **filet à ~s** shopping bag. **(c)** *(arrhes)* deposit.
provisoire [pRɔvizwaR] *adj* provisional, temporary. ◆ **provisoirement** *adv* for the time being.
provocant, e [pRɔvɔkɑ̃, ɑ̃t] *adj* provocative. ◆ **provocateur** *nm* agitator. ◆ **provocation** *nf* provocation. ◆ **provoquer** (1) *vt* **(a)** *(causer) (gén)* to cause; *(réaction)* to provoke; *(colère)* to arouse. **(b)** *(défier)* to provoke.
proxénète [pRɔksenɛt] *nm* procurer.
proximité [pRɔksimite] *nf* proximity. **à ~** close by; **à ~ de** near.
prude [pRyd] — **1** *adj* prudish. — **2** *nf* prude.
prudemment [pRydamɑ̃] *adv* cautiously; *(sagement)* wisely. ◆ **prudence** *nf* caution, prudence; *(sagesse)* wisdom. **par ~** as a precaution. ◆ **prudent, e** *adj (circonspect)* cautious, prudent; *(sage)* wise, sensible. **c'est plus ~** it's wiser *ou* safer; **soyez ~!** be careful!
prune [pRyn] *nf (fruit)* plum; *(alcool)* plum brandy. **pour des ~s*** for nothing. ◆ **pruneau,** *pl* **~x** *nm* prune; (* : *balle*) bullet, slug*. ◆ **prunier** *nm* plum tree.
prunelle [pRynɛl] *nf (fruit)* sloe; *(pupille)* pupil. **il y tient comme à la ~ de ses yeux** it's the apple of his eye.
psaume [psom] *nm* psalm.
pseudo- [psødɔ] *préf (gén)* pseudo-; *(péj)* bogus *(péj)*.
pseudonyme [psødɔnim] *nm* pseudonym.
psychanalyse [psikanaliz] *nf* psychoanalysis. ◆ **psychanalyser** (1) *vt* to psychoanalyze. ◆ **psychanalyste** *nmf* psychoanalyst. ◆ **psychanalytique** *adj* psychoanalytic.
psychiatre [psikjatR(ə)] *nmf* psychiatrist. ◆ **psychiatrie** *nf* psychiatry. ◆ **psychiatrique** *adj* psychiatric.
psychique [psiʃik] *adj* psychic. ◆ **psychisme** *nm* psyche.
psychologie [psikɔlɔʒi] *nf* psychology. ◆ **psychologique** *adj* psychological. ◆ **psychologue** *nmf* psychologist. ◆ **psychose** *nf* psychosis.
puant, e [pɥɑ̃, ɑ̃t] *adj* stinking. ◆ **puanteur** *nf* stink, stench.
puberté [pybɛRte] *nf* puberty.
public, -ique [pyblik] — **1** *adj* public. **rendre ~** to make public. — **2** *nm (population)* public; *(assistance)* audience. **en ~** in public; **le grand ~** the general public.
publication [pyblikɑsjɔ̃] *nf* publication.
publicitaire [pyblisitɛR] *adj* advertising. ◆ **publicité** *nf (profession)* advertising; *(annonce)* advertisement. **faire de la ~ pour qch** to advertise sth; *(fig)* **la ~ faite autour de ce scandale** the publicity given to this scandal.
publier [pyblije] (7) *vt* to publish.
publiquement [pyblikmɑ̃] *adv* publicly.
puce [pys] *nf* flea. **cela m'a mis la ~ à l'oreille** that started me thinking; **marché aux ~s** flea market; **oui, ma ~*** yes, pet*; **jeu de ~s** tiddlywinks. ◆ **puceron** *nm* greenfly.
pudeur [pydœR] *nf* sense of modesty. ◆ **pudibond, e** *adj* prudish. ◆ **pudique** *adj* modest.
puer [pɥe] (1) — **1** *vi* to stink. — **2** *vt* to stink of.
puéricultrice [pɥeRikyltRis] *nf* paediatric nurse.
puéril, e [pɥeRil] *adj* puerile, childish. ◆ **puérilité** *nf* puerility, childishness.
puis [pɥi] *adv* then. **et ~** *(gén)* and; *(en outre)* besides.
puisard [pɥizaR] *nm* cesspool.
puiser [pɥize] (1) *vt* to draw (*dans* from).
puisque [pɥisk(ə)] *conj* as, since.
puissamment [pɥisamɑ̃] *adv (fortement)* powerfully; *(beaucoup)* greatly. ◆ **puissance** *nf* power. **10 ~ 4** 10 to the power of 4; **c'est là en ~** it is potentially present. ◆ **puissant, e** *adj* powerful.
puits [pɥi] *nm (gén)* well; *(de mine, d'aération)* shaft.
pull(-over) [pul(ɔvœR)] *nm* pullover.
pulluler [pylyle] (1) *vi (se reproduire)* to proliferate; *(grouiller)* to swarm (*de* with).
pulmonaire [pylmɔnɛR] *adj* pulmonary, lung.
pulpe [pylp(ə)] *nf* pulp.
pulsation [pylsɑsjɔ̃] *nf* heart-beat.
pulsion [pylsjɔ̃] *nf* drive, urge.
pulvérisateur [pylveRizatœR] *nm* spray. ◆ **pulvérisation** *nf (gén)* pulverization; *(liquide)* spraying. *(Méd)* **~s** nasal spray. ◆ **pulvériser** (1) *vt* to pulverize; to spray; *(record)* to smash*.
puma [pyma] *nm* puma.
punaise [pynɛz] *nf (insecte)* bug; *(clou)* drawing pin, thumbtack *(US)*.
punir [pyniR] (2) *vt* to punish (*pour* for). ◆ **punition** *nf* punishment.
pupille [pypij] — **1** *nf (œil)* pupil. — **2** *nmf* ward. **~ de la Nation** war orphan.
pupitre [pypitR(ə)] *nm (écolier)* desk; *(musicien)* music stand; *(chef d'orchestre)* rostrum.
pur, e [pyR] *adj (gén)* pure; *(vin)* undiluted; *(whisky)* neat, straight; *(hasard, folie)* sheer; *(vérité)* plain, simple. **en ~e perte** fruitlessly; **un ~-sang** a thoroughbred.
purée [pyre] *nf (tomates etc)* purée. **~ (de pommes de terre)** mashed potatoes.
purement [pyRmɑ̃] *adv* purely. ◆ **pureté** *nf* purity.
purgatoire [pyRgatwaR] *nm* purgatory.
purge [pyRʒ(ə)] *nf* purge. ◆ **purger** (3) *vt (Méd, fig)* to purge; *(Jur : peine)* to serve; *(radiateur)* to bleed.
purification [pyRifikɑsjɔ̃] *nf* purification. ◆ **purifier** (7) *vt* to purify.
purin [pyRɛ̃] *nm* liquid manure.
puritain, e [pyRitɛ̃, ɛn] *adj, nm,f* puritan. ◆ **puritanisme** *nm* puritanism.
pus [py] *nm* pus.
pustule [pystyl] *nf* pustule.
putain* [pytɛ̃] *nf* whore.
putois [pytwa] *nm* polecat.
putréfaction [pytRefaksjɔ̃] *nf* putrefaction. ◆ **putréfier** *vt,* **se putréfier** *vpr* (7) to putrefy.
puzzle [pœzl(ə)] *nm* jigsaw puzzle.

pygmée [pigme] *nm* pygmy, pigmy.
pyjama [piʒama] *nm* pyjamas, pajamas *(US)*. **un ~** a pair of pyjamas.
pylône [pilon] *nm* pylon.
pyramide [piʀamid] *nf* pyramid.
pyromane [piʀɔman] *nmf* arsonist.

Q

Q, q [ky] *nm (lettre)* Q, q.
qu' [k(ə)] *V* **que.**
quadragénaire [kwadʀaʒenɛʀ] *adj* : **être ~** to be forty years old.
quadrilatère [kadʀilatɛʀ] *nm* quadrilateral.
quadrillage [kadʀijaʒ] *nm (Mil)* covering, control. ◆ **quadrillé, e** *adj (papier)* squared. ◆ **quadriller** (1) *vt* to cover, control.
quadri- [kadʀi] *préf* four-. **~-réacteur** four-engined jet.
quadrupède [kadʀypɛd] *adj, nm* quadruped.
quadruple [kadʀypl(ə)] *adj, nm* quadruple. **je l'ai payé le ~** I paid four times as much for it. ◆ **quadrupler** (1) *vti* to quadruple. ◆ **quadruplés, -ées** *nm,fpl* quadruplets, quads*.
quai [ke] *nm (port)* quay; *(pour marchandises)* wharf; *(gare)* platform; *(rivière)* embankment. **être à ~** *(bateau)* to be alongside the quay; *(train)* to be in the station.
qualificatif, -ive [kalifikatif, iv] — **1** *adj (adjectif)* qualifying. — **2** *nm (terme)* term. ◆ **qualification** *nf (gén)* qualification; *(description)* description. ◆ **qualifié, e** *adj (compétent)* qualified; *(ouvrier)* skilled. **non ~** unskilled; *(fig)* **c'est du vol ~** it's sheer robbery. ◆ **qualifier** (7) *vt (gén)* to qualify; *(décrire)* to describe (*de* as). **~ qn de menteur** to call sb a liar. *(Sport)* to qualify (*pour* for).
qualitatif, -ive [kalitatif, iv] *adj* qualitative. ◆ **qualité** *nf (gén)* quality; *(fonction)* position; *(métier)* occupation. **en sa ~ de maire** in his capacity as mayor; *(Jur)* **avoir ~ pour** to have authority to.
quand [kɑ̃] — **1** *conj* when. **~ ce sera fini, nous partirons** when it's finished we'll go; **~ je te le disais!** didn't I tell you so!; **~ bien même** even though *ou* if, **~ même** even so, all the same. — **2** *adv* when. **~ pars-tu?** when are you leaving?
quant [kɑ̃] *adv* : **~ à** as for, as to; **~ à moi** as for me; **~ à cela** as to that, as regards that.
quantifier [kɑ̃tifje] (7) *vt* to quantify. ◆ **quantitatif, -ive** *adj* quantitative. ◆ **quantité** *nf* quantity, amount. **une ~ de** *(argent, eau)* a great deal of, a lot of; *(gens, objets)* a great many, a lot of; **des fruits en ~** fruit in plenty.
quarantaine [kaʀɑ̃tɛn] *nf* **(a)** *(nombre)* about forty; *V* **soixantaine. (b)** *(Méd)* quarantine. **mettre en ~** *(lit)* to quarantine; *(fig)* to send to Coventry. ◆ **quarante** *adj, nm inv* forty; *V* **soixante.** ◆ **quarantième** *adj, nmf* fortieth.
quart [kaʀ] *nm* **(a)** *(fraction)* quarter. **un ~ de poulet** a quarter chicken; **~s de finale** quarter finals; **on n'a pas fait le ~ du travail** we haven't done a quarter of the work. **(b)** *(gobelet)* beaker. **(c) ~ d'heure** quarter of an hour; **3 heures moins le ~** a quarter to 3; **3 heures et ~** *ou* **un ~** a quarter past 3; **il est le ~** it's a quarter past; **passer un mauvais ~ d'heure** to have a bad time of it. **(d)** *(Naut)* watch. **être de ~** to keep the watch.
quartette [kwaʀtɛt] *nm* jazz quartet.
quartier [kaʀtje] *nm* **(a)** *(ville)* district, quarter. **cinéma de ~** local cinema. **(b)** *(Mil)* **~(s)** quarters; **avoir ~s libres** to be free; **prendre ses ~s d'hiver** to go into winter quarters; **~ général** headquarters. **(c)** *(bœuf)* quarter; *(viande)* chunk; *(fruit)* piece, segment. **mettre en ~s** to tear to pieces; **pas de ~!** no quarter!
quartz [kwaʀts] *nm* quartz.
quasi [kazi] — **1** *adv* almost, nearly. — **2** *préf* near. **~-certitude** near certainty. ◆ **quasiment** *adv* almost, nearly.
quatorze [katɔʀz(ə)] *adj, nm inv* fourteen. **la guerre de ~** the First World War. ◆ **quatorzième** *adj, nmf* fourteenth; *V* **sixième.**
quatrain [katʀɛ̃] *nm* quatrain.
quatre [katʀ(ə)] *adj, nm inv* four. **une robe de ~ sous** a cheap dress; **aux ~ coins de** in the four corners of; **à ~ pattes** on all fours; **être tiré à ~ épingles** to be dressed up to the nines; **faire les ~ cents coups** to be a real troublemaker; **faire ses ~ volontés** to do exactly as one pleases; **dire à qn ses ~ vérités** to tell sb a few home truths; **monter ~ à ~** to rush up the stairs four at a time; **manger comme ~** to eat like a wolf; **se mettre en ~ pour qn** to put o.s. out for sb; **ne pas y aller par ~ chemins** not to beat about the bush. ◆ **quatre heures** *nm inv* afternoon tea. ◆ **quatre-vingt-dix** *adj, nm inv* ninety. ◆ **quatre-vingt-onze** *adj, nm inv* ninety-one. ◆ **quatre-vingts** *adj, nm inv* eighty. ◆ **quatrième** — **1** *adj, nm* fourth. **en ~ vitesse*** at top speed. — **2** *nf (Aut)* fourth gear; *V* **sixième.** ◆ **quatrièmement** *adv* fourthly.
quatuor [kwatɥɔʀ] *nm* quartette.
que [k(ə)] — **1** *conj* **(a)** *(gén)* that. **elle sait ~ tu es prêt** she knows (that) you're ready; **je veux qu'il vienne** I want him to come; **venez que nous causions** come along so that we can have a chat; **si vous êtes sages et qu'il fasse beau** if you are good and the weather is fine.

(b) *(temps)* **elle venait à peine de sortir qu'il se mit à pleuvoir** she had hardly gone out when it started raining; **ça fait 2 ans qu'il est là** he has been here (for) 2 years; **ça fait 2 ans qu'il est parti** it is 2 years since he left, he left 2 years ago. **(c) qu'il le veuille ou non** whether he likes it or not; **~ la guerre finisse!** if only the war would end!; **qu'il vienne!** let him come!; **~ m'importe!** what do I care? **(d)** *(comparaison)* **il est plus petit qu'elle** he's smaller than her *ou* than she is; **elle est aussi capable ~ vous** she's as capable as you (are). — **2** *adv* : **ce ~ tu es lent!*** you're so slow!, how slow you are!; **~ de monde!** what a lot of people!; **~ n'es-tu venu?** why didn't you come? — **3** *pron* **(a)** *(relatif) (personne)* that, whom; *(chose)* which, that; *(temps)* when. **les enfants ~ tu vois** the children (that *ou* whom) you see; **la raison qu'il a donnée** the reason (that *ou* which) he gave; **un jour ~** one day when; **quel homme charmant ~ votre voisin!** what a charming man your neighbour is; **c'est un inconvénient ~ de ne pas avoir de voiture** it's inconvenient not having a car; **en bon fils qu'il est** being the good son he is. **(b)** *(interrog)* what; *(discriminatif)* which. **~ fais-tu?** what are you doing?; **qu'est-ce qu'il y a?** what's the matter?; **je pense ~ non** I don't think so; **mais il n'a pas de voiture! — il dit ~ si** but he has no car! — he says he has; **qu'est-ce ~ tu préfères, le rouge ou le noir?** which (one) do you prefer, the red or the black? **(c) ~ oui!** yes indeed!; **~ non!** certainly not!

quel, quelle [kɛl] — **1** *adj* **(a)** *(gén)* what. **sur ~ auteur va-t-il parler?** what author is he going to talk about?; **quelle surprise!** what a surprise! **(b)** *(discriminatif)* which. **~ acteur préférez-vous?** which actor do you prefer? **(c)** *(qui)* who. **~ est cet auteur?** who is that author? **(d)** *(relatif)* **~ que soit le train que vous preniez** whichever train you take; **les hommes, ~s qu'ils soient** men, whoever they may be. — **2** *pron interrog* which. **~ est le meilleur?** which (one) is the best?

quelconque [kɛlkɔ̃k] *adj* **(a)** some, any. **pour une raison ~** for some reason or other. **(b)** *(médiocre)* poor, indifferent; *(laid)* plain-looking; *(ordinaire)* ordinary.

quelque [kɛlk(ə)] — **1** *adj indéf* some; *(avec interrog)* any. **cela fait ~ temps que je ne l'ai vu** I haven't seen him for some time; **par ~ temps qu'il fasse** whatever the weather; **en ~ sorte** as it were; **~s personnes** some *ou* a few people; **les ~s enfants qui étaient venus** the few children who had come. — **2** *adv* : **ça a augmenté de ~ 50 F** it's gone up by about 50 francs; **20 kg et ~*** a bit over 20 kg*. **(b) ~ peu déçu** rather *ou* somewhat disappointed; **il est ~ peu menteur** he is a bit of a liar. ◆ **quelque chose** *pron indéf* something; *(avec interrog)* anything. **~ d'autre** something else; *(effet)* **faire ~ à qn** to have an effect on sb; **ça alors, c'est ~!** that's a bit stiff! ◆ **quelquefois** *adv* sometimes. ◆ **quelque part** *adv* somewhere. ◆ **quelques-uns, -unes** *pron indéf pl* some, a few. ◆ **quelqu'un** *pron indéf* somebody, someone; *(avec interrog)* anybody, anyone.

quémander [kemɑ̃de] (1) *vt* to beg for.

qu'en-dira-t-on [kɑ̃diʀatɔ̃] *nm inv* gossip.

quenelle [kənɛl] *nf* quenelle.

quenotte* [kənɔt] *nf* tooth, toothy-peg*.

querelle [kəʀɛl] *nf* quarrel. ◆ **se quereller** (1) *vpr* to quarrel. ◆ **querelleur, -euse** *adj* quarrelsome.

question [kɛstjɔ̃] *nf (demande)* question; *(pour lever un doute)* query; *(problème)* question, matter, issue. *(Pol)* **poser la ~ de confiance** to ask for a vote of confidence; **la ~ n'est pas là** that's not the point; **~ argent** as far as money goes, money-wise*; **de quoi est-il ~?** what is it about?; **il est ~ d'un emprunt** there's talk of a loan; **il n'en est pas ~!** there's no question of it!, it's out of the question!; **la personne en ~** the person in question; **remettre en ~** to question; **c'est notre vie même qui est en ~** it's our lives that are at stake. ◆ **questionnaire** *nm* questionnaire. ◆ **questionner** (1) *vt* to question, ask (*sur* about).

quête [kɛt] *nf (collecte)* collection; *(recherche)* quest (*de* for), pursuit (*de* of). **être en ~ de** to be looking for, be in search of. ◆ **quêter** (1) — **1** *vi (à l'église)* to take the collection; *(dans la rue)* to collect money. — **2** *vt* to seek. ◆ **quêteur, -euse** *nm,f* collector.

queue [kø] *nf* **(a)** *(animal)* tail; *(classement)* bottom; *(poêle)* handle; *(fruit, feuille)* stalk; *(fleur)* stem; *(train)* rear. **commencer par la ~** to begin at the end. **(b)** *(file)* queue, line *(US)*. **(c) à la ~ leu leu** *(marcher)* in single file; *(se plaindre)* one after the other; **faire une ~ de poisson à qn** to cut in front of sb; **finir en ~ de poisson** to finish up in the air; **histoire sans ~ ni tête*** cock-and-bull story; **~ de cheval** ponytail; **~-de-pie** tails.

qui [ki] *pron* **(a)** *(interrog) (sujet)* who; *(objet)* who, whom. **~ l'a vu?** who saw him?; **~ d'entre eux?** which of them?; **à ~ est ce sac?** whose bag is this?, whose is this bag?; **elle ne sait à ~ se plaindre** she doesn't know who to complain to *ou* to whom to complain. **(b)** *(relatif) (personne)* who, that*; *(chose)* which, that. **Paul, ~ traversait le pont, trébucha** Paul, who was crossing the bridge, tripped; **il a un perroquet ~ parle** he's got a parrot which *ou* that talks; **je la vis ~ nageait vers le rivage** I saw her swimming towards the bank; *(avec prép)* **le patron pour ~ il travaille** the employer he works for, the employer for whom he works. **(c)** *(sans antécédent)* **amenez ~ vous voulez** bring along whoever *ou* anyone you like; **~ vous savez** you-know-who*; **je le dirai à ~ de droit** I will tell whoever is concerned; **j'interdis à ~ que ce soit d'entrer ici** I forbid anyone to come in here; **à ~ mieux mieux** *(gén)* each one more so than the other; *(crier)* each one louder than the other; **ils ont pris tout ce qu'ils ont pu : ~ une chaise, ~ une radio** they took whatever they could : some took a chair, others a radio. **(d) ~ va lentement va sûrement** more haste less speed; **~ vivra verra** what will be will be; **~ a bu boira** once a thief always a thief; **~ se ressemble s'assemble** birds of a feather flock together; **~ veut la fin veut les moyens** he who wills the end wills the means. **(e) ~-vive?** who goes there?; **être sur le ~-vive** to be on the alert.

quiconque [kikɔ̃k] — **1** *pron rel* whoever, anyone who. — **2** *pron indéf* anyone, anybody.

quiétude [kjetyd] *nf* quiet, peace.

quille [kij] *nf (jouet)* skittle; *(navire)* keel. **jeu de ~s** skittles.

quincaillerie [kɛ̃kajʀi] *nf* hardware, ironmongery; *(magasin)* ironmonger's (shop). ◆ **quin-**

caillier, -ière *nm,f* hardware dealer, ironmonger.
quinconce [kɛ̃kɔ̃s] *nm* : **en ~** in staggered rows.
quinine [kinin] *nf* quinine.
quinquagénaire [kɛ̃kaʒenɛʀ]*adj* : **être ~** to be fifty years old.
quinquennal, e *mpl* **-aux** [kɛ̃kenal, o] *adj* five-year, quinquennial.
quintal, *pl* **-aux** [kɛ̃tal, o] *nm* quintal *(100 kg).*
quinte [kɛ̃t] *nf (Cartes)* quint. **~ de toux** coughing fit.
quintessence [kɛ̃tesɑ̃s] *nf* quintessence.
quintuple [kɛ̃typl(ə)] *adj, nm* quintuple. **je l'ai payé le ~** I paid five times as much for it. ◆ **quintupler** (1) *vti* to quintuple, increase fivefold. ◆ **quintuplés, -ées** *nm,fpl* quintuplets, quins*.
quinzaine [kɛ̃zɛn] *nf* about fifteen. **une ~ de jours** a fortnight, two weeks; *V* **soixantaine.** ◆ **quinze** *adj, nm inv* fifteen. **le ~ août** Assumption; **lundi en ~** a fortnight *ou* two weeks on Monday; **dans ~ jours** in a fortnight, in two weeks; *V* **six.** ◆ **quinzième** *adj, nmf* fifteenth; *V* **sixième.**
quiproquo [kipʀɔko] *nm (sur personne)* mistake; *(sur sujet)* misunderstanding.
quittance [kitɑ̃s] *nf (reçu)* receipt; *(facture)* bill.
quitte [kit] *adj* : **être ~ envers qn** to be quits with sb; **nous en sommes ~s pour la peur** we got off with a fright; **~ à s'ennuyer** even if it means being bored; *(fig)* **c'est du ~ ou double** it's a big gamble.
quitter [kite] (1) *vt (gén)* to leave; *(vêtement)* to take off; *(espoir)* to give up. **si je le quitte des yeux** if I take my eyes off him; *(téléphone)* **ne quittez pas** hold the line.
quoi [kwa] *pron* what. **de ~ parles-tu?** what are you talking about?; **à ~ bon?** what's the use? *(faire* of doing); **et puis ~ encore!** what next!; **c'est en ~ tu te trompes** that's where you're wrong; **il n'y a pas de ~ rire** there's nothing to laugh about; **il n'y a pas de ~ fouetter un chat** it's not worth making a fuss about; **ils ont de ~ occuper leurs vacances** they've got plenty to do during their holiday; **avoir de ~ écrire** to have something to write with; **il n'a pas de ~ se l'acheter** he can't afford it; **si vous avez besoin de ~ que ce soit** if there's anything you need; **il n'y a pas de ~!** don't mention it!, not at all!; **~ qu'il arrive** whatever happens; **~ qu'il en soit** be that as it may; **~ qu'on en dise** whatever *ou* no matter what people say.
quoique [kwak(ə)] *conj* although, though. **quoiqu'il soit malade** although he is ill.
quolibet [kɔlibɛ] *nm* gibe, jeer.
quote-part, *pl* **~s-~s** [kɔtpaʀ] *nf* share.
quotidien, -ienne [kɔtidjɛ̃, jɛn] — **1** *adj (journalier)* daily; *(banal)* everyday. **dans la vie ~ienne** in everyday *ou* daily life. — **2** *nm* daily (paper). ◆ **quotidiennement** *adv* daily, every day.
quotient [kɔsjɑ̃] *nm* quotient.

R

R, r [ɛʀ] *nm (lettre)* R, r.
rabâcher [ʀabɑʃe] (1) *vt* to keep repeating.
rabais [ʀabɛ] *nm* reduction, discount. **vendre au ~** to sell at a reduced price.
rabaisser [ʀabese] (1) *vt (dénigrer)* to belittle; *(réduire)* to reduce.
rabat [ʀaba] *nm* flap. ◆ **rabat-joie** *nm inv* killjoy, spoilsport*.
rabatteur [ʀabatœʀ] *nm (Chasse)* beater.
rabattre [ʀabatʀ(ə)] (41) — **1** *vt* **(a)** *(capot)* to close; *(col)* to turn down. **le vent rabat la fumée** the wind blows the smoke back down; **~ les couvertures** *(se couvrir)* to pull the blankets up; *(se découvrir)* to push back the blankets. **(b)** *(diminuer)* to reduce; *(déduire)* to deduct. *(prétentieux)* **en ~** to climb down. **(c)** *(gibier)* to drive. — **2 se rabattre** *vpr (couvercle)* to close. **se ~ devant qn** to cut in front of sb; **se ~ sur** *(marchandise etc)* to fall back on.
rabbin [ʀabɛ̃] *nm* rabbi. **grand ~** chief rabbi.
rabibocher* [ʀabibɔʃe] (1) — **1** *vt* to reconcile. — **2 se rabibocher** *vpr* to make it up *(avec* with).
rabiot* [ʀabjo] *nm (supplément)* extra.
râblé, e [ʀɑble] *adj* well-set, stocky.
rabot [ʀabo] *nm* plane. ◆ **raboter** (1) *vt* to plane down. ◆ **raboteux, -euse** *adj* uneven, rough.
rabougri, e [ʀabugʀi] *adj (chétif)* stunted; *(desséché)* shrivelled.
rabrouer [ʀabʀue] (1) *vt* to snub, rebuff.
racaille [ʀakɑj] *nf* rabble, riffraff.
raccommoder [ʀakɔmɔde] (1) *vt (gén)* to mend, repair. **se ~ avec qn** to make it up with sb.
raccompagner [ʀakɔ̃paɲe] (1) *vt* to take *ou* see back *(à* to).
raccord [ʀakɔʀ] *nm (objet)* link; *(trace)* join. **~ (de maçonnerie)** pointing; **~ (de peinture)** touch up.
raccordement [ʀakɔʀdəmɑ̃] *nm (action)* joining; *(résultat)* join; *(téléphone)* connection. ◆ **raccorder** (1) *vt* to join (up); to connect *(à* with, to).
raccourcir [ʀakuʀsiʀ] (2) — **1** *vt* to shorten. — **2** *vi* to get shorter. ◆ **raccourci** *nm (chemin)* short cut; *(résumé)* summary. ◆ **raccourcissement** *nm* shortening.
raccrocher [ʀakʀɔʃe] (1) — **1** *vi (Téléphone)* to hang up, ring off. — **2** *vt (relier)* to connect *(à* with); *(vêtement)* to hang back up; *(personne)* to get hold of. **se ~ à qch** to cling to sth.

race [Ras] *nf* race; *(animale)* breed. **de ~** purebred. ◆ **racé, e** *adj* purebred.
rachat [Raʃa] *nm (gén)* buying; *(firme)* takeover; *(pécheur)* redemption; *(faute)* expiation.
racheter [Raʃte] (5) *vt* to buy (*à* from); *(nouvel objet)* to buy another; *(pain)* to buy some more; *(firme)* to take over; *(pécheur)* to redeem. *(imperfection)* to make up for (*par* by); *(fautif)* se ~ to make amends.
rachitique [Raʃitik] *adj (Méd)* rickety. ◆ **rachitisme** *nm* rickets *(sg)*.
racial, e, *mpl* **-aux** [Rasjal, o] *adj* racial.
racine [Rasin] *nf* root. **prendre ~** to take root.
racisme [Rasism(ə)] *nm* racialism, racism. ◆ **raciste** *adj, nmf* racialist, racist.
raclée* [Rɑkle] *nf* thrashing.
racler [Rɑkle] (1) *vt* to scrape. **se ~ la gorge** to clear one's throat.
racolage [Rakɔlaʒ] *nm* soliciting. ◆ **racoler** (1) *vt* to solicit.
racontar [Rakɔ̃taR] *nm* story, lie.
raconter [Rakɔ̃te] (1) *vt (histoire)* to tell; *(malheurs)* to tell about. **~ qch à qn** to tell sb sth, relate sth to sb; **~ ce qui s'est passé** to say *ou* recount what happened; **qu'est-ce que tu racontes?** what are you talking about?
racorni, e [RakɔRni] *adj (durci)* hardened; *(desséché)* shrivelled.
radar [RadaR] *nm* radar.
rade [Rad] *nf* harbour, roads. **en ~ de Brest** in Brest harbour; **laisser qn en ~*** to leave sb stranded.
radeau, *pl* **~x** [Rado] *nm* raft.
radiateur [RadjatœR] *nm* radiator; *(à gaz, électrique)* heater.
radiation [Radjɑsjɔ̃] *nf (rayon)* radiation; *(suppression)* crossing off.
radical, e, *mpl* **-aux** [Radikal, o] *adj, nm* radical.
radier [Radje] (7) *vt* to cross off.
radieux, -euse [Radjø, øz] *adj (personne)* beaming; *(soleil)* radiant; *(temps)* glorious.
radin, e* [Radɛ̃, in] — **1** *adj* stingy, tight-fisted. — **2** *nm,f* skinflint.
radio [Radjo] — **1** *nf (gén)* radio; *(photo)* X-ray. **mets la ~** turn on the radio; **passer une ~** to have an X-ray. — **2** *nm (opérateur)* radio operator; *(message)* radiogram. ◆ **radioactif, -ive** *adj* radioactive. ◆ **radioactivité** *nf* radioactivity. ◆ **radiodiffuser** (1) *vt* to broadcast. ◆ **radiodiffusion** *nf* broadcasting. ◆ **radiographie** *nf (technique)* X-ray photography; *(photographie)* X-ray photograph. ◆ **radiographier** (7) *vt* to X-ray. ◆ **radiographique** *adj* X-ray. ◆ **radiologie** *nf* radiology. ◆ **radiologue** *nmf* radiologist. ◆ **radiophonique** *adj* radio. ◆ **radioscopie** *nf* radioscopy. ◆ **radiotélévisé, e** *adj* broadcast and televised.
radis [Radi] *nm* radish; (* : *sou*) penny *(Brit)*, cent *(US)*. **~ noir** horseradish.
radium [Radjɔm] *nm* radium.
radoter* [Radɔte] (1) *vi* to drivel on*. ◆ **radoteur, -euse** * *nm,f* driveller*.
radoucir (se) [RadusiR] (2) *vpr (personne)* to calm down; *(voix)* to soften; *(temps)* to become milder. ◆ **radoucissement** *nm* : **un ~** a milder spell.
rafale [Rafal] *nf (vent)* gust; *(mitrailleuse)* burst; *(balles)* hail.
raffermir [RafɛRmiR] (2) — **1** *vt* to strengthen. — **2 se raffermir** *vpr* to grow stronger.
raffinage [Rafinaʒ] *nm* refining. ◆ **raffiné, e** *adj* refined. ◆ **raffinement** *nm* refinement. ◆ **raffiner** (1) *vt* to refine. ◆ **raffinerie** *nf* refinery.
raffoler [Rafɔle] (1) **~ de** *vt indir* to be very keen on.
raffut* [Rafy] *nm* racket, din.
rafiot* [Rafjo] *nm* boat, old tub*.
rafistoler*[Rafistɔle] (1) *vt* to patch up.
rafle [Rɑfl(ə)] *nf* police raid. ◆ **rafler*** (1) *vt* to swipe*.
rafraîchir [RafReʃiR] (2) — **1** *vt (lit)* to make cooler; *(personne, mémoire)* to refresh; *(vêtement)* to brighten up; *(connaissances)* to brush up. **se faire ~ les cheveux** to have a trim; **mettre à ~** to chill. — **2 se rafraîchir** *vpr (temps)* to get cooler; *(personne)* to refresh o.s. ◆ **rafraîchissant, e** *adj* refreshing. ◆ **rafraîchissement** *nm* **(a)** *(température)* cooling. **(b)** *(boisson)* cool drink. *(glaces)* **~s** refreshments.
ragaillardir [RagajaRdiR] (2) *vt* to buck up*.
rage [Raʒ] *nf (colère)* rage, fury; *(manie)* maddening habit. *(maladie)* **la ~** rabies *(sg)*; **mettre qn en ~** to infuriate *ou* enrage sb; *(incendie etc)* **faire ~** to rage; **~ de dents** raging toothache. ◆ **rager** (3) *vi* to fume. ◆ **rageur, -euse** *adj* furious.
ragot* [Rago] *nm* piece of gossip.
ragoût [Ragu] *nm* stew.
ragoûtant, e [Ragutɑ̃, ɑ̃t] *adj* : **peu ~** *(lit)* unappetising; *(fig)* unsavoury.
raid [Rɛd] *nm (Mil)* raid; *(Sport)* rally.
raide [Rɛd] — **1** *adj (gén, fig)* stiff; *(cheveux)* straight; *(câble)* taut, tight; *(pente)* steep; *(alcool)* rough. — **2** *adv* : **ça montait ~** *(ascension)* it was a steep climb; **tomber ~** to drop to the ground; **~ mort** stone dead. ◆ **raideur** *nf* stiffness. ◆ **raidillon** *nm* steep slope. ◆ **raidir** (2) — **1** *vt (gén)* to stiffen; *(corde)* to tighten; *(position)* to harden. — **2 se raidir** *vpr (position)* to harden; *(lutteur)* to tense. ◆ **raidissement** *nm (gén)* stiffening; *(prise de position)* hard line.
raie [Rɛ] *nf* **(a)** *(trait)* line; *(éraflure)* mark, scratch. **(b)** *(bande)* stripe. **(c)** *(Coiffure)* parting. **(d)** *(poisson)* skate, ray.
raifort [Rɛfɔr] *nm* horseradish.
rail [Rɑj] *nm* rail. *(transport)* **le ~** the railway, the railroad *(US)*.
railler [Rɑje] (1) *vt* to mock at. ◆ **raillerie** *nf* mocking remark. ◆ **railleur, -euse** *adj* mocking.
rainure [RenyR] *nf* groove.
raisin [Rɛzɛ̃] *nm (espèce)* grape. **le ~, les ~s** grapes; **~s secs** raisins.
raison [Rɛzɔ̃] — **1** *nf (gén)* reason. **pour quelles ~s?** on what grounds?, what were your reasons for it?; **~ de plus** all the more reason (*pour faire* for doing); **il boit plus que de ~** he drinks more than is good for him; **comme de ~** as one might expect; **avoir ~** to be right (*de faire* in doing, to do); **avoir ~ de qn** to get the better of sb; **donner ~ à qn** *(événement)* to prove sb right; *(personne)* to side with sb; **se faire une ~** to put up with it; **en ~ de** *(à cause de)* because of, owing to; *(selon)* according to; **à ~ de 5 F par caisse** at the rate of 5 francs per crate. — **2** : **~ d'État** reason of State; **~ d'être** raison d'être; **~ sociale** corporate name.
raisonnable [Rɛzɔnabl(ə)] *adj (gén)* reasonable; *(conseil)* sensible.
raisonnement [Rɛzɔnmɑ̃] *nm (façon de réfléchir)* reasoning; *(argumentation)* argument. ◆ **raisonner** (1) — **1** *vi (penser)* to reason . — **2** *vt* : **~ qn** to reason with sb; **se ~** to reason

with o.s. ◆ **raisonneur, -euse** *(péj) nm,f* arguer.
rajeunir [ʀaʒœniʀ] (2) — **1** *vt (gén)* to modernize. *(cure)* ~ **qn** to rejuvenate sb. — **2** *vi (personne)* to look younger. — **3 se rajeunir** *vpr* to make o.s. younger. ◆ **rajeunissement** *nm* modernization; rejuvenation.
rajout [ʀaʒu] *nm* addition. ◆ **rajouter** (1) *vt* to add. **en** ~* to overdo it.
rajustement [ʀaʒystəmɑ̃] *nm* adjustment. ◆ **rajuster** (1) *vt* to readjust; *(vêtement)* to straighten.
râle [ʀɑl] *nm (blessé)* groan; *(mourant)* death rattle.
ralentir [ʀalɑ̃tiʀ] (2) — **1** *vti* to slow down. — **2 se ralentir** *vpr (production)* to slow down; *(ardeur)* to flag. ◆ **ralenti, e** — **1** *adj* slow. — **2** *nm (Ciné)* slow motion. **tourner au** ~ to tick over, idle. ◆ **ralentissement** *nm* slowing down; flagging.
râler [ʀɑle] (1) *vi (blessé)* to groan, moan; *(mourant)* to give the death rattle; (* : *rouspéter*) to grouse*. **faire** ~ **qn*** to infuriate sb. ◆ **râleur, -euse*** *nm,f* grouser*.
ralliement [ʀalimɑ̃] *nm* rallying. ◆ **rallier** (7) — **1** *vt (grouper)* to rally; *(unir)* to unite; *(rejoindre)* to rejoin. — **2 se rallier** *vpr (se regrouper)* to rally. **se** ~ **à** *(parti)* to join; *(avis)* to come round to.
rallonge [ʀalɔ̃ʒ] *nf (table)* extension; *(électrique)* extension cord. **une** ~ **d'argent** some extra money. ◆ **rallonger** (3) — **1** *vt (gén)* to lengthen; *(vacances, bâtiment)* to extend. — **2** *vi (jours)* to get longer.
rallumer [ʀalyme] (1) — **1** *vt (feu)* to relight; *(conflit)* to revive. ~ **la lumière** to turn the light on again. — **2 se rallumer** *vpr (incendie, guerre)* to flare up again.
rallye [ʀali] *nm* : ~ **automobile** car rally.
ramage [ʀamaʒ] *nm (chant)* song.
ramassage [ʀamasaʒ] *nm (gén)* picking up; *(copies, ordures)* collection; *(fruits)* gathering. ~ **scolaire** school bus service. ◆ **ramassé, e** *adj (trapu)* squat; *(concis)* compact. ◆ **ramasser** (1) — **1** *vt* to pick up; to collect; to gather. — **2 se ramasser** *vpr (se pelotonner)* to curl up; *(pour bondir)* to crouch. ◆ **ramassis** *nm (péj)* ~ **de** pack of.
rambarde [ʀɑ̃baʀd(ə)] *nf* guardrail.
rame [ʀam] *nf (aviron)* oar; *(train)* train; *(papier)* ream; *(perche)* pole.
rameau, *pl* ~**x** [ʀamo] *nm* branch. **les R~x** Palm Sunday.
ramener [ʀamne] (5) — **1** *vt (gén)* to bring back; *(paix)* to restore. **je vais te** ~ I'll take you back; *(réduire à)* ~ **qch à** to reduce sth to. — **2 se ramener** *vpr* **(a)** *(problèmes)* **se** ~ **à** to come down to. **(b)** (* : *arriver*) to turn up*.
ramer [ʀame] (1) *vi* to row. ◆ **rameur, -euse** *nm,f* rower.
ramier [ʀamje] *nm* : **pigeon** ~ woodpigeon.
ramification [ʀamifikɑsjɔ̃] *nf* ramification. ◆ **se ramifier** (7) *vpr* to ramify.
ramollir [ʀamɔliʀ] (2) — **1** *vt* to soften. — **2 se ramollir** *vpr* to get soft. ◆ **ramollissement** *nm* softening.
ramonage [ʀamɔnaʒ] *nm* chimney-sweeping. ◆ **ramoner** (1) *vt* to sweep. ◆ **ramoneur** *nm* (chimney) sweep.
rampe [ʀɑ̃p] *nf (pour escalier)* banister; *(pente)* ramp. ~ **de lancement** launching pad; *(projecteurs)* **la** ~ the footlights.
ramper [ʀɑ̃pe] (1) *vi* to crawl, creep.
rancard* [ʀɑ̃kaʀ] *nm (tuyau)* tip; *(rendez-vous)* date.
rancart* [ʀɑ̃kaʀ] *nm* : **mettre au** ~ to scrap.
rance [ʀɑ̃s] *adj* rancid. ◆ **rancir** (2) *vi* to go rancid.
rancœur [ʀɑ̃kœʀ] *nf* rancour, resentment.
rançon [ʀɑ̃sɔ̃] *nf* ransom.
rancune [ʀɑ̃kyn] *nf* grudge, rancour. **sans** ~! no hard feelings! ◆ **rancunier, -ière** *adj* : **être** ~ to bear a grudge.
randonnée [ʀɑ̃dɔne] *nf (voiture)* drive, ride; *(vélo)* ride; *(à pied)* walk. **faire une** ~ to go for a drive *etc.*
rang [ʀɑ̃] *nm* **(a)** *(rangée)* row, line. **en** ~ **d'oignons** in a row *ou* line; **se mettre en** ~**s par 4** to form rows of 4. **(b)** *(hiérarchique)* rank; *(classement)* place. **par** ~ **d'âge** in order of age.
rangement [ʀɑ̃ʒmɑ̃] *nm (placards)* cupboard space. **faire du** ~ to do some tidying.
rangée [ʀɑ̃ʒe] *nf* row, line.
ranger [ʀɑ̃ʒe] (3) — **1** *vt (maison)* to tidy up; *(objet)* to put away; *(voiture)* to park; *(pions etc : disposer)* to place. **je le range parmi les meilleurs** I rank him among the best; **mal rangé** untidy; **vie rangée** well-ordered life. — **2 se ranger** *vpr (voiture)* to park; *(piéton)* to step aside; *(célibataire)* to settle down. **où se rangent les tasses?** where do the cups go?; *(accepter)* **se** ~ **à qch** to fall in with sth; **se** ~ **du côté de qn** to side with sb.
ranimer [ʀanime] *vt,* **se ranimer** *vpr* (1) to revive.
rapace [ʀapas] *nm* bird of prey. ◆ **rapacité** *nf* rapaciousness.
rapatrié, e [ʀapatʀije] *nm,f* repatriate. ◆ **rapatriement** *nm* repatriation. ◆ **rapatrier** (7) *vt* to repatriate.
râpe [ʀɑp] *nf (fromage)* grater; *(bois)* rasp. ◆ **râpé, e** — **1** *adj (usé)* threadbare. — **2** *nm (fromage)* grated cheese. ◆ **râper** (1) *vt* to grate; to rasp.
rapetisser [ʀaptise] (1) — **1** *vt* to shorten. — **2** *vi* to get smaller *ou* shorter.
râpeux, -euse [ʀɑpø, øz] *adj* rough.
raphia [ʀafja] *nm* raffia.
rapiat, e* [ʀapja, at] *adj* niggardly.
rapide [ʀapid] — **1** *adj* quick, rapid, swift, fast. — **2** *nm (train)* express train; *(rivière)* rapid. ◆ **rapidement** *adv* fast, quickly, rapidly, swiftly. ◆ **rapidité** *nf* speed, rapidity, swiftness, quickness.
rapiécer [ʀapjese] (3 *et* 6) *vt* to patch.
rappel [ʀapɛl] *nm (personne)* recall; *(promesse)* reminder; *(somme due)* back pay; *(vaccination)* booster. ~ **à l'ordre** call to order; *(Alpinisme)* **faire un** ~ to abseil.
rappeler [ʀaple] (4) — **1** *vt (faire revenir)* to call back, recall; *(au téléphone)* to call *ou* ring back; *(mentionner)* to mention; *(référence)* to quote; *(être similaire)* to be reminiscent of. **elle me rappelle sa mère** she reminds me of her mother; ~ **qn à l'ordre** to call sb to order. — **2 se rappeler** *vpr* to remember, recollect, recall.
rappliquer* [ʀaplike] (1) *vi (revenir)* to come back; *(arriver)* to turn up*.
rapport [ʀapɔʀ] *nm* **(a)** *(lien)* connection, relationship, link. *(relations)* ~**s** relations; **ça n'a aucun** ~ it has nothing to do with it; **se mettre en** ~ **avec qn** to get in touch with sb; **sous tous les** ~**s** in every respect. **(b)** *(compte rendu)* report. **(c)** *(profit)* yield, return. **(d)** *(propor-*

tion) ratio. **~ de 1 à 100** ratio of 1 to 100; **en ~ avec son salaire** in keeping with his salary; **par ~ à** in relation to.
rapporter [RapɔRte] (1) — **1** *vt (objet, réponse)* to bring *ou* take back (*à* to); *(profit)* to bring in, yield; *(fait)* to report, mention; *(annuler)* to revoke. — **2** *vi (placement)* to give a good return; *(mouchard)* to tell on* one's friends. — **3 se rapporter** *vpr :* **se ~ à qch** to relate to sth; **s'en ~ au jugement de qn** to rely on sb's judgment.
rapporteur, -euse [RapɔRtœR, øz] — **1** *nm,f (mouchard)* telltale. — **2** *nm (délégué)* reporter; *(outil)* protractor.
rapprochement [RapRɔʃmɑ̃] *nm (réconciliation)* reconciliation; *(comparaison)* comparison; *(rapport)* link, connection.
rapprocher [RapRɔʃe] (1) — **1** *vt (approcher)* to bring closer (*de* to); *(réunir)* to bring together; *(assimiler)* to establish a connection *ou* link between. — **2 se rapprocher** *vpr* to get closer (*de* to); *(en fréquence)* to become more frequent. **ça se rapproche de ce qu'on disait** that ties up with what was being said.
rapt [Rapt] *nm* abduction.
raquette [Rakɛt] *nf (Tennis)* racket; *(Ping-Pong)* bat; *(à neige)* snowshoe.
rare [RaR] *adj (peu commun)* uncommon, rare; *(peu nombreux)* few, rare. *(peu abondant)* **se faire ~** to become scarce. ◆ **se raréfier** (7) *vpr* to become scarce. ◆ **rarement** *adv* rarely, seldom. ◆ **rareté** *nf (gén)* rarity; *(vivres, argent)* scarcity; *(visites)* infrequency. ◆ **rarissime** *adj* extremely rare.
ras, e [Rɑ, Rɑz] *adj (poil, herbe)* short; *(mesure)* full. **à ~ de terre** level with the ground; **à ~ bords** to the brim; **en ~e campagne** in open country; **j'en ai ~ le bol*** I'm fed up to the back teeth*.
rasade [Rɑzad] *nf* glassful.
rasage [Rɑzaʒ] *nm* shaving. ◆ **raser** (1) — **1** *vt* **(a)** *(barbe)* to shave off; *(menton)* to shave. **(b)** *(frôler)* to graze; *(abattre)* to raze; (* : *ennuyer*) to bore. **~ les murs** to hug the walls. — **2 se raser** *vpr* to shave; (* : *s'ennuyer*) to be bored stiff*. **rasé ~ de près** close-shaven. ◆ **raseur, -euse*** *nm,f* bore. ◆ **rasoir** — **1** *nm* razor; *(électrique)* shaver. — **2** *adj* (*: *ennuyeux*) boring.
rassasier [Rasazje] (7) *vt* to satisfy (*de* with). **être rassasié** to have had enough (*de* of).
rassemblement [Rasɑ̃bləmɑ̃] *nm* gathering.
rassembler (1) — **1** *vt (gén)* to gather together, assemble; *(troupes)* to rally; *(courage)* to summon up. — **2 se rassembler** *vpr* to gather, assemble.
rasseoir (se) [RaswaR] (26) *vpr* to sit down again.
rassis, e [Rasi, iz] *adj* stale.
rassurer [RasyRe] (1) *vt* to reassure.
rat [Ra] *nm* rat.
ratatiner (se) [Ratatine] (1) *vpr* to shrivel up.
rate [Rat] *nf* spleen.
râteau, *pl* **~x** [Rɑto] *nm* rake.
râtelier [Rɑtəlje] *nm* rack.
rater [Rate] (1) — **1** *vi* to fail, go wrong. **tout faire ~** to ruin everything; **ça ne va pas ~*** it's dead certain*. — **2** *vt* (*) *(gén)* to miss; *(gâteau)* to mess up*, spoil; *(examen)* to fail, flunk*. **il n'en rate pas une** he's always putting his foot in it*. ◆ **raté, e** — **1** *nm,f (personne)* failure. — **2** *nm :* **avoir des ~s** to misfire.
ratification [Ratifikɑsjɔ̃] *nf (Jur)* ratification. ◆ **ratifier** (7) *vt* to ratify.
ration [Rɑsjɔ̃] *nf (gén)* ration; *(part)* share.
rationaliser [Rasjɔnalize] (1) *vt* to rationalize. ◆ **rationnel, -elle** *adj* rational.
rationnement [Rasjɔnmɑ̃] *nm* rationing. ◆ **rationner** (1) *vt* to ration.
ratisser [Ratise] (1) *vt (gravier)* to rake; *(feuilles)* to rake up; *(Police)* to comb.
raton [Ratɔ̃] *nm :* **~ laveur** racoon.
rattachement [Rataʃmɑ̃] *nm* joining (*à* to). ◆ **rattacher** (1) *vt (gén)* to link, join (*à* to); *(avec ficelle)* to tie up again.
rattrapage [RatRapaʒ] *nm (candidat)* passing. **le ~ d'un oubli** making up for an omission.
rattraper [RatRape] (1) — **1** *vt (prisonnier)* to recapture; *(objet, enfant qui tombe)* to catch (hold of); *(voiture, leçon en retard)* to catch up with; *(erreur, temps perdu)* to make up for. *(Scol : repêcher)* **~ qn** to allow sb to pass. — **2 se rattraper** *vpr (reprendre son équilibre)* to stop o.s. falling; *(fig : récupérer)* to make up for it. **se ~ à qch** to catch hold of sth.
rature [RatyR] *nf (correction)* alteration; *(pour barrer)* deletion. ◆ **raturer** (1) *vt* to alter; to delete.
rauque [Rok] *adj (voix)* hoarse; *(cri)* raucous.
ravage [Ravaʒ] *nm :* **faire des ~s** to wreak havoc (*dans* in). ◆ **ravager** (3) *vt (pays)* to ravage, devastate.
ravalement [Ravalmɑ̃] *nm* cleaning. ◆ **ravaler** (1) *vt (nettoyer)* to clean; *(maîtriser)* to choke back; *(humilier)* to lower.
rave [Rav] *nf (légume)* rape.
ravier [Ravje] *nm* hors d'œuvres dish.
ravin [Ravɛ̃] *nm* gully; *(encaissé)* ravine.
ravir [RaviR] (2) *vt (charmer)* to delight. *(enlever)* **~ qch à qn** to rob sb of sth; **ravi** delighted; **à ~** beautifully. ◆ **ravissant, e** *adj* ravishing, delightful. ◆ **ravissement** *nm* rapture. **avec ~** rapturously. ◆ **ravisseur, -euse** *nm,f* kidnapper, abductor.
raviser (se) [Ravize] (1) *vpr* to change one's mind, think better of it.
ravitaillement [Ravitɑjmɑ̃] *nm (réserves)* supplies; *(action)* supplying; *(en carburant)* refuelling. ◆ **ravitailler** (1) — **1** *vt* to refuel. — **2 se ravitailler** *vpr (ménagère)* to stock up (*à* at).
raviver [Ravive] (1) *vt* to revive.
ravoir [RavwaR] *vt* to get back; *(davantage)* to get more; (* : *nettoyer*) to get clean.
rayer [Reje] (8) *vt (érafler)* to scratch; *(biffer)* to cross out, delete. *(tissu etc)* **rayé** striped.
rayon [Rɛjɔ̃] *nm* **(a)** *(lumière)* ray, beam. **~ laser** laser beam; **~ de soleil** ray of sunshine. **(b)** *(planche)* shelf. **(c)** *(magasin)* department; **c'est son ~** *(spécialité)* that's his line; *(responsabilité)* that's his department*. **(d)** *(ruche)* honeycomb. **(e)** *(roue)* spoke; *(cercle)* radius. **dans un ~ de 10 km** within a radius of 10 km; **~ d'action** range.
rayonne [Rɛjɔn] *nf* rayon.
rayonnant, e [Rɛjɔnɑ̃, ɑ̃t] *adj* radiant. ◆ **rayonnement** *nm (culture)* influence; *(beauté, astre)* radiance; *(radiation)* radiation. ◆ **rayonner** (1) *vi (gén)* to radiate; *(touristes)* to tour around. *(prestige etc)* **~ sur** to extend over; **~ de bonheur** to be radiant with happiness.
rayure [RejyR] *nf (dessin)* stripe; *(éraflure)* scratch. **à ~s** striped.
raz-de-marée [RɑdmaRe] *nm inv* tidal wave. **~ électoral** landslide.

razzia [Razja] *nf* raid, foray.
ré [Re] *nm (Mus)* D; *(en chantant)* re.
réacteur [ReaktœR] *nm (avion)* jet engine; *(nucléaire)* reactor.
réaction [Reaksjɔ̃] *nf* reaction. **~ en chaîne** chain reaction; **avion à ~** jet plane. ◆ **réactionnaire** *adj, nmf* reactionary.
réadapter *vt,* **se réadapter** *vpr* [Readapte] (1) to readjust (*à* to).
réaffirmer [ReafiRme] (1) *vt* to reaffirm.
réagir [ReaʒiR] (2) *vi* to react (*à* to).
réalisateur, -trice [RealizatœR, tRis] *nm,f (Ciné, TV)* director. ◆ **réalisation** *nf (rêve)* achievement; *(film)* production; *(capital)* realization. ◆ **réaliser** (1) — **1** *vt (effort, bénéfice etc)* to make; *(rêve)* to achieve; *(projet)* to carry out; *(film)* to produce; *(Fin : capital)* to realize. — **2 se réaliser** *vpr (rêve)* to come true.
réalisme [Realism(ə)] *nm* realism. ◆ **réaliste** — **1** *adj* realistic. — **2** *nmf* realist.
réalité [Realite] *nf* reality. **en ~** in fact.
réanimation [Reanimɑsjɔ̃] *nf* resuscitation. ◆ **réanimer** (1) *vt* resuscitate.
réapparaître [ReapaRɛtR(ə)] (57) *vi* to reappear. ◆ **réapparition** *nf* reappearance.
réarmement [ReaRməmɑ̃] *nm (Pol)* rearmament. ◆ **réarmer** (1) — **1** *vt (fusil)* to reload. — **2 se réarmer** *vpr (pays)* to rearm.
réassortiment [ReasɔRtimɑ̃] *nm* replenishment. ◆ **réassortir** (2) *vt (stock)* to replenish.
rébarbatif, -ive [RebaRbatif, iv] *adj* forbidding.
rebâtir [R(ə)bɑtiR] (2) *vt* to rebuild.
rebattre [R(ə)batR(ə)] (41) *vt* : **~ les oreilles de qn de qch** to keep harping about sth*. ◆ **rebattu, e** *adj (citation)* hackneyed.
rebelle [Rəbɛl] — **1** *adj (soldat)* rebel; *(enfant, esprit)* rebellious. **~ à** unamenable to. — **2** *nmf* rebel. ◆ **se rebeller** (1) *vpr* to rebel. ◆ **rébellion** *nf* rebellion.
rebiffer (se)* [R(ə)bife] (1) *vpr* to hit back (*contre* at).
rebond [R(ə)bɔ̃] *nm (gén)* bounce; *(contre un mur)* rebound. ◆ **rebondi, e** *adj (objet)* potbellied; *(ventre)* fat; *(visage)* chubby. ◆ **rebondir** (2) *vi* to bounce; to rebound; *(scandale)* to take a new turn. ◆ **rebondissement** *nm* development (*de* in).
rebord [R(ə)bɔR] *nm* edge; *(rond)* rim; *(fenêtre)* windowsill.
rebours [R(ə)buR] *nm* : **à ~** the other way round.
rebouteux [R(ə)butø] *nm* bonesetter.
rebrousser [R(ə)bRuse] (1) *vt* : **~ chemin** to retrace one's steps; *(lit, fig)* **à rebrousse-poil** the wrong way.
rebuffade [R(ə)byfad] *nf* rebuff.
rébus [Rebys] *nm* rebus.
rebut [Rəby] *nm (déchets)* scrap. **mettre au ~** to scrap; **le ~ de la société** the scum of society.
rebuter [R(ə)byte] (1) *vt* : **~ qn** to put sb off. **rebutant** off-putting.
récalcitrant, e [RekalsitRɑ̃, ɑ̃t] *adj, nm,f* recalcitrant.
recaler [R(ə)kale] (1) *vt (Scol)* to fail. **se faire ~** to fail.
récapitulation [Rekapitylɑsjɔ̃] *nf* recapitulation. ◆ **récapituler** (1) *vt* to recapitulate.
recel [Rəsɛl] *nm* receiving stolen goods. ◆ **receler** (5) *vt* to receive; *(trésor)* to conceal. ◆ **receleur, -euse** *nm,f* receiver.
récemment [Resamɑ̃] *adv* recently.
recensement [Rəsɑ̃smɑ̃] *nm (population)* census; *(objets)* inventory; *(conscrits)* registration. ◆ **recenser** (1) *vt* to take a census of; to make an inventory of; *(Mil)* to register.
récent, e [Resɑ̃, ɑ̃t] *adj* recent.
récépissé [Resepise] *nm* receipt.
récepteur, -trice [ResɛptœR, tRis] — **1** *adj* receiving. — **2** *nm* receiver. ◆ **réceptif, -ive** *adj* receptive (*à* to). ◆ **réception** *nf* **(a)** *(gala)* reception. **(b)** *(accueil)* reception, welcome. **(c)** *(salon)* reception room; *(hall)* entrance hall; *(bureau)* reception desk. **salle de ~** function room. **(d)** *(paquet)* receipt; *(Rad, TV)* reception; *(ballon)* catching. ◆ **réceptionner** (1) *vt* to receive. ◆ **réceptionniste** *nmf* receptionist.
récession [Resesjɔ̃] *nf* recession.
recette [R(ə)sɛt] *nf (cuisine)* recipe (*de* for); *(argent)* takings. **faire ~** to be a big success.
receveur, -euse [RəsvœR, øz] *nm,f (Méd)* recipient; *(autobus)* bus conductor (*ou* conductress); *(contributions)* tax collector; *(postes)* postmaster (*ou* mistress).
recevoir [RəsvwaR] (28) — **1** *vt* **(a)** *(gén)* to receive, get; *(accueillir)* to welcome, greet; *(à dîner)* to entertain; *(en audience)* to see; *(hôtel : contenir)* to hold, accommodate. **le docteur reçoit à 10 h** the doctor's surgery *ou* office *(US)* is at 10 a.m.; **~ la visite de qn** to have a visit from sb. **(b)** *(candidat)* to pass. **être reçu à un examen** to pass an exam; **il a été reçu premier** he came first. — **2 se recevoir** *vpr (en sautant)* to land.
rechange [R(ə)ʃɑ̃ʒ] *nm* : **de ~** *(solution)* alternative; *(outil)* spare; **vêtements de ~** change of clothes.
réchapper [Reʃape] (1) *vi* : **~ de** *ou* **à** *(accident)* to come through.
recharge [R(ə)ʃaRʒ(ə)] *nf (arme)* reload; *(stylo, briquet)* refill. ◆ **recharger** (3) *vt* to reload; to refill; *(accumulateur)* to recharge.
réchaud [Reʃo] *nm* stove.
réchauffement [Reʃofmɑ̃] *nm (température)* rise (*de* in). ◆ **réchauffer** (1) — **1** *vt (gén)* to warm up; *(Culin)* **(faire) ~** to warm up again. — **2 se réchauffer** *vpr (temps)* to get warmer; *(personne)* to warm o.s. up.
rêche [Rɛʃ] *adj* rough, harsh.
recherche [R(ə)ʃɛRʃ] *nf* **(a)** *(gén)* search (*de* for); *(plaisirs, gloire)* pursuit (*de* of). *(enquête)* **faire des ~s** to make investigations; *(Univ)* **la ~** research. **(b)** *(élégance)* elegance. ◆ **recherché, e** *adj (très demandé)* in great demand; *(de qualité)* exquisite; *(élégant)* elegant. ◆ **rechercher** (1) *vt (objet, cause)* to look for; *(honneurs)* to seek. **~ comment** to try to find out how; **recherché pour meurtre** wanted for murder.
rechigner [R(ə)ʃiɲe] (1) *vi* to balk, jib (*à* at).
rechute [R(ə)ʃyt] *nf (Méd)* relapse. ◆ **rechuter** (1) *vi* to have a relapse.
récidive [Residiv] *nf* second offence. ◆ **récidiver** (1) *vi* to commit a second offence; *(fig)* to do it again. ◆ **récidiviste** *nmf* recidivist.
récif [Resif] *nm* reef.
récipient [Resipjɑ̃] *nm* container.
réciprocité [ResipRɔsite] *nf* reciprocity.
réciproque [ResipRɔk] — **1** *adj* reciprocal. — **2** *nf* : **la ~** *(l'inverse)* the opposite; *(la pareille)* the same. ◆ **réciproquement** *adv (l'un l'autre)* each other, one another; *(vice versa)* vice versa.
récit [Resi] *nm* account. **faire le ~ de** to give an account of.

récital, *pl* **~s** [Resital] *nm* recital.
récitation [Resitasjɔ̃] *nf (poème)* recitation. ◆ **réciter** (1) *vt* to recite.
réclamation [Reklamasjɔ̃] *nf* complaint.
réclame [Reklam] *nf* advertisement, advert. **faire de la ~ pour** to advertise; **article en ~** special offer.
réclamer [Reklame] (1) — **1** *vt (gén)* to ask for; *(droit, part)* to claim; *(patience, soin)* to require, demand. — **2** *vi* to complain.
reclus, e [Rəkly, yz] — **1** *adj* cloistered. — **2** *nm,f* recluse. ◆ **réclusion** *nf* : **~ criminelle** imprisonment.
recoin [Rəkwɛ̃] *nm* nook.
récoltant [Rekɔltɑ̃] *nm* grower. ◆ **récolte** *nf (gén)* crop; *(blé)* harvest. ◆ **récolter** (1) *vt (gén)* to collect; *(fruits etc)* to gather; *(blé)* to harvest.
recommandation [R(ə)kɔmɑ̃dasjɔ̃] *nf* recommendation. ◆ **recommander** (1) *vt* **(a)** to recommend. **~ à qn de faire** to recommend *ou* advise sb to do. **(b)** *(lettre)* to record; *(pour assurer sa valeur)* to register.
recommencement [R(ə)kɔmɑ̃smɑ̃] *nm* new beginning. ◆ **recommencer** (3) — **1** *vt* to begin again; *(erreur)* to repeat. — **2** *vi* to begin *ou* start again.
récompense [Rekɔ̃pɑ̃s] *nf* reward; *(prix)* award. **en ~ de** in return for. ◆ **récompenser** (1) *vt* to reward (*de* for).
reconciliation [Rekɔ̃siljasjɔ̃] *nf* reconciliation. ◆ **réconcilier** (7) *vt* to reconcile. **se ~** to be reconciled (*avec* with).
reconduction [R(ə)kɔ̃dyksjɔ̃] *nf* renewal. ◆ **reconduire** (38) *vt (politique, bail)* to renew. **~ qn chez lui** to take sb home.
réconfort [Rekɔ̃fɔR] *nm* comfort. ◆ **réconfortant, e** *adj* comforting. ◆ **réconforter** (1) *vt* to comfort.
reconnaissable [R(ə)kɔnɛsabl(ə)] *adj* recognizable (*à* by). ◆ **reconnaissance** *nf* **(a)** *(gratitude)* gratitude (*à* to). **(b)** *(fait de reconnaître)* recognition. **signe de ~** sign of recognition; **~ de dette** note of hand; *(Mil)* **partir en ~** to make a reconnaissance. ◆ **reconnaissant, e** *adj* grateful (*à qn de qch* to sb for sth).
reconnaître [R(ə)kɔnɛtR(ə)] (57) — **1** *vt (gén)* to recognize; *(torts)* to admit; *(supériorité)* to acknowledge. **ces jumeaux sont impossibles à ~** these twins are impossible to tell apart; **je le reconnais bien là** that's just like him; **~ qn coupable** to find sb guilty; **~ les lieux** to see how the land lies. — **2 se reconnaître** *vpr (trouver son chemin)* to find one's way about.
reconquérir [R(ə)kɔ̃keRiR] (21) *vt (pays)* to reconquer; *(liberté)* to recover, win back. ◆ **reconquête** *nf* reconquest; recovery.
reconstituant, e [R(ə)kɔ̃stitɥɑ̃, ɑ̃t] — **1** *adj* energizing. — **2** *nm* tonic. ◆ **reconstituer** (1) *vt (parti, texte)* to reconstitute; *(crime)* to reconstruct; *(faits, puzzle)* to piece together; *(organisme)* to regenerate. ◆ **reconstitution** *nf* reconstitution; reconstruction; piecing together; regeneration. **~ historique** reconstruction of history.
reconstruction [R(ə)kɔ̃stRyksjɔ̃] *nf* reconstruction. ◆ **reconstruire** (38) *vt* to reconstruct.
reconversion [R(ə)kɔ̃vɛRsjɔ̃] *nf (cuisine)* reconversion; *(personnel)* redeployment. ◆ **reconvertir** (2) — **1** *vt* to reconvert (*en* to); to redeploy. — **2 se reconvertir** *vpr* to move into a new type of employment.
recopier [R(ə)kɔpje] (7) *vt* to recopy. **~ ses notes au propre** to make a fair copy of one's notes.
record [R(ə)kɔR] *nm, adj inv* record. **en un temps ~** in record time. ◆ **recordman,** *pl* **recordmen** *nm* record holder.
recoucher (se) [R(ə)kuʃe] (1) *vpr* to go back to bed.
recoupement [R(ə)kupmɑ̃] *nm* cross-check. ◆ **se recouper** (1) *vpr (faits)* to tie up.
recourbé, e [R(ə)kuRbe] *adj (gén)* curved; *(bec)* hooked. **nez ~** hooknose.
recourir [R(ə)kuRiR] (11) **~ à** *vt indir (moyen)* to resort to; *(personne)* to appeal to. ◆ **recours** *nm* resort, recourse; *(Jur)* appeal. **en dernier ~** as a last resort.
recouvrement [R(ə)kuvRəmɑ̃] *nm* collection. ◆ **recouvrer** (1) *vt (santé)* to recover; *(cotisation)* to collect.
recouvrir [R(ə)kuvRiR] (18) *vt* to cover.
récréation [RekReasjɔ̃] *nf (pause)* break; *(amusement)* recreation. **être en ~** to have a break.
récrier (se) [RekRije] (7) *vpr* to exclaim.
récrimination [RekRiminasjɔ̃] *nf* recrimination.
recroqueviller (se) [R(ə)kRɔkvije] (1) *vpr* to curl up.
recrudescence [R(ə)kRydesɑ̃s] *nf* upsurge, fresh outburst.
recrue [R(ə)kRy] *nf* recruit. ◆ **recrutement** *nm* recruitment. ◆ **recruter** (1) *vt* to recruit.
rectangle [Rɛktɑ̃gl(ə)] *nm* rectangle. ◆ **rectangulaire** *adj* rectangular.
rectification [Rɛktifikasjɔ̃] *nf* correction. ◆ **rectifier** (7) *vt (corriger)* to correct, rectify; *(ajuster)* to adjust.
rectiligne [Rɛktiliɲ] *adj* straight.
recto [Rɛkto] *nm* first side.
reçu, e [R(ə)sy] — **1** *adj (usages)* accepted; *(candidat)* successful. — **2** *nm (quittance)* receipt.
recueil [R(ə)kœj] *nm* book, collection.
recueillement [R(ə)kœjmɑ̃] *nm* meditation. **avec ~** reverently. ◆ **recueilli, e** *adj* meditative. ◆ **recueillir** (12) — **1** *vt (gén)* to collect; *(réfugié)* to take in; *(déposition)* to take down. — **2 se recueillir** *vpr* : **se ~ sur la tombe de qn** to meditate at sb's grave.
recul [R(ə)kyl] *nm* **(a)** *(retraite)* retreat; *(déclin)* decline. **être en ~** to be on the decline; **avec le ~** *(temps)* with the passing of time; *(espace)* from a distance; **prendre du ~** to stand back. **(b)** *(fusil)* recoil, kick; *(véhicule)* backward movement. ◆ **reculade** *nf* retreat.
reculer [R(ə)kyle] (1) — **1** *vi* **(a)** *(personne)* to move *ou* step back; *(automobiliste)* to reverse; *(armée)* to retreat. **~ de 2 pas** to take 2 paces back; **faire ~** to move back; **~ devant la dépense** to shrink from the expense; **rien ne me fera ~** nothing will deter me. **(b)** *(diminuer) (gén)* to decline; *(eaux)* to subside. — **2** *vt (meuble)* to push back; *(véhicule)* to reverse; *(date)* to postpone. — **3 se reculer** *vpr* to step back, retreat. ◆ **reculé, e** *adj* remote, distant. ◆ **reculons** *loc adv* : **à ~** backwards.
récupération [RekypeRasjɔ̃] *nf (argent)* recovery; *(ferraille)* salvage; *(physique)* recuperation. ◆ **récupérer** (6) — **1** *vt* to recover; to salvage. — **2** *vi (coureur)* to recover, recuperate.
récurer [RekyRe] (1) *vt* to scour.
récuser [Rekyze] (1) — **1** *vt (Jur)* to challenge. — **2 se récuser** *vpr* to decline to give an opinion.

recyclage [R(ə)siklaʒ] *nm (élève)* redirecting; *(employé)* retraining; *(matière)* recycling. ◆ **recycler** (1) — **1** *vt* to redirect; to retrain; to recycle. — **2 se recycler** *vpr* to retrain; *(se perfectionner)* to go on a refresher course.

rédacteur, -trice [RedaktœR, tRis] *nm,f (gén)* writer; *(Presse)* sub-editor. ~ **en chef** chief editor. ◆ **rédaction** *nf* **(a)** *(action d'écrire)* writing. **(b)** *(Presse) (personnel)* editorial staff; *(bureaux)* editorial offices. **(c)** *(Scol)* essay, composition.

reddition [Redisjɔ̃] *nf* surrender.

redevance [Rədvɑ̃s] *nf (impôt)* tax; *(TV)* licence fee; *(Téléphone)* rental charge.

rédhibitoire [RedibitwaR] *adj* damning.

rédiger [Rediʒe] (3) *vt* to write.

redire [R(ə)diR] (37) *vt* to repeat. **trouver à ~ à qch** to find fault with sth.

redondant, e [R(ə)dɔ̃dɑ̃, ɑ̃t] superfluous.

redonner [R(ə)dɔne] (1) *vt (objet)* to give back; *(confiance)* to restore; *(renseignement)* to give again; *(pain)* to give more; *(tranche)* to give another.

redoublement [R(ə)dubləmɑ̃] *nm* increase (*de* in). *(Scol)* **le ~** repeating a year. ◆ **redoubler** (1) — **1** *vt (augmenter)* to increase, intensify; *(Scol : classe)* to repeat. — **2 redoubler de** *vt indir :* **~ d'efforts** to redouble one's efforts; **~ de prudence** to be extra careful. — **3** *vi* to increase, intensify.

redoutable [R(ə)dutabl(ə)] *adj* fearsome. ◆ **redouter** (1) *vt* to dread.

redoux [R(ə)du] *nm* spell of milder weather.

redressement [R(ə)dRɛsmɑ̃] *nm* recovery.

redresser [R(ə)dRese] (1) — **1** *vt (objet)* to straighten; *(situation, abus)* to redress. **~ la tête** to hold up one's head. — **2 se redresser** *vpr* **(a)** *(assis)* to sit up; *(debout)* to stand up straight; *(être fier)* to hold one's head up high. **(b)** *(objet)* to straighten up; *(économie)* to recover; *(situation)* to correct itself. **(c)** *(cheveux)* to stick up.

réduction [Redyksjɔ̃] *nf* reduction.

réduire [Reduir] (38) — **1** *vt (gén)* to reduce (*à, en* to); *(prix, production)* to cut. **~ qch en bouillie** to crush *ou* reduce sth to a pulp. — **2** *vi (sauce)* **(faire) ~** to reduce. — **3 se réduire** *vpr :* **se ~ à** *(revenir à)* to amount to; *(se limiter à)* to limit o.s. to. ◆ **réduit, e** — **1** *adj* **(a)** *(à petite échelle)* small-scale; *(miniaturisé)* miniaturized. **(b)** *(vitesse)* reduced; *(moyens)* limited. **livres à prix ~s** cut-price books, books at reduced prices. — **2** *nm (recoin)* recess.

rééducation [Reedykɑsjɔ̃] *nf* rehabilitation.

réel, -elle [Reɛl] — **1** *adj* real. — **2** *nm :* **le ~** reality. ◆ **réellement** *adv* really.

réévaluer [Reevalɥe] (1) *vt* to revalue.

réexpédier [Reɛkspedje] (7) *vt (à l'envoyeur)* to return; *(au destinataire)* to forward.

refaire [R(ə)fɛR] (60) *vt (recommencer)* to redo, make *ou* do again: *(redémarrer)* to start again; *(rénover)* to do up. **~ sa vie** to start a new life; **il va falloir ~ de la soupe** we'll have to make some more soup; **je me suis fait ~ de 5 F** he did me out of 5 francs*; **on ne se refait pas!** you can't change your own character!

réfection [Refɛksjɔ̃] *nf* repairing.

réfectoire [RefɛktwaR] *nm (gén)* canteen; *(couvent)* refectory.

référence [RefeRɑ̃s] *nf* reference. **faire ~ à** to refer to.

référendum [RefeRɛ̃dɔm] *nm* referendum.

référer [RefeRe] (6) — **1** *vt indir :* **en ~ à qn** to refer a matter to sb. — **2 se référer** *vpr :* **se ~ à** *(consulter)* to consult; *(s'en remettre à)* to refer to.

refermer [R(ə)fɛRme] (1) — **1** *vt* to close again. — **2 se refermer** *vpr* to close up.

réfléchir [RefleʃiR] (2) — **1** *vi* to think (*à* about). — **2** *vt (lumière)* to reflect. **~ que** to realize that. — **3 se réfléchir** *vpr* to be reflected. ◆ **réfléchi, e** *adj (verbe)* reflexive; *(personne)* thoughtful. **tout bien ~** after careful thought.

reflet [R(ə)flɛ] *nm (gén)* reflection; *(cheveux)* light. **c'est le ~ de son père** he's the image of his father. ◆ **refléter** (6) *vt* to reflect. **se ~** to be reflected.

réflexe [Reflɛks(ə)] *adj, nm* reflex.

réflexion [Reflɛksjɔ̃] *nf* **(a)** *(méditation)* thought. **la ~** reflection; **ceci mérite ~** this is worth considering; **à la ~** when you think about it. **(b)** *(remarque)* remark, reflection; *(idée)* thought; *(plainte)* complaint. **(c)** *(reflet)* reflection.

refluer [R(ə)flye] (1) *vi (liquide)* to flow back; *(foule)* to surge back. ◆ **reflux** *nm* backward surge; *(marée)* ebb.

refondre [R(ə)fɔ̃dR(ə)] (41) *vt* to recast.

réformateur, -trice [RefɔRmatœR, tRis] *nm,f* reformer. ◆ **réforme** *nf* reform; *(Rel)* reformation. ◆ **réformer** (1) — **1** *vt (gén)* to reform; *(conscrit)* to declare unfit for service. — **2 se réformer** *vpr* to change one's ways.

reformer *vt,* **se reformer** *vpr* [R(ə)fɔRme] (1) to reform.

refoulement [R(ə)fulmɑ̃] *nm (complexe)* repression. ◆ **refoulé, e** *adj (complexé)* frustrated, inhibited. ◆ **refouler** (1) *vt (personne)* to drive back, repulse; *(colère)* to repress.

réfractaire [RefRaktɛR] — **1** *adj (brique)* fire; *(plat)* heat-resistant. **~ à qch** resistant to sth. — **2** *nm (soldat)* draft evader.

refrain [R(ə)fRɛ̃] *nm* refrain, chorus.

refréner [R(ə)fRene] (6) *vt* to curb.

réfrigérateur [RefRiʒeRatœR] *nm* refrigerator, fridge*. ◆ **réfrigération** *nf* refrigeration. ◆ **réfrigérer** (6) *vt* to refrigerate. **je suis réfrigéré*** I'm frozen stiff*.

refroidir [R(ə)fRwadiR] (2) — **1** *vt* to cool; *(fig : dégoûter)* to put off. — **2** *vi* to cool down; *(devenir trop froid)* to get cold. **faire ~** to let cool. — **3 se refroidir** *vpr (ardeur)* to cool; *(temps)* to get cooler; *(personne)* to get cold. ◆ **refroidissement** *nm* cooling; *(Méd)* chill.

refuge [R(ə)fyʒ] *nm* refuge; *(en montagne)* mountain hut. ◆ **réfugié, e** *adj, nm,f* refugee. ◆ **se réfugier** (7) *vpr* to take refuge.

refus [R(ə)fy] *nm* refusal. ◆ **refuser** (1) — **1** *vt (gén)* to refuse; *(offre)* to turn down, reject; *(client)* to turn away; *(candidat)* to fail; *(à un poste)* to turn down. **~ l'entrée à qn** to refuse entry to sb. — **2 se refuser** *vpr (plaisir)* to refuse o.s., deny o.s. **se ~ à** *(solution)* to reject; *(commentaire)* to refuse to make.

réfutation [Refytɑsjɔ̃] *nf* refutation. ◆ **réfuter** (1) *vt* to refute.

regagner [R(ə)gɑɲe] (1) *vt (gén)* to regain; *(lieu)* to get back to. **~ le temps perdu** to make up for lost time.

regain [R(ə)gɛ̃] *nm :* **~ de** renewal of.

régal, *pl* **~s** [Regal] *nm* delight, treat. ◆ **régaler** (1) — **1** *vt :* **~ qn de qch** to treat sb to sth. — **2 se régaler** *vpr* to have a delicious meal. **se ~ de qch** to feast on sth.

regard [R(ə)gaR] *nm* **(a)** *(coup d'œil)* look, glance; *(expression)* look; *(vue)* eye, glance; *(fixe)* stare. **soustraire qch aux ~s** to hide sth from sight *ou* view. **(b)** *(égout)* manhole; *(four)* window. **(c)** *(comparaison)* **en ~ de** in comparison with.

regardant, e [R(ə)gaRdɑ̃, ɑ̃t] *adj* careful with money.

regarder [R(ə)gaRde] (1) — **1** *vt* **(a)** *(paysage, objet)* to look at; *(action en déroulement, TV)* to watch. **regarde voir dans l'armoire** have a look in the wardrobe; **vous ne m'avez pas regardé!*** what do you take me for!*; **sans ~** *(traverser)* without looking; *(payer)* regardless of the expense. **(b)** *(rapidement)* to glance at; *(longuement)* to gaze at; *(fixement)* to stare at; *(bouche bée)* to gape at. **~ qn de travers** to scowl at sb. **(c)** *(vérifier)* to check. **(d)** *(considérer)* to consider. **~ qn comme un ami** to regard *ou* consider sb as a friend. **(e)** *(concerner)* to concern. **mêlez-vous de ce qui vous regarde** mind your own business. **(f)** *(maison)* **~ (vers)** to face. — **2 regarder à** *vt indir* **:** y **~ à deux fois avant de faire qch** to think twice before doing sth; **il ne regarde pas à la dépense** he doesn't worry how much he spends. — **3 se regarder** *vpr* to look at o.s.; *(l'un l'autre)* to look at each other.

régate [Regat] *nf* **:** **~(s)** regatta.

régence [Reʒɑ̃s] *nf* regency.

régénérer [ReʒeneRe] (6) *vt* to regenerate.

régent, e [Reʒɑ̃, ɑ̃t] *nm,f* regent. ◆ **régenter** (1) *vt* to rule.

regimber [R(ə)ʒɛ̃be] (1) *vi* to baulk (*contre* at).

régime [Reʒim] *nm* **(a)** *(gén)* system; *(gouvernement)* government; *(péj)* régime; *(règlements)* regulations. **(b)** *(Méd)* diet. **être au ~** to be on a diet; **à ce ~** at this rate. **(c)** *(bananes)* bunch. **(d)** *(moteur)* speed.

régiment [Reʒimɑ̃] *nm* regiment. **être au ~*** to be doing one's military service.

région [Reʒjɔ̃] *nf* region, area. ◆ **régional, e** *mpl* **-aux** *adj* regional.

régir [ReʒiR] (2) *vt* to govern.

régisseur [ReʒisœR] *nm (Théâtre)* stage manager; *(propriété)* steward.

registre [Rəʒistr(ə)] *nm* register.

réglage [Reglaʒ] *nm* adjustment.

règle [Rɛgl(ə)] *nf (loi)* rule; *(instrument)* ruler. **~ à calculer** slide rule; *(femme)* **avoir ses ~s** to have one's period; **il est de ~ qu'on fasse** it's usual to do; **je ne suis pas en ~** my papers are not in order; **en ~ générale** as a general rule.

réglé, e [Regle] *adj (vie)* well-ordered.

règlement [Rɛgləmɑ̃] *nm (règle)* regulation; *(solution)* settlement; *(paiement)* payment. **~ de comptes** settling of scores; *(de gangsters)* gangland killing.◆ **réglementaire** *adj (uniforme)* regulation; *(procédure)* statutory. **ce n'est pas ~** it doesn't conform to the regulations.

réglementation [Rɛgləmɑ̃tɑsjɔ̃] *nf* regulation. ◆ **réglementer** (1) *vt* to regulate.

régler [Regle] (6) *vt (gén)* to settle; *(ajuster)* to adjust; *(payer)* to pay. **j'ai un compte à ~ avec lui** I've got a score to settle with him; **~ le sort de qn** to decide sb's fate; **se ~ sur qn d'autre** to model o.s. on sb else.

réglisse [Reglis] *nf ou nm* liquorice.

règne [Rɛɲ] *nm (gén)* reign; *(espèce)* kingdom. **sous le ~ de Louis XIV** in the reign of Louis XIV. ◆ **régner** (6) *vi (gén)* to reign; *(confiance, confusion)* to prevail (*sur* over). **faire ~ l'ordre** to maintain order.

regorger [R(ə)gɔRʒe] (3) *vi* **: ~ de** to abound in.

régresser [RegRese] (1) *vi* to regress. ◆ **régression** *nf* regression. **en ~** on the decrease.

regret [R(ə)gRɛ] *nm* regret (*de qch* for sth, *d'avoir fait* at having done). **j'ai le ~ de vous dire que** I'm sorry *ou* I regret to have to tell you that; **sans ~** with no regrets; **à ~** with regret. ◆ **regrettable** *adj* regrettable. ◆ **regretter** (1) *vt (gén)* to regret; *(personne)* to miss. **je regrette mon geste** I'm sorry I did that, I regret doing that.

regrouper *vt*, **se regrouper** *vpr* [R(ə)gRupe] (1) to gather together.

régulariser [RegylaRize] (1) *vt (position)* to regularize; *(passeport)* to put in order; *(débit)* to regulate.

régularité [RegylaRite] *nf* (*V* **régulier**) regularity; steadiness; evenness; *(légalité)* legality.

régulation [Regylɑsjɔ̃] *nf (gén)* regulation; *(naissances etc)* control.

régulier, -ière [Regylje, jɛR] *adj* **(a)** *(gén)* regular; *(élève, qualité, vitesse)* steady; *(répartition, ligne, paysage)* even; *(humeur)* equable. *(Aviat)* **ligne ~ière** scheduled service. **(b)** *(gouvernement)* legitimate; *(procédure)* in order; *(tribunal)* legal; *(fig : honnête)* honest, aboveboard. ◆ **régulièrement** *adv* regularly; steadily; evenly; legally; *(fig : normalement)* normally.

réhabilitation [Reabilitɑsjɔ̃] *nf* rehabilitation. ◆ **réhabiliter** (1) *vt* to rehabilitate.

rehausser [Rəose] (1) *vt (plafond)* to raise; *(beauté, mérite)* to enhance, increase. **rehaussé de** embellished with.

réimpression [Reɛ̃pRɛsjɔ̃] *nf (action)* reprinting; *(livre)* reprint.

rein [Rɛ̃] *nm* kidney. **~ artificiel** kidney machine; *(dos)* **les ~s** the small of the back.

réincarnation [Reɛ̃kaRnɑsjɔ̃] *nf* reincarnation.

reine [Rɛn] *nf* queen. **la ~ Élisabeth** Queen Elizabeth; **~-claude** greengage.

reinette [Rənɛt] *nf* rennet; *(grise)* russet.

réinsertion [Reɛ̃sɛRsjɔ̃] *nf (sociale)* rehabilitation.

réitérer [ReiteRe] (6) *vt* to repeat.

rejaillir [R(ə)ʒajiR] (2) *vi* **: ~ sur qn** *(scandale)* to rebound on sb; *(bienfaits)* to fall upon sb.

rejet [R(ə)ʒɛ] *nm (déchets)* discharge; *(projet, greffe)* rejection.

rejeton [Rəʒtɔ̃] *nm* (* : *enfant*) kid*; *(plante)* shoot.

rejeter [Rəʒte] (4) — **1** *vt (vomir)* to vomit; *(déverser)* to discharge; *(chasser)* to drive back, repulse; *(refuser)* to reject. **~ une faute sur qn** to shift *ou* transfer the blame for a mistake onto sb; **~ en arrière** *(tête)* to throw back; *(cheveux)* to brush back. — **2 se rejeter** *vpr* **: se ~ sur qch** to fall back on sth.

rejoindre [R(ə)ʒwɛ̃dR(ə)] (49) — **1** *vt (retourner à)* to return to; *(rencontrer)* to meet; *(rattraper)* to catch up with; *(réunir)* to bring together; *(être d'accord avec)* to agree with. **je vous rejoins là-bas** I'll meet *ou* join you there. — **2 se rejoindre** *vpr (routes)* to join, meet; *(idées)* to be similar to each other; *(personnes)* to meet; *(sur point de vue)* to agree.

rejouer [R(ə)ʒwe] (1) *vti* to play again. **on rejoue une partie?** shall we have *ou* play another game?

réjouir [ReʒwiR](2) — **1** *vt* to delight. — **2 se réjouir** *vpr* to be delighted *ou* thrilled (*de faire* to do, *de qch* about *ou* at sth). **je me réjouis à l'avance de les voir** I am greatly looking forward to seeing them. ◆ **réjoui, e** *adj (air)* joyful, joyous. ◆ **réjouissances** *nfpl* festivities. ◆ **réjouissant, e** *adj* amusing.

relâche [R(ə)lɑʃ] *nf* **(a)** *(Théâtre : fermeture)* closure. **faire ~** to be closed. **(b) faire ~ dans un port** to call at a port; **sans ~** without a break, non-stop.

relâchement [R(ə)laʃmɑ̃] *nm (discipline)* slackening; *(mœurs)* laxity; *(attention)* flagging.

relâcher [R(ə)lɑʃe] (1) — **1** *vt (étreinte, discipline)* to relax; *(lien)* to loosen, slacken; *(ressort, prisonnier)* to release. — **2 se relâcher** *vpr (effort, zèle)* to flag. **ne te relâche pas maintenant!** don't slacken off now! ◆ **relâché, e** *adj (style)* loose; *(mœurs, discipline)* lax.

relais [R(ə)lɛ] *nm (gén)* relay; *(restaurant)* restaurant. **prendre le ~** to take over (*de* from); **~ de télévision** television relay station.

relance [R(ə)lɑ̃s] *nf (économie)* boost; *(idée)* revival. ◆ **relancer** (3) *vt* boost; to revive; *(débiteur)* to hound.

relater [R(ə)late] (1) *vt* to relate, recount.

relatif, -ive [R(ə)latif, iv] — **1** *adj* relative (*à* to). — **2** *nm* relative pronoun. — **3** *nf* relative clause.

relation [R(ə)lɑsjɔ̃] *nf* **(a)** *(rapport)* relation, relationship (*avec* to), connection (*avec* with). **~s** relations; **être en ~ avec qn** to be in contact with sb. **(b)** *(ami)* acquaintance. **avoir des ~s** to have influential connections. **(c)** *(récit)* account.

relativement [R(ə)lativmɑ̃] *adv* relatively. **~ à** *(par comparaison)* in relation to; *(concernant)* concerning.

relativité [R(ə)lativite] *nf* relativity.

relaxation [Rɛlaksɑsjɔ̃] *nf* relaxation. ◆ **se relaxer** (1) *vpr* to relax.

relayer [R(ə)leje] (8) — **1** *vt (personne)* to relieve; *(émission)* to relay. — **2 se relayer** *vpr* to take turns (*pour faire* to do); *(Sport)* to take over from one another.

relégation [R(ə)legɑsjɔ̃] *nf* relegation. ◆ **reléguer** (6) *vt* to relegate (*en, à* to).

relent [R(ə)lɑ̃] *nm* stench.

relève [R(ə)lɛv] *nf (gén)* relief. **la ~ de la garde** the changing of the guard; **prendre la ~** to take over (*de* from).

relevé, e [Rəlve] — **1** *adj (virage)* banked; *(sauce)* spicy. — **2** *nm (dépenses)* statement; *(cote)* plotting; *(adresses)* list; *(compteur)* reading; *(facture)* bill. **~ de compte** bank statement; **~ de notes** ≃ (school) report.

relèvement [Rlɛvmɑ̃] *nm* **(a)** *(note, prix) (action)* raising (*de* of); *(résultat)* rise (*de* in). **(b)** *(économie)* recovery (*de* of).

relever [Rəlve] (5) — **1** *vt* **(a)** *(ramasser) (objet)* to stand up again; *(personne)* to help back up; *(blessé)* to pick up. **(b)** *(remonter) (gén)* to raise; *(chaussettes)* to pull up; *(manche)* to roll up. **(c)** *(rebâtir)* to rebuild. **(d)** *(sauce)* to season; *(goût)* to bring out. **(e)** *(sentinelle)* to relieve. **~ la garde** to change the guard. **~ qn de** *(promesse)* to release sb from; *(fonctions)* to relieve sb of. **(f)** *(remarquer) (gén)* to find; *(faute)* to pick out. **(g)** *(inscrire)* to take down; *(compteur)* to read; *(cote)* to plot. **(h)** *(injure)* to react to; *(défi)* to accept. — **2 relever de** *vt indir (être du ressort de)* to be the concern of. **~ de maladie** to recover from *ou* get over an illness. — **3** *vi (vêtement)* to pull up. — **4 se relever** *vpr (personne)* to get up again; *(couvercle)* to lift up; *(économie)* to recover.

releveur [RəlvœR] *nm* (gas *etc*) meter man.

relief [Rəljɛf] *nm* **(a)** *(gén)* relief. **au ~ accidenté** hilly; **manquer de ~** to be flat. **(b) en ~** *(motif)* in relief; *(caractères)* embossed; **mettre en ~** *(intelligence)* to bring out; *(point à débattre)* to stress; **essayer de se mettre en ~** to try to get o.s. noticed. **(c)** *(restes)* **~s** remains.

relier [Rəlje] (7) *vt (gén)* to link (*à* to); *(ensemble)* to link together; *(livre)* to bind.

religieux, -euse [R(ə)liʒjø, øz] — **1** *adj (gén)* religious; *(art)* sacred; *(école, mariage, musique)* church. — **2** *nm* monk. — **3** *nf* **(a)** *(nonne)* nun. **(b)** *(Culin)* cream puff. ◆ **religion** *nf* religion.

reliquat [R(ə)lika] *nm* remainder.

relique [R(ə)lik] *nf* relic.

reliure [RəljyR] *nf* binding.

reloger [R(ə)lɔʒe] (3) *vt* to rehouse.

reluire [RəlɥiR] (38) *vi* to shine, gleam. **faire ~ qch** to polish sth up. ◆ **reluisant, e** *adj* shining (*de* with). *(iro)* **peu ~** *(résultat)* far from brilliant; *(personne)* despicable.

remaniement [R(ə)manimɑ̃] *nm (gén)* revision; *(ministère)* reshuffle. ◆ **remanier** (7) *vt* to revise; to reshuffle.

remariage [R(ə)maRjaʒ] *nm* second marriage, remarriage. ◆ **se remarier** (7) *vpr* to remarry.

remarquable [R(ə)maRkabl(ə)] *adj (excellent)* remarkable, outstanding; *(frappant)* striking.

remarque [R(ə)maRk(ə)] *nf (observation)* remark, comment; *(critique)* critical remark; *(annotation)* note.

remarquer [R(ə)maRke] (1) *vt* **(a)** *(apercevoir)* to notice. **ça se remarque beaucoup** it is very noticeable; **se faire ~** to make o.s. conspicuous. **(b)** *(dire)* to remark, comment. **remarquez que je n'en sais rien** mind you I don't know; **faire ~** to point out (*à qn* to sb).

remblai [Rɑ̃blɛ] *nm (talus)* embankment. **terre de ~** *(Rail)* ballast; *(pour route)* hard core; *(Constr)* backfill. ◆ **remblayer** (8) *vt (fossé)* to fill in.

rembobiner [Rɑ̃bɔbine] (1) *vt* to rewind.

rembourrer [Rɑ̃buRe] (1) *vt (fauteuil)* to stuff; *(vêtement)* to pad.

remboursement [Rɑ̃buRsmɑ̃] *nm* reimbursement, repayment *(gén)*; *(dette)* settlement; *(billet)* refund. **envoi contre ~** cash with order. ◆ **rembourser** (1) *vt* to reimburse, repay; to settle; to refund. **se faire ~** to get one's money back.

remède [R(ə)mɛd] *nm (traitement)* remedy; *(médicament)* medicine. ◆ **remédier à** (7) *vt indir* to remedy.

remémorer (se) [R(ə)memɔRe] (1) *vpr* to recall, recollect.

remerciement [R(ə)mɛRsimɑ̃] *nm* : **~s** thanks; *(dans un livre)* acknowledgements. **lettre de ~** thank-you letter. ◆ **remercier** (7) *vt (dire merci)* to thank (*de* for; *(licencier)* to dismiss. **je vous remercie** thank you, thanks.

remettre [R(ə)mɛtR(ə)] (56) — **1** *vt* **(a)** *(à nouveau) (objet)* to put back; *(vêtement, radio)* to put on again. **~ un enfant insolent à sa place** to put an insolent child in his place; **~ en question** to call into question; **~ une pendule à l'heure** to put a clock right; **~ à neuf** to make as good as new again; **~ en état** to repair. **(b)** *(davantage) (gén)* to add; *(tricot)* to put on another. **(c)** *(lettre, rançon)* to hand over; *(démission, devoir)* to hand in; *(objet prêté)* to return; *(récompense)* to present. **(d)** *(différer)* to put off, postpone (*à* until). **(e)** *(se rappeler)* to remember. **(f)** *(peine, péché)* to remit. **(g)** ~ **ça*** *(gén)* to start again; *(au café)* to have another drink; *(bruit)* **les voilà qui remettent ça!** there they go again! — **2 se remettre** *vpr* **(a)** *(santé)* to recover. **remettez-vous!** pull yourself together! **(b)** *(recommencer)* **se ~ à faire qch** to start doing sth again; **il se remet à faire froid** it is turning cold again; **se ~ debout** to get back to one's feet. **(c)** *(se confier)* **je m'en remets à vous** I'll leave it to you.

réminiscence [ʀeminisɑ̃s] *nf* : **~s** vague recollections.

remise [ʀ(ə)miz] — **1** *nf* **(a)** *(lettre)* delivery; *(rançon)* handing over; *(récompense)* presentation; *(péchés, peine, dette)* remission. **(b)** *(rabais)* discount, reduction. **(c)** *(local)* shed. **(d)** *(ajournement)* postponement. — **2** : **~ en état** repair; **~ en jeu** throw-in; **~ à jour** updating.

remiser [ʀ(ə)mize] (1) *vt* to put away.

rémission [ʀemisjɔ̃] *nf* remission. **sans ~** *(mal)* irremediable.

remontant [ʀ(ə)mɔ̃tɑ̃] *nm* tonic.

remontée [ʀ(ə)mɔ̃te] *nf (côte, rivière)* ascent; *(prix)* rise; *(candidat)* recovery. *(ski)* **~ mécanique** skilift.

remonte-pente, *pl* **~-~s** [ʀ(ə)mɔ̃tpɑ̃t] *nm* skilift.

remonter [ʀ(ə)mɔ̃te] (1) — **1** *vi* **(a)** *(personne)* to go *ou* come back up; *(marée)* to come in again; *(prix, baromètre, route)* to rise again, go up again. **~ de la 7e à la 3e place** to go from 7th to 3rd place. **(b)** *(vêtement)* to pull up. **(c)** *(revenir)* *(gén)* to go back; *(odeur)* to rise. **~ jusqu'au coupable** to trace back to the guilty man; **ça remonte à plusieurs années** it dates back *ou* goes back several years. — **2** *vt* **(a)** *(étage, rue)* to go *ou* come back up. **(b)** *(adversaire)* to catch up with. **(c)** *(mur, jupe, note)* to raise; *(manche)* to roll up. **(d)** *(objet)* to take *ou* bring back up. **(e)** *(montre)* to wind up. **(f)** *(meuble démonté)* to reassemble; **(g)** *(réassortir)* *(garde-robe)* to renew; *(magasin)* to restock. **(h)** *(remettre en état)* *(physiquement)* to set up again; *(moralement)* to cheer up again; *(entreprise)* to put *ou* set back on its feet. — **3 se remonter** *vpr (physiquement)* to set o.s. up again. **se ~ en chaussures** to get some new shoes.

remontoir [ʀ(ə)mɔ̃twaʀ] *nm* winder.

remontrance [ʀ(ə)mɔ̃tʀɑ̃s] *nf* reprimand. **faire des ~s à qn** to reprimand sb.

remontrer [ʀ(ə)mɔ̃tʀe] (1) *vt* **(a)** *(de nouveau)* to show again. **(b) il a voulu m'en ~** he wanted to show he knew better than me.

remords [ʀ(ə)mɔʀ] *nm* : **le ~, les ~** remorse; **avoir un** *ou* **des ~** to feel remorse.

remorque [ʀ(ə)mɔʀk(ə)] *nf (véhicule)* trailer; *(câble)* tow-rope. **prendre en ~** to tow; **avoir en ~** to have in tow. ◆ **remorquer** (1) *vt* to tow. ◆ **remorqueur** *nm* tug boat.

remous [ʀ(ə)mu] *nm* : **le ~, les ~** *(bateau)* the backwash; *(eau)* the swirl; *(air)* the eddy; *(foule)* the bustle; *(scandale)* the stir.

rempart [ʀɑ̃paʀ] *nm* rampart. **les ~s** the ramparts *ou* battlements.

remplaçant, e [ʀɑ̃plasɑ̃, ɑ̃t] *nm,f (gén)* replacement; *(médecin)* locum; *(joueur)* reserve; *(professeur)* supply teacher, stand-in. ◆ **remplacement** *nm* replacement. **en ~ de qch** in place of sth; **solution de ~** alternative solution; **produit de ~** substitute product. ◆ **remplacer** (3) *vt (gén)* to replace (*par* with); *(objet usagé)* to change (*par* for); *(retraité)* to take over from; *(malade)* to stand in for. **ça peut ~ le sucre** it can be used in place of sugar.

remplir [ʀɑ̃pliʀ] (2) — **1** *vt* **(a)** *(gén)* to fill (*de* with); *(complètement)* to fill up; *(à nouveau)* to refill; *(questionnaire)* to fill in. **~ qch à moitié** to fill sth half full. **(b)** *(promesse, condition)* to fulfil. **~ ses fonctions** to carry out *ou* perform one's duties. — **2 se remplir** *vpr* to fill up. ◆ **rempli, e** *adj (gén)* full (*de* of), filled (*de* with); *(journée)* busy. ◆ **remplissage** *nm (tonneau)* filling; *(discours)* padding.

remporter [ʀɑ̃pɔʀte] (1) *vt (objet)* to take back; *(victoire)* to win; *(succès)* to achieve.

remuant, e [ʀəmɥɑ̃, ɑ̃t] *adj* restless.

remue-ménage [ʀ(ə)mymenaʒ] *nm inv (bruit)* commotion; *(activité)* hurly-burly.

remuer [ʀ(ə)mɥe] (1) — **1** *vt* *(déplacer)* to move; *(secouer)* to shake; *(café, sauce)* to stir; *(salade)* to toss. **~ la queue** *(vache)* to flick its tail; *(chien)* to wag its tail. — **2** *vi* *(personne)* to move; *(dent, tuile)* to be loose. **cesse de ~!** stop fidgeting! — **3 se remuer** *vpr* to move.

rémunération [ʀemyneʀɑsjɔ̃] *nf* remuneration (*de* for). ◆ **rémunérer** (6) *vt* to remunerate.

renâcler [ʀ(ə)nɑkle] (1) *vi (animal)* to snort; *(personne)* to show reluctance (*à faire* to do).

renaissance [ʀ(ə)nɛsɑ̃s] *nf (Hist)* **la R~** the Renaissance.

renaître [ʀ(ə)nɛtʀ(ə)] (59) *vi (sentiment, intérêt)* to be revived (*dans* in); *(difficulté)* to recur. **faire ~** to bring back, revive; **je me sens ~** I feel as if I've been given a new lease of life.

rénal, e, *mpl* **-aux** [ʀenal, o] *adj* renal, kidney.

renard [ʀ(ə)naʀ] *nm* fox.

renchérir [ʀɑ̃ʃeʀiʀ] (2) *vi* **(a)** *(personne)* to go further (*sur ce que qn dit* than sb). **(b)** *(prix)* to rise, go up. ◆ **renchérissement** *nm* rise.

rencontre [ʀɑ̃kɔ̃tʀ(ə)] *nf (gén)* meeting; *(imprévue, Mil)* encounter; *(jonction)* junction; *(match)* match. **faire la ~ de qn** to meet sb. ◆ **rencontrer** (1) — **1** *vt* **(a)** *(gén)* to meet; *(en réunion)* to have a meeting with; *(expression, passant)* to find, come across; *(obstacle)* to meet with, encounter; *(en cognant)* to strike. — **2 se rencontrer** *vpr (gén)* to meet; *(en réunion)* to have a meeting; *(véhicules)* to collide; *(coïncidence)* to be found.

rendement [ʀɑ̃dmɑ̃] *nm* *(champ)* yield; *(machine, personne)* output; *(investissement)* return (*de* on).

rendez-vous [ʀɑ̃devu] *nm inv* appointment; *(d'amoureux)* date; *(lieu)* meeting place. **donner ~ à qn** to make an appointment with sb.

rendormir (se) [ʀɑ̃dɔʀmiʀ] (16) *vpr* to fall asleep again.

rendre [ʀɑ̃dʀ(ə)] (41) — **1** *vt* **(a)** *(gén)* to return; *(objet, argent)* to give back; *(exercice)* to hand in; *(réponse)* to give. **~ la liberté à qn** to set sb free; **~ la monnaie à qn** to give sb his change; *(fig)* **je le lui rendrai** I'll pay him back. **(b)** *(justice)* to administer; *(jugement)* to pronounce. *(fig)* **~ justice à qn** to do justice to sb. **(c)** (+ *adj*) to make. **~ qn heureux** *etc* to make sb happy *etc.* **(d)** *(expression, traduction)* to render. **(e)** *(liquide)* to give out; *(son)* to produce. **l'enquête n'a rien rendu** the inquiry didn't produce anything. **(f)** *(vomir)* to vomit, bring up. **(g) ~ l'âme** to breathe one's last; **~ des comptes à qn** to be accountable to sb; **~ compte de qch à qn** to give sb an account of sth; ~ **grâces à** to give thanks to; ~ **hommage à** to pay tribute to; ~ **la pareille à qn** to do the same for sb; ~ **service à qn** to be of service *ou* help to sb; ~ **visite à qn** to visit sb, pay sb a visit. — **2** *vi* **(a)** *(arbres, terre)* to yield. **(b)** *(vomir)* to be sick, vomit. — **3 se rendre** *vpr* **(a)** *(céder) (soldat, criminel)* to give o.s. up, surrender. **se ~ à l'évidence** to face facts; **se ~ aux prières de qn** to give in *ou* yield to sb's pleas. **(b)** *(aller)* **se ~ à** to go to. **(c) se ~ compte de qch** to realize sth, be aware of sth; **rendez-vous compte!** just imagine! *ou* think! **(d) se ~ ridicule** *etc* to make o.s. ridiculous *etc.*

rendu, e [rɑ̃dy] — **1** *adj* **(a)** *(arrivé)* **être ~** to have arrived; **~ à domicile** delivered to the house. **(b)** *(fatigué)* exhausted, tired out. — **2** *nm (Comm)* return.

rêne [rɛn] *nf* rein.

renégat, e [rənega, at] *nm,f* renegade.

renfermer [rɑ̃fɛrme] (1) — **1** *vt* to contain, hold. — **2 se renfermer** *vpr (en soi-même)* to withdraw. ◆ **renfermé, e** — **1** *adj* withdrawn. — **2** *nm* : **odeur de ~** stale smell.

renflement [rɑ̃fləmɑ̃] *nm* bulge.

renflouer [rɑ̃flue] (1) *vt* to refloat.

renfoncement [rɑ̃fɔ̃smɑ̃] *nm* recess.

renforcer [rɑ̃fɔrse] (3) — **1** *vt (gén)* to strengthen, reinforce; *(effort)* to intensify. **~ qn dans une opinion** to confirm sb in an opinion. — **2 se renforcer** *vpr* to strengthen; to intensify.

renfort [rɑ̃fɔr] *nm* reinforcement. **de ~** *(barre)* strengthening; *(armée)* back-up, supporting; *(personnel)* extra, additional; **envoyer qn en ~** to send sb as an extra; **à grand ~ de gestes** accompanied by a great many gestures.

renfrogner (se) [rɑ̃frɔɲe] (1) *vpr* to scowl. ◆ **renfrogné, e** *adj* sullen, sulky.

rengaine [rɑ̃gɛn] *nf* old song.

reniement [rənimɑ̃] *nm (foi)* renunciation; *(enfant, signature)* repudiation; *(promesse)* breaking. ◆ **renier** (7) *vt* to renounce; to repudiate; to break.

renifler [r(ə)nifle] (1) *vti* to sniff.

renne [rɛn] *nm* reindeer.

renom [r(ə)nɔ̃] *nm (célébrité)* renown, fame; *(réputation)* reputation. **avoir du ~** to be famous. ◆ **renommé, e**[1] *adj* famous. **~ pour** renowned *ou* famed for. ◆ **renommée**[2] *nf (célébrité)* renown, fame; *(réputation)* reputation; *(opinion publique)* public report.

renoncement [r(ə)nɔ̃smɑ̃] *nm* renunciation. ◆ **renoncer à** (3) *vt indir* to renounce. ◆ **renonciation** *nf* renunciation.

renouer [rənwe] (1) — **1** *vt (lacet)* to retie; *(conversation)* to renew. — **2** *vi* : **~ avec** *(habitude)* to take up again.

renouveau, *pl* **~x** [r(ə)nuvo] *nm* revival. **~ de faveur** renewed favour.

renouveler [r(ə)nuvle] (4) — **1** *vt (gén)* to renew; *(stock)* to replenish; *(conseil d'administration)* to reelect; *(offre, exploit, erreur)* to repeat; *(théorie)* to revive. — **2 se renouveler** *vpr (se répéter)* to recur; *(innover)* to try sth new. ◆ **renouvellement** *nm* renewal; replenishment; re-election; repetition; recurrence.

rénovation [renɔvasjɔ̃] *nf (maison)* renovation; *(institution)* reform. ◆ **rénover** (1) *vt* to renovate; to reform.

renseignement [rɑ̃sɛɲmɑ̃] *nm* **(a) un ~, des ~s** information; **un ~ intéressant** an interesting piece of information; **pourriez-vous me donner un ~?** could you give me some information?; **les ~s sur lui** the information about *ou* on him; '**~s**' *(panneau)* 'inquiries', 'information'; *(Téléphone)* directory inquiries. **(b)** *(Mil)* **~(s)** intelligence; **agent de ~s** intelligence agent.

renseigner [rɑ̃seɲe] (1) — **1** *vt* to give information to. **bien renseigné** well informed. — **2 se renseigner** *vpr* to make inquiries (*sur* about); **se ~ auprès de qn** to ask sb for information; **je vais me ~** I'll find out.

rentabilité [rɑ̃tabilite] *nf* profitability. ◆ **rentable** *adj* profitable.

rente [rɑ̃t] *nf* annuity, pension; *(fournie par la famille)* allowance; *(emprunt d'État)* government stock *ou* bond. **avoir des ~s** to have private means. ◆ **rentier, -ière** *nm,f* person of private means.

rentrée [rɑ̃tre] *nf* **(a)** *(Scol)* start of the new year (*ou* term). **la ~ aura lieu lundi** school starts again on Monday; **à la ~** after the holidays. **(b)** *(tribunaux)* reopening; *(parlement)* reassembly. **(c)** *(acteur, sportif)* comeback. **(d)** *(retour)* return. **~ dans l'atmosphère** re-entry into the atmosphere. **(e) ~ d'argent** incoming sum of money.

rentrer [rɑ̃tre] (1) — **1** *vi* **(a)** *(chez soi)* to return home, go (*ou* come) back home. **est-ce qu'il est rentré?** is he back home?; **~ à Paris** to go back to Paris. **(b)** *(élèves)* to go back to school; *(tribunaux)* to reopen; *(parlement)* to reassemble. **(c)** *(entrer)* to go in. **nous sommes rentrés dans un café** we went into a café. **(d) ~ dans** *(firme)* to join; *(arbre)* to crash into; *(prix)* to be included in; *(catégorie)* to fall *ou* come into. **il lui est rentré dedans*** he laid into him*. **(e)** *(argent)* to come in. **faire ~ l'argent** to bring in the money. **(f) faire ~ qch dans la tête de qn** to get sth into sb's head; **~ dans sa coquille** to go back into one's shell; **~ dans son argent** to recover *ou* get back one's money; **tout est rentré dans l'ordre** everything is back to normal again. — **2** *vt (objet)* to bring in; *(griffes)* to draw in; *(pan de chemise)* to tuck in. **~ sa voiture** to put the car away in the garage; **ne me rentre pas ton coude dans le ventre** don't stick your elbow into my stomach; **~ le ventre** to pull one's stomach in; **~ sa rage** to hold back one's anger.

renverse [rɑ̃vɛrs] *nf* : **tomber à la ~** to fall backwards. ◆ **renversement** *nm (gén)* reversal; *(par coup d'État)* overthrow; *(par vote)* defeat.

renverser [rɑ̃vɛrse] (1) — **1** *vt* **(a)** *(personne, objet)* to knock over; *(liquide)* to spill, upset; *(grains)* to scatter; *(obstacle)* to knock down; *(gouvernement)* to overthrow; *(vote)* to defeat. **~ le corps en arrière** to lean back. **(b)** *(mettre à l'envers)* to turn upside down. **(c)** *(inverser)* to reverse. **(d)** (* : *étonner*) to stagger. **renversant** amazing. — **2 se renverser** *vpr (voiture)* to overturn; *(vase)* to fall over. **se renverser en arrière** to lean back.

renvoi [rɑ̃vwa] *nm* **(a)** (*V* **renvoyer**) dismissal; expulsion; suspension; return; referral; postponement. **(b)** *(référence)* cross-reference; *(en bas de page)* footnote. **(c)** *(rot)* belch.

renvoyer [rɑ̃vwaje] (8) *vt* **(a)** *(employé)* to dismiss; *(élève)* to expel; *(temporairement)* to suspend. **(b)** *(lettre, ballon)* to send back, return. **(c)** *(référer)* to refer (*à* to). **(d)** *(différer)* to postpone, put off. **(e)** *(son)* to echo; *(lumière, image)* to reflect.

réorganiser [reɔrganize] (1) *vt* to reorganize.

réouverture [reuvɛrtyr] *nf* reopening.

repaire [R(ə)pɛR] *nm* den.

répandre [Repɑ̃dR(ə)] (41) — **1** *vt (liquide)* to spill; *(grains)* to scatter; *(volontairement)* to spread; *(sang, lumière)* to shed; *(chaleur)* to give out. — **2 se répandre** *vpr (gén)* to spread (*sur* over); *(liquide)* to spill; *(grains)* to scatter; *(méthode)* to become widespread (*dans* among). **se ~ en menaces** *etc* to pour out threats *etc*. ◆ **répandu, e** *adj (opinion)* widespread.

reparaître [R(ə)paRɛtR(ə)] (57) *vi* to reappear.

réparateur [RepaRatœR] *nm* repairer. **~ de télévision** television engineer. ◆ **réparation** *nf* **(a)** *(action)* mending, repairing; *(résultat)* repair. **en ~** under repair; **faire des ~s** to do some repairs. **(b)** *(compensation)* compensation (*de* for). **en ~ de qch** to make up for *ou* to compensate for sth. ◆ **réparer** (1) *vt (gén)* to mend, repair; *(erreur)* to put right; *(faute, perte)* to make up for, compensate for. **faire ~ qch** to have sth repaired.

repartie [RəpaRti] *nf* retort.

repartir [R(ə)paRtiR] (16) *vi (s'en aller)* to leave again; *(recommencer)* to start again. **~ à zéro** to start from scratch again.

répartir [RepaRtiR] (2) *vt (gén)* to distribute; *(espacer)* to spread (*sur* over); *(diviser)* to divide up; *(partager)* to share out (*en* into, *entre* among). **se ~ le travail** to share out the work. ◆ **répartition** *nf* distribution.

repas [R(ə)pɑ] *nm* meal. **aux heures des ~** at mealtimes; **panier ~** picnic basket; **plateau ~** meal tray.

repassage [R(ə)pasaʒ] *nm (linge)* ironing.

repasser [R(ə)pɑse] (1) — **1** *vt* **(a)** *(frontière)* to cross again; *(examen)* to resit; *(film)* to show again. **(b)** *(au fer)* to iron. **planche à ~** ironing board. **(c)** *(couteau, lame)* to sharpen up. **(d)** *(leçon)* to go over again. **(e)** (* : *transmettre*) *(affaire)* to hand over *ou* on; *(maladie)* to pass on (*à qn* to sb). — **2** *vi* to come back, go back. **~ devant qch** to go past sth again; **tu peux toujours ~*** nothing doing*.

repêcher [R(ə)peʃe] (1) *vt (corps)* to fish out; *(candidat)* to let through.

repeindre [R(ə)pɛ̃dR(ə)] (52) *vt* to repaint.

repentir[1] **(se)** [R(ə)pɑ̃tiR] (16) *vpr (Rel)* to repent. **se ~ de qch** to regret sth; *(Rel)* to repent of sth. **repentant, repenti** repentant, penitent. ◆ **repentir**[2] *nm* repentance; regret.

répercussion [RepɛRkysjɔ̃] *nf* repercussion.

répercuter [RepɛRkyte] (1) — **1** *vt (son)* to echo; *(augmentation)* to pass on (*sur* to). — **2 se répercuter** *vpr* to echo. *(fig)* **se ~ sur** to have repercussions on.

repère [R(ə)pɛR] *nm (marque)* mark; *(jalon)* marker; *(fig)* landmark.

repérer [R(ə)peRe] (6) — **1** *vt* to locate, spot. **se faire ~** to be spotted. — **2 se repérer** *vpr* to find one's way about.

répertoire [RepɛRtwaR] *nm* **(a)** *(carnet)* index notebook; *(liste)* list; *(catalogue)* catalogue. **~ des rues** street index. **(b)** *(artistique)* repertoire.

répertorier [RepɛRtɔRje] (7) *vt* to itemize, list.

répéter [Repete] (6) — **1** *vt* **(a)** *(gén)* to repeat. **je te l'ai répété dix fois** I've told you that a dozen times. **(b)** *(pièce)* to rehearse; *(au piano)* to practise; *(leçon)* to go over; — **2 se répéter** *vpr (personne)* to repeat o.s.; *(événement)* to be repeated, recur. ◆ **répétition** *nf* repetition; *(Théâtre)* rehearsal.

repiquer [R(ə)pike] (1) *vt (plante)* to plant out; *(disque)* to record.

répit [Repi] *nm* respite. **sans ~** *(travailler)* continuously; *(harceler)* relentlessly.

replacer [R(ə)plase] (3) *vt* to replace.

replâtrer [R(ə)plɑtRe] (1) *vt* (* : *réparer*) to patch up.

repli [R(ə)pli] *nm (pli)* fold; *(retrait)* withdrawal. ◆ **replier** (7) — **1** *vt* **(a)** *(journal)* to fold up; *(ailes)* to fold; *(jambes)* to tuck up. **(b)** *(troupes)* to withdraw. — **2 se replier** *vpr* to withdraw (*sur* to).

réplique [Replik] *nf* **(a)** *(réponse)* reply, retort. **et pas de ~!** and don't answer back!; **sans ~** irrefutable. **(b)** *(contre-attaque)* counter-attack. **(c)** *(Théâtre)* line; *(signal)* cue. **(d)** *(objet identique)* replica. ◆ **répliquer** (1) — **1** *vt* to reply. **il n'y a rien à ~ à cela** there's no answer to that. — **2** *vi (répondre)* to reply; *(protester)* to protest; *(être insolent)* to answer back; *(contre-attaquer)* to counter-attack.

répondant, e [Repɔ̃dɑ̃, ɑ̃t] — **1** *nm, f* guarantor, surety. — **2** *nm* : **avoir du ~** to have a lot of money.

répondeur [Repɔ̃dœR] *nm (Téléphone)* Ansafone R.

répondre [Repɔ̃dR(ə)] (41) — **1** *vt (bêtise etc)* to reply with. **il m'a répondu que** he replied that; **bien répondu!** well said! — **2** *vi* **(a)** to answer, reply; *(au téléphone)* to answer the phone. **~ à qn** to reply to sb, answer sb; **il répond au nom de Dick** he answers to the name of Dick; **~ par oui** to reply *ou* answer yes. **(b)** *(impertinent)* to answer back. **(c)** *(commandes, membres)* to respond (*à* to). — **3 répondre à** *vt indir (besoin, signalement)* to answer; *(désirs)* to meet; *(attaque, appel)* to respond to; *(salut)* to return. **les dessins se répondent** the patterns match (each other). — **4 répondre de** *vt indir (garantir)* to answer *ou* vouch for. **je vous en réponds!** you can take my word for it!

réponse [Repɔ̃s] *nf (gén)* answer, reply; *(fig)* response (*à, de* to). **avoir ~ à tout** to have an answer for everything; **~ de Normand** evasive answer.

report [R(ə)pɔR] *nm (recul)* postponement; *(transcription)* transfer. *(en haut de page)* '**~**' 'brought forward'.

reportage [R(ə)pɔRtaʒ] *nm* report (*sur* on); *(métier)* reporting. **~ en direct** live commentary; **faire le ~ de qch** to cover sth.

reporter[1] [R(ə)pɔRte] (1) — **1** *vt* **(a)** *(objet etc)* to take back. **(b)** *(différer)* to postpone, put off (*à* until). **(c)** *(transcrire)* to transfer; *(sur la page suivante)* to carry over (*sur* to). — **2 se reporter** *vpr* : **se ~ à** to refer to; *(par la pensée)* to think back to.

reporter[2] [R(ə)pɔRtɛR] *nm* reporter.

repos [R(ə)po] *nm* **(a)** *(détente)* rest. **prendre du ~** to take *ou* have a rest; **au ~** at rest; *(Mil)* **~!** at ease! **(b)** *(congé)* **jour de ~** day off; **le médecin lui a donné du ~** the doctor has given him some time off. **(c)** *(tranquillité)* peace and quiet; *(moral)* peace of mind; *(sommeil, mort)* rest, sleep. **pour avoir l'esprit en ~** to put my mind at rest; **laisse-moi en ~** leave me in peace; *(poursuivre)* **sans ~** relentlessly; **de tout ~** safe. **(d)** *(pause)* pause.

reposer [R(ə)poze] (1) — **1** *vt* **(a)** *(objet)* to put down again. *(Mil)* **reposez armes!** order arms! **(b)** *(yeux, corps)* to rest. **reposant** restful. **(c)** *(question)* to ask again; *(problème)* to raise again. — **2 reposer sur** *vt indir (bâtiment)* to be built on; *(supposition)* to rest on. — **3** *vi (personne)* to rest; *(objet)* to be lying. **laisser ~** *(liquide)* to leave to settle; *(pâte)* to leave to stand; **faire ~ son cheval** to rest one's horse. — **4 se reposer** *vpr* **(a)** *(se délasser)* to rest. **(b) se ~ sur qn** to rely on sb. **(c)** *(problème)* to crop up again. ◆ **repose-tête,** *pl* **~-~s** *nm* headrest.

repoussant, e [R(ə)pusɑ̃, ɑ̃t] *adj* repulsive.

repousser [R(ə)puse] (1) — **1** *vt* **(a)** *(objet encombrant, personne)* to push away; *(ennemi)* to drive back; (coups) to ward off; *(demande, aide)* to turn down; *(hypothèse)* to reject. **(b)** *(remettre en place)* to push back. **(c)** *(date)* to put back; *(réunion)* to put off, postpone. **(d)** *(dégoûter)* to repel, repulse. — **2** *vi (feuilles, cheveux)* to grow again.

répréhensible [RepReɑ̃sibl(ə)] *adj* reprehensible.

reprendre [R(ə)pRɑ̃dR(ə)] (58) — **1** *vt* **(a)** *(gén)* to take back; *(Comm : contre nouvel achat)* to take in part exchange; *(firme)* to take over; *(prisonnier)* to recapture; *(espoir, forces)* to regain. **~ sa place** *(à table)* to go back to one's seat; **j'irai ~ mon livre** I'll go and get *ou* fetch my book; **ces articles ne sont pas repris** these goods cannot be returned *ou* exchanged. **(b)** *(pain, viande)* to have *ou* take some more. **(c)** *(travaux, récit etc)* to resume; *(refrain)* to take up; *(argument)* to repeat. **reprenez au début** start from the beginning again; **~ le travail** to go back to work. **(d)** *(saisir à nouveau) (gén)* to catch again. **son rhume l'a repris** he's suffering from a cold again; **ça le reprend!** there he goes again!; **que je ne t'y reprenne pas!** don't let me catch you doing that again! **(e)** *(modifier)* to alter. **(f)** *(réprimander)* to reprimand; *(corriger)* to correct. — **2** *vi* **(a)** *(plante)* to take again; *(affaires)* to pick up. **(b)** *(recommencer)* to start again. **(c)** *(dire)* **'ce n'est pas moi' reprit-il** 'it's not me' he went on. — **3 se reprendre** *vpr (se corriger)* to correct o.s.; *(s'interrompre)* to stop o.s.; *(réagir)* to pull o.s. together. *(recommencer)* **se ~ à plusieurs fois pour faire qch** to make several attempts to do sth.

représailles [R(ə)pRezɑj] *nfpl* reprisals. **en ~** in retaliation (*de* for).

représentant, e [R(ə)pRezɑ̃tɑ̃, ɑ̃t] *nm,f* representative. ◆ **représentatif, -ive** *adj* representative (*de* of). ◆ **représentation** *nf (gén)* representation; *(Théâtre)* performance. *(Comm)* **faire de la ~** to be a sales representative; **frais de ~** entertainment allowance. ◆ **représenter** (1) — **1** *vt (gén)* to represent; *(Théâtre)* to perform; *(peintre etc : montrer)* to show. **se faire ~ par qn** to be represented by sb. — **2 se représenter** *vpr* **(a)** *(s'imaginer)* to imagine. **(b)** *(situation etc)* to occur again. **se ~ à un examen** to resit an exam.

répressif, -ive [RepResif, iv] *adj* repressive. ◆ **répression** *nf* repression.

réprimande [RepRimɑ̃d] *nf* reprimand. ◆ **réprimander** (1) *vt* to reprimand.

réprimer [RepRime] (1) *vt (gén)* to suppress; *(insurrection)* to quell; *(colère)* to hold back.

repris de justice [R(ə)pRidʒystis] *nm inv* ex-prisoner, ex-convict.

reprise [R(ə)pRiz] *nf* **(a)** *(activité)* resumption; *(hostilités)* renewal; *(Théâtre)* revival; *(rediffusion)* repeat. **les ouvriers ont décidé la ~ du travail** the men have decided to go back *ou* return to work; **~ économique** economic revival *ou* recovery. **(b)** *(Aut)* **avoir de bonnes ~s** to have good acceleration. **(c)** *(Boxe)* round. **(d)** *(Comm) (marchandise)* taking back; *(pour nouvel achat)* part exchange. **(e)** *(chaussette)* darn; *(drap)* mend. **(f) à plusieurs ~s** on several occasions, several times.

repriser [R(ə)pRize] (1) *vt (lainage)* to darn; *(drap, accroc)* to mend.

réprobateur, -trice [RepRɔbatœR, tRis] *adj* reproving. ◆ **réprobation** *nf* reprobation.

reproche [R(ə)pRɔʃ] *nm* reproach. **faire des ~s à qn** to reproach sb; **ton de ~** reproachful tone. ◆ **reprocher** (1) *vt* : **~ qch à qn** to reproach sb for sth; **qu'as-tu à ~ à ce tableau?** what have you got against this picture?, **il n'y a rien à ~ à cela** there's nothing wrong with that.

reproducteur, -trice [R(ə)pRɔdyktœR, tRis] *adj* reproductive. ◆ **reproduction** *nf* reproduction. ◆ **reproduire** (38) — **1** *vt (gén)* to reproduce; *(modèle)* to copy; *(erreur)* to repeat. — **2 se reproduire** *vpr (être vivant)* to reproduce; *(phénomène)* to recur.

réprouver [RepRuve] (1) *vt (personne)* to reprove; *(action)* to condemn; *(projet)* to disapprove of.

reptile [Rɛptil] *nm* reptile.

repu, e [Rəpy] *adj (animal)* satisfied. **je suis ~** I'm full, I've eaten my fill.

républicain, e [Repyblikɛ̃, ɛn] *adj, nm,f* republican. ◆ **république** *nf* republic.

répudiation [Repydjɑsjɔ̃] *nf (conjoint)* repudiation; *(engagement)* renouncement. ◆ **répudier** (7) *vt* to repudiate; to renounce.

répugnance [Repyɲɑ̃s] *nf (répulsion)* repugnance (*pour* for), loathing (*pour* of); *(hésitation)* reluctance (*à faire* to do). **avec ~** reluctantly. ◆ **répugnant, e** *adj* revolting. ◆ **répugner à** (1) *vt indir* : **ça me répugne** I am repelled by it; *(hésiter)* **~ à faire qch** to be reluctant to do sth.

répulsion [Repylsjɔ̃] *nf* repulsion.

réputation [Repytɑsjɔ̃] *nf* reputation. **avoir la ~ de faire** to have a reputation for doing. ◆ **réputé, e** *adj (célèbre)* renowned, famous (*pour* for). *(prétendu)* **~ infaillible** reputed to be infallible.

requérir [RəkeRiR] (21) *vt (exiger)* to require; *(solliciter)* to request; *(Jur : peine)* to call for.

requête [Rəkɛt] *nf* petition. **à la ~ de qn** at sb's request.

requiem [Rekɥijɛm] *nm inv* requiem.

requin [R(ə)kɛ̃] *nm (Zool, fig)* shark.

requis, e [Rəki, iz] *adj (conditions)* requisite, required.

réquisition [Rekizisjɔ̃] *nf* requisition. ◆ **réquisitionner** (1) *vt* to requisition.

réquisitoire [RekizitwaR] *nm (plaidoirie)* closing speech for the prosecution.

rescapé, e [Rɛskape] — **1** *adj* surviving. — **2** *nm,f* survivor (*de* of).

rescousse [Rɛskus] *nf* : **venir à la ~** to come to the rescue; **appeler qn à la ~** to call on sb for help.

réseau, *pl* **~x** [Rezo] *nm* network.

réservation [RezɛRvɑsjɔ̃] *nf* reservation.

réserve (RezɛRv(ə)] *nf* **(a)** *(provisions)* reserve; *(stock)* stock. **avoir qch en ~** *(gén)* to have sth in reserve; *(Comm)* to have sth in stock; **armée de ~** reserve army. **(b)** *(restriction)* reservation, reserve. **sous toutes ~s** with all reserve; **sous ~ de** subject to; **sans ~** *(admiration)* unreserved. **(c)** *(discrétion)* reserve. **(d)** *(territoire) (nature, animaux)* reserve; *(Indiens)*

reservation. ~ **de pêche** fishing preserve. **(e)** *(entrepôt)* storehouse, storeroom.
réserver [REZERVe] (1) — **1** *vt* **(a)** *(à part)* to reserve, save; *(marchandises)* to put aside (*à, pour* for); *(place, table)* to book, reserve; *(accueil, destin)* to have in store, reserve (*à* for). **(b)** *(réponse, opinion)* to reserve. — **2 se réserver** *vpr* : **se ~ pour plus tard** to save *ou* reserve o.s. for later; **se ~ le droit de faire** to reserve the right to do. ◆ **réservé, e** *adj (gén)* reserved; *(prudent)* cautious. **pêche ~e** private fishing.
réserviste [REZERvist(ə)] *nm* reservist.
réservoir [REZERVWAR] *nm (cuve)* tank; *(lac)* reservoir.
résidence [Rezidɑ̃s] *nf* residence. **en ~ surveillée** under house arrest; **~ principale** main home; **~ secondaire** second home; **~ universitaire** hall of residence. ◆ **résident, e** *nm,f* foreign national *ou* resident. ◆ **résidentiel, -ielle** *adj* residential. ◆ **résider** (1) *vi* to reside.
résidu [Rezidy] *nm* : **~(s)** residue.
résignation [Reziɲasjɔ̃] *nf* resignation. ◆ **se résigner** (1) *vpr* to resign o.s. (*à* to).
résiliation [Reziljasjɔ̃] *nf (contrat)* termination. ◆ **résilier** (7) *vt* to terminate.
résine [Rezin] *nf* resin.
résistance [Rezistɑ̃s] *nf* **(a)** resistance (*à* to). **je sentis une ~** I felt some resistance. **(b)** *(Élec) (mesure)* resistance; *(radiateur)* element. ◆ **résistant, e** — **1** *adj (personne)* tough; *(plante)* hardy; *(tissu, métal)* strong. **~ à la chaleur** heat-resistant. — **2** *nm, f (Hist)* Resistance worker ◆ **résister à** (1) *vt indir (gén)* to resist; *(fatigue, douleur)* to withstand; *(attaque)* to hold out against. **le plancher ne pourra pas ~ au poids** the floor won't support *ou* take the weight; **couleur qui résiste au lavage** colour which is fast in the wash; **ça ne résiste pas à l'analyse** it does not stand up to analysis.
résolu, e [Rezɔly] *adj* resolute. **~ à faire** resolved *ou* determined to do. ◆ **résolument** *adv* resolutely. ◆ **résolution** *nf* resolution. **prendre la ~ de faire** to make a resolution to do.
résonance [Rezɔnɑ̃s] *nf* resonance. ◆ **résonner** (1) *vi (son, objet)* to resound; *(salle)* to be resonant. **ça résonne** the noise resonates; **~ de** to resound with.
résorber [RezɔRbe] (1) — **1** *vt (Méd)* to resorb; *(chômage* to reduce; *(surplus)* to absorb. — **2 se résorber** *vpr* to be resorbed; to be reduced; to be absorbed. ◆ **résorption** *nf* resorption; reduction (*de* in); absorption.
résoudre [RezudR(ə)] (51) — **1** *vt* **(a)** *(problème etc)* to solve; *(difficultés)* to resolve, sort out. **(b) ~ de faire** to decide *ou* resolve to do; **~ qn à faire** to induce sb to do; **se ~ à faire** *(se décider)* to resolve *ou* decide to do; *(se résigner)* to bring o.s. to do.
respect [Respɛ] *nm* respect (*de* for). **présentez mes ~s à votre femme** give my regards to your wife; **tenir qn en ~** to keep sb at a respectful distance. ◆ **respectabilité** *nf* respectability. ◆ **respectable** *adj* respectable. ◆ **respecter** (1) *vt* to respect, have respect for. **se faire ~** to be respected (*par* by); **~ l'ordre alphabétique** to keep things in alphabetical order; **faire ~ la loi** to enforce the law; **le professeur qui se respecte** any self-respecting teacher.
respectif, -ive [Respɛktif, iv] *adj* respective. ◆ **respectivement** *adv* respectively.
respectueux, -euse [Respɛktɥø, øz] *adj* respectful (*envers* to, *de* of). ◆ **respectueusement** *adv* respectfully.
respirable [RespiRabl(ə)] *adj* breathable. ◆ **respiration** *nf (fonction)* breathing; *(souffle)* breath. ◆ **respiratoire** *adj* breathing, respiratory. ◆ **respirer** (1) — **1** *vi* to breathe; *(fig : se détendre)* to get one's breath; *(se rassurer)* to breathe again. — **2** *vt* to breathe in, inhale; *(calme, bonheur)* to radiate.
resplendir [Resplɑ̃diR] (2) *vi* to shine. ◆ **resplendissant, e** *adj* radiant.
responsabilité [Respɔ̃sabilite] *nf* responsibility (*de* for). **avoir la ~ de qch** to be responsible for sth; **~ civile** civil liability. ◆ **responsable** — **1** *adj (gén)* responsible (*de* for). *(chargé de)* **~ de** in charge of. — **2** *nmf (coupable)* person responsible *ou* who is to blame; *(chef)* person in charge; *(parti, syndicat)* official.
resquiller [Reskije] (1) *vi (dans l'autobus)* to fiddle* a free seat; *(dans la queue)* to jump the queue.
ressaisir (se) [R(ə)seziR] (2) *vpr* to pull o.s. together.
ressasser [R(ə)sase] (1) *vt (pensées)* to keep turning over; *(conseil)* to keep trotting out.
ressemblance [R(ə)sɑ̃blɑ̃s] *nf (visuelle)* resemblance, likeness; *(de composition)* similarity. ◆ **ressemblant, e** *adj (photo)* lifelike. ◆ **ressembler** (1) — **1 ressembler à** *vt indir* to resemble, look like. **à quoi ça ressemble de crier comme ça!*** what do you mean by shouting like that! — **2 se ressembler** *vpr* to look alike, resemble each other.
ressemeler [R(ə)səmle] (4) *vt* to resole.
ressentiment [R(ə)sɑ̃timɑ̃] *nm* resentment.
ressentir [R(ə)sɑ̃tiR] (16) *vt (gén)* to feel; *(sensation)* to experience. *(travail, etc)* **se ~ de qch** to show the effects of sth.
resserre [R(ə)sɛR] *nf (cabane)* shed.
resserrer [R(ə)seRe] (1) — **1** *vt (gén)* to tighten; *(crédits)* to squeeze. — **2 se resserrer** *vpr (étreinte)* to tighten; *(groupe)* to draw in; *(mâchoire)* to close; *(vallée)* to narrow.
resservir [R(ə)sɛRviR] (14) — **1** *vt (plat)* to serve again (*à* to). — **2** *vi (vêtement)* to serve again. — **3 se resservir** *vpr (dîneur)* to help o.s. again (*de* to). **se ~ de** *(outil)* to use again.
ressort [R(ə)sɔR] *nm (objet)* spring; *(fig : énergie)* spirit; *(juridiction)* jurisdiction; *(compétence)* competence. **ce n'est pas de mon ~** this is not my responsibility.
ressortir [R(ə)sɔRtiR] (2) — **1** *vi* **(a)** *(personne)* to go out again; *(objet)* to come out again. **(b)** *(en relief)* to stand out. **faire ~ qch** to bring out sth. — **2 ressortir de** *vt indir (résulter)* to emerge from. — **3** *vt (vêtement)* to bring out again.
ressortissant, e [R(ə)sɔRtisɑ̃, ɑ̃t] *nm,f* national.
ressource [R(ə)suRs(ə)] *nf* **(a) ~s** resources; **~ financières** means; **à bout de ~s** at the end of one's resources. **(b)** *(recours)* possibility (*de faire* of doing). **(c) avoir de la ~** to have strength in reserve.
ressouvenir (se) [R(ə)suvniR] (22) *vpr* : **se ~ de** to remember, recall.
ressusciter [Resysite] (1) *vi (Rel)* to rise (from the dead); *(fig)* to revive.
restant, e [Rɛstɑ̃, ɑ̃t] — **1** *adj* remaining. — **2** *nm* : **le ~** the rest, the remainder; **un ~ de tissu** *etc* some left-over material *etc.*
restaurant [Rɛstɔrɑ̃] *nm* restaurant; *(cantine)* cantine.

restaurateur, -trice [RɛstɔRatœR, tRis] *nm, f* restaurant owner. ◆ **restauration** *nf* **(a)** *(Art, Pol)* restoration. **(b)** *(hôtellerie)* catering. ◆ **restaurer** (1) — **1** *vt* to restore. — **2 se restaurer** *vpr* to have sth to eat.

reste [Rɛst(ə)] *nm* **(a) le ~** the rest; **il y a un ~ de fromage** there's some cheese left over; **un ~ de tendresse** a remnant of tenderness. **(b) les ~s** *(nourriture)* the left-overs; *(cadavre)* the remains; **les ~s de** the remains of, what is left of. **(c)** *(Math : différence)* remainder. **(d) avoir de l'argent de ~** to have money left over *ou* to spare; **il ne voulait pas être en ~ avec eux** he didn't want to be indebted to them; **au ~, du ~** besides, moreover; **partir sans demander son ~** to leave without further ado.

rester [Rɛste] (1) — **1** *vi* **(a)** *(gén)* to stay, remain (*à faire* doing). **~ à dîner** to stay for *ou* to dinner; **un os lui est resté dans la gorge** a bone got stuck in his throat; **ça reste entre nous** we shall keep this to ourselves; **~ debout** to remain standing; *(ne pas se coucher)* to stay up; **je suis resté assis toute la journée** I spent the whole day sitting. **(b)** *(subsister)* to be left, remain. **rien ne reste de l'ancien château** nothing is left *ou* remains of the old castle; **l'argent qui leur reste** the money they have left. **(c)** *(sentiments, œuvre : durer)* to last, live on. **(d) ~ sur une impression** to retain an impression; **~ sur sa faim** to be left unsatisfied; **ça m'est resté sur le cœur** I still feel sore about it*. **(e) ils en sont restés là** they have got no further than that; **où en étions-nous restés?** where did we leave off? **(f)** (* : *mourir*) **y ~** to meet one's end. — **2** *vb impers* : **il reste un peu de pain** there's a little bread left; **il me reste à faire ceci** I still have this to do; **il ne me reste qu'à vous remercier** it only remains for me to thank you; **il restait à faire 50 km** there were 50 km still to go; **il n'en reste pas moins que** the fact remains that.

restituer [Rɛstitɥe] (1) *vt* *(objet)* to return, restore; *(énergie)* to release; *(sons)* to reproduce. ◆ **restitution** *nf* return, restoration; release; reproduction.

restreindre [RɛstRɛ̃dR(ə)] (52) — **1** *vt* *(gén)* to restrict, *(dépenses)* to cut down. — **2 se restreindre** *vpr* *(gén)* to decrease; *(champ d'action)* to narrow; *(dans ses dépenses)* to cut down. ◆ **restreint, e** *adj* restricted (*à* to).

restrictif, -ive [RɛstRiktif, iv] *adj* restrictive. ◆ **restriction** *nf* *(limitation)* restriction; *(condition)* qualification. **~ mentale** mental reservation.

résultat [Rezylta] *nm* result. ◆ **résulter** (1) *vi* to result (*de* from). **il en résulte que** the result is that.

résumé [Rezyme] *nm* summary. **en ~** *(en bref)* in short; *(pour conclure)* to sum up. ◆ **résumer** (1) — **1** *vt* *(abréger)* to summarize; *(récapituler,)* to sum up. — **2 se résumer** *vpr* : **se ~ à** to amount to, come down to.

résurrection [RezyRɛksjɔ̃] *nf* *(Rel)* resurrection; *(fig)* revival.

rétablir [Retablir] (2) — **1** *vt* *(gén)* to restore; *(vérité)* to re-establish. *(guérir)* **~ qn** to restore sb to health. — **2 se rétablir** *vpr* *(malade)* to recover; *(calme)* to return. ◆ **rétablissement** *nm* *(action)* restoring; *(guérison)* recovery. *(Sport)* **faire un ~** to do a pull-up *(onto a ledge etc)*.

retaper* [R(ə)tape] (1) — **1** *vt* *(maison)* to do up; *(lit)* to straighten; *(malade)* to buck up*. — **2 se retaper** *vpr* *(guérir)* to get back on one's feet.

retard [R(ə)taR] *nm* **(a)** *(personne attendue)* lateness. **être en ~** to be late; **vous avez 2 heures de ~** you're 2 hours late; **après plusieurs ~s** after being late several times. **(b)** *(train etc)* delay. **en ~ sur l'horaire** behind schedule; **cette montre a du ~** this watch is slow; **prendre un ~ de 3 minutes par jour** to lose 3 minutes a day; **il est toujours en ~ sur les autres** he is always behind the others; **j'ai du courrier en ~** I'm behind with my mail; **il doit combler son ~ en anglais** he has to make up for the ground he has lost in English. **(c)** *(peuple, pays)* backwardness. **il est en ~ pour son âge** he's backward for his age; **être en ~ sur son temps** to be behind the times. ◆ **retardataire** — **1** *adj* *(arrivant)* late; *(théorie)* old-fashioned. — **2** *nmf* latecomer. ◆ **retardé, e** *adj* *(enfant)* backward. ◆ **retardement** *nm* : **dispositif à ~** delayed action mechanism.

retarder [R(ə)taRde] (1) — **1** *vt* *(gén)* to delay; *(programme, automobiliste)* to hold up; *(date etc : reculer)* to put back. **ne te retarde pas** don't make yourself late; **~ son départ d'une heure** to put back one's departure by an hour; **~ l'horloge d'une heure** to put the clock back an hour. — **2** *vi* *(montre)* to be slow. **je retarde de 10 minutes** I'm 10 minutes slow; **~ (sur son époque)** to be behind the times.

retenir [Rətnir] (22) — **1** *vt* **(a)** *(personne qui tombe, cri, colère)* to hold back; *(cheval, chien)* to check. **~ qn de faire** to keep sb from doing, stop sb doing; **~ son souffle** to hold one's breath; **~ qn à dîner** to have sb stay for dinner, keep sb for dinner; **j'ai été retenu** I was detained; **~ qn prisonnier** to hold sb prisoner. **(b)** *(humidité, chaleur)* to retain. **(c)** *(fixer : clou, nœud etc)* to hold. *(fig)* **~ l'attention de qn** to hold sb's attention. **(d)** *(réserver : place, table)* to book, reserve. **(e)** *(se souvenir de)* *(leçon, nom)* to remember; *(impression)* to retain. **(f)** *(déduire)* *(gén)* to deduct; *(salaire)* to stop, withhold. **je pose 4 et je retiens 2** put down 4 and carry 2. **(g)** *(accepter : proposition)* to accept. — **2 se retenir** *vpr* *(s'accrocher)* to hold o.s. back; *(se contenir)* to restrain o.s. **se ~ de pleurer** to stop o.s. crying; **se ~ à qch** to hold *ou* cling on to sth.

rétention [Retɑ̃sjɔ̃] *nf* retention.

retentir [R(ə)tɑ̃tiR] (2) *vi* to ring (*de* with). ◆ **retentissant, e** *adj* *(voix)* ringing; *(bruit, succès)* resounding; *(scandale)* tremendous. ◆ **retentissement** *nm* *(effet)* stir, effect *(répercussions)* **~s** repercussions.

retenue [Rətny] *nf* **(a)** *(prélèvement)* deduction. **(b)** *(modération)* self-control, restraint; *(réserve)* reserve. **sans ~** without restraint. **(c)** *(Math)* **n'oublie pas la ~** don't forget what to carry over. **(d)** *(Scol)* **être en ~** to be in detention.

réticence [Retisɑ̃s] *nf* reluctance. **~s** hesitations, reservations; **avec ~** reluctantly. ◆ **réticent, e** *adj* hesitant, reluctant.

rétif, ive [Retif, iv] *adj* restive.

rétine [Retin] *nf* retina.

retirer [R(ə)tiRe] (1) — **1** *vt* **(a)** *(manteau etc)* to take off, remove; *(candidature, plainte)* to withdraw; *(bouchon)* to pull *ou* take out. **il retira sa main** he took away *ou* removed *ou* withdrew his hand; **~ qch à qn** to take sth away from sb; **je retire ce que j'ai dit** I take back what I said; **retire-lui ses chaussures** take his shoes off for him; **~ la clef de la serrure** to take the key out of the lock. **(b)** *(bagages, billets)* to collect, pick up; *(argent en dépôt)* to withdraw, take out. **(c)** *(avantages)* to get, gain, derive. **(d)** *(minerai, huile)* to obtain. — **2 se retirer** *vpr (gén)* to withdraw (*de* from); *(se coucher)* to retire; *(marée)* to recede. ◆ **retiré, e** *adj (lieu)* remote, out-of-the-way; *(vie)* secluded. **~ des affaires** retired from business.

retombée [R(ə)tɔ̃be] *nf (invention etc)* spinoff. **~s** *(bombe, scandale)* fallout.

retomber [R(ə)tɔ̃be] (1) *vi (gén)* to fall again; *(chose lancée)* to come down; *(conversation, intérêt)* to fall away; *(cheveux, rideaux)* to fall, hang (*sur* onto). **~ sur ses pieds** to fall *ou* land on one's feet; **~ dans l'erreur** to lapse into error.

rétorquer [RetɔRke] (1) *vt* to retort.

rétorsion [RetɔRsjɔ̃] *nf* retaliation.

retouche [R(ə)tuʃ] *nf* alteration. ◆ **retoucher** (1) *vt (gén)* to touch again; *(modifier)* to alter; *(photo)* to touch up.

retour [R(ə)tuR] *nm* return. **~ à l'envoyeur** return to sender. **en ~** in return; **par ~ du courrier** by return of post; **sur le chemin du ~** on the way back; **à leur ~** when they got back; **de ~ à la maison** back home; **~ d'âge** change of life.

retourner [R(ə)tuRne] (1) — **1** *vt (matelas, terre etc)* to turn over; *(sac, gant)* to turn inside out; *(argument)* to turn back (*contre* against); *(compliment, critique)* to return; *(marchandise, lettre)* to return, send back; *(bouleverser : maison)* to turn upside down. **~ la situation** to reverse the situation; **~ le couteau dans la plaie** to twist the knife in the wound; *(fig)* **~ sa veste** to turn one's coat; **ce spectacle m'a retourné*** the sight of this shook me *ou* gave me quite a turn*. — **2** *vi* to return, go back (*à, chez* to). — **3** *vb impers* : **sais-tu de quoi il retourne?** do you know what is going on? — **4 se retourner** *vpr (personne)* to turn round; *(pour regarder)* to look back; *(personne couchée)* to turn over; *(véhicule)* to overturn. **se ~ dans son lit** to toss and turn in bed; *(fig)* **laissez-lui le temps de se ~** give him time to sort himself out; **se ~ contre qn** *(personne)* to turn against sb; *(situation)* to backfire on sb, rebound on sb; *(partir)* **s'en ~** to go back.

retracer [R(ə)tRase] (3) *vt (histoire)* to retrace.

rétracter (se) [RetRakte] (1) *vpr* to retract.

retrait [R(ə)tRɛ] *nm* **(a)** *(gén)* withdrawal; *(eaux)* retreat; *(bagages)* collection. **~ du permis de conduire** disqualification from driving. **(b) situé en ~** set back (*de* from); **se tenant en ~** standing back; *(fig)* **rester en ~** to stand aside.

retraite [R(ə)tRɛt] *nf* **(a)** *(fuite)* retreat. **~ aux flambeaux** torchlight tattoo. **(b)** *(travailleur)* retirement; *(pension)* retirement pension. **être en ~** to be retired *ou* in retirement; **mettre qn à la ~** to pension sb off; **prendre sa ~** to retire. **(c)** *(refuge)* retreat; *(animal)* lair; *(voleurs)* hideout. ◆ **retraité, e** — **1** *adj* retired. — **2** *nm,f* old age pensioner.

retranchement [R(ə)tRɑ̃ʃmɑ̃] *nm (Mil)* entrenchment. *(fig)* **poursuivre qn jusque dans ses derniers ~s** to drive sb into a corner.

retrancher [R(ə)tRɑ̃ʃe] (1) — **1** *vt (quantité)* to subtract; *(argent)* to deduct; *(mot)* to take out, remove (*de* from). — **2 se retrancher** *vpr* : **se ~** *(Mil)* to entrench o.s.; *(fig)* to take refuge (*derrière* behind).

retransmettre [R(ə)tRɑ̃smɛtR(ə)] (56) *vt* to broadcast. ◆ **retransmission** *nf* broadcast.

rétrécir [RetResiR] (2) — **1** *vt (gén)* to make smaller *ou* narrower; *(vêtement)* to take in. — **2** *vi*, **se rétrécir** *vpr (gén)* to get smaller *ou* narrower; *(tissu)* to shrink. ◆ **rétrécissement** *nm (tricot)* shrinkage; *(vallée)* narrowing.

rétribuer [RetRibɥe] (1) *vt* to pay. ◆ **rétribution** *nf* payment.

rétroactif, -ive [RetRɔaktif, iv] *adj (Jur)* retroactive. ◆ **rétroactivité** *nf* retroactivity.

rétrofusée [RetRɔfyze] *nf* retrorocket.

rétrograde [RetRɔgRad] *adj* retrograde.

rétrograder [RetRɔgRade] (1) — **1** *vi* to move back; *(Aut : vitesses)* to change down. — **2** *vt (fonctionnaire)* to demote, downgrade.

rétrospectif, -ive [RetRɔspɛktif, iv] *adj, nf* retrospective. ◆ **rétrospectivement** *adv* in retrospect.

retrousser [R(ə)tRuse] (1) *vt (jupe)* to hitch up; *(manche)* to roll up; *(lèvres)* to curl up. ◆ **retroussé, e** *adj (nez)* turned-up.

retrouvailles [R(ə)tRuvɑj] *nfpl* reunion.

retrouver [R(ə)tRuve] (1) — **1** *vt (gén)* to find (again); *(personne)* to meet again; *(santé, calme)* to regain; *(nom, date)* to think of, remember. — **2 se retrouver** *vpr (personne)* to meet (again). **il s'est retrouvé dans le fossé** he ended up in the ditch; **s'y ~** *(trouver son chemin)* to find one's way; (* : *rentrer dans ses frais)* to break even; (* : *tirer un profit)* to make a profit.

rétroviseur [RetRɔvizœR] *nm* rear-view mirror.

réunification [Reynifikɑsjɔ̃] *nf* reunification. ◆ **réunifier** (7) *vt* to reunify.

réunion [Reynjɔ̃] *nf (action)* collection, gathering; *(séance)* meeting. **~ cycliste** cycle rally; **~ de famille** family gathering. ◆ **réunir** (2) — **1** *vt (gén)* to gather, collect; *(fonds)* to raise; *(tendances, styles)* to combine; *(membres d'un parti)* to call together; *(amis, famille)* to entertain; *(couloirs, fils)* to join, link. — **2 se réunir** *vpr (se rencontrer)* to meet, get together*; *(s'unir)* to unite. **réunis** *(pris ensemble)* put together; *(Comm : associés)* associated.

réussir [ReysiR] (2) — **1** *vi (gén)* to succeed, be a success, be successful; *(à un examen)* to pass. **tout lui réussit** everything works for him; **cela ne lui a pas réussi** that didn't do him any good; **il a réussi à son examen** he passed his exam; **~ à faire** to succeed in doing, manage to do; *(climat, aliment)* **~ à qn** to agree with sb. — **2** *vt (plat etc)* to make a success of; **~ son coup*** to pull it off*. ◆ **réussi, e** *adj* successful. ◆ **réussite** *nf (succès)* success. *(Cartes)* **faire des ~s** to play patience.

revaloir [R(ə)valwaR] (29) *vt* : **je te revaudrai ça** *(hostile)* I'll pay you back for this; *(reconnaissant)* I'll repay you some day.

revaloriser [R(ə)valɔRize] (1) *vt (monnaie)* to revalue; *(salaire)* to raise.

revanche [R(ə)vɑ̃ʃ] *nf* revenge; *(Sport)* return match. **en ~** on the other hand.

rêvasser [Rɛvase] (1) *vi* to daydream.

rêve [Rɛv] *nm* dream; *(éveillé)* daydream. **faire des ~s** to dream, have dreams; **voiture de ~** dream car; **ça, c'est le ~*** that would be ideal.

revêche [Rəvɛʃ] *adj* surly, sour-tempered.

réveil [Revɛj] *nm (action)* awakening; *(pendule)* alarm-clock. **dès le ~** as soon as he's awake. ◆ **réveillé, e** *adj* awake. **à moitié ~** half awake. ◆ **réveille-matin** *nm inv* alarm clock. ◆ **réveiller** (1) — **1** *vt (dormeur)* to wake up, waken; *(sentiment)* to rouse. — **2 se réveiller** *vpr (dormeur)* to wake up, awake; *(sentiment)* to be roused; *(douleur, souvenir)* to return; *(nature)* to reawaken.

réveillon [revɛjɔ̃] *nm* Christmas Eve *ou* New Year's Eve dinner. ◆ **réveillonner** (1) *vi* to celebrate Christmas *ou* New Year's Eve *(with a dinner and a party)*.

révélateur, -trice [revelatœr, tris] — **1** *adj (indice)* revealing. — **2** *nm (Phot)* developer. ◆ **révélation** *nf (gén)* revelation; *(jeune auteur)* discovery. ◆ **révéler** (6) — **1** *vt (gén)* to reveal; *(sentiments)* to show. — **2 se révéler** *vpr* to reveal itself; *(artiste)* to show one's talent. **se ~ cruel** to show o.s. cruel; **se ~ difficile** to prove difficult.

revenant, e [rəvnɑ̃, ɑ̃t] *nm,f* ghost.

revendeur, -euse [r(ə)vɑ̃dœr, øz] *nm,f* retailer; *(d'occasion)* secondhand dealer.

revendicatif, -ive [r(ə)vɑ̃dikatif, iv] *adj (mouvement etc)* of protest. ◆ **revendication** *nf (action)* claiming; *(demande)* claim, demand. ◆ **revendiquer** (1) *vt* to claim.

revendre [r(ə)vɑ̃dr(ə)] (41) *vt* to resell. *(fig)* **avoir qch à ~** to have plenty of sth.

revenir [rəvnir] (22) — **1** *vi* **(a)** *(repasser)* to come back, come again; *(être de retour)* to come back, return. **~ chez soi** to come back *ou* return home; **je reviens dans un instant** I'll be back in a minute. **(b) ~ à** *(études)* to go back to, return to; **revenons à nos moutons** let's get back to the subject. **(c)** *(équivaloir)* **~ à** to come down to, amount to; **ça revient cher** it's expensive; **à combien est-ce que cela va vous ~?** how much will that cost you? **(d) ~ à qn** *(souvenir, appétit)* to come back to sb; *(honneur)* to fall to sb; *(héritage, somme d'argent)* to come to sb; **il a une tête qui ne me revient pas** I don't like the look of him; **tout le mérite vous revient** the credit is all yours; **il lui revient de décider** it's up to him to decide. **(e) ~ sur** *(passé, problème)* to go back over; *(promesse)* to go back on. **(f) ~ de** *(maladie, surprise)* to get over; *(illusions)* to shake off; **il revient de loin** it's a miracle he's still with us; **je n'en reviens pas!** I can't get over it! **(g) ~ à soi** to come round. **(h)** *(Culin)* **faire ~** to brown. — **2 s'en revenir** *vpr* to come back *(de* from).

revente [r(ə)vɑ̃t] *nf* resale.

revenu [rəvny] *nm (fortune)* income; *(profit)* yield, revenue *(de* from, on).

rêver [reve] (1) — **1** *vi* to dream *(de* of); *(rêvasser)* to daydream. *(espérer)* **~ de réussir** to long to succeed. — **2** *vt* to dream; *(imaginer)* to dream up.

réverbération [reverberɑsjɔ̃] *nf* reverberation.

réverbère [reverbɛr] *nm* street lamp.

révérence [reverɑ̃s] *nf* **(a)** *(homme)* bow; *(femme)* curtsey. **faire une ~** to bow; to curtsey *(à qn* to sb). **(b)** *(respect)* reverence *(envers* for). ◆ **révérencieux, -ieuse** *adj* reverent.

révérend, e [reverɑ̃, ɑ̃d] *adj, nm* reverend.

rêverie [rɛvri] *nf (état)* daydreaming; *(rêve)* daydream.

revers [r(ə)vɛr] *nm* **(a)** *(main)* back; *(étoffe)* wrong side; *(col de veste)* lapel; *(médaille)* reverse side. **prendre l'ennemi à ~** to take the enemy from the rear; *(fig)* **c'est le ~ de la médaille** that's the other side of the coin. **(b)** *(Tennis)* backhand. **(c)** *(coup du sort)* reverse, setback.

réversible [reversibl(ə)] *adj* reversible; *(Jur)* revertible *(sur* to). ◆ **réversion** *nf* reversion.

revêtement [r(ə)vɛtmɑ̃] *nm (route)* surface; *(mur extérieur)* facing; *(mur intérieur)* covering; *(sol)* flooring. ◆ **revêtir** (20) *vt* **(a)** *(couvrir)* to cover *(de* with). **(b)** *(habit)* to put on. **revêtu de** wearing, dressed in. **(c)** *(importance, forme)* to assume. **(d) ~ un document de sa signature** to append one's signature to a document.

rêveur, -euse [rɛvœr, øz] — **1** *adj (air)* dreamy. **ça laisse ~*** the mind boggles*. — **2** *nm,f* dreamer.

revigorer [r(ə)vigɔre] (1) *vt* to revive.

revirement [r(ə)virmɑ̃] *nm* abrupt change *(de* in).

réviser [revize] (1) *vt (procès, opinion)* to review; *(leçons, manuscrit)* to revise; *(moteur)* to overhaul, service. ◆ **révision** *nf* review; revision; service.

revivre [rəvivr(ə)] (46) — **1** *vi (ressuscité)* to live again; *(revigoré)* to come alive again. **faire ~** to revive. — **2** *vt* to relive.

révocation [revɔkɑsjɔ̃] *nf (fonctionnaire)* dismissal; *(contrat)* revocation.

revoir [r(ə)vwar] (30) *vt* **(a)** to see again. **au ~** goodbye; **dire au ~ à qn** to say goodbye to sb. **(b)** *(réviser)* to revise.

révoltant, e [revɔltɑ̃, ɑ̃t] *adj* revolting, outrageous. ◆ **révolte** *nf* revolt. ◆ **révolté, e** — **1** *adj (mutiné)* rebellious; *(outré)* outraged. — **2** *nm,f* rebel. ◆ **révolter** (1) — **1** *vt* to revolt, outrage. — **2 se révolter** *vpr* to revolt *(contre* against).

révolu, e [revɔly] *adj* past. **âgé de 20 ans ~s** over 20 years of age; **après deux ans ~s** when two full years have passed.

révolution [revɔlysjɔ̃] *nf* revolution. *(rue)* **être en ~** to be in an uproar. ◆ **révolutionnaire** *adj, nmf* revolutionary. ◆ **révolutionner** (1) *vt* to revolutionize.

revolver [revɔlvɛr] *nm* gun, revolver.

révoquer [revɔke] (1) *vt (fonctionnaire)* to dismiss; *(contrat)* to revoke.

revue [r(ə)vy] *nf* **(a)** *(examen)* review. **passer en ~** to review. **(b)** *(magazine)* magazine; *(spécialisée)* journal; *(érudite)* review. **(c)** *(spectacle)* variety show.

rez-de-chaussée [redʃose] *nm inv* ground floor, first floor *(US)*.

rhabiller [rabije] (1) *vt* : **~ qn** to dress sb again; **se ~** to put one's clothes back on.

rhapsodie [rapsɔdi] *nf* rhapsody.

rhésus [rezys] *nm (Méd)* Rhesus.

rhétorique [retɔrik] — **1** *nf* rhetoric. — **2** *adj* rhetorical.

Rhin [rɛ̃] *nm* : **le ~** the Rhine.

rhinocéros [rinɔserɔs] *nm* rhinoceros.

rhododendron [rɔdɔdɛ̃drɔ̃] *nm* rhododendron.

rhubarbe [rybarb(ə)] *nf* rhubarb.

rhum [rɔm] *nm* rum.

rhumatisme [rymatism(ə)] *nm* : **~(s)** rheumatism.

rhume [rym] *nm* cold. **~ de cerveau** head cold; **~ des foins** hay fever.

riant, e [rijɑ̃, ɑ̃t] *adj* pleasant.

ribambelle [ribɑ̃bɛl] *nf* : **~ de** swarm of.

ricaner [rikane] (1) *vi (méchamment)* to snigger; *(bêtement)* to giggle.

riche [riʃ] — **1** *adj (gén)*, rich *(en* in); *(personne)* rich, wealthy, well-off. **ce n'est pas un ~ cadeau** it's not a lavish gift; **~ idée** great* *ou* grand idea; **une documentation très ~** a vast amount of information; **~ en** *(calories, gibier)* rich in; **~ de** full of. — **2** *nm,f* rich *ou* wealthy person. ◆ **richesse** *nf (personne, pays)* wealth; *(décor, sol, collection)* richness. **~s** *(argent)* riches, wealth; *(ressources)* wealth; *(fig : trésors)* treasures; **~s naturelles** natural resources. ◆ **richissime** *adj* fabulously rich.

ricin [risɛ̃] *nm* castor oil plant.

ricocher [rikɔʃe] (1) *vi* to rebound; *(sur l'eau)* to bounce (*sur qch* off sth). ◆ **ricochet** *nm* rebound; rebounce. **faire des ~s** to play ducks and drakes.

rictus [riktys] *nm (cruel)* grin; *(fou)* grimace.

ride [rid] *nf (peau, pomme),* wrinkle (*de* in); *(eau, sable)* ripple (*de* on, in).

rideau, *pl* **~x** [rido] *nm (gén)* curtain; *(boutique)* shutter. **~ de** *(arbres)* screen of; *(pluie)* sheet of; *(Pol)* **le ~ de fer** the Iron Curtain.

rider [ride] (1) *vt (peau, fruit)* to wrinkle; *(eau)* to ripple.

ridicule [ridikyl] — **1** *adj (gén)* ridiculous; *(grotesque)* ludicrous; *(quantité)* ridiculously small. — **2** *nm :* **le ~** ridicule; **le ~ de qch** the ridiculousness of sth; **tomber dans le ~** to become ridiculous; **~s** ridiculous ways. ◆ **ridiculiser** (1) — **1** *vt* to ridicule. — **2 se ridiculiser** *vpr* to make a fool of o.s.

rien [rjɛ̃] — **1** *pron indéf* **(a)** nothing. **je n'ai ~ entendu** I didn't hear anything, I heard nothing; **trois fois ~** next to nothing; **~ de plus** nothing more; **il n'y a ~ de tel** there's nothing like it. **(b) ~ que la chambre coûte très cher** the room alone costs a great deal; **la vérité, ~ que la vérité** the truth and nothing but the truth; **~ qu'une minute** just for a minute. **(c)** (= *quelque chose*) anything. **as-tu jamais lu ~ de plus drôle?** have you ever read anything funnier? **(d)** *(Sport)* nil, nothing. **~ partout** nothing all; *(Tennis)* **15 à ~** 15 love. **(e)** *(avec avoir, être, faire)* **il n'a ~ d'un dictateur** he's got nothing of the dictator about him; **n'être pour ~ dans qch** to have nothing to do with sth; **il n'en est ~** it's nothing of the sort; **élever 4 enfants, ça n'est pas ~** bringing up 4 children is no mean feat; **cela ne lui fait ~** he doesn't mind, it doesn't matter to him; **ça ne fait ~*** it doesn't matter, never mind; **~ à faire!** nothing doing!* **(f) je vous remercie — de ~*** thank you — you're welcome *ou* don't mention it *ou* not at all; **une blessure de ~** a trifling injury; **cela ne nous gêne en ~** it doesn't bother us at all; **pour ~** *(peu cher)* for a song, for next to nothing; *(inutilement)* for nothing; **ce n'est pas pour ~ que...** it is not without cause *ou* not for nothing that.... — **2** *nm :* **un ~** a mere nothing; **des ~s** trivia; **avec un ~ d'ironie** with a hint of irony; **en un ~ de temps** in no time; **c'est un ~ bruyant** it's a trifle noisy.

rieur, rieuse [rijœr, rijøz] — **1** *adj* cheerful. — **2** *nm,f :* **les ~s** people who are laughing.

rigide [riʒid] *adj (gén)* rigid; *(muscle, carton)* stiff. ◆ **rigidité** *nf* rigidity; stiffness.

rigole [rigɔl] *nf (canal)* channel; *(filet d'eau)* rivulet; *(sillon)* furrow.

rigolade* [rigɔlad] *nf :* **aimer la ~** to like a bit of fun *ou* a laugh*; **il prend tout à la ~** he thinks everything's a big joke; **c'est de la ~** *(facile)* it's child's play; *(attrape-nigaud)* it's a con*. ◆ **rigoler*** (1) *vi (rire)* to laugh; *(s'amuser)* to have fun; *(plaisanter)* to joke. **tu rigoles!** you're joking!; **pour ~** for a laugh*. ◆ **rigolo, -ote*** — **1** *adj* funny. — **2** *nm,f (amusant)* comic; *(fumiste)* fraud.

rigoureusement [rigurøzmɑ̃] *adv* (*V* **rigueur**) rigorously; harshly; strictly. ◆ **rigoureux, -euse** *adj* rigorous; harsh; strict.

rigueur [rigœr] *nf (gén)* rigour; *(climat)* harshness; *(interdiction)* strictness. **les ~s de l'hiver** the rigours of winter; **tenir ~ à qn de n'être pas venu** to hold it against sb that he didn't come; **à la ~** at a pinch; **il est de ~ d'envoyer un mot de remerciement** it is the done thing to send a note of thanks.

rime [rim] *nf* rhyme. **sans ~ ni raison** without either rhyme or reason. ◆ **rimer** (1) *vi* to rhyme (*avec* with). **cela ne rime à rien** it does not make sense.

rimmel [rimɛl] *nm* ® mascara.

rinçage [rɛ̃saʒ] *nm (action)* rinsing; *(opération)* rinse. ◆ **rince-doigts** *nm inv* finger-bowl. ◆ **rincer** (3) *vt* to rinse. **se ~ la bouche** to rinse out one's mouth.

ring [riŋ] *nm* boxing ring.

riposte [ripɔst] *nf (réponse)* retort; *(contre-attaque)* counter-attack. ◆ **riposter** (1) — **1** *vi* to retaliate (*par* with). **~ à** *(insulte)* to reply to; *(attaque)* to counter (*par* by). — **2** *vt :* **~ que** to retort that.

riquiqui* [rikiki] *adj inv* tiny.

rire [rir] (36) — **1** *vi* **(a)** to laugh. **~ aux éclats** to roar with laughter; **~ jaune** to laugh on the other side of one's face; **laissez-moi ~!** don't make me laugh!; **c'est à mourir de ~** it's hilarious; **nous avons bien ri** we had a good laugh*. **(b)** *(s'amuser)* to have fun. **(c)** *(plaisanter)* to joke. **il a fait cela pour ~** he did it for a joke *ou* laugh*; **c'était une bagarre pour ~** it was a pretend fight. — **2 rire de** *vt indir* to laugh at. — **3 se rire** *vpr :* **se ~ de** *(difficultés)* to make light of; *(menaces, personne)* to laugh at. — **4** *nm* laugh. **le ~** laughter; **un gros ~** a loud laugh, a guffaw; **un ~ bête** a giggle *ou* titter; **il y eut des ~s** there was laughter.

ris [ri] *nm :* **~ de veau** calf sweetbread.

risée [rize] *nf :* **être la ~ de** to be the laughing stock of.

risible [rizibl(ə)] *adj* ridiculous, laughable.

risque [riskə] *nm* risk. **le goût du ~** a taste for danger; **ce sont les ~s du métier** that's an occupational hazard; **c'est à tes ~s et périls** it's at your own risk.

risqué, e [riske] *adj* risky; *(grivois)* risqué.

risquer [riske] (1) — **1** *vt* **(a)** *(gén)* to risk. **risquons le coup*** let's chance it; **tu risques gros** you're taking a big risk; **ça ne risque rien** it is quite safe. **(b)** *(allusion, regard)* to venture, hazard. **tu risques de le perdre** you may well lose it; **ça ne risque pas d'arriver!** there's no chance *ou* danger of that happening! — **2 se risquer** *vpr :* **se ~ dans** to venture into; **se ~ à faire** to venture to do.

rissoler [risɔle] (1) *vti :* **(faire) ~** to brown.

ristourne [risturn(ə)] *nf* rebate, discount.

rite [rit] *nm* rite.

rituel, -elle [ritɥɛl] *adj, nm* ritual.

rivage [rivaʒ] *nm* shore.

rival, e, *mpl* **-aux** [rival, o] *adj, nm,f* rival. **sans ~** unrivalled. ◆ **rivaliser** (1) *vi :* **~ avec** to rival; **ils rivalisaient de générosité** they vied with each other in generosity. ◆ **rivalité** *nf* rivalry.

rive [riv] *nf (mer, lac)* shore; *(rivière)* bank.

river [rive] (1) *vt (clou)* to clinch; *(plaques)* to rivet together. **rivé à** riveted to.

riverain, e [rivrɛ̃, ɛn] — **1** *adj (d'un lac)* waterside. *(d'une route)* **les propriétés ~es** the houses along the road. — **2** *nm,f (habitant)* resident.
rivet [rivɛ] *nm* rivet. ◆ **riveter** (4) *vt* to rivet together.
rivière [rivjɛr] *nf* river. **~ de diamants** diamond rivière.
rixe [riks(ə)] *nf* brawl, fight, scuffle.
riz [ri] *nm* rice. **~ au lait** rice pudding. ◆ **rizière** *nf* paddy-field, ricefield.
robe [rɔb] *nf (gén)* dress; *(magistrat, prélat)* robe; *(professeur)* gown; *(cheval)* coat. **~ de chambre** dressing gown; **pommes de terre en ~ de chambre** baked *ou* jacket potatoes; **~ du soir** evening dress.
robinet [rɔbinɛ] *nm* tap, faucet *(US)*. ◆ **robinetterie** *nf (installations)* taps.
robot [rɔbo] *nm* robot. **~ ménager** food-processor.
robuste [rɔbyst(ə)] *adj* robust. ◆ **robustesse** *nf* robustness.
roc [rɔk] *nm* rock.
rocade [rɔkad] *nf (route)* bypass.
rocaille [rɔkɑj] *nf (terrain)* rocky ground; *(jardin)* rockery. ◆ **rocailleux, -euse** *adj (terrain)* rocky, stony; *(voix)* harsh, grating.
rocambolesque [rɔkɑ̃bɔlɛsk(ə)] *adj* incredible.
roche [rɔʃ] *nf* rock. ◆ **rocher** *nm* rock. ◆ **rocheux, -euse** *adj* rocky.
rock (and roll) [rɔk(ɛnrɔl)] *nm (musique)* rock-'n'-roll; *(danse)* jive.
rodage [rɔdaʒ] *nm (Aut)* running in, breaking in *(US)*. ◆ **roder** (1) *vt (Aut)* to run in, break in; *(personne)* to break in.
rôder [rode] (1) *vi (gén)* to roam *ou* wander about; *(suspect)* to prowl about. **~ autour de** to prowl around. ◆ **rôdeur, -euse** *nm,f* prowler.
rogne* [rɔɲ] *nf* anger.
rogner [rɔɲe] (1) *vt (ongle, aile)* to clip; *(salaire)* to cut. **~ sur** to cut down on.
rognon [rɔɲɔ̃] *nm (Culin)* kidney.
rognures [rɔɲyr] *nfpl (viande)* scraps.
roi [rwa] *nm* king. **les R~s mages** the Magi, the Three Wise Men; **tirer les ~s** to eat Twelfth Night cake; **tu es le ~ des imbéciles!*** you're the world's biggest idiot!*
roide [rwad] *etc* = **raide** *etc.*
roitelet [rwatlɛ] *nm (oiseau)* wren.
rôle [rol] *nm* **(a)** *(Théât, fig)* role, part; *(fonction)* rôle. **ce n'est pas mon ~ de** it isn't my job *ou* place to. **(b)** *(registre)* roll, list.
romain, e [rɔmɛ̃, ɛn] — **1** *adj* Roman. — **2** *nf (laitue)* cos lettuce. — **3** *nm,f* : **R~**, e Roman.
roman[1] [rɔmɑ̃] *nm (livre)* novel; *(fig : récit)* story. *(genre)* **le ~** fiction; *(lit, fig)* **~ d'amour** *etc* love *etc* story; **~ policier** detective novel; **~ de série noire** thriller.
roman[2], **e** [rɔmɑ̃, an] *adj (Ling)* Romance; *(Archit)* Romanesque.
romance [rɔmɑ̃s] *nf* sentimental ballad.
romancier, -ière [rɔmɑ̃sje, jɛr] *nm,f* novelist.
romanesque [rɔmanɛsk(ə)] *adj (incroyable)* fantastic; *(romantique)* romantic. **œuvre ~** novel.
romanichel, -elle [rɔmaniʃɛl] *nm,f* gipsy.
romantique [rɔmɑ̃tik] *adj, nmf* romantic. ◆ **romantisme** *nm* romanticism.
romarin [rɔmarɛ̃] *nm* rosemary.
rompre [rɔ̃pr(ə)] (41) — **1** *vt (gén)* to break; *(fiançailles, pourparlers)* to break off; *(équilibre)* to upset. **~ qn à un exercice** to break sb in to an exercise; **~ les rangs** to fall out. — **2** *vi (gén)* to break; *(corde)* to snap; *(digue)* to burst; *(fiancés)* to break it off. — **3 se rompre** *vpr* to break; to snap; to burst. **se ~ le cou** to break one's neck. ◆ **rompu, e** *adj (fourbu)* exhausted. *(expérimenté)* **~ à qch** experienced in sth.
romsteck [rɔmstɛk] *nm* rumpsteak.
ronces [rɔ̃s] *nfpl* brambles.
ronchonner* [rɔ̃ʃɔne] (1) *vi* to grumble, grouse* *(après* at).
rond, e [rɔ̃, rɔ̃d] — **1** *adj* **(a)** *(forme, chiffre)* round; *(visage, ventre)* plump. **ça fait 50 F tout ~** it comes to a round 50 francs; **être ~ en affaires** to be straight in business matters. **(b)** (* : *soûl*) drunk, tight*. — **2** *nm* **(a)** *(cercle)* circle, ring; *(tranche)* slice; *(objet)* ring. **en ~** in a circle *ou* ring. **(b)** (* : *sou*) **~s** money, lolly*. **il n'a pas un ~** he hasn't got a penny *ou* a cent. — **3** *nf* **(a)** *(gardien)* round; *(patrouille)* patrol. *(policier)* **faire sa ~e** to be on the beat *ou* on patrol. **(b)** *(danse)* round dance. **(c)** *(Mus : note)* semibreve, whole note *(US)*. **(d) à la ~e** around; **passer qch à la ~e** to pass sth round. ◆ **rondelet, -ette** *adj (personne)* plumpish; *(somme)* tidy. ◆ **rondelle** *nf (tranche)* slice; *(disque)* disc; *(pour boulon)* washer. ◆ **rondement** *adv (efficacement)* briskly; *(franchement)* frankly. ◆ **rondeur** *nf (gén)* roundness; *(embonpoint)* plumpness; *(bonhomie)* friendly straightforwardness. ◆ **rondin** *nm* log. ◆ **rond-point,** *pl* **~s-~s** *nm* roundabout, traffic circle *(US)*.
ronéoter [rɔneɔte] (1) *vt* to duplicate, roneo.
ronflant, e [rɔ̃flɑ̃, ɑ̃t] *adj (péj)* grand-sounding. ◆ **ronflement** *nm* snore. ◆ **ronfler** (1) *vi (personne)* to snore; (* : *dormir*) to snore away; *(moteur)* to roar. **faire ~ son moteur** to rev up one's engine.
ronger [rɔ̃ʒe] (3) — **1** *vi (souris, chagrin)* to gnaw away at; *(acide, vers)* to eat into. **~ un os** to gnaw at a bone; **rongé par la rouille** rust-eaten; **~ son frein** to champ at the bit; **rongé par la maladie** sapped by illness. — **2 se ronger** *vpr* : **se ~ les ongles** to bite one's nails; **se ~ les sangs** to worry. ◆ **rongeur, -euse** *adj, nm* rodent.
ronronnement [rɔ̃rɔnmɑ̃] *nm* : **~(s)** *(chat)* purr; *(moteur)* hum. ◆ **ronronner** (1) *vi* to purr; to hum.
roquet [rɔkɛ] *nm (péj)* (nasty little) dog.
roquette [rɔkɛt] *nf (Mil)* rocket.
rosace [rozas] *nf (cathédrale)* rose window; *(plafond)* ceiling rose; *(Géom)* rosette.
rosaire [rozɛr] *nm* rosary.
rosbif [rɔsbif] *nm* : **du ~** *(rôti)* roast beef; *(à rôtir)* roasting beef; **un ~** a joint of beef.
rose [roz] — **1** *nf* rose. **pas de ~s sans épines** no rose without a thorn; **~ des sables** gypsum flower; **~ trémière** hollyhock; **~ des vents** compass card. — **2** *nm (couleur)* pink. — **3** *adj (gén)* pink; *(joues, situation)* rosy. **~ bonbon** candy-pink.
rosé, e[1] [roze] *adj (couleur)* pinkish; *(vin)* rosé.
roseau, *pl* **~x** [rozo] *nm* reed.
rosée[2] [roze] *nf* dew.
roseraie [rozrɛ] *nf* rose garden.
rosette [rozɛt] *nf (nœud)* bow; *(insigne)* rosette.
rosier [rozje] *nm* rosebush.
rosse [rɔs] *adj (péj : méchant)* nasty, rotten*.
rosser [rɔse] (1) *vt* to thrash.
rossignol [rɔsiɲɔl] *nm (oiseau)* nightingale.
rot [ro] *nm* belch, burp; *(bébé)* burp.

rotatif, -ive [rɔtatif, iv] — **1** *adj* rotary. — **2** *nf* rotary press. ◆ **rotation** *nf* rotation.
roter* [rɔte] (1) *vi* to burp, belch.
rotin [rɔtɛ̃] *nm* rattan cane. **chaise de ~** cane chair.
rôti [roti] *nm* : **du ~** roasting meat; *(cuit)* roast meat; **un ~** a joint. ◆ **rôtir** (2) *vti* (*aussi* **faire ~**) to roast. **se ~ au soleil** to bask in the sun. ◆ **rôtisserie** *nf (restaurant)* steakhouse; *(boutique)* shop selling roast meat. ◆ **rôtissoire** *nf* (roasting) spit.
rotonde [rɔtɔ̃d] *nf (Archit)* rotunda.
rotor [rɔtɔr] *nm* rotor.
rotule [rɔtyl] *nf (Anat)* kneecap. **être sur les ~s*** to be dead beat* *ou* all in*.
rouage [rwaʒ] *nm* cog. **les ~s** *(montre)* the works *ou* parts; *(organisme)* the workings.
roucouler [rukule] (1) — **1** *vi (oiseau)* to coo.
roue [ru] *nf (gén)* wheel; *(engrenage)* cog. **~ à aubes** paddle wheel; **~ de secours** spare wheel; *(paon)* **faire la ~** to spread *ou* fan its tail; **faire ~ libre** to freewheel.
rouer [rwe] (1) *vt* : **~ qn de coups** to give sb a beating *ou* thrashing.
rouerie [ruri] *nf* cunning; *(tour)* cunning trick.
rouet [rwɛ] *nm (à filer)* spinning wheel.
rouge [ruʒ] — **1** *adj (gén)* red (*de* with); *(fer)* red-hot. **~ comme une pivoine** as red as a beetroot. — **2** *nm (couleur)* red; *(vin)* red wine; *(fard)* rouge. **~ à lèvres** lipstick; *(Aut)* **le feu est au ~** the lights are red; **le ~ lui monta aux joues** he blushed. — **3** *nmf (péj : communiste)* Red* *(péj)*, Commie* *(péj)*. ◆ **rougeâtre** *adj* reddish. ◆ **rougeaud, e** *adj* red-faced. ◆ **rouge-gorge,** *pl* **~s-~s** *nm* robin.
rougeole [ruʒɔl] *nf* measles *(sg)*. **une ~** a bout of measles.
rougeoiement [ruʒwamɑ̃] *nm* red *ou* reddish glow. ◆ **rougeoyer** (8) *vi* to glow red.
rouget [ruʒɛ] *nm* : **~ barbet** red mullet; **~ grondin** gurnard.
rougeur [ruʒœr] *nf (teinte)* redness; *(Méd : tache)* red blotch *ou* patch. *(honte)* **sa ~** his (*ou* her) red face.
rougir [ruʒir] (2) — **1** *vi (gén)* to go red, redden; *(métal)* to get red-hot; *(émotion)* to flush; *(honte)* to blush (*de* with). **faire ~ qn** to make sb blush; *(fig : avoir honte)* **~ de** to be ashamed of. — **2** *vt* to turn red. ◆ **rougissant, e** *adj (visage)* blushing.
rouille [ruj] *nf* rust. ◆ **rouillé, e** *adj (gén, fig)* rusty; *(muscles)* stiff. **tout ~** rusted over. ◆ **rouiller** *vi,* **se rouiller** *vpr* (1) to get rusty.
roulade [rulad] *nf (Mus)* roulade; *(Culin)* rolled meat; *(Sport)* roll.
roulé, e [rule] — **1** *adj* : **être bien ~*** to have a good figure. — **2** *nm (gâteau)* Swiss roll; *(viande)* rolled meat.
rouleau, *pl* **~x** [rulo] *nm (objet, vague)* roller; *(papier, culbute)* roll. **~ compresseur** steam-roller; **~ à pâtisserie** rolling pin.
roulement [rulmɑ̃] *nm* **(a)** *(rotation)* rotation. **par ~** in rotation. **(b)** *(capitaux)* circulation; *(véhicules)* movement. **(c)** *(bruit) (train, tonnerre)* rumble; *(charrette)* rattle; *(tambour)* roll. **(d) ~ à billes** ball bearing.
rouler [rule] (1) — **1** *vt* **(a)** *(tonneau)* to roll along; *(tapis, manches)* to roll up; *(cigarette)* to roll; *(ficelle)* to wind up, roll up; *(pâte)* to roll out. **~ qch dans** to roll sth in. **(b)** (* : *duper*) to con*. **~ qn sur** *(prix etc)* to diddle sb over*. **(c)** *(épaules)* to sway; *(hanches)* to wiggle; *(yeux)* to roll. **il a roulé sa bosse** he has knocked about the world*; **~ les 'r'** to roll one's r's. — **2** *vi* **(a)** *(voiture, train)* to go, run; *(conducteur)* to drive. **~ à gauche** to drive on the left; **~ à 80 km à l'heure** to do 80 km per hour; **on a bien roulé*** we kept up a good speed; **ça roule bien** the traffic is flowing well. **(b)** *(bille, dé)* to roll. **faire ~** *(boule)* to roll; *(cerceau)* to roll along; *(conversation)* **~ sur** to turn on; **~ sur l'or** to be rolling in money*. **(c)** *(bateau)* to roll. — **3 se rouler** *vpr* : **se ~ par terre** to roll on the ground; *(rire)* to fall about laughing*; **se ~ en boule** to roll o.s. into a ball.
roulette [rulɛt] *nf (meuble)* castor; *(dentiste)* drill; *(jeu)* roulette. **comme sur des ~s*** smoothly.
roulis [ruli] *nm* rolling.
roulotte [rulɔt] *nf* caravan, trailer *(US)*.
Roumanie [rumani] *nf* Rumania, Romania. ◆ **roumain, e** *adj, nm,* **Roumain, e** *nm,f* Rumanian, Romanian.
roupie [rupi] *nf* rupee.
roupiller* [rupije] (1) *vi* to sleep.
rouquin, e* [rukɛ̃, in] — **1** *adj* red-haired; *(cheveux)* red. — **2** *nm,f* redhead.
rouspétance* [ruspetɑ̃s] *nf* grousing*. ◆ **rouspéter*** (6) *vi* to grouse* (*après* at). ◆ **rouspéteur, -euse*** — **1** *adj* grumpy. — **2** *nm,f* grouser*.
rousse [rus] *adj f V* **roux.** ◆ **rousseur** *nf* : **tache de ~** freckle.
roussir [rusir] (2) — **1** *vt* to scorch, singe. **ça sent le roussi** there's a smell of burning. — **2** *vi (feuilles)* to turn brown.
route [rut] *nf* **(a)** road; *(maritime, aérienne)* route. **~ nationale** trunk *ou* main road; **faire de la ~** to do a lot of mileage. **(b)** *(direction)* way; *(voyage)* journey; *(Naut : cap)* course. *(fig)* **être sur la bonne ~** to be on the right track; **faire ~ vers** to head for; *(bateau)* **en ~ pour** bound for; **faire ~ avec qn** to travel with sb; **se mettre en ~** to set off; **en ~** on the way; **en ~!** let's go!; **mettre en ~** to start. ◆ **routier, -ière** — **1** *adj* road. — **2** *nm (camionneur)* long-distance lorry *ou* truck *(US)* driver; *(restaurant)* roadside restaurant.
routine [rutin] *nf* routine. **visite de ~** routine visit.
roux, rousse [ru, rus] — **1** *adj (personne)* red-haired; *(cheveux)* red, auburn; *(pelage, feuilles)* russet, reddish-brown. — **2** *nm (Culin)* roux. — **3** *nm,f* redhead.
royal, e *mpl* **-aux** [rwajal, o] *adj (gén)* royal; *(cadeau)* fit for a king; *(salaire)* princely; (* : *total*) complete. ◆ **royalement** *adv* royally. **il s'en moque ~*** he couldn't care less*. ◆ **royaliste** *adj, nmf* royalist. ◆ **royaume** *nm* kingdom, realm. **le R~-Uni** the United Kingdom. ◆ **royauté** *nf* monarchy.
ruade [ryad] *nf* kick.
ruban [rybɑ̃] *nm (gén)* ribbon; *(téléscripteur)* tape; *(chapeau, acier)* band. **~ adhésif** sticky tape.
rubéole [rybeɔl] *nf* German measles *(sg)*.
rubis [rybi] *nm (pierre)* ruby; *(montre)* jewel.
rubrique [rybrik] *nf (article)* column; *(catégorie)* heading, rubric.
ruche [ryʃ] *nf* beehive.
rude [ryd] *adj* **(a)** *(gén, fig)* rough; *(dur, solide)* tough; *(bourru)* harsh; *(montée)* stiff; *(traits)* rugged. **en faire voir de ~s à qn** to give sb a hard *ou* tough time. **(b)** *(intensif) (gaillard, appétit)* hearty; *(peur, coup)* real. ◆ **rudement** *adv* **(a)** *(frapper)* hard; *(répondre)* harshly;

(traiter) roughly. **(b)** (*) *(content, cher)* terribly*, awfully*; *(meilleur, moins cher)* a great deal; *(travailler)* terribly hard*. **ça change ~** it's a real change. ◆ **rudesse** *nf* roughness; toughness; harshness; ruggedness.

rudimentaire [ʀydimɑ̃tɛʀ] *adj* rudimentary. ◆ **rudiments** *nmpl* rudiments. **quelques ~ d'anglais** a smattering of English, some basic knowledge of English.

rudoyer [ʀydwaje] (8) *vt* to treat harshly.

rue [ʀy] *nf* street. **être à la ~** to be out on the street.

ruée [ʀɥe] *nf* rush; *(péj)* stampede.

ruelle [ʀɥɛl] *nf* alley, narrow street.

ruer [ʀɥe] (1) — **1** *vi (cheval)* to kick out. *(fig)* **~ dans les brancards** to rebel. — **2 se ruer** *vpr* : **se ~ sur** to pounce on; **se ~ vers** to dash *ou* rush towards.

rugby [ʀygbi] *nm* Rugby (football), rugger*. ◆ **rugbyman,** *pl* **~men** *nm* rugby player.

rugir [ʀyʒiʀ] (2) *vi* to roar (*de* with). ◆ **rugissement** *nm* roar.

rugosité [ʀygozite] *nf* roughness. **une ~** a rough patch. ◆ **rugueux, -euse** *adj* rough.

ruine [ʀɥin] *nf* ruin. **en ~** in ruins. ◆ **ruiner** (1) *vt* to ruin. ◆ **ruineux, -euse** *adj* ruinous.

ruisseau, *pl* **~x** [ʀɥiso] *nm* stream, brook; *(caniveau)* gutter. **des ~x de** streams of.

ruisseler [ʀɥisle] (4) *vi* to stream (*de* with).

rumeur [ʀymœʀ] *nf (nouvelle)* rumour; *(murmure)* murmur; *(rue, conversation)* hum. *(protestation)* **~ de mécontentement** rumblings of discontent.

ruminant [ʀyminɑ] *nm* ruminant. ◆ **ruminer** (1) *vti (vache)* to ruminate; *(méditer)* to meditate.

rumsteck [ʀɔmstɛk] *nm* = **romsteck.**

rupture [ʀyptyʀ] *nf (gén)* break; *(contrat)* breach (*de* of); *(pourparlers)* breakdown (*de* of, in); *(séparation amoureuse)* break-up, split. *(processus)* **la ~ du câble** *etc* the breaking of the rope *etc.*

rural, e, *mpl* **-aux** [ʀyʀal, o] *adj* rural.

ruse [ʀyz] *nf (astuce)* cunning, craftiness; *(fourberie)* trickery. **une ~** a trick *ou* ruse. ◆ **rusé, e** *adj* cunning, crafty.

russe [ʀys] *adj, nm,* **Russe** *nmf* Russian. ◆ **Russie** *nf* Russia.

rustine [ʀystin] *nf* ® *(vélo)* (puncture) patch.

rustique [ʀystik] *adj* rustic.

rustre [ʀystʀ(ə)] — **1** *nm* boor. — **2** *adj* boorish.

rutiler [ʀytile] (1) *vi* to gleam.

rythme [ʀitm(ə)] *nm (gén)* rhythm; *(vitesse)* rate; *(vie, travail)* pace. **au ~ de** at the rate of. ◆ **rythmé, e** *adj* rhythmical. ◆ **rythmer** (1) *vt* to give rhythm to.

S

S, s [ɛs] *nm (lettre)* S, s.

s' [s] *V* **se, si**[1].

sa [sa] *adj poss V* **son**[1].

sabbat [saba] *nm (Rel)* Sabbath.

sable [sɑbl(ə)] *nm* sand. **de ~** *(dune)* sand; *(plage)* sandy; **~s mouvants** quicksands. ◆ **sablé** *nm* shortbread biscuit *ou* cookie *(US)*. ◆ **sabler** (1) *vt (route)* to sand. **~ le champagne** to have champagne. ◆ **sableux, -euse** *ou* ◆ **sablonneux, -euse** *adj* sandy. ◆ **sablier** *nm (gén)* hourglass; *(Culin)* egg timer. ◆ **sablière** *nf (carrière)* sand quarry.

sabord [sabɔʀ] *nm (Naut)* scuttle. ◆ **saborder** (1) — **1** *vt* to scuttle. — **2 se saborder** *vpr (navire)* to scuttle one's ship; *(firme)* to shut down.

sabot [sabo] *nm (chaussure)* clog; *(Zool)* hoof; *(de frein)* shoe.

sabotage [sabɔtaʒ] *nm* sabotage. **un ~** an act of sabotage. ◆ **saboter** (1) *vt* to sabotage; *(bâcler)* to botch. ◆ **saboteur, -euse** *nm,f* saboteur.

sabre [sɑbʀ(ə)] *nm* sabre. ◆ **sabrer** (1) *vt (Mil)* to sabre; (* : *critiquer*) to tear to pieces; (* : *biffer*) to score out.

sac [sak] *nm* **(a)** *(gén)* bag; *(en toile)* sack; *(écolier)* satchel. **~ de couchage** sleeping bag; **~ à dos** rucksack, knapsack; **~ à main** handbag; **~ à provisions** shopping bag; *(en papier)* carrier bag; **~ de voyage** grip. **(b)** *(contenu)* bag, bagful. **(c)** *(pillage)* sack. **mettre à ~** to ransack. **(d) mettre dans le même ~*** to lump together; **l'affaire est dans le ~*** it's in the bag*.

saccade [sakad] *nf* jerk. ◆ **saccadé, e** *adj (gén)* jerky; *(bruit)* staccato.

saccager [sakaʒe] (3) *vt (dévaster)* to wreck; *(piller)* to ransack.

saccharine [sakaʀin] *nf* saccharine.

sacerdoce [sasɛʀdɔs] *nm (Rel)* priesthood; *(fig)* calling, vocation.

sachet [saʃɛ] *nm (bonbons)* bag; *(poudre)* sachet. **~ de thé** tea bag.

sacoche [sakɔʃ] *nf (gén)* bag; *(moto)* pannier; *(écolier)* satchel.

sacquer* [sake] (1) *vt* **(a)** *(employé)* to give the sack* to. **se faire ~** to get the sack*. **(b)** *(élève)* to give a lousy mark to*.

sacre [sakʀ(ə)] *nm (roi)* coronation; *(évêque)* consecration. ◆ **sacré, e** — **1** *adj (gén)* sacred; *(saint)* holy; (* : *maudit*) blasted*, damned*. **c'est un ~ menteur** he's one heck* of a liar; **ce ~ Paul** good old Paul*. — **2** *nm* : **le ~** the sacred. ◆ **sacrement** *nm* sacrament. ◆ **sacrément*** *adv (froid)* damned*; *(plaire)* a hell of a lot*. ◆ **sacrer** (1) *vt* to crown; to consecrate.

sacrifice [sakʀifis] *nm* sacrifice. ◆ **sacrifier** (7) — **1** *vt (gén)* to sacrifice (*à* to, *pour* for); *(Comm : marchandises)* to give away —

2 sacrifier à *vt indir (mode)* to conform to. — **3 se sacrifier** *vpr* to sacrifice o.s.
sacrilège [sakʀilɛʒ] — **1** *adj (Rel, fig)* sacrilegious. — **2** *nm* sacrilege. — **3** *nmf* sacrilegious person.
sacripant [sakʀipɑ̃] *nm* rogue.
sacristain [sakʀistɛ̃] *nm (sacristie)* sacristan; *(église)* sexton. ◆ **sacristie** *nf (catholique)* sacristy; *(protestante)* vestry.
sacro-saint, e [sakʀɔsɛ̃, ɛ̃t] *adj* sacro-sanct.
sadique [sadik] — **1** *adj* sadistic. — **2** *nmf* sadist. ◆ **sadisme** *nm* sadism.
safari [safaʀi] *nm* safari.
safran [safʀɑ̃] *nm, adj inv* saffron.
sagace [sagas] *adj* sagacious, shrewd. ◆ **sagacité** *nf* sagacity, shrewdness.
sage [saʒ] — **1** *adj (docile)* good; *(avisé)* wise, sensible; *(modéré)* moderate. ~ **comme une image** as good as gold. — **2** *nm* wise man; *(Antiquité)* sage. ◆ **sage-femme,** *pl* **~s-~s** *nf* midwife. ◆ **sagement** *adj* wisely, sensibly; moderately. ~ **assis** sitting quietly. ◆ **sagesse** *nf* good behaviour; wisdom.
Sagittaire [saʒitɛʀ] *nm* : **le** ~ Sagittarius.
saignant, e [sɛɲɑ̃, ɑ̃t] *adj (plaie)* bleeding; *(viande)* rare, underdone. ◆ **saignée** *nf* **(a)** *(Méd)* bleeding. **(b)** *(budget)* savage cut (*à, dans* in). **(c)** *(Anat)* **la ~ du bras** the bend of the arm. **(d)** *(sol)* ditch; *(mur)* groove. ◆ **saignement** *nm* bleeding. ~ **de nez** nosebleed. ◆ **saigner** (1) — **1** *vi* to bleed. **il saignait du nez** his nose was bleeding. — **2** *vt* to bleed. **se ~ pour qn** to bleed o.s. white for sb.
saillant, e [sajɑ̃, ɑ̃t] *adj (corniche)* projecting; *(menton, veine)* protruding; *(pommette)* prominent; *(yeux)* bulging; *(événement)* salient. ◆ **saillie** *nf* **(a)** *(aspérité)* projection. **faire ~** to project, jut out. **(b)** *(boutade)* witticism.
sain, saine [sɛ̃, sɛn] *adj (physiquement)* healthy, sound; *(moralement)* sane; *(climat, nourriture)* wholesome; *(jugement)* sound. ~ **et sauf** safe and sound.
saindoux [sɛ̃du] *nm* lard.
sainement [sɛnmɑ̃] *adv* (*V* **sain**) healthily; soundly; sanely; wholesomely.
saint, e [sɛ̃, sɛ̃t] — **1** *adj* **(a)** *(sacré, fig)* holy; *(personne, action)* saintly. **(b) ~ Pierre** Saint Peter; *(église)* **S~-Pierre** Saint Peter's; **à la S~-Pierre** on Saint Peter's day. — **2** *nm, f* saint; *(statue)* statue of a saint. — **3** : *(chien)* **~-bernard** *nm inv* St Bernard; **le S~-Esprit** the Holy Spirit *ou* Ghost; **~e nitouche** pious hypocrite; **S~-Père** Holy Father; **le ~ sacrement** the Blessed Sacrament; **le S~ des S~s** the Holy of Holies; **le S~-Siège** the Holy See; **la S~-Sylvestre** New Year's Eve; **la S~e Vierge** the Blessed Virgin. ◆ **sainteté** *nf (personne)* saintliness; *(Évangile)* holiness; *(lieu, mariage)* sanctity. **Sa S~** His Holiness.
saisie [sezi] *nf (Jur)* seizure; *(données)* keyboarding.
saisir [seziʀ] (2) *vt* **(a)** *(prendre)* to take *ou* catch hold of; *(s'emparer de)* to seize, grab hold of; *(comprendre)* to grasp, get*; *(surprendre)* to surprise; *(sentiment)* to seize, grip. **se ~ de qch** to seize sth; **être saisi par** *(ressemblance, froid)* to be struck by. **(b)** *(Jur) (biens)* to seize; *(juridiction)* to submit to. **(c)** *(Culin)* to fry briskly. **(d)** *(Informatique)* to keyboard. ◆ **saisissant, e** *adj (spectacle)* gripping; *(ressemblance)* striking. ◆ **saisissement** *nm* surprise.
saison [sɛzɔ̃] *nf* season. **en cette ~** at this time of year; **temps de ~** seasonable weather. ◆ **saisonnier, -ière** *adj* seasonal.
salade [salad] *nf* **(a)** *(laitue)* lettuce; *(plat)* green salad. ~ **de tomates** *etc* tomato *etc* salad; ~ **niçoise** salade niçoise; **haricots en ~** bean salad. **(b)** (**fig*) *(confusion)* muddle. *(mensonges)* **~s** stories*. ◆ **saladier** *nm* salad bowl.
salaire [salɛʀ] *nm* wages, salary; *(fig : récompense)* reward (*de* for).
salaison [salɛzɔ̃] *nf* salt meat (*ou* fish).
salamandre [salamɑ̃dʀ(ə)] *nf (animal)* salamander; *(poêle)* slow-combustion stove.
salami [salami] *nm* salami.
salarié, e [salaʀje] — **1** *adj* salaried. — **2** *nm, f* salaried employee, wage-earner.
salaud* [salo] *nm* bastard*, swine*.
sale [sal] *adj (crasseux)* dirty, filthy; (* : *mauvais*) nasty; *(temps, caractère)* rotten*, foul. **faire une ~ tête*** to be damned annoyed*.
salé, e [sale] — **1** *adj* **(a)** *(saveur)* salty; *(plat)* salted; *(conservé au sel)* salt. **(b)** (* : *plaisanterie*) spicy*; *(punition)* stiff*; *(facture)* steep*. — **2** *nm (nourriture)* salty food; *(porc)* salt pork. — **3** *adv* : **manger ~** to like a lot of salt on one's food.
salement [salmɑ̃] *adv* dirtily; (* : *très*) damned*.
saler [sale] (1) *vt* to salt.
saleté [salte] *nf* **(a)** *(apparence)* dirtiness; *(crasse)* dirt. **il y a une ~ par terre** there's some dirt on the floor; **tu as fait des ~s** you've made a mess. **(b)** (*) *(maladie)* nasty bug*; *(méchanceté)* dirty trick*. *(objet)* **c'est une ~ ou de la ~** it's rubbish.
salière [saljɛʀ] *nf* saltcellar.
salin, e [salɛ̃, in] *adj* saline.
salir [saliʀ] (2) — **1** *vt (lieu)* to dirty, mess up; *(réputation)* to soil, tarnish. — **2 se salir** *vpr* to get dirty. **se ~ les mains** to get one's hands dirty. ◆ **salissant, e** *adj (étoffe)* which shows the dirt; *(travail)* dirty, messy.
salive [saliv] *nf* saliva, spittle. ◆ **saliver** (1) *vi* to salivate.
salle [sal] — **1** *nf* **(a)** *(gén)* room; *(château)* hall; *(hôpital)* ward. **(b)** *(auditorium)* auditorium, theatre; *(public)* audience. — **2** : ~ **d'attente** waiting room; ~ **de bain**(s) bathroom; ~ **de concert** concert hall; ~ **d'eau** shower-room; ~ **des fêtes** village hall; ~ **à manger** *(pièce)* dining-room; *(meubles)* dining-room suite; ~ **d'opération** operating theatre; ~ **des professeurs** staff room; ~ **de rédaction** (newspaper) office; ~ **de séjour** living room; ~ **de spectacle** theatre; cinema; ~ **des ventes** saleroom, auction room.
salon [salɔ̃] — **1** *nm* **(a)** *(maison)* lounge, sitting room; *(hôtel)* lounge. **(b)** *(meubles)* three piece suite. **(c)** *(exposition)* exhibition, show. **(d)** *(littéraire)* salon. — **2** : **S~ de l'Auto** Motor Show; ~ **de coiffure** hairdressing salon; ~ **de thé** tearoom.
salopard* [salɔpaʀ] *nm* bastard*, swine*.
salope* [salɔp] *nf (méchante)* bitch*.
saloper* [salɔpe] (1) *vt (salir)* to mess up*.
saloperie* [salɔpʀi] *nf (action)* dirty trick*. *(objet)* **de la ~** rubbish; **ça fait de la ~** *ou* **des ~s** it makes a mess.
salopette [salɔpɛt] *nf (gén)* dungarees; *(ouvrier)* overalls.
salpêtre [salpɛtʀ(ə)] *nm* saltpetre.
salsifis [salsifi] *nm* salsify.

saltimbanque [saltẽbɑ̃k] *nmf* travelling acrobat.
salubre [salybʀ(ə)] *adj* healthy, salubrious. ◆ **salubrité** *nf* healthiness, salubrity.
saluer [salɥe] (1) *vt (gén)* to greet; *(Mil)* to salute. ~ **qn** *(dire au revoir)* to take one's leave of sb; *(de la main)* to wave to sb; *(de la tête)* to nod to sb; *(du buste)* to bow to sb; **saluez-le de ma part** give him my regards; **'je vous salue, Marie'** 'Hail, Mary'.
salut [saly] — **1** *nm* **(a)** *(de la main)* wave; *(de la tête)* nod; *(du buste)* bow; *(Mil)* salute. **(b)** *(sauvegarde)* safety; *(Rel)* salvation. — **2** *excl* (*) *(bonjour)* hello!; *(au revoir)* bye!*.
salutaire [salytɛʀ] *adj (gén)* salutary; *(remède)* beneficial. **ça m'a été** ~ it did me good.
salutation [salytɑsjɔ̃] *nf* salutation, greeting. **veuillez agréer mes** ~**s distinguées** yours faithfully.
salve [salv(ə)] *nf* salvo.
samedi [samdi] *nm* Saturday. **nous irons** ~ we'll go on Saturday; ~ **qui vient** this Saturday; ~, **le 18 décembre** Saturday December 18th; **le** ~ **23 janvier** on Saturday January 23rd.
sanatorium [sanatɔʀjɔm] *nm* sanatorium, sanitarium *(US)*.
sanction [sɑ̃ksjɔ̃] *nf* **(a)** *(condamnation)* sanction, penalty; *(Scol)* punishment. **(b)** *(ratification)* sanction. ◆ **sanctionner** (1) *vt* to punish; to sanction.
sanctuaire [sɑ̃ktɥɛʀ] *nm* sanctuary.
sandale [sɑ̃dal] *nf* sandal.
sandwich [sɑ̃dwitʃ] *nm* sandwich.
sang [sɑ̃] *nm* blood. **en** ~ bleeding; **il a ça dans le** ~ it's in his blood; **mon** ~ **n'a fait qu'un tour** *(peur)* my heart missed a beat; *(colère)* I saw red. ◆ **sang-froid** *nm inv* sang-froid, self-control. **faire qch de** ~ to do sth in cold blood *ou* cold-bloodedly; **avec** ~ calmly.
sanglant, e [sɑ̃glɑ̃,ɑ̃t] *adj (gén)* bloody; *(défaite)* savage.
sangle [sɑ̃gl(ə)] *nf (gén)* strap; *(selle)* girth. ◆ **sangler** (1) *vt* to strap up; to girth.
sanglier [sɑ̃glije] *nm* wild boar.
sanglot [sɑ̃glo] *nm* sob. ◆ **sangloter** (1) *vi* to sob.
sangsue [sɑ̃sy] *nf* leech.
sanguin, e [sɑ̃gɛ̃, in] *adj* blood.
sanguinaire [sɑ̃ginɛʀ] *adj (personne)* bloodthirsty; *(combat)* bloody.
sanitaire [sanitɛʀ] — **1** *adj (mesures)* health; *(conditions)* sanitary. **l'installation** ~ the bathroom plumbing; **appareil** ~ bathroom *ou* sanitary appliance. — **2** *nmpl* : **les** ~**s** *(lieu)* the bathroom; *(appareils)* the bathroom suite.
sans [sɑ̃] *prép* **(a)** *(gén)* without. **je suis sorti** ~ **chapeau ni manteau** I went out without a hat or coat *ou* with no hat or coat; **repas à 60 F** ~ **le vin** meal at 60 francs exclusive of wine *ou* not including wine; **il est** ~ **scrupules** he is unscrupulous; **robe** ~ **manches** sleeveless dress; **demain** ~ **faute** tomorrow without fail; **je le connais,** ~ **plus** I know him but no more than that. **(b)** *(cause négative)* but for. ~ **cette réunion, il aurait pu venir** if it had not been for *ou* were it not for *ou* but for this meeting he could have come; **je n'irai pas** ~ **être invité** *ou* ~ **que je sois invité** I won't go without being invited; **il va** ~ **dire que** it goes without saying that. ~ **ça,** ~ **quoi** otherwise, if not, or else. ◆ **sans-abri** *nmf inv* homeless person. ◆ **sans-gêne** — **1** *adj inv* inconsiderate. — **2** *nm inv* lack of consideration for others. ◆ **sans-le-sou** *adj inv* penniless. ◆ **sans-travail** *nmf inv* unemployed person.
santé [sɑ̃te] *nf* health. **meilleure** ~! get well soon!; **à votre** ~! cheers!*; **à la** ~ **de Paul!** here's to Paul!; **boire à la** ~ **de qn** to drink to sb's health.
saoul, e [su, sul] = **soûl.**
saper [sape] (1) — **1** *vt (lit, fig)* to undermine, sap. — **2 se saper** *vpr* to do o.s up*. **bien sapé** well turned out *ou* got up*.
sapeur [sapœʀ] *nm (Mil)* sapper. ~**-pompier** fireman.
saphir [safiʀ] *nm* sapphire.
sapin [sapɛ̃] *nm* fir (tree). ~ **de Noël** Christmas tree.
saquer* [sake] (1) *vt* = **sacquer***.
sarabande [saʀabɑ̃d] *nf (danse)* saraband; (* : *tapage*) racket*.
sarbacane [saʀbakan] *nf (arme)* blowpipe; *(jouet)* peashooter.
sarcasme [saʀkasm(ə)] *nm (ironie)* sarcasm; *(remarque)* sarcastic remark. ◆ **sarcastique** *adj* sarcastic.
sarcler [saʀkle] (1) *vt* to weed.
sarcophage [saʀkɔfaʒ] *nm* sarcophagus.
Sardaigne [saʀdɛɲ] *nf* Sardinia.
sardine [saʀdin] *nf* sardine.
sardonique [saʀdɔnik] *adj* sardonic.
sarment [saʀmɑ̃] *nm* : ~ **de vigne** vine shoot.
sarrasin [saʀazɛ̃] *nm (Bot)* buckwheat.
sas [sɑ] *nm* **(a)** *(Espace, Naut)* airlock; *(écluse)* lock. **(b)** *(tamis)* sieve, screen.
Satan [satɑ̃] *nm* Satan. ◆ **satané, e*** *adj* blasted*. ◆ **satanique** *adj* satanic.
satellite [satelit] *nm* satellite.
satiété [sasjete] *nf* : **manger à** ~ to eat one's fill; **répéter à** ~ to repeat ad nauseam.
satin [satɛ̃] *nm* satin. ◆ **satiné, e** *adj* satin-like; *(peinture)* with a silk finish.
satire [satiʀ] *nf* satire. ◆ **satirique** *adj* satirical.
satisfaction [satisfaksjɔ̃] *nf* satisfaction. **donner** ~ **à qn** to give sb satisfaction (*de qch* for sth). ◆ **satisfaire** (60) — **1** *vt* to satisfy. **se** ~ **de qch** to be satisfied with sth.— **2 satisfaire à** *vt indir (besoin, désir)* to satisfy; *(promesse, condition)* to fulfil. ◆ **satisfaisant, e** *adj (acceptable)* satisfactory; *(qui fait plaisir)* satisfying. ◆ **satisfait, e** *adj* satisfied.
saturation [satyʀɑsjɔ̃] *nf* saturation. ◆ **saturer** (1) *vt* to saturate (*de* with). **saturé d'eau** waterlogged; **j'en suis saturé** I've had my fill of it.
Saturne [satyʀn(ə)] *nm* Saturn.
satyre [satiʀ] *nm* (* : *obsédé*) sex maniac*; *(Myth)* satyr.
sauce [sos] *nf (Culin)* sauce; *(salade)* dressing; *(jus de viande)* gravy. ~ **blanche** *etc* white *etc* sauce. ◆ **saucer** (3) *vt (assiette)* to wipe (the sauce off). ◆ **saucière** *nf* sauceboat; gravy boat.
saucisse [sosis] *nf* sausage. ~ **de Francfort** ≃ frankfurter. ◆ **saucisson** *nm* (slicing) sausage.
sauf[1], **sauve** [sof, sov] *adj (personne)* unharmed, unhurt; *(honneur)* intact.
sauf[2] [sof] *prép (à part)* except; *(à moins de)* unless. ~ **si** except if, unless.
sauf-conduit, *pl* ~**-**~**s** [sofkɔ̃dɥi] *nm* safe-conduct.
sauge [soʒ] *nf (Culin)* sage; *(fleur)* salvia.
saugrenu, e [sogʀəny] *adj* preposterous.

saule [sol] *nm* willow tree. **~ pleureur** weeping willow.

saumâtre [somɑtʀ(ə)] *adj (goût)* briny; *(fig)* unpleasant.

saumon [somɔ̃] — **1** *nm* salmon *(pl inv)*. — **2** *adj inv* salmon pink.

saumure [somyʀ] *nf* brine.

sauna [sona] *nm* sauna.

saupoudrer [sopudʀe] (1) *vt* to sprinkle.

saut [so] *nm (lit, fig : bond)* jump, leap. *(Sport : spécialité)* **le ~** jumping; **faire qch au ~ du lit** to do sth on getting up; **faire un ~ chez qn** to pop round to see sb; **~ en hauteur** high jump; **~ en longueur** long jump; **~ en parachute** *(sport)* parachuting; *(bond)* parachute jump; **~ à la perche** *(sport)* pole vaulting; *(bond)* pole vault; **~ périlleux** somersault.

saute [sot] *nf* : **~ de** *(humeur, vent)* sudden change of; *(température)* jump in.

sauté, e [sote] *adj, nm (Culin)* sauté.

saute-mouton [sotmutɔ̃] *nm* leapfrog.

sauter [sote] (1) — **1** *vi* **(a)** *(gén, fig)* to jump, leap (*de* from). **~ à pieds joints** to make a standing jump; **~ à cloche-pied** to hop; **~ à la corde** to skip *(with a rope)*; **~ en parachute** to parachute; **~ en l'air** to jump *ou* leap *ou* spring up; **~ de joie** to jump for joy; **~ au cou de qn** to fly into sb's arms; **~ d'un sujet à l'autre** to skip from one subject to another; **il m'a sauté dessus** he pounced on me; **et que ça saute!*** and be quick about it!; **cela saute aux yeux** it's obvious. **(b)** *(bouchon)* to pop off; *(pont)* to blow up, explode; *(fusible)* to blow; *(cours)* to be cancelled. **(c) faire ~** *(train)* to blow up; *(fusible)* to blow; *(serrure)* to break open; *(gouvernement)* to throw out; *(Culin)* to sauté; **faire ~ un enfant sur ses genoux** to dandle a child on one's knee; **se faire ~ la cervelle*** to blow one's brains out. — **2** *vt (obstacle)* to jump over, leap over; *(page, repas)* to skip, miss out. ◆ **sauterelle** *nf* grasshoper. ◆ **sauterie** *nf* party. ◆ **sauteur, -euse** — **1** *nm, f* jumper. **~ à la perche** pole-vaulter. — **2** *nf (Culin)* high-sided frying pan.

sautiller [sotije] (1) *vi (oiseau)* to hop; *(enfant)* to skip. **sautillant** *(musique)* bouncy.

sautoir [sotwaʀ] *nm (Bijouterie)* chain.

sauvage [sovaʒ] — **1** *adj* **(a)** *(gén)* wild; *(peuplade, combat)* savage; *(insociable)* unsociable. **vivre à l'état ~** to live wild. **(b)** *(camping, vente)* unauthorized; *(concurrence)* unfair; *(grève)* unofficial. — **2** *nmf (solitaire)* unsociable type. ◆ **sauvagerie** *nf* savagery.

sauve [sov] *adj f V* **sauf¹**. ◆ **sauvegarde** *nf* safeguard. ◆ **sauvegarder** (1) *vt* to safeguard. ◆ **sauve-qui-peut** *nm inv* stampede.

sauver [sove] (1) — **1** *vt (gén)* to save; *(accidenté)* to rescue (*de* from); *(meubles)* to salvage. **~ la vie à qn** to save sb's life; **~ les apparences** to keep up appearances. — **2 se sauver** *vpr (s'enfuir)* to run away (*de* from); (* : *partir*) to be off; *(lait)* to boil over. ◆ **sauvetage** *nm* rescue; *(biens)* salvaging. ◆ **sauveteur** *nm* rescuer. ◆ **sauveur** *adj m, nm* saviour.

sauvette* [sovɛt] *nf* : **à la ~** hastily; **vendre à la ~** to peddle on the streets.

savamment [savamɑ̃] *adv* (V **savant**) learnedly ; skilfully, cleverly.

savane [savan] *nf* savannah.

savant, e [savɑ̃, ɑ̃t] — **1** *adj (érudit)* learned, scholarly; *(habile)* clever, skilful; *(chien, puce)* performing. — **2** *nm (sciences)* scientist; *(lettres)* scholar.

savate* [savat] *nf* worn-out old shoe.

saveur [savœʀ] *nf* flavour; *(fig)* savour.

savoir [savwaʀ] (32) — **1** *vt* **(a)** *(gén)* to know; *(nouvelle)* to hear, learn of. **je la savais malade** I knew (that) she was ill; **je crois ~ que** I understand that; **qu'en savez-vous?** how do you know?; **il nous a fait ~ que** he informed us *ou* let us know that. **(b)** *(pouvoir)* to know how to. **elle sait lire** she can read, she knows how to read; **elle saura bien se défendre** she'll be quite able to look after herself; **il faut ~ attendre** you have to learn to be patient; **je ne saurais pas vous répondre** I'm afraid I couldn't answer you; **sans le ~** unknowingly; **qui sait?** who knows?; **je ne sais où** goodness knows where; **on ne sait jamais** you never know, you can never tell; **pas que je sache** not as far as I know; **sachez que** let me tell you that; *(énumération)* **à ~** that is, namely, i.e.; **qui vous savez** you-know-who; **vous n'êtes pas sans ~ que** you are not unaware that. — **2** *nm* learning, knowledge. **~-faire** savoir-faire, know-how*; **avoir du ~-vivre** to know how to behave.

savon [savɔ̃] *nm* soap; *(morceau)* cake of soap. **~ en poudre** soap powder; **il m'a passé un ~*** he gave me a ticking-off*. ◆ **savonner** (1) *vt* to soap. ◆ **savonnette** *nf* cake of toilet soap. ◆ **savonneux, -euse** *adj* soapy.

savourer [savuʀe] (1) *vt* to savour. ◆ **savoureux, -euse** *adj (plat)* tasty; *(anecdote)* spicy.

saxophone [saksɔfɔn] *nm* saxophone.

sbire [sbiʀ] *nm (péj)* henchman *(péj)*.

scabreux, -euse [skabʀø, øz] *adj (indécent)* improper, shocking; *(dangereux)* risky.

scalper [skalpe] (1) *vt* to scalp.

scalpel [skalpɛl] *nm* scalpel.

scandale [skɑ̃dal] *nm* scandal. **faire ~** to scandalize people; **à ~** *(livre)* controversial; **faire un** *ou* **du ~** to kick up a fuss*. ◆ **scandaleux, -euse** *adj* scandalous, outrageous. ◆ **scandaliser** (1) *vt* to scandalize.

scander [skɑ̃de] (1) *vt (vers)* to scan; *(nom)* to chant.

scandinave [skɑ̃dinav] *adj*, **S~** *nmf* Scandinavian. ◆ **Scandinavie** *nf* Scandinavia.

scaphandre [skafɑ̃dʀ(ə)] *nm (plongeur)* diving suit; *(cosmonaute)* space-suit. **~ autonome** aqualung. ◆ **scaphandrier** *nm* underwater diver.

scarabée [skaʀabe] *nm* beetle.

scarlatine [skaʀlatin] *nf* scarlet fever.

scarole [skaʀɔl] *nf* curly endive.

sceau, *pl* **~x** [so] *nm* seal; *(fig)* stamp, mark.

scélérat [seleʀa] *nm* rascal.

sceller [sele] (1) *vt (pacte, sac)* to seal; *(Constr)* to embed. ◆ **scellés** *nmpl* seals.

scénario [senaʀjo] *nm (gén, fig)* scenario; *(dialogues)* screenplay.

scène [sɛn] *nf* **(a)** *(gén)* scene. **~ de ménage** domestic fight *ou* scene; **faire une ~ (à qn)** to make a scene. **(b)** *(estrade)* stage. **en ~, sur ~** on stage; **mettre en ~** *(personnage)* to present; *(pièce de théâtre)* to stage; *(film)* to direct.

scepticisme [sɛptisism(ə)] *nm* scepticism. ◆ **sceptique** — **1** *adj* sceptical. — **2** *nmf* sceptic.

sceptre [sɛptʀ(ə)] *nm* sceptre.

schéma [ʃema] *nm* diagram, sketch. ◆ **schématique** *adj (dessin)* schematic; *(péj)* oversimplified. ◆ **schématiser** (1) *vt* to schematize; *(péj)* to oversimplify.

schisme [ʃism(ə)] *nm* schism.
schizophrène [skizɔfʀɛn] *adj, nmf* schizophrenic. ◆ **schizophrénie** *nf* schizophrenia.
sciatique [sjatik] — **1** *nf* sciatica. — **2** *adj* sciatic.
scie [si] *nf* saw. **~ à découper** fretsaw; *(mécanique)* jigsaw; **~ à métaux** hacksaw.
sciemment [sjamɑ̃] *adv* knowingly, wittingly.
science [sjɑ̃s] *nf* **(a)** *(domaine)* science. **~s humaines** social sciences; **~s naturelles** biology. **(b)** *(art)* art; *(habileté)* skill; *(érudition)* knowledge. ◆ **science-fiction** *nf* science fiction. ◆ **scientifique** — **1** *adj* scientific. — **2** *nmf* scientist.
scier [sje] (7) *vt* to saw. **ça m'a scié!*** it staggered me! ◆ **scierie** *nf* sawmill. ◆ **scieur** *nm* sawyer.
scinder *vt*, **se scinder** *vpr* [sɛ̃de] (1) to split up.
scintillement [sɛ̃tijmɑ̃] *nm* : **~(s)** *(gén)* sparkling; *(lumière)* glittering; *(étoiles)* twinkling; *(goutte d'eau)* glistening. ◆ **scintiller** (1) *vi* to sparkle; to glitter; to twinkle; to glisten.
scission [sisjɔ̃] *nf* split, scission. **faire ~** to secede.
sciure [sjyʀ] *nf* : **~ de bois** sawdust.
sclérose [skleʀoz] *nf* sclerosis. **~ en plaques** multiple sclerosis. ◆ **se scléroser** (1) *vpr* to sclerose.
scolaire [skɔlɛʀ] *adj (gén)* school; *(péj)* schoolish. **ses succès ~s** his scholastic achievements. ◆ **scolariser** (1) *vt* to provide with schooling. ◆ **scolarité** *nf* schooling. **années de ~** school years.
scorbut [skɔʀbyt] *nm* scurvy.
score [skɔʀ] *nm (Sport)* score.
scorpion [skɔʀpjɔ̃] *nm (Zool)* scorpion. *(Astron)* **le S~** Scorpio, the Scorpion.
scotch [skɔtʃ] *nm (boisson)* scotch (whisky); *(collant)* ® sellotape ®, Scotchtape *(US)*.
scout, e [skut] *adj, nm* boy scout.
script [skʀipt] *nm* : **écriture ~** printing. ◆ **script-girl**, *pl* **~-~s** *nf* continuity girl.
scrupule [skʀypyl] *nm* scruple. **sans ~s** *(personne)* unscrupulous; *(agir)* unscrupulously. ◆ **scrupuleusement** *adv* scrupulously. ◆ **scrupuleux, -euse** *adj* scrupulous.
scruter [skʀyte] (1) *vt* to scrutinize, examine; *(pénombre)* to peer into.
scrutin [skʀytɛ̃] *nm (vote)* ballot; *(élection)* poll. **~ secret** secret ballot; **dépouiller le ~** to count the votes; **le jour du ~** polling day; **~ uninominal** uninominal system.
sculpter [skylte] (1) *vt (marbre)* to sculpt; *(bois)* to carve *(dans* out of). ◆ **sculpteur** *nm* sculptor; *(femme)* sculptress. **~ sur bois** woodcarver. ◆ **sculpture** *nf* sculpture; woodcarving.
se [s(ə)] *pron* **(a)** *(mâle)* himself; *(femelle)* herself; *(non humain)* itself; *(pl)* themselves. *(indéfini)* **~ regarder** to look at oneself; **~ raser** to shave; **~ mouiller** to get wet; *(réciproque)* **s'aimer** to love each other *ou* one another; *(possessif)* **il ~ lave les mains** he is washing his hands. **(b)** *(passif)* **cela ne ~ fait pas** that's not done; **cela ~ répare** it can be repaired. **(c)** *(changement)* **~ boucher** to become *ou* get blocked.
séance [seɑ̃s] *nf* session. **être en ~** to sit; **~ de pose** sitting; **~ de cinéma** film show; **dernière ~** last showing; **~ tenante** forthwith.
séant[1] [seɑ̃] *nm (hum)* posterior *(hum)*. **se mettre sur son ~** to sit up.
séant[2], **e** [seɑ̃, ɑ̃t] *adj (convenable)* seemly, fitting.
seau, *pl* **~x** [so] *nm* bucket, pail. **~ hygiénique** slop pail.
sébile [sebil] *nf* offering bowl.
sec, sèche [sɛk, sɛʃ] — **1** *adj (gén)* dry; *(fruits)* dried; *(maigre : personne)* thin; *(cœur)* hard, cold; *(réponse)* curt; *(whisky)* neat, straight. **bruit ~** sharp snap. — **2** *adv (frapper, boire)* hard. — **3** *nm* : **au ~** in a dry place; **être à ~** *(puits)* to be dry; *(caisse)* to be empty; **mettre à ~** to drain.
sécateur [sekatœʀ] *nm* pair of secateurs.
sécession [sesesjɔ̃] *nf* secession. **faire ~** to secede.
sèche [sɛʃ] *adj V* **sec.** ◆ **sèche-cheveux** *nm inv* hair drier. ◆ **sèchement** *adv (gén)* drily; *(répondre)* curtly. ◆ **sécher** (6) — **1** *vt* to dry. — **2** *vi* **(a)** *(gén)* to dry. **faire ~ qch** to leave sth to dry. **(b)** (**Scol*) *(ignorer)* to be stumped*; *(être absent)* to skip classes. ◆ **sécheresse** *nf (gén)* dryness; *(réponse)* curtness; *(cœur)* coldness, hardness; *(absence de pluie)* drought. ◆ **séchoir** *nm (local)* drying shed; *(appareil)* drier.
second, e[1] [s(ə)gɔ̃, ɔ̃d] — **1** *adj* second. *(péj)* **de ~ choix** low-quality; **passer en ~** to come second; **~e vue** second sight; **être dans un état ~** to be in a sort of trance. — **2** *nm, f* second. — **3** *nm* **(a)** *(adjoint)* second in command; *(Naut)* first mate. **(b)** *(étage)* second floor, third floor *(US)*. — **4** *nf (transport)* second class; *(Scol)* ≃ fifth form, tenth grade *(US)*; *(Aut)* second gear.
secondaire [s(ə)gɔ̃dɛʀ] — **1** *adj* secondary. **effets ~s** side effects. — **2** *nm (Scol)* **le ~** secondary *ou* high-school *(US)* education.
seconde[2] [s(ə)gɔ̃d] *nf (gén, Géom)* second.
seconder [s(ə)gɔ̃de] (1) *vt* to assist, help.
secouer [s(ə)kwe] (1) — **1** *vt (gén)* to shake; *(poussière)* to shake off. **~ la tête** *(oui)* to nod; *(non)* to shake one's head; *(deuil)* **~ qn** to shake sb. — **2 se secouer** *vpr (lit)* to shake o.s.; (**fig*) to shake o.s. up*.
secourable [s(ə)kuʀabl(ə)] *adj (personne)* helpful. ◆ **secourir** (11) *vt* to help, assist, aid. ◆ **secouriste** *nmf* first-aid worker. ◆ **secours** *nm* **(a)** *(aide)* help, aid, assistance. **crier au ~** to shout for help; **au ~!** help!; **porter ~ à qn** to give help to sb; *(en montagne etc)* to rescue sb; **équipe de ~** rescue party; **sortie de ~** emergency exit; **roue de ~** spare wheel. **(b)** *(Mil)* **le ~, les ~** relief. **(c)** *(aumône)* **un ~, des ~** aid.
secousse [s(ə)kus] *nf (choc)* jerk, jolt; *(traction)* tug, pull; *(morale)* shock. **sans ~** smoothly; **~ sismique** earth tremor.
secret, -ète [səkʀɛ, ɛt] — **1** *adj (gén)* secret; *(renfermé)* reserved. — **2** *nm* **(a)** secret. **~ de Polichinelle** open secret; **mettre qn dans le ~** to let sb into the secret; **en ~** secretly; *(Prison)* **au ~** in solitary confinement. **(b)** *(discrétion)* secrecy. **le ~ professionnel** professional secrecy. **garder le ~** to maintain silence *(sur* about).
secrétaire [s(ə)kʀetɛʀ] — **1** *nmf* secretary. **~ de direction** executive secretary; **~ d'État** junior minister; **~ général** Secretary-General. — **2** *nm (meuble)* writing desk. ◆ **secrétariat** *nm* **(a)** *(travail)* secretarial work. **école de ~** secretarial college. **(b)** *(bureaux d'une école)* (secretary's) office; *(d'une firme)* secretarial offices; *(d'un organisme)* secretariat. **(c)** *(per-*

sonnel) secretarial staff. **(d) ~ d'État** *(ministère)* ≃ ministry; *(fonction)* office of junior minister.
sécréter [sekʀete] (6) *vt* to secrete. ◆ **sécrétion** *nf* secretion.
sectaire [sɛktɛʀ] *adj, nmf* sectarian. ◆ **secte** *nf* sect.
secteur [sɛktœʀ] *nm (gén)* area; *(Écon, Mil)* sector; *(Admin)* district. *(Élec)* **le ~** the mains supply.
section [sɛksjɔ̃] *nf (gén)* section; *(autobus)* fare stage; *(Mil)* platoon. ◆ **sectionner** (1) *vt* to sever.
séculaire [sekylɛʀ] *adj (vieux)* age-old.
séculier, -ière [sekylje, jɛʀ] *adj* secular.
sécuriser [sekyʀize] (1) *vt* to give a feeling of security to.
sécurité [sekyʀite] *nf (gén)* security; *(absence de danger)* safety. **en ~** safe, secure; **de ~** *(dispositif)* safety; **la ~ routière** road safety; **la S~ sociale** ≃ Social Security.
sédatif, -ive [sedatif, iv] *adj, nm* sedative.
sédentaire [sedɑ̃tɛʀ] *adj* sedentary.
sédiment [sedimɑ̃] *nm* sediment. ◆ **sédimentation** *nf* sedimentation.
séditieux, -euse [sedisjø, øz] *adj* seditious. ◆ **sédition** *nf* sedition.
séducteur, -trice [sedyktœʀ, tʀis] — **1** *adj* seductive. — **2** *nm* seducer; *(péj : Don Juan)* womanizer *(péj)*. — **3** *nf* seductress. ◆ **séduction** *nf (gén)* seduction; *(attirance)* appeal, charm, attraction. ◆ **séduire** (38) *vt (abuser de)* to seduce; *(tenter)* to entice; *(charmer)* to charm; *(plaire)* to appeal to. ◆ **séduisant, e** *adj (femme)* seductive; *(homme, visage)* attractive; *(projet)* appealing.
segment [sɛgmɑ̃] *nm* segment.
ségrégation [segʀegɑsjɔ̃] *nf* segregation.
seiche [sɛʃ] *nf* cuttlefish.
seigle [sɛgl(ə)] *nm* rye.
seigneur [sɛɲœʀ] *nm* lord. *(Rel)* **le S~** the Lord.
sein [sɛ̃] *nm (mamelle)* breast; *(fig : giron)* bosom. **donner le ~ à un bébé** to breast-feed a baby; **au ~ de** in the midst of.
séisme [seism(ə)] *nm* earthquake.
seize [sɛz] *adj inv, nm* sixteen; *V* **six.** ◆ **seizième** *adv, nmf* sixteenth.
séjour [seʒuʀ] *nm (arrêt)* stay; *(salon)* living room. ◆ **séjourner** (1) *vi* to stay.
sel [sɛl] *nm (gén)* salt; *(humour)* wit; *(piquant)* spice. **~ gemme** rock salt.
select* [selɛkt] *adj inv* posh*.
sélectif, -ive [selɛktif, iv] *adj* selective. ◆ **sélection** *nf* selection. ◆ **sélectionner** (1) *vt* to select, pick.
self(-service) [sɛlf(sɛʀvis)] *nm* self-service.
selle [sɛl] *nf* **(a)** saddle. **se mettre en ~** to get into the saddle. **(b)** *(Méd)* **~s** stools, motions; **aller à la ~** to have a motion. ◆ **seller** (1) *vt* to saddle.
sellette [sɛlɛt] *nf* : **être sur la ~** to be in the hot seat.
selon [s(ə)lɔ̃] *prép* according to. **c'est ~ le cas** it all depends on the individual case; **~ toute vraisemblance** in all probability; **~ que** according to whether.
semailles [s(ə)mɑj] *nfpl (opération)* sowing; *(période)* sowing period.
semaine [s(ə)mɛn] *nf (gén)* week; *(salaire)* week's *ou* weekly pay. **en ~** during the week; **faire la ~ anglaise** to work a five-day week.
sémaphore [semafɔʀ] *nm (Naut)* semaphore.
semblable [sɑ̃blabl(ə)] — **1** *adj* similar. **~ à** like, similar to; **être ~s** to be alike; *(tel)* **un ~ discours** such a speech. — **2** *nm* fellow creature. *(péj)* **tes ~s** people like you.
semblant [sɑ̃blɑ̃] *nm* : **un ~ de** a semblance of; **faire ~ de faire qch** to pretend to do sth.
sembler [sɑ̃ble] (1) *vi* to seem *(à qn* to sb). **vous me semblez pessimiste** you sound *ou* seem pessimistic; **il me semble que** it seems *ou* appears to me that, I think that; **comme bon te semble** as you like *ou* wish.
semelle [s(ə)mɛl] *nf* sole. (* : *viande*) **c'est de la ~** it's like leather; **il ne m'a pas quitté d'une ~** he never left me by so much as an inch.
semence [s(ə)mɑ̃s] *nf* seed; *(clou)* tack.
semer [s(ə)me] (5) *vt* **(a)** *(gén)* to sow; *(clous)* to scatter; *(faux bruits)* to spread. **semé de** *(pièges)* bristling with; *(arbres)* dotted with; *(joies)* strewn with. **(b)** (* : *perdre*) to lose, shed*; *(poursuivant)* to shake off. ◆ **semeur, -euse** *nm, f* sower.
semestre [s(ə)mɛstʀ(ə)] *nm (période)* half-year; *(Univ)* semester. ◆ **semestriel, -elle** *adj* half-yearly, six-monthly.
semi- [səmi] *préf inv* semi-. ◆ **semi-remorque** *nm (camion)* articulated lorry, trailer truck *(US)*.
séminaire [seminɛʀ] *nm (Rel)* seminary; *(Univ)* seminar. ◆ **séminariste** *nm* seminarist.
semis [s(ə)mi] *nm (plante)* seedling; *(opération)* sowing; *(terrain)* seedbed.
semonce [səmɔ̃s] *nf* reprimand. **coup de ~** shot across the bows.
semoule [s(ə)mul] *nf* semolina.
sénat [sena] *nm* senate. ◆ **sénateur** *nm* senator.
sénile [senil] *adj* senile. ◆ **sénilité** *nf* senility.
sens [sɑ̃s] *nm* **(a)** *(mental)* sense. **les 5 ~** the 5 senses; **reprendre ses ~** to regain consciousness; **~ commun** common sense; **à mon ~** to my mind, in my opinion. **(b)** *(signification)* meaning. **cela n'a pas de ~** that doesn't make sense; **au ~ propre** in the literal sense *ou* meaning; **en un ~** in a way *ou* sense; **en ce ~ que** in the sense that. **(c)** *(direction)* direction. **dans le mauvais ~** in the wrong direction, the wrong way; **dans le ~ de la longueur** lengthwise, lengthways; **dans le ~ des aiguilles d'une montre** clockwise; **rue en ~ interdit** one-way street; **mettre ~ dessus dessous** to turn upside down. **(d)** *(ligne directrice)* line. **agir dans le même ~** to act along the same lines; **des directives dans ce ~** instructions to that effect.
sensation [sɑ̃sɑsjɔ̃] *nf* feeling. **faire ~** to cause a sensation; **roman à ~** sensational novel. ◆ **sensationnel, -elle** *adj* sensational.
sensé, e [sɑ̃se] *adj* sensible.
sensibiliser [sɑ̃sibilize] (1) *vt* : **~ qn** to make sb sensitive *(à* to).
sensibilité [sɑ̃sibilite] *nf* sensitivity. ◆ **sensible** *adj (gén)* sensitive *(à* to); *(perceptible)* noticeable. *(fig)* **elle a le cœur ~** she is tender-hearted. ◆ **sensiblement** *adv (presque)* approximately; *(notablement)* noticeably. ◆ **sensiblerie** *nf* sentimentality. ◆ **sensitif, -ive** *ou* ◆ **sensoriel, -elle** *adj* sensory.
sensualité [sɑ̃sɥalite] *nf* sensuousness; *(sexuelle)* sensuality. ◆ **sensuel, -elle** *adj* sensuous; sensual.
sentence [sɑ̃tɑ̃s] *nf (verdict)* sentence; *(adage)* maxim. ◆ **sentencieux, -euse** *adj* sententious.

senteur [sɑ̃tœʀ] *nf* scent, perfume.
senti, e [sɑ̃ti] *adj* : **bien ~** well-chosen.
sentier [sɑ̃tje] *nm* path.
sentiment [sɑ̃timɑ̃] *nm* feeling. *(péj)* **faire du ~** to be sentimental; **avoir le ~ de** to be aware of; **recevez, Monsieur, mes ~s distingués** yours faithfully; **avec nos meilleurs ~s** with our best wishes. ◆ **sentimental, e,** *mpl* **-aux** — **1** *adj (gén)* sentimental; *(aventure, vie)* love. — **2** *nm,f* sentimentalist. ◆ **sentimentalité** *nf* sentimentality.
sentinelle [sɑ̃tinɛl] *nf* sentry. **être en ~** to be on sentry duty.
sentir [sɑ̃tiʀ] (16) — **1** *vt* **(a)** *(odeur)* to smell; *(goût)* to taste; *(toucher)* to feel; *(fig : avoir l'air)* to look like. **il ne peut pas le ~*** he can't stand *ou* bear him; **~ bon** to smell good *ou* nice; **~ des pieds** to have smelly feet; **ce thé sent le jasmin** this tea tastes of *ou* smells of jasmine; **la pièce sent le renfermé** the room smells stale; **ça sent la pluie** it looks like rain. **(b)** *(ressentir : fatigue)* to feel; *(pressentir : danger)* to sense. *(montrer)* **faire ~** to show; **faire ~ son autorité** to make one's authority felt; *(effets)* **se faire ~** to be felt. — **2 se sentir** *vpr (changements)* to be felt. **se ~ mieux** *etc* to feel better *etc;* **ne pas se ~ de joie** to be beside o.s.with joy.
séparation [sepaʀɑsjɔ̃] *nf (gén)* separation; *(cloison)* partition. **des ~s déchirantes** heart-rending partings. ◆ **séparé, e** *adj (notions)* separate; *(Jur : époux)* separated; *(loin)* **vivre ~** to live apart (*de* from). ◆ **séparément** *adv* separately. ◆ **séparer** (1) — **1** *vt (gén)* to separate (*de* from); *(combattants)* to part; *(questions)* to distinguish between. **~ qch en 2** to split sth in 2. — **2 se séparer** *vpr* **(a)** *(s'écarter)* to divide, part; *(se détacher)* to split off, separate off (*de* from). **se ~ en deux** to divide in two. **(b)** *(adversaires)* to separate; *(manifestants)* to disperse; *(assemblée)* to break up; *(époux)* to separate. **se ~ de qch** to part from sth.
sept [sɛt] *adj inv, nm inv* seven; *V* **six.**
septante [sɛptɑt] *adj inv (dial)* seventy.
septembre [sɛptɑ̃bʀ(ə)] *nm* September. **arriver le premier ~** to arrive on the first of September; **en ~** in September; **en ~ dernier** last September.
septennat [sɛptena] *nm* seven-year term (of office).
septentrional, e, *mpl* **-aux** [sɛptɑ̃tʀijɔnal, o] *adj* northern.
septième [sɛtjɛm] *adj, nmf* seventh. **le ~ art** the cinema; *V* **sixième.** ◆ **septièmement** *adv* seventhly; *V* **sixièmement.**
septuagénaire [sɛptɥaʒenɛʀ] *adj, nmf* septuagenarian.
sépulcral, e, *mpl* **-aux** [sepylkʀal, o] *adj* sepulchral. ◆ **sépulcre** *nm* sepulchre.
sépulture [sepyltyʀ] *nf* burial place.
séquelles [sekɛl] *nfpl (maladie)* after-effects; *(guerre)* aftermath.
séquence [sekɑ̃s] *nf* sequence.
séquestration [sekɛstʀɑsjɔ̃] *nf* illegal confinement. ◆ **séquestre** *nm* : **mettre sous ~** to sequester. ◆ **séquestrer** (1) *vt (personne)* to confine illegally.
serein, e [səʀɛ̃, ɛn] *adj* serene. ◆ **sereinement** *adv* serenely. ◆ **sérénité** *nf* serenity.
sérénade [seʀenad] *nf* serenade.
serf, serve [sɛʀ(f), sɛʀv(ə)] *nm, f* serf.
sergent [sɛʀʒɑ̃] *nm* sergeant. **~-major** ≃ quartermaster sergeant.
série [seʀi] *nf (gén)* series *(sg); (objets)* set. **ouvrages de ~ noire** crime thrillers; **fabrication en ~** mass production; **article de ~** standard article.
sérieux, -euse [seʀjø, øz] — **1** *adj (gén)* serious; *(réparateur)* reliable; *(moralement)* trustworthy; *(air)* earnest; *(acquéreur, menace)* genuine; *(raison, chances)* strong, good. — **2** *nm* seriousness; reliability; earnestness. **garder son ~** to keep a straight face; **prendre au ~** to take seriously. ◆ **sérieusement** *adv* seriously. **il l'a dit ~** he was in earnest.
serin [s(ə)ʀɛ̃] *nm (oiseau)* canary.
seringue [s(ə)ʀɛ̃g] *nf* syringe.
serment [sɛʀmɑ̃] *nm (solennel)* oath; *(promesse)* pledge. **faire un ~** to take an oath; **sous ~** on *ou* under oath. **je fais le ~ de venir** I swear that I'll come.
sermon [sɛʀmɔ̃] *nm* sermon. ◆ **sermonner** (1) *vt* : **~ qn** to lecture sb.
serpe [sɛʀp(ə)] *nf* billhook, bill.
serpent [sɛʀpɑ̃] *nm (Zool)* snake, serpent. **~ à sonnettes** rattlesnake. ◆ **serpenter** (1) *vi* to wind. ◆ **serpentin** *nm (ruban)* streamer; *(Chim)* coil.
serpillière [sɛʀpijɛʀ] *nf* floorcloth.
serre [sɛʀ] *nf* **(a)** *(Agr) (gén)* greenhouse; *(d'une maison)* conservatory. **~ chaude** hothouse. **(b)** *(griffe)* talon, claw.
serrer [seʀe] (1) — **1** *vt* **(a)** *(avec la main)* to grip, hold tight; *(dans ses bras)* to clasp. **~ la main à qn** to shake hands with sb. **(b)** *(poing, mâchoires)* to clench; *(lèvres)* to set. **la gorge serrée par l'émotion** choked with emotion; **cela serre le cœur** it wrings your heart. **(c)** *(vêtements)* **~ qn** to be too tight for sb. **(d)** *(vis, nœud, ceinture)* to tighten; *(dans un étau)* to grip; *(frein à main)* to put on. **~ la vis à qn*** to keep a tighter rein on sb. **(e)** *(véhicule) (par derrière)* to keep close behind; *(latéralement)* to squeeze. **(f)** *(rapprocher) (objets)* to close up; *(convives)* to squeeze up. *(Mil)* **~ les rangs** to close ranks. — **2** *vi (Aut)* **~ à droite** to move in to the right. — **3 se serrer** *vpr* to squeeze up. **se ~ contre qn** to huddle against sb; **son cœur se serra** he felt a pang of anguish; **se ~ les coudes** to back one another up. ◆ **serré, e** *adj (gén, fig)* tight; *(spectateurs)* packed; *(réseau)* dense; *(mailles)* close. **trop ~** too tight; **jouer ~** to play a tight game.
serrure [seʀyʀ] *nf* lock. ◆ **serrurerie** *nf* locksmith's trade. ◆ **serrurier** *nm* locksmith.
sertir [sɛʀtiʀ] (2) *vt (bijou)* to set.
sérum [seʀɔm] *nm* serum.
servante [sɛʀvɑ̃t] *nf* maid servant.
serveur [sɛʀvœʀ] *nm* waiter; *(bar)* barman. ◆ **serveuse** *nf* waitress, barmaid.
serviabilité [sɛʀvjabilite] *nf* obligingness. ◆ **serviable** *adj* obliging.
service [sɛʀvis] — **1** *nm* **(a)** *(gén)* service. **mauvais ~** disservice; **~ funèbre** funeral service; **faire son ~ militaire** to do one's military *ou* national service; **~ de verres** service *ou* set of glasses; **~ après-vente** after-sales service; **être au ~ de** to be in the service of; **rendre ~ à qn** *(personne)* to do sb a service *ou* a good turn; *(outil)* to be of use to sb; **mettre en ~** to put into service; **hors de ~** out of order; *(Tennis)* **être au ~** to have the service. **(b)** *(temps de travail)* duty. **être de ~** to be on duty; **avoir 25 ans de ~** to have completed

25 years' service. **(c)** *(organisme public)* service; *(section)* department, section. **(d)** *(au restaurant)* service; *(pourboire)* service charge. **premier ~** first sitting. **(e) ~ d'ordre** *(policiers)* police patrol; *(manifestants)* team of stewards.
serviette [sɛʀvjɛt] *nf* **(a) ~ de toilette** hand towel; **~ de table** serviette, table napkin; **~-éponge** towel. **(b)** *(cartable)* briefcase.
servile [sɛʀvil] *adj (gén)* servile; *(imitation)* slavish. ◆ **servilité** *nf* servility; slavishness.
servir [sɛʀviʀ] (14) — **1** *vt* **(a)** *(gén)* to serve. *(au restaurant)* **~ qn** to wait on sb; **en fait d'ennuis, elle a été servie** as regards troubles, she's had more than her share; **~ qch à qn** to serve sb with sth, help sb to sth; **à table, c'est servi!** come and sit down, it's ready!; **sa prudence l'a servi** his caution served him well (*auprès de* with). **(b)** *(être utile)* to be of use. **~ à faire** to be used for doing; **ça m'a servi à réparer le lit** I used it to mend the bed; **cela ne sert à rien de pleurer** it's no use crying, crying doesn't help; **à quoi ça sert?** what is it used for? **(c) ~ de qch** to serve as sth, be used as sth; **elle lui a servi d'interprète** she acted as his interpreter. **(d)** *(argent)* to pay; *(Cartes)* to deal. — **2 se servir** *vpr (à table)* to help o.s. *(commissions)* **se ~ chez X** to shop at X's; **se ~ de qch** to use sth.
serviteur [sɛʀvitœʀ] *nm* servant.
servitude [sɛʀvityd] *nf (esclavage)* servitude; *(contrainte)* constraint.
ses [se] *adj poss V* **son¹**.
session [sesjɔ̃] *nf* session.
seuil [sœj] *nm (marche)* doorstep; *(entrée)* doorway; *(fig)* threshold.
seul, e [sœl] — **1** *adj* **(a)** *(non accompagné)* alone, on one's (*ou* its *etc*) own, by oneself (*ou* itself *etc*); *(isolé)* lonely. **~ à ~** alone; **comme un ~ homme** as one man. **(b)** *(unique)* only. **un ~ livre** a single book, only one book; **pour cette ~e raison** for this reason alone *ou* only; **~ et unique** one and only; **d'un ~ coup** *(subitement)* suddenly; *(ensemble)* in one go; **vous êtes ~ juge** you alone can judge; **à ~e fin de** with the sole purpose of; **une ~e fois** only once; *(en apposition)* **~ le résultat compte** the result alone, only the result counts. — **2** *adv* alone, by oneself, on one's own; *(sans aide)* unaided, single-handed. — **3** *nm,f* : **le ~** the only one; **pas un ~** not a single one.
seulement [sœlmɑ̃] *adv* only. **on ne vit pas ~ de pain** you can't live on bread alone *ou* only *ou* solely on bread; **il vient ~ d'entrer** he's only just come in; **non ~ il a plu, mais il a fait froid** it didn't only rain but it was cold too; **on ne nous a pas ~ donné un verre d'eau** we were not even given a glass of water; **si ~** if only.
sève [sɛv] *nf* sap.
sévère [sevɛʀ] *adj (gén)* severe; *(climat)* harsh; *(ton)* stern; *(parents)* strict. ◆ **sévérité** *nf* severity; harshness; sternness; strictness.
sévices [sevis] *nmpl* ill treatment.
sévir [seviʀ] (2) *vi* **(a)** *(punir)* to act ruthlessly. **~ contre** to punish. **(b)** *(fléau)* to rage.
sevrer [səvʀe] (5) *vt* to wean; *(priver)* to deprive.
sexe [sɛks(ə)] *nm* sex; *(organes)* sex organs. ◆ **sexualité** *nf* sexuality. ◆ **sexuel, -elle** *adj* sexual.
sextant [sɛkstɑ̃] *nm* sextant.
seyant, e [sɛjɑ̃, ɑ̃t] *adj (vêtement)* becoming.
shampooing [ʃɑ̃pwɛ̃] *nm* shampoo. **faire un ~ à qn** to shampoo sb's hair.
shérif [ʃeʀif] *nm* sheriff.
short [ʃɔʀt] *nm* (pair of) shorts.
si¹ [si] *conj* **(a)** *(hypothèse)* if. **~ j'avais de l'argent** if I had any money; **~ j'étais riche** if I were rich; **~ tu lui téléphonais?** supposing you phoned him? **(b)** *(opposition)* while. **~ lui est aimable, sa femme est arrogante** while *ou* whereas he is very pleasant, his wife is arrogant. **(c)** *(constatation)* **c'est un miracle s'il est vivant** it's a miracle he's alive; **excusez-moi ~ je suis en retard** excuse me for being late. **(d)** *(indirect)* if, whether. **il demande ~ elle viendra** he is asking whether *ou* if she will come; **vous imaginez s'ils étaient fiers!** you can imagine how proud they were! **(e) qui, ~ ce n'est lui?** who if not him? *ou* apart from him?; **~ ce n'était la crainte de les décourager** if it were not *ou* were it not for the fear of putting them off. **(f) s'il te** *ou* **vous plaît** please; **~ j'ose dire** if I may say so; **~ l'on peut dire** so to speak; **~ l'on veut** in a way.
si² [si] *adj* **(a)** *(affirmatif)* **vous ne venez pas?** — **~** aren't you coming? — yes I am; **il n'a pas voulu, moi ~** he didn't want to, but I did. **(b)** *(tellement)* so. **il est ~ gentil** he's so nice, he's such a nice man. **(c) ~ bien que** so that. **(d)** *(concessif)* however. **~ bête qu'il soit,** however stupid he may be. **(e)** *(égalité)* as, so. **elle n'est pas ~ timide que vous croyez** she's not so *ou* as shy as you think.
si³ [si] *nm inv (Mus)* B; *(en chantant)* ti, te.
siamois, e [sjamwa, waz] *adj* Siamese.
sidérer* [sideʀe] (6) *vt* to stagger, shatter*.
sidérurgie [sideʀyʀʒi] *nf* iron and steel industry. ◆ **sidérurgique** *adj* steel-making. ◆ **sidérurgiste** *nmf* steel worker.
siècle [sjɛkl(ə)] *nm* century. **il y a des ~s que nous ne nous sommes vus*** it's years *ou* ages since we last saw each other.
siège [sjɛʒ] *nm* **(a)** *(objet, Pol)* seat. **prenez un ~** take a seat. **(b)** *(firme)* head office; *(parti)* headquarters; *(maladie)* seat; *(faculté, sensation)* centre. **~ social** registered office. **(c)** *(place forte)* siege. **faire le ~ de** to lay siege to; **lever le ~** to raise the siege. ◆ **siéger** (3 et 6) *vi (se trouver)* to lie; *(assemblée)* to sit.
sien, sienne [sjɛ̃, sjɛn] — **1** *pron poss* : **le ~, la sienne, les ~s, les siennes** *(homme)* his (own); *(femme)* hers, her own; *(chose)* its own; *(indéf)* one's own; **mes enfants sont sortis avec les 2 ~s** my children have gone out with her (*ou* his) 2. — **2** *nm* **(a) y mettre du ~** to give and take. **(b) les ~s** *(famille)* one's family; *(partisans)* one's own people. — **3** *nf* : **il a encore fait des siennes*** he has done it again*.
sieste [sjɛst(ə)] *nf (gén)* nap, *(en Espagne etc)* siesta. **faire la ~** to have a nap.
sifflement [sifləmɑ̃] *nm* : **un ~** a whistle; **des ~s** whistling. ◆ **siffler** (1) — **1** *vi (gén)* to whistle; *(avec un sifflet)* to blow a whistle; *(gaz, serpent)* to hiss. — **2** *vt* **(a)** *(chien)* to whistle for; *(automobiliste)* to blow one's whistle at; *(faute)* to blow one's whistle for. **~ la fin du match** to blow the final whistle. **(b)** *(acteur, pièce)* to hiss, boo. **(c)** *(chanson)* to whistle. **(d)** (* : *avaler*) to knock back*. ◆ **sifflet** *nm* whistle. *(huées)* **~s** booing, cat calls. ◆ **siffloter** (1) *vti* to whistle.
sigle [sigl(ə)] *nm* abbreviation, acronym.
signal, *pl* **-aux** [siɲal, o] *nm* signal. *(Aut)* **signaux lumineux** traffic signals *ou* lights; **tirer le ~ d'alarme** to pull the alarm cord. ◆ **signalement** *nm* description, particulars. ◆ **signa-**

ler (1) — **1** *vt (gén)* to indicate; *(avertir)* to signal; *(vol)* to report; *(détail)* to point out. **rien à ~** nothing to report. — **2 se signaler** *vpr* to draw attention to o.s. ◆ **signalisation** *nf (action)* signposting. **panneau de ~** roadsign.
signature [siɲatyʀ] *nf (action)* signing; *(marque)* signature.
signe [siɲ] *nm* sign. **~ de croix** *etc* sign of the cross *etc;* **~ de ponctuation** punctuation mark; **en ~ de respect** as a sign *ou* token of respect; **'~s particuliers : néant'** 'special peculiarities : none'; **faire ~ à qn** *(lit)* to make a sign to sb; *(fig : contacter)* to contact sb; **faire ~ du doigt à qn** to beckon (to) sb with one's finger; *(de la tête)* **faire ~ que oui** to nod in agreement; **faire ~ que non** to shake one's head.
signer [siɲe] (1) — **1** *vt* to sign. — **2 se signer** *vpr (Rel)* to cross o.s.
signet [siɲɛ] *nm* bookmark.
signifier [siɲifje] (7) *vt (avoir pour sens)* to mean, signify; *(notifier)* to notify (*à* to).
silence [silɑ̃s] *nm (gén)* silence; *(pause)* pause; *(Mus)* rest. **garder le ~** to keep silent (*sur* on); **faire ~** to be silent; **passer qch sous ~** to pass over sth in silence. ◆ **silencieusement** *adv* silently. ◆ **silencieux, -euse** — **1** *adj* silent. — **2** *nm (Tech)* silencer.
silex [silɛks] *nm* flint.
silhouette [silwɛt] *nf (profil)* outline, silhouette; *(allure, dessin)* figure.
sillage [sijaʒ] *nm (bateau, fig)* wake; *(avion)* slipstream.
sillon [sijɔ̃] *nm (Agr, fig)* furrow; *(disque)* groove. ◆ **sillonner** (1) *vt (bateau, routes)* to cut across; *(rides, ravins)* to furrow.
silo [silo] *nm* silo.
simagrées [simagʀe] *nfpl* fuss.
similaire [similɛʀ] *adj* similar. ◆ **simili** *préf* imitation. ◆ **similitude** *nf* similarity.
simple [sɛ̃pl(ə)] — **1** *adj (gén)* simple; *(non multiple : billet, fleur)* single. **réduit à sa plus ~ expression** reduced to a minimum; **~ comme bonjour*** easy as pie*; *(hum)* **dans le plus ~ appareil** in one's birthday suit; **un ~ d'esprit** a simpleton; **un ~ particulier** an ordinary citizen; **un ~ soldat** a private; **un ~ regard la déconcertait** just a look *ou* a mere look would upset her. — **2** *nm:* **passer du ~ au double** to double; *(Tennis)* **~ dames** ladies' singles. ◆ **simplement** *adv (gén)* simply; *(seulement)* simply, merely, just. ◆ **simplet, -ette** *adj (personne)* simple; *(raisonnement)* simplistic. ◆ **simplicité** *nf* simplicity; *(naïveté)* simpleness. ◆ **simplification** *nf* simplification. ◆ **simplifier** (7) *vt* to simplify. ◆ **simpliste** *adj (péj)* simplistic.
simulacre [simylakʀ(ə)] *nm (péj)* **un ~ de** a mockery of. ◆ **simulateur, -trice** *nm,f* shammer. ◆ **simulation** *nf* simulation. **c'est de la ~** it's sham. ◆ **simulé, e** *adj* feigned, sham. ◆ **simuler** (1) *vt* to simulate. **~ une maladie** to feign illness.
simultané, e [simyltane] *adj* simultaneous.
sincère [sɛ̃sɛʀ] *adj* sincere. ◆ **sincérité** *nf* sincerity.
sinécure [sinekyʀ] *nf* sinecure.
singe [sɛ̃ʒ] *nm (gén)* monkey; *(de grande taille)* ape. **faire le ~** to monkey about. ◆ **singer** (3) *vt* to ape, mimic. ◆ **singeries** *nfpl* clowning. **faire des ~** to clown about.
singulariser [sɛ̃gylaʀize] (1) *vt* to make conspicuous. ◆ **singularité** *nf* singularity. ◆ **singulier, -ière** *adj, nm* singular. ◆ **singulièrement** *adv* singularly.
sinistre [sinistʀ(ə)] — **1** *adj* sinister. — **2** *nm (catastrophe)* disaster; *(incendie)* blaze; *(Assurances : cas)* accident. ◆ **sinistré, e** — **1** *adj* disaster-stricken. — **2** *nm,f* disaster victim.
sinon [sinɔ̃] *conj (sauf)* except (*que* that); *(sans quoi)* otherwise, or else. *(concession)* **il avait leur approbation, ~ leur enthousiasme** he had their approval, if not their enthusiasm.
sinueux, -euse [sinɥø, øz] *adj (route)* winding; *(ligne)* sinuous; *(pensée)* tortuous.
sinus [sinys] *nm (Anat)* sinus; *(Math)* sine. ◆ **sinusite** *nf* sinusitis.
siphon [sifɔ̃] *nm (bouteille)* siphon; *(évier)* U-bend. ◆ **siphonner** (1) *vt* to siphon.
sire [siʀ] *nm (seigneur)* lord. *(au roi)* **S~** Sire; **triste ~** unsavoury individual.
sirène [siʀɛn] *nf (Myth, fig)* siren, mermaid; *(véhicule)* siren; *(usine)* hooter. **~ d'alarme** fire (*ou* burglar) alarm.
sirop [siʀo] *nm (gén)* syrup; *(potion)* mixture. **~ de menthe** mint cordial. ◆ **siroter** (1) *vt* to sip. ◆ **sirupeux, -euse** *adj* syrupy.
sis, sise [si, siz] *adj* located.
sismique [sismik] *adj* seismic.
site [sit] *nm (lieu)* site; *(environnement)* setting; *(endroit pittoresque)* beauty spot.
sitôt [sito] — **1** *adv, prép* as soon as. **~ (qu'il sera) guéri** as soon as he is better; **~ dit, ~ fait** no sooner said than done; **~ après la guerre** immediately after the war; **il ne reviendra pas de ~** he won't be back for quite a while.
situation [sitɥasjɔ̃] *nf* situation, position. **~ de famille** marital status.
situer [sitɥe] (1) — **1** *vt (gén)* to place; *(construire)* to site, situate, locate. — **2 se situer** *vpr (espace)* to be situated; *(temps)* to take place.
six [sis], *devant consonne* [si], *devant voyelle ou h muet* [siz] — **1** *adj cardinal inv* six. **les ~ huitièmes de cette somme** six eighths of this sum; **un objet de ~ F** a six-franc article; **à ~ faces** six sided; **cinq fois sur ~** five times out of six; **tous les ~** all six of them; **ils viennent à ~ pour déjeuner** there are six coming to lunch; **on peut s'asseoir à ~ autour de cette table** this table can seat six (people); **se battre à ~ contre un** to fight six against one; **~ par ~** six at a time, six by six; **se mettre en rangs par ~** to form rows of six. — **2** *adj ordinal inv* sixth, six. **arriver le ~ septembre** to arrive on the sixth of September *ou* on September the sixth; **Louis ~** Louis the Sixth; **page ~** page six. — **3** *nm inv* six. **quarante-~** forty-six; **quatre et deux font ~** four and two are *ou* make six; **il habite ~ rue de Paris** he lives at (number) six Rue de Paris; **nous sommes le ~ aujourd'hui** it's the sixth today. ◆ **sixième** — **1** *adj* sixth. **vingt-~** twenty-sixth. — **2** *nmf* sixth. — **3** *nm (portion)* sixth; *(étage)* sixth floor. **recevoir le ~ d'une somme** to receive a sixth of a sum; **(les) deux ~s du budget** two sixths of the budget. — **4** *nf (Scol)* ≃ first year *ou* form, ≃ sixth grade *(US);* **élève de ~** ≃ first form pupil. ◆ **sixièmement** *adv* in the sixth place, sixthly.
skaï [skaj] *nm* leatherette.
sketch, *pl* **~es** [skɛtʃ] *nm* variety sketch.
ski [ski] *nm (objet)* ski; *(sport)* skiing. **~ de fond** cross-country skiing; **~ nautique** water-

skiing; **faire du ~** to ski, go skiing. ◆ **skier** (7) *vi* to ski. ◆ **skieur, -euse** *nm,f* skier.
slalom [slalɔm] *nm* slalom; *(fig)* zigzag. ◆ **slalomer** (1) *vi* to slalom; to zigzag.
slave [slav] — **1** *adj* Slavonic. — **2** *nmf* : **S~** Slav.
slip [slip] *nm* briefs, pants. **~ de bain** *(homme)* bathing trunks; *(du bikini)* bikini briefs; — **2 ~s** 2 pairs of briefs *ou* pants.
slogan [slɔgɑ̃] *nm* slogan.
slow [slo] *nm* slow number.
smicard, e* [smikaʀ, aʀd(ə)] *nm,f* minimum wage earner.
smoking [smɔkiŋ] *nm (costume)* dinner suit, *(veston)* dinner jacket, tuxedo *(US)*.
snack(-bar) [snak(bar)] *nm* snack bar.
snob [snɔb] — **1** *nmf* snob. — **2** *adj* snobby, posh*. ◆ **snobisme** *nm* snobbery.
sobre [sɔbʀ(ə)] *adj* sober. ◆ **sobriété** *nf* sobriety.
sobriquet [sɔbʀikɛ] *nm* nickname.
sociable [sɔsjabl(ə)] *adj* sociable.
social, e, *mpl* **-aux** [sɔsjal, o] *adj* social. ◆ **socialisme** *nm* socialism. ◆ **socialiste** *adj, nmf* socialist.
sociétaire [sɔsjetɛʀ] *nmf* member *(of a society)*.
société [sɔsjete] *nf* **(a)** *(groupe)* society. **la ~** society. **(b)** *(club)* society; *(sportive)* club. **la S~ protectrice des animaux** ≃ the Royal Society for the Prevention of Cruelty to Animals. **(c)** *(gén, Comm : compagnie)* company.
socio- [sɔsjɔ] *préf* socio. ◆ **sociologie** *nf* sociology. ◆ **sociologique** *adj* sociological. ◆ **sociologue** *nmf* sociologist.
socle [sɔkl(ə)] *nm (statue)* plinth, pedestal; *(lampe)* base.
socquette [sɔkɛt] *nf* ankle sock.
soda [sɔda] *nm* fizzy drink.
sodium [sɔdjɔm] *nm* sodium.
sœur [sœʀ] *nf (gén, Rel)* sister. *(école)* **les ~s** convent school.
sofa [sɔfa] *nm* sofa.
soi [swa] — **1** *pron pers (gén)* oneself. **il n'agit que pour ~** he is only acting for himself; **s'aider entre ~** to help each other *ou* one another; **cela va de ~** it's obvious (*que* that); *(intrinsèquement)* **en ~** in itself. — **2** *nm (Philos)* self; *(Psych)* id. ◆ **soi-disant** — **1** *adj inv* so-called. — **2** *adv* : **il était ~ parti** he had supposedly left.
soie [swa] *nf* silk; *(sanglier etc)* bristle.
soif [swaf] *nf* thirst (*de* for). **avoir ~** to be thirsty; **ça donne ~** it makes you thirsty.
soigné, e [swaɲe] *adj (propre)* tidy, neat.
soigner [swaɲe] (1) — **1** *vt (gén)* to look after, take (good) care of; *(tenue, travail)* to take care over; *(Méd)* to treat. **se faire ~** to have treatment. — **2 se soigner** *vpr* to take good care of o.s., look after o.s.
soigneux, -euse [swaɲø, øz] *adj* tidy, neat. **~ de** careful about. ◆ **soigneusement** *adv* carefully.
soin [swɛ̃] *nm* **(a)** *(application)* care; *(ordre et propreté)* tidiness, neatness. **avec ~** carefully. **(b)** *(charge)* care. **je vous laisse ce ~** I leave you to take care of this; **son premier ~ fut de faire...** his first concern was to do... **(c) ~s** care; *(traitement)* treatment; **les premiers ~s** first aid; *(sur lettre)* **aux bons ~s de** care of, c/o; **être aux petits ~s pour qn** to wait on sb hand and foot. **(d) avoir ~ de faire** to take care to do; **prendre ~ de qn** to take care of *ou* look after sb.
soir [swaʀ] *nm* evening. **6 heures du ~** 6 in the evening, 6 p.m.; **11 heures du ~** 11 at night, 11 p.m.; **le ~** in the evening; **ce ~** this evening, tonight. ◆ **soirée** *nf* evening; *(réception)* party; *(Théât)* evening performance. **~ dansante** dance.
soit [swa] — **1** *adv (oui)* very well. — **2** *conj* **(a) ~ l'un ~ l'autre** (either) one or the other; **~ qu'il soit fatigué, ~ qu'il en ait assez** whether he is tired or whether he has had enough. **(b)** *(à savoir)* that is to say. **(c) ~ un rectangle ABCD** let ABCD be a rectancle.
soixantaine [swasɑ̃tɛn] *nf* **(a)** *(environ soixante)* sixty or so, about sixty. **la ~ de spectateurs qui** the sixty or so people who; **une ~ de mille francs** sixty thousand or so francs. **(b)** *(soixante)* sixty. **(c)** *(âge)* sixty. **d'une ~ d'années** of about sixty; **elle a la ~** she is sixtyish *ou* in her sixties. ◆ **soixante** *adj inv, nm inv* sixty. **les années ~** the sixties, the 60s; **~ et unième** sixty-first; **~-dix** seventy; **~-dixième** seventieth; **~ et onze** seventy-one. ◆ **soixantième** *adj, nmf* sixtieth.
soja [sɔʒa] *nm (plante)* soya.
sol¹ [sɔl] *nm (gén)* ground; *(d'une maison)* floor; *(Agr, Géol)* soil.
sol² [sɔl] *nm inv (Mus)* G; *(en chantant)* so(h).
solaire [sɔlɛʀ] *adj (gén)* solar; *(crème)* sun.
soldat [sɔlda] *nm* soldier. **simple ~** private; **~ de plomb** lead soldier.
solde [sɔld(ə)] — **1** *nf (salaire)* pay. *(péj)* **à la ~ de** in the pay of. — **2** *nm* **(a)** *(Fin)* balance. **~ créditeur** credit balance; **pour ~ de tout compte** in settlement. **(b) (article en) ~** sales article; **~ de lainages** woollen sale; **acheter qch en ~** to buy sth at sale price; **les ~s** the sales. ◆ **solder** (1) — **1** *vt* **(a)** *(compte) (arrêter)* to wind up; *(acquitter)* to balance. **(b)** *(marchandises)* to sell at sale price. — **2 se solder** *vpr (fig)* **se ~ par** to end in.
sole [sɔl] *nf (poisson)* sole.
soleil [sɔlɛj] *nm* **(a)** *(astre)* sun; *(chaleur)* sunshine. **il fait du ~** the sun is shining. **(b)** *(feu d'artifice)* Catherine wheel; *(acrobatie)* grand circle; *(fig : culbute)* somersault; *(fleur)* sunflower.
solennel, -elle [sɔlanɛl] *adj* solemn. ◆ **solennité** *nf* solemnity.
solfège [sɔlfɛʒ] *nm* musical theory.
solidaire [sɔlidɛʀ] *adj* **(a)** *(personnes)* **être ~s** to show solidarity (*de* with). **(b)** *(mécanismes)* interdependent. **~ de** dependent on. ◆ **solidairement** *adv* jointly. ◆ **se solidariser** (1) *vpr* : **se ~ avec** to show solidarity with. ◆ **solidarité** *nf* solidarity.
solide [sɔlid] — **1** *adj (non liquide)* solid; *(robuste)* solid, strong. **être ~ sur ses jambes** to be steady on one's legs. — **2** *nm* solid. ◆ **solidement** *adv (fixer)* firmly; *(fabriquer)* solidly. ◆ **solidification** *nf* solidification. ◆ **solidifier** *vt*, **se solidifier** *vpr* (7) to solidify. ◆ **solidité** *nf* solidity.
soliloque [sɔlilɔk] *nm* soliloquy.
soliste [sɔlist(ə)] *nmf* soloist.
solitaire [sɔlitɛʀ] — **1** *adj (gén)* solitary, lonely; *(caractère)* solitary. — **2** *nmf (ermite)* recluse; *(fig : ours)* loner. — **3** *nm (sanglier)* old boar; *(diamant, jeu)* solitaire. ◆ **solitude** *nf* solitude, loneliness; *(désert)* solitude.
sollicitation [sɔlisitɑsjɔ̃] *nf (démarche)* appeal, request; *(tentation)* temptation, solicitation.

◆ **solliciter** (1) *vt* to seek, request, solicit (*de qn* from sb). **il est très sollicité** he's very much in demand.
sollicitude [sɔlisityd] *nf* solicitude.
solo [sɔlo] *adj inv, nm* solo.
solstice [sɔlstis] *nm* solstice.
soluble [sɔlybl(ə)] *adj* soluble.
solution [sɔlysjɔ̃] *nf* solution (*de* to).
solvable [sɔlvabl(ə)] *adj (Fin)* solvent.
solvant [sɔlvɑ̃] *nm (Chim)* solvent.
sombre [sɔ̃bʀ(ə)] *adj (couleur)* dark; *(pensées)* sombre, gloomy. **il fait ~** it's dark; **~ idiot** utter idiot.
sombrer [sɔ̃bʀe] (1) *vi* to sink, go down, founder. *(fig)* **~ dans** to sink into.
sommaire [sɔmɛʀ] — **1** *adj (gén)* summary, cursory; *(réparation, repas)* basic; *(décoration)* scanty. — **2** *nm* summary.
sommation [sɔmɑsjɔ̃] *nf (Jur)* summons; *(injonction)* demand; *(Mil)* warning.
somme¹ [sɔm] *nm* nap. **faire un ~** to have a nap.
somme² [sɔm] *nf (Math)* sum; *(quantité)* amount. **faire la ~ de** to add up; **en ~** in sum; **~ toute** all in all.
sommeil [sɔmɛj] *nm (gén)* sleep; *(envie de dormir)* drowsiness, sleepiness. **avoir ~** to be *ou* feel sleepy; **nuit sans ~** sleepless night; **laisser qch en ~** to leave sth dormant; **le ~ éternel** eternal rest. ◆ **sommeiller** (1) *vi (personne)* to doze; *(qualité, nature)* to lie dormant.
sommelier [sɔməlje] *nm* wine waiter.
sommer [sɔme] (1) *vt* to enjoin (*de faire* to do).
sommet [sɔmɛ] *nm (gén)* top; *(fig)* height; *(montagne)* summit; *(crâne)* crown; *(angle)* vertex.
sommier [sɔmje] *nm* bedsprings; *(avec pieds)* divan base.
sommité [sɔmite] *nf* leading light (*de* in).
somnambule [sɔmnɑ̃byl] *nmf* sleepwalker, somnambulist.
somnifère [sɔmnifɛʀ] *nm* soporific; *(pilule)* sleeping pill *ou* tablet.
somnolence [sɔmnɔlɑ̃s] *nf* sleepiness, drowsiness, somnolence. ◆ **somnolent, e** *adj* sleepy, drowsy, somnolent. ◆ **somnoler** (1) *vi* to doze.
somptueux, -euse [sɔ̃ptɥø, øz] *adj* sumptuous. ◆ **somptuosité** *nf* sumptuousness.
son¹ [sɔ̃], **sa** [sa], **ses** [se] *adj poss (homme)* his; *(femme)* her; *(objet)* its; *(indéfini)* one's. Sa Majesté *(roi)* His Majesty; *(reine)* Her Majesty; **~ jardin à elle** her own garden; **un de ses amis** a friend of his (*ou* hers); **ça a ~ importance** that has its importance; **aimer ~ métier** to like one's job; *(intensif)* **ça pèse ~ kilo** it weighs a good kilo.
son² [sɔ̃] *nm (bruit)* sound. *(fig)* **entendre un autre ~ de cloche** to hear another side of the story; **~ et lumière** son et lumière.
son³ [sɔ̃] *nm (Agr)* bran.
sonate [sɔnat] *nf* sonata.
sondage [sɔ̃daʒ] *nm (terrain)* boring, drilling; *(océan)* sounding; *(vessie)* catheterization. **~ d'opinion** opinion poll. ◆ **sonde** *nf* borer, drill; sounding line; catheter. **mettre une ~ à qn** to put a catheter in sb. ◆ **sonder** (1) *vt* to bore, drill; to sound; to catheterize; *(personne)* to sound out.
songe [sɔ̃ʒ] *nm* dream. ◆ **songer** (3) — **1** *vi* to dream. — **2** *vt* : **~ que** to think *ou* consider that. — **3 songer à** *vt indir (réfléchir à)* to think about; *(s'occuper de)* to think of. **~ à faire qch** to think of doing sth. ◆ **songeur, -euse** *adj* pensive.
sonnant, e [sɔnɑ̃, ɑ̃t] *adj* : **à 4 heures ~(es)** on the stroke of 4.
sonné, e [sɔne] *adj* **(a) il est midi ~** it's gone twelve. **(b)** (*) *(fou)* cracked*; *(assommé)* groggy.
sonner [sɔne] (1) — **1** *vt* **(a)** *(cloche)* to ring; *(glas)* to sound, toll; *(clairon, alarme)* to sound; *(infirmière)* to ring for. **la pendule sonne 3 heures** the clock strikes 3; **se faire ~ les cloches*** to get a good telling-off*. **(b)** (* : *étourdir)* to knock out. — **2** *vi (gén)* to ring; *(clairon)* to sound; *(glas)* to sound, toll; *(heure)* to strike. *(fig)* **~ bien** to sound good. — **3 sonner de** *vt indir (clairon)* to sound. ◆ **sonnerie** *nf* **(a)** *(cloche)* ringing; *(téléphone)* bell; *(clairon)* sound. **(b)** *(Mil : air)* call. **(c)** *(mécanisme) (réveil)* alarm; *(pendule)* chimes; *(sonnette)* bell. ◆ **sonnette** *nf* bell. **~ d'alarme** alarm bell.
sonore [sɔnɔʀ] *adj (gén)* resonant; *(salle)* echoing; *(bande, onde)* sound. ◆ **sonorisation** *nf ou* ◆ **sono*** *nf (équipement)* public address system. ◆ **sonorité** *nf (instrument)* tone; *(salle)* acoustics *(pl)*. **~s** tones.
sophistiqué, e [sɔfistike] *adj (gén)* sophisticated.
soporifique [sɔpɔʀifik] *adj, nm* soporific.
sorbet [sɔʀbɛ] *nm* water ice, sorbet.
sorcellerie [sɔʀsɛlʀi] *nf* witchcraft, sorcery. ◆ **sorcier** *nm (lit)* sorcerer; *(fig)* wizard. ◆ **sorcière** *nf* witch, sorceress; *(péj)* (old) witch, (old) hag.
sordide [sɔʀdid] *adj (gén)* sordid; *(quartier)* squalid.
sornettes [sɔʀnɛt] *nfpl* balderdash.
sort [sɔʀ] *nm* **(a)** *(condition)* lot; *(destinée, hasard)* fate. **le mauvais ~** fate; **tirer qch au ~** to draw lots for sth; **jeter un ~ sur** to put a curse *ou* spell on.
sorte [sɔʀt(ə)] *nf* **(a)** *(espèce)* sort, kind. **(b) accoutré de la ~** dressed in that fashion *ou* way; **il n'a rien fait de la ~** he did nothing of the kind; **de ~ à** so as to, in order to; **en quelque ~** in a way, as it were; **de ~ que** *(afin de)* so that, in such a way that; *(si bien que)* so much so that; **faire en ~ que** to see to it that.
sortie [sɔʀti] *nf* **(a)** *(action)* exit; *(Mil)* sortie. **à sa ~** when he went out *ou* left; *(Mil)* **faire une ~** to make a sortie; **~ d'usine** factory exit; **à la ~ de l'école** after school. **(b)** *(promenade)* outing; *(au théâtre etc)* evening *ou* night out. **jour de ~** *(domestique)* day off; *(pensionnaire)* day out. **(c)** *(lieu)* exit. *(lit, fig)* **porte de ~** way out; **~ de secours** emergency exit. **(d)** *(paroles) (indignée)* outburst; *(drôle)* sally; *(incongrue)* odd remark. **(e)** *(voiture)* launching; *(livre)* appearance; *(disque, film)* release. **(f)** *(argent)* outlay. **~s** outgoings. **(g) ~ de bain** bathrobe.
sortilège [sɔʀtilɛʒ] *nm* magic spell.
sortir [sɔʀtiʀ] (16) — **1** *vi* **(a)** *(gén)* to leave; *(aller)* to go out; *(venir)* to come out; *(le soir)* to go out. **laisser ~ qn** to let sb out *ou* leave; **fais-le ~** make him go, get him out; **~ de** *(pièce)* to leave, go *ou* come out of; *(lit etc)* to get out of; **sors d'ici!** get out of here!; **d'où sors-tu?** where have you been? **(b)** *(objet, livre)* to come out; *(film, disque)* to be released. **(c)** *(dépasser)* to stick out; *(plante)* to come up; *(dent)* to come through. **(d)** *(passé immédiat)* **il sort de maladie** he's just got over an illness.

(e) *(fig)* **~ de** *(milieu social)* to come from; *(torpeur)* to get over, overcome; *(légalité, limites)* to go beyond, overstep; *(compétences)* to be outside; *(sujet)* to go *ou* get off; **cela sort de l'ordinaire** that's out of the ordinary; *(discussions)* **que va-t-il en ~?** what will come (out) of it?; **~ de ses gonds** to fly off the handle; **il est sorti d'affaire** he has got over it; **on n'est pas sorti de l'auberge*** we're not out of the wood yet. — **2** *vt (gén)* to take out; *(expulser)* to throw out; *(mettre en vente)* to bring out; *(film)* to release. **~ qch de sa poche** to take sth out of one's pocket. — **3 se sortir** *vpr (réussir)* **s'en ~** to pull through. — **4** *nm :* **au ~ de l'hiver** as winter draws to a close.

sosie [sozi] *nm* double *(person).*

sot, sotte [so, sɔt] *adj* silly, foolish. ◆ **sottise** *nf* foolishness. **une ~** a silly *ou* foolish remark (*ou* action).

sou [su] *nm (argent)* **des ~s** money; **sans le ~** penniless; **pas pour un ~** not in the least.

soubassement [subɑsmɑ̃] *nm (maison)* base.

soubresaut [subʀəso] *nm (cahot)* jolt; *(de peur)* start; *(d'agonie)* convulsive movement. **avoir un ~** to give a start.

soubrette [subʀɛt] *nf* maid.

souche [suʃ] *nf (arbre)* stump; *(vigne)* stock; *(microbes)* colony, clone. *(famille)* **de vieille ~** of old stock; **carnet à ~s** counterfoil book.

souci [susi] *nm* **(a)** *(tracas)* worry; *(préoccupation)* concern (*de* for). **se faire du ~** to worry; **c'est le cadet de mes ~s** that's the least of my worries. **(b)** *(fleur)* marigold. ◆ **se soucier** (7) *vpr :* **se ~ de** to care about. ◆ **soucieux, -euse** *adj* worried, concerned (*de* about). **être ~ de faire** to be anxious to do.

soucoupe [sukup] *nf* saucer. **~ volante** flying saucer.

soudain, e [sudɛ̃, ɛn] — **1** *adj* sudden. — **2** *adv* suddenly. ◆ **soudainement** *adv* suddenly. ◆ **soudaineté** *nf* suddenness.

soude [sud] *nf (industrielle)* soda.

souder [sude] (1) *vt (métal)* to solder; *(soudure autogène)* to weld; *(os)* to knit; *(fig : unir)* to bind together. ◆ **soudeur** *nm* solderer; welder. ◆ **soudure** *nf (opération)* soldering; welding; *(endroit)* soldered joint; weld; *(substance)* solder. **faire la ~ entre** to bridge the gap between.

soudoyer [sudwaje] (8) *vt* to bribe, buy over.

souffle [sufl(ə)] *nm* **(a)** *(en soufflant)* blow, puff; *(en respirant)* breath. **~ régulier** regular breathing; **à bout de ~** out of breath; **reprendre son ~** to get one's breath back; *(fig)* **il en a eu le ~ coupé** it took his breath away. **(b)** *(explosion)* blast. **(c)** *(vent)* puff *ou* breath of air. **(d)** *(inspiration)* inspiration. **(e) ~ au cœur** heart murmur.

soufflé [sufle] *nm (Culin)* soufflé.

soufflet [suflɛ] *nm (Tech)* bellows; *(Couture)* gusset.

souffler [sufle] (1) — **1** *vi (gén)* to blow; *(respirer avec peine)* to puff; *(se reposer)* to get one's breath back. — **2** *vt* **(a)** *(bougie)* to blow out. **(b)** *(par explosion)* to destroy. **(c)** *(réponse)* to whisper (*à qn* to sb). *(Théât)* **~ son rôle à qn** to prompt sb; **ne pas ~ mot** not to breathe a word. **(d)** (* : *étonner*) to stagger. **(e)** (* : *prendre*) to pinch*. ◆ **souffleur, -euse** *nm,f (Théât)* prompter. **~ de verre** glass-blower.

souffrance [sufʀɑ̃s] *nf* **(a)** *(douleur)* suffering. **(b) en ~** *(colis)* held up; *(dossier)* pending. ◆ **souffrant, e** *adj (personne)* unwell. ◆ **souffre-douleur** *nmf inv* whipping boy, underdog. ◆ **souffrir** (18) — **1** *vi* to suffer (*de* from). **faire ~ qn** *(physiquement)* to hurt sb; *(moralement)* to make sb suffer; **ça fait ~** it hurts, it is painful; **~ de l'estomac** to have stomach trouble. — **2** *vt (endurer)* to endure, suffer; *(permettre)* to admit of, allow of. **~ le martyre** to go through agonies; *(fig)* **il ne peut pas le ~** he can't stand *ou* bear him; **~ que** to allow *ou* permit that.

soufre [sufʀ(ə)] *nm* sulphur.

souhait [swɛ] *nm* wish. **les ~s de bonne année** New Year greetings; **à tes ~s!** bless you!; *(parfaitement)* **à ~** perfectly. ◆ **souhaitable** *adj* desirable. ◆ **souhaiter** (1) *vt (changements)* to wish for. **~ que** to hope that; **je souhaite réussir** I hope to succeed; **je souhaiterais vous aider** I wish I could help you; **~ bonne chance à qn** to wish sb luck.

souiller [suje] (1) *vt* to dirty.

soûl, soûle [su, sul] — **1** *adj* drunk. — **2** *nm :* **manger tout son ~** to eat one's fill.

soulagement [sulaʒmɑ̃] *nm* relief. ◆ **soulager** (3) *vt (gén)* to relieve (*de* of); *(douleur, conscience)* to soothe.

soûler [sule] (1) — **1** *vt :* **~ qn** to make sb drunk. — **2 se soûler** *vpr* to get drunk (*de* with).

soulèvement [sulɛvmɑ̃] *nm* uprising.

soulever [sulve] (5) — **1** *vt* **(a)** *(poids)* to lift; *(poussière)* to raise. **cela me soulève le cœur** it makes me feel sick. **(b)** *(foule)* to stir up, rouse; *(colère)* to arouse; *(protestations, problème)* to raise. — **2 se soulever** *vpr (malade)* to lift o.s. up; *(couvercle, rideau)* to lift; *(rebelles)* to rise up.

soulier [sulje] *nm* shoe. **~s montants** boots; **être dans ses petits ~s** to feel awkward.

souligner [suliɲe] (1) *vt (gén, fig)* to underline; *(silhouette)* to emphasize.

soumettre [sumɛtʀ(ə)] (56) — **1** *vt* **(a)** *(astreindre) (gén)* to subject (*à* to); *(rebelles)* to subjugate. **(b)** *(idée, cas)* to submit (*à* to). — **2 se soumettre** *vpr (gén)* to submit (*à* to). ◆ **soumis, e** *adj* submissive. ◆ **soumission** *nf* submission (*à* to). **faire sa ~** to submit.

soupape [supap] *nf* valve.

soupçon [supsɔ̃] *nm* suspicion. **au-dessus de tout ~** above suspicion; **un ~ de** *(ironie)* a hint of; *(lait)* a drop of. ◆ **soupçonner** (1) *vt* to suspect (*de* of); *(fig : imaginer)* to imagine. ◆ **soupçonneux, -euse** *adj* suspicious.

soupe [sup] *nf* soup. **~ populaire** soup kitchen.

souper [supe] — **1** *nm* supper. — **2** *vi* (1) to have supper.

soupeser [supəze] (5) *vt (lit)* to weigh in one's hands; *(fig)* to weigh up.

soupière [supjɛʀ] *nf* soup tureen.

soupir [supiʀ] *nm* sigh; *(Mus)* crotchet rest. ◆ **soupirant** *nm* suitor. ◆ **soupirer** (1) *vi* to sigh (*après* for).

soupirail, *pl* **-aux** [supiʀaj, o] *nm* (small) basement window.

souple [supl(ə)] *adj (gén)* supple; *(discipline)* flexible; *(démarche)* lithe. ◆ **souplesse** *nf* suppleness; flexibility; litheness.

source [suʀs(ə)] *nf (gén, fig)* source; *(point d'eau)* spring. **~ thermale** thermal spring; *(Pol)* **~ autorisée** official source.

sourcil [suʀsi] *nm* (eye)brow. ◆ **sourciller** (1) *vi :* **il n'a pas sourcillé** he didn't bat an eyelid.

sourd, e [suʀ, suʀd(ə)] — **1** *adj* **(a)** *(personne)* deaf (*à* to). **~ comme un pot*** as deaf as a post; **faire la ~e oreille** to turn a deaf ear. **(b)** *(son)* muffled, muted; *(douleur)* dull; *(inquiétude)* gnawing; *(hostilité)* veiled; *(lutte)* silent, hidden. — **2** *nm, f* deaf person. **les ~s** the deaf; **comme un ~** *(taper)* with all one's might; *(crier)* at the top of one's voice. ◆ **sourdement** *adv (cogner)* dully; *(secrètement)* silently. ◆ **sourdine** *nf* mute. **en ~** softly, quietly. ◆ **sourd-muet,** *f* **~e-~ette** — **1** *adj* deaf-and-dumb. — **2** *nm, f* deaf-mute.

souriant, e [suʀjɑ̃, ɑ̃t] *adj* smiling.

souricière [suʀisjɛʀ] *nf (lit)* mousetrap; *(fig)* trap.

sourire [suʀiʀ] — **1** *nm* smile. **avec le ~** with a smile; **faire un ~ à qn** to give sb a smile. — **2** *vi* (36) to smile (*à qn* at sb). *(chance)* **~ à qn** to smile on sb. **ça ne me sourit guère** it doesn't appeal to me.

souris [suʀi] *nf* mouse; (* : *femme*) bird*.

sournois, e [suʀnwa, waz] *adj (gén)* sly; *(regard)* shifty; *(méthode)* underhand. ◆ **sournoiserie** *nf* slyness.

sous [su] — **1** *prép* **(a)** *(position)* under, underneath, beneath. **se promener ~ la pluie** to take a walk in the rain; **~ terre** underground; **~ nos yeux** before *ou* under our very eyes; **~ tube** in a tube; **emballé ~ vide** vacuum-packed. **(b)** *(époque)* under, during. **~ peu** shortly, before long; **~ huitaine** within a week. **(c)** *(cause)* under. **~ les ordres de** under the orders of; **~ l'empire de la terreur** in the grip of terror; **~ certaines conditions** on certain conditions; **~ un jour nouveau** in a new light; **il a été peint ~ les traits d'un berger** he was painted as a shepherd.
— **2** *préf* **(a)** *(subordination)* sub-. **~-directeur** assistant *ou* sub-manager; **~-chef de bureau** deputy chief clerk; **~-officier** non-commissioned officer, N.C.O.; **~-titrer** to subtitle. **(b)** *(insuffisance)* under. **~-équipement** lack of equipment; **~-développement** underdevelopment; **~-évaluer** to underestimate.
◆ **sous-bois** *nm inv* undergrowth. ◆ **sous-entendre** (41) *vt* to imply. ◆ **sous-entendu** *nm* insinuation. ◆ **sous-estimer** *vt* to underestimate. ◆ **sous-jacent, e** *adj* underlying. ◆ **sous-main** *nm inv* desk blotter. ◆ **sous-marin, e** — **1** *adj (chasse)* underwater; *(faune)* submarine. — **2** *nm* submarine. ◆ **sous-sol** *nm (cave)* basement. ◆ **sous-vêtement** *nm* undergarment.

souscripteur, -trice [suskʀiptœʀ, tʀis] *nm, f* subscriber (*de* to). ◆ **souscription** *nf* subscription. **ouvrir une ~ en faveur de...** to start a fund in aid of... . ◆ **souscrire** (39) — **1 souscrire à** *vt indir* to subscribe to. — **2** *vt (Comm : billet)* to sign.

soussigné, e [susiɲe] *adj, nm, f* undersigned. **je ~ X** I the undersigned, X.

soustraction [sustʀaksjɔ̃] *nf (Math)* subtraction; *(vol)* abstraction. ◆ **soustraire** (50) — **1** *vt (défalquer)* to subtract (*de* from); *(dérober)* to abstract; *(cacher)* to conceal, shield (*à* from). — **2 se soustraire** *vpr* : **se ~ à** *(devoir)* to shirk; *(autorité)* to escape from.

soutane [sutan] *nf* cassock.

soute [sut] *nf (navire)* hold. **~ à charbon** coal bunker; **~ à mazout** oiltank.

souteneur [sutnœʀ] *nm* procurer.

soutenir [sutniʀ] (22) — **1** *vt* **(a)** *(personne)* to support; *(par médicament)* to sustain; *(politiquement)* to back. **~ qn contre** to take sb's part against. **(b)** *(effort)* to keep up, sustain; *(réputation)* to maintain; *(choc)* to withstand; *(regard)* to bear. **(c)** *(opinion)* to uphold, support. *(Univ)* **~ sa thèse** to attend one's viva; **~ que** to maintain that. — **2 se soutenir** *vpr (sur ses jambes)* to hold o.s. up, support o.s.; *(s'entraider)* to stand by each other. ◆ **soutenu, e** *adj (style)* elevated; *(effort)* sustained.

souterrain, e [sutɛʀɛ̃, ɛn] — **1** *adj* underground, subterranean. — **2** *nm* underground passage.

soutien [sutjɛ̃] *nm* support. ◆ **soutien-gorge,** *pl* **~s-~** *nm* bra.

soutirer [sutiʀe] (1) *vt* : **~ qch à qn** to extract sth from sb.

souvenir [suvniʀ] — **1** *nm* **(a)** *(réminiscence)* memory, recollection. **mauvais ~** bad memory; **en ~ de** in memory *ou* remembrance of. **(b)** *(mémoire)* memory. **(c)** *(objet)* keepsake, memento; *(pour touristes)* souvenir. **(d)** *(politesse)* **amical ~** yours; **mon bon ~ à X** give my regards to X. — **2 se souvenir** (22) *vpr* : **se ~ de** to remember; **se ~ d'avoir fait** to remember *ou* recall *ou* recollect doing; **tu m'as fait me ~ que...** you have reminded me that... .

souvent [suvɑ̃] *adv* often. **le plus ~** more often than not; **peu ~** seldom.

souverain, e [suvʀɛ̃, ɛn] — **1** *adj (Pol)* sovereign; *(suprême)* supreme. **le ~ pontife** the Supreme Pontiff. — **2** *nm, f* sovereign. ◆ **souverainement** *adv* supremely. ◆ **souveraineté** *nf* sovereignty.

soviet [sɔvjɛt] *nm* soviet. ◆ **soviétique** — **1** *adj* Soviet. — **2** *nmf* : **S~** Soviet citizen.

soyeux, -euse [swajø, øz] *adj* silky.

spacieux, -euse [spasjø, øz] *adj* spacious, roomy.

sparadrap [spaʀadʀa] *nm* adhesive *ou* sticking plaster, bandaid *(US)*.

spasme [spasm(ə)] *nm* spasm. ◆ **spasmodique** *adj* spasmodic.

spatial, e, *mpl* **-aux** [spasjal, o] *adj* spatial; *(Espace)* space.

spatule [spatyl] *nf* spatula.

speaker [spikœʀ] *nm* announcer. ◆ **speakerine** *nf* (woman) announcer.

spécial, e, *mpl* **-aux** [spesjal, o] *adj (gén)* special; *(bizarre)* peculiar. ◆ **spécialement** *adv (particulièrement)* especially; *(exprès)* specially.

spécialisation [spesjalizasjɔ̃] *nf* specialization. ◆ **spécialiser** (1) *vpr* to specialize (*dans* in). ◆ **spécialiste** *nmf* specialist. ◆ **spécialité** *nf* speciality.

spécification [spesifikasjɔ̃] *nf* specification. ◆ **spécificité** *nf* specificity. ◆ **spécifier** (7) *vt* to specify. ◆ **spécifique** *adj* specific.

spécimen [spesimɛn] *nm (gén)* specimen; *(publicitaire)* specimen copy, sample copy.

spectacle [spɛktakl(ə)] *nm* **(a)** *(vue)* sight; *(grandiose)* spectacle. **(b)** *(représentation)* show. *(branche)* **le ~** show business, entertainment; *(rubrique)* '**~s**' 'entertainment'. ◆ **spectaculaire** *adj* spectacular, dramatic. ◆ **spectateur, -trice** *nm, f (événement)* onlooker, witness; *(Sport)* spectator. *(Ciné, Théât)* **les ~s** the audience.

spectre [spɛktʀ(ə)] *nm (fantôme)* spectre; *(Phys)* spectrum.

spéculateur, -trice [spekylatœʀ, tʀis] *nm, f* speculator. ◆ **spéculation** *nf* speculation. ◆ **spéculer** (1) *vi* to speculate.

spéléologie [speleɔlɔʒi] *nf (étude)* speleology; *(exploration)* potholing. ◆ **spéléologue** *nmf* speleologist; potholer.
sperme [spɛʀm(ə)] *nm* semen, sperm.
sphère [sfɛʀ] *nf* sphere. ◆ **sphérique** *adj* spherical.
sphincter [sfɛ̃ktɛʀ] *nm* sphincter.
sphinx [sfɛ̃ks] *nm* sphinx.
spirale [spiʀal] *nf* spiral.
spiritualité [spiʀitɥalite] *nf* spirituality.
spirituel, -elle [spiʀitɥɛl] *adj (gén)* spiritual; *(fin)* witty.
spiritueux [spiʀitɥø] *nm (alcool)* spirit.
splendeur [splɑ̃dœʀ] *nf* splendour. ◆ **splendide** *adj* splendid.
spolier [spɔlje] (7) *vt* to despoil.
spongieux, -euse [spɔ̃ʒjø, øz] *adj* spongy.
spontané, e [spɔ̃tane] *adj* spontaneous. ◆ **spontanéité** *nf* spontaneity. ◆ **spontanément** *adv* spontaneously.
sporadique [spɔʀadik] *adj* sporadic.
sport [spɔʀ] — **1** *nm* sport. **faire du ~** to do sport; **aller aux ~s d'hiver** to go on a winter sports holiday; **voiture** *etc* **de ~** sports car *etc.* — **2** *adj inv (vêtement)* casual. ◆ **sportif, -ive** — **1** *adj (résultats)* sports; *(allure)* athletic; *(mentalité)* sporting. — **2** *nm* sportsman. — **3** *nf* sportswoman. ◆ **sportivement** *adv* sportingly. ◆ **sportivité** *nf* sportsmanship.
spot [spɔt] *nm* spot(light); *(publicitaire)* commercial.
square [skwaʀ] *nm* public garden.
squelette [skəlɛt] *nm* skeleton. ◆ **squelettique** *adj* skeleton-like.
stabilisateur [stabilizatœʀ] *nm* stabilizer. ◆ **stabilisation** *nf* stabilization. ◆ **stabiliser** *vt,* **se stabiliser** *vpr* (1) to stabilize. ◆ **stabilité** *nf* stability. ◆ **stable** *adj* stable, steady.
stade [stad] *nm* **(a)** *(sportif)* stadium. **(b)** *(période)* stage.
stage [staʒ] *nm (période)* training period. *(cours)* **faire un ~** to go on a training course. ◆ **stagiaire** *nmf, adj* trainee.
stagnant, e [stagnɑ̃, ɑ̃t] *adj* stagnant. ◆ **stagnation** *nf* stagnation. ◆ **stagner** (1) *vi* to stagnate.
stalactite [stalaktit] *nf* stalactite.
stalagmite [stalagmit] *nf* stalagmite.
stand [stɑ̃d] *nm (exposition)* stand; *(foire)* stall. **~ de tir** shooting range.
standard [stɑ̃daʀ] — **1** *nm (Téléphone)* switchboard. **~ de vie** standard of living. — **2** *adj inv* standard. ◆ **standardisation** *nf* standardization. ◆ **standardiser** (1) *vt* to standardize. ◆ **standardiste** *nmf* switchboard operator.
standing [stɑ̃diŋ] *nm* standing.
star [staʀ] *nf (Ciné)* star.
starter [staʀtɛʀ] *nm (Aut)* choke. **mettre le ~** to pull the choke out.
station [stɑsjɔ̃] *nf* **(a)** *(gén)* station; *(autobus)* stop. **~ de taxis** taxi rank; **~-service** service station; **~ balnéaire** seaside resort; **~ thermale** thermal spa. **(b) la ~ debout** an upright posture *ou* stance. **(c)** *(halte)* stop. ◆ **stationnaire** *adj* stationary.
stationnement [stasjɔnmɑ̃] *nm* parking. '**~ interdit**' 'no parking'. ◆ **stationner** (1) *vi (être garé)* to be parked; *(se garer)* to park.
statique [statik] *adj* static.
statistique [statistik] — **1** *nf* statistic. — **2** *adj* statistical.
statue [staty] *nf* statue. ◆ **statuette** *nf* statuette.
statuer [statɥe] (1) *vi :* **~ sur** to rule on.
statu quo [statykwo] *nm* status quo.
stature [statyʀ] *nf* stature.
statut [staty] *nm (position)* status. *(règlement)* **~s** statutes. ◆ **statutaire** *adj* statutory.
stencil [stɛnsil] *nm (Typ)* stencil.
sténo(dactylo) [steno(daktilo)] *nf* shorthand typist. ◆ **sténo(graphie)** *nf* shorthand.
steppe [stɛp] *nf* steppe.
stère [stɛʀ] *nm* stere.
stéréo [steʀeo] *nf, adj* stereo. ◆ **stéréophonie** *nf* stereophony. ◆ **stéréophonique** *adj* stereophonic.
stéréotype [steʀeɔtip] *nm* stereotype. ◆ **stéréotypé, e** *adj* stereotyped.
stérile [steʀil] *adj (gén)* sterile; *(terre)* barren; *(discussion)* fruitless. ◆ **stérilisation** *nf* sterilization. ◆ **stériliser** (1) *vt* to sterilize. ◆ **stérilité** *nf* sterility; barrenness; fruitlessness.
sternum [stɛʀnɔm] *nm* breastbone, sternum.
stéthoscope [stetɔskɔp] *nm* stethoscope.
steward [stiwaʀt] *nm (Aviat)* steward.
stigmate [stigmat] *nm* mark. *(Rel)* **~s** stigmata. ◆ **stigmatiser** (1) *vt* to stigmatize.
stimulant, e [stimylɑ̃, ɑ̃t] — **1** *adj* stimulating. — **2** *nm (physique)* stimulant; *(intellectuel)* stimulus. ◆ **stimulation** *nf* stimulation. ◆ **stimuler** (1) *vt* to stimulate.
stipulation [stipylɑsjɔ̃] *nf* stipulation. ◆ **stipuler** (1) *vt* to stipulate.
stock [stɔk] *nm* stock. ◆ **stockage** *nm* stocking. ◆ **stocker** (1) *vt* to stock.
stoïque [stɔik] *adj* stoical, stoic.
stop [stɔp] — **1** *excl* stop. — **2** *nm (panneau)* stop sign; *(feu arrière)* brake-light. **faire du ~*** to hitch-hike. ◆ **stopper** (1) *vti* to halt, stop.
store [stɔʀ] *nm (fenêtre)* blind, shade; *(voilage)* net curtain; *(magasin)* awning, shade. **~ vénitien** Venetian blind.
strabisme [stʀabism(ə)] *nm* squint.
strapontin [stʀapɔ̃tɛ̃] *nm* jump seat, foldaway seat.
stratagème [stʀataʒɛm] *nm* stratagem.
strate [stʀat] *nf* stratum (*pl* strata).
stratège [stʀatɛʒ] *nm* strategist. ◆ **stratégie** *nf* strategy. ◆ **stratégique** *adj* strategic.
stratification [stʀatifikɑsjɔ̃] *nf* stratification. ◆ **stratifier** (7) *vt* to stratify.
stratosphère [stʀatɔsfɛʀ] *nf* stratosphere.
strict, e [stʀikt(ə)] *adj (gén)* strict; *(costume)* plain. **la ~e vérité** the plain truth; **c'est son droit le plus ~** it is his most basic right; **le ~ minimum** the bare minimum. ◆ **strictement** *adv* strictly.
strident, e [stʀidɑ̃, ɑ̃t] *adj* shrill, strident.
strie [stʀi] *nf* streak; *(en relief)* ridge. ◆ **strier** (7) *vt* to streak; to ridge.
strophe [stʀɔf] *nf* verse, stanza.
structure [stʀyktyʀ] *nf* structure. ◆ **structural, e,** *mpl* **-aux** *ou* ◆ **structurel, -elle** *adj* structural. ◆ **structurer** (1) *vt* to structure.
stuc [styk] *nm* stucco.
studieux, -euse [stydjø, øz] *adj (personne)* studious; *(vacances)* study.
studio [stydjo] *nm (d'artiste, de prise de vues)* studio; *(auditorium)* film theatre; *(chambre)* bedsitter, studio apartment *(US)*.
stupéfaction [stypefaksjɔ̃] *nf* stupefaction. ◆ **stupéfait, e** *adj* stunned, astounded (*de qch* at sth). ◆ **stupéfiant, e** — **1** *adj* stunning, astounding. — **2** *nm* drug, narcotic. ◆ **stupéfier** (7) *vt* to stun, astound. ◆ **stupeur** *nf* astonishment, amazement; *(Méd)* stupor.

stupide [stypid] *adj* stupid, silly, foolish. ◆ **stupidité** *nf* stupidity. **une ~** a stupid remark (*ou* action).
style [stil] *nm* style. **meubles de ~** period furniture; *(Ling)* **~ indirect** indirect *ou* reported speech. ◆ **stylé, e** *adj* well-trained. ◆ **styliser** (1) *vt* to stylize.
stylo [stilo] *nm* pen. **~-bille** ball-point pen; **~ à encre** fountain pen.
suave [sɥav] *adj (personne)* suave; *(musique, parfum)* sweet. ◆ **suavité** *nf* suavity; sweetness.
subalterne [sybaltɛʀn(ə)] — **1** *adj (rôle)* subordinate; *(employé, poste)* junior. — **2** *nmf* subordinate.
subconscient, e [sypkɔ̃sjɑ̃, ɑ̃t] *adj, nm* subconscious.
subdiviser [sybdivize] (1) *vt* to subdivide (*en* into). ◆ **subdivision** *nf* subdivision.
subir [sybiʀ] (2) *vt (gén)* to undergo; *(perte, défaite)* to suffer, sustain; *(corvée)* to put up with; *(influence)* to be under. **~ les effets de qch** to experience the effects of sth; **faire ~ à qn** *(torture)* to subject sb to; *(défaite)* to inflict upon sb; *(examen)* to put sb through.
subit, e [sybi, it] *adj* sudden. ◆ **subitement** *adv* suddenly, all of a sudden.
subjectif, -ive [sybʒɛktif, iv] *adj* subjective. ◆ **subjectivité** *nf* subjectivity.
subjonctif, -ive [sybʒɔ̃ktif, iv] *adj, nm* subjunctive.
subjuguer [sybʒyge] (1) *vt (auditoire)* to captivate; *(vaincu)* to subjugate.
sublime [syblim] *adj* sublime. ◆ **sublimer** (1) *vt* to sublimate.
submerger [sybmɛʀʒe] (3) *vt (eau)* to submerge; *(fig)* to overcome, overwhelm. **submergé de** *(travail etc)* snowed under *ou* swamped with. ◆ **submersible** *adj, nm* submarine. ◆ **submersion** *nf* submersion.
subordination [sybɔʀdinɑsjɔ̃] *nf* subordination. ◆ **subordonné, e** — **1** *adj* subordinate (*à* to). — **2** *nm, f* subordinate. — **3** *nf (Ling)* subordinate clause. ◆ **subordonner** (1) *vt* to subordinate (*à* to); *(dépendre)* **c'est subordonné au résultat** it depends on the result.
subreptice [sybʀɛptis] *adj* surreptitious.
subside [sypsid] *nm* grant. **~s** allowance.
subsidiaire [sypsidjɛʀ] *adj* subsidiary.
subsistance [sybzistɑ̃s] *nf* subsistence. ◆ **subsister** (1) *vi (gén)* to subsist; *(survivre)* to survive.
substance [sypstɑ̃s] *nf* substance. ◆ **substantiel, -elle** *adj* substantial.
substantif [sypstɑ̃tif] *nm* noun, substantive.
substituer [sypstitɥe] (1) *vt* to substitute for. **se ~ à qn** to stand in for sb; *(par traîtrise)* to substitute o.s. for sb. ◆ **substitut** *nm* substitute (*de* for); *(magistrat)* deputy public prosecutor. ◆ **substitution** *nf* substitution (*à* for).
subterfuge [syptɛʀfyʒ] *nm* subterfuge.
subtil, e [syptil] *adj* subtle. ◆ **subtilité** *nf* subtlety.
subtiliser [syptilize] (1) *vt* to steal.
subvenir [sybvəniʀ] (22) **~ à** *vt indir* to provide for, meet. **~ à ses besoins** to support o.s.
subvention [sybvɑ̃sjɔ̃] *nf (gén)* grant; *(aux agriculteurs, à un théâtre)* subsidy. ◆ **subventionner** (1) *vt* to grant funds to; to subsidize.
subversif, -ive [sybvɛʀsif, iv] *adj* subversive. ◆ **subversion** *nf* subversion.
suc [syk] *nm* juice.
succédané [syksedane] *nm* substitute (*de* for).
succéder [syksede] (6) — **1 succéder à** *vt indir* to succeed. — **2 se succéder** *vpr* to succeed one another.
succès [syksɛ] *nm (gén)* success; *(livre)* bestseller; *(disque, film)* hit. **avoir du ~** to be a success, be successful (*auprès de* with).
successeur [syksesœʀ] *nm* successor. ◆ **successif, -ive** *adj* successive. ◆ **succession** *nf (gén)* succession; *(Jur : patrimoine)* estate, inheritance. **prendre la ~ de** to take over from. ◆ **successivement** *adv* successively.
succinct, e [syksɛ̃, ɛ̃t] *adj (écrit)* succinct; *(repas)* frugal.
succion [syksjɔ̃] *nf* suction.
succomber [sykɔ̃be] (1) *vi* to die, succomb; *(sous le nombre)* to be overcome. *(fig)* **~ à** to succumb to.
succulent, e [sykylɑ̃, ɑ̃t] *adj* succulent.
succursale [sykyʀsal] *nf (Comm)* branch.
sucer [syse] (3) *vt* to suck. ◆ **sucette** *nf (bonbon)* lollipop.
sucre [sykʀ(ə)] *nm (substance)* sugar; *(morceau)* lump of sugar. **~ de canne** cane sugar; **~ d'orge** stick of barley sugar; **~ en poudre** castor sugar. ◆ **sucré, e** *adj (saveur)* sweet; *(café etc)* sweetened. **trop ~** too sweet; **non ~** unsweetened. ◆ **sucrer** (1) *vt* to sugar, sweeten. ◆ **sucrerie** *nf* **(a) ~s** sweets. **(b)** *(raffinerie)* sugar refinery. ◆ **sucrier, -ière** — **1** *adj* sugar. — **2** *nm (récipient)* sugar basin *ou* bowl; *(industriel)* sugar producer.
sud [syd] — **1** *nm* south. **au ~** *(situation)* in the south; *(direction)* to the south; **l'Europe du ~** Southern Europe. — **2** *adj inv (région)* southern; *(côté, pôle)* south; *(direction)* southerly. **~-africain** *etc* South African *etc.* ◆ **sudiste** *nmf* Southerner.
Suède [sɥɛd] — **1** *nf* Sweden. — **2** *nm (peau)* **s~** suede. ◆ **suédine** *nf* suedette. ◆ **suédois, e** — **1** *adj, nm* Swedish. — **2** *nm, f* : **S~, e** Swede.
suer [sɥe] (1) — **1** *vi* to sweat. *(fig)* **faire ~ qn** to bother sb; **se faire ~*** to get bored. — **2** *vt* to sweat. ◆ **sueur** *nf* sweat. **en ~** sweating.
suffire [syfiʀ] (37) — **1** *vi* to be enough, be sufficient, suffice. **~ à** *(besoins)* to meet; *(personne)* to be enough for; **ça suffit** that's enough. — **2** *vb impers* : **il suffit de s'inscrire** you just *ou* only have to enrol; **il suffit d'une fois** once is enough. — **3 se suffire** *vpr* : **se ~ à soi-même** to be self-sufficient. ◆ **suffisamment** *adv* sufficiently, enough. **~ fort** sufficiently strong, strong enough; **~ de place** enough *ou* sufficient room. ◆ **suffisance** *nf* **(a)** *(vanité)* self-importance. **(b) avoir qch en ~** to have a sufficiency of sth. ◆ **suffisant, e** *adj* **(a)** *(adéquat)* sufficient. **c'est ~ pour** it's enough to; **je n'ai pas la place ~e** I haven't got sufficient *ou* enough room. **(b)** *(prétentieux)* self-important.
suffixe [syfiks(ə)] *nm* suffix.
suffocation [syfɔkɑsjɔ̃] *nf (sensation)* suffocating feeling. ◆ **suffoquer** (1) *vti* to choke, suffocate, stifle (*de* with). *(fig)* **ça m'a suffoqué!** it staggered me!
suffrage [syfʀaʒ] *nm* vote. **~ universel** universal suffrage *ou* franchise.
suggérer [sygʒeʀe] (6) *vt* to suggest (*de faire* doing). ◆ **suggestif, -ive** *adj* suggestive. ◆ **suggestion** *nf* suggestion.
suicidaire [sɥisidɛʀ] *adj* suicidal. ◆ **suicide** *nm* suicide. ◆ **suicidé, e** *nm, f* suicide. ◆ **se suicider** (1) *vpr* to commit suicide.

suie [sɥi] *nf* soot.

suintement [sɥɛ̃tmɑ̃] *nm* : ~(s) oozing. ◆ **suinter** (1) *vi* to ooze.

Suisse [sɥis] — **1** *nf (pays)* Switzerland. — **2** *nmf (habitant)* Swiss. — **3** *adj* : **s~** Swiss. — **4** *nm* : **s~** *(bedeau)* ≃ verger; *(fromage)* **petit-~** petit-suisse. ◆ **Suissesse** *nf* Swiss woman.

suite [sɥit] *nf* **(a)** *(escorte)* retinue, suite. **(b)** *(nouvel épisode)* continuation, following episode; *(second film etc)* sequel; *(rebondissement d'une affaire)* follow-up; *(reste)* remainder, rest. **la ~ au prochain numéro** to be continued; **la ~ des événements** the events which followed; **attendons la ~** let's see what comes next. **(c)** *(aboutissement)* result. **~s** *(maladie)* after-effects; *(incident)* repercussions. **(d)** *(succession)* series (*de* of). **(e)** *(cohérence)* coherence. **avoir de la ~ dans les idées** to show great single-mindedness. **(f)** *(appartement)* suite. **(g)** *(Mus)* suite. **(h) ~ à votre lettre** further to your letter; **à la ~** *(successivement)* one after the other; *(derrière)* **mettez-vous à la ~** join on at the back; **à la ~ de** *(derrière)* behind; *(en conséquence de)* following; **de ~** *(immédiatement)* at once; **3 jours de ~** 3 days on end *ou* in a row; **par ~ de** owing to; **par la ~** afterwards; **donner ~ à** to follow up; **faire ~ à** to follow; **prendre la ~ de** to succeed, take over from.

suivant[1], **e** [sɥivɑ̃, ɑ̃t] — **1** *adj* following, next. **le mardi ~** the following *ou* next Tuesday. — **2** *nm, f* following (one), next (one). **au ~!** next please!

suivant[2] [sɥivɑ̃] *prép (selon)* according to. **~ que** according to whether.

suivi, e [sɥivi] *adj (travail, correspondance)* steady; *(qualité, conversation)* consistent.

suivre [sɥivʀ(ə)] (40) — **1** *vt (gén)* to follow. **je ne peux pas vous ~** I can't keep up with you; **~ un cours** *(assister* à) to attend a class; *(comprendre)* to follow a class; **~ un régime** to be on a diet; **il est suivi par un médecin** he's having treatment from a doctor; *(feuilleton)* **à ~** to be continued; **l'enquête suit son cours** the inquiry is running its course. — **2** *vi* **(a)** *(être attentif)* to attend; *(comprendre)* to keep up, follow. **(b) faire ~ son courrier** to have one's mail forwarded; **'faire ~'** 'please forward'. **(c)** *(venir après)* to follow. — **3** *vb impers* : **comme suit** as follows. — **4 se suivre** *vpr* to follow one behind the other; *(argument)* to be consistent. **3 démissions qui se suivent** 3 resignations running *ou* in a row.

sujet, -ette [syʒɛ, ɛt] — **1** *adj* : **~ à** *(maladie etc)* liable to, subject to, prone to; **~ à faire** liable *ou* prone to do; **~ à caution** *(nouvelle)* unconfirmed; *(moralité)* questionable. — **2** *nm, f (gouverné)* subject. — **3** *nm* **(a)** *(matière)* subject (*de* for). **~ de conversation** topic of conversation; **~ d'examen** examination question; **au ~ de** about, concerning. **(b)** *(motif)* cause, grounds (*de* for). **ayant tout ~ de croire que** having every reason to believe that. **(c)** *(individu)* subject. *(Scol)* **brillant ~** brilliant pupil; **un mauvais ~** a bad lot. **(d)** *(Gram)* subject.

sujétion [syʒesjɔ̃] *nf (asservissement)* subjection; *(contrainte)* constraint.

sulfate [sylfat] *nm* sulphate.

sultan [syltɑ̃] *nm* sultan.

summum [sɔmɔm] *nm* height.

super [sypɛʀ] — **1** *nm* : **~ carburant** super, fourstar petrol, premium *(US)*. — **2** *préf* (*) **~ chic** fantastically smart*; *(Pol)* **les ~-grands** the super-powers. — **3** *adj inv* (*) terrific*, great*.

superbe [sypɛʀb(ə)] *adj* superb.

supercherie [sypɛʀʃəʀi] *nf* trick.

superficie [sypɛʀfisi] *nf* area.

superficiel, -ielle [sypɛʀfisjɛl] *adj (gén)* superficial; *(esprit)* shallow; *(blessure)* skin.

superflu, e [sypɛʀfly] — **1** *adj* superfluous. — **2** *nm* : **le ~** *(excédent)* the surplus; *(accessoire)* the superfluity.

supérieur, e [sypeʀjœʀ] — **1** *adj* **(a)** *(plus haut) (niveaux, classes)* upper. **la partie ~e de l'objet** the upper *ou* top part of the object; **l'étage ~** the floor above. **(b)** *(plus important) (gén)* higher; *(nombre, vitesse)* greater; *(quantité, somme)* larger (*à* than); *(intelligence, qualité)* superior (*à* to). **~ en nombre** superior in number; **~ à la moyenne** above-average. **(c)** *(hautain)* superior. — **2** *nm, f* superior. **~ hiérarchique** senior. ◆ **supériorité** *nf* superiority.

superlatif, -ive [sypɛʀlatif, iv] *adj, nm* superlative.

supermarché [sypɛʀmaʀʃe] *nm* supermarket.

superposer [sypɛʀpoze] (1) *vt (objets)* to superpose (*à* on); *(clichés)* to superimpose.

superproduction [sypɛʀpʀɔdyksjɔ̃] *nf (Ciné)* blockbuster.

supersonique [sypɛʀsɔnik] *adj* supersonic.

superstition [sypɛʀstisjɔ̃] *nf* superstition. ◆ **superstitieux, -euse** *adj* superstitious.

superstructure [sypɛʀstʀyktyʀ] *nf* superstructure.

superviser [sypɛʀvize] (1) *vt* to supervise.

supplanter [syplɑ̃te] (1) *vt* to supplant.

suppléance [sypleɑ̃s] *nf (poste)* supply post; *(action)* temporary replacement. ◆ **suppléant, e** *nm, f (professeur)* supply teacher; *(juge, député)* deputy; *(médecin)* locum.

suppléer [syplee] (1) — **1** *vt* **(a)** *(ajouter)* to supply. **(b)** *(remplacer) (gén)* to replace; *(professeur)* to stand in for; *(juge)* to deputize for. — **2 suppléer à** *vt indir (défaut)* to make up for; *(qualité)* to substitute for.

supplément [syplemɑ̃] *nm (gén)* supplement; *(restaurant)* extra charge; *(train)* excess fare. **un ~ de travail** extra *ou* additional work; **c'est en ~** it is extra. ◆ **supplémentaire** *adj* additional, extra.

supplication [syplikɑsjɔ̃] *nf* entreaty.

supplice [syplis] *nm* torture. **~ chinois** Chinese torture; **être au ~** to be in agonies; **mettre au ~** to torture. ◆ **supplicié, e** *nm, f* torture victim. ◆ **supplicier** (7) *vt* to torture.

supplier [syplije] (7) *vt* to beseech, entreat (*de faire* to do). **je vous en supplie** please.

support [sypɔʀ] *nm (gén)* support; *(béquille)* prop; *(moyen)* medium. **~ publicitaire** advertising medium. ◆ **supportable** *adj (douleur, chaleur)* bearable; *(conduite)* tolerable. ◆ **supporter**[1] (1) *vt* **(a)** *(soutenir)* to support, hold up. **(b)** *(subir) (gén)* to bear; *(conséquences)* to suffer; *(maladie)* to endure; *(conduite)* to tolerate, put up with. **je ne peux pas les ~** I can't bear *ou* stand them. **(c)** *(résister à) (température, épreuve)* to withstand; *(opération alcool)* to take. **lait facile à ~** easily-digested milk.

supporter[2] [sypɔʀtɛʀ] *nm (Sport)* supporter.

supposer [sypoze] (1) *vt (présumer)* to suppose, assume; *(présupposer)* to presuppose; *(impliquer)* to imply. **à ~ que** supposing *ou* assuming that. ◆ **supposition** *nf* supposition.

suppositoire [sypozitwaʀ] *nm* suppository.

suppression [sypʀesjɔ̃] *nf (gén)* removal; *(mot)* deletion; *(train)* cancellation; *(permis de conduire)* withdrawal. ◆ **supprimer** (1) — **1** *vt* to remove; to delete; to cancel; to withdraw (*de* from). **~ qch à qn** to take sth away *ou* withdraw sth from sb; **ça supprime des opérations inutiles** it does away with unnecessary operations. — **2 se supprimer** *vpr* to do away with o.s., take one's own life.
suppurer [sypyʀe] (1) *vi* to suppurate.
supputer [sypyte] (1) *vt* to calculate.
supra... [sypʀa] *préf* supra... .
suprématie [sypʀemasi] *nf* supremacy. ◆ **suprême** *adj, nm* supreme.
sur¹ [syʀ] — **1** *prép* **(a)** *(position)* on, upon; *(dans)* in; *(par-dessus)* over; *(au-dessus)* above. **~ l'armoire** on top of the wardrobe; **jeter qch ~ la table** to throw sth onto the table; **~ le journal** in the paper; **un pont ~ la rivière** a bridge across *ou* on *ou* over the river; **~ nos têtes** above our heads; **retire tes livres de ~ la table** take your books from off the table; **je n'ai pas d'argent ~ moi** I haven't any money on me; **~ le marché** at the market. **(b)** *(direction)* to, towards. **tourner ~ la droite** to turn (to the) right; **~ votre gauche** on *ou* to your left; **travaux ~ 5 km** roadworks for 5 km. **(c)** *(temps)* **~ les midi** (at) about *ou* around noon; **il va ~ ses quinze ans** he's getting on for fifteen; **l'acte s'achève ~ une réconciliation** the act ends with a reconciliation; **il est ~ le départ** he's just going, he's about to leave; **~ ce, il est sorti** upon which he went out. **(d)** *(cause, sujet etc)* on. **~ la recommandation de X** on X's recommendation; **~ ordre de** by order of; **chanter qch ~ l'air de** to sing sth to the tune of; **causerie ~ la Grèce** talk on *ou* about Greece; **être ~ une bonne affaire** to be on to a bargain; **elle ne peut rien ~ lui** she has no control over him. **(e)** *(proportion)* out of, in; *(mesure)* by. **un homme ~ 10** one man in *ou* out of 10; *(note)* **9 ~ 10** 9 out of 10; **ça fait 2 mètres ~ 3** it is *ou* measures 2 metres by 3; **un jour ~ deux** every other day; **faire faute ~ faute** to make one mistake after another.
— **2** *préf* over. **~excité** overexcited; **~production** overproduction.
— **3** : **~-le-champ** *adv* immediately.
sur², e [syʀ] *adj (aigre)* sour.
sûr, e [syʀ] *adj* **(a)** *(certain)* certain, sure (*de* of, about). **~ de soi** self-assured, self-confident. **(b)** *(sans danger)* safe. **peu ~** unsafe; **en lieu ~** in a safe place. **(c)** *(digne de confiance) (gén)* reliable; *(personne, firme)* trustworthy; *(jugement)* sound.
surabondance [syʀabɔ̃dɑ̃s] *nf* superabundance. ◆ **surabonder** (1) *vi* to be superabundant, overabound.
suranné, e [syʀane] *adj* outdated.
surcharge [syʀʃaʀʒ(ə)] *nf* **(a)** *(action)* overloading; *(poids)* extra load, excess load. **une ~ de travail** extra work. **(b)** *(rature)* alteration. ◆ **surcharger** (3) *vt* to overload; to alter.
surchauffer [syʀʃofe] (1) *vt* to overheat.
surchoix [syʀʃwa] *adj inv* top-quality.
surclasser [syʀklase] (1) *vt* to outclass.
surcroît [syʀkʀwa] *nm* : **un ~ de travail** extra *ou* additional work; **un ~ d'honnêteté** an excess of honesty; **de ~** furthermore.
surdité [syʀdite] *nf* deafness.
sureau, *pl* **~x** [syʀo] *nm* elder tree.
surélever [syʀelve] (5) *vt* to raise (*de* by).

sûrement [syʀmɑ̃] *adv (sans danger)* safely; *(solidement)* securely; *(certainement)* certainly. **~ pas!** surely not!
surenchère [syʀɑ̃ʃɛʀ] *nf* overbid. ◆ **surenchérir** (2) *vi* to bid higher. **~ sur qn** to outbid sb.
surestimer [syʀestime] (1) *vt (importance)* to overestimate; *(objet)* to overvalue.
sûreté [syʀte] *nf* **(a)** *(sécurité)* safety; *(précaution)* precaution. **la ~ de l'État** state security; **pour plus de ~** to be on the safe side; **être en ~** to be safe; **mettre en ~** to put in a safe place. **(b)** *(appareil)* reliability; *(geste)* steadiness; *(jugement)* soundness. **(c)** *(dispositif)* safety device. **(d)** *(garantie)* assurance, guarantee. **(e)** *(Police)* **la S~ nationale** ≃ the CID *(Brit)*, ≃ the FBI *(US)*.
surévaluer [syʀevalɥe] (1) *vt* to overvalue.
surexciter [syʀɛksite] (1) *vt* to overexcite.
surface [syʀfas] *nf (gén)* surface; *(superficie)* area. **faire ~** to surface.
surfait, e [syʀfɛ, ɛt] *adj* overrated.
surfin, e [syʀfɛ̃, in] *adj* superfine.
surgelé, e[syʀʒəle] *adj* deep-frozen. **~s** (deep-)frozen food.
surgir [syʀʒiʀ] (2) *vi (lit)* to appear suddenly; *(difficultés)* to arise, crop up.
surhomme [syʀɔm] *nm* superman. ◆ **surhumain, e** *adj* superhuman.
surir [syʀiʀ] (2) *vi* to turn *ou* go sour
surlendemain [syʀlɑ̃dmɛ̃] *nm* : **le ~** two days later; **le ~ de son arrivée** two days after his arrival.
surmenage [syʀmənaʒ] *nm* overwork. ◆ **surmener** (5) *vt* to overwork. **se ~** to overwork (o.s.).
surmonter [syʀmɔ̃te] (1) — **1** *vt* to surmount. — **2 se surmonter** *vpr* to control o.s.
surnager [syʀnaʒe] (3) *vi* to float.
surnaturel, -elle [syʀnatyʀɛl] *adj* supernatural.
surnom [syʀnɔ̃] *nm* nickname; *(d'un héros)* name.
surnombre [syʀnɔ̃bʀ(ə)] *nm* : **en ~** too many; **j'étais en ~** I was one too many.
surnommer [syʀnɔme] (1) *vt* (*V* **surnom**) to nickname; to name.
surpasser [syʀpɑse] (1) *vt* to surpass (*en* in). **se ~** to surpass o.s.
surpeuplé, e [syʀpœple] *adj* overpopulated. ◆ **surpeuplement** *nm* overpopulation.
surplomb [syʀplɔ̃] *nm* overhang. **en ~** overhanging. ◆ **surplomber** (1) *vt* to overhang.
surplus [syʀply] *nm* surplus. **avec le ~ du bois** with the leftover *ou* surplus wood.
surpopulation [syʀpɔpylɑsjɔ̃] *nf* overpopulation.
surprendre [syʀpʀɑ̃dʀ(ə)] (58) *vt* **(a)** *(voleur)* to surprise; *(secret)* to discover; *(conversation)* to overhear; *(regard)* to intercept. **(b)** *(pluie, nuit)* to catch out. **(c)** *(étonner)* to amaze, surprise. ◆ **surprenant, e** *adj* amazing, surprising. ◆ **surpris, e¹** *adj* surprised (*de* at). ◆ **surprise²** *nf* surprise. **par ~** by surprise.
surproduction [syʀpʀɔdyksjɔ̃] *nf* overproduction.
sursaut [syʀso] *nm* start, jump. **~ d'énergie** burst *ou* fit of energy; *(se réveiller)* **en ~** with a start. ◆ **sursauter** (1) *vi* to start, jump. **faire ~ qn** to startle sb.
surseoir [syʀswaʀ] (26) **~ à** *vt indir* to defer, postpone. ◆ **sursis** *nm (gén)* reprieve; *(Mil)* deferment. **il a eu 2 ans avec ~** he was given a 2-year suspended sentence. ◆ **sursitaire** *adj (Mil)* deferred.

surtaxe [syʀtaks(ə)] *nf* surcharge. ◆ **surtaxer** (1) *vt* to surcharge.

surtout [syʀtu] *adv (avant tout)* above all; *(spécialement)* especially, particularly. *(quantité)* **j'ai ~ lu des romans** I have read mostly *ou* mainly novels; **~ que*** especially as *ou* since; **~ pas** certainly not.

surveillance [syʀvejɑ̃s] *nf (gén)* watch; *(travaux)* supervision; *(examen)* invigilation. **sous la ~ de la police** under police surveillance. ◆ **surveillant, e** *nm,f (prison)* warder; *(chantier)* supervisor; *(hôpital)* nursing officer; *(lycée)* supervisor; *(aux examens)* invigilator. ◆ **surveiller** (1) — **1** *vt* to watch; to supervise; to invigilate; *(enfants, déjeuner)* to keep an eye on; *(ennemi)* to keep watch on. — **2 se surveiller** *vpr* to keep a check on o.s.

survenir [syʀvəniʀ] (22) *vi (gén)* to take place; *(incident, retards)* to occur, arise.

survêtement [syʀvɛtmɑ̃] *nm (sportif)* tracksuit; *(skieur)* overgarments.

survie [syʀvi] *nf* survival. ◆ **survivance** *nf* survival. ◆ **survivant, e** — **1** *adj* surviving. — **2** *nm,f* survivor. ◆ **survivre** (46) *vi* to survive. **~ à** *(accident)* to survive; *(personne)* to outlive.

survol [syʀvɔl] *nm* : **le ~ de** *(région)* flying over; *(livre)* skipping through; *(question)* skimming over. ◆ **survoler** (1) *vt* to fly over; to skip through; to skim over.

survolté, e [syʀvɔlte] *adj* worked up.

sus [sy(s)] *adv* : **en ~** in addition (*de* to).

susceptibilité [sysɛptibilite] *nf* touchiness. **~s** susceptibilities. ◆ **susceptible** *adj* **(a)** *(ombrageux)* touchy. **(b) être ~ de faire** *(aptitude)* to be in a position *ou* be able to do; *(éventualité)* to be likely *ou* liable to do.

susciter [sysite] (1) *vt (intérêt)* to arouse; *(controverse)* to give rise to; *(obstacles)* to create.

suspect, e [syspɛ(kt), ɛkt(ə)] — **1** *adj (gén)* suspicious; *(opinion)* suspect. **~ de qch** suspected of sth. — **2** *nm,f* suspect. ◆ **suspecter** (1) *vt (personne)* to suspect (*de faire* of doing); *(bonne foi)* to question.

suspendre [syspɑ̃dʀ(ə)] (41) — **1** *vt (accrocher)* to hang up (*à* on); *(interrompre)* to suspend; *(différer)* to postpone, defer; *(séance)* to adjourn. **~ qn de ses fonctions** to suspend sb from office. — **2 se suspendre** *vpr* : **se ~ à qch** to hang from sth. ◆ **suspendu, e** *adj* : **~ à** hanging *ou* suspended from; **être ~ aux lèvres de qn** to hang upon sb's every word; **voiture bien ~e** car with good suspension.

suspens [syspɑ̃] *nm* : **en ~** *(affaire)* in abeyance; *(dans l'incertitude)* in suspense; **en ~ dans l'air** suspended in the air.

suspense [syspɑ̃s] *nm* suspense.

suspension [syspɑ̃sjɔ̃] *nf* **(a)** (*V* **suspendre**) suspension; postponement, deferment; adjournment. **(b)** *(lustre)* chandelier. **(c) en ~** in suspension; **en ~ dans l'air** suspended in the air.

suspicion [syspisjɔ̃] *nf* suspicion.

susurrer [sysyʀe] (1) *vti* to murmur.

suture [sytyʀ] *nf* suture. **point de ~** stitch. ◆ **suturer** (1) *vt* to stitch up.

svelte [svɛlt(ə)] *adj* slender.

syllabe [silab] *nf* syllabe.

symbole [sɛ̃bɔl] *nm* symbol. ◆ **symbolique** *adj (gén)* symbolic; *(somme)* token, nominal. ◆ **symboliser** (1) *vt* to symbolize.

symétrie [simetʀi] *nf* symmetry. ◆ **symétrique** *adj* symmetrical (*de* to).

sympathie [sɛ̃pati] *nf (inclination)* liking; *(affinité)* fellow feeling; *(compassion)* sympathy. **j'ai de la ~ pour lui** I like him. ◆ **sympathique** *adj (personne)* nice, friendly; *(ambiance)* pleasant. **je le trouve ~** I like him. ◆ **sympathisant, e** *nm,f* sympathizer. ◆ **sympathiser** (1) *vi* to make friends; *(fréquenter)* to have contact (*avec* with).

symphonie [sɛ̃fɔni] *nf* symphony. ◆ **symphonique** *adj* symphonic; *(orchestre)* symphony.

symposium [sɛ̃pozjɔm] *nm* symposium.

symptomatique [sɛ̃ptɔmatik] *adj* symptomatic (*de* of). ◆ **symptôme** *nm* symptom.

synagogue [sinagɔg] *nf* synagogue.

synchroniser [sɛ̃kʀɔnize] (1) *vt* to synchronize. ◆ **synchronisme** *nm* synchronism.

syncope [sɛ̃kɔp] *nf* blackout. **tomber en ~** to faint.

syndic [sɛ̃dik] *nm* : **~ d'immeuble** managing agent.

syndical, e *mpl* **-aux** [sɛ̃dikal, o] *adj* trade-union. ◆ **syndicalisme** *nm* trade unionism. ◆ **syndicaliste** — **1** *nmf* trade unionist. — **2** *adj (chef)* trade-union; *(doctrine)* unionist. ◆ **syndicat** *nm (travailleurs)* (trade) union; *(patrons)* union; *(non professionnel)* association. **~ d'initiative** tourist information office. ◆ **syndiqué, e** *nm,f* union member. ◆ **se syndiquer** (1) *vpr* to join a trade union.

syndrome [sɛ̃dʀom] *nm* syndrome.

synode [sinɔd] *nm* synod.

synonyme [sinɔnim] — **1** *adj* synonymous (*de* with). — **2** *nm* synonym.

syntaxe [sɛ̃taks(ə)] *nf* syntax. ◆ **syntactique** *ou* ◆ **syntaxique** *adj* syntactic.

synthèse [sɛ̃tɛz] *nf* synthesis. ◆ **synthétique** *adj* synthetic. ◆ **synthétiser** (1) *vt* to synthesize.

syphilis [sifilis] *nf* syphilis.

systématique [sistematik] *adj* systematic. ◆ **systématisation** *nf* systematization. ◆ **systématiser** (1) *vt* to systematize. ◆ **système** *nm* system.

T

T, t [te] *nm (lettre)* T, t. **en T** T-shaped.
t' [t(ə)] *V* **te, tu.**
ta [ta] *adj poss V* **ton**[1].
tabac [taba] — **1** *nm* tobacco; *(magasin)* tobacconist's. **~ à priser** snuff. **passer qn à ~*** to beat sb up; **faire un ~*** to be a great hit. — **2** *adj inv* buff.
tabasser* [tabase] (1) *vt* : **~ qn** to beat sb up.
tabatière [tabatjɛʀ] *nf* **(a)** *(boîte)* snuffbox. **(b)** *(lucarne)* skylight.
tabernacle [tabɛʀnakl(ə)] *nm* tabernacle.
table [tabl(ə)] *nf* table. **faire ~ rase** to make a clean sweep (*de* of); **être à ~** to be having a meal, be at table; **à ~!** come and eat!; **mettre la ~** to lay *ou* set the table; **se mettre à ~** to sit down to eat; (* : *dénoncer*) to talk; **~ à dessin** drawing board; **~ des matières** table of contents; **~ de nuit** bedside table; **~ d'opération** operating table; **~ roulante** trolley.
tableau, *pl* **~x** [tablo] *nm* **(a)** *(peinture)* painting; *(reproduction, fig : scène)* picture; *(Théât)* scene. **gagner sur tous les ~x** to win on all counts. **(b)** *(panneau) (gén)* board; *(fusibles)* box; *(clefs)* rack. **~ d'affichage** notice board; **~ de bord** dashboard, instrument panel; *(Scol)* **~ (noir)** blackboard. **(c)** *(graphique)* table, chart; *(liste)* register, roll, list. **~ des horaires** timetable; **~ d'honneur** list of merit; **~ de service** duty roster.
tablée [table] *nf* table *(of people)*.
tabler [table] (1) *vi* to count, reckon (*sur* on).
tablette [tablɛt] *nf (chocolat)* bar; *(chewing-gum)* piece; *(étagère)* shelf.
tablier [tablije] *nm (gén)* apron; *(ménagère)* pinafore; *(écolier)* overall; *(pont)* roadway.
tabou [tabu] *nm, adj* taboo.
tabouret [tabuʀɛ] *nm* stool; *(pour les pieds)* footstool.
tac [tak] *nm* **(a)** *(bruit)* tap. **(b) répondre du ~ au ~** to answer pat.
tache [taʃ] *nf* **(a)** *(fruit)* mark; *(plumage, pelage)* spot; *(peau)* blotch, mark. **~ de rousseur** freckle; *(fig)* **faire ~** to jar. **(b)** *(lit, fig : salissure)* stain. **~ d'encre** ink stain; *(sur le papier)* ink blot; *(fig)* **faire ~ d'huile** to spread; **sans ~** spotless. **(c)** *(endroit)* patch; *(peinture)* spot, dot. **~ d'ombre** patch of shadow.
tâche [tɑʃ] *nf* task, work, job. **travail à la ~** piecework.
tacher [taʃe] (1) — **1** *vt* **(a)** *(lit, fig : salir)* to stain. **taché de sang** bloodstained. **(b)** *(colorer) (pré, robe)* to spot, dot; *(peau, fourrure)* to spot, mark. — **2 se tacher** *vpr (personne)* to get stains on one's clothes.
tâcher [tɑʃe] (1) *vi* : **~ de faire** to try to do.
tacheter [taʃte] (4) *vt* to spot, dot, speckle.
tacite [tasit] *adj* tacit.
taciturne [tasityʀn(ə)] *adj* taciturn, silent.
tacot* [tako] *nm (voiture)* banger*, crate*.
tact [takt] *nm* tact. **plein de ~** tactful.
tactile [taktil] *adj* tactile.
tactique [taktik] — **1** *adj* tactical. — **2** *nf* tactics.
taie [tɛ] *nf* **(a) ~ d'oreiller** pillowcase, pillowslip. **(b)** *(Méd)* opaque spot.
taillader [tɑjade] (1) *vt* to slash, gash.
taille[1] [tɑj] **(a)** *(personne, cheval)* height; *(objet, vêtement)* size. **de haute ~** tall; **ils ont la même ~** they are the same height *ou* size; **ce pantalon n'est pas à sa ~** these trousers aren't his size; **être de ~ à faire** to be capable of doing; *(erreur)* **de ~** considerable, sizeable. **(b)** *(ceinture)* waist. **avoir la ~ fine** to have a slim waist.
taille[2] [tɑj] *nf* (*action* : *V* **tailler**) cutting; carving; pruning; trimming; *(forme)* cut. ◆ **taille-crayon(s)** *nm inv* pencil sharpener.
tailler [tɑje] (1) — **1** *vt (gén)* to cut; *(bois, statue)* to carve; *(crayon)* to sharpen; *(arbre)* to prune; *(haie, barbe)* to trim; *(tartine)* to slice; *(vêtement)* to make. **~ qch en pointe** to sharpen sth to a point; *(personne)* **bien ~** well-built; **~ une bavette*** to have a natter*. — **2** *vi* : **~ dans** to cut into. — **3 se tailler** *vpr* : (* : *partir*) to clear off. **se ~ la part du lion** to take the lion's share. ◆ **tailleur** *nm* **(a)** *(couturier)* tailor. **en ~** *(assis)* cross-legged. **(b)** *(costume)* lady's suit. **(c) ~ de pierre(s)** stone-cutter.
taillis [taji] *nm* copse, coppice.
tain [tɛ̃] *nm (miroir)* silvering. **glace sans ~** two-way mirror.
taire [tɛʀ] (54) — **1 se taire** *vpr (personne)* to fall silent; *(bruit)* to disappear; *(fig : être discret)* to keep quiet *ou* silent (*sur* about). **tais-toi!*** keep quiet!, stop talking! — **2** *vt* to conceal, say nothing about. — **3** *vi* : **faire ~** *(opposition)* to silence; **fais ~ les enfants** make the children keep quiet.
talc [talk] *nm* talcum powder, talc.
talent [talɑ̃] *nm* talent. ◆ **talentueux, -euse** *adj* talented.
taler [tale] (1) *vt (fruits)* to bruise.
talisman [talismɑ̃] *nm* talisman.
taloche* [talɔʃ] *nf (gifle)* clout*, cuff.
talon [talɔ̃] *nm (gén)* heel; *(chèque)* stub, counterfoil; *(Cartes)* talon. **tourner les ~ s** to leave; **~ d'Achille** Achilles' heel. ◆ **talonner** (1) *vt (fugitifs)* to follow hot on the heels of. **~ le ballon** to heel the ball. ◆ **talonneur** *nm (Rugby)* hooker.
talus [taly] *nm (route)* embankment; *(rivière)* bank.
tambouille* [tɑ̃buj] *nf* grub*.
tambour [tɑ̃buʀ] *nm* **(a)** *(gén)* drum; *(musicien)* drummer; *(à broder)* embroidery hoop. **~ battant** briskly; **sans ~ ni trompette** without any fuss; **~-major** drum major. **(b)** *(porte à tourniquet)* revolving door. ◆ **tambourin** *nm* tambourine. ◆ **tambouriner** (1) *vi* to drum (*sur* on).
tamis [tami] *nm (gén)* sieve; *(à sable)* riddle. ◆ **tamiser** (1) *vt* to sieve; to riddle. ◆ **tamisé, e** *adj (lumière)* subdued.
Tamise [tamiz] *nf* : **la ~** the Thames.
tampon [tɑ̃pɔ̃] *nm* **(a)** *(pour boucher)* plug; *(en coton)* wad; *(pour nettoyer une plaie)* swab;

(pour étendre un liquide) pad. **~ buvard** blotter; **rouler qch en ~** to roll sth into a ball. **(b)** *(timbre)* stamp. **le ~ de la poste** the postmark. **(c)** *(Rail, fig : amortisseur)* buffer. ◆ **tamponner** (1) — **1** *vt (essuyer)* to mop up, dab; *(heurter)* to crash into; *(timbrer)* to stamp. — **2 se tamponner** *vpr (trains)* to crash into each other. **il s'en tamponne*** he doesn't give a damn*.

tam-tam, *pl* **~-~s** [tamtam] *nm* tomtom.

tandem [tɑ̃dɛm] *nm (bicyclette)* tandem; *(fig : duo)* pair, duo.

tandis [tɑ̃di] *conj :* **~ que** *(simultanéité)* while; *(opposition)* whereas, while.

tangage [tɑ̃gaʒ] *nm (bateau)* pitching.

tangent, e [tɑ̃ʒɑ̃, ɑ̃t] — **1** *adj* tangent (*à* to). **c'était ~*** it was a close thing. — **2** *nf (Géom)* tangent. **prendre la ~e*** *(partir)* to clear off*; *(éluder)* to dodge the issue.

tangible [tɑ̃ʒibl(ə)] *adj* tangible.

tanguer [tɑ̃ge] (1) *vi* to pitch.

tanière [tanjɛʀ] *nf* den, lair.

tank [tɑ̃k] *nm* tank.

tanker [tɑ̃kɛʀ] *nm* tanker.

tannage [tanaʒ] *nm* tanning. ◆ **tanner** (1) *vt (cuir)* to tan; *(visage)* to weather. **~ qn*** to pester sb. ◆ **tannerie** *nf* tannery. ◆ **tanneur** *nm* tanner.

tant [tɑ̃] *adv* **(a)** *(gén)* so much. **~ de** *(temps, eau)* so much; *(arbres, gens)* so many; *(habileté)* such, so much; **gagner ~ par mois** to earn so much a month; **~ pour cent** so many per cent; **il est rentré ~ le ciel était menaçant** he went home because the sky looked so overcast; **~ il est vrai que...** which only goes to show *ou* prove that... **(b)** *(comparaison)* **ce n'est pas ~ le prix que la qualité** it's not so much the price as the quality; **il criait ~ qu'il pouvait** he shouted as much as he could; **~ filles que garçons** girls as well as boys. **(c) ~ que** *(aussi longtemps que)* as long as; *(pendant que)* while. **(d) ~ bien que mal** so-so; **s'il est ~ soit peu intelligent** if he is at all intelligent; **~ mieux** so much the better; **~ mieux pour lui** good for him; **~ pis** never mind, too bad; **~ pis pour lui** too bad for him; **~ et si bien que** so much so that; **~ qu'à marcher, allons en forêt** if we have to walk let's go to the forest; **~ que ça?*** as much as that?; **~ s'en faut** far from it.

tante [tɑ̃t] *nf* aunt, aunty*.

tantinet* [tɑ̃tinɛ] *nm:* **un ~ fatigant** a tiny *ou* weeny* bit tiring.

tantôt [tɑ̃to] *adv (cet après-midi)* this afternoon; *(parfois)* sometimes.

tapage [tapaʒ] *nm (vacarme)* din, uproar, row. **faire du ~** to make a row; **~ nocturne** breach of the peace *(at night)*. ◆ **tapageur, -euse** *adj (bruyant)* rowdy; *(publicité)* obtrusive; *(toilette)* flashy.

tapant, e* [tapɑ̃, ɑ̃t] *adj (précis)* sharp.

tape [tap] *nf (coup)* slap.

tape-à-l'œil [tapalœj] — **1** *adj inv* flashy. — **2** *nm* flashiness.

taper [tape] (1) — **1** *vt* **(a)** *(tapis)* to beat; *(enfant)* to slap; *(porte)* to bang, slam. **(b)** *(lettre)* to type (out). **tapé à la machine** typed, typewritten. **(c)** (* : *emprunter*) **~ qn de 10 F** to touch sb* for 10 francs. — **2** *vi* **(a) ~ sur** *(gén)* to hit; *(table)* to bang on; (* : *critique*) to run down*; **~ dans** *(ballon)* to kick; *(provisions)* to dig into*; **~ à la porte** to knock on the door. **(b)** *(soleil)* to beat down. **(c) ~ des pieds** to stamp one's feet; **~ des mains** to clap one's hands; *(fig)* **se faire ~ sur les doigts*** to be rapped over the knuckles; **il a tapé à côté*** he was wide of the mark; **~ sur les nerfs de qn*** to get on sb's nerves*; **~ dans l'œil de qn*** to take sb's fancy*; **~ dans le tas** *(bagarre)* to pitch into the crowd; *(repas)* to tuck in*, dig in*. — **3 se taper** *vpr* (*) *(repas)* to have; *(corvée)* to do. **se ~ la cloche*** to feed one's face*.

tapeur, -euse* [tapœʀ, øz] *nm,f* cadger*.

tapinois [tapinwa] *nm :* **en ~** furtively.

tapioca [tapjɔka] *nm* tapioca.

tapir (se) [tapiʀ] (2) *vpr* to crouch down.

tapis [tapi] *nm (gén)* carpet; *(petit)* rug; *(sur meuble)* cloth. **~-brosse** doormat; **~ roulant** *(colis)* conveyor belt; *(piétons)* moving walkway; **envoyer qn au ~** to floor sb; **mettre sur le ~** to bring up for discussion. ◆ **tapisser** (1) *vt (gén)* to cover (*de* with); *(de papier peint)* to wallpaper. ◆ **tapisserie** *nf* tapestry; *(papier peint)* wallpaper. ◆ **tapissier, -ière** *nm,f* upholsterer and interior decorator.

taquin, e [takɛ̃, in] *adj* teasing. **il est ~** he is a tease *ou* teaser. ◆ **taquiner** (1) *vt* to tease. ◆ **taquinerie** *nf :* **~(s)** teasing.

tarabiscoté, e [taʀabiskɔte] *adj* ornate.

tarabuster [taʀabyste] (1) *vt* to bother.

taratata [taʀatata] *excl* nonsense!, rubbish!

tard [taʀ] — **1** *adv* late. **plus ~** later on; **au plus ~** at the latest; **pas plus ~ qu'hier** only yesterday. — **2** *nm :* **sur le ~** late on in life. ◆ **tarder** (1) — **1** *vi* **(a) ~ à entreprendre qch** to put off *ou* delay starting sth; **ne tardez pas à le faire** don't be long doing it; **~ en chemin** to loiter on the way; **sans ~** without delay. **(b)** *(moment, lettre)* to be a long time coming. **ils ne vont pas ~** they won't be long. — **2** *vb impers :* **il me tarde de** I am longing to. ◆ **tardif, -ive** *adj (gén)* late; *(regrets, remords)* belated. ◆ **tardivement** *adv* late; belatedly.

tare [taʀ] *nf (contrepoids)* tare; *(défaut)* defect. ◆ **taré, e** *nm,f (Méd)* degenerate; *(péj)* cretin*.

targette [taʀʒɛt] *nf* bolt *(on a door)*.

targuer (se) [taʀge] (1) *vpr* to boast (*de qch* about sth), pride o.s. (*de faire* on doing).

tarif [taʀif] *nm (gén)* tariff. *(taux)* **les ~s postaux** postage rates; **voyager à ~ réduit** to travel at a reduced fare. ◆ **tarifaire** *adj* tariff.

tarir *vti,* **se tarir** *vpr* [taʀiʀ] (2) to dry up.

tartare [taʀtaʀ] *adj,* **T~** *nmf* Tartar.

tarte [taʀt(ə)] — **1** *nf (Culin)* tart; (* : *gifle*) clout*. **c'est pas de la ~*** it's no easy matter. — **2** *adj inv* (*) *(bête)* stupid; *(laid)* ugly. ◆ **tartelette** *nf* tartlet, tart.

tartine [taʀtin] *nf* slice of bread; *(beurrée)* slice of bread and butter. ◆ **tartiner** (1) *vt* to spread (*de* with).

tartre [taʀtʀ(ə)] *nm (dents)* tartar; *(chaudière)* fur.

tas [tɑ] *nm* pile, heap. **un** *ou* **des ~ de*** loads of*, lots of; *(groupe)* **prends-en un dans le ~** take one out of that lot; **former qn sur le ~** to train sb on the job*.

tasse [tɑs] *nf* cup. **~ à thé** teacup; **~ de thé** cup of tea; **boire une ~*** to swallow a mouthful *(when swimming)*.

tassement [tɑsmɑ̃] *nm* settling.

tasser [tɑse] (1) — **1** *vt (gén)* to pack; *(passagers)* to cram together; *(sol)* to pack down. — **2 se tasser** *vpr (terrain)* to settle, sink; *(passagers)* to squeeze up. **ça va se ~*** things will settle down.

tata* [tata] *nf* auntie*.
tâter [tɑte] (1) — **1** *vt (palper)* to feel; *(fig : sonder)* to sound out. *(fig)* **~ le terrain** to see how the land lies. — **2** *vi* : **~ de** *(gén)* to try; *(mets)* to taste; — **3 se tâter** *vpr* to feel o.s.; (* : *hésiter*) to be in two minds.
tatillon, -onne [tatijɔ̃, ɔn] *adj* finicky.
tâtonnement [tatɔnmɔ̃] *nm* : **~(s)** trial and error. ◆ **tâtonner** (1) *vi* to grope around; *(par méthode)* to proceed by trial and error. ◆ **tâtons** *adv* : **avancer à ~** to grope one's way along.
tatouage [tatwaʒ] *nm (action)* tattooing; *(dessin)* tattoo. ◆ **tatouer** (1) *vt* to tattoo.
taudis [todi] *nm* hovel.
taule* [tol] *nf (prison)* nick*, clink*. **il a fait de la ~** he's done time*.
taupe [top] *nf* mole. ◆ **taupinière** *nf* molehill.
taureau, *pl* **~x** [tɔʀo] *nm* bull. *(Astron)* **le T~** Taurus; **prendre le ~ par les cornes** to take the bull by the horns.
taux [to] *nm (gén)* rate; *(infirmité)* degree; *(cholestérol)* level.
taverne [tavɛʀn(ə)] *nf* inn, tavern.
taxation [taksɑsjɔ̃] *nf* taxation. ◆ **taxe** *nf (impôt)* tax; *(à la douane)* duty. ◆ **taxer** (1) *vt* to tax; *(produit)* to fix the price of. **~ qn de** to accuse sb of.
taxi [taksi] *nm (voiture)* taxi, cab; (* : *chauffeur*) cabby*, taxi driver.
taxiphone [taksifɔn] *nm* pay phone.
tchécoslovaque [tjekɔlslovak] *adj* Czechoslovakian. ◆ **Tchécoslovaquie** *nf* Czechoslovakia. ◆ **tchèque** *adj, nm,* **T~** *nmf* Czech.
te [t(ə)] *pron* you; *(réfléchi)* yourself.
technicien, -ienne [tɛknisjɛ̃, jɛn] *nm,f* technician. ◆ **technicité** *nf* technical nature. ◆ **technique** — **1** *nf* technique. — **2** *adj* technical. ◆ **technologie** *nf* technology. ◆ **technologique** *adj* technological.
teck [tɛk] *nm* teak.
teckel [tekɛl] *nm* dachshund.
teigne [tɛɲ] *nf (Méd)* ringworm; *(péj : personne)* pest.
teindre [tɛ̃dʀ(ə)] (52) *vt* to dye. **se ~ les cheveux** to dye one's hair. ◆ **teint** *nm* complexion. ◆ **teinte** *nf (nuance)* shade, tint; *(couleur)* colour; *(fig)* tinge, hint. ◆ **teinter** (1) *vt (gén)* to tint; *(bois)* to stain; *(fig)* to tinge. ◆ **teinture** *nf* dye; *(Pharm)* tincture. *(fig)* **une ~ de maths** a smattering of maths. ◆ **teinturerie** *nf (métier)* dyeing; *(magasin)* dry cleaner's. ◆ **teinturier, -ière** *nm,f* dry cleaner.
tel, telle [tɛl] — **1** *adj (gén)* such; *(comparaison)* like. **une telle ignorance** such ignorance; **~ père, ~ fils** like father like son; **as-tu jamais rien vu de ~?** have you ever seen such a thing? *ou* anything like it?; **en tant que ~** as such; **venez ~ jour** come on such-and-such a day; **les métaux ~s que l'or** metals like *ou* such as gold; **laissez-les ~s quels** leave them as they are; **de telle sorte que** so that; **à telle enseigne que** so much so that. — **2** *pron indéf (quelqu'un)* someone. **~ est pris qui croyait prendre** it's the biter bitten.
télé* [tele] *nf* TV*, telly*.
télécommander [telekɔmɑ̃de] (1) *vt* to operate by remote control.
télécommunications [telekɔmynikɑsjɔ̃] *nfpl* telecommunications.
téléférique [telefeʀik] *nm (installation)* cableway; *(cabine)* cable-car.
télégramme [telegʀam] *nm* telegram, wire.
télégraphe [telegʀaf] *nm* telegraph. ◆ **télégraphier** (7) — **1** *vt* to telegraph, wire. — **2** *vi* : **~ à qn** to wire sb. ◆ **télégraphique** *adj (fils)* telegraph; *(alphabet)* Morse; *(message)* telegraphic. ◆ **télégraphiste** *nm* telegraph boy.
téléguider [telegide] (1) *vt (Tech)* to radio-control.
téléobjectif [teleɔbʒɛktif] *nm* telephoto lens.
télépathie [telepati] *nf* telepathy.
téléphone [telefɔn] *nm* telephone. **avoir le ~** to be on the telephone; **~ arabe** bush telegraph; *(Pol)* **~ rouge** hot line. ◆ **téléphoner** (1) — **1** *vt* to telephone, phone. — **2** *vi* to phone, be on the phone. **~ à qn** to phone *ou* ring *ou* call sb (up). ◆ **téléphonique** *adj* telephone. ◆ **téléphoniste** *nmf* operator.
télescope [telɛskɔp] *nm* telescope. ◆ **télescopique** *adj (gén)* telescopic.
télescoper (se) [telɛskɔpe] (1) *vpr* to telescope, concertina.
téléscripteur [teleskʀiptœʀ] *nm* teleprinter.
télésiège [telesjɛʒ] *nm* chairlift.
téléski [teleski] *nm* ski tow.
téléspectateur, -trice [telespɛktatœʀ, tʀis] *nm,f* (television *ou* TV) viewer.
télétype [teletip] *nm* teleprinter.
téléviser [televize] (1) *vt* to televise. ◆ **téléviseur** *nm* television set. ◆ **télévision** *nf* television. **à la ~** on television.
télex [telɛks] *nm* telex.
tellement [tɛlmɑ̃] *adv (gén)* so much; *(devant adj)* so. **il est ~ gentil** he's so nice, he's such a nice man; **~ de** *(temps, argent)* so much; *(gens, objets)* so many; **on ne le comprend pas, ~ il parle vite** he talks so quickly you can't understand him; **tu aimes ça? — pas ~** do you like it? — not all that much.
téméraire [temeʀɛʀ] *adj* rash, reckless. ◆ **témérité** *nf* rashness, recklessness.
témoignage [temwaɲaʒ] *nm (gén, Jur)* testimony, evidence; *(fig : récit)* account. *(preuve)* **~ de** *(bonne conduite)* evidence *ou* proof of; **en ~ de ma reconnaissance** as a token *ou* mark of my gratitude. ◆ **témoigner** (1) — **1** *vi (Jur)* to testify, give evidence. — **2** *vt (gén)* to show. *(témoin)* **~ que** to testify that. — **3 témoigner de** *vt indir (conduite)* to show. **je peux en ~** I can testify to that.
témoin [temwɛ̃] — **1** *nm* **(a)** *(gén, Jur)* witness; *(duel)* second. **~ à charge** witness for the prosecution; **être ~ de** to witness; **prendre qn à ~ de qch** to call sb to witness to sth. **(b)** *(Sport)* baton. — **2** *adj (échantillon)* control. **appartement ~** show-flat.
tempe [tɑ̃p] *nf (Anat)* temple.
tempérament [tɑ̃peʀamɑ̃] *nm* **(a)** *(physique)* constitution; *(caractère)* disposition, temperament. **acheter qch à ~** to buy sth on hire purchase *ou* on an installment plan *(US)*.
tempérance [tɑ̃peʀɑ̃s] *nf* temperance. ◆ **tempérant, e** *adj* temperate.
température [tɑ̃peʀatyʀ] *nf* temperature. **avoir de la ~** to have a temperature.
tempérer [tɑ̃peʀe] (16) *vt* to temper. ◆ **tempéré, e** *adj (climat)* temperate.
tempête [tɑ̃pɛt] *nf* storm. **une ~ dans un verre d'eau** a storm in a teacup. ◆ **tempêter** (1) *vi* to rage.
temple [tɑ̃pl(ə)] *nm (Hist)* temple; *(protestant)* church.
temporaire [tɑ̃pɔʀɛʀ] *adj* temporary.

temporel, -elle [tɑ̃pɔʀɛl] *adj* temporal.
temporiser [tɑ̃pɔʀize] (1) *vi* to temporize.
temps[1] [tɑ̃] *nm* **(a)** *(gén)* time. **avoir le ~ de faire** to have time to do; **il est ~ qu'il parte** it's time for him to go; **il était ~!** none too soon!; **ça n'a qu'un ~** it doesn't last long; **travailler à ~ partiel** to work part-time; **~ d'arrêt** pause; **~ mort** lull. **(b) peu de ~ après** shortly after, a short while *ou* time after; **dans quelque ~** in a little while; **depuis quelque ~** for a while, for some time; **la plupart du ~** most of the time; **à ~** in time; **de ~ en ~** from time to time; **en ~ voulu** *ou* **utile** in due course; **à ~ perdu** in one's spare time. **(c)** *(époque)* time, times, days. **en ~ de guerre** in wartime; **par les ~ qui courent** these days, nowadays; **dans le ~** at one time; **en ce ~ là** at that time; **en ~ normal** in normal circumstances; **les premiers ~** at first; **ces derniers ~** lately; **dans mon jeune ~** in my younger days; **être de son ~** to move with the times; **les jeunes de notre ~** young people of our time *ou* of today. **(d)** *(Mus)* **~ fort** *etc* strong *etc* beat; *(mesure)* **à deux ~** in double time. **(e)** *(verbe)* tense. **~ composé** compound tense. **(f)** *(Tech)* **moteur à 4 ~** 4-stroke engine. **(g)** *(étape)* stage. **dans un premier ~** in the first stage.
temps[2] [tɑ̃] *nm (conditions atmosphériques)* weather. **il fait beau ~** the weather's fine; **le ~ est lourd** it's close.
tenace [tənas] *adj (personne)* stubborn; *(volonté)* tenacious; *(colle)* strong. ◆ **ténacité** *nf* stubbornness; tenacity.
tenaille [t(ə)nɑj] *nf* : **~(s)** *(menuisier)* pincers; *(forgeron)* tongs.
tenailler [tənɑje] (1) *vt* to torment.
tenancier [tənɑ̃sje] *nm (bar)* manager. ◆ **tenancière** *nf* manageress.
tenant [tənɑ̃] *nm* **(a)** *(doctrine)* supporter (*de* of); *(record)* holder. **(b) les ~s et les aboutissants d'une affaire** the ins and outs of a question; *(terrain)* **d'un seul ~** all in one piece.
tendance [tɑ̃dɑ̃s] *nf (gén)* tendency; *(parti, artiste)* leanings; *(économie, public)* trend. **avoir ~ à faire qch** to have a tendency to do sth. ◆ **tendancieux, -ieuse** *adj* tendentious.
tendon [tɑ̃dɔ̃] *nm* tendon.
tendre[1] [tɑ̃dʀ(ə)] (41) — **1** *vt* **(a)** *(raidir) (corde)* to tighten; *(ressort)* to set; *(muscles)* to tense; *(pièce de tissu)* to stretch. **(b)** *(installer) (tenture)* to hang; *(piège, filet)* to set; *(bâche, fil)* to stretch. **(c)** *(cou)* to crane; *(joue)* to offer; *(main)* to hold out; *(bras)* to stretch out (*à* to). **~ l'oreille** to prick up one's ears; **~ qch à qn** to hold sth out to sb; **~ une perche à qn** to throw sb a line. — **2 se tendre** *vpr (corde)* to tighten; *(rapports)* to become strained. — **3** *vi* : **~ à faire** *(tendance)* to tend to do; *(but)* to aim to do.
tendre[2] [tɑ̃dʀ(ə)] *adj* **(a)** *(peau, pierre, couleur)* soft; *(viande)* tender. **~ enfance** early childhood. **(b)** *(affectueux)* tender. **ne pas être ~ pour qn** to be hard on sb. ◆ **tendrement** *adv* tenderly. ◆ **tendresse** *nf* tenderness. **~ maternelle** motherly love.
tendu, e [tɑ̃dy] *adj (corde)* tight; *(muscles)* tensed; *(rapports)* strained; *(personne, situation)* tense. **les bras ~s** with arms outstretched; **~ de** *(soie)* hung with.
ténèbres [tenɛbʀ(ə)] *nfpl* darkness. ◆ **ténébreux, -euse** *adj* dark.
teneur [tənœʀ] *nf* content.
tenir [t(ə)niʀ] (22) — **1** *vt* **(a)** *(avec les mains etc)* to hold; *(dans un état)* to keep. **une robe qui tient chaud** a warm dress; **~ qch en place** to hold *ou* keep sth in place. **(b)** *(avoir : voleur, rhume etc)* to have. *(menace)* **si je le tenais!** if I could get my hands on him! *ou* lay hands on him!; **il tient cela de son père** he gets that from his father. **(c)** *(être responsable de) (pays, classe)* to control, run; *(hôtel, magasin)* to run, keep; *(registre)* to keep; *(conférence)* to hold. **(d)** *(occuper : place, largeur)* to take up; *(contenir : liquide)* to hold. *(Aut)* **il ne tenait pas sa droite** he was not keeping to the right; **~ la route** to hold the road. **(e)** *(promesse)* to keep; *(pari) (accepter)* to take on; *(respecter)* to keep to. **(f)** *(discours)* to give; *(langage)* to use. **~ des propos désobligeants** to make offensive remarks. **(g) ~ qn pour** to regard *ou* consider sb as; **~ pour certain que...** to regard it as certain that... . **(h) tiens!** *(en donnant)* take this, here you are; *(de surprise)* ah!; *(pour attirer l'attention)* look!; **tiens, tiens*** well, well!; **tenez, ça m'écœure** you know, that sickens me.
— **2** *vi* **(a)** *(gén)* to hold; *(objet posé)* to stay. *(objet fixé)* **~ à qch** to be held to sth; **il n'y a pas de bal qui tienne** there's no question of going to any dance; **ça tient toujours, notre pique-nique?*** is our picnic still on?*; **il tient bien sur ses jambes** he is very steady on his legs; **cet enfant ne tient pas en place** this child cannot keep *ou* stay still; **~ bon** to hold *ou* stand firm; **je n'ai pas pu ~** *(chaleur)* I couldn't stand it; *(colère)* I couldn't contain myself. **(b)** *(être contenu dans)* **~ dans** to fit into; **nous tenons à 4 à cette table** we can get 4 round this table. **(c)** *(durer)* to last.
— **3 tenir à** *vt indir* **(a)** *(réputation, vie)* to care about; *(objet, personne)* to be attached to, be fond of. **il tient beaucoup à vous connaître** he is very anxious *ou* keen to meet you. **(b)** *(avoir pour cause)* to be due to.
— **4 tenir de** *vt indir (son père etc)* to take after. **il a de qui ~** it runs in the family; **ça tient du prodige** it's something of a miracle.
— **5** *vb impers* : **il ne tient qu'à elle** it's up to her, it depends on her; **à quoi cela tient-il?** why is it?; **qu'à cela ne tienne** never mind.
— **6 se tenir** *vpr* **(a) se ~ la tête** to hold one's head; **se ~ à qch** to hold on to sth; **elle se tenait à sa fenêtre** she was standing at her window; **tiens-toi tranquille** keep still; **il ne se tenait pas de joie** he couldn't contain his joy. **(b)** *(se conduire)* to behave. **tiens-toi bien!** behave yourself! **(c)** *(réunion etc : avoir lieu)* to be held. **(d)** *(faits etc : être liés)* to hang *ou* hold together. **(e) s'en ~ à qch** *(se limiter à)* to confine o.s. to sth; *(se satisfaire de)* to content o.s. with sth; **il aimerait savoir à quoi s'en ~** he'd like to know where he stands. **(f)** *(se considérer)* **il ne se tient pas pour battu** he doesn't consider himself beaten.
tennis [tenis] — **1** *nm (Sport)* tennis; *(terrain)* tennis court. **~ de table** table tennis. — **2** *nfpl (chaussures)* sneakers; *(de tennis)* tennis shoes. ◆ **tennisman,** *pl* **tennismen** *nm* tennis player.
ténor [tenɔʀ] *nm, adj* tenor.
tension [tɑ̃sjɔ̃] *nf (gén, fig)* tension; *(Élec)* voltage, tension. **sous ~** *(Élec)* live; *(fig)* under stress; **avoir de la ~** to have high blood pressure; **~ nerveuse** nervous tension.
tentacule [tɑ̃takyl] *nm* tentacle.
tente [tɑ̃t] *nf* tent. **coucher sous la ~** to sleep under canvas.

tentant, e [tɑ̃tɑ̃, ɑ̃t] *adj (gén)* tempting; *(offre)* attractive, enticing. ◆ **tentation** *nf* temptation. ◆ **tentative** *nf* attempt. ◆ **tenter** (1) *vt* **(a)** *(séduire)* to tempt. **(b)** *(essayer)* to try, attempt. **~ sa chance** to try one's luck; **~ le coup*** to have a go*.

tenture [tɑ̃tyʀ] *nf (tapisserie)* hanging; *(rideau)* curtain, drape *(US)*.

tenu, e[1] [t(ə)ny] *adj (maison)* **bien ~** well kept *ou* looked after; **être ~ de faire** to be obliged to do.

tenue[2] [t(ə)ny] *nf* **(a)** *(maison)* upkeep, running. **la ~ des livres de comptes** the book-keeping. **(b)** *(conduite)* good behaviour. **un peu de ~!** behave yourself! **(c)** *(journal : qualité)* standard, quality. **(d)** *(maintien)* posture. *(apparence)* appearance; *(vêtements)* clothes; *(uniforme)* uniform. **~ de soirée** evening dress. **(e)** *(Aut)* **~ de route** road holding.

ténu, e [teny] *adj (point, fil)* fine; *(brume, voix)* thin; *(raisons, nuances)* tenuous.

ter [tɛʀ] *adj* : **10 ~** (number) 10 B.

térébenthine [teʀebɑ̃tin] *nf* turpentine.

tergal [tɛʀgal] *nm* ® *Terylene* ®.

tergiversations [tɛʀʒivɛʀsɑsjɔ̃] *nfpl* procrastinations. ◆ **tergiverser** (1) *vi* to procrastinate.

terme [tɛʀm(ə)] *nm* **(a)** *(mot, clause)* term. *(fig)* **en bons ~s avec qn** on good terms with sb. **(b)** *(date limite)* time limit, deadline; *(fin)* end, term. **mettre un ~ à qch** to put an end *ou* a stop to sth; **mener qch à ~** to bring sth to completion; *(emprunt)* **à court ~** short-term; *(naître)* **avant ~** prematurely. **(c)** *(loyer) (date)* term; *(somme)* quarterly rent.

terminaison [tɛʀminɛzɔ̃] *nf* ending. ◆ **terminal, e,** *mpl* **-aux** *adj* terminal, final. **classe ~e** ≃ Upper Sixth, 12th grade *(US)*. ◆ **terminer** (1) — **1** *vt (gén)* to end, finish; *(séance)* to bring to an end *ou* to a close; *(travail)* to complete. **j'en ai terminé avec eux** I am *ou* have finished with them. — **2 se terminer** *vpr* to end (*par* with, *en* in)

terminologie [tɛʀminɔlɔʒi] *nf* terminology.

terminus [tɛʀminys] *nm* terminus.

termite [tɛʀmit] *nm* termite, white ant. ◆ **termitière** *nf* ant-hill.

terne [tɛʀn(ə)] *adj* dull.

ternir [tɛʀniʀ] (2) *vt* to tarnish.

terrain [tɛʀɛ̃] *nm* **(a)** *(gén, fig)* ground. **gagner du ~** to gain ground; **trouver un ~ d'entente** to find some common ground. **(b)** *(Ftbl, Rugby)* pitch, field; *(avec les installations)* ground; *(Courses, Golf)* course; *(Basketball)* basketball court. **~ d'aviation** airfield; **~ de camping** campsite; **~ de sport** sports ground. **(c)** *(parcelle)* piece of land; *(à bâtir)* site. **le prix du ~** the price of land; **un ~ vague** a piece of waste ground.

terrasse [tɛʀas] *nf (gén)* terrace; *(toit)* terrace roof. **à la ~ du café** outside the café.

terrassement [tɛʀasmɑ̃] *nm* excavation.

terrasser [tɛʀase] (1) *vt (gén)* to lay low; *(armée)* to strike *ou* bring down.

terrassier [tɛʀasje] *nm* navvy.

terre [tɛʀ] *nf* **(a) la ~** *(planète)* the earth. **(b)** *(sol)* ground; *(matière)* earth, soil; *(pour poterie)* clay. **~ battue** hard-packed surface; **~ de bruyère** heath-peat; **par ~** *(poser)* on the ground; *(jeter)* to the ground; **cela fiche nos projets par ~*** that really messes up our plans*; **sous ~** underground. **(c)** *(étendue, campagne)* land. **la ~** the land; *(domaine)* **une ~** an estate; **des ~s à blé** corngrowing land. **(d)** *(opp à mer)* land. **sur la ~ ferme** on dry land; **aller à ~** to go ashore; **dans les ~s** inland. **(e)** *(pays)* land, country. **la T~ Sainte** the Holy Land. **(f)** *(Élec)* earth, ground *(US)*. ◆ **terreau** *nm* compost. **~ de feuilles** leaf mould. ◆ **Terre-Neuve** *nf* Newfoundland. ◆ **terre-plein,** *pl* **~-~s,** *nm* platform. ◆ **terre-à-terre** *adj inv (esprit)* down-to-earth, matter-of-fact.

terrer (se) [teʀe] (1) *vpr* to hide (o.s.) away.

terrestre [tɛʀɛstʀ(ə)] *adj (transports)* land; *(surface)* earth's; *(plaisirs, vie)* earthly, terrestrial.

terreur [tɛʀœʀ] *nf* terror; (* : *personne*) tough guy*.

terreux, -euse [tɛʀø, øz] *adj (goût)* earthy; *(sabots)* muddy; *(mains, salade)* dirty; *(teint)* sallow.

terrible [tɛʀibl(ə)] *adj* terrific*, tremendous*; *(horrible)* terrible, dreadful. **pas ~*** nothing special*.

terrien, -ienne [tɛʀjɛ̃, jɛn] — **1** *adj (propriétaire)* landed; *(origine)* country. — **2** *nm (habitant de la Terre)* Earthman (*ou* woman).

terrier [tɛʀje] *nm* **(a)** *(lapin)* burrow, hole. **(b)** *(chien)* terrier.

terrifiant, e [tɛʀifjɑ̃, ɑ̃t] *adj* terrifying; *(incroyable)* incredible. ◆ **terrifier** (7) *vt* to terrify.

terrine [tɛʀin] *nf* terrine; *(pâté)* pâté.

territoire [tɛʀitwaʀ] *nm* territory. ◆ **territorial, e,** *mpl* **-aux** *adj* territorial.

terroir [tɛʀwaʀ] *nm* soil. **du ~** rural.

terroriser [tɛʀɔʀize] (1) *vt* to terrorize. ◆ **terrorisme** *nm* terrorism. ◆ **terroriste** *adj, nmf* terrorist.

tertiaire [tɛʀsjɛʀ] *adj* tertiary.

tertre [tɛʀtʀ(ə)] *nm* mound.

tes [te] *adj poss V* **ton**[1].

tesson [tesɔ̃] *nm* : **~ de bouteille** piece of broken bottle.

test [tɛst] *nm, adj* test. **faire passer un ~ à qn** to give sb a test.

testament [tɛstamɑ̃] *nm (Jur)* will; *(fig, Rel)* testament.

tester [tɛste] (1) *vt* to test.

testicule [tɛstikyl] *nm* testicle.

tétanos [tetanos] *nm* tetanus.

têtard [tɛtaʀ] *nm* tadpole.

tête [tɛt] — **1** *nf* **(a)** *(gén)* head; *(visage)* face. **avoir la ~ sale** to have dirty hair; **50 F par ~** 50 francs a head *ou* per person; **risquer sa ~** to risk one's neck; **faire une drôle de ~** to pull a face; **faire la ~** to sulk; **courir ~ baissée** to rush headlong (*dans* into); **tomber la ~ la première** to fall headfirst; **en avoir par-dessus la ~** to be fed up to the teeth*; **j'en donnerais ma ~ à couper** I would stake my life on it; **il ne sait où donner de la ~** he doesn't know which way to turn; **tenir ~ à** to stand up to; *(Rail)* **monter en ~** to get on at the front; *(coureur etc)* **être en ~** to be in the lead; **être à la ~ de qch** to be at the head of sth, head sth. **(b)** *(esprit)* head, mind. **où ai-je la ~?** whatever am I thinking of?; **avoir la ~ chaude** to be hot-headed; **calculer qch de ~** to work sth out in one's head; **se mettre dans la ~ de faire qch** to take it into one's head to do sth; **avoir la ~ ailleurs** to have one's mind elsewhere; **se creuser la ~** to rack one's brains; **il n'en fait qu'à sa ~** he does exactly as he pleases; **à ~ reposée** in a more leisurely moment; **c'est une forte ~** he's self-willed. **(c)** *(Ftbl)* header. **faire une ~** to head the ball. **(d)** **~ chercheuse** homing device; **~ d'épingle** pin-

head; ~ **de lard*** pigheaded so and so*; ~ **de linotte*** scatterbrain; ~ **nucléaire** nuclear warhead; ~ **de pont** *(fleuve)* bridgehead; *(mer)* beachhead; ~ **de Turc** whipping boy. ◆ **tête-à-queue** *nm inv (Aut)* spin. ◆ **tête-à-tête** *nm inv (conversation)* tête-à-tête. **en** ~-~-~ in private. ◆ **tête-bêche** *adv* head to foot.
tétée [tete] *nf (repas)* feed; *(moment)* feeding time. ◆ **téter** (6) *vt (lait, pouce)* to suck; *(biberon, pipe)* to suck at. ~ **sa mère** to suck at one's mother's breast; **donner à** ~ to feed. ◆ **tétine** *nf* teat; *(sucette)* dummy, pacifier *(US)*.
têtu, e [tety] *adj* stubborn, pigheaded.
texte [tɛkst(ə)] *nm* text; *(morceau choisi)* passage; *(énoncé de devoir)* subject. **apprendre son** ~ to learn one's lines. ◆ **textuel, -elle** *adj, (traduction)* literal; *(citation)* exact.
textile [tɛkstil] *nm, adj* textile. ~**s synthétiques** synthetic fibres.
texture [tɛkstyʀ] *nf* texture.
thé [te] *nm* tea; *(réunion)* tea party. ~ **à la menthe** mint tea.
théâtral, e, *mpl* **-aux** [teatʀal, o] *adj (gén)* theatrical; *(rubrique, saison)* theatre.
théâtre [teɑtʀ(ə)] *nm* **(a)** *(technique, genre)* **le** ~ the theatre; **le** ~ **classique** the classical theatre, classical drama; **le** ~ **de boulevard** light theatrical entertainment; **faire du** ~ to be an actor; ~ **d'amateurs** amateur dramatics *ou* theatricals; **adapté pour le** ~ adapted for the stage; **accessoires de** ~ stage props. **(b)** *(lieu)* theatre. **(c)** *(péj) (exagération)* theatricals; *(simulation)* playacting. **(d)** *(crime)* scene; *(Mil)* theatre.
théière [tejɛʀ] *nf* teapot.
thème [tɛm] *nm* **(a)** *(sujet)* theme. **(b)** *(Scol : traduction)* prose composition.
théologie [teɔlɔʒi] *nf* theology. ◆ **théologien** *nm* theologian.
théorème [teɔʀɛm] *nm* theorem.
théorie [teɔʀi] *nf* theory. ◆ **théoricien, -ienne** *nm,f* theoretician, theorist. ◆ **théorique** *adj* theoretical.
thérapeutique [teʀapøtik] — **1** *adj* therapeutic. — **2** *nf (traitement)* therapy.
thermal, e *mpl* **-aux** [tɛʀmal, o] *adj* : **établissement** ~ hydropathic establishment; **source** ~**e** thermal *ou* hot springs; **station** ~**e** spa.
thermique [tɛʀmik] *adj (unité, usine)* thermal; *(énergie)* thermic.
thermomètre [tɛʀmɔmɛtʀ(ə)] *nm* thermometer.
thermonucléaire [tɛʀmɔnykleɛʀ] *adj* thermonuclear.
thermos [tɛʀmos] *nm ou nf* (® : *aussi* **bouteille** ~) vacuum *ou* Thermos ® flask.
thermostat [tɛʀmɔsta] *nm* thermostat.
thésauriser [tezɔʀize] (1) *vi* to hoard money.
thèse [tɛz] *nf (gén)* thesis; *(Univ)* ≃ Ph. D. thesis.
thon [tɔ̃] *nm* tunny, tuna-fish.
thorax [tɔʀaks] *nm* thorax.
thrombose [tʀɔ̃boz] *nf* thrombosis.
thym [tɛ̃] *nm* thyme.
thyroïde [tiʀɔid] *adj, nf* thyroid.
tiare [tjaʀ] *nf* tiara.
tibia [tibja] *nm* shinbone, tibia.
tic [tik] *nm (nerveux)* twitch, tic; *(manie)* mannerism.
ticket [tikɛ] *nm* ticket.
tic-tac [tiktak] *nm* : **faire** ~ to go tick tock.
tiède [tjɛd] *adj (gén)* lukewarm; *(temps)* mild, warm. ◆ **tiédeur** *nf* lukewarmness; mildness, warmth. ◆ **tiédir** (2) — **1** *vi (gén, fig)* to cool. *(réchauffer)* **faire** ~ **de l'eau** to warm some water. — **2** *vt* to cool; to warm.
tien, tienne [tjɛ̃, tjɛn] — **1** *pron poss* : **le** ~ *etc* yours, your own; **à la tienne** your health, cheers*. — **2** *nm* : **le** ~ what's yours; **les** ~**s** *(famille)* your family; *(groupe)* your set.
tiers, tierce [tjɛʀ, tjɛʀs(ə)] — **1** *adj* third. **le T~-Monde** the Third World. — **2** *nm (fraction)* third; *(personne)* third party. — **3** *nf (Mus)* third; *(Cartes)* tierce.
tif* [tif] *nm* hair. ~**s** hair.
tige [tiʒ] *nf (fleur)* stem; *(céréales)* stalk; *(botte, chaussette)* leg; *(en métal)* shaft.
tignasse* [tiɲas] *nf* shock of hair, mop.
tigre [tigʀ(ə)] *nm* tiger. ◆ **tigré, e** *adj (tacheté)* spotted; *(rayé)* striped, streaked. ◆ **tigresse** *nf* tigress.
tilleul [tijœl] *nm (arbre)* lime (tree); *(infusion)* lime tea.
timbale [tɛ̃bal] *nf* metal cup. *(Mus)* **les** ~**s** the timpani, the kettledrums.
timbre [tɛ̃bʀ(ə)] *nm (gén)* stamp; *(cachet de la poste)* postmark; *(sonnette)* bell. ◆ **timbré, e*** *adj (fou)* cracked*. ◆ **timbrer** (1) *vt* to stamp; to postmark.
timide [timid] *adj (timoré)* timid; *(emprunté)* shy, timid. ◆ **timidité** *nf* timidity; shyness.
timonier [timɔnje] *nm* helmsman.
timoré, e [timɔʀe] *adj* timorous.
tintamarre [tɛ̃tamaʀ] *nm* din, racket*.
tintement [tɛ̃tmɑ̃] *nm* : ~(s) *(cloche, oreilles)* ringing; *(clochette)* tinkling; *(clefs etc)* jingling. ◆ **tinter** (1) *vi* to ring, to tinkle; to jingle. **faire** ~ to ring.
tintin* [tɛ̃tɛ̃] *excl* nothing doing!*. **faire** ~ to go without.
tintouin* [tɛ̃twɛ̃] *nm* bother.
tique [tik] *nf (Zool)* tick.
tiquer [tike] (1) *vi* to pull a face. **sans** ~ without turning a hair.
tir [tiʀ] *nm* **(a)** *(Sport)* shooting. ~ **à l'arc** archery. **(b)** *(action)* firing. **déclencher le** ~ to open the firing. **(c)** *(rafales, trajectoire)* fire. **des** ~**s de barrage** barrage fire. **(d)** *(Boules, Ftbl)* shot. **(e)** *(stand)* ~ **forain** shooting gallery, rifle range.
tirade [tiʀad] *nf* soliloquy.
tirage [tiʀaʒ] *nm* **(a)** *(Phot) (action)* printing; *(photo)* print. **(b)** *(journal)* circulation; *(livre)* edition. ~ **de 2 000 exemplaires** run of 2,000 copies. **(c)** *(cheminée)* draught. **(d)** *(Loterie)* draw (*de* for). **procéder par** ~ **au sort** to draw lots. **(d)** (* : *désaccord*) friction.
tiraillement [tiʀajmɑ̃] *nm (douleur)* gnawing pain; *(doute)* doubt. *(conflit)* ~**s** friction. ◆ **tirailler** (1) *vt* **(a)** *(corde)* to pull at, tug at. **(b)** *(douleurs)* to gnaw at; *(doutes)* to plague. **tiraillé entre** torn between. ◆ **tirailleur** *nm* skirmisher.
tirant [tiʀɑ̃] *nm* : ~ **d'eau** draught.
tiré, e [tiʀe] *adj (visage)* drawn, haggard. ~ **à quatre épingles** done up *ou* dressed up to the nines*; ~ **par les cheveux** far-fetched.
tire-bouchon [tiʀbuʃɔ̃] *nm* corkscrew.
tirelire [tiʀliʀ] *nf* moneybox.
tirer [tiʀe] (1) — **1** *vt* **(a)** *(corde, cheveux)* to pull; *(robe)* to pull down; *(chaussette)* to pull up; *(véhicule, charge, rideaux)* to pull, draw; *(remorque, navire)* to tow; *(verrou)* to shoot. ~ **qn à l'écart** to draw sb aside; **tire la porte** pull the door to. **(b)** *(vin, carte, chèque)* to draw; *(substance)* to extract; *(citation)* to take

(*de* from). **~ de l'argent d'une activité** to make money from an activity; **~ son origine de qch** to have sth as its origin; **~ qn de** *(prison etc)* to get sb out of. **(c)** *(Phot, Typ)* to print. **(d)** *(trait)* to draw; *(plan)* to draw up. **(e)** *(coup de feu)* to fire; *(feu d'artifice)* to set off; *(gibier)* to shoot.

— **2** *vi* **(a)** *(faire feu)* to fire, shoot; *(Ftbl)* to shoot. **(b)** *(Presse)* **~ à 10.000 exemplaires** to have a circulation of 10,000. **(c)** *(cheminée)* to draw; *(voiture)* to pull. **(d) ~ au flanc*** to skive*; **~ dans les jambes de qn** to make life difficult for sb.

— **3 tirer sur** *vt indir* **(a)** *(corde)* to pull *ou* tug at. **(b)** *(couleur)* to border on, verge on. **(c)** *(faire feu sur)* to shoot at, fire at. **(d)** *(cigarette)* to puff at, draw on.

— **4 tirer à** *vt indir* : **~ à sa fin** to be drawing to a close; **~ à conséquence** to matter.

— **5 se tirer** *vpr* **(a) se ~ de** *(danger)* to get out of; *(travail)* to manage, cope with; *(malade)* **s'en ~*** to pull through, **il s'en est bien tiré** *(procès)* he got off lightly; *(épreuve)* he coped well with it. **(b)** *(déguerpir)* to push off, clear off.

tiret [tiʀɛ] *nm (trait)* dash; *(en fin de ligne)* hyphen.

tireur [tiʀœʀ] *nm* **(a) ~ isolé** sniper; **~ d'élite** marksman. **(b)** *(Fin)* drawer.

tiroir [tiʀwaʀ] *nm* drawer. ◆ **tiroir-caisse** *pl* **~s-~s** *nm* till.

tisane [tizan] *nf* herb tea. **~ de menthe** mint tea.

tison [tizɔ̃] *nm* brand. ◆ **tisonnier** *nm* poker.

tissage [tisaʒ] *nm* weaving. ◆ **tisser** (1) *vt* to weave; *(araignée)* to spin. ◆ **tisserand** *nm* weaver.

tissu [tisy] *nm (Tex)* cloth, fabric, material; *(Anat)* tissue. **un ~ de** *(mensonges)* a web of; **le ~-éponge** terry towelling.

titre [titʀ(ə)] *nm* **(a)** *(gén)* title. *(Presse)* **les gros ~s** the headlines; **~ de noblesse** title; **~ de propriété** title deed; **~ de transport** ticket; *(fig)* **ses ~s de gloire** his claims to fame. **(b)** *(Bourse)* security. **(c)** *(diplôme)* qualification. **(d)** *(or, argent)* fineness; *(solution)* titre. **à ce ~** *(en cette qualité)* as such; *(pour cette raison)* therefore; **à quel ~?** on what grounds?; **au même ~** in the same way (*que* as); **à double ~** on two accounts; **à ~ privé** in a private capacity; **à ~ provisoire** on a temporary basis; **à ~ exceptionnel** exceptionally; **à ~ gratuit** *ou* **gracieux** free of charge; **à ~ d'exemple** *etc* as an example *etc;* **à ~ indicatif** for information only. ◆ **titré, e** *adj (personne)* titled. ◆ **titrer** (1) *vt (Presse)* to run as a headline. *(Chim)* **~ 10°** to be 10° proof.

tituber [titybe] (1) *vi* to stagger *ou* totter (along); *(d'ivresse)* to reel (along).

titulaire [titylɛʀ] — **1** *adj* : **être ~** to have tenure; **être ~ de** to hold. — **2** *nmf (poste)* incumbent; *(carte)* holder. ◆ **titulariser** (1) *vt* to give tenure to.

toast [tost] *nm (pain)* piece of toast; *(discours)* toast.

toboggan [tɔbɔgɑ̃] *nm (jeu)* slide; *(traîneau)* toboggan; *(Aut)* flyover, overpass *(US)*.

toc [tɔk] — **1** *excl* : **~ ~!** knock knock! — **2** *nm* : **en ~** imitation, fake.

tocsin [tɔksɛ̃] *nm* alarm (bell), tocsin.

toge [tɔʒ] *nf (Hist)* toga; *(Jur, Scol)* gown.

tohu-bohu [tɔybɔy] *nm* hubbub.

toi [twa] *pron pers* **(a)** *(sujet, objet)* you. **si j'étais ~** if I were you. **(b)** *(avec vpr)* **assieds-~** sit down. **(c)** *(avec prép)* **cette maison est-elle à ~?** is this house yours?; **as-tu une chambre à ~ tout seul?** have you a room of your own?

toile [twal] *nf* **(a)** *(tissu)* cloth. **en ~** *(draps)* linen; *(pantalon)* cotton; *(sac)* canvas; **~ cirée** oilcloth; **~ de fond** backdrop; **~ de tente** tent canvas. **(b)** *(Peinture)* canvas. **(c) la ~ de l'araignée** the spider's web; **plein de ~s d'araignées** full of cobwebs.

toilette [twalɛt] *nf* **(a)** *(action)* washing; *(chien)* grooming. **faire sa ~** to have a wash, get washed; **nécessaire de ~** toilet bag. **(b)** *(vêtements)* clothes. **(c)** *(W.-C.)* **~s** toilet; *(publiques)* public conveniences *ou* lavatory, restroom *(US)*.

toiser [twaze] (1) *vt* to look up and down.

toison [twazɔ̃] *nf (mouton)* fleece; *(chevelure)* mop.

toit [twa] *nm* roof; *(fig : foyer)* home. **crier qch sur les ~s** to shout sth from the rooftops; **voiture à ~ ouvrant** car with a sunshine roof. ◆ **toiture** *nf* roof.

tôle [tol] *nf* sheet metal; *(morceau)* steel (*ou* iron) sheet. **~ ondulée** corrugated iron.

tolérable [tɔleʀabl(ə)] *adj* tolerable, bearable. ◆ **tolérance** *nf (gén)* tolerance; *(religieuse)* toleration; *(bagages, importations)* allowance. ◆ **tolérant, e** *adj* tolerant. ◆ **tolérer** (6) *vt (gén)* to tolerate; *(douleur)* to bear, endure, stand; *(excédent de bagages etc)* to allow.

tollé [tɔle] *nm* : **~ général** general outcry.

tomate [tɔmat] *nf* tomato.

tombe [tɔ̃b] *nf (gén, fig)* grave; *(avec monument)* tomb; *(pierre)* gravestone, tombstone. ◆ **tombeau,** *pl* **~x** *nm* grave; tomb. **à ~ ouvert** at breakneck speed.

tombée [tɔ̃be] *nf* : **à la ~ de la nuit** at nightfall.

tomber [tɔ̃be] (1) — **1** *vi* **(a)** *(gén, fig)* to fall; *(température, vent, fièvre)* to drop; *(enthousiasme)* to fall away; *(colère, conversation)* to die down; *(objection)* to disappear; *(brouillard)* to come down. **~ malade** *etc* to fall ill *etc;* **il tombe de la neige** snow is falling; **Noël tombe un mardi** Christmas falls on a Tuesday; **le jour** *ou* **la nuit tombe** night is falling; **~ par terre** to fall down, fall to the ground; **~ de fatigue** to drop from exhaustion; **~ de sommeil** to be falling asleep on one's feet; *(fig)* **~ bien bas** to sink very low; **la nouvelle vient de ~** the news has just broken *ou* come through; **ce pantalon tombe bien** these trousers hang well. **(b)** *(inopinément)* **il est tombé en pleine réunion** he walked in right in the middle of a meeting. **(c) faire ~** *(objet)* to knock over *ou* down; *(vent, prix, gouvernement)* to bring down; **laisser ~** to drop; **se laisser ~ dans un fauteuil** to drop *ou* fall into an armchair. **(d)** *(projets etc)* **~ à l'eau** to fall through; **bien ~** *(avoir de la chance)* to be lucky; *(se produire au bon moment)* to come at the right moment; **~ juste** *(en devinant)* to be right; *(calculs)* to come out right; **~ de haut** to be bitterly disappointed; **il n'est pas tombé de la dernière pluie** he wasn't born yesterday; **il est tombé sur la tête!*** he's got a screw loose!*; *(aubaine)* **~ du ciel** to be heavensent; **~ des nues** to be completely taken aback; *(plaisanterie)* **~ à plat** to fall flat; **cela tombe sous le sens** it's obvious. — **2 tomber sur** *vt indir* **(a)** *(ami)* to run into; *(détail)* to come across. **(b)** *(regard)* to fall upon; *(conversation)* to come round to. **(c)** (* : *attaquer*) to go for*. — **3** *vt* : **~ la veste*** to slip off one's jacket.

tombereau, *pl* **~x** [tõbʀo] *nm (charrette)* tip-cart; *(contenu)* cartload.
tombola [tõbɔla] *nf* tombola.
tome [tɔm] *nm (livre)* volume.
ton[1] [tõ], **ta** [ta], **tes** [te] *adj poss* your (own).
ton[2] [tõ] *nm (gén)* tone; *(hauteur du son)* pitch; *(Mus : clef)* key. **donner le ~** *(Mus)* to give the pitch; *(fig)* to set the tone; **être dans le ~** *(Mus)* to be in tune; *(couleur)* to match; *(propos)* to fit in; **hausser le ~** to raise one's voice; **ne le prenez pas sur ce ~** don't take it like that; **plaisanteries de bon ~** jokes in good taste; **il est de bon ~ de faire** it is good form to do. ◆ **tonalité** *nf (gén)* tone; *(Téléphone)* dialling tone.
tondeuse [tõdøz] *nf (cheveux)* clippers; *(moutons)* shears. **~ à gazon** lawn mower. ◆ **tondre** (41) *vt (mouton)* to shear; *(gazon)* to mow; *(haie, caniche)* to clip; *(cheveux)* to crop. (* : *escroquer*) to fleece*.
tonifier [tɔnifje] (7) *vt (muscles)* to tone up; *(esprit)* to invigorate. ◆ **tonique** — **1** *adj (boisson)* tonic; *(lotion)* toning; *(air)* invigorating; *(Ling)* tonic. — **2** *nm (Méd, fig)* tonic; *(lotion)* toning lotion.
tonitruant, e [tɔnitʀyɑ̃, ɑ̃t] *adj* booming.
tonnage [tɔnaʒ] *nm* tonnage.
tonne [tɔn] *nf* ton, tonne. **des ~s de*** tons of*.
tonneau, *pl* **~x** [tɔno] *nm (fût)* barrel, cask; *(Aut)* somersault; *(Naut)* ton. ◆ **tonnelet** *nm* keg. ◆ **tonnelier** *nm* cooper.
tonnelle [tɔnɛl] *nf* bower, arbour.
tonner [tɔne] (1) — **1** *vi* to thunder. — **2** *vb impers :* **il tonne** it is thundering.
tonnerre [tɔnɛʀ] *nm* thunder. **bruit de ~** thunderous noise; **du ~*** terrific*, fantastic*; **~!*** hell's bells!*
tonte [tõt] *nf (moutons)* shearing; *(haie)* clipping; *(gazon)* mowing.
tonton* [tõtõ] *nm* uncle.
tonus [tɔnys] *nm (musculaire)* tone; *(fig : dynamisme)* energy, dynamism.
top [tɔp] — **1** *nm (Rad)* **au 4e ~** at the 4th stroke. — **2** *adj :* **~ secret** top secret.
topaze [tɔpaz] *nf* topaz.
topinambour [tɔpinɑ̃buʀ] *nm* Jerusalem artichoke.
topographie [tɔpɔgʀafi] *nf* topography.
toquade [tɔkad] *nf (péj) (pour qn)* infatuation; *(pour qch)* fad, craze.
toque [tɔk] *nf (femme)* fur hat; *(juge, jockey)* cap. **~ de cuisinier** chef's hat.
torche [tɔʀʃ(ə)] *nf* torch.
torcher* [tɔʀʃe] (1) *vt* to wipe.
torchon [tɔʀʃõ] *nm* **(a)** *(gén)* cloth; *(pour épousseter)* duster; *(à vaisselle)* tea towel, dish towel. **le ~ brûle entre eux** they're at daggers drawn. **(b)** *(devoir mal présenté)* mess; *(mauvais journal)* rag.
tordant, e* [tɔʀdɑ̃, ɑ̃t] *adj (drôle)* killing*.
tordre [tɔʀdʀ(ə)] (41) — **1** *vt (gén)* to wring; *(barre de fer, bras)* to twist. — **2 se tordre** *vpr (de rire)* to be doubled up (*de* with). **se ~ le bras** to sprain *ou* twist one's arm. **(b)** *(barre)* to bend; *(roue)* to buckle, twist. ◆ **tordu, e** — **1** *adj (jambes, barre)* bent; *(roue)* buckled, twisted; *(esprit)* warped. — **2** *nm,f* (*: *fou*) nutcase*.
tornade [tɔʀnad] *nf* tornado.
torpeur [tɔʀpœʀ] *nf* torpor.
torpille [tɔʀpij] *nf* torpedo. ◆ **torpiller** (1) *vt* to torpedo. ◆ **torpilleur** *nm* torpedo boat.
torrent [tɔʀɑ̃] *nm* torrent. *(fig)* **des ~s de** streams *ou* floods of. ◆ **torrentiel, -elle** *adj* torrential.
torride [tɔʀid] *adj* torrid.
torsade [tɔʀsad] *nf (fils)* twist. ◆ **torsader** (1) *vt* to twist.
torse [tɔʀs(ə)] *nm (gén)* chest; *(Anat, Sculp)* torso. **~ nu** stripped to the waist.
torsion [tɔʀsjõ] *nf (Phys, Tech)* torsion.
tort [tɔʀ] *nm* **(a)** *(erreur)* wrong, fault. **être en ~** to be in the wrong *ou* at fault; **avoir ~** to be wrong (*de faire* to do); **donner ~ à qn** *(témoin)* to blame sb; *(événements)* to prove sb wrong; **avoir des ~s envers qn** to have wronged sb; **regretter ses ~s** to be sorry for one's wrongs; **à ~** wrongly; **à ~ ou à raison** rightly or wrongly; **à ~ et à travers** wildly. **(b)** *(préjudice)* wrong. **faire du ~ à qn** to harm sb; **faire du ~ à qch** to be harmful *ou* detrimental to sth.
torticolis [tɔʀtikɔli] *nm* stiff neck.
tortiller [tɔʀtije] (1) — **1** *vt (mouchoir)* to twist. — **2** *vi :* **il n'y a pas à ~*** there's no wriggling round it. — **3 se tortiller** *vpr (serpent)* to writhe; *(ver, personne)* to wiggle.
tortionnaire [tɔʀsjɔnɛʀ] *nm* torturer.
tortue [tɔʀty] *nf (gén, fig)* tortoise. **~ de mer** turtle.
tortueux, -euse [tɔʀtɥø, øz] *adj (chemin)* winding; *(discours)* tortuous; *(manœuvres)* devious.
torture [tɔʀtyʀ] *nf :* **~(s)** torture. ◆ **torturer** (1) *vt* to torture.
tôt [to] *adv (de bonne heure)* early; *(rapidement)* soon, early. **~ dans la matinée** early in the morning; **~ ou tard** sooner or later; **il n'était pas plus ~ parti que la voiture est tombée en panne** no sooner had he set off than the car broke down; **le plus ~ sera le mieux** the sooner the better; **jeudi au plus ~** Thursday at the earliest.
total, e, *mpl* **-aux** [tɔtal, o] — **1** *adj (gén)* total; *(ruine, désespoir)* utter. — **2** *adv :* **~, il a tout perdu*** the net result was he lost everything. — **3** *nm* total. *(fig)* **si on fait le ~** if you add it all up; **au ~** all in all. ◆ **totalement** *adv* totally, completely. ◆ **totaliser** (1) *vt* to total. ◆ **totalitaire** *adj* totalitarian. ◆ **totalité** *nf :* **la ~ de la somme** the whole amount, all the money.
toubib* [tubib] *nm* doctor, doc*.
touchant[1] [tuʃɑ̃] *prép* concerning.
touchant[2], **e** [tuʃɑ̃, ɑ̃t] *adj (émouvant)* touching, moving.
touche [tuʃ] *nf (piano etc)* key; *(Pêche)* bite. *(Ftbl, Rugby)* **ligne de ~** touchline; *(un peu)* **une ~ de** a touch of; *(fig)* **rester sur la ~** to be left on the sidelines; *(allure)* **quelle drôle de ~!** what a sight!*
toucher [tuʃe] (1) — **1** *vt* **(a)** *(par contact)* to touch; (*du doigt* with one's finger); *(palper)* to feel; *(jouxter)* to adjoin, be adjacent to. *(avion)* **~ terre** to land, touch down; **touchons du bois!*** touch wood!, let's keep our fingers crossed! **(b)** *(adversaire, objectif)* to hit. **(c)** *(contacter)* to get in touch with. **je vais lui en ~ un mot** I'll have a word with him about it. **(d)** *(argent)* to get, receive; *(salaire)* to draw; *(chèque)* to cash; *(gros lot)* to win. **(e)** *(drame)* to affect; *(cadeau, bonté)* to touch, move; *(problème)* to affect, concern. **touché par la dévaluation** affected by devaluation. — **2 se toucher** *vpr (lignes)* to touch; *(terrains)* to be

adjacent, adjoin. — **3 toucher à** *vt indir* **(a)** *(gén, fig)* to touch; *(règlement)* to meddle with; *(mécanisme)* to tamper with; *(problème, domaine)* to have to do with. **(b)** *(aborder) (période, but)* to approach; *(sujet)* to broach; *(activité)* to try one's hand at. **l'hiver touche à sa fin** winter is nearing its end. — **4** *nm (contact)* feel. *(sens)* **le ~** touch.

touffe [tuf] *nf (herbe, poils)* tuft; *(arbres, fleurs)* clump. ◆ **touffu, e** *adj (barbe)* bushy; *(arbres)* leafy; *(haie, bois)* thick.

touiller* [tuje] (1) *vt* to stir.

toujours [tuʒuʀ] *adv* **(a)** *(continuité)* always; *(répétition)* forever, always. **comme ~** as ever, as always; **des amis de ~** lifelong friends; **partir pour ~** to go forever *ou* for good. **(b)** *(encore)* still. **ils n'ont ~ pas répondu** they still haven't replied, they have not yet replied. **(c)** *(intensif)* **tu peux ~ essayer** *(ça vaut la peine)* try anyway *ou* anyhow; *(ça ne sert à rien)* try as much as you like; **je trouverai ~ bien une excuse** I can always think up an excuse; **tu peux ~ courir!*** you've got some hope!; **~ est-il que** the fact remains that.

toupet [tupɛ] *nm (cheveux)* quiff. (*: *culot*) **avoir du ~** to have a nerve *ou* a cheek.

toupie [tupi] *nf* spinning top.

tour¹ [tuʀ] *nf (gén)* tower; *(immeuble)* tower block; *(Échecs)* castle, rook.

tour² [tuʀ] *nm* **(a) faire le ~ de** *(parc, magasin etc)* to go round; *(possibilités)* to explore; *(problème)* to survey. **~ de ville** *(pour touristes)* city tour; **si on faisait le ~?** shall we go round (it)?; **~ d'horizon** general survey; **~ de chant** song recital; **~ de piste** *(Sport)* lap; *(Cirque)* circuit. **(b)** *(excursion)* trip, outing; *(à pied)* walk, stroll; *(en voiture)* run, drive. **faire un ~ de manège** to have a ride on a merry-go-round; **faire un ~** to go for a walk. **(c)** *(succession)* turn. **chacun son ~** everyone will have his turn; **à ~ de rôle** in turn. **(d)** *(Pol)* **~ de scrutin** ballot. **(e)** *(circonférence)* circumference. **~ de taille** *etc* waist *etc* measurement. **(f)** *(rotation)* turn. *(Aut)* **régime de 2 000 ~s** speed of 2,000 revs *ou* revolutions; **donner un ~ de clef** to give the key a turn; **souffrir d'un ~ de reins** to suffer from a sprained back; **à ~ de bras** *(frapper)* with all one's strength; *(produire)* prolifically. **(g)** *(événements etc : tournure)* turn. **(h)** *(jongleur, escroc)* trick. **~ de cartes** card trick; **~ de force** *(lit)* feat of strength; *(fig)* amazing feat; **en un ~ de main** in next to no time; **par un ~ de passe-passe** by sleight of hand; **~ de cochon*** dirty *ou* lousy trick*. **(i)** *(Tech)* lathe. **~ de potier** potter's wheel.

tourbe [tuʀb(ə)] *nf* peat. ◆ **tourbeux, -euse** *adj* peaty. ◆ **tourbière** *nf* peat bog.

tourbillon [tuʀbijɔ̃] *nm (eau)* whirlpool; *(vent)* whirlwind; *(fig)* whirl. **~ de neige** swirl *ou* eddy of snow. ◆ **tourbillonner** (1) *vi* to whirl, swirl, eddy.

tourelle [tuʀɛl] *nf (gén)* turret; *(sous-marin)* conning tower.

tourisme [tuʀism(ə)] *nm* : **le ~** tourism; *(profession)* the tourist trade *ou* industry; **voiture de ~** private car; **office du ~** tourist office; **faire du ~** to do some touring. ◆ **touriste** *nmf* tourist. ◆ **touristique** *adj (gén)* tourist; *(région)* picturesque; *(route)* scenic.

tourment [tuʀmɑ̃] *nm* agony, torment.

tourmente [tuʀmɑ̃t] *nf* storm. **~ de neige** blizzard.

tourmenter [tuʀmɑ̃te] (1) — **1** *vt* to torment. — **2 se tourmenter** *vpr* to worry. ◆ **tourmenté, e** *adj (gén)* tortured; *(vie, mer)* stormy.

tournage [tuʀnaʒ] *nm (Ciné)* shooting; *(Menuiserie)* turning.

tournant, e [tuʀnɑ̃, ɑ̃t] — **1** *adj (fauteuil)* swivel; *(panneau)* revolving; *(Mil : mouvement)* encircling; *(escalier)* spiral. — **2** *nm (virage)* bend; *(fig)* turning point. **avoir qn au ~*** to get even with sb.

tournebroche [tuʀnəbʀɔʃ] *nm* roasting jack.

tourne-disque, *pl* **~-~s** [tuʀnədisk(ə)] *nm* record player.

tournée [tuʀne] *nf (artiste)* tour; *(inspecteur, livreur)* round; *(au café)* round of drinks. **faire la ~ de** *(magasins)* to go round.

tournemain [tuʀnəmɛ̃] *nm* : **en un ~** in next to no time.

tourner [tuʀne] (1) — **1** *vt* **(a)** *(gén)* to turn; *(difficulté)* to get round; *(lettre)* to phrase. *(sauce)* to stir. *(lit, fig)* **~ le dos à** to turn one's back on; **compliment bien tourné** well-turned compliment; **il a l'esprit mal tourné** he has a nasty turn of mind; **~ qch en ridicule** to ridicule sth; **il a tourné l'incident en plaisanterie** he made a joke out of the incident; *(fig)* **~ la page** to turn over a new leaf; **se ~ les pouces** to twiddle one's thumbs; **~ la tête à qn** to go to sb's head. **(b)** *(Ciné) (film)* to make; *(scène)* to shoot, film. — **2** *vi* **(a)** *(gén)* to turn; *(aiguilles)* to go round; *(roue)* to revolve; *(toupie, fig : tête)* to spin; *(usine, moteur)* to run; *(fig : chance)* to change. **l'heure tourne** time is passing; **faire ~ le moteur** to run the engine; **~ au ralenti** to tick over; *(importun)* **~ autour de qn** to hang round sb; *(enquête, conversation)* **~ autour de qch** to centre on sth; **~ au froid** to turn cold; **~ à la bagarre** to turn into a fight; **~ au drame** to take a dramatic turn; **ça a mal tourné** it turned out badly. **(b)** *(lait)* to go sour; *(poisson, fruit)* to go bad. **(c)** *(locutions)* **~ à l'aigre** to turn sour; **~ court** to come to a sudden end; **~ de l'œil*** to pass out*, faint; **~ en rond** to go round in circles; **~ rond** to run smoothly; **qu'est-ce qui ne tourne pas rond?*** what's the matter?, what's wrong?; **~ autour du pot*** to beat about the bush; **faire ~ qn en bourrique*** to drive sb round the bend*. — **3 se tourner** *vpr* to turn round. **se ~ vers** to turn to.

tournesol [tuʀnəsɔl] *nm* sunflower.

tournevis [tuʀnəvis] *nm* screwdriver.

tourniquet [tuʀnikɛ] *nm (barrière)* turnstile; *(porte)* revolving door; *(d'arrosage)* sprinkler hose; *(présentoir)* revolving stand; *(Méd)* tourniquet.

tournis* [tuʀni] *nm* : **avoir le ~** to feel dizzy *ou* giddy.

tournoi [tuʀnwa] *nm* tournament.

tournoyer [tuʀnwaje] (8) *vi* to whirl, swirl. **faire ~ qch** to whirl sth round.

tournure [tuʀnyʀ] *nf* **(a)** *(locution)* turn of phrase. *(forme)* **~ négative** negative form. **(b)** *(événements)* turn. **prendre ~** to take shape. **(c) ~ d'esprit** turn of mind.

tourteau, *pl* **~x** [tuʀto] *nm* (sort of) crab.

tourterelle [tuʀtəʀɛl] *nf* turtledove.

tous [tu] *V* **tout.**

Toussaint [tusɛ̃] *nf* : **la ~** All Saints' Day.

tousser [tuse] (1) *vi* to cough.

tout [tu], **toute** [tut], *mpl* **tous** [tu] *(adj) ou* [tus] *(pron)*, *fpl* **toutes** [tut] — **1** *adj* **(a)** *(gén)* all; *(la totalité de)* the whole of. **toute la nuit**

all night long; **~ le monde** everybody, everyone; **~ le temps** all the time; **toute la France** the whole of *ou* all France; **en toute franchise** in all sincerity. **(b)** *(tout à fait)* **c'est ~ le contraire** it's the very opposite; **c'est ~ autre chose** that's quite another matter. **(c)** *(seul)* **c'est ~ l'effet que cela lui fait** that's all the effect *ou* the only effect it has on him. **(d)** *(n'importe quel)* any, all. **à ~ âge** at any age, at all ages; **pour ~ renseignement** for all information. **(e)** *(complètement)* **~ à son travail** entirely taken up by his work; **habillé ~ en noir** dressed all in black. **(f) tous, toutes** all, every; **courir dans tous les sens** to run in all directions *ou* in every direction; **tous les ans** every year; **tous les 10 mètres** every 10 metres; **tous les deux** both of them, the two of them. **(g)** *(locutions)* **en ~ bien ~ honneur** with the most honourable intentions; **à ~ bout de champ, à ~ propos** every now and then; **~ un chacun** every one of us; **à tous égards** in every respect; **à toutes jambes** as fast as his legs can carry him; **de ~ cœur** wholeheartedly; **de ~ temps** from time immemorial, **de ~ repos** easy; **à toute vitesse** at full *ou* top speed; **il a une patience à toute épreuve** he has limitless patience.

— **2** *pron indéf* **(a)** *(gén)* everything, all; *(n'importe quoi)* anything. **il a ~ organisé** he organized everything, he organized it all; **~ ce que tu veux** all that you want. **(b) tous, toutes** all; **vous tous** all of you. **(c)** *(locutions)* **~ est bien qui finit bien** all's well that ends well; **...et ~ et ~*** ... and so on and so forth; **~ est là** that's the whole point; **c'est ~** that's all; **c'est ~ dire** I need say no more; **ce n'est pas ~ de partir, il faut arriver** it's not enough to set off, one must arrive as well; **à ~ prendre, ~ bien considéré** all things considered, taking everything into consideration; *(Comm)* **~ compris** inclusive, all-in; **avoir ~ d'un brigand** to be a real outlaw; **en ~** in all.

— **3** *adv* **(a)** *(très)* very, most; *(tout à fait)* quite, completely. **~ près** very near; **~ simplement** quite simply; **~ au bout** right at the end, at the very end; **être ~ yeux** to be all eyes; **la ville ~ entière** the whole town; **~ nu** stark naked; **~ neuf** brand new. **(b)** *(quoique)* **~ médecin qu'il soit** even though *ou* although he is a doctor. **(c) ~ en marchant** *etc* as *ou* while you walk *etc*, while walking *etc*. **(d)** *(locutions)* **~ à coup** all of a sudden; **~ à fait** quite; **~ à l'heure** *(futur)* in a moment; *(passé)* a moment ago; **~ de suite** straightaway, at once; **~ au plus** at the most; **~ au moins** at least; **~ d'abord** first of all; **~ de même** all the same; **idées toutes faites** ready-made ideas; **c'est ~ comme*** it comes to the same thing really; **c'est ~ vu*** it's a foregone conclusion.

— **4** *nm* **(a)** *(ensemble)* whole. **(b) le ~ est que** the main *ou* most important thing is that; **du ~ au ~** completely; **ce n'est pas le ~*** this isn't good enough; **pas du ~** not at all. ◆ **tout-à-l'égout** *nm inv* mains drainage. ◆ **toute-puissance** *nf* omnipotence. ◆ **tout-puissant,** *f* **~e-~e** *adj* omnipotent, all-powerful.

toutefois [tutfwa] *adv* however.

toutou* [tutu] *nm* doggie*.

toux [tu] *nf* cough.

toxicomane [tɔksikɔman] *nmf* drug addict. ◆ **toxicomanie** *nf* drug addiction. ◆ **toxine** *nf* toxin. ◆ **toxique** *adj* toxic.

trac [tʀak] *nm* : **le ~** *(Théât)* stage fright; *(aux examens etc)* nerves.

tracas [tʀaka] *nm* worry. ◆ **tracasser** *vt*, **se tracasser** *vpr* (1) to worry.

trace [tʀas] *nf (gén)* trace; *(marque)* mark; *(empreinte d'animal, de pneu)* tracks; *(indice)* sign. **~s de pas** footprints; **~s de doigt** finger marks; **sans laisser de ~s** without trace; **être sur la ~ de** to be on the track of.

tracé [tʀase] *nm (gén)* line; *(plan)* layout.

tracer [tʀase] (3) *vt (dessiner)* to draw; *(écrire)* to trace; *(frayer : route)* to open up.

trachée [tʀaʃe] *nf* : **~-artère** windpipe.

tract [tʀakt] *nm* leaflet.

tractations [tʀaktɑsjɔ̃] *nfpl* negotiations.

tracteur [tʀaktœʀ] *nm* tractor.

traction [tʀaksjɔ̃] *nf* traction. *(Aut)* **~ avant** car with front-wheel drive.

tradition [tʀadisjɔ̃] *nf* tradition. ◆ **traditionnel, -elle** *adj* traditional.

traducteur, -trice [tradyktœʀ, tʀis] *nm,f* translator. ◆ **traduction** *nf (texte)* translation; *(sentiment)* expression. ◆ **traduire** (38) *vt* to translate (*en* into); to express. **~ qn en justice** to bring sb before the courts; *(fig)* **se ~ par** to be translated into. ◆ **traduisible** *adj* translatable.

trafic [tʀafik] *nm (commerce, circulation)* traffic; *(activités suspectes)* dealings; (* : *micmac*) funny business*. ◆ **trafiquant, e** *nm,f (péj)* trafficker. **~ d'armes** arms dealer, gunrunner. ◆ **trafiquer** (1) — **1** *vi* to traffic. — **2** *vt* (* : *moteur, vin*) to doctor*.

tragédie [tʀaʒedi] *nf* tragedy. ◆ **tragédien, -ienne** *nm,f* tragic actor *ou* actress. ◆ **tragique** *adj* tragic. **prendre qch au ~** to make a tragedy out of sth. ◆ **tragiquement** *adv* tragically.

trahir [tʀaiʀ] (2) *vt* to betray. ◆ **trahison** *nf (gén)* betrayal; *(Jur, Mil : crime)* treason.

train [tʀɛ̃] *nm* **(a)** *(Rail)* train. **~ auto-couchettes** car-sleeper train; **prendre le ~ en marche** *(lit)* to get on the moving train; *(fig)* to jump on the bandwagon. **(b)** *(allure)* pace. *(affaire, voiture)* **aller bon ~** to make good progress. **(c) être en ~** *(en forme)* to be in good form; *(gai)* to be in good spirits; **mettre qch en ~** to get sth started; **être en ~ de faire qch** to be doing sth. **(d)** *(bateaux)* train; *(réformes)* set. **(e)** *(Aut)* **~ avant** front-wheel-axle unit; *(animal)* **~ de derrière** hindquarters; **~ d'atterrissage** undercarriage; **~ de vie** style of living, life style.

traînant, e [tʀɛnɑ̃, ɑ̃t] *adj (voix)* drawling.

traînard, e [tʀɛnaʀ, aʀd(ə)] *nm,f (en marchant)* straggler; (* : *au travail*) slowcoach*.

traîne [tʀɛn] *nf (robe)* train. *(fig)* **être à la ~** *(en remorque)* to be in tow; (* : *en retard*) to lag behind.

traîneau, *pl* **~x** [tʀɛno] *nm* sledge, sled *(US)*.

traînée [tʀene] *nf (sur le sol)* trail, streak. **comme une ~ de poudre** like wildfire.

traîner [tʀene] (1) — **1** *vt* to drag (along). **~ les pieds** to shuffle along; **~ la jambe** to limp; **elle traîne un mauvais rhume** she has a bad cold she can't get rid of. — **2** *vi* **(a)** *(rester en arrière)* to lag *ou* trail behind; *(errer, s'attarder)* to hang about. **(b)** *(objets éparpillés)* to lie about. **(c) ~ (en longueur)** to drag on; **ça n'a pas traîné!*** that wasn't long coming!; **faire ~ qch** to drag sth out. **(d)** *(robe)* to trail. **~ par terre** to trail *ou* drag on the ground. — **3 se traîner** *vpr (person)* to drag o.s. about; *(conversation)* to drag on; **se ~ par terre** to crawl on the ground.

train-train [tʀɛ̃tʀɛ̃] *nm* humdrum routine.
traire [tʀɛʀ] (50) *vt (vache)* to milk.
trait [tʀɛ] *nm* **(a)** *(ligne)* line. **faire un ~** to draw a line; **~ de plume** stroke of the pen; **~ d'union** *(Typ)* hyphen; *(fig)* link. **(b)** *(caractéristique)* feature, trait. *(physionomie)* **~s** features; *(acte)* **~ de courage** act of courage. **(c)** *(flèche)* arrow. **~ d'esprit** flash *ou* shaft of wit; **~ de génie** flash of genius. **(d)** *(courroie)* trace. **animal de ~** draught animal. **(e)** *(gorgée)* draught, gulp. **d'un ~** *(boire)* in one gulp; *(dormir)* without a break. **(f)** *(rapport)* **avoir ~ à** to relate to, concern.
traite [tʀɛt] *nf* **(a)** *(billet)* draft, bill. **(b)** *(vache)* milking. **(c) d'une seule ~** at a stretch. **(d) ~ des Noirs** slave trade.
traité [tʀete] *nm (livre)* treatise; *(convention)* treaty.
traitement [tʀɛtmɑ̃] *nm* **(a)** *(personne)* treatment; *(Méd)* course of treatment. **mauvais ~s** ill-treatment. **(b)** *(rémunération)* salary. **(c)** *(matières premières)* processing, treating.
traiter [tʀete] (1) — **1** *vt (gén)* to treat; *(Comm : affaire)* to handle, deal with; *(Tech : produit)* to process. **bien ~ qn** to treat sb well; **~ qn durement** to be hard on sb; **se faire ~ pour** to be treated for; **~ qn de menteur** to call sb a liar; **non traité** untreated. — **2 traiter de** *vt indir (sujet)* to deal with. — **3** *vi (négocier)* to deal (*avec* with).
traiteur [tʀɛtœʀ] *nm* caterer.
traître, traîtresse [tʀɛtʀ(ə), tʀɛtʀɛs] — **1** *adj* treacherous. **pas un ~ mot** not a single word. — **2** *nm* traitor. **prendre qn en ~** to catch sb off-guard. — **3** *nf* traitress. ◆ **traîtrise** *nf* : **la ~** treacherousness; **une ~** a treachery.
trajectoire [tʀaʒɛktwaʀ] *nf* trajectory.
trajet [tʀaʒɛ] *nm (distance)* distance; *(itinéraire)* route; *(voyage)* journey; *(par mer)* voyage; *(nerf)* course.
tralala* [tʀalala] *nm (luxe, apprêts)* fuss.
trame [tʀam] *nf (tissu)* weft; *(roman)* framework. **usé jusqu'à la ~** threadbare.
tramer [tʀame] (1) *vt (évasion)* to plot; *(complot)* to hatch.
tramway [tʀamwɛ] *nm (moyen de transport)* tram(way); *(voiture)* tram(car).
tranchant, e [tʀɑ̃ʃɑ̃, ɑ̃t] — **1** *adj (lit, fig)* sharp, cutting. — **2** *nm* cutting edge.
tranche [tʀɑ̃ʃ] *nf (rondelle)* slice; *(bord)* edge; *(section)* section. **~ d'âge** age bracket.
tranchée [tʀɑ̃ʃe] *nf (fossé)* trench.
trancher [tʀɑ̃ʃe] (1) — **1** *vt (gén)* to cut; *(question)* to settle, decide. **il faut ~** we have to take a decision; **opinion tranchée** clearcut opinion. — **2** *vi* to contrast sharply (*sur* with).
tranquille [tʀɑ̃kil] *adj (calme)* quiet; *(paisible)* peaceful. **j'aime être ~** I like to have some peace; **laisser qn ~** to leave sb alone *ou* in peace; **tu peux être ~** you needn't worry; **tu peux être ~ que** you may be sure that; **pour avoir l'esprit ~** to set my mind at rest; **avoir la conscience ~** to have a clear conscience. ◆ **tranquillement** *adv* quietly; peacefully. ◆ **tranquillisant** *nm (Méd)* tranquillizer. ◆ **tranquilliser** (1) *vt* to reassure. ◆ **tranquillité** *nf* quietness; peacefulness. **en toute ~** *(agir)* without being disturbed; *(partir)* with complete peace of mind.
trans...[tʀɑ̃z] *préf* trans... .
transaction [tʀɑ̃zaksjɔ̃] *nf* transaction.
transatlantique [tʀɑ̃zatlɑ̃tik] *nm (paquebot)* transatlantic liner; *(fauteuil)* deckchair.
transborder [tʀɑ̃sbɔʀde] (1) *vt* to transship.
transcendant, e [tʀɑ̃sɑ̃dɑ̃, ɑ̃t] *adj (sublime)* transcendent. ◆ **transcender** (1) *vt* to transcend.
transcription [tʀɑ̃skʀipsjɔ̃] *nf* transcription. ◆ **transcrire** (39) *vt* to transcribe.
transe [tʀɑ̃s] *nf* trance. *(affres)* **~s** agony; *(mystique)* **être en ~** to be in a trance; **dans les ~s** in agony.
transférer [tʀɑ̃sfeʀe] (6) *vt* to transfer. ◆ **transfert** *nm* transfer; *(Psych)* transference.
transfigurer [tʀɑ̃sfigyʀe] (1) *vt* to transfigure.
transformateur [tʀɑ̃sfɔʀmatœʀ] *nm* transformer. ◆ **transformation** *nf (gén)* change, alteration; *(radicale)* transformation; *(Rugby)* conversion; *(minerai)* processing. **industries de ~** processing industries. ◆ **transformer** (1) — **1** *vt* to change, alter; to transform; to convert; to process. **~ qch en** to turn *ou* convert sth into. — **2 se transformer** *vpr* to change, alter. **se ~ en** to be converted into.
transfuge [tʀɑ̃sfyʒ] *nmf (Mil, Pol)* renegade.
transfusion [tʀɑ̃sfyzjɔ̃] *nf* transfusion.
transgresser [tʀɑ̃sgʀese] (1) *vt (règle)* to infringe; *(ordre)* to disobey. ◆ **transgression** *nf* infringement; disobedience.
transiger [tʀɑ̃ziʒe] (3) *vi* to compromise.
transir [tʀɑ̃ziʀ] (2) *vt* to numb. **transi** numb.
transistor [tʀɑ̃zistɔʀ] *nm* transistor.
transit [tʀɑ̃zit] *nm* transit. ◆ **transiter** (1) *vti* to pass in transit. ◆ **transitif, -ive** *adj* transitive. ◆ **transition** *nf* transition. ◆ **transitoire** *adj* transitional.
translucide [tʀɑ̃slysid] *adj* translucent.
transmettre [tʀɑ̃smɛtʀ(ə)] (56) *vt (gén)* to transmit; *(fonctions)* to hand over; *(message)* to pass on; *(ballon)* to pass; *(Rad, TV)* to broadcast. ◆ **transmission** *nf* transmission; handing over; passing on; broadcasting. *(Mil : service)* **~s** ≃ Signals corps; **~ de pensée** thought transfer.
transparaître [tʀɑ̃spaʀɛtʀ(ə)] (57) *vi* to show through. ◆ **transparence** *nf* transparency. **regarder qch par ~** to look at sth against the light. ◆ **transparent, e** *adj* transparent.
transpercer [tʀɑ̃spɛʀse] (3) *vt* to pierce.
transpiration [tʀɑ̃spiʀasjɔ̃] *nf* perspiration. **en ~** perspiring, sweating. ◆ **transpirer** (1) *vi* to perspire, sweat. *(fig : secret)* to leak out. **~ sur qch*** to sweat over sth.
transplantation [tʀɑ̃splɑ̃tasjɔ̃] *nf (action)* transplantation. **une ~** a transplant. ◆ **transplanter** (1) *vt* to transplant.
transport [tʀɑ̃spɔʀ] *nm* **(a)** *(action) (gén)* carrying; *(par véhicule)* transportation, conveyance. **frais de ~** transportation costs. **(b) les ~s** transport; **~s en commun** public transport. **(c)** *(émotion)* transport. **~s de joie** transports of delight; **~ au cerveau** seizure, stroke.
transporter [tʀɑ̃spɔʀte] (1) — **1** *vt (gén)* to carry; *(avec véhicule)* to transport, convey; *(exalter)* to carry away. **transporté d'urgence à l'hôpital** rushed to hospital; **transporté de joie** in transports of delight. — **2 se transporter** *vpr* to repair (*à, dans* to). ◆ **transporteur** *nm (entrepreneur)* haulage contractor, carrier.
transposer [tʀɑ̃spoze] (1) *vt* to transpose. ◆ **transposition** *nf* transposition.
transvaser [tʀɑ̃svaze] (1) *vt* to decant.
transversal, e, *mpl* **-aux** [tʀɑ̃svɛʀsal, o] *adj (coupe, barre)* cross; *(mur, rue)* which runs across.
trapèze [tʀapɛz] *nm (Géom)* trapezium, trap-

ezoid *(US); (Sport)* trapeze. ◆ **trapéziste** *nmf* trapeze artist.
trappe [tʀap] *nf* trap door; *(Tech)* hatch; *(piège)* trap.
trappeur [tʀapœʀ] *nm* trapper, fur trader.
trapu, e [tʀapy] *adj* squat.
traquenard [tʀaknaʀ] *nm* trap.
traquer [tʀake] (1) *vt* to track down, hunt down. **bête traquée** hunted animal.
traumatiser [tʀomatize] (1) *vt* to traumatize. ◆ **traumatisme** *nm* traumatism.
travail, *pl* **-aux** [tʀavaj, o] *nm* **(a) le ~** work; **un ~** a job; **~aux** work; **être au ~** to be at work; **avoir du ~** to have some work to do; **se mettre au ~** to get down to work; **c'est un ~ d'électricien** it's work for an electrician, it's an electrician's job; **~aux de plomberie** plumbing work; **~aux ménagers** housework; *(Scol)* **~aux manuels** handicrafts; *(Admin)* **~aux publics** public works; **'pendant les ~aux'** 'during alterations'; **attention! ~aux!** caution! work in progress!; *(sur la route)* road works ahead!; **être sans ~** to be out of work *ou* without a job *ou* unemployed; **accident du ~** industrial accident; **~ au noir*** moonlighting*. **(b)** *(Écon : opposé au capital)* labour. **(c)** *(pierre, bois) (façonnage)* working. *(facture)* **c'est un joli ~** it's a nice piece of craftsmanship *ou* work. **(d)** *(accouchement)* labour. **femme en ~** woman in labour. **(e) ~aux forcés** hard labour.
travaillé, e [tʀavaje] *adj (ornement)* finely-worked. *(tourmenté)* **~ par** tormented by.
travailler [tʀavaje] (1) — **1** *vi* **(a)** *(gén)* to work. **commencer à ~** to start work; **va ~** get on with your work. **(b)** *(métal, bois)* to warp; *(vin)* to work. — **2** *vt* **(a)** *(gén)* to work. **~ le piano** to practise the piano. **(b)** *(doutes)* to worry; *(douleur)* to distract, torment. — **3 travailler à** *vt indir (projet)* to work on; *(but)* to work for.
travailleur, -euse [tʀavajœʀ, øz] — **1** *adj* hard-working. — **2** *nm,f* worker. **les ~s** the workers, working people; **~ de force** labourer; **~ indépendant** self-employed person.
travailliste [tʀavajist(ə)] — **1** *adj* Labour. — **2** *nmf* Labour Party member. **les ~s** Labour.
travée [tʀave] *nf* **(a)** *(mur)* bay; *(pont)* span. **(b)** *(rangée)* row.
travers[1] [tʀavɛʀ] *nm (défaut)* failing, fault.
travers[2] [tʀavɛʀ] *nm* **(a) en ~** across, crosswise; **en ~ de** across. **(b) au ~ de, au ~** through; **à ~ champs** through *ou* across the fields; *(fig)* **passer au ~** to get away with it. **(c) de ~** *(nez)* crooked; **comprendre de ~** to misunderstand; **tout va de ~** everything is going wrong; **elle a mis son chapeau de ~** her hat is not on straight; **il l'a regardé de ~** he looked askance at him; **il a avalé sa soupe de ~** his soup has gone down the wrong way.
traverse [tʀavɛʀs(ə)] *nf (Rail)* sleeper; *(barre transversale)* crosspiece.
traversée [tʀavɛʀse] *nf* crossing.
traverser [tʀavɛʀse] (1) *vt (rue, pont)* to cross; *(forêt, crise)* to go through; *(s'infiltrer, transpercer)* to go through. **~ une rivière à la nage** to swim across a river.
traversin [tʀavɛʀsɛ̃] *nm* bolster.
travestir [tʀavɛstiʀ] (2) *vt (personne)* to dress up; *(vérité)* to misrepresent.
trébucher [tʀebyʃe] (1) *vi* to stumble (*sur* over). **faire ~ qn** to trip sb up.
trèfle [tʀɛfl(ə)] *nm* clover; *(Cartes)* clubs.
tréfonds [tʀefɔ̃] *nm :* **le ~ de** the depths of.
treille [tʀɛj] *nf* climbing vine.
treillis [tʀeji] *nm (en bois)* trellis; *(en métal)* wire-mesh; *(Mil : tenue)* combat uniform.
treize [tʀɛz] *adj inv, nm inv* thirteen; *V* **six.** ◆ **treizième** *adj, nmf* thirteenth; *V* **sixième.**
tréma [tʀema] *nm* dieresis. **i ~** i dieresis.
tremblement [tʀɑ̃bləmɑ̃] *nm (frisson)* shiver. **tout le ~*** the whole caboodle*; **~ de terre** earthquake.
trembler [tʀɑ̃ble] (1) *vi (gén)* to tremble, shake; *(de froid, fièvre)* to shiver (*de* with); *(feuille)* to flutter; *(lumière)* to flicker; *(voix)* to quaver. ◆ **trembloter** (1) *vi* to tremble *ou* shake *ou* flutter *ou* flicker slightly.
trémolo [tʀemɔlo] *nm (instrument)* tremolo; *(voix)* quaver.
trémousser (se) [tʀemuse] (1) *vpr (sur sa chaise)* to wriggle; *(en marchant)* to wiggle.
trempe [tʀɑ̃p] *nf (stature)* calibre; (* : *gifle*) slap.
tremper [tʀɑ̃pe] (1) — **1** *vt* **(a)** *(pluie)* to soak, drench. **se faire ~** to get drenched; **trempé de sueur** bathed in sweat; **trempé jusqu'aux os** soaked to the skin. **(b)** (*plus gén :* **faire ~**) *(linge, aliments)* to soak. **(c)** *(plonger)* to dip (*dans* into, in). **(d)** *(métal)* to quench. **acier trempé** tempered steel. — **2** *vi (linge, graines)* to soak. **~ dans** *(crime)* to be involved in. — **3 se tremper** *vpr (bain rapide)* to have a quick dip; *(se mouiller)* to get soaked. ◆ **trempette*** *nf :* **faire ~** to have a quick dip.
tremplin [tʀɑ̃plɛ̃] *nm* springboard.
trentaine [tʀɑ̃tɛn] *nf* about thirty, thirty or so; *V* **soixantaine.** ◆ **trente** *adj inv, nm inv* thirty. **il y en a ~-six modèles*** there are umpteen* models; **voir ~-six chandelles*** to see stars; **se mettre sur son ~ et un*** to put on one's Sunday best; *V* **six, soixante.** ◆ **trentième** *adj, nmf* thirtieth; *V* **sixième.**
trépas [tʀepɑ] *nm* death. ◆ **trépasser** (1) *vi* to pass away.
trépidant, e [tʀepidɑ̃, ɑ̃t] *adj (gén)* vibrating; *(rythme)* pulsating; *(vie)* hectic, busy. ◆ **trépidation** *nf* vibration. ◆ **trépider** (1) *vi* to vibrate.
trépied [tʀepje] *nm* tripod.
trépigner [tʀepiɲe] (1) *vi* to stamp one's feet (*de* with).
très [tʀɛ] *adv* very; *(avec ptp)* (very) much. **~ bien** very well; **avoir ~ peur** to be very much afraid *ou* very frightened; **ils sont ~ amis** they are great friends.
trésor [tʀezɔʀ] *nm (gén, fig)* treasure; *(musée)* treasure-house, treasury; *(finances d'un État)* exchequer, finances. *(service)* **T~ public** public revenue department; **des ~s de** *(patience etc)* a wealth of. ◆ **trésorerie** *nf (bureaux)* public revenue office; *(gestion)* accounts; *(argent disponible)* finances, funds. ◆ **trésorier, -ière** *nm,f* treasurer. **~-payeur général** paymaster.
tressaillement [tʀesajmɑ̃] *nm (plaisir)* thrill, quiver; *(peur)* shudder; *(douleur)* wince; *(surprise)* start; *(fig : vibration)* vibration. ◆ **tressaillir** (13) *vi* to thrill, quiver; to shudder; to wince; to start; to vibrate.
tressauter [tʀesote] (1) *vi (sursauter)* to start; *(être secoué)* to be shaken about.
tresse [tʀɛs] *nf (cheveux)* plait, braid; *(cordon)* braid. ◆ **tresser** (1) *vt* to plait, braid; *(panier)* to weave.
tréteau, *pl* **~x** [tʀeto] *nm* trestle. *(Théât fig)* **les ~x** the stage.

treuil [tʀœj] *nm* winch, windlass.
trêve [tʀɛv] *nf (Mil)* truce; *(fig : répit)* respite. **~ de plaisanteries** enough of this joking; **sans ~** unceasingly.
tri [tʀi] *nm (classement)* sorting out; *(sélection)* selection. **bureau de ~** sorting office. ◆ **triage** *nm* sorting out.
tri... [tʀi] *préf* tri... .
triangle [tʀijɑ̃gl(ə)] *nm* triangle. ◆ **triangulaire** *adj* triangular; *(débat)* three-cornered.
tribal, e, *mpl* **-aux** [tʀibal, o] *adj* tribal.
tribord [tʀibɔʀ] *nm* starboard.
tribu [tʀiby] *nf* tribe.
tribulations [tʀibylasjɔ̃] *nfpl* tribulations.
tribunal, *pl* **-aux** [tʀibynal, o] *nm (criminel)* court; *(Mil, fig)* tribunal.
tribune [tʀibyn] *nf* **(a)** *(pour public)* gallery; *(sur un stade)* stand. **(b)** *(pour orateur)* platform, rostrum. **(c)** *(fig : débat)* forum.
tribut [tʀiby] *nm* tribute.
tributaire [tʀibytɛʀ] *adj (dépendant)* **être ~ de** to be dependant *ou* reliant on.
tricher [tʀiʃe] (1) *vi* to cheat (*sur* over). ◆ **tricherie** *nf* : **la ~** cheating; **une ~** a trick. ◆ **tricheur, -euse** *nm,f* cheat.
tricolore [tʀikɔlɔʀ] *adj* three-coloured. **l'équipe ~*** the French team.
tricot [tʀiko] *nm (pull)* jumper, sweater. *(technique)* **le ~** knitting. **~ de corps** vest, undershirt *(US)*; **faire du ~** to knit; **en ~** knitted. ◆ **tricoter** (1) *vti* to knit.
tricycle [tʀisikl(ə)] *nm* tricycle.
trident [tʀidɑ̃] *nm* trident.
trier [tʀije] (7) *vt (classer)* to sort (out); *(sélectionner)* to select, pick. *(fig)* **trié sur le volet** hand-picked ◆ **trieuse** *nf* sorting machine.
trilogie [tʀilɔʒi] *nf* trilogy.
trimbal(l)er * *vt*, **se trimbal(l)er** *vpr* [tʀɛ̃bale] (1) to trail along.
trimer* [tʀime] (1) *vi* to slave away.
trimestre [tʀimɛstʀ(ə)] *nm (période)* quarter; *(Scol)* term; *(loyer)* quarterly rent; *(frais de scolarité)* term's fees. ◆ **trimestriel, -elle** *adj (gén)* quarterly; *(Scol : bulletin)* end-of-term.
tringle [tʀɛ̃gl(ə)] *nf* rod.
trinité [tʀinite] *nf* trinity.
trinquer [tʀɛ̃ke] (1) *vi (porter un toast)* to clink glasses; (* : *écoper*) to cop it*.
triomphal, e, *mpl* **-aux** [tʀijɔ̃fal, o] *adj* triumphant. ◆ **triomphant, e** *adj* triumphant. ◆ **triomphateur, -trice** *nm,f* triumphant victor. ◆ **triomphe** *nm (gén)* triumph; *(succès)* triumphant success. **en ~** in triumph. ◆ **triompher** (1) — **1** *vi* **(a)** *(vainqueur)* to triumph; *(raison)* to prevail. **faire ~ qch** to give victory to sth. **(b)** *(crier victoire)* to exult, rejoice. — **2 triompher de** *vt indir* to triumph over.
triperie [tʀipʀi] *nf (boutique)* tripe shop. ◆ **tripes** *nfpl* tripe; (* : *intestins*) guts*. ◆ **tripier, -ière** *nm,f* tripe butcher.
triple [tʀipl(ə)] — **1** *adj* triple. **faire qch en ~ exemplaire** to make three copies of sth; **~ idiot** prize idiot. — **2** *nm* : **manger le ~** to eat three times as much; **9 est le ~ de 3** 9 is three times 3; **c'est le ~ du prix normal** it's three times the normal price. ◆ **triplement** — **1** *adv* trebly. — **2** *nm* trebling, tripling (*de* of). ◆ **tripler** (1) *vti* to triple, treble. ◆ **triplés, -ées** *nm,fpl (bébés)* triplets.
triporteur [tʀipɔʀtœʀ] *nm* delivery tricycle.
tripot [tʀipo] *nm (péj)* dive*, joint*.
tripoter* [tʀipɔte] (1) *(péj)* — **1** *vt* to fiddle with. — **2** *vi (fouiller)* to rummage about (*dans* in). *(trafiquer)* **~ dans qch** to get involved in sth.
trique [tʀik] *nf* cudgel.
triste [tʀist(ə)] *adj* **(a)** *(gén)* sad; *(sort)* unhappy; *(regard)* sorrowful; *(devoir)* painful; *(pensée)* gloomy; *(couleur, paysage)* dreary. **dans un ~ état** in a sad *ou* sorry state. **(b)** *(péj) (résultats)* deplorable; *(affaire)* dreadful; *(réputation)* sorry. ◆ **tristement** *adv* sadly. ◆ **tristesse** *nf* sadness; gloominess; dreariness; *(chagrin)* sorrow.
triturer [tʀityʀe] (1) *vt (pâte)* to knead; *(objet)* to manipulate. **se ~ la cervelle*** to rack one's brains.
trivial, e, *mpl* **-aux** [tʀivjal, o] *adj (vulgaire)* coarse, crude. ◆ **trivialité** *nf* coarseness, crudeness. *(remarque)* **une ~** a coarse *ou* crude remark.
troc [tʀɔk] *nm (échange)* exchange; *(système)* barter.
troène [tʀɔɛn] *nm* privet.
troglodyte [tʀɔglɔdit] *nm* cave dweller.
trognon [tʀɔɲɔ̃] *nm (fruit)* core.
trois [tʀwɑ] *adj, nm* three; *V* **six.** ◆ **trois étoiles** *nm inv* three-star hotel. ◆ **trois-pièces** *nm inv (complet)* three-piece suit; *(appartement)* three-room flat.◆ **troisième** *adj, nmf* third. **gens du ~ âge** senior citizens; *V* **sixième.** ◆ **troisièmement** *adv* thirdly, in the third place.
trolleybus [tʀɔlɛbys] *nm* trolley bus.
trombe [tʀɔ̃b] *nf* : **~ d'eau** downpour; *(fig)* **en ~** like a whirlwind.
trombone [tʀɔ̃bɔn] *nm (Mus)* trombone; *(agrafe)* paper clip.
trompe [tʀɔ̃p] *nf (Mus)* horn; *(éléphant)* trunk; *(insecte)* proboscis.
tromper [tʀɔ̃pe] (1) — **1** *vt* **(a)** *(gén)* to deceive (*sur* about); *(sans le faire exprès)* to mislead; *(poursuivant, vigilance)* to elude. **c'est ce qui vous trompe** that's where you are mistaken *ou* wrong. **(b)** *(attente)* to while away; *(faim)* to stave off; *(espoirs)* to disappoint. — **2 se tromper** *vpr* to be mistaken. **se ~ de 5 F** to be 5 francs out; **se ~ de route** to take the wrong road; **se ~ de jour** to get the day wrong. ◆ **tromperie** *nf* deception. ◆ **trompeur, -euse** *adj (personne)* deceitful; *(apparences)* deceptive, misleading.
trompette [tʀɔ̃pɛt] *nf* trumpet. ◆ **trompettiste** *nmf* trumpet player.
tronc [tʀɔ̃] *nm (gén)* trunk; *(pour aumônes)* collection box.
tronçon [tʀɔ̃sɔ̃] *nm* section. ◆ **tronçonner** (1) *vt* to cut into sections. ◆ **tronçonneuse** *nf* chain saw.
trône [tʀon] *nm* throne. ◆ **trôner** (1) *vi (roi, invité)* to sit enthroned; *(chose)* to sit imposingly.
tronquer [tʀɔ̃ke] (1) *vt* to truncate.
trop [tʀo] — **1** *adv* **(a)** *(devant adv, adj)* too; *(avec vb)* too much; *(durer etc)* for too long. **un ~ grand effort l'épuiserait** too great an effort would exhaust him; **c'est ~ loin pour que j'y aille** it's too far for me to go; **~ chauffé** overheated, **c'est ~ bête** it's too stupid for words; **je ne le sais que ~** I know only too well; **je n'en sais ~ rien** I really don't know. **(b) ~ de** *(pain, eau)* too much; *(objets)* too many; *(gentillesse)* excessive. **nous avons ~ de travail** we are overworked. **(c) une personne de ~** *ou* **en ~** one person too many; *(intrus)* **si je**

suis de ~ if I'm in the way; **s'il y a du pain en ~** if there is any bread left over *ou* any bread extra; **il m'a rendu 2 F de ~** he gave me back 2 francs too much; **l'argent versé en ~** the excess payment. — **2** *nm (excédent)* excess; *(reste)* extra. **~-plein** excess; *(d'eau)* overflow.

trophée [tʀɔfe] *nm* trophy.

tropical, e, *mpl* **-aux** [tʀɔpikal,o] *adj* tropical. ◆ **tropique** *nm* tropic.

troquer [tʀɔke] (1) *vt* to swap, exchange (*contre* for).

troquet* [tʀɔkɛ] *nm* small café.

trot [tʀo] *nm* trot. **course de ~** trotting race; *(fig)* **au ~*** at the double. ◆ **trotte*** *nf* : **ça fait une ~** it's a fair distance. ◆ **trotter** (1) *vi* to trot along; *(souris, enfants)* to scurry along. **~ par la tête de qn** to run through sb's head. ◆ **trotteuse** *nf (aiguille)* second hand. ◆ **trottiner** (1) *vi* to trot along; to scurry along.

trottoir [tʀɔtwaʀ] *nm* pavement, sidewalk *(US)*. **~ roulant** moving walkway.

trou [tʀu] *nm (gén, fig)* hole; *(moment de libre)* gap; (* : *village*) dump*. **~ d'air** air pocket; **le ~ de la serrure** the keyhole; **~ de mémoire** lapse of memory.

troublant, e [tʀublɑ̃, ɑ̃t] *adj* disturbing.

trouble[1] [tʀubl(ə)] — **1** *adj (eau)* unclear, cloudy; *(regard, image)* blurred, misty; *(affaire)* shady, murky; *(désir)* dark. — **2** *adv* : **voir ~** to have blurred vision. — **3** *nm (émoi)* agitation; *(inquiétude)* distress; *(gêne, perplexité)* confusion. *(émeute)* **~s** disturbances, troubles; **~s psychiques** psychological disorders.

trouble-fête [tʀubləfɛt] *nmf inv* spoilsport.

troubler [tʀuble] (1) — **1** *vt* **(a)** *(ordre etc)* to disturb, disrupt; *(esprit)* to cloud. **temps troublés** troubled times. **(b)** *(impressionner)* to disturb; *(inquiéter, gêner)* to trouble, bother. **(c)** *(eau)* to make cloudy. — **2 se troubler** *vpr (eau)* to become cloudy; *(personne)* to become flustered.

trouer [tʀue] (1) *vt (silence, nuit)* to pierce; *(vêtement)* to make a hole in. **tout troué** full of holes.

trouée [tʀue] *nf (haie, nuages)* gap, break; *(Mil)* breach (*dans* in).

troufion* [tʀufjɔ̃] *nm* soldier.

trouille* [tʀuj] *nf* : **avoir la ~** to be scared stiff.

troupe [tʀup] *nf (gens, soldats)* troop; *(artistes)* troupe.

troupeau, *pl* **~x** [tʀupo] *nm (bœufs, touristes)* herd; *(transhumant)* drove; *(moutons)* flock; *(oies)* gaggle.

trousse [tʀus] *nf* **(a)** *(étui)* case. **~ à outils** toolkit; **~ de toilette** toilet bag. **(b) aux ~s de** on the tail of.

trousseau, *pl* **~x** [tʀuso] *nm (clefs)* bunch; *(mariée)* trousseau; *(écolier)* outfit.

trouvaille [tʀuvɑj] *nf* find.

trouver [tʀuve] (1) — **1** *vt* to find. **j'ai trouvé!** I've got it!; **vous trouvez?** do you think so?; **~ un emploi à qn** to find sb a job, find a job for sb; **aller ~ qn** to go and see sb; **~ à manger** to find sth to eat; **~ du plaisir à qch** to take pleasure in sth; **~ à qui parler** to meet one's match; **~ la mort** to meet one's death; **~ le sommeil** to get to sleep; **~ le moyen de faire qch** to manage to do sth; **~ bon de faire** to think *ou* see fit to do. — **2 se trouver** *vpr* : **où se trouve la poste?** where is the post office?; **je me suis trouvé dans le noir** I found myself in the dark; **se ~ bien** to feel comfortable; **se ~ mal** to faint, pass out; **elles se trouvaient avoir le même chapeau** they happened to have the same hat. — **3** *vpr impers* : **il se trouve que c'est moi** it happens *ou* it turns out to be me; **si ça se trouve*** perhaps.

truand [tʀyɑ̃] *nm* gangster.

truc* [tʀyk] *nm (moyen)* way; *(artifice)* trick; *(dispositif)* whatsit*; *(chose, idée)* thing; *(personne)* what's-his-(*ou* -her)-name*. ◆ **trucage** *nm* = **truquage.**

truchement [tʀyʃmɑ̃] *nm* : **par le ~ de** through.

truculent, e [tʀykylɑ̃, ɑ̃t] *adj* colourful.

truelle [tʀyɛl] *nf* trowel.

truffe [tʀyf] *nf (Culin)* truffle; *(nez)* nose. ◆ **truffé, e** *adj* garnished with truffles. **~ de** *(citations)* peppered with; *(pièges)* bristling with.

truie [tʀɥi] *nf (Zool)* sow.

truite [tʀɥit] *nf* trout *(pl inv)*.

truquage [tʀykaʒ] *nm* **(a)** *(gén)* fixing*; *(élections)* rigging*; *(comptes)* fiddling*. **(b)** *(Ciné)* special effect. ◆ **truquer** (1) *vt* to fix*; to rig*; to fiddle*.

trust [tʀœst] *nm (Écon : cartel)* trust; *(grande entreprise)* corporation.

tsar [dzaʀ] *nm* tsar.

tsigane [tsigan] *adj*, **T~** *nmf* Tzigane.

tu [ty] *pron pers* you *(to a child, friend etc)*.

tuant, e [tɥɑ̃, ɑ̃t] *adj (fatigant)* exhausting; *(énervant)* exasperating.

tuba [tyba] *nm (Mus)* tuba; *(nage sous-marine)* snorkel.

tube [tyb] *nm* **(a)** *(gén)* tube; *(canalisation)* pipe. **~ de rouge à lèvres** lipstick; **~ digestif** digestive tract. **(b)** (* : *chanson*) hit.

tubercule [tybɛʀkyl] *nm (Anat, Méd)* tubercle; *(Bot)* tuber.

tuberculeux, -euse [tybɛʀkylø, øz] — **1** *adj* tuberculous, tubercular. **être ~** to have tuberculosis *ou* TB. — **2** *nm,f* TB patient. ◆ **tuberculose** *nf* tuberculosis.

tubulaire [tybylɛʀ] *adj* tubular. ◆ **tubulure** *nf (tube)* pipe.

tuer [tɥe] (1) — **1** *vt (gén)* to kill; *(d'une balle)* to shoot; *(fig : exténuer)* to exhaust, wear out. — **2 se tuer** *vpr (accident)* to be killed; *(suicide)* to kill o.s. **se ~ à travailler** to work o.s. to death. ◆ **tué, e** *nm,f* person killed. **les ~s** the dead. ◆ **tuerie** *nf (carnage)* slaughter, carnage. ◆ **tue-tête** *adv* : **à ~** at the top of one's voice. ◆ **tueur, -euse** *nm,f* killer.

tuile [tɥil] *nf (Constr)* tile; (* : *malchance*) blow; *(Culin)* wafer.

tulipe [tylip] *nf* tulip.

tuméfié, e [tymefje] *adj* puffed-up, swollen.

tumeur [tymœʀ] *nf* tumour.

tumulte [tymylt(ə)] *nm (bruit)* commotion; *(agitation)* turmoil, tumult. ◆ **tumultueux, -euse** *adj* turbulent.

tunique [tynik] *nf* tunic.

Tunisie [tynizi] *nf* Tunisia. ◆ **tunisien, -ienne** *adj*, **T~, -ienne** *nm,f* Tunisian.

tunnel [tynɛl] *nm* tunnel.

turban [tyʀbɑ̃] *nm* turban.

turbine [tyʀbin] *nf* turbine.

turboréacteur [tyʀbɔʀeaktœʀ] *nm* turbojet.

turbulence [tyʀbylɑ̃s] *nf (Aviat)* **~(s)** turbulence.

turbulent, e [tyʀbylɑ̃, ɑ̃t] *adj* boisterous.

turc, turque [tyʀk(ə)] — **1** *adj* Turkish. — **2** *nm (Ling)* Turkish. *(personne)* **T~** Turk. — **3** *nf* : **Turque** Turkish woman.

turfiste [tyʀfist(ə)] *nmf* racegoer.
turlupiner* [tyʀlypine] (1) *vt* to worry.
turne* [tyʀn(ə)] *nf* room.
Turquie [tyʀki] *nf* Turkey.
turquoise [tyʀkwaz] *nf, adj inv* turquoise.
tutelle [tytɛl] *nf (Jur)* guardianship; *(Pol)* trusteeship. *(dépendance)* **sous la ~ de qn** under sb's supervision.
tuteur, -trice [tytœʀ, tʀis] — **1** *nm,f (Jur)* guardian. — **2** *nm (Agr)* stake, support, prop.
tutoiement [tytwamɑ̃] *nm* use of the familiar 'tu'. ◆ **tutoyer** (8) *vt* : **~ qn** to address sb as 'tu'.
tutu [tyty] *nm* tutu, ballet skirt.
tuyau, *pl* **~x** [tɥijo] *nm (tube)* pipe; (* : *conseil*) tip; *(pour pipe)* stem. **~ d'arrosage** hosepipe; **~ d'échappement** exhaust; **dans le ~ de l'oreille*** in sb's ear. ◆ **tuyauter*** (1) *vt* : **~ qn** to give sb a tip. ◆ **tuyauterie** *nf* : **la ~** the piping.
tympan [tɛ̃pɑ̃] *nm* eardrum.
type [tip] — **1** *nm (modèle)* type; (* : *individu*) guy*, bloke*. **avoir le ~ oriental** to have an Oriental look; **c'est le ~ même de l'intellectuel** he's a classic example of the intellectual. — **2** *adj inv* typical; *(Statistique)* standard.
typhoïde [tifɔid] *nf* typhoid fever.
typhon [tifɔ̃] *nm* typhoon.
typhus [tifys] *nm* typhus fever.
typique [tipik] *adj* typical.
typographe [tipɔgʀaf] *nmf* typographer. ◆ **typographie** *nf* typography. ◆ **typographique** *adj* typographical.
tyran [tiʀɑ̃] *nm* tyrant. ◆ **tyrannie** *nf* tyranny. ◆ **tyrannique** *adj* tyrannical. ◆ **tyranniser** (1) *vt* to tyrannize.

U

U, u [y] *nm (lettre)* U, u.
ulcère [ylsɛʀ] *nm* ulcer. ◆ **ulcérer** (6) — **1** *vt (révolter)* to sicken, appal. — **2 s'ulcérer** *vpr (Méd)* to ulcerate.
ultérieur, e [ylteʀjœʀ] *adj* later. ◆ **ultérieurement** *adv* later.
ultimatum [yltimatɔm] *nm* ultimatum.
ultime [yltim] *adj* ultimate, final.
ultra [yltʀa] *préf* ultra. **~-son** ultrasonic sound.
un, une [œ̃, yn] — **1** *adj indéf* **(a)** a, an *(devant voyelle)*; *(un quelconque)* some; *(avec noms abstraits) non traduit.* **~ jour, tu comprendras** one day *ou* some day you'll understand; **avec une grande sagesse** with great wisdom. **(b)** *(intensif)* **elle a fait une de ces scènes!** she made a dreadful scene! *ou* such a scene!; **j'ai une de ces faims!** I'm so hungry! **(c) ~ autre** another, another one; **Monsieur Un tel** Mr So-and-So; **~ petit peu** a little. — **2** *pron* **(a)** one. **prêtez-m'en ~** lend me one of them; **j'en connais ~ qui sera content!** I know someone *ou* somebody who'll be pleased! **(b)** *(avec art déf)* **l'~** one; **les ~s** some; **l'une et l'autre solution sont acceptables** either solution is acceptable, both solutions are acceptable; **ils se regardaient l'~ l'autre** they looked at one another *ou* at each other; *(à tout prendre)* **l'~ dans l'autre** on balance, by and large. — **3** *adj inv* one. **~ seul** one only, only one; **sans ~ sou*** penniless, broke*. — **4** *nm,f* one. **j'ai tiré le numéro ~** I picked number one; *(Presse)* **la une** the front page, page one.
unanime [ynanim] *adj* unanimous. ◆ **unanimité** *nf* unanimity. **à l'~** unanimously.
uni, e [yni] *adj (tissu, couleur)* plain; *(amis)* close; *(surface)* smooth, even. **~ contre** united against.
unième [ynjɛm] *adj* : **vingt et ~** *etc* twenty-first *etc.*
unification [ynifikɑsjɔ̃] *nf* unification. ◆ **unifier** (7) *vt* to unify.
uniforme [ynifɔʀm(ə)] — **1** *adj (gén)* uniform; *(surface)* even. — **2** *nm (vêtement)* uniform. ◆ **uniformément** *adv* uniformly; evenly. ◆ **uniformiser** (1) *vt* to standardize. ◆ **uniformité** *nf* uniformity; evenness.
unijambiste [yniʒɑ̃bist(ə)] *nmf* one-legged man (*ou* woman).
unilatéral, e, *mpl* **-aux** [ynilateʀal, o] *adj* unilateral.
unilingue [ynilɛ̃g] *adj* unilingual.
union [ynjɔ̃] *nf (gén)* union; *(mélange)* combination. **~ de consommateurs** consumers' association; **l'U~ Soviétique** the Soviet Union; **l'~ fait la force** strength through unity.
unique [ynik] *adj* **(a)** *(seul)* only. **mon ~ espoir** my only *ou* sole *ou* one hope; **fils ~** only son; **route à voie ~** single-lane road; **~ en France** the only one of its kind in France; **deux aspects d'un même et ~ problème** two aspects of one and the same problem. **(b)** *(après n : exceptionnel) (livre, talent)* unique. **~ en son genre** unique of its kind; **~ au monde** absolutely unique. **(c)** (* : *impayable*) priceless*. ◆ **uniquement** *adv* **(a)** *(exclusivement)* only, solely. **pas ~** not only. **(b)** *(simplement)* **c'était ~ par curiosité** it was only *ou* just out of curiosity.
unir [yniʀ] (2) — **1** *vt (associer)* to unite; *(combiner)* to combine (*à* with); *(relier)* to link, join up. — **2 s'unir** *vpr* to unite; to combine (*à, avec* with).
unisson [ynisɔ̃] *nm* : **à l'~** in unison.
unitaire [ynitɛʀ] *adj (gén)* unitary; *(Pol)* unitarian.
unité [ynite] *nf (cohésion)* unity; *(élément, troupe)* unit; *(navire)* warship.
univers [ynivɛʀ] *nm (gén)* universe. ◆ **universalité** *nf* universality. ◆ **universel, -elle** *adj (gén)* universal; *(réputation)* world-wide. ◆ **universellement** *adv* universally.
universitaire [ynivɛʀsitɛʀ] — **1** *adj (gén)* university; *(études, milieux, diplôme)* university, academic. — **2** *nmf* academic.
université [ynivɛʀsite] *nf* university.

uranium [yʀanjɔm] *nm* uranium.
urbain, e [yʀbɛ̃, ɛn] *adj* urban, city. ◆ **urbanisation** *nf* urbanization. ◆ **urbaniser** (1) — **1** *vt* to urbanize. — **2 s'urbaniser** *vpr* to become urbanized. ◆ **urbanisme** *nm* town planning. ◆ **urbaniste** *nmf* town planner.
urée [yʀe] *nf* urea. ◆ **urémie** *nf* ureamia.
urgence [yʀʒɑ̃s] *nf* **(a)** *(décision, situation)* urgency. **mesures d'~** emergency measures; **faire qch d'~** to do sth as a matter of urgency; **transporté d'~ à l'hôpital** rushed to hospital; **à envoyer d'~** to be sent immediately. **(b)** *(cas urgent)* emergency. **salle des ~s** emergency ward. ◆ **urgent, e** *adj* urgent. **l'~ est de** the most urgent thing is to.
urine [yʀin] *nf* : **~(s)** urine. ◆ **uriner** (1) *vi* to urinate. ◆ **urinoir** *nm* public urinal.
urne [yʀn(ə)] *nf* **(a) ~ électorale** ballot box; **aller aux ~s** to vote, go to the polls. **(b)** *(vase)* urn.
urticaire [yʀtikɛʀ] *nf* nettle rash.
us [ys] *nmpl* : **~ et coutumes** habits and customs.
usage [yzaʒ] *nm* **(a)** *(utilisation)* use. **outil à ~s multiples** multi-purpose tool; **faire ~ de** *(gén)* to use, make use of; *(droit)* to exercise; **faire un bon ~ de qch** to put sth to good use; **avoir l'~ de qch** to have the use of sth; **ces souliers ont fait de l'~** these shoes have worn well; **à l'~** with use; **à l'~ de** for; **en ~** in use. **(b)** *(coutume, habitude)* custom. **c'est l'~** it's the custom, it's what's done; **entrer dans l'~** *(objet, mot)* to come into common *ou* current use; *(mœurs)* to become common practice; **il était d'~ de** it was customary *ou* a custom *ou* usual to; **après les compliments d'~** after the usual *ou* customary compliments; *(Ling)* **l'~ écrit** written usage. ◆ **usagé, e** *adj* worn, old. ◆ **usager** *nm* user. **~ de la route** roaduser.
user [yze] (1) — **1** *vt* **(a)** *(détériorer)* *(outil, roches)* to wear away; *(vêtements, personne)* to wear out. **(b)** *(consommer)* to use. **il use 2 paires de chaussures par mois** he goes through 2 pairs of shoes a month. — **2** *vi* : **en ~ bien avec qn** to treat sb well. — **3 user de** *vt indir* *(gén)* to make use of, use; *(droit)* to exercise. — **4 s'user** *vpr* *(tissu)* to wear out. **s'~ les yeux** to strain one's eyes (*à faire* by doing). ◆ **usé, e** *adj* **(a)** *(objet)* worn; *(personne)* worn-out. **~ jusqu'à la corde** threadbare. **(b)** *(banal)* *(thème)* hackneyed, trite; *(plaisanterie)* well-worn, stale.
usine [yzin] *nf* *(gén)* factory; *(importante)* plant; *(textile)* mill; *(métallurgique)* works. **~ à gaz** gasworks.
usité, e [yzite] *adj* in common use, common.
ustensile [ystɑ̃sil] *nm* *(gén)* implement. **~ de cuisine** kitchen utensil.
usuel, -elle [yzɥɛl] — **1** *adj* *(objet)* everyday, ordinary; *(mot)* everyday; *(nom)* common. — **2** *nm* *(livre)* book on the open shelf.
usufruit [yzyfʀɥi] *nm* usufruct.
usuraire [yzyʀɛʀ] *adj* usurious. ◆ **usure**[1] *nf* *(intérêt)* usury.
usure[2] [yzyʀ] *nf* *(processus)* wear; *(état)* worn state. **on l'aura à l'~** we'll wear him down in the end.
usurier, -ière [yzyʀje, jɛʀ] *nm,f* usurer.
usurpateur, -trice [yzyʀpatœʀ, tʀis] — **1** *adj* usurping. — **2** *nm,f* usurper. ◆ **usurpation** *nf* usurpation. ◆ **usurper** (1) *vt* to usurp.
ut [yt] *nm* *(Mus)* C.
utérus [yteʀys] *nm* womb.
utile [ytil] *adj* *(gén)* useful; *(conseil)* helpful (*à qn* to *ou* for sb). **cela vous sera ~** that'll be of use to you; **est-il vraiment ~ que j'y aille?** do I really need to go?; **puis-je vous être ~?** can I be of help? ◆ **utilement** *adv* profitably, usefully.
utilisable [ytilizabl(ə)] *adj* usable. ◆ **utilisateur, -trice** *nm,f* user. ◆ **utilisation** *nf* use. ◆ **utiliser** (1) *vt* to use, make use of.
utilitaire [ytilitɛʀ] *adj* utilitarian.
utilité [ytilite] *nf* usefulness, use. **d'aucune ~** useless; **déclaré d'~ publique** state-approved.
utopie [ytɔpi] *nf* utopian view. **c'est de l'~** that's sheer utopianism. ◆ **utopique** *adj* utopian.

V, v [ve] *nm* *(lettre)* V, v. **en V** V-shaped.
vacance [vakɑ̃s] — **1** *nf* *(Admin : poste)* vacancy. — **2** *nfpl* : **~s** holidays, vacation *(US)*; **les ~s de Noël** the Christmas holidays; **être en ~s** to be on holiday. ◆ **vacancier, -ière** *nm,f* holiday-maker, vacationist *(US)*.
vacant, e [vakɑ̃, ɑ̃t] *adj* vacant.
vacarme [vakaʀm(ə)] *nm* din, racket, row.
vaccin [vaksɛ̃] *nm* vaccine. **faire un ~ à qn** to give sb a vaccination. ◆ **vaccination** *nf* vaccination. ◆ **vacciner** (1) *vt* to vaccinate. **se faire ~** to have a vaccination.
vache [vaʃ] — **1** *nf* cow. **~ laitière** dairy cow; **~ à eau** canvas waterbag; **~ à lait*** sucker*; **manger de la ~ enragée** to go through hard *ou* lean times; **ah la ~!*** hell!*, damn!* — **2** *adj* (* : *méchant*) rotten*, mean. ◆ **vachement*** *adv* *(crier etc)* like mad*; *(bon etc)* damned *. ◆ **vacher** *nm* cowherd. ◆ **vacherie** *nf* (* : *méchanceté*) rottenness*, meanness. **une ~** *(action)* a dirty trick*; *(remarque)* a nasty remark.
vaciller [vasije] (1) *vi* *(personne, mur)* to sway; *(bébé)* to wobble; *(lumière)* to flicker; *(courage)* to falter, waver; *(raison)* to be shaky. ◆ **vacillant, e** *adj* *(santé, démarche)* shaky.
vadrouille* [vadʀuj] *nf* ramble. ◆ **vadrouiller*** (1) *vi* to ramble about.
va-et-vient [vaevjɛ̃] *nm inv* *(personnes)* comings and goings; *(piston)* to and fro

motion; *(interrupteur)* two-way switch. **faire le ~ entre** to go to and fro between.
vagabond, e [vagabɔ̃, ɔ̃d] — **1** *adj* wandering. — **2** *nm, f* tramp, vagrant. ◆ **vagabondage** *nm* wandering; *(Jur, péj)* vagrancy. ◆ **vagabonder** (1) *vi* to wander.
vagin [vaʒɛ̃] *nm* vagina.
vagir [vaʒiʀ] (2) *vi (bébé)* to cry, wail. ◆ **vagissement** *nm* cry, wailing.
vague[1] [vag] — **1** *adj (gén)* vague; *(idée)* hazy; *(robe)* loose(-fitting). **un ~ cousin** some distant cousin; **un ~ diplôme** some kind of degree. **2** *nm* vagueness. **rester dans le ~** to keep things rather vague; **regarder dans le ~** to gaze vacantly into space; **avoir du ~ à l'âme** to feel vaguely melancholy.
vague[2] [vag] *nf* wave. **~(s) de fond** ground swell; **~ de froid** cold spell.
vaguement [vagmɑ̃] *adv* vaguely.
vaillamment [vajamɑ̃] *adv* bravely, valiantly. ◆ **vaillance** *nf* bravery, valour. ◆ **vaillant, e** *adj (courageux)* valiant, brave; *(vigoureux)* vigorous.
vain, e [vɛ̃, vɛn] *adj* vain. **en ~** in vain. ◆ **vainement** *adv* vainly.
vaincre [vɛ̃kʀ(ə)] (42) *vt (ennemi)* to defeat, vanquish, conquer; *(obstacle etc)* to overcome. **nous vaincrons** we shall overcome. ◆ **vaincu, e** *adj* : **s'avouer ~** to admit defeat; **les ~s** the vanquished. ◆ **vainqueur** — **1** *nm* conqueror, victor; *(en sport)* winner. — **2** *adj m* victorious.
vaisseau, *pl* **~x** [vɛso] *nm (bateau)* ship, vessel; *(veine)* vessel.
vaisselier [vɛsəlje] *nm* dresser.
vaisselle [vɛsɛl] *nf* crockery; *(à laver)* dishes. **faire la ~** to do the washing-up *ou* the dishes.
val, *pl* **~s** *ou* **vaux** [val, vo] *nm* valley.
valable [valabl(ə)] *adj (gén)* valid; *(de qualité)* decent.
valet [valɛ] *nm* (man)servant; *(Cartes)* jack, knave. **~ de chambre** manservant, valet; **~ de ferme** farmhand.
valeur [valœʀ] *nf* **(a)** *(objet)* value, worth; *(devise, action)* value, price. **prendre de la ~** to gain in value; **ça a beaucoup de ~** it is worth a lot. **(b)** *(titre boursier)* security. **~s** securities, stocks and shares. **(c)** *(qualité)* value, worth, merit. **acteur de ~** actor of merit. **(d)** *(mesure)* value. **en ~ absolue** in absolute terms; **la ~ d'une cuiller à café** the equivalent of a teaspoonful. **(e)** *(locutions)* **objets de ~** valuables, articles of value; **sans ~** valueless, worthless. **mettre en ~** *(terrain)* to exploit; *(détail, objet décoratif)* to bring out.
valeureux, -euse [valœʀø, øz] *adj* valorous.
validation [validɑsjɔ̃] *nf* validation. ◆ **valide** *adj* **(a)** *(non blessé)* able-bodied; *(en bonne santé)* fit, well; *(membre)* good. **(b)** *(billet)* valid. ◆ **valider** (1) *vt* to validate. ◆ **validité** *nf* validity.
valise [valiz] *nf* (suit)case. **faire ses ~s** to pack one's bags.
vallée [vale] *nf* valley. ◆ **vallon** *nm* small valley. ◆ **vallonné, e** *adj* undulating. ◆ **vallonnement** *nm* undulation.
valoir [valwaʀ] (29) — **1** *vi* **(a)** *(objet)* **ça vaut combien?** how much is it worth?; **ça vaut plus cher** it's worth more, it's more expensive; **acompte à ~ sur...** deposit to be deducted from... . **(b)** *(qualité)* **que vaut cet auteur?** is this author any good?; **il ne vaut pas cher!** he's a bad lot!; **ça ne vaut rien** *(gén)* it's no good *(pour* for); *(marchandise)* it's rubbish; *(argument)* it's worthless; **~ qch** *(être aussi bon)* to be as good as sth; *(revenir au même)* to be equivalent to sth, be worth sth; **rien ne vaut la mer** there's nothing like the sea; **ces méthodes se valent** these methods are the same *ou* are just as good; **le musée valait d'être vu** the museum was worth seeing; **cela vaut la peine** it's worth it. **(c)** *(s'appliquer)* to apply *(pour* to). **ça vaut dans certains cas** this holds *ou* applies in certain cases. **(d) faire ~** *(droits)* to assert; *(argument)* to emphasize; *(personne)* to show off to advantage. **(e) il vaut mieux partir** it is better to go; **il vaudrait mieux que vous refusiez** you had better refuse, you would do better to refuse. — **2** *vt* : **ceci lui a valu des reproches** this earned *ou* brought him reproaches; **qu'est-ce qui nous vaut cette visite?** to what do we owe this visit?
valorisation [valɔʀizɑsjɔ̃] *nf* valorization. ◆ **valoriser** (1) *vt* to enhance the value of.
valse [vals(ə)] *nf* waltz. ◆ **valser** (1) *vi* to waltz. **envoyer ~ qch*** to send sth flying; **faire ~ l'argent** to spend money like water. ◆ **valseur, -euse** *nm,f* waltzer.
valve [valv(ə)] *nf* valve.
vampire [vɑ̃piʀ] *nm* vampire.
vandale [vɑ̃dal] *adj, nmf* vandal. ◆ **vandalisme** *nm* vandalism.
vanille [vanij] *nf* vanilla.
vanité [vanite] *nf (amour-propre)* pride, vanity, conceit; *(futilité)* vanity; *(inutilité)* uselessness. **tirer ~ de** to pride o.s. on. ◆ **vaniteux, -euse** *adj* vain, conceited.
vanne [van] *nf (écluse etc)* gate.
vannerie [vanʀi] *nf* basketwork.
vantail, *pl* **-aux** [vɑ̃taj, o] *nm (porte)* leaf.
vantard, e [vɑ̃taʀ, aʀd(ə)] — **1** *adj* boastful. — **2** *nm,f* boaster. ◆ **vantardise** *nf (caractère)* boastfulness; *(propos)* boast. ◆ **vanter** (1) — **1** *vt* to praise. — **2 se vanter** *vpr* to boast, brag. **se ~ de qch** to pride o.s. on sth; **il n'y a pas de quoi se ~** there's nothing to be proud of *ou* to boast about.
va-nu-pieds [vanypje] *nmf inv* tramp.
vapeur [vapœʀ] *nf (eau chaude)* steam; *(brouillard, émanation)* vapour. **~s d'essence** petrol fumes; **aller à toute ~** to go full steam ahead; *(Méd)* **~s** vapours. ◆ **vaporeux, -euse** *adj (tissu)* filmy; *(atmosphère)* misty, vaporous. ◆ **vaporisateur** *nm* spray. ◆ **vaporiser** (1) — **1** *vt* to spray. — **2 se vaporiser** *vpr (Phys)* to vaporize.
vaquer [vake] (1) *vt indir* : **~ à ses occupations** to go about one's business.
varappe [vaʀap] *nf* rock climbing.
varech [vaʀɛk] *nm* wrack.
vareuse [vaʀøz] *nf (marin)* pea jacket; *(d'uniforme)* tunic.
varice [vaʀis] *nf* varicose vein.
varicelle [vaʀisɛl] *nf* chickenpox.
variable [vaʀjabl(ə)] — **1** *adj (gén)* variable; *(temps, humeur)* changeable. — **2** *nf* variable. ◆ **variante** *nf* variant *(de* of). ◆ **variation** *nf* variation *(de* in). ◆ **varié, e** *adj (non monotone)* varied; *(divers)* various. **hors-d'œuvre ~s** selection of hors-d'œuvres. ◆ **varier** (7) *vti* to vary. ◆ **variété** *nf* variety. **spectacle de ~s** variety show.
variole [vaʀjɔl] *nf* smallpox.
vase[1] [vɑz] *nm* vase.

vase² [vaz] *nf* silt, mud, sludge.
vaseline [vazlin] *nf* vaseline.
vaseux, -euse [vazø, øz] *adj (boueux)* silty, muddy, sludgy; (* : *confus*) woolly*.
vasistas [vazistas] *nm* fanlight.
vasque [vask(ə)] *nf* basin; *(coupe)* bowl.
vassal, e, *mpl* **-aux** [vasal, o] *nm,f* vassal.
vaste [vast(ə)] *adj* vast, huge, immense.
Vatican [vatikɑ̃] *nm :* **le ~** the Vatican.
va-tout [vatu] *nm :* **jouer son ~** to stake *ou* risk one's all.
vaudeville [vodvil] *nm* vaudeville, light comedy.
vau-l'eau [volo] *adv :* **aller à ~** to be on the road to ruin.
vaurien, -ienne [voʀjɛ̃, jɛn] *nm,f* good-for-nothing.
vautour [votuʀ] *nm* vulture.
vautrer (se) [votʀe] (1) *vpr :* **se ~ dans** *(boue, vice)* to wallow in; *(fauteuil)* to loll in; **se ~ sur qch** to sprawl on sth.
va-vite* [vavit] *adv :* **à la ~** in a rush.
veau, *pl* **~x** [vo] *nm (animal)* calf (*pl* calves); *(viande)* veal; *(cuir)* calfskin.
vecteur [vɛktœʀ] *nm* vector.
vedette [vədɛt] *nf* **(a)** *(artiste)* star. **une ~ de la politique** a leading figure in politics; **produit-~** leading product; **avoir la ~** *(artiste)* to top the bill, have star billing; *(événement)* to make the headlines; *(orateur etc)* to be in the limelight. **(b)** *(bateau)* launch; *(Mil)* patrol boat.
végétal, e *mpl* **-aux** [veʒetal, o] — **1** *adj (gén)* plant; *(graisses)* vegetable. — **2** *nm* vegetable, plant. ◆ **végétarien, -ienne** *adj, nm,f* vegetarian. ◆ **végétatif, -ive** *adj* vegetative. ◆ **végétation** *nf* vegetation. *(Méd)* **~s** adenoids. ◆ **végéter** (6) *vi (personne)* to vegetate; *(affaire)* to stagnate.
véhémence [veemɑ̃s] *nf* vehemence. ◆ **véhément, e** *adj* vehement.
véhicule [veikyl] *nm* vehicle. ◆ **véhiculer** (1) *vt* to convey.
veille [vɛj] *nf* **(a) la ~ (de cet examen)** the day before (that exam); **la ~ de Noël** Christmas Eve; **à la ~ de** *(guerre etc)* on the eve of; **à la ~ de faire** on the point of doing. **(b) en état de ~** awake.
veillée [veje] *nf (réunion)* evening gathering; *(funèbre)* watch.
veiller [veje] (1) — **1** *vi (éveillé)* to stay up; *(de garde)* to be on watch; *(vigilant)* to be watchful. — **2** *vt (malade)* to watch over. — **3** *vt indir :* **~ à qch** to attend to sth, see to sth; **~ à ce que...** to see to it that...; **~ sur** to watch over. ◆ **veilleur** *nm (Mil)* look-out. **~ de nuit** night watchman. ◆ **veilleuse** *nf (lampe)* night light; *(Aut)* sidelight. **mettre qch en ~** to soft-pedal on sth.
veinard, e* [vɛnaʀ, aʀd(ə)] — **1** *adj* lucky. — **2** *nm,f* lucky devil*.
veine [vɛn] *nf (gén)* vein; (* : *chance*) luck; *(fig : inspiration)* inspiration. **de la même ~** in the same vein; **c'est une ~*** that's a bit of luck; **avoir de la ~*** to be lucky*.
vêler [vele] (1) *vi* to calve.
vélin [velɛ̃] *nm* vellum.
velléitaire [veleitɛʀ] *adj* irresolute. ◆ **velléité** *nf* vague desire.
vélo [velo] *nm* bike. **faire du ~** to do some cycling; **il sait faire du ~** he can ride a bike.
vélocité [velɔsite] *nf* swiftness.
vélodrome [velɔdʀom] *nm* velodrome.
vélomoteur [velɔmɔtœʀ] *nm* moped.
velours [v(ə)luʀ] *nm* velvet. **~ côtelé** corduroy, cord.
velouté, e [vəlute] — **1** *adj* smooth, velvety. — **2** *nm* smoothness, velvetiness. *(potage)* **~ de tomates** cream of tomato soup.
velu, e [vəly] *adj* hairy.
venaison [vənɛzɔ̃] *nf* venison.
vénal, e, *mpl* **-aux** [venal, o] *adj* venal.
vendange [vɑ̃dɑ̃ʒ] *nf :* **~(s)** grape harvest, vintage. ◆ **vendanger** (3) *vi* to harvest *ou* pick the grapes. ◆ **vendangeur, -euse** *nm,f* grape-picker.
vendeur, -euse [vɑ̃dœʀ, øz] *nm,f* shop *ou* sales assistant; *(Jur)* seller. **~ de journaux** newsvendor.
vendre [vɑ̃dʀ(ə)] (41) *vt* to sell (*à* to). **il m'a vendu un tableau 500 F** he sold me a picture for 500 francs; **il vend cher** he charges a lot, his prices are high; **maison à ~** house for sale; **~ la peau de l'ours avant de l'avoir tué** to count one's chickens before they are hatched; **~ la mèche*** to give the game away*.
vendredi [vɑ̃dʀədi] *nm* Friday. **~ saint** Good Friday; *V* **samedi.**
vénéneux, -euse [venenø, øz] *adj* poisonous.
vénérable [veneʀabl(ə)] *adj* venerable. ◆ **vénération** *nf* veneration. ◆ **vénérer** (6) *vt* to venerate.
vengeance [vɑ̃ʒɑ̃s] *nf* vengeance, revenge. ◆ **venger** (3) — **1** *vt* to avenge (*de qch* for sth). — **2** **se venger** *vpr* to take (one's) revenge *ou* vengeance (*de qn* on sb, *de qch* for sth); *(pour son honneur)* to avenge o.s. ◆ **vengeur, -geresse** — **1** *adj (personne)* vengeful; *(lettre)* avenging. — **2** *nm,f* avenger.
véniel, -elle [venjɛl] *adj* venial.
venimeux, -euse [vənimø, øz] *adj* venomous. ◆ **venin** *nm* venom.
venir [v(ə)niʀ] (22) — **1** *vi* **(a)** to come (*de* from, *jusqu'à* to). **je viens!** I'm coming!; **il vient beaucoup d'enfants** a lot of children are coming; **l'eau nous vient (jusqu')aux genoux** the water comes up to *ou* reaches our knees; **ça ne me serait pas venu à l'idée** that would never have occurred to me, I should never have thought of that; **la semaine qui vient** the coming week; **les années à ~** the years to come; **d'où vient cette hâte ?** what's the reason for this haste?; **ça vient de ce que...** it comes *ou* stems from the fact that...; **~ au monde** to come into the world, be born; **~ à bout de** *(travail)* to get through; *(adversaire)* to overcome. **(b) faire ~** *(médecin)* to call, send for; **tu nous a fait ~ pour rien** you got us to come *ou* you made us come for nothing; **il fait ~ son vin de Provence** he gets his wine sent from Provence. **(c) en ~ aux mains** to come to blows; **j'en viens maintenant à votre question** I shall now come *ou* turn to your question; **j'en viens à me demander si...** I'm beginning to wonder if...; **venons-en au fait** let's get to the point; **où voulez-vous en ~?** what are you getting *ou* driving at?
— **2** *vb aux :* **je suis venu travailler** I have come to work; **viens m'aider** come and help me; *(passé récent)* **il vient d'arriver** he has just arrived; *(éventualité)* **s'il venait à mourir** if he were to die.
vent [vɑ̃] *nm (gén, fig)* wind. *(Naut)* **~ contraire** headwind; **il fait du ~** it is windy; **coup de ~** gust of wind; *(Méd)* **avoir des ~s** to have wind; **le ~ est à l'optimisme** there is optimism in the air; **il a le ~ en poupe** he has the wind in his sails; **aux quatre ~s** to the four winds;

être dans le ~* to be with it*, be trendy*; *(péj)* **c'est du ~*** it's all hot air*; **avoir ~ de** to get wind of; **contre ~s et marées** against all the odds.

vente [vɑ̃t] *nf* sale. **promesse de ~** sales agreement; **mettre en ~** *(produit)* to put on sale; *(maison)* to put up for sale; **~ aux enchères** auction sale; **~ de charité** charity bazaar, jumble sale.

venter [vɑ̃te] (1) *vb impers* : **il vente** the wind blows. ◆ **venté, e** *adj* windswept, windy.

ventilateur [vɑ̃tilatœʀ] *nm* fan. ◆ **ventilation** *nf (pièce)* ventilation; *(travail etc)* allocation. ◆ **ventiler** (1) *vt* to ventilate; to allocate.

ventouse [vɑ̃tuz] *nf (Méd)* cupping glass; *(Zool)* sucker; *(dispositif adhésif)* suction pad. **faire ~** to cling.

ventre [vɑ̃tʀ(ə)] *nm (personne)* stomach, tummy*, belly*; *(animal, bateau)* belly; *(fig : utérus)* womb. **prendre du ~** to be getting fat; **~ à terre** at top speed; **avoir le ~ plein** to be full; *(fig)* **ça me ferait mal au ~*** it would make me sick; **voyons ce que ça a dans le ~*** let's see what's inside it; *(courage)* **il n'a rien dans le ~*** he's got no guts*. ◆ **ventricule** *nm* ventricle. ◆ **ventriloque** *nmf* ventriloquist. ◆ **ventru, e** *adj (personne)* potbellied; *(objet)* bulbous.

venu, e[1] [v(ə)ny] *adj* : **être bien ~ de faire** to have (good) grounds for doing; *(remarque)* **bien ~** timely, apposite; **il serait mal ~ de** it would be unseemly to; **tard ~** late; **tôt ~** early. ◆ **venue**[2] *nf* coming.

vêpres [vɛpʀ(ə)] *nfpl* vespers.

ver [vɛʀ] *nm* worm. **~ luisant** glow-worm; **~ à soie** silkworm; **~ solitaire** tapeworm; **~ de terre** earthworm; **tirer les ~s du nez à qn*** to worm information out of sb*.

véracité [veʀasite] *nf* veracity, truthfulness.

véranda [veʀɑ̃da] *nf* veranda(h).

verbal, e, *mpl* **-aux** [vɛʀbal, o] *adj* verbal.

verbe [vɛʀb(ə)] *nm (Gram)* verb. *(langage)* **le ~** the word.

verbiage [vɛʀbjaʒ] *nm* verbiage.

verdâtre [vɛʀdɑtʀ(ə)] *adj* greenish.

verdict [vɛʀdik(t)] *nm* verdict.

verdir [vɛʀdiʀ] (2) *vti* to turn green.

verdoyant, e [vɛʀdwajɑ̃, ɑ̃t] *adj* green.

verdure [vɛʀdyʀ] *nf (végétation)* greenery; *(légumes verts)* green vegetables.

véreux, -euse [veʀø, øz] *adj (aliment)* worm-eaten; *(financier)* dubious.

verge [vɛʀʒ(ə)] *nf* rod; *(Anat)* penis.

verger [vɛʀʒe] *nm* orchard.

verglas [vɛʀgla] *nm* black ice. ◆ **verglacé, e** *adj* icy, iced-over.

vergogne [vɛʀgɔɲ] *nf* : **sans ~** *(adj)* shameless; *(adv)* shamelessly.

vergue [vɛʀg(ə)] *nf (Naut)* yard.

véridique [veʀidik] *adj* truthful, veracious.

vérifiable [veʀifjabl(ə)] *adj* verifiable. ◆ **vérification** *nf* **(a)** *(action)* checking, verification; *(comptes)* auditing. **~ faite** on checking. **(b)** *(contrôle)* check; *(confirmation)* confirmation. **~ d'identité** identity check. ◆ **vérifier** (7) *vt* to check, verify; to audit; to confirm.

vérin [veʀɛ̃] *nm* jack.

véritable [veʀitabl(ə)] *adj (gén)* true; *(réel)* real; *(authentique)* genuine. **c'est une ~ folie** it's absolute madness. ◆ **véritablement** *adv* really.

vérité [veʀite] *nf (gén)* truth; *(tableau)* trueness to life; *(ton, récit)* truthfulness, sincerity. **dire la ~** to tell *ou* speak the truth; **~s premières** first truths; **en ~** actually, in fact, to tell the truth.

vermeil, -eille [vɛʀmɛj] — **1** *adj (gén)* bright red; *(bouche)* ruby; *(teint)* rosy. — **2** *nm* vermeil.

vermicelle [vɛʀmisɛl] *nm* : **~(s)** vermicelli.

vermifuge [vɛʀmifyʒ] *adj, nm* vermifuge.

vermillon [vɛʀmijɔ̃] *nm, adj inv* vermilion.

vermine [vɛʀmin] *nf* vermin.

vermoulu, e [vɛʀmuly] *adj* worm-eaten.

vernir [vɛʀniʀ] (2) *vt* to varnish; *(poterie)* to glaze. **souliers vernis** patent (leather) shoes; (* : *chanceux*) **verni** lucky. ◆ **vernis** *nm* varnish; glaze; *(éclat)* shine, gloss. **~ à ongles** nail varnish *ou* polish; **~ de culture** veneer of culture.

vérole* [veʀɔl] *nf* pox*.

verre [vɛʀ] *nm (gén)* glass. **porter des ~s** to wear glasses; **~s de contact** contact lenses; **~ à bière** beer glass; **~ de bière** glass of beer; **boire** *ou* **prendre un ~** to have a drink. ◆ **verrerie** *nf (usine)* glass factory; *(objets)* glassware. ◆ **verrier** *nm* glassworker. ◆ **verrière** *nf (toit)* glass roof; *(paroi)* glass wall.

verrou [vɛʀu] *nm (porte)* bolt. **mettre le ~** to bolt the door; **mettre qn sous les ~s** to put sb behind bars. ◆ **verrouiller** (1) *vt (porte)* to bolt; *(culasse)* to lock.

verrue [vɛʀy] *nf* wart. **~ plantaire** verruca.

vers[1] [vɛʀ] *prép* **(a)** *(direction)* toward(s), to. **en allant ~ la gare** going to *ou* towards the station. **(b)** *(approximation)* around, about. **il était ~ 3 heures** it was about *ou* around 3.

vers[2] [vɛʀ] *nm* : **un ~** a line; **des ~** verse; **en ~** in verse.

versant [vɛʀsɑ̃] *nm (vallée)* side.

versatile [vɛʀsatil] *adj* fickle, changeable.

verse [vɛʀs(ə)] *adv* : **à ~** in torrents.

versé, e [vɛʀse] *adj (expert)* well-versed.

Verseau [vɛʀso] *nm* : **le ~** Aquarius.

versement [vɛʀsəmɑ̃] *nm* payment; *(échelonné)* instalment.

verser [vɛʀse] (1) — **1** *vt (liquide)* to pour; *(grains)* to tip (*dans* into); *(larmes, sang, clarté)* to shed; *(argent)* to pay (*sur un compte* into an account). *(incorporer)* **~ qn dans** to assign *ou* attach sb to; **~ une pièce au dossier** to add an item to the file. — **2** *vi (véhicule)* to overturn. **~ dans** *(sentimentalité)* to lapse into.

verset [vɛʀsɛ] *nm (Rel)* verse.

version [vɛʀsjɔ̃] *nf* **(a)** *(traduction)* translation *(into the mother tongue)*. **(b)** *(variante)* version.

verso [vɛʀso] *nm* back. **au ~** on the back; **'voir au ~'** 'see overleaf'

vert, verte [vɛʀ, vɛʀt(ə)] — **1** *adj (gén)* green; *(fruit)* unripe; *(vin)* young; *(réprimande)* sharp; *(plaisanterie)* spicy, saucy; *(vieillard)* sprightly. — **2** *nm* green. **~ olive** *etc* olive *etc* green. ◆ **vert-de-gris** — **1** *nm inv* verdigris. — **2** *adj inv* greyish-green.

vertébral, e, *mpl* **-aux** [vɛʀtebʀal, o] *adj* vertebral. ◆ **vertèbre** *nf* vertebra.

vertement [vɛʀtəmɑ̃] *adv (réprimander)* sharply

vertical, e *mpl* **-aux** [vɛʀtikal, o] — **1** *adj* vertical. — **2** *nf* vertical line. **à la ~e** vertically. ◆ **verticalement** *adv* vertically.

vertige [vɛʀtiʒ] *nm* **(a)** **le ~** vertigo; **un ~** a dizzy *ou* giddy spell; **j'ai le ~** I feel dizzy *ou* giddy. **(b)** *(fig : égarement)* fever. ◆ **vertigi-**

neux, -euse *adj (gén)* breathtaking; *(hauteur)* dizzy, giddy.
vertu [vɛʀty] *nf* virtue. **en ~ de** in accordance with. ◆ **vertueux, -euse** *adj* virtuous.
vésicule [vezikyl] *nf* vesicle. **la ~ biliaire** the gall-bladder.
vessie [vesi] *nf* bladder. **prendre des ~s pour des lanternes** to believe that the moon is made of green cheese.
veste [vɛst(ə)] *nf* jacket. **retourner sa ~*** to turn one's coat.
vestiaire [vɛstjɛʀ] *nm (théâtre)* cloakroom; *(stade)* changing-room. **(armoire-)~** locker.
vestibule [vɛstibyl] *nm* hall, vestibule.
vestige [vɛstiʒ] *nm (objet)* relic; *(fragment)* vestige.
vestimentaire [vɛstimɑ̃tɛʀ] *adj (élégance)* sartorial. **détails ~s** details of one's dress.
veston [vɛstɔ̃] *nm* jacket.
vêtement [vɛtmɑ̃] *nm* garment, article of clothing. **~s** clothes.
vétéran [veteʀɑ̃] *nm* veteran.
vétérinaire [veteʀinɛʀ] — **1** *nm* vet, veterinary surgeon. — **2** *adj* veterinary.
vétille [vetij] *nf* trifle, triviality.
vêtir [vetiʀ] (20) — **1** *vt* to clothe, dress. — **2 se vêtir** *vpr* to dress (o.s.). **vêtu de** dressed in, wearing.
veto [veto] *nm* veto. **opposer son ~ à qch** to veto sth.
vétuste [vetyst(ə)] *adj* dilapidated. ◆ **vétusté** *nf* dilapidation.
veuf, veuve [vœf, vœv] — **1** *adj* widowed. — **2** *nm* widower. — **3** *nf* widow. ◆ **veuvage** *nm* widowhood.
vexant, e [vɛksɑ̃, ɑ̃t] *adj* hurtful. ◆ **vexation** *nf* humiliation. ◆ **vexer** (1) *vt* to hurt, upset. **se ~** to be hurt (*de* by), be upset (*de* at).
via [vja] *prép* via.
viable [vjabl(ə)] *adj* viable.
viaduc [vjadyk] *nm* viaduct.
viager, -ère [vjaʒe, ɛʀ] — **1** *adj* : **rente ~ère** life annuity. — **2** *nm* : **mettre un bien en ~** *to sell a property in return for a life annuity.*
viande [vjɑ̃d] *nf* meat.
vibration [vibʀɑsjɔ̃] *nf* vibration. ◆ **vibrer** (1) *vi (gén)* to vibrate; *(voix)* to be vibrant; *(personne)* to thrill (*de* with). **faire ~** *(objet)* to vibrate; *(auditoire)* to thrill; *(fig)* **vibrant de** vibrant with.
vicaire [vikɛʀ] *nm* curate.
vice [vis] *nm (moral)* vice; *(technique)* fault, defect (*de* in). **~ de forme** legal flaw.
vice- [vis] *préf* vice-. **~-amiral** *etc* vice-admiral *etc.*
vice versa [visevɛʀsa] *adv* vice versa.
vicier [visje] (7) *vt* to taint.
vicieux, -euse [visjø, øz] — **1** *adj (personne)* perverted; *(attaque)* nasty; *(prononciation)* incorrect, wrong. — **2** *nm,f* pervert.
vicinal, e *mpl* **-aux** [visinal, o] *adj* : **chemin ~** byroad, byway.
vicissitudes [visisityd] *nfpl* vicissitudes.
vicomte [vikɔ̃t] *nm* viscount. ◆ **vicomtesse** *nf* viscountess.
victime [viktim] *nf* victim. *(accident)* **~s** casualties; **être ~ de** to be the victim of.
victoire [viktwaʀ] *nf (gén)* victory; *(Sport)* win. **crier ~** to crow. ◆ **victorieux, -euse** *adj (gén)* victorious; *(équipe)* winning.
victuailles [viktɥɑj] *nfpl* provisions.
vidange [vidɑ̃ʒ] *nf (action)* emptying; *(syphon de lavabo)* waste outlet. *(Aut)* **faire la ~** to change the oil. ◆ **vidanger** (3) *vt (réservoir)* to empty; *(liquide)* to empty out.
vide [vid] — **1** *adj* empty (*de* of). **~ de sens** *(mot)* meaningless. — **2** *nm* **(a) le ~** *(gouffre, espace)* the void; *(néant)* emptiness; *(atmosphérique)* **faire le ~** to create a vacuum; **sous ~** under vacuum. **(b)** *(trou)* gap, empty space. **(c) à ~** *(repartir etc)* empty; **faire le ~ dans son esprit** to make one's mind a blank; **parler dans le ~** *(sans objet)* to talk vacuously; *(personne n'écoute)* to waste one's breath. — **3** *préf* : **~-ordures** *nm inv* rubbish chute; **~-poches** *nm inv (Aut)* glove compartment.
vidéo- [video] *préf* video-.
vider [vide] (1) — **1** *vt (gén)* to empty; *(contenu)* to empty (out); *(verre, citerne)* to drain; *(poisson, poulet)* to gut, clean out; *(pomme)* to core; *(querelle)* to settle; (* : *expulser*) to throw out* (*de* of); (* : *épuiser*) to wear out. **~ son sac*** to come out with it*; **~ l'abcès** to root out the evil; **~ les lieux** to vacate the premises. — **2 se vider** *vpr* to empty.
vie [vi] *nf* **(a)** life. **être en ~** to be alive; **donner la ~** to give birth (*à* to); **dans la ~ courante** in everyday life; **~ de bohème** bohemian way of life *ou* life style; **une seule fois dans la ~** once in a lifetime; **elle m'a raconté sa ~** she told me her life story; *(moyens matériels)* **le coût de la ~** the cost of living. **(b)** *(locutions)* **à ~, pour la ~** for life; **passer de ~ à trépas** to pass on; **une question de ~ ou de mort** a matter of life and death; **ce n'est pas une ~!** it's a rotten* *ou* hard life!; **jamais de la ~!** never!; **être entre la ~ et la mort** to be at death's door; **avoir la ~ dure** *(personne)* to have nine lives; *(superstitions)* to die hard; **mener la ~ dure à qn** to give sb a hard time of it; **sans ~** *(mort, amorphe)* lifeless; *(évanoui)* unconscious; **refaire sa ~ avec qn** to make a new life with sb; **faire la ~** *(se débaucher)* to live it up; (* : *faire une scène*) to kick up a row*, make a scene.
vieil, vieille [vjɛj] *V* **vieux.** ◆ **vieillard** *nm* old man. ◆ **vieillesse** *nf (personne)* old age; *(choses)* age, oldness. ◆ **vieillir** (2) — **1** *vi* to grow old; *(paraître plus vieux)* to age; *(mot, doctrine)* to become outdated. — **2** *vt (coiffure etc)* **~ qn** to age sb. — **3 se vieillir** *vpr* to make o.s. older. ◆ **vieillissant, e** *adj* ageing. ◆ **vieillissement** *nm* ageing. ◆ **vieillot, -otte** *adj (démodé)* antiquated, quaint.
vierge [vjɛʀʒ(ə)] — **1** *nf* virgin. *(Astron)* **la V~** Virgo. — **2** *adj (gén)* virgin; *(feuille de papier)* blank; *(film)* unexposed; *(casier judiciaire)* clean. **~ de** free from.
Viet-nam [vjɛtnam] *nm* Vietnam. ◆ **vietnamien, -ienne** *adj, nm,* **V~, -ienne** *nm,f* Vietnamese.
vieux [vjø], **vieille** [vjɛj], **vieil** [vjɛj] *devant voyelle ou h muet, mpl* **vieux** [vjø] — **1** *adj (gén)* old; *(ami, habitude)* long-standing. **~ comme le monde** as old as the hills; **se faire ~** to be getting on in years, get old; **sur ses ~ jours** in his old age; **il n'a pas fait de ~ os** he didn't live long; **de vieille race** of ancient lineage; **de la vieille école** traditional. — **2** *nm* **(a)** old man. **les ~** the old *ou* elderly, old people, old folk*; *(père)* **le ~*** my old man*; *(parents)* **ses ~*** his folks*; **mon ~!*** old man!* **(b) préférer le ~ au neuf** to prefer old things to new. — **3** *nf* old woman. *(mère)* **la vieille*** my old woman*; **ma vieille!*** old girl!* — **4** *adv (vivre)* to a ripe old age; *(s'habiller)* old. — **5** : **vieille fille** spinster, old maid; **~ garçon** bach-

elor; ~ **jeton*** old misery*; ~ **jeu** *adj inv* old-fashioned.

vif, vive[1] [vif, viv] — **1** *adj* **(a)** *(allègre)* lively, vivacious; *(agile)* sharp, quick; *(emporté)* sharp, brusque. **il a l'œil** ~ he has a sharp *ou* keen eye; **à l'esprit** ~ quick-witted. **(b)** *(émotion, plaisir etc)* deep, keen, intense; *(souvenirs, impression, couleur)* vivid; *(impatience)* great; *(penchant)* strong; *(lumière, éclat)* bright, brilliant; *(froid)* biting, bitter; *(douleur, air)* sharp; *(vent)* keen. **à vive allure** at a brisk pace; **avec mes plus ~s remerciements** with my most profound thanks. **(c)** *(à nu : pierre)* bare; *(acéré : arête)* sharp. **(d) brûler ~ qn** to burn sb alive; **de vive voix** personally. — **2** *nm* : **à ~** *(chair)* bared; *(plaie)* open; **avoir les nerfs à ~** to be on edge; **piqué au ~** cut to the quick; **entrer dans le ~ du sujet** to get to the heart of the matter; **prendre qn en photo sur le ~** to photograph sb in a real-life situation.

vigie [viʒi] *nf (matelot)* look-out, watch; *(poste)* look-out post.

vigilance [viʒilɑ̃s] *nf* vigilance, watchfulness. ◆ **vigilant, e** *adj* vigilant, watchful.

vigile [viʒil] *nm* (night) watchman.

vigne [viɲ] *nf (plante)* vine; *(vignoble)* vineyard. ~ **vierge** Virginia creeper. ◆ **vigneron, -onne** *nm,f* wine grower. ◆ **vignoble** *nm* vineyard.

vignette [viɲɛt] *nf (dessin)* vignette; *(timbre)* label. *(Aut)* **la ~** ≃ the (road) tax disc.

vigoureux, -euse [viguʀø, øz] *adj (gén)* vigorous; *(bras)* strong, powerful. ◆ **vigueur** *nf* vigour; strength. **en ~** *(loi)* in force; *(formule)* current, in use; **entrer en ~** to come into effect.

vil, e [vil] *adj (méprisable)* vile, base. **à ~ prix** at a very low price.

vilain, e [vilɛ̃, ɛn] — **1** *adj (mauvais)* nasty; *(laid)* ugly-looking. — **2** *nm* **(a)** *(Hist)* villain. **(b) il va y avoir du ~*** it's going to turn nasty

vilebrequin [vilbʀəkɛ̃] *nm (outil)* bit-brace; *(Aut)* crankshaft.

villa [villa] *nf* detached house.

village [vilaʒ] *nm* village. ◆ **villageois, e** — **1** *adj* village. — **2** *nm,f* villager.

ville [vil] *nf* town; *(importante)* city. **les gens de la ~** townspeople; **aimer la ~** to like town *ou* city life; *(autorités)* **la ~** the town council; ~ **d'eaux** spa.

villégiature [vileʒjatyʀ] *nf* : **en ~** on holiday *ou* vacation *(US)*.

vin [vɛ̃] *nm* wine. ~ **chaud** mulled wine; ~ **cuit** liqueur wine; *(réunion)* ~ **d'honneur** reception *(where wine is served)*.

vinaigre [vinɛgʀ(ə)] *nm* vinegar. **tourner au ~*** to turn sour. ◆ **vinaigré, e** *adj* : **trop ~** with too much vinegar. ◆ **vinaigrette** *nf* French dressing, oil and vinegar dressing.

vindicatif, -ive [vɛ̃dikatif, iv] *adj* vindictive.

vingt [vɛ̃] ([vɛ̃t] *en liaison et dans les nombres de 22 à 29*) *adj inv, nm inv* twenty. **~-quatre heures sur ~-quatre** round the clock, twenty-four hours a day; *V* **six, soixante.** ◆ **vingtaine** *nf* : **une ~** about twenty, twenty or so, (about) a score. ◆ **vingtième** *adj, nmf* twentieth.

vinicole [vinikɔl] *adj (industrie)* wine; *(région)* wine-growing; *(firme)* wine-making.

vinyle [vinil] *nm* vinyl.

viol [vjɔl] *nm (gén)* violation; *(femme)* rape.

violacé, e [vjɔlase] *adj* purplish, mauvish.

violation [vjɔlasjɔ̃] *nf (gén)* violation; *(promesse)* beaking. ~ **de domicile** forcible entry *(into a person's home)*.

violemment [vjɔlamɑ̃] *adv* violently. ◆ **violence** *nf* violence. **une ~** an act of violence; **se faire ~** to force o.s.; **faire ~ à** to do violence to. ◆ **violent, e** *adj* violent. ◆ **violenter** (1) *vt* to assault (sexually).

violer [vjɔle] (1) *vt (gén)* to violate; *(promesse)* to break; *(femme)* to rape.

violet, -ette [vjɔlɛ, ɛt] — **1** *adj* purple; *(pâle)* violet. — **2** *nm (couleur)* purple. — **3** *nf (fleur)* violet.

violon [vjɔlɔ̃] *nm* violin, fiddle*; (* : *prison*) lock-up*. ~ **d'Ingres** (artistic) hobby. ◆ **violoncelle** *nm* cello. ◆ **violoncelliste** *nmf* cellist, cello-player. ◆ **violoniste** *nmf* violonist.

vipère [vipɛʀ] *nf* adder, viper.

virage [viʀaʒ] *nm (véhicule)* turn; *(route)* bend; *(fig)* change in direction. ~ **en épingle à cheveux** hairpin bend.

virée* [viʀe] *nf (en voiture, vélo)* run, ride; *(à pied)* walk; *(de plusieurs jours)* trip; *(dans les cafés etc)* tour. **faire une ~** to go for a run *etc.*

virement [viʀmɑ̃] *nm* credit transfer. ~ **postal** ≃ (National) Giro transfer.

virer [viʀe] (1) — **1** *vi (gén)* to turn; *(cuti)* to come up positive. ~ **sur l'aile** to bank; ~ **de bord** to tack. ~ **au violet** to turn purple. — **2** *vt (argent)* to transfer; (* : *importun*) to throw out. **il a viré sa cuti** he gave a positive skin test.

virevolter [viʀvɔlte] (1) *vi* to twirl around.

virginité [viʀʒinite] *nf* virginity.

virgule [viʀgyl] *nf* comma; *(Math)* decimal point. **5 ~ 2** 5 point 2.

viril, e [viʀil] *adj (gén)* manly, virile; *(attributs)* male. ◆ **virilité** *nf* manliness, virility.

virtuel, -elle [viʀtɥɛl] *adj* virtual. ◆ **virtuellement** *adv* virtually.

virtuose [viʀtɥoz] *nmf* virtuoso. ◆ **virtuosité** *nf* virtuosity.

virulence [viʀylɑ̃s] *nf* virulence. ◆ **virulent, e** *adj* virulent.

virus [viʀys] *nm* virus.

vis [vis] *nf* screw. **escalier à ~** spiral staircase; ~ **platinées** contact points.

visa [viza] *nm (signature)* signature; *(timbre)* stamp; *(passeport)* visa. ~ **de censure** (censor's) certificate; *(fig)* ~ **pour...** passport to... .

visage [vizaʒ] *nm* face. **à ~ découvert** openly.

vis-à-vis [vizavi] — **1** *prép* : ~ **de** *(gén)* vis-à-vis; *(en face de)* opposite; *(comparé à)* beside; *(envers)* towards. — **2** *adv (face à face)* face to face. **se faire ~** to be facing each other. — **3** *nm inv (personne)* person opposite; *(maison)* house opposite.

viscères [visɛʀ] *nmpl* intestines.

viscosité [viskozite] *nf* viscosity

visée [vize] *nf (avec arme)* aiming. *(desseins)* **~s** aims, designs.

viser [vize] (1) — **1** *vt* **(a)** *(personne)* to aim at; *(mesure, remarque)* to be aimed at, be directed at. **il se sent visé** he feels he is being got at*. **(b)** *(passeport)* to visa; *(document)* to sign; *(timbrer)* to stamp. — **2** *vi* to aim. — **3 viser à** *vt indir* : ~ **à faire** to aim at doing *ou* to do; *(mesures)* to be aimed at doing. ◆ **viseur** *nm (arme)* sights; *(caméra)* viewfinder.

visibilité [vizibilite] *nf* visibility. **sans ~** *(pilotage etc)* blind. ◆ **visible** *adj (objet)* visible; *(embarras)* obvious, visible. **il est ~ que...** it is obvious *ou* clear that...; **Monsieur est-il ~?** is

Mr X available? ◆ **visiblement** *adv* obviously, clearly.

visière [vizjɛʀ] *nf* eyeshade; *(casquette)* peak.

vision [vizjɔ̃] *nf* vision. **tu as des ~s*** you're seeing things. ◆ **visionnaire** *adj, nmf* visionary. ◆ **visionner** (1) *vt* to view. ◆ **visionneuse** *nf* viewer.

visite [vizit] *nf (gén)* visit; *(à domicile)* call; *(inspection)* inspection. *(action)* **la ~ du pays** visiting the country; **~ guidée** guided tour; **rendre ~ à qn** to pay sb a visit, call on sb, visit sb; **attendre de la ~** to be expecting visitors; **~ médicale** medical examination; **heures de ~** visiting hours. ◆ **visiter** (1) *vt (gén)* to visit; *(maison à vendre)* to view; *(bagages)* to examine, inspect. **il nous a fait ~ la maison** he showed us round the house. ◆ **visiteur, -euse** *nm,f* visitor.

vison [vizɔ̃] *nm* mink.

visqueux, -euse [viskø, øz] *adj* viscous.

visser [vise] (1) *vt* to screw on. **vissé sur sa chaise** glued to his chair.

visu [vizy] *adv :* **de ~** with one's own eyes.

visuel, -elle [vizɥɛl] *adj* visual. **troubles ~s** eye trouble.

vital, e, *mpl* **-aux** [vital, o] *adj* vital. ◆ **vitalité** *nf* vitality.

vitamine [vitamin] *nf* vitamin. ◆ **vitaminé, e** *adj* with added vitamins.

vite [vit] *adv (rapidement)* quickly, fast; *(tôt)* soon. *(excl : immédiatement)* **~!** quick!; **c'est ~ fait** it doesn't take long; **on a ~ fait de dire que...** it's easy to say that...; **fais ~!** be quick about it!, hurry up!; **aller plus ~ que la musique** to jump the gun; **pas si ~!** not so fast!

vitesse [vitɛs] *nf* **(a)** *(promptitude)* speed, quickness. **en ~** *(rapidement)* quickly; *(en hâte)* in a hurry *ou* rush; **à toute ~** at full *ou* top speed. **(b)** *(véhicule, courant)* speed. **~ acquise** momentum; **à quelle ~ allait-il?** what speed was he doing?; **faire de la ~** to drive fast; **prendre de la ~** to gather speed. **(c)** *(Aut)* gear. **changer de ~** to change gear; **passer les ~s** to go through the gears.

viticole [vitikɔl] *adj (industrie)* wine; *(région)* wine-growing; *(cave)* wine-making. ◆ **viticulteur** *nm* wine grower. ◆ **viticulture** *nf* wine growing.

vitrage [vitʀaʒ] *nm (vitres)* windows; *(cloison)* glass partition. ◆ **vitrail,** *pl* **-aux** *nm* stained-glass window. ◆ **vitre** *nf* window pane; *(voiture)* window. ◆ **vitré, e** *adj* glass. ◆ **vitreux, -euse** *adj (Sci)* vitreous; *(yeux)* glassy, dull; *(eau)* dull. ◆ **vitrier** *nm* glazier. ◆ **vitrification** *nf* vitrification; *(par enduit)* glazing. ◆ **vitrifier** (7) *vt* to vitrify; to glaze.

vitrine [vitʀin] *nf (devanture)* shop window; *(armoire)* display cabinet.

vitriol [vitʀijɔl] *nm* vitriol.

vivable [vivabl(ə)] *adj (personne)* livable-with*; *(monde)* fit to live in.

vivace [vivas] *adj (arbre)* hardy; *(préjugé)* deep-rooted.

vivacité [vivasite] *nf* **(a)** *(joie de vivre)* liveliness, vivacity; *(agilité)* sharpness, quickness; *(brusquerie)* brusqueness. **(b)** *(émotion)* keenness; *(souvenir, impression)* vividness.

vivant, e [vivɑ̃, ɑ̃t] — **1** *adj (gén)* living; *(plein d'entrain)* lively. **être ~** to be alive *ou* living; **animaux ~s** live *ou* living animals. — **2** *nm :* **les ~s** the living; **de son ~** in his lifetime.

vivats [viva] *nmpl* cheers.

vive² [viv] *excl :* **~ le roi!** long live the king!; **~ les vacances!** three cheers for the holidays!; *V aussi* **vif.**

vivement [vivmɑ̃] *adv (rétorquer)* sharply, brusquely; *(regretter)* deeply, greatly; *(désirer)* keenly; *(éclairer)* brilliantly, vividly, brightly. **~ que ce soit fini!** I'll be glad when it's all over!

viveur [vivœʀ] *nm* pleasure-seeker.

vivier [vivje] *nm (étang)* fishpond; *(réservoir)* fish-tank.

vivifier [vivifje] (7) *vt* to invigorate.

vivisection [vivisɛksjɔ̃] *nf* vivisection.

vivoter [vivɔte] (1) *vi* to get along (somehow).

vivre [vivʀ(ə)] (46) — **1** *vi* **(a)** *(être vivant)* to live, be alive. **~ centenaire** to live to be a hundred; **ce manteau a vécu*** this coat has had it*. **(b)** *(habiter)* to live. **~ à Londres** to live in London. **(c)** *(se comporter)* to live. **se laisser ~** to take life as it comes; **facile à ~** easy to live with *ou* to get on with; **il a beaucoup vécu** he has seen a lot of life; *(inquiétude)* **elle ne vit plus** she lives on her nerves. **(d)** *(subsister)* to live. **~ de qch** to live on sth; **avoir de quoi ~** to have enough to live on; **travailler pour ~** to work for a living; **faire ~ qn** to support sb. — **2** *vt (aventure)* to live out. **~ des jours heureux** to live through happy days; **~ sa vie** to live one's own life. — **3** *nmpl :* **~s** supplies, provisions.

vlan [vlɑ̃] *excl* wham!, bang!

vocabulaire [vɔkabylɛʀ] *nm* vocabulary.

vocal, e, *mpl* **-aux** [vɔkal, o] *adj* vocal.

vocation [vɔkɑsjɔ̃] *nf* vocation.

vocifération [vɔsifeʀɑsjɔ̃] *nf* vociferation. ◆ **vociférer** (6) — **1** *vi* to vociferate. — **2** *vt* to scream.

vœu, *pl* **~x** [vø] *nm (promesse)* vow; *(souhait)* wish. **faire le ~ de faire** to make a vow to do; **faire un ~** to make a wish; **meilleurs ~x** best wishes.

vogue [vɔg] *nf* fashion, vogue.

voguer [vɔge] (1) *vi* to sail; *(flotter)* to drift.

voici [vwasi] *prép* **(a)** here is (*ou* are). **~ vos livres** here *ou* these are your books; **me ~** here I am; **les ~ prêts** they're ready; **M Dupont, que ~** M Dupont here; **il m'a raconté l'histoire que ~** he told me the following story; **~ pourquoi** that is why. **(b)** *(il y a)* **~ 5 ans que je ne l'ai pas vu** I haven't seen him for the past 5 years; **il est parti ~ une heure** he left an hour ago, it's an hour since he left.

voie [vwa] *nf* **(a)** *(chemin)* way; *(route)* road. **par la ~ des airs** by air; **~s de communication** communication routes; **~s navigables** waterways; **la ~ publique** the public highway; **~ sans issue** cul-de-sac. **(b)** *(partie d'une route)* lane. **route à 4 ~s** 4-lane road. **(c)** *(Rail)* **~(s)** track, line. **~ ferrée** railway *ou* railroad *(US)* line; **~ de garage** siding; *(fig)* **mettre sur une ~ de garage** *(affaire)* to shelve; *(personne)* to shunt to one side; **le train est annoncé sur la ~ 2** the train will arrive at platform 2. **(d) ~s digestives** *etc* digestive *etc* tract; **par ~ orale** orally. **(e)** *(fig)* way. **la ~ du bien** the way of righteousness; **montrer la ~** to show the way; **l'affaire est en bonne ~** the matter is shaping well; **mettre qn sur la ~** to put sb on the right track. **(f)** *(filière)* **par des ~s détournées** by devious *ou* roundabout means; **par la ~ diplomatique** through diplomatic channels; **par ~ de conséquence** in consequence. **(g) en ~ d'exécution** in the process of being carried out; **pays en ~ de développement** developing country; **en ~ de**

guérison getting better. **(h) ~ d'eau** leak; **se livrer à des ~s de fait sur qn** to assault sb; **la ~ lactée** the Milky Way.

voilà [vwala] — **1** *prép* **(a)** *(voici)* here is (*ou* are); *(opposé à voici)* there is (*ou* are). **voici ma valise et ~ les vôtres** here *ou* this is my bag and there *ou* those are yours; **~ le printemps** here comes spring; **le ~** there he is; **le ~ prêt** he's ready; **l'homme que ~** that man there; **il m'a raconté l'histoire que ~** he told me the following story. **(b)** *(il y a)* **~ 5 ans que je ne l'ai pas vu** I haven't seen him for the past 5 years; **il est parti ~ une heure** he left an hour ago, it's an hour since he left. **(c)** *(locutions)* **en ~ une histoire!** what a story!; **en ~ assez!** that's enough!; **~ tout** that's all; **~ bien les Français!** how like the French!, that's the French all over!* — **2** *excl* : **~! j'arrive!** there - I'm coming!; **ah! ~! je comprends!** oh, (so) that's it; **~! ça devait arriver!** there you are, it was bound to happen!; **~, je vais vous expliquer** right (then), I'll explain to you.

voilage [vwalaʒ] *nm* net curtain.

voile[1] [vwal] *nf* sail. *(Sport)* **la ~** sailing; **faire ~ vers** to sail towards; **toutes ~s dehors** with full sail on; **faire de la ~** to sail, go sailing.

voile[2] [vwal] *nm (gén)* veil. *(tissu)* **~ de tergal**® Terylene ® net; **~ du palais** soft palate, velum. ◆ **voilé, e** *adj (brumeux)* misty; *(femme, allusion)* veiled; *(voix)* husky. ◆ **voiler**[1] (1) — **1** *vt* to veil. — **2 se voiler** *vpr (horizon, regard)* to mist over; *(ciel)* to grow misty.

voiler[2] *vt*, **se voiler** *vpr* [vwale] (1) *(roue)* to buckle; *(planche)* to warp.

voilier [vwalje] *nm* sailing ship; *(de plaisance)* sailing boat. ◆ **voilure** *nf* sails.

voir [vwaʀ] (30) — **1** *vt* **(a)** to see. **on n'y voit rien** you can't see a thing; **~ double** to see double; **~ qn faire qch** to see sb do sth; **j'ai vu bâtir ces maisons** I saw these houses being built; **aller ~** *(gén)* to go and see; *(ami)* to call on; *(s'enquérir)* to go and find out; **c'est à voir** *(intéressant)* it's worth seeing; *(douteux)* it remains to be seen. **(b)** *(se représenter)* to see. **je le vois mal habitant la banlieue** I can't see *ou* imagine him living in the suburbs; **~ les choses en noir** to take a black view of things; **~ qch sous un autre jour** to see *ou* view sth in a different light; **il a vu grand** he planned things on a big scale, he thought big. **(c)** *(problème)* to look into; *(dossier)* to look at; *(leçon)* to go over. **je verrai** I'll think about it; **c'est à vous de ~** it's up to you to see *ou* decide. **(d)** *(subir)* **en faire ~ de dures à qn** to give sb a hard time; **j'en ai vu d'autres!** I've been through *ou* seen worse! **(e) laisser ~, faire ~** to show; **faites-moi ~ ce dessin** let me see *ou* show me this picture; **elle ne peut pas le ~*** she can't stand him; **se faire bien ~ (de qn)** to make o.s. popular (with sb). **(f) voyons** *(réflexion)* let's see now; *(irritation)* come on now; **dis-moi ~** tell me; **je voudrais t'y ~** I'd like to see you try; **regarde ~ ce qu'il a fait!** just look what he has done!; **qu'il aille se faire ~!*** he can go to hell!*; **cela n'a rien à ~ avec...** this has got nothing to do with...; **n'y ~ que du feu** to be completely taken in; **~ trente-six chandelles** to see stars; **~ venir** to wait and see; **je te vois venir*** I can see what you're getting at. — **2 voir à** *vt indir* : **voyez à être à l'heure** see to it that *ou* make sure that you are on time. — **3 se voir** *vpr* **(a)** *(tache etc)* to show. **cela se voit!** that's obvious! **(b)**
se ~ forcé de to find o.s. forced to.

voire [vwaʀ] *adv* or even.

voirie [vwaʀi] *nf (enlèvement des ordures)* refuse collection; *(entretien des routes)* highway maintenance.

voisin, e [vwazɛ̃, in] — **1** *adj* **(a)** *(proche)* neighbouring; *(adjacent)* next (*de* to). **(b)** *(idées, cas)* connected. **~ de** akin to, related to. — **2** *nm, f* neighbour. **nos ~s d'à-côté** our next-door neighbours, the people next door. ◆ **voisinage** *nm* **(a)** *(voisins)* neighbourhood. **être en bon ~ avec qn** to be on neighbourly terms with sb. **(b)** *(environs)* vicinity; *(proximité)* proximity, closeness. ◆ **voisiner** (1) *vi* : **~ avec qch** to be placed side by side with sth.

voiture [vwatyʀ] *nf* **(a)** *(auto)* (motor)car. **~ de sport** sportscar; **~ de tourisme** private car. **(b)** *(wagon)* carriage, coach, car *(US)*. **en ~!** all aboard! **(c)** *(chariot)* cart; *(pour voyageurs)* carriage, coach. **~ à bras** handcart; **~ d'enfant** pram, perambulator, baby carriage *(US)*.

voix [vwa] *nf (gén, fig)* voice; *(vote)* vote. **à ~ haute** in a loud voice; **rester sans ~** to be speechless; *(chien)* **donner de la ~** to give tongue; **donner sa ~ à qn** to vote for sb; **avoir ~ au chapitre** to have a say in the matter.

vol[1] [vɔl] *nm* **(a)** *(avion, oiseau)* flight. **il y a 8 heures de ~** it's an 8-hour flight; **~ à voile** gliding; **en ~** in flight; **prendre son ~** to take wing, fly off; **attraper au ~** to seize; **à ~ d'oiseau** as the crow flies. **(b)** *(troupe) (perdrix)* covey, flock; *(sauterelles)* cloud.

vol[2] [vɔl] *nm (crime)* theft. *(fig)* **c'est du ~!** it's daylight robbery!; **~ à main armée** armed robbery.

volage [vɔlaʒ] *adj (époux)* flighty, fickle.

volaille [vɔlaj] *nf* : **une ~** a fowl; **la ~** poultry. ◆ **volailler** *nm* poulterer.

volant [vɔlɑ̃] *nm* **(a)** *(voiture)* steering wheel; *(machine)* (hand)wheel. **(b)** *(robe)* flounce. **(c)** *(Badminton)* shuttlecock.

volatil, e[1] [vɔlatil] *adj (Chim)* volatile. ◆ **volatile**[2] *nm (volaille)* fowl; *(oiseau)* bird. ◆ **se volatiliser** (1) *vpr (Chim)* to volatilize; *(fig)* to vanish.

vol-au-vent [vɔlovɑ̃] *nm inv* vol-au-vent.

volcan [vɔlkɑ̃] *nm (Géog)* volcano; *(personne)* spitfire; *(situation)* powder keg. ◆ **volcanique** *adj (lit, fig)* volcanic.

volée [vɔle] *nf (Tennis)* volley; *(gifles)* beating, thrashing. **~ de** *(moineaux, escalier)* flight of; *(enfants)* swarm of; *(coups)* volley of; **jeter qch à la ~** to fling sth about; **à toute ~** *(lancer)* with full force; **sonner à toute ~** to peal out.

voler[1] [vɔle] (1) *vi (oiseau, fig)* to fly. **~ en éclats** to fly into pieces.

voler[2] [vɔle] (1) *vt* : **~ qch à qn** to steal sth from sb; **~ qn** to rob sb; **~ les clients sur le poids** to cheat customers over the weight; **on n'est pas volé*** you get your money's worth all right*; *(fig)* **il ne l'a pas volé!** he asked for it!

volet [vɔlɛ] *nm (persienne)* shutter; *(triptyque)* pannel; *(carte)* section; *(reportage)* part.

voleter [vɔlte] (4) *vi* to flutter about.

voleur, -euse [vɔlœʀ, øz] *adj, nm, f* (être) ~ (to be a) thief; **au ~!** stop thief!

volière [vɔljɛʀ] *nf (cage)* aviary. *(fig)* **c'est une ~** it's a proper henhouse*.

volley-ball [vɔlɛbol] *nm* volleyball. ◆ **volleyeur, -euse** *nm, f* volleyball player.

volontaire [vɔlɔ̃tɛʀ] — **1** *adj (renonciation)* voluntary; *(oubli)* intentional; *(personne)* self-

willed. — **2** *nmf* volunteer. ◆ **volontairement** *adv* voluntarily; *(exprès)* intentionally.
volonté [vɔlɔ̃te] *nf* **(a)** *(intention)* wish, will. **respecter la ~ de qn** to respect sb's wishes; **~ de puissance** will for power. **(b) bonne ~** goodwill, willingness; **il y met de la mauvaise ~** he does it unwillingly; **avec la meilleure ~ du monde** with the best will in the world. **(c)** *(énergie)* willpower, will. **une ~ de fer** a will of iron. **(d)** *(faire feu etc)* **à ~** at will.
volontiers [vɔlɔ̃tje] *adv (de bonne grâce)* willingly; *(avec plaisir)* with pleasure; *(naturellement)* readily. **on croit ~ que...** people readily believe that... .
volt [vɔlt] *nm* volt. ◆ **voltage** *nm* voltage.
volte-face [vɔltəfas] *nf inv* **(a)** *(lit)* **faire ~** to turn round. **(b)** *(fig)* volte-face, about-turn.
voltige [vɔltiʒ] *nf (Équitation)* trick riding; *(Aviat)* aerobatics.
voltiger [vɔltiʒe] (3) *vi* to flutter about.
volubile [vɔlybil] *adj* voluble. ◆ **volubilité** *nf* volubility.
volume [vɔlym] *nm* volume. ◆ **volumineux, -euse** *adj* voluminous, bulky.
volupté [vɔlypte] *nf* voluptuous pleasure. ◆ **voluptueux, -euse** *adj* voluptuous.
volute [vɔlyt] *nf (Archit)* volute; *(fumée)* curl.
vomi [vɔmi] *nm* vomit. ◆ **vomir** (2) *vt (aliments)* to vomit, bring up; *(flammes, injures)* to spew out; *(fig : détester)* to loathe. **avoir envie de ~** to want to be sick. ◆ **vomissement** *nm :* **~(s)** vomiting.
vorace [vɔʀas] *adj* voracious. ◆ **voracité** *nf* voraciousness.
vos [vo] *adj poss V* **votre.**
votant, e [vɔtɑ̃, ɑ̃t] *nm, f* voter. ◆ **vote** *nm (action)* voting (*de* for); *(suffrage)* vote. *(acceptation)* **le ~ d'une loi** the passing of a law; **~ secret** secret vote. ◆ **voter** (1) — **1** *vi* to vote. — **2** *vt (loi)* to vote for; *(accepter)* to pass; *(crédits)* to vote.
votre [vɔtʀ(ə)], *pl* **vos** [vo] *adj poss* your; *V* **son¹, ton¹.**
vôtre [votʀ(ə)] — **1** *pron poss :* **le ~, la ~, les ~s** yours, your own; **à la ~!** cheers! — **2** *nmf* **les ~s** your family; *(péj)* **vous et les ~s** you and those like you; **nous serons des ~s** we'll be with you. — **3** *adj poss* yours; *V* **sien.**
vouer [vwe] (1) *vt (temps)* to devote; *(fidélité)* to vow; *(Rel)* to dedicate (*à* to). **se ~ à une cause** to dedicate o.s. *ou* devote o.s. to a cause; **voué à l'échec** doomed to failure.
vouloir [vulwaʀ] (31) — **1** *vt* **(a)** *(gén)* to want. *(vendeur)* **j'en veux 10 F** I want 10 francs for it; **je veux que tu te laves les mains** I want you to wash your hands; **que lui voulez-vous?** what do you want with him?; **l'usage veut que** custom requires that; **voulez-vous à boire?** would you like *ou* do you want a drink?; **je voulais vous dire** I meant to tell you; **~ du bien à qn** to wish sb well; **je voudrais que vous voyiez sa tête!** I wish you could see his face!; **comme vous voulez** as you like *ou* wish *ou* please; **tu l'as voulu!** you asked for it!; **sans le ~** unintentionally. **(b)** *(consentir)* **voulez-vous me prêter ce livre?** will you lend me this book?; **ils ne voulurent pas nous recevoir** they wouldn't see us; **voudriez-vous fermer la fenêtre?** would you mind closing the window?; **veuillez quitter la pièce immédiatement!** please leave the room at once!; **je veux bien le faire** *(volontiers)* I'm happy to do it; *(s'il le faut)* I don't mind doing it; **moi je veux bien le croire mais...** I'm quite willing *ou* prepared to believe him but...; **moi je veux bien, mais...** fair enough*, but... . **(c)** *(s'attendre à)* to expect. **comment voulez-vous que je sache?** how should I know?; **et vous voudriez que nous acceptions?** and you expect us to agree?; **que voulez-vous qu'on y fasse?** what can we do? **(d) il m'en veut d'avoir fait cela** he holds a grudge against me for having done that; **tu ne m'en veux pas?** no hard feelings?; **il en veut à mon argent** he is after my money. **(e) ~ dire** *(signifier)* to mean; **qu'est-ce que cela veut dire?** what does that mean?
— **2 vouloir de** *vt indir :* **on ne veut plus de lui** they don't want him any more.
— **3** *nm* will. **bon ~** goodwill.
voulu, e [vuly] *adj (requis)* required, requisite; *(volontaire)* intentional.
vous [vu] — **1** *pron pers* **(a)** you. **si j'étais ~** if I were you; **~ tous** all of you; **un ami à ~** a friend of yours; **cette maison est-elle à ~?** is this house yours? *ou* your own?; **~ ne pensez qu'à ~** you think only of yourself (*ou* yourselves). **(b)** *(dans comparaisons)* you. **je vais faire comme ~** I'll do the same as you (do). **(c)** *(avec vpr)* **je crois que ~ ~ connaissez** I believe you know each other; **servez-~ donc** do help yourself; **ne ~ disputez pas** don't fight. — **2** *nm :* **dire ~ à qn** to call sb 'vous'.
voûte [vut] *nf (Archit)* vault; *(porche)* archway. ◆ **voûté, e** *adj* stooped.
vouvoyer [vuvwaje] (8) *vt :* **~ qn** to address sb as 'vous'.
voyage [vwajaʒ] *nm* journey, trip; *(par mer)* voyage. *(action)* **le ~, les ~s** travelling; **il est en ~** he's away; **frais de ~** travel expenses; **~ de noces** honeymoon; **~ organisé** package tour *ou* holiday. ◆ **voyager** (3) *vi* to travel. ◆ **voyageur, -euse** *nm, f* traveller.
voyant, e [vwajɑ̃, ɑ̃t] — **1** *adj (couleurs)* loud, gaudy, garish. — **2** *nm (lampe)* (warning) light. — **3** *nf :* **~e (extra-lucide)** clairvoyant.
voyelle [vwajɛl] *nf* vowel.
voyeur, -euse [vwajœʀ, øz] *nm, f (péj)* peeping Tom, voyeur.
voyou [vwaju] *nm* hoodlum, hooligan.
vrac [vʀak] *adv :* **en ~** *(sans emballage)* loose; *(en gros)* in bulk; *(fig : en désordre)* in a jumble.
vrai, vraie [vʀɛ] — **1** *adj (gén)* true; *(réel)* real; *(authentique)* genuine. **c'est un ~ fou!** he's really mad! — **2** *nm (vérité)* truth. **être dans le ~** to be right. — **3** *adv :* **il dit ~** what he says is right *ou* true; **à ~ dire** to tell you the truth, in fact; **pour de ~*** for real*. ◆ **vraiment** *adv* really.
vraisemblable [vʀɛsɑ̃blabl(ə)] *adj (gén)* likely; *(intrigue)* plausible. **peu ~** unlikely. ◆ **vraisemblablement** *adv* probably. ◆ **vraisemblance** *nf* likelihood; plausibility. **selon toute ~** in all likelihood *ou* probability.
vrille [vʀij] *nf (outil)* gimlet; *(spirale)* spiral.
vrombir [vʀɔ̃biʀ] (2) *vi* to hum. ◆ **vrombissement** *nm :* **~(s)** humming.
vu, vue¹ [vy] — **1** *adj* (* : *compris*) **c'est ~?** all right?; *(personne)* **être bien ~** to be well thought of. — **2** *nm :* **au ~ de tous** openly. — **3** *prép et conj :* **~ la situation** in view of the situation; **~ que** in view of the fact that.
vue² [vy] *nf* **(a)** *(sens)* (eye)sight. **il a la ~ basse** he is short-sighted; **détourner la ~** to look

away; **perdre de ~** to lose sight of; **il lui en a mis plein la ~*** he dazzled him. **(b)** *(panorama)* view; *(spectacle)* sight. **avec ~ imprenable** with an open view *ou* outlook; **cette pièce a ~ sur la mer** this room looks out onto the sea; **la ~ du sang** the sight of blood; **à ma ~** when he saw me. **(c)** *(image)* view; *(photo)* photograph. **(d)** *(conception)* view. **~s** *(opinion)* views; *(projet)* plans; *(sur qn ou ses biens)* designs (*sur* on). **(e) à ~** *(payable etc)* at sight; **à ~ d'œil** perceptibly; **à ~ de nez*** roughly; **en ~** *(proche)* in sight; *(célèbre)* in the public eye; **avoir qch en ~** to have one's sights on sth, have sth in mind; **avoir en ~ de faire** to plan to do; **en ~ d'y aller** with the idea of *ou* with a view to going.

vulgaire [vylgɛʀ] *adj (grossier)* vulgar, coarse; *(commun)* common, ordinary. ◆ **vulgarisation** *nf* popularization. ◆ **vulgariser** (1) *vt* to popularize. ◆ **vulgarité** *nf* vulgarity.

vulnérabilité [vylneʀabilite] *nf* vulnerability. ◆ **vulnérable** *adj* vulnerable.

vulve [vylv(ə)] *nf* vulva.

W, w [dubləve] *nm (lettre)* W, w.

wagon [vagɔ̃] *nm (marchandises)* truck, wagon, freight car *(US)*; *(voyageurs)* carriage, car *(US)*; *(contenu)* truckload. **~-lit** sleeping car, sleeper; **~-restaurant** restaurant *ou* dining car. ◆ **wagonnet** *nm* small truck.

waters [watɛʀ] *nmpl* toilet, lavatory.

watt [wat] *nm* watt.

week-end, *pl* **~-~s** [wikɛnd] *nm* weekend.

western [wɛstɛʀn] *nm* western.

whisky, *pl* **~ies** [wiski] *nm* whisky.

X, x [iks] *nm (lettre)* X, x. **ça fait x temps que je ne l'ai pas vu*** I haven't seen him for n months; **plainte contre X** action against person or persons unknown.

xénophobe [ksenɔfɔb] — **1** *adj* xenophobic. — **2** *nmf* xenophobe. ◆ **xénophobie** *nf* xenophobia.

xérès [gzeʀɛs] *nm (vin)* sherry.

xylophone [ksilɔfɔn] *nm* xylophone.

Y

Y, y[1] [igʀɛk] *nm (lettre)* Y, y.

y[2] [i] — **1** *adv* there. **restez-~** stay there; **j'~ suis, j'~ reste** here I am and here I stay. — **2** *pron pers* it. **elle s'~ connaît** she knows all about it.

yacht [jɔt] *nm* yacht.

yaourt [jauʀ(t)] *nm* yog(h)urt.

yeux [jø] *nmpl de* **œil.**

yoga [jɔga] *nm* yoga.

yoghourt [jɔguʀ(t)] *nm* = **yaourt.**

yougoslave [jugɔslav] *adj,* **Y~** *nmf* Yugoslav(ian). ◆ **Yougoslavie** *nf* Yugoslavia.

youyou [juju] *nm* dinghy.

yo-yo [jojo] *nm inv* yo-yo.

Z

Z, z [zɛd] *nm (lettre)* Z, z.
zèbre [zɛbʀ(ə)] *nm* zebra; (* : *individu*) bloke*, guy*. ◆ **zébrer** (6) *vt* to stripe, streak (*de* with).
zébu [zeby] *nm* zebu.
zèle [zɛl] *nm* zeal. *(péj)* **faire du ~** to be over-zealous. ◆ **zélé, e** *adj* zealous.
zénith [zenit] *nm* zenith.
zéro [zeʀo] — **1** *nm (gén)* zero, nought; *(dans numéro)* O; *(Ftbl)* nil; *(Tennis)* love; (* : *personne*) nonentity. **recommencer à ~** to start from scratch again; **3 degrés au-dessus de ~** 3 degrees above freezing *ou* above zero; **~ de conduite** bad mark for behaviour. — **2** *adj :* **~ heure** zero hour; **il a fait ~ faute** he didn't make any mistakes; **c'est ~** it's useless *ou* a dead loss.
zeste [zɛst(ə)] *nm :* **~ de citron** piece of lemon peel.
zézayer [zezeje] (8) *vi* to lisp.
zibeline [ziblin] *nf* sable.
zigoto*[zigɔto] *nm* bloke*, guy*.
zigouiller* [ziguje] (1) *vt* to do in*.
zigzag [zigzag] *nm* zigzag. **en ~** winding. ◆ **zigzaguer** (1) *vi* to zigzag along.
zinc [zɛ̃g] *nm (métal)* zinc; (* : *avion*) plane; (* : *comptoir*) bar, counter.
zodiaque [zɔdjak] *nm* zodiac.
zona [zona] *nm* shingles *(sg).*
zone [zon] *nf* zone, area. **~ bleue** ≃ restricted parking zone; **~ franche** free zone; *(fig)* **de deuxième ~** second-rate; *(bidonville)* **la ~** the slum belt.
zoo [zoo] *nm* zoo. ◆ **zoologie** *nf* zoology. ◆ **zoologique** *adj* zoological.
zoom [zum] *nm* zoom lens.
zouave [zwav] *nm* Zouave, zouave. **faire le ~*** to play the fool, fool around.
zozoter [zɔzɔte] (1) *vi* to lisp.
zut* [zyt] *excl (c'est embêtant)* dash (it)!*; *(tais-toi)* (do) shut up!*

ENGLISH FRENCH DICTIONARY
DICTIONNAIRE ANGLAIS-FRANÇAIS

A, a[1] [eɪ] *n* A, a *m; (music)* la *m; (houses)* **24a** le 24 bis; *(road)* **on the A4** ≃ sur la nationale 4. ◆ **A-1** *adj* formidable*. ◆ **A-levels** *npl* ≃ baccalauréat *m.*

a[2] [eɪ, ə], **an** *indef art* un *m*, une *f*. **~ tree** un arbre; **an apple** une pomme; **~ fifth of the book** le cinquième du livre; **she was ~ doctor** elle était médecin; **my uncle, ~ sailor** mon oncle, qui est marin; **~ Mr Martyn** un certain M. Martyn; **at ~ blow** d'un seul coup; **£4 ~ person** 4 livres par personne; **3 francs ~ kilo** 3 F le kilo; **twice ~ month** deux fois par mois; **80 km an hour** 80 kilomètres à l'heure.

aback [ə'bæk] *adv:* **taken ~** interloqué (*by* par).

abandon [ə'bændən] — **1** *vt* abandonner. **to ~ ship** abandonner le navire. — **2** *n:* **with gay ~** avec désinvolture.

abate [ə'beɪt] *vi* se calmer.

abbey ['æbɪ] *n* abbaye *f*. **Westminster A~** l'abbaye de Westminster.

abbot ['æbət] *n* abbé *m.*

abbreviate [ə'bri:vɪeɪt] *vt* abréger. ◆ **abbreviation** *n* abréviation *f.*

abdicate ['æbdɪkeɪt] *vi* abdiquer. ◆ **abdication** *n* abdication *f.*

abdomen ['æbdəmen] *n* abdomen *m.*

abduct [æb'dʌkt] *vt* kidnapper. ◆ **abduction** *n* enlèvement *m.*

abeyance [ə'beɪəns] *n:* **in ~** en suspens.

abhor [əb'hɔ:ʳ] *vt* abhorrer. ◆ **abhorrent** *adj* odieux (*f*-ieuse) (*to* à).

abide [ə'baɪd] *vt* supporter. **to ~ by** se conformer à.

ability [ə'bɪlɪtɪ] *n* aptitude *f* (*to do* à faire), compétence *f* (*in* en). **to the best of my ~** de mon mieux; **a certain artistic ~** un certain talent artistique.

abject ['æbdʒekt] *adj (person)* abject; *(apology)* servile; *(poverty)* extrême.

ablaze [ə'bleɪz] *adj, adv:* **to be ~** être en flammes; **~ with light** resplendissant de lumière.

able ['eɪbl] *adj* capable (*to do* de faire). **to be ~ to do** pouvoir faire, être capable de faire; **he's very ~** il est très capable; **I was ~ to catch the bus** j'ai réussi à attraper l'autobus. ◆ **able-bodied** *adj* robuste.

abnormal [æb'nɔ:məl] *adj* anormal. ◆ **abnormality** *n (gen)* anomalie *f; (medical)* malformation *f*. ◆ **abnormally** *adv (quiet etc)* exceptionnellement.

aboard [ə'bɔ:d] — **1** *adv* à bord. **all ~!** *(train)* en voiture!; *(ship)* tout le monde à bord! — **2** *prep:* **~ ship** à bord du bateau.

abolish [ə'bɒlɪʃ] *vt* abolir. ◆ **abolition** *n* abolition *f.*

abominable [ə'bɒmɪnəbl] *adj* abominable.

aborigine [æbə'rɪdʒɪnɪ] *n* aborigène *mf.*

abort [ə'bɔ:t] *vt (mission etc)* abandonner (pour raisons de sécurité). ◆ **abortion** *n* avortement *m*. **to have an ~** avorter.

abound [ə'baʊnd] *vi* abonder (*in* en).

about [ə'baʊt] — **1** *adv* **(a)** *(approximately)* environ. **~ 11 o'clock** vers 11 heures; **it's ~ 11 o'clock** il est environ 11 heures; **there are ~ 30** il y en a une trentaine, il y en a 30 environ. **(b)** *(here and there)* **shoes lying ~** des chaussures ici et là; **there was nobody ~** il n'y avait personne; **he's somewhere ~** il est par ici quelque part; **there's a lot of flu ~** il y a beaucoup de cas de grippe en ce moment. **(c)** **it's the other way ~** c'est tout le contraire; *(to soldier)* **~ turn!** demi-tour, marche!; **to be ~ to do** être sur le point de faire, aller faire. — **2** *prep* **(a)** *(concerning)* au sujet de, à propos de. **I heard nothing ~ it** je n'en ai pas entendu parler; **there's a lot ~ him in the papers** on parle beaucoup de lui dans les journaux; **what is it ~?** de quoi s'agit-il?; **to speak ~ sth** parler de qch; **how ~*** *or* **what ~* doing it?** si on le faisait? **(b)** **~ here** près d'ici; **~ the house** quelque part dans la maison. **(c)** **while we're ~ it** pendant que nous y sommes; **how does one go ~ it?** comment est-ce qu'on s'y prend?; **there is something interesting ~ him** il a un côté intéressant. **(d)** **round ~** autour de. ◆ **about-turn** *n:* **to do an ~** *(in deciding etc)* faire volte-face.

above [ə'bʌv] — **1** *adv* **(a)** *(overhead)* au-dessus, en haut. **from ~** d'en haut; **the flat ~** l'appartement au-dessus. **(b)** *(more)* **boys of 6 and ~** les garçons à partir de 6 ans. **(c)** *(earlier in document etc)* **the address ~** l'adresse ci-dessus. — **2** *prep (higher than)* au-dessus de. **~ all** surtout; **over and ~ something** en plus de quelque chose; **to get ~ o.s.** avoir des idées de grandeur; **he is ~ such behaviour** il est au-dessus d'une pareille conduite; **he's not ~ stealing** il irait jusqu'à voler. — **3** *adj (in text)* ci-dessus mentionné. ◆ **aboveboard** *adj* loyal. **it's all quite ~** c'est régulier. ◆ **above mentioned** *adj* ci-dessus mentionné.

abrasion [ə'breɪʒən] *n (on skin)* écorchure *f*. ◆ **abrasive** *adj (substance)* abrasif (*f*-ive).

abreast [ə'brest] *adv:* **3 ~** 3 de front; **~ of** *(at level of)* à la hauteur de.

abridge [ə'brɪdʒ] *vt* abréger.

abroad [ə'brɔ:d] *adv* à l'étranger. **from ~** de l'étranger.

abrupt [ə'brʌpt] *adj (gen)* brusque; *(slope)* raide. ◆ **abruptly** *adv (turn, move)* brusquement; *(speak, behave)* avec brusquerie; *(rise)* en pente raide.

abcess ['æbsɪs] *n* abcès *m.*

abscond [əb'skɒnd] *vi* s'enfuir (*from* de).

absence ['æbsəns] *n* **(a)** absence *f*. **in his ~** en son absence. **(b)** *(lack)* manque *m*. **in the ~ of sth** faute de qch.

absent ['æbsənt] — **1** *adj* absent (*from* de). **2** [æb'sent] *vt:* **to ~ o.s.** s'absenter (*from* de). ◆ **absentee** *n* absent(e) *m(f); (habitual)* absentéiste *mf*. ◆ **absent-minded** *adj* distrait.

absolute ['æbsəlu:t] *adj (gen)* absolu. **it's an ~ scandal** c'est un véritable scandale. ◆ **absolutely** *adv* absolument.

absolution [,æbsə'lu:ʃən] *n* absolution *f.*

absolve [əb'zɒlv] *vt (from sin)* absoudre (*from* de).

absorb [əb'sɔ:b] *vt (gen)* absorber; *(sound, shock)* amortir. ◆ **absorbed** *adj* absorbé. ~ **in his work** absorbé par son travail; ~ **in a book** plongé dans un livre. ◆ **absorbent** *adj* absorbant. *(US)* ~ **cotton** coton *m* hydrophile. ◆ **absorbing** *adj (book, film)* captivant; *(work)* absorbant.
abstain [əb'steɪn] *vi* s'abstenir (*from doing* de faire). ◆ **abstainer** *n (teetotaller)* personne *f* qui ne boit pas d'alcool.
abstemious [əb'sti:mɪəs] *adj* frugal.
abstention [əb'stenʃən] *n* abstention *f*.
abstinence ['æbstɪnəns] *n* abstinence *f*.
abstract ['æbstrækt] — **1** *adj* abstrait. — **2** *n (summary)* résumé *m*; *(work of art)* œuvre *f* abstraite. — **3** [æb'strækt] *vt (remove)* retirer (*from* de).
absurd [əb'sɜ:d] *adj* absurde. ◆ **absurdity** *n* absurdité *f*.
abundance [ə'bʌndəns] *n* abondance *f*. ◆ **abundant** *adj* abondant. ◆ **abundantly** *adv (clear)* tout à fait. **he made it ~ clear to me that...** il m'a bien fait comprendre que...
abuse [ə'bju:z] — **1** *vt (privilege)* abuser de; *(person: insult)* injurier; *(ill-treat)* maltraiter. — **2** [ə'bju:s] *n* abus *m*; injures *fpl*. ◆ **abusive** *adj (language)* injurieux (*f* -ieuse); *(person)* grossier (*f* -ière).
abysmal [ə'bɪzməl] *adj* épouvantable.
abyss [ə'bɪs] *n* abîme *m*.
academic [,ækə'demik] — **1** *adj (year, career)* universitaire; *(freedom)* de l'enseignement. *(fig)* **that's quite ~** c'est purement théorique; **it's ~ now** ça n'a plus d'importance. — **2** *n (person)* universitaire *mf*.
academy [ə'kædəmɪ] *n* académie *f*; *(school etc)* école *f*.
accede [æk'si:d] *vi* accéder (*to* à).
accelerate [æk'seləreɪt] *vti* accélérer. ◆ **accelerator** *n* accélérateur *m*.
accent ['æksənt] *n* accent *m*. ◆ **accentuate** *vt* accentuer.
accept [ək'sept] *vt* accepter. ◆ **acceptable** *adj* acceptable. ◆ **acceptance** *n* acceptation *f*. ◆ **accepted** *adj (fact, method)* reconnu; *(meaning)* usuel (*f* -elle).
access ['ækses] — **1** *n* accès *m* (*to sth* à qch; *to sb* auprès de qn). — **2** *adj*: ~ **road** *(to motorway)* bretelle *f* d'accès. ◆ **accessible** *adj* accessible.
accession [æk'seʃən] *n* accession *f*.
accessory [æk'sesərɪ] *n (thing)* accessoire *m*; *(person)* complice *mf*.
accident ['æksɪdənt] *n* accident *m*. **by ~** *(meet etc)* par hasard; **I did it by ~** je ne l'ai pas fait exprès. ◆ **accidental** *adj (death)* accidentel (*f* -elle); *(meeting)* fortuit. ◆ **accident-prone** *adj* prédisposé aux accidents.
acclaim [ə'kleɪm] — **1** *vt* acclamer. — **2** *n* acclamations *fpl*.
acclimatized [ə'klaɪmətaɪzd] *adj*: **to become ~** s'acclimater (*to* à).
accommodate [ə'kɒmədeɪt] *vt (of car, house)* contenir; *(of hotel, landlady)* recevoir. ◆ **accommodating** *adj* accommodant.
accommodation [ə'kɒmə'deɪʃən] *n (permanent)* logement *m*; *(for students, visitors)* hébergement *m*. '~ **(to let)**' 'chambres *fpl* à louer'; **we have no ~ available** nous n'avons pas de place; ~ **bureau** agence *f* de logement; ~ **officer** responsable *mf* de l'hébergement.

accompany [ə'kʌmpənɪ] *vt* accompagner (*on* à). ◆ **accompaniment** *n* accompagnement *m*. ◆ **accompanist** *n* accompagnateur *m* (*f*-trice).
accomplice [ə'kʌmplɪs] *n* complice *mf* (*in* de).
accomplish [ə'kʌmplɪʃ] *vt (task)* accomplir; *(aim)* arriver à. ◆ **accomplishment** *n (achievement)* œuvre *f* accomplie; *(skill)* talent *m*.
accord [ə'kɔ:d] — **1** *vi* s'accorder (*with* avec). — **2** *n* accord *m*. **of his own ~** de son propre chef; **with one ~** d'un commun accord. ◆ **accordance** *n*: **in ~ with** conformément à.
according [ə'kɔ:dɪŋ] *adv*: ~ **to** selon; **everything went ~ to plan** tout s'est passé comme prévu; ~ **to what he says** d'après ce qu'il dit. ◆ **accordingly** *adv* en conséquence.
accordion [ə'kɔ:dɪən] *n* accordéon *m*.
account [ə'kaʊnt] — **1** *n* **(a)** *(bill)* compte *m*. ~ **book** livre *m* de comptes; **~s department** service *m* de comptabilité; **put it on my ~** vous le mettrez sur mon compte; **to pay £50 on ~** verser un acompte de 50 livres; **to keep the ~s** tenir les comptes. **(b)** *(report)* compte rendu *m*. **to give an ~ of** faire le compte rendu de; **by all ~s** d'après l'opinion générale; **by her own ~** d'après ce qu'elle dit. **(c) of no ~** sans importance; **to take sth into ~** tenir compte de qch; **on ~ of** à cause de; **on no ~** en aucun cas; **on her ~** pour elle. — **2** *vi*: **to ~ for** *(explain)* expliquer; *(expenses)* rendre compte de; **there's no ~ing for tastes** chacun son goût; **everyone is ~ed for** on n'a oublié personne; *(after air crash etc)* tous les passagers ont été retrouvés. ◆ **accountable** *adj* responsable (*for* de; *to* devant). ◆ **accountancy** *n* comptabilité *f*. ◆ **accountant** *n* comptable *mf*.
accrued [ə'kru:d] *adj*: ~ **interest** intérêt *m* couru.
accumulate [ə'kju:mjʊleɪt] — **1** *vt* accumuler. — **2** *vi* s'accumuler.
accuracy ['ækjʊrəsi] *n (gen)* exactitude *f*; *(shot etc)* précision *f*; *(assessment etc)* justesse *f*.
accurate ['ækjʊrɪt] *adj (gen)* exact; *(shot)* précis; *(aim, assessment)* juste. ◆ **accurately** *adv* exactement; avec précision; avec justesse.
accusation [,ækjʊ'zeiʃən] *n* accusation *f*.
accusative [ə'kju:zətɪv] *adj, n* accusatif *(m)*.
accuse [ə'kju:z] *vt* accuser (*of* de; *of doing* de faire). ◆ **accused** *n* accusé(e) *m(f)*. ◆ **accusing** *adj* accusateur (*f*-trice).
accustom [ə'kʌstəm] *vt* habituer (*to* à; *to doing* à faire). ◆ **accustomed** *adj* **(a)** habitué (*to* à; *to do, to doing* à faire). **to become ~ed to** s'habituer à. **(b)** *(usual)* habituel (*f*-elle).
ace [eɪs] *n* as *m*. *(fig)* **to play one's ~** jouer sa meilleure carte.
acetylene [ə'setɪli:n] *n* acétylène *m*.
ache [eɪk] — **1** *vi* faire mal, être douloureux (*f* -euse). **my head ~s** j'ai mal à la tête; **I'm aching all over** j'ai mal partout; *(fig)* **to be aching to do** mourir d'envie de faire. — **2** *n* douleur *f* (*in* dans). **stomach ~** mal *m* de ventre; **I've got stomach ~** j'ai mal au ventre. ◆ **aching** *adj (gen)* douloureux (*f*-euse); *(tooth, limb)* malade.
achieve [ə'tʃi:v] *vt (task)* accomplir; *(aim)* atteindre; *(success)* obtenir. **I've ~d sth** j'ai fait qch d'utile. ◆ **achievement** *n* réussite *f*.
acid ['æsɪd] — **1** *n* acide *m*. — **2** *adj* acide; *(fig)* acerbe. *(fig)* **the ~ test** l'épreuve *f*.
acknowledge [ək'nɒlɪdʒ] *vt* avouer (*that* que); *(error)* reconnaître; *(greeting)* répondre à; *(letter)* accuser réception de; *(sb's help)* manifes-

ter sa gratitude pour. **to ~ sb as leader** reconnaître qn pour chef. ◆ **acknowledged** *adj* reconnu. ◆ **acknowledgement** *n:* **in ~ of** en reconnaissance de.

acne ['æknɪ] *n* acné *f.*

acorn ['eɪkɔːn] *n* gland *m (d'un chêne).*

acoustics [ə'kuːstɪks] *n* acoustique *f.*

acquaint [ə'kweɪnt] *vt:* **to ~ sb with sth** mettre qn au courant de qch; **to be ~ed with** connaître; **to become ~ed with** *(person)* faire la connaissance de; *(facts)* prendre connaissance de. ◆ **acquaintance** *n:* **to make sb's ~** faire la connaissance de qn; **he's just an ~** c'est une de mes relations.

acquiesce [,ækwɪ'es] *vi* consentir (*in* à).

acquire [ə'kwaɪəʳ] *vt (gen)* acquérir; *(habit)* prendre. **to ~ a taste for** prendre goût à. ◆ **acquired** *adj (taste)* qui s'acquiert.

acquisition [,ækwɪ'zɪʃən] *n* acquisition *f.* ◆ **acquisitive** *adj* qui a l'instinct de possession.

acquit [ə'kwɪt] *vt* acquitter (*of* de). ◆ **acquittal** *n* acquittement *m.*

acre ['eɪkəʳ] *n* ≃ demi-hectare *m.* **a few ~s of land** quelques hectares de terrain.

acrid ['ækrɪd] *adj* âcre.

acrimonious [ækrɪ'məʊnɪəs] *adj* acrimonieux (*f*-ieuse).

acrobat ['ækrəbæt] *n* acrobate *mf.* ◆ **acrobatics** *npl (gymnast)* acrobatie *f; (child)* acrobaties *fpl.*

acronym ['ækrənɪm] *n* sigle *m.*

across [ə'krɒs] — **1** *prep* **(a)** *(from one side to other of)* d'un côté à l'autre de. **to walk ~ the road** traverser la route. **(b)** *(on other side of)* de l'autre côté de; **the shop ~ the road** le magasin d'en face; **lands ~ the sea** terres d'outre-mer. **(c)** *(crosswise over)* en travers de. **to go ~ country** aller à travers champs; **plank ~ a door** planche en travers d'une porte; **~ his chest** sur la poitrine. — **2** *adv:* **it is 3 m ~** cela fait 3 m de large; **to help sb ~** aider qn à traverser; *(fig)* **to get sth ~ to sb*** faire comprendre qch à qn.

acrylic [ə'krɪlɪk] *adj* acrylique.

act [ækt] — **1** *n* **(a)** *(deed)* acte *m.* **in the ~ of doing** en train de faire; **caught in the ~** pris en flagrant délit. **(b) ~ of Parliament** loi *f.* **(c)** *(play)* acte *m; (in circus etc)* numéro *m.* **to put on an ~*** jouer la comédie; **to get in on the ~*** participer aux opérations. — **2** *vi* **(a)** *(gen)* agir (*like* comme). **it ~s as a desk** ça sert de bureau; **to ~ on** *(advice)* suivre; *(order)* exécuter; **I have ~ed on your letter** j'ai fait le nécessaire quand j'ai reçu votre lettre. **(b)** *(Theatre)* jouer. **have you ever ~ed before?** avez-vous déjà fait du théâtre?; *(fig)* **she's only ~ing** elle joue la comédie. — **3** *vt (Theatre: part)* jouer. **to ~ the part of** tenir le rôle de; *(fig)* **to ~ the fool*** faire l'idiot(e).

acting ['æktɪŋ] — **1** *adj (manager etc)* suppléant. — **2** *n:* **his ~ is very good** il joue très bien.

action ['ækʃən] *n* **(a)** action *f.* **to put into ~** *(plan)* mettre à exécution; *(machine)* mettre en marche; **to take ~** agir; **to put out of ~** *(machine)* détraquer; *(person)* mettre hors de combat; *(TV)* **~ replay** répétition *f* immédiate *(d'une séquence).* **(b)** *(deed)* acte *m.* **(c)** *(Law)* **to bring an ~ against sb** intenter un procès contre qn. **(d) to go into ~** *(soldier)* aller au combat; *(army)* engager le combat; **to see ~** combattre; **killed in ~** tué à l'ennemi.

activate ['æktɪveɪt] *vt* activer.

active ['æktɪv] *adj (gen)* actif (*f*-ive); *(volcano)* en activité; *(army etc)* **on ~ service** en campagne; *(verb)* **in the ~** à l'actif *m.* ◆ **actively** *adv* activement. ◆ **activity** *n* activité *f.*

actor ['æktəʳ] *n* acteur *m.* ◆ **actress** *n* actrice *f.*

actual ['æktjʊəl] *adj (figures, results, words)* réel (*f* réelle); *(example)* concret (*f*-ète). **in ~ fact** en fait. ◆ **actually** *adv* **(a)** *(in reality)* en fait, en réalité. **(b)** *(even)* même. **he ~ beat her** il est même allé jusqu'à la battre.

acumen ['ækjʊmen] *n* flair *m.* **business ~** sens *m* aigu des affaires.

acupuncture ['ækjʊpʌŋktʃəʳ] *n* acupuncture *f.*

acute [ə'kjuːt] *adj (pain, accent, angle)* aigu (*f* aiguë); *(remorse)* intense; *(shortage)* critique; *(person)* perspicace; *(hearing)* fin. ◆ **acutely** *adv (suffer)* intensément.

ad* [æd] *n* = **advertisement.**

A.D. ['eɪ'diː] **(***abbr of* **Anno Domini) in 53 ~** en 53 après Jésus-Christ.

Adam ['ædəm] *n:* **~'s apple** pomme *f* d'Adam.

adamant ['ædəmənt] *adj* inflexible.

adapt [ə'dæpt] — **1** *vt* adapter (*to* à; *for* pour). — **2** *vi* s'adapter. ◆ **adaptable** *adj* adaptable. ◆ **adaptation** *n* adaptation (*of* de; *to* à). ◆ **adaptor** *n (two-voltage)* adaptateur *m; (two-plug)* prise *f* multiple.

add [æd] — **1** *vt* **(a)** ajouter (*to* à; *that* que). **to ~ insult to injury** porter l'insulte à son comble; **~ed to which...** ajoutez à cela que... **(b)** *(Math)* additionner. — **2** *vi:* **to ~ up to** *(figures)* s'élever à; *(facts)* signifier; **it all ~s up*** tout s'explique; **it doesn't ~ up*** il y a qch qui cloche*. ◆ **adding machine** *n* calculatrice *f.* ◆ **additive** *n* additif *m.*

adder ['ædəʳ] *n* vipère *f.*

addict ['ædɪkt] *n* intoxiqué(e) *m(f).* **heroin ~** héroïnomane *mf;* **a yoga ~*** un(e) fanatique du yoga. ◆ **addicted** *adj* adonné (*to* à). **to become ~ to** s'adonner à. ◆ **addiction** *n (Med)* dépendance *f* (*to* à).

addition [ə'dɪʃən] *n (Math etc)* addition *f; (increase)* augmentation *f* (*to* de). **in ~** de plus; **in ~ to** en plus de. ◆ **additional** *adj (extra)* supplémentaire. ◆ **additionally** *adv* de plus.

address [ə'dres] — **1** *n* **(a)** *(on letter etc)* adresse *f.* **(b)** *(talk)* discours *m.* — **2** *vt* **(a)** *(letter, comment)* adresser (*to* à). **(b)** *(speak to)* s'adresser à. **he ~ed the meeting** il a pris la parole devant l'assistance. ◆ **addressee** *n* destinataire *mf.*

adenoids ['ædɪnɔɪdz] *npl* végétations *fpl* (adénoïdes).

adept [ə'dept] *adj* expert (*at doing* à faire).

adequate ['ædɪkwɪt] *adj (gen)* suffisant; *(performance)* satisfaisant. ◆ **adequately** *adv (warm)* suffisamment; *(do etc)* convenablement.

adhere [əd'hɪəʳ] *vi* adhérer (*to* à). ◆ **adherent** *n* adhérent(e) *m(f).* ◆ **adhesive** *adj* adhésif (*f* -ive). **~ plaster** pansement *m* adhésif; **~ tape** sparadrap *m.*

adjacent [ə'dʒeɪsənt] *adj* adjacent (*to* à).

adjective ['ædʒektɪv] *n* adjectif *m.*

adjoining [ə'dʒɔɪnɪŋ] *adj* voisin.

adjourn [ə'dʒɜːn] — **1** *vt (debate etc)* ajourner (*until, for* à); *(law: case)* renvoyer (*to* à). **to ~ a meeting** *(break off)* suspendre la séance; *(close)* lever la séance. — **2** *vi (break off)* suspendre la séance; *(close)* lever la séance.

adjudicate [əˈdʒuːdɪkeɪt] *vt* juger. ◆ **adjudicator** *n* juge *m.*
adjust [əˈdʒʌst] — **1** *vt (wages, prices)* ajuster (*to* à); *(instrument, tool)* régler; *(dress, picture)* arranger. — **2** *vi* s'adapter (*to* à). ◆ **adjustable** *adj (tool, fastening)* réglable. ~ **spanner** clef *f* à molette. ◆ **adjustment** *n (prices, wages etc)* rajustement *m; (tool)* réglage *m; (person)* adaptation *f.*
ad lib [ædˈlɪb] — **1** *n* improvisation *f.* — **2** *vti* **ad-lib** improviser.
administer [ədˈmɪnɪstəʳ] *vt* administrer (*to* à). **to ~ an oath to sb** faire prêter serment à qn. ◆ **administration** *n* administration *f; (government)* gouvernement *m.* ◆ **administrative** *adj* administratif (*f* -ive). ◆ **administrator** *n* administrateur *m* (*f* -trice).
admiral [ˈædmərəl] *n* amiral *m.*
admire [ədˈmaɪəʳ] *vt* admirer. ◆ **admirable** [ˈædmərəbl] *adj* admirable. ◆ **admiration** *n* admiration *f* (*of; for* pour). ◆ **admirer** *n* admirateur *m* (*f* -trice). ◆ **admiring** *adj* admiratif (*f* -ive).
admissible [ədˈmɪsəbl] *adj* acceptable.
admission [ədˈmɪʃən] *n* **(a)** *(gen)* admission *f* (*to* à); *(to museum etc)* entrée *f* (*to* à). ~ **free** entrée gratuite; **to gain ~ to** être admis dans. **(b)** *(confession)* aveu *m.*
admit [ədˈmɪt] *vti* **(a)** *(let in)* laisser entrer. **children not ~ted** entrée interdite aux enfants. **(b)** *(acknowledge: gen)* reconnaître (*that* que; *to having done* avoir fait). **to ~ a crime, to ~ to a crime** reconnaître avoir commis un crime; **I must ~ that...** je dois reconnaître *or* admettre que...; **to ~ to a feeling of** avouer avoir un sentiment de. ◆ **admittance** *n* admission *f;* accès *m* (*to sth* à qch). **I gained ~** on m'a laissé entrer; **no ~** accès interdit. ◆ **admittedly** *adv:* ~ **this is true** il faut reconnaître que c'est vrai.
admonish [ədˈmɒnɪʃ] *vt* réprimander (*for doing* pour avoir fait; *about* à propos de).
adolescent [ˌædəʊˈlesnt] *adj, n* adolescent(e) *m(f).* ◆ **adolescence** *n* adolescence *f.*
adopt [əˈdɒpt] *vt (gen)* adopter; *(candidate, career)* choisir. ◆ **adopted** *adj (child)* adopté; *(country)* d'adoption; *(son, family)* adoptif (*f* -ive). ◆ **adoption** *n* adoption *f.*
adore [əˈdɔːʳ] *vt* adorer. ◆ **adorable** *adj* adorable. ◆ **adoringly** *adv* avec adoration.
adorn [əˈdɔːn] *vt (room)* orner; *(dress, hair, person)* parer (*with* de).
adrenalin(e) [əˈdrenəlɪn] *n* adrénaline *f.*
Adriatic [ˌeɪdrɪˈætɪk] *n:* **the ~** l'Adriatique *f.*
adrift [əˈdrɪft] *adv, adj (boat)* à la dérive. **to turn ~** abandonner à la dérive.
adroit [əˈdrɔɪt] *adj* adroit.
adult [ˈædʌlt] — **1** *n* adulte *mf. (film etc)* **"~s only"** "interdit aux moins de 18 ans". — **2** *adj (person, animal)* adulte; *(classes)* pour adultes. ~ **education** enseignement *m* post-scolaire.
adultery [əˈdʌltərɪ] *n* adultère *m.*
advance [ədˈvɑːns] — **1** *n (gen)* avance *f.* **~s in technology** des progrès *mpl* en technologie; **in ~** *(prepare, book)* à l'avance; *(decide, announce)* d'avance; **a week in ~** une semaine à l'avance. — **2** *adj (payment)* anticipé. ~ **guard** avant-garde *f.* — **3** *vt* avancer. — **4** *vi* avancer; *(work, civilization, mankind)* progresser. **he ~d upon me** il a marché sur moi. ◆ **advanced** *adj (gen)* avancé; *(studies, class)* supérieur.
advantage [ədˈvɑːntɪdʒ] *n* avantage *m* (*over* sur). **to take ~ of** *(chance)* profiter de; *(person)* exploiter; **it is to his ~ to do it** il a tout intérêt à le faire. ◆ **advantageous** *adj* avantageux (*f* -euse) (*to* pour).
Advent [ˈædvənt] *n* l'Avent *m.*
adventure [ədˈventʃəʳ] — **1** *n* aventure *f.* — **2** *adj (story)* d'aventures. ◆ **adventurous** *adj* aventureux (*f* -euse).
adverb [ˈædvɜːb] *n* adverbe *m.*
adversary [ˈædvəsərɪ] *n* adversaire *mf.*
adverse [ˈædvɜːs] *adj* défavorable. ◆ **adversity** *n* adversité *f.*
advert* [ˈædvɜːt] *n* = **advertisement.**
advertise [ˈædvətaɪz] — **1** *vt (goods)* faire de la publicité pour. **I've seen that ~d** j'ai vu une publicité pour ça; **to ~ sth for sale** mettre une annonce pour vendre qch. — **2** *vi (commercially)* faire de la publicité. **to ~ for sth** faire paraître une annonce pour trouver qch. ◆ **advertiser** *n* annonceur *m* (publicitaire). ◆ **advertising** *n* publicité *f.* ~ **agency** agence *f* de publicité.
advertisement [ədˈvɜːtɪsmənt] *n* **(a)** *(commerce)* réclame *f,* publicité *f; (TV)* spot *m* publicitaire. *(TV)* **the ~s** la publicité. **(b)** *(private: in paper etc)* annonce *f.* ~ **column** petites annonces.
advice [ədˈvaɪs] *n* conseils *mpl.* **a piece of ~** un conseil; **to ask sb's ~** demander conseil à qn; **to follow sb's ~** suivre les conseils de qn.
advisable [ədˈvaɪzəbl] *adj* recommandé, conseillé.
advise [ədˈvaɪz] *vt* **(a)** *(give advice to)* conseiller (*sb on sth* qn sur qch). **to ~ sb to do** conseiller à qn de faire; **to ~ sb against sth** déconseiller qch à qn; **you would be well ~d to do that** vous feriez bien de faire cela. **(b)** *(inform)* aviser (*sb of sth* qn de qch). ◆ **adviser** *n* conseiller *m* (*f* -ère). ◆ **advisory** *adj:* **in an ~ capacity** à titre consultatif.
advocate [ˈædvəkɪt] — **1** *n (Scot law)* avocat *m* (plaidant); *(fig)* partisan *m* (*of* de). — **2** [ˈædvəkeɪt] *vt* recommander.
aerated [ˈɛəreɪtəd] *adj:* ~ **water** eau *f* gazeuse.
aerial [ˈɛərɪəl] — **1** *adj* aérien (*f* -enne). — **2** *n (Radio, TV)* antenne *f.*
aero... [ˈɛərəʊ] *prefix* aéro.... ◆ **aerobatics** *npl* acrobatie *f* aérienne. ◆ **aerodynamic** *adj* aérodynamique. ◆ **aeronautics** *nsg* aéronautique *f.* ◆ **aeroplane** *n* avion *m.* ◆ **aerosol** *n* bombe *f,* aérosol *m.* ◆ **aerospace industry** *n* industrie *f* aérospatiale.
aesthetic [iːsˈθetɪk] *adj* esthétique. ◆ **aesthetically** *adv* esthétiquement.
afar [əˈfɑːʳ] *adv* au loin. **from ~** de loin.
affable [ˈæfəbl] *adj* affable.
affair [əˈfɛəʳ] *n (gen)* affaire *f;* (*love ~*) liaison *f* (*with* avec). **state of ~s** situation *f.*
affect [əˈfekt] *vt (concern sb)* toucher; *(sadden sb)* affecter; *(change: situation, health, results)* avoir un effet sur; *(drug)* agir sur. **it does not ~ the way I do it** cela ne change rien à ma façon de le faire.
affection [əˈfekʃən] *n* affection *f* (*for* pour). ◆ **affectionate** *adj* affectueux (*f* -euse). ◆ **affectionately** *adv* affectueusement.
affidavit [ˌæfɪˈdeɪvɪt] *n (Law)* déclaration *f* par écrit sous serment.
affiliate [əˈfɪlɪeɪt] *vt* affilier (*to, with* à). **~d company** filiale *f.*
affinity [əˈfɪnɪtɪ] *n* affinité *f.*

affirm [ə'fɜːm] *vt* affirmer (*that* que). ◆ **affirmative** — **1** *adj* affirmatif (*f* -ive). — **2** *n*: **in the ~** *(sentence)* à l'affirmatif; *(say, answer)* affirmativement.
affix [ə'fɪks] *vt (signature)* apposer (*to* à); *(stamp)* coller (*to* à).
afflict [ə'flɪkt] *vt* affliger. **~ed with** affligé de.
affluence ['æflʊəns] *n* richesse *f*. ◆ **affluent** *adj (person)* riche ; *(society)* d'abondance.
afford [ə'fɔːd] *vt* **(a)** *(gen)* avoir les moyens (*to do* de faire); *(object)* s'offrir. **she can't ~ a car** elle ne peut pas s'offrir une voiture, elle n'a pas les moyens d'acheter une voiture; **he can't ~ to make a mistake** il ne peut pas se permettre de faire une erreur; **I can't ~ the time to do it** je n'ai pas le temps de le faire. **(b)** *(provide: opportunity)* fournir; *(pleasure)* procurer.
affront [ə'frʌnt] *n* affront *m*.
afield [ə'fiːld] *adv*: **far ~** très loin.
afloat [ə'fləʊt] *adv*: **to stay ~** *(ship)* rester à flot; *(person in water)* surnager; *(fig)* rester à flot.
afoot [ə'fʊt] *adv*: **there is sth ~** il se prépare qch.
afraid [ə'freɪd] *adj*: **to be ~ of** avoir peur de; **don't be ~** n'ayez pas peur; **I am ~ of hurting him** j'ai peur de lui faire mal; **I am ~ he will hurt me** j'ai peur qu'il ne me fasse mal; **I am ~ to go** j'ai peur d'y aller; *(regret to say)* **I'm ~ I can't do it** je suis désolé, mais je ne pourrai pas le faire; **I'm ~ not** hélas non; **I'm ~ so** hélas oui.
afresh [ə'freʃ] *adv*: **to start ~** recommencer.
Africa ['æfrɪkə] *n* Afrique *f*. ◆ **African** — **1** *n* Africain(e) *m(f)*. — **2** *adj* africain.
aft [ɑːft] *adv* à l'arrière.
after ['ɑːftə'] — **1** *prep* après. **~ dinner** après le dîner; **the day ~ tomorrow** après-demain; **it was ~ 2 o'clock** il était plus de 2 heures; **~ all** après tout; **~ seeing her** après l'avoir vue; **to run ~ sb** courir après qn; **shut the door ~ you** fermez la porte derrière vous; **day ~ day** jour après jour; **for kilometre ~ kilometre** sur des kilomètres et des kilomètres; **they went out one ~ the other** ils sont sortis les uns après les autres; *(looking for)* **to be ~ sth** chercher qch; **the police are ~ him** il est recherché par la police. — **2** *adv* après. **soon ~** bientôt après; **the week ~** la semaine suivante. — **3** *conj* après que. **~ he had closed the door, she spoke** après qu'il a fermé la porte, elle a parlé; **~ he had closed the door, he spoke** après avoir fermé la porte, il a parlé. — **4** *npl (dessert)* **~s*** dessert *m*. ◆ **afterbirth** *n* placenta *m*. ◆ **after-effects** *npl (of event)* suites *fpl; (treatment)* réaction *f; (illness)* séquelles *fpl*. ◆ **afterlife** *n* vie *f* future. ◆ **aftermath** *n* suites *fpl*. ◆ **afternoon** *see below*. ◆ **after-sales service** *n* service *m* après-vente. ◆ **after-shave** *n* lotion *f* après-rasage. ◆ **after-thought** *see below*. ◆ **afterwards** *adv* après, plus tard.
afternoon ['ɑːftə'nuːn] — **1** *n* après-midi *m or f*. **in the ~** l'après-midi; **at 3 o'clock in the ~** à 3 heures de l'après-midi; **on Sunday ~** *or* **on Sunday ~s** le dimanche après-midi; **on the ~ of May 2nd** l'après-midi du 2 mai; **good ~!** *(on meeting sb)* bonjour!; *(on leaving sb)* au revoir! — **2** *adj (train, meeting)* de l'après-midi: **~ tea** le thé de cinq heures.
afterthought ['ɑːftəθɔːt] *n* pensée *f* après coup. **I had ~s about it** j'ai eu après coup des doutes à ce sujet; **added as an ~** ajouté après coup.
again [ə'gen] *adv* de nouveau, encore une fois. **~ and ~** plusieurs fois; **she is home ~** elle est rentrée chez elle; **what's his name ~?** comment s'appelle-t-il déjà?; **to begin ~** recommencer; **I won't do it ~** je ne le ferai plus; **never ~** plus jamais; *(ironically)* **not ~!** encore!; **as much ~** deux fois autant; **then ~, and ~** d'un autre côté.
against [ə'genst] *prep* **(a)** *(opposition etc)* contre. **I'm ~ helping him at all** je ne suis pas d'avis qu'on l'aide *(subj)*; **I've got nothing ~ him** je n'ai rien contre lui; **to be ~ sth** s'opposer à qch; **now we're up ~ it!** nous voici au pied du mur! **(b)** *(concrete object)* contre. **to lean ~ a wall** s'appuyer contre un mur. **(c)** *(in contrast to)* **~ the sky** sur le ciel; **~ the light** à contre-jour; **as ~** en comparaison de.
age [eɪdʒ] — **1** *n* **(a)** âge *m*. **what's her ~?** *or* **what ~ is she?** quel âge a-t-elle?; **he is 10 years of ~** il a 10 ans; **you don't look your ~** vous ne faites pas votre âge; **they are the same ~** ils ont le même âge; **to be under ~** être mineur; **~ group** tranche *f* d'âge; **~ limit** limite *f* d'âge. **(b) for ~s** très longtemps; **I haven't seen him for ~s** cela fait très longtemps que je ne l'ai vu. — **2** *vti* vieillir. ◆ **aged** *adj* **(a)** [eɪdʒd] âgé de; **a boy ~ 10** un garçon âgé de 10 ans. **(b)** ['eɪdʒɪd] *(old)* âgé. **the ~** les personnes *fpl* âgées. ◆ **ageless** *adj* toujours jeune.
agency ['eɪdʒənsɪ] *n* **(a)** agence *f*. **tourist ~** agence de tourisme. **(b) through the ~ of** par l'intermédiaire *m* de.
agenda [ə'dʒendə] *n*: **on the ~** à l'ordre *m* du jour.
agent ['eɪdʒənt] *n (gen)* agent *m* (*of, for* de). *(dealer)* **the Citroën ~** le concessionnaire Citroën.
aggravate ['ægrəveɪt] *vt* aggraver; *(annoy)* exaspérer.
aggregate ['ægrɪgɪt] *n* ensemble *m*.
aggression [ə'greʃən] *n* agression *f*. ◆ **aggressive** *adj* agressif (*f* -ive). ◆ **aggressor** *n* agresseur *m*.
aggrieved [ə'griːvd] *adj* chagriné (*at, by* par).
aggro* ['ægrəʊ] *n (physical violence)* grabuge* *m; (non physical)* agressivité *f*.
aghast [ə'gɑːst] *adj* atterré (*at* de).
agile ['ædʒaɪl] *adj* agile. ◆ **agility** *n* agilité *f*.
agitate ['ædʒɪteɪt] — **1** *vt* agiter. — **2** *vi (make a fuss)* mener une campagne (*for* en faveur de; *against* contre). ◆ **agitation** *n* agitation *f*. ◆ **agitator** *n* agitateur *m* (*f* -trice).
agnostic [æg'nɒstɪk] *n* agnostique *mf*.
ago [ə'gəʊ] *adv*: **a week ~** il y a huit jours; **how long ~?** il y a combien de temps?; **a little while ~** il n'y a pas longtemps.
agog [ə'gɒg] *adj*: **to be all ~** être en émoi.
agonize ['ægənaɪz] *vi* avoir des doutes déchirants (*over* sur). ◆ **agonizing** *adj (situation)* angoissant; *(cry)* déchirant.
agony ['ægənɪ] *n (mental pain)* angoisse *f; (physical pain)* douleur *f* atroce. **death ~** agonie *f*; **to be in ~** souffrir le martyre; **~ column** courrier *m* du cœur.
agree [ə'griː] — **1** *vt* **(a)** *(one person: consent)* consentir (*to do* à faire), accepter (*to do* de faire). **(b)** *(admit)* reconnaître (*that* que). **(c)** *(people: come to agreement)* se mettre d'accord (*to do* pour faire). **everyone ~s that...** tout le monde s'accorde à reconnaître que...; **it was ~d that...** il était convenu que....
— **2** *vi* **(a)** *(one or more persons: be in agreement)* être d'accord (*with* avec). **she ~s**

with me that... elle trouve comme moi que...; **I can't ~ with you** je ne suis absolument pas d'accord avec vous. **(b)** *(come to terms)* se mettre d'accord (*with sb* avec qn; *about sth* sur qch; *to do* pour faire). **(c)** *(get on well)* bien s'entendre. **(d)** *(consent)* consentir (*to sth* à qch; *to doing* à faire). **he ~d to help us** il a consenti à nous aider; **to ~ to a proposal** accepter une proposition. **(e)** *(ideas, stories)* concorder (*with* avec). **(f)** *(in grammar)* s'accorder (*with* avec). **(g)** *(in health)* réussir à. **onions don't ~ with him** les oignons ne lui réussissent pas.
◆ **agreeable** *adj* agréable. ◆ **agreed** *adj* **(a)** **to be ~** être d'accord (*about* au sujet de; *on* sur). **(b)** *(time etc)* convenu. ◆ **agreement** *n* accord *m*. **to be in ~ on** être d'accord sur.

agricultural [ˌægrɪ'kʌltʃərəl] *adj (gen)* agricole; *(engineer)* agronome. **~ college** école *f* d'agriculture.

agriculture ['ægrɪkʌltʃəʳ] *n* agriculture *f*.

aground [ə'graʊnd] *adj*: **to run ~** s'échouer.

ahead [ə'hed] *adv* **(a)** *(in space)* en avant. **I'll go on ~** moi, je vais en avant; **to get ~** prendre de l'avance. **(b)** *(in time: book etc)* à l'avance. **~ of time** *(decide, announce)* d'avance; *(arrive, be ready)* en avance; **2 hours ~ of** en avance de 2 heures sur; *(fig)* **~ of one's time** en avance sur son époque; **to think ~** penser à l'avenir.

aid [eɪd] — **1** *n* **(a)** *(help)* aide *f*. **with the ~ of** *(person)* avec l'aide de; *(thing)* à l'aide de; **in ~ of the blind** au profit des aveugles; **what is it all in ~ of?*** c'est dans quel but? **(b)** *(helper)* assistant(e) *m(f)*; *(apparatus)* moyen *m*. — **2** *vt (person)* aider (*to do* à faire).

aide [eɪd] *n* aide *mf*.

ailment ['eɪlmənt] *n* ennui *m* de santé.

aim [eɪm] — **1** *n* **(a)** *(shooting etc)* **to take ~ at sb *or* sth** viser qn *or* qch. **(b)** *(purpose)* but *m*. **with the ~ of doing** dans le but de faire; **her ~ is to do** elle a pour but de faire. — **2** *vti* viser (*at sth* qch); *(gun)* braquer (*at* sur); *(stone, blow, remark)* lancer (*at* contre). **to ~ at doing *or* to ~ to do** avoir l'intention de faire. ◆ **aimless** *adj* sans but. ◆ **aimlessly** *adv (wander)* sans but; *(chat)* pour passer le temps.

air [ɛəʳ] — **1** *n* **(a)** air *m*. **to go out for some fresh ~** sortir prendre l'air; **by ~** par avion; **to throw sth into the ~** jeter qch en l'air; *(sth odd)* **there's sth in the ~** il se prépare qch; **it's still all in the ~** c'est encore très vague; **I can't live on ~** je ne peux pas vivre de l'air du temps. **(b)** *(Rad, TV)* **to be on the ~** *(speaker, programme)* passer à l'antenne; *(station)* émettre. **(c)** *(manner)* air *m*. **with an ~ of bewilderment** d'un air perplexe; **~s and graces** minauderies *fpl*. **(d)** *(Mus)* air *m*. — **2** *vt (room, bed)* aérer; *(opinions)* faire connaître. — **3** *adj (bubble)* d'air; *(hole)* d'aération; *(pressure, current)* atmosphérique; *(Mil: base, raid)* aérien (*f* -enne). **~ bed** matelas *m* pneumatique; **~ force** armée *f* de l'air; **~ letter** lettre *f* par avion; **~ pocket** trou *m* d'air; **~ terminal** aérogare *f*; **~ traffic controller** contrôleur *m* (*f* -euse) de la navigation aérienne.
◆ **airborne** *adj (troops)* aéroporté. **the plane was ~** l'avion avait décollé. ◆ **air-conditioned** *adj* climatisé. ◆ **air-cooled** *adj* à refroidissement par air. ◆ **aircraft** *n (pl inv)* avion *m*. ◆ **aircraft-carrier** *n* porte-avions *m inv*. ◆ **airfield** *n* terrain *m* d'aviation. ◆ **air-gun** *n* fusil *m* à air comprimé. ◆ **air-hostess** *n* hôtesse *f* de l'air. ◆ **airing cupboard** *n* placard-séchoir *m*. ◆ **airlift** *vt* transporter par avion. ◆ **airline** *n* compagnie *f* d'aviation. ◆ **airliner** *n* avion *m* (de ligne). ◆ **airmail** *n*: **by ~** par avion. ◆ **airman** *n (Air Force)* soldat *m* de l'armée de l'air. ◆ **airplane** *n* avion *m*. ◆ **airport** *n* aéroport *m*. ◆ **airship** *n* dirigeable *m*. ◆ **airsick** *adj*: **to be ~** avoir le mal de l'air. ◆ **airtight** *adj* hermétique. ◆ **airway** *n* compagnie *f* d'aviation. ◆ **airy** *adj (room)* clair; *(manner)* désinvolte.

aisle [aɪl] *n (in building)* allée *f* centrale; *(in train, coach)* couloir *m* central.

ajar [ə'dʒɑːʳ] *adj* entrouvert.

akin [ə'kɪn] *adj*: **~ to** qui tient de.

alabaster ['æləbɑːstəʳ] *n* albâtre *m*.

alarm [ə'lɑːm] — **1** *n (gen)* alarme *f*. **~ clock** réveil *m*; **~ bell** sonnerie *f* d'alarme; **to raise the ~** donner l'alarme. — **2** *vt (person)* alarmer; *(animal)* effaroucher. **to become ~ed** prendre peur.

alas [ə'læs] *excl* hélas!

Albania [æl'beɪnɪə] *n* Albanie *f*.

albatross ['ælbətrɒs] *n* albatros *m*.

albino [æl'biːnəʊ] *n* albinos *mf*.

album ['ælbəm] *n* album *m*. **stamp ~** album de timbres.

albumin ['ælbjʊmɪn] *n* albumine *f*.

alchemy ['ælkɪmɪ] *n* alchimie *f*. ◆ **alchemist** *n* alchimiste *m*.

alcohol ['ælkəhɒl] *n* alcool *m*. ◆ **alcoholic** — **1** *adj (drink)* alcoolisé. — **2** *n* alcoolique *mf*. ◆ **alcoholism** *n* alcoolisme *m*.

ale [eɪl] *n* bière *f*, ale *f*.

alert [ə'lɜːt] — **1** *n* alerte *f*. **on the ~** sur le qui-vive. — **2** *adj (watchful)* vigilant; *(acute)* éveillé. — **3** *vt* alerter (*to* sur).

algebra ['ældʒɪbrə] *n* algèbre *f*.

Algeria [æl'dʒɪərɪə] *n* Algérie *f*. ◆ **Algiers** *n* Alger.

alias ['eɪlɪəs] — **1** *adv* alias. — **2** *n* faux nom *m*.

alibi ['ælɪbaɪ] *n* alibi *m*.

alien ['eɪlɪən] *n, adj (foreign)* étranger *m* (*f* -ère); *(non human)* extra-terrestre *mf*. ◆ **alienate** *vt* aliéner.

alight¹ [ə'laɪt] *vi (person)* descendre (*from* de); *(bird)* se poser (*on* sur).

alight² [ə'laɪt] *adj, adv (fire)* allumé; *(building)* en feu. **to set sth ~** mettre le feu à qch.

align [ə'laɪn] *vt* aligner (*with* sur). **non-~ed** non-aligné. ◆ **alignment** *n* alignement *m*.

alike [ə'laɪk] — **1** *adj* semblable. **to be ~** se ressembler. — **2** *adv (dress, treat)* de la même façon. **winter and summer ~** été comme hiver.

alimony ['ælɪmənɪ] *n (Law)* pension *f* alimentaire.

alive [ə'laɪv] *adj* vivant. **to bury sb ~** enterrer qn vivant; **to burn ~** brûler vif (*f* vive); **no man ~** personne au monde; **to keep sb ~** maintenir qn en vie; **to stay ~** survivre; **look ~!*** dépêchez-vous!; **~ with insects** grouillant d'insectes.

all [ɔːl] — **1** *adj* tout. **~ my life** toute ma vie; **~ the others** tous (*or* toutes) les autres; **~ three** tous les trois; **~ three men** les trois hommes; **~ day** toute la journée; **~ that** tout cela.
— **2** *pron* **(a)** tout *m*. **~ is well** tout va bien; **that is ~** c'est tout; **he drank ~ of it** il a tout bu; **~ of Paris** Paris tout entier; **that is ~ he said** c'est tout ce qu'il a dit. **(b)** *(plural)* tous *mpl*, toutes *fpl*. **we ~ sat down** nous nous sommes tous assis (*or* toutes assises); **~ of the**

boys came tous les garçons sont venus; **~ who knew him** tous ceux qui l'ont connu; *(score)* **two ~** *(Tennis)* deux partout; *(other sports)* deux à deux. **(c)** *(in phrases)* **if she comes at ~** si elle vient; **if at ~ possible** dans la mesure du possible; **not at ~** pas du tout; *(replying to thanks)* il n'y a pas de quoi; **it was ~ I could do not to laugh** c'est tout juste si j'ai pu m'empêcher de rire; **it's not as bad as ~ that** ce n'est pas si mal que ça; **that's ~ very well but...** tout cela est bien beau mais...; **he ~ but lost it** il a bien failli le perdre; **for ~ his wealth he...** malgré sa fortune il...; **once and for ~** une fois pour toutes; **most of ~** surtout.
— **3** *adv* **(a)** tout. **dressed ~ in white** habillé tout en blanc; **~ too quickly** bien trop vite; **he did it ~ the same** il l'a tout de même fait; **it's ~ the same to me** cela m'est tout à fait égal; **~ over** *(everywhere)* partout; *(finished)* fini; **to be ~ for sth*** être tout à fait en faveur de qch; *(alert)* **to be ~ there*** avoir toute sa tête; **it's ~ up with him*** il est fichu*; **~ the better!** tant mieux! **(b) ~ right** très bien; *(in approval, exasperation)* ça va!*; **it's ~ right** ça va; **he's ~ right** *(doubtfully)* il n'est pas mal*; *(approvingly)* il est très bien; *(healthy)* il va bien; *(safe)* il est sain et sauf.
◆ **all-important** *adj* de la plus haute importance. ◆ **all-in** *adj (price)* net; *(cost)* tout compris; *(tariff)* inclusif. ◆ **all-powerful** *adj* tout-puissant. ◆ **all-round** *adj (improvement)* général. ◆ **all-rounder** *n:* **to be a good ~** être bon en tout. ◆ **allspice** *n* poivre *m* de la Jamaïque.

Allah ['ælə] *n* Allah *m.*

allay [ə'leɪ] *vt* apaiser.

allege [ə'ledʒ] *vt* alléguer (*that* que). **he is ~d to have said...** il aurait dit.... ◆ **allegedly** *adv* à ce que l'on prétend.

allegory ['ælɪgərɪ] *n* allégorie *f.*

allergy ['ælədʒɪ] *n* allergie *f* (*to* à). ◆ **allergic** *adj* allergique.

alleviate [ə'li:vɪeɪt] *vt* soulager.

alley ['ælɪ] *n* (*between buildings: also* **~way**) ruelle *f; (in garden)* allée *f.*

alliance [ə'laɪəns] *n* alliance *f.*

alligator ['ælɪgeɪtəʳ] *n* alligator *m.*

allocate ['æləʊkeɪt] *vt (to somebody)* allouer (*to sb* à qn); *(to a purpose)* affecter (*to sth* à qch). ◆ **allocation** *n* allocation *f.*

allot [ə'lɒt] *vt* assigner (*sth to sb* qch à qn). ◆ **allotment** *n* parcelle *f* de terre *(louée pour la culture).*

allow [ə'laʊ] *vti* permettre (*sb sth* qch à qn; *sb to do* à qn de faire). **she is not ~ed to do it** elle n'est pas autorisée à le faire, on ne lui permet pas de le faire; **to ~ sb in** *etc* permettre à qn d'entrer *etc*, **to ~ sth to happen** laisser se produire qch; **dogs not ~ed** interdit aux chiens; **to ~ sb a discount** consentir une remise à qn; **~ an hour to cross the city** comptez une heure pour traverser la ville; **to ~ for sth** tenir compte de qch; **~ing for the fact that** compte tenu du fait que.

allowance [ə'laʊəns] *n* **(a)** *(from parent etc)* pension *f; (from government etc)* indemnité *f,* allocation *f; (of food etc)** ration *f.* **(b)** *(discount)* réduction *f* (*on or for sth* pour qch). **tax ~s** sommes *fpl* déductibles. **(c) to make ~s for sb** se montrer indulgent envers qn; **to make ~s for sth** tenir compte de qch.

alloy ['ælɔɪ] *n* alliage *m.*

allude [ə'lu:d] *vi* faire allusion (*to* à).

alluring [ə'ljʊərɪŋ] *adj* séduisant.

allusion [ə'lu:ʒən] *n* allusion *f.*

ally [ə'laɪ] — **1** *vt:* **to ~ o.s. with** s'allier avec. — **2** ['ælaɪ] *n* allié(e) *m(f).*

almighty [ɔ:l'maɪtɪ] *adj* tout-puissant. *(God)* **the A~** le Tout-Puissant; **an ~ din*** un sacré vacarme.

almond ['ɑ:mənd] *n* amande *f; (~ tree)* amandier *m.*

almost ['ɔ:lməʊst] *adv (gen)* presque. **he ~ fell** il a failli tomber.

alms [ɑ:mz] *n* aumône *f.*

alone [ə'ləʊn] *adj, adv* seul. **all ~** tout(e) seul(e); **he ~ could tell** lui seul pourrait le dire; **we are not ~ in thinking that...** nous ne sommes pas les seuls à penser que...; **to let** *or* **leave ~** *(person)* laisser tranquille; *(object)* ne pas toucher à; **he can't read, let ~ write** il ne sait pas lire, encore moins écrire.

along [ə'lɒŋ] — **1** *adv:* **she'll be ~ tomorrow** elle viendra demain; **come ~ with me** venez avec moi; **bring your friend ~** amène ton camarade; **~ here** par ici; **all ~** *(over the whole length)* d'un bout à l'autre; *(since the beginning)* depuis le début. — **2** *prep* le long de. **to walk ~ the beach** se promener le long de la plage; **the trees ~ the road** les arbres qui sont au bord de la route. ◆ **alongside** — **1** *prep (along)* le long de; *(beside)* à côté de. — **2** *adv (ship)* **to come ~** accoster.

aloof [ə'lu:f] *adj* distant (*towards* à l'égard de).

aloud [ə'laʊd] *adv (read)* à haute voix; *(think, wonder)* tout haut.

alphabet ['ælfəbet] *n* alphabet *m.* ◆ **alphabetic(al)** *adj* alphabétique. ◆ **alphabetically** *adv* par ordre alphabétique.

alpine ['ælpaɪn] *adj:* **~ hut** chalet-refuge *m.* ◆ **alpinism** *n* alpinisme *m.*

Alps [ælps] *npl* Alpes *fpl.*

already [ɔ:l'redɪ] *adv* déjà.

alright ['ɔ:l'raɪt] = **all right;** *see* **all 3b.**

Alsatian [æl'seɪʃən] *n (dog)* berger *m* allemand.

also ['ɔ:lsəʊ] *adv* **(a)** *(too)* aussi, également. **(b)** *(what's more)* de plus. **~ I must explain** de plus je dois expliquer.

altar ['ɔ:ltəʳ] *n* autel *m.*

alter ['ɔ:ltəʳ] — **1** *vt* **(a)** *(change)* changer; *(plans, speech etc)* modifier; *(garment)* retoucher. **to ~ one's attitude** changer d'attitude (*to* envers). **(b)** *(falsify: date, evidence)* falsifier. — **2** *vi* changer. ◆ **alteration** *n* **(a)** *(act of altering)* changement *m;* modification *f;* retouchage *m.* **timetable subject to ~** horaire *m* sujet à des modifications. **(b)** *(to plan, rules etc)* modification *f* (*to, in* apporté à), *(to painting, garment)* retouche *f.* **they're having ~s made to their house** ils font des travaux dans leur maison.

alternate [ɔ:l'tɜ:nɪt] — **1** *adj (every second)* tous les deux. **on ~ days** *or* **every ~ day** tous les deux jours, un jour sur deux. — **2** ['ɔ:ltɜ:neɪt] *vi* alterner (*with* avec). ◆ **alternately** *adv* alternativement.

alternative [ɔ:l'tɜ:nətɪv] — **1** *adj* autre *(before n). (road)* **~ route** itinéraire *m* de délestage. — **2** *n:* **there are several ~s** il y a plusieurs solutions *fpl;* **what are the ~s?** quelles sont les autres solutions?; **faced with this ~** devant ce choix; **she had no ~ but to accept** elle n'avait pas d'autre solution que d'accepter; **there is no ~** il n'y a pas le choix. ◆ **alternatively** *adv* comme alternative.

although [ɔːlˈðyi] *conj* bien que + *subj*, quoique + *subj*. ~ **it's raining** bien qu'il pleuve, malgré la pluie; ~ **he's rich, she won't marry him** il est riche et pourtant elle ne veut pas l'épouser.
altitude [ˈæltɪtjuːd] *n* altitude *f*.
alto [ˈæltəʊ] *n (female)* contralto *m; (instrument)* alto *m*.
altogether [ˌɔːltəˈgeðyʳ] *adv* **(a)** *(entirely)* tout à fait, complètement. **(b)** *(considering everything)* tout compte fait. **(c)** *(with everything included)* en tout. **taken** ~ à tout prendre.
aluminium [ˌæljʊˈmɪnɪəm] *n* aluminium *m*.
always [ˈɔːlweɪz] *adv* toujours. **as** ~ comme toujours; **for** ~ pour toujours.
a.m. [ˌeɪˈem]: 3 **a.m.** 3 heures du matin.
amalgamate [əˈmælgəmeɪt] *vti (companies)* fusionner.
amass [əˈmæs] *vt* amasser.
amateur [ˈæmətəʳ] — **1** *n* amateur *m*. — **2** *adj (painter, player, sport)* amateur *inv; (photography, work etc)* d'amateur. ~ **dramatics** théâtre *m* amateur. ◆ **amateurish** *adj* d'amateur.
amaze [əˈmeɪz] *vt* stupéfier. ◆ **amazed** *adj* stupéfait (*at sth* de qch; *at seeing* de voir). ◆ **amazement** *n* stupéfaction *f*. ◆ **amazing** *adj (event, sight)* stupéfiant; *(bargain, offer)* sensationnel (*f* -elle). ◆ **amazingly** *adv* étonnamment.
ambassador [æmˈbæsədəʳ] *n* ambassadeur *m*. **French** ~ ambassadeur de France.
amber [ˈæmbəʳ] — **1** *n* ambre *m*. — **2** *adj (colour)* couleur d'ambre *inv; (traffic light)* orange *inv*.
ambiguous [æmˈbɪgjʊəs] *adj* ambigu (*f* -uë).
ambition [æmˈbɪʃən] *n* ambition *f*. **it is my** ~ **to do** mon ambition est de faire. ◆ **ambitious** *adj* ambitieux (*f* -ieuse).
ambivalent [æmˈbɪvələnt] *adj* ambivalent.
amble [ˈæmbl) *vi* aller sans se presser.
ambulance [ˈæmbjʊləns] *n* ambulance *f*. ~ **driver** ambulancier *m* (*f* -ière).
ambush [ˈæmbʊʃ] — **1** *n* embuscade *f*. — **2** *vt* tendre une embuscade à.
amelioration [əˌmiːlɪəˈreɪʃən] *n* amélioration *f*.
amenable [əˈmiːnəbl] *adj* conciliant. ~ **to reason** raisonnable.
amend [əˈmend] *vt (law, document)* amender; *(text, wording)* modifier. ◆ **amendment** *n* amendement *m*. ◆ **amends** *npl*: **to make** ~ réparer ses torts; **to make** ~ **to sb for sth** dédommager qn de qch.
amenities [əˈmiːnɪtɪz] *npl (town etc)* aménagements *mpl* (socioculturels).
America [əˈmerɪkə] *n* Amérique *f*. ◆ **American** — **1** *adj* américain. — **2** *n (person)* Américain(e) *m(f); (language)* américain *m*. ◆ **americanism** *n* américanisme *m*.
amethyst [ˈæmɪθɪst] *n* améthyste *f*.
amiable [ˈeɪmɪəbl] *adj* aimable.
amicable [ˈæmɪkəbl] *adj* amical. ◆ **amicably** *adv* amicalement.
amid(st) [əˈmɪd(st)] *prep* au milieu de.
amiss [əˈmɪs] — **1** *adv*: **to take sth** ~ s'offenser de qch; **it wouldn't come** ~ cela ne ferait pas de mal. — **2** *adj*: **there's sth** ~ il y a qch qui ne va pas; **to say sth** ~ dire qch mal à propos.
ammonia [əˈməʊnɪə] *n (gas)* ammoniac *m; (liquid)* ammoniaque *f*.
ammunition [ˌæmjʊˈnɪʃən] *n* munitions *fpl*.
amnesia [æmˈniːzɪə] *n* amnésie *f*.
amnesty [ˈæmnɪstɪ] *n* amnistie *f*.
amok [əˈmɒk] *adv* = **amuck**.

among(st) [əˈmʌŋ(st)] *prep* entre, parmi. **this is** ~ **the things we must do** ceci fait partie des choses que nous devons faire; ~ **other things** entre autres choses; **to count sb** ~ **one's friends** compter qn parmi ses amis; ~ **friends** entre amis.
amount [əˈmaʊnt] — **1** *n* **(a)** *(sum of money)* somme *f; (of bill, debt)* montant *m*. **there is a small** ~ **still to pay** il reste une petite somme à payer. **(b)** *(quantity)* quantité *f*. *(lots)* **any** ~ **of** énormément de. — **2** *vi*: **to** ~ **to** *(costs etc)* s'élever à; *(fig)* **it** ~**s to stealing** cela revient à du vol; **this** ~**s to very little** cela ne représente pas grand-chose.
amp [ˈæmp] *n* ampère *m*. **a 13-amp plug** une fiche de 13 ampères.
amphibian [æmˈfɪbɪən] — **1** *adj* amphibie. — **2** *n (animal)* amphibie *m*. ◆ **amphibious** *adj* amphibie.
amphitheatre [ˈæmfɪˌθɪətəʳ] *n* amphithéâtre *m*.
ample [ˈæmpl] *adj (enough: money etc)* bien assez de, largement assez de. **this is** ~ c'est bien suffisant.
amplifier [ˈæmplɪfaɪəʳ] *n* amplificateur *m*. ◆ **amplify** *vt (sound)* amplifier; *(statement)* développer.
amply [ˈæmplɪ] *adv* amplement.
amputate [ˈæmpjʊteɪt] *vt* amputer. **to** ~ **sb's leg** amputer qn de la jambe. ◆ **amputation** *n* amputation *f*.
amuck [əˈmʌk] *adv*: **to run** ~ *(crowd)* se déchaîner.
amuse [əˈmjuːz] *vt* amuser. **it** ~**d us** cela nous a fait rire; **to be** ~**d at** *or* **by** s'amuser de; **he was not** ~**d** il n'a pas trouvé ça drôle; **to** ~ **o.s. by doing** s'amuser à faire. ◆ **amusement** *n* amusement *m*. **look of** ~ regard *m* amusé; **a town with plenty of** ~**s** une ville qui offre beaucoup de distractions *fpl*; ~ **arcade** ≃ luna-park *m*; ~ **park** parc *m* d'attractions. ◆ **amusing** *adj* amusant, drôle.
an [æn, ən, n] *indefinite article: see* **a²**.
anachronism [əˈnækrənɪzəm] *n* anachronisme *m*.
anaemia [əˈniːmɪə] *n* anémie *f*. ◆ **anaemic** *adj* anémique.
anaesthetic [ˌænɪsˈθetɪk] *n* anesthésique *m*. **under the** ~ sous anesthésie. ◆ **anaesthetize** [æˈniːsθətaɪz] *vt* anesthésier.
analgesic [ˌænælˈdʒiːsɪk] *n* analgésique *m*.
analogy [əˈnælədʒɪ] *n* analogie *f*.
analyse [ˈænəlaɪz] *vt* analyser. ◆ **analysis** *n*, *pl* **analyses** analyse *f; (Psych)* psychanalyse *f*. ◆ **analyst** *n* psychanalyste *mf*. ◆ **analytical** *adj* analytique.
anarchist [ˈænəkɪst] *n* anarchiste *mf*. ◆ **anarchy** *n* anarchie *f*.
anatomy [əˈnætəmɪ] *n* anatomie *f*.
ancestor [ˈænsɪstəʳ] *n* ancêtre *m*. ◆ **ancestral home** *n* château *m* ancestral. ◆ **ancestry** *n* ascendance *f*.
anchor [ˈæŋkəʳ] — **1** *n* ancre *f*. **to be at** ~ être à l'ancre. — **2** *vi* jeter l'ancre. ◆ **anchorage** *n* ancrage *m*.
anchovy [ˈæntʃəvɪ] *n* anchois *m*.
ancient [ˈeɪnʃənt] *adj (gen)* ancien (*f* -enne) *(after noun); (very old: person, thing)* très vieux (*f* vieille); *(world)* antique; *monument* historique. **in** ~ **days** dans les temps anciens.
and [ænd, ənd, nd, ən] *conj* et. **his table** ~ **chair** sa table et sa chaise; **on Saturday** ~**/or Sunday** *(Admin)* samedi et/ou dimanche; **an hour** ~ **twenty minutes** une heure vingt; **five** ~ **three**

quarters cinq trois quarts; **try ~ come** tâchez de venir; **he talked ~ talked** il a parlé pendant des heures; **~ so on, ~ so forth** et ainsi de suite; **uglier ~ uglier** de plus en plus laid; **eggs ~ bacon** œufs *mpl* au bacon.

anecdote ['ænɪkdəʊt] *n* anecdote *f*.

anemia = anaemia.

anemone [ə'nemənɪ] *n* anémone *f*.

anesthetic *etc* = **anaesthetic** *etc*.

anew [ə'nju:] *adv:* **to begin ~** recommencer.

angel ['eɪndʒəl] *n* ange *m*. ◆ **angelic** *adj* angélique.

anger ['æŋgəʳ] — **1** *n* colère *f*. — **2** *vt* mettre en colère.

angina [æn'dʒaɪnə] *n (heart)* angine *f* de poitrine.

angle ['æŋgl] *n* angle *m*. **at an ~ of** formant un angle de; **at an ~** en biais (*to* par rapport à); **to study sth from every ~** étudier qch sous tous les angles.

angler ['æŋgləʳ] *n* pêcheur *m* (*f* -euse) à la ligne. ◆ **angling** *n* pêche *f* à la ligne.

Anglican ['æŋglɪkən] *adj, n* anglican(e) *m(f)*.

Anglo- ['æŋgləʊ] *prefix* anglo-. **~-Saxon** anglo-saxon (*f* -onne).

angrily ['æŋgrɪlɪ] *adv (leave)* en colère; *(talk)* avec colère.

angry ['æŋgrɪ] *adj (person)* en colère (*with sb* contre qn; *at* à cause de; *about* à propos de); *(look, reply)* irrité, plein de colère. **to get ~** se fâcher, se mettre en colère; **to make sb ~** mettre qn en colère; **he was ~ at being dismissed** il était furieux qu'on l'ait renvoyé.

anguish ['æŋgwɪʃ] *n* angoisse *f*.

animal ['ænɪməl] — **1** *n* animal *m* (*pl* -aux). — **2** *adj (gen)* animal. **~ kingdom** règne *m* animal.

animate ['ænɪmɪt] — **1** *adj* animé. — **2** ['ænɪmeɪt] *vt* animer. **to get ~d** s'animer. ◆ **animation** *n* animation *f*.

animosity [,ænɪ'mɒsɪtɪ] *n* animosité *f* (*towards* contre).

aniseed ['ænɪsi:d] — **1** *n* graine *f* d'anis. — **2** *adj* à l'anis.

ankle ['æŋkl] *n* cheville *f*. **~ sock** socquette *f*; **~ strap** bride *f*.

annex(e) ['æneks] *n* annexe *f*.

annihilate [ə'naɪəleɪt] *vt* anéantir.

anniversary [,ænɪ'vɜ:sərɪ] *n* anniversaire *m (d'une date)*. **~ dinner** dîner *m* commémoratif; **wedding ~** anniversaire *m* de mariage.

annotate ['ænəʊteɪt] *vt* annoter.

announce [ə'naʊns] *vt (gen)* annoncer. **it is ~d from London** on apprend de Londres. ◆ **announcement** *n (gen)* annonce *f*; *(birth, marriage, death)* avis *m*; *(privately inserted or circulated)* faire-part *m inv*. ◆ **announcer** *n (Rad, TV)* présentateur *m* (*f* -trice).

annoy [ə'nɔɪ] *vt* agacer, ennuyer. ◆ **annoyance** *n* **(a)** *(feeling)* contrariété *f*. **(b)** *(something annoying)* ennui *m*. ◆ **annoyed** *adj* en colère. **to get ~ with** se mettre en colère contre; **to be ~ about** *or* **over sth** être contrarié par qch; **to be ~ with sb about sth** être mécontent de qn à propos de qch; **I am very ~ that he hasn't come** je suis très contrarié qu'il ne soit pas venu. ◆ **annoying** *adj* agaçant; *(stronger)* ennuyeux (*f* -euse).

annual ['ænjʊəl] — **1** *adj* annuel (*f* -elle). — **2** *n (plant)* plante *f* annuelle; *(children's comic book)* album *m*. ◆ **annually** *adv* annuellement.

annuity [ə'nju:ɪtɪ] *n (income)* rente *f*; *(for life)* rente viagère.

annul [ə'nʌl] *vt (gen)* annuler; *law* abroger. ◆ **annulment** *n* annulation *f*.

Annunciation [ə,nʌnsɪ'eɪʃən] *n* Annonciation *f*.

anoint [ə'nɔɪnt] *vt* oindre (*with* de).

anomaly [ə'nɒməlɪ] *n* anomalie *f*.

anon [ə'nɒn] *adj* = **anonymous.**

anonymous [ə'nɒnɪməs] *adj* anonyme.

anorak ['ænəræk] *n* anorak *m*.

another [ə'nʌðəʳ] — **1** *adj* **(a)** *(one more)* un (*f* une) ... de plus, encore un(e). **~ book** un livre de plus, encore un livre; **~ 10** 10 de plus; **and ~ thing, ...** et de plus, ...; **in ~ 20 years** dans 20 ans d'ici. **(b)** *(different)* un(e) autre. **give me ~ knife, this one is no good** donne-moi un autre couteau, celui-ci ne vaut rien. — **2** *pron* **one ~ = each other;** *see* **each.**

answer ['ɑ:nsəʳ] — **1** *n* **(a)** *(reply)* réponse *f* (*to* à). **there's no ~** *(gen)* on ne répond pas; *(phone)* ça ne répond pas; **in ~ to your letter** en réponse à votre lettre. **(b)** *(solution to problem, sum etc)* solution *f* (*to* de). **there is no easy ~** c'est un problème difficile à résoudre. — **2** *vt* répondre à. **~ him** répondez-lui; **to ~ the bell, to ~ the door** aller ouvrir. — **3** *vi* répondre. **to ~ back** répondre avec impertinence; **to ~ for sth** répondre de qch; **he has a lot to ~ for** il a bien des comptes à rendre; **to ~ to a description** répondre à une description. ◆ **answerable** *adj (responsible)* **I am ~ to no one** je n'ai de comptes à rendre à personne.

ant [ænt] *n* fourmi *f*.

antagonism [æn'tægənɪzəm] *n* antagonisme *m* (*between* entre), opposition *f* (*to* à). ◆ **antagonize** *vt* contrarier.

Antarctic [ænt'ɑ:ktɪk] *adj* antarctique. **~ Ocean** océan *m* Antarctique. ◆ **Antarctica** *n* Antarctique *m*.

antecedent [,æntɪ'si:dənt] *n* antécédent *m*.

antechamber ['æntɪ,tʃeɪmbəʳ] *n* antichambre *f*.

antelope ['æntɪləʊp] *n* antilope *f*.

antenatal ['æntɪ'neɪtl] *adj*. **~ clinic** service *m* de consultation prénatale.

antenna [æn'tenə] *n, pl* **-ae** antenne *f*.

anteroom ['æntɪrʊm] *n* antichambre *f*.

anthem ['ænθəm] *n* motet *m*.

anthology [æn'θɒlədʒɪ] *n* anthologie *f*.

anthracite ['ænθrəsaɪt] *n* anthracite *m*.

anthropology [,ænθrə'pɒlədʒɪ] *n* anthropologie *f*.

anti... ['æntɪ] *prefix* anti..., contre.... ◆ **antiaircraft** *adj* antiaérien. ◆ **antibiotic** *n* antibiotique *m*. ◆ **antibody** *n* anticorps *m*. ◆ **anticlimax** *n:* **it was an ~** c'était décevant; **what an ~!** quelle déception! ◆ **anticlockwise** *adv* dans le sens inverse des aiguilles d'une montre. ◆ **anticyclone** *n* anticyclone *m*. ◆ **antidote** *n* antidote *m* (*for, to* contre). ◆ **antifreeze** *n* antigel *m*. ◆ **antipodes** [æn'tɪpədi:z] *npl* antipodes *mpl*. ◆ **anti-semitic** *adj* antisémite. ◆ **anti-semitism** *n* antisémitisme *m*. ◆ **antiseptic** *adj, n* antiseptique *(m)*. ◆ **antisocial** *adj (thing)* antisocial; *(person)* sauvage. ◆ **antitheft device** *n (on car)* antivol *m*. ◆ **antithesis** *n, pl* **-eses** antithèse *f*.

antics ['æntɪks] *npl* cabrioles *fpl*. *(fig)* **all his ~** tout le cinéma* qu'il a fait.

anticipate [æn'tɪsɪpeɪt] *vt (expect)* prévoir; *(do before: wishes etc)* aller au-devant de. **I ~ that he will come** je pense qu'il viendra; **as ~d** comme prévu. ◆ **anticipation** *n:* **in ~ of** en prévision de; *(in letter)* **thanking you in ~** avec mes remerciements anticipés.

antipathy [æn'tɪpəθɪ] *n* antipathie *f*.

antiquarian [,æntɪ'kweərɪən] *adj:* **~ bookseller** libraire *mf* spécialisé(e) dans le livre ancien.
antiquated [,æntɪkweɪtɪd] *adj (gen)* vieillot (*f* -otte); *(person)* vieux jeu *inv.*
antique [æn'tiːk] — **1** *adj (very old)* ancien (*f* -enne) *(after noun); (premedieval)* antique. — **2** *n (ornament etc)* objet *m* d'art (ancien); *(furniture)* meuble *m* ancien. **~ dealer** antiquaire *mf;* **~ shop** magasin *m* d'antiquités.
antler ['æntlə^r] *n:* **~s** bois *mpl (d'un cerf).*
anus ['eɪnəs] *n* anus *m.*
anvil ['ænvɪl] *n* enclume *f.*
anxiety [æŋ'zaɪətɪ] *n (feeling)* anxiété *f; (sth causing anxiety)* sujet *m* d'inquiétude. **in his ~ to leave** dans son souci de partir au plus vite; **~ to do well** grand désir *m* de réussir.
anxious ['æŋkʃəs] *adj* **(a)** *(troubled)* anxieux (*f* -ieuse), très inquiet (*f* -ète). **she is ~ about it** cela l'inquiète beaucoup; **an ~ moment** un moment angoissant. **(b)** *(eager)* impatient (*for* de; *to do* de faire). **he is ~ to see you** il tient beaucoup à vous voir; **I am ~ that...** je tiens beaucoup à ce que + *subj.* ◆ **anxiously** *adv (worriedly)* anxieusement; *(eagerly)* avec impatience.
any ['enɪ] — **1** *adj* **(a)** *(with 'not' etc)* **I haven't ~ money** je n'ai pas d'argent; **I haven't ~ books** je n'ai pas de livres; **without ~ difficulty** sans la moindre difficulté. **(b)** *(in questions, with 'if' etc)* du, de la, des. **have you ~ butter?** est-ce que vous avez du beurre?; **can you see ~ birds?** est-ce que vous voyez des oiseaux?; **are there ~ others?** est-ce qu'il y en a d'autres?; **if you see ~ children** si vous voyez des enfants. **(c)** *(no matter which)* n'importe quel (*f* quelle). **take ~ dress** prenez n'importe quelle robe; **~ person who** toute personne qui. — **2** *pron:* **I haven't ~** je n'en ai pas; **have you got ~?** en avez-vous?; **if ~ of you can sing** si quelqu'un parmi vous sait chanter; **~ of those books** n'importe lequel de ces livres. — **3** *adv:* **I can't hear him ~ more** je ne l'entends plus; **not ~ further** pas plus loin; **not ~ longer** pas plus longtemps; **are you feeling ~ better?** vous sentez-vous un peu mieux?; **do you want ~ more soup?** voulez-vous encore de la soupe?
anybody ['enɪbɒdɪ] *pron* **(a)** *(with 'not' etc)* **I can't see ~** je ne vois personne; **without ~ seeing him** sans que personne le voie. **(b)** *(in questions, with 'if' etc)* quelqu'un. **did ~ see you?** est-ce que quelqu'un t'a vu?, est-ce qu'on t'a vu? **(c)** *(no matter who)* **~ could tell you** n'importe qui pourrait vous le dire; **~ would have thought he had lost** on aurait pu croire qu'il avait perdu; **~ who had heard him** quiconque l'a entendu; **~ but Robert** n'importe qui d'autre que Robert; **~ else** n'importe qui d'autre; *(in question)* **is there ~ else I can talk to?** est-ce qu'il y a quelqu'un d'autre à qui je puisse parler?
anyhow ['enɪhaʊ] *adv* **(a)** *(any way whatever)* n'importe comment. **do it ~ you like** faites-le comme vous voulez. **(b)** *(in any case)* en tout cas, quand même. **~ he did see her** en tout cas il l'a vue, il l'a quand même vue.
anyone ['enɪwʌn] *pron* = **anybody.**
anyplace* ['enɪpleɪs] *adv (US)* = **anywhere.**
anything ['enɪθɪŋ] *pron* **(a)** *(with 'not' etc)* **we haven't seen ~**; nous n'avons rien vu; **hardly ~** presque rien; *(reply to question)* **~ but!** pas du tout! **(b)** *(in questions, with 'if' etc)* **did you see ~?** avez-vous vu quelque chose?; **if ~ happens** s'il arrive quelque chose; **~ else?** c'est tout?; **~ between 15 and 20 apples** quelque chose comme 15 ou 20 pommes; **if ~ it's an improvement** ce serait plutôt une amélioration. **(c)** *(no matter what)* **~ at all** n'importe quoi; **~ you like** ce que vous voudrez; **I'll try ~ else** j'essaierai n'importe quoi d'autre; **he ran like ~*** il a drôlement* couru.
anyway ['enɪweɪ] *adv* = **anyhow (b).**
anywhere ['enɪwɛə^r] *adv* **(a)** n'importe où. **put it down ~** pose-le n'importe où; **you can find that soap ~** ce savon se trouve partout; **go ~ you like** allez où vous voulez; **~ else** partout ailleurs. **(b)** *(with 'not')* nulle part. **they didn't go ~** ils ne sont allés nulle part; **not ~ else** nulle part ailleurs; *(fig)* **it won't get you ~** cela ne vous mènera à rien. **(c)** *(in question)* quelque part. **have you seen it ~?** l'avez-vous vu quelque part?
apart [ə'pɑːt] *adv* **(a)** *(separated)* **2 metres ~** à 2 mètres l'un(e) de l'autre; **2 days ~** à 2 jours d'intervalle; **to stand with one's feet ~** se tenir les jambes écartées. **(b)** *(on one side)* à part. **~ from that** à part ça; **~ from the fact that** outre que. **(c)** *(separately)* **to tell ~** distinguer l'un(e) de l'autre; **to keep ~** séparer; **to come ~** se défaire; *(furniture)* se démonter; *(two things)* se détacher; **to take ~** démonter.
apartment [ə'pɑːtmənt] *n (flat)* appartement *m.* **~ house** immeuble *m (de résidence).*
apathetic [,æpə'θetɪk] *adj* apathique. ◆ **apathy** *n* apathie *f.*
ape [eɪp] *n* grand singe *m.*
aperitif [ə'perɪtɪf] *n* apéritif *m.*
aperture ['æpətʃjʊə^r] *n* ouverture *f (also Phot).*
apiece [ə'piːs] *adv* chacun (*f* chacune).
aplomb [ə'plɒm] *n* sang-froid *m.*
Apocalypse [ə'pɒkəlɪps] *n* Apocalypse *f.*
apocryphal [ə'pɒkrɪfəl] *adj* apocryphe.
apologetic [ə,pɒlə'dʒetɪk] *adj (smile etc)* d'excuse. **she was ~ about...** elle s'est excusée de... ◆ **apologetically** *adv* pour s'excuser.
apologize [ə'pɒlədʒaɪz] *vi :* **to ~ to sb for sth** s'excuser de qch auprès de qn; **to ~ for having done** s'excuser d'avoir fait.
apology [ə'pɒlədʒɪ] *n* excuses *fpl.* **to send one's apologies** envoyer une lettre d'excuse.
apostle [ə'pɒsl] *n* apôtre *m.*
apostrophe [ə'pɒstrəfɪ] *n* apostrophe *f.*
appal [ə'pɔːl] *vt* épouvanter. ◆ **appalling** *adj (destruction)* épouvantable; *(ignorance)* consternant.
apparatus [,æpə'reɪtəs] *n (for heating etc)* appareil *m; (in laboratory)* instruments *mpl; (in gym)* appareils *mpl; (for filming, camping etc)* équipement *m.*
apparent [ə'pærənt] *adj* apparent, évident. **the ~ cause** la cause apparente; **it was ~ that** il était évident que. ◆ **apparently** *adv* apparemment.
apparition [,æpə'rɪʃən] *n* apparition *f.*
appeal [ə'piːl] — **1** *vi* **(a) to ~ for sth** demander qch; *(publicly)* lancer un appel pour obtenir qch; **he ~ed for silence** il a demandé le silence. **(b)** *(Law)* se pourvoir en appel. **to ~ against** *(judgment)* appeler de; *(decision)* faire opposition à. **(c)** *(attract)* **to ~ to** plaire à; **it doesn't ~ to me** cela ne me dit rien*. — **2** *n* **(a)** *(public call)* appel *m; (by individual: for help etc)* appel *m* (*for* à), *(for money)* demande *f* (*for* de). **with a look of ~** d'un air suppliant. **(b)** *(Jur)* appel *m.* **A~ Court** cour *f* d'appel. **(c)** *(attraction)* attrait *m.* ◆ **appealing** *adj (begging)* suppliant; *(attractive)* attirant.

appear [ə'pɪəʳ] *vi* **(a)** *(gen)* apparaître; *(book etc)* paraître. **to ~ on TV** passer à la télévision; **he ~ed from nowhere** il est apparu comme par miracle. **(b)** *(Law)* comparaître (*before a judge* devant un juge). **to ~ on a charge of** être jugé pour. **(c)** *(seem)* **it ~s that...** il paraît que...; **it ~s to me that...** il me semble que... ; **so it ~s** à ce qu'il paraît; **how does it ~ to you?** qu'en pensez-vous?

appearance [ə'pɪərəns] *n* **(a)** apparition *f; (arrival)* arrivée *f; (Law)* comparution *f.* **to put in an ~** faire acte de présence; *(Theat)* **in order of ~** par ordre d'entrée en scène. **(b)** *(look)* apparence *f; (house etc)* aspect *m.* **you shouldn't go by ~s** il ne faut pas se fier aux apparences; **to keep up ~s** sauver les apparences.

appease [ə'pi:z] *vt* apaiser.

appendicitis [ə,pendɪ'saɪtɪs] *n* appendicite *f.*

appendix [ə'pendɪks] *n, pl* **-ices** appendice *m.* **to have one's ~ out** se faire opérer de l'appendicite.

appetite ['æpɪtaɪt] *n* appétit *m.* **to have a good ~** avoir bon appétit. ◆ **appetizing** *adj* appétissant.

applaud [ə'plɔ:d] *vt (gen)* applaudir; *(decision)* approuver. ◆ **applause** *n* applaudissements *mpl.*

apple ['æpl] *n* pomme *f;* (**~ tree**) pommier *m.* **he's the ~ of my eye** je tiens à lui comme à la prunelle de mes yeux; **~ core** trognon *m* de pomme; **~ pie** tourte *f* aux pommes; **~ sauce** compote *f* de pommes.

appliance [ə'plaɪəns] *n* appareil *m; (smaller)* dispositif *m.*

applicable ['æplɪkəbl] *adj* applicable (*to* à).

applicant ['æplɪkənt] *n (for job)* candidat(e) *m(f)* (*for* à); *(for benefits etc)* demandeur *m* (*f* -euse).

application [,æplɪ'keɪʃən] *n* demande *f* (*for* de). **on ~** sur demande; **~ form** formulaire *m* de demande.

apply [ə'plaɪ] — **1** *vt (ointment etc)* appliquer (*to* sur); *(rule etc)* appliquer (*to* à); *(brakes)* actionner. **to ~ o.s. to sth** s'appliquer à qch; **applied science** sciences *fpl* appliquées. — **2** *vi* **(a)** s'adresser (*to sb for sth* à qn pour obtenir qch). **to ~ for a scholarship** faire une demande de bourse; **to ~ for a job** faire une demande d'emploi (*to sb* auprès de qn). **(b)** s'appliquer (*to* à). **this does not ~ to you** ceci ne s'applique pas à vous.

appoint [ə'pɔɪnt] *vt* nommer (*sb to a post* qn à un poste); *(fix: date, place)* fixer. **at the ~ed time** à l'heure dite; **to ~ sb manager** nommer qn directeur; **to ~ a new secretary** engager une nouvelle secrétaire.

appointment [ə'pɔɪntmənt] *n* **(a)** *(meeting)* rendez-vous *m inv.* **to make an ~ with sb** prendre rendez-vous avec qn; **to keep an ~** aller à un rendez-vous; **by ~** sur rendez-vous. **(b)** *(office, post)* poste *m; (in newspaper etc)* **'~s vacant'** 'offres *fpl* d'emploi'.

appraisal [ə'preɪzəl] *n* évaluation *f.*

appreciable [ə'pri:ʃəbl] *adj* appréciable.

appreciate [ə'pri:ʃɪeɪt] *vt* **(a)** *(be aware of: difficulty etc)* se rendre compte de. **yes, I ~ that** oui, je m'en rends bien compte. **(b)** *(value: help, music, person)* apprécier; *sb's work, kindness* être reconnaissant de. ◆ **appreciation** *n* reconnaissance *f.* **in ~ of** en remerciement de. ◆ **appreciative** *adj (admiring)* admiratif (*f* -ive); *(grateful)* reconnaissant.

apprehend [,æprɪ'hend] *vt* appréhender. ◆ **apprehension** *n (fear)* appréhension *f.* ◆ **apprehensive** *adj* plein d'appréhension. ◆ **apprehensively** *adv* avec appréhension.

apprentice [ə'prentɪs] *n* apprenti(e) *m(f).* **~ plumber** *or* **plumber's ~** apprenti *m* plombier. ◆ **apprenticeship** *n* apprentissage *m.*

approach [ə'prəʊtʃ] — **1** *vi (of person, car)* s'approcher; *(of day, event)* approcher. — **2** *vt (place)* s'approcher de; *(topic)* aborder. **to ~ sb** *(come towards)* venir vers qn; *(speak to)* aborder qn; **to ~ sb about sth** s'adresser à qn à propos de qch; **it was ~ing midnight** il était presque minuit. — **3** *n (gen)* approche *f; (of place)* abord *m.* **at the ~ of** à l'approche de; **his ~ was wrong** sa façon de le faire n'était pas bonne; **to make an ~ to sb** faire une proposition à qn; **~ road** *(to city)* voie *f* d'accès. ◆ **approaching** *adj (date, car)* qui approche; *(oncoming car)* venant en sens inverse.

approbation [,æprə'beɪʃən] *n* approbation *f.*

appropriate [ə'prəʊprɪɪt] — **1** *adj (gen)* opportun; *(word)* juste; *(name)* bien choisi; *(department)* compétent. **~ for** *or* **to** approprié à; **it would not be ~ for me to do it** ce n'est pas à moi de le faire. — **2** [ə'prəʊprɪeɪt] *vt* s'approprier. ◆ **appropriately** *adv:* **~ chosen** bien choisi; **~ named** au nom bien choisi.

approval [ə'pru:vəl] *n* approbation *f.* **on ~** à l'essai; **it has got her ~** elle l'approuve.

approve [ə'pru:v] *vti* (*gen: also* **to ~ of**) approuver; *(request)* agréer; *(person)* avoir bonne opinion de. **she doesn't ~ of drinking** elle n'approuve pas qu'on boive. ◆ **approving** *adj* approbateur (*f* -trice).

approximate [ə'prɒksɪmɪt] *adj* approximatif (*f* -tive). **~ to** proche de. ◆ **approximately** *adv* approximativement.

apricot ['eɪprɪkɒt] *n* abricot *m;* (**~ tree**) abricotier *m.*

April ['eɪprəl] *n* avril *m.* **to make an ~ fool of sb** faire un poisson d'avril à qn; **~ Fools' Day** le premier avril.

apron ['eɪprən] *n* tablier *m.*

apropos [,æprə'pəʊ] *adj, adv* à propos (*of* de).

apt [æpt] *adj* **(a)** *(person)* porté (*to do* à faire); *(thing)* susceptible (*to do* de faire). **one is ~ to believe...** on a tendance à croire... **(b)** *(comment)* juste ◆ **aptitude** *n* aptitude *f* (*for* à). ◆ **aptly** *adv (answer)* avec justesse.

aqualung ['ækwəlʌŋ] *n* scaphandre *m* autonome.

aquarium [ə'kwɛərɪəm] *n* aquarium *m.*

Aquarius [ə'kwɛərɪəs] *n* le Verseau.

aquatic [ə'kwætɪk] *adj (gen)* aquatique; *(sport)* nautique.

aqueduct ['ækwɪdʌkt] *n* aqueduc *m.*

Arab ['ærəb] — **1** *n* Arabe *mf.* — **2** *adj* arabe. ◆ **Arabia** *n* Arabie *f.* ◆ **Arabian** *adj:* **~ Gulf** golfe *m* Arabique; **the ~ Nights** les Mille et Une Nuits. ◆ **Arabic** — **1** *n* arabe *m.* — **2** *adj* arabe.

arbitrary ['ɑ:bɪtrərɪ] *adj* arbitraire.

arbitrate ['ɑ:bɪtreɪt] *vti* arbitrer. ◆ **arbitration** *n* arbitrage *m.* **to go to ~** recourir à l'arbitrage. ◆ **arbitrator** *n* arbitre *m (dans un conflit).*

arc [ɑ:k] *n* arc *m.*

arcade [ɑ'keɪd] *n* arcade *f; (shops)* galerie *f* marchande.

arch[1] [ɑ:tʃ] *n (church etc)* voûte *f; (bridge etc)* arche *f; (foot)* voûte *f* plantaire. ◆ **arched** *adj (back)* cambré. ◆ **archway** *n* voûte *f* (d'entrée).

arch² [ɑːtʃ] *adj:* **an ~ hypocrite** un grand hypocrite; **the ~ hypocrite** le principal hypocrite.
archaeology [,ɑːkɪ'ɒlədʒɪ], *(US)* **archeology** *n* archéologie *f.* ◆ **archaeologist** *n* archéologue *mf.*
archaic [ɑː'keɪɪk] *adj* archaïque.
archery ['ɑːtʃərɪ] *n* tir *m* à l'arc.
archangel ['ɑːk,eɪndʒəl] *n* archange *m.*
archbishop ['ɑːtʃ'bɪʃəp] *n* archevêque *m.*
archipelago [,ɑːkɪ'pelɪgəʊ] *n* archipel *m.*
architect ['ɑːkɪtekt] *n* architecte *m.* ◆ **architecture** *n* architecture *f.*
archives ['ɑːkaɪvz] *npl* archives *fpl.*
Arctic ['ɑːktɪk] *adj, n:* **~ Circle** cercle *m* Arctique; **the ~ (Ocean)** l'Arctique *m.*
ardent ['ɑːdənt] *adj (gen)* ardent; *(admirer)* fervent.
arduous ['ɑːdjʊəs] *adj* ardu. ◆ **arduously** *adv* laborieusement.
area ['ɛərɪə] *n* **(a)** *(surface measure)* superficie *f.* **(b)** *(region)* région *f; (army etc)* territoire *m, (smaller)* secteur *m; (fig: of knowledge, enquiry)* domaine *m. (fig)* **in this ~** à ce propos; **dining ~** coin *m* salle-à-manger; **~ manager** directeur *m* régional; **~ office** agence *f* régionale.
arena [ə'riːnə] *n* arène *f.*
Argentina [,ɑːdʒən'tiːnə] *n* (*also* **the Argentine**) Argentine *f.*
arguable ['ɑːgjuəbl] *adj:* **it is ~ that...** on peut soutenir que.... ◆ **arguably** *adv:* **it is ~...** on peut soutenir que c'est....
argue ['ɑːgjuː] *vti* **(a)** *(dispute)* se disputer (*with sb* avec qn; *about sth* au sujet de qch). **don't ~!** pas de discussion! **(b)** *(debate: case)* discuter; *(maintain)* affirmer (*that* que). **he ~d against going** il a donné les raisons qu'il avait de ne pas vouloir y aller; **to ~ the toss*** discuter le coup; **it ~s a certain lack of feeling** cela indique une certaine insensibilité.
argument ['ɑːgjʊmənt] *n* **(a)** *(debate)* discussion *f.* **one side of the ~** une seule version de l'affaire; **for ~'s sake** à titre d'exemple. **(b)** *(dispute)* dispute *f.* **to have an ~** se disputer (*with sb* avec qn). **(c)** *(reason)* argument *m.* ◆ **argumentative** *adj* raisonneur (*f* -euse).
arid ['ærɪd] *adj* aride.
Aries ['ɛəriːz] *n* le Bélier.
arise [ə'raɪz] *pret* **arose,** *ptp* **arisen** [ə'rɪzn] *vi (difficulty)* surgir; *(question, occasion)* se présenter; *(cry)* s'élever. **should the need ~** en cas de besoin; **it ~s from...** cela résulte de....
aristocracy [,ærɪs'tɒkrəsɪ] *n* aristocratie *f.*
aristocrat ['ærɪstəkræt] *n* aristocrate *mf.*
aristocratic [,ærɪstə'krætɪk] *adj* aristocratique.
arithmetic [ə'rɪθmətɪk] *n* arithmétique *f.*
ark [ɑːk] *n* arche *f.* **Noah's ~** l'arche de Noé.
arm¹ [ɑːm] *n (gen)* bras *m; (sleeve)* manche *f.* **in one's ~s** dans ses bras; **he had a coat over his ~** il avait un manteau sur le bras; **to put one's ~ round sb** passer son bras autour des épaules de qn; **~ in ~** bras dessus bras dessous; **within ~'s reach** à portée de la main; **at ~'s length** à bout de bras, *(fig)* à distance; **the long ~ of the law** le bras de la loi. ◆ **armband** *n* brassard *m.* ◆ **armchair** *n* fauteuil *m.* ◆ **armful** *n* brassée *f.* ◆ **armpit** *n* aisselle *f.* ◆ **armrest** *n* accoudoir *m.*
arm² [ɑːm] — **1** *n* **(a)** *(weapons):* **~s** armes *fpl;* **under ~s** sous les armes; **~s manufacturer** fabricant *m* d'armes; **~s race** course *f* aux armements; **to be up in ~s against** être en rébellion ouverte contre; **she was up in ~s about it** cela la mettait hors d'elle-même. **(b) coat of ~s** armes *fpl.* — **2** *vt (person, nation)* armer; *(missile)* munir d'une tête d'ogive. — **3** *vi* s'armer (*against* contre). ◆ **armaments** *npl* armements *mpl.* ◆ **armed** *adj* armé (*with* de). **~ to the teeth** armé jusqu'aux dents; **the ~ forces** les forces *fpl* armées; **~ robbery** vol *m* à main armée.
armistice ['ɑːmɪstɪs] *n* armistice *m. (Brit)* **A~ Day** le onze novembre.
armour, *(US)* **armor** ['ɑːmə^r] *n (knight)* armure *f.* ◆ **armour-plated** *adj* blindé. ◆ **armoured car** *n* voiture *f* blindée.
army ['ɑːmɪ] *n* armée *f* (de terre). **in the ~** dans l'armée; **to join the ~** s'engager; **~ uniform** uniforme *m* militaire; **~ officer** officier *m* (de l'armée de terre).
aroma [ə'rəʊmə] *n* arôme *m.* ◆ **aromatic** *adj* aromatique.
arose [ə'rəʊz] *pret of* **arise.**
around [ə'raʊnd] — **1** *adv* autour. **all ~** tout autour; **for miles ~** sur un rayon de plusieurs kilomètres; **he is somewhere ~** il est dans les parages; **he's been ~*** *(travelled)* il a roulé sa bosse*; *(experienced)* il n'est pas né d'hier. — **2** *prep* **(a)** *(round)* autour de; *(about)* dans. **~ the fire** autour du feu; **~ the corner** après le coin; **to go ~ an obstacle** contourner un obstacle; **somewhere ~ the house** quelque part dans la maison. **(b)** *(approximately)* environ, vers. **~ 2 kilos** environ *or* à peu près 2 kilos; **~ 10 o'clock** vers 10 heures.
arouse [ə'raʊz] *vt (waken)* réveiller; *(stir to action)* pousser à agir; *(curiosity)* éveiller.
arrange [ə'reɪndʒ] — **1** *vt* **(a)** *(order: room, hair, flowers)* arranger; *(books, objects)* ranger; *(music)* arranger (*for* pour). **(b)** *(fix: meeting, programme)* organiser; *(date)* fixer. **it was ~d that** il a été convenu que. — **2** *vi* s'arranger (*to do* pour faire; *for sb to do* pour que qn fasse; *with sb about sth* avec qn au sujet de qch). **to ~ for luggage to be sent up** faire monter des bagages.
arrangement [ə'reɪndʒmənt] *n* arrangement *m.* **by ~ with...** avec l'autorisation *f* de...; **to make ~s to do** s'arranger pour faire; **to make ~s for sth** prendre des dispositions *fpl* pour qch.
array [ə'reɪ] *n* ensemble *m* impressionnant.
arrears [ə'rɪəz] *npl* arriéré *m.* **to be 3 months in ~ with the rent** devoir 3 mois de loyer.
arrest [ə'rest] — **1** *vt* arrêter. — **2** *n* arrestation *f.* **under ~** en état d'arrestation; **to put sb under ~** arrêter qn; **to make an ~** procéder à une arrestation.
arrival [ə'raɪvəl] *n (gen)* arrivée *f; (consignment)* arrivage *m.* **on ~** à l'arrivée; *(person)* **the first ~** le premier arrivé; **a new ~** un(e) arrivant(e).
arrive [ə'raɪv] *vi* arriver (*at* à). **to ~ on the scene** arriver; **to ~ at a decision** parvenir à une décision; **to ~ at a price** *(one person)* fixer un prix; *(2 people)* se mettre d'accord sur un prix.
arrogance ['ærəgəns] *n* arrogance *f.* ◆ **arrogant** adj arrogant.
arrow ['ærəʊ] *n* flèche *f.*
arsenic ['ɑːsnɪk] *n* arsenic *m.*
arson ['ɑːsn] *n* incendie *m* criminel.
art [ɑːt] *n* **(a)** art *m.* **to study ~** faire des études d'art, *(at university)* faire les beaux-arts *mpl;* **~s and crafts** artisanat *m;* **~ collection** collection *f* de tableaux; **~ exhibition** exposition *f;* **~ gallery** *(museum)* musée *m* d'art; *(shop)*

galerie *f* (d'art); ~ **school** école *f* des beaux-arts; ~ **student** étudiant(e) *m(f)* en beaux-arts. **(b) Faculty of A~s** faculté *f* des Lettres; **A~s degree** licence *f* ès Lettres; **A~s student** étudiant(e) de Lettres.

artefact ['ɑːtɪfækt] *n* objet *m* fabriqué.

artery ['ɑːtərɪ] *n* artère *f*.

artful ['ɑːtfʊl] *adj* rusé.

arthritis [ɑːθraɪtɪs] *n* arthrite *f*.

artichoke ['ɑːtɪtʃəʊk] *n (globe ~)* artichaut *m; (Jerusalem ~)* topinambour *m*.

article ['ɑːtɪkl] *n* article *m*. **~s of clothing** vêtements *mpl;* **~s of value** objets *mpl* de valeur.

articulate [ɑː'tɪkjʊlɪt] — **1** *adj (person)* qui s'exprime bien. — **2** [ɑː'tɪkjʊleɪt] *vti* articuler. **~d lorry** semi-remorque *m*. ◆ **articulately** *adv* avec facilité.

artifact ['ɑːtɪfækt] *n* = **artefact.**

artifice ['ɑːtɪfɪs] *n* artifice *m*.

artificial [,ɑːtɪ'fɪʃəl] *adj* artificiel (*f*-ielle). ~ **teeth** fausses dents *fpl*.

artillery [ɑː'tɪlərɪ] *n* artillerie *f*.

artisan ['ɑːtɪzæn] *n* artisan *m*.

artist ['ɑːtɪst] *n* artiste *mf*. ◆ **artiste** *n* artiste *mf (de théâtre etc)*. ◆ **artistic** *adj (gen)* artistique; *(temperament)* artiste. **he's very** ~ il a un sens artistique très développé.

artless ['ɑːtlɪs] *adj* naturel (*f* -elle).

arty-crafty* ['ɑːtɪ'krɑːftɪ] *adj (object)* exagérément artisanal; *(person)* bohème.

as [æz, əz] *conj, adv* **(a)** *(gen)* comme. **he got deafer ~ he got older** il devenait plus sourd à mesure qu'il vieillissait; **do ~ you like** faites comme vous voudrez; **M ~ in Marcel** M comme Marcel; ~ **usual** comme d'habitude; ~ **often happens** comme il arrive souvent; ~ **it were** pour ainsi dire; ~ **it is, I can't** les choses étant ce qu'elles sont, je ne peux pas; **leave it ~ it is** laisse ça tel quel; **Olivier ~ Hamlet** Olivier dans le rôle de Hamlet. **(b)** ~ **tall** ~ aussi grand que; **not so** *or* **not ~ tall** ~ pas aussi grand que, pas si grand que; ~ **much** ~ autant que; **twice ~ rich** ~ deux fois plus riche que; **the same day** ~ le même jour que. **(c)** *(concessive)* **big ~ the box is...** si grande que soit la boîte...; **try ~ he would, he couldn't do it** il a eu beau essayer, il n'y est pas arrivé. **(d)** ~ **if,** ~ **though** comme (si); ~ **if he'd been drinking** comme s'il avait bu; **he rose ~ if to go out** il s'est levé comme pour sortir; ~ **for,** ~ **to,** ~ **regards** quant à; **so ~ to** + *infin* pour, de façon à, afin de + *infin*.

asbestos [æz'bestəs] *n* amiante *f*. ~ **mat** plaque *f* d'amiante.

ascend [ə'send] — **1** *vi* monter. — **2** *vt (ladder)* monter à; *(mountain)* faire l'ascension de; *(staircase)* monter; *(throne)* monter sur. ◆ **ascension** *n* ascension *f*. ◆ **ascent** *n* ascension *f*.

ascertain [,æsə'teɪn] *vt (gen)* s'assurer (*that* que); *(truth, what happened)* établir.

ash[1] [æʃ] *n* (~ **tree**) frêne *m*.

ash[2] [æʃ] *n* cendre *f*. **A~ Wednesday** le mercredi des Cendres. ◆ **ashcan** *n* boîte *f* à ordures. ◆ **ashtray** *n* cendrier *m*.

ashamed [ə'ʃeɪmd] *adj* honteux (*f* -euse). **to be** *or* **feel** ~ avoir honte (*of* de); **to be ~ of o.s.** avoir honte; **I am ~ to say** à ma honte je dois dire.

ashore [ə'ʃɔːʳ] *adv* à terre. **to go** ~ descendre à terre; **to put sb** ~ débarquer qn.

Asia ['eɪʃə] *n* Asie *f*. ◆ **Asian** — **1** *adj* asiatique. — **2** *n* Asiatique *mf*.

aside [ə'saɪd] — **1** *adv* de côté. **to put sth** ~ mettre qch de côté; **to take sb** ~ prendre qn à part; ~ **from** à part. — **2** *n (in conversation etc)* aparté *m*.

ask [ɑːsk] *vti* **(a)** *(inquire)* demander (*sb sth* qch à qn). **to ~ about sth** se renseigner sur qch; **to ~ sb about sth, to ~ sb a question about sth** poser une question à qn au sujet de qch; ~ **him if he has seen her** demande-lui s'il l'a vue; **don't ~ me!*** je ne sais pas, moi!; **to ~ after sb** demander des nouvelles de qn. **(b)** *(request)* demander (*sb to do* à qn de faire; *that sth be done* que qch soit fait; *sb for sth* qch à qn). **to ~ sb a favour** demander une faveur à qn; **he ~ed to go** il a demandé s'il pouvait y aller; **that's ~ing a lot!** c'est beaucoup en demander!; **to ~ for sth** demander qch; **he ~ed for the manager** il a demandé à voir le directeur; **they are ~ing for trouble*** ils cherchent les embêtements*. **(c)** *(invite)* inviter (*sb to sth* qn à qch; *sb to do* qn à faire). **to ~ sb in** *etc* inviter qn à entrer *etc*.

askance [ə'skæns] *adv:* **to look ~ at** *(suggestion)* se formaliser de.

askew [ə'skjuː] *adv* de travers.

asleep [ə'sliːp] *adj* endormi. **to be** ~ dormir, être endormi; **to be fast** *or* **sound** ~ dormir à poings fermés; **to fall** ~ s'endormir.

asparagus [əs'pærəgəs] *n (plant)* asperge *f; (food)* asperges.

aspect ['æspekt] *n* aspect *m*. **to study every ~ of sth** étudier qch sous tous ses aspects.

aspersion [əs'pɜːʃən] *n:* **to cast ~s on** dénigrer.

asphalt ['æsfælt] *n* asphalte *m*.

asphyxiate [æs'fɪksɪ,eɪt] **1** *vt* asphyxier. **2** *vi* s'asphyxier.

aspiration [,æspə'reɪʃən] *n* aspiration *f*.

aspire [əs'paɪəʳ] *vi* aspirer (*to* à; *to do* à faire).

aspirin ['æsprɪn] *n* aspirine *f*.

ass [æs] *n* âne *m; (fool)* imbécile *mf*. **don't be an ~!** ne fais pas l'imbécile!

assail [ə'seɪl] *vt* assaillir (*with* de). ◆ **assailant** *n* agresseur *m*.

assassin [ə'sæsɪn] *n* assassin *m (politique etc)*. ◆ **assassinate** *vt* assassiner. ◆ **assassination** *n* assassinat *m*.

assault [ə'sɔːlt] — **1** *n (on person)* agression *f; (in battle)* assaut *m* (*on* de). **the ~ on the man** l'agression dont l'homme a été victime. — **2** *vt* agresser; *(sexually)* violenter.

assemble [ə'sembl] — **1** *vt (things)* assembler; *(people)* rassembler; *(machine)* monter. — **2** *vi* se rassembler. ◆ **assembly** *n* **(a)** *(meeting)* assemblée *f; (in school)* rassemblement *m* des élèves. **(b)** ~ **line** chaîne *f* de montage.

assent [ə'sent] *n* assentiment *m*.

assert [ə'sɜːt] *vt* soutenir (*that* que). ◆ **assertion** *n* affirmation *f*.

assess [ə'ses] *vt (gen)* estimer; *(payment etc)* déterminer le montant de; *(situation, time, amount)* évaluer; *(candidate)* juger la valeur de. ◆ **assessment** *n* estimation *f;* évaluation *f;* jugement *m* (*of* sur); *(of sb's work)* **continuous** ~ contrôle *m* continu. ◆ **assessor** *n* expert *m (en impôts etc)*.

asset ['æset] *n:* **~s** *(in commerce)* actif *m; (gen: possessions)* biens *mpl;* **~s and liabilities** actif et passif *m; (fig)* **his greatest** ~ son meilleur atout.

assiduous [ə'sɪdjʊəs] *adj* assidu.

assign [əˈsaɪn] *vt (gen)* assigner (*to* à); *(property, right)* céder (*to sb* à qn). ◆ **assignation** *n (appointment)* rendez-vous *m inv.* ◆ **assignment** *n (task)* mission *f*: *(in school)* devoir *m.*
assimilate [əˈsɪmɪleɪt] *vt* assimiler (*to* à).
assist [əˈsɪst] *vti* aider (*to do, in doing* à faire). ◆ **assistance** *n* aide *f.* **his ~ in doing...** l'aide qu'il nous a apportée en faisant; **to come to sb's ~** venir à l'aide de qn. ◆ **assistant** — **1** *n* assistant(e) *m(f)*; *(in shop)* vendeur *m* (*f* -euse). — **2** *adj* adjoint.
associate [əˈsəʊʃɪɪt] — **1** *adj* associé. — **2** *n* associé(e) *m(f).* — **3** [əˈsəʊʃɪeɪt] *vt* associer (*with* avec). *(in undertaking etc)* **to be ~ed with sth** être associé à qch. — **4** *vi*: **to ~ with sb** fréquenter qn.
association [əˌsəʊsɪˈeɪʃən] *n* association *f.* **~ football** football *m* association.
assorted [əˈsɔːtɪd] *adj (gen)* assorti; *(sizes etc)* différent. ◆ **assortment** *n (objects)* assortiment *m.* **an ~ of people** des gens *mpl* très divers.
assume [əˈsjuːm] *vt* **(a)** *(suppose)* supposer, présumer. **let us ~ that** supposons que + *subj.* **(b)** *(take: gen)* prendre; *(responsibility, role)* assumer; *(attitude)* adopter. **to ~ control of** prendre en main la direction de; **under an ~d name** sous un nom d'emprunt. ◆ **assumption** *n (supposition)* supposition *f.* **on the ~ that** en supposant que + *subj;* **to go on the ~ that** présumer que; **A~ Day** fête *f* de l'Assomption *f.*
assure [əˈʃʊəʳ] *vt* assurer (*sb of sth* qn de qch). ◆ **assurance** *n* assurance *f.* ◆ **assuredly** *adv* assurément.
asterisk [ˈæstərɪsk] *n* astérisque *m.*
asthma [ˈæsmə] *n* asthme *m.* ◆ **asthmatic** *adj* asthmatique.
astonish [əˈstɒnɪʃ] *vt* étonner, stupéfier. ◆ **astonished** *adj* étonné. **I am ~ that** cela m'étonne que + *subj.* ◆ **astonishing** *adj* étonnant. ◆ **astonishingly** *adv* incroyablement. ◆ **astonishment** *n* étonnement *m.*
astound [əˈstaʊnd] *vt* stupéfier. ◆ **astounding** *adj* stupéfiant.
astray [əˈstreɪ] *adv*: **to go ~** s'égarer; **to lead sb ~** détourner qn du droit chemin.
astride [əˈstraɪd] — **1** *adv* à califourchon. — **2** *prep* à califourchon sur.
astringent [əsˈtrɪndʒənt] *n* astringent *m.*
astrology [əsˈtrɒlədʒɪ] *n* astrologie *f.* ◆ **astrologer** *n* astrologue *m.*
astronaut [ˈæstrənɔːt] *n* astronaute *mf.*
astronomy [əsˈtrɒnəmɪ] *n* astronomie *f.* ◆ **astronomer** *n* astronome *m.* ◆ **astronomical** *adj* astronomique.
astute [əsˈtjuːt] *adj* astucieux (*f* -ieuse). ◆ **astutely** *adv* astucieusement.
asylum [əˈsaɪləm] *n* asile *m.*
at [æt] *prep* **(a)** *(place, time)* à. **~ the table** à la table; **~ my brother's** chez mon frère; **~ home** à la maison; **~ 10 o'clock** à 10 heures; **~ a time like this** à un moment pareil. **(b)** *(phrases)* **to play ~ football** jouer au football; **while we are ~ it*** pendant que nous y sommes; **they are ~ it all day*** ils font ça toute la journée; **~ 80 km/h** à 80 km/h; **he drove ~ 80 km/h** il faisait du 80 (à l'heure); **3 ~ a time** 3 par trois; **he sells them ~ 2 francs a kilo** il les vend 2 F le kilo; **let's leave it ~ that** restons-en là! **(c)** *(cause)* **surprised ~** étonné de; **annoyed ~** contrarié par; **angry ~** en colère contre.
ate [et, *(US)* eɪt] *pret of* **eat.**

atheism [ˈeɪθɪɪzəm] *n* athéisme *m.* ◆ **atheist** *n* athée *mf.*
athlete [ˈæθliːt] *n (in competitions)* athlète *mf. (gen)* **he's a fine ~** il est très sportif; *(disease)* **~'s foot** mycose *f.* ◆ **athletic** [æθˈletɪk] *adj* athlétique. ◆ **athletics** *nsg (Brit)* athlétisme *m; (US)* sport *m.*
Atlantic [ətˈlæntɪk] *adj (winds, currents)* de l'Atlantique. **the ~ Ocean** l'océan *m* Atlantique.
atlas [ˈætləs] *n* atlas *m.*
atmosphere [ˈætməsfɪəʳ] *n* atmosphère *f.*
atmospheric [ˌætməsˈferɪk] *adj* atmosphérique.
atom [ˈætəm] *n* atome *m. (fig)* **not an ~ of truth** pas un grain de vérité; **~ bomb** bombe *f* atomique. ◆ **atomic** *adj* atomique. ◆ **atomizer** *n* atomiseur *m.*
atone [əˈtəʊn] *vi*: **to ~ for** *(sin)* expier; *(mistake)* réparer. ◆ **atonement** *n* expiation *f*; réparation *f.*
atrocious [əˈtrəʊʃəs] *adj* atroce.
atrocity [əˈtrɒsɪtɪ] *n* atrocité *f.*
atrophy [ˈætrəfɪ] *vi* s'atrophier.
attach [əˈtætʃ] *vt (gen)* attacher (*to* à); *(document)* joindre (*to* à). **the ~ed letter** la lettre ci-jointe; **to ~ o.s. to a group** se joindre à un groupe; *(fond of)* **~ed to** attaché à. ◆ **attaché** [əˈtæʃeɪ] *n* attaché(e) *m(f).* **~ case** attaché-case *m.* ◆ **attachment** *n (for tool etc: accessory)* accessoire *m; (affection)* attachement *m* (*to* à).
attack [əˈtæk] — **1** *n* **(a)** attaque *f* (*on* contre). **~ on sb's life** attentat *m* contre qn; **to be under ~** *(of army etc)* être attaqué (*from* par); *(fig)* être en butte aux attaques (*from* de). **(b)** *(disease: gen)* crise *f.* **~ of fever** accès *m* de fièvre; **an ~ of migraine** une migraine. — **2** *vt (person)* attaquer; *(task)* s'attaquer à. ◆ **attacker** *n* agresseur *m.*
attain [əˈteɪn] *vti (aim, rank, age)* atteindre; *(also* **~** *to: knowledge)* acquérir; *(happiness, power)* parvenir à. ◆ **attainable** *adj* accessible (*by* à). ◆ **attainment** *n* réussite *f.*
attempt [əˈtempt] — **1** *vt (gen)* essayer (*to do* de faire); *(task)* entreprendre. **~ed murder** tentative *f* de meurtre; **to ~ suicide** tenter de se suicider. — **2** *n* tentative *f* (*at sth* de qch); *(unsuccessful)* essai *m.* **to make an ~ at doing** essayer de faire; **to make an ~ on the record** essayer de battre le record; **~ on sb's life** attentat *m* contre qn.
attend [əˈtend] — **1** *vt (meeting)* assister à; *(classes)* suivre; *(school)* aller à. **it was well ~ed** il y avait beaucoup de monde. — **2** *vi* **(a)** *(be present)* être présent. **(b)** *(pay attention)* faire attention (*to* à). **to ~ to sb** s'occuper de qn. ◆ **attendance** *n (being present)* présence *f*; *(number of people present)* assistance *f. (of doctor)* **~ on a patient** visites *fpl* à un malade. ◆ **attendant** *n (museum etc)* gardien(ne) *m(f)*; *(servant)* serviteur *m.*
attention [əˈtenʃən] *n* attention *f.* **to pay ~ to** faire attention à; **to call sb's ~ to sth** attirer l'attention de qn sur qch; **it has come to my ~ that** je me suis aperçu que; **for the ~ of** à l'attention de; *(Mil)* **~!** garde-à-vous!; **to stand at ~** être au garde-à-vous. ◆ **attentive** *adj* attentif (*f* -ive). **~ to sb** prévenant envers qn. ◆ **attentively** *adv* attentivement.
attest [əˈtest] *vt* attester.
attic [ˈætɪk] *n* grenier *m.* **~ room** mansarde *f.*
attire [əˈtaɪəʳ] *n* vêtements *mpl.*

attitude ['ætɪtju:d] *n* attitude *f* (*towards* envers). **if that's your ~** si c'est ainsi que vous le prenez.

attorney [ə'tɜ:nɪ] *n* mandataire *m*; *(US: lawyer)* avoué *m*. **A~ General** *(Brit)* ≃ Procureur *m* Général; *(US)* ≃ Ministre *m* de la Justice.

attract [ə'trækt] *vt* attirer. ◆ **attraction** *n* attrait *m*. ◆ **attractive** *adj* attrayant.

attribute [ə'trɪbju:t] — **1** *vt* attribuer (*to* à). — **2** ['ætrɪbju:t] *n* attribut *m*; *(Gram)* épithète *f*. ◆ **attributable** *adj* attribuable (*to* à).

aubergine ['əʊbəʒi:n] *n* aubergine *f*.

auction ['ɔ:kʃən] — **1** *n* (**~ sale**) vente *f* aux enchères *fpl*. **~ room** salle *f* des ventes — **2** *vt* vendre aux enchères. ◆ **auctioneer** *n* commissaire-priseur *m*.

audacious [ɔ:'deɪʃəs] *adj* audacieux (*f* -ieuse). ◆ **audacity** *n* audace *f*.

audible ['ɔ:dɪbl] *adj (sound)* perceptible; *(voice)* distinct. **she was hardly ~** on l'entendait à peine. ◆ **audibly** *adv* distinctement.

audience ['ɔ:dɪəns] *n* **(a)** *(in theatre)* spectateurs *mpl*; *(of speaker)* auditoire *m*; *(at concert etc)* auditeurs *mpl*; *(TV)* téléspectateurs *mpl*. **those in the ~** les gens *mpl* dans la salle. **(b)** *(formal interview)* audience *f*.

audio-visual [,ɔ:dɪəʊ'vɪzjʊəl] *adj* audio-visuel.

audit ['ɔ:dɪt] — **1** *n* vérification *f* des comptes. — **2** *vt* vérifier. ◆ **auditor** *n* expert-comptable *m*.

audition [ɔ:'dɪʃən] — **1** *n* audition *f*. — **2** *vti* auditionner (*for a part* pour un rôle).

auditorium [,ɔ:dɪ'tɔ:rɪəm] *n* salle *f*.

augment [ɔ:g'ment] *vti* augmenter (*by* de).

augur ['ɔ:gə^r] *vi*: **to ~ well** être de bon augure (*for* pour).

August ['ɔ:gəst] *n* août *m*; *for phrases V* **September**.

aunt [ɑ:nt] *n* tante *f*. **yes ~** oui, ma tante. ◆ **auntie***, **aunty*** *n* tata* *f*.

au pair ['əʊ'pɛə] — **1** *adj, adv* au pair. — **2** *n* jeune fille *f* au pair.

auspices ['ɔ:spɪsɪz] *npl*: **under the ~ of** sous les auspices *mpl* de. ◆ **auspicious** [ɔɪs'pɪʃəs] *adj (sign)* de bon augure; *(start)* bon (*f* bonne).

austere [ɒs'tɪə^r] *adj* austère. ◆ **austerity** *n* austérité *f*.

Australia [ɒs'treɪlɪə] *n* Australie *f*. ◆ **Australian** — **1** *n* Australien(ne) *m(f)*. — **2** *adj* australien.

Austria ['ɒstrɪə] *n* Autriche *f*. ◆ **Austrian** — **1** *n* Autrichien(ne) *m(f)*. — **2** *adj* autrichien.

authentic [ɔ:'θentɪk] *adj* authentique. ◆ **authenticity** *n* authenticité *f*.

author ['ɔ:θə^r] *n* auteur *m*.

authoritative [ɔ:'θɒrɪtətɪv] *adj (person)* autoritaire; *(writing)* qui fait autorité.

authority [ɔ:'θɒrɪtɪ] *n (gen)* autorité *f*; *(permission)* autorisation *f*. **to be in ~** commander; **to be in ~ over sb** avoir autorité sur qn; **he has no ~ to do it** il n'a pas le droit de le faire; **on her own ~** de sa propre autorité; **the health authorities** les services *mpl* de la santé publique; **to be an ~ on** faire autorité en matière de; **I have it on good ~ that...** je sais de source sûre que... ◆ **authorization** *n* autorisation *f* (*of, for* pour; *to do* de faire). ◆ **authorize** *vt* autoriser (*sb to do* qn à faire). **the A~d Version** la Bible de 1611.

auto ['ɔ:təʊ] *n (US)* auto *f*.

autobiography [,ɔ:təʊbaɪ'ɒgrəfɪ] *n* autobiographie *f*.

autocratic [,ɔ:təʊ'krætɪk] *adj* autocratique.

autograph ['ɔ:təgrɑ:f] — **1** *n* autographe *m*. **~ album** album *m* d'autographes. — **2** *vt* dédicacer.

automatic [,ɔ:tə'mætɪk] — **1** *adj* automatique. — **2** *n (gun)* automatique *m*; *(car)* voiture *f* automatique. ◆ **automatically** *adv* automatiquement. ◆ **automation** *n* automatisation *f*.

automaton [ɔ:'tɒmətən] *n, pl* **-ta** automate *m*.

automobile ['ɔ:təməbi:l] *n* automobile *f*, auto *f*.

autonomy [ɔ:'tɒnəmɪ] *n* autonomie *f*. ◆ **autonomous** *adj* autonome.

autopsy ['ɔ:tɒpsɪ] *n* autopsie *f*.

autumn ['ɔ:təm] *n* automne *m*. **in ~** en automne; **~ day** journée *f* d'automne; **~ leaves** feuilles *fpl* mortes.

auxiliary [ɔ:g'zɪlɪərɪ] — **1** *adj* auxiliaire. — **2** *n (person)* auxiliaire *mf*; *(verb)* auxiliaire *m*.

avail [ə'veɪl] — **1** *vt*: **to ~ o.s. of** *(opportunity)* profiter de; *(service)* utiliser. — **2** *n*: **to no ~** sans résultat; **it is of no ~** cela ne sert à rien. ◆ **availability** *n* disponibilité *f*. ◆ **available** *adj* disponible. **to make sth ~ to sb** mettre qch à la disposition de qn; **he is not ~** il n'est pas libre.

avalanche ['ævəlɑ:nʃ] *n* avalanche *f*.

avarice ['ævəris] *n* avarice *f*. ◆ **avaricious** *adj* avare.

avenge [ə'vendʒ] *vt* venger. **to ~ o.s. on** se venger de.

avenue ['ævənju:] *n* avenue *f*; *(fig)* route *f*.

average ['ævərɪdʒ] — **1** *n* moyenne *f*. **on ~** en moyenne; **above ~** au-dessus de la moyenne; **under ~** en-dessous de la moyenne. — **2** *adj* moyen (*f* -enne). — **3** *vt*: **we ~ 8 hours' work** nous travaillons en moyenne 8 heures; **the sales ~ 200 copies a month** la vente moyenne est de 200 exemplaires par mois; **we ~d 50 mph** nous avons fait du 50 de moyenne.

averse [ə'vɜ:s] *adj* opposé (*to* à; *to doing* à l'idée de faire). ◆ **aversion** *n* aversion *f*. **to take an ~ to** se mettre à détester; **my pet ~** ce que je déteste le plus.

avert [ə'vɜ:t] *vt (accident)* éviter; *(eyes)* détourner (*from* de).

aviary ['eɪvɪərɪ] *n* volière *f*.

aviation [,eɪvɪ'eɪʃən] *n* aviation *f*. **~ industry** aéronautique *f*. ◆ **aviator** *n* aviateur *m* (*f* -trice).

avid ['ævɪd] *adj* avide (*for* de). ◆ **avidly** *adv* avidement.

avocado [,ævə'kɑ:dəʊ] *n*: (*also* **~ pear**) avocat *m (fruit)*.

avoid [ə'vɔɪd] *vt (gen)* éviter (*doing* de faire). **to ~ tax** se soustraire à l'impôt; **~ being seen** évitez qu'on ne vous voie; **to ~ sb's eye** fuir le regard de qn; **I can't ~ going now** je ne peux plus ne pas y aller. ◆ **avoidable** *adj* évitable.

avow [ə'vaʊ] *vt* avouer. **~ed enemy** ennemi *m* déclaré.

await [ə'weɪt] *vt* attendre. **long-~ed visit** visite *f* longtemps attendue.

awake [ə'weɪk] *pret* **awoke** *or* **awaked**, *ptp* **awoken** *or* **awaked**. — **1** *vi* se réveiller; *(fig)* se rendre compte (*to sth* de qch; *to the fact that* que). — **2** *vt (person, memories)* réveiller; *(suspicion, hope, curiosity)* éveiller. — **3** *adj* réveillé. **he was still ~** il ne s'était pas encore endormi; **to lie ~** ne pas pouvoir dormir; **to stay ~ all night** *(deliberately)* veiller toute la nuit; *(involuntarily)* passer une nuit blanche; **it kept me ~** cela m'a empêché de dormir. ◆ **awaken** *vti* = **awake.** ◆ **awakening** *n* réveil *m*. **a rude ~** un réveil brutal.

award [ə'wɔːd] — **1** *vt (prize etc)* décerner (*to* à); *(money)* attribuer (*to* à); *(honour)* conférer (*to* à); *(damages)* accorder (*to* à). — **2** *n* prix *m; (scholarship)* bourse *f.*

aware [ə'wɛəʳ] *adj (conscious)* conscient (*of* de); *(informed)* au courant (*of* de). **to become ~** se rendre compte (*of sth* de qch; *that* que); **I am quite ~ of it** je m'en rends bien compte; **as far as I am ~** autant que je sache; **to make sb ~ of sth** rendre qn conscient de qch; **politically ~** au courant des problèmes politiques. ◆ **awareness** *n* conscience *f* (*of* de).

awash [ə'wɒʃ] *adj* inondé (*with* de).

away [ə'weɪ] — **1** *adv* **(a)** loin. **~ from** loin de; **far ~** très loin; **the lake is 3 km ~** le lac est à 3 km de distance; **~ back in 1600** il y a longtemps en 1600; **~ over there** là-bas au loin. **(b)** *(absent)* **he's ~ just now** il n'est pas là en ce moment; **he is ~ in London** il est parti à Londres; **when I have to be ~** lorsque je dois m'absenter; **she was ~ before I could speak** elle était partie avant que j'aie pu parler; **~ with you!** allez-vous-en!; **the snow has melted ~** la neige a fondu complètement. **(c)** *(continuously)* sans arrêt. **to work ~** travailler sans arrêt. — **2** *adj:* **~ match** match *m* à l'extérieur.

awe [ɔː] *n* crainte *f* révérentielle. **in ~ of** intimidé par. ◆ **awe-inspiring** *adj* impressionnant.

awful ['ɔːfəl] *adj* affreux (*f* -euse); *(stronger)* épouvantable. **an ~ lot of** *(cars, people)* un nombre incroyable de; *(butter, flowers)* une quantité incroyable de. ◆ **awfully** *adv* vraiment. **thanks ~*** merci infiniment.

awhile [ə'waɪl] *adv* pendant quelque temps. **wait ~** attendez un peu.

awkward ['ɔːkwəd] *adj* **(a)** *(tool, shape)* peu commode; *(path, problem, situation)* difficile; *(silence)* embarrassé. **at an ~ time** au mauvais moment; **an ~ moment** *(embarrassing)* un moment gênant; **he's an ~ customer*** c'est un type pas facile*; **it's a bit ~** *(inconvenient)* ce n'est pas très commode; *(annoying)* c'est un peu ennuyeux; **he's being ~ about it** il ne se montre pas très coopératif à ce sujet. **(b)** *(clumsy; person, movement)* maladroit; *(style)* gauche. **the ~ age** l'âge ingrat. ◆ **awkwardly** *adv (speak)* d'un ton embarrassé; *(behave, move)* maladroitement; *(place)* à un endroit difficile; *(express)* gauchement. ◆ **awkwardness** *n (person, movement)* maladresse *f; (embarrassment)* embarras *m.*

awl [ɔːl] *n* poinçon *m.*

awning ['ɔːnɪŋ] *n (shop, tent)* auvent *m; (hotel door)* marquise *f.*

awoke(n) [ə'wəʊk(ən)] *see* **awake.**

awry [ə'raɪ] *adv* de travers. **to go ~** mal tourner.

ax (US), **axe** [æks] — **1** *n* hache *f.* — **2** *vt (expenditure)* réduire; *(jobs)* réduire le nombre de; *(one job)* faire disparaître.

axiom ['æksɪəm] *n* axiome *m.*

axis ['æksɪs] *n, pl* **axes** axe *m (Geom etc).*

axle ['æksl] *n (wheel)* axe *m; (on car)* essieu *m.* **~ grease** graisse *f* à essieux.

ay(e) [aɪ] — **1** *particle* oui. — **2** *n* oui *m.*

azalea [ə'zeɪlɪə] *n* azalée *f.*

B

B, b [biː] *n* B, b *m; (Mus)* si *m.*

babble ['bæbl] *vi* bredouiller; *(baby, stream)* gazouiller.

babe [beɪb] *n* bébé *m.*

baby ['beɪbɪ] *n* bébé *m.* **don't be such a ~!** ne fais pas l'enfant!; *(fig)* **he was left holding the ~** tout lui est retombé dessus; **the new system is his ~** le nouveau système est son affaire; **~ boy** petit garçon *m;* **~ girl** petite fille *f; (US)* **~ carriage** voiture *f* d'enfant; **~ clothes** vêtements *mpl* de bébé; **~ linen** layette *f;* **~ rabbit** bébé-lapin *m;* **~ talk** langage *m* de bébé. ◆ **baby-batterer** *n* bourreau *m* d'enfants. ◆ **baby-battering** *n* mauvais traitements *mpl* infligés aux enfants. ◆ **babyish** *adj* puéril. ◆ **baby-minder** *n* gardienne *f* d'enfants. ◆ **baby-sit** *vi* garder les bébés *or* les enfants. ◆ **baby-sitter** *n* baby-sitter *mf.*

bachelor ['bætʃələʳ] *n* célibataire *m.* **B~ of Arts** licencié(e) *m(f)* ès lettres; **~ flat** garçonnière *f.*

back [bæk] — **1** *n* **(a)** (*gen*) dos *m; (chair)* dossier *m.* **to fall on one's ~** tomber à la renverse; **~ to ~** dos à dos; **he had his ~ to the houses** il tournait le dos aux maisons; **he stood with his ~ against the wall** il était adossé au mur; *(fig)* **to have one's ~ to the wall** être au pied du mur; *(fig)* **behind his mother's ~** derrière le dos de sa mère; **to get off sb's ~** laisser qn en paix. **(b)** *(as opposed to front: of hand, medal)* revers *m; (of record)* deuxième face *f; (of head, house)* derrière *m; (of page, cheque)* verso *m; (of material)* envers *m.* **~ to front** devant derrière; **at the ~ of the book** à la fin du livre; **in the ~ of a car** à l'arrière d'une voiture; **I know Paris like the ~ of my hand** je connais Paris comme ma poche. **(c)** *(furthest from front: of cupboard, stage)* fond *m.* **at the very ~** tout au fond; **at the ~ of beyond*** au diable vert*. **(d)** *(Football etc)* arrière *m.*

— **2** *adj* **(a)** *(not front: seat, wheel)* arrière *inv; (door, garden)* de derrière. **~ room** chambre *f* du fond; *(fig)* **to take a ~ seat*** passer au second plan; **the ~ streets of Leeds** les quartiers *mpl* pauvres de Leeds; **~ tooth** molaire *f;* **~ number** *(magazine etc)* vieux numéro *m.* **(b)** *(overdue)* **~ pay** rappel *m* de salaire; **~ rent** arriéré *m* de loyer.

— **3** *adv* **(a)** *(to the rear)* en arrière, à *or* vers l'arrière. **stand ~!** reculez!; **far ~** loin derrière; **~ and forth** en allant et venant; *(in mechanism)* par un mouvement de va-et-vient. **(b)** *(in return)* **to give ~** rendre. **(c)** *(again: often* re-+ *vb in French)* **to come ~** revenir; **to be ~** être rentré; **to go there and ~** faire l'aller et retour. **(d)** *(in time phrases)* **as far ~ as 1800** déjà en 1800.

— **4** *vt* **(a)** *(support: wall, map)* renforcer; *(fig: person)* soutenir; *(finance: enterprise)* financer; *(singer)* accompagner. **(b)** *(bet on horse)* parier sur. **to ~ a horse each way** jouer un cheval gagnant et placé. **(c)** *(reverse: horse, cart)* faire reculer. **he ~ed the car out** il a sorti la voiture en marche arrière.

— **5** *vi (person, animal)* reculer; *(vehicle)* faire marche arrière. **to ~ in** *etc (vehicle)* entrer *etc* en marche arrière; *(person)* entrer *etc* à reculons; **to ~ away** reculer (*from* devant); *(fig)* **to ~ down** se dégonfler*; **to ~ on to** *(house etc)* donner par derrière sur; **to ~ out of** se dédire de; **to ~ sb up** soutenir qn.

◆ **backache** *n* maux *mpl* de reins. ◆ **backbencher** *n* membre *m* du Parlement sans portefeuille. ◆ **backbiting** *n* médisance *f*. ◆ **backbone** *n* colonne *f* vertébrale; *(fig)* **the ~ of an organisation** le pivot d'une organisation. ◆ **back-breaking** *adj* éreintant. ◆ **backchat*** *n* impertinence *f*. ◆ **backcomb** *vt* crêper. ◆ **backdate** *vt (increase etc)* **~d to** avec rappel à compter de. ◆ **backer** *n (supporter)* partisan *m; (of play etc)* commanditaire *m*. ◆ **backfire** *vi (car)* avoir un raté d'allumage; *(plan etc)* échouer. ◆ **backgammon** *n* trictrac *m*. ◆ **background** V *below*. ◆ **backhand** — **1** *adj (writing)* penché à gauche. — **2** *n (Tennis)* revers *m*. ◆ **backing** *n (gen)* soutien *m; (Music)* accompagnement *m*. ◆ **backlash** *n* répercussions *fpl*. ◆ **backlog** *n (rent etc)* arriéré *m; (work)* accumulation *f*. ◆ **backrest** *n* dossier *m*. ◆ **backside** *n* arrière *m;* (*: *buttocks*) postérieur* *m*. ◆ **backslide** *vi* ne pas tenir bon. ◆ **backstage** *adv, adj* dans les coulisses. ◆ **backstroke** *n (Swimming)* dos *m* crawlé. ◆ **backtrack** *vi* faire marche arrière *(fig)*. ◆ **backup** — **1** *n* appui *m*. — **2** *adj (vehicle etc)* supplémentaire. ◆ **backward** V *below*. ◆ **backwater** *n (river)* bras *m* mort; *(fig)* petit coin *m* tranquille; *(pej)* trou *m* perdu. ◆ **backwoods** *npl* région forestière *f* inexploitée. **in the ~** en plein bled*. ◆ **backyard** *n* arrière-cour *f*.

background ['bækgraʊnd] — **1** *n* **(a)** *(of picture, fabric)* fond *m; (on photograph, also fig)* arrière-plan *m*. **in the ~** dans le fond, à l'arrière-plan; **on a blue ~** sur fond bleu; **to keep sb in the ~** tenir qn à l'écart. **(b)** *(political)* climat *m* politique; *(basic knowledge)* éléments *mpl* de base; *(sb's experience)* formation *f*. **family ~** milieu *m* familial; **what is his ~?** *(past life)* quels sont ses antécédents?; *(social)* de quel milieu est-il? ; *(professional)* qu'est-ce qu'il a comme formation?; **what is the ~ to these events?** quel est le contexte de ces événements? — **2** *adj (music, noise)* de fond. **~ reading** lectures *fpl* générales autour du sujet.

backward ['bækwəd] — **1** *adj (look, step)* en arrière; *(person: retarded)* arriéré; *(reluctant)* lent (*in doing* à faire). — **2** *adv* (*also* **~s**) *(look)* en arrière; *(fall)* à la renverse; *(walk)* à reculons. **to walk ~ and forwards** aller et venir; **to know sth ~** savoir qch sur le bout des doigts. ◆ **backwardness** *n (mental)* arriération *f* mentale; *(of country)* état *m* arriéré.

bacon ['beɪkən] *n* bacon *m*. **fat ~** lard *m;* **~ and eggs** œufs *mpl* au jambon.

bacteria [bæk'tɪərɪə] *npl* bactéries *fpl*.

bad [bæd] — **1** *adj, comp* **worse,** *superl* **worst** *(gen)* mauvais; *(person)* méchant; *(tooth)* carié; *(coin, money)* faux (*f* fausse); *(mistake, accident, wound)* grave. **~ language** gros mots *mpl;* **it was a ~ thing to do** ce n'était pas bien de faire cela; **it is not so ~** ce n'est pas si mal; **how is he? — not so ~** comment va-t-il? — pas trop mal; **it's too ~!** *(indignant)* c'est un peu fort!; *(sympathetic)* quel dommage!; **this is ~ for you** cela ne vous vaut rien; *(physically)* **to feel ~** se sentir mal; *(fig)* **I feel ~ about it *** ça m'embête*; **from ~ to worse** de mal en pis; **business is ~** les affaires vont mal; **she speaks ~ English** elle parle un mauvais anglais; **to go ~** *(food)* se gâter; *(teeth)* se carier; **it's a ~ business** c'est une triste affaire; **a ~ cold** un gros rhume; **to come to a ~ end** mal finir; **~ headache** violent mal *m* de tête; **her ~ leg** sa jambe malade; **in a ~ sense** *(of word)* dans un sens péjoratif; **it wouldn't be a ~ thing** ce ne serait pas une mauvaise idée; **to have a ~ time of it** *(pain)* avoir très mal; *(trouble)* être dans une mauvaise passe; **to be in a ~ way** *(in a fix)* être dans le pétrin; *(very ill)* être très mal. — **2** *adv:* **he's got it ~***(hobby etc)* c'est une marotte chez lui; *(girl-friend)* il l'a dans la peau*. ◆ **badly** *adv* **(worse, worst)** *(gen)* mal; *(wound)* grièvement; *(want, need)* absolument. **he did ~** ça a mal marché pour lui; **things are going ~** les choses vont mal; **he took it ~** il a mal pris la chose; **to be ~ off** être dans la gêne. ◆ **badmannered** *adj* mal élevé. ◆ **badness** *n* méchanceté *f*. ◆ **bad-tempered** *adj:* **to be ~** *(generally)* avoir mauvais caractère; *(in bad temper)* être de mauvaise humeur.

bade [bæd, beɪd] *pret of* **bid.**

badge [bædʒ] *n (gen)* insigne *m; (sew-on, stick-on)* badge *m*. **his ~ of office** l'insigne de sa fonction.

badger ['bædʒəʳ] — **1** *n* blaireau *m (animal)*. — **2** *vt* harceler (*sb to do* qn pour qu'il fasse; *with* de).

badminton ['bædmɪntən] *n* badminton *m*.

baffle ['bæfl] *vt* déconcerter.

bag [bæg] — **1** *n* sac *m*. **~s** *(luggage)* bagages *mpl*. **~s of*** des masses de*; **paper ~** sac en papier; **~s under the eyes*** poches *fpl* sous les yeux; *(fig)* **it's in the ~*** c'est dans le sac*. — **2** *vt* (*: *grab*) empocher. ◆ **bagful** *n* sac *m* plein.

baggage ['bægɪdʒ] *n* bagages *mpl*. *(esp US)* **~ car** fourgon *m;* **~ handler** bagagiste *m;* **~ room** consigne *f*.

baggy ['bægɪ] *adj* très ample.

bagpipes ['bægpaɪps] *npl* cornemuse *f*.

bail¹ [beɪl] — **1** *n (Law)* caution *f*. **on ~** sous caution; **to release sb on ~** mettre qn en liberté provisoire sous caution. — **2** *vt (fig)* **to ~ sb out** sortir qn d'affaire.

bail² [beɪl] *vt* (**~ out**) *(boat)* écoper; *(water)* vider.

bailiff ['beɪlɪf] *n (Law)* huissier *m*.

bait [beɪt] — **1** *n* appât *m*. **to swallow the ~** mordre à l'hameçon. — **2** *vt (torment)* tourmenter.

bake [beɪk] *vt (food)* faire cuire au four; *(cake)* faire; *(bricks)* cuire. **~d potatoes** pommes *fpl* de terre au four; ~d **beans** haricots *mpl* blancs à la sauce tomate. ◆ **baker** *n* boulanger *m* (*f* -ère). ~'s **shop** boulangerie *f*. ◆ **baking** *adj:* ~ **dish** plat *m* allant au four; ~ **powder** ≃ levure *f* alsacienne; ~ **soda** bicarbonate *m* de soude; ~ **tin** moule *m* (à gâteaux).

balaclava [ˌbælə'klɑːvə] *n:* ~ **(helmet)** passe-montagne *m*.

balance ['bæləns] — **1** *n* **(a)** équilibre *m*. **to lose one's** ~ perdre son équilibre; **off** ~ mal équilibré; **the** ~ **of power** l'équilibre des forces; **to keep a** ~ **between** réaliser l'équilibre entre; **to strike a** ~ trouver le juste milieu; **on** ~ tout compte fait. **(b)** *(remainder: of holidays etc)* reste *m*. **credit** ~, ~ **in hand** solde *m* créditeur; ~ **of payments** balance *f* des paiements; **bank** ~ état *m* de compte bancaire; ~ **sheet** bilan *m*. — **2** *vt* **(a)** tenir en équilibre (*on* sur); *(compensate for)* compenser. **(b)** *(weigh up)* peser. **(c)** *(account)* balancer; *(budget)* équilibrer. **to** ~ **the books** dresser le bilan; **to** ~ **the cash** faire la caisse. — **3** *vi (acrobat etc)* se tenir en équilibre; *(accounts)* être en équilibre. ◆ **balanced** *adj* équilibré.

balcony ['bælkənɪ] *n* balcon *m*.

bald [bɔːld] *adj (person)* chauve; *(tyre)* lisse. ~ **patch** *(on person)* petite tonsure *f*; *(on carpet etc)* coin *m* pelé. ◆ **baldly** *adv (say)* abruptement. ◆ **baldness** *n* calvitie *f*.

bale[1] [beɪl] *n* balle *f (de coton etc)*.

bale[2] [beɪl] *vi:* **to** ~ **out** sauter en parachute.

baleful ['beɪlfʊl] *adj* sinistre.

balk [bɔːk] *vi* regimber (*at* contre).

Balkans ['bɔːlkənz] *npl* les Balkans *mpl*.

ball[1] [bɔːl] *n (in games: gen)* balle *f*; *(inflated: Football etc)* ballon *m*; *(Billiards)* boule *f*; *(something round: gen)* boule *f*; *(of wool etc)* pelote *f*; *(of meat, fish)* boulette *f*; *(of potato)* croquette *f*. **the cat curled up in a** ~ le chat s'est pelotonné; *(fig)* **to start the** ~ **rolling*** faire démarrer une discussion; **the** ~ **is in your court** c'est à vous de jouer; **to be on the** ~* avoir l'esprit rapide; ~ **of the foot** plante *f* du pied. ◆ **ball bearings** *npl* roulement *m* à billes. ◆ **ball game** *n (US)* partie *f* de baseball. ◆ **ballpark** *n (US)* stade *m* de baseball. ◆ **ballpoint** *n* stylo *m* à bille.

ball[2] [bɔːl] *n (dance)* bal *m*. ◆ **ballroom** *n* salle *f* de bal; ~ **dancing** danse *f* de salon.

ballad ['bæləd] *n (Music)* romance *f*; *(poem)* ballade *f*.

ballast ['bæləst] *n (Naut etc)* lest *m*.

ballerina [ˌbælə'riːnə] *n* ballerine *f*.

ballet ['bæleɪ] *n* ballet *m*. ~ **dancer** danseur *m* (*f* -euse) de ballet.

ballistic [bə'lɪstɪk] *adj:* ~ **missile** engin *m* balistique.

balloon [bə'luːn] — **1** *n* ballon *m (qui vole)*. — **2** *vi:* **to go** ~**ing** faire une ascension en ballon.

ballot ['bælət] — **1** *n (election)* scrutin *m*; *(drawing lots)* tirage *m* au sort. **first** ~ premier tour *m* de scrutin; ~ **box** urne *f* électorale; ~ **paper** bulletin *m* de vote. — **2** *vi (draw lots)* tirer au sort.

Baltic ['bɔːltɪk] *n* : **the** ~ la Baltique.

ban [bæn] — **1** *n* interdit *m*. — **2** *vt (gen)* interdire (*sth* qch; *sb from doing* à qn de faire); *(person)* exclure (*from* de).

banal [bə'nɑːl] *adj* banal.

banana [bə'nɑːnə] *n* banane *f*. ~ **skin** peau *f* de banane.

band[1] [bænd] *n (gen)* bande *f*; *(hat)* ruban *m*; *(gramophone record)* plage *f*. **elastic** ~ élastique *m*.

band[2] [bænd] — **1** *n (of people)* bande *f*; *(music)* orchestre *m*; *(military)* fanfare *f*. — **2** *vi:* **to** ~ **together** former une bande. ◆ **bandstand** *n* kiosque *m* à musique.

bandage ['bændɪdʒ] — **1** *n (strip)* bande *f*; *(dressing)* pansement *m*. — **2** *vt (limb)* bander; *(wound)* mettre un pansement sur.

bandit ['bændɪt] *n* bandit *m*.

bandy[1] ['bændɪ] *vt:* **to** ~ **words** discuter; **to** ~ **about** faire circuler.

bandy[2] ['bændɪ] *adj (leg)* arqué; (*also* ~**-legged**) bancal.

bang [bæŋ] — **1** *n (explosives)* détonation *f*, bang *m*. — **2** *excl* pan! — **3** *adv* (*) **to go** ~ éclater; ~ **in the middle** en plein milieu; ~ **on time** exactement à l'heure; ~ **went a £10 note!** et pan, voilà un billet de 10 livres fichu!* — **4** *vt* frapper violemment. **to** ~ **one's head against sth** se cogner la tête contre qch; **to** ~ **the door** claquer la porte. — **5** *vi (door)* claquer, *(more than once)* battre. **to** ~ **on the door** donner de grands coups dans la porte; **to** ~ **into sth** heurter qch; **to** ~ **sth down** poser qch brusquement.

banger* ['bæŋəʳ] *n (sausage)* saucisse *f*. ~**s and mash** saucisses à la purée.

bangle ['bæŋgl] *n* bracelet *m* rigide.

banish ['bænɪʃ] *vt (person)* exiler (*from* de; *to* en, à); *(cares)* bannir.

banister ['bænɪstəʳ] *n* = **bannister.**

bank[1] [bæŋk] *n (of earth, snow)* talus *m*; *(embankment)* remblai *m*; *(in sea, river)* banc *m*; *(edge)* bord *m*. *(in Paris)* **the Left B**~ la Rive gauche.

bank[2] [bæŋk] — **1** *n* banque *f*. **the B**~ **of France** la Banque de France; ~ **account** compte *m* en banque; ~ **balance** état *m* de compte bancaire; ~ **book** livret *m* de banque; ~ **card** carte *f* d'identité bancaire; ~ **charges** frais *mpl* de banque; ~ **clerk** employé(e) *m(f)* de banque; ~ **holiday** jour *m* férié; ~ **note** billet *m* de banque; ~ **rate** taux *m* d'escompte; ~ **statement** relevé *m* de compte. — **2** *vt* déposer en banque. — **3** *vi* **(a) to** ~ **with Lloyds** avoir un compte à la Lloyds. **(b) to** ~ **on sth** compter sur qch. ◆ **banker** n banquier *m*. ~**er's order** ordre *m* de virement bancaire *(pour paiements réguliers)*. ◆ **banking** *n:* **to study** ~ faire des études bancaires; **he's in** ~ il est banquier. ◆ **bankrupt** — **1** *n* failli(e) *m(f)*. — **2** *adj:* **to go** ~ faire faillite; **to be** ~ être en faillite. — **3** *vt* mettre en faillite; (*: *fig*) ruiner. ◆ **bankruptcy** *n* faillite *f*.

banner ['bænəʳ] *n* bannière *f*.

bannister ['bænɪstəʳ] *n* rampe *f* (d'escalier). **to slide down the** ~**s** descendre sur la rampe.

banns ['bænz] *npl* bans *mpl (de mariage)*:

banquet ['bæŋkwɪt] *n* banquet *m*.

banter ['bæntəʳ] — **1** *n* badinage *m*. — **2** *vi* badiner.

baptize [bæp'taɪz] *vt* baptiser. ◆ **baptism** *n* baptême *m*. ◆ **Baptist** *n, adj* baptiste *(mf)*.

bar[1] [bɑːʳ] — **1** *n* **(a)** *(slab of metal)* barre *f*; *(wood)* planche *f*; *(gold)* lingot *m*; *(chocolate)* tablette *f*. ~ **of soap** savonnette *f*. **(b)** *(on window, cage)* barreau *m*; *(on door, also Sport)* barre *f*. **behind** ~**s** sous les verrous. **(c)** *(Law)* barreau *m*. **to be called to the** ~ s'inscrire au barreau. **(d)** *(drinking place)* bar *m*. **to have a drink at the** ~ prendre un verre au comptoir. **(e)** *(music)* mesure *f.* **the opening ~s** les premières mesures. — **2** *vt* **(a)** *(road)* barrer. **to ~ sb's way** barrer le passage à qn. **(b)** *(exclude)* exclure (*from* de). ◆ **barmaid** *n* serveuse *f (de bar).* ◆ **barman** *or* ◆ **bartender** *n* barman *m.*

bar² [bɑːʳ] *prep* sauf. **~ none** sans exception.

barbed wire ['bɑːbd'waɪəʳ] *n* fil *m* de fer barbelé.

barbaric adj [bɑː'bærɪk] barbare.

barbecue ['bɑːbɪkjuː] — **1** *n* barbecue *m.* — **2** *vt (steak)* griller au charbon de bois.

barber ['bɑːbəʳ] *n* coiffeur *m (pour hommes).*

barbiturate [bɑː'bɪtjʊrɪt] *n* barbiturique *m.*

bare [bɛəʳ] — **1** *adj (gen)* nu; *(hill, patch)* pelé; *(tree)* dépouillé; *(wire)* dénudé; *(room)* vide; *(wall)* nu; *(fig: statement)* simple *(before n); (necessities)* strict *(before n).* **with his ~ hands** à mains nues; **to lay ~** mettre à nu. — **2** *vt* mettre à nu. **to ~ one's teeth** montrer les dents (*at* à); **to ~ one's head** se découvrir la tête. ◆ **bareback** *adv* sans selle. ◆ **barefaced** *adj* éhonté. ◆ **barefoot** —**1** *adv* nu-pieds. — **2** *adj* aux pieds nus. ◆ **bareheaded** *adv, adj* nu-tête *inv.* ◆ **barelegged** *adj* aux jambes nues. ◆ **barely** *adv* à peine.

bargain ['bɑːgɪn] — **1** *n* **(a)** *(transaction)* marché *m,* affaire *f.* **to make a ~** conclure un marché (*with* avec); **it's a ~!** *(agreed)* c'est convenu!; *(fig)* **into the ~** par-dessus le marché. **(b)** *(good buy)* occasion *f.* **it's a real ~!** c'est une véritable occasion!; **~ price** prix *m* avantageux. — **2** *vi:* **to ~ with sb** *(haggle)* marchander avec qn; *(negotiate)* négocier avec qn; *(fig)* **I did not ~ for that** je ne m'attendais pas à cela; **I got more than I ~ed for** j'ai eu des problèmes.

barge [bɑːdʒ] — **1** *n (on river, canal)* chaland *m; (large)* péniche *f; (ceremonial)* barque *f.* **I wouldn't touch it with a ~ pole*** je n'y toucherais à aucun prix. — **2** *vi:* **to ~ into a room** faire irruption dans une pièce; **to ~ in** *(enter)* faire irruption; *(interrupt)* interrompre; *(interfere)* se mêler de ce qui ne vous regarde pas.

baritone ['bærɪtəʊn] *n* baryton *m.*

bark¹ [bɑːk] *n (of tree)* écorce *f.*

bark² [bɑːk] — **1** *n (of dog)* aboiement *m.* **his ~ is worse than his bite** il fait plus de bruit que de mal. — **2** *vi (dog)* aboyer (*at* après); *(speak sharply)* crier. *(fig)* **to ~ up the wrong tree** faire fausse route.

barley ['bɑːlɪ] *n* orge *f.* **~ sugar** sucre *m* d'orge; **~ water** orgeat *m.*

barn [bɑːn] *n* grange *f.* **~ dance** soirée *f* de danses paysannes.

barometer [bə'rɒmɪtəʳ] *n* baromètre *m.*

baron ['bærən] *n* baron *m; (fig)* magnat *m.* ◆ **baroness** *n* baronne *f.*

barracks ['bærəks] *n* caserne *f.*

barrage ['bærɑːʒ] *n (shooting)* tir *m* de barrage; *(of questions)* pluie *f.*

barrel ['bærəl] *n* **(a)** *(of beer)* tonneau *m; (of oil)* baril *m.* **(b)** *(of gun)* canon *m.* **~ organ** orgue *m* de Barbarie.

barren ['bærən] *adj* stérile.

barricade [,bærɪ'keɪd] — **1** *n* barricade *f.* — **2** *vt* barricader.

barrier ['bærɪəʳ] *n* barrière *f; (in station)* portillon *m; (fig)* obstacle *m* (*to* à).

barring ['bɑːrɪŋ] *prep* excepté, sauf.

barrister ['bærɪstəʳ] *n* avocat *m.*

barrow ['bærəʊ] *n (wheel ~)* brouette *f; (coster's)* voiture *f* des quatre saisons.

barter ['bɑːtəʳ] *vt* troquer (*for* contre).

base¹ [beɪs] — **1** *n (gen; also army etc)* base *f; (of tree)* pied *m.* — **2** *vt (opinion)* baser (*on* sur); *(troops)* baser (*at* à). ◆ **baseball** n baseball *m.*

base² [beɪs] *adj* **(a)** *(vile: gen)* bas (*f* basse); *(behaviour, motive)* ignoble; *(metal)* vil. **(b)** *(US)* = **bass¹.**

basement ['beɪsmənt] *n* sous-sol *m.*

bash [bæʃ] — **1** *n* coup *m.* **I'll have a ~ at it*** je vais essayer un coup*. — **2** *vt* cogner. **to ~ sb on the head*** assommer qn; **to ~ sb up** tabasser* qn.

bashful ['bæʃfʊl] *adj* timide.

basic ['beɪsɪk] — **1** *adj (fundamental: principle, problem, French)* fondamental; *(without extras: salary, vocabulary)* de base; *(elementary: rules, precautions)* élémentaire. — **2** *n:* **the ~s** l'essentiel *m.* ◆ **basically** *adv* au fond, essentiellement.

basil ['bæzl] *n (plant)* basilic *m.*

basin ['beɪsn] *n (gen)* cuvette *f; (for food)* saladier *m;* (*wash* **~**) lavabo *m; (of river)* bassin *m.*

basis ['beɪsɪs] *n, pl* **bases** base *f.* **on that ~** dans ces conditions; **on the ~ of what you've told me** par suite de ce que vous m'avez dit.

bask [bɑːsk] *vi (in sun)* se dorer (*in* à).

basket ['bɑːskɪt] *n (gen)* corbeille *f; (also for bicycle etc)* panier *m.* **~ chair** chaise *f* en osier. ◆ **basketball** *n* basket-ball *m.*

Basque [bæsk] — **1** *n* Basque *mf; (Ling)* basque *m.* — **2** *adj* basque. **~ Country** Pays *m* basque.

bass¹ [beɪs] *(Mus)* — **1** *n* basse *f.* — **2** *adj* bas (*f* basse); *(clef)* de fa. **~ drum** grosse caisse *f.*

bass² [bæs] *n (river)* perche *f; (sea)* bar *m.*

bassoon [bə'suːn] *n* basson *m.*

bastard ['bɑːstəd] *n* bâtard(e) *m(f); (insult)* salaud* *m.* **poor ~*** pauvre type* *m.*

baste [beɪst] *vt (Culin)* arroser; *(Sewing)* bâtir.

bat¹ [bæt] *n (animal)* chauve-souris *f.*

bat² [bæt] — **1** *n (Baseball, Cricket)* batte *f; (Table Tennis)* raquette *f. (fig)* **off one's own ~** de sa propre initiative. — **2** *vi* manier la batte.

bat³ [bæt] *vt:* **without ~ting an eyelid** sans sourciller.

batch [bætʃ] *n (loaves)* fournée *f; (people)* groupe *m; (letters)* paquet *m; (goods)* lot *m.*

bated ['beɪtəd] *adj:* **with ~ breath** en retenant son souffle.

bath [bɑːθ] — **1** *n, pl* **~s** [bɑːðz] *(gen)* bain *m;* (*also* **~ tub**) baignoire *f.* **to have a ~** prendre un bain; **room with ~** chambre *f* avec salle de bains; **~ mat** tapis *m* de bain; **~ towel** serviette *f* de bain; **swimming ~s** piscine *f.* — **2** *vt* donner un bain à. — **3** *vi* prendre un bain. ◆ **bathroom** *n* salle *f* de bains. **~ cabinet** armoire *f* de toilette.

bathe [beɪð] — **1** *vt (person)* baigner; *(wound)* laver. — **2** *vi* se baigner *(dans la mer etc); (US)* prendre un bain *(dans une baignoire).* — **3** *n:* **to have a ~** se baigner. ◆ **bather** *n* baigneur *m* (*f* -euse). ◆ **bathing** *n* baignade *f.* **~ beauty** belle baigneuse *f;* **~ costume** *or* **suit** *or* **trunks** maillot *m* de bain.

baton ['bætən] *n (gen)* bâton *m; (relay race)* témoin *m.*

battalion [bə'tælɪən] *n* bataillon *m.*

batter ['bætəʳ] — **1** *n (for frying)* pâte *f* à frire; *(for pancakes)* pâte à crêpes. — **2** *vt* battre; *(baby)* martyriser. **to ~ sth down, to ~ sth**

in défoncer qch. ◆ **battered** *adj (hat, car)* cabossé; *(face)* meurtri. ~ **babies** enfants *mpl* martyrs. ◆ **battering ram** *n* bélier *m (machine).*

battery [ˈbætərɪ] *n* **(a)** *(guns)* batterie *f.* **(b)** *(in torch, radio)* pile *f; (vehicle)* accumulateurs *mpl.* ~ **charger** chargeur *m.* **(c)** *(row of similar objects)* batterie *f; (questions etc)* pluie *f.* **(d)** *(Agr)* batterie *f.* ~ **farming** élevage *m* intensif; ~ **hen** ≃ poulet *m* aux hormones.

battle [ˈbætl] — **1** *n* bataille *f; (fig)* lutte *f (for sth* pour obtenir qch; *to do* pour faire). **killed in** ~ tué à l'ennemi; *(fig)* **we are fighting the same** ~ nous nous battons pour la même cause; **that's half the** ~* c'est déjà pas mal*. — **2** *vi* se battre *(for sth* pour obtenir qch; *to do* pour faire). ◆ **battledress** *n* tenue *f* de campagne. ◆ **battlefield** *or* ◆ **battleground** *n* champ *m* de bataille. ◆ **battlements** *npl* remparts *mpl.* ◆ **battleship** *n* cuirassé *m.*

bawl [bɔːl] *vti* brailler (*at* contre).

bay[1] [beɪ] *n (gen)* baie *f.* **the B~ of Biscay** le golfe de Gascogne.

bay[2] [beɪ] *n (also* ~ **tree)** laurier *m.* ~ **leaf** feuille *f* de laurier.

bay[3] [bəɪ] *n (parking)* lieu *m* de stationnement. ~ **window** fenêtre *f* en saillie.

bay[4] [beɪ] *n:* **to keep at** ~ tenir en échec.

bayonet [ˈbeɪənɪt] *n* baïonnette *f.*

bazaar [bəˈzɑːʳ] *n (market, shop)* bazar *m; (sale of work)* vente *f* de charité.

be [biː] *pret* **was, were,** *ptp* **been.** — **1** *vb* **(a)** être. **he is a soldier** il est soldat; **she is an Englishwoman** c'est une Anglaise, elle est anglaise; **it's me!** c'est moi!; ~ **good** sois sage; **that may** ~ cela se peut; ~ **that as it may** quoi qu'il en soit; **let me** ~ laissez-moi tranquille; **mother-to-~** future maman *f.* **(b) there is, there are** il y a; **there was once a castle here** il y avait autrefois un château ici; **there will** ~ **dancing** on dansera; **there were 3 of us** nous étions 3; **there is no knowing...** il est impossible de savoir...; **there he was, sitting** il était là, assis; *(giving)* **here is, here are** voici. **(c)** *(health)* aller. **how are you?** comment allez-vous?; **I am better** je vais mieux; **she is well** elle va bien. **(d)** *(age)* **he is 3** il a 3 ans. **(e)** *(cost)* coûter. **it is 10 F** cela coûte 10 F. **(f)** *(Math)* faire. **2 and 2 are 4** 2 et 2 font 4. **(g)** *(time)* être. **it is morning** c'est le matin; **it is 6 o'clock** il est 6 heures; **it is the 14th June** nous sommes le 14 juin, c'est le 14 juin. **(h)** *(weather etc)* faire. **it is fine** il fait beau; **it is windy** il fait du vent. **(i)** *(go, come)* **I have been to see my aunt** je suis allé voir ma tante, j'ai été voir ma tante; **he has been and gone** il est venu et reparti. — **2** *aux vb* **(a) I am reading** je lis, je suis en train de lire; **what have you been doing?** qu'avez-vous fait?; **I have been waiting for you for an hour** je t'attends depuis une heure; **he was killed** il a été tué, on l'a tué; **peaches are sold by the kilo** les pêches se vendent au kilo; **he's always late, isn't he? — yes, he is** il est toujours en retard, n'est-ce pas? — oui, toujours; **it's all done, is it?** tout est fait, alors? **(b)** (+ *to* + *verb*) **you are to do it** tu dois le faire; **I wasn't to tell you** je ne devais pas vous le dire; **they are to** ~ **married** ils vont se marier; **she was never to return** elle ne devait jamais revenir; **the telegram was to warn us** le télégramme était pour nous avertir.

beach [biːtʃ] *n* plage *f.* ~ **ball** ballon *m* de plage; ~ **umbrella** parasol *m.* ◆ **beachwear** *n* tenue *f* de plage.

beacon [ˈbiːkən] *n (gen)* phare *m; (on runway, at sea)* balise *f; (at crossing:* **Belisha** ~) lampadaire *m (indiquant un passage clouté).*

bead [biːd] *n (gen)* perle *f; (of rosary)* grain *m; (of sweat)* goutte *f.* **her ~s, her string of ~s** son collier.

beak [biːk] *n* bec *m.*

beaker [ˈbiːkəʳ] *n* gobelet *m.*

beam [biːm] — **1** *n* **(a)** *(in ceiling)* poutre *f.* **(b)** *(on ship)* **on the port** ~ à bâbord. **(c)** *(light)* rayon *m; (headlight etc)* faisceau *m* lumineux. *(fig)* **to be off** ~* dérailler*. **(d)** *(smile)* sourire *m* épanoui. — **2** *vi (sun)* rayonner. **she ~ed** son visage s'est épanoui en un large sourire; **~ing with joy** rayonnant de joie. — **3** *vt (Rad, Telec)* diffuser (*to* à l'intention de).

bean [biːn] *n* haricot *m;* (*green* ~) haricot vert; (*broad* ~) fève *f; (of coffee)* grain *m. (fig)* **full of ~s*** en pleine forme. ◆ **beansprouts** *npl* germes *mpl* de soja.

bear[1] [bɛəʳ] *pret* **bore,** *ptp* **borne** — **1** *vt* **(a)** *(carry: burden, message, signature)* porter. **to** ~ **away** emporter; **to** ~ **back** rapporter; **it was borne in on me that...** il m'est apparu de plus en plus évident que... **(b)** *(endure)* supporter. **she cannot** ~ **being laughed at** elle ne supporte pas qu'on se moque *(subj)* d'elle. **(c)** *(produce child)* donner naissance à; *(crop)* produire. **to** ~ **fruit** porter des fruits. **(d) to** ~ **sth out** confirmer ch; **to** ~ **sb out** confirmer ce que qn a dit. — **2** *vi* **(a)** *(go)* **to** ~ **right** prendre à droite; ~ **north** prenez la direction nord; **to** ~ **down** foncer (*on* sur). **(b)** *(of ice etc)* porter, supporter. **(c)** *(of fruit tree etc)* produire. **(d) to bring to** ~ *(pressure)* exercer (*on sth* sur qch); *(energy)* consacrer (*on* à). **(e)** ~ **up!*** courage!; **how are you? — ~ing up!*** comment ça va? — on fait aller*; ~ **with me** je vous demande un peu de patience. ◆ **bearable** *adj* supportable. ◆ **bearer** *n (gen)* porteur *m (f* -euse); *(passport)* titulaire *mf.* ◆ **bearing** *n* **(a)** *(posture)* maintien *m.* **(b)** *(relation)* **to have a** ~ **on** avoir un rapport avec. **(c) to take a ship's ~s** faire le point; *(fig)* **to get one's ~s** se repérer; **to lose one's ~s** être désorienté.

bear[2] [bɛəʳ] *n* ours(e) *m(f).* **like a** ~ **with a sore head*** d'une humeur massacrante; ~ **cub** ourson *m.*

beard [bɪəd] *n* barbe *f.* **to have a** ~ porter la barbe; **a man with a** ~ un barbu. ◆ **bearded** *adj* barbu.

beast [biːst] *n* bête *f,* animal *m* (*pl* -aux); *(cruel person)* brute *f;* (*: *disagreeable*) chameau* *m.* **the king of the ~s** le roi des animaux. ◆ **beastly** *adj (person, conduct)* brutal; *(sight, language)* dégoûtant; *(child, trick, business)* sale *(before n).*

beat [biːt] (*vb: pret* **beat,** *ptp* **beaten**) — **1** *n* **(a)** *(of heart, drums)* battement *m; (Music)* mesure *f; (Jazz)* rythme *m.* **(b)** *(of policeman, sentry)* ronde *f.* **on the** ~ faisant sa ronde. — **2** *vti* **(a)** *(strike)* battre. **to** ~ **a drum** battre du tambour; **to** ~ **a retreat** battre en retraite; **to** ~ **at the door** cogner à la porte; *(fig)* **he doesn't** ~ **about the bush** il n'y va pas par quatre chemins; ~ **it!*** fiche le camp!*; **to** ~ **time** battre la mesure; **the sun is ~ing down** le soleil tape*; **the rain was ~ing down** il pleuvait à torrents; **I** ~ **him down to £2** je l'ai fait descendre à 2 livres; **to** ~ **up** *(person, eggs,* *cream)* battre; *(recruits)* racoler. **(b)** *(defeat)* battre, vaincre. **to be ~en** être vaincu; **to ~ sb to the top of a hill** arriver au sommet d'une colline avant qn; **to ~ back** *or* **off** repousser; *(fig)* **to ~ sb to it*** devancer qn; **to ~ sb hollow** battre qn à plates coutures; **it ~s me how...** ça me dépasse que* + *subj;* **that takes some ~ing!*** faut le faire!* ◆ **beater** *n (egg whisk)* batteur *m.* ◆ **beating** *n* **(a)** *(whipping)* correction *f.* **(b)** *(of drums, heart)* battement *m.* **(c)** *(defeat)* défaite *f.*

beautiful ['bju:tɪfʊl] *adj (gen)* beau *(f* belle); *(weather, dinner)* magnifique. ◆ **beautifully** *adv (very well: do etc)* à la perfection; *(pleasantly: hot, calm)* merveilleusement.

beauty ['bju:tɪ] *n* beauté *f.* **the ~ of it is that*...** ce qui est formidable, c'est que*...; **isn't this car a ~!*** quelle merveille que cette voiture!; **~ competition** concours *m* de beauté; **~ queen** reine *f* de beauté; **~ salon** salon *m* de beauté; **~ spot** *(in tourist guide etc)* site *m* touristique; **~ treatment** soins *mpl* de beauté.

beaver ['bi:vəʳ] *n* castor *m.* **to work like a ~** travailler d'arrache-pied.

became [bɪ'keɪm] *pret of* **become.**

because [bɪ'kɒz] *conj (gen)* parce que. **~ of** à cause de.

beckon ['bekən] *vti* faire signe (*to sb* à qn; *to do* de faire).

become [bɪ'kʌm] *pret* **became,** *ptp* **become** *vti* devenir. **to ~ a doctor** devenir médecin; **to ~ thin** maigrir; **to ~ accustomed to** s'accoutumer à; **what has ~ of him?** qu'est-il devenu?; **it does not ~ him** cela ne lui va pas. ◆ **becoming** *adj (clothes)* seyant.

bed [bed] *n* **(a)** lit *m.* **room with 2 ~s** chambre *f* à 2 lits; **to go to ~** se coucher; **to get out of ~** se lever; *(fig)* **to get out of ~ on the wrong side** se lever du pied gauche; **to put to ~** coucher; **to make the ~** faire le lit; **to be in ~** être couché; *(through illness)* garder le lit; **to book in for ~ and breakfast** prendre une chambre avec le petit déjeuner; **we stayed at ~-and-breakfast places** nous avons pris une chambre chez des particuliers. **(b)** *(layer: coal, ore)* couche *f.* **(c)** *(bottom: sea)* fond *m; (river)* lit *m.* **(d)** *(in garden: of vegetables)* carré *m; (flowers)* parterre *m.* ◆ **bedclothes** *npl* couvertures *fpl* et draps *mpl* de lit. ◆ **bedcover** *n* couvre-lit *m.* ◆ **bedding** *n* literie *f; (animals)* litière *f.* ◆ **bedjacket** *n* liseuse *f.* ◆ **bedlinen** *n* draps *mpl* de lit (et taies *fpl* d'oreillers). ◆ **bedpan** *n* bassin *m* (hygiénique). ◆ **bedridden** *adj* alité. ◆ **bedroom** *n* chambre *f* à coucher. **~ slipper** pantoufle *f;* **~ suite** chambre *f* à coucher *(mobilier).* ◆ **bedsettee** *n* divan-lit *m.* ◆ **bedside** *n* chevet *m.* ◆ **bed-sitter** *n* chambre *f* meublée. ◆ **bedsore** *n* escarre *f.* ◆ **bedspread** *n* dessus-de-lit *m inv.* ◆ **bedstead** *n* bois *m* de lit. ◆ **bedtime** *n:* **it is ~** il est l'heure d'aller se coucher; **before ~** avant de se coucher; **it's past your ~** tu devrais être déjà couché; **to tell a child a ~ story** raconter une histoire à un enfant avant qu'il ne s'endorme. ◆ **bedwetting** *n* incontinence *f* nocturne.

bedraggled [bɪ'drægld] *adj (person)* débraillé; *(wet)* trempé.

bee [bi:] *n* abeille *f.* *(fig)* **to have a ~ in one's bonnet*** avoir une idée fixe (*about* en ce qui concerne). ◆ **beehive** *n* ruche *f.* ◆ **beekeeper** *n* apiculteur *m* (*f* -trice). ◆ **beeline** *n:* **to make a ~ for** filer droit sur. ◆ **beeswax** *n* cire *f* d'abeille.

beech [bi:tʃ] *n* hêtre *m.*

beef [bi:f] *n* bœuf *m.* **roast ~** rosbif *m;* **~ tea** bouillon *m* de viande. ◆ **beefsteak** *n* bifteck *m,* steak *m.*

been [bi:n] *ptp of* **be.**

beer [bɪəʳ] *n* bière *f.* **~ bottle** canette *f;* **~ can** boîte *f* de bière; **~ glass** chope *f.*

beetroot ['bi:tru:t] *n* betterave *f* potagère.

beetle ['bi:tl] *n* (*black ~*) cafard *m; (scarab)* scarabée *m.*

befall [bɪ'fɔ:l] *pret* **befell,** *ptp* **befallen** *vt* arriver à.

befit [bɪ'fɪt] *vt* convenir à.

before [bɪ'fɔ:ʳ] — **1** *prep* **(a)** *(time, order, rank)* avant. **~ Christ** avant Jésus-Christ; **the year ~ last** il y a deux ans; **~ then** avant, auparavant; **~ now** déjà; **~ long** d'ici peu; **~ doing** avant de faire. **(b)** *(place, position)* devant. **he stood ~ me** il était là devant moi; **the task ~ him** la tâche qu'il a devant lui. **(c)** *(rather than)* plutôt que. **he would die ~ betraying...** il mourrait plutôt que de trahir... — **2** *adv (previously)* avant; *(already)* déjà. **the day ~** la veille; **the evening ~** la veille au soir; **the week ~** la semaine d'avant; **I have read it ~** je l'ai déjà lu; **long ~** longtemps auparavant; **the one ~** celui d'avant. — **3** *conj* avant de + *infin,* avant que + ne + *subj.* **I did it ~ I went out** je l'ai fait avant de sortir; **go and see him ~ he goes** allez le voir avant son départ, allez le voir avant qu'il ne parte; **~ I forget...** avant que je n'oublie *(subj)*... ◆ **beforehand** *adv* à l'avance.

beg [beg] *vti* (*also* **~ for**) *(money, food)* mendier; *(favour)* solliciter. **to ~ for help** demander de l'aide; **to ~ sb's pardon** demander pardon à qn; **to ~ sb to do** supplier qn de faire; **I ~ you!** je vous en supplie!; **it's going ~ging*** personne n'en veut. ◆ **beggar** *n* mendiant(e) *m(f).* **poor ~!*** pauvre diable!* *m;* **a lucky ~** un veinard*.

began [bɪ'gæn] *pret of* **begin.**

begin [bɪ'gɪn] *pret* **began,** *ptp* **begun** — **1** *vt (gen)* commencer; *(conversation)* engager; *(quarrel, war, series of events)* déclencher; *(fashion, custom, policy)* lancer. **to ~ to do, to ~ doing** commencer à faire; **to ~ a journey** partir en voyage; **to ~ life as** débuter dans la vie comme; **to ~ again** recommencer (*to do* à faire). — **2** *vi (gen)* commencer (*with* par; *by doing* par faire); *(of road)* partir (*at* de). **to ~ at the beginning** commencer par le commencement; **before October ~s** avant le début d'octobre; **~ning from Monday** à partir de lundi; **he began in the sales department and now...** il a débuté dans le service des ventes et maintenant...; **he began as a Marxist but now...** il a commencé par être marxiste mais maintenant...; **to ~ with, there was...** d'abord, il y avait...; **~ on a new page** prenez une nouvelle page; **to ~ on sth** commencer qch. ◆ **beginner** *n* débutant(e) *m(f).* **it's just ~'s luck** aux innocents les mains pleines. ◆ **beginning** *n* commencement *m,* début *m.* **in the ~** au commencement, au début; **to start again at the ~** recommencer au commencement.

begun [bɪ'gʌn] *ptp of* **begin.**

behalf [bɪ'hɑ:f] *n:* **on ~ of** de la part de; **he did it on my ~** il l'a fait de ma part; **he was worried on my ~** il s'inquiétait pour moi.

behave [bɪ'heɪv] *vi* (*also* ~ **o.s.**) se conduire; *(of machine)* marcher. ~ **yourself!** sois sage! ◆ **behaviour,** *(US)* **behavior** *n* conduite *f* (*to, towards* envers). **to be on one's best** ~ se conduire de façon exemplaire.

behead [bɪ'hed] *vt* décapiter.

behind [bɪ'haɪnd] — **1** *adv (come)* derrière; *(stay, look)* en arrière. **to leave sth** ~ laisser qch derrière soi; **to be** ~ **with sth** être en retard dans qch. — **2** *prep* derrière. **from** ~ **the door** de derrière la porte; **close** ~ tout de suite derrière; *(fig)* **what is** ~ **this?** qu'y a-t-il là-dessous?; *(in work)* **he is** ~ **the others** il est en retard sur les autres; ~ **time** en retard; ~ **the times** en retard sur son temps. — **3** *n* (*: *buttocks*) postérieur* *m*.

beholden [bɪ'həʊldən] *adj* redevable (*to* à, *for* de).

beige [beɪʒ] *adj, n* beige *(m)*.

being ['biːɪŋ] *n* **(a) to come into** ~ *(idea)* prendre naissance; *(society)* être créé; **to bring into** ~ faire naître. **(b)** être *m*. **human** ~**s** êtres humains.

belated [bɪ'leɪtɪd] *adj* tardif (*f* -ive).

belch [beltʃ] — **1** *vi* faire un renvoi. — **2** *vt (smoke etc)* vomir. — **3** *n* renvoi *m*.

belfry ['belfrɪ] *n* beffroi *m*.

Belgium ['beldʒəm] *n* Belgique *f*. ◆ **Belgian** — **1** *n* Belge *mf*. — **2** *adj* belge.

belief [bɪ'liːf] *n* **(a)** croyance *f* (*in God* en Dieu; *in sth* à qch). **it's beyond** ~ c'est incroyable. **(b)** conviction *f*. **in the** ~ **that** persuadé que; **to the best of my** ~ autant que je sache.

believe [bɪ'liːv] *vti* croire (*that* que; *in God* en Dieu; *in sth* à qch). **to** ~ **in sb** avoir confiance en qn; **I don't** ~ **a word of it** je n'en crois pas un mot; **don't you** ~ **it!** ne va pas croire ça!; **he could hardly** ~ **his eyes** il en croyait à peine ses yeux; **if he is to be** ~**d** à l'en croire; **he is** ~**d to be ill** on le croit malade; **I** ~ **so** je crois que oui; **I** ~ **not** je crois que non; **I don't** ~ **in borrowing** je n'aime pas faire des emprunts. ◆ **believer** *n (religion)* croyant(e) *m(f)*. *(gen)* **she is a great** ~ **in** elle est très partisan de.

belittle [bɪ'lɪtl] *vt* déprécier.

bell [bel] *n (of church, school, cows)* cloche *f*; *(hand*~*)* clochette *f*; *(on toys, cats etc)* grelot *m*; *(on door, bicycle etc)* sonnette *f*; *(electric, also phone)* sonnerie *f*. **there's the** ~**!** on sonne! ◆ **bellboy** *n* groom *m*. ◆ **bell-ringer** *n* sonneur *m*. ◆ **bell-tower** *n* clocher *m*.

belligerent [bɪ'lɪdʒərənt] *adj, n* belligérant(e) *m(f)*.

bellow ['beləʊ] — **1** *vi (animals)* mugir; *(person)* brailler (*with* de). — **2** *n* mugissement *m*; braillement *m*.

bellows ['beləʊz] *npl (on forge, organ)* soufflerie *f*; *(for fire)* soufflet *m*.

belly ['belɪ] *n* ventre *m*. ~ **button** nombril *m*; ~ **laugh** gros rire *m* gras. ◆ **bellyache** *n* mal *m* de ventre.

belong [bɪ'lɒŋ] *vi* appartenir (*to* à). **it** ~**s to me** ça m'appartient, c'est à moi; **to** ~ **to a society** faire partie d'une société; **to** ~ **to a town** *(native)* être originaire d'une ville; *(inhabitant)* habiter une ville; **to feel one doesn't** ~ se sentir étranger; **put it back where it** ~**s** remets-le à sa place. ◆ **belongings** *npl* affaires *fpl*.

beloved [bɪ'lʌvɪd] *adj, n* bien-aimé(e) *m(f)*.

below [bɪ'ləʊ] — **1** *prep (under)* sous; *(lower than)* au-dessous de. ~ **the bed** sous le lit; **on the bed and** ~ **it** sur le lit et en-dessous; ~ **average** au-dessous de la moyenne. — **2** *adv* en bas, en dessous; *(Naut)* en bas. **2 floors** ~ 2 étages en dessous; **voices from** ~ des voix venant d'en bas; *(in hell)* **down** ~ en enfer; *(on documents)* **see** ~ voir ci-dessous.

belt [belt] — **1** *n* **(a)** *(gen)* ceinture *f*; *(on machine)* courroie *f*; *(corset)* gaine *f*. **that was below the** ~ c'était un coup bas; **he's got 10 years' experience under his** ~ il a 10 ans d'expérience à son acquis; *(fig)* **to tighten one's** ~ se serrer la ceinture. **(b)** *(area)* zone *f*. **industrial** ~ zone industrielle; **green** ~ zone de verdure. — **2** *vi* **(a)** (*: *rush*) **to** ~ **across** *etc* traverser *etc* à toutes jambes. **(b) to** ~ **up** *(fasten seatbelt)* attacher sa ceinture; (*: *be quiet*) ~ **up!** boucle-la!*

bench [bentʃ] *n (gen, also in Parliament)* banc *m*; *(in tiers)* gradin *m*; *(padded)* banquette *f*; *(in workshop, factory)* établi *m*. **to be on the B**~ être juge.

bend [bend] (*vb: pret, ptp* **bent**) — **1** *n (in river, tube, pipe)* coude *m*; *(in arm, knee)* pli *m*; *(in road)* virage *m*. *(of car)* **to take a** ~ prendre un virage; *(fig)* **round the** ~* cinglé*; *(in diving)* **the** ~**s*** la maladie des caissons. — **2** *vt (back, body, head, branch)* courber; *(leg, arm)* plier. **to** ~ **out of shape** fausser; **to** ~ **back** recourber. — **3** *vi* (*of person: also* ~ **down**) se courber; *(of branch, instrument etc)* être courbé; *(of river, road)* faire un coude. **to** ~ **forward** se pencher en avant; **to** ~ **over** se pencher; *(fig)* **to** ~ **over backwards to help sb*** se mettre en quatre pour aider qn.

beneath [bɪ'niːθ] — **1** *prep (under)* sous; *(lower than)* au-dessous de. ~ **the table** sous la table; **it is** ~ **her to interfere** elle ne daignerait pas intervenir. — **2** *adv:* **the flat** ~ l'appartement au-dessous.

benefactor ['benɪfæktəʳ] *n* bienfaiteur *m*.

beneficent [bɪ'nefɪsənt] *adj* bienfaisant.

beneficial [,benɪ'fɪʃəl] *adj* salutaire (*to* pour). ~ **to the health** bon pour la santé.

beneficiary [,benɪ'fɪʃərɪ] *n* bénéficiaire *mf*.

benefit ['benɪfɪt] — **1** *n (advantage)* avantage *m*. **it is for his** ~ **that...** c'est pour lui que...; **it is to his** ~ c'est dans son intérêt; **it wasn't much** ~ **to me** cela ne m'a pas beaucoup aidé; **he's just crying for your** ~* il pleure pour se faire remarquer; **to give sb the** ~ **of the doubt** laisser à qn le bénéfice du doute; *(money)* **unemployment** ~ allocation *f* de chômage; *(Sport)* ~ **match** match *m* au profit d'un joueur. — **2** *vt* profiter à. — **3** *vi* gagner (*from, by doing* à faire). **he will** ~ **from it** cela lui fera du bien.

Benelux ['benɪlʌks] *adj:* **the** ~ **countries** les pays *mpl* du Bénélux.

benevolent [bɪ'nevələnt] *adj* bienveillant (*to* envers); *(society)* de bienfaisance.

benign [bɪ'naɪn] *adj* bienveillant. ~ **tumour** tumeur *f* bénigne.

bent[1] [bent] (*pret, ptp of* **bend**) *adj (wire, pipe)* tordu; (* *dishonest*) malhonnête. ◆ **bentwood** *adj* en bois courbé.

bent[2] [bent] — **1** *n:* **to follow one's** ~ suivre son inclination *f*. — **2** *adj:* **to be** ~ **on doing** vouloir absolument faire.

bequeath [bɪ'kwiːð] *vt* léguer (*to* à).

bequest [bɪ'kwest] *n* legs *m*.

bereaved [bɪ'riːvd] — **1** *adj* endeuillé. — **2** *n:* **the** ~ la famille du disparu. ◆ **bereavement** *n* deuil *m*.

beret ['bereɪ] *n* béret *m*.

bereft [bɪ'reft] *adj:* ~ **of** privé de.

Berlin [bɜː'lɪn] *n* Berlin. **East/West ~** Berlin Est/Ouest.
berry ['berɪ] *n* baie *f*.
berserk [bə'sɜːk] *adj:* **to go ~** devenir fou furieux (*f* folle furieuse).
berth [bɜːθ] — **1** *n* **(a)** *(bed)* couchette *f*. **(b)** *(anchorage)* poste *m* d'amarrage. *(fig)* **to give sb a wide ~** éviter qn à tout prix. — **2** *vi* s'amarrer.
beseech [bɪ'siːtʃ] *pret, ptp* **besought** *vt* implorer (*sb to do* qn de faire).
beset [bɪ'set] *adj:* **~ with** *(doubts)* assailli de; *(difficulties)* hérissé de. ◆ **besetting** *adj:* **his ~ sin** son plus grand défaut *m*.
beside [bɪ'saɪd] *prep* à côté de. **that's ~ the point** cela n'a rien à voir avec la question; **to be ~ o.s.** *(with anger)* être hors de soi; *(with excitement)* ne plus se posséder; **~ himself with joy** fou de joie.
besides [bɪ'saɪdz] — **1** *adv* en outre, d'ailleurs. **many more ~** bien d'autres encore. — **2** *prep* en plus de. **others ~ ourselves** d'autres que nous; **~ which...** et par-dessus le marché...
besiege [bɪ'siːdʒ] *vt* assiéger.
besought [bɪ'sɔːt] *pret, ptp of* **beseech.**
bespectacled [bɪ'spektɪkld] *adj* à lunettes.
best [best] — **1** *adj* (*superl of* **good**) le meilleur, la meilleure. **the ~ pupil in...** le meilleur élève de... ; **the ~ thing about her is...** ce qu'il y a de meilleur chez elle c'est...; **the ~ thing to do is to wait** le mieux c'est d'attendre; **her ~ friend** sa meilleure amie; **for the ~ part of an hour** pendant près d'une heure; **~ man** *(at wedding)* garçon *m* d'honneur. — **2** *n:* **to do one's ~** faire de son mieux (*to do* pour faire); **to make the ~ of sth** profiter au maximum de qch; **to make the ~ of a bad job** faire contre mauvaise fortune bon cœur; **it's all for the ~** c'est pour le mieux; **to the ~ of my knowledge** autant que je sache; **to look one's ~** être resplendissant; *(on form)* **to be at one's ~** être en pleine forme; **even at the ~ of times he's not very patient** il n'est jamais particulièrement patient; **at ~** au mieux. — **3** *adv* (*superl of* **well**) *(dress, sing)* le mieux; *(like, love)* le plus. **I like strawberries ~** je préfère les fraises; **as ~ I can** de mon mieux; **to think it ~ to do** croire qu'il vaudrait mieux faire; **do as you think ~** faites pour le mieux; **you know ~** c'est vous le mieux placé pour en décider. ◆ **best-seller** *n (book, goods)* best-seller *m ; (author)* auteur *m* à succès.
bestow [bɪ'stəʊ] *vt* accorder (*on* à).
bet [bet] *pret, ptp* **bet** *or* **betted** — **1** *vti* parier (*against* contre; *on* sur; *with* avec). **to ~ 10 to 1** parier (à) 10 contre 1; **to ~ on horses** jouer aux courses; **to ~ on a horse** jouer un cheval; **I ~ he'll come!*** je te parie qu'il viendra!; **you ~!*** tu parles!;* **you can ~ your life that*...** tu peux parier tout ce que tu veux que...— **2** *n* pari *m* (*on* sur). ◆ **betting** *n* paris *mpl*. **the ~ was 2 to 1** la cote était 2 contre 1; *(fig)* **the ~ is that...** il y a des chances que...; **~ shop** ≃ bureau *m* de P.M.U.
betray [bɪ'treɪ] *vt* trahir. **to ~ sb to the police** livrer qn à la police; **his speech ~ed the fact that ...** on devinait à l'écouter que... ◆ **betrayal** *n* trahison *f*.
better ['betəʳ] — **1** *adj* (*comp of* **good**) meilleur (*than* que). **she is ~ at dancing than at singing** elle danse mieux qu'elle ne chante; **he's no ~ than a thief** c'est un voleur ni plus ni moins; *(sick man)* **he is much ~ now** il va bien mieux maintenant; **to get ~** *(gen)* s'améliorer; *(after illness)* se remettre (*from* de); **~ and ~!** de mieux en mieux!; **it couldn't be ~** ça ne pourrait pas être mieux; **it would be ~ to stay** il vaudrait mieux rester; **the ~ part of a year** près d'un an. — **2** *adv* (*comp of* **well**) mieux (*than* que). **he sings ~ than he dances** il chante mieux qu'il ne danse; **all the ~, so much the ~** tant mieux (*for* pour); **he was all the ~ for it** il s'en est trouvé mieux; **they are ~ off than we are** *(richer)* ils ont plus d'argent que nous; *(more fortunate)* ils sont dans une meilleure position que nous; **he is ~ off at his sister's** il est mieux chez sa sœur; **I had ~ go** il vaut mieux que je m'en aille; **~ dressed** mieux habillé; **~ known** plus connu. — **3** *n:* **a change for the ~** un changement en mieux; **for ~ or worse** pour le meilleur ou pour le pire; **to get the ~ of sb** triompher de qn.
between [bɪ'twiːn] — **1** *prep (gen)* entre. **~ here and London** d'ici Londres; **~ now and next week** d'ici la semaine prochaine; **~ ourselves, he...** entre nous, il...; **the 2 boys managed to do it ~ them** à eux deux les garçons sont arrivés à le faire. — **2** *adv* au milieu. **few and far ~** très rares; **rows of trees with grass in ~** des rangées d'arbres séparées par de l'herbe.
bevel ['bevəl] *n* (**~** *edge*) biseau *m*.
beverage ['bevərɪdʒ] *n* boisson *f*.
beware [bɪ'wɛəʳ] *vti:* **to ~ of sth** prendre garde à qch; **~ of falling** prenez garde de tomber; **'~ of the dog!'** 'attention, chien méchant'; **'~ of imitations'** 'se méfier des contrefaçons'.
bewilder [bɪ'wɪldəʳ] *vt* dérouter. ◆ **bewildered** *adj (person)* dérouté; *(look)* perplexe. ◆ **bewildering** *adj* déroutant. ◆ **bewilderment** *n* confusion *f*.
bewitch [bɪ'wɪtʃ] *vt* ensorceler; *(fig)* charmer. ◆ **bewitching** *adj* charmant.
beyond [bɪ'jɒnd] — **1** *prep (in space)* au-delà de; *(in time)* plus de; *(more than)* au-dessus de; *(except)* sauf. **this work is quite ~ him** ce travail le dépasse complètement; **~ my reach** hors de ma portée; **he is ~ caring** il ne s'en fait plus du tout; **that's ~ a joke** cela dépasse les bornes; **~ his means** au-dessus de ses moyens. — **2** *adv* au-delà.
bi... [baɪ] *pref* bi...
bias ['baɪəs] *n* **(a)** préjugé *m* (*towards* pour; *against* contre). **(b)** *(Sewing)* **~ binding** biais *m (ruban)*. ◆ **biassed** *adj* partial. **to be ~ against** avoir un préjugé contre.
bib [bɪb] *n* bavoir *m*.
Bible ['baɪbl] *n* Bible *f*. **~ story** histoire *f* tirée de la Bible. ◆ **biblical** ['bɪblɪkəl] *adj* biblique.
bibliography [,bɪblɪ'ɒgrəfɪ] *n* bibliographie *f*.
bicarbonate [baɪ'kɑːbənɪt] *n:* **~ of soda** bicarbonate *m* de soude.
bicentenary [,baisen'tiːnarɪ] *n* bicentenaire *m*.
biceps ['baɪseps] *npl inv* biceps *m*.
bicker ['bɪkəʳ] *vi* se chamailler*.
bicycle ['baɪsɪkl] — **1** *n* bicyclette *f*. **to ride a ~** faire de la bicyclette. — **2** *adj (chain)* de bicyclette. **~ rack** râtelier *m* à bicyclettes; **~ shed** abri *m* à bicyclettes.
bid [bɪd] *pret* **bade** *or* **bid,** *ptp* **bidden** — **1** *vt* **(a)** *(command)* ordonner (*sb to do* à qn de faire). **(b) to ~ sb good morning** dire bonjour à qn; **to ~ sb welcome** souhaiter la bienvenue à qn. **(c)** *(at auction)* faire une enchère de; *(Cards)* demander. — **2** *vi* faire une enchère (*for* pour). — **3** *n* **(a)** *(at auction)* enchère *f; (Cards)* demande *f*. **'no ~'** 'parole'. **(b)**

(attempt) tentative *f.* **suicide ~** tentative de suicide; **to make a ~ for freedom** tenter de s'évader. ◆ **bidder** *n* offrant *m.* **the highest ~** le plus offrant. ◆ **bidding** *n* **(a)** *(sale, Cards)* enchères *fpl.* **(b) I did his ~** j'ai fait ce qu'il m'a dit.

bide [baɪd] *vt:* **to ~ one's time** attendre le bon moment.

bier [bɪəʳ] *n* bière *f (pour enterrement).*

bifocals ['baiˈfəʊkəls] *npl* verres *mpl* à double foyer.

big [bɪg] *adj (in height, age: person, building, tree)* grand; *(in bulk, amount: fruit, parcel, book, lie)* gros (*f* grosse). **my ~ brother** mon grand frère; **a ~ man** un homme grand et fort; *(important)* un grand homme; *(Pol)* **the B~ Four** les quatre Grands; **~ toe** gros orteil *m;* **to grow ~** *or* **~ger** grandir (*or* grossir); **to look ~** faire l'important; **~ business** les grosses affaires *fpl;* **that's rather a ~ word** c'est un bien grand mot; *(fig)* **he's too ~ for his boots** il a des prétentions; *(iro)* **that's ~ of you!*** quelle générosité! ◆ **bigheaded*** *adj* crâneur* (*f* -euse). ◆ **big-hearted** *adj:* **to be ~** avoir du cœur.

bigamy ['bɪgəmɪ] *n* bigamie *f.*

bigot ['bigət] *n (gen)* fanatique *mf; (religious)* bigot (e) *m(f).* ◆ **bigoted** *adj* fanatique; bigot.

bike* [baɪk] *n* vélo *m.*

bikini [bɪ'ki:nɪ] *n* bikini *m.*

bile [baɪl] *n* bile *f.*

bilingual [baɪ'lɪŋgwal] *adj* bilingue.

bilious ['bɪlɪəs] *adj* bilieux (*f* -euse). **~ attack** crise *f* de foie.

bill¹ [bɪl] — **1** *n* **(a)** *(account)* facture *f; (for hotel, also gas etc)* note *f; (in restaurant)* addition *f.* **have you paid the milk ~ ?** as-tu payé le lait?; **may I have the ~ please** l'addition (*or* la note) s'il vous plaît. **(b) ~ of fare** menu *m;* **~ of rights** déclaration *f* des droits; **~ of sale** acte *m* de vente. **(c)** *(US)* **5-dollar ~** billet *m* de 5 dollars. **(d)** *(Parliament)* projet *m* de loi. **(e)** *(poster)* placard *m; (Theat etc)* affiche *f.* **to top the ~** être en tête d'affiche. — **2** *vt:* **to ~ sb for sth** envoyer la facture de qch à qn. ◆ **billboard** *n* panneau *m* d'affichage.

bill² [bɪl] *n (of bird)* bec *m.* ◆ **billing** *n:* **~ and cooing** roucoulements *mpl* d'amoureux.

billet ['bɪlɪt] *vt* cantonner (*on sb* chez qn).

billiard ['bɪljəd] *n:* **~s** billard *m;* **~ ball** boule *f* de billard; **~ table** table *f* de billard.

billion ['bɪljən] *n (Brit)* billion *m; (US)* milliard *m.*

billow ['bɪləʊ] *vi (of sail)* se gonfler; *(of cloth)* onduler.

billy can ['bɪlɪkæn] *n* gamelle *f.*

billy goat ['bɪlɪgəʊt] *n* bouc *m.*

bin [bɪn] *n* (*rubbish* **~**) boîte *f* à ordures, poubelle *f; (for bread)* huche *f; (for coal, corn)* coffre *m.*

binary ['baɪnərɪ] *adj* binaire.

bind [baɪnd] *pret, ptp* **bound** *vt* **(a)** *(fasten: gen)* attacher; *(person, animal)* lier, attacher (*to* à); *(sauce)* lier. **bound hand and foot** pieds et poings liés. **(b)** *(put sth round sth)* entourer (*with* de); *(material, hem)* border (*with* de); *(book)* relier (*in* en). **to ~ up a wound** bander une blessure. **(c)** *(oblige)* obliger (*sb to do* qn à faire). *(Law)* **to ~ sb over** mettre qn en liberté conditionnelle. ◆ **binder** *n (for papers)* classeur *m.* ◆ **binding** — **1** *n (of book)* reliure *f.* — **2** *adj (agreement, promise)* qui lie. **to be ~ on sb** lier qn. ◆ **bindweed** *n* liseron *m.*

binge* [bindʒ] *n:* **to have a ~** faire la bombe*.

bingo ['bɪŋgəʊ] *n:* **to go to ~** aller jouer au loto.

binoculars [bɪ'nɒkjʊləz] *npl* jumelles *fpl (lorgnette).*

biochemistry ['baɪəʊ'kemɪstrɪ] *n* biochimie *f.*

biodegradable ['baɪəʊdɪ'greɪdəbl] *adj* biodégradable.

biography [baɪ'ɒgrəfɪ] *n* biographie *f.* ◆ **biographer** n biographe *mf.*

biology [baɪ'ɒlədʒɪ] *n* biologie *f.* ◆ **biologist** *n* biologiste *mf.* ◆ **biological** *adj* biologique; *(soap powder)* aux enzymes.

birch [bɜ:tʃ] — **1** *n (tree, wood)* bouleau *m; (for whipping)* verge *f.* — **2** *vt* fouetter.

bird [bɜ:d] *n* oiseau *m; (game bird)* pièce *f* de gibier *(à plume); (as food)* volaille *f;* (*: *girl*) nana* *f.* **~ of prey** oiseau de proie; **a ~ in the hand is worth two in the bush** un tiens vaut mieux que deux tu l'auras; **they're ~s of a feather** ils sont à mettre dans le même sac; **a little ~ told me*** mon petit doigt me l'a dit; **~ bath** vasque *f* pour les oiseaux; **~ cage** cage *f* à oiseaux; **~ call** cri *m* d'oiseau; **~'s nest** nid *m* d'oiseau; **to go ~ nesting** aller dénicher les oiseaux; **~ sanctuary** réserve *f* d'oiseaux; **a ~'s eye view of Paris** Paris vu à vol d'oiseau; **to go ~ watching** aller observer les oiseaux.

Biro ['baɪərəʊ] *n* ® ≃ Bic *m* ®.

birth [bɜ:θ] *n (of baby, idea etc)* naissance *f.* **during the ~** pendant l'accouchement *m;* **to give ~ to** donner naissance à; **from ~, by ~** de naissance; **of good ~** de bonne famille; **~ certificate** acte *m* de naissance; **~ control** contrôle *m* des naissances; **~ rate** taux *m* de natalité *f.* ◆ **birthday** *n* anniversaire *m.* **~ cake** gâteau *m* d'anniversaire; **~ card** carte *f* d'anniversaire; **she is having a ~ party** on a organisé une petite fête pour son anniversaire. ◆ **birthmark** *n* tache *f* de vin *(sur la peau).* ◆ **birthplace** *n (gen)* lieu *m* de naissance; *(house)* maison *f* natale.

biscuit ['bɪskɪt] *n* biscuit *m.*

bishop ['bɪʃəp] *n* évêque *m; (Chess)* fou *m.*

bit¹ [bɪt] — **1** *pret of* **bite.** — **2** *n* **(a)** *(of horse)* mors *m.* **to take the ~ between one's teeth** prendre le mors aux dents. **(b)** *(of tool)* mèche *f.*

bit² [bɪt] *n (piece: gen)* morceau *m,* bout *m; (of book, talk etc)* passage *m.* **a ~ of** *(money, butter etc)* un peu de; *(string, garden)* un bout de; **a tiny little ~** un tout petit peu; **a ~ of advice** un petit conseil; **a ~ of news** une nouvelle; **a ~ of luck** une chance; **a ~ slow** un peu lent; **a good ~ bigger** bien plus grand; **it was a ~ of a shock** ça nous a plutôt fait un choc; **not a ~** pas du tout; **all your ~s and pieces** toutes tes petites affaires; **in ~s and pieces** *(broken)* en morceaux; *(dismantled)* en pièces détachées; **~ by ~** petit à petit; **to do one's ~** fournir sa part d'effort; **wait a ~** attendez un instant.

bitch [bɪtʃ] *n (animal)* chienne *f;* (*: *woman*) garce* *f.* ◆ **bitchy*** *adj* rosse*.

bite [baɪt] (*vb: pret* **bit,** *ptp* **bitten**) — **1** *n (of dog, snake etc)* morsure *f; (of insect)* piqûre *f; (Fishing)* touche *f.* **in two ~s** en deux bouchées *fpl;* **come and have a ~** venez manger un morceau. — **2** *vti (gen)* mordre; *(of insect)* piquer. **to ~ one's nails** se ronger les ongles; **to ~ one's tongue** se mordre la langue; **to ~ the dust** mordre la poussière; **once bitten twice shy** chat échaudé craint l'eau froide; **what's biting you?*** qu'est-ce que tu as à râler?*; **to**

~ into sth *(person)* mordre dans qch; *(acid)* mordre sur qch; **she bit off a piece of apple** elle a mordu dans la pomme; *(fig)* **he has bitten off more than he can chew** il a eu les yeux plus grands que le ventre; *(fig)* **to ~ sb's head off*** rembarrer qn; **to ~ through a thread** couper un fil avec les dents. ◆ **biting** *adj (wind)* cinglant; *(remarks)* mordant.

bitter ['bɪtəʳ] — **1** *adj* **(a)** *(taste)* amer (*f* amère). **~ lemon** Schweppes *m* ® au citron. **(b)** *(weather)* glacial. **(c)** *(person, reproach)* amer; *(criticism, sorrow)* cruel (*f* -elle); *(opposition, protest)* violent; *(remorse)* cuisant. **to the ~ end** jusqu'au bout; **I feel very ~ about it** ça m'a rempli d'amertume. — **2** *n (Brit: beer)* bière *f* anglaise. *(drink)* **~s** bitter *m.* ◆ **bitterly** *adv (speak, weep)* amèrement; *(criticize, oppose)* violemment; *(disappointed)* cruellement. **it was ~ cold** il faisait un froid de loup. ◆ **bitterness** *n* amertume *f.*

bivouac ['bɪvʊæk] *n* bivouac *m.*

bizarre [bɪ'zɑːʳ] *adj* bizarre.

black [blæk] — **1** *adj* noir. **~ and blue** *(bruised)* couvert de bleus; **~ magic** magie *f* noire; **~ beetle** cafard *m; (on aircraft)* **~ box** boîte *f* noire; **~ eye** œil *m* au beurre noir; **~ ice** verglas *m;* **B~ Maria*** *(police van)* panier *m* à salade*; **on the ~ market** au marché noir; **~ pudding** boudin *m;* **B~ Sea** mer *f* Noire; *(fig)* **the ~ sheep** la brebis galeuse; **'~ tie'** *(on invitation)* 'smoking'; **'~ is beautiful'** ≃ 'nous sommes fiers d'être noirs'; *(fig)* **~ list** liste *f* noire *(V below)*; **it is as ~ as pitch** il fait noir comme dans un four; **a ~ deed** un crime; **things are looking ~** les choses se présentent très mal; **a ~ day for England** une sombre journée pour l'Angleterre. — **2** *n (colour)* noir *m; (person)* Noir(e) *m(f).* **there it is in ~ and white** c'est écrit noir sur blanc. — **3** *vti* **(a)** *(gen)* noircir; *(during a strike)* boycotter. **to ~ sb's eye for him** pocher l'œil à qn. **(b) to ~ out** *(faint)* s'évanouir. ◆ **blackberry** — **1** *n* mûre *f; (bush)* mûrier *m.* — **2** *vi:* **to go ~ing** aller cueillir des mûres. ◆ **blackbird** *n* merle *m.* ◆ **blackboard** *n* tableau *m* noir. ◆ **blackcurrant** *n* cassis *m.* ◆ **blacken** *vti* noircir. ◆ **blackhead** *n* point *m* noir *(sur la peau).* ◆ **blackleg** *n* jaune *m,* briseur *m* de grève. ◆ **blacklist** *vt* mettre sur la liste noire. ◆ **blackmail** — **1** *n* chantage *m.* — **2** *vt* faire chanter. **to ~ sb into doing** forcer qn par le chantage à faire. ◆ **blackmailer** *n* maître-chanteur *m.* ◆ **blackness** *n (of colour, substance)* noirceur *f; (darkness)* obscurité *f.* ◆ **blackout** *n (of lights)* panne *f* d'électricité; *(during war)* black-out *m; (amnesia)* trou *m* de mémoire; *(fainting)* évanouissement *m.* ◆ **blacksmith** *n (shoes horses)* maréchal-ferrant *m; (forges iron)* forgeron *m.*

bladder ['blædəʳ] *n* vessie *f.*

blade [bleɪd] *n (gen)* lame *f; (of chopper, guillotine)* couperet *m; (of windscreen wiper)* caoutchouc *m.* **~ of grass** brin *m* d'herbe.

blame [bleɪm] — **1** *vt* **(a)** *(fix responsibility on)* **to ~ sb for sth, to ~ sth on sb*** rejeter la responsabilité de qch sur qn; **I'm not to ~** ce n'est pas ma faute; **you have only yourself to ~** tu l'as bien cherché. **(b)** *(censure)* blâmer (*sb for doing* qn de faire; *sb for sth* qn de qch). **to ~ o.s. for sth** se reprocher qch. — **2** *n* **(a)** *(responsibility)* responsabilité *f.* **to put** *or* **lay the ~ for sth on sb** rejeter la responsabilité de qch sur qn. **(b)** *(censure)* blâme *m.* ◆ **blameless** *adj* irréprochable.

blanch [blɑːntʃ] *vt (vegetables)* blanchir.

bland [blænd] *adj* doux (*f* douce).

blank [blæŋk] — **1** *adj (paper)* blanc (*f* blanche); *(cheque)* en blanc; *(cartridge)* à blanc; *(refusal, denial)* absolu; *(look)* déconcerté. **~ map** carte *f* muette; **~ wall** mur *m* aveugle; **~ space** blanc *m,* espace *m* vide; **~ form** formulaire *m; (on form)* **please leave ~** laisser en blanc s.v.p.; **his mind went ~** il a eu un passage à vide; **~ verse** vers *mpl* blancs. — **2** *n (in answer)* blanc *m.* **my mind was a ~** j'avais la tête vide; **to draw a ~** faire chou blanc. ◆ **blankly** *adv (announce)* carrément; *(look)* sans comprendre.

blanket ['blæŋkɪt] *n* couverture *f.* **a ~ of fog** un brouillard épais; *(insurance policy)* **to give ~ cover** être tous risques.

blare [blɛəʳ] *vi (of music, horn etc)* retentir; *(of radio)* beugler.

blarney* ['blɑːnɪ] *n* boniment* *m.*

blaspheme [blæs'fiːm] *vti* blasphémer (*against* contre). ◆ **blasphemous** ['blæsfɪməs] *adj (person)* blasphémateur (*f* -trice); *(words)* blasphématoire. ◆ **blasphemy** ['blæsfɪmɪ] *n* blasphème *m.*

blast [blɑːst] — **1** *n (sound: of bomb, quarrying)* explosion *f; (of space rocket)* grondement *m; (of trumpets etc)* fanfare *f.* **~ on the siren** coup *m* de sirène; **the radio was going at full ~** la radio marchait à plein volume; **the ~ of the explosion** le souffle de l'explosion; **~ of air** jet *m* d'air; **~ furnace** haut fourneau *m.* — **2** *vti vt (rocks)* faire sauter. **the rocket was ~ed off** la fusée a été mise à feu. — **3** *excl* (*) la barbe!*; **~ him!** il est embêtant!* ◆ **blasted*** *adj* fichu* *(before n).* ◆ **blasting** *n:* **'~ in progress'** 'attention, tir de mines'. ◆ **blast-off** *n* lancement *m (spatial).*

blatant ['bleɪtənt] *adj (injustice, lie)* flagrant.

blaze¹ [bleɪz] — **1** *n (fire)* feu *m; (building etc on fire)* incendie *m.* **~ of light** torrent *m* de lumière; **~ of colour** flamboiement *m* de couleurs; **~ of anger** explosion *f* de colère; **like ~s*** comme un fou (*f* une folle). — **2** *vi (of fire)* flamber; *(of sun, jewel, light)* resplendir; *(of anger)* éclater. ◆ **blazing** *adj (building etc)* en flammes; *(sun)* éclatant.

blaze² [bleɪz] *vt:* **to ~ a trail** *(fig)* montrer la voie.

blazer ['bleɪzəʳ] *n* blazer *m.*

bleach [bliːtʃ] — **1** *n* décolorant *m; (liquid)* eau *f* oxygénée. **household ~** eau *f* de Javel. — **2** *vt (gen)* blanchir; *(hair)* décolorer. **to ~ one's hair** se décolorer.

bleak [bliːk] *adj (country)* désolé; *(room)* austère; *(weather)* froid; *(existence, smile)* morne.

bleary ['blɪərɪ] *adj (eyes: from sleep, fatigue)* voilé; *(from tears)* larmoyant.

bleat [bliːt] *vi* bêler.

bleed [bliːd] *pret, ptp* **bled** [bled] *vti* saigner. **his nose is ~ing** il saigne du nez; **he is ~ing to death** il perd tout son sang. ◆ **bleeding** — **1** *n* saignement *m; (more serious)* hémorragie *f.* — **2** *adj (wound)* saignant.

bleep [bliːp] — **1** *n (Rad, TV)* top *m; (on pocket call radio)* bip *m.* — **2** *vi* émettre des signaux. — **3** *vt (person)* biper. ◆ **bleeper** *n* bip *m.*

blemish ['blemɪʃ] *n* défaut *m; (on fruit, reputation)* tache *f.*

blench [blentʃ] *vi (turn pale)* blêmir. **without ~ing** sans broncher.
blend [blend] — **1** *n* mélange *m*. *(coffee)* **Brazilian ~** café *m* du Brésil; **'our own ~'** 'mélange maison'. — **2** *vt (gen)* mélanger (*with* à, avec); *(colours, styles)* fondre. — **3** *vi (gen)* se mélanger (*with* à, avec); *(of voices, perfumes)* se confondre; *(colours: shade in)* se fondre; *(go together)* aller bien ensemble. ◆ **blender** *n (for food)* mixeur *m*.
bless [bles] *pret, ptp* **blessed** [blest] *or* **blest** *vt* bénir. *(ironic)* **she'll ~ you for this!** elle va te bénir!; **~ you!** vous êtes un ange!; *(sneezing)* à vos souhaits!; **well I'm blest!*** ça alors!* ◆ **blessed** ['blesɪd] *adj* **(a)** béni. **B~ Virgin** Sainte Vierge *f*. **(b)** (*) **that ~ child** ce fichu* gosse; **every ~ evening** tous les soirs que le bon Dieu fait*. ◆ **blessing** *n*: **with God's ~** par la grâce de Dieu; **the plan had his ~*** il avait donné sa bénédiction à ce projet; **the ~s of civilization** les bienfaits *mpl* de la civilisation; **what a ~ that ...** quelle chance que ... + *subj;* **it was a ~ in disguise** c'était malgré les apparences un bien.
blew [blu:] *pret of* **blow[1]**.
blight [blaɪt] *n (on plants)* rouille *f; (fig)* fléau *m*.
blighter* ['blaɪtəʳ] *n* type* *m*. **silly ~** imbécile *mf*.
blimey* ['blaɪmɪ] *excl* mince alors!*
blind [blaɪnd] — **1** *adj (gen)* aveugle; *(corner)* sans visibilité. **a ~ man** un aveugle; **~ man's bluff** colin-maillard *m;* **~ in one eye** borgne; **as ~ as a bat** myope comme une taupe*; *(of car etc)* **it was approaching on his ~ side** cela approchait dans son angle mort; *(fig)* **that was his ~ spot** sur ce point il refusait d'y voir clair; **to turn a ~ eye to** fermer les yeux sur. — **2** *vt* aveugler (*to* sur). — **3** *n* **(a) the ~** les aveugles *mpl;* **it's the ~ leading the ~** c'est comme l'aveugle qui conduit l'aveugle. **(b)** *(window)* store *m*. — **4** *adv:* **~ drunk*** complètement soûl. ◆ **blindfold** *vt* bander les yeux à. ◆ **blinding** *adj* aveuglant. ◆ **blindly** *adv* aveuglément. ◆ **blindness** *n (lit)* cécité *f*.
blink [blɪŋk] — **1** *n* clignotement *m* (des yeux). **it's on the ~*** c'est détraqué. — **2** *vi* cligner des yeux; *(light)* vaciller. — **3** *vt:* **to ~ one's eyes** cligner des yeux. ◆ **blinkers** *npl* œillères *fpl*.
bliss [blɪs] *n (gen)* félicité *f; (religious)* béatitude *f*. **it's ~!*** c'est divin! ◆ **blissful** *adj (gen)* bienheureux (*f* -euse); (*) divin. ◆ **blissfully** *adv (smile)* d'un air béat; *(happy, unaware)* parfaitement.
blister ['blɪstəʳ] — **1** *n (on skin)* ampoule *f; (on paint)* boursouflure *f*. — **2** *vi* former une ampoule; se boursoufler. ◆ **blistering** *adj (heat)* étouffant; *(attack)* cinglant.
blithe [blaɪð] *adj* joyeux (*f* -euse).
blithering* ['blɪðərɪŋ] *adj:* **~ idiot** espèce *f* d'idiot(e).
blitz [blɪts] *n (by air force)* bombardement *m* aérien. *(fig)* **to have a ~ on sth** s'attaquer à qch.
blizzard ['blɪzəd] *n* tempête *f* de neige.
bloated ['bləʊtɪd] *adj (gen)* gonflé; *(face)* bouffi; *(stomach)* ballonné; *(with pride)* bouffi (*with* de).
blob [blɒb] *n* grosse goutte *f*.
bloc [blɒk] *n* bloc *m (politique)*.
block [blɒk] — **1** *n* **(a)** *(gen)* bloc *m; (butcher's, executioner's)* billot *m; (of chocolate)* plaque *f*. **(b)** *(of buildings)* pâté *m* de maisons. **a ~ of flats, an apartment ~** un immeuble; **3 ~s away** 3 rues plus loin. **(c)** *(Psych)* blocage *m*. **(d)** *(of tickets)* série *f; (of seats)* groupe *m*. — **2** *adj:* **in ~ capitals** *or* **letters** en majuscules *fpl* d'imprimerie. — **3** *vt (gen)* bloquer; *(pipe etc)* boucher; *(Football: opponent)* gêner. **to ~ sb's way** barrer le chemin à qn; **to ~ off a road** interdire une rue; **to ~ out a view** boucher une vue; **to ~ up** bloquer. ◆ **blockade** — **1** *n* blocus *m*. — **2** *vt* bloquer. ◆ **blockage** *n (gen)* obstruction *f; (Psych)* blocage *m*. ◆ **blockbuster*** *n (film)* superproduction. *f*. ◆ **blockhead*** *n* imbécile *mf*.
bloke* [bləʊk] *n* type* *m*.
blond(e) [blɒnd] *adj, n* blond(e) *m(f)*.
blood [blʌd] — **1** *n* sang *m*. **it's like trying to get ~ out of a stone** c'est comme si on parlait à un mur; **bad ~** désaccord *m;* **my ~ was boiling** je bouillais de rage; **she is out for his ~*** elle veut sa peau*; **his ~ ran cold** son sang s'est figé dans ses veines; **it's in his ~** il a cela dans le sang. — **2** *adj (temperature)* du sang; *(group, transfusion, vessel)* sanguin. **~ bath** massacre *m;* **~ cell** globule *m* sanguin; **~ donor** donneur *m* (*f* -euse) de sang; **~ heat** température *f* du sang (37°); **~ poisoning** empoisonnement *m* du sang; **~ pressure** tension *f* artérielle; **to have high ~ pressure** faire de l'hypertension; **~ relation** parent(e) *m(f)* par le sang; **~ sports** sports *mpl* sanguinaires; **~ test** analyse *f* du sang. ◆ **bloodcurdling** *adj* à vous figer le sang. ◆ **bloodless** *adj (victory)* sans effusion de sang. ◆ **blood-red** *adj* rouge sang *inv*. ◆ **bloodshed** *n* effusion *f* de sang. ◆ **bloodshot** *adj* injecté de sang. ◆ **bloodstained** *adj* taché de sang. ◆ **bloodstream** *n* système *m* sanguin. ◆ **bloodthirsty** *adj* sanguinaire.
bloody ['blʌdɪ] — **1** *adj* **(a)** *(hands, weapon)* ensanglanté; *(battle)* sanglant; *(nose)* en sang. **(b)** (*: *annoying*) foutu*, sacré* *(before n)*. — **2** *adv*(*) vachement*. ◆ **bloody-minded*** *adj* contrariant*.
bloom [blu:m] — **1** *n* **(a)** *(flower)* fleur *f*. **in ~** *(flower)* éclos; *(tree)* en fleurs. **(b)** *(on fruit, skin)* velouté *m*. — **2** *vi (of flower)* éclore; *(of tree)* fleurir; *(of person)* être florissant. ◆ **blooming*** *adj* fichu* *(before n)*.
blossom ['blɒsəm] — **1** *n* fleurs *fpl; (one flower)* fleur *f*. — **2** *vi* fleurir; *(fig)* s'épanouir.
blot [blɒt] — **1** *n* tache *f*. **a ~ on his character** une tache à sa réputation; **to be a ~ on the landscape** déparer le paysage. — **2** *vt (dry: ink)* sécher. *(fig)* **to ~ one's copybook** faire un accroc à sa réputation; **to ~ out** *(word, memory)* effacer; *(destroy: city)* annihiler. ◆ **blotting paper** *n* buvard *m*.
blotch [blɒtʃ] *n* tache *f*. ◆ **blotchy** *adj (face)* marbré; *(paint)* couvert de taches.
blouse [blaʊz] *n* chemisier *m*.
blow[1] [bləʊ] *pret* **blew,** *ptp* **blown** — **1** *vi* **(a)** *(of wind, person)* souffler. *(fig)* **to see which way the wind ~s** regarder de quel côté souffle le vent; **to ~ hot and cold** souffler le chaud et le froid; **the door blew open** un coup de vent a ouvert la porte; **his hat blew away** *or* **off** son chapeau s'est envolé; **the tree was ~n down** l'arbre a été abattu par le vent; **to ~ out** *(lamp)* s'éteindre; *(tyre)* éclater; *(fuse)* sauter; **to ~ over** *(dispute)* passer; **to ~ up** exploser. **(b)** *(of trumpet, whistle)* retentir. **when the whistle ~s** au coup de sifflet. — **2** *vt* **(a)** *(of wind: ship)*

pousser; *(leaves)* chasser. **it was ~ing a gale** le vent soufflait en tempête; **the wind blew the door open** un coup de vent a ouvert la porte; **the wind blew it down** le vent l'a fait tomber; **to ~ sth off** emporter qch; **to ~ a light out** éteindre une lumière. **(b)** *(bubbles)* faire; *(glass)* souffler; *(kiss)* envoyer. **(c)** *(trumpet)* souffler dans. **to ~ a whistle** siffler; **to ~ up a tyre** gonfler un pneu; *(fig)* **to ~ one's own trumpet** chanter ses propres louanges. **(d)** *(fuse, safe)* faire sauter; (*: *money*) claquer*. **the whole plan has been ~n sky-high** tout le projet a sauté; **to ~ one's brains out** se brûler la cervelle; **to ~ up** *(a building)* faire sauter; *(a photo)* agrandir. **(e) to ~ one's nose** se moucher; **to ~ one's top*** piquer une colère*; **to ~ the gaff*** vendre la mèche; **well, I'm ~ed!*** ça alors!* ◆ **blower*** *n (phone)* téléphone *m*. ◆ **blowlamp** *n* lampe *f* à souder. ◆ **blow-out** *n (tyre)* éclatement *m; (Elec)* court-circuit *m*. ◆ **blowtorch** *n* lampe *f* à souder. ◆ **blow-up** *n* explosion *f; (photo)* agrandissement *m*.

blow² [bləʊ] *n (gen)* coup *m; (with fist)* coup de poing. **to come to ~s** en venir aux mains; **he gave me a ~-by-~ account** il ne m'a fait grâce d'aucun détail.

bludgeon ['blʌdʒən] — **1** *n* matraque *f*. — **2** *vt* matraquer; *(fig)* forcer.

blue [bluː] — **1** *adj* **(a)** bleu. **~ with cold** bleu de froid; **you may talk till you are ~ in the face*** tu peux toujours parler; **~ cheese** fromage *m* bleu; **~ jeans** blue-jean *m;* **once in a ~ moon*** tous les trente-six du mois; *(fig)* **to feel ~*** avoir le cafard*. **(b)** *(obscene: film etc)* porno* *inv*. — **2** *n (colour)* bleu *m*. *(fig)* **to come out of the ~** être complètement inattendu; **the ~s*** *(depression)* le cafard*; *(music)* le blues. — **3** *vt* (*: *squander*) gaspiller. ◆ **bluebell** *n* jacinthe *f* des bois. ◆ **bluebottle** *n* mouche *f* bleue. ◆ **blue-eyed** *adj* aux yeux bleus. *(fig)* **the ~ boy** le chouchou*. ◆ **blueprint** *n (fig)* schéma *m* directeur *(for* de).

bluff¹ [blʌf] *adj (person)* direct.

bluff² [blʌf] — **1** *vti* bluffer*. — **2** *n* bluff* *m*. **to call sb's ~** prouver que qn bluffe*.

blunder ['blʌndəʳ) — **1** *n (socially)* gaffe *f; (error)* grosse faute *f*. — **2** *vi* faire une gaffe, faire une grosse faute. **to ~ in** *etc* entrer *etc* à l'aveuglette. ◆ **blundering** *adj* maladroit.

blunt [blʌnt] — **1** *adj* **(a)** *(not sharp)* émoussé; *(pencil)* mal taillé. **(b)** *(outspoken)* brusque; *(fact)* brutal. **he was very ~** il n'a pas mâché ses mots. — **2** *vt (blade etc)* émousser. ◆ **bluntly** *adv (speak)* carrément.

blur [blɜːʳ] — **1** *n* masse *f* confuse. — **2** *vt* estomper. **eyes ~ red with tears** yeux voilés de larmes. ◆ **blurred** *adj* flou.

blurb [blɜːb] *n* baratin* *m* publicitaire.

blurt [blɜːt] *vt:* **to ~ out** *(word)* lâcher; *(fact)* laisser échapper.

blush [blʌʃ] — **1** *vi* rougir *(with* de). — **2** *n* rougeur *f*. **with a ~** en rougissant.

bluster ['blʌstəʳ] *vi (of wind)* faire rage; *(of person)* tempêter. ◆ **blustery** *adj* à bourrasques.

boa ['bəʊə] *n* boa *m*.

boar [bɔːʳ] *n (wild)* sanglier *m*.

board [bɔːd] — **1** *n* **(a)** *(piece of wood)* planche *f*. *(fig)* **above ~** tout à fait régulier; **across the ~** systématiquement. **(b)** *(meals)* pension *f*. **~ and lodging** chambre *f* avec pension; **full ~** pension complète. **(c)** *(officials)* conseil *m*. **~ of directors** conseil d'administration; **~ room** salle *f* de conférence; *(Brit)* **B~ of Trade** ministère *m* du Commerce; **~ of inquiry** commission *f* d'enquête; **~ of examiners** jury *m* d'examen. **(d) to go on ~** monter à bord *(a ship etc* d'un navire *etc*); **to take on ~** embarquer; *(fig)* prendre note de; **on ~** à bord; *(of plans etc)* **they've gone by the ~** on a dû les abandonner. **(e)** *(cardboard)* carton *m; (for games)* tableau *m*. **~ game** jeu *m* de société. — **2** *vti* **(a)** *(get on ~: ship, plane)* monter à bord de; *(train, bus)* monter dans. **(b)** *(lodge)* **to ~ with sb** être en pension chez qn; **to ~ sb out** mettre qn en pension. **(c) to ~ sth up** boucher qch. ◆ **boarder** *n* pensionnaire *mf*. ◆ **boarding** *adj:* **~ card, ~ pass** carte *f* d'embarquement; **~ house** pension *f* de famille; **~ school** pensionnat *m*.

boast [bəʊst] — **1** *n* fanfaronnade *f*. — **2** *vi* se vanter *(about, of* de). ◆ **boastful** *adj* vantard. ◆ **boasting** *n* vantardise *f*.

boat [bəʊt] — **1** *n (gen)* bateau *m; (ship)* navire *m; (rowing ~)* canot *m; (sailing ~)* voilier *m*. **to go by ~** prendre le bateau; **~ train** *train qui assure la correspondance avec le ferry; (fig)* **we're all in the same ~** nous sommes tous logés à la même enseigne. — **2** *vi:* **to go ~ing** aller faire une partie de canot. ◆ **boatbuilder** *n* constructeur *m* de bateaux. ◆ **boatload** *n (of goods etc)* cargaison *f; (of people)* plein bateau *m*. ◆ **boatswain** ['bəʊsn] *n* maître *m* d'équipage. ◆ **boatyard** *n* chantier *m* de construction de bateaux.

bob [bɒb] *vi:* **to ~ up and down** *(in the air)* pendiller; *(in water)* danser sur l'eau.

bobbin ['bɒbɪn] *n* bobine *f*.

bobsleigh ['bɒbsleɪ] *n* bobsleigh *m*.

bodice ['bɒdɪs] *n* corsage *m (d'une robe)*.

bodily ['bɒdɪlɪ] — **1** *adv (carry)* dans ses bras. — **2** *adj (need)* matériel *(f* -elle). **~ harm** blessure *f*.

body ['bɒdɪ] *n (gen)* corps *m; (of car)* carrosserie *f; (of plane)* fuselage *m*. **dead ~** cadavre *m;* **~ of troops** corps de troupes; **the main ~ of the army** le gros de l'armée; **a large ~ of people** une masse de gens; **in a ~** en masse, **in the ~ of the hall** au centre de la salle; **to give one's hair ~** donner du volume à ses cheveux. ◆ **body-building** *n* culturisme *m*. ◆ **bodyguard** *n (one person)* garde *m* du corps. ◆ **bodywork** *n (of car)* carrosserie *f*.

bog [bɒg] — **1** *n* marécage *m*. — **2** *vt:* **to get ~ged down** s'enliser *(in* dans).

bogeyman ['bəʊgɪmæn] *n* croque-mitaine *m*.

boggle ['bɒgl] *vi* être ahuri *(at* par). **the mind ~s!** c'est ahurissant!

bogus ['bəʊgəs] *adj* faux *(f* fausse) *(before n)*.

bohemian [bəʊ'hiːmɪən] *adj (artist)* bohème *mf*.

boil¹ [bɔɪl] *n (on skin)* furoncle *m*.

boil² [bɔɪl] — **1** *vi* bouillir. **the kettle is ~ing** l'eau bout; **to let the kettle ~ dry** laisser s'évaporer complètement l'eau de la bouilloire; **to ~ away** s'évaporer; **to ~ over** déborder; *(fig)* **to ~ down to** revenir à. — **2** *vt (water, food)* faire bouillir. — **3** *n:* **on the ~** bouillant; **off the ~** qui ne bout plus. ◆ **boiled** *adj (bacon, beef)* bouilli; *(ham)* cuit; *(egg)* à la coque; *(vegetables)* cuit à l'eau; *(potatoes)* à l'anglaise. ◆ **boiler** *n* chaudière *f*. **~ room** salle *f* des chaudières; **~ suit** bleu *m* de travail. ◆ **boilermaker** *n* chaudronnier *m*. ◆ **boiling** *adj (water, oil)* bouillant. **at ~ point** à ébullition; **it's ~ hot** il fait une chaleur terrible; **I'm ~ hot*** je crève* de chaleur!; **he is ~ing with rage** il bout de colère.

boisterous ['bɔɪstərəs] *adj* gai et bruyant.

bold [bəʊld] *adj* hardi. **to grow ~** s'enhardir; **to be ~ enough to do** avoir l'audace de faire; **as ~ as brass** d'une impudence peu commune; *(Print)* **~ type** caractères *mpl* gras. ◆ **boldly** *adv* hardiment. ◆ **boldness** *n* hardiesse *f.*

bollard ['bɒləd] *n* borne *f (de signalisation).*

bolshie* ['bɒlʃɪ] *adj (Pol)* rouge; *(gen)* querelleur (*f* -euse).

bolster ['bəʊlstəʳ] — **1** *n* traversin *m.* — **2** *vt:* **to ~ up** soutenir (*with* par).

bolt [bəʊlt] — **1** *n* **(a)** *(of door, window)* verrou *m.* **~ of lightning** éclair *m; (fig)* **a ~ from the blue** un coup de tonnerre dans un ciel bleu. **(b)** **he made a ~ for the door** il a fait un bond vers la porte. — **2** *vi* **(a)** *(run away horse)* s'emballer; *(of person)* se sauver. **(b)** *(move quickly)* se précipiter. **to ~ in** *etc* entrer *etc* comme un ouragan. — **3** *vt* **(a)** *(food)* engouffrer. **(b)** *(door)* verrouiller.

bomb [bɒm] — **1** *n* bombe *f.* **letter ~** lettre *f* piégée; *(fig)* **it went like a ~*** ça a été du tonnerre*; **it cost a ~*** cela a coûté les yeux de la tête; **~ disposal squad** équipe *f* de désamorçage. — **2** *vt (town)* bombarder. ◆ **bomber** *n (aircraft)* bombardier *m; (terrorist)* plastiqueur *m.* ◆ **bombing** *n* bombardement *m; (by terrorists)* attentat *m* au plastic. ◆ **bombshell** *n (fig)* **to come like a ~** faire l'effet d'une bombe.

bombard [bɒm'bɑːd] *vt* bombarder (*with* de). ◆ **bombardment** *n* bombardement *m.*

bona fide ['bəʊnə'faɪdɪ] *adj (traveller)* véritable; *(offer)* sérieux (*f* -ieuse). ◆ **bona fides** *n* bonne foi *f.*

bonanza [bə'nænzə] *n (money)* mine *f* d'or; *(boon)* aubaine *f.*

bond [bɒnd] — **1** *n* **(a)** lien *m.* **(b)** *(financial)* bon *m,* titre *m.* — **2** *vt (of strong glue)* coller. ◆ **bondage** *n* esclavage *m.*

bone [bəʊn] *n (gen)* os *m; (of fish)* arête *f.* **I feel it in my ~s** j'en ai le pressentiment; **~ of contention** pomme *f* de discorde; **to have a ~ to pick with sb** avoir un compte à régler avec qn; **he made no ~s about saying what he thought** il n'a pas hésité à dire ce qu'il pensait; **made of ~** en os; **~ china** porcelaine *f* tendre. ◆ **boned** *adj (meat)* désossé; *(fish)* sans arêtes. ◆ **bone-dry** *adj* absolument sec (*f* sèche). ◆ **bone-idle*** *or* ◆ **bone-lazy*** *adj* fainéant.

bonfire ['bɒnfaɪəʳ] *n* feu *m* de joie; *(for rubbish)* feu de jardin.

bonnet ['bɒnɪt] *n* bonnet *m; (Brit: on car)* capot *m.*

bonus ['bəʊnəs] *n* prime *f.* **~ of 500 francs** 500 F de prime; *(fig)* **as a ~** en prime.

boo [buː] — **1** *excl* hou!, peuh! **he wouldn't say ~ to a goose*** il n'ose jamais ouvrir le bec*. — **2** *vti* huer. — **3** *n:* **~s** (*also* **~ing**) huées *fpl.*

boob* [buːb] — **1** *n (mistake)* gaffe *f.* — **2** *vi* gaffer.

booby ['buːbɪ] *n* nigaud(e) *m(f).* **~ prize** prix *m* de consolation *(décerné au dernier);* **~ trap** traquenard *m; (Mil)* objet *m* piégé.

book [bʊk] — **1** *n* livre *m;* (*exercise* **~**) cahier *m; (of samples etc)* album *m; (of tickets etc)* carnet *m; (of matches)* pochette *f. (accounts)* **the ~s** le livre de comptes; **to keep the ~s** tenir la comptabilité; **to bring sb to ~** obliger qn à rendre des comptes; **by the ~** selon les règles; **to go by the ~** se conformer à la règle; **to be in sb's good** *or* **bad ~s** être bien vu *or* mal vu de qn; *(fig)* **in my ~*** à mon avis; **~ club** club *m* du livre; **~ token** bon-cadeau *m (négociable en librairie).* — **2** *vt* **(a)** *(seat, room, sleeper)* retenir, réserver; *(ticket)* prendre. *(Theat)* **we're fully ~ed** on joue à guichets fermés; **the hotel is ~ed up** *or* **fully ~ed** l'hôtel est complet; **I'm ~ed for lunch*** je suis pris à déjeuner. **(b)** *(Police: driver etc)* donner un procès-verbal à; *(football player)* prendre le nom de. **to be ~ed for speeding** attraper une contravention pour excès de vitesse. — **3** *vi:* **to ~ in** prendre une chambre. ◆ **bookable** *adj:* **all seats ~** toutes les places peuvent être retenues. ◆ **bookbinder** *n* relieur *m* (*f* -euse). ◆ **bookcase** *n* bibliothèque *f (meuble).* ◆ **bookends** *npl* presse-livres *m inv.* ◆ **bookie*** *n* bookmaker *m.* ◆ **booking** *n* réservation *f.* **~ office** bureau *m* de location. ◆ **book-keeper** *n* comptable *mf.* ◆ **book-keeping** *n* comptabilité *f.* ◆ **booklet** *n* brochure *f.* ◆ **bookmaker** *n* bookmaker *m.* ◆ **bookmark** *n* signet *m.* ◆ **bookseller** *n* libraire *mf.* ◆ **bookshelf** *n* rayon *m* de bibliothèque. ◆ **bookshop** *n* librairie *f.* ◆ **bookstall** *n* kiosque *m* à journaux. ◆ **bookstore** *n* librairie *f.* ◆ **bookworm** *n* rat *m* de bibliothèque.

boom¹ [buːm] *n* **(a)** *(across river etc)* barrage *m.* **(b)** *(of mast)* gui *m; (of crane)* flèche *f; (of microphone, camera)* perche *f.*

boom² [buːm] — **1** *vi (gen)* gronder; *(of voice)* retentir; *(of person)* tonitruer. — **2** *n* grondement *m.* **sonic ~** bang *m* supersonique.

boom³ [buːm] — **1** *vi* être en expansion. — **2** *n* expansion *f.* **~ period** boom *m.*

boomerang ['buːməræŋ] *n* boomerang *m.*

boon [buːn] n aubaine *f,* bénédiction* *f.*

boor [bʊəʳ] *n* rustre *m.* ◆ **boorish** *adj* grossier (*f* -ière).

boost [buːst] — **1** *n:* **to give sb a ~** *(help him up)* soulever qn par en dessous; *(raise his morale)* remonter le moral à qn. — **2** *vt (Elec)* survolter; *(engine)* suralimenter; *(price)* faire monter; *(output, sales)* augmenter; *(the economy)* renforcer. ◆ **booster** *n (Elec)* survolteur *m; (Rad)* amplificateur *m; (dose)* piqûre *f* de rappel *m.*

boot¹ [buːt] *n:* **to ~** par-dessus le marché.

boot² [buːt] *n* **(a)** *(gen)* botte *f;* (*ankle* **~**) bottillon *m; (of workman etc)* grosse chaussure *f* montante. *(fig)* **the ~ is on the other foot** les rôles sont renversés; **to give sb the ~*** flanquer* qn à la porte. **(b)** *(of car)* coffre *m.* ◆ **bootee** *n* petit chausson *m.* ◆ **bootlace** *n* lacet *m.* ◆ **bootpolish** *n* cirage *m.*

booth [buːð] *n (at fair)* baraque *f* foraine; *(in language lab, telephone etc)* cabine *f; (voting* **~**) isoloir *m.*

booty ['buːtɪ] *n* butin *m.*

booze* [buːz] — **1** *n* alcool *m (boissons).* — **2** *vi* boire beaucoup.

border ['bɔːdəʳ] — **1** *n (of lake, carpet, dress)* bord *m; (of picture, in garden)* bordure *f.* **(b)** *(frontier)* frontière *f.* **to escape over the ~** s'enfuir en passant la frontière; **~ incident** incident *m* de frontière; **~ raid** incursion *f;* **~ town** ville *f* frontière. — **2** *vi:* **to ~ on** *(country)* être limitrophe de; *(estate)* toucher; *(fig: come near to being)* être voisin de. ◆ **borderline** *n* ligne *f* de démarcation. **~ case** cas *m* limite.

bore¹ [bɔːʳ] — **1** *vt (hole, tunnel)* percer; *(well, rock)* forer. — **2** *n:* **a 12-~ shotgun** un fusil de calibre 12.

bore² [bɔːʳ] — **1** *n (person)* raseur* *m* (*f* -euse*); *(event, situation)* corvée *f.* — **2** *vt* ennuyer. ◆ **bored** *adj (person)* qui s'ennuie; *(look)* d'ennui. **to be ~ stiff** *or* **to death** *or* **to tears** s'ennuyer à mourir; **he was ~ with reading** il en avait assez de lire. ◆ **boredom** *n* ennui *m.* ◆ **boring** *adj* ennuyeux (*f* -euse).

bore³ [bɔːʳ] *pret of* **bear¹**.

born [bɔːn] *adj* né. **to be ~** naître; **he was ~ in 1920** il est né en 1920; **he wasn't ~ yesterday*** il n'est pas né de la dernière pluie; **a ~ poet** un poète né; **a Parisian ~ and bred** un vrai Parisien de Paris; **Chicago-~** né à Chicago.

borne [bɔːn] *ptp of* **bear¹**.

borough ['bʌrə] *n* municipalité *f; (in London)* ≃ arrondissement *m.*

borrow ['bɒrəʊ] *vt* emprunter (*from* à). ◆ **borrowing** *m* emprunt *m.*

Borstal ['bɔːstl] *n (Brit)* maison *f* d'éducation surveillée.

bosom ['bʊzəm] *n* poitrine *f. (fig)* **in the ~ of the family** au sein de la famille; **~ friend** ami(e) *m(f)* intime.

boss* [bɒs] — **1** *n* patron(ne) *m(f).* — **2** *vt:* **to ~ about*, to ~ around*** mener à la baguette. ◆ **bossy*** *adj* autoritaire.

bosun ['bəʊsn] *n* maître *m* d'équipage.

botany ['bɒtənɪ] *n* botanique *f.* ◆ **botanic(al)** *adj* botanique. ◆ **botanist** *n* botaniste *mf.*

botch [bɒtʃ] *vt* (**~ up**) *(bungle)* saboter.

both [bəʊθ] *adj, pron, adv* tous *mpl* les deux, toutes *fpl* les deux. **~ books are his** les deux livres sont à lui; **~ you and I saw him** nous l'avons vu vous et moi; **~ of them were there, they were ~ there** ils étaient là tous les deux; **~ this and that** non seulement ceci mais aussi cela; **~ Paul and I came** Paul et moi sommes venus tous les deux; **she was ~ laughing and crying** elle riait et pleurait à la fois; **you can't have it ~ ways*** il faut choisir.

bother ['bɒðəʳ] — **1** *vt (gen)* déranger; *(pester)* harceler; *(worry)* inquiéter. **I'm sorry to ~ you** excusez-moi de vous déranger; **does it ~ you if I smoke?** ça vous dérange si je fume?; **I can't be ~ed going out** je n'ai pas le courage de sortir; **his leg ~s him** sa jambe le fait souffrir. — **2** *vi* se donner la peine (*to do* de faire). **you needn't ~ to come** ce n'est pas la peine de venir; **don't ~ about me** ne vous occupez pas de moi; **please don't ~** ce n'est pas la peine. — **3** *n* ennui *m. (excl)* **~!** la barbe!*; **she's having a spot of ~** elle a des ennuis.

bottle ['bɒtl] — **1** *n* bouteille *f; (small)* flacon *m; (for beer)* canette *f;* (*baby's* **~**) biberon *m.* **wine ~** bouteille à vin; **~ of wine** bouteille de vin. — **2** *vt (wine)* mettre en bouteilles; *(fruit)* mettre en bocaux. **to ~ up one's feelings** refouler ses sentiments. ◆ **bottled** *adj (beer)* en canette; *(wine)* en bouteilles; *(fruit)* en bocaux. ◆ **bottle-fed** *adj* nourri au biberon. ◆ **bottle-green** *adj* vert bouteille *inv.* ◆ **bottleneck** *n (road)* rétrécissement *m* de la chaussée; *(traffic)* bouchon *m; (production etc)* goulet *m* d'étranglement. ◆ **bottle-opener** *n* ouvre-bouteilles *m.*

bottom ['bɒtəm] — **1** *n (of box: outside)* bas *m, (inside)* fond *m; (well, garden, sea)* fond; *(dress, heap, page)* bas *m; (tree, hill)* pied *m; (buttocks)* derrière *m.* **the name at the ~ of the list** le nom au bas de la liste; **he's at the ~ of the list** il est en queue de liste; **to be ~ of the class** être le dernier de la classe; **from the ~ of my heart** du fond de mon cœur; **at ~** au fond; *(fig)* **we can't get to the ~ of it** impossible de découvrir l'origine de tout cela. — **2** *adj (shelf)* du bas; *(step, gear)* premier (*f* -ière). **~ half** *(box)* partie *f* inférieure; *(class, list)* deuxième moitié *f.* ◆ **bottomless** *adj (pit)* sans fond; *(supply)* inépuisable.

bough [baʊ] *n* rameau *m.*

bought [bɔːt] *pret, ptp of* **buy.**

boulder ['bəʊldəʳ] *n* rocher *m.*

bounce [baʊns] — **1** *vi (of ball)* rebondir; *(child)* faire des bonds; (*: *cheque*) être sans provision. *(person)* **to ~ in** *etc* entrer *etc* avec entrain. — **2** *vt (ball)* faire rebondir; (*: *cheque*) refuser. ◆ **bouncing** *adj:* **~ baby** beau bébé *m.* ◆ **bouncy** *adj (hair)* vigoureux; *(person)* dynamique.

bound¹ [baʊnd] — **1** *n:* **~s** limites *fpl,* bornes *fpl;* **to keep within ~s** rester dans la juste mesure; **within the ~s of possibility** dans les limites du possible; **out of ~s** dont l'accès est interdit. — **2** *vt:* **~ed by** limité par. ◆ **boundless** *adj* sans bornes.

bound² [baʊnd] — **1** *n* bond *m.* — **2** *vi (person)* bondir. **to ~ in** *etc* entrer *etc* d'un bond.

bound³ [baʊnd] (*pret, ptp of* **bind**) *adj:* **I am ~ to confess** je suis forcé d'avouer; **you're ~ to do it** *(obliged to)* vous êtes tenu *or* obligé de le faire; *(sure to)* vous le ferez sûrement; **it was ~ to happen** cela devait arriver; *(destined)* **~ for** *(person)* en route pour; *(parcel, train)* à destination de; **where are you ~ for?** où allez-vous ?

boundary ['baʊndərɪ] *n* limite *f; (Sport)* limites *fpl* du terrain.

bouquet ['bʊkeɪ] *n* bouquet *m.*

bourgeois ['bʊəʒwɑː] *adj, n* bourgeois(e) *m(f).*

bout [baʊt] *n* **(a)** *(fever, malaria etc)* accès *m; (rheumatism)* crise *f.* **a ~ of flu** une grippe; **he's had several ~s of illness** il a été malade plusieurs fois. **(b)** *(Boxing)* combat *m.*

boutique [buː'tiːk] *n* boutique *f (de mode etc).*

bow¹ [bəʊ] *n (weapon)* arc *m; (violin)* archet *m; (rainbow etc)* arc; *(knot)* nœud *m.* **~ tie** nœud *m* papillon; **~ window** fenêtre *f* en saillie. ◆ **bow-legged** *adj* aux jambes arquées.

bow² [baʊ] — **1** *n* salut *m.* **to take a ~** saluer. — **2** *vi* **(a) to ~ to sb** saluer qn. **(b)** (**~ down**) se courber; *(submit)* s'incliner. — **3** *vt (back)* courber; *(head)* pencher; *(knee)* fléchir.

bow³ [baʊ] *n* (*of ship: also* **~s**) avant *m,* proue *f.* **in the ~s** à l'avant, en proue.

bowels ['baʊəlz] *npl* intestins *mpl.*

bowl¹ [bəʊl] *n (for eating)* bol *m; (for preparing, storing)* jatte *f; (for washing up, also of sink, lavatory)* cuvette *f; (for fruit)* coupe *f; (for salad)* saladier *m; (for sugar)* sucrier *m.*

bowl² [bəʊl] — **1** *n (game)* **~s** *(Brit)* jeu *m* de boules; *(US: skittles)* bowling *m.* — **2** *vi* **(a) to go ~ing** jouer aux boules *or* au bowling. **(b) to go ~ing down the street** descendre la rue à bonne allure. — **3** *vt (ball)* lancer. **to ~ sb out** mettre qn hors jeu; **to ~ sb down** *or* **over** renverser qn; *(fig)* **to be ~ed over by** être bouleversé par. ◆ **bowler** *n (Cricket)* lanceur *m; (hat)* chapeau *m* melon. ◆ **bowling** *adj:* **~ alley** bowling *m;* **~ green** terrain *m* de boules *(sur gazon).*

box¹ [bɒks] — **1** *n* **(a)** boîte *f; (crate; also for cash)* caisse *f; (cardboard* **~**) carton *m. (TV)* **on the ~*** à la télé*. **(b)** *(Theat)* loge *f; (jury,* *press)* banc *m; (witness)* barre *f; (stable)* box *m.* ~ **number** numéro *m* d'annonce. — **2** *vt:* **to ~ sth in** encastrer qch; *(fig)* **to feel ~ed in** se sentir à l'étroit. ◆ **Boxing Day** *n* le lendemain de Noël. ◆ **box office** *n* bureau *m* de location.

box² [bɒks] — **1** *vi* faire de la boxe. — **2** *vt* boxer avec. **to ~ sb's ears** gifler qn. ◆ **boxer** *n* boxeur *m.* ◆ **boxing** — **1** *n* boxe *f.* — **2** *adj (gloves, match)* de boxe. ~ **ring** ring *m.*

boxroom ['bɒksrʊm] *n* cabinet *m* de débarras.

boy [bɔɪ] *n* garçon *m.* **English ~** petit *or* jeune Anglais *m;* **the Jones ~** le petit Jones; **when I was a ~** quand j'étais petit; **~s will be ~s** les garçons, on ne les changera jamais; **my dear ~** mon cher; *(to child)* mon petit; *(excl)* ~!* bigre!* ◆ **boyfriend** *n* petit ami *m.* ◆ **boyhood** *n* enfance *f.* ◆ **boyish** *adj* gamin.

boycott ['bɔɪkɒt] — **1** *vt* boycotter. — **2** *n* boycottage *m.*

bra [brɑː] *n* soutien-gorge *m.*

brace [breɪs] — **1** *n* **(a)** *(gen)* attache *f; (on limb)* appareil *m* orthopédique; *(dental)* appareil dentaire. *(Brit)* **~s** bretelles *fpl.* **(b)** *(pl inv: pair)* paire *f.* — **2** *vt (fig)* **to ~ o.s.** rassembler ses forces (*to do* pour faire). ◆ **bracing** *adj* vivifiant.

bracelet ['breɪslɪt] *n* bracelet *m.*

bracken ['brækən] *n* fougère *f.*

bracket ['brækɪt] — **1** *n* **(a)** *(angled support)* support *m; (shelf)* petite étagère *f; (for lamp)* fixation *f.* ~ **lamp** applique *f.* **(b)** *(punctuation: round)* parenthèse *f; (square)* crochet *m.* **in ~s** entre parenthèses; *(fig)* **income ~** tranche *f* de revenus. — **2** *vt* mettre entre parenthèses *etc; (fig:* **~ together)** mettre dans le même groupe; *(in exam results)* mettre ex aequo.

brag [bræg] *vti* se vanter (*about* de; *about doing* de faire; *that one has done* d'avoir fait).

braid [breɪd] — **1** *vt (hair)* tresser. — **2** *n (on dress)* ganse *f; (Mil)* galon *m; (hair)* tresse *f.*

Braille [breɪl] *n* braille *m.*

brain [breɪn] — **1** *n* cerveau *m.* **~s** *(Culin)* cervelle *f;* **he's got ~s** il est intelligent; ~ **disease** maladie *f* cérébrale; **~s trust** réunion-débat *f.* — **2** *vt* (*: *knock out*) assommer. ◆ **brainchild** *n* invention *f* personnelle. ◆ **brainless** *adj* stupide. ◆ **brainwash** *vt* faire un lavage de cerveau à; *(fig)* **he was ~ed into believing that ...** on a réussi à lui faire croire que ... ◆ **brainwashing** *n* lavage *m* de cerveau. ◆ **brainwave** *n* idée *f* géniale. ◆ **brainy*** *adj* intelligent.

braise [breɪz] *vt* braiser.

brake¹ [breɪk] *n (vehicle)* break *m.*

brake² [breɪk] — **1** *n (on car etc)* frein *m.* ~ **fluid** liquide *m* pour freins; ~ **light** feu *m* rouge *(des freins).* — **2** *vi* freiner.

bramble ['bræmbl] *n* **(a)** *(thorny shrub)* roncier *m.* **(b) = blackberry.**

bran [bræn] *n* son *m (de blé).*

branch [brɑːntʃ] — **1** *n* **(a)** *(gen)* branche *f; (river)* bras *m; (road, pipe, railway)* embranchement *m. (rail)* ~ **line** ligne *f* secondaire. **(b)** *(store; company, bank)* succursale *f; (administration)* section *f. (in army)* **their ~ of the service** leur arme *f.* — **2** *vi:* **the road ~es off at ...** la route quitte la grand-route à ...; **to ~ out** étendre ses activités (*into* à).

brand [brænd] — **1** *n* **(a)** *(Comm: of goods)* marque *f.* ~ **image** image *f* de marque; ~ **name** marque *f.* **(b)** *(mark: on cattle)* marque *f.* — **2** *vt (cattle)* marquer au fer rouge. **~ed goods** produits *mpl* de marque. ◆ **brand-new** *adj* flambant neuf (*f* flambant neuve).

brandish ['brændɪʃ] *vt* brandir.

brandy ['brændɪ] *n* cognac *m.* **plum** *etc* ~ eau-de-vie *f* de prune *etc.*

brash [bræʃ] *adj (reckless)* impétueux (*f* -euse); *(impudent)* effronté; *(tactless)* indiscret (*f* -ète).

brass [brɑːs] — **1** *n (metal)* cuivre *m* jaune; *(object)* objet *m* en cuivre; *(tablet)* plaque *f* en cuivre. **to clean the ~** astiquer les cuivres; *(Mus)* **the ~** les cuivres *mpl;* **the top ~*** les huiles* *fpl.* — **2** *adj (ornament etc)* en cuivre. ~ **band** fanfare *f;* ~ **rubbing** décalque *m (d'une plaque tombale etc); (fig)* **to get down to ~ tacks*** en venir aux choses sérieuses.

brassière ['bræsɪəʳ] *n* soutien-gorge *m.*

brat [bræt] *n* gosse* *mf.*

bravado [brə'vɑːdəʊ] *n* bravade *f.*

brave [breɪv] — **1** *adj* courageux (*f* -euse), brave. **be ~!** du courage! — **2** *vt* braver. **to ~ it out** faire face à la situation. ◆ **bravely** *adv* courageusement. ◆ **bravery** *n* courage *m.*

bravo ['brɑː'vəʊ] *excl, n* bravo *(m).*

brawl [brɔːl] — **1** *vi* se bagarrer*. — **2** *n* bagarre *f.*

brawn [brɔːn] *n* muscle *m; (food)* fromage *m* de tête. ◆ **brawny** *adj* musclé.

bray [breɪ] — **1** *n* braiement *m.* — **2** *vi* braire.

brazen ['breɪzn] — **1** *adj* effronté. — **2** *vt:* **to ~ it out** payer d'effronterie.

brazier ['breɪzɪəʳ] *n* brasero *m.*

Brazil [brə'zɪl] *n* Brésil *m.* ~ **nut** noix *f* du Brésil. ◆ **Brazilian** — **1** *n* Brésilien(ne) *m(f).* — **2** *adj* brésilien, du Brésil.

breach [briːtʃ] — **1** *n* **(a)** *(law, secrecy)* violation *f; (rules)* infraction *f* (*of* à). ~ **of contract** rupture *f* de contrat; ~ **of the peace** attentat *m* à l'ordre public; ~ **of trust** abus *m* de confiance. **(b)** *(gap: in wall etc)* brèche *f.* — **2** *vt* percer.

bread [bred] *n* pain *m.* ~ **and butter** tartine *f* beurrée; *(fig)* **it's his ~ and butter** c'est son gagne-pain; **he knows which side his ~ is buttered** il sait où est son intérêt; **to be on the ~ line*** être sans le sou; ~ **sauce** sauce *f* à la mie de pain. ◆ **breadbin** *n* huche *f* à pain. ◆ **breadboard** *n* planche *f* à pain. ◆ **breadcrumbs** *npl* miettes *fpl* de pain; *(Culin)* chapelure *f.* **fried in ~** pané. ◆ **breadknife** *n* couteau *m* à pain. ◆ **breadwinner** *n* soutien *m* de famille.

breadth [bretθ] *n* largeur *f.* **this field is 100 metres in ~** ce champ a 100 mètres de large.

break [breɪk] (*vb: pret* **broke,** *ptp* **broken**) — **1** *n* **(a)** *(gen)* cassure *f; (relationship)* rupture *f; (wall)* trouée *f; (line, conversation)* arrêt *m; (Scol)* récréation *f.* **to take a ~** *(few minutes)* s'arrêter cinq minutes; *(holiday)* prendre des vacances; **6 hours without a ~** 6 heures de suite; **a ~ in the clouds** une éclaircie; **a ~ in the weather** un changement de temps; **at ~ of day** au point du jour; **to make a ~ for it*** *(escape)* prendre la fuite; **give me a ~!*** donnez-moi ma chance! **(b)** *(vehicle)* break *m.* — **2** *vt* **(a)** *(gen)* casser; (*into small pieces: also* **~ up)** briser; *(ranks)* rompre; *(record)* battre; *(skin)* écorcher. **to ~ one's leg** se casser la jambe; *(fig)* **to ~ the back of a task** faire le plus dur d'une tâche; **to ~ open** *(door)* enfoncer; *(lock, safe)* fracturer; **to ~ sb's heart** briser le cœur de qn; **to ~ the ice** briser la

glace; to ~ down *(door)* enfoncer; *(opposition)* briser; to ~ down a substance *(analyze)* décomposer une substance; to ~ off *(piece of sth)* détacher; *(work)* interrompre. (b) *(promise)* manquer à; *(vow, engagement)* rompre; *(treaty, law)* violer. to ~ an appointment with sb faire faux bond à qn. (c) *(strike)* briser; *(spirit)* abattre; (*horse: also* ~ in) dresser. to ~ the bank faire sauter la banque. (d) *(silence, spell, fast)* rompre; *(journey)* interrompre; *(Elec)* couper; *(fall, blow)* amortir. the wall ~s the force of the wind le mur coupe le vent. (e) *(news)* annoncer (*to* à).
— 3 *vi* (a) *(gen)* se casser; *(into small pieces)* se briser; *(bone, limb)* se casser; *(wave)* déferler; *(heart)* se briser. to ~ with a friend rompre avec un ami; to ~ even s'y retrouver; to ~ free se libérer (*from* de); to ~ away se détacher (*from* de); to ~ away from the routine sortir de la routine; to ~ in on sth interrompre qch; to ~ in *(of burglar)* entrer par effraction; to ~ into a sweat commencer à suer; to ~ into an explanation se lancer dans une explication; to ~ into a trot se mettre au trot; to ~ into *(house)* entrer par effraction dans; *(safe)* forcer; to ~ off *(of twig etc)* se détacher net; to ~ out *(of epidemic, storm, war)* éclater; *(of burglar)* s'évader; to ~ through se frayer un passage à travers. (b) to ~ up *(ice)* craquer; *(ship, partnership, marriage)* se briser; *(crowd, meeting)* se disperser; the schools ~ up tomorrow les vacances scolaires commencent demain. (c) *(of dawn, day)* poindre; *(news, story, storm)* éclater. the sun broke through le soleil a percé. (d) *(of health, weather)* se détériorer; *(heatwave etc)* toucher à sa fin; *(boy's voice)* muer; *(in emotion)* se briser. to ~ down *(machine)* tomber en panne; *(argument)* s'effondrer; *(negotiations)* échouer; *(weep)* éclater en sanglots; his spirit broke son courage l'a abandonné. ◆ **breakable** — 1 *adj* fragile. — 2 *n:* ~s objets *mpl* fragiles. ◆ **breakage** *n* casse *f*. ◆ **breakaway** *adj* dissident. ◆ **breakdown** *n (of machine, electricity)* panne *f; (mental)* dépression *f* nerveuse; *(analysis)* analyse *f; (into categories etc)* décomposition *f* (*into* en). ~ service service *m* de dépannage; ~ truck dépanneuse *f*. ◆ **breaker** *n* (a) *(wave)* brisant *m*. (b) to send to the ~'s *(ship)* envoyer à la démolition; *(car)* envoyer à la casse. ◆ **breakfast** *see below*. ◆ **break-in** *n* cambriolage *m*. ◆ **breaking** *adj:* at ~ point *(rope, situation)* au point de rupture; *(person, sb's patience)* à bout. ◆ **breakthrough** *n (research etc)* découverte *f* sensationnelle. ◆ **break-up** *n (ice, political party)* débâcle *f; (friendship)* rupture *f*.

breakfast ['brekfəst] — 1 *n* petit déjeuner *m*. ~ cereals flocons *mpl* d'avoine *or* de maïs *etc*. — 2 *vi* déjeuner (*off, on* de).

breast [brest] *n (of woman)* sein *m; (chest)* poitrine *f; (of chicken etc)* blanc *m*. ◆ **breast-fed** *adj* nourri au sein. ◆ **breast-feed** *vt* allaiter. ◆ **breast-stroke** *n:* to swim ~ nager la brasse.

breath [breθ] *n* haleine *f*. bad ~ mauvaise haleine; to get one's ~ back reprendre haleine; out of ~ essoufflé; to take a deep ~ respirer à fond; to take sb's ~ away couper le souffle à qn; under one's ~ tout bas; there wasn't a ~ of air il n'y avait pas un souffle d'air; to go out for a ~ of air sortir prendre l'air. ◆ **breathless** *adj* hors d'haleine. ◆ **breathlessly** *adv* en haletant. ◆ **breathtaking** *adj* stupéfiant.

breathalyser ['breθəlaɪzəʳ] *n* alcootest *m*.

breathe [bri:ð] — 1 *vi* respirer. to ~ in aspirer; to ~ out expirer; she is still breathing elle vit encore. — 2 *vt (air)* respirer; *(sigh)* laisser échapper. don't ~ a word! n'en dis rien à personne! ◆ **breather*** *n* moment *m* de répit. ◆ **breathing** *n* respiration *f*.

bred [bred] (*pret, ptp of* **breed**) *adj:* well-~ bien élevé.

breed [bri:d] *pret, ptp* **bred** — 1 *vt (animal)* élever; *(hate, suspicion)* faire naître. — 2 *vi* se reproduire. — 3 *n* espèce *f*. ◆ **breeder** *n (person)* éleveur *m* (*f* -euse); (~ *reactor*) générateur *m* nucléaire. ◆ **breeding** *n* (a) élevage *m*. (b) *(good manners)* bonne éducation *f*.

breeze [bri:z] — 1 *n (wind)* brise *f*. gentle ~ petite brise *f*. — 2 *vi:* to ~ in entrer d'un air désinvolte. ◆ **breezy** *adj (person)* désinvolte.

brevity ['brevɪtɪ] *n* brièveté *f; (conciseness)* concision *f*.

brew [bru:] — 1 *vt (beer)* brasser; *(tea)* préparer. — 2 *vi (brewer)* brasser; *(beer)* fermenter; *(tea)* infuser; *(storm)* se préparer. *(fig)* sth's ~ing il se trame qch. ◆ **brewer** *n* brasseur *m*. ◆ **brewery** *n* brasserie *f (fabrique)*.

bribe [braɪb] — 1 *n* pot-de-vin *m*. — 2 *vt* soudoyer; *(witness)* suborner. to ~ sb to do sth soudoyer qn pour qu'il fasse qch. ◆ **bribery** *n* corruption *f*.

brick [brɪk] *n* brique *f; (toy)* cube *m (de construction)*. to come up against a ~ wall se heurter à un mur; he's a ~* il est sympa*. ◆ **bricklayer** *n* ouvrier-maçon *m*.

bride [braɪd] *n* mariée *f*. the ~ and groom les mariés. ◆ **bridegroom** *n* marié *m*. ◆ **bridesmaid** *n* demoiselle *f* d'honneur.

bridge[1] [brɪdʒ] — 1 *n (gen)* pont *m* (*across* sur); *(on ship)* passerelle *f; (nose)* arête *f; (Dentistry)* bridge *m*. — 2 *vt (river)* construire un pont sur. *(fig)* to ~ a gap *(between people)* établir un contact (*between* entre); *(in knowledge)* combler une lacune (*in* dans). ◆ **bridgehead** *n* tête *f* de pont. ◆ **bridging loan** *n* crédit-relais *m*.

bridge[2] [brɪdʒ] *n (Cards)* bridge *m*.

bridle ['braɪdl] *n* bride *f*. ~ path sentier *m (pour chevaux)*.

brief [bri:f] — 1 *adj* bref (*f* brève). in ~, he ... bref, il ... — 2 *n* instructions *fpl*. — 3 *vt (gen)* mettre au fait (*on sth* de qch); *(soldiers etc)* donner des instructions à. ◆ **briefcase** *n* serviette *f*. ◆ **briefing** *n* briefing *m*. ◆ **briefly** *adv (reply)* laconiquement; *(speak)* brièvement. ~, he ... en deux mots, il ...

briefs [bri:fs] *npl* slip *m*.

brier [braɪəʳ] *n* bruyère *f;* (~ *pipe)* pipe *f* de bruyère.

brigade [brɪ'geɪd] *n* brigade *f*. ◆ **brigadier general** *n* général *m* de brigade.

bright [braɪt] *adj* (a) *(gen)* brillant; *(light, fire, colour)* vif (*f* vive); *(day, room)* clair. *(weather)* it's becoming ~er ça s'éclaircit; ~ intervals éclaircies *fpl*. *(fig)* the outlook is ~er l'avenir se présente mieux. (b) *(cheerful: person)* gai; *(prospects)* brillant. ~ and early de bon matin; to look on the ~ side essayer d'être optimiste. (c) *(intelligent: person)* intelligent; *(idea)* lumineux (*f* -euse). ◆ **brighten** *vi (person)* s'animer; *(prospects)* s'améliorer; *(weather)* se dégager. ◆ **brightly** *adv (shine)* avec éclat; *(say)* avec animation.

brilliant ['brɪljənt] *adj (gen)* brillant; *(light)* éclatant. ◆ **brilliantly** *adv* brillamment; avec éclat.

brim [brɪm] — **1** *n* bord *m*. — **2** *vi*: **to ~ over with** déborder de.

brine [braɪn] *n (for food)* saumure *f*.

bring [brɪŋ] *pret, ptp* **brought** *vt (gen)* apporter; *(person, animal, vehicle, consequences)* amener; *(income)* rapporter. **to ~ about** causer, provoquer; **to ~ back** *(person)* ramener; *(object)* rapporter; *(call to mind)* rappeler à la mémoire; **to ~ down** *(bird, plane, opponent)* abattre; *(government)* faire tomber; *(temperature, prices)* faire baisser; *(swelling)* réduire; **to ~ forward a meeting** avancer une réunion; **to ~ in** *(person)* faire entrer; *(chair)* rentrer; *(police, troops)* faire intervenir; *(income)* rapporter; **to ~ off** *(plan)* réaliser; *(deal)* mener à bien; **he didn't ~ it off** il n'a pas réussi son coup; **to ~ on an illness** provoquer une maladie; **to ~ out** *(person)* faire sortir; *(object)* sortir; *(meaning, quality)* faire ressortir; *(book)* publier; *(new product)* lancer; **to ~ round** *(object)* apporter; *(person)* amener; *(unconscious person)* ranimer; *(convert)* convertir à; **to ~ up** *(person)* faire monter; *(object)* monter; *(vomit)* vomir; *(question)* soulever; *(rear: child, animal)* élever; **well brought-up** bien élevé; **to ~ sth upon o.s.** s'attirer qch; **I cannot ~ myself to do it** je ne peux pas me résoudre à le faire. ◆ **bring-and-buy sale** *n* vente *f* de charité.

brink [brɪŋk] *n* bord *m*. **on the ~ of** à deux doigts de.

brisk [brɪsk] *adj (gen)* vif (*f* vive). **at a ~ pace** d'un bon pas; **business is ~** les affaires marchent bien. ◆ **briskly** *adv (move)* vivement; *(walk)* d'un bon pas; *(speak)* brusquement.

bristle ['brɪsl] *n* poil *m*; *(boar etc)* soie *f*. **brush with nylon ~s** brosse *f* en nylon; **pure ~ brush** brosse pur sanglier *inv*. ◆ **bristly** *adj (chin)* qui pique; *(hair)* hérissé.

Britain ['brɪtən] *n* (*also* **Great-~**) Grande-Bretagne *f*. ◆ **British** — **1** *adj (gen)* britannique, anglais; *(ambassador)* de Grande-Bretagne. **~ Isles** îles *fpl* Britanniques. — **2** *n*: **the ~** les Britanniques *mpl*, les Anglais *mpl*. ◆ **Britisher** *or* ◆ **Briton** *n* Britannique *mf*.

Brittany ['brɪtənɪ] *n* Bretagne *f*.

brittle ['brɪtl] *adj* cassant.

broad [brɔːd] *adj (gen)* large; *(accent)* prononcé. **~ bean** fève *f*; *(fig)* **he's got a ~ back** il a bon dos; **it's as ~ as it is long** c'est du pareil au même*; **in ~ daylight** au grand jour; **the ~ outlines** les grandes lignes; **in the ~est sense** au sens le plus large. ◆ **broadcast** *V below*. ◆ **broaden** — **1** *vt* élargir. — **2** *vi* s'élargir. ◆ **broadly** *adv*: **~ speaking** en gros. ◆ **broadminded** *adj* qui a les idées larges. ◆ **broadshouldered** *adj* large d'épaules.

broadcast ['brɔːdkɑːst] *pret, ptp* **broadcast** — **1** *vt (Rad)* diffuser; *(TV)* téléviser. *(fig)* **don't ~ it!*** ne va pas le crier sur les toits! — **2** *vi (station)* émettre; *(interviewer)* faire une émission. — **3** *n* émission *f*, programme *m*. ◆ **broadcaster** *n* personnalité *f* de la radio *or* de la télévision. ◆ **broadcasting** *n (Rad)* radiodiffusion *f*; *(TV)* télévision *f*.

broccoli ['brɒkəlɪ] *n* brocoli *m*.

brochure ['brəʊʃjʊəʳ] *n* brochure *f*.

broil [brɔɪl] *vti* griller.

broke [brəʊk] (*pret of* **break**) *adj* (*: *penniless*) fauché*.

broken ['brəʊkən] (*ptp of* **break**) *adj* **(a)** *(gen)* cassé; *(skin)* écorché; *(fig: person, marriage)* brisé; *(promise)* rompu. **~ home** foyer *m* brisé; **~ weather** temps *m* variable. **(b)** *(uneven: road)* défoncé; *(line)* brisé. **(c)** *(interrupted: journey)* interrompu; *(sleep)* agité; *(voice)* brisé. **to speak ~ English** parler un mauvais anglais. ◆ **broken-down** *adj* en panne. ◆ **broken-hearted** *adj* au cœur brisé.

broker ['brəʊkəʳ] *n* courtier *m*.

bromide ['brəʊmaɪd] *n* bromure *m*.

bronchitis [brɒŋ'kaɪtɪs] *n* bronchite *f*.

bronze [brɒnz] — **1** *n* bronze *m*. — **2** *adj (made of ~)* en bronze; *(colour)* bronze *inv*.

brooch [brəʊtʃ] *n* broche *f (bijou)*.

brood [bruːd] — **1** *n* nichée *f*. — **2** *vi (person)* broyer du noir.

brook [brʊk] *n (stream)* ruisseau *m*.

broom [brʊm] *n* **(a)** *(plant)* genêt *m*. **(b)** *(brush)* balai *m*. ◆ **broomstick** *n* manche *m* à balai *m*.

broth [brɒθ] *n* bouillon *m* de viande et de légumes.

brothel ['brɒθl] *n* bordel* *m*.

brother ['brʌðəʳ] *n* frère *m*. ◆ **brotherhood** *n* fraternité *f*. ◆ **brother-in-law** *n* beau-frère *m*. ◆ **brotherly** *adj* fraternel (*f* -elle).

brought [brɔːt] *pret, ptp of* **bring**.

brow [braʊ] *n* front *m*; *(of hill)* sommet *m*. ◆ **browbeat** (*pret* **~beat**, *ptp* **~beaten**) *vt* intimider.

brown [braʊn] — **1** *adj (gen)* brun; *(hair)* châtain *f inv*; *(shoes, material)* marron *inv*; *(tanned)* bronzé. **~ bread** pain *m* bis; **~ paper** papier *m* d'emballage; **~ sugar** cassonade *f*; **to go ~** brunir. — **2** *n* brun *m*, marron *m*. — **3** *vt (sun)* bronzer; *(meat)* faire dorer. ◆ **Brownie (Guide)** *n* jeannette *f*.

browse [braʊz] *vi (in bookshop)* feuilleter les livres; *(in other shops)* regarder.

bruise [bruːz] — **1** *vt*: **to ~ one's foot** se faire un bleu au pied; **to be ~d all over** être couvert de bleus. — **2** *n* bleu *m*.

brunch [brʌntʃ] *n* petit déjeuner *m* copieux.

brunt [brʌnt] *n*: **the ~** *(of attack, blow)* le choc; *(of work, expense)* le plus gros.

brush [brʌʃ] — **1** *n* **(a)** *(gen)* brosse *f*; *(paint ~)* pinceau *m*; *(broom)* balai *m*; *(hearth etc)* balayette *f*; *(shaving)* blaireau *m*. **hair ~** brosse à cheveux; **give your coat a ~** donne un coup de brosse à ton manteau. **(b) ~ with the law** ennuis *mpl* avec la police. — **2** *vt* **(a)** *(gen)* brosser; *(carpet)* balayer. **to ~ one's teeth** se laver les dents; **to ~ one's hair** se brosser les cheveux; **to ~ aside** *(suggestion)* écarter; **to ~ off** enlever; **to ~ up** *(crumbs)* ramasser à la balayette; (*: *revise*) réviser. **(b)** *(touch lightly)* effleurer. — **3** *vi*: **to ~ against sth** frôler qch. ◆ **brush-off*** *n*: **to give sb the ~*** envoyer promener* qn. ◆ **brushwood** *n* broussailles *fpl*.

brusque [bruːsk] *adj* brusque. ◆ **brusquely** *adv* avec brusquerie.

Brussels ['brʌslz] *n* Bruxelles. **~ sprouts** choux *mpl* de Bruxelles.

brutal ['bruːtl] *adj* brutal. ◆ **brutality** *n* brutalité *f*. ◆ **brutally** *adv* brutalement.

brute [bruːt] *n* brute *f*. **by ~ force** par la force.

bubble ['bʌbl] — **1** *n* bulle *f*; *(in hot liquid)* bouillon *m*. **to blow ~s** faire des bulles; **~ bath** bain *m* moussant. — **2** *vi (liquid)* bouillonner. **to ~ over** déborder (*with* de). ◆ **bubble-gum** *n* chewing-gum *m* (qui fait des bulles).

buck [bʌk] — **1** *n* **(a)** *(US*)* dollar *m.* **(b) to pass the ~** refiler* la responsabilité aux autres. — **2** *adj:* **to have ~ teeth** avoir des dents de lapin. — **3** *vi* **(a)** *(horse)* lancer une ruade. **(b) to ~ up*** *(hurry up)* se grouiller*; *(cheer up)* se secouer. ◆ **buckshot** *n* chevrotines *fpl.*
bucket ['bʌkɪt] — **1** *n (gen)* seau *m; (dredger etc)* godet *m.* **to weep ~s*** pleurer à chaudes larmes. — **2** *vi: (rain)* **it's ~ing down*** il tombe des cordes*.
buckle ['bʌkl] — **1** *n* boucle *f.* — **2** *vt* boucler. — **3** *vi:* **to ~ down to a job*** s'atteler à un boulot*.
bud [bʌd] *n (tree, plant)* bourgeon *m; (flower)* bouton *m.* ◆ **budding** *adj (fig: poet etc)* en herbe; *(passion)* naissant.
Buddha ['bʊdə] *n* Bouddha *m.* ◆ **Buddhist** *adj* bouddhiste.
buddy* ['bʌdɪ] *n (US)* copain* *m.*
budge [bʌdʒ] *vi* bouger; *(change your mind)* changer d'avis.
budgerigar ['bʌdʒərɪgɑːʳ], *abbr* **budgie*** ['bʌdʒɪ] *n* perruche *f.*
budget ['bʌdʒɪt] — **1** *n* budget *m.* **~ account** compte-crédit *m;* **~ day** jour *m* de la présentation du budget; *(US)* **~ plan** système *m* de crédit. — **2** *vi* dresser un budget. **to ~ for sth** inscrire qch à son budget.
buff¹ [bʌf] *adj (~-coloured)* couleur chamois *inv.*
buff²* [bʌf] *n:* **film** *etc* **~** mordu(e)* *m(f)* du cinéma *etc.*
buffalo ['bʌfələʊ] *n (wild ox)* buffle *m, (esp in US)* bison *m.*
buffer ['bʌfəʳ] *n (gen)* tampon *m; (US: car)* pare-chocs *m inv.* **~ state** état *m* tampon.
buffet¹ ['bʌfɪt] *vt (of waves)* battre; *(of wind)* secouer.
buffet² ['bʊfeɪ] *n* buffet *m (repas). (in menu)* **cold ~** viandes *fpl* froides; **~ car** voiture-buffet *f.*
bug [bʌg] — **1** *n* punaise *f; (*: any insect)* bestiole* *f; (*: germ)* microbe *m.* — **2** *vt* **(a)** (*) poser des micros cachés dans. **(b)** *(*: annoy)* embêter*. ◆ **bugbear** *n* épouvantail *m.*
buggy ['bʌgɪ] *n (pram)* voiture *f* d'enfant.
bugle ['bjuːgl] *n* clairon *m.*
build [bɪld] *(vb: pret, ptp* **built**) — **1** *vti* **(a)** *(gen)* bâtir; *(ship, machine)* construire; *(games: words)* former. **the house is being built** la maison se bâtit *or* se construit; *(person)* **solidly built** puissamment charpenté; **to ~ in** *(wardrobe)* encastrer; *(safeguards)* intégrer (*to* à). **(b) to ~ up** *(business)* créer; *(production)* accroître; *(pressure)* faire monter; **the interest is ~ing up** l'intérêt augmente. — **2** *n (of person)* carrure *f.* ◆ **builder** *n* maçon *m, (large-scale)* entrepreneur *m; (of ships, machines)* constructeur *m.* ◆ **building** *n (gen)* bâtiment *m; (imposing)* édifice *m; (house or offices)* immeuble *m.* **~ industry** industrie *f* du bâtiment *m;* **~ materials** matériaux *mpl* de construction; **~ site** chantier *m* de construction; **~ society** ≃ société *f* d'investissement immobilier. ◆ **build-up** *n (of pressure, gas)* accumulation *f; (of troops)* rassemblement *m; (excitement)* montée *f. (fig)* **to give sb a good ~** faire une bonne publicité pour qn. ◆ **built-in** *adj (bookcase)* encastré; *(desire)* inné. ◆ **built-up area** *n* agglomération *f* urbaine.
bulb [bʌlb] *n (plant)* bulbe *m,* oignon *m; (light)* ampoule *f.*
Bulgaria [bʌl'gɛərɪə] *n* Bulgarie *f.*
bulge [bʌldʒ] — **1** *n (gen)* renflement *m; (in plaster)* bosse *f; (on tyre)* hernie *f; (in numbers)* augmentation *f* temporaire. — **2** *vi* être renflé. ◆ **bulging** *adj (forehead, wall)* bombé; *(stomach, eyes)* protubérant; *(pockets, suitcase)* bourré (*with* de).
bulk [bʌlk] *n (thing)* volume *m; (person)* corpulence *f.* **the ~ of** le plus gros de; **in ~** en gros. ◆ **bulk-buying** *n* achat *m* en gros. ◆ **bulky** *adj (parcel, suitcase)* volumineux (*f* -euse); *(person)* corpulent.
bull [bʊl] — **1** *n* taureau *m. (fig)* **to take the ~ by the horns** prendre le taureau par les cornes; **it's like a red rag to a ~** ça lui fait monter la moutarde au nez; **~ elephant** éléphant *m* mâle. ◆ **bullfight** *n* corrida *f.* ◆ **bullfighter** *n* torero *m.* ◆ **bullring** *n* arène *f (pour courses de taureaux).*
bulldog ['bʊldɒg] *n* bouledogue *m.* **~ clip** pince *f* à dessin.
bulldozer ['bʊldəʊzəʳ] *n* bulldozer *m.*
bullet ['bʊlɪt] *n* balle *f (de revolver etc).* ◆ **bulletproof** *adj (garment)* pare-balles *inv; (car)* blindé.
bulletin ['bʊlɪtɪn] *n* bulletin *m.*
bullion ['bʊljən] *n* or *m* (*or* argent *m*) en lingots.
bull's-eye ['bʊlzaɪ] *n* centre *m* de la cible.
bully ['bʊlɪ] — **1** *n* brute *f.* — **2** *vt* brimer. **to ~ sb into doing sth** contraindre qn à faire qch. ◆ **bullying** *n* brimades *fpl.*
bumblebee ['bʌmblbiː] *n* bourdon *m (insecte).*
bump [bʌmp] — **1** *n* **(a)** *(impact)* choc *m; (jolt)* secousse *f.* **(b)** *(on road, car, head etc)* bosse *f.* — **2** *vt:* **to ~ one's head** se cogner la tête (*against* contre). — **3** *vi:* **to ~ into** *(of car)* entrer en collision avec; *(person)* se cogner contre; *(*: meet)* rencontrer par hasard. ◆ **bumper** — **1** *n (on car)* pare-chocs *m inv.* — **2** *adj:* **a ~ crop** une récolte exceptionnelle. ◆ **bumpy** *adj (road)* inégal. **we had a ~ flight** nous avons été très secoués pendant le vol.
bumptious ['bʌmpʃəs] *adj* prétentieux (*f* -ieuse).
bun [bʌn] *n (bread)* petit pain *m* au lait; *(hair)* chignon *m.*
bunch [bʌntʃ] *n (flowers)* bouquet *m; (bananas)* régime *m; (radishes)* botte *f; (keys)* trousseau *m; (people)* groupe *m.* **~ of grapes** grappe *f* de raisin; *(fig)* **she's the best of the ~** c'est la meilleure; **he's the best of a bad ~*** c'est le moins médiocre.
bundle ['bʌndl] — **1** *n (gen)* paquet *m; (hay)* botte *f; (papers)* liasse *f; (firewood)* fagot *m.* **he is a ~ of nerves** c'est un paquet de nerfs. — **2** *vt:* **to ~ sth into a corner** fourrer qch dans un coin.
bung [bʌŋ] — **1** *n* bonde *f.* — **2** *vt* (**~ up**) boucher.
bungalow ['bʌŋgələʊ] *n* bungalow *m.*
bungle ['bʌŋgl] *vt* bousiller*.
bunion ['bʌnjən] *n* oignon *m (sur le pied).*
bunk [bʌŋk] *n (bed)* couchette *f.* ◆ **bunk-beds** *npl* lits *mpl* superposés.
bunker ['bʌŋkəʳ] *n (for coal)* coffre *m; (Mil)* blockhaus *m; (Golf)* bunker *m.*
bunting ['bʌntɪŋ] *n* pavoisement *m.*
buoy [bɔɪ] *n* balise *f* flottante. ◆ **buoyant** *adj (object)* flottable; *(fig)* optimiste.
burden ['bɜːdn] — **1** *n* fardeau *m; (fig: of taxes, years)* poids *m.* — **2** *vt* accabler (*with* de).
bureau [bjʊə'rəʊ] *n (desk)* secrétaire *m (bureau); (office)* bureau *m.* ◆ **bureaucracy** *n*

bureaucratie *f.* ◆ **bureaucratic** *adj* bureaucratique.

burglar [ˈbɜːgləʳ] *n* cambrioleur *m* (*f* -euse). ~ **alarm** sonnerie *f* d'alarme. ◆ **burglary** *n* cambriolage *m.* ◆ **burgle** *vt* cambrioler.

Burgundy [ˈbɜːgəndɪ] *n* Bourgogne *f.*

burial [ˈberɪəl] *n* enterrement *m.* ~ **ground** cimetière *m.*

burly [ˈbɜːlɪ] *adj* de forte carrure.

burn [bɜːn] (*vb: pret, ptp* **burned** *or* **burnt**) — **1** *n* brûlure *f.* — **2** *vt (gen)* brûler; *(meat, toast)* laisser brûler. **~t to a cinder** carbonisé; **~t to death** brûlé vif; **to ~ one's fingers** se brûler les doigts; **to ~ a house down** incendier une maison; *(fig)* **to ~ one's boats** brûler ses vaisseaux; **to ~ the candle at both ends** brûler la chandelle par les deux bouts. — **3** *vi* brûler. **to ~ down** *(of house etc)* brûler complètement; *(of fire, candle)* baisser; **to ~ up** flamber. ◆ **burner** *n (on cooker)* brûleur *m; (in science lab)* bec *m* de gaz. ◆ **burning** — **1** *adj (town, forest)* en flammes; *(fire)* allumé; *(faith)* ardent; *(wound)* cuisant; *(question)* brûlant; *(indignation)* violent. — **2** *n:* **there is a smell of ~** ça sent le brûlé; **I could smell ~** je sentais une odeur de brûlé.

burp* [bɜːp] — **1** *vi* faire un rot*. — **2** *n* rot* *m.*

burrow [ˈbʌrəʊ] *n* terrier *m.*

bursar [ˈbɜːsəʳ] *n* économe *mf.* ◆ **bursary** *n* bourse *f* d'études.

burst [bɜːst] (*vb: pret, ptp* **burst**) — **1** *n (of shell, anger)* explosion *f; (laughter)* éclat *m; (affection, enthusiasm)* élan *m; (applause, activity)* vague *f.* ~ **of gunfire** rafale *f* de tir. — **2** *vi* **(a)** *(of tyre, bomb, boiler)* éclater; *(balloon, abscess)* crever. **to ~ open** *(door)* s'ouvrir violemment; *(container)* s'éventrer; **to be ~ing with** *(health, joy)* déborder de; *(impatience)* brûler de; **I was ~ing* to tell you** je mourais d'envie de vous le dire. **(b)** *(rush)* **to ~ in** *etc* entrer *etc* en trombe; **to ~ into tears** fondre en larmes; **to ~ out laughing** éclater de rire; **to ~ out singing** se mettre tout d'un coup à chanter; **to ~ into flames** prendre feu soudain. — **3** *vt* crever, faire éclater. **the river has ~ its banks** le fleuve a rompu ses digues.

bury [ˈberɪ] *vt (gen)* enterrer; *(of avalanche etc)* ensevelir; *(plunge: knife)* enfoncer (*in* dans). **to ~ one's face in one's hands** se couvrir la figure de ses mains; **village buried in the country** village enfoui en pleine campagne; **buried in thought** plongé dans une rêverie *or* dans ses pensées; *(fig)* **to ~ one's head in the sand** pratiquer la politique de l'autruche; **to ~ the hatchet** enterrer la hache de guerre.

bus [bʌs] — **1** *n* autobus *m,* bus* *m; (long-distance)* autocar *m,* car *m.* — **2** *adj (driver, ticket etc)* d'autobus. **on a ~ route** desservi par l'autobus; **~ shelter** abri-bus *m;* **~ station** gare *f* d'autobus; *(coaches)* gare *f* routière; **~ stop** arrêt *m* d'autobus. ◆ **busload** *n* car *m* entier (*of* de). ◆ **busman** *n* employé *m* des autobus.

bush [bʊʃ] *n (shrub)* buisson *m. (wild country)* **the ~** la brousse; **~ fire** feu *m* de brousse. ◆ **bushy** *adj* touffu.

business [ˈbɪznɪs] — **1** *n* **(a)** *(trade)* affaires *fpl; (a firm etc)* entreprise *f,* commerce *m.* **to be in ~** être dans les affaires; **to set up in ~ as a butcher** s'établir boucher; **to do ~ with sb** faire des affaires avec qn; **on ~** pour affaires; **what's his line of ~?*** qu'est-ce qu'il fait dans la vie?; *(fig)* **to get down to ~** passer aux choses sérieuses; **he means ~*** il ne plaisante pas. **(b)** *(task)* affaire *f.* **to know one's ~** s'y connaître. **to make it one's ~ to do** se charger de faire; **that's none of his ~** cela ne le regarde pas; **mind your own ~** mêlez-vous de ce qui vous regarde; **finding a flat is quite a ~** c'est toute une affaire de trouver un appartement; **it's a bad ~** c'est une sale affaire. — **2** *adj (lunch, meeting)* d'affaires; *(college, centre, studies)* commercial. **his ~ address** l'adresse *f* de son bureau; **~ expenses** frais *mpl* généraux; **~ manager** directeur *m* commercial; *(of actor etc)* manager *m;* **to have ~ sense** avoir du flair pour les affaires. ◆ **businesslike** *adj* efficace. ◆ **businessman** *n* homme *m* d'affaires. ◆ **businesswoman** *n* femme *f* d'affaires.

bust[1] [bʌst] *n (head and shoulders)* buste *m.* **~ measurement** tour *m* de poitrine.

bust[2]* [bʌst] *adj* fichu*.

bustle [ˈbʌsl] *vi:* **to ~ in** *etc* entrer *etc* d'un air affairé. ◆ **bustling** *adj (person)* affairé; *(place)* bruyant.

busy [ˈbɪzɪ] — **1** *adj* **(a)** *(occupied person)* occupé (*with sth* à qch). **she's ~ cooking** elle est en train de faire la cuisine. **(b)** *(person)* occupé, affairé; *(day)* chargé; *(period)* de grande activité; *(place)* animé. **to keep o.s. ~** trouver à s'occuper; **get ~!** au travail! **(c)** *(telephone: line)* occupé. — **2** *vt:* **to ~ o.s.** s'occuper (*doing* à faire; *with sth* à qch). ◆ **busily** *adv* activement. ◆ **busybody** *n* mouche *f* du coche.

but [bʌt] — **1** *conj* mais. — **2** *adv:* **she's ~ a child** ce n'est qu'une enfant; **you can ~ try** vous pouvez toujours essayer. — **3** *prep* sauf, excepté. **they've all gone ~ me** ils sont tous partis sauf *or* excepté moi; **no one ~ him** personne d'autre que lui; **anything ~ that** tout mais pas ça; **there was nothing for it ~ to jump** il n'y avait plus qu'à sauter; **~ for you** sans vous.

butane [ˈbjuːteɪn] *n* butane *m.* **~ gas** gaz *m* butane, butagaz *m* ®.

butcher [ˈbʊtʃəʳ] — **1** *n* boucher *m.* **at the ~'s** chez le boucher; **~'s shop** boucherie *f;* **~ meat** viande *f* de boucherie. — **2** *vt* tuer, abattre.

butler [ˈbʌtləʳ] *n* maître *m* d'hôtel.

butt[1] [bʌt] *n (end)* bout *m; (rifle)* crosse *f.* **cigarette ~** mégot *m.*

butt[2] [bʌt] — **1** *vt (of goat etc)* donner un coup de corne à. — **2** *vi:* **to ~ in** s'immiscer dans la conversation.

butter [ˈbʌtəʳ] — **1** *n* beurre *m.* **~ bean** gros haricot *m* blanc; **~ dish** beurrier *m;* **~ knife** couteau *m* à beurre. — **2** *vt* beurrer. *(fig)* **to ~ sb up*** passer de la pommade à qn*. ◆ **butterfingers** *n* maladroit(e) *m(f).* ◆ **buttermilk** *n* babeurre *m.* ◆ **butterscotch** *n* caramel *m* dur.

buttercup [ˈbʌtəkʌp] *n* bouton *m* d'or.

butterfly *n* [ˈbʌtəflaɪ] *n* papillon *m.* **to have ~flies in the stomach*** avoir le trac*; **~ stroke** brasse *f* papillon.

buttock [ˈbʌtək] *n* fesse *f.*

button [ˈbʌtn] — **1** *n* bouton *m.* **chocolate ~s** pastilles *fpl* de chocolat. — **2** *vt* (**~ up**) *(garment)* boutonner. ◆ **buttonhole** — **1** *n* boutonnière *f.* **to wear a ~** avoir une fleur à sa boutonnière. — **2** *vt (person)* accrocher*.

buttress [ˈbʌtrɪs] *n* contrefort *m.*

buy [baɪ] *pret, ptp* **bought** — **1** *vt* acheter (*sth from sb* qch à qn; *sth for sb* qch pour *or* à qn). **to ~ back** racheter; **to ~ out** *(partner)* désintéresser; **to ~ up** acheter tout ce qu'il y a de; *(fig: believe)* **he won't ~* that** il ne marchera pas; *(die)* **he's bought it*** il y est resté*. — **2** *n:* **a good ~***, une bonne affaire. ◆ **buyer** n acheteur *m* (*f* -euse). ◆ **buying** *n* achat *m*.

buzz [bʌz] — **1** *n* bourdonnement *m*. *(phone)* **to give sb a ~*** passer un coup de fil* à qn. — **2** *vi* **(a)** bourdonner. **my head is ~ing** j'ai des bourdonnements; *(fig)* **~ing with** bourdonnant de. **(b)** *(go)* **to ~ off*** ficher le camp*. — **3** *vt (person)* appeler par interphone; *(*: telephone)* passer un coup de fil* à. ◆ **buzzer** *n (phone)* interphone *m*.

by [baɪ] — **1** *adv* près. **close ~** tout près; **to go** *or* **pass ~** passer; **we'll get ~** on y arrivera; **to put** *or* **lay ~** mettre de côté; **~ and large** généralement. — **2** *prep* **(a)** *(in space; close to)* à côté de; *(past)* devant. **the house ~ the church** la maison à côté de l'église; **~ the fire** près du feu; **~ the sea** au bord de la mer; **you go ~ the church** vous passez devant l'église; **I went ~ Dover** j'y suis allé par Douvres; **he was all ~ himself** il était tout seul; **broader ~ a metre** plus large d'un mètre; **to divide ~ 4** diviser par 4; **a room 4 metres ~ 5** une pièce de 4 mètres sur 5; *(points of compass)* **south ~ south-west** sud quart sud-ouest; *(fig)* **~ the way** à propos. **(b)** *(in time)* **~ day** le jour, de jour; **~ night** la nuit, de nuit; **I'll be back ~ midnight** je rentrerai avant minuit; **~ tomorrow** d'ici demain; **~ the time I got here** lorsque je suis arrivé ici; **~ then** à ce moment-là. **(c)** *(method, cause)* par. **warned ~ his neighbour** prévenu par son voisin; **killed ~ lightning** tué par la foudre; **a painting ~ Van Gogh** un tableau de Van Gogh; **surrounded ~ soldiers** entouré de soldats; **~ land and sea** par terre et par mer; **~ bus** en autobus; **~ electric light** à la lumière électrique; **made ~ hand** fait à la main; **to sell ~ the metre** vendre au mètre; **~ the hour** à l'heure; **one ~ one** un à un; **little ~ little** peu à peu. **(d)** *(according to)* d'après. **to judge ~ appearances** juger d'après les apparences; **~ my watch** à ma montre; **to call sth ~ its proper name** appeler qch de son vrai nom; **it's all right ~ me*** je n'ai rien contre*. ◆ **by-election** *n* élection *f* législative partielle. ◆ **bygone** — **1** *adj:* **in ~ days** jadis. — **2** *n:* **let ~s be ~s** oublions le passé. ◆ **by-law** *n* arrêté *m* municipal. ◆ **bypass** — **1** *n (road)* route *f* de contournement *m*. — **2** *vt (town)* contourner. ◆ **by-product** *n* sous-produit *m*. ◆ **by-road** *n* chemin *m* de traverse. ◆ **bystander** *n* spectateur *m* (*f* -trice).

bye* [baɪ] *excl* (*also* **bye-bye***; *au revoir*) salut!*

C

C, c [siː] *n* C, c *m*; *(Mus)* do *m*, ut *m*.

cab [kæb] *n* **(a)** taxi *m*. **by ~** en taxi. **(b)** *(of truck, engine)* cabine *f*. ◆ **cab-driver** *n* chauffeur *m* de taxi.

cabbage ['kæbɪdʒ] *n* chou *m*. **she's just a ~*** elle végète.

cabin ['kæbɪn] *n (hut)* cabane *f*; *(on ship)* cabine *f*; *(driver's ~)* cabine. **~ cruiser** yacht *m* à moteur.

cabinet ['kæbɪnɪt] *n* meuble *m* de rangement; *(glass-fronted)* vitrine *f*; *(filing ~)* classeur *m*; *(medicine ~)* armoire *f* à pharmacie; *(ministers)* cabinet *m*. ◆ **cabinetmaker** *n* ébéniste *m*.

cable ['keɪbl] — **1** *n* câble *m*. — **2** *vt* câbler (*to* à). ◆ **cablecar** *n* téléphérique *m*; *(on rail)* funiculaire *m*. ◆ **cable-railway** *n* funiculaire *m*.

cache [kæʃ] *n:* **a ~ of guns** des fusils *mpl* cachés.

cackle ['kækl] — **1** *n* caquet *m*. — **2** *vi* caqueter.

cactus ['kæktəs] *n, pl* **-ti** [-taɪ] cactus *m*.

cadaverous [kə'dævərəs] *adj* cadavérique.

caddie ['kædɪ] *n* caddie *m*.

caddy ['kædɪ] *n* (tea ~) boîte *f* à thé.

cadet [kə'det] *n (Mil)* élève *m* officier. **~ school** école *f* militaire.

cadge [kædʒ] *vt:* **to ~ sth from sb** taper* qn de qch; **he's always cadging** il est toujours à quémander. ◆ **cadger** *n* parasite *m*.

café ['kæfeɪ] *n* café-restaurant *m*; *(snack bar)* snack *m*. ◆ **cafeteria** *n* cafétéria *f*.

caffein(e) ['kæfiːn] *n* caféine *f*.

cage [keɪdʒ] *n* cage *f*; *(of elevator)* cabine *f*; *(in mine)* cage.

cagey* ['keɪdʒɪ] *adj* peu communicatif (*f* -ive).

cajole [kə'dʒəʊl] *vt* cajoler.

cake [keɪk] *n* **(a)** gâteau *m*; *(small)* pâtisserie *f*; **(fruit ~)** cake *m*. **~ shop** pâtisserie *f (magasin)*; **it's selling like hot ~s*** cela se vend comme des petits pains; **it's a piece of ~*** c'est du gâteau*. **(b)** *(of chocolate)* tablette *f*. **~ of soap** savonnette *f*. ◆ **caked** *adj (blood)* coagulé; *(mud)* séché.

calamity [kə'læmɪtɪ] *n* calamité *f*.

calcium ['kælsɪəm] *n* calcium *m*.

calculate ['kælkjʊleɪt] *vti (count)* calculer; *(estimate: distance)* évaluer; *(chances)* estimer. **this was not ~d to reassure me** cela n'était pas fait pour me rassurer. ◆ **calculated** *adj (gen)* délibéré; *(risk)* pris en toute connaissance de cause. ◆ **calculating** *adj (scheming)* calculateur (*f* -trice). ◆ **calculation** *n* calcul *m*. ◆ **calculator** *n* calculatrice *f*.

calendar ['kæləndəʳ] *n* calendrier *m*. **university ~** ≃ guide *m* de l'étudiant.

calf[1] [kɑːf] *n, pl* **calves** *(animal)* veau *m*. **elephant ~** éléphanteau *m*.

calf[2] [kɑːf] *n, pl* **calves** *(leg)* mollet *m*.

calibre, *(US)* **-ber** ['kælɪbəʳ] *n* calibre *m*.

call [kɔːl] — **1** *n* **(a)** *(shout)* appel *m*, cri *m*; *(of bird)* cri; *(telephone* ~*)* coup *m* de téléphone, communication *f*; *(vocation)* vocation *f*; *(Bridge)* annonce *f*. **within ~** à portée de voix; **a ~ for help** un appel au secours; *(Telec)* **to make a ~** téléphoner; *(for wakening)* **I'd like a ~ at 7 a.m.** j'aimerais qu'on me réveille *(subj)* à 7 heures; **to be on ~** être de garde; **there's not much ~ for these articles** ces articles ne sont pas très demandés; **there was no ~ to say that** vous n'aviez aucune raison de dire cela. **(b)** *(visit: also doctor's)* visite *f*. **to make a ~ on sb** aller voir qn; **port of ~** port *m* d'escale. — **2** *adj*: **~ girl** call-girl *f*; *(radio)* **~ sign** indicatif *m* d'appel. — **3** *vti* **(a)** *(gen)* appeler; (*phone: also* **~ up**) téléphoner à; *(waken)* réveiller; *(Bridge)* annoncer. **to ~ to sb** appeler qn; **duty ~s** le devoir m'appelle; **to ~ a meeting** convoquer une assemblée; **to be ~ed away on business** être obligé de s'absenter pour affaires; **to be ~ed away from a meeting** devoir s'absenter d'une réunion; *(also phone)* **to ~ sb back** rappeler qn; **to ~ for** *(person)* appeler; *(food, drink)* demander; *(courage)* exiger; **to ~ in the police** appeler la police; **to ~ off** *(appointment, strike)* annuler; **to ~ out for sth** demander qch à haute voix; **to ~ out to sb** héler qn; **to ~ workers out on strike** lancer un ordre de grève; *(Mil)* **to ~ up** mobiliser; **to ~ upon sb to do** inviter qn à faire. **(b)** *(name)* appeler. **what are you ~ed?** comment vous appelez-vous?; **he is ~ed after his father** on lui a donné le nom de son père; **he ~s himself a colonel** il se prétend colonel; **he ~ed her a liar** il l'a traitée de menteuse; **would you ~ French a difficult language?** diriez-vous que le français est difficile?; **let's ~ it a day!** ça suffira pour aujourd'hui! **(c)** (*visit:* **~ in**) passer (*on sb* chez qn). *(Naut)* **to ~ (in) at Dover** faire escale à Douvres; **to ~ for sb** passer prendre qn; **to ~ round to see sb** passer voir qn; **to ~ on sb** rendre visite à qn. ◆ **callbox** *n (Brit)* cabine *f* téléphonique; *(US)* téléphone *m* de police-secours. ◆ **caller** *n (visitor)* visiteur *m* (*f* -euse); *(Telec)* demandeur *m* (*f* -euse). ◆ **call-up** *n (Mil)* appel *m* sous les drapeaux. **~ papers** feuille *f* de route.

callous ['kæləs] *adj (person, judgment)* dur; *(suggestion)* cynique. ◆ **callously** *adv* avec dureté; cyniquement.

calm [kɑːm] — **1** *adj* calme, tranquille. **keep ~!** du calme! — **2** *n*: **the ~ before the storm** le calme qui précède la tempête. — **3** *vt* (**~ down**) calmer. — **4** *vi*: **to ~ down** se calmer. ◆ **calmly** *adv* calmement. ◆ **calmness** *n* calme *m*.

Calor ['kælə^r] *n* ® **~ gas** butagaz *m* ®.

calorie ['kælərɪ] *n* calorie *f*.

calumny ['kæləmnɪ] *n* calomnie *f*.

calves [kɑːvz] *npl of* **calf.**

camber ['kæmbə^r] *n (of road)* bombement *m*.

came [keɪm] *pret of* **come.**

camel ['kæməl] *n* chameau *m*.

camellia [kə'miːlɪə] *n* camélia *m*.

cameo ['kæmɪəʊ] *n* camée *m*.

camera ['kæmərə] *n* appareil-photo *m*; **movie ~** caméra *f*.

camouflage ['kæməflɑːʒ] — **1** *n* camouflage *m*. — **2** *vt* camoufler.

camp¹ [kæmp] — **1** *n* camp *m*. **to go to ~** partir camper. — **2** *vi* camper. **to go ~ing** aller faire du camping. ◆ **campbed** *n* lit *m* de camp. ◆ **camper** *n* campeur *m* (*f* -euse). ◆ **campfire** *n* feu *m* de camp. ◆ **camping** *n* camping *m* *(activité)*. **~ chair** chaise *f* pliante; **~ stove** réchaud *m* de camping. ◆ **campsite** *n (commercialized)* camping *m*.

camp² [kæmp] *adj (affected)* maniéré; *(homosexual)* qui fait homosexuel.

campaign [kæm'peɪn] — **1** *n* campagne *f*. — **2** *vi* faire campagne (*for* pour; *against* contre). ◆ **campaigner** *n* militant(e) *m(f)* (*for* pour; *against* contre).

campus ['kæmpəs] *n* campus *m*.

can¹ [kæn] *modal aux vb: neg* **cannot, can't;** *cond and pret* **could. (a)** *(am etc able to)* (je) peux *etc*. **he ~ lift the suitcase** il peut soulever la valise; **he will do what he ~** il fera ce qu'il pourra; **he will help you all he ~** il vous aidera de son mieux; **he couldn't speak** il ne pouvait pas parler; **he could have helped us** il aurait pu nous aider; **you could be making a big mistake** tu es peut-être en train de faire une grosse erreur; **I ~ see you** je vous vois; **she can't be very clever** elle ne doit pas être très intelligente; **as big as ~** *or* **could be** aussi grand que possible; **it ~ be very cold here** il arrive qu'il fasse très froid ici. **(b)** *(know how to)* (je) sais *etc*. **he ~ read and write** il sait lire et écrire; **she could not swim** elle ne savait pas nager. **(c)** *(have permission to)* (je) peux *etc*. **you ~ go** vous pouvez partir; **~ I have some milk? - yes, you ~** puis-je avoir du lait? - mais oui, bien sûr.

can² [kæn] *n (for oil, water)* bidon *m*; *(for garbage)* boîte *f* à ordures. **a ~ of fruit** une boîte de fruits; **a ~ of beer** une boîte de bière. ◆ **canned** *adj (fruit, salmon)* en boîte, en conserve. **~ music*** musique *f* enregistrée. ◆ **can-opener** *n* ouvre-boîtes *m inv*.

Canada ['kænədə] *n* Canada *m*. ◆ **Canadian** — **1** *adj* canadien. — **2** *n* Canadien(ne) *m(f)*.

canal [kə'næl] *n* canal *m*.

canary [kə'nɛərɪ] *n* canari *m*.

cancel ['kænsəl] *vt (gen)* annuler; *(contract)* résilier; *(cheque)* faire opposition à; *(taxi, appointment, party)* décommander; *(train)* supprimer; *(cross out)* barrer; *(stamp)* oblitérer. **they ~ each other out** ils se neutralisent. ◆ **cancellation** *n* annulation *f*; résiliation *f*; suppression *f*; oblitération *f*. **~s will not be accepted after ...** les réservations ne peuvent être annulées après ...

cancer ['kænsə^r] *n* cancer *m*. **~ patient** cancéreux *m* (*f* -euse); **~ research** lutte *f* contre le cancer; **~ specialist** cancérologue *mf*.

candelabra ['kændɪ'lɑːbrə] *n* candélabre *m*.

candid ['kændɪd] *adj* franc (*f* franche). ◆ **candour** *n* franchise *f*.

candidate ['kændɪdeɪt] *n* candidat(e) *m(f)*.

candied ['kændɪd] *adj*: **~ peel** écorce *f* confite.

candle ['kændl] *n* bougie *f*, chandelle *f*; *(in church)* cierge *m*. **~ grease** suif *m*. ◆ **candlelight dinner** *n* dîner *m* aux chandelles. ◆ **candlestick** *n (flat)* bougeoir *m*; *(tall)* chandelier *m*. ◆ **candlewick** *n* chenille *f* de coton.

candy ['kændɪ] *n* sucre *m* candi; *(US: sweets)* bonbons *mpl*. ◆ **candy-floss** *n* barbe *f* à papa.

cane [keɪn] — **1** *n (gen)* canne *f*; *(for baskets)* rotin *m*; *(for punishment)* verge *f*. **~ chair** chaise *f* cannée. — **2** *vt* fouetter.

canine ['keɪnaɪn] *adj* canin.

canister ['kænɪstə^r] *n* boîte *f (en métal)*.

cannabis ['kænəbɪs] *n* cannabis *m*.

cannibal ['kænɪbəl] *adj, n* cannibale *(mf)*. ◆ **cannibalism** *n* cannibalisme *m*.

cannon ['kænən] *n* canon *m*. ◆ **cannonball** *n* boulet *m* de canon.
canoe [kə'nu:] — **1** *n* kayac *m*. — **2** *vi*: **to go ~ing** faire du kayac.
canon ['kænən] *n (Law etc)* canon *m*; *(cleric)* chanoine *m*. ◆ **canonize** *vt* canoniser.
canopy ['kænəpɪ] *n* dais *m*.
cant [kænt] *vti (tilt)* pencher.
cantankerous [kæn'tæŋkərəs] *adj* acariâtre.
canteen [kæn'ti:n] *n (restaurant)* cantine *f*. **~ of cutlery** ménagère *f (couverts)*.
canter ['kæntəʳ] *vi* aller au petit galop.
canvas ['kænvəs] *n* toile *f*. **under ~** *(in a tent)* sous la tente.
canvass ['kænvəs] — **1** *vt (people, opinions)* sonder (*about* à propos de). — **2** *vi*: **to ~ for sb** *(Pol)* solliciter des voix pour qn; *(gen)* faire campagne pour qn.
canyon ['kænjən] *n* cañon *m*, gorge *f*.
cap [kæp] — **1** *n* **(a)** *(on head)* casquette *f*. *(Sport)* **he's got his ~ for England** il a été sélectionné pour l'équipe d'Angleterre. **(b)** *(on bottle)* capsule *f*; *(on pen)* capuchon *m*; *(radiator)* bouchon *m*. **(c)** *(for toy gun)* amorce *f*. — **2** *vt*: **he ~ped this story** il a trouvé une histoire encore meilleure que celle-ci; **to ~ it all** pour couronner le tout. ◆ **capful** *n* pleine capsule *f*.
capability [,keɪpə'bɪlətɪ] *n* capacité *f*.
capable ['keɪpəbl] *adj (person)* capable (*of doing* de faire); *(event, situation)* susceptible (*of* de). ◆ **capably** *adv* avec compétence.
capacity [kə'pæsɪtɪ] *n* **(a)** *(gen)* capacité *f*; *(of factory)* moyens *mpl* de production. **filled to ~** absolument plein; **a seating ~ of 400** 400 places *fpl* assises; **to work at full ~** produire à plein rendement; **there was a ~ crowd** il n'y avait plus une place libre. **(b)** *(ability)* aptitude *f* (*for sth* à qch; *for doing* à faire); *(legal power)* pouvoir *m* légal (*to do* de faire). **in his ~ as ...** en sa qualité de...; **in his official ~** dans l'exercice de ses fonctions; **in an advisory ~** à titre consultatif.
cape[1] [keɪp] *n* cape *f*; *(shorter)* pèlerine *f*.
cape[2] [keɪp] *n (on coast)* cap *m*.
caper[1] ['keɪpəʳ] *vi* gambader; *(fool around)* faire l'idiot.
caper[2] ['keɪpəʳ] *n (Culin)* câpre *f*.
capital ['kæpɪtl] — **1** *adj* **(a)** *(gen)* capital. **~ punishment** peine *f* capitale; *(excl)* **~!** excellent!; **~ A** A majuscule. **(b)** *(money)* **~ expenditure** dépenses *fpl* en capital. — **2** *n* (**~** *city*) capitale *f*; (**~** *letter*) majuscule *f*; *(money)* capital *m*. *(fig)* **to make ~ out of** tirer parti de. ◆ **capitalism** *n* capitalisme *m*. ◆ **capitalist** *adj, n* capitaliste *(mf)*. ◆ **capitalize** *vti (fig)* **to ~ on** tirer parti de; *(business)* **under-~d** sous-capitalisé.
capitulate [kə'pɪtjʊleɪt] *vi* capituler. ◆ **capitulation** *n* capitulation *f*.
caprice [kə'pri:s] n caprice *m*. ◆ **capricious** *adj* capricieux (*f* -ieuse).
Capricorn ['kæprɪkɔ:n] *n* Capricorne *m*.
capsicum ['kæpsɪkəm] *n* poivron *m*.
capsize [kæp'saɪz] — **1** *vi (of boat)* chavirer; *(object)* se renverser. — **2** *vt* faire chavirer; renverser.
capsule ['kæpsju:l] *n* capsule *f*.
captain ['kæptɪn] — **1** *n* capitaine *m*. — **2** *vt (team)* être le capitaine de; *(ship)* commander.
caption ['kæpʃən] *n (newspaper heading)* sous-titre *m*; *(under illustration)* légende *f*; *(Cine)* sous-titre.
captivate ['kæptɪveɪt] *vt* captiver.
captive ['kæptɪv] *n* captif *m* (*f* -ive). **to take sb ~** faire qn prisonnier. ◆ **captivity** *n*: **in ~** en captivité.
capture ['kæptʃəʳ] — **1** *vt (animal, soldier)* capturer; *(city)* s'emparer de; *(fig: attention)* captiver; *(Art: sb in portrait etc)* rendre. — **2** *n (gen)* capture *f*.
car [kɑ:ʳ] *n* voiture *f*, automobile *f*; *(US Rail)* wagon *m*, voiture. **~ allowance** indemnité *f* de déplacements (en voiture); **~ wash** *(place)* lave-auto *m*. ◆ **car-ferry** *n* ferry *m*. ◆ **car-park** *n* parking *m*. ◆ **carport** *n* auvent *m* (pour voiture). ◆ **car-sick** *adj*: **to be ~** avoir le mal de la route. ◆ **car-worker** *n* ouvrier *m* (*f* -ière) de l'industrie automobile.
caramel ['kærəməl] *n* caramel *m*.
carat ['kærət] *n* carat *m*. **22 ~ gold** or *m* à 22 carats.
caravan ['kærəvæn] *n (gen)* caravane *f*; *(gipsy)* roulotte *f*. **~ site** camping *m* pour caravanes. ◆ **caravanette** *n* auto-camping *f*.
caraway ['kærəweɪ] *n* cumin *m*.
carbohydrate [,kɑ:bəʊ'haɪdreɪt] *n* hydrate *m* de carbone. *(in diets etc)* **~s** féculents *mpl*.
carbon ['kɑ:bən] *n* carbone *m*. **~ copy** *(typing etc)* carbone *m*; *(fig)* réplique *f*; **~ paper** papier *m* carbone.
carbuncle ['kɑ:bʌŋkl] *n (Med)* furoncle *m*.
carburet(t)or [,kɑ:bjʊ'retəʳ] *n* carburateur *m*.
carcass ['kɑ:kəs] *n* carcasse *f*.
card [kɑ:d] *n (gen)* carte *f*; *(index ~)* fiche *f*; *(cardboard)* carton *m*. **identity ~** carte d'identité; **~ game** *(e.g. bridge etc)* jeu *m* de cartes; *(game of cards)* partie *f* de cartes; **to play ~s** jouer aux cartes; *(fig)* **to put one's ~s on the table** jouer cartes sur table; **it's quite on the ~s that*** ... il y a de grandes chances pour que ... + *subj*; *(at work)* **to get one's ~s** être mis à la porte. ◆ **cardboard** — **1** *n* carton *m*. — **2** *adj* de *or* en carton. **a ~ box** un carton. ◆ **card-index** *n* fichier *m*. ◆ **card-player** *n* joueur *m* (*f* -euse) de cartes. ◆ **card-table** *n* table *f* de jeu. ◆ **card-trick** *n* tour *m* de cartes.
cardiac ['kɑ:dɪæk] *adj* cardiaque.
cardigan ['kɑ:dɪgən] *n* cardigan *m*.
cardinal ['kɑ:dɪnl] *adj, n* cardinal *(m)*.
cardiology [,kɑ:dɪ'ɒlədʒɪ] *n* cardiologie *f*. ◆ **cardiologist** *n* cardiologue *mf*.
care [kɛəʳ] — **1** *n* **(a)** *(heed)* attention *f*, soin *m*. **with the greatest ~** avec le plus grand soin; *(on parcels)* **'with ~'** 'fragile'; **take ~ not to catch cold** faites attention à ne pas prendre froid; **take ~!** *(as good wishes)* fais bien attention à toi; **to take great ~ with sth** faire très attention à qch; **to take ~ of** s'occuper de; **he can take ~ of himself** il sait se débrouiller tout seul; **I leave it in your ~** je vous le confie; *(on letters)* **~ of** (*abbr* **c/o**) aux bons soins de; **he was left in his aunt's ~** on l'a laissé à la garde de sa tante. **(b)** *(anxiety)* souci *m*. **he hasn't a ~ in the world** il n'a pas le moindre souci. — **2** *vi* **(a)** s'intéresser (*about* à). **to ~ deeply about** *(thing)* être profondément concerné par; *(person)* être profondément attaché à; **I don't ~** ça m'est égal; **who ~s!** qu'est-ce que cela peut bien faire!; **for all I ~** pour ce que cela me fait; **I couldn't ~ less** je m'en fiche pas mal*. **(b)** *(like)* vouloir. **would you ~ to sit down?** voulez-vous vous asseoir?; **I don't ~ for him** il ne me plaît pas beaucoup; **would you ~ for a cup of tea?** voulez-vous une tasse de thé? **(c)** *(invalid)* soigner; *(child)* s'occuper de.

well-~d for *(child)* dont on s'occupe bien; *(hands, hair)* soigné; *(garden)* bien entretenu; *(house)* bien tenu; *V also* **caring.**

career [kə'rɪəʳ] — **1** *n* carrière *f.* **to make a ~ in** faire carrière dans; **~ girl** jeune fille *f* qui veut faire une carrière; **~ guidance** orientation *f* professionnelle; **~s officer** conseiller *m* (*f* -ère) d'orientation professionnelle. — **2** *vi:* **to ~ along** aller à toute allure.

carefree ['kɛəfri:] *adj* insouciant.

careful ['kɛəfʊl] *adj (cautious)* prudent; *(painstaking: worker)* soigneux (*f* -euse); *(work)* soigné. **to be ~** faire attention (*of, with sth* à qch; *to do* à faire); **be ~ to shut the door** n'oubliez pas de fermer la porte; **be ~ he doesn't hear you** faites attention à ce qu'il ne vous entende *(subj)* pas; **he was ~ to point out** il a pris soin de faire remarquer; **you can't be too ~** on n'est jamais trop prudent. ◆ **carefully** *adv (painstakingly: work, choose)* avec soin; *(cautiously: proceed, announce)* prudemment.

careless ['kɛəlɪs] *adj (worker)* qui manque de soin; *(driver, driving)* négligent. **~ mistake** faute *f* d'inattention. ◆ **carelessly** *adv (inattentively)* négligemment; *(in carefree way)* avec insouciance. ◆ **carelessness** *n* manque *m* de soin; négligence *f.*

caress [kə'res] — **1** *n* caresse *f.* — **2** *vt* caresser.

caretaker ['kɛəteɪkəʳ] *n* gardien(ne) *m(f),* concierge *mf.*

cargo ['kɑ:gəʊ] *n* cargaison *f.* **~ boat** cargo *m.*

caricature ['kærɪkətjʊəʳ] — **1** *n* caricature *f.* — **2** *vt* caricaturer.

caring ['kɛərɪŋ] *adj (parent)* aimant; *(teacher)* bienveillant; *(society)* humanitaire.

carnage ['kɑ:nɪdʒ] *n* carnage *m.*

carnal ['kɑ:nl] *adj* charnel (*f* -elle).

carnation [kɑ:'neɪʃən] *n* œillet *m.*

carnival ['kɑ:nɪvəl] *n* carnaval *m.*

carnivore ['kɑ:nɪvɔ:ʳ] *n* carnivore *m.* ◆ **carnivorous** *adj* carnivore.

carol ['kærəl] *n:* **Christmas ~** chant *m* de Noël.

carp¹ [kɑ:p] *n (fish)* carpe *f.*

carp² [kɑ:p] *vi* critiquer sans cesse.

carpenter ['kɑ:pɪntəʳ] *n* charpentier *m; (joiner)* menuisier *m.* ◆ **carpentry** *n* charpenterie *f;* menuiserie *f.*

carpet ['kɑ:pɪt] — **1** *n* tapis *m; (fitted)* moquette *f.* **~ sweeper** *(mechanical)* balai *m* mécanique; *(vacuum cleaner)* aspirateur *m.* — **2** *vt (floor)* recouvrir d'un tapis *or* d'une moquette.

carriage ['kærɪdʒ] *n* **(a)** *(Rail)* voiture *f,* wagon *m* de voyageurs; *(horse-drawn)* équipage *m.* **(b)** *(goods)* transport *m.* **~ free** franco de port; **~ paid** port payé.

carrier ['kærɪəʳ] *n* **(a)** *(company)* entreprise *f* de transports; *(truck owner etc)* transporteur *m.* **(b)** *(on cycle etc)* porte-bagages *m inv.* ◆ **carrier-bag** *n* sac *m* en plastique. ◆ **carrier-pigeon** *n* pigeon *m* voyageur.

carrot ['kærət] *n* carotte *f.*

carry ['kærɪ] *vti* **(a)** *(gen)* porter; *(goods, passengers)* transporter; *(identity card, money)* avoir sur soi; *(fig: responsibility)* comporter; *(motion)* voter. **this pipe carries water to the house** ce tuyau amène l'eau à la maison; *(fig)* **to ~ sth too far** pousser qch trop loin; **she carries herself very well** elle se tient très droite; **to ~ sth in one's head** retenir qch dans sa tête; **to ~ the can*** devoir payer les pots cassés; *(in shop)* **we don't ~ this article** nous ne faisons pas cet article; **to ~ all before one** l'emporter sur tous les tableaux; **the newspapers carried the murder** les journaux ont parlé du meurtre; **his voice carries far** sa voix porte loin. **(b) to ~ sth away** emporter qch; *(fig)* **to get carried away by sth*** s'enthousiasmer pour qch; **to ~ sth forward** *or* **over** reporter qch; **to ~ it off** *(succeed)* réussir; **to ~ on** *(business)* diriger; *(correspondence)* entretenir; *(conversation)* soutenir; **to ~ on with sth** continuer qch; *(fig)* **he's always ~ing on*** il fait toujours des histoires*; **to ~ out** *(object)* emporter; *(plan, idea)* exécuter; *(experiment, reform)* effectuer. ◆ **carryall** *n* fourre-tout *m inv (sac).* ◆ **carrycot** *n* porte-bébé *m.* ◆ **carry-on*** histoires* *fpl.* **what a ~!*** que d'histoires!*

cart [kɑ:t] — **1** *n (horse-drawn)* charrette *f; (hand ~)* voiture *f* à bras. *(fig)* **to put the ~ before the horse** mettre la charrue avant les bœufs. — **2** *vt* transporter. ◆ **cart-horse** *n* cheval *m* de trait.

cartilage ['kɑ:tɪlɪdʒ] *n* cartilage *m.*

carton ['kɑ:tən] *n (yogurt, cream)* pot *m; (milk, squash)* carton *m; (ice cream)* boîte *f; (cigarettes)* cartouche *f.*

cartoon [kɑ:'tu:n] *n (in newspaper etc)* dessin *m* humoristique; *(Cine, TV)* dessin animé.

cartridge ['kɑ:trɪdʒ] *n (of rifle, pen)* cartouche *f; (camera)* chargeur *m.*

cartwheel ['kɑ:twi:l] *n:* **to turn a ~** faire la roue *(en gymnastique).*

carve [kɑ:v] *vt (gen)* tailler (*out of* dans); *(initials)* graver; *(sculpt)* sculpter (*out of* dans); *(Culin)* découper. ◆ **carving knife** *n* couteau *m* à découper.

cascade [kæs'keɪd] *n* cascade *f.*

case¹ [keɪs] *n (suitcase)* valise *f; (packing ~, crate)* caisse *f; (box)* boîte *f; (for watch etc)* écrin *m; (for camera, violin etc)* étui *m.*

case² [keɪs] *n (gen)* cas *m; (Law)* affaire *f.* **if that's the ~** dans ce cas-là; **as the ~ may be** selon le cas; **a clear ~ of lying** un exemple manifeste de mensonge; **in ~ he comes** au cas où il viendrait; **in ~ of** en cas de; **just in ~** à tout hasard; **in any ~** en tout cas; **in that ~** dans ce cas-là; **here is a ~ in point** en voici un bon exemple; **that alters the whole ~** cela change tout; *(Grammar)* **dative ~** datif *m;* **to try a ~** juger une affaire; *(fig)* **to win one's ~** avoir gain de cause; **to make out a good ~ for sth** présenter de bons arguments en faveur de qch; **to make out a ~ for doing** expliquer pourquoi il faudrait faire; **there is a strong ~ for ...** il y a beaucoup à dire en faveur de ...

cash [kæʃ] — **1** *n* argent *m.* **paid in ~ and not by cheque** payé en espèces et non pas par chèque; **ready ~** argent *m* liquide; **to pay ~** payer comptant *or* cash*; **~ with order** payable à la commande; **~ on delivery** paiement *m* à la livraison; **to be short of ~** être à court (d'argent). — **2** *adj (terms, sale)* au comptant; *(payment, price)* comptant *inv; (prize)* en espèces. — **3** *vti (cheque)* encaisser. **to ~ sth in** réaliser qch; **to ~ in on sth*** tirer profit de qch. ◆ **cash-and-carry** *n* supermarché *m* de gros et demi-gros. ◆ **cashbox** *n* caisse *f.* ◆ **cash-desk** *n (in shop, restaurant)* caisse *f; (theatre)* guichet *m.* ◆ **cash-register** *n* caisse *f* enregistreuse.

cashew [kæ'ʃu:] *n* (**~ nut**) noix *f* de cajou.

cashier [kæ'ʃɪəʳ] *n (shop, bank)* caissier *m* (*f* -ière).

cashmere [kæʃ'mɪəʳ] *n* cachemire *m.*

casino [kə'si:nəʊ] *n* casino *m.*

cask [kɑːsk] *n* tonneau *m*, fût *m*.
casket ['kɑːskɪt] *n (gen)* coffret *m; (coffin)* cercueil *m*.
casserole ['kæsərəʊl] *n (utensil)* cocotte *f; (food)* ragoût *m*.
cassette [kæ'set] *n (Sound Recording)* cassette *f; (Phot)* cartouche *f*. **~ player** lecteur *m* de cassettes; **~ recorder** magnétophone *m* à cassettes.
cassock ['kæsək] *n* soutane *f*.
cast [kɑːst] (*vb: pret, ptp* **cast**) — **1** *n* **(a)** *(in plaster, metal)* moulage *m*. *(Med)* **leg in a ~** jambe *f* dans le plâtre; *(fig)* **~ of mind** tournure *f* d'esprit. **(b)** *(Theat: actors)* acteurs *mpl; (list)* distribution *f*. **(c)** *(squint)* **to have a ~ in one eye** loucher d'un œil. — **2** *vti* **(a)** *(throw)* jeter; *(shadow, light)* projeter; *(doubt)* émettre; *(blame)* rejeter. **to ~ a vote** voter. **(b)** *(shed)* se dépouiller de. *(snake)* **to ~ its skin** muer. **(c)** *(plaster, metal)* couler. **(d)** *(Theat)* **he was ~ as Hamlet** on lui a donné le rôle de Hamlet. **(e)** *(depressed)* **to be ~ down** être abattu. **(f)** *(Knitting)* **to ~ off** arrêter les mailles; **to ~ on** monter les mailles. ◆ **castaway** *n* naufragé(e) *m(f)*. ◆ **casting** *adj*: **to have a ~ vote** avoir voix prépondérante. ◆ **cast-iron** — **1** *n* fonte *f*. — **2** *adj* en fonte, *(fig: claim, case)* solide. ◆ **cast-offs** *npl* vêtements *mpl* dont on ne veut plus.
caste [kɑːst] *n* caste *f*.
caster ['kɑːstəʳ] *n* **(a)** *(wheel)* roulette *f*. **(b) ~ sugar** sucre *m* en poudre.
castle ['kɑːsl] *n* château *m* (fort); *(Chess)* tour *f*. **~s in the air** châteaux en Espagne.
castor¹ ['kɑːstəʳ] *n see* **caster.**
castor² ['kɑːstəʳ] *n*: **~ oil** huile *f* de ricin.
castrate [kæs'treɪt] *vt* châtrer.
casual ['kæʒjʊl] *adj* **(a)** *(by chance: error)* fortuit; *(meeting)* de hasard; *(glance)* jeté au hasard; *(stroll)* sans but précis; *(remark)* fait en passant. **a ~ acquaintance of mine** quelqu'un que je connais un peu; **a ~ love affair** une aventure. **(b)** *(informal)* désinvolte; *(clothes)* sport *inv*. **to sound ~** parler avec désinvolture. **(c)** *(work)* intermittent; *(worker)* temporaire. **~ conversation** conversation *f* à bâtons rompus. ◆ **casually** *adv (behave, treat)* avec désinvolture; *(mention)* en passant.
casualty ['kæʒjʊltɪ] *n (accident victim)* victime *f; (also in war: dead)* mort(e) *m(f); (wounded)* blessé(e) *m(f)*. **~ ward** salle *f* de traumatologie.
cat [kæt] *n* chat(te) *m(f)*. *(species)* **the ~s** les félins *mpl;* **to let the ~ out of the bag** vendre la mèche; **to fight like ~ and dog** s'entendre comme chien et chat; **that set the ~ among the pigeons** ça a été le pavé dans la mare. ◆ **catcall** *n (Theat)* sifflet *m*. ◆ **catnap** *n*: **to take a ~** faire un (petit) somme. ◆ **cat's-eyes** *npl* cataphotes *mpl*. ◆ **catty** *adj* méchant, rosse*; ◆ **catwalk** *n* passerelle *f*.
cataclysm ['kætəklɪzəm] *n* cataclysme *m*.
catalogue ['kætəlɒg] *n* catalogue *m*.
catapult ['kætəpʌlt] — **1** *n (child's)* lance-pierres *m inv; (Aviat, Mil)* catapulte *f*. — **2** *vt* catapulter.
cataract ['kætərækt] *n* cataracte *f*.
catarrh [kə'tɑːʳ] *n* catarrhe *m*.
catastrophe [kə'tæstrəfɪ] *n* catastrophe *f*.
catastrophic [,kætə'strɒfɪk] *adj* catastrophique.
catch [kætʃ] (*vb: pret, ptp* **caught**) — **1** *n* **(a)** *(sth or sb caught)* capture *f; (Fishing)* pêche *f, (single fish)* prise *f*. **(b)** *(drawback)* attrape *f*. **where's the ~?** qu'est-ce qui se cache là-dessous?; **it's a ~-22* situation** il n'y a pas moyen de s'en sortir. — **2** *vti* **(a)** *(gen)* attraper; *(understand, hear)* saisir, comprendre. **to ~ sb by the arm** saisir qn par le bras; **you can usually ~ me in around noon** en général on peut me trouver vers midi; **to ~ sb doing sth** surprendre qn à faire qch; **you won't ~ me doing that again** il n'y a pas de danger que je recommence *(subj);* **caught in the act** pris en flagrant délit; **caught in a storm** pris dans un orage; **to ~ the post** arriver à temps pour la levée; **to ~ one's foot in sth** se prendre le pied dans qch; **her dress caught in the door** sa robe s'est prise dans la porte; **to ~ sb out** prendre qn en défaut; *(in the act)* prendre qn sur le fait. **(b) to ~ sb's attention** attirer l'attention de qn; **to ~ a cold** attraper un rhume; **to ~ cold** prendre froid; **to ~ one's breath** retenir son souffle; **to ~ fire** prendre feu; **to ~ sight of** apercevoir; **you'll ~ it!*** tu vas prendre quelque chose!* **(c) to ~ on** *(fashion)* prendre; **to ~ on to sth** *(understand)* comprendre qch; **to ~ up** se rattraper; **to ~ up with sb** rattraper qn. ◆ **catching** *adj* contagieux (*f* -ieuse). ◆ **catchphrase** *n* cliché *m*. ◆ **catchword** *n* slogan *m*. ◆ **catchy** *adj (tune)* entraînant.
catechism ['kætɪkɪzəm] *n* catéchisme *m*.
category ['kætɪgərɪ] *n* catégorie *f*. ◆ **categorical** *adj* catégorique. ◆ **categorize** *vt* classer par catégories.
cater ['keɪtəʳ] *vi (provide food)* préparer des repas (*for* pour). **this magazine ~s for all ages** ce magazine s'adresse à tous les âges. ◆ **caterer** *n* fournisseur *m (en alimentation)*. ◆ **catering** *n*: **the ~ was done by ...** le buffet a été confié à ...; **~ trade** restauration *f*.
caterpillar ['kætəpɪləʳ] *n* chenille *f*.
caterwaul ['kætəwɔːl] *vi* miauler.
cathedral [kə'θiːdrəl] *n* cathédrale *f*. **~ city** évêché *m*.
catholic ['kæθəlɪk] — **1** *adj* **(a)** *(Rel)* **C~** catholique; **the C~ Church** l'Église *f* catholique. **(b)** *(tastes)* éclectique; *(views)* libéral. — **2** *n*: **C~** catholique *mf*. ◆ **Catholicism** *n* catholicisme *m*.
catkin ['kætkɪn] *n* chaton *m (plante)*.
cattle ['kætl] *npl* bétail *m*. **~ truck** fourgon *m* à bestiaux.
caught [kɔːt] *pret, ptp of* **catch.**
cauldron ['kɔːldrən] *n* chaudron *m*.
cauliflower ['kɒlɪflaʊəʳ] *n* chou-fleur *m*. **~ cheese** chou-fleur au gratin.
cause [kɔːz] — **1** *n* cause *f*. **to be the ~ of** être cause de; **she has no ~ to be angry** elle n'a aucune raison de se fâcher; **with ~** avec raison; **~ for complaint** sujet *m* de plainte; **in the ~ of** pour la cause de. — **2** *vt* causer. **to ~ trouble to sb** *(problems)* créer des ennuis à qn; *(disturbance)* déranger qn; **to ~ sb to do sth** faire faire qch à qn; **to ~ sth to be done** faire faire qch.
causeway ['kɔːzweɪ] *n* chaussée *f*.
caustic ['kɔːstɪk] *adj* caustique.
caution ['kɔːʃən] — **1** *n (gen)* prudence *f; (warning)* avertissement *m*. — **2** *vt* avertir. *(Police)* **to ~ sb** informer qn de ses droits; **to ~ sb against doing sth** déconseiller à qn de faire qch.
cautious ['kɔːʃəs] *adj* prudent. ◆ **cautiously** *adv* prudemment.
cavalry ['kævəlrɪ] *n* cavalerie *f*.

cave [keɪv] — **1** *n* caverne *f*, grotte *f*. **~ painting** peinture *f* rupestre. — **2** *vi* **(a) to go caving** faire de la spéléologie. **(b) to ~ in** *(of floor etc)* s'effondrer. ◆ **caveman** *n* homme *m* des cavernes.

cavern ['kævən] *n* caverne *f*.

caviar(e) ['kævɪɑːʳ] *n* caviar *m*.

cavity ['kævɪtɪ] *n* cavité *f*.

cavort* [kə'vɔːt] *vi* faire des gambades.

cayenne ['keɪen] *n* poivre *m* de cayenne.

cease [siːs] *vti* cesser (*doing* de faire). **to ~ fire** cesser le feu. ◆ **ceasefire** *n* cessez-le-feu *m inv*. ◆ **ceaseless** *adj* incessant. ◆ **ceaselessly** *adv* sans cesse.

cedar ['siːdəʳ] *n* cèdre *m*.

cedilla [sɪ'dɪlə] *n* cédille *f*.

ceiling ['siːlɪŋ] *n* plafond *m*. **to hit the ~*** *(get angry)* piquer une crise*.

celebrate ['selɪbreɪt] *vt (gen)* célébrer; *(event)* fêter; *(anniversary)* commémorer. ◆ **celebrated** *adj* célèbre. ◆ **celebration** *n (occasion)* festivités *fpl*; *(act)* célébration *f*. ◆ **celebrity** *n* célébrité *f*.

celeriac [sə'lerɪæk] *n* céleri-rave *m*.

celery ['selərɪ] *n* céleri *m* (à côtes). **stick of ~** côte *f* de céleri.

celibacy ['selɪbəsɪ] *n* célibat *m*.

celibate ['selɪbɪt] *adj* célibataire.

cell [sel] *n (gen)* cellule *f*; *(Elec)* élément *m*.

cellar ['seləʳ] *n* cave *f*.

cellist ['tʃelɪst] *n* violoncelliste *mf*.

cello ['tʃeləʊ] *n* violoncelle *m*.

cellophane ['seləfeɪn] *n* ® cellophane *f* ®.

Celt [kelt, selt] *n* Celte *mf*. ◆ **Celtic** *adj, n* celtique *(m)*.

cement [sə'ment] — **1** *n* ciment *m*. **~ mixer** bétonnière *f*. — **2** *vt* cimenter.

cemetery ['semɪtrɪ] *n* cimetière *m*.

censor ['sensəʳ] *n* — **1** *n* censeur *m*. — **2** *vt* censurer. ◆ **censorship** *n* censure *f*.

census ['sensəs] *n* recensement *m*.

cent [sent] *n* **(a) per ~** pour cent. **(b)** *(money)* cent *m*. **not a ~*** pas un sou.

centenary [sen'tiːnərɪ] *n* centenaire *m*.

center ['sentəʳ] *n (US)* = **centre.**

centigrade ['sentɪgreɪd] *adj* centigrade.

centimetre, *(US)* **-ter** ['sentɪˌmiːtəʳ] *n* centimètre *m*.

centipede ['sentɪpiːd] *n* mille-pattes *m inv*.

central ['sentrəl] — **1** *adj* central. **C~ America** Amérique *f* centrale; **~ heating** chauffage *m* central. — **2** *n (US)* central *m* téléphonique. ◆ **centralize** *vt* centraliser. ◆ **centrally** *adv*: **~ heated** doté du chauffage central.

centre, *(US)* **-ter** ['sentəʳ] — **1** *n* centre *m*. **in the ~** au centre. — **2** *vt* centrer. — **3** *vi* tourner (*on* autour de).

century ['sentjʊrɪ] *n* siècle *m*. **in the twentieth ~** au vingtième siècle.

ceramic [sɪ'ræmɪk] — **1** *adj (vase)* en céramique. — **2** *n*: **~s** céramique *f*.

cereal ['sɪərɪəl] *n (plant)* céréale *f*; *(grain)* grain *m (de céréale)*. **baby ~** blédine *f* ®; **breakfast ~** flocons *mpl* de céréales.

ceremony ['serɪmənɪ] *n (event)* cérémonie *f*. *(fig)* **to stand on ~** faire des cérémonies. ◆ **ceremonial** *n* cérémonial *m*. ◆ **ceremonious** *adj* cérémonieux (*f* -ieuse).

certain ['sɜːtən] *adj* **(a)** *(sure)* certain (*that* que). **she is ~ to go** il est certain qu'elle ira; **I cannot say for ~ that ...** je ne peux pas affirmer que ...; **I don't know for ~** je n'en suis pas sûr; **to make ~** s'assurer (*of sth* de qch; *that* que). **(b)** *(particular)* certain *(before n)*. **a ~ gentleman** un certain monsieur. ◆ **certainly** *adv (undoubtedly)* certainement; *(of course)* bien sûr. **~ not** certainement pas; **I shall ~ be there** j'y serai sans faute. ◆ **certainty** *n* certitude *f*.

certificate [sə'tɪfɪkɪt] *n (legal)* certificat *m*; *(academic)* diplôme *m*.

certify ['sɜːtɪfaɪ] *vt* certifier (*that* que).

cesspit ['sespɪt] *n* fosse *f* à purin.

cesspool ['sespuːl] *n* fosse *f* d'aisance.

cf. *abbr* cf., voir.

chafe [tʃeɪf] — **1** *vt (rub)* frotter; *(rub against)* frotter contre. *(from cold)* **~d lips** lèvres *fpl* gercées. — **2** *vi (fig)* s'impatienter (*at* de).

chaff [tʃɑːf] *vt (tease)* taquiner.

chaffinch ['tʃæfɪntʃ] *n* pinson *m*.

chagrin ['ʃægrɪn] *n* vif dépit *m*.

chain [tʃeɪn] — **1** *n* **(a)** *(gen)* chaîne *f*. **in ~s** enchaîné; *(in lavatory)* **to pull the ~** tirer la chasse d'eau. **(b)** *(mountains, shops)* chaîne *f*; *(events)* série *f*. **~ letters** chaîne *f* de lettres; **~ mail** cotte *f* de mailles; **~ reaction** réaction *f* en chaîne; **~ store** grand magasin *m* à succursales multiples. — **2** *vt* attacher (*to* à). ◆ **chain smoker** *n* fumeur *m* (*f* -euse) invétéré(e).

chair [tʃɛəʳ] — **1** *n (gen)* chaise *f*; *(arm ~)* fauteuil *m*; *(wheel ~)* fauteuil roulant. **to take a ~** s'asseoir; *(University)* **~ of French** chaire *f* de français; **dentist's ~** fauteuil de dentiste; *(US: electric ~)* **to go to the ~** passer à la chaise électrique; *(at meeting)* **to be in the ~** présider. — **2** *vt (meeting)* présider. ◆ **chairlift** *n* télésiège *m*. ◆ **chairman** *n* président(e) *m(f) (d'un comité etc)*.

chalet ['ʃæleɪ] *n* chalet *m*.

chalice ['tʃælɪs] *n* calice *m*.

chalk [tʃɔːk] *n* craie *f*. **they're as different as ~ from cheese** c'est le jour et la nuit; **not by a long ~** loin de là.

challenge ['tʃælɪndʒ] — **1** *n* défi *m*; *(by sentry)* sommation *f*. **the job was a ~ to him** il a pris cette tâche comme une gageure. — **2** *vt* défier (*sb to do* qn de faire); *(Sport)* inviter (*sb to a game* qn à faire une partie); *(cast doubt on)* contester; *(of sentry)* faire une sommation à. **to ~ sb to a duel** provoquer qn en duel; **to ~ sb's authority to do** contester à qn le droit de faire. ◆ **challenger** *n (Sport)* challenger *m*. ◆ **challenging** *adj (look, tone)* de défi; *(book)* stimulant.

chamber ['tʃeɪmbəʳ] *n* chambre *f*. *(Law)* **~s** cabinet *m*; **C~ of Commerce** Chambre de commerce; **the C~ of Horrors** la Chambre d'épouvante; **~ music** musique *f* de chambre. ◆ **chambermaid** *n* femme *f* de chambre *(dans un hôtel)*. ◆ **chamberpot** *n* pot *m* de chambre.

chameleon [kə'miːlɪən] *n* caméléon *m*.

chamois ['ʃæmɪ] *n*: **~ leather** peau *f* de chamois.

champagne [ʃæm'peɪn] *n* champagne *m*.

champion ['tʃæmpjən] — **1** *n* champion(ne) *m(f)*. **world ~** champion(ne) du monde; **skiing ~** champion(ne) de ski. — **2** *vt* défendre. ◆ **championship** *n (Sport)* championnat *m*.

chance [tʃɑːns] — **1** *n* **(a)** *(luck)* hasard *m*. **by ~, by any ~** par hasard. **(b)** *(possibility)* chances *fpl*, possibilité *f*. **he hasn't much ~ of winning** il n'a pas beaucoup de chances de gagner; **the ~s are that...** il y a de grandes chances que + *subj*; **the ~s are against that happening** il y a peu de chances pour que cela arrive *(subj)*; **you'll have to take a ~ on his coming** vous verrez bien s'il vient ou non; **he's taking no ~s** il ne veut prendre aucun risque. **(c)** *(opportunity)* occasion *f*. **I had the ~ to go** *or* **of going** j'ai eu l'occasion d'y aller; **now's your ~!** saute sur l'occasion!; **give him another ~** laisse-lui encore sa chance; **give me a ~ to show you ...** donnez-moi la possibilité de vous montrer ... — **2** *adj (remark, discovery)* fortuit; *(companion)* rencontré par hasard; *(meeting)* de hasard. — **3** *vt (happen)* **to ~ to do** faire par hasard; *(risk)* **to ~ doing** prendre le risque de faire.

chancel ['tʃɑːnsəl] *n* chœur *m (d'église)*.

chancellor ['tʃɑːnsələʳ] *n* chancelier *m*. **C~ of the Exchequer** Chancelier *m* de l'Échiquier.

chandelier [ˌʃændə'lɪəʳ] *n* lustre *m*.

change [tʃeɪndʒ] — **1** *n* **(a)** changement *m* (*from, in, of* de; *into* en). **a ~ for the better** un changement en mieux; **just for a ~** pour changer un peu; **to have a ~ of heart** changer d'avis; **the ~ of life** le retour d'âge; **a ~ of clothes** des vêtements *mpl* de rechange. **(b)** *(money)* monnaie *f*. **small** *or* **loose ~** petite monnaie; **can you give me ~ of £1?** pouvez-vous me faire la monnaie d'une livre? — **2** *vt* **(a)** *(substitute)* changer de. **to ~ colour** changer de couleur; **let's ~ the subject** parlons d'autre chose; **to ~ one's mind** changer d'avis; **to ~ gear** changer de vitesse; **to ~ a wheel** changer une roue. **(b)** *(exchange)* échanger (*sth for sth else* qch contre qch d'autre); *(banknote, coin)* faire la monnaie de; *(foreign currency)* changer (*into* en); **to ~ places** changer de place (*with sb* avec qn); **to ~ sides** changer de camp. **(c)** *(alter)* changer (*sth into sth else* qch en qch d'autre). — **3** *vi* **(a)** *(become different)* changer (*into* en). **you've ~d a lot** tu as beaucoup changé. **(b)** (*~ clothes*) se changer. **she ~d into an old skirt** elle s'est changée et a mis une vieille jupe. **(c)** *(Rail etc)* changer. **all ~!** tout le monde descend! ◆ **changeable** *adj (weather)* variable. ◆ **changeover** *n* changement *m* (*from* de, *to* à). ◆ **changing** *n*: **the ~ of the guard** la relève de la garde. ◆ **changing-room** *n* vestiaire *m*.

channel ['tʃænl] — **1** *n (in river)* chenal *m*; *(in sea)* bras *m* de mer; *(for irrigation)* rigole *f*; *(groove in surface)* rainure *f*; *(TV)* chaîne *f*. **the (English) C~** la Manche; **~ of communication** voie *f* de communication; **to go through the usual ~s** suivre la filière habituelle. — **2** *adj (Geog)* **the C~ Islands** les îles *fpl* Anglo-Normandes; **the C~ tunnel** le tunnel sous la Manche. — **3** *vt* canaliser (*into* dans).

chant [tʃɑːnt] — **1** *n (in church)* psalmodie *f*; *(of demonstrators)* chant *m* scandé. — **2** *vt (poem etc)* réciter; *(by demonstrators etc)* scander. — **3** *vi* scander des slogans.

chaos ['keɪɒs] *n* chaos *m*.

chaotic [keɪ'ɒtɪk] *adj* chaotique.

chap* [tʃæp] *n (man)* type* *m*. **yes, old ~** oui, mon vieux*; **poor little ~** pauvre petit.

chapel ['tʃæpəl] *n* chapelle *f*; *(nonconformist church)* église *f*.

chaplain ['tʃæplɪn] *n* aumônier *m*.

chapter ['tʃæptəʳ] *n* chapitre *m*. **in ~ 4** au chapitre 4.

char* [tʃɑːʳ] *n* (*also* **~lady, ~woman**) femme *f* de ménage.

character ['kærɪktəʳ] *n* caractère *m*; *(in book, play etc)* personnage *m*. **it's in ~ for him** cela lui ressemble; **it takes ~ to do that** il faut avoir du caractère pour faire cela; **he's quite a ~** c'est un numéro*; **~ actor** acteur *m* de genre. ◆ **characteristic** *adj, n* caractéristique (*f*). ◆ **characteristically** *adv* typiquement. ◆ **characterize** *vt* caractériser.

charcoal ['tʃɑːkəʊl] — **1** *n* charbon *m* de bois. — **2** *adj (colour)* gris anthracite *inv*.

charge [tʃɑːdʒ] — **1** *n* **(a) to take ~** assumer la responsabilité; **to take ~ of** se charger de; **to be in ~ of** avoir la garde de; **to put sb in ~ of** charger qn de la garde de; **the man in ~** le responsable. **(b)** *(cost)* prix *m*. **to make a ~ for sth** faire payer qch; **free of ~** gratuit; **at a ~ of ...** moyennant ...; **extra ~** supplément *m*. **(c)** *(in battle)* charge *f*. **(d)** *(Law etc)* accusation *f*. **arrested on a ~ of murder** arrêté sous l'inculpation *f* de meurtre. — **2** *vt* **(a) to ~ sb with sth** *(Law)* inculper qn de qch; *(gen)* accuser qn de qch. **(b)** *(Mil)* charger. **(c)** *(customer)* faire payer; *(amount)* prendre (*for* pour). **(d)** (**~ up**) *(amount owed)* mettre sur le compte (*to sb* de qn). **(e)** *(firearm, battery)* charger. — **4** *vi* **(a)** *(rush)* **to ~ in** entrer à toute vitesse. **(b)** *(battery)* se recharger.

chariot ['tʃærɪət] *n* char *m*.

charisma [kæ'rɪzmə] *n* charisme *m*.

charitable ['tʃærɪtəbl] *adj* charitable.

charity ['tʃærɪtɪ] *n* charité *f*; *(charitable society)* œuvre *f* de bienfaisance.

charm [tʃɑːm] — **1** *n* charme *m*. **it worked like a ~** ça a marché à merveille. **~ bracelet** bracelet *m* à breloques. — **2** *vt* charmer. ◆ **charmer** *n* charmeur *m* (*f* -euse). ◆ **charming** *adj* charmant.

charred [tʃɑːd] *adj* carbonisé.

chart [tʃɑːt] *n (map)* carte *f* marine; *(graph etc)* graphique *m*. **temperature ~** courbe *f* de température; *(pop music)* **the ~s** le hit-parade.

charter ['tʃɑːtəʳ] — **1** *n (document)* charte *f*. — **2** *adj*: **~ flight** charter *m*; **by ~ flight** en charter; **~ plane** charter *m*. — **3** *vt (plane etc)* affréter. ◆ **chartered** *adj*: **~ accountant** expert-comptable *m*.

chary ['tʃɛərɪ] *adj*: **to be ~ of doing** hésiter à faire.

chase [tʃeɪs] — **1** *n* chasse *f*. — **2** *vt* poursuivre. **to ~ away, to ~ off** chasser; **to ~ up** *(information)* rechercher; *(sth already asked for)* réclamer. — **3** *vi*: **to ~ after sb** courir après qn.

chassis ['ʃæsɪ] *n* châssis *m*.

chaste [tʃeɪst] *adj* chaste. ◆ **chastity** *n* chasteté *f*.

chasten ['tʃeɪsn] *vt (punish)* châtier; *(subdue)* assagir.

chastise [tʃæs'taɪz] *vt* châtier.

chat [tʃæt] — **1** *n* petite conversation *f*. **to have a ~** bavarder (*with, to* avec). *(on radio, TV)* **~ show** entretien *m* radiodiffusé *or* télévisé. — **2** *vi* bavarder (*with* avec). ◆ **chatty*** *adj (person)* bavard; *(style)* familier; *(letter)* plein de bavardages.

chatter ['tʃætəʳ] *vi* bavarder. **his teeth were ~ing** il claquait des dents. ◆ **chatterbox** *n* moulin *m* à paroles.

chauffeur ['ʃəʊfəʳ] *n* chauffeur *m* (de maître).

chauvinism ['ʃəʊvɪnɪzəm] *n* chauvinisme *m*. ◆ **chauvinist** *n* chauvin(e) *m(f)*.

cheap [tʃiːp] — **1** *adj* bon marché *inv*, peu cher (*f* chère); *(tickets)* à prix réduit; *(fare)* réduit; *(poor quality)* de mauvaise qualité; *(joke)* facile. **on the ~** à bon marché; **~er** meilleur marché, moins cher; **it's ~ and nasty**

c'est de la camelote*; **to feel ~** avoir honte (*about* de). — **2** *adv* (*also* **cheaply**) à bon marché; *(cut-price)* au rabais.
cheat [tʃiːt] — **1** *vt* tromper. **to ~ sb out of sth** escroquer qch à qn. — **2** *vi (at games)* tricher (*at* à). — **3** *n* tricheur *m* (*f* -euse). ◆ **cheating** *n* tricherie *f*.
check¹ [tʃek] *n (US)* = **cheque.**
check² [tʃek] — **1** *n* **(a) to hold** *or* **keep in ~** tenir en échec; **to act as a ~ upon** freiner. **(b)** *(examination: of passport, ticket etc)* contrôle *m*. **to keep a ~ on sth** surveiller qch. **(c)** *(left luggage ticket)* bulletin *m* de consigne; *(in restaurant: bill)* addition *f*. — **2** *vti* **(a)** *(examine)* vérifier (*against* sur); *(ticket, passport)* contrôler. **to ~ off** pointer, cocher; **to ~ up on** *(fact)* vérifier; *(person)* se renseigner sur. **(b)** *(stop)* arrêter; *(restrain)* maîtriser. **to ~ o.s.** se contrôler. **(c)** *(rebuke)* réprimander. **(d) to ~ in** *(in hotel: arrive)* arriver; *(register)* remplir une fiche; *(airport)* se présenter à l'enregistrement; **to ~ in the luggage** enregistrer les bagages; **to ~ out** *(from hotel)* régler sa note. ◆ **checker** *n* contrôleur *m* (*f* -euse). ◆ **check-in** *n, adj* (*also* **~ desk**) enregistrement *m* des bagages; **your ~ time is ...** présentez-vous à l'enregistrement des bagages à ... ◆ **checklist** *n* liste *f* de contrôle. ◆ **checkmate** *n (Chess)* échec et mat *m*. ◆ **check-out** *n* caisse *f (dans un libre-service)*. ◆ **checkpoint** *n* contrôle *m*. ◆ **checkup** *n: (Med)* **to have a ~** se faire faire un bilan de santé.
checked [tʃekt] *adj* à carreaux.
checks [tʃeks] *npl (pattern)* carreaux *mpl*.
cheek [tʃiːk] *n* **(a)** joue *f*. **~bone** pommette *f*. **(b)** (*: *impudence*) toupet *m*. ◆ **cheekily** *adv* avec impertinence. ◆ **cheeky** *adj* impertinent.
cheer [tʃɪəʳ] — **1** *n:* **~s** (*also* **cheering**) acclamations *fpl*. **three ~s for ...** un ban pour ...; *(drinking)* **~s!*** à la vôtre!*, à la tienne!* — **2** *vi* applaudir. **to ~ up** prendre courage; **~ up!** courage! — **3** *vt* **(a)** (**~ up**) remonter le moral à. **(b)** *(applaud)* acclamer, applaudir. ◆ **cheerful** *adj* gai. ◆ **cheerfully** *adv* gaiement. ◆ **cheerio*** *excl (goodbye)* salut!*; *(your health)* à la vôtre!*, à la tienne!* ◆ **cheery** *adj* gai.
cheese [tʃiːz] — **1** *n* fromage *m*. — **2** *adj (sandwich)* au fromage. **~ board** plateau *m* de fromages. ◆ **cheesecake** *n* flan *m* au fromage blanc. ◆ **cheesed** *adj:* **to be ~ off*** en avoir marre* (*with* de).
chef [ʃef] *n* chef *m* (de cuisine).
chemical [ˈkemɪkəl] — **1** *adj* chimique. — **2** *n:* **~s** produits *mpl* chimiques.
chemist [ˈkemɪst] *n* **(a)** *(pharmacist)* pharmacien(ne) *m(f)*. **~'s shop** pharmacie *f*. **(b)** *(researcher)* chimiste *mf*. ◆ **chemistry** *n* chimie *f*.
cheque [tʃek] *n* chèque *m* (*for £10* de 10 livres). **~ book** carnet *m* de chèques; **~ card** carte *f* d'identité bancaire.
cherish [ˈtʃerɪʃ] *vt (gen)* chérir; *(hope)* caresser.
cherry [ˈtʃerɪ] *n* cerise *f*; *(~ tree)* cerisier *m*. **~ orchard** cerisaie *f*.
cherub [ˈtʃerəb] *n* chérubin *m*.
chervil [ˈtʃɜːvɪl] *n* cerfeuil *m*.
chess [tʃes] *n* échecs *mpl*. ◆ **chessboard** *n* échiquier *m*.
chest¹ [tʃest] *n (box)* coffre *m*; *(tea ~)* caisse *f*. **~ of drawers** commode *f*.
chest² [tʃest] *n (of person)* poitrine *f*. **to get something off one's ~*** raconter ce qu'on a sur le cœur.
chestnut [ˈtʃesnʌt] *n* châtaigne *f*; *(in cooking)* châtaigne, marron *m*. **~ tree** châtaignier *m*, marronnier *m*.
chew [tʃuː] *vt* mâcher. ◆ **chewing gum** *n* chewing-gum *m*.
chick [tʃɪk] *n (gen)* oisillon *m*; *(chicken)* poussin *m*. **~ pea** pois *m* chiche.
chicken [ˈtʃɪkɪn] — **1** *n* poulet *m*. **~ farming** élevage *m* de volailles; *(fig)* **~-feed** une somme dérisoire; **~ liver** foie *m* de volaille. — **2** *vi:* **to ~ out*** se dégonfler.
chickenpox [ˈtʃɪkɪnpɒks] *n* varicelle *f*.
chicory [ˈtʃɪkərɪ] *n (for coffee)* chicorée *f*; *(for salads)* endive *f*.
chief [tʃiːf] — **1** *n (gen)* chef *m*; *(boss)* patron *m*. **~ of staff** chef d'état-major. — **2** *adj (assistant, inspector)* principal. **C~ Constable** ≃ Préfet *m* de police. ◆ **chiefly** *adv* principalement. ◆ **chieftain** *n* chef *m (de clan)*.
chiffon [ˈʃɪfɒn] *n* mousseline *f* de soie.
chilblain [ˈtʃɪlbleɪn] *n* engelure *f*.
child [tʃaɪld] — **1** *n, pl* **children** [ˈtʃɪldrən] enfant *mf*. — **2** *adj (labour)* des enfants; *(psychology)* de l'enfant; *(psychologist)* pour enfants. **~ care** protection *f* de l'enfance; **~ minder** gardienne *f* d'enfants; **~ prodigy** enfant *mf* prodige; **it's ~'s play** c'est un jeu d'enfant. ◆ **childbirth** *n* accouchement *m*. **in ~** en couches. ◆ **childhood** *n* enfance *f*. **to be in one's second ~** retomber en enfance. ◆ **childish** *adj (behaviour)* puéril. **don't be so ~** ne fais pas l'enfant. ◆ **childishly** *adv* comme un enfant.
Chile [ˈtʃɪlɪ] *n* Chili *m*.
chill [tʃɪl] — **1** *n* froid *m*; *(fig)* froideur *f*; *(Med)* refroidissement *m*. **there's a ~ in the air** il fait frais; **to take the ~ off sth** réchauffer qch un peu; **to catch a ~** prendre froid. — **2** *vt (wine, melon)* faire rafraîchir; *(meat)* réfrigérer; *(dessert)* mettre au frais. **~ed to the bone** transi jusqu'aux os. ◆ **chilling** *adj (wind)* froid; *(thought)* qui donne le frisson. ◆ **chilly** *adj* froid. **to feel ~** avoir froid; **it's rather ~** il fait un peu froid.
chilli [ˈtʃɪlɪ] *n* piment *m* (rouge).
chime [tʃaɪm] *vi (bells)* carillonner; *(clock)* sonner.
chimney [ˈtʃɪmnɪ] *n* cheminée *f*. **~ pot, ~ stack** tuyau *m* de cheminée; **~ sweep** ramoneur *m*.
chimpanzee [ˌtʃɪmpænˈziː] *n* chimpanzé *m*.
chin [tʃɪn] *n* menton *m*.
China [ˈtʃaɪnə] *n* Chine *f*. **~ tea** thé *m* de Chine.
Chinese [ˈtʃaɪniːz] — **1** *adj* chinois. **~ People's Republic** République *f* populaire de Chine. — **2** *n (person: pl inv)* Chinois(e) *m(f)*; *(language)* chinois *m*.
china [ˈtʃaɪnə] — **1** *n* porcelaine *f*. **a piece of ~** une porcelaine. — **2** *adj* en porcelaine.
chink [tʃɪŋk] *n (in wall)* fente *f*; *(door)* entrebâillement *m*.
chip [tʃɪp] — **1** *n (piece)* éclat *m*, fragment *m*; *(break: on cup etc)* ébréchure *f*; *(Poker)* jeton *m*. *(Electronics)* microplaquette *f*. **to have a ~ on one's shoulder** être aigri; **~s** *(Brit: potatoes)* frites *fpl*; *(US: crisps)* chips *fpl*. — **2** *vt (cup)* ébrécher; *(paint)* écailler. — **3** *vi:* **to ~ in*** *(interrupt)* dire son mot; *(contribute)* contribuer. ◆ **chipboard** *n* bois *m* aggloméré. ◆ **chippings** *npl* gravillons *mpl*.
chiropodist [kɪˈrɒpədɪst] *n* pédicure *mf*.
chirp [tʃɜːp] — **1** *vi* pépier. — **2** *n* pépiement *m*.
chisel [ˈtʃɪzl] — **1** *n* ciseau *m*. — **2** *vt* ciseler.

chit [tʃɪt] *n* note *f*, petit mot *m*.
chitchat ['tʃɪttʃæt] *n* bavardage *m*.
chivalry ['ʃɪvəlrɪ] *n (of man)* galanterie *f*. **tales of ~** contes *mpl* de chevalerie. ◆ **chivalrous** *adj* galant.
chives [tʃaɪvz] *npl* ciboulette *f*.
chivvy* ['tʃɪvɪ] *vt* harceler (*sb into doing* qn jusqu'à ce qu'il fasse). **to ~ sb along** pourchasser qn.
chlorinated ['klɒrɪneɪtɪd] *adj (water)* javellisé.
chlorine ['klɔːriːn] *n* chlore *m*.
chloroform ['klɒrəfɔːm] *n* chloroforme *m*.
choc-ice ['tʃɒkaɪs] *n* esquimau *m (glace)*.
chock [tʃɒk] *n* cale *f*. ◆ **chock-a-block** *adj* absolument plein (*with* de).
chocolate ['tʃɒklɪt] — **1** *n* chocolat *m*. — **2** *adj (egg)* en chocolat; *(cake)* au chocolat; *(colour)* chocolat *inv*.
choice [tʃɔɪs] — **1** *n* choix *m*. **a wide ~** un grand choix; **he had no ~** il n'avait pas le choix; **he had no ~ but to obey** il ne pouvait qu'obéir; **he did it from ~** il a choisi de le faire; **this would be my ~** c'est ça que je choisirais. — **2** *adj* de choix.
choir ['kwaɪəʳ] *n* chœur *m*. ◆ **choirboy** *n* jeune choriste *m*.
choke [tʃəʊk] — **1** *vt (person)* étrangler; *(pipe)* boucher. — **2** *vi* s'étrangler. — **3** *n (on car)* starter *m*.
choose [tʃuːz] *pret* **chose,** *ptp* **chosen** *vti* **(a)** *(gen)* choisir; *(leader etc)* élire. **there is nothing to ~ between them** ils se valent; **there's not too much to ~ from** il n'y a pas tellement de choix. **(b)** décider, juger bon (*to do* de faire). **as you ~** comme vous voulez. ◆ **choosy*** *adj* difficile (à satisfaire).
chop¹ [tʃɒp] — **1** *n (meat)* côtelétte *f*. **pork ~** côtelette de porc. — **2** *vt (wood)* couper; *(meat, vegetables)* hacher. **to ~ down** abattre; **to ~ up** *(wood)* couper en morceaux; *(food)* hacher menu. ◆ **chopper** *n* hachoir *m*. ◆ **chopping** *adj*: **~ board** planche *f* à hacher; **~ knife** hachoir *m (couteau)*. ◆ **chopsticks** *npl* baguettes *fpl*.
chop² [tʃɒp] *vi*: **to ~ and change** changer constamment d'avis. ◆ **choppy** *adj (sea)* un peu agité.
choral ['kɔːrəl] *adj* choral. **~ society** chorale *f*.
chord [kɔːd] *n (gen)* corde *f*; *(Mus)* accord *m*.
chore [tʃɔːʳ] *n (everyday)* travail *m* de routine; *(unpleasant)* corvée *f*. **to do the ~s** *(household)* faire le ménage.
choreography [,kɒrɪ'ɒgrəfɪ] *n* chorégraphie *f*.
chortle ['tʃɔːtl] *vi* glousser (*about* de).
chorus ['kɔːrəs] *n (singers etc)* chœur *m*; *(part of song)* refrain *m*. **in ~** en chœur; **she's in the ~** *(at concert)* elle chante dans les chœurs; *(Theat)* elle fait partie de la troupe; **a ~ of objections** un concert de protestations; **~ girl** girl *f*.
chose [tʃəʊz], **chosen** ['tʃəʊzn] *see* **choose.**
Christ [kraɪst] *n* (le) Christ.
christen ['krɪsn] *vt (in church)* baptiser; *(gen: name)* appeler; *(nickname)* surnommer. ◆ **christening** *n* baptême *m*.
Christian ['krɪstɪən] — **1** *adj* chrétien (*f* -ienne). **~ name** prénom *m*. — **2** *n* chrétien(ne) *m(f)*. ◆ **Christianity** *n* christianisme *m*.
Christmas ['krɪsməs] — **1** *n* Noël *m*. **at ~, at ~ time** à Noël. — **2** *adj (card, tree, present etc)* de Noël. **~ Day** le jour de Noël; **~ Eve** la veille de Noël; **~ party** fête *f* de Noël.
chrome [krəʊm] *n* chrome *m*.
chromium ['krəʊmɪəm] *n* acier *m* chromé.
chronic ['krɒnɪk] *adj (gen)* chronique; *(liar etc)* invétéré; (*: *awful*) épouvantable.
chronicle ['krɒnɪkl] *n* chronique *f*.
chronological [,krɒnə'lɒdʒɪkəl] *adj* chronologique. **in ~ order** par ordre chronologique.
chrysanthemum [krɪ'sænθəməm] *n* chrysanthème *m*.
chubby ['tʃʌbɪ] *adj* potelé.
chuck* [tʃʌk] *vt (throw)* lancer; *(give up; also* **~ in*, ~ up***) laisser tomber*. **to ~ away** *(old things)* jeter; *(opportunity)* laisser passer; **to ~ out** *(thing)* jeter; *(person)* mettre à la porte.
chuckle ['tʃʌkl] — **1** *n* petit rire *m*. — **2** *vi* rire (*over, at* de).
chum* [tʃʌm] *n* copain* *m*, copine* *f*.
chunk [tʃʌŋk] *n* gros morceau *m*. ◆ **chunky** *adj (knitwear)* de grosse laine.
church [tʃɜːtʃ] *n* église *f*. **to go to ~** aller à l'église; **in ~** à l'église; **in the ~** dans l'église; **the C~ of England** l'Église anglicane. ◆ **churchgoer** *n* pratiquant(e) *m(f)*. ◆ **church hall** *n* salle *f* paroissiale. ◆ **churchyard** *n* cimetière *m (autour d'une église)*.
churlish ['tʃɜːlɪʃ] *adj* hargneux (*f* -euse).
churn [tʃɜːn] — **1** *n (milk can)* bidon *m*. — **2** *vt (fig)* **to ~ out** produire en série.
chute [ʃuːt] *n (in playground)* toboggan *m*.
chutney ['tʃʌtnɪ] *n* condiment *m (à base de fruits)*.
CID *abbr V* **criminal.**
cider ['saɪdəʳ] *n* cidre *m*.
cigar [sɪ'gɑːʳ] *n* cigare *m*.
cigarette [,sɪgə'ret] *n* cigarette *f*. **~ end** mégot *m*; **~ holder** fume-cigarette *m inv*; **~ lighter** briquet *m*.
cinder ['sɪndəʳ] *n* cendre *f*. **burnt to a ~** *(gen)* réduit en cendres; *(food)* carbonisé.
cine-camera ['sɪnɪ'kæmərə] *n* caméra *f*.
cinema ['sɪnəmə] *n* cinéma *m*. **in or at the ~** au cinéma.
cinnamon ['sɪnəmən] *n* cannelle *f*.
circle ['sɜːkl] — **1** *n (gen)* cercle *m*. **to stand in a ~** faire un cercle; *(Theatre)* **in the ~** au balcon; **in political ~s** dans les milieux *mpl* politiques. — **2** *vt* tourner autour de. — **3** *vi* décrire des cercles.
circuit ['sɜːkɪt] *n (journey)* tournée *f*; *(group of cinemas etc)* groupe *m*; *(Elec)* circuit *m*. ◆ **circuit-breaker** *n* disjoncteur *m*.
circular ['sɜːkjʊləʳ] — **1** *adj* circulaire. — **2** *n* prospectus *m*.
circulate ['sɜːkjʊleɪt] — **1** *vi* circuler. — **2** *vt* faire circuler. ◆ **circulation** *n (gen)* circulation *f*; *(of newspaper etc)* tirage *m*. **in ~** en circulation.
circumcise ['sɜːkəmsaɪz] *vt* circoncire. ◆ **circumcision** *n* circoncision *f*.
circumference [sə'kʌmfərəns] *n* circonférence *f*.
circumflex ['sɜːkəmfleks] *n* accent *m* circonflexe.
circumspect ['sɜːkəmspekt] *adj* circonspect.
circumstance ['sɜːkəmstəns] *n* circonstance *f*. **in the ~s** dans les circonstances actuelles; **under no ~s** en aucun cas; *(financial)* **his ~s** sa situation financière.
circus ['sɜːkəs] *n* cirque *m*.
cissy* ['sɪsɪ] *n (coward)* poule *f* mouillée.
cistern ['sɪstən] *n* citerne *f*.
citadel ['sɪtədl] *n* citadelle *f*.
cite [saɪt] *vt* citer.

citizen ['sɪtɪzn] *n* citoyen(ne) *m(f); (of town)* habitant(e) *m(f).* ◆ **citizenship** *n* citoyenneté *f.*
citrus ['sɪtrəs] *n:* ~ **fruits** agrumes *mpl.*
city ['sɪtɪ] *n* (grande) ville *f. (in London)* **the C~** la Cité; **he's in the C~*** il est dans les affaires; ~ **centre** centre *m* de la ville; ~ **dweller** citadin(e) *m(f).*
civic ['sɪvɪk] *adj (virtues)* civique; *(authorities)* municipal. ~ **centre** centre *m* administratif (municipal).
civil ['sɪvl] *adj* **(a)** *(gen)* civil; *(liberties, rights)* civique. ~ **war** guerre *f* civile; ~ **defence** défense *f* passive; ~ **disobedience** résistance *f* passive *(à la loi);* ~ **engineer** ingénieur *m* des travaux publics; ~ **engineering** travaux *mpl* publics; ~ **servant** fonctionnaire *mf;* ~ **service** fonction *f* publique. **(b)** *(polite)* poli. ◆ **civilian** *n, adj* civil(e) *m(f) (opposé à militaire).*
civilization [,sɪvɪlaɪ'zeɪʃən] *n* civilisation *f.*
civilize ['sɪvɪlaɪz] *vt* civiliser.
clad [klæd] *adj* habillé (*in* de).
claim [kleɪm] — **1** *vt (property, prize)* revendiquer (*from* à); *(damages)* réclamer (*from* à); *(attention)* demander; *(maintain)* prétendre (*that* que). — **2** *n (to throne)* titre *m* (*to* à); *(Insurance)* demande *f* d'indemnité. **to lay ~ to** prétendre à; **that's a big ~ to make!** la prétention est de taille!; **his ~ that he acted legally** son affirmation d'avoir agi d'une manière licite; **a ~ for an extra £5 per week** une demande d'augmentation de 5 livres par semaine; **expenses ~** note *f* de frais; ~ **form** formulaire *m* de demande. ◆ **claimant** *n (for social benefits)* demandeur *m.*
clairvoyant(e) [klɛə'vɔɪənt] *n* voyant(e) *m(f).*
clam [klæm] — **1** *n* grosse praire *f.* — **2** *vi:* **to ~ up*** se taire.
clamber ['klæmbəʳ] *vi* grimper (avec difficulté).
clammy ['klæmɪ] *adj (hand)* moite; *(climate)* humide.
clamour, *(US)* **-or** ['klæməʳ] — **1** *n* clameurs *fpl.* — **2** *vi:* **to ~ for sth** réclamer qch à grands cris.
clamp [klæmp] — **1** *n (gen)* attache *f; (bigger)* crampon *m.* — **2** *vti* **(a)** fixer (*onto* à). **(b) to ~ down on*** *(expenditure)* mettre un frein à.
clan [klæn] *n* clan *m.*
clandestine [klæn'destɪn] *adj* clandestin.
clang [klæŋ] — **1** *n* fracas *m* métallique. — **2** *vi* émettre un son métallique. ◆ **clanger*** *n* gaffe *f.*
clank [klæŋk] — **1** *n* cliquetis *m.* — **2** *vi* cliqueter.
clap [klæp] — **1** *n:* **a ~ on the back** une tape dans le dos; **a ~ of thunder** un coup de tonnerre. — **2** *vti* **(a)** taper sur; *(applaud)* applaudir. **to ~ one's hands** battre des mains; **to ~ sb on the back** donner à qn une tape dans le dos. **(b) to ~ sb into prison** mettre qn en prison; **to ~ eyes on** voir; **to ~ on the brakes** freiner brusquement. ◆ **clapped-out*** *adj* crevé*. ◆ **clapping** *n* applaudissements *mpl.*
claret ['klærət] *n* bordeaux *m* (rouge).
clarify ['klærɪfaɪ] *vt* clarifier.
clarinet [,klærɪ'net] *n* clarinette *f.*
clarity ['klærɪtɪ] *n* clarté *f.*
clash [klæʃ] — **1** *vi (of metallic objects)* s'entrechoquer; *(armies)* se heurter; *(interests, personalities)* être incompatible (*with* avec); *(colours)* jurer (*with* avec); *(two events at the same time)* tomber en même temps (*with* que). **they ~ over the question of ...** ils sont en désaccord total en ce qui concerne ... — **2** *vt (metallic objects)* heurter bruyamment. — **3** *n (sound)* fracas *m* métallique; *(of armies, enemies)* heurt *m; (of personalities)* incompatibilité *f.*
clasp [klɑːsp] — **1** *n (gen)* fermoir *m; (on belt)* boucle *f.* ~ **knife** grand couteau *m* pliant. — **2** *vt* serrer. **to ~ one's hands** joindre les mains.
class [klɑːs] — **1** *n (gen)* classe *f.* **a good ~ of hotel** un très bon hôtel; **to give a ~** faire un cours; **the French ~** la classe *or* le cours de français; **to attend a ~** suivre un cours; **she's got ~** elle a de la classe. — **2** *vt* classer (*as* comme). ◆ **classmate** *n* camarade *mf* de classe. ◆ **classroom** *n* salle *f* de classe. ◆ **classy*** *adj* chic *inv.*
classic ['klæsɪk] — **1** *adj* classique. — **2** *n (book etc)* classique *m; (Racing)* classique *f.* **to study ~s** étudier les humanités *fpl.* ◆ **classical** *adj* classique. ~ **scholar** humaniste *mf.* ◆ **classicism** *n* classicisme *m.*
classification [,klæsɪfɪ'keɪʃən] *n* classification *f.*
classify ['klæsɪʃaɪ] *vi* classifier. *(information)* **classified** secret (*f* -ète); **classified advertisement** petite annonce *f.*
clatter ['klætəʳ] — **1** *n* cliquetis *m, (louder)* fracas *m.* — **2** *vi* cliqueter.
clause [klɔːz] *n (gen)* clause *f;* (*will*) disposition *f; (Grammar)* proposition *f.*
claustrophobia [,klɔːstrə'fəʊbɪə] *n* claustrophobie *f.*
claw [klɔː] — **1** *n (of cat, lion, small bird etc)* griffe *f; (bird of prey)* serre *f; (lobster etc)* pince *f.* — **2** *vt* griffer.
clay [kleɪ] *n* argile *f.* ~ **pigeon shooting** tir *m* au pigeon.
clean [kliːn] — **1** *adj (gen)* propre; *(sheet of paper)* neuf (*f* neuve); *(reputation, shape, cut)* net (*f* nette); *(joke, story)* qui n'a rien de choquant; *(contest)* loyal. **to wipe sth ~** essuyer qch; **keep it ~** ne le salissez pas; **as ~ as a new pin** propre comme un sou neuf; **to make a ~ breast of it** dire ce qu'on a sur la conscience; ~ **living** une vie saine. — **2** *adv (forget etc)* complètement. **to break off ~** casser net; **to come ~ about sth*** tout dire sur qch. — **3** *n:* **to give sth a good ~** bien nettoyer qch. — **4** *vt* nettoyer. **to ~ one's teeth** se brosser les dents; **to ~ one's nails** se nettoyer les ongles; **to ~ the windows** faire les vitres; **to ~ out a room** nettoyer une chambre à fond; **to ~ up** *(room)* nettoyer; *(fig: town, television)* épurer; **to ~ o.s. up** se débarbouiller. ◆ **cleaner** *n (Comm)* teinturier *m* (*f* -ière); *(charwoman)* femme *f* de ménage; *(device)* appareil *m* de nettoyage; (*household* ~) produit *m* d'entretien; *(stain-remover)* détachant *m.* **the ~'s shop** la teinturerie. ◆ **cleaning** *n* nettoyage *m; (housework)* ménage *m.* ~ **fluid** détachant *m;* ~ **woman** femme *f* de ménage. ◆ **cleanliness** ['klenlɪnɪs] *n* propreté *f.* ◆ **cleanly** ['klenlɪ] *adv* proprement. ◆ **cleanness** *n* propreté *f.*
cleanse [klenz] *vt* nettoyer; *(fig)* purifier (*of* de). ◆ **cleanser** *n (detergent)* détergent *m; (for complexion)* démaquillant *m.* ◆ **cleansing** *adj:* ~ **cream** crème *f* démaquillante; ~ **department** service *m* de voirie.
clear [klɪəʳ] — **1** *adj (gen)* clair; *(glass, plastic)* transparent; *(water)* limpide; *(honey)* liquide; *(outline, majority, profit)* net (*f* nette); *(road)* libre. **on a ~ day** par temps clair; ~ **soup** bouillon *m;* **with a ~ conscience** la conscience

tranquille; **to make o.s. ~** se faire bien comprendre; **to make it ~ to sb that** bien faire comprendre à qn que; **all ~!** fin d'alerte!; **we had a ~ view** rien ne gênait la vue; **three ~ days** trois jours entiers. — **2** *n*: **to be in the ~*** ne pas être soupçonné. — **3** *adv*: **loud and ~** très distinctement; **to get ~ away** disparaître sans laisser de traces; **~ of** à l'écart de; **to keep ~ of sb** éviter qn; **to stand ~** s'écarter; **to get ~ of** s'écarter de. — **4** *vti* **(a)** *(liquid)* clarifier; *(situation)* éclaircir. **to ~ the air** aérer; *(fig)* détendre l'atmosphère; **to ~ one's throat** s'éclaircir la voix; *(of weather)* **it will ~ up** ça va se lever. **(b)** *(road etc)* dégager; *(pipe)* déboucher; *(land)* défricher. **to ~ sth away** *or* **off** enlever qch; **to ~ the table, to ~ away** débarrasser la table; **to ~ sth of rubbish** déblayer qch; **to ~ a way through** ouvrir un passage à travers; **to ~ (out) a room** *(of people)* faire évacuer une salle; *(of things)* débarrasser une salle; **to ~ up a mystery** éclaircir un mystère; **to ~ up the mess** *(lit)* tout nettoyer; *(fig)* tout arranger. **(c)** *(find innocent etc: person)* disculper *(of* de). **to ~ o.s.** se disculper; **we've ~ed it with him** nous avons obtenu son accord. **(d)** *(hedge, fence)* sauter; *(obstacle)* éviter; *(harbour)* quitter. **(e)** *(leave)* **to ~ off*, to ~ out*** décamper, partir. **(f)** *(cheque)* compenser; *(profit)* gagner net; *(one's conscience)* décharger; *(doubts)* dissiper. *(Comm)* **'half price to ~'** 'solde à moitié prix pour liquider'. ◆ **clearance** *n (of road, land)* déblaiement *m*; *(cheque)* compensation *f*; *(Customs)* dédouanement *m*; *(permission etc)* autorisation *f*; *(space between things)* espace *m*. **~ sale** soldes *mpl*. ◆ **clear-cut** *adj* net *(f* nette). ◆ **clear-headed** *adj* lucide. ◆ **clearing** *n (in forest)* clairière *f*. **~ bank** banque *f* (appartenant à une chambre de compensation). ◆ **clearly** *adv (distinctly: see, state)* clairement; *(hear)* distinctement; *(understand)* bien; *(obviously)* manifestement. ◆ **clear-sighted** *adj (fig)* clairvoyant. ◆ **clearway** *n* route *f* à stationnement interdit.

clef [klef] *n (Mus)* clef *f*.

cleft [kleft] — **1** *n (in rock)* crevasse *f*. — **2** *adj*: **~ palate** palais *m* fendu; *(fig)* **in a ~ stick** dans une impasse.

clematis ['klemətɪs] *n* clématite *f*.

clench [klentʃ] *vt* serrer.

clergy ['klɜːdʒɪ] *n* (+ *pl vb*) clergé *m*. ◆ **clergyman** *n* ecclésiastique *m*.

clerical ['klerɪkəl] *adj (job)* d'employé; *(work, worker)* de bureau; *(error)* d'écriture.

clerk [klɑːk, *(US)* klɜːrk] *n* employé(e) *m(f) (de bureau, de commerce)*. **bank ~** employé(e) de banque; *(in hotel)* **desk ~** réceptionniste *mf*.

clever ['klevəʳ] *adj (person)* intelligent; *(smart)* astucieux *(f* -ieuse); *(play, film)* intelligemment fait; *(machine, trick, explanation)* ingénieux *(f* -ieuse); *(idea, joke, story)* astucieux; *(skilful)* habile *(at doing* à faire). **~ at French** fort en français; **~ with one's hands** adroit de ses mains; **he was too ~ for me** il était trop malin pour moi. ◆ **cleverly** *adv* intelligemment; astucieusement; ingénieusement; habilement.

click [klɪk] — **1** *n* petit bruit *m* sec. — **2** *vti* faire un bruit sec; *(of heels, typewriter)* cliqueter. **to ~ one's heels** claquer des talons; *(fig)* **suddenly it ~ed*** j'ai compris tout à coup.

client ['klaɪənt] *n* client(e) *m(f)*.

cliff [klɪf] *n* falaise *f*. ◆ **cliff-hanger*** *n* récit *m* (*or* situation *f etc*) à suspense.

climate ['klaɪmɪt] *n* climat *m*.

climax ['klaɪmæks] *n* point *m* culminant; *(sexual)* orgasme *m*. **to come to a ~** atteindre son point culminant.

climb [klaɪm] — **1** *vt* (**~ up**: *stairs, slope*) monter; *(tree, ladder)* monter à; *(cliff, wall)* escalader; *(mountain)* faire l'ascension de. — **2** *vi* (**~ up**: *gen*) monter; *(of plants)* grimper. **to ~ down** descendre; *(fig)* en rabattre; **to ~ over sth** escalader qch; **to ~ into an aircraft** monter à bord d'un avion; *(Sport)* **to go ~ing** faire de l'alpinisme. — **3** *n (Sport etc)* ascension *f*. ◆ **climber** *n* grimpeur *m (f* -euse); *(mountaineer)* alpiniste *mf*; *(social etc* **~**) arriviste *mf*; *(plant)* plante *f* grimpante. ◆ **climbing** *n (Sport)* alpinisme *m*.

cling [klɪŋ] *pret, ptp* **clung** *vi* **(a)** *(hold tight)* **to ~ to** se cramponner à. **(b)** *(stick)* coller *(to* à). ◆ **clingfilm** *n* scellofrais *m* ®. ◆ **clinging** *adj* collant.

clinic ['klɪnɪk] *n (nursing home; teaching session)* clinique *f*; *(by G.P., at hospital)* service *m* de consultation. ◆ **clinical** *adj* clinique; *(fig: attitude)* objectif *(f* -ive).

clink [klɪŋk] — **1** *vt* faire tinter. — **2** *vi* tinter. — **3** *n* tintement *m*.

clip¹ [klɪp] — **1** *n* *(paper* **~**) trombone *m*; *(bulldog* **~**) pince *f* à dessin; *(for tube)* collier *m*. — **2** *vt*: **to ~ sth on** fixer qch; **to ~ together** attacher.

clip² [klɪp] — **1** *vt (cut: gen)* couper; *(hedge)* tailler; *(animal)* tondre; *(cut out)* découper. — **2** *n (film)* extrait *m*. ◆ **clippers** *npl (for hair)* tondeuse *f*; *(hedge)* sécateur *m*; *(nails)* pince *f* à ongles.

clique [kliːk] *n* clique *f*, coterie *f*.

cloak [kləʊk] — **1** *n* grande cape *f*. — **2** *vt*: **~ed with mystery** empreint de mystère. ◆ **cloakroom** *n (coats etc)* vestiaire *m*; *(WC: public)* toilettes *fpl*; *(in house)* cabinets *mpl*.

clock [klɒk] — **1** *n* **(a)** *(large)* horloge *f*; *(smaller)* pendule *f*. **by the church ~** à l'horloge de l'église; **round the ~** vingt-quatre heures d'affilée; **to work against the ~** travailler contre la montre. **(b)** *(of taxi)* compteur *m*. — **2** *vi*: **to ~ in** pointer (à l'arrivée). ◆ **clock-radio** *n* radio-réveil *m*. ◆ **clock-tower** *n* clocher *m*. ◆ **clockwise** *adv, adj* dans le sens des aiguilles d'une montre. ◆ **clockwork** — **1** *n*: **to go like ~** aller comme sur des roulettes. — **2** *adj (toy)* mécanique.

clog [klɒg] — **1** *n* sabot *m (chaussure)*. — **2** *vt* (**~ up**: *pipe*) boucher; *(passage)* bloquer.

cloister ['klɔɪstəʳ] *n* cloître *m*.

close¹ [kləʊs] — **1** *adj* **(a)** *(date, place, relative)* proche; *(friend)* intime; *(resemblance, translation)* fidèle; *(connection, control, surveillance)* étroit; *(contact)* direct; *(argument)* précis; *(questioning, investigation)* minutieux *(f* -ieuse); *(attention)* soutenu. *(gen)* **~ to** tout près de; **at ~ quarters** tout près; **that was ~!** on l'a échappé belle!; **to keep a ~ watch on** surveiller de près; **~ combat** corps à corps *m*; **she was very ~ to her brother** *(in age)* son frère et elle étaient d'âges très rapprochés; *(in friendship)* elle était très proche de son frère. **(b)** *(airless)* **it's very ~ in here** il n'y a pas d'air ici; **it's ~ today** il fait lourd aujourd'hui. — **2** *adv* étroitement, de près. **to hold sb ~** serrer qn dans ses bras; **~ by** tout près; **~ to, ~ (up)on** tout près de; **~ at hand** tout près; **~ together** serrés les uns contre les autres; **to come ~r together** se rapprocher. — **3** *n* *(of cathedral)* enceinte *f.* ◆ **close-fitting** *adj* ajusté. ◆ **close-knit** *adj (fig)* très uni. ◆ **closely** *adv (guard)* étroitement; *(resemble)* beaucoup; *(watch, follow, study)* de près; *(connected)* étroitement. ◆ **close-set** *adj (eyes)* rapprochés. ◆ **close-up** *n* gros plan *m.* **in ~** en gros plan.

close² [kləʊz] — **1** *n (end)* fin *f.* **to come to a ~** se terminer; **to bring sth to a ~** mettre fin à qch. — **2** *vt* **(a)** *(shut: gen)* fermer; *(pipe, opening)* boucher; *(road)* barrer. **~d to traffic** interdit à la circulation; **to ~ ranks** serrer les rangs; **to ~ up** *(shop)* fermer définitivement; *(wound)* refermer. **(b)** *(end: gen)* terminer; (*account*) arrêter, clore; (*bargain*) conclure. **to ~ the meeting** lever la séance. — **3** *vi* **(a)** *(shut)* fermer; *(of eyes)* se fermer. **the shop ~s on Sundays** le magasin ferme le dimanche; **the wound has ~d up** la plaie s'est refermée; **to ~ in** *(of hunters etc)* se rapprocher; *(of fog)* descendre; **to ~ in on sb** cerner qn. **the shop has ~d down** le magasin a fermé définitivement. **(b)** *(end)* se terminer. ◆ **closed** *adj (door, eyes)* fermé; *(road)* barré; *(pipe, opening etc)* bouché. **~-circuit television** télévision *f* en circuit fermé; *(in industry)* **~ shop** atelier *m* qui n'admet que des travailleurs syndiqués. ◆ **close-down** *n* fermeture *f* définitive. ◆ **closing** *adj* dernier (*f* -ière) *(before n).* **when is ~ time?** à quelle heure est-ce qu'on ferme? ◆ **closure** *n* fermeture *f.*

closet ['klɒzɪt] *n (cupboard)* placard *m; (for clothes)* penderie *f; (W.C.)* cabinets *mpl.*

clot [klɒt] *n* caillot *m;* (*: *fool*) imbécile *mf.* **a ~ on the brain** une embolie cérébrale; **a ~ in the leg** une thrombose. ◆ **clotted cream** *n* crème *f* en grumeaux.

cloth [klɒθ] *n* **(a)** *(material)* tissu *m,* étoffe *f; (of wool)* drap *m.* **(b)** *(tablecloth)* nappe *f; (duster)* chiffon *m; (dishcloth)* torchon *m.*

clothe [kləʊð] *vt* vêtir (*in, with* de). ◆ **clothes** *npl* vêtements *mpl;* (*bed~*) draps *mpl* et couvertures *fpl.* **with one's ~ off** tout nu; **to put on one's ~** s'habiller; **to take off one's ~** se déshabiller; **~ basket** panier *m* à linge; **~ brush** brosse *f* à habits; **~ hanger** cintre *m;* **~ line** corde *f* à linge; **~ peg** pince *f* à linge; **~ shop** magasin *m* d'habillement. ◆ **clothing** *n* vêtements *mpl.* **an article of ~** un vêtement.

cloud [klaʊd] — **1** *n (gen)* nuage *m; (of insects etc)* nuée *f; (gas)* nappe *f.* **to have one's head in the ~s** être dans les nuages; *(fig)* **under a ~** en disgrâce. — **2** *vt (mirror)* embuer; *(mind)* obscurcir. **to ~ the issue** brouiller les cartes *(fig).* — **3** *vi* (*of sky:* **~ over**) se couvrir. ◆ **cloudburst** *n* déluge *m* de pluie. ◆ **cloudy** *adj (sky)* couvert; *(liquid)* trouble. **it was ~** le temps était couvert.

clout [klaʊt] *vt* frapper.

clove [kləʊv] *n* clou *m* de girofle. **~ of garlic** gousse *f* d'ail.

clover ['kləʊvəʳ] *n* trèfle *m.* **to be in ~*** être comme un coq en pâte.

clown [klaʊn] — **1** *n* clown *m.* — **2** *vi* faire le clown.

club [klʌb] — **1** *n* **(a)** *(weapon)* matraque *f;* (*golf ~*) club *m.* **(b)** *(Cards)* **~s** trèfles *mpl;* **one ~** un trèfle; **he played a ~** il a joué trèfle. **(c)** *(society)* club *m.* **tennis ~** club de tennis; **~ member** membre *m* du club. — **2** *vt* assommer. — **3** *vi:* **to ~ together** se cotiser (*to buy* pour acheter). ◆ **club-foot** *n* pied-bot *m.* ◆ **clubhouse** *n* pavillon *m.*

cluck [klʌk] *vi* glousser.

clue [kluː] *n (gen)* indication *f; (police etc)* indice *m; (in crosswords)* définition *f.* *(fig)* **I haven't a ~!*** je n'en ai pas la moindre idée!

clump¹ [klʌmp] *n (trees)* bouquet *m; (flowers)* touffe *f.*

clump² [klʌmp] *vi* (**~ about**) marcher d'un pas lourd.

clumsy ['klʌmzɪ] *adj* maladroit. ◆ **clumsily** *adv* maladroitement. ◆ **clumsiness** *n* maladresse *f.*

clung [klʌŋ] *pret, ptp of* **cling.**

cluster ['klʌstəʳ] — **1** *n (gen)* petit groupe *m; (of stars)* amas *m; (flowers, fruit)* grappe *f; (trees)* bouquet *m.* — **2** *vi* former un groupe.

clutch [klʌtʃ] — **1** *n* **(a)** *(on car)* embrayage *m;* (*~ pedal*) pédale *f* d'embrayage. **to let in the ~** embrayer; **to let out the ~** débrayer. **(b) to fall into sb's ~es** tomber sous les griffes de qn. — **2** *vt (grasp)* empoigner; *(hold on to)* se cramponner à.

clutter ['klʌtəʳ] — **1** *n* fouillis *m.* — **2** *vt* (**~ up**) encombrer (*with* de).

co- [kəʊ] *pref* co-. ◆ **co-driver** *n (in race)* copilote *m; (of lorry)* deuxième chauffeur *m.* ◆ **coeducational** *adj* mixte. ◆ **coexistence** *n* coexistence *f.* ◆ **co-pilot** *n* copilote *m (Aviat).*

c/o *abbr* = **care of;** *V* **care 1a.**

coach [kəʊtʃ] — **1** *n* **(a)** *(Rail)* voiture *f,* wagon *m;* (*motor ~*) car *m,* autocar *m; (horse-drawn)* carrosse *m.* **~ trip** excursion *f* en car. **(b)** *(tutor)* répétiteur *m,* -trice *f; (Sport)* entraîneur *m.* — **2** *vt* donner des leçons particulières à; *(Sport)* entraîner.

coagulate [kəʊ'ægjʊleɪt] *vi* se coaguler.

coal [kəʊl] — **1** *n* charbon *m; (industrial)* houille *f.* *(fig)* **on hot ~s** sur des charbons ardents. — **2** *adj (fire)* de charbon; *(cellar)* à charbon. **~ scuttle** seau *m* à charbon; **~ shed** réserve *f* à charbon. ◆ **coal-black** *adj* noir comme du charbon. ◆ **coalfield** *n* bassin *m* houiller. ◆ **coalman** *or* ◆ **coal-merchant** *n* charbonnier *m.* ◆ **coalmine** *n* mine *f* de charbon. ◆ **coalminer** *n* mineur *m.*

coalition [ˌkəʊə'lɪʃən] *n* coalition *f.*

coarse [kɔːs] *adj (gen)* grossier (*f* -ière); *(laugh)* gras (*f* grasse); *(accent)* vulgaire. **~ red wine** gros rouge *m;* **~ salt** gros sel *m.* ◆ **coarsely** *adv* grossièrement.

coast [kəʊst] — **1** *n* côte *f;* (*~line*) littoral *m.* **the ~ is clear** la voie est libre. — **2** *vi (Aut, Cycling)* descendre en roue libre. ◆ **coastal** *adj* côtier (*f* -ière). ◆ **coaster** *n (mat)* dessous *m* de verre. ◆ **coastguard** *n* garde *m* maritime. **~ vessel** garde-côte *m.*

coat [kəʊt] — **1** *n (gen)* manteau *m; (of animal)* pelage *m; (of horse)* robe *f; (of paint, tar etc)* couche *f.* **~ of arms** armoiries *fpl.* — **2** *vt* enduire (*with* de). ◆ **coat-hanger** *n* cintre *m.* ◆ **coating** *n* couche *f.* ◆ **coatstand** *n* portemanteau *m.*

coax [kəʊks] *vt* enjôler. **to ~ sb into doing** amener qn à force de cajoleries à faire. ◆ **coaxing** *n* cajoleries *fpl.*

cobble ['kɒbl] *n* (**~ stone**) pavé *m* rond.

cobbler ['kɒbləʳ] *n* cordonnier *m.*

cobweb ['kɒbweb] *n* toile *f* d'araignée.

cocaine [kə'keɪn] *n* cocaïne *f.*

cock [kɒk] *n* coq *m.* ◆ **cock-a-doodle-doo** *n* cocorico *m.* ◆ **cockerel** *n* jeune coq *m.*

cock-eyed* ['kɒkˌaɪd] *adj (cross-eyed)* qui louche; *(absurd)* absurde.

cockle ['kɒkl] *n (Culin)* coque *f.*

cockney ['kɒknɪ] — **1** *n* Cockney *mf (personne née dans l''East End' de Londres).* — **2** *adj* cockney.
cockpit ['kɒkpɪt] *n (in aircraft)* poste *m* de pilotage; *(in racing car)* poste du pilote.
cockroach ['kɒkrəʊtʃ] *n* cafard *m (insecte).*
cocktail ['kɒkteɪl] *n* cocktail *m (boisson).* **fruit ~** salade *f* de fruits; **~ bar** bar *m (dans un hôtel);* **~ party** cocktail *m (réunion).*
cocky ['kɒkɪ] *adj* trop sûr de soi.
cocoa ['kəʊkəʊ] *n* cacao *m.*
coconut ['kəʊkənʌt] *n* noix *f* de coco. **~ matting** tapis *m* de fibre; **~ palm** cocotier *m.*
cocoon [kə'ku:n] *n* cocon *m.*
cod [kɒd] *n, pl inv* morue *f; (cooked)* cabillaud *m.* ◆ **cod-liver oil** *n* huile *f* de foie de morue.
code [kəʊd] — **1** *n (all senses)* code *m.* **in ~** en code; **~ name** nom *m* codé. — **2** *vt* coder.
codeine ['kəʊdi:n] *n* codéine *f.*
coerce [kəʊ'ɜ:s] *vt* contraindre (*sb into doing* qn à faire). ◆ **coercion** *n* contrainte *f.*
coffee ['kɒfɪ] *n* café *m.* **black ~** café noir; **white ~** café au lait, *(in restaurant etc)* café-crème *m;* **~ bar** cafétéria *f;* **~ break** pause-café *f;* **~ cup** tasse *f* à café; **~ percolator** cafetière *f (à pression);* **~ pot** cafetière *f;* **~ table** petite table *f* basse.
coffin ['kɒfɪn] *n* cercueil *m.*
cog [kɒg] *n* dent *f (d'engrenage).*
cognac ['kɒnjæk] *n* cognac *m.*
coherent [kəʊ'hɪərənt] *adj* cohérent.
coil [kɔɪl] — **1** *vt* enrouler. — **2** *vi* s'enrouler. — **3** *n (gen)* rouleau *m; (one loop)* spire *f; (of smoke)* anneau *m; (contraceptive)* stérilet *m.*
coin [kɔɪn] — **1** *n* pièce *f* de monnaie. **a 10p ~** une pièce de 10 pence; **~ box** *(phone)* cabine *f* téléphonique. — **2** *vt (word)* inventer. *(fig)* **he is ~ing money** il fait des affaires d'or; **well, to ~ a phrase** eh bien, si je peux m'exprimer ainsi. ◆ **coin-operated** *adj* automatique.
coincide [,kəʊɪn'saɪd] *vi* coïncider (*with* avec). ◆ **coincidence** *n* coïncidence *f.*
coke [kəʊk] *n* coke *m.*
Coke [kəʊk] *n* ® *(drink)* coca *m* ®.
colander ['kʌləndə^r] *n* passoire *f.*
cold [kəʊld] — **1** *adj (lit, fig)* froid. **as ~ as ice** *(gen)* glacé; *(room)* glacial; **it's ~ this morning** il fait froid ce matin; **I am ~** j'ai froid; **my feet are ~** j'ai froid aux pieds; *(fig)* **to have ~ feet** avoir la frousse*; **to get ~** *(weather, room)* se refroidir; *(food)* refroidir; *(person)* commencer à avoir froid; **in ~ blood** de sang-froid; **~ cream** crème *f* de beauté; **the ~ war** la guerre froide. — **2** *n* **(a)** *(Met etc)* froid *m.* *(fig)* **to be left out in the ~** rester en plan*. **(b)** *(Med)* rhume *m.* **a bad ~** un gros rhume; **to have a ~** être enrhumé; **to get a ~** s'enrhumer. ◆ **cold-blooded** *adj (animal)* à sang froid; *(person)* sans pitié. ◆ **coldly** *adv* avec froideur. ◆ **coldness** *n* froideur *f.*
coleslaw ['kəʊlslɔ:] *n* salade *f* de chou cru.
colic ['kɒlɪk] *n* coliques *fpl.*
collaborate [kə'læbəreɪt] *vi* collaborer (*with sb in sth* avec qn à qch). ◆ **collaboration** *n* collaboration *f* (*in* à) ◆ **collaborator** *n* collaborateur *m*, -trice *f.*
collapse [kə'læps] — **1** *vi (gen)* s'effondrer; *(of government)* tomber; (*: *with laughter*) être plié en deux de rire. — **2** *n* effondrement *m.* ◆ **collapsible** *adj* pliant.
collar ['kɒlə^r] *n* col *m; (for dog)* collier *m.* ◆ **collarbone** *n* clavicule *f.*
colleague ['kɒli:g] *n* collègue *mf.*
collect [kə'lekt] — **1** *vt* **(a)** *(assemble: gen)* rassembler; *(money, subscriptions)* recueillir; *(taxes, fines)* percevoir; *(rents)* encaisser; *(as hobby: stamps etc)* collectionner. **~ed works** œuvres *fpl* complètes. **(b)** *(take in, pick up)* ramasser; *(take away: rubbish etc)* enlever; *(call for: person, books, one's mail)* passer prendre. **the bus ~s the children** l'autobus ramasse les enfants; *(Post)* **to ~ letters** faire la levée du courrier. — **2** *vi* **(a)** *(people)* se rassembler; *(things, dust, water)* s'accumuler. **(b)** *(take money)* faire la quête (*for* pour). ◆ **collection** *n* **(a)** *(stamps etc)* collection *f; (miscellaneous objects)* ramassis *m.* **(b)** *(in church)* quête *f; (Post)* levée *f; (of rubbish)* enlèvement *m.* ◆ **collective** *adj* collectif (*f* -ive). ◆ **collectively** *adv* collectivement. ◆ **collector** *n (of stamps etc)* collectionneur *m* (*f* -euse).
college ['kɒlɪdʒ] *n (gen)* collège *m.* **~ of education** ≃ école *f* normale; **~ of music** conservatoire *m* de musique; **technical ~** collège technique; **to go to ~** faire des études supérieures.
collide [kə'laɪd] *vi* entrer en collision, *(less violently)* se heurter. **to ~ with** entrer en collision avec, heurter.
collier ['kɒlɪə^r] *n* mineur *m.* ◆ **colliery** *n* mine *f* de charbon.
collision [kə'lɪʒən] *n* collision *f.*
colloquial [kə'ləʊkwɪəl] *adj* familier (*f* -ière), parlé. ◆ **colloquialism** *n* expression *f* familière.
colon ['kəʊlən] *n (intestine)* côlon *m; (Grammar)* deux-points *m inv.*
colonel ['kɜ:nl] *n* colonel *m.*
colonial [kə'ləʊnɪəl] *adj* colonial. ◆ **colonialism** *n* colonialisme *m.*
colonize ['kɒlənaɪz] *vt* coloniser.
colony ['kɒlənɪ] *n* colonie *f.*
colossal [kə'lɒsl] *adj* colossal.
colour, *(US)* **-or** ['kʌlə^r] — **1** *n* couleur *f.* **what ~ is it?** de quelle couleur est-ce?; **to lose ~** pâlir; **to get one's ~ back** reprendre des couleurs; *(fig)* **to see sth in its true ~s** voir qch sous son vrai jour; **he showed his true ~s** il s'est révélé tel qu'il est vraiment; **~s** *(gen, Mil, Naut)* couleurs *fpl;* **to salute the ~s** saluer le drapeau; **it is not a question of ~** *(race)* ce n'est pas une question de race. — **2** *adj* **(a)** *(photograph etc)* en couleur. **~ scheme** combinaison *f* de couleurs; *(Press)* **~ supplement** supplément *m* illustré; **~ television (set)** téléviseur *m* couleur *inv.* **(b)** *(problem etc)* racial. **~ bar** discrimination *f* raciale. — **3** *vt (gen: lit, fig)* colorer; *(crayon)* colorier; *(tint)* teinter. **to ~ sth red** colorer *etc* qch en rouge; **~ing book** album *m* à colorier. ◆ **colour-blind** *adj* daltonien. ◆ **coloured** *adj* **(a)** *(liquid)* coloré; *(drawing)* colorié; *(pencil)* de couleur; *(photograph etc)* en couleur. **muddy-~** couleur de boue. **(b)** *(person, race)* de couleur. ◆ **colourful** *adj (dress)* coloré; *(personality)* pittoresque. ◆ **colouring** *n* coloration *f; (complexion)* teint *m.* **high ~** teint coloré. ◆ **colourless** *adj* incolore.
colt [kəʊlt] *n* poulain *m.*
column ['kɒləm] *n (all senses)* colonne *f.* ◆ **columnist** *n* journaliste *mf.*
coma ['kəʊmə] *n* coma *m.* **in a ~** dans le coma.
comb [kəʊm] — **1** *n* peigne *m.* **to run a ~ through one's hair** se donner un coup de peigne. — **2** *vt* **(a)** **to ~ one's hair** se peigner;

to ~ **sb's hair** peigner qn. **(b)** *(search, town)* ratisser.

combat ['kɒmbæt] — **1** *n* combat *m.* — **2** *vti* combattre (*for* pour, *with, against* contre).

combine [kəm'baɪn] — **1** *vt (resources etc)* unir; *(projects, objectives)* combiner (*with* avec); *(qualities)* allier (*with* à). **a ~d effort** un effort conjugué; **~d forces** forces *fpl* alliées; **~d clock and radio** combiné *m* radio-réveil. — **2** *vi (gen)* s'unir; *(fig)* se liguer (*against* contre); *(events)* concourir (*to* à); *(Chemistry)* se combiner. — **3** ['kɒmbaɪn] *n (commercial)* cartel *m,* trust *m;* ~ **harvester** moissonneuse-batteuse *f.* ◆ **combination** *n (gen)* combinaison *f; (of events)* concours *m; (motorcycle)* side-car *m.* ~ **lock** serrure *f* à combinaison.

combustion [kəm'bʌstʃən] *n* combustion *f.*

come [kʌm] *pret* **came,** *ptp* **come** *vti* **(a)** *(gen)* venir (*from* de ; *to* à). ~ **and see me,** ~ **to see me** venez me voir ; **they came to a town** ils sont arrivés à une ville ; **he has just ~ from Edinburgh** il arrive d'Édimbourg ; **he has ~ a long way** il est venu de loin; *(fig)* il a fait du chemin; **they were coming and going all day** ils n'ont fait qu'aller et venir toute la journée; **the pain ~s and goes** la douleur est intermittente; **to ~ running** arriver en courant; **to ~ home** rentrer; **to ~ for sb** venir chercher qn; **coming!** j'arrive!; *(excl)* ~ **now!** voyons!; **to ~ along with sb** accompagner qn; ~ **along!** dépêchez-vous! (*V also* **d**); ~ **away from there!** écartez-vous de là!; **to ~ back** revenir; **to ~ back to what I was saying** pour en revenir à ce que je disais; **to ~ down** *(gen)* descendre; *(of building)* être démoli; *(of prices)* baisser; **to ~ down in the world** descendre dans l'échelle sociale (*V also* **d**); **to ~ forward** se présenter (*V also* **d**); **to ~ in** *(of person)* entrer; *(of train)* arriver; *(of tide)* monter; **to ~ off** *(of button, stain)* partir; **to ~ out** *(gen)* sortir (*of* de); *(of sun)* paraître; *(of secret)* être divulgué (*V also* **d**); ~ **round and see me** passez me voir; **to ~ up** monter (*V also* **d**); **he came up to me** il s'est approché de moi; **it ~s up to his waist** cela lui arrive à la taille; **it came into my head that** il m'est venu à l'esprit que; **when it ~s to choosing** quand il s'agit de choisir; **the years to ~** les années à venir; **if it ~s to that** à ce compte-là; **I've known him for 3 years ~ January** cela fera 3 ans en janvier que je le connais; **she had it coming to her*** elle l'a bien cherché; **she's as clever as they ~*** elle est futée comme pas une*; **you could see that coming*** on voyait venir ça de loin; ~ **again?*** comment?; **how ~?*** comment ça se fait?
(b) *(result)* **nothing came of it** il n'en est rien résulté; **that's what ~s of disobeying!** voilà ce que c'est que de désobéir!; ~ **what may** quoi qu'il arrive.
(c) *(be, become: often translated by verb)* **it has ~ loose** ça s'est desserré; **to ~ undone** se défaire; **everything came right in the end** tout s'est arrangé à la fin; **he came to admit he was wrong** il a fini par reconnaître qu'il avait tort; **now I ~ to think of it** réflexion faite; **to ~ under** *(influence)* tomber sous; *(heading)* se trouver sous.
(d) *(fig)* **to ~ about** arriver, se faire; *(of pupil)* **to ~ along** faire des progrès; **how are your plans coming along?** où en sont vos projets?; **to ~ by sth** se procurer qch; **to ~ down with flu** attraper la grippe; **to ~ forward with** *(help, suggestion)* offrir; **to ~ in for criticism** être critiqué; **to ~ into a fortune** hériter d'une fortune; **to ~ off** *(of event etc)* avoir lieu; *(plans etc)* se réaliser; *(attempts)* réussir; **to ~ off best** gagner; **the rain came on** il s'est mis à pleuvoir; **I feel a cold coming on** je sens que je m'enrhume; **to ~ out on strike** se mettre en grève; **the photo came out well** la photo est très bonne; **the total ~s out at 500** le total s'élève à 500; **to ~ out in a rash** avoir une poussée de boutons; **to ~ out for sth** se déclarer ouvertement pour qch; **his speech came over well** son discours a fait bonne impression; **what's ~ over you?** qu'est-ce qui vous prend?; **to ~ round** *(change one's mind)* changer d'avis; *(regain consciousness)* reprendre connaissance; **to ~ through** *(survive)* s'en tirer; **how much does it ~ to?** cela fait combien? **to ~ up** *(of accused)* comparaître (*before* devant); *(matters for discussion)* être soulevé; **to ~ up against sb** entrer en conflit avec qn; **his work has not ~ up to our expectation** son travail n'a pas répondu à notre attente; **to ~ up with** *(idea, plan)* proposer; **to ~ upon** *(object, person)* tomber sur.
◆ **comeback** *n (Theatre etc)* rentrée *f; (reaction)* réaction *f.* ◆ **comedown*** *n:* **it was rather a ~ for him** c'etait assez humiliant pour lui (*to do* de faire). ◆ **coming** — **1** *npl:* **~s and goings** allées et venues *fpl.* — **2** *adj (future)* à venir; *(next)* prochain.

comedian [kə'miːdɪən] *n* acteur *m* comique.

comedy ['kɒmɪdɪ] *n* comédie *f.*

comet ['kɒmɪt] *n* comète *f.*

comfort ['kʌmfət] — **1** *n* **(a)** *(comfortableness)* confort *m.* **to live in ~** vivre dans l'aisance. **(b)** *(consolation)* réconfort *m.* **to take ~ from sth** trouver du réconfort dans qch; **you are a great ~ to me** vous êtes pour moi d'un grand réconfort; **if it's any ~ to you** si ça peut te consoler; **it is a ~ to know that ...** il est consolant de savoir que ...; **it was too close for ~** c'était un peu trop juste pour mon goût. *(US)* ~ **station** toilettes *fpl.* — **2** *vt* consoler. ◆ **comfortable** *adj (gen)* confortable; *(temperature)* agréable; *(income)* très suffisant. **I am quite ~ here** je me trouve très bien ici; **to make o.s. ~** se mettre à son aise. ◆ **comfortably** *adv* confortablement; agréablement. **they are ~ off** ils sont à l'aise. ◆ **comforting** *adj (thoughts)* consolant; *(news)* soulageant. **it is ~ to think that ...** il est réconfortant de penser que ... ◆ **comfy*** *adj* confortable.

comic ['kɒmɪk] — **1** *adj* comique. ~ **opera** opéra *m* comique; ~ **relief** moment *m* de détente comique; ~ **verse** poésie *f* humoristique. — **2** *n (person)* (acteur *m*) comique *m,* actrice *f* comique; *(magazine)* comic *m.* ~ **strip** bande *f* dessinée. ◆ **comical** *adj* comique.

comma ['kɒmə] *n* virgule *f.*

command [kə'mɑːnd] — **1** *vti* commander (*sb to do* à qn de faire; *that* que + *subj*); *(respect etc)* imposer. — **2** *n (order)* ordre *m; (Mil)* commandement *m.* **at** *or* **by the ~ of** sur l'ordre de; **at the word of ~** au commandement; **to be in ~ of sth** commander qch; **to take ~ of** prendre le commandement de; **under the ~ of** sous le commandement de; **his ~ of English** sa maîtrise de l'anglais; ~ **performance** ≃ représentation *f* de gala *(à la requête du souverain);* ~ **post** poste *m* de commandement. ◆ **commandant** *n* commandant *m.* ◆ **commandeer** *vt* réquisitionner. ◆ **commander** *n* commandant *m*. **~-in-chief** commandant *m* en chef. ◆ **commanding** *adj* impérieux (*f* -ieuse). **~ officer** commandant *m*. ◆ **commandment** *n* commandement *m*. ◆ **commando** *n* commando *m*.

commemorate [kə'meməreɪt] *vt* commémorer.

commence [kə'mens] *vti* commencer (*sth* qch; *to do, doing* à faire).

commend [kə'mend] *vt (praise)* louer; *(recommend)* recommander; *(entrust)* confier (*to* à). **it has little to ~ it** ça n'a pas grand-chose qui le fasse recommander.

commensurate [kə'menʃərɪt] *adj*: **~ with** proportionné à.

comment ['kɒment] — **1** *n* commentaire *m; (critical)* critique *f*. **'no ~'** 'je n'ai rien à dire'. — **2** *vt* remarquer (*that* que); *(text)* commenter. — **3** *vi* faire des remarques (*on* sur). ◆ **commentary** *n (gen)* commentaire *m; (Sport)* reportage *m*. ◆ **commentator** *n* reporter *m*.

commerce ['kɒmɜːs] *n* commerce *m*. **Department of C~** ≃ ministère *m* du Commerce. ◆ **commercial** — **1** *adj (gen)* commercial; *(district)* commerçant; *(college, studies)* de commerce. **~ traveller** représentant *m* de commerce. — **2** *n (TV)* annonce *f* publicitaire. ◆ **commercialize** *vt* commercialiser.

commiserate [kə'mɪzəreɪt] *vi* témoigner de la sympathie (*with* à).

commission [kə'mɪʃən] — **1** *n* **(a)** *(money etc)* commission *f*. **on a ~ basis** à la commission; **he gets 10 % ~** il reçoit une commission de 10 %. **(b)** *(body of people)* commission *f*, comité *m*. **~ of inquiry** commission d'enquête. **(c)** *(orders)* instructions *fpl; (to artist etc)* commande *f*. **(d)** *(army etc)* **to get one's ~** être nommé officier. **(e) out of ~** *(machine etc)* hors service. — **2** *vt* **(a) to be ~ed to do** être chargé de faire. **(b)** *(book etc)* commander. **(c)** *(army etc)* **~ed officer** officier *m*; **to be ~ed** être nommé officier. ◆ **commissionaire** *n* portier *m*. ◆ **commissioner** *n* commissaire *m; (Police)* **~** préfet *m* de police.

commit [kə'mɪt] *vt* **(a)** *(crime etc)* commettre. **to ~ suicide** se suicider. **(b)** *(consign)* remettre (*to* à). **(c) to ~ o.s.** s'engager (*to* à); **we're ~ted to it now** nous nous sommes engagés à le faire. ◆ **commitment** *n (gen)* engagement *m*. *(Comm)* **'without ~'** 'sans obligation'; **~s** *(responsibilities)* responsabilités *fpl;* **teaching ~s** heures *fpl* d'enseignement. ◆ **committal** *n (to prison)* incarcération *f; (burial)* mise *f* en terre.

committee [kə'mɪtɪ] *n (gen)* comité *m; (Parliament etc)* commission *f*. **to be on a ~** faire partie d'une commission *or* d'un comité; **~ of inquiry** commission d'enquête; **~ meeting** réunion *f* de comité *or* de commission.

commodity [kə'mɒdɪtɪ] *n* produit *m; (food)* denrée *f*.

common ['kɒmən] — **1** *adj* **(a)** *(usual, universal: method)* commun, ordinaire; *(sight)* familier (*f* -ière); *(occurrence)* fréquent; *(belief)* général; *(accent, person)* commun, vulgaire; *(Grammar, Math)* commun. **it's quite ~** c'est très courant; **it's ~ courtesy** c'est de la politesse élémentaire; **the ~ man** l'homme *m* du peuple; **the ~ people** le peuple; **out of the ~ run** hors du commun; **~ or garden** ordinaire. **(b)** *(of many people: interest, language)* commun. **by ~ consent** d'un commun accord; *(fig)* **~ ground** terrain *m* d'entente; **it's ~ knowledge that...** chacun sait que ...; **~ land** terrain *m* communal; **the C~ Market** le Marché commun. — **2** *n* **(a)** *(land)* terrain *m* communal. **(b) in ~ with** en commun avec; **they have nothing in ~** ils n'ont rien de commun. ◆ **commoner** *n* roturier *m* (*f* -ière). ◆ **commonly** *adv (V above* **1a**) ordinairement; fréquemment; généralement. ◆ **commonplace** — **1** *adj* ordinaire. — **2** *n* lieu *m* commun. ◆ **commonroom** *n* salle *f* commune; *(staffroom)* salle des professeurs. ◆ **commons** *npl (Parliament)* **the C~** les Communes *fpl*. ◆ **commonsense** — **1** *n* sens *m* commun, bon sens. — **2** *adj* plein de bon sens. ◆ **Commonwealth** *n*: **the ~** le Commonwealth; **Minister of ~ Affairs** ministre *m* du Commonwealth.

commotion [kə'məʊʃən] *n* agitation *f*, confusion *f*.

commune ['kɒmjuːn] *n (district)* commune *f; (people living together)* communauté *f*. ◆ **communal** *adj* commun; *(life)* collectif (*f* -ive). ◆ **communally** *adv (own)* en commun; *(live)* en communauté.

communicant [kə'mjuːnɪkənt] *n* communiant(e) *m(f)*.

communicate [kə'mjuːnɪkeɪt] *vti (gen)* communiquer (*to* à; *with* avec); *(illness)* transmettre (*to* à). ◆ **communication** *n* communication *f*. **in ~ with** en contact avec; **~ cord** sonnette *f* d'alarme; **~ satellites** satellites *mpl* de transmission. ◆ **communicative** *adj* communicatif (*f* -ive).

communion [kə'mjuːnɪən] *n* communion *f*.

communiqué [kə'mjuːnɪkeɪ] *n* communiqué *m*.

communism ['kɒmjʊnɪzəm] *n* communisme *m*. ◆ **communist** *adj, n* communiste *(mf)*.

community [kə'mjuːnɪtɪ] *n (gen)* communauté *f*. **the student ~** les étudiants *mpl;* **~ centre** foyer *m* socio-éducatif; **~ health centre** centre *m* médico-social; **~ singing** chants *mpl* en chœur *(improvisés);* **~ spirit** esprit *m* civique; **~ worker** animateur *m* (*f* -trice) socio-culturel(le).

commute [kə'mjuːt] — **1** *vt* substituer (*into* à); *(Elec, Law)* commuer (*into* en). — **2** *vi* faire la navette (*between* entre; *from* de). ◆ **commuter** *n* banlieusard(e) *m(f)*. **the ~ belt** la grande banlieue.

compact [kəm'pækt] — **1** *adj* compact. — **2** ['kɒmpækt] *n (agreement)* convention *f; (powder* **~**) poudrier *m*.

companion [kəm'pænjən] *n* compagnon *m*, compagne *f; (lady* **~**) dame *f* de compagnie; *(handbook)* manuel *m*. **~ volume** volume *m* qui va de pair (*to* avec). ◆ **companionship** *n* compagnie *f*.

company ['kʌmpənɪ] *n* compagnie *f*. **to keep sb ~** tenir compagnie à qn; **to part ~ with** se séparer de; **he is good ~** on ne s'ennuie pas avec lui; **to get into bad ~** avoir de mauvaises fréquentations; **Smith & C~** Smith et Compagnie; **shipping ~** compagnie de navigation; **~ car** voiture *f* de fonction; **~ secretary** secrétaire *m* général *(d'une société);* **ship's ~** équipage *m*.

compare [kəm'pɛəʳ] — **1** *vt* comparer (*with* à, avec; *to* à). **~d with** en comparaison de; **to ~ notes with sb** échanger ses impressions avec qn. — **2** *vi* être comparable (*with* à). **how do the prices ~?** est-ce que les prix sont comparables?; **he can't ~ with you** il n'y a pas de comparaison entre vous et lui. ◆ **comparable** ['kɒmpərəbl] *adj* comparable (*with, to* à). ◆ **comparative** [kəm'pærətɪv] *adj (cost, luxury)* relatif (*f* -ive); *(literature etc)* comparé; *(Grammar)* comparatif (*f* -ive). **he's a ~ stranger** je le connais relativement peu. ◆ **comparatively** *adv* relativement. ◆ **comparison** *n* comparaison *f.* **in ~ with** en comparaison de; **by ~** par comparaison (*with* avec).

compartment [kəm'pɑːtmənt] *n* compartiment *m.*

compass ['kʌmpəs] *n* boussole *f; (Naut)* compas *m.* ◆ **compasses** *npl (Math)* compas *m.*

compassion [kəm'pæʃən] *n* compassion *f.* ◆ **compassionate** *adj (person)* compatissant; *(leave)* exceptionnel (*f* -elle).

compatible [kəm'pætɪbl] *adj* compatible (*with* avec).

compatriot [kəm'pætrɪət] *n* compatriote *mf.*

compel [kəm'pel] *vt* contraindre (*sb to do* qn à faire). **to be ~led to do** être contraint de faire. ◆ **compelling** *adj* irrésistible.

compensate ['kɒmpənseɪt] *vti (gen)* compenser (*for sth* qch; *sb for sth* qn de qch); *(financially)* dédommager (*sb for sth* qn de qch). ◆ **compensation** *n (financial)* dédommagement *m.* **in ~** en compensation (*for* de).

compère [kɒmpɛəʳ] *n* animateur *m* (*f* -trice).

compete [kəm'piːt] *vi (gen)* concourir (*for* pour; *to do* pour faire); *(Comm)* faire concurrence (*with* à, *for* pour); *(vie)* rivaliser (*with* avec; *in* de).

competence ['kɒmpɪtəns] *n* compétence *f* (*for* pour; *in* en). ◆ **competent** *adj* compétent (*for* pour; *to do* pour faire). ◆ **competently** *adv* avec compétence.

competition [,kɒmpɪ'tɪʃən] *n* **(a)** concurrence *f* (*for* pour). **in ~ with** en concurrence avec. **(b)** *(test etc)* concours *m* (*for* pour); *(Sport)* compétition *f; (Aut)* course *f.* **to go in for a ~** se présenter à un concours; **beauty ~** concours de beauté. ◆ **competitive** *adj (entry)* par concours; *(person)* qui a l'esprit de compétition; *(price)* concurrentiel (*f* -elle). **~ examination** concours *m.* ◆ **competitor** *n* concurrent(e) *m(f).*

compile [kəm'paɪl] *vt (material)* compiler; *(dictionary)* composer; *(list, catalogue)* dresser.

complacent [kəm'pleɪsənt] *adj* suffisant, vain. ◆ **complacence** *n* suffisance *f.* ◆ **complacently** *adv* avec suffisance.

complain [kəm'pleɪn] *vi* se plaindre (*to sb* à qn; *of, about* de; *that* que). ◆ **complaint** *n (gen)* plainte *f; (Comm)* réclamation *f; (Med)* maladie *f.* **her only ~ was ...** son seul sujet de plainte était ...

complement ['kɒmplɪmənt] — **1** *n* complément *m.* — **2** ['kɒmplɪment] *vt* être le complément de. ◆ **complementary** *adj* complémentaire.

complete [kəm'pliːt] — **1** *adj* **(a)** *(total: gen)* complet (*f* -ète). **he's a ~ idiot*** il est complètement idiot. **(b)** *(finished)* achevé. — **2** *vt (collection)* compléter; *(work)* achever; *(questionnaire)* remplir. **and just to ~ things** et pour comble. ◆ **completely** *adv* complètement. ◆ **completion** *n (work)* achèvement *m; (contract, sale)* exécution *f.* **near ~** près d'être achevé.

complex ['kɒmpleks] — **1** *adj (all senses)* complexe. — **2** *n* **(a)** complexe *m.* **housing ~** résidences *fpl, (high rise)* grand ensemble *m.* **(b)** *(Psych)* complexe *m.* **he's got a ~ about it** il en fait un complexe. ◆ **complexity** *n* complexité *f.*

complexion [kəm'plekʃən] *n (of face)* teint *m.*

complicate ['kɒmplɪkeɪt] *vt* compliquer (*with* de; *by doing* en faisant). ◆ **complicated** *adj* compliqué. ◆ **complication** *n* complication *f.*

compliment ['kɒmplɪmənt] — **1** *n* compliment *m.* **to pay sb a ~** faire un compliment à qn; **give him my ~s** faites-lui mes compliments; **the ~s of the season** tous mes vœux. — **2** ['kɒmplɪment] *vt* faire des compliments à (*on* de, sur); féliciter (*on doing* d'avoir fait). ◆ **complimentary** *adj (praising)* flatteur (*f* -euse); *(gratis: ticket etc)* de faveur.

comply [kəm'plaɪ] *vi:* **to ~ with** *(rules)* obéir à; *(sb's wishes)* se conformer à; *(request)* accéder à.

component [kəm'pəʊnənt] *n* pièce *f (détachée).*

compose [kəm'pəʊz] *vt* composer. **to be ~d of** se composer de; **to ~ o.s.** se calmer. ◆ **composed** *adj* calme. ◆ **composer** *n* compositeur *m* (*f* -trice). ◆ **composition** *n (gen)* composition *f; (at school: essay)* rédaction *f.*

compost ['kɒmpɒst] *n* compost *m.*

composure [kəm'pəʊʒəʳ] *n* calme *m.*

compound ['kɒmpaʊnd] — **1** *n (chemical)* composé *m; (grammatical)* mot *m* composé; *(enclosed area)* enclos *m.* — **2** *adj (gen)* composé; *(fracture)* compliqué. — **3** [kəm'paʊnd] *vt (fig: difficulties)* aggraver.

comprehend [,kɒmprɪ'hend] *vt* comprendre. ◆ **comprehensible** *adj* compréhensible. ◆ **comprehension** *n* compréhension *f; (in school)* exercice *m* de compréhension. ◆ **comprehensive** *adj (gen)* complet (*f* -ète); *(measures)* d'ensemble; *(insurance)* tous-risques *inv.* **~ school** ≃ collège *m* d'enseignement secondaire, C.E.S. *m.*

compress [kəm'pres] *vt (substance)* comprimer; *(facts)* condenser. ◆ **compressor** *n* compresseur *m.*

comprise [kəm'praɪz] *vt* inclure.

compromise ['kɒmprəmaɪz] — **1** *n* compromis *m.* — **2** *vi* transiger (*over* sur). — **3** *vt* compromettre. — **4** *adj (solution)* de compromis. ◆ **compromising** *adj* compromettant.

compulsion [kəm'pʌlʃən] *n* contrainte *f.* **under ~** sous la contrainte. ◆ **compulsive** *adj (behaviour)* compulsif (*f* -ive); *(liar)* invétéré.

compulsory [kəm'pʌlsərɪ] *adj (gen)* obligatoire. **~ retirement** mise *f* à la retraite d'office.

compunction [kəm'pʌŋkʃən] *n* scrupule *m* (*about doing* à faire).

computer [kəm'pjuːtəʳ] *n* ordinateur *m.* **~ language** langage *m* de programmation; **~ programmer** programmeur *m* (*f* -euse); **~ programming** programmation *f;* **~ science** informatique *f;* **~ scientist** informaticien(ne) *m(f).* ◆ **computerization** *n (facts, figures)* traitement *m* électronique; *(system, process)* automatisation *f* électronique.

computing [kəm'pjuːtɪŋ] *n* informatique *f.*

comrade ['kɒmrɪd] *n* camarade *mf.*

con* [kɒn] — **1** *vt:* **to ~ sb into doing** amener qn à faire en le dupant. — **2** *n* escroquerie *f.* **~ man** escroc *m.*

concave ['kɒn'keɪv] *adj* concave.

conceal [kən'siːl] *vt (object)* cacher (*from sb* pour que qn ne le voie pas); *(news, event)* cacher (*from sb* à qn).

concede [kən'siːd] *vt* concéder.

conceit [kən'siːt] *n* vanité *f.* ◆ **conceited** *adj* vaniteux (*f* -euse).

conceivable [kən'si:vəbl] *adj* concevable (*that* que + *subj*). ◆ **conceivably** *adv*: **she may ~ be right** il est concevable qu'elle ait raison.
conceive [kən'si:v] *vti* concevoir; *(understand)* comprendre.
concentrate ['kɒnsəntreɪt] — **1** *vt* concentrer (*on* sur). — **2** *vi* **(a)** *(think hard)* se concentrer (*on sth* sur qch). **(b)** *(put main effort into)* **to ~ on sth** s'occuper surtout de qch; **to ~ on doing** s'appliquer à faire. — **3** *n* concentré *m*. ◆ **concentration** *n* concentration *f*. **~ camp** camp *m* de concentration.
concept ['kɒnsept] *n* concept *m*.
conception [kən'sepʃən] *n* conception *f*.
concern [kən'sɜ:n] — **1** *vt* *(affect)* concerner; *(worry)* inquiéter; *(be the business of)* être l'affaire de. **as ~s** en ce qui concerne; **that doesn't ~ you** ce n'est pas votre affaire; **as far as he is ~ed** en ce qui le concerne; **the department ~ed** *(under discussion)* le service en question; *(relevant)* le service compétent; **to be ~ed with, to ~ o.s. with** s'occuper de. — **2** *n* **(a) it's no ~ of his, it's none of his ~** cela ne le regarde pas. **(b)** (*business* ~) entreprise *f*, affaire *f*. **(c)** *(anxiety)* inquiétude *f*. **a look of ~** un regard inquiet. ◆ **concerned** *adj* **(a)** *(worried)* inquiet (*f* -ète) (*at, about, for* de). **(b) I am ~ about him** je m'inquiète à son sujet; **I am ~ to hear that ...** j'apprends avec inquiétude que ... ◆ **concerning** *prep* en ce qui concerne.
concert ['kɒnsət] — **1** *n* concert *m*. — **2** *adj* *(ticket, pianist)* de concert; *(tour)* de concerts. ◆ **concerted** *adj* concerté. ◆ **concert-hall** *n* salle *f* de concert.
concertina [,kɒnsə'ti:nə] — **1** *n* concertina *m*. — **2** *vi* se télescoper.
concerto [kən'tʃeətəʊ] *n* concerto *m*.
concession [kən'seʃən] *n* concession *f*. ◆ **concessionary** *adj (ticket, fare)* à prix réduit.
conciliate [kən'sɪlɪeɪt] *vt* *(person)* apaiser; *(views)* concilier. ◆ **conciliation** *n* apaisement *m*; conciliation *f*. **~ board** conseil *m* d'arbitrage. ◆ **conciliatory** *adj* conciliant.
concise [kən'saɪs] *adj* *(short)* concis; *(shortened)* abrégé.
conclude [kən'klu:d] — **1** *vt* conclure. **'to be ~d'** 'suite et fin au prochain numéro'. — **2** *vi* *(of events)* se terminer (*with* par, sur); *(of speaker)* conclure. ◆ **concluding** *adj* final.
conclusion [kən'klu:ʒən] *n* conclusion *f*. **in ~** pour conclure; **to come to the ~ that** conclure que. ◆ **conclusive** *adj* concluant.
concoct [kən'kɒkt] *vt* *(food)* confectionner; *(excuse)* fabriquer. ◆ **concoction** *n* mixture *f*.
concrete ['kɒnkri:t] — **1** *adj* **(a)** *(object, proof)* concret (*f* -ète); *(proposal, offer)* précis. **(b)** *(building)* en béton. — **2** *n* **(a)** *(for building)* béton *m*. **~ mixer** bétonnière *f*. **(b) the ~ and the abstract** le concret et l'abstrait *m*.
concur [kən'kɜ:ʳ] *vi* *(agree)* être d'accord (*with sb* avec qn; *in sth* sur qch).
concurrent [kən'kʌrənt] *adj* simultané.
concussed [kən'kʌst] *adj* commotionné. ◆ **concussion** *n* commotion *f* cérébrale.
condemn [kən'dem] *vt* condamner (*to* à). **to ~ to death** condamner à mort; **the ~ed man** le condamné. ◆ **condemnation** *n* condamnation *f*.
condense [kən'dens] *vt* condenser. ◆ **condensation** *n* condensation *f*.
condescend [,kɒndɪ'send] *vi* daigner (*to do* faire). ◆ **condescending** *adj* condescendant.
condition [kən'dɪʃən] — **1** *n* condition *f*. **on ~ that** à condition que + *fut indic or subj*, à condition de + *infin*; **under** *or* **in the present ~s** dans les conditions actuelles; **working ~s** conditions de travail; **in ~** *(person)* en forme; **she was not in any ~ to go out** elle n'était pas en état de sortir. — **2** *vt* *(all senses)* conditionner (*to do* à faire). ◆ **conditional** — **1** *adj* conditionnel (*f* -elle). **to be ~ on** dépendre de. — **2** *n* conditionnel *m*. **in the ~** au conditionnel.
condolences [kən'dəʊlənsɪz] *npl* condoléances *fpl*.
condom ['kɒndəm] *n* préservatif *m*.
condone [kən'dəʊn] *vt* fermer les yeux sur.
conducive [kən'dju:sɪv] *adj*: **to be ~ to** conduire à.
conduct ['kɒndʌkt] — **1** *n* conduite *f*. — **2** [kən'dʌkt] *vt* *(gen)* conduire; *(business, orchestra)* diriger. **~ed tour** *(gen)* voyage *m* organisé; *(building)* visite *f* guidée; **to ~ o.s.** se conduire. ◆ **conductor** *n* *(Mus)* chef *m* d'orchestre; *(on bus)* receveur *m*; *(US Rail)* chef de train; *(of heat etc)* conducteur *m*. ◆ **conductress** *n* receveuse *f*.
cone [kəʊn] *n* *(gen)* cône *m*; *(ice cream)* cornet *m*.
confectioner [kən'fekʃənəʳ] *n* confiseur *m* (*f* -euse). **~'s shop** confiserie *f*. ◆ **confectionery** *n* confiserie *f*.
confederate [kən'fedərɪt] — **1** *adj* confédéré. — **2** *n* *(criminal)* complice *mf*. ◆ **confederacy** *or* ◆ **confederation** *n* confédération *f*.
confer [kən'fɜ:ʳ] *vti* conférer (*with sb* avec qn; *about sth* de qch; *sth on sb* qch à qn).
conference ['kɒnfərəns] *n* conférence *f*, congrès *m*. **~ table** table *f* de conférence.
confess [kən'fes] — **1** *vt* avouer, confesser (*that* que). — **2** *vi* avouer (*to sth* qch; *to doing* avoir fait); *(Rel)* se confesser. ◆ **confession** *n* aveu *m*; *(Rel)* confession *f*. *(Rel)* **to hear sb's ~** confesser qn; **to go to ~, to make one's ~** se confesser. ◆ **confessional** *n* confessionnal *m*.
confetti [kən'fetɪ] *n* confettis *mpl*.
confide [kən'faɪd] — **1** *vt* avouer en confidence (*that* que). — **2** *vi*: **to ~ in sb** se confier à qn; **to ~ in sb about sth** confier qch à qn.
confidence ['kɒnfɪdəns] *n* **(a)** *(trust)* confiance *f* (*in* en). **to have every ~ in sb** avoir pleine confiance en qn; **I have every ~ that** je suis certain que; **~ trick** escroquerie *f*. **(b)** (*self-~*) assurance *f*. **(c)** *(secret)* confidence *f*. **to take sb into one's ~** faire des confidences à qn; **this is in strict ~** c'est strictement confidentiel.
confident ['kɒnfɪdənt] *adj* (*self~*) sûr de soi; *(sure)* certain (*of* de; *of doing* de faire; *that* que). ◆ **confidently** *adv* avec confiance.
confidential [,kɒnfɪ'denʃəl] *adj* confidentiel (*f* -elle). ◆ **confidentially** *adv* en confidence.
confine [kən'faɪn] *vt* **(a)** emprisonner. **to be ~d to the house** être obligé de rester chez soi; **~d to barracks** consigné. **(b)** *(limit)* limiter. **to ~ o.s. to doing** se borner à faire; **in a ~d space** dans un espace restreint. ◆ **confinement** *n* *(Med)* couches *fpl*; *(imprisonment)* réclusion *f*.
confirm [kən'fɜ:m] *vt* *(gen)* confirmer; *(treaty, appointment)* ratifier. ◆ **confirmation** *n* confirmation *f*; ratification *f*. ◆ **confirmed** *adj* *(smoker, habit)* invétéré; *(bachelor)* endurci; *(admirer)* fervent.
confiscate ['kɒnfɪskeɪt] *vt* confisquer (*sth from sb* qch à qn).

conflict ['kɒnflɪkt] — **1** *n* conflit *m.* — **2** [kən'flɪkt] *vi* être en conflit (*with* avec). **that ~s with what he told me** ceci est en contradiction avec ce qu'il m'a raconté. ◆ **conflicting** *adj (views)* incompatible; *(reports, evidence)* contradictoire.

conform [kən'fɔːm] *vi* se conformer (*to, with* à).

confound [kən'faʊnd] *vt* confondre. **~ it!*** la barbe!*

confront [kən'frʌnt] *vt* présenter (*sb with sth* qch à qn); confronter (*sb with sb* qn avec qn); *(enemy)* affronter. **problems which ~ us** problèmes *mpl* auxquels nous devons faire face. ◆ **confrontation** *n* confrontation *f.*

confuse [kən'fjuːz] *vt (perplex)* déconcerter; *(less strong)* embrouiller; *(mix up)* confondre (*with* avec). ◆ **confused** *adj (gen)* confus. **to get ~** *(muddled up)* s'embrouiller; *(embarrassed)* se troubler. ◆ **confusing** *adj* déroutant. ◆ **confusion** *n* confusion *f.*

congeal [kən'dʒiːl] *vi* se figer.

congenial [kən'dʒiːnɪəl] *adj* sympathique.

congenital [kən'dʒenɪtl] *adj* congénital.

congested [kən'dʒestɪd] *adj (district)* surpeuplé; *(street)* encombré; *(traffic)* difficile; *(telephone lines)* embouteillé. ◆ **congestion** *n (traffic)* encombrements *mpl; (Med)* congestion *f.*

congratulate [kən'grætjʊleɪt] *vt* féliciter (*on* de, *on doing* de faire). ◆ **congratulations** *npl* félicitations *fpl* (*on* pour).

congregate ['kɒŋgrɪgeɪt] *vi* s'assembler. ◆ **congregation** *n* assemblée *f.*

congress ['kɒŋgres] *n* congrès *m. (US)* **C~** le Congrès. ◆ **Congressional** *adj (US)* du Congrès.

conical ['kɒnɪkəl] *adj* conique.

conifer ['kɒnɪfəʳ] *n* conifère *m.*

conjecture [kən'dʒektʃəʳ] — **1** *vti* conjecturer. — **2** *n* conjecture *f.*

conjugal ['kɒndʒʊgəl] *adj* conjugal.

conjugate ['kɒndʒʊgeɪt] *vt* conjuguer. ◆ **conjugation** *n* conjugaison *f.*

conjunction [kən'dʒʌŋkʃən] *n* conjonction *f.*

conjunctivitis [kən,dʒʌŋktɪ'vaɪtɪs] *n* conjonctivite *f.*

conjure ['kʌndʒəʳ] *vti* **(a)** faire des tours de passe-passe. **(b) to ~ up** évoquer. ◆ **conjurer** *or* ◆ **conjuror** *n* prestidigitateur *m* (*f* -trice) ◆ **conjuring trick** *n* tour *m* de passe-passe.

conk* [kɒŋk] *vi* (**~ out**) tomber en panne.

conker* ['kɒŋkəʳ] *n (Brit)* marron *m.*

connect [kə'nekt] — **1** *vt (gen)* relier (*with, to* à); *(Telephone: caller)* mettre en communication (*with* avec); *(install: cooker, telephone)* brancher (*to* sur). **I always ~ Paris with ...** j'associe toujours Paris à ...; **he is ~ed with that firm** il a des contacts avec cette firme; **it is not ~ed with the murder** cela n'a aucun rapport avec le meurtre. — **2** *vi (of roads etc)* se rejoindre; *(of trains)* assurer la correspondance (*with* avec). *(on car)* **~ing rod** bielle *f.* ◆ **connected** *adj (languages, species)* connexe; *(events)* lié. ◆ **connection** *or* ◆ **connexion** *n (gen)* rapport *m* (*with* avec); *(electric)* contact *m; (train)* correspondance *f* (*with* avec). **this has no ~ with** ceci n'a aucun rapport avec; **in this ~** à ce sujet; **in ~ with** à propos de; *(train)* **to miss one's ~** manquer la correspondance.

connive [kə'naɪv] *vi:* **to ~ at** *(pretend not to notice)* fermer les yeux sur; *(aid and abet)* être de connivence dans.

connoisseur [,kɒnə'sɜːʳ] *n* connaisseur *m* (*of* de, en).

conquer ['kɒŋkəʳ] *vt (person)* vaincre; *(country)* conquérir; *(habits)* surmonter. ◆ **conqueror** *n* conquérant *m.*

conquest ['kɒŋkwest] *n* conquête *f.*

conscience ['kɒnʃəns] *n* conscience *f.* **to have a clear ~** avoir la conscience tranquille; **to have sth on one's ~** avoir qch sur la conscience. ◆ **conscience-stricken** *adj* pris de remords.

conscientious [,kɒnʃɪ'enʃəs] *adj* consciencieux (*f* -ieuse). **~ objector** objecteur *m* de conscience.

conscious ['kɒnʃəs] *adj* **(a)** conscient (*of* de); *(insult)* délibéré. **(b)** *(Med)* conscient. **to become ~** reprendre connaissance. ◆ **consciously** *adv* consciemment. ◆ **consciousness** *n* conscience *f* (*of* de); *(Med)* connaissance *f.* **to lose ~** perdre connaissance.

conscript ['kɒnskrɪpt] *n* conscrit *m.* ◆ **consription** *n* conscription *f.*

consecrate ['kɒnsɪkreɪt] *vt* consacrer (*to* à). ◆ **consecration** *n* consécration *f.*

consecutive [kən'sekjʊtɪv] *adj* consécutif (*f* -ive). ◆ **consecutively** *adv* consécutivement.

consent [kən'sent] — **1** *vi* consentir (*to sth* à qch; *to do* à faire). — **2** *n* consentement *m.* **by mutual ~** d'un commun accord.

consequence ['kɒnsɪkwəns] *n (result)* conséquence *f.* **in ~** par conséquent; **in ~ of which** par suite de quoi; **it's of no ~** c'est sans importance. ◆ **consequently** *adv* par conséquent.

conservation [,kɒnsə'veɪʃən] *n* préservation *f; (of nature)* défense *f* de l'environnement. ◆ **conservationist** *n* partisan *m* de la défense de l'environnement.

conservative [kən'sɜːvətɪv] — **1** *adj (Pol)* conservateur (*f* -trice); *(gen)* traditionnel (*f* -elle). **at a ~ estimate** au bas mot. — **2** *n* conservateur *m* (*f* -trice).

conservatory [kən'sɜːvətrɪ] *n (greenhouse)* serre *f; (music)* conservatoire *m.*

conserve [kən'sɜːv] *vt* conserver.

consider [kən'sɪdəʳ] *vt (gen)* considérer (*that* que); *(think about: problem, subject)* réfléchir à; *(take into account: cost, difficulties)* tenir compte de; *(person's feelings)* penser à. **I had not ~ed doing that** je n'avais pas envisagé de faire cela; **all things ~ed** tout bien considéré; **she ~s him very mean** elle estime qu'il est très avare. ◆ **considering** — **1** *prep* étant donné (*that* que). — **2** *adv:* **he played very well, ~** tout compte fait, il a très bien joué.

considerable [kən'sɪdərəbl] *adj* considérable. **~ difficulty** beaucoup de mal. ◆ **considerably** *adv* considérablement.

considerate [kən'sɪdərɪt] *adj* prévenant (*towards* envers).

consideration [kən,sɪdə'reɪʃən] *n (gen)* considération *f.* **out of ~ for** par égard pour; **to take sth into ~** prendre qch en considération; **taking everything into ~** tout bien considéré; **that is the first ~** il faut considérer cela avant tout.

consign [kən'saɪn] *vt (send)* expédier; *(hand over)* remettre. ◆ **consignment** *n (incoming)* arrivage *m; (outgoing)* envoi *m.*

consist [kən'sɪst] *vi* consister (*of* en; *in doing* à faire; *in sth* dans qch). ◆ **consistency** *n* consistance *f*; *(of behaviour)* logique *f*. ◆ **consistent** *adj* logique. ~ **with** compatible avec. ◆ **consistently** *adv (happen)* régulièrement.

consolation ['kɒnsə'leɪʃən] *n* consolation *f*. ◆ **console** *vt* consoler.

consolidate [kən'sɒlɪdeɪt] *vt* consolider.

consonant ['kɒnsənənt] *n* consonne *f*.

consort [kən'sɔːt] *vi*: **to** ~ **with sb** fréquenter qn; *V* **prince.**

conspicuous [kən'spɪkjʊəs] *adj (gen)* voyant; *(bravery)* insigne; *(fact etc)* évident. **in a** ~ **position** bien en évidence; **to make o.s.** ~ se faire remarquer.

conspiracy [kən'spɪrəsɪ] *n* conspiration.

conspirator [kən'spɪrətəʳ] *n* conspirateur *m* (*f* -trice).

conspire [kən'spaɪəʳ] *vi* conspirer (*against* contre), comploter (*to do* pour faire).

constable ['kʌnstəbl] *n (in town)* agent *m* de police; *(in country)* gendarme *m*.

constabulary [kən'stæbjʊlərɪ] *n* police *f*; gendarmerie *f*.

constant ['kɒnstənt] *adj* constant. ◆ **constantly** *adv* sans cesse.

constellation [,kɒnstə'leɪʃən] *n* constellation *f*.

consternation [,kɒnstə'neɪʃən] *n* consternation *f*.

constipated ['kɒnstɪpeɪtɪd] *adj* constipé. ◆ **constipation** *n* constipation *f*.

constituency [kən'stɪtjʊənsɪ] *n (place)* circonscription *f* électorale. ◆ **constituent** *n (element)* élément *m* constitutif; *(Pol)* électeur *m* (*f* -trice) (dans une circonscription).

constitute ['kɒnstɪtjuːt] *vt* constituer.

constitution [,kɒnstɪ'tjuːʃən] *n* constitution *f*. ◆ **constitutional** — **1** *adj (Pol etc)* constitutionnel (*f* -elle). — **2** *n* (*) petite promenade *f*.

constrain [kən'streɪn] *vt* contraindre (*sb to do* qn à faire). ◆ **constraint** *n* contrainte *f*.

constrict [kən'strɪkt] *vt (gen)* resserrer; *(movements)* gêner.

construct [kən'strʌkt] *vt* construire. ◆ **construction** *n* construction *f*. **under** ~ en construction. ◆ **constructive** *adj* constructif (*f* -ive).

consul ['kɒnsəl] *n* consul *m*. ◆ **consular** *adj* consulaire. ◆ **consulate** *n* consulat *m*.

consult [kən'sʌlt] *vt* consulter (*about* sur). ◆ **consultant** *n* consultant *m*, conseiller *m*; *(Med)* spécialiste *m*. ◆ **consultation** *n* consultation *f*. ◆ **consulting** *adj*: ~ **hours** heures *fpl* de consultation; ~ **room** cabinet *m* de consultation.

consume [kən'sjuːm] *vt* consommer. ~**d with grief** consumé de douleur. ◆ **consumer** *n* consommateur *m* (*f* -trice); *(of electricity etc)* abonné(e) *m(f)*. ~ **goods** biens *mpl* de consommation; ~ **protection** défense *f* du consommateur; ~ **research** études *fpl* de marchés; ~ **society** société *f* de consommation.

consummate [kən'sʌmɪt] *adj* consommé.

consumption [kən'sʌmpʃən] *n* consommation *f*. **not fit for human** ~ non-comestible; *(pej)* immangeable.

contact ['kɒntækt] — **1** *n* contact *m*. **to be in** ~ **with** être en contact avec; **he has some** ~**s in Paris** il a des relations *fpl* à Paris; ~ **lenses** verres *mpl* de contact. — **2** *vt* se mettre en contact avec.

contagious [kən'teɪdʒəs] *adj* contagieux (*f* -ieuse).

contain [kən'teɪn] *vt* contenir. ◆ **container** *n (goods transport)* conteneur *m*; *(jug, box etc)* récipient *m*. ~ **truck** camion *m* porte-conteneurs.

contaminate [kən'tæmɪneɪt] *vt* contaminer. ◆ **contamination** *n* contamination *f*.

contemplate ['kɒntempleɪt] *vt (look at)* contempler; *(consider)* envisager (*doing* de faire). ◆ **contemplation** *n* contemplation *f*.

contemporary [kən'tempərərɪ] *adj, n* contemporain(e) *m(f)* (*with* de).

contempt [kən'tempt] *n* mépris *m*. **to hold in** ~ mépriser; **beneath** ~ au-dessous de tout; ~ **of court** outrage *m* à la Cour. ◆ **contemptible** *adj* méprisable. ◆ **contemptuous** *adj* méprisant.

contend [kən'tend] — **1** *vi*: **to** ~ **with sb** rivaliser avec qn; **to have sth to** ~ **with** devoir faire face à qch; **to have sb to** ~ **with** avoir affaire à qn. — **2** *vt* soutenir (*that* que). ◆ **contender** *n* concurrent(e) *m(f)*.

content[1] [kən'tent] — **1** *adj* content (*with* de; *to do* de faire). **to be** ~ **with** *(accept)* se contenter de. — **2** *vt* contenter. **to** ~ **o.s. with doing** se contenter de faire. ◆ **contented** *adj* content (*with* de).

content[2] ['kɒntent] *n* contenu *m*. ~**s** *(of box etc)* contenu; *(of book)* table *f* des matières; **with a high vitamin C** ~ riche en vitamine C; **gold** ~ teneur *f* en or.

contest [kən'test] — **1** *vt (gen)* contester; *(election)* disputer. — **2** ['kɒntest] *n (gen)* lutte *f*; *(Boxing etc)* rencontre *f*; *(competition)* concours *m*. ◆ **contestant** *n (for prize)* concurrent(e) *m(f)*; *(in fight)* adversaire *mf*.

context ['kɒntekst] *n* contexte *m*. **in** ~ dans le contexte.

continent ['kɒntɪnənt] *n* continent *m*. *(Brit)* **on the C**~ en Europe. ◆ **continental** *adj* continental. ~ **breakfast** café *m or* thé *m* complet; ~ **quilt** couette *f*.

contingency [kən'tɪndʒənsɪ] *n* événement *m* imprévu. ~ **plans** plans *mpl* d'urgence. ◆ **contingent** *adj*: **to be** ~ **upon sth** dépendre de qch.

continual [kən'tɪnjʊəl] *adj* continuel (*f* -elle). ◆ **continually** *adv* continuellement.

continue [kən'tɪnjuː] — **1** *vt (gen)* continuer (*sth* qch; *to do* à faire, de faire). *(of serial)* **to be** ~**d** à suivre; **'and so,' he** ~**d** 'et ainsi,' reprit il. — **2** *vi* continuer. **he** ~**d with his work** il a poursuivi son travail; **she** ~**d as his secretary** elle est restée sa secrétaire. ◆ **continuous** *adj* continu. *(Cinema)* ~ **performance** spectacle *m* permanent. ◆ **continuously** *adv (uninterruptedly)* sans interruption; *(repeatedly)* continuellement.

contortion [kən'tɔːʃən] *n* contorsion *f*.

contour ['kɒntʊəʳ] *n* contour *m*. ~ **map** carte *f* avec courbes de niveau.

contraband ['kɒntrəbænd] — **1** *n* contrebande *f*. — **2** *adj* de contrebande.

contraception [,kɒntrə'sepʃən] *n* contraception *f*. ◆ **contraceptive** *adj, n* contraceptif *(m)*.

contract ['kɒntrækt] — **1** *n* contrat *m*. **to enter into a** ~ **with sb for sth** passer un contrat avec qn pour qch. — **2** [kən'trækt] *vt (gen)* contracter. **to** ~ **to do** s'engager (par contrat) à faire. — **3** *vi* se contracter. ◆ **contraction** *n* contraction *f*; *(word)* forme *f* contractée. ◆ **contractor** *n* entrepreneur *m*.

contradict [ˌkɒntrəˈdɪkt] *vt* contredire. ◆ **contradiction** *n* contradiction *f*. ◆ **contradictory** *adj* contradictoire.

contralto [kənˈtræltəʊ] *n* contralto *m*.

contrary [ˈkɒntrərɪ] — **1** *adj* **(a)** contraire (*to* à). **(b)** [kənˈtrɛərɪ] *(self-willed)* contrariant. — **2** *adv* contrairement (*to* à). — **3** *n* contraire *m*. **on the ~** au contraire.

contrast [kənˈtrɑːst] — **1** *vti* contraster (*with* avec). — **2** [ˈkɒntrɑːst] *n* contraste *m*. **in ~** par contraste (*to* avec). ◆ **contrasting** *adj (opinions)* opposé; *(colours)* contrasté.

contravene [ˌkɒntrəˈviːn] *vt* enfreindre.

contribute [kənˈtrɪbjuːt] — **1** *vt (gen)* contribuer; *(to appeal, publication)* donner. — **2** *vi:* **to ~ to** *(gen)* contribuer à; *(discussion)* prendre part à; **to ~ to doing** contribuer à faire. ◆ **contribution** [ˌkɒntrɪˈbjuːʃən] *n (gen)* contribution *f; (to publication)* article *m*. ◆ **contributor** *n (to publication)* collaborateur *m* (*f* -trice).

contrite [ˈkɒntraɪt] *adj* contrit.

contrive [kənˈtraɪv] *vt:* **to ~ to do** s'arranger pour faire. ◆ **contrivance** *n* appareil *m*. ◆ **contrived** *adj* qui manque de naturel.

control [kənˈtrəʊl] — **1** *n* **(a)** *(gen)* contrôle *m* (*of* de). **the ~ of** *(traffic)* la réglementation de; *(disease)* la lutte contre; *(the seas)* la maîtrise de; **he has no ~ over his children** il n'a aucune autorité sur ses enfants; **to keep a dog under ~** se faire obéir d'un chien; **to lose ~ of** perdre le contrôle de; **to lose ~ of o.s.** perdre tout contrôle de soi; **in ~ of** maître de; **the situation is under ~** on a la situation bien en main; **everything's under ~*** tout est en ordre; **his car was out of ~** il avait perdu le contrôle de sa voiture; **circumstances beyond our ~** circonstances indépendantes de notre volonté. **(b) ~s** *(vehicle)* commandes *fpl; (machine)* boutons *mpl* de commande. *(Mil)* **~ room** salle *f* de commande; **~ tower** tour *f* de contrôle. — **2** *vt (emotions)* maîtriser; *(animal, child)* se faire obéir de; *(vehicle, machine)* manier; *(traffic)* régler; *(prices, wages, immigration)* contrôler. **to ~ o.s.** se contrôler; **she can't ~ the children** elle n'a aucune autorité sur les enfants. ◆ **controller** *n* contrôleur *m*.

controversial [ˌkɒntrəˈvɜːʃəl] *adj* sujet (*f* -ette) à controverse. ◆ **controversy** *n* controverses *fpl*.

conurbation [ˌkɒnɜːˈbeɪʃən] *n* conurbation *f*.

convalesce [ˌkɒnvəˈles] *vi* se remettre (*from* de). **to be convalescing** être en convalescence. ◆ **convalescent** *adj, n* convalescent(e) *m(f)*. **~ home** maison *f* de convalescence.

convector [kənˈvektəʳ] *n* radiateur *m* à convection.

convene [kənˈviːn] — **1** *vt* convoquer. — **2** *vi* s'assembler.

convenience [kənˈviːnɪəns] — **1** *n* **(a)** commodité *f*. *(Comm)* **at your earliest ~** dans les meilleurs délais. **(b)** *(lavatory)* W.C. *mpl*. — **2** *adj:* **~ foods** aliments *mpl* à préparation rapide.

convenient [kənˈviːnɪənt] *adj (device)* commode, pratique; *(time)* qui convient; *(position)* bon (*f* bonne); *(event)* opportun. **will it be ~ for you to come tomorrow?** est-ce que cela vous convient de venir demain? ◆ **conveniently** *adv (happen)* fort à propos; *(situated etc)* bien. **very ~ he ...** heureusement, il ...

convent [ˈkɒnvənt] *n* couvent *m*. **~ school** couvent *m*.

convention [kənˈvenʃən] *n (meeting, agreement)* convention *f; (accepted behaviour)* usage *m*. ◆ **conventional** *adj (gen)* conventionnel (*f* -elle); *(weapons)* classique.

converge [kənˈvɜːdʒ] *vi* converger (*on* sur).

conversant [kənˈvɜːsənt] *adj:* **to be ~ with** s'y connaître en; *(facts)* être au courant de.

conversation [ˌkɒnvəˈseɪʃən] *n* conversation *f*. **in ~ with** en conversation avec.

converse [kənˈvɜːs] *vi:* **to ~ with sb about sth** s'entretenir avec qn de qch.

conversely [kɒnˈvɜːslɪ] *adv* inversement.

convert [ˈkɒnvɜːt] — **1** *n* converti(e) *m(f)*. — **2** [kənˈvɜːt] *vt* convertir (*into* en; *to* à); *(Rugby)* transformer; *(house)* aménager (*into* en). ◆ **conversion** *n* conversion *f;* transformation *f*. ◆ **converter** *n (electric)* convertisseur *m*. ◆ **convertible** *n (car)* décapotable *f*.

convex [ˈkɒnˈveks] *adj* convexe.

convey [kənˈveɪ] *vt (goods, people)* transporter; *(by pipeline etc)* amener; *(order, thanks)* transmettre (*to* à). **to ~ to sb that ...** faire comprendre à qn que ...; **words cannot ~ ...** les paroles ne peuvent traduire ... ◆ **conveyance** *n (of goods)* transport *m*. ◆ **conveyor** *n* transporteur *m*. **~ belt** tapis *m* roulant.

convict [ˈkɒnvɪkt] — **1** *n* forçat *m*. — **2** [kənˈvɪkt] *vt:* **to ~ sb of sth** reconnaître qn coupable de qch; **a ~ed murderer** un homme reconnu coupable de meurtre. ◆ **conviction** *n* **(a)** *(Law)* condamnation *f*. **(b)** conviction *f* (*that* que).

convince [kənˈvɪns] *vt* persuader (*of* de). **he ~d her that she should leave** il l'a persuadée de partir. ◆ **convincing** *adj* convaincant.

convoke [kənˈvəʊk] *vt* convoquer.

convoluted [ˈkɒnvəluːtɪd] *adj* compliqué.

convolvulus [kənˈvɒlvjʊləs] *n* liseron *m*.

convoy [ˈkɒnvɔɪ] *n* convoi *m*.

convulse [kənˈvʌls] *vt* ébranler. **to be ~d with laughter** se tordre de rire; **~d with pain** *etc* convulsé par la douleur *etc*. ◆ **convulsion** *n* convulsion *f*.

coo [kuː] *vti* roucouler.

cook [kʊk] — **1** *n* cuisinier *m* (*f* -ière). **she is a good ~** elle fait bien la cuisine. — **2** *vt* **(a)** *(food)* faire cuire. *(fig)* **to ~ the books*** truquer les comptes. **(b) to ~ up* an excuse** inventer une excuse. — **3** *vi (of food)* cuire; *(of person)* faire la cuisine. *(fig)* **what's ~ing?*** qu'est-ce qui se mijote?* ◆ **cookbook** *n* livre *m* de cuisine. ◆ **cooker** *n* cuisinière *f (fourneau)*. ◆ **cookery** *n* cuisine *f (activité)*. **~ book** livre *m* de cuisine. ◆ **cookie** *n*. gâteau *m* sec. ◆ **cooking** — **1** *n* cuisine *f (activité, nourriture)*. — **2** *adj (utensils)* de cuisine; *(apples, chocolate)* à cuire. **~ salt** gros sel *m*.

cool [kuːl] — **1** *adj (gen)* frais (*f* fraîche); *(soup, hot drink)* qui n'est plus chaud; *(dress)* léger (*f* -ère); *(calm)* calme; *(impertinent)* effronté; *(unfriendly etc)* froid (*towards* envers). *(Met)* **it is ~** il fait frais; **to keep in a ~ place** tenir au frais; **I feel ~ now** j'ai moins chaud maintenant. — **2** *n:* **in the ~ of the evening** dans la fraîcheur du soir; **to keep one's ~*** garder son sang-froid. — **3** *vt* (*also* **~ down**) *(air)* rafraîchir; *(food)* laisser refroidir. **~ it!*** calme-toi! — **4** *vi* **(a)** (*of food, liquid: also* **~ down**) refroidir. **(b)** *(fig)* **to ~ down, to ~ off** se calmer; **to ~ off towards sb** se refroidir envers qn. ◆ **cooling** *adj* rafraîchissant. **~-off period** période *f* de détente. ◆ **coolly** *adv (calmly)*

calmement; *(unenthusiastically)* avec froideur; *(impertinently)* sans la moindre gêne.
coop [ku:p] *vt:* **to ~ up** *(person)* enfermer; *(feelings)* refouler.
co-op ['kəʊ'ɒp] *n* (*abbr of* **cooperative**) coop* *f.*
cooperate [kəʊ'ɒpəreɪt] *vi* coopérer (*with sb* avec qn; *in sth* à qch; *to do* pour faire). ◆ **cooperation** *n* coopération *f.* ◆ **cooperative** — **1** *adj* coopératif. — **2** *n* coopérative *f.*
coordinate [kəʊ'ɔ:dnɪt] — **1** *n* coordonnée *f.* — **2** [kəʊ'ɔ:dɪneɪt] *vt* coordonner (*with* avec).
cop* [kɒp] *n (policeman)* flic* *m.*
cope [kəʊp] *vi* se débrouiller. **to ~ with** *(person)* s'occuper de; *(situation)* faire face à; *(problems: tackle)* affronter; *(solve)* venir à bout de. **she just can't ~ any more** elle est complètement dépassée.
copious ['kəʊpɪəs] *adj (food)* copieux (*f* -ieuse); *(amount)* abondant.
copper ['kɒpə^r] *n* **(a)** cuivre *m.* *(money)* **~s** la petite monnaie. **(b)** (*: *policeman*) flic* *m.*
copse [kɒps] *n* taillis *m.*
copy ['kɒpɪ] — **1** *n (gen)* copie *f; (Photo: print)* épreuve *f; (of book, newspaper)* exemplaire *m.* — **2** *vt* copier. ◆ **copier** *n* machine *f* à polycopier. ◆ **copyright** *n* droits *mpl* d'auteur.
coral ['kɒrəl] — **1** *n* corail *m.* — **2** *adj* de corail.
cord [kɔ:d] *n* **(a)** *(gen)* cordon *m; (electric)* fil *m* électrique. **(b)** *(corduroy)* velours *m* côtelé. **~s** *npl* pantalon *m* en velours côtelé.
cordial ['kɔ:dɪəl] *adj* cordial.
cordon ['kɔ:dn] — **1** *n* cordon *m.* — **2** *vt* (**~ off**) *(area)* interdire l'accès à.
corduroy ['kɔ:dərɔɪ] *n* velours *m* côtelé.
core [kɔ:^r] — **1** *n (of fruit)* trognon *m; (of earth, cable)* noyau *m; (of nuclear reactor)* cœur *m.* *(fig)* **English to the ~** anglais jusqu'à la moelle des os. — **2** *vt (fruit)* enlever le trognon de.
cork [kɔ:k] — **1** *n (substance)* liège *m; (in bottle etc)* bouchon *m.* **to pull the ~ out of** déboucher. — **2** *vt* boucher. ◆ **corked** *adj (wine)* qui sent le bouchon. ◆ **corkscrew** *n* tire-bouchon *m.*
corn[1] [kɔ:n] — **1** *n (gen)* grain *m; (Brit; wheat)* blé *m; (US: maize)* maïs *m.* **~ on the cob** épi *m* de maïs. — **2** *adj (oil)* de maïs. ◆ **cornflakes** *npl* céréales *fpl (pour petit déjeuner).* ◆ **cornflour** *n* maïzena *f* ®. ◆ **cornflower** *n* bleuet *m.*
corn[2] [kɔ:n] *n (on foot)* cor *m.*
corner ['kɔ:nə^r] — **1** *n (gen)* coin *m; (bend in road)* tournant *m.* *(fig)* **in a tight ~** dans le pétrin; **out of the ~ of his eye** du coin de l'œil; **it's just round the ~** *(lit)* c'est juste après le coin; *(fig: very near)* c'est à deux pas d'ici; **in every ~** dans tous les coins et recoins; **~ seat** place *f* de coin; **~ shop** boutique *f* du coin. — **2** *vt (hunted animal)* acculer; *(fig: catch sb to speak to etc)* coincer*. — **3** *vi* prendre un virage. ◆ **cornerstone** *n* pierre *f* angulaire.
cornet ['kɔ:nɪt] *n* cornet *m; (musical)* cornet *m* à pistons.
Cornish ['kɔ:nɪʃ] *adj* de Cornouailles.
Cornwall ['kɔ:nwəl] *n* Cornouailles *f.*
corny* ['kɔ:nɪ] *adj (joke, story)* rebattu.
corollary [kə'rɒlərɪ] *n* corollaire *m.*
coronary ['kɒrənərɪ] *adj, n:* **~ (thrombosis)** infarctus *m.*
coronation [,kɒrə'neɪʃən] *n* couronnement *m.*
corporal[1] ['kɔ:pərəl] *n* caporal-chef *m.*
corporal[2] ['kɔ:pərəl] *adj:* **~ punishment** châtiment *m* corporel.
corporation [,kɔ:pə'reɪʃən] *n (in commerce)* société *f* commerciale.
corps [kɔ:^r] *n* corps *m.*
corpse [kɔ:ps] *n* cadavre *m,* corps *m.*
corpulent ['kɔ:pjʊlənt] *adj* corpulent.
corpuscle ['kɔ:pʌsl] *n (in blood)* globule *m.*
correct [kə'rekt] — **1** *adj (accurate)* correct, exact; *(proper)* convenable, correct. **you are ~** vous avez raison; **the ~ procedure** la procédure d'usage. — **2** *vt* corriger. **I stand ~ed** je reconnais mon erreur. ◆ **correction** *n* correction *f.* ◆ **correctly** *adv* correctement.
correspond [,kɒrɪs'pɒnd] *vi* correspondre (*with or to sth* à qch; *with sb* avec qn). ◆ **correspondence** *n* correspondance *f.* **~ column** courrier *m* des lecteurs; **~ course** cours *m* par correspondance. ◆ **correspondent** *n* correspondant(e) *m(f).* ◆ **corresponding** *adj:* **the ~ period** la période correspondante; **a ~ period** une période analogue. ◆ **correspondingly** *adv (as a result)* en conséquence; *(proportionately)* proportionnellement.
corridor ['kɒrɪdɔ:^r] *n* couloir *m.*
corroborate [kə'rɒbəreɪt] *vt* corroborer.
corrode [kə'rəʊd] — **1** *vt* corroder. — **2** *vi* se corroder. ◆ **corrosion** *n* corrosion *f.*
corrugated iron ['kɒrəgeɪtɪd'aɪən] *n* tôle *f* ondulée.
corrupt [kə'rʌpt] — **1** *adj (evil)* corrompu; *(dishonest)* malhonnête. — **2** *vt* corrompre. ◆ **corruption** *n* corruption *f.*
corset ['kɔ:sɪt] *n* corset *m.*
Corsica ['kɔ:sɪkə] *n* Corse *f.*
cosh [kɒʃ] *n* matraque *f.*
cos lettuce [,kɒs'letɪs] *n* romaine *f (laitue).*
cosmetic [kɒz'metɪk] — **1** *adj* esthétique. — **2** *n:* **~s** produits *mpl* de beauté.
cosmopolitan [,kɒzmə'pɒlɪtən] *adj* cosmopolite.
cosmos ['kɒzmɒs] *n* cosmos *m.*
cost [kɒst] — **1** *vt* **(a)** (*pret, ptp* **cost**) coûter. **how much** *or* **what does it ~?** combien est-ce que cela coûte *or* vaut?; **what will it ~ to do it?** combien est-ce que cela coûtera de le faire?; **it ~ him a lot of money** cela lui a coûté cher; **it ~s the earth*** cela coûte les yeux de la tête; *(fig)* **whatever it ~s** coûte que coûte. **(b)** (*pret, ptp* **~ed**) évaluer le coût de. — **2** *n* coût *m.* **~ of living** coût de la vie; **to bear the ~ of** faire face aux frais *mpl* de; **at great ~** à grands frais; **at ~ price** au prix coûtant; *(fig)* **at all ~s, at any ~** à tout prix; **at the ~ of his life** au prix de sa vie; *(fig)* **to my ~** à mes dépens. ◆ **costly** *adj (valuable)* de grande valeur; *(expensive)* coûteux (*f* -euse).
costume ['kɒstju:m] *n (gen)* costume *m; (lady's suit)* tailleur *m.* **~ ball** bal *m* masqué; **~ jewellery** bijoux *mpl* fantaisie.
cosy ['kəʊzɪ] — **1** *adj (place)* douillet (*f* -ette). **it is ~ in here** on est bien ici. — **2** *n* (*tea* **~**) couvre-théière *m.*
cot [kɒt] *n* lit *m* d'enfant.
cottage ['kɒtɪdʒ] *n* petite maison *f* (à la campagne); *(thatched)* chaumière *f; (in holiday village etc)* villa *f.* **~ cheese** ≃ fromage *m* blanc *(maigre);* **~ hospital** petit hôpital *m.*
cotton ['kɒtn] — **1** *n (material)* coton *m; (sewing thread)* fil *m* (de coton). — **2** *adj (shirt, dress)* de coton. **~ wool** coton *m* hydrophile.
couch [kaʊtʃ] *n* divan *m; (in surgery)* lit *m.*

cough [kɒf] — **1** *n* toux *f*. **he has a bad ~** il tousse beaucoup. **~ mixture** sirop *m* pour la toux. — **2** *vti* tousser. **to ~ up** cracher en toussant; (*: *money*) cracher*.
could [kʊd] *V* **can¹**.
council ['kaʊnsl] *n* conseil *m*. **Security C~** Conseil de Sécurité; **town ~** conseil municipal; **~ flat** *or* **house** ≃ H.L.M. *m or f*; **~ housing** logements *mpl* sociaux. ◆ **councillor** *n* conseiller *m* (*f* -ère).
counsel ['kaʊnsl] — **1** *n* **(a)** (*pl inv: Law*) avocat(e) *m(f)*. **King's** *or* **Queen's C~** avocat de la couronne. **(b)** (*advice*) conseil *m*. **to keep one's own ~** garder ses opinions pour soi. — **2** *vt* conseiller (*sb to do* à qn de faire). ◆ **counsellor** *n* conseiller *m* (*f* -ère).
count¹ [kaʊnt] — **1** *n* **(a) at the last ~** la dernière fois qu'on a compté; **to be out for the ~** être K.-O.*; **to keep ~ of** tenir le compte de; **I've lost ~** je ne sais plus où j'en suis. **(b)** (*Law*) chef *m* d'accusation. — **2** *vti* (*all senses*) compter (*among* parmi). **to ~ the votes** dépouiller le scrutin; **~ing from the left** à partir de la gauche; **to ~ the cost** compter la dépense; (*fig*) faire le bilan; **no ~ing the children** sans compter les enfants; **I ~ it an honour** je m'estime honoré (*to do* de faire; *that* que + *subj*); **two children ~ as one adult** deux enfants comptent pour un adulte; **that doesn't ~** ça ne compte pas; **that ~s against him** cela est un désavantage; **you can ~ me out of it*** ne comptez pas sur moi là-dedans; **I'm ~ing on you** je compte sur vous; **to ~ on doing** compter faire. ◆ **countdown** *n* compte *m* à rebours. ◆ **countless** *adj* innombrable. **on ~ occasions** je ne sais combien de fois.
count² [kaʊnt] *n* (*nobleman*) comte *m*. ◆ **countess** *n* comtesse *f*.
countenance ['kaʊntɪnəns] *n* mine *f*, figure *f*.
counter¹ ['kaʊntəʳ] *n* **(a)** (*in shop, canteen*) comptoir *m*; (*position: in post office*) guichet *m*. **(b)** (*disc: in games etc*) jeton *m*. **(c)** (*device*) compteur *m*. **Geiger ~** compteur Geiger.
counter² ['kaʊntəʳ] — **1** *adv*: **~ to** à l'encontre de. — **2** *vi* riposter (*with* par).
counter... ['kaʊntəʳ] *pref* contre... *e.g.* **~-offensive** contre-offensive *f*. ◆ **counteract** *vt* neutraliser. ◆ **counter-attack** — **1** *n* contre-attaque *f*. — **2** *vti* contre-attaquer. ◆ **counterbalance** *vt* faire contrepoids à. ◆ **counter-espionage** *n* contre-espionnage *m*. ◆ **counterpart** *n* contrepartie *f*; (*person*) homologue *mf*. ◆ **counter-productive** *adj* inefficace. ◆ **countertenor** *n* haute-contre *m*.
counterfeit ['kaʊntəfiːt] — **1** *adj* faux (*f* fausse). — **2** *vt* contrefaire.
counterfoil ['kaʊntəfɔɪl] *n* talon *m*, souche *f*.
country ['kʌntrɪ] *n* (*gen*) pays *m*; (*native land*) patrie *f*; (*as opposed to town*) campagne *f*. **in the ~** à la campagne; **mountainous ~** une région montagneuse; **~ life** vie *f* à la campagne; (*election*) **to go to the ~** appeler le pays aux urnes; (*music*) **~ and western** country music *f*; **~ dancing** danse *f* folklorique; **~ house** manoir *m*; **~ road** petite route *f* de campagne. ◆ **countrified** *adj* rustique. ◆ **countryman** *n*: **fellow ~** compatriote *m*. ◆ **countryside** *n* campagne *f*. ◆ **countrywide** *adj* national.
county ['kaʊntɪ] *n* (*local government*) comté *m*, ≃ département *m*. **~ town** chef-lieu *m*.
coup [kuː] *n* coup *m* d'État.
couple ['kʌpl] *n* couple *m*. **a ~ of** (*two*) deux; (*two or three*) deux ou trois.
coupon ['kuːpɒn] *n* (*gen*) coupon *m* (*détachable*); (*offering price reductions etc*) bon *m*.
courage ['kʌrɪdʒ] *n* courage *m*. **I haven't the ~ to refuse** je n'ai pas le courage de refuser. ◆ **courageous** *adj* courageux (*f* -euse).
courier ['kʊrɪəʳ] *n* (*tourists*) guide *m*.
course [kɔːs] *n* **(a)** (*of life, disease*) cours *m*. **in the ~ of** au cours de, pendant. **(b) of ~** bien sûr; **of ~ not!** (*gen*) bien sûr que non!; (*refusing*) certainement pas! **(c)** (*route: of river*) cours *m*; (*of ship*) route *f*; (*thing to do: also* **~ of action**) possibilité *f*. **to set ~ for** mettre le cap sur; **to go off ~** faire fausse route; **to let sth take its ~** laisser qch suivre son cours. **(d)** (*class etc*) cours *m*. **to go to a French ~** suivre un cours de français. **(e)** (*golf* **~**) terrain *m* de golf; (*race* **~**) champ *m* de courses. **(f)** (*Culin*) plat *m*. **first ~** entrée *f*; **main ~** plat de résistance.
court [kɔːt] — **1** *n* **(a)** (*Law*) cour *f*, tribunal *m*; (**~** *room*) salle *f* du tribunal. **~ of appeal** cour d'appel; **to take sb to ~ over sth** poursuivre qn en justice à propos de qch. **(b)** (*of monarch*) cour *f* (royale); (*Tennis*) court *m*. — **2** *vt* (*woman*) faire la cour à. ◆ **courthouse** *n* palais *m* de justice. ◆ **courtier** *n* courtisan *m*, dame *f* de la cour. ◆ **court-martial** — **1** *n* conseil *m* de guerre. — **2** *vt* faire passer en conseil de guerre.
courteous ['kɜːtɪəs] *adj* courtois (*to* envers).
courtesy ['kɜːtɪsɪ] *n* courtoisie *f*. **by ~ of** avec la permission de.
cousin ['kʌzn] *n* cousin(e) *m(f)*.
cove [kəʊv] *n* crique *f*.
covenant ['kʌvɪnənt] *n* convention *f*.
Coventry ['kɒvəntrɪ] *n*: **to send sb to ~** mettre qn en quarantaine (*fig*).
cover ['kʌvəʳ] — **1** *n* **(a)** (*lid*) couvercle *m*; (*for furniture, typewriter*) housse *f*; (*for merchandise, vehicle etc*) bâche *f*; (*bed***~**) dessus-de-lit *m inv*; (*of book*) couverture *f*. (*bedclothes*) **the ~s** les couvertures *fpl*; (*mail*) **under separate ~** sous pli séparé. **(b)** (*shelter*) abri *m*. **to take ~** (*hide*) se cacher; (*shelter*) s'abriter (*from* de); **under ~** à l'abri; **under ~ of darkness** à la faveur de la nuit. **(c)** (*Insurance*) assurance *f*. **~ note** ≃ récépissé *m* (d'assurance). **(d)** (*in restaurant*) **~ charge** couvert *m*. — **2** *vti* **(a)** (*gen*) couvrir (*with* de). **to ~ a lot of ground** faire beaucoup de chemin; (*fig*) faire du bon travail; (*Insurance*) **~ed against fire** assuré contre l'incendie; (*with gun*) **to keep sb ~ed** tenir qn sous la menace du revolver; (*Sport*) **to ~ an opponent** marquer un adversaire; **in order to ~ all possibilities** pour parer à toute éventualité; **to ~ one's expenses** rentrer dans ses frais; **£5 will ~ everything** 5 livres payeront tout. **(b) to ~ up** (*gen*) recouvrir (*with* de); (*hide: truth etc*) dissimuler; **to ~ up for sb** couvrir qn. ◆ **coverage** *n* (*Press, TV*) reportage *m*. ◆ **covering** — **1** *n* couverture *f*; (*of snow, dust etc*) couche *f*. — **2** *adj* (*letter*) explicatif (*f* -ive). ◆ **cover-up** *n* tentatives *fpl* faites pour étouffer une affaire.
covet ['kʌvɪt] *vt* convoiter. ◆ **covetous** *adj* (*look*) de convoitise.
cow¹ [kaʊ] *n* vache *f*. **~ elephant** *etc* éléphant *m etc* femelle; (*fig*) **to wait till the ~s come home*** attendre jusqu'à la saint-glinglin*. ◆ **cowboy** *n* cow-boy *m*. ◆ **cowshed** *n* étable *f*.

cow² [kaʊ] *vt (person)* intimider.
coward ['kaʊəd] *n* lâche *mf*. ◆ **cowardice** *n* lâcheté *f*. ◆ **cowardly** *adj* lâche.
cower ['kaʊəʳ] *vi* se recroqueviller.
cowslip ['kaʊslɪp] *n* coucou *m (fleur)*.
cox [kɒks] — **1** *n* barreur *m*. — **2** *vti* barrer.
coy [kɔɪ] *adj (person)* qui fait le *or* la timide; *(smile)* de sainte nitouche *(pej)*.
crab [kræb] *n* crabe *m*; (**~ apple**) pomme *f* sauvage.
crack [kræk] — **1** *n* **(a)** *(split: gen)* fente *f*; *(in glass, bone etc)* fêlure *f*; *(in ground, skin)* crevasse *f*; *(in paint)* craquelure *f*. **at the ~ of dawn** au point du jour. **(b)** *(noise)* craquement *m*; *(of whip)* claquement *m*; *(of rifle, thunder)* coup *m*. **(c)** *(sharp blow)* **a ~ on the head** un grand coup sur la tête. **(d)** *(try)* **to have a ~ at doing sth*** essayer de faire qch. — **2** *adj (sportsman)* de première classe. **a ~ skier** un as du ski; **~ shot** tireur *m* d'élite. — **3** *vt* **(a)** *(glass, bone)* fêler; *(wall)* lézarder; *(ground)* crevasser; *(nut etc)* casser. **to ~ sb over the head** assommer qn. **(b)** *(whip)* faire claquer. **to ~ jokes*** faire des astuces*. **(c)** *(code etc)* déchiffrer; *(case)* résoudre. — **4** *vi* **(a)** *(of pottery, glass)* se fêler; *(of ground, skin)* se crevasser; *(of wall)* se lézarder; *(of whip)* claquer; *(of dry wood)* craquer. **to get ~ing*** se mettre au boulot*. **(b) to ~ up*** ne pas tenir le coup; **I must be ~ing up!*** ça ne tourne plus rond chez moi!* ◆ **cracker** *n (biscuit)* cracker *m*; *(firework)* pétard *m*. ◆ **crackers*** *adj* cinglé*. ◆ **crackpot*** *n* fou *m*, folle *f*.
crackle ['krækl] *vi (of twigs burning)* crépiter; *(of sth frying)* grésiller. ◆ **crackling** *n (sound)* crépitement *m*; *(Rad)* friture* *f*; *(food)* couenne *f* rissolée *(de porc)*.
cradle ['kreɪdl] *n* berceau *m*; *(of telephone)* support *m*. ◆ **cradlesong** *n* berceuse *f*.
craft [krɑːft] *n* **(a)** *(skill)* art *m*, métier *m*. **(b)** *(pl inv: boat)* embarcation *f*. ◆ **craftsman** *n* artisan *m*. ◆ **craftsmanship** *n* connaissance *f* d'un métier.
crafty ['krɑːftɪ] *adj* malin; *(gadget, action)* astucieux (*f* -ieuse). **he's a ~ one*** c'est un malin. ◆ **craftily** *adv* astucieusement.
crag [kræg] *n* rocher *m* escarpé.
cram [kræm] — **1** *vt (gen)* fourrer (*into* dans), bourrer (*with* de); *(people, passengers)* faire entrer (*into* dans); *(pupil)* faire bachoter. **we were all ~med into one room** nous étions tous entassés dans une seule pièce. — **2** *vi (of people)* s'entasser (*into* dans). **to ~ for an exam** bachoter.
cramp [kræmp] — **1** *n* crampe *f* (*in* à). — **2** *vt* gêner. ◆ **cramped** *adj (posture)* inconfortable; *(space)* resserré. **we were very ~** on était à l'étroit.
cranberry ['krænbərɪ] *n* canneberge *f*.
crane [kreɪn] — **1** *n (bird, machine)* grue *f*. — **2** *vt*: **to ~ one's neck** tendre le cou.
crank [kræŋk] — **1** *n (eccentric)* excentrique *mf*; *(religious)* fanatique *mf*. — **2** *vt* (**~ up**) *(car)* faire partir à la manivelle; *(cine-camera)* remonter. ◆ **crankshaft** *n* vilebrequin *m*. ◆ **cranky** *adj (eccentric)* excentrique.
crash [kræʃ] — **1** *n* **(a)** *(noise)* fracas *m*; *(of thunder)* coup *m*. **(b)** *(accident)* accident *m*. **in a car ~** dans un accident de voiture; **~ course** cours *m* intensif; **~ helmet** casque *m* (protecteur); *(of plane)* **~ landing** atterrissage *m* en catastrophe. **(c)** *(of company, firm)* faillite *f*. — **2** *vt*: **to ~ one's car** avoir un accident de voiture; **to ~ the car into a tree** percuter un arbre. — **3** *vi* **(a)** *(of aeroplane, vehicle)* s'écraser; *(two vehicles)* se percuter. **to ~ into sth** rentrer dans qch*, **the car ~ed through the gate** la voiture a enfoncé la barrière. **(b)** *(of bank, firm)* faire faillite.
crate [kreɪt] *n* caisse *f*.
crater ['kreɪtəʳ] *n (gen)* cratère *m*; *(bomb)* entonnoir *m*.
crave [kreɪv] *vti* **(a)** (**~ for**) *(drink, tobacco etc)* avoir un besoin maladif de; *(affection)* avoir soif de. **(b)** *(pardon)* implorer. ◆ **craving** *n* besoin *m* maladif (*for* de); *(for affection)* soif *f* (*for* de).
crawl [krɔːl] — **1** *vi (gen)* ramper; *(of vehicles)* avancer au pas; *(of child)* se traîner à quatre pattes. **to ~ in** entrer en rampant *or* à quatre pattes; *(fig)* **to ~ to sb** s'aplatir devant qn; **to ~ with vermin** grouiller de vermine. — **2** *n (Swimming)* crawl *n*. **to do the ~** nager le crawl.
crayfish ['kreɪfɪʃ] *n (freshwater)* écrevisse *f*; *(saltwater)* langouste *f*.
crayon ['kreɪən] *n (Art)* pastel *m*.
craze [kreɪz] *n* engouement *m* (*for* pour). ◆ **crazed** *adj (person)* affolé.
crazy ['kreɪzɪ] *adj (person)* fou (*f* folle); *(angle, slope)* incroyable; *(idea)* stupide; (*: *enthusiastic*) fana* (*f inv*) (*about sb/sth* de qn/qch). **to go ~** devenir fou; **he's ~ about her** il l'aime à la folie. ◆ **crazily** *adv* follement.
creak [kriːk] *vi (of door)* grincer; *(of shoes, floorboard)* craquer. ◆ **creaky** *adj* grinçant; qui craque.
cream [kriːm] — **1** *n* crème *f*. **double ~** crème fraîche épaisse; **chocolate ~** chocolat *m* fourré; **~ of tomato soup** crème de tomates. — **2** *adj (colour)* crème *inv*; (*made with* **~**) à la crème. **~ cheese** fromage *m* frais; **~ jug** pot *m* à crème. ◆ **creamy** *adj* crémeux (*f* -euse).
crease [kriːs] — **1** *n (gen)* pli *m*; *(unwanted)* faux pli. **~-resistant** infroissable. — **2** *vt* froisser. — **3** *vi* se froisser.
create [kriːˈeɪt] *vt (gen)* créer; *(impression, noise)* faire. **to ~ a sensation** faire sensation. ◆ **creation** *n* création *f*. ◆ **creative** *adj (mind, power)* créateur (*f* -trice); *(person, activity)* créatif (*f* -ive). ◆ **creativity** *n* créativité *f*. ◆ **creator** *n* créateur *m* (*f* -trice).
creature ['kriːtʃəʳ] *n (gen)* créature *f*.
credible ['kredɪbl] *adj* plausible.
credit ['kredɪt] — **1** *n* **(a)** *(money)* crédit *m*. **on ~** à crédit; **~ card** carte *f* de crédit; **~ facilities** facilités *fpl* de paiement; **on the ~ side** à l'actif; **~ squeeze** restrictions *fpl* de crédit. **(b)** *(merit)* **to his ~** à son honneur; **he is a ~ to his family** il fait honneur à sa famille; **to give sb ~ for (doing) sth** reconnaître que qn a fait qch; **it does you ~** cela vous fait honneur; *(Cinema)* **~s** générique *m*. — **2** *vt* **(a)** *(believe)* croire. **it is ~ed with having magic powers** on lui attribue des pouvoirs magiques. **(b)** *(Banking)* **to ~ £5 to sb, to ~ sb with £5** créditer le compte de qn de 5 livres. ◆ **creditable** *adj* honorable. ◆ **creditor** *n* créancier *m* (*f* -ière).
credulous ['kredjʊləs] *adj* crédule.
creed [kriːd] *n* credo *m*.
creep [kriːp] *pret, ptp* **crept** — **1** *vi (gen)* ramper; *(move silently)* se glisser. **to ~ in** *etc* entrer *etc* sans un bruit; **to ~ up on sb** *(person)* s'approcher de qn à pas de loup; *(old age etc)* prendre qn par surprise. — **2** *n*: **it gives me the ~s*** cela me donne la chaire de poule. ◆ **creep-**

er *n* plante *f* rampante. ◆ **creepy** *adj* qui donne la chair de poule. ◆ **creepy-crawly*** *n* petite bestiole *f*.

cremate [krɪ'meɪt] *vt* incinérer *(un cadavre)*. ◆ **cremation** *n* incinération *f*. ◆ **crematorium** *n* crématorium *m*.

creosote ['krɪəsəʊt] *n* créosote *f*.

crêpe [kreɪp] *n* crêpe *m*. ~ **bandage** bande *f* Velpeau ®; ~ **paper** papier *m* crêpon.

crept [krept] *V* **creep**.

crescent ['kresnt] *n* croissant *m; (street)* rue *f (en arc de cercle)*.

cress [kres] *n* cresson *m*.

crest [krest] *n (gen)* crête *f; (of road)* haut *m* de côte; *(of family)* armoiries *fpl* familiales. ◆ **crestfallen** *adj* découragé.

Crete [kri:t] *n* Crète *f*.

crevice ['krevɪs] *n* fissure *f*.

crew [kru:] *n (on ship, plane)* équipage *m; (elsewhere)* équipe *f*. ◆ **crew-cut** *n:* **to have a** ~ avoir les cheveux en brosse.

crib [krɪb] — **1** *n* lit *m* d'enfant; *(Rel)* crèche *f*. — **2** *vti (in school)* copier *(illicitement)*.

crick [krɪk] *n:* ~ **in the neck** torticolis *m;* ~ **in the back** tour *m* de reins.

cricket¹ ['krɪkɪt] *n (insect)* grillon *m*.

cricket² ['krɪkɪt] *n (Sport)* cricket *m*.

crime [kraɪm] *n* crime *m*. **minor** ~ délit *m;* ~ **wave** vague *f* de crimes.

criminal ['krɪmɪnl] — **1** *n* criminel(le) *m(f)*. — **2** *adj* criminel *(f* -elle). *(fig)* **it's** ~ **to stay indoors today** c'est un crime de rester enfermé aujourd'hui; **the C~ Investigation Department** *(abbr* **CID)** la police judiciaire, la P.J.

crimp [krɪmp] *vt (hair)* frisotter.

crimson ['krɪmzn] *adj* cramoisi.

cringe [krɪndʒ] *vi* avoir un mouvement de recul *(from* devant).

crinkle ['krɪŋkl] *vt* chiffonner.

cripple ['krɪpl] — **1** *n (lame)* estropié(e) *m(f); (disabled)* invalide *mf*. — **2** *vt* estropier; *(plane etc)* désemparer; *(production etc)* paralyser. **crippling taxes** impôts *mpl* écrasants.

crisis ['kraɪsɪs] *n, pl* **crises** ['kraɪsi:z] crise *f; (fig)* problème *m* urgent. **to come to a** ~ atteindre un point critique.

crisp [krɪsp] — **1** *adj (biscuit)* croustillant; *(vegetables)* croquant; *(snow, paper)* craquant; *(linen)* apprêté; *(weather, reply)* vif *(f* vive). — **2** *n:* **(potato) ~s** chips *fpl;* **packet of ~s** sachet *m* de chips. ◆ **crispbread** *n* pain *m* scandinave.

criss-cross ['krɪskrɒs] — **1** *vt* entrecroiser *(by* de). — **2** *vi* s'entrecroiser.

criterion [kraɪ'tɪərɪən] *n, pl* **-ia** critère *m*.

critic ['krɪtɪk] *n (of books etc)* critique *m; (faultfinder)* détracteur *m (f* -trice). ◆ **critical** *adj* critique. ◆ **critically** *adv (assessing)* en critique; *(condemning)* sévèrement. ~ **ill** gravement malade. ◆ **criticism** *n* critique *f*. ◆ **criticize** *vt* critiquer.

croak [krəʊk] *vi (of frog)* coasser; *(of person)* parler d'une voix rauque.

crochet ['krəʊʃeɪ] — **1** *n* travail *m* au crochet. ~ **hook** crochet *m*. — **2** *vi* faire du crochet.

crockery ['krɒkərɪ] *n* vaisselle *f*.

crocodile ['krɔkədaɪl] *n* crocodile *m*.

crocus ['krəʊkəs] *n* crocus *m*.

croft [krɒft] *n* petite ferme *f*.

crony* ['krəʊnɪ] *n* copain* *m*, copine* *f*.

crook [krʊk] *n (thief)* escroc *m*.

crooked ['krʊkɪd] *adj (bent)* courbé; *(dishonest)* malhonnête. **the picture is** ~ le tableau est de travers.

crooner ['kru:nə[r]] *n* chanteur *m (f* -euse) de charme.

crop [krɒp] — **1** *n (thing produced)* culture *f*. **a good** ~ *(gen)* une bonne récolte *f; (cereals)* une bonne moisson *f;* **the ~s** la récolte; ~ **spraying** pulvérisation *f* des cultures. — **2** *vti* **(a)** *(hair)* tondre. **~ped hair** cheveux *mpl* coupés ras. **(b) to** ~ **up** se présenter; **something's ~ped up** il s'est passé quelque chose.

croquet ['krəʊkeɪ] *n* croquet *m*.

cross [krɒs] — **1** *n* **(a)** croix *f*. **(b)** *(mixture)* hybride *m*. **it's a** ~ **between a novel and a poem** cela tient du roman et du poème. **(c) on the** ~ en biais. — **2** *adj* **(a)** *(angry)* de mauvaise humeur. **to be** ~ **with sb** être fâché contre qn; **to get** ~ **with sb** se fâcher contre qn; **don't be** ~ **with me** ne m'en veuillez pas. **(b)** *(diagonal)* transversal, diagonal. — **3** *vt* **(a)** *(gen)* traverser; *(barrier, ditch)* franchir. **it ~ed my mind that ...** il m'est venu à l'esprit que ...; *(fig)* **to** ~ **sb's path** se trouver sur le chemin de qn. **(b)** *(letter T, cheque)* barrer. **to** ~ **off, to** ~ **out** rayer, barrer. **(c)** *(arms)* croiser. **to** ~ **o.s.** se signer; **keep your fingers ~ed for me*** fais une petite prière pour moi; *(telephone)* **the lines are ~ed** les lignes sont embrouillées. **(d)** *(thwart)* contrecarrer. **(e)** *(animals)* croiser *(with* avec). — **4** *vi* **(a)** (~ **over**) traverser; *(by boat)* faire la traversée. **(b)** *(of roads, letters)* se croiser. ◆ **cross-Channel ferry** *n* ferry *m* qui traverse la Manche. ◆ **cross-check** *vti* vérifier par contre-épreuve. ◆ **cross-country** *n (race)* cross-country *m*. ◆ **cross-examine** *vt* interroger de façon serrée. ◆ **cross-eyed** *adj* qui louche. ◆ **crossing** *n* traversée *f;* *(level* ~) passage *m* à niveau; *(pedestrian* ~) passage *m* clouté. ◆ **cross-legged** *adv* les jambes croisées. ◆ **crossly** *adv* avec humeur. ◆ **cross-purposes** *npl:* **to be at** ~ **with sb** comprendre qn de travers. ◆ **crossroads** *n* carrefour *m*. ◆ **cross-section** *n (fig)* échantillon *m*. ◆ **cross-word puzzle** *n* mots *mpl* croisés.

crotch [krɒtʃ] *n (on garment)* entre-jambes *m inv*.

crotchet ['krɒtʃɪt] *n (Music)* noire *f*.

crotchety ['krɒtʃɪtɪ] *adj* grincheux *(f* -euse).

crouch [kraʊtʃ] *vi* (~ **down**) s'accroupir; *(before springing)* se ramasser.

crow¹ [krəʊ] *n (bird)* corneille *f*. **as the** ~ **flies** à vol d'oiseau; *(wrinkles)* **~'s feet** pattes *fpl* d'oie *(rides); (on ship)* **~'s nest** nid *m* de pie. ◆ **crowbar** *n* pince *f* à levier.

crow² [krəʊ] *vi (of cock)* chanter; *(of baby)* gazouiller; *(of victor)* chanter victoire *(over sb* sur qn).

crowd [kraʊd] — **1** *n* foule *f*. **in ~s** en foule; **there was quite a** ~ il y avait beaucoup de monde; **~s of** des masses* *fpl* de; **he's one of our ~*** il fait partie de notre bande. — **2** *vti:* **to** ~ **into** s'entasser dans; **to** ~ **together** se serrer; **to** ~ **round sb** se presser autour de qn; **all ~ed together** très serrés. ◆ **crowded** *adj* plein *(with* de).

crown [kraʊn] — **1** *n (gen)* couronne *f; (of road)* milieu *m*. ~ **jewels** joyaux *mpl* de la couronne; ~ **prince** prince *m* héritier. — **2** *vt* couronner *(with* de); (*: *hit)* flanquer* un coup sur la tête à. **and to** ~ **it all*** et pour couronner le tout. ◆ **crowning** *adj (fig)* suprême.

crucial ['kru:ʃəl] *adj* crucial.

crucifix ['kru:sɪfɪks] *n* crucifix *m*. ◆ **crucifixion** *n* crucifixion *f*.
crucify ['kru:sɪfaɪ] *vt* crucifier.
crude [kru:d] *adj (gen)* grossier (*f* -ière); *(piece of work)* mal fini; *(oil etc)* brut. **he made a ~ attempt at building ...** il a essayé tant bien que mal de construire ... ◆ **crudely** *adv* grossièrement. **to put it ~ ...** pour dire les choses crûment...
cruel ['krʊəl] *adj* cruel (*f* cruelle) (*to* envers). ◆ **cruelly** *adv* cruellement. ◆ **cruelty** *n* cruauté *f* (*to* envers).
cruet ['kru:ɪt] *n* salière *f* et poivrier *m*.
cruise [kru:z] — **1** *vi (of ship)* croiser; *(passengers)* être en croisière; *(taxi)* être en maraude. **cruising speed** vitesse *f* de croisière. — **2** *n* croisière *f*. **to go on** *or* **for a ~** faire une croisière. ◆ **cruiser** *n* croiseur *m*.
crumb [krʌm] *n* miette *f*. **~s!*** zut alors!*
crumble [krʌmbl] — **1** *vt (bread)* émietter; *(earth)* effriter. — **2** *vi (of bread)* s'émietter; *(of plaster)* s'effriter; *(of rock)* s'ébouler.
crumple ['krʌmpl] *vt* froisser; (**~ up**) chiffonner; *(into a ball)* faire une boule de.
crunch [krʌntʃ] — **1** *vt* croquer. — **2** *n* craquement *m*. *(fig)* **when the ~* comes** au moment crucial. ◆ **crunchy** *adj* croquant.
crusade [kru:'seɪd] *n* croisade *f*. ◆ **crusader** *n (fig)* militant(e) *m(f)*.
crush [krʌʃ] — **1** *vt (gen)* écraser; *(snub)* rabrouer. **to ~ to a pulp** réduire en pulpe. — **2** *vi (of clothes)* se froisser. — **3** *n* **(a)** *(crowd)* cohue *f*. **~ barrier** barrière *f* de sécurité. **(b) to have a ~ on sb*** avoir le béguin* pour qn. ◆ **crushed** *adj (dress)* froissé; *(people)* tassés. ◆ **crushing** *adj (defeat)* écrasant; *(reply)* percutant. ◆ **crush-resistant** *adj* infroissable.
crust [krʌst] *n* croûte *f*. ◆ **crusty** *adj* croustillant; *(fig: grumpy)* hargneux (*f* -euse).
crutch [krʌtʃ] *n* **(a)** béquille *f*. **(b) = crotch.**
crux [krʌks] *n* point *m* crucial.
cry [kraɪ] — **1** *n* cri *m*. **to give a ~** pousser un cri. — **2** *vti* **(a)** *(weep)* pleurer (*about, over* sur; *with* de). **to ~ one's eyes out** pleurer toutes les larmes de son corps; **to laugh till one cries** rire aux larmes; **it's no use ~ing over spilt milk** ce qui est fait est fait. **(b)** (**~ out**) *(inadvertently)* pousser un cri; *(deliberately)* s'écrier. **to ~ out for mercy** implorer la pitié. **(c) to ~ off*** se décommander. ◆ **crying** — **1** *adj (need)* pressant. **it's a ~ shame** c'est une honte. — **2** *n (weeping)* pleurs *mpl*.
crypt [krɪpt] *n* crypte *f*.
cryptic(al) ['krɪptɪk(əl)] *adj* énigmatique.
crystal ['krɪstl] *n* cristal *m*. **~ ball** boule *f* de cristal. ◆ **crystal-clear** *adj* clair comme le jour. ◆ **crystallized fruits** *npl* fruits *mpl* confits.
cub [kʌb] *n* petit(e) *m(f)*. **wolf ~** jeune loup *m*. **~ reporter** jeune reporter *m*; **~ scout** louveteau *m (scout)*.
Cuba ['kju:bə] *n* Cuba *m*. **in ~** à Cuba.
cubbyhole ['kʌbɪhəʊl] *n* cagibi *m*.
cube [kju:b] — **1** *n* cube *m*. *(food)* **to cut into ~s** couper en dés. — **2** *vt* cuber.
cubic ['kju:bɪk] *adj (shape)* cubique; *(yard, metre)* cube. **~ capacity** volume *m*.
cubicle ['kju:bɪkəl] *n (in hospital, dormitory)* box *m*; *(swimming baths)* cabine *f*.
cuckoo ['kʊku:] — **1** *n* coucou *m (oiseau)*. **~ clock** coucou *m (pendule)*. — **2** *adj* (*: *mad*) toqué*.
cucumber ['kju:kʌmbəʳ] *n* concombre *m*.
cuddle ['kʌdl] — **1** *vt* serrer dans ses bras. — **2** *vi*: **to kiss and ~** se caresser; **to ~ down** se pelotonner. ◆ **cuddly** *adj (child)* caressant; *(toy)* doux (*f* douce).
cudgel ['kʌdʒəl] *n* gourdin *m*.
cue [kju:] *n* **(a)** *(words)* réplique *f*; *(sign)* signal *m*. *(fig)* **to take one's ~ from sb** emboîter le pas à qn *(fig.)* **(b)** *(Billiards)* queue *f* de billard.
cuff [kʌf] *n* **(a)** manchette *f*. **~ link** bouton *m* de manchette; *(fig)* **off the ~** impromptu. **(b)** *(blow)* gifle *f*.
cul-de-sac ['kʌldə'sæk] *n* cul-de-sac *m*.
culinary ['kʌlɪnərɪ] *adj* culinaire.
cull [kʌl] *n*: **seal ~** abattage *m* sélectif des phoques.
culminate ['kʌlmɪneɪt] *vi*: **to ~ in** se terminer par; *(be cause of)* mener à. ◆ **culmination** *n* point *m* culminant.
culprit ['kʌlprɪt] *n* coupable *mf*.
cult [kʌlt] *n* culte *m*. **~ figure** idole *f*.
cultivate ['kʌltɪveɪt] *vt* cultiver. ◆ **cultivated** *adj* cultivé. ◆ **cultivation** *n* culture *f*. ◆ **cultivator** *n* motoculteur *m*.
cultural ['kʌltʃərəl] *adj* culturel (*f* -elle).
culture ['kʌltʃəʳ] *n* culture *f*. ◆ **cultured** *adj (person)* cultivé; *(voice)* distingué; *(pearl)* de culture.
cumbersome ['kʌmbəsəm] *adj* encombrant.
cumulative ['kju:mjʊlətɪv] *adj* cumulatif (*f* -ive).
cunning ['kʌnɪŋ] — **1** *n* ruse *f*. — **2** *adj (scheming)* rusé; *(clever)* astucieux (*f* -ieuse). ◆ **cunningly** *adv* avec ruse; astucieusement.
cup [kʌp] *n* **(a)** tasse *f*; *(of bra)* bonnet *m* (de soutien-gorge). **~ of tea** tasse de thé; **tea ~** tasse à thé; *(fig)* **that's just his ~ of tea*** c'est tout à fait à son goût. **(b)** *(Sport: prize)* coupe *f*. **~ final** finale *f* de la coupe; **~-tie** match *m* de coupe. ◆ **cupful** *n* tasse *f (contenu)*.
cupboard ['kʌbəd] *n* placard *m*.
cuppa* ['kʌpə] *n* tasse *f* de thé.
curate ['kjʊərɪt] *n* vicaire *m*.
curator [kjʊə'reɪtəʳ] *n* conservateur *m (d'un musée etc)*.
curb [k'ɜ:b] *vt (feeling etc)* refréner; *(expenditure)* réduire.
curdle ['kɜ:dl] *vi* se cailler.
curd cheese ['kɜ:d'tʃi:z] *n* ≃ fromage *m* blanc.
cure [kjʊəʳ] — **1** *vt* **(a)** *(gen)* guérir (*of* de); *(injustice)* réparer; *(an evil)* remédier à. **to ~ sb of a habit** faire perdre une habitude à qn. **(b)** *(food: salt)* saler; *(smoke)* fumer; *(skins)* traiter. — **2** *n (remedy)* remède *m*; *(recovery)* guérison *f*.
curfew ['kɜ:fju:] *n* couvre-feu *m*.
curio ['kjʊərɪəʊ] *n* bibelot *m*.
curiosity [,kjʊərɪ'ɒsɪtɪ] *n* curiosité *f* (*about* de). **~ shop** magasin *m* de curiosités.
curious ['kjʊərɪəs] *adj* curieux (*f* -ieuse) (*about* de). ◆ **curiously** *adv (inquisitively)* avec curiosité; *(oddly)* curieusement.
curl [kɜ:l] — **1** *n (of hair)* boucle *f*. — **2** *vti* **(a)** *(of hair)* boucler; *(tightly)* friser; **(b) to ~ up** *(gen)* s'enrouler; *(of person)* se pelotonner; *(of cat, dog)* se coucher en rond; **to ~ up with laughter** se tordre de rire. ◆ **curler** *n* rouleau *m (bigoudi)*. ◆ **curly** *adj (hair)* bouclé; *(tightly)* frisé. **~-haired** aux cheveux bouclés.
currant ['kʌrənt] *n* groseille *f*; *(dried fruit)* raisin *m* de Corinthe.
currency ['kʌrənsɪ] *n* monnaie *f*; *(money)* argent *m*. **foreign ~** devise *f or* monnaie étrangère.

current ['kʌrənt] — **1** *adj (at this time: events, tendency)* actuel (*f* -elle); *(year, week)* en cours; *(common, general: use, expression)* courant. *(Bank)* **~ account** compte *m* courant; **~ affairs** questions *fpl* d'actualité; **his ~ job** le travail qu'il fait en ce moment. — **2** *n* courant *m*. ◆ **currently** *adv* actuellement, en ce moment.
curriculum [kəˈrɪkjʊləm] *n* programme *m* (d'études). **~ vitae** curriculum vitae *m*.
curry [kʌrɪ] *n* curry *m*.
curse [kɜːs] — **1** *n* malédiction *f*; *(swearword)* juron *m*. **~s!*** zut!*; **the ~ of poverty** le fléau de la pauvreté; *(menstruation)* **she has the ~*** elle a ses règles *fpl*. — **2** *vt* maudire. *(fig)* **~d with** affligé de. — **3** *vi (swear)* jurer.
cursory ['kɜːsərɪ] *adj* hâtif (*f* -ive).
curt [kɜːt] *adj* brusque, sec (*f* sèche). ◆ **curtly** *adv* sèchement.
curtail [kɜːˈteɪl] *vt (gen)* écourter; *(expenses)* réduire.
curtain ['kɜːtn] *n* rideau *m*. **to draw the ~s** tirer les rideaux.
curts(e)y ['kɜːtsɪ] — **1** *n* révérence *f*. — **2** *vi* faire une révérence (*to* à).
curve [kɜːv] — **1** *n (gen)* courbe *f*; *(in road)* tournant *m*. — **2** *vt (gen)* courber. — **3** *vi (gen)* se courber; *(of road, line etc)* faire une courbe. ◆ **curved** *adj* courbe.
cushion ['kʊʃən] — **1** *n* coussin *m*. — **2** *vt (seat)* rembourrer; *(shock)* amortir.
cuss* [kʌs] — **1** *n* juron *m*. — **2** *vi* jurer.
custard ['kʌstəd] *n (pouring)* crème *f* anglaise; *(set)* crème renversée. **~ tart** flan *m*.
custodian [kʌsˈtəʊdɪən] *n (gen)* gardien(ne) *m(f)*; *(museum)* conservateur *m* (*f* -trice).
custody ['kʌstədɪ] *n* garde *f*. **in safe ~** sous bonne garde; **in the ~ of** sous la garde de; **to take sb into ~** mettre qn en détention préventive.
custom ['kʌstəm] *n* **(a)** coutume *f*, habitude *f*. **it was his ~ to go...** il avait l'habitude d'aller... **(b) the ~s** la douane; **to go through the ~s** passer la douane; **~s duty** droits *mpl* de douane; **~s officer** douanier *m*. ◆ **customary** *adj* coutumier (*f* -ière).
customer ['kʌstəməʳ] *n* client(e) *m(f)*. **he's an awkward ~*** il n'est pas commode.
cut [kʌt] (*vb: pret, ptp* **cut**) — **1** *n* **(a)** *(stroke)* coup *m*; *(mark, slit)* coupure *f*; *(notch)* entaille *f*. **he is a ~ above the others** il vaut mieux que les autres. **(b)** *(reduction)* réduction *f* (*in* de); *(in book)* coupure *f*. **power ~** coupure de courant. **(c)** *(of meat: piece)* morceau *m*; *(slice)* tranche *f*. **a ~ in the profits*** une part du gâteau*. **(d)** *(of clothes)* coupe *f*. — **2** *adj (flowers)* coupé. **~ glass** cristal *m* taillé; **~ prices** prix *mpl* réduits; **~ and dried opinions** opinions toutes faites. — **3** *vti* **(a)** *(gen)* couper; *(joint of meat)* découper; *(cards)* couper; *(shape: jewel)* tailler; *(channel)* creuser; *(record)* graver; *(trim: hedge)* tailler; *(corn)* faucher; *(lawn)* tondre. **to ~ one's finger** se couper le doigt; **to ~ sb's throat** couper la gorge à qn; **to ~ open** ouvrir avec un couteau (*or* avec des ciseaux *etc*); **to get one's hair ~** se faire couper les cheveux; **to ~ along the dotted line** découper selon le pointillé; **to ~ sth away** enlever qch en coupant; **to ~ sth out** *(gen)* découper qch; *(statue, coat)* tailler; *(details, bad habit)* supprimer; *(fig)* **to be ~ out for sth** être fait pour qch; **~ it out!*** ça suffit!; **to ~ sth up** *(gen)* couper; *(chop up)* hacher; *(fig)* **to be ~ up about sth** être très affecté par qch; *(hurt)* être très embêté* par qch; **to ~ sb free** délivrer qn en coupant ses liens; **to ~ sth off** couper qch (*from* dans); *(fig)* **to ~ off one's nose to spite one's own face** agir contre son propre intérêt par dépit; **our water supply has been ~ off** on nous a coupé l'eau; *(during telephone call)* **we were ~ off** nous avons été coupés; **to feel ~ off** se sentir isolé; **to ~ short** *(story)* abréger; *(visit)* écourter; *(speaker)* couper la parole à; **to ~ a long story short...** bref...; **to ~ one's way through** s'ouvrir un chemin à travers; **to ~ across country** couper à travers champs; *(of child)* **to ~ a tooth** percer une dent; *(fig)* **to ~ it fine** compter un peu juste; **that ~s no ice with me** ça ne m'impressionne guère; **to ~ a corner** *(of car)* prendre un virage à la corde; *(fig)* **to ~ corners** prendre des raccourcis; **to ~ in** *(of car)* se rabattre; *(of speaker)* se mêler à la conversation. **(b)** (*reduce: also* **~ back, ~ down**) réduire; *(book)* faire des coupures dans. **to ~ down on** *(food)* acheter moins de; *(cigarettes)* fumer moins de; *(expenditure)* réduire; *(fig)* **to ~ sb down to size*** remettre qn à sa place. **(c)** (*: *avoid: appointment*) manquer exprès; *(class)* sécher*. ◆ **cutback** *n (in expenditure etc)* réduction *f* (*in* de). ◆ **cut-price** *adj (goods)* au rabais. ◆ **cutter** *n (tool)* coupoir *m*; *(boat)* vedette *f*. ◆ **cut-throat** — **1** *n* assassin *m*. — **2** *adj (competition)* acharné. ◆ **cutting** — **1** *n (gen)* coupe *f*; *(cleared way: for road, railway)* tranchée *f*; *(press ~)* coupure *f*. — **2** *adj (wind)* glacial; *(rain, words)* cinglant. **the ~ edge** le tranchant.
cute* [kjuːt] *adj (attractive)* mignon (*f* -onne); *(clever)* futé.
cuticle ['kjuːtɪkl] *n* petites peaux *fpl (de l'ongle)*.
cutlery ['kʌtlərɪ] *n* couverts *mpl*.
cutlet ['kʌtlɪt] *n* côtelette *f*.
cuttlefish ['kʌtlfɪʃ] *n* seiche *f*.
cyanide ['saɪənaɪd] *n* cyanure *m*.
cyclamen ['sɪkləmən] *n* cyclamen *m*.
cycle ['saɪkl] — **1** *n* **(a)** vélo *m*. **(b)** *(poems etc)* cycle *m*. — **2** *vi* faire du vélo. **he ~s to school** il va à l'école en vélo. — **3** *adj (path)* cyclable; *(race)* cycliste. **~ rack** râtelier *m* à bicyclettes; **~ shed** abri *m* à bicyclettes. ◆ **cycling** — **1** *n* cyclisme *m*. — **2** *adj (holiday)* à bicyclette. ◆ **cyclist** *n* cycliste *mf*.
cyclone ['saɪkləʊn] *n* cyclone *m*.
cylinder ['sɪlɪndəʳ] *n* cylindre *m*. **~ head** culasse *f*. ◆ **cylindrical** *adj* cylindrique.
cymbal ['sɪmbəl] *n* cymbale *f*.
cynic ['sɪnɪk] *n* cynique *mf*. ◆ **cynical** *adj* cynique. ◆ **cynicism** *n* cynisme *m*.
cypress ['saɪprɪs] *n* cyprès *m*.
Cyprus ['saɪprəs] *n* Chypre *f*. **in ~** à Chypre. ◆ **Cypriot** — **1** *adj* cypriote. — **2** *n* Cypriote *mf*.
cyst [sɪst] *n* kyste *m*. ◆ **cystitis** *n* cystite *f*.
Czech [tʃek] — **1** *adj* tchèque. — **2** *n* Tchèque *mf*; *(language)* tchèque *m*. ◆ **Czechoslovakia** *n* Tchécoslovaquie *f*. ◆ **Czechoslovak(ian)** — **1** *adj* tchécoslovaque. — **2** *n* Tchécoslovaque *mf*.

D

D, d [diː] *n* D, d *m; (Music)* ré *m*. **D-day** le jour J.

dab [dæb] — **1** *n:* **a ~ of** un petit peu de; *(of paint)* un petit coup de. — **2** *vt (gen)* tamponner. **to ~ sth on sth** appliquer qch à petits coups sur qch.

dabble ['dæbl] *vi* s'occuper un peu (*in* de).

dachshund ['dækshʊnd] *n* teckel *m*.

dad* [dæd], **daddy*** ['dædɪ] *n* papa *m*. ◆ **daddy-long-legs** *n, pl inv* faucheux *m*.

daffodil ['dæfədɪl] *n* jonquille *f*.

daft [dɑːft] *adj* stupide, idiot.

dagger ['dægəʳ] *n* dague *f*. **at ~s drawn** à couteaux tirés (*with* avec).

dahlia ['deɪlɪə] *n* dahlia *m*.

daily ['deɪlɪ] — **1** *adj (task, walk, paper)* quotidien (*f* -ienne); *(per day: output, wage)* journalier (*f* -ière). — **2** *adv* tous les jours. — **3** *n* (**~ paper**) quotidien *m;* (**~ help**) femme *f* de ménage.

dainty ['deɪntɪ] *adj (figure)* menu; *(blouse)* délicat; *(child)* mignon (*f* -onne).

dairy ['dɛərɪ] — **1** *n (on farm)* laiterie *f; (shop)* crémerie *f*. — **2** *adj (gen)* laitier (*f* -ière); *(ice cream)* fait à la crème. **~ butter** beurre *m* fermier; **~ farming** industrie *f* laitière. ◆ **dairyman** *n* employé *m* de laiterie; crémier *m*.

daisy ['deɪzɪ] *n* pâquerette *f; (cultivated)* marguerite *f*.

dam [dæm] — **1** *n (wall)* barrage *m* (de retenue); *(water)* réservoir *m*. — **2** *vt* endiguer.

damage ['dæmɪdʒ] — **1** *n* dégâts *mpl*, *(fig)* tort *m*. **it did a lot of ~** *(to house etc)* cela a fait de gros dégâts; *(to cause etc)* cela a fait beaucoup de tort; **there's no ~ done** il n'y a pas de mal; *(Law)* **~s** dommages *mpl* et intérêts *mpl*. — **2** *vt (object)* endommager; *(eyesight, health)* abîmer; *(reputation, cause)* faire du tort à.

dame [deɪm] *n* dame *f*.

damn* [dæm] — **1** *excl* merde!* — **2** *vt:* **~ him!** qu'il aille se faire fiche!* — **3** *n:* **I don't give a ~** je m'en fiche pas mal*. — **4** *adj* fichu* *(before n)*. — **5** *adv* rudement*. **~ all** strictement rien. ◆ **damnation** — **1** *n* damnation *f*. — **2** *excl* (*) merde!* ◆ **damned*** *adj* fichu* *(before n)*. **well I'll be ~!** c'est trop fort! ◆ **damning** *adj* accablant.

damp [dæmp] — **1** *adj (gen)* humide; *(skin)* moite. — **2** *n* humidité *f*. — **3** *vt (also* **dampen:** *lit)* humecter; *(enthusiasm)* refroidir. **to ~ sb's spirits** décourager qn. ◆ **dampness** *n* humidité *f*.

damson ['dæmzən] *n* prune *f* de Damas.

dance [dɑːns] — **1** *n* danse *f; (social gathering)* soirée *f* dansante. — **2** *vti* danser. *(fig)* **to ~ in** *etc* entrer *etc* joyeusement. — **3** *adj (hand, music)* de danse. **~ hall** dancing *m*. ◆ **dancer** *n* danseur *m* (*f* -euse). ◆ **dancing** *n* danse *f*.

dandelion ['dændɪlaɪən] *n* pissenlit *m*.

dandruff ['dændrəf] *n* pellicules *fpl*.

Dane [deɪn] *n* Danois(e) *m(f)*.

danger ['deɪndʒəʳ] *n* danger *m* (*to* pour). **in ~** en danger; **out of ~** hors de danger; **he was in ~ of losing it** il risquait de le perdre; **a ~ of fire** un risque d'incendie; **~ area** zone *f* dangereuse; **~ signal** signal *m* d'alarme. ◆ **dangerous** *adj* dangereux (*f* -euse). ◆ **dangerously** *adv (gen)* dangereusement; *(ill)* gravement; *(wounded)* grièvement.

dangle ['dæŋgl] — **1** *vt (object on string)* balancer; *(arm, leg)* laisser pendre; *(offer)* faire miroiter. — **2** *vi* pendre.

Danish ['deɪnɪʃ] — **1** *adj* danois. **~ pastry** feuilleté *m* fourré. — **2** *n* danois *m*.

dare [dɛəʳ] — **1** *vt* **(a)** oser (*to do* faire). **how ~ you!** vous en avez du culot!*; **I ~ say he'll come** il viendra sans doute. **(b) to ~ sb to do** mettre qn au défi de faire; **I ~ you!** chiche!* — **2** *n:* **to do sth for a ~** faire qch pour relever un défi. ◆ **daredevil** *n* casse-cou *mf inv*. ◆ **daring** — **1** *adj* audacieux (*f* -ieuse). — **2** *n* audace *f*.

dark [dɑːk] — **1** *adj* **(a)** *(room)* sombre. **it is ~** il fait nuit, il fait noir; *(Phot)* **~ room** chambre *f* noire. **(b)** *(colour)* foncé; *(hair, person)* brun; *(eyes)* noir. **~ blue** *etc* bleu *etc* foncé *inv;* **~ glasses** lunettes *fpl* noires. **(c)** *(sinister: threat, thoughts)* sombre. **to keep sth ~** tenir qch secret; **keep it ~!** pas un mot!; **the D~ Ages** le haut moyen âge. — **2** *n* obscurité *f*, noir *m*. **after ~** après la tombée de la nuit; **to be afraid of the ~** avoir peur du noir; *(fig)* **to leave sb in the ~ about sth** laisser qn dans l'ignorance sur qch. ◆ **darken** *vi (of sky)* s'assombrir; *(of colour)* foncer. ◆ **darkly** *adv (gloomily)* tristement; *(sinisterly)* sinistrement. ◆ **darkness** *n* obscurité *f*.

darling ['dɑːlɪŋ] — **1** *n:* **come here, ~** viens, mon chéri *or* ma chérie; **she's a ~** elle est adorable; **be a ~*...** sois un ange... — **2** *adj* chéri; (*: *house etc*) adorable.

darn [dɑːn] — **1** *vt* repriser. — **2** *n* reprise *f*. — **3** *excl* (*) mince!* ◆ **darning** *adj (needle, wool)* à repriser.

dart [dɑːt] — **1** *n* **(a)** fléchette *f*. **~s** *(game)* fléchettes *fpl;* **~ board** cible *f*. **(b)** *(Sewing)* pince *f*. — **2** *vi:* **to ~ in** *etc* entrer *etc* comme une flèche.

dash [dæʃ] — **1** *n* **(a) a ~ of** un petit peu de. **(b)** *(punctuation mark)* tiret *m*. — **2** *vt (throw)* jeter violemment; *(hopes)* anéantir. **to ~ sth to pieces** casser qch en mille morceaux; **to ~ one's head against** se cogner la tête contre. — **3** *vi:* **to ~ away** *etc* s'en aller *etc* à toute allure; **I must ~*** il faut que je file*. — **4** *excl* (*) zut alors!* ◆ **dashboard** *n (on car)* tableau *m* de bord. ◆ **dashing** *adj* qui a grande allure.

data ['deɪtə] *npl* données *fpl*. **~ processing** traitement *m* des données; **~ processor** unité *f* de traitement des données.

date[1] [deɪt] *n (fruit)* datte *f*.

date[2] [deɪt] — **1** *n* **(a)** *(gen)* date *f*. **~ of birth** date de naissance; **what's the ~?** quelle est la date?, nous sommes le combien?; **what ~ is he coming on?** à quelle date vient-il?; **to ~** jusqu'ici; **to be out of ~** *(gen)* être démodé; *(of document)* ne plus être applicable; *(of person)* retarder; **up to ~** *(document)* à jour; *(building, person)* moderne; **to bring sth up to ~** mettre qch à jour, moderniser qch ; **to bring sb up to ~** mettre qn au courant (*about sth* de qch). **(b)** (*: *appointment*) rendez-vous *m.* **to have a ~** avoir rendez-vous. — **2** *vti* **(a)** *(gen)* dater (*from* de). **~d August 7th** daté du 7 août; **that ~s him** cela trahit son âge. **(b)** (*: *go out with*) sortir avec. ◆ **dated** *adj* démodé. ◆ **date-line** *n* ligne *f* de changement de date.

dative ['deɪtɪv] *adj, n* datif *(m).*

daub [dɔːb] *vt* barbouiller (*with* de).

daughter ['dɔːtəʳ] *n* fille *f.* **~-in-law** belle-fille *f.*

daunting ['dɔːntɪŋ] *adj (task, problem)* décourageant; *(person)* intimidant.

dawdle ['dɔːdl] *vi* traîner.

dawn [dɔːn] — **1** *n* aube *f.* **at ~** à l'aube; **from ~ to dusk** du matin au soir. — **2** *vi (of day)* se lever; *(of hope)* naître. **it ~ed on him that ...** il lui vint à l'esprit que ... .

day [deɪ] *n* **(a)** *(24 hours)* jour *m.* **3 ~s ago** il y a 3 jours; **what ~ is it today?** quel jour sommes-nous aujourd'hui?; **the ~ that they ...** le jour où ils...; **on that ~** ce jour-là; **twice a ~** deux fois par jour; **any ~ now** d'un jour à l'autre; **the ~ before yesterday** avant-hier *m;* **the ~ before her birthday** la veille de son anniversaire; **the next ~, the ~ after, the following ~** le lendemain; **2 years ago to the ~** il y a 2 ans jour pour jour; **to this ~** encore aujourd'hui; **any ~ now** d'un jour à l'autre; **every ~** tous les jours; **one of these ~s** un de ces jours; **~ by ~** jour après jour; **~ in ~ out** tous les jours que Dieu fait; **to live from ~ to ~** vivre au jour le jour; **~ return ticket** billet *m* d'aller et retour *(valable pour la journée);* **to go on a ~ trip to Calais** faire une excursion (d'une journée) à Calais. **(b)** *(daylight hours)* jour *m,* journée *f.* **during the ~** pendant la journée; **to work all ~** travailler toute la journée; **to travel by ~** voyager de jour; **~ and night** jour et nuit; **it's a fine ~** il fait beau aujourd'hui: **on a wet ~** par une journée pluvieuse ; **~ bed** banquette-lit *f;* **~ nursery** crèche *f;* **to go to ~ school** être externe *mf;* **to be on ~ shift** être de jour. **(c)** *(working hours)* journée *f.* **paid by the ~** payé à la journée; **a ~ off** un jour de congé; **to work an 8-hour ~** faire une journée de 8 heures. **(d)** *(fig)* **these ~s** de nos jours, actuellement; **in his younger ~s** quand il était plus jeune; **in Napoleon's ~** à l'époque *f* de Napoléon; **in the good old ~s** dans le bon vieux temps; **that has had its ~** cela est passé de mode. ◆ **daybreak** *n:* **at ~** au point du jour. ◆ **daydream** *vi* rêvasser. ◆ **daylight** *n:* **in the ~** à la lumière du jour; **it is still ~** il fait encore jour; **it's ~ robbery*** c'est du vol manifeste. ◆ **daytime** — **1** *n* jour *m,* journée *f.* — **2** *adj* de jour. ◆ **day-to-day** *adj* quotidien (*f* -ienne). **on a ~ basis** au jour le jour.

daze [deɪz] — **1** *vt (of drug)* hébéter; *(of blow)* étourdir; *(of news etc)* abasourdir. — **2** *n:* **in a ~** hébété; étourdi; abasourdi.

dazzle ['dæzl] *vt* éblouir.

deacon ['diːkən] *n* diacre *m.*

dead [ded] — **1** *adj (gen)* mort ; *(limb, fingers)* engourdi; *(custom)* tombé en désuétude. **~ or alive** mort ou vif; **to drop down ~** tomber mort; **over my ~ body!*** pas question!*; **he was ~ to the world** il dormait comme une souche; *(Telephone)* **the line is ~** on n'entend rien sur la ligne; **in the ~ centre** en plein milieu; **it was a ~ heat** ils sont arrivés ex aequo; **that is a ~ loss*** ça ne vaut rien; **~ season** morte-saison *f;* **~ silence** silence *m* de mort; **~ weight** poids *m* mort. — **2** *adv (completely)* absolument, complètement. **~ ahead** tout droit; **~ drunk*** ivre mort; **to be ~ against sth*** s'opposer absolument à qch; **to stop ~** s'arrêter net; *(traffic sign)* **~ slow** allez au pas; **~ tired, ~-beat** éreinté. — **3** *n* **(a) the ~** les morts *mpl.* **(b) at ~ of night** au plus profond de la nuit. ◆ **deaden** *vt (gen)* amortir; *(pain)* calmer; *(nerve)* endormir. ◆ **dead-end** *n* impasse *f.* **a ~ job** un travail sans débouchés. ◆ **deadline** *n* date *f (or* heure *f)* limite. ◆ **deadlock** *n* impasse *f.* ◆ **deadly** — **1** *adj (gen)* mortel (*f* -elle); *(weapon)* meurtrier (*f* -ière); (*: *boring*) rasoir* *f inv.* **in ~ earnest** tout à fait sérieux. — **2** *adv* mortellement. ◆ **deadpan** *adj (face)* sans expression; *(humour)* pince-sans-rire *inv.* ◆ **deadwood** *n* bois *m* mort.

deaf [def] — **1** *adj* sourd (*to* à; *in one ear* d'une oreille). **to turn a ~ ear to sth** faire la sourde oreille à qch. — **2** *n:* **the ~** les sourds *mpl.* ◆ **deaf-aid** *n* appareil *m* acoustique. ◆ **deaf-and-dumb** *adj* sourd-muet (*f* sourde-muette); *(alphabet)* des sourds-muets. ◆ **deafen** *vt* rendre sourd. ◆ **deafening** *adj* assourdissant. ◆ **deaf-mute** *n* sourd(e)-muet(te) *m(f).* ◆ **deafness** *n* surdité *f.*

deal[1] [diːl] *n (wood)* bois *m* de sapin.

deal[2] [diːl] (*vb: pret, ptp* **dealt** [delt]) — **1** *n* **(a) a good ~, a great ~** beaucoup; **a good ~ of work** beaucoup de travail; **a good ~ of the work** une bonne partie du travail. **(b)** *(agreement, bargain)* affaire *f; (Stock Exchange)* opération *f.* **business ~** affaire, marché *m;* **to do a ~ with sb** *(in business)* faire une affaire avec qn; *(gen)* conclure un marché avec qn; **it's a ~!*** d'accord!; *(ironically)* **big ~!*** tu parles!*; *(reforms)* **new ~** programme *m* de réformes. **(c)** *(Cards)* **it's your ~** à vous de donner. — **2** *vt* **(a)** (**~ out:** *cards*) donner; *(gifts, money)* distribuer (*between* entre). **(b) to ~ sb a blow** porter un coup à qn. — **3** *vi:* **to ~ with** *(gen)* s'occuper de; *(commercially)* traiter avec; *(of book, film)* traiter de; **to know how to ~ with sb** savoir s'y prendre avec qn; **he's not very easy to ~ with** il n'est pas commode; *(trade)* **to ~ in** être dans le commerce de. ◆ **dealer** *n* négociant *m* (*in* en). ◆ **dealings** *npl (gen)* relations *fpl* (*with* avec); *(commercial)* transactions *fpl* (*in* en); *(trafficking)* trafic *m* (*in* de).

dean [diːn] *n* doyen *m.*

dear [dɪəʳ] — **1** *adj* **(a)** *(gen)* cher (*f* chère); *(lovable)* adorable. **to hold ~** chérir; *(in letter-writing)* **~ Daddy** cher papa; **~ Sir** Monsieur; **~ Sirs** Messieurs; **~ Mr Smith** cher Monsieur; **~ Mr and Mrs Smith** cher Monsieur, chère Madame. **(b)** *(expensive)* cher (*f* chère). **to get ~er** augmenter. — **2** *excl:* **oh ~!** oh mon Dieu! — **3** *n:* **my ~** mon cher, ma chère; **poor ~** *(to child)* pauvre petit(e); *(to grown-up)* mon pauvre, ma pauvre; **she is a ~*** c'est un amour. — **4** *adv* cher. ◆ **dearly** *adv (love, like)* beaucoup; *(pay)* cher.

dearth [dɜːθ] *n* pénurie *f.*

death [deθ] *n* mort *f.* **to be burnt to ~** mourir carbonisé; **at ~'s door** à l'article de la mort; **to sentence sb to ~** condamner qn à mort; **to put to ~** mettre à mort; **~ certificate** acte *m* de décès; **~ duties** droits *mpl* de succession; **~ penalty** peine *f* de mort; **~ rate** mortalité *f;* **~ sentence** arrêt *m* de mort; **it's a real ~ trap**

c'est mortellement dangereux; **~ wish** désir *m* de mort; *(fig)* **he will be the ~ of me** il me fera mourir; **tired to ~*** extrêmement fatigué, crevé*. ◆ **deathbed** *n* lit *m* de mort. ◆ **deathly** — **1** *adj (appearance)* cadavérique; *(silence)* de mort. — **2** *adv:* **~ pale** d'une pâleur mortelle.

debatable [dɪ'beɪtəbl] *adj* discutable. **it is ~ whether** on peut se demander si.

debate [dɪ'beɪt] — **1** *vti* discuter (*with* avec, *about* sur). — **2** *n* débat *m*. ◆ **debating society** *n* société *f* de conférences contradictoires.

debauchery [dɪ'bɔːtʃərɪ] *n* débauche *f*.

debilitate [dɪ'bɪlɪteɪt] *vt* débiliter.

debit ['debɪt] — **1** *n (Commerce)* débit *m*. — **2** *adj (balance)* débiteur (*f* -trice). — **3** *vt* débiter *(sth to sb* qn de qch).

debrief [,diː'briːf] *vt:* **to be ~ed** *(gen)* faire un compte rendu; *(in army)* faire rapport.

debt [det] *n* dette *f*. **to be in ~** avoir des dettes; **to be £5 in ~** devoir 5 livres; **to get into ~** s'endetter; **I am greatly in your ~ for ...** je vous suis très redevable de ... . ◆ **debt collector** *n* agent *m* de recouvrements. ◆ **debtor** *n* débiteur *m* (*f* -trice).

debunk* [,diː'bʌŋk] *vt* démythifier.

decade ['dekeɪd] *n* décennie *f*.

decadence ['dekədəns] *n* décadence *f*. ◆ **decadent** *adj* décadent.

decant [dɪ'kænt] *vt (wine)* décanter. ◆ **decanter** *n* carafe *f*.

decay [dɪ'keɪ] — **1** *vi (of plant)* pourrir; *(of food)* se gâter; *(of tooth)* se carier; *(of statue, building)* se détériorer; *(of civilization)* décliner. — **2** *n* pourriture *f*; carie *f*; détérioration *f*; déclin *m*. ◆ **decayed** *adj (tooth)* carié; *(wood)* pourri; *(food)* gâté; *(building)* délabré.

deceased [dɪ'siːst] — **1** *adj* décédé. — **2** *n* défunt(e) *m(f)*.

deceit [dɪ'siːt] *n* tromperie *f*. ◆ **deceitful** *adj* trompeur (*f* -euse).

deceive [dɪ'siːv] *vt* tromper. **he ~d me into thinking that ...** il m'a faussement fait croire que ...; **I thought my eyes were deceiving me** je n'en croyais pas mes yeux.

December [dɪ'sembəʳ] *n* décembre *m; for phrases V* **September.**

decency ['diːsənsɪ] *n* décence *f*. **common ~** la simple décence; **to have the ~ to do** avoir la décence de faire.

decent ['diːsənt] *adj* **(a)** *(gen)* convenable; *(not shocking: behaviour, dress)* décent. **(b)** (*: *pleasant: person*) brave *(before n)*; *(thing)* qui n'est pas mal. **it was ~ of him** c'était chic* de sa part. ◆ **decently** *adv (dressed etc)* convenablement; *(behave: well)* bien.

decentralize [diː'sentrəlaɪz] *vt* décentraliser.

deception [dɪ'sepʃən] *n (deceiving)* tromperie *f*; *(deceitful act)* supercherie *f*. ◆ **deceptive** *adj* trompeur (*f* -euse). ◆ **deceptively** *adv:* **it looks ~ near** ça donne l'illusion d'être proche.

decide [dɪ'saɪd] — **1** *vt* décider (*sth* qch; *to do* de faire; *that* que; *sb to do* qn à faire); *(sb's fate, future)* décider de. — **2** *vi* se décider (*on* pour; *against* contre; *on doing* à faire). ◆ **decided** *adj (improvement)* incontestable; *(refusal)* catégorique; *(person)* décidé. ◆ **decidedly** *adv* incontestablement.

decimal ['desɪməl] — **1** *adj (gen)* décimal. **~ point** virgule *f (de fraction décimale)*. — **2** *n* décimale *f*. **~s** le calcul décimal. ◆ **decimalization** *n* décimalisation *f*.

decimate ['desɪmeɪt] *vt* décimer.

decipher [dɪ'saɪfəʳ] *vt* déchiffrer.

decision [dɪ'sɪʒən] *n* décision *f*. **to come to a ~** arriver à une décision. ◆ **decisive** *adj (victory, factor)* décisif (*f* -ive); *(manner, answer)* décidé; *(person)* qui a de la décision. ◆ **decisively** *adv* d'une façon décidée.

deck [dek] *n* **(a)** *(of ship)* pont *m*. **below ~** sous le pont; **upper ~** *(bus)* impériale *f; (jumbo jet)* étage *m*. **(b)** *(of record player etc)* platine *f*. **(c) ~ of cards** jeu *m* de cartes. ◆ **deckchair** *n* chaise *f* longue.

declaration [,dekləˈreɪʃən] *n* déclaration *f*.

declare [dɪ'klɛəʳ] *vt (gen)* déclarer (*that* que); *(results)* proclamer. **to ~ war** déclarer la guerre (*on* à).

decline [dɪ'klaɪn] — **1** *n (gen)* déclin *m*. **these cases are on the ~** ces cas sont de moins en moins fréquents. — **2** *vt (gen)* refuser (*to do* de faire); *(invitation, responsibility)* décliner. — **3** *vi* décliner. **to ~ in importance** perdre de l'importance.

declutch ['diː'klʌtʃ] *vi* débrayer.

decode ['diː'kəʊd] *vt* décoder.

decompose [,diːkəm'pəʊz] — **1** *vt* décomposer. — **2** *vi* se décomposer.

decompression [,diːkəm'preʃən] *n* décompression *f*. **~ sickness** maladie *f* des caissons.

decontaminate [,diːkən'tæmɪneɪt] *vt* décontaminer.

decorate ['dekəreɪt] *vt* décorer (*with* de; *for gallantry* pour acte de bravoure); *(paint etc: room)* peindre (et tapisser). ◆ **decorating** *n*: (**painting and**) **~** décoration *f* intérieure; **to do some ~** refaire les peintures. ◆ **decoration** *n* décoration *f*. ◆ **decorative** *adj* décoratif (*f* -ive). ◆ **decorator** *n* décorateur *m* (*f* -trice).

decorum [dɪ'kɔːrəm] *n* décorum *m*.

decoy ['diːkɔɪ] — **1** *n:* **police ~** policier *m* en civil. — **2** [*also* dɪ'kɔɪ] *vt* attirer dans un piège.

decrease [diː'kriːs] — **1** *vi (gen)* diminuer, décroître; *(of power, strength)* s'affaiblir; *(of price, value, enthusiasm)* baisser; *(Knitting)* diminuer. — **2** *vt* diminuer; affaiblir; baisser. — **3** ['diːkriːs] *n* diminution *f* (*in* de); affaiblissement *m* (*in* de); baisse *f* (*in* de). ◆ **decreasing** *adj* décroissant; qui s'affaiblit; en baisse.

decree [dɪ'kriː] — **1** *n (gen)* décret *m; (in divorce)* jugement *m* de divorce. — **2** *vt* décréter *(that* que + *indic)*.

decrepit [dɪ'krepɪt] *adj* décrépit.

dedicate ['dedɪkeɪt] *vt* dédier (*to* à). **to ~ o.s. to** se consacrer à. ◆ **dedication** *n (in book)* dédicace *f; (devotion)* dévouement *m*.

deduce [dɪ'djuːs] *vt* déduire (*from* de; *that* que).

deduct [dɪ'dʌkt] *vt (gen)* déduire (*from* de); *(figures)* soustraire (*from* de). **to ~ sth from the price** faire une réduction sur le prix; **to ~ 5% from the wages** faire une retenue de 5% sur les salaires.

deduction [dɪ'dʌkʃən] *n* déduction *f* (*from* de).

deed [diːd] *n* **(a)** action *f*. **good ~** bonne action; **in ~** en fait. **(b)** *(Law)* acte *m*. **by ~ poll** par acte unilatéral.

deem [diːm] *vt* juger, estimer.

deep [diːp] — **1** *adj (gen)* profond; *(snow)* épais (*f* épaisse); *(shelf, border)* large; *(sound, voice)* grave. **it was 4 metres ~** cela avait 4 mètres de profondeur; *(fig)* **to be in ~ water** être dans de vilains draps; *(in swimming pool)* **the ~ end** le grand bain; *(fig)* **to go off at the ~ end*** se mettre en colère; **~ in thought** absorbé dans ses pensées; ~ **breathing** exercices *mpl* respiratoires. — **2** *adv (breathe, penetrate)* profondément; *(drink)* à longs traits. **don't go in too ~** *(into water)* ne va pas trop loin; ~ **into the night** tard dans la nuit. — **3** *n (sea)* **the ~** l'océan *m*. ◆ **deepen** — **1** *vt (gen)* approfondir; *(sorrow)* augmenter. — **2** *vi* devenir plus profond; *(of mystery)* s'épaissir. ◆ **deep-freeze** — **1** *n* congélateur *m*. — **2** *vt* surgeler. ◆ **deep-fry** *vt* faire frire (en friteuse). ◆ **deeply** *adv (gen)* profondément; *(drink)* à longs traits; *(very: grateful, moving, concerned)* extrêmement. **to regret ~** regretter vivement. ◆ **deep-sea** *adj (diver)* sous-marin. ◆ **deep-seated** *adj* profondément enraciné.

deer [dɪəʳ] *n, pl inv* cerf *m*, biche *f*; (*red* ~) cerf; (*fallow* ~) daim *m*; (*roe* ~) chevreuil *m*.

deface [dɪ'feɪs] *vt (gen)* mutiler; *(poster, inscription)* barbouiller.

defamation [ˌdefə'meɪʃən] *n* diffamation *f*. ◆ **defamatory** *adj* diffamatoire.

default [dɪ'fɔːlt] *n*: **in ~ of** à défaut de.

defeat [dɪ'fiːt] — **1** *n* défaite *f*. — **2** *vt (gen)* vaincre; *(plans, efforts)* faire échouer. **to ~ one's own ends** aller à l'encontre du but que l'on s'est proposé. ◆ **defeatist** *adj, n* défaitiste *(mf)*.

defect ['diːfekt] — **1** *n* défaut *m*. — **2** [dɪ'fekt] *vi (of spy etc)* faire défection. **to ~ from one country to another** s'enfuir d'un pays dans un autre pour raisons politiques. ◆ **defective** *adj* défectueux (*f* -ueuse). ◆ **defector** *n* transfuge *mf*.

defence [dɪ'fens] — **1** *n (gen)* défense *f* (*against* contre); *(of action, belief)* justification *f*. **in ~ of** pour défendre; **Ministry of D~** ministère *m* de la Défense nationale; **~s** moyens *mpl* de défense; *(military construction)* ouvrages *mpl* défensifs; **as a ~ against** en guise de défense contre; **in his ~** à sa décharge; *(Law)* **witness for the ~** témoin *m* à décharge. — **2** *adj* de défense. **the ~ forces** les forces *fpl* défensives; **~ mechanism** système *m* de défense. ◆ **defenceless** *adj* sans défense.

defend [dɪ'fend] *vt* défendre (*against* contre). **to ~ o.s.** se défendre (*against* contre). ◆ **defendant** *n (Law)* prévenu(e) *m(f)*. ◆ **defender** *n (gen)* défenseur *m*; *(of record, title)* détenteur *m* (*f* -trice).

defense [dɪ'fens] *n (US)* = **defence.**

defensive [dɪ'fensɪv] — **1** *adj* défensif (*f* -ive). — **2** *n*: **on the ~** sur la défensive.

defer[1] [dɪ'fɜːʳ] *vt (delay)* remettre à plus tard (*doing* de faire); *(meeting)* reporter. **~red payment** paiement *m* par versements échelonnés.

defer[2] [dɪ'fɜːʳ] *vi (submit)* déférer (*to sb* à qn).

defiance [dɪ'faɪəns] *n* défi *m* (*of* à). **in ~ of** au mépris de. ◆ **defiant** *adj (attitude, reply)* de défi; *(person)* intraitable.

deficiency [dɪ'fɪʃənsɪ] *n* **(a)** *(lack)* manque *m*, insuffisance *f*. **(b)** *(fault)* imperfection *f* (*in* dans). **(c)** *(Fin)* déficit *m*. ◆ **deficient** *adj*: **to be ~ in sth** manquer de qch.

deficit ['defɪsɪt] *n* déficit *m*.

defile [dɪ'faɪl] *vt (pollute)* souiller.

define [dɪ'faɪn] *vt* définir.

definite ['defɪnɪt] *adj* **(a)** *(decision, agreement)* bien déterminé; *(stain)* très visible; *(improvement)* net (*f* nette); *(order, sale)* ferme. **(b)** *(certain)* certain, sûr; *(manner)* positif (*f* -ive). **it is ~ that** il est certain que + *indic*; **is it ~ that ...?** est-il certain que...? + *subj*; **she was very ~** elle a été catégorique. **(c)** *(Grammar)* **~ article** article *m* défini. ◆ **definitely** *adv (certainly)* sans aucun doute; *(appreciably: better)* nettement; *(emphatically: state)* catégoriquement. **~!** absolument!

definition [ˌdefɪ'nɪʃən] *n* définition *f*.

definitive [dɪ'fɪnɪtɪv] *adj* définitif (*f* -ive).

deflate [diː'fleɪt] *vt (tyre)* dégonfler. ◆ **deflation** *n (economy)* déflation *f*.

deflect [dɪ'flekt] *vt (projectile)* faire dévier; *(person)* détourner (*from* de). ◆ **deflector** *n* déflecteur *m*.

deform [dɪ'fɔːm] *vt* déformer. ◆ **deformed** *adj* difforme. ◆ **deformity** *n* difformité *f*.

defraud [dɪ'frɔːd] *vt (Customs, state)* frauder; *(person)* escroquer.

defrost [diː'frɒst] *vt (object)* dégivrer; *(food)* décongeler.

deft [deft] *adj* adroit.

defuse [diː'fjuːz] *vt* désamorcer.

defy [dɪ'faɪ] *vt* défier (*sb to do* qn de faire).

degenerate [dɪ'dʒenəreɪt] *vi* dégénérer (*into* en).

degrade [dɪ'greɪd] *vt* dégrader.

degree [dɪ'griː] *n* **(a)** *(gen)* degré *m*. **it was 35 ~s in the shade** il faisait 35 degrés à l'ombre; **by ~s** par degrés; **to a ~** extrêmement; **to a certain ~** jusqu'à un certain point; **to such a ~ that** à un tel point que; **a considerable ~ of doubt** des doutes *mpl* considérables. **(b)** *(University)* diplôme *m* universitaire. **first ~** ≃ licence *f*; **to have a ~ in** avoir une licence de.

dehydrated [diː'haɪdreɪtɪd] *adj (gen)* déshydraté; *(powdered)* en poudre.

de-icer ['diː'aɪsəʳ] *n* dégivreur *m*.

deign [deɪn] *vt* daigner (*to do* faire).

deity ['diːɪtɪ] *n* divinité *f*.

dejected [dɪ'dʒektɪd] *adj* découragé. **to become ~** se décourager. ◆ **dejection** *n* découragement *m*.

delay [dɪ'leɪ] — **1** *vti (gen)* retarder; *(traffic)* ralentir; *(payment)* différer. **to ~ doing sth** différer à faire qch; **don't ~!** dépêchez-vous! — **2** *n (waiting)* délai *m*. **without further ~** sans plus tarder; **~s to trains** retards *mpl* pour les trains.

delegate ['delɪgeɪt] — **1** *vt* déléguer (*to sb* à qn; *to do* pour faire). — **2** ['delɪgɪt] *n* délégué(e) *m(f)* (*to* à). ◆ **delegation** *n* délégation *f*.

delete [dɪ'liːt] *vt (gen)* effacer (*from* de) ; *(score out)* rayer (*from* de). '**~ where inapplicable**' 'rayer les mentions inutiles'. ◆ **deletion** *n* suppression *f*; *(thing deleted)* rature *f*.

deliberate [dɪ'lɪbərɪt] — **1** *adj (intentional: action)* délibéré; *(thoughtful: decision)* mûrement réfléchi; *(purposeful: voice)* décidé. — **2** [dɪ'lɪbəreɪt] *vi* délibérer (*upon* sur). — **3** *vt* délibérer sur. ◆ **deliberately** *adv (intentionally)* exprès; *(purposefully)* posément.

delicacy ['delɪkəsɪ] *n* délicatesse *f*; *(tasty food)* mets *m* délicat.

delicate ['delɪkɪt] *adj* délicat. ◆ **delicately** *adv (touch)* délicatement; *(act, express)* avec délicatesse.

delicatessen [ˌdelɪkə'tesn] *n* ≃ charcuterie *f*.

delicious [dɪ'lɪʃəs] *adj* délicieux (*f* -ieuse).

delight [dɪ'laɪt] — **1** *n* **(a)** *(joy)* joie *f*. **to my ~** à ma plus grande joie. **(b)** *(pleasant thing etc)* **the ~s of life in the open** les charmes *mpl* de la vie en plein air; **it is a great ~** c'est vraiment merveilleux; **he's a ~ to watch** il fait plaisir à voir. — **2** *vt (person)* enchanter. — **3** *vi* prendre plaisir (*in sth* à qch; *in doing* à faire).

◆ **delighted** *adj* ravi *(with, at, by* de, par; *to do* de faire; *that* que + *subj).* ◆ **delightful** *adj* charmant. ◆ **delightfully** *adv* délicieusement.
delinquency [dɪ'lɪŋkwənsɪ] *n* délinquance *f.* ◆ **delinquent** *n* délinquant(e) *m(f).*
delirious [dɪ'lɪrɪəs] *adj* délirant. *(Med)* **to be ~** délirer. ◆ **delirium** *n* délire *m.*
deliver [dɪ'lɪvə^r] *vt* **(a)** *(gen)* remettre (*to sb* à qn); *(of postman)* distribuer; *(goods)* livrer; *(person: take)* emmener; *(hand over)* confier (*to* à). *(fig)* **he ~ed the goods*** il a fait ce qu'on attendait de lui. **(b)** *(rescue)* délivrer (*from* de). **(c)** *(speech)* prononcer; *(ultimatum)* lancer; *(blow)* porter. **(d)** *(baby)* mettre au monde; *(woman)* accoucher. ◆ **delivery** *n* distribution *f;* livraison *f;* accouchement *m.* **~ man** livreur *m.*
delta ['deltə] *n* delta *m.*
delude [dɪ'lu:d] *vt* tromper. **to ~ o.s.** se faire des illusions. ◆ **deluded** *adj:* **to be ~** être victime d'illusions.
deluge ['delju:dʒ] — **1** *n* déluge *m.* — **2** *vt* inonder (*with* de).
delusion [dɪ'lu:ʒən] *n* illusion *f.*
delve [delv] *vi* fouiller.
demand [dɪ'mɑ:nd] — **1** *vt (gen)* exiger (*to do* de faire; *that* que + *subj; from, of* de); *(higher pay etc)* revendiquer. — **2** *n* **(a)** exigence *f;* revendication *f; (Admin etc: letter)* avertissement m. **payable on ~** payable sur demande; **to make great ~s on sb** exiger beaucoup de qn; *(of child, work)* accaparer qn. **(b)** *(in trade)* demande *f* (*for* pour). **in great ~** très demandé. ◆ **demanding** *adj (person)* exigeant; *(work)* astreignant.
demarcation [,di:mɑ:'keɪʃən] *n* démarcation *f.*
demeanour [dɪ'mi:nə^r] *n* attitude *f.*
demented [dɪ'mentɪd] *adj* dément.
demerara [,demə'rɛərə] *n* (**~ sugar**) cassonade *f.*
demi... ['demɪ] *pref* demi-.
demise [dɪ'maɪz] *n* décès *m.*
demo* ['deməʊ] *n* manif* *f.*
demobilize [di:'məʊbɪlaɪz] *vt* démobiliser.
democracy [dɪ'mɒkrəsɪ] *n* démocratie *f.* ◆ **democrat** *n* démocrate *mf.* ◆ **democratic** *adj (gen)* démocratique; *(person, party)* démocrate.
demolish [dɪ'mɒlɪʃ] *vt* démolir.
demolition [,demə'lɪʃən] *n* démolition *f.*
demon ['di:mən] *n* démon *m.*
demonstrate ['demənstreɪt] — **1** *vt (truth, need)* démontrer; *(system)* expliquer; *(appliance)* faire une démonstration de. **to ~ how to do** montrer comment faire. — **2** *vi* manifester (*for* pour; *against* contre). ◆ **demonstration** *n (gen)* démonstration *f; (political)* manifestation *f.* **to hold a ~** manifester. ◆ **demonstrative** *adj* démonstratif (*f* -ive). ◆ **demonstrator** *n (Comm)* démonstrateur *m* (*f* -trice); *(political)* manifestant(e) *m(f).*
demoralize [dɪ'mɒrəlaɪz] *vt* démoraliser. ◆ **demoralizing** *adj* démoralisant.
demote [dɪ'məʊt] *vt* rétrograder.
demur [dɪ'mɜ:^r] *vi* élever des objections (*at sth* contre qch).
demure [dɪ'mjʊə^r] *adj* sage, modeste.
den [den] *n* antre *m; (of thieves)* repaire *m.*
denationalize [di:'næʃnəlaɪz] *vt* dénationaliser.
denial [dɪ'naɪəl] *n:* **to issue a ~** publier un démenti.
denigrate ['denɪgreɪt] *vt* dénigrer.
denim ['denɪm] — **1** *n* toile *f* de jean. **~s** *(npl) (trousers)* blue-jean *m; (overalls)* bleus *mpl* de travail. — **2** *adj* en toile de jean.
Denmark ['denmɑ:k] *n* Danemark *m.*
denomination [dɪ,nɒmɪ'neɪʃən] *n* confession *f (secte); (of money)* valeur *f.*
denominator [dɪ'nɒmɪneɪtə^r] *n* dénominateur *m.*
denote [dɪ'nəʊt] *vt* dénoter.
denounce [dɪ'naʊns] *vt (gen)* dénoncer (*to* à). **to ~ sb as** accuser publiquement qn d'être.
dense [dens] *adj (gen)* dense; (*: *stupid*) bête. ◆ **density** *n* densité *f.*
dent [dent] — **1** *n* bosse *f.* **to have a ~ in the bumper** avoir le pare-choc cabossé. — **2** *vt* cabosser.
dental ['dentl] *adj* dentaire. **~ surgeon** chirurgien *m* dentiste.
dentist ['dentɪst] *n* dentiste *mf.* **~'s chair** fauteuil *m* de dentiste; **~'s surgery** cabinet *m* de dentiste. ◆ **dentistry** *n:* **faculty of D~** école *f* dentaire.
dentures ['dentʃəz] *npl* dentier *m.*
denunciation [dɪ,nʌnsɪ'eɪʃən] *n* dénonciation *f.*
deny [dɪ'naɪ] *vt (gen)* nier *(sth* qch; *having done* avoir fait; *that* que + *indic or subj); (leader, religion)* renier. **there is no ~ing it** c'est indéniable; **to ~ sb sth** refuser qch à qn.
deodorant [di:'əʊdərənt] *adj, n* déodorant *(m).*
depart [dɪ'pɑ:t] *vi (gen)* partir (*from* de); *(from rule)* s'écarter (*from* de). ◆ **departed** — **1** *adj* disparu. — **2** *n, pl inv (dead)* défunt(e) *m(f).*
department [dɪ'pɑ:tmənt] *n (Admin)* département *m; (in factory, company)* service *m; (in shop, store)* rayon *m; (in college)* section *f.* **D~ of Employment** ≃ ministère *m* du Travail; *(US)* **D~ of State** Département d'État; **government ~** ministère *m;* **this is my wife's ~*** c'est le rayon de ma femme; **~ store** grand magasin *m.*
departure [dɪ'pɑ:tʃə^r] *n* départ *m* (*from* de). **a ~ from the norm** une exception à la règle; **~ indicator** horaire *m* des départs; **~ lounge** salle *f* de départ.
depend [dɪ'pend] *vti* **(a)** dépendre (*on* de, *on whether* si). **it ~s what you mean** ça dépend de ce que vous voulez dire; **~ing on what happens tomorrow ...** selon ce qui se passera demain ... . **(b) to ~ on sb** compter sur qn (*for sth* pour qch). ◆ **dependable** *adj (person)* sérieux (*f* -ieuse); *(vehicle)* solide; *(information)* sûr. ◆ **dependence** *n* dépendance *f* (*on* à l'égard de). ◆ **dependent** — **1** *adj (gen)* dépendant (*on* de); *(child, relative)* à charge. **to be ~ on** dépendre de. — **2** *n* personne *f* à charge.
depict [dɪ'pɪkt] *vt (in words)* dépeindre; *(in picture)* représenter.
deplete [dɪ'pli:t] *vt* réduire.
deplorable [dɪ'plɔ:rəbl] *adj* déplorable.
deplore [dɪ'plɔ:^r] *vt* déplorer *(the fact that* le fait que + *indic).*
deploy [dɪ'plɔɪ] *vt* déployer.
depopulate [,di:'pɒpjʊleɪt] *vt* dépeupler. ◆ **depopulation** *n* dépeuplement *m.*
deport [dɪ'pɔ:t] *vt* déporter. ◆ **deportation** *n* déportation *f.*
depose [dɪ'peʊz] *vt* déposer, destituer.
deposit [dɪ'pɒzɪt] — **1** *vt (all senses)* déposer (*in the bank* à la banque; *sth with sb* qch chez qn). — **2** *n* **(a)** *(in bank)* dépôt *m* **~ account** compte *m* de dépôt. **(b)** *(part payment)* acompte *m; (in hire purchase)* premier versement *m* comptant; *(in hiring goods, against*

damage etc) caution *f; (on bottle etc)* consigne *f.* **(c)** *(chemical)* dépôt *m; (of mineral, oil)* gisement *m.*

depot ['depəʊ, *(US)* 'diːpəʊ] *n* dépôt *m.*

depraved [dɪ'preɪvd] *adj* dépravé.

deprecate ['deprɪkeɪt] *vt* désapprouver. ◆ **deprecating** *adj (disapproving)* désapprobateur (*f* -trice); *(apologetic: smile)* d'excuse.

depreciate [dɪ'priːʃɪeɪt] *vi* se déprécier.

depress [dɪ'pres] *vt (person)* déprimer; *(prices)* faire baisser; *(press down: lever)* abaisser. ◆ **depressed** *adj* **(a)** *(person)* déprimé. **to get ~** se décourager. **(b)** *(area)* en déclin; *(market)* en crise; *(class, group)* économiquement faible. ◆ **depressing** *adj* déprimant. ◆ **depression** *n (gen)* dépression *f; (of lever, key etc)* abaissement *m.* **the D~** la crise de 1929. ◆ **depressive** *adj, n* dépressif *m* (*f* -ive).

deprive [dɪ'praɪv] *vt* priver (*of* de). **to ~ o.s. of** se priver de. ◆ **deprived** *adj (child etc)* déshérité.

depth [depθ] *n (gen)* profondeur *f; (of snow)* épaisseur *f; (of shelf, border)* largeur *f; (of feeling, sorrow, colour)* intensité *f.* **at a ~ of 3 metres** à 3 mètres de profondeur; **to get out of one's ~** perdre pied; **to study in ~** étudier en profondeur; **to be in the ~s of despair** toucher le fond du désespoir; **in the ~ of** *(winter)* au plus fort de; *(night, forest)* au plus profond de.

deputation [,depjʊ'teɪʃən] *n* députation *f.*

deputy ['depjʊtɪ] — **1** *n (second in command)* adjoint(e) *m(f); (replacement)* suppléant(e) *m(f); (Politics)* député *m.* — **2** *adj (gen)* adjoint. **~ chairman** vice-président *m.*

derail [dɪ'reɪl] *vt:* **to be ~ed** dérailler. ◆ **derailment** *n* déraillement *m.*

deranged [dɪ'reɪndʒd] *adj* dérangé.

derelict ['derɪlɪkt] *adj* à l'abandon.

deride [dɪ'raɪd] *vt* tourner en ridicule.

derisive [dɪ'raɪsɪv] *adj* railleur (*f* -euse).

derisory [dɪ'raɪsərɪ] *adj* dérisoire.

derivative [dɪ'rɪvətɪv] *adj, n* dérivé *(m).*

derive [dɪ'raɪv] — **1** *vt* tirer (*from* de). — **2** *vi:* **to ~ from, to be ~d from** dériver de; **it all ~s from the fact that** tout cela tient au fait que.

dermatitis [,dɜːmə'taɪtɪs] *n* dermatite *f.*

derogatory [dɪ'rɒgətərɪ] *adj* désobligeant.

derrick ['derɪk] *n (on oil well)* derrick *m.*

derv [dɜːv] *n (Brit)* gas-oil *m.*

descend [dɪ'send] *vti (gen)* descendre; *(of title etc)* passer (*from* de; *to* à). *(Mil, fig)* **to ~ on** faire une descente sur; **to ~ upon sb** arriver chez qn sans crier gare; **to be ~ed from sb** descendre de qn. ◆ **descendant** n descendant(e) *m(f).*

descent [dɪ'sent] *n (gen)* descente *f* (*into* dans); *(ancestry)* origine *f.*

describe [dɪs'kraɪb] *vt* décrire. **~ him for us** décrivez-le-nous.

description [dɪs'krɪpʃən] *n* description *f; (Police)* signalement *m.* **of every ~** de toutes sortes. ◆ **descriptive** *adj* descriptif (*f* -ive).

desecrate ['desɪkreɪt] *vt* profaner.

desegregated [,diː'segrɪgeɪtɪd] *adj* où la ségrégation raciale n'est plus pratiquée.

desert[1] ['dezət] — **1** *n* désert *m.* — **2** *adj (region, climate)* désertique. **~ island** île *f* déserte.

desert[2] [dɪ'zɜːt] — **1** *vt (gen)* déserter; *(person)* abandonner. — **2** *vi (of soldiers)* déserter. **to ~ to** passer du côté de. ◆ **deserted** *adj* désert. ◆ **deserter** *n* déserteur *m.*

deserts [dɪ'zɜːts] *npl:* **to get one's just ~** recevoir ce que l'on mérite.

deserve [dɪ'zɜːv] *vt* mériter (*to do* de faire). **he ~s to be pitied** il mérite qu'on le plaigne *(subj).* ◆ **deservedly** *adv* à juste titre. ◆ **deserving** *adj (person)* méritant.

desiccated ['desɪkeɪtɪd] *adj* desséché.

design [dɪ'zaɪn] — **1** *n* **(a)** *(intention)* dessein *m.* **by ~** à dessein; **to have ~s on** avoir des visées *fpl* sur. **(b)** *(detailed plan)* plan *m* (*of, for* de); *(preliminary sketch)* étude *f* (*for* de). **I like the ~ of ...** j'aime ce type de ...; **the latest ~ in ...** le dernier modèle de ...; **industrial ~** la création industrielle. **(c)** *(pattern: on pottery etc)* motif *m* (*on* sur). — **2** *vt (think out: object, scheme)* concevoir; *(draw plans for: object)* dessiner; *(scheme)* élaborer. **well-~ed** bien conçu; **~ed as sth** conçu pour être qch. ◆ **designer** *n (of machine, car)* concepteur *m; (of furniture, clothes)* styliste *mf; (of building)* architecte *m; (of theatre sets)* décorateur *m* (*f* -trice).

designate ['dezɪgneɪt] *vt* désigner.

desirable [dɪ'zaɪərəbl] *adj* désirable.

desire [dɪ'zaɪə[r]] — **1** *n* désir *m* (*for* de; *to do* de faire). **I have no ~ to do it** je n'ai aucune envie de le faire. — **2** *vt* désirer, vouloir *(sth* qch; *to do* faire; *that* que + *subj).*

desist [dɪ'zɪst] *vi* cesser (*from sth* qch; *from doing* de faire).

desk [desk] *n (gen)* bureau *m; (in school)* pupitre *m; (in shop, restaurant)* caisse *f; (in hotel, at airport)* réception *f.* **~ clerk** réceptionniste *mf.*

desolate ['desəlɪt] *adj (place)* désolé; *(future)* sombre; *(person)* au désespoir.

despair [dɪs'pɛə[r]] — **1** *n* désespoir *m* (*at having done* d'avoir fait). **in ~** désespéré. — **2** *vi* désespérer (*of* de; *of doing* de faire). ◆ **despairing** *adj* désespéré. ◆ **despairingly** *adv* avec désespoir.

despatch [dɪs'pætʃ] = **dispatch.**

desperate ['despərɪt] *adj (gen)* désespéré; *(criminal)* prêt à tout. **to do something ~** commettre un acte de désespoir; **I am ~ for ...** j'ai désespérément besoin de ... . ◆ **desperately** *adv (struggle)* désespérément; *(say, look)* avec désespoir; *(cold, ill)* extrêmement. ◆ **desperation** *n* désespoir *m.* **to drive sb to ~** pousser qn à bout; **in ~ she ...** poussée à bout elle ... .

despicable [dɪs'pɪkəbl] *adj* ignoble.

despise [dɪs'paɪz] *vt* mépriser (*for* pour; *for doing* pour avoir fait).

despite [dɪs'paɪt] *prep* malgré.

despondent [dɪs'pɒndənt] *adj* découragé.

despot ['despɒt] *n* despote *m.*

dessert [dɪ'zɜːt] *n* dessert *m.* **~ spoon** cuiller *f* à dessert.

destination [,destɪ'neɪʃən] *n* destination *f.*

destine ['destɪn] *vt* destiner (*for* à; *to do* à faire). ◆ **destiny** *n* destin *m.*

destitute ['destɪtjuːt] *adj* indigent.

destroy [dɪs'trɔɪ] *vt (gen)* détruire; *(toy, gadget)* démolir; *(put down: animal)* abattre; *(cat, dog)* faire piquer. ◆ **destroyer** *n (ship)* contre-torpilleur *m.*

destruction [dɪs'trʌkʃən] *n* destruction *f; (from war, fire)* dégâts *mpl.* ◆ **destructive** *adj* destructeur (*f* -trice).

desultory ['desəltərɪ] *adj (attempt)* peu soutenu; *(conversation)* à bâtons rompus.

detach [dɪ'tætʃ] *vt* détacher (*from* de). ◆ **detachable** *adj* détachable (*from* de); *(collar, lining)* amovible. ◆ **detached** *adj (gen)* détaché. ~ **house** ≃ pavillon *m*.
detail ['di:teɪl] — **1** *n* détail *m*. **in** ~ en détail; **to go into** ~**s** entrer dans les détails. — **2** *vt* **(a)** *(facts)* exposer en détail. **(b)** *(person)* détacher (*to do* pour faire). ◆ **detailed** *adj* détaillé.
detain [dɪ'teɪn] *vt* retenir; *(in prison)* détenir.
detect [dɪ'tekt] *vt (gen)* distinguer; *(sadness)* déceler; *(gas)* détecter.
detective [dɪ'tektɪv] *n* policier *m* en civil; (*private* ~) détective *m* (privé). ~ **story** roman *m* policier.
detention [dɪ'tenʃən] *n (in army)* arrêts *mpl; (in school)* retenue *f*. *(Law)* ~ **centre** centre *m* de redressement.
deter [dɪ'tɜ:r] *vt* dissuader; *(discourage)* décourager (*from doing* de faire).
detergent [dɪ'tɜ:dʒənt] *adj, n* détergent *(m)*.
deteriorate [dɪ'tɪərɪəreɪt] *vi (gen)* se détériorer; *(of situation)* se dégrader.
determination [dɪ,tɜ:mɪ'neɪʃən] *n* détermination *f* (*to do* de faire).
determine [dɪ'tɜ:mɪn] *vt (gen)* déterminer; *(sb's future)* décider de; *(resolve)* décider (*to do* de faire). ◆ **determined** *adj* décidé (*to do* à faire; *that* à ce que + *subj*).
deterrent [dɪ'terənt] *n* force *f* de dissuasion. **to act as a** ~ exercer un effet de dissuasion.
detest [dɪ'test] *vt* détester (*doing* faire).
detonate ['detəneɪt] — **1** *vi* détoner. — **2** *vt* faire détoner. ◆ **detonator** *n* détonateur *m*.
detour ['di:tʊər] *n* détour *m*.
detract [dɪ'trækt] *vi:* **to** ~ **from sth** diminuer qch.
detriment ['detrɪmənt] *n:* **to the** ~ **of** au détriment de. ◆ **detrimental** *adj* nuisible. **to be** ~ **to** nuire à.
deuce [dju:s] *n (Tennis)* égalité *f*.
devalue ['di:'vælju:] *vt* dévaluer. ◆ **devaluation** *n* dévaluation *f*.
devastate ['devəsteɪt] *vt (place)* dévaster; *(astound)* foudroyer. ◆ **devastating** *adj (storm)* dévastateur (*f* -trice); *(news, effect)* accablant; *(charm, woman)* irrésistible. ◆ **devastation** *n* dévastation *f*.
develop [dɪ'veləp] — **1** *vt (gen)* développer; *(habit, illness)* contracter; *(change and improve: district etc)* aménager (*as* en). — **2** *vi (gen)* se développer; *(of feeling)* se former; *(of situation)* se produire. **to** ~ **into** devenir. ◆ **developer** *n* (*property* ~) promoteur *m* (de construction); *(Phot)* révélateur *m*. ◆ **developing** *adj (crisis)* qui se prépare; *(country)* en voie de développement; *(industry)* en expansion. ◆ **development** *n (gen)* développement *m* (*of sth* de qch); aménagement *m* (*of sth as* de qch en). *(in situation etc)* **a new** ~ un fait nouveau.
deviate ['di:vɪeɪt] *vi* dévier (*from* de). ◆ **deviation** *n* déviation *f* (*from* de).
device [dɪ'vaɪs] *n* **(a)** *(mechanical)* appareil *m*, mécanisme *m* (*for* pour). **(b)** *(scheme)* formule *f* (*to do* pour faire). **to leave sb to his own** ~**s** laisser qn se débrouiller.
devil ['devl] *n* **(a)** diable *m*. **go to the** ~**!*** va te faire voir!*; **talk of the** ~**!** quand on parle du loup, on en voit la queue!; **to be the** ~**'s advocate** se faire l'avocat du diable; **the luck of the** ~***** une veine de pendu*. **(b)** (*: *also* **dickens**) **he had the** ~ **of a job to find it** il a eu un mal fou à le trouver; **why the** ~**...?** pourquoi diable...?; **to work** *etc* **like the** ~ travailler *etc* comme un fou. ◆ **devilish** *adj* diabolique.
devious ['di:vɪəs] *adj (route, means)* détourné; *(path, mind)* tortueux (*f* -ueuse). **he's very** ~ il n'est pas franc.
devise [dɪ'vaɪz] *vt (gen)* inventer; *(project, escape)* combiner.
devoid [dɪ'vɔɪd] *adj:* ~ **of** denué de.
devolution [,di:və'lu:ʃən] *n (Pol etc)* décentralisation *f*; *(power)* délégation *f*.
devolve [dɪ'vɒlv] *vi* retomber (*on* sur).
devote [dɪ'vəʊt] *vt* consacrer (*to* à). **to** ~ **o.s. to sth** se consacrer à qch. ◆ **devoted** *adj (gen)* dévoué; *(admirer)* fervent. ◆ **devotee** *n* passionné(e) *m(f)* (*of* de). ◆ **devotion** *n* dévouement *m* (*to* à); *(religious)* dévotion *f*.
devour [dɪ'vaʊər] *vt* dévorer.
devout [dɪ'vaʊt] *adj (person)* pieux (*f* pieuse); *(hope)* fervent.
dew [dju:] *n* rosée *f*. ◆ **dewdrop** *n* goutte *f* de rosée.
dexterity [deks'terɪtɪ] *n* dextérité *f* (*in doing* à faire). ◆ **dexterous** *adj* adroit.
diabetes [,daɪə'bi:ti:z] *n* diabète *m*. ◆ **diabetic** *adj, n* diabétique *(mf)*.
diabolical [,daɪə'bɒlɪkəl] *adj (lit)* diabolique; (*: *dreadful)* épouvantable.
diadem ['daɪədem] *n* diadème *m*.
diaeresis [daɪ'erɪsɪs] *n* tréma *m*.
diagnose ['daɪəgnəʊz] *vt* diagnostiquer. **it was** ~**d as bronchitis** on a diagnostiqué une bronchite. ◆ **diagnosis** *n, pl* **-oses** diagnostic *m*.
diagonal [daɪ'ægənl] — **1** *adj* diagonal. — **2** *n* diagonale *f*. ◆ **diagonally** *adv* en diagonale.
diagram ['daɪəgræm] *n* diagramme *m; (Math)* figure *f*.
dial ['daɪəl] — **1** *n* cadran *m*. — **2** *vt (phone number)* faire. **you must** ~ **336-1295** il faut faire le 336-1295 ; **to** ~ **999** ≃ appeler Police secours; **can I** ~ **London from here?** est-ce que d'ici je peux avoir Londres par l'automatique? ◆ **dialling** *adj:* ~ **code** indicatif *m;* ~ **tone** tonalité *f*.
dialect ['daɪəlekt] *n* dialecte *m*.
dialogue ['daɪəlɒg] *n* dialogue *m*.
diameter [daɪ'æmɪtər] *n* diamètre *m*. **one metre in** ~ un mètre de diamètre. ◆ **diametrically** *adv* diamétralement.
diamond ['daɪəmənd] — **1** *n (stone)* diamant *m; (shape)* losange *m; (Cards)* carreau *m*. **the ace of** ~**s** l'as *m* de carreau; **he played a** ~ il a joué carreau. — **2** *adj (ring)* de diamants. ~ **jubilee** soixantième anniversaire *m (d'un événement);* ~ **wedding** noces *fpl* de diamant.
diaper ['daɪəpər] *n (US)* couche *f (de bébé)*.
diarrh(o)ea [,daɪə'ri:ə] *n* diarrhée *f*.
diary ['daɪərɪ] *n (record)* journal *m* intime; *(for engagements)* agenda *m*.
dice [daɪs] — **1** *n, pl inv* dé *m* (à jouer). **to play** ~ jouer aux dés. — **2** *vt* couper en dés.
dicey* ['daɪsɪ] *adj* risqué.
dickens* ['dɪkɪnz] *n* = **devil (b).**
dictate [dɪk'teɪt] *vt* dicter (*to* à). ◆ **dictation** *n* dictée *f*. **at** ~ **speed** à une vitesse de dictée.
dictator [dɪk'teɪtər] *n* dictateur *m*. ◆ **dictatorial** *adj* dictatorial. ◆ **dictatorship** *n* dictature *f*.
diction ['dɪkʃən] *n* diction *f*.
dictionary ['dɪkʃənrɪ] *n* dictionnaire *m*. **French** ~ dictionnaire de français.
did [dɪd] *pret of* **do¹**.
diddle* ['dɪdl] *vt* rouler*, escroquer.
die [daɪ] *vi (gen)* mourir (*of* de); *(of engine)* s'arrêter. **to be dying** être à l'agonie; **to** ~ **a**

violent death mourir de mort violente; **to ~ off** mourir les uns après les autres; **to be dying to do*** mourir d'envie de faire; **I'm dying* for a coffee** j'ai une envie folle d'un café; **to ~ away** *(of sound)* s'éteindre; **to ~ down** *(gen)* diminuer; *(of plant)* se flétrir; **to ~ out** disparaître. ◆ **diehard** *n* réactionnaire *mf*.

diesel ['di:zəl] *n* diesel *m*. **~ engine** *(on car)* moteur *m* diesel; *(on train)* motrice *f*; **~ fuel, ~ oil** gas-oil *m*.

diet ['daɪət] — **1** *n (for invalids, slimmers)* régime *m*; *(usual food)* alimentation *f*. **to go on a ~** se mettre au régime; **to live on a ~ of** se nourrir de. — **2** *vi* suivre un régime *(amaigrissant)*. ◆ **dietician** *n* diététicien(ne) *m(f)*.

differ ['dɪfəʳ] *vi* différer (*from* de); *(disagree)* ne pas être d'accord (*from sb* avec qn; *on or about sth* sur qch).

difference ['dɪfrəns] *n* différence *f* (*in* de; *between* entre). **that makes a big ~ to me** c'est très important pour moi; **it makes no ~ to me** cela m'est égal; **to make a ~ in sth** changer qch; **what ~ does it make if...?** qu'est-ce que cela peut faire que...? + *subj*.

different ['dɪfrənt] *adj* **(a)** différent (*from* de), autre. **he wore a ~ tie each day** il portait chaque jour une cravate différente; **go and put on a ~ tie** va mettre une autre cravate; **let's do something ~** faisons quelque chose de nouveau; **that's quite a ~ matter** c'est tout autre chose; **he wants to be ~** il veut se singulariser. **(b)** *(various)* différent, plusieurs. **~ people noticed it** plusieurs personnes l'ont remarqué. ◆ **differentiate** *vt* différencier (*from* de). ◆ **differently** *adv* différemment (*from* de), autrement (*from* que).

difficult ['dɪfɪkəlt] *adj* difficile. **~ to get on with** difficile à vivre; **it is ~ to know** il est difficile de savoir; **I find it ~ to believe that...** il m'est difficile de croire que... ; **the ~ thing is to begin** le plus difficile c'est de commencer. ◆ **difficulty** *n* difficulté *f*. **she has ~ in walking** elle a de la difficulté à marcher; **to get into difficulties** se trouver en difficulté; **I am in ~** j'ai des difficultés; **he was working under great difficulties** il travaillait dans des conditions très difficiles; **he's having ~ with...** il a des ennuis avec... .

diffident ['dɪfɪdənt] *adj* qui manque d'assurance. **to be ~ about doing** hésiter à faire. ◆ **diffidently** *adv* avec timidité.

diffuse [dɪ'fju:z] — **1** *vt* diffuser. — **2** [dɪ'fju:s] *adj* diffus.

dig [dɪg] (*vb: pret, ptp* **dug**) — **1** *n* **(a) to give sb a ~ in the ribs** donner un coup de coude dans les côtes de qn; *(fig)* **that's a ~ at Paul** c'est une pierre dans le jardin de Paul. **(b)** *(Archaeology)* fouilles *fpl*. **to go on a ~** aller faire des fouilles. — **2** *vt* **(a)** *(gen)* creuser; *(with spade)* bêcher; *(also* **~ out, ~ up:** *potatoes)* arracher; *(sth buried)* déterrer; *(fact)* dénicher; *(garden)* piocher. **(b)** *(thrust)* enfoncer (*sth into sth* qch dans qch). *(fig)* **to ~ one's heels in** se buter. **(c)** (*) **~ that guy!** vise un peu le type!*; **he really ~s jazz** il est vraiment fou de jazz. — **3** *vi (of dog, pig)* fouiller; *(of person)* creuser (*into* dans); *(Archaeology)* faire des fouilles. **to ~ for minerals** extraire du minerai; **to ~ into one's pockets** fouiller dans ses poches. ◆ **digger** *n (machine)* pelleteuse *f*.

digest [daɪ'dʒest] — **1** *vti* digérer. — **2** ['daɪdʒest] *n (summary)* sommaire *m*; *(magazine)* digest *m*. ◆ **digestible** *adj* facile à digérer. ◆ **digestion** *n* digestion *f*. ◆ **digestive** *adj* digestif (*f* -ive); *(biscuit)* sablé *m*.

digit ['dɪdʒɪt] *n (number)* chiffre *m*; *(finger)* doigt *m*. ◆ **digital** *adj (clock)* à affichage numérique.

dignified ['dɪgnɪfaɪd] *adj* digne.

dignitary ['dɪgnɪtərɪ] *n* dignitaire *m*.

dignity ['dɪgnɪtɪ] *n* dignité *f*.

digress [daɪ'gres] *vi* faire une digression. ◆ **digression** *n* digression *f*.

digs* [dɪgz] *npl*: **to be in ~** avoir une chambre chez un particulier.

dilapidated [dɪ'læpɪdeɪtɪd] *adj* délabré.

dilate [daɪ'leɪt] — **1** *vt* dilater. — **2** *vi* se dilater.

dilatory ['dɪlətərɪ] *adj* dilatoire; *(person)* lent.

dilemma [daɪ'lemə] *n* dilemme *m*.

diligent ['dɪlɪdʒənt] *adj* assidu.

dillydally ['dɪlɪdælɪ] *vi* lambiner*.

dilute [daɪ'lu:t] *vt* diluer.

dim [dɪm] — **1** *adj (light)* faible; *(room, forest etc)* sombre; *(memory, outline)* vague; (*: *stupid*) stupide. **to take a ~ view of** avoir une piètre opinion de. — **2** *vt (light)* baisser; *(memory)* effacer. ◆ **dimly** *adv (light)* faiblement; *(see, recollect)* vaguement.

dime [daɪm] *n (Canada, US)* pièce *f* de dix cents. **~ store** ≃ prisunic *m*.

dimension [daɪ'menʃən] *n* dimension *f*; *(of problem, epidemic etc)* étendue *f*. ◆ **dimensional** *adj*: **two-~** à deux dimensions.

diminish [dɪ'mɪnɪʃ] *vti* diminuer. ◆ **diminished** *adj (gen)* diminué; *(staff, value)* réduit.

diminutive [dɪ'mɪnjʊtɪv] — **1** *adj* minuscule. — **2** *n* diminutif *m*.

dimple ['dɪmpl] *n* fossette *f*.

din [dɪn] *n* vacarme *m*.

dine [daɪn] *vi* dîner (*off, on* de). **to ~ out** dîner en ville. ◆ **diner** *n (person)* dîneur *m* (*f* -euse); (*Rail: also* **dining car**) wagon-restaurant *m*. ◆ **dining-room** *n* salle *f* à manger.

dinghy ['dɪŋgɪ] *n* canot *m*; (*sailing* **~**) dériveur *m*.

dingy ['dɪndʒɪ] *adj* minable.

dinner ['dɪnəʳ] *n* dîner *m*; *(lunch)* déjeuner *m*; *(for dog, cat)* pâtée *f*. **to have ~** dîner; **to go out to ~** *(restaurant)* dîner en ville; *(at friends')* dîner chez des amis; **~ jacket** smoking *m*; **~ party** dîner; **~ service** service *m* de table; **at ~ time** à l'heure *f* du dîner.

diocese ['daɪəsɪs] *n* diocèse *m*.

dip [dɪp] — **1** *vt (gen)* plonger (*into* dans); *(sheep)* laver. **to ~ the headlights** se mettre en code. — **2** *vi* **(a)** *(of road)* descendre; *(of boat)* tanguer. **(b) to ~ into** *(pocket, savings)* puiser dans; *(book)* feuilleter. — **3** *n* **(a)** (*: *in sea etc*) bain *m*, baignade *f*. **(b)** *(in ground)* déclivité *f*. **(c)** (*cheese* **~**) fondue *f* au fromage. ◆ **dipper** *n (at fairground)* montagnes *fpl* russes. ◆ **dipstick** *n* jauge *f* (de niveau d'huile).

diphtheria [dɪf'θɪərɪə] *n* diphtérie *f*.

diphthong ['dɪfθɒŋ] *n* diphtongue *f*.

diploma [dɪ'pləʊmə] *n* diplôme *m* (*in* de, en).

diplomacy [dɪ'pləʊməsɪ] *n* diplomatie *f*. ◆ **diplomat** *n* diplomate *mf*. ◆ **diplomatic** *adj (gen)* diplomatique; *(tactful: person)* diplomate. **~ bag** valise *f* diplomatique.

dire ['daɪəʳ] *adj (event, poverty)* terrible; *(prediction)* sinistre.

direct [daɪ'rekt] — **1** *adj (gen)* direct; *(refusal, denial)* catégorique; *(Grammar: object, speech)* direct. *(Electricity)* **~ current** courant *m* continu; **to make a ~ hit** porter un coup au but; *(bomb, projectile)* toucher son objectif. —

2 *vt* **(a)** *(address: remark, letter)* adresser (*to* à); *(efforts)* orienter (*towards* vers); *(steps)* diriger (*towards* vers). **can you ~ me to the town hall?** pourriez-vous m'indiquer le chemin de la mairie? **(b)** *(control: sb's work)* diriger; *(a play)* mettre en scène; *(film, programme)* réaliser. **(c)** *(instruct)* charger (*sb to do* qn de faire). — **3** *adv (go etc)* directement. ◆ **directive** *n* directive *f.* ◆ **directly** — **1** *adv (gen: go)* directement; *(completely: opposite)* exactement; *(immediately)* tout de suite. — **2** *conj* dès que. ◆ **directness** *n* franchise *f.*

direction [dɪ'rekʃən] *n* **(a)** direction *f.* **in every ~** dans toutes les directions; **in the opposite ~** en sens inverse; **a sense of ~** le sens de l'orientation. **(b)** *(instruction)* **~s for use** mode *m* d'emploi; **stage ~s** indications *fpl* scéniques.

director [dɪ'rektəʳ] *n (gen)* directeur *m* (*f* -trice); *(Theatre)* metteur *m* en scène; *(Cinema, Radio, TV)* réalisateur *m* (*f* -trice). **~ of music** chef *m* de musique.

directory [dɪ'rektərɪ] *n (addresses)* répertoire *m* (d'adresses); (*street* ~) guide *m* des rues; *(phonebook)* annuaire *m* (des téléphones). *(Telephone)* **~ inquiries** renseignements *mpl.*

dirt [dɜ:t] *n (gen)* saleté *f; (earth)* terre *f; (on machine)* encrassement *m.* **dog ~** crotte *f* de chien; **to treat sb like ~*** traiter qn comme un chien; **~ track** *(gen)* piste *f; (Sport)* cendrée *f.* ◆ **dirt-cheap*** *adj, adv* très bon marché *(inv).*

dirty ['dɜ:tɪ] — **1** *adj (gen)* sale; *(job)* salissant; *(machine)* encrassé; *(wound)* infecté. **to get ~** se salir; **to get sth ~** salir qch; **~ word** mot *m* grossier; **~ trick** sale tour *m;* **to give sb a ~ look** regarder qn d'un sale œil; **the ~ work** le plus embêtant du boulot*. — **2** *vt* salir.

disability [,dɪsə'bɪlɪtɪ] *n (state)* invalidité *f; (handicap)* infirmité *f.*

disable [dɪs'eɪbl] *vt (person)* rendre infirme; *(ship, tank)* mettre hors d'action. ◆ **disabled** — **1** *adj* handicapé, infirme. — **2** *n:* **the ~** les handicapés *mpl.*

disadvantage [,dɪsəd'vɑ:ntɪdʒ] *n* désavantage *m.* **at a ~** dans une position désavantageuse.

disagree [,dɪsə'gri:] *vi* ne pas être d'accord (*with* avec; *over* sur); *(of reports, figures)* ne pas concorder (*with* avec). **to ~ with the suggestion** être contre la suggestion; *(of climate, food)* **to ~ with sb** ne pas convenir à qn. ◆ **disagreeable** *adj* désagréable. ◆ **disagreement** *n* désaccord *m.* **to have a ~ with sb** se disputer avec qn (*about* à propos de).

disappear [,dɪsə'pɪəʳ] *vi* disparaître. **he ~ed from sight** on l'a perdu de vue. ◆ **disappearance** *n* disparition *f.*

disappoint [,dɪsə'pɔɪnt] *vt* décevoir. ◆ **disappointed** *adj* déçu. **I'm ~ with you** vous m'avez déçu. ◆ **disappointing** *adj* décevant. ◆ **disappointment** *n* déception *f.*

disapproval [,dɪsə'pru:vəl] *n* désapprobation *f.*

disapprove [,dɪsə'pru:v] *vi* désapprouver (*of sth* qch; *of sb's doing* que qn fasse). ◆ **disapproving** *adj* désapprobateur (*f* -trice).

disarm [dɪs'ɑ:m] *vti* désarmer. ◆ **disarmament** *n* désarmement *m.*

disarray [,dɪsə'reɪ] *n:* **in ~** *(troops)* en déroute; *(clothes)* en désordre.

disaster [dɪ'zɑ:stəʳ] *n* désastre *m; (air ~, sea ~ etc)* catastrophe *f.* **~ area** région *f* sinistrée. ◆ **disastrous** *adj* désastreux (*f* -euse).

disband [dɪs'bænd] *vt* disperser.

disbelief ['dɪsbə,li:f] *n* incrédulité *f.*

disbelieving ['dɪsbə'li:vɪŋ] *adj* incrédule.

disc [dɪsk] *n (gen)* disque *m.* **identity ~** plaque *f* d'identité; **~ brakes** freins *mpl* à disque; **~ jockey** animateur *m* (*f* -trice) de variétés.

discard [dɪs'kɑ:d] *vt (gen)* se débarrasser de; *(idea)* abandonner.

discern [dɪ'sɜ:n] *vt* discerner. ◆ **discerning** *adj* perspicace.

discharge [dɪs'tʃɑ:dʒ] — **1** *vt (ship, cargo)* décharger; *(liquid)* déverser; *(employee, jury)* congédier; *(soldier)* rendre à la vie civile; *(prisoner)* libérer; *(debt)* acquitter; *(patient)* renvoyer de l'hôpital; *(gun)* faire partir. — **2** ['dɪstʃɑ:dʒ] *n (electrical)* décharge *f; (pus etc)* suppuration *f; (vaginal)* pertes *fpl* blanches; *(of employee, patient)* renvoi *m; (of prisoner)* libération *f.*

disciple [dɪ'saɪpl] *n* disciple *m.*

discipline ['dɪsɪplɪn] — **1** *n* discipline *f.* — **2** *vt (control)* discipliner; *(punish)* punir.

disclaim [dɪs'kleɪm] *vt* désavouer.

disclaimer [dɪs'kleɪməʳ] *n* démenti *m.*

disclose [dɪs'kləʊz] *vt* révéler.

disclosure [dɪs'kləʊʒəʳ] *n* révélation *f.*

disco* ['dɪskəʊ] *n* disco *m.*

discolour, *(US)* **-or** [dɪs'kʌləʳ] — **1** *vt* décolorer. — **2** *vi* se décolorer.

discomfort [dɪs'kʌmfət] *n* gêne *f.* **I feel some ~ from it** ça me gêne.

disconcert [,dɪskən'sɜ:t] *vt* déconcerter.

disconnect ['dɪskə'nekt] *vt (gen)* détacher; *(electrical device)* débrancher; *(gas, electricity, water supply, telephone)* couper. ◆ **disconnected** *adj (speech etc)* sans suite.

disconsolate [dɪs'kɒnsəlɪt] *adj* inconsolable.

discontent ['dɪskən'tent] *n* mécontentement *m.* ◆ **discontented** *adj* mécontent (*with* de).

discontinue ['dɪskən'tɪnju:] *vt* cesser, interrompre. *(of goods)* **~d line** série *f* qui ne se fait plus.

discord ['dɪskɔ:d] *n* discorde *f; (Music)* dissonance *f.*

discotheque ['dɪskəʊtek] *n* discothèque *f (dancing).*

discount ['dɪskaʊnt] — **1** *n.* **to give a ~** faire une remise (*on* sur); **to buy at a ~** acheter au rabais; **~ for cash** escompte *m* au comptant; **~ store** magasin *m* de demi-gros. — **2** [dɪs'kaʊnt] *vt* ne pas tenir compte de.

discourage [dɪs'kʌrɪdʒ] *vt* décourager (*sb from doing* qn de faire). **to become ~d** se laisser décourager. ◆ **discouraging** *adj* décourageant.

discourteous [dɪs'kɜ:tɪəs] *adj* peu courtois (*towards* avec).

discover [dɪs'kʌvəʳ] *vt (gen)* découvrir; *(mistake, loss)* s'apercevoir de. ◆ **discovery** *n (act)* découverte *f; (happy find)* trouvaille *f.*

discredit [dɪs'kredɪt] *vt* discréditer.

discreet [dɪs'kri:t] *adj* discret (*f* -ète). ◆ **discreetly** *adv* discrètement.

discretion [dɪs'kreʃən] *n* discrétion *f.* **use your own ~** faites comme bon vous semblera.

discrepancy [dɪs'krepənsɪ] *n* contradiction *f,* divergence *f* (*between* entre).

discriminate [dɪs'krɪmɪneɪt] *vi* distinguer (*between* entre); *(unfairly)* établir une discrimination (*against* contre; *in favour of* en faveur de). ◆ **discriminating** *adj (judgment, mind)* judicieux (*f* -ieuse). ◆ **discrimination** *n (judgment)* discernement *m; (bias)* discrimination *f.*

discus ['dɪskəs] *n* disque *m (Sport).*

discuss [dɪs'kʌs] *vt (problem, project, price)* discuter; *(talk about: topic, person)* discuter de. ◆ **discussion** *n* discussion *f* (*of* sur).
disdain [dɪs'deɪn] — **1** *vt* dédaigner (*to do* de faire). — **2** *n* dédain *m*. ◆ **disdainful** *adj* dédaigneux (*f* -euse).
disease [dɪ'zi:z] *n* maladie *f*. ◆ **diseased** *adj* malade.
disembark [,dɪsɪm'bɑ:k] *vti* débarquer. ◆ **disembarkation** *n* débarquement *m*.
disengage [,dɪsɪn'geɪdʒ] *vt (gen)* dégager (*from* de). **to ~ the clutch** débrayer.
disentangle ['dɪsɪn'tæŋgl] *vt* démêler.
disfavour, *(US)* **-or** [dɪs'feɪvəʳ] *n* défaveur *f*.
disfigure [dɪs'fɪgəʳ] *vt* défigurer.
disgorge [dɪs'gɔ:dʒ] *vt* dégorger.
disgrace [dɪs'greɪs] — **1** *n (dishonour)* honte *f*; *(disfavour)* disgrâce *f*. **there is no ~ in doing** il n'y a aucune honte à faire; **in ~** en disgrâce; **it's a ~** c'est une honte. — **2** *vt (family etc)* faire honte à; *(name, country)* déshonorer. **to ~ o.s.** très mal se conduire (*by doing* en faisant). ◆ **disgraceful** *adj* honteux (*f* -euse). ◆ **disgracefully** *adv (act)* honteusement.
disgruntled [dɪs'grʌntld] *adj* mécontent.
disguise [dɪs'gaɪz] — **1** *vt* déguiser (*as* en). — **2** *n* déguisement *m*. **in ~** déguisé.
disgust [dɪs'gʌst] — **1** *n* dégoût *m* (*for, at* pour). **he left in ~** il est parti dégoûté. — **2** *vt* dégoûter. ◆ **disgusted** *adj* dégoûté (*at* de, par). ◆ **disgusting** *adj* dégoûtant.
dish [dɪʃ] — **1** *n* plat *m*. **vegetable ~** plat à légumes; **the ~es** la vaisselle; **to do the ~es** faire la vaisselle. — **2** *vt*: **to ~ out** distribuer; **to ~ up** servir. ◆ **dishcloth** *n (for washing)* lavette *f*; *(for drying)* torchon *m*. ◆ **dishrack** *n* égouttoir *m* (à vaisselle). ◆ **dishtowel** *n* torchon *m* (à vaisselle). ◆ **dishwasher** *n (machine)* lave-vaisselle *m inv*.
dishearten [dɪs'hɑ:tn] *vt* décourager. **to get ~ed** se décourager.
dishevelled [dɪ'ʃevəld] *adj (person, hair)* échevelé; *(clothes)* en désordre.
dishonest [dɪs'ɒnɪst] *adj (gen)* malhonnête; *(untruthful: person)* menteur (*f* -euse); *(reply)* mensonger (*f* -ère). ◆ **dishonesty** *n* malhonnêteté *f*.
dishonour, *(US)* **-or** [dɪs'ɒnəʳ] — **1** *n* déshonneur *m*. — **2** *vt* déshonorer. ◆ **dishonourable** *adj* peu honorable.
dishy* ['dɪʃɪ] *adj (person)* sexy*.
disillusion [,dɪsɪ'lu:ʒən] *vt* désillusionner.
disinclined ['dɪsɪn'klaɪnd] *adj* peu disposé (*for* à; *to do* à faire).
disinfect [,dɪsɪn'fekt] *vt* désinfecter. ◆ **disinfectant** *n* désinfectant *m*. ◆ **disinfection** *n* désinfection *f*.
disinherit ['dɪsɪn'herɪt] *vt* déshériter.
disintegrate [dɪs'ɪntɪgreɪt] — **1** *vi* se désintégrer. — **2** *vt* désintégrer.
disinterested [dɪs'ɪntrɪstɪd] *adj (impartial)* désintéressé; *(uninterested)* indifférent.
disjointed [dɪs'dʒɔɪntɪd] *adj* décousu.
disk [dɪsk] *n* **(a)** *(Computers)* disquette *f*. **(b)** *(gen)* = **disc.**
dislike [dɪs'laɪk] — **1** *vt* ne pas aimer (*doing* faire). **I don't ~ it** cela ne me déplaît pas; **I ~ it** cela ne me plaît pas. — **2** *n*: **his ~ of ...** le fait qu'il n'aime pas...; **to take a ~ to sb** prendre qn en grippe.
dislocate ['dɪsləʊkeɪt] *vt*: **to ~ one's shoulder** se disloquer l'épaule.
dislodge [dɪs'lɒdʒ] *vt (stone)* déplacer; *(sth stuck)* débloquer; *(person)* faire bouger (*from* de).
disloyal ['dɪs'lɔɪəl] *adj* déloyal (*to* à, envers). ◆ **disloyalty** *n* déloyauté *f*.
dismal ['dɪzməl] *adj (gen)* morne; *(failure)* lamentable.
dismantle [dɪs'mæntl] *vt* démonter.
dismay [dɪs'meɪ] — **1** *n* consternation *f*. — **2** *vt* consterner.
dismiss [dɪs'mɪs] *vt* **(a)** *(gen)* congédier; *(official, officer)* destituer. **(b)** *(thought, possibility)* écarter; *(appeal)* rejeter. *(to soldiers)* **~!** rompez!; *(Law)* **to ~ a charge** rendre un non-lieu. ◆ **dismissal** *n* congédiement *m*; destitution *f*; rejet *m*.
dismount [dɪs'maʊnt] *vi* mettre pied à terre.
disobedient [,dɪsə'bi:dɪənt] *adj* désobéissant (*to* à).
disobey ['dɪsə'beɪ] *vt (person)* désobéir à; *(rule)* enfreindre.
disorder [dɪs'ɔ:dəʳ] *n* désordre *m*; *(rioting etc)* désordres *mpl*; *(Med)* troubles *mpl*. ◆ **disorderly** *adj (gen)* désordonné; *(meeting)* tumultueux (*f* -ueuse).
disorganized [dɪs'ɔ:gənaɪzd] *adj* désorganisé.
disorientate [dɪs'ɔ:rɪənteɪt] *vt* désorienter.
disown [dɪs'əʊn] *vt* renier.
disparage [dɪs'pærɪdʒ] *vt* dénigrer. ◆ **disparaging** *adj* désobligeant.
disparity [dɪs'pærɪtɪ] *n* disparité *f*.
dispassionate [dɪs'pæʃənɪt] *adj (unemotional)* calme; *(unbiased)* impartial.
dispatch [dɪs'pætʃ] — **1** *vt* **(a)** *(send: thing)* expédier; *(people)* envoyer. **(b)** *(finish off: job)* expédier; *(animal)* tuer. — **2** *n (sending)* expédition *f*; *(report)* dépêche *f*. *(Mil)* **mentioned in ~es** cité à l'ordre du jour; **~ box** *(in Parliament)* ≃ tribune *f*; *(case)* valise *f* officielle *(à documents)*; **~ case** serviette *f*. **~ rider** estafette *f*.
dispel [dɪs'pel] *vt* dissiper, chasser.
dispensary [dɪs'pensərɪ] *n (in hospital)* pharmacie *f*; *(in clinic)* dispensaire *m*.
dispensation [,dɪspen'seɪʃən] *n* dispense *f* (*from* de).
dispense [dɪs'pens] *vt* **(a)** *(justice, sacrament)* administrer. **dispensing chemist** *(person)* pharmacien(ne) *m(f)*; *(shop)* pharmacie *f*. **(b)** *(exempt)* dispenser (*sb from sth* qn de qch; *from doing* de faire). **to ~ with sth** se passer de qch. ◆ **dispenser** *n (person)* pharmacien(ne) *m(f)*; *(device)* distributeur *m*.
disperse [dɪs'pɜ:s] — **1** *vt* disperser. — **2** *vi* se disperser.
dispirited [dɪs'pɪrɪtɪd] *adj* découragé.
displace [dɪs'pleɪs] *vt (move: refugees)* déplacer; *(replace)* remplacer.
display [dɪs'pleɪ] — **1** *vt (gen)* montrer; *(quality)* faire preuve de; *(notice)* afficher; *(goods)* exposer; *(Computers)* visualiser. — **2** *n (in shop)* étalage *m*; *(of courage, force etc)* déploiement *m*. **on ~** exposé; **~ cabinet** vitrine *f (meuble)*; **air ~** fête *f* aéronautique; **military ~** parade *f* militaire.
displease [dɪs'pli:z] *vt* déplaire à. ◆ **displeased** *adj* mécontent (*with* de). ◆ **displeasing** *adj* déplaisant.
displeasure [dɪs'pleʒəʳ] *n* mécontentement *m*.
disposable [dɪs'pəʊzəbl] *adj (not reusable)* à jeter; *(nappy)* de cellulose.

disposal [dɪs'pəʊzəl] *n (of bomb)* désamorçage *m.* **at sb's ~** à la disposition de qn; **waste ~ unit** broyeur *m* d'ordures.
dispose [dɪs'pəʊz] *vt* **(a)** disposer (*sb to do* qn à faire). **(b) to ~ of** se débarrasser de; *(by selling)* écouler; *(rubbish etc: remove)* enlever; *(destroy)* détruire; *(bomb)* désamorcer; *(meal, question)* expédier; *(kill)* liquider*; *(property, money)* disposer de. ◆ **disposed** *adj* disposé (*to do* à faire; *towards* envers). ◆ **disposition** *n (character)* tempérament *m.*
disproportionate [,dɪsprə'pɔːʃnɪt] *adj* disproportionné (*to* à, avec).
disprove [dɪs'pruːv] *vt* établir la fausseté de.
dispute [dɪs'pjuːt] — **1** *n* **(a)** discussion *f.* **beyond ~** incontestable; **without ~** sans contredit; **there is some ~ about** on n'est pas d'accord sur; **in ~** contesté. **(b)** *(quarrel)* dispute *f; (political etc)* conflit *m.* **industrial ~** conflit social. — **2** *vt* contester. **I do not ~ the fact that ...** je ne conteste pas que ... + *subj.*
disqualification [dɪs,kwɒlɪfɪ'keɪʃən] *n* disqualification *f; (from driving)* retrait *m* du permis de conduire.
disqualify [dɪs'kwɒlɪfaɪ] *vt* rendre inapte (*from* à); *(Sport)* disqualifier. **to ~ sb from driving** retirer à qn le permis de conduire (*for sth* pour qch).
disquieting [dɪs'kwaɪətɪŋ] *adj* inquiétant.
disregard ['dɪsrɪ'gɑːd] — **1** *vt* ne tenir aucun compte de. — **2** *n* indifférence *f* (*for* à); *(of rule)* non-observation *f* (*for* de).
disrepair ['dɪsrɪ'pɛəʳ] *n:* **in a state of ~** en mauvais état.
disreputable [dɪs'repjʊtəbl] *adj (person, area)* peu recommandable; *(behaviour)* honteux (*f* -euse).
disrespectful [,dɪsrɪs'pektfʊl] *adj* irrespectueux (*f* -ueuse). **to be ~ to** manquer de respect envers.
disrupt [dɪs'rʌpt] *vt (gen)* perturber; *(plans)* déranger. ◆ **disruption** *n* perturbation *f;* dérangement *m.* ◆ **disruptive** *adj* perturbateur (*f* -trice).
dissatisfaction ['dɪs,sætɪs'fækʃən] *n* mécontentement *m* (*at, with* devant). ◆ **dissatisfied** *adj* mécontent (*with* de).
dissect [dɪ'sekt] *vt* disséquer.
disseminate [dɪ'semɪneɪt] *vt* disséminer.
dissent [dɪ'sent] — **1** *vi* différer (*from* de). — **2** *n* dissentiment *m.*
dissertation [,dɪsə'teɪʃən] *n* mémoire *m.*
disservice ['dɪs'sɜːvɪs] *n:* **to do sb a ~** rendre un mauvais service à qn.
dissident ['dɪsɪdənt] *adj, n* dissident(e) *m(f).*
dissimilar ['dɪ'sɪmɪləʳ] *adj* différent (*to* de). ◆ **dissimilarity** *n* différence *f* (*between* entre).
dissipate ['dɪsɪpeɪt] *vt* dissiper.
dissociate [dɪ'səʊʃɪeɪt] *vt* dissocier (*from* de).
dissolute ['dɪsəluːt] *adj* débauché.
dissolution [,dɪsə'luːʃən] *n* dissolution *f.*
dissolve [dɪ'zɒlv] — **1** *vt* dissoudre. — **2** *vi* se dissoudre; *(Cinema: of picture)* se fondre. **to ~ into thin air** s'en aller en fumée; **to ~ into tears** fondre en larmes.
dissuade [dɪ'sweɪd] *vt* dissuader (*sb from doing* qn de faire). ◆ **dissuasive** *adj (person)* qui cherche à dissuader; *(powers)* de dissuasion.
distance ['dɪstəns] *n* distance *f* (*between* entre). **at a ~ of 2 metres** à une distance de 2 mètres; **what ~ is it from here to London?** nous sommes à combien de Londres?; **it's a good ~** c'est assez loin; **in the ~** au loin; **from a ~** de loin; **it's no ~*** c'est tout près; **to keep sb at a ~** tenir qn à distance; **to keep one's ~** garder ses distances.
distant ['dɪstənt] *adj (gen)* éloigné; *(reserved)* distant. **it is 2 km ~ from the church** c'est à une distance de 2 km de l'église; **in the ~ past** dans un passé lointain. ◆ **distantly** *adv (resemble)* vaguement; *(say)* froidement. **~ related** d'une parenté éloignée.
distaste ['dɪs'teɪst] *n* répugnance *f* (*for* pour). ◆ **distasteful** *adj* déplaisant (*to* à).
distemper[1] [dɪs'tempəʳ] *n* badigeon *m.*
distemper[2] [dɪs'tempəʳ] *n (in dogs)* maladie *f* des jeunes chiens.
distil(l) [dɪs'tɪl] *vt* distiller. ◆ **distillery** *n* distillerie *f.*
distinct [dɪs'tɪŋkt] *adj (gen)* distinct (*from* de); *(unmistakable: preference, increase)* net (*f* nette). **as ~ from** par opposition à. ◆ **distinction** *n (gen)* distinction *f; (in exam)* mention *f* très bien. ◆ **distinctive** *adj* distinctif (*f* -ive). ◆ **distinctly** *adv (speak, see)* distinctement; *(cool, friendly)* vraiment.
distinguish [dɪs'tɪŋgwɪʃ] *vti (gen)* distinguer (*from* de; *between* entre); *(change)* discerner. **to ~ o.s.** se distinguer (*as* en tant que); **~ing mark** signe *m* particulier.
distort [dɪs'tɔːt] *vt* déformer. ◆ **distorted** *adj (shape)* déformé. **a ~ impression** une idée fausse.
distract [dɪs'trækt] *vt* distraire (*from* de). ◆ **distracted** *adj (gen)* éperdu; *(person)* dans tous ses états. ◆ **distracting** *adj* gênant. ◆ **distraction** *n:* **to drive sb to ~** rendre qn fou (*f* folle).
distraught [dɪs'trɔːt] *adj* éperdu (*with* de).
distress [dɪs'tres] — **1** *n* **(a)** *(grief etc)* peine *f; (stronger)* douleur *f.* **in great ~** bouleversé. **(b)** *(poverty, danger)* détresse *f.* **in ~** *(ship, plane)* en détresse; **~ signal** signal *m* de détresse. — **2** *vt* peiner. ◆ **distressing** *adj* pénible.
distribute [dɪs'trɪbjuːt] *vt (hand out)* distribuer; *(spread evenly)* répartir. ◆ **distribution** *n* distribution *f;* répartition *f.* ◆ **distributor** *n (in car)* distributeur *m.*
district ['dɪstrɪkt] — **1** *n (of a country)* région *f; (in town)* quartier *m.* — **2** *adj (manager etc)* régional. *(US)* **~ attorney** ≃ procureur *m* de la République; **~ nurse** infirmière *f* visiteuse.
distrust [dɪs'trʌst] — **1** *vt* se méfier de. — **2** *n* méfiance *f* (*of* à l'égard de).
disturb [dɪs'tɜːb] *vt (gen)* troubler; *(papers, objects)* déranger; *(atmosphere)* perturber; *(inconvenience)* déranger. **sorry to ~ you** excusez-moi de vous déranger; **'please do not ~'** 'prière de ne pas déranger'. ◆ **disturbance** *n* dérangement *m; (noisy)* tapage *m. (political etc)* **~s** troubles *mpl.* ◆ **disturbed** *adj* troublé (*at, by* par). ◆ **disturbing** *adj (worrying)* troublant; *(distracting)* gênant.
disuse ['dɪs'juːs] *n:* **to fall into ~** tomber en désuétude. ◆ **disused** ['dɪs'juːzd] *adj* abandonné.
ditch [dɪtʃ] — **1** *n* fossé *m.* — **2** *vt* (*: *get rid of*) se débarrasser de.
dither* ['dɪðəʳ] *vi* hésiter.
ditto ['dɪtəʊ] *adv* idem.
divan [dɪ'væn] *n* divan *m.* **~ bed** divan-lit *m.*
dive [daɪv] — **1** *n (gen)* plongeon *m; (by submarine, deep-sea diver)* plongée *f; (by aircraft)* piqué *m.* — **2** *vi* plonger; descendre en piqué. **he ~d under the table** il s'est jeté sous la table; *(rush)* **to ~ in** *etc* entrer *etc* tête baissée. ◆ **diver** *n* plongeur *m; (in suit)* sca-

phandrier *m.* ◆ **diving** *adj:* ~ **board** plongeoir *m;* ~ **suit** scaphandre *m.*
diverge [daɪ'vɜːdʒ] *vi* diverger.
diverse [daɪ'vɜːs] *adj* divers.
diversion [daɪ'vɜːʃən] *n (gen)* diversion *f; (of traffic)* déviation *f; (of stream)* dérivation *f.*
diversity [daɪ'vɜːsɪtɪ] *n* diversité *f.*
divert [daɪ'vɜːt] *vt (stream, attention)* détourner; *(vehicle)* dérouter; *(traffic)* dévier; *(amuse)* divertir.
divide [dɪ'vaɪd] — **1** *vt (gen)* diviser (*into* en; *between* entre; *by* par); (~ **out**) répartir (*among* entre); (~ **off**) séparer (*from* de). **to** ~ **one's time between** partager son temps entre. — **2** *vi* (*gen:* ~ **up**) se diviser (*into* en); *(of road)* bifurquer; *(Math)* être divisible (*by* par). ◆ **divided** *adj (fig: people)* divisés (*about, on* sur); *(opinions etc)* partagés (*on* sur); *(country)* désuni. ~ **skirt** jupe-culotte *f.*
dividend ['dɪvɪdend] *n* dividende *m.*
divine[1] [dɪ'vaɪn] *adj* divin. ◆ **divinely** *adv* divinement. ◆ **divinity** *n* divinité *f; (subject of study)* théologie *f.*
divine[2] [dɪ'vaɪn] *vt (sb's intentions)* deviner.
division [dɪ'vɪʒən] *n (gen)* division *f* (*into* en; *between, among* entre). ◆ **divisive** [dɪ'vaɪsɪv] *adj* qui sème le désaccord.
divorce [dɪ'vɔːs] — **1** *n* divorce *m* (*from* d'avec). **to start** ~ **proceedings** demander le divorce. — **2** *vt* divorcer d'avec; *(fig)* séparer (*from* de). — **3** *vi* divorcer. ◆ **divorced** *adj* divorcé (*from* d'avec); *(fig)* séparé (*from* de). ◆ **divorcee** *n* divorcé(e) *m(f).*
divulge [daɪ'vʌldʒ] *vt* divulguer.
D.I.Y. *abbr of* **do-it-yourself.**
dizzy ['dɪzɪ] *adj (height, speed)* vertigineux (*f* -euse). **he felt** ~ il était pris de vertiges; *(fear of heights)* il avait le vertige.
do[1] [duː] *pret* **did**, *ptp* **done.** — **1** *aux vb:* ~ **you understand?** est-ce que vous comprenez?; **I don't understand** je ne comprends pas; **but I DO like it!** mais si, je l'aime!; **I DO wish I could come with you** je voudrais tant pouvoir vous accompagner; **you speak better than I** ~ vous parlez mieux que moi; **she says she will go but she never does** elle dit qu'elle ira, mais elle n'y va jamais; **so** ~ **I** moi aussi; **neither** ~ **I** moi non plus; **you know him, don't you?** vous le connaissez, n'est-ce pas?; **you know him,** ~ **you?** alors, vous le connaissez?; ~ **they really?** vraiment?; **may I come in? -** ~**!** puis-je entrer? - bien sûr!; **who broke the mirror? - I did** qui est-ce qui a cassé le miroir? - c'est moi.
— **2** *vti* **(a)** *(gen)* faire. **what are you** ~**ing now?** qu'est-ce que tu fais?; **what are you** ~**ing these days?** qu'est-ce que tu deviens?; **what do you** ~ **for a living?** que faites-vous dans la vie?; **I've got plenty to** ~ j'ai beaucoup à faire; **I shall** ~ **nothing of the sort** je n'en ferai rien; ~ **as your friends** ~ faites comme vos amis; **he did well to refuse** il a bien fait de refuser; **how** ~ **you** ~**?** *(greeting: gen)* comment allez-vous?; *(on being introduced)* enchanté de faire votre connaissance; **how are you** ~**ing?*** comment ça va?; **his business is** ~**ing well** ses affaires vont bien; **he does nothing but complain** il ne fait que se plaindre; **what have you done with my gloves?** qu'avez-vous fait de mes gants?; **I could** ~ **with a cup of tea** je prendrais bien une tasse de thé; **to** ~ **without sth** se passer de qch; **what's to be done?** que faire?; **what can I** ~ **for you?** en quoi puis-je vous aider?; **what do you want me to** ~ **about it?** qu'est-ce que vous voulez que j'y fasse?; **to** ~ **sth again** refaire qch; **that's just not done!** cela ne se fait pas!; **well done!** bravo!; **that's done it!*** *(dismay)* il ne manquait plus que ça!; *(satisfaction)* ça y est! **(b)** *(phrases)* **to** ~ **the flowers** arranger les fleurs (dans les vases); **to** ~ **one's hair** se coiffer; **to** ~ **one's nails** se faire les ongles; **he's been badly done by** on s'est très mal conduit à son égard; **to** ~ **the cooking** faire la cuisine; **steak well done** bifteck *m* bien cuit; **done to a turn** à point; **the car was** ~**ing 100** la voiture roulait à 100 à l'heure; **£5? - nothing** ~**ing!*** 5 livres? - rien à faire!*; **it has to** ~ **with...** cela concerne...; **that has nothing to** ~ **with the problem** cela n'a rien à voir avec le problème; **that has nothing to** ~ **with you!** cela ne vous regarde pas! **I won't have anything to** ~ **with it** je ne veux pas m'en mêler; **to** ~ **away with** supprimer; **to** ~ **up** *(buttons)* boutonner; *(zip)* fermer; *(dress, shoes)* attacher; *(parcel)* faire; *(renovate: house etc)* refaire; **that is your** ~**ing** c'est vous qui avez fait cela; **that takes some** ~**ing** il faut le faire!* **(c)** *(finished)* **the work's done** le travail est fait; **done!** entendu!; **to get done with sth** en finir avec qch; **done for*** fichu*; **I've done** j'ai fini; **have you done with that book?** vous n'avez plus besoin de ce livre? **(d)** *(visit: city, museum)* visiter, faire*. **(e)** *(suit)* aller bien (*sb* à qn); *(be sufficient for)* suffire (*sb* à qn; *for sth* pour qch). **that will** ~ **me nicely** *(what I want)* cela fera très bien mon affaire; *(enough)* cela me suffit; **this room will** ~ cette chambre fera l'affaire; **will it** ~ **if I come back at 8?** ça va si je reviens à 8 heures?; **to make** ~ s'arranger (*with* avec); **that will** ~**!** ça suffit!, assez! **(f)** *(cheat)* avoir*. **you've been done!** on vous a eu!*; **to** ~ **sb out of £10** refaire* qn de 10 livres; **to** ~ **sb out of a job** prendre à qn son travail.
— **3** *n* (*) **(a)** *(party)* soirée *f; (ceremony)* fête *f.* **(b) it's a poor** ~ c'est plutôt minable; **the** ~**s and don'ts** ce qu'il faut faire ou ne pas faire. ◆ **do-gooder*** *n* pilier *m* de bonnes œuvres. ◆ **do-it-yourself** *n* bricolage *m.* ~ **enthusiast** bricoleur *m* (*f* -euse).
do[2] [dəʊ] *n (Music)* do *m,* ut *m.*
docile ['dəʊsaɪl] *adj* docile.
dock[1] [dɒk] — **1** *n* dock *m.* — **2** *vi* arriver à quai. **the ship has** ~**ed** le bateau est à quai. ◆ **docker** *n* docker *m.* ◆ **dockyard** *n* chantier *m* naval.
dock[2] [dɒk] *n (Law)* banc *m* des accusés.
dock[3] [dɒk] *vt (tail)* couper. **to** ~ **50p off sth** retenir 50 pence sur qch.
doctor ['dɒktər] — **1** *n (Med)* docteur *m,* médecin *m.* **D**~ **Smith** le docteur Smith; **yes** ~ oui docteur; **she is a** ~ elle est médecin; **a woman** ~ une femme médecin; **D**~ **of Philosophy** (*abbr* **PhD**) docteur ès lettres. — **2** *vt (wine)* frelater; *(text, document)* falsifier. ◆ **doctorate** *n* doctorat *m* (*in* ès, en).
doctrine ['dɒktrɪn] *n* doctrine *f.*
document ['dɒkjʊmənt] *n* document *m.* ~ **case** porte-documents *m inv.* ◆ **documentary** *adj, n* documentaire *(m).*
dodge [dɒdʒ] — **1** *n* (*: *trick, scheme)* truc* *m.* — **2** *vt (blow, question)* esquiver; *(tax)* éviter de payer; *(work, duty)* se dérober à; *(acquaintance)* éviter. **to** ~ **the issue** passer volontairement à côté de la question.
dodgems ['dɒdʒəmz] *npl* autos *fpl* tamponneuses.

dodgy* ['dɒdʒɪ] *adj* douteux (*f* -euse), difficile.
doe [dəʊ] *n (deer)* biche *f.*
dog [dɒg] — **1** *n* chien(ne) *m(f); (fox etc)* mâle *m. (Sport)* **the ~s*** les courses *fpl* de lévriers; *(fig)* **to go to the ~s*** *(person)* gâcher sa vie; *(business)* aller à vau-l'eau; **lucky ~*** veinard(e)* *m(f)*; **dirty ~*** sale type* *m.* — **2** *adj (breed, show)* canin; *(collar)* de chien; *(food)* pour chien; *(wolf, fox)* mâle. **~ licence** permis *m* de posséder un chien. — **3** *vt:* **to ~ sb's footsteps** suivre qn de près. ◆ **dog-eared** *adj* écorné. ◆ **dogged** *adj (person)* tenace; *(courage)* opiniâtre. ◆ **dogsbody*** *n* bonne *f* à tout faire. ◆ **dog-tired*** *adj* éreinté.
doggerel ['dɒgərəl] *n* mauvais vers *mpl.*
dogma ['dɒgmə] *n* dogme *m.* ◆ **dogmatic** *adj* dogmatique (*about* sur).
doh [dəʊ] *n (Music)* = **do²**.
doldrums ['dɒldrəmz] *npl (fig)* **to be in the ~** *(person)* avoir le cafard*; *(business)* être dans le marasme.
dole [dəʊl] — **1** *n* (**~ money**) indemnité *f* de chômage. **on the ~** au chômage. — **2** *vt:* **to ~ out** distribuer au compte-gouttes.
doleful ['dəʊlfʊl] *adj* lugubre, morne.
doll [dɒl] — **1** *n* poupée *f.* **~'s house** maison *f* de poupée. — **2** *vt:* **to ~ o.s. up** se faire beau (*f* belle).
dollar ['dɒlə^r] *n* dollar *m.* **~ bill** billet *m* d'un dollar.
dollop* ['dɒləp] *n (of butter etc)* bon morceau *m; (of cream, jam)* bonne cuillerée *f.*
dolphin ['dɒlfɪn] *n* dauphin *m (animal).*
domain [də'meɪn] *n* domaine *m.*
dome [dəʊm] *n* dôme *m.*
domestic [də'mestɪk] *adj (policy, flights)* intérieur; *(animal)* domestique. **everything of a ~ nature** tout ce qui se rapporte au ménage; **~ science** arts *mpl* ménagers; **~ science college** école *f* d'art ménager; **~ servants** employé(e)s *m(f)pl* de maison.
domicile ['dɒmɪsaɪl] *n* domicile *m.* ◆ **domiciled** *adj* domicilié (*at* à).
dominant ['dɒmɪnənt] — **1** *adj (gen)* dominant; *(Music)* de dominante. — **2** *n* dominante *f.*
dominate ['dɒmɪneɪt] *vti* dominer. ◆ **domination** *n* domination *f.*
domineering [,dɒmɪ'nɪərɪŋ] *adj* dominateur (*f* -trice).
dominion [də'mɪnɪən] *n (Brit)* dominion *m.*
domino ['dɒmɪnəʊ] *n, pl* **-es** domino *m.* **~es** *(game)* dominos *mpl.*
don¹ [dɒn] *n* ≃ professeur *m* d'université.
don² [dɒn] *vt (garment)* revêtir.
donate [dəʊ'neɪt] *vt* faire don de. ◆ **donation** *n (act)* donation *f; (gift)* don *m.*
done [dʌn] *ptp of* **do¹**.
donkey ['dɒŋkɪ] *n* âne *m,* ânesse *f;* (*: *fool*) imbécile *mf.* **~'s years*** très longtemps.
donor ['dəʊnə^r] *n (gen)* donateur *m* (*f* -trice); (*blood etc* **~**) donneur *m* (*f* -euse).
doodle ['du:dl] *vi* griffonner (distraitement).
doom [du:m] *vt* condamner (*to* à). ◆ **doomed** *adj (thing)* voué à l'échec; *(person)* perdu d'avance. ◆ **doomsday** *n (fig)* **till ~** jusqu'à la fin des temps.
door [dɔ:^r] *n (gen)* porte *f; (of railway carriage, car)* portière *f.* **'pay at the ~'** 'billets à l'entrée'; **out of ~s** dehors. ◆ **doorbell** *n* sonnette *f.* ◆ **door-handle** *n* poignée *f* de porte. ◆ **doorkeeper** *or* ◆ **doorman** *n (of hotel)* portier *m; (of block of flats)* concierge *m.* ◆ **doormat** *n* paillasson *m* (d'entrée). ◆ **doorstep** *n* pas *m* de porte. **at my ~** à ma porte. ◆ **doorway** *n:* **in the ~** dans l'embrasure *f* de la porte.
dope [dəʊp] — **1** *n* **(a)** (*: *drugs*) drogue *f; (for athlete, horse)* dopant *m.* **(b)** *(information)* tuyaux* *mpl.* — **2** *vt (horse, person)* doper; *(food)* mettre une drogue dans.
dopey* ['dəʊpɪ] *adj* abruti*.
dormant ['dɔ:mənt] *adj (gen)* dormant; *(volcano)* en sommeil.
dormitory ['dɔ:mɪtrɪ] *n* dortoir *m.*
dormouse ['dɔ:maʊs] *n, pl* **-mice** loir *m.*
dose [dəʊs] *n* **(a)** dose *f. (fig)* **to give sb a ~ of his own medicine** rendre à qn la monnaie de sa pièce. **(b)** *(illness)* attaque *f* (*of* de). **a ~ of flu** une bonne grippe*.
doss [dɒs] *vi:* **to ~ down*** loger quelque part. ◆ **doss-house** *n* asile *m* (de nuit).
dot [dɒt] — **1** *n (gen)* point *m; (on material)* pois *m. (in punctuation)* **~s** points de suspension; *(fig)* **on the ~*** à l'heure pile*. — **2** *vt (fig)* **to ~ one's i's and cross one's t's** mettre les points sur les i; **cars ~ted along the route** des voitures échelonnées sur le parcours; **~ted line** ligne *f* pointillée.
dote [dəʊt] *vi:* **to ~ on** aimer à la folie.
dotty* ['dɒtɪ] *adj* toqué*.
double ['dʌbl] — **1** *adj (gen)* double *(often before n); (door)* à deux battants; *(room)* pour deux personnes; *(bed)* de deux personnes. **~ seven five four** *(7754)* deux fois sept cinq quatre, *(telephone number)* soixante-dix-sept cinquante-quatre; **spelt with a ~'p'** écrit avec deux 'p'; *(in road)* **~ bend** virage *m* en S; **to earn ~ time** être payé double. — **2** *adv (twice)* deux fois; *(twofold)* en deux; *(see)* double. — **3** *n* **(a)** *(twice sth)* double *m. (Tennis)* **mixed ~s** double *m* mixte; **~ or quits** quitte ou double; *(running)* **at the ~** au pas de course. **(b)** *(similar thing)* réplique *f; (person)* sosie *m; (Cinema: stand-in)* doublure *f.* — **4** *vti* **(a)** *(twice)* doubler. **to ~ back** *(person)* revenir sur ses pas; *(road)* faire un crochet. **(b)** (*fold:* **~ over**) plier en deux. **to ~ up with laughter** être plié en deux de rire. ◆ **double-barrelled** *adj (gun)* à deux coups. ◆ **double bass** *n* contrebasse *f.* ◆ **double-breasted** *adj* croisé *(veston).* ◆ **double-cross*** *vt* trahir. ◆ **double-decker** *n (bus)* autobus *m* à impériale. ◆ **double-dutch*** *n* charabia* *m.* ◆ **double entendre** *n* ambiguïté *f.* ◆ **double-glazing** *n:* **to put in ~** faire installer des doubles fenêtres. ◆ **double-park** *vi* stationner en double file. ◆ **double-quick** *adv* en vitesse. ◆ **doubly** *adv* deux fois plus.
doubt [daʊt] — **1** *n* doute *m.* **there is some ~ about** on ne sait pas très bien si + *indic;* **to have one's ~s about sth** avoir des doutes sur qch; **I have my ~s about whether** je doute que + *subj;* **there is no ~ that** il n'y a pas de doute que + *indic;* **no ~** sans doute; **without ~** sans aucun doute; **beyond ~** indubitablement; **if in ~** en cas de doute. — **2** *vt* douter de. **I ~ it very much** j'en doute fort; **to ~ whether** *or* **if** douter que + *subj;* **I don't ~ that he will come** je ne doute pas qu'il vienne. ◆ **doubtful** *adj (undecided)* indécis; *(suspect)* suspect; *(taste)* douteux (*f* -euse). **to be ~ about** avoir des doutes sur; **to be ~ about doing** hésiter à faire; **it is ~ whether** il est douteux que + *subj.* ◆ **doubtfully** *adv (unconvincedly)* d'un air de doute; *(hesitatingly)* d'une façon indécise. ◆ **doubtless** *adv* très probablement.

dough [dəʊ] *n* **(a)** pâte *f*. **bread ~** pâte à pain. **(b)** (*: *money*) fric* *m*.
doughnut ['dəʊnʌt] *n* beignet *m*.
dove [dʌv] *n* colombe *f*. ◆ **dovecote** *n* colombier *m*. ◆ **dove-grey** *adj* gris perle *inv*.
Dover ['dəʊvəʳ] *n* Douvres.
dowdy ['daʊdɪ] *adj* sans chic.
down[1] [daʊn] — **1** *adv* **(a)** *(move)* en bas, vers le bas; *(to ground)* à terre, par terre. *(to dog)* **~**! couché!; **~ with traitors!** à bas les traîtres!; **to come** *or* **go ~** descendre; **to fall ~** tomber; **to run ~** descendre en courant; **from the biggest ~ to the smallest** du plus grand jusqu'au plus petit. **(b)** *(stay)* en bas. **~ there** en bas; **~ here** ici, en bas; **~ under** aux Antipodes *(Australie etc)*; **don't hit a man when he is ~** ne frappez pas un homme à terre; **Paul isn't ~ yet** Paul n'est pas encore descendu; **I've been ~ with flu** j'ai été au lit avec une grippe; **I'm feeling rather ~*** j'ai un peu le cafard*; **his temperature is ~** sa température a baissé; **to be ~ for the next race** être inscrit dans la course suivante; **to put £5 ~ on sth** verser un acompte de 5 livres sur qch. — **2** *prep (roll)* du haut en bas de; *(drip)* le long de. **he went ~ the hill** il a descendu la colline; **he's ~ the hill** il est en bas de la côte; **~ the street** plus bas dans la rue; **looking ~ this street, you can see...** si vous regardez le long de cette rue, vous verrez...; **~ the ages** au cours des siècles. — **3** *vt (opponent)* terrasser; *(drink)* vider. **to ~ tools** cesser le travail. ◆ **down-and-out** — **1** *adj (destitute)* sur le pavé. — **2** *n (tramp)* clochard *m*. ◆ **down-at-heel** *adj (person)* miteux (*f* -euse); *(shoes)* éculé. ◆ **downcast** *adj (discouraged)* abattu; *(eyes)* baissé. ◆ **downfall** *n* ruine *f*. ◆ **downhearted** *adj* découragé. ◆ **downhill** *adv*: **to go ~** *(road)* descendre; *(walker, car)* descendre la pente; *(fig)* être sur le déclin; *(business etc)* péricliter. ◆ **down-in-the-mouth** *adj* démoralisé. ◆ **downpour** *n* pluie *f* torrentielle. ◆ **downright** — **1** *adj (refusal)* catégorique; *(lie, rudeness)* flagrant. — **2** *adv* tout à fait. ◆ **downstairs** — **1** *adj (on the ground floor)* du rez-de-chaussée; *(below)* d'en bas. — **2** *adv* au rez-de-chaussée; en bas; **to come** *or* **go ~** descendre. ◆ **downstream** *adv* en aval. ◆ **down-to-earth** *adj* terre-à-terre *inv*. ◆ **downtown** *adv* en ville. ◆ **downtrodden** *adj* opprimé. ◆ **downward** — **1** *adj (movement, pull)* vers le bas; *(glance)* baissé; *(trend)* à la baisse. — **2** *adv (also* **~wards**: *go, look)* vers le bas.
down[2] [daʊn] *n* duvet *m*. ◆ **downy** *adj* duveté; *(peach)* velouté.
down[3] [daʊn] *n (hill)* colline *f (herbeuse)*.
dowry ['daʊrɪ] *n* dot *f*.
doze [dəʊz] — **1** *n* somme *m*. — **2** *vi* sommeiller. **to ~ off** s'assoupir.
dozen ['dʌzn] *n* douzaine *f*. **a ~ shirts** une douzaine de chemises; **half-a-~** une demi-douzaine; **20p a ~** 20 pence la douzaine; **~s of** des dizaines de.
Dr. *abbr of* **Doctor.**
drab [dræb] *adj* terne.
draft [drɑːft] — **1** *n* **(a)** *(outline: of letter)* brouillon *m*; *(of novel)* ébauche *f*. **(b)** *(for money)* traite *f*. **(c)** *(US Mil)* contingent *m*. **~ board** conseil *m* de révision; **~ dodger** insoumis *m*. **(d)** *(US)* = **draught.** — **2** *vt* **(a)** *(letter)* faire le brouillon de; *(speech)* préparer; *(bill, contract)* rédiger. **(b)** *(US Mil)* appeler sous les drapeaux.
drag [dræg] — **1** *n* (*) **(a)** *(nuisance)* **what a ~!** quelle barbe!* **(b)** *(clothing)* **in ~** en travesti; **~ show** spectacle *m* de travestis. — **2** *vti* **(a)** *(gen)* traîner; *(of anchor)* chasser. **to ~ one's feet** traîner les pieds; *(fig)* traîner exprès; **to ~ o.s. about** se traîner péniblement; **to ~ sb away from** arracher qn à; **to ~ down** entraîner vers le bas; **to ~ on** *(of situation etc)* s'éterniser. **(b)** *(river)* draguer (*for* à la recherche de).
dragon ['drægən] *n* dragon *m*. ◆ **dragonfly** *n* libellule *f*.
drain [dreɪn] — **1** *n* **(a)** *(in town)* égout *m*; *(in house)* tuyau *m* d'écoulement; *(Med)* drain *m*; *(~ cover: in street)* bouche *f* d'égout; *(beside house)* puisard *m*. *(fig)* **to throw one's money down the ~** jeter son argent par les fenêtres; **all his hopes have gone down the ~*** voilà tous ses espoirs à l'eau*. **(b)** *(on resources etc)* perte *f* (*on* en). **it has been a great ~ on her** cela l'a complètement épuisée. — **2** *vt (land)* assécher; *(vegetables)* égoutter; *(boiler, glass)* vider complètement. — **3** *vi (of liquid)* s'écouler (*into* dans); *(of dishes)* s'égoutter. **to ~ away** *(of strength)* s'épuiser. ◆ **drainage** *n (system: land etc)* système *m* de fossés; *(in town etc)* système d'égouts. ◆ **drainer** *or* ◆ **draining board** *n* égouttoir *m*. ◆ **drainpipe** *n* tuyau *m* d'écoulement.
drama ['drɑːmə] *n (play; also fig)* drame *m*; *(dramatic art)* théâtre *m*. **English ~** le théâtre anglais; **~ critic** critique *m* dramatique. ◆ **dramatic** *adj (gen)* dramatique; *(effect, change)* spectaculaire. ◆ **dramatically** *adv* d'une manière dramatique *or* spectaculaire. ◆ **dramatist** *n* auteur *m* dramatique. ◆ **dramatize** *vt (gen)* dramatiser; *(adapt: novel etc)* adapter pour la scène *or* pour la télévision *etc*.
drank [dræŋk] *pret of* **drink.**
drape [dreɪp] — **1** *vt (gen)* draper (*with* de); *(room, altar)* tendre (*with* de). — **2** *n (US)* **~s** rideaux *mpl*. ◆ **draper** *n* marchand(e) *m(f)* de nouveautés.
drastic ['dræstɪk] *adj (measures, remedy)* énergique; *(effect, change)* radical; *(price reduction)* massif (*f* -ive).
draught [drɑːft] — **1** *n* **(a)** courant *m* d'air; *(for fire)* tirage *m*; *(Naut)* tirant *m* d'eau. **(b) a ~ of cider** un coup de cidre. **(c)** *(game)* **~s** dames *fpl*. — **2** *adj (beer)* à la pression. **~ excluder** bourrelet *m (de porte etc)*. ◆ **draughtboard** *n* damier *m*. ◆ **draughtsman** *n* dessinateur *m* industriel. ◆ **draughty** *adj (room)* plein de courants d'air.
draw [drɔː] (*vb: pret* **drew**, *ptp* **drawn**) — **1** *n* **(a)** *(lottery)* tombola *f*; *(act of ~ing)* tirage *m* au sort. **(b)** match *m* nul. **the match ended in a ~** ils ont fini par faire match nul. — **2** *vti* **(a)** *(pull: gen)* tirer; *(caravan, trailer)* remorquer; *(move: one's hand etc)* passer (*over* sur). **to ~ sb aside** tirer qn à l'écart; **to ~ one's hand back** retirer sa main; **to ~ down a blind** baisser un store; **the cat drew in its claws** le chat a rentré ses griffes; **to ~ one's gloves off** retirer ses gants; **to ~ on** *(garment)* enfiler; **to ~ out** *(wire)* étirer; *(meeting etc)* faire traîner en longueur; **to ~ up a chair** approcher une chaise; **to ~ o.s. up** se redresser. **(b)** *(extract: gen)* tirer (*from* de); *(from well)* puiser (*from* dans); *(sword)* dégainer; *(cork, money from bank)* retirer (*from* de); *(cheque)* tirer (*on* sur); *(salary)* toucher; *(conclusion)* tirer (*from* de); *(at cards)* tirer (*for* pour). **he drew a gun on me** il a tiré un pistolet et l'a braqué sur moi;

to ~ breath aspirer; **to ~ on one's savings** tirer sur ses économies; **to ~ a smile from sb** faire sourire qn; **to ~ out** *(handkerchief, purse)* sortir (*from* de); *(money from bank)* retirer (*from* de); *(secret)* soutirer (*from* à); **try and ~ him out** essayez de le faire parler. **(c)** *(attract etc: attention, crowd)* attirer. **to feel ~n towards sb** se sentir attiré par qn; **to ~ sb into a plan** entraîner qn dans un projet. **(d)** *(sketch etc: picture)* dessiner; *(plan, line, circle)* tracer; *(portrait)* faire. *(fig)* **it's hard to know where to ~ the line** il n'est pas facile de savoir où fixer les limites. **(e) to ~ up** *(contract, list, agreement)* dresser; *(scheme)* établir. **(f)** *(be equal: of two teams)* faire match nul; *(in exam, competition)* être ex æquo *inv*. **to ~ for second place** remporter la deuxième place ex æquo; **to ~ a match** faire match nul. **(g)** *(move)* **the train drew into the station** le train est entré en gare; **the car drew over towards...** la voiture a dévié vers...; **they drew level** ils sont arrivés à la hauteur l'un de l'autre; **to ~ near to** s'approcher de; *(time, event)* approcher de; **to ~ to an end** tirer à sa fin; **to ~ away** *(go away)* s'éloigner (*from* de); *(move ahead)* prendre de l'avance (*on* sur); **to ~ back** reculer (*from* de; *at* devant); **the days are ~ing in** les jours raccourcissent; **winter is ~ing on** l'hiver approche; **to ~ up** *(of car)* s'arrêter. ◆ **drawback** *n* inconvénient *m* (*to* à). ◆ **drawbridge** *n* pont-levis *m*. ◆ **drawer** *n* tiroir *m*. ◆ **drawing** *n* dessin *m*. **~ board** planche *f* à dessin; **~ pin** punaise *f (à papier)*; **~ room** salon *m*. ◆ **drawn** *adj* **(a)** *(haggard)* **to look ~** avoir les traits tirés. **(b)** *(equal: game, match)* nul (*f* nulle).

drawl [drɔːl] *vt* dire d'une voix traînante.

dread [dred] — **1** *vt* redouter *(doing* de faire; *that* que ... ne + *subj)*. — **2** *n* terreur *f*. ◆ **dreadful** *adj* épouvantable; *(less strong)* affreux (*f* -euse). **I feel ~!** *(ill)* je ne me sens pas bien du tout!; *(ashamed)* j'ai vraiment honte! ◆ **dreadfully** *adv (gen)* terriblement. **~ sorry** absolument désolé.

dream [driːm] (*vb: pret, ptp* **dreamed** *or* **dreamt** [dremt]) — **1** *n* rêve *m*. **to have ~s of doing** rêver de faire; **it was like a ~ come true** c'était comme dans un rêve; **the house of his ~s, his ~ house** la maison de ses rêves; **a ~ house** une maison de rêve; **he lives in a ~ world** il plane complètement; **rich beyond his wildest ~s** plus riche qu'il n'aurait jamais pu rêver de l'être. — **2** *vti* rêver (*about, of* de; *about or of doing* qu'on a fait; *that* que). **to ~ a dream** faire un rêve; **I shouldn't ~ of doing that!** jamais il ne me viendrait à l'idée de faire cela!; **I shouldn't ~ of it!** jamais de la vie!; **I didn't ~ that...** je n'ai jamais imaginé un instant que...; **to ~ sth up*** imaginer qch. ◆ **dreamer** *n* rêveur *m* (*f* -euse). ◆ **dreamland** *n* pays *m* des rêves. ◆ **dreamy** *adj (gen)* rêveur (*f* -euse); (*: *adorable*) ravissant.

dreary ['drɪərɪ] *adj (gen)* morne; *(boring)* ennuyeux (*f* -euse).

dredge [dredʒ] *vti* (*also* **~ up**) draguer (*for* pour trouver). ◆ **dredger** *n* dragueur *m*.

dregs [dregz] *npl* lie *f (also fig)*.

drench [drentʃ] *vt* tremper. **to get ~ed to the skin** se faire tremper jusqu'aux os.

Dresden ['drezdən] *n* porcelaine *f* de Saxe.

dress [dres] — **1** *n* robe *f*; *(clothing)* tenue *f*. **in eastern ~** en tenue orientale; *(Theatre)* **~ circle** premier balcon *m*; **~ designer** styliste *mf*; *(famous)* grand couturier *m*; *(Theatre)* **~ rehearsal** répétition *f* générale; **~ shirt** chemise *f* de soirée; **~ uniform** uniforme *m* de cérémonie. — **2** *vt* **(a)** habiller. **to ~ o.s.** s'habiller; **well-~ed** bien habillé; **~ed for tennis** en tenue de tennis; **~ed in black** habillé en noir. **(b)** *(salad)* assaisonner *(d'une vinaigrette etc)*; *(chicken, crab)* préparer; *(wound)* panser. **to ~ sb's hair** coiffer qn. — **3** *vi* s'habiller *(in black etc* de noir *etc)*. **to ~ up** *(smart clothes)* se mettre en grande toilette; *(fancy dress)* se déguiser (*as* en). ◆ **dresser** *n (Theatre)* habilleur *m* (*f* -euse); *(sideboard)* vaisselier *m*; *(US: dressing table)* coiffeuse *f*. ◆ **dressing** *n* habillement *m*; *(Med)* pansement *m*; *(for food)* assaisonnement *m*. **oil and vinegar ~** vinaigrette *f*; **~ gown** robe *f* de chambre; **~ room** *(in house)* dressing-room *m*; *(Theatre)* loge *f (d'acteur)*; **~ table** coiffeuse *f*. ◆ **dressmaker** *n* couturière *f*. ◆ **dressmaking** *n* couture *f*.

drew [druː] *pret of* **draw.**

dribble ['drɪbl] *vi (of liquids)* tomber goutte à goutte; *(of person)* baver; *(Sport)* dribbler.

dribs and drabs ['drɪbzən'dræbz] *npl*: **in ~** petit à petit; *(arrive)* par petits groupes.

dried [draɪd] (*pret, ptp of* **dry**) *adj (fruit, beans)* sec (*f* sèche); *(vegetables, flowers)* séché; *(eggs, milk)* en poudre.

drier ['draɪəʳ] *n* = **dryer.**

drift [drɪft] — **1** *vi (gen)* dériver; *(in wind, current)* être emporté; *(of snow, sand etc)* s'amonceler; *(fig: of person)* aller à la dérive; *(of events)* tendre (*towards* vers). **to let things ~** laisser les choses aller à la dérive. — **2** *n* **(a)** *(snow)* amoncellement *m*. **(b)** *(movement)* dérive *f*; *(direction: of conversation, events)* tournure *f*. ◆ **driftwood** *n* bois *m* flotté.

drill¹ [drɪl] — **1** *n (cutting part)* mèche *f*; *(complete tool)* perceuse *f*; *(dentist's)* roulette *f*; *(in mine, quarry)* foreuse *f*; *(pneumatic ~)* marteau-piqueur *m*; *(for oil well)* trépan *m*. — **2** *vt (gen)* percer; *(tooth)* fraiser; *(oil well)* forer. — **3** *vi* effectuer des forages (*for* pour trouver). ◆ **drilling** *n* forages *mpl*. **~ rig** derrick *m*; *(at sea)* plate-forme *f*.

drill² [drɪl] — **1** *n (exercises)* exercice(s) *m(pl)*. *(fig)* **what's the ~?*** quelle est la marche à suivre? — **2** *vt*: **I ~ed it into him that...** je lui ai bien fait entrer dans la tête que... . — **3** *vi (of soldiers)* faire l'exercice.

drily ['draɪlɪ] *adv (coldly)* sèchement; *(ironically)* d'un air pince-sans-rire.

drink [drɪŋk] (*vb: pret* **drank,** *ptp* **drunk**) — **1** *n* **(a)** (*liquid to ~*) boisson *f*. **may I have a ~?** est-ce que je pourrais boire quelque chose?; **to give sb a ~** donner à boire à qn. **(b)** *(beer, wine etc)* **a ~** un verre; *(before meal)* un apéritif; *(after meal)* un digestif; **let's have a ~** prenons un verre; **to ask friends in for ~s** inviter des amis à venir prendre un verre. **(c)** *(alcohol)* la boisson, l'alcool *m*. **to be under the influence of ~** être en état d'ébriété; **to take to ~** se mettre à boire; **to smell of ~** sentir l'alcool; **to have a ~ problem** boire trop. — **2** *vti (gen)* boire. **would you like something to ~?** voulez-vous boire quelque chose?; **to ~ sb's health** boire à la santé de qn; **'don't ~ and drive'** 'attention, au volant l'alcool tue'; *(fig)* **the children were ~ing it all in** les enfants n'en perdaient pas une miette*; **to ~ sth up** finir qch. ◆ **drinkable** *adj (not poisonous)* potable; *(palatable)* buvable. ◆ **drinker** *n* buveur *m* (*f* -euse). **he's a heavy ~** il boit sec. ◆ **drinking**

n (drunkenness) alcoolisme *m.* ~ **water** eau *f* potable.

drip [drɪp] — **1** *vti (of liquid)* tomber goutte à goutte; *(of tap)* couler, goutter; *(of walls)* suinter; *(of washing)* s'égoutter. **to be ~ping with** ruisseler de; **~ping wet** trempé; **you're ~ping paint all over the floor** tu mets de la peinture partout. — **2** *n (drop)* goutte *f; (medical)* goutte-à-goutte *m inv.* **to be on a ~** être sous perfusion. ◆ **drip-dry** *adj* qui ne nécessite aucun repassage. ◆ **dripping** *n (food)* graisse *f* (de rôti).

drive [draɪv] (*vb: pret* **drove,** *ptp* **driven** ['drɪvn]) — **1** *n* **(a)** *(car journey)* **to go for a ~** faire une promenade en voiture; **it's one hour's ~ from London** c'est à une heure de voiture de Londres. **(b)** *(private road)* allée *f.* **(c)** *(energy)* dynamisme *m.* **(d)** *(Pol)* campagne *f; (of army)* poussée *f.* **(e)** *(Tech)* transmission *f.* **front-wheel ~** traction *f* avant; **left-hand ~** conduite *f* à gauche. — **2** *vt* **(a)** *(chase)* chasser (devant soi). **to ~ sb out of the country** chasser qn du pays; *(fig)* **to ~ sb hard** surcharger qn de travail; **to ~ sb mad** rendre qn fou; **to ~ sb to (do) sth** pousser qn à (faire) qch. **(b)** *(vehicle, passenger)* conduire. **he ~s a Peugeot** il a une Peugeot; **I'll ~ you back** je te ramènerai en voiture. **(c)** *(operate: machine)* actionner. **machine driven by electricity** machine fonctionnant à l'électricité. **(d)** (*nail, stake: also* **~ in**) enfoncer; *(Golf, Tennis)* driver; *(tunnel)* percer. *(fig)* **to ~ a point home** réussir à faire comprendre un argument. — **3** *vi* **(a)** *(in car)* **to ~ to London** aller à Londres en voiture; **to ~ away** *etc* partir *etc* en voiture; **can you ~?** savez-vous conduire?; **to ~ at 50 km/h** rouler à 50 km/h; **to ~ on the right** rouler à droite; **to ~ over sth** écraser qch. **(b)** *(fig)* **what are you driving at?** où voulez-vous en venir? ◆ **drive-in** *adj, n* drive-in *(m).* ◆ **driver** *n* conducteur *m* (*f* -trice); *(of racing car)* pilote *m.* **car ~s** automobilistes *mpl;* **to be a good ~** conduire bien. ◆ **driving** *n:* **his ~ is awful** il conduit très mal; **~ instructor** moniteur *m* (*f* -trice) d'auto-école; **~ lesson** leçon *f* de conduite; **~ licence** permis *m* de conduire; **~ school** auto-école *f;* **to pass one's ~ test** avoir son permis.

drizzle ['drɪzl] — **1** *n* bruine *f.* — **2** *vi* bruiner.

drone [drəʊn] — **1** *vi (of engine)* ronronner; (*speak:* **~ away, ~ on**) parler d'une façon monotone. — **2** *n* **(a)** *(sound)* ronronnement *m.* **(b)** *(bee)* abeille *f* mâle.

droop [druːp] *vi (of body)* s'affaisser; *(of eyelids)* s'abaisser; *(of flowers)* commencer à se faner.

drop [drɒp] — **1** *n* **(a)** goutte *f.* **~ by ~** goutte à goutte. **(b)** *(fall)* baisse *f* (*in* de). *(fig)* **at the ~ of a hat** sans hésitation. **(c)** *(abyss)* précipice *m; (distance of fall)* hauteur *f; (by parachute)* parachutage *m.* **sheer ~** descente *f* à pic. — **2** *vt* **(a)** *(gen)* laisser tomber; *(release, let go)* lâcher; *(stitch)* sauter; *(voice, price)* baisser; *(person, thing: from car)* déposer; *(from boat)* débarquer. **to ~ by parachute** parachuter; **to ~ sb off** *(by car)* déposer qn; **to ~ anchor** jeter l'ancre. **(b)** *(remark, clue)* laisser échapper. **to ~ a hint about sth** suggérer qch. **(c)** *(letter)* envoyer (*to* à). **to ~ sb a line** écrire un petit mot à qn. **(d)** *(omit etc)* omettre; *(person)* écarter (*from* de). **(e)** *(abandon: habit, idea)* renoncer à; *(work, discussion)* abandonner; *(friend)* laisser tomber. **let's ~ the subject** ne parlons plus de cela. — **3** *vi* **(a)** (**~ down**: *of object*) tomber; *(of person)* se laisser tomber. **to ~ back** *or* **behind** rester en arrière; *(in work)* prendre du retard; **to ~ in on sb** passer chez qn; **to ~ off** s'endormir; **to ~ out** *(withdraw)* se retirer (*of* de); *(from college etc)* abandonner; **~ dead!*** va te faire voir!* **(b)** *(of wind)* tomber; *(of temperature, price)* baisser; *(of numbers, sales)* diminuer. ◆ **dropout** *n (from society)* marginal(e) *m(f); (from college etc)* étudiant(e) *m(f)* qui abandonne ses études.

drought [draʊt] *n* sécheresse *f.*

drove [drəʊv] (*pret of* **drive**) *n:* **in ~s** en foule.

drown [draʊn] — **1** *vt (kill)* noyer. — **2** *vi (die)* se noyer. ◆ **drowning** *n (death)* noyade *f.*

drowse [draʊz] *vi* être à moitié endormi. ◆ **drowsy** *adj* somnolent.

drudgery ['drʌdʒərɪ] *n* corvées *fpl.*

drug [drʌg] — **1** *n* drogue *f; (medicine)* médicament *m.* **he's on ~s** *(gen)* il se drogue; *(Med)* il est sous médication; **~ addict** drogué(e) *m(f);* **~ peddler** revendeur *m* (*f* -euse) de drogue; **~ traffic** trafic *m* de la drogue. — **2** *vt (person)* droguer *(also Med); (food, wine)* mêler un narcotique à. ◆ **druggist** *n (US)* droguiste-épicier *m* (*f* -ière). ◆ **drugstore** *n (US)* drugstore *m.* ◆ **drug-taking** *n* usage *m* de la drogue.

drum [drʌm] — **1** *n* **(a)** *(Music)* tambour *m.* **the big ~** la grosse caisse; **the ~s** la batterie. **(b)** *(for oil)* bidon *m; (cylinder, also machine part)* tambour *m.* — **2** *vti (Music)* battre le tambour. **to ~ one's fingers on sth** tambouriner sur qch; **to ~ sth into sb** enfoncer qch dans le crâne de qn. ◆ **drummer** *n* tambour *m; (Jazz)* batteur *m.* ◆ **drumstick** *n* baguette *f* de tambour; *(of chicken)* pilon *m.*

drunk [drʌŋk] (*ptp of* **drink**) — **1** *adj* ivre; *(fig)* enivré (*with* de, par). **to get ~** s'enivrer, se soûler (*on* de). — **2** *n* (*) homme *m or* femme *f* soûl(e)*. ◆ **drunkard** *n* ivrogne *m.* ◆ **drunken** *adj (habitually)* ivrogne; *(intoxicated)* ivre; *(fury, voice)* d'ivrogne. **~ driving** conduite *f* en état d'ivresse.

dry [draɪ] — **1** *adj* **(a)** *(gen)* sec (*f* sèche); *(day)* sans pluie; *(well)* à sec. **on ~ land** sur la terre ferme; **as ~ as a bone** tout sec; **to keep sth ~** tenir qch au sec; **'to be kept ~'** 'craint l'humidité'; **~ dock** cale *f* sèche; **~ rot** pourriture *f* sèche *(du bois);* **the river ran ~** la rivière s'est asséchée. **(b)** *(humour)* pince-sans-rire *inv; (dull)* ennuyeux (*f* -euse). — **2** *vti* (*gen: also* **~ off, ~ out**) sécher; *(clothes)* faire sécher; *(of stream, source of supply)* se tarir. **to ~ one's eyes** sécher ses larmes; **to ~ the dishes, to ~ up** essuyer la vaisselle; **to ~ o.s.** se sécher. ◆ **dry-clean** *vt* nettoyer à sec. **to have sth ~ed** donner qch à nettoyer. ◆ **dry-cleaner** *n* teinturier *m.* ◆ **dry-cleaning** *n* nettoyage *m* à sec. ◆ **dryer** *n (gen)* séchoir *m. (at hairdresser's)* **under the ~** sous le casque. ◆ **dryness** *n* sécheresse *f.*

dual ['djʊəl] *adj* double. **~ carriageway** route *f* à chaussées séparées; **~ controls** double commande *f.*

dub [dʌb] *vt (Cinema)* doubler *(dialogue).*

dubious ['djuːbɪəs] *adj (gen)* douteux (*f* -euse); *(look)* de doute. **I'm very ~ about it** j'en doute fort. ◆ **dubiously** *adv* avec doute.

duchess ['dʌtʃɪs] *n* duchesse *f.*

duck [dʌk] — **1** *n* canard *m.* *(fig)* **he took to it like a ~ to water** c'était comme s'il l'avait fait toute sa vie. — **2** *vi* (**~ down**) se baisser vivement. ◆ **duckling** *n* caneton *m.*

dud [dʌd] — **1** *adj (tool)* mal fichu*; *(coin)* faux (*f* fausse); *(cheque)* sans provision. — **2** *n (person)* nullard(e)* *m(f)*.
due [dju:] — **1** *adj* **(a)** *(owing)* dû (*f* due). **to fall ~** venir à échéance; **when is the rent ~?** quand faut-il payer le loyer?; **he is ~ for a rise** il doit recevoir une augmentation; **the train is ~ at midday** le train doit arriver à midi. **(b)** *(proper)* **in ~ course** *(when the time is ripe)* en temps utile; *(in the long run)* à la longue; **with all ~ respect...** sans vouloir vous contredire... **(c) ~ to** *(caused by)* dû à; *(because of)* à cause de; *(thanks to)* grâce à. — **2** *adv:* **to go ~ west** aller droit vers l'ouest; **~ east of** plein est par rapport à. — **3** *n* **(a) to give him his ~, he did do it** il faut reconnaître qu'il l'a quand même fait. **(b)** *(fees: in harbour)* **~s** droits *mpl*.
duel ['djʊəl] *n* duel *m*.
duet [dju:'et] *n* duo *m*. **to sing a ~** chanter en duo.
duffel, duffle ['dʌfəl] *adj:* **~ bag** sac *m* de paquetage; **~ coat** duffel-coat *m*.
dug [dʌg] *pret, ptp of* **dig**.
duke [dju:k] *n* duc *m*.
dull [dʌl] *adj (person: slow-witted)* borné; *(boring)* ennuyeux (*f* -euse); *(colour)* terne; *(sound, pain)* sourd; *(weather)* maussade.
duly ['dju:lɪ] *adv (properly)* ainsi qu'il convient; *(Law etc)* dûment; *(on time)* en temps voulu; *(in effect)* en effet.
dumb [dʌm] *adj* **(a)** muet (*f* muette) (*with, from* de). **~ animals** les animaux *mpl;* **to be struck ~** rester muet. **(b)** (*: *stupid)* bête. **to act ~** faire l'innocent. ◆ **dumbfounded** *adj* abasourdi.
dummy ['dʌmɪ] — **1** *n (of book etc)* maquette *f; (model)* mannequin *m; (of ventriloquist)* pantin *m; (Bridge)* mort *m; (baby's teat)* tétine *f*. — **2** *adj* faux (*f* fausse), factice. **~ run** essai *m*.
dump [dʌmp] — **1** *n (pile of rubbish)* tas *m* d'ordures; *(place)* décharge *f* publique; *(Mil)* dépôt *m;* (*: *unpleasant place*) trou *m;* (*: *house, hotel)* baraque* *f*. **to be down in the ~s*** avoir le cafard*. — **2** *vt* **(a)** (*: *get rid of)* se débarrasser de. **(b)** *(put down : package, passenger)* déposer; *(sand, bricks)* décharger.
dumpling ['dʌmplɪŋ] *n (savoury)* boulette *f* (de pâte). **apple ~** ≃ chausson *m* aux pommes.
dunce [dʌns] *n* cancre *m* (*at* en).
dune [dju:n] *n* dune *f*.
dung [dʌŋ] *n (gen)* crotte *f; (of cattle)* bouse *f; (manure)* fumier *m*.
dungarees [ˌdʌŋgə'ri:z] *npl (workman)* bleu *m* (de travail); *(child, woman)* salopette *f*.
dungeon ['dʌndʒən] *n* cachot *m* (souterrain).
Dunkirk [dʌn'kɜ:k] *n* Dunkerque.
dupe [dju:p] *vt* duper.
duplex ['dju:pleks] *adj, n* duplex *(m)*.
duplicate ['dju:plɪkeɪt] — **1** *vt (gen)* faire un double de; *(on machine)* polycopier; *(action etc)* répéter exactement. — **2** ['dju:plɪkɪt] *n* double *m*. **in ~** en deux exemplaires. — **3** ['dju:plɪkɪt] *adj (copy)* en double. **a ~ key** un double de la clef. ◆ **duplicator** *n* duplicateur *m*.
durable ['djʊərəbl] *adj (material)* résistant; *(friendship)* durable.
duration [djʊə'reɪʃən] *n (gen)* durée *f*. **for the ~ of the war** jusqu'à la fin de la guerre.
during ['djʊərɪŋ] *prep* pendant, durant; *(in the course of)* au cours de.
dusk [dʌsk] *n* crépuscule *m*.
dust [dʌst] — **1** *n* poussière *f*. **I've got a speck of ~ in my eye** j'ai une poussière dans l'œil; **~ cover** *(of book: also* **~ jacket)** jaquette *f (d'un livre); (of furniture: also* **~ sheet)** housse *f* de protection. — **2** *vt* **(a)** *(furniture)* épousseter; *(room)* essuyer la poussière dans. **(b)** *(sprinkle)* saupoudrer (*with* de). ◆ **dustbin** *n* poubelle *f*, boîte *f* à ordures. ◆ **dustcart** *n* tombereau *m* aux ordures. ◆ **duster** *n* chiffon *m*. ◆ **dusting powder** *n* talc *m*. ◆ **dustman** *n* éboueur *m*. ◆ **dustpan** *n* pelle *f* à poussière. ◆ **dusty** *adj* poussiéreux (*f* -euse).
Dutch [dʌtʃ] — **1** *adj* hollandais, néerlandais. **~ cheese** hollande *m;* **~ elm disease** champignon *m* parasite de l'orme. — **2** *n (Ling)* hollandais *m*. **the ~** les Hollandais *mpl*, les Néerlandais *mpl; (fig)* **it's all ~ to me*** c'est du chinois pour moi. ◆ **Dutchman** *n* Hollandais *m*. ◆ **Dutchwoman** *n* Hollandaise *f*.
dutiful ['dju:tɪfʊl] *adj (child)* respectueux (*f* -ueuse); *(husband)* plein d'égards. ◆ **dutifully** *adv* consciencieusement.
duty ['dju:tɪ] *n* **(a)** *(moral, legal)* devoir *m* (*to do* de faire; *to or by sb* envers qn). **I feel ~ bound to do it** il est de mon devoir de le faire; *(of employee, official etc)* **duties** fonctions *fpl; on* **~** *(gen)* de service; *(doctor, chemist)* de garde; **to be off ~** être libre. **(b)** *(tax)* droit *m*, taxe *f* (indirecte). ◆ **duty-free** *adj (goods etc)* exempté de douane; *(shop)* hors-taxe.
duvet ['du:veɪ] *n* couette *f (édredon)*. **~ cover** housse *f* de couette.
dwarf [dwɔ:f] — **1** *adj, n* nain(e) *m(f)*. — **2** *vt* faire paraître petit.
dwell [dwel] *pret, ptp* **dwelt** *vi* demeurer. **to ~ upon** *(think about)* s'arrêter sur; *(talk about)* s'étendre sur. ◆ **dweller** *n* habitant(e) *m(f)*. ◆ **dwelling** *n* habitation *f*.
dwindle ['dwɪndl] *vi* diminuer (peu à peu).
dye [daɪ] — **1** *n* teinture *f*, colorant *m*. **hair ~** teinture pour les cheveux; **fast ~** grand teint. — **2** *vt* teindre. **to ~ sth red** teindre qch en rouge; **to ~ one's hair** se teindre les cheveux. ◆ **dyer** *n:* **~'s and cleaner's** teinturier *m*.
dying ['daɪɪŋ] — **1** *adj* mourant; *(custom etc)* en train de disparaître. **to my ~ day** jusqu'à ma dernière heure. — **2** *n (death)* mort *f; (just before death)* agonie *f*. **the ~** les mourants *mpl*.
dyke [daɪk] *n* digue *f*.
dynamic [daɪ'næmɪk] *adj* dynamique.
dynamism ['daɪnəmɪzəm] *n* dynamisme *m*.
dynamite ['daɪnəmaɪt] *n* dynamite *f*.
dynamo ['daɪnəməʊ] *n* dynamo *f*.
dynasty ['dɪnəstɪ] *n* dynastie *f*.
dysentery ['dɪsɪntrɪ] *n* dysenterie *f*.
dyslexic [dɪs'leksɪk] *adj, n* dyslexique *(mf)*.

E

E, e [iː] *n* E, e *m; (Music)* mi *m.*

each [iːtʃ] — **1** *adj* chaque. **~ day** chaque jour, tous les jours; **~ one of us** chacun(e) d'entre nous. — **2** *pron* **(a)** chacun(e) *m(f).* **~ of the boys** chacun des garçons; **~ of us** chacun(e) d'entre nous; **one apple ~** une pomme chacun. **(b) ~ other** l'un(e) l'autre *m(f);* **they love ~ other** ils s'aiment; **they write to ~ other** ils s'écrivent; **you must help ~ other** vous devez vous aider les uns les autres; **separated from ~ other** séparés l'un de l'autre.

eager ['iːgəʳ] *adj (keen)* très désireux (*f* -euse) (*for* de; *to do* de faire); *(supporter)* passionné; *(search, glance)* avide. **to be ~ for** désirer vivement; **to be ~ to do** désirer vivement faire. ◆ **eagerly** *adv (await)* avec impatience; *(want)* passionnément. ◆ **eagerness** *n* vif désir *m* (*to do* de faire; *for* de).

eagle ['iːgl] *n* aigle *m.*

ear[1] [ɪəʳ] — **1** *n* oreille *f.* *(fig)* **to keep one's ~ to the ground** être aux écoutes; **to be all ~s*** être tout oreilles; **to be up to the ~s in work** avoir du travail par-dessus la tête; *(Music)* **to have a good ~** avoir de l'oreille; **to play by ~** jouer à l'oreille. — **2** *adj (operation)* à l'oreille. *(in hospital)* **~, nose and throat department** service *m* d'oto-rhino-laryngologie. ◆ **earache** *n* mal *m* d'oreille. **to have ~** avoir mal à l'oreille. ◆ **eardrum** *n* tympan *m.* ◆ **earmark** *vt* réserver (*for* à). ◆ **earphone** *n* écouteur *m.* **set of ~s** casque *m.* ◆ **earplugs** *npl (for sleeping)* boules *fpl* Quiès ®. ◆ **earring** *n* boucle *f* d'oreille. ◆ **earshot** *n:* **within ~** à portée de voix. ◆ **ear-splitting** *adj* strident. ◆ **earwig** *n* perce-oreille *m.*

ear[2] [ɪəʳ] *n (of corn)* épi *m.*

earl [ɜːl] *n* comte *m.*

early ['ɜːlɪ] — **1** *adj (man, Church)* primitif (*f* -ive); *(plant)* précoce; *(death)* prématuré. **it's still ~** il est encore tôt; **you're ~!** vous arrivez de bonne heure!; **an ~ train** un train tôt le matin; **the ~ train** le premier train; **to be an ~ riser** se lever de bonne heure; **~ retirement** retraite *f* anticipée; *(shops)* **it's ~ closing day** les magasins ferment l'après-midi; **it is too ~ yet to say** il est trop tôt pour dire; **it was ~ in the morning** c'était tôt le matin; **in the ~ afternoon** au début de l'après-midi; **she's in her ~ forties** elle a un peu plus de 40 ans; **from an ~ age** dès l'enfance; **his ~ life** sa jeunesse; **at the earliest possible moment** le plus tôt possible. — **2** *adv* de bonne heure, tôt. **too ~** trop tôt; **as ~ as possible** le plus tôt possible; **10 minutes ~** *or* **earlier** 10 minutes plus tôt; **earlier on** plus tôt; **book ~** réservez longtemps à l'avance; **~ in the year** au début de l'année.

earn [ɜːn] *vt (money)* gagner; *(salary)* toucher; *(interest)* rapporter; *(praise, rest)* mériter. **to ~ one's living** gagner sa vie. ◆ **earnings** *npl* salaire *m.*

earnest ['ɜːnɪst] — **1** *adj (gen)* sérieux (*f* -ieuse); *(sincere)* sincère. — **2** *n:* **in ~** sérieusement; **I am in ~** je ne plaisante pas. ◆ **earnestly** *adv (speak)* avec sérieux; *(beseech, pray)* sincèrement.

earth [ɜːθ] — **1** *n* **(a)** *(the world)* terre *f,* monde *m.* **(the) E~** la Terre; **on ~** sur terre; **why on ~...?** mais pourquoi...?; **nothing on ~** rien au monde (+ ne); **~ tremor** secousse *f* sismique. **(b)** *(ground)* terre *f; (Electricity)* masse *f.* **to fall to ~** tomber à terre; **to run sth to ~** dépister qch. — **2** *vt (electrical appliance)* mettre à la masse. ◆ **earthenware** — **1** *n* faïence *f.* — **2** *adj* en faïence. ◆ **earthly** *adj* terrestre. **there is no ~ reason to think** il n'y a pas la moindre raison de croire. ◆ **earthquake** *n* tremblement *m* de terre.

ease [iːz] — **1** *n* **(a)** *(mental)* tranquillité *f; (physical)* bien-être *m.* **at ~** à l'aise; *(Mil)* au repos; **to put sb at his ~** mettre qn à l'aise; **to put sb's mind at ~** tranquilliser qn; **ill at ~** mal à l'aise. **(b)** *(lack of difficulty)* facilité *f.* — **2** *vt (pain)* soulager; *(mind)* tranquilliser; *(strap)* relâcher; *(pressure, tension)* diminuer. **to ~ a key into a lock** introduire doucement une clef dans une serrure; **he ~d himself through the gap** il s'est glissé par le trou. — **3** *vi* (**~ off**) *(slow down)* ralentir; *(of situation)* se détendre; *(of pressure)* diminuer; *(of pain)* se calmer; *(of demand)* baisser. **to ~ up** se détendre; **~ up a bit!** vas-y plus doucement!

easel ['iːzl] *n* chevalet *m.*

easily ['iːzɪlɪ] *adv (gen)* facilement; *(relaxedly)* tranquillement; *(unquestionably)* sans aucun doute. **he may ~ change his mind** il pourrait bien changer d'avis.

east ['iːst] — **1** *n* est *m.* *(politically)* **the E~** les pays *mpl* de l'Est; **the mysterious E~** l'Orient *m* mystérieux; **to the ~ of** à l'est de; **to live in the ~** habiter dans l'Est. — **2** *adj (gen)* est *inv; (wind)* d'est. *(in London)* **the E~ End** les quartiers *mpl* est de Londres; **E~ Africa** l'Afrique *f* orientale. — **3** *adv (travel)* vers l'est. **~ of the border** à l'est de la frontière. ◆ **eastbound** *adj* en direction de l'est. ◆ **easterly** *adj (wind)* d'est. **in an ~ direction** en direction de l'est. ◆ **eastern** *adj* est *inv.* **E~ France** l'Est *m* de la France; **the E~ bloc** les pays *mpl* de l'Est. ◆ **eastward** — **1** *adj* à l'est. — **2** *adv* (*also* **eastwards**) vers l'est.

Easter ['iːstəʳ] — **1** *n* Pâques *m.* **at ~** à Pâques; **Happy ~!** joyeuses Pâques! — **2** *adj* de Pâques. **~ Day** le jour de Pâques.

easy ['iːzɪ] — **1** *adj* **(a)** *(not difficult)* facile. **it is ~ for him to do that** il lui est facile de faire cela; **it is ~ to see that...** on voit bien que...; **easier said than done!** c'est vite dit!; **~ to get on with** facile à vivre; **I'm ~*** ça m'est égal. **(b)** *(relaxed: manners, style)* aisé; *(life)* tranquille; *(pace)* modéré; *(conditions)* favorable; *(relationship)* cordial. **~ chair** fauteuil *m* (rembourré); *(when buying)* **on ~ terms** avec facilités *fpl* de paiement. — **2** *adv:* **to take things ~** ne pas se fatiguer; **take it ~!** doucement!; **go ~ with the sugar** vas-y doucement avec le sucre; **to go ~ with sb** ne pas être trop dur envers qn. ◆ **easy-going** *adj* accommodant.

eat [iːt] *pret* **ate,** *ptp* **eaten** *vti* **(a)** *(gen)* manger. **to ~ one's lunch** déjeuner; **to ~ a meal** prendre un repas; **we ~ at 8** nous dînons à 8 heures; **to have nothing to ~** n'avoir rien à manger; **to ~ like a horse** manger comme quatre; **to ~ out** aller au restaurant; **to ~ sth up** finir qch. **(b) to ~ into sth** ronger qch; *(savings)* entamer qch. ◆ **eatable** *adj (fit to eat)* mangeable; *(not poisonous)* comestible. ◆ **eater** *n*: **a big ~** un gros mangeur.

eaves [iːvz] *npl* avant-toit *m*.

eavesdrop [ˈiːvzdrɒp] *vi* écouter en cachette (*on sth* qch).

ebb [eb] — **1** *n (of tide)* reflux *m*. **the ~ and flow** le flux et le reflux; *(fig)* **to be at a low ~** aller mal; **~ tide** marée *f* descendante. — **2** *vi (of tide)* descendre. **to ~ and flow** monter et baisser; **to ~ away** *(of enthusiasm etc)* décliner.

ebony [ˈebənɪ] *n* ébène *f*.

eccentric [ɪkˈsentrɪk] *adj, n* excentrique *(mf)*. ◆ **eccentricity** *n* excentricité *f*.

ecclesiastical [ɪˌkliːzɪˈæstɪkəl] *adj* ecclésiastique.

echo [ˈekəʊ] — **1** *n* écho *m*. — **2** *vti (of sound)* se répercuter; *(of place)* faire écho. **to ~ with music** retentir de musique; *(of person)* **to ~ sb's words** répéter les paroles de qn.

eclipse [ɪˈklɪps] — **1** *n* éclipse *f*. — **2** *vt* éclipser.

ecologist [ɪˈkɒlədʒɪst] *n* écologiste *mf*.

ecology [ɪˈkɒlədʒɪ] *n* écologie *f*.

economic [ˌiːkəˈnɒmɪk] *adj (development, factor)* économique; *(rent, price)* rentable. **it isn't an ~ proposition** ce n'est pas intéressant financièrement. ◆ **economical** *adj (method, appliance)* économique; *(person)* économe. ◆ **economically** *adv* économiquement. **to use sth ~** économiser qch. ◆ **economics** *nsg* économie *f* politique.

economize [ɪˈkɒnəmaɪz] *vti* économiser (*on* sur).

economy [ɪˈkɒnəmɪ] *n* économie *f* (*in* de). **~ class** classe *f* touriste; **to have an ~ drive** faire des économies; **~ size** taille *f* économique.

ecstasy [ˈekstəsɪ] *n* extase *f*. ◆ **ecstatic** *adj* extasié.

ecumenical [ˌiːkjʊˈmenɪkəl] *adj* œcuménique.

eczema [ˈeksɪmə] *n* eczéma *m*.

eddy [ˈedɪ] *n* tourbillon *m*.

edge [edʒ] — **1** *n (gen)* bord *m; (of town)* abords *mpl; (of cube, brick)* arête *f; (of knife, razor)* tranchant *m; (distance round ~)* pourtour *m*. **on the ~ of disaster** au bord du désastre; **it sets my teeth on ~** cela m'agace les dents; **he is on ~** il est énervé; *(fig)* **to have the ~ on** être légèrement supérieur à. — **2** *vti* border (*with* de). **to ~ forward** avancer petit à petit. ◆ **edgeways** *adv* de côté. **I couldn't get a word in ~*** je n'ai pas réussi à placer un mot.

edgy [ˈedʒɪ] *adj* énervé.

edible [ˈedɪbl] *adj (not poisonous)* comestible; *(fit to eat)* mangeable.

edict [ˈiːdɪkt] *n* décret *m*.

Edinburgh [ˈedɪnbərə] *n* Édimbourg.

edit [ˈedɪt] *vt (newspaper)* être le rédacteur en chef de, diriger; *(text, author)* éditer; *(dictionary)* rédiger; *(article, tape)* mettre au point; *(cut)* couper; *(film)* monter. ◆ **edition** *n* édition *f*. ◆ **editor** *n (of newspaper)* rédacteur *m* (*f* -trice) en chef; *(of magazine, review)* directeur *m* (*f* -trice); *(of text)* éditeur *m* (*f* -trice); *(of dictionary)* rédacteur (*f* -trice); *(of radio, TV programme)* réalisateur *m* (*f* -trice). ◆ **editorial** *n* éditorial *m*.

educate [ˈedjʊkeɪt] *vt (pupil)* instruire; *(the public)* éduquer; *(mind, tastes)* former; *(bring up: children)* élever. **he is being ~d in Paris** il fait ses études à Paris. ◆ **educated** *adj* cultivé. **well-~** qui a reçu une bonne éducation.

education [ˌedjʊˈkeɪʃən] *n (gen)* éducation *f; (teaching)* enseignement *m; (studies)* études *fpl; (training)* formation *f; (knowledge)* culture *f*. **Ministry of E~** ministère *m* de l'Éducation nationale; **primary ~** enseignement primaire; **he had a good ~** il a reçu une bonne éducation; **diploma in ~** diplôme *m* de pédagogie. ◆ **educational** *adj (methods)* pédagogique; *(establishment)* d'enseignement; *(system)* d'éducation; *(supplies)* scolaire; *(film, games, visit)* éducatif (*f* -ive). ◆ **educationally** *adv* pédagogiquement.

Edwardian [edˈwɔːdɪən] *adj (Brit)* **the ~ era** ≃ la Belle Époque.

E. E. C. [ˌiːiːˈsiː] (*abbr of* **European Economic Community**) C. E. E. *f*.

eel [iːl] *n* anguille *f*.

eerie, eery [ˈɪərɪ] *adj* sinistre.

efface [ɪˈfeɪs] *vt* effacer.

effect [ɪˈfekt] — **1** *n* effet *m* (*on* sur). **to have an ~ on** produire un effet sur; **it will have the ~ of preventing** cela aura pour effet d'empêcher; **to no ~** en vain; **to put into ~** *(project)* mettre à exécution; *(regulation)* mettre en vigueur; **to take ~** *(drug)* agir; *(law)* entrer en vigueur; **in ~** en fait; **a letter to that ~** une lettre dans ce sens; **or words to that ~** ou quelque chose d'analogue; *(property)* **~s** biens *mpl*. — **2** *vt* effectuer.

effective [ɪˈfektɪv] *adj* **(a)** *(efficient: measures)* efficace; *(telling: remark)* qui porte. *(of law etc)* **to become ~** entrer en vigueur. **(b)** *(actual: aid)* effectif (*f* -ive). ◆ **effectively** *adv (efficiently)* efficacement; *(in reality)* effectivement.

effeminate [ɪˈfemɪnɪt] *adj* efféminé.

effervesce [ˌefəˈves] *vi* être en effervescence. ◆ **effervescent** *adj* effervescent.

efficiency [ɪˈfɪʃənsɪ] *n (of person)* compétence *f; (of system)* efficacité *f; (of machine)* bon fonctionnement *m*.

efficient [ɪˈfɪʃənt] *adj (person)* compétent; *(system, organization)* efficace; *(machine)* qui fonctionne bien. ◆ **efficiently** *adv (plan)* avec compétence; *(function, work)* bien.

effort [ˈefət] *n* effort *m*. **it's not worth the ~** cela ne vaut pas la peine; **what do you think of his latest ~?*** qu'est-ce que tu penses de ce qu'il vient de faire?; **that's a good ~*** ça n'est pas mal réussi. ◆ **effortless** *adj* facile. ◆ **effortlessly** *adv* sans effort.

effusive [ɪˈfjuːsɪv] *adj* chaleureux (*f* -euse).

e.g. [ˈiːˈdʒiː] *abbr* par exemple.

egalitarian [ɪˌgælɪˈtɛərɪən] *adj (person)* égalitariste; *(principle)* égalitaire.

egg [eg] — **1** *n* œuf *m*. **~s and bacon** œufs au bacon; **~ white** blanc *m* d'œuf. — **2** *vt* (**~ on**) inciter (*to do* à faire). ◆ **eggcup** *n* coquetier *m*. ◆ **eggshell** *n* coquille *f* d'œuf. ◆ **egg-timer** *n (sand)* sablier *m; (automatic)* minuteur *m*.

ego [ˈiːgəʊ] *n*: **the ~** le moi, l'ego *m*.

Egypt [ˈiːdʒɪpt] *n* Égypte *f*. ◆ **Egyptian** — **1** *adj* égyptien. — **2** *n* Égyptien(ne) *m(f)*.

eiderdown [ˈaɪdədaʊn] *n* édredon *m*.

eight [eɪt] *adj, n* huit *(m) inv; for phrases V* **six.** ◆ **eighteen** *adj, n* dix-huit *(m) inv.* ◆ **eighteenth** *adj, n* dix-huitième *(mf).* ◆ **eighth** *adj, n* huitième *mf; (fraction)* huitième *m.* ◆ **eightieth** *adj, n* quatre-vingtième *mf; (fraction)* quatre-vingtième *m.* ◆ **eighty** *adj, n* quatre-vingts *(m) inv.* **~-one** quatre-vingt-un.

Eire ['ɛərə] *n* République *f* d'Irlande.

either ['aɪðəʳ] — **1** *adj, pron* **(a)** *(one or other)* l'un ou l'autre. **~ day would suit me** l'un ou l'autre jour me conviendrait; **I don't like ~ girl** je n'aime ni l'une ni l'autre de ces filles; **I don't believe ~ of them** je ne les crois ni l'un ni l'autre. **(b)** *(each)* chaque. **in ~ hand** dans chaque main.— **2** *adv* non plus. **he can't do it ~** il ne peut pas le faire non plus; **no, I haven't ~** moi non plus. — **3** *conj:* **~ ... or** ou bien ... ou bien, soit ... soit; *(after neg)* ni ... ni; **I have never been ~ to Paris or to Rome** je ne suis jamais allé ni à Paris ni à Rome.

eject [ɪ'dʒekt] *vt (lit)* éjecter; *(fig: troublemaker)* expulser.

eke [i:k] *vt:* **to ~ out** *(by adding)* augmenter; *(by saving)* faire durer.

elaborate [ɪ'læbərɪt] — **1** *adj (complicated)* compliqué; *(careful)* minutieux *(f* -ieuse); *(joke, meal, style)* recherché. — **2** *vi* donner des détails (*on* sur). ◆ **elaborately** *adv (plan)* minutieusement; *(dress)* avec recherche.

elapse [ɪ'læps] *vi* s'écouler.

elastic [ɪ'læstɪk] — **1** *adj* élastique. **~ band** élastique *m;* **~ stockings** bas *mpl* à varices. — **2** *n* élastique *m.*

elated [ɪ'leɪtɪd] *adj* transporté de joie. ◆ **elation** *n* allégresse *f.*

elbow ['elbəʊ] — **1** *n* coude *m.* **with his ~s on the table** accoudé à la table; **at his ~** à ses côtés; **to use a bit of ~ grease*** mettre de l'huile de coude*; **to have enough ~ room** avoir de la place pour se retourner. — **2** *vt:* **to ~ one's way through the crowd** se frayer un passage à travers la foule.

elder¹ ['eldəʳ] — **1** *adj* aîné *(de deux).* **my ~ sister** ma sœur aînée; **~ statesman** homme *m* politique chevronné. — **2** *n* aîné(e) *m(f).* ◆ **elderly** *adj* assez âgé. ◆ **eldest** *adj* aîné *(de plusieurs).* **my ~ brother** l'aîné de mes frères.

elder² ['eldəʳ] *n (tree)* sureau *m.* ◆ **elderberry wine** *n* vin *m* de sureau.

elect [ɪ'lekt] — **1** *vt* élire (*to* à); *(choose)* choisir (*to do* de faire). **he was ~ed chairman** il a été élu président. — **2** *adj* futur. **the president ~** le futur président.

election [ɪ'lekʃən] — **1** *n* élection *f.* — **2** *adj (campaign)* électoral; *(day, results)* du scrutin.

electorate [ɪ'lektərɪt] *n* électorat *m.*

electric [ɪ'lektrɪk] *adj (gen)* électrique. **~ blanket** couverture *f* chauffante; **~ chair** chaise *f* électrique; **~ fire** radiateur *m* électrique; **~ light** lumière *f* électrique; **to get an ~ shock** recevoir une décharge électrique. ◆ **electrical** *adj* électrique. **~ engineer** ingénieur *m* électricien. ◆ **electrician** *n* électricien *m.* ◆ **electricity** *n* électricité *f.* **to switch off the ~** couper le courant; **~ board** office *m* régional de l'électricité. ◆ **electrification** *n* électrification *f.* ◆ **electrify** *vt (Rail)* électrifier.

electro... [ɪ'lektrəʊ] *pref* électro...

electrocute [ɪ'lektrəkju:t] *vt* électrocuter.

electrolysis [ɪlek'trɒlɪsɪs] *n* électrolyse *f.*

electrode [ɪ'lektrəʊd] *n* électrode *f.*

electronic [ɪlek'trɒnɪk] *adj (gen)* électronique. ◆ **electronics** *nsg* électronique *f.*

elegance ['elɪgəns] *n* élégance *f.*

elegant ['elɪgənt] *adj* élégant.

element ['elɪmənt] *n (gen)* élément *m; (electric)* résistance *f.* **an ~ of danger** une part de danger; **to be in one's ~** être dans son élément. ◆ **elementary** *adj* élémentaire.

elephant ['elɪfənt] *n* éléphant *m.*

elevate ['elɪveɪt] *vt* élever. ◆ **elevating** *adj (fig)* exaltant. ◆ **elevator** *n* élévateur *m; (US: lift)* ascenseur *m.*

eleven [ɪ'levn] *adj, n* onze *(m) inv. (Sport)* **the first ~** la première équipe; *for phrases V* **six.** ◆ **elevenses*** *npl* pause-café *f.* ◆ **eleventh** *adj, n* onzième *mf; (fraction)* onzième *m.*

elf [elf] *n, pl* **elves** lutin *m.*

elicit [ɪ'lɪsɪt] *vt* obtenir (*from* de).

eligible ['elɪdʒəbl] *adj (for membership)* éligible (*for* à); *(for job)* admissible (*for* à); *(for pension)* qui a droit à. **an ~ young man** un beau parti. ◆ **eligibility** *n* éligibilité *f;* admissibilité *f.*

eliminate [ɪ'lɪmɪneɪt] *vt (gen)* éliminer (*from* de); *(kill)* supprimer. ◆ **elimination** *n* élimination *f.* **by the process of ~** en procédant par élimination.

elision [ɪ'lɪʒən] *n* élision *f.*

élite [eɪ'li:t] *n* élite *f.*

Elizabethan [ɪ,lɪzə'bi:θən] *adj* élisabéthain.

elliptical [ɪ'lɪptɪkəl] *adj* elliptique.

elm [elm] *n* orme *m.*

elocution [,elə'kju:ʃən] *n* élocution *f.*

elongated ['i:lɒŋgeɪtɪd] *adj* allongé.

elope [ɪ'ləʊp] *vi (of couple)* s'enfuir.

eloquent ['eləkwənt] *adj (gen)* éloquent; *(silence, look)* qui en dit long. ◆ **eloquence** *n* éloquence *f.* ◆ **eloquently** *adv* avec éloquence.

else [els] *adv:* **anybody ~** n'importe qui d'autre; *(in questions and with 'not')* quelqu'un d'autre; **anything ~** n'importe quoi d'autre; *(in questions and with 'not')* quelque chose d'autre; **anywhere ~** n'importe où ailleurs; *(in questions and with 'not')* ailleurs; **how ~ can I do it?** comment est-ce que je peux le faire autrement?; **nobody ~, no one ~** personne d'autre; **nothing ~** *(no alternative)* rien d'autre; *(nothing further)* plus rien; **nowhere ~** nulle part ailleurs; **somebody ~** quelqu'un d'autre; **something ~** autre chose, quelque chose d'autre; **somewhere ~** ailleurs; **and much ~** et bien d'autres choses; **or ~** ou bien; **do it or ~!*** faites-le, sinon ...! ◆ **elsewhere** *adv* ailleurs.

elude [ɪ'lu:d] *vt (gen)* échapper à; *(question)* éluder.

elusive [ɪ'lu:sɪv] *adj (enemy, thoughts)* insaisissable; *(word, happiness)* qui échappe; *(answer)* évasif *(f* -ive). **she's very ~** il est impossible de la coincer.

emaciated [ɪ'meɪsɪeɪtɪd] *adj (gen)* émacié; *(limb)* décharné.

emanate ['eməneɪt] *vi* émaner (*from* de).

emancipate [ɪ'mænsɪpeɪt] *vt (women)* émanciper; *(slaves)* affranchir. ◆ **emancipation** *n* émancipation *f;* affranchissement *m.*

embalm [ɪm'bɑ:m] *vt* embaumer.

embankment [ɪm'bæŋkmənt] *n* talus *m.*

embargo [ɪm'bɑ:gəʊ] *n* embargo *m; (fig)* interdiction *f.*

embark [ɪm'bɑ:k] *vi* s'embarquer. **to ~ on** *(journey etc)* commencer. ◆ **embarkation** *n*

embarquement *m.* ~ **card** carte *f* d'embarquement.
embarrass [ɪm'bærəs] *vt* embarrasser. **I feel ~ed about it** cela m'embarrasse. ◆ **embarrassing** *adj* embarrassant. ◆ **embarrassment** *n* embarras *m* (*at* devant).
embassy ['embəsɪ] *n* ambassade *f.* **the French E~** l'ambassade de France.
embellish [ɪm'belɪʃ] *vt* embellir (*with* de).
embers ['embəz] *npl* braise *f.*
embezzle [ɪm'bezl] *vt* détourner *(des fonds).* ◆ **embezzlement** *n* détournement *m* de fonds.
embittered [ɪm'bɪtəd] *adj* aigri.
emblem ['embləm] *n* emblème *m.*
embody [ɪm'bɒdɪ] *vt (spirit, quality)* incarner; *(features)* réunir.
embossed [ɪm'bɒst] *adj (wallpaper)* gaufré; *(writing paper)* à en-tête en relief; *(leather, metal)* repoussé.
embrace [ɪm'breɪs] — **1** *vt* embrasser. — **2** *vi* s'embrasser. — **3** *n* étreinte *f.*
embroider [ɪm'brɔɪdəʳ] *vt* broder. ◆ **embroidery** *n* broderie *f.*
embryo ['embrɪəʊ] *n* embryon *m.*
emerald ['emərəld] — **1** *n (stone)* émeraude *f.* — **2** *adj (necklace)* d'émeraudes; (*colour:* ~ **green**) émeraude *inv.*
emerge [ɪ'mɜːdʒ] *vi (gen)* surgir (*from* de); *(of truth, facts)* émerger (*from* de); *(of new nation, theory)* naître. **it ~s that** il apparaît que.
emergency [ɪ'mɜːdʒənsɪ] — **1** *n* cas *m* urgent; *(medical)* urgence *f.* **in an** ~ en cas d'urgence; **prepared for any** ~ prêt à toute éventualité; **to declare a state of** ~ déclarer l'état d'urgence. — **2** *adj (measures, repair)* d'urgence; *(brake, airstrip)* de secours; *(powers)* extraordinaire; *(rations)* de réserve; *(improvised: mast etc)* de fortune; *(landing)* forcé; *(Med: services, ward)* des urgences. ~ **exit** sortie *f* de secours.
emery ['emərɪ] *n* émeri *m.* ~ **paper** papier *m* d'émeri.
emigrate ['emɪgreɪt] *vi* émigrer. ◆ **emigrant** *n* émigré(e) *m(f).* ◆ **emigration** *n* émigration *f.*
eminence ['emɪnəns] *n* distinction *f.* **Your E~** Votre Éminence *f.*
eminent ['emɪnənt] *adj* éminent. ◆ **eminently** *adv* tout à fait.
emir [e'mɪəʳ] *n* émir *m.* ◆ **emirate** *n* émirat *m.*
emit [ɪ'mɪt] *vt (gen)* émettre; *(sparks)* jeter; *(cry)* laisser échapper.
emotion [ɪ'məʊʃən] *n* émotion *f.* **full of** ~ ému. ◆ **emotional** *adj (shock)* émotif (*f* -ive); *(reaction, state)* émotionnel; *(moment)* d'émotion profonde; *(story)* qui fait appel aux sentiments; *(person)* facilement ému. ◆ **emotionally** *adv (speak)* avec émotion. **he is ~ involved** ses sentiments sont en cause.
emperor ['empərəʳ] *n* empereur *m.*
emphasis ['emfəsɪs] *n (in word, phrase)* accentuation *f;* *(fig)* accent *m.* *(fig)* **the ~ is on...** on accorde une importance particulière à... . ◆ **emphasize** *vt (gen)* appuyer sur. **I must ~ that...** je dois souligner le fait que... .
emphatic [ɪm'fætɪk] *adj* énergique. ◆ **emphatically** *adv (speak)* énergiquement; *(deny, refuse)* catégoriquement.
empire ['empaɪəʳ] — **1** *n* empire *m.* — **2** *adj (style, design)* **E~** Empire *inv.*
empirical [em'pɪrɪkəl] *adj* empirique.
employ [ɪm'plɔɪ] *vt* employer (*as* comme; *to do* pour faire). ◆ **employee** *n* employé(e) *m(f).* ◆ **employer** *n (gen)* patron(ne) *m(f);* *(more formally)* employeur *m,* -euse *f.* ◆ **employment** *n* emploi *m.* **full** ~ le plein emploi; **to find** ~ trouver un emploi; **in sb's** ~ employé par qn; **conditions of** ~ conditions *fpl* de travail; **Ministry of E~** ministère *m* de l'Emploi; ~ **agency** agence *f* de placement; ~ **exchange** bourse *f* de l'emploi.
empress ['emprɪs] *n* impératrice *f.*
emptiness ['emptɪnɪs] *n* vide *m.*
empty ['emptɪ] — **1** *adj (gen)* vide; *(post, job)* vacant; *(words, promise)* en l'air. **on an ~ stomach** à jeun. — **2** *n:* **empties** bouteilles *fpl* (*or* boîtes *fpl etc*) vides. — **3** *vt (gen)* vider; (~ **out:** *pocket*) vider; *(bricks, books)* sortir (*of, from* de; *into* dans); *(liquid)* verser (*from* de; *into* dans). ◆ **empty-handed** *adj:* **to arrive** ~ arriver les mains vides.
emulsion [ɪ'mʌlʃən] *n* émulsion *f.* ~ **paint** peinture *f* mate.
enable [ɪ'neɪbl] *vt* permettre (*sb to do* à qn de faire).
enamel [ɪ'næməl] — **1** *n (gen)* émail *m.* **nail** ~ vernis *m* à ongles. — **2** *vt* émailler.
enchant [ɪn'tʃɑːnt] *vt* enchanter. ◆ **enchanting** *adj* enchanteur (*f* -eresse). ◆ **enchantment** *n* enchantement *m.*
encircle [ɪn'sɜːkl] *vt* entourer.
enclose [ɪn'kləʊz] *vt* **(a)** *(with letter etc)* joindre (*in, with* à). **please find ~d** veuillez trouver ci-joint. **(b)** *(fence in)* clôturer; *(surround)* entourer (*with* de). ◆ **enclosed** *adj (space)* clos; *(in letter: cheque etc)* ci-joint.
enclosure [ɪn'kləʊʒəʳ] *n* **(a)** *(gen)* enceinte *f;* *(at racecourse)* pesage *m.* **(b)** *(document)* pièce *f* jointe.
encore ['ɒŋkɔːʳ] — **1** *excl* bis! — **2** *n* bis *m.* **to give an** ~ jouer (*or* chanter *etc*) un bis.
encounter [ɪn'kaʊntəʳ] — **1** *vt (gen)* rencontrer; *(opposition)* se heurter à. — **2** *n* rencontre *f.*
encourage [ɪn'kʌrɪdʒ] *vt* encourager (*sb to do* qn à faire). ◆ **encouragement** *n* encouragement *m.* ◆ **encouraging** *adj* encourageant.
encroach [ɪn'krəʊtʃ] *vi* empiéter (*on* sur).
encumbrance [ɪn'kʌmbrəns] *n* chose *f* gênante.
encyclical [ɪn'sɪklɪkəl] *adj, n* encyclique (*f*).
encyclop(a)edia [ɪn,saɪkləʊ'piːdɪə] *n* encyclopédie *f.*
end [end] — **1** *n* **(a)** *(farthest part)* bout *m.* **the fourth from the** ~ le quatrième avant la fin; **from ~ to ~** d'un bout à l'autre; **to stand sth on** ~ mettre qch debout; **his hair stood on** ~ ses cheveux se dressèrent sur sa tête; **~ to ~** bout à bout; *(Sport)* **to change ~s** changer de côté; *(fig)* **to make ~s meet** joindre les deux bouts. **(b)** *(conclusion)* fin *f.* **in the** ~ à la fin, finalement; **at the ~ of three weeks** au bout de trois semaines; **that was the ~ of my watch** ma montre était fichue*; **to be at an** ~ *(action)* être terminé; *(time, period)* être écoulé; *(supplies)* être épuisé; *(patience)* être à bout; **to come to an** ~ prendre fin; **to come to a bad** ~ mal finir; **to get to the ~ of** finir; **there is no ~ to it all** cela n'en finit plus; **no ~* of** une masse* de; **no ~*** *(adv)* énormément; **he's the ~!*** il est insupportable!; **for two hours on** ~ deux heures de suite; **for days on** ~ pendant des jours et des jours. **(c)** *(remnant: of rope, candle)* bout *m;* *(of loaf, meat)* reste *m.* **cigarette** ~ mégot *m.* **(d)** *(purpose)* but *m,* fin *f.* **with this ~ in view** dans ce but; **the ~ justifies the means** la fin justifie les moyens. — **2** *adj (house)* dernier (*f* -ière) *(before n);*

(result) final. ~ **product** produit *m* fini; *(fig)* résultat *m*. — **3** *vt (work)* finir, achever; *(speech, series)* terminer (*with* par); *(speculation, quarrel)* mettre fin à. — **4** *vi* **(a)** se terminer (*in* par). **(b) he ~ed up in Paris** il s'est retrouvé à Paris; **he ~ed up as a teacher** il a fini par devenir professeur. ◆ **ending** *n (gen)* fin *f*; *(of speech etc)* conclusion *f*; *(of word)* terminaison *f*. **it had a happy ~** ça s'est bien terminé. ◆ **endless** *adj (gen)* interminable; *(attempts)* innombrable; *(discussion)* incessant; *(patience)* infini; *(resources)* inépuisable; *(possibilities)* illimité. ◆ **endlessly** *adv (stretch out)* interminablement; *(argue)* continuellement.

endanger [ɪn'deɪndʒəʳ] *vt* mettre en danger.

endearing [ɪn'dɪərɪŋ] *adj* sympathique.

endeavour [ɪn'devəʳ] — **1** *n* effort *m* (*to do* pour faire). — **2** *vi* s'efforcer (*to do* de faire).

endive ['endaɪv] *n (curly)* chicorée *f*; *(smooth, flat)* endive *f*.

endorse [ɪn'dɔːs] *vt (sign)* endosser; *(approve)* approuver. *(of driver)* **to have one's licence ~d** avoir une contravention portée à son permis de conduire. ◆ **endorsement** *n (on driving licence)* contravention *f* portée à un permis de conduire.

endow [ɪn'daʊ] *vt* doter (*with* de).

endurance [ɪn'djʊərəns] *n* endurance *f*. **beyond ~** intolérable; **~ test** *(gen)* épreuve *f* de résistance.

endure [ɪn'djʊəʳ] — **1** *vt* supporter (*doing* de faire). — **2** *vi (gen)* durer; *(of book, memory)* rester. ◆ **enduring** *adj* durable.

enemy ['enəmɪ] — **1** *n (gen)* ennemi(e) *m(f)*; *(Mil)* ennemi *m*. **to make an ~ of sb** (se) faire un ennemi de qn. — **2** *adj* ennemi. **killed by ~ action** tombé à l'ennemi.

energetic [,enə'dʒetɪk] *adj (gen)* énergique. **do you feel ~ enough to do...?** est-ce que tu as assez d'énergie pour faire...? ◆ **energetically** *adv* énergiquement.

energy ['enədʒɪ] *n* énergie *f*. **Ministry of E~** ministère *m* de l'Énergie; **the ~ crisis** la crise de l'énergie; **to save ~** faire des économies d'énergie; **to put all one's ~ into doing sth** se consacrer tout entier à faire qch.

enforce [ɪn'fɔːs] *vt (gen)* appliquer; *(discipline)* imposer. **to ~ obedience** se faire obéir. ◆ **enforced** *adj* forcé.

engage [ɪn'geɪdʒ] — **1** *vt (servant)* engager; *(workers)* embaucher; *(lawyer)* prendre; *(sb's interest)* retenir; *(the enemy)* attaquer. **to ~ sb in conversation** lier conversation avec qn; **to ~ gear** mettre en prise. — **2** *vi*: **to ~ in** se lancer dans. ◆ **engaged** *adj* **(a)** *(person, seat, phone number)* occupé. **to be ~ in doing** être occupé à faire; *(Telephone)* **the ~ signal** la tonalité occupé *inv*. **(b)** *(betrothed)* fiancé (*to* à, avec). **to get ~** se fiancer (*to* à, avec).

engagement [ɪn'geɪdʒmənt] *n* **(a)** *(appointment)* rendez-vous *m inv*. **previous ~** engagement *m* antérieur; **I have an ~** je ne suis pas libre; **~ book** agenda *m*. **(b)** *(betrothal)* fiançailles *fpl*. **to break off one's ~** rompre ses fiançailles; **~ ring** bague *f* de fiançailles. **(c)** *(undertaking)* **to give an ~ to do sth** s'engager à faire qch.

engine ['endʒɪn] *n (of car, plane)* moteur *m*; *(of ship)* machine *f*; *(of train)* locomotive *f*. **facing the ~** dans le sens de la marche; **~ driver** mécanicien *m*; *(on ship)* **~ room** salle *f* des machines; **twin-~d** à deux moteurs.

engineer [,endʒɪ'nɪəʳ] — **1** *n (gen)* ingénieur *m*; *(Rail, Naut)* mécanicien *m*; *(for domestic appliances etc)* dépanneur *m*; *(Mil)* **the E~s** le génie. — **2** *vt (scheme)* manigancer. ◆ **engineering** *n* engineering *m*. **to study ~** faire des études d'ingénieur; **~ factory** atelier *m* de construction mécanique.

England ['ɪŋglənd] *n* Angleterre *f*.

English ['ɪŋglɪʃ] — **1** *adj* anglais; *(king)* d'Angleterre. **the ~ Channel** la Manche. — **2** *n (language)* anglais *m*. *(people)* **the ~** les Anglais *mpl*; **the King's ~** l'anglais correct; **in plain ~** ≃ en bon français. ◆ **Englishman** *n* Anglais *m*. ◆ **English-speaker** *n* anglophone *mf*. ◆ **Englishwoman** *n* Anglaise *f*.

engrave [ɪn'greɪv] *vt* graver. ◆ **engraving** *n* gravure *f*.

engrossed [ɪn'grəʊst] *adj*: **~ in** absorbé par.

engulf [ɪn'gʌlf] *vt* engouffrer.

enhance [ɪn'hɑːns] *vt (beauty)* mettre en valeur; *(reputation, powers)* accroître.

enigma [ɪ'nɪgmə] *n* énigme *f*.

enigmatic [enɪg'mætɪk] *adj* énigmatique.

enjoy [ɪn'dʒɔɪ] *vt* **(a)** *(like)* aimer (*sth* qch; *doing* faire). **I ~ed doing it** cela m'a fait plaisir de le faire; **to ~ life** profiter de la vie; **did he ~ the concert?** est-ce que le concert lui a plu?; **to ~ o.s.** bien s'amuser. **(b)** *(benefit from: income, health)* jouir de. ◆ **enjoyable** *adj (visit)* agréable; *(meal)* excellent. ◆ **enjoyment** *n* plaisir *m*.

enlarge [ɪn'lɑːdʒ] — **1** *vt* agrandir. — **2** *vi* s'agrandir. *(in speaking)* **to ~ on** s'étendre sur. ◆ **enlargement** *n* agrandissement *m*.

enlighten [ɪn'laɪtn] *vt* éclairer (*sb on sth* qn sur qch). ◆ **enlightening** *adj* révélateur (*f* -trice) (*about* au sujet de).

enlist [ɪn'lɪst] — **1** *vi (Mil etc)* s'engager (*in* dans). *(US Mil)* **~ed man** simple soldat *m*. — **2** *vt (supporters)* recruter; *(sb's support)* s'assurer.

enliven [ɪn'laɪvn] *vt* animer.

enormous [ɪ'nɔːməs] *adj (gen)* énorme; *(patience)* immense; *(stature)* colossal. **an ~ quantity of, an ~ number of** énormément de. ◆ **enormously** *adv* (+ *vb*) énormément; (+ *adj*) extrêmement. **it has changed ~** cela a énormément changé; **~ funny** extrêmement drôle.

enough [ɪ'nʌf] — **1** *adj, n* assez (de). **~ money** assez d'argent; **~ to eat** assez à manger; **I've had ~!** *(impatiently)* j'en ai marre!*; **that's ~** cela suffit; **more than ~** plus qu'assez. — **2** *adv* assez. **old ~ to go** assez grand pour y aller; **he writes well ~** il écrit assez bien; **oddly ~, I...** c'est curieux, je... .

enquire [ɪn'kwaɪəʳ] *etc* = **inquire** *etc*.

enrage [ɪn'reɪdʒ] *vt* mettre en rage.

enrich [ɪn'rɪtʃ] *vt* enrichir.

enrol, *(US)* **enroll** [ɪn'rəʊl] — **1** *vt* inscrire. — **2** *vi* s'inscrire (*in* à; *for* pour).

ensign ['ensən] *n (flag)* pavillon *m (drapeau)*.

ensue [ɪn'sjuː] *vi* s'ensuivre (*from* de).

ensure [ɪn'ʃʊəʳ] *vt* assurer (*that* que).

entail [ɪn'teɪl] *vt* occasionner, entraîner.

entangled [ɪn'tæŋgld] *adj* emmêlé.

enter ['entəʳ] — **1** *vt* **(a)** *(go into: house, profession etc)* entrer dans; *(vehicle)* monter dans. **it never ~ed my head** cela ne m'est jamais venu à l'esprit. **(b)** *(write down etc)* inscrire (*in* dans); *(candidate)* présenter (*for* à). — **2** *vi* **(a)** entrer. **to ~ into** *(explanation etc)* se lancer dans; **that doesn't ~ into it at all**

ça n'y est pour rien. **(b)** *(for race, exam etc)* s'inscrire (*for* pour).
enterprise ['entəpraɪz] *n* **(a)** *(undertaking etc)* entreprise *f*. **(b)** *(initiative)* esprit *m* d'initiative. ◆ **enterprising** *adj (person)* entreprenant; *(venture)* audacieux (*f* -ieuse).
entertain [,entə'teɪn] *vt* **(a)** *(audience)* amuser; *(guests)* distraire. **they ~ a lot** *(invite)* ils reçoivent beaucoup. **(b)** *(thought)* méditer; *(doubt)* nourrir. ◆ **entertainer** *n* artiste *mf* (de music-hall *etc*). ◆ **entertaining** *adj* amusant. ◆ **entertainment** *n* **(a)** *(amusement)* **for your ~ we...** pour vous distraire nous.... **(b)** *(performance)* spectacle *m*.
enthrall [ɪn'θrɔːl] *vt* passionner.
enthusiasm [ɪn'θuːzɪæzəm] *n* enthousiasme *m* (*for* pour).
enthusiast [ɪn'θuːzɪæst] *n* enthousiaste *mf*. **jazz** *etc* **~** passionné(e) *m(f)* de jazz *etc*. ◆ **enthusiastic** *adj (gen)* enthousiaste; *(swimmer etc)* passionné. **to get ~ about** s'enthousiasmer pour. ◆ **enthusiastically** *adv* avec enthousiasme.
enticing [ɪn'taɪsɪŋ] *adj* alléchant.
entire [ɪn'taɪəʳ] *adj* entier (*f* -ière). **the ~ week** la semaine entière; **my ~ confidence** mon entière confiance. ◆ **entirely** *adv* entièrement.
entitle [ɪn'taɪtl] *vt* **(a)** *(book)* intituler. **(b) to ~ sb to sth** donner droit à qch à qn; **to ~ sb to do** donner à qn le droit de faire; **to be ~d to sth** avoir droit à qch; **to be ~d to do** avoir le droit de faire.
entomology [,entə'mɒlədʒɪ] *n* entomologie *f*.
entrance¹ [ɪn'trɑːns] *vt* ravir. ◆ **entrancing** *adj* enchanteur (*f* -eresse).
entrance² ['entrəns] *n* entrée *f* (*into* dans; *to* de). **'no ~'** 'défense d'entrer'; **to gain ~ to** réussir à entrer dans; *(to university etc)* être admis à; **~ examination** examen *m* d'entrée; **~ fee** droit *m* d'inscription.
entrant ['entrənt] *n (in race)* concurrent(e) *m(f)*; *(in exam)* candidat(e) *m(f)*.
entreat [ɪn'triːt] *vt* supplier (*sb to do* qn de faire). **I ~ you** je vous en supplie.
entrust [ɪn'trʌst] *vt* confier (to à).
entry ['entrɪ] *n* **(a) = entrance². (b)** *(item: in dictionary, ship's log)* entrée *f*; *(in encyclopedia)* article *m*. **~ form** feuille *f* d'inscription; **~ permit** visa *m* d'entrée.
enumerate [ɪ'njuːməreɪt] *vt* énumérer.
enunciate [ɪ'nʌnsɪeɪt] *vt (word)* articuler; *(theory)* énoncer.
envelop [ɪn'veləp] *vt* envelopper.
envelope ['envələʊp] *n* enveloppe *f*. **in the same ~** sous le même pli.
enviable ['envɪəbl] *adj* enviable.
envious ['envɪəs] *adj* envieux (*f* -ieuse) (*of sth* de qch).
environment [ɪn'vaɪərənmənt] *n (gen)* milieu *m*. *(Ecology etc)* **the ~** l'environnement *m*. **Ministry of the E~** ministère *m* de l'Environnement. ◆ **environmental** *adj* écologique, du milieu.
envisage [ɪn'vɪzɪdʒ] *vt (foresee)* prévoir; *(imagine)* envisager.
envoy ['envɔɪ] *n* envoyé(e) *m(f)*.
envy ['envɪ] — **1** *n* envie *f*. — **2** *vt* envier (*sb sth* qch à qn).
ephemeral [ɪ'femərəl] *adj* éphémère.
epic ['epɪk] — **1** *adj* épique. — **2** *n* épopée *f*. **an ~ of the screen** un film à grand spectacle.
epicure ['epɪkjʊəʳ] *n* gourmet *m*.
epidemic [,epɪ'demɪk] *n* épidémie *f*.
epigram ['epɪgræm] *n* épigramme *f*.
epigraph ['epɪgrɑːf] *n* épigraphe *f*.
epilepsy ['epɪlepsɪ] *n* épilepsie *f*.
epileptic [,epɪ'leptɪk] *adj, n* épileptique *(mf)*. **~ fit** crise *f* d'épilepsie.
epilogue ['epɪlɒg] *n* épilogue *m*.
Epiphany [ɪ'pɪfənɪ] *n* Épiphanie *f*.
episcopal [ɪ'pɪskəpəl] *adj* épiscopal.
episode ['epɪsəʊd] *n* épisode *m*.
epistle [ɪ'pɪsl] *n* épître *f*.
epitaph ['epɪtɑːf] *n* épitaphe *f*.
epithet ['epɪθet] *n* épithète *f*.
epitome [ɪ'pɪtəmɪ] *n* modèle *m* même.
epoch ['iːpɒk] *n* époque *f*.
equable ['ekwəbl] *adj* égal, constant.
equal ['iːkwəl] — **1** *adj* égal (*to* à). **~ pay for ~ work** à travail égal salaire égal; **other things being ~** toutes choses égales d'ailleurs; **on an ~ footing** sur un pied d'égalité (*with* avec); **she did not feel ~ to going out** elle ne se sentait pas capable de sortir; **~(s) sign** signe *m* d'égalité. — **2** *n* égal(e) *m(f)*. — **3** *vt* égaler (*in* en). ◆ **equality** *n* égalité *f*. ◆ **equalize** *vti* égaliser. ◆ **equally** *adv (gen)* également; *(divide)* en parts égales. **it would be ~ wrong to ...** il serait tout aussi faux de....
equanimity [,ekwə'nɪmɪtɪ] *n* sérénité *f*.
equation [ɪ'kweɪʒən] *n* équation *f*.
equator [ɪ'kweɪtəʳ] *n* équateur *m* (terrestre). **at the ~** sous l'équateur. ◆ **equatorial** *adj* équatorial.
equilibrium [,iːkwɪ'lɪbrɪəm] *n* équilibre *m*.
equinox ['iːkwɪnɒks] *n* équinoxe *m*.
equip [ɪ'kwɪp] *vt* équiper (*with* de). **well ~ped with** bien pourvu en. ◆ **equipment** *n (gen)* équipement *m*; *(office, camping etc)* matériel *m*.
equitable ['ekwɪtəbl] *adj* équitable.
equivalent [ɪ'kwɪvələnt] *adj, n* équivalent *(m)* (*to* à; *in* en).
era ['ɪərə] *n (gen)* époque *f*; *(geological)* ère *f*.
eradicate [ɪ'rædɪkeɪt] *vt* supprimer.
erase [ɪ'reɪz] *vt (gen)* effacer; *(with rubber)* gommer. ◆ **eraser** *n (rubber)* gomme *f*; *(liquid)* liquide *m* correcteur.
erect [ɪ'rekt] — **1** *adj (straight)* bien droit; *(standing)* debout. — **2** *vt (temple, statue)* ériger; *(building)* construire; *(traffic signs)* installer; *(altar, tent)* dresser.
erode [ɪ'rəʊd] *vt (gen)* éroder; *(fig)* ronger.
erosion [ɪ'rəʊʒən] *n* érosion *f*.
erotic [ɪ'rɒtɪk] *adj* érotique.
err [ɜːʳ] *vi (be mistaken)* se tromper; *(sin)* pécher.
errand ['erənd] *n* course *f*. **to run ~s** faire des courses; **~ boy** garçon *m* de courses.
erratic [ɪ'rætɪk] *adj* irrégulier (*f* -ière). **his driving is ~** il conduit de façon déconcertante.
erroneous [ɪ'rəʊnɪəs] *adj* erroné.
error ['erəʳ] *n (gen)* erreur *f* (*of, in* de). **typing ~** faute *f* de frappe; **spelling ~** faute *f* d'orthographe; **in ~** par erreur.
erudite ['erʊdaɪt] *adj* savant.
erupt [ɪ'rʌpt] *vi (of volcano)* entrer en éruption; *(of war)* éclater. ◆ **eruption** *n* éruption *f*.
escalate ['eskəleɪt] *vi (gen)* s'intensifier; *(of numbers, costs)* monter en flèche. **the war is escalating** c'est l'escalade militaire. ◆ **escalation** *n* escalade *f*.
escalator ['eskəleɪtəʳ] *n* escalier *m* roulant.
escapade [,eskə'peɪd] *n (adventure)* équipée *f*.
escape [ɪs'keɪp] — **1** *vi (gen)* échapper (*from sb* à qn), s'échapper (*from somewhere* de quelque part), s'enfuir (*to another place* dans

un autre endroit); *(of prisoner)* s'évader (*from* de); *(of water, gas)* s'échapper. *(fig)* **to ~ with a fright** en être quitte pour la peur. — **2** *vt* échapper à. **he narrowly ~d being run over** il a failli être écrasé; **to ~ notice** passer inaperçu. — **3** *n (gen)* fuite *f; (of prisoner)* évasion *f.* **to have a lucky ~** l'échapper belle. — **4** *adj (valve, pipe)* d'échappement; *(plan, route)* d'évasion.
escapism [ɪsˈkeɪpɪzəm] *n:* **it's sheer ~!** c'est simplement s'évader du réel!
escort [ˈeskɔːt] — **1** *n (Mil etc)* escorte *f; (male companion)* cavalier *m.* — **2** [ɪsˈkɔːt] *vt* escorter. **to ~ sb in** faire entrer qn.
Eskimo [ˈeskɪməʊ] *n* Esquimau(de) *m(f).*
especial [ɪsˈpeʃəl] *adj* particulier (*f* -ière), spécial. ◆ **especially** *adv (particularly)* particulièrement; *(expressly)* exprès.
Esperanto [ˌespəˈræntəʊ] *n* espéranto *m.*
espionage [ˌespɪəˈnɑːʒ] *n* espionnage *m.*
espresso [esˈpresəʊ] *n* express *m (café).*
Esq. [ɪsˈkwaɪəʳ] (*abbr of* **esquire**) **B. Smith ~** Monsieur B. Smith.
essay [ˈeseɪ] *n (literary)* essai *m* (*on* sur); *(in school)* rédaction *f* (*on* sur); *(at university)* dissertation *f* (*on* sur).
essence [ˈesəns] *n (gen)* essence *f; (of food)* extrait *m.* **in ~** essentiellement.
essential [ɪˈsenʃəl] — **1** *adj* essentiel (*f* -elle) (*to* à; *that* que + *subj).* — **2** *n:* **the ~s** *(necessities)* l'essentiel *m; (rudiments)* les éléments *mpl.* ◆ **essentially** *adv* essentiellement.
establish [ɪsˈtæblɪʃ] *vt (gen)* établir; *(guilt)* prouver; *(state, business, post)* créer. ◆ **established** *adj (gen)* établi; *(fact)* acquis; *(government)* au pouvoir. **the ~ Church** la religion d'État. ◆ **establishment** *n (institution etc)* établissement *m; (personnel)* effectifs *mpl.* **the E~** les pouvoirs *mpl* établis; **against the E~** anticonformiste.
estate [ɪsˈteɪt] *n* **(a)** *(land)* domaine *m.* **housing ~** lotissement *m,* cité *f;* **~ agency** agence *f* immobilière; **~ agent** agent *m* immobilier; **~ car** break *m.* **(b)** *(on death)* succession *f.* **~ duty** droits *mpl* de succession.
esteem [ɪsˈtiːm] — **1** *vt* estimer. — **2** *n* estime *f.*
esthetic [ɪsˈθetɪk] *etc* = **aesthetic** *etc.*
estimate [ˈestɪmɪt] — **1** *n* évaluation *f; (for work to be done)* devis *m.* **at a rough ~** approximativement; **at the lowest ~** au bas mot. — **2** [ˈestɪmeɪt] *vt* estimer (*that* que). ◆ **estimation** *n:* **in my ~** à mon avis; **he went up in my ~** il a monté dans mon estime.
estuary [ˈestjʊərɪ] *n* estuaire *m.*
etching [ˈetʃɪŋ] *n* gravure *f* à l'eau forte.
eternal [ɪˈtɜːnl] *adj* éternel (*f* -elle). *(fig)* **the ~ triangle** ≃ le ménage à trois. ◆ **eternally** *adv* éternellement.
eternity [ɪˈtɜːnɪtɪ] *n* éternité *f.*
ether [ˈiːθəʳ] *n* éther *m.*
ethical [ˈeθɪkəl] *adj* moral. ◆ **ethics** *n (pl: principles)* morale *f; (sg: study)* éthique *f.*
ethnic [ˈeθnɪk] *adj* ethnique.
ethnology [eθˈnɒlədʒɪ] *n* ethnologie *f.*
ethos [ˈiːθɒs] *n* génie *m (d'un peuple).*
etiquette [ˈetɪket] *n* étiquette *f,* convenances *fpl.* **that isn't ~** cela ne se fait pas.
etymology [ˌetɪˈmɒlədʒɪ] *n* étymologie *f.*
eucalyptus [ˌjuːkəˈlɪptəs] *n* eucalyptus *m.*
Eucharist [ˈjuːkərɪst] *n* Eucharistie *f.*
eulogy [ˈjuːlədʒɪ] *n* panégyrique *m.*
euphemism [ˈjuːfəmɪzəm] *n* euphémisme *m.*
euphoria [juːˈfɔːrɪə] *n* euphorie *f.* ◆ **euphoric** *adj* euphorique.
Eurasian [jʊəˈreɪʃn] — **1** *adj* eurasien (*f* -ienne). — **2** *n* Eurasien(ne) *m(f).*
euro... [ˈjʊərəʊ] *pref* euro... . ◆ **Eurovision** *n (TV)* Eurovision *f.*
Europe [ˈjʊərəp] *n* Europe *f.* ◆ **European** — **1** *adj* européen (*f* -éenne). — **2** *n* Européen(ne) *m(f); V* **E.E.C.**
euthanasia [ˌjuːθəˈneɪzɪə] *n* euthanasie *f.*
evacuate [ɪˈvækjʊeɪt] *vt* évacuer. ◆ **evacuation** *n* évacuation *f.*
evade [ɪˈveɪd] *vt (avoid)* éviter; *(escape)* échapper à; *(question)* éluder.
evaluate [ɪˈvæljʊeɪt] *vt* évaluer (*at* à).
evangelical [ˌiːvænˈdʒelɪkəl] *adj* évangélique. ◆ **evangelist** *n* évangéliste *m.*
evaporate [ɪˈvæpəreɪt] *vi* s'évaporer. ◆ **evaporated milk** *n* lait *m* concentré. ◆ **evaporation** *n* évaporation *f.*
evasion [ɪˈveɪʒən] *n (of prisoner)* fuite *f.* **tax ~** fraude *f* fiscale. ◆ **evasive** *adj* évasif (*f* -ive).
eve [iːv] *n:* **on the ~ of** à la veille de.
even [ˈiːvən] — **1** *adj (number)* pair; *(surface)* uni; *(breathing, temper)* égal; *(progress)* régulier (*f* -ière); *(equal)* égal. **to get ~ with sb** se venger de qn. — **2** *adv* **(a)** même. **~ if** même si; **~ though** quand (bien) même + *cond;* **~ so** quand même. **(b)** *(still)* encore. **~ better** encore mieux. — **3** *vt:* **to ~ up** égaliser; **that will ~ things up** cela rétablira l'équilibre. ◆ **evenly** *adv (spread etc)* de façon égale; *(breathe)* régulièrement; *(divide)* également.
evening [ˈiːvnɪŋ] — **1** *n* soir *m; (period of time)* soirée *f.* **in the ~** le soir; **6 o'clock in the ~** 6 heures du soir; **on the ~ of the 29th** le 29 au soir; **all ~** toute la soirée; **to spend one's ~ reading** passer sa soirée à lire. — **2** *adj:* **~ class** cours *m* du soir; **in ~ dress** *(man)* en tenue de soirée; *(woman)* en robe du soir; **~ paper** journal *m* du soir.
evensong [ˈiːvənsɒŋ] *n* ≃ vêpres *fpl.*
event [ɪˈvent] *n* **(a)** événement *m.* **course of ~s** suite *f* des événements; **in the normal course of ~s** normalement; **after the ~** après coup; **in the ~ of** en cas de; **in that ~** dans ce cas; **in any ~, at all ~s** en tout cas. **(b)** *(Sport)* épreuve *f; (Racing)* course *f.* ◆ **eventful** *adj (busy etc)* mouvementé.
eventual [ɪˈventʃʊəl] *adj (resulting)* qui s'ensuit; *(probably resulting)* éventuel (*f* -elle). ◆ **eventuality** *n* éventualité *f.* ◆ **eventually** *adv (gen)* finalement. **he ~ did it** il a fini par le faire.
ever [ˈevəʳ] *adv* **(a)** jamais. **if you ~ see her** si jamais vous la voyez; **do you ~ see her?** est-ce qu'il vous arrive de la voir?; **I haven't ~ seen her** je ne l'ai jamais vue. **(b)** *(at all times)* toujours. **~ since I was a boy** depuis mon enfance; **for ~** *(for always)* pour toujours; *(continually)* sans cesse; *(in letters)* **yours ~** bien amicalement à vous. **(c)** *(phrases)* **the best ~** le meilleur qu'on ait jamais vu; **~ so pretty** vraiment joli; **thank you ~ so much** merci mille fois; **why ~ not?** mais pourquoi pas?; **did you ~!*** ça par exemple! ◆ **evergreen** *adj* à feuilles persistantes. ◆ **everlasting** *adj* éternel (*f* -elle). ◆ **evermore** *adv:* **for ~** à tout jamais.
every [ˈevrɪ] *adj* chaque. **~ shop** chaque magasin, tous les magasins; **~ one of them does it** chacun d'entre eux le fait, ils le font tous; **of ~ age** de tout âge; **~ fifth day, ~ five days** tous les cinq jours; **~ second** *or* **~ other Wednesday** un mercredi sur deux; **~ few days** tous les

deux ou trois jours; ~ **bit as clever as** tout aussi doué que; ~ **now and then,** ~ **now and again,** ~ **so often** de temps en temps; ~ **time** chaque fois; ~ **single time** chaque fois sans exception; **I have** ~ **confidence in him** j'ai entièrement confiance en lui. ◆ **everybody** *pron* tout le monde. ~ **else** tous les autres. ◆ **everyday** *adj (coat)* de tous les jours; *(occurrence)* banal; *(use)* ordinaire. **in** ~ **use** d'usage courant. ◆ **everyone** *pron* = **everybody.** ◆ **everything** *n* tout *m.* ~ **you have** tout ce que vous avez. ◆ **everywhere** *adv (gen)* partout. ~ **you go you meet...** où qu'on aille on rencontre... .

evict [ɪ'vɪkt] *vt* expulser (*from* de). ◆ **eviction** *n* expulsion *f.*

evidence ['evɪdəns] *n (given by sb)* témoignage *m.* **a piece of** ~ une preuve; **the** ~ les preuves; **to give** ~ témoigner (*for* en faveur de; *against* contre); **to show** ~ **of** témoigner de; **in** ~ en évidence.

evident ['evɪdənt] *adj* évident, manifeste. **it is** ~ **from his speech that...** il ressort de son discours que... . ◆ **evidently** *adv (obviously)* manifestement; *(apparently)* à ce qu'il paraît.

evil ['iːvl] — **1** *adj (gen)* mauvais; *(spell, spirit)* malfaisant. **the** ~ **eye** le mauvais œil. — **2** *n* mal *m.* **the lesser** ~ le moindre mal; **the** ~**s of drink** les conséquences *fpl* funestes de la boisson; **one of the great** ~**s of our time** un des grands fléaux de notre temps.

evocative [ɪ'vɒkətɪv] *adj* évocateur (*f* -trice).

evolution [ˌiːvə'luːʃən] *n* évolution *f.*

evolve [ɪ'vɒlv] — **1** *vt* élaborer. — **2** *vi* se développer (*from* à partir de).

ewe [juː] *n* brebis *f.*

ex- [eks] *pref* ex-, ancien *(before n).* ~**husband** ex-mari *m;* ~**serviceman** ancien combattant *m.*

exacerbate [ɪg'zæsəbeɪt] *vt* exacerber.

exact [ɪg'zækt] — **1** *adj* exact. **to be** ~ **he ...** plus exactement il .... — **2** *vt* extorquer (*from* à). ◆ **exacting** *adj (person)* exigeant; *(work)* astreignant. ◆ **exactly** *adv (gen)* exactement; *(describe)* avec précision. **3 o'clock** ~ 3 heures justes.

exaggerate [ɪg'zædʒəreɪt] *vt (gen)* exagérer; *(in one's own mind)* s'exagérer. ◆ **exaggeration** *n* exagération *f.*

exalted [ɪg'zɔːltɪd] *adj (position)* élevé.

exam [ɪg'zæm] *n* examen *m.*

examination [ɪgˌzæmɪ'neɪʃən] *n* examen *m.* **on** ~ après examen.

examine [ɪg'zæmɪn] *vt* **(a)** *(gen)* examiner; *(luggage)* inspecter. **(b)** *(candidate)* examiner (*in* en); *(witness)* interroger. ◆ **examiner** *n* examinateur *m* (*f* -trice) (*in* de).

example [ɪg'zɑːmpl] *n* exemple *m.* **for** ~ par exemple; **to set a good** ~ donner l'exemple; **to make an** ~ **of sb** faire un exemple en punissant qn.

exasperate [ɪg'zɑːspəreɪt] *vt* exaspérer. ◆ **exasperated** *adj* exaspéré (*at sth* de qch; *with sb* par qn). **to get** ~ s'exaspérer. ◆ **exasperation** *n* exaspération *f.*

excavate ['ekskəveɪt] *vt (dig)* creuser; *(Archaeology)* fouiller; *(dig up: remains)* déterrer. ◆ **excavations** *npl* fouilles *fpl.* ◆ **excavator** *n* excavatrice *f.*

exceed [ɪk'siːd] *vt (gen)* dépasser (*in* en; *by* de); *(powers)* outrepasser. **to** ~ **the speed limit** dépasser la vitesse permise. ◆ **exceedingly** *adv* extrêmement.

excel [ɪk'sel] *vti* exceller (*at doing* à faire). **to** ~ **o.s.** se surpasser.

excellence ['eksələns] *n* excellence *f.* ◆ **Excellency** *n:* His ~ Son Excellence *f.*

excellent ['eksələnt] *adj* excellent. ◆ **excellently** *adv* admirablement.

except [ɪk'sept] — **1** *prep* **(a)** *(gen)* sauf, excepté. ~ **for** à l'exception de; ~ **that** sauf que. **(b) what can they do** ~ **wait?** que peuvent-ils faire sinon attendre? — **2** *vt* excepter (*from* de). **children** ~**ed** exception faite des enfants. ◆ **excepting** *prep* = **except 1 a.**

exception [ɪk'sepʃən] *n* exception *f* (*to* à). **with the** ~ **of** à l'exception de; **to take** ~ **to** s'offenser de. ◆ **exceptional** *adj* exceptionnel (*f* -elle). ◆ **exceptionally** *adv* exceptionnellement.

excerpt ['eksɜːpt] *n* extrait *m.*

excess [ɪk'ses] — **1** *n* excès *m.* **to** ~ à l'excès; **in** ~ **of** dépassant. — **2** *adj* excédentaire. ~ **fare** supplément *m;* ~ **luggage** excédent *m* de bagages. ◆ **excessive** *adj* excessif (*f* -ive). ◆ **excessively** *adv (too much)* avec excès, par trop; *(extremely)* extrêmement.

exchange [ɪks'tʃeɪndʒ] — **1** *vt* échanger (*for* contre). — **2** *n* **(a)** échange *m.* **in** ~ en échange (*for* de). **(b)** *(of money)* change *m.* ~ **rate** taux *m* de change. **(c)** *(telephone* ~*)* central *m.*

exchequer [ɪks'tʃekə[r]] *n* Échiquier *m.*

excise ['eksaɪz] *n:* ~ **duties** ≃ contributions *fpl* indirectes.

excitable [ɪk'saɪtəbl] *adj* excitable.

excite [ɪk'saɪt] *vt* exciter. ◆ **excited** *adj* excité. **to get** ~ *(pleased)* s'exciter (*about* au sujet de); *(worked up)* s'énerver. ◆ **excitement** *n* excitation *f.* **it caused great** ~ ça a fait sensation; **he likes** ~ il aime les émotions fortes.

exciting [ɪk'saɪtɪŋ] *adj* excitant.

exclaim [ɪks'kleɪm] *vti* s'exclamer. ◆ **exclamation** *n* exclamation *f.* ~ **mark** point *m* d'exclamation.

exclude [ɪks'kluːd] *vt* exclure (*from* de).

exclusion [ɪks'kluːʒən] *n* exclusion *f* (*of, from* de).

exclusive [ɪks'kluːsɪv] *adj* **(a)** *(gen)* exclusif (*f* -ive); *(group, club)* sélect. **(b)** *(not including)* **from 15th to 20th** ~ du 15 au 20 exclusivement; ~ **of** non compris. ◆ **exclusively** *adv* exclusivement.

excommunicate [ˌekskə'mjuːnɪkeɪt] *vt* excommunier.

excrement ['ekskrɪmənt] *n* excrément *m.*

excruciating [ɪks'kruːʃɪeɪtɪŋ] *adj* atroce.

excursion [ɪks'kɜːʃən] *n* excursion *f.* ~ **ticket** billet *m* d'excursion; ~ **train** train *m* spécial.

excusable [ɪks'kjuːzəbl] *adj* excusable.

excuse [ɪks'kjuːz] — **1** *vt* **(a)** excuser (*sb for having done* qn d'avoir fait). **if you will** ~ **me,** ... si vous permettez, ...; ~ **me!** excusez-moi! **(b)** *(exempt)* dispenser (*from sth* de qch; *from doing* de faire). **to ask to be** ~**d** se faire excuser. — **2** [ɪks'kjuːs] *n* excuse *f.* **to make an** ~ trouver une excuse (*for sth* pour qch; *for doing* pour faire).

execute ['eksɪkjuːt] *vt* exécuter. ◆ **execution** *n* exécution *f.* ◆ **executioner** *n* bourreau *m.*

executive [ɪg'zekjʊtɪv] — **1** *adj (powers, committee)* exécutif (*f* -ive); *(post, car)* de directeur; *(unemployment)* des cadres. — **2** *n (power)* exécutif *m; (person)* cadre *m.*

exemplary [ɪg'zemplərɪ] *adj* exemplaire.

exemplify [ɪg'zemplɪfaɪ] *vt (illustrate)* exemplifier; *(be example of)* servir d'exemple de.
exempt [ɪg'zempt] — **1** *adj* exempt (*from* de). — **2** *vt* dispenser (*from sth* de qch; *from doing* de faire). ◆ **exemption** *n* dispense *f*.
exercise ['eksəsaɪz] — **1** *n (gen)* exercice *m*. **to take ~** prendre de l'exercice; NATO **~s** manœuvres *fpl* de l'OTAN. — **2** *vt* exercer; *(tact, restraint)* faire preuve de; *(dog etc)* promener. — **3** *vi* prendre de l'exercice. ◆ **exercise book** *n* cahier *m*.
exert [ɪg'zɜːt] *vt* exercer. **to ~ o.s.** se dépenser; **don't ~ yourself!** ne vous fatiguez pas! ◆ **exertion** *n* effort *m*.
exhaust [ɪg'zɔːst] — **1** *vt (all senses)* épuiser. — **2** *n* (*~ system*) échappement *m*; (*~ pipe*) pot *m* d'échappement; (*~ fumes*) gaz *m* d'échappement. ◆ **exhausted** *adj (gen)* épuisé. **my patience is ~** ma patience est à bout. ◆ **exhausting** *adj* épuisant. ◆ **exhaustion** *n* épuisement *m*. ◆ **exhaustive** *adj* très complet (*f* -ète).
exhibit [ɪg'zɪbɪt] — **1** *vt (gen)* exposer; *(courage, skill)* faire preuve de. — **2** *n (in exhibition)* objet *m* exposé; *(Law)* pièce *f* à conviction. ◆ **exhibition** *n* exposition *f*. **to make an ~ of o.s.** se donner en spectacle. ◆ **exhibitionist** *n* exhibitionniste *mf*. ◆ **exhibitor** *n* exposant(e) *m(f)*.
exhilarate [ɪg'zɪləreɪt] *vt* stimuler. ◆ **exhilarating** *adj* stimulant.
exhort [ɪg'zɔːt] *vt* exhorter (*to* à; *to do* à faire).
exhume [eks'hjuːm] *vt* exhumer.
exile ['eksaɪl] — **1** *n* exil *m*; *(person)* exilé(e) *m(f)*. **in ~** en exil. — **2** *vt* exiler (*from* de).
exist [ɪg'zɪst] *vi (be)* exister; *(live)* vivre (*on* de). ◆ **existence** *n* existence *f*. **to be in ~** exister; **the only one in ~** le seul qui existe *(subj)*. ◆ **existentialist** *adj, n* existentialiste *(mf)*. ◆ **existing** *adj* existant; *(present)* actuel (*f* -elle).
exit ['eksɪt] *n* sortie *f*. **~ permit** permis *m* de sortie.
exonerate [ɪg'zɒnəreɪt] *vt* disculper.
exorbitant [ɪg'zɔːbɪtənt] *adj* exorbitant.
exorcize ['eksɔːsaɪz] *vt* exorciser. ◆ **exorcist** *n* exorciste *m*.
exotic [ɪg'zɒtɪk] *adj* exotique.
expand [ɪks'pænd] — **1** *vt (metal)* dilater; *(business, market, notes)* développer; *(influence)* étendre. — **2** *vi* se dilater; se développer; s'étendre. ◆ **expanding** *adj (industry)* en expansion; *(bracelet)* extensible.
expanse [ɪks'pæns] *n* étendue *f*.
expansion [ɪks'pænʃən] *n (of gas)* dilatation *f*; *(of trade, subject)* développement *m*; *(territorial, economic)* expansion *f*.
expect [ɪks'pekt] *vt* **(a)** *(anticipate)* s'attendre à; *(count on)* compter sur. **to ~ to do** penser faire, compter faire; **that was to be ~ed** il fallait s'y attendre; **I ~ed as much** je m'y attendais; **to ~ that** s'attendre à ce que + *subj*; **it is not as heavy as I ~ed** ce n'est pas aussi lourd que je le croyais; **as ~ed** comme prévu. **(b)** *(suppose)* penser. **I ~ it is** je m'en doute. **(c)** *(demand)* exiger, attendre (*sth from sb* qch de qn), demander (*sth from sb* qch à qn). **to ~ sb to do sth** exiger que qn fasse qch; **you're ~ed to do it** tu es censé le faire; **what do you ~ me to do about it?** que voulez-vous que j'y fasse? **(d)** *(await: baby, guests)* attendre. **she is ~ing a baby, she is ~ing*** elle attend un bébé. ◆ **expectant** *adj (look)* de quelqu'un qui attend quelque chose. **~ mother** femme *f* enceinte. ◆ **expectantly** *adv* avec l'air d'attendre quelque chose. ◆ **expectation** *n* attente *f*. **in ~ of** dans l'attente de; **~ of life** espérance *f* de vie; **to come up to sb's ~s** répondre à l'attente *or* aux espérances de qn.
expedient [ɪks'piːdɪənt] — **1** *adj* opportun. — **2** *n* expédient *m*.
expedite ['ekspɪdaɪt] *vt* activer, hâter.
expedition [,ekspɪ'dɪʃən] *n* expédition *f*.
expel [ɪks'pel] *vt (gen)* expulser (*from* de); *(from school)* renvoyer.
expend [ɪks'pend] *vt* consacrer (*on* à; *on doing* à faire); *(use up)* épuiser. ◆ **expendable** *adj* remplaçable. ◆ **expenditure** *n* dépenses *fpl*.
expense [ɪks'pens] *n* dépense *f*, frais *mpl*. **at my ~** à mes frais; *(fig)* à mes dépens; **at great ~** à grands frais; **to go to great ~** faire beaucoup de frais (*to do* pour faire); **~ account** frais *mpl* de représentation; **to go on sb's ~ account** passer sur la note de frais de qn.
expensive [ɪks'pensɪv] *adj (gen)* cher (*f* chère); *(tastes)* de luxe. **to be ~** coûter cher *inv*.
experience [ɪks'pɪərɪəns] — **1** *n* expérience *f* (*of* de). **by ~** par expérience; **from my own ~** d'après mon expérience personnelle; **he has no ~ of that** il ne sait pas ce que c'est; **practical ~** pratique *f*; **business ~** expérience des affaires; **have you any previous ~?** avez-vous déjà fait ce genre de travail?; **I had a frightening ~** il m'est arrivé une aventure effrayante. — **2** *vt (gen)* connaître; *(difficulty, remorse)* éprouver; *(emotion)* ressentir. **he has never ~d it** cela ne lui est jamais arrivé. ◆ **experienced** *adj* expérimenté; *(eye, ear)* exercé.
experiment [ɪks'perɪmənt] — **1** *n* expérience *f*. **as an ~** à titre d'expérience. — **2** [ɪks'perɪment] *vi* faire une expérience (*on* sur). **to ~ with sth** expérimenter qch. ◆ **experimental** *adj (gen)* expérimental; *(cinema, period)* d'essai. ◆ **experimentally** *adv* à titre expérimental.
expert ['ekspɜːt] — **1** *n* spécialiste *mf* (*on, at* de); *(qualified)* expert *m* (*in* en). **he is an ~ on wines** il est grand connaisseur en vins. — **2** *adj (person)* expert (*in sth* en qch; *at or in doing* à faire); *(advice)* d'expert. **he is ~** il s'y connaît. ◆ **expertise** *n* compétence *f* (*in* en).
expire [ɪks'paɪəʳ] *vi* expirer. ◆ **expiry** *n* expiration *f*.
explain [ɪks'pleɪn] *vt (gen)* expliquer; *(mystery)* éclaircir. **to ~ o.s.** s'expliquer; **to ~ sth away** trouver une justification à qch. ◆ **explainable** *adj* explicable.
explanation [,eksplə'neɪʃən] *n* explication *f*. **in ~ of sth** pour expliquer qch.
explanatory [,eks'plænətorɪ] *adj* explicatif (*f* -ive).
explicit [ɪks'plɪsɪt] *adj* explicite.
explode [ɪks'pləʊd] — **1** *vi* exploser. **to ~ with laughter** éclater de rire. — **2** *vt* faire exploser.
exploit ['eksplɔɪt] — **1** *n* exploit *m*. — **2** [ɪks'plɔɪt] *vt* exploiter. ◆ **exploitation** *n* exploitation *f*.
exploration [,eksplə'reɪʃən] *n* exploration *f*. ◆ **exploratory** *adj (discussion)* préparatoire. *(Med)* **~ operation** sondage *m*.
explore [ɪks'plɔːʳ] *vt (gen)* explorer; *(possibilities)* examiner. ◆ **explorer** *n* explorateur *m* (*f* -trice).
explosion [ɪks'pləʊʒən] *n* explosion *f*; *(noise)* détonation *f*. ◆ **explosive** — **1** *adj (gen)* explosif (*f* -ive); *(gas)* explosible. — **2** *n* explosif *m*.

export [ɪks'pɔːt] — **1** *vt* exporter (*to* vers). — **2** ['ekspɔːt] *n* exportation *f*. **for ~ only** réservé à l'exportation; **~ duty** droit *m* de sortie; **~ permit** permis *m* d'exportation. ◆ **exportation** *n* exportation *f*. ◆ **exporter** *n* exportateur *m*.

expose [ɪks'pəʊz] *vt (gen, also Photography)* exposer (*to* à); *(contents, vice, scandal)* révéler; *(wrongdoer)* dénoncer. **to be ~d to view** s'offrir à la vue; **to ~ o.s. to** s'exposer à. ◆ **exposed** *adj (ground)* battu par les vents; *(position)* exposé. ◆ **exposure** *n* exposition *f* (*to* à); *(Photography)* pose *f*. **~ meter** posemètre *m*; **to die of ~** mourir de froid.

expostulate [ɪks'pɒstjʊleɪt] *vti* protester.

expound [ɪks'paʊnd] *vt* exposer.

express [ɪks'pres] — **1** *vt* **(a)** *(gen)* exprimer; *(wish)* formuler. **to ~ o.s.** s'exprimer. **(b)** *(post: letter, parcel)* expédier par exprès. — **2** *adj* **(a)** *(instructions)* formel (*f* -elle); *(intention)* explicite. **with the ~ purpose of** dans le seul but de. **(b)** *(fast: letter, delivery)* exprès *inv; (coach etc)* express *inv*. **~ train** rapide *m*; *(esp US)* **~ way** voie *f* express. — **3** *adv (post)* par exprès. — **4** *n (train)* rapide *m*. ◆ **expression** *n* expression *f*. ◆ **expressive** *adj* expressif (*f* -ive). ◆ **expressly** *adv* expressément.

expulsion [ɪks'pʌlʃən] *n* expulsion *f*; *(from school)* renvoi *m*.

exquisite [ɪks'kwɪzɪt] *adj (gen)* exquis; *(pleasure)* vif (*f* vive). ◆ **exquisitely** *adv* d'une façon exquise; *(extremely)* extrêmement.

extend [ɪks'tend] — **1** *vt* **(a)** *(stretch out: arm)* étendre; *(one's hand)* tendre (*to sb* à qn). **to ~ an invitation to sb** inviter qn; **to ~ one's thanks to sb** remercier qn. **(b)** *(prolong: street, line, visit)* prolonger (*by, for* de); *(enlarge: house)* agrandir; *(powers, business)* étendre; *(knowledge)* accroître. **~ed credit** un long crédit. — **2** *vi (of wall, estate)* s'étendre (*to, as far as* jusqu'à); *(of meeting, visit)* se prolonger (*over* pendant).

extension [ɪks'tenʃən] *n (for table, flex)* rallonge *f*; *(to holidays, leave)* prolongation *f*; *(telephone)* appareil *m* supplémentaire; *(in office)* poste *m*. **~ 21** poste 21; **to have an ~ built on to the house** faire agrandir la maison.

extensive [ɪks'tensɪv] *adj (gen)* vaste, étendu; *(research)* approfondi; *(alterations, business)* considérable; *(use)* répandu. ◆ **extensively** *adv* beaucoup.

extent [ɪks'tent] *n (gen)* étendue *f*; *(of damage, losses)* importance *f*. **to what ~?** dans quelle mesure?; **to a certain ~** dans une certaine mesure; **to a large ~** en grande partie; **to a small ~** dans une faible mesure; **to such an ~ that** à tel point que; **to the ~ of doing** au point de faire.

exterior [ɪks'tɪərɪəʳ] — **1** *adj* extérieur (*to* à). — **2** *n* extérieur *m*.

exterminate [ɪks'tɜːmɪneɪt] *vt* exterminer. ◆ **extermination** *n* extermination *f*.

external [eks'tɜːnl] *adj (gen)* extérieur. **for ~ use only** pour usage externe. ◆ **externally** *adv* extérieurement.

extinct [ɪks'tɪŋkt] *adj (gen)* éteint; *(species)* disparu.

extinguish [ɪks'tɪŋgwɪʃ] *vt* éteindre. ◆ **extinguisher** *n* (*fire* **~**) extincteur *m*.

extort [ɪks'tɔːt] *vt* extorquer (*from* à).

extra ['ekstrə] — **1** *adj (additional)* de plus, supplémentaire; *(spare)* en trop. **an ~ chair** une chaise de plus; **the ~ chair** la chaise supplémentaire; **the chair is ~** *(spare)* la chaise est en trop; *(costs more)* la chaise est en supplément; *(Ftbl)* **after ~ time** après prolongation *f*; **there will be no ~ charge** on ne vous comptera pas de supplément; **take ~ care!** faites particulièrement attention!; **for ~ safety** pour plus de sécurité; **postage ~** frais *mpl* de port en sus. — **2** *adv* particulièrement. — **3** *n (luxury)* agrément *m*; *(actor: in film)* figurant(e) *m(f)*. ◆ **extra-fine** *adj* extra-fin. ◆ **extra-strong** *adj (material)* extra-solide.

extract [ɪks'trækt] — **1** *vt (gen)* extraire (*from* de); *(tooth)* arracher (*from* à); *(fig: money, promise)* soutirer (*from* à). — **2** ['ekstrækt] *n* extrait *m*. ◆ **extraction** *n (of mineral, tooth)* extraction *f*; *(descent)* origine *f*. ◆ **extractor fan** *n* ventilateur *m*.

extradite ['ekstrədaɪt] *vt* extrader. ◆ **extradition** *n* extradition *f*.

extraordinary [ɪks'trɔːdnrɪ] *adj* extraordinaire. **there's nothing ~ about that** cela n'a rien d'extraordinaire; **it's ~ to think that ...** il semble incroyable que... + *subj*. ◆ **extraordinarily** *adv* extraordinairement.

extravagance [ɪks'trævəgəns] *n (excessive spending)* prodigalité *f*; *(wastefulness)* gaspillage *m*; *(thing bought)* folie *f*. ◆ **extravagant** *adj (spendthrift)* dépensier (*f* -ière); *(exaggerated)* extravagant; *(prices)* exorbitant.

extreme [ɪks'triːm] — **1** *adj (exceptional, exaggerated)* extrême *(after n)*; *(furthest)* extrême *(before n)*. **in ~ danger** en très grand danger; *(Pol)* **the ~ right** l'extrême droite *f*; **how ~!** c'est un peu poussé! — **2** *n*: **in the ~** à l'extrême. ◆ **extremely** *adv* extrêmement. ◆ **extremist** — **1** *adj (opinion)* extrême; *(person)* extrémiste. — **2** *n* extrémiste *mf*.

extremity [ɪks'tremɪtɪ] *n* extrémité *f*.

extricate ['ekstrɪkeɪt] *vt* dégager (*from* de). **to ~ o.s.** se tirer (*from* de).

extrovert ['ekstrəvɜːt] *adj, n* extraverti(e) *m(f)*.

exuberant [ɪg'zuːbərənt] *adj* exubérant.

exult [ɪg'zʌlt] *vi* exulter.

eye [aɪ] — **1** *n* œil *m* (*pl* yeux). **girl with blue ~s, blue-~d girl** fille aux yeux bleus; **to have brown ~s** avoir les yeux bruns; **with one's ~s closed** les yeux fermés; **before my very ~s** sous mes yeux; **with my own ~s** de mes propres yeux; **as far as the ~ can see** à perte de vue; **in the ~s of** aux yeux de; **to be all ~s** être tout yeux; **up to one's ~s in work** dans le travail jusqu'au cou; **to shut one's ~s to** refuser de voir; **to keep an ~ on sth/sb** surveiller qch/qn; **to keep one's ~s open** ouvrir l'œil; **to keep one's ~s open for sth** essayer de trouver qch; **he couldn't keep his ~s open** il dormait debout; **to see ~ to ~ with sb** partager le point de vue de qn; **I've never set ~s on him** je ne l'ai jamais vu de ma vie. — **2** *vt* regarder. ◆ **eyeball** *n* globe *m* oculaire. ◆ **eyebath** *n* œillère *f* *(pour bains d'œil)*. ◆ **eyebrow** *n* sourcil *m*. **~ pencil** crayon *m* à sourcils. ◆ **eye-catching** *adj* qui tire l'œil. ◆ **eyedrops** *npl* gouttes *fpl* pour les yeux. ◆ **eyelash** *n* cil *m*. ◆ **eyelid** *n* paupière *f*. ◆ **eye-opener** *n* révélation *f*. ◆ **eyeshade** *n* visière *f*. ◆ **eyeshadow** *n* fard *m* à paupières. ◆ **eyesight** *n* vue *f*. ◆ **eyewitness** *n* témoin *m* oculaire.

eyrie ['ɪərɪ] *n* aire *f* *(d'aigle)*.

F

F, f [ef] *n* F, f *m or f; (Music)* fa *m.*

fable ['feɪbl] *n* fable *f.*

fabric ['fæbrɪk] *n (cloth)* tissu *m; (of building, society)* structure *f.* ◆ **fabricate** *vt* fabriquer.

fabulous ['fæbjʊləs] *adj (gen)* fabuleux (*f* -euse); (*: *wonderful*) formidable*.

façade [fə'sɑːd] *n* façade *f.*

face [feɪs] — **1** *n* visage *m,* figure *f; (expression)* mine *f; (of building)* façade *f; (of clock)* cadran *m; (of cliff)* paroi *f; (of coin)* côté *m; (of the earth)* surface *f; (of playing card)* face *f.* **~ down** *(person)* face contre terre; *(card)* face en dessous; **~ up** *(person)* sur le dos; *(card)* retourné; **~ to ~** face à face; **he laughed in my ~** il m'a ri au nez; **he won't show his ~ here again** il ne se montrera plus ici; **he told him so to his ~** il le lui a dit tout cru; **in the ~ of** devant; *(difficulty)* en dépit de; **to put a brave ~ on things** faire bon visage; **to lose ~** perdre la face; **to save ~** sauver la face; **to pull ~s** faire des grimaces (*at* à); **on the ~ of it** à première vue; **to have the ~ to do*** avoir le toupet* de faire; **~ card** figure *f;* **~ cream** crème *f* pour le visage; **~ cloth** gant *m* de toilette; **to have a ~-lift** se faire faire un lifting; **~ powder** poudre *f* de riz; *(fig)* **to take sth at ~ value** se contenter de juger d'après les apparences.

— **2** *vt* **(a)** *(also* **to be facing***)* être en face de; *(wall etc)* être face à; *(of building: look towards)* donner sur. **the problem facing me** le problème devant lequel je me trouve; **to be ~d with** *(possibility)* se trouver devant; *(danger, defeat)* être menacé par; **~d with the prospect of ...** devant la perspective de ... **(b)** *(confront: enemy, danger)* faire face à. **to ~ facts** regarder les choses en face; **to ~ the fact that ...** admettre que ...; **I can't ~ doing it** je n'ai pas le courage de le faire; *(fig)* **to ~ the music** braver l'orage.

— **3** *vi (of person)* se tourner (*towards* vers). **he was facing this way** il était tourné de ce côté; *(of house)* **facing north** orienté au nord; **facing towards the sea** face à la mer; **to ~ up to sth** faire face à qch; **to ~ up to the fact that** admettre que.

◆ **face-saving** *adj* qui sauve la face.

facet ['fæsɪt] *n* facette *f.*

facetious [fə'siːʃəs] *adj* facétieux (*f* -ieuse).

facial ['feɪʃəl] *n* soin *m* du visage.

facilitate [fə'sɪlɪteɪt] *vt* faciliter.

facility [fə'sɪlɪtɪ] *n* facilité *f* (*in, for doing* pour faire). **facilities** *(leisure)* équipements *mpl; (transport, production)* moyens *mpl; (in airport)* installations *fpl.*

facing ['feɪsɪŋ] *n (on building)* revêtement *m; (Sewing)* revers *m.*

fact [fækt] *n* fait *m.* **it is a ~ that** il est vrai que; **to know for a ~ that** savoir de source sûre que; **in ~, in point of ~, as a matter of ~** en fait; **the ~ of the matter is that ...** le fait est que ...

faction ['fækʃən] *n* faction *f.*

factor ['fæktə[r]] *n* facteur *m.* **safety ~** facteur de sécurité.

factory ['fæktərɪ] *n* usine *f, (gen smaller)* fabrique *f.* **~ chimney** cheminée *f* d'usine; **~ inspector** inspecteur *m* du travail; **~ worker** ouvrier *m* (*f* -ière).

factual ['fæktjʊəl] *adj* basé sur les faits.

faculty ['fækəltɪ] *n* faculté *f.*

fad [fæd] *n (habit)* marotte *f; (fashion)* folie *f* (*for* de).

fade [feɪd] *vi (of flower)* se faner; *(of colour)* passer; (*fig: also* **~ away**) disparaître peu à peu; *(of person)* dépérir.

fag [fæg] *n* (*: *nasty work)* corvée *f;* (*: *cigarette)* sèche* *f.* ◆ **fagged out*** *adj* éreinté.

fag(g)ot ['fægət] *n* fagot *m.*

fah [fɑː] *n (Music)* fa *m.*

Fahrenheit ['færənhaɪt] *adj* Fahrenheit.

fail [feɪl] — **1** *vi* **(a)** *(gen)* échouer (*in an exam* à un examen; *in Latin* en latin; *in an attempt* dans une tentative); *(of play)* être un four; *(of business)* faire faillite. **to ~ to do** *(be unsuccessful)* ne pas réussir à faire; **to ~ in one's duty** manquer à son devoir. **(b)** *(of sight, memory, light)* baisser; *(of person, voice)* s'affaiblir; *(of crops)* être perdu; *(of electricity, water supply)* manquer; *(of engine)* tomber en panne; *(of brakes)* lâcher. — **2** *vt* **(a)** *(examination)* échouer à; *(subject)* échouer en; *(candidate)* coller*. **(b)** *(let down)* décevoir; *(of memory etc)* trahir. **words ~ me!** les mots me manquent! **(c)** *(omit)* **he ~ed to do it** il ne l'a pas fait. — **3** *n:* **without ~** *(come, do)* sans faute; *(happen)* immanquablement. ◆ **failing** — **1** *n* défaut *m.* — **2** *prep* à défaut de. ◆ **failure** *n (gen)* échec *m; (electrical etc)* panne *f; (of crops)* perte *f; (unsuccessful person)* raté(e) *m(f).*

faint [feɪnt] — **1** *adj (gen)* faible; *(colour)* pâle; *(smile)* vague. **I haven't the ~est idea** je n'en ai pas la moindre idée; **to feel ~** *(unwell)* être pris d'un malaise. — **2** *vi* s'évanouir (*from* de). ◆ **faintly** *adv (gen)* faiblement; *(disappointed, reminiscent)* légèrement.

fair[1] [fɛə[r]] *n (gen)* foire *f;* (*fun* **~**) fête *f* foraine. ◆ **fairground** *n* champ *m* de foire.

fair[2] [fɛə[r]] — **1** *adj* **(a)** *(just: person, decision)* juste (*to sb* vis-à-vis de qn); *(deal, exchange)* équitable; *(fight, competition)* loyal; *(profit, comment)* mérité; *(sample)* représentatif (*f* -ive). **it's not ~** ce n'est pas juste; **~ enough!** d'accord!; **to give sb a ~ deal** agir équitablement envers qn; **by ~ means or foul** par tous les moyens; **~ play** fair-play *m;* **~ and square** tout à fait honnête. **(b)** *(not bad: work)* passable. **(c)** *(quite large)* considérable. **a ~ amount*** pas mal (*of* de). **(d)** *(light-coloured: hair, person)* blond; *(complexion)* clair. **(e)** *(fine: wind)* favorable; *(weather, promises)* beau (*f* belle). **it's set ~** le temps est au beau fixe; **the ~ sex** le beau sexe; **~ copy** *(rewritten)* copie *f* au propre. — **2** *adv:* **to play ~** jouer franc jeu. ◆ **fair-haired** *adj* blond. ◆ **fairly** *adv* **(a)** *(justly: treat)* équitablement; *(obtain)* honnêtement. **(b)** *(reasonably: good etc)* assez. **~ sure** presque sûr. ◆ **fair-minded** *adj* impartial. ◆ **fairness** *n*: **in all ~** en toute justice; **in ~ to him** pour être juste envers lui.

fairy ['fɛərɪ] *n* fée *f*. *(fig)* **~ godmother** marraine *f* gâteau *inv*; **~ lights** guirlande *f* électrique; **~ tale** conte *m* de fées; *(untruth)* conte à dormir debout. ◆ **fairyland** *n* royaume *m* des fées.

faith [feɪθ] *n* foi *f*. **F~, Hope and Charity** la foi, l'espérance et la charité; **~ in God** la foi en Dieu; **to have ~ in sb** avoir confiance en qn; **in all good ~** en toute bonne foi; **in bad ~** de mauvaise foi; **~ healing** guérison *f* par la foi. ◆ **faithful** *adj, n* fidèle *(mf)*. ◆ **faithfully** *adv* fidèlement. **to promise ~ that** donner sa parole que; **yours ~** veuillez agréer, Monsieur *(or* Madame *etc)* mes salutations distinguées.

fake [feɪk] — **1** *n (picture, signature)* faux *m*; *(person)* imposteur *m*. — **2** *vt (signature etc)* faire un faux de; *(accounts etc)* truquer.

falcon ['fɔːlkən] *n* faucon *m*.

fall [fɔːl] *(vb: pret* **fell**, *ptp* **fallen)** — **1** *n* **(a)** *(gen)* chute *f*; *(in price, temperature)* baisse *f* *(in* de). **the ~ of the Bastille** la prise de la Bastille; **a heavy ~ of snow** de fortes chutes de neige. **(b)** *(waterfall)* **~s** chute *f* d'eau; **the Niagara F~s** les chutes du Niagara. **(c)** *(US: autumn)* automne *m*.

— **2** *vi* **(a)** tomber *(into* dans; *out of, off* de). **to ~ flat** *(person)* tomber à plat ventre; *(fig: joke)* tomber à plat; **to ~ to** *or* **on one's knees** tomber à genoux; **to ~ on one's feet** retomber sur ses pieds; **to ~ over a chair** tomber en butant contre une chaise *(see also* **2 b**); **to let sth ~** laisser tomber qch; **his face fell** son visage s'est assombri; **the students ~ into 3 categories** les étudiants se divisent en 3 catégories; **to ~ short of** ne pas répondre à; **~ing star** étoile *f* filante. **(b)** *(with* **behind, down** *etc)* **to ~ apart** tomber en morceaux; *(fig)* se désagréger; **to ~ away** *(of ground)* descendre en pente; **to ~ back** *(retreat)* reculer; **something to ~ back on** quelque chose en réserve; **to ~ behind** rester en arrière; **to ~ behind with** *(work)* prendre du retard dans; *(rent)* être en retard pour; **to ~ down** *(gen)* tomber; *(building)* s'effondrer; **to ~ in** tomber (dans l'eau); *(troops etc)* former les rangs; **to ~ in with sth** accepter qch; **to ~ off** tomber; *(numbers etc)* diminuer; **to ~ out** *(quarrel)* se brouiller *(with* avec); *(troops)* rompre les rangs; **to ~ over** tomber par terre; **to ~ through** *(plans)* échouer. **(c)** *(become etc)* **to ~ asleep** s'endormir; **to ~ due** venir à échéance; **to ~ ill** tomber malade; **to ~ into line** s'aligner; **to ~ in love** tomber amoureux *(with* de); **to ~ for*** *(person)* tomber amoureux de; *(idea)* s'enthousiasmer pour; *(be taken in by)* se laisser prendre à; **to ~ silent** se taire.

◆ **fallen** — **1** *adj* tombé; *(morally)* déchu. **~ leaf** feuille *f* morte. — **2** *npl (Mil)* **the ~** ceux qui sont tombés au champ d'honneur. ◆ **fall-out** *n* retombées *fpl*. **~ shelter** abri *m* antiatomique.

fallow ['fæləʊ] *adj* en jachère.

false [fɔːls] *adj* faux *(f* fausse) *(before n)*. **under ~ pretences** *(Law)* par des moyens frauduleux; *(by lying)* sous des prétextes fallacieux; **with a ~ bottom** à double fond; **~ teeth** fausses dents *fpl*. ◆ **falsehood** *n (lie)* mensonge *m*. ◆ **falsely** *adv (accuse)* à tort.

falsetto [fɔːl'setəʊ] *n* fausset *m*.

falsify ['fɔːlsɪfaɪ] *vt (accounts)* truquer; *(documents)* falsifier.

falter ['fɔːltəʳ] — **1** *vi (of speaker)* hésiter. — **2** *vt (words)* bredouiller.

fame [feɪm] *n* célébrité *f*, renommée *f*.

familiar [fə'mɪljəʳ] *adj (gen)* familier *(f* -ière); *(event, protest)* habituel *(f* -uelle). **his face is ~** sa tête me dit quelque chose*; **to be ~ with sth** bien connaître qch. ◆ **familiarity** *n* familiarité *f (with* avec). ◆ **familiarly** *adv* familièrement.

family ['fæmɪlɪ] *n* famille *f*. **has he any ~?** a-t-il des enfants?; **he's one of the ~** il fait partie de la famille; **~ allowance** allocations *fpl* familiales; **~ doctor** médecin *m* de famille; **a ~ friend** un ami de la famille; **~ jewels** bijoux *mpl* de famille; **~ planning** planning *m* familial; **~ tree** arbre *m* généalogique.

famine ['fæmɪn] *n* famine *f*.

famished ['fæmɪʃt] *adj* affamé.

famous ['feɪməs] *adj* célèbre *(for* pour). **so that's his ~ motorbike!** voilà sa fameuse moto! ◆ **famously*** *adv* fameusement*.

fan[1] [fæn] — **1** *n* éventail *m*; *(mechanical)* ventilateur *m*. **~ belt** courroie *f* de ventilateur; **~ heater** radiateur *m* soufflant; **~ light** imposte *f*. — **2** *vt* éventer. — **3** *vi*: **to ~ out** se déployer.

fan[2] [fæn] *n (of pop star)* fan *mf*; *(of sports team)* supporter *m*. **he is a football ~** c'est un mordu* du football; **~ club** club *m* de fans; **his ~ mail** les lettres *fpl* de ses admirateurs.

fanatic [fə'nætɪk] *n* fanatique *mf*.

fanciful ['fænsɪfʊl] *adj* fantaisiste.

fancy ['fænsɪ] — **1** *n*: **to take a ~ to** *(person)* se prendre d'affection pour; *(thing)* prendre goût à; **it caught his ~** ça lui a plu. — **2** *vt* **(a)** *(think)* croire. **I rather ~ he's gone out** je crois bien qu'il est sorti; **~ that!*** tiens! **(b)** *(want)* avoir envie de; *(like)* aimer. **do you ~ going?** as-tu envie d'y aller?; **I don't ~ the idea** cette idée ne me dit rien*; **he fancies her*** il la trouve attirante. — **3** *adj (hat etc)* fantaisie *inv*; *(price)* exorbitant. **~ cakes** pâtisseries *fpl*; **in ~ dress** déguisé; **~-dress ball** bal *m* masqué; **~ goods** nouveautés *fpl*.

fanfare ['fænfɛəʳ] *n* fanfare *f (air)*.

fang [fæŋ] *n* croc *m*; *(snake)* crochet *m*.

fantastic [fæn'tæstɪk] *adj* fantastique.

fantasy ['fæntəzɪ] *n (gen)* fantaisie *f*; *(sexual etc)* fantasme *m*.

far [fɑːʳ] *comp* **farther** *or* **further**, *superl* **farthest** *or* **furthest** — **1** *adv* loin. **not ~ from here** pas loin d'ici; **how ~ is it to...?** combien y a-t-il jusqu'à...?; **how ~ are you going?** jusqu'où allez-vous?; *(fig)* **how ~ have you got with your plans?** où en êtes-vous de vos projets?; **I would even go so ~ as to say that...** je dirais même que...; **you're going too ~** vous exagérez; **so ~** *(time)* jusqu'à présent; *(place)* jusque-là; **so ~ so good** jusqu'ici ça va; **as ~ as the town** jusqu'à la ville; **as ~ as I know** pour autant que je sache; **as ~ as the eye can see** à perte de vue; **~ and away the best** de très loin le meilleur; **~ and wide, ~ and near** partout; **~ away, ~ off** au loin; **not ~ off** *(place)* pas loin; *(time)* bientôt; **~ from** loin de *(doing* faire); **~ from it!** loin de là!; **~ into** très avant dans; **by ~** beaucoup; **~ better** beaucoup mieux. — **2** *adj (country)* lointain. **the F~ East** l'Extrême-Orient *m*; **the F~ North** le Grand Nord; **the F~ West** le Far West; **on the ~ side of** de l'autre côté de; *(Pol)* **the ~ left** l'extrême gauche *f*. ◆ **faraway** *adj (country)* lointain; *(look)* perdu dans le vague. ◆ **far-**

distant *adj* lointain. ◆ **far-fetched** *adj* tiré par les cheveux. ◆ **far-off** *adj* lointain. ◆ **far-reaching** *adj* d'une grande portée. ◆ **far-sighted** *adj* clairvoyant.

farce [fɑːs] *n* farce *f.* ◆ **farcical** *adj* grotesque.

fare [fɛəʳ] *n (on bus, in underground)* prix *m* du ticket; *(on boat, plane, train)* prix du billet; *(in taxi)* prix de la course. *(bus)* ~ **stage** section *f.*

farewell [fɛə'wel] *n, excl* adieu *m.* ~ **dinner** dîner *m* d'adieu.

farm [fɑːm] — **1** *n* ferme *f.* **on a** ~ dans une ferme; ~ **labourer** ouvrier *m* (*f* -ière) agricole; ~ **produce** produits *mpl* de ferme. — **2** *vi* être fermier. ◆ **farmer** *n* fermier *m.* ~**'s wife** fermière *f.* ◆ **farmhouse** *n* (maison *f* de) ferme *f.* ◆ **farming** *n* agriculture *f.* **mink** ~ élevage *m* du vison; ~ **methods** méthodes *fpl* d'agriculture. ◆ **farmland** *n* terres *fpl* cultivées. ◆ **farmyard** *n* cour *f* de ferme.

farther ['fɑːðəʳ] *comp of* **far** *adv* plus loin. **it is** ~ **than I thought** c'est plus loin que je ne pensais; **how much** ~ **is it?** c'est encore à combien?; **I got no** ~ **with him** je ne suis arrivé à rien de plus avec lui; **to get** ~ **and** ~ **away** s'éloigner de plus en plus; ~ **away,** ~ **off** plus loin.

farthest ['fɑːðɪst] *superl of* **far** — **1** *adj* le plus lointain, le plus éloigné. — **2** *adv* le plus loin.

fascinate ['fæsɪneɪt] *vt* fasciner. ◆ **fascinating** *adj* fascinant. ◆ **fascination** *n* fascination *f.*

fascism ['fæʃɪzəm] *n* fascisme *m.* ◆ **fascist** *adj, n* fasciste *(mf).*

fashion ['fæʃən] — **1** *n* **(a)** *(manner)* façon *f.* **in a queer** ~ d'une façon bizarre; **after a** ~ tant bien que mal; **in his own** ~ à sa façon. **(b)** *(habit)* habitude *f* (*of doing* de faire). **(c)** *(latest style)* mode *f.* **in** ~ à la mode; **out of** ~ démodé; ~ **designer** styliste *mf, (grander)* grand couturier *m;* ~ **house** maison *f* de couture; ~ **model** mannequin *m (personne);* ~ **show** présentation *f* de collections. — **2** *vt* façonner. ◆ **fashionable** *adj* à la mode. ◆ **fashionably** *adv* à la mode.

fast¹ [fɑːst] — **1** *adj* **(a)** *(speedy)* rapide. *(for cars)* **the** ~ **lane** ≃ la voie la plus à gauche; ~ **train** rapide *m;* **to pull a** ~ **one on sb*** rouler qn*. **(b)** *(of clock etc)* **to be** ~ avancer; **my watch is 5 minutes** ~ ma montre avance de 5 minutes. **(c)** *(firm)* solide; *(colour)* grand teint *inv.* — **2** *adv* **(a)** *(quickly)* vite, rapidement. **how** ~ **can you type?** à quelle vitesse pouvez-vous taper? **(b)** *(firmly, securely: tied)* solidement. ~ **asleep** profondément endormi.

fast² [fɑːst] — **1** *vi (not eat)* jeûner. — **2** *n* jeûne *m.*

fasten ['fɑːsn] — **1** *vt (gen)* attacher (*to* à); *(box, door)* fermer solidement. **to** ~ **sth down** *or* **on** fixer qch en place. — **2** *vi (gen)* se fermer; *(of dress)* s'attacher. ◆ **fastener** *or* ◆ **fastening** *n* attache *f; (on box, garment)* fermeture *f; (on bag, necklace)* fermoir *m.*

fastidious [fæs'tɪdɪəs] *adj* difficile (à contenter).

fat [fæt] — **1** *n (on body)* graisse *f; (on meat)* gras *m; (for cooking)* matière *f* grasse. **to fry in deep** ~ faire cuire à la grande friture. — **2** *adj (gen)* gros (*f* grosse); *(meat)* gras (*f* grasse). **to get** ~ grossir; **a** ~ **lot he knows about it!*** comme s'il en savait quelque chose!

fatal ['feɪtl] *adj (injury etc)* mortel (*f* -elle); *(consequences, mistake)* désastreux (*f* -euse). **it was absolutely** ~ **to say that** c'était une grave erreur que de dire cela. ◆ **fatalistic** *adj* fataliste. ◆ **fatality** *n* mort *m.* ◆ **fatally** *adv (wounded)* mortellement. ~ **ill** perdu.

fate [feɪt] *n* sort *m.* ◆ **fated** *adj* destiné (*to do* à faire); *(friendship, person)* voué au malheur. ◆ **fateful** *adj* fatal.

father ['fɑːðəʳ] *n* père *m.* **Our F**~ Notre Père; **from** ~ **to son** de père en fils; **F**~ **Bennet** le père Bennet; **yes, F**~ oui, mon père; **F**~ **Christmas** le père Noël. ◆ **fatherhood** *n* paternité *f.* ◆ **father-in-law** *n* beau-père *m.* ◆ **fatherland** *n* patrie *f.* ◆ **fatherly** *adj* paternel (*f* -elle).

fathom ['fæðəm] — **1** *n* brasse *f* (*= 1,83 m*). — **2** *vt (fig: understand)* comprendre.

fatigue [fə'tiːg] *n* fatigue *f.*

fatten ['fætn] *vt* (~ **up**) engraisser. ◆ **fattening** *adj* qui fait grossir.

fatty ['fætɪ] *adj* gras (*f* grasse).

fatuous ['fætjʊəs] *adj* stupide.

faucet ['fɔːsɪt] *n (US)* robinet *m.*

fault [fɔːlt] *n* **(a)** *(gen)* défaut *m; (mistake)* erreur *f; (Tennis)* faute *f; (Geol)* faille *f.* **to find** ~ **with** critiquer. **(b)** *(responsibility)* faute *f.* **whose** ~ **is it?** qui est fautif?; **it's not my** ~ ce n'est pas de ma faute. ◆ **faultless** *adj (person)* irréprochable; *(work)* impeccable. ◆ **faulty** *adj* défectueux (*f* -ueuse).

fauna ['fɔːnə] *n* faune *f.*

favour, *(US)* **-or** ['feɪvəʳ] — **1** *n* **(a)** service *m.* **to do sb a** ~ rendre un service à qn; **do me a** ~ **and ...** sois gentil et ...; **to ask a** ~ **of sb** demander un service à qn. **(b)** faveur *f.* **in** ~ *(person)* en faveur (*with* auprès de); *(style)* à la mode; **in sb's** ~ en faveur de qn; **to be in** ~ **of sth** être partisan de qch; **I'm not in** ~ **of doing that** je ne suis pas d'avis de faire cela; **to show** ~ **to sb** montrer une préférence pour qn. — **2** *vt (approve)* être partisan de; *(prefer)* préférer. ◆ **favourable** *adj* favorable (*to* à). ◆ **favourably** *adv* favorablement. ◆ **favourite** *adj, n* favori(te) *m(f).* **it's a** ~ **of mine** je l'aime beaucoup. ◆ **favouritism** *n* favoritisme *m.*

fawn¹ [fɔːn] — **1** *n (deer)* faon *m.* — **2** *adj (colour)* fauve.

fawn² [fɔːn] *vi:* **to** ~ **upon sb** flatter qn servilement.

fear [fɪəʳ] — **1** *n* crainte *f,* peur *f.* **there are** ~**s that** on craint fort que + ne + *subj;* **have no** ~ ne craignez rien; **to live in** ~ vivre dans la peur; **in** ~ **and trembling** en tremblant de peur; **for** ~ **of doing** de peur de faire; **for** ~ **(that)** de peur que + ne + *subj;* ~ **of heights** vertige *m;* **there's not much** ~ **of his coming** il est peu probable qu'il vienne; **no** ~**!*** pas de danger!* — **2** *vt* avoir peur de; *(God)* craindre. **to** ~ **the worst** craindre le pire; **to** ~ **that** avoir peur que + ne + *subj,* craindre que + ne + *subj.* ◆ **fearful** *adj (terrible)* affreux (*f* -euse); *(timid)* craintif (*f* -ive). ◆ **fearfully** *adv (very)* affreusement; *(timidly)* craintivement. ◆ **fearless** *adj* intrépide.

feasible ['fiːzəbl] *adj (practicable)* faisable; *(likely)* plausible. ◆ **feasibility** *n* possibilité *f* (*of doing* de faire).

feast [fiːst] *n* festin *m; (religious:* ~ **day**) fête *f.*

feat [fiːt] *n* exploit *m.*

feather ['feðəʳ] *n* plume *f.* ~ **duster** plumeau *m.*

feature ['fiːtʃəʳ] — **1** *n (of person)* trait *m; (of place, thing)* caractéristique *f.* ~ **film** grand film *m; (Press)* **it is a regular** ~ **in ...** cela paraît régulièrement dans ... — **2** *vt (of film)* avoir pour vedette. — **3** *vi* figurer (*in* dans).

February ['febrʊərɪ] *n* février *m; for phrases V* September.
fed [fed] *pret, ptp of* **feed.** ◆ **fed up*** *adj:* **to be ~** en avoir marre* (*doing* de faire).
federal ['fedərəl] *adj* fédéral.
federation [,fedə'reɪʃən] *n* fédération *f.*
fee [fiː] *n (gen)* prix *m* (*for* de); *(lawyer etc)* honoraires *mpl; (artist etc)* cachet *m; (private tutor)* appointements *mpl.* **registration ~** droits *mpl* d'inscription; **membership ~** montant *m* de la cotisation. ◆ **fee-paying school** *n* établissement *m* d'enseignement privé.
feeble ['fiːbl] *adj (gen)* faible; *(attempt, excuse)* piètre; *(joke)* piteux (*f* -euse). ◆ **feebly** *adv* faiblement; piteusement.
feed [fiːd] (*vb: pret, ptp* **fed**) — **1** *n (food)* nourriture *f; (of baby: breast-~)* tétée *f; (bottle)* biberon *m.* — **2** *vt (provide food for)* nourrir; *(give food to)* donner à manger à; *(baby: breastfed)* allaiter; *(bottle-fed)* donner le biberon à. **to ~ sth to sb** faire manger qch à qn; **to ~ sth into a machine** introduire qch dans une machine; **to ~ back results** donner des résultats en retour. — **3** *vi* manger. **to ~ on** se nourrir de. ◆ **feedback** *n* feed-back *m.* ◆ **feeding** *n* alimentation *f.*
feel [fiːl] (*vb: pret, ptp* **felt**) — **1** *n:* **to know sth by the ~ of it** reconnaître qch au toucher; **I don't like the ~ of it** je n'aime pas cette sensation; *(fig)* **you have to get the ~ of it** il faut s'y faire.
— **2** *vti* **(a)** *(touch)* tâter. **to ~ sb's pulse** tâter le pouls à qn; **to ~ one's way** avancer à tâtons; *(of object)* **to ~ hard** être dur au toucher; **it ~s damp** cela donne l'impression d'être humide; **to ~ about** *or* **around** *(in dark)* tâtonner; *(in pocket, drawer)* fouiller (*for sth* pour trouver qch). **(b)** *(be aware of: blow, pain)* sentir; *(grief)* ressentir. **I can ~ it** je le sens; **she felt it move** elle l'a senti bouger; *(fig)* **if you ~ strongly about it** si cela vous semble important; **to ~ cold** avoir froid; **to ~ the heat** craindre la chaleur; **to ~ ill** se sentir malade; **I ~ better** je me sens mieux; **she really felt it a lot** elle en a été très affectée. **(c)** *(think)* penser (*that* que; *about* de); *(have vague feeling)* avoir l'impression (*that* que; *as if* que). **to ~ it necessary to do** juger nécessaire de faire; **I ~ sure that ...** je suis sûr que ...; **I ~ very bad about it** cela m'ennuie beaucoup; **how do you ~ about going for a walk?** est-ce que cela vous dit d'aller vous promener?; **what does it ~ like?** quel effet cela vous fait-il?; **to ~ like (doing) sth** avoir envie de (faire) qch; **I ~ for you!** comme je vous comprends!
feeler ['fiːləʳ] *n (insect)* antenne *f; (octopus etc)* tentacule *m.*
feeling ['fiːlɪŋ] *n* **(a)** *(physical)* sensation *f.* **a cold ~** une sensation de froid. **(b)** *(in the mind)* sentiment *m.* **a ~ of isolation** un sentiment d'isolement; **I have the ~ that ...** j'ai l'impression que .... **(c)** *(emotions)* **~s** sentiments *mpl.* **you can imagine my ~s** tu t'imagines ce que je ressens; **to hurt sb's ~s** froisser qn; **with ~** avec émotion; **bad ~** hostilité *f.*
feet [fiːt] *npl of* **foot.**
feign [feɪn] *vt* feindre.
felicitous [fɪ'lɪsɪtəs] *adj* heureux (*f* -euse).
fell[1] [fel] *pret of* **fall.**
fell[2] [fel] *vt (tree)* abattre.
fellow ['feləʊ] *n* **(a)** homme *m,* garçon *m.* **a nice ~** un brave garçon; **an old ~** un vieux; **poor little ~** pauvre petit *m.* **(b)** *(of society etc)* membre *m; (University)* ≃ professeur *m.* **(c)** *(comrade)* compagnon *m.* **~ citizen** concitoyen(ne) *m(f);* **~ countryman** compatriote *m;* **~ feeling** sympathie *f;* **~ men** semblables *mpl.*
felony ['felənɪ] *n* crime *m.*
felt[1] [felt] *pret, ptp of* **feel.**
felt[2] [felt] *n* feutre *m.* **~-tip pen** feutre *m (crayon).*
female ['fiːmeɪl] — **1** *adj (gen)* femelle; *(company, vote)* des femmes; *(sex, character)* féminin. **~ students** étudiantes *fpl.* — **2** *n (person)* femme *f,* fille *f; (animal, plant)* femelle *f.*
feminine ['femɪnɪn] — **1** *adj* féminin. — **2** *n (Grammar)* féminin *m.* **in the ~** au féminin. ◆ **feminism** *n* féminisme *m.* ◆ **feminist** *n* féministe *mf.*
fen [fen] *n* marais *m.*
fence [fens] — **1** *n (gen)* barrière *f; (Racing)* obstacle *m. (fig)* **to sit on the ~** ménager la chèvre et le chou. — **2** *vt* (**~ in**) clôturer. — **3** *vi (Sport)* faire de l'escrime. ◆ **fencing** *n (Sport)* escrime *f.*
fend [fend] *vti:* **to ~ for o.s.** se débrouiller (tout seul); **to ~ sth off** détourner qch. ◆ **fender** *n (fire)* garde-feu *m inv; (US)* pare-chocs *m inv.*
fennel ['fenl] *n* fenouil *m.*
ferment [fə'ment] — **1** *vi* fermenter. — **2** ['fɜːment] *n* ferment *m. (fig)* **in a ~** en effervescence.
fern [fɜːn] *n* fougère *f.*
ferocious [fə'rəʊʃəs] *adj* féroce.
ferret ['ferɪt] — **1** *n* furet *m.* — **2** *vti* (**~ about**) fureter. **to ~ sth out** dénicher qch.
ferry ['ferɪ] — **1** *n* (**~** *boat*) ferry(-boat) *m; (small: across river etc)* bac *m.* — **2** *vt* transporter.
fertile ['fɜːtaɪl] *adj* fertile. ◆ **fertility** *n* fertilité *f.* **~ drug** médicament *m* contre la stérilité. ◆ **fertilize** *vt* fertiliser. ◆ **fertilizer** *n* engrais *m.*
fervent ['fɜːvənt] *adj* fervent.
fervour, *(US)* **-or** ['fɜːvəʳ] *n* ferveur *f.*
fester ['festəʳ] *vi* suppurer.
festival ['festɪvəl] *n (religious)* fête *f; (musical)* festival *m.*
festive ['festɪv] *adj:* **~ season** période *f* des fêtes; **in a ~ mood** en veine de réjouissances. ◆ **festivities** *npl* réjouissances *fpl.*
fetch [fetʃ] *vt* **(a)** *(go for)* aller chercher; *(actually bring: person)* amener; *(thing)* apporter. **to ~ in** *(person)* faire entrer; *(thing)* rentrer. **(b)** *(sell for: money)* rapporter; *(price)* atteindre.
fetching ['fetʃɪŋ] *adj* charmant.
fête [feɪt] — **1** *n* fête *f.* — **2** *vt* fêter.
fetish ['fetɪʃ] *n* fétiche *m (de culte).*
fetters ['fetəz] *npl* chaînes *fpl.*
fetus ['fiːtəs] *n (US)* = **foetus.**
feud [fjuːd] *n* querelle *f.*
feudal ['fjuːdl] *adj* féodal.
fever ['fiːvəʳ] *n* fièvre *f.* **a bout of ~** un accès de fièvre; **high ~** forte fièvre. ◆ **feverish** *adj* fiévreux (*f* -euse).
few [fjuː] *adj, pron* **(a)** *(not many)* peu (de). **~ books** peu de livres; **~ of them** peu d'entre eux; **~ have seen him** peu de gens l'ont vu; **he is one of the ~ people who ...** c'est l'une des rares personnes qui ...; **in the past ~ days** ces derniers jours; **the next ~ days** les quelques jours qui viennent; **every ~ days** tous les deux ou trois jours; **they are ~ and far between** ils sont rares; **I have as ~ books as you** j'ai aussi peu de livres que vous; **so ~** si peu (de); **too**

~ trop peu (de); **there were 3 too ~** il en manquait 3. **(b)** *(some)* **a ~** quelques-uns, quelques-unes; **a ~ books** quelques livres; **a ~ more** quelques-uns de plus; **quite a ~ books** pas mal* de livres; **a ~ of us** quelques-uns d'entre nous; **a ~ more days** encore quelques jours. ◆ **fewer** *adj, pron* moins (de). **~ books than** moins de livres que; **no ~ than** pas moins de. ◆ **fewest** *adj, pron* le moins (de) .

fiancé(e) [fɪ'ɑ̃:ŋseɪ] *n* fiancé(e) *m(f)*.

fiasco [fɪ'æskəʊ] *n* fiasco *m*.

fib* [fɪb] *n* blague* *f*, mensonge *m*.

fibre, *(US)* **-er** ['faɪbəʳ] *n* fibre *f*. ◆ **fibreglass** *n* fibre *f* de verre. ◆ **fibrositis** *n* cellulite *f*.

fickle ['fɪkl] *adj* inconstant, volage.

fiction ['fɪkʃən] *n (writing)* romans *mpl*. **fact and ~** le réel et l'imaginaire *m*.

fictitious [fɪk'tɪʃəs] *adj* fictif (*f* -ive).

fiddle ['fɪdl] — **1** *n* **(a)** violon *m*. **(b)** (*: *dishonest)* combine* *f*. — **2** *vti* **(a) to ~ with sth** tripoter qch. **(b)** (*: *falsify)* truquer. ◆ **fiddlesticks*** *excl* quelle blague!*

fidelity [fɪ'delɪtɪ] *n* fidélité *f*.

fidget ['fɪdʒɪt] *vi* remuer continuellement. **stop ~ing!** reste donc tranquille!

field [fi:ld] *n (gen)* champ *m; (oil, coal)* gisement *m; (Aviation, Sport)* terrain *m; (sphere of activity)* domaine *m*. **~ of battle** champ de bataille; **it's outside my ~** ce n'est pas de mon domaine; **his particular ~** sa spécialité; *(fig)* **they had a ~ day*** cela a été une bonne journée pour eux; **~ glasses** jumelles *fpl;* **~ marshal** maréchal *m*.

fiend [fi:nd] *n* démon *m*. **tennis ~** mordu(e)* *m(f)* du tennis. ◆ **fiendish** *adj* diabolique; (*: *unpleasant)* abominable.

fierce [fɪəs] *adj (gen)* féroce; *(attack, wind)* violent; *(heat)* intense; *(fighting)* acharné.

fiery ['faɪərɪ] *adj (person)* fougueux (*f* -euse); *(sky)* rougeoyant; *(temper)* violent.

fifteen [fɪf'ti:n] *adj, n* quinze *(m) inv*. **about ~ books** une quinzaine de livres; **about ~** une quinzaine; *for other phrases V* **six.** ◆ **fifteenth** *adj, n* quinzième *(mf)*.

fifth [fɪfθ] *adj, n* cinquième *(mf); (fraction)* cinquième *m; for other phrases V* **sixth.**

fifty ['fɪftɪ] *adj, n* cinquante *(m) inv*. **about ~ books** une cinquantaine de livres; **about ~** une cinquantaine; **to go ~-~** partager moitié-moitié; **a ~-~ chance** une chance sur deux; *for other phrases V* **sixty.** ◆ **fiftieth** *adj, n* cinquantième *(mf); (fraction)* cinquantième *m*.

fig [fɪg] *n* figue *f*; (**~** *tree*) figuier *m*. **~ leaf** *(on statue)* feuille *f* de vigne.

fight [faɪt] *(vb: pret, ptp* **fought**) — **1** *n (between persons)* bagarre* *f; (quarrel)* dispute *f; (Mil, Boxing)* combat *m; (against disease etc)* lutte *f* (*against* contre). — **2** *vi* se battre (*with* avec; *against* contre); *(quarrel)* se disputer (*with* avec); *(fig)* lutter (*for* pour; *against* contre). **to ~ back** se défendre. — **3** *vt (gen)* se battre contre; *(fire, disease)* lutter contre. **to ~ a battle** livrer bataille; **to ~ a losing battle against sth** se battre en pure perte contre qch; **to ~ one's way through the crowd** se frayer un passage à travers la foule; **to ~ off an attack** repousser une attaque; **to ~ it out** se bagarrer * (pour régler qch). ◆ **fighter** *n (Boxing)* boxeur *m; (fig)* lutteur *m; (plane)* avion *m* de chasse. ◆ **fighting** — **1** *n (Mil)* combat *m; (in streets)* échauffourées *fpl; (in classroom, pub)* bagarres *fpl*. — **2** *adj:* **~ spirit** cran* *m*.

figment ['fɪgmənt] *n:* **a ~ of the imagination** une pure invention.

figurative ['fɪgjərətɪv] *adj* figuré.

figure ['fɪgəʳ] — **1** *n* **(a)** chiffre *m*. **in round ~s** en chiffres ronds; **he's good at ~s** il est doué pour le calcul; **a 3-~ number** un numéro de 3 chiffres. **(b)** *(drawing)* figure *f*. **a ~ of eight** un huit. **(c)** *(person)* **I saw a ~** j'ai vu une forme; **she has a good ~** elle est bien faite; **remember your ~!** pense à ta ligne! **(d) a ~ of speech** une façon de parler. — **2** *vti* **(a)** *(imagine)* penser, supposer (*that* que). **(b) to ~ sth out** arriver à comprendre qch; **to ~ on doing sth** compter faire qch; **that ~s!*** ça s'explique! **(c)** *(appear)* figurer (*on* sur).

filament ['fɪləmənt] *n* filament *m*.

file¹ [faɪl] — **1** *n (tool)* lime *f*. — **2** *vt* (**~ down**) limer. **to ~ one's nails** se limer les ongles.

file² [faɪl] — **1** *n* dossier *m* (*on* sur); *(with hinges)* classeur *m*. — **2** *vt (notes)* classer; (*add to* **~**) joindre au dossier. *(Law)* **to ~ a suit against sb** intenter un procès à qn; **filing cabinet** classeur *m (meuble)*.

file³ [faɪl] — **1** *n* file *f*. **in Indian ~** en file indienne; **in single ~** en file. — **2** *vi:* **to ~ in** *etc* entrer *etc* en file.

fill [fɪl] — **1** *vt* (*gen: also* **~ in, ~ up**) remplir (*with* de); *(hole)* boucher; *(teeth)* plomber; *(need)* répondre à; *(job)* pourvoir. **to ~ in a form** remplir un formulaire; **to ~ sb in on sth*** mettre qn au courant de qch; **that ~s the bill** cela fait l'affaire. — **2** *vi* (**~ up**) se remplir (*with* de). **to ~ in for sb** remplacer qn; *(car)* **to ~ up** faire le plein d'essence. — **3** *n:* **to eat one's ~** manger à sa faim; **I've had my ~ of it** j'en ai assez.

fillet ['fɪlɪt] *n* filet *m*. **~ steak** tournedos *m*.

filling ['fɪlɪŋ] *n (in tooth)* plombage *m; (food)* garniture *f*. **~ station** station-service *f*.

film [fɪlm] — **1** *n (Photo)* pellicule *f; (Cinema)* film *m; (round food)* scellofrais *m* ®. **to go to the ~s** aller au cinéma; **a ~ of dust** une fine couche de poussière; **~ star** vedette *f* de cinéma. — **2** *vt* filmer. ◆ **filmstrip** *n* film *m* fixe.

filter ['fɪltəʳ] — **1** *n* filtre *m*. — **2** *vt (liquids)* filtrer; *(air)* purifier. ◆ **filter-tipped** *adj* à bout filtre.

filth [fɪlθ] *n (lit)* saleté *f; (fig)* saletés *fpl*. ◆ **filthy** *adj (gen)* sale; *(language)* grossier (*f* -ière); (*: *weather etc)* abominable.

fin [fɪn] *n* nageoire *f; (shark)* aileron *m*.

final ['faɪnl] — **1** *adj (last)* dernier (*f* -ière); *(conclusive)* définitif (*f* -ive). **and that's ~!** un point c'est tout! — **2** *n (Sport)* finale *f*. *(University)* **the ~s** les examens *mpl* de dernière année. ◆ **finale** [fɪ'nɑ:lɪ] *n* finale *m*. *(fig)* **the grand ~** l'apothéose *f*. ◆ **finalist** *n* finaliste *mf*. ◆ **finalize** *vt* mettre au point les derniers détails de; *(details, date)* fixer de façon définitive. ◆ **finally** *adv* enfin, finalement; *(once and for all)* définitivement.

finance [faɪ'næns] — **1** *n* finance *f*. **Ministry of F~** ministère *m* des Finances; **~ company** compagnie *f* financière. — **2** *vt* financer. ◆ **financial** *adj (gen)* financier (*f* -ière); *(year)* budgétaire.

finch [fɪntʃ] *n famille d'oiseaux: pinson, bouvreuil etc*.

find [faɪnd] *pret, ptp* **found** — **1** *vti* **(a)** *(gen)* trouver (*that* que); *(sth or sb lost)* retrouver. **he found himself in Paris** il s'est retrouvé à Paris; **I ~ her very pleasant** je la trouve très agréable; he ~s it difficult to ... il a du mal à ...; *(fig)* to ~ one's feet s'adapter; *(Law)* to ~ sb guilty prononcer qn coupable; go and ~ me a pen va me chercher un stylo. (b) *(invent: also* ~ out) découvrir. to ~ out about sth *(enquire)* se renseigner sur qch; *(discover)* découvrir qch; to ~ sb out démasquer qn. — 2 *n* trouvaille *f.* ◆ **findings** *npl* conclusions *fpl.*

fine¹ [faɪn] — 1 *n* amende *f; (parking* ~) contravention *f.* — 2 *vt* condamner à une amende; donner une contravention à.

fine² [faɪn] — 1 *adj* (a) *(not coarse)* fin; *(metal)* pur; *(workmanship)* délicat; *(distinction)* subtil. he's got it down to a ~ art il le fait à la perfection; ~ art les beaux arts *mpl.* (b) *(very good: clothes, weather)* beau (*f* belle); *(musician etc)* excellent. *(fig)* one ~ day un beau jour; *(excl)* ~! entendu!; you're a ~ one to talk! c'est bien à toi de le dire! — 2 *adv* (a) *(excellently)* très bien. you're doing ~! tu te débrouilles bien! (b) *(finely)* finement; *(chop)* menu. *(fig)* you've cut it a bit ~ vous avez calculé un peu juste. ◆ **finely** *adv (gen)* admirablement; *(adjust)* délicatement; *(chop)* menu. ◆ **finery** *n* parure *f.*

finger ['fɪŋgəʳ] — 1 *n* doigt *m.* between ~ and thumb entre le pouce et l'index; *(fig)* to keep one's ~s crossed dire une petite prière (*for sb* pour qn); ~ bowl rince-doigts *m inv;* ~mark trace *f* de doigt. — 2 *vt (feel: money)* palper. ◆ **fingernail** *n* ongle *m.* ◆ **fingerprint** *n* empreinte *f* digitale. ◆ **fingertip** *n* bout *m* du doigt. he has it at his ~s il connaît cela sur le bout du doigt.

finicky ['fɪnɪkɪ] *adj* difficile (*about* pour).

finish ['fɪnɪʃ] — 1 *n* (a) *(end)* fin *f; (Sport)* arrivée *f.* to fight to the ~ se battre jusqu'au bout. (b) *(appearance etc)* finitions *fpl.* with an oak ~ teinté chêne. — 2 *vt* finir (*doing* de faire). to ~ sth off terminer qch; to put the ~ing touch to mettre la dernière main à; *(fig)* it nearly ~ed me* ça a failli m'achever. — 3 *vi (gen)* finir; *(of book, film)* finir, se terminer; *(of holiday, contract)* prendre fin. *(Sport)* to ~ first arriver premier; ~ing line ligne *f* d'arrivée; he ~ up in Rome il s'est retrouvé à Rome; I've ~ed with the paper je n'ai plus besoin du journal; she's ~ed with him elle a rompu avec lui. ◆ **finished** *adj* fini; *(done for)* fichu*.

finite ['faɪnaɪt] *adj* fini.

Finland ['fɪnlənd] *n* Finlande *f.*

Finn [fɪn] *n* Finlandais(e) *m(f).* ◆ **Finnish** — 1 *adj* finlandais. — 2 *n* finnois *m.*

fir [fɜːʳ] *n* sapin *m.* ~ cone pomme *f* de pin.

fire ['faɪəʳ] — 1 *n* (a) *(gen)* feu *m; (accident)* incendie *m.* on ~ en feu, en flammes; forest ~ incendie de forêt; to set ~ to mettre le feu à. (b) *(Mil)* feu *m.* to open ~ ouvrir le feu. — 2 *adj:* ~ alarm avertisseur *m* d'incendie; ~ brigade, *(US)* ~ department (sapeurs-)pompiers *mpl,* ~ door porte *f* anti incendie; ~ drill répétition *f* des consignes d'incendie; ~ engine voiture *f* de pompiers; ~ escape escalier *m* de secours; ~ exit sortie *f* de secours; ~ regulations consignes *fpl* en cas d'incendie; ~ station caserne *f* de pompiers. — 3 *vti* (a) *(shoot)* tirer (*at* sur). ~! feu!; to ~ questions at sb bombarder qn de questions. (b) (*: *dismiss)* renvoyer. ◆ **firearm** *n* arme *f* à feu. ◆ **fireguard** *n* garde-feu *m inv.* ◆ **firelight** *n:* by ~ à la lueur du feu. ◆ **fireman** *n* (sapeur-)pompier *m.* ◆ **fireplace** *n* cheminée *f,* foyer *m.* ◆ **fireproof** *adj* ignifugé. ◆ **fireside** *n:* by the ~ au coin *m* du feu. ◆ **firewood** *n* bois *m* de chauffage. ◆ **fireworks** *npl* feux *mpl* d'artifice; *(display)* feu *m* d'artifice. ◆ **firing** *n (guns)* tir *m.* ~ squad peloton *m* d'exécution.

firm¹ [fɜːm] *n* compagnie *f,* firme *f.*

firm² [fɜːm] *adj (gen)* ferme; *(faith, friendship)* solide. to stand ~ tenir bon. ◆ **firmly** *adv (gen)* fermement; *(speak)* avec fermeté.

first [fɜːst] — 1 *adj* premier. the ~ of May le premier mai; twenty-~ vingt et unième; Charles the F~ Charles Premier; ~ thing in the morning dès le matin; ~ cousin cousin(e) *m(f)* germain(e); *(in school)* ~ year ≃ sixième *f;* ~ name prénom *m; (Theatre etc)* ~ night première *f.* — 2 *adv* (a) *(gen)* d'abord. ~ A then B d'abord A ensuite B; ~ of all tout d'abord; ~ and foremost en tout premier lieu; he arrived ~ il est arrivé le premier; ~ one thing and then another tantôt ceci, tantôt cela; ~ and last avant tout. (b) *(for the* ~ *time)* pour la première fois. — 3 *n* (a) premier *m* (*f* -ière). they were the ~ to come ils sont arrivés les premiers. (b) at ~ d'abord, au début; from the ~ dès le début. (c) (~ *gear)* première *f.* in ~ en première. ◆ **first-aid** *n* secours *mpl* d'urgence. ~ kit trousse *f* de pharmacie. ◆ **first-class** — 1 *adj* de première classe. ~ mail courrier *m* tarif normal. — 2 *adv (travel)* en première. ◆ **first-hand** *adj, adv* de première main. ◆ **firstly** *adv* premièrement. ◆ **first-rate** *adj* excellent.

fish [fɪʃ] — 1 *n, pl* ~ *or* ~es poisson *m.* ~ and chips du poisson frit avec des frites; like a ~ out of water complètement dépaysé; ~ knife couteau *m* à poisson; ~ shop poissonnerie *f;* ~ tank aquarium *m.* — 2 *vti* pêcher. to go ~ing aller à la pêche; to ~ for trout pêcher la truite; to ~ for information tâcher d'obtenir des renseignements; to ~ a river pêcher dans une rivière; to ~ sth out *(from water)* repêcher qch; *(from pocket)* sortir qch. ◆ **fish-and-chip shop** *n* débit *m* de fritures. ◆ **fishbone** *n* arête *f* (de poisson). ◆ **fishcake** *n* croquette *f* de poisson. ◆ **fisherman** *n* pêcheur *m.* ◆ **fish fingers** *npl* bâtonnets *mpl* de poisson. ◆ **fishing** — 1 *n* pêche *f.* — 2 *adj (boat, line)* de pêche. ~ rod canne *f* à pêche. ◆ **fishmonger** *n* poissonnier *m* (*f* -ière). ◆ **fishy** *adj (smell)* de poisson. *(fig)* something ~* quelque chose de louche.

fission ['fɪʃən] *n* fission *f.*

fist [fɪst] *n* poing *m.* he shook his ~ at me il m'a menacé du poing. ◆ **fistful** *n* poignée *f.*

fit¹ [fɪt] — 1 *adj* (a) *(able)* capable (*for* de; *to do* de faire); *(worthy)* digne (*for* de; *to do* de faire); *(right and proper)* convenable. ~ to eat mangeable; *(after illness)* ~ for duty en état de reprendre le travail; I'm not ~ to be seen je ne suis pas présentable; ~ for habitation habitable; to see ~ to do trouver bon de faire; as I think ~ comme bon me semblera. (b) *(in health)* en bonne santé. to be as ~ as a fiddle se porter comme un charme. — 2 *n:* it's rather a tight ~ c'est un peu juste. — 3 *vti* (a) *(of clothes, key etc)* aller (*sb* à qn; *sth* pour qch); *(of description, fact)* correspondre (*sth* avec qch). it ~s me like a glove cela me va comme un gant; *(fig)* he didn't ~ in il n'arrivait pas à s'intégrer; it all ~s now! tout s'éclaire! (b) *(put)* mettre (*on sth* sur qch; *into* dans); *(garment)* ajuster (*on sb* sur qn). to ~ a lock on a door poser une serrure sur une porte; to ~ 2 things

together ajuster 2 objets; **~ted with a radio** équipé d'une radio; **he has been ~ted with a new hearing aid** on lui a mis un nouvel appareil auditif. **(c)** *(prepare)* préparer (*sb for sth* qn à qch; *sb to do* qn à faire). ◆ **fitment** *n (kitchen furniture)* élément *m* (de cuisine); *(for vacuum cleaner etc)* accessoire *m*. ◆ **fitness** *n (health)* santé *f*; *(suitability)* aptitudes *fpl* (*for* pour). ◆ **fitted** *adj (person)* apte (*to do* à faire); *(garment)* ajusté. **~ carpet** moquette *f*; **~ sheet** drap-housse *m*. ◆ **fitter** *n (in factory)* monteur *m*; *(of carpet etc)* poseur *m*. ◆ **fitting** — **1** *adj* approprié (*to* à). — **2** *n* **(a)** *(Dress)* essayage *m*. **~ room** salon *m* d'essayage. **(b)** *(in house etc)* **~s** installations *fpl*. ◆ **fittingly** *adv* avec à-propos.

fit² [fɪt] *n (gen, also Med)* accès *m*. **~ of coughing** quinte *f* de toux; **~ of crying** crise *f* de larmes; *(fig)* **to have a ~*** piquer* une crise; **to be in ~s** *(laughing)* avoir le fou rire; **in ~s and starts** par à-coups.

five [faɪv] *adj, n* cinq *(m) inv*; *for phrases V* **six**. ◆ **fiver*** *n* billet *m* de cinq livres.

fix [fɪks] — **1** *vti* **(a)** *(gen: put)* fixer; *(tie)* attacher; *(blame, hopes)* mettre (*on sb* sur le dos de qn; *on sth* sur qch). **he ~ed it on** il l'a fixé. **(b)** *(arrange: details)* décider; *(time, price)* fixer. **to ~ on sth** *(choose)* choisir qch; **to ~ up to do sth** s'arranger pour faire qch; **to ~ sth up with sb** arranger qch avec qn. **(c)** *(deal with)* arranger; *(mend)* réparer. **I'll ~ it all** je vais tout arranger; **can I ~ you a drink?** puis-je vous offrir un verre?; **I'll ~ something to eat** je vais vite nous faire quelque chose à manger. **(d)** (*: *dishonestly)* truquer. — **2** *n* **(a) to be in a ~*** être dans le pétrin. **(b)** *(Drugs)* piqûre *f*. **(c)** *(of ship, plane)* position *f*. ◆ **fixed** *adj (gen)* fixe; *(smile)* figé. **~ menu** menu *m* à prix fixe; **how are we ~ for time?*** on a combien de temps? ◆ **fixture** *n* **(a) ~s and fittings** installations *fpl*. **(b)** *(Sport)* match *m* (prévu).

fizz [fɪz] *vi* pétiller. ◆ **fizzy** *adj* gazeux (*f* -euse).

fizzle ['fɪzl] *vi*: **to ~ out** tourner court; *(of enthusiasm)* tomber.

flabbergast* ['flæbəgɑːst] *vt* sidérer*.

flabby ['flæbɪ] *adj* flasque.

flag¹ [flæg] — **1** *n* drapeau *m*; *(naval)* pavillon *m*; *(for charity)* insigne *m (d'une œuvre charitable)*. **~ day** journée *f* de vente d'insignes *(in aid of* pour); **~ of convenience** pavillon de complaisance. — **2** *vt* (**~ down**) faire signe de s'arrêter à. ◆ **flagpole** *n* mât *m*.

flag² [flæg] *vi* faiblir, fléchir.

flagrant ['fleɪgrənt] *adj* flagrant.

flagstone ['flægstəʊn] *n* dalle *f*.

flair [flɛəʳ] *n* flair *m*.

flake [fleɪk] — **1** *n* flocon *m*. — **2** *vi* (**~ off**: *of stone etc)* s'effriter; *(of paint)* s'écailler.

flamboyant [flæm'bɔɪənt] *adj* flamboyant.

flame [fleɪm] *n* flamme *f*. **in ~s** en flammes; **to go up in ~s** s'enflammer. ◆ **flamethrower** *n* lance-flammes *m inv*. ◆ **flaming*** *adj (furious)* furibard*; *(annoying)* fichu* *(before n)*.

flamingo [flə'mɪŋgəʊ] *n* flamant *m* rose.

flammable ['flæməbl] *adj* inflammable.

flan [flæn] *n* tarte *f*.

flank [flæŋk] — **1** *n* flanc *m*. — **2** *vt* flanquer.

flannel ['flænl] *n* flanelle *f*; (*face* **~**) gant *m* de toilette. ◆ **flannelette** *n* pilou *m*.

flap [flæp] — **1** *n* rabat *m*. **to get into a ~*** paniquer. — **2** *vti (of wings, shutters)* battre; *(of sails, garment)* claquer; (*: *be panicky)* paniquer. **to ~ its wings** battre des ailes.

flare [flɛəʳ] — **1** *n* signal *m* lumineux; *(Mil)* fusée *f* éclairante. **~ path** piste *f* balisée. — **2** *vi*: **to ~ up** *(of fire)* s'embraser; *(of person, political situation)* exploser. ◆ **flared** *adj (skirt)* évasé.

flash [flæʃ] — **1** *n* **(a)** *(of light etc)* éclat *m*. **~ of lightning** éclair *m*; **in a ~** tout d'un coup; *(fig)* **a ~ in the pan** un feu de paille; **~ of inspiration** éclair de génie. **(b)** *(Photo)* flash *m*. **~ bulb** ampoule *f* de flash; **~ cube** cube-flash *m*; **~ gun** flash *m*. — **2** *vi (of jewels)* étinceler; *(of light)* clignoter; *(of eyes)* lancer des éclairs. **to ~ past** passer comme un éclair. — **3** *vt* **(a)** *(light)* projeter; *(torch)* diriger (*on* sur). **to ~ one's headlights** faire un appel de phares (*at* à). **(b)** *(flaunt:* **~ around**) étaler. ◆ **flashback** *n* flashback *m inv*. ◆ **flashing** *adj*: **~ light** (*or* **indicator** *etc)* clignotant *m*. ◆ **flashlight** *n (torch)* lampe *f* de poche. ◆ **flashy** *adj* tape-à-l'œil *inv*.

flask [flɑːsk] *n (vacuum* **~**) bouteille *f* Thermos ®; *(for medicine)* flacon *m*; *(hip* **~**) flasque *f*.

flat¹ [flæt] — **1** *adj* **(a)** *(gen)* plat; *(tyre, battery)* à plat; *(beer)* éventé. **as ~ as a pancake*** plat comme une galette; **to have ~ feet** avoir les pieds plats; **lay the book ~** pose le livre à plat; **~ racing** plat *m*; **in a ~ spin*** dans tous ses états. **(b)** *(Music: voice)* faux (*f* fausse). **B ~** si *m* bémol. **(c)** *(refusal)* catégorique. **and that's ~!*** un point c'est tout! — **2** *adv (fall)* à plat; *(sing)* faux. **in 10 seconds ~** en 10 secondes pile*; **to go ~ out** filer à toute allure; **to be working ~ out** travailler d'arrache-pied; **to be ~ out** *(lying)* être étendu de tout son long; (*: *exhausted)* être à plat*. — **3** *n (of hand, blade)* plat *m*; *(Music)* bémol *m*; *(US: flat tyre)* pneu *m* crevé. ◆ **flatfooted** *adj* aux pieds plats. ◆ **flatly** *adv* catégoriquement. ◆ **flatten** *vt (path)* aplanir; *(metal)* aplatir; *(building)* raser; *(crops)* coucher. **to ~ o.s. against** s'aplatir contre.

flat² [flæt] *n (Brit)* appartement *m*. **to go ~-hunting** chercher un appartement. ◆ **flatlet** *n* studio *m*. ◆ **flatmate** *n*: **my ~** la fille (*or* le garçon) avec qui je partage mon appartement.

flatter ['flætəʳ] *vt* flatter. ◆ **flattering** *adj* flatteur (*f* -euse); *(clothes)* qui avantage. ◆ **flattery** *n* flatterie *f*.

flatulence ['flætjʊləns] *n* flatulence *f*.

flaunt [flɔːnt] *vt* étaler, afficher.

flavour, *(US)* **-or** ['fleɪvəʳ] — **1** *n* goût *m*, saveur *f*; *(ice cream)* parfum *m*. — **2** *vt* parfumer (*with* à). **pineapple-~ed** parfumé à l'ananas. ◆ **flavouring** *n (in cake etc)* parfum *m*. **vanilla ~** essence *f* de vanille.

flaw [flɔː] *n* défaut *m*. ◆ **flawed** *adj* imparfait. ◆ **flawless** *adj* parfait.

flax [flæks] *n* lin *m*.

flea [fliː] *n* puce *f*. **~ market** marché *m* aux puces. ◆ **fleabite** *n* piqûre *f* de puce.

fleck [flek] — **1** *n (of colour)* moucheture *f*; *(of dust)* particule *f*. — **2** *vt*: **~ed with** moucheté de.

fled [fled] *pret, ptp of* **flee.**

fledged [fledʒd] *adj*: **fully-~** *(doctor, architect)* diplômé; **a fully-~ British citizen** un citoyen britannique à part entière.

fledgling ['fledʒlɪŋ] *n* oiselet *m*.

flee [fliː] *pret, ptp* **fled** — **1** *vi* s'enfuir (*from* de); fuir (*before* devant); se réfugier (*to* auprès de). — **2** *vt (place)* s'enfuir de; *(temptation)* fuir.

fleece [fliːs] *n* toison *f*.

fleet [fliːt] *n (ships)* flotte *f*. *(fig)* **a ~ of vehicles** un parc automobile.
fleeting ['fliːtɪŋ] *adj (gen)* éphémère; *(moment, visit)* bref (*f* brève).
Flemish ['flemɪʃ] — **1** *adj* flamand. — **2** *n (language)* flamand *m*.
flesh [fleʃ] *n* chair *f*. **~ wound** blessure *f* superficielle; **I'm only ~ and blood** je ne suis pas un saint; **his own ~ and blood** les siens *mpl;* **in the ~** en chair et en os.
flew [fluː] *pret of* **fly²**.
flex [fleks] — **1** *vt (body, knees)* fléchir; *(muscle)* faire jouer. — **2** *n (electric)* fil *m; (of telephone)* cordon *m*. ◆ **flexible** *adj* flexible.
flick [flɪk] — **1** *n (gen)* petit coup *m; (with finger)* chiquenaude *f*. **~ knife** couteau *m* à cran d'arrêt. — **2** *vt* donner un petit coup à. **to ~ sth off** enlever qch d'une chiquenaude; **to ~ through a book** feuilleter un livre.
flicker ['flɪkəʳ] — **1** *vi (of flames, light)* danser; *(before going out)* vaciller; *(of eyelids)* battre. — **2** *n* vacillement *m*. **a ~ of hope** une lueur d'espoir. ◆ **flickering** *adj* dansant; vacillant.
flier ['flaɪəʳ] *n* aviateur *m* (*f* -trice).
flies [flaɪz] *npl (on trousers)* braguette *f*.
flight¹ [flaɪt] *n (gen)* vol *m* (*to* à destination de; *from* en provenance de); *(of ball)* trajectoire *f*. **in ~** en plein vol; **~ number 776** le vol numéro 776; **did you have a good ~?** vous avez fait bon voyage?; **~ deck** poste *m* de pilotage; **~ path** trajectoire *f* de vol; **~ of stairs** escalier *m;* **to climb 3 ~s** monter 3 étages.
flight² [flaɪt] *n (act of fleeing)* fuite *f*.
flimsy ['flɪmzɪ] *adj (dress)* trop léger (*f* -ère); *(material)* mince; *(excuse)* pauvre.
flinch [flɪntʃ] *vi* tressaillir. **to ~ from** reculer devant; **without ~ing** sans broncher.
fling [flɪŋ] (*vb: pret, ptp* **flung**) — **1** *n (fig)* **to have one's ~** se payer du bon temps. — **2** *vt (gen)* lancer (*at sb* à qn; *at sth* sur *or* contre qch). **to ~ the window open** ouvrir toute grande la fenêtre; **to ~ off one's coat** enlever son manteau d'un geste brusque; **to ~ sb out** mettre qn à la porte.
flint [flɪnt] *n* silex *m; (for lighter)* pierre *f* (à briquet).
flip [flɪp] *vt* donner une chiquenaude à. **to ~ through a book** feuilleter un livre.
flippant ['flɪpənt] *adj* désinvolte. ◆ **flippantly** *adv* avec désinvolture.
flipper ['flɪpəʳ] *n* nageoire *f*. *(on swimmer)* **~s** palmes *fpl*.
flirt [flɜːt] *vi* flirter. ◆ **flirtation** *n* flirt *m*.
flit [flɪt] *vi (of butterflies etc)* voltiger. **she ~ted in and out** elle n'a fait qu'entrer et sortir.
float [fləʊt] — **1** *n* **(a)** *(gen)* flotteur *m; (cork)* bouchon *m*. **(b)** *(vehicle in a parade)* char *m*. — **2** *vi (gen)* flotter; *(of bather)* faire la planche. **to ~ down the river** descendre la rivière. — **3** *vt* faire flotter. ◆ **floating** *adj (gen)* flottant. **~ voter** électeur *m* indécis.
flock [flɒk] — **1** *n (of animals, geese)* troupeau *m; (of birds)* vol *m; (in church)* ouailles *fpl*. — **2** *vi* affluer. **to ~ in** entrer en foule.
flog [flɒg] *vt* **(a)** *(beat)* fouetter. **(b)** (*: *sell)* vendre.
flood [flʌd] — **1** *n* inondation *f; (of river)* crue *f; (of light)* torrent *m; (of tears, letters)* déluge *m; (Bible)* déluge. — **2** *vt (gen)* inonder (*with* de); *(carburettor)* noyer. — **3** *vi (of river)* déborder. **to ~ in** *(sunshine)* entrer à flots; *(people)* entrer en foule. ◆ **flooding** *n* inondations *fpl*. ◆ **floodlight** — **1** *vt pret, ptp* **floodlit** *(buildings)* illuminer. — **2** *n* projecteur *m*.
floor [flɔːʳ] — **1** *n* **(a)** *(gen)* sol *m; (~boards)* plancher *m; (for dance)* piste *f* (de danse). **stone ~** sol dallé; **on the ~** par terre; **~ covering** revêtement *m* de sol; **~ polish** cire *f;* **~ show** attractions *fpl (cabaret etc)*. **(b)** *(storey)* étage *m*. **on the first ~** *(Brit)* au premier étage; *(US)* au rez-de-chaussée. — **2** *vt (baffle)* couper le sifflet à*. ◆ **floorboard** *n* planche *f (de plancher)*. ◆ **floorcloth** *n* serpillière *f*.
flop [flɒp] — **1** *vi (drop)* s'affaler (*on* sur; *into* dans). — **2** *n:* **to be a ~*** être un fiasco; *(person)* échouer complètement.
flora ['flɔːrə] *n* flore *f*.
floral ['flɔːrəl] *adj* floral.
florid ['flɒrɪd] *adj (complexion)* rougeaud; *(style)* tarabiscoté.
florist ['flɒrɪst] *n* fleuriste *mf*.
flounce [flaʊns] — **1** *n* volant *m*. — **2** *vi:* **to ~ out** sortir dans un mouvement d'humeur.
flounder ['flaʊndəʳ] *vi* patauger (péniblement).
flour ['flaʊəʳ] *n* farine *f*. **~ mill** minoterie *f*.
flourish ['flʌrɪʃ] — **1** *vi (of plants)* bien pousser; *(of business etc)* prospérer; *(of literature, painting)* être en plein essor; *(of person)* être en pleine forme. — **2** *vt (wave)* brandir. — **3** *n:* **with a ~** avec panache. ◆ **flourishing** *adj* florissant.
flout [flaʊt] *vt* passer outre à.
flow [fləʊ] — **1** *vi (gen)* couler; *(of electric current, blood in veins)* circuler. **to ~ in** *(of liquid)* rentrer; *(of people)* entrer en foule; **to ~ past sth** passer devant qch; **to ~ back** refluer; **the river ~s into the sea** le fleuve se jette dans la mer. — **2** *n (blood from wound)* écoulement *m; (words)* flot *m*. **~ chart** organigramme *m*. ◆ **flowing** *adj (movement)* gracieux (*f* -ieuse); *(dress)* flottant; *(style)* coulant.
flower ['flaʊəʳ] — **1** *n* fleur *f*. **in ~** en fleurs; **~ arrangement** composition *f* florale; **~ bed** parterre *m;* **~ shop** boutique *f* de fleuriste; **~ show** floralies *fpl*. — **2** *vi* fleurir. ◆ **flowering** *adj (in flower)* en fleurs; *(which flowers)* à fleurs. ◆ **flowerpot** *n* pot *m* (à fleurs). ◆ **flowery** *adj (material)* à fleurs; *(style)* fleuri.
flown [fləʊn] *ptp of* **fly²**.
fl. oz. *abbr of* **fluid ounce**(s); *V* **fluid.**
flu [fluː] *n* grippe *f*.
fluctuate ['flʌktjʊeɪt] *vi* fluctuer.
fluent ['fluːənt] *adj:* **to be a ~ speaker** avoir la parole facile; **he is ~ in Italian** il parle couramment l'italien. ◆ **fluently** *adv (speak, write)* avec facilité. **he speaks French ~** il parle couramment le français.
fluff [flʌf] *n (on birds)* duvet *m; (from material)* peluche *f, (dust on floors)* moutons *mpl (de poussière)*. ◆ **fluffy** *adj (bird)* duveteux (*f* -euse); *(toy)* en peluche.
fluid ['fluːɪd] — **1** *adj (gen)* fluide; *(plans)* vague. **~ ounce** (= *0,028L*). — **2** *n* fluide *m*. *(as diet)* **~s** liquides *mpl*.
fluke [fluːk] *n* coup *m* de chance.
flung [flʌŋ] *pret, ptp of* **fling.**
fluorescent [flʊə'resnt] *adj* fluorescent.
fluoride ['flʊəraɪd] *n* fluor *m*. **~ toothpaste** dentifrice *m* au fluor.
flurried ['flʌrɪd] *adj:* **to get ~** s'affoler (*at* pour).
flush¹ [flʌʃ] — **1** *n (blush)* rougeur *f*. **hot ~es** bouffées *fpl* de chaleur. — **2** *vi* rougir (*with* de). — **3** *vt:* **to ~ the lavatory** tirer la chasse d'eau; **to ~ sth away** *(down lavatory)* faire

partir qch en tirant la chasse d'eau. ◆ **flushed** *adj* tout rouge.

flush² [flʌʃ] *adj:* ~ **with** *(ground)* à ras de; *(wall)* dans l'alignement de.

fluster ['flʌstəʳ] *vt* énerver. **to get ~ed** s'énerver.

flute [flu:t] *n* flûte *f.*

flutter ['flʌtəʳ] — **1** *vi (of flag)* flotter; *(of bird)* voleter; *(of heart)* palpiter. *(of leaf)* **to ~ down** tomber en tourbillonnant. — **2** *n:* **to have a ~*** parier une petite somme (*on* sur).

flux [flʌks] *n:* **to be in a state of ~** changer sans arrêt.

fly¹ [flaɪ] *n* mouche *f.* **he wouldn't hurt a ~** il ne ferait pas de mal à une mouche; *(fig)* **the ~ in the ointment** le gros obstacle; **~ fishing** pêche *f* à la mouche; **~ paper** papier *m* tue-mouches.

fly² [flaɪ] *pret* **flew,** *ptp* **flown** — **1** *vi (gen)* voler; *(of air passenger)* voyager en avion; *(of flag)* flotter; *(of time)* passer vite; *(flee)* fuir. **to ~ over London** survoler Londres; **we flew in from Rome** nous sommes venus de Rome par avion; **to ~ away** *or* **off** s'envoler; **I must ~!** il faut que je me sauve!; **to ~ into a rage** s'emporter; **to ~ at sb** *(attack)* sauter sur qn; **the door flew open** la porte s'est ouverte brusquement. — **2** *vt (aircraft)* piloter; *(kite)* faire voler; *(goods)* transporter par avion; *(flag)* arborer. **to ~ the Atlantic** traverser l'Atlantique (en avion). ◆ **flying** — **1** *n (action)* vol *m; (activity)* aviation *f;* **he likes ~** il aime l'avion. — **2** *adj* volant. **~ saucer** soucoupe *f* volante; **~ visit** visite *f* éclair *inv;* **~ boat** hydravion *m; (Police)* **F~ Squad** brigade *f* volante de la police judiciaire. ◆ **flyleaf** *n* page *f* de garde. ◆ **flyover** *n (road)* toboggan *m.* ◆ **flypast** *n* défilé *m* aérien.

foal [fəʊl] *n* poulain *m.*

foam [fəʊm] — **1** *n (gen)* mousse *f; (on sea, from mouth)* écume *f.* **~ bath** bain *m* moussant; **~ rubber** caoutchouc *m* mousse. — **2** *vi (gen)* écumer; *(of soapy water)* mousser.

fob [fɒb] *vt:* **to ~ sb off** se débarrasser de qn (*with* par).

focus ['fəʊkəs] — **1** *n (gen)* foyer *m; (of interest)* centre *m. (Photo)* **to get a picture into ~** mettre une image au point. — **2** *vt (instrument)* régler (*on* sur); *(attention, efforts)* concentrer (*on* sur). — **3** *vi:* **to ~ on sth** fixer son regard sur qch.

fodder ['fɒdəʳ] *n* fourrage *m.*

foe [fəʊ] *n* adversaire *mf.*

foetus ['fi:təs] *n* fœtus *m.*

fog [fɒg] *n* brouillard *m.* ◆ **fogbound** *adj* bloqué par le brouillard. ◆ **foggy** *adj (day)* de brouillard. **it's ~** il fait du brouillard; **I haven't the foggiest!*** pas la moindre idée! ◆ **foghorn** *n* sirène *f* de brume. ◆ **foglamp** *or* ◆ **foglight** *n* phare *m* antibrouillard.

fogey* ['fəʊgɪ] *n:* **old ~** vieille baderne* *f.*

foil¹ [fɔɪl] *n (gen)* feuille *f* de métal; (*kitchen* ~) papier *m* d'aluminium; *(Fencing)* fleuret *m.*

foil² [fɔɪl] *vt (plans)* déjouer.

foist [fɔɪst] *vt:* **to ~ sth off on sb** refiler* qch à qn; **to ~ o.s. on to sb** s'imposer à qn *or (as guest)* chez qn.

fold [fəʊld] — **1** *n* pli *m.* — **2** *vt (gen: also* **~ up)** plier. **to ~ one's arms** croiser les bras; **to ~ back** rabattre; **to ~ over** replier. — **3** *vi (also* **~ up, ~ away**: *of chair etc)* se plier; *(fail: of business)* fermer. ◆ **folder** *n (file)* chemise *f; (for drawings)* carton *m.* ◆ **folding** *adj* pliant.

foliage ['fəʊlɪɪdʒ] *n* feuillage *m.*

folk [fəʊk] — **1** *npl* (*also* **~s**) gens *mpl (adj fem if before n).* **old ~** les vieux *mpl,* les vieilles gens; **hullo ~s!*** bonjour tout le monde!*; *(pl: relatives)* **my ~s*** ma famille. — **2** *adj (dance etc)* folklorique. **~ singer** chanteur *m* (*f* -euse) de folk *or (traditional)* de chansons folkloriques.

folklore ['fəʊk,lɔ:] *n* folklore *m.*

follow ['fɒləʊ] *vti (gen)* suivre; *(suspect)* filer; *(serial)* lire régulièrement; *(football team)* être supporter de; *(career)* poursuivre. **to ~ sb about** *or* **around** suivre qn partout; **we're being ~ed** on nous suit; **to have sb ~ed** faire filer qn; **~ed by** suivi de; **what is there to ~?** qu'y a-t-il après?; **to ~ sb's advice** suivre les conseils de qn; **to ~ suit** *(Cards)* fournir; *(fig)* en faire autant; **I don't quite ~** *(understand)* je ne vous suis pas tout à fait; *(fig)* **to ~ in sb's footsteps** marcher sur les traces de qn; **as ~s** comme suit; **it ~s that...** il s'ensuit que...; **that doesn't ~** pas forcément; **to ~ sth through** poursuivre qch jusqu'au bout; **to ~ sth up** *(advantage)* tirer parti de qch; *(letter, offer)* donner suite à; *(case)* suivre; *(remark)* faire suivre (*with* de). ◆ **follower** *n* partisan *m.* ◆ **following** — **1** *adj (gen)* suivant; *(wind)* arrière *inv.* — **2** *n (supporters)* **a large ~** de nombreux partisans; **he said the ~** il a dit ceci. — **3** *prep:* **~ our meeting** comme suite à notre entretien. ◆ **follow-up** *n* suite *f* (*to* de).

folly ['fɒlɪ] *n* folie *f.*

fond [fɒnd] *adj* **(a) to be ~ of** aimer beaucoup. **(b)** *(loving)* affectueux (*f* -ueuse); *(look)* tendre. **one of his ~est hopes** l'un de ses espoirs les plus chers. ◆ **fondly** *adv (embrace, look)* tendrement; *(believe)* naïvement. ◆ **fondness** *n (for things)* prédilection *f* (*for* pour); *(for people)* affection *f* (*for* pour).

fondle ['fɒndl] *vt* caresser.

font [fɒnt] *n* fonts *mpl* baptismaux.

food [fu:d] *n* nourriture *f; (for dogs)* pâtée *f.* **to give sb ~** donner à manger à qn; **to be off one's ~*** avoir perdu l'appétit; **the ~ is good** on mange bien; **~ poisoning** intoxication *f* alimentaire; **~ processor** robot *m* ménager; **~ rationing** rationnement *m* alimentaire; *(fig)* **it gave him ~ for thought** cela lui a donné à penser. ◆ **foodstuffs** *npl* denrées *fpl* alimentaires.

fool [fu:l] — **1** *n* **(a)** idiot(e) *m(f).* **don't be a ~!** ne fais pas l'idiot(e)!; **to play the ~** faire l'imbécile; **to make a ~ of o.s.** se rendre ridicule; **to make a ~ of sb** ridiculiser qn. **(b)** *(food)* purée *f* de fruits à la crème. — **2** *vti:* **to ~ sb** duper qn; **to ~ about** *or* **around** *(waste time)* perdre son temps; *(play the fool)* faire l'imbécile (*with* avec). ◆ **foolhardy** *adj* téméraire. ◆ **foolish** *adj* idiot, bête. ◆ **foolishly** *adv* bêtement. ◆ **foolishness** *n* bêtise *f.* ◆ **foolproof** *adj* infaillible.

foolscap ['fu:lskæp] *n* ≃ papier *m* pot.

foot [fʊt] — **1** *n, pl* **feet** *(gen)* pied *m; (of animal)* patte *f; (of page, stairs)* bas *m; (measure)* pied (= *30 cm environ*). **to be on one's feet** être debout; **to jump to one's feet** sauter sur ses pieds; **to go on ~** aller à pied; **wet under ~** mouillé par terre; **at the ~ of the page** au bas de la page; *(fig)* **to get under sb's feet** venir dans les jambes de qn; **to put one's ~ down** *(be firm)* faire acte d'autorité; *(stop sth)* y mettre le holà; *(of driver: accelerate)* appuyer sur le champignon*; **to put one's ~ in it*** gaffer; **to put one's feet up*** se reposer un peu; **I've never set ~ there** je n'y ai jamais mis les pieds. — **2** *vt:* **to ~ the bill*** payer la note. ◆ **foot-and-mouth disease** *n* fièvre *f* aphteuse. ◆ **football** *n (sport)* football *m; (ball)* ballon *m.* **~ match** match *m* de football; **~ league** championnat *m* de football; **to do the ~ pools** parier sur les matchs de football. ◆ **footballer** *n* joueur *m* de football. ◆ **footbrake** *n* frein *m* à pied. ◆ **footbridge** *n* passerelle *f.* ◆ **foothills** *npl* contreforts *mpl.* ◆ **foothold** *n:* **to gain a ~** prendre pied. ◆ **footing** *n:* **on an equal ~** sur un pied d'égalité. ◆ **footlights** *npl (Theatre)* rampe *f.* ◆ **footman** *n* valet *m* de pied. ◆ **footnote** *n* note *f* en bas de la page; *(fig)* post-scriptum *m.* ◆ **footpath** *n* sentier *m; (by highway)* chemin *m.* ◆ **footprint** *n* empreinte *f.* ◆ **footstep** *n* pas *m (bruit).* ◆ **footstool** *n* tabouret *m.* ◆ **footwear** *n* chaussures *fpl.*

for [fɔːʳ] — **1** *prep* **(a)** *(gen)* pour. **is this ~ me?** c'est pour moi?; **it's time ~ dinner** c'est l'heure du dîner; **he left ~ Italy** il est parti pour l'Italie; **trains ~ Paris** trains en direction de Paris; **the train ~ Paris** le train pour Paris; **it's not ~ cutting wood** ça n'est pas fait pour couper du bois; **a bag ~ carrying books in** un sac pour porter des livres; **~ or against** pour ou contre; **I'm all ~ it*** je suis tout à fait pour*; **D ~ Daniel** D comme Daniel; **I'll see her ~ you** je la verrai à ta place; **what is G.B. ~?** qu'est-ce que G.B. veut dire?; **to shout ~ joy** hurler de joie; **to go to prison ~ theft** aller en prison pour vol; **if it weren't ~ him, but ~ him** sans lui; **~ my part** pour ma part; **as ~ him** quant à lui; **~ all his wealth** malgré toute sa richesse. **(b)** *(in exchange ~)* **I'll give you this book ~ that one** je vous échange ce livre-ci contre celui-là; **to pay 5 francs ~ a ticket** payer 5 F le billet; **I sold it ~ £2** je l'ai vendu 2 livres; **he'll do it ~ £5** il le fera pour 5 livres; **what's the German ~ 'dog'?** comment est-ce qu'on dit 'chien' en allemand? **(c)** *(in time)* **I have been waiting ~ 2 hours** j'attends depuis 2 heures; **he won't be back ~ a week** il ne sera pas de retour avant huit jours; **that's enough ~ the moment** cela suffit pour le moment; **to go away ~ two weeks** partir pendant quinze jours; **I have not seen her ~ 2 years** voilà 2 ans que je ne l'ai vue. **(d)** *(distance)* pendant. **road lined with trees ~ 3 km** route bordée d'arbres pendant 3 km. **(e)** *(with verbs)* **~ this to be possible** pour que cela puisse être; **it's easy ~ him to do it** il lui est facile de le faire; **I brought it ~ you to see** je l'ai apporté pour que vous le voyiez *(subj)*; **it's not ~ me to say** ce n'est pas à moi de le dire. **(f)** *(phrases)* **now ~ it!** allons-y!; **you're ~ it!*** qu'est-ce que tu vas prendre!*; **oh ~ a cup of tea!** je donnerais n'importe quoi pour une tasse de thé! — **2** *conj* car.

forbid [fəˈbɪd] *pret* **forbad(e)** [fəˈbæd], *ptp* **forbidden** *vt* défendre, interdire (*sb to do* à qn de faire). **employees are ~den to do this** il est interdit *or* défendu aux employés de faire cela; **'smoking strictly ~den'** 'défense absolue de fumer'. ◆ **forbidding** *adj* menaçant.

force [fɔːs] — **1** *n* force *f.* **~ of gravity** pesanteur *f;* **from ~ of habit** par la force de l'habitude; **~ of a blow** violence *f* d'un coup; **to come into ~** entrer en vigueur; *(Mil)* **the ~s** les forces armées; **police ~** la police. — **2** *vt (gen)* forcer (*sb to do* qn à faire); *(thrust)* pousser (*into* dans). **to be ~d to do** être forcé de faire; **to ~ sth on sb** imposer qch à qn; **to ~ one's way into** pénétrer de force dans; **to ~ one's way through** se frayer un passage à travers; **to ~ sb's hand** forcer la main à qn. ◆ **force-feed** (*pret, ptp* **-fed**) *vt* nourrir de force. ◆ **forceful** *adj* vigoureux (*f* -euse). ◆ **forcefully** *adv* avec force.

forcibly [ˈfɔːsəblɪ] *adv (gen)* de force; *(speak, object)* avec véhémence.

forceps [ˈfɔːseps] *npl* forceps *m.*

ford [fɔːd] — **1** *n* gué *m.* — **2** *vt* passer à gué.

fore [fɔːʳ] *n:* **to the ~** en évidence. ◆ **forearm** *n* avant-bras *m inv.* ◆ **foreboding** *n* pressentiment *m.* ◆ **forecast** *see below.* ◆ **forecourt** *see below.* ◆ **forego** (*pret* **-went,** *ptp* **-gone**) *vt* renoncer à. **it was a foregone conclusion** c'était prévu d'avance. ◆ **foreground** *n* premier plan; **in the ~** au premier plan. ◆ **forehead** *see below.* ◆ **foreman** *see below.* ◆ **foremost** — **1** *adj* le plus en vue. — **2** *adv:* **first and ~** tout d'abord. ◆ **forename** *n* prénom *m.* ◆ **forenoon** *n* matinée *f.* ◆ **forerunner** *n* précurseur *m.* ◆ **foresee** (*pret* **-saw,** *ptp* **-seen**) *vt* prévoir. ◆ **foresight** *n* prévoyance *f.* ◆ **forestall** *vt* devancer. ◆ **foretell** (*pret, ptp* **-told**) *vt* prédire. ◆ **foreword** *n* avant-propos *m inv.*

forecast [ˈfɔːkɑːst] *pret, ptp* **-cast** — **1** *vt* prévoir. — **2** *n (gen)* prévision *f.* **weather ~** bulletin *m* météorologique, météo* *f.*

forecourt [ˈfɔːkɔːt] *n* avant-cour *f.*

forehead [ˈfɒrɪd] *n* front *m.*

foreign [ˈfɒrən] *adj (language, visitor)* étranger (*f* -ère); *(politics, trade)* extérieur; *(produce, aid)* de l'étranger; *(travel, correspondent)* à l'étranger. **F~ Ministry,** *(Brit)* **F~ Office** ministère *m* des Affaires étrangères; **~ currency** devises *fpl* étrangères; **F~ Legion** Légion *f* (étrangère): ◆ **foreigner** *n* étranger *m* (*f* -ère).

foreman [ˈfɔːmən] *n, pl* **-men** contremaître *m.*

forensic [fəˈrensɪk] *adj (medicine)* légal; *(evidence)* médico-légal.

forest [ˈfɒrɪst] *n* forêt *f.* ◆ **forestry** *n:* **the F~ Commission** ≃ les Eaux et Forêts *fpl.*

forever [fərˈevəʳ] *adv (incessantly)* toujours; *(for always)* pour toujours.

forfeit [ˈfɔːfɪt] — **1** *vt* perdre. — **2** *n* gage *m.*

forgave [fəˈgeɪv] *pret of* **forgive.**

forge [fɔːdʒ] — **1** *vti* **(a)** *(signature, banknote)* contrefaire; *(document, picture)* faire un faux de. **(b)** *(metal)* forger. **(c) to ~ ahead** pousser de l'avant. — **2** *n* forge *f.* ◆ **forger** *n* faussaire *mf.* ◆ **forgery** *n:* **it's a ~** c'est un faux.

forget [fəˈget] *pret* **-got,** *ptp* **-gotten** *vti* oublier (*sth* qch; *to do* de faire; *that* que; *how to do* comment faire). **~ it*** ça n'a aucune importance; **I forgot all about it** je l'ai complètement oublié. ◆ **forgetful** *adj* qui a mauvaise mémoire. **~ of** oublieux (*f* -euse) de. ◆ **forget-me-not** *n* myosotis *m.*

forgive [fəˈgɪv] *pret* **-gave,** *ptp* **-given** *vt* pardonner (*sb for sth* qch à qn; *sb for doing* à qn de faire). ◆ **forgiving** *adj* indulgent.

forgot(ten) [fəˈgɒt(n)] *pret (ptp) of* **forget.**

fork [fɔːk] — **1** *n* fourchette *f; (for hay)* fourche *f; (of roads)* embranchement *m.* — **2** *vti* **(a)** *(of roads)* bifurquer. **(b) to ~ out*** payer. ◆ **forked** *adj* fourchu; *(lightning)* en zigzags. ◆ **fork-lift truck** *n* chariot *m* élévateur.

forlorn [fəˈlɔːn] *adj (person)* triste; *(attempt)* désespéré.

form [fɔːm] — **1** *n* **(a)** *(gen)* forme *f.* **in the ~ of** sous forme de; **to take the ~ of...** consister en...; **it took various ~s** cela s'est manifesté de différentes façons; **as a matter of ~** pour la forme; **it's bad ~** cela ne se fait pas; **on ~** en forme; **in great ~, on top ~** en pleine forme. **(b)** *(document)* formulaire *m.* **(c)** *(bench)* banc *m.* **(d)** *(Scol)* classe *f.* **in the sixth ~** ≃ en première; **~ tutor** professeur *m* de classe. — **2** *vt (gen)* former; *(habit)* contracter; *(plan, sentence)* faire; *(impression, idea)* avoir; *(constitute)* constituer. **to ~ an opinion** se faire une opinion; **to ~ a queue** se mettre en file; **to ~ part of** faire partie de.

formal ['fɔːməl] *adj (announcement)* officiel (*f* -elle); *(dinner)* grand *(before n)*; *(person)* cérémonieux (*f* -ieuse); *(language)* soigné; *(official: acceptance)* en bonne et due forme; *(specific: instructions)* formel (*f* -elle); *(in form only: agreement)* de forme. **~ gardens** jardins *mpl* à la française; **~ dress** tenue *f* de cérémonie. ◆ **formality** *n (ceremoniousness)* cérémonie *f.* **a mere ~** une simple formalité. ◆ **formalize** *vt* formaliser. ◆ **formally** *adv (ceremoniously)* cérémonieusement; *(officially)* officiellement. **~ dressed** en tenue de cérémonie.

formation [fɔː'meɪʃən] *n* formation *f.*

former ['fɔːməʳ] — **1** *adj* **(a)** *(previous)* ancien (*f* -ienne) *(before n)*; *(life)* antérieur. **my ~ husband** mon ex-mari; **in ~ days** autrefois. **(b)** (*as opp to later*) premier (*f* -ière) *(before n)*. — **2** *pron* celui-là, celle-là. **the ~ ... the latter** celui-là ... celui-ci. ◆ **formerly** *adv* autrefois.

formidable ['fɔːmɪdəbl] *adj* terrible.

formula ['fɔːmjʊlə] *n, pl* **-s** *or* **-ae** formule *f.* ◆ **formulate** *vt* formuler.

forsake [fə'seɪk] *pret* **-sook,** *ptp* **-saken** *vt* abandonner.

fort [fɔːt] *n (Mil)* fort *m.*

forte ['fɔːtɪ, *(US)* fɔːt] *n:* **his ~** son fort.

forth [fɔːθ] *adv:* **to set ~** se mettre en route; **to go back and ~** aller et venir; **and so ~** et ainsi de suite. ◆ **forthcoming** *adj (book, film)* qui va sortir; *(event)* qui va avoir lieu prochainement; **if funds are ~** si on nous donne de l'argent; **he wasn't ~ about it** il s'est montré peu disposé à en parler. ◆ **forthright** *adj* franc (*f* franche). ◆ **forthwith** *adv* sur-le-champ.

fortification [,fɔːtɪfɪ'keɪʃən] *n* fortification *f.*

fortify ['fɔːtɪfaɪ] *vt* fortifier (*against* contre).

fortnight ['fɔːtnaɪt] *n (Brit)* quinze jours *mpl,* quinzaine *f.* **a ~'s holiday** quinze jours de vacances; **a ~ tomorrow** demain en quinze. ◆ **fortnightly** *adv* tous les quinze jours.

fortress ['fɔːtrɪs] *n* château *m* fort.

fortunate ['fɔːtʃənɪt] *adj (circumstances, event)* propice. **to be ~** *(person)* avoir de la chance.

fortune ['fɔːtʃən] *n* **(a)** *(chance)* chance *f.* **by good ~** par chance; **to tell sb's ~** dire la bonne aventure à qn. **(b)** *(riches)* fortune *f.* **to make a ~** faire fortune; **to seek one's ~** aller chercher fortune. ◆ **fortune-teller** *n* diseur *m* (*f* -euse) de bonne aventure.

forty ['fɔːtɪ] *adj, n* quarante *(m) inv.* **about ~ books** une quarantaine de livres; *for other phrases V* **sixty.** ◆ **fortieth** *adj, n* quarantième *(mf).*

forward ['fɔːwəd] — **1** *adv* (*also* **forwards**) en avant. **to go ~** avancer; **to go straight ~** aller droit devant soi; **from this time ~** désormais; **to go backward(s) and ~(s)** aller et venir. — **2** *adj (movement)* en avant; *(on car: gears)* avant *inv; (planning)* à long terme. **~ line** *(Mil)* première ligne *f; (Sport)* ligne des avants. — **3** *n (Sport)* avant *m.* — **4** *vt (goods)* expédier; *(send on: letter, parcel)* faire suivre. **please ~** faire suivre S. V. P.; **he left no ~ing address** il est parti sans laisser d'adresse.

fossil ['fɒsl] *n* fossile *m.*

foster ['fɒstəʳ] — **1** *vt (child)* élever *(sans obligation d'adoption); (friendship etc)* favoriser. — **2** *adj (parent, child)* adoptif (*f* -ive). **~ home** famille *f* adoptive.

fought [fɔːt] *pret, ptp of* **fight.**

foul [faʊl] — **1** *adj (gen)* infect; *(weather, temper)* sale *(before n)*; *(language)* ordurier (*f* -ière). **~ play** *(Sport)* jeu *m* irrégulier; *(Police)* **there's no suspicion of ~ play** un acte criminel est exclu. — **2** *n (Football)* faute *f.* — **3** *vt (air)* polluer; *(fishing line)* embrouiller.

found[1] [faʊnd] *pret, ptp of* **find.**

found[2] [faʊnd] *vt* fonder (*on* sur). ◆ **foundation** *n* fondation *f.* **to lay the ~s of** *(lit)* poser les fondations de; *(fig)* poser les bases de; **entirely without ~** dénué de tout fondement; **~ cream** fond *m* de teint; **~ stone** pierre *f* commémorative.

founder[1] ['faʊndəʳ] *n* fondateur *m* (*f* -trice).

founder[2] ['faʊndəʳ] *vi (of ship)* sombrer.

foundry ['faʊndrɪ] *n* fonderie *f.*

fountain ['faʊntɪn] *n* fontaine *f.* **~ pen** stylo *m (à encre).*

four [fɔːʳ] *adj, n* quatre *(m) inv.* **in ~ figures** dans les milliers; **on all ~s** à quatre pattes; *for phrases V* **six.** ◆ **four-letter word** *n* gros mot *m.* ◆ **fourposter** *n* lit *m* à colonnes. ◆ **fourteen** *adj, n* quatorze *(m) inv.* ◆ **fourteenth** *adj, n* quatorzième *(mf).* ◆ **fourth** *adj, n* quatrième *(mf); (fraction)* quart *m.*

fowl [faʊl] *n* volaille *f.*

fox [fɒks] — **1** *n* renard *m.* **~ cub** renardeau *m.* — **2** *vt (puzzle)* rendre perplexe. ◆ **foxglove** *n* digitale *f* (pourprée). ◆ **foxhunting** *n* chasse *f* au renard.

fraction ['frækʃən] *n* fraction *f.* ◆ **fractionally** *adv* un tout petit peu.

fracture ['fræktʃəʳ] — **1** *n* fracture *f.* — **2** *vt* fracturer. **to ~ one's leg** se fracturer la jambe.

fragile ['frædʒaɪl] *adj* fragile.

fragment ['frægmənt] *n* fragment *m.*

fragrance ['freɪgrəns] *n* parfum *m.*

fragrant ['freɪgrənt] *adj* parfumé.

frail [freɪl] *adj* frêle.

frame [freɪm] — **1** *n (gen)* charpente *f; (of ship)* carcasse *f; (of car)* châssis *m; (of cycle, picture, racket)* cadre *m; (of door)* encadrement *m; (of spectacles)* monture *f.* **~ of mind** humeur *f.* — **2** *vt* **(a)** *(picture)* encadrer. **(b)** *(plan)* formuler; *(sentence)* construire. **(c)** *(crime etc)* **to be ~d** être victime d'un coup monté. ◆ **framework** *n* (*V* **frame 1**) charpente *f;* carcasse *f;* châssis *m;* encadrement *m; (of society, novel)* structure *f.*

franc [fræŋk] *n* franc *m.*

France [frɑːns] *n* France *f.* **in ~** en France.

Franco- ['fræŋkəʊ] *pref* franco-. **F~-British** franco-britannique. ◆ **francophile** *adj, n* francophile *(mf).*

frank[1] [fræŋk] *adj* franc (*f* franche). ◆ **frankly** *adv* franchement. ◆ **frankness** *n* franchise *f.*

frank[2] [fræŋk] *vt (letter)* affranchir.

frankfurter ['fræŋk,fɜːtəʳ] *n* saucisse *f* de Francfort.

frantic ['fræntɪk] *adj (activity, cry)* frénétique; *(desire)* effréné; *(person)* dans tous ses états.

fraternal [frə'tɜːnl] *adj* fraternel (*f* -elle). ◆ **fraternity** *n* fraternité *f.* ◆ **fraternize** *vi* fraterniser (*with* avec).

fraud [frɔːd] *n (Law)* fraude *f*. **he's a ~** c'est un imposteur, *(less serious)* il joue la comédie*. ◆ **fraudulent** *adj* frauduleux (*f* -euse).
fraught [frɔːt] *adj (tense)* tendu; *(risky)* risqué*. **~ with** plein de.
fray [freɪ] — **1** *vi (of garment)* s'effilocher; *(of rope)* s'user. — **2** *vt* effilocher; user. **tempers were getting ~ed** tout le monde commençait à s'énerver; **my nerves are quite ~ed** je suis à bout de nerfs.
freak [friːk] — **1** *n (person or animal)* phénomène *m*. **a health food ~*** un(e) fana* des aliments naturels. — **2** *adj (weather)* anormal; *(error)* bizarre; *(victory)* inattendu.
freckle ['frekl] *n* tache *f* de rousseur. ◆ **freckled** *adj* plein de taches de rousseur.
free [friː] — **1** *adj* **(a)** *(at liberty)* libre (*to do* de faire). **to get ~** se libérer; **to set ~** libérer; **~ from** *or* **of** sans; **to be ~ of sb** être débarrassé de qn; **tax ~** hors taxe; **~ and easy** décontracté; **~ church** église *f* non-conformiste; **~ enterprise** libre entreprise *f*; **to give sb a ~ hand** donner carte blanche à qn (*to do* pour faire); **~ kick** coup *m* franc; **~ love** amour *m* libre; **~ speech** liberté *f* de parole; **~ trade** libre-échange *m*; **of his own ~ will** de son propre gré. **(b)** *(costing nothing)* gratuit. **(c)** *(not occupied: room, person)* libre. **(d)** *(lavish)* **to be ~ with one's money** dépenser son argent sans compter; **feel ~!*** je t'en prie! — **2** *adv (without paying)* gratuitement. — **3** *vt (gen)* libérer (*from* de); *(sb trapped)* dégager; *(pipe)* déboucher.
◆ **freedom** *n* liberté *f*. **~ of speech** liberté de la parole; **~ from responsibility** absence *f* de responsabilité; **to give sb the ~ of a city** nommer qn citoyen d'honneur d'une ville; **~ fighter** guérillero *m*. ◆ **free-for-all** *n* mêlée *f* générale. ◆ **freehold** *adv* en propriété libre. ◆ **freelance** *adj* indépendant. ◆ **freely** *adv (give)* libéralement; *(grow)* avec luxuriance; *(speak)* franchement; *(act)* librement. ◆ **freemason** *n* franc-maçon *m*. ◆ **freemasonry** *n* franc-maçonnerie *f*. ◆ **free-range** *adj* de ferme *(œufs etc)*. ◆ **freethinker** *n* libre-penseur *m* (*f* -euse). ◆ **freeway** *n (US)* autoroute *f (sans péage)*. ◆ **freewheel** *vi* être en roue libre.
freeze [friːz] *pret* **froze**, *ptp* **frozen** — **1** *vi (gen)* geler; *(food)* se congeler. *(weather)* **to ~ hard** geler dur; **I'm freezing** *or* **frozen** je suis gelé; **my hands are freezing** j'ai les mains gelées; **to be frozen stiff** être gelé jusqu'aux os; **frozen food** aliments *mpl* surgelés; **to ~ to death** mourir de froid; **to ~ up** geler; *(of windscreen)* givrer; **he froze in his tracks** il est resté figé sur place. — **2** *vt (water etc)* geler; *(food)* surgeler; *(prices, wages)* bloquer. — **3** *n* gel *m*; *(of prices, wages)* blocage *m*. ◆ **freeze-dry** *vt* lyophiliser. ◆ **freezer** *n* congélateur *m*; *(part of fridge)* freezer *m*. ◆ **freezing** *adj* glacial. **~ fog** brouillard *m* givrant; **below ~ point** au-dessous de zéro.
freight [freɪt] *n* fret *m*. ◆ **freighter** *n* cargo *m*.
French [frentʃ] — **1** *adj* français; *(lesson, teacher, dictionary)* de français; *(embassy)* de France. **~ bean** haricot *m* vert; **~ Canadian** *(adj)* canadien français; *(n)* Canadien(ne) français(e) *m(f)*; **~ dressing** vinaigrette *f*; **~ fries** frites *fpl*; **~ horn** cor *m* d'harmonie; **to take ~ leave** filer à l'anglaise*; **~ loaf** baguette *f (de pain)*; **~ window** porte-fenêtre *f*. — **2** *n (language)* français *m*. **the ~** les Français *mpl*.
◆ **Frenchman** *n* Français *m*. ◆ **French-speaking** *adj* qui parle français; *(nation etc)* francophone. ◆ **Frenchwoman** *n* Française *f*.
frenzy ['frenzɪ] *n* frénésie *f*.
frequent ['friːkwənt] — **1** *adj* fréquent. **a ~ visitor to ...** un habitué de .... — **2** [frɪ'kwent] *vt* fréquenter. ◆ **frequently** *adv* fréquemment.
fresco ['freskəʊ] *n* fresque *f*.
fresh [freʃ] *adj (gen: not stale)* frais (*f* fraîche); *(new, different)* nouveau (*f* nouvelle); *(clothes)* de rechange. **to make a ~ start** prendre un nouveau départ; **~ water** *(not salt)* eau *f* douce, **to go out for a breath of ~ air** sortir prendre l'air; **in the ~ air** au grand air; **don't get ~ with me!*** pas d'impertinences! ◆ **freshen** *vi (of wind)* fraîchir. **to ~ up** *(wash etc)* faire un brin de toilette. ◆ **fresher** *or* ◆ **freshman** *n* étudiant(e) *m(f)* de première année. ◆ **freshly** *adv* nouvellement. ◆ **freshness** *n* fraîcheur *f*. ◆ **freshwater** *adj (fish)* d'eau douce.
fret [fret] *vi* s'agiter; *(of baby)* pleurer. **don't ~!** ne t'en fais pas! ◆ **fretful** *adj (child)* grognon *f inv*. ◆ **fretfully** *adv* avec énervement.
friar ['fraɪəʳ] *n* frère *m (moine)*.
friction ['frɪkʃən] *n* friction *f*.
Friday ['fraɪdɪ] *n* vendredi *m*; *for phrases V* **Saturday**.
fridge [frɪdʒ] *n* frigidaire *m* ℞.
fried [fraɪd] *pret, ptp of* **fry²**.
friend [frend] *n* ami(e) *m(f)*; *(schoolmate, workmate etc)* camarade *mf*. **a ~ of mine** un de mes amis; **~s of ours** des amis à nous; **her best ~** sa meilleure amie; **to make ~s with sb** devenir ami avec qn; *(after quarrel)* **to make ~s** faire la paix; **Society of F~s** Quakers *mpl*. ◆ **friendliness** *n* attitude *f* amicale. ◆ **friendly** *adj (gen)* amical; *(dog, act)* gentil; *(advice)* d'ami. **I am quite ~ with her** je suis assez ami(e) avec elle; **on ~ terms with** en termes amicaux avec. ◆ **friendship** *n* amitié *f*.
frieze [friːz] *n* frise *f*.
fright [fraɪt] *n* peur *f*. **to take ~** s'effrayer (*at* de); **to have a ~** avoir peur; **to give sb a ~** faire peur à qn. ◆ **frightful** *adj* affreux (*f* -euse). ◆ **frightfully** *adv (gen)* affreusement; *(very: kind, pretty)* terriblement. **~ sorry** absolument désolé.
frighten ['fraɪtn] *vt* faire peur à, effrayer. **to ~ sb away** *or* **off** chasser qn. ◆ **frightened** *adj* effrayé. **to be ~ of (doing) sth** avoir peur de (faire) qch; **to be ~ to death** avoir une peur bleue. ◆ **frighteningly** *adv* épouvantablement.
frigid ['frɪdʒɪd] *adj (gen)* glacial, *(woman)* frigide.
frill [frɪl] *n* volant *m*. *(fig)* **without any ~s** tout simple.
fringe [frɪndʒ] *n (gen)* frange *f*; *(of forest)* lisière *f*. *(fig)* **on the ~ of society** en marge de la société; **~ benefits** avantages *mpl* divers; **~ theatre** théâtre *m* marginal.
frisk [frɪsk] *vt* fouiller.
frisky ['frɪskɪ] *adj* fringant.
fritter¹ ['frɪtəʳ] *vt* (**~ away**) gaspiller.
fritter² ['frɪtəʳ] *n (food)* beignet *m*.
frivolous ['frɪvələs] *adj* frivole.
frizzy ['frɪzɪ] *adj (hair)* crêpelé.
fro [frəʊ] *adv*: **to walk to and ~** marcher de long en large; **to go to and ~ between** faire la navette entre.
frock [frɒk] *n* robe *f*.

frog [frɒg] *n* grenouille *f.* *(fig)* **to have a ~ in one's throat** avoir un chat dans la gorge. ◆ **frogman** *n* homme-grenouille *m.*

from [frɒm] *prep* **(a)** *(gen)* de. **~ London to Paris** de Londres à Paris; **where are you ~?** d'où venez-vous?; **~ under the table** de dessous la table; **a letter ~ my mother** une lettre de ma mère; **tell him ~ me** dites-lui de ma part; **~ the novel by...** d'après le roman de... **(b)** *(with dates, numbers)* à partir de. **~ the 29th May** à partir du 29 mai; **it is 10 km ~ the coast** c'est à 10 km de la côte; **dresses ~ 150 francs** robes à partir de 150 F; **~ 10 to 15 people** de 10 à 15 personnes. **(c)** *(out of)* dans. **to drink ~ a glass** boire dans un verre; **he took it ~ the cupboard** il l'a pris dans le placard; **to pick sb ~ the crowd** choisir qn dans la foule. **(d)** *(away from)* à. **take the knife ~ this child!** prenez le couteau à cet enfant!; **he stole it ~ them** il le leur a volé. **(e)** *(other uses)* **to speak ~ notes** parler avec des notes; **to act ~ conviction** agir par conviction; **to die ~ fatigue** mourir de fatigue; **~ what I heard** d'après ce que j'ai entendu.

front [frʌnt] — **1** *n* **(a)** *(gen)* devant *m;* *(of class)* premier rang *m;* *(of vehicle)* avant *m;* *(of book)* début *m.* **in ~** *(be, walk, put)* devant; *(send, move)* en avant; **in ~ of the table** devant la table; *(in car)* **in the ~** à l'avant; *(Sport)* **to be in ~** mener; *(fig)* **it's all just a ~** tout ça n'est que façade. **(b)** *(Mil etc)* front *m.* **at the ~** au front; **on all ~s** de tous côtés; **on the ~** *(beach)* sur le front de mer. — **2** *adj (garden, tooth)* de devant; *(wheel)* avant *inv;* *(row, page)* premier (*f* -ière). **~ door** *(house)* porte *f* d'entrée; *(car)* portière *f* avant; *(Mil)* **~ line(s)** front *m;* *(Press)* **on the ~ page** en première page; **it was ~-page news** cela a été à la une* des journaux; **~ room** pièce *f* de devant; *(lounge)* salon *m;* **to have a ~ seat** *(lit)* avoir une place au premier rang; *(fig)* être aux premières loges; **~-wheel drive** traction *f* avant. ◆ **frontage** *n* façade *f.* ◆ **frontal** *adj (gen)* frontal; *(attack)* de front.

frontier ['frʌntɪəʳ] — **1** *n* frontière *f.* — **2** *adj (town, zone)* frontière *inv.*

frost [frɒst] *n* gel *m;* *(hoar~)* givre *m.* **10° of ~** 10° au-dessous de zéro. ◆ **frostbite** *n* gelure *f.* ◆ **frostbitten** *adj* gelé. ◆ **frosted** *adj (windscreen)* givré; *(opaque: glass)* dépoli. ◆ **frosting** *n (US: icing)* glaçage *m.* ◆ **frosty** *adj* glacial. **it is going to be ~** il va geler.

froth [frɒθ] — **1** *n* mousse *f.* — **2** *vi* mousser.

frown [fraʊn] — **1** *n* froncement *m* (de sourcils). — **2** *vi* froncer les sourcils; *(fig: also ~* **on**) désapprouver.

froze(n) ['frəʊz(n)] *pret (ptp) of* **freeze.**

frugal ['fruːgəl] *adj* frugal.

fruit [fruːt] — **1** *n* fruit *m.* **may I have some ~?** puis-je avoir un fruit?; **more ~** plus de fruits; **~ is good for you** les fruits sont bons pour la santé; *(lit, fig)* **to bear ~** porter fruit. — **2** *adj (basket)* à fruits; *(salad)* de fruits. **~ cake** cake *m;* **~ farm** exploitation *f* fruitière; **~ machine** machine *f* à sous; **~ tree** arbre *m* fruitier. ◆ **fruiterer** *n* fruitier *m* (*f* -ière). ◆ **fruitful** *adj* fécond; *(fig)* fructueux (*f* -ueuse). ◆ **fruitless** *adj* stérile *(fig).* ◆ **fruity** *adj (flavour)* fruité; *(voice)* bien timbré.

frustrate [frʌs'treɪt] *vt (hopes)* tromper; *(attempts, plans)* faire échouer; *(person)* décevoir. ◆ **frustrated** *adj (person)* frustré; *(effort)* vain. **he feels very ~** il se sent très insatisfait. ◆ **frustrating** *adj* irritant. ◆ **frustration** *n* frustration *f;* *(sth frustrating etc)* déception *f.*

fry[1] [fraɪ] *n:* **the small ~** le menu fretin.

fry[2] [fraɪ] *pret, ptp* **fried** — **1** *vt* faire frire. **fried eggs** œufs *mpl* sur le plat; **fried fish** poisson *m* frit. — **2** *vi* frire. ◆ **frying pan** *n* poêle *f* (à frire).

ft. *abbr of* **foot, feet.**

fuchsia ['fjuːʃə] *n* fuchsia *m.*

fudge [fʌdʒ] *n* fondant *m.*

fuel [fjʊəl] — **1** *n (gen)* combustible *m;* *(for engine)* carburant *m.* **~ oil** mazout *m,* fuel *m;* **~ pump** pompe *f* d'alimentation; **~ tank** réservoir *m* à carburant. — **2** *vt (furnace etc)* alimenter; *(vehicles)* ravitailler en carburant. — **3** *vi* se ravitailler en carburant. **~ling stop** escale *f* technique.

fugitive ['fjuːdʒɪtɪv] *adj, n* fugitif *m* (*f* -ive).

fulfil, *(US)* **-fill** [fʊl'fɪl] *vt (order)* exécuter; *(condition)* remplir; *(ambition)* réaliser; *(hope)* répondre à; *(prayer)* exaucer; *(promise)* tenir. **to feel ~led** se réaliser dans la vie. ◆ **fulfilling** *adj (work)* profondément satisfaisant.

full [fʊl] — **1** *adj (gen)* plein (*of* de); *(hotel, bus, train)* complet (*f* -ète); *(programme)* chargé; *(lips)* charnu; *(skirt)* large. **~ moon** pleine lune *f;* **~ employment** plein emploi *m;* **a ~ life** une vie bien remplie; **~ of life** débordant d'entrain; **to be ~ up** *(no rooms etc left)* être complet; *(not hungry)* avoir trop mangé; **the ~ particulars** tous les détails; **~ information** des renseignements complets; **2 ~ hours** 2 bonnes heures; **~ name** nom et prénom(s) *mpl;* **at ~ speed** à toute vitesse; *(in sentence)* **~ stop** point *m;* **to come to a ~ stop** s'arrêter complètement; **to be in ~ swing** battre son plein; **in ~ uniform** en grande tenue. — **2** *adv:* **~ well** fort bien; **to go ~ out** aller à toute vitesse. — **3** *n:* **in ~** *(write sth)* en toutes lettres; *(publish)* intégralement; **he paid in ~** il a tout payé; **to the ~** *(use)* au maximum. ◆ **fullback** *n (Sport)* arrière *m.* ◆ **full-length** *adj (portrait)* en pied; *(film)* long métrage. ◆ **fullness** *n:* **in the ~ of time** *(eventually)* avec le temps. ◆ **full-scale** *adj (drawing, replica)* grandeur nature *inv;* *(search, retreat)* de grande envergure. **~ fighting** une bataille rangée. ◆ **full-time** — **1** *n (Sport)* fin *f* de match. — **2** *adj, adv* à plein temps. **it's a ~ job doing that** il faut le faire 24 heures sur 24. ◆ **fully** *adv (satisfied)* entièrement; *(understand)* très bien; *(use)* au maximum; *(at least)* au moins. ◆ **fully-fashioned** *adj* entièrement diminué.

fumble ['fʌmbl] *vi* (**~ about, ~ around**) *(in the dark)* tâtonner; *(in pockets)* fouiller (*for sth* pour trouver qch). **to ~ with sth** tripoter qch.

fume [fjuːm] — **1** *vi* fumer; (*: *be furious)* être en rage. — **2** *n:* **~s** *(gen)* exhalaisons *fpl;* *(from factory)* fumées *fpl.*

fumigate ['fjuːmɪgeɪt] *vt* désinfecter par fumigation.

fun [fʌn] *n:* **to have (good** *or* **great) ~** bien s'amuser; **to be (good** *or* **great) ~** être très amusant; **what ~!** ce que c'est amusant!; **for ~, in ~** pour rire; **to spoil sb's ~** empêcher qn de s'amuser; **to have ~ and games with sth** *(fig: trouble)* en voir de toutes les couleurs* avec qch; **to make ~ of sb** se moquer de qn. ◆ **funfair** *n* fête *f* foraine.

function ['fʌŋkʃən] — **1** *n (gen)* fonction *f;* *(reception)* réception *f;* *(official ceremony)* cérémonie *f* publique. — **2** *vi* fonctionner. **to ~ as** faire fonction de.

fund [fʌnd] *n* fonds *m.* **~s** fonds *mpl;* **in ~s** en fonds.

fundamental [ˌfʌndəˈmentl] — **1** *adj* fondamental. — **2** *n:* **the ~s** les principes *mpl* essentiels. ◆ **fundamentally** *adv* fondamentalement.

funeral [ˈfjuːnərəl] — **1** *n* enterrement *m; (grander)* funérailles *fpl. (fig)* **that's your ~!*** tant pis pour toi! — **2** *adj (service etc)* funèbre. **~ director** entrepreneur *m* des pompes funèbres; **~ procession** cortège *m* funèbre.

fungus [ˈfʌŋgəs] *n, pl* **-gi** *(plant)* champignon *m.*

funnel [ˈfʌnl] *n (for pouring)* entonnoir *m; (on ship etc)* cheminée *f.*

funnily [ˈfʌnɪlɪ] *adv (amusingly)* drôlement; *(strangely)* curieusement. **~ enough, ...** chose curieuse, ...

funny [ˈfʌnɪ] *adj* **(a)** *(comic)* drôle, amusant. **it's not ~** ça n'a rien de drôle. **(b)** *(strange)* curieux (*f* -ieuse), bizarre. **a ~ idea** une drôle d'idée; **it tastes ~** ça a un drôle de goût; **I felt ~*** je me suis senti tout chose*.

fur [fɜːʳ] *n* **(a)** *(on animal)* poil *m; (for wearing)* fourrure *f.* **~ coat** manteau *m* de fourrure. **(b)** *(in kettle etc)* tartre *m.*

furious [ˈfjʊərɪəs] *adj (person)* furieux (*f* -ieuse) (*with sb* contre qn; *at having done* d'avoir fait); *(struggle)* acharné; *(speed)* fou (*f* folle). ◆ **furiously** *adv* furieusement; *(fight)* avec acharnement; *(rush)* à une allure folle.

furnace [ˈfɜːnɪs] *n* fourneau *m; (for central heating etc)* chaudière *f.*

furnish [ˈfɜːnɪʃ] *vt* **(a)** *(house)* meubler (*with* de). **(b)** *(supply: thing)* fournir (*to* à); *(person)* pourvoir (*with sth* de qch). ◆ **furnishing** *n:* **~s** mobilier *m;* **~ fabrics** tissus *mpl* d'ameublement.

furniture [ˈfɜːnɪtʃəʳ] *n* meubles *mpl.* **a piece of ~** un meuble; **~ polish** encaustique *f;* **~ shop** magasin *m* d'ameublement; **~ van** camion *m* de déménagement.

furrier [ˈfʌrɪəʳ] *n* fourreur *m.*

furrow [ˈfʌrəʊ] *n (in field)* sillon *m; (on brow)* ride *f.*

furry [ˈfʌrɪ] *adj (animal)* à poil; *(toy)* en peluche.

further [ˈfɜːðəʳ] *comp of* **far** — **1** *adv* **(a)** = **farther. (b)** *(more)* davantage, plus. **without thinking any ~** sans réfléchir davantage; **I got no ~ with him** je ne suis arrivé à rien de plus avec lui; **we heard nothing ~ from him** nous n'avons plus rien reçu de lui; *(in letter)* **~ to** par suite à. — **2** *adj* **(a)** = **farther. (b)** *(additional)* supplémentaire, autre. **~ information** des renseignements *mpl* supplémentaires; **a ~ letter** une autre lettre; **~ education** enseignement *m* post-scolaire; **college of ~ education** centre *m* d'enseignement post-scolaire. — **3** *vt* promouvoir. ◆ **furthermore** *adv* en outre, de plus.

furtive [ˈfɜːtɪv] *adj (action)* furtif (*f* -ive); *(person)* sournois.

fury [ˈfjʊərɪ] *n* fureur *f.* **in a ~** en furie.

fuse [fjuːz] — **1** *vi (of metals)* fondre; *(fig)* fusionner. **the television** (*or* **the lights** *etc*) **~d** les plombs ont sauté. — **2** *n* **(a)** *(wire)* plomb *m,* fusible *m.* **to blow a ~** faire sauter un plomb *or* un fusible; **~ box** boîte *f* à fusibles; **~ wire** fusible *m.* **(b)** *(of bomb etc)* détonateur *m.* ◆ **fused** *adj* avec fusible incorporé. ◆ **fusion** *n* fusion *f.*

fuselage [ˈfjuːzəlɑːʒ] *n* fuselage *m.*

fuss [fʌs] — **1** *n* histoires* *fpl.* **to make a ~** faire un tas d'histoires* (*about, over* pour); **to make a ~ of sb** être aux petits soins pour qn. — **2** *vi* s'agiter; *(worriedly)* se tracasser. **to ~ over sb** être aux petits soins pour qn. ◆ **fussy** *adj (person)* tatillon (*f* -onne); *(dress, style)* tarabiscoté. **I'm not ~*** *(don't mind)* ça m'est égal.

futile [ˈfjuːtaɪl] *adj* vain.

future [ˈfjuːtʃəʳ] — **1** *n* **(a)** avenir *m.* **in (the) ~** à l'avenir; **in the near ~** dans un proche avenir. **(b)** *(Grammar)* futur *m.* **in the ~** au futur. — **2** *adj* futur *(before n).* **at some ~ date** à une date ultérieure.

fuzz [fʌz] *n (frizzy hair)* cheveux *mpl* crépus; *(light growth)* duvet *m. (collective: police)* **the ~*** les flics* *mpl.*

G

G, g [dʒiː] *n* G, g *m; (Music)* sol *m.*

gabardine [ˌgæbəˈdiːn] *n* gabardine *f.*

gabble [ˈgæbl] *vti* baragouiner*.

gable [ˈgeɪbl] *n* pignon *m.*

gadget [ˈgædʒɪt] *n* gadget *m;* (*: *thingummy*) truc* *m.*

Gaelic [ˈgeɪlɪk] *adj, n* gaélique *(m).*

gag [gæg] — **1** *n* **(a)** *(in mouth)* bâillon *m.* **(b)** *(joke)* plaisanterie *f.* — **2** *vt* bâillonner.

gaiety [ˈgeɪɪtɪ] *n* gaieté *f.*

gaily [ˈgeɪlɪ] *adv* gaiement.

gain [geɪn] — **1** *n (profit)* bénéfice *m,* profit *m; (fig)* avantage *m; (increase)* augmentation *f* (*in* de); *(in wealth)* accroissement *m* (*in* de); *(knowledge etc)* acquisition *f* (*in* de); *(St Ex)* hausse *f.* **to do sth for ~** faire qch pour le profit. — **2** *vti* **(a)** *(gen)* gagner (*in* en; *by* à); *(experience)* acquérir; *(objective)* atteindre; *(liberty)* conquérir; *(friends)* se faire; *(supporters)* s'attirer. **to ~ ground** gagner du terrain. **(b)** *(increase)* **to ~ speed** prendre de la vitesse; **she's ~ed 3 kg** elle a pris 3 kg. **(c)** *(of watch)* avancer. **my watch has ~ed 5 minutes** ma montre a pris 5 minutes d'avance. **(d)** *(of runner)* **to ~ on sb** prendre de l'avance sur qn. ◆ **gainful** *adj* rémunérateur (*f* -trice).

gainsay [ˌgeɪnˈseɪ] *pret, ptp* **-said** *vt* nier.
gait [geɪt] *n* façon *f* de marcher.
gal. *abbr of* **gallon.**
gala [ˈgɑːlə] *n* gala *m; (sports)* grand concours *m.*
galaxy [ˈgæləksɪ] *n* galaxie *f.*
gale [geɪl] *n* coup *m* de vent. **it was blowing a ~** le vent soufflait très fort; **~ force winds** coups *mpl* de vent; **~ warning** avis *m* de coups de vent.
gallant [ˈgælənt] *adj* brave, vaillant.
gallantry [ˈgæləntrɪ] *n* bravoure *f.*
gall bladder [ˈgɔːlblædəʳ] *n* vésicule *f* biliaire.
gallery [ˈgælərɪ] *n (gen)* galerie *f; (for spectators etc)* tribune *f; (Theatre)* dernier balcon *m; (art: private)* galerie; *(state-owned)* musée *m.*
galley [ˈgælɪ] *n (ship's kitchen)* coquerie *f.*
Gallic [ˈgælɪk] *adj (French)* français.
galling [ˈgɔːlɪŋ] *adj* irritant.
gallon [ˈgælən] *n* gallon *m (Brit = 4,546 litres, US = 3,785 litres).*
gallop [ˈgæləp] — **1** *n* galop *m.* **at full ~** au grand galop. — **2** *vi* galoper. **to ~ away** *etc* partir *etc* au galop.
gallows [ˈgæləʊz] *npl* gibet *m.*
gallstone [ˈgɔːlstəʊn] *n* calcul *m* biliaire.
galore [gəˈlɔːʳ] *adv* en abondance.
galvanize [ˈgælvənaɪz] *vt (fig)* **to ~ sb into action** galvaniser qn.
gambit [ˈgæmbɪt] *n (fig)* manœuvre *f.*
gamble [ˈgæmbl] — **1** *n:* **it's a ~** c'est affaire de chance. — **2** *vi* jouer (*on* sur; *with* avec). **to ~ on sth** *(count on)* miser sur qch. ◆ **gambler** *n* joueur *m (f* -euse). ◆ **gambling** *n* le jeu *m.*
game[1] [geɪm] *n* **(a)** *(gen)* jeu *m.* **~ of cards** partie de cartes; **card ~** jeu de cartes *(bridge etc);* **a ~ of football** un match de football; **a ~ of tennis** une partie de tennis; **to have a ~ of** faire une partie de, jouer un match de; *(Scol)* **~s** sport *m;* **~s teacher** professeur *m* d'éducation physique; **to be good at ~s** être sportif *(f* -ive); **to put sb off his ~** troubler qn; **this isn't a ~!** c'est sérieux!; *(fig)* **the ~ is up** tout est fichu*; **what's the ~?*** qu'est-ce qui se passe?; **to beat sb at his own ~** battre qn sur son propre terrain. **(b)** *(birds, animals)* gibier *m.* **big ~** gros gibier; **~ birds** gibier *m* à plume. ◆ **gamekeeper** *n* garde-chasse *m.*
game[2] [geɪm] *adj:* **to be ~ to do sth** se sentir de taille à faire qch; **~ for anything** prêt à tout.
gammon [ˈgæmən] *n* jambon *m* fumé.
gamut [ˈgæmət] *n* gamme *f.* **to run the ~ of** passer par toute la gamme de.
gang [gæŋ] — **1** *n (gen)* bande *f; (of workmen)* équipe *f.* — **2** *vi:* **to ~ up*** se mettre à plusieurs (*to do* pour faire; *on sb* contre qn). ◆ **gangplank** *or* ◆ **gangway** *n* passerelle *f.*
gangrene [ˈgæŋgriːn] *n* gangrène *f.*
gangster [ˈgæŋstəʳ] *n* gangster *m.*
gaol [dʒeɪl] *(Brit)* = **jail.**
gap [gæp] *n (gen)* trou *m; (in print)* blanc *m; (narrow: in curtains, teeth)* interstice *m; (mountain pass)* trouée *f; (fig: gen)* vide *m; (in education)* lacune *f; (of time)* intervalle *m.* **to fill in a ~** boucher un trou, combler un vide; **a ~ in his memory** un trou de mémoire; **to close the ~ between A and B** rapprocher A et B.
gape [geɪp] *vi (stare)* **to ~ at sb** regarder qn bouche bée. ◆ **gaping** *adj* béant.
garage [ˈgærɑːʒ] — **1** *n* garage *m.* **~ mechanic** mécanicien *m;* **~ proprietor** garagiste *m.* — **2** *vt* mettre au garage.
garbage [ˈgɑːbɪdʒ] *n* ordures *fpl.*
garbled [ˈgɑːbld] *adj (gen)* embrouillé; *(speech)* incompréhensible.
garden [ˈgɑːdn] — **1** *n* jardin *m.* **~s** *(private)* parc *m; (public)* jardin public; **~ centre** pépinière *f;* **~ hose** tuyau *m* d'arrosage; **~ party** garden-party *f;* **~ produce** produits *mpl* maraîchers; **~ seat** banc *m* de jardin; **~ tools** outils *mpl* de jardinage. — **2** *vi* faire du jardinage. ◆ **gardener** *n* jardinier *m (f* -ière). ◆ **gardening** *n* jardinage *m.*
gargle [ˈgɑːgl] *vi* se gargariser.
gargoyle [ˈgɑːgɔɪl] *n* gargouille *f.*
garish [ˈgɛərɪʃ] *adj* voyant, criard.
garland [ˈgɑːlənd] *n* guirlande *f.*
garlic [ˈgɑːlɪk] *n* ail *m.* **~ salt** sel *m* d'ail; **~ sausage** saucisson *m* à l'ail.
garment [ˈgɑːmənt] *n* vêtement *m.*
garnet [ˈgɑːnɪt] *n* grenat *m.*
garnish [ˈgɑːnɪʃ] — **1** *vt* garnir (*with* de). — **2** *n* garniture *f.*
garret [ˈgærət] *n* mansarde *f.*
garrison [ˈgærɪsən] *n* garnison *f.*
garrulous [ˈgærʊləs] *adj* loquace.
garter [ˈgɑːtəʳ] *n* jarretière *f; (for men)* fixe-chaussette *m.*
gas [gæs] — **1** *n* **(a)** gaz *m inv.* **to cook with ~** faire la cuisine au gaz; *(Med)* **I had ~** j'ai eu une anesthésie au masque. **(b)** *(US: gasoline)* essence *f.* — **2** *vt* asphyxier; *(Mil)* gazer. — **3** *adj (industry)* du gaz; *(engine, stove, pipe)* à gaz; *(heating)* au gaz. **~ burner, ~ jet** brûleur *m* à gaz; **~ chamber** chambre *f* à gaz; **~ cooker** cuisinière *f* à gaz; **~ fire, ~ heater** appareil *m* de chauffage à gaz; **the ~ man** l'employé *m* du gaz; **~ meter** compteur *m* à gaz; **~ ring** *(part of cooker)* brûleur *m; (small stove)* réchaud *m* à gaz; *(US)* **~ station** station-service *f; (US)* **~ tank** réservoir *m* à essence. ◆ **gas-fired** *adj (heating)* au gaz. ◆ **gasmask** *n* masque *m* à gaz. ◆ **gasworks** *n* usine *f* à gaz.
gash [gæʃ] — **1** *n (in flesh)* entaille *f; (in fabric)* grande déchirure *f.* — **2** *vt:* **to ~ one's leg** s'entailler la jambe.
gasket [ˈgæskɪt] *n (on car)* joint *m* de culasse. **to blow a ~** griller un joint de culasse.
gasoline [ˈgæsəʊliːn] *n (US)* essence *f.*
gasp [gɑːsp] — **1** *n* halètement *m.* — **2** *vti (choke: also* **~ for breath**) haleter; *(from astonishment)* avoir le souffle coupé (*by* par). **to make sb ~** couper le souffle à qn; **'no!' she ~ed** 'pas possible!' souffla-t-elle.
gastric [ˈgæstrɪk] *adj* gastrique; *(flu)* gastro-intestinal; *(ulcer)* de l'estomac. ◆ **gastroenteritis** *n* gastro-entérite *f.*
gastronomic [ˌgæstrəˈnɒmɪk] *adj* gastronomique.
gate [geɪt] *n (to castle, town)* porte *f; (of field, level crossing)* barrière *f; (of garden)* porte; *(made of iron)* grille *f; (in canal)* vanne *f; (at sports ground)* entrée *f; (attendance: at match)* spectateurs *mpl. (at airport)* **~ 5** porte numéro 5. ◆ **gatecrasher*** *n (at party etc)* intrus(e) *m(f).* ◆ **gatepost** *n* montant *m* (de porte). ◆ **gateway** *n (to a place)* porte *f* (*to* de); *(to success)* porte *f* ouverte (*to* à).
gather [ˈgæðəʳ] — **1** *vt* **(a)** (**~ together**) rassembler. **(b)** *(flowers)* cueillir; (**~ in:** *crops*) récolter; (**~ up**) ramasser; (*collect: contributions, information)* recueillir. **to ~ one's thoughts** se ressaisir; **to ~ speed** prendre de la vitesse; **to ~ strength** se renforcer. **(c)** *(Sewing)* froncer. **(d)** *(infer)* croire comprendre (*from sb* d'après

ce que dit qn; *that* que). **as you will have ~ed** comme vous avez dû le deviner. — **2** *vi (of people)* se rassembler; *(of objects)* s'accumuler; *(of clouds)* s'amonceler; *(of storm)* se préparer. **to ~ round** s'approcher. ◆ **gathering** — **1** *n* réunion *f.* — **2** *adj* croissant; *(storm)* qui se prépare.

gaudy ['gɔːdɪ] *adj* voyant, criard.

gauge [geɪdʒ] — **1** *n* **(a)** *(size: of pipe etc)* calibre *m; (Rail)* écartement *m.* **(b)** *(instrument)* jauge *f.* **petrol ~** jauge d'essence; **pressure ~** manomètre *m;* **tyre ~** indicateur *m* de pression des pneus. — **2** *vt* jauger.

gaunt [gɔːnt] *adj (very thin)* émacié.

gauntlet ['gɔːntlɪt] *n* gant *m.* **to run the ~** foncer à travers une foule hostile.

gauze [gɔːz] *n* gaze *f.*

gave [geɪv] *pret of* **give.**

gay [geɪ] *adj* **(a)** *(person)* gai; *(thing)* joyeux (*f* -euse). **to have a ~ time** prendre du bon temps. **(b)** *(homosexual)* homosexuel (*f* -uelle).

gaze [geɪz] — **1** *n* regard *m* (fixe). — **2** *vi* regarder (*into space* dans le vide). **to ~ at sth** regarder fixement qch.

gazette [gə'zet] *n* journal *m* officiel. ◆ **gazetteer** *n* index *m* (géographique).

gear [gɪəʳ] — **1** *n* **(a)** *(gen)* matériel *m; (belongings)* affaires *fpl; (clothing)* vêtements *mpl;* (*: *modern*) fringues* *fpl* à la mode. **fishing** *etc* **~** matériel de pêche *etc.* **(b)** *(on car: mechanism)* embrayage *m; (speed)* vitesse *f.* **in ~** en prise; **not in ~** au point mort; **to change ~** changer de vitesse; **first** *or* **low ~** première vitesse; **in second ~** en seconde; **to change into third ~** passer en troisième. — **2** *vt:* **~ed up to do sth** préparé pour faire qch. ◆ **gearbox** *n* boîte *f* de vitesses. ◆ **gear-lever** *n* levier *m* de vitesse.

geese [giːs] *npl of* **goose.**

gelatin(e) ['dʒelətiːn] *n* gélatine *f.*

gem [dʒem] *n* pierre *f* précieuse. *(of thing, person)* **a ~** une vraie merveille.

Gemini ['dʒemɪniː] *npl* les Gémeaux *mpl.*

gen* [dʒen] — **1** *n* renseignements *mpl* (*on* sur). — **2** *vt:* **to get ~ned up on** se renseigner sur; **to ~ sb up on sth** donner à qn les coordonnées* de qch.

gender ['dʒendəʳ] *n (Grammar)* genre *m.*

gene [dʒiːn] *n* gène *m.*

genealogy ['dʒiːnɪ'ælədʒɪ] *n* généalogie *f.*

general ['dʒenərəl] — **1** *adj (gen)* général; *(not in detail: view, plan)* d'ensemble. **as a ~ rule** en règle générale; **in ~ use** d'usage courant; **the ~ public** le grand public; **the ~ reader** le lecteur moyen; **I've got the ~ idea** je vois la question; **~ election** élections *fpl* législatives; **~ hospital** centre *m* hospitalier; **~ knowledge** culture *f* générale; **~ manager** directeur *m* général; **G~ Post Office** *see* **G.P.O.; ~ practitioner** *see* **G.P.; ~ store** grand magasin *m.* **2** *n* général *m.* **in ~** en général. ◆ **generalize** *vti* généraliser. ◆ **generally** *adv* généralement, en général. **~ speaking** en général. ◆ **general-purpose** *adj* universel (*f* -elle).

generate ['dʒenəreɪt] *vt* produire. ◆ **generating station** *n* centrale *f* électrique.

generation [,dʒenə'reɪʃən] *n* génération *f.* **the ~ gap** le conflit des générations.

generator ['dʒenəreɪtəʳ] *n* groupe *m* électrogène.

generosity [,dʒenə'rɒsɪtɪ] *n* générosité *f.*

generous ['dʒenərəs] *adj (gen)* généreux (*f* -euse) (*with* de); (*large*) grand. ◆ **generously** *adv* généreusement.

genetics [dʒɪ'netɪks] *nsg* génétique *f.*

Geneva [dʒɪ'niːvə] *n* Genève. **Lake ~** le lac Léman.

genial ['dʒiːnɪəl] *adj* cordial.

genitals ['dʒenɪtlz] *npl* organes *mpl* génitaux.

genitive ['dʒenɪtɪv] *adj, n* génitif *(m).*

genius ['dʒiːnɪəs] *n* génie *m.* **to have a ~ for (doing) sth** avoir le génie de (faire) qch.

gent [dʒent] *n* (*abbr of* **gentleman**) homme *m.* *(cloakroom)* **the ~s*** les toilettes *fpl.*

genteel [dʒen'tiːl] *adj* qui se veut distingué.

gentle ['dʒentl] *adj (gen)* doux (*f* douce); *(exercise, heat)* modéré; *(hint, reminder)* discret (*f* -ète). ◆ **gentleness** *n* douceur *f.* ◆ **gently** *adv (gen)* doucement; *(say, smile)* gentiment. **to go ~ with sth** y aller doucement avec qch.

gentleman ['dʒentlmən] *n, pl* **-men** *(man)* monsieur *m* (*pl* messieurs); *(man of breeding)* gentleman *m.* **gentlemen!** messieurs!; **~'s agreement** accord *m* reposant sur l'honneur.

gentry ['dʒentrɪ] *n* petite noblesse *f.*

genuine ['dʒenjʊɪn] *adj* **(a)** *(authentic: silver)* véritable; *(antique)* authentique; *(goods)* garanti d'origine. **(b)** *(sincere)* sincère. ◆ **genuinely** *adv (prove, originate)* authentiquement; *(believe)* sincèrement; *(sorry, surprised)* vraiment.

geography [dʒɪ'ɒgrəfɪ] *n* géographie *f.*

geology [dʒɪ'ɒlədʒɪ] *n* géologie *f.*

geometry [dʒɪ'ɒmɪtrɪ] *n* géométrie *f.*

Georgian ['dʒɔːdʒɪən] *adj* du temps des rois George I-IV *(1714-1830).*

geranium [dʒɪ'reɪnɪəm] *n* géranium *m.*

geriatric ['dʒerɪ'ætrɪk] *adj* gériatrique.

germ [dʒɜːm] *n (Med)* microbe *m.* **~ warfare** guerre *f* bactériologique.

German ['dʒɜːmən] — **1** *adj* allemand. **East-~** est-allemand; **West-~** ouest-allemand; **~ measles** rubéole *f.* — **2** *n* Allemand(e) *m(f); (language)* allemand *m.*

Germany ['dʒɜːmənɪ] *n* Allemagne *f.* **East ~** Allemagne de l'Est; **West ~** Allemagne de l'Ouest.

gerund ['dʒerənd] *n* gérondif *m.*

gesticulate [dʒes'tɪkjʊleɪt] *vi* gesticuler.

gesture ['dʒestʃəʳ] *n (lit, fig)* geste *m.*

get [get] *pret, ptp* **got,** *(US) ptp* **gotten** — **1** *vt* **(a)** *(obtain)* avoir; *(permission, result)* obtenir (*from* de); *(help, present, shock)* recevoir; *(prize)* gagner; *(buy)* acheter. **to ~ sth to eat** manger qch; **to ~ sth for sb** trouver qch pour *or* à qn; **I've still 3 to ~** il m'en manque encore 3; **I didn't ~ much for it** je ne l'ai pas vendu cher; **he ~s it from his mother** il le tient de sa mère. **(b)** *(catch: ball, disease)* attraper; *(hit: target etc)* atteindre; *(seize)* saisir; *(understand)* comprendre; *(sb's name etc)* saisir. **got you at last!** enfin je te tiens!; **he'll ~ you for that!*** qu'est-ce que tu vas prendre!*; **that really ~s me!*** *(annoy)* ça me met en rogne*; *(thrill)* ça me fait quelque chose! **(c)** *(fetch: person)* aller chercher, faire venir; *(object)* chercher. **go and ~ my books** allez chercher mes livres; **can I ~ you a drink?** voulez-vous boire quelque chose? **(d)** *(have)* **to have got** avoir; **I have got 3 sisters** j'ai 3 sœurs. **(e)** *(cause etc)* **to ~ sb to do sth** faire faire qch à qn; **I got him to go** je l'ai fait partir; **to ~ sth done** faire faire qch; **to ~ one's hair cut** se faire couper les cheveux; **to ~ sth ready** préparer qch; **to ~ sb drunk** soûler qn; **to ~ sth to sb** faire parvenir qch à qn; **they got him home somehow** ils l'ont ramené tant bien que mal; **to ~ sth past the customs** passer qch à la douane; **where does that ~ us?** où est-ce que ça nous mène?

— **2** *vi* **(a)** *(go)* aller (*to* à; *from* de); *(arrive)* arriver (*at* à). **how do you ~ there?** comment fait-on pour y aller?; **how did that box ~ here?** comment se fait-il que cette boîte se trouve ici?; *(in book, work etc)* **where have you got to?** où en êtes-vous?; *(fig)* **now we're ~ting somewhere!*** enfin on arrive à quelque chose! **(b)** *(start to be etc)* devenir. **to ~ old** devenir vieux; **to ~ killed** se faire tuer; **it's ~ting late** il se fait tard; **to ~ to like sb** se mettre à aimer qn; **to ~ going** commencer, s'y mettre; **I got talking to him** je me suis mis à parler avec lui.

— **3** *(must)* **you've got to come** il faut absolument que vous veniez; **I haven't got to leave** je ne suis pas obligé de partir; **have you got to see her?** est-ce que vous êtes obligé de la voir?; *V also* **have 2.**

◆ **get about, get around** *vi (of person)* se déplacer; *(of news)* se répandre.

◆ **get across** — **1** *vi* traverser. — **2** *vt (road)* traverser; *(person)* faire traverser. *(fig)* **to ~ sth across to sb** faire comprendre qch à qn.

◆ **get along** *vi (manage)* se débrouiller (*without* sans); *(be on good terms)* s'entendre bien (*with sb* avec qn). **~ along with you!*** *(go away)* va-t-en!; *(stop joking)* ça va, hein!*

◆ **get at** *vt (place)* parvenir à; *(object on shelf)* atteindre; *(facts, truth)* découvrir. **let me ~ at him!*** que je l'attrape!; *(fig)* **what are you ~ting at?** où voulez-vous en venir?; **she's always ~ting at her brother** elle est toujours après son frère*.

◆ **get away** — **1** *vi (leave)* partir (*from* de; *with sth* avec qch); *(escape)* s'échapper (*from* de). **to ~ away from it all** partir se reposer loin de tout; **to ~ away with an apology** en être quitte pour une simple excuse; **there's no ~ting away from it** le fait est là. — **2** *vt:* **to ~ sth away from sb** arracher qch à qn.

◆ **get back** — **1** *vi (return)* revenir; *(move back)* reculer. **to ~ back (home)** rentrer chez soi; **to ~ back to bed** se recoucher; **let's ~ back to why** revenons à la question de savoir pourquoi. — **2** *vt (recover)* retrouver; *(sth lent)* se faire rendre; *(return)* renvoyer. *(fig)* **to ~ back at sb** rendre la monnaie de sa pièce à.

◆ **get by** *vi (of person)*, se débrouiller (*with, on* avec)

◆ **get down** — **1** *vi* descendre (*from, off* de); *(lie down)* se coucher. **to ~ down to (doing) sth** se mettre à (faire) qch. — **2** *vt sep (from shelf etc)* descendre (*off* de); *(swallow)* avaler; *(write)* noter; *(depress)* déprimer. **don't let it ~ you down!** ne vous laissez pas abattre!

◆ **get in** — **1** *vi (enter)* entrer; *(reach home)* rentrer; *(of train etc)* arriver; *(of political party)* accéder au pouvoir. — **2** *vt (thing)* rentrer; *(person)* faire entrer; *(obtain: groceries)* acheter; *(summon: police etc)* faire venir; *(insert)* glisser. **to ~ a word in edgeways** glisser *or* placer un mot.

◆ **get into** *vt (place)* entrer dans; *(vehicle)* monter dans; *(school etc)* être accepté dans; *(clothes)* mettre.

◆ **get off** — **1** *vi (depart)* partir; *(from vehicle)* descendre. **to ~ off with a fine** en être quitte pour une amende. — **2** *vt (remove)* enlever (*from* de); *(from ship)* débarquer; *(from punishment)* tirer d'affaire. **to ~ off sth** *(bus, horse etc)* descendre de qch; **to ~ off doing sth** se dispenser de faire qch.

◆ **get on** — **1** *vi (on bus etc)* monter; *(make progress)* faire des progrès; *(succeed)* réussir. **how are you ~ting on?** comment ça marche?; **to be ~ting on in years** se faire vieux; **time is ~ting on** il se fait tard; **~ting on for 500** près de 500; *(continue)* **~ on with it!** allez, au travail!; **to ~ on with sb** bien s'entendre avec qn. — **2** *vt:* **to ~ on sth** *(horse, bicycle)* monter sur qch; *(bus, train)* monter dans qch.

◆ **get out** — **1** *vi* sortir (*of* de); *(from vehicle)* descendre (*of* de); *(of news)* se répandre; *(escape)* s'échapper (*of* de). *(fig)* **to ~ out of** *(habit)* perdre; *(obligation)* se dérober à; *(difficulty)* se tirer de. — **2** *vt (object)* sortir; *(person)* faire sortir (*of* de); *(stain)* enlever.

◆ **get over** — **1** *vi* traverser. — **2** *vt (cross: river, road)* traverser; *(fence)* passer par-dessus; *(recover from: illness, loss)* se remettre de; *(surprise)* revenir de. **I can't ~ over the fact that...** je n'en reviens pas que... + *subj; (have done with)* **let's ~ it over** finissons-en; *(communicate)* **to ~ sth over to sb** faire comprendre qch à qn.

◆ **get round** — **1** *vi:* **to ~ round to doing sth** arriver à faire qch. — **2** *vt (difficulty)* tourner. **he knows how to ~ round her** il sait la prendre.

◆ **get through** — **1** *vi (of message, news)* parvenir (*to* à); *(in exam)* être reçu. **to ~ through to sb** *(Telephone)* obtenir la communication avec qn; *(fig: communicate with)* se faire comprendre de qn. — **2** *vt (hole, window)* passer par; *(crowd)* se frayer un chemin à travers; *(finish: task, book)* venir au bout de; *(use: food, supplies)* consommer. *(fig)* **I can't ~ it through to him that...** je n'arrive pas à lui faire comprendre que...

◆ **get together** — **1** *vi* se réunir. — **2** *vt* rassembler.

◆ **get up** — **1** *vi (rise)* se lever (*from* de). *(fig)* **I've got up to page 17** j'en suis à la page 17; **you never know what he'll ~ up to next** on ne sait jamais ce qu'il va encore inventer. — **2** *vt (tree, ladder)* monter à; *(hill)* gravir; *(petition)* organiser. **to ~ sb up** faire lever qn; **to ~ o.s. up as** se déguiser en; **beautifully got up** *(person)* très bien habillé.

◆ **getaway** *n:* **to make a ~** filer. ◆ **get-together** *n* petite réunion *f.* ◆ **get-well card** *n* carte *f* de vœux de bon rétablissement.

geyser ['giːzəʳ] *n* geyser *m; (water-heater)* chauffe-bain *m inv.*

ghastly ['gɑːstlɪ] *adj* horrible.

gherkin ['gɜːkɪn] *n* cornichon *m.*

ghost [gəʊst] *n* fantôme *m.* **~ story** histoire *f* de revenants. ◆ **ghostly** *adj* spectral.

giant ['dʒaɪənt] — **1** *n* géant *m.* — **2** *adj* géant; *(amount, task)* gigantesque.

gibberish ['dʒɪbərɪʃ] *n* charabia* *m.*

gibe [dʒaɪb] *n* raillerie *f.*

giblets ['dʒɪblɪts] *npl* abattis *mpl.*

giddy ['gɪdɪ] *adj (dizzy)* pris de vertige; *(height)* vertigineux (*f* -euse). **I feel ~** la tête me tourne; **to make sb ~** donner le vertige à qn.

gift [gɪft] *n* **(a)** cadeau *m.* **free ~** prime *f;* **to make sb a ~ of sth** faire don de qch à qn; **~ voucher** bon-prime *m;* **~ token** chèque-cadeau *m.* **(b)** *(talent)* don *m.* ◆ **gifted** *adj* doué (*for* pour; *with* de). **the ~ child** l'enfant surdoué. ◆ **gift-wrapping** *n* emballage-cadeau *m.*

gigantic [dʒaɪ'gæntɪk] *adj* gigantesque.
giggle ['gɪgl] — **1** *vi* rire (sottement). — **2** *n*: **to get the ~s** attraper le fou rire.
gild [gɪld] *vt* dorer.
gill [dʒɪl] *n = 0,142 litre.*
gills [gɪlz] *npl (of fish)* ouïes *fpl.*
gilt [gɪlt] *adj* doré.
gimlet ['gɪmlɪt] *n* vrille *f.*
gimmick ['gɪmɪk] *n* truc* *m,* astuce *f.*
gin [dʒɪn] *n* gin *m.* **~ and tonic** gin-tonic *m.*
ginger ['dʒɪndʒəʳ] — **1** *n* gingembre *m.* **~ beer** boisson *f* gazeuse au gingembre. — **2** *adj (hair)* roux (*f* rousse). ◆ **gingerbread** *n* pain *m* d'épice. ◆ **gingerly** *adv* avec précaution.
gingham ['gɪŋəm] *n (Textile)* vichy *m.*
gipsy ['dʒɪpsɪ] — **1** *n* bohémien(ne) *m(f); (pej)* romanichel(le) *m(f).* — **2** *adj (gen)* de bohémien, de gitan; *(music)* tsigane.
giraffe [dʒɪ'rɑːf] *n* girafe *f.*
girder ['gɜːdəʳ] *n* poutre *f.*
girdle ['gɜːdl] *n (corset)* gaine *f.*
girl [gɜːl] *n* petite fille *f,* jeune fille. **a little ~** une petite fille, une fillette; **an English ~** une jeune *or* petite Anglaise; **poor little ~** pauvre petite; **the Smith ~s** les filles des Smith; **~ scout** éclaireuse *f,* guide *f.* ◆ **girlfriend** *n (of boy)* petite amie *f; (of girl)* amie *f.* ◆ **girlhood** *n* jeunesse *f.*
giro ['dʒaɪrəʊ] *n*: **National G~** ≃ Comptes Chèques Postaux *mpl.*
girth [gɜːθ] *n* circonférence *f.*
gist [dʒɪst] *n (gen)* essentiel *m.* **give me the ~ of it** mettez-moi au courant.
give [gɪv] *pret* **gave,** *ptp* **given** *vti* **(a)** *(gen)* donner (*to* à); *(gift, food)* offrir (*to* à); *(message)* remettre (*to* à); *(pain, pleasure)* occasionner (*to* à); *(dedicate: life, fortune)* consacrer (*to* à). **one must ~ and take** il faut faire des concessions; **~ or take a few minutes** à quelques minutes près; **to ~ sb something to eat** donner à manger à qn; **can you ~ him something to do?** pouvez-vous lui trouver quelque chose à faire?; **you've ~n me your cold** tu m'as passé ton rhume; *(Telephone)* **~ me Charminster 231** passez-moi le 231 à Charminster; **how long do you ~ that marriage?** combien de temps crois-tu que ce mariage tiendra?; **~ me time** laissez-moi du temps; **~ me Mozart every time!*** pour moi, rien ne vaut Mozart; **to ~ sb to understand that** donner à entendre à qn que; **~ him my love** faites-lui mes amitiés; **what did you ~ for it?** combien l'avez-vous payé?; **I'd ~ anything to know** je donnerais n'importe quoi pour savoir; **~ us a song** chantez-nous quelque chose; **this lamp ~s a poor light** cette lampe éclaire mal; **it ~s a total of 100** cela fait 100 en tout. **(b)** *(with* **back, out** *etc)* **to ~ away** *(money)* donner; *(prizes)* distribuer; *(reveal)* révéler; *(betray)* trahir; **to ~ o.s. away** se trahir; **to ~ sth back to sb** rendre qch à qn; **to ~ in** *(yield)* renoncer; **to ~ in an essay** rendre une dissertation; **to ~ off heat** émettre de la chaleur; **to ~ on to** *(of window)* donner sur; **to ~ sth out** distribuer qch (*to* à); **to ~ over doing sth*** arrêter de faire qch; **to ~ up** *(friends, idea)* abandonner; *(seat)* céder; *(job)* quitter; **to ~ up doing** renoncer à faire; **to ~ sb up** *(patient)* condamner qn; *(visitor)* ne plus espérer voir qn; **to ~ sb up for lost** considérer qn comme perdu; **to ~ o.s. up to the police** se livrer à la police. **(c)** *(of elastic etc)* prêter. **to ~ way** *(ground)* s'affaisser; *(rope etc)* casser; *(yield: person)* céder (*to sb* devant qn; *to* à); *(agree)* consentir; *(make room for)* céder la place (*to* à); *(Aut)* céder la priorité (*to* à). ◆ **give-and-take** *n* concessions *fpl* mutuelles. ◆ **given** *adj (time, size)* donné, déterminé. **to be ~ to (doing) sth** être enclin à (faire) qch; **~ that** étant donné que.
glacé ['glæseɪ] *adj (fruit)* confit.
glacier ['glæsɪəʳ] *n* glacier *m.*
glad [glæd] *adj* content *(of, about* de; *to do* de faire; *that* que + *subj).* **he's only too ~ to do it** il ne demande pas mieux que de le faire. ◆ **gladly** *adv (willingly)* avec plaisir.
gladiolus [,glædɪ'əʊləs] *n, pl* **-li** glaïeul *m.*
glamorous ['glæmərəs] *adj (life)* brillant; *(person)* séduisant; *(job)* prestigieux (*f* -ieuse).
glamour ['glæməʳ] *n (of person)* fascination *f; (of occasion)* éclat *m.*
glance [glɑːns] — **1** *n* coup *m* d'œil, regard *m.* **at a ~** d'un coup d'œil; **at first ~** à première vue. — **2** *vi* **(a)** *(look)* jeter un coup d'œil (*at* sur, à). **(b) to ~ off** dévier (*sth* sur qch).
gland [glænd] *n* glande *f.* ◆ **glandular fever** *n* mononucléose *f* infectieuse.
glare [glɛəʳ] — **1** *vi* lancer un regard furieux (*at* à). — **2** *n* regard *m* furieux; *(of light)* éclat *m* éblouissant. ◆ **glaring** *adj (fact, mistake)* qui crève les yeux; *(injustice)* flagrant.
glass [glɑːs] — **1** *n* verre *m; (mirror)* glace *f.* **pane of ~** vitre *f;* **a ~ of wine** un verre de vin; **a wine ~** un verre à vin. — **2** *adj (gen)* de verre; *(door)* vitré. **~ case** vitrine *f.* ◆ **glasses** *npl (spectacles)* lunettes *fpl; (binoculars)* jumelles *fpl.* ◆ **glassful** *n* plein verre *m.* ◆ **glasshouse** *n (for plants)* serre *f.*
glaze [gleɪz] — **1** *vt (cake, meat)* glacer. — **2** *n (on tiles)* vernis *m; (on food)* glaçage *m.* ◆ **glazed** *adj (door)* vitré; *(pottery)* vernissé. ◆ **glazier** *n* vitrier *m.*
gleam [gliːm] — **1** *n* lueur *f.* — **2** *vi* luire.
glee [gliː] *n* joie *f.* **~ club** chorale *f.*
glen [glen] *n* vallon *m.*
glib [glɪb] *adj* désinvolte.
glide [glaɪd] *vi (of door, drawer)* glisser (en douceur); *(of bird, aircraft)* planer. **to ~ in** *etc* entrer *etc* silencieusement. ◆ **glider** *n* planeur *m.* ◆ **gliding** *n* vol *m* plané.
glimmer ['glɪməʳ] — **1** *vi* luire faiblement. — **2** *n* faible lueur *f.*
glimpse [glɪmps] — **1** *n* vision *f* momentanée (*of* de); *(of truth etc)* aperçu *m.* — **2** *vt* (*also* **catch a ~ of**) entrevoir.
glint [glɪnt] *n* reflet *m.*
glisten ['glɪsn] *vi* luire.
glitter ['glɪtəʳ] — **1** *vi* scintiller; *(of eyes)* briller. — **2** *n* scintillement *m; (fig)* éclat *m.*
gloat [gləʊt] *vi* exulter, jubiler. **to ~ over sb** triompher de qn.
global ['gləʊbl] *adj (world-wide)* mondial; *(comprehensive)* global.
globe [gləʊb] *n* globe *m.*
gloom [gluːm] *n* tristesse *f; (darkness)* ténèbres *fpl.* ◆ **gloomily** *adv* d'un air lugubre. ◆ **gloomy** *adj* morne, *(stronger)* lugubre. **to feel ~** avoir des idées noires.
glorious ['glɔːrɪəs] *adj* magnifique.
glory ['glɔːrɪ] *n* gloire *f.*
gloss [glɒs] — **1** *n* lustre *m.* **~ finish** brillant *m; (Photo)* glaçage *m;* **~ paint** peinture *f* laquée. — **2** *vi*: **to ~ over sth** *(play down)* glisser sur qch; *(hide)* dissimuler qch. ◆ **glossy** *adj (gen)* brillant; *(magazine)* de luxe.
glove [glʌv] *n* gant *m.* **~ compartment** boîte *f* à gants.

glow [gləʊ] — **1** *vi (of fire, metal, sky)* rougeoyer; *(of cigarette end, lamp)* luire; *(of eyes)* rayonner; *(of cheeks)* être en feu. **to ~ with health** être florissant de santé; **to ~ with pleasure** être radieux (*f* -ieuse). — **2** *n (of fire)* rougeoiement *m; (of lamp)* lueur *f; (of enthusiasm)* élan *m.* ◆ **glowing** *adj (words)* enthousiaste. **to paint sth in ~ colours** présenter qch en rose. ◆ **glow-worm** *n* ver *m* luisant.

glucose ['glu:kəʊs] *n* glucose *m.*

glue [glu:] — **1** *n* colle *f.* — **2** *vt* coller (*to, on* à). **to ~ sth together** recoller qch; **he was ~d to the television*** il est resté cloué devant la télévision.

glum [glʌm] *adj* triste, morose.

glut [glʌt] *n* surabondance *f.*

glutton ['glʌtn] *n* glouton(ne) *m(f).* **a ~ for punishment** un(e) masochiste *(fig).* ◆ **gluttony** *n* gloutonnerie *f.*

glycerin(e) [,glɪsə'ri:n] *n* glycérine *f.*

gnarled [nɑ:ld] *adj* noueux (*f* -euse).

gnat [næt] *n* moucheron *m.*

gnaw [nɔ:] *vti* ronger.

gnome [nəʊm] *n* gnome *m.*

go [gəʊ] *pret* **went,** *ptp* **gone** — **1** *vi* **(a)** *(gen)* aller (*to,* à, en; *from* de). **to ~ swimming** aller nager; **~ after him!** poursuivez-le!; **there he ~es!** le voilà!; **there he ~es again** *(he's at it again)* le voilà qui recommence; **here ~es!*** allez, on y va!; **who ~es there?** qui va là?; **you ~ first** passe devant; **you ~ next** à toi après; **~ and shut the door** va fermer la porte; **to be ~ing to do** aller faire; **to be just ~ing to do** être sur le point de faire; **to ~ to sb for sth** aller demander qch à qn; **we had gone only 3 km** nous n'avions fait que 3 km; **it won't ~ into my case** ça n'entre pas dans ma valise. **(b)** *(depart)* partir; *(disappear)* disparaître; *(of time)* passer; *(of hearing etc)* baisser; *(of health)* se détériorer. **to ~ on a journey** partir en voyage; **his mind is ~ing** il n'a plus toute sa tête; **the coffee has all gone** il n'y a plus de café; **we must be ~ing** il faut partir; *(Sport)* **~!** partez!; **it was gone 4 o'clock** il était plus de 4 heures; **to let ~ of sth** lâcher qch; **to let o.s. ~** se laisser aller; **we'll let it ~ at that** ça ira comme ça; **'John must ~!'** 'à bas John!'; **it was ~ing cheap** cela se vendait à bas prix; **~ing, ~ing, gone!** une fois, deux fois, adjugé! **(c)** *(function, progress)* marcher. **it ~es on petrol** ça marche à l'essence; *(of machine)* **to be ~ing** être en marche; **the train ~es at 90 km/h** le train roule à 90 km/h; **to keep ~ing** tenir le coup; **to get things ~ing** faire démarrer les choses; **to get ~ing on sth** se mettre à faire qch, s'attaquer à qch; **once he gets ~ing...** une fois lancé...; **to ~ well** *(of party etc)* bien se passer; *(of work)* bien marcher; **how's it ~ing?** comment ça va?*; **the tune ~es like this** voici l'air; **as things ~** dans l'état actuel des choses; **all went well for him** tout a bien marché (pour lui). **(d)** *(of fuse)* sauter. *(of garment)* **to ~ at the seams** craquer aux coutures; **to ~ at the elbows** être usé aux coudes. **(e)** *(make sound etc)* faire; *(of bell, clock)* sonner. **~ like that with your foot** faites comme ça du pied; **to ~ 'bang'** faire 'pan'. **(f)** *(other uses)* **I wouldn't ~ as far as to say that** je n'irais pas jusqu'à dire cela; **you've gone too far!** tu exagères!; **he's not bad, as boys ~** pour un garçon, il n'est pas mal; **money does not ~ very far** l'argent ne va pas loin; **4 into 12 ~es 3 times** 12 divisé par 4 égale 3; **4 into 3 won't ~** 3 divisé par 4, il n'y va pas; **the red ~es well with the green** le rouge va bien avec le vert; **is there any coffee ~ing?** est-ce qu'il y a du café?; **I'll have what's ~ing** je prendrai ce qu'il y a; **anything ~es*** tout est permis; **that ~es without saying** cela va sans dire; **what he says ~es** c'est lui qui commande; **to ~ it alone** se débrouiller tout seul; **to ~ unpunished** *(person)* s'en tirer sans châtiment; **to ~ hungry** avoir faim; **to ~ red** rougir; **the money will ~ towards it** on mettra l'argent de côté pour ça.

— **2** *n, pl* **~es (a) to keep sb on the ~** ne pas laisser souffler qn; **he has 2 books on the ~** il a 2 livres en train; **it's all ~!*** ça n'arrête pas! **(b) to have a ~** essayer (*at doing sth* de faire qch); **have a ~ at it** essayez de le faire; **at one ~** d'un seul coup; **to make a ~ of sth** réussir qch; **no ~!*** rien à faire!

◆ **go about** — **1** *vi:* **to ~ about with** *(friends)* fréquenter; *(boyfriend etc)* sortir avec. — **2** *vt:* **he knows how to ~ about it** il sait s'y prendre; **how does one ~ about getting seats?** comment fait-on pour avoir des places?

◆ **go across** *vi* traverser.

◆ **go after** *vt (job)* essayer d'avoir.

◆ **go against** *vt (oppose: public opinion)* aller à l'encontre de. **the decision went against him** la décision lui a été défavorable.

◆ **go ahead** *vi:* **~ ahead!** allez-y!; **to ~ ahead with a scheme** mettre un projet à exécution.

◆ **go along** *vi* aller, avancer. **I'll tell you as we ~ along** je vous le dirai en chemin; **to ~ along with sb** *(agree)* être d'accord avec qn; **I check as I ~ along** je vérifie au fur et à mesure.

◆ **go away** *vi* s'en aller, partir.

◆ **go back** *vi (return)* revenir, retourner. **to ~ back to a subject** revenir sur un sujet; **to ~ back to the beginning** recommencer; **it ~es back to 1900** cela remonte à 1900; **to ~ back on a decision** revenir sur une décision.

◆ **go by** — **1** *vi (of person, period of time)* passer. **as time ~es by** à mesure que le temps passe. — **2** *vt (appearances)* juger d'après; *(instructions)* suivre. **that's nothing to ~ by** ça ne prouve rien.

◆ **go down** *vi (descend)* descendre; *(fall, drop)* tomber; *(of tyre, swelling)* se dégonfler; *(of price)* baisser; *(sink)* couler; *(of sun)* se coucher. **to ~ down with flu** attraper la grippe; **his speech didn't ~ down well** son discours a été très mal reçu.

◆ **go for** *vt (attack)* attaquer. *(like)* **I don't ~ much for that*** ça ne me dit pas grand-chose.

◆ **go forward** *vi* avancer.

◆ **go in** *vi (enter)* entrer, rentrer; *(of troops)* attaquer; *(of sun)* se cacher (*behind* derrière). **to ~ in for** *(examination)* se présenter à; *(job)* poser sa candidature à; *(sport, hobby)* faire. **we don't ~ in for that** nous n'aimons pas beaucoup ça; **he's ~ing in for science** il va se spécialiser dans les sciences.

◆ **go into** *vt (take up: politics)* entrer dans. **let's not ~ into that** laissons cela; **to ~ into a question** examiner une question.

◆ **go off** — **1** *vi (leave)* partir, s'en aller; *(of feeling)* passer; *(of gun)* partir; *(of light, heating)* s'éteindre; *(of meat, fish)* se gâter; *(of milk)* tourner. **to ~ off with sth** emporter qch; **to ~ off with sb** partir avec qn; **the evening went off very well** la soirée s'est très bien passée — **2** *vt* **I've gone off cheese** *etc* je n'aime plus le fromage *etc.*

◆ **go on** *vi (be going on)* être en train; *(of time)* passer; *(continue)* continuer (*with sth* qch; *doing* de *or* à faire). **to ~ on to sth else** passer à qch d'autre; **he went on to say that...** il a dit ensuite que...; **~ on trying!** essaie encore!; **he ~es on and on about it*** il ne finit pas d'en parler; **while this was ~ing on** au même moment; **what's ~ing on here?** qu'est-ce qui se passe ici?; **what have you to ~ on?** *(judge by)* sur quoi vous fondez-vous?; **to ~ on at sb** *(nag)* s'en prendre continuellement à qn; **it's ~ing on for 5 o'clock** il est presque 5 heures.
◆ **go out** *vi (leave)* sortir (*of* de); *(depart)* partir (*to* pour, à); *(of tide)* descendre; *(of custom)* disparaître; *(of fire, light)* s'éteindre. **he ~es out a lot** il sort beaucoup; **she doesn't ~ out with him any more** elle ne sort plus avec lui; **to ~ out to work** travailler au dehors.
◆ **go over** — **1** *vi* passer (*to* à). — **2** *vt (accounts, report)* vérifier; *(house)* visiter; *(lesson)* revoir; *(facts etc)* récapituler. **let's ~ over it again** reprenons les faits.
◆ **go round** *vi (of wheel etc)* tourner; *(make a detour)* faire un détour (*by* par); *(of rumour)* circuler. **to ~ round to see sb** passer voir qn; **enough food to ~ round** assez de nourriture pour tout le monde.
◆ **go through** *vt (suffer)* subir; *(examine)* examiner à fond; *(pockets)* fouiller dans; *(use up: money)* dépenser; *(wear out: garment, shoes)* user. **she couldn't ~ through with it** elle n'a pas pu aller juqu'au bout.
◆ **go together** *vi* aller ensemble.
◆ **go up** *vi* monter; *(of curtain)* se lever; *(explode)* exploser. **to ~ up in price** augmenter.
◆ **go without** *vt* se passer de.
◆ **go-ahead** — **1** *adj* dynamique. — **2** *n:* **to give sb the ~** donner à qn le feu vert (*to do* pour faire). ◆ **go-between** *n* intermédiaire *mf.* ◆ **going** — **1** *n (pace)* **that was good ~** ça a été rapide; **while the ~ing was good** au bon moment. — **2** *adj:* **a ~ concern** une affaire qui marche. ◆ **goings-on*** *npl* activités *fpl.* ◆ **go-slow (strike)** *n* grève *f* perlée.

goad [gəʊd] *vt* aiguillonner.

goal [gəʊl] *n* but *m.* **to win by 3 ~s to 2** gagner par 3 buts à 2. ◆ **goalie*** *n* goal* *m.* ◆ **goalkeeper** *n* gardien *m* de but. ◆ **goalpost** *n* poteau *m* de but.

goat [gəʊt] *n* chèvre *f;* bouc *m.* **to act the ~*** faire l'andouille*.

gobble [ˈgɒbl] *vt* engloutir.

goblet [ˈgɒblɪt] *n* coupe *f; (modern)* verre *m* à pied.

goblin [ˈgɒblɪn] *n* lutin *m.*

god [gɒd] *n* dieu *m.* **G~** Dieu *m;* **G~ save the Queen** que Dieu bénisse la reine; **for G~'s sake!*** nom d'un chien!*; **(my) G~!*** bon Dieu!*; **G~ knows*** Dieu seul le sait; **G~ willing** s'il plaît à Dieu; *(Theatre)* **the ~s*** le poulailler*. ◆ **goddaughter** *n* filleule *f.* ◆ **goddess** *n* déesse *f.* ◆ **godfather** *n* parrain *m.* ◆ **god-forsaken** *adj (place)* perdu. ◆ **godmother** *n* marraine *f.* ◆ **godsend** *n* bénédiction *f* (*to* pour). ◆ **godson** *n* filleul *m.*

goggle [ˈgɒgl] *vi:* **to ~ at sth** regarder qch en roulant de gros yeux ronds. ◆ **goggles** *npl (gen)* lunettes *fpl* protectrices; *(of skindiver)* lunettes de plongée.

gold [gəʊld] — **1** *n* or *m.* — **2** *adj (watch etc)* en or; *(coin, mine)* d'or; (**~-coloured**) or *inv.* **~ rush** ruée *f* vers l'or. ◆ **golden** *adj (hair)* doré; *(era)* idéal; *(opportunity)* magnifique. *(fig)* **~ handshake** gratification *f* de fin de service; **~ syrup** mélasse *f* raffinée; **~ wedding** noces *fpl* d'or. ◆ **goldfinch** *n* chardonneret *m.* ◆ **goldfish** *n* poisson *m* rouge. **~ bowl** bocal *m* (à poissons). ◆ **gold-plated** *adj* plaqué or. ◆ **goldsmith** *n* orfèvre *m.*

golf [gɒlf] *n* golf *m.* **~ ball** balle *f* de golf; **~ club** *(stick, place)* club *m* de golf; **~ course** terrain *m* de golf. ◆ **golfer** *n* joueur *m* (*f* -euse) de golf.

gone [gɒn] *ptp of* **go.**

gong [gɒŋ] *n* gong *m.*

good [gʊd] — **1** *adj, comp* **better,** *superl* **best** **(a)** *(gen)* bon (*f* bonne); *(well-behaved: child, animal)* sage; *(high quality)* bien *inv.* **a ~ man** un homme bien *or* bon; **as ~ as gold** sage comme une image; **be ~!** sois sage!; **that's very ~ of you** vous êtes bien aimable; **G~ Friday** Vendredi saint; **very ~, sir!** très bien, monsieur!; *(fig)* **that's not ~ enough** c'est déplorable; **that's ~ enough for me** cela me suffit; **~ for you!** bravo!; **it's as ~ a way as any other** c'est une façon comme une autre; **it's ~ for you** ça te fait du bien. **(b)** *(competent)* **~ at French** bon en français; **she's ~ with children** elle sait s'y prendre avec les enfants; **he's ~ at telling stories** il sait bien raconter les histoires; **he's too ~ for that** il mérite mieux que cela. **(c)** *(agreeable: visit, holiday, news)* bon (*f* bonne) *(before n); (weather)* beau (*f* belle) *(before n).* **to have a ~ time** bien s'amuser; **~ looks** beauté *f;* **that looks ~ on you** ça te va bien; **he's on to a ~ thing*** il a trouvé un filon*; **it would be a ~ thing to ask him** il serait bon de lui demander; **it's a ~ thing I was there** heureusement que j'étais là; **too ~ to be true** trop beau pour être vrai; **it's ~ to be here** cela fait plaisir d'être ici; **I feel ~** je me sens bien. **(d)** *(in greetings)* **~ afternoon** *(early)* bonjour, *(later, on leaving)* bonsoir; **~ evening** bonsoir; **~ morning** bonjour; **~bye** au revoir; **~night** bonne nuit; **he sends his ~ wishes** il envoie ses amitiés; **with every ~ wish, with all ~ wishes** tous mes meilleurs vœux. **(e)** *(phrases)* **a ~ deal (of), a ~ many** beaucoup (de); **a ~ while** assez longtemps; **a ~ 8 kilometres** 8 bons kilomètres; **to give sth a ~ clean*** nettoyer qch à fond; **as ~ as** pour ainsi dire; **to make ~** *(succeed)* faire son chemin; *(replace: deficit, losses)* compenser; *(damage)* réparer.
— **2** *adv* bien. **a ~ strong stick** un bâton bien solide; **a ~ long walk** une bonne promenade; **~ and hot** bien chaud; **for ~** pour de bon; **for ~ and all** une fois pour toutes.
— **3** *n:* **the ~** le bien; *(people)* les bons *mpl;* **to do ~** faire du bien; **she's up to no ~*** elle prépare quelque mauvais coup; **he'll come to no ~** il finira mal; **the common ~** l'intérêt *m* commun; **for your own ~** pour votre bien; **for the ~ of his health** pour sa santé; **that will do you ~** cela vous fera du bien; **what's the ~ of hurrying?** à quoi bon se presser?; **it's no ~** ça ne sert à rien; **if that is any ~ to you** si ça peut vous être utile.
◆ **good-for-nothing** *adj, n* propre à rien *(mf).* ◆ **good-looking** *adj* beau (*f* belle), bien *inv.* ◆ **goodness** *n (of person)* bonté *f.* **my ~!*** Seigneur!; **~ knows*** Dieu sait; **for ~' sake*** par pitié. ◆ **goods** *npl* marchandises *fpl.* **leather ~** articles *mpl* de cuir; **~ train** train *m* de marchandises. ◆ **good-tempered** *adj* qui a

bon caractère. ◆ **goodwill** *n* bonne volonté *f.* ◆ **goodies** *npl (food)* friandises *fpl.*

gooey* ['gu:ɪ] *adj* gluant.

goose [gu:s] *n, pl* **geese** oie *f.*

gooseberry ['gʊzbərɪ] *n* groseille *f* à maquereau.

gooseflesh ['gʊ:sfleʃ] *n* chair *f* de poule.

gorge [gɔ:dʒ] *n* gorge *f.*

gorgeous ['gɔ:dʒəs] *adj (in appearance)* magnifique; *(holiday etc)* formidable*.

gorilla [gə'rɪlə] *n* gorille *m.*

gorse [gɔ:s] *n* ajoncs *mpl.*

gory ['gɔ:rɪ] *adj* sanglant. **all the ~ details** tous les détails les plus horribles.

gosh* [gɒʃ] *excl* ça alors!*

gospel ['gɒspəl] *n* évangile *m.*

gossip ['gɒsɪp] — **1** *n (talk)* commérages *mpl; (person)* commère *f.* **a piece of ~** un ragot; **~ column** échos *mpl;* **~ writer** échotier *m* (*f* -ière). — **2** *vi* bavarder; *(maliciously)* faire des commérages (*about* sur).

got [gɒt] *pret, ptp of* **get.**

Gothic ['gɒθɪk] *adj, n* gothique *(m).*

gout [gaʊt] *n (Med)* goutte *f.*

govern ['gʌvən] *vti (gen)* gouverner; *(affect)* déterminer. ◆ **governess** *n* gouvernante *f.*

government ['gʌvənmənt] — **1** *n* gouvernement *m; (the State)* l'État *m.* **local ~** administration *f* locale. — **2** *adj (policy)* gouvernemental; *(responsibility)* de l'État.

governor ['gʌvənə^r] *n (of state, bank)* gouverneur *m; (of prison)* directeur *m* (*f* -trice).

gown [gaʊn] *n* robe *f; (Law, University)* toge *f.*

G.P. ['dʒi:'pi:] *n* médecin *m* traitant, généraliste *m.* **who is your ~?** qui est votre médecin traitant?

G.P.O. [,dʒi:pi:'əʊ] *n (institution)* ≃ Postes et Télécommunications, P.T.T. *fpl; (building)* poste *f* centrale.

grab [græb] *vt* saisir. **to ~ sth from sb** arracher qch à qn.

grace [greɪs] *n (gen)* grâce *f.* **to say ~** dire le bénédicité; **to be in sb's good ~s** être bien vu de qn; **with good ~** de bonne grâce; **his saving ~** ce qui le rachète; **a day's ~** un jour de grâce. ◆ **graceful** *adj* gracieux (*f* -ieuse).

gracious ['greɪʃəs] *adj (person)* gracieux (*f* -ieuse) (*to* envers); *(action)* courtois; *(house)* d'une élégance raffinée. **~ living** vie *f* élégante.

grade [greɪd] — **1** *n* **(a)** *(in hierarchy)* catégorie *f; (Mil: rank)* rang *m; (of steel etc)* qualité *f; (size: of eggs etc)* calibre *m.* **high-~** de première qualité; *(fig)* **to make the ~** avoir les qualités requises. **(b)** *(US) (class)* classe *f; (mark)* note *f.* — **2** *vt* classer; *(apples etc)* calibrer.

gradient ['greɪdɪənt] *n* inclinaison *f.*

gradual ['grædjʊəl] *adj* graduel (*f* -elle). ◆ **gradually** *adv* graduellement, petit à petit.

graduate ['grædjʊeɪt] — **1** *vti* **(a)** *(jug etc)* graduer (*in* en; *according to* selon). **(b)** *(University)* ≃ obtenir sa licence (*or* son diplôme *etc*). — **2** ['grædjʊɪt] *n (University)* ≃ licencié(e) *m(f),* diplômé(e) *m(f).* ◆ **graduation** *n* remise *f* des diplômes.

graft [grɑ:ft] — **1** *n (Med)* greffe *f.* — **2** *vt* greffer (*on* sur).

grain [greɪn] *n (gen)* grain *m; (in wood)* fibre *f. (fig)* **it goes against the ~ for him to apologize** cela va à l'encontre de sa nature de s'excuser.

gram(me) [græm] *n* gramme *m.*

grammar ['græmə^r] *n* grammaire *f.* **that is bad ~** cela n'est pas grammatical; **~ school** ≃ lycée *m.* ◆ **grammatical** *adj* grammatical.

gramophone ['græməfəʊn] *n* phonographe *m.* **~ record** disque *m.*

granary ['grænərɪ] *n* grenier *m (à blé etc).*

grand [grænd] *adj (gen)* grand *(before n); (house)* splendide; *(excellent)* magnifique. **~ jury** jury *m* d'accusation; **~ piano** piano *m* à queue; **~ total** résultat *m* final; **a ~ tour** le tour complet; **the ~ old man of...** le patriarche de... ◆ **grandchildren** *npl* petits-enfants *mpl.* ◆ **granddaughter** *n* petite-fille *f.* ◆ **grandeur** *n* grandeur *f.* ◆ **grandfather** *n* grand-père *m.* **~ clock** ≃ horloge *f* de parquet. ◆ **grandmother** *n* grand-mère *f.* ◆ **grandparents** *npl* grands-parents *mpl.* ◆ **grandson** *n* petit-fils *m.* ◆ **grandstand** *n (Sport)* tribune *f.*

granite ['grænɪt] *n* granit *m.*

granny* ['grænɪ] *n* grand-maman* *f.*

grant [grɑ:nt] — **1** *vt (gen)* accorder; *(a request)* accéder à; *(admit)* admettre, reconnaître (*that* que). **~ed that...** en admettant que...; **I ~ you that** je vous l'accorde; **to take the details for ~ed** considérer les détails comme convenus. — **2** *n (subsidy)* subvention *f; (scholarship)* bourse *f.* **he is on a ~ of £900** il a une bourse de 900 livres.

granulated ['grænjʊleɪtɪd] *adj:* **~ sugar** sucre *m* semoule.

grape [greɪp] *n* grain *m* de raisin. **~s** du raisin *m.*

grapefruit ['greɪp,fru:t] *n* pamplemousse *m.*

grapevine ['greɪp,vaɪn] *n (fig)* **I heard on the ~ that...** j'ai appris par le téléphone arabe que...

graph [grɑ:f] *n* graphique *m.* **~ paper** ≃ papier *m* millimétré. ◆ **graphic** *adj (gen)* graphique; *(description)* vivant. ◆ **graphics** *nsg* art *m* graphique.

grapple ['græpl] *vi:* **to ~ with** être aux prises avec.

grasp [grɑ:sp] — **1** *vt* saisir. — **2** *n (fig)* **in one's ~** en son pouvoir; **a good ~ of mathematics** une solide connaissance des mathématiques.

grass [grɑ:s] *n* **(a)** herbe *f; (lawn)* gazon *m.* **'keep off the ~'** 'défense de marcher sur le gazon'; **~ court** court *m* en gazon; **~ cutter** grosse tondeuse *f* à gazon; *(fig)* **~ roots** base *f;* **~ snake** couleuvre *f.* **(b)** (*: *marijuana*) herbe* *f.* **(c)** (*: *police informer*) mouchard* *m.* ◆ **grasshopper** *n* sauterelle *f.*

grate[1] [greɪt] *n (fireplace)* foyer *m.*

grate[2] [greɪt] — **1** *vt (cheese etc)* râper. — **2** *vi* grincer (*on* sur). **it ~d on his nerves** cela lui tapait sur les nerfs*.

grateful ['greɪtfʊl] *adj* reconnaissant (*to* à; *towards* envers; *for* de); *(letter)* plein de reconnaissance. **I am most ~ to him** je lui suis très reconnaissant; **I should be ~ if you would come** je vous serais reconnaissant de venir; **with ~ thanks** avec mes plus sincères remerciements. ◆ **gratefully** *adv* avec reconnaissance.

grater ['greɪtə] *n* râpe *f.*

gratify ['grætɪfaɪ] *vt (person)* faire plaisir à; *(desire etc)* satisfaire. ◆ **gratified** *adj* content. ◆ **gratifying** *adj* agréable.

grating ['greɪtɪŋ] — **1** *n (grill)* grille *f.* — **2** *adj* grinçant.

gratitude ['grætɪtju:d] *n* gratitude *f* (*for* de).

gratuitous [grə'tju:ɪtəs] *adj* gratuit. ◆ **gratuity** *n (of soldiers)* prime *f* de démobilisation; *(tip)* pourboire *m*.
grave¹ [greɪv] *n* tombe *f*. ◆ **gravestone** *n* pierre *f* tombale. ◆ **graveyard** *n* cimetière *m*.
grave² [greɪv] *adj* **(a)** *(serious: gen)* grave, sérieux (*f* -ieuse); *(symptoms)* inquiétant. **(b)** [grɑ:v] *(accent)* grave. ◆ **gravely** *adv (gen)* gravement; *(wounded)* grièvement.
gravel ['grævəl] *n* gravier *m*. ~ **path** allée *f* de gravier.
gravity ['grævɪtɪ] *n* **(a)** pesanteur *f*. **the law of** ~ la loi de la pesanteur. **(b)** *(seriousness)* gravité *f*.
gravy ['greɪvɪ] *n* jus *m* de viande.
gray [greɪ] = **grey.**
graze¹ [greɪz] *vti* paître.
graze² [greɪz] *vt (touch lightly)* frôler; *(scrape: skin etc)* érafler.
grease [gri:s] — **1** *n* graisse *f*. — **2** *vt* graisser. ◆ **grease-gun** *n* pistolet *m* graisseur *m*. ◆ **greasepaint** *n* fard *m* gras. ◆ **greaseproof paper** *n* papier *m* sulfurisé. ◆ **greasy** *adj (hair, food, ointment)* gras (*f* grasse); *(slippery: road etc)* glissant; *(covered with grease)* graisseux (*f* -euse).
great [greɪt] — **1** *adj (gen)* grand *(before n); (heat, pain)* fort *(before n); (age)* avancé; *(excellent: holiday etc)* sensationnel* (*f* -elle). **G~ Britain** Grande-Bretagne *f;* **G~er London** le grand Londres; **a ~ man** un grand homme; **a ~ deal (of), a ~ many** beaucoup (de); **you were ~!*** tu as été magnifique!; **to have a ~ time** rudement* bien s'amuser; **he's ~* at football** il est doué pour le football; **he's a ~ one* for cathedrals** il adore visiter les cathédrales. — **2** *n:* **the ~** les grands *mpl*. — **3** *pref* **(a)** arrière-. **~-grandchildren** arrière-petits-enfants *mpl*. **(b)** grand-. **~-aunt** grand-tante *f*. **(c)** petit-. **~-niece** petite-nièce *f*. ◆ **greatcoat** *n* pardessus *m; (Mil)* capote *f*. ◆ **greatly** *adv (gen: love)* beaucoup; *(loved)* très; *(superior, prefer)* de beaucoup; *(improve, increase)* considérablement. **you're ~ mistaken** vous vous trompez grandement; **it is ~ to be feared** il est fort à craindre. ◆ **greatness** *n* grandeur *f*.
Greece [gri:s] *n* Grèce *f*.
Greek [gri:k] — **1** *adj* grec (*f* grecque). ~ **Orthodox Church** Église *f* orthodoxe grecque. — **2** *n* Grec(que) *m(f); (language)* grec *m*. **ancient ~** grec classique; *(fig)* **that's ~ to me*** tout ça c'est de l'hébreu pour moi*.
greed [gri:d] *n (gen)* avidité *f; (for food)* gloutonnerie *f*. ◆ **greedily** *adv (snatch)* avidement; *(eat)* gloutonnement; *(drink)* avec avidité. ◆ **greedy** *adj* avide *(for* de); *(for food)* glouton (*f* -onne). **don't be ~!** *(gen)* n'en demande pas tant!; *(at table)* ne sois pas si gourmand!
green [gri:n] — **1** *adj (colour)* vert; *(bacon)* non fumé; *(inexperienced)* inexpérimenté; *(naive)* naïf (*f* naïve). ~ **bean** haricot *m* vert; *(around town)* ~ **belt** zone *f* de verdure; *(fig)* **he's got ~ fingers** il a un don pour faire pousser les plantes; **the ~ light** le feu vert; ~ **peas** petits pois *mpl;* ~ **pepper** poivron *m* vert; ~ **salad** salade *f (plat);* ~ **with envy** vert de jalousie. — **2** *n (colour)* vert *m*. **the village ~** ≃ la place du village *(gazonnée)*. ◆ **greenery** *n* verdure *f*. ◆ **greenfly** *n* puceron *m* (des plantes). ◆ **greengage** *n* reine-claude *f*. ◆ **greengrocer** *n* marchand(e) *m(f)* de légumes. **~'s** fruiterie *f*. ◆ **greenhouse** *n* serre *f*.
Greenland ['gri:nlənd] *n* Groënland *m*.
Greenwich ['grɪnɪdʒ] *n:* ~ **mean time** heure *f* de Greenwich.
greet [gri:t] *vt* accueillir (*with* avec). ◆ **greeting** *n (welcome)* accueil *m*. **Xmas ~s** vœux *mpl* de Noël; **~s card** carte *f* de vœux; **she sends you her ~s** elle vous envoie son bon souvenir.
gregarious [grɪ'gɛərɪəs] *adj* grégaire.
grenade [grɪ'neɪd] *n (Mil)* grenade *f*.
grew [gru:] *pret of* **grow.**
grey [greɪ] — **1** *adj* gris; *(complexion)* blême; *(bleak)* morne. *(fig)* ~ **matter*** cervelle* *f; (fig)* **a ~ area** une zone d'incertitude. — **2** *n (colour)* gris *m*. ◆ **grey-haired** *adj* aux cheveux gris. ◆ **greyhound** *n* lévrier *m*.
grid [grɪd] *n (gen)* grille *f*. *(electricity)* **the national ~** le réseau électrique national.
griddle ['grɪdl] *n* plaque *f* en fonte *(pour cuire)*.
grief [gri:f] *n* chagrin *m*, douleur *f*. **to come to ~** *(gen)* avoir des ennuis; *(vehicle, driver)* avoir un accident; *(plan etc)* tourner mal. ◆ **grief-stricken** *adj* accablé de douleur.
grievance [gri:vəns] *n* grief *m*. **to have a ~ against** en vouloir à.
grieve [gri:v] *vti (of person)* avoir de la peine (*at, about, over* à cause de), *(stronger)* se désoler (*at, about, over* de). **it ~d us** cela nous a peinés.
grill [grɪl] — **1** *n* **(a)** *(cooking utensil)* gril *m; (food)* grillade *f*. **under the ~** au gril. **(b)** (*also* **grille**) *(grating)* grille *f; (car: radiator ~)* calandre *f*. — **2** *vt* **(a)** faire griller. **~ed fish** poisson *m* grillé. **(b)** (*: *interrogate)* cuisiner*.
grim [grɪm] *adj (gen)* sinistre; *(landscape, building)* lugubre; *(face)* sévère; *(reality, necessity)* dur *(before n);* (*: *unpleasant*) désagréable. **with ~ determination** avec une volonté inflexible; **to hold on to sth like ~ death** rester cramponné à qch de toutes ses forces; **she's feeling pretty ~*** elle n'est pas bien du tout. ◆ **grimly** *adv (frown)* d'un air mécontent; *(fight)* avec acharnement; *(say)* d'un air résolu.
grimace [grɪ'meɪs] *vi (disgust etc)* faire la grimace; *(funny)* faire des grimaces.
grime [graɪm] *n* crasse *f*. ◆ **grimy** *adj* crasseux (*f* -euse).
grin [grɪn] — **1** *vi* sourire. **to ~ and bear it** garder le sourire. — **2** *n* grand sourire *m*.
grind [graɪnd] (*vb: pret, ptp* **ground**) — **1** *vt (corn, coffee etc)* moudre; *(blade)* aiguiser; *(handle)* tourner; *(barrel organ)* jouer de. **to ~ sth up** pulvériser qch; **to ~ one's teeth** grincer des dents. — **2** *vi* grincer. **to ~ to a halt** *(process, production)* s'arrêter progressivement. — **3** *n* corvée *f*. **the daily ~** le train-train quotidien. ◆ **grinder** *n (in kitchen)* moulin *m*.
grip [grɪp] — **1** *n* **(a)** **to get a ~ on sth** empoigner qch; *(fig)* **to get a ~ on o.s.*** se contrôler; **to lose one's ~** lâcher prise; (*: *grow less efficient etc*) baisser*; **to have a good ~ of a subject** bien posséder son sujet; **to come** *or* **get to ~s with** *(person)* en venir aux prises avec; *(problem)* s'attaquer à. **(b)** *(suitcase)* valise *f; (bag)* sac *m* (de voyage). — **2** *vt (grasp)* saisir; *(hold)* serrer; *(interest)* passionner. ◆ **gripping** *adj* passionnant.
gripe* [graɪp] *vi (grumble)* rouspéter* (*at* contre).
grisly ['grɪzlɪ] *adj* macabre.
gristle ['grɪsl] *n* tendons *mpl (viande cuite)*.
grit [grɪt] — **1** *n (for road etc)* sable *m*. **a piece of ~ in the eye** une poussière dans l'œil; *(fig)*

he's got ~* il a du cran*. — **2** *vt* **(a) to ~ one's teeth** serrer les dents. **(b)** *(road)* sabler.

grizzle ['grɪzl] *vi (whine)* pleurnicher.

groan [grəʊn] — **1** *n* gémissement *m*. — **2** *vi* gémir (*with* de).

grocer ['grəʊsəʳ] *n* épicier *m*. **at the ~'s** à l'épicerie, chez l'épicier. ◆ **groceries** *npl (goods)* provisions *fpl*.

groin [grɔɪn] *n* aine *f*.

groom [gru:m] — **1** *n (for horses)* valet *m* d'écurie; *(bridegroom)* (jeune) marié *m*. — **2** *vt (horse)* panser. **well-~ed** très soigné.

groove [gru:v] *n (for door etc)* rainure *f*; *(in screw)* cannelure *f*; *(in record)* sillon *m*. *(fig)* **to be in a ~*** être pris dans la routine.

grope [grəʊp] *vi* (**~ around**) tâtonner. **to ~ for sth** chercher qch à tâtons.

gross [grəʊs] — **1** *adj* **(a)** *(coarse)* grossier (*f* -ière); *(fat)* obèse; *(injustice)* flagrant; *(negligence)* grave. **(b)** *(weight, income)* brut. **~ national product** revenu *m* national brut. — **2** *n (12 × 12)* grosse *f*. ◆ **grossly** *adv (exaggerate)* énormément; *(unfair)* extrêmement.

grotto ['grɒtəʊ] *n* grotte *f*.

grotty* ['grɒtɪ] *adj (gen)* minable*. **he was feeling ~** il ne se sentait pas bien.

ground[1] [graʊnd] — **1** *n* **(a)** terre *f*. **on the ~** par terre; **above ~** en surface *(du sol)*; **to fall to the ~** tomber par terre; **to get off the ~** *(plane)* décoller; *(scheme etc)* démarrer*; **~ crew** équipe *f* au sol; **~ floor** rez-de-chaussée *m*; **~ forces** armée *f* de terre; **~ frost** gelée *f* blanche; **at ~ level** au ras du sol. **(b)** *(soil)* sol *m*. **stony ~** sol caillouteux. **(c)** *(piece of land)* terrain *m*; *(territory)* territoire *m*. **to stand one's ~** ne pas lâcher pied; **to gain ~** gagner du terrain; *(fig)* **on dangerous ~** sur un terrain glissant; *(fig)* **to go over the same ~** reprendre les mêmes points; *(fig)* **on his own ~** sur son propre terrain; **football ~** terrain de football; *(gardens etc)* **~s** parc *m*. **(d)** *(reason)* **~s** raison *f*; **on medical ~s** pour des raisons médicales; **on the ~s of** pour raison de. **(e)** **(coffee) ~s** marc *m* (de café). — **2** *vt (plane, pilot)* empêcher de voler. ◆ **grounding** *n*: **a good ~ in French** une base solide en français. ◆ **groundnut** *n* arachide *f*. ◆ **groundsheet** *n* tapis *m* de sol. ◆ **groundsman** *n* gardien *m* de stade.

ground[2] [graʊnd] (*pret, ptp of* **grind**) *adj (coffee etc)* moulu.

group [gru:p] — **1** *n* groupe *m*. **in ~s** par groupes; *(Med)* **~ practice** cabinet *m* collectif; **~ therapy** psychothérapie *f* de groupe. — **2** *vt* grouper.

grouse[1] [graʊs] *n, pl inv (bird)* grouse *f*.

grouse[2]* [graʊs] *vi* râler* (*about* contre).

grovel ['grɒvl] *vi* être à plat ventre (*to, before* devant).

grow [grəʊ] *pret* **grew**, *ptp* **grown** — **1** *vi* **(a)** *(of plant, hair)* pousser; *(of person, friendship)* grandir; *(increase)* augmenter. **fully ~n** adulte; **he's ~n out of it** *(clothes)* il est trop grand pour le mettre; *(habit)* il en a perdu l'habitude; **to ~ to like** finir par aimer; **it ~s on you** on finit par l'aimer; **to ~ up** grandir; **when I ~ up** quand je serai grand. **(b)** *(become)* devenir. **to ~ bigger** grandir; **to ~ angry** se fâcher. — **2** *vt (plants)* cultiver; *(one's hair etc)* laisser pousser. ◆ **grower** *n* cultivateur *m* (*f* -trice). ◆ **growing** *adj (plant)* qui pousse; *(child)* qui grandit; *(friendship, feeling)* grandissant; *(group, amount)* de plus en plus grand. ◆ **grown-up** *n* grande personne *f*.

growl [graʊl] — **1** *vti* grogner (*at* contre). — **2** *n* grognement *m*.

growth [grəʊθ] *n* **(a)** *(gen)* croissance *f*; *(increase)* augmentation *f* (*in* de). **(b)** *(Med)* grosseur *f* (*on* à).

grub [grʌb] *n (larva)* larve *f*; (*: *food*) bouffe* *f*.

grubby ['grʌbɪ] *adj* sale.

grudge [grʌdʒ] — **1** *vt*: **she ~s paying £2** cela lui fait mal au cœur de payer 2 livres; **it's not the money I ~** ce n'est pas sur la dépense que je rechigne. — **2** *n* rancune *f*. **to bear a ~ against sb** en vouloir à qn (*for* de). ◆ **grudging** *adj (person)* peu généreux (*f* -euse); *(gift, praise etc)* accordé à contrecœur.

gruelling ['grʊəlɪŋ] *adj* exténuant.

gruesome ['gru:səm] *adj* horrible.

gruff [grʌf] *adj* bourru.

grumble ['grʌmbl] — **1** *vi* ronchonner* (*at, about* contre), se plaindre (*about, at* de). — **2** *n*: **without a ~** sans murmurer.

grumpy ['grʌmpɪ] *adj* maussade.

grunt [grʌnt] — **1** *vti* grogner. — **2** *n* grognement *m*.

guarantee [,gærən'ti:] — **1** *n* garantie *f (against* contre). **there's no ~ that it will happen** il n'est pas garanti que cela arrivera.— **2** *vt* garantir (*against* contre; *for 2 years* pendant 2 ans; *that* que). **I can't ~ that he will come** je ne peux pas certifier qu'il viendra.

guard [gɑ:d] — **1** *n* **(a) to be on ~** être de garde; **to stand ~** monter la garde; **to keep** *or* **stand ~ on** garder; **to keep sb under ~** garder qn sous surveillance; **to be on one's ~** se tenir sur ses gardes (*against* contre); **to catch sb off his ~** prendre qn au dépourvu; **~ dog** chien *m* de garde. **(b)** *(Mil etc: squad)* garde *f*; *(one man)* garde *m*. **~ of honour** garde *f* d'honneur; **the G~s** les régiments *mpl* de la garde royale. **(c)** *(Brit Rail)* chef *m* de train. **~'s van** fourgon *m* du chef de train. **(d)** *(on machine)* dispositif *m* de sûreté; (*fire* **~**) garde-feu *m inv*. — **2** *vt (gen)* garder; *(prisoner etc)* surveiller. **to ~ against sth** se protéger contre qch; **to ~ against doing** se garder de faire. ◆ **guarded** *adj (remark, tone)* circonspect. ◆ **guardhouse** *n (Mil)* corps *m* de garde; *(for prisoners)* salle *f* de police. ◆ **guardian** *n (gen)* gardien(ne) *m(f)*; *(of child)* tuteur *m* (*f* -trice). **~ angel** ange *m* gardien. ◆ **guardroom** *n (Mil)* corps *m* de garde. ◆ **guardsman** *n (Brit Mil)* garde *m (de la garde royale)*; *(US)* soldat *m* de la garde nationale.

Guernsey ['gɜ:nzɪ] *n* Guernesey *m or f*.

guerrilla [gə'rɪlə] — **1** *n* guérillero *m*. — **2** *adj* de guérilla. **~ war(fare)** guérilla *f (guerre)*.

guess [ges] — **1** *n* supposition *f*. **to have a ~** essayer de deviner (*at sth* qch); **that was a good ~ but...** c'était une bonne intuition mais...; **at a ~** à vue de nez; **it's anyone's ~*** **who will win** impossible de prévoir qui va gagner. — **2** *vti* **(a)** *(gen)* deviner; *(height, numbers etc)* estimer. **~ how heavy he is** devine combien il pèse; **I ~ed as much** je m'en doutais; **to ~ right** deviner juste; **to ~ wrong** tomber à côté*; **to keep sb ~ing** laisser qn dans le doute. **(b)** *(surmise)* supposer. **it's OK, I ~** ça va, je suppose. ◆ **guesswork** *n* conjectures *fpl*.

guest [gest] *n (at home)* invité(e) *m(f)*; *(at table)* convive *mf*; *(in hotel)* client(e) *m(f)*; *(in boarding house)* pensionnaire *mf*. *(fig)* **be my**

~!* fais comme chez toi!*; ~ **house** pension *f* de famille; ~ **room** chambre *f* d'amis.

guffaw [gʌ'fɔː] *vi* rire bruyamment.

guidance ['gaɪdəns] *n* conseils *mpl* (*about* quant à). **for your** ~ à titre d'information.

guide [gaɪd] — **1** *n* **(a)** *(person)* guide *m*. **it's only a** ~ ce n'est qu'une indication; **as a rough** ~ en gros; ~ **dog** chien *m* d'aveugle. **(b)** (~ *book*) guide *m* (*to* de); *(instructions)* manuel *m*. ~ **to sailing** manuel de voile. **(c)** (*girl* ~) éclaireuse *f*, guide *f*. — **2** *vt* guider. **to be ~d by** se laisser guider par. ◆ **guided** *adj (missile)* téléguidé. ~ **tour** visite *f* guidée. ◆ **guidelines** *npl* lignes *fpl* directrices. ◆ **guiding** *adj (principle)* directeur (*f* -trice). ~ **star** guide *m*.

guild [gɪld] *n* association *f*.

guile [gaɪl] *n* ruse *f*.

guillotine [,gɪlə'tiːn] — **1** *n* guillotine *f*; *(for paper)* massicot *m*. — **2** *vt* guillotiner.

guilt [gɪlt] *n* culpabilité *f*. ◆ **guilty** *adj* coupable (*of* de). ~ **person,** ~ **party** coupable *mf*; **to plead** ~ plaider coupable; **not** ~ non coupable; **I feel very** ~ je suis plein de remords.

guinea-pig ['gɪnɪpɪg] *n* cobaye *m*.

guitar [gɪ'tɑːʳ] *n* guitare *f*.

gulf [gʌlf] *n* gouffre *m*; *(in ocean)* golfe *m*. **G~ Stream** Gulf Stream *m*.

gull [gʌl] *n* mouette *f*, goéland *m*.

gullet ['gʌlɪt] *n* gosier *m*.

gullible ['gʌlɪbl] *adj* crédule.

gully ['gʌlɪ] *n* ravine *f*.

gulp [gʌlp] — **1** *n*: **to take a** ~ **of milk** avaler une gorgée de lait. — **2** *vti* (~ **down**) avaler vite. **he ~ed** *(from emotion)* sa gorge s'est serrée.

gum[1] [gʌm] *n (mouth)* gencive *f*. ◆ **gumboil** *n* fluxion *f* dentaire.

gum[2] [gʌm] — **1** *n (glue)* colle *f*; (*chewing* ~) chewing-gum *m*; (*fruit* ~) boule *f* de gomme. — **2** *vt* coller. **~med label** étiquette *f* gommée; *(fig)* **to** ~ **sth up*** bousiller* qch. ◆ **gumboots** *npl* bottes *fpl* de caoutchouc.

gumption* ['gʌmpʃən] *n* bon sens *m*.

gun [gʌn] — **1** *n (small)* pistolet *m*; *(rifle)* fusil *m*; *(cannon)* canon *m*. **he's got a ~!** il est armé!; **a 21-~ salute** une salve de 21 coups de canon; ~ **dog** chien *m* de chasse; ~ **licence** permis *m* de port d'armes; **paint** ~ pistolet à peinture. — **2** *vti* **to** ~ **sb down** abattre qn; *(fig)* **to be ~ning for sb*** essayer d'avoir qn. ◆ **gunboat** *n* canonnière *f*. ◆ **gunfight** *n* échange *m* de coups de feu. ◆ **gunfire** *n (canons)* tir *m* d'artillerie. ◆ **gunman** *n* bandit *m* armé; *(Pol etc)* terroriste *m*. ◆ **gunner** *n* artilleur *m*. ◆ **gunpoint** *n*: **at** ~ sous la menace du pistolet (*or* du fusil). ◆ **gunpowder** *n* poudre *f* à canon. ◆ **gunrunning** *n* trafic *m* d'armes. ◆ **gunshot** *n (sound)* coup *m* de feu. ~ **wound** blessure *f* de balle.

gurgle ['gɜːgl] — **1** *n (of water)* glouglou *m*; *(of baby)* gazouillis *m*. — **2** *vi* glouglouter; gazouiller.

gush [gʌʃ] *vi* **(a)** (~ **out**) jaillir. **to** ~ **in** *etc* entrer *etc* en bouillonnant. **(b)** *(of person)* se répandre en compliments (*over* sur; *about* à propos de).

gust [gʌst] *n*: ~ **of wind** rafale *f*; ~ **of rain** averse *f*.

gusto ['gʌstəʊ] *n* enthousiasme *m*.

gut [gʌt] — **1** *n (intestine)* intestin *m*; *(for stitching)* catgut *m*; *(Music etc)* corde *f* de boyau. **~s** (**fig: courage*) cran* *m*; **I hate his ~s*** je ne peux pas le sentir*. — **2** *vt (fish)* vider.

gutter ['gʌtəʳ] *n (of roof)* gouttière *f*; *(of road)* caniveau *m*. *(fig)* **in the** ~ dans le ruisseau; **the** ~ **press** la presse à scandale.

guttural ['gʌtərəl] *adj* guttural.

guy[1]* [gaɪ] *n* type* *m*. **smart** ~ malin *m*; **tough** ~ dur* *m*.

guy[2] [gaɪ] *n* (**~-rope**) corde *f* de tente.

guzzle ['gʌzl] — **1** *vi* s'empiffrer*. — **2** *vt* bâfrer*.

gym [dʒɪm] *n (gymnastics)* gym* *f*; *(gymnasium)* gymnase *m*; *(of school)* salle *f* de gym*. ~ **shoes** tennis *fpl*.

gymnast ['dʒɪmnæst] *n* gymnaste *mf*. ◆ **gymnastics** *nsg* gymnastique *f*.

gynaecology [,gaɪnɪ'kɒlədʒɪ] *n* gynécologie *f*.

gypsy ['dʒɪpsɪ] = **gipsy.**

H

H, h [eɪtʃ] *n* H, h *m or f*.

haberdashery [,hæbə'dæʃərɪ] *n* mercerie *f*.

habit ['hæbɪt] *n* habitude *f*. **to be in the** ~ **of doing, to make a** ~ **of doing, to have a** ~ **of doing** avoir l'habitude de faire; **to get into bad ~s** prendre de mauvaises habitudes; **to get into the** ~ **of** prendre l'habitude de; **to get out of the** ~ **of** perdre l'habitude de; **from** ~ par habitude. ◆ **habit-forming** *adj* qui crée une accoutumance.

habitual [hə'bɪtjʊəl] *adj (gen)* habituel (*f* -uelle); *(liar, drinker etc)* invétéré. ◆ **habitually** *adv* d'habitude.

hack[1] [hæk] *vt* (*cut:* ~ **up**) tailler (*to pieces* en pièces).

hack[2] [hæk] *n* **(a)** *(horse)* haridelle *f*. *(ride)* **to go for a** ~ se promener à cheval. **(b)** (~ *writer*) mauvais écrivain *m*.

hackneyed ['hæknɪd] *adj (subject)* rebattu. ~ **expression** cliché *m*.

hacksaw ['hæksɔː] *n* scie *f* à métaux.

had [hæd] *pret, ptp of* **have.**

haddock ['hædək] *n* églefin *m*. **smoked** ~ haddock *m*.

haemophilia [,hiːməʊ'fɪlɪə] *n* hémophilie *f*.

haemorrhage ['hemərɪdʒ] *n* hémorragie *f*.

haemorrhoids ['hemərɔɪdz] *npl* hémorroïdes *fpl*.

hag [hæg] *n (ugly)* vieille sorcière *f; (nasty)* chameau* *m*.

haggard ['hægəd] *adj (face)* hâve; *(look)* égaré.

haggle ['hægl] *vi* marchander.

Hague [heɪg] *n*: **The ~** La Haye.

hail¹ [heɪl] — **1** *n* grêle *f*. — **2** *vi* grêler. ◆ **hailstone** *n* grêlon *m*. ◆ **hailstorm** *n* averse *f* de grêle.

hail² [heɪl] — **1** *vt* **(a)** acclamer (*as* comme). **~!** je vous salue!; **the H~ Mary** l'Avé Maria *m*. **(b)** *(shout: taxi, person)* héler. — **2** *vi*: **to ~ from** venir de.

hair [hɛəʳ] *n* **(a)** *(on head)* cheveux *mpl; (on body)* poils *mpl; (of animal)* pelage *m*. **he has black ~** il a les cheveux noirs; **a man with long ~** un homme aux cheveux longs; **to wash one's ~** se laver la tête; **to do one's ~** se coiffer; **to do sb's ~** coiffer qn; **to get one's ~ cut** se faire couper les cheveux; **~ appointment** rendez-vous *m* chez le coiffeur; **~ remover** crème *f* épilatoire; **a can of ~ spray** une bombe de laque; **~ style** coiffure *f*; **to make sb's ~ stand on end** faire dresser les cheveux sur la tête à qn; *(fig)* **to let one's ~ down*** se défouler*. **(b)** *(single ~: on head)* cheveu *m; (on body, animal)* poil *m*. *(fig)* **it was hanging by a ~** cela ne tenait qu'à un cheveu. ◆ **hairsbreadth** *n*: **by a ~** de justesse. ◆ **hairbrush** *n* brosse *f* à cheveux. ◆ **haircut** *n*: **to have a ~** se faire couper les cheveux. ◆ **hairdo*** *n* coiffure *f*. ◆ **hairdresser** *n* coiffeur *m* (*f* -euse). **~ 's** salon *m* de coiffure. ◆ **hairdressing** *n* coiffure *f*. ◆ **hair-drier** *n* séchoir *m* à cheveux. ◆ **hair-grip** *n* pince *f* à cheveux. ◆ **hairnet** *n* résille *f*. ◆ **hairpin** *n* épingle *f* à cheveux. **~ bend** virage *m* en épingle à cheveux. ◆ **hair-raising** *adj* à vous faire dresser les cheveux sur la tête. ◆ **hairy** *adj* poilu, hirsute; (*: *frightening)* terrifiant.

hake [heɪk] *n* colin *m*.

half [hɑːf] *pl* **halves** — **1** *n* **(a)** moitié *f*. **to cut in ~** couper en deux; **to take ~ of** prendre la moitié de; **to do things by halves** faire les choses à moitié; **to go halves in sth with sb** se mettre de moitié avec qn pour qch; **bigger by ~** moitié plus grand; **too clever by ~** un peu trop malin. **(b)** *(footballer etc)* demi *m; (part of match)* mi-temps *f*.

— **2** *adj* demi. **a ~ cup, ~ a cup** une demi-tasse; **two and a ~ hours** deux heures et demie; **~ an hour** une demi-heure.

— **3** *adv* à moitié, à demi. **~ asleep** à moitié endormi; **~ dressed** à demi vêtu; **~ laughing ~ crying** moitié riant moitié pleurant; **I ~ suspect that...** je soupçonne presque que...; **not ~!*** et comment!*; **it is ~ past three** il est trois heures et demie; **~ as big as** moitié moins grand que; **~ as much as** moitié moins que; **~ as much again** moitié plus.

— **4 half-** *pref* **(a)** (+ *n*) demi-, *e.g.* **~-fare** demi-tarif *m*; **~-sister** demi-sœur *f*. **(b)** (+ *vb*) à moitié, *e.g.* **to ~-fill** remplir à moitié. **(c)** (+ *adj*) à moitié, à demi, *e.g.* **~-dead** à moitié mort.

◆ **half-and-half** *adv* moitié-moitié. ◆ **half-back** *n (Sport)* demi *m*. ◆ **half-caste** *adj, n* métis(se) *m(f)*. ◆ **half-a-dozen** *n* une demi-douzaine. ◆ **half-hearted** *adj* peu enthousiaste. ◆ **half-mast** *n*: **at ~** en berne. ◆ **half-price** *adv (buy goods)* à moitié prix; *(buy tickets)* demi-tarif. ◆ **half-term holiday** *n* congé *m* de demi-trimestre. ◆ **half-time** — **1** *n (Sport)* mi-temps *f*. — **2** *adv, adj (work)* à mi-temps. ◆ **halfway** *adv, adj* à mi-chemin (*to* de; *between* entre). **~ through sth** à la moitié de qch; *see* **meet**. ◆ **half-wit** *n* idiot(e) *m(f)*.

halibut ['hælɪbət] *n* flétan *m*.

hall [hɔːl] *n* **(a)** *(public room or building)* salle *f*. **(b)** *(mansion)* manoir *m*. *(University)* **~s of residence** cité *f* universitaire. **(c)** *(also* **hallway**: *entrance)* entrée *f*, hall *m; (corridor)* couloir *m*. **~ porter** concierge *mf*. ◆ **hallmark** *n* poinçon *m; (fig)* marque *f*. ◆ **hallstand** *n* portemanteau *m*.

hallo [hə'ləʊ] *excl* bonjour!; *(Telephone)* allô!

Hallowe'en ['hæləʊ'iːn] *n* la veille de la Toussaint.

hallucination [hə,luːsɪ'neɪʃən] *n* hallucination *f*.

halo ['heɪləʊ] *n* auréole *f*.

halt [hɔːlt] — **1** *n* halte *f*, arrêt *m*. **to come to a ~** s'arrêter. — **2** *vi* s'arrêter. **~!** halte!

halting ['hɔːltɪŋ] *adj* hésitant.

halve [hɑːv] *vt (apple etc)* partager en deux; *(expense, time)* réduire de moitié.

halves [hɑːvz] *npl of* **half**.

ham [hæm] *n* jambon *m*. **~ and eggs** œufs *mpl* au jambon; **~ sandwich** sandwich *m* au jambon.

hamburger ['hæm,bɜːgəʳ] *n* hamburger *m*.

hamlet ['hæmlɪt] *n* hameau *m*.

hammer ['hæməʳ] — **1** *n* marteau *m*. — **2** *vti* marteler. **to ~ a nail into a plank** enfoncer un clou dans une planche; **to ~ at the door** frapper à la porte à coups redoublés.

hammock ['hæmək] *n* hamac *m*.

hamper¹ ['hæmpəʳ] *n* panier *m* d'osier.

hamper² ['hæmpəʳ] *vt (hinder)* gêner.

hamster ['hæmstəʳ] *n* hamster *m*.

hand [hænd] — **1** *n* **(a)** main *f*. **on ~s and knees** à quatre pattes; **to hold in one's ~** tenir à la main; **give me your ~** donne-moi la main; **to take sb's ~** prendre la main de qn; **by the ~** par la main; **~ in ~** la main dans la main; **with** *or* **in both ~s** à deux mains; **~s up!** *(at gunpoint)* haut les mains!; *(in school etc)* levez la main!; **~s off!** ne touche pas!; **~ cream** crème *f* pour les mains; **~ luggage** bagages *mpl* à main. **(b)** *(phrases)* **at ~** *(object)* à portée de la main; *(money, information)* disponible; *(day)* tout proche; **at first ~** de première main; **by ~** à la main; **from ~ to ~** de main en main; **to live from ~ to mouth** vivre au jour le jour; **in good ~s** en bonnes mains; **the matter in ~** l'affaire en question; **work in ~** travail *m* en cours; **to have sth on one's ~s** avoir qch sur les bras; **on my right ~** à ma droite; **on the one ~ ... on the other ~** d'une part ... d'autre part; **to get sth off one's ~s** se débarrasser de qch; **to get out of ~** *(children, situation)* devenir impossible; **they are ~ in glove** ils s'entendent comme larrons en foire; *(fig)* **I've got him eating out of my ~** il fait tout ce que je veux; **to have one's ~s full** avoir fort à faire (*with* avec); **to have a ~ in** être pour quelque chose dans; **to give sb a ~** donner un coup de main à qn (*to do* pour faire); **to win sth ~s down** gagner qch haut la main; **he's an old ~ at it** il n'en est pas à son coup d'essai; *(horse)* **13 ~s high** de 13 paumes. **(c)** *(worker)* ouvrier *m* (*f* -ière). *(on ship)* **all ~s on deck** tout le monde sur le pont; **lost with all ~s** perdu corps et biens. **(d)** *(of clock etc)* aiguille *f*. **(e)** *(Cards)* main *f*. **I've got a good ~** j'ai une belle main. — **2** *vt* passer, donner (*to* à). *(fig)* **you've got**

to ~ it to him* c'est une justice à lui rendre; **to ~ back** rendre (*to* à); **to ~ down** *or* **on** transmettre (*to* à); **to ~ in** remettre (*to* à); **to ~ out** distribuer; **to ~ over** *(object)* remettre (*to* à); *(prisoner)* livrer (*to* à); *(powers)* transmettre (*to* à); *(property, business)* céder; **to ~ round** faire passer. ◆ **handbag** *n* sac *m* à main. ◆ **handbasin** *n* lavabo *m*. ◆ **handbook** *n (instructions)* manuel *m*; *(tourist)* guide *m*. ◆ **handbrake** *n* frein *m* à main. ◆ **handcuff** — **1** *n* menotte *f*. — **2** *vt*: **to be ~ed** avoir les menottes aux poignets. ◆ **handful** *n* poignée *f*. ◆ **handmade** *adj* fait à la main. ◆ **handout** *n (leaflet)* documentation *f*; *(money)* aumône *f*. ◆ **hand-picked** *adj (fig)* trié sur le volet. ◆ **handrail** *n (on stairs etc)* rampe *f*; *(on bridge)* garde-fou *m*. ◆ **handstand** *n*: **to do a ~** faire l'arbre droit. ◆ **handwriting** *n* écriture *f*. ◆ **handwritten** *adj* écrit à la main.

handicap ['hændɪkæp] — **1** *n* handicap *m*. — **2** *vt* handicaper. ◆ **handicapped** *adj* handicapé. **mentally ~** handicapé mentalement; **the mentally ~** les handicapés *mpl* mentaux.

handicrafts ['hændɪ,krɑːfts] *npl* objets *mpl* artisanaux.

handkerchief ['hæŋkətʃɪf] *n* mouchoir *m*.

handle ['hændl] — **1** *n (of broom, knife)* manche *m*; *(of basket, bucket)* anse *f*; *(of door, suitcase)* poignée *f*; *(of saucepan)* queue *f*; *(of stretcher, wheelbarrow)* bras *m*. — **2** *vt (weapon)* manier; *(car)* manœuvrer; *(touch)* toucher à; *(Sport: ball)* toucher de la main. **'~ with care'** 'fragile'; **he knows how to ~ his son** il sait s'y prendre avec son fils; **he ~d the situation very well** il a très bien conduit l'affaire; **I'll ~ this** je m'en charge. ◆ **handlebars** *npl* guidon *m*.

handsome ['hænsəm] *adj (person etc)* beau (*f* belle); *(gift)* généreux (*f* -euse); *(apology)* honorable; *(amount, profit)* considérable.

handy ['hændɪ] *adj* **(a)** *(at hand: tool)* sous la main; *(place)* commode; *(shops etc)* accessible. **(b)** *(convenient: tool, method)* pratique. **that would come in very ~** ce serait bien utile. **(c)** *(person)* adroit de ses mains. ◆ **handyman** *n (do-it-yourself)* bricoleur *m*.

hang [hæŋ] *pret, ptp* **hung** — **1** *vt* **(a)** *(also* **~ up:** *suspend)* suspendre (*on* à); *(curtains, hat, picture)* accrocher (*on* à); *(clothes)* pendre (*on, from* à); *(also* **~ out:** *washing)* étendre; *(wallpaper)* poser; *(dangling object)* laisser pendre (*out of* de; *into* dans). **to ~ one's head** baisser la tête. **(b)** (*pret, ptp* **hanged**) *(execute: criminal)* pendre (*for* pour). — **2** *vi* **(a)** *(also* **~ down:** *of rope, dangling object)* pendre (*on, from* à); *(of hair)* tomber; *(of picture)* être accroché (*on* à); *(of criminal etc)* être pendu; *(of fog, threat)* planer (*over* sur). **to ~ out of the window** *(person)* se pencher par la fenêtre; *(thing)* pendre à la fenêtre. **(b) to ~ about, to ~ around** *(loiter)* traîner; **to keep sb ~ing about** faire attendre qn; **to ~ back** hésiter; **to ~ on** *(wait)* attendre; **~ on!** attendez!; *(on phone)* ne quittez pas!; *(hold out)* tenez bon!; **to ~ on to sth*** *(keep hold of)* ne pas lâcher qch; *(keep)* garder qch; *(Telephone)* **to ~ up** raccrocher. — **3** *n*: **to get the ~* of doing sth** attraper le coup* pour faire qch. ◆ **hanger** *n* (*clothes* **~**) cintre *m*. ◆ **hang-glide** *vi*: **to go hang-gliding** faire du vol libre. ◆ **hanging** *n (execution)* pendaison *f*. ◆ **hangman** *n* bourreau *m*. ◆ **hangover** *n (from drink)* gueule *f* de bois*. ◆ **hang-up*** *n* complexe *m*.

hangar ['hæŋəʳ] *n* hangar *m*.

hank [hæŋk] *n (wool etc)* écheveau *m*.

hanker ['hæŋkəʳ] *vi* avoir envie (*for* de).

hankie* ['hæŋkɪ] *n* mouchoir *m*.

haphazard [,hæp'hæzəd] *adj* fait au hasard.

happen ['hæpən] *vi* arriver, se passer. **what's ~ed?** qu'est-ce qui s'est passé?, qu'est-ce qui est arrivé?; **as if nothing had ~ed** comme si de rien n'était; **whatever ~s** quoi qu'il arrive; **don't let it ~ again!** et que ça ne se reproduise pas!; **a funny thing ~ed to me** il m'est arrivé quelque chose de bizarre; **as it ~s** justement; **it so ~s that ...** il se trouve que ...; **if he ~s to see her** si par hasard il la voit. ◆ **happening** *n* événement *m*.

happily ['hæpɪlɪ] *adv (delightedly: say etc)* joyeusement; *(contentedly: play etc)* tranquillement; *(fortunately)* heureusement. **they lived ~ ever after** et ils vécurent toujours heureux.

happiness ['hæpɪnɪs] *n* bonheur *m*.

happy ['hæpɪ] *adj* heureux (*f* -euse) (*about* de; *about doing, to do* de faire). *(uneasy)* **I'm not ~ about it** je ne suis pas tranquille; **I'm ~ here reading** je suis très bien ici à lire; **it has a ~ ending** cela se termine bien; **~ birthday!** bon anniversaire!; **~ Christmas!** joyeux Noël!; **~ New Year!** bonne année! ◆ **happy-go-lucky** *adj* insouciant.

harass ['hærəs] *vt* harceler.

harbour, *(US)* **-or** ['hɑːbəʳ] *n* port *m*. *(station)* **Dover-H~** Douvres-maritime. **~ master** capitaine *m* de port.

hard [hɑːd] — **1** *adj* **(a)** *(not soft)* dur. **to grow ~** durcir. **(b)** *(difficult: gen)* difficile; *(task)* dur. **~ to understand** difficile à comprendre; **I find it ~ to explain** j'ai du mal à l'expliquer. **(c)** *(fig)* dur (*on, to* avec; *towards* envers); *(climate, winter)* rude; *(water)* calcaire; *(fall)* mauvais *(before n)*; *(fight)* acharné; *(worker)* dur à la tâche. **he's a ~ man** il est dur; **to grow ~** s'endurcir; **it's ~ work!** c'est dur!; **~ cash** espèces *fpl*; **~ drinker** gros buveur *m*; **the ~ facts** la réalité brutale; **no ~ feelings!** sans rancune!; **~ frost** forte gelée *f*; **it was ~ going** ça a été dur*; *(prison)* **~ labour** travaux *mpl* forcés; **~ luck!*** pas de veine!*; **it's ~ luck on him*** il n'a pas de veine*; **~ liquor** boisson *f* fortement alcoolisée; **~ news** de l'information *f* sérieuse; **you'll have a ~ time of it persuading...** vous allez avoir du mal à persuader... — **2** *adv (pull, hit)* fort; *(fall down)* durement; *(run)* à toutes jambes; *(think)* sérieusement; *(work, study)* d'arrache-pied; *(drink)* beaucoup; *(hold on)* ferme; *(rain)* à verse; *(snow, freeze)* dur. **to try ~** faire un gros effort; *(fig)* **to be ~ hit** être sérieusement touché; **~ at it*** attelé à la tâche; **~ by** tout près; **to be ~ put to it to do** avoir beaucoup de mal à faire; **she took it pretty ~** elle a été très affectée; **~ done by*** traité injustement. ◆ **hardback** *n* livre *m* cartonné. ◆ **hardboard** *n* Isorel *m* ®. ◆ **hard-boiled** *adj (egg)* dur; *(fig: person)* dur à cuire*. ◆ **hard-earned** *adj (money)* durement gagné; *(holiday)* bien mérité. ◆ **harden** *vi (of substance)* durcir; *(of person)* s'endurcir. ◆ **hard-headed** *adj* réaliste. ◆ **hard-hearted** *adj* impitoyable. ◆ **hardly** *adv (scarcely)* à peine. **he can ~ write** il sait à peine écrire; **I need ~ point out that** je n'ai pas besoin de faire remarquer que; **~ anyone** presque personne; **~ ever** presque jamais. ◆ **hardness** *n (of substance)* dureté *f*; *(of exam)* difficulté *f*. ◆ **hardship** *n (difficulties)* épreuves *fpl; (poverty)* pauvreté *f.* ◆ **hard-up*** *adj* fauché*. ◆ **hardware** *n* quincaillerie *f; (Mil, Police etc)* matériel *m; (Computers, Space)* hardware *m.* ~ **shop** quincaillerie *f.* ◆ **hard-wearing** *adj* solide. ◆ **hardwood** *n* bois *m* dur. ◆ **hard-working** *adj* travailleur (*f* -euse).

hardy ['hɑːdɪ] *adj (strong)* robuste; *(plant)* résistant (au gel); *(tree)* de plein vent.

hare [hɛəʳ] *n* lièvre *m.*

harebell ['hɛəbel] *n* campanule *f.*

harelip ['hɛəlɪp] *n* bec-de-lièvre *m.*

haricot ['hærɪkəʊ] *n (~ bean)* haricot *m* blanc.

hark [hɑːk] *excl* écoutez!

harm [hɑːm] — **1** *n (gen)* mal *m; (to reputation, interests)* tort *m.* **to do sb** ~ faire du mal *or* du tort à qn; **no ~ done** il n'y a pas de mal; **you will come to no ~** il ne t'arrivera rien; **I don't see any ~ in it** je n'y vois aucun mal; **there's no ~ in doing that** il n'y a pas de mal à faire cela; **out of ~'s way** en sûreté. — **2** *vt (person)* faire du mal à; *(in reputation etc)* faire du tort à; *(object)* abîmer; *(cause)* nuire à. ◆ **harmful** *adj* nuisible (*to* à). ◆ **harmless** *adj* inoffensif (*f* -ive); *(action, game)* innocent.

harmonica [hɑː'mɒnɪkə] *n* harmonica *m.*

harmonious [hɑː'məʊnɪəs] *adj* harmonieux (*f* -ieuse).

harmony ['hɑːmənɪ] *n* harmonie *f.*

harness ['hɑːnɪs] — **1** *n* harnais *m.* — **2** *vt (horse)* harnacher; *(resources etc)* exploiter.

harp [hɑːp] — **1** *n* harpe *f.* — **2** *vi:* **to ~ on (about) sth*** rabâcher qch.

harpsichord ['hɑːpsɪkɔːd] *n* clavecin *m.*

harrowing ['hærəʊɪŋ] *adj* déchirant.

harsh [hɑːʃ] *adj (gen)* dur (*with sb* avec *or* envers qn); *(climate)* rigoureux (*f* -euse); *(sound)* discordant. ◆ **harshly** *adv* durement.

harvest ['hɑːvɪst] — **1** *n (gen)* moisson *f; (of fruit)* récolte *f; (of grapes)* vendange *f.* ~ **festival** fête *f* de la moisson. — **2** *vt* moissonner; récolter; vendanger. ◆ **harvester** *n (machine)* moissonneuse *f.*

has [hæz] *see* **have.**

hash [hæʃ] *n (food)* hachis *m.* **to make a ~* of sth** saboter qch.

hashish ['hæʃɪʃ] *n* hachisch *m.*

hassle* ['hæsl] *n* histoire* *f.*

haste [heɪst] *n* hâte *f.* **in ~** à la hâte. ◆ **hasten** ['heɪsn] *vi (gen)* se hâter (*to do* de faire). ◆ **hastily** *adv* à la hâte. ◆ **hasty** *adj (not thorough)* hâtif (*f* -ive); *(sudden)* précipité.

hat [hæt] *n* chapeau *m. (fig)* **to take off one's ~ to** tirer son chapeau à; **to keep sth under one's ~*** garder qch pour soi; **to talk through one's ~*** dire n'importe quoi; **that's old ~!*** c'est vieux tout ça!; **to get a ~ trick** réussir trois coups consécutifs.

hatch¹ [hætʃ] *vi* (~ **out**) éclore.

hatch² [hætʃ] *n* (*service* ~) passe-plats *m inv.*

hatchback ['hætʃbæk] *n* voiture *f* avec hayon arrière.

hatchet ['hætʃɪt] *n* hachette *f.*

hate [heɪt] *vt* détester (*to do, doing* faire). **I ~ to say so** cela m'ennuie beaucoup de devoir le dire; **I should ~ him to think...** je ne voudrais surtout pas qu'il pense *(subj)*... ◆ **hateful** *adj* détestable.

hatred ['heɪtrɪd] *n* haine *f.*

haughty ['hɔːtɪ] *adj* hautain.

haul [hɔːl] — **1** *n (of fishermen)* prise *f; (of thieves)* butin *m.* **it's a long ~** la route est longue. — **2** *vt* traîner, tirer. ◆ **haulage** *n* transport *m* routier; ~ **contractor** entrepreneur *m* de transports routiers.

haunt [hɔːnt] — **1** *vt* hanter. — **2** *n:* **one of his favourite ~s** un des lieux où on le trouve souvent. ◆ **haunted** *adj (house)* hanté; *(expression)* hagard. ◆ **haunting** *adj* obsédant.

have [hæv] *pret, ptp* **had** — **1** *aux vb* **(a) to ~ been** avoir été; **to ~ eaten** avoir mangé; **to ~ gone** être allé; **to ~ got up** s'être levé; **I ~ just seen him** je viens de le voir; **I had just seen him** je venais de le voir; **you've seen her, ~n't you?** vous l'avez vue, n'est-ce pas?; **you ~n't seen her, ~ you?** vous ne l'avez pas vue, je suppose?; **no I ~n't** mais non! **(b)** *(be obliged)* **I ~ (got) to speak to you** je dois vous parler, il faut que je vous parle *(subj)*; **I ~n't got to do it, I don't ~ to do it** je ne suis pas obligé de le faire; **you didn't ~ to tell her!** tu n'avais pas besoin de le lui dire! — **2** *vt* **(a)** *(gen)* avoir. **she has blue eyes** elle a les yeux bleus; **all I ~, all I've got** tout ce que je possède; **I've got an idea** j'ai une idée; **what will you ~? - I'll ~ an egg** qu'est-ce que vous voulez? - je prendrai un œuf; **he had eggs for breakfast** il a mangé des œufs au petit déjeuner; **to ~ some more coffee** reprendre du café; **to ~ a cigarette** fumer une cigarette; **I had a telegram from him** j'ai reçu un télégramme de lui; **to ~ a child** avoir un enfant; **I must ~ ...** il me faut ...; **which one will you ~?** lequel voulez-vous?; **let me ~ your address** donnez-moi votre adresse; **there are none to be had** on n'en trouve pas; **I ~ (got) him where I want him!*** je le tiens à ma merci!; **I won't ~ this nonsense** je ne tolérerai pas cette absurdité; **to ~ a pleasant evening** passer une bonne soirée; **he has (got) flu** il a la grippe; **to ~ (got) sth to do** avoir qch à faire; **I ~ it!** j'ai trouvé!; **you've been had*** tu t'es fait avoir*; **he's had it!*** il est fichu!*; **to ~ it in for sb*** avoir une dent contre qn; **to ~ a coat on** porter un manteau; **he had (got) nothing on** il était tout nu; *(busy)* **I've got so much on that...** j'ai tant à faire que...; *(trick)* **to ~ sb on*** faire marcher* qn; **to ~ it out with sb** s'expliquer avec qn. **(b)** *(cause)* **to ~ one's hair cut** se faire couper les cheveux; **to ~ one's case brought up** faire monter sa valise; **to ~ sth mended** faire réparer qch; **I had him clean the car** je lui ai fait nettoyer la voiture; **he had his car stolen** on lui a volé sa voiture; **to ~ sb in** faire venir qn; **to ~ a tooth out** se faire arracher une dent. — **3** *n:* **the ~s and the ~-nots** les riches *mpl* et les pauvres *mpl.*

haven ['heɪvn] *n (fig)* abri *m.*

haversack ['hævəsæk] *n* musette *f.*

havoc ['hævək] *n* ravages *mpl. (fig)* **to play ~ with sth** désorganiser qch complètement.

hawk [hɔːk] *n* faucon *m.*

hawthorn ['hɔːθɔːn] *n* aubépine *f.*

hay [heɪ] *n* foin *m. (fig)* **to make ~ while the sun shines** profiter de l'occasion; ~ **fever** rhume *m* des foins. ◆ **haystack** *n* meule *f* de foin.

haywire* ['heɪwaɪəʳ] *adj:* **to go ~** *(person)* perdre la tête; *(plans)* mal tourner; *(equipment)* se détraquer.

hazard ['hæzəd] — **1** *n* risque *m.* **health ~** risque pour la santé. — **2** *vt* risquer. ◆ **hazardous** *adj* hasardeux (*f* -euse).

haze [heɪz] *n* brume *f; (of smoke etc)* vapeur *f.*

hazel ['heɪzl] *adj (colour)* noisette *inv.* ◆ **hazelnut** *n* noisette *f.*

hazy ['heɪzɪ] *adj (day)* brumeux (*f* -euse); *(photo)* flou; *(idea)* vague.

he [hi:] — **1** *pers pron* il. **~ has come** il est venu; **here ~ is** le voici; **~ did not do it, she did** ce n'est pas lui qui l'a fait, c'est elle; **it's a ~*** *(animal)* c'est un mâle; *(baby)* c'est un garçon. — **2** *pref* mâle. **~-bear** ours *m* mâle.

head [hed] — **1** *n* **(a)** tête *f*. **from ~ to foot** de la tête aux pieds; **~ down** *(upside down)* la tête en bas; *(looking down)* la tête baissée; **~ first** la tête la première; **~ cold** rhume *m* de cerveau; **to hit sb on the ~** frapper qn à la tête; *(of horse)* **to win by a ~** gagner d'une tête; **to go ~ over heels** faire la culbute; *(fig)* **to keep one's ~ above water** se maintenir à flot; **on your ~ be it!** à vos risques et périls!; **10 francs a ~** 10 F par tête. **(b)** *(mind)* tête *f*. **to get sth into one's ~** se mettre qch dans la tête; **to take it into one's ~ to do** se mettre en tête de faire; **it's gone right out of my ~** ça m'est tout à fait sorti de la tête; **he has a good ~ for mathematics** il a des dispositions *fpl* pour les mathématiques; **he has a good ~ for heights** il n'a jamais le vertige; **we put our ~s together** nous nous sommes consultés; **I can't do it in my ~** je ne peux pas faire ça de tête; **he gave orders over my ~** il a donné des ordres sans me consulter; **it's quite above my ~** cela me dépasse complètement; **to keep one's ~** garder son sang-froid; **to lose one's ~** perdre la tête; **it went to his ~** cela lui est monté à la tête; **he is off his ~*** il a perdu la boule*. **(c)** *(gen: of flower, hammer etc)* tête *f*; *(of bed)* chevet *m*; *(of tape recorder)* tête magnétique. *(of person)* **at the ~ of** *(in charge of)* à la tête de; *(in front row of, at top of)* en tête de; **to come to a ~** *(abscess etc)* mûrir; *(situation etc)* devenir critique; **~s or tails?** pile ou face?; **I can't make ~ nor tail of it** je n'y comprends rien. **(d)** *(of department, family, business etc)* chef *m*. *(in school)* **the ~** le directeur, la directrice; **~ of state** chef d'État. — **2** *adj (typist, assistant etc)* principal. **~ gardener** jardinier *m* en chef; **~ office** siège *m* central; **~ waiter** maître *m* d'hôtel. — **3** *vti* **(a)** *(list, poll)* être en tête de; *(group of people)* être à la tête de. **~ed writing paper** papier *m* à en-tête; **the chapter ~ed...** le chapitre intitulé...; *(Football)* **to ~ the ball** faire une tête. **(b) to ~ for** se diriger vers; *(fig)* **to ~ for a disappointment** aller vers une déception. ◆ **headache** *n* mal *m* de tête; *(fig)* problème *m*. **bad ~** migraine *f*; **to have a ~** avoir mal à la tête. ◆ **heading** *n (gen)* titre *m*; *(subject title)* rubrique *f*; (*chapter* **~**) tête *f* de chapitre; *(printed: on document etc)* en-tête *m*. ◆ **headlamp** *or* ◆ **headlight** *n (on car)* phare *m*. ◆ **headland** *n* promontoire *m*. ◆ **headline** *n (in newspaper)* gros titre *m*; *(TV)* grand titre. **to hit the ~s*** faire les gros titres. ◆ **headlong** *adv (fall)* la tête la première; *(rush)* à toute allure. ◆ **headmaster** *n* directeur *m*; *(in lycée)* proviseur *m*. ◆ **headmistress** *n* directrice *f*. ◆ **head-on** *adv (collide)* de plein fouet; *(meet)* face à face. ◆ **headphones** *npl* casque *m* (à écouteurs). ◆ **headquarters** *n (gen)* siège *m* central; *(Mil)* quartier *m* général. ◆ **headrest** *n* appui-tête *m*. ◆ **headroom** *n*: **there is not enough ~** le toit n'est pas assez haut. ◆ **headscarf** *n* foulard *m*. ◆ **headstrong** *adj* têtu. ◆ **headway** *n*: **to make ~** *(gen)* faire des progrès; *(of ship)* faire route. ◆ **headwind** *n* vent *m* contraire.

heal [hi:l] — **1** *vi* (**~ up**) se cicatriser. — **2** *vt (person)* guérir (*of* de). ◆ **healer** *n* guérisseur *m* (*f* -euse).

health [helθ] *n* santé *f*. **in good ~** en bonne santé; **Ministry of H~** ministère *m* de la Santé; **your ~!** à votre santé!; **~ centre** ≃ centre *m* médico-social; **~ foods** aliments *mpl* naturels; **~ food shop** magasin *m* diététique; **the H~ Service** ≃ la Sécurité sociale; **he got it on the H~ Service*** ça lui a été remboursé par la Sécurité sociale; **H~ Service doctor** ≃ médecin *m* conventionné; **~ visitor** auxiliaire *f* médicale à domicile. ◆ **healthy** *adj (person)* en bonne santé; *(climate)* salubre; *(appetite)* robuste; *(fig: economy, attitude)* sain. **a ~ respect for ...** beaucoup de respect pour ...

heap [hi:p] — **1** *n* tas *m*, monceau *m*. **~s of*** des tas* de. — **2** *vt* (**~ up**) entasser (*on sth* sur qch). **~ed spoonful** grosse cuillerée *f*.

hear [hɪəʳ] *pret, ptp* **heard** [hɜ:d] *vti (gen)* entendre; *(news)* apprendre. **I can't ~ you** je ne vous entends pas; **I heard him say ...** je l'ai entendu dire ...; **to make o.s. heard** se faire entendre; **to ~ sb out** écouter qn jusqu'au bout; **to ~ him, you'd think he ...** à l'entendre, on dirait qu'il ...; **I heard he's been ill** j'ai entendu dire qu'il a été malade; **I ~ you've been ill** il paraît que vous avez été malade; **that's the first I've heard of it!** c'est la première fois que j'entends parler de ça!; **I won't ~ of it!** pas question!; **I ~ about him from his mother** j'ai de ses nouvelles par sa mère; **I've never heard of him** je ne le connais pas; *(excl)* **~, ~!** bravo! ◆ **hearer** *n* auditeur *m* (*f* -trice). ◆ **hearing** *n* **(a)** *(sense)* ouïe *f*. **to have good ~** avoir l'oreille fine; **hard of ~** dur d'oreille; **~ aid** appareil *m* acoustique. **(b)** *(of committee etc)* séance *f*. ◆ **hearsay** *n*: **from ~** par ouï-dire; **it's only ~** ce ne sont que des rumeurs.

hearse [hɜ:s] *n* corbillard *m*.

heart [hɑ:t] *n* **(a)** cœur *m*. **to have a weak ~, to have ~ trouble** être cardiaque; **~ attack** crise *f* cardiaque; **~ disease** maladie *f* de cœur; **~ failure** arrêt *m* du cœur. **(b)** *(fig)* **at ~** au fond; **in his ~ of ~s** en son for intérieur; **with all my ~** de tout mon cœur; **to take sth to ~** prendre qch à cœur; **I hadn't the ~ to tell him** je n'ai pas eu le courage de lui dire; **have a ~!*** pitié!*; **his ~ isn't in his work** il n'a pas le cœur à l'ouvrage; **to lose ~** perdre courage; **to set one's ~ on (doing) sth** vouloir à tout prix (faire) qch; **my ~ sank** j'ai eu un coup au cœur; **she had her ~ in her mouth** son cœur battait la chamade; **to learn by ~** apprendre par cœur; **the ~ of the matter** le fond du problème. **(c)** *(Cards)* **~s** cœur *m*; **to play a ~** jouer cœur. ◆ **heartache** *n* chagrin *m*. ◆ **heartbeat** *n* battement *m* de cœur. ◆ **heartbreaking** *adj* déchirant. ◆ **heartbroken** *adj*: **to be ~** avoir beaucoup de chagrin. ◆ **heartburn** *n* brûlures *fpl* d'estomac. ◆ **heartless** *adj* cruel (*f* cruelle). ◆ **heart-to-heart** *n*: **to have a ~** parler à cœur ouvert (*with* à).

heartening ['hɑ:tnɪŋ] *adj* encourageant.

hearth [hɑ:θ] *n* foyer *m*. **~ rug** devant *m* de foyer.

heartily ['hɑ:tɪlɪ] *adv (say, welcome)* chaleureusement; *(laugh)* de tout son cœur; *(eat)* avec appétit; *(agree, dislike)* absolument; *(glad, tired)* extrêmement.

hearty ['hɑ:tɪ] *adj (welcome, approval)* chaleureux (*f* -euse); *(meal)* copieux (*f* -ieuse); *(appetite)* solide; *(person)* jovial.

heat [hi:t] — **1** *n* **(a)** chaleur *f*. *(Cooking)* **at low ~** à feu doux; *(fig)* **in the ~ of the moment** dans le feu de l'action; **on ~** *(animal)* en chaleur; **~ haze** brume *f* de chaleur; **~ rash** irritation *f* (due à la chaleur). **(b)** *(competition)* éliminatoire *f*.— **2** *vt* chauffer; (*reheat:* **~ up**) réchauffer. ◆ **heated** *adj (fig: argument)* passionné. *(person)* **to grow ~** s'échauffer. ◆ **heater** *n* appareil *m* de chauffage. ◆ **heating** *n* chauffage *m*. ◆ **heat-resistant** *adj (dish)* allant au four. ◆ **heatstroke** *n* coup *m* de chaleur. ◆ **heatwave** *n* vague *f* de chaleur.

heath [hi:θ] *n* lande *f*.

heathen ['hi:ðən] *adj, n* païen(ne) *m(f)*.

heather ['heðəʳ] *n* bruyère *f*.

heave [hi:v] — **1** *vt* traîner avec effort; *(throw)* lancer; *(sigh)* pousser. — **2** *vi (retch)* avoir des haut-le-cœur.

heaven ['hevn] *n* paradis *m*. **to go to ~** aller au paradis; **in ~** au paradis; **~ forbid!*** surtout pas!; **~ knows!*** Dieu seul le sait!; **good ~s!*** Seigneur!; **for ~'s sake*** *(pleading)* pour l'amour du ciel; *(protesting)* zut alors!*; **it was ~*** c'était divin. ◆ **heavenly** *adj* céleste; *(delightful)* divin.

heavily ['hevɪlɪ] *adv (load, tax, walk)* lourdement; *(sleep, sigh)* profondément; *(breathe)* bruyamment; *(lean)* de tout son poids; *(say)* d'une voix accablée; *(rain)* très fort; *(drink)* beaucoup. **~ built** solidement bâti.

heavy ['hevɪ] *adj (gen)* lourd (*with* de); *(crop, loss, sigh, rain)* gros (*f* grosse) *(before n)*; *(day)* chargé; *(blow)* violent; *(book, film)* indigeste; *(population, traffic)* dense; *(sky)* couvert; *(task)* pénible. **~ vehicle** poids lourd *m*; **how ~ are you?** combien pesez-vous?; **to be a ~ smoker** fumer beaucoup; **to be a ~ sleeper** avoir le sommeil profond; **~ fighting** combats *mpl* acharnés; **~ casualties** de nombreuses victimes *fpl*; *(fig)* **it's ~ going** ça n'avance pas; **the ~ work** le gros travail. ◆ **heavyweight** *n (Boxing)* poids *m* lourd.

Hebrew ['hi:bru:] — **1** *adj* hébraïque. — **2** *n* Hébreu *m*; *(language)* hébreu *m*.

Hebrides ['hebrɪdi:z] *n* Hébrides *fpl*.

heckle ['hekl] *vti* interrompre bruyamment. ◆ **heckler** *n* interrupteur *m* (*f* -trice).

hectic ['hektɪk] *adj (busy)* très bousculé; *(eventful)* très mouvementé.

hedge [hedʒ] — **1** *n* (*also* **~row**) haie *f*. — **2** *vi* répondre évasivement.

hedgehog ['hedʒhɒg] *n* hérisson *m*.

heed [hi:d] *vt* faire attention à, tenir compte de. ◆ **heedless** *adj*: **~ of** sans se soucier de.

heel [hi:l] *n* talon *m*. **to take to one's ~s** prendre ses jambes à son cou.

hefty* ['heftɪ] *adj (person)* costaud*; *(parcel)* lourd; *(piece, price)* gros (*f* grosse) *(before n)*.

height [haɪt] *n* **(a)** *(of building)* hauteur *f*; *(of person)* taille *f*; *(of mountain, plane)* altitude *f*. **what ~ are you?** combien mesurez-vous?; **he is 1 metre 80 in ~** il mesure 1 m 80; **of average ~** de taille moyenne. **(b)** *(of success)* apogée *m*; *(of absurdity, ill manners)* comble *m*. **at the ~ of** *(storm etc)* au cœur de; **at the ~ of the season** en pleine saison; **the ~ of fashion** la toute dernière mode; *(of excitement)* **to be at its ~** être à son maximum. ◆ **heighten** *vt (gen)* intensifier; *(flavour)* relever.

heir [ɛəʳ] *n* héritier *m* (*to* de). **~ apparent** héritier présomptif. ◆ **heiress** *n* héritière *f*. ◆ **heirloom** *n* héritage *m*. **a family ~** un tableau *(or* bijou *etc)* de famille.

held [held] *pret, ptp of* **hold.**

helicopter ['helɪkɒptəʳ] — **1** *n* hélicoptère *m*. — **2** *adj (patrol, rescue)* en hélicoptère; *(pilot)* d'hélicoptère.

hell [hel] *n* enfer *m*. **in ~** en enfer; **a ~ of a noise*** un boucan de tous les diables*; **a ~ of a lot of*** tout un tas de; **to run** *etc* **like ~*** courir *etc* comme un fou; **to give sb ~*** faire mener une vie infernale à qn; **oh ~!*** merde!*; **go to ~!*** va te faire voir!*; **what the ~ does he want?*** qu'est-ce qu'il peut bien vouloir? ◆ **hellish** *adj* diabolique.

hello [hə'ləʊ] *excl* = **hallo.**

helm [helm] *n* barre *f (de bateau)*. **to be at the ~** tenir la barre.

helmet ['helmɪt] *n* casque *m*.

help [help] — **1** *n* **(a)** aide *f*, secours *m*. **~!** au secours!; **with the ~ of** *(person)* avec l'aide de; *(tool etc)* à l'aide de; **to shout for ~** appeler au secours; **to go to sb's ~** aller au secours de qn; **we need more ~ in the shop** il nous faut davantage de personnel au magasin. **(b)** *(charwoman)* femme *f* de ménage. — **2** *vti* **(a)** aider (*sb to do* qn à faire; *sb with sth* qn à faire qch). **to ~ sb with his luggage** aider qn à porter ses bagages; **to ~ sb out** donner un coup de main à qn; **that doesn't ~ much** cela ne sert pas à grand-chose; **it will ~ to save the church** cela contribuera à sauver l'église; *(in shops etc)* **can I ~ you?** vous désirez?; **to ~ sb across** aider qn à traverser. **(b) ~ yourself** servez-vous (*to* de). **(c) I couldn't ~ laughing** je n'ai pas pu m'empêcher de rire; **it can't be ~ed** tant pis!; **I can't ~ it if ...** je n'y peux rien si ...; **not if I can ~ it!** sûrement pas! ◆ **helper** *n* aide *mf*, assistant(e) *m(f)*. ◆ **helpful** *adj (willing)* obligeant; *(useful)* qui est d'un grand secours. ◆ **helping** *n* portion *f*. **to take a second ~ of sth** reprendre de qch. ◆ **helpless** *adj (mentally, morally)* impuissant; *(physically)* impotent; *(powerless)* sans ressource. **~ with laughter** malade de rire. ◆ **helplessly** *adv (struggle)* en vain; *(lie, remain)* sans pouvoir bouger; *(say)* d'un ton d'impuissance.

hem [hem] — **1** *n (part doubled over)* ourlet *m*; *(edge)* bord *m*. — **2** *vt* **(a)** *(sew)* ourler. **(b) ~med in** *(lit)* cerné; *(fig)* prisonnier (*f* -ière).

hemisphere ['hemɪsfɪəʳ] *n* hémisphère *m*.

hemp [hemp] *n* chanvre *m*.

hen [hen] *n* poule *f*. **~ bird** oiseau *m* femelle. ◆ **henpecked** *adj* dominé par sa femme.

hence [hens] *adv (therefore)* d'où. ◆ **henceforth** *adv* désormais.

her [hɜ:ʳ] — **1** *pers pron* **(a)** *(direct)* la. **I see ~** je la vois; **I have seen ~** je l'ai vue; **I know him, but I have never seen her** je le connais, lui, mais elle, je ne l'ai jamais vue. **(b)** *(indirect)* lui. **I give ~ the book** je lui donne le livre; **I'm speaking to ~** je lui parle. **(c)** *(after prep etc)* elle. **without ~** sans elle; **it's ~** c'est elle; **younger than ~** plus jeune qu'elle. — **2** *poss adj* son, sa, ses. ◆ **hers** *poss pron* le sien, la sienne, les siens, les siennes. **it's ~** c'est à elle; **a friend of ~** un de ses amis. ◆ **herself** *pers pron (reflexive)* se; *(emphatic)* elle-même. **she has hurt ~** elle s'est blessée; **she said to ~** elle s'est dit; **she told me ~** elle me l'a dit elle-même; **all by ~** toute seule.

heraldry ['herəldrɪ] *n* héraldique *f*.

herb [hɜ:b] *n* herbe *f*. *(Cooking)* **~s** fines herbes; **~ garden** jardin *m* d'herbes aromatiques.

herbaceous [hɜːˈbeɪʃəs] *adj:* ~ **border** bordure *f* de plantes herbacées.
herd [hɜːd] *n* troupeau *m.*
here [hɪəʳ] *adv* ici. **come** ~ venez ici; *(at roll call)* ~! présent!; ~ **I am** me voici; ~ **is my brother** voici mon frère; *(giving sth)* ~ **you are!** tenez!; ~ **come my friends** voici mes amis qui arrivent; **spring is** ~ c'est le printemps; ~**'s to your success!** à votre succès!; **around** ~ par ici; **over** ~ ici; **it's cold up** ~ il fait froid ici; **down to** ~ jusqu'ici; **from** ~ **to there** d'ici jusqu'à là-bas; **are you there?** — **yes I'm** ~ vous êtes là? — oui je suis là; ~ **and there** par-ci par-là; *(fig)* **it's neither** ~ **nor there** cela n'a aucune importance; ~ **goes!*** allons-y!; ~ **and now** en ce moment précis; ~ **lies** ci-gît. ◆ **hereby** *adv* par la présente. ◆ **herewith** *adv:* **I send you** ~ je vous envoie ci-joint.
hereditary [hɪˈredɪtərɪ] *adj* héréditaire.
heredity [hɪˈredɪtɪ] *n* hérédité *f.*
heresy [ˈherəsɪ] *n* hérésie *f.*
heretic [ˈherətɪk] *n* hérétique *mf.*
heritage [ˈherɪtɪdʒ] *n* patrimoine *m.*
hermetic [hɜːˈmetɪk] *adj* hermétique.
hermit [ˈhɜːmɪt] *n* ermite *m.*
hernia [ˈhɜːnɪə] *n* hernie *f.*
hero [ˈhɪərəʊ] *n* héros *m.* ◆ **heroic** [hɪˈrəʊɪk] *adj* héroïque. ◆ **heroine** [ˈherəʊɪn] *n* héroïne *f (femme).* ◆ **heroism** *n* héroïsme *m.*
heroin [ˈherəʊɪn] *n* héroïne *f (drogue).*
heron [ˈherən] *n* héron *m.*
herring [ˈherɪŋ] *n* hareng *m.*
hesitate [ˈhezɪteɪt] *vi* hésiter (*over, about, at* sur, devant; *to do* à faire). ◆ **hesitation** *n* hésitation *f.* **I have no** ~ **in saying** je n'hésite pas à dire.
hessian [ˈhesɪən] *n* toile *f* de jute.
het up* [ˈhetˈʌp] *adj* agité (*about* par).
hew [hjuː] *vt* tailler (*out of* dans).
heyday [ˈheɪdeɪ] *n* âge *m* d'or.
hi [haɪ] *excl* hé!; (*: *greeting*) salut!*
hibernate [ˈhaɪbəneɪt] *vi* hiberner.
hiccough, hiccup [ˈhɪkʌp] — **1** *n* hoquet *m.* **to have** ~**s** avoir le hoquet. — **2** *vi* hoqueter.
hide[1] [haɪd] *pret* **hid,** *ptp* **hidden** — **1** *vt* cacher (*from sb* à qn). **to** ~ **one's face** se cacher le visage. — **2** *vi* (~ **away,** ~ **out**) se cacher (*from sb* de qn). ◆ **hide-and-seek** *n* cache-cache *m.* ◆ **hideout** *n* cachette *f.*
hide[2] [haɪd] *n (skin)* peau *f; (leather)* cuir *m.*
hideous [ˈhɪdɪəs] *adj (sight, person)* hideux (*f* -euse); *(crime)* atroce; *(disappointment)* terrible.
hiding [ˈhaɪdɪŋ] *n* **(a) to be in** ~ se tenir caché; **to go into** ~ se cacher; ~ **place** cachette *f.* **(b) to give sb a good** ~ donner une bonne correction à qn.
hierarchy [ˈhaɪərɑːkɪ] *n* hiérarchie *f.*
hi-fi [ˈhaɪˈfaɪ] *adj* hi-fi *inv.*
high [haɪ] — **1** *adj* **(a)** *(gen)* haut. **building 40 metres** ~ bâtiment de 40 mètres de haut; **how** ~ **is that tower?** quelle est la hauteur de cette tour?; **when he was so** ~* quand il était grand comme ça; ~ **jump** saut *m* en hauteur; **to leave sb** ~ **and dry** laisser qn en plan*. **(b)** *(speed, value)* grand *(before n); (fever)* fort *(before n); (complexion)* vif (*f* vive); *(wind)* violent; *(pressure, official)* haut *(before n); (price)* élevé; *(sound)* aigu (*f* -uë); *(ideal)* noble. **to pay a** ~ **price for sth** payer qch cher. **(c)** ~ **altar** maître-autel *m;* ~ **mass** grand-messe *f;* ~ **commissioner** haut commissaire *m;* ~ **court** cour *f* suprême; ~ **explosive** explosif *m* puissant; ~ **school** *(Brit)* lycée *m; (US)* collège *m* d'enseignement secondaire; **on the** ~ **seas** en haute mer; **the** ~ **spot** *(of visit etc)* le grand moment; ~ **street** rue *f* principale; ~ **tea** goûter *m* dînatoire; ~ **treason** haute trahison *f.* **(d)** *(meat)* faisandé. **(e)** (*: *intoxicated*) ivre, parti*; *(on drugs)* défoncé*. — **2** *adv* haut. ~ **up** en haut; ~**er up** plus haut; ~**er and** ~**er** de plus en plus haut. — **3** *n:* **on** ~ en haut. ◆ **highbrow** *n* intellectuel(le) *m(f).* ◆ **high-class** *adj* de premier ordre. ◆ **higher** — **1** *adj* supérieur (*than* à). — **2** *adv* plus haut. ◆ **high-heeled** *adj* à hauts talons. ◆ **highlands** *npl* régions *fpl* montagneuses. ◆ **highlight** *n (in hair)* reflet *m; (in evening, match etc)* moment *m* le plus marquant. ◆ **highly** *adv (pleased, interesting)* extrêmement; *(recommended)* chaudement; *(pay)* très bien. ~ **coloured** haut en couleur; ~ **strung** nerveux (*f* -euse); **to think** ~ **of** penser beaucoup de bien de. ◆ **highness** *n:* **Your H**~ Votre Altesse *f.* ◆ **high-pitched** *adj* aigu (*f* -uë). ◆ **high-powered** *adj (car)* très puissant; *(person)* très important. ◆ **high-ranking official** *n* haut fonctionnaire *m.* ◆ **high-rise block** *n* tour *f* (d'habitation). ◆ **highroad** *n* grand-route *f.* ◆ **high-speed** *adj* ultra-rapide; *(lens)* à obturation ultra-rapide. ◆ **highway** *n* grande route *f.* **on the public** ~ sur la voie publique; **the** ~ **code** le code de la route.
hijack [ˈhaɪdʒæk] — **1** *vt* détourner *(par la force).* — **2** *n* détournement *m.* ◆ **hijacker** *n (gen)* gangster *m; (of plane)* pirate *m* de l'air. ◆ **hijacking** *n* détournement *m.*
hike [haɪk] — **1** *n* excursion *f* à pied. — **2** *vi:* **to go hiking** faire des excursions. ◆ **hiker** *n* excursionniste *mf (à pied).*
hilarious [hɪˈlɛərɪəs] *adj* désopilant.
hill [hɪl] *n* colline *f. (slope)* **a slight** ~ une légère pente *f.* ◆ **hillside** *n* coteau *m.* ◆ **hilly** *adj* accidenté.
hilt [hɪlt] *n (of sword)* poignée *f.* **to the** ~ au maximum.
him [hɪm] *pers pron* **(a)** *(direct)* le. **I see** ~ je le vois; **I have seen** ~ je l'ai vu; **I know her, but I've never seen** ~ je la connais, elle, mais lui, je ne l'ai jamais vu. **(b)** *(indirect)* lui. **I give** ~ **the book** je lui donne le livre; **I'm speaking to** ~ je lui parle. **(c)** *(after prep etc)* lui. **without** ~ sans lui; **it's** ~ c'est lui; **younger than** ~ plus jeune que lui. ◆ **himself** *pers pron (reflexive)* se; *(emphatic)* lui-même. **he has hurt** ~ il s'est blessé; **he said to** ~ il s'est dit; **he told me** ~ il me l'a dit lui-même; **all by** ~ tout seul.
hind [haɪnd] *adj:* ~ **legs,** ~ **feet** pattes *fpl* de derrière.
hinder [ˈhɪndəʳ] *vt (obstruct)* gêner; *(delay)* retarder. ◆ **hindrance** *n* obstacle *m.*
hindsight [ˈhaɪndsaɪt] *n:* **with** ~ rétrospectivement.
Hindu [ˈhɪnˈduː] — **1** *adj* hindou. — **2** *n* Hindou(e) *m(f).*
hinge [hɪndʒ] — **1** *n (on door)* gond *m; (on box, stamp)* charnière *f.* — **2** *vi (fig)* dépendre (*on* de).
hint [hɪnt] — **1** *n* allusion *f.* **to drop a** ~ faire une allusion; **to drop a** ~ **that** faire comprendre que; **I can take a** ~ bon, j'ai compris; **he gave no** ~ **of ...** il n'a donné aucune indication sur ...; ~**s for travellers** conseils *mpl* aux voyageurs; **a** ~ **of garlic** un soupçon d'ail. — **2** *vt* laisser comprendre (*that* que). — **3** *vi:* **to** ~ **at sth** faire allusion à qch.

hip [hɪp] *n* hanche *f*. **to break one's ~** se casser le col du fémur; **~ pocket** poche *f* revolver; **~ size** tour *m* de hanches. ◆ **hipbone** *n* os *m* iliaque.

hippie* ['hɪpɪ] *adj, n* hippie *(mf)*.

hippopotamus [,hɪpə'pɒtəməs] *n, pl* **-mi** [-maɪ] hippopotame *m*.

hire ['haɪəʳ] — **1** *n* location *f*. **for ~** à louer; *(on taxi)* 'libre'; **on ~** en location; **~ purchase** achat *m* à crédit; **on ~ purchase** à crédit. — **2** *vt* **(a)** *(thing)* louer; *(person)* engager. **(b)** (**~ out**) donner en location.

his [hɪz] — **1** *poss adj* son, sa, ses. — **2** *poss pron* le sien, la sienne, les siens, les siennes. **a friend of ~** un de ses amis.

hiss [hɪs] — **1** *vti* siffler. — **2** *n* sifflement *m; (Theatre etc)* sifflet *m*.

historian [hɪs'tɔːrɪən] *n* historien(ne) *m(f)*.

historic(al) [hɪs'tɒrɪk(əl)] *adj* historique.

history ['hɪstərɪ] *n* histoire *f*. **to make ~** *(person)* entrer dans l'histoire; *(event)* être historique; **he has a ~ of ...** il a dans son passé ...; **medical ~** passé *m* médical.

hit [hɪt] (*vb: pret, ptp* **hit**) — **1** *n* **(a)** *(stroke)* coup *m*. *(fig)* **that's a ~ at me** c'est moi qui suis visé. **(b)** *(as opp to miss)* coup *m* réussi. **direct ~** coup dans le mille. **(c)** *(song or film etc)* chanson *f or* film *m etc* à succès. **to make a ~ with sb*** faire une grosse impression sur qn; **to be a big ~** avoir un énorme succès; **~ song** chanson *f* à succès. — **2** *vti* **(a)** *(strike)* frapper; *(collide with)* heurter; *(reach)* atteindre; *(hurt)* affecter. **to ~ sb a blow** porter un coup à qn; **to ~ one's head against sth** se cogner la tête contre qch; **to ~ a nail with a hammer** taper sur un clou avec un marteau; *(fig)* **to ~ the nail on the head** mettre dans le mille; *(fig)* **to ~ the mark** atteindre son but; **to be ~** être touché (*by* par); *(realization)* **then it ~ me*** tout à coup j'ai réalisé; *(fig)* **to ~ the ceiling*** sortir de ses gonds; **to ~ back at sb** riposter; **to ~ it off with sb** bien s'entendre avec qn; **to ~ out at** décocher un coup à; *(fig)* attaquer. **(b)** (*find: also* **~ upon**) tomber sur; *(problems etc)* rencontrer. ◆ **hit-and-run driver** *n* chauffard* *m* (coupable du délit de fuite). ◆ **hit-and-run raid** *n* raid *m* éclair *inv*. ◆ **hit-or-miss** *adj* fait au petit bonheur.

hitch [hɪtʃ] — **1** *n* contretemps *m* (*in* dans). **technical ~** incident *m* technique. — **2** *vt* **(a)** (**~ up**) remonter. **(b)** *(fasten)* accrocher (*to* à). **(c)** (*) **to ~ a lift to Paris** *(hitch-hike)* faire du stop* jusqu'à Paris; *(ask friend etc)* se faire emmener en voiture jusqu'à Paris. ◆ **hitch-hike** *vi* faire de l'auto-stop (*to* jusqu'à). ◆ **hitch-hiker** *n* auto-stoppeur *m* (*f* -euse). ◆ **hitch-hiking** *n* auto-stop *m*.

hither ['hɪðəʳ] *adv*: **~ and thither** çà et là.

hive [haɪv] — **1** *n* ruche *f*. — **2** *vt*: **to ~ off*** séparer (*from* de).

HMS *abbr of* His *or* Her Majesty's Ship: **~ Maria** la Maria; **~ Falcon** le Faucon.

hoard [hɔːd] — **1** *n* réserves *fpl*. **~s* of** un tas* de. — **2** *vt* amasser.

hoarding ['hɔːdɪŋ] *n* panneau *m* d'affichage.

hoarfrost ['hɔː'frɒst] *n* givre *m*.

hoarse [hɔːs] *adj* enroué.

hoax [həʊks] *n* canular *m*.

hobble ['hɒbl] *vi*: **to ~ in** *etc* entrer *etc* en clopinant.

hobby ['hɒbɪ] *n* passe-temps *m inv* favori, hobby *m*. ◆ **hobby-horse** *n (fig)* dada *m*.

hock [hɒk] *n (wine)* vin *m* du Rhin.

hockey ['hɒkɪ] *n* hockey *m*.

hoe [həʊ] *n* houe *f*, binette *f*.

hog [hɒg] — **1** *n* porc *m*. *(fig)* **to go the whole ~** aller jusqu'au bout. — **2** *vt* (*: *keep*) garder pour soi.

hoist [hɔɪst] *vt* hisser.

hold [həʊld] (*vb: pret, ptp* **held**) — **1** *n* **(a)** prise *f*. **to get ~ of** saisir; *(find)* trouver; *(fig: contact sb)* contacter; **I've got a firm ~ on it** je le tiens bien; **to keep ~ of** ne pas lâcher; *(fig)* **to have a ~ over sb** avoir prise sur qn. **(b)** *(ship)* cale *f*.

— **2** *vti* **(a)** *(gen)* tenir; *(contain)* contenir; *(sb's attention)* retenir; *(opinion)* avoir. **they are ~ing hands** ils se tiennent par la main; **he held my arm** il me tenait le bras; **to ~ sb tight** serrer qn très fort; **the ladder won't ~ you** l'échelle ne supportera pas ton poids; **to ~ one's head down** tenir la tête baissée; **to ~ down** *(keep on ground)* maintenir par terre; *(keep in place)* maintenir en place; **to ~ on to** *(rope etc)* se cramponner à; *(idea etc)* se raccrocher à; *(keep)* garder; **to ~ out** offrir (*sth to sb* qch à qn); *(one's arms)* ouvrir; **to ~ o.s. ready** se tenir prêt; *(fig)* **he was left ~ing the baby*** tout est retombé sur sa tête; **to ~ one's breath** retenir son souffle; **to ~ one's own** *(invalid)* se maintenir; *(in conversation etc)* se débrouiller; *(Telephone)* **to ~ the line** attendre; **~ the line!** ne quittez pas!; **to ~ the enemy off** tenir l'ennemi à distance; **to ~ sth up** *(raise)* lever qch; *(support)* soutenir qch (*see also* **2 d**). **(b)** *(meeting, conversation etc)* tenir; *(examination)* organiser; *(check, count)* faire. **it is always held here** cela a toujours lieu ici; *(in church)* **to ~ a service** célébrer un office. **(c)** *(believe)* maintenir (*that* que). **to ~ sb responsible for sth** considérer qn responsable de qch. **(d)** *(keep)* garder; *(restrain:* **~ back**) retenir (*from doing* de faire); *(crowd)* contenir. **to ~ a train** empêcher un train de partir; **~ the letter until ...** n'envoyez pas la lettre avant que ... + *subj;* **to ~ sth back from sb** cacher qch à qn; **~ it!*** arrêtez!; **to ~ up** *(delay)* retarder; *(rob: bank)* faire un hold-up dans; *(person)* attaquer à main armée. **(e)** *(possess: ticket, post etc)* avoir; *(Mil)* tenir (*against* contre); *(Sport: record)* détenir. **to ~ down a job** garder un poste; *(fig)* **to ~ the fort** monter la garde. **(f)** *(of rope, nail etc)* tenir, être solide; *(of weather)* se maintenir. **to ~ good** être valable; **the rain held off** il n'a pas plu; **to ~ on** *(endure)* tenir bon; **~ on!** attendez!; *(Telephone)* ne quittez pas!; **to ~ out** *(of supplies)* durer; *(of person)* tenir bon.

◆ **holdall** *n* fourre-tout *m inv*. ◆ **holder** *n (owner: of ticket, record)* détenteur *m* (*f* -trice); *(of passport, post)* titulaire *mf*. ◆ **hold-up** *n (robbery)* hold-up *m inv; (delay)* retard *m; (in traffic)* bouchon *m*.

hole [həʊl] *n (gen)* trou *m; (of rabbit, fox)* terrier *m; (in defences, dam)* brèche *f*.

holiday ['hɒlədɪ] *n (vacation)* vacances *fpl; (day off)* jour *m* de congé. **on ~** en vacances, en congé; **to take a month's ~** prendre un mois de vacances; **~s with pay** congés *mpl* payés; **school ~s** vacances scolaires; **~ camp** camp *m* de vacances; **~ resort** station *f* de vacances. ◆ **holiday-maker** *n* vacancier *m* (*f* -ière).

holiness ['həʊlɪnɪs] *n* sainteté *f*.

Holland ['hɒlənd] *n* Hollande *f*.

hollow ['hɒləʊ] — **1** *adj (gen)* creux (*f* creuse); *(voice)* caverneux (*f* -euse); *(victory)* faux

(*f* fausse); *(promise)* vain. **to give a ~ laugh** rire jaune. — **2** *n* creux *m*. — **3** *vt* (**~ out**) creuser.
holly ['hɒlɪ] *n* houx *m*.
hollyhock ['hɒlɪhɒk] *n* rose *f* trémière.
holocaust ['hɒləkɔːst] *n* holocauste *m*.
holster ['həʊlstəʳ] *n* étui *m* de revolver.
holy ['həʊlɪ] *adj* **(a)** *(gen)* saint *(before n)*; *(bread, water)* bénit; *(ground)* sacré. **the H~ Father** le Saint-Père; **the H~ Ghost** *or* **Spirit** le Saint-Esprit; **the H~ Land** la Terre Sainte; **H~ Week** la Semaine Sainte. **(b)** *(saintly. place, life)* saint *(after n)*.
homage ['hɒmɪdʒ] *n* hommage *m*. **to pay ~ to** rendre hommage à.
home [həʊm] — **1** *n* maison *f*; *(of plant, animal)* habitat *m*. **to leave ~** quitter la maison; **at ~** chez soi, à la maison; **to feel at ~ with** se sentir à l'aise avec; **to make o.s. at ~** faire comme chez soi; **near my ~** près de chez moi; **he is far from ~** il est loin de chez lui; **my ~ is in London** *(live there)* j'habite Londres; *(was born there)* je suis de Londres; **to have a ~ of one's own** avoir un foyer; **to give sb a ~** recueillir qn chez soi; **he comes from a good ~** il a une famille comme il faut; **a broken ~** un foyer désuni; **safety in the ~** prudence à la maison; **at ~ and abroad** chez nous et à l'étranger; **children's ~** maison pour enfants. — **2** *adv* **(a)** chez soi, à la maison. **to go** *or* **get ~** rentrer (chez soi *or* à la maison); **I'll be ~ at 5 o'clock** je rentrerai à 5 heures; **on the journey ~** sur le chemin du retour; **to see sb ~** accompagner qn jusque chez lui; **I must write ~** il faut que j'écrive à la maison. **(b)** *(from abroad)* **he came ~** il est rentré de l'étranger; **to send sb ~** rapatrier qn; **to return ~** rentrer dans son pays. **(c)** *(right in etc: hammer)* à fond. *(fig)* **to bring sth ~ to sb** faire comprendre qch à qn.
— **3** *adj* **(a)** *(atmosphere, life)* de famille, familial; *(comforts)* du foyer; *(doctor etc: visit)* à domicile; *(Sport. team etc)* qui reçoit; *(match)* joué à domicile. **~ address** adresse *f* personnelle; **~ economics** économie *f* domestique; **~ help** aide *f* ménagère; **my ~ town** *(place of birth)* ma ville natale; *(where I grew up)* la ville où j'ai grandi; **~ truths** vérités *fpl* bien senties. **(b)** *(not abroad)* du pays, national; *(policy, market, sales etc)* intérieur. **the ~ country** le vieux pays; **on the ~ front** à l'intérieur; **~ leave** congé *m* de longue durée; *(Brit)* **H~ Office** ≃ ministère *m* de l'Intérieur; **H~ Secretary** ≃ ministre *m* de l'Intérieur.
— **4** *vi*: **to ~ in on sth** se diriger automatiquement vers qch.
◆ **home-baked** *(or* **-brewed** *or* **-made** *etc)* *adj* fait à la maison. ◆ **homecoming** *n* retour *m* au foyer. ◆ **home-grown** *adj (from own garden)* du jardin. ◆ **homeland** *n* patrie *f*. ◆ **homeless** *adj* sans abri. **the ~** les sans-abri *mpl*. ◆ **home-lover** *n* casanier *m* (*f* ière). ◆ **homely** *adj* **(a)** *(gen)* simple; *(atmosphere)* confortable. **(b)** *(US. plain)* laid. ◆ **homesick** *adj*: **to be ~** avoir la nostalgie (*for* de); *(abroad)* avoir le mal du pays. ◆ **homeward** — **1** *adj* du retour. — **2** *adv* vers la maison. ◆ **homework** *n* devoirs *mpl* (à la maison).
homicide ['hɒmɪsaɪd] *n* homicide *m*.
hom(o)eopathic [ˌhəʊmɪəʊ'pæθɪk] *adj* *(gen)* homéopathique; *(doctor)* homéopathe.
homogeneous [ˌhɒmə'dʒiːnɪəs] *adj* homogène.
homonym ['hɒmənɪm] *n* homonyme *m*.
homosexual ['hɒməʊ'seksjʊəl] *adj*, *n* homosexuel(le) *m(f)*.
honest ['ɒnɪst] *adj* *(gen)* honnête; *(opinion)* sincère; *(profit)* honnêtement acquis. **the ~ truth** la pure vérité; **to be ~ with you ...** à vous dire la vérité ...; **to be ~ with sb** être franc (*f* franche) avec qn. ◆ **honestly** *adv (behave)* honnêtement. **~, I don't care** franchement, ça m'est égal; **I didn't do it, ~!** je ne l'ai pas fait, je vous le jure!; **~?** vraiment? ◆ **honesty** *n* honnêteté *f*.
honey ['hʌnɪ] *n* miel *m*. **yes, ~*** oui, chéri(e). ◆ **honeycomb** *n* rayon *m* de miel. ◆ **honeymoon** *n* lune *f* de miel. **the ~ couple** les nouveaux mariés *mpl*. ◆ **honeysuckle** *n* chèvrefeuille *m*.
honk [hɒŋk] *vi (of car)* klaxonner.
honor *etc (US)* = **honour** *etc*.
honorary ['ɒnərərɪ] *adj* *(secretary etc)* honoraire; *(degree)* à titre honorifique.
honour, *(US)* **-or** ['ɒnəʳ] — **1** *n* honneur *m* (*to do, of doing* de faire). **in ~ of** en l'honneur de; **to put sb on his ~ to do** engager qn sur l'honneur à faire; *(University)* **first-class ~s in English** ≃ licence *f* d'anglais avec mention très bien. — **2** *vt* honorer (*with* de). ◆ **honourable** *adj* honorable.
hood [hʊd] *n* *(gen)* capuchon *m*; (*rain-~*) capuche *f*; *(hiding face)* cagoule *f*; *(of car: Brit)* capote *f*; *(US)* capot *m*; *(over cooker etc)* hotte *f*.
hoodwink ['hʊdwɪŋk] *vt* tromper.
hoof [huːf] *n*, *pl* **~s** *or* **hooves** sabot *m* *(d'animal)*.
hook [hʊk] — **1** *n* *(gen)* crochet *m*; *(for coats)* patère *f*; *(on dress)* agrafe *f*; *(Fishing)* hameçon *m*; *(Boxing)* crochet. **to get sb off the ~*** tirer qn d'affaire. — **2** *vt* accrocher (*to* à). ◆ **hooked** *adj (nose etc)* recourbé. *(fig)* **to be ~* on** ne plus pouvoir se passer de; **to get ~* on drugs** se droguer.
hooligan ['huːlɪgən] *n* voyou *m*. ◆ **hooliganism** *n* vandalisme *m*.
hoop [huːp] *n (toy etc)* cerceau *m*. ◆ **hoopla** *n* jeu *m* d'anneaux.
hoot [huːt] — **1** *vi* *(of owl)* hululer; *(of driver)* klaxonner; *(of train)* siffler; *(jeer)* huer; *(with laughter)* s'esclaffer. — **2** *n*: **I don't care a ~*** je m'en fiche* éperdument; **it was a ~*** c'était tordant*. ◆ **hooter** *n* *(factory)* sirène *f*; *(car)* klaxon *m*.
hoover ['huːvəʳ] ® — **1** *n* aspirateur *m*. — **2** *vt* passer l'aspirateur sur *or* dans.
hop [hɒp] — **1** *n* *(gen)* saut *m*. *(fig)* **to catch sb on the ~** prendre qn au dépourvu. — **2** *vi* sauter; *(on one foot)* sauter à cloche-pied; *(of bird)* sautiller. **~ in!** montez!; **to ~ it*** ficher le camp*.
hope [həʊp] — **1** *n* espoir *m* (*of doing* de faire). **beyond all ~** sans espoir; **to live in ~** vivre d'espoir; **in the ~ of** dans l'espoir de; **to have ~s of doing** avoir l'espoir de faire; **there is no ~ of that** ça ne risque pas d'arriver; **to raise sb's ~s** donner de l'espoir à qn; **what a ~!*, some ~!*** tu parles!* — **2** *vti* espérer (*that* que; *to do* faire). **to ~ for sth** espérer (avoir) qch; **to ~ for the best** être optimiste; **to ~ against hope** espérer en dépit de tout; **hoping to hear from you** dans l'espoir d'avoir de vos nouvelles; **I ~ so** j'espère que oui; **I ~ not** j'espère que non. ◆ **hopeful** *adj (person)* plein d'espoir; *(situation, sign)* encourageant. **I am ~ that ...** j'ai bon espoir que ... ◆ **hopefully**

adv (speak, smile) avec optimisme. **~* it won't rain** avec un peu de chance il ne va pas pleuvoir. ◆ **hopeless** *adj (person, situation)* désespéré; *(task)* impossible; (*: *bad*) qui ne vaut rien; *(liar, drunkard etc)* invétéré. **it's ~!** c'est désespérant; **he's a ~* teacher** il est nul comme professeur. ◆ **hopelessly** *adv (act)* sans espoir; *(say)* avec désespoir; *(lost etc)* complètement; *(in love)* éperdument.

hops [hɒps] *npl* houblon *m.*

hopscotch ['hɒpskɒtʃ] *n* marelle *f.*

horde [hɔːd] *n* foule *f.*

horizon [hə'raɪzn] *n* horizon *m.* **on the ~** à l'horizon.

horizontal [,hɒrɪ'zɒntl] *adj* horizontal.

hormone ['hɔːməʊn] *n* hormone *f.*

horn [hɔːn] *n (gen)* corne *f; (Music)* cor *m; (on car)* klaxon *m; (on ship)* sirène *f.* ◆ **horn-rimmed** *adj* à monture d'écaille.

hornet ['hɔːnɪt] *n* frelon *m.*

horoscope ['hɒrəskəʊp] *n* horoscope *m.*

horrible ['hɒrɪbl] *adj (sight, murder)* horrible; *(holiday, weather etc)* affreux (*f* -euse). ◆ **horribly** *adv* horriblement; affreusement.

horrid ['hɒrɪd] *adj (person)* méchant; *(thing)* affreux (*f* -euse).

horrify ['hɒrɪfaɪ] *vt* horrifier.

horror ['hɒrəʳ] *n* horreur *f.* **that child is a ~*** cet enfant est un petit monstre; **~ film** film *m* d'épouvante.

horse [hɔːs] *n* cheval *m.* (*fig*) **straight from the ~'s mouth** de source sûre; **~ race** course *f* de chevaux; **~ show, ~ trials** concours *m* hippique. ◆ **horseback** *n:* **on ~** à cheval. ◆ **horse-drawn** *adj* à chevaux. ◆ **horseplay** *n* jeux *mpl* brutaux. ◆ **horsepower** *n* puissance *f* (en chevaux). ◆ **horseradish** *n* raifort *m.* ◆ **horse-sense*** *n* gros bon sens *m.* ◆ **horseshoe** *n* fer *m* à cheval.

horticulture ['hɔːtɪkʌltʃəʳ] *n* horticulture *f.*

hose [həʊz] — **1** *n* (*also* **~pipe**) tuyau *m.* — **2** *vt (in garden)* arroser au jet; *(of firemen)* arroser à la lance. **to ~ sth down** laver qch au jet.

hosiery ['həʊʒərɪ] *n* bonneterie *f.*

hospitable [hɒs'pɪtəbl] *adj* hospitalier (*f* -ière).

hospital ['hɒspɪtl] *n* hôpital *m.* **in ~** à l'hôpital; **~ bed** lit *m* d'hôpital; **the ~ facilities** le service hospitalier; **~ staff** le personnel hospitalier.

hospitality [,hɒspɪ'tælɪtɪ] *n* hospitalité *f.*

host¹ [həʊst] *n* hôte *m.* ◆ **hostess** *n* hôtesse *f; (in night club)* entraîneuse *f.*

host² [həʊst] *n (of people)* foule *f; (of reasons)* tas* *m.*

host³ [həʊst] *n (Rel)* hostie *f.*

hostage ['hɒstɪdʒ] *n* otage *m.* **to take sb ~** prendre qn comme otage.

hostel ['hɒstəl] — **1** *n (gen)* foyer *m.* **youth ~** auberge *f* de jeunesse. — **2** *vi:* **to go youth ~ling** passer ses vacances dans des auberges de jeunesse. ◆ **hosteller** *n* ajiste *mf.*

hostile ['hɒstaɪl] *adj* hostile (*to* à).

hostility [hɒs'tɪlɪtɪ] *n* hostilité *f.*

hot [hɒt] *adj* **(a)** *(gen)* chaud; *(sun)* brûlant. **to be ~** *(person)* avoir chaud; *(thing)* être chaud; *(weather)* **it's ~** il fait chaud; **this room is ~** il fait très (*or* trop) chaud dans cette pièce; **to get ~** *(person)* commencer à avoir chaud; *(thing)* chauffer; (*fig*) **in the ~ seat** sur la sellette; (*fig*) **to be in ~ water** être dans le pétrin; (*fig*) **~ air*** blablabla* *m; (food)* **~ dog** hot-dog *m;* **~ line** téléphone *m* rouge (*to* avec); **to be ~ stuff*** être sensationnel* (*f* -elle). **(b)** *(curry, spices etc)* fort; *(news, report)* dernier (*f* -ière) *(before n).* **~ favourite** grand favori *m;* **to make things ~ for sb*** mener la vie dure à qn; **not so ~*** pas formidable*; **he's pretty ~* at maths** il est très calé en maths. ◆ **hot-air balloon** *n* ballon *m (dirigeable etc).* ◆ **hotfoot** *adv* à toute vitesse. ◆ **hotheaded** *adj* impétueux (*f* -ueuse). ◆ **hothouse** *n* serre *f* (chaude). ◆ **hotly** *adv* passionnément. ◆ **hot-plate** *n* plaque *f* chauffante. ◆ **hotpot** *n* ragoût *m.* ◆ **hotted-up*** *adj (car)* au moteur gonflé. ◆ **hot-tempered** *adj* colérique. ◆ **hot-water bottle** *n* bouillotte *f.*

hotel [həʊ'tel] *n* hôtel *m.* **the ~ industry** l'industrie *f* hôtelière; **~ room** chambre *f* d'hôtel; **~ workers** le personnel hôtelier. ◆ **hotelier** *n* hôtelier *m* (*f* -ière).

hound [haʊnd] — **1** *n* chien *m* courant. **the ~s** la meute. — **2** *vt* traquer (*sb for sth* qn pour obtenir qch).

hour ['aʊəʳ] *n* heure *f.* **80 km an ~** 80 km à l'heure; **to pay sb by the ~** payer qn à l'heure; **she is paid £2 an ~** elle est payée 2 livres l'heure; **he's been waiting for ~s** il attend depuis des heures; **on the ~** toutes les heures à l'heure juste; **in the early ~s** au petit matin; **at all ~s** à toute heure; **at this ~** à cette heure-ci; **to work long ~s** avoir une journée très longue; **out of ~s** en dehors des heures d'ouverture; **~ hand** petite aiguille *f.* ◆ **hourly** *adj, adv (every hour)* toutes les heures. **~ paid** payé à l'heure.

house [haʊs] — **1** *n* **(a)** maison *f.* **at** *or* **to my ~** chez moi; **~ prices** prix *mpl* immobiliers; **to put sb under ~ arrest** assigner qn à domicile; **to keep ~** tenir la maison (*for sb* de qn). **(b)** *(Parliament)* **H~ of Commons** Chambre *f* des communes; **H~ of Lords** Chambre des lords; *(US)* **H~ of Representatives** Chambre des députés; **the H~s of Parliament** le Palais de Westminster. **(c)** *(Theatre etc)* **a full ~** une salle pleine; **'~ full'** 'complet'; **the second ~** la deuxième séance; (*fig*) **to bring the ~ down** faire crouler la salle sous les applaudissements. **(d)** *(Commerce)* maison *f.* **publishing ~** maison d'édition; *(fig: free)* **on the ~** aux frais de la maison. — **2** [haʊz] *vt (gen: of person, town council etc)* loger; *(of building)* abriter. ◆ **house agent** *n* agent *m* immobilier. ◆ **houseboat** *n* péniche *f* aménagée. ◆ **housebound** *adj* confiné chez soi. ◆ **house-breaking** *n* cambriolage *m.* ◆ **house-coat** *n* peignoir *m.* ◆ **housefly** *n* mouche *f* (commune). ◆ **houseguest** *n* invité(e) *m(f).* ◆ **household** *n* ménage *m.* (*fig*) **a ~ word** un mot que tout le monde connaît. ◆ **house-holder** *n* occupant(e) *m(f).* ◆ **housekeeper** *n (for sb else)* gouvernante *f.* **she is a good ~** elle est bonne ménagère. ◆ **housekeeping** *n (work)* ménage *m.* **~ money** argent *m* du ménage. ◆ **house-proud** *adj* très méticuleux (*f* -euse). ◆ **house surgeon** *n* ≃ interne *mf* en chirurgie. ◆ **house-to-house** *adj:* **to make a ~ search for sb** aller de porte en porte à la recherche de qn. ◆ **house-trained** *adj* propre. ◆ **housewarming** *n:* **to give a ~ party** pendre la crémaillère. ◆ **housewife** *n, pl* **-wives** ménagère *f; (as opposed to career woman)* femme *f* au foyer. ◆ **housework** *n* ménage *m.* **to do the ~** faire le ménage.

housing ['haʊzɪŋ] *n* logement *m.* **~ shortage** crise *f* du logement; **~ estate** cité *f,* lotissement *m.*

hovel ['hɒvəl] *n* taudis *m*.
hover ['hɒvəʳ] *vi (gen)* planer (*above* au-dessus de); *(of person:* **~ about)** rôder. ◆ **hovercraft** *n* aéroglisseur *m*. ◆ **hoverport** *n* hoverport *m*.
how [haʊ] *adv (gen)* comment; *(that)* que. **~ are you?** comment allez-vous?; **~ do you do?** *(greeting)* bonjour; *(on being introduced)* enchanté de faire votre connaissance; **to learn ~ to do sth** apprendre à faire qch; **I know ~ to do it** je sais le faire; **~ was the play?** comment avez-vous trouvé la pièce?; **~ is it that ...?** comment se fait-il que ...? + *subj*; **~ come?*** comment ça se fait?*; **~ ever did you do that?** comment as-tu bien pu faire ça?; **~ about going for a walk?** si on allait se promener?; **and ~!*** et comment!*; **~ big he is!** comme *or* qu'il est grand!; **~ old is he?** quel âge a-t-il?; **~ much, ~ many** combien (de). ◆ **however** — **1** *adv:* **~ you may do it** de quelque manière que vous le fassiez; **~ that may be** quoi qu'il en soit; **~ tall he may be** quelque grand qu'il soit. — **2** *conj* cependant, toutefois. **after that, ~, he ...** cependant, après cela, il ...
howl [haʊl] — **1** *vi* hurler *(with pain etc* de douleur *etc)*. **a ~ing gale** une violente tempête. — **2** *n* hurlement *m*. ◆ **howler*** *n* gaffe *f*.
H.P. = **hire purchase;** *see* **hire.**
hub [hʌb] *n* moyeu *m*. **~ cap** enjoliveur *m*.
huddle ['hʌdl] *vti* se blottir (les uns contre les autres). **~d under a blanket** blotti sous une couverture; **~d over his books** penché sur ses livres.
hue [hjuː] *n (colour)* teinte *f*.
huff* [hʌf] *n:* **in a ~** froissé; **to take the ~** se froisser. ◆ **huffy*** *adj* froissé.
hug [hʌg] *vt* serrer dans ses bras.
huge [hjuːdʒ] *adj (gen)* énorme; *(house)* immense. **a ~ success** un succès fou. ◆ **hugely** *adv* énormément; *(very)* extrêmement.
hulk [hʌlk] *n (ship)* épave *f*.
hull [hʌl] *n* coque *f*.
hullo [hʌ'ləʊ] *excl* = **hallo.**
hum [hʌm] — **1** *vti (of insect, wire)* bourdonner; *(of person)* fredonner; *(of engine)* vrombir; *(of radio)* ronfler. — **2** *n* bourdonnement *m*; vrombissement *m*.
human ['hjuːmən] — **1** *adj* humain. **~ being** être *m* humain; **~ nature** nature *f* humaine; **it's only ~ nature to want ...** c'est humain de vouloir ...; **he's only ~** il n'est pas un saint. — **2** *n* être *m* humain. ◆ **humane** *adj* plein d'humanité. ◆ **humanely** *adv* avec humanité. ◆ **humanism** *n* humanisme *m*. ◆ **humanitarian** *adj* humanitaire. ◆ **humanity** *n* humanité *f*.
humble ['hʌmbl] *adj* humble. ◆ **humbly** *adv* humblement.
humbug ['hʌmbʌg] *n (person)* fumiste* *mf*; *(talk)* fumisterie* *f*.
humdrum ['hʌmdrʌm] *adj* monotone.
humid ['hjuːmɪd] *adj* humide.
humiliate [hjuː'mɪlɪeɪt] *vt* humilier.
humility [hjuː'mɪlɪtɪ] *n* humilité *f*.
humorous ['hjuːmərəs] *adj (book, writer)* humoristique; *(person, remark)* plein d'humour. ◆ **humorously** *adv* avec humour.
humour, *(US)* **-or** ['hjuːməʳ] — **1** *n* **(a)** *(sense of fun)* humour *m*. **he has no sense of ~** il n'a pas le sens de l'humour. **(b)** *(temper)* **in a good ~** de bonne humeur. — **2** *vt* faire plaisir à.
hump [hʌmp] *n* bosse *f*.
humus ['hjuːməs] *n* humus *m*.
hunch [hʌntʃ] — **1** *vt* (**~ up**) voûter. **~ed (up) over his books** courbé sur ses livres. — **2** *n* (*: *premonition)* intuition *f*. **to have a ~ that** soupçonner que. ◆ **hunchback** *n* bossu(e) *m(f)*.
hundred ['hʌndrɪd] *adj, n* cent *(m)*. **about a ~ books** une centaine de livres; **~s of** des centaines de; **a ~ per cent successful** réussi à cent pour cent; **to live to be a ~** devenir centenaire. ◆ **hundredth** *adj, n* centième *mf*; *(fraction)* centième *m*. ◆ **hundredweight** *n (Brit) = 50,7 kg, (US) = 45,3 kg.*
hung [hʌŋ] *pret, ptp of* **hang.**
Hungary ['hʌŋgərɪ] *n* Hongrie *f*.
hunger ['hʌŋgəʳ] *n* faim *f* (*for* de). **~ strike** grève *f* de la faim.
hungrily ['hʌŋgrɪlɪ] *adv* avidement.
hungry ['hʌŋgrɪ] *adj:* **to be** *or* **feel ~** avoir faim; **to make sb ~** donner faim à qn; **to go ~** *(starve)* souffrir de la faim; *(miss a meal)* se passer de manger; *(fig)* **~ for** avide de.
hunk [hʌŋk] *n* gros morceau *m*.
hunt [hʌnt] — **1** *n (gen)* chasse *f*; *(for sth or sb missing)* recherche *f* (*for* de); *(huntsmen)* chasseurs *mpl*. **tiger ~** chasse au tigre; **the ~ for the murderer** la chasse au meurtrier; **I've had a ~ for my gloves** j'ai cherché mes gants partout. — **2** *vti (Sport)* chasser; *(pursue)* poursuivre; *(seek)* chercher. **to go ~ing** aller à la chasse; **to ~ for** *(game)* chasser; *(object, facts)* rechercher (partout); **to ~ (in) one's pockets for sth** fouiller dans ses poches pour trouver qch; **to ~ sth up** rechercher qch. ◆ **hunter** *n (horse)* cheval *m* de chasse. ◆ **hunting** *n* chasse *f* à courre. **fox-~** chasse au renard. ◆ **huntsman** *n* chasseur *m*.
hurdle ['hɜːdl] *n (Sport)* haie *f*; *(fig)* obstacle *m*.
hurl [hɜːl] *vt (stone)* lancer (avec violence) (*at* contre); *(abuse etc)* lancer (*at* à). **to ~ o.s.** se jeter; **to ~ o.s. at** se ruer sur.
hurrah [hʊ'rɑː] *n*, **hurray** [hʊ'reɪ] *n* hourra *m*. **hip, hip, ~!** hip, hip, hip, hourra!; **~ for Richard!** vive Richard!
hurricane ['hʌrɪkən] *n* ouragan *m*.
hurry ['hʌrɪ] — **1** *n (haste)* hâte *f*; *(eagerness)* empressement *m*. **to be in a ~** être pressé; **to be in a ~ to do** avoir hâte de faire; **done in a ~** fait à la hâte; **are you in a ~ for this?** vous le voulez très vite?; **there's no ~ for it** ça ne presse pas. — **2** *vi* se dépêcher, se presser (*to do* de faire). **~ up!** dépêchez-vous!; **to ~ back** se dépêcher de revenir (*or* de retourner); **to ~ in** *etc* entrer *etc* à la hâte; **he hurried after her** il a couru pour la rattraper. — **3** *vt* (**~ up, ~ along:** *person)* faire presser; *(piece of work)* activer. **don't ~ your meal** ne mangez pas trop vite; **to ~ sb in** (*or* **out**) faire entrer (*or* sortir) qn à la hâte; **they hurried him to a doctor** ils l'ont emmené d'urgence chez un médecin. ◆ **hurried** *adj (steps, departure)* précipité; *(work)* fait à la hâte. ◆ **hurriedly** *adv* à la hâte.
hurt [hɜːt] *pret, ptp* **hurt** — **1** *vt* **(a)** *(physically)* faire mal à, *(injure)* blesser. **to ~ o.s., to get ~** se faire mal, se blesser; **to ~ one's arm** se blesser au bras; **where does it ~ you?** où avez-vous mal? **(b)** *(mentally etc)* faire de la peine à. **somebody is bound to get ~** il y a toujours quelqu'un qui écope*; **to ~ sb's feelings** froisser qn. **(c)** *(damage: thing)* abîmer; *(reputation, trade)* nuire à. — **2** *vi* faire mal. **my arm ~s** mon bras me fait mal; **where does it ~?** où

avez-vous mal? ◆ **hurtful** *adj (remark etc)* blessant.
hurtle ['hɜːtl] *vi:* **to ~ along** *etc* avancer *etc* à toute vitesse.
husband ['hʌzbənd] *n* mari *m.* **to live as ~ and wife** vivre maritalement.
hush [hʌʃ] — **1** *excl* chut! — **2** *vt (scandal)* étouffer; *(person)* faire taire. ◆ **hushed** *adj (voice)* étouffé; *(silence)* profond.
husk [hʌsk] *n (of grain)* balle *f; (of nut)* écale *f.*
husky ['hʌskɪ] *adj* **(a)** *(voice)* rauque; *(singer's voice)* voilé. **(b)** *(burly)* costaud*.
hustle ['hʌsl] — **1** *vt:* **to ~ sb out** *etc* bousculer qn pour le faire sortir *etc.* — **2** *n:* **~ and bustle** tourbillon *m* d'activité.
hut [hʌt] *n* hutte *f; (shed)* cabane *f; (Mil)* baraquement *m; (in mountains)* refuge *m.*
hutch [hʌtʃ] *n* clapier *m.*
hyacinth ['haɪəsɪnθ] *n* jacinthe *f.*
hybrid ['haɪbrɪd] *adj, n* hybride *(m).*
hydrant ['haɪdrənt] *n* prise *f* d'eau. **fire ~** bouche *f* d'incendie.
hydraulic [haɪ'drɒlɪk] *adj* hydraulique.
hydroelectric ['haɪdrəʊɪ'lektrɪk] *adj* hydro-électrique.
hydrogen ['haɪdrɪdʒən] *n* hydrogène *m.*
hyena [haɪ'iːnə] *n* hyène *f.*
hygiene ['haɪdʒiːn] *n* hygiène *f.*
hygienic [haɪ'dʒiːnɪk] *adj* hygiénique.
hymn [hɪm] *n* cantique *m,* hymne *m.*
hyper... ['haɪpəʳ] *pref* hyper... ◆ **hypermarket** *n* hypermarché *m.*
hyphen ['haɪfən] *n* trait *m* d'union.
hypnosis [hɪp'nəʊsɪs] *n* hypnose *f.* **under ~** en état d'hypnose. ◆ **hypnotist** *n* hypnotiseur *m* (*f* -euse). ◆ **hypnotize** *vt* hypnotiser.
hypocrisy [hɪ'pɒkrɪsɪ] *n* hypocrisie *f.* ◆ **hypocritical** *adj* hypocrite.
hypodermic [ˌhaɪpə'dɜːmɪk] *n* seringue *f* hypodermique.
hypothesis [haɪ'pɒθɪsɪs] *n, pl* **-eses** hypothèse *f.* ◆ **hypothetical** *adj* hypothétique.
hysterectomy [ˌhɪstə'rektəmɪ] *n* hystérectomie *f.*
hysteria [hɪs'tɪərɪə] *n (Med)* hystérie *f; (gen)* crise *f* de nerfs. ◆ **hysterical** *adj (Med)* hystérique; *(gen)* surexcité. **to become ~** avoir une crise de nerfs. ◆ **hysterically** *adv (laugh)* convulsivement; *(shout)* comme un(e) hystérique. ◆ **hysterics** *npl:* **to have ~** avoir une violente crise de nerfs; *(laughing)* attraper un fou rire.

I

I¹, i [aɪ] *n (letter)* I, i *m.*
I² [aɪ] *pers pron* je. **~ am** je suis; **here ~ am** me voici; **I'll do it, she can't** c'est moi qui vais le faire, elle ne peut pas; **it's ~** c'est moi.
ice [aɪs] — **1** *n* **(a)** glace *f; (on road)* verglas *m.* **like ~** *(hands)* glacé; *(room)* glacial; **~ age** période *f* glaciaire; **~ axe** piolet *m;* **~ cube** glaçon *m;* **~ floe** banquise *f;* **~ hockey** hockey *m* sur glace; **~ rink** patinoire *f.* **(b)** *(~ cream)* glace *f.* — **2** *vt (cake)* glacer. — **3** *vi:* **to ~ over** *or* **up** givrer. ◆ **iceberg** *n* iceberg *m.* ◆ **icebox** *n (fridge)* frigidaire *m* ®. ◆ **ice-cold** *adj (drink)* glacé; *(room)* glacial. ◆ **ice cream** *n* glace *f.* ◆ **iced** *adj (tea, coffee)* glacé. ◆ **ice lolly** *n* glace *f* (sur bâtonnet). ◆ **ice-skate** *vi* patiner (sur glace). ◆ **ice-tray** *n* bac *m* à glaçons.
Iceland ['aɪslənd] *n* Islande *f.*
icicle ['aɪsɪkl] *n* glaçon *m (naturel).*
icing ['aɪsɪŋ] *n* glaçage *m.* **~ sugar** sucre *m* glace.
icon ['aɪkɒn] *n* icône *f.*
icy ['aɪsɪ] *adj (weather, room)* glacial; *(ground, hands)* glacé; *(road)* verglacé.
idea [aɪ'dɪə] *n* idée *f.* **brilliant ~** idée géniale; **the ~ is to sell the car** il s'agit de vendre la voiture; **what gave you the ~ that...?** qu'est-ce qui t'a fait penser que...?; **to put ~s into sb's head** mettre des idées dans la tête de qn; **if that's your ~ of work** si c'est ça que tu appelles travailler; **I've got some ~ of physics** j'ai quelques notions *fpl* de physique; **I haven't the slightest** *or* **foggiest ~** je n'en ai pas la moindre idée; **I have an ~ that ...** j'ai l'impression que ...; **I had no ~ that ...** j'ignorais absolument que ...; **can you give me a rough ~ of how many?** pouvez-vous m'indiquer en gros combien?; **I've got the general ~*** je vois à peu près; **to have big ~s** voir grand; **what's the big ~?*** qu'est-ce que c'est que cette histoire?
ideal [aɪ'dɪəl] *adj, n* idéal *(m).* ◆ **idealist** *adj, n* idéaliste *(mf).* ◆ **ideally** *adv (gen)* d'une manière idéale; *(suited)* idéalement. **~ it should have ...** l'idéal serait que cela ...
identical [aɪ'dentɪkəl] *adj* identique (*to* à); *(twins)* vrais.
identification [aɪˌdentɪfɪ'keɪʃən] *n (document)* pièce *f* d'identité.
identify [aɪ'dentɪfaɪ] — **1** *vt* identifier (*as* comme étant). — **2** *vi* s'identifier (*with* avec, à).
identikit [aɪ'dentɪkɪt] *n* portrait-robot *m.*
identity [aɪ'dentɪtɪ] *n* identité *f.* **mistaken ~** erreur *f* d'identité; **~ papers** papiers *mpl* d'identité; **~ parade** séance *f* d'identification (d'un suspect).
ideology [ˌaɪdɪ'ɒlədʒɪ] *n* idéologie *f.*
idiom ['ɪdɪəm] *n* expression *f* idiomatique. ◆ **idiomatic** *adj* idiomatique.
idiosyncrasy [ˌɪdɪə'sɪŋkrəsɪ] *n* particularité *f.*
idiot ['ɪdɪət] *n* idiot(e) *m(f).* ◆ **idiotic** *adj* idiot, bête. ◆ **idiotically** *adv* bêtement.
idle ['aɪdl] *adj* **(a)** *(doing nothing)* oisif (*f* -ive); *(unemployed)* en chômage; *(lazy)* paresseux

(*f* -euse); *(moment)* de loisir; *(machinery)* inutilisé. **the ~ rich** l'élite *f* oisive. **(b)** *(speculation, threat, promises)* vain; *(fears)* sans fondement. **~ curiosity** curiosité *f* pure et simple. ◆ **idleness** *n* oisiveté *f*, paresse *f*. ◆ **idly** *adv (laze)* paresseusement; *(say, suggest)* négligemment.

idol ['aɪdl] *n* idole *f*. ◆ **idolize** *vt* idolâtrer.

idyllic [ɪ'dɪlɪk] *adj* idyllique.

i.e. ['aɪ'iː] (*abbr:* **id est**) c'est-à-dire.

if [ɪf] *conj* si. **I'll go ~ you come with me** j'irai si tu m'accompagnes; **~ I were you** si j'étais vous; **even ~** même si; **~ only ...** si seulement ...; **~ so** s'il en est ainsi; **~ not** sinon; **nice, ~ rather cold** agréable, bien qu'un peu froid; **as ~ you were rich** comme si vous étiez riche; **as ~ by chance** comme par hasard.

ignite [ɪg'naɪt] *vi* prendre feu. ◆ **ignition** *n (gen)* ignition *f*; *(on car)* allumage *m*. **to switch on the ~** mettre le contact; **~ key** clef *f* de contact; **~ switch** contact *m*.

ignoramus [,ɪgnə'reɪməs] *n* ignare *mf*.

ignorance ['ɪgnərəns] *n* ignorance *f (of a fact* d'un fait; *of geography etc* en matière de géographie *etc)*. ◆ **ignorant** *adj (person)* ignorant (*of* de). **to be ~ of sth** ignorer qch.

ignore [ɪg'nɔːʳ] *vt (remark, fact)* ne tenir aucun compte de; *(sb's behaviour)* faire semblant de ne pas s'apercevoir de; *(person)* faire semblant de ne pas reconnaître; *(letter)* ne pas répondre à; *(rule)* ne pas respecter.

ill [ɪl] — **1** *adj, comp* **worse,** *superl* **worst (a)** *(sick)* malade *(with* de); *(less serious)* souffrant. **to be taken ~** tomber malade. **(b)** *(bad: deed, health etc)* mauvais *(before n)*. **~ effects** conséquences *fpl* désastreuses; **~ feeling** ressentiment *m*; **no ~ feeling!** sans rancune! — **2** *n (misfortunes)* **~s** malheurs *mpl* — **3** *adv* mal. ◆ **ill-advised** *adj* peu judicieux (*f* -ieuse). ◆ **ill-fated** *adj* néfaste. ◆ **ill-mannered** *adj* mal élevé. ◆ **ill-natured** *adj* désagréable. ◆ **illness** *n* maladie *f*. **to have a long ~** faire une longue maladie. ◆ **ill-timed** *adj* intempestif (*f* -ive). ◆ **ill-treat** *or* ◆ **ill-use** *vt* maltraiter. ◆ **ill-treatment** *n* mauvais traitements *mpl*.

illegal [ɪ'liːgəl] *adj* illégal.

illegible [ɪ'ledʒəbl] *adj* illisible.

illegitimate [,ɪlɪ'dʒɪtɪmɪt] *adj* illégitime.

illicit [ɪ'lɪsɪt] *adj* illicite.

illiteracy [ɪ'lɪtərəsɪ] *n* analphabétisme *m*.

illiterate [ɪ'lɪtərɪt] *adj (person)* illettré; *(letter)* plein de fautes.

illogical [ɪ'lɒdʒɪkəl] *adj* illogique.

illuminate [ɪ'luːmɪneɪt] *vt (gen)* éclairer; *(for special occasion: building)* illuminer. **~d sign** enseigne *f* lumineuse. ◆ **illuminating** *adj* éclairant. ◆ **illuminations** *npl* illuminations *fpl*.

illusion [ɪ'luːʒən] *n* illusion *f* (*about* sur). **to be under the ~ that** avoir l'illusion que.

illustrate ['ɪləstreɪt] *vt (lit, fig)* illustrer. **~d journal** illustré *m*. ◆ **illustration** *n* illustration *f*.

image ['ɪmɪdʒ] *n (gen)* image *f*; *(reflection)* réflexion *f*. *(fig)* **he is the ~ of his father** c'est tout le portrait de son père; *(of politician, town etc)* **public ~** image de marque.

imaginary [ɪ'mædʒɪnərɪ] *adj* imaginaire.

imagination [ɪ,mædʒɪ'neɪʃən] *n* imagination *f*. **it is all your ~!** vous vous faites des idées!; **use your ~!** aie donc un peu d'imagination!

imaginative [ɪ'mædʒɪnətɪv] *adj* plein d'imagination.

imagine [ɪ'mædʒɪn] *vt* imaginer (*that* que). **he's always imagining things** il se fait des idées; **I didn't ~ he would come** je ne me doutais pas qu'il viendrait.

imbalance [ɪm'bæləns] *n* déséquilibre *m*.

imbecile ['ɪmbəsiːl] *adj, n* imbécile *(mf)*.

imitate ['ɪmɪteɪt] *vt* imiter. ◆ **imitation** — **1** *n* imitation *f*. — **2** *adj (jewellery etc)* faux (*f* fausse) *(before n)*. **~ leather** imitation *f* cuir. ◆ **imitator** *n* imitateur *m* (*f* -trice).

immaculate [ɪ'mækjʊlɪt] *adj* impeccable. **the I~ Conception** l'Immaculée Conception *f*.

immaterial [,ɪmə'tɪərɪəl] *adj*: **it is ~ whether** il importe peu que + *subj*.

immature [,ɪmə'tjʊəʳ] *adj* qui manque de maturité.

immediate [ɪ'miːdɪət] *adj* immédiat. **to take ~ action** agir immédiatement (*to do* pour faire). ◆ **immediately** — **1** *adv (at once)* immédiatement; *(directly: affect, concern)* directement. — **2** *conj* dès que.

immense [ɪ'mens] *adj* immense. ◆ **immensely** *adv (rich)* immensément; *(enjoy o.s.)* énormément.

immerse [ɪ'mɜːs] *vt* immerger. **~d in one's work** plongé dans son travail. ◆ **immersion heater** *n* chauffe-eau *m inv* électrique.

immigrant ['ɪmɪgrənt] *adj, n* immigré(e) *m(f)*. ◆ **immigration** *n* immigration *f*. **~ authorities** service *m* de l'immigration.

imminent ['ɪmɪnənt] *adj* imminent.

immobilize [ɪ'məʊbɪlaɪz] *vt* immobiliser.

immoderate [ɪ'mɒdərɪt] *adj* immodéré.

immoral [ɪ'mɒrəl] *adj* immoral.

immortal [ɪ'mɔːtl] *adj, n* immortel(le) *m(f)*. ◆ **immortalize** *vt* immortaliser.

immune [ɪ'mjuːn] *adj* immunisé *(from, to* contre). ◆ **immunity** *n* immunité *f*. ◆ **immunize** *vt* immuniser (*against* contre).

impact ['ɪmpækt] *n* impact *m* (*on* sur).

impair [ɪm'pɛəʳ] *vt* affecter, détériorer.

impart [ɪm'pɑːt] *vt* communiquer.

impartial [ɪm'pɑːʃəl] *adj* impartial.

impassable [ɪm'pɑːsəbl] *adj* infranchissable.

impassioned [ɪm'pæʃnd] *adj* passionné.

impassive [ɪm'pæsɪv] *adj* impassible.

impatient [ɪm'peɪʃənt] *adj* impatient (*to do* de faire); intolérant *(with sb* vis-à-vis de qn). ◆ **impatiently** *adv* avec impatience.

impeccable [ɪm'pekəbl] *adj* impeccable.

impede [ɪm'piːd] *vt* entraver.

impediment [ɪm'pedɪmənt] *n* obstacle *m*. **speech ~** défaut *m* d'élocution.

impel [ɪm'pel] *vt* forcer (*to do* à faire).

impending [ɪm'pendɪŋ] *adj* imminent.

impenetrable [ɪm'penɪtrəbl] *adj* impénétrable.

imperative [ɪm'perətɪv] *adj (need)* impérieux (*f* -ieuse); *(Grammar)* impératif. **it is ~ that** il faut absolument que + *subj*.

imperceptible [,ɪmpə'septəbl] *adj* imperceptible.

imperfect [ɪm'pɜːfɪkt] *adj, n* imparfait *(m)*. ◆ **imperfection** *n* imperfection *f*.

imperial [ɪm'pɪərɪəl] *adj (gen)* impérial; *(lordly)* majestueux (*f* -ueuse); *(weight, measure)* légal. ◆ **imperialist** *adj, n* impérialiste *(mf)*.

imperil [ɪm'perɪl] *vt* mettre en péril.

impersonal [ɪm'pɜːsnl] *adj* impersonnel (*f* -elle).

impersonate [ɪm'pɜːsəneɪt] *vt (gen)* se faire passer pour; *(Theatre)* imiter. ◆ **impersonation** *n (Theatre)* imitation *f*.

impertinent [ɪm'pɜːtɪnənt] *adj* impertinent (*to sb* envers qn).
impervious [ɪm'pɜːvɪəs] *adj (fig)* sourd (*to* à).
impetuous [ɪm'petjʊəs] *adj* impétueux (*f* -ueuse).
impetus ['ɪmpɪtəs] *n (fig)* impulsion *f.*
impinge [ɪm'pɪndʒ] *vi:* **to ~ on** affecter.
implement ['ɪmplɪmənt] — **1** *n* outil *m; (for cooking)* ustensile *m.* — **2** ['ɪmplɪment] *vt (decision)* exécuter; *(plan, ideas)* mettre en pratique.
implicate ['ɪmplɪkeɪt] *vt* impliquer.
implication [,ɪmplɪ'keɪʃən] *n* implication *f.* **by ~** implicitement; **to study all the ~s** étudier toutes les conséquences *fpl* possibles.
implicit [ɪm'plɪsɪt] *adj (implied: threat)* implicite (*in* dans); *(unquestioning: belief)* absolu.
implore [ɪm'plɔːʳ] *vt* implorer (*sb to do* qn de faire).
imply [ɪm'plaɪ] *vt (of person)* laisser entendre; *(insinuate)* insinuer; *(of fact)* impliquer. **this implies that ...** ceci suggère que ...; **an implied refusal** un refus implicite.
impolite [,ɪmpə'laɪt] *adj* impoli. ◆ **impoliteness** *n* impolitesse *f* (*to, towards* envers).
import ['ɪmpɔːt] — **1** *n* **(a)** *(goods)* importation *f.* **~ licence** licence *f* d'importation. **(b)** *(meaning)* sens *m.* — **2** *vt* [ɪm'pɔːt] importer.
importance [ɪm'pɔːtəns] *n* importance *f.* **to be of ~** avoir de l'importance; **of no ~** sans importance; **full of his own ~** plein de lui-même.
important [ɪm'pɔːtənt] *adj* important *(to sth* pour qch; *to sb* à qn; *that* que + *subj).* **that's not ~** ça n'a pas d'importance.
importer [ɪm'pɔːtəʳ] *n* importateur *m.*
impose [ɪm'pəʊz] — **1** *vt (gen)* imposer (*on* à); *(punishment)* infliger (*on* à). — **2** *vi:* **to ~ on sb** abuser de la gentillesse de qn. ◆ **imposing** *adj* imposant.
impossibility [ɪm,pɒsə'bɪlɪtɪ] *n* impossibilité *f* (*of sth* de qch; *of doing* de faire).
impossible [ɪm'pɒsəbl] *adj* impossible *(that* que + *subj).* **it is ~ for him to leave, he finds it ~ to leave** il lui est impossible de partir; **he made it ~ for me to accept** il m'a mis dans l'impossibilité d'accepter; **the ~** l'impossible *m.* ◆ **impossibly** *adv (behave)* de façon impossible; *(late etc)* terriblement.
impostor [ɪm'pɒstəʳ] *n* imposteur *m.*
impotent ['ɪmpətənt] *adj* impuissant.
impound [ɪm'paʊnd] *vt* confisquer.
impoverished [ɪm'pɒvərɪʃt] *adj* appauvri.
impracticable [ɪm'præktɪkəbl] *adj* impraticable.
impractical [ɪm'præktɪkəl] *adj* peu réaliste.
imprecise [,ɪmprɪ'saɪs] *adj* imprécis.
impregnate ['ɪmpregneɪt] *vt (fertilize)* féconder; *(saturate)* imprégner (*with* de).
impress [ɪm'pres] *vt* impressionner. **I am not ~ed** ça ne m'impressionne pas; **how did he ~ you?** quelle impression vous a-t-il faite?; **to ~ on sb** faire bien comprendre à qn (*that* que). ◆ **impression** *n (gen)* impression *f.* **to make an ~** faire de l'effet (*on sb* à qn); **to be under the ~ that ...** avoir l'impression que ... ◆ **impressionist** *adj, n* impressionniste *(mf).* ◆ **impressive** *adj* impressionnant.
imprint [ɪm'prɪnt] — **1** *vt* imprimer (*on* sur). — **2** ['ɪmprɪnt] *n* empreinte *f.*
imprison [ɪm'prɪzn] *vt* emprisonner. ◆ **imprisonment** *n* emprisonnement *m.*
improbable [ɪm'prɒbəbl] *adj (gen)* improbable *(that* que + *subj); (excuse)* invraisemblable.
impromptu [ɪm'prɒmptjuː] *adv, adj, n* impromptu *(m).*
improper [ɪm'prɒpəʳ] *adj (indecent)* indécent; *(wrong)* incorrect.
improve [ɪm'pruːv] — **1** *vt* améliorer. **to ~ sb's looks** embellir qn; **that should ~ his chances of success** ceci devrait lui donner de meilleures chances de réussir; **to ~ one's French** se perfectionner en français. — **2** *vi (gen)* s'améliorer; *(in looks)* embellir; *(in health)* aller mieux. **to ~ on acquaintance** gagner à être connu; **things are improving** les choses vont mieux; **to ~ on sth** faire mieux que qch. ◆ **improvement** *n* amélioration *f* (*in* de; *on* par rapport à). **there's been an ~** il y a du mieux; **there is room for ~** cela pourrait être mieux; **to carry out ~s to sth** apporter des améliorations à qch.
improvise ['ɪmprəvaɪz] *vti* improviser.
imprudent [ɪm'pruːdənt] *adj* imprudent.
impudent ['ɪmpjʊdənt] *adj* impudent.
impulse ['ɪmpʌls] *n* impulsion *f.* **on ~ he ...** pris d'une impulsion soudaine il ... ◆ **impulsive** *adj (person, action)* impulsif (*f* -ive); *(remark)* irréfléchi. ◆ **impulsively** *adv* par impulsion.
impunity [ɪm'pjuːnɪtɪ] *n:* **with ~** impunément.
impure [ɪm'pjʊəʳ] *adj* impur.
in [ɪn] — **1** *prep* **(a)** *(gen)* dans. **~ the box** dans la boîte; **~ here** ici; **~ there** là-dedans; **~ school** à l'école; **~ the school** dans l'école; **~ London** à Londres; **~ Yorkshire** dans le Yorkshire; **~ Provence** en Provence; **~ France** en France; **~ Denmark** au Danemark; **~ the United States** aux États-Unis; **~ a child of that age** chez un enfant de cet âge; **the best pupil ~ the class** le meilleur élève de la classe. **(b)** *(time: during)* en. **~ 1989** en 1989; **~ June** en juin; **~ the morning** le matin; **3 o'clock ~ the afternoon** 3 heures de l'après-midi; **I haven't seen him ~ years** cela fait des années que je ne l'ai pas vu; **I did it ~ an hour** je l'ai fait en une heure; **he will arrive ~ an hour** il arrivera dans une heure; **he returned ~ an hour** il est rentré au bout d'une heure. **(c)** *(fig)* **~ a loud voice** d'une voix forte; **~ a whisper** en chuchotant; **~ pencil** au crayon; **~ French** en français; **~ a rage** en rage; **~ hundreds** par centaines; **dressed ~ white** habillé en blanc; **~ slippers** en pantoufles; **you look nice ~ that dress** tu es jolie avec cette robe; **~ marble** en marbre; **one ~ ten** un sur dix; **~ maths** en maths; **10 metres ~ height by 30 ~ length** 10 mètres de haut sur 30 de long; **~ so far as** dans la mesure où; **~ all** en tout.
— **2** *adv:* **to be ~** *(at home, office etc)* être là; *(of train)* être arrivé; *(of harvest)* être rentré; *(in fashion)* être à la mode; **there is nobody ~** il n'y a personne; **we were asked ~** on nous a invités à entrer; **~ between** *(space)* entre; *(time)* entre-temps; **it's ~ between** c'est entre les deux; **~ between times** dans les intervalles; **we are ~ for trouble** nous allons avoir des ennuis; **you don't know what you're ~ for!*** tu ne sais pas ce qui t'attend!; **he's ~ for the job of ...** il est candidat au poste de ...; **to have it ~ for sb*** avoir une dent contre qn; **to be ~ on a secret** être au courant d'un secret; **to be well ~ with sb** être bien avec qn; **day ~ day out** jour après jour.
— **3** *n:* **the ~s and outs** les tenants et les aboutissants *mpl.*
◆ **in-flight** *adj* en vol. ◆ **in-laws*** *npl (parents-in-law)* beaux-parents *mpl; (others)*

belle-famille *f.* ◆ **in-patient** *n* malade *mf* hospitalisé(e).
in- [ɪn] *préfixe exprimant la négation, par exemple:* **inapplicable** inapplicable; **inartistic** peu artistique.
inability [,ɪnə'bɪlɪtɪ] *n* incapacité *f* (*to do* de faire).
inaccessible [,ɪnæk'sesəbl] *adj* inaccessible (*to* à).
inaccurate [ɪn'ækjʊrɪt] *adj (gen)* inexact; *(report, translation)* manquant de précision.
inactive [ɪn'æktɪv] *adj (person)* inactif (*f* -ive); *(volcano)* qui n'est pas en activité.
inadequate [ɪn'ædɪkwɪt] *adj (gen)* insuffisant; *(piece of work)* médiocre; *(person)* incompétent. **he felt ~** il ne se sentait pas à la hauteur.
inadvertently [,ɪnəd'vɜːtəntlɪ] *adv* par inadvertance.
inadvisable [,ɪnəd'vaɪzəbl] *adj* à déconseiller. **it is ~ to ...** il est déconseillé de ... + *infin.*
inane [ɪ'neɪn] *adj* inepte.
inanimate [ɪn'ænɪmɪt] *adj* inanimé.
inappropriate [,ɪnə'prəʊprɪɪt] *adj (gen)* inopportun; *(word, name)* mal choisi.
inarticulate [,ɪnɑː'tɪkjʊlɪt] *adj* qui s'exprime avec difficulté.
inattention [,ɪnə'tenʃən] *n* manque *m* d'attention (*to* accordée à).
inaudible [ɪn'ɔːdəbl] *adj* inaudible.
inaugurate [ɪ'nɔːgjʊreɪt] *vt (gen)* inaugurer; *(person)* investir de ses fonctions. ◆ **inauguration** *n* inauguration *f*; investiture *f*.
inborn [,ɪn'bɔːn] *adj*, **inbred** [,ɪn'bred] *adj* inné.
incalculable [ɪn'kælkjʊləbl] *adj* incalculable.
incapable [ɪn'keɪpəbl] *adj* incapable (*of doing* de faire).
incapacitate [,ɪnkə'pæsɪteɪt] *vt* rendre incapable *(for work etc* de travailler *etc).*
incapacity [,ɪnkə'pæsɪtɪ] *n* incapacité *f* (*to do* de faire).
incarcerate [ɪn'kɑːsəreɪt] *vt* incarcérer.
incarnation [,ɪnkɑː'neɪʃən] *n* incarnation *f*.
incendiary [ɪn'sendɪərɪ] *n* engin *m* incendiaire.
incense[1] [ɪn'sens] *vt* mettre en fureur.
incense[2] ['ɪnsens] *n* encens *m*.
incentive [ɪn'sentɪv] *n* objectif *m*. **he has no ~ to do it** il n'a rien qui l'incite à le faire; **it gave me an ~** cela m'a encouragé.
incessant [ɪn'sesnt] *adj* incessant.
incest ['ɪnsest] *n* inceste *m*.
inch [ɪntʃ] — **1** *n* pouce *m* (*= 2,54 cm). **a few ~es*** ≃ quelques centimètres; **every ~ of the ...** tout le (*or* toute la)...; **within an ~ of doing** à deux doigts de faire; **~ by ~** petit à petit. — **2** *vi:* **to ~ forward** *etc* avancer *etc* petit à petit. ◆ **inchtape** *n* centimètre *m* (de couturière).
incidence ['ɪnsɪdəns] *n* fréquence *f*.
incident ['ɪnsɪdənt] *n (gen)* incident *m; (in book, play etc)* épisode *m*.
incidental [,ɪnsɪ'dentl] — **1** *adj* accessoire; *(less important)* d'importance secondaire; *(music)* d'accompagnement. — **2** *n:* **~s** *(expenses)* frais *mpl* accessoires. ◆ **incidentally** *adv (by the way)* à propos.
incinerate [ɪn'sɪnəreɪt] *vt* incinérer.
incinerator [ɪn'sɪnə,reɪtə'] *n* incinérateur *m*.
incision [ɪn'sɪʒən] *n* incision *f*.
incisive [ɪn'saɪsɪv] *adj* incisif (*f* -ive).
incite [ɪn'saɪt] *vt* pousser, inciter (*to* à; *to do* à faire). ◆ **incitement** *n* incitation *f*.
inclination [,ɪnklɪ'neɪʃən] *n* inclination *f*. **my ~ is to leave** j'incline à partir.
incline ['ɪnklaɪn] *n* inclinaison *f*. ◆ **inclined** [ɪn'klaɪnd] *adj: (of person)* **to be ~ to do** être enclin à faire; **it's ~ to break** cela se casse facilement; **if you feel ~** si le cœur vous en dit; **well ~ towards sb** bien disposé à l'égard de qn.
include [ɪn'kluːd] *vt* inclure. **it is not ~d** ce n'est pas inclus; **everything ~d** tout compris; **the children ~d** y compris les enfants; **does that ~ me?** est-ce que cela s'adresse aussi à moi? ◆ **including** *prep* y compris. **not ~ tax** taxe non comprise; **up to and ~ 4th May** jusqu'au 4 mai inclus.
inclusive [ɪn'kluːsɪv] *adj (charge)* global. **from 1st to 6th May ~** du 1er au 6 mai inclus.
incoherent [,ɪnkəʊ'hɪərənt] *adj* incohérent.
income ['ɪnkʌm] *n (gen)* revenu *m*. **private ~** rentes *fpl;* **the lowest ~ group** les économiquement faibles *mpl;* **the middle ~ group** la classe à revenus moyens; **~s policy** politique *f* des revenus; **~ tax** impôt *m* sur le revenu.
incoming ['ɪnkʌmɪŋ] *adj (tide)* montant; *(tenant, mayor)* nouveau (*f* -elle) *(before n).*
incompatible [,ɪnkəm'pætəbl] *adj* incompatible.
incompetent [ɪn'kɒmpɪtənt] *adj* incompétent.
incomplete [,ɪnkəm'pliːt] *adj* incomplet (*f* -ète).
incomprehensible [ɪn,kɒmprɪ'hensəbl] *adj* incompréhensible.
inconceivable [,ɪnkən'siːvəbl] *adj* inconcevable.
inconclusive [,ɪnkən'kluːsɪv] *adj (result)* peu concluant; *(evidence)* peu convaincant.
incongruous [ɪn'kɒŋgrʊəs] *adj* incongru, déplacé; *(absurd)* absurde.
inconsiderate [,ɪnkən'sɪdərɪt] *adj (person)* qui manque d'égards; *(act)* inconsidéré. **you were very ~** tu as agi sans aucun égard.
inconsistent [,ɪnkən'sɪstənt] *adj* inconsistant. **~ with** incompatible avec.
inconspicuous [,ɪnkən'spɪkjʊəs] *adj* qui passe inaperçu.
incontinent [ɪn'kɒntɪnənt] *adj* incontinent.
incontrovertible [ɪn,kɒntrə'vɜːtəbl] *adj* indéniable.
inconvenience [,ɪnkən'viːnɪəns] — **1** *n (trouble)* dérangement *m; (annoying thing)* inconvénient *m.* — **2** *vt* déranger, *(stronger)* gêner.
inconvenient [,ɪnkən'viːnɪənt] *adj (time, place)* mal choisi; *(house, equipment)* peu pratique. **if it is not ~** si cela ne vous dérange pas; **it is most ~** c'est très gênant. ◆ **inconveniently** *adv (place etc)* de façon peu pratique; *(happen)* à contretemps.
incorporate [ɪn'kɔːpəreɪt] *vt* incorporer.
incorrect [,ɪnkə'rekt] *adj (dress, behaviour)* incorrect; *(statement, report, time)* inexact.
incorrigible [ɪn'kɒrɪdʒəbl] *adj* incorrigible.
incorruptible [,ɪnkə'rʌptəbl] *adj* incorruptible.
increase [ɪn'kriːs] — **1** *vti* augmenter. **to ~ in weight** prendre du poids; **to ~ speed** accélérer. — **2** ['ɪnkriːs] *n* augmentation *f* (*in, of* de). **to be on the ~** augmenter. ◆ **increasing** *adj* croissant. ◆ **increasingly** *adv* de plus en plus.
incredible [ɪn'kredəbl] *adj* incroyable.
incredulous [ɪn'kredjʊləs] *adj* incrédule.
increment ['ɪnkrɪmənt] *n* augmentation *f*.
incriminate [ɪn'krɪmɪneɪt] *vt* compromettre. *(Law)* **incriminating evidence** pièces *fpl* à conviction.
incubate ['ɪnkjʊbeɪt] *vt (eggs)* couver; *(disease)* incuber.
incubator ['ɪnkjʊbeɪtə'] *n* couveuse *f*.
incur [ɪn'kɜː'] *vt (anger, expenses)* encourir; *(risk)* courir; *(debts)* contracter; *(loss)* subir.

incurable [ɪn'kjʊərəbl] *adj* incurable.
incursion [ɪn'kɜːʃən] *n* incursion *f*.
indebted [ɪn'detɪd] *adj* redevable (*to sb for sth* à qn de qch; *for doing* d'avoir fait).
indecent [ɪn'diːsnt] *adj* indécent. *(Law)* **~ assault** attentat *m* à la pudeur (*on* sur).
indecipherable [,ɪndɪ'saɪfərəbl] *adj* indéchiffrable.
indecisive [,ɪndɪ'saɪsɪv] *adj* indécis.
indeed [ɪn'diːd] *adv (gen)* en effet. **I feel, ~ I know...** je sens, et même je sais ...; **yes ~!** mais bien sûr!; **~?** vraiment?; **very pleased ~** vraiment très content; **thank you very much ~** merci mille fois.
indefinable [,ɪndɪ'faɪnəbl] *adj* indéfinissable.
indefinite [ɪn'defɪnɪt] *adj (gen, also Grammar)* indéfini; *(number, period)* indéterminé. ◆ **indefinitely** *adv (wait etc)* indéfiniment. **postponed ~** remis à une date indéterminée.
indelible [ɪn'deləbl] *adj* indélébile.
indemnify [ɪn'demnɪfaɪ] *vt* indemniser (*for* de).
indent [ɪn'dent] — **1** *vt (text)* mettre en retrait. — **2** ['ɪndent] *n (for goods)* commande *f*.
independence [,ɪndɪ'pendəns] *n* indépendance *f* (*from* par rapport à). **to get one's ~** devenir indépendant.
independent [,ɪndɪ'pendənt] — **1** *adj (gen)* indépendant (*of* de). — **2** *n (Politics)* **I~** non-inscrit *m*. ◆ **independently** *adv* de façon indépendante. **~ of** indépendamment de.
indescribable [,ɪndɪs'kraɪbəbl] *adj* indescriptible.
indeterminate [,ɪndɪ'tɜːmɪnɪt] *adj* indéterminé.
index ['ɪndeks] *n (in book)* index *m*; *(in library)* catalogue *m*. **cost-of-living ~** indice *m* du coût de la vie; *(fig)* **it is an ~ of how much...** cela permet de se rendre compte combien ...; **~ card** fiche *f*; **~ finger** index *m*. ◆ **index-linked** *adj* indexé.
India ['ɪndɪə] *n* Inde *f*. ◆ **Indian** — **1** *n* Indien(ne) *m(f)*. — **2** *adj (gen)* indien (*f* -ienne); *(Brit Hist)* des Indes; *(ink)* de Chine; *(tea)* indien. **~ Ocean** océan *m* Indien.
indicate ['ɪndɪkeɪt] *vt (gen)* indiquer (*that* que); *(intentions)* manifester. *(of driver)* **to ~ left** mettre son clignotant gauche. ◆ **indication** *n* indication *f*. **there is no ~ that** rien ne porte à croire que + *subj*; **it is an ~ of** cela permet de se rendre compte de. ◆ **indicative** *adj* indicatif (*f* -ive). ◆ **indicator** *n (gen)* indicateur *m*; *(on car)* clignotant *m*. *(Rail)* **arrival ~** tableau *m* des arrivées.
indict [ɪn'daɪt] *vt* accuser (*for, on a charge of* de).
Indies ['ɪndɪz] *npl* Indes *fpl*. **West ~** Antilles *fpl*.
indifferent [ɪn'dɪfrənt] *adj* indifférent (*to* à); *(mediocre)* médiocre.
indigenous [ɪn'dɪdʒɪnəs] *adj* indigène (*to* de).
indigestion [,ɪndɪ'dʒestʃən] *n*: **to have ~** avoir une indigestion.
indignant [ɪn'dɪgnənt] *adj* indigné (*about* à propos de; *at sth* de qch; *with sb* contre qn). **to grow ~** s'indigner. ◆ **indignantly** *adv* avec indignation. ◆ **indignation** *n* indignation *f*.
indignity [ɪn'dɪgnɪtɪ] *n* indignité *f*.
indigo ['ɪndɪgəʊ] *adj* indigo *inv*.
indirect [,ɪndɪ'rekt] *adj (gen)* indirect; *(route, means)* détourné.
indiscreet [,ɪndɪs'kriːt] *adj* indiscret (*f* -ète).
indiscretion [,ɪndɪs'kreʃən] *n* indiscrétion *f*.
indiscriminate [,ɪndɪs'krɪmɪnɪt] *adj (punishment, blows)* distribué au hasard; *(killings)* commis au hasard; *(person)* manquant de discernement. ◆ **indiscriminately** *adv (choose, kill)* au hasard; *(watch TV, admire)* sans aucun sens critique.
indispensable [,ɪndɪs'pensəbl] *adj* indispensable (*to* à).
indisposed [,ɪndɪs'pəʊzd] *adj* indisposé.
indisputable [,ɪndɪs'pjuːtəbl] *adj* incontestable.
indistinct [,ɪndɪs'tɪŋkt] *adj* indistinct.
indistinguishable [,ɪndɪs'tɪŋgwɪʃəbl] *adj* indifférenciable (*from* de).
individual [,ɪndɪ'vɪdjʊəl] — **1** *adj (separate: portion, attention)* individuel (*f* -elle); *(characteristic: style)* particulier (*f* -ière). — **2** *n* individu *m*. ◆ **individualist** *n* individualiste *mf*. ◆ **individually** *adv* individuellement.
indoctrination [ɪn,dɒktrɪ'neɪʃən] *n* endoctrinement *m*.
indolent ['ɪndələnt] *adj* indolent.
indomitable [ɪn'dɒmɪtəbl] *adj* indomptable.
Indonesia [,ɪndəʊ'niːzɪə] *n* Indonésie *f*.
indoor ['ɪndɔːʳ] *adj (shoes, film scene, photography)* d'intérieur; *(aerial)* intérieur; *(plant)* d'appartement; *(pool, tennis court)* couvert; *(game, job)* pratiqué en intérieur. ◆ **indoors** *adv* à l'intérieur. **to go ~** rentrer.
induce [ɪn'djuːs] *vt (gen)* persuader (*sb to do* qn de faire); *(reaction, sleep)* provoquer (*in sb* chez qn). *(Med)* **to ~ labour** déclencher l'accouchement. ◆ **inducement** *n (gen)* encouragement *m* (*to do* à faire). **as an added ~** comme avantage *m* supplémentaire.
indulge [ɪn'dʌldʒ] *vti (person)* gâter; *(sb's wishes)* se prêter à; *(one's desires)* satisfaire. **to ~ in sth** se permettre qch. ◆ **indulgence** *n* indulgence *f*. ◆ **indulgent** *adj* indulgent (*to* envers).
industrial [ɪn'dʌstrɪəl] *adj (gen)* industriel (*f* -ielle); *(accident, medicine)* du travail; *(dispute)* ouvrier (*f* -ière). **~ action** action *f* revendicative; **~ unrest** agitation *f* ouvrière. ◆ **industrialist** *n* industriel *m*. ◆ **industrialize** *vt* industrialiser.
industrious [ɪn'dʌstrɪəs] *adj* industrieux (*f* -ieuse).
industry ['ɪndəstrɪ] *n* **(a)** industrie *f*. **Department of I~** ministère *m* de l'Industrie. **(b)** *(industriousness)* assiduité *f*.
inedible [ɪn'edɪbl] *adj (not to be eaten)* non comestible; *(not fit to be eaten)* immangeable.
ineffective [,ɪnɪ'fektɪv] *adj*, **ineffectual** [,ɪnɪ'fektjʊəl] *adj (measures)* inefficace; *(attempt)* vain *(before n)*; *(person)* incompétent.
inefficient [,ɪnɪ'fɪʃənt] *adj (gen)* inefficace; *(person)* incompétent.
ineligible [ɪn'elɪdʒəbl] *adj*: **to be ~ for** ne pas avoir droit à.
inept [ɪ'nept] *adj* inepte, stupide.
inequality [,ɪnɪ'kwɒlɪtɪ] *n* inégalité *f*.
inert [ɪ'nɜːt] *adj* inerte.
inertia [ɪ'nɜːʃə] *n* inertie *f*. **~ reel seat belts** ceintures *fpl* de sécurité à enrouleurs.
inescapable [,ɪnɪs'keɪpəbl] *adj* inéluctable.
inevitable [ɪn'evɪtəbl] *adj* inévitable. ◆ **inevitably** *adv* inévitablement, fatalement.
inexcusable [,ɪnɪks'kjuːzəbl] *adj* inexcusable.
inexhaustible [,ɪnɪg'zɔːstəbl] *adj* inépuisable.
inexorable [ɪn'eksərəbl] *adj* inexorable.
inexpensive [,ɪnɪks'pensɪv] *adj* bon marché *inv*.
inexperience [,ɪnɪks'pɪərɪəns] *n* inexpérience *f*. ◆ **inexperienced** *adj* inexpérimenté.
inexplicable [,ɪnɪks'plɪkəbl] *adj* inexplicable.

inextricable [ˌɪnɪks'trɪkəbl] *adj* inextricable.
infallible [ɪn'fæləbl] *adj* infaillible.
infamous ['ɪnfəməs] *adj* infâme.
infancy ['ɪnfənsɪ] *n* toute petite enfance *f.* *(fig)* **still in its ~** encore à ses débuts.
infant ['ɪnfənt] *n* bébé *m; (Law)* mineur(e) *m(f); (school)* petit(e) *m(f) (de 5 à 7 ans).* **~ mortality** mortalité *f* infantile; **~ school** ≃ classes *fpl* préparatoires.
infantry ['ɪnfəntrɪ] *n* infanterie *f.* ◆ **infantryman** *n* fantassin *m.*
infatuated [ɪn'fætjʊeɪtɪd] *adj:* **~ with** *(person)* entiché de; *(idea etc)* engoué de.
infect [ɪn'fekt] *vt* infecter. ◆ **infection** *n* infection *f.* ◆ **infectious** *adj (disease)* infectieux (*f* -ieuse); *(person, laughter)* contagieux (*f* -ieuse).
infer [ɪn'fɜːʳ] *vt* déduire (*from* de; *that* que).
inferior [ɪn'fɪərɪəʳ] *adj* inférieur (*to* à); *(work, goods)* de qualité inférieure. **I feel ~** j'ai un sentiment d'infériorité. ◆ **inferiority** *n* infériorité *f* (*to* par rapport à). **~ complex** complexe *m* d'infériorité.
infernal [ɪn'fɜːnl] *adj* infernal. ◆ **infernally** *adv* abominablement.
inferno [ɪn'fɜːnəʊ] *n* enfer *m (fig).*
infest [ɪn'fest] *vt* infester (*with* de).
infidelity [ˌɪnfɪ'delɪtɪ] *n* infidélité *f.*
infiltrate ['ɪnfɪltreɪt] *vti* s'infiltrer (*sth* dans qch).
infinite ['ɪnfɪnɪt] *adj, n* infini *(m).* ◆ **infinitely** *adv* infiniment. ◆ **infinitive** *n* infinitif *m.* ◆ **infinity** *n* infini *m.* **an ~ of** une infinité de; **to ~** à l'infini.
infirm [ɪn'fɜːm] *adj* infirme.
infirmary [ɪn'fɜːmərɪ] *n* hôpital *m.*
inflamed [ɪn'fleɪmd] *adj* enflammé.
inflammable [ɪn'flæməbl] *adj* inflammable.
inflammation [ˌɪnflə'meɪʃən] *n* inflammation *f.*
inflatable [ɪn'fleɪtəbl] *adj* pneumatique.
inflate [ɪn'fleɪt] *vt (tyre)* gonfler (*with* de); *(prices)* faire monter. ◆ **inflated** *adj (prices, idea)* exagéré.
inflation [ɪn'fleɪʃən] *n* inflation *f.* ◆ **inflationary** *adj* inflationniste.
inflexible [ɪn'fleksəbl] *adj (object)* rigide; *(person, attitude)* inflexible.
inflict [ɪn'flɪkt] *vt* infliger (*on* à).
influence ['ɪnflʊəns] — **1** *n* influence *f* (*on* sur). **under the ~ of** *(person)* sous l'influence de; *(drugs)* sous l'effet *m* de; **under the ~ of drink** en état d'ivresse; **to be a good ~ on** exercer une bonne influence sur. — **2** *vt (gen)* influencer. **to be ~d by** se laisser influencer par. ◆ **influential** *adj:* **to be ~** avoir de l'influence.
influenza [ˌɪnflʊ'enzə] *n* grippe *f.*
influx ['ɪnflʌks] *n* flot *m*, afflux *m.*
inform [ɪn'fɔːm] *vti* informer (*of* de); *(police)* avertir. **to keep sb ~ed** tenir qn au courant; **to ~ against sb** dénoncer qn.
informal [ɪn'fɔːməl] *adj (person, manner, style)* simple; *(dance, dinner)* entre amis; *(announcement, arrangement)* officieux (*f* -ieuse); *(invitation, meeting)* dénué de caractère officiel. **'dress ~'** 'tenue de ville'; **it will be quite ~** ce sera sans cérémonie. ◆ **informally** *adv (arrange, meet)* officieusement; *(behave, speak, dress)* de façon toute simple.
information [ˌɪnfə'meɪʃən] *n (facts)* renseignements *mpl, (knowledge)* connaissances *fpl.* **a piece of ~** un renseignement; **to get ~ about** se renseigner sur; **for your ~** à titre d'information; **~ bureau** bureau *m* de renseignements; **~ processing** informatique *f.*
informative [ɪn'fɔːmətɪv] *adj* instructif (*f* -ive).
informer [ɪn'fɔːməʳ] *n (police)* indicateur *m* de police.
infrared ['ɪnfrə'red] *adj* infrarouge.
infrequent [ɪn'friːkwənt] *adj* peu fréquent.
infringe [ɪn'frɪndʒ] *vi:* **to ~ on** empiéter sur. ◆ **infringement** *n* infraction *f* (*of* à).
infuriate [ɪn'fjʊərɪeɪt] *vt* exaspérer.
infuse [ɪn'fjuːz] *vt (tea)* faire infuser. ◆ **infusion** *n* infusion *f.*
ingenious [ɪn'dʒiːnɪəs] *adj* ingénieux (*f* -ieuse).
ingenuity [ˌɪndʒɪ'njuːɪtɪ] *n* ingéniosité *f.*
ingenuous [ɪn'dʒenjʊəs] *adj* ingénu.
ingot ['ɪŋgət] *n* lingot *m.*
ingrained [ɪn'greɪnd] *adj (prejudice)* enraciné. **~ dirt** crasse *f.*
ingratiating [ɪn'greɪʃɪeɪtɪŋ] *adj* doucereux (*f* -euse).
ingratitude [ɪn'grætɪtjuːd] *n* ingratitude *f.*
ingredient [ɪn'griːdɪənt] *n* ingrédient *m.*
ingrowing [ˌɪn'grəʊɪŋ] *adj* incarné.
inhabit [ɪn'hæbɪt] *vt* habiter dans. ◆ **inhabitant** *n* habitant(e) *m(f).*
inhale [ɪn'heɪl] — **1** *vt* inhaler. — **2** *vi (of smoker)* avaler la fumée. ◆ **inhaler** *n* inhalateur *m.*
inherent [ɪn'hɪərənt] *adj* inhérent (*in* à).
inherit [ɪn'herɪt] *vt* hériter de; *(title)* succéder à; *(characteristics)* tenir (*from sb* de qn). ◆ **inheritance** *n (gen)* héritage *m; (national)* patrimoine *m.*
inhibit [ɪn'hɪbɪt] *vt* gêner. **to ~ sb from doing** empêcher qn de faire. ◆ **inhibited** *adj* refoulé. ◆ **inhibition** *n* inhibition *f.*
inhuman [ɪn'hjuːmən] *adj* inhumain.
inimitable [ɪ'nɪmɪtəbl] *adj* inimitable.
iniquitous [ɪ'nɪkwɪtəs] *adj* inique.
initial [ɪ'nɪʃəl] — **1** *adj* initial. **in the ~ stages** au début. — **2** *n:* **~s** initiales *fpl; (as signature)* parafe *m.* ◆ **initially** *adv* initialement.
initiate [ɪ'nɪʃɪeɪt] *vt (scheme, fashion etc)* lancer. ◆ **initiation** *n* initiation *f.* ◆ **initiative** *n* initiative *f.* **to take the ~** prendre l'initiative (*in doing sth* de faire qch).
inject [ɪn'dʒekt] *vt* injecter (*sth into* qch dans). **to ~ sb with sth** faire une piqûre de qch à qn. ◆ **injection** *n* injection *f,* piqûre *f.*
injure ['ɪndʒəʳ] *vt* blesser. **to ~ one's leg** se blesser à la jambe. ◆ **injured** — **1** *adj (Med)* blessé. *(Law)* **the ~ party** la partie lésée. — **2** *npl:* **the ~** les blessés *mpl.* ◆ **injury** *n (Med)* blessure *f.* *(Football)* **~ time** arrêts *mpl* de jeu.
injustice [ɪn'dʒʌstɪs] *n* injustice *f.* **to do sb an ~** être injuste envers qn.
ink [ɪŋk] *n* encre *f.* **in ~** à l'encre.
inkling ['ɪŋklɪŋ] *n* petite idée *f.* **I had no ~ that** je n'avais pas la moindre idée que.
inlaid ['ɪn'leɪd] *adj (gen)* incrusté (*with* de); *(box, table)* marqueté.
inland ['ɪnlænd] — **1** *adj* intérieur. **~ waterways** canaux *mpl* et rivières *fpl;* **the I~ Revenue** le fisc. — **2** [ɪn'lænd] *adv* à l'intérieur.
inlet ['ɪnlet] *n (in sea)* bras *m* de mer. **~ pipe** tuyau *m* d'arrivée.
inmate ['ɪnmeɪt] *n (in prison)* détenu(e) *m(f); (in hospital)* malade *mf.*
inn [ɪn] *n* auberge *f.* *(in London)* **the I~s of Court** les Écoles *fpl* de droit.
innate [ɪ'neɪt] *adj* inné.

inner [ˈɪnəʳ] *adj (gen)* intérieur; *(ear)* interne; *(emotions, thoughts)* intime. **~ city** centre *m* de zone urbaine; *(tyre)* **~ tube** chambre *f* à air.
innings [ˈɪnɪŋz] *n (Cricket)* tour *m* de batte.
innocence [ˈɪnəsns] *n* innocence *f*.
innocent [ˈɪnəsnt] *adj* innocent (*of* de).
innocuous [ɪˈnɒkjʊəs] *adj* inoffensif (*f* -ive).
innovate [ˈɪnəʊveɪt] *vti* innover.
innuendo [ˌɪnjʊˈendəʊ] *n* insinuation *f* malveillante.
innumerable [ɪˈnjuːmərəbl] *adj* innombrable.
inoculate [ɪˈnɒkjʊleɪt] *vt* inoculer (*against* contre; *sb with sth* qch à qn).
inordinate [ɪˈnɔːdɪnɪt] *adj* excessif (*f* -ive).
input [ˈɪnpʊt] *n (of computer)* données *fpl*.
inquest [ˈɪnkwest] *n* enquête *f* (criminelle).
inquire [ɪnˈkwaɪəʳ] *vti* s'informer (*about, after* de), se renseigner (*about, into* sur). **he ~d what she wanted** il a demandé ce qu'elle voulait. ◆ **inquiring** *adj (mind)* curieux (*f* -ieuse).
inquiry [ɪnˈkwaɪərɪ] *n* **(a) to make inquiries about** se renseigner sur; **~ desk, ~ office** bureau *m* de renseignements; *(sign)* **'Inquiries'** 'Renseignements'. **(b)** *(Law etc)* enquête *f*. **to hold an ~ into** faire une enquête sur; **the police are making inquiries** la police enquête.
inquisitive [ɪnˈkwɪzɪtɪv] *adj* curieux (*f* -ieuse).
inroad [ˈɪnrəʊd] *n* incursion *f*. *(fig)* **to make ~s into** entamer.
insane [ɪnˈseɪn] *adj (person)* fou (*f* folle); *(Med)* aliéné; *(project etc)* insensé. ◆ **insanely** *adv (behave)* de façon insensée; *(jealous)* follement. ◆ **insanity** *n (Med)* aliénation *f* mentale; *(gen)* folie *f*.
insanitary [ɪnˈsænɪtərɪ] *adj* insalubre.
inscribe [ɪnˈskraɪb] *vt (write)* inscrire (*in* dans); *(engrave)* graver (*on* sur).
inscription [ɪnˈskrɪpʃən] *n* inscription *f*.
inscrutable [ɪnˈskruːtəbl] *adj* impénétrable *(fig)*.
insect [ˈɪnsekt] *n* insecte *m*. **~ bite** piqûre *f* d'insecte; **~ repellent** produit *m* anti-insecte *inv*.
insecure [ˌɪnsɪˈkjʊəʳ] *adj (thing)* peu solide; *(future)* incertain; *(person)* anxieux (*f* -ieuse). ◆ **insecurity** *n* insécurité *f*.
insensitive [ɪnˈsensɪtɪv] *adj* insensible (*to* à).
inseparable [ɪnˈsepərəbl] *adj* inséparable.
insert [ɪnˈsɜːt] *vt* insérer.
inshore [ˈɪnˈʃɔːʳ] *adj (gen)* côtier (*f* -ière); *(wind)* de mer.
inside [ˈɪnˈsaɪd] — **1** *adv* dedans, à l'intérieur. **come ~!** entrez! — **2** *prep (place)* dans, à l'intérieur de. **~ 10 minutes** en moins de 10 minutes; **he was ~ the record** il avait battu le record. — **3** *n* **(a)** intérieur *m*. **on the ~** à l'intérieur; **~ out** à l'envers; **to turn sth ~ out** retourner qch entièrement; **to know sth ~ out** connaître qch à fond. **(b)** (*: *stomach*) ventre *m*. — **4** *adj (gen)* intérieur. **~ information** renseignements *mpl* à la source; **the ~ lane** *(Brit)* la voie de gauche; *(US, Europe etc)* la voie de droite.
insidious [ɪnˈsɪdɪəs] *adj* insidieux (*f* -ieuse).
insight [ˈɪnsaɪt] *n (gen)* perspicacité *f*; *(glimpse)* aperçu *m*.
insignia [ɪnˈsɪgnɪə] *npl* insignes *mpl*.
insignificant [ˌɪnsɪgˈnɪfɪkənt] *adj* insignifiant.
insincere [ˌɪnsɪnˈsɪəʳ] *adj* peu sincère.
insinuate [ɪnˈsɪnjʊeɪt] *vt* insinuer.
insist [ɪnˈsɪst] *vti* insister (*on doing* pour faire; *on sb's doing* pour que qn fasse). **to ~ on sth** exiger qch; **I ~ that you let me help** j'insiste pour que tu me permettes d'aider; **he ~s that he has seen her** il affirme qu'il l'a vue. ◆ **insistence** *n* insistance *f*. **at his ~** parce qu'il a insisté.
insolent [ˈɪnsələnt] *adj* insolent.
insoluble [ɪnˈsɒljʊbl] *adj* insoluble.
insolvent [ɪnˈsɒlvənt] *adj* insolvable; *(bankrupt)* en faillite.
insomnia [ɪnˈsɒmnɪə] *n* insomnie *f*.
inspect [ɪnˈspekt] *vt (gen)* inspecter; *(document, object)* examiner; *(review: troops)* passer en revue. ◆ **inspection** *n* inspection *f*; examen *m*; revue *f*. ◆ **inspector** *n (gen)* inspecteur *m* (*f* -trice); *(on bus, train)* contrôleur *m* (*f* -euse).
inspiration [ˌɪnspɪˈreɪʃən] *n* inspiration *f*.
inspire [ɪnˈspaɪəʳ] *vt* inspirer (*sb with sth* qch à qn). **an ~d idea** une inspiration. ◆ **inspiring** *adj* qui suscite l'inspiration.
instability [ˌɪnstəˈbɪlɪtɪ] *n* instabilité *f*.
install [ɪnˈstɔːl] *vt* installer.
instalment [ɪnˈstɔːlmənt] *n (of payment)* versement *m* partiel; *(in serial)* épisode *m*. **by ~s** *(pay)* en plusieurs versements; *(buy)* à tempérament; **~ plan** système *m* de crédit.
instance [ˈɪnstəns] *n* exemple *m*. **for ~** par exemple; **in many ~s** dans bien des cas; **in the first ~** en premier lieu.
instant [ˈɪnstənt] — **1** *adj (gen)* immédiat, instantané; *(coffee)* soluble; *(food)* à préparation rapide; *(soup)* en poudre. **your letter of the 10th inst(ant)** votre lettre du 10 courant. — **2** *n* instant *m*. **come this ~** viens immédiatement; **just this ~** à l'instant; **in an ~** (+ *past tense*) en un instant; (+ *future tense*) dans un instant; **the ~ he heard the news** dès qu'il a appris la nouvelle. ◆ **instantly** *adv* immédiatement.
instantaneous [ˌɪnstənˈteɪnɪəs] *adj* instantané.
instead [ɪnˈsted] *adv* au lieu de cela. **do that ~** faites plutôt cela; **~ of doing sth** au lieu de faire qch; **~ of him** à sa place.
instep [ˈɪnstep] *n (of foot)* cou-de-pied *m*; *(of shoe)* cambrure *f*.
instil [ɪnˈstɪl] *vt* inculquer (*into* à). **to ~ into sb that** faire comprendre à qn que.
instinct [ˈɪnstɪŋkt] *n* instinct *m*. **by ~** d'instinct. ◆ **instinctive** *adj* instinctif (*f* -ive).
institute [ˈɪnstɪtjuːt] — **1** *vt (system, rules)* instituer; *(organization)* fonder; *(inquiry)* ouvrir. — **2** *n* institut *m*.
institution [ˌɪnstɪˈtjuːʃən] *n (organization, school etc)* établissement *m*; *(mental hospital)* hôpital *m* psychiatrique; *(old custom)* institution *f*.
instruct [ɪnˈstrʌkt] *vt (teach)* enseigner (*sb in sth* qch à qn); *(order)* ordonner (*sb to do* à qn de faire). ◆ **instruction** *n* instruction *f*. **~s** *(on medicine)* indications *fpl*; *(for tool)* mode *m* d'emploi; **~ book** manuel *m* d'entretien; **driving ~** leçons *fpl* de conduite. ◆ **instructor** *n (gen)* professeur *m*; *(Mil)* instructeur *m*; *(Ski)* moniteur *m*. **driving ~** moniteur *m* d'auto-école.
instrument [ˈɪnstrʊmənt] *n* instrument *m*. **~ panel** tableau *m* de bord. ◆ **instrumental** *adj (Music)* instrumental. **to be ~ in doing** contribuer à faire. ◆ **instrumentalist** *n* instrumentiste *mf*.
insubordinate [ˌɪnsəˈbɔːdɪnɪt] *adj* insubordonné.
insufferable [ɪnˈsʌfərəbl] *adj* insupportable.
insufficient [ˌɪnsəˈfɪʃənt] *adj* insuffisant.

insular ['ɪnsjʊlə^r] *adj (climate)* insulaire; *(person)* aux vues étroites.
insulate ['ɪnsjʊleɪt] *vt (gen, also Elec)* isoler; *(against sound)* insonoriser. ◆ **insulating** *adj*: ~ **material** isolant *m*; ~ **tape** chatterton *m*.
insulin ['ɪnsjʊlɪn] *n* insuline *f*.
insult [ɪn'sʌlt] — **1** *vt* insulter. — **2** ['ɪnsʌlt] *n* insulte *f*. ◆ **insulting** *adj* insultant.
insuperable [ɪn'su:pərəbl] *adj* insurmontable.
insurance [ɪn'ʃʊərəns] *n* assurance *f*. **to take out ~ against** s'assurer contre; ~ **company** compagnie *f* d'assurances; ~ **policy** police *f* d'assurance; *V* **national.**
insure [ɪn'ʃʊə^r] *vt* **(a)** *(house etc)* assurer (*against* contre). **to ~ one's life** prendre une assurance-vie. **(b)** *(make sure)* s'assurer (*that* que + *subj*); *(success)* assurer.
insurrection [,ɪnsə'rekʃən] *n* insurrection *f*.
intact [ɪn'tækt] *adj* intact.
intake ['ɪnteɪk] *n (of water, gas etc)* admission *f*; *(in schools)* admissions *fpl*; *(of food)* consommation *f*.
integral ['ɪntɪgrəl] *adj*: **to be an ~ part of** faire partie intégrante de.
integrate ['ɪntɪgreɪt] *vti* intégrer (*in, into* dans); *(racially: school etc)* pratiquer la déségrégation raciale dans. **he wants to ~** il veut s'intégrer. ◆ **integration** *n* intégration *f*; *(racial)*déségrégation *f* raciale.
integrity [ɪn'tegrɪtɪ] *n* intégrité *f*.
intellect ['ɪntɪlekt] *n* intellect *m*. ◆ **intellectual** *adj, n* intellectuel(le) *m(f)*.
intelligence [ɪn'telɪdʒəns] *n (cleverness)* intelligence *f*; *(information)* informations *fpl*. ~ **service** service *m* de renseignements; ~ **quotient** *V* **I.Q.**; ~ **test** test *m* d'aptitude intellectuelle.
intelligent [ɪn'telɪdʒənt] *adj* intelligent. ◆ **intelligently** *adv* intelligemment.
intelligible [ɪn'telɪdʒəbl] *adj* intelligible.
intend [ɪn'tend] *vt* avoir l'intention (*to do, doing* de faire; *sb to do* que qn fasse); *(gift etc)* destiner (*for* à). **I fully ~ to ...** j'ai la ferme intention de ...; **it is ~ed to help ...** c'est destiné à aider ... ◆ **intended** *adj (journey)* projeté; *(effect, insult)* voulu.
intense [ɪn'tens] *adj (gen)* intense; *(person)* véhément. ◆ **intensely** *adv (live, look)* intensément; *(cold)* extrêmement. ◆ **intensity** *n* intensité *f*. ◆ **intensive** *adj* intensif (*f* -ive). *(Med)* **in ~ care** en réanimation.
intent [ɪn'tent] — **1** *n* intention *f*. **to all ~s and purposes** en fait. — — **2** *adj* absorbé *(on sth* par qch). **~ on leaving** bien décidé à partir.
intention [ɪn'tenʃən] *n* intention *f* (*of doing* de faire). **to have no ~ of doing** n'avoir aucune intention de faire. ◆ **intentional** *adj* intentionnel (*f* -elle). ◆ **intentionally** *adv (gen)* intentionnellement; *(do, say)* exprès.
inter [ɪn'tɜ:^r] *vt* enterrer.
inter ... ['ɪntə^r] *pref* inter..., *e.g.* **~-schools** interscolaire. ◆ **inter-city** *adj*: ~ **link** *or* **train** ligne *f* interurbaine.
interact [,ɪntər'ækt] *vi* avoir une action réciproque.
intercede [,ɪntə'si:d] *vi* intercéder (*with* auprès de; *for* en faveur de).
intercept [,ɪntə'sept] *vt (ship, message)* intercepter; *(person)* arrêter au passage.
interchange ['ɪntə,tʃeɪndʒ] *n (on motorway)* échangeur *m*. ◆ **interchangeable** *adj* interchangeable.
intercom* ['ɪntəkɒm] *n* interphone *m*.
intercourse ['ɪntəkɔ:s] *n (sexual)* rapports *mpl* (sexuels).
interest ['ɪntrɪst] — **1** *n* **(a)** intérêt *m*. **to take an ~ in** s'intéresser à; **to be of ~ to sb** intéresser qn; **my main ~ is ...** ce qui m'intéresse le plus c'est ...; **to act in sb's ~** agir dans l'intérêt de qn. **(b)** *(share, concern)* intérêts *mpl*. **I have an ~ in this firm** j'ai des intérêts dans cette firme. **(c)** *(Finance)* intérêts *mpl* (*on* de). ~ **rate** taux *m* d'intérêt. — **2** *vt* intéresser. **to be** *or* **become ~ed in** s'intéresser à; **I am ~ed in going** ça m'intéresse d'y aller; **can I ~ you in reading ...?** est-ce que cela vous intéresserait de lire ...? ◆ **interesting** *adj* intéressant.
interfere [,ɪntə'fɪə^r] *vi* se mêler des affaires des autres. **to ~ with sb's plans** contrecarrer les projets de qn; **his hobbies ~ with his work** ses distractions empiètent sur son travail. ◆ **interference** *n (Radio)* parasites *mpl*.
interim ['ɪntərɪm] — **1** *n* intérim *m*. — **2** *adj* intérimaire.
interior [ɪn'tɪərɪə^r] — **1** *adj (gen)* intérieur. ~ **decoration** décoration d'intérieurs; ~ **decorator** décorateur *m* (*f* -trice). — **2** *n* intérieur *m*.
interjection [,ɪntə'dʒekʃən] *n* interjection *f*.
interloper ['ɪntələʊpə^r] *n* intrus(e) *m(f)*.
interlude ['ɪntəlu:d] *n* intervalle *m*. **musical ~** interlude *m*.
intermediary [,ɪntə'mi:dɪərɪ] *n* intermédiaire *mf*.
intermediate [,ɪntə'mi:dɪət] *adj (gen)* intermédiaire; *(school etc)* moyen (*f* -enne).
intermission [,ɪntə'mɪʃən] *n (gen)* pause *f*; *(Cinema)* entracte *m*.
intermittent [,ɪntə'mɪtənt] *adj* intermittent.
intern [ɪn'tɜ:n] *vt* interner *(pour raisons de sécurité)*. ◆ **internee** *n* interné(e) *m(f)*.
internal [ɪn'tɜ:nl] *adj* interne. ~ **injuries** lésions *fpl* internes. ◆ **internally** *adv* intérieurement.
international [,ɪntə'næʃnəl] — **1** *adj* international. — **2** *n* international *m*.
interpret [ɪn'tɜ:prɪt] *vti* interpréter. ◆ **interpreter** *n* interprète *mf*.
interrogate [ɪn'terəgeɪt] *vt* soumettre à un interrogatoire. ◆ **interrogation** *n* interrogatoire *m*. ◆ **interrogative** *adj, n (Grammar)* interrogatif *m* (*f* -ive). ◆ **interrogator** *n* interrogateur *m* (*f* -trice).
interrupt [,ɪntə'rʌpt] *vt* interrompre. ◆ **interruption** *n* interruption *f*.
intersect [,ɪntə'sekt] — **1** *vt* couper. — **2** *vi* s'entrecouper. ◆ **intersection** *n (crossroads)* croisement *m*.
interspersed [,ɪntə'spɜ:st] *adj*: ~ **with ...** avec de temps en temps, ...
interval ['ɪntəvəl] *n (gen, Music)* intervalle *m*; *(in school)* récréation *f*; *(Sport)* mi-temps *f*; *(Theatre)* entracte *m*.**at ~s** par intervalles; **at frequent ~s** à intervalles rapprochés; *(weather)* **bright ~s** belles éclaircies *fpl*.
intervene [,ɪntə'vi:n] *vi (gen)* intervenir (*in* dans); *(of time)* s'écouler (*between* entre). ◆ **intervention** *n* intervention *f*.
interview ['ɪntəvju:] — **1** *n (gen)* entrevue *f* (*with* avec); *(Press, TV etc)* interview *f*. **to call sb to an ~** convoquer qn. — **2** *vt (for job etc)* avoir une entrevue avec; *(Press, TV etc)* interviewer. ◆ **interviewer** *n (Press, TV etc)* interviewer *m*.
intestine [ɪn'testɪn] *n* intestin *m*.
intimacy ['ɪntɪməsɪ] *n* intimité *f*; *(sexual)* rapports *mpl* intimes.

intimate [ˈɪntɪmɪt] — **1** *adj (gen)* intime; *(knowledge etc)* approfondi.— **2** [ˈɪntɪmeɪt] *vt* annoncer; *(indirectly)* laisser entendre. ◆ **intimately** *adv* intimement. ~ **involved in sth** mêlé de près à qch.
intimation [ˌɪntɪˈmeɪʃən] *n (gen)* annonce *f; (hint, sign)* indication *f.*
intimidate [ɪnˈtɪmɪdeɪt] *vt* intimider.
into [ˈɪntʊ] *prep* dans; en. **to go ~ a room** entrer dans une pièce; **to go ~ town** aller en ville; **to get ~ a car** monter dans une voiture *or* en voiture; **4 ~ 12 goes 3 times** 12 divisé par 4 donne 3; *(fig)* **she's ~* health foods** elle donne à fond* dans les aliments naturels.
intolerable [ɪnˈtɒlərəbl] *adj* intolérable (*that* que + *subj).*
intolerant [ɪnˈtɒlərənt] *adj* intolérant (*of* de).
intonation [ˌɪntəʊˈneɪʃən] *n* intonation *f.*
intoxicate [ɪnˈtɒksɪkeɪt] *vt* enivrer. ◆ **intoxicated** *adj* ivre (*with* de). ◆ **intoxication** *n* ivresse *f.*
intractable [ɪnˈtræktəbl] *adj (child)* intraitable; *(problem)* insoluble.
intransigence [ɪnˈtrænsɪdʒəns] *n* intransigeance *f.*
intransitive [ɪnˈtrænsɪtɪv] *adj, n* intransitif *(m).*
intrepid [ɪnˈtrepɪd] *adj* intrépide.
intricacy [ˈɪntrɪkəsɪ] *n* complexité *f.*
intricate [ˈɪntrɪkɪt] *adj* compliqué, complexe.
intrigue [ɪnˈtriːg] — **1** *vt* intriguer. — **2** *n* intrigue *f.* ◆ **intriguing** *adj* fascinant.
intrinsic [ɪnˈtrɪnsɪk] *adj* intrinsèque.
introduce [ˌɪntrəˈdjuːs] *vt (bring in, put in: gen)* introduire; *(subject)* amener; *(TV programme etc)* présenter. **to ~ sb to sb** présenter qn à qn; **may I ~ Martin?** puis-je vous présenter Martin?; **to ~ sb into a firm** faire entrer qn dans une compagnie. ◆ **introduction** *n* introduction *f;* présentation *f.* **letter of ~** lettre *f* de recommandation (*to sb* auprès de qn). ◆ **introductory** *adj (remarks)* d'introduction; *(offer)* de lancement.
introspective [ˌɪntrəʊˈspektɪv] *adj* introspectif (*f* -ive).
introvert [ˈɪntrəʊvɜːt] *adj, n* introverti(e) *m(f).*
intrude [ɪnˈtruːd] *vi:* **to ~ on** *(person)* s'imposer à; *(conversation)* s'immiscer dans; **am I intruding?** est-ce que je vous gêne? ◆ **intruder** *n* intrus(e) *m(f).* ◆ **intrusion** *n* intrusion *f* (*into* dans).
intuition [ˌɪntjuːˈɪʃən] *n* intuition *f.*
inundate [ˈɪnʌndeɪt] *vt* inonder (*with* de).
invade [ɪnˈveɪd] *vt* envahir. ◆ **invader** *n* envahisseur *m* (*f* -euse). ◆ **invading** *adj (army, troops)* d'invasion.
invalid[1] [ˈɪnvəlɪd] *adj, n* malade *(mf); (disabled)* infirme *(mf).* **~ chair** fauteuil *m* d'infirme.
invalid[2] [ɪnˈvælɪd] *adj* non valable.
invalidate [ɪnˈvælɪdeɪt] *vt* invalider.
invaluable [ɪnˈvæljʊəbl] *adj* inestimable.
invariable [ɪnˈvɛərɪəbl] *adj* invariable.
invasion [ɪnˈveɪʒən] *n* invasion *f.*
invective [ɪnˈvektɪv] *n* invective *f.*
inveigle [ɪnˈviːgl] *vt* persuader.
invent [ɪnˈvent] *vt* inventer. ◆ **invention** *n* invention *f.* ◆ **inventor** *n* inventeur *m* (*f* -trice).
inventory [ˈɪnvəntrɪ] *n* inventaire *m.*
inverse [ˈɪnˈvɜːs] *adj* inverse. **in ~ proportion** en raison inverse (*to* de).
invert [ɪnˈvɜːt] *vt (gen)* inverser; *(object)* retourner. **in ~ed commas** entre guillemets *mpl.*
invertebrate [ɪnˈvɜːtɪbrɪt] *n* invertébré *m.*
invest [ɪnˈvest] *vti* investir (*in* dans). **I've ~ed in a car** je me suis payé une voiture.
investigate [ɪnˈvestɪgeɪt] *vt (question, possibilities)* étudier; *(crime)* enquêter sur. ◆ **investigation** *n (of police etc)* enquête *f.* **the matter under ~** la question à l'étude. ◆ **investigator** *n (Police)* enquêteur *m.* **private ~** détective *m.*
investiture [ɪnˈvestɪtʃəʳ] *n* investiture *f.*
investment [ɪnˈvestmənt] *n* investissement *m.*
inveterate [ɪnˈvetərɪt] *adj* invétéré.
invidious [ɪnˈvɪdɪəs] *adj* injuste.
invigilate [ɪnˈvɪdʒɪleɪt] *vi* être de surveillance (*at* à).
invigorating [ɪnˈvɪgəreɪtɪŋ] *adj* stimulant.
invincible [ɪnˈvɪnsəbl] *adj* invincible.
invisible [ɪnˈvɪzəbl] *adj* invisible. **~ mending** stoppage *m.*
invitation [ˌɪnvɪˈteɪʃən] *n* invitation *f.* **by ~ only** sur invitation seulement.
invite [ɪnˈvaɪt] *vt (person)* inviter (*to do* à faire); *(subscriptions etc)* demander; *(trouble, defeat)* chercher. **to ~ sb to dinner** inviter qn à dîner; **to ~ sb in** inviter qn à entrer; **to ~ sb out** inviter qn à sortir. ◆ **inviting** *adj (gen)* attrayant; *(food)* appétissant.
invoice [ˈɪnvɔɪs] *n* facture *f.*
invoke [ɪnˈvəʊk] *vt* invoquer.
involuntary [ɪnˈvɒləntərɪ] *adj* involontaire.
involve [ɪnˈvɒlv] *vt* **(a)** *(gen)* mêler (*in* à), entraîner (*in* dans); *(implicate)* impliquer (*in* dans). **to be ~d in a quarrel** être mêlé à une querelle; **to ~ sb in expense** entraîner qn à faire des frais; **how did you come to be ~d?** comment vous êtes-vous trouvé impliqué?; **the police became ~d** la police est intervenue; **the factors ~d** les facteurs en jeu; **the person ~d** la personne en question; **we are all ~d** nous sommes tous concernés; **to get ~d with sb** *(gen)* se trouver mêlé aux affaires de qn; *(in love)* tomber amoureux de qn. **(b)** *(entail: expense, trouble)* entraîner. **it ~s travelling** cela nécessite qu'on voyage. ◆ **involved** *adj* compliqué. ◆ **involvement** *n* **(a)** rôle *m* (*in* dans), participation *f* (*in* à). **(b)** *(difficulty)* difficulté *f.*
invulnerable [ɪnˈvʌlnərəbl] *adj* invulnérable.
inward [ˈɪnwəd] — **1** *adj (movements)* vers l'intérieur; *(peace)* intérieur; *(thoughts)* intime. — **2** *adv* (*also* ~s) vers l'intérieur. ◆ **inwardly** *adv (feel, think)* en son *(etc)* for intérieur.
iodine [ˈaɪədiːn] *n (Med)* teinture *f* d'iode.
iota [aɪˈəʊtə] *n* iota *m; (of truth)* brin *m.*
IOU [ˌaɪəʊˈjuː] *n (abbr of* **I owe you**) reconnaissance *f* de dette (*for* pour).
I.Q. [ˈaɪˈkjuː] *n* quotient *m* intellectuel.
Iran [ɪˈrɑːn] *n* Iran *m.*
Iraq [ɪˈrɑːk] *n* Irak *m.*
irascible [ɪˈræsɪbl] *adj* irascible.
irate [aɪˈreɪt] *adj* furieux (*f* -ieuse).
Ireland [ˈaɪələnd] *n* Irlande *f.* **Northern ~** Irlande du Nord; **Republic of ~** République *f* d'Irlande.
iris [ˈaɪərɪs] *n* iris *m.*
Irish [ˈaɪərɪʃ] — **1** *adj* irlandais. **~ Sea** mer *f* d'Irlande. — **2** *n (language)* irlandais *m.* **the ~** les Irlandais *mpl.* ◆ **Irishman** *n* Irlandais *m.* ◆ **Irishwoman** *n* Irlandaise *f.*
irksome [ˈɜːksəm] *adj* ennuyeux (*f* -euse).
iron [ˈaɪən] — **1** *n* fer *m; (for clothes)* fer (à repasser). **scrap ~** ferraille *f.* — **2** *adj* de fer. **the I~ Age** l'âge *m* de fer; **the ~ and steel industry** la sidérurgie; **~ curtain** rideau *m* de fer; **~ lung** poumon *m* d'acier; **~ ore** mine-

rai *m* de fer. — **3** *vt (clothes)* repasser. **to ~ out** *(problems)* faire disparaître. ◆ **ironing** *n* repassage *m*. **~ board** planche *f* à repasser. ◆ **ironmonger** *n* quincaillier *m*. ◆ **ironmongery** *n* quincaillerie *f*.
ironic [aɪ'rɒnɪk] *adj* ironique.
irony ['aɪərənɪ] *n* ironie *f*.
irrational [ɪ'ræʃənl] *adj (gen)* irrationnel (*f* -elle); *(person)* qui n'est pas rationnel (*f* -elle).
irreconcilable [ɪ'rekən'saɪləbl] *adj (enemies)* irréconciliable; *(belief)* inconciliable (*with* avec).
irrefutable [,ɪrɪ'fju:təbl] *adj* irréfutable.
irregular [ɪ'regjʊlə[r]] *adj* irrégulier (*f* -ière).
irrelevant [ɪ'reləvənt] *adj (factor)* sans rapport; *(remark)* hors de propos. **that's ~** cela n'a rien à voir.
irreligious [,ɪrɪ'lɪdʒəs] *adj* irréligieux (*f* -ieuse).
irreparable [ɪ'repərəbl] *adj* irréparable.
irreplaceable [,ɪrɪ'pleɪsəbl] *adj* irremplaçable.
irrepressible [,ɪrɪ'presəbl] *adj* irrépressible.
irreproachable [,ɪrɪ'prəʊtʃəbl] *adj* irréprochable.
irresistible [,ɪrɪ'zɪstəbl] *adj* irrésistible.
irresolute [ɪ'rezəlu:t] *adj* irrésolu.
irrespective [,ɪrɪ'spektɪv] *adj*: **~ of** sans tenir compte de.
irresponsible [,ɪrɪs'pɒnsəbl] *adj (action)* irréfléchi; *(person)* qui n'a pas le sens des responsabilités.
irretrievable [,ɪrɪ'tri:vəbl] *adj* irréparable.
irreverent [ɪ'revərənt] *adj* irrévérencieux (*f* -ieuse).
irrevocable [ɪ'revəkəbl] *adj* irrévocable.
irrigate ['ɪrɪgeɪt] *vt* irriguer.
irrigation [,ɪrɪ'geɪʃən] *n* irrigation *f*.
irritable ['ɪrɪtəbl] *adj* irritable.
irritate ['ɪrɪteɪt] *vt* irriter. ◆ **irritating** *adj* irritant. ◆ **irritation** *n* irritation *f*.
Islam ['ɪzlɑ:m] *n* Islam *m*.
island ['aɪlənd] *n* île *f*; *(traffic ~)* refuge *m (pour piétons)*. ◆ **islander** *n* insulaire *mf*
isle [aɪl] *n* île *f*.
isolate ['aɪsəʊleɪt] *vt* isoler (*from* de). ◆ **isolated** *adj* isolé. ◆ **isolation** *n* isolement *m*. **~ ward** salle *f* des contagieux.
isotope ['aɪsəʊtəʊp] *n* isotope *m*.
Israel ['ɪzreɪl] *n* Israël *m*. ◆ **Israeli** — **1** *adj* israélien (*f* -ienne). — **2** *n* Israélien(ne) *m(f)*.
issue ['ɪʃu:] — **1** *n* **(a)** *(matter)* question *f*, problème *m*. **the ~ is whether ...** la question consiste à savoir si ...; **to confuse the ~** brouiller les cartes; **to force the ~** forcer une décision; **to make an ~ of** insister sur; **to be at ~** être en cause. **(b)** *(outcome)* issue *f*. **(c)** *(issuing: of tickets)* distribution *f*; *(of passport)* délivrance *f*; *(of shares, stamp)* émission *f*. **(d)** *(copy)* numéro *m*. **back ~** vieux numéro. — **2** *vt (order)* donner; *(goods, tickets)* distribuer; *(passport, document)* délivrer; *(banknote, shares, stamps)* émettre; *(warrant, warning)* lancer. **to ~ a statement** faire une déclaration; **to ~ sb with sth** fournir qch à qn.
isthmus ['ɪsməs] *n* isthme *m*.
it [ɪt] *pron* **(a)** *(subject)* il, elle; *(object)* le, la, *(before vowel)* l'; *(indirect object)* lui. **my machine is old but ~ works** ma machine est vieille mais elle marche; **give ~ to me** donne-le-moi; **of ~, from ~, out of ~** *etc* en; **he's afraid of ~** il en a peur; **he spoke about ~** il en a parlé; **in ~, to ~, at ~** *etc* y; **above ~, over ~** dessus; **below ~, beneath ~, under ~** dessous. **(b)** *(impersonal)* **~ is raining** il pleut; **~ frightens me** cela *or* ça m'effraie; **~'s pleasant here** c'est agréable ici; **I've done ~** je l'ai fait; **I've thought about ~** j'y ai pensé; **~'s 3 o'clock** il est 3 heures; **who is ~?** qui est-ce?; **~'s me** c'est moi; **what is ~?** qu'est-ce que c'est?; **~'s difficult to understand** c'est difficile à comprendre; **~'s difficult to understand why** il est difficile de comprendre pourquoi. ◆ **its** *poss adj* son, sa, ses. ◆ **it's = it is.** ◆ **itself** *pron (emphatic)* lui-même *m*, elle-même *f*; *(reflexive)* se. **in the theatre ~** dans le théâtre même; **by ~** tout seul.
italics [ɪ'tælɪks] *npl*: **in ~** en italique.
Italian [ɪ'tæljən] — **1** *adj* italien (*f* -ienne), d'Italie. — **2** *n* Italien(ne) *m(f)*; *(language)* italien *m*.
Italy ['ɪtəlɪ] *n* Italie *f*.
itch [ɪtʃ] — **1** *n* démangeaison *f*. *(fig)* **the ~* to travel** l'envie *f* de voyager. — **2** *vi (of person)* éprouver des démangeaisons. **his legs ~** ses jambes le démangent; *(fig)* **to be ~ing* to do** mourir d'envie de faire. ◆ **itchy** *adj* qui démange.
item ['aɪtəm] *n (gen)* article *m*; *(on agenda)* question *f*; *(in programme)* numéro *m*. **an important ~ in our policy** un point important de notre politique.
itinerary [aɪ'tɪnərərɪ] *n* itinéraire *m*.
ITV *abbr of* **Independent Television** *(chaîne de télévision commerciale)*.
ivory ['aɪvərɪ] — **1** *n* ivoire *m*. — **2** *adj* en ivoire; *(~-coloured)* ivoire *inv*.
ivy ['aɪvɪ] *n* lierre *m*.

J

J, j [dʒeɪ] *n* J, j *m*.
jab [dʒæb] — **1** *vti* enfoncer (*into* dans). — **2** *n* (*: *injection*) piqûre *f*.
jabber ['dʒæbəʳ] *vi* baragouiner*.
jack [dʒæk] — **1** *n (for car)* cric *m; (Bowling)* cochonnet *m; (Cards)* valet *m*. **every man ~** chacun. — **2** *vt*: **to ~ sth in*** plaquer* qch; **to ~ a car up** soulever une voiture avec un cric.
jackdaw ['dʒæk,dɔː] *n* choucas *m*.
jack-knife ['dʒæk,naɪf] — **1** *n* couteau *m* de poche. — **2** *vi*: **the lorry ~d** la remorque du camion s'est mise en travers.
jackpot ['dʒæk,pɒt] *n*: **to hit the ~** gagner le gros lot.
jacket ['dʒækɪt] *n (man's)* veston *m; (child's, woman's)* veste *f; (of book)* couverture *f*. **~ potatoes** pommes *fpl* de terre au four.
Jacobean [,dʒækə'biːən] *adj* de l'époque de Jacques Ier *(1603-1625)*.
jade [dʒeɪd] *n* jade *m*.
jaded ['dʒeɪdɪd] *adj* blasé.
jagged ['dʒægɪd] *adj* déchiqueté.
jail [dʒeɪl] — **1** *n* prison *f*. **in ~** en prison; **to send sb to ~** condamner qn à la prison; **sent to ~ for 5 years** condamné à 5 ans de prison. — **2** *vt* mettre en prison (*for murder* pour meurtre). **~ed for life** condamné à perpétuité. ◆ **jailbreak** *n* évasion *f*. ◆ **jailer** *n* geôlier *m* (*f* -ière).
jam¹ [dʒæm] — **1** *n* (*also* **traffic ~**) embouteillage *m*. *(fig)* **in a ~*** dans le pétrin. — **2** *vti* **(a)** *(cram)* entasser (*into* dans); *(wedge)* coincer (*between* entre). *(of driver)* **to ~ on the brakes** freiner à mort*. **(b)** *(block: door)* coincer; *(broadcast)* brouiller; *(telephone lines)* encombrer. ◆ **jam-full** *or* ◆ **jam-packed** *adj* plein à craquer. ◆ **jammed** *adj (brakes)* bloqué; *(gun)* enrayé; *(street: with cars)* embouteillé; *(with people)* noir de monde.
jam² [dʒæm] *n* confiture *f*. **cherry ~** confiture de cerises; **~ tart** tartelette *f* à la confiture; *(Music)* **~ session** séance *f* de jazz improvisé. ◆ **jamjar** *n* pot *m* à confitures.
Jamaica [dʒə'meɪkə] *n* Jamaïque *f*.
jangle ['dʒæŋgl] *vi (gen)* cliqueter; *(of bells)* retentir.
janitor ['dʒænɪtəʳ] *n* concierge *m*.
January ['dʒænjʊərɪ] *n* janvier *m; for phrases V* **September.**
Japan [dʒə'pæn] *n* Japon *m*. ◆ **Japanese** — **1** *adj* japonais. — **2** *n (pl inv)* Japonais(e) *m(f); (language)* japonais *m*.
jar¹ [dʒɑːʳ] — **1** *n (jolt)* secousse *f*. — **2** *vi (gen)* détonner; *(of colours)* jurer (*with* avec). **to ~ on sb's nerves** porter sur les nerfs à qn. ◆ **jarring** *adj (fig)* **to strike a ~ note** être plutôt choquant.
jar² [dʒɑːʳ] *n (gen)* pot *m; (larger, glass)* bocal *m*.
jargon ['dʒɑːgən] *n* jargon *m*.
jasmine ['dʒæzmɪn] *n* jasmin *m*.
jaundice ['dʒɔːndɪs] *n* jaunisse *f*. ◆ **jaundiced** *adj*: **to have a ~ view of things** voir les choses en noir; **to give sb a ~ look** jeter un regard noir à qn.
jaunt [dʒɔːnt] *n* balade* *f*.
jaunty ['dʒɔːntɪ] *adj (sprightly)* vif (*f* vive); *(carefree)* désinvolte.
javelin ['dʒævlɪn] *n* javelot *m*.
jaw [dʒɔː] *n* mâchoire *f*.
jay [dʒeɪ] *n* geai *m*.
jaywalker ['dʒeɪ,wɔːkəʳ] *n* piéton *m* indiscipliné.
jazz [dʒæz] — **1** *n (Music)* jazz *m*. **~ band** groupe *m* de jazz; *(fig)* **and all that ~*** et tout ça. — **2** *vt*: **to ~ up** *(music)* jouer en jazz; *(party)* mettre de l'entrain dans; *(old dress etc)* égayer.
jealous ['dʒeləs] *adj* jaloux (*f* -ouse) (*of* de). ◆ **jealousy** *n* jalousie *f*.
jeans [dʒiːnz] *npl* jean *m*.
jeep [dʒiːp] *n* jeep *f*.
jeer [dʒɪəʳ] *vi (of individual)* railler; *(of crowd)* huer. **to ~ at sb** railler qn. ◆ **jeering** *n* railleries *fpl*.
Jehovah [dʒɪ'həʊvə] *n* Jéhovah *m*.
jelly ['dʒelɪ] *n* gelée *f*.
jellyfish ['dʒelɪ,fɪʃ] *n* méduse *f*.
jeopardy ['dʒepədɪ] *n*: **in ~** en danger.
jerk [dʒɜːk] — **1** *n (gen)* secousse *f; (mechanical)* à-coup *m*; (*: *person*) pauvre type* *m*. — **2** *vt (pull)* tirer brusquement; *(shake)* donner une secousse à.
jerkin ['dʒɜːkɪn] *n* blouson *m*.
jerky ['dʒɜːkɪ] *adj* saccadé.
Jersey ['dʒɜːzɪ] *n* Jersey *f*. ◆ **jersey** *n (garment)* tricot *m; (cloth)* jersey *m*.
jest [dʒest] *n*: **in ~** pour rire.
Jesuit ['dʒezjʊɪt] *n* Jésuite *m*.
Jesus ['dʒiːzəs] *n* Jésus *m*. **~ Christ** Jésus-Christ.
jet [dʒet] *n (of liquids, gas)* jet *m; (nozzle)* brûleur *m; (plane)* avion *m* à réaction, jet *m*. **~ engine** moteur *m* à réaction; **~ fuel** kérosène *m*; **to have ~ lag** souffrir du décalage horaire.
jet-black ['dʒet'blæk] *adj* noir comme jais.
jettison ['dʒetɪsn] *vt (from ship)* jeter par-dessus bord; *(from plane)* larguer.
jetty ['dʒetɪ] *n* jetée *f; (for landing)* embarcadère *m*.
Jew [dʒuː] *n* Juif *m*. ◆ **Jewess** *n* Juive *f*.
jewel ['dʒuːəl] *n* bijou *m*. ◆ **jeweller,** *(US)* **jeweler** *n* bijoutier *m*. **~'s** bijouterie *f*. ◆ **jewellery,** *(US)* **jewelry** *n* bijoux *mpl*. **a piece of ~** un bijou.
Jewish ['dʒuːɪʃ] *adj* juif (*f* juive).
jib [dʒɪb] — **1** *n (sail)* foc *m; (of crane)* flèche *f*. — **2** *vi* se refuser (*at doing* à faire).
jibe [dʒaɪb] = **gibe.**
jiffy* ['dʒɪfɪ] *n*: **in a ~** en moins de deux*.
jigsaw (puzzle) ['dʒɪg,sɔː('pʌzl)] *n* puzzle *m*.
jilt [dʒɪlt] *vt* laisser tomber *(fiancé(e))*.
jingle ['dʒɪŋgl] — **1** *n*: **advertising ~** couplet *m* publicitaire. — **2** *vi* tinter.
jinx* [dʒɪŋks] *n*: **there's a ~ on ...** on a jeté un sort à ...

jitters* ['dʒɪtəz] *npl:* **to have the ~** avoir la frousse*. ◆ **jittery*** *adj* froussard*.

job [dʒɒb] *n* **(a)** *(work)* travail *m*, boulot* *m*. **I have a little ~ for you** j'ai un petit travail pour vous; **to look for a ~** chercher du travail *or* un emploi; **out of a ~** au chômage; **he found a ~ as a librarian** il a trouvé un poste de bibliothécaire; **he has a very good ~** il a une belle situation; **he knows his ~** il connaît son affaire; **I had the ~ of telling them** c'est moi qui ai été obligé de le leur dire; **~ centre** agence *f* pour l'emploi; **~ creation** création *f* d'emplois; **~ hunting** chasse *f* à l'emploi; **~ satisfaction** satisfaction *f* au travail. **(b)** *(fig)* **it's a good ~ that ...** c'est heureux que... + *subj;* **to give sth up as a bad ~** renoncer à qch en désespoir de cause; **this is just the ~*** c'est exactement ce qu'il faut; **to have a ~ to do sth** *or* **doing sth** avoir du mal à faire qch. ◆ **jobless** *adj* au chômage. **the ~** les chômeurs *mpl*.

jockey ['dʒɒkɪ] — **1** *n* jockey *m*. — **2** *vi:* **to ~ for position** manœuvrer pour se placer avantageusement.

jockstrap ['dʒɒkstræp] *n* suspensoir *m*.

jocular ['dʒɒkjʊlə^r] *adj* badin.

jog [dʒɒg] — **1** *vt (sb's elbow)* pousser; *(sb's memory)* rafraîchir. *(fig)* **to ~ sb into action** secouer qn. — **2** *vi* faire du jogging. *(fig)* **to ~ along** aller cahin-caha*. ◆ **jogger** *n* passionné *m* de jogging. ◆ **jogging** *n* jogging *m*.

join [dʒɔɪn] — **1** *vt* **(a)** (**~ together**) joindre, unir; *(link)* relier (*to* à); (**~ up:** *broken halves*) raccorder; *(wires, batteries)* connecter. **to ~ sth on** fixer qch; **to ~ hands** se donner la main; **to ~ forces with sb to do** s'unir à qn pour faire. **(b)** *(club)* devenir membre de; *(political party)* adhérer à; *(procession)* se joindre à; *(army)* s'engager dans; *(business firm)* entrer dans; *(queue)* prendre. **(c)** *(person, road, river)* rejoindre. **Paul ~s me in wishing you ...** Paul se joint à moi pour vous souhaiter ...; **will you ~ us?** voulez-vous être des nôtres?; **will you ~ me in a drink?** vous prendrez un verre avec moi? — **2** *vi* se joindre (*with* à); *(of lines)* se rencontrer; *(of roads, rivers)* se rejoindre; *(of club member)* devenir membre. **to ~ in** participer; **to ~ in sth** prendre part à qch; *(Mil)* **to ~ up** s'engager.

joiner ['dʒɔɪnə^r] *n* menuisier *m*.

joint [dʒɔɪnt] — **1** *n* **(a)** *(body)* articulation *f*. **(b)** *(food)* rôti *m*. **a cut off the ~** une tranche de rôti. **(c)** (*: *place*) boîte* *f*. — **2** *adj (gen)* commun. **~ author** coauteur *m;* **~ ownership** copropriété *f;* **~ responsibility** coresponsabilité *f*. ◆ **jointly** *adv* en commun.

joist [dʒɔɪst] *n* solive *f*.

joke [dʒəʊk] — **1** *n* plaisanterie *f*, blague* *f*. **for a ~** pour rire; **he can't take a ~** il ne comprend pas la plaisanterie; **it's no ~** ce n'est pas drôle (*doing* de faire); **it's beyond a ~*** ça cesse d'être drôle; **to play a ~ on sb** jouer un tour à qn. — **2** *vi* plaisanter, blaguer*. **I was only joking** ce n'était qu'une plaisanterie; **to ~ about sth** plaisanter sur qch. ◆ **joker** *n (Cards)* joker *m;* (*: *person*) type* *m*.

jolly ['dʒɒlɪ] — **1** *adj* gai. — **2** *adv* (*) drôlement*. **you ~ well will go!** pas question que tu n'y ailles pas!

jolt [dʒəʊlt] — **1** *vti* cahoter. **to ~ along** avancer en cahotant. — **2** *n* secousse *f*. *(fig)* **it gave me a ~** ça m'a fait un coup*.

jostle ['dʒɒsl] — **1** *vi* se bousculer. — **2** *vt* bousculer.

jot [dʒɒt] — **1** *n:* **not a ~ of truth** pas un grain de vérité. — **2** *vt* (**~ down**) noter. ◆ **jotter** *n (book)* cahier *m* (de brouillon); *(pad)* bloc-notes *m*.

journal ['dʒɜːnl] *n (periodical)* revue *f; (diary)* journal *m*. ◆ **journalese** *n* jargon *m* journalistique. ◆ **journalism** *n* journalisme *m*. ◆ **journalist** *n* journaliste *mf*.

journey ['dʒɜːnɪ] — **1** *n (trip)* voyage *m; (daily etc)* trajet *m*. **a 2 days' ~** un voyage de 2 jours; **a 10 mile ~** un trajet de 10 miles; **to go on a ~** partir en voyage; **the return ~** le retour. — **2** *vi* voyager.

jovial ['dʒəʊvɪəl] *adj* jovial.

joy [dʒɔɪ] *n* joie *f*. **the ~s of** les plaisirs *mpl* de. ◆ **joyful** *adj* joyeux (*f* -euse). ◆ **joyride** *n* virée* *f* en voiture *(parfois volée)*.

jubilant ['dʒuːbɪlənt] *adj* débordant de joie. **to be ~** jubiler.

jubilee ['dʒuːbɪliː] *n* jubilé *m*.

judge [dʒʌdʒ] — **1** *n* juge *m*. **to be a good ~ of** *(character)* savoir juger; *(wine)* s'y connaître en. — **2** *vti* juger. **to ~ for oneself** juger par soi-même; **judging by** à en juger par. ◆ **judg(e)ment** *n* jugement *m* (*on* sur).

judicial [dʒuː'dɪʃəl] *adj* judiciaire.

judiciary [dʒuː'dɪʃɪərɪ] *n* magistrature *f*.

judicious [dʒuː'dɪʃəs] *adj* judicieux (*f* -ieuse).

judo ['dʒuːdəʊ] *n* judo *m*.

jug [dʒʌg] *n (gen)* pot *m; (earthenware)* cruche *f*.

juggernaut ['dʒʌgənɔːt] *n* mastodonte *m (camion)*.

juggle ['dʒʌgl] *vi* jongler (*with* avec). ◆ **juggler** *n* jongleur *m* (*f* -euse).

juice [dʒuːs] *n* jus *m*. ◆ **juicy** *adj* juteux (*f* -euse).

jujitsu [dʒuː'dʒɪtsuː] *n* jiu-jitsu *m*.

jukebox ['dʒuːkbɒks] *n* juke-box *m*.

July [dʒuː'laɪ] *n* juillet *m; for phrases V* **September.**

jumble ['dʒʌmbl] — **1** *vt* (**~ up:** *objects*) mélanger; *(facts)* embrouiller. — **2** *n (odd things)* bric-à-brac *m*. **~ sale** vente *f* de charité.

jumbo ['dʒʌmbəʊ] *adj* géant. **~ jet** jumbo-jet *m*.

jump [dʒʌmp] — **1** *n* saut *m*. **to give a ~** sauter; *(nervously)* sursauter; **at one ~** d'un bond; **the ~ in prices** la hausse brutale des prix. — **2** *vi (leap)* sauter (*off, from* de; *on a bike* sur un vélo; *on a bus, train* dans un bus, train); *(nervously)* sursauter. **to ~ up and down, to ~ around** sautiller; **to ~ in** *etc* entrer *etc* d'un bond; **~ in!** *(into vehicle)* montez vite!; *(into pool)* sautez!; **to ~ out of** *(gen)* sauter de; *(window)* sauter par; **to ~ up** se lever d'un bond; *(from car)* **~ out!** descendez vite!; *(fig)* **to ~ at sth** sauter sur qch; **to ~ to a conclusion** conclure hâtivement; **you mustn't ~ to conclusions** il ne faut pas tirer des conclusions trop hâtives; **to ~ down sb's throat*** rabrouer qn. — **3** *vt* sauter. *(of train)* **to ~ the rails** dérailler; **to ~ the points** dérailler à l'aiguillage; *(Law)* **to ~ bail** ne pas comparaître; *(fig)* **to ~ the gun*** agir prématurément; *(of driver)* **to ~ the lights** passer au rouge; **to ~ the queue** resquiller; **to ~ ship** déserter le navire; **to ~ sb*** rouler qn*.

jumper ['dʒʌmpə^r] *n* pull(over) *m*.

jumpy* ['dʒʌmpɪ] *adj* nerveux (*f* -euse).

junction ['dʒʌŋkʃən] *n (crossroads)* carrefour *m; (station)* gare *f* de jonction.

juncture ['dʒʌŋktʃəʳ] *n* conjoncture *f*. **at this ~** à ce moment-là.
June [dʒu:n] *n* juin *m; for phrases V* **September.**
jungle ['dʒʌŋgl] *n* jungle *f*.
junior ['dʒu:nɪəʳ] — **1** *adj (gen)* subalterne; *(younger)* plus jeune; *(Sport)* cadet (*f* -ette). **John Smith J~** John Smith fils; **he's my ~** *(in age)* il est plus jeune que moi; *(in form)* il est en-dessous de moi; *(clothes)* **~ miss** fillette *f (de 11 à 14 ans)*; **~ partner** associé-adjoint *m; (Brit)* **~ school** école *f* primaire *(de 8 à 11 ans); (US)* **~ high school** collège *m* d'enseignement secondaire *(de 12 à 15 ans)*. — **2** *n* cadet(te) *m(f); (Brit Scol)* petit(e) élève *m(f) (de 8 à 11 ans)*.
juniper ['dʒu:nɪpəʳ] *n* genévrier *m*. **~ berries** du genièvre.
junk [dʒʌŋk] *n* bric-à-brac *m;* (*: *bad quality goods)* camelote* *f*. **~ heap** dépotoir *m;* **~ shop** boutique *f* de brocante.
junkie ['dʒʌŋkɪ] *n* drogué(e) *m(f)*.
junta ['dʒʌntə] *n* junte *f*.
jurisdiction [,dʒʊərɪs'dɪkʃən] *n* juridiction *f*.
juror ['dʒʊərəʳ] *n* juré *m*.
jury ['dʒʊərɪ] *n* jury *m*. **to be on the ~** faire partie du jury.
just¹ [dʒʌst] *adv* **(a)** *(exactly etc)* juste. **~ here** juste ici; **~ after** juste après; **he's ~ 6** il a juste 6 ans; **it's ~ on 9** il est tout juste 9 heures; **~ as I thought!** c'est bien ce que je pensais!; **that's ~ it!, that's ~ the point!** justement!; **we're ~ off** nous partons; **I'm ~ coming!** j'arrive!; **~ about to start** sur le point de commencer; **I have ~ done** je viens de faire; **I had ~ done** je venais de faire; **~ this minute** à l'instant; **only ~** tout juste; **~ about** à peu près; **I've had ~ about enough!*** j'en ai par-dessus la tête!*; **~ as** tout aussi; **~ as big as** tout aussi grand que; **did you enjoy it? - did we ~!*** cela vous a plu? - et comment!* **(b)** *(slightly)* **~ over £10** un peu plus de 10 livres; **it's ~ after 9 o'clock** il est un peu plus de 9 heures. **(c)** *(only)* juste. **he's ~ a lad** ce n'est qu'un gamin; **I've come ~ to see you** je suis venu exprès pour te voir; **you should ~ send it back** vous n'avez qu'à le renvoyer; **I would ~ like to say this** je voudrais simplement dire ceci; **I ~ can't imagine what ...** je ne peux vraiment pas m'imaginer ce que ...; **~ look at that!** regarde-moi ça!
just² [dʒʌst] *adj (fair)* juste (*to, towards* envers, avec). ◆ **justly** *adv* avec raison.
justice ['dʒʌstɪs] *n* **(a)** *(Law)* justice *f*. **to bring sb to ~** amener qn devant les tribunaux; **J~ of the Peace** juge *m* de paix. **(b)** *(fairness: of decision)* équité *f*.**it doesn't do him ~***(report etc)* ce n'est pas juste envers lui; *(photo etc)* cela ne l'avantage pas; **to do ~ to a meal** faire honneur à un repas.
justifiable [,dʒʌstɪ'faɪəbl] *adj* justifiable. ◆ **justifiably** *adv* avec raison, légitimement.
justification [,dʒʌstɪfɪ'keɪʃən] *n* justification *f* (*of* de; *for* à).
justify ['dʒʌstɪfaɪ] *vt* justifier. **to be justified in doing** être en droit de faire.
jut [dʒʌt] *vi* (**~ out**) faire saillie. **to ~ (out) over sth** surplomber qch.
juvenile ['dʒu:vənaɪl] *adj* juvénile; *(books, court)* pour enfants. **~ delinquent** jeune délinquant(e) *m(f)*.
juxtaposition [,dʒʌkstəpə'zɪʃən] *n* juxtaposition *f*.

K

K, k [keɪ] *n* K, k *m*.
kaleidoscope [kə'laɪdəskəʊp] *n* kaléidoscope *m*.
kangaroo [,kæŋgə'ru:] *n* kangourou *m*.
kart [kɑ:t] *n* kart *m*.
kebab [kə'bæb] *n* brochette *f*.
kedgeree [,kedʒə'ri:] *n* ≃ pilaf *m* de poisson.
keel [ki:l] — **1** *n (of ship)* quille *f*. *(fig)* **on an even ~** stable. — **2** *vi:* **to ~ over** *(boat)* chavirer; *(person)* s'évanouir.
keen [ki:n] *adj* **(a)** *(enthusiastic: gen)* enthousiaste. **a ~ socialist** un socialiste passionné; **to be ~ on** *(music, sport etc)* être un(e) passionné(e) de; *(idea, suggestion)* être enthousiasmé par; *(person)* avoir un béguin pour; **I'm not too ~ on him** il ne me plaît pas beaucoup; **to be ~ to do** tenir absolument à faire. **(b)** *(intelligence)* pénétrant; *(hearing)* fin; *(feeling)* intense; *(interest)* vif (*f* vive); *(competition)* serré; *(wind)* piquant; *(appetite)* aiguisé. ◆ **keenly** *adv (enthusiastically)* avec enthousiasme; *(interest, feel)* vivement; *(look)* d'un regard pénétrant.
keep [ki:p] *pret, ptp* **kept** — **1** *vti* **(a)** *(hold, retain: gen)* garder. **~ the receipt** gardez le reçu; **I've kept some for him** je lui en ai gardé; **~ it somewhere safe** gardez-le en lieu sûr; **to ~ sb in prison** garder qn en prison; **to ~ things together** garder les choses ensemble; **to ~ a note of sth** noter qch; **to ~ sb back** *(make late)* retarder qn; **to ~ sb waiting** faire attendre qn; **what kept you?** qu'est-ce qui vous a retenu?; **to ~ sth from sb** cacher qch à qn; **~ it to yourself** garde-le pour toi; **these apples don't ~** ces pommes se conservent mal; *(no rush)* **it'll ~** ça peut attendre. **(b)** *(maintain etc: wife, children)* faire vivre; *(garden, house: also* **~ up**) entretenir; *(shop, hotel)* avoir; *(hens, cows)* élever; *(promise, diary, accounts)* tenir; *(law etc)* observer; *(feast day)* célébrer; *(birthday)* fêter. **to ~ sth clean** tenir qch propre; **to ~ o.s. clean** être toujours propre; **I earn enough to ~ myself** je gagne assez pour vivre; **to ~ an**

appointment se rendre à un rendez-vous; **to ~ up one's French** entretenir ses connaissances de français. **(c)** *(stay, cause to stay etc)* **to ~ together** rester ensemble; **to ~ fit** garder la forme; **to ~ away** *or* **back** *or* **off** ne pas approcher (*from* de); **to ~ sb away** *or* **back** *or* **off** empêcher qn de s'approcher (*from* de); **~ off!** n'approchez pas!; **if the rain ~s off** s'il ne pleut pas; **'~ off the grass'** 'défense de marcher sur les pelouses'; **~ your hands off!** n'y touche pas!; **to ~ down** *(spending)* limiter; *(prices)* empêcher de monter; **to ~ from doing** s'abstenir de faire; **to ~ sb from doing** empêcher qn de faire; **'~ out'** *(on notice)* 'défense d'entrer'; **~ out of this** ne vous en mêlez pas; **to ~ out the cold** protéger du froid; **to ~ to one's room** garder la chambre; **they ~ themselves to themselves** ils font bande à part; **to ~ up with sb** *(walking, working etc)* aller aussi vite que qn; *(in understanding)* suivre qn; *(stay friends)* rester en relations avec qn; *(fig)* **to ~ up with the Joneses** ne pas se trouver en reste avec les voisins. **(d)** *(health)* **how are you ~ing?** comment allez-vous?; **she's not ~ing very well** elle ne va pas très bien; **he's ~ing better** il va mieux. **(e)** (*continue: also* **~ up, ~ on**) continuer (*doing* à faire). **to ~ to the left** tenir sa gauche; **don't ~ on so!** arrête!; **she ~s talking** elle n'arrête pas de parler; **I ~ hoping that ...** j'espère toujours que ...; **~ at it!, ~ it up!** continuez!; **she ~s on at him** elle est toujours après lui; **~ on past the church** continuez après l'église.

— **2** *n* **(a) £15 a week with ~** 15 livres par semaine logé et nourri. **(b)** *(tower)* donjon *m.* **(c) for ~s*** pour de bon.

◆ **keeper** *n (gen)* gardien(ne) *m(f)*; *(museum etc)* conservateur *m* (*f* -trice). ◆ **keep-fit exercises** *npl* culture *f* physique. ◆ **keeping** *n*: **to put in sb's ~** confier à qn; **to be in ~ with** s'accorder avec. ◆ **keepsake** *n* souvenir *m (objet)*.

keg [keg] *n* tonnelet *m.*

kennel ['kenl] *n* niche *f.* **to put a dog in ~s** mettre un chien en chenil.

kept [kept] *pret, ptp of* **keep.**

kerb [kɜːb] *n* bord *m* du trottoir.

kernel ['kɜːnl] *n* amande *f (de noyau)*.

kerosene ['kerəsiːn] *n* kérosène *m.* **~ lamp** lampe *f* à pétrole.

kestrel ['kestrəl] *n* crécerelle *f.*

ketchup ['ketʃəp] *n* ketchup *m.*

kettle ['ketl] *n* bouilloire *f.* **the ~'s boiling** l'eau bout; **to put the ~ on** mettre l'eau à chauffer.

key [kiː] *n (gen)* clef *f or* clé *f* (*to* de); *(on piano, typewriter etc)* touche *f.* **to turn the ~ in the door** fermer la porte à clef; *(Music)* **to be off ~** ne pas être dans le ton; **to sing off ~** chanter faux; **in the ~ of C** en do; *(fig)* **~ jobs** postes *mpl* clefs. ◆ **keyboard** *n* clavier *m.* ◆ **keyhole** *n* : **through the ~** par le trou de la serrure. ◆ **keynote** *n (Music)* tonique *f*, *(of speech etc)* note *f* dominante. ◆ **keyring** *n* porte-clefs *m inv.*

khaki ['kɑːkɪ] *adj* kaki *inv.*

kibbutz [kɪ'bʊts] *n, pl* **-im** kibboutz *m.*

kick [kɪk] — **1** *n* coup *m* de pied. **to give sb a ~ in the pants*** botter* le derrière à qn; *(fig)* **he gets a ~ out of it*** il trouve ça stimulant; *(sth nasty)* il y prend un malin plaisir; **he did it for ~s*** il l'a fait pour le plaisir. — **2** *vti (of person)* donner un coup de pied (*sb* à qn); *(of horse etc)* lancer une ruade (*sb* à qn); *(of baby)* gigoter; *(of gun)* reculer. **to ~ sth away** repousser qch du pied; **to ~ a door in** enfoncer une porte à coups de pied; *(fig)* **to ~ sb out*** mettre qn à la porte; **I could have ~ed myself*** je me serais flanqué* des coups; **to ~ a goal** marquer un but; **to ~ off** *(Football)* donner le coup d'envoi; (*: *of meeting etc*) démarrer*; *(fig)* **to ~ one's heels** poireauter*; **to be ~ing about** *(stand around)* traîner; *(fig)* **to ~ up a row*** faire du tapage; **to ~ up a fuss*** faire toute une histoire. ◆ **kick-off** *n* coup *m* d'envoi. ◆ **kick-start** *n* démarreur *m* au pied.

kid [kɪd] — **1** *n* **(a)** (*: *child*) gosse* *mf.* **my ~ brother** mon petit frère *m.* **(b)** *(goat, leather)* chevreau *m.* *(fig)* **to handle sb with ~ gloves** prendre des gants avec qn*. — **2** *vti* (*) **to ~ sb (on)** faire marcher qn*; **no ~ding!** sans blague!*; **don't ~ yourself!** ne te fais pas d'illusions!

kidnap ['kɪdnæp] *vt* enlever. ◆ **kidnapper** *n* ravisseur *m* (*f* -euse). ◆ **kidnapping** *n* enlèvement *m.*

kidney ['kɪdnɪ] *n* rein *m; (in cooking)* rognon *m.* **~ transplant** greffe *f* du rein; **to be on a ~ machine** être sous rein artificiel. ◆ **kidney-bean** *n* haricot *m* rouge.

kill [kɪl] *vt* **(a)** *(gen)* tuer; *(slaughter)* abattre. **to be ~ed in action** tomber au champ d'honneur; **to ~ off** exterminer; *(fig)* **to ~ two birds with one stone** faire d'une pierre deux coups; *(iro)* **don't ~ yourself!*** surtout ne te surmène pas!; *(fig)* **it's ~ing me!** je n'en peux plus!; **she was ~ing herself (laughing)*** elle était pliée en deux de rire. **(b)** *(fig: attempt, rumour)* mettre fin à; *(smell)* tuer; *(sound)* amortir; *(engine)* arrêter. **to ~ time** tuer le temps. ◆ **killer** *n* meurtrier *m* (*f* -ière). **it's a ~** cela tue. ◆ **killing** — **1** *n* meurtre *m; (mass* **~**) massacre *m.* **there were 3 ~s** 3 personnes ont été tuées; *(financially)* **to make a ~** réussir un beau coup. — **2** *adj* (*: *exhausting*) tuant; (*: *funny*) tordant*.

kiln [kɪln] *n* four *m (de potier)*.

kilo ['kiːləʊ] *n* kilo *m.* ◆ **kilogram** *n* kilogramme *m.*

kilometre, *(US)* **-meter** ['kɪlə,miːtəʳ, kɪ'lɒmɪtəʳ] *n* kilomètre *m.*

kilowatt ['kɪləʊwɒt] *n* kilowatt *m.*

kilt [kɪlt] *n* kilt *m.*

kin [kɪn] *n*: **next of ~** parent *m* le plus proche; **kith and ~** parents *mpl* et amis *mpl.*

kind [kaɪnd] — **1** *n* genre *m*, espèce *f*, sorte *f; (make: of car, coffee etc)* marque *f.* **what ~ do you want?** vous en (*or* le *etc*) voulez de quelle sorte?; **what ~ of dog is he?** qu'est-ce que c'est comme chien? **he's not that ~ of person** ce n'est pas son genre; **and all that ~ of thing** et tout ça*; **you know the ~ of thing I mean** vous voyez ce que je veux dire; **they're two of a ~** ils se ressemblent; **it's the only one of its ~** c'est unique en son genre; **sth of the ~** qch de ce genre; **nothing of the ~!** absolument pas!; **a ~ of** une sorte de; **he was ~ of worried** il était plutôt inquiet. — **2** *adj* gentil (*f* -ille) (*to sb* avec qn). **would you be ~ enough to open the door?** voulez-vous être assez aimable pour ouvrir la porte?; **it was very ~ of you to help me** vous avez été bien aimable de m'aider; **that's very ~ of you** c'est très gentil de votre part. ◆ **kind-hearted** *adj* qui a bon cœur.

kindly ['kaɪndlɪ] — **1** *adv* **(a)** *(speak, act)* avec gentillesse. **(b) will you ~ shut the door** voulez-vous avoir la bonté de fermer la porte. **(c) I**

don't take ~ to that je n'aime pas du tout cela. — **2** *adj* bienveillant.

kindness ['kaɪndnɪs] *n* gentillesse *f* (*towards* envers). **out of the ~ of his heart** par bonté d'âme.

kindergarten ['kɪndə,gɑːtn] *n* jardin *m* d'enfants.

kindle ['kɪndl] *vt* allumer.

kindred ['kɪndrɪd] *adj*: **~ spirit** âme *f* sœur.

king [kɪŋ] *n* roi *m*. **K~ David** le roi David. ◆ **kingdom** *n* royaume *m*. **the animal ~** le règne animal; **the K~ of Heaven** le royaume des cieux. ◆ **king-size** *adj* (*cigarette*) long (*f* longue); (*packet*) géant.

kingfisher ['kɪŋ,fɪʃəʳ] *n* martin-pêcheur *m*.

kink [kɪŋk] *n* (*in rope*) entortillement *m*; (*fig*) aberration *f*. ◆ **kinky*** *adj* bizarre; (*sexually*) qui a des goûts spéciaux.

kiosk ['kiːɒsk] *n* (*gen*) kiosque *m*; (*telephone ~*) cabine *f* téléphonique.

kipper ['kɪpəʳ] *n* hareng *m* fumé et salé.

kirk [kɜːk] *n* (*Scot*) église *f*.

kiss [kɪs] — **1** *n* baiser *m*. (*Med*) **~ of life** bouche à bouche *m*; (*fig*) **~ of death** coup *m* fatal; (*in letter*) **love and ~es** bons baisers *mpl*. — **2** *vt* embrasser. **to ~ sb's cheek** embrasser qn sur la joue; **to ~ sb's hand** baiser la main de qn; **to ~ sb good night** embrasser qn en lui souhaitant bonne nuit. — **3** *vi* s'embrasser.

kit [kɪt] — **1** *n* **(a)** (*gen*) matériel *m*; (*of soldier*) fourniment *m*; (*belongings*) affaires *fpl*; (*set of items*) trousse *f*. **repair ~** trousse de réparations. **(b)** (*for assembly*) kit *m*. **sold in ~ form** vendu en kit; **model aeroplane ~** maquette *f* d'avion à assembler. — **2** *vt*: **to ~ sb out** équiper qn (*with* de). ◆ **kitbag** *n* sac *m* (*de sportif, de marin etc*).

kitchen ['kɪtʃɪn] *n* cuisine *f* (*pièce*). **~ cabinet** buffet *m* de cuisine; **~ garden** potager *m*. ◆ **kitchenette** *n* kitchenette *f*. ◆ **kitchenware** *n* (*dishes*) vaisselle *f*; (*equipment*) ustensiles *mpl* de cuisine.

kite [kaɪt] *n* (*toy*) cerf-volant *m*.

kith [kɪθ] *n see* **kin**.

kitten ['kɪtn] *n* petit chat *m*.

kitty ['kɪtɪ] *n* cagnotte *f*.

kleptomaniac [,kleptəʊ'meɪnɪæk] *adj*, *n* kleptomane (*mf*).

knack [næk] *n*: **to learn the ~ of doing** attraper le tour de main pour faire; **to have the ~ of doing** avoir le chic pour faire.

knapsack ['næpsæk] *n* sac *m* à dos.

knave [neɪv] *n* (*Cards*) valet *m*.

knead [niːd] *vt* pétrir.

knee [niː] *n* genou *m*. **on one's ~s** à genoux. ◆ **kneecap** *n* rotule *f*. ◆ **knee-deep** *adj* aux genoux.

kneel [niːl] *pret, ptp* **knelt** *vi* (**~ down**) s'agenouiller.

knew [njuː] *pret of* **know**.

knickers ['nɪkəz] *npl* slip *m* (*de femme*).

knife [naɪf] — **1** *n*, *pl* **knives** couteau *m*; (*pocket ~*) canif *m*. — **2** *vt* poignarder.

knight [naɪt] *n* chevalier *m*; (*Chess*) cavalier *m*. ◆ **knighthood** *n*: **to receive a ~** être fait chevalier (*for* pour).

knit [nɪt] *vti* tricoter. ◆ **knitted** *adj* en tricot. ◆ **knitting** — **1** *n* tricot *m*. — **2** *adj* (*needle etc*) à tricoter. ◆ **knitwear** *n* tricots *mpl*.

knob [nɒb] *n* bouton *m* (*de porte etc*). **~ of butter** noix *f* de beurre.

knock [nɒk] — **1** *n* (*blow*) coup *m*; (*in engine etc*) cognement *m*. **there was a ~ at the door** on a frappé à la porte; **I heard a ~** j'ai entendu frapper; **he got a ~ on the head** il a reçu un coup sur la tête. — **2** *vti* **(a)** (*hit*) frapper (*at* à). **to ~ a nail into sth** enfoncer un clou dans qch; **to ~ a nail out of sth** faire sortir un clou de qch; **to ~ holes in sth** faire des trous dans qch; **to ~ sb to the ground** jeter qn à terre; **to ~ sb out** assommer qn; (*Boxing*) mettre qn K.O.; (*fig: shock*) sonner qn*; **to ~ sb out of a competition** éliminer qn d'une compétition; **to ~ sth off a table** faire tomber qch d'une table; (*ill-treat*) **to ~ sb about** maltraiter qn; **to ~ some sense into sb** ramener qn à la raison. **(b)** (*bump into: also* **~ into**) heurter. **to ~ one's head against** se cogner la tête contre; **his knees were ~ing** il tremblait de peur; **to ~ down** *or* **over** (*pedestrian*) renverser; (*gatepost*) faire tomber. **(c)** (*of engine etc*) cogner. **(d)** (*fig*) **he's ~ed about a bit** il a pas mal voyagé*; **he ~ed back a whisky** il a avalé un whisky; **it ~ed me back £20** ça m'a coûté 20 livres; **to ~ off** (*stop work*) s'arrêter de travailler; **to ~ off £10** faire une réduction de 10 livres sur le prix; **to ~ sth up** faire qch en vitesse; **to ~ sb up*** (*make ill*) rendre qn malade.
◆ **knockdown** *adj* (*price*) imbattable; (*table, shed*) démontable. ◆ **knocker** *n* (*door-~*) marteau *m* de porte. ◆ **knocking** *n* coups *mpl*; (*in engine*) cognement *m*. ◆ **knock-kneed** *adj* qui a les genoux cagneux. ◆ **knockout** *n* (*Boxing etc*) knock-out *m*. (*success*) **to be a ~*** être sensationnel* (*f* -elle). ◆ **knock-up** *n* (*Tennis*) **to have a ~** faire des balles.

knot [nɒt] — **1** *n* nœud *m*. **to tie a ~** faire un nœud. **to make 20 ~s** filer 20 nœuds. — **2** *vt* nouer. ◆ **knotty** *adj* (*problem*) difficile.

know [nəʊ] *pret* **knew**, *ptp* **known** — **1** *vti* **(a)** (*facts, a language*) savoir (*that* que; *why* pourquoi); (*difference*) connaître. **I don't ~ much about** je ne sais pas grand-chose sur; **how should I ~?** comment voulez-vous que je le sache?; **to get to ~ sth** apprendre qch; **to ~ how to do** savoir faire; **she ~s all about sewing** elle s'y connaît en couture; **you ~ best** tu sais ce que tu dis; **to ~ one's mind** savoir ce qu'on veut; **he ~s what he's talking about** il sait de quoi il parle; **you ought to have ~n better** tu aurais dû réfléchir; **you ~ what I mean ...** tu vois ce que je veux dire ...; **that's worth ~ing** c'est bon à savoir; **for all I ~** autant que je sache; **not that I ~ of** pas que je sache; **as far as I ~** à ma connaissance; **there's no ~ing what he'll do** impossible de savoir ce qu'il va faire; **I ~ nothing about it** je n'en sais rien; **to ~ of sth** avoir entendu parler de qch; **do you ~ about Paul?** tu es au courant pour Paul?; **it soon became ~n that ...** on a bientôt appris que ...; **it is well ~n that ...** tout le monde sait que ...; **he is ~n to have been there** on sait qu'il y a été; **I've ~n such things to happen** j'ai déjà vu cela se produire. **(b)** (*be acquainted with: person, place, book, plan*) connaître. **to ~ sb by sight** connaître qn de vue; **to get to ~ sb** (*meet*) faire la connaissance de qn; (**~ better**) arriver à mieux connaître qn; **to make o.s. ~n to sb** se présenter à qn; **he is ~n as Smith** on le connaît sous le nom de Smith. **(c)** (*recognize*) reconnaître (*sb by his voice* qn à sa voix). **I knew him at once** je l'ai reconnu tout de suite. — **2** *n*: **in the ~*** au courant. ◆ **know-all*** *n* je sais-tout *mf*. ◆ **know-how*** *n* technique *f*, compétence *f*. ◆ **knowing** *adj* (*shrewd*) fin; (*look, smile*) entendu.

◆ **knowingly** *adv (do)* sciemment; *(smile)* d'un air entendu. ◆ **known** *adj (thief etc)* connu; *(fact)* établi.

knowledge ['nɒlɪdʒ] *n (learning)* connaissances *fpl*. **my ~ of English** mes connaissances d'anglais; **to have no ~ of** ignorer; **to my ~** à ma connaissance; **without his ~** à son insu; **it has come to my ~ that ...** j'ai appris que ...; **it's common ~ that ...** chacun sait que ... ◆ **knowledgeable** *adj* bien informé.

knuckle ['nʌkl] *n* articulation *f* du doigt.

Koran [kɒ'rɑːn] *n* Coran *m*.

kosher ['kəʊʃəʳ] *adj* kascher *inv*.

kudos* ['kjuːdɒs] *n* gloire *f*.

L

L, l [el] *n* L, l *m or f*.

lab* [læb] *n (laboratory)* labo* *m*.

label ['leɪbl] — **1** *n* étiquette *f*. **record on the Deltaphone ~** disque *m* sorti chez Deltaphone. — **2** *vt* étiqueter (*as* comme). **the bottle was not ~led** il n'y avait pas d'étiquette sur la bouteille.

laboratory [lə'bɒrətərɪ, *(US)* 'læbrə,tɔːrɪ] *n* laboratoire *m*.

laborious [lə'bɔːrɪəs] *adj* laborieux (*f* -euse).

labour, *(US)* **labor** ['leɪbəʳ] — **1** *n* **(a)** *(gen)* travail *m*. **Ministry of L~** ministère *m* du Travail; **~ camp** camp *m* de travaux forcés; **L~ Day** fête *f* du Travail; **L~ Exchange** ≃ Agence *f* nationale pour l'emploi; *(Ind)* **~ force** main-d'œuvre *f*; **~ relations** relations *fpl* ouvriers-patronat; *(Med)* **in ~** en travail; **~ pains** douleurs *fpl* de l'accouchement. **(b)** *(Pol)* **L~** les travaillistes *mpl*; **he votes L~** il vote travailliste. — **2** *vti* peiner (*to do* pour faire). **to ~ under a delusion** être victime d'une illusion; **I won't ~ the point** je n'insisterai pas sur ce point. ◆ **laboured** *adj* laborieux (*f* -ieuse). ◆ **labourer** *n* manœuvre *m*. ◆ **labour-saving device** *n* appareil *m* ménager.

laburnum [lə'bɜːnəm] *n* cytise *m*.

labyrinth ['læbɪrɪnθ] *n* labyrinthe *m*.

lace [leɪs] — **1** *n* dentelle *f*; *(for shoe etc)* lacet *m*. — **2** *vt* (**~ up**: *shoe*) lacer; *(drink)* corser (*with* de). ◆ **lace-up shoes** *npl* chaussures *fpl* à lacets.

lack [læk] — **1** *n* manque *m*. **for ~ of** faute de. — **2** *vti* (*also* **be ~ing in, ~ for**) manquer de. **to be ~ing** faire défaut.

lackadaisical [,lækə'deɪzɪkəl] *adj* nonchalant.

laconic [lə'kɒnɪk] *adj* laconique.

lacquer ['lækəʳ] *n* laque *f*.

lad [læd] *n* garçon *m*, gars* *m*. **he's only a ~** ce n'est qu'un gamin.

ladder ['lædəʳ] *n* échelle *f*. **to have a ~ in one's stocking** avoir un bas filé.

laden ['leɪdn] *adj* chargé (*with* de).

ladle ['leɪdl] — **1** *n* louche *f*. — **2** *vt* (**~ out**) servir (à la louche).

lady ['leɪdɪ] *n* dame *f*. **Ladies and Gentlemen!** Mesdames, Mesdemoiselles, Messieurs!; **young ~** *(married)* jeune femme *f*; *(unmarried)* jeune fille *f*; **ladies' hairdresser** coiffeur *m* (*f* -euse) pour dames; *(Rel)* **Our L~** Notre-Dame *f*; **'Ladies'** *(lavatory)* 'Dames'; **where is the Ladies?*** où sont les toilettes?; **L~ Smith** lady Smith; **~ friend*** petite amie *f*. ◆ **ladybird** *or* ◆ **ladybug** *n* coccinelle *f*. ◆ **lady-in-waiting** *n* dame *f* d'honneur. ◆ **ladylike** *adj* distingué.

lag[1] [læg] — **1** *n*: **time ~** retard *m*; *(between two events)* décalage *m*. — **2** *vi*: **to ~ behind** traîner; *(in work etc)* **to ~ behind sb** avoir du retard sur qn.

lag[2] [læg] *vt (pipes)* calorifuger.

lager ['lɑːgəʳ] *n* ≃ bière *f* blonde.

lagoon [lə'guːn] *n* lagune *f*.

lah [lɑː] *n (Mus)* la *m*.

laid [leɪd] *pret, ptp of* **lay**[1].

lain [leɪn] *ptp of* **lie**[1].

lair [lɛəʳ] *n* repaire *m*.

laity ['leɪɪtɪ] *collective n* les laïcs *mpl*.

lake [leɪk] *n* lac *m*.

lamb [læm] *n* agneau *m*. **~ chop** côtelette *f* d'agneau. ◆ **lambswool** *n* laine *f* d'agneau.

lame [leɪm] — **1** *adj (gen)* boiteux (*f* -euse); *(excuse)* faible. **to be ~** boiter; *(fig)* **~ duck** canard *m* boiteux. — **2** *vt* estropier.

lament [lə'ment] — **1** *n* lamentation *f*. — **2** *vti* se lamenter (*sth* sur qch; *for, over* sur). ◆ **lamentably** *adv* lamentablement.

laminated ['læmɪneɪtɪd] *adj (metal)* laminé; *(windscreen)* en verre feuilleté.

lamp [læmp] *n* lampe *f*; *(bulb)* ampoule *f*. ◆ **lamplight** *n*: **by ~** à la lumière de la lampe. ◆ **lamppost** *n* réverbère *m*. ◆ **lampshade** *n* abat-jour *m inv*.

lance [lɑːns] *vt (Med)* ouvrir, inciser.

land [lænd] — **1** *n* **(a)** *(gen)* terre *f*. **dry ~** terre ferme; **on ~** à terre; **to go by ~** voyager par voie de terre; *(fig)* **to see how the ~ lies** tâter le terrain; **my ~** mes terres. **(b)** *(country)* pays *m*. **throughout the ~** dans tout le pays. — **2** *adj (forces)* terrestre; *(reform)* agraire. — **3** *vt (cargo)* décharger; *(passengers)* débarquer; *(aircraft)* poser; *(fish)* prendre; (*: *obtain: job*) décrocher*. **to ~ sb in trouble*** attirer des ennuis à qn; **to be ~ed with sth*** avoir qch sur les bras. — **4** *vi (of aircraft etc)* se poser; *(of air traveller)* atterrir; *(from boat)* débarquer; *(after fall, jump etc)* tomber. **to ~ on one's feet** retomber sur ses pieds; **he ~ed up in Paris** il a fini par se retrouver à Paris. ◆ **landed** *adj* foncier (*f* -ière). ◆ **landing** *n* **(a)** *(of aircraft)* atterrissage *m*; *(Mil etc)* débarquement *m*. **~ card** carte *f* de débarquement; **~ stage** débarcadère *m*; **~ strip** piste *f* d'atterrissage. **(b)**

(between stairs) palier *m*. ◆ **landlady** *n (flat etc)* logeuse *f*; *(boarding house etc)* patronne *f*. ◆ **landlocked** *adj* sans accès à la mer. ◆ **landlord** *n (flat etc)* propriétaire *m*; *(pub etc)* patron *m*. ◆ **landmark** *n* point *m* de repère. ◆ **landowner** *n* propriétaire *m* foncier.

landscape ['lænskeɪp] *n* paysage *m*. ~ **gardening** jardinage *m* paysagiste; ~ **painter** paysagiste *m*.

landslide ['lænd,slaɪd] *n* glissement *m* de terrain; *(Pol)* raz-de-marée *m* électoral.

lane [leɪn] *n (in country)* chemin *m*; *(in town)* ruelle *f*; *(traffic)* file *f*. **'get into** ~**'** 'mettez-vous sur la bonne file'; **3-**~ **road** route *f* à 3 voies; **I'm in the wrong** ~ je suis dans la mauvaise file; **shipping** ~ couloir *m* de navigation.

language ['læŋgwɪdʒ] *n (gen)* langue *f*; *(way of expressing things)* langage *m*. **the French** ~ la langue française; **modern** ~**s** langues vivantes; **legal** ~ langage juridique; **bad** ~ gros mots *mpl*; ~ **laboratory** laboratoire *m* de langues.

languid ['læŋgwɪd] *adj* languissant.

languish ['læŋgwɪʃ] *vi* se languir.

lank [læŋk] *adj (hair)* raide et terne.

lanky ['læŋkɪ] *adj* grand et maigre.

lanolin ['lænəʊlɪn] *n* lanoline *f*.

lantern ['læntən] *n* lanterne *f*.

lap [læp] — **1** *n* **(a) in her** ~ sur ses genoux; **in the** ~ **of luxury** dans le plus grand luxe. **(b)** *(Sport)* tour *m* de piste. *(fig)* **we're on the last** ~ nous avons fait le plus gros. — **2** *vt*: **to** ~ **up** laper.

lapdog ['læpdɔg] *n* petit chien *m* d'appartement.

lapel [lə'pel] *n* revers *m (de veston)*.

lapse [læps] — **1** *n* **(a)** *(gen)* écart *m* (*from* de); *(fault)* faute *f* légère. ~ **of memory** trou *m* de mémoire. **(b) a** ~ **of time** un laps de temps. — **2** *vi* **(a)** tomber (*into* dans). **(b)** *(gen)* se périmer; *(of subscription)* prendre fin.

larceny ['lɑːsənɪ] *n (Law)* vol *m* simple.

lard [lɑːd] *n* saindoux *m*.

larder ['lɑːdə^r] *n* garde-manger *m inv*.

large [lɑːdʒ] — **1** *adj (gen)* grand; *(thick, big: animal, sum etc)* gros (*f* grosse); *(family, population)* nombreux (*f* -euse); *(meal)* copieux (*f* -ieuse). **a** ~ **number of them** beaucoup d'entre eux. — **2** *n*: **at** ~ *(at liberty)* en liberté; *(as a whole)* en général. — **3** *adv*: **by and** ~ généralement. ◆ **largely** *adv (to a great extent)* en grande mesure; *(principally)* surtout. ◆ **large-scale** *adj (gen)* sur une grande échelle; *(map)* à grande échelle.

lark[1] [lɑːk] *n* alouette *f*.

lark[2]* [lɑːk] — **1** *n (joke etc)* blague* *f*. **for a** ~ pour rigoler*. — **2** *vi*: **to** ~ **about*** faire l'imbécile.

larva ['lɑːvə] *n, pl* **-ae** ['lɑːviː] larve *f*.

laryngitis [,lærɪn'dʒaɪtɪs] *n* laryngite *f*.

lascivious [lə'sɪvɪəs] *adj* lascif (*f* -ive).

laser ['leɪzə^r] *n* laser *m*.

lash [læʃ] — **1** *n* **(a)** *(blow)* coup *m* de fouet. **(b)** (eye-~) cil *m*. — **2** *vti* **(a)** *(tie)* attacher (*to* à). **(b)** *(whip)* fouetter. *(of rain)* **to** ~ **down** tomber avec violence; *(fig)* **to** ~ **out at sb** attaquer qn. ◆ **lashings** *npl*: ~ **of*** énormément de.

lass [læs] *n (Scot)* jeune fille *f*.

lasso [læ'suː] *n* lasso *m*.

last[1] [lɑːst] — **1** *adj, adv* **(a)** *(in series)* dernier (*f* -ière) *(before n)*. **the** ~ **10 pages** les 10 dernières pages; ~ **but one, second** ~ avant-dernier; **she arrived** ~ elle est arrivée la dernière; **and,** ~ **of all ...** et finalement ... **(b)** *(before this)* dernier *(usually after n)*. ~ **week** la semaine dernière; ~ **Monday** lundi dernier; **for the** ~ **few days** depuis quelques jours; **the day before** ~ avant-hier *m*; **the week before** ~ l'avant-dernière semaine; ~ **time I saw him** la dernière fois que je l'ai vu. — **2** *n* **(a)** dernier *m* (*f* -ière). **the** ~ **but one** l'avant-dernier *m* (*f* -ière). **(b)** *(phrases)* **at (long)** ~ enfin; **to the** ~ jusqu'au bout; **I'll be glad to see the** ~ **of him** je serai content de le voir partir. ◆ **lastly** *adv* pour terminer. ◆ **last-minute** *adj* de dernière minute.

last[2] [lɑːst] *vti (continue etc: gen)* durer; *(of person)* tenir. **to** ~ **out** *(person)* tenir le coup; *(money)* suffire; **too good to** ~ trop beau pour durer. ◆ **lasting** *adj* durable.

latch [lætʃ] *n* loquet *m*. ◆ **latchkey** *n* clef *f* (de la porte d'entrée).

late [leɪt] — **1** *adj* **(a)** *(not on time)* **to be** ~ être en retard; **I was** ~ **for work** je suis arrivé au travail en retard; **I'm 2 hours** ~ j'ai 2 heures de retard; **to make sb** ~ mettre qn en retard; **the** ~ **arrival of the flight** le retard du vol. **(b)** *(near the last)* dernier (*f* -ière) *(before n)*. **at this** ~ **hour** à cette heure tardive; **at this** ~ **stage** à ce stade avancé; **in** ~ **October** vers la fin d'octobre; **he is in his** ~ **sixties** il approche des soixante-dix ans; **of** ~ dernièrement. **(c)** *(former)* ancien (*f* -ienne) *(before n)*. **(d)** *(dead)* **the** ~ **Mr Jones** feu M. Jones; **our** ~ **colleague** notre regretté collègue. — **2** *adv* **(a)** *(not on time: arrive etc)* en retard. **he arrived 10 minutes** ~ il est arrivé 10 minutes en retard; **better** ~ **than never** mieux vaut tard que jamais. **(b)** *(not early: get up etc)* tard. **it's getting** ~ il se fait tard; ~ **at night** tard le soir; ~ **in 1960** vers la fin de 1960. ◆ **latecomer** *n* retardataire *mf*. ◆ **lately** *adv* dernièrement. **till** ~ jusqu'à ces derniers temps. ◆ **lateness** *n* retard *m*. ◆ **later** — **1** *adj (date)* ultérieur; *(edition)* postérieur; *(stage)* plus avancé. **a** ~ **train** un train plus tard. — **2** *adv*: ~ **than** *(not on time)* plus en retard que; **2 weeks** ~ 2 semaines plus tard; ~ **on** plus tard; **no** ~ **than** pas plus tard que; **see you** ~**!*** à tout à l'heure! ◆ **latest** — **1** *adj* dernier (*f* -ière) *(before n)*. — **2** *adv*: **by noon at the** ~ à midi au plus tard. — **3** *n* (*: *news*) dernière nouvelle *f*.

latent ['leɪtənt] *adj* latent.

lathe [leɪð] *n (Tech)* tour *m*.

lather ['lɑːðə^r] — **1** *n* mousse *f* (de savon). — **2** *vt* savonner.

Latin ['lætɪn] — **1** *adj* latin. ~ **America** Amérique *f* latine. — **2** *n (language)* latin *m*.

latitude ['lætɪtjuːd] *n* latitude *f*.

latrine [lə'triːn] *n* latrines *fpl*.

latter ['lætə^r] — **1** *adj* dernier (*f*-ière) *(before n)*. **the** ~ **proposition** cette dernière proposition; **the** ~ **half** la deuxième moitié. — **2** *n*: **the** ~ celui-ci (*f* celle-ci). ◆ **latterly** *adv (recently)* dernièrement; *(towards the end)* sur le tard.

lattice ['lætɪs] *n*: ~ **window** fenêtre *f* treillissée.

laugh [lɑːf] — **1** *n* rire *m*. **to have a good** ~ **at** bien rire de; **that got a** ~ cela a fait rire; **what a** ~**!*** quelle rigolade!*; **just for a** ~ histoire de rire*. — **2** *vti* rire (*at, about, over* de). *(fig)* **it's no** ~**ing matter** il n'y a pas de quoi rire; **he** ~**ed to himself** il a ri en lui-même; **to be** ~**ing one's head off*** rire comme un fou; **to make a** ~**ing stock of o.s.** se couvrir de ridicule; **you can't** ~ **this one off** cette fois tu ne t'en tireras pas par la plaisanterie. ◆ **laughable** *adj* ridicule. ◆ **laughing** *adj* riant.

laughter ['lɑːftəʳ] *n* rires *mpl.* **to roar with ~** rire aux éclats.

launch [lɔːntʃ] — **1** *n* (*motor* **~**) vedette *f; (pleasure boat)* bateau *m* de plaisance; *(on ship)* chaloupe *f.* — **2** *vt (gen)* lancer; *(lifeboat etc)* mettre à la mer. — **3** *vi* (*fig:* **~ out**) se lancer (*into, on* dans). ◆ **launching** *n* lancement *m;* mise *f* à la mer. **~ pad** rampe *f* de lancement.

launder ['lɔːndəʳ] *vt* blanchir. ◆ **launderette** *n* laverie *f* automatique *(à libre-service).*

laundry ['lɔːndrɪ] *n (place)* blanchisserie *f; (clothes)* linge *m.* **to do the ~** faire la lessive.

laurel ['lɒrəl] *n* laurier *m.*

lava ['lɑːvə] *n* lave *f.*

lavatory ['lævətrɪ] *n* toilettes *fpl,* W.-C. *mpl.* **~ paper** papier *m* hygiénique.

lavender ['lævɪndəʳ] *n* lavande *f.* **~ water** eau *f* de lavande.

lavish ['lævɪʃ] — **1** *adj (gen)* généreux (*f*-euse); *(luxurious)* somptueux (*f*-ueuse). — **2** *vt* prodiguer (*on sb* à qn).

law [lɔː] *n (gen)* loi *f; (subject of study)* droit *m.* **against the ~** contraire à la loi; **~ and order** l'ordre *m* public; **by ~** conformément à la loi; **to take the ~ into one's own hands** faire justice soi-même; **~ court** cour *f* de justice; **to go to ~** recourir à la justice; **Faculty of L~** faculté *f* de Droit; **~ student** étudiant(e) *m(f)* en droit; **criminal ~** le droit criminel. ◆ **law-abiding** *adj* respectueux (*f*-ueuse) des lois. ◆ **lawbreaker** *n* personne *f* qui transgresse la loi. ◆ **lawful** *adj* légal. ◆ **lawsuit** *n* procès *m.*

lawyer ['lɔːjəʳ] *n (gen)* juriste *m; (for sales, wills etc)* notaire *m; (for litigation)* avocat *m; (in business firm: adviser)* conseiller *m* juridique.

lawn [lɔːn] *n* pelouse *f.* **~ tennis** tennis *m.*

lax [læks] *adj* négligent.

laxative ['læksətɪv] *n* laxatif *m.*

lay¹ [leɪ] *pret, ptp* **laid** *vti* **(a)** *(put etc: gen)* poser; *(blanket etc)* étendre (*over* sur), *(tablecloth)* mettre; *(road)* faire; *(of hen etc)* pondre. *(buried)* **laid to rest** enterré; **I wish I could ~ my hands on...** si seulement je pouvais mettre la main sur...; **I didn't ~ a finger on him** je ne l'ai même pas touché; **he was laid low with flu** la grippe l'obligeait à garder le lit; **to ~ the facts before sb** exposer les faits à qn. **(b)** *(fire)* préparer; *(trap)* tendre (*for* à); *(plans)* former. **to ~ the table** mettre le couvert; **to ~ the table for 5** mettre 5 couverts; **to ~ sth aside** mettre qch de côté; **to ~ down** *(parcel)* poser; *(cards)* étaler; *(one's life)* sacrifier (*for* pour); *(conditions)* imposer; *(fig)* **to ~ down the law** faire la loi (*about* sur); **to ~ in supplies** s'approvisionner; **to ~ into sb** prendre qn à partie; **to ~ off workers** licencier des employés; **~ off him!** fiche-lui la paix!*; **to ~ on** *(water, gas)* installer; *(entertainment etc)* fournir; **I'll have a car laid on for you** je tiendrai une voiture à votre disposition; **everything will be laid on** il y aura tout ce qu'il faut; **to ~ sb out** *(unconscious)* mettre qn knock-out; **to ~ out a body** faire la toilette d'un mort; **to be laid up with flu** être au lit avec la grippe. **(c)** *(wager: money)* parier (*on* sur). **to ~ a bet** parier. **(d)** *(suppress: ghost)* exorciser. ◆ **layabout*** *n* fainéant(e) *m(f).* ◆ **lay-by** *n* petite aire *f* de stationnement *(sur bas-côté).* ◆ **layout** *n (of building, town)* disposition *f; (of sth printed)* mise *f* en page.

lay² [leɪ] *pret of* **lie¹**.

lay³ [leɪ] *adj* laïque. *(fig)* **to the ~ mind** pour le profane. ◆ **layman** *n* laïc *m; (fig)* profane *m.*

layer ['leɪəʳ] *n* couche *f.*

laze [leɪz] *vi* (**~ about**) paresser.

lazily ['leɪzɪlɪ] *adv* paresseusement.

lazy ['leɪzɪ] *adj* paresseux (*f*-euse).

lead¹ [liːd] (*vb: pret, ptp* **led**) — **1** *n* **(a) to be in the ~** *(in match)* mener; *(in race)* être en tête; **a 3-point ~** 3 points d'avance; **to follow sb's ~** suivre l'exemple de qn; **to give sb a ~** mettre qn sur la voie; **the police have a ~** la police tient une piste; *(theatre)* **to play the ~** tenir le rôle principal. **(b)** *(leash)* laisse *f.* **on a ~** tenu en laisse. **(c)** *(electric)* fil *m;* (*extension* **~**) rallonge *f.* — **2** *vti* **(a)** mener (*to* à). **to ~ sb away** emmener qn; **to ~ sb back** ramener qn; **to ~ sb in** *etc* faire entrer *etc* qn; **to ~ sb into a room** faire entrer qn dans une pièce; **you ~, I'll follow** passez devant, je vous suis; **to ~ the way** montrer le chemin; **~ on!** allez-y, je vous suis!; *(fig)* **to ~ sb on** faire marcher qn*; **what's all this ~ing up to?** où est-ce qu'on veut en venir avec tout ça?; **the streets that ~ off the square** les rues qui partent de la place. **(b)** *(be in charge)* être à la tête de; *(at head of procession)* être en tête de; *(be first: in match)* mener; *(in race)* être en tête; **to ~ the field** venir en tête. **(c)** *(Cards)* jouer. **(d)** *(life, existence)* mener. **to ~ sb to believe that** amener qn à croire que; **to ~ to** *(war)* conduire à; *(sb's arrest)* aboutir à; *(change)* amener; **one thing led to another and we...** une chose en amenant une autre, nous...

lead² [led] *n (metal)* plomb *m;* (*black* **~**) mine *f* de plomb. **~ pencil** crayon *m* à mine de plomb; **~ poisoning** saturnisme *m.* ◆ **lead-free** *adj* sans plomb.

leader [liːdəʳ] *n* **(a)** *(gen)* chef *m; (of club)* dirigeant(e) *m(f); (of riot, strike)* meneur *m* (*f* -euse); *(Pol)* dirigeant(e), leader *m.* **the ~ of the orchestra** *(Brit)* le premier violon, *(US)* le chef d'orchestre. **(b)** *(Press)* éditorial *m.* ◆ **leadership** *n* direction *f.*

leading ['liːdɪŋ] *adj (in procession)* de tête; *(in race)* en tête; *(principal)* principal. **a ~ figure, a ~ light** un personnage marquant; *(Press)* **~ article** éditorial *m;* **~ question** question *f* insidieuse.

leaf [liːf] *pl* **leaves** — **1** *n (of plant)* feuille *f; (of table)* rabat *m; (of book)* page *f. (fig)* **to turn over a new ~** changer de conduite. — **2** *vi:* **to ~ through a book** feuilleter un livre. ◆ **leaflet** *n* prospectus *m; (instruction sheet)* mode *m* d'emploi. ◆ **leafy** *adj* feuillu.

league [liːg] *n (Pol)* ligue *f; (Football)* championnat *m.* **in ~ with** en coalition avec.

leak [liːk] — **1** *n (gen)* fuite *f; (in boat)* voie *f* d'eau. **to spring a ~** se mettre à fuir; *(of boat)* commencer à faire eau. — **2** *vti (gen)* fuir; *(of ship)* faire eau; *(of shoes)* prendre l'eau. *(fig)* **to ~ information out** divulguer des renseignements (*to* à).

lean¹ [liːn] *pret, ptp* **leaned** *or* **leant** [lent] — **1** *vi* **(a)** (**~ over** : *of person*) se pencher; *(of wall etc)* pencher. **to ~ back** *(in chair)* se laisser aller en arrière; **to ~ back against** s'adosser à; **to ~ forward** se pencher en avant; **to ~ out of the window** se pencher par la fenêtre; *(fig)* **to ~ over backwards to help sb** se mettre en quatre pour aider qn. **(b)** *(rest)* s'appuyer (*against* contre, à; *on* sur). **to be ~ing on** être appuyé contre; **to ~ on sb** *(for support)* s'appuyer sur qn; (*: *put pressure on*) faire pression sur qn. — **2** *vt (gen)* appuyer (*against* contre). ◆ **leaning** *n* tendance *f* (*towards* à). ◆ **lean-to** *n* appentis *m*.

lean² [liːn] *adj* maigre.

leap [liːp] (*vb: pret, ptp* **leaped** *or* **leapt** [lept]) — **1** *n* bond *m*. **by ~s and bounds** à pas de géant; **~ year** année *f* bissextile. — **2** *vti* bondir. **to ~ out** sortir d'un bond; **to ~ (over) a ditch** franchir un fossé d'un bond; **to ~ to one's feet** se lever d'un bond. ◆ **leapfrog** *n* saute-mouton *m*.

learn [lɜːn] *pret, ptp* **learned** *or* **learnt** *vti* apprendre. **to ~ (how) to do sth** apprendre à faire qch; *(fig)* **he's ~t his lesson** cela lui a servi de leçon; **to ~ about sth** *(school etc)* étudier qch; *(hear of)* apprendre qch; **to ~ from one's mistakes** tirer la leçon de ses erreurs; **to ~ sth off by heart** apprendre qch par cœur. ◆ **learned** ['lɜːnɪd] *adj* savant. ◆ **learner** *n* débutant(e) *m(f)*. **to be a quick ~** apprendre vite. ◆ **learning** *n* érudition *f*.

lease [liːs] — **1** *n* bail *m*. *(fig)* **to take on a new ~ of life** retrouver une nouvelle jeunesse. — **2** *vt* louer à bail.

leash [liːʃ] *n* laisse *f*. **on a ~** tenu en laisse.

least [liːst] *superl of* **little²** *adj, pron, adv* le moins (de). **the ~ money** le moins d'argent; **the ~ thing** la moindre chose; **at ~** au moins; **... at ~, that's what he says...** du moins, c'est ce qu'il dit; **at the very ~** au minimum; **not in the ~** pas du tout; **it's the ~ I can do** c'est la moindre des choses; **to say the ~!** c'est le moins qu'on puisse dire!; **the ~ expensive car** la voiture la moins chère; **~ of all him** surtout pas lui.

leather ['leðəʳ] *n* cuir *m*; (*wash* **~**) peau *f* de chamois. **~ goods** articles *mpl* en cuir.

leave [liːv] (*vb: pret, ptp* **left**) — **1** *n* **(a)** *(consent)* permission *f* (*to do* de faire). **(b)** *(holiday)* congé *m*; *(Mil)* permission *f*. **on ~** en congé, en permission; **~ of absence** congé exceptionnel. **(c) to take (one's) ~ of sb** prendre congé de qn.

— **2** *vti* **(a)** partir (*for* pour; *from* de); *(room, prison, hospital)* sortir de. **to ~ town** quitter la ville; **to ~ sb** quitter qn; **to ~ school** terminer ses études (secondaires); **he has left this address** il n'habite plus à cette adresse; **may I ~ the room?** puis-je sortir?; **to ~ the table** se lever de table. **(b)** laisser (*with or to sb* à qn). **I've left my umbrella** j'ai laissé mon parapluie; **to ~ the door open** laisser la porte ouverte; **to ~ behind** *(gen)* laisser; *(in race)* distancer; *(in work etc)* dépasser; **to ~ on** *(gas etc)* laisser ouvert; *(light)* laisser allumé; **to ~ out** *(accidentally)* oublier; *(deliberately)* exclure; *(in reading)* sauter; **to ~ a lot to be desired** laisser beaucoup à désirer; **I'll ~ it to you to decide** je vous laisse décider; **~ it to me!** je m'en charge!; **I'll ~ you to it*** je vous laisse continuer; **left to himself, he ...** laissé à lui-même, il ...; **3 from 6 ~s 3** 3 ôté de 6, il reste 3; **~ off!** arrête! **(c) to be left over** rester; **there are 3 cakes left** il reste 3 gâteaux; **what's left?** qu'est-ce qui reste?; **how many are left?** combien est-ce qu'il en reste?; **I've no money left** il ne me reste plus d'argent.

leavings ['liːvɪŋz] *npl* restes *mpl*.

Lebanon ['lebənən] *n* Liban *m*.

lecherous ['letʃərəs] *adj* lubrique.

lectern ['lektən] *n* lutrin *m*.

lecture ['lektʃəʳ] — **1** *n (gen)* conférence *f*; *(University: class)* cours *m* magistral; *(reproof)* sermon *m*. **~ hall** amphithéâtre *m*; **~ room** salle *f* de conférences. — **2** *vti* faire une conférence *or* un cours (*to* à; *on* sur); *(scold)* sermonner (*on, about* pour). ◆ **lecturer** *n (speaker)* conférencier *m* (*f* -ière); *(university)* ≃ maître assistant *m*.

led [led] *pret, ptp of* **lead¹**.

ledge [ledʒ] *n (gen)* rebord *m*; *(on mountain)* saillie *f*.

ledger ['ledʒəʳ] *n* grand livre *m (Comptabilité)*.

lee [liː] *n*: **in the ~ of** à l'abri de. ◆ **leeward** *n*: **to ~** sous le vent. ◆ **leeway** *n (fig)* **that gives him some ~** cela lui donne une certaine liberté d'action; **a lot of ~ to make up** beaucoup de retard à rattraper.

leech [liːtʃ] *n* sangsue *f*.

leek [liːk] *n* poireau *m*.

leer [lɪəʳ] *vti* lorgner (*at sb* qn).

left¹ [left] *pret, ptp of* **leave.** ◆ **left-luggage** *n* bagages *mpl* en consigne; *(office)* consigne *f*. ◆ **left-luggage locker** *n* casier *m* à consigne automatique. ◆ **left-overs** *npl* restes *mpl*.

left² [left] — **1** *adj (not right)* gauche. — **2** *adv* à gauche. — **3** *n* **(a)** gauche *f*. **on the ~** à gauche; *(of driver)* **to keep to the ~** tenir sa gauche; **to the ~** vers la gauche; *(Pol)* **the L~** la gauche. **(b)** *(Boxing: punch)* gauche *m*. ◆ **left-hand** *adj (door, page)* de gauche. **~ drive** conduite *f* à gauche; **on the ~ side** à gauche. ◆ **left-handed** *adj* gaucher (*f* -ère). ◆ **leftist** *adj (Pol)* de gauche. ◆ **left-wing** *adj (Pol)* de gauche. **he's ~** il est à gauche.

leg [leg] *n (of person, horse)* jambe *f*; *(of other animal)* patte *f*; *(Cooking: of lamb)* gigot *m*; *(of pork, chicken)* cuisse *f*; *(of table etc)* pied *m*; *(of trousers etc)* jambe; *(in journey)* étape *f*. **four-~ged** à quatre pattes; **bare-~ged** aux jambes nues; **to be on one's last ~s** être à bout de ressources; *(of machine etc)* être sur le point de rendre l'âme*; **he hasn't got a ~ to stand on** il n'a aucun argument valable; *(fig)* **to pull sb's ~** *(hoax)* faire marcher qn*; *(tease)* taquiner qn.

legacy ['legəsɪ] *n* legs *m*.

legal ['liːgəl] *adj* **(a)** *(lawful)* légal. **it's not ~ currency** cela n'a pas cours. **(b)** *(of the law: error)* judiciaire; *(affairs)* juridique. **to take ~ action against** intenter un procès à; **to take ~ advice** consulter un homme de loi; **~ adviser** conseiller *m* (*f* -ère) juridique; *(Brit)* **~ aid** assistance *f* judiciaire; **~ proceedings** procès *m*. ◆ **legalize** *vt* légaliser. ◆ **legally** *adv* légalement.

legend ['ledʒənd] *n* légende *f*.

legendary ['ledʒəndərɪ] *adj* légendaire.

legible ['ledʒəbl] *adj* lisible.

legibly ['ledʒəblɪ] *adv* lisiblement.

legion ['liːdʒən] *n* légion *f*.

legislate ['ledʒɪsleɪt] *vi* légiférer.

legislation [,ledʒɪs'leɪʃən] *n (laws)* lois *fpl*.

legitimate [lɪ'dʒɪtɪmɪt] *adj (gen)* légitime; *(excuse)* valable; *(theatre)* littéraire. ◆ **legitimately** *adv*: **one might ~ think** on serait en droit de penser.

leisure ['leʒəʳ] *n* loisir *m*, temps *m* libre. **a life of ~** une vie pleine de loisirs; **do it at your ~** faites-le quand vous en aurez le temps; **~ centre** centre *m* de loisirs. ◆ **leisurely** *adj (gen)* tranquille. **in a ~ way** sans se presser.

lemon ['lemən] — **1** *n* citron *m*. **~ squash** citronnade *f*; **~ juice** jus *m* de citron; **~ sole** limande-sole *f*; **~ squeezer** presse-citron *m inv*;

~ **tea** thé *m* au citron. — **2** *adj (colour)* citron *inv.* ◆ **lemonade** *n* limonade *f.*

lend [lend] *pret, ptp* **lent** *vt* prêter (*to* à). ◆ **lender** *n* prêteur *m* (*f* -euse). ◆ **lending library** *n* bibliothèque *f* de prêt.

length [leŋθ] *n* **(a)** *(gen)* longueur *f; (duration)* durée *f.* **it's 6 metres in ~** ça fait 6 mètres de long; **~ of life** durée de vie; **~ of time** temps *m;* **at ~** *(at last)* enfin; *(in detail)* dans le détail; **to go to the ~ of doing** aller jusqu'à faire; **to go to great ~s to do** se donner beaucoup de mal pour faire; **to win by a ~** gagner d'une longueur. **(b)** *(section: gen)* morceau *m; (of cloth)* métrage *m.* ◆ **lengthen** *vt* rallonger; *(in duration)* prolonger. ◆ **lengthwise** *adv* dans le sens de la longueur. ◆ **lengthy** *adj* très long (*f* longue).

lenient ['li:nɪənt] *adj* indulgent (*to* envers).

lens [lenz] *n (of eye)* cristallin *m; (of spectacles)* verre *m; (of camera)* objectif *m.*

lent [lent] *pret, ptp of* **lend.**

Lent [lent] *n* Carême *m.*

lentil ['lentl] *n* lentille *f.*

leopard ['lepəd] *n* léopard *m.*

leotard ['li:ətɑ:d] *n* collant *m (de danse).*

leper ['lepəʳ] *n* lépreux *m* (*f* -euse).

leprosy ['leprəsɪ] *n* lèpre *f.*

lesbian ['lezbɪən] *n* lesbienne *f.*

lesion ['li:ʒən] *n (Med)* lésion *f.*

less [les] *comp of* **little²** *adj, pron, adv, prep* moins (de). **~ butter** moins de beurre; **even ~** encore moins; **much ~ milk** beaucoup moins de lait; **~ and ~** de moins en moins; **~ than** *(gen)* moins que; **~ than half** moins de la moitié; **~ than a month** moins d'un mois; **~ than you think** moins que vous ne croyez; **no ~ than, nothing ~ than** au moins; **he's bought a car, no ~*** il s'est payé une voiture, s'il vous plaît*; **the ~ you buy the ~ you spend** moins vous achetez moins vous dépensez; **to eat ~** moins manger; **to grow ~** diminuer; **~ often** moins souvent; **he was none the ~ pleased to see me** il n'en était pas moins content de me voir; **~ 10%** moins 10%. ◆ **lessen** — **1** *vt (gen)* diminuer; *(cost)* réduire; *(anxiety, pain, effect)* atténuer. — **2** *vi* diminuer; s'atténuer. ◆ **lesser** *adj:* **to a ~ degree** *or* **extent** à un moindre degré; **the ~ of** le *or* la moindre de.

-less [lɪs] *adj ending* sans.

lesson ['lesn] *n* leçon *f* (*in* de). **French ~** leçon *or* cours *m* de français.

lest [lest] *conj* de peur que + ne + *subj.*

let [let] *pret, ptp* **let** *vti* **(a)** *(allow: gen)* laisser (*sb do* qn faire), permettre (*sb do* à qn de faire, que qn fasse). **don't ~ him go** ne le laissez pas partir; **he wouldn't ~ us** il ne nous a pas permis; *(fig)* **you can't ~ him get away with that!** tu ne peux pas le laisser s'en tirer comme ça!; **to ~ down** *(sth on rope)* descendre; *(dress)* rallonger; *(hem)* lâcher; *(tyre)* dégonfler; *(disappoint)* décevoir; **to ~ in** *(person, cat)* faire entrer; *(light)* laisser entrer; *(of shoes etc)* prendre l'eau; **can you ~ him in?** pouvez-vous lui ouvrir?; **to ~ o.s. in** entrer; **to ~ o.s. in for sth** s'engager à qch; **to ~ sb in on sth** mettre qn au courant de qch; **to ~ sb into sth** faire entrer qn dans qch; **to ~ off** *(gun, firework)* faire partir; *(not punish)* ne pas punir; **to ~ sb off lightly** laisser qn s'en tirer à bon compte; **to ~ sb off sth** *(not make him do)* dispenser qn de qch; **I won't ~ on** je n'en dirai rien; **to ~ out** *(person, cat)* faire sortir; *(prisoner)* relâcher; *(water)* vider; *(secret, news)* laisser échapper; **I'll ~ you out** je vais vous ouvrir la porte; **to ~ o.s. out** sortir; **to ~ out a cry** laisser échapper un cri; **to ~ a skirt out** élargir une jupe; **to ~ past** *or* **through** laisser passer; **to ~ up** *(stop)* s'arrêter; *(lessen)* diminuer; **to ~ sb have sth** donner qch à qn; **I ~ myself be persuaded** je me suis laissé convaincre; **to ~ go of sth** lâcher qch. **(b)** *(verb forms)* **~ us go, ~'s go** allons; **~'s sit down** asseyons-nous; **~ me think** laissez-moi réfléchir; **~ there be light** que la lumière soit; **~ him come himself** qu'il vienne lui-même. **(c)** *(hire out: house etc)* louer. **'to ~'** 'à louer'.

let-down* ['let'daʊn] *n* déception *f.*

lethal ['li:θəl] *adj* mortel (*f* -elle).

lethargy ['leθədʒɪ] *n* léthargie *f.*

letter ['letəʳ] *n* lettre *f.* **in ~s** en lettres; **he was invited by ~** il a reçu une invitation écrite; **~-bomb** lettre *f* piégée. ◆ **letterbox** *n* boîte *f* à lettres. ◆ **lettering** *n (engraving)* gravure *f; (letters)* caractères *mpl.* ◆ **letter-opener** *n* coupe-papier *m inv.* ◆ **letter-writer** *n* correspondant(e) *m(f).*

lettuce ['letɪs] *n* laitue *f.*

leuk(a)emia [lu:'ki:mɪə] *n* leucémie *f.*

level ['levl] — **1** *n (gen)* niveau *m; (flat place)* terrain *m* plat. **he came down to their ~** il s'est mis à leur niveau; *(fig)* **on the ~*** régulier (*f* -ière), honnête. — **2** *adj (surface, ground)* plat; *(tray etc)* horizontal; *(spoonful)* ras; *(voice)* calme. **~ crossing** passage *m* à niveau; **to do one's ~ best** faire tout son possible (*to do* pour faire); **~ with** *(in race)* à la même hauteur que; *(in competition)* à égalité avec; *(in work)* au même niveau que. — **3** *vt (ground)* niveler; *(building, town)* raser; *(accusation)* lancer (*at sb* contre qn). ◆ **level-headed** *adj* équilibré.

lever ['li:vəʳ] — **1** *n* levier *m.* — **2** *vt:* **to ~ sth out** extraire qch au moyen d'un levier.

levy ['levɪ] — **1** *n* impôt *m,* taxe *f.* — **2** *vt (tax)* prélever.

lewd [lu:d] *adj* lubrique.

liability [,laɪə'bɪlɪtɪ] *n (for accident)* responsabilité *f* (*for* de); *(handicap)* handicap *m.* **liabilities** *(Bookkeeping)* passif *m.*

liable ['laɪəbl] *adj* **(a)** *(likely)* **he's ~ to be there** il est possible qu'il soit là. **(b)** *(to fine)* passible (*to* de). **(c)** *(responsible)* responsable (*for* de).

liaison [li:'eɪzɒn] *n* liaison *f.*

liar ['laɪəʳ] *n* menteur *m* (*f*-euse).

lib* [lɪb] *n abbr of* **liberation.**

libel ['laɪbəl] — **1** *n* diffamation *f* (par écrit). — **2** *vt* diffamer (par écrit).

liberal ['lɪbərəl] — **1** *adj* libéral (*with* de). — **2** *n (Pol)* **L~** libéral(e) *m(f).*

liberate ['lɪbəreɪt] *vt* libérer.

liberation [,lɪbə'reɪʃən] *n* libération *f.*

liberty ['lɪbətɪ] *n* liberté *f.* **at ~** en liberté; **at ~ to choose** libre de choisir; **to take the ~ of doing** se permettre de faire.

Libra ['li:brə] *n (Astron)* la Balance.

librarian [laɪ'breərɪən] *n* bibliothécaire *mf.*

library ['laɪbrərɪ] *n* bibliothèque *f.* **~ book** livre *m* de bibliothèque.

lice [laɪs] *npl of* **louse.**

licence ['laɪsəns] *n (gen)* autorisation *f,* permis *m; (for selling etc)* patente *f; (pilot's)* brevet *m; (driver's)* permis *m; (for car)* vignette *f; (for TV)* redevance *f.* **married by special ~** marié avec dispense de bans; **~ plate** plaque *f* minéralogique.

license ['laɪsəns] — **1** *n (US)* = **licence.** — **2** *vt* autoriser (*sb to do* qn à faire). **~d premises**

établissement *m* ayant une patente de débit de boissons. ◆ **licensee** *n (of pub)* patron(ne) *m(f)*.

lick [lɪk] — **1** *vt* **(a)** lécher. **to ~ one's lips** se lécher les lèvres; **to ~ sth off** enlever qch à coups de langue. **(b)** (*: *defeat)* battre. — **2** *n:* **a ~ of paint** un petit coup de peinture.

lid [lɪd] *n (gen)* couvercle *m; (eye~)* paupière *f*.

lido [ˈliːdəʊ] *n* complexe *m* balnéaire.

lie¹ [laɪ] *pret* **lay**, *ptp* **lain** *vi* **(a)** (*also* **~ down**) se coucher, s'étendre; (*also* **be lying, be lying down**) être couché, être étendu. **to ~ around** traîner; *(to dog)* **~ down!** couché!; *(fig)* **to take sth lying down** accepter qch sans protester; **to ~ in** *(in bed)* faire la grasse matinée; **he was lying still** il était étendu immobile; **~ still!** ne bouge pas!; *(on tomb)* **here ~s** ci-gît; *(fig)* **to ~ low** ne pas se faire remarquer; *(hide)* se cacher. **(b)** *(be: book, place etc)* se trouver, être; *(remain)* rester, être. **the snow will not ~** la neige ne tiendra pas; **the valley lay before us** la vallée s'étendait devant nous.

lie² [laɪ] (*vb: pret, ptp* **lied**) — **1** *n* mensonge *m*. **to tell ~s** mentir; **~ detector** détecteur *m* de mensonges. — **2** *vi* mentir.

lieu [luː] *n:* **in ~ of** au lieu de.

lieutenant [lefˈtenənt, *(US)* luːˈtenənt] *n (army)* lieutenant *m; (navy)* lieutenant de vaisseau.

life [laɪf] *pl* **lives** *n* **(a)** *(gen)* vie *f; (of car, government etc)* durée *f*. **to bring sb back to ~** ranimer qn; **all his ~** toute sa vie; **never in all my ~** jamais de ma vie; **in later ~** plus tard dans la vie; **to take one's own ~** se donner la mort; **to take one's ~ in one's hands** jouer sa vie; **to lead a quiet ~** mener une vie tranquille; **~ expectancy** espérance *f* de vie; **~ imprisonment** prison *f* à vie; **~ sentence** condamnation *f* à perpétuité; **~ insurance** assurance-vie *f;* **~ peer** pair *m* à vie; **~ raft** radeau *m* de sauvetage; **~ story** biographie *f;* **I couldn't for the ~ of me*** je ne pouvais absolument pas; **how's ~?*** comment ça va?*; **that's ~!** c'est la vie!; **this is the ~!*** voilà comment je comprends la vie!; **not on your ~!*** jamais de la vie! **(b)** *(liveliness)* vie *f*. **full of ~** plein de vie; **the ~ and soul of the party** un boute-en-train. ◆ **lifebelt** *n* bouée *f* de sauvetage. ◆ **lifeboat** *n (shore)* canot *m* de sauvetage; *(ship)* chaloupe *f* de sauvetage. ◆ **lifebuoy** *n* bouée *f* de sauvetage. ◆ **lifeguard** *n* surveillant *m* de plage. ◆ **life-jacket** *n* gilet *m* de sauvetage. ◆ **lifeless** *adj* sans vie. ◆ **lifelike** *adj* qui semble vivant *or* vrai. ◆ **lifeline** *n* corde *f* de sécurité. ◆ **lifelong** *adj* de toute une vie; *(friend)* de toujours. ◆ **life-saver** *n (fig)* **it was a ~** ça lui *(etc)* a sauvé la vie. ◆ **life-sized** *adj* grandeur nature *inv*. ◆ **lifetime** *n (gen)* vie *f*. **not in my ~** pas de mon vivant.

lift [lɪft] — **1** *n* **(a)** *(Brit: elevator)* ascenseur *m*. **(b) to give sb a ~** emmener qn en voiture (*to* à); *(cheer up)* remonter le moral à qn. — **2** *vt (gen)* lever, soulever; *(fig: restrictions)* supprimer; *(siege)* lever; (*: *steal*) voler (*from sb* à qn). **to ~ sth down** descendre qch; **to ~ sth off** enlever qch; **to ~ sth out** sortir qch; **to ~ sb over a wall** faire passer qn par-dessus un mur; **to ~ up** *(gen)* soulever; *(head)* lever; **he didn't ~ a finger to help** il n'a pas levé le petit doigt pour aider. ◆ **lift-off** *n (Space)* décollage *m*.

light¹ [laɪt] (*vb: pret, ptp* **lit** *or* **lighted**) — **1** *n* **(a)** *(gen)* lumière *f; (of vehicle: gen)* feu *m; (headlamp)* phare *m*. **to put on the ~** allumer; **to put off the ~** éteindre; **by the ~ of** à la lumière de; **~ bulb** ampoule *f* électrique; **~ meter** photomètre *m;* **you're in my ~** tu me fais de l'ombre; *(Art)* **~ and shade** les clairs *mpl* et les ombres *fpl;* **there were ~s on in the room** il y avait de la lumière dans la pièce; **the traffic ~s were at red** le feu était au rouge; *(for cigarette)* **have you got a ~?** avez-vous du feu? **(b)** *(phrases)* **to see the ~*** comprendre; **to bring to ~** mettre en lumière; **to come to ~** être découvert; **to throw some ~ on sth** éclaircir qch; **in a new ~** sous un jour nouveau; **in the ~ of what you say** tenant compte de ce que vous dites. — **2** *adj* clair. **while it's ~** pendant qu'il fait jour; **~ green** vert clair *inv*. — **3** *vti (fire, cigarette etc)* allumer; *(match)* frotter; (*room etc: also* **~ up**) éclairer. **her eyes lit up** ses yeux se sont éclairés. ◆ **light-coloured** *adj* clair. ◆ **lighter** *n* briquet *m*. ◆ **lighthouse** *n* phare *m (sur la côte etc)*. ◆ **lighting** *n* éclairage *m*.**~-up time** heure *f* de l'éclairage des véhicules. ◆ **light-year** *n* année-lumière *f*.

light² [laɪt] — **1** *adj (not heavy: gen)* léger (*f* -ère); *(rain)* fin. **as ~ as a feather** léger comme une plume; **to be a ~ sleeper** avoir le sommeil léger; **~ ale** bière *f* blonde légère; **~ opera** opérette *f;* **~ reading** lecture *f* distrayante; **to make ~ of sth** prendre qch à la légère. — **2** *adv (travel)* avec peu de bagages. ◆ **light-headed** *adj (dizzy, foolish)* étourdi; *(excited)* exalté. ◆ **light-hearted** *adj* gai. ◆ **lightly** *adv (gen)* légèrement. **to sleep ~** avoir le sommeil léger; **to get off ~** s'en tirer à bon compte. ◆ **lightweight** *adj* léger (*f*-ère).

lighten [ˈlaɪtn] *vt (colour, hair)* éclaircir; *(load etc)* alléger.

lightning [ˈlaɪtnɪŋ] — **1** *n (gen)* éclairs *mpl*. **a flash of ~** un éclair; **struck by ~** frappé par la foudre; **~ conductor** paratonnerre *m;* **like ~*** avec la vitesse de l'éclair. — **2** *adj (strike)* surprise *inv; (visit)* éclair *inv*.

like¹ [laɪk] — **1** *prep, adv* comme. **it wasn't ~ that** ce n'était pas comme ça; **it was ~ this, I had...** voilà, j'avais...; **to be ~ sb** ressembler à qn; **~ father, ~ son** tel père, tel fils; **I have one ~ it** j'en ai un pareil; **I never saw anything ~ it!** je n'ai jamais rien vu de pareil!; **it's not ~ him to be late** ça n'est pas son genre d'être en retard; **sth ~ a necklace** un collier ou qch dans ce genre-là; **that's more ~ it!** voilà qui est mieux!; **there's nothing ~ real silk** rien ne vaut la soie véritable; **what's he ~?** comment est-il?; **it's nothing ~ as good as...** c'est loin d'être aussi bon que...; **more ~ 30 than 25** plutôt 30 que 25. — **2** *conj* (*: *as*) comme. **do it ~ I did** faites-le comme moi. — **3** *n:* **his ~** son pareil; **and the ~, and such ~** et autres choses de ce genre; **the ~s of him*** des gens comme lui.

like² [laɪk] — **1** *vt* **(a)** *(gen)* aimer bien. **I ~ him** *(of friend)* je l'aime bien; *(of acquaintance)* il me plaît; **which do you ~ best?** lequel préfères-tu?; **to ~ doing, to ~ to do** aimer bien faire; **I ~ people to be punctual** j'aime bien que les gens soient à l'heure; **how do you ~ him?** comment le trouvez-vous?; **whether he ~s it or not** que cela lui plaise ou non. **(b)** *(want)* vouloir (*to do* faire; *sb to do* que qn fasse). **I didn't ~ to disturb you** je ne voulais pas vous déranger; **would you ~ a drink?** voulez-vous boire qch?; **I would ~ you to do it** je voudrais que tu le fasses; **how would you ~ to go to Paris?** est-ce que cela te plairait d'aller à Paris?; **when I ~** quand je veux; **if you ~** si vous voulez. — **2** *n:* **all my ~s and dislikes** tout ce que j'aime et tout ce que je n'aime pas.

likeable ['laɪkəbl] *adj* sympathique.

likelihood ['laɪklɪhʊd] *n* probabilité *f.* **in all ~** selon toute probabilité.

likely ['laɪklɪ] — **1** *adj* probable. **a ~ place for...** un bon endroit pour...; *(iro)* **a ~ story!** comme si j'allais croire ça!; **it is ~ that** il est probable que; **it is not ~ that** il est peu probable que + *subj;* **she is ~ to arrive** elle va probablement arriver; **she is not ~ to come** il est peu probable qu'elle vienne; **the man most ~ to succeed** l'homme qui a le plus de chances de réussir. — **2** *adv* probablement. **most ~, as ~ as not** très probablement; **not ~!** pas de danger!

liken ['laɪkən] *vt* comparer (*to* à).

likeness ['laɪknɪs] *n:* **a family ~** un air de famille; **it is a good ~** c'est très ressemblant.

likewise ['laɪkwaɪz] *adv (similarly)* de même; *(also)* aussi.

liking ['laɪkɪŋ] *n* goût *m* (*for* pour). **to have a ~ for** aimer bien; **to your ~** à votre goût.

lilac ['laɪlək] — **1** *n* lilas *m.* — **2** *adj (colour)* lilas *inv.*

lilting ['lɪltɪŋ] *adj* chantant *(fig).*

lily ['lɪlɪ] *n* lis *m.* **~ of the valley** muguet *m.*

limb [lɪm] *n* membre *m. (fig)* **out on a ~** dans une situation délicate.

limber ['lɪmbəʳ] *vi:* **to ~ up** faire des exercices d'assouplissement.

lime¹ [laɪm] *n* chaux *f.*

lime² [laɪm] *n (fruit)* citron *m* vert.

lime³ [laɪm] *n (tree)* tilleul *m.*

limelight ['laɪmlaɪt] *n: (fig)* **in the ~** en vedette.

limerick ['lɪmərɪk] *n* petit poème *m* humoristique.

limestone ['laɪmstəʊn] *n* calcaire *m.*

limit ['lɪmɪt] — **1** *n (gen)* limite *f; (restriction on number etc)* limitation *f.* **speed ~** limitation de vitesse; **within ~s** dans une certaine limite; *(US)* **off ~s** d'accès interdit; **there are ~s!*** il y a une limite à tout!; **that's the ~!*** ça dépasse les bornes! — **2** *vt* limiter (*to* à). **to ~ o.s. to doing** se borner à faire; **to ~ o.s. to 10 cigarettes** se limiter à 10 cigarettes. ◆ **limitation** *n (gen)* limitation *f.* **he knows his ~s** il connaît ses limites. ◆ **limited** *adj (edition)* à tirage limité; *(intelligence, person)* borné. **to a ~ extent** jusqu'à un certain point.

limp¹ [lɪmp] *adj (gen)* mou (*f* molle); *(dress, hat)* avachi. **let your arm go ~** décontractez votre bras.

limp² [lɪmp] — **1** *vi* boiter. **to ~ in** *etc* entrer *etc* en boitant. — **2** *n:* **to have a ~** boiter.

limpet ['lɪmpɪt] *n* bernique *f.*

line¹ [laɪn] — **1** *n* **(a)** *(gen)* ligne *f; (pen stroke)* trait *m; (wrinkle)* ride *f; (boundary)* frontière *f; (ancestry)* lignée *f;* (*in poem)* vers *m; (in play)* réplique *f.* **to draw a ~ under sth** tirer un trait sous qch; **to put a ~ through sth** barrer qch, *(fig)* **to read between the ~s** lire entre les lignes; *(in dictation)* **new ~** à la ligne; **drop me a ~** envoyez-moi un mot. **(b)** *(rope)* corde *f; (Electricity, Telephone, Fishing)* ligne *f.* **the ~'s gone dead** *(cut off)* on nous a coupés; *(no dialling tone)* il n'y a plus de tonalité; **Mr Smith is on the ~** c'est M. Smith au téléphone. **(c)** *(Mil)* ligne *f; (row)* rangée *f; (one behind the other)* file *f; (queue)* queue *f. (US)* **to stand in ~** faire la queue; **they were standing in a ~** ils étaient alignés; *(Mil)* **in the front ~** en première ligne; **behind the enemy ~s** derrière les lignes ennemies. **(d)** *(fig)* **right in the ~ of fire** en plein champ de tir; **to take the ~ of least resistance** choisir la solution de facilité; **in the ~ of duty** dans l'exercice de ses fonctions; **~ of research** ligne de recherches; **what's your ~ of business?** que faites-vous dans la vie?; **it's not my ~** *(not my speciality)* ce n'est pas dans mes cordes; *(not to my taste)* ce n'est pas mon genre; **to take a strong ~ on** adopter une attitude ferme sur; **in ~ with** en accord avec; **he's in ~ for the job** on pense à lui pour le poste; **to bring sb into ~** mettre qn au pas; **to fall into ~** se conformer (*with sth* à qch); **all along the ~** sur toute la ligne; **along those ~s** *(be)* dans le même genre; *(think)* de la même façon; **on the right ~s** sur la bonne voie; **to give sb a ~ on sth*** renseigner qn sur qch. **(e)** *(shipping company)* compagnie *f; (route)* ligne *f; (Rail)* ligne; *(track)* voie *f.* **the Brighton ~** la ligne de Brighton; **the ~ was blocked** la voie était bloquée. — **2** *vti:* **to ~ up** *(stand in row)* s'aligner; *(in queue)* faire la queue; *(put things in a line)* aligner; *(prepare)* préparer (*for* pour); **have you got sb ~d up?** avez-vous qn en vue? ◆ **linesman** *n (Tennis)* juge *m* de ligne; *(Football)* juge de touche.

line² [laɪn] *vt (clothes)* doubler (*with* de). *(fig)* **to ~ one's pockets** se remplir les poches.

lined [laɪnd] *adj* **(a)** *(coat, etc)* doublé. **(b)** *(paper)* réglé; *(face)* ridé.

linen ['lɪnɪn] *n (material)* lin *m; (sheets, clothes etc)* linge *m.* **~ basket** panier *m* à linge; **~ dress** robe *f* de lin; **dirty ~** linge sale.

liner ['laɪnəʳ] *n* **(a)** *(ship)* paquebot *m; (plane)* avion *m* (de ligne). **(b) dustbin ~** sac *m* à poubelle.

linger ['lɪŋgəʳ] *vi (of person: wait)* s'attarder; *(take one's time)* prendre son temps; *(of smell, memory)* persister; *(of doubt)* subsister. **to ~ over a meal** manger sans se presser; **~ing death** mort *f* lente.

lingo* ['lɪŋgəʊ] *n* jargon *m.*

linguist ['lɪŋgwɪst] *n* linguiste *mf.* ◆ **linguistic** *adj* linguistique. ◆ **linguistics** *nsg* linguistique *f.*

liniment ['lɪnɪmənt] *n* liniment *m.*

lining ['laɪnɪŋ] *n (of coat etc)* doublure *f; (on brakes)* garniture *f.*

link [lɪŋk] — **1** *n (in chain)* maillon *m; (connection)* lien *m* (*between* entre). **rail ~** liaison *f* ferroviaire; **to break off all ~s with** cesser toutes relations avec. — **2** *vt (connect)* relier; *(join up:* **~ together)** lier. *(fig)* **closely ~ed to** étroitement lié à; **to ~ arms** se donner le bras. ◆ **link-up** *n (gen)* lien *m; (TV)* liaison *f; (spacecraft)* jonction *f.*

lino ['laɪnəʊ] *n* lino *m.*

linoleum [lɪ'nəʊlɪəm] *n* linoléum *m.*

linseed ['lɪnsi:d] *n:* **~ oil** huile *f* de lin.

lint [lɪnt] *n* tissu *m* ouaté *(pour compresses).*

lintel ['lɪntl] *n* linteau *m.*

lion ['laɪən] *n* lion *m.* **~ cub** lionceau *m.* ◆ **lioness** *n* lionne *f.* ◆ **lion-tamer** *n* dompteur *m* de lions.

lip [lɪp] — **1** *n* lèvre *f; (of thing)* bord *m.* **to pay ~ service to sth** approuver qch pour la forme. ◆ **lipread** *vti* lire sur les lèvres. ◆ **lipstick** *n* rouge *m* à lèvres.

liquefy ['lɪkwɪfaɪ] *vt* liquéfier.

liqueur [lɪ'kjʊəʳ] *n* liqueur *f.*

liquid ['lɪkwɪd] *adj, n* liquide *(m).* ◆ **liquidate** *vt* liquider. ◆ **liquidation** *n:* **to go into ~** déposer son bilan. ◆ **liquidize** *vt (food)* passer au mixeur. ◆ **liquidizer** *n* mixeur *m.*

liquor ['lɪkəʳ] *n (alcohol)* spiritueux *m*.
liquorice ['lɪkərɪs] *n* réglisse *m*.
lisp [lɪsp] — **1** *vi* zézayer. — **2** *n* zézaiement *m*. **with a ~** en zézayant.
list[1] [lɪst] — **1** *n* liste *f; (commercial)* catalogue *m*. **at the top of the ~** en tête de liste; **at the bottom of the ~** en fin de liste. — **2** *vt (make ~ of)* faire la liste de; *(give in detail)* énumérer. **~ed building** monument *m* classé.
list[2] [lɪst] *vi (of ship)* gîter (*20º* de 20º).
listen ['lɪsn] *vi* écouter. **to ~ to sth** écouter qch; *(Radio)* **to ~ in** être à l'écoute; **to ~ for sth** essayer d'entendre qch. ◆ **listener** *n (to radio etc)* auditeur *m* (*f* -trice). **to be a good ~** savoir écouter.
listless ['lɪstlɪs] *adj* sans énergie.
lit [lɪt] *pret, ptp of* **light[1]**.
litany ['lɪtənɪ] *n* litanie *f*.
liter ['li:təʳ] *n (US)* = **litre.**
literacy ['lɪtərəsɪ] *n* fait *m* de savoir lire et écrire.
literal ['lɪtərəl] *adj* littéral. ◆ **literally** *adv (gen)* littéralement. **to take sth ~** interpréter qch au pied de la lettre.
literary ['lɪtərərɪ] *adj (gen)* littéraire.
literate ['lɪtərɪt] *adj* qui sait lire et écrire.
literature ['lɪtərɪtʃəʳ] *n* littérature *f; (brochures etc)* documentation *f*.
lithe [laɪð] *adj* agile.
lithograph ['lɪθəʊgrɑ:f] *n* lithographie *f*.
litigation [,lɪtɪ'geɪʃən] *n* litige *m*.
litre ['li:təʳ] *n* litre *m*.
litter ['lɪtəʳ] — **1** *n* **(a)** *(papers)* vieux papiers *mpl; (rubbish)* détritus *mpl*. **to leave ~** jeter des papiers *or* des détritus. **(b)** *(of puppies etc)* portée *f*. — **2** *vt:* **~ed with** jonché de. ◆ **litter-basket** *or* ◆ **litter-bin** *n* boîte *f* à ordures.
little[1] ['lɪtl] *adj* petit. **~ finger** petit doigt; **a tiny ~ baby** un tout petit bébé; **poor ~ thing!** pauvre petit(e)!
little[2] ['lɪtl] *comp* **less,** *superl* **least** *adj, pron, adv* peu (de). **~ money** peu d'argent; **he says very ~** il ne dit pas grand-chose; **~ or nothing** rien ou presque rien; **to make ~ of sth** *(belittle)* faire peu de cas de qch; **as ~ as possible** le moins possible; **very ~** très peu (de); **so ~** si peu (de); **too ~** trop peu (de); **a ~ milk** un peu de lait; **give me a ~** donne-m'en un peu; **a ~ bigger** un peu plus grand; **~ by ~** petit à petit; **a ~ more cream** un peu plus de crème; **it's ~ better** ça n'est guère mieux; **~ did he know that...** il était bien loin de se douter que...; **~ do you know!** si seulement vous saviez!; **~ known** peu connu.
liturgy ['lɪtədʒɪ] *n* liturgie *f*.
live[1] [lɪv] *vt (gen)* vivre; *(reside)* habiter. **to ~ in London** habiter Londres; **to ~ in a flat** habiter un appartement; **where do you ~?** où habitez-vous?; **he's not easy to ~ with** il n'est pas facile à vivre; **he's living with Anne** *(as man and wife)* il vit avec Anne; **to ~ together** vivre ensemble; **as long as I ~** tant que je vivrai; **to ~ to be 90** vivre jusqu'à 90 ans; **he was still living when...** il était encore en vie quand...; **long ~ the King!** vive le roi!; **you'll ~** *(ironic)* vous n'en mourrez pas; **to ~ well** vivre sur un grand pied; **they ~d happily ever after** *(in fairy tales)* ils furent heureux et ils eurent beaucoup d'enfants; **she ~s for her children** elle ne vit que pour ses enfants; **I've nothing left to ~ for** je n'ai plus de raison de vivre; **to learn to ~ with it** s'y faire; **~ and let ~** il faut se montrer tolérant; **we ~ and learn** on apprend à tout âge; **to ~ a healthy life** mener une vie saine; *(fig)* **to ~ sth down** faire oublier qch avec le temps; *(of servant)* **he ~s in** il est logé et nourri; **to ~ off sb** vivre aux dépens de qn; **to ~ off the land** vivre du pays; **they ~d on potatoes** ils vivaient de pommes de terre; **you can't ~ on air*** on ne vit pas de l'air du temps; **just enough to ~ on** juste de quoi vivre; **to ~ it up*** mener la grand vie; **it didn't ~ up to expectations** cela n'a pas été ce qu'on avait espéré.
live[2] [laɪv] *adj (alive)* vivant; *(lively)* dynamique; *(issue)* brûlant; *(broadcast)* en direct; *(coal)* ardent; *(ammunition: not blank)* de combat; *(unexploded)* non explosé; *(rail)* conducteur (*f* -trice); *(wire)* sous tension. **a real ~ spaceman** un astronaute en chair et en os; **before a ~ audience** en public; *(appliance etc)* **that's ~!** c'est branché!
livelihood ['laɪvlɪhʊd] *n* moyens *mpl* d'existence.
lively ['laɪvlɪ] *adj (person, party, discussion)* animé; *(imagination, interest)* vif (*f* vive); *(account, style)* vivant; *(argument, campaign)* vigoureux (*f* -euse); *(tune)* gai.
liven ['laɪvn] *vt:* **to ~ sth up** animer qch.
liver ['lɪvəʳ] *n* foie *m*.
livery ['lɪvərɪ] *n* livrée *f*.
livestock ['laɪvstɒk] *n* bétail *m*.
livid ['lɪvɪd] *adj* **(a)** *(colour)* livide. **(b)** *(furious)* furieux (*f* -ieuse).
living ['lɪvɪŋ] — **1** *adj (person etc)* vivant; *(conditions)* de vie; *(wage)* convenable. **the greatest ~ pianist** le plus grand pianiste actuellement vivant; **~ or dead** mort ou vif; **there wasn't a ~ soul** il n'y avait pas âme qui vive; **within ~ memory** de mémoire d'homme; **~ quarters** logement *m;* **~ room** salle *f* de séjour; **~ space** espace *m* vital; **~ standards** niveau *m* de vie; — **2** *n:* **to make a ~** gagner sa vie; **to work for a ~** travailler pour vivre; *(people)* **the ~** les vivants *mpl*.
lizard ['lɪzəd] *n* lézard *m*.
load [ləʊd] — **1** *n (gen)* charge *f; (of lorry)* chargement *m; (weight, pressure)* poids *m*. **that's a ~ off my mind!** quel soulagement!; *(fig)* **~s of*** énormément de. — **2** *vt* (*often* **~ down** *or* **up**) charger (*with* de). **to ~ sb with gifts** couvrir qn de cadeaux. ◆ **loaded** *adj (gen)* chargé; *(dice)* pipé; *(question)* insidieux (*f* -ieuse); (*: *rich*) bourré de fric*. ◆ **loader** *n* chargeur *m*. ◆ **loading** *n* chargement *m*. **~ bay** aire *f* de chargement.
loaf[1] [ləʊf] *n, pl* **loaves** pain *m*.
loaf[2] [ləʊf] *vi* (**~ around**) traînasser.
loam [ləʊm] *n* terreau *m*.
loan [ləʊn] — **1** *n (lent)* prêt *m; (borrowed)* emprunt *m*. **on ~** *(object)* prêté (*from* par; *to* à); *(library book)* sorti; **I have it on ~** je l'ai emprunté. — **2** *vt* prêter (*to* à).
loath [ləʊθ] *adj:* **to be ~ to do** répugner à faire.
loathe [ləʊð] *vt* détester (*doing* faire).
lobby ['lɒbɪ] — **1** *n* vestibule *m; (Parliament: for public)* ≃ salle *f* des pas perdus; *(pressure group)* groupe *m* de pression. — **2** *vti (Pol)* faire pression (*sb* sur qn; *for sth* pour obtenir qch).
lobe [ləʊb] *n* lobe *m*.
lobster ['lɒbstəʳ] *n* homard *m*.
local ['ləʊkəl] — **1** *adj (gen)* local; *(shops, doctor: in town)* du quartier; *(in village)* du village; *(wine)* du pays; *(pain)* localisé. *(Telephone)* **a ~ call** une communication urbaine;

he's a ~ **man** il est du coin; ~ **authority** autorité *f* locale; ~ **government** administration *f* locale; ~ **goverment officer** ≃ fonctionnaire *mf*. — **2** *n* **(a)** (*: *person)* **the ~s** les gens *mpl* du pays. **(b)** *(Brit*: pub)* café *m* du coin. ◆ **locality** *n (district)* région *f; (place)* endroit *m*. ◆ **locally** *adv (not centrally)* localement; *(nearby)* dans les environs.

locate [ləʊ'keɪt] *vt (find: gen)* repérer; *(leak, cause)* localiser; *(situate: school etc)* situer. ◆ **location** *n* emplacement *m*. *(Cinema)* **on ~** en extérieur.

loch [lɒx] *n (Scot)* lac *m*, loch *m*.

lock [lɒk] — **1** *n* **(a)** *(gen)* serrure *f; (car: antitheft)* antivol *m*. **under ~ and key** *(possessions)* sous clef; *(prisoner)* sous les verrous; *(fig)* **~, stock and barrel** en bloc. **(b)** *(of canal)* écluse *f*. **(c)** *(of hair)* mèche *f*. — **2** *vti (door etc)* fermer à clef; *(person)* enfermer (*in* dans). **to ~ sb in** enfermer qn; **to ~ up** *(before leaving)* tout fermer; *(house)* fermer à clef; *(also* **~ away**: *money etc)* mettre sous clef; *(criminal etc)* mettre sous les verrous ; **behind ~ed doors** à huis clos. ◆ **locker** *n* casier *m*. ◆ **lockjaw** *n* tétanos *m*. ◆ **locksmith** *n* serrurier *m*.

locket ['lɒkɪt] *n* médaillon *m (bijou)*.

locomotive [,ləʊkə'məʊtɪv] *n* locomotive *f*.

locum ['ləʊkəm] *n* remplaçant(e) *m(f) (de médecin etc)*.

locust ['ləʊkəst] *n* sauterelle *f*.

lodge [lɒdʒ] — **1** *n (gen)* loge *f; (house on estate)* pavillon *m* de gardien. — **2** *vt (gen)* loger; *(statement)* présenter (*with sb* à qn). *(Law)* **to ~ an appeal** se pourvoir en cassation. — **3** *vi* être logé (*with* chez); *(of bullet)* se loger. ◆ **lodger** *n* locataire *mf; (with meals)* pensionnaire *mf*.

lodging ['lɒdʒɪŋ] *n*: **they gave us ~** ils nous ont logés; **he's in ~s** il vit en meublé; *(with meals)* il prend pension; **~ house** pension *f*.

loft [lɒft] *n* grenier *m*.

lofty ['lɒftɪ] *adj* très haut; *(noble)* élevé.

log [lɒg] — **1** *n* **(a)** *(tree trunk)* rondin *m; (for fire)* bûche *f*. **~ cabin** cabane *f* en rondins; **~ fire** feu *m* de bois. **(b)** (**~ book**) *(gen)* registre *m; (on ship)* livre *m* de bord; *(on plane)* carnet *m* de vol; *(of lorry driver)* carnet de route. — **2** *vt (record: gen)* consigner; (**~ up**: *distance)* faire. ◆ **logbook** *n (of car)* carte *f* grise (*see also* **log 1b**).

logarithm ['lɒgərɪθəm] *n* logarithme *m*.

loggerheads ['lɒgəhedz] *npl*: **at ~** en désaccord complet (*with* avec).

logic ['lɒdʒɪk] *n* logique *f*.

logical ['lɒdʒɪkəl] *adj* logique.

loin [lɔɪn] *n (meat: gen)* filet *m; (beef)* aloyau *m*. **~ chop** côte *f* première.

loiter ['lɔɪtə[r]] *vi* traîner.

loll [lɒl] *vi (laze)* fainéanter.

lollipop ['lɒlɪpɒp] *n* sucette *f (bonbon)*. **~ man** contractuel *m* qui fait traverser la rue aux enfants.

lolly* ['lɒlɪ] *n* **(a)** sucette *f (bonbon)*. **(b)** *(money)* fric* *m*.

London ['lʌndən] — **1** *n* Londres *m*. — **2** *adj* londonien (*f* -ienne). ◆ **Londoner** *n* Londonien(ne) *m(f)*.

lone [ləʊn] *adj (person)* solitaire; *(house)* isolé.

loneliness ['ləʊnlɪnɪs] *n* solitude *f*.

lonely ['ləʊnlɪ] *adj* solitaire, seul. **to feel ~** se sentir seul.

lonesome ['ləʊnsəm] *adj* = **lonely**.

long[1] [lɒŋ] — **1** *adj* **(a)** *(in size)* long (*f* longue). **how ~ is the field?** quelle est la longueur du champ?; **10 metres ~** long de 10 mètres; **to get ~er** rallonger; **~ drink** boisson *f* non alcoolisée; **~ jump** saut *m* en longueur; *(fig)* **it's a ~ shot** ce n'est guère probable; *(Radio)* **on the ~ wave** sur grandes ondes. **(b)** *(in time)* long. **how ~ is it?** ça dure combien de temps?; **6 months ~** qui dure 6 mois; **a ~ time** longtemps; **he wasn't ~ in coming** il n'a pas mis longtemps pour venir; *(fig)* **in the ~ run** à la longue. — **2** *adv* **(a)** longtemps. **~ ago** il y a longtemps; **how ~ ago?** il y a combien de temps?; **~ after** longtemps après (que); **not ~ before** peu de temps avant (que + *subj*); **~ since** depuis longtemps; **how ~ is it since you saw him?** cela fait combien de temps que tu ne l'as pas vu?; **have you been waiting ~?** il y a longtemps que vous attendez?; **wait a little ~er** attendez encore un peu; **will you be ~?** tu en as pour longtemps?, **don't be ~** dépêche-toi; **how ~?** combien de temps?; **as ~ as I live** tant que je vivrai; **before ~** (+ *future*) dans peu de temps; (+ *past*) peu de temps après; **for ~** pour longtemps. **(b)** *(phrases)* **all night ~** toute la nuit, **so ~ as, as ~ as** pourvu que + *subj*; **so ~!*** à bientôt!, salut!*; **he is no ~er here** il n'est plus là; **it has ~ been used** c'est employé depuis longtemps. ◆ **long-distance** *adj (race)* de fond; *(phone call)* interurbain; *(flight)* sur long parcours. ◆ **long-drawn-out** *adj* interminable. ◆ **long-haired** *adj* aux cheveux longs; *(animal)* à longs poils. ◆ **longhand** *adj* en écriture normale. ◆ **long-lost** *adj* perdu depuis longtemps. ◆ **long-playing record** *n* 33 tours *m inv*. ◆ **long-range** *adj (gun)* à longue portée; *(plane)* à grand rayon d'action; *(forecast)* à long terme. ◆ **long-sighted** *adj* hypermétrope; *(in old age)* presbyte. ◆ **long-standing** *adj* de longue date. ◆ **long-suffering** *adj* très patient. ◆ **long-term** *adj* à long terme. ◆ **long-winded** *adj (person)* intarissable; *(speech)* interminable.

long[2] [lɒŋ] *vi* avoir très envie (*to do* de faire; *for sth* de qch; *for sb to do* que qn fasse); **to ~ for sb** se languir de qn. ◆ **longing** — **1** *n* désir *m* (*to do* de faire; *for sth* de qch; *for sb* de voir qn); *(nostalgia)* nostalgie *f; (for food)* envie *f*. — **2** *adj (look)* plein de désir *or* d'envie *etc*.

longitude ['lɒŋgɪtjuːd] *n* longitude *f*.

loo* [luː] *n* petit coin* *m*, cabinets *mpl*. **in the ~** au petit coin*.

look [lʊk] — **1** *n* **(a)** regard *m*. **to have a ~ for sth** chercher qch; **to have** *or* **take a ~ at** jeter un coup d'œil à; **to take a good** *or* **long ~ at sth** bien examiner qch; **let me have a ~** faites voir; **to have a ~ round** jeter un coup d'œil; **with a nasty ~ in his eye** avec un regard méchant. **(b)** *(appearance etc)* **I like the ~ of her** je lui trouve l'air sympathique; **I don't like the ~ of this** ça ne me plaît pas du tout; **by the ~ of him** à le voir; **good ~s** beauté *f; (Fashion)* **the leather ~** la mode du cuir. — **2** *vti* **(a)** *(glance)* regarder. **to ~ at** regarder; *(examine: situation etc)* considérer; *(deal with)* s'occuper de; *(check: car etc)* vérifier. **to ~ at him you would never think ...** à le voir on ne penserait jamais ...; **~ where you're going!** regarde où tu vas!; **it isn't much to ~ at** ça ne paie pas de mine; **that's one way of ~ing at it** c'est une façon de voir les choses; **to ~ hard at** *(person)* dévisager; *(thing)* regarder de près; **to ~ for**

sth chercher qch; **to ~ into** *(complaint etc)* se renseigner sur; **to ~ on sb as** considérer qn comme; **~ and see if ...** regarde voir si ...; **let me ~** laisse-moi voir; **~ here, ...** écoutez, ... **(b)** *(with adv etc)* **to ~ ahead** *(in front)* regarder devant soi; *(to future)* considérer l'avenir; **to ~ after** *(gen)* s'occuper de; *(possessions)* faire attention à; *(one's car etc)* entretenir; **to ~ after o.s.** *(be well)* faire attention à soi; *(cope)* se débrouiller tout seul; **to ~ after sth for sb** garder qch pour qn; **to ~ around** regarder autour de soi; **to ~ away** détourner les yeux (*from* de); **to ~ back** regarder derrière soi; *(remember)* regarder en arrière; **to ~ down** baisser les yeux; *(from height)* regarder en bas; **to ~ down at sth** regarder qch d'en haut; **to ~ down the list** parcourir la liste; **I'm ~ing forward to seeing you** j'attends avec impatience le plaisir de vous voir; *(in letter)* **~ing forward to hearing from you** en espérant avoir bientôt une lettre de vous; **are you ~ing forward to it?** est-ce que vous êtes content à cette perspective?; **I'm ~ing forward to it** je m'en réjouis à l'avance; **to ~ in on sb** passer voir qn; **to ~ on** regarder; **the house ~s on to the street** la maison donne sur la rue; **to ~ out** *(outside)* regarder dehors; *(take care)* faire attention (*for* à); **to ~ out of the window** regarder par la fenêtre; *(fig)* **to ~ out for sth** guetter qch; **to ~ sth out** essayer de trouver qch; **~ out!** attention!; **to ~ over** *(essay)* jeter un coup d'œil à; *(town etc)* visiter; **to ~ round** regarder; *(turning round)* se retourner; **to ~ round for sth** chercher qch; **to ~ round the town** visiter la ville; **to ~ through** *(briefly)* parcourir; **to ~ up** regarder en haut; *(from reading etc)* lever les yeux; **things are ~ing up** ça a l'air d'aller mieux; **to ~ sb up** passer voir qn; **to ~ sth up** chercher qch; *(fig)* **to ~ up to sb** respecter qn. **(c)** *(seem)* sembler, avoir l'air. **she ~s tired** elle semble fatiguée, elle a l'air fatiguée; **how pretty you ~!** que vous êtes jolie!; **you ~ well** vous avez bonne mine; **how did she ~?** *(in health)* est-ce qu'elle avait bonne mine?; **how do I ~?** est-ce que ça va?; **he ~s about 40** il a l'air d'avoir 40 ans; **she ~s her age** elle fait son âge; **to ~ one's best** être à son avantage; **to ~ foolish** paraître ridicule; **ugly-~ing** laid; *(fig)* **to ~ the part** avoir le physique de l'emploi; **don't ~ like that!** ne faites pas cette tête-là!; **try to ~ as if you're pleased** essaie d'avoir l'air content; **he ~s good in uniform** l'uniforme lui va bien; **it makes her ~ old** cela la vieillit; **that ~s good** *(food)* ça a l'air bon; *(picture etc)* ça fait très bien; *(book)* ça a l'air intéressant; **it ~s all right to me** je trouve que ça va; **it will ~ bad** cela fera mauvais effet; **it ~s as if** on dirait que; **it ~s to me as if** j'ai l'impression que; **what does it ~ like?** comment est-ce?; **to ~ like sb** ressembler à qn; **it ~s like salt** ça a l'air d'être du sel; **it ~s like it!** c'est bien probable! ◆ **looking-glass** *n* miroir *m.* ◆ **look-out** *n* **(a)** **to be on the ~** *(watch)* guetter (*for sth* qch); *(be wary)* être sur ses gardes (*for sth* à cause de qch); **it's a poor ~ for ...** ça s'annonce mal pour...; **that's your ~** c'est votre affaire! **(b)** *(person: gen)* guetteur *m; (Mil)* homme *m* de guet; *(on ship)* homme de veille.

loom¹ [luːm] *vi* (**~ up**) surgir; *(of event)* paraître imminent.

loom² [luːm] *n (weaving)* métier *m* à tisser.

loop [luːp] *n (gen)* boucle *f (de ficelle etc); (Electricity)* circuit *m* fermé; *(motorway etc)* bretelle *f; (contraceptive)* stérilet *m. (of plane)* **to loop the ~** boucler la boucle. ◆ **loophole** *n* échappatoire *f.*

loose [luːs] *adj* **(a)** *(knot etc)* qui se défait; *(screw)* desserré; *(brick, tooth)* qui branle; *(animal etc)* en liberté; *(skin)* flasque; *(collar)* lâche; *(bowels)* relâchés; *(translation)* libre. **to let** *or* **set** *or* **turn ~** lâcher; **a ~ sheet of paper** une feuille volante; *(electrical)* **~ connection** mauvais contact *m;* **~ covers** housses *fpl;* **to be at a ~ end** ne pas trop savoir quoi faire; *(fig)* **to tie up ~ ends** régler les détails qui restent; **~ living** vie *f* dissolue. **(b)** *(not packed: biscuits etc)* en vrac; *(butter etc)* au poids. ◆ **loose-fitting** *adj* ample. ◆ **loose-leaf** *adj* à feuilles volantes. ◆ **loosely** *adv (tie, hold)* sans serrer; *(associate)* vaguement. ◆ **loosen** *vt (slacken)* desserrer; *(untie)* défaire; *(tongue)* délier.

loot [luːt] — **1** *n* butin *m.* — **2** *vt* piller. ◆ **looting** *n* pillage *m.*

lop [lɒp] *vt* (**~ off**) couper.

lop-sided [ˈlɒpˈsaɪdɪd] *adj (not straight)* de travers; *(asymmetric)* disproportionné.

lord [lɔːd] *n* seigneur *m.* **~ of the manor** châtelain *m;* **L~ Smith** lord Smith; **my L~** Monsieur le baron *(etc); (judge)* Monsieur le Juge; **Our L~** Notre Seigneur; **the L~'s supper** la sainte Cène; **the L~'s prayer** le Notre-Père; **good L~!*** Seigneur!; **oh L~!*** zut!* ◆ **lordly** *adj (dignified)* noble; *(arrogant)* hautain. ◆ **lordship** *n* autorité *f* (*over* sur). **Your L~** Monsieur le comte *(etc); (to judge)* Monsieur le Juge.

lore [lɔːʳ] *n* traditions *fpl.*

lorry [ˈlɒrɪ] *n* camion *m.* **~ driver** camionneur *m; (long-distance)* routier *m.*

lose [luːz] *pret, ptp* **lost** *vti* **(a)** perdre. **he got lost** il s'est perdu; **the key got lost** on a perdu la clef; **get lost!*** fiche le camp!*; **to ~ one's life** périr; **20 lives were lost** 20 personnes ont péri; **to be lost at sea** périr en mer; *(fig)* **losing battle** bataille *f* perdue d'avance; **to have lost one's breath** être hors d'haleine; *(driver)* **he's lost his licence** on lui a retiré son permis de conduire; **to ~ one's way** se perdre; **to ~ no time in doing sth** faire qch au plus vite; *(Sport)* **to ~ to sb** se faire battre par qn; **they lost 6-1** ils ont perdu 6-1; **to ~ out on a deal** être perdant dans une affaire; **you can't ~*** tu ne risques rien. **(b)** *(of watch, clock)* retarder. **to ~ 10 minutes a day** retarder de 10 minutes par jour. ◆ **loser** *n* perdant(e) *m(f).* **bad ~** mauvais joueur *m;* **he's a born ~** il n'a jamais de veine*. ◆ **losing** *adj (team, number)* perdant; *(business, concern)* mauvais. **on a ~ streak*** en période de déveine*.

loss [lɒs] *n* perte *f.* **without ~ of life** sans qu'il y ait de victimes; *(Mil)* **heavy ~es** pertes sévères; **to sell at a ~** vendre à perte; **at a ~ to explain** incapable d'expliquer; **to be at a ~ for words** chercher ses mots.

lost [lɒst] *(pret, ptp of* **lose**) *adj (gen)* perdu (*in* dans). **~ property** objets *mpl* trouvés; **~ property office** bureau *m* des objets trouvés; **to give sb up for ~** considérer qn comme perdu.

lot [lɒt] *n* **(a)** **a ~ of, ~s of** beaucoup de; **what a ~ of people!** que de monde!; **what a ~!** quelle quantité!; **there wasn't a ~ we could do** nous ne pouvions pas faire grand-chose; **I'd give a**

~ to know ... je donnerais cher pour savoir ...; **quite a ~ of** pas mal de; **such a ~ of** tellement de; **an awful ~ of*** énormément de*; **a ~ better** beaucoup mieux; **we don't go out a ~** nous ne sortons pas beaucoup; **thanks a ~!*** merci beaucoup!; **a ~ you care!*** comme si ça te faisait qch!; **that's the ~** c'est tout; **take the ~** prends le tout; **the ~ of you** vous tous; **the whole ~ of them went off** ils sont tous partis. **(b)** *(destiny)* sort *m*. **it was not his ~ to succeed** il n'était pas destiné à réussir. **(c)** *(batch: auctions etc)* lot *m*. **to draw ~s for sth** tirer qch au sort; *(fig)* **he's a bad ~*** il ne vaut pas cher*. **(d)** *(land)* parcelle *f*. **parking ~** parking *m*.

lotion ['ləʊʃən] *n* lotion *f*.

lottery ['lɒtərɪ] *n* loterie *f*. **~ ticket** billet *m* de loterie.

loud [laʊd] — **1** *adj (voice)* fort; *(laugh, noise)* grand; *(music)* bruyant; *(applause)* vif (*f* vive); *(protests)* vigoureux (*f* -euse); *(colour, clothes)* voyant. **the radio is too ~** la radio joue trop fort; *(Music)* **~ pedal** pédale *f* forte. — **2** *adv (speak etc)* fort. **out ~** tout haut. ◆ **loudly** *adv (shout)* fort; *(knock, laugh)* bruyamment. ◆ **loudspeaker** *n* haut-parleur *m; (stereo)* baffle *m*.

lounge [laʊndʒ] — **1** *n* salon *m (d'une maison, d'un hôtel etc)*. **~ suit** complet (-veston) *m; (on invitation)* 'tenue de ville'. — **2** *vi (on bed etc)* se prélasser; (*also* **~ about**) paresser. ◆ **lounger** *n (sun-bed)* lit *m* de plage.

louse [laʊs] *n, pl* **lice** pou *m*. ◆ **lousy*** *adj* infect, dégueulasse*. **I feel ~** je suis mal fichu*.

lout [laʊt] *n* rustre *m*.

love [lʌv] — **1** *n* amour *m*. **to fall in ~** tomber amoureux (*f* -euse) (*with* de); **they are in ~** ils s'aiment; **~ at first sight** le coup de foudre; **to make ~** faire l'amour; **~ affair** liaison *f*; **~ letter** lettre *f* d'amour; **~ life** vie *f* sentimentale; **~ story** histoire *f* d'amour; **for the ~ of God** pour l'amour du Ciel; **for ~ of** par amour pour; **he sends you his ~** il t'envoie bien des choses, *(stronger)* il t'embrasse; *(letter)* **~ from Jim** affectueusement, Jim, *(stronger)* bons baisers, Jim; **yes, ~** oui, mon amour; **the theatre was her great ~** le théâtre était sa grande passion; **he studies for the ~ of it** il étudie pour son plaisir; *(Tennis)* **~ 30** zéro 30. — **2** *vt (gen)* aimer (*to do, doing* faire). **I'd ~ to come** je serais ravi de venir; **I'd ~ to!** cela me ferait très plaisir! ◆ **lovable** *adj* adorable. ◆ **lover** *n* **(a)** amant *m; (romantic)* amoureux *m*. **they are ~s** ils ont une liaison. **(b) theatre ~** amateur *m* de théâtre; **a ~ of Brahms** un(e) fervent(e) de Brahms. ◆ **loving** *adj (gen)* affectueux (*f* -ueuse); *(tender)* tendre. **money-~** qui aime l'argent.

lovely ['lʌvlɪ] *adj (pretty)* ravissant; *(pleasant: party, personality)* charmant; *(very good: idea, holiday)* excellent. **the weather's ~** il fait très beau; **to have a ~ time** bien s'amuser; **it's been ~ seeing you** j'ai été vraiment content de vous voir; **~ and cool** délicieusement frais.

low¹ [ləʊ] — **1** *adj (gen)* bas (*f* basse); *(groan, speed, standard, income, intelligence)* faible; *(quality)* inférieur; *(depressed)* déprimé. **~er down the hill** plus bas sur la colline; **the L~ Countries** les Pays-Bas; **in a ~ voice** à voix basse; **to get ~er** baisser; **L~ Church** Basse Église *f (Anglicane)*; **~ flying** vols *mpl* à basse altitude; **~er** *(gen)* inférieur; **the ~er middle class** la petite bourgeoisie; **the ~er school** le premier cycle; *(Pol)* **the L~er House** la Chambre basse; **to be ~ on sth** être à court de qch; **the ~est of the ~** le dernier des derniers. — **2** *adv (aim, sing)* bas; *(fly plane)* à basse altitude. **to turn sth down ~** baisser qch; **supplies are running ~** les provisions baissent. — **3** *n (weather)* dépression *f*. *(of prices, production)* **to reach a new ~** atteindre son niveau le plus bas. ◆ **lowbrow** *adj* sans prétentions intellectuelles. ◆ **low-calorie** *adj* à basses calories. ◆ **low-cost** *adj* bon marché *inv*. ◆ **low-cut** *adj* décolleté. ◆ **low-down** — **1** *adj (mean)* méprisable. — **2** *n*: **to give sb the ~ on*** mettre qn au courant de. ◆ **lower** *vt (gen)* baisser; *(sail, flag)* abaisser; *(boat)* mettre à la mer; *(sth on a rope)* descendre; *(resistance)* diminuer. **~ your voice!** (parle) moins fort! ◆ **low-key** *adj* modéré; *(operation)* très discret (*f* -ète). ◆ **lowland** *n* plaine *f*. **the L~s of Scotland** les Basses-Terres *fpl* d'Écosse. ◆ **low-level** *adj* bas (*f* basse). ◆ **lowly** *adj* humble. ◆ **low-lying** *adj* à basse altitude. ◆ **low-paid** *adj* mal payé. **the ~ workers** les petits salaires *mpl*.

low² [ləʊ] *vi (of cattle)* meugler.

loyal ['lɔɪəl] *adj* loyal (*to* envers).

lozenge ['lɒzɪndʒ] *n (Med)* pastille *f*; *(Math)* losange *m*.

LP (*abbr of* **long-playing**) 33 tours *m inv*.

lubricant ['lu:brɪkənt] *n* lubrifiant *m*.

lubricate ['lu:brɪkeɪt] *vt* lubrifier; *(car)* graisser. **lubricating oil** huile *f* de graissage.

lucid ['lu:sɪd] *adj* lucide.

luck [lʌk] *n (good luck)* chance *f*. **bad ~** malchance *f*; **to bring sb ~** porter bonheur à qn; **to be down on one's ~** ne pas avoir de chance; **good ~!** bonne chance!; **hard ~!** pas de chance!; **no such ~!*** ç'aurait été trop beau!; **with any ~...** avec un peu de chance...; *(fig)* **it's the ~ of the draw** c'est une question de chance; **you're in ~, your ~'s in** tu as de la veine*. ◆ **luckily** *adv* heureusement. ◆ **lucky** *adj (person)* qui a de la chance (*to do* de faire); *(day)* de chance; *(shot, guess)* heureux (*f*-euse); *(charm)* porte-bonheur *inv*. **he was ~ enough to get a seat** il a eu la chance de trouver une place; **~ thing!** veinard(e)!*; **it was ~ for him that...** heureusement pour lui que ...; **how ~!** quelle chance!; **~ dip** pêche *f* miraculeuse.

lucrative ['lu:krətɪv] *adj* lucratif (*f*-ive).

ludicrous ['lu:dɪkrəs] *adj* ridicule.

ludo ['lu:dəʊ] *n* jeu *m* des petits chevaux.

lug [lʌg] *vt* traîner, tirer.

luggage ['lʌgɪdʒ] *n* bagages *mpl*. **~ in advance** bagages non accompagnés; **~ label** étiquette *f* à bagages; **~ rack** *(in train)* filet *m*; *(on car)* galerie *f*; **~ van** fourgon *m*.

lugubrious [lu:'gu:brɪəs] *adj* lugubre.

lukewarm ['lu:kwɔ:m] *adj* tiède.

lull [lʌl] — **1** *n* moment *m* de calme. — **2** *vt* calmer.

lullaby ['lʌləbaɪ] *n* berceuse *f*.

lumbago [lʌm'beɪgəʊ] *n* lumbago *m*.

lumber ['lʌmbər] — **1** *n (wood)* bois *m* de charpente; *(junk)* bric-à-brac *m inv*. **~ yard** chantier *m* de scierie. — **2** *vti* (**~ about**) marcher pesamment. **to get ~ed* with doing sth** avoir la corvée de faire qch. ◆ **lumberjack** *n* bûcheron *m*. ◆ **lumber-jacket** *n* blouson *m*.

luminous ['lu:mɪnəs] *adj* lumineux (*f*-euse).

lump [lʌmp] — **1** *n (gen)* morceau *m*; *(of earth)* motte *f*; *(in sauce etc)* grumeau *m*; *(Med)* grosseur *f* (*on* à). *(fig)* **to have a ~ in one's throat** avoir la gorge serrée; **~ sugar** sucre *m* en morceaux; **~ sum** somme *f* globale. — **2** *vt* **(a) to ~ together** mettre dans la même catégorie. **(b)** *(*: endure)* **you'll just have to ~ it** il faut bien que tu acceptes sans rien dire.

lunacy ['lu:nəsɪ] *n* folie *f*.

lunar ['lu:nəʳ] *adj* lunaire.

lunatic ['lu:nətɪk] *adj, n* fou *m* (*f* folle). **~ asylum** asile *m* d'aliénés.

lunch [lʌntʃ] — **1** *n* déjeuner *m*. **to have ~** déjeuner; **come to ~** venez déjeuner; **~ break** heure *f* du déjeuner; **his ~ hour** l'heure *f* de son déjeuner. — **2** *vi* déjeuner (*on, off* de). ◆ **lunchtime** *n* heure *f* du déjeuner.

luncheon ['lʌntʃən] *n* déjeuner *m*. **~ meat** ≃ mortadelle *f*; **~ voucher** ticket-restaurant *m*.

lung [lʌŋ] *n* poumon *m*. **~ disease** maladie *f* pulmonaire; **~ cancer** cancer *m* du poumon.

lunge [lʌndʒ] *vi* (**~ forward**) faire un mouvement brusque en avant.

lurch [lɜ:tʃ] — **1** *vi* *(of person)* tituber; *(of car, ship)* faire une embardée. — **2** *n*: **to leave sb in the ~** faire faux bond à qn.

lure [ljʊəʳ] — **1** *n* attrait *m*. — **2** *vt* attirer par la ruse (*into* dans).

lurid ['ljʊərɪd] *adj (details)* atroce; *(account)* à sensation; *(colour)* criard.

lurk [lɜ:k] *vi (hide)* se cacher; *(creep about)* rôder.

luscious ['lʌʃəs] *adj* succulent.

lush [lʌʃ] *adj* luxuriant.

lust [lʌst] *n (sexual)* désir *m*; *(fig)* soif *f* (*for* de).

lustre ['lʌstəʳ] *n* lustre *m*.

lusty ['lʌstɪ] *adj* vigoureux (*f*-euse).

lute [lu:t] *n* luth *m*.

Luxembourg ['lʌksəmbɜ:g] *n* Luxembourg *m*.

luxuriant [lʌg'zjʊərɪənt] *adj* luxuriant.

luxury ['lʌkʃərɪ] — **1** *n* luxe *m*. — **2** *adj (goods)* de luxe; *(flat, room etc)* de grand luxe. ◆ **luxurious** *adj* luxueux (*f* -ueuse).

lying ['laɪɪŋ] — **1** *n* mensonge(s) *m(pl)*. — **2** *adj (person)* menteur (*f*-euse); *(statement)* mensonger (*f*-ère).

lynch [lɪntʃ] *vt* lyncher.

lynx [lɪŋks] *n* lynx *m inv*.

lyre ['laɪəʳ] *n* lyre *f*.

lyric ['lɪrɪk] — **1** *adj* lyrique. — **2** *n (song)* **~s** paroles *fpl*. ◆ **lyrical** *adj* lyrique. ◆ **lyricism** *n* lyrisme *m*.

M

M, m [em] *n* M, m *m or f*; *(abbr of* **metre**) mètre *m*; *(abbr of* **mile**) mile *m*. *(motorway)* **on the M6** ≃ sur l'A6.

ma'am [mæm] *n* madame *f*.

mac* [mæk] *n* imper* *m*.

macaroni [,mækə'rəʊnɪ] *n* macaroni *m*. **~ cheese** macaroni au gratin.

macaroon [,mækə'ru:n] *n* macaron *m*.

mace [meɪs] *n* **(a)** *(spice)* macis *m*. **(b)** *(ceremonial)* masse *f*.

machine [mə'ʃi:n] *n (gen)* machine *f*; *(plane)* appareil *m*; *(car etc)* véhicule *m*. **adding** *(etc)* **~** machine à calculer *(etc)*; **~ operator** machiniste *mf*. ◆ **machine-gun** — **1** *n* mitrailleuse *f*. — **2** *vt* mitrailler. ◆ **machine-made** *adj* fait à la machine. ◆ **machinery** *n (machines)* machines *fpl*; *(parts)* mécanisme *m*. ◆ **machine-stitch** *vt* piquer à la machine. ◆ **machine-tool** *n* machine-outil *f*.

mackerel ['mækrəl] *n* maquereau *m*.

mackintosh ['mækɪntɒʃ] *n* imperméable *m*.

mad [mæd] *adj (gen)* fou (*f* folle); *(dog)* enragé; *(plan)* insensé; (**: angry*) furieux (*f* -ieuse) (*at, with* contre). **to go ~** devenir fou; **to drive sb ~** rendre qn fou; **as ~ as a hatter, stark raving ~** fou à lier; **to get ~ at sb*** s'emporter contre qn; **hopping ~*** fou furieux; **to run** *(etc)* **like ~*** courir *(etc)* comme un fou; **~ keen* on** fou de. ◆ **maddening** *adj* exaspérant. ◆ **madly** *adv (gen)* comme un fou; *(interested)* follement; *(love sb)* à la folie. **~ keen on** fou de. ◆ **madman** *n* fou *m*. ◆ **madness** *n* folie *f*.

madam ['mædəm] *n* madame *f*; *(unmarried)* mademoiselle *f*. *(in letters)* **Dear M~** Madame.

made [meɪd] *pret, ptp of* **make**. ◆ **made-to-measure** *adj* fait sur mesure. ◆ **made-to-order** *adj* fait sur commande. ◆ **made-up** *adj (story)* inventé; *(face)* maquillé.

Madeira [mə'dɪərə] *n (Geog)* Madère *f*; *(wine)* madère *m*.

Madonna [mə'dɒnə] *n* madone *f*.

mafia ['mæfɪə] *n* maffia *f*.

magazine [,mægə'zi:n] *n (Press, TV)* magazine *m*; *(gun)* magasin *m*.

maggot ['mægət] *n* ver *m*, asticot *m*.

magic ['mædʒɪk] — **1** *n* magie *f*. **like ~** comme par enchantement. — **2** *adj* magique. **~ spell** sortilège *m*. ◆ **magical** *adj* magique. ◆ **magician** *n* magicien *m*; *(Theatre)* illusionniste *mf*.

magistrate ['mædʒɪstreɪt] *n* magistrat *m*.

magnanimous [mæg'nænɪməs] *adj* magnanime.

magnate ['mægneɪt] *n* magnat *m*.

magnesia [mæg'ni:ʃə] *n* magnésie *f*.

magnesium [mæg'ni:zɪəm] *n* magnésium *m*.

magnet ['mægnɪt] *n* aimant *m*. ◆ **magnetic** *adj* magnétique.

magnificent [mæg'nɪfɪsənt] *adj* magnifique.

magnify ['mægnɪfaɪ] *vt (image)* grossir; *(incident etc)* exagérer. **~ing glass** loupe *f*.

magnitude ['mægnɪtju:d] *n* grandeur *f*.

magnolia [mæg'nəʊlɪə] *n* magnolia *m*.

magpie ['mægpaɪ] *n* pie *f*.

mahogany [mə'hɒgənɪ] *n* acajou *m*.

maid [meɪd] *n* **(a)** *(servant)* bonne *f*. **(b) old ~** vieille fille *f*. ◆ **maid-of-honour** *n* demoiselle *f* d'honneur.
maiden ['meɪdn] — **1** *n* jeune fille *f*. — **2** *adj* **(a) ~ aunt** tante *f* célibataire; **~ name** nom *m* de jeune fille. **(b)** *(flight, voyage, speech)* inaugural.
mail [meɪl] — **1** *n* poste *f*; *(letters)* courrier *m*. **by ~** par la poste; **here's your ~** voici votre courrier; **~ train** train *m* postal; **~ van** voiture *f* des postes; *(Rail)* wagon-poste *m*. — **2** *vt* poster. **~ing list** liste *f* d'adresses. ◆ **mailbag** *n* sac *m* postal. ◆ **mailbox** *n* boîte *f* aux lettres. ◆ **mailman** *n (US)* facteur *m*. ◆ **mail-order** *n* achat *m* par correspondance.
maim [meɪm] *vt* mutiler.
main [meɪn] — **1** *adj (gen)* principal. **the ~ body of...** le gros de...; **the ~ thing is to...** l'essentiel est de...; **the ~ thing to remember is...** ce qu'il ne faut surtout pas oublier c'est...; *(of meal)* **~ course** plat *m* de résistance; *(Rail)* **~ line** grande ligne *f*; **a ~ road** une grande route; **the ~ road** la grand-route; **~ street** rue *f* principale. — **2** *n* **(a)** *(electricity)* conducteur *m* principal; *(gas, water)* conduite *f* principale; *(sewer)* égout *m* collecteur. **water from the ~s** eau *f* de la conduite; *(appliance etc)* **connected to the ~s** branché sur le secteur; **to turn off at the ~s** couper au compteur. **(b) in the ~** dans l'ensemble. ◆ **mainland** *n*: **the ~ of Greece** la Grèce continentale. ◆ **mainly** *adv* principalement, surtout. ◆ **mainmast** *n* grand mât *m*. ◆ **mainsail** *n* grand-voile *f*. ◆ **mainstay** *n (fig)* pilier *m*.
maintain [meɪn'teɪn] *vt (gen)* maintenir (*that* que); *(attitude, advantage)* conserver; *(keep: family, building, machine)* entretenir.
maintenance ['meɪntɪnəns] *n (of machine, road)* entretien *m*; *(after divorce)* pension *f* alimentaire. **~ allowance** *(student)* bourse *f* d'études; *(employee)* indemnité *f* pour frais de déplacement; **~ costs** frais *mpl* d'entretien.
maisonette [,meɪzə'net] *n* duplex *m*.
maize [meɪz] *n* maïs *m*.
majestic [mə'dʒestɪk] *adj* majestueux (*f* -ueuse).
majesty ['mædʒɪstɪ] *n* majesté *f*. **His M~ the King** Sa Majesté le Roi.
major ['meɪdʒəʳ] — **1** *adj* majeur. *(Music)* **in the ~ key** en majeur; **~ road** route *f* à priorité. — **2** *n* **(a)** *(Mil)* commandant *m*. **(b)** *(University)* matière *f* principale.
majority [mə'dʒɒrɪtɪ] *n (gen)* majorité *f*. **in the ~** en majorité; **the ~ of people** la plupart des gens; **~ verdict** verdict *m* majoritaire.
Majorca [mə'jɔːkə] *n* Majorque *f*.
make [meɪk] *pret, ptp* **made** — **1** *vti* **(a)** *(gen)* faire; *(building)* construire; *(money: gen)* gagner, *(of deal etc)* rapporter; *(points, score)* marquer. **made in France** fabriqué en France; **made of gold** en or; **he made £500 on it** cela lui a rapporté 500 livres; *(in shop etc)* **how much does that ~?** combien ça fait?; **they ~ a handsome pair** ils forment un beau couple; **he'll ~ a good footballer** il fera un bon joueur de football; **this business has made him** cette affaire a fait son succès; **to ~ or break sb** assurer ou briser la carrière de qn; **that made my day!*** ça a transformé ma journée!
(b) *(cause to be or do)* faire; (+ *adj*) rendre. **to ~ sb king** faire qn roi; **to ~ sb sad** rendre qn triste; **to ~ o.s. ill** se rendre malade; **to ~ o.s. understood** se faire comprendre; **to ~ yellow** jaunir; **let's ~ it £3** si on disait 3 livres; **to ~ sb do sth** faire faire qch à qn, forcer qn à faire qch; **to ~ sb wait** faire attendre qn; **you can't ~ me!** tu ne peux pas m'y forcer!; **to ~ believe** faire semblant (*that one is* d'être); **to ~ do with** *(be satisfied)* s'arranger de; *(manage)* se débrouiller avec; **to ~ sth over to sb** céder qch à qn.
(c) *(go)* aller (*for* vers); *(of ship)* faire route (*for* pour). **to ~ for home** rentrer; **to ~ off** filer (*with sth* avec qch); *(led to)* **this made for more...** cela a produit plus de...; **we made it to Paris** nous sommes arrivés à Paris; **to ~ port** arriver au port; **to ~ 10 knots** filer 10 nœuds; **he made it into the team** il a réussi à être sélectionné dans l'équipe; **to ~ it** *(arrive)* arriver; *(achieve sth)* parvenir à qch; *(succeed)* réussir; **can you ~ it by 3 o'clock?** est-ce que tu peux y être pour 3 heures?
(d) *(think etc)* **what time do you ~ it?** quelle heure as-tu?; **I ~ it 100 km to Paris** d'après moi il y a 100 km d'ici à Paris; **what do you ~ of him?** qu'est-ce que tu penses de lui?; **I can't ~ anything of it** je n'y comprends rien.
(e) to ~ out *(write: bill, cheque)* faire; *(distinguish)* distinguer; *(understand)* comprendre; *(claim)* prétendre (*that* que); **I can't ~ it out at all** je n'y comprends rien; **how do you ~ that out?** qu'est-ce qui vous fait penser cela?
(f) to ~ up *(put together: parcel, bed)* faire; *(medicine, prescription)* préparer; *(invent: story)* inventer; *(form: a whole etc)* former; *(total)* compléter; *(lost time)* rattraper; *(lost ground)* regagner; *(settle: dispute)* mettre fin à; (*be friends: also* **~ it up**) se réconcilier; *(cosmetics)* se maquiller. **group made up of** groupe formé de; **to ~ sth up into a parcel** faire un paquet de qch; **he made it up to £100** il a complété les 100 livres; **let's ~ it up** faisons la paix; **to ~ up for** *(damage)* compenser; *(lost time)* rattraper; *(trouble caused)* se faire pardonner; *(mistake)* se rattraper pour; **to ~ up to sb*** essayer de se faire bien voir par qn.
— **2** *n* **(a)** *(brand)* marque *f*; *(manufacture)* fabrication *f*. **French ~ of car** marque française de voiture; **these are our own ~** ceux-ci sont fabriqués par nous. **(b) he's on the ~*** il veut réussir à tout prix.
◆ **make-believe** *n*: **it's just ~** *(story)* c'est de l'invention *f* pure. ◆ **maker** *n (of goods)* fabricant *m*. ◆ **makeshift** — **1** *n* expédient *m*. — **2** *adj* de fortune. ◆ **make-up** *n (of group etc)* constitution *f*; *(of person)* caractère *m*; *(cosmetics)* maquillage *m*. **~ remover** démaquillant *m*.
making ['meɪkɪŋ] *n*: **history in the ~** l'histoire en train de se faire; **of his own ~** de sa propre faute; **the ~s of a library** ce qu'il faut pour faire une bibliothèque.
maladjusted [,mælə'dʒʌstɪd] *adj* inadapté.
malaria [mə'lɛərɪə] *n* malaria *f*.
male [meɪl] — **1** *adj (gen)* mâle; *(sex)* masculin. **~ and female students** étudiants *mpl* et étudiantes *fpl*; **~ chauvinist** phallocrate* *m*. — **2** *n* mâle *m*.
malevolent [mə'levələnt] *adj* malveillant.
malfunction [,mæl'fʌŋkʃən] *n* mauvais fonctionnement *m*.
malice ['mælɪs] *n* méchanceté *f*; *(stronger)* malveillance *f*. **to bear sb ~** vouloir du mal à qn.
malicious [mə'lɪʃəs] *adj* méchant; *(stronger)* malveillant; *(damage)* causé avec intention de nuire.

malign [məˈlaɪn] *vt* calomnier.
malignant [məˈlɪgnənt] *adj* malveillant. ~ **tumour** tumeur *f* maligne.
malingerer [məˈlɪŋgərəʳ] *n* faux (*or* fausse) malade *m(f)*.
mallard [ˈmæləd] *n* canard *m* sauvage.
mallet [ˈmælɪt] *n* maillet *m*.
malnutrition [ˌmælnjʊˈtrɪʃən] *n* malnutrition *f*.
malpractice [ˌmælˈpræktɪs] *n* faute *f* professionnelle.
malt [mɔːlt] *n* malt *m*. ~ **vinegar** vinaigre *m* de malt; ~ **whisky** whisky *m* pur malt.
Malta [ˈmɔːltə] *n* Malte *f*.
maltreat [ˌmælˈtriːt] *vt* maltraiter.
mam(m)a [məˈmɑː] *n* maman *f*.
mammal [ˈmæməl] *n* mammifère *m*.
mammoth [ˈmæməθ] — **1** *n* mammouth *m*. — **2** *adj* monstre.
man [mæn] *pl* **men** — **1** *n (gen)* homme *m; (Sport)* joueur *m; (Chess)* pièce *f; (Draughts)* pion *m*. **an old** ~ un vieillard; **a blind** ~ un aveugle; **to a** ~ tous sans exception; **to live as** ~ **and wife** vivre maritalement; **he's not the** ~ **to fail** il n'est pas homme à échouer; **the** ~ **for the job** l'homme qu'il faut pour ce travail; **a medical** ~ un docteur; **the** ~ **in the street** l'homme de la rue; ~ **of the world** homme d'expérience; *(mankind)* **M**~ l'homme; **hurry up,** ~**!*** dépêche-toi, mon vieux!* — **2** *vt (guns)* servir. **the ship was** ~**ned by Chinese** l'équipage était composé de Chinois; **the telephone is** ~**ned 12 hours a day** il y a une permanence au téléphone 12 heures par jour. ◆ **manhood** *n (period)* âge *m* d'homme. ◆ **man-hour** *n* heure *f* de main-d'œuvre. ◆ **manhunt** *n* chasse *f* à l'homme. ◆ **mankind** *n* le genre humain. ◆ **manly** *adj* viril. ◆ **man-made** *adj* synthétique. ◆ **manservant** *n* valet *m* de chambre. ◆ **man-to-man** *adj, adv* d'homme à homme.
manacle [ˈmænəkl] *n* menotte *f (de prisonnier)*.
manage [ˈmænɪdʒ] *vti* **(a)** *(gen)* arriver (*to do* à faire); *(financially)* se débrouiller (*on* avec). **how did you** ~ **not to spill it?** comment as-tu fait pour ne pas le renverser?; **can you** ~**?** tu y arrives?; **I can** ~ ça va; **I can't** ~ **it** je ne peux pas; **I can** ~ **10 francs** je peux y mettre 10 F; **can you** ~ **the suitcases?** pouvez-vous porter les valises?; **can you** ~ **8 o'clock?** 8 heures, ça vous convient?; **to** ~ **without sth** se passer de qch. **(b)** *(shop, hotel)* gérer; *(institution)* diriger; *(farm)* exploiter; *(vehicle)* manœuvrer; *(tool)* manier; *(person, animal)* savoir s'y prendre avec. **managing director** directeur *m* général, ≃ P.-D. G. *m*; **you** ~**d it very well** tu t'en es très bien tiré. ◆ **manageable** *adj (vehicle)* facile à manœuvrer; *(animal)* docile; *(size)* maniable; *(hair)* souple. ◆ **management** *n (people)* direction *f*. ~ **committee** comité *m* de direction; ~ **consultant** conseiller *m* de gestion. ◆ **manager** *n (gen)* directeur *m; (of shop etc)* gérant *m; (of farm)* exploitant *m; (of actor, boxer etc)* manager *m*. **sales** ~ directeur commercial. ◆ **manageress** *n* gérante *f*. ◆ **managerial** *adj* directorial.
mandarin [ˈmændərɪn] *n (orange)* mandarine *f*.
mandate [ˈmændeɪt] *n* mandat *m*.
mandolin(e) [ˈmændəlɪn] *n* mandoline *f*.
mane [meɪn] *n* crinière *f*.
maneuver *(US)* = **manœuvre.**
manfully [ˈmænfəlɪ] *adv* vaillamment.
manger [ˈmeɪndʒəʳ] *n (in church)* crèche *f*.
mangle [ˈmæŋgl] — **1** *n (wringer)* essoreuse *f*. — **2** *vt (mutilate)* mutiler.
mango [ˈmæŋgəʊ] *n* mangue *f*. ~ **chutney** condiment *m* à la mangue.
manhandle [ˈmænˌhændl] *vt (treat roughly)* malmener; *(move by hand)* manutentionner.
manhole [ˈmænˌhəʊl] *n* regard *m* d'égout. ~ **cover** plaque *f* d'égout.
mania [ˈmeɪnɪə] *n* manie *f*. ◆ **maniac** *n* maniaque *mf*; (*: *fig*) fou *m* (*f* folle) à lier.
manicure [ˈmænɪˌkjʊəʳ] *n* soin *m* des mains.
manifest [ˈmænɪfest] *adj* manifeste.
manifesto [ˌmænɪˈfestəʊ] *n* manifeste *m (Pol etc)*.
manipulate [məˈnɪpjʊleɪt] *vt (tool etc)* manipuler; *(person)* manœuvrer; *(facts)* truquer.
manner [ˈmænəʳ] *n* **(a)** *(way)* manière *f* (*in which* dont). **in this** ~ de cette manière; **in a** ~ **of speaking** pour ainsi dire; **all** ~ **of ...** toutes sortes *fpl* de ... **(b)** *(attitude etc)* attitude *f* (*to sb* envers qn). **good** ~**s** bonnes manières *fpl*; **it's bad** ~**s** cela ne se fait pas (*to do* de faire). ◆ **mannerism** *n* trait *m* particulier.
manœuvre [məˈnuːvəʳ] — **1** *n* manœuvre *f*. **on** ~**s** en manœuvres. — **2** *vti* manœuvrer (*sth into position* qch pour le mettre en position).
manor [ˈmænəʳ] *n* (~ **house**) manoir *m*.
manpower [ˈmænˌpaʊəʳ] *n* main-d'œuvre *f; (Mil)* effectifs *mpl*.
mansion [ˈmænʃən] *n (in town)* hôtel *m* particulier; *(in country)* château *m*.
manslaughter [ˈmænˌslɔːtəʳ] *n* homicide *m* involontaire.
mantel [ˈmæntl] *n* (~**piece,** ~**shelf**) cheminée *f (dans une pièce)*.
manual [ˈmænjʊəl] — **1** *adj* manuel (*f* -uelle). ~ **worker** travailleur *m* manuel. — **2** *n (book)* manuel *m*. ◆ **manually** *adv* à la main.
manufacture [ˌmænjʊˈfæktʃəʳ] — **1** *n* fabrication *f*. — **2** *vt* fabriquer. ~**d goods** produits *mpl* manufacturés. ◆ **manufacturer** *n* fabricant *m*.
manure [məˈnjʊəʳ] *n* fumier *m; (artificial)* engrais *m*. ~ **heap** tas *m* de fumier.
manuscript [ˈmænjʊskrɪpt] *n* manuscrit *m*.
Manx [mæŋks] *adj* de l'île de Man.
many [ˈmenɪ] *adj, pron: comp* **more,** *superl* **most** beaucoup (de), un grand nombre (de). ~ **books** beaucoup de livres; **very** ~ un très grand nombre (de); ~ **of them** un grand nombre d'entre eux; ~ **of those books** un grand nombre de ces livres; ~ **came** beaucoup sont venus; **of** ~ **kinds** de toutes sortes; **in** ~ **cases** dans bien des cas; **as** ~ **as you** autant que vous; **as** ~ **books as** autant de livres que; **as** ~ **as 100** jusqu'à 100; **how** ~ **people?** combien de gens?; **so** ~ tant (*that* que); **so** ~ **dresses** tant de robes; **too** ~ **cakes** trop de gâteaux; **3 too** ~ 3 de trop; **there are too** ~ **of you** vous êtes trop nombreux.
map [mæp] — **1** *n (gen)* carte *f; (of town)* plan *m*. *(fig)* **this will put it on the** ~ cela le fera connaître. — **2** *vt*: **to** ~ **out** *(route)* tracer; *(project etc)* ébaucher.
maple [ˈmeɪpl] *n* érable *m*.
mar [mɑːʳ] *vt* gâter.
marathon [ˈmærəθən] *n* marathon *m*.
marauder [məˈrɔːdəʳ] *n* maraudeur *m* (*f* -euse).
marble [ˈmɑːbl] *n (gen)* marbre *m; (toy)* bille *f*. **to play** ~**s** jouer aux billes.
March [mɑːtʃ] *n* mars *m*; *for phrases V* **September.**

march [mɑːtʃ] — **1** *n* marche *f*. **a day's ~ from** à une journée de marche de. — **2** *vti:* **to ~ in** *(briskly)* entrer d'un pas énergique; *(angrily)* entrer d'un air furieux; *(Mil etc)* entrer au pas; **to ~ past** défiler; **~!** marche!; **to ~ up and down** faire les cent pas; **to ~ sb in** faire entrer qn tambour battant. ◆ **march-past** *n* défilé *m*.
marchioness [ˈmɑːʃənɪs] *n* marquise *f (title)*.
mare [mɛəʳ] *n* jument *f*.
margarine [ˌmɑːdʒəˈriːn] *n* (*abbr* **marge***) margarine *f*.
margin [ˈmɑːdʒɪn] *n* marge *f*. *(fig)* **by a narrow ~** de justesse. ◆ **marginal** *adj (gen)* marginal; *(importance)* secondaire. *(Pol)* **~ seat** siège *m* disputé. ◆ **marginally** *adv* très légèrement.
marguerite [ˌmɑːgəˈriːt] *n* marguerite *f*.
marigold [ˈmærɪgəʊld] *n* souci *m (fleur)*.
marijuana [ˌmærɪˈhwɑːnə] *n* marijuana *f*.
marina [məˈriːnə] *n* marina *f*.
marinade [ˌmærɪˈneɪd] *n* marinade *f*.
marinate [ˈmærɪneɪt] *vt* mariner.
marine [məˈriːn] — **1** *adj (life)* marin; *(insurance)* maritime. — **2** *n (Mil)* fusilier *m* marin; *(US)* marine *m* (américain). *(fig)* **tell that to the ~s!*** à d'autres!
marital [ˈmærɪtl] *adj (problems)* matrimonial; *(relations)* conjugal. **~ status** situation *f* de famille.
maritime [ˈmærɪtaɪm] *adj* maritime.
marjoram [ˈmɑːdʒərəm] *n* marjolaine *f*.
mark [mɑːk] — **1** *n* **(a)** *(gen)* marque *f*; *(from blow, skid etc)* trace *f*. **to make a ~ on** marquer; *(fig)* **to make one's ~ as** se faire un nom en tant que; **to leave one's ~ on** laisser son empreinte sur; **the ~ of a good teacher** le signe d'un bon professeur; **punctuation ~** signe *m* de ponctuation; **finger ~** trace *f* de doigt. **(b)** *(in school)* note *f* (*in* en). **to fail by 2 ~s** échouer à 2 points. **(c)** *(phrases)* **to hit the ~** mettre le doigt dessus*; **wide of the ~** loin de la vérité; **to be quick off the ~** ne pas perdre de temps; **up to the ~** *(in efficiency: person)* à la hauteur; *(work)* satisfaisant.
— **2** *vt (gen)* marquer; *(exam etc)* corriger. **X ~s the spot** l'endroit est marqué d'une croix; **to ~ time** *(Mil)* marquer le pas; *(fig)* faire du sur-place; *(before doing sth)* attendre son heure (*until one can do* pour faire); **to ~ sth wrong** marquer qch faux; **~ my words** écoutez-moi bien; **to ~ down** *(goods)* démarquer; **to ~ off** *(names on list etc)* cocher; **to ~ out** *(zone etc)* délimiter; *(tennis court)* tracer les lignes de; *(single out)* désigner (*for* pour), distinguer (*from* de); **to ~ up** *(write)* marquer; *(increase: price)* augmenter. ◆ **marked** *adj* marqué. ◆ **marking** *n (school)* correction *f* (de copies); *(on animal etc)* marques *fpl*. **road ~** signalisation *f* horizontale; **~ ink** encre *f* à marquer.
market [ˈmɑːkɪt] — **1** *n* marché *m*. **to go to ~** aller au marché; **cattle ~** foire *f* aux bestiaux; **the ~ in sugar** le marché du sucre; **a good ~ for** une grosse demande pour; **to be in the ~ for** être acheteur de; **on the ~** sur le marché. — **2** *adj (day, analysis)* de marché; *(square, trends)* du marché; *(value, price)* marchand. **~ gardener** maraîcher *m* (*f* -ère); **~ research** étude *f* de marché (*in* de). — **3** *vt (sell)* vendre; *(launch)* lancer sur le marché. ◆ **marketing** *n* marketing *m*.
marksman [ˈmɑːksmən] *n* tireur *m* d'élite.
marmalade [ˈmɑːməleɪd] *n* confiture *f* d'orange. **~ orange** orange *f* amère.
maroon [məˈruːn] *adj* bordeaux *inv*.
marooned [məˈruːnd] *adj* bloqué (*by* par).
marquee [mɑːˈkiː] *n* grande tente *f*.
marquess [ˈmɑːkwɪs] *n* marquis *m*.
marriage [ˈmærɪdʒ] *n* mariage *m*. **by ~** par alliance; **~ bureau** agence *f* matrimoniale; **~ certificate** extrait *m* d'acte de mariage; **~ licence** ≃ certificat *m* de publication des bans.
married [ˈmærɪd] *adj (person)* marié; *(name)* de femme mariée; *(life)* conjugal.
marrow [ˈmærəʊ] *n* **(a)** *(bone)* moelle *f*. **~bone** os *m* à moelle; **chilled to the ~** gelé jusqu'à la moelle des os. **(b)** *(vegetable)* courge *f*.
marry [ˈmærɪ] *vti* épouser; *(of priest)* marier; (*also* **to get married**) se marier. **will you ~ me?** voulez-vous m'épouser?; **to ~ again** se remarier.
marsh [mɑːʃ] *n* (*also* **~land**) marais *m*.
marshal [ˈmɑːʃəl] — **1** *n (Mil etc)* maréchal *m*; *(at meeting etc)* membre *m* du service d'ordre. — **2** *vt* rassembler. **~ling yard** gare *f* de triage.
marshmallow [ˈmɑːʃˈmæləʊ] *n* guimauve *f*.
marshy [ˈmɑːʃɪ] *adj* marécageux (*f* -euse).
martial [ˈmɑːʃəl] *adj* martial. **~ law** loi *f* martiale.
Martian [ˈmɑːʃɪən] *n* Martien(ne) *m(f)*.
martin [ˈmɑːtɪn] *n* (*house* **~**) hirondelle *f* (de fenêtre).
martyr [ˈmɑːtəʳ] *n* martyr(e) *m(f)*.
martyrdom [ˈmɑːtədəm] *n* martyre *m*.
marvel [ˈmɑːvəl] — **1** *n* merveille *f*. **it's a ~ to me how ...** je ne sais vraiment pas comment ...; **it's a ~ that** c'est un miracle que + *subj*. — **2** *vi* s'émerveiller (*at* de; *that* de ce que).
marvellous, *(US)* **marvelous** [ˈmɑːvələs] *adj* merveilleux (*f* -euse).
Marxism [ˈmɑːksɪzəm] *n* marxisme *m*.
marzipan [ˌmɑːzɪˈpæn] *n* pâte *f* d'amandes.
mascara [mæsˈkɑːrə] *n* mascara *m*.
mascot [ˈmæskət] *n* mascotte *f*.
masculine [ˈmæskjʊlɪn] *adj, n* masculin *(m)*.
mash [mæʃ] — **1** *n* (*also* **~ed potatoes**) purée *f* (de pommes de terre). — **2** *vt* (**~ up**) faire une purée de.
mask [mɑːsk] — **1** *n* masque *m*. — **2** *vt* masquer.
masochist [ˈmæsəʊkɪst] *n* masochiste *mf*.
mason [ˈmeɪsn] *n* maçon *m*; (*free***~**) franc-maçon *m*.
masonic [məˈsɒnɪk] *adj* franc-maçonnique.
masonry [ˈmeɪsnrɪ] *n* maçonnerie *f*.
masquerade [ˌmæskəˈreɪd] *vi:* **to ~ as** se faire passer pour.
mass[1] [mæs] — **1** *n* masse *f*. **~es of*** des masses de*; *(people)* **the ~es** les masses populaires. — **2** *adj (resignations, demonstration)* en masse; *(protest, hysteria)* collectif (*f* -ive); *(education)* des masses. **~ grave** fosse *f* commune; **~ media** mass-media *mpl*; **~ meeting** réunion *f* générale; **~ murders** tueries *fpl*. — **3** *vi* se masser. ◆ **mass-produce** *vt* fabriquer en série.
mass[2] [mæs] *n (Rel)* messe *f*. **to go to ~** aller à la messe.
massacre [ˈmæsəkəʳ] — **1** *n* massacre *m*. — **2** *vt* massacrer.
massage [ˈmæsɑːʒ] — **1** *n* massage *m*. — **2** *vt* masser.
massive [ˈmæsɪv] *adj* massif (*f* -ive).
mast [mɑːst] *n* mât *m*; *(radio)* pylône *m*.
master [ˈmɑːstəʳ] — **1** *n (gen)* maître *m*; *(of ship)* capitaine *m*; *(of fishing boat)* patron *m*; *(teacher)* professeur *m*. **the ~ of the house** le maître de maison; **~ of ceremonies** maître des

cérémonies; *(University)* **M~ of Arts** *etc* titulaire *mf* d'une maîtrise ès lettres *etc;* **a ~'s degree** une maîtrise; **music ~** professeur de musique; **M~ John Smith** Monsieur John Smith *(jeune garçon);* **~ bedroom** chambre *f* à coucher principale; **~ card** carte *f* maîtresse; **~ key** passe-partout *m inv;* **~ plan** stratégie *f* d'ensemble; **~ stroke** coup *m* de maître. — **2** *vt (control)* maîtriser; *(learn)* apprendre. **to have ~ed sth** posséder qch à fond; **he'll never ~ it** il ne saura jamais bien le faire. ◆ **masterful** *adj* autoritaire. ◆ **masterly** *adj* magistral. ◆ **mastermind** — **1** *n (of crime etc)* cerveau *m.* — **2** *vt* organiser. ◆ **masterpiece** *n* chef-d'œuvre *m.*

masturbate ['mæstəbeɪt] *vi* se masturber.

mat [mæt] *n (on floor)* petit tapis *m; (of straw etc)* natte *f; (at door)* paillasson *m; (on table: heat-resistant)* dessous-de-plat *m inv; (decorative)* set *m.*

match[1] [mætʃ] *n* allumette *f.* **box of ~es** boîte *f* d'allumettes. ◆ **matchbox** *n* boîte *f* à allumettes.

match[2] [mætʃ] — **1** *n* **(a)** *(Sport)* match *m.* **(b)** *(equal)* égal(e) *m(f).* **to meet one's ~** trouver à qui parler (*in sb* avec qn). **(c)** *(marriage)* mariage *m.* — **2** *vti* **(a)** (*equal: also* **~ up to)** égaler. **(b)** *(of colours etc)* être bien assortis. **~ing skirt** jupe *f* assortie; **the red ~es your tie** le rouge va bien avec ta cravate; **can you ~ (up) this material?** avez-vous du tissu assorti à celui-ci?; **well ~ed** *(in strength, skill)* de force égale.

mate [meɪt] — **1** *n* **(a)** *(assistant)* aide *mf; (fellow-worker)* camarade *mf* de travail; (*: *friend)* copain* *m,* copine* *f.* **plumber's ~** aide-plombier *m;* **hey, ~!** *eh mon vieux!* **(b)** *(animal)* mâle *m,* femelle *f.* **(c)** *(Merchant Navy)* ≃ second *m.* **(d)** *(Chess)* mat *m.* — **2** *vi* s'accoupler (*with* avec). **mating call** appel *m* du mâle; **mating season** saison *f* des amours.

material [mə'tɪərɪəl] — **1** *adj (success, needs)* matériel (*f* -ielle); *(relevant)* qui importe (*to* à); *(fact)* pertinent. — **2** *n* **(a)** *(substance)* matière *f; (cloth etc)* tissu *m.* **dress ~** tissu pour robes; *(fig)* **he is officer ~** il a l'étoffe d'un officier; **~s** fournitures *fpl;* **building ~s** matériaux *mpl* de construction. **(b)** *(for book etc)* matériaux *mpl,* documentation *f.* ◆ **materialist** *adj* matérialiste. ◆ **materialize** *vi (gen)* se matérialiser. ◆ **materially** *adv* essentiellement.

maternal [mə'tɜːnl] *adj* maternel (*f* -elle).

maternity [mə'tɜːnɪtɪ] *n* maternité *f.* **~ benefit** ≃ allocation *f* de maternité; **~ clothes** vêtements *mpl* de grossesse; **~ home** *or* **hospital** maternité *f;* **~ ward** service *m* de maternité *f.*

mathematical [,mæθə'mætɪkəl] *adj (gen)* mathématique; *(person)* qui a le sens des mathématiques.

mathematician [,mæθəmə'tɪʃən] *n* mathématicien(ne) *m(f).*

mathematics [,mæθə'mætɪks] *n* (*abbr* **maths***) mathématiques *fpl,* maths *fpl.*

matinée ['mætɪneɪ] *n (Theatre)* matinée *f.*

matriculate [mə'trɪkjʊleɪt] *vi* s'inscrire. ◆ **matriculation** *n* inscription *f.*

matrimony ['mætrɪmənɪ] *n* mariage *m.*

matron ['meɪtrən] *n (gen)* matrone *f; (in hospital)* infirmière *f* en chef; *(in home etc)* directrice *f; (in school)* infirmière. ◆ **matronly** *adj* imposant. ◆ **matron-of-honour** *n* dame *f* d'honneur.

matt [mæt] *adj* mat.

matted ['mætɪd] *adj (hair)* emmêlé; *(sweater)* feutré.

matter ['mætəʳ] — **1** *n* **(a)** *(as opposed to 'mind')* matière *f.* **reading ~** de quoi lire; **advertising ~** publicité *f.* **(b)** *(affair)* affaire *f,* question *f.* **there's the ~ of...** il y a la question de...; **that's quite another ~** ça, c'est une autre affaire; **to make ~s worse** pour aggraver la situation; **in this ~** à cet égard; **it's not a laughing ~** il n'y a pas de quoi rire; **in the ~ of** en ce qui concerne; **as ~s stand** dans l'état actuel des choses; **for that ~** d'ailleurs; **as a ~ of course** tout naturellement; **as a ~ of fact** en fait. **(c) no ~ how old he is** peu importe son âge; **no ~ when** quelle que soit l'heure (*or* la date *etc*); **no ~ how big it is** si grand qu'il soit; **no ~ what he says** quoi qu'il dise; **no ~ where** où que ce soit; **no ~ who** qui que ce soit; **what's the ~?** qu'est-ce qu'il y a?; **what's the ~ with him?** qu'est-ce qu'il a?; **what's the ~ with my hat?** qu'est-ce qu'il a, mon chapeau?*; **there's sth the ~ with the engine** il y a qch qui ne va pas dans le moteur; **nothing's the ~*** il n'y a rien; **there's nothing the ~ with me!** moi, je vais tout à fait bien!; **there's nothing the ~ with that idea** il n'y a rien à redire à cette idée. **(d)** *(pus)* pus *m.*
— **2** *vi* importer (*to* à). **the place doesn't ~** l'endroit n'a pas d'importance; **it doesn't ~** cela ne fait rien; **it doesn't ~ who** *(etc)* peu importe qui *(etc);* **what does it ~?** qu'est-ce que cela peut bien faire?
◆ **matter-of-fact** *adj (voice)* neutre; *(attitude, person)* terre à terre; *(account)* qui se limite aux faits.

mat(t)ins ['mætɪnz] *n* matines *fpl.*

mattress ['mætrɪs] *n* matelas *m.*

mature [mə'tjʊəʳ] *adj* mûr; *(cheese)* fait.

maturity [mə'tjʊərɪtɪ] *n* maturité *f.*

maudlin ['mɔːdlɪn] *adj* larmoyant.

maul [mɔːl] *vt* déchiqueter.

Maundy Thursday ['mɔːndɪ 'θɜːzdɪ] *n* le jeudi saint.

mausoleum [,mɔːsə'lɪəm] *n* mausolée *m.*

mauve [məʊv] *adj* mauve.

mawkish ['mɔːkɪʃ] *adj* mièvre.

maxim ['mæksɪm] *n* maxime *f.*

maximum ['mæksɪməm] — **1** *n, pl* **-ima** maximum *m.* — **2** *adj* maximum (*f inv or* maxima). **~ prices** prix *mpl* maximums; **~ speed** *(highest permitted)* vitesse *f* maximum; *(highest possible)* vitesse maximale.

may [meɪ] *modal aux vb* (*cond* **might**) **(a)** *(possibility)* **he ~ arrive** il va peut-être arriver, il peut arriver; **he might arrive** il pourrait arriver; **I might have left it behind** je l'ai peut-être bien oublié; **you might have killed me!** tu aurais pu me tuer!; **be that as it ~** quoi qu'il en soit. **(b)** *(permission)* **~ I have a word with you?** puis-je vous parler un instant?; **might I see it?** est-ce que je pourrais le voir?; **~ I?** vous permettez?; **he said I might leave** il a dit que je pouvais partir. **(c)** *(suggestion etc)* **you might try writing to him** tu pourrais toujours lui écrire; **you might have told me that!** tu aurais pu me le dire!; **I ~** *or* **might as well wait** je ferais aussi bien d'attendre; **they might just as well not have gone** ils auraient tout aussi bien pu ne pas y aller; **~ God bless you!** que Dieu vous bénisse!

May [meɪ] *n* mai *m.* **M~ Day** le Premier Mai *(fête du Travail); for phrases V* **September.**

maybe ['meɪbiː] *adv* peut-être. ~ **he'll go** peut-être qu'il ira.

mayonnaise [,meɪə'neɪz] *n* mayonnaise *f*.

mayor [mɛəʳ] *n* maire *m*. **Lord M~** *titre du maire des principales villes.* ◆ **mayoress** *n* femme *f* du maire.

maypole ['meɪpəʊl] *n* ≃ arbre *m* de mai.

maze [meɪz] *n* labyrinthe *m*, dédale *m*.

me [miː] *pers pron* **(a)** *(direct object)* me. **he can see ~** il me voit; **he saw ~** il m'a vu; **you saw me, not him!** c'est moi que vous avez vu, et non pas lui! **(b)** *(indirect)* me, moi. **he gave ~ the book** il me donna *or* m'a donné le livre; **give it to ~** donnez-le-moi; **he was speaking to ~** il me parlait. **(c)** *(after prep etc)* moi. **without ~** sans moi; **it's ~** c'est moi; **smaller than ~** plus petit que moi; **dear ~!*** mon Dieu!

meadow ['medəʊ] *n* pré *m*, prairie *f*.

meagre ['miːgəʳ] *adj* maigre *(before n)*.

meal[1] [miːl] *n* repas *m*. **to have a ~** manger; **to have a good ~** bien manger; *(fig)* **to make a ~ of sth*** faire toute une histoire de qch*. ◆ **mealtime** *n* heure *f* du repas.

meal[2] [miːl] *n (flour etc)* farine *f*.

mean[1] [miːn] *pret, ptp* **meant** [ment] *vt* **(a)** vouloir dire. **what do you ~ by that?** que voulez-vous dire par là?; **he said it as if he meant it** il a dit cela sans avoir l'air de plaisanter; **you don't really ~ that** vous ne parlez pas sérieusement; **the name ~s nothing to me** ce nom ne me dit rien; **it will ~ a lot of expense** cela entraînera beaucoup de dépenses; **it will ~ getting up early** il faudra se lever tôt; **it ~s a lot to her** cela compte beaucoup pour elle; **a pound ~s a lot to him** une livre représente une grosse somme pour lui; **it ~s trouble** cela nous annonce des ennuis. **(b)** *(intend)* avoir l'intention (*to do* de faire), vouloir (*to do* faire); *(gift etc)* destiner (*for* à); *(remark)* adresser (*for* à). **I didn't ~ to break it** je n'ai pas fait exprès de le casser; **I meant it as a joke** j'ai dit (*or* fait) cela pour rire; **to be meant to do** être censé faire; **she ~s well** elle est pleine de bonnes intentions; **do you ~ me?** *(speaking to me)* c'est à moi que vous parlez?; *(about me)* c'est de moi que vous parlez?

mean[2] [miːn] — **1** *n (middle term)* milieu *m*; *(Math)* moyenne *f*. **the golden ~** le juste milieu. — **2** *adj* moyen (*f* -enne); *V. also* **means.**

mean[3] [miːn] *adj* **(a)** *(stingy)* avare (*with* de). **(b)** *(unkind)* méchant. **a ~ trick** un sale tour; **you were ~ to me** tu n'as vraiment pas été chic* avec moi; **to feel ~ about sth*** avoir un peu honte de qch. **(c)** *(poor)* misérable.

meander [mɪ'ændəʳ] *vi (of river)* faire des méandres.

meaning ['miːnɪŋ] *n (of word)* sens *m*; *(of phrase, action)* signification *f*. **what is the ~ of this?** qu'est-ce que cela signifie? ◆ **meaningful** *adj* significatif (*f* -ive). ◆ **meaningless** *adj* dénué de sens.

means [miːnz] *npl* **(a)** moyen *m* (*to do, of doing* de faire). **there's no ~ of getting in** il n'y a pas moyen d'entrer; **the ~ to an end** le moyen d'arriver à ses fins; **by ~ of** *(tool etc)* au moyen de; *(person)* par l'entremise de; *(work etc)* à force de; **by all ~!** je vous en prie!; **by no ~** nullement. **(b)** *(wealth etc)* moyens *mpl*. **beyond one's ~** au-dessus de ses moyens; **private ~** fortune *f* personnelle.

meantime ['miːntaɪm], **meanwhile** ['miːnwaɪl] *adv* pendant ce temps.

measles ['miːzlz] *n* rougeole *f*.

measly* ['miːzlɪ] *adj* misérable *(before n)*, minable.

measure ['meʒəʳ] — **1** *n* mesure *f*. **made to ~** fait sur mesure; **a pint ~** une mesure d'un demi-litre; **measuring jug** pot *m* gradué; **measuring tape** mètre *m* à ruban; *(fig)* **for good ~** pour faire bonne mesure; **I don't like half ~s** je n'aime pas faire les choses à moitié; **a ~ of success** un certain succès; **in some ~** dans une certaine mesure. — **2** *vti* (*also* **~ off** *or* **out** *or* **up**) mesurer. **to be ~d for a dress** faire prendre ses mesures pour une robe; **it ~s 3 metres by 2** cela fait *or* mesure 3 mètres sur 2; *(fig)* **to ~ up** to être à la hauteur de. ◆ **measurements** *npl* mesures *fpl*.

meat [miːt] *n* viande *f*. **~ extract** concentré *m* de viande; **~ pie** pâté *m* en croûte; **~ and drink** de quoi manger et boire. ◆ **meatball** *n* boulette *f* de viande. ◆ **meaty** *adj (fig: book etc)* étoffé.

mechanic [mɪ'kænɪk] *n* mécanicien *m*. **motor ~** mécanicien garagiste. ◆ **mechanical** *adj* mécanique; *(fig: action)* machinal. **~ engineering** *(science)* mécanique *f*; *(industry)* construction *f* mécanique. ◆ **mechanics** *nsg (science)* mécanique *f*. **the ~ of** le processus de.

mechanism ['mekənɪzəm] *n* mécanisme *m*.

mechanize ['mekənaɪz] *vt (process)* mécaniser; *(army)* motoriser.

medal ['medl] *n* médaille *f*. **swimming ~** médaille de natation. ◆ **medallion** *n* médaillon *m*. ◆ **medallist,** *(US)* **medalist** *n* médaillé(e) *m(f)*. **gold ~** médaillé d'or.

meddle ['medl] *vi (interfere)* se mêler (*in* de); *(tamper)* toucher (*with* à).

media ['miːdɪə] *npl* media *mpl*.

medi(a)eval [,medɪ'iːvəl] *adj (gen)* médiéval; *(streets, plumbing)* moyenâgeux (*f* -euse).

mediate ['miːdɪeɪt] *vi* servir d'intermédiaire. ◆ **mediator** *n* médiateur *m* (*f* -trice).

medical ['medɪkəl] *adj (gen)* médical; *(studies, faculty)* de médecine; *(student)* en médecine. **~ examination** examen *m* médical; **~ officer** *(in factory)* médecin *m* du travail; *(Mil)* médecin-major *m*; *(in town etc)* directeur *m* de la santé publique.

medicated ['medɪkeɪtɪd] *adj* médical.

medicine ['medsɪn, 'medɪsɪn] *n* **(a)** médecine *f*. **to study ~** faire des études de médecine. **(b)** *(drug etc)* médicament *m*. **~ chest** pharmacie *f* (portative); **~ cabinet** armoire *f* à pharmacie.

mediocre [,miːdɪ'əʊkəʳ] *adj* médiocre.

meditate ['medɪteɪt] *vti* méditer (*on, about* sur). ◆ **meditation** *n* méditation *f*.

Mediterranean [,medɪtə'reɪnɪən] *n* Méditerranée *f*.

medium ['miːdɪəm] — **1** *n, pl* **media (a)** milieu *m*. *(fig)* **through the ~ of** par voie de; **artist's ~** moyens *mpl* d'expression d'un artiste; **television is the best ~ for this** c'est la télévision qui rend cela le mieux. **(b) the happy ~** le juste milieu. — **2** *adj* moyen (*f* -enne). *(Radio)* **on the ~ wavelength** sur les ondes moyennes.

medley ['medlɪ] *n* mélange *m*; *(Music)* pot-pourri *m*.

meek [miːk] *adj* humble.

meet [miːt] *pret, ptp* **met** *vti* **(a)** *(gen)* rencontrer; *(sb coming in opposite direction)* croiser; *(by arrangement)* retrouver; (*go to* **~**) aller chercher; *(of committee)* se réunir; *(face:*

enemy etc) affronter. **they met (up) in Paris** ils se sont rencontrés à Paris; *(by arrangement)* ils se sont retrouvés à Paris; **to ~ again** se revoir; **until we ~ again!** à la prochaine fois!; **to ~ with** *(resistance)* rencontrer; *(refusal)* essuyer; *(welcome)* recevoir; **he met with an accident** il lui est arrivé un accident; **I am being met** on doit venir me chercher; **~ Mr Jones** je vous présente M. Jones; **pleased to ~ you** enchanté de faire votre connaissance; **to ~ sb halfway** aller à la rencontre de qn; *(fig)* couper la poire en deux; **to ~ one's death** trouver la mort; **the sight which met his eyes** le spectacle qui s'est offert à ses yeux; **there's more to this than ~s the eye** c'est moins simple que cela n'en a l'air. **(b)** *(expenses, bill)* faire face à; *(demand)* satisfaire à; *(need)* répondre à; *(objection)* réfuter. **this will ~ the case** ceci fera l'affaire.

meeting ['mi:tɪŋ] *n* réunion *f*, *(formal)* assemblée *f*; *(business ~)* séance *f* de travail; *(Pol, Sport: rally)* meeting *m*; *(between individuals)* rencontre *f*; *(arranged)* rendez-vous *m*. **to call a ~** convoquer une réunion; **he's in a ~** il est en conférence; **~ place** lieu *m* de réunion.

mega... ['megə] *pref* méga...

megaphone ['megəfəʊn] *n* porte-voix *m inv*.

melancholy ['melənkəlɪ] — **1** *n* mélancolie *f*. — **2** *adj (person)* mélancolique; *(thing)* triste.

mellow ['meləʊ] — **1** *adj (wine, colour etc)* velouté; *(building)* patiné; *(person)* mûri. — **2** *vi (of person)* s'adoucir.

melodrama ['meləʊ,drɑ:mə] *n* mélodrame *m*.

melodious [mɪ'ləʊdɪəs] *adj* mélodieux (*f* -ieuse).

melody ['melədɪ] *n* mélodie *f*.

melt [melt] — **1** *vi (gen)* fondre; *(of colours etc)* se fondre (*into* dans). **to ~ away** fondre; *(fig)* disparaître; **he ~ed into the crowd** il s'est fondu dans la foule; **~ing point** point *m* de fusion; *(fig)* **she looks as if butter wouldn't ~ in her mouth** on lui donnerait le bon Dieu sans confession*. — **2** *vt* (*also* **~ down**) fondre.

member ['membə^r] *n* membre *m*. **M~ of Parliament** ≃ député *m* (*for* de); **~ of the public** simple particulier *m* (*f* -ière); **a ~ of the staff** un(e) employé(e); *(in school)* **a ~ of staff** un professeur; **~ countries** les États *mpl* membres. ◆ **membership** *n*: **a ~ of over 800** plus de 800 membres; **~ card** carte *f* de membre; **~ fee** cotisation *f*.

membrane ['membreɪn] *n* membrane *f*.

memento [mə'mentəʊ] *n* souvenir *m (objet etc)*.

memo ['meməʊ] *n* (*abbr of* **memorandum**) note *f* (de service). **~ pad** *n* bloc-notes *m*.

memoir ['memwɑ:^r] *n* mémoire *m*.

memorable ['memərəbl] *adj* mémorable.

memorial [mɪ'mɔ:rɪəl] — **1** *adj* commémoratif (*f* -ive). — **2** *n* monument *m* (*to* à). **war ~** monument aux morts.

memorize ['meməraɪz] *vt (facts, figures)* retenir; *(poem)* apprendre par cœur.

memory ['memərɪ] *n* **(a)** *(faculty)* mémoire *f*. **to have a good ~** avoir bonne mémoire; **from ~** de mémoire. **(b)** *(recollection)* souvenir *m*. **childhood memories** souvenirs d'enfance; **in ~ of** en souvenir de.

men [men] *npl of* **man**. ◆ **menswear** *n (in shop: department)* rayon *m* hommes.

menace ['menɪs] — **1** *n* menace *f*. *(nuisance)* **he's a ~*** c'est une plaie*; **a public ~** un danger public. — **2** *vt* menacer. ◆ **menacing** *adj* menaçant.

mend [mend] — **1** *vt (gen)* réparer; *(clothes)* raccommoder. *(fig)* **to ~ one's ways** s'amender. — **2** *n*: **to be on the ~** *(gen)* s'améliorer; *(invalid)* aller mieux. ◆ **mending** *n* vêtements *mpl* à raccommoder. **to do the ~** faire le raccommodage.

menial ['mi:nɪəl] *adj (task)* inférieur; *(position)* subalterne.

meningitis [,menɪn'dʒaɪtɪs] *n* méningite *f*.

menopause ['menəʊpɔ:z] *n* ménopause *f*.

menstruate ['menstrʊeɪt] *vi* avoir ses règles. ◆ **menstruation** *n* menstruation *f*.

mental ['mentl] *adj (gen)* mental; *(treatment)* psychiatrique. **~ arithmetic** calcul *m* mental; **~ hospital** *or* **institution** hôpital *m* psychiatrique; **~ illness** maladie *f* mentale; **~ patient** malade *mf* mental(e); **to make a ~ note to do** prendre note mentalement de faire; **~ reservations** doutes *mpl* (*about* sur). ◆ **mentality** *n* mentalité *f*. ◆ **mentally** *adv* mentalement. **~ handicapped** handicapé(e) mental(e); **~ ill** atteint de maladie mentale.

menthol ['menθɒl] *adj* mentholé.

mention ['menʃən] — **1** *vt* mentionner (*sth to sb* qch à qn; *that* que). **I'll ~ it to him** je lui en parlerai; **just ~ my name** dites que c'est de ma part; **don't ~ it!** il n'y a pas de quoi!; **I need hardly ~ that...** il va sans dire que...; **not to ~** sans parler de. — **2** *n (gen)* mention *f*. **it got a ~*** on en a parlé.

menu ['menju:] *n* menu *m*.

mercenary ['mɜ:sɪnərɪ] *n* mercenaire *m*.

merchandise ['mɜ:tʃəndaɪz] *n* marchandises *fpl*.

merchant ['mɜ:tʃənt] — **1** *n (trader)* négociant *m*; *(shopkeeper)* commerçant *m*. **wine ~** marchand *m* de vins, *(large-scale)* négociant en vins. — **2** *adj (bank, ship)* de commerce. **~ navy,** *(US)* **~ marine** marine *f* marchande; **~ seaman** marin *m* de la marine marchande.

merciful ['mɜ:sɪfʊl] *adj* miséricordieux (*f* -ieuse). ◆ **mercifully** *adv* (*: *fortunately*) par bonheur.

merciless ['mɜ:sɪlɪs] *adj* impitoyable.

mercury ['mɜ:kjʊrɪ] *n* mercure *m*.

mercy ['mɜ:sɪ] *n* pitié *f*; *(Rel)* miséricorde *f*. **to have ~ on** avoir pitié de; **to beg for ~** demander grâce; **to show ~ to** montrer de l'indulgence *f* pour; **at the ~ of** à la merci de; **thankful for small mercies** reconnaissant du peu qui s'offre; **it's a ~ that** heureusement que; **~ killing** euthanasie *f*.

mere [mɪə^r] *adj (formality)* simple *(before n)*; *(thought etc)* seul *(before n)*; *(chance etc)* pur *(before n)*. **he's a ~ child** ce n'est qu'un enfant; **a ~ clerk** un simple employé de bureau. ◆ **merely** *adv* simplement.

merge [mɜ:dʒ] — **1** *vi (of colours, sounds)* se mêler (*into, with* à); *(of roads)* se rejoindre; *(of companies)* fusionner (*with* avec). — **2** *vt* fusionner. ◆ **merger** *n* fusion *f*.

meringue [mə'ræŋ] *n* meringue *f*.

merit ['merɪt] — **1** *n* mérite *m*. **to decide a case on its ~s** décider d'un cas en toute objectivité; **to discuss the ~s of sth** discuter le pour et le contre de qch; **~ list** tableau *m* d'honneur. — **2** *vt* mériter.

mermaid ['mɜ:meɪd] *n* sirène *f (Myth)*.

merriment ['merɪmənt] *n* hilarité *f*.

merry ['merɪ] *adj* joyeux (*f* -euse); (*: *tipsy*) éméché. **M~ Christmas** Joyeux Noël; **M~ England** l'Angleterre du bon vieux temps. ◆ **merry-go-round** *n* manège *m (de foire etc)*.

mesh [meʃ] — **1** *n (of net etc)* maille *f; (fabric)* tissu *m* à mailles. **wire ~** grillage *m.* — **2** *vi (of wheels)* s'engrener.

mesmerize ['mezməraɪz] *vt* hypnotiser, fasciner.

mess [mes] — **1** *n* **(a)** *(confusion of objects)* désordre *m; (dirt)* saleté *f; (muddle)* gâchis *m.* **to make a ~** faire du désordre, mettre de la saleté; **the cat has made a ~** le chat a fait des saletés; **get this ~ cleared up!** range tout ça!; **to be in a ~** être en désordre (*or* très sale); **to make a ~ of** *(dirty)* salir; *(one's life, work)* gâcher; **to make a ~ of things*** tout gâcher. **(b)** *(Mil)* mess *m; (Naut)* carré *m.* — **2** *vti:* **to ~ about*** *(waste time)* perdre son temps; *(hang about)* traîner; **what were you doing? - just ~ing about** que faisais-tu? - rien de particulier; **to ~ about with** tripoter; **to ~ sb about** embêter* qn; **to ~ up** *(clothes)* salir; *(room)* mettre en désordre; *(hair)* ébouriffer; *(plans etc)* gâcher.

messy ['mesɪ] *adj (dirty)* sale; *(untidy: room)* en désordre; *(piece of work)* pas assez soigné; *(job)* salissant; *(situation)* compliqué.

message ['mesɪdʒ] *n* message *m.* **telephone ~** message téléphonique; **would you give him this ~?** voudriez-vous lui faire cette commission?; *(fig)* **to get the ~*** comprendre.

messenger ['mesɪndʒəʳ] *n* messager *m* (*f* -ère); *(in office etc)* coursier *m.* **~ boy** garçon *m* de courses.

Messiah [mɪ'saɪə] *n* Messie *m.*

met¹ [met] *pret, ptp of* **meet.**

met² [met] *adj (abbr of* **meteorological) the M~ Office** ≃ l'O.N.M. *m.*

metal ['metl] — **1** *n* métal *m.* — **2** *adj* en métal. **~ polish** produit *m* d'entretien (pour métaux). ◆ **metallic** *adj* métallique. ◆ **metallurgy** *n* métallurgie *f.*

metamorphosis [,metə'mɔːfəsɪs] *n* métamorphose *f.*

metaphor ['metəfəʳ] *n* métaphore *f.*

metaphysics [,metə'fɪzɪks] *nsg* métaphysique *f.*

mete [miːt] *vt:* **to ~ out** *(punishment)* infliger; *(justice)* rendre.

meteor ['miːtɪəʳ] *n* météore *m.*

meteorology [,miːtɪə'rɒlədʒɪ] *n* météorologie *f.*

meter ['miːtəʳ] *n* **(a)** *(gen)* compteur *m; (parking ~)* parcmètre *m.* **electricity ~** compteur d'électricité. **(b)** *(US)* = **metre.**

method ['meθəd] *n* méthode *f.* **there's ~ in his madness** sa folie ne manque pas d'une certaine logique; **his ~ of working** sa méthode de travail, sa façon de travailler. ◆ **methodical** *adj* méthodique.

Methodist ['meθədɪst] *adj, n* méthodiste *(mf).*

methylated spirit(s) ['meθɪleɪtɪd 'spɪrɪt(s)] (*abbr:* **meths)** *n* alcool *m* à brûler.

meticulous [mɪ'tɪkjʊləs] *adj* méticuleux (*f* -euse).

metre ['miːtəʳ] *n* mètre *m.*

metric ['metrɪk] *adj* métrique. **to go ~*** adopter le système métrique. ◆ **metrication** *n* conversion *f* au système métrique.

metronome ['metrənəʊm] *n* métronome *m.*

metropolis [mɪ'trɒpəlɪs] *n* métropole *f (ville).* ◆ **metropolitan** *adj* métropolitain.

mettle ['metl] *n* fougue *f.*

mew [mjuː] *vi* miauler.

mews [mjuːz] *n* ruelle *f.* **~ flat** petit appartement *m* assez chic.

Mexican ['meksɪkən] — **1** *adj* mexicain. — **2** *n* mexicain(e) *m(f)*

Mexico ['meksɪkəʊ] *n* Mexique *m.*

mi [miː] *n (Music)* mi *m.*

miaow [miː'aʊ] — **1** *n* miaou *m.* — **2** *vi* miauler.

mice [maɪs] *npl of* **mouse.**

Michaelmas ['mɪklməs] *n* la Saint-Michel. **~ daisy** aster *m* d'automne.

micro... ['maɪkrəʊ] *pref* micro-. ◆ **microchip** *n* microplaquette *f.* ◆ **microfilm** *n* microfilm *m* ◆ **microgroove** *n* microsillon *m.* ◆ **micromesh** *adj (stockings)* super-fin. ◆ **microprocessor** *n* microprocesseur *m.* ◆ **microwave oven** *n* four *m* à micro-ondes.

microbe ['maɪkrəʊb] *n* microbe *m.*

microphone ['maɪkrəfəʊn] *n* microphone *m.*

microscope ['maɪkrəskəʊp] *n* microscope *m.* **under the ~** au microscope.

mid [mɪd] *adj:* **in ~ morning** au milieu de la matinée; **in ~ air** *(lit)* en plein ciel; *(fig)* en suspens; **~-Victorian** du milieu de l'époque victorienne.

midday [,mɪd'deɪ] *n* midi *m.* **at ~** à midi.

middle ['mɪdl] — **1** *adj (central)* du milieu; *(medium)* moyen (*f* -enne). **during ~ age** quand on n'est déjà plus jeune; **he fears ~ age** il a peur de la cinquantaine; **the M~ Ages** le moyen âge; *(Music)* **~ C** do *m* en dessous du la du diapason; **the ~ classes** la bourgeoisie; **M~ East** Moyen-Orient *m;* **~ finger** médius *m;* **~ name** deuxième nom *m.* — **2** *n (gen)* milieu *m;* (*: *waist*) taille *f.* **in the ~ of** au milieu de; **right in the ~** au beau milieu; **I'm in the ~ of reading it** je suis justement en train de le lire. ◆ **middle-aged** *adj* d'un certain âge. ◆ **middle-class** *adj* bourgeois. ◆ **middle-of-the-road** *adj* modéré. ◆ **middling** *adj* moyen (*f* -enne).

midge [mɪdʒ] *n* moucheron *m.*

midget ['mɪdʒɪt] *n* nain(e) *m(f).*

midlands ['mɪdləndz] *npl* comtés *mpl* du centre de l'Angleterre.

midnight ['mɪdnaɪt] *n* minuit *m.* **at ~** à minuit.

midst [mɪdst] *n:* **in the ~ of** *(surrounded by)* entouré de; *(among)* parmi; *(during)* durant; **in our ~** parmi nous.

midsummer ['mɪd,sʌməʳ] *n* milieu *m* de l'été. **M~ Day** la Saint-Jean.

midterm ['mɪd'tɜːm] *n (holiday)* ≃ vacances *fpl* de la Toussaint (*or* de février *or* de la Pentecôte).

midway [,mɪd'weɪ] *adj, adv* à mi-chemin.

midweek [,mɪd'wiːk] *adj* de milieu de semaine.

midwife ['mɪdwaɪf] *n* sage-femme *f.*

midwinter [,mɪd'wɪntəʳ] *n* milieu *m* de l'hiver **in ~** en plein hiver.

might¹ [maɪt] *see* **may.**

might² [maɪt] *n (power)* forces *fpl.*

mighty ['maɪtɪ] — **1** *adj (gen)* puissant; *(achievement)* formidable; *(ocean)* vaste. — **2** *adv* (*) rudement*.

migraine ['miːgreɪn] *n* migraine *f.*

migrant ['maɪgrənt] *adj (bird)* migrateur (*f* -trice); *(worker)* migrant.

migrate [maɪ'greɪt] *vi* émigrer. ◆ **migration** *n* migration *f.*

mike* [maɪk] *n (microphone)* micro *m.*

mild [maɪld] *adj (gen)* doux (*f* douce); *(reproach, beer)* léger (*f* -ère); *(exercise, effect)* modéré; *(curry)* pas trop fort; *(illness)* bénin (*f* -igne). **it's ~ today** il fait doux aujourd'hui. ◆ **mildly** *adv (gently)* doucement; *(slightly)* légèrement. **to put it ~...** pour ne pas dire plus...

mildew ['mɪldjuː] *n (gen)* moisissure *f; (on plants)* rouille *f*.

mile [maɪl] *n* mile *m or* mille *m* (= *1 609,33 m*). **20 ~s per gallon** ≃ 14 litres aux cent; **~s and ~s** ≃ des kilomètres et des kilomètres; **~s away** à cent lieues d'ici. ◆ **mileage** *n (distance covered)* ≃ kilométrage *m; (distance per gallon etc)* ≃ consommation *f* aux cent. **the car had a low ~** ≃ la voiture avait peu de kilomètres; **~ allowance** ≃ indemnité *f* kilométrique. ◆ **mil(e)ometer** *n* ≃ compteur *m* kilométrique. ◆ **milestone** *n* ≃ borne *f* kilométrique; *(in career etc)* jalon *m (fig)*.

milieu ['miːljɜː] *n* milieu *m* (social).

militant ['mɪlɪtənt] *adj, n* militant(e) *m(f)*.

military ['mɪlɪtərɪ] *adj* militaire. **the ~** l'armée *f*.

militia [mɪ'lɪʃə] *n* milices *fpl*.

milk [mɪlk] — **1** *n* lait *m*. **~ of magnesia** lait de magnésie; **~ bar** milk-bar *m;* **~ chocolate** chocolat *m* au lait; **~ float** voiture *f* de laitier; **~ jug** pot *m* à lait; **~ product** produit *m* laitier; **~ pudding** entremets *m* au lait; **~ shake** milk-shake *m*. — **2** *vt (cow)* traire. ◆ **milkman** *n* laitier *m*. ◆ **milky** *adj (coffee)* au lait; *(drink)* à base de lait. **M~ Way** voie *f* lactée.

mill [mɪl] — **1** *n* **(a)** moulin *m*. **wind~** moulin à vent; **pepper-~** moulin à poivre; **~ stream** courant *m* de bief; *(fig)* **to put sb through the ~** en faire voir de dures à qn*. **(b)** *(factory)* usine *f*, fabrique *f*. **steel ~** aciérie *f;* **paper ~** usine *f* de papeterie; **cotton ~** filature *f* de coton; **~ owner** industriel *m* du textile; **~ worker** ouvrier *m* des filatures. — **2** *vti (flour etc)* moudre. *(of crowd)* **to ~ about** grouiller. ◆ **miller** *n* meunier *m*. ◆ **millstone** *n (fig)* **a ~ round his neck** un boulet qu'il traîne avec lui.

millennium [mɪ'lenɪəm] *n* millénaire *m; (Rel)* millénium *m*.

millet ['mɪlɪt] *n* millet *m*.

milli.. ['mɪlɪ] *pref* milli... ◆ **milligram** *n* milligramme *m*. ◆ **millimetre,** *(US)* **-ter** *n* millimètre *m*.

millinery ['mɪlɪnərɪ] *n* modes *fpl (chapeaux)*.

million ['mɪljən] *n* million *m*. **a ~ men** un million d'hommes; **he's one in a ~*** c'est la crème des hommes; *(US)* **to feel like a ~ dollars*** se sentir dans une forme formidable. ◆ **millionaire** *n* ≃ milliardaire *m*. ◆ **millionth** *adj, n* millionième *(mf); (fraction)* millionième *m*.

mime [maɪm] — **1** *n (gen)* mime *m; (gestures etc)* mimique *f*. — **2** *vti* mimer.

mimic ['mɪmɪk] — **1** *n* imitateur *m* (*f* -trice). — **2** *vt* imiter.

mince [mɪns] — **1** *n* bifteck *m* haché. **~ pie** tarte *f* aux fruits secs. — **2** *vt* (**~ up**) hacher. ◆ **mincemeat** *n* hachis *m* de fruits secs. ◆ **mincer** *n* hachoir *m (appareil)*. ◆ **mincing** *adj* affecté.

mind [maɪnd] — **1** *n (gen)* esprit *m; (sanity)* raison *f; (opinion)* avis *m*. **to be easy in one's ~** avoir l'esprit tranquille; **in one's ~'s eye** en imagination; **to go out of one's ~** perdre la tête; **to be in two ~s about** se tâter pour ce qui est de; **to my ~** à mon avis; **to bear** *or* **keep sth in ~** ne pas oublier qch; **to bring to ~** rappeler; **to get sth into one's ~** se mettre qch dans la tête; **to get** *or* **put sth out of one's ~** oublier qch; **to keep one's ~ on** se concentrer sur; **to give sb a piece of one's ~*** dire ses quatre vérités à qn; **it went right out of my ~** cela m'est complètement sorti de la tête*; **to have a good ~ to do** avoir bien envie de faire; **to have in ~** *(thing)* avoir dans l'idée; *(person)* avoir en vue; **what's on your ~?** qu'est-ce qui vous préoccupe?; **to know one's own ~** savoir ce que l'on veut; **to make up one's ~** prendre une décision (*about* à propos de); **to make up one's ~ to do** prendre la décision de faire; **to put** *or* **set one's ~ to sth** s'appliquer à qch; **to set sb's ~ at rest** rassurer qn; **this will take her ~ off it** cela lui changera les idées.
— **2** *vt* **(a)** *(pay attention to)* faire attention à; *(beware of)* prendre garde à. **never ~!** ça ne fait rien!; **never ~ the expense!** tant pis pour le prix!; **~ what you're doing!** attention à ce que tu fais!; **~ out!** attention!; **~ the step** attention à la marche; **~ you don't fall** prenez garde de ne pas tomber; **~ you tell her** n'oublie pas de le lui dire; **~ you*, I...** remarquez, je...; **I don't ~** ça m'est égal; **if you don't ~** si cela ne vous fait rien; **I don't ~ going with you** je veux bien vous accompagner; **I wouldn't ~ a cup of coffee** je prendrais bien une tasse de café; **I don't ~ the cold** le froid ne me gêne pas; **would you ~ doing that?** cela vous ennuierait de faire cela? **(b)** *(take charge of: children, shop)* garder.
◆ **minder** *n (of child etc)* gardienne *f*. ◆ **mindful** *adj:* **~ of** attentif (*f* -ive) à.

mine[1] [maɪn] *poss pron* le mien, la mienne, les miens, les miennes. **it's ~** c'est à moi; **a friend of ~** un de mes amis.

mine[2] [maɪn] — **1** *n* mine *f*. **coal ~** mine de charbon. — **2** *vti (coal etc)* extraire; *(lay ~s in)* miner. **to ~ for coal** exploiter une mine de charbon. ◆ **minefield** *n* champ *m* de mines. ◆ **miner** *n* mineur *m*. ◆ **minesweeper** *n* dragueur *m* de mines. ◆ **mining** *n* exploitation *f* minière. **~ village** village *m* minier.

mineral ['mɪnərəl] *adj, n* minéral *(m)*. **~ water** *(natural)* eau *f* minérale; *(soft drink)* boisson *f* gazeuse.

mingle ['mɪŋgl] *vi (gen)* se mêler (*with* à).

mingy* ['mɪndʒɪ] *adj* radin*.

mini ['mɪnɪ] *pref* mini-. ◆ **minibus** *n* minibus *m*. ◆ **minicab** *n* minitaxi *m*. ◆ **mini-computer** *n* mini-ordinateur *m*. ◆ **mini-skirt** *n* mini-jupe *f*.

miniature ['mɪnɪtʃə^r] — **1** *n* miniature *f*. **in ~** en miniature. — **2** *adj (gen)* miniature; *(tiny)* minuscule; *(poodle)* nain.

minimal ['mɪnɪml] *adj* minimal.

minimum ['mɪnɪməm] — **1** *n* minimum *m*. **to keep sth to a ~** limiter qch autant que possible. — **2** *adj* minimum (*f inv or* -ima). **~ wage** ≃ SMIC* *m*.

minister ['mɪnɪstə^r] *n (gen)* ministre *m; (priest)* pasteur *m*. **M~ of Health** ministre de la Santé; **M~ of State** ≃ secrétaire *m* d'État. ◆ **ministerial** *adj* ministériel (*f* -ielle).

ministry ['mɪnɪstrɪ] *n (Politics)* ministère *m*. **M~ of Health** ministère de la Santé; *(Church)* **to go into the ~** devenir pasteur.

mink [mɪŋk] — **1** *n* vison *m*. — **2** *adj* de vison.

minnow ['mɪnəʊ] *n* vairon *m*.

minor ['maɪnə^r] — **1** *adj (gen)* mineur; *(detail, operation, repairs)* petit; *(importance, interest)* secondaire. *(Music)* **G ~** sol mineur; **in the ~ key** en mineur; **~ offence** ≃ contravention *f* de simple police. — **2** *n (Law)* mineur(e) *m(f)*. ◆ **minority** [maɪ'nɒrɪtɪ] *n* minorité *f*. **in the ~** en minorité.

Minorca [mɪ'nɔːkə] *n* Minorque *f*.

minster ['mɪnstə^r] *n* église *f* abbatiale.

mint¹ [mɪnt] *n:* **the M~** l'hôtel *m* de la Monnaie; **in ~ condition** à l'état de neuf.
mint² [mɪnt] *n (herb)* menthe *f; (sweet)* bonbon *m* à la menthe. **~ chocolate** chocolat *m* à la menthe; **~ sauce** menthe *f* au vinaigre.
minus ['maɪnəs] *prep (Math)* moins; *(without)* sans. **~ sign** moins *m.*
minute¹ ['mɪnɪt] *n* **(a)** minute *f.* **it is 20 ~s past 2** il est 2 heures 20 (minutes); **at 4 o'clock to the ~** à 4 heures pile; **~ hand** grande aiguille *f;* **without a ~ to spare** de justesse; **I'll do it in a ~** je le ferai dans une minute; **the ~ he comes** dès qu'il arrivera; **do it this ~!** fais-le à la minute!; **any ~ now** d'une minute à l'autre; **I shan't be a ~** j'en ai pour deux secondes; **it won't take a ~** ce sera fait en une minute; **up to the ~** *(equipment)* dernier modèle *inv; (fashion)* dernier cri *inv; (news)* de dernière heure. **(b)** *(of meeting)* **~s** procès-verbal *m;* **to take the ~s** rédiger le procès-verbal.
minute² [maɪ'nju:t] *adj (tiny)* minuscule; *(examination, description)* minutieux (*f* -ieuse). **in ~ detail** dans les moindres détails.
miracle ['mɪrəkl] *n* miracle *m.* **by some ~** par miracle; **~ cure** remède-miracle *m.*
miraculous [mɪ'rækjʊləs] *adj* miraculeux (*f* -euse).
mirage ['mɪrɑ:ʒ] *n* mirage *m.*
mirror ['mɪrəʳ] *n (gen)* miroir *m,* glace *f; (in car)* rétroviseur *m.*
mirth [mɜ:θ] *n* hilarité *f.*
misadventure [,mɪsəd'ventʃəʳ] *n* mésaventure *f. (Law)* **death by ~** mort *f* accidentelle.
mis- *pref:* **to misapply** *etc* mal employer *etc;* **mistranslation** *etc* mauvaise traduction *etc.*
misanthropist [mɪ'zænθrəpɪst] *n* misanthrope *mf.*
misapprehension ['mɪs,æprɪ'henʃən] *n:* **to be under a ~** se tromper.
misappropriate ['mɪsə'prəʊprɪeɪt] *vt* détourner.
misbehave ['mɪsbɪ'heɪv] *vi (of child)* ne pas être sage.
miscalculate ['mɪs'kælkjʊleɪt] — **1** *vt* mal calculer. — **2** *vi (fig)* se tromper.
miscarriage ['mɪs'kærɪdʒ] *n (Med)* fausse couche *f. (Law)* **~ of justice** erreur *f* judiciaire.
miscarry [,mɪs'kærɪ] *vi (pregnancy)* faire une fausse couche.
miscellaneous [,mɪsɪ'leɪnɪəs] *adj* divers.
miscellany [mɪ'selənɪ] *n (Literature)* recueil *m; (TV etc)* sélection *f.*
mischance [,mɪs'tʃɑ:ns] *n:* **by ~** par malheur.
mischief ['mɪstʃɪf] *n:* **full of ~** espiègle; **to be up to ~** préparer une sottise; **to get into ~** faire des sottises; **to make ~** créer des ennuis (*for sb* à qn). ◆ **mischief-maker** *n* semeur *m* (*f* -euse) de discorde.
mischievous ['mɪstʃɪvəs] *adj* espiègle.
misconception ['mɪskən'sepʃən] *n* idée *f* fausse.
misconduct [,mɪs'kɒndʌkt] *n* inconduite *f; (sexual)* adultère *m.*
misconstrue ['mɪskən'stru:] *vt* mal interpréter.
misdeed ['mɪs'di:d] *n* méfait *m.*
misdemeanour, *(US)* **-nor** [,mɪsdɪ'mi:nəʳ] *n* incartade *f.*
misdirect ['mɪsdɪ'rekt] *vt (letter etc)* mal adresser; *(person)* mal renseigner.
miser ['maɪzəʳ] *n* avare *mf.*
miserable ['mɪzərəbl] *adj (sad)* malheureux (*f* -euse); *(poor: conditions etc)* misérable; *(failure)* lamentable; *(weather etc)* sale* *(before n); (amount)* dérisoire. **to feel ~** avoir le cafard*; **to make sb ~** déprimer qn; **a ~ 50 francs** la misérable somme de 50 F. ◆ **miserably** *adv (smile)* pitoyablement; *(fail)* lamentablement; *(pay)* misérablement.
miserly ['maɪzəlɪ] *adj* avare.
misery ['mɪzərɪ] *n (unhappiness)* tristesse *f; (suffering)* souffrances *fpl; (wretchedness)* misère *f.* **a life of ~** une vie de misère; **to make sb's life a ~** rendre qn constamment malheureux.
misfire ['mɪs'faɪəʳ] *vi (of gun)* faire long feu; *(of car engine)* avoir des ratés.
misfit ['mɪsfɪt] *n* inadapté(e) *m(f).*
misfortune [mɪs'fɔ:tʃən] *n* malheur *m.*
misgiving [mɪs'gɪvɪŋ] *n:* **to have ~s** avoir des doutes *mpl* (*about* quant à).
misguided ['mɪs'gaɪdɪd] *adj (person)* abusé; *(action)* peu judicieux (*f* -ieuse).
mishandle ['mɪs'hændl] *vt (person)* s'y prendre mal avec; *(problem, situation)* traiter avec maladresse.
mishap ['mɪshæp] *n* mésaventure *f.*
mishear ['mɪs'hɪəʳ] *pret, ptp* **-heard** [-hɜ:d] *vt* mal entendre.
misinform ['mɪsɪn'fɔ:m] *vt* mal renseigner.
misinterpret ['mɪsɪn'tɜ:prɪt] *vt* mal interpréter.
misjudge ['mɪs'dʒʌdʒ] *vt* mal juger.
mislay [,mɪs'leɪ] *pret, ptp* **-laid** *vt* égarer.
mislead [,mɪs'li:d] *pret, ptp* **-led** *vt* tromper. ◆ **misleading** *adj* trompeur (*f* -euse).
misnomer ['mɪs'nəʊməʳ] *n* nom *m* impropre.
misogynist [mɪ'sɒdʒɪnɪst] *n* misogyne *mf.*
misplace ['mɪs'pleɪs] *vt* égarer.
misprint ['mɪsprɪnt] *n* faute *f* d'impression.
mispronounce ['mɪsprə'naʊns] *vt* prononcer de travers.
misquote ['mɪs'kwəʊt] *vt* citer inexactement.
misread ['mɪs'ri:d] *pret, ptp* **-read** [-red] *vt* mal lire.
misrepresent ['mɪs,reprɪ'zent] *vt* dénaturer.
miss¹ [mɪs] — **1** *n (shot etc)* coup *m* manqué. **that was a near ~** il s'en est fallu de peu; *(fig)* **to have a near ~** l'échapper belle; **to give sth a ~*** *(not do it)* ne pas faire qch; *(not attend it)* ne pas aller à qch.
— **2** *vt* **(a)** *(gen: train, target etc)* manquer, rater; *(thing looked out for)* ne pas trouver; *(not hear: remark)* ne pas entendre; *(omit deliberately: meal, page)* sauter; *(class)* sécher*; *(avoid)* manquer (*doing* faire). **to ~ out** oublier; *(on purpose)* omettre; *(word, page etc)* sauter; **it just ~ed me** ça m'a manqué de justesse, *(fig)* **to ~ the boat*** manquer le coche*; **she doesn't ~ a trick*** rien ne lui échappe; **don't ~ the Louvre** ne manquez pas d'aller au Louvre; **he narrowly ~ed being killed** il a manqué se faire tuer. **(b)** *(long for)* **I do ~ him** il me manque beaucoup; **he won't be ~ed** personne ne le regrettera. **(c)** *(notice loss of)* remarquer l'absence de. **I shan't ~ it** ça ne me fera pas défaut.
— **3** *vi (of person, shot)* manquer, rater. **he never ~es** il ne manque jamais son coup.
◆ **missing** *adj:* **to be ~** avoir disparu; **there's one plate ~** il manque une assiette; **the ~ word** le mot qui manque; *(Police etc)* **~ person** personne *f* absente; **the ~ students** les étudiants dont on est sans nouvelles; *(Mil)* **reported ~** porté disparu.
miss² [mɪs] *n* mademoiselle *f.* **M~ Smith** Mademoiselle Smith, Mlle Smith; *(in letter)* **Dear**

M~ Smith Chère Mademoiselle; **yes M~ Smith** oui mademoiselle.
missal ['mɪsəl] *n* missel *m*.
misshapen ['mɪs'ʃeɪpən] *adj* difforme.
missile ['mɪsaɪl] *n* projectile *m; (Mil)* missile *m*. **~ base** base *f* de missiles.
mission ['mɪʃən] *n* mission *f*. **on a ~** en mission.
missionary ['mɪʃənrɪ] *n* missionnaire *mf*.
mist [mɪst] — **1** *n* brume *f*. — **2** *vi* (**~ up**) se couvrir de brume; *(of mirror)* s'embuer.
mistake [mɪs'teɪk] (*vb: pret* **mistook,** *ptp* **mistaken**) — **1** *n* erreur *f*, faute *f; (misunderstanding)* méprise *f*. **to make a ~** se tromper (*about* de, sur); **you're making a big ~** tu fais une grave erreur; **to make the ~ of doing** avoir le tort de faire; **by ~** par erreur; **there must be some ~** il doit y avoir erreur; **my ~!** c'est de ma faute! — **2** *vt (gen)* se tromper de; *(misunderstand)* se méprendre sur. **to ~ A for B** prendre A pour B. ◆ **mistaken** *adj* erroné. **to be ~** se tromper (*about* sur); **~ identity** erreur *f* d'identité. ◆ **mistakenly** *adv* par erreur.
mistletoe ['mɪsltəʊ] *n* gui *m*.
mistranslate ['mɪstrænz'leɪt] *vt* mal traduire.
mistress ['mɪstrɪs] *n (gen)* maîtresse *f; (teacher)* professeur *m*. **English ~** professeur d'anglais.
mistrust ['mɪs'trʌst] *vt* se méfier de.
misty ['mɪstɪ] *adj (weather)* brumeux (*f* -euse).
misunderstand ['mɪsʌndə'stænd] *pret, ptp* **-stood** *vt* mal comprendre. ◆ **misunderstanding** *n* méprise *f; (disagreement)* malentendu *m*. ◆ **misunderstood** *adj* incompris.
misuse ['mɪs'ju:z] — **1** *vt (gen)* mal employer; *(power etc)* abuser de. — **2** ['mɪs'ju:s] *n* mauvais emploi *m*; abus *m*.
mite [maɪt] *n (insect)* mite *f; (child)* petit(e) *m(f)*. **poor little ~** le pauvre petit.
mitigate ['mɪtɪgeɪt] *vt* atténuer.
mitre, *(US)* **miter** ['maɪtə^r] *n* mitre *f*.
mitt [mɪt] *n* (*also* **mitten**) moufle *f*.
mix [mɪks] — **1** *vt* **(a)** *(gen)* mélanger (*with* avec); *(cake, cement etc)* préparer; *(salad)* retourner. **~ing bowl** jatte *f*; **to ~ business with pleasure** combiner les affaires et le plaisir; **to ~ sth in** incorporer qch (*with* à). **(b) to ~ up** confondre (*with* avec); **to get ~ed up in sth** se trouver mêlé à qch; **to be ~ed up** *(of person)* être déboussolé*; *(of account)* être embrouillé; **I'm all ~ed up** je ne sais plus où j'en suis. — **2** *vi* se mélanger. **he doesn't ~ well** il est peu sociable; **he ~es with all kinds of people** il fréquente toutes sortes de gens. — **3** *n* mélange *m*. **cake ~** préparation *f* pour gâteau. ◆ **mixed** *adj (marriage, school)* mixte; *(biscuits, nuts)* assortis; *(weather)* variable; *(motives, feelings)* contradictoires. *(fig)* **it's a ~ bag*** il y a un peu de tout; **in ~ company** en présence d'hommes et de femmes; *(Tennis)* **~ doubles** double *m* mixte. ◆ **mixer** *n* **(a)** *(for food)* mixeur *m*. **cement ~** bétonnière *f*. **(b) he's a good ~** il est très sociable.
mixture ['mɪkstʃə^r] *n* mélange *m; (Med)* préparation *f*.
mizzen ['mizn] *n* artimon *m*.
moan [məʊn] — **1** *n* gémissement *m*. — **2** *vi* gémir; (*: *complain*) rouspéter*.
moat [məʊt] *n* fossés *mpl*.
mob [mɒb] *n* foule *f*.
mobile ['məʊbaɪl] — **1** *adj* mobile. **~ canteen** cuisine *f* roulante; **~ home** grande caravane *f (utilisée comme domicile); (Radio, TV)* **~ studio** car *m* de reportage. — **2** *n (Art: decoration)* mobile *m*. ◆ **mobility** *n* mobilité *f*.
mock [mɒk] — **1** *vti* se moquer (*sth, at sth* de qch). — **2** *adj (anger)* feint. **a ~ trial** un simulacre de procès; **~ exam** examen *m* blanc; **~ turtle soup** consommé *m* à la tête de veau. ◆ **mockery** *n* moquerie *f*. ◆ **mocking** *adj* moqueur (*f* -euse). ◆ **mock-up** *n* maquette *f*.
mod cons* ['mɒd'kɒnz] *npl*: **with all ~** avec tout le confort moderne.
mode [məʊd] *n (gen)* mode *m; (Fashion)* mode *f*.
model ['mɒdl] — **1** *n (gen)* modèle *m; (small-scale) modèle réduit; (of building, plane etc)* maquette *f*; (*artist's* **~**) modèle *m*; (*fashion* **~**) mannequin *m*. **a 1982 ~** un modèle 1982. — **2** *adj (gen)* modèle; *(small-scale: car etc)* modèle réduit *inv; (railway)* en miniature. — **3** *vt (gen)* modeler (*in* en; *on* sur); *(garment)* présenter. **~ling clay** pâte *f* à modeler. — **4** *vi (Art etc)* poser (*for* pour); *(Fashion)* être mannequin (*for sb* chez qn).
moderate ['mɒdərɪt] — **1** *adj (gen)* modéré; *(price)* raisonnable; *(not bad: result)* passable. — **2** *n (esp Pol)* modéré(e) *m(f)*. — **3** ['mɒdəreɪt] *vt* modérer. ◆ **moderately** *adv (gen)* plus ou moins; *(act)* avec modération. ◆ **moderation** *n* modération *f*. **in ~** *(gen)* à petites doses; *(eat, drink)* modérément.
modern ['mɒdən] *adj (gen)* moderne. **~ languages** langues *fpl* vivantes. ◆ **modernize** *vt* moderniser.
modest ['mɒdɪst] *adj* modeste. ◆ **modesty** *n* modestie *f*.
modification [,mɒdɪfɪ'keɪʃən] *n* modification *f* (*to, in* à).
modify ['mɒdɪfaɪ] *vt* modifier.
modulate ['mɒdjʊleɪt] *vt* moduler.
module ['mɒdju:l] *n* module *m*.
mogul ['məʊgəl] *n* grand manitou *m*.
mohair ['məʊhɛə^r] *n* mohair *m*.
Mohammed [məʊ'hæmɪd] *n* Mahomet *m*.
moist [mɔɪst] *adj (hand, atmosphere)* moite; *(surface, eyes)* humide; *(cake)* moelleux (*f* -euse). ◆ **moisten** *vt* humecter. ◆ **moisture** *n* humidité *f*. ◆ **moisturizer** *n* lait *m* hydratant.
molar ['məʊlə^r] *n* molaire *f*.
molasses [mə'læsɪz] *n* mélasse *f*.
mold [məʊld] *(US)* = **mould.**
mole[1] [məʊl] *n* taupe *f*. ◆ **molehill** *n* taupinière *f*.
mole[2] [məʊl] *n (on skin)* grain *m* de beauté.
molecule ['mɒlɪkju:l] *n* molécule *f*.
molest [mə'lest] *vt* molester; *(sexually)* attenter à la pudeur de.
mollusc ['mɒləsk] *n* mollusque *m*.
mollycoddle ['mɒlɪkɒdl] *vt* chouchouter*.
molten ['məʊltən] *adj* en fusion.
mom* [mɒm] *n (US)* maman *f*.
moment ['məʊmənt] *n* moment *m*, instant *m*. **man of the ~** homme *m* du moment; **just a ~!, one ~!, half a ~!*** un instant!; **I shan't be a ~** j'en ai pour un instant; **a ~ ago** il y a un instant; **the ~ he arrives** dès qu'il arrivera; **I've just this ~ heard of it** je viens de l'apprendre à l'instant; **it won't take a ~** c'est l'affaire d'un instant; **at the ~, at this ~ in time** en ce moment; **at any ~** d'un moment à l'autre; **at the right ~** au bon moment; **for a ~** un instant; **from the ~ I saw him** dès l'instant où je l'ai vu.
momentary ['məʊməntərɪ] *adj* momentané.
momentous [məʊ'mentəs] *adj* très important.

momentum [məʊ'mentəm] *n (Phys etc)* moment *m; (fig)* élan *m.* **to lose ~** être en perte de vitesse.
Monaco ['mɒnəkəʊ] *n* Monaco *m.*
monarch ['mɒnək] *n* monarque *m.* ◆ **monarchist** *n* monarchiste *mf.* ◆ **monarchy** *n* monarchie *f.*
monastery ['mɒnəstərɪ] *n* monastère *m.* ◆ **monastic** *adj* monastique.
Monday ['mʌndɪ] *n* lundi *m; for phrases V* **Saturday.**
monetarism ['mʌnɪtərɪzəm] *n* politique *f* monétaire.
money ['mʌnɪ] *n* argent *m.* **French ~** argent français; **to make ~** *(person)* gagner de l'argent; *(business etc)* rapporter; **how did he make his ~?** comment est-ce qu'il a fait fortune?; **he's earning big ~** il gagne gros; **~ for jam*** de l'argent vite gagné; **to get one's ~'s worth** en avoir pour son argent; **to get one's ~ back** être remboursé; *(fig)* **for my ~** à mon avis; **he's made of ~*** il roule sur l'or*; **~ order** mandat *m;* **~ worries** soucis *mpl* financiers. ◆ **moneybox** *n* tirelire *f.* ◆ **moneylender** *n* prêteur *m* sur gages.
mongol ['mɒŋgəl] *n (Med)* mongolien(ne) *m(f).*
mongrel ['mʌŋgrəl] *n* bâtard *m (chien).*
monitor ['mɒnɪtə[r]] — **1** *n (device)* moniteur *m; (in school)* ≃ chef *m* de classe. — **2** *vt (gen)* contrôler; *(broadcast)* être à l'écoute de.
monk [mʌŋk] *n* moine *m.*
monkey ['mʌŋkɪ] — **1** *n* singe *m. (child)* **little ~** petit(e) polisson(ne) *m(f);* **~ business*** *(dishonest)* quelque chose de louche; *(mischievous)* singeries *fpl;* **~ nut** cacahuète *f;* **~ puzzle** araucaria *m;* **~ wrench** clef *f* anglaise. — **2** *vi:* **to ~ about*** faire l'imbécile; **to ~ about with sth** tripoter qch.
mono ['mɒnəʊ] — **1** *adj* mono* *inv.* — **2** *n:* **in ~** en monophonie. — **3** *pref* mono-.
monochrome ['mɒnəkrəʊm] *n* monochrome *m.*
monocle ['mɒnəkl] *n* monocle *m.*
monogram ['mɒnəgræm] *n* monogramme *m.*
monologue ['mɒnəlɒg] *n* monologue *m.*
monopolize [mə'nɒpəlaɪz] *vt* monopoliser.
monopoly [mə'nɒpəlɪ] *n* monopole *m (of, in* de).
monorail ['mɒnəʊreɪl] *n* monorail *m.*
monosyllabic ['mɒnəʊsɪ'læbɪk] *adj (word)* monosyllabe; *(reply)* monosyllabique.
monotone ['mɒnətəʊn] *n:* **in a ~** sur un ton monocorde.
monotonous [mə'nɒtənəs] *adj* monotone. ◆ **monotony** *n* monotonie *f.*
monsoon [mɒn'su:n] *n* mousson *f.*
monster ['mɒnstə[r]] *n, adj* monstre *(m).*
monstrous ['mɒnstrəs] *adj* monstrueux *(f* -ueuse).
month [mʌnθ] *n* mois *m.* **in the ~ of May** au mois de mai, en mai; **paid by the ~** payé au mois; **every ~** tous les mois; **which day of the ~ is it?** le combien sommes-nous? ◆ **monthly** — **1** *adj (gen)* mensuel *(f* -uelle); *(ticket)* valable pour un mois. **~ instalment** mensualité *f.* — **2** *n (magazine)* revue *f* mensuelle. — **3** *adv (pay)* mensuellement.
monument ['mɒnjʊmənt] *n* monument *m (to* à). ◆ **monumental** *adj* monumental. **~ mason** marbrier *m.*
moo [mu:] *vi* meugler.
mood [mu:d] *n (gen)* humeur *f; (Grammar, Music)* mode *m.* **in a good ~** de bonne humeur; **to be in the ~ for sth** avoir envie de qch; **I'm in no ~ to listen to him** je ne suis pas d'humeur à l'écouter; **she has ~s** elle a des sautes *fpl* d'humeur; **the ~ of the meeting** l'état *m* d'esprit de l'assemblée. ◆ **moody** *adj (variable)* d'humeur changeante; *(sulky)* maussade.
moon [mu:n] — **1** *n* lune *f.* **full ~** pleine lune; **new ~** nouvelle lune; **~ landing** alunissage *m;* **~ shot** tir *m* lunaire; **there was no ~** c'était une nuit sans lune; **there was a ~** il y avait clair de lune; **to be over the ~*** être ravi *(about* de). — **2** *vi:* **to ~ about** musarder en rêvassant. ◆ **moonbeam** *n* rayon *m* de lune. ◆ **moonlight** — **1** *n* clair *m* de lune. **by ~, in the ~** au clair de lune. — **2** *vi* (*: *work*) faire du travail noir.
moor[1] [mʊə[r]] *n (also* **~land**) lande *f.*
moor[2] [mʊə[r]] — **1** *vt (ship)* amarrer. — **2** *vi* mouiller.
moorhen ['mʊə,hen] *n* poule *f* d'eau.
mooring ['mʊərɪŋ] *n (place)* mouillage *m.* **at her ~s** sur ses amarres *fpl.*
moose [mu:s] *n* élan *m; (Canada)* orignal *m.*
moot [mu:t] — **1** *adj:* **it's a ~ point** c'est discutable. — **2** *vt* suggérer.
mop [mɒp] — **1** *n (for floor)* balai *m* laveur; *(for dishes)* lavette *f.* **~ of hair** tignasse *f.* — **2** *vt* essuyer. **to ~ up** *(sth spilt)* éponger.
mope [məʊp] *vi* se morfondre *(about* en pensant à).
moped ['məʊped] *n* cyclomoteur *m.*
moral ['mɒrəl] — **1** *adj* moral. **~ support** soutien *m* moral; **~ philosophy** la morale; **to raise ~ standards** relever les mœurs. — **2** *n* **(a)** *(of story)* morale *f.* **(b) ~s** moralité *f.*
morale [mɒ'rɑ:l] *n* moral *m.* **to raise sb's ~** remonter le moral à qn. ◆ **morally** *adv (act)* moralement. **~ wrong** immoral.
morass [mə'ræs] *n* marécage *m.*
morbid ['mɔ:bɪd] *adj* morbide.
more [mɔ:[r]] *comp of* **many, much** — **1** *adj, pron (greater amount)* plus (de); *(additional)* encore (de); *(other)* d'autres. **~ money** plus d'argent; **~ books** plus de livres; **he's got ~ than you** il en a plus que toi; **I've got ~ like these** j'en ai d'autres comme ça; **~ than we expected** plus que prévu; **~ than you think** plus que vous ne pensez; **a lot ~** beaucoup plus; **a few ~ books** quelques livres de plus; **a little ~** un peu plus; **some ~ meat** un peu plus de viande; **there's no ~ meat** il n'y a plus de viande; **is there any ~ wine?** y a-t-il encore du vin?; **has she any ~ children?** a-t-elle d'autres enfants?; **I've got no ~, I haven't any ~** je n'en ai plus; **he can't pay ~ than...** il ne peut payer que...; **~ than a kilo** plus d'un kilo; **~ than enough** plus que suffisant; **the ~ the merrier** plus on est de fous, plus on rit; **and what's ~...** et qui plus est...; **nothing ~** rien de plus. — **2** *adv* plus. **~ difficult** plus difficile; **~ easily** plus facilement; **~ and ~** de plus en plus; **~ or less** plus ou moins; **the ~ I think of it the ~ I laugh** plus j'y pense, plus je ris; **all the ~ so as...** d'autant plus que...; **the ~ surprising because...** d'autant plus surprenant que; **no ~** ne... plus; **I won't do it any ~** je ne le ferai plus; **once ~** encore une fois.
moreover [mɔ:'rəʊvə[r]] *adv (further)* de plus; *(besides)* d'ailleurs, du reste.
morgue [mɔ:g] *n* morgue *f.*
morning ['mɔ:nɪŋ] *n (date, part of day)* matin *m; (stressing duration)* matinée *f.* **good ~** bonjour; **in the ~** le matin; *(tomorrow)* demain matin; **a ~'s work** une matinée de travail; **a ~**

off une matinée de libre; **all ~** toute la matinée; **on the ~ of January 23rd** le 23 janvier au matin; **7 o'clock in the ~** 7 heures du matin; **this ~** ce matin; **yesterday ~** hier matin; **~ dress** habit *m*; **~ paper** journal *m* du matin; **~ prayer** office *m* du matin; **~ sickness** nausées *fpl* matinales.
Morocco [mə'rɒkəʊ] *n* Maroc *m*.
moron ['mɔːrɒn] *n* crétin(e) *m(f)*.
morose [mə'rəʊs] *adj* morose.
morphia ['mɔːfɪə], **morphine** ['mɔːfiːn] *n* morphine *f*.
Morse [mɔːs] *n* (**~ code**) morse *m*.
morsel ['mɔːsl] *n* petit morceau *m*.
mortal ['mɔːtl] *adj, n* mortel(le) *m(f)*.
mortar ['mɔːtə^r] *n* mortier *m*.
mortgage ['mɔːgɪdʒ] *n* emprunt-logement *m*.
mortise ['mɔːtɪs] *n*: **~ lock** serrure *f* encastrée.
mortifying ['mɔːtɪfaɪɪŋ] *adj* mortifiant.
mortuary ['mɔːtjʊərɪ] *n* morgue *f*.
mosaic [məʊ'zeɪɪk] *n, adj* mosaïque *(f)*.
Moslem ['mɒzləm] = **Muslim.**
mosque [mɒsk] *n* mosquée *f*.
mosquito [mɒs'kiːtəʊ] *n* moustique *m*. **~ net** moustiquaire *f*.
moss [mɒs] *n* mousse *f (plante)*.
most [məʊst] *superl of* **many, much** *adj, adv, pron (gen)* le plus (de). **~ money, the ~ money** le plus d'argent; **~ of the money** la plus grande partie de l'argent; **~ books, the ~ books** le plus de livres; **~ of the books** la plupart des livres; **~ of it** presque tout; **~ of them** la plupart d'entre eux; **who has got the ~?** qui en a le plus?; **at the ~** tout au plus; **to make the ~ of** *(gen)* profiter au maximum de; *(time)* bien employer; **make the ~ of it!** profitez-en bien!; **for the ~ part** pour la plupart, en général; **the ~ intelligent** le plus intelligent (*of, in* de); **~ easily** le plus facilement; *(very)* **~ likely** très probablement. ◆ **mostly** *adv* surtout; *(almost all)* pour la plupart.
motel [məʊ'tel] *n* motel *m*.
moth [mɒθ] *n* papillon *m* de nuit; *(in clothes)* mite *f*. ◆ **mothball** *n* boule *f* de naphtaline. ◆ **moth-eaten** *adj* mangé aux mites. ◆ **mothproof** *adj* traité à l'antimite.
mother ['mʌðə^r] *n* mère *f*. **~'s help** aide *f* familiale; **M~'s Day** la fête des Mères; **~ love** amour *m* maternel; **~ tongue** langue *f* maternelle. ◆ **motherhood** *n* maternité *f*. ◆ **mother-in-law** *n* belle-mère *f*. ◆ **motherland** *n* patrie *f*. ◆ **motherly** *adj* maternel (*f* -elle). ◆ **mother-of-pearl** *n* nacre *f*. ◆ **mother-to-be** *n* future maman *f*.
motion ['məʊʃən] — **1** *n* **(a)** *(gen)* mouvement *m*. **to set in ~** mettre en marche; **~ picture** film *m*. **(b)** *(at meeting etc)* motion *f*. — **2** *vti* faire signe (*sb, to sb* à qn; *to do* de faire). ◆ **motionless** *adj* immobile.
motivated ['məʊtɪveɪtɪd] *adj* motivé.
motive ['məʊtɪv] *n (gen)* motif *m*; *(of crime)* mobile *m* (*for, of* de). **his ~ for saying** la raison pour laquelle il dit.
motley ['mɒtlɪ] *adj* hétéroclite.
motor ['məʊtə^r] *n (engine)* moteur *m*; *(car)* auto *f*. **~ accident** accident *m* de voiture; **the ~ industry** l'industrie *f* de l'automobile; **~ mechanic** mécanicien *m* garagiste; **~ mower** tondeuse *f* à moteur; **the M~ Show** le Salon de l'Automobile; **~ vehicle** véhicule *m* automobile.
◆ **motorbike** *n* moto* *f*. ◆ **motorboat** *n* canot *m* automobile. ◆ **motorcar** *n* automobile *f*. ◆ **motorcycle** *n* motocyclette *f*. ◆ **motorcyclist** *n* motocycliste *mf*. ◆ **motoring** — **1** *n* conduite *f* automobile. — **2** *adj (holiday)* en voiture. ◆ **motorist** *n* automobiliste *mf*. ◆ **motorize** *vt* motoriser. ◆ **motor-racing** *n* course *f* automobile. ◆ **motorway** *n* autoroute *f*.
mottled ['mɒtld] *adj* tacheté.
motto ['mɒtəʊ] *n* devise *f*.
mould[1] [məʊld] — **1** *n (shape)* moule *m*. — **2** *vt (clay)* mouler; *(fig: character)* former.
mould[2] [məʊld] *n (fungus)* moisissure *f*. ◆ **mouldy** *adj* moisi; (*: *unpleasant*) minable*.
moult, *(US)* **molt** [məʊlt] *vi* muer.
mound [maʊnd] *n* **(a)** *(in ground)* tertre *m*; *(burial* **~**) tumulus *m*. **(b)** *(pile)* tas *m*.
mount[1] [maʊnt] *n (liter)* mont *m*. **M~ Everest** le mont Everest.
mount[2] [maʊnt] — **1** *vt* **(a)** *(get up onto: horse etc)* monter sur; *(climb: hill etc)* monter. **(b)** *(photo, jewel etc)* monter (*on, in* sur); *(demonstration etc)* monter. *(Mil)* **to ~ guard** monter la garde; **it all ~s up** tout cela finit par chiffrer. — **2** *n (horse)* monture *f*; *(for photo)* cadre *m* en carton. ◆ **mounted** *adj* monté.
mountain ['maʊntɪn] — **1** *n* montagne *f*. **to live in the ~s** habiter la montagne. — **2** *adj (gen)* de montagne; *(people)* montagnard; *(air)* de la montagne. ◆ **mountaineer** — **1** *n* alpiniste *mf*. — **2** *vi* faire de l'alpinisme. ◆ **mountaineering** *n* alpinisme *m*. ◆ **mountainside** *n* flanc *m* de la montagne.
mourn [mɔːn] *vti* pleurer (*sb, for sb* qn). ◆ **mourner** *n*: **the ~s** le cortège funèbre. ◆ **mournful** *adj* lugubre. ◆ **mourning** *n* deuil *m*. **in ~** en deuil (*for* de).
mouse [maʊs] *n, pl* **mice** souris *f*. ◆ **mousetrap** *n* souricière *f*.
mousse [muːs] *n* mousse *f (au chocolat etc)*.
moustache [məs'tɑːʃ] *n* moustache *f*. **man with a ~** homme à moustache.
mousy ['maʊsɪ] *adj (person)* effacé; *(hair)* terne.
mouth [maʊθ] *n (gen)* bouche *f*; *(of dog, cat, lion etc)* gueule *f*; *(of river)* embouchure *f*; *(of cave, harbour etc)* entrée *f*. **he kept his ~ shut about it** il n'en a parlé à personne; **he's got a big ~*** il ne sait pas se taire; **it makes my ~ water** cela me fait venir l'eau à la bouche; **~ ulcer** aphte *m*. ◆ **mouthful** *n (of food)* bouchée *f*; *(of drink)* gorgée *f*. ◆ **mouth organ** *n* harmonica *m*. ◆ **mouth-to-mouth resuscitation** *n* bouche à bouche *m inv*. ◆ **mouthwash** *n* eau *f* dentifrice. ◆ **mouth-watering** *adj* appétissant.
movable ['muːvəbl] *adj* mobile.
move [muːv] — **1** *n* **(a)** mouvement *m*. **on the ~** en marche; **to be always on the ~** se déplacer continuellement; **get a ~ on!*** remuetoi!* **(b)** *(change of house)* déménagement *m*; *(change of job)* changement *m* d'emploi. **(c)** *(Chess etc: turn)* tour *m*. **it's your ~** c'est à vous de jouer; *(fig)* **a silly ~** une manœuvre stupide; **one false ~ and...** un faux pas et...; **his first ~ after the election** son premier acte après son élection; **what's the next ~?** et maintenant qu'est-ce qu'on fait?; **to make the first ~** faire les premiers pas.
— **2** *vt* **(a)** (*chair etc: also* **~ about**) changer de place, déplacer; *(limbs)* remuer; *(chessman)* jouer; *(employee)* muter (*to* à). **to ~ sth away** éloigner qch (*from* de); **to ~ back** *(crowd)*

faire reculer; *(object)* reculer; **to ~ sth down** descendre qch; **to ~ forward** *(person)* faire avancer; *(object)* avancer; **to ~ sth over** pousser qch; **to ~ house** déménager. **(b)** *(affect)* émouvoir. **to ~ sb to tears** émouvoir qn jusqu'aux larmes; **she's easily ~d** elle s'émeut facilement. **(c)** *(resolution)* proposer.

— **3** *vi* **(a)** (*go somewhere else: also* **~ about**) se déplacer; *(stir)* bouger; *(go)* aller (*to* à); *(to somewhere near)* passer (*to* à); *(move house)* déménager. *(of vehicle)* **to be moving** être en marche; **keep moving** *(to keep warm)* ne restez pas sans bouger; *(pass along)* circulez; **don't ~!** ne bougez pas!; **he ~d slowly towards...** il s'est dirigé lentement vers...; **to ~ to the country** aller habiter la campagne; **to ~ along, to ~ forward** avancer; **to ~ away** *(gen)* s'éloigner (*from* de); *(move house)* déménager; **to ~ back** reculer; **to ~ down** descendre; **to ~ in** *(to house)* emménager; *(fig)* intervenir; **to ~ off** partir; *(vehicle)* démarrer; **to ~ on** avancer; *(after stopping)* se remettre en route; **to ~ out** déménager (*of* de); **to ~ over** se pousser; **to ~ up** *(gen)* monter; *(of employee)* avoir de l'avancement; *(in competition etc)* avancer; **it's time we were moving** *(leaving)* il est temps que nous partions; **things are moving!** ça avance!; **to get things moving** activer les choses. **(b)** *(act)* agir; *(in games)* jouer. **they won't ~ until...** ils ne feront rien tant que...; **to ~ first** prendre l'initiative.

◆ **movement** *n* *(gen)* mouvement *m.* ◆ **movie*** *n* film *m.* **to go to the ~s** aller au cinéma; **~ camera** caméra *f.* ◆ **moving** *adj* *(vehicle)* en marche; *(object)* en mouvement; *(staircase)* roulant; *(touching: sight etc)* émouvant.

mow [məʊ] *pret* **-ed,** *ptp* **-ed** *or* **-n** *vt (lawn)* tondre. **to ~ sb down** faucher qn. ◆ **mower** *n* *(lawn~)* tondeuse *f* (à gazon).

M.P. *abbr of* **Member of Parliament.**

Mr ['mɪstəʳ] *n* monsieur *m.* **~ Smith** Monsieur Smith, M. Smith; **yes, ~ Smith** oui, monsieur.

Mrs ['mɪsɪz] *n* madame *f.* **~ Smith** Madame Smith, Mme Smith; **yes, ~ Smith** oui, madame.

Ms [mɪz, məz] *n titre évitant la distinction entre madame et mademoiselle.*

much [mʌtʃ] *comp* **more,** *superl* **most** *adj, adv, pron* beaucoup (de). **~ money** beaucoup d'argent; **~ of the money** une bonne partie de l'argent; **thank you very ~** merci beaucoup, merci bien; **~ bigger** beaucoup plus grand; **he hadn't ~ to say** il n'avait pas grand-chose à dire; **we don't see ~ of him** nous ne le voyons pas souvent; **it wasn't ~ of an evening** ce n'était pas une très bonne soirée; **there wasn't ~ in it** *(in choice)* c'était kif-kif*; *(in race etc)* il a gagné de justesse; **to make ~ of** faire grand cas de; *(fig)* **it's a bit ~!*** c'est un peu fort!; **as ~ as** autant que; **as ~ time as** autant de temps que; **twice as ~** deux fois plus (de); **it's as ~ as he can do to stand up** c'est tout juste s'il peut se lever; **how ~?** combien (de)?; **so ~** tant (de); **so ~ that** tellement que; **so ~ so that** à tel point que; **so ~ for his promises** voilà ce que valaient ses promesses; **too ~** trop (de); **I've eaten too ~** j'ai trop mangé; *(fig)* **it's too ~ for me** c'est trop fatigant pour moi; **~ the same** presque le même (*as* que); **~ as I want...** bien que je désire... *(subj)*; **~ to my amazement** à ma grande stupéfaction.

muck [mʌk] — **1** *n (manure)* fumier *m; (dirt)* saletés *fpl.* — **2** *vti:* **to ~ about*** *(aimlessly)* traîner; *(play the fool)* faire l'imbécile; **to ~ about with sth*** tripoter qch; **to ~ sth up*** *(dirty)* salir qch; *(spoil)* gâcher qch. ◆ **mucky** *adj (muddy)* boueux (*f* -euse); *(filthy)* sale.

mucus ['mju:kəs] *n* mucus *m.*

mud [mʌd] *n (gen)* boue *f; (in river, sea)* vase *f.* **stuck in the ~** embourbé; **~ flap** pare-boue *m inv.*

muddle ['mʌdl] — **1** *n (mix-up)* confusion *f* (*over* en ce qui concerne). **to be in a ~** *(room)* être en désordre; *(person)* ne plus s'y retrouver (*over sth* dans qch); *(arrangements)* être confus; **to get into a ~** *(confused)* s'embrouiller (*over* dans). — **2** *vt* (**~ up**) confondre; *(person, details)* embrouiller. **to get ~d** s'embrouiller; **to be ~d up** être embrouillé.

muddy ['mʌdɪ] *adj (road, water)* boueux (*f* -euse); *(clothes etc)* couvert de boue.

muff [mʌf] *n* manchon *m.*

muffled ['mʌfld] *adj (sound)* sourd.

mufti ['mʌftɪ] *n:* **in ~** en civil.

mug [mʌg] — **1** *n* **(a)** chope *f; (of metal)* gobelet *m.* **(b)** (*: *fool*) nigaud(e) *m(f).* — **2** *vt (assault)* agresser. **to ~ sth up*** *(learn)* étudier qch. ◆ **mugger** *n* agresseur *m.* ◆ **mugging** *n* agression *f.*

muggy ['mʌgɪ] *adj:* **it's ~** il fait lourd.

mule [mju:l] *n* mulet *m; (female)* mule *f.*

mull [mʌl] *vt:* **~ed wine** vin *m* chaud.

mullet ['mʌlɪt] *n (red ~)* rouget *m.*

mulligatawny [,mʌlɪgə'tɔ:nɪ] *n* potage *m* au curry.

multi... ['mʌltɪ] *pref* multi... ◆ **multimillionaire** *n* ≃ multimilliardaire *mf.* ◆ **multinational** *n* multinationale *f.* ◆ **multiracial** *adj* multiracial. ◆ **multistorey** *adj* à étages.

multiple ['mʌltɪpl] — **1** *n* multiple *m.* — **2** *adj* multiple. **~ sclerosis** sclérose *f* en plaques; **~ store** grand magasin *m* à succursales multiples.

multiplication [,mʌltɪplɪ'keɪʃən] *n* multiplication *f.*

multiply ['mʌltɪplaɪ] *vt* multiplier (*by* par).

multitude ['mʌltɪtju:d] *n* multitude *f.*

mum* [mʌm] — **1** *n (mother)* maman *f.* — **2** *adj:* **to keep ~** ne pas souffler mot (*about* de).

mumble ['mʌmbl] *vti* marmotter.

mummy ['mʌmɪ] *n* **(a)** *(mother)* maman *f.* **(b)** *(embalmed)* momie *f.*

mumps [mʌmps] *n* oreillons *mpl.*

munch [mʌntʃ] *vti* mastiquer.

mundane [,mʌn'deɪn] *adj* banal.

municipal [mju:'nɪsɪpəl] *adj* municipal.

munitions [mju:'nɪʃənz] *npl* munitions *fpl.*

mural ['mjʊərəl] *n* peinture *f* murale.

murder ['mɜ:dəʳ] — **1** *n* meurtre *m; (premeditated)* assassinat *m.* **they get away with ~*** ils peuvent faire n'importe quoi impunément; **it's ~*** c'est un cauchemar; **~ trial** ≃ procès *m* en homicide; **the ~ weapon** l'arme *f* du meurtre. — **2** *vt* assassiner. **the ~ed man** la victime. ◆ **murderer** *n* meurtrier *m,* assassin *m.*

murky ['mɜ:kɪ] *adj* obscur.

murmur ['mɜ:məʳ] — **1** *n* murmure *m.* *(Med)* **a heart ~** un souffle au cœur. — **2** *vti* murmurer.

muscle ['mʌsl] *n* muscle *m.*

muscular ['mʌskjʊləʳ] *adj (person, arm)* musclé; *(disease)* musculaire.

muse [mju:z] — **1** *vi* songer (*on* à). — **2** *n* muse *f.*

museum [mju:'zɪəm] *n* musée *m*.
mushroom ['mʌʃrʊm] — **1** *n* champignon *m* (comestible). — **2** *adj (soup, omelette)* aux champignons; *(colour)* beige rosé *inv*. **~ cloud** champignon *m* atomique.
mushy ['mʌʃɪ] *adj (food)* en bouillie.
music ['mju:zɪk] *n* musique *f*. **to set to ~** mettre en musique; **~ centre** chaîne *f* compacte stéréo; **~ hall** music-hall *m*; **~ lesson** leçon *f* de musique; **~ lover** mélomane *mf*. ◆ **musical** — **1** *adj (gen)* musical; *(person)* musicien (*f* -ienne). **~ box** boîte *f* à musique; **~ instrument** instrument *m* de musique. — **2** *n (show)* comédie *f* musicale. ◆ **musician** *n* musicien(ne) *m(f)*.
Muslim ['mʊzlɪm] *adj, n* musulman(e) *m(f)*.
muslin ['mʌzlɪn] *n* mousseline *f (Tex)*.
musquash ['mʌskwɒʃ] *n* rat *m* musqué.
mussel ['mʌsl] *n* moule *f*.
must [mʌst] — **1** *modal aux vb: use the verb* devoir, *or* il faut que + *subj*. **you ~ leave** vous devez partir, il faut que vous partiez; **you ~n't touch it** il ne faut pas y toucher, tu ne dois pas y toucher; **it ~ not be opened** il ne faut pas l'ouvrir; *(assumption)* **I ~ have forgotten** j'ai dû oublier. — **2** *n*: **it's a ~*** c'est quelque chose qu'il faut avoir *(etc)*.
mustache ['mʌstæʃ] *(US)* = **moustache**.
mustard ['mʌstəd] *n* moutarde *f*.
muster ['mʌstə^r] — **1** *n (fig)* **to pass ~** être acceptable. — **2** *vt* (**~ up**) rassembler, trouver.
musty ['mʌstɪ] *adj (smell)* de moisi; *(room)* qui sent le moisi.
mute [mju:t] *adj, n* muet(te) *m(f)*. ◆ **muted** *adj (sound)* assourdi; *(colour)* sourd; *(protest)* voilé.
mutilate ['mju:tɪleɪt] *vt* mutiler.
mutinous ['mju:tɪnəs] *adj* mutiné; *(fig)* rebelle.
mutiny ['mju:tɪnɪ] — **1** *n* mutinerie *f*. — **2** *vi* se mutiner.
mutter ['mʌtə^r] *vti* marmonner.
mutton ['mʌtn] *n* mouton *m (viande)*.
mutual ['mju:tjʊəl] *adj (help)* mutuel (*f* -uelle); *(common: friend)* commun.
muzzle ['mʌzl] *n (of gun)* bouche *f*; *(anti-biting device)* muselière *f*.
my [maɪ] *poss adj* mon, ma, mes. **~ book** mon livre; **~ table** ma table; **~ friend** mon ami(e); **~ clothes** mes vêtements; **I've broken ~ leg** je me suis cassé la jambe. ◆ **myself** *pers pron (reflexive)* me; *(emphatic)* moi-même. **I said to ~** je me suis dit; **I did it ~** je l'ai fait moi-même; **I've hurt ~** je me suis blessé; **all by ~** tout seul.
myopic [maɪ'ɒpɪk] *adj* myope.
mysterious [mɪs'tɪərɪəs] *adj* mystérieux (*f* -ieuse).
mystery ['mɪstərɪ] *n* mystère *m*; *(book)* roman *m* à suspense. **it's a ~ how...** on n'arrive pas à comprendre comment...; **the ~ ship** le navire mystérieux.
mystify ['mɪstɪfaɪ] *vt* mystifier; *(accidentally)* rendre perplexe.
mystic ['mɪstɪk] *n* mystique *mf*. ◆ **mysticism** *n* mysticisme *m*.
myth [mɪθ] *n* mythe *m*. ◆ **mythical** *adj* mythique. ◆ **mythology** *n* mythologie *f*.

N

N, n [en] *n (letter)* N, n *m*.
nab* [næb] *vt* attraper.
nag[1] [næg] *n (horse)* canasson* *m*.
nag[2] [næg] *vti* (**~ at**) être toujours après*; *(of conscience)* travailler. **to ~ sb to do** harceler qn pour qu'il fasse. ◆ **nagging** — **1** *adj (pain, doubt)* tenace. — **2** *n* remarques *fpl* continuelles.
nail [neɪl] — **1** *n (finger ~)* ongle *m*; *(metal)* clou *m*. — **2** *adj*: **~ polish, ~ varnish** vernis *m* à ongles; **~ scissors** ciseaux *mpl* à ongles. — **3** *vt* (*also* **~ down**) clouer. **to ~ sth up** fixer qch par des clous; *(fig)* **to be ~ed to the spot** rester cloué sur place. ◆ **nailbrush** *n* brosse *f* à ongles. ◆ **nailfile** *n* lime *f* à ongles.
naïve [naɪ'i:v] *adj* naïf (*f* -ive).
naked ['neɪkɪd] *adj* nu. **to the ~ eye** à l'œil nu. ◆ **nakedness** *n* nudité *f*.
name [neɪm] — **1** *n* nom *m*. **what's your ~?** comment vous appelez-vous?; **my ~ is Robert** je m'appelle Robert; **by** *or* **under another ~** sous un autre nom; **I know him only by ~** je ne le connais que de nom; **he knows them all by ~** il les connaît tous par leur nom; **to put one's ~ down for** *(job)* poser sa candidature à; *(competition, class)* s'inscrire à; *(car, ticket etc)* faire une demande pour avoir; **to call sb ~s** traiter qn de tous les noms; **in God's ~** au nom de Dieu; **to get a bad ~** se faire une mauvaise réputation; **it made his ~** cela l'a rendu célèbre. — **2** *vt* **(a)** appeler. **a person ~d Smith** un(e) nommé(e) Smith; **to ~ a child after sb** donner à un enfant le nom de qn. **(b)** *(designate)* nommer; *(reveal identity)* révéler le nom de; *(fix: date, price)* fixer. **he was ~d as chairman** il a été nommé président; **to be ~d as a witness** être cité comme témoin. ◆ **name-drop** *vt* mentionner les noms de gens en vue. ◆ **nameless** *adj* sans nom. ◆ **namely** *adv* à savoir. ◆ **nameplate** *n* plaque *f*. ◆ **namesake** *n* homonyme *m (personne)*.
nanny ['nænɪ] *n* nurse *f*.
nanny-goat ['nænɪgəʊt] *n* chèvre *f*.
nap [næp] — **1** *n* petit somme *m*. **afternoon ~** sieste *f*. — **2** *vi* sommeiller. *(fig)* **to catch sb ~ping** prendre qn au dépourvu.
nape [neɪp] *n* nuque *f*.

napkin ['næpkɪn] *n* **(a)** (*table* ~) serviette *f* (de table). ~ **ring** rond *m* de serviette. **(b)** (*also* nappy) couche *f (de bébé)*.
narcissus [nɑːˈsɪsəs] *n, pl* **-cissi** narcisse *m*.
narcotic [nɑːˈkɒtɪk] *n* narcotique *m*.
narrate [nəˈreɪt] *vt* raconter.
narrative [ˈnærətɪv] *n* récit *m*.
narrator [nəˈreɪtəʳ] *n* narrateur *m* (*f* -trice).
narrow [ˈnærəʊ] — **1** *adj (gen)* étroit; *(resources, existence)* limité; *(majority)* faible; *(victory)* remporté de justesse. **to have a ~ escape** s'en tirer de justesse. — **2** *vi (gen)* se rétrécir. **his eyes ~ed** il a plissé les yeux; *(fig)* **it ~s down to** cela se ramène à. — **3** *vt* (~ **down:** *choice*) restreindre. ◆ **narrowly** *adv (miss etc)* de justesse. **he ~ escaped being killed** il a bien failli être tué. ◆ **narrow-minded** *adj* étroit.
nasal [ˈneɪzəl] *adj* nasal. **to speak in a ~ voice** parler du nez.
nastily [ˈnɑːstɪlɪ] *adv (unpleasantly)* désagréablement; *(spitefully)* méchamment.
nastiness [ˈnɑːstɪnɪs] *n* méchanceté *f*.
nasturtium [nəsˈtɜːʃəm] *n* capucine *f*.
nasty [ˈnɑːstɪ] *adj (horrid: gen)* sale *(before n)*; *(person)* désagréable (*to* avec); *(stronger)* mauvais; *(dangerous: wound, bend in road)* dangereux (*f* -euse). **to taste ~** avoir un mauvais goût; *(fig)* **what a ~ mess!** quel gâchis épouvantable!; **to have a ~ mind** avoir l'esprit mal tourné; **to have a ~ look in one's eye** avoir l'œil mauvais.
nation [ˈneɪʃən] *n (gen)* nation *f*.
national [ˈnæʃənl] — **1** *adj* national. ~ **anthem** hymne *m* national; ~ **debt** dette *f* publique; ~ **dress** costume *m* national; **N~ Insurance** ≃ Sécurité *f* sociale; *(Mil)* ~ **service** service *m* militaire; ~ **strike** grève *f* touchant l'ensemble du pays; **the ~ papers** la grande presse. — **2** *n (person)* ressortissant(e) *m(f)*. ◆ **nationalism** *n* nationalisme *m*. ◆ **nationalist** *adj* nationaliste. ◆ **nationality** *n* nationalité *f*. ◆ **nationalization** *n* nationalisation *f*. ◆ **nationalize** *vt* nationaliser. ◆ **nationally** *adv (be known, apply)* dans tout le pays. ◆ **nation-wide** *adj* touchant l'ensemble du pays.
native [ˈneɪtɪv] — **1** *adj* **(a)** *(country)* natal; *(language)* maternel (*f* -elle). ~ **land** pays *m* natal. **(b)** *(innate: ability)* inné. **(c)** *(customs)* du pays; *(animal)* indigène. ~ **to** originaire de. — **2** *n* indigène *mf*. **a ~ of France** un(e) Français(e) de naissance; **to be a ~ of** être originaire de.
nativity [nəˈtɪvɪtɪ] *n* nativité *f*. ~ **play** mystère *m* de la Nativité.
NATO [ˈneɪtəʊ] *n* l'OTAN *f*.
natter* [ˈnætəʳ] *vi* bavarder.
natural [ˈnætʃrəl] *adj (gen)* naturel (*f* -elle) (*for sb to do* que qn fasse). ~ **childbirth** accouchement *m* sans douleur; **death from ~ causes** mort *f* naturelle; *(Music)* **B ~** si *m* bécarre. ◆ **naturalist** *n* naturaliste *mf*. ◆ **naturalize** *vt*: **to be ~d** se faire naturaliser. ◆ **naturally** *adv (gen)* naturellement; *(lazy etc)* de nature; *(behave etc)* avec naturel. ~ **not!** bien sûr que non!; **her hair is ~ curly** elle frise naturellement; **it comes ~ to him** il fait cela tout naturellement.
nature [ˈneɪtʃəʳ] *n (gen)* nature *f*. **the laws of ~** les lois *fpl* de la nature; ~ **conservancy** protection *f* de la nature; ~ **reserve** réserve *f* naturelle; ~ **study** histoire *f* naturelle; **against ~** contre nature; **by ~** de nature; **good ~** bon caractère *m*; **he has a nice ~** il a un caractère facile; **his better ~** ses bons sentiments *mpl*; **something in the ~ of an apology** une sorte d'excuse.
naturist [ˈneɪtʃərɪst] *n* naturiste *mf*.
naught [nɔːt] *n (Math)* zéro *m*; *(nothing)* rien *m*. **~s and crosses** ≃ jeu *m* du morpion.
naughty [ˈnɔːtɪ] *adj (gen)* vilain; *(joke)* grivois. ~ **word** vilain mot *m*.
nausea [ˈnɔːsɪə] *n* nausée *f*.
nauseating [ˈnɔːsɪeɪtɪŋ] *adj* écœurant.
nautical [ˈnɔːtɪkəl] *adj* nautique. ~ **mile** mille *m* marin.
naval [ˈneɪvəl] *adj (battle, base)* naval; *(affairs)* de la marine; *(officer)* de marine. ~ **forces** marine *f* de guerre.
nave [neɪv] *n* nef *f*.
navel [ˈneɪvəl] *n* nombril *m*.
navigate [ˈnævɪgeɪt] — **1** *vi* naviguer. — **2** *vt (ship)* diriger. ◆ **navigation** *n* navigation *f*. ◆ **navigator** *n* navigateur *m*.
navvy [ˈnævɪ] *n* terrassier *m*.
navy [ˈneɪvɪ] — **1** *n* marine *f* (de guerre). **Royal N~** marine nationale. — **2** *adj* (**~-blue**) bleu marine *inv*.
near [nɪəʳ] — **1** *adv* près (*to* de). ~ **at hand** *(object)* tout près; *(event, place)* tout proche; **to draw** *or* **come ~** *(person, vehicle)* s'approcher (*to* de); *(date)* approcher; **to come ~ to doing** faillir faire; **that's ~ enough*** ça pourra aller; **60 people, ~ enough*** 60 personnes, à peu près. — **2** *prep* près de. ~ **here** près d'ici; **he was standing ~ the table** il se tenait près de la table; **don't come ~ me** ne vous approchez pas de moi; ~ **the end** vers la fin; **he was very ~ refusing** il était sur le point de refuser; *(fig)* **that's ~er it** voilà qui est mieux. — **3** *adj* proche. **the N~ East** le Proche-Orient; **the ~est station** la gare la plus proche; **to the ~est pound** à une livre près; **the ~est way** la route la plus directe; **in the ~ future** dans un proche avenir; **my ~est and dearest*** mes proches *mpl*; **that was a ~ thing*** il s'en est fallu de peu. — **4** *vt (place)* approcher de; *(date)* être près de. **it's ~ing completion** c'est presque achevé. ◆ **nearby** — **1** *adv* tout près. — **2** *adj* proche. ◆ **nearly** *adv (gen)* presque. **he ~ fell** il a failli tomber; **she was ~ crying** elle pleurait presque; **not ~** loin de. ◆ **nearness** *n* proximité *f*. ◆ **nearside** *n (of car: in Britain)* côté *m* gauche; *(in France, US etc)* côté droit. ◆ **near-sighted** *adj* myope.
neat [niːt] *adj* **(a)** *(gen)* net (*f* nette), soigné; *(work)* soigné; *(desk)* bien rangé; *(ankles, hands)* fin; *(solution, plan)* habile. ~ **as a new pin** propre comme un sou neuf; **a ~ little car** une jolie petite voiture. **(b)** *(undiluted)* **I'll take it ~** je le prendrai sec. ◆ **neatly** *adv (tidily: fold, dress)* avec soin; *(skilfully: avoid)* habilement. ~ **put** joliment dit.
nebulous [ˈnebjʊləs] *adj* nébuleux (*f* -euse).
necessarily [ˈnesɪsərɪlɪ] *adv* forcément.
necessary [ˈnesɪsərɪ] *adj (gen)* nécessaire (*to, for* à; *to do* de faire). **it is ~ for him to be there** il faut qu'il soit là, il est nécessaire qu'il soit là; **it is ~ that ...** il faut que ... + *subj*, il est nécessaire que ... + *subj*; **if ~** s'il le faut; **to do what is ~, to do the ~** faire le nécessaire (*for* pour); **to make it ~ for sb to do** mettre qn dans la nécessité de faire.
necessitate [nɪˈsesɪteɪt] *vt* nécessiter.
necessity [nɪˈsesɪtɪ] *n (gen)* nécessité *f* (*of doing, to do* de faire). **from ~** par nécessité;

of ~ nécessairement; **there is no ~ for you to do that** vous n'avez pas besoin de faire cela; **the bare necessities of life** les choses *fpl* nécessaires à la vie.

neck [nek] — **1** *n* **(a)** cou *m; (of bottle etc)* col *m.* **to fling one's arms round sb's ~** se jeter au cou de qn; **~ of mutton** collet *m* de mouton; *(of dress)* **high ~** col montant; **square ~** encolure *f* carrée; **low-~ed** décolleté; **shirt with a 38 cm ~** chemise qui fait 38 cm d'encolure; **~ and ~** à égalité; **to be up to one's ~ in work** avoir du travail par-dessus la tête; **to stick one's ~ out*** prendre des risques; **in your ~ of the woods*** dans vos parages. **(b)** (*: *impertinence*) culot* *m.* — **2** *vi* (*: *kiss etc*) se peloter*. ◆ **necking*** *n* pelotage* *m.* ◆ **necklace** *n* collier *m.* ◆ **neckline** *n* encolure *f.* ◆ **necktie** *n* cravate *f.*

nectarine ['nektərɪn] *n* brugnon *m.*

need [ni:d] — **1** *n* besoin *m.* **there's no ~ to hurry** on n'a pas besoin de se presser; **there's no ~ for you to come** vous n'êtes pas obligé de venir; **to be in ~ of** avoir besoin de; **to be in ~** être dans le besoin; **if ~ be** s'il le faut. — **2** *vt (gen)* avoir besoin de. **I ~ it** j'en ai besoin, il me le faut; **all that you ~** tout ce qu'il vous faut; **a visa is ~ed** il faut un visa; **a much-~ed holiday** des vacances dont on a *(or* j'ai *etc)* grand besoin; **it ~s washing, it ~s to be washed** cela a besoin d'être lavé. — **3** *modal auxiliary vb (s'emploie seulement dans les questions et avec 'not', 'hardly', 'scarcely' etc)* **~ he go?** a-t-il besoin d'y aller?, faut-il qu'il y aille?; **you ~n't wait, you don't ~ to wait** vous n'avez pas besoin d'attendre, vous n'êtes pas obligé d'attendre; **I ~ hardly say that ...** je n'ai guère besoin de dire que ...; **it ~ not happen** cela n'arrivera pas nécessairement.

needle ['ni:dl] — **1** *n* aiguiile *f.* **knitting ~** aiguille à tricoter. — **2** *vt* (*) agacer. ◆ **needle-case** *n* porte-aiguilles *m inv.* ◆ **needlecord** *n* velours *m* mille-raies. ◆ **needlepoint** *n* tapisserie *f* à l'aiguille. ◆ **needlework** *n (gen)* travaux *mpl* d'aiguille; *(school subject)* couture *f; (work)* ouvrage *m.*

needless ['ni:dlɪs] *adj* inutile. **~ to say, ...** inutile de dire que... ◆ **needlessly** *adv* inutilement.

needy ['ni:dɪ] *adj* nécessiteux (*f* -euse).

negative ['negətɪv] — **1** *adj* négatif (*f* -ive). — **2** *n (of photo, electricity)* négatif *m; (answer)* réponse *f* négative. *(Grammar)* **in(to) the ~** à la forme négative.

neglect [nɪ'glekt] — **1** *vt (gen)* négliger (*to do* de faire); *(garden, house, machine)* ne pas s'occuper de; *(promise, duty)* manquer à. — **2** *n* manque *m* de soins (*of sb* envers qn). **in a state of ~** mal tenu. ◆ **neglected** *adj (gen)* négligé, peu soigné; *(house, garden)* mal tenu. ◆ **neglectful** *adj* négligent.

negligence ['neglɪdʒəns] *n* négligence *f.* ◆ **negligent** *adj* négligent. ◆ **negligently** *adv (offhandedly)* négligemment; *(carelessly)* par négligence.

negligible ['neglɪdʒəbl] *adj* négligeable.

negotiate [nɪ'gəʊʃɪeɪt] *vti (sale etc)* négocier (*for sth* pour obtenir qch); *(obstacle)* franchir; *(bend in the road)* prendre. ◆ **negotiation** *n* négociation *f.* ◆ **negotiator** *n* négociateur *m* (*f* -trice).

Negress ['ni:gres] *n* Noire *f.*

Negro ['ni:grəʊ] — **1** *adj* noir. — **2** *n* Noir *m.*

neigh [neɪ] *vi* hennir.

neighbour, *(US)* **-bor** ['neɪbə^r] *n* voisin(e) *m(f); (Bible etc)* prochain(e) *m(f).* ◆ **neighbourhood** *n (gen)* voisinage *m.* **a nice ~** un quartier bien; **in the ~ of** près de. ◆ **neighbouring** *adj* voisin. ◆ **neighbourly** *adj (action, relations)* de bon voisinage.

neither ['naɪðə^r] *adj, adv, conj, pron:* **~ you nor I know** ni vous ni moi ne le savons; **he can ~ read nor write** il ne sait ni lire ni écrire; *(fig)* **that's ~ here nor there** cela n'a rien à voir; **~ am I** *(or* **do I** *etc)* moi non plus, ni moi; **~ story is true** ni l'une ni l'autre des deux histoires n'est vraie; **~ of them knows** ni l'un ni l'autre ne le sait.

neo- ['ni:əʊ] *pref* néo-.

neon ['ni:ɒn] *adj* au néon.

nephew ['nevju:, 'nefju:] *n* neveu *m.*

nerve [nɜ:v] *n (in body)* nerf *m; (on leaf)* nervure *f.* **~ centre** centre *m* nerveux; *(fig)* centre d'opérations; **her ~s are bad** elle est très nerveuse; **it's only ~s** c'est de la nervosité; **his ~s were on edge** il était sur les nerfs; **he gets on my ~s** il me tape sur les nerfs*; **war of ~s** guerre *f* des nerfs; **to lose one's ~** perdre son sang-froid; *(courage)* **I haven't the ~ to do that** je n'ai pas le courage de faire ça; **you've got a ~!*** tu as du culot!* ◆ **nerve-racking** *adj* éprouvant.

nervous ['nɜ:vəs] *adj (tense)* nerveux (*f* -euse); *(apprehensive)* inquiet (*f* -iète); *(self-conscious)* intimidé. **to have a ~ breakdown** faire une dépression nerveuse; **~ energy** vitalité *f;* **to feel ~** se sentir mal à l'aise; *(stage fright)* avoir le trac*; **he makes me ~** il m'intimide; **I'm rather ~ about diving** j'ai un peu peur de plonger; **he's a ~ wreck*** il est à bout de nerfs. ◆ **nervously** *adv (tensely)* nerveusement; *(apprehensively)* avec inquiétude.

nest [nest] *n* nid *m.* **~ egg** pécule *m.*

nestle ['nesl] *vi* se blottir (*up to* contre).

net[1] [net] *n (gen)* filet *m; (fabric)* voile *m.* **hair ~** résille *f;* **~ curtains** voilage *m.* ◆ **netball** *n* netball *m.* ◆ **netting** *n (fabric)* voile *m;* (*wire* ~) treillis *m* (métallique).

net[2], **nett** [net] *adj (weight etc)* net *inv.*

Netherlands ['neðələndz] *npl* Pays-Bas *mpl.*

nettle ['netl] *n* ortie *f.* ◆ **nettlerash** *n* urticaire *f.*

network ['netwɜ:k] *n* réseau *m.*

neuralgia [njʊə'rældʒə] *n* névralgie *f.*

neuro- ['njʊərəʊ] *pref* neuro-, névro-.

neurology [njʊə'rɒlədʒɪ] *n* neurologie *f.*

neurosis [njʊə'rəʊsɪs] *n, pl* **-oses** névrose *f.*

neurotic [njʊə'rɒtɪk] *adj* névrosé.

neuter ['nju:tə^r] — **1** *adj, n* neutre *(m).* — **2** *vt (cat etc)* châtrer.

neutral ['nju:trəl] — **1** *adj* neutre. — **2** *n (gear)* **in ~** au point *m* mort. ◆ **neutrality** *n* neutralité *f.* ◆ **neutralize** *vt* neutraliser.

never ['nevə^r] *adv* ne ... jamais. **I have ~ seen him** je ne l'ai jamais vu; **~ again!** plus jamais!; **I have ~ yet seen ...** je n'ai encore jamais vu ...; **~!** ça n'est pas vrai!; **well I ~!*** ça par exemple! ◆ **never-ending** *adj* sans fin. ◆ **never-never** *n:* **to buy on the ~*** acheter à crédit. ◆ **nevertheless** *adv* néanmoins.

new [nju:] *adj* nouveau (*usually before n; before vowel* nouvel, *f* nouvelle); *(bread, milk etc)* frais (*f* fraîche). **~ potatoes** pommes *f* de terre nouvelles; **the ~ moon** la nouvelle lune; **N~ Testament** Nouveau Testament *m;* **a ~ town** une ville nouvelle; **the N~ Year** la nouvelle année; **Happy N~ Year!** bonne année!; **N~**

Year's Day jour *m* de l'an; N~ Year's Eve la Saint-Sylvestre; N~ Year resolution bonne résolution *f* de nouvel an; I've got a ~ car *(different)* j'ai une nouvelle voiture; *(brand-new)* j'ai une voiture neuve; as good as ~ comme neuf; it's ~ to me c'est quelque chose de nouveau pour moi; he's ~ to the town il est nouvellement arrivé dans la ville; bring me a ~ glass apportez-moi un autre verre; that's a ~ one on me!* on en apprend tous les jours!; what's ~?* quoi de neuf? ◆ **newborn** *adj* nouveau-né(e) *m(f)*. ◆ **newcomer** *n* nouveau venu *m*, nouvelle venue *f*. ◆ **new-fangled** *adj* nouveau genre *inv*. ◆ **new-laid** *adj (egg)* tout frais. ◆ **newly** *adv* nouvellement, récemment. ◆ **newly-weds** *npl* jeunes mariés *mpl*. ◆ **New Zealand** — **1** *n* Nouvelle-Zélande *f*. — **2** *adj* néo-zélandais. ◆ **New Zealander** *n* Néo-Zélandais(e) *m(f)*.

news [nju:z] *n (gen)* nouvelles *fpl; (Press, Radio, TV)* informations *fpl; (Cinema)* actualités *fpl*. **a piece of ~** une nouvelle; **have you heard the ~?** vous connaissez la nouvelle?; **have you heard the ~ about Paul?** vous savez ce qui est arrivé à Paul?; **have you any ~ of him?** avez-vous de ses nouvelles?; **this is ~ to me!** première nouvelle!*; **good ~** bonnes nouvelles; **he's in the ~ again** le voilà qui refait parler de lui; *(Press etc)* **financial** *(etc)* **~** chronique *f* financière *(etc)*; **~ agency** agence *f* de presse; **~ bulletin** bulletin *m* d'information; **~ editor** rédacteur *m*; **~ flash** flash *m* d'information; **~ headlines** titres *mpl* de l'actualité; **~ stand** kiosque *m* (à journaux). ◆ **newsagent** *n* marchand(e) *m(f)* de journaux. ◆ **newsman** *n* journaliste *m*. ◆ **newspaper** *n* journal *m*. ◆ **newspaperman** *n* journaliste *m*. ◆ **newsprint** *n* papier *m* journal. ◆ **newsreader** *n* présentateur *m* (*f* -trice).

newt [nju:t] *n* triton *m*.

next [nekst] — **1** *adj (closest: house etc)* d'à côté; *(immediately after: in future)* prochain, *(in past)* suivant. **get off at the ~ stop** descendez au prochain arrêt; **he got off at the ~ stop** il est descendu à l'arrêt suivant; **~ week** la semaine prochaine; **the ~ week** la semaine suivante; **this time ~ week** d'ici huit jours; **the ~ day** le lendemain; **the ~ morning** le lendemain matin; **the year after ~** dans deux ans; **who's ~?** à qui le tour? — **2** *adv* ensuite, après. **~ we had lunch** ensuite *or* après nous avons déjeuné; **what shall we do ~?** qu'allons-nous faire maintenant?; **when I ~ see him** la prochaine fois que je le verrai; **when I ~ saw him** quand je l'ai revu; **the ~ best thing would be...** à défaut le mieux serait...; **~ to** à côté de; **~ to nothing** presque rien. — **3** *prep* à côté de. — **4** *n (in future)* prochain(e) *m(f); (in past)* suivant(e) *m(f)*. ◆ **next door** — **1** *adv* à côté (*to* de). **from ~** d'à côté. — **2** *adj* d'à côté.

nib [nɪb] *n* plume *f (de stylo)*.

nibble ['nɪbl] *vti* grignoter.

nice [naɪs] *adj* **(a)** *(pleasant: gen)* agréable; *(person)* gentil (*f* -ille) (*to sb* avec qn), sympathique; *(pretty)* joli. **how ~ you look!** vous êtes vraiment bien!; **to have a ~ time** bien s'amuser; **how ~ of you to ...** comme c'est gentil à vous de ...; **it's ~ here** on est bien ici; *(ironic)* **that's a ~ way to talk!** ce n'est pas bien de dire ça!; **~ and warm** bien chaud; **~ and easy** très facile. **(b)** *(respectable)* convenable, bien *inv; (distinction)* délicat. ◆ **nice-looking** *adj* joli. ◆ **nicely** *adv (kindly)* gentiment; *(pleasantly)* agréablement; *(prettily)* joliment; *(well)* bien. **that will do ~** cela fera très bien l'affaire. ◆ **niceties** *npl* finesses *fpl*.

niche [ni:ʃ] *n (Archit)* niche *f*. *(fig)* **to find one's ~** trouver sa voie.

nick [nɪk] — **1** *n (tiny cut)* entaille *f*. *(fig)* **in the ~ of time** juste à temps. — **2** *vt (cut)* entailler; (*: *steal*) voler.

nickel ['nɪkl] *n (metal)* nickel *m; (coin)* pièce *f* de cinq cents.

nickname ['nɪkneɪm] — **1** *n* surnom *m*. — **2** *vt*: **to ~ sb sth** surnommer qn qch.

nicotine ['nɪkəti:n] *n* nicotine *f*.

niece [ni:s] *n* nièce *f*.

nifty* ['nɪftɪ] *adj (car, jacket)* très chic *inv; (tool, gadget)* astucieux (*f* -ieuse); *(action)* habile.

niggardly ['nɪgədlɪ] *adj (amount)* mesquin.

niggling ['nɪglɪŋ] *adj (details)* insignifiant; *(doubt, pain)* persistant.

night [naɪt] *n* nuit *f*. **in the ~, at ~** la nuit; **in the ~, by ~** de nuit; **in the ~, during the ~** pendant la nuit; **last ~** la nuit dernière, cette nuit; *(evening)* hier soir; **tomorrow ~** demain soir; **the ~ before** la veille au soir; **the ~ before last** avant-hier soir; **Monday ~** lundi soir; **6 o'clock at ~** 6 heures du soir; **to have a good ~** bien dormir; **~ and day** nuit et jour; **to have a ~ out** sortir le soir; **I've had too many late ~s** je me suis couché tard trop souvent; **~ life** vie *f* nocturne; **~ nurse** infirmière *f* de nuit; **~ porter** gardien *m* de nuit; **~ school** cours *mpl* du soir; **~ storage heater** radiateur *m* par accumulation; **~ watchman** veilleur *m* de nuit. ◆ **nightcap** *n (drink)* **would you like a ~?** voulez-vous boire quelque chose avant de vous coucher? ◆ **nightclub** *n* boîte *f* de nuit. ◆ **nightdress** *or* ◆ **nightgown** *or* ◆ **nightie*** *n* chemise *f* de nuit *(de femme)*. ◆ **nightfall** *n*: **at ~** à la nuit tombante. ◆ **nightlight** *n* veilleuse *f*. ◆ **nightly** — **1** *adj* de tous les soirs, de toutes les nuits. — **2** *adv* tous les soirs, chaque nuit. ◆ **nightshade** *n*: **deadly ~** belladone *f*. ◆ **nightshift** *n* équipe *f* de nuit. **on ~** de nuit. ◆ **nightshirt** *n* chemise *f* de nuit *(d'homme)*. ◆ **night-time** *n* nuit *f*. **at ~** la nuit.

nightingale ['naɪtɪŋgeɪl] *n* rossignol *m*.

nightmare ['naɪt,mɛə^r] *n* cauchemar *m*.

nil [nɪl] *n* rien *m; (in form-filling)* néant *m; (Sport)* zéro *m*.

nimble ['nɪmbl] *adj* agile.

nine [naɪn] *adj, n* neuf *(m) inv*. **~ times out of ten** neuf fois sur dix; *for other phrases V* **six**. ◆ **nineteen** *adj, n* dix-neuf *(m) inv*. ◆ **nineteenth** *adj, n* dix-neuvième *(mf)*. ◆ **ninetieth** *adj, n* quatre-vingt-dixième *(mf)*. ◆ **ninety** *adj, n* quatre-vingt-dix *(m) inv*.

ninth [naɪnθ] *adj, n* neuvième *(mf)*; *(fraction)* neuvième *m*.

nip [nɪp] — **1** *n* **(a)** *(pinch)* pinçon *m; (bite)* morsure *f*. **there's a ~ in the air** l'air est piquant. **(b) a ~ of whisky** une goutte de whisky. — **2** *vt (pinch)* pincer; *(bite)* donner un petit coup de dent à. *(fig)* **to ~ in the bud** écraser dans l'œuf. — **3** *vi*: **to ~ in*** passer en vitesse.

nipple ['nɪpl] *n* bout *m* de sein.

nippy* ['nɪpɪ] *adj* **(a) be ~ about it!** fais vite! **(b)** *(wind)* piquant.

nitrogen ['naɪtrədʒən] *n* azote *m*.

nitty-gritty* ['nɪtɪ'grɪtɪ] *n:* **to get down to the ~** en venir aux choses sérieuses.

no [nəʊ] — **1** *particle* non. **~ thank you** non merci. — **2** *adj, adv* pas de, aucun, nul (*f* nulle) *(all used with 'ne')*. **she had ~ money** elle n'avait pas d'argent; **I have ~ more money** je n'ai plus d'argent; **I have ~ idea** je n'ai aucune idée; **~ one = nobody,** *see below;* **~ other man** personne d'autre; **~ sensible man** aucun homme de bon sens; **of ~ interest** sans intérêt; **this is ~ place for children** ce n'est pas un endroit pour les enfants; **there's ~ such thing** cela n'existe pas; **~ smoking** défense de fumer; **I can go ~ farther** je ne peux pas aller plus loin; **~ less than 4** pas moins de 4.

nobble* ['nɒbl] *vt (bribe)* acheter, soudoyer; *(catch)* coincer.

nobility [nəʊ'bɪlɪtɪ] *n* noblesse *f*.

noble ['nəʊbl] *adj, n* noble *(m)*. ◆ **nobleman** *n* noble *m*. ◆ **nobly** *adv* (*: *selflessly*) généreusement.

nobody ['nəʊbədɪ] *pron* personne (+ ne *before vb*). **I saw ~** je n'ai vu personne; **~ knows** personne ne le sait.

nod [nɒd] — **1** *n* signe *m* de la tête. — **2** *vti* **(a)** (*also* **~ one's head**) faire un signe de la tête; *(meaning 'yes')* faire signe que oui. **to ~ to sb** faire un signe de tête à qn; *(in greeting)* saluer qn d'un signe de tête. **(b) to ~ off** se balancer.

noise [nɔɪz] *n* bruit *m*. **to make a ~** faire du bruit; *(person)* **a big ~*** une huile*. ◆ **noiseless** *adj* silencieux (*f* -ieuse). ◆ **noisily** *adv* bruyamment. ◆ **noisy** *adj* bruyant.

nomad ['nəʊmæd] *n* nomade *mf*.

nom de plume ['nɒmdə'plu:m] *n* pseudonyme *m*.

nominal ['nɒmɪnl] *adj (gen)* nominal; *(rent, sum)* insignifiant.

nominate ['nɒmɪneɪt] *vt (appoint)* nommer; *(propose)* proposer. ◆ **nomination** *n* nomination *f* (*to* à); proposition *f* de candidat.

nominee [,nɒmɪ'ni:] *n* candidat(e) *m(f)* agréé(e).

non- [nɒn] *pref* non-. ◆ **non-alcoholic** *adj* sans alcool. ◆ **non-aligned** *adj* non-aligné. ◆ **non-commissioned officer** *n* sous-officier *m*. ◆ **non-existent** *adj* inexistant. ◆ **non-fiction** *n* littérature *f* non-romanesque. ◆ **non-iron** *adj* qui ne nécessite aucun repassage. ◆ **non-professional** *adj, n* amateur *(mf)*. ◆ **non-profitmaking** *adj* sans but lucratif. ◆ **non-returnable** *adj* non consigné. ◆ **non-run** *adj* indémaillable. ◆ **non-smoker** *n* non-fumeur *m*. ◆ **non-stick** *adj* qui n'attache pas, Téfal *inv* ®. ◆ **non-stop** — **1** *adj (gen)* sans arrêt; *(train, flight)* direct. — **2** *adv (talk)* sans arrêt; *(fly)* sans escale.

nonchalant ['nɒnʃələnt] *adj* nonchalant.

noncommittal ['nɒnkə'mɪtl] *adj (person)* évasif (*f* -ive); *(statement)* qui n'engage à rien.

nonconformist ['nɒnkən'fɔ:mɪst] *adj, n* non-conformiste *(mf)*.

nondescript ['nɒndɪskrɪpt] *adj (colour)* indéfinissable; *(person)* quelconque.

none [nʌn] *adv, pron* **(a)** *(thing)* aucun(e) *m(f)* (+ ne *before vb*); *(form-filling)* néant *m*. **~ of the books** aucun livre, aucun des livres; **~ of this** rien de ceci; **~ of that!** pas de ça!; **he would have ~ of it** il ne voulait rien savoir; **~ at all** pas du tout, *(not a single one)* pas un(e) seul(e); **~ of this milk** pas une goutte de ce lait; **there's ~ left** il n'en reste plus. **(b)** *(person)* personne, aucun(e) *m(f)* (+ *ne*). **~ of them** aucun d'entre eux; **he was ~ other than ...** il n'était autre que ...; **it's ~ too warm** il ne fait pas tellement chaud. ◆ **nonetheless = nevertheless.**

nonentity [nɒn'entɪtɪ] *n* nullité *f*.

nonplussed ['nɒn'plʌst] *adj* déconcerté.

nonsense ['nɒnsəns] *n* absurdités *fpl*, sottises *fpl*. **to talk ~** dire des absurdités; **a piece of ~** une absurdité; **~!** ne dis pas de sottises!; **it is ~ to say** il est absurde de dire; **no ~!** pas d'histoires!*; **~ verse** vers *mpl* amphigouriques.

non sequitur [,nɒn'sekwɪtə'] *n:* **it's a ~** c'est illogique.

noodles ['nu:dlz] *npl* nouilles *fpl*.

nook [nʊk] *n:* **~s and crannies** coins et recoins *mpl*.

noon [nu:n] *n* midi *m*. **at ~** à midi.

noose [nu:s] *n* nœud *m* coulant; *(hangman's)* corde *f*.

nor [nɔ:'] *conj* **(a)** *(following 'neither')* ni. **neither you ~ I can do it** ni vous ni moi ne pouvons le faire; **she neither eats ~ drinks** elle ne mange ni ne boit. **(b)** (= *and not*) **I don't know, ~ do I care** je ne sais pas et d'ailleurs je m'en moque; **~ do I** *(or* **can I** *etc)* ni moi non plus.

norm [nɔ:m] *n* norme *f*.

normal ['nɔ:məl] — **1** *adj* normal. **it was quite ~ for him to go** il était tout à fait normal qu'il parte. — **2** *n:* **below ~** au-dessous de la normale.

Norman ['nɔ:mən] *adj* normand; *(Archit)* roman.

Normandy ['nɔ:məndɪ] *n* Normandie *f*.

north [nɔ:θ] — **1** *n* nord *m*. **~ of** au nord de; **the wind is in the ~** le vent est au nord; **to live in the ~** habiter dans le nord. — **2** *adj (gen)* nord *inv; (wind)* du nord. **N~ Atlantic** Atlantique *m* Nord; **N~ Africa** Afrique *f* du Nord; **N~ African** *adj* nord-africain; **N~ America** Amérique *f* du Nord; **N~ American** *adj* nord-américain; **N~ Sea** mer *f* du Nord. — **3** *adv (gen)* vers le nord. ◆ **northbound** *adj* en direction du nord. ◆ **north-country** *adj* du Nord (de l'Angleterre). ◆ **north-east** — **1** *adj, n* nord-est *(m) inv*. — **2** *adv* vers le nord-est. ◆ **northerly** *adj (wind)* du nord. **in a ~ direction** vers le nord. ◆ **northern** *adj* nord *inv*. **in ~ Spain** dans le nord de l'Espagne; **~ lights** aurore *f* boréale. ◆ **northward** — **1** *adj* au nord. — **2** *adv* (*also* **northwards**) vers le nord. ◆ **north-west** — **1** *adj, n* nord-ouest *(m) inv*. — **2** *adv* vers le nord-ouest. ◆ **north-western** *adj* nord-ouest *inv*.

Norway ['nɔ:weɪ] *n* Norvège *f*.

Norwegian [nɔ:'wi:dʒən] — **1** *adj* norvégien (*f* -ienne). — **2** *n* Norvégien(ne) *m(f); (language)* norvégien *m*.

nose [nəʊz] — **1** *n* nez *m*. **his ~ was bleeding** il saignait du nez; **to speak through one's ~** parler du nez; *(fig)* **right under his ~** juste sous son nez; **to turn up one's ~** faire le dégoûté (*at* devant); **to poke one's ~ into sth** mettre son nez dans qch; **cars ~ to tail** des voitures pare-choc contre pare-choc; **~ drops** gouttes *fpl* pour le nez. — **2** *vi:* **to ~ around** fouiller. ◆ **nosebleed** *n* saignement *m* de nez. **to have a ~** saigner du nez. ◆ **nose-dive** *n (of aeroplane)* piqué *m*. ◆ **nosegay** *n* petit bouquet *m*.

nostalgia [nɒs'tældʒə] *n* nostalgie *f*.

nostalgic [nɒs'tældʒɪk] *adj* nostalgique.

nostril ['nɒstrəl] *n* narine *f.*
nosy ['nəʊzɪ] *adj* curieux (*f* -ieuse).
not [nɒt] *adv* ne ... pas. **he hasn't come** il n'est pas venu; **he told me ~ to come** il m'a dit de ne pas venir; **I hope ~** j'espère que non; **~ at all** pas du tout, *(after thanks)* il n'y a pas de quoi; **why ~?** pourquoi pas?; **~ one book** pas un livre; **~ yet** pas encore.
notable ['nəʊtəbl] *adj* notable.
notch [nɒtʃ] *n (in stick)* encoche *f; (in belt, fabric)* cran *m.*
note [nəʊt] — **1** *n* **(a)** *(gen)* note *f.* **to take** *or* **make a ~ of, to take ~ of** prendre note de; **to take** *or* **make ~s** prendre des notes. **(b)** *(informal letter)* mot *m.* **just a quick ~ to tell you ...** un petit mot à la hâte pour vous dire ... **(c)** *(Music)* note *f; (on piano)* touche *f.* **a ~ of warning** un avertissement discret. **(d)** *(Banking)* billet *m.* **bank ~** billet de banque; **one-pound ~** billet d'une livre. **(e) of ~** important; **worthy of ~** digne d'attention. — **2** *vt* (**~ down**) noter (*that* que). **~d** connu (*for* pour). ◆ **notebook** *n* carnet *m; (school)* cahier *m; (stenographer's)* bloc-notes *m.* ◆ **note-case** *n* porte-feuille *m.* ◆ **notepad** *n* bloc-notes *m.* ◆ **notepaper** *n* papier *m* à lettres.
nothing ['nʌθɪŋ] *adv, pron* rien *m* (+ ne *before vb*); *(numeral)* zéro *m.* **I saw ~** je n'ai rien vu; **~ was lost** rien n'a été perdu; **to eat ~** ne rien manger; **~ to eat** rien à manger; **~ new** rien de nouveau; **as if ~ had happened** comme si de rien n'était; **I can do ~ about it** je n'y peux rien; **~ if not polite** avant tout poli; **for ~** *(in vain)* en vain; *(without payment)* gratuitement; **it's ~** ce n'est rien; **it's ~ to me whether...** il m'est indifférent que... + *subj;* **to have ~ on** *(naked)* être nu; **I have ~ on for this evening** je n'ai rien de prévu ce soir; **there's ~ to it** c'est facile comme tout; **there's ~ like it** il n'y a rien de tel; **~ much** pas grand-chose; **I get ~ but complaints** je n'entends que des plaintes; **~ less than** rien moins que; **~ more** rien de plus; **~ else** rien d'autre; **that has ~ to do with us** nous n'avons rien à voir là-dedans; **that has ~ to do with it** cela n'a rien à voir; **~ doing!*** rien à faire!
notice ['nəʊtɪs] — **1** *n* **(a)** *(poster)* affiche *f; (sign)* pancarte *f; (in newspaper)* annonce *f.* **~ board** tableau *m* d'affichage. **(b)** *(attention)* attention *f; (interest)* intérêt *m.* **to take ~ of** tenir compte de; **take no ~!** ne faites pas attention!; **it escaped his ~** il ne l'a pas remarqué; **it came to his ~ that ...** il s'est aperçu que ...; **beneath my ~** indigne de mon attention. **(c)** *(review: of play)* critique *f.* **(d)** *(warning)* avis *m,* notification *f; (period)* délai *m.* **a week's ~** une semaine de préavis *m;* **to give sb ~** *(tenant)* donner congé à qn; *(employee)* licencier qn; *(servant etc)* congédier qn; **to give ~** donner sa démission; **until further ~** jusqu'à nouvel ordre; **at very short ~** dans les plus brefs délais; **at a moment's ~** sur-le-champ; **at 3 days' ~** dans un délai de 3 jours. — **2** *vt (perceive)* remarquer. ◆ **noticeable** *adj* perceptible. **very ~** évident.
notify ['nəʊtɪfaɪ] *vt* aviser (*sb of sth* qn de qch).
notion ['nəʊʃən] *n* idée *f.* **some ~ of physics** quelques notions *fpl* de physique; **to have no ~ of time** ne pas avoir la notion du temps; **I haven't the slightest ~** je n'en ai pas la moindre idée; **I had no ~ that** j'ignorais absolument que.
notorious [nəʊ'tɔːrɪəs] *adj* tristement célèbre.
notwithstanding [,nɒtwɪθ'stændɪŋ] — **1** *prep* en dépit de. — **2** *adv* néanmoins.
nought [nɔːt] *n* = **naught.**
noun [naʊn] *n* nom *m,* substantif *m.*
nourish ['nʌrɪʃ] *vt* nourrir (*with* de). ◆ **nourishing** *adj* nourrissant. ◆ **nourishment** *n* nourriture *f.*
novel ['nɒvəl] — **1** *n (Literature)* roman *m.* — **2** *adj* nouveau (*f* -elle) *(after n).* ◆ **novelist** *n* romancier *m* (*f* -ière). ◆ **novelty** *n* nouveauté *f.* **a ~** *(in shop)* un article de nouveauté.
November [nəʊ'vembəʳ] *n* novembre *m; for phrases V* **September.**
novice ['nɒvɪs] *n* novice *mf* (*at* en).
now [naʊ] *adv, conj (gen)* maintenant; *(nowadays)* actuellement; *(at that time)* alors. **I'm busy just ~** je suis occupé pour l'instant; **I saw him just ~** je l'ai vu tout à l'heure; **right ~** à l'instant même; **he doesn't do it ~** il ne le fait plus; **~ and again, ~ and then** de temps en temps; **it's ~ or never!** c'est le moment ou jamais!; **before ~** déjà; **for ~** pour le moment; **from ~ on** à partir de maintenant; **3 weeks from ~** d'ici 3 semaines; **until ~, up to ~** jusqu'à présent; **~ then!** bon!, alors!, *(remonstrating)* allons!; **well, ~!** eh bien!; **~ (that) you've arrived** maintenant que vous êtes arrivés. ◆ **nowadays** *adv* aujourd'hui, actuellement.
nowhere ['nəʊwɛəʳ] *adv* nulle part (+ ne *before vb*). **he went ~** il n'est allé nulle part; **~ else** nulle part ailleurs; **she is ~ to be seen** on ne la voit nulle part; *(fig)* **that will get you ~** ça ne te mènera à rien; **~ near** loin de.
nozzle ['nɒzl] *n (on hose)* jet *m; (on vacuum cleaner)* suceur *m.*
nuclear ['njuːklɪəʳ] *adj (gen)* nucléaire. **~ power** énergie *f* nucléaire; **~ scientist** atomiste *m.*
nucleus ['njuːklɪəs] *n, pl* **-ei** noyau *m.*
nude [njuːd] *adj, n* nu *(m).* **in the ~** nu.
nudge [nʌdʒ] *vt* pousser du coude.
nudist ['njuːdɪst] *n* nudiste *mf.* **~ camp** camp *m* de nudistes.
nuisance ['njuːsns] *n* embêtement *m.* **it's a ~** c'est embêtant *(that* que + *subj);* **he is a ~** il m'embête; **what a ~!** quelle barbe!*; **to make a ~ of o.s.** embêter le monde*.
numb [nʌm] *adj (gen)* engourdi; *(with fright etc)* paralysé (*with* par).
number ['nʌmbəʳ] — **1** *n* **(a)** *(gen)* nombre *m; (figure)* chiffre *m; (of page, car, in list)* numéro *m.* **a ~ of people** un certain nombre de gens, plusieurs personnes; **a large ~ of** un grand nombre de; **10 in ~** au nombre de 10; **in large ~s** en grand nombre; *(Telephone)* **wrong ~** faux numéro; *(on car)* **registration ~** numéro d'immatriculation; **~ plate** plaque *f* d'immatriculation; **his ~'s up*** il est fichu*. **(b)** *(act: in circus etc)* numéro *m; (by pianist)* morceau *m.* — **2** *vt (give a number to)* numéroter; *(include)* compter.
numeral ['njuːmərəl] *n* chiffre *m.*
numerical [njuː'merɪkəl] *adj* numérique.
numerous ['njuːmərəs] *adj* nombreux (*f* -euse).
nun [nʌn] *n* religieuse *f.*
nurse [nɜːs] — **1** *n* infirmière *f.* — **2** *vt (Med)* soigner; *(suckle)* allaiter; *(cradle in arms)* tenir dans ses bras. ◆ **nursemaid** *n* bonne *f* d'enfants.
nursery ['nɜːsərɪ] *n (room)* chambre *f* d'enfants; *(institution)* pouponnière *f; (for plants)* pépinière *f.* **~ education** enseignement *m* de la maternelle; **~ rhyme** comptine *f;* **~ school**

école *f* maternelle; *(private)* jardin *m* d'enfants; *(Ski)* ~ **slopes** pentes *fpl* pour débutants.
nursing ['nɜːsɪŋ] — **1** *adj (mother)* qui allaite. **the ~ staff** le personnel soignant; **~ home** clinique *f.* — **2** *n* profession *f* d'infirmière. **she's going in for ~** elle va être infirmière.
nut [nʌt] *n* **(a)** *terme générique pour fruits à écale (no generic term in French).* **mixed ~s** noisettes, amandes *etc* panachées; **~s and raisins** mendiants *mpl.* **(b)** *(metal)* écrou *m.* ◆ **nutcrackers** *npl* casse-noix *m inv.* ◆ **nutmeg** *n* noix *f* muscade. ◆ **nuts*** *adj* dingue* (*about* de). ◆ **nutshell** *n* coquille *f* de noix *etc.* *(fig)* **in a ~** en un mot.
nutrient ['njuːtrɪənt] *n* élément *m* nutritif.
nutrition [njuː'trɪʃən] *n* nutrition *f.*
nutritious [njuː'trɪʃəs] *adj* nutritif (*f* -ive).
nylon ['naɪlɒn] *n* nylon *m.* **~ stockings, ~s** bas *mpl* nylon.

O

O, o [əʊ] *n (letter)* O, o *m; (number)* zéro *m.* ◆ **O-levels** *npl* ≃ brevet *m.*
oaf [əʊf] *n* balourd *m,* mufle *m.*
oak [əʊk] *n* chêne *m.*
O.A.P. *abbr of* **old age pensioner;** *see* **old.**
oar [ɔːʳ] *n* aviron *m,* rame *f.*
oasis [əʊ'eɪsɪs] *n, pl* **oases** oasis *f.*
oatmeal ['əʊtmiːl] — **1** *n* flocons *mpl* d'avoine. — **2** *adj (colour)* beige.
oath [əʊθ] *n* **(a)** *(Law etc)* serment *m.* **to take the ~** prêter serment; **on ~** sous serment. **(b)** *(bad language)* juron *m.*
oats [əʊts] *npl* avoine *f.*
obedience [ə'biːdɪəns] *n* obéissance *f* (*to* à).
obedient [ə'biːdɪənt] *adj* obéissant (*to sb* envers qn). ◆ **obediently** *adv* docilement.
obelisk ['ɒbɪlɪsk] *n* obélisque *m.*
obese [əʊ'biːs] *adj* obèse.
obey [ə'beɪ] *vt (gen)* obéir à; *(instructions)* se conformer à.
obituary [ə'bɪtjʊərɪ] *n (notice)* nécrologie *f.*
object ['ɒbdʒɪkt] — **1** *n (gen)* objet *m; (Grammar)* complément *m* d'objet; *(aim)* but *m.* **with this ~ in mind** dans ce but; **with the ~ of doing** dans le but de faire. — **2** [əb'dʒekt] *vti (gen)* protester (*to* contre). **if you don't ~** si vous n'y voyez pas d'objection; **he ~s to her behaviour** il désapprouve sa conduite; **I don't ~ to helping you** je veux bien vous aider. ◆ **objection** *n* objection *f; (drawback)* inconvénient *m.* **to raise an ~** élever une objection. ◆ **objectionable** *adj (gen)* extrêmement désagréable; *(remark)* choquant. ◆ **objective** — **1** *adj (impartial)* objectif (*f* -ive) (*about* en ce qui concerne). — **2** *n* objectif *m; (Grammar)* accusatif *m.* ◆ **objectivity** *n* objectivité *f.* ◆ **objector** *n* personne *f* qui s'oppose à...
obligation [,ɒblɪ'geɪʃən] *n* obligation *f.* **to be under an ~ to do** être dans l'obligation de faire; **'without ~'** 'sans engagement'; **to be under an ~ to sb for sth** devoir de la reconnaissance à qn pour qch.
obligatory [ɒ'blɪgətərɪ] *adj* obligatoire; *(imposed by custom)* de rigueur.
oblige [ə'blaɪdʒ] *vt* **(a)** *(compel)* obliger (*sb to do* qn à faire). **to be ~d to do** être obligé de faire. **(b)** *(do a favour to)* rendre service à. **to be ~d to sb for sth** être reconnaissant à qn de qch; **much ~d!** merci infiniment! ◆ **obliging** *adj* obligeant.
oblique [ə'bliːk] *adj (gen)* oblique; *(allusion, method)* indirect.
obliterate [ə'blɪtəreɪt] *vt* effacer.
oblivion [ə'blɪvɪən] *n* oubli *m.*
oblivious [ə'blɪvɪəs] *adj* oublieux (*f* -ieuse) (*to, of* de); *(unaware)* inconscient (*to, of* de).
oblong ['ɒblɒŋ] — **1** *adj* oblong. — **2** *n* rectangle *m.*
obnoxious [əb'nɒkʃəs] *adj (gen)* odieux (*f* -ieuse); *(smell)* infect.
oboe ['əʊbəʊ] *n* hautbois *m.*
obscene [əb'siːn] *adj* obscène.
obscure [əb'skjʊəʳ] — **1** *adj* obscur. — **2** *vt (hide)* cacher. **to ~ the issue** embrouiller la question. ◆ **obscurity** *n* obscurité *f.*
obsequious [əb'siːkwɪəs] *adj* obséquieux (*f* -ieuse) (*to* devant).
observance [əb'zɜːvəns] *n* observance *f.*
observant [əb'zɜːvənt] *adj* observateur (*f* -trice).
observation [,ɒbzə'veɪʃən] *n* **(a)** *(gen)* observation *f; (Police)* surveillance *f.* **~ post** poste *m* d'observation; **to keep under ~** *(patient)* garder en observation; *(suspect, place)* surveiller. **(b)** *(remark)* observation *f.*
observatory [əb'zɜːvətrɪ] *n* observatoire *m.*
observe [əb'zɜːv] *vt (gen)* observer; *(remark)* faire observer (*that* que). ◆ **observer** *n* observateur *m* (*f* -trice).
obsess [əb'ses] *vt* obséder. ◆ **obsession** *n* obsession *f* (*with* de). ◆ **obsessive** *adj* obsessionnel (*f* -elle).
obsolescent [,ɒbsə'lesnt] *adj (machinery)* obsolescent; *(word)* vieilli.
obsolete ['ɒbsəliːt] *adj (gen)* périmé; *(machine)* vieux (*f* vieille); *(word)* vieilli.
obstacle ['ɒbstəkl] *n* obstacle *m.* **to be an ~ to** faire obstacle à; **~ race** course *f* d'obstacles.
obstetrician [,ɒbstə'trɪʃən] *n* médecin *m* accoucheur.
obstetrics [ɒb'stetrɪks] *n* obstétrique *f.*
obstinacy ['ɒbstɪnəsɪ] *n* obstination *f.*
obstinate ['ɒbstɪnɪt] *adj (gen)* obstiné (*about* sur); *(pain)* persistant. ◆ **obstinately** *adv* obstinément.
obstreperous [əb'strepərəs] *adj* chahuteur (*f* -euse).

obstruct [əb'strʌkt] *vt (pipe, road, view)* boucher (*with* avec); *(traffic)* bloquer; *(hinder)* entraver. ◆ **obstruction** *n (sth which obstructs)* obstacle *m; (to pipe)* bouchon *m.* **to cause an ~** encombrer la voie publique. ◆ **obstructive** *adj* obstructionniste.
obtain [əb'teɪn] *vt* obtenir. ◆ **obtainable** *adj:* **it is ~** on peut le trouver.
obtrusive [əb'tru:sɪv] *adj* trop en évidence.
obtuse [əb'tju:s] *adj* obtus.
obviate ['ɒbvɪeɪt] *vt* obvier à.
obvious ['ɒbvɪəs] *adj* évident, manifeste (*that* que). **the ~ thing to do is to leave** la chose à faire c'est évidemment de partir. ◆ **obviously** *adv* manifestement.
occasion [ə'keɪʒən] — **1** *n* **(a)** occasion *f.* **on the ~ of** à l'occasion de; **on the first ~ that ...** la première fois que ...; **on ~** à l'occasion; **should the ~ arise** le cas échéant; **to rise to the ~** se montrer à la hauteur. **(b)** *(event)* événement *m.* **a big ~** un grand événement. — **2** *vt* occasionner. ◆ **occasional** *adj (visits)* espacé; *(showers)* intermittent. **the** *or* **an ~ car** une voiture de temps en temps; **~ table** guéridon *m.* ◆ **occasionally** *adv* de temps en temps. **very ~** très peu souvent.
occult [ɒ'kʌlt] — **1** *adj* occulte. — **2** *n* surnaturel *m.*
occupation [,ɒkjʊ'peɪʃən] *n* **(a)** *(gen)* occupation *f.* **in ~** installé; **army of ~** armée *f* d'occupation. **(b)** *(activity, pastime)* occupation *f; (work)* travail *m.* **what is your ~?** qu'est-ce que vous faites dans la vie? ◆ **occupational** *adj (disease)* du travail. **~ therapist** ergothérapeute *mf.*
occupier ['ɒkjʊpaɪəʳ] *n (gen)* occupant(e) *m(f); (tenant)* locataire *mf.*
occupy ['ɒkjʊpaɪ] *vt* occuper. **occupied in doing** occupé à faire; **to keep one's mind occupied** s'occuper l'esprit.
occur [ə'kɜ:ʳ] *vi (happen)* avoir lieu; *(be found: of word, error, disease)* se rencontrer; *(of idea)* venir (*to sb* à qn); *(of opportunity)* se présenter. **it ~red to me that we could...** j'ai pensé *or* je me suis dit que nous pourrions...; **it didn't ~ to him to refuse** il n'a pas eu l'idée de refuser; ◆ **occurrence** *n* événement *m.*
ocean ['əʊʃən] *n* océan *m.* **~ bed** fond *m* sous-marin; **~ liner** paquebot *m.*
ochre, *(US)* **ocher** ['əʊkəʳ] *n* ocre *f.*
o'clock [ə'klɒk] *adv:* **it is one ~** il est une heure; **at 5 ~** à 5 heures; **at twelve ~** *(midday)* à midi; *(midnight)* à minuit.
octagonal [ɒk'tægənl] *adj* octogonal.
octane ['ɒkteɪn] *n* octane *m.*
octave ['ɒktɪv] *n* octave *f.*
October [ɒk'təʊbəʳ] *n* octobre *m; for phrases V* **September.**
octopus ['ɒktəpəs] *n* pieuvre *f.*
oculist ['ɒkjʊlɪst] *n* oculiste *mf.*
odd [ɒd] *adj (strange)* bizarre, curieux (*f* -ieuse); *(number)* impair. *(left over)* **the ~ saucers** les soucoupes qui restent; **£5 and some ~ pennies** 5 livres et quelques pennies; **a few ~ hats** deux ou trois chapeaux; **the ~ man out, the ~ one out** l'exception *f;* **60-~** 60 et quelques; **in ~ moments he...** à ses moments perdus il ...; **at ~ times** de temps en temps; **~ jobs** *(gen)* menus travaux *mpl;* **I've got one or two ~ jobs for you** j'ai deux ou trois choses que tu pourrais faire; **I get the ~ letter from him** de temps en temps je reçois une lettre de lui. ◆ **oddity** *n (thing etc)* chose *f* étrange. ◆ **odd-job man** *n* homme *m* à tout faire. ◆ **oddly** *adv* bizarrement, curieusement. **~ enough, she ...** chose curieuse, elle ... ◆ **oddment** *n (in shop)* fin *f* de série; *(of cloth)* coupon *m.*
odds [ɒdz] *npl* **(a)** *(Betting)* cote *f* (*of 5 to 1* de 5 contre 1). *(fig)* **the ~ are that he will come** il y a de fortes chances qu'il vienne; **the ~ are against it** c'est peu probable; **it makes no ~** cela n'a pas d'importance; **what's the ~?*** qu'est-ce que ça peut bien faire? **(b) to be at ~** être en désaccord (*with* avec; *over* sur). **(c) ~ and ends** des petites choses *fpl* qui restent.
ode [əʊd] *n* ode *f* (*to* à; *on* sur).
odious ['əʊdɪəs] *adj* odieux (*f* -ieuse).
odour, *(US)* **odor** ['əʊdəʳ] *n* odeur *f.* ◆ **odourless** *adj* inodore.
of [ɒv, əv] *prep (gen)* de. **the wife ~ the doctor** la femme du médecin; **a friend ~ ours** un de nos amis; **6 ~ them went** 6 d'entre eux y sont allés; **there were 6 ~ us** nous étions 6; **~ the ten only one was ...** sur les dix un seul était ...; **the 2nd ~ June** le 2 juin; *(US)* **a quarter ~ 6** 6 heures moins le quart; **~ no importance** sans importance; **it was horrid ~ him** c'était méchant de sa part; **what do you think ~ him?** que pensez-vous de lui?; **to die ~ hunger** mourir de faim; **~ wool** en laine, de laine.
off [ɒf] — **1** *adv* **(a)** *(distance)* **5 km ~** à 5 km; **a week ~** dans une semaine. **(b)** *(absence)* **to be ~** partir; **~ you go!** va-t'en!; **where are you ~ to?** où allez-vous?; **we're ~ to France** nous partons pour la France; **he's ~ fishing** *(going)* il va à la pêche; *(gone)* il est à la pêche; **she's ~ at 4 o'clock** elle est libre à 4 heures; **to take a day ~** prendre un jour de congé; **I've got this afternoon ~** j'ai congé cet après-midi; **~ sick** absent pour cause de maladie; **he's been ~ for 3 weeks** cela fait 3 semaines qu'il est absent. **(c)** *(removal)* **with his hat ~** sans chapeau; **the lid was ~** on avait enlevé le couvercle; **there are 2 buttons ~** il manque 2 boutons; **I'll give you 5% ~** je vais vous faire une remise de 5%. **(d)** *(not functioning etc: brakes)* desserré; *(machine, television, light)* éteint; *(engine, electricity etc)* coupé; *(tap, gas-tap)* fermé. **their engagement is ~** ils ont rompu leurs fiançailles; **the cutlets are ~** *(none left)* il n'y a plus de côtelettes; *(bad)* les côtelettes ne sont pas fraîches; *(fig)* **that's a bit ~!*** c'est un peu exagéré!*; **~ and on, on and ~** de temps à autre; **straight ~*** tout de suite.
— **2** *prep (gen)* de. **he jumped ~ the wall** il a sauté du mur; **he took the book ~ the table** il a pris le livre sur la table; **the lid was ~ the tin** on avait ôté le couvercle de la boîte; **to eat ~ a plate** manger dans une assiette; **to dine ~ a chicken** dîner d'un poulet; **something ~ the price** une remise sur le prix; **~ Portland Bill** au large de Portland Bill; **height ~ the ground** hauteur *f* à partir du sol; **street ~ the square** rue qui part de la place; **house ~ the main road** maison à l'écart de la grand-route; **I'm ~ sausages*** je n'aime plus les saucisses.
◆ **offbeat** *adj* original. ◆ **off-chance** *n:* **on the ~** à tout hasard. ◆ **off-colour** *adj* mal fichu*. ◆ **offhand** — **1** *adj (casual)* désinvolte; *(curt)* brusque. — **2** *adv:* **I can't say ~** je ne peux pas vous le dire comme ça*. ◆ **offhandedly** *adv* avec désinvolture. ◆ **off-key** *adj, adv (Music)* faux (*f* fausse). ◆ **off-licence** *n* magasin *m* de vins et de spiritueux. ◆ **off-load** *vt (goods)* débarquer; *(task)* passer (*onto sb* à

qn). ◆ **off-peak** *adj (traffic)* aux heures creuses; *(tariff)* réduit; *(heating)* par accumulation. ◆ **off-putting*** *adj (task)* rebutant; *(food)* peu appétissant; *(person, welcome)* peu engageant. ◆ **off-season** *n* morte saison *f*. ◆ **offset** *(pret, ptp* **-set**) *vt* compenser. ◆ **offshoot** *n (gen)* conséquence *f; (of organization)* ramification *f*. ◆ **offshore** *adj (gen)* côtier (*f* -ière); *(breeze)* de terre; *(island)* proche du littoral. ◆ **offside** *adj (wheel etc: Britain)* de droite; *(France, US etc)* de gauche; *(Sport)* hors jeu. ◆ **offspring** *n (pl inv)* progéniture *f*. ◆ **offstage** *adj, adv* dans les coulisses. ◆ **off-the-peg** *adj* prêt à porter. ◆ **off-white** *adj* blanc cassé *inv*.

offal ['ɒfəl] *n* abats *mpl*.

offence, *(US)* **offense** [ə'fens] *n* **(a)** *(Law)* délit *m* (*against* contre), infraction *f*. **(b) to give ~ to sb** offenser qn; **to take ~** s'offenser (*at* de).

offend [ə'fend] *vti* blesser, offenser. **to be ~ed** s'offenser (*at* de). ◆ **offender** *n (lawbreaker)* délinquant(e) *m(f); (against traffic regulations etc)* contrevenant(e) *m(f)*.

offensive [ə'fensɪv] — **1** *adj (weapon)* offensif (*f* -ive); *(shocking)* choquant; *(disgusting)* repoussant; *(insulting)* injurieux (*f* -ieuse). — **2** *n (Mil)* offensive *f*. **to be on the ~** avoir pris l'offensive.

offer ['ɒfəʳ] — **1** *n (gen)* offre *f* (*of* de; *for* pour; *to do* de faire). **~ of marriage** demande *f* en mariage; **£5 or nearest ~** 5 livres ou au plus offrant; *(goods)* **on ~** en promotion. — **2** *vt (gen)* offrir (*to* à; *to do* de faire); *(help, money)* proposer (*to* à); *(remark, opinion)* émettre. ◆ **offering** *n* offrande *f*.

office ['ɒfɪs] *n* **(a)** *(place)* bureau *m; (lawyer's)* étude *f; (doctor's)* cabinet *m*. **~ block** immeuble *m* de bureaux; **~ boy** garçon *m* de bureau; **~ hours** heures *fpl* de bureau; **~ worker** employé(e) *m(f)* de bureau. **(b) to hold ~** *(mayor, chairman)* être en fonctions; *(minister)* avoir un portefeuille; **to be in ~** *(political party)* être au pouvoir; **public ~** fonctions *fpl* officielles. **(c)** *(Rel)* office *m*.

officer ['ɒfɪsəʳ] *n* **(a)** *(army etc)* officier *m*. **~s' mess** mess *m*. **(b)** *(in local government)* fonctionnaire *m; (in organization, club)* membre *m* du comité directeur. **police ~** agent *m* de police.

official [ə'fɪʃəl] — **1** *adj (gen)* officiel (*f* -ielle); *(language)* administratif (*f* -ive); *(uniform)* réglementaire. — **2** *n (gen, Sport etc)* officiel *m; (civil service etc)* fonctionnaire *mf; (railways, post office etc)* employé(e) *m(f)*, responsable *m*. ◆ **officially** *adv* officiellement.

officious [ə'fɪʃəs] *adj* trop empressé.

offing ['ɒfɪŋ] *n*: **in the ~** en perspective.

often ['ɒfən] *adv* souvent. **as ~ as not, more ~ than not** le plus souvent; **every so ~** *(time)* de temps en temps; *(spacing etc)* çà et là; **once too ~** une fois de trop; **how ~ have you seen her?** combien de fois l'avez-vous vue?; **how ~ do the boats leave?** les bateaux partent tous les combien?

ogle ['əʊgl] *vt* lorgner*.

ogre ['əʊgəʳ] *n* ogre *m*.

oh [əʊ] *excl* oh!; *(pain)* aïe!

oil [ɔɪl] — **1** *n (mineral)* pétrole *m; (heating)* mazout *m; (in machine, cooking, art etc)* huile *f*. **fried in ~** frit à l'huile; **~ and vinegar dressing** vinaigrette *f*; **painted in ~s** peint à l'huile. — **2** *adj (industry, shares)* pétrolier (*f* -ière); *(magnate etc)* du pétrole; *(lamp, stove)* à pétrole; *(level, pressure)* d'huile; *(painting)* à l'huile. **~ gauge** jauge *f* de niveau d'huile; *(Art)* **~ paint** couleur *f* à l'huile; **~ pollution** pollution *f* aux hydrocarbures; **~ rig** *(land)* derrick *m; (sea)* plate-forme *f* pétrolière; **~ slick** nappe *f* de pétrole; *(on beach)* marée *f* noire; **~ storage tank** *(domestic)* cuve *f* à mazout; **~ tanker** *(ship)* pétrolier *m; (truck)* camion-citerne *m* (à pétrole); **~ well** puits *m* de pétrole. — **3** *vt* graisser. ◆ **oilcan** *n (for lubricating)* burette *f* à huile; *(for storage)* bidon *m* à huile. ◆ **oilcloth** *n* toile *f* cirée. ◆ **oilfield** *n* gisement *m* pétrolifère. ◆ **oilfired** *adj* au mazout. ◆ **oilskins** *npl* ciré *m*. ◆ **oily** *adj (liquid)* huileux (*f* -euse); *(stain)* d'huile; *(rag, hands)* graisseux (*f* -euse); *(food)* gras (*f* grasse).

ointment ['ɔɪntmənt] *n* onguent *m*.

O.K.* ['əʊ'keɪ] *(vb: pret, ptp* **O.K.'d**) — **1** *excl* d'accord!, O.K.! — **2** *adj (good)* très bien; *(not bad)* pas mal. **is it ~ with you if ...** ça ne vous ennuie pas que + *subj*; **I'm ~** ça va; **the car is ~** *(undamaged)* la voiture est intacte; **everything's ~** tout va bien. — **3** *vt* approuver.

old [əʊld] — **1** *adj* **(a)** *(gen)* vieux (*before vowel etc* vieil, *f* vieille). **an ~ chair** une vieille chaise; *(valuable)* une chaise ancienne; **an ~ man** un vieil homme, un vieillard; **~ people, ~ folk** personnes *fpl* âgées, vieux *mpl*; **~ people's home** hospice *m* de vieillards, *(private)* maison *f* de retraite; **~ for his years** mûr pour son âge; **to grow ~er, to get ~er** vieillir; **~ age** la vieillesse; **in his ~ age** sur ses vieux jours; **~ age pension** pension *f* vieillesse *(de la Sécurité sociale)*; **~ age pensioner** retraité(e) *m(f)*; **~ maid** vieille fille *f*; *(painting)* **~ master** tableau *m* de maître; **the O~ World** l'ancien monde *m*; **as ~ as the hills** vieux comme les chemins; **~ friends** de vieux amis; **any ~ how*** n'importe comment; **any ~ thing*** n'importe quoi; *(fig)* **it's the same ~ story*** c'est toujours la même histoire; **~ wives' tale** conte *m* de bonne femme; **I say, ~ man** dites donc, mon vieux*. **(b) how ~ are you?** quel âge avez-vous?; **he is 10 years ~** il a 10 ans; **a 6-year-~ boy** un garçon de 6 ans; **~ enough to dress himself** assez grand pour s'habiller tout seul; **~ enough to vote** en âge de voter; **too ~ for** trop âgé pour; *(to child)* **when you're ~er** quand tu seras plus grand; **if I were ~er** si j'étais plus âgé; **if I were 10 years ~er** si j'avais 10 ans de plus; **~er brother** frère *m* aîné; **the ~er generation** la génération antérieure. **(c)** *(former: school etc)* ancien (*f* -ienne) *(before n)*. **in the ~ days** dans le temps; **the good ~ days** le bon vieux temps; **~ soldier** vétéran *m*. — **2** *n* **the ~** les vieux *mpl*, les vieillards *mpl*; **of ~** jadis. ◆ **old-fashioned** *adj (old)* d'autrefois; *(out-of-date)* démodé; *(person, attitude)* vieux jeu *inv*. ◆ **old-timer*** *n* vieillard *m*. ◆ **old-world** *adj (place)* vieux et pittoresque; *(charm)* d'autrefois.

olive ['ɒlɪv] — **1** *n* olive *f; (tree)* olivier *m*. **~ oil** huile *f* d'olive. — **2** *adj (skin)* olivâtre; *(colour: also* **olive-green**) vert olive *inv*.

Olympic Games [ə'lɪmpɪk'geɪms] *npl* Jeux *mpl* olympiques.

ombudsman ['ɒmbʊdzmən] *n* médiateur *m* *(dans l'administration)*.

omelet(te) ['ɒmlɪt] *n* omelette *f*.

omen ['əʊmən] *n* présage *m*, augure *m*.

ominous [ˈɒmɪnəs] *adj (event)* de mauvaise augure; *(look, cloud, voice)* menaçant; *(sound, sign)* alarmant. **that's ~** ça ne présage rien de bon.
omission [əʊˈmɪʃən] *n* omission *f.*
omit [əʊˈmɪt] *vt* omettre (*to do* de faire).
omnibus [ˈɒmnɪbəs] *n (book)* recueil *m.*
omnipotent [ɒmˈnɪpətənt] *adj* omnipotent.
on [ɒn] — **1** *prep* **(a)** *(gen)* sur; *(position)* sur, à. **~ the table** sur la table; **with a ring ~ her finger** une bague au doigt; **I have no money ~ me** je n'ai pas d'argent sur moi; **~ the blackboard** au tableau; **~ the train** dans le train; **~ the main road** sur la grand-route; **~ the violin** au violon; **~ France-Inter** sur France-Inter; **I'm ~ £6,000 a year** je gagne 6 000 livres par an; **he's ~ a course** il suit un cours; **to be ~ a new project** travailler à un nouveau projet; **to be ~ the committee** faire partie du comité; **to be ~ pills** prendre des pilules; **he's ~ heroin** il se drogue à l'héroïne; **a book ~ Greece** un livre sur la Grèce; **we're ~ irregular verbs** nous en sommes aux verbes irréguliers; **it's ~ me** c'est moi qui paie. **(b)** *(time)* **~ Sunday** dimanche; **~ Sundays** le dimanche; **~ December 1st** le 1er décembre; **~ the evening of December 3rd** le 3 décembre au soir; **~ or about the 20th** vers le 20; **it's just ~ 5 o'clock** il va être 5 heures; **~ my arrival** à mon arrivée; **~ hearing this** en entendant cela.
— **2** *adv* **(a)** *(covering)* **he had his coat ~** il avait mis son manteau; **she had nothing ~** elle était toute nue; **what had he got ~?** qu'est-ce qu'il portait?; **the lid is ~** le couvercle est mis. **(b)** *(forward)* **from that time ~** à partir de ce moment-là; **it was well ~ into May** mai était déjà bien avancé. **(c)** *(continuation)* **they talked ~ and ~** ils ont parlé sans arrêt; **go ~ with your work** continuez votre travail. **(d)** *(functioning etc: machine, engine)* en marche; *(light, TV, radio)* allumé; *(tap)* ouvert; *(brake)* serré; *(meeting, programme etc)* en cours. **the play is still ~** la pièce est encore à l'affiche; **what's ~?** qu'y a-t-il à la radio (*or* à la télé *etc*)?; **you're ~ now!** c'est à vous maintenant! **(e)** *(phrases)* **and so ~** et ainsi de suite; **it's not ~*** *(refusing)* pas question!; *(not done)* cela ne se fait pas; **he is always ~ at me*** il est toujours après moi*; **I'm ~ to something** je suis sur une piste intéressante; **the police are ~ to him** la police est sur sa piste.
◆ **oncoming** *adj* venant en sens inverse. ◆ **onlooker** *n* spectateur *m* (*f* -trice). ◆ **onset** *n* début *m.* ◆ **onshore** *adj (wind)* de mer. ◆ **onslaught** *n* attaque *f.* ◆ **onto** *prep* = **on to.** ◆ **onward(s)** *adv* en avant. **from today ~** à partir d'aujourd'hui.
once [wʌns] — **1** *adv* **(a)** *(on one occasion)* une fois. **~ before** une fois déjà; **~ again, ~ more** encore une fois; **~ and for all** une fois pour toutes; **~ a week** une fois par semaine; **~ in a hundred years** une fois tous les cent ans; **~ in a while** de temps en temps; **~ or twice** une fois ou deux; **for ~** pour une fois; **~ a journalist always a journalist** qui a été journaliste le reste toute sa vie. **(b)** *(formerly)* jadis, autrefois. **~ upon a time there was** il y avait une fois, il était une fois. **(c) at ~** *(immediately)* tout de suite. **all at ~** *(suddenly)* tout à coup; *(simultaneously)* à la fois. — **2** *conj* une fois que. **~ she'd seen him she ...** après l'avoir vu elle ...
◆ **once-over*** *n:* **to give sth the ~** vérifier qch très rapidement.

one [wʌn] — **1** *adj* un(e). **~ apple** une pomme; **~ Sunday morning** un dimanche matin; **~ summer afternoon** par un après-midi d'été; **the ~ man who** le seul qui + *subj;* **~ and only** seul et unique; **~ and the same thing** exactement la même chose.
— **2** *pron* **(a)** un(e) *m(f).* **twenty-~** vingt et un(e); **would you like ~?** en voulez-vous un?; **~ of them** *(people)* l'un d'eux, l'une d'elles; *(things)* (l')un, (l')une; **he's ~ of us** il est des nôtres; **I for ~ don't believe it** pour ma part je ne le crois pas; **~ by ~** un à un; **in ~s and twos** *(arrive)* par par petits groupes; *(get, send)* quelques-uns à la fois; **~ after the other** l'un après l'autre; **it's all ~ to me** cela m'est égal; **to be ~ up*** avoir l'avantage (*on sb* sur qn); **you can't have ~ without the other** on ne peut avoir l'un sans l'autre; **this ~** celui-ci, celle-ci; **that ~** celui-là, celle-là; **the ~ who, the ~ which** celui qui, celle qui; **which ~?** lequel?, laquelle?; **the red ~** le rouge; **that's a difficult ~!** ça c'est difficile!; **the little ~s** les petits; **he's a clever ~** c'est un malin; **~ another** = **each other** *see* **each 2b.** **(b)** *(impersonal)* **~ must try** on doit essayer, il faut essayer; **it tires ~ too much** cela vous fatigue trop.
◆ **one-armed bandit*** *n* machine *f* à sous *(jeu).* ◆ **one-man** *adj (job)* fait par un seul homme; *(exhibition etc)* consacré à un seul artiste. *(fig)* **it's a ~ band*** un seul homme fait marcher toute l'affaire; *(variety)* **~ show** one-man show *m.* ◆ **one-off****adj* unique. ◆ **oneself** *pron* se, soi-même; *(after prep)* soi(-même); *(emphatic)* soi-même. **to hurt ~** se blesser; **to speak to ~** se parler à soi-même; **all by ~** tout seul. ◆ **one-sided** *adj (decision)* unilatéral; *(contest)* inégal; *(account)* partial. ◆ **one-time** *adj* ancien (*f* -ienne) *(before n).* ◆ **one-upmanship*** *n* art *m* de faire mieux que les autres. ◆ **one-way** *adj (street)* à sens unique; *(traffic)* en sens unique; *(ticket)* simple.
onion [ˈʌnjən] *n* oignon *m.* **~ soup** soupe *f* à l'oignon.
only [ˈəʊnlɪ] — **1** *adj* seul. **the ~ book that ...** le seul livre qui + *subj;* **~ child** enfant *mf* unique; **you're the ~ one to think of that** vous êtes le seul à y avoir pensé; **the ~ thing is that it's too late** seulement il est trop tard; **the ~ way to do it** la seule façon de le faire. — **2** *adv (gen)* seulement. **I ~ bought one** j'en ai seulement acheté un, je n'en ai acheté qu'un; **I can ~ say that ...** tout ce que je peux dire c'est que ...; **it's ~ that I thought ...** simplement, je pensais ...; **for one person ~** pour une seule personne; **'ladies ~'** 'réservé aux dames'; **I ~ looked at it** je n'ai fait que le regarder; **not ~ A but also B** non seulement A mais aussi B, **I caught the train but ~ just** j'ai eu le train mais de justesse; **if ~** si seulement. — **3** *conj* seulement. **I would buy it, ~ it's too dear** je l'achèterais bien, seulement *or* mais il est trop cher.
onus [ˈəʊnəs] *n:* **the ~ is on him** c'est sa responsabilité (*to do* de faire).
onyx [ˈɒnɪks] *n* onyx *m.*
ooze [uːz] *vi* suinter.
opal [ˈəʊpəl] *n* opale *f.*
opaque [əʊˈpeɪk] *adj* opaque.
open [ˈəʊpən] — **1** *adj* **(a)** *(gen)* ouvert; *(car)* décapoté; *(sewer)* à ciel ouvert; *(prison)* à régime libéral; *(pores)* dilaté. **wide ~** grand ouvert; *(fig)* **to keep ~ house** tenir table ouverte; **the road's ~** la route est dégagée;

road ~ to traffic route ouverte à la circulation; **the ~ road** la grand-route; **in the ~ air** *(gen)* en plein air; *(sleep)* à la belle étoile; **in ~ country** en rase campagne; **patch of ~ ground** *(between trees)* clairière *f; (in town)* terrain *m* vague; **~ sandwich** canapé *m;* **the ~ sea** la haute mer; **~ space** espace *m* libre; **~ to persuasion** ouvert à la persuasion. **(b)** *(meeting, trial)* public (*f* publique); *(competition, scholarship)* ouvert à tous. **several choices were ~ to them** plusieurs choix s'offraient à eux; **this post is still ~** ce poste est encore vacant; **~ day** journée *f* du public; *(Sport)* **~ season** saison *f* de la chasse; **the O~ University** ≃ le Centre de Télé-enseignement universitaire. **(c)** *(frank etc: person, face, revolt)* ouvert; *(enemy)* déclaré; *(admiration, envy)* manifeste. **it's an ~ secret** ce n'est un secret pour personne. **(d)** *(undecided: question)* non résolu. **it's an ~ question whether ...** on ne sait pas si ...; **to leave ~** *(matter)* laisser en suspens; *(date)* ne pas préciser; **to have an ~ mind on sth** ne pas avoir formé d'opinion sur qch; **~ verdict** verdict *m* de décès avec causes indéterminées; **~ ticket** billet *m* open.

— **2** *n:* **out in the ~** *(out of doors)* en plein air; *(sleep)* à la belle étoile; **to come out into the ~** *(secret, plans)* se faire jour; *(person)* parler franchement (*about* de); **to bring out into the ~** divulguer.

— **3** *vt (gen)* ouvrir; *(legs)* écarter; *(hole)* percer; *(negotiations)* engager. **to ~ sth out** ouvrir qch; **to ~ up** *(gen)* ouvrir; *(blocked road)* dégager; **to ~ wide** ouvrir tout grand; **to ~ again** rouvrir; **to ~ Parliament** ouvrir la session parlementaire.

— **4** *vi* **(a)** *(gen)* s'ouvrir; *(of shop, museum, bank etc)* ouvrir. **the door ~ed** la porte s'est ouverte; **to ~ again** se rouvrir; **to ~ on to** *or* **into** *(of door, room)* donner sur; **to ~ out** *(of flower, person)* s'ouvrir; *(of passage etc)* s'élargir; **to ~ up** *(gen)* s'ouvrir; *(start shooting)* ouvrir le feu. **(b)** *(begin: of class, meeting, book)* s'ouvrir (*with* par). **the play ~s next week** la première a lieu la semaine prochaine. ◆ **open-air** *adj (activities)* de plein air; *(pool, meeting)* en plein air; *(theatre)* de verdure. ◆ **opener** *n (bottles)* ouvre-bouteilles *m inv; (tins)* ouvre-boîtes *m inv.* ◆ **open-heart surgery** *n* chirurgie *f* à cœur ouvert. ◆ **opening** — **1** *n (gen)* ouverture *f; (opportunity)* occasion *f* (*to do* de faire); *(trade outlet)* débouché *m* (*for* pour); *(job)* poste *m* vacant. — **2** *adj (ceremony, speech)* d'inauguration; *(remark)* préliminaire. *(Theatre)* **~ night** première *f;* **~ time** l'heure *f* d'ouverture *(des pubs).* ◆ **openly** *adv (frankly)* ouvertement; *(publicly)* publiquement. ◆ **open-minded** *adj* à l'esprit ouvert. ◆ **open-necked** *adj* à col ouvert. ◆ **open-plan** *adj* sans cloisons.

opera ['ɒpərə] *n* opéra *m.* **~ glasses** jumelles *fpl* de théâtre; **~ house** opéra; **~ singer** chanteur *m* (*f* -euse) d'opéra.

operate ['ɒpəreɪt] — **1** *vi (gen)* opérer; *(of system, machine)* fonctionner *(by electricity etc* à l'électricité *etc).* **he was ~d on for appendicitis** il a été opéré de l'appendicite; **to ~ on sb's eyes** opérer qn des yeux. — **2** *vt (machine etc)* faire fonctionner; *(switch)* actionner; *(changes)* opérer. **~d by electricity** qui marche à l'électricité. ◆ **operating** *adj (costs)* opérationnel (*f* -elle). *(Med)* **~ table** table *f* d'opération; **~ theatre** salle *f* d'opération.

operation [,ɒpə'reɪʃən] *n (gen)* opération *f.* *(Med)* **to have an ~** se faire opérer; **a lung ~** une opération au poumon; **to perform an ~ on sb** opérer qn; **to be in ~** *(law, system)* être en vigueur; **to come into ~** entrer en vigueur.

operative ['ɒpərətɪv] *adj (law, system)* en vigueur. **the ~ word** le mot clef.

operator ['ɒpəreɪtə^r] *n (gen)* opérateur *m* (*f* -trice); *(telephone)* téléphoniste *mf.* **radio ~** radio *m;* **tour ~** organisateur *m* (*f* -trice) de voyages.

operetta [,ɒpə'retə] *n* opérette *f.*

opinion [ə'pɪnjən] *n (gen)* opinion *f,* avis *m.* **in my ~** à mon avis; **in the ~ of** d'après; **to be of the ~ that** être d'avis que; **political ~s** opinions politiques; **to have a high ~ of** avoir bonne opinion de; **what is your ~ of ...?** que pensez-vous de ...?; *(Med)* **to take a second ~** prendre l'avis d'un autre médecin; **~ poll** sondage *m* d'opinion. ◆ **opinionated** *adj* dogmatique.

opium ['əʊpɪəm] *n* opium *m.*

opponent [ə'pəʊnənt] *n* adversaire *mf.*

opportune ['ɒpətju:n] *adj* opportun.

opportunist [,ɒpə'tju:nɪst] *n* opportuniste *mf.*

opportunity [,ɒpə'tju:nɪtɪ] *n* occasion *f.* **to have the** *or* **an ~** avoir l'occasion (*to do, of doing* de faire); **to take the ~** profiter de l'occasion (*of doing, to do* pour faire); **at the earliest ~** à la première occasion; **equality of ~** égalité *f* de chances; **it offers great opportunities** cela offre de grandes possibilités *fpl.*

oppose [ə'pəʊz] *vt (gen)* s'opposer à; *(motion etc)* faire opposition à; *(in debate)* parler contre. ◆ **opposed** *adj* opposé (*to* à). **I'm ~ to it** je m'y oppose; **as ~ to** par opposition à; **as ~ to that, ...** par contre, ... ◆ **opposing** *adj* opposé.

opposite ['ɒpəzɪt] — **1** *adv, prep* en face (de). **the house ~** la maison d'en face; **it's directly ~** c'est directement en face; **they live ~ us** ils habitent en face de chez nous; **~ one another** en vis-à-vis; *(of actor)* **to play ~ sb** partager la vedette avec qn. — **2** *adj (other, contrary: gen)* opposé. **'see ~ page'** 'voir ci-contre'; **the ~ sex** l'autre sexe *m;* **his ~ number** son homologue *m.* — **3** *n:* **the ~** le contraire; **quite the ~!** au contraire!

opposition [,ɒpə'zɪʃən] *n* opposition *f* (*to* à). **in ~ to** en opposition avec; *(Pol)* **~ party** parti *m* de l'opposition; **they put up some ~** ils opposèrent une certaine résistance.

oppress [ə'pres] *vt* opprimer. ◆ **oppression** *n* oppression *f.* ◆ **oppressive** *adj (gen)* oppressif (*f* -ive); *(heat)* accablant; *(weather)* lourd. ◆ **oppressor** *n* oppresseur *m.*

opt [ɒpt] *vi* opter (*for* pour), choisir (*to do* de faire). **to ~ out of sth** choisir de ne pas participer à qch.

optical ['ɒptɪkəl] *adj (lens)* optique; *(instrument, illusion)* d'optique.

optician [ɒp'tɪʃən] *n* opticien(ne) *m(f).*

optimism ['ɒptɪmɪzəm] *n* optimisme *m.* ◆ **optimist** *n* optimiste *mf.* ◆ **optimistic** *adj* optimiste. ◆ **optimistically** *adv* avec optimisme.

option ['ɒpʃən] *n* option *f* (*on* sur); *(in school)* matière *f* à option. **I have no ~** je n'ai pas le choix; *(fig)* **to keep one's ~s open** ne pas décider trop tôt. ◆ **optional** *adj (gen)* facultatif (*f* -ive). *(goods)* **~ extra** accessoire *m* en option.

opulent ['ɒpjʊlənt] *adj* opulent.

or [ɔːʳ] *conj* ou; *(with neg)* ni. ~ **else** ou bien; **he could not read ~ write** il ne savait ni lire ni écrire; **an hour ~ so** environ une heure.
oracle [ˈɒrəkl] *n* oracle *m.*
oral [ˈɔːrəl] *adj, n* oral *(m).*
orange [ˈɒrɪndʒ] — **1** *n (fruit)* orange *f; (colour)* orange *m;* (~*-tree*) oranger *m.* — **2** *adj (colour)* orange *inv; (drink)* à l'orange. ~ **blossom** fleur *f* d'oranger; ~ **marmalade** marmelade *f* d'oranges.
oration [ɔːˈreɪʃən] *n* discours *m* solennel.
orator [ˈɒrətəʳ] *n* orateur *m* (*f* -trice).
oratorio [ˌɒrəˈtɔːrɪəʊ] *n* oratorio *m.*
oratory [ˈɒrətərɪ] *n* éloquence *f.*
orbit [ˈɔːbɪt] — **1** *n* orbite *f.* **in(to)** ~ en orbite (*around* autour de). — **2** *vti* orbiter.
orchard [ˈɔːtʃəd] *n* verger *m.* **apple** ~ verger de pommiers.
orchestra [ˈɔːkɪstrə] *n* orchestre *m.*
orchestral [ɔːˈkestrəl] *adj (music)* orchestral; *(concert)* symphonique.
orchid [ˈɔːkɪd] *n* orchidée *f.*
ordain [ɔːˈdeɪn] *vt* **(a)** décréter (*that* que). **(b) to ~ sb priest** ordonner qn prêtre.
ordeal [ɔːˈdiːl] *n* (terrible) épreuve *f.*
order [ˈɔːdəʳ] — **1** *n* **(a)** *(gen)* ordre *m.* **in this ~** dans cet ordre; **in ~ of merit** par ordre de mérite; **in ~** *(gen)* en ordre; *(documents)* en règle; *(permitted)* permis; *(normal)* normal; **to put in ~** mettre en ordre; **out of ~, not in working ~** *(machine)* en panne; *(telephone line)* en dérangement; **on a point of ~** sur une question de forme; **to keep ~** *(police etc)* maintenir l'ordre; *(teacher)* faire régner la discipline; **to keep sb in ~** tenir qn. **(b)** (**holy**) **~s** ordres *mpl* (majeurs); **to take ~s** entrer dans les ordres. **(c)** *(command)* ordre *m.* **on the ~s of** sur l'ordre de; **by ~ of** par ordre de; **to be under ~s to do** avoir reçu l'ordre de faire; *(Law)* **~ of the Court** injonction *f* de la cour; **deportation ~** arrêté *m* d'expulsion. **(d)** *(to shop)* commande *f.* **made to ~** fait sur commande; **to place an ~** passer une commande (*with sb* à qn; *for sth* de qch); **on ~** commandé; **to ~** sur commande; **~ book** carnet *m* de commandes; **~ form** bon *m* de commande. **(e) in ~ to do** pour faire, afin de faire; **in ~ that** afin que + *subj.*
— **2** *vti* **(a)** *(command)* ordonner (*sb to do* à qn de faire; *that* que + *subj).* **he was ~ed to leave** on lui a ordonné de partir; **to ~ sb in** ordonner à qn d'entrer; **to ~ sb about** commander qn. **(b)** *(goods, meal)* commander; *(taxi)* faire venir; *(in restaurant etc)* passer sa commande.
orderly [ˈɔːdəlɪ] — **1** *adj (mind)* méthodique; *(life)* réglé; *(person)* qui a de l'ordre; *(crowd)* discipliné. — **2** *n (Mil)* planton *m; (Med)* garçon *m* de salle.
ordinal [ˈɔːdɪnl] *adj, n* ordinal *(m).*
ordinary [ˈɔːdnrɪ] *adj* **(a)** *(usual)* ordinaire, habituel (*f* -elle). **in the ~ way** normalement; **out of the ~** qui sort de l'ordinaire. **(b)** *(average reader etc)* moyen (*f* -enne). **just an ~ fellow** un homme comme les autres.
ordination [ˌɔːdɪˈneɪʃən] *n* ordination *f.*
ordnance [ˈɔːdnəns] *n:* **O~ Corps** Service *m* du matériel; **O~ Survey map** ≃ carte *f* d'État-Major.
ore [ɔːʳ] *n* minerai *m.*
oregano [ˌɒrɪˈgɑːnəʊ] *n* origan *m.*
organ [ˈɔːgən] *n (gen)* organe *m; (Music)* orgue *m.* ◆ **organic** *adj* organique. ◆ **organism** *n* organisme *m.* ◆ **organist** *n* organiste *mf.*
organization [ˌɔːgənaɪˈzeɪʃən] *n* organisation *f.*
organize [ˈɔːgənaɪz] *vt* organiser. **to get ~d** s'organiser. ◆ **organized** *adj* organisé. **~ labour** main-d'œuvre *f* syndiquée. ◆ **organizer** *n* organisateur *m* (*f* -trice).
orgasm [ˈɔːgæzəm] *n* orgasme *m.*
orgy [ˈɔːdʒɪ] *n* orgie *f.*
orient [ˈɔːrɪənt] *n* orient *m.* ◆ **oriental** *adj* oriental.
orientate [ˈɔːrɪənteɪt] *vt* orienter.
orienteering [ˌɔːrɪənˈtɪərɪŋ] *n (Sport)* exercice *m* d'orientation sur le terrain.
origami [ˌɒrɪˈgɑːmɪ] *n* art *m* du pliage *m.*
origin [ˈɒrɪdʒɪn] *n* origine *f.*
original [əˈrɪdʒɪnl] — **1** *adj (first)* originel (*f* -elle); *(not copied; also unconventional)* original. — **2** *n* original *m.* ◆ **originality** *n* originalité *f.* ◆ **originally** *adv (in the beginning)* à l'origine; *(not copying)* originalement.
originate [əˈrɪdʒɪneɪt] *vi (gen)* prendre naissance (*in* dans); *(of goods)* provenir (*from* de); *(of suggestion, idea)* émaner (*from* de).
◆ **originator** *n* auteur *m.*
Orkneys [ˈɔːknɪz] *npl* Orcades *fpl.*
ornament [ˈɔːnəmənt] *n (gen)* ornement *m; (object)* bibelot *m.* ◆ **ornamental** *adj (gen)* ornemental; *(lake etc)* d'agrément.
ornate [ɔːˈneɪt] *adj* très orné.
ornithology [ˌɔːnɪˈθɒlədʒɪ] *n* ornithologie *f.*
orphan [ˈɔːfən] — **1** *adj, n* orphelin(e) *m(f).* — **2** *vt:* **to be ~ed** devenir orphelin(e). ◆ **orphanage** *n* orphelinat *m.*
orthodox [ˈɔːθədɒks] *adj* orthodoxe.
orthopaedic [ˌɔːθəʊˈpiːdɪk] — **1** *adj* orthopédique. — **2 ~s** *nsg* orthopédie *f.*
oscillate [ˈɒsɪleɪt] *vi* osciller.
osprey [ˈɒspreɪ] *n* orfraie *f.*
ostensibly [ɒsˈtensəblɪ] *adv:* **he was ~ a student** il était soi-disant étudiant; **he went out, ~ to telephone** il est sorti sous prétexte de téléphoner.
ostentatious [ˌɒstenˈteɪʃəs] *adj (surroundings, person)* prétentieux (*f* -ieuse); *(dislike, attempt)* ostentatoire.
osteopath [ˈɒstɪəpæθ] *n* ostéopathe *mf.*
ostracize [ˈɒstrəsaɪz] *vt* frapper d'ostracisme.
ostrich [ˈɒstrɪtʃ] *n* autruche *f.*
other [ˈʌðəʳ] — **1** *adj, pron* autre *(before n).* **several ~s** plusieurs autres; **one after the ~** l'un après l'autre; **some do, ~s don't** les uns le font, les autres non; **the ~ one** l'autre *mf;* **the ~ 5** les 5 autres; **some ~s** d'autres; **~ people have done it** d'autres l'ont fait; **~ people's property** la propriété d'autrui; **the ~ day** l'autre jour; **some ~ day** un autre jour; **every ~ day** tous les deux jours; **~ than** autre que; **someone or ~** je ne sais qui. — **2** *adv* autrement (*than* que). **no one ~ than** nul autre que.
otherwise [ˈʌðəˌwaɪz] *adv, conj (gen)* autrement. **~ engaged** occupé à autre chose; **except where ~ stated** sauf indication contraire; **~ excellent** par ailleurs excellent.
otter [ˈɒtəʳ] *n* loutre *f.*
ouch [aʊtʃ] *excl* aïe!
ought [ɔːt] *pret* **ought** *modal aux vb:* **I ~ to do it** je devrais le faire, il faudrait que je le fasse; **I ~ to have done it** j'aurais dû le faire; **he thought he ~ to tell you** il a pensé qu'il devait vous le dire.
ounce [aʊns] *n* once *f* (= *28,35 g*).
our [ˈaʊəʳ] *poss adj* notre, *pl* nos. ◆ **ours** *poss pron* le nôtre, la nôtre, les nôtres. **it's ~** c'est à nous; **a friend of ~** un de nos amis. ◆ **our-**

selves *pers pron (reflexive)* nous; *(emphatic)* nous-mêmes. **we've hurt ~** nous nous sommes blessés; **we said to ~** nous nous sommes dit; **we saw it ~** nous l'avons vu nous-mêmes; **all by ~** tout seuls, toutes seules.

oust [aʊst] *vt* évincer (*from* de).

out [aʊt] — **1** *adv* **(a)** *(outside)* dehors. **to go ~, to get ~** sortir; **to lunch ~** déjeuner dehors; **to have a day ~** sortir pour la journée; **her evening ~** sa soirée de sortie; **~ there** là-bas; **~ here** ici; **he's ~ in the garden** il est dans le jardin; **he's ~** il est sorti, il n'est pas là; **he's ~ fishing** il est parti à la pêche; **the voyage ~** l'aller *m;* **the ball is ~** le ballon est sorti; *(Tennis)* '**~!**' 'dehors!'; **~ loud** tout haut. **(b)** *(unconscious)* sans connaissance; *(of game etc)* éliminé; *(on strike)* en grève; *(of fashion)* démodé; *(having appeared etc: flower)* épanoui; *(moon, sun)* levé; *(secret, news)* révélé; *(book)* publié; *(of tide)* bas (*f* basse); *(extinguished: light etc)* éteint. **before the month was ~** avant la fin du mois; **his calculations were ~** il s'est trompé dans ses calculs (*by* de); **to be ~ to do** vouloir à tout prix faire; **to be all ~*** *(tired)* être éreinté; **the car was going all ~** *or* **flat ~*** la voiture fonçait à toute vitesse; *(unequivocally)* **right ~, straight ~** franchement. — **2 out of** *prep* **(a)** *(outside)* en dehors de, hors de. **to go** *or* **come ~ of** sortir de; **~ of the window** par la fenêtre; **to feel ~ of it** ne pas se sentir dans le coup*. **(b)** *(cause etc)* par. **~ of curiosity** par curiosité. **(c)** *(origin etc)* de; dans. **one chapter ~ of a novel** un chapitre d'un roman; **made ~ of onyx** en onyx; **he made it ~ of a crate** il l'a fait avec une caisse; **to take sth ~ of a drawer** prendre qch dans un tiroir; **to copy sth ~ of a book** copier qch dans un livre. **(d)** *(from among)* sur. **in 9 cases ~ of 10** dans 9 cas sur 10; **one ~ of 5 smokers** un fumeur sur 5. **(e) I'm ~ of money** je n'ai plus d'argent. ◆ **out-and-out** *adj (fool, liar etc)* fieffé; *(victory)* total. ◆ **outback** *n (Australia)* intérieur *m* du pays. ◆ **outboard** *adj* hors-bord *inv.* ◆ **outbreak** *n (of war, disease)* début *m; (of violence)* éruption *f.* ◆ **outbuildings** *npl* dépendances *fpl.* ◆ **outburst** *n* explosion *f; (angry)* crise *f* de colère. ◆ **outcast** *n* paria *m.* ◆ **outcome** *n* issue *f,* résultat *m.* ◆ **outcry** *n* protestations *fpl.* ◆ **outdated** *adj* démodé. ◆ **outdo** *pret* **outdid,** *ptp* **outdone** *vt* l'emporter sur (*sb in sth* qn en qch). ◆ **outdoor** *adj (activity)* de plein air; *(pool)* à ciel ouvert; *(clothes)* chaud; *(life)* au grand air. ◆ **outdoors** *adv (stay, play)* dehors; *(live)* au grand air; *(sleep)* à la belle étoile. ◆ **outer** *adj (wrapping)* extérieur; *(garments)* de dessus; *(space)* cosmique. **the ~ suburbs** la grande banlieue. ◆ **outfit** *etc V below.* ◆ **outgoing** *adj (president etc)* sortant; *(fig: personality)* ouvert. ◆ **outgoings** *npl* dépenses *fpl.* ◆ **outgrow** *pret* **outgrew,** *ptp* **outgrown** *vt (clothes)* devenir trop grand pour. ◆ **outhouse** *n* appentis *m.* ◆ **outing** *n* sortie *f,* excursion *f.* ◆ **outlandish** *adj* bizarre. ◆ **outlaw** — **1** *n* hors-la-loi *m inv.* — **2** *vt (person)* mettre hors la loi. ◆ **outlay** *n* dépenses *fpl.* ◆ **outlet** *n (for water etc)* sortie *f; (electric)* prise *f* de courant; *(of tunnel)* sortie; *(for goods, talents etc)* débouché *m; (retail)* point *m* de vente; *(for energy, emotions)* exutoire *m* (*for* à); **~ pipe** tuyau *m* d'échappement. ◆ **outline** *V below.* ◆ **outlive** *vt* survivre à (*by* de). ◆ **outlook** *n (view)* vue *f* (*on, over* sur); *(prospect)* perspective *f* (d'avenir); *(point of view)* point *m* de vue (*on* sur). **the ~ for June is wet** on annonce de la pluie pour juin. ◆ **outlying** *adj (remote)* écarté. ◆ **outmoded** *adj* démodé. ◆ **outnumber** *vt* surpasser en nombre. ◆ **out-of-date** *adj (passport, ticket)* périmé; *(clothes, theory)* démodé. ◆ **out-of-doors** *adv* = **outdoors.** ◆ **out-of-the-way** *adj* écarté. ◆ **outpatient** *n* malade *mf* en consultation externe. **~s department** service *m* hospitalier de consultation externe. ◆ **outpost** *n* avant-poste *m.* ◆ **output** *n (gen)* production *f; (of machine, factory worker)* rendement *m; (Computers)* sortie *f.* ◆ **outrage** *V below.* ◆ **outrider** *n* motard *m (d'escorte).* ◆ **outright** — **1** *adv (kill)* sur le coup; *(win, own)* complètement; *(buy)* comptant; *(refuse)* catégoriquement; *(say)* carrément. — **2** *adj (win)* complet (*f* -ète); *(denial etc)* catégorique; *(winner)* incontesté. ◆ **outset** *n* début *m.* ◆ **outside** *V below.* ◆ **outsize** *adj (gen)* énorme; *(clothes)* grande taille *inv.* ◆ **outskirts** *npl* banlieue *f.* ◆ **outspoken** *adj* franc (*f* franche). ◆ **outstanding** *adj* **(a)** *(exceptional)* remarquable. **(b)** *(unfinished etc: business)* en suspens; *(debt)* impayé; *(interest)* à échoir; *(problem)* non résolu. ◆ **outstay** *vt:* **to ~ one's welcome** abuser de l'hospitalité de qn. ◆ **outstretched** *adj* étendu. ◆ **outward** — **1** *adv* (*also* **~wards**) vers l'extérieur. *(ship)* **~ bound** en partance. — **2** *adj (appearance etc)* extérieur. **~ journey** aller *m.* ◆ **outwardly** *adv* en apparence. ◆ **outweigh** *vt* l'emporter sur. ◆ **outwit** *vt* se montrer plus malin que.

outfit ['aʊtfɪt] *n (clothes)* tenue *f; (clothes and equipment)* équipement *m; (tools)* matériel *m; (for puncture, first aid)* trousse *f.* **a Red Indian ~** une panoplie d'Indien; **skiing ~** tenue de ski. ◆ **outfitter** *n:* **'gents' ~'** 'confection pour hommes'.

outline ['aʊtlaɪn] — **1** *n (gen)* contour *m; (of building, person)* silhouette *f. (main features)* **the broad ~s of sth** les grandes lignes *fpl* de qch. — **2** *vt (theory, plan)* exposer les grandes lignes de; *(facts, situation)* donner un aperçu de.

outrage ['aʊtreɪdʒ] — **1** *n (act)* atrocité *f; (during riot etc)* acte *m* de violence; *(emotion)* intense indignation *f.* **bomb ~** attentat *m* à la bombe; **it's an ~!** c'est un scandale! — **2** *vt:* **to be ~d by sth** trouver qch monstrueux. ◆ **outrageous** *adj (gen)* monstrueux (*f* -ueuse); *(less strong)* scandaleux (*f* -euse); *(price)* exorbitant; *(hat, fashion)* extravagant.

outside [ˌaʊt'saɪd] — **1** *adv* dehors, à l'extérieur. **he's ~** il est dehors; **go and play ~** va jouer dehors; **the box was clean ~** la boîte était propre à l'extérieur; **to go ~** sortir. — **2** *prep* à l'extérieur de; *(fig)* en dehors de. **~ the house** à l'extérieur de la maison; **~ the door** à la porte; **~ the normal range** en dehors de la gamme normale. — **3** *n* extérieur *m.* **~ in** = **inside out** (*V* **inside**); *(fig)* **at the very ~** tout au plus. — **4** *adj* extérieur; *(maximum)* maximum. *(road)* **the ~ lane** *(Brit)* la voie de droite; *(US, Europe etc)* la voie de gauche; *(Radio, TV)* **~ broadcast** émission *f* réalisée à l'extérieur; **~ opinion** avis *m* d'une personne indépendante; **an ~ chance** une très faible chance. ◆ **outsider** *n (stranger)* étranger *m* (*f* -ère).

oval ['əʊvəl] *adj, n* ovale *(m).*

ovary ['əʊvərɪ] *n* ovaire *m.*

ovation [əʊ'veɪʃən] *n* ovation *f.*

oven ['ʌvn] *n* four *m*. **in the ~** au four; **in a cool ~** à four doux; **it is like an ~** c'est une fournaise; **~ glove** gant *m* isolant. ◆ **oven-proof** *adj* allant au four. ◆ **oven-ready** *adj* prêt à cuire. ◆ **ovenware** *n* plats *mpl* allant au four.

over ['əʊvəʳ] — **1** *adv* **(a)** *(above)* par-dessus. **children of 8 and ~** enfants à partir de 8 ans. **(b)** *(across etc)* **~ here** ici; **~ there** là-bas; **they're ~ from Canada** ils arrivent du Canada; **~ to you!** à vous!; **he went ~ to his mother's** il est passé chez sa mère; **ask Paul ~** invitez Paul à venir nous voir; **I'll be ~ at 7 o'clock** je passerai à 7 heures; **the world ~** dans le monde entier; **covered all ~ with** tout couvert de; *(fig)* **that's him all ~!** c'est bien de lui!; **to turn sth ~ and ~** retourner qch dans tous les sens. **(c)** *(again)* encore une fois. **~ and ~ again** à maintes reprises; **5 times ~** 5 fois de suite. **(d)** *(finished)* fini. **it was just ~** cela venait de se terminer; **the rain is ~** la pluie s'est arrêtée; **the danger was ~** le danger était passé; **~ and done with** tout à fait fini. **(e)** *(remaining)* en plus. **if there is any meat ~** s'il reste de la viande; **there are 3 ~** il en reste 3.
— **2** *prep* **(a)** *(on top of)* sur. **he spread it ~ the bed** il l'a étendu sur le lit; **I spilled coffee ~ it** j'ai renversé du café dessus; **a cardigan ~ a blouse** un gilet par-dessus un corsage. **(b)** *(above)* au-dessus de. **a lamp ~ the table** une lampe au-dessus de la table. **(c)** *(across)* **the house ~ the road** la maison d'en face; **the bridge ~ the river** le pont qui traverse la rivière; **it's just ~ the river** c'est juste de l'autre côté de la rivière; **to look ~ the wall** regarder par-dessus le mur; **to jump ~ a wall** sauter un mur. **(d)** *(everywhere in)* **all ~ France** partout en France; **all ~ the world** dans le monde entier. **(e)** *(more than)* plus de, au-dessus de. **~ 3 hours** plus de 3 heures ; **she is ~ sixty** elle a plus de soixante ans; **women ~ 21** les femmes de plus de 21 ans; **all numbers ~ 20** tous les chiffres au-dessus de 20. **(f)** *(phrases)* **~ a period of** sur une période de; **~ a cup of coffee** tout en buvant une tasse de café; **~ the phone** au téléphone; **~ the radio** à la radio; **how long will you be ~ it?** combien de temps cela te prendra-t-il?; **what came ~ you?** qu'est-ce qui t'a pris?; **~ and above what ...** sans compter ce que ...; **but ~ and above that ...** mais en outre ...
— **3** *pref: exprime l'excès, par exemple* **overabundant** surabondant; **overcautious** trop prudent.
◆ **overact** *vi* exagérer son rôle. ◆ **overall** — **1** *adj (study, survey)* d'ensemble; *(width, length)* total. — **2** *n* blouse *f (de travail)*. *(heavy duty)* **~s** bleus *mpl* (de travail). ◆ **overawe** *vt* impressionner. ◆ **overbalance** *vi* basculer. ◆ **overbearing** *adj* autoritaire. ◆ **overboard** *adv* par-dessus bord. **man ~!** un homme à la mer! ◆ **overcast** *adj* couvert. ◆ **overcharge** *vt:* **to ~ sb for sth** faire payer qch trop cher à qn. ◆ **overcoat** *n* pardessus *m*. ◆ **overcome** *pret* **overcame,** *ptp* **overcome** *vti (gen)* vaincre; *(opposition)* triompher de; *(temptation, obstacle)* surmonter; *(one's rage etc)* maîtriser. **to be ~ by** succomber à; **she was quite ~** elle était saisie. ◆ **overcook** *vt* faire trop cuire. ◆ **overcrowded** *adj (room, bus)* bondé; *(house, town)* surpeuplé. ◆ **overcrowding** *n (in housing)* surpeuplement *m; (in classroom)* effectifs *mpl* surchargés. ◆ **overdo** *pret* **overdid,** *ptp* **overdone** *vt (exaggerate)* exagérer; *(overcook)* faire trop cuire. **to ~ it** exagérer; *(work too hard)* se surmener. ◆ **overdose** *n* overdose *m*. ◆ **overdraft** *n* découvert *m*. **I've got an ~** mon compte est à découvert. ◆ **overdrawn** *adj* à découvert. ◆ **overdue** *adj (train, bus)* en retard; *(reform, apology)* tardif (*f* -ive); *(account)* impayé. **it's long ~** ça aurait dû être fait depuis longtemps. ◆ **overestimate** *vt* surestimer. ◆ **overexcited** *adj* surexcité. ◆ **overexpose** *vt* surexposer. ◆ **overflow** — **1** *n (outlet)* trop-plein *m; (excess people, objects)* excédent *m*. **~ pipe** tuyau *m* d'écoulement. — **2** *vi* déborder (*with* de). **full to ~ing** plein à ras bord. ◆ **overgrown** *adj* envahi par l'herbe. ◆ **overhaul** — **1** *n* révision *f*. — **2** *vt* réviser. ◆ **overhead** — **1** *adv* au-dessus; *(in the sky)* dans le ciel. — **2** *adj (cables, railway)* aérien (*f* -ienne); *(lighting)* vertical. — **3** *n:* **~s** frais *mpl* généraux. ◆ **overhear** *pret, ptp* **overheard** *vt* entendre *(souvent par hasard)*. ◆ **overheat** *vi (of engine)* chauffer. ◆ **overjoyed** *adj* ravi. ◆ **overland** *adj, adv* par voie de terre. ◆ **overlap** — **1** *n* chevauchement *m*. — **2** *vi* se chevaucher. ◆ **overleaf** *adv* au verso. ◆ **overload** *vt (gen)* surcharger (*with* de); *(engine)* surmener. ◆ **overlook** *vt (miss)* oublier; *(ignore)* fermer les yeux sur; *(of house etc)* donner sur. ◆ **overmuch** *adv* trop. ◆ **overnight** — **1** *adv (during the night)* pendant la nuit; *(until next day)* jusqu'à demain *or* au lendemain; *(suddenly)* du jour au lendemain. — **2** *adj (stay)* d'une nuit; *(journey)* de nuit; *(fig: change)* soudain. **~ bag** nécessaire *m* de voyage. ◆ **overpass** *n* pont *m* autoroutier. ◆ **overpopulated** *adj* surpeuplé. ◆ **overpower** *vt* maîtriser. ◆ **overpowering** *adj (gen)* irrésistible; *(smell, heat)* suffocant. ◆ **overrate** *vt* surestimer. ◆ **overrated** *adj* surfait. ◆ **overreach** *vt:* **to ~ o.s.** vouloir trop entreprendre. ◆ **overreact** *vi* dramatiser, réagir avec excès. ◆ **override** *pret* **overrode,** *ptp* **overridden** *vt (order, wishes)* passer outre à. ◆ **overriding** *adj (importance)* primordial; *(factor, item)* prépondérant. ◆ **overrule** *vt (judgment, decision)* annuler. ◆ **overseas** — **1** *adv* outre-mer; *(abroad)* à l'étranger. — **2** *adj (market)* d'outre-mer; *(trade)* extérieur; *(visitor)* étranger (*f* -ère); *(aid)* aux pays étrangers. **Ministry of O~ Development** ≃ ministère *m* de la Coopération. ◆ **oversee** *pret* **oversaw,** *ptp* **overseen** *vt* surveiller. ◆ **overshadow** *vt (fig)* éclipser. ◆ **overshoot** *pret, ptp* **overshot** *vt* dépasser. ◆ **oversight** *n* omission *f*. ◆ **oversimplify** *vt* simplifier à l'extrême. ◆ **oversleep** *pret, ptp* **overslept** *vi* dormir trop longtemps. ◆ **overspill** *n:* **~ town** ville-satellite *f*. ◆ **overstate** *vt* exagérer. ◆ **overtake** *pret* **overtook,** *ptp* **overtaken** *vt (car)* doubler; *(competitor)* dépasser. **~n by events** dépassé par les événements. ◆ **overthrow** *pret* **overthrew,** *ptp* **overthrown** *vt* renverser. ◆ **overtime** *n* heures *fpl* supplémentaires. **to work ~** faire des heures supplémentaires. ◆ **overtone** *n* accent *m*, note *f*. ◆ **overturn** — **1** *vt (gen)* renverser; *(boat)* faire chavirer. — **2** *vi (of vehicle)* se retourner; *(of boat)* chavirer. ◆ **overweight** *adj* trop gros (*f* grosse); **to be 5 kilos ~** peser 5 kilos de trop. ◆ **overwhelmed** *adj (embarrassed)* tout confus; *(happy)* au comble de la joie; *(sad)* accablé. ◆ **overwhelming** *adj (victory, majority)* écrasant; *(desire)* irrésistible; *(sorrow)*

accablant. ◆ **overwork** — **1** *n* surmenage *m.* — **2** *vi* se surmener. ◆ **overwrought** *adj* excédé.

overt [əʊ'vɜːt] *adj* non déguisé.

overture ['əʊvətjʊəʳ] *n* ouverture *f.*

owe [əʊ] *vt* devoir (*to* à).

owing ['əʊɪŋ] — **1** *adj* dû. **the amount ~ on ...** ce qui reste dû sur ...; **the money ~ to me** la somme qu'on me doit. — **2** **~ to** *prep* en raison de.

owl [aʊl] *n* hibou *m.*

own [əʊn] — **1** *adj, pron* propre *(before n).* **his ~ car, a car of his ~** sa propre voiture; **his very ~ house, a house of his very ~** une maison bien à lui; **he does his ~ cooking** il fait sa cuisine lui-même; **the house has its ~ garage** la maison a son garage particulier; **that's my ~** c'est à moi; **a charm all its ~** un charme qui lui est propre; **money of my ~** de l'argent à moi; **all on one's ~** tout seul; *(fig)* **you're on your ~ now!** à toi de jouer!; **to get one's ~ back** prendre sa revanche (*on* sur; *for* de). — **2** *vti* **(a)** *(possess: gen)* posséder; *(house, company)* être le (*or* la) propriétaire de. **who ~s this?** à qui est-ce que cela appartient? **(b)** *(acknowledge)* reconnaître (*that* que). **to ~ to a mistake** reconnaître avoir commis une erreur; **to ~ up** avouer. ◆ **owner** *n* propriétaire *mf.* ◆ **owner-occupier** *n* occupant *m* propriétaire. ◆ **ownership** *n* possession *f.*

ox [ɒks] *n, pl* **oxen** bœuf *m.*

oxide ['ɒksaɪd] *n* oxyde *m.*

oxtail ['ɔksteɪl] *n:* **~ soup** soupe *f* à la queue de bœuf.

oxygen ['ɒksɪdʒən] *n* oxygène *m.* **~ mask** masque *m* à oxygène.

oyster ['ɔɪstəʳ] *n* huître *f.* **~ bed** banc *m* d'huîtres.

oz. *abbr. of* **ounce.**

ozone ['əʊzəʊn] *n* ozone *m.*

P

P, p [piː] *n (letter)* P, p *m.* **1p** un penny.

pa* [pɑː] *n* papa *m.*

pace [peɪs] — **1** *n* pas *m.* **at a good ~** d'un bon pas, à vive allure; **at a walking ~** au pas; *(fig)* **to keep ~ with** marcher de pair avec. — **2** *vti (room, street)* arpenter. **to ~ up and down** faire les cent pas. ◆ **pacemaker** *n* stimulateur *m* cardiaque.

Pacific [pə'sɪfɪk] *n* Pacifique *m.*

pacifist ['pæsɪfɪst] *adj, n* pacifiste *(mf).*

pacify ['pæsɪfaɪ] *vt (person)* apaiser; *(country)* pacifier.

pack [pæk] — **1** *n* **(a)** *(rucksack)* sac *m* (d'ordonnance); *(packet)* paquet *m.* **(b)** *(of hounds)* meute *f; (of wolves, thieves)* bande *f; (of cards)* jeu *m.* **~ of lies** tissu *m* de mensonges. **(c)** *(Rugby)* pack *m.* — **2** *vti (wrap etc)* emballer; *(crush down)* tasser; *(fill: suitcase etc)* remplir (*with* de). **to ~ one's case** faire sa valise; **to ~ one's bags, to ~** faire ses bagages; **to ~ sth away** ranger qch; **to ~ sth up** mettre qch dans une valise; *(wrap)* emballer qch; **~ed lunch** repas *m* froid; **~ed like sardines** serrés comme des sardines; **they all ~ed into the car** ils se sont tous entassés dans la voiture; **~ed (with people)** bondé; *(give up)* **to ~ sth in*** *or* **up*** laisser tomber* qch; *(send)* **to ~ sb off to** expédier qn à.

package ['pækɪdʒ] *n* paquet *m.* **~ deal** marché *m* global; **~ holiday** voyage *m* organisé. ◆ **packaging** *n* emballage *m.*

packet ['pækɪt] *n (gen)* paquet *m; (of nuts, sweets)* sachet *m.* **to cost a ~*** coûter une fortune.

packing ['pækɪŋ] *n:* **to do one's ~** faire ses bagages; **~ case** caisse *f* d'emballage.

pact [pækt] *n* pacte *m,* traité *m.*

pad [pæd] — **1** *n* (*writing* **~**) bloc *m* (de papier à lettres); (*note* **~**) bloc-notes *m; (for protection)* coussinet *m; (for inking)* tampon *m* encreur; (*launching* **~**) rampe *f* (de lancement); *(sanitary towel)* serviette *f* hygiénique. — **2** *vti (gen)* rembourrer. **~ded cell** cabanon *m;* **to ~ along** marcher à pas feutrés. ◆ **padding** *n* rembourrage *m; (in book etc)* délayage *m.*

paddle ['pædl] — **1** *n* pagaie *f.* **~ steamer** bateau *m* à roues. — **2** *vti (walk)* barboter. **to ~ a canoe** pagayer; **paddling pool** bassin *m* pour enfants; *(for garden)* petite piscine *f (démontable).*

paddock ['pædək] *n* enclos *m; (Racing)* paddock *m.*

paddy ['pædɪ] *n:* **~ field** rizière *f.*

padlock ['pædlɒk] *n (gen)* cadenas *m; (on cycle)* antivol *m.*

padre ['pɑːdrɪ] *n (Mil etc)* aumônier *m.*

paediatrician, *(US)* **pediatrician** [ˌpiːdɪə'trɪʃən] *n* pédiatre *mf.*

paediatrics, *(US)* **pediatrics** [ˌpiːdɪ'ætrɪks] *n* pédiatrie *f.*

pagan ['peɪgən] *adj, n* païen(ne) *m(f).*

page [peɪdʒ] — **1** *n* **(a)** page *f.* **on ~ 10** à la page 10. **(b)** *(~ boy: in hotel)* groom *m; (at court)* page *m.* — **2** *vt* appeler.

pageant ['pædʒənt] *n* spectacle *m* historique. ◆ **pageantry** *n* apparat *m.*

pagoda [pə'gəʊdə] *n* pagode *f.*

paid [peɪd] *pret, ptp of* **pay.**

pail [peɪl] *n* seau *m.*

pain [peɪn] *n* **(a)** douleur *f.* **to be in (great) ~** souffrir (beaucoup); **I have a ~ in my shoulder** j'ai mal à l'épaule; **he's a ~ in the neck*** il est casse-pieds*. **(b)** *(trouble)* **to take ~s to do sth** faire qch très soigneusement; **to spare no ~s** ne pas ménager ses efforts (*to do* pour faire). ◆ **painful** *adj (wound)* douloureux (*f* -euse); *(sight, duty)* pénible. ◆ **painfully** *adv (throb)*

douloureusement; *(walk)* péniblement; (*: *thin)* terriblement*. ◆ **painkiller** *n* calmant *m.* ◆ **painless** *adj (extraction, childbirth)* sans douleur; *(expérience)* pas trop méchant*. ◆ **painstaking** *adj (work)* soigné; *(person)* appliqué. ◆ **painstakingly** *adv* avec soin.
paint [peɪnt] — **1** *n* peinture *f.* **~s** couleurs *fpl.* — **2** *vti* peindre. **to ~ a wall red** peindre un mur en rouge; *(fig)* **to ~ the town red** faire la bringue*. ◆ **paintbox** *n* boîte *f* de couleurs. ◆ **paintbrush** *n* pinceau *m.* ◆ **painter** *n* peintre *m.* **~ and decorator** peintre décorateur. ◆ **painting** *n (picture)* tableau *m; (activity)* peinture *f.* ◆ **paintpot** *n* pot *m* de peinture. ◆ **paint-spray** *n* pulvérisateur *m* de peinture. ◆ **paint-stripper** *n* décapant *m.* ◆ **paintwork** *n* peintures *fpl.*
pair [pɛəʳ] — **1** *n* paire *f; (man and wife)* couple *m.* **a ~ of trousers** un pantalon; **a ~ of scissors** une paire de ciseaux; **in ~s** par deux. — **2** *vi:* **to ~ off** s'arranger deux par deux.
pajamas [pə'dʒɑːməz] *npl (US)* pyjama *m.*
Pakistan [,pɑːkɪs'tɑːn] *n* Pakistan *m.*
Pakistani [,pɑːkɪs'tɑːnɪ] — **1** *adj* pakistanais. — **2** *n* Pakistanais(e) *m(f).*
pal* [pæl] *n* copain* *m,* copine* *f.*
palace ['pælɪs] *n* palais *m (bâtiment).*
palatable ['pælətəbl] *adj (food)* agréable au goût; *(fact)* acceptable.
palate ['pælɪt] *n* palais *m (bouche).*
palaver* [pə'lɑːvəʳ] *n (fuss)* histoires* *fpl.*
pale [peɪl] — **1** *adj* pâle. **~ blue** bleu pâle *inv.* — **2** *vi* pâlir.
Palestine ['pælɪstaɪn] *n* Palestine *f.* ◆ **Palestinian** *n* Palestinien(ne) *m(f).*
palette ['pælɪt] *n* palette *f.*
paling ['peɪlɪŋ] *n (fence)* palissade *f.*
pall [pɔːl] — **1** *vi* perdre son charme (*on* pour). — **2** *n (of smoke)* voile *m.*
pallid ['pælɪd] *adj* blême.
palm [pɑːm] — **1** *n* **(a)** *(tree)* palmier *m; (branch)* palme *f; (Rel)* rameau *m.* **P~ Sunday** dimanche *m* des Rameaux. **(b)** *(of hand)* paume *f.* — **2** *vt:* **to ~ sth off** refiler* qch (*on sb* à qn).
palmistry ['pɑːmɪstrɪ] *n* chiromancie *f.*
palpable ['pælpəbl] *adj (error etc)* manifeste.
palpitate ['pælpɪteɪt] *vi* palpiter.
paltry ['pɔːltrɪ] *adj* dérisoire.
pamper ['pæmpəʳ] *vt* dorloter, choyer.
pamphlet ['pæmflɪt] *n* brochure *f.*
pan [pæn] *n* casserole *f.* **frying ~** poêle *f;* **roasting ~** plat *m* à rôtir; **~ scrubber** tampon *m* à récurer.
pan... [pæn] *prefix* pan... ◆ **Pan-African** panafricain.
pancake ['pænkeɪk] *n* crêpe *f.* **P~ Tuesday** Mardi *m* gras.
panda ['pændə] *n* panda *m.* **~ car** ≃ voiture *f* pie *inv (de la police).*
pandemonium [,pændɪ'məʊnɪəm] *n* tohu-bohu *m.*
pander ['pændəʳ] *vi:* **to ~ to sb** se prêter aux exigences de qn.
pane [peɪn] *n* vitre *f,* carreau *m.*
panel ['pænl] *n* **(a)** *(of door)* panneau *m; (of dress)* pan *m.* **instrument ~** tableau *m* de bord. **(b)** *(Radio, TV etc) (gen)* invités *mpl; (for game)* jury *m.* **~ game** jeu *m* radiophonique (*or* télévisé). ◆ **panelling** *n* lambris *m.* ◆ **panellist** *n (Radio, TV)* invité(e) *m(f).*
pang [pæŋ] *n:* **~s of conscience** remords *mpl;* **without a ~** sans regret; **~s of hunger** tiraillements *mpl* d'estomac.
panic ['pænɪk] — **1** *n* panique *f,* affolement *m.* **to get into a ~** s'affoler; **it was ~ stations*** ça a été la panique générale. — **2** *vi* s'affoler. **don't ~!*** pas d'affolement! ◆ **panicky** *adj (report)* alarmiste; *(person)* paniquard*. ◆ **panic-stricken** *adj* affolé.
pannier ['pænɪəʳ] *n (of cycle)* sacoche *f.*
panorama [,pænə'rɑːmə] *n* panorama *m.* ◆ **panoramic** *adj* panoramique.
pansy ['pænzɪ] *n* pensée *f (fleur).*
pant [pænt] *vi* haleter. **to ~ for breath** chercher à reprendre son souffle.
pantechnicon [pæn'teknɪkən] *n* grand camion *m* de déménagement.
panther ['pænθəʳ] *n* panthère *f.*
panties* ['pæntɪz] *npl* slip *m (de femme).*
pantomime ['pæntəmaɪm] *n* spectacle *m* de Noël.
pantry ['pæntrɪ] *n* garde-manger *m inv.*
pants [pænts] *npl (underwear)* slip *m; (trousers)* pantalon *m.*
papacy ['peɪpəsɪ] *n* papauté *f.*
papal ['peɪpəl] *adj* papal.
paper ['peɪpəʳ] — **1** *n* **(a)** papier *m.* **a piece of ~** *(bit)* un bout de papier, *(sheet)* une feuille de papier; *(document)* un papier; **to put sth down on ~** mettre qch par écrit. **(b)** *(newspaper)* journal *m.* **(c)** *(exam)* épreuve *f* écrite; *(written answers)* copie *f.* **(d)** *(scholarly work)* article *m; (at seminar)* exposé *m; (at conference)* communication *f.* — **2** *adj (gen)* en papier, de papier; *(plates, cups)* en carton; *(industry)* du papier. **~ bag** sac *m* en papier; **~ clip** trombone *m;* **~ knife** coupe-papier *m inv;* **~ shop*** marchand *m* de journaux; **~ work** paperasserie *f (pej).* — **3** *vt (room)* tapisser. ◆ **paperback** *n* livre *m* de poche. ◆ **paperboy** *n* livreur *m* de journaux. ◆ **paperweight** *n* presse-papiers *m inv.*
paprika ['pæprɪkə] *n* paprika *m.*
par [pɑːʳ] *n:* **to be on a ~ with** aller de pair avec; **to feel below ~** ne pas se sentir en forme.
parable ['pærəbl] *n* parabole *f.*
parachute ['pærəʃuːt] — **1** *n* parachute *m.* **~ drop, ~ landing** parachutage *m;* **~ jump** saut *m* en parachute. — **2** *vi* descendre en parachute. — **3** *vt* parachuter. ◆ **parachutist** *n* parachutiste *mf.*
parade [pə'reɪd] — **1** *n (procession)* défilé *m; (ceremony)* parade *f.* **to be on ~** défiler; **~ ground** terrain *m* de manœuvres; **fashion ~** présentation *f* de collections. — **2** *vi* défiler. *(fig)* **to ~ about*** se balader*.
paradise ['pærədaɪs] *n* paradis *m.*
paradox ['pærədɒks] *n* paradoxe *m.* ◆ **paradoxically** *adv* paradoxalement.
paraffin ['pærəfɪn] *n (fuel)* pétrole *m.* **liquid ~** huile *f* de paraffine; **~ lamp** lampe *f* à pétrole.
paragraph ['pærəgrɑːf] *n* paragraphe *m.* **'new ~'** 'à la ligne'.
parallel ['pærəlel] — **1** *adj* parallèle (*with, to* à). **to run ~ to** être parallèle à. — **2** *n (on map)* parallèle *m; (Math)* parallèle *f. (fig)* **to draw a ~ between** établir un parallèle entre.
paralysis [pə'ræləsɪs] *n* paralysie *f.*
paralyze ['pærəlaɪz] *vt* paralyser. **his arm is ~d** il est paralysé du bras; **~d with fear** paralysé de peur.
paramilitary [,pærə'mɪlɪtərɪ] *adj* paramilitaire.
paramount ['pærəmaʊnt] *adj (importance)* suprême.
paranoia [,pærə'nɔɪə] *n* paranoïa *f.*

paranoiac [ˌpærəˈnɔɪɪk] *adj, n* paranoïaque *(mf)*.

parapet [ˈpærəpɪt] *n* parapet *m*.

paraphernalia [ˌpærəfəˈneɪlɪə] *npl* attirail *m*.

paraphrase [ˈpærəfreɪz] *vt* paraphraser.

paraplegic [ˌpærəˈpliːdʒɪk] *n* paraplégique *mf*.

parasite [ˈpærəsaɪt] *n* parasite *m*.

parasol [ˌpærəˈsɒl] *n* ombrelle *f; (over table etc)* parasol *m*.

paratroops [ˈpærətruːps] *npl* parachutistes *mpl*.

parcel [ˈpɑːsl] — **1** *n* colis *m*, paquet *m*. **~ bomb** paquet piégé; **by ~ post** par colis postal. — **2** *vt* (**~ up**) empaqueter. **to ~ out** partager; *(land)* lotir.

parched [pɑːtʃt] *adj (land)* desséché. *(of person)* **to be ~** mourir de soif.

parchment [ˈpɑːtʃmənt] *n* parchemin *m*.

pardon [ˈpɑːdn] — **1** *n* pardon *m*. *(Law)* **free ~** grâce *f*; **general ~** amnistie *f*. — **2** *vt* pardonner (*sb for sth* qch à qn; *sb for doing* à qn d'avoir fait); *(Law)* gracier. — **3** *excl* pardon.

pare [pɛəʳ] *vt (fruit)* peler.

parent [ˈpɛərənt] *n* père *m or* mère *f*. **his ~s** ses parents *mpl*; **~-teacher association** association *f* des parents d'élèves et des professeurs; **~ company** maison *f* mère.

parental [pəˈrentl] *adj* parental.

parenthesis [pəˈrenθɪsɪs] *n, pl* **-eses** parenthèse *f*. **in ~** entre parenthèses.

Paris [ˈpærɪs] *n* Paris.

parish [ˈpærɪʃ] *n* paroisse *f; (civil)* commune *f*. **~ church** église *f* paroissiale. ◆ **parishioner** *n* paroissien(ne) *m(f)*.

Parisian [pəˈrɪzɪən] — **1** *adj* parisien (*f* -enne). — **2** *n* Parisien(ne) *m(f)*.

parity [ˈpærɪtɪ] *n* parité *f*.

park [pɑːk] — **1** *n* parc *m*. **~ keeper** gardien *m* de parc. — **2** *vt (car)* garer. — **3** *vi* se garer. **I'm ~ed by the church** je suis garé près de l'église. ◆ **parking** *n* stationnement *m*. **'no ~'** 'stationnement interdit'; **~ attendant** gardien *m* de parking; **~ lights** feux *mpl* de position; **~ lot** parking *m*; **~ meter** parcmètre *m*; **I couldn't find a ~ place** je n'ai pas pu trouver de place pour me garer; **~ ticket** contravention *f*.

parliament [ˈpɑːləmənt] *n* parlement *m*. **to go into P~** se faire élire député; *see* **house, member.** ◆ **parliamentary** *adj (gen)* parlementaire; *(election)* législatif (*f* -ive).

parlour, *(US)* **parlor** [ˈpɑːləʳ] *n* salon *m*. **~ game** jeu *m* de société.

parmesan [ˌpɑːmɪˈzæn] *n* parmesan *m*.

parochial [pəˈrəʊkɪəl] *adj* paroissial; *(fig: narrow)* de clocher.

parody [ˈpærədɪ] *n* parodie *f*.

parole [pəˈrəʊl] *n (Law)* **on ~** en liberté conditionnelle.

parquet [ˈpɑːkeɪ] *n* parquet *m*.

parrot [ˈpærət] *n* perroquet *m*. **~ fashion** comme un perroquet.

parsimonious [ˌpɑːsɪˈməʊnɪəs] *adj* parcimonieux (*f* -ieuse).

parsley [ˈpɑːslɪ] *n* persil *m*. **~ sauce** sauce *f* persillée.

parsnip [ˈpɑːsnɪp] *n* panais *m*.

parson [ˈpɑːsn] *n* pasteur *m*. *(food)* **~'s nose** croupion *m*. ◆ **parsonage** *n* presbytère *m*.

part [pɑːt] — **1** *n (gen)* partie *f; (of machine etc)* pièce *f; (of serial)* épisode *m; (in play)* rôle *m; (of verb)* temps *m*. **in ~** en partie; **for the most ~** dans l'ensemble; **to be ~ of** faire partie de; **the hundredth ~** le centième; **the funny ~ of it is that...** le plus drôle dans l'histoire c'est que...; **three ~s water to one ~ milk** trois mesures d'eau pour une de lait; **~ exchange** reprise *f* en compte; **~ owner** copropriétaire *mf*; **~ payment** règlement *m* partiel; **~ song** chant *m* à plusieurs voix; **~ of speech** catégorie *f* grammaticale; **in this ~ of the world** par ici; **he had a large ~ in organizing ...** il a joué un grand rôle dans l'organisation de ...; **she had some ~ in it** elle y était pour quelque chose; **to take ~ in** participer à; **to take sb's ~** prendre parti pour qn; **for my ~** pour ma part; **to take sth in good ~** prendre qch du bon côté. — **2** *adv* en partie. **~ French** en partie français. — **3** *vt (gen)* séparer. **to ~ one's hair on the side** se faire une raie sur le côté; **to ~ company with** fausser compagnie à. — **4** *vi (of friends)* se quitter. **to ~ from sb** se séparer de qn; **to ~ with** *(money)* débourser; *(possessions)* se défaire de. ◆ **partly** *adv* en partie. ◆ **part-time** *adj, adv* à temps partiel.

partial [ˈpɑːʃəl] *adj (in part)* partiel (*f* -ielle); *(biased)* partial (*towards* envers). **to be ~ to*** avoir un faible pour. ◆ **partially** *adv* en partie.

participate [pɑːˈtɪsɪpeɪt] *vi* participer (*in* à). ◆ **participation** *n* participation *f* (*in* à).

participle [ˈpɑːtɪsɪpl] *n* participe *m*.

particle [ˈpɑːtɪkl] *n* particule *f*.

particular [pəˈtɪkjʊləʳ] — **1** *adj* **(a)** *(special)* particulier (*f* -ière); *(own special)* personnel (*f* -elle). **that ~ book** ce livre-là; **her ~ choice** son choix personnel; **in this ~ case** dans ce cas particulier; **a ~ friend of his** un de ses meilleurs amis. **(b)** *(fussy)* difficile (*about* en ce qui concerne). **I'm not ~** cela m'est égal. — **2** *n* **(a) in ~** en particulier. **(b)** *(detail)* **in every ~** en tout point; **~s** *(information)* détails *mpl*; *(description)* description *f*; *(name, address)* nom *m* et adresse *f*; **for further ~s** pour plus amples renseignements. ◆ **particularly** *adv* en particulier.

parting [ˈpɑːtɪŋ] *n* séparation *f; (in hair)* raie *f*. **the ~ of the ways** la croisée des chemins; **~ gift** cadeau *m* d'adieu.

partisan [ˌpɑːtɪˈzæn] *n* partisan *m*.

partition [pɑːˈtɪʃən] — **1** *n* **(a)** cloison *f*. **(b)** *(Pol)* partition *f*. — **2** *vt (country)* partager; *(room)* cloisonner.

partner [ˈpɑːtnəʳ] *n (business etc)* associé(e) *m(f); (Sport)* partenaire *mf; (Dancing)* cavalier *m* (*f* -ière). **senior ~** associé principal; **junior ~** associé adjoint. ◆ **partnership** *n* association *f*. **in ~** en association (*with* avec).

partridge [ˈpɑːtrɪdʒ] *n* perdrix *f; (food)* perdreau *m*.

party [ˈpɑːtɪ] *n* **(a)** *(Pol etc)* parti *m; (group)* groupe *m; (of workmen)* équipe *f; (Mil)* détachement *m*. **~ line** ligne *f* du parti; **~ political broadcast** ≈ 'tribune *f* libre'; *(Law)* **third ~** tiers *m*; **innocent ~** innocent(e) *m(f)*; **to be (a) ~ to** être mêlé à. **(b)** *(celebration)* surprise-partie *f; (more formal)* réception *f*. **to give a ~** inviter des amis; *(more formally)* donner une soirée; **birthday ~** fête *f* d'anniversaire; **dinner ~** dîner *m*; **tea ~** thé *m*; **~ dress** robe *f* habillée. **(c)** *(Telephone)* **~ line** ligne *f* commune à deux abonnés; **~ wall** mur *m* mitoyen.

pass [pɑːs] — **1** *n* **(a)** *(permit: for entry)* laissez-passer *m inv; (Rail etc)* carte *f* d'abonnement; *(safe conduct)* sauf-conduit *m*. **(b)** *(in mountains)* col *m*, défilé *m*. **(c)** *(in exam)* **~ mark** moyenne *f* (*in* en); **to get a ~** avoir la

moyenne; ~ **degree** licence *f* libre. **(d)** *(Football etc)* passe *f*. *(fig)* **he made a ~* at her** il lui a fait du plat*.
— **2** *vti* **(a)** *(got past: often* **~ along, ~ by** *etc)* passer (*through* par); *(of procession)* défiler. **to ~ a church** passer devant une église; **to ~ sb** *(meet)* croiser; *(overtake)* dépasser; *(in car)* doubler; **to ~ the customs** passer la douane; **I'm only ~ing through** je ne fais que passer; **a ~ing car** une voiture qui passe; **~ing-out parade** défilé *m* de promotion; **she would ~ for 20** on lui donnerait 20 ans; **he let it ~** il l'a laissé passer; **the estate ~ed to...** la propriété est revenue à...; **how time ~es!** comme le temps passe vite!; **to ~ away, to ~ on** *(die)* mourir; **to ~ by** passer à côté; **everything ~ed off smoothly** tout s'est bien passé; **to ~ sth off as...** faire passer qch pour...; **to ~ on to sth new** passer à qch de nouveau; **to ~ out** s'évanouir; *(drunk)* tomber ivre mort; **to ~ over Paul in favour of Robert** préférer Robert à Paul; **to ~ up an opportunity** laisser passer une occasion. **(b)** *(transmit: object)* passer (*to* à); *(opinion)* émettre; *(comment)* faire. **~ me the box** passez-moi la boîte; **to ~ sth along, to ~ sth round** faire passer qch; *(fig)* **to ~ round the hat** faire la quête; **to ~ sth back** rendre qch; **to ~ sth on** faire passer qch (*to* à); *(old clothes etc)* repasser qch (*to* à); *(infection)* passer (*to* à); *(news)* faire circuler; *(message)* transmettre; *(Football)* **to ~ the ball** faire une passe; **to ~ blood** avoir du sang dans les urines; **to ~ water** uriner; **to ~ judgement** prononcer un jugement (*on* sur); *(Law)* **to ~ sentence** prononcer une condamnation (*on* contre). **(c)** *(afternoon etc)* passer. **to ~ the evening reading** passer la soirée à lire. **(d)** *(exam)* être reçu à; *(candidate)* recevoir; *(in Parliament: bill)* voter; *(of censors: film etc)* autoriser. **to ~ in French** être reçu en français; *(of doctor)* **to ~ sb fit for work** déclarer qn en état de reprendre le travail.

passable ['pɑːsəbl] *adj (work etc)* passable; *(road)* praticable; *(river)* franchissable.

passage ['pæsɪdʒ] *n (most senses)* passage *m*; *(by boat)* traversée *f*; *(corridor)* couloir *m*. **with the ~ of time** avec le temps.

passenger ['pæsɪndʒəʳ] *n (gen)* passager *m* (*f* -ère); *(in train)* voyageur *m* (*f* -euse). *(in car)* **~ seat** siège *m* du passager; **~ train** train *m* de voyageurs.

passer-by ['pɑːsə'baɪ] *n* passant(e) *m(f)*.

passion ['pæʃən] *n* passion *f*. **to have a ~ for music** avoir la passion de la musique; **P~ play** mystère *m* de la Passion. ◆ **passionate** *adj* passionné. ◆ **passionnately** *adv* passionnément. **to be ~ fond of** adorer.

passive ['pæsɪv] *adj (all senses)* passif (*f* -ive). *(Grammar)* **in the ~** au passif.

passkey ['pɑːskiː] *n* passe-partout *m inv*.

Passover ['pɑːsəʊvəʳ] *n* Pâque *f* des Juifs.

passport ['pɑːspɔːt] *n* passeport *m*.

password ['pɑːswɜːd] *n* mot *m* de passe.

past [pɑːst] — **1** *n* passé *m*. **in the ~** autrefois; *(Grammar)* au passé; **it's a thing of the ~** cela n'existe plus, c'est fini. — **2** *adj* passé. **the ~ week** la semaine dernière; **the ~ few days** ces derniers jours; **~ president** ancien président; **to be a ~ master at sth** avoir l'art de faire qch; *(Grammar)* **in the ~ tense** au passé. — **3** *prep* **(a)** *(in time)* plus de. **it is ~ 11 o'clock** il est plus de 11 heures; *(Brit)* **half ~ three** trois heures et demie; **at 20 ~ 3** à 3 heures 20; **she is ~ 60** elle a plus de 60 ans. **(b)** *(beyond)* **just ~ the post office** un peu plus loin que la poste; **~ all belief** incroyable; **I'm ~ caring** je ne m'en fais plus; **he's a bit ~ it*** il n'est plus dans la course*; **that cake is ~ its best** ce gâteau n'est plus si bon; **I wouldn't put it ~ her** cela ne m'étonnerait pas d'elle. **(c)** *(in front of)* devant. **to go ~ the house** passer devant la maison. — **4** *adv* devant. **to go ~** passer.

pasta ['pæstə] *n* pâtes *fpl*.

paste [peɪst] — **1** *n* **(a)** *(gen)* pâte *f*; *(of meat etc)* pâté *m*. **almond ~** pâte d'amandes; **tomato ~** concentré *m* de tomate. **(b)** *(glue)* colle *f* (de pâte). **~ jewellery** bijoux *mpl* en strass. — **2** *vt* coller; *(wallpaper)* enduire de colle. **to ~ up a list** afficher une liste.

pastel ['pæstəl] — **1** *n* pastel *m*. — **2** *adj* pastel *inv*.

pasteurize ['pæstəraɪz] *vt* pasteuriser.

pastime ['pɑːstaɪm] *n* passe-temps *m inv*.

pastor ['pɑːstəʳ] *n* pasteur *m*.

pastry ['peɪstrɪ] *n* pâte *f*; *(cake)* pâtisserie *f*. **~ case** croûte *f*. ◆ **pastrycook** *n* pâtissier *m* (*f* -ière).

pasture ['pɑːstʃəʳ] *n* pâturage *m*.

pasty ['peɪstɪ] — **1** *adj (face)* terreux (*f* -euse). — **2** ['pæstɪ] *n* petit pâté *m*.

pat [pæt] — **1** *vt* tapoter; *(animal)* caresser. — **2** *n* **(a)** petite tape *f*; *(on animal)* caresse *f*. **to give o.s. a ~ on the back** s'applaudir. **(b) ~ of butter** noix *f* de beurre. — **3** *adv*: **to answer ~** avoir une réponse toute prête.

patch [pætʃ] — **1** *n* **(a)** *(for clothes)* pièce *f*; *(for tube, airbed)* rustine *f*; *(over eye)* bandeau *m*. **he isn't a ~ on his brother*** il n'arrive pas à la cheville de son frère. **(b)** *(of colour)* tache *f*; *(of vegetables)* carré *m*; *(of ice)* plaque *f*; *(of mist)* nappe *f*. *(fig)* **bad ~es** moments *mpl* difficiles. — **2** *vt (clothes)* rapiécer; *(tyre)* réparer. **to ~ up** *(machine)* rafistoler*; (*: *marriage*) replâtrer*; **to ~ up a quarrel** se raccommoder. ◆ **patchwork** *n* patchwork *m*. ◆ **patchy** *adj* inégal.

patent ['peɪtənt] *n* brevet *m* d'invention. **~ medicine** spécialité *f* pharmaceutique; **~ leather** cuir *m* verni. ◆ **patently** *adv* manifestement.

paternal [pə'tɜːnl] *adj* paternel (*f* -elle).

paternity [pə'tɜːnɪtɪ] *n* paternité *f*.

path [pɑːθ] *n (gen)* sentier *m*; *(in garden)* allée *f*; *(of river)* cours *m*; *(of missile, planet)* trajectoire *f*. ◆ **pathway** *n* sentier *m*.

pathetic [pə'θetɪk] *adj* pitoyable.

pathology [pə'θɒlədʒɪ] *n* pathologie *f*.

pathos ['peɪθɒs] *n* pathétique *m*.

patience ['peɪʃəns] *n* patience *f*. **to lose ~** s'impatienter (*with sb* contre qn); **I have no ~ with them** ils m'exaspèrent; *(Cards)* **to play ~** faire des réussites. ◆ **patient** — **1** *adj* patient. — **2** *n (Med)* patient(e) *m(f)*; *(in hospital)* malade *mf*. ◆ **patiently** *adv* patiemment.

patio ['pætɪəʊ] *n* patio *m*.

patriot ['peɪtrɪət] *n* patriote *mf*. ◆ **patriotic** *adj* patriotique; *(person)* patriote.

patrol [pə'trəʊl] — **1** *n* patrouille *f*. *(Police)* **~ car** voiture *f* de police. — **2** *vt (district)* patrouiller dans. ◆ **patrolman** *n* **(a)** *(US)* agent *m* de police. **(b)** dépanneur *m*.

patron ['peɪtrən] *n (of shop, hotel)* client(e) *m(f)*; *(of theatre)* habitué(e) *m(f)*; *(of artist)* protecteur *m* (*f* -trice). **~ saint** saint(e) patron(ne) *m(f)*. ◆ **patronize** *vt* **(a)** traiter avec condescendance. **(b)** *(shop)* être client de. ◆ **patronizing** *adj* condescendant.

patter ['pætəʳ] *n (talk)* baratin* *m; (of rain etc)* crépitement *m; (of footsteps)* petit bruit *m.* — **2** *vi (of rain etc)* crépiter (*on* contre).

pattern ['pætən] *n (design: on wallpaper etc)* dessin(s) *m(pl),* motif *m; (model for sewing)* patron *m; (sample)* échantillon *m.* **on the ~ of** sur le modèle de; **behaviour ~s** types *mpl* de comportement; **~ book** *(of material etc)* album *m* d'échantillons; *(Sewing)* album de modes. ◆ **patterned** *adj* à motifs.

paunch [pɔːntʃ] *n* panse *f.*

pauper ['pɔːpəʳ] *n* indigent(e) *m(f).*

pause [pɔːz] — **1** *n (gen)* pause *f; (Music)* silence *m.* — **2** *vi* s'arrêter un instant.

pave [peɪv] *vt* paver. **paving stone** pavé *m; (fig)* **to ~ the way** préparer le chemin (*for* pour). ◆ **pavement** *n (Brit)* trottoir *m; (US)* chaussée *f.*

pavilion [pə'vɪlɪən] *n* pavillon *m.*

paw [pɔː] *n* patte *f.*

pawn¹ [pɔːn] *n (Chess)* pion *m.*

pawn² [pɔːn] *vt* mettre en gage. ◆ **pawnbroker** *n* prêteur *m* sur gages. ◆ **pawnshop** *n* bureau *m* de prêteur sur gages.

pay [peɪ] (*vb: pret, ptp* **paid**) — **1** *n (gen)* salaire *m; (manual worker's)* paie *f; (soldier's etc)* solde *f.* **in the ~ of** à la solde de; **holidays with ~** congés *mpl* payés; **~ day** jour *m* de paie; **~ rise** augmentation *f* de salaire; **~ packet** enveloppe *f* de paie; *(fig)* paie *f;* **~ phone** cabine *f* téléphonique.
— **2** *vti* **(a)** *(money, person, bill)* payer (*to do* à faire; *for doing* pour faire); *(debt)* régler; *(interest)* rapporter; *(also* **~ in, ~ down:** *deposit)* verser. **to ~ sb £10** payer 10 livres à qn; **to ~ sb for sth** payer qch à qn; **to ~ £10 for sth** payer qch 10 livres; **to ~ a lot for sth** payer qch très cher; *(fig)* **he paid dearly for it** il l'a payé cher; **they ~ good wages** ils paient bien; **I get paid on Fridays** je touche ma paie le vendredi; **to ~ money into an account** verser de l'argent à un compte; **to ~ back** rembourser; **to ~ sb back** *or* **out for sth** faire payer qch à qn; **to ~ off the staff** licencier le personnel; **to ~ off a grudge** régler un vieux compte; **it ~s off!** c'est payant!; *(fig)* **to ~ the penalty** subir les conséquences; *(fig)* **this paid dividends** ceci a porté ses fruits; **he likes to ~ his way** il aime payer sa part; **to put paid to** *(plans)* mettre par terre; *(person)* régler son compte à; **it will ~ you to ...** vous gagnerez à ...; **this business doesn't ~** cette affaire n'est pas rentable; **crime doesn't ~** le crime ne paie pas. **(b)** *(attention, compliments)* faire; *(homage)* rendre; *see* **visit.**
◆ **payable** *adj* payable. **cheque ~ to** chèque *m* à l'ordre de. ◆ **paying** *adj (business)* rentable. **~ guest** pensionnaire *mf.* ◆ **payment** *n (gen)* paiement *m; (of bill, fee)* règlement *m; (of debt)* remboursement *m.* **on ~ of £50** moyennant la somme de 50 livres; **in ~ for** *(goods)* en règlement de; *(work)* en paiement de; *(sb's efforts)* en récompense de; **méthod of ~** mode *m* de règlement. ◆ **payroll** *n (list)* registre *m* du personnel; *(money)* paie *f* (de tout le personnel). **to be on a firm's ~** être employé par une société. ◆ **payslip** *n* bulletin *m* de paie.

pea [piː] *n* pois *m.* **green ~s** petits pois; **they are as like as two ~s** ils se ressemblent comme deux gouttes d'eau. ◆ **peagreen** *adj* vert pomme *inv.* ◆ **peashooter** *n* sarbacane *f.*

peace [piːs] *n* paix *f.* **in ~** en paix; **at ~** en paix (*with* avec); **in ~ time** en temps de paix; **~ of mind** tranquillité *f* d'esprit; **leave him in ~, give him some ~** laisse-le tranquille; *(Law)* **to disturb the ~** troubler l'ordre public; **~ talks** pourparlers *mpl* de paix; *(fig)* **~ offering** cadeau *m* de réconciliation. ◆ **peaceable** *adj* paisible. ◆ **peaceful** *adj (gen)* paisible, tranquille; *(demonstration)* non-violent; *(coexistence)* pacifique. **the ~ uses of atomic energy** l'utilisation pacifique de l'énergie nucléaire. ◆ **peacefully** *adv* paisiblement. ◆ **peacekeeping** *adj (force)* de maintien de la paix; *(operation)* de pacification.

peach [piːtʃ] — **1** *n* pêche *f; (tree)* pêcher *m.* — **2** *adj (colour)* pêche *inv.*

peacock ['piːkɒk] *n* paon *m.* **~ blue** bleu paon *inv.*

peak [piːk] — **1** *n (mountain top)* cime *f; (mountain itself)* pic *m; (on graph)* sommet *m; (of career, power)* apogée *m.* **at its ~** *(gen)* à son maximum; *(fame etc)* à son apogée. — **2** *adj (demand, production)* maximum; *(hours)* d'affluence; *(period)* de pointe.

peal [piːl] *n:* **~ of bells** carillon *m;* **~ of laughter** éclat *m* de rire.

peanut ['piːnʌt] *n* cacahuète *f.* **~ butter** beurre *m* de cacahuètes; *(fig)* **it's just ~s*** c'est une bagatelle.

pear [pɛəʳ] *n* poire *f; (tree)* poirier *m.*

pearl [pɜːl] *n* perle *f.* **mother of ~** nacre *f;* **real ~s** perles fines; **cultured ~s** perles de culture; **~ buttons** boutons *mpl* de nacre; **~ diver** pêcheur *m* (*f* -euse) de perles; **~ necklace** collier *m* de perles.

peasant ['pezənt] *adj, n* paysan(ne) *m(f).*

peat [piːt] *n* tourbe *f.*

pebble ['pebl] *n* caillou *m; (on beach)* galet *m.*

peck [pek] — **1** *n* coup *m* de bec; *(hasty kiss)* bise* *f.* — **2** *vti (gen)* becqueter; *(person)* donner un coup de bec à. **to ~ at** picorer; **~ing order** hiérarchie *f.* ◆ **peckish*** *adj:* **to be ~** avoir un peu faim.

peculiar [pɪ'kjuːlɪəʳ] *adj (particular: importance, qualities)* particulier (*f* -ière) (*to* à); *(odd)* bizarre. ◆ **peculiarity** *n (distinctive feature)* particularité *f; (oddity)* bizarrerie *f.* ◆ **peculiarly** *adv (specially)* particulièrement; *(oddly)* étrangement.

pedal ['pedl] — **1** *n* pédale *f.* — **2** *vi* pédaler. ◆ **pedalbin** *n* poubelle *f* à pédale.

pedantic [pɪ'dæntɪk] *adj* pédant.

peddle ['pedl] *vt (goods)* colporter; *(drugs)* faire le trafic de. ◆ **peddler** *n* (**drug ~**) revendeur *m* (*f* -euse). ◆ **pedlar** *n (door to door)* colporteur *m; (in street)* camelot *m.*

pedestal ['pedɪstl] *n* piédestal *m.*

pedestrian [pɪ'destrɪən] — **1** *n* piéton *m.* **~ crossing** passage *m* pour piétons; **~ precinct** zone *f* piétonnière. — **2** *adj (fig)* prosaïque.

pediatric *etc* = **paediatric** *etc.*

pedicure ['pedɪkjʊəʳ] *n* soins *mpl* des pieds.

pedigree ['pedɪgriː] *n (of animal)* pedigree *m; (of person)* ascendance *f.* **~ dog** chien *m* de race.

pee* [piː] *vi* faire pipi*.

peek [piːk] *n, vi* = **peep.**

peel [piːl] — **1** *n (of apple, potato)* épluchure *f; (of orange)* écorce *f; (in food etc)* zeste *m.* **candied ~** écorce confite. — **2** *vt (gen)* éplucher; *(shrimps)* décortiquer. **to ~ sth off** *or* **back** décoller qch. — **3** *vi (of paint)* s'écailler; *(of skin)* peler; *(of wallpaper)* se décoller.

◆ **peeler** *n* éplucheur *m*. ◆ **peelings** *npl* épluchures *fpl*.
peep [pi:p] *vi* (*also* **take a ~**) jeter un petit coup d'œil (*at* à, sur; *into* dans). **he was ~ing at us from...** il nous regardait furtivement de... ◆ **peephole** *n* trou *m* (pour épier). ◆ **Peeping Tom** *n* voyeur *m*.
peer¹ [pɪəʳ] *vi*: **to ~ at** regarder.
peer² [pɪəʳ] *n* pair *m*. ◆ **peerage** *n* pairie *f*. **to be given a ~** être anobli. ◆ **peeress** *n* pairesse *f*.
peeved* ['pi:vd] *adj* en rogne*.
peevish ['pi:vɪʃ] *adj* maussade.
peg [peg] *n* (*for coat, hat*) patère *f*; (*tent* **~**) piquet *m*; (*clothes* **~**) pince *f* à linge; (*wooden*) cheville *f*; (*metal*) fiche *f*. **I bought this off the ~** c'est du prêt-à-porter; **to take sb down a ~ or two** rabattre le caquet à qn.
pejorative [pɪ'dʒɒrɪtɪv] *adj* péjoratif (*f* -ive).
pekin(g)ese [,pi:kɪ'ni:z] *n* pékinois *m*.
pelican ['pelɪkən] *n* pélican *m*.
pellet ['pelɪt] *n* (*paper, bread*) boulette *f*; (*for gun*) plomb *m*; (*Med*) pilule *f*; (*chemicals*) pastille *f*.
pelmet ['pelmɪt] *n* (*wooden*) lambrequin *m*; (*cloth*) cantonnière *f*.
pelt [pelt] *vti* **(a)** bombarder (*with* de). **it's ~ing with rain** il tombe des cordes*. **(b)** (*: *run*) **to ~ across** (*etc*) traverser (*etc*) à fond de train.
pelvis ['pelvɪs] *n* bassin *m*, pelvis *m*.
pen [pen] *n* **(a)** plume *f*; (*ball-point*) stylo *m* à bille; (*felt-tip*) feutre *m*; (*fountain* **~**) stylo. **to put ~ to paper** écrire; **~ name** pseudonyme *m* (littéraire). **(b)** (*for animals*) enclos *m*; (*play* **~**) parc *m* d'enfant. ◆ **penfriend** *n* correspondant(e) *m(f)*. ◆ **penknife** *n* canif *m*.
penal ['pi:nl] *adj* (*law, clause, code*) pénal; (*offence*) punissable; (*colony*) pénitentiaire. ◆ **penalize** *vt* (*punish*) pénaliser (*for* pour); (*handicap*) handicaper.
penalty ['penəltɪ] *n* (*gen*) pénalité *f* (*for* pour); (*Sport*) pénalisation *f*; (*Football*) penalty *m*. **on ~ of** sous peine de; (*fig*) **to pay the ~** subir les conséquences; (*Football*) **~ area** surface *f* de réparation; **~ goal** but *m* sur pénalité; **~ kick** coup *m* de pied de pénalité.
penance ['penəns] *n* pénitence *f*.
pence [pens] *npl of* **penny**.
pencil ['pensl] — **1** *n* crayon *m*. **in ~** au crayon. — **2** *vt* écrire au crayon. ◆ **pencil-case** *n* trousse *f* d'écolier. ◆ **pencil-sharpener** *n* taille-crayon *m*.
pendant ['pendənt] *n* pendentif *m*.
pending ['pendɪŋ] — **1** *adj* (*Law*) en instance. — **2** *prep* (*until*) en attendant.
pendulum ['pendjʊləm] *n* (*gen*) pendule *m*; (*of clock*) balancier *m*.
penetrate ['penɪtreɪt] *vti* (*gen*) pénétrer (*into* dans); (*political party*) s'infiltrer dans. ◆ **penetrating** *adj* pénétrant.
penguin ['peŋgwɪn] *n* pingouin *m*; (*Antarctic*) manchot *m*.
penicillin [,penɪ'sɪlɪn] *n* pénicilline *f*.
peninsula [pɪ'nɪnsjʊlə] *n* péninsule *f*.
penitent ['penɪtənt] *adj* pénitent.
penitentiary [,penɪ'tenʃərɪ] *n* (*US*) prison *f*.
penniless ['penɪlɪs] *adj* sans le sou.
penny ['penɪ] *n, pl* **pence** (*valeur*), **pennies** (*pièces*) penny *m*. **he hasn't a ~ to his name** il n'a pas le sou; **the ~ has dropped!*** il a (*etc*) enfin pigé!*; **in for a ~ in for a pound** autant faire les choses jusqu'au bout.
pension ['penʃən] — **1** *n* (*state payment*) pension *f*; (*from company etc*) retraite *f*. **old age ~** pension vieillesse (de la Sécurité sociale); **~ fund** fonds *m* vieillesse; **~ scheme** caisse *f* de retraite. — **2** *vt*: **to ~ sb off** mettre qn à la retraite. ◆ **pensioner** *n* (**old age ~**) retraité(e) *m(f)*.
pensive ['pensɪv] *adj* pensif (*f* -ive).
Pentecost ['pentɪkɒst] *n* la Pentecôte.
penthouse ['penthaʊs] *n* (**~ flat**) appartement *m* de grand standing (*sur le toit d'un immeuble*).
pent-up ['pent'ʌp] *adj* refoulé.
penultimate [pɪ'nʌltɪmɪt] *adj* pénultième.
peony ['pɪənɪ] *n* pivoine *f*.
people ['pi:pl] *n* gens *mpl* (*adj fem if before n*), personnes *fpl*; (*nation*) peuple *m*. **old ~** les personnes âgées, les vieux *mpl*; **young ~** les jeunes gens *mpl*, les jeunes *mpl*; **clever ~** les gens intelligents; **what a lot of ~!** que de monde!; **several ~** plusieurs personnes; **3 ~** 3 personnes; **how many ~?** combien de personnes?; **~ say ...** on dit ...; **French ~** les Français *mpl*, le peuple français; **the ~ of Lewes** les habitants *mpl* de Lewes; **country ~** les gens de la campagne; **town ~** les habitants des villes; (*family*) **my ~** ma famille.
pep* [pep] — **1** *vt*: **to ~ sb up*** ragaillardir qn. — **2** *adj*: **~ pill** excitant *m*; **~ talk** petit laïus* *m* d'encouragement.
pepper ['pepəʳ] — **1** *n* (*spice*) poivre *m*; (*vegetable*) poivron *m*. **black ~** poivre gris; **green ~** poivron vert. — **2** *vt* poivrer. ◆ **pepper-and-salt** *adj* poivre et sel *inv*. ◆ **peppercorn** *n* grain *m* de poivre. ◆ **pepperpot** *n* poivrière *f*.
peppermint ['pepəmɪnt] — **1** *n* pastille *f* de menthe. — **2** *adj* à la menthe.
per [pɜ:ʳ] *prep* par. **~ annum** par an; **~ day** par jour; **100 km ~ hour** 100 km à l'heure; **15 francs ~ hour** 15 F l'heure; **3 francs ~ kilo** 3 F le kilo; **~ person** par personne; **~ cent** pour cent.
perceive [pə'si:v] *vt* (*gen*) percevoir; (*notice*) remarquer (*that* que).
percentage [pə'sentɪdʒ] *n* pourcentage *m*.
perceptible [pə'septəbl] *adj* perceptible.
perceptive [pə'septɪv] *adj* perspicace.
perch¹ [pɜ:tʃ] *n* (*fish*) perche *f*.
perch² [pɜ:tʃ] — **1** *n* perchoir *m*. — **2** *vi* se percher.
percolated ['pɜ:kəleɪtəd] *adj* (*coffee*) fait dans une cafetière à pression.
percolator ['pɜ:kəleɪtəʳ] *n* cafetière *f* à pression.
percussion [pə'kʌʃən] *n* percussion *f*.
peremptory [pə'remptərɪ] *adj* péremptoire.
perennial [pə'renɪəl] — **1** *adj* (*gen*) perpétuel (*f* -uelle); (*plant*) vivace. — **2** *n* plante *f* vivace.
perfect ['pɜ:fɪkt] — **1** *adj* **(a)** (*gen*) parfait. (*Grammar*) **~ tense** parfait *m*. **(b)** (*emphatic: idiot etc*) véritable. — **2** *n* (*Grammar*) **in the ~** au parfait. — **3** [pə'fekt] *vt* (*technique*) mettre au point; (*one's French*) parfaire ses connaissances de. ◆ **perfection** *n* perfection *f*. ◆ **perfectionist** *adj, n* perfectionniste (*mf*). ◆ **perfectly** *adv* parfaitement.
perforate ['pɜ:fəreɪt] *vt* perforer. **~d line** pointillé *m*.
perform [pə'fɔ:m] — **1** *vt* (*gen*) exécuter; (*a function*) remplir; (*duty, miracle*) accomplir; (*rite*) célébrer; (*Med: operation*) pratiquer; (*symphony*) jouer; (*play etc*) donner. — **2** *vi*

(of company etc) donner une *or* des représentation(s); *(of actor)* jouer; *(of singer)* chanter; *(of dancer)* danser; *(of machine)* fonctionner. **~ing seals** *etc* phoques *mpl etc* savants. ◆ **performance** *n (of play etc)* représentation *f; (of film, concert)* séance *f; (by actor etc)* interprétation *f; (by athlete, vehicle etc)* performance *f. (fig)* **what a ~!** quelle histoire! ◆ **performer** *n* artiste *mf.*

perfume ['pɜːfjuːm] *n* parfum *m.*

perfunctory [pə'fʌŋktərɪ] *adj* pour la forme.

perhaps [pə'hæps, præps] *adv* peut-être. **~ not** peut-être que non; **~ he will come** il viendra peut-être, peut-être qu'il viendra.

peril ['perɪl] *n* péril *m.* **at your ~** à vos risques et périls. ◆ **perilous** *adj* périlleux *(f* -euse).

perimeter [pə'rɪmɪtə^r] *n* périmètre *m.*

period ['pɪərɪəd] *n* **(a)** *(length of time)* période *f; (stage: in development etc)* époque *f.* **at that ~ of his life** à cette époque de sa vie; **the holiday ~** la période des vacances; **~ costume** costume *m* de l'époque; **~ furniture** meubles *mpl* d'époque; *(fig)* **~ piece** curiosité *f.* **(b)** *(in school etc)* cours *m,* leçon *f.* **(c)** *(full stop)* point *m.* **(d)** *(menstruation)* règles *fpl.* ◆ **periodical** *n* périodique *m.*

peripheral [pə'rɪfərəl] *adj* périphérique.

periscope ['perɪskəʊp] *n* périscope *m.*

perish ['perɪʃ] *vi (die)* périr; *(of rubber, food etc)* se détériorer. ◆ **perishable** *adj* périssable. ◆ **perished*** *adj* frigorifié*. ◆ **perishing*** *adj (cold)* très froid.

perjury ['pɜːdʒərɪ] *n:* **to commit ~** se parjurer.

perk [pɜːk] *vi:* **to ~ up** *(cheer up)* se ragaillardir; *(show interest)* s'animer.

perks* [pɜːks] *npl* petits bénéfices *mpl.*

perky ['pɜːkɪ] *adj* plein d'entrain.

perm [pɜːm] *n* permanente *f.* **to have a ~** se faire faire une permanente.

permanent ['pɜːmənənt] *adj (gen)* permanent. **~ address** adresse *f* fixe; **~ wave** permanente *f.* ◆ **permanently** *adv* en permanence.

permeate ['pɜːmɪeɪt] *vt* filtrer à travers; *(fig)* se répandre dans.

permissible [pə'mɪsɪbl] *adj (action)* permis; *(attitude etc)* acceptable.

permission [pə'mɪʃən] *n* permission *f; (official)* autorisation *f.* **to give sb ~ to do** autoriser qn à faire.

permissive [pə'mɪsɪv] *adj (person)* très tolérant; *(society)* de tolérance.

permit ['pɜːmɪt] — **1** *n (gen)* autorisation *f* écrite; *(for building, fishing etc)* permis *m; (entrance pass)* laissez-passer *m inv.* — **2** [pə'mɪt] *vt:* **to ~ sb to do** permettre à qn de faire; *(formally)* autoriser qn à faire; **he was ~ted to ...** on lui a permis de ..., on l'a autorisé à ...

pernicious [pə'nɪʃəs] *adj* nuisible; *(Med)* pernicieux *(f* -ieuse).

pernickety* [pə'nɪkɪtɪ] *adj* difficile *(about* pour).

perpendicular [,pɜːpən'dɪkjʊlə^r] *adj* perpendiculaire *(to* à).

perpetrate ['pɜːpɪtreɪt] *vt (crime)* perpétrer.

perpetual [pə'petjʊəl] *adj* perpétuel *(f* -uelle). ◆ **perpetuate** *vt* perpétuer. ◆ **perpetuity** *n:* **in ~** à perpétuité.

perplex [pə'pleks] *vt* rendre perplexe. ◆ **perplexed** *adj* perplexe. ◆ **perplexing** *adj* embarrassant.

persecute ['pɜːsɪkjuːt] *vt* persécuter. ◆ **persecution** *n* persécution *f.*

persevere [,pɜːsɪ'vɪə^r] *vi* persévérer *(in* dans).

Persia ['pɜːʃə] *n* Perse *f.* ◆ **Persian** — **1** *adj (Hist)* perse; *(carpet)* de Perse. **~ Gulf** golfe *m* Persique. — **2** *n (Hist)* Perse *mf.*

persist [pə'sɪst] *vi* persister *(in sth* dans qch; *in doing* à faire). ◆ **persistence** *n* persistance *f.* ◆ **persistent** *adj (persevering)* persévérant; *(obstinate)* obstiné; *(smell, cough)* persistant; *(noise)* continuel *(f* -uelle).

person ['pɜːsn] *n* personne *f.* **in ~** en personne; *(Telephone)* **a ~ to ~ call** une communication avec préavis; *(Grammar)* **in the first ~ singular** à la première personne du singulier. ◆ **personable** *adj* qui présente bien.

personal ['pɜːsnl] *adj (gen)* personnel *(f* -elle); *(habits, hygiene, friend)* intime; *(secretary)* particulier *(f* -ière); *(life, correspondence)* privé; *(remark, question)* indiscret *(f* -ète). **~ assistant** secrétaire *mf* particulier (-ière); **to make a ~ appearance** apparaître en personne; *(Telephone)* **~ call** communication *f* avec préavis; *(Press)* **~ column** annonces *fpl* personnelles. ◆ **personality** *n (gen)* personnalité *f.* **TV ~** vedette *f* de la télévision. ◆ **personally** *adv (gen)* personnellement; *(in person)* en personne. **don't take it ~!** ne croyez pas que vous soyez personnellement visé!

personnel [,pɜːsə'nel] *n* personnel *m.* **~ manager** chef *m* du personnel.

perspective [pə'spektɪv] *n* perspective *f. (fig)* **let's get this into ~** ne perdons pas le sens des proportions.

perspex ['pɜːspeks] *n* ® plexiglas *m* ®.

perspicacious [,pɜːspɪ'keɪʃəs] *adj* perspicace.

perspiration [,pɜːspə'reɪʃən] *n* transpiration *f.*

perspire [pəs'paɪə^r] *vi* transpirer.

persuade [pə'sweɪd] *vt* persuader *(sb of sth* qn de qch; *sb to do* qn de faire). ◆ **persuasion** *n (gen)* persuasion *f; (Rel)* confession *f.* ◆ **persuasive** *adj (person)* persuasif *(f* -ive); *(argument)* convaincant.

pert [pɜːt] *adj* coquin.

pertinent ['pɜːtɪnənt] *adj* pertinent.

perturb [pə'tɜːb] *vt* perturber.

peruse [pə'ruːz] *vt* lire.

pervade [pɜː'veɪd] *vt* envahir.

pervasive [pɜː'veɪzɪv] *adj (smell)* pénétrant; *(gloom)* envahissant; *(influence)* qui se fait sentir un peu partout.

perverse [pə'vɜːs] *adj (gen)* pervers; *(contrary)* contrariant. ◆ **perversion** *n* perversion *f.* ◆ **perversity** *n (wickedness)* perversité *f; (contrariness)* esprit *m* de contradiction.

pervert ['pɜːvɜːt] *n* perverti(e) *m(f)* sexuel(le).

pessimism ['pesɪmɪzəm] *n* pessimisme *m.* ◆ **pessimist** *n* pessimiste *mf.* ◆ **pessimistic** *adj* pessimiste *(about* sur).

pest [pest] *n (animal)* animal *m* nuisible; *(person)* casse-pieds* *mf inv.*

pester ['pestə^r] *vt* harceler *(sb to do* qn pour qu'il fasse; *with questions* de questions).

pestle ['pesl] *n* pilon *m.*

pet [pet] — **1** *n* **(a)** *(animal)* animal *m* familier. **he hasn't got any ~s** il n'a pas d'animaux chez lui; **'no ~s allowed'** 'les animaux sont interdits'. **(b)** (*: *favourite*) chouchou(te)* *m(f).* **come here ~*** viens ici mon chou*. — **2** *adj (lion, snake)* apprivoisé. **a ~ rabbit** un lapin; **~ shop** boutique *f* d'animaux; **~ aversion, ~ hate** bête *f* noire; **~ name** petit nom *m* d'amitié; **~ subject** dada* *m.* — **3** *vi* (*: *sexually*) se peloter*.

petal ['petl] *n* pétale *m.*

peter ['pi:tə^r] *vi:* **to ~ out** *(of stream, road)* se perdre; *(of book, conversation)* tourner court.
petite [pə'ti:t] *adj* menue *(femme)*.
petition [pə'tɪʃən] — **1** *n* pétition *f* (*for* en faveur de). — **2** *vti* adresser une pétition à (*for sth* pour demander qch). *(Law)* **to ~ for divorce** faire une demande en divorce.
petrify ['petrɪfaɪ] *vt (scare)* pétrifier de peur.
petrol ['petrəl] *n* essence *f.* **to be heavy on ~** consommer beaucoup; **we've run out of ~** nous sommes en panne d'essence; **~ can** bidon *m* à essence; **~ cap** bouchon *m* de réservoir; **~ gauge** jauge *f* d'essence; **~ pump** pompe *f* d'essence; **~ station** station-service *f;* **~ tank** réservoir *m.* ◆ **petroleum jelly** *n* vaseline *f.*
petticoat ['petɪkəʊt] *n* jupon *m.*
petty ['petɪ] *adj (trivial: detail)* insignifiant; *(official)* petit; *(petty-minded)* mesquin. **~ cash** caisse *f* de dépenses courantes; *(on ship)* **~ officer** second maître *m.*
petulant ['petjʊlənt] *adj* irritable.
pew [pju:] *n* banc *m* (d'église).
pewter ['pju:tə^r] *n* étain *m.*
phantom ['fæntəm] *n, adj* fantôme *(m).*
pharmacist ['fɑ:məsɪst] *n* pharmacien(ne) *m(f).*
pharmacy ['fɑ:məsɪ] *n* pharmacie *f.*
phase [feɪz] — **1** *n (gen)* phase *f.* **it's just a ~** ce n'est qu'une période difficile. — **2** *vt* procéder par étapes à. **to ~ sth out** retirer qch progressivement.
pheasant ['feznt] *n* faisan *m.*
phenomenon [fɪ'nɒmɪnən] *n, pl* **-ena** phénomène *m.* ◆ **phenomenal** *adj* phénoménal.
philanderer [fɪ'lændərə^r] *n* coureur *m* (de jupons).
philanthropic [,fɪlən'θrɒpɪk] *adj* philanthropique.
philately [fɪ'lætəlɪ] *n* philatélie *f.*
philosopher [fɪ'lɒsəfə^r] *n* philosophe *mf.*
philosophical [,fɪlə'sɒfɪkəl] *adj* philosophique; *(fig: resigned)* philosophe.
philosophy [fɪ'lɒsəfɪ] *n* philosophie *f.*
phlebitis [flɪ'baɪtɪs] *n* phlébite *f.*
phlegm [flem] *n* flegme *m.* ◆ **phlegmatic** [fleg'mætɪk] *adj* flegmatique.
phobia ['fəʊbɪə] *n* phobie *f.*
phone [fəʊn] *n, vti abbr of* **telephone.** ◆ **phone-in** *n* programme *m* à ligne ouverte.
phonetic [fəʊ'netɪk] *adj* phonétique. ◆ **phonetics** *n* phonétique *f.*
phoney* ['fəʊnɪ] — **1** *adj (emotion)* factice; *(firm, company)* bidon* *inv.* **a ~ name** un faux nom; **it sounds ~** cela a l'air d'être de la blague*. — **2** *n (person)* fumiste* *mf.*
phosphate ['fɒsfeɪt] *n* phosphate *m.*
phosphorescent [,fɒsfə'resnt] *adj* phosphorescent.
phosphorus ['fɒsfərəs] *n* phosphore *m.*
photo ['fəʊtəʊ] — **1** *n* (*abbr of* **photograph**) photo *f.* — **2** *prefix* photo... ◆ **photocopier** *n* photocopieur *m.* ◆ **photocopy** *or* ◆ **photostat** — **1** *n* photocopie *f.* — **2** *vt* photocopier. ◆ **photogenic** *adj* photogénique.
photograph ['fəʊtəgræf] — **1** *n* photographie *f.* **to take a ~ of** prendre une photo de; **in** *or* **on this ~** sur cette photo; **~ album** album *m* de photos. — **2** *vt* photographier. ◆ **photographer** [fə'tɒgrəfə^r] *n* photographe *mf.* ◆ **photographic** *adj* photographique. ◆ **photography** [fə'tɒgrəfɪ] *n* photographie *f.*
phrase [freɪz] *n (saying)* expression *f; (Grammar)* locution *f; (Music)* phrase *f.* **~-book** recueil *m* d'expressions.

physical ['fɪzɪkəl] *adj (gen)* physique; *(world, object)* matériel (*f* -ielle). **~ examination** examen *m* médical; **~ training, ~ jerks*** gymnastique *f.* ◆ **physically** *adv* physiquement. **~ handicapped** handicapé(e) *m(f)* physique; **~ impossible** matériellement impossible.
physician [fɪ'zɪʃən] *n* médecin *m.*
physicist ['fɪzɪsɪst] *n* physicien(ne) *m(f).*
physics ['fɪzɪks] *nsg* physique *f.*
physiology [,fɪzɪ'ɒlədʒɪ] *n* physiologie *f.*
physiotherapist [,fɪzɪə'θerəpɪst] *n* kinésithérapeute *mf.*
physiotherapy [,fɪzɪə'θerəpɪ] *n* kinésithérapie *f.*
physique [fɪ'zi:k] *n (health etc)* constitution *f; (appearance)* physique *m.*
pianist ['pɪənɪst] *n* pianiste *mf.*
piano ['pjɑ:nəʊ] *n* piano *m.* **grand ~** piano à queue; **~ tuner** accordeur *m* (de piano).
pick [pɪk] — **1** *n* **(a)** (**~** *axe*) pic *m.* **(b)** *(choice)* **to take one's ~** faire son choix; **the ~ of the bunch** le meilleur de tous. — **2** *vti* **(a)** *(choose)* choisir; *(teams)* sélectionner. **to ~ and choose** prendre son temps pour choisir; **to ~ sth out** *(choose)* choisir qch; *(distinguish)* distinguer qch; *(recognize)* reconnaître qch; **to ~ one's way through** avancer avec précaution à travers; **to ~ a fight** chercher la bagarre* (*with* avec); **to ~ on sb** choisir qn; *(for punishment)* s'en prendre à qn. **(b)** *(gather: fruit, flower)* cueillir. **(c) to ~ up** *(improve)* s'améliorer; *(of invalid)* se rétablir; *(of trade)* reprendre; (*: *continue*) continuer; **to ~ sth up** ramasser qch; *(collect)* passer prendre qch; *(acquire)* trouver qch; *(accent, habit)* prendre qch; *(points, marks)* gagner qch; *(radio message)* capter qch; **to ~ up the phone** décrocher le téléphone; **to ~ sb up** *(child)* prendre qn dans ses bras; *(survivors)* recueillir qn; *(thief etc)* arrêter qn; **to ~ o.s. up** se relever; **to ~ up an error** relever une erreur; **to ~ up speed** prendre de la vitesse; **you'll soon ~ it up again** vous vous y remettrez vite. **(d)** (*also* **~ at:** *spot etc*) gratter. **to ~ one's nose** se mettre les doigts dans le nez; **to ~ at one's food** manger du bout des dents; **to ~ one's teeth** se curer les dents; *(fig)* **to ~ holes in** relever les défauts de; **to ~ sb's brains** faire appel aux lumières de qn; **I've had my pocket ~ed** on m'a fait les poches. **(e)** *(lock)* crocheter. ◆ **pickaback** *n:* **to give sb a ~** porter qn sur son dos. ◆ **pickaxe** *n* pic *m.* ◆ **pick-me-up*** *n* remontant *m.* ◆ **pickpocket** *n* pickpocket *m.* ◆ **pickup** *n* pick-up *m inv.*
picket ['pɪkɪt] — **1** *n* piquet *m.* **~ line** piquet de grève. — **2** *vt:* **to ~ a factory** mettre un piquet de grève aux portes d'une usine.
pickle ['pɪkl] — **1** *n:* **~(s)** pickles *mpl; (fig)* **in a ~*** dans le pétrin. — **2** *vt* conserver dans du vinaigre.
picnic ['pɪknɪk] (*vb: pret, ptp* **picnicked**) — **1** *n* pique-nique *m.* **~ basket** panier *m* à pique-nique. — **2** *vi* pique-niquer. ◆ **picnicker** *n* pique-niqueur *m* (*f* -euse).
pictorial [pɪk'tɔ:rɪəl] *adj (magazine)* illustré; *(record)* en images.
picture ['pɪktʃə^r] — **1** *n* **(a)** *(gen)* image *f; (painting)* tableau *m; (portrait)* portrait *m.* **~ book** livre *m* d'images; **~ frame** cadre *m;* **~ gallery** *(public)* musée *m; (private)* galerie *f* de peinture; **~ postcard** carte *f* postale illustrée; **~ window** fenêtre *f* panoramique; **I took a ~ of him** j'ai pris une photo de lui; **to paint a ~** faire un tableau; **to draw a ~** faire un dessin; **to draw a ~ of sth** dessiner qch; **I have a clear**

~ **of him** je le revois clairement; *(imagining)* je me le représente très bien; **the general ~** le tableau général de la situation; **to put sb in the ~** mettre qn au courant; **his face was a ~!*** si vous aviez vu sa tête!* **(b)** *(Cinema)* film *m.* **to go to the ~s** aller au cinéma. — **2** *vt (imagine)* se représenter; *(remember)* revoir.

picturesque [ˌpɪkʃəˈresk] *adj* pittoresque.

pie [paɪ] *n (gen)* tourte *f.* **apple ~** tourte aux pommes; **pork ~** pâté *m* de porc en croûte; **~ dish** terrine *f.*

piebald [ˈpaɪbɔːld] *adj* pie *inv.*

piece [piːs] — **1** *n (gen)* morceau *m; (smaller)* bout *m; (of ribbon, string)* bout; *(manufacturing; also in board games; part of a set)* pièce *f.* **a ~ of land** *(for agriculture)* une parcelle de terre; *(for building)* un lotissement; **a ~ of advice** un conseil; **a ~ of music** un morceau de musique; **piano ~** morceau pour piano; **a good ~ of work** du bon travail; **made in one ~** fait d'une seule pièce; **in one ~** *(object)* intact; *(person)* indemne; **a 5-franc ~** une pièce de 5 F; **~ by ~** pièce à pièce; **to come to ~s** *(break)* partir en morceaux; *(dismantle)* se démonter; **to go to ~s*** *(collapse)* s'effondrer; *(lose one's grip)* lâcher pied *(fig)*; **smashed to ~s** brisé en mille morceaux. — **2** *vt:* **to ~ together** rassembler. ◆ **piecemeal** *adv* petit à petit. ◆ **piecework** *n* travail *m* à la pièce.

pier [pɪəʳ] *n (amusements)* jetée *f (promenade)*; *(landing)* embarcadère *m.*

pierce [pɪəs] *vt (gen)* percer; *(of bullet etc)* transpercer. **to have one's ears ~d** se faire percer les oreilles. ◆ **piercing** *adj (gen)* perçant; *(cold, wind)* glacial.

piety [ˈpaɪətɪ] *n* piété *f.*

pig [pɪg] *n* cochon *m,* porc *m.* **to make a ~ of o.s.** manger comme un goinfre. ◆ **pigheaded** *adj* entêté. ◆ **piglet** *n* petit cochon *m.* ◆ **pigskin** *n* peau *f* de porc. ◆ **pigsty** *n* porcherie *f.* ◆ **pigtail** *n (hair)* natte *f.*

pigeon [ˈpɪdʒən] *n* pigeon *m.* **that's your ~*** c'est toi que ça regarde. ◆ **pigeon-fancier** *n* colombophile *mf.* ◆ **pigeonhole** *n* casier *m.* ◆ **pigeon-toed** *adj:* **to be ~** avoir les pieds tournés en dedans.

piggy-back [ˈpɪgɪbæk] = **pickaback.**

pigment [ˈpɪgmənt] *n* pigment *m.*

pike [paɪk] *n (fish)* brochet *m.*

pilchard [ˈpɪltʃəd] *n* pilchard *m.*

pile [paɪl] — **1** *n* **(a)** pile *f, (less tidy)* tas *m.* **in a ~** en pile, en tas; **~s of*** *(butter etc)* des masses de*; *(cars, objects)* un tas de*. **(b)** *(Med)* **~s** hémorroïdes *fpl.* **(c)** *(of carpet etc)* poils *mpl.* — **2** *vt (also* **~ up:** *stack)* empiler; *(heap)* entasser. **~d with books** couvert de piles de livres. — **3** *vi (of people)* s'entasser *(into* dans). **to ~ up** *(accumulate: gen)* s'accumuler; *(snow)* s'amonceler. ◆ **pile-up*** *n (Aut)* carambolage *m.*

pilfer [ˈpɪlfəʳ] *vi* se livrer au chapardage*. ◆ **pilfering** *n* charpardage* *m.*

pilgrim [ˈpɪlgrɪm] *n* pèlerin *m.*

pilgrimage [ˈpɪlgrɪmɪdʒ] *n* pèlerinage *m.*

pill [pɪl] *n* pilule *f.* *(women)* **to be on the ~** prendre la pilule.

pillage [ˈpɪlɪdʒ] — **1** *n* pillage *m.* — **2** *vt* piller.

pillar [ˈpɪləʳ] *n (gen)* pilier *m; (of fire, smoke)* colonne *f.* **to be a ~ of strength** être d'un grand soutien. ◆ **pillar-box** *n* boîte *f* à lettres.

pillion [ˈpɪljən] — **1** *n* siège *m* arrière *(d'une moto etc).* **~ passenger** passager *m* de derrière. — **2** *adv:* **to ride ~** monter derrière.

pillow [ˈpɪləʊ] *n* oreiller *m.* ◆ **pillowcase** *or* ◆ **pillowslip** *n* taie *f* d'oreiller.

pilot [ˈpaɪlət] — **1** *n* pilote *m.* **on automatic ~** sur pilotage *m* automatique; **~ scheme** projet-pilote *m;* **~ light** veilleuse *f (de cuisinière etc).* — **2** *vt (plane, ship)* piloter; *(gen: guide)* guider.

pimento [pɪˈmentəʊ] *n* piment *m.*

pimp [pɪmp] *n* souteneur *m.*

pimple [ˈpɪmpl] *n* bouton *m (Med).*

pin [pɪn] — **1** *n* **(a)** *(gen)* épingle *f;* (*safety* **~**) épingle de sûreté; (*drawing* **~**) punaise *f.* **you could have heard a ~ drop** on aurait entendu voler une mouche; **to have ~s and needles** avoir des fourmis (*in* dans). **(b)** *(on machine, grenade)* goupille *f; (Bowling)* quille *f.* **3-~ plug** prise *f* à 3 fiches. — **2** *adj:* **~ money** argent *m* de poche. — **3** *vt (gen)* épingler (*to* à; *onto* sur). **to ~ up** *(notice)* afficher; *(hem)* épingler; **to ~ sth down** *or* **on** fixer qch; **to ~ the enemy down** bloquer l'ennemi; *(fig)* **to ~ sb down to doing** décider qn à faire; **there's sth wrong but I can't ~ it down** il y a qch qui ne va pas mais je n'arrive pas à mettre le doigt dessus; **to ~ sb against a wall** clouer qn à un mur; **to ~ one's hopes on** mettre tous ses espoirs dans. ◆ **pinball** *n* flipper *m.* ◆ **pincushion** *n* pelote *f* à épingles. ◆ **pinpoint** *vt* mettre le doigt sur. ◆ **pinstripe** *adj* rayé. ◆ **pinup*** *n* pin-up *f inv.*

pinafore [ˈpɪnəfɔːʳ] *n* tablier *m.* **~ dress** robe-chasuble *f.*

pincers [ˈpɪnsəz] *npl* tenailles *fpl.*

pinch [pɪntʃ] — **1** *n (of salt)* pincée *f; (of snuff)* prise *f.* *(fig)* **to take sth with a ~ of salt** ne pas prendre qch pour argent comptant; **to give sb a ~** pincer qn; *(fig)* **to feel the ~** commencer à être à court; **at a ~** à la rigueur; **when it comes to the ~** au moment critique. — **2** *vti (gen)* pincer; *(of shoes)* serrer; (*: *steal*) piquer* (*from sb* à qn).

pine¹ [paɪn] *n* (**~** *tree*) pin *m.* **~ cone** pomme *f* de pin; **~ kernel, ~ nut** pigne *f;* **~ needle** aiguille *f* de pin.

pine² [paɪn] *vi* s'ennuyer (*for sb* de qn).

pineapple [ˈpaɪnˌæpl] *n* ananas *m.*

ping [pɪŋ] *n* tintement *m.*

ping-pong [ˈpɪŋpɒŋ] *n* ping-pong *m.*

pink [pɪŋk] — **1** *n* **(a)** *(colour)* rose *m.* **(b)** *(flower)* mignardise *f.* — **2** *adj* rose.

pinnacle [ˈpɪnəkl] *n* pinacle *m; (fig)* apogée *m.*

pint [paɪnt] *n* pinte *f,* ≃ demi-litre *m (Brit = 0,57 litre; US = 0,47 litre).* **a ~ of beer** ≃ un demi de bière.

pioneer [ˌpaɪəˈnɪəʳ] — **1** *n* pionnier *m.* — **2** *vt:* **to ~ sth** être l'un des premiers à faire qch.

pious [ˈpaɪəs] *adj* pieux (*f* pieuse); *(hope)* légitime.

pip [pɪp] *n (of fruit)* pépin *m; (on dice)* point *m; (Mil*: on uniform)* ≃ galon *m.* *(Telephone: sound)* **~s** bip-bip *m.*

pipe [paɪp] — **1** *n* **(a)** *(for water, gas)* tuyau *m.* *(Music)* **the ~s** la cornemuse. **(b)** pipe *f.* **he smokes a ~** il fume la pipe; **~ cleaner** cure-pipe *m;* **~ tobacco** tabac *m* à pipe. — **2** *vti (by ~line)* transporter par tuyau (*to* à); *(through hose etc)* verser (*into* dans). **to ~ icing on a cake** décorer un gâteau de fondant; **~d music** musique *f* de fond enregistrée. ◆ **pipeline** *n (gen)* pipe-line *m; (for oil)* oléoduc *m; (for gas)* gazoduc *m.* *(fig)* **it's in the ~** on s'en occupe. ◆ **piper** *n* cornemuseur *m.* ◆ **piping** — **1** *n*

(pipes) tuyauterie *f; (Sewing)* passepoil *m.* — **2** *adv:* **~ hot** tout bouillant.
piquant ['pi:kənt] *adj* piquant.
pique [pi:k] — **1** *vt* dépiter. — **2** *n* dépit *m.*
pirate ['paɪərɪt] *n* pirate *m.* **~ radio** radio *f* pirate; **~ ship** bateau *m* pirate. ◆ **pirated** *adj (goods)* contrefait; *(edition, record)* pirate.
Pisces ['paɪsi:z] *n* les Poissons *mpl.*
pistachio [pɪs'tɑ:ʃɪəʊ] *n* pistache *f.*
pistol ['pɪstl] *n* pistolet *m.* **~ shot** coup *m* de pistolet.
piston ['pɪstən] *n* piston *m.*
pit [pɪt] — **1** *n (hole)* trou *m; (coal* **~***)* mine *f; (in garage, for orchestra)* fosse *f; (quarry)* carrière *f; (motor racing)* stand *m.* **to work in the ~s** travailler à la mine; **in the ~ of his stomach** au creux de l'estomac. — **2** *vt:* **to ~ one's wits against sb** se mesurer avec qn. ◆ **pithead** *n* carreau *m* de la mine. ◆ **pitted** *adj (metal)* piqueté; *(skin)* grêlé; *(fruit)* dénoyauté.
pitch[1] [pɪtʃ] — **1** *n* **(a)** *(of voice)* hauteur *f; (Music)* ton *m; (degree)* point *m.* **things have reached such a ~ that ...** les choses en sont arrivées à un point tel que ... **(b)** *(Sport)* terrain *m.* — **2** *vti (throw)* lancer; *(tent)* dresser; *(camp)* établir; *(fall, be thrown)* être projeté; *(of ship)* tanguer. *(fig)* **~ed battle** véritable bataille *f; (Music)* **to ~ sth higher** hausser le ton de qch; **song ~ed too low** chanson dans un ton trop bas.
pitch[2] [pɪtʃ] *n (tar)* poix *f.* ◆ **pitch-black** *or* ◆ **pitch-dark** *adj:* **it's ~** il fait noir comme dans un four.
pitcher ['pɪtʃə^r] *n* cruche *f.*
pitchfork ['pɪtʃ'fɔ:k] *n* fourche *f* à foin.
piteous ['pɪtɪəs] *adj* pitoyable.
pitfall ['pɪtfɔ:l] *n* piège *m.*
pith [pɪθ] *n (of orange)* peau *f* blanche.
pithy ['pɪθɪ] *adj* concis; *(pointed)* piquant.
pitiful ['pɪtɪfʊl] *adj* pitoyable. ◆ **pitifully** *adv* pitoyablement, à faire pitié.
pitiless ['pɪtɪlɪs] *adj* impitoyable.
pittance ['pɪtəns] *n* somme *f* dérisoire.
pity ['pɪtɪ] — **1** *n* **(a)** pitié *f.* **to take ~ on** prendre pitié de; **to have ~ on sb** avoir pitié de qn. **(b)** *(misfortune)* dommage *m.* **it is a ~** c'est dommage; **it's a ~ that** il est dommage que + *subj;* **what a ~!** quel dommage! — **2** *vt* plaindre. ◆ **pitying** *adj* compatissant.
pivot ['pɪvət] *n* pivot *m.*
placard ['plækɑ:d] *n* affiche *f.*
placate [plə'keɪt] *vt* calmer.
place [pleɪs] — **1** *n* **(a)** *(location)* endroit *m; (more formally)* lieu *m.* **to take ~** avoir lieu; *(US)* **some ~*** quelque part; **it's no ~ for...** ce n'est pas un bon endroit pour...; **from ~ to ~** d'un endroit à l'autre; **all over the ~** partout; **at the right ~** au bon endroit; **to go ~s*** *(travel)* voyager; *(make good)* faire son chemin; **~ of birth** lieu de naissance; **~ of worship** lieu de culte; **it's a small ~** c'est très petit; **at Paul's ~** chez Paul; **~ name** nom *m* de lieu; *(street name)* **Washington P~** rue *f* de Washington; **market ~** place *f* du marché. **(b)** *(job; seat; position etc)* place *f.* **to lose one's ~** *(in book)* perdre la page; *(in queue)* perdre sa place; **~ mat** set *m* de table; **~ setting** couvert *m;* **in ~ of** à la place de; **out of ~** déplacé; **in his** *(etc)* **~** à sa place; *(fig)* **to put sb in his ~** remettre qn à sa place; **in your ~** ... à votre place ...; **to give ~ to** céder la place à; **I have got a ~ on the sociology course** j'ai été admis à faire sociologie; **in the first ~** premièrement; **in the next ~** ensuite; **to 5 decimal ~s** jusqu'à la 5e décimale; *(in race, exam etc)* **to take second ~** être deuxième. — **2** *vt (gen)* placer; *(order)* passer (*with sb* à qn); *(bet)* placer (*with sb* chez qn); *(identify)* situer. **awkwardly ~d** *(house etc)* mal placé; *(fig: person)* dans une situation délicate.
placid ['plæsɪd] *adj* placide.
plagiarism ['pleɪdʒjərɪzəm] *n* plagiat *m.*
plague [pleɪg] — **1** *n* peste *f; (fig)* fléau *m.* **to avoid like the ~** fuir comme la peste. — **2** *vt* harceler (*with* de).
plaice [pleɪs] *n* plie *f.*
plaid [plæd] *n* tissu *m* écossais.
plain [pleɪn] — **1** *adj (clear)* clair; *(answer)* direct; *(simple: dress, food)* simple; *(not patterned)* uni; *(not pretty)* quelconque. **it's ~ to everyone that ...** il est clair pour tout le monde que ...; **to make sth ~ to sb** faire comprendre qch à qn; **do I make myself ~?** est-ce que je me fais bien comprendre?; **I can't put it ~er than this** je ne peux pas m'expliquer plus clairement que cela; **in ~ words, in ~ English** très clairement; **I'm a ~ man** je suis un homme tout simple; *(Knitting)* **~ stitch** maille *f* à l'endroit; **~ chocolate** chocolat *m* à croquer; **~ clothes policeman** policier *m* en civil. — **2** *adv* tout bonnement, simplement. — **3** *n* plaine *f.* ◆ **plainly** *adv (gen)* clairement; *(obviously)* manifestement; *(speak)* carrément; *(simply)* simplement. ◆ **plainsong** *n* plain-chant *m.*
plaintiff ['pleɪntɪf] *n* plaignant(e) *m(f).*
plaintive ['pleɪntɪv] *adj* plaintif (*f* -ive).
plait [plæt] — **1** *n* natte *f.* — **2** *vt* natter.
plan [plæn] — **1** *n (gen)* plan *m; (scheme)* projet *m.* **five-year ~** plan quinquennal; **it's going according to ~** tout se passe comme prévu; **to make ~s** faire des projets; **have you any ~s for tonight?** est-ce que vous avez prévu qch pour ce soir? — **2** *vti (think out: gen)* organiser; *(design: building etc)* dresser les plans de; *(essay)* faire le plan de; *(crime)* combiner; *(have in mind: holiday etc)* projeter. **to ~ to do** avoir l'intention de faire; **to ~ for sth** faire des projets pour qch; **well-~ned house** maison bien conçue; **that wasn't ~ned** cela n'était pas prévu; **as ~ned** comme prévu; **to ~ one's family** pratiquer le contrôle des naissances.
plane[1] [pleɪn] *n (aeroplane)* avion *m.*
plane[2] [pleɪn] *n (tool)* rabot *m.*
plane[3] [pleɪn] *n (tree)* platane *m.*
plane[4] [pleɪn] *n (Art etc)* plan *m.*
planet ['plænɪt] *n* planète *f.* ◆ **planetarium** *n* planétarium *m.*
plank [plæŋk] *n* planche *f.*
plankton ['plæŋktən] *n* plancton *m.*
planner ['plænə^r] *n* planificateur *m; (town* **~***)* urbaniste *m.*
planning ['plænɪŋ] *n (gen)* organisation *f; (economic)* planification *f.* **~ permission** permis *m* de construire.
plant [plɑ:nt] — **1** *n* **(a)** plante *f.* **~ life** flore *f;* **~ pot** pot *m* de fleurs. **(b)** *(machinery etc)* matériel *m; (factory)* usine *f.* — **2** *vt (gen)* planter (*with* en); *(idea)* implanter. **to ~ out** repiquer; *(fig)* **to ~* a gun on sb** cacher un revolver sur qn. ◆ **plantation** *n* plantation *f.* ◆ **planter** *n* planteur *m.*
plaque [plæk] *n* plaque *f.*
plaster ['plɑ:stə^r] — **1** *n* plâtre *m.* **~ of Paris** plâtre de moulage; **he had his leg in ~** il avait la jambe dans le plâtre; **a ~** un pansement adhésif. — **2** *vt* plâtrer. *(covered)* **~ed with**

couvert de. ◆ **plastered*** *adj (drunk)* soûl. ◆ **plasterer** *n* plâtrier *m.*

plastic ['plæstɪk] *n* plastique *m.* **~s** matières *fpl* plastiques; **~ bag** sac *m* en plastique; **~ surgery** chirurgie *f* esthétique.

plasticine ['plæstɪsiːn] *n* R pâte *f* à modeler.

plate [pleɪt] *n* **(a)** assiette *f; (large dish)* plat *m; (in church)* plateau *m* de quête. *(fig)* **to have a lot on one's ~*** avoir un travail fou. **(b) gold ~** *(objects)* vaisselle *f* d'or. **(c)** *(Photo, also on door)* plaque *f; (book illustration)* gravure *f; (dental)* dentier *m.* ◆ **plateful** *n* assiettée *f.* ◆ **plate-glass** *n* verre *m* à vitre très épais. **~ window** baie *f* vitrée.

plateau ['plætəʊ] *n* plateau *m.*

platform ['plætfɔːm] *n (bus, scales, scaffolding etc)* plate-forme *f; (in hall)* estrade *f; (Rail)* quai *m.* **~ ticket** billet *m* de quai.

platinum ['plætɪnəm] — **1** *n* platine *m.* — **2** *adj (colour)* platiné.

platitude ['plætɪtjuːd] *n* platitude *f.*

platoon [plə'tuːn] *n* section *f (Mil).*

platter ['plætəʳ] *n* plat *m.*

plausible ['plɔːzəbl] *adj (argument)* plausible; *(person)* convaincant.

play [pleɪ] — **1** *n* **(a)** jeu *m.* **a ~ on words** un jeu de mots; *(Sport)* **some good ~** du beau jeu; *(ball)* **in ~** en jeu; **out of ~** hors jeu; **~ starts at ...** le match commence à ...; *(fig)* **to call into ~** faire entrer en jeu; *(movement)* **too much ~ in the clutch** trop de jeu dans l'embrayage. **(b)** *(Theatre)* pièce *f.* **to go to a ~** aller au théâtre; **radio ~** pièce radiophonique; **television ~** dramatique *f.*

— **2** *vti* **(a)** *(gen)* jouer; *(also* **~ at:** *chess, football etc)* jouer à; *(opponent, team)* jouer contre; *(match)* disputer *(against* avec); *(select: player)* sélectionner; *(also* **~ over, ~ through:** *music)* jouer; *(violin etc)* jouer de; *(record)* passer; *(radio)* faire marcher. **to ~ for money** jouer de l'argent; **to ~ (at) soldiers** jouer aux soldats; *(Cards)* **to ~ a heart** jouer cœur; **to ~ the ball into the net** mettre la balle dans le filet; **the match will be ~ed on Saturday** le match aura lieu samedi; *(Sport etc)* **to ~ fair** jouer franc jeu; **to ~ Bach** jouer du Bach; **the radio was ~ing** la radio marchait; **to ~ with sth** jouer avec qch; *(fiddle)* tripoter qch; **to ~ about, to ~ around** s'amuser; **to ~ back a tape** repasser un enregistrement. **(b)** *(phrases)* **to ~ the game** jouer le jeu; **don't ~ games with me!** ne vous moquez pas de moi!; **to ~ ball*** coopérer *(with sb* avec qn); **to ~ one's cards well** bien jouer son jeu; **to ~ it cool*** garder son sang-froid; **to ~ a joke** *or* **trick on** jouer un tour à; **to ~ a part in sth** contribuer à qch; **to ~ the fool** faire l'imbécile; **to ~ for time** essayer de gagner du temps; **to ~ dead** faire le mort; **to ~ hard to get*** se faire désirer; **to ~ into sb's hands** faire le jeu de qn; **to ~ with an idea** caresser une idée; **to ~ sth down** minimiser qch; **to ~ on sb's nerves** agacer qn; **to be ~ed out*** *(argument)* être périmé; **to ~ up** *(machine, child)* faire des siennes; **his leg is ~ing him up** sa jambe le tracasse. **(c)** *(hose, searchlight)* diriger *(on* sur).

◆ **playacting** *n* comédie *f (fig)* . ◆ **play-back** *n* réécoute *f.* ◆ **playboy** *n* playboy *m.* ◆ **player** *n (Sport)* joueur *m (f* -euse); *(Theatre)* acteur *m (f* actrice); *(Music)* musicien(ne) *m(f).* **football ~** joueur de football; **flute ~** joueur de flûte. ◆ **playful** *adj* espiègle. ◆ **playground** *n* cour *f* de récréation. ◆ **playgroup** *or* ◆ **playschool** *n* ≃ garderie *f.* ◆ **playing** *n:* **some fine ~** *(Sport)* du beau jeu *m; (Music)* des passages *mpl* bien joués; **~ card** carte *f* à jouer; **~ field** terrain *m* de sport. ◆ **playmate** *n* petit(e) camarade *m(f).* ◆ **play-off** *n (Sport)* belle *f.* ◆ **playpen** *n* parc *m* (pour petits enfants). ◆ **playroom** *n* salle *f* de jeux *(pour enfants).* ◆ **plaything** *n* jouet *m.* ◆ **playtime** *n* récréation *f.* ◆ **playwright** *n* auteur *m* dramatique.

plea [pliː] *n (excuse)* excuse *f; (entreaty)* appel *m (for* à). **to put forward a ~ of self-defence** plaider la légitime défense.

plead [pliːd] *pret, ptp* **pleaded** *or* (*: *esp US*) **pled** *vti (Law)* plaider. **to ~ with sb to do** implorer qn de faire; **to ~ ignorance** prétendre ne pas savoir; **to ~ guilty** plaider coupable.

pleasant ['pleznt] *adj (gen)* agréable; *(person: attractive)* sympathique; *(polite)* aimable. **to have a ~ time** passer un bon moment; **it's very ~ here** on est bien ici. ◆ **pleasantly** *adv (gen)* agréablement; *(smile etc)* aimablement. ◆ **pleasantry** *n (joke)* plaisanterie *f. (polite remarks)* **~ries** propos *mpl* aimables.

please [pliːz] — **1** *adv* (*also* **if you ~**) s'il vous plaît, s'il te plaît. **yes ~** oui s'il vous plaît; *(notice)* **~ do not smoke** prière de ne pas fumer; **~ do!** je vous en prie!; **~ don't!** ne faites pas ça s'il vous plaît! — **2** *vti (gen)* plaire (*sb* à qn), faire plaisir (*sb* à qn); *(satisfy)* satisfaire (*sb* qn). **anxious to ~** désireux (*f* -euse) de plaire; **difficult to ~** difficile; **~ yourself!** comme vous voulez!; **as you ~!** comme vous voulez!; **as many as you ~** autant qu'il vous plaira. ◆ **pleased** *adj* content (*with* de; *to do* de faire; *that* que + *subj*). **as ~ as Punch** heureux comme tout; **~ to meet you*** enchanté; **we are ~ to inform you that ...** nous avons le plaisir de vous informer que ... ◆ **pleasing** *adj (personality)* sympathique; *(sight)* agréable.

pleasurable ['pleʒərəbl] *adj* très agréable.

pleasure ['pleʒəʳ] *n* plaisir *m.* **it's a ~!** je vous en prie!; **it's a ~ to see you** quel plaisir de vous voir!; **to take great ~ in sth** prendre beaucoup de plaisir à qch; **~ boat** bateau *m* de plaisance; **~ cruise** croisière *f.*

pleat [pliːt] — **1** *n* pli *m.* — **2** *vt* plisser.

plebiscite ['plebɪsɪt] *n* plébiscite *m.*

pledge [pledʒ] — **1** *n* **(a)** *(token)* gage *m.* **(b)** *(promise)* engagement *m* (*to do* de faire). — **2** *vt* faire vœu (*to do* de faire). **to ~ sb to secrecy** faire promettre le secret à qn.

plenary ['pliːnərɪ] *adj:* **in ~ session** en séance plénière.

plentiful ['plentɪfʊl] *adj* abondant.

plenty ['plentɪ] *n, adv:* **in ~** en abondance; **land of ~** pays *m* de cocagne; **~ of** *(lots of)* beaucoup de; *(enough)* bien assez de; **that's ~** ça suffit (amplement).

pleurisy ['plʊərɪsɪ] *n* pleurésie *f.*

pliable ['plaɪəbl] *adj (substance)* flexible; *(person)* docile.

pliers ['plaɪəz] *npl:* **a pair of ~** des pinces *fpl.*

plight [plaɪt] *n* triste situation *f.*

plimsolls ['plɪmsəls] *npl* chaussures *fpl* de tennis.

plod [plɒd] *vi:* **to ~ along** avancer d'un pas lourd; **to ~ through sth** faire qch méthodiquement. ◆ **plodder** *n* bûcheur* *m (f* -euse*).

plonk [plɒŋk] — **1** *n* (*: *cheap wine*) vin *m* ordinaire. — **2** *vt* (**~ down**) poser bruyamment. **to ~ o.s. down** se laisser tomber.

plot [plɒt] — **1** *n* **(a)** *(ground)* terrain *m*. **~ of grass** gazon *m;* **building ~** terrain à bâtir; **the vegetable ~** le carré des légumes. **(b)** *(conspiracy)* complot *m* (*against* contre). **(c)** *(of play etc)* intrigue *f*. *(fig)* **the ~ thickens** l'affaire se corse. — **2** *vt* **(a)** *(course)* déterminer; *(graph)* tracer point par point. **to ~ one's position on the map** pointer la carte. **(b)** *(sb's death etc)* comploter (*to do* de faire). ◆ **plotter** *n* conspirateur *m* (*f* -trice).

plough [plaʊ] — **1** *n* charrue *f*. — **2** *vti* (*also* **~ up**) labourer. *(fig)* **to ~ through the mud** avancer péniblement dans la boue; **to ~ back profits** réinvestir des bénéfices (*into* dans). ◆ **ploughman** *n* laboureur *m*. **~'s lunch** ≃ sandwich *m* au fromage.

plow [plaʊ] *(US)* = **plough.**

ploy* [plɔɪ] *n* stratagème *m*.

pluck [plʌk] — **1** *n (courage)* cran* *m*. — **2** *vti (flower etc)* cueillir; *(strings)* pincer; *(bird)* plumer. **to ~ one's eyebrows** s'épiler les sourcils; *(fig)* **to ~ up courage** prendre son courage à deux mains. ◆ **plucky** *adj* courageux (*f* -euse).

plug [plʌg] — **1** *n* **(a)** *(for bath etc)* bonde *f; (to stop a leak)* tampon *m*. *(in lavatory)* **to pull the ~** tirer la chasse d'eau. **(b)** *(electric)* prise *f* de courant (mâle); *(on switchboard)* fiche *f; (sparking* **~***)* bougie *f*. **(c)** (*: *publicity*) publicité *f* indirecte. — **2** *vt* **(a)** (**~ up:** *hole)* boucher; *(leak)* colmater. **(b)** (*: *publicize*) faire de la publicité pour. **(c) to ~ in** *(appliance etc)* brancher. ◆ **plughole** *n* vidange *f*.

plum [plʌm] — **1** *n* prune *f; (tree)* prunier *m*. — **2** *adj (colour)* lie de vin *inv*. **~ pudding** pudding *m*.

plumb [plʌm] — **1** *vt* **(a)** sonder. **(b) to ~ in a machine** faire le raccordement d'une machine. — **2** *adv:* **~ in the middle of** en plein milieu de. ◆ **plumber** *n* plombier *m*. ◆ **plumbing** *n* plomberie *f*. ◆ **plumbline** *n* fil *m* à plomb.

plume [plu:m] *n* panache *m*.

plummet ['plʌmɪt] *vi* tomber brusquement.

plump [plʌmp] — **1** *adj (person)* rondelet (*f* -ette); *(child, arm)* potelé; *(cheek, cushion)* rebondi; *(chicken)* dodu. — **2** *vti* **(a)** (**~ up:** *pillow)* tapoter. **(b) to ~ o.s. down** s'affaler; **to ~ for** se décider pour.

plunder ['plʌndəʳ] *vt* piller.

plunge [plʌndʒ] — **1** *n (dive)* plongeon *m; (fall)* chute *f*. *(fig)* **to take the ~** se jeter à l'eau. — **2** *vti* plonger (*into* dans; *from* de); *(fall)* tomber (*from* de).

pluperfect ['plu:'pɜ:fɪkt] *n* plus-que-parfait *m*.

plural ['plʊərəl] *adj, n* pluriel *(m)*. **in the ~** au pluriel.

plus [plʌs] — **1** *prep* plus. — **2** *adj, adv (fig)* **a ~ factor** un atout; **10-~** plus de 10. — **3** *n (Math:* **~** *sign)* plus *m; (fig: advantage)* atout *m*.

plush [plʌʃ] — **1** *n* peluche *f*. — **2** *adj* (*) somptueux (*f* -ueuse).

plutonium [plu:'təʊnɪəm] *n* plutonium *m*.

ply [plaɪ] — **1** *n:* **three-~ wool** laine *f* trois fils. — **2** *vti:* **to ~ sb with questions** presser qn de questions; **he plied them with drink** il ne cessait de remplir leur verre; *(of boat etc)* **to ~ between** faire la navette entre; **to ~ for hire** faire un service de taxi.

plywood ['plaɪwʊd] *n* contre-plaqué *m*.

p.m. *adv* de l'après-midi.

pneumatic [nju:'mætɪk] *adj* pneumatique. **~ drill** marteau-piqueur *m*.

pneumonia [nju:'məʊnɪə] *n* pneumonie *f*.

poach [pəʊtʃ] *vti* **(a)** *(cook)* pocher. **~ed eggs** œufs *mpl* pochés. **(b)** *(steal)* braconner (*sth, for sth* qch).

pocket ['pɒkɪt] — **1** *n* poche *f*. **with his hands in his ~s** les mains dans les poches; **to go through sb's ~s** faire les poches à qn; **to be out of ~** en être de sa poche; **~ calculator** calculatrice *f* de poche. — **2** *vt* empocher. ◆ **pocketbook** *n (wallet)* portefeuille *m; (notebook)* calepin *m*. ◆ **pocket-knife** *n* canif *m*. ◆ **pocket-money** *n* argent *m* de poche.

pock-marked ['pɒkmɑ:kt] *adj* grêlé.

pod [pɒd] *n* cosse *f*.

podgy* ['pɒdʒɪ] *adj* rondelet (*f* -ette).

poem ['pəʊɪm] *n* poème *m*.

poet ['pəʊɪt] *n* poète *m*. ◆ **poetic** *adj* poétique. **~ justice** bonne justice *f*.

poetry ['pəʊɪtrɪ] *n* poésie *f*. **to write ~** écrire des poèmes.

poignant ['pɔɪnjənt] *adj* poignant.

point [pɔɪnt] — **1** *n* **(a)** *(tip)* pointe *f*. **with a sharp ~** très pointu; **at gun ~** sous la menace du revolver. **(b)** *(dot)* point *m; (decimal)* virgule *f*. **3 ~ 6 (3.6)** 3 virgule 6 (3,6). **(c)** *(of place, time)* point *m*. **at that ~** à ce moment-là; **at this ~ in time** en ce moment; **~s of the compass** rose *f* des vents; **from all ~s of the compass** de tous côtés; **~ of departure** point de départ; **from that ~ of view** de ce point de vue; **at that ~ in the road** à cet endroit de la route; *(electric)* **wall** *or* **power ~** prise *f* de courant *(femelle);* **to be on the ~ of doing** être sur le point de faire; *(fig)* **up to a ~** jusqu'à un certain point; **when it comes to the ~** en fin de compte. **(d)** *(counting unit: Sport, on scale etc)* point *m*. *(Boxing)* **on ~s** aux points. **(e)** *(subject, item)* point *m*. **the ~ at issue** la question qui nous *(etc)* concerne; **just as a ~ of interest** à titre d'information; **12-~ plan** plan *m* en 12 points; **a ~ of detail** un point de détail; **in ~ of fact** en fait; **~ by ~** point par point; **to make the ~ that** faire remarquer que; **I take your ~** je vois où vous voulez en venir; **you're missing the ~** vous n'y êtes pas; **to win one's ~** avoir gain de cause; **there's no ~ in waiting** cela ne sert à rien d'attendre; **I don't see any ~ in doing that** je ne vois aucun intérêt à faire cela; **the ~ is that...** le fait est que...; **the whole ~ was ....** tout l'intérêt était...; **that's the ~!** justement!; **that's not the ~** il ne s'agit pas de cela; **beside the ~** à côté de la question; **very much to the ~** très pertinent; **to see** *or* **get the ~** comprendre; **to come to the ~** en venir au fait; **let's get back to the ~** revenons à ce qui nous préoccupe; **to stick to the ~** rester dans le sujet; **to make a ~ of doing** ne pas manquer de faire. **(f)** *(characteristic)* **good ~s** qualités *fpl;* **bad ~s** défauts *mpl;* **his strong ~** son fort; **he has his ~s** il a certaines qualités. **(g)** *(Rail)* **~s** aiguilles *fpl; (Police etc)* **to be on ~ duty** diriger la circulation.

— **2** *vti* **(a)** *(direct: telescope, hosepipe etc)* pointer (*on* sur); *(gun)* braquer (*at* sur). **(b) to ~ at sth** montrer qch du doigt; **all the evidence ~s to him** tous les témoignages l'accusent; **it all ~s to the fact that...** tout laisse à penser que...; **to ~ sth out to sb** *(show)* montrer qch à qn; *(mention)* faire remarquer qch à qn. **(c)** *(of gun)* être braqué (*at* sur); *(of needle, clock-hand)* **to be ~ing to sth** indiquer qch.

◆ **point-blank** *adv (shoot)* à bout portant; *(refuse)* catégoriquement; *(request)* de but en blanc. ◆ **pointed** *adj (gen)* pointu; *(beard)* en pointe; *(arch)* en ogive; *(remark)* lourd de sens. ◆ **pointedly** *adv (say)* d'un ton plein de sous-entendus. ◆ **pointer** *n (stick)* baguette *f; (on scale)* aiguille *f; (clue)* indice *m* (*to* de); *(advice)* conseil *m* (*on* sur). ◆ **pointless** *adj (gen)* vain; *(existence)* dénué de sens; *(murder)* gratuit; *(story)* qui ne rime à rien.

poise [pɔɪz] — **1** *n (self-confidence)* assurance *f.* — **2** *vt:* **to be ~d** *(hanging, hovering)* être suspendu en l'air; **~d ready to attack** tout prêt à attaquer.

poison ['pɔɪzn] — **1** *n* poison *m; (of snake)* venin *m.* **to take ~** s'empoisonner; **~ gas** gaz *m* toxique. — **2** *vt* empoisonner. ◆ **poisoner** *n* empoisonneur *m* (*f* -euse). ◆ **poisoning** *n* empoisonnement *m.* ◆ **poisonous** *adj (gen)* toxique; *(snake)* venimeux (*f* -euse); *(plant)* vénéneux (*f* -euse).

poke [pəʊk] — **1** *n* petit coup *m (de coude etc).* — **2** *vti (with finger, stick etc: prod)* donner un coup avec le doigt (*or* de canne) à; *(thrust)* enfoncer (*into* dans; *through* à travers); *(fire)* tisonner. **to ~ one's head out of the window** passer la tête par la fenêtre; *(fig)* **to ~ one's nose into sth*** fourrer le nez dans qch; **to ~ about in sth** fourrager dans qch.

poker ['pəʊkəʳ] *n* **(a)** *(for fire)* tisonnier *m.* **(b)** *(Cards)* poker *m.* ◆ **poker-faced** *adj* au visage impassible.

poky ['pəʊkɪ] *adj* exigu et sombre.

Poland ['pəʊlənd] *n* Pologne *f.*

polar ['pəʊləʳ] *adj* polaire. **~ bear** ours *m* blanc.

polarize ['pəʊləraɪz] *vt* polariser.

Pole [pəʊl] *n* Polonais(e) *m(f).*

pole¹ [pəʊl] *n (gen)* perche *f; (telegraph ~; in fences etc)* poteau *m;* (*flag ~; tent ~*) mât *m;* (*curtain ~*) tringle *f.* **~ vaulting** saut *m* à la perche.

pole² [pəʊl] *n* pôle *m.* **North P~** pôle Nord; **South P~** pôle Sud; *(fig)* **they are ~s apart** ils sont aux antipodes l'un de l'autre; **~ star** étoile *f* polaire.

polemic [pɒ'lemɪk] *n* polémique *f.*

police [pə'liːs] — **1** *n* ≃ police *f (gen in towns),* gendarmerie *f (throughout France).* **the ~** (force) la police, les gendarmes *mpl;* **the ~ are on his track** la police est sur sa piste; **~ car** voiture *f* de police *or* de la gendarmerie; **~ constable, ~ officer** ≃ agent *m* de police, gendarme *m;* **~ dog** chien *m* policier; **~ inspector** ≃ inspecteur *m* de police; **to have a ~ record** avoir un casier judiciaire; **~ station** commissariat *m* de police, gendarmerie *f.* — **2** *vt (gen)* faire la police dans (*or* à, sur *etc); (frontier, territory)* contrôler. ◆ **policeman** *n* agent *m* (de police), gendarme *m.* ◆ **policewoman** *n* femme-agent *f.*

policy ['pɒlɪsɪ] *n* **(a)** *(gen)* politique *f.* **it's good ~** c'est une bonne politique; **the government's policies** la politique du gouvernement; **~ decision** décision *f* de principe; **~ discussion** discussion *f* de politique générale; **what is company ~?** quelle est la ligne suivie par la compagnie?; **it has always been our ~ to do that** nous avons toujours eu pour principe de faire cela. **(b)** *(Insurance)* police *f* d'assurance. **to take out a ~** souscrire à une police d'assurance; **~ holder** assuré(e) *m(f).*

polio ['pəʊlɪəʊ] *n* polio *f.* **~ victim** polio *mf.*

Polish ['pəʊlɪʃ] — **1** *adj* polonais. — **2** *n (language)* polonais *m.*

polish ['pɒlɪʃ] — **1** *n* **(a)** *(shoes)* cirage *m; (floor, furniture)* cire *f; (nails)* vernis *m* (à ongles). **metal ~** produit *m* d'entretien pour les métaux. **(b)** *(fig)* raffinement *m.* — **2** *vt (stones, glass)* polir; *(shoes, floor, furniture)* cirer; *(car, pans, metal)* astiquer; *(one's French etc)* perfectionner. **to ~ sth off** finir qch. ◆ **polished** *adj (fig: manners)* raffiné; *(performance)* impeccable.

polite [pə'laɪt] *adj* poli (*to sb* avec qn). **~ society** la bonne société. ◆ **politely** *adv* poliment. ◆ **politeness** *n* politesse *f.*

politic ['pɒlɪtɪk] *adj* diplomatique. ◆ **political** *adj* politique. **~ asylum** le droit d'asile politique. ◆ **politician** *n* homme *m* politique, femme *f* politique. ◆ **politics** *n (gen)* politique *f; (study)* sciences *fpl* politiques. **to talk ~** parler politique; **to go into ~** se lancer dans la politique.

polka ['pɒlkə] *n* polka *f.* **~ dot** pois *m.*

poll [pəʊl] *n* **(a)** *(at election)* scrutin *m; (election itself)* élection *f.* **to take a ~ on sth** procéder à un vote sur qch; **to go to the ~s** aller aux urnes; **20% of the ~** 20% des suffrages exprimés; **~ing booth** isoloir *m;* **~ing day** jour *m* des élections; **~ing station** bureau *m* de vote. **(b)** *(survey)* **opinion ~** sondage *m* d'opinion; **to take a ~** sonder l'opinion (*of* de).

pollen ['pɒlən] *n* pollen *m.*

pollute [pə'luːt] *vt* polluer.

pollution [pə'luːʃən] *n* pollution *f.*

polo ['pəʊləʊ] *n* polo *m.*

polonecked ['pəʊləʊ'nekt] *adj* à col roulé.

polyester [,pɒlɪ'estəʳ] *n* polyester *m.*

polyphonic [,pɒlɪ'fɒnɪk] *adj* polyphonique.

polystyrene [,pɒlɪ'staɪriːn] *n* polystyrène *m.*

polytechnic [,pɒlɪ'teknɪk] *n* ≃ IUT *m,* Institut *m* Universitaire de Technologie.

polythene [,pɒlɪ'θiːn] *n (Brit)* polyéthylène *m.* **~ bag** sac *m* en plastique.

pomegranate ['pɒmə,grænɪt] *n* grenade *f (fruit).*

pomp [pɒmp] *n* pompe *f,* faste *m.*

pompous ['pɒmpəs] *adj* pompeux (*f* -euse).

pond [pɒnd] *n* étang *m; (stagnant)* mare *f.*

ponder ['pɒndəʳ] *vti* réfléchir (*sth, over sth* à qch).

ponderous ['pɒndərəs] *adj* lourd.

pontiff ['pɒntɪf] *n (pope)* souverain pontife *m.*

pontificate [pɒn'tɪfɪkeɪt] *vi* pontifier (*about* sur).

pony ['pəʊnɪ] *n* poney *m.* *(hair)* **in a ~tail** en queue de cheval. ◆ **pony trekking** *n* randonnée *f* à cheval.

poodle ['puːdl] *n* caniche *m.*

pooh-pooh ['puː'puː] *vt* faire fi de.

pool [puːl] — **1** *n* **(a)** *(of water, rain)* flaque *f; (of blood)* mare *f; (pond)* étang *m; (artificial)* bassin *m; (in river)* plan *m* d'eau; (*swimming ~*) piscine *f.* **(b)** *(common supply: gen)* fonds *m* commun (*of* de); *(of cars)* parc *m; (of ideas etc)* réservoir *m; (of advisers, experts)* équipe *f.* **typing ~** pool *m* de dactylos. **(c)** *(Brit)* **to win sth on the ~s** gagner qch en pariant sur les matchs de football. — **2** *vt (things)* mettre en commun; *(efforts)* unir.

poor [pʊəʳ] *adj (gen)* pauvre (*in* en); *(inferior)* médiocre; *(light, sight)* faible; *(effort)* insuffisant; *(memory, health, loser etc)* mauvais *(before n).* **you ~ thing!*** mon pauvre!, ma pauvre!; **to be ~ at sth** ne pas être doué pour qch; **the ~** les pauvres *mpl.* ◆ **poorly** — **1** *adj* souffrant. — **2** *adv (badly)* mal.

pop[1] [pɒp] — **1** *vti* **(a)** *(put)* mettre. **to ~ one's head round the door** passer brusquement la tête par la porte. **(b)** *(go)* **to ~ over** *(or* **round** *or* **across** *or* **out)** faire un saut *(to* à *etc)*; **to ~ in** entrer en passant; **to ~ up** surgir. **(c)** *(of balloon)* crever; *(of ears)* se déboucher. **his eyes were ~ping** les yeux lui sortaient de la tête. — **2** *n*: **to go ~** faire pan.
pop[2] [pɒp] — **1** *adj (song, concert etc)* pop *inv*. — **2** *n* pop *m*. **it's top of the ~s** c'est en tête du hit-parade.
pope [pəʊp] *n* pape *m*.
poplar ['pɒpləʳ] *n* peuplier *m*.
poplin ['pɒplɪn] *n* popeline *f*.
poppy ['pɒpɪ] *n* pavot *m*; *(growing wild)* coquelicot *m*. **P~ Day** anniversaire *m* de l'armistice.
populace ['pɒpjʊlɪs] *n* peuple *m*.
popular ['pɒpjʊləʳ] *adj* **(a)** *(well-liked)* populaire; *(fashionable)* à la mode. **he is ~ with his colleagues** ses collègues l'aiment beaucoup. **(b)** *(vote, opinion)* populaire. **by ~ request** à la demande générale. ◆ **popularity** *n* popularité *f* (*with* auprès de). ◆ **popularize** *vt (gen)* rendre populaire; *(science, ideas)* vulgariser. ◆ **popularly** *adv* communément.
populate ['pɒpjʊleɪt] *vt* peupler.
population [,pɒpjʊ'leɪʃən] *n* population *f*.
porcelain ['pɔːsəlɪn] *n* porcelaine *f*.
porch [pɔːtʃ] *n* porche *m*. **sun ~** véranda *f*.
porcupine ['pɔːkjʊpaɪn] *n* porc-épic *m*.
pore[1] [pɔːʳ] *n (skin)* pore *m*.
pore[2] [pɔːʳ] *vi*: **to ~ over** être plongé dans.
pork [pɔːk] *n* porc *m (viande)*. **~ butcher** ≃ charcutier *m*; **~ pie** ≃ pâté *m* en croûte.
porn* [pɔːn] *n* porno* *m*.
pornography [pɔː'nɒgrəfɪ] *n* pornographie *f*.
porous ['pɔːrəs] *adj* poreux (*f* -euse).
porridge ['pɒrɪdʒ] *n* porridge *m*. **~ oats** flocons *mpl* d'avoine.
port[1] [pɔːt] *n* port *m*. **~ of call** (port d')escale *f*.
port[2] [pɔːt] *(Naut: left)* — **1** *n* bâbord *m*. — **2** *adj* de bâbord.
port[3] [pɔːt] *n (wine)* porto *m*.
portable ['pɔːtəbl] *adj* portatif (*f* -ive).
porter ['pɔːtəʳ] *n (luggage)* porteur *m*; *(doorman)* concierge *mf*; *(public building)* gardien(ne) *m(f)*. ◆ **porterhouse steak** *n* ≃ chateaubriand *m*.
portfolio [pɔːt'fəʊlɪəʊ] *n* portefeuille *m*.
porthole ['pɔːthəʊl] *n* hublot *m*.
portion ['pɔːʃən] *n (share)* portion *f*; *(part)* partie *f*.
portly ['pɔːtlɪ] *adj* corpulent.
portrait ['pɔːtrɪt] *n* portrait *m*. **~ painter** portraitiste *mf*.
portray [pɔː'treɪ] *vt* représenter, dépeindre. ◆ **portrayal** *n* peinture *f*.
Portugal ['pɔːtjʊgəl] *n* Portugal *m*.
Portuguese [,pɔːtjʊ'giːz] — **1** *adj* portugais. — **2** *n (person: pl inv)* Portugais(e) *m(f)*; *(language)* portugais *m*.
pose [pəʊz] — **1** *n* pose *f*. **to strike a ~** poser. — **2** *vi (Art etc)* poser. **to ~ as a doctor** se faire passer pour un docteur. — **3** *vt (problem, question)* poser; *(difficulties)* créer. ◆ **poser** *n* question *f* difficile.
posh* [pɒʃ] *adj (gen)* chic *inv*; *(accent)* distingué.
posit ['pɒzɪt] *vt* énoncer, poser en principe.
position [pə'zɪʃən] — **1** *n (gen)* position *f*; *(of house, town etc)* emplacement *m*; *(of football etc player)* place *f*; *(circumstances)* situation *f*. **in(to) ~** en place, en position; **to change the ~ of sth** changer qch de place; **to take up one's ~** prendre position; **in a ~ to do sth** en mesure de faire qch; **in a good ~ to do** bien placé pour faire; **put yourself in my ~** mettez-vous à ma place; **the economic ~** la situation économique. — **2** *vt* placer.
positive ['pɒzɪtɪv] *adj* **(a)** *(gen)* positif (*f* -ive); *(affirmative)* affirmatif (*f* -ive). **(b)** *(definite: order)* formel (*f* -elle); *(proof)* indéniable; *(change, improvement)* réel (*f* réelle). **he's a ~ genius*** c'est un véritable génie. **(c)** *(certain)* **to be ~** être certain (*about* de; *that* que). ◆ **positively** *adv (indisputably)* indéniablement; *(categorically)* formellement; *(affirmatively)* affirmativement; *(with certainty)* de façon certaine; *(absolutely)* complètement.
possess [pə'zes] *vt* posséder. **what can have ~ed him?** qu'est-ce qui l'a pris? ◆ **possession** *n* possession *f*. **in ~ of** en possession de; **in his ~** en sa possession; **to take ~ of** prendre possession de. ◆ **possessive** — **1** *adj* possessif (*f* -ive) (*with sb* à l'égard de qn). — **2** *n (Grammar)* possessif *m*.
possibility [,pɒsə'bɪlɪtɪ] *n (gen)* possibilité *f*. **some ~ of ...** quelques chances de ...; **it's a distinct ~** c'est bien possible; *(of idea etc)* **it's got possibilities** c'est possible.
possible ['pɒsəbl] *adj* possible (*that* que + *subj*; *to do* de faire). **it is ~ for him to leave** il lui est possible de partir; **if ~** si possible; **as far as ~** dans la mesure du possible; **as much as ~** autant que possible. ◆ **possibly** *adv (perhaps)* peut-être. **as often as I ~ can** aussi souvent qu'il m'est possible de le faire; **all he ~ can or could** tout son possible (*to help* pour aider); **if I ~ can** si cela m'est possible; **I cannot ~ come** il m'est absolument impossible de venir.
post[1] [pəʊst] — **1** *n (gen)* poteau *m*; *(door ~ etc)* montant *m*. *(Sport)* **winning ~** poteau d'arrivée. — **2** *vt (notice, list)* afficher. *(Mil etc)* **to ~ missing** porter disparu.
post[2] [pəʊst] — **1** *n* poste *m*. **at one's ~** à son poste; **a ~ as a manager** un poste de directeur. — **2** *vt (sentry)* poster; *(employee)* affecter (*to* à).
post[3] [pəʊst] — **1** *n* poste *f*; *(letters)* courrier *m*. **by ~** par la poste; **by return of ~** par retour du courrier; **first-class ~** ≃ tarif *m* normal; **second-class ~** tarif réduit; **to put sth in the ~** poster qch; **to miss the ~** manquer la levée; **has the ~ come yet?** est-ce que le courrier est arrivé?; **~ and packing** frais *mpl* de port et d'emballage. — **2** *vt* **(a)** *(send)* envoyer par la poste; *(put in mailbox)* poster. **to ~ sth on** faire suivre qch. **(b)** *(fig)* **to keep sb ~ed** tenir qn au courant.
post- [pəʊst] *prep*: **~-1950** après 1950.
postage ['pəʊstɪdʒ] *n* tarifs *mpl* postaux (*to* pour).
postal ['pəʊstəl] *adj (gen)* postal; *(application)* par la poste; *(vote)* par correspondance. **~ order** mandat *m*.
postbox ['pəʊstbɒks] *n* boîte *f* aux lettres.
postcard ['pəʊstkɑːd] *n* carte *f* postale.
postdate ['pəʊstdeit] *vt* postdater.
poster ['pəʊstəʳ] *n* affiche *f*; *(decorative)* poster *m*. **~ paint** gouache *f*.
posterior [pɒs'tɪərɪəʳ] *adj* postérieur (*to* à).
posterity [pɒs'terɪtɪ] *n* postérité *f*.
post free [,pəʊst'friː] *adv* franco de port.
postgraduate [,pəʊst'grædjʊət] *adj* ≃ de troisième cycle (universitaire).

posthumous ['pɒstjʊməs] *adj* posthume. ◆ **posthumously** *adv (gen)* après sa *(etc)* mort; *(award)* à titre posthume.
postman ['pəʊstmən] *n* facteur *m.*
postmark ['pəʊstmɑːk] *n* cachet *m* de la poste.
postmaster ['pəʊst'mɑːstəʳ] *n* receveur *m* des postes. **P~ General** ministre *m* des Postes et Télécommunications.
post mortem [,pəʊst'mɔːtəm] *n* autopsie *f* (*on* de).
postnatal [,pəʊst'neɪtl] *adj* post-natal.
post office ['pəʊst,ɒfɪs] *n (place)* poste *f; (organization)* service *m* des postes. **the main ~** la grande poste; **P~ Box** (*abbr* **P.O. Box**) boîte *f* postale (*abbr* B.P.); **P~ Savings Bank** ≃ Caisse *f* d'Épargne.
postpone [pəʊst'pəʊn] *vt* remettre (*for* de, *until* à); renvoyer (à plus tard). ◆ **postponement** *n* renvoi *m* (à plus tard).
postscript ['pəusskrɪpt] *n* post-scriptum *m inv.*
posture ['pɒstʃəʳ] — **1** *n* posture *f.* — **2** *vi (pej)* poser.
postwar ['pəʊst'wɔːʳ] *adj:* **~ period** après-guerre *m.*
posy ['pəʊzɪ] *n* petit bouquet *m.*
pot [pɒt] — **1** *n* **(a)** *(for flowers, jam etc)* pot *m; (piece of pottery)* poterie *f; (for cooking)* marmite *f; (saucepan)* casserole *f;* (*tea~*) théière *f;* (*coffee ~*) cafetière *f;* (*chamber~*) pot (de chambre). **jam ~** pot à confiture; **~ of jam** pot de confiture; **~s and pans** casseroles; **to have ~s of money*** avoir un argent fou*; **~ roast** rôti *m* braisé; **to take ~ luck** manger à la fortune du pot; **to take a ~shot at sth** tirer sur qch (à vue de nez). **(b)** (*: *marijuana*) marie-jeanne* *f.* — **2** *vt (plant, jam)* mettre en pot. **~ted meat** ≃ rillettes *fpl;* **~ted plant** plante *f* en pot. ◆ **potbellied** *adj* bedonnant*. ◆ **pothole** *n (in road)* fondrière *f; (underground)* gouffre *m.* ◆ **potholing** *n* spéléologie *f.* **to go ~** faire de la spéléologie. ◆ **potscrubber** *n* tampon *m* à récurer.
potash ['pɒtæʃ] *n* potasse *f.*
potato [pə'teɪtəʊ] *pl* **~es** *n* pomme *f* de terre. **sweet ~** patate *f* douce; *(US)* **~ chips,** *(Brit)* **~ crisps** pommes *fpl* chips. ◆ **potato-peeler** *n* épluche-légumes *m inv.*
potent ['pəʊtənt] *adj (gen)* puissant; *(drink)* fort.
potential [pəʊ'tenʃəl] — **1** *adj (gen)* potentiel (*f* -ielle); *(sales, uses)* possible. — **2** *n (fig: possibilities)* potentialités *fpl.* **to have great ~** être très prometteur (*f* -euse). ◆ **potentially** *adv* potentiellement.
potpourri [pəʊ'pʊrɪ] *n (flowers)* fleurs *fpl* séchées; *(Music)* pot-pourri *m.*
potter[1] ['pɒtəʳ] *vi:* **to ~ about** bricoler*.
potter[2] ['pɒtəʳ] *n* potier *f.* **~'s wheel** tour *m* de potier. ◆ **pottery** — **1** *n* poterie *f.* **a piece of ~** une poterie. — **2** *adj (dish)* de terre.
potty[1]* ['pɒtɪ] *n* pot *m* (de bébé). *(of baby)* **~-trained** propre.
potty[2]* ['pɒtɪ] *adj* dingue*.
pouch [paʊtʃ] *n* petit sac *m; (for tobacco)* blague *f; (kangaroo)* poche *f.*
pouffe [puːf] *n (seat)* pouf *m.*
poultice ['pəʊltɪs] *n* cataplasme *m.*
poultry ['pəʊltrɪ] *n* volaille *f,* volailles. **~ farming** élevage *m* de volailles. ◆ **poulterer** *n* marchand *m* de volailles.
pounce [paʊns] *vi* sauter (*on* sur).
pound[1] [paʊnd] *n* **(a)** *(weight)* livre *f* (= *453,6 grammes*). **80p a ~** 80 pence la livre. **(b)** *(money)* livre *f.* **~ sterling** livre sterling *(inv);* **~ note** billet *m* d'une livre.
pound[2] [paʊnd] — **1** *vt (gen)* pilonner; *(in pestle)* piler; *(also* **~ on:** *door)* marteler. — **2** *vi* **(a)** *(gen)* battre; *(of heart)* battre fort. **(b)** *(run)* **to ~ in** entrer en courant bruyamment.
pound[3] [paʊnd] *n (for cars)* fourrière *f.*
pour [pɔːʳ] — **1** *vt (liquid)* verser. **to ~ away** *or* **off** vider; **to ~ (out) a drink** verser à boire; **to ~ money into** investir énormément d'argent dans. — **2** *vi* **(a)** ruisseler (*from* de). **to ~ in** *(water, sunshine)* entrer à flots; *(people etc)* arriver en masse. **(b) it is ~ing (with rain)** il pleut à torrents; **~ing rain** pluie *f* torrentielle.
pout [paʊt] — **1** *n* moue *f.* — **2** *vi* faire la moue.
poverty ['pɒvətɪ] *n (gen)* pauvreté *f.* **extreme ~** misère *f.* ◆ **poverty-stricken** *adj (family)* dans la misère; *(conditions)* misérable.
powder ['paʊdəʳ] — **1** *n* poudre *f.* **~ room** toilettes *fpl* (pour dames). — **2** *vt* **(a) ~ed milk** lait *m* en poudre. **(b)** *(face)* poudrer. **to ~ one's nose** se poudrer. ◆ **powdery** *adj* poudreux (*f* -euse).
power ['paʊəʳ] — **1** *n* **(a)** *(gen)* pouvoir *m.* **within my ~** en mon pouvoir; **student ~** le pouvoir des étudiants; **at the height of his ~** à l'apogée de son pouvoir; *(Pol)* **in ~** au pouvoir; **to come to ~** accéder au pouvoir; **~ structure** répartition *f* des pouvoirs; **to have ~ over sb** avoir autorité sur qn; **to have sb in one's ~** avoir qn en son pouvoir; **the ~s that be** les autorités *fpl* constituées; **the world ~s** les puissances *fpl* mondiales; **mental ~s** facultés *fpl* mentales; **the ~ of speech** la parole; **~s of persuasion** pouvoir de persuasion; **~s of resistance** capacité *f* de résistance; **~s of imagination** faculté d'imagination. **(b)** *(strength: of blow, engine, telescope etc)* puissance *f.* **nuclear ~** énergie *f* nucléaire; **air ~** puissance aérienne; *(Math)* **5 to the ~ of 3** 5 puissance 3. **(c)** *(Electricity)* courant *m.* **to cut off the ~** couper le courant; **~ line** ligne *f* à haute tension; **~ cut** coupure *f* de courant; **~ point** prise *f* de courant (femelle); **~ station** centrale *f.* — **2** *vt:* **~ed by nuclear energy, nuclear-~ed** qui fonctionne à l'énergie nucléaire. ◆ **powerboat** *n* hors-bord *m inv.* ◆ **powerful** *adj* puissant. ◆ **powerfully** *adv (hit, strike)* avec force; *(affect)* fortement. ◆ **powerless** *adj* impuissant (*to do* à faire). ◆ **power-sharing** *n (Pol)* partage *m* du pouvoir.
practicable ['præktɪkəbl] *adj* praticable.
practical ['præktɪkəl] *adj (gen)* pratique. **~ joke** farce *f;* **for all ~ purposes** en réalité; **he's very ~** il a beaucoup de sens pratique. ◆ **practically** *adv (almost)* pratiquement.
practice ['præktɪs] — **1** *n* **(a)** pratique *f.* **in(to) ~** en pratique; **to make a ~ of doing** avoir l'habitude de faire; **it's common ~** c'est courant. **(b)** *(rehearsal)* **a ~** une répétition; **I need more ~** il faut que je m'entraîne davantage; **~ flight** vol *m* d'entraînement; **target ~** exercices *mpl* de tir; **he does 6 hours' piano ~ a day** il fait 6 heures de piano par jour; **out of ~** rouillé. **(c)** *(of doctor, lawyer)* **to be in ~** exercer; **he has a large ~** il a un cabinet important. — **2** *vti (US)* = **practise.**
practise ['præktɪs] *vti* **(a)** *(exercise: gen)* s'entraîner (*doing* à faire); *(violin, song)* travailler. **I'm practising my German** je m'exerce à parler allemand; **he ~s for 2 hours every day** il fait 2 heures d'entraînement (*or* d'exercices) par

jour. **(b)** *(of doctor, lawyer)* exercer. **to ~ medecine** exercer la profession de médecin. **(c)** *(put into practice: principles)* pratiquer; *(method)* employer. ◆ **practised** *adj (eye)* exercé; *(movement)* expert. ◆ **practising** *adj (doctor)* exerçant; *(Catholic etc)* pratiquant.

practitioner [præk'tɪʃənəʳ] *n (Med)* médecin *m*.

pragmatic [præg'mætɪk] *adj* pragmatique.

prairie ['prɛərɪ] *n (US)* **the ~s** la Grande Prairie.

praise [preɪz] — **1** *n (gen)* éloge *m*. **in ~ of** à la louange de; **~ be!*** Dieu merci! — **2** *vt* louer (*sb for sth* qn de qch; *for doing* d'avoir fait). ◆ **praiseworthy** *adj* digne d'éloges.

pram [præm] *n* voiture *f* d'enfant.

prance [prɑːns] *vi* caracoler.

prank [præŋk] *n* frasque *f*. **to play a ~ on sb** jouer un tour à qn.

prattle ['prætl] *vi* babiller.

prawn [prɔːn] *n* crevette *f* rose, bouquet *m*. **~ cocktail** salade *f* de crevettes.

pray [preɪ] *vti* prier *(sb to do* qn de faire; *that* que + *subj)*. **he ~ed for forgiveness** il pria Dieu de lui pardonner; **we're ~ing for fine weather** nous faisons des prières pour qu'il fasse beau.

prayer [prɛəʳ] *n* prière *f*. **to say one's ~s** faire sa prière; *(service)* **~s** office *m*; **~ book** livre *m* de messe.

pre- [priː] — **1** *prep:* **~-1950** avant 1950. — **2** *prefix* pré- ◆ **prearrange** *vt* fixer à l'avance. ◆ **pre-establish** *vt* préétablir.

preach [priːtʃ] *vti (gen)* prêcher; *(sermon)* faire. **to ~ at sb** faire la morale à qn. ◆ **preacher** *n* prédicateur *m; (clergyman)* pasteur *m*.

preamble [priː'æmbl] *n* préambule *m*.

precarious [prɪ'kɛərɪəs] *adj* précaire.

precaution [prɪ'kɔːʃən] *n* précaution *f* (*of doing* de faire). **as a ~** par précaution. ◆ **precautionary** *adj (measure)* de précaution.

precede [prɪ'siːd] *vt* précéder.

precedence ['presɪdəns] *n:* **to take ~ over** *(person)* avoir la préséance sur; *(event, problem, need)* avoir la priorité sur.

precedent ['presɪdənt] *n* précédent *m*.

preceding ['prɪ'siːdɪŋ] *adj* précédent.

precept ['priːsept] *n* précepte *m*.

precinct ['priːsɪŋkt] *n (round cathedral etc)* enceinte *f; (US Police)* circonscription *f*.

precious ['preʃəs] — **1** *adj* précieux (*f* -ieuse). **~ stone** pierre *f* précieuse. — **2** *adv* **(*) ~ few, ~ little** très peu.

precipice ['presɪpɪs] *n* à-pic *m inv*.

precipitate [prɪ'sɪpɪteɪt] — **1** *vt (gen, Chem)* précipiter; *(clouds)* condenser. — **2** *adj* hâtif (*f* -ive).

precipitous [prɪ'sɪpɪtəs] *adj (steep)* à pic; *(hasty)* hâtif (*f* -ive).

précis ['preɪsiː] *n* résumé *m*.

precise [prɪ'saɪs] *adj (gen)* précis. **that ~ book** ce livre même; **at that ~ moment** à ce moment précis; **he's very ~** il est très minutieux. ◆ **precisely** *adv* précisément. **at 10 o'clock ~** à 10 heures précises; **what ~ does he do?** que fait-il au juste?

preclude [prɪ'kluːd] *vt (misunderstanding)* prévenir; *(possibility)* exclure. **that ~s his leaving** cela le met dans l'impossibilité de partir.

precocious [prɪ'kəʊʃəs] *adj* précoce.

preconceived ['priːkən'siːvd] *adj* préconçu.

precondition ['priːkən'dɪʃən] *n* condition *f* requise.

precursor [priː'kɜːsəʳ] *n* précurseur *m*.

predator ['predətəʳ] *n* prédateur *m*.

predatory ['predətərɪ] *adj* rapace.

predecessor ['priːdɪsesəʳ] *n* prédécesseur *m*.

predestination [priː'destɪneɪʃən] *n* prédestination *f*.

predetermine ['priːdɪ'tɜːmɪn] *vt* déterminer d'avance.

predicament [prɪ'dɪkəmənt] *n* situation *f* difficile.

predicative [prɪ'dɪkətɪv] *adj* attribut *inv*.

predict [prɪ'dɪkt] *vt* prédire. ◆ **predictable** *adj* prévisible. ◆ **prediction** *n* prédiction *f*.

predisposed ['priːdɪs'pəʊzd] *adj:* **~ to do** prédisposé à faire.

predominate [prɪ'dɒmɪneɪt] *vi* prédominer (*over* sur).

pre-eminent [priː'emɪnənt] *adj* prééminent. ◆ **pre-eminently** *adv* avant tout.

preen [priːn] *vt:* **to ~ o.s.** se pomponner; *(be proud)* s'enorgueillir (*on* de).

prefab* ['priːfæb] *n* maison *(etc)* préfabriquée.

preface ['prefɪs] *n (to book)* préface *f*.

prefect ['priːfekt] *n (Brit) élève mf des grandes classes chargé(e) de la discipline; (in France)* préfet *m*.

prefer [prɪ'fɜːʳ] *vt* préférer (*doing, to do* faire; *A to B* A à B). **I ~ taking the train to going by car** je préfère prendre le train que d'aller en voiture. ◆ **preferable** *adj* préférable (*to* à). ◆ **preferably** *adv* de préférence. ◆ **preference** *n (liking)* préférence *f* (*for* pour); *(priority)* priorité *f* (*over* sur). **in ~ to** plutôt que. ◆ **preferential** *adj* préférentiel (*f* -ielle).

prefix ['priːfɪks] *n* préfixe *m*.

pregnancy ['pregnənsɪ] *n* grossesse *f*.

pregnant ['pregnənt] *adj* enceinte. **3 months ~** enceinte de 3 mois.

prehistoric ['priːhɪs'tɒrɪk] *adj* préhistorique.

prejudge ['priː'dʒʌdʒ] *vt* juger d'avance.

prejudice ['predʒʊdɪs] — **1** *n* préjugé *m; (attitude)* préjugés. **to have a ~ against** avoir un préjugé contre; **racial ~** préjugés raciaux. — **2** *vt (person)* prévenir (*against* contre); *(chance)* porter préjudice à. ◆ **prejudiced** *adj (person)* plein de préjugés; *(idea)* préconçu. **to be ~ against** avoir un préjugé contre.

prelate ['prelɪt] *n* prélat *m*.

preliminary [prɪ'lɪmɪnərɪ] *adj* préliminaire.

prelude ['preljuːd] *n* prélude *m* (*to* de).

premarital ['priː'mærɪtl] *adj* avant le mariage.

premature ['premətʃʊəʳ] *adj* prématuré.

premeditation [priːˌmedɪ'teɪʃən] *n* préméditation *f*.

premier ['premɪəʳ] *n* Premier ministre *m*.

première ['premɪɛəʳ] *n* première *f (Theatre)*.

premises ['premɪsəs] *npl* locaux *mpl*. **business ~** locaux commerciaux; **on the ~** sur les lieux; **off the ~** hors des lieux.

premium ['priːmɪəm] *n* prime *f*. **to be at a ~** faire prime; **~ bond** bon *m* à lots.

premonition [ˌpriːmə'nɪʃən] *n* pressentiment *m*.

preoccupation [priːˌɒkjʊ'peɪʃən] *n* préoccupation *f*.

preoccupy [priː'ɒkjʊpaɪ] *vt* préoccuper.

prep* [prep] *adj* = **preparatory.**

prepack(age) ['priː'pæk(ɪdʒ)] *vt* préconditionner.

prepaid ['priː'peɪd] *adj* payé d'avance.

preparation [ˌprepə'reɪʃən] *n* **(a)** préparation *f*. **~s** préparatifs *mpl* (*for* de); **in ~ for** en vue de. **(b)** *(school)* devoirs *mpl*.

preparatory [prɪ'pærətərɪ] *adj (work)* préparatoire; *(measure, step)* préliminaire. **~ school** école *f* primaire privée.

prepare [prɪ'pɛəʳ] *vti* préparer (*sth for sb* qch à qn; *sth for sth* qch pour qch; *sb for sth* qn à qch). **to ~ for** *(journey, event)* faire des préparatifs pour; *(meeting)* se préparer pour; *(war)* se préparer à; *(examination)* préparer; **to ~ to do sth** se préparer à faire qch; **to be ~d to do sth** être prêt à faire qch; **I am ~d for anything** *(can cope)* j'ai tout prévu; *(won't be surprised)* je m'attends à tout.
preponderant [prɪ'pɒndərənt] *adj* prépondérant.
preposition [ˌprepə'zɪʃən] *n* préposition *f.*
prepossessing [ˌpriːpə'zesɪŋ] *adj* qui fait bonne impression.
preposterous [prɪ'pɒstərəs] *adj* ridicule.
prerecord ['priːrɪ'kɔːd] *vt (gen)* enregistrer à l'avance. **~ed broadcast** émission *f* en différé.
prerequisite ['priː'rekwɪzɪt] *n* condition *f* préalable.
prerogative [prɪ'rɒgətɪv] *n* prérogative *f.*
Presbyterian [ˌprezbɪ'tɪərɪən] *adj, n* presbytérien(ne) *m(f).*
preschool ['priː'skuːl] *adj (years)* préscolaire; *(child)* d'âge préscolaire. **~ playgroup** ≃ garderie *f.*
prescribe [prɪs'kraɪb] *vt* prescrire. **~d books** œuvres *fpl* inscrites au programme.
prescription [prɪs'krɪpʃən] *n (Med)* ordonnance *f.* **~ charges** *somme f fixe à payer lors de l'exécution de l'ordonnance.*
presence ['prezns] *n* présence *f.* **~ of mind** présence d'esprit; **in the ~ of** en présence de.
present ['preznt] — **1** *adj* présent. **is there a doctor ~?** y a-t-il un docteur ici?; **her ~ husband** son mari actuel; **at the ~ time** actuellement, à présent. — **2** *n* **(a)** présent *m.* **up to the ~** jusqu'à présent; **for the ~** pour le moment; **at ~** actuellement. **(b)** *(gift)* cadeau *m.* **to make sb a ~ of sth** faire cadeau de qch à qn. — **3** [prɪ'zent] *vt* **(a)** *(gen)* présenter (*to* à); *(proof)* fournir. **to ~ sb with sth, to ~ sth to sb** *(give as gift)* offrir qch à qn; *(hand over)* remettre qch à qn; **to ~ arms** présenter les armes; **to ~ o.s. at ...** se présenter à ... **(b)** *(play, concert)* donner; *(compere)* présenter. **(c)** *(introduce)* présenter (*sb to sb* qn à qn). **may I ~ ...?** permettez-moi de vous présenter...
presentable [prɪ'zentəbl] *adj* présentable.
presentation [ˌprezən'teɪʃən] *n (gen)* présentation *f; (ceremony)* ≃ vin *m* d'honneur.
presenter [prɪ'zentəʳ] *n* présentateur *m* (*f* -trice).
presently ['prezntlɪ] *adv (soon)* tout à l'heure; *(now)* à présent.
preservation [ˌprezə'veɪʃən] *n* conservation *f.*
preservative [prɪ'zɜːvətɪv] *n (in food)* agent *m* de conservation.
preserve [prɪ'zɜːv] — **1** *vt (keep: building, fruit, traditions)* conserver; *(leather, wood)* entretenir; *(memory, dignity etc)* garder; *(keep safe)* préserver (*from* de). **well-~d** en bon état de conservation. — **2** *npl:* **~s** confiture *f.*
preside [prɪ'zaɪd] *vi* présider (*at, over sth* qch).
presidency ['prezɪdənsɪ] *n* présidence *f.*
president ['prezɪdənt] *n* président *m.* ◆ **presidential** *adj* présidentiel (*f* -ielle).
press [pres] — **1** *n* **(a)** *(apparatus: gen)* presse *f; (for wine, cheese etc)* pressoir *m.* **(b)** *(newspapers)* presse *f.* **to go to ~** être mis sous presse; **a member of the ~** un(e) journaliste; **~ agent** agent *m* de publicité; **~ conference** conférence *f* de presse; **~ cutting** coupure *f* de presse; **~ release** communiqué *m* de presse; **~ report** reportage *m.* — **2** *vt* **(a)** *(switch, trigger)* appuyer sur; *(grapes, flowers, sb's hand)* presser. **to ~ sth down** appuyer sur qch. **(b)** *(clothes etc)* repasser. **(c)** *(fig: attack)* pousser; *(claim)* renouveler; *(person)* presser (*to do* de faire; *for an answer* de répondre). *(Law)* **to ~ charges against sb** engager des poursuites contre qn; **I shan't ~ the point** je n'insisterai pas. — **3** *vi* (**~ down**) appuyer (*on* sur); *(of thing)* faire pression (*on* sur). **to ~ for sth to be done** faire pression pour obtenir que qch soit fait; **they ~ed round his car** ils se pressaient autour de sa voiture; **to ~ on** continuer (*with sth* qch). ◆ **pressed** *adj (busy)* débordé de travail. **~ for** à court de. ◆ **pressgang** *vt:* **to ~ sb into doing sth** forcer la main à qn pour qu'il fasse qch. ◆ **pressing** *adj (problem)* urgent; *(invitation)* pressant. ◆ **press stud** *n* pression *f.* ◆ **press-up** *n* traction *f.*
pressure ['preʃəʳ] — **1** *n* pression *f.* **water ~** pression de l'eau; **blood ~** pression artérielle; **to put ~ on sb** faire pression sur qn (*to do* pour qu'il fasse); **under ~ from ...** sous la pression de ...; **he is under a lot of ~** il est sous pression; **~ cooker** cocotte-minute *f;* **~ gauge** manomètre *m;* **~ group** groupe *m* de pression. — **2** *vt:* **to ~ sb* into doing** forcer qn à faire. ◆ **pressurize** *vt* pressuriser.
prestige [pres'tiːʒ] *n* prestige *m.*
prestigious [pres'tɪdʒəs] *adj* prestigieux (*f* -ieuse).
presumably [prɪ'zjuməblɪ] *adv:* **you are ~ his son** je présume que vous êtes son fils.
presume [prɪ'zjuːm] *vt (suppose)* présumer (*that* que); *(take liberty)* se permettre (*to do* de faire).
presumption [prɪ'zʌmpʃən] *n* présomption *f.*
presumptuous [prɪ'zʌmptjʊəs] *adj* présomptueux (*f* -ueuse).
presuppose [ˌpriːsə'pəʊz] *vt* présupposer.
pretence, *(US)* **pretense** [prɪ'tens] *n (claim)* prétention *f.* **under the ~ of sth** sous prétexte de qch; **to make a ~ of doing** faire semblant de faire.
pretend [prɪ'tend] *vti* faire semblant (*to do* de faire; *that* que); *(ignorance etc)* feindre. **let's ~ we're soldiers** jouons aux soldats; **he ~ed to be a doctor** il se faisait passer pour un docteur; **I was only ~ing** je plaisantais; **let's stop ~ing!** assez joué la comédie!
pretentious [prɪ'tenʃəs] *adj* prétentieux (*f* -ieuse).
preterite ['pretərɪt] *n* prétérit *m.*
pretext ['priːtekst] *n* prétexte *m* (*to do* pour faire). **on the ~ of** sous prétexte de.
pretty ['prɪtɪ] — **1** *adj (gen)* joli *(before n).* **as ~ as a picture** ravissant; **it wasn't a ~ sight** ce n'était pas beau à voir. — **2** *adv* assez. **~ well** *(not badly)* pas mal; *(also* **~ nearly** *or* **~ much:** *almost)* pratiquement.
prevail [prɪ'veɪl] *vi (win)* prévaloir (*against* contre; *over* sur); *(be in force etc)* prédominer. **to ~ upon sb to do** persuader qn de faire. ◆ **prevailing** *adj (wind)* dominant; *(attitude)* courant; *(situation)* actuel (*f* -uelle).
prevalent ['prevələnt] *adj (attitude)* courant; *(situation)* actuel (*f* -uelle); *(illness)* répandu.
prevaricate [prɪ'værɪkeɪt] *vi* user de fauxfuyants.
prevent [prɪ'vent] *vt (gen)* empêcher (*sb from doing* qn de faire); *(illness)* prévenir; *(acci-*

dent, war) éviter. ◆ **prevention** *n* prévention *f*. ◆ **preventive** *adj* préventif (*f* -ive).

preview ['pri:vju:] *n (of film etc)* avant-première *f*; *(fig)* aperçu *m*.

previous ['pri:vɪəs] *adj (gen)* précédent. **the ~ evening** la veille au soir; **~ to** antérieur à; **I have a ~ engagement** je suis déjà pris; **~ experience** expérience *f* préalable; **he has 3 ~ convictions** il a déjà 3 condamnations; **~ to** avant. ◆ **previously** *adv (in the past)* auparavant; *(already)* déjà.

prewar ['pri:'wɔ:ʳ] *adj* d'avant-guerre.

prey [preɪ] — **1** *n* proie *f*. **bird of ~** oiseau *m* de proie. — **2** *vi*: **to ~ on** faire sa proie de; **sth is ~ing on her mind** il y a qch qui la travaille*.

price [praɪs] — **1** *n (gen)* prix *m*; *(Betting)* cote *f*; *(Stock Exchange)* cours *m*. **to go up in ~** augmenter; **to go down in ~** baisser; **what is the ~ of this book?** combien coûte ce livre?; **~ control** contrôle *m* des prix; **~ cut** réduction *f*; **~ rise** hausse *f* des prix; **~ freeze** blocage *m* des prix; **to put a ~ limit on sth** fixer le prix maximum de qch; **~ list** tarif *m*; **within my ~ range** dans mes prix; **~s and incomes policy** politique *f* des prix et des revenus; **~ tag** étiquette *f*; **high-~d** cher (*f* chère); **he got a good ~ for it** il l'a vendu cher; *(fig)* **it's a small ~ to pay for it** c'est consentir un bien petit sacrifice pour l'avoir; **I wouldn't do it at any ~** je ne le ferais pour rien au monde; **peace at any ~** la paix à tout prix; *(fig)* **what ~* all his promises now?** que valent toutes ses promesses maintenant? — **2** *vt (fix ~ of)* fixer le prix de; *(mark ~ on)* marquer le prix de; *(ask ~ of)* demander le prix de. **it is ~d at £10** ça coûte 10 livres. ◆ **priceless** *adj (gen)* inestimable; (*: *amusing)* impayable* ◆ **pricey*** *adj* cher (*f* chère).

prick [prɪk] — **1** *n* piqûre *f*. — **2** *vti (gen)* piquer; *(blister etc)* crever. **she ~ed her finger** elle s'est piqué le doigt (*with* avec); *(fig)* **his conscience ~ed him** il n'avait pas la conscience tranquille; **my eyes are ~ing** les yeux me cuisent; **to ~ up one's ears** *(of animal)* dresser les oreilles; *(fig: of person)* dresser l'oreille.

prickle ['prɪkl] — **1** *n (of plant)* épine *f*. — **2** *vti* piquer. ◆ **prickly** *adj (plant)* épineux (*f* -euse); *(beard)* qui pique; *(fig: person)* irritable.

pride [praɪd] — **1** *n (self-respect)* amour-propre *m*; *(satisfaction)* fierté *f*; *(arrogance)* orgueil *m*. **his ~ was hurt** il était blessé dans son amour-propre; **to take a ~ in** être très fier de; **to have ~ of place** avoir la place d'honneur; **she is her father's ~ and joy** elle est la fierté de son père. — **2** *vt*: **to ~ o.s. on** être fier de (*doing* faire).

priest [pri:st] *n (gen)* prêtre *m*; *(Catholic)* curé *m*. ◆ **priestess** *n* prêtresse *f*. ◆ **priesthood** *n*: **to enter the ~** se faire prêtre.

prig [prɪg] *n* pharisien(ne) *m(f)*. **he's a ~** il se prend au sérieux.

prim [prɪm] *adj* (*also* **~ and proper**) guindé.

primarily ['praɪmərɪlɪ] *adv* principalement.

primary ['praɪmərɪ] — **1** *adj (gen)* primaire; *(reason etc)* principal; *(importance)* primordial; *(colour)* fondamental. **~ education** enseignement *m* primaire; **~ (school)teacher** instituteur *m* (*f* -trice). — **2** *n (US Pol)* primaire *f*.

primate ['praɪmɪt] *n* **(a)** *(Rel)* primat *m*. **(b)** *(animal)* primate *m*.

prime [praɪm] — **1** *adj (cause, reason)* principal; *(factor, importance)* primordial; *(excellent: meat)* de premier choix; *(quality)* premier (*f* -ière) *(before n)*; *(condition)* parfait *(before n)*; *(example)* excellent. **P~ Minister** Premier ministre *m*. — **2** *n*: **in one's ~** dans la fleur de l'âge. — **3** *vt (pump)* amorcer; *(for painting)* apprêter; *(fig: instruct: person)* mettre au courant. ◆ **primer** *n (textbook)* livre *m* élémentaire; *(paint)* apprêt *m*.

primeval [praɪ'mi:vəl] *adj (forest)* vierge.

primitive ['prɪmɪtɪv] *adj* primitif (*f* -ive).

primrose ['prɪmrəʊz] *n* primevère *f* jaune.

prince [prɪns] *n* prince *m*. **P~ Charles** le prince Charles; **the P~ of Wales** le prince de Galles. ◆ **princess** *n* princesse *f*.

principal ['prɪnsɪpəl] — **1** *adj* principal. — **2** *n (of school etc)* directeur *m* (*f* -trice). ◆ **principality** *n* principauté *f*.

principle ['prɪnsəpl] *n* principe *m*. **in ~** en principe; **on ~, as a matter of ~** par principe; **it's against my ~s to do that** j'ai pour principe de ne jamais faire cela.

print [prɪnt] — **1** *n* **(a)** *(of foot, tyre etc)* empreinte *f*. **(b)** *(Typography)* caractères *mpl*. **in large ~** en gros caractères; **out of ~** épuisé; **in ~** disponible. **(c)** *(Art)* gravure *f*; *(Photo)* épreuve *f*; *(fabric)* imprimé *m*. — **2** *vt* (*often* **~ out**) imprimer; *(Photo)* tirer; *(write in block letters)* écrire en caractères d'imprimerie. ◆ **printed** *adj* imprimé. **~ matter, ~ papers** imprimés *mpl*. ◆ **printer** *n* imprimeur *m*. ◆ **printing** *n (Typography)* impression *f*; *(block writing)* écriture *f* en caractères d'imprimerie. **~ press** presse *f* typographique; **~ works** imprimerie *f (atelier)*. ◆ **print-out** *n* listage *m*.

prior ['praɪəʳ] *adj* antérieur (*to* à). ◆ **priority** *n* priorité *f*. **to take ~ over** avoir la priorité sur; **to give top ~ to** donner la priorité absolue à; **to get one's priorities right** se rendre compte de ce qui est important.

priory ['praɪərɪ] *n* prieuré *m*.

prise [praɪz] *vt*: **to ~ off** forcer; **to ~ open** ouvrir en forçant.

prism ['prɪzəm] *n* prisme *m*.

prison ['prɪzn] *n* prison *f*. **in ~** en prison; **to send sb to ~ for 5 years** condamner qn à 5 ans de prison; **~ camp** camp *m* de prisonniers; **~ conditions** les conditions *fpl* dans les prisons; **~ officer** gardien(ne) *m(f)* de prison. ◆ **prisoner** *n* prisonnier *m* (*f* -ière). **~ of war** prisonnier de guerre; **to be taken ~** être fait prisonnier.

privacy ['prɪvəsɪ] *n*: **desire for ~** désir *m* d'être seul; **there is no ~ here** on ne peut avoir aucune vie privée ici; **in the ~ of his own home** dans l'intimité *f* de son foyer.

private ['praɪvɪt] — **1** *adj* **(a)** *(not public: gen)* privé; *(agreement)* officieux (*f* -ieuse); *(funeral)* qui a lieu dans l'intimité. '**~**' *(on envelope)* 'personnel'; **he's a very ~ person** il aime être seul; **~ place** coin *m* retiré; **~ enterprise** entreprise *f* privée; **the ~ sector** le secteur privé; *(Med)* **~ treatment** ≃ traitement *m* non remboursé par la Sécurité sociale; **~ detective, ~ investigator, ~ eye*** détective *m* privé; **a ~ citizen** un simple citoyen. **(b)** *(personal: house, lesson, secretary)* particulier (*f* -ière); *(joke, reasons)* personnel (*f* -elle). **a ~ income** une fortune personnelle; **~ tuition** leçons *fpl* particulières. — **2** *n* **(a)** *(Mil)* (simple) soldat *m*. **(b)** **in ~ = privately.** ◆ **privately** *adv (think)* dans son for intérieur; *(say)* en privé.

privet ['prɪvɪt] *n* troène *m*.

privilege ['prɪvɪlɪdʒ] *n* privilège *m; (Parliament)* prérogative *f.* ◆ **privileged** *adj* privilégié. **to be ~ to do** avoir le privilège de faire.
privy ['prɪvɪ] *adj:* **P~ Council** conseil *m* privé.
prize [praɪz] — **1** *n (gen)* prix *m; (in lottery)* lot *m.* **to win first ~** remporter le premier prix (*in* de); *(in lottery)* gagner le gros lot; **the Nobel P~** le prix Nobel. — **2** *adj (best)* meilleur *(before n); (example)* parfait *(before n); (novel, entry)* primé; *(idiot etc)* de premier ordre. **a ~ sheep** un mouton primé; **his ~ sheep** son meilleur mouton; **~ draw** tombola *f;* **~ fighter** boxeur *m* professionnel; **~ list** palmarès *m;* **~ money** argent *m* du prix. — **3** *vt* priser. **~d possession** bien *m* très précieux. ◆ **prizegiving** *n* distribution *f* des prix. ◆ **prizewinner** *n (gen)* lauréat(e) *m(f); (lottery)* gagnant(e) *m(f).*
pro[1] [prəʊ] — **1** *prefix* pro-. **~-French** profrançais. — **2** *n:* **the ~s and the cons** le pour et le contre.
pro[2]* [prəʊ] *n* (**professional**) pro *mf.*
probability [,prɒbə'bɪlɪtɪ] *n* probabilité *f.* **in all ~** selon toute probabilité.
probable ['prɒbəbl] *adj* probable. ◆ **probably** *adv* probablement.
probation [prə'beɪʃən] *n:* **to be on ~** *(Law)* ≃ être en sursis avec mise à l'épreuve; *(employee)* être engagé à l'essai. ◆ **probationary** *adj* d'essai.
probe [prəʊb] — **1** *n (device)* sonde *f; (investigation)* enquête *f* (*into* sur).— **2** *vt* sonder.
problem ['prɒbləm] *n* problème *m.* **the housing ~** le problème du logement; **he is a great ~ to her** il lui pose de gros problèmes; **we've got ~s with the car** nous avons des ennuis *mpl* avec la voiture; **it's not my ~** ça ne me concerne pas; **that's no ~!** pas de problème!; **I had no ~ in getting the money** je n'ai eu aucun mal à obtenir l'argent; **~ child** enfant *m* caractériel; **~ family** famille *f* inadaptée; *(in newspaper)* **~ page** courrier *m* du cœur.
procedure [prə'siːdʒəʳ] *n* procédure *f. (fig)* **what's the ~?** qu'est-ce qu'il faut faire?
proceed [prə'siːd] *vi (go)* avancer; *(continue)* continuer (*with sth* qch); *(act)* procéder. **to ~ to do** se mettre à faire; **it is all ~ing according to plan** tout se passe ainsi que prévu. ◆ **proceedings** *npl (ceremony)* cérémonie *f; (meeting etc)* séance *f; (legal* **~**) procès *m.* **to take ~** *(gen)* prendre des mesures (*to do* pour faire); *(Law)* intenter un procès (*against sb* à qn). ◆ **proceeds** *npl* somme *f* recueillie.
process ['prəʊses] — **1** *n (operation)* processus *m; (specific method)* procédé *m.* **a natural ~** un processus naturel; **it's a slow ~** ça prend du temps; **to be in the ~ of doing** être en train de faire; **a ~ for doing** un procédé pour faire. — **2** *vt (gen)* traiter; *(film)* développer; *(an application, papers)* s'occuper de. **~ed cheese** fromage *m* fondu. ◆ **processing** *n* traitement *m;* développement *m.* **food ~** préparation *f* des aliments; **data ~** informatique *f.*
procession [prə'seʃən] *n* défilé *m; (Rel)* procession *f.*
proclaim [prə'kleɪm] *vt (gen)* proclamer (*that* que; *sb king* qn roi); *(peace)* déclarer.
proclamation [,prɒklə'meɪʃən] *n* proclamation *f.*
procrastinate [prəʊ'kræstɪneɪt] *vi* faire traîner les choses.
procreation [,prəʊkrɪ'eɪʃən] *n* procréation *f.*
procure [prə'kjʊəʳ] *vt* obtenir.
prod [prɒd] — **1** *n* petit coup *m (de canne etc).* — **2** *vt* pousser doucement. *(fig)* **he needs ~ding** il a besoin d'être stimulé.
prodigal ['prɒdɪgəl] *adj* prodigue.
prodigious [prə'dɪdʒəs] *adj* prodigieux (*f* -ieuse).
prodigy ['prɒdɪdʒɪ] *n* prodige *m.* **child ~** enfant *mf* prodige.
produce [prə'djuːs] — **1** *vt* **(a)** *(gen)* produire; *(magazine)* éditer; *(book: write)* écrire, *(publish)* publier; *(record, video)* sortir; *(profit)* rapporter; *(baby)* donner naissance à; *(reaction)* provoquer; *(passport, gun etc)* sortir (*from* de). **oil-producing countries** pays *mpl* producteurs de pétrole. **(b)** *(play)* mettre en scène; *(film)* produire; *(Radio, TV: programme)* réaliser. — **2** *n* produits *mpl (d'alimentation).* ◆ **producer** *n (of goods, film)* producteur *m* (*f* -trice); *(of play)* metteur *m* en scène; *(Radio, TV)* réalisateur *m.*
product ['prɒdʌkt] *n* produit *m.*
production [prə'dʌkʃən] *n* production *f. (in factory)* **~ line** chaîne *f* de fabrication; **~ manager** directeur *m* de la production.
productive [prə'dʌktɪv] *adj* productif (*f* -ive).
productivity [,prɒdʌk'tɪvɪtɪ] *n* productivité *f.* **~ bonus** prime *f* à la productivité.
profanity [prə'fænɪtɪ] *n* juron *m.*
profess [prə'fes] *vt* professer.
profession [prə'feʃən] *n* profession *f.* **the ~s** les professions libérales; **the medical ~ knows ...** les médecins *mpl* savent ...
professional [prə'feʃənl] — **1** *adj (gen)* professionnel (*f* -elle); *(soldier)* de carrière; *(piece of work)* de haute qualité. **~ people** les membres *mpl* des professions libérales; *(Sport)* **to turn ~** passer professionnel. — **2** *n (all senses)* professionnel(le) *m(f).* ◆ **professionally** *adv (gen)* professionnellement; *(Sport: play)* en professionnel. **~ qualified** diplômé.
professor [prə'fesəʳ] *n (University)* professeur *m* (titulaire d'une chaire).
proficiency [prə'fɪʃənsɪ] *n* compétence *f.*
proficient [prə'fɪʃənt] *adj* très compétent (*in* en).
profile ['prəʊfaɪl] *n* profil *m.* **in ~** de profil; *(fig)* **to keep a low ~** essayer de ne pas trop se faire remarquer.
profit ['prɒfɪt] — **1** *n* profit *m.* **~ and loss** profits et pertes; **net ~** bénéfice *m* net; **to make a ~** faire un bénéfice (*of* de; *on* sur); **~ margin** marge *f* bénéficiaire. — **2** *vi:* **to ~ by** *or* **from sth** tirer profit de qch.
profitable ['prɒfɪtəbl] *adj (money-wise)* rentable; *(fig: scheme, agreement)* avantageux (*f* -euse); *(meeting etc)* profitable. ◆ **profitably** *adv* avec profit.
profiteer [,prɒfɪ'tɪəʳ] *vi* faire des bénéfices excessifs.
profound [prə'faʊnd] *adj* profond *(fig).*
profuse [prə'fjuːs] *adj (vegetation, bleeding)* abondant; *(thanks, praise)* profus. ◆ **profusely** *adv (bleed)* abondamment; *(thank)* avec effusion. **to apologize ~** se confondre en excuses.
progeny ['prɒdʒɪnɪ] *n* progéniture *f.*
program ['prəʊgræm] — **1** *n* **(a)** *(Computers)* programme *m.* **(b)** *(US)* = **programme.** — **2** *vt* programmer. ◆ **programme** *n (gen)* programme *m; (Radio, TV: broadcast)* émission *f; (radio station)* poste *m; (of course etc)* emploi *m* du temps. **on the ~** au programme. ◆ **programmer** *n* (*computer* **~**) programmeur

m (*f* -euse). ◆ **programming** *n* programmation *f*.
progress ['prəʊgres] — **1** *n (gen)* progrès *m(pl)*. **in the name of ~** au nom du progrès; **to make ~** faire des progrès; **in ~** en cours; *(on work etc)* **~ report** compte rendu *m* des travaux. — **2** *vi* [prə'gres] *(gen)* avancer (*towards* vers); *(of student etc)* faire des progrès; *(of patient)* aller mieux. ◆ **progression** *n* progression *f*. ◆ **progressive** *adj (gen)* progressif (*f* -ive); *(forward-looking)* progressiste.
prohibit [prə'hɪbɪt] *vt (forbid)* interdire (*sb from doing* à qn de faire); *(weapons, swearing)* prohiber. **smoking is ~ed** il est interdit de fumer; **they are ~ed from using ...** il leur est interdit d'utiliser ... ◆ **prohibition** *n* prohibition *f*. ◆ **prohibitive** *adj* prohibitif (*f* -ive).
project ['prɒdʒekt] — **1** *n (scheme)* projet *m* (*to do, for doing* pour faire); *(undertaking)* opération *f*; *(study)* étude *f* (*on* de); *(school)* dossier *m* (*on* sur). — **2** *vt* projeter. — **3** *vi* faire saillie. **to ~ over** surplomber. ◆ **projection** *n* projection *f*. ◆ **projectionist** *n* projectionniste *mf*. ◆ **projector** *n* projecteur *m*.
proletarian [,prəʊlə'teərɪən] — **1** *n* prolétaire *mf*. — **2** *adj* prolétarien (*f* -ienne).
proliferation [prə,lɪfə'reɪʃən] *n* prolifération *f*.
prolific [prə'lɪfɪk] *adj* prolifique.
prologue ['prəʊlɒg] *n* prologue *m*.
prolong [prə'lɒŋ] *vt* prolonger.
promenade [,prɒmɪ'nɑːd] *n* promenade *f*. **~ concert** *see* **proms***; *(Naut)* **~ deck** pont *m* promenade.
prominent ['prɒmɪnənt] *adj (gen)* proéminent; *(cheekbones)* saillant; *(tooth)* qui avance; *(striking)* frappant; *(outstanding: person)* important. ◆ **prominently** *adv* bien en vue.
promiscuous [prə'mɪskjʊəs] *adj* de mœurs faciles.
promise ['prɒmɪs] — **1** *n* promesse *f*. **to make sb a ~** faire une promesse à qn (*to do* de faire); **to keep one's ~** tenir sa promesse. — **2** *vti* promettre (*sth to sb* qch à qn; *sb to do* à qn de faire; *that* que). **I ~!** je vous le promets!; **I can't ~** je ne vous promets rien. ◆ **promising** *adj (situation)* prometteur (*f* -euse); *(person)* qui promet.
promontory ['prɒməntrɪ] *n* promontoire *m*.
promote [prə'məʊt] *vt (gen)* promouvoir (*to* au poste de, *(Mil)* au rang de); *(trade)* développer. *(Football)* **to be ~d to the first division** monter en première division. ◆ **promoter** *n (Sport)* organisateur *m* (*f* -trice). ◆ **promotion** *n* promotion *f*. **to get ~** obtenir de l'avancement.
prompt [prɒmpt] — **1** *adj (gen)* rapide; *(punctual)* ponctuel (*f* -uelle). — **2** *adv:* **at 6 o'clock ~** à 6 heures exactement. **3** *vt* pousser (*sb to do* qn à faire); *(Theatre)* souffler. **without ~ing** sans y être poussé. ◆ **prompter** *n* souffleur *m* (*f* -euse).
proms* [prɒmz] *npl* (*also* **promenade concerts**) *série de concerts donnés à Londres.*
prone [prəʊn] *adj* **(a)** *(face down)* étendu face contre terre. **(b)** *(liable)* enclin (*to* à).
prong [prɒŋ] *n (of fork)* dent *f*. *(Mil)* **three-~ed attack** attaque *f* sur trois fronts.
pronoun ['prəʊnaʊn] *n* pronom *m*.
pronounce [prə'naʊns] *vt (gen)* prononcer. **how is it ~d?** comment ça se prononce? ◆ **pronounced** *adj* prononcé. ◆ **pronouncement** *n* déclaration *f*.
pronunciation [prə,nʌnsɪ'eɪʃən] *n* prononciation *f*.
pronto* ['prɒntəʊ] *adv* illico*.
proof [pruːf] — **1** *n* **(a)** *(gen)* preuve *f*; *(Typography)* épreuve *f*. **~ of identity** pièce *f* d'identité; **I've got ~ that he did it** j'ai la preuve qu'il l'a fait. **(b)** *(whisky)* **70° ~** ≃ qui titre 40° d'alcool. — **2** *adj:* **~ against** à l'épreuve de. — **3** *vt* imperméabiliser. ◆ **proofreader** *n* correcteur *m* (*f* -trice) d'épreuves.
prop [prɒp] — **1** *n (gen)* support *m*; *(for wall)* étai *m*. — **2** *vt* (**~ up:** *ladder, cycle*) appuyer (*against* contre); *(support: tunnel, wall)* étayer; *(fig: régime)* maintenir; *(a currency)* venir au secours de. **to ~ o.s. (up) against** se caler contre.
props* [prɒps] *npl (Theatre)* accessoires *mpl*.
propaganda [,prɒpə'gændə] *n* propagande *f*.
propagate ['prɒpəgeɪt] — **1** *vt* propager. — **2** *vi* se propager.
propel [prə'pel] *vt (vehicle etc)* propulser; *(person)* pousser (*into* dans). ◆ **propeller** *n* hélice *f*. ◆ **propelling pencil** *n* porte-mine *m inv*.
propensity [prə'pensɪtɪ] *n* propension *f*.
proper ['prɒpə^r] *adj (gen)* correct; *(noun, meaning)* propre; *(person)* comme il faut; *(clothes)* convenable. **use the ~ tool** utilisez le bon outil; **it's not a ~ tool** ce n'est pas vraiment un outil; **in the ~ way** comme il faut; **at the ~ time** à l'heure dite; **to go through the ~ channels** passer par la filière officielle; **it isn't ~ to do that** cela ne se fait pas; **outside Paris ~** en dehors de Paris proprement dit; **I felt a ~ idiot** je me suis senti vraiment idiot. ◆ **properly** *adv (gen)* correctement; *(speak)* bien. **~ speaking** à proprement parler; **he very ~ refused** il a refusé et avec raison.
property ['prɒpətɪ] *n* **(a)** *(gen)* propriété *f*. **is this your ~?** cela vous appartient?; *(Law)* **personal ~** biens *mpl* personnels; **~ market** marché *m* immobilier; **~ owner** propriétaire *m* foncier. **(b)** *(of chemical etc)* propriété *f* **(c)** *(Theatre)* accessoire *m*.
prophecy ['prɒfɪsɪ] *n* prophétie *f*.
prophesy ['prɒfɪsaɪ] — **1** *vt* prédire (*that* que). — **2** *vi* prophétiser.
prophet ['prɒfɪt] *n* prophète *m*.
prophetic [prə'fetɪk] *adj* prophétique.
proportion [prə'pɔːʃən] — **1** *n (gen)* proportion *f* (*of* de; *to* par rapport à). **in ~ to** en proportion de; **to be in ~** être proportionné (*to* à); **out of ~** hors de proportion (*to* avec); **a certain ~ of the staff** une certaine partie du personnel. — **2** *vt* proportionner (*to* à). **well-~ed** bien proportionné. ◆ **proportionate** *adj* proportionnel (*f* -elle) (*to* à).
proposal [prə'pəʊzl] *n (suggestion)* proposition *f* (*to do* de faire); *(marriage)* demande *f* en mariage; *(plan)* projet *m* (*for* de, pour).
propose [prə'pəʊz] *vti (suggest)* proposer (*sth to sb* qch à qn; *that* que + *subj*; *sb for sth* qn pour qch). **to ~ a toast to sb** porter un toast à la santé de qn; *(have in mind)* **to ~ doing** *or* **to do** se proposer de faire; **to ~ (marriage) to sb** faire une demande en mariage à qn.
proposition [,prɒpə'zɪʃən] *n (gen)* proposition *f*. *(fig)* **that's quite another ~** ça, c'est une tout autre affaire; **it's quite a ~** ce n'est pas une petite affaire; **it's a tough ~** c'est dur.
propound [prə'paʊnd] *vt* exposer.
proprietary [prə'praɪətərɪ] *adj:* **~ brand, ~ name** marque *f* déposée; **~ medicine** spécialité *f* pharmaceutique.

proprietor [prə'praɪətəʳ] *n* propriétaire *m*.
propriety [prə'praɪətɪ] *n* convenance *f*.
propulsion [prə'pʌlʃən] *n* propulsion *f*.
prosaic [prəʊ'zeɪɪk] *adj* prosaïque.
prose [prəʊz] *n* **(a)** prose *f*. **in ~** en prose. **(b)** (**~ translation**) thème *m*.
prosecute ['prɒsɪkju:t] *vt* poursuivre en justice (*for doing sth* pour qch). ◆ **prosecution** *n* poursuites *fpl* judiciaires. *(in court)* **the ~** ≃ le ministère public; **witness for the ~** témoin *m* à charge.
prospect ['prɒspekt] — **1** *n (gen)* perspective *f* (*of, from* de; *of doing* de faire). **there is no ~ of that** rien ne laisse prévoir cela; **the ~s are good** ça s'annonce bien; **what are his ~s?** quelles sont ses perspectives d'avenir?; **to seem a good ~** sembler prometteur (*f* -euse). — **2** [prəs'pekt] *vti* prospecter (*for* pour trouver). ◆ **prospecting** *n* prospection *f*. ◆ **prospective** *adj* futur *(before n)*; *(customer)* possible.
prospectus [prəs'pektəs] *n* prospectus *m*.
prosper ['prɒspəʳ] *vi* prospérer. ◆ **prosperity** *n* prospérité *f*. ◆ **prosperous** *adj* prospère.
prostitute ['prɒstɪtju:t] *n* prostituée *f*.
prostrate ['prɒstreɪt] *adj* à plat ventre; *(exhausted)* prostré.
protagonist [prəʊ'tægənɪst] *n* protagoniste *m*.
protect [prə'tekt] *vt (gen)* protéger (*from* de; *against* contre); *(interests, rights)* sauvegarder. ◆ **protection** *n* protection *f*. ◆ **protective** *adj (gen)* protecteur (*f* -trice); *(clothing, covering)* de protection.
protein ['prəʊti:n] *n* protéine *f*.
protest ['prəʊtest] — **1** *n* protestation *f* (*against* contre; *about* à propos de). **to do sth under ~** faire qch en protestant; **~ march** *or* **demonstration** manifestation *f*; **~ meeting** réunion *f* de protestation. — **2** [prə'test] *vti* protester.
Protestant ['prɒtɪstənt] *adj, n* protestant(e) *m(f)*.
protester [prə'testəʳ] *n (in demonstration)* manifestant(e) *m(f)*.
protocol ['prəʊtəkɒl] *n* protocole *m*.
prototype ['prəʊtəʊtaɪp] *n* prototype *m*.
protracted [prə'træktɪd] *adj* prolongé.
protrude [prə'tru:d] *vi (gen)* dépasser. **protruding teeth** dents *fpl* qui avancent.
protuberant [prə'tju:bərənt] *adj* protubérant.
proud [praʊd] *adj* fier (*f* fière) (*of* de; *that* que + *subj; to do* de faire). ◆ **proudly** *adv* fièrement.
prove [pru:v] *vti (gen)* prouver (*sth* qch; *that* que). **to ~ o.s.** faire ses preuves; **it ~d to be ...** on s'est rendu compte plus tard que c'était ...; **he ~d incapable of ...** il s'est révélé incapable de ...; **if it ~s otherwise** s'il en est autrement.
Provence [prɒ'vɑ̃:ns] *n* Provence *f*.
proverb ['prɒvɜ:b] *n* proverbe *m*.
provide [prə'vaɪd] *vt (supply)* fournir (*sb with sth* qch à qn); *(equip)* pourvoir (*sb with sth* qn de qch; *sth with sth* qch à qch). **to ~ o.s. with** se munir de; **~d with** pourvu de; *(financially)* **to ~ for sb** pourvoir aux besoins de qn; **to ~ for sth** prévoir qch. ◆ **provided** *or* ◆ **providing** *conj* pourvu que + *subj*, à condition de + *infin*.
providence ['prɒvɪdəns] *n* providence *f*.
province ['prɒvɪns] *n* province *f*. **the ~s** *(collectively)* la province; **in the ~s** en province. ◆ **provincial** *adj, n* provincial(e) *m(f)*.
provision [prə'vɪʒən] *n* provision *f*. **to get in ~s** faire des provisions; **to make ~ for** *(person)* assurer l'avenir de; *(event)* prendre des dispositions pour; **there is no ~ for this in the rules** le règlement ne prévoit pas cela.
provisional [prə'vɪʒənl] *adj* provisoire.
proviso [prə'vaɪzəʊ] *n* condition *f*.
provocation [,prɒvə'keɪʃən] *n* provocation *f*.
provocative [prə'vɒkətɪv] *adj* provocant.
provoke [prə'vəʊk] *vt* provoquer (*sb to do, into doing* qn à faire). ◆ **provoking** *adj* agaçant.
provost ['prɒvəst] *n (University)* principal *m*; *(Scotland: mayor)* maire *m*; *(Rel)* doyen *m*.
prow [praʊ] *n* proue *f*.
prowess ['praʊɪs] *n* prouesse *f*.
prowl [praʊl] *vi* (**~ around**) rôder. ◆ **prowler** *n* rôdeur *m* (*f* -euse).
proximity [prɒk'sɪmɪtɪ] *n* proximité *f*.
proxy ['prɒksɪ] *n*: **by ~** par procuration.
prudence ['pru:dəns] *n* prudence *f*.
prudent ['pru:dənt] *adj* prudent.
prudish ['pru:dɪʃ] *adj* prude.
prune[1] [pru:n] *n (fruit)* pruneau *m*.
prune[2] [pru:n] *vt (cut)* tailler.
pry [praɪ] *vi* s'occuper de ce qui ne vous regarde pas. ◆ **prying** *adj* indiscret (*f* -ète).
psalm [sɑ:m] *n* psaume *m*.
pseud* [sju:d] *n* bêcheur *m* (*f* -euse).
pseudo- ['sju:dəʊ] *pref* pseudo-.
pseudonym ['sju:dənɪm] *n* pseudonyme *m*.
psyche ['saɪkɪ] *n* psychisme *m*.
psychiatric [,saɪkɪ'ætrɪk] *adj (hospital, medicine)* psychiatrique; *(disease)* mental.
psychiatrist [saɪ'kaɪətrɪst] *n* psychiatre *mf*.
psychiatry [saɪ'kaɪətrɪ] *n* psychiatrie *f*.
psychic ['saɪkɪk] *adj (supernatural)* métapsychique; *(Psych)* psychique.
psychoanalysis [,saɪkəʊə'nælɪsɪs] *n* psychanalyse *f*. ◆ **psychoanalyst** *n* psychanalyste *mf*.
psychological [,saɪkə'lɒdʒɪkəl] *adj* psychologique.
psychologist [saɪ'kɒlədʒɪst] *n* psychologue *mf*.
psychology [saɪ'kɒlədʒɪ] *n* psychologie *f*.
psychopath ['saɪkəʊpæθ] *n* psychopathe *mf*.
psychosomatic ['saɪkəʊsəʊ'mætɪk] *adj* psychosomatique.
psychotherapy ['saɪkəʊ'θerəpɪ] *n* psychothérapie *f*.
pub [pʌb] *n* pub *m*, ≃ bistrot* *m*.
puberty ['pju:bətɪ] *n* puberté *f*.
public ['pʌblɪk] — **1** *adj (gen)* public (*f* -ique); (*~ly owned: company*) nationalisé. **the ~ sector** le secteur public; **2 ~ rooms and 3 bedrooms** 5 pièces dont 3 chambres; **~ address system** sonorisation *f*; **in the ~ eye** très en vue; **he's a ~ figure, he's in ~ life** c'est un homme public; **~ holiday** fête *f* légale; **~ house** pub *m*, ≃ café *m*; **~ lavatory** toilettes *fpl*, W.-C. *mpl*; **~ library** bibliothèque *f* municipale; **~ opinion** l'opinion *f* publique; **~ ownership** étatisation *f*; **~ relations** relations *fpl* publiques; **~ school** *(Brit)* collège *m* secondaire privé; *(US)* école *f* publique; **~ spirit** civisme *m*; **~ transport** transports *mpl* en commun. — **2** *n* public *m*. **in ~** en public; **the reading ~** les amateurs *mpl* de lecture.
publican ['pʌblɪkən] *n* patron *m* de bistrot.
publication [,pʌblɪ'keɪʃən] *n* publication *f*.
publicity [pʌb'lɪsɪtɪ] *n* publicité *f*. **~ agent** agent *m* de publicité.
publicize ['pʌblɪsaɪz] *vt (make known)* publier; *(advertise)* faire de la publicité pour.
publicly ['pʌblɪklɪ] *adv (gen)* publiquement. **~-owned** nationalisé.

publish ['pʌblɪʃ] *vt (gen)* publier; *(author)* éditer. ◆ **publisher** *n* éditeur *m* (*f* -trice). ◆ **publishing** *n* l'édition *f*. ~ **house** maison *f* d'édition.

pucker ['pʌkəʳ] *vi (of face)* se plisser; *(Sewing)* goder.

pudding ['pʊdɪŋ] *n (dessert)* dessert *m*; (*steamed* ~, *meat* ~) pudding *m*. *(sausage)* **black** ~ boudin *m* noir; ~ **basin** jatte *f*.

puddle ['pʌdl] *n* flaque *f* d'eau.

puff [pʌf] — **1** *n (of wind, smoke)* bouffée *f*; (*powder* ~) houppette *f*. *(cake)* **jam** ~ feuilleté *m* à la confiture; ~ **pastry** pâte *f* feuilletée; ~ **sleeves** manches *fpl* bouffantes. — **2** *vti* haleter. **he was** ~**ing and panting** il soufflait comme un phoque; **to** ~ **smoke** envoyer des bouffées de fumée; **to be** ~**ed*** être à bout de souffle.

puffin ['pʌfɪn] *n* macareux *m*.

puffy ['pʌfɪ] *adj* gonflé, bouffi.

pugnacious [pʌg'neɪʃəs] *adj* batailleur (*f* -euse).

puke* [pju:k] *vi* vomir.

pull [pʊl] — **1** *vti* **(a)** *(gen)* tirer (*at, on* sur); *(trigger)* presser; *(muscle)* se déchirer; (*also* ~ **out:** *tooth)* arracher; *(cork)* enlever. **to** ~ **sth open** ouvrir qch en tirant; **to** ~ **sth along** tirer qch derrière soi; **he** ~**ed her towards him** il l'a attirée vers lui; **he** ~**ed at her sleeve** il l'a tirée par la manche; **to** ~ **sb's hair** tirer les cheveux à qn; **to** ~ **to pieces** *(toy, scheme)* démolir; *(film, person)* éreinter; **to** ~ **sth apart** démonter qch; *(break)* mettre qch en pièces; **to** ~ **sth away from sb** arracher qch à qn; **to** ~ **back** *(object, troops)* retirer (*from* de); *(person)* tirer en arrière (*from* loin de); *(curtains)* ouvrir; **to** ~ **sth down** *(gen)* descendre; *(skirt)* tirer; *(building)* démolir; **to** ~ **sth in** *(rope)* ramener; *(person)* faire entrer; **to** ~ **sth off** *(remove)* enlever qch; *(succeed)* réussir qch; **to** ~ **sth on** mettre qch; **to** ~ **out** *(sth from bag)* sortir (*from* de); *(withdraw: troops)* retirer (*from* de); **to** ~ **over** *(thing)* traîner (*to* jusqu'à); *(person)* entraîner (*to* vers); **to** ~ **sth through** faire passer qch; *(fig)* **to** ~ **o.s. together** se ressaisir; **to** ~ **sth up** *(gen)* remonter qch; *(haul up)* hisser qch; *(weed etc)* arracher qch; *(fig)* **to** ~ **up one's roots** se déraciner; *(fig)* **to** ~ **sb's leg** faire marcher* qn; **to** ~ **strings for sb** pistonner* qn; **to** ~ **one's weight** faire sa part du travail; **to** ~ **a fast one on sb*** rouler* qn. **(b)** *(move: of train etc)* **to** ~ **away** démarrer; **he** ~**ed away from the kerb** il s'est éloigné du trottoir; **the car isn't** ~**ing very well** la voiture manque de reprises; **to** ~ **back** *(retreat)* se retirer (*from* de); *(of vehicle)* **to** ~ **in** arriver; *(stop)* s'arrêter; **to** ~ **out** *(withdraw)* se retirer (*of* de); **to** ~ **out to overtake a truck** déboîter pour doubler un camion; *(of driver)* **to** ~ **over to one side** se ranger sur le côté; *(of person)* **to** ~ **through** s'en sortir; **to** ~ **up** *(stop)* s'arrêter net.
— **2** *n (of magnet, the sea)* attraction *f*; *(of current, family ties)* force *f*. **to give sth a** ~ tirer sur qch; **one more** ~! encore un coup!; **it was a long** ~ **up the hill** la montée était longue; *(fig)* **to have some** ~ **with sb** avoir de l'influence auprès de qn.

pulley ['pʊlɪ] *n* poulie *f*.

pullover ['pʊləʊvəʳ] *n* pull-over *m*.

pulp [pʌlp] *n (of fruit)* pulpe *f*; *(for paper)* pâte *f* à papier. **crushed to a** ~ complètement écrasé; ~ **magazine** magazine *m* à sensation.

pulpit ['pʊlpɪt] *n* chaire *f (Rel)*.

pulsate [pʌl'seɪt] *vi (gen)* émettre des pulsations; *(of heart)* battre; *(of music)* vibrer.

pulse [pʌls] *n (gen)* pulsation *f*; *(Med)* pouls *m*; *(of radar)* impulsion *f*.

pulses ['pʌlsəz] *npl* légumes *mpl* secs.

pulverize ['pʌlvəraɪz] *vt* pulvériser.

pumice ['pʌmɪs] *n* pierre *f* ponce.

pummel ['pʌml] *vt* bourrer de coups.

pump [pʌmp] — **1** *n* pompe *f*. **bicycle** ~ pompe à bicyclette; **petrol** ~ pompe d'essence; ~ **attendant** pompiste *mf*; ~**ing station** station *f* de pompage. — **2** *vt:* **to** ~ **sth out of sth** pomper qch de qch; **to** ~ **sth into sth** faire passer qch dans qch (au moyen d'une pompe); **to** ~ **air into sth, to** ~ **sth up** gonfler qch; *(fig)* **to** ~ **money into sth** injecter de plus en plus d'argent dans qch; *(fig: question)* **to** ~ **sb for sth** essayer de soutirer qch à qn.

pumpkin ['pʌmpkɪn] *n* citrouille *f*; *(bigger)* potiron *m*.

pun [pʌn] *n* jeu *m* de mots.

Punch [pʌntʃ] *n* Polichinelle *m*. ~ **and Judy Show** guignol *m*.

punch [pʌntʃ] — **1** *n* **(a)** *(blow)* coup *m* de poing; *(boxer's)* punch *m*; *(fig: drive)* punch* *m*. **(b)** *(for tickets)* poinçonneuse *f*; *(for holes in paper)* perforateur *m*. **(c)** *(drink)* punch *m*. — **2** *vt* **(a)** *(person)* donner un coup de poing à; *(ball)* frapper d'un coup de poing. **to** ~ **sb's nose** donner un coup de poing sur le nez à qn. **(b)** *(ticket)* poinçonner. **to** ~ **a hole in sth** faire un trou dans qch; *(in factory)* **to** ~ **one's card** pointer; ~**ed card** carte *f* perforée. ◆ **punch-ball** *n* sac *m* de sable. ◆ **punch-drunk** *adj* abruti. ◆ **punch-line** *n (of joke)* astuce *f*; *(of speech)* phrase-clé *f*. ◆ **punch-up*** *n* bagarre* *f*.

punctual ['pʌŋktjʊəl] *adj* ponctuel (*f* -uelle); *(on one occasion)* à l'heure. ◆ **punctually** *adv* *(arrive)* à l'heure. ~ **at 7** à 7 heures précises.

punctuate ['pʌŋktjʊeɪt] *vt* ponctuer (*with* de). ◆ **punctuation** *n* ponctuation *f*. ~ **mark** signe *m* de ponctuation.

puncture ['pʌŋktʃəʳ] — **1** *n (in tyre)* crevaison *f*. **I've got a** ~ j'ai crevé; ~ **repair kit** trousse *f* de secours pour crevaisons. — **2** *vti* crever.

pundit ['pʌndɪt] *n* expert *m*.

pungent ['pʌndʒənt] *adj (smell, taste)* âcre.

punish ['pʌnɪʃ] *vt (gen)* punir (*for sth* de qch; *for doing* pour avoir fait). **he was** ~**ed by having to clean it up** pour le punir on le lui a fait nettoyer. ◆ **punishable** *adj* punissable. ◆ **punishing** *adj (exhausting)* exténuant. ◆ **punishment** *n* punition *f*. **as a** ~ en punition (*for* de).

punk [pʌŋk] *n* punk *m*. ~ **rock** le punk rock.

punt¹ [pʌnt] — **1** *n (boat)* bachot *m* à fond plat. — **2** *vi:* **to go** ~**ing** faire un tour sur la rivière.

punt² [pʌnt] *vi (bet)* parier.

punter ['pʌntəʳ] *n* parieur *m* (*f* -ieuse).

puny ['pju:nɪ] *adj* chétif (*f* -ive).

pup [pʌp] *n* (*also* **puppy**) jeune chien(ne) *m(f)*. ~**py fat** rondeurs *fpl* d'adolescent(e).

pupil ['pju:pl] *n* **(a)** *(school etc)* élève *mf*. **(b)** *(of eye)* pupille *f*.

puppet ['pʌpɪt] *n* marionnette *f*. ~ **show** (spectacle *m* de) marionnettes *fpl*; *(fig)* ~ **government** gouvernement *m* fantoche.

purchase ['pɜ:tʃɪs] — **1** *n* **(a)** *(sth bought)* achat *m*. ~ **price** prix *m* d'achat; ~ **tax** taxe *f* à l'achat. **(b)** *(grip)* prise *f*. — **2** *vt* acheter (*sth from sb* qch à qn). **purchasing power** pouvoir *m* d'achat. ◆ **purchaser** *n* acheteur *m* (*f* -euse).

pure [pjʊəʳ] *adj* pur. **~ science** science *f* pure; **a ~ wool suit** un complet pure laine; **~ and simple** pur et simple; **~ chance** un pur hasard. ◆ **purely** *adv* purement. **~ and simply** purement et simplement.

purgative ['pɜ:gətɪv] *n* purgatif *m*.

purgatory ['pɜ:gətərɪ] *n* purgatoire *m*.

purge [pɜ:dʒ] — **1** *n* purge *f*. — **2** *vt* purger (*of* de).

purifier ['pjʊərɪfaɪəʳ] *n* purificateur *m*.

purify ['pjʊərɪfaɪ] *vt* purifier.

purist ['pjʊərɪst] *n* puriste *mf*.

puritan ['pjʊərɪtən] *adj, n* puritain(e) *m(f)*. ◆ **puritanical** *adj* puritain.

purity ['pjʊərɪtɪ] *n* pureté *f*.

purl [pɜ:l] *vt* tricoter à l'envers.

purple ['pɜ:pl] — **1** *adj* violet (*f* -ette); *(in the face)* cramoisi. — **2** *n (colour)* violet *m*.

purport [pɜ:'pɔ:t] *vt*: **to ~ to be** prétendre être.

purpose ['pɜ:pəs] *n* but *m*. **with the ~ of doing** dans le but de faire; **for this ~** dans ce but; **sense of ~** résolution *f*; **for my ~s** pour ce que je veux faire; **for the ~s of the meeting** pour les besoins *mpl* de cette réunion; **on ~** exprès (*to do* pour faire); **to no ~** en vain; **to good ~** utilement; **what ~ is there in doing that?** à quoi bon faire cela? ◆ **purpose-built** *adj* fonctionnalisé. ◆ **purposeful** *adj* résolu. ◆ **purposefully** *adv* délibérément. ◆ **purposely** *adv* exprès.

purr [pɜ:ʳ] *vi* ronronner.

purse [pɜ:s] — **1** *n (coins)* porte-monnaie *m inv*; *(wallet)* portefeuille *m*; *(US: handbag)* sac *m* à main; *(Sport: prize)* prix *m*. — **2** *vt*: **to ~ one's lips** pincer les lèvres. ◆ **purser** *n* commissaire *m* du bord.

pursue [pə'sju:] *vt (gen)* poursuivre; *(fame etc)* rechercher; *(course of action)* suivre. ◆ **pursuer** *n* poursuivant(e) *m(f)*.

pursuit [pə'sju:t] *n* **(a)** *(chase)* poursuite *f*; *(of happiness etc)* recherche *f*. **to go in ~ of** se mettre à la poursuite de; **in hot ~** à ses *(etc)* trousses. **(b)** *(occupation)* occupation *f*; *(work)* travail *m*.

purveyor [pɜ:'veɪəʳ] *n* fournisseur *m*.

pus [pʌs] *n* pus *m*.

push [pʊʃ] — **1** *vti* **(a)** *(gen)* pousser (*into* dans; *off* de); (*press: button*) appuyer sur; *(stick, finger etc)* enfoncer (*into* dans; *between* entre); (*rag etc*) fourrer (*into* dans). **he ~ed his head through the window** il a passé la tête par la fenêtre; **to ~ a door open** ouvrir une porte en poussant; **to ~ forward** avancer en poussant; **he ~ed past me** il a réussi à passer en me bousculant; **she ~ed through the crowd** elle s'est frayé un chemin dans la foule; **he's ~ing forty*** il approche de la quarantaine; **to ~ sth about** *or* **around** pousser qch de-ci de-là; **to ~ sth aside** écarter brusquement qch; **to ~ sth away** repousser qch; **to ~ back** *(gen)* repousser; *(curtains)* ouvrir; *(people)* faire reculer; **to ~ down** *(switch)* abaisser; *(button)* appuyer sur; *(knock down)* renverser; **to ~ sb down the stairs** pousser qn et le faire tomber dans l'escalier; **to ~ sth in** enfoncer qch; **to ~ sb in** faire entrer qn en le poussant; **to ~ sth off** faire tomber qch en poussant; **to ~ sb off a cliff** pousser qn du haut d'une falaise; **to ~ out** pousser dehors; *(boat)* pousser au large; **to ~ sth over** *(topple)* renverser qch; **to ~ sth up** relever qch. **(b)** *(fig: claim)* présenter avec insistance; *(one's views)* mettre en avant. **to ~ the export side** donner priorité aux exportations; **to ~ drugs** revendre de la drogue; **he's ~ing his luck*** il y va un peu fort; **to ~ sb to do** pousser qn à faire; **to ~ sb into doing** forcer qn à faire; **to ~ sb for payment** presser qn à payer; **to ~ sb around** marcher sur les pieds à qn *(fig)*; **don't ~ him too hard** ne soyez pas trop dur envers lui; **to ~ for better conditions** faire pression pour obtenir de meilleures conditions; **to be ~ed* for sth** être à court de qch; **I'm really ~ed* today** je suis vraiment bousculé aujourd'hui; **that's ~ing it a bit!*** *(indignantly)* c'est un peu fort!; *(not enough)* c'est un peu juste!; **to ~ off*** *(leave)* filer*; **to ~ on** *(in work)* continuer; **to ~ a deal through** conclure une affaire à la hâte; **to ~ prices up** faire monter les prix.
— **2** *n* poussée *f*. **to give sth a ~** pousser qch; **to give sb the ~*** *(employer etc)* flanquer qn à la porte*; *(boyfriend)* laisser tomber qn; **at a ~*** au besoin.
◆ **push-bike*** *n* vélo *m*. ◆ **push-button** *adj* presse-bouton *inv*. ◆ **push-chair** *n* poussette *f (pour enfant)*. ◆ **pushing** *adj* entreprenant; *(too eager)* qui se met trop en avant. ◆ **push-over*** *n*: **it was a ~** c'était un jeu d'enfant. ◆ **push-up** *n* traction *f (Sport)*.

puss* [pʊs], **pussy*** ['pʊsɪ] *n* minet *m*.

put [pʊt] *pret, ptp* **put** — **1** *vt* **(a)** *(gen)* mettre; *(place)* placer; *(lay down)* poser; *(thrust)* enfoncer (*into* dans); *(energy, time)* consacrer (*into* à); *(money)* placer (*into* dans); *(bet)* parier (*on* sur); *(advertisement)* passer (*in* dans). **~ it on the floor** mets-le *or* pose-le par terre; **to ~ one's arms round sb** prendre qn dans ses bras; **he ~ his head through the window** il a passé la tête par la fenêtre; **he ~ his hand over his mouth** il s'est mis la main devant la bouche; *(Sport)* **to ~ the shot** lancer le poids; **he ~ me on the train** il m'a accompagné au train; **to ~ sb on to a committee** nommer qn à un comité; *(fig)* **he has ~ a lot into it** il a fait beaucoup d'efforts; *see also* **put across** *etc below*. **(b)** *(cause to be etc)* **to ~ sb in a good mood** mettre qn de bonne humeur; **to ~ sb on a diet** mettre qn au régime; **to ~ sb to work** mettre qn au travail; **they had to ~ 4 men on to this job** ils ont dû employer 4 hommes à ce travail; **to ~ sb against sb** monter qn contre qn; **to ~ sb off his food** couper l'appétit à qn; **it ~ me off opera** ça m'a dégoûté de l'opéra; **to ~ sb off doing** ôter à qn l'envie de faire; **they really ~ him through it*** ils lui en ont fait voir de dures*; **to ~ upon sb** en imposer à qn; *see also* **put across** *etc below*. **(c)** *(express)* dire (*to sb* à qn); *(translate)* mettre (*into* en). **I don't know how to ~ it** je ne sais pas comment le dire; **to ~ it bluntly** pour parler franc; **as he would ~ it** selon son expression; **as Shakespeare ~s it** comme le dit Shakespeare. **(d)** *(expound: case, problem)* exposer; *(question)* poser. **I ~ it to you that ...** n'est-il pas vrai que ...?; **it was ~ to me that** on m'a fait comprendre que. **(e)** *(estimate)* estimer (*at* à). **what would you ~ it at?** à combien l'estimez-vous? — **2** *vi (of ship)* **to ~ into port** faire escale; **to ~ into Southampton** entrer au port de Southampton; **to ~ in at** faire escale à; **to ~ out from Dieppe** quitter Dieppe; **to ~ to sea** appareiller.
◆ **put about** *vt*: **to ~ about the rumour that ...** faire courir le bruit que ...

◆ **put across** *vt (ideas etc)* faire comprendre (*to sb* à qn); *(new product)* faire accepter (*to sb* à qn). **he can't ~ himself across** il n'arrive pas à se mettre en valeur.
◆ **put aside** *vt (lay down: one's book etc)* poser; *(doubts, hopes)* écarter; *(save)* mettre de côté.
◆ **put away** *vt* **(a)** = **put aside**. **(b)** *(clothes etc)* ranger. **(c)** *(in prison)* mettre en prison; *(in mental hospital)* enfermer. **(d)** (*: *consume: food*) engloutir; *(drink)* siffler*.
◆ **put back** *vt (replace)* remettre (à sa place); *(postpone)* remettre (*to* à); *(retard: project)* retarder la réalisation de; *(clock)* retarder (*by* de). *(fig)* **you can't ~ the clock back** ce qui est fait est fait.
◆ **put by** *vt* mettre de côté.
◆ **put down** *vt* **(a)** *(gen)* poser; *(passenger)* déposer. *(fig)* **I couldn't ~ that book down** je ne pouvais pas m'arracher à ce livre. **(b)** *(pay: deposit)* verser (*on* pour). **(c)** *(suppress: revolt)* réprimer; *(custom)* supprimer. **(d)** *(snub)* rabrouer. **(e)** *(record)* noter. **I have ~ you down as a teacher** je vous ai inscrit comme professeur. **(f)** *(kill: dog, cat)* faire piquer; *(horse)* abattre.
◆ **put forward** *vt (propose: theory)* avancer; *(opinion)* exprimer; *(plan, person)* proposer.
◆ **put in** *vti* **(a)** *(into box, room etc)* mettre dedans. *(packing)* **have you ~ in your shirts?** est-ce que tu as pris tes chemises? **(b)** *(insert: word)* ajouter; *(include)* inclure. **have you ~ in why ...?** est-ce que vous avez expliqué pourquoi ...? **(c)** *(enter: claim, candidate)* présenter; *(application)* faire; *(protest)* élever. **he's ~ in for it** *(job)* il a posé sa candidature; *(claim)* il a fait une demande. **(d)** *(esp Pol: elect)* élire. **(e)** *(time)* passer (*on sth* à qch; *on doing* à faire). **can you ~ in a few hours at the weekend?** pourrais-tu travailler quelques heures pendant le week-end?
◆ **put off** *vt* **(a)** *(postpone)* remettre à plus tard. **to ~ off doing sth** remettre qch (*for* de; *until* jusqu'à); **he is not easily ~ off** il ne se laisse pas facilement démonter; **it ~s me off when he ...** cela me déconcerte quand il ...; **the colour ~ me off** la couleur m'a plutôt dégoûté. **(b)** *(passenger)* déposer. **(c)** *(extinguish etc: light, gas)* éteindre; *(TV, heater)* fermer.
◆ **put on** *vt* **(a)** *(garment, glasses)* mettre. **(b)** *(increase)* augmenter. **(c)** *(assume: air, accent)* prendre. **he's just ~ting it on** il fait seulement semblant. **(d)** *(concert, play)* organiser; *(extra train, bus etc)* mettre en service. *(Telephone)* **~ me on to Mr Brown** passez-moi M. Brown. **(e)** *(light, gas)* allumer; *(radio, TV, heater)* ouvrir. **~ the kettle on** mets l'eau à chauffer. **(f)** *(indicate)* indiquer. **they ~ the police on to him** ils l'ont signalé à la police; **Paul ~ us on to you** c'est Paul qui nous envoie.
◆ **put out** *vt* **(a)** (~ *outside*) sortir (*of* de); *(the cat)* faire sortir; *(boat)* mettre à la mer. *(fig)* **to ~ sth out of one's head** ne plus penser à qch. **(b)** *(extend: arm, leg)* étendre; *(foot)* avancer. **to ~ one's head out of the window** passer la tête par la fenêtre; **to ~ one's tongue out at sb** tirer la langue à qn. **(c)** *(lay out in order)* sortir, disposer. **(d)** *(extinguish: light, fire)* éteindre. **(e)** *(disconcert)* déconcerter (*by, about* par); *(vex)* contrarier (*by, about* par); *(inconvenience)* déranger. **she ~ herself out for us** elle s'est donné beaucoup de mal pour nous. **(f)** *(issue: propaganda, statement)* faire. **(g)** *(dislocate: shoulder, back)* démettre.
◆ **put over** *vt* = **put across**.
◆ **put through** *vt* **(a)** *(deal)* conclure; *(proposal)* faire accepter. **(b)** *(Telephone: call)* passer. **I'm ~ting you through now** vous êtes en ligne; **~ me through to Mr Smith** passez-moi M. Smith.
◆ **put together** *vt (assemble: table etc)* monter; *(mend)* réparer; *(jigsaw)* assembler; *(account)* composer; *(events)* reconstituer.
◆ **put up** *vti* **(a)** *(raise: hand)* lever; *(flag, sail)* hisser; *(tent, fence)* dresser; *(collar, window)* remonter; *(umbrella)* ouvrir; *(notice, picture)* mettre (*on* sur). **(b)** *(increase)* augmenter; *(temperature, total)* faire monter. **(c)** *(offer: idea)* soumettre; *(plea, resistance)* offrir; *(nominate: person)* proposer comme candidat (*for* à; *as* comme). **to ~ sth up for sale** mettre qch en vente; **to ~ sb up for a club** proposer qn comme membre d'un club; **to ~ sb up to doing** inciter qn à faire. **(d)** *(provide)* fournir (*for* pour); *(reward)* offrir. **how much can you ~ up?** combien pouvez-vous y mettre? **(e)** *(lodge)* loger. **(f) to ~ up with sth** supporter qch.

putt [pʌt] *(Golf)* — **1** *n* putt *m*. — **2** *vti* putter.
◆ **putting green** *n* green *m*.

putty ['pʌtɪ] *n* mastic *m (ciment)*.

put-up* ['pʊtʌp] *adj*: **~ job** coup *m* monté.

puzzle ['pʌzl] — **1** *n* **(a)** *(mystery)* énigme *f*. **it is a ~ to me how ...** je n'arriverai jamais à comprendre comment ... **(b)** *(game)* casse-tête *m inv; (word game)* rébus *m; (crossword)* mots *mpl* croisés; *(jigsaw)* puzzle *m; (riddle)* devinette *f*. — **2** *vti* laisser perplexe. **to ~ over** *(problem)* essayer de résoudre; *(sb's actions)* essayer de comprendre; **I'm trying to ~ out why** j'essaie de comprendre pourquoi.
◆ **puzzled** *adj* perplexe. **he was ~ about what to say** il ne savait pas quoi dire. ◆ **puzzling** *adj* incompréhensible.

pygmy ['pɪgmɪ] *n* pygmée *m*.

pyjamas [pɪ'dʒɑːməz] *npl* pyjama *m*. **in his** *(etc)* **~** en pyjama.

pylon ['paɪlən] *n* pylône *m*.

pyramid ['pɪrəmɪd] *n* pyramide *f*.

Pyrenees [pɪrə'niːz] *npl* Pyrénées *fpl*.

python ['paɪθən] *n* python *m*.

Q

Q, q [kjuː] *n (letter)* Q, q *m.*

quack [kwæk] — **1** *vt* faire coin-coin. — **2** *n* charlatan *m.*

quad [kwɒd] *n*= **quadrangle, quadruplet.**

quadrangle [ˈkwɒdræŋgl] *n* **(a)** *(Math)* quadrilatère *m.* **(b)** *(courtyard)* cour *f.*

quadraphonic [ˈkwɒdrəˈfɒnɪk] *adj:* **in ~ sound** en quadriphonie.

quadruped [ˈkwɒdrʊped] *n* quadrupède *m.*

quadruple [ˈkwɒˈdruːpl] *vti* quadrupler.

quadruplet [kwɒˈdruːplɪt] *n* quadruplé(e) *m(f).*

quail [kweɪl] *n (bird)* caille *f.*

quaint [kweɪnt] *adj (odd)* bizarre; *(picturesque)* pittoresque; *(old-fashioned)* au charme vieillot.

quake [kweɪk] *vi* trembler (*with* de).

Quaker [kweɪkəʳ] *n* quaker(esse) *m(f).*

qualification [ˌkwɒlɪfɪˈkeɪʃən] *n* **(a)** *(degree etc)* diplôme *m.* **the ~s for the job** les conditions *fpl* requises pour le poste ; **what are your ~s ?** *(gen)* quelle est votre formation?; *(degree etc)* qu'est-ce que vous avez comme diplômes?; **teaching ~s** les diplômes requis pour enseigner. **(b)** *(limitation)* restriction *f.*

qualify [ˈkwɒlɪfaɪ] *vti* **(a)** *(have qualifications)* remplir les conditions requises (*for* pour); *(get them: professionally)* obtenir son diplôme (*as an engineer* d'ingénieur) ; *(Sport)* se qualifier (*for* pour). **that will ~ him for ...** cela le qualifiera pour .... **(b)** *(statement)* nuancer. ◆ **qualified** *adj* **(a)** *(gen)* qualifié (*for* pour; *to do* pour faire); *(professional person)* diplômé. **to be ~ to do** être qualifié pour faire, avoir les diplômes requis pour faire. **(b)** *(support)* conditionnel (*f* -elle); *(success)* modéré. ◆ **qualifying** *adj (score)* qui permet de se qualifier.

quality [ˈkwɒlɪtɪ] *n* qualité *f.* **~ product** produit *m* de qualité; **the ~ papers** les journaux *mpl* sérieux.

qualm [kwɑːm] *n (scruple)* scrupule *m; (misgiving)* inquiétude *f* (*about* sur).

quandary [ˈkwɒndərɪ] *n:* **to be in a ~** ne pas savoir quoi faire.

quantity [ˈkwɒntɪtɪ] *n* quantité *f.* **in ~** en grande quantité; **~ surveyor** métreur *m* (vérificateur).

quarantine [ˈkwɒrəntiːn] *n* quarantaine *f.* **in ~** en quarantaine.

quarrel [ˈkwɒrəl] — **1** *vi* se disputer (*with sb* avec qn; *about, over* à propos de); *(break off)* se brouiller (*with sb* avec qn). *(fig)* **I cannot ~ with that** je n'ai rien à redire à cela. — **2** *n* querelle *f,* dispute *f; (breach)* brouille *f.* **to pick a ~** chercher querelle (*with* à). ◆ **quarrelling** *n* disputes *fpl,* querelles *fpl.* ◆ **quarrelsome** *adj* querelleur (*f* -euse).

quarry [ˈkwɒrɪ] — **1** *n* **(a)** *(stone)* carrière *f.* **(b)** *(animal)* proie *f.* — **2** *vt* extraire. ◆ **quarry-tiled** *adj* carrelé.

quart [kwɔːt] *n* ≃ litre *m* (= 2 pintes).

quarter [ˈkwɔːtəʳ] — **1** *n* **(a)** *(gen)* quart *m; (of fruit, moon)* quartier *m; (of year)* trimestre *m.* **to divide sth into ~s** diviser qch en quatre; **a ~ of tea** un quart (de livre) de thé; **a ~ share in sth** le quart de qch; **a ~ of an hour** un quart d'heure; **a ~ to 7,** *(US)* **a ~ of 7** 7 heures moins le quart; **a ~ past 6,** *(US)* **a ~ after 6** 6 heures et quart. **(b)** *(US etc: money)* quart *m* de dollar, 25 cents. **(c)** *(of town)* quartier *m. (lodgings)* **~s** résidence *f; (Mil)* quartiers *mpl, (temporary)* cantonnement *m;* **from all ~s** de toutes parts. — **2** *vt* diviser en quatre. ◆ **quarter-deck** *n (on ship)* plage *f* arrière. ◆ **quarter-final** *n* quart *m* de finale. ◆ **quarterly** — **1** *adj* trimestriel (*f* -ielle). — **2** *n (periodical)* publication *f* trimestrielle.

quartet(te) [kwɔːˈtet] *n (gen)* quatuor *m; (jazz)* quartette *m.*

quartz [ˈkwɔːts] *n* quartz *m.* **~ watch** montre *f* à quartz.

quash [kwɒʃ] *vt (verdict)* casser.

quasi- [ˈkwɑːzɪ] *pref* quasi- (+ *n*), quasi (+ *adj*).

quaver [ˈkweɪvəʳ] — **1** *n (Music)* croche *f.* — **2** *vti (tremble)* chevroter.

quay [kiː] *n* quai *m.* **at the ~side** à quai.

queasy [ˈkwiːzɪ] *adj:* **to feel ~** avoir mal au cœur.

queen [kwiːn] *n* reine *f; (Chess, Cards)* dame *f.* **Q~ Elizabeth** la reine Élisabeth; **the Q~ Mother** la reine mère.

queer [kwɪəʳ] *adj (odd)* étrange, bizarre; *(suspicious)* louche. **a ~ customer** un drôle de type*; *(unwell)* **I feel ~** je ne me sens pas bien.

quell [kwel] *vt* réprimer.

quench [kwentʃ] *vt:* **to ~ one's thirst** se désaltérer.

querulous [ˈkwerʊləs] *adj* ronchonneur* (*f* -euse).

query [ˈkwɪərɪ] — **1** *n (question)* question *f; (doubt)* doute *m* (*about* sur); *(question mark)* point *m* d'interrogation. — **2** *vt* mettre en question.

quest [kwest] *n* quête *f* (*for* de).

question [ˈkwestʃən] — **1** *n* **(a)** question *f.* **to ask sb a ~** poser une question à qn. **(b)** *(doubt)* doute *m.* **without ~** sans aucun doute; **there is no ~ about it** il n'y a pas de doute. **(c)** *(matter)* question *f,* affaire *f.* **that's the ~!** c'est là toute la question!; **the man in ~** l'homme en question; **there's some ~ of closing** il est question de fermer; **that is out of the ~** il n'en est pas question; **the ~ is to decide ...** il s'agit de décider ...; **~ mark** point *m* d'interrogation; *(Parliament)* **~ time** heure *f* réservée aux questions orales. — **2** *vt (person)* questionner (*on* sur; *about* au sujet de); *(motive etc)* mettre en doute. **to ~ whether** douter que + *subj.* ◆ **questionable** *adj* discutable. ◆ **questioning** *n* interrogation *f.* ◆ **question-master** *n (Radio, TV)* animateur *m.* ◆ **questionnaire** *n* questionnaire *m.*

queue [kjuː] — **1** *n (of people)* queue *f; (of cars)* file *f.* **to stand in a ~, to form a ~** faire la queue. — **2** *vi* (**~ up**) faire la queue.

quibble [ˈkwɪbl] *vi* chicaner (*over* sur).

quick [kwɪk] — **1** *adj (fast: gen)* rapide; *(without delay: reply etc)* prompt; *(lively)* éveillé. **be ~!** dépêche-toi!; *(Mil)* **~ march!** en avant, marche!; **to have a ~ meal** manger en vitesse; **he's too ~ for me** il va trop vite pour moi; **he was ~ to see that ...** il a tout de suite vu que ... — **2** *adv* vite. **as ~ as a flash** avec la rapidité de l'éclair. ◆ **quick-acting** *adj* à action rapide. ◆ **quicken** — **1** *vt* accélérer. — **2** *vi* s'accélérer. ◆ **quick-frozen** *adj* surgelé. ◆ **quicklime** *n* chaux *f* vive. ◆ **quickly** *adv (fast)* vite, rapidement; *(without delay)* promptement. ◆ **quicksands** *npl* sables *mpl* mouvants. ◆ **quicksilver** *n* vif-argent *m*.

quid* [kwɪd] *n (pl inv)* livre *f (sterling)*.

quiet ['kwaɪət] — **1** *adj* **(a)** *(silent, calm: gen)* tranquille, calme. **to be ~** se taire; **be a little ~er** ne faites pas tant de bruit; **to keep** *or* **stay ~** *(still)* rester tranquille; *(silent)* se taire; *(Mil)* **all ~** rien de nouveau; **business is ~** les affaires sont calmes; **~ mind** esprit *m* tranquille. **(b)** *(not loud: music)* doux (*f* douce); *(voice)* bas (*f* basse), *(sound)* léger (*f* -ère); *(laugh)* petit. **(c)** *(subdued: person)* doux; *(horse)* docile; *(fig: irony, colour)* discret (*f* -ète). **they had a ~ wedding** ils se sont mariés dans l'intimité; **I'll have a ~ word with her** je vais lui glisser un mot à l'oreille; **he kept it ~, he kept ~ about it** il n'en a pas parlé. — **2** *n* silence *m*. **on the ~*** en douce*. ◆ **quieten** — **1** *vt* calmer. — **2** *vi* (**~ down**) se calmer. ◆ **quietly** *adv (silently)* sans bruit; *(not loudly, also gently)* doucement; *(without fuss)* simplement; *(secretly)* en douce*.

quill [kwɪl] *n (feather)* penne *f*; *(pen)* plume *f* d'oie.

quilt [kwɪlt] *n* édredon *m* (piqué). **continental ~** couette *f*. ◆ **quilted** *adj (garment)* molletonné.

quin [kwɪn] *n abbr of* **quintuplet.**

quince [kwɪns] *n* coing *m*; *(tree)* cognassier *m*.

quinine [kwɪ'ni:n] *n* quinine *f*.

quintet(te) [kwɪn'tet] *n* quintette *m*.

quintuplet [kwɪn'tju:plɪt] *n* quintuplé(e) *m(f)*.

quip [kwɪp] *n* mot *m* piquant.

quirk [kwɜ:k] *n* bizarrerie *f*.

quit [kwɪt] *pret, ptp* **quit** *or* **quitted** *vti (in game etc)* se rendre; *(resign)* démissionner; *(place)* quitter; *(stop)* arrêter (*doing* de faire).

quite [kwaɪt] *adv* **(a)** *(entirely)* tout à fait. **~ ready** tout à fait prêt; **~** (so)! exactement!; **I ~ understand** je comprends très bien; **that's ~ enough!** ça suffit comme ça!; **it wasn't ~ what I wanted** ce n'était pas tout à fait *or* exactement ce que je voulais; **~ another matter** une tout autre affaire; **he was ~ right** il avait tout à fait raison. **(b)** *(to some degree)* assez. **~ a long time** assez longtemps; **~ a few people** un assez grand nombre de gens; **~ good** pas mal du tout; **~ a good singer** un assez bon chanteur; **I ~ like it** j'aime assez ça.

quits [kwɪts] *adj* quitte (*with* envers). **let's call it ~** restons-en là.

quiver ['kwɪvə^r] — **1** *vi* frémir (*with* de). — **2** *n (arrows)* carquois *m*.

quiz [kwɪz] — **1** *n (Radio, TV)* jeu-concours *m*; *(in magazine etc)* série *f* de questions. — **2** *vt*: **to ~ sb** presser qn de questions (*about* au sujet de). ◆ **quizmaster** *n* animateur *m*. ◆ **quizzical** *adj* narquois.

quoits [kwɔɪts] *npl* palet *m*.

quorum ['kwɔ:rəm] *n* quorum *m*.

quota ['kwəʊtə] *n* quota *m*.

quotation [kwəʊ'teɪʃən] *n* citation *f* (*from* de); *(estimate)* devis *m*. **in ~ marks** entre guillemets *mpl*.

quote [kwəʊt] — **1** *vt (from book)* citer; *(reference number)* rappeler; *(price)* indiquer; *(share prices)* coter (*at* à). **don't ~ me** ne dites pas que c'est moi qui vous l'ai dit; **he was ~d as saying that ...** il aurait dit que ...; ... **quote, 'I will never do it', unquote** *(dictation)* ouvrez les guillemets, 'je ne le ferai jamais', fermez les guillemets; *(lecture etc)* je cite, 'je ne le ferai jamais', fin de citation. — **2** *vi*: **to ~ from** citer; *(price)* **to ~ for** établir un devis pour. — **3** *n*: **in ~s** entre guillemets *mpl*.

R

R, r [ɑ:^r] *n (letter)* R, r *m*.

rabbi ['ræbaɪ] *n* rabbin *m*.

rabbit ['ræbɪt] *n* lapin *m*. **~ hole** terrier *m* (de lapin).

rabble ['ræbl] *n* populace *f*.

rabid ['ræbɪd] *adj* enragé.

rabies ['reɪbi:z] *n* rage *f (Med)*.

race[1] [reɪs] — **1** *n (Sport etc)* course *f*. **the 100 metres ~** le 100 mètres; **~ against time** course contre la montre. — **2** *vti (of pulse)* être très rapide. **to ~ (against) sb** faire la course avec qn; **to ~ in** *etc* entrer *etc* à toute allure; **to ~ the engine** emballer le moteur. ◆ **racecourse** *n* champ *m* de courses. ◆ **racegoer** *n* turfiste *mf*. ◆ **racehorse** *n* cheval *m* de course. ◆ **racetrack** *n (gen)* piste *f*; *(horses)* champ *m* de courses. ◆ **racing** *n* courses *fpl*. **motor ~** courses d'automobiles; **~ car** voiture *f* de course; **~ driver** pilote *m* de course.

race[2] [reɪs] *n* race *f*. **the human ~** la race humaine; **~ relations** rapports *mpl* entre les races; **~ riot** bagarres *fpl* raciales. ◆ **racial** *adj* racial. ◆ **racist** *adj* raciste.

rack [ræk] — **1** *n (for bottles, files)* casier *m*; *(for drying dishes)* égouttoir *m*; *(bicycles)* râtelier *m*; *(luggage)* filet *m*; *(coats)* porte-manteau *m*; *(in shops)* rayon *m*. **roof ~** galerie *f*. — **2** *vt*: **to ~ one's brains** se creuser la tête.

racket[1] ['rækɪt] *n* **(a)** *(noise)* vacarme *m*; *(by people)* tapage *m*. **(b)** *(crime: gen)* racket *m*; *(dishonest scheme)* escroquerie *f*. **it was a dreadful ~*** c'était du vol manifeste! ◆ **racketeer** *n* racketteur *m*.

racket[2], **racquet** ['rækɪt] *n* raquette *f*.

racy ['reɪsɪ] *adj* plein de verve.

radar ['reɪdɑːʳ] *n* radar *m*. ~ **operator** radariste *mf;* ~ **screen** écran *m* radar; *(Police)* ~ **trap** piège *m* radar.

radiance ['reɪdɪəns] *n* rayonnement *m*.

radiant ['reɪdɪənt] *adj* rayonnant (*with* de).

radiate ['reɪdɪeɪt] — **1** *vi* rayonner (*from* de). — **2** *vt (heat)* émettre; *(fig)* rayonner de. ◆ **radiation** *n* radiation *f*. ~ **sickness** mal *m* des rayons. ◆ **radiator** *n* radiateur *m*.

radical ['rædɪkəl] *adj, n* radical *(m)*.

radio ['reɪdɪəʊ] — **1** *n* radio *f*. **on the** ~ à la radio; **by** ~ par radio; ~ **link** liaison *f* radio *inv;* ~ **operator** radio *m;* ~ **programme** émission *f* (de radio); ~ **set** poste *m* de radio; ~ **station** station *f* de radio. — **2** *vti (person)* appeler par radio; *(message)* envoyer par radio. **to** ~ **for help** appeler au secours par radio. ◆ **radioactive** *adj* radioactif (*f* -ive). ◆ **radiocontrolled** *adj* téléguidé. ◆ **radiographer** *n* radiologue *mf (technicien)*. ◆ **radiologist** *n* radiologue *mf (médecin)*. ◆ **radio-taxi** *n* radio-taxi *m*. ◆ **radiotelephone** *n* radiotéléphone *m*. ◆ **radiotelescope** *n* radiotélescope *m*. ◆ **radiotherapy** *n* radiothérapie *f*.

radish ['rædɪʃ] *n* radis *m*.

radium ['reɪdɪəm] *n* radium *m*.

radius ['reɪdɪəs] *n, pl* **-ii** rayon *m*.

raffia ['ræfɪə] *n* raphia *m*.

raffle ['ræfl] *n* tombola *f*.

raft [rɑːft] *n* radeau *m*.

rafter ['rɑːftəʳ] *n* chevron *m*.

rag [ræg] *n (for wiping etc)* chiffon *m*. **in** ~**s** *(clothes etc)* en lambeaux *mpl; (person)* en haillons *mpl;* **the** ~ **trade*** la confection. ◆ **rag-and-bone-man** *n* chiffonnier *m*. ◆ **ragbag** *n (fig)* ramassis *m*.

rage [reɪdʒ] *n* rage *f*. **in a** ~ en rage; **to fly into a** ~ se mettre en rage; *(fig)* **it's all the** ~ ça fait fureur. ◆ **raging** *adj (thirst)* ardent; *(sea)* en furie; *(storm)* déchaîné. ~ **temper** rage *f* folle.

raid [reɪd] — **1** *n (Mil)* raid *m; (planes)* bombardement *m; (police)* rafle *f; (bandits)* razzia *f*. **bank** ~ hold-up *m inv* d'une banque. — **2** *vt* faire un raid *or* une rafle dans; faire un hold-up à. ◆ **raider** *n (bandit)* bandit *m*.

rail [reɪl] *n* **(a)** (*often* **railing:** *on bridge, boat*) rambarde *f; (on balcony)* balustrade *f; (banister)* rampe *f; (curtains)* tringle *f; (for towels)* porte-serviettes *m inv. (fence)* ~**s** grille *f*. **(b)** *(for train etc)* rail *m*. **by** ~ *(travel)* en train; *(send)* par chemin de fer; **to go off the** ~**s** *(train etc)* dérailler; *(person)* s'écarter du droit chemin; ~**(way) guide** indicateur *m* de chemins de fer; ~**(way) network** réseau *m* ferroviaire; ~**(way) timetable** horaire *m* des chemins de fer; ~ **workers** cheminots *mpl*, employés *mpl* des chemins de fer.

railings ['reɪlɪŋs] *npl* grille *f*.

railroad ['reɪlrəʊd] *n* = **railway.**

railway ['reɪlweɪ] *n (system)* chemin *m* de fer; *(track)* voie *f* ferrée. ~ **line** ligne *f* de chemin de fer; *(track)* voie ferrée; ~ **station** gare *f; see also* **rail (b).** ◆ **railwayman** *n* cheminot *m*.

rain [reɪn] — **1** *n* pluie *f*. **in the** ~ sous la pluie; **heavy** ~ pluie battante; **light** ~ pluie fine. — **2** *vi* pleuvoir. **it is** ~**ing** il pleut; **it is** ~**ing heavily** il pleut à torrents. ◆ **rainbow** *n* arc-en-ciel *m*. ◆ **raincoat** *n* imperméable *m*. ◆ **rainproof** *adj* imperméable. ◆ **rainwater** *n* eau *f* de pluie. ◆ **rainy** *adj* pluvieux (*f* -ieuse); *(season)* des pluies.

raise [reɪz] — **1** *vt* **(a)** élever (*to* à); *(lift)* lever; (*also* ~ **up**) soulever. *(fig)* **he didn't** ~ **an eyebrow** il n'a pas sourcillé; **to** ~ **one's voice** élever la voix; **to** ~ **sb's spirits** remonter le moral de qn; **to** ~ **sb's hopes** donner à espérer à qn; **to** ~ **sb on the radio** entrer en contact avec qn par radio. **(b)** *(increase: price etc)* augmenter; *(end: blockade)* lever; *(breed: animals, children)* élever; *(crops)* cultiver; *(cash, sum)* trouver; *(question, difficulties)* soulever. **to** ~ **a laugh** faire rire; **to** ~ **a loan** emprunter; **to** ~ **money on sth** emprunter de l'argent sur qch. — **2** *n (payrise)* augmentation *f* (de salaire).

rake [reɪk] — **1** *n* râteau *m*. — **2** *vti (garden)* ratisser; *(hay)* râteler. **to** ~ **out a fire** éteindre un feu en faisant tomber la braise; **to** ~ **up** *(leaves)* ramasser avec un râteau; *(grievance)* rappeler; *(sb's past)* fouiller dans. ◆ **rake-off*** *n* profit *m (souvent illégal)*.

rally ['rælɪ] — **1** *n (gen)* rassemblement *m; (cars)* rallye *m*. **peace** ~ rassemblement en faveur de la paix. — **2** *vi* se rallier. *(fig)* **to** ~ **round** venir en aide.

ram [ræm] — **1** *n* bélier *m*. — **2** *vt* **(a)** enfoncer. *(fig)* **to** ~ **sth down sb's throat** rebattre les oreilles à qn de qch. **(b)** *(crash into: ship)* éperonner; *(car)* emboutir.

ramble ['ræmbl] — **1** *n* randonnée *f*. — **2** *vi (go on hike)* faire une randonnée; (*in speech:* ~ **on**) parler pour ne rien dire. ◆ **rambler** *n* excursionniste *mf*. ◆ **rambling** *adj (writing)* décousu; *(house)* plein de coins et de recoins; *(plant)* grimpant.

ramification [,ræmɪfɪ'keɪʃən] *n* ramification *f*.

ramp [ræmp] *n (in garage etc)* pont *m* de graissage; *(of plane)* passerelle *f; (on road etc)* rampe *f; (road sign)* '~' 'dénivellation'.

rampage [ræm'peɪdʒ] *n:* **to go on the** ~ se déchaîner.

rampart ['ræmpɑːt] *n* rempart *m*.

ramshackle ['ræm,ʃækl] *adj (building)* délabré; *(machine)* déglingué*.

ran [ræn] *pret of* **run.**

ranch [rɑːntʃ] *n* ranch *m*.

rancid ['rænsɪd] *adj* rance.

rancour, *(US)* **-or** ['ræŋkəʳ] *n* rancœur *f*.

random ['rændəm] — **1** *n:* **at** ~ au hasard. — **2** *adj (bullet)* perdu; *(sample)* prélevé au hasard.

rang [ræŋ] *pret of* **ring²**.

range [reɪndʒ] — **1** *n* **(a)** *(distance covered: gen)* portée *f; (of plane, ship)* rayon *m* d'action. **at a** ~ **of** à une distance de; **at long** ~ à longue portée; **out of** ~ hors de portée; ~ **of vision** champ *m* visuel. **(b)** *(between limits: of prices, wages)* échelle *f; (of voice)* étendue *f; (of activity)* rayon *m; (of influence)* sphère *f; (of knowledge)* étendue *f*. **a wide** ~ **of** un grand choix de, une grande gamme de. **(c)** *(shooting* ~*)* stand *m* (de tir); *(stove)* fourneau *m* de cuisine. **mountain** ~ chaîne *f* de montagnes. — **2** *vi (extend)* s'étendre (*from* ... *to* de ... à; *over* sur); *(vary)* aller (*from* ... *to* de ... à). ◆ **rangefinder** *n* télémètre *m*. ◆ **ranger** *n* garde *m* forestier; *(US)* gendarme *m* à cheval.

rank [ræŋk] — **1** *n* rang *m*. **taxi** ~ station *f* de taxis; *(Mil)* **to break** ~**s** rompre les rangs; **the** ~**s** les sous-officiers *mpl* et hommes *mpl* de troupe; **the** ~ **and file** *(gen)* la masse; *(political party)* les membres *mpl* ordinaires; **to rise from the** ~**s** sortir du rang; **the** ~ **of general** le grade de général. — **2** *vi* compter (*among* parmi).

rankle ['ræŋkl] *vi:* **to ~ (with sb)** rester sur le cœur à qn.

ransack ['rænsæk] *vt (search)* fouiller à fond (*for* pour trouver); *(damage)* saccager.

ransom ['rænsəm] *n* rançon *f.* **~ demand** demande *f* de rançon.

rant [rænt] *vi* tempêter (*at* contre).

rap [ræp] — **1** *n* petit coup *m* sec. — **2** *vt:* **to ~ sb over the knuckles** donner sur les doigts de qn. — **3** *vi* frapper (*at* à; *on* sur).

rape [reɪp] — **1** *n* viol *m.* — **2** *vt* violer. ◆ **rapist** *n* violeur *m.*

rapid ['ræpɪd] — **1** *adj* rapide. — **2** *npl:* **~s** rapides *mpl.*

rapt [ræpt] *adj (attention)* profond; *(smile)* ravi.

rapture ['ræptʃəʳ] *n* ravissement *m.* **in ~s** ravi (*over* de). ◆ **rapturous** *adj (welcome)* chaleureux (*f* -euse); *(applause)* frénétique.

rare [rɛəʳ] *adj (gen)* rare; *(meat)* saignant. **it is ~ for her to come** il est rare qu'elle vienne; **a very ~ steak** un bifteck bleu. ◆ **rarebit** *n:* **Welsh ~** toast *m* au fromage fondu.

rarity ['rɛərɪtɪ] *n* rareté *f.*

rascal ['rɑːskəl] *n* vaurien *m; (child)* polisson(ne) *m(f).*

rash [ræʃ] — **1** *n (Med: gen)* rougeurs *fpl; (from food etc)* urticaire *f; (in measles etc)* éruption *f.* **to come out in a ~** avoir une éruption *etc.* — **2** *adj* imprudent.

rasher ['ræʃəʳ] *n* tranche *f* (de lard).

rasping [rɑːspɪŋ] *adj* grinçant.

raspberry ['rɑːzbərɪ] *n* framboise *f; (bush)* framboisier *m.* **~ ice cream** glace *f* à la framboise; **~ jam** confiture *f* de framboise.

rat [ræt] *n* rat *m.* **~ poison** mort-aux-rats *f;* **~ race** foire *f* d'empoigne.

ratchet ['rætʃɪt] *n* cliquet *m.* **~ wheel** roue *f* à rochet.

rate [reɪt] — **1** *n (ratio)* taux *m; (scale of charges)* tarif *m; (speed)* vitesse *f.* **~ of exchange** taux du change; **postage ~s** tarifs postaux; **insurance ~s** primes *fpl* d'assurance; **reduced ~** tarif réduit; **the birth ~** la natalité; **the death ~** la mortalité; **the failure ~** le pourcentage d'échecs; **at the ~ of** *(amount etc)* à raison de; *(speed)* à une vitesse de; **at a great ~, at a ~ of knots*** à toute allure; **if you continue at this ~** si vous continuez à ce train-là; **at any ~** en tout cas, de toute façon; **at that ~** dans ce cas; *(local tax)* **~s** impôts *mpl* locaux. — **2** *vti* **(a)** considérer (*as* comme), compter (*among* parmi). **to ~ sth highly** faire grand cas de qch; **how do you ~ it?** qu'en pensez-vous?; **he ~s as ...** on le considère comme ... **(b) house ~d at £100 per annum** ≃ maison *f* dont la valeur locative imposable est de 100 livres par an. ◆ **rateable** *adj:* **~ value** valeur *f* locative imposable. ◆ **ratepayer** *n* contribuable *mf (impôts locaux).* ◆ **ratings** *npl* matelots et gradés *mpl.*

rather ['rɑːðəʳ] *adv (gen)* plutôt; *(fairly)* assez; *(a little)* un peu. **~ than wait, he ...** plutôt que d'attendre, il ...; **I would ~ ...** je préférerais ..., j'aimerais mieux ...; **I would much ~ ...** je préférerais de beaucoup ...; **I would ~ do** je préférerais faire (*than* plutôt que de); **I would ~ you came** je préférerais que vous veniez *(subj);* **I'd ~ not** j'aime mieux pas*; **I'd ~ not go** j'aimerais mieux ne pas y aller; **he's ~ clever** il est plutôt intelligent; **~ more difficult** un peu plus difficile; **it's ~ good** ce n'est pas mal du tout; **that costs ~ a lot** cela coûte assez cher; **~!*** et comment!*

ratify ['rætɪfaɪ] *vt* ratifier.

ratio ['reɪʃɪəʊ] *n* proportion *f* (*of* de; *to* contre).

ration ['ræʃən] — **1** *n* ration *f. (food)* **~s** vivres *mpl.* — **2** *vt* rationner.

rational ['ræʃənl] *adj (creature)* doué de raison; *(lucid)* lucide; *(logical: person)* raisonnable; *(explanation)* logique. ◆ **rationalize** — **1** *vt (industry, production)* rationaliser. — **2** *vi* chercher une justification. ◆ **rationally** *adv* raisonnablement.

rationing ['ræʃnɪŋ] *n* rationnement *m.*

rattle ['rætl] — **1** *n* **(a)** *(gen)* cliquetis *m; (of hailstones)* crépitement *m; (of rattlesnake)* sonnettes *fpl.* **death ~** râle *m.* **(b)** *(toy)* hochet *m; (sports fan's)* crécelle *f.* — **2** *vi (of box)* faire du bruit; *(of articles in box)* s'entrechoquer; *(of vehicle)* faire un bruit de ferraille; *(of window)* trembler. — **3** *vt* **(a)** *(box, dice)* agiter; *(bottles)* faire s'entrechoquer; *(keys)* faire cliqueter. **(b)** (*: *worry*) troubler. **to get ~d*** se mettre dans tous ses états. ◆ **rattlesnake** *n* serpent *m* à sonnettes.

raucous ['rɔːkəs] *adj* rauque.

ravage ['rævɪdʒ] *vt* ravager.

rave [reɪv] *vi (be delirious)* délirer; *(furious)* tempêter; *(enthusiastic)* s'extasier (*about* sur).

raven ['reɪvn] *n* corbeau *m.*

ravenous ['rævənəs] *adj (gen)* vorace. **I'm ~*** j'ai une faim de loup.

ravine [rə'viːn] *n* ravin *m.*

raving ['reɪvɪŋ] *adj* délirant. **~ mad** fou furieux (*f* folle furieuse).

ravioli [ˌrævɪ'əʊlɪ] *n* ravioli *mpl.*

ravishing ['rævɪʃɪŋ] *adj* ravissant.

raw [rɔː] — **1** *adj* **(a)** *(food)* cru; *(ore, sugar)* brut; *(spirit)* pur. **~ material(s)** matières *fpl* premières. **(b)** *(inexperienced)* inexpérimenté. **~ recruit** bleu* *m.* **(c)** *(sore)* irrité; *(skin)* écorché; *(climate)* âpre. *(cloth etc)* **~ edge** bord *m* coupé; **to get a ~ deal** être traité fort mal. — **2** *n:* **to get sb on the ~** toucher qn au vif; **nature in the ~** la nature telle qu'elle est.

rawlplug ['rɔːlplʌg] *n* cheville *f (Menuiserie).*

ray [reɪ] *n* **(a)** *(of light)* rayon *m; (of hope)* lueur *f.* **(b)** *(fish)* raie *f.*

rayon ['reɪɒn] *n* rayonne *f.*

raze [reɪz] *vt* (**~ to the ground**) raser.

razor ['reɪzəʳ] *n* rasoir *m.* **~ blade** lame *f* de rasoir.

re [reɪ] — **1** *n (Music)* ré *m.* — **2** [riː] *prep* au sujet de. — **3** [riː] *prefix* re ..., ré ... **to ~do** refaire; **to ~heat** réchauffer; **to ~open** rouvrir; **to ~-elect** réélire.

reach [riːtʃ] — **1** *n* portée *f.* **within ~ of** à portée de; **out of ~** hors de portée; **within easy ~** *(tool etc)* sous la main; *(shops etc)* facilement accessible; **within easy ~ of the sea** à proximité de la mer. — **2** *vt (gen)* atteindre; *(place, agreement)* arriver à. **to ~ sb** arriver auprès de qn; *(contact)* joindre qn; *(of letter)* parvenir à qn. — **3** *vi* **(a)** *(of lands)* s'étendre (*to* jusqu'à); *(of sound)* porter (*to* jusqu'à). **(b)** (**~ across, ~ out, ~ over**) étendre le bras (*for sth* pour prendre qch).

react [riː'ækt] *vi* réagir (*against* contre; *to* à).

reaction [riː'ækʃən] *n* réaction *f.*

reactionary [riː'ækʃənrɪ] *adj, n* réactionnaire *(mf).*

reactor [riː'æktəʳ] *n* réacteur *m.*

read [riːd] *pret, ptp* **read** [red] — **1** *vti (gen)* lire; *(meter)* relever; *(hear)* recevoir. **to ~ to**

sb faire la lecture à qn; **I've read about him** j'ai lu qch à son sujet; **I brought you sth to ~** je vous ai apporté de la lecture; **to ~ sth back** *or* **over** relire qch; **to ~ sth out** lire qch à haute voix; **to ~ sth through** *(rapidly)* parcourir qch; *(thoroughly)* lire qch d'un bout à l'autre; **to ~ sth up, to ~ up on sth** étudier qch; **well-read** très cultivé; *(fig)* **to take sth as read** considérer qch comme allant de soi; **these words can be read as ...** ces mots peuvent s'interpréter comme ...; **to ~ between the lines** lire entre les lignes; **to ~ sb's mind** lire la pensée de qn; **to ~ medicine** faire des études de médecine. — **2** *n:* **she enjoys a good ~*** elle aime bien la lecture.
◆ **readable** *adj (handwriting)* lisible; *(book)* facile à lire. ◆ **reader** *n* lecteur *m* (*f* -trice); *(University)* ≃ maître *m* de conférences; *(book)* livre *m* de lecture; *(anthology)* recueil *m* de textes. ◆ **readership** *n* nombre *m* de lecteurs. ◆ **reading** *n (gen)* lecture *f.* **it makes interesting ~** c'est très intéressant à lire; **light ~** livre *m* d'une lecture facile; **~ book** livre de lecture; **~ glasses** lunettes *fpl* pour lire; **~ lamp** lampe *f* de bureau; **~ material** choses *fpl* à lire; **~ room** salle *f* de lecture; *(on gauge etc)* **the ~ is ...** l'instrument indique ...
readdress ['riːə'dres] *vt (letter)* faire suivre.
readjust ['riːə'dʒʌst] *vi* se réadapter.
readily ['redɪlɪ] *adv (willingly)* volontiers; *(easily)* facilement.
readiness ['redɪnɪs] *n* empressement *m* (*to do* à faire). **in ~ for** prêt pour.
ready ['redɪ] — **1** *adj (gen)* prêt. **~ for anything** prêt à toute éventualité; **~ to serve** prêt à servir; **to get ~ to do** se préparer à faire; **to get sth ~** préparer qch; **'dinner's ~!'** 'à table!'; *(Sport)* **~, steady, go!** prêts? 1-2-3 partez!; **get ~ for it** tenez-vous prêt; **~ money** liquide *m;* *(willing)* **I am quite ~ to see him** je suis tout à fait disposé à le voir; **he was ~ to cry** il était sur le point de pleurer. — **2** *n (fig)* **at the ~** tout prêt. — **3** *adv:* **~-cooked** *etc* tout cuit *etc* d'avance. ◆ **ready-made** *adj (curtains)* tout fait; *(clothes)* de confection; *(solution)* tout prêt. ◆ **ready-mix** *n* préparation *f* instantanée *(pour gâteaux etc).* ◆ **ready-to-wear** *adj* prêt à porter.
real [rɪəl] — **1** *adj* véritable, vrai *(before n); (flowers, silk)* naturel (*f* -elle); *(Philos)* réel (*f* réelle). **in ~ life, in ~ terms** dans la réalité; **he is the ~ boss** c'est lui le véritable patron; **it's the ~ thing*** c'est du vrai de vrai*. — **2** *n:* **for ~*** pour de vrai*. ◆ **real estate** *n (US)* immobilier *m.* ◆ **realism** *n* réalisme *m.* ◆ **realist** *n* réaliste *mf.* ◆ **realistic** *adj* réaliste. ◆ **reality** [riː'ælɪtɪ] *n* réalité *f.* **in ~** en réalité. ◆ **really** *adv* vraiment.
realize ['rɪəlaɪz] *vt (become aware of)* se rendre compte de; *(understand)* comprendre; *(plan, assets)* réaliser. **I made her ~ that I was right** je lui ai bien fait comprendre que j'avais raison; **I ~ that ...** je me rends compte que ...
realm [relm] *n* royaume *m; (fig)* domaine *m.*
ream [riːm] *n* ≃ rame *f (de papier). (fig)* **~s of*** des volumes *mpl* de.
reap [riːp] *vt* moissonner; *(fig)* récolter. ◆ **reaper** *n (machine)* moissonneuse *f.*
reappear ['riːə'pɪəʳ] *vi* réapparaître, reparaître.
rear¹ [rɪəʳ] — **1** *n* arrière *m; (of column)* queue *f.* **in** *or* **at the ~** à l'arrière; **from the ~** de derrière; **to bring up the ~** fermer la marche. — **2** *adj (gen)* de derrière; *(car door etc)* arrière *inv.* **~ view mirror** rétroviseur *m.*
◆ **rearguard** *n (Mil)* arrière-garde *f.*
rear² [rɪəʳ] — **1** *vt (bring up)* élever; *(lift: head)* dresser. — **2** *vi* (**~ up**) se dresser.
rearrange ['riːə'reɪndʒ] *vt* réarranger.
reason ['riːzn] — **1** *n* **(a)** *(cause: gen)* raison *f* (*for* de; *why* pour laquelle). **my ~ for going** la raison pour laquelle je pars; **the ~ why** pourquoi; **I have ~ to believe that ...** j'ai lieu de croire que ...; **for no ~** sans raison; **for some ~** pour une raison ou une autre; **for ~s of his own** pour des raisons personnelles; **all the more ~ for doing** raison de plus pour faire; **with ~** avec juste raison; **by ~ of** en raison de. **(b)** *(sense)* raison *f.* **to lose one's ~** perdre la raison; **it stands to ~ that** il va sans dire que; **anything within ~** tout ce qui est raisonnablement possible. — **2** *vti* raisonner (*with sb* qn), calculer (*that* que). ◆ **reasonable** *adj (gen)* raisonnable; *(quite good)* acceptable; *(chance, amount)* certain *(before n).* ◆ **reasonably** *adv* raisonnablement. **one can ~ think that ...** il est raisonnable de penser que ... ◆ **reasoning** *n* raisonnement *m.*
reassemble [,riːə'sembl] — **1** *vt (machine)* remonter. — **2** *vi:* **school ~s tomorrow** c'est la rentrée demain.
reassure [,riːə'ʃʊəʳ] *vt* rassurer.
reassuring [,riːə'ʃʊərɪŋ] *adj* rassurant.
rebate ['riːbeɪt] *n (discount)* rabais *m; (rent)* dégrèvement *m.*
rebel ['rebl] — **1** *adj, n* rebelle *(mf).* — **2** [rɪ'bel] *vi* se rebeller (*against* contre).
◆ **rebellion** *n* rébellion *f.*
rebound [rɪ'baʊnd] *vi* rebondir.
rebuff [rɪ'bʌf] — **1** *n* rebuffade *f.* — **2** *vt* repousser.
rebuild [,riː'bɪld] *pret, ptp* **rebuilt** *vt* reconstruire.
rebuke [rɪ'bjuːk] — **1** *n* reproche *m.* — **2** *vt* faire des reproches à.
recall [rɪ'kɔːl] *vt* **(a)** *(remember)* se rappeler (*doing* avoir fait; *that* que). **(b)** *(call back: gen)* rappeler; *(Parliament)* convoquer en session extraordinaire.
recant [rɪ'kænt] *vi* se rétracter.
recap* [riː'kæp] *vti (abbr of* **recapitulate) to ~, ...** en résumé ...
recapitulate [,riːkə'pɪtjʊleɪt] *vti* récapituler.
recapture ['riː'kæptʃəʳ] — **1** *vt (escapee)* reprendre; *(atmosphere)* retrouver; *(of book etc)* recréer. — **2** *n (of territory)* reprise *f; (escapee)* arrestation *f.*
recede [rɪ'siːd] *vi (gen)* s'éloigner. **his hair is receding** son front se dégarnit. ◆ **receding** *adj (chin)* fuyant.
receipt [rɪ'siːt] — **1** *n* **(a)** *(for payment)* reçu *m* (*for* de); *(for parcel, letter)* accusé *m* de réception. **~ book** livre *m* de quittances; **to acknowledge ~ of** accuser réception de; **on ~ of** dès réception de. **(b)** *(money taken)* **~s** recettes *fpl.* — **2** *vt (bill)* acquitter.
receive [rɪ'siːv] *vt (gen)* recevoir; *(Law: stolen goods)* receler. *(on bill)* **~d with thanks** pour acquit. ◆ **receiver** *n* **(a)** *(in bankruptcy)* administrateur *m* judiciaire. **(b)** *(telephone)* combiné *m.* **to lift the ~** décrocher; **to replace the ~** raccrocher.
recent ['riːsnt] *adj (gen)* récent; *(acquaintance etc)* de fraîche date. **in ~ years** ces dernières années. ◆ **recently** *adv* récemment. **as ~ as** pas plus tard que; **until quite ~** jusqu'à ces derniers temps.

receptacle [rɪ'septəkl] *n* récipient *m*.
reception [rɪ'sepʃən] *n* réception *f*. **to get a good ~** être bien accueilli; **~ centre** centre *m* d'accueil; **~ desk** réception *f*. ◆ **receptionist** *n* réceptionniste *mf*.
recess [rɪ'ses] *n* **(a)** *(Parliament, court)* vacances *fpl*. **(b)** *(alcove)* renfoncement *m*.
recession [rɪ'seʃən] *n* récession *f*.
recharge ['riː'tʃɑːdʒ] *vt* recharger.
recipe ['resɪpɪ] *n* recette *f* (*for* de).
recipient [rɪ'sɪpɪənt] *n* *(of cheque)* bénéficiaire *mf*; *(of award)* récipiendaire *m*.
reciprocal [rɪ'sɪprəkəl] *adj* réciproque.
reciprocate [rɪ'sɪprəkeɪt] *vi* en faire autant.
recital [rɪ'saɪtl] *n* récital *m*.
recite [rɪ'saɪt] *vti* *(gen)* réciter; *(details)* énumérer.
reckless ['reklɪs] *adj* imprudent.
reckon ['rekən] *vti* *(calculate: figures)* compter; *(cost, surface)* calculer; *(judge)* considérer (*sb to be* qn comme étant), compter (*among* parmi); *(estimate)* estimer (*that* que); *(take into account)* compter (*on* sur; *with* avec; *without sb* sans qn); (*: *think*) penser. **I wasn't ~ing on doing that** je ne m'attendais pas à faire ça. ◆ **reckoning** *n* *(sums)* calculs *mpl*.
reclaim [rɪ'kleɪm] *vt* *(demand back)* réclamer (*from* à). **to ~ land from the sea** conquérir des terres sur la mer.
recline [rɪ'klaɪn] *vi* être allongé. ◆ **reclining** *adj* *(seat)* à dossier réglable.
recluse [rɪ'kluːs] *n* reclus(e) *m(f)*.
recognition [,rekəg'nɪʃən] *n* reconnaissance *f*. **in ~ of** en reconnaissance de; **to gain ~** être reconnu; **to change out of** *or* **beyond all ~** devenir méconnaissable.
recognizable ['rekəgnaɪzəbl] *adj* reconnaissable.
recognize ['rekəgnaɪz] *vt* reconnaître (*by* à; *as* comme étant; *that* que).
recoil [rɪ'kɔɪl] *vi* reculer (*from* devant). **to ~ from doing** se refuser à faire.
recollect [,rekə'lekt] *vt* se rappeler. ◆ **recollection** *n* souvenir *m*.
recommend [,rekə'mend] *vt* recommander (*for* pour; *as* comme; *sb to do* à qn de faire). **it is to be ~ed** c'est à conseiller. ◆ **recommendation** *n* recommandation *f*.
recompense ['rekəmpens] *n* récompense *f*.
reconcile ['rekənsaɪl] *vt* *(two facts)* concilier. *(of people)* **to become ~d** se réconcilier; **to ~ o.s. to sth** se résigner à qch.
reconditioned ['riːkən'dɪʃənd] *adj* révisé.
reconnaissance [rɪ'kɒnɪsəns] *n* reconnaissance *f*.
reconnoitre, *(US)* **-ter** [,rekə'nɔɪtə^r] *vi* faire une reconnaissance.
reconsider ['riːkən'sɪdə^r] *vt* reconsidérer.
reconstruct ['riːkən'strʌkt] *vt* *(gen)* reconstruire; *(crime)* reconstituer.
record [rɪ'kɔːd] — **1** *vt* **(a)** *(speech, music)* enregistrer (*on tape* sur bande). **(b)** *(register)* rapporter (*that* que); *(population)* recenser; *(disapproval)* prendre acte de; *(event etc)* noter; *(describe)* décrire; *(of thermometer etc)* enregistrer. **to ~ one's vote** voter. — **2** ['rekɔːd] *n* **(a)** (*gramophone* ~) disque *m*. **~ dealer** disquaire *m*; **~ token** chèque-disque *m*; **to make a ~** sortir un disque. **(b)** *(Sport, fig)* record *m*. **to beat** *or* **break the ~** battre le record; **to hold the ~** détenir le record; **~ holder** détenteur *m* (*f* -trice) du record; **to do sth in ~ time** faire qch en un temps record. **(c)** *(report)* rapport *m*; *(Law)* enregistrement *m*; *(historical report)* document *m*. **public ~s** archives *fpl*; **to make** *or* **keep a ~ of sth, to put sth on ~** noter qch; **on ~** attesté; **to go on ~ as saying that ...** déclarer publiquement que ...; **to set the ~ straight** dissiper toute confusion possible; **off the ~*** à titre confidentiel. **(d)** (*personal* ~) **police ~** casier *m* judiciaire; **he hasn't got a ~*** il a un casier judiciaire vierge; **France's splendid ~** les succès glorieux de la France; **his past ~** sa conduite passée; **a good safety ~** une bonne tradition de sécurité. ◆ **record-breaking** *adj* qui bat tous les records. ◆ **recorded** *adj* *(Music)* enregistré; *(programme)* enregistré à l'avance. *(Post)* **by ~ delivery** ≃ avec avis de réception. ◆ **recorder** *n* **(a)** (*tape* ~) magnétophone *m*; *(Music)* flûte *f* à bec. ◆ **recording** *n* enregistrement *m*. **~ studio** studio *m* d'enregistrement. ◆ **record-player** *n* électrophone *m*.
recount [rɪ'kaʊnt] *vt* *(relate)* raconter.
re-count [,riː'kaʊnt] — **1** *vt* recompter. — **2** ['riːkaʊnt] *n* *(votes)* deuxième dépouillement *m* du scrutin.
recoup [rɪ'kuːp] *vt* récupérer *(ses pertes)*.
recourse [rɪ'kɔːs] *n* recours *m* (*to* à).
recover [rɪ'kʌvə^r] — **1** *vt* *(gen)* retrouver; *(property, strength, consciousness)* reprendre (*from* à); *(territory)* reconquérir; *(space capsule, wreck)* récupérer; *(debt, expenses, sight)* recouvrer. *(fig)* **to ~ lost ground** se rattraper. — **2** *vi* *(of person: get better)* se rétablir (*from* de); *(after error etc)* se ressaisir; *(of the economy, the dollar)* se redresser; *(of shares)* remonter. **she is** *or* **has ~ed** elle est rétablie.
re-cover [,riː'kʌvə^r] *vt* recouvrir.
recovery [rɪ'kʌvərɪ] *n* *(Med)* rétablissement *m*.
recreation [,rekrɪ'eɪʃən] *n* récréation *f*. **~ ground** terrain *m* de jeux; **~ room** salle *f* de récréation.
recruit [rɪ'kruːt] — **1** *n* recrue *f*. — **2** *vt* recruter; *(fig)* embaucher* (*sb to do* qn pour faire).
rectangle ['rek,tæŋgl] *n* rectangle *m*.
rectangular [rek'tæŋgjʊlə^r] *adj* rectangulaire.
rectify ['rektɪfaɪ] *vt* rectifier.
rector ['rektə^r] *n* pasteur *m* *(anglican)*; *(school)* proviseur *m* (de lycée). ◆ **rectory** *n* presbytère *m* *(anglican)*.
recuperate [rɪ'kuːpəreɪt] — **1** *vi* *(Med)* se rétablir. — **2** *vt* récupérer.
recur [rɪ'kɜː^r] *vi* *(gen)* réapparaître; *(of error, event)* se reproduire. ◆ **recurrent** *adj* fréquent.
recycle [,riː'saɪkl] *vt* recycler, récupérer.
red [red] — **1** *adj* *(gen)* rouge; *(hair)* roux (*f* rousse). **~ in the face, ~-faced** tout rouge; *(fig)* rouge de confusion; **to turn ~** rougir; **to see ~** voir rouge; *(fig)* **to roll out the ~ carpet for sb** recevoir qn en grande pompe; **~ light** feu *m* rouge; **R~ Cross** Croix-Rouge *f*; **that's a ~ herring** c'est pour brouiller les pistes; **R~ Indian** Peau-Rouge *mf*; *(fig)* **~ tape** paperasserie *f*. — **2** *n* *(colour)* rouge *m*; *(Pol: person)* rouge *mf*. *(fig)* **in the ~*** *(gen)* en déficit; *(person)* à découvert. ◆ **red-brick university** *n* université *f* de l'ère industrielle. ◆ **redcurrant** *n* groseille *f* (rouge). ◆ **red-haired** *or* ◆ **red-headed** *adj* roux (*f* rousse). ◆ **red-handed** *adj*: **caught ~** pris en flagrant délit. ◆ **redhead** *n* roux *m*, rousse *f*. ◆ **red-hot** *adj* brûlant. ◆ **red-letter day** *n* jour *m* mémorable.

redeem [rɪ'di:m] *vt (sinner)* racheter; *(from pawn)* dégager. **only ~ing feature** seul bon côté *m*. ◆ **Redeemer** *n* Rédempteur *m*.
redirect [,ri:daɪ'rekt] *vt (letter)* faire suivre.
redress [rɪ'dres] *n* réparation *f*.
reduce [rɪ'dju:s] — **1** *vt (gen)* réduire (*to* à; *by* de); *(price)* baisser; *(speed, voltage, tax)* diminuer; *(sauce)* faire réduire. **~d to ashes** réduit en cendres; **~d to nothing** réduit à zéro; **~d to doing** réduit à faire; **to ~ sb to tears** faire pleurer qn. — **2** *vi (slim)* maigrir. ◆ **reduced** *adj* réduit. **at a ~ price** *(ticket)* à prix réduit; *(goods)* au rabais.
reduction [rɪ'dʌkʃən] *n (gen)* réduction *f*. **to make a ~ on sth** faire un rabais sur qch.
redundancy [rɪ'dʌndənsɪ] *n* licenciement *m* (pour raisons économiques). **~ payment** indemnité *f* de licenciement.
redundant [rɪ'dʌndənt] *adj (gen)* superflu. *(of worker)* **to be made ~** être licencié (pour raisons économiques).
reed [ri:d] *n (gen)* roseau *m; (of wind instrument)* anche *f*.
reef [ri:f] *n* **(a)** *(in sea)* récif *m*. **(b) ~ knot** nœud *m* plat.
reek [ri:k] *vi:* **to ~ of sth** puer qch.
reel [ri:l] — **1** *n (gen)* bobine *f; (Fishing)* moulinet *m; (of film)* bande *f*. — **2** *vi* chanceler; *(of drunken man)* tituber. *(fig)* **my head is ~ing** la tête me tourne. — **3** *vt:* **to ~ sth in** ramener qch; **to ~ off** débiter.
re-enter [,ri:'entəʳ] *vt* rentrer dans.
re-entry [,ri:'entrɪ] *n* rentrée *f*.
ref* [ref] *n (Sport)* arbitre *m*.
refectory [rɪ'fektərɪ] *n* réfectoire *m*.
refer [rɪ'fɜ:ʳ] — **1** *vt (problem etc)* soumettre (*to* à); *(person)* renvoyer (*to* à). **it was ~red to us** on nous a demandé de nous en occuper. — **2** *vi* **(a)** *(speak of)* parler (*to* de); *(hint at)* faire allusion (*to* à); *(apply)* s'appliquer (*to* à); *(be relevant)* avoir rapport (*to* à). **(b) to ~ to one's notes** consulter ses notes.
referee [,refə'ri:] — **1** *n* **(a)** *(Sport, fig)* arbitre *m*. **(b) to give sb as a ~** donner qn en référence. — **2** *vt* arbitrer.
reference ['refrəns] *n* **(a)** mention *f* (*to* de); *(hint)* allusion *f* (*to* à); *(in book, letter)* référence *f; (on map)* coordonnées *fpl*. *(in letter)* **with ~ to ...** comme suite à ...; **~ book** ouvrage *m* à consulter; **~ library** bibliothèque *f* d'ouvrages à consulter. **(b)** *(testimonial)* références *fpl*.
referendum [,refə'rendəm] *n, pl* **-enda: to hold a ~** organiser un référendum.
refill [,ri:'fɪl] — **1** *vt (gen)* remplir à nouveau; *(pen, lighter)* recharger. — **2** ['ri:fɪl] *n* recharge *f*.
refine [rɪ'faɪn] *vt (ore)* affiner; *(oil, sugar)* raffiner; *(machine, technique)* perfectionner. ◆ **refined** *adj (person, tastes)* raffiné. ◆ **refinement** *n (of person)* raffinement *m; (in machine)* perfectionnement *m* (*in* de). ◆ **refinery** *n* raffinerie *f*.
refit ['ri:fɪt] *n (of ship)* remise *f* en état.
reflate [,ri:'fleɪt] *vt* relancer.
reflationary [ri:'fleɪʃnərɪ] *adj* de relance.
reflect [rɪ'flekt] *vti* **(a)** *(gen)* refléter; *(of mirror)* réfléchir; *(heat, sound)* renvoyer. **the moon is ~ed in the lake** la lune se reflète dans le lac; **I saw him ~ed in the mirror** j'ai vu son image dans le miroir; **this is ~ed in his report** son rapport reflète cela; *(discredit)* **to ~ on sb** faire tort à qn. **(b)** *(think)* réfléchir (*on* sur), se dire.
reflection [rɪ'flekʃən] *n* **(a)** *(in mirror)* reflet *m*. **(b)** *(thought)* réflexion *f* (*on* sur). **on ~** réflexion faite. **(c) to be a ~ on sb** discréditer qn.
reflector [rɪ'flektəʳ] *n* réflecteur *m*.
reflex ['ri:fleks] — **1** *n* réflexe *m*. — **2** *adj (gen)* réflexe; *(angle)* rentrant. **~ camera** reflex *m*.
reflexion [rɪ'flekʃən] *n* = **reflection.**
reflexive [rɪ'fleksɪv] *adj* réfléchi.
reform [rɪ'fɔ:m] — **1** *n* réforme *f*. — **2** *vt* réformer. — **3** *vi (of person)* s'amender. ◆ **reformation** [,refə'meɪʃən] *n* réforme *f*. ◆ **reformed** *adj* réformé; amendé. ◆ **reformer** *n* réformateur *m* (*f* -trice).
refrain [rɪ'freɪn] — **1** *vi* s'abstenir (*from* de). — **2** *n (Music)* refrain *m*.
refresh [rɪ'freʃ] *vt* rafraîchir. ◆ **refresher** *adj (course)* de recyclage. ◆ **refreshing** *adj (drink)* rafraîchissant; *(sleep)* réparateur (*f* -trice); *(sight, news)* réconfortant; *(change)* agréable; *(idea, approach, point of view)* original. ◆ **refreshments** *npl (food)* rafraîchissements *mpl; (place)* buffet *m*.
refrigerate [rɪ'frɪdʒəreɪt] *vt* réfrigérer.
refrigerator [rɪ'frɪdʒəreɪtəʳ] *n* réfrigérateur *m*.
refuel ['ri:'fjʊəl] *vi* se ravitailler en carburant. **~ling stop** escale *f* technique.
refuge ['refju:dʒ] *n* refuge *m* (*from* contre). **to take ~ in** se réfugier dans. ◆ **refugee** *n* réfugié(e) *m(f)*. **~ camp** camp *m* de réfugiés.
refund [rɪ'fʌnd] — **1** *vt* rembourser. — **2** ['ri:fʌnd] *n* remboursement *m*. **to get a ~** se faire rembourser.
refusal [rɪ'fju:zəl] *n* refus *m*.
refuse[1] [rɪ'fju:z] *vti (gen)* refuser (*sb sth* qch à qn; *to do* de faire); *(request, offer, suitor)* rejeter. **they were ~d permission** on leur a refusé la permission.
refuse[2] ['refju:s] *n (gen)* ordures *fpl; (garden)* détritus *mpl; (food)* déchets *mpl*. **~ bin** boîte *f* à ordures; **~ collector** éboueur *m;* **~ dump** *(public)* décharge *f* publique.
refute [rɪ'fju:t] *vt* réfuter.
regain [rɪ'geɪn] *vt (gen)* regagner; *(health, sight)* recouvrer; *(consciousness)* reprendre; *(territory)* reconquérir.
regal ['ri:gəl] *adj* majestueux (*f* -ueuse).
regard [rɪ'gɑ:d] — **1** *vt (consider)* considérer (*as* comme); *(concern)* concerner. **as ~s ...** pour *or* en ce qui concerne ... — **2** *n* **(a) with ~ to, in ~ to** relativement à; **without ~ to** sans égard pour; **in this ~** à cet égard; **to show no ~ for** ne faire aucun cas de; **to have a great ~ for sb** avoir beaucoup d'estime pour qn. **(b) to give** *or* **send sb one's ~s** faire ses amitiés à qn; *(in letter)* **kindest ~s** amicalement. ◆ **regarding** *prep* relativement à. ◆ **regardless** — **1** *adj:* **~ of** sans se soucier de. — **2** *adv:* **he did it ~*** il l'a fait quand même.
regatta [rɪ'gætə] *n* régates *fpl*.
regent ['ri:dʒənt] *n* régent(e) *m(f)*. **prince ~** prince *m* régent. ◆ **regency** *n* régence *f*. **R~ furniture** mobilier *m* Régence *inv*.
reggae ['regeɪ] *n* reggae *m*.
régime [reɪ'ʒi:m] *n* régime *m (Pol)*.
regiment ['redʒɪmənt] *n* régiment *m*. ◆ **regimental** *adj* du régiment. ◆ **regimented** *adj* soumis à une discipline excessive.
region ['ri:dʒən] *n (gen)* région *f*. *(fig)* **in the ~ of** aux alentours de. ◆ **regional** *adj* régional.
register ['redʒɪstəʳ] — **1** *n* **(a)** *(gen)* registre *m*. **electoral ~** liste *f* électorale; **~ of births, marriages and deaths** registre d'état civil. **(b)** *(machine)* compteur *m*. **cash ~** caisse *f* (enre-

gistreuse). — **2** *vti* **(a)** *(gen)* s'inscrire (*for sth* à qch); *(in hotel)* signer le registre; *(fact, figure)* enregistrer; *(birth etc)* déclarer; *(one's dismay etc)* exprimer. **to ~ with a doctor** se faire inscrire comme patient chez un médecin; **to ~ with the police** se déclarer à la police. **(b)** (*: *realize*) réaliser* (*that* que). **it hasn't ~ed** cela n'a pas encore pénétré. **(c)** *(letter)* recommander. ◆ **registered** *adj* **(a)** *(student, voter)* inscrit; *(vehicle)* immatriculé; *(trademark)* déposé; *(nursing home, charity)* reconnu par les autorités. **~ as disabled** officiellement reconnu comme handicapé. **(b)** *(letter)* recommandé. **by ~ post** par envoi recommandé.

registrar [ˌredʒɪsˈtrɑːʳ] *n (Administration)* officier *m* de l'état civil; *(University)* secrétaire *m* général; *(Med)* interne *mf*.

registration [ˌredʒɪsˈtreɪʃən] *n* (*see* **register 2**) enregistrement *m;* déclaration *f;* inscription *f; (of letter)* envoi *m* en recommandé; *(in school)* appel *m.* **~ fee** *(Post)* taxe *f* de recommandation; *(University)* droits *mpl* d'inscription; *(of car)* **~ number** numéro *m* d'immatriculation.

registry [ˈredʒɪstrɪ] *n:* **~ office** bureau *m* de l'état civil; **to get married in a ~ office** se marier à la mairie.

regret [rɪˈgret] — **1** *vt* regretter (*doing, to do* de faire; *that* que + *subj*). **he is ill, I ~ to say** il est malade, hélas. — **2** *n* regret *m* (*for* de). **much to my ~** à mon grand regret; **I have no ~s** je ne regrette rien. ◆ **regretfully** *adv (sadly)* avec regret; *(unwillingly)* à regret. ◆ **regrettable** *adj* regrettable (*that* que + *subj*). ◆ **regrettably** *adv:* **~, he ...** malheureusement, il ...

regroup [ˌriːˈgruːp] *vi* se regrouper.

regular [ˈregjʊləʳ] — **1** *adj (gen)* régulier (*f* -ière); *(habitual)* habituel (*f* -uelle); *(size)* standard *inv; (price)* normal; *(listener, reader)* fidèle; *(staff)* permanent; *(soldier)* de métier; *(officer)* de carrière. **a ~ idiot** un véritable imbécile. — **2** *n (customer etc)* habitué(e) *m(f)*. ◆ **regularly** *adv* régulièrement.

regulate [ˈregjʊleɪt] *vt* régler. ◆ **regulation** — **1** *n* règlement *m.* — **2** *adj* réglementaire.

rehabilitate [ˌriːəˈbɪlɪteɪt] *vt (gen)* réadapter; *(ex-prisoner)* réhabiliter.

rehash [ˌriːˈhæʃ] *vt* remanier.

rehearsal [rɪˈhɜːsəl] *n (Theatre)* répétition *f*.

rehearse [rɪˈhɜːs] *vt (Theatre)* répéter.

reign [reɪn] — **1** *n* règne *m.* **in the ~ of** sous le règne de. *(fig)* **~ of terror** régime *m* de terreur. — **2** *vi* régner (*over* sur).

reimburse [ˌriːɪmˈbɜːs] *vt* rembourser (*sb for sth* qn de qch).

rein [reɪn] *n (gen)* rêne *f; (for horse in harness)* guide *f.* **to give free ~ to** lâcher la bride à.

reincarnation [ˈriːɪnkɑːˈneɪʃən] *n* réincarnation *f*.

reindeer [ˈreɪndɪəʳ] *n, pl inv* renne *m*.

reinforce [ˌriːɪnˈfɔːs] *vt* renforcer. **~d concrete** béton *m* armé. ◆ **reinforcements** *npl* renforts *mpl*.

reinstate [ˈriːɪnˈsteɪt] *vt* rétablir (*in* dans).

reiterate [riːˈɪtəreɪt] *vt* réitérer.

reject [rɪˈdʒekt] — **1** *vt (gen)* rejeter; *(sth or sb unsatisfactory)* refuser. — **2** [ˈriːdʒekt] *n* article *m* de rebut. **~ shop** magasin *m* de deuxième choix. ◆ **rejection** *n* refus *m*.

rejoice [rɪˈdʒɔɪs] *vi* se réjouir (*at, over* de). **to ~ in** jouir de. ◆ **rejoicing** *n* réjouissances *fpl*.

rejoin [ˌriːˈdʒɔɪn] — **1** *vt* rejoindre. **to ~ ship** rallier le bord. — **2** [rɪˈdʒɔɪn] *vi (reply)* répliquer.

rejuvenate [rɪˈdʒuːvɪneɪt] *vti* rajeunir.

relapse [rɪˈlæps] — **1** *n* rechute *f.* **to have a ~** faire une rechute. — **2** *vi* retomber (*into* dans).

relate [rɪˈleɪt] — **1** *vt* **(a)** *(recount: gen)* raconter; *(details)* rapporter. **(b)** *(link)* rattacher (*sth to sth* qch à qch); *(two facts etc)* établir un rapport entre. — **2** *vi* se rapporter (*to* à). **relating to** relatif à. ◆ **related** *adj (in family)* parent (*to* de); *(ideas, subjects)* liés; *(languages)* apparentés.

relation [rɪˈleɪʃən] *n* **(a)** *(gen)* rapport *m* (*between* entre; *with* avec). **in ~ to** relativement à; **to bear no ~ to** être sans rapport avec; **international ~s** relations *fpl* internationales; **sexual ~s** rapports sexuels. **(b)** *(in family)* parent(e) *m(f)*.

relationship [rɪˈleɪʃənʃɪp] *n (family ties)* liens *mpl* de parenté (*to* avec); *(of things)* rapport *m* (*between* entre); *(of people)* relations *fpl*, rapports (*with* avec; *between* entre); *(sexual)* liaison *f.* **business ~** relations d'affaires; **they have a good ~** ils s'entendent bien.

relative [ˈrelətɪv] — **1** *adj* relatif (*f* -ive) (*to* à). — **2** *n (person)* parent(e) *m(f); (Grammar)* relatif *m.* ◆ **relatively** *adv* relativement.

relax [rɪˈlæks] *vti (grip etc)* relâcher; *(muscles)* décontracter; *(restrictions)* modérer; *(of person: rest)* se détendre; *(calm down)* se calmer. **to feel ~ed** être détendu.

relaxation [ˌriːlækˈseɪʃən] *n* détente *f*.

relay [ˈriːleɪ] *n* relais *m.* **in ~s** par relais; **~ race** course *f* de relais.

release [rɪˈliːs] — **1** *n* libération *f* (*from* de). **this film is on general ~** ce film n'est plus en exclusivité; *(record etc)* **new ~** nouveau disque (*etc*). — **2** *vt* **(a)** *(free: gen)* libérer (*from* de); *(Law)* remettre en liberté; *(sth or sb trapped)* dégager (*from* de); *(from promise)* relever (*from* de); *(employee)* rendre disponible. **(b)** *(let go of: gen)* lâcher. **(c)** *(record, film)* sortir; *(facts)* publier. **(d)** *(open etc: fastening)* faire jouer; *(handbrake)* desserrer.

relegate [ˈrelɪgeɪt] *vt* reléguer (*to* à).

relent [rɪˈlent] *vi* changer d'avis; *(stronger)* se laisser fléchir. ◆ **relentless** *adj* implacable.

relevant [ˈreləvənt] *adj* pertinent (*to* à); *(regulation, reference)* approprié (*to* à); *(information, course)* utile. **to be ~ to sth** avoir rapport à qch.

reliable [rɪˈlaɪəbl] *adj (person, firm)* sérieux (*f* -ieuse); *(machine)* solide; *(memory, account)* bon (*f* bonne; *before n*). ◆ **reliably** *adv (informed)* de source sûre.

reliant [rɪˈlaɪənt] *adj (trusting)* confiant (*on* en); *(dependent)* dépendant (*on* de).

relic [ˈrelɪk] *n* relique *f* (*also Rel*). **~s** restes *mpl; (fig: of the past)* vestiges *mpl*.

relief [rɪˈliːf] — **1** *n* soulagement *m* (*from* à). **to my ~** à mon grand soulagement; **it was a ~ to find it** j'ai été soulagé de le retrouver; **tax ~** dégrèvement *m.* — **2** *adj (coach, staff)* supplémentaire; *(fund, work, organization)* de secours. **~ road** route *f* de délestage.

relieve [rɪˈliːv] *vt (gen)* soulager; *(boredom)* dissiper; *(poverty)* remédier à; *(help)* secourir; *(take over from)* relayer; *(guard)* relever; *(town)* délivrer. **to be ~d to learn** être soulagé d'apprendre; **to ~ one's feelings** décharger sa colère; *(go to lavatory)* **to ~ o.s.** faire ses besoins*.

religion [rɪ'lɪdʒən] *n* religion *f*. **the Christian ~** la religion chrétienne.

religious [rɪ'lɪdʒəs] *adj (gen)* religieux (*f* -ieuse); *(person)* pieux (*f* pieuse); *(book)* de piété.

relinquish [rɪ'lɪŋkwɪʃ] *vt (gen)* abandonner; *(plan, right)* renoncer à; *(let go of)* lâcher.

relish ['relɪʃ] — **1** *n*: **with ~** *(do sth)* avec délectation; *(eat)* de bon appétit. — **2** *vt* se délecter (*doing* à faire). **I don't ~ the thought** l'idée ne me dit rien.

reluctance [rɪ'lʌktəns] *n* répugnance *f* (*to do* à faire).

reluctant [rɪ'lʌktənt] *adj (gen)* peu enthousiaste. **~ to do** peu disposé à faire. ◆ **reluctantly** *adv* à contrecœur.

rely [rɪ'laɪ] *vi*: **to ~ on** *(count on)* compter sur; *(depend on)* dépendre de.

remain [rɪ'meɪn] — **1** *vi* rester. **nothing ~s to be said** il ne reste plus rien à dire; **it ~s to be seen whether ...** reste à savoir si ...; **that ~s to be seen** c'est ce que nous verrons; **the fact ~s that** il n'en est pas moins vrai que; **I have one ~ing** il m'en reste un; **the ~ing cakes** les gâteaux qui restent. — **2 ~s** *npl* restes *mpl*.

remainder [rɪ'meɪndəʳ] *n* reste *m*.

remand [rɪ'mɑːnd] *(Law)* — **1** *vt*: **to ~ in custody** mettre en détention préventive. — **2** *n*: **on ~** en détention préventive; **~ home** ≃ maison *f* d'arrêt.

remark [rɪ'mɑːk] — **1** *n* remarque *f*. — **2** *vti* remarquer. ◆ **remarkable** *adj* remarquable (*for* par).

remarry ['riː'mærɪ] *vi* se remarier.

remedial [rɪ'miːdɪəl] *adj (measures)* de redressement; *(class)* de rattrapage.

remedy ['remədɪ] *n* remède *m* (*for* contre).

remember [rɪ'membəʳ] *vt* se souvenir de, se rappeler. **to ~ that** se rappeler que; **to ~ doing** se rappeler avoir fait; **to ~ to do** penser à faire; **I ~ when ...** je me souviens de l'époque où ...; **as far as I ~** autant qu'il m'en souvienne; **if I ~ rightly** si j'ai bonne mémoire; **let us ~ that ...** n'oublions pas que ...; **sth to ~ him by** un souvenir de lui; **~ me to your mother** rappelez-moi au bon souvenir de votre mère.

remembrance [rɪ'membrəns] *n*: **R~ Day** l'Armistice *m*, le 11 novembre; **in ~ of** en souvenir de.

remind [rɪ'maɪnd] *vt* rappeler (*sb of sth* qch à qn, *sb that* à qn que). **you are ~ed that ...** nous vous rappelons que ...; **to ~ sb to do** faire penser à qn à faire; **that ~s me!** à propos! ◆ **reminder** *n (note etc)* pense-bête *m*; *(letter)* lettre *f* de rappel.

reminisce [,remɪ'nɪs] *vi* raconter ses souvenirs (*about* de). ◆ **reminiscence** *n* souvenir *m*. ◆ **reminiscent** *adj*: **~ of** qui rappelle.

remiss [rɪ'mɪs] *adj* négligent.

remission [rɪ'mɪʃən] *n (gen)* rémission *f*; *(Law)* remise *f*.

remit [rɪ'mɪt] *vt* **(a)** *(sins)* pardonner. **(b)** *(send)* envoyer (*to* à). ◆ **remittance** *n* versement *m*.

remnant ['remnənt] *n (gen)* reste *m*; *(cloth)* coupon *m*; *(custom, splendour)* vestige *m*. *(in sales)* **~s** soldes *mpl* (de fins de série).

remonstrate ['remənstreɪt] *vti* protester (*against* contre; *that* que); faire des remontrances (*with sb* à qn; *about* au sujet de).

remorse [rɪ'mɔːs] *n* remords *m* (*at* de; *for* pour). **without ~** sans pitié. ◆ **remorseless** *adj (fig)* implacable.

remote [rɪ'məʊt] *adj (place, period)* lointain; *(isolated)* isolé; *(ancestor)* éloigné; *(fig: person)* distant; *(resemblance)* vague; *(possibility)* petit. **~ control** télécommande *f*; **~ from** loin de; **not the ~st idea** pas la moindre idée. ◆ **remote-controlled** *adj* télécommandé. ◆ **remotely** *adv (slightly)* vaguement; **~ possible** tout juste possible.

remould ['riːməʊld] *n* pneu *m* rechapé.

removable [rɪ'muːvəbl] *adj* amovible.

removal [rɪ'muːvəl] *n (Surgery)* ablation *f*; *(from house)* déménagement *m*. **~ van** camion *m* de déménagement.

remove [rɪ'muːv] — **1** *vt (gen)* enlever (*from sth* de qch; *from sb* à qn); *(item on list, threat)* supprimer; *(difficulty)* résoudre; *(official)* déplacer. **to ~ a child from school** retirer un enfant de l'école; **far ~d from** loin de. — **2** *vi* déménager (*from* de). **to ~ to London** aller s'installer à Londres. ◆ **remover** *n* **(a)** *(removal man)* déménageur *m*. **(b)** *(varnish)* dissolvant *m*; *(stains)* détachant *m*; *(paint)* décapant *m*; *(make-up* **~**) démaquillant *m*.

remunerate [rɪ'mjuːnəreɪt] *vt* rémunérer. ◆ **remuneration** *n* rémunération *f*.

renaissance [rɪ'neɪsɑ̃ːns] *n* renaissance *f*.

render ['rendəʳ] *vt (gen)* rendre; *(assistance)* prêter. **it ~ed him helpless** cela l'a rendu infirme. ◆ **rendering** *n (music)* interprétation *f*; *(translation)* traduction *f* (*into* en).

rendez-vous ['rɒndɪvuː] — **1** *n* rendez-vous *m*. — **2** *vi*: **to ~ with sb** rejoindre qn.

renew [rɪ'njuː] *vt (gen)* renouveler; *(discussions etc)* reprendre. **to ~ one's subscription** renouveler son abonnement. ◆ **renewal** *n* renouvellement *m*. ◆ **renewed** *adj* accru.

renounce [rɪ'naʊns] *vt* renoncer à.

renovate ['renəʊveɪt] *vt* remettre à neuf.

renowned [rɪ'naʊnd] *adj (thing)* renommé (*for* pour); *(person)* célèbre (*for* pour).

rent [rent] — **1** *n* loyer *m*. **quarter's ~** terme *m*. — **2** *vt* louer. ◆ **rental** *n (television etc)* location *f*; *(telephone)* abonnement *m*.

reopen [,riː'əʊpən] *vti* rouvrir.

reorganize ['riː'ɔːgənaɪz] *vt* réorganiser.

rep* [rep] *n abbr of* **repertory company** *and* **representative.**

repair [rɪ'pɛəʳ] — **1** *vt* réparer. — **2** *n (gen)* réparation *f*. **under ~** en réparation; **beyond ~** irréparable; **'road ~s'** 'travaux'; **~ kit** trousse *f* de réparation.

repartee [,repɑː'tiː] *n* repartie *f*.

repatriate [riː'pætrɪeɪt] *vt* rapatrier.

repay [riː'peɪ] *pret, ptp* **repaid** *vt (gen)* rembourser; *(debt)* s'acquitter de; *(sb's kindness)* payer de retour; *(helper)* récompenser (*for* de). ◆ **repayment** *n* remboursement *m*.

repeal [rɪ'piːl] — **1** *vt (law)* abroger; *(sentence)* annuler. — **2** *n* abrogation *f*; annulation *f*.

repeat [rɪ'piːt] — **1** *vt (gen)* répéter; *(demand, promise)* réitérer; *(order for goods)* renouveler; *(Music)* reprendre; *(class)* redoubler; *(recite)* réciter. *(fig)* **a ~ performance** exactement la même chose. — **2** *n* répétition *f*; *(Radio, TV)* reprise *f*. ◆ **repeated** *adj (gen)* répété; *(efforts)* renouvelé. ◆ **repeatedly** *adv* à maintes reprises.

repel [rɪ'pel] *vt* repousser; *(disgust)* dégoûter. ◆ **repellent** *adj* **(a)** *(disgusting)* repoussant. **(b) water-~** imperméabilisateur.

repent [rɪ'pent] *vi* se repentir (*of* de). ◆ **repentant** *adj* repentant.
repercussion [,ri:pə'kʌʃən] *n* répercussion *f*.
repertory ['repətərɪ] *n (also* **repertoire**) répertoire *m*. ~ (**theatre**) théâtre *m* de répertoire; ~ **company** troupe *f* de répertoire.
repetition [,repɪ'tɪʃən] *n* répétition *f*.
repetitive [rɪ'petɪtɪv] *adj (writing)* plein de redites; *(work)* monotone.
replace [rɪ'pleɪs] *vt* **(a)** *(put back)* remettre (à sa place), ranger. *(Telephone)* **to ~ the receiver** raccrocher. **(b)** *(substitute for)* remplacer (*by, with* par). ◆ **replacement** *n (person)* remplaçant(e) *m(f)*. ~ **engine** moteur *m* de rechange.
replenish [rɪ'plenɪʃ] *vt* remplir de nouveau (*with* de).
replete [rɪ'pli:t] *adj* rassasié.
replica ['replɪkə] *n (gen)* réplique *f; (printed matter)* fac-similé *m*.
reply [rɪ'plaɪ] — **1** *n* réponse *f*. **in ~** en réponse (*to* à); ~ **coupon** coupon-réponse *m;* **~-paid** avec réponse payée. — **2** *vti* répondre.
report [rɪ'pɔ:t] — **1** *n* **(a)** *(gen)* rapport *m; (of speech, meeting)* compte rendu *m; (in school)* bulletin *m* scolaire; *(Press, Radio, TV)* reportage *m; (regularly: on weather, sales etc)* bulletin *m; (rumour)* rumeur *f*. **to make a progress ~ on** dresser un état périodique de; **I have heard a ~ that ...** j'ai entendu dire que ... **(b)** *(of gun)* coup *m* de fusil *(etc)*. **2** *vti* **(a)** *(gen)* annoncer (*that* que); *(speech, event)* faire le compte rendu de. **to ~ on sth** faire un rapport sur qch; *(Press, TV etc)* faire un reportage sur; **to ~ back** présenter son rapport (*to* à); **he is ~ed as having said** il aurait dit; *(Grammar)* **~ed speech** discours *m* indirect; **it is ~ed from Paris that ...** on annonce à Paris que ... **(b)** se présenter (*to sb* chez qn); *(notify: culprit, accident)* signaler (*to* à, *sb for sth* qn pour qch). **~ed missing** porté disparu; **nothing to ~** rien à signaler; **to ~ for duty** se présenter au travail; **to ~ sick** se faire porter malade.
reporter [rɪ'pɔ:tə^r] *n (Press)* journaliste *mf; (Radio, TV)* reporter *m*.
repose [rɪ'pəʊz] *n* repos *m*. **in ~** au repos.
repository [rɪ'pɒzɪtərɪ] *n* dépôt *m*.
reprehensible [,reprɪ'hensɪbl] *adj* répréhensible.
represent [,reprɪ'zent] *vt (gen)* représenter (*as* comme, comme étant). **I ~ Mrs Wolff** je viens de la part de Mme Wolff. ◆ **representation** *n:* **to make ~s to** faire une démarche auprès de. ◆ **representative** *n* représentant(e) *m(f); (US Pol)* **R~** député *m*.
repress [rɪ'pres] *vt (gen)* réprimer; *(feelings)* refouler. ◆ **repression** *n* répression *f*. ◆ **repressive** *adj* répressif (*f* -ive).
reprieve [rɪ'pri:v] — **1** *n (Law)* commutation *f* de la peine capitale; *(gen)* sursis *m*. — **2** *vt* accorder une commutation de la peine capitale à. *(of building etc)* **to be ~d** bénéficier d'un sursis.
reprimand ['reprɪmɑ:nd] *vt* réprimander.
reprint [,ri:'prɪnt] — **1** *vt* réimprimer. — **2** *n* réimpression *f*.
reprisal [rɪ'praɪzəl] *n:* **~s** représailles *fpl;* **as a ~ for** en représailles de.
reproach [rɪ'prəʊtʃ] — **1** *n* reproche *m*. **above ~** irréprochable. — **2** *vt:* **to ~ sb for sth** reprocher qch à qn; **to ~ sb for having done** reprocher à qn d'avoir fait. ◆ **reproachful** *adj* réprobateur (*f* -trice). ◆ **reproachfully** *adv* avec reproche.
reproduce [,ri:prə'dju:s] — **1** *vt* reproduire. — **2** *vi* se reproduire.
reproduction [,ri:prə'dʌkʃən] *n* reproduction *f*. ~ **furniture** imitations *fpl* de meubles anciens.
reproductive [,ri:prə'dʌktɪv] *adj* reproducteur (*f* -trice).
reproof [rɪ'pru:f] *n* réprimande *f*.
reprove [rɪ'pru:v] *vt (person)* blâmer (*for* de). ◆ **reproving** *adj* réprobateur (*f* -trice).
reptile ['reptaɪl] *n* reptile *m*.
republic [rɪ'pʌblɪk] *n* république *f*. ◆ **republican** *adj, n* républicain(e) *m(f)*.
republish ['ri:'pʌblɪʃ] *vt* rééditer.
repudiate [rɪ'pju:dɪeɪt] *vt (gen)* répudier; *(treaty)* refuser d'honorer.
repugnant [rɪ'pʌgnənt] *adj* répugnant.
repulse [rɪ'pʌls] *vt* repousser. ◆ **repulsive** *adj* repoussant.
reputable ['repjʊtəbl] *adj* de bonne réputation.
reputation [,repjʊ'teɪʃən] *n* réputation *f* (*as, for* de).
repute [rɪ'pju:t] — **1** *n* renom *m*. — **2** *vt:* **to be ~d** être réputé (*to be* être). ◆ **reputedly** *adv* d'après ce qu'on dit.
request [rɪ'kwest] — **1** *n* demande *f* (*for* de). **by popular ~** à la demande générale; **on** *or* **by ~** sur demande; *(Radio)* ~ **programme** programme *m* des auditeurs; *(bus)* ~ **stop** arrêt *m* facultatif. — **2** *vt* demander (*from sb* à qn; *sb to do* à qn de faire). **'you are ~ed not to smoke'** 'vous êtes priés de ne pas fumer'.
requiem ['rekwɪem] *n* requiem *m*.
require [rɪ'kwaɪə^r] *vt* **(a)** *(of person)* avoir besoin de; *(of thing, action)* nécessiter. **all I ~** tout ce qu'il me faut; **it ~s care** cela nécessite du soin; **if ~d** au besoin; **when ~d** quand il le faut; **what qualifications are ~d?** quels sont les diplômes requis? **(b)** *(order)* exiger (*sb to do* de qn qu'il fasse). ◆ **required** *adj* nécessaire. ◆ **requirement** *n (need)* exigence *f; (condition)* condition *f* requise.
requisite ['rekwɪzɪt] *adj* nécessaire.
requisition [,rekwɪ'zɪʃən] *vt* réquisitionner.
rescind [rɪ'sɪnd] *vt (law)* abroger; *(decision)* annuler.
rescue ['reskju:] — **1** *n (from danger)* sauvetage *m; (from prison)* délivrance *f*. **to go to sb's ~** aller au secours de qn; **to the ~** à la rescousse; ~ **operation** opération *f* de sauvetage; ~ **party** équipe *f* de sauvetage. — **2** *vt (save)* sauver; *(free)* délivrer (*from* de); *(help)* secourir.
research [rɪ'sɜ:tʃ] — **1** *n* recherches *fpl* (*on* sur). **a piece of ~** un travail de recherche; **to do ~** faire de la recherche (*on* sur); **my ~ shows...** mes recherches ont montré...; ~ **student** étudiant(e) *m(f)* qui fait de la recherche; ~ **establishment** centre *m* de recherches. — **2** *vi* faire des recherches (*into, on* sur). ◆ **researcher** *n* chercheur *m* (*f* -euse).
resemblance [rɪ'zembləns] *n* ressemblance *f* (*to* avec).
resemble [rɪ'zembl] *vt* ressembler à.
resent [rɪ'zent] *vt* ne pas aimer (*sth* qch; *sb doing* que qn fasse). **I ~ that!** je proteste! ◆ **resentful** *adj* plein de ressentiment (*about* à cause de).
reservation [,rezə'veɪʃən] *n* **(a)** réserve *f*. **without ~** sans réserve; **with ~s** avec certaines réserves; **to have ~s about** avoir des doutes sur. **(b)** *(booking)* réservation *f*. **to make a ~ at the hotel** réserver une chambre à l'hôtel; **to have a ~** *(seat etc)* avoir une place *(etc)*

réservée. **(c)** *(land)* réserve *f.* *(on road)* **central ~** bande *f* médiane.
reserve [rɪ'zɜːv] — **1** *vt (gen)* réserver. **to ~ judgment** se réserver de prononcer un jugement; **to ~ the right to do** se réserver le droit de faire. — **2** *n (gen)* réserve *f;* *(Sport)* remplaçant(e) *m(f).* **in ~** en réserve; *(on car)* **~ tank** réservoir *m* de secours; **~ team** deuxième équipe *f.* ◆ **reserved** *adj (gen)* réservé.
reservoir ['rezəvwɑːʳ] *n* réservoir *m.*
reshuffle [,riː'ʃʌfl] *n:* **Cabinet ~** remaniement *m* ministériel.
reside [rɪ'zaɪd] *vi* résider.
residence ['rezɪdəns] *n (gen)* résidence *f;* *(hostel)* foyer *m.* **to take up ~** s'installer; **in ~** *(monarch)* en résidence; *(students)* rentrés; **~ permit** permis *m* de séjour.
resident ['rezɪdənt] — **1** *n* habitant(e) *m(f);* *(in foreign country)* résident(e) *m(f);* *(in hostel)* pensionnaire *mf.* — **2** *adj (gen)* résidant; *(chaplain, tutor)* à demeure; *(population)* fixe. **to be ~ in France** résider en France. ◆ **residential** *adj (area)* résidentiel (*f* -ielle).
residue ['rezɪdjuː] *n* reste *m.*
resign [rɪ'zaɪn] *vti* démissionner (*a post, from a post* d'un poste). **to ~ o.s. to (doing) sth** se résigner à (faire) qch.
resignation [,rezɪg'neɪʃən] *n (from job)* démission *f;* *(mental state)* résignation *f.*
resilient [rɪ'zɪlɪənt] *adj:* **to be ~** *(physically)* avoir beaucoup de résistance; *(mentally etc)* avoir du ressort.
resin ['rezɪn] *n* résine *f.*
resist [rɪ'zɪst] *vti* résister (*sth* à qch). **I couldn't ~ doing it** je n'ai pas pu m'empêcher de le faire; **she can't ~ him** elle ne peut rien lui refuser. ◆ **resistance** *n* résistance *f.* **~ fighter** résistant(e) *m(f);* **the ~ movement** la résistance.
resit ['riː'sɪt] *pret, ptp* **resat** *vt* se représenter à.
resolute ['rezəluːt] *adj* résolu.
resolution [,rezə'luːʃən] *n* résolution *f.* **to make a ~** prendre une résolution.
resolve [rɪ'zɒlv] — **1** *vti* résoudre (*sth* qch; *to do* de faire; *that* que). — **2** *n* résolution *f.* ◆ **resolved** *adj* résolu (*to do* à faire).
resort [rɪ'zɔːt] — **1** *n* **(a) without ~ to** sans recourir à; **as a last ~, in the last ~** en dernier ressort. **(b) holiday ~** lieu *m* de vacances; **seaside ~** station *f* balnéaire; **ski ~** station de sports d'hiver. — **2** *vi* avoir recours (*to* à), en venir (*to doing* à faire).
resounding [rɪ'zaʊndɪŋ] *adj* retentissant.
resource [rɪ'sɔːs] *n* ressource *f.* **as a last ~** en dernière ressource; **mineral ~s** ressources en minerais. ◆ **resourceful** *adj (person)* plein de ressources.
respect [rɪs'pekt] — **1** *n (gen)* respect *m.* **out of ~ for** par respect pour; **with ~ to** en ce qui concerne; **in ~ of** quant à; **in some ~s** à certains égards. — **2** *vt* respecter. ◆ **respectable** *adj* **(a)** *(decent: gen)* convenable; *(person)* respectable. **(b)** *(quite big: amount etc)* considérable. ◆ **respectful** *adj* respectueux (*f* -ueuse). ◆ **respecting** *prep* concernant. ◆ **respective** *adj* respectif (*f* -ive). ◆ **respectively** *adv* respectivement.
respiration [,respɪ'reɪʃən] *n* respiration *f.*
respirator ['respɪreɪtəʳ] *n* respirateur *m.*
respite ['respaɪt] *n* répit *m.*
respond [rɪs'pɒnd] *vi (gen)* répondre (*to* à; *with* par). **to ~ to treatment** bien réagir au traitement. ◆ **response** *n* réponse *f;* réaction *f.* **in ~ to** en réponse à.
responsibility [rɪs,pɒnsə'bɪlɪtɪ] *n* responsabilité *f.* **to take ~ for** prendre la responsabilité de; **it's not my ~ to do that** ce n'est pas à moi de faire ça; **on my own ~** sous ma responsabilité.
responsible [rɪs'pɒnsəbl] *adj* responsable (*for* de; *for sth* de qch; *to sb* devant qn). **he is very ~** il est très sérieux; **a ~ job** un poste qui comporte des responsabilités. ◆ **responsibly** *adv* avec sérieux.
responsive [rɪs'pɒnsɪv] *adj (audience)* qui réagit bien; *(person)* qui n'est pas réservé.
rest [rest] — **1** *n* **(a)** *(gen)* repos *m;* *(Music)* silence *m.* **to need a ~** avoir besoin de se reposer; **to have a ~** se reposer; **it will give him a ~** ça le reposera; **to have a good night's ~** passer une bonne nuit; **~ home** maison *f* de repos; *(US)* **~ room** toilettes *fpl;* **to set sb's mind at ~** tranquilliser qn. **(b)** *(remainder)* **the ~** *(sg)* le reste; *(pl)* les autres *mfpl;* **and all the ~ of it*** et tout ça*. — **2** *vti* **(a)** *(relax)* se reposer. **may he ~ in peace** qu'il repose en paix; **~ assured that** soyez assuré que; **it doesn't ~ with me** cela ne dépend pas de moi. **(b)** *(lean: gen)* appuyer (*on* sur; *against* contre); *(small object)* poser; *(of eyes etc)* se poser (*on* sur). ◆ **restful** *adj* reposant. ◆ **restless** *adj* agité. **to have a ~ night** mal dormir; **to get ~** s'agiter.
restaurant ['restərɔ̃ːŋ] *n* restaurant *m.*
restitution [,restɪ'tjuːʃən] *n* restitution *f.*
restive ['restɪv] *adj (horse)* rétif (*f* -ive); *(person)* agité.
restoration [,restə'reɪʃən] *n* restauration *f.*
restore [rɪs'tɔːʳ] *vt* **(a)** *(give back: gen)* rendre (*to* à); *(order)* rétablir; *(confidence)* redonner. **~d to health** rétabli; **to ~ to power** ramener au pouvoir. **(b)** *(repair: building etc)* restaurer.
restrain [rɪs'treɪn] *vt (gen)* retenir (*sb from doing* qn de faire); *(feelings, struggling person)* maîtriser. **to ~ o.s.** se retenir. ◆ **restrained** *adj (emotions)* contenu; *(person)* maître (*f* maîtresse) de soi. ◆ **restraint** *n (restriction)* contrainte *f;* *(moderation)* retenue *f.* **wage ~** contrôle *m* des salaires.
restrict [rɪs'trɪkt] *vt (gen)* restreindre. **to ~ sth to** limiter qch à. ◆ **restricted** *adj (gen)* restreint; *(point of view)* étroit. *(driving)* **~ area** zone *f* à vitesse limitée. ◆ **restriction** *n (gen)* restriction *f.* **speed ~** limitation *f* de vitesse. ◆ **restrictive** *adj* restrictif (*f* -ive). **~ practices** pratiques *fpl* restrictives de production.
result [rɪ'zʌlt] — **1** *n (gen)* résultat *m.* **as a ~ he ...** en conséquence il ...; **to be the ~ of** être dû à; **as a ~ of my inquiry** par suite de mon enquête; **to get ~s*** obtenir de bons résultats. — **2** *vi* résulter (*from* de). **to ~ in** se terminer par.
resume [rɪ'zjuːm] *vti* **(a)** *(restart)* reprendre. **(b)** *(sum up)* résumer.
resumption [rɪ'zʌmpʃən] *n* reprise *f.*
resurrection [,rezə'rekʃən] *n* résurrection *f.*
resuscitate [rɪ'sʌsɪteɪt] *vt* réanimer.
retail ['riːteɪl] — **1** *n* vente *f* au détail. **~ price** prix *m* de détail. — **2** *vt* vendre au détail. — **3** *adv* au détail. ◆ **retailer** *n* détaillant(e) *m(f).*
retain [rɪ'teɪn] *vt (keep)* conserver; *(hold back)* retenir; *(lawyer)* engager; *(remember)* garder en mémoire.
retaliate [rɪ'tælɪeɪt] *vi* se venger (*against* de; *by doing* en faisant). ◆ **retaliation** *n:* **in ~** par représailles; **in ~ for** pour venger.
retarded [rɪ'tɑːdɪd] *adj:* **(mentally) ~** arriéré.

retch [retʃ] *vi* avoir des haut-le-cœur.
retentive [rɪ'tentɪv] *adj (memory)* fidèle.
reticent ['retɪsənt] *adj* réticent. **to be ~ about** ne pas parler beaucoup de.
retina ['retɪnə] *n* rétine *f*.
retire [rɪ'taɪəʳ] *vti (from work)* prendre sa retraite; *(withdraw)* se retirer (*from* de; *to* à); *(Sport)* abandonner; *(go to bed)* se coucher. **to ~ sb** mettre qn à la retraite. ◆ **retired** *adj* retraité. **a ~ person** un(e) retraité(e). ◆ **retirement** *n* retraite *f*. **early ~** retraite anticipée. ◆ **retiring** *adj (shy)* réservé; *(departing: chairman etc)* sortant; *(age)* de la retraite.
retort [rɪ'tɔːt] — **1** *n* riposte *f*. — **2** *vt* riposter.
retrace [rɪ'treɪs] *vt (give account of)* retracer. **to ~ one's steps** revenir sur ses pas.
retract [rɪ'trækt] *vt* rétracter.
retrain ['riː'treɪn] — **1** *vt* recycler *(personne)*. — **2** *vi* se recycler. ◆ **retraining** *n* recyclage *m*.
retread ['riːtred] *n* pneu *m* rechapé.
retreat [rɪ'triːt] — **1** *n* retraite *f*. *(fig)* **to beat a hasty ~** partir en vitesse. — **2** *vi (Mil)* battre en retraite; *(gen)* se retirer (*from* de); *(of flood etc)* reculer.
retribution [ˌretrɪ'bjuːʃən] *n* châtiment *m*.
retrieval [rɪ'triːvəl] *n (Computer)* extraction *f*.
retrieve [rɪ'triːv] *vt (recover: object)* récupérer (*from* de); *(of dog)* rapporter; *(information)* extraire; *(position)* rétablir; *(rescue)* sauver (*from* de). ◆ **retriever** *n* chien *m* d'arrêt.
retrospect ['retrəʊspekt] *n*: **in ~** rétrospectivement. ◆ **retrospective** — **1** *adj (pay rise)* rétroactif (*f* -ive). — **2** *n (Art)* rétrospective *f*.
return [rɪ'tɜːn] — **1** *vi (come back)* revenir; *(go back)* retourner; *(of symptoms, doubts)* réapparaître. **to ~ home** rentrer; **to ~ to** *(work)* reprendre; *(subject)* revenir à. — **2** *vt* **(a)** *(gen)* rendre; *(bring back)* rapporter; *(put back)* remettre; *(send back)* renvoyer. *(on letter)* '**~ to sender**' 'retour à l'envoyeur'. **(b)** *(verdict)* rendre; *(candidate)* élire. — **3** *n (gen)* retour *m*; *(financial)* rapport *m* (*on* de). **~ fare, ~ ticket** aller et retour *m*; **~ flight** vol *m* de retour; *(of ticket)* **~ half** coupon *m* de retour; **~ journey** retour *m*; **~ match** match *m* retour; **on my ~** dès mon retour; **~ home** retour; **by ~ of post** par retour du courrier; **many happy ~s of the day!** bon anniversaire!; **~s** *(profits)* bénéfice *m*; **in ~** en revanche; **in ~ for** en échange de; **tax ~** déclaration *f* de revenus *or* d'impôts.
reunion [rɪ'juːnjən] *n* réunion *f*.
reunite ['riːjuː'naɪt] *vt* réunir.
rev* [rev] — **1** *n (engine)* tour *m*. **~ counter** compte-tours *m inv*. — **2** *vti (engine)* emballer; *(of driver)* emballer le moteur.
reveal [rɪ'viːl] *vt* révéler (*that* que). ◆ **revealing** *adj* révélateur (*f* -trice).
revel ['revl] *vi* se délecter (*in* de; *in doing* à faire). ◆ **revelry** *n* festivités *fpl*.
revelation [ˌrevə'leɪʃən] *n* révélation *f*.
revenge [rɪ'vendʒ] *n* vengeance *f*; *(Sport etc)* revanche *f*. **to get one's ~** se venger (*on sb* de qn; *on sb for sth* de qch sur qn); **in ~, he ...** pour se venger, il ... .
revenue ['revənjuː] *n* revenu *m*.
reverberate [rɪ'vɜːbəreɪt] *vi* se répercuter.
revere [rɪ'vɪəʳ] *vt* vénérer.
reverence ['revərəns] *n* vénération *f*.
reverend ['revərənd] *adj* révérend.
reverent ['revərənt] *adj* respectueux (*f* -ueuse).
reverse [rɪ'vɜːs] — **1** *adj (gen)* contraire; *(image, order)* inverse. — **2** *n*: **the ~** le contraire; *(gear)* **in ~** en marche *f* arrière. — **3** *vti* **(a)** *(turn round)* retourner; *(trend, policy)* renverser; *(two things)* inverser. **(b)** *(of driver)* faire marche arrière. **to ~ into the garage** rentrer dans le garage en marche arrière; **reversing lights** feux *mpl* de marche arrière.
revert [rɪ'vɜːt] *vi (gen)* retourner (*to* à); *(to subject)* revenir (*to* à).
review [rɪ'vjuː] — **1** *n (gen)* revue *f*; *(of book, film etc)* critique *f*. **to keep sth under ~** suivre qch de très près; **to give a ~ of sth** passer qch en revue. — **2** *vt (gen)* passer en revue; *(situation)* réexaminer; *(book, film)* faire la critique de. ◆ **reviewer** *n* critique *m*.
revile [rɪ'vaɪl] *vt* insulter.
revise [rɪ'vaɪz] *vti* réviser (*for* pour). **~d edition** édition *f* revue et corrigée. ◆ **revision** *n* révision *f*.
revival [rɪ'vaɪvəl] *n* reprise *f*.
revive [rɪ'vaɪv] — **1** *vt (person)* ranimer; *(from near death)* réanimer; *(fashion)* remettre en vogue; *(custom)* rétablir; *(hope, interest)* faire renaître; *(play)* reprendre. — **2** *vi (of person)* reprendre connaissance; *(from tiredness)* ressusciter*.
revoke [rɪ'vəʊk] *vt (gen)* révoquer; *(licence)* retirer.
revolt [rɪ'vəʊlt] — **1** *n* révolte *f*. **to rise in ~** se révolter (*against* contre). — **2** *vti (rebel)* se révolter; *(disgust)* révolter. ◆ **revolting** *adj* dégoûtant.
revolution [ˌrevə'luːʃən] *n* révolution *f*. ◆ **revolutionary** *adj, n* révolutionnaire *(mf)*. ◆ **revolutionize** *vt* révolutionner.
revolve [rɪ'vɒlv] *vi* tourner. *(fig)* **everything ~s around him** tout dépend de lui.
revolver [rɪ'vɒlvəʳ] *n* revolver *m*.
revolving [rɪ'vɒlvɪŋ] *adj (stage)* tournant; *(furniture)* pivotant. **~ door** tambour *m*.
revue [rɪ'vjuː] *n (Theatre)* revue *f*.
reward [rɪ'wɔːd] — **1** *n* récompense *f* (*for* de). — **2** *vt* récompenser (*for* de). ◆ **rewarding** *adj (financially)* rémunérateur (*f* -trice); *(activity)* qui a sa récompense.
rewire ['riː'waɪəʳ] *vt (house)* refaire l'installation électrique de.
rhapsody ['ræpsədɪ] *n* rhapsodie *f*.
rhetoric ['retərɪk] *n* rhétorique *f*.
rhetorical [rɪ'tɒrɪkəl] *adj (question)* pour la forme.
rheumatic [ruː'mætɪk] — **1** *adj*: **~ fever** rhumatisme *m* articulaire aigu. — **2 ~s** *npl* rhumatismes *mpl*.
rheumatism ['ruːmətɪzəm] *n* rhumatisme *m*.
rhinoceros [raɪ'nɒsərəs] *n* rhinocéros *m*.
rhododendron [ˌrəʊdə'dendrən] *n* rhododendron *m*.
rhubarb ['ruːbɑːb] *n* rhubarbe *f*.
rhyme [raɪm] — **1** *n* rime *f*; *(poem)* poème *m*. — **2** *vi* rimer.
rhythm ['rɪðəm] *n* rythme *m*. ◆ **rhythmic(al)** *adj* rythmique.
rib [rɪb] *n* côte *f*.
ribbon ['rɪbən] *n* ruban *m*. **in ~s** *(tatters)* en lambeaux.
rice [raɪs] *n* riz *m*. **~ pudding** riz *m* au lait. ◆ **ricefield** *n* rizière *f*.
rich [rɪtʃ] *adj (gen)* riche (*in* en); *(gift, clothes)* somptueux (*f* -ueuse). **to grow ~(er)** s'enrichir; **that's ~!*** ça c'est pas mal!* ◆ **riches** *npl* richesses *fpl*. ◆ **richly** *adv (furnish)* somptueusement; *(deserve)* largement. ◆ **richness** *n* richesse *f* (*in* en).

rickets ['rɪkɪts] *n* rachitisme *m*.
rickety ['rɪkɪtɪ] *adj (furniture etc)* branlant.
rid [rɪd] *pret, ptp* **rid** *vt* débarrasser (*of* de). **to get ~ of** se débarrasser de. ◆ **riddance** *n*: **good ~!*** bon débarras!*
riddle[1] ['rɪdl] *vt* cribler (*with bullets etc* de balles *etc*).
riddle[2] ['rɪdl] *n* devinette *f*; *(mystery)* énigme *f*.
ride [raɪd] (*vb: pret* **rode,** *ptp* **ridden**) — **1** *vti (on horseback, bicycle, motorcycle)* aller à cheval (*or* à bicyclette *or* en moto). **to ~ away** s'éloigner à cheval *(etc)*; (~ *a horse*) **can you ~?** savez-vous monter à cheval?; **to ~ a camel** monter à dos de chameau; **I have never ridden that horse** je n'ai jamais monté ce cheval; **can you ~ a bike?** sais-tu monter à bicyclette?; **can I ~ your bike?** est-ce que je peux monter sur ta bicyclette?; **he was riding a bicycle** il était à bicyclette; **to ~ to hounds** chasser à courre; *(fig)* **to let things ~** laisser courir*. — **2** *n* **(a)** promenade *f*, tour *m* (*on horseback* à cheval; *on a cycle* à bicyclette; *in a car* en voiture). **it's a short taxi ~** ce n'est pas loin en taxi; **can I have a ~ on your bike?** est-ce que je peux monter sur ton vélo?; **a ~ on the merry-go-round** un tour sur le manège; *(fig)* **to take sb for a ~** mener qn en bateau. **(b)** *(forest path)* allée *f* cavalière.
rider ['raɪdə^r] *n* **(a)** *(of horse)* cavalier *m* (*f* -ière); *(of racehorse)* jockey *m*. **(b)** *(addition: to report etc)* annexe *f*.
ridge [rɪdʒ] *n (crest: of roof, hills)* arête *f*; *(line of mountains)* chaîne *f*; *(on surface)* strie *f*. **~ of high pressure** ligne *f* de hautes pressions; **~ tent** tente *f* à armature simple.
ridicule ['rɪdɪkju:l] — **1** *n* ridicule *m*. — **2** *vt* ridiculiser.
ridiculous [rɪ'dɪkjʊləs] *adj* ridicule.
riding ['raɪdɪŋ] *n* équitation *f*. **~ boots** bottes *fpl* de cheval; **~ crop** cravache *f*; **~ school** manège *m*.
rife [raɪf] *adj*: **to be ~** sévir.
riffraff ['rɪfræf] *n* racaille *f*.
rifle[1] ['raɪfl] *vt (steal)* dévaliser.
rifle[2] ['raɪfl] *n (gun)* fusil *m*; *(for hunting)* carabine *f* de chasse. **~ range** *(outdoor)* champ *m* de tir; *(indoor)* stand *m* de tir.
rift [rɪft] *n (gen)* fissure *f*; *(in clouds)* trouée *f*; *(in group)* division *f*.
rig [rɪg] — **1** *n (oil ~)* derrick *m*; *(at sea)* plate-forme *f* pétrolière. — **2** *vt* **(a)** *(election)* truquer; *(prices)* faire monter (*or* baisser) de façon factice. **it was ~ged** c'était un coup monté. **(b) to ~ out** habiller (*as* en); **to ~ up** *(equipment)* monter; *(make hastily)* faire avec des moyens de fortune. ◆ **rigging** *n (on boat)* gréement *m*. ◆ **rigout*** *n* tenue *f (vestimentaire)*.
right [raɪt] — **1** *adj* **(a)** *(morally good)* bien *inv*, juste. **it isn't ~ to lie** ce n'est pas bien de mentir; **to do what is ~** se conduire bien; **to do the ~ thing by sb** agir honorablement envers qn; **he thought it ~ to warn me** il a jugé bon de m'avertir; **it is only ~ that ...** il n'est que juste que + *subj*; **it is only ~ to point out that ...** en toute justice il faut signaler que ... . **(b)** *(correct)* **to be ~** *(person)* avoir raison (*to do* de faire); *(answer)* être juste; *(clock)* être à l'heure; **that's ~** c'est exact; *(not the wrong one)* **the ~ answer** la bonne réponse; **the ~ time** l'heure exacte *or* juste; **at the ~ time** au bon moment; **the ~ clothes** les vêtements appropriés; **to do sth the ~ way** s'y prendre bien; **the ~ word** le mot juste; **the ~ size** la taille qu'il faut; **to put** *or* **set ~** *(error)* corriger; *(mistaken person)* détromper; *(situation)* redresser; *(clock)* remettre à l'heure; **he didn't get his facts ~** il s'est trompé; **to put things ~** arranger les choses; **put me ~ if I'm wrong** dites-moi si je me trompe; **what is ~ for the country** ce qui est dans l'intérêt du pays; **the ~ side of the material** l'endroit *m* du tissu; **~-oh!*, ~ you are!*** d'accord!; **that's ~!** mais oui!, c'est ça!; **all right** *see* **all 3 b. (c)** *(well)* **I don't feel quite ~** je ne me sens pas très bien; **he's as ~ as rain*** il va tout à fait bien; **the car's not ~*** il y a qch qui cloche* dans la voiture; **to be in one's ~ mind** avoir toute sa raison. **(d)** *(angle)* droit. **at ~ angles** à angle droit (*to* avec). **(e)** *(opposite of left)* droit.
— **2** *adv* **(a)** *(exactly, completely)* tout; *(just, immediate)* juste. **~ at the top** tout en haut; **~ round** tout autour; **~ behind** juste derrière; **~ after** juste après; **go ~ on** continuez tout droit; **~ away, ~ off*** tout de suite; **~ now** en ce moment; *(at once)* tout de suite; **~ here** ici même; **~ in the middle** en plein milieu. **(b)** *(correctly: gen)* bien; *(guess, calculate* juste; *(answer)* correctement. **you did ~ to refuse** vous avez eu raison de refuser. **(c)** *(opposite of left: go, look)* à droite.
— **3** *n* **(a) ~ and wrong** le bien et le mal; **to be in the ~** avoir raison; **to put** *or* **set sth to ~s** mettre qch en ordre. **(b)** droit *m*. **women's ~s** les droits de la femme; **to have a ~ to sth** avoir droit à qch; **to have a ~ to do** avoir le droit de faire; **within his ~s** dans son droit. **(c)** *(not left)* droite *f*. **on** *or* **to the ~** à droite (*of* de); **to keep to the ~** *(gen)* garder la droite; *(driver)* tenir sa droite; **on my ~** à ma droite; *(Pol)* **the R~** la droite.
— **4** *vt* redresser. **to ~ itself** *(vehicle)* se redresser; *(problem)* s'arranger.
◆ **rightful** *adj* légitime. ◆ **rightfully** *adv* à juste titre. ◆ **right-hand** *adj (side)* droit. **~ drive** conduite *f* à droite. ◆ **right-handed** *adj* droitier (*f* -ière). ◆ **rightly** *adv (correctly: describe, estimate)* correctement; *(justifiably: pleased, annoyed)* à juste titre. **I don't ~ know*** je ne sais pas au juste; **~ or wrongly** à tort ou à raison. ◆ **right-of-way** *n (across property)* droit *m* de passage; *(driving: priority)* priorité *f*. ◆ **right-wing** *adj (Pol)* de droite.
righteous ['raɪtʃəs] *adj (person)* vertueux (*f* -ueuse); *(indignation)* justifié.
rigid ['rɪdʒɪd] *adj* rigide; *(system)* qui manque de flexibilité. **he's quite ~ about it** il est inflexible là-dessus. ◆ **rigidly** *adv (oppose)* absolument.
rigmarole ['rɪgmərəʊl] *n (words)* galimatias *m*; *(procedure)* comédie* *f*.
rigorous ['rɪgərəs] *adj* rigoureux (*f* -euse).
rigour, *(US)* **-or** ['rɪgə^r] *n* rigueur *f*.
rim [rɪm] *n (gen)* bord *m*; *(of wheel)* jante *f*.
rind [raɪnd] *n (on fruit)* peau *f*, *(cut off)* pelure *f*; *(cheese)* croûte *f*; *(bacon)* couenne *f*.
ring[1] [rɪŋ] — **1** *n* **(a)** *(gen)* anneau *m*; *(on finger)* anneau, *(with stone)* bague *f*; *(for napkin)* rond *m*; *(for swimmer)* bouée *f* de natation. **wedding ~** alliance *f*; **~ binder** classeur *m* à anneaux; **~ finger** annulaire *m*; **~ road** route *f* de ceinture; *(motorway type)* périphérique *m*. **(b)** *(circle)* cercle *m*. **to have ~s round the eyes** avoir les yeux cernés; **to stand in a ~** se tenir en cercle. **(c)** *(at circus)* piste *f*; *(Boxing)* ring

m. — **2** *vt (bird, tree)* baguer. ◆ **ringleader** *n* meneur *m.* ◆ **ringlet** *n* anglaise *f (boucle).* ◆ **ringmaster** *n* ≃ 'Monsieur Loyal'.

ring² [rɪŋ] (*vb: pret* **rang,** *ptp* **rung)** — **1** *n (sound)* sonnerie *f.* **there was a ~ at the door** on a sonné à la porte; *(phone call)* **to give sb a ~** donner *or* passer un coup de fil* à qn. — **2** *vti* **(a)** *(gen)* sonner. **to ~ the bell** sonner, *(church bell)* faire sonner la cloche; *(fig)* **his name ~s a bell*** son nom me dit qch; **to ~ out** *(of voice)* résonner; *(of shot)* retentir; **it doesn't ~ true** ça sonne faux. **(b)** (*phone: also* **~ up)** téléphoner (*sb* à qn). **to ~ back** rappeler; **to ~ off** raccrocher; **~ing tone** tonalité *f.* **(c)** *(resound)* retentir (*with* de); *(of ears)* tinter. ◆ **ringing** *n (gen)* sonnerie *f; (in ears)* bourdonnement *m.*

rink [rɪŋk] *n (ice-skating)* patinoire *f; (roller-skating)* skating *m.*

rinse [rɪns] — **1** *n* rinçage *m.* **to give sth a ~** rincer qch. — **2** *vt* (*also* **~ out)** rincer. **to ~ out one's mouth** se rincer la bouche.

riot ['raɪət] — **1** *n* émeute *f.* **~ police** forces *fpl* d'intervention (de police); *(fig)* **to run ~** être déchaîné. — **2** *vi* manifester avec violence. ◆ **rioter** *n* émeutier *m* (*f* -ière). ◆ **riotous** *adj* (*: *hilarious*) tordant*. **a ~ success** un succès fou*.

rip [rɪp] — **1** *n* déchirure *f.* — **2** *vt* déchirer. **to ~ open** ouvrir en hâte; **to ~ off** arracher; (*: *steal*) voler.

ripe [raɪp] *adj* mûr. **to a ~ old age** jusqu'à un bel âge. ◆ **ripen** *vti* mûrir. ◆ **ripeness** *n* maturité *f.*

ripple ['rɪpl] *vi* onduler.

rise [raɪz] (*vb: pret* **rose,** *ptp* **risen)** — **1** *vi (get up: also of curtain, sun, wind)* se lever; *(of water, plane, temperature)* monter; *(of ground)* monter en pente; *(in rank etc)* s'élever; *(of dough)* lever; *(of barometer)* remonter; *(of hopes)* croître; *(increase: of prices, amount etc)* augmenter. **to ~ to one's feet** se lever; **to ~ to the surface** remonter à la surface; **to ~ to the occasion** se montrer à la hauteur de la situation; **to ~ in price** augmenter de prix; **her spirits rose** son moral a remonté; *(Mil)* **to ~ from the ranks** sortir du rang; *(Parliament)* **the House rose** l'Assemblée a levé la séance; **the river ~s in ...** la rivière prend sa source dans ...; **to ~ up** se lever; *(in rebellion)* se soulever (*against* contre). — **2** *n (of curtain, sun)* lever *m; (increase)* hausse *f; (in wages)* augmentation *f, (in career, fame)* ascension *f; (of industry, empire)* essor *m; (in road)* côte *f.* *(employee)* **to ask for a ~** demander une augmentation; **~ to power** montée *f* au pouvoir; **to give ~ to** donner lieu à. ◆ **riser** *n:* **to be an early ~** se lever tôt. ◆ **rising** *n (rebellion)* soulèvement *m.*

risk [rɪsk] — **1** *n* risque *m* (*of doing* de faire). **to take** *or* **run a ~** courir un risque; **at your own ~** à vos risques et périls; **at ~** *(child)* en danger; *(job)* menacé; **fire ~** risque d'incendie. — **2** *vt (life, savings)* risquer; *(defeat, accident)* risquer d'avoir; *(venture: criticism, remark)* risquer. **you ~ falling** vous risquez de tomber; **she won't ~ coming** elle ne se risquera pas à venir; **I'll ~ it** je vais risquer le coup*; **to ~ one's neck** risquer sa peau*. ◆ **risky** *adj* risqué.

rissole ['rɪsəʊl] *n* croquette *f.*

rite [raɪt] *n (gen)* rite *m.* **last ~s** derniers sacrements *mpl.*

ritual ['rɪtjʊəl] *adj, n* rituel *(m).*

rival ['raɪvəl] — **1** *n* rival(e) *m(f).* — **2** *adj (firm)* rival; *(claim)* opposé. ◆ **rivalry** *n* rivalité *f.*

river ['rɪvəʳ] *n* rivière *f, (major)* fleuve *m.* **down ~** en aval; **up ~** en amont; **the R~** Seine la Seine. **~ police** police *f* fluviale. ◆ **riverbank** *n* rive *f.* ◆ **riverside** *n:* **by the ~** au bord de la rivière *(etc)*; **along the ~** le long de la rivière *(etc).*

rivet ['rɪvɪt] — **1** *n* rivet *m.* — **2** *vt* river. ◆ **riveter** *n (person)* riveur *m.* ◆ **rivet(t)ing*** *adj (fig)* fascinant.

Riviera [ˌrɪvɪ'ɛərə] *n:* **the French ~** la Côte d'Azur; **the Italian ~** la Riviera (italienne).

road [rəʊd] — **1** *n (gen)* route *f (to* de); *(in town)* rue *f; (fig)* chemin *m* (*to* de). **trunk ~** grande route, nationale *f;* '**~ up**' 'attention travaux'; **just across the ~** juste en face (*from* de; *from us* de chez nous); **my car is off the ~** je ne peux pas me servir de ma voiture en ce moment; **he is a danger on the ~** au volant c'est un danger public; **we were on the ~ to Paris** nous étions en route pour Paris; **get out of the ~!*** dégagez! — **2** *adj (gen)* routier (*f* -ière). **~ accident** accident *m* de la route; **~ sign** panneau *m* indicateur; **~ test** essais *mpl* sur route. ◆ **roadblock** *n* barrage *m* routier. ◆ **roadhog** *n* chauffard *m.* ◆ **roadhouse** *n* relais *m.* ◆ **roadmender** *n* cantonnier *m.* ◆ **roadroller** *n* rouleau *m* compresseur. ◆ **roadside** *n* bord *m* de la route. **along** *or* **by the ~** au bord de la route. ◆ **roadsweeper** *n (person)* balayeur *m* (*f* -euse). ◆ **roadway** *n* chaussée *f.* ◆ **roadworks** *npl* travaux *mpl.*

roam [rəʊm] *vti* errer. **to ~ the streets** errer dans les rues.

roar [rɔːʳ] — **1** *vi (of person)* hurler (*with* de); *(of lion)* rugir; *(of wind)* mugir; *(of thunder, gun, traffic)* gronder; *(of car engine)* vrombir. **to ~ with laughter** rire à gorge déployée; *(of vehicles)* **to ~ past** passer bruyamment à toute allure. — **2** *n* hurlement *m;* rugissement *m;* mugissement *m;* grondement *m;* vrombissement *m.* **~s of laughter** de gros éclats *mpl* de rire. ◆ **roaring** *adj:* **a ~ fire** une belle flambée; **~ success** succès *m* fou; **to do a ~ trade** faire des affaires d'or*.

roast [rəʊst] — **1** *n* rôti *m.* — **2** *adj (gen)* rôti. **~ beef** rôti *m* de bœuf. — **3** *vt (gen)* rôtir; *(coffee beans)* torréfier. — **4** *vi (of meat)* rôtir. **I'm ~ing!*** je crève* de chaleur!

rob [rɒb] *vt (gen)* dévaliser; *(orchard)* piller. **to ~ sb of sth** voler qch à qn; **he was ~bed of his watch** on lui a volé sa montre; **I've been ~bed!** j'ai été volé! ◆ **robber** *n* voleur *m.* ◆ **robbery** *n* vol *m. (fig)* **highway ~*** vol manifeste.

robe [rəʊb] *n* robe *f* (de cérémonie); *(for house wear)* peignoir *m.* **his ~ of office** la robe de sa charge.

robin ['rɒbɪn] *n* rouge-gorge *m.*

robot ['rəʊbɒt] — **1** *n* robot *m.* — **2** *adj* automatique.

robust [rəʊ'bʌst] *adj (gen)* robuste; *(material)* solide.

rock¹ [rɒk] — **1** *vt (child)* bercer; *(cradle, boat)* balancer; *(of explosion etc)* ébranler. *(fig)* **to ~ the boat*** compromettre la situation. — **2** *vi* se balancer; *(violently)* être ébranlé. **to ~ with laughter*** se tordre de rire. — **3** *n (music)* rock *m.* ◆ **rock-and-roll** *n* rock and roll *m.* ◆ **rocking chair** *n* fauteuil *m* à bascule. ◆ **rocking horse** *n* cheval *m* à bascule.

rock² [rɒk] — **1** *n (gen)* roche *f; (large mass, huge boulder)* rocher *m.* ~ **face** paroi *f* rocheuse; ~ **garden** rocaille *f;* ~ **plant** plante *f* de rocaille; ~ **salt** sel *m* gemme; **the R~ of Gibraltar** le rocher de Gibraltar; *(fig)* **as solid as a** ~ solide comme le roc; **on the ~s** *(ship)* sur les écueils; *(drink)* avec des glaçons; (*: *person*) qui n'a pas le sou; (*: *marriage*) en train de craquer; *(fig)* **to have reached ~-bottom*** *(of person)* ne pas pouvoir tomber plus bas; *(in spirits)* avoir le moral à zéro*; *(of prices)* être tombé au niveau le plus bas; *(sweet)* **stick of** ~ ≃ bâton *m* de sucre d'orge. ◆ **rock-bun** *or* ◆ **rock-cake** *n* rocher *m (gâteau).* ◆ **rock-climbing** *n* varappe *f.*

rockery ['rɒkərɪ] *n* rocaille *f.*

rocket ['rɒkɪt] — **1** *n* fusée *f.* **to fire a** ~ lancer une fusée; *(Mil)* ~ **base** base *f* de lancement de missiles; ~ **launcher** lance-fusées *m; (fig)* **to give sb a ~*** passer un savon* à qn. — **2** *vi (of prices)* monter en flèche.

rocky ['rɒkɪ] *adj* **(a)** *(path)* rocailleux (*f* -euse). **the R~ Mountains** les montagnes *fpl* Rocheuses. **(b)** *(table, government)* branlant; *(situation, health, finances)* chancelant.

rod [rɒd] *n (wooden)* baguette *f; (metallic)* tringle *f; (in machinery)* tige *f; (fishing ~)* canne *f* à pêche.

rode [rəʊd] *pret of* **ride.**

rodent ['rəʊdənt] *adj, n* rongeur *(m).*

roe¹ [rəʊ] *n (fish)* **hard** ~ œufs *mpl* (de poisson); **soft** ~ laitance *f.*

roe² [rəʊ] *n (species: also* **~deer***)* chevreuil *m.* ◆ **roebuck** *n* chevreuil *m* mâle.

rogue [rəʊg] *n (scoundrel)* gredin *m; (scamp)* coquin(e) *m(f).* ◆ **roguish** *adj* coquin.

role [rəʊl] *n* rôle *m.*

roll [rəʊl] — **1** *vi (gen)* rouler. **to ~ about** *(coins)* rouler çà et là; *(ship)* rouler; *(person, dog)* se rouler par terre; **to ~ along** *(car)* rouler; **to ~ down a slope** *(falling)* dégringoler une pente; *(playing)* rouler le long d'une pente; **to ~ in** *(letters etc)* affluer; (*: *person*) s'amener*; ~ **on Tuesday!*** vivement qu'on soit mardi!; **to ~ over** *(object)* rouler; *(person, dog)* se retourner; *(over and over)* se rouler; **to ~ up** *(animal)* se rouler (*into* en); (*: *arrive*) s'amener*; *(at fairground)* ~ **up!** approchez!; *(fig)* **to keep the ball ~ing** veiller à ce que tout marche bien; **he's ~ing in money** il roule sur l'or.

— **2** *vt (gen)* rouler; *(ball)* faire rouler; *(pastry, dough: also* ~ **out***)* étendre au rouleau; *(road)* cylindrer. **to ~ back** *(sheet)* enlever en roulant; *(carpet)* rouler; **to ~ sth in** faire entrer qch en le roulant; **to ~ up** *(one's sleeves)* retrousser; *(cloth, map etc)* rouler; **~ed gold** plaqué *m* or.

— **3** *n* **(a)** *(gen)* rouleau *m; (of banknotes)* liasse *f; (of flesh, fat)* bourrelet *m.* **(b)** *(bread)* petit pain *m.* **(c)** *(movement: of ship)* roulis *m; (of plane)* vol *m* en tonneau. **(d)** *(of thunder, drums)* roulement *m; (of organ)* ronflement *m.* **(e)** *(list: for ship's crew)* rôle *m.* **to call the** ~ faire l'appel; ~ **of honour** *(Mil)* liste *f* des combattants morts pour la patrie; *(in school)* tableau *m* d'honneur.

◆ **roll-call** *n* appel *m.* ◆ **roller** *n (gen)* rouleau *m; (for moving furniture etc)* roulettes *fpl.* ◆ **roller-coaster** *n* montagnes *fpl* russes. ◆ **roller-skate** — **1** *n* patin *m* à roulettes. — **2** *vi* faire du patin à roulettes. ◆ **roller-skating** *n* patinage *m* à roulettes. ◆ **rolling** *adj (countryside)* onduleux (*f* -euse). ~ **pin** rouleau *m* (à pâtisserie); *(Rail)* ~ **stock** matériel *m* roulant. ◆ **roll-neck(ed)** *adj* à col roulé.

rollicking ['rɒlɪkɪŋ] *adj* joyeux (et bruyant).

Roman ['rəʊmən] — **1** *adj* romain. ~ **Catholic** *(adj, n)* catholique *(mf);* ~ **nose** nez *m* aquilin. — **2** *n* Romain(e) *m(f).*

romance [rəʊ'mæns] — **1** *n (love story)* roman *m* à l'eau de rose; *(love affair)* idylle *f; (attraction)* charme *m.* — **2** *adj (language)* **R~** roman *m.*

romantic [rəʊ'mæntɪk] — **1** *adj (gen)* romantique; *(adventure, setting)* romanesque. — **2** *n* romantique *mf.*

Rome [rəʊm] *n* Rome. **the Church of** ~ l'Église *f* catholique romaine.

romp [rɒmp] *vi* jouer bruyamment. ◆ **rompers** *npl* barboteuse *f.*

roof [ru:f] *n (gen)* toit *m; (of cave, tunnel)* plafond *m.* ~ **light** plafonnier *m; (car)* ~ **rack** galerie *f;* **the ~ of the mouth** la voûte du palais; *(fig)* **to raise the** ~ faire un boucan terrible*. ◆ **rooftop** *n* toit *m.*

rook [rʊk] *n* **(a)** *(bird)* corneille *f.* **(b)** *(Chess)* tour *f.*

room [rʊm] *n* **(a)** *(gen)* pièce *f; (large)* salle *f; (bed~)* chambre *f.* **~s to let** chambres à louer; **his ~s** son appartement *m;* **ring for ~ service** appelez le garçon d'étage; **wine at ~ temperature** vin *m* chambré; **a 6-~ed house** une maison de 6 pièces. **(b)** *(space)* place *f* (*for* pour). **is there ~?** y a-t-il de la place?; **to make ~ for** faire de la place pour; **there is ~ for improvement** cela laisse à désirer. ◆ **roommate** *n* camarade *mf* de chambre. ◆ **roomy** *adj* spacieux (*f* -ieuse).

rooster ['ru:stəʳ] *n* coq *m.*

root [ru:t] — **1** *n (gen)* racine *f; (of trouble etc)* cause *f.* **to pull up by the ~s** déraciner; **that is at the ~ of ...** c'est à l'origine de ...; ~ **cause** cause *f* première; ~ **crops** racines *fpl* alimentaires. — **2** *vti (of plant)* s'enraciner. **to ~ sth out** extirper qch; *(fig)* **~ed to the spot** cloué sur place; **to ~ around for sth** fouiller pour trouver qch; **to ~ for sb*** encourager qn.

rope [rəʊp] — **1** *n* corde *f; (on ship)* cordage *m. (fig)* **to know the ~s*** être au courant; **to show sb the ~s*** mettre qn au courant; ~ **ladder** échelle *f* de corde. — **2** *vt (climbers)* encorder. **to ~ sth off** interdire l'accès de qch; *(fig)* **to ~ sb in*** embringuer* qn.

rosary ['rəʊzərɪ] *n* chapelet *m.*

rose¹ [rəʊz] *pret of* **rise.**

rose² [rəʊz] — **1** *n (flower)* rose *f;* (~ **bush,** ~ **tree**) rosier *m; (colour)* rose *m.* **wild** ~ églantine *f; (fig)* **my life isn't all ~s*** tout n'est pas rose dans ma vie. — **2** *adj (colour)* rose; *(leaf etc)* de rose. ~ **garden** roseraie *f;* ~ **window** rosace *f.* ◆ **rosé** *n* rosé *m (vin).* ◆ **rosebed** *n* massif *m* de rosiers. ◆ **rose-coloured** *adj (fig)* **to see sth through ~ spectacles** voir qch en rose. ◆ **rose-hip** *n* gratte-cul *m.* ~ **syrup** sirop *m* d'églantine. ◆ **rosemary** *n* romarin *m.* ◆ **rosette** *n* rosette *f; (Sport: as prize)* cocarde *f.* ◆ **rosewood** *n* bois *m* de rose.

rostrum ['rɒstrəm] *n* tribune *f.*

rosy ['rəʊzɪ] *adj* rose; *(situation etc)* qui se présente bien. **to paint a ~ picture of sth** dépeindre qch en rose.

rot [rɒt] — **1** *vti* pourrir. — **2** *n* (*: *nonsense*) bêtises *fpl. (fig)* **the ~ set in*** les problèmes ont commencé; **to stop the** ~ redresser la situation; **that's a lot of ~*** ça, c'est de la blague*.

rota ['rəʊtə] *n* tableau *m* (de service).

rotary ['rəʊtərɪ] *adj* rotatif (*f* -ive).

rotate [rəʊ'teɪt] — **1** *vt (revolve)* faire tourner; *(change round)* alterner. — **2** *vi* tourner. ◆ **rotation** *n* rotation *f*. **in ~** à tour de rôle.

rotten ['rɒtn] *adj (gen)* pourri; *(tooth)* gâté; *(corrupt)* corrompu; (*: *bad*) mauvais. **to feel ~** *(ill)* se sentir mal fichu*.

rotund [rəʊ'tʌnd] *adj (person)* rondelet (*f* -ette).

rouble, *(US)* **ruble** ['ruːbl] *n* rouble *m*.

rouge [ruːʒ] *n* rouge *m* (à joues).

rough [rʌf] — **1** *adj* **(a)** *(skin, surface)* rugueux (*f* -euse); *(ground)* accidenté; *(road)* rocailleux (*f* -euse); *(coarse)* rude; *(noisy, violent: person)* dur; *(game)* brutal; *(neighbourhood, weather)* mauvais; *(sea)* gros (*f* grosse). **~ hands** *(peasant's)* mains *fpl* rugueuses; *(housewife's)* mains *fpl* rêches; **to have a ~ time** en voir de dures*; *(fig)* **to make things ~ for sb*** mener la vie dure à qn; **it is ~ on him*** ce n'est pas marrant* pour lui; *(fig)* **to take the ~ with the smooth** prendre les choses comme elles viennent. **(b)** *(approximate: plan)* ébauché; *(calculation, translation)* approximatif (*f* -ive). **~ draft** brouillon *m*; **~ sketch** ébauche *f*; **~ estimate** approximation *f*; **at a ~ guess** approximativement. — **2** *adv (sleep)* à la dure. — **3** *vt*: **to ~ out a plan** ébaucher un plan; **to ~ it*** vivre à la dure. ◆ **rough-and-ready** *adj (method, tool)* rudimentaire; *(person)* sans façons. ◆ **roughly** *adv (push, play)* brutalement; *(order)* avec brusquerie; *(sew)* grossièrement; *(approximately)* en gros, à peu près. **~ speaking** en gros; **to treat ~** malmener. ◆ **roughshod** *adv*: **to ride ~ over** faire peu de cas de.

roulette [ruː'let] *n* roulette *f (jeu)*.

Roumania [ruː'meɪnɪə] *n* = **Rumania.**

round [raʊnd] — **1** *adv*: **right ~, all ~** tout autour; **~ about** autour de; *(fig: approx)* environ; **he went ~ by the bridge** il a fait le détour par le pont; **come ~ and see me** venez me voir; **I asked him ~** je l'ai invité à passer chez moi; **I'll be ~ at 8 o'clock** je serai là à 8 heures; **all the year ~** pendant toute l'année.

— **2** *prep* **(a)** *(of place etc)* autour de. **~ the table** autour de la table; **the villages ~ Lewes** les villages des environs de Lewes; **~ this way** par ici; **to go ~ a corner** tourner un coin; *(car)* prendre un virage; **to go ~ an obstacle** contourner un obstacle; **put a blanket ~ him** enveloppez-le d'une couverture. **(b)** *(approximately)* environ.

— **3** *adj* rond. **to have ~ shoulders** avoir le dos rond; *(fig)* **a ~ dozen** une douzaine tout rond; **in ~ figures** en chiffres ronds; **~ robin** pétition *f*; **the ~ trip** le voyage aller et retour.

— **4** *n* **(a)** *(slice: of bread, meat)* tranche *f*. **(b)** **to do** *or* **make one's ~s** *(watchman, policeman)* faire sa ronde; *(postman, milkman)* faire sa tournée; *(doctor)* faire ses visites; **he has got a paper ~** il distribue des journaux; *(infection, a cold etc)* **to go the ~s** circuler; **one long ~ of pleasures** une longue suite de plaisirs. **(c)** *(of talks)* série *f*; *(of cards, golf)* partie *f*; *(Boxing)* round *m*; *(in tournament)* manche *f*; *(in election)* tour *m*. **a ~ of drinks** une tournée*; **~ of ammunition** cartouche *f*; **a ~ of applause** une salve d'applaudissements. **(d)** *(Music)* canon *m*.; *(Dancing)* ronde *f*.

— **5** *vt (cape)* doubler. **to ~ a corner** tourner un coin; *(car)* prendre un virage; **to ~ sth off** terminer qch; **to ~ up** *(people, cattle)* rassembler; *(criminals)* effectuer une rafle de; **to ~ on sb** attaquer qn.

◆ **roundabout** — **1** *adj (route)* détourné; *(means)* contourné. — **2** *n (at fair)* manège *m (de fête foraine)*; *(at road junction)* rond-point *m* (à sens giratoire). ◆ **rounded** *adj* arrondi. ◆ **rounders** *n (Brit)* sorte de baseball. ◆ **roundly** *adv (say, tell)* carrément. ◆ **round-necked** *adj (pullover)* ras du cou *inv*. ◆ **round-shouldered** *adj* voûté. ◆ **roundsman** *n, pl* **-men** *(Brit)* livreur *m*. **milk ~** laitier *m*. ◆ **round-up** *n (of cattle, people)* rassemblement *m*; *(of suspects)* rafle *f*.

rouse [raʊz] *vt (wake)* éveiller; *(admiration, interest)* susciter; *(indignation)* soulever; *(suspicions)* éveiller. **to ~ sb to action** pousser qn à agir. ◆ **rousing** *adj (speech)* vibrant; *(cheers)* frénétique; *(music)* entraînant.

rout [raʊt] *n (defeat)* déroute *f*.

route [ruːt] — **1** *n (gen)* itinéraire *m (to* pour aller à). **shipping ~s** routes *fpl* maritimes; **we're on a bus ~** nous sommes sur une ligne d'autobus. — **2** *vt (train etc)* faire passer (*through* par).

routine [ruː'tiːn] *n* **(a)** routine *f*. **office ~** travail *m* courant du bureau; **as a matter of ~** automatiquement; **~ enquiry** enquête *f* d'usage; **~ work** *(boring)* travail *m* monotone. **(b) dance ~** numéro *m* de danse.

roving ['rəʊvɪŋ] *adj (ambassador)* itinérant; *(reporter)* volant.

row[1] [rəʊ] *n (gen, also knitting)* rang *m*. **a ~ of** *(one beside the other)* une rangée de; *(one behind the other)* une file de; **in the front ~** au premier rang; **sitting in a ~** assis en rang; **4 failures in a ~** 4 échecs de suite.

row[2] [rəʊ] — **1** *vt (boat)* faire aller à la rame. **to ~ sb across** faire traverser qn en canot. — **2** *vi* ramer. **to go ~ing** *(for pleasure)* faire du canotage; *(Sport)* faire de l'aviron. ◆ **rowboat** *or* ◆ **rowing boat** *n* canot *m* (à rames). ◆ **rowing** *n* canotage *m*; *(Sport)* aviron *m*.

row[3]***** [raʊ] *n (noise)* tapage *m*; *(quarrel)* dispute *f*; *(scolding)* réprimande *f*. **to make a ~** faire du tapage; **to have a ~** se disputer (*with* avec); **to give sb a ~** passer un savon* à qn.

rowan ['raʊən] *n* sorbier *m*.

rowdy ['raʊdɪ] — **1** *adj (noisy)* chahuteur (*f* -euse); *(rough)* bagarreur* (*f* -euse). — **2** *n* (*) voyou *m*.

royal ['rɔɪəl] *adj (gen)* royal. **the ~s*** la famille royale; **~ blue** bleu roi *inv*. ◆ **royalist** *adj, n* royaliste *(mf)*. ◆ **royalty** *n* **(a)** membre(s) *m(pl)* de la famille royale. **(b)** *(from book)* **royalties** droits *mpl* d'auteur.

rub [rʌb] *vti* frotter. **to ~ one's hands together** se frotter les mains; **to ~ a hole in sth** faire un trou dans qch à force de frotter; **to ~ sth through a sieve** passer qch au tamis; **to ~ lotion into the skin** faire pénétrer de la lotion dans la peau; *(fig)* **don't ~ it in!*** pas besoin de me le rappeler!; **to ~ down** *(horse)* bouchonner; *(person)* frictionner; *(sandpaper)* poncer; **to ~ off** *(writing)* effacer; *(dirt)* enlever en frottant; **to ~ sth out** effacer qch; *(fig)* **to ~ up against all sorts of people** côtoyer toutes sortes de gens; **to ~ sb up the wrong way** ne pas savoir s'y prendre avec qn.

rubber ['rʌbəʳ] *n* **(a)** *(material)* caoutchouc *m*; *(eraser)* gomme *f*. **~ band** élastique *m*; **~**

boots bottes *fpl* en caoutchouc; **~ stamp** tampon *m.* **(b)** *(Bridge)* robre *m.* ◆ **rubbery** *adj* caoutchouteux (*f* -euse).

rubbish ['rʌbɪʃ] *n (waste material)* détritus *mpl;* (*household* **~**) ordures *fpl;* (*garden* **~**) détritus; *(on building site)* décombres *mpl; (nonsense)* bêtises *fpl.* **~ bin** poubelle *f;* **~ collection** ramassage *m* d'ordures; **~ dump** décharge *f* publique; **it's ~** *(goods)* c'est de la camelote*; *(nonsense)* ça ne veut rien dire; **~!*** quelle blague!* ◆ **rubbishy** *adj (goods, book)* sans valeur; *(shoes etc)* de mauvaise qualité.

rubble ['rʌbl] *n (ruins)* décombres *mpl; (in road-building)* blocaille *f.*

ruby ['ru:bɪ] — **1** *n* rubis *m.* — **2** *adj (ring)* de rubis; *(colour)* rubis *inv.*

rucksack ['rʌksæk] *n* sac *m* à dos.

ructions* ['rʌkʃənz] *npl* du grabuge* *m.*

rudder ['rʌdəʳ] *n* gouvernail *m.*

ruddy ['rʌdɪ] *adj (complexion)* coloré; *(glow)* rougeoyant.

rude [ru:d] *adj* **(a)** *(impolite)* impoli, mal élevé, *(stronger)* insolent; *(coarse)* grossier (*f* -ière); *(improper)* indécent. **to be ~ to sb** être impoli envers qn; **it's ~ to stare** c'est très mal élevé de dévisager les gens; **~ word** gros mot *m; (fig)* **to have a ~ awakening** être rappelé brusquement à la réalité. **(b)** *(health)* robuste. ◆ **rudely** *adv* impoliment; insolemment; grossièrement.

rudiment ['ru:dɪmənt] *n* rudiment *m.* ◆ **rudimentary** *adj* rudimentaire.

rueful ['ru:fʊl] *adj* attristé. ◆ **ruefully** *adv* avec regret.

ruffian ['rʌfɪən] *n* voyou *m,* brute *f.*

ruffle ['rʌfl] *vt (hair)* ébouriffer; *(water)* agiter; *(person)* froisser. **to grow ~d** perdre son calme.

rug [rʌg] *n* petit tapis *m; (bedside)* carpette *f;* (*travelling* **~**) couverture *f; (in tartan)* plaid *m.*

rugby ['rʌgbɪ] *n* (*abbr* **rugger***) rugby *m.* **~ league** le rugby à treize; **~ player** rugbyman *m.*

rugged ['rʌgɪd] *adj (country)* accidenté; *(coast, mountains)* aux contours déchiquetés; *(features)* irrégulier (*f* -ière); *(character)* bourru.

ruin ['ru:ɪn] — **1** *n* ruine *f.* **in ~s** en ruine. — **2** *vt (gen)* ruiner; *(clothes)* abîmer; *(event)* gâter. ◆ **ruined** *adj (building)* en ruine; *(person)* ruiné.

rule [ru:l] — **1** *n* **(a)** *(gen)* règle *f.* **the ~s of the game** la règle du jeu; **against the ~s** contraire au règlement; **~s and regulations** règlement *m; (in factory etc)* **work to ~** grève *f* du zèle; **~ book** règlement *m;* **~ of the road** règle générale de la circulation; **by ~ of thumb** à vue de nez; **to make it a ~ to do** avoir pour règle de faire; **as a ~** en règle générale, normalement. **(b)** **under British ~** sous l'autorité *f* britannique; **majority ~** le gouvernement par la majorité. **(c)** *(for measuring)* règle *f* (graduée). — **2** *vt* **(a)** *(country)* gouverner. **~d by his wife** mené par sa femme. **(b)** *(of judge)* décider *(that* que). **to ~ sth out** exclure qch. **(c)** *(line)* tirer à la règle. **~d paper** papier *m* réglé. — **3** *vi* **(a)** *(of monarch)* régner (*over* sur). **(b)** *(of judge)* statuer (*against* contre; *in favour of* en faveur de; *on* sur). ◆ **ruler** *n* **(a)** *(sovereign)* souverain(e) *m(f); (political leader)* chef *m* (d'État). **the country's ~s** les dirigeants *mpl* du pays. **(b)** *(for measuring)* règle *f.* ◆ **ruling** — **1** *adj (principle)* souverain; *(class)* dirigeant; *(Pol)* **the ~ party** le parti au pouvoir. — **2** *n* décision *f.*

rum [rʌm] *n* rhum *m.*

Rumania [ru:'meɪnɪə] *n* Roumanie *f.*

rumble ['rʌmbl] — **1** *vi (gen)* gronder; *(of stomach)* gargouiller. — **2** *n* (*also* **rumbling**) grondement *m;* gargouillement *m.* **tummy ~s** borborygmes *mpl.*

ruminate ['ru:mɪneɪt] *vti* ruminer.

rummage ['rʌmɪdʒ] *vi* (**~ about, ~ around**) fouiller (*among, in* dans; *for* pour trouver).

rumour, *(US)* **rumor** ['ru:məʳ] — **1** *n* rumeur *f,* bruit *m.* **~ has it that ...** le bruit court que ..., on dit que .... — **2** *vt:* **it is ~ed that ...** on dit que ..., le bruit court que ....

rumpsteak ['rʌmsteɪk] *n* culotte *f* de bœuf; *(single steak)* rumsteck *m.*

rumple ['rʌmpl] *vt (gen)* chiffonner; *(hair)* ébouriffer.

rumpus* ['rʌmpəs] *n* chahut *m.*

run [rʌn] — **1** *vti* **(a)** *(gen)* courir; *(flee)* se sauver. **to ~ in** *(etc)* entrer *(etc)* en courant; **to ~ about** courir çà et là; **~ along!** va-t'en!; **to ~ away** *or* **off** *(leave)* partir en courant; *(flee)* s'enfuir; **to ~ away from home** s'enfuir de chez soi; **to ~ for the bus** courir pour attraper l'autobus; **he ~s 3 km every day** il fait 3 km de course à pied tous les jours; **she is ~ off her feet** elle ne sait plus où donner de la tête; **to ~ a race** courir dans une épreuve; **to ~ for one's life** se sauver à toutes jambes; **to ~ errands** faire des commissions; *(of ship)* **to ~ before the wind** courir vent arrière; **to ~ a blockade** forcer un blocus; *(fig)* **to ~ sb close** serrer qn de près; **to ~ to earth** finir par trouver; **to ~ sb out of town** chasser qn de la ville. **(b)** *(of vehicle, machine, engine)* marcher. **to ~ a computer** faire marcher un ordinateur; **the car ran into a tree** la voiture a heurté l'arbre; **this train ~s between ...** ce train fait le service entre ...; **the buses ~ once an hour** les autobus passent toutes les heures; **to ~ extra buses** mettre en service des autobus supplémentaires; **he ~s a Rolls** il a une Rolls; **to leave the engine ~ning** laisser tourner le moteur; **to ~ on diesel** marcher au gas-oil; **to ~ sb down** écraser qn; **I'll ~ you into town** je vais vous conduire en ville; **he ran her home** il l'a ramenée chez elle (en voiture); **to ~ down** *(of watch)* s'arrêter; *(of battery)* se décharger; **to ~ a car in** roder une voiture; **'~ning in'** 'en rodage'; **it's cheap to ~** c'est économique. **(c)** *(of rope)* filer; *(of drawer, curtains)* glisser. **to ~ a rope through sth** faire passer une corde dans qch; **to ~ a comb through one's hair** se donner un coup de peigne; **to ~ one's eye over sth** jeter un coup d'œil à qch; **he ran the vacuum cleaner over the carpet** il a passé rapidement le tapis à l'aspirateur. **(d)** *(of water, tap, eyes, nose)* couler. *(of water)* **to ~ away** s'écouler; **to leave a tap ~ning** laisser un robinet ouvert; **I'll ~ you a bath** je vais te faire couler un bain. **(e)** *(of road, river)* aller (*from* de; *to* à), passer (*through* à travers; *past* devant); *(of mountains)* s'étendre. **rivers ~ into the sea** les fleuves se jettent dans la mer; **the street ~s into the square** la rue débouche sur la place; **a scar ~ning across his chest** une cicatrice en travers de la poitrine. **(f)** *(of butter, ice etc)* fondre; *(of ink)* baver; *(of colours)* déteindre. **(g)** *(direct: business, school etc)* diriger. **to ~ a house** tenir une maison; **she ~s everything** c'est elle qui dirige tout. **(h)** *(organise: course, competition)* organiser; *(present: film)* présenter; *(series of articles)* publier. **it's ~ning in London** *(play)* ça se joue à Londres;

(film) ça passe à Londres; **the programme ran for 1 hour** le programme a duré une heure; **the contract ~s until April** le contrat est valide jusqu'en avril. **(i)** *(phrases)* **to ~ across sb** *or* **sth** tomber sur qn *or* qch; *(Med)* **to be ~ down** être fatigué; **to ~ sth down** *(disparage)* dénigrer qch; **to ~ into** *(person)* tomber sur; *(difficulties)* se heurter à; **to ~ into debt** s'endetter; **to ~ off 3 copies of sth** tirer 3 exemplaires de qch; **to ~ out** *(contract)* expirer; *(supplies)* s'épuiser; *(time)* s'écouler; **I've ~ out of it** je n'en ai plus; **to ~ over** *or* **through sth** *(recapitulate)* reprendre; *(notes, text)* jeter un coup d'œil sur; *(play)* répéter; **he ran through a fortune** il a gaspillé une fortune; **to ~ up** *(flag)* hisser; *(bill)* laisser accumuler; (*: *dress etc*) fabriquer*; **to ~ a temperature** avoir de la fièvre; **to ~ dry** se tarir; **my pen's ~ dry** je n'ai plus d'encre; **to ~ short** *or* **low** s'épuiser; **to ~ short of sth** se trouver à court de qch; *(fig)* **his blood ran cold** son sang s'est glacé dans ses veines; **it ~s in the family** c'est de famille; **so the story ~s** c'est ainsi que l'histoire est racontée; **the cost ran into millions** le coût s'est élevé à des millions; **I can't ~ to a new car** je ne peux pas me permettre une nouvelle voiture; **to ~ for President** être candidat à la présidence.

— **2** *n* **(a) to go for a ~** faire un peu de course à pied; **at a ~** en courant; **to make a ~ for it** prendre la fuite; **to have the ~ of a place** avoir un endroit à son entière disposition; **on the ~** *(criminal etc)* en cavale*; *(enemy troops)* en fuite; **they gave him a good ~ for his money** ils ne se sont pas avoués vaincus d'avance. **(b)** *(in vehicle)* **to go for a ~ in the car** faire un tour *or* une promenade en voiture; **it's a 30-minute bus ~** il y a 30 minutes de trajet en autobus. **(c)** *(series: of similar events)* série *f*; *(Cards)* séquence *f*; *(Roulette)* série (*on* à). **the play had a long ~** la pièce a tenu longtemps l'affiche; **in the long ~** finalement; **a ~ of bad luck** une période de malchance; *(great demand)* **there has been a ~ on sugar** on s'est rué sur le sucre; **the ordinary ~ of things** le train-train habituel. **(d)** *(track for skiing etc)* piste *f*; *(animal enclosure)* enclos *m*.

◆ **runabout** *adj (Rail)* **~ ticket** billet *m* circulaire. ◆ **runaway** — **1** *n* fugitif *m* (*f* -ive). — **2** *adj (horse)* emballé; *(inflation)* galopant. ◆ **rundown** *n* **(a)** réduction *f* (*in, of* de). **(b) to give sb a ~* on** mettre qn au courant de. ◆ **runner** *n* **(a)** *(athlete)* coureur *m*; *(horse)* partant *m*. **(b)** *(sliding part: of sledge)* patin *m*; *(skate)* lame *f*; *(drawer)* coulisseau *m*; *(curtain)* anneau *m*. **(c)** *(table-runner)* chemin *m* de table. ◆ **runner-bean** *n* haricot *m* à rames. ◆ **runner-up** *n* second(e) *m(f)*. ◆ **running** — **1** *n*: **to make the ~** mener la course; **to be in the ~** avoir des chances de réussir. — **2** *adj*: **~ water in every room** eau courante dans toutes les chambres; **~ battle** lutte *f* continuelle; **~ commentary** commentaire *m* suivi; **~ board** marchepied *m*; **~ costs** frais *mpl* d'exploitation; **the ~ costs of the car are high** la voiture revient cher; **in ~ order** en état de marche. — **3** *adv*: **4 days ~** 4 jours de suite. ◆ **runny** *adj* qui coule; *(omelette)* baveux (*f* -euse). ◆ **run-of-the-mill** *adj* banal. ◆ **run-through** *n* essai *m*. ◆ **run-up** *n* période *f* préparatoire (*to* à). ◆ **runway** *n* piste *f* (d'envol *or* d'atterrissage).

rung[1] [rʌŋ] *ptp of* **ring[2]**.

rung[2] [rʌŋ] *n (of ladder)* barreau *m*.

rupture ['rʌptʃəʳ] *n* rupture *f*; (*: *hernia*) hernie *f*.

rural ['rʊərəl] *adj* rural.

ruse [ru:z] *n* ruse *f*.

rush[1] [rʌʃ] — **1** *n* **(a)** ruée *f* (*for* vers; *on* sur); *(Mil: attack)* assaut *m*. **gold ~** ruée vers l'or; **the Christmas ~** la bousculade des fêtes de fin d'année; **~ hours** heures *fpl* de pointe. **(b)** *(hurry)* **to be in a ~** être extrêmement pressé; **in a ~** à toute vitesse; **~ job** travail *m* d'urgence; *(botched)* travail bâclé. — **2** *vi (be in a hurry)* être pressé; *(move fast: of person)* se précipiter (*towards* vers); *(of car)* foncer. **to ~ down** descendre précipitamment; **to ~ around** courir çà et là; **I'm ~ing to finish it** je me dépêche pour en avoir fini; **to ~ through sth** faire qch à toute vitesse; **the blood ~ed to his face** le sang lui est monté au visage. — **3** *vt (do hurriedly: job)* dépêcher; *(order)* exécuter d'urgence. **to ~ sb to hospital** transporter qn d'urgence à l'hôpital; **they ~ed him out of the room** ils l'ont fait sortir en toute hâte de la pièce; **I don't want to ~ you** je ne voudrais pas vous bousculer; **to be ~ed off one's feet** être débordé; **to ~ sb into a decision** forcer qn à prendre une décision à la hâte.

rush[2] [rʌʃ] *n (plant)* jonc *m*. **~ matting** tapis *m* tressé.

rusk [rʌsk] *n* ~ biscotte *f*.

russet ['rʌsɪt] — **1** *n (apple)* reinette *f* grise. — **2** *adj* feuille-morte *inv*.

Russia ['rʌʃə] *n* Russie *f*. ◆ **Russian** — **1** *adj* russe. — **2** *n* russe *m*; *(person)* Russe *mf*.

rust [rʌst] — **1** *n* rouille *f*. — **2** *adj* rouille *inv*. — **3** *vt* rouiller. — **4** *vi* se rouiller. ◆ **rust-resistant** *adj* inoxydable.

rustle ['rʌsl] — **1** *n* bruissement *m*. — **2** *vi* bruire. — **3** *vt (papers)* faire bruire. **to ~ up*** *(find)* se débrouiller* pour trouver; *(make)* préparer en vitesse.

rustler ['rʌsləʳ] *n* voleur *m* de bétail.

rusty ['rʌstɪ] *adj* rouillé.

rut [rʌt] *n* ornière *f (also fig)*. **to be in a ~** suivre l'ornière.

ruthless ['ru:θlɪs] *adj* impitoyable.

rye [raɪ] *n* seigle *m*; *(whisky)* whisky *m* (américain). **~ bread** pain *m* de seigle.

S

S, s [es] *n (letter)* S, s *m.*
Sabbath ['sæbəθ] *n (Jewish)* sabbat *m.*
sabbatical [sə'bætɪkəl] *adj* sabbatique.
sable ['seɪbl] *n* zibeline *f.*
sabotage ['sæbətɑːʒ] — **1** *n* sabotage *m.* — **2** *vt* saboter. ◆ **saboteur** *n* saboteur *m.*
sabre, *(US)* **-ber** ['seɪbəʳ] *n* sabre *m.*
saccharin(e) ['sækərɪn, -iːn] *n* saccharine *f.*
sack [sæk] *n (bag)* sac *m.* **coal ~** sac à charbon; **~ of coal** sac de charbon; *(fig)* **to get the ~*** être mis à la porte. ◆ **sacking** *n* (*: *dismissal*) renvoi *m.*
sacrament ['sækrəmənt] *n* sacrement *m.*
sacred ['seɪkrɪd] *adj* sacré *(after n).* **the S~ Heart** le Sacré-Cœur.
sacrifice ['sækrɪfaɪs] — **1** *n* sacrifice *m.* — **2** *vt* sacrifier (*to* à; *for sth* pour avoir qch).
sacrilege ['sækrɪlɪdʒ] *n* sacrilège *m.*
sacristan ['sækrɪstən] *n* sacristain(e) *m(f).*
sacristy ['sækrɪstɪ] *n* sacristie *f.*
sacrosanct ['sækrəʊsæŋkt] *adj* sacro-saint.
sad [sæd] *adj (gen)* triste *(after n); (saddening: news, duty)* triste *(before n).* **to make sb ~** attrister qn. ◆ **sadly** *adv (unhappily)* tristement; *(regrettably)* fâcheusement. **~ slow** fort lent. ◆ **sadness** *n* tristesse *f.*
saddle ['sædl] — **1** *n* selle *f.* **in the ~** en selle. — **2** *vt* seller. *(fig)* **to ~ sb with sth*** coller qch à qn*. ◆ **saddlebag** *n* sacoche *f.*
sadism ['seɪdɪzəm] *n* sadisme *m.* ◆ **sadist** *n* sadique *mf.* ◆ **sadistic** *adj* sadique.
safari [sə'fɑːrɪ] *n* safari *m.* **~ park** réserve *f.*
safe [seɪf] — **1** *adj* **(a)** *(not in danger)* **you're quite ~** vous êtes en sécurité; **it's quite ~** ça ne risque rien; **~ and sound** sain et sauf; **~ from** à l'abri de. **(b)** *(not dangerous: gen)* sans danger; *(ice, ladder)* solide; *(hiding place, investment)* sûr; *(choice, estimate)* prudent. **is it ~ to come out?** est-ce qu'on peut sortir sans danger?; **it's not ~ to go alone** il est dangereux d'y aller tout seul; **~ journey!** bon voyage!; **to keep sth ~** garder qch en lieu sûr; **in ~ hands** en mains sûres; **just to be on the ~ side** pour être plus sûr; **it is ~ to say...** on peut dire sans risque d'erreur... — **2** *n (for valuables)* coffre-fort *m; (for food)* garde-manger *m inv.* ◆ **safe-conduct** *n* sauf-conduit *m.* ◆ **safe-deposit** *n* coffre *m.* ◆ **safeguard** — **1** *vt* sauvegarder. — **2** *n* sauvegarde *f.* ◆ **safekeeping** *n:* **in ~** en sécurité. ◆ **safely** *adv (without mishap)* sans accident; *(arrive)* bien; *(without risk)* sans danger; *(say)* sans risque d'erreur; *(securely)* en sûreté; *(store)* en lieu sûr.
safety ['seɪftɪ] — **1** *n* sécurité *f.* **in a place of ~** en lieu sûr; **for ~'s sake** pour plus de sûreté; **road ~** la sécurité sur les routes; **~ first!** la sécurité d'abord! — **2** *adj (gen)* de sécurité; *(razor, chain, valve, match)* de sûreté. **~ curtain** rideau *m* de fer; **~ pin** épingle *f* de sûreté.
saffron ['sæfrən] *adj, n* safran *m (adj inv).*
sag [sæg] *vi (gen)* s'affaisser; *(of rope)* pendre au milieu.
saga ['sɑːgə] *n* saga *f.*
sage¹ [seɪdʒ] *n* sauge *f.* **~ and onion stuffing** farce *f* à l'oignon et à la sauge.
sage² [seɪdʒ] *n* sage *m.*
Sagittarius [,sædʒɪ'tɛərɪəs] *n* le Sagittaire.
sago ['seɪgəʊ] *n* sagou *m.*
said [sed] *pret, ptp of* **say.**
sail [seɪl] — **1** *n (of boat)* voile *f.* **to set ~ for** partir à destination de. — **2** *vti (leave)* partir. **the boat ~ed into the harbour** le bateau est entré au port; **to ~ round the world** faire le tour du monde en bateau; **to ~ (across) the Atlantic** traverser l'Atlantique en bateau; **to ~ a boat** piloter un bateau; **he goes ~ing** il fait de la voile; *(fig)* **to ~ through an exam** réussir un examen haut la main. ◆ **sailing** *n (pastime)* la voile; *(departure)* départ *m.* **~ boat** voilier *m;* **~ ship** grand voilier *m.*
sailor ['seɪləʳ] *n (gen)* marin *m; (before the mast)* matelot *m.* *(fig)* **to be a good ~** avoir le pied marin.
saint [seɪnt] *n* saint(e) *m(f).* **~'s day** fête *f* (de saint); **All S~s' Day** la Toussaint; **S~ Peter** saint Pierre. ◆ **saintly** *adj (quality)* de saint; *(person)* saint *(before n).*
sake [seɪk] *n:* **for sb's ~** pour qn; **for God's ~** pour l'amour de Dieu; **for the ~ of it** pour le plaisir; **for old times' ~** en souvenir du passé.
salad ['sæləd] *n* salade *f.* **tomato ~** salade de tomates; **ham ~** jambon *m* accompagné de salade; **~ bowl** saladier *m;* **~ cream** ≃ mayonnaise *f (en bouteille etc);* **~ dressing** ≃ vinaigrette *f;* **~ servers** couvert *m* à salade.
salary ['sælərɪ] *n (professional etc)* traitement *m; (pay in general)* salaire *m.* **~ scale** échelle *f* des traitements.
sale [seɪl] *n* **(a)** *(act, event)* vente *f.* **to put up for ~** mettre en vente; **(up) for ~** à vendre; **on ~** en vente; **sold on a ~ or return basis** vendu avec possibilité de rendre; **~s are up** (*or* **down**) les ventes ont augmenté (*or* baissé); **~s department** service *m* des ventes; **~s manager** directeur *m* commmercial; **~s talk*** boniment *m.* **(b)** *(lower prices)* soldes *mpl.* **in the** *or* **a ~** en solde; **~ price** prix *m* de solde. ◆ **saleroom** *n* salle *f* des ventes. ◆ **salesman** *n (in shop)* vendeur *m; (representative)* représentant *m* de commerce. ◆ **saleswoman** *n* vendeuse *f.*
saliva [sə'laɪvə] *n* salive *f.*
sallow ['sæləʊ] *adj* jaunâtre.
salmon ['sæmən] *n* saumon *m.* **~ pink** saumon *inv;* **~ trout** truite *f* saumonée.
salmonella [,sælmə'nelə] *n* salmonellose *f.*
saloon [sə'luːn] *n* (*Brit:* **~ bar**) ≃ salle *f* de café; *(US: bar)* bar *m.*
salt [sɔːlt] — **1** *n* sel *m.* *(fig)* **to take sth with a pinch of ~** ne pas prendre qch au pied de la lettre. — **2** *adj (food)* salé; *(mine)* de sel; *(spoon)* à sel. — **3** *vt* saler. ◆ **saltcellar** *n* salière *f.* ◆ **salt-free** *adj* sans sel. ◆ **saltwater** *adj (fish)* de mer. ◆ **salty** *adj* salé.
salutary ['sæljʊtərɪ] *adj* salutaire.

salute [sə'lu:t] — **1** *n* salut *m; (with guns)* salve *f.* **to take the ~** passer les troupes en revue. — **2** *vti* faire un salut. **to ~ sb** saluer qn.
salvage ['sælvɪdʒ] — **1** *vt (gen)* sauver (*from* de); *(materials for re-use)* récupérer. — **2** *n* sauvetage *m;* récupération *f.*
salvation [sæl'veɪʃən] *n* salut *m.* **S~ Army** Armée *f* du Salut.
salver ['sælvə^r] *n* plateau *m (de métal).*
Samaritans [sə'mærɪtənz] *npl* ≃ S.O.S. Amitié.
same [seɪm] *adj, pron* même (*as* que). **the ~ day** le même jour; **the very ~ day** le jour même; **in the ~ way...** de même...; **it was just the ~ as usual** c'était comme d'habitude; **at the ~ time** en même temps; *(in health)* **she's much the ~** son état est inchangé; **it's always the ~ (thing) in politics** c'est toujours la même chose en politique; **he left and I did the ~** il est parti et j'en ai fait autant; **I'll do the ~ for you** je te rendrai ça; *(in bar etc)* **the ~ again please** la même chose s'il vous plaît; **I still feel the ~ about it** je n'ai pas changé d'avis; **it's all the ~ to me** cela m'est égal; **all the ~, just the ~** tout de même; **it's the ~ everywhere** c'est partout pareil; **~ here!*** moi aussi!
sample ['sɑ:mpl] — **1** *n* échantillon *m; (Med)* prélèvement *m.* **~ bottle** (*or* **packet** *etc*) échantillon; **a ~ section of** une section représentative de. — **2** *vt (food, wine)* goûter.
sanctify ['sæŋktɪfaɪ] *vt* sanctifier.
sanctimonious [,sæŋktɪ'məʊnɪəs] *adj* moralisateur (*f* -trice).
sanction ['sæŋkʃən] — **1** *n* sanction *f.* — **2** *vt* sanctionner.
sanctuary ['sæŋktjʊərɪ] *n (holy)* sanctuaire *m; (refuge)* asile *m; (wild life)* réserve *f.*
sand [sænd] — **1** *n* sable *m. (beach)* **~s** plage *f;* **~ dune** dune *f.* — **2** *vt* **(a)** *(road)* sabler. **(b)** (**~** *paper*) poncer au papier de verre. ◆ **sandbag** *n* sac *m* de sable. ◆ **sandbank** *n* banc *m* de sable. ◆ **sandpaper** — **1** *n* papier *m* de verre. — **2** *vt* poncer au papier de verre. ◆ **sandpit** *n (for children)* tas *m* de sable. ◆ **sandstone** *n* grès *m.* ◆ **sandy** *adj (soil)* sablonneux (*f* -euse); *(beach)* de sable; *(hair)* blond roux *inv.*
sandal ['sændl] *n* sandale *f.*
sandwich ['sænwɪdʒ] *n* sandwich *m.* **cheese ~** sandwich au fromage; **~ loaf** pain *m* de mie; **~ course** ≃ cours *mpl* de formation professionnelle.
sane [seɪn] *adj* sain d'esprit.
sang [sæŋ] *pret of* **sing.**
sanitary ['sænɪtərɪ] *adj (clean)* hygiénique; *(system, equipment)* sanitaire. **~ inspector** inspecteur *m* (*f* -trice) de la Santé publique; **~ towel** serviette *f* hygiénique. ◆ **sanitation** *n* installations *fpl* sanitaires.
sanity ['sænɪtɪ] *n (Med)* raison *f* mentale; *(common sense)* bon sens *m.*
sank [sæŋk] *pret of* **sink**[1].
Santa Claus [,sæntə'klɔ:z] *n* le père Noël.
sap [sæp] *n (of plant)* sève *f.*
sapling ['sæplɪŋ] *n* jeune arbre *m.*
sapphire ['sæfaɪə^r] *n* saphir *m.*
sarcasm ['sɑ:kæzəm] *n* sarcasme *m.*
sarcastic [sɑ:'kæstɪk] *adj* sarcastique.
sardine [sɑ:'di:n] *n* sardine *f.* **tinned ~s** ≃ sardines à l'huile.
sardonic [sɑ:'dɒnɪk] *adj* sardonique.
Sark [sɑ:k] *n* Sercq *m.*
sash [sæʃ] *n* **(a)** *(on uniform)* écharpe *f; (on dress)* large ceinture *f* à nœud. **(b) ~ window** fenêtre *f* à guillotine.
sat [sæt] *pret, ptp of* **sit.**
satchel ['sætʃəl] *n* cartable *m.*
satellite ['sætəlaɪt] *adj, n* satellite *(m).*
satin ['sætɪn] *n* satin *m.*
satire ['sætaɪə^r] *n* satire *f* (*on* contre). ◆ **satirical** *adj* satirique. ◆ **satirist** *n (writer etc)* écrivain *m etc* satirique.
satisfaction [,sætɪs'fækʃən] *n* satisfaction *f* (*at* de). **it was a great ~ to hear that...** nous avons appris avec beaucoup de satisfaction que ...; **it's not to my ~** je n'en suis pas satisfait.
satisfactory [,sætɪs'fæktərɪ] *adj* satisfaisant.
satisfied ['sætɪsfaɪd] *adj (gen)* satisfait (*with* de); *(convinced)* persuadé (*that* que).
satisfy ['sætɪsfaɪ] *vt* satisfaire; *(demand for goods)* satisfaire à; *(convince)* convaincre (*sb that* qn que; *of* de). ◆ **satisfying** *adj* satisfaisant; *(food)* substantiel (*f* -ielle).
saturate ['sætʃəreɪt] *vt (gen)* saturer (*with* de); *(soak)* tremper. ◆ **saturation** *n* saturation *f.* **to reach ~ point** arriver à saturation.
Saturday ['sætədɪ] *n* samedi *m.* **on ~** samedi; **on ~s** le samedi; **next ~** samedi prochain; **last ~** samedi dernier; **it is ~ today** nous sommes aujourd'hui samedi; **on ~ May 26th** le samedi 26 mai; **a week on ~, ~ week** samedi en huit; **the ~ before last** l'autre samedi; **~ morning** samedi matin; **~ evening** samedi soir; **~ night** samedi soir, *(overnight)* la nuit de samedi.
sauce [sɔ:s] *n* sauce *f.* ◆ **sauceboat** *n* saucière *f.* ◆ **saucepan** *n* casserole *f.*
saucer ['sɔ:sə^r] *n* soucoupe *f.*
saucy ['sɔ:sɪ] *adj* coquin.
Saudi Arabia ['saʊdɪə'reɪbɪə] *n* Arabie *f* Saoudite.
sauerkraut ['saʊəkraʊt] *n* choucroute *f.*
sauna ['sɔ:nə] *n* sauna *m.*
saunter ['sɔ:ntə^r] *vi:* **to ~ in** *(etc)* entrer *(etc)* d'un pas nonchalant.
sausage ['sɒsɪdʒ] *n* saucisse *f; (pre-cooked)* saucisson *m.* **~ meat** chair *f* à saucisse; **~ roll** ≃ friand *m.*
savage ['sævɪdʒ] — **1** *adj (fierce: gen)* féroce; *(person)* brutal; *(primitive: tribe)* sauvage. — **2** *n* sauvage *mf.* — **3** *vt (of dog etc)* attaquer férocement.
save[1] [seɪv] — **1** *vti* **(a)** *(rescue)* sauver (*from* de). **to ~ sb from falling** empêcher qn de tomber; **to ~ sb's life** sauver la vie à qn; **to ~ one's skin*** *or* **neck*** sauver sa peau*; **God ~ the Queen!** vive la reine! **(b)** (**~ up:** *money*) mettre de côté; *(keep: food, papers)* garder; *(collect: stamps etc)* collectionner. **to ~ up for sth** mettre de l'argent de côté pour qch. **(c)** *(use less: money, labour, petrol)* économiser (*on* sur); *(time)* gagner. **you have ~d me a lot of trouble** vous m'avez évité bien des ennuis; **it will ~ you 10 minutes** cela vous fera gagner 10 minutes. — **2** *n (Sport)* arrêt *m (du ballon).*
save[2] [seɪv] *prep (except)* sauf.
saveloy ['sævəlɔɪ] *n* cervelas *m.*
saving ['seɪvɪŋ] *n* économie *f.* **~s bank** caisse *f* d'épargne.
saviour, (US) -ior ['seɪvjə^r] *n* sauveur *m.*
savour, (US) -or ['seɪvə^r] — **1** *n* saveur *f.* — **2** *vt* savourer.
savoury, (US) -ory ['seɪvərɪ] — **1** *adj (appetizing)* savoureux (*f* -euse); *(not sweet)* salé *(par opposition à sucré). (fig)* **not very ~** *(subject)*

peu appétissant; *(district)* peu recommandable. — **2** *n* mets *m* non sucré.

saw¹ [sɔː] *(vb: pret* **sawed,** *ptp* **sawed** *or* **sawn)** — **1** *n* scie *f.* — **2** *vti* scier. **to ~ sth off** enlever qch à la scie; **to ~ sth up** débiter qch à la scie; **to ~ through sth** scier qch; **sawn-off shotgun** carabine *f* à canon scié. ◆ **sawdust** *n* sciure *f* (de bois). ◆ **sawmill** *n* scierie *f.*

saw² [sɔː] *pret of* **see¹**.

saxophone [ˈsæksəfəʊn] *n* saxophone *m.*

say [seɪ] *pret, ptp* **said** — **1** *vti (gen)* dire (*to* à; *that* que); *(poem)* réciter. **he said I was to wait** il m'a dit d'attendre; **to ~ mass** dire la messe; **~ after me...** répétez après moi...; **to ~ sth again** répéter qch; **let's ~ no more about it** n'en parlons plus; **I've got nothing more to ~** je n'ai rien à ajouter; **something was said about it** on en a parlé; **it ~s in the rules** il est dit dans le règlement; **he is said to have...** on dit qu'il a...; **I ~ he should take it** je suis d'avis qu'il le prenne; **I should ~ so** je pense que oui; **what would you ~ is...?** à votre avis, quel est...?; **~ someone saw you?** si quelqu'un vous voyait?; **if there were, ~, 500** s'il y en avait, disons, 500; **to ~ nothing of...** sans parler de...; **that's ~ing a lot*** ce n'est pas peu dire; **it ~s a lot for him** c'est tout à son honneur; **you might as well ~ that...** autant dire que...; **it goes without ~ing that...** il va sans dire que...; **there's sth to be said for it** cela a du bon; **there's sth to be said for doing it** il y a peut-être intérêt à le faire; **easier said than done!** facile à dire!; **when all is said and done** tout compte fait; **what do you ~ to a cup of tea?** que diriez-vous d'une tasse de thé?; **that is to ~** c'est-à-dire; **I ~!*** dites donc!; **you don't ~!*** pas possible!; **you can ~ that again!*** c'est le cas de le dire! — **2** *n:* **to have one's ~** dire ce qu'on a à dire; **he had no ~ in it** il n'avait pas voix au chapitre.

saying [ˈseɪɪŋ] *n* dicton *m.* **as the ~ goes** comme on dit.

scab [skæb] *n* **(a)** *(Med)* croûte *f.* **(b)** (*: *blackleg)* jaune *m.*

scaffold [ˈskæfəld] *n* **(a)** *(gallows)* échafaud *m.* **(b)** (*on building: also* **~ing)** échafaudage *m.*

scald [skɔːld] *vt* ébouillanter. **~ing hot** brûlant.

scale [skeɪl] — **1** *n* **(a)** *(gen)* échelle *f; (Music)* gamme *f.* **drawn to ~** à l'échelle; **on a large ~** sur une grande échelle; **on a national ~** à l'échelle nationale. **(b)** *(of fish)* écaille *f.* — **2** *vt:* **to ~ down** réduire proportionnellement.

scales [skeɪlz] *npl:* **(pair** *or* **set of ~)** *(gen)* balance *f; (in bathroom)* pèse-personne *m inv; (for luggage etc)* bascule *f.*

scallop [ˈskɒləp] *n* coquille *f* Saint-Jacques.

scalp [skælp] *n* cuir *m* chevelu; *(trophy)* scalp *m.*

scamp* [skæmp] *n* polisson(ne) *m(f).*

scamper [ˈskæmpəʳ] *vi:* **to ~ about** gambader.

scampi [ˈskæmpɪ] *npl* langoustines *fpl.*

scan [skæn] — **1** *vt* **(a)** *(carefully)* fouiller du regard; *(briefly)* parcourir des yeux. **(b)** *(Radar, TV)* balayer; *(Computers)* scruter. — **2** *vi (Poetry)* se scander.

scandal [ˈskændl] *n* **(a)** *(disgrace)* scandale *m.* **(b)** *(gossip)* ragots *mpl.* ◆ **scandalize** *vt* scandaliser. **to be ~d by** se scandaliser de. ◆ **scandalous** *adj* scandaleux (*f* -euse).

Scandinavia [ˌskændɪˈneɪvɪə] *n* Scandinavie *f.* ◆ **Scandinavian** — **1** *adj* scandinave. — **2** *n* Scandinave *mf.*

scanner [ˈskænəʳ] *n (Med)* scanner *m.*

scant [skænt] *adj* très peu de. ◆ **scantily** *adv* insuffisamment. ◆ **scanty** *adj* très petit.

scapegoat [ˈskeɪpgəʊt] *n* bouc *m* émissaire.

scar [skɑːʳ] *n* cicatrice *f.*

scarce [skɛəs] *adj* peu abondant. **to make o.s. ~*** se sauver*. ◆ **scarcely** *adv* à peine. **he can ~ write** il sait à peine écrire; **I need ~ point out that** je n'ai pas besoin de faire remarquer que; **~ anyone** presque personne; **~ ever** presque jamais. ◆ **scarcity** *n* pénurie *f.*

scare [skɛəʳ] — **1** *vt* effrayer, faire peur à. **to ~ sb stiff*** faire une peur bleue à qn; **to ~ away** *or* **off** faire fuir. — **2** *n:* **bomb ~** alerte *f* à la bombe. ◆ **scarecrow** *n* épouvantail *m.* ◆ **scared** *adj* effrayé, affolé (*of* par). **to be ~** avoir peur (*of* de); **to be ~ to death*** avoir une peur bleue (*of* de).

scarf [skɑːf] *n* écharpe *f.*

scarlet [ˈskɑːlɪt] *adj* écarlate. **~ fever** scarlatine *f.*

scathing [ˈskeɪðɪŋ] *adj* cinglant.

scatter [ˈskætəʳ] — **1** *vt (sprinkle: crumbs, papers)* éparpiller; *(seeds)* semer à la volée; *(sand, sawdust)* répandre; *(disperse: crowd)* disperser; *(enemy)* mettre en déroute. — **2** *vi (of crowd)* se disperser. ◆ **scatterbrained** *adj* écervelé.

scavenge [ˈskævɪndʒ] *vi* fouiller (*for* pour trouver).

scene [siːn] *n (gen, Theatre)* scène *f; (place: of crime etc)* lieu *m; (event)* incident *m; (sight)* spectacle *m; (view)* vue *f.* **behind the ~s** dans les coulisses; **~ shifter** machiniste *mf;* **angry ~s** incidents *mpl* violents; **to make a ~** faire toute une scène (*about* à propos de); **a ~ of utter destruction** un spectacle de destruction totale; **the ~ from the top** la vue du sommet; **a change of ~** un changement de cadre; **to come on the ~** arriver; **it's not my ~*** ça n'est pas mon genre*.

scenery [ˈsiːnərɪ] *n (countryside)* paysage *m; (Theatre)* décors *mpl.*

scent [sent] — **1** *n* **(a)** *(perfume)* parfum *m.* **~ spray** vaporisateur *m.* **(b)** *(track)* piste *f.* — **2** *vt (game, danger)* flairer.

sceptic [ˈskeptɪk] *n* sceptique *mf.* ◆ **sceptical** *adj* sceptique (*about* sur).

sceptre, *(US)* **-ter** [ˈseptəʳ] *n* sceptre *m.*

schedule [ˈʃedjuːl, *(US)* ˈskedjuːl] *n (of work, visits)* programme *m; (of trains etc)* horaire *m; (list)* liste *f; (of prices)* barème *m; (customs, tax etc)* tarif *m.* **to go according to ~** se passer comme prévu; **on ~** *(train)* à l'heure; *(work)* à jour; **behind ~** en retard; **ahead of ~** en avance. ◆ **scheduled** *adj (gen)* prévu; *(price)* tarifé; *(bus service)* régulier (*f* -ière); *(stop)* indiqué dans l'horaire. **he is ~ to leave at midday** il doit partir à midi.

scheme [skiːm] — **1** *n (plan)* plan *m* (*to do* pour faire), projet *m* (*for doing* pour faire). — **2** *vi* comploter (*to do* pour faire). ◆ **scheming** *adj* intrigant.

schism [ˈsɪzəm] *n* schisme *m.*

schizophrenia [ˌskɪtsəʊˈfriːnɪə] *n* schizophrénie *f.*

scholar [ˈskɒləʳ] *n* érudit(e) *m(f).* **a Dickens ~** un(e) spécialiste de Dickens. ◆ **scholarly** *adj* érudit. ◆ **scholarship** *n (award)* bourse *f* d'études *(obtenue sur concours).*

school¹ [skuːl] *n (gen)* école *f;* (*primary* **~**) école; (*secondary* **~**) collège *m;* (*grammar* **~**) lycée *m; (University: department)* département *m; (faculty)* faculté *f.* **~ of motoring** auto-école *f;* **to ~, at ~, in ~** à l'école *(or* au collège *etc); to* **leave ~** quitter l'école *etc;* **~ begins at 9** les cours *mpl* commencent à 9 heures; **~ book** livre *m* de classe; **~ bus** car *m* de ramassage scolaire; **his ~ days** ses années *fpl* d'école; **~ fees** frais *mpl* de scolarité; **~ holidays** vacances *fpl* scolaires; **during ~ hours, in ~ time** pendant les heures de classe; **to be at medical ~** faire sa médecine. ◆ **school-age** *adj* d'âge scolaire. ◆ **schoolbag** *n* cartable *m.* ◆ **schoolboy** *n* écolier *m.* ◆ **schoolchild** *n* élève *mf.* ◆ **schoolgirl** *n* écolière *f.* ◆ **school-leaver** *n* jeune *mf* qui a terminé ses études secondaires. ◆ **school-leaving age** *n* âge *m* de fin de scolarité. ◆ **schoolmaster** *n (primary)* instituteur *m; (secondary)* professeur *m.* ◆ **schoolmate** *n* camarade *mf* de classe. ◆ **schoolmistress** *n (primary)* institutrice *f; (secondary)* professeur *m.* ◆ **schoolteacher** *n (primary)* instituteur *m* (*f* -trice); *(secondary)* professeur *m.*

school² [sku:l] *n (of fish)* banc *m.*

schooner ['sku:nəʳ] *n* goélette *f.*

sciatica [saɪ'ætɪkə] *n* sciatique *f.*

science ['saɪəns] *n* science *f; (subject for study)* sciences. **~ fiction** science-fiction *f;* **~ subject** sujet *m* scientifique; **~ teacher** professeur *m* de sciences. ◆ **scientific** *adj* scientifique. ◆ **scientist** *n* scientifique *mf.* **one of our leading ~s** l'un de nos grands savants.

Scilly Isles ['sɪlɪaɪlz] *npl* Sorlingues *fpl.*

scintillating ['sɪntɪleɪtɪŋ] *adj* scintillant.

scissors ['sɪzəz] *npl* ciseaux *mpl.*

scoff [skɒf] *vi* se moquer (*at* de).

scold [skəʊld] *vt* gronder (*for doing* pour avoir fait).

scone [skɒn] *n* ≃ petit pain *m* au lait.

scoop [sku:p] — **1** *n (for flour etc)* pelle *f (à main); (for water)* écope *f; (for ice cream)* cuiller *f* à glace; *(Press)* scoop *m.* — **2** *vt:* **to ~ out** vider; **to ~ up** ramasser.

scooter ['sku:təʳ] *n* scooter *m; (child's)* trottinette *f.*

scope [skəʊp] *n (for development etc)* possibilités *fpl; (of regulation)* portée *f.* **to extend the ~ of one's activities** élargir le champ de ses activités; **it is outside the ~ of this book** cela dépasse les limites *fpl* de ce livre.

scorch [skɔ:tʃ] — **1** *n* (**~ mark**) brûlure *f* légère. — **2** *vt* brûler. **~ed earth policy** tactique *f* de la terre brûlée. ◆ **scorching** *adj* très chaud.

score [skɔ:ʳ] — **1** *n* **(a)** *(Sport)* score *m; (Cards)* marque *f. (Football)* **there's no ~ yet** on n'a pas encore marqué de but; **there was no ~ in the match** ils ont fait match nul; *(fig)* **an old ~ to settle** un compte à régler (*with* avec). **(b)** *(account)* **on that ~** à ce titre. **(c)** *(music)* partition *f.* **the film ~** la musique du film. **(d)** *(twenty)* **a ~** vingt; *(fig)* **~s of** un grand nombre de. — **2** *vt* **(a)** *(goal, point)* marquer. **(b)** *(cut: wood, metal)* rayer. **(c)** *(music)* écrire *(for violin* pour violon); *(film)* composer la musique de. — **3** *vi* **(a)** marquer un point; (*~ a goal*) marquer un but; (*keep the ~*) marquer les points; *(fig)* avoir l'avantage. *(fig)* **to ~ over** *or* **off sb** marquer un point aux dépens de qn. **(b) to ~ off** *or* **out** barrer. ◆ **scoreboard** *n* tableau *m.* ◆ **scorer** *n* marqueur *m.*

scorn [skɔ:n] — **1** *n* mépris *m.* — **2** *vt (gen)* mépriser; *(advice, danger)* faire fi de. ◆ **scornful** *adj* méprisant.

Scorpio ['skɔ:pɪəʊ] *n* le Scorpion *(Astron).*

scorpion ['skɔ:pɪən] *n* scorpion *m.*

Scot [skɒt] *n* Écossais(e) *m(f).*

Scotch [skɒtʃ] — **1** *n* scotch *m (whisky).* — **2** *adj (abusivement)* écossais. **~ egg** *œuf dur enrobé de chair à saucisse.*

scotch [skɒtʃ] *vt (gen)* faire échouer; *(rumour)* étouffer.

scot-free ['skɒt'fri:] *adj (unpunished)* sans être puni; *(unhurt)* indemne.

Scotland ['skɒtlənd] *n* Écosse *f.*

Scots [skɒts] *adj* écossais. ◆ **Scotsman** *n* Écossais *m.* ◆ **Scotswoman** *n* Écossaise *f.*

Scottish ['skɒtɪʃ] *adj* écossais.

scoundrel ['skaʊndrəl] *n* vaurien *m; (child)* coquin(e) *m(f).*

scour ['skaʊəʳ] *vt (pan)* récurer; *(floor)* frotter. ◆ **scourer** *n (powder)* poudre *f* à récurer; *(pad)* tampon *m* abrasif.

scout [skaʊt] *n (Mil)* éclaireur *m; (boy)* scout *m,* éclaireur. **to have a ~ round*** reconnaître le terrain. ◆ **scouting** *n* scoutisme *m.* ◆ **scoutmaster** *n* chef *m* scout.

scowl [skaʊl] *vi* se renfrogner.

scraggy ['skrægɪ] *adj (person, animal)* efflanqué; *(neck, limb)* décharné.

scram* [skræm] *vi* ficher le camp*.

scramble ['skræmbl] — **1** *vi:* **to ~ along** avancer tant bien que mal à toute vitesse; *(Sport)* **to go scrambling** faire du moto-cross. — **2** *vt* brouiller. **~d eggs** œufs *mpl* brouillés. — **3** *n* **(a)** *(rush)* ruée *f* (*for* pour). **(b)** *(motorcycle)* moto-cross *m.* ◆ **scrambling** *n* moto-cross *m.*

scrap¹ [skræp] — **1** *n* **(a)** *(piece: gen)* petit bout *m; (of conversation)* bribe *f; (of news)* fragment *m. (of food)* **~s** restes *mpl;* **not a ~ of evidence** pas la moindre preuve. **(b)** (**~ metal** *or* **iron**) ferraille *f.* **to sell for ~** vendre à la casse; **~ merchant** marchand *m* de ferraille; *(fig)* **to throw sth on the ~ heap** mettre qch au rebut; **~ paper** vieux papiers *mpl; (for notes)* papier *m* de brouillon; **~ yard** chantier *m* de ferraille. — **2** *vt (gen)* mettre au rebut; *(car, ship)* envoyer à la ferraille. ◆ **scrapbook** *n* album *m (de coupures de journaux etc).*

scrap²* [skræp] — **1** *n (fight)* bagarre *f.* — **2** *vi* se bagarrer* (*with* avec).

scrape [skreɪp] — **1** *n (sound)* raclement *m; (mark)* éraflure *f.* **to get into a ~*** se mettre dans un mauvais pas. — **2** *vti (clean etc)* racler; *(vegetables)* gratter; *(scratch)* érafler; *(rub)* frotter (*against* contre); *(just touch)* frôler. **to ~ off** enlever en raclant; **to ~ through an exam** réussir un examen de justesse. ◆ **scraper** *n* racloir *m.*

scratch [skrætʃ] — **1** *n (sound)* grattement *m; (mark)* éraflure *f; (on skin)* égratignure *f. (unharmed)* **without a ~** indemne; *(fig)* **to start from ~** partir de zéro; **to come up to ~** se montrer à la hauteur. — **2** *adj (Sport)* scratch *Inv.* — **3** *vti* **(a)** *(gen)* gratter (*at* à); (*~ o.s.*) se gratter; *(with nail, claw)* griffer; *(accidentally)* érafler; *(record)* rayer; *(one's name)* graver. **to ~ one's head** se gratter la tête. **(b)** *(game etc)* annuler.

scrawl [skrɔ:l] — **1** *n* griffonnage *m.* — **2** *vt* griffonner.

scrawny ['skrɔ:nɪ] *adj* décharné.

scream [skri:m] — **1** *n* cri *m* perçant. **~ of laughter** éclat *m* de rire; **to give a ~** pousser un cri; *(funny)* **it was a ~*** c'était à se tordre de rire; **he's a ~*** il est impayable*. — **2** *vi* crier (*at sb* après qn; *for help* à l'aide), hurler (*with* de).

screech [skriːtʃ] — **1** *n (of person, siren)* hurlement *m; (of brakes)* grincement *m.* — **2** *vi* hurler; grincer.

screen [skriːn] — **1** *n (in room)* paravent *m; (for fire)* écran *m; (Cinema, TV etc)* écran *m.* ~ **test** essai *m* à l'écran. — **2** *vt (hide)* cacher; *(protect)* protéger (*from* de); *(film)* projeter; *(candidate)* vérifier le curriculum vitae de. ◆ **screenplay** *n* scénario *m.*

screw [skruː] — **1** *n* vis *f; (propeller)* hélice *f.* — **2** *vt* (~ **down,** ~ **on,** ~ **round**) visser. **to** ~ **sth tight** visser qch à bloc; **to** ~ **sth off** dévisser qch; **to** ~ **together** assembler avec des vis; **to** ~ **up** *(paper)* froisser; (*: *spoil*) bousiller*; **to** ~ **up one's face** faire la grimace; *(fig)* **to** ~ **up one's courage** prendre son courage à deux mains. ◆ **screwdriver** *n* tournevis *m.* ◆ **screw-top(ped)** *adj* avec couvercle vissant.

scribble ['skrɪbl] — **1** *vti* griffonner. — **2** *n* griffonnage *m.* ◆ **scribbling pad** *n* bloc-notes *m.*

script [skrɪpt] *n (Cinema)* scénario *m; (Theatre, Radio, TV)* texte *m; (in exam)* copie *f.* ◆ **scriptwriter** *n* scénariste *mf.*

Scripture ['skrɪptʃəʳ] *n* Écriture *f* sainte.

scroll [skrəʊl] *n (ancient book)* manuscrit *m; (Architecture)* volute *f.*

scrounge* [skraʊndʒ] *vti (meal etc)* se faire payer (*from or off sb* par qn). **to** ~ **£5 off sb** taper* qn de 5 livres; **to** ~ **on sb** vivre aux crochets de qn. ◆ **scrounger*** *n* parasite *m.*

scrub [skrʌb] — **1** *vt* **(a)** *(gen)* nettoyer à la brosse; *(pan)* récurer. **to** ~ **one's hands** se brosser les mains; **to** ~ **sth off** enlever qch en frottant. **(b)** (*: *cancel*) annuler. — **2** *n (brushwood)* broussailles *fpl.* ◆ **scrubbing-brush** *n* brosse *f* dure.

scruff [skrʌf] *n:* **by the** ~ **of the neck** par la peau du cou.

scruffy ['skrʌfɪ] *adj (gen)* miteux (*f* -euse); *(appearance)* négligé; *(person)* débraillé.

scrum [skrʌm] *n (Rugby)* mêlée *f.* ~ **half** demi *m* de mêlée.

scrumptious* ['skrʌmpʃəs] *adj* succulent.

scruple ['skruːpl] *n* scrupule *m* (*about* au sujet de).

scrupulous ['skruːpjʊləs] *adj* scrupuleux (*f* -euse). ◆ **scrupulously** *adv (gen)* scrupuleusement. ~ **clean** d'une propreté irréprochable.

scrutinize ['skruːtɪnaɪz] *vt* scruter.

scrutiny ['skruːtɪnɪ] *n (gen)* regard *m* scrutateur; *(of document)* examen *m* minutieux.

scuba ['skuːbə] *n* scaphandre *m* autonome.

scuff [skʌf] *vt (shoes)* érafler; *(feet)* traîner.

scuffle ['skʌfl] *n* bagarre *f.*

scull [skʌl] *vi:* **to go** ~**ing** faire de l'aviron.

scullery ['skʌlərɪ] *n* arrière-cuisine *f.*

sculpt [skʌlpt] *vti* sculpter (*out of* dans). ◆ **sculptor** *n* sculpteur *m.* ◆ **sculptress** *n* femme *f* sculpteur. ◆ **sculpture** *n* sculpture *f.*

scum [skʌm] *n* écume *f. (fig)* **the** ~ **of the earth** le rebut du genre humain.

scurf [skɜːf] *n* pellicules *fpl.*

scurrilous ['skʌrɪləs] *adj* calomnieux (*f* -ieuse).

scurry ['skʌrɪ] *vi:* **to** ~ **along** *(etc)* avancer *(etc)* à toute vitesse.

scuttle ['skʌtl] — **1** *vi:* **to** ~ **in** *(etc)* entrer *(etc)* précipitamment. — **2** *vt (ship)* saborder.

scythe [saɪð] *n* faux *f.*

sea [siː] — **1** *n* mer *f.* **by** *or* **beside the** ~ au bord de la mer; **lands across the** ~ pays *mpl* d'outre-mer; **to go to** ~ *(of boat)* prendre la mer; *(of person)* devenir marin; **to put to** ~ prendre la mer; **by** ~ par mer, en bateau; **(out) at** ~ en mer; *(fig)* **I'm all at** ~ je nage* complètement; **the** ~ **was very rough** la mer était très mauvaise. — **2** *adj (air)* de la mer; *(bird, fish, water)* de mer; *(battle, power)* naval; *(route, transport)* maritime. ~ **coast** côte *f;* ~ **level** niveau *m* de la mer; ~ **wall** digue *f.* ◆ **seaboard** *n* littoral *m.* ◆ **seafarer** *n* marin *m.* ◆ **seafood** *n* fruits *mpl* de mer. ◆ **seagull** *n* mouette *f.* ◆ **sea-lion** *n* otarie *f.* ◆ **seaman** *n, pl* **-men** marin *m.* ◆ **seaplane** *n* hydravion *m.* ◆ **seashell** *n* coquillage *m.* ◆ **seashore** *n* rivage *m.* ◆ **seasick** *adj:* **to be** ~ avoir le mal de mer. ◆ **seaside** *n* bord *m* de la mer. **at** *or* **beside** *or* **by the** ~ au bord de la mer; ~ **resort** station *f* balnéaire. ◆ **sea-urchin** *n* oursin *m.* ◆ **seaweed** *n* algue(s) *f(pl).* ◆ **seaworthy** *adj* en état de naviguer.

seal[1] [siːl] *n (animal)* phoque *m.*

seal[2] [siːl] — **1** *n (gen)* sceau *m; (on letter)* cachet *m; (on package)* plomb *m. (fig)* **to give sth the** ~ **of approval** donner son approbation à qch. — **2** *vt* **(a)** (~ **up:** *envelope*) coller; *(room, jar)* fermer hermétiquement; *(meat)* saisir. ~**ed orders** instructions *fpl* secrètes; *(Police, Mil)* **to** ~ **off a district** mettre un cordon autour d'un quartier. **(b)** *(fate)* régler; *(bargain)* conclure. ◆ **sealing wax** *n* cire *f* à cacheter.

seam [siːm] *n* **(a)** *(in fabric, rubber)* couture *f; (in plastic, metal)* joint *m. (fig)* **bursting at the** ~**s*** plein à craquer. **(b)** *(of coal etc)* veine *f.*

seamy ['siːmɪ] *adj* louche.

séance ['seɪɑ̃ːns] *n* séance *f* de spiritisme.

search [sɜːtʃ] — **1** *vti (gen: person, thing, place)* fouiller (*for* à la recherche de); *(Customs: luggage)* visiter; *(document, photo)* examiner (*for* pour trouver); *(one's memory)* chercher dans. **to** ~ **for sth** chercher qch; **to** ~ **through sth** fouiller qch. — **2** *n (of person, building, drawer etc)* fouille *f; (Customs)* visite *f; (for sth lost)* recherches *fpl.* **in** ~ **of** à la recherche de; **to begin a** ~ **for** se mettre à la recherche de; ~ **party** équipe *f* de secours; ~ **warrant** mandat *m* de perquisition. ◆ **searching** *adj (look)* pénétrant; *(examination)* minutieux (*f* -ieuse). ◆ **searchlight** *n* projecteur *m (pour éclairer).*

season ['siːzn] — **1** *n (gen)* saison *f.* **to be in** ~ être de saison; **it's out of** ~ ce n'est pas de saison; ~ **ticket** carte *f* d'abonnement; **the Christmas** ~ la période de Noël *or* des fêtes; **'S~'s greetings'** 'Joyeux Noël et Bonne Année'; **the film is here for a short** ~ le film sera projeté quelques semaines; *(animal)* **in** ~ en chaleur. — **2** *vt (food)* assaisonner. **a highly** ~**ed dish** un plat relevé. ◆ **seasonal** *adj* saisonnier (*f* -ière). ◆ **seasoned** *adj (wood)* séché; *(fig: worker etc)* expérimenté; *(troops)* aguerri. ◆ **seasoning** *n* assaisonnement *m.*

seat [siːt] — **1** *n (gen, also Pol)* siège *m; (bench type)* banquette *f; (in theatre etc)* fauteuil *m; (place: train etc)* place *f; (on cycle)* selle *f; (of trousers)* fond *m.* **to take a** ~ s'asseoir; **to take one's** ~ prendre place; **2** ~**s for...** 2 places pour...; ~ **belt** ceinture *f* de sécurité; **a two-**~**er car** une voiture à deux places; *(Pol)* **a majority of 50** ~**s** une majorité de 50 députés *(etc).* — **2** *vt (child)* asseoir; *(guest)* placer. **to be** ~**ed** *(sit down)* s'asseoir; *(be sitting)* être assis; **to remain** ~**ed** rester assis; *(find room for)* **we cannot** ~ **them all** nous n'avons pas assez de sièges pour tout le monde; **it ~s 8** on peut y tenir à 8.

secateurs [,sekə'tɛːz] *npl* sécateur *m*.

secluded [sɪ'kluːdɪd] *adj (house)* à l'écart; *(garden)* isolé; *(life, place)* retiré.

seclusion [sɪ'kluːʒən] *n* solitude *f*.

second¹ ['sekənd] — **1** *adj* deuxième; *(gen one of two)* second. **to be ~ in the queue** être le (*or* la) deuxième dans la queue; *(in school)* **he was ~ in French** il a été deuxième en français; **every ~ day** un jour sur deux; *(car)* **in ~ (gear)** en seconde *f*; *(Med)* **to ask for a ~ opinion** demander l'avis d'un autre médecin; **~ cousin** cousin(e) *m(f)* issu(e) de germain; **in the ~ place** en deuxième lieu; **Charles the S~** Charles Deux; **~ to none** sans pareil; **to have ~ sight** avoir le don de seconde vue; **to have ~ thoughts** changer d'avis (*about* en ce qui concerne); **on ~ thoughts...** réflexion faite...; *for other phrases V* **sixth.** — **2** *adv* **(a)** *(Rail: travel)* en seconde. *(in race, exam)* **to come ~** se classer deuxième; **the ~ largest** le plus grand sauf un. **(b)** *(secondly)* deuxièmement. — **3** *n* **(a)** deuxième *mf*, second(e) *m(f)*; *(Boxing)* soigneur *m*; *(in duel)* second *m*. *(goods)* **~s** articles *mpl* de second choix. **(b)** *(time, geography, maths)* seconde *f*. **just a ~!, half a ~!** une petite seconde!; **~ hand** trotteuse *f*. — **4** *vt (motion)* appuyer. *(fig)* **I'll ~ that** je suis d'accord. ◆ **secondary** *adj* secondaire (*see* **school**). ◆ **second-best** *n, adv*: **as a ~** faute de mieux; **to come off ~** perdre. ◆ **second-class** *adj (mail)* à tarif réduit; *(rail ticket etc)* de seconde. **~ citizen** déshérité(e) *m(f)*. ◆ **secondhand** — **1** *adj (gen)* d'occasion; *(information)* de seconde main. **~ dealer** marchand(e) *m(f)* d'occasion. — **2** *adv (buy)* d'occasion. ◆ **second-in-command** *n (Mil)* commandant *m* en second; *(Naut)* second *m*; *(gen)* adjoint(e) *m(f)*. ◆ **secondly** *adv* deuxièmement. ◆ **second-rate** *adj* médiocre.

second² [sɪ'kɒnd] *vt (employee)* détacher (*to* à). ◆ **secondment** *n*: **on ~** en détachement (*to* à).

secrecy ['siːkrəsɪ] *n* secret *m*. **in ~** en secret.

secret ['siːkrɪt] — **1** *n* secret *m*. **to keep a ~** garder un secret; **he makes no ~ of the fact that** il ne cache pas que; **in ~** en secret. — **2** *adj* secret (*f* -ète). **to keep sth ~** ne pas révéler qch (*from sb* à qn); **~ agent** agent *m* secret; **the S~ Service** les services *mpl* secrets.

secretarial [,sekrə'tɛərɪəl] *adj (work, college)* de secrétariat. **~ course** études *fpl* de secrétaire.

secretary ['sekrətrɪ] *n* secrétaire *mf*; (*company* **~**) secrétaire *m* général *(d'une société)*. **~-general** secrétaire général; **S~ of State** *(Brit)* ministre *m* (*for* de); *(US)* ≃ ministre des Affaires étrangères.

secrete [sɪ'kriːt] *vt (Med etc)* sécréter; *(hide)* cacher.

secretive ['siːkrətɪv] *adj* très réservé (*about* à propos de).

sect [sekt] *n* secte *f*.

sectarian [sek'tɛərɪən] *adj* sectaire.

section ['sekʃən] — **1** *n* **(a)** *(part: gen)* section *f*; *(of country)* partie *f*; *(of town)* quartier *m*; *(of machine, furniture)* élément *m*; *(Mil)* groupe *m* de combat. **(b)** *(department)* section *f*. — **2** *vt*: **to ~ off** séparer. ◆ **sectional** *adj (furniture)* à éléments.

sector ['sektəʳ] *n* secteur *m*.

secular ['sekjʊləʳ] *adj (school)* laïque; *(music)* profane.

secure [sɪ'kjʊəʳ] — **1** *adj* **(a)** *(solid etc: padlock, nail, knot)* solide; *(rope)* bien attaché; *(door)* bien fermé; *(safe: valuables etc)* en sûreté; *(place)* sûr; *(certain: career, fame)* assuré. **~ from** *or* **against** à l'abri de. **(b) to feel ~** ne pas avoir d'inquiétudes (*about* au sujet de). — **2** *vt (get)* obtenir (*for sb* pour qn); *(fix: rope)* attacher; *(door, window)* bien fermer; *(tile)* fixer; *(tie up: animal)* attacher; *(make safe)* préserver (*against, from* de); *(career, future)* assurer. ◆ **securely** *adv (firmly)* solidement; *(safely)* en sécurité.

security [sɪ'kjʊərɪtɪ] — **1** *n* **(a)** *(safety)* sécurité *f*. **in ~** en sécurité; **job ~** sécurité de l'emploi; **~ was lax** les mesures *fpl* de sécurité étaient relâchées. **(b)** *(for loan)* garantie *f*; *(for bail)* caution *f*. **(c)** *(Stock Exchange)* **securities** valeurs *fpl*, titres *mpl*. — **2** *adj (council, forces)* de sécurité; *(officer, inspector)* chargé de la sécurité. **~ guard** garde *m* chargé de la sécurité; *(transporting money)* convoyeur *m* de fonds; **he is a ~ risk** il n'est pas sûr.

sedate [sɪ'deɪt] — **1** *adj* posé. — **2** *vt (Med)* mettre sous sédation.

sedative ['sedətɪv] *adj, n* sédatif *(m)*.

sedentary ['sedntrɪ] *adj* sédentaire.

sediment ['sedɪmənt] *n (gen)* dépôt *m*; *(in river)* sédiment *m*.

seduce [sɪ'djuːs] *vt* séduire.

seductive [sɪ'dʌktɪv] *adj (person)* séduisant; *(offer)* alléchant.

see¹ [siː] *pret* **saw**, *ptp* **seen** *vti* **(a)** *(gen)* voir. **I can ~ him** je le vois; **he was ~n to read the letter** on l'a vu lire la lettre; **there was not a house to be ~n** il n'y avait pas une seule maison en vue; **I'll go and ~** je vais aller voir; **let me ~** *(show me)* fais voir; *(let me think)* voyons; **~ for yourself** voyez vous-même; **so I ~** c'est bien ce que je vois; **we'll ~ (about it)** *(perhaps)* on verra; **to ~ sth with one's own eyes** voir qch de ses propres yeux; **to ~ in the dark** voir clair la nuit; *(fig)* **to ~ one's way to doing** trouver le moyen de faire; **to ~ the world** voyager; **what does she ~ in him?** qu'est-ce qu'elle lui trouve?; **~ who's at the door** allez voir qui est à la porte; **to go and ~ sb** aller voir qn; **they ~ a lot of him** ils le voient souvent; **~ you soon!** à bientôt!; **~ you later!** à tout à l'heure!; **it has ~n better days** ça a connu des jours meilleurs; **I never thought we'd ~ the day when...** je n'aurais jamais cru qu'un jour...; **to ~ through sth** voir clair dans qch; **to ~ sth through** mener qch à bonne fin; **£10 should ~ you through** 10 livres devraient vous suffire; **I'll ~ you through** vous pouvez compter sur moi; **I can't ~ myself doing that** je me vois mal faisant cela. **(b)** *(understand)* voir, comprendre; *(joke)* comprendre. **do you ~ what I mean?** vous voyez ce que je veux dire?; **as I ~ it** à mon avis; **as far as I can ~** pour autant que je puisse en juger. **(c)** *(accompany)* accompagner. **to ~ sb home** raccompagner qn jusque chez lui; **to ~ sb off** aller dire au revoir à qn *(à la gare etc)*; **to ~ sb out** raccompagner qn à la porte; *(fig)* **to ~ the New Year in** fêter la Nouvelle Année. **(d)** *(ensure)* **~ that he has all he needs** assurez-vous qu'il ne manque de rien; **I'll ~ (to it) he gets the letter** je me charge de lui faire parvenir la lettre; **to ~ about sth** s'occuper de qch. ◆ **seeing** *conj*: **~ing (that)** étant donné que. ◆ **see-through** *adj* transparent.

see² [siː] *n (of bishop)* siège *m* épiscopal.
seed [siːd] — **1** *n* **(a)** *(gen)* graine *f; (pip)* pépin *m. (for sowing)* **the ~** les graines *fpl;* **~ potato** pomme *f* de terre de semence; **to go to ~** *(plant etc)* monter en graine; *(person)* se laisser aller. **(b)** (*Tennis:* **~ed player**) tête *f* de série. — **2** *vt* **(a)** *(lawn)* ensemencer; *(grape)* épépiner. **(b)** *(Tennis)* **he was ~ed third** il était classé troisième tête de série. ◆ **seedless** *adj* sans pépins. ◆ **seedling** *n* semis *m.* ◆ **seedy** *adj (shabby)* miteux (*f* -euse).
seek [siːk] *pret, ptp* **sought** *vti (gen)* chercher (*to do* à faire); *(advice, help)* demander (*from sb* à qn). **to ~ for** rechercher; **sought after** recherché; **to ~ sb out** aller voir qn. ◆ **seeker** *n* chercheur *m* (*f* -euse) (*after* en quête de).
seem [siːm] *vi* sembler. **he ~s honest** il semble honnête, il a l'air honnête; **she ~s to know you** elle semble vous connaître; **we ~ to have met before** il me semble que nous nous sommes déjà rencontrés; **I ~ed to be floating** j'avais l'impression de planer; **how did she ~ to you?** comment l'as-tu trouvée?; **how does it ~ to you?** qu'en penses-tu?; **it ~s that...** *(looks as if)* il semble que...; *(people say)* il paraît que...; **it doesn't ~ that...** il ne semble pas que + *subj;* **it ~s to me that...** il me semble que...; **so it ~s** il paraît; **there ~s to be a mistake** il semble y avoir une erreur. ◆ **seemingly** *adv* à ce qu'il paraît.
seemly ['siːmlɪ] *adj* convenable.
seen [siːn] *ptp of* **see¹**.
seep [siːp] *vi* filtrer (*through* à travers). **to ~ in** s'infiltrer peu à peu; **to ~ out** suinter.
seersucker ['sɪə,sʌkəʳ] *n* crépon *m* de coton.
seesaw ['siːsɔː] *n* bascule *f (jeu).*
seethe [siːð] *vi (gen)* bouillonner; *(with anger)* bouillir de colère. **seething with people** grouillant de monde.
segment ['segmənt] *n (gen)* segment *m; (of orange etc)* quartier *m.*
segregate ['segrɪgeɪt] *vt* séparer (*from* de). ◆ **segregated** *adj (Pol)* où la ségrégation raciale est appliquée. ◆ **segregation** *n* ségrégation *f.*
seize [siːz] *vti (gen)* saisir; *(Mil, Police)* s'emparer de. **she was ~d with this desire** ce désir l'a saisie; **to ~ up** *(of machine)* se gripper; *(of limb)* s'ankyloser; **to ~ (up)on sth** saisir qch.
seizure ['siːʒəʳ] *n* **(a)** *(of goods, property)* saisie *f; (of city, ship)* capture *f; (of power, territory)* prise *f.* **(b)** *(Med)* crise *f.*
seldom ['seldəm] *adv* rarement.
select [sɪ'lekt] — **1** *vt (gen)* choisir (*from* parmi); *(team, candidate)* sélectionner (*from* parmi). **~ed works** œuvres *fpl* choisies. — **2** *adj* chic *inv,* sélect. ◆ **selection** *n* sélection *f,* choix *m.* ◆ **selective** *adj (gen)* sélectif (*f* -ive). **to be ~** savoir faire un choix.
self [self] — **1** *n, pl* **selves: the ~** le moi *inv;* **his better ~** le meilleur de lui-même; **she's her old ~ again** elle est redevenue complètement elle-même. — **2** *pref:* **~-cleaning** *(etc)* à nettoyage *(etc)* automatique; **~-adhesive** autoadhésif (*f* -ive); **~-criticism** critique *f* de soi; **~-inflicted** que l'on s'inflige à soi-même. ◆ **self-addressed envelope** *n* enveloppe *f* à mon *(etc)* nom et adresse. ◆ **self-centred** *adj* égocentrique. ◆ **self-confident** *adj* sûr de soi. ◆ **self-conscious** *adj* gêné (*about* de). ◆ **self-contained** *adj* indépendant. ◆ **self-controlled** *adj* maître (*f* maîtresse) de soi. ◆ **self-defence** *n* légitime défense *f.* ◆ **self-determination** *n* autodétermination *f.* ◆ **self-discipline** *n* discipline *f* (personnelle). ◆ **self-drive** *adj (car)* sans chauffeur. ◆ **self-employed** *adj* qui travaille à son compte. ◆ **self-esteem** *n* amour-propre *m.* ◆ **self-evident** *adj* évident. ◆ **self-explanatory** *adj* qui se passe d'explication. ◆ **self-government** *n* autonomie *f.* ◆ **self-help** *n* débrouillardise* *f.* ◆ **self-indulgent** *adj* qui ne se refuse rien. ◆ **self-interest** *n* intérêt *m* (personnel). ◆ **self-pity** *n* apitoiement *m* sur soi-même. ◆ **self-portrait** *n* autoportrait *m.* ◆ **self-preservation** *n* instinct *m* de conservation. ◆ **self-raising flour** *n* farine *f* à levure. ◆ **self-respect** *n* respect *m* de soi. ◆ **self-respecting** *adj* qui se respecte. ◆ **self-righteous** *adj* satisfait de soi. ◆ **self-service** *n* libre-service *m inv.* ◆ **self-starter** *n* démarreur *m.* ◆ **self-sufficient** *adj* (économiquement) indépendant. ◆ **self-taught** *adj* autodidacte.
selfish ['selfɪʃ] *adj (gen)* égoïste; *(motive)* intéressé.
sell [sel] *pret, ptp* **sold** *vti* vendre. **to ~ sth for 2 francs** vendre qch 2 F; **he sold me it for 10 francs** il me l'a vendu 10 F; **they ~ at £10 each** ils se vendent 10 livres pièce; **to ~ sth off** liquider qch; **I was sold this here** on m'a vendu cela ici; *(fig)* **to ~ out to the enemy** passer à l'ennemi; **it is sold out** c'est épuisé; **we are sold out** on n'en a plus; *(of shopowner etc)* **to ~ up** vendre son affaire; **to ~ sb an idea** faire accepter une idée à qn; **to be sold on* sth** être emballé* par qch. ◆ **seller** *n* vendeur *m* (*f* -euse). ◆ **selling price** *n* prix *m* de vente.
sellotape ['seləʊteɪp] ® *n* scotch *m* ®, ruban *m* adhésif.
seltzer ['seltsəʳ] *n* eau *f* de Seltz.
selvedge ['selvɪdʒ] *n* lisière *f (de tissu).*
semantic [sɪ'mæntɪk] *adj* sémantique.
semantics [sɪ'mæntɪks] *nsg* sémantique *f.*
semaphore ['seməfɔːʳ] *n* signaux *mpl* à bras.
semen ['siːmən] *n* sperme *m.*
semi ['semɪ] *pref* semi-, demi-. ◆ **semicircle** *n* demi-cercle *m.* ◆ **semicolon** *n* point-virgule *m.* ◆ **semiconscious** *adj* à demi conscient. ◆ **semidetached house** *n* maison *f* jumelée. ◆ **semifinal** *n* demi-finale *f.* ◆ **semiskilled** *adj (worker)* spécialisé; *(work)* d'ouvrier spécialisé.
seminar ['semɪnɑːʳ] *n (discussion)* séminaire *m; (class)* séance *f* de travaux pratiques.
seminary ['semɪnərɪ] *n* séminaire *m (Rel).*
semolina [,semə'liːnə] *n* semoule *f;* (**~** *pudding)* semoule au lait.
senate ['senɪt] *n (Pol)* sénat *m.*
senator ['senɪtəʳ] *n* sénateur *m.*
send [send] *pret, ptp* **sent** *vti (gen)* envoyer (*to* à; *to do* faire; *for sth* chercher qch); *(ball, spacecraft)* lancer. **to ~ away** *or* **off** *(gen)* envoyer (*to* à); *(post)* mettre à la poste; *(dismiss)* renvoyer; **to ~ away** *or* **off for sth** commander qch par correspondance; *(Football)* **to ~ sb off** renvoyer qn du terrain; **to ~ back** renvoyer; **to ~ prices down** faire baisser les prix; **to ~ for** *(doctor, police)* faire venir; *(help)* envoyer chercher; *(application form)* écrire pour demander; **to ~ out for sth** envoyer chercher qch; **to ~ in** *(gen)* envoyer; *(visitor)* faire entrer; **to ~ in an application** faire une demande; *(for job)* poser sa candidature; **to ~ out** *(gen)* envoyer; *(from room etc)* faire sortir; *(post)* envoyer par la poste; *(emit: smell, heat)* émettre; **to ~ the children out to play** envoyer

les enfants jouer dehors; **to ~ sb to bed** envoyer qn se coucher; **to ~ sb home** renvoyer qn chez lui, *(from abroad)* rapatrier qn; **to ~ sb to sleep** endormir qn; **to ~ sb mad** rendre qn fou (*f* folle); *(fig)* **to ~ sb about his business*** envoyer promener qn*; *(fig)* **to ~ sb to Coventry** mettre qn en quarantaine; **it sent her running to her mother** en voyant cela elle s'est précipitée vers sa mère; *(fig)* **to ~ sth flying** envoyer voler qch; **to ~ sb flying** envoyer qn rouler à terre; **this music ~s* me** cette musique m'emballe*; **to ~ on** *(letter, luggage)* faire suivre; *(sth left behind)* renvoyer; **they sent him round to his aunt's** ils l'ont envoyé chez sa tante; **to ~ up** *(person, luggage, prices)* faire monter; *(spacecraft, flare)* lancer; (*: *make fun of*) parodier. ◆ **sender** *n* expéditeur *m* (*f* -trice). ◆ **send-off*** *n*: **to give sb a good ~** faire des adieux chaleureux à qn.

senile ['siːnaɪl] *adj* sénile.

senior ['siːnɪəʳ] — **1** *adj (in rank)* supérieur; *(older)* plus âgé, aîné. **Smith S~** Smith père; *(US)* **~ high school** lycée *m;* **he's my ~** il est plus âgé que moi; *(in firm)* il est au-dessus de moi; **~ partner** associé *m* principal. — **2** *n (in age)* aîné(e) *m(f); (US)* étudiant(e) *m(f)* de dernière année. ◆ **seniority** *n (rank)* supériorité *f; (years of service)* ancienneté *f.*

sensation [sen'seɪʃən] *n* sensation *f* (*of doing* de faire). **to cause a ~** faire sensation.

sensational [sen'seɪʃənl] *adj (event)* qui fait sensation; *(film, novel)* à sensation; *(account)* dramatique; (*: *marvellous*) sensationnel* (*f* -elle).

sense [sens] — **1** *n* **(a)** *(faculty etc)* sens *m.* **~ of hearing** ouïe *f;* **~ of smell** odorat *m;* **to come to one's ~s** reprendre connaissance (*V also* **1c**); **~ of direction** sens de l'orientation; **~ of humour** sens de l'humour. **(b)** *(impression: physical)* sensation *f* (*of warmth etc* de chaleur *etc); (mental)* sentiment *m* (*of guilt etc* de culpabilité *etc*) **(c)** *(sanity)* **to take leave of one's ~s** perdre la raison; **to come to one's ~s** revenir à la raison; **to bring sb to his ~s** ramener qn à la raison. **(d)** (*common ~*) bon sens *m.* **to see ~** entendre raison; **there's no ~ in doing that** à quoi bon faire cela?; **it makes ~** c'est logique; **to make ~ of sth** arriver à comprendre qch. **(e)** *(meaning)* sens *m.* **in the figurative ~** au sens figuré; **in every ~ of the word** dans toute l'acception du terme; **in a ~** dans un certain sens. — **2** *vt (gen)* sentir intuitivement (*that* que); *(danger)* pressentir. ◆ **senseless** *adj (stupid)* insensé; *(unconscious)* sans connaissance.

sensibility [,sensɪ'bɪlɪtɪ] *n* sensibilité *f.*

sensible ['sensəbl] *adj (gen)* raisonnable, sensé; *(clothes)* pratique.

sensitive ['sensɪtɪv] *adj (gen)* sensible (*to* à); *(delicate: skin, question)* délicat; *(easily offended)* susceptible. ◆ **sensitively** *adv* avec sensibilité. ◆ **sensitivity** *n* sensibilité *f.*

sensual ['sensjʊəl] *adj* sensuel (*f* -uelle).

sensuous ['sensjʊəs] *adj* voluptueux (*f* -ueuse).

sent [sent] *pret, ptp of* **send.**

sentence ['sentəns] — **1** *n* **(a)** *(Grammar)* phrase *f.* **(b)** *(Law)* **~ of death** condamnation *f* à mort; **a long ~** une longue peine. — **2** *vt* condamner (*to* à).

sentiment ['sentɪmənt] *n (feeling)* sentiment *m; (opinion)* opinion *f; (sentimentality)* sentimentalité *f.* ◆ **sentimental** *adj* sentimental.

sentry ['sentrɪ] *n* sentinelle *f.* **~ box** guérite *f;* **on ~ duty** de faction.

separate ['seprɪt] — **1** *adj (gen)* séparé; *(existence, organization)* indépendant; *(entrance)* particulier (*f* -ière); *(occasion, day, issue)* différent. **they have ~ rooms** ils ont chacun leur propre chambre; **to keep sth ~ from** séparer qch de. — **2** *n (clothes)* **~s** coordonnés *mpl.* — **3** ['sepəreɪt] *vt* séparer (*from* de), diviser (*into* en). — **4** *vi* se séparer (*from* de). ◆ **separately** *adv* séparément. ◆ **separation** *n* séparation *f* (*from sth* de qch; *from sb* d'avec qn).

September [sep'tembəʳ] *n* septembre *m.* **the first of ~** le premier septembre; **(on) the tenth of ~** le dix septembre; **in ~** en septembre; **in the month of ~** au mois de septembre; **each** *or* **every ~** chaque année en septembre.

septic ['septɪk] *adj* septique; *(wound)* infecté. **~ tank** fosse *f* septique.

sequel ['siːkwəl] *n (of book, film etc)* suite *f; (of event etc)* suites *fpl.*

sequence ['siːkwəns] *n* suite *f* (*of* de); *(Music, Cards)* séquence *f.*

sequin ['siːkwɪn] *n* paillette *f.*

serenade [,serə'neɪd] *n* sérénade *f.*

serene [sə'riːn] *adj* serein.

serge [sɜːdʒ] *n* serge *f.*

sergeant ['sɑːdʒənt] *n (Infantry)* sergent *m; (Artillery, Cavalry)* maréchal *m* des logis; *(US Air Force)* caporal-chef *m; (Police)* brigadier *m.*

serial ['sɪərɪəl] — **1** *n* feuilleton *m.* **television ~** feuilleton télévisé; **3-part ~** feuilleton en 3 épisodes. — **2** *adj:* **~ number** *(gen)* numéro *m* de série; *(of cheque, banknote)* numéro. ◆ **serialize** *vt (Press)* publier en feuilleton; *(Radio, TV)* adapter en feuilleton.

series ['sɪərɪz] *n, pl inv (gen)* série *f, (set of books)* collection *f.*

serious ['sɪərɪəs] *adj* **(a)** *(gen)* sérieux (*f* -ieuse); *(attitude, voice)* grave. **I'm quite ~** je ne plaisante pas. **(b)** *(illness, mistake, loss, doubt)* grave *(usually before n).* **his condition is ~** il est dans un état grave. ◆ **seriously** *adv (speak, think)* sérieusement; *(ill)* gravement; *(wounded)* grièvement; *(worried)* sérieusement. **to take sth ~** prendre qch au sérieux. ◆ **seriousness** *n (gen)* sérieux *m; (of situation, injury)* gravité *f.* **in all ~** sérieusement.

sermon ['sɜːmən] *n* sermon *m* (*on* sur).

serpent ['sɜːpənt] *n* serpent *m.*

serrated [se'reɪtɪd] *adj (edge)* en dents de scie; *(knife)* à dents de scie.

servant ['sɜːvənt] *n* domestique *mf; (maid)* bonne *f; (fig)* serviteur *m.*

serve [sɜːv] *vti* **(a)** servir (*sb* qn; *sth to sb, sb with sth* qch à qn; *as sth* de qch). **it ~s its** *(or* **my** *etc)* **purpose** cela fait l'affaire; **it ~s him right** c'est bien fait pour lui; **it ~s you right for being so stupid** cela t'apprendra à être si stupide; **to ~ the soup out** *or* **up** servir la soupe; *(in shop)* **are you being ~d?** est-ce qu'on vous sert?; *(Mil)* **to ~ one's time** faire son temps de service; **to ~ a prison sentence** purger une peine (de prison). **(b)** *(Law: summons)* remettre (*on* à); *(warrant)* délivrer (*on* à). **to ~ notice on sb** notifier à qn (*that* que); **to ~ a writ on sb** assigner qn; **to ~ on a committee** être membre d'un comité. — **2** *n (Tennis)* service *m.* ◆ **server** *n* **(a)** *(Tennis etc)* serveur *m* (*f* -euse). **(b)** *(piece of cutlery)* couvert *m* à servir.

service ['sɜːvɪs] — **1** *n* **(a)** *(gen: also Mil, Tennis)* service *m*. **on Her Majesty's ~** au service de Sa Majesté; **in ~** en service; **at your ~** à votre service; **to be of ~ to sb, to do sb a ~** rendre service à qn; *(on bill)* **15% ~ (charge) included** service 15% compris; *(on motorway)* **~ area** aire *f* de services; **~ hatch** passe-plat *m*; **~ station** station-service *f*; **medical ~s** services médicaux; *(Mil)* **the S~s** les forces *fpl* armées; **the train ~ to London** les trains *mpl* pour Londres; **the number 4 bus ~** la ligne du numéro 4; **coffee ~** service *m* à café; *(Rel)* **to hold a ~** célébrer un service. **(b)** *(maintenance on machine)* révision *f*. **to put one's car in for a ~** donner sa voiture à réviser. — **2** *vt* *(machine, car etc)* réviser. ◆ **serviceman** *n* militaire *m*.

serviette [ˌsɜːvɪ'et] *n* serviette *f* de table.

servile ['sɜːvaɪl] *adj* servile.

session ['seʃən] *n* **(a)** *(meeting)* séance *f*. **to be in ~** *(gen)* siéger; *(court)* être en séance. **(b)** *(in school etc: year)* année *f* universitaire *or* scolaire; *(US: term)* trimestre *m* universitaire.

set [set] (*vb: pret, ptp* **set**) — **1** *n* **(a)** *(of keys, spanners)* jeu *m*; *(of pans, numbers, stamps etc)* série *f*; *(of books, magazines)* collection *f*; *(of dishes etc)* service *m*; *(of people)* bande *f*. **~ of false teeth** dentier *m*; **in ~s** en jeux complets, en séries complètes; **sewing ~** trousse *f* de couture; **painting ~** boîte *f* de peinture; **chess ~** jeu d'échecs *(objet)*; **the golfing ~** le monde du golf. **(b)** *(Tennis)* set *m*; *(Math)* ensemble *m*. **(c)** *(Electrical)* appareil *m*; *(Radio, TV)* poste *m*. **(d)** *(Cinema etc: scenery)* décor *m*. *(stage)* **on the ~** sur le plateau. **(e)** *(Hairdressing)* mise *f* en plis. — **2** *adj* *(gen)* fixe; *(smile etc)* figé; *(purpose)* déterminé; *(lunch)* à prix fixe; *(in school: book etc)* au programme. **~ in one's ways** qui tient à ses habitudes; *(weather)* **~ fair** au beau fixe; **~ phrase** expression *f* consacrée; **to be ~ on (doing) sth** vouloir à tout prix (faire) qch; **to be dead ~ against** s'opposer absolument à; **to be all ~ to do** être prêt pour faire. — **3** *vt* **(a)** *(gen)* mettre; *(place)* placer; *(put down)* poser. **house ~ on a hill** maison située sur une colline; **to ~ a dog on sb** lancer un chien contre qn; **she ~ my brother against me** elle a monté mon frère contre moi; **to ~ sth going** mettre qch en marche; **to ~ sb thinking** faire réfléchir qn; **to ~ sb to do sth** faire faire qch à qn; **to ~ o.s. to do** entreprendre de faire; **to ~ fire to sth** mettre le feu à qch; **to ~ aside** *(save)* mettre de côté; *(lay aside)* poser; **house ~ back from the road** maison en retrait de la route; *(fig)* **it ~ me back* £5** cela m'a coûté 5 livres; **to ~ down** *(object, passenger)* déposer; *(plane)* poser; *(write)* noter; **to ~ off** *(bomb)* faire exploser; *(firework)* faire partir; *(mechanism)* déclencher (*see also* **4b**); **to ~ out** *(gen)* disposer; *(for sale or display)* exposer; **to ~ up** *(gen)* installer; *(school)* fonder; *(record)* établir; *(business, fund)* créer; *(inquiry)* ouvrir; **they ~ up house together** ils se sont mis en ménage; **to ~ sb up in business** lancer qn dans les affaires. **(b)** *(type)* composer; *(fracture)* réduire. **to have one's hair ~** se faire faire une mise en plis. **(c)** *(fix: dye, date, limit)* fixer; *(record)* établir. **(d)** *(assign: task)* donner; *(exam)* choisir les questions de; *(texts)* mettre au programme. **to ~ sb a problem** poser un problème à qn. **(e)** *(gem)* monter (*in* sur); *(ring)* orner (*with* de). — **4** *vi* **(a)** *(of sun etc)* se coucher; *(of jelly, jam)* prendre; *(of glue, concrete)* durcir; *(of character)* se former. **(b)** **to ~ to work** se mettre au travail; **to ~ about doing** se mettre à faire; **I don't know how to ~ about it** je ne sais pas comment m'y prendre; **to ~ about** *or* **upon sb** attaquer qn; **to ~ in** *(of complications)* surgir; *(of reaction)* s'amorcer; **the rain has ~ in for the night** il va pleuvoir toute la nuit; **to ~ off** *(leave)* se mettre en route; **to ~ off on a journey** partir en voyage; **to ~ out** partir (*for* pour; *from* de; *in search of* à la recherche de); **to ~ out to do** chercher à faire; **to ~ up in business as a grocer** s'établir épicier. ◆ **setback** *n* revers *m*; *(minor)* contretemps *m*; *(in health)* rechute *f*. ◆ **setting** *(of jewel)* monture *f*; *(fig: background)* cadre *m*. **~ for piano** arrangement *m* pour piano; **~ lotion** lotion *f* pour mise en plis.

settee [se'tiː] *n* canapé *m*.

settle ['setl] — **1** *vt* *(question, details, account)* régler; *(date)* fixer; *(problem)* résoudre; *(debt)* rembourser; *(person)* installer; *(nerves)* calmer; *(doubts)* dissiper; *(decide)* décider. **to ~ o.s., to get ~d** s'installer; **that's ~d then?** alors, c'est décidé?; **to ~ a case out of court** régler une affaire à l'amiable; **the weather is ~d** le temps est au beau fixe. — **2** *vi* **(a)** *(of bird)* se poser (*on* sur); *(of dust etc)* retomber; *(of building)* se tasser. *(of dust, snow)* **to ~ on sth** couvrir qch; **they ~d in London** ils se sont installés à Londres; **to ~ into** *(armchair)* s'installer confortablement dans; *(new job)* se faire à; *(routine)* adopter; **to ~ down** *(in chair, house)* s'installer; *(become calmer)* se calmer; *(of situation)* s'arranger; **to ~ down to work** se mettre au travail; **to get married and ~ down** se marier et mener une vie stable; **to ~ in** *(after move etc)* s'installer; *(new job etc)* s'adapter. **(b)** **to ~ with sb for the cost of the meal** régler le prix du repas à qn; **to ~ up** régler (la note); *(Law)* **to ~ out of court** arriver à un règlement à l'amiable; **he ~d for £200** il a accepté 200 livres; **to ~ on sth** *(choose)* fixer son choix sur qch; *(agree)* se mettre d'accord sur qch. ◆ **settlement** *n* *(agreement)* accord *m*; *(colony)* colonie *f*; *(village)* village *m*. ◆ **settler** *n* colon *m*.

seven ['sevn] *adj, n* sept *(m) inv*; *for phrases V* **six**. ◆ **seventeen** *adj, n* dix-sept *(m) inv*. ◆ **seventeenth** *adj, n* dix-septième *(mf)*. ◆ **seventh** *adj, n* septième *(mf)*; *(fraction)* septième *m*. ◆ **seventieth** *adj, n* soixante-dixième *(mf)*; *(fraction)* soixante-dixième *m*. ◆ **seventy** *adj, n* soixante-dix *(m) inv*. **~-one** soixante et onze.

sever ['sevəʳ] *vt* couper.

several ['sevrəl] *adj, pron* plusieurs *mfpl*. **~ times** plusieurs fois; **~ of us** plusieurs d'entre nous.

severe [sɪ'vɪəʳ] *adj* *(gen)* sévère (*with* pour, envers); *(climate)* rigoureux (*f* -euse); *(frost)* intense; *(pain)* violent; *(illness)* grave. *(Med)* **a ~ cold** un gros rhume.

severity [sɪ'verɪtɪ] *n* sévérité *f*.

sew [səʊ] *pret* **sewed,** *ptp* **sewn** *or* **sewed** *vti* coudre (*on* à).

sewage ['sjuːɪdʒ] *n* vidanges *fpl*. **~ disposal** évacuation *f* des vidanges; **~ works** champ *m* d'épandage.

sewer ['sjʊəʳ] *n* égout *m*.

sewing ['səʊɪŋ] *n* couture *f*. **~ basket** boîte *f* à couture; **~ machine** machine *f* à coudre.

sewn [səʊn] *ptp of* **sew.**

sex [seks] — **1** *n* sexe *m*. **to have ~ with sb** coucher avec qn*. — **2** *adj* sexuel (*f* -uelle). ◆ **sexual** *adj* sexuel (*f* -uelle). **~ intercourse** rapports *mpl* sexuels.

sextet [seks'tet] *n* sextuor *m*.

shabby ['ʃæbɪ] *adj (gen)* miteux (*f* -euse); *(behaviour)* mesquin.

shack [ʃæk] *n* cabane *f*.

shade [ʃeɪd] — **1** *n* **(a)** ombre *f*. **in the ~** à l'ombre; *(fig)* **to put sth in the ~** éclipser qch. **(b)** *(of colour)* ton *m*. **~ of meaning** nuance *f*; **a ~ bigger** un tout petit peu plus grand. **(c)** (*lamp*~) abat-jour *m inv*; *(US: blind)* store *m*. *(US: sunglasses)* **~s** lunettes *fpl* de soleil. — **2** *vt (gen)* abriter de la lumière; *(light, lamp)* voiler.

shadow ['ʃædəʊ] — **1** *n* ombre *f*. **in the ~** dans l'ombre (*of* de); *(fig)* **to cast a ~ over sth** assombrir qch; **without a ~ of doubt** sans l'ombre d'un doute; **to have ~s under one's eyes** avoir les yeux cernés; **~ boxing** boxe *f* à vide; *(Parliament)* **~ cabinet** cabinet *m* fantôme *(de l'opposition)*. — **2** *vt* filer *(un suspect etc)*. ◆ **shadowy** *adj* vague.

shady ['ʃeɪdɪ] *adj* ombragé; *(fig)* louche.

shaft [ʃɑːft] *n* **(a)** *(of tool etc)* manche *m*; *(driveshaft etc)* arbre *m*; *(of light)* rayon *m*. **(b)** *(of mine)* puits *m*; *(of lift, elevator)* cage *f*; *(for ventilation)* cheminée *f*.

shaggy ['ʃægɪ] *adj (hair, mane)* broussailleux (*f* -euse); *(animal)* à longs poils.

shake [ʃeɪk] (*vb: pret* **shook,** *ptp* **shaken**) — **1** *n*: **with a ~ of his head** avec un hochement de tête; **to have the ~s*** avoir la tremblote*; **in a ~*** dans un instant; **it is no great ~s*** ça ne casse rien*. — **2** *vt* **(a)** *(gen)* secouer; *(house, windows etc)* ébranler. **to ~ one's head** *(in refusal etc)* faire non de la tête; *(at bad news etc)* secouer la tête; **to ~ one's fist at sb** menacer qn du poing; **to ~ hands with sb** serrer la main à qn; **they shook hands** ils se sont serré la main; **to ~ sth out of a box** faire tomber qch d'une boîte; **to ~ off** *(dust etc)* secouer *(from* de); *(cough, habit)* se débarrasser de; *(pursuer)* semer*. **(b)** *(harm: belief)* ébranler; *(amaze)* stupéfier; (*disturb:* **~ up**) secouer. **to feel ~n** être bouleversé. — **3** *vi* trembler (*with* de). **to ~ with laughter** se tordre de rire. ◆ **shake-up** *n (fig)* grande réorganisation *f*.

shaky ['ʃeɪkɪ] *adj (trembling)* tremblant; *(nervous)* mal assuré; *(table)* branlant; *(fig: memory etc)* assez mauvais. **I feel a bit ~** je me sens faible.

shale [ʃeɪl] *n* schiste *m* argileux.

shall [ʃæl] *modal aux vb (indique le futur)* **I ~** *or* **I'll arrive on Monday** j'arriverai lundi, je vais arriver lundi; **~ I open the door?** voulez-vous que j'ouvre *(subj)* la porte?; **~ we ask him to come with us?** si on lui demandait de venir avec nous?

shallot [ʃə'lɒt] *n* échalote *f*.

shallow ['ʃæləʊ] *adj (gen)* peu profond; *(breathing, person)* superficiel (*f* -ielle). ◆ **shallows** *npl* hauts-fonds *mpl*.

sham [ʃæm] — **1** *n*: **to be a ~** *(person)* être un imposteur; *(organization)* être de la frime*. — **2** *adj (piety)* feint; *(illness)* simulé. — **3** *vt* simuler. **he is only ~ming** il fait seulement semblant.

shambles ['ʃæmblz] *n, no pl (after fire, bombing)* scène *f* de dévastation; *(mess, muddle)* pagaille* *f*.

shame [ʃeɪm] — **1** *n* **(a)** *(feeling)* honte *f*. **to put to ~** faire honte à. **(b) it is a ~** c'est dommage (*that* que + *subj; to do* de faire); **what a ~ he isn't here** quel dommage qu'il ne soit pas ici. — **2** *vt* faire honte à. **to ~ sb into doing sth** obliger qn à faire qch en lui faisant honte. ◆ **shamefaced** *adj* honteux (*f* -euse). ◆ **shameful** *adj* honteux (*f* -euse). ◆ **shamefully** *adv (behave)* honteusement; *(bad, late)* scandaleusement. ◆ **shameless** *adj (behaviour)* effronté. **he is quite ~ about it** il n'en a pas du tout honte.

shammy* ['ʃæmɪ] *n* (*~ leather*) peau *f* de chamois.

shampoo [ʃæm'puː] — **1** *n* shampooing *m*. **~ and set** shampooing et mise *f* en plis. — **2** *vt (hair)* faire un shampooing à; *(carpet)* shampooer.

shamrock ['ʃæmrɒk] *n* trèfle *m*.

shandy ['ʃændɪ] *n* panaché *m (bière)*.

shan't [ʃɑːnt] = **shall not.**

shanty ['ʃæntɪ] *n* **(a)** *(hut)* baraque *f*. **~ town** bidonville *m*. **(b)** (sea ~) chanson *f* de marins.

shape [ʃeɪp] — **1** *n* forme *f*. **what ~ is the room?** quelle est la forme de la pièce?; **in the ~ of a cross** en forme de croix; **to take ~** prendre tournure; **to be in good ~** *(person)* être en forme; *(business etc)* marcher bien. — **2** *vti* façonner (*into* en). **oddly ~d** d'une forme bizarre; **heart-~d** en forme de cœur; **to ~ up well** *(thing)* marcher bien; *(person)* faire des progrès. ◆ **shapeless** *adj* informe. ◆ **shapely** *adj (person)* bien fait; *(thing)* bien proportionné.

share [ʃɛəʳ] — **1** *n* **(a)** part *f* (*of, in* de). **to get a ~ of** *or* **in sth** avoir part à qch; **he has a ~ in the business** il est l'un des associés dans cette affaire; *(fig)* **he had a ~ in it** il y était pour quelque chose; **to take a ~ in sth** participer à qch; **to do one's ~** fournir sa part d'efforts; **more than his fair ~ of** plus que sa part de. **(b)** *(in company etc)* action *f* (*in* de). **~ index** indice *m* de la Bourse. — **2** *vti (gen)* partager (*with sb* avec qn; *among* entre); (*get one's ~ of: also* **~ in**) avoir part à. **to ~ certain characteristics** avoir certaines caractéristiques en commun; **I ~ your hope that...** j'espère comme vous que... ◆ **shareholder** *n* actionnaire *mf*.

shark [ʃɑːk] *n* requin *m*.

sharp [ʃɑːp] — **1** *adj* **(a)** *(knife)* tranchant; *(needle)* aigu (*f* -guë); *(teeth)* acéré; *(pencil, nose)* pointu; *(corner)* aigu; *(bend in road, fall in price)* brusque; *(picture)* net (*f* nette). **(b)** *(Music)* **C ~** do *m* dièse. **(c)** *(harsh: cry)* perçant; *(pain)* vif (*f* vive); *(taste)* piquant; *(rebuke)* sévère. **(d)** *(brisk etc: pace)* vif (*f* vive). **look ~ about it!** dépêche-toi! **(e)** *(eyesight)* perçant; *(hearing, smell)* fin; *(mind)* pénétrant; *(person)* dégourdi*. **~ practice** procédés *mpl* malhonnêtes. — **2** *adv* **(a)** *(sing, play)* trop haut. **(b) take ~ left** tournez tout à fait à gauche; **at 3 o'clock ~** à 3 heures pile*. — **3** *n (Music)* dièse *m*. ◆ **sharpen** *vt (gen)* aiguiser; *(pencil)* tailler. ◆ **sharpener** *n (for knives)* aiguisoir *m*; *(for pencils)* taille-crayons *m inv*. ◆ **sharply** *adv (change, stop)* brusquement; *(criticize)* sévèrement; *(stand out, differ)* nettement; *(ask, look)* avec intérêt.

shatter ['ʃætəʳ] — **1** *vt (gen)* briser; *(hopes)* ruiner; *(sb's nerves)* démolir. — **2** *vi (gen)* voler en éclats. **to ~ against sth** se fracasser contre qch. ◆ **shattered*** *adj (aghast)* bouleversé; *(exhausted)* éreinté. ◆ **shattering** *adj (attack)* destructeur (*f* -trice); *(defeat)* écrasant.

shave [ʃeɪv] — **1** *n:* **to have a ~** se raser; *(fig)* **to have a close** *or* **narrow ~** l'échapper belle. — **2** *vt (person)* raser. **to ~ off one's beard** se raser la barbe. — **3** *vi* se raser. ◆ **shaver** *n* rasoir *m* électrique. ◆ **shaving** *n (wood)* copeau *m.* **~ brush** blaireau *m;* **~ cream** crème *f* à raser.

shawl [ʃɔːl] *n* châle *m.*

she [ʃiː] — **1** *pers pron* elle. **~ has come** elle est venue; **here ~ is** la voici; **~ is a doctor** elle est médecin, c'est un médecin; **she didn't do it, he did** ce n'est pas elle qui l'a fait, c'est lui; **it's a ~** *(animal)* c'est une femelle; *(baby)* c'est une fille. — **2** *pref (gen)* femelle. **~-bear** ourse *f.*

sheaf [ʃiːf] *n* gerbe *f.*

shear [ʃɪəʳ] *vt* tondre. **to ~ off** *(projecting part)* arracher; **to ~ through** fendre. ◆ **shearing** *n* tonte *f.* ◆ **shears** *npl* cisaille *f.*

sheath [ʃiːθ] *n (gen)* gaine *f; (of sword)* fourreau *m; (contraceptive)* préservatif *m.*

shed[1] [ʃed] *n (gen)* remise *f; (huge)* hangar *m; (for cattle etc)* étable *f; (part of factory)* atelier *m.*

shed[2] [ʃed] *pret, ptp* **shed** *vt* **(a)** *(get rid of: gen)* perdre; *(coat etc)* enlever; *(unwanted thing)* se débarrasser de. *(of snake)* **to ~ its skin** muer. **(b)** *(blood, tears)* verser. **to ~ light on** éclairer.

sheen [ʃiːn] *n* lustre *m.*

sheep [ʃiːp] *n, pl inv* mouton *m.* **~ farmer** éleveur *m* de moutons. ◆ **sheepdog** *n* chien *m* de berger. ◆ **sheepish** *adj* penaud. ◆ **sheepskin** *n* peau *f* de mouton.

sheer [ʃɪəʳ] *adj* **(a)** *(utter: chance, kindness, madness)* pur *(before n); (impossibility, necessity)* absolu. **by a ~ accident** tout à fait par hasard; **by ~ hard work** uniquement grâce au travail; **a ~ drop** un à-pic. **(b)** *(stockings)* extra-fin.

sheet [ʃiːt] *n* **(a)** drap *m;* (*dust* **~**) housse *f; (tarpaulin)* bâche *f.* **(b)** *(paper)* feuille *f; (glass, metal etc)* plaque *f; (water)* étendue *f; (flames)* rideau *m. (paper)* **a loose ~** une feuille volante; **order ~** bulletin *m* de commande; **~ music** partitions *fpl.*

sheik(h) [ʃeɪk] *n* cheik *m.*

shelf [ʃelf] *n, pl* **shelves** *(gen)* étagère *f,* rayon *m; (in rock)* rebord *m; (underwater)* écueil *m.* **a set of shelves** un rayonnage; **~ life** durée *f* de conservation avant vente.

shell [ʃel] — **1** *n* **(a)** *(of egg etc: gen)* coquille *f; (of tortoise, lobster)* carapace *f; (seashell)* coquillage *m; (of building)* carcasse *f.* **pastry ~** fond *m* de tarte. **(b)** *(Mil)* obus *m.* — **2** *vt* **(a)** *(peas)* écosser; *(nut)* décortiquer. **(b)** *(Mil)* bombarder. ◆ **shellfish** *n, pl inv (food)* fruits *mpl* de mer. ◆ **shelling** *n (Mil)* bombardement *m.*

shelter [ˈʃeltəʳ] — **1** *n* **(a)** abri *m.* **to take ~** se mettre à l'abri; **to take ~ from** (*or* **under**) s'abriter de (*or* sous); **to seek ~** chercher un abri (*from* contre). **(b)** *(place)* abri *m; (for sentry)* guérite *f;* (*bus* **~**) abribus *m.* — **2** *vt* abriter (*from* de); *(criminal etc)* cacher. — **3** *vi* s'abriter (*from* de; *under* sous). ◆ **sheltered** *adj (place)* abrité; *(life)* sans soucis.

shelve [ʃelv] *vt (postpone)* mettre en sommeil.

shepherd [ˈʃepəd] — **1** *n* berger *m; (Rel)* pasteur *m.* **~'s pie** ≃ hachis *m* Parmentier. — **2** *vt:* **to ~ sb about** escorter qn.

sherbet [ˈʃɜːbət] *n (powder)* poudre *f* acidulée; *(water ice)* sorbet *m.*

sheriff [ˈʃerɪf] *n* shérif *m.*

sherry [ˈʃerɪ] *n* xérès *m,* sherry *m.*

Shetland [ˈʃetlənd] *n* (*also* **the ~ Isles, the ~s**) les îles *fpl* Shetland. **~ pony** poney *m* shetlandais; **~ wool** shetland *m.*

shield [ʃiːld] — **1** *n* bouclier *m; (in factory etc)* écran *m* de protection. — **2** *vt* protéger (*from* de, contre).

shift [ʃɪft] — **1** *n* **(a)** *(change)* changement *m* (*in* de); *(movement: of cargo etc)* déplacement *m* (*in* de). **(b)** *(work)* poste *m.* **to be on night ~** être au poste de nuit; **to work ~s** travailler par roulement. **(c) to make ~** se débrouiller (*with* avec; *to do* pour faire). — **2** *vt (gen)* bouger; *(Theatre: scenery)* changer; *(screw)* débloquer; *(employee)* affecter (*to* à); *(blame)* rejeter (*onto* sur). **to ~ position** changer de position; *(US)* **to ~ gears** changer de vitesse. — **3** *vi* **(a)** *(go)* aller; *(move house)* déménager; *(move)* bouger; *(of cargo)* se déplacer; *(change)* changer. **~ off the rug*** va-t'en du tapis; **to ~ over** *or* **along** se pousser; **he won't ~** il ne bougera pas. **(b) to ~ for o.s.** se débrouiller* tout seul. ◆ **shiftless** *adj* manquant de ressource. ◆ **shifty** *adj (gen)* louche; *(answer)* évasif (*f* -ive).

shilly-shally [ˈʃɪlɪ,ʃælɪ] *vi* hésiter.

shimmer [ˈʃɪməʳ] *vi* miroiter.

shin [ʃɪn] — **1** *n* tibia *m.* — **2** *vi:* **to ~ up sth** grimper à qch; **to ~ down sth** dégringoler de qch.

shine [ʃaɪn] (*vb: pret, ptp* **shone**) — **1** *vi (gen)* briller. **the moon is shining** il y a clair de lune; **to ~ on sth** éclairer qch; **the light is shining in my eyes** j'ai la lumière dans les yeux; **to ~ through sth** passer à travers qch; *(fig)* **to ~ with happiness** rayonner de bonheur; **to ~ at football** briller au football. — **2** *vt* **(a) ~ the light over here** éclairez par ici. **(b)** *(polish)* faire briller.

shingle [ˈʃɪŋgl] *n (beach)* galets *mpl; (on roof)* bardeaux *mpl.*

shingles [ˈʃɪŋglz] *n (Med)* zona *m.*

shiny [ˈʃaɪnɪ] *adj* brillant.

ship [ʃɪp] — **1** *n (gen)* bateau *m; (large)* navire *m.* **~'s boat** chaloupe *f;* **~'s company** équipage *m.* — **2** *vt* transporter. **to ~ off** expédier. ◆ **shipbuilding** *n* construction *f* navale. ◆ **shipment** *n* cargaison *f.* ◆ **shipowner** *n* armateur *m.* ◆ **shipping** *n* navigation *f.* **attention all ~!** avis à la navigation!; **~ agent** agent *m* maritime; **~ line** compagnie *f* de navigation; **~ lane** voie *f* de navigation. ◆ **shipwreck** — **1** *n* naufrage *m.* — **2** *vt:* **to be ~ed** faire naufrage. ◆ **shipwrecked** *adj* naufragé. ◆ **shipyard** *n* chantier *m* naval.

shire [ˈʃaɪəʳ] *n (Brit)* comté *m.*

shirk [ʃɜːk] — **1** *vt* esquiver. — **2** *vi* tirer au flanc*.

shirt [ʃɜːt] *n (man's)* chemise *f; (woman's)* chemisier *m.* **in one's ~ sleeves** en bras de chemise. ◆ **shirty*** *adj* en rogne*.

shiver [ˈʃɪvəʳ] — **1** *vi* frissonner (*with* de). — **2** *n* frisson *m.* **to give sb the ~s** donner le frisson à qn. ◆ **shivery** *adj (cold)* qui a des frissons; *(feverish)* fiévreux (*f* -euse).

shoal [ʃəʊl] *n* banc *m (de poissons).*

shock [ʃɒk] — **1** *n (gen)* choc *m; (of explosion)* secousse *f; (electric)* décharge *f.* **it comes as a ~ to hear that...** il est stupéfiant d'apprendre que...; **you gave me a ~!** vous m'avez fait peur!; **in a state of ~** en état de choc; **~ absorber** amortisseur *m;* **~ wave** onde *f* de choc; **~ result** résultat *m* stupéfiant. — **2** *vt (take aback)* secouer; *(scandalize)* choquer. ◆ **shocking** *adj (gen)* épouvantable; *(book, behaviour)* choquant.

shoddy [ˈʃɒdɪ] *adj* mauvais.

shoe [ʃuː] (*vb: pret, ptp* **shod**) — **1** *n* chaussure *f,* soulier *m; (horse)* fer *m* à cheval; *(brake)* sabot *m* de frein. **~ polish** cirage *m;* **~ repair** réparation *f* de chaussures; *(fig)* **on a ~ string** à peu de frais. — **2** *vt (horse)* ferrer. ◆ **shoebrush** *n* brosse *f* à chaussures. ◆ **shoehorn** *n* chausse-pied *m.* ◆ **shoelace** *n* lacet *m* de soulier. ◆ **shoe-repairer** *n* cordonnier *m.* **~'s shop** cordonnerie *f.* ◆ **shoeshop** *n* magasin *m* de chaussures. ◆ **shoetree** *n* embauchoir *m.*

shone [ʃɒn] *pret, ptp of* **shine.**

shook [ʃʊk] *pret of* **shake.**

shoot [ʃuːt] *(vb: pret, ptp* **shot)** — **1** *vti* **(a)** *(hit)* atteindre d'un coup de fusil *(etc); (hunt)* chasser; *(kill)* abattre; *(execute)* fusiller; *(arrow, missile, look)* lancer (*at* sur); *(bullet)* tirer (*at* sur); *(film)* tourner; *(rapids)* descendre. **shot in the head** atteint (*or* tué) d'une balle dans la tête; **to ~ down** abattre; **to go ~ing** chasser; **to ~ at** tirer sur; **to ~ to kill** tirer pour abattre; **to ~ on sight** tirer à vue; *(fig)* **to ~ questions at sb** bombarder qn de questions. **(b)** *(rush)* **to ~ past** *(etc)* passer *(etc)* à toute vitesse; **to ~ up** *(of flame, water)* jaillir; *(of rocket, price)* monter en flèche. **(c)** *(Football etc)* shooter. **to ~ a goal** marquer un but. **(d)** *(of plant)* pousser. — **2** *n (of plant)* pousse *f.* ◆ **shooting** — **1** *n (shots)* coups *mpl* de feu; *(murder)* meurtre *m; (Hunting)* chasse *f.* — **2** *adj (pain)* lancinant. **~ brake** break *m;* **~ gallery** stand *m* de tir; **~ incidents** échanges *mpl* de coups de feu; **~ star** étoile *f* filante.

shop [ʃɒp] — **1** *n* **(a)** magasin *m, (small)* boutique *f.* **wine ~** marchand *m* de vins; **at the butcher's ~** à la boucherie, chez le boucher; **~ assistant** vendeur *m* (*f* -euse); **~ window** vitrine *f; (fig)* **to talk ~** parler boutique. **(b)** *(in factory)* atelier *m.* **~ steward** délégué(e) syndical(e) *m(f).* — **2** *vi* faire ses courses (*at* chez). **to go ~ping** faire des courses; **to ~ around for sth** comparer les prix avant d'acheter qch. ◆ **shop-floor** *n:* **the ~ workers** les ouvriers *mpl.* ◆ **shopkeeper** *n* commerçant(e) *m(f).* ◆ **shoplifter** *n* voleur *m* (*f* -euse) à l'étalage. ◆ **shoplifting** *n* vol *m* à l'étalage. ◆ **shopper** *n* personne *f* qui fait ses courses. ◆ **shopping** *n (goods)* achats *mpl.* **~ bag** cabas *m;* **~ basket** panier *m* à provisions; **~ centre** centre *m* commercial; **~ district** quartier *m* commerçant. ◆ **shopsoiled** *adj* qui a fait la vitrine.

shore [ʃɔːʳ] — **1** *n (of sea)* rivage *m; (of lake)* rive *f; (coast)* côte *f; (beach)* plage *f.* **to go on ~** débarquer. — **2** *vt:* **to ~ up** étayer.

shorn [ʃɔːn] *ptp of* **shear.**

short [ʃɔːt] — **1** *adj* **(a)** *(gen)* court; *(person, step, walk)* petit. **a ~ distance away** à peu de distance; **a ~ time** *or* **while** peu de temps; **the days are getting ~er** les jours raccourcissent; **to take a ~ cut** prendre un raccourci; **a ~ drink** un petit verre d'apéritif (*or* d'alcool); **~ story** nouvelle *f; (in industry)* **to work ~ time** être en chômage partiel. **(b)** *(phrases)* **in ~** bref; **he's called Fred for ~** son diminutif est Fred; **to be ~ of sugar** être à court de sucre; **I'm £2 ~** il me manque 2 livres; **to go ~ of sth** manquer de qch; **not far ~ of** pas loin de; **~ of refusing** à moins de refuser; **petrol is ~** *or* **in ~ supply** on manque d'essence; **to be rather ~ with sb** se montrer assez sec à l'égard de qn. — **2** *n, vti* = **short-circuit,** *see below.* ◆ **shortage** *n* manque *m.* **the housing ~** la crise du logement. ◆ **shortbread** *n* sablé *m.* ◆ **short-circuit** — **1** *n* court-circuit *m.* — **2** *vt* court-circuiter. — **3** *vi* se mettre en court-circuit. ◆ **shortcoming** *n* défaut *m.* ◆ **shortcrust pastry** *n* pâte *f* brisée. ◆ **shorten** *vt* raccourcir; *(holiday, journey)* écourter. ◆ **shortening** *n* matière *f* grasse. ◆ **shorthand** *n* sténo *f.* **in ~** en sténo; **~-typing** sténodactylo *f;* **~-typist** sténodactylo *mf.* ◆ **shortly** *adv (soon)* bientôt. **~ before twelve** peu avant midi (*or* minuit). ◆ **shorts** *npl:* (**a pair of**) **~** un short. ◆ **short-sighted** *adj* myope; *(fig)* imprévoyant. ◆ **short-staffed** *adj:* **to be ~** manquer de personnel. ◆ **short-tempered** *adj* d'humeur irritable. ◆ **short-term** *adj* à court terme. ◆ **short-wave** *adj* sur ondes courtes.

shot [ʃɒt] — **1** *n* **(a)** *(act of firing)* coup *m; (sound)* coup de feu *(or* de fusil *etc); (bullet)* balle *f; (lead ~)* plomb *m.* **he is a good ~** il est bon tireur; *(fig)* **big ~*** gros bonnet* *m;* **like a ~** tout de suite; *(Space)* **moon ~** tir *m* lunaire. **(b)** *(Sport: gen)* coup *m; (throw)* lancer *m.* **~ put** lancer *m* du poids; **a ~ at goal** un tir au but. **(c)** *(attempt)* essai *m; (turn to play)* tour *m.* **to have a ~ at (doing) sth** essayer (de faire) qch. **(d)** *(Photo)* photo *f; (Cinema)* prise *f* de vues. **(e)** *(injection)* piqûre *f* (*against* contre); *(of alcohol)* coup *m.* — **2** (*pret, ptp of* **shoot**) **to get ~ of*** se débarrasser de. ◆ **shotgun** *n* fusil *m* de chasse.

should [ʃʊd] *modal aux vb* **(a)** *(ought to)* **I ~ go** je devrais y aller; **you ~ have been a teacher** vous auriez dû être professeur; **how ~ I know?** comment voulez-vous que je le sache? **(b)** *(conditional tense)* **I ~ like** j'aimerais; **I ~ have liked** j'aurais aimé.

shoulder [ˈʃəʊldəʳ] *n* **(a)** épaule *f.* **to have broad ~s** être large d'épaules; **on** *or* **round your ~s** sur tes épaules; **~ bag** sac *m* à bandoulière; **~ blade** omoplate *f;* **~ strap** bretelle *f;* **~ to ~** coude à coude. **(b)** *(of road)* accotement *m.* **hard ~** accotement stabilisé.

shout [ʃaʊt] — **1** *n* cri *m (of joy etc* de joie *etc).* **to give sb a ~** appeler qn. — **2** *vti* (*often:* **~ out**) crier (*to sb to do* à qn de faire; *at sb* après qn; *for help* au secours), pousser des cris *(for joy etc* de joie *etc).* **to ~ sb down** huer qn. ◆ **shouting** *n* cris *mpl.*

shove [ʃʌv] *vti (push)* pousser; *(thrust)* enfoncer (*into* dans; *between* entre); *(jostle)* bousculer; *(put)* mettre. **he ~d past me** il m'a dépassé en me bousculant; **to ~ off*** ficher le camp*.

shovel [ˈʃʌvl] *n* pelle *f; (mechanical)* pelleteuse *f.*

show [ʃəʊ] (*vb: pret* **showed,** *ptp* **shown** *or* **showed)** — **1** *n (exhibition)* exposition *f; (commercial)* foire *f; (contest)* concours *m.* **the Boat S~** le Salon de la navigation; **~ house** maison *f* témoin; **horse ~** concours *m* hippique; **to go to a ~** aller au spectacle; **on ~** exposé; **~ of power** étalage *m* de force; **a ~ of hands** un vote à main levée; **to make a ~ of doing** faire semblant de faire; **just for ~** pour l'effet; **good ~!*** bravo!; **to put up a good ~** bien se défendre*; **it's a poor ~*** il n'y a pas de quoi être fier; **to run the ~*** faire marcher l'affaire; **to give the ~ away*** vendre la mèche*. — **2** *vt* **(a)** *(gen)* montrer; *(film, slides)* passer; *(exhibit)* exposer; *(express)* manifester; *(of dial etc)* indiquer, marquer. *(fig)* **he has nothing to ~ for it** ça ne lui a rien donné; **he daren't ~ his face there again** il n'ose plus s'y montrer; **to ~ a profit** indiquer un bénéfice; **it doesn't ~** ça ne se voit pas; **it ~s the dirt** c'est salissant; **to ~ through** se voir au travers; **to ~ one's age** faire son âge; **this ~s great intelligence** cela révèle beaucoup d'intelligence; **it all goes to ~ that...** tout cela montre bien que...; *(fig)* **to ~ off** crâner*; **to ~ up*** arriver; **to ~ sb up** démasquer qn; **to ~ sth up** faire ressortir qch. **(b)** *(conduct)* **to ~ sb in** *(etc)* faire entrer *(etc)* qn; **to ~ sb to his seat** placer qn; **to ~ sb out** reconduire qn jusqu'à la porte; **to ~ sb round a house** faire visiter une maison à qn. ◆ **show business** *n* l'industrie *f* du spectacle. ◆ **showground** *n* champ *m* de foire. ◆ **showing** *n (Cinema)* séance *f*. ◆ **show jumping** *n* concours *m* hippique. ◆ **showman** *n (in fair etc)* forain *m*. ◆ **showroom** *n* salle *f* d'exposition.

shower [ˈʃaʊəʳ] *n (of rain)* averse *f; (of sparks, stones)* pluie *f; (~ bath)* douche *f*. **to take** *or* **have a ~** prendre une douche. ◆ **showerproof** *adj* imperméable. ◆ **showery** *adj* pluvieux (*f* -ieuse).

shrank [ʃræŋk] *pret of* **shrink.**

shred [ʃred] — **1** *n* lambeau *m*. **not a ~ of evidence** pas la moindre preuve; **to tear to ~s** *(dress etc)* mettre en lambeaux; *(argument)* démolir entièrement. — **2** *vt (gen)* mettre en lambeaux; *(food)* couper en lanières.

shrew [ʃruː] *n (animal)* musaraigne *f; (woman)* mégère *f*.

shrewd [ʃruːd] *adj (gen)* perspicace; *(lawyer, plan)* astucieux (*f* -ieuse). **I have a ~ idea that...** je soupçonne fortement que...

shriek [ʃriːk] — **1** *n* hurlement *m*. — **2** *vi* hurler (*with* de). **to ~ with laughter** rire à gorge déployée.

shrill [ʃrɪl] *adj* perçant, strident.

shrimp [ʃrɪmp] *n* crevette *f*.

shrine [ʃraɪn] *n* lieu *m* saint.

shrink [ʃrɪŋk] *pret* **shrank,** *ptp* **shrunk** *vi* **(a)** *(of clothes)* rétrécir; *(of area)* se réduire; *(of quantity, amount)* diminuer. **(b)** **(~ back)** reculer (*from sth* devant qch; *from doing* devant l'idée de faire).

shrivel [ˈʃrɪvl] *vi* **(~ up)** se ratatiner.

shroud [ʃraʊd] — **1** *n* linceul *m*. — **2** *vt:* **~ed in** enveloppé de.

Shrove Tuesday [ˌʃrəʊvˈtjuːzdɪ] *n* Mardi *m* gras.

shrub [ʃrʌb] *n* arbuste *m*.

shrug [ʃrʌg] — **1** *vti:* **to ~ (one's shoulders)** hausser les épaules. — **2** *n* haussement *m* d'épaules.

shrunk [ʃrʌŋk] *ptp of* **shrink.**

shudder [ˈʃʌdəʳ] — **1** *vi (of person)* frissonner; *(of thing)* vibrer. **I ~ to think what...** je frémis rien qu'à la pensée de ce qui ... — **2** *n* frisson *m;* vibration *f*.

shuffle [ˈʃʌfl] *vti* **(a)** (*also:* **~ one's feet)** traîner les pieds. **to ~ in** entrer d'un pas traînant. **(b)** *(Cards)* battre.

shun [ʃʌn] *vt* fuir.

shunt [ʃʌnt] *vt* garer. **~ing yard** voies *fpl* de garage et de triage.

shush [ʃʊʃ] *excl* chut!

shut [ʃʌt] *pret, ptp* **shut** *vti (gen)* fermer. **the door ~** la porte s'est fermée; **the door ~s badly** la porte ferme mal; **to ~ sb away, to ~ sb in** enfermer qn; **to ~ down** fermer définitivement; **to ~ down a machine** arrêter une machine; **to ~ off** *(stop: engine etc)* couper; *(isolate: sb)* isoler (*from* de); **to be ~ out** ne pas pouvoir entrer; **to ~ the cat out** mettre le chat dehors; **to ~ up** (*: *be quiet*) se taire; *(close: factory)* fermer; *(imprison etc: person, animal)* enfermer. ◆ **shutdown** *n* fermeture *f*.

shutter [ˈʃʌtəʳ] *n* volet *m; (Photo)* obturateur *m*. **~ speed** vitesse *f* d'obturation.

shuttle [ˈʃʌtl] — **1** *n* (**~** *service)* navette *f*. — **2** *vi* faire la navette (*between* entre). ◆ **shuttlecock** *n* volant *m (Badminton)*.

shy [ʃaɪ] — **1** *adj* timide. **don't be ~ of saying** n'ayez pas peur de dire. — **2** *vt (throw)* jeter.

Siamese [ˌsaɪəˈmiːz] *adj* siamois. **~ twins** siamois(es) *m(f)pl*.

Sicily [ˈsɪsɪlɪ] *n* Sicile *f*.

sick [sɪk] *adj (person)* malade; *(mind, joke)* malsain. **he's a ~ man** c'est un malade; **he's off ~** il n'est pas là, il est malade; **the ~** les malades *mpl;* **to be ~** *(vomit)* vomir; **to feel ~** avoir mal au cœur; **to be ~ of** en avoir marre* de; **on ~ leave** en congé *m* de maladie; **~ pay** indemnité *f* de maladie *(versée par l'employeur)*. ◆ **sickbed** *n* lit *m* de malade. ◆ **sicken** *vt* dégoûter. ◆ **sickening** *adj* ignoble.

sickle [ˈsɪkl] *n* faucille *f*.

sickly [ˈsɪklɪ] *adj* maladif (*f* -ive); *(colour, cake)* écœurant.

sickness [ˈsɪknɪs] *n* maladie *f; (vomiting)* vomissements *mpl*. **~ benefit** assurance *f* maladie.

side [saɪd] — **1** *n (gen)* côté *m; (of animal, mountain)* flanc *m; (inside surface: of box etc)* paroi *f; (Sport: team)* équipe *f*. **by his ~** à côté de lui; **~ by ~** à côté l'un de l'autre; **by the ~ of the church** à côté de l'église; **from all ~s, from every ~** de tous côtés; **to take sb on one ~** prendre qn à part; **to put sth on one ~** mettre qch de côté; **on this ~ of London** entre ici et Londres; **the right ~** l'endroit *m;* **the wrong ~** l'envers *m; (on box etc)* **'this ~ up'** 'haut'; **three-~d** à trois côtés; **I've written 6 ~s** j'ai écrit 6 pages; **one ~ of the problem** un aspect du problème; **he's got a nasty ~* to him** il a un côté très déplaisant; **he makes a bit of money on the ~*** il se fait un peu d'argent en plus; **it's on the heavy ~*** c'est plutôt lourd; **he's on our ~** il est avec nous; **whose ~ are you on?** qui soutenez-vous?; **to take ~s** prendre parti; **to pick ~s** former les camps; **he let the ~ down** il ne leur *(etc)* a pas fait honneur. — **2** *adj (entrance, chapel)* latéral; *(street)* transversal; *(view)* de côté; *(effect, issue)* secondaire. **~ dish** plat *m* d'accompagnement; **~ plate** petite assiette *f*. — **3** *vi:* **to ~ with sb** prendre parti pour qn. ◆ **sideboard** *n* buffet *m*. ◆ **sidelight** *n* lanterne *f*. ◆ **sideline** *n (Sport)* **on the ~s** sur la touche; *(in shop)* **it's just a ~** ce n'est pas notre spécialité. ◆ **sidesaddle** *adv* en amazone. ◆ **sideshows** *npl* attractions *fpl*. ◆ **sidetrack** *vt:* **to get ~ed** s'écarter de son sujet. ◆ **sidewalk** *n (US)* trottoir *m*. ◆ **sideways** *adj, adv* de côté.

siding [ˈsaɪdɪŋ] *n* voie *f* de garage.

sidle ['saɪdl] *vi:* **to ~ in** *(etc)* entrer *(etc)* furtivement.
siege [siːdʒ] *n* siège *m.*
siesta [sɪ'estə] *n* sieste *f.*
sieve [sɪv] — **1** *n (gen)* tamis *m; (for liquids)* passoire *f; (for stones)* crible *m.* **to rub through a ~** *(food)* passer au tamis. — **2** *vt* passer.
sift [sɪft] *vti (flour etc)* tamiser; *(evidence)* passer au crible. *(fig)* **to ~ through sth** examiner qch. ◆ **sifter** *n* saupoudreuse *f.*
sigh [saɪ] — **1** *n* soupir *m.* **to heave a ~** pousser un soupir. — **2** *vti* soupirer (*for sth* après qch). **to ~ with relief** pousser un soupir de soulagement.
sight [saɪt] — **1** *n* **(a)** *(seeing)* vue *f.* **to lose one's ~** perdre la vue; **to know by ~** connaître de vue; **at first ~** à première vue; **love at first ~** le coup de foudre; **at the ~ of** à la vue de; **to come into ~** apparaître; **don't let it out of your ~** ne le perdez pas de vue; **to keep out of ~** *(vi)* ne pas se montrer; *(vt)* cacher; **to catch ~ of** apercevoir; **to lose ~ of sth** perdre qch de vue; **I can't stand the ~ of him** je ne peux pas le voir. **(b)** *(spectacle)* spectacle *m.* **to see the ~s** visiter la ville; **I must look a ~!** je dois avoir une de ces allures!* **(c)** *(on gun)* mire *f.* **in one's ~s** dans sa ligne de tir. — **2** *vt* apercevoir. ◆ **sighted** *adj* qui voit. **the ~ed** les voyants *mpl (lit).* ◆ **sightseeing** — **1** *n* tourisme *m.* — **2** *vi:* **to go ~** *(gen)* faire du tourisme; *(in town)* visiter la ville. ◆ **sightseer** *n* touriste *mf.*
sign [saɪn] — **1** *n* **(a)** signe *m.* **in ~ language** par signes; **as a ~ of** en signe de; **at the slightest ~ of** au moindre signe de; **there is no ~ of his agreeing** rien ne laisse à penser qu'il va accepter; **no ~ of life** aucun signe de vie. **(b)** *(notice: gen)* panneau *m; (on inn, shop)* enseigne *f.* — **2** *vti* **(a)** *(letter etc)* signer. **to ~ one's name** signer; **to ~ for sth** signer un reçu pour qch; **to ~ in** *(in factory)* pointer à l'arrivée; *(in hotel)* signer le registre; **to ~ off** *(in factory)* pointer au départ; **to ~ on** *or* **up** *(Mil)* s'engager (*as* comme); *(in factory etc)* se faire embaucher (*as* comme); *(on arrival)* pointer à l'arrivée; *(enrol)* s'inscrire. **(b) to ~ to sb to do sth** faire signe à qn de faire qch. ◆ **signpost** — **1** *n* poteau *m* indicateur. — **2** *vt (place)* indiquer. ◆ **signposting** *n* signalisation *f.*
signal ['sɪgnl] — **1** *n (gen)* signal *m* (*for* de). **traffic ~s** feux *mpl* de circulation; *(Radio)* **station ~** indicatif *m* (de l'émetteur); *(Telephone)* **I'm getting the engaged ~** ça sonne occupé; *(Rail)* **~ box** poste *m* d'aiguillage. — **2** *vti (gen)* faire des signaux; *(of driver)* indiquer. **to ~ to sb** faire signe à qn (*to do* de faire); **to ~ sb on** faire signe à qn d'avancer. ◆ **signalman** *n (Rail)* aiguilleur *m.*
signature ['sɪgnətʃəʳ] *n* signature *f.* **~ tune** indicatif *m* musical.
signet ['sɪgnɪt] *n:* **~ ring** chevalière *f.*
significance [sɪg'nɪfɪkəns] *n (meaning)* signification *f; (importance)* importance *f.*
significant [sɪg'nɪfɪkənt] *adj (quite large: amount)* considérable; *(event)* important. **it is ~ that...** il est significatif que + *subj.* ◆ **significantly** *adv (smile etc)* d'une façon significative; *(improve, change)* considérablement.
signify ['sɪgnɪfaɪ] *vti (mean)* signifier (*that* que); *(indicate)* indiquer (*that* que).
silence ['saɪləns] — **1** *n* silence *m.* **in ~** en silence. — **2** *vt (gen)* réduire au silence; *(machine)* rendre silencieux (*f* -ieuse). ◆ **silencer** *n* silencieux *m (dispositif).*
silent ['saɪlənt] *adj (gen)* silencieux (*f* -ieuse); *(film, reproach)* muet (*f* muette). **to be ~** se taire; **~ 'h'** 'h' muet.
silhouette [ˌsɪluː'et] *n* silhouette *f.*
silicon ['sɪlɪkən] *n* silicium *m.* **~ chip** microplaquette *f.*
silk [sɪlk] *n* soie *f.* **~ dress** robe *f* de soie. ◆ **silkworm** *n* ver *m* à soie. ◆ **silky** *adj* soyeux (*f* -euse).
sill [sɪl] *n* rebord *m.*
silly ['sɪlɪ] *adj* bête, stupide. **you ~ fool!** espèce d'idiot(e)!; **don't be ~** ne fais pas l'idiot(e); **to do something ~** faire une bêtise.
silt [sɪlt] *n* vase *f.*
silver ['sɪlvəʳ] — **1** *n (metal)* argent *m; (objects, cutlery)* argenterie *f.* **£2 in ~** 2 livres en pièces d'argent; **~ birch** bouleau *m* argenté; **~ foil, ~ gilt** plaqué *m* argent; **~ jubilee** vingt-cinquième anniversaire *m (d'un événement);* **~ wedding** noces *fpl* d'argent. — **2** *adj (made of* **~***)* en argent; *(colour)* argenté. ◆ **silver-plated** *adj* argenté. ◆ **silversmith** *n* orfèvre *mf.* ◆ **silverware** *n* argenterie *f.*
similar ['sɪmɪləʳ] *adj* semblable (*to* à); *(less strongly)* comparable (*to* à). ◆ **similarity** *n* ressemblance *f* (*to* avec). ◆ **similarly** *adv (decorated etc)* de la même façon. **and ~...** et de même...
simile ['sɪmɪlɪ] *n* comparaison *f.*
simmer ['sɪməʳ] — **1** *vi (of water)* frémir; *(of vegetables, soup)* cuire à feux doux; *(with rage)* bouillir. — **2** *vt* laisser frémir; faire cuire à feu doux.
simper ['sɪmpəʳ] *vi* minauder.
simple ['sɪmpl] *adj (uncomplicated)* simple *(after n); (used for emphasis)* simple *(before n).* **~ people** des gens simples; **for the ~ reason that...** pour la simple raison que...; **to make ~r** simplifier; **in ~ English** ≃ en bon français. ◆ **simple-minded** *adj* simple d'esprit. ◆ **simpleton** *n* nigaud(e) *m(f).* ◆ **simplicity** *n* simplicité *f.* ◆ **simplify** *vt* simplifier. ◆ **simply** *adv* simplement. **you ~ must come!** il faut absolument que vous veniez!
simulate ['sɪmjʊleɪt] *vt* simuler.
simultaneous [ˌsɪməl'teɪnɪəs] *adj* simultané.
sin [sɪn] — **1** *n (gen)* péché *m. (fig)* **it's a ~ to do that** c'est un crime de faire cela. — **2** *vi* pécher. ◆ **sinful** *adj (gen)* coupable; *(act, waste)* scandaleux (*f* -euse).
since [sɪns] — **1** *conj* **(a)** *(in time)* depuis que. **~ I have been here** depuis que je suis ici; **ever ~ I met him** depuis que je l'ai rencontré; **it's a week ~ I saw him** cela fait une semaine que je ne l'ai pas vu. **(b)** *(because)* puisque, comme. — **2** *adv, prep* (*also* **ever ~**) depuis. **not long ~** il y a peu de temps; **~ then** depuis.
sincere [sɪn'sɪəʳ] *adj* sincère. ◆ **sincerely** *adv* sincèrement. **Yours ~** ≃ *(acquaintance or business)* Je vous prie d'agréer, Monsieur *(or* Madame *etc),* l'expression de mes sentiments les meilleurs; *(to friend)* cordialement à vous.
sincerity [sɪn'serɪtɪ] *n* sincérité *f.*
sinew ['sɪnjuː] *n* tendon *m.*
sing [sɪŋ] *pret* **sang,** *ptp* **sung** *vti* chanter. ◆ **singer** *n* chanteur *m* (*f* -euse). ◆ **singing** *n* chant *m.*
singe [sɪndʒ] *vt* brûler légèrement; *(cloth)* roussir.
single ['sɪŋgl] — **1** *adj* **(a)** *(only one)* seul *(before n).* **the ~ survivor** le seul survivant;

every ~ **day** tous les jours sans exception; **not a ~ person spoke** pas une seule personne n'a parlé; **I didn't see a ~ person** je n'ai vu personne. **(b)** *(not double etc: gen)* simple. **a ~ ticket** un aller simple (*to* pour); **~ fare** prix *m* d'un aller simple; **~ bed** lit *m* d'une personne; **~ room** chambre *f* pour une personne. **(c)** *(unmarried)* célibataire. — **2** *n* **(a)** *(Tennis)* **~s** simple *m;* **ladies'~s** simple dames. **(b)** *(Rail etc: ticket)* aller *m* simple. **(c)** *(record)* **a ~** un 45 tours. — **3** *vt:* **to ~ out** *(distinguish)* distinguer; *(choose)* choisir. ◆ **single-breasted** *adj* droit *(veston).* ◆ **single-decker** *n* autobus *m* sans impériale. ◆ **single-handed** — **1** *adv* sans aucune aide. — **2** *adj* fait sans aide; *(sailing)* en solitaire. ◆ **single-minded** *adj* résolu.

singular ['sɪŋgjʊlə^r] *adj, n* singulier *m* (*f* -ière). **in the ~** au singulier.

sinister ['sɪnɪstə^r] *adj* sinistre.

sink¹ [sɪŋk] *pret* **sank,** *ptp* **sunk** *vti* **(a)** *(of ship etc)* couler; *(of sun)* se coucher; *(of building)* se tasser; *(of level, temperature)* baisser beaucoup. **to ~ a ship** couler un navire; **to ~ to the bottom** couler au fond; *(fig)* **it was ~ or swim** il fallait bien s'en sortir tout seul; **his heart sank** il a été pris de découragement; **I'm sunk*** je suis fichu*; **to ~ in** *(of post etc)* s'enfoncer; *(of explanation)* rentrer; **it took a long time to ~ in** il *(etc)* a mis longtemps à comprendre; **to have a ~ing feeling that...** avoir le pressentiment que... **(b)** (*of person, into chair etc: often* **~ down**) se laisser tomber; *(into mud)* s'enfoncer; *(be dying)* baisser. **to ~ to one's knees** tomber à genoux; **to ~ to the ground** s'affaisser. **(c)** *(mine, well)* creuser; *(pipe etc)* noyer.

sink² [sɪŋk] *n* évier *m.* **~ tidy** coin *m* d'évier *(ustensile);* **~ unit** bloc-évier *m.*

sinking ['sɪŋkɪŋ] *n* naufrage *m.*

sinner ['sɪnə^r] *n* pécheur *m* (*f* -eresse).

Sino- ['saɪnəʊ] *pref* sino-.

sinus ['saɪnəs] *n* sinus *m inv (Med).*

sinusitis [ˌsaɪnə'saɪtɪs] *n* sinusite *f.*

sip [sɪp] — **1** *n* petite gorgée *f.* — **2** *vt* boire à petites gorgées.

siphon ['saɪfən] *n* siphon *m.*

sir [sɜː^r] *n* monsieur *m.* **yes, ~** oui, Monsieur; *(to army officer)* oui, mon capitaine *(etc); (in letter)* **Dear S~** Monsieur; **S~ John Smith** sir John Smith.

siren ['saɪərən] *n* sirène *f.*

sirloin ['sɜːlɔɪn] *n* aloyau *m.*

sister ['sɪste^r] *n* **(a)** sœur *f.* **(b)** *(Rel)* (bonne) sœur *f.* **(c)** *(Brit Med)* infirmière *f* en chef. **yes, ~** oui, Madame (*or* Mademoiselle). ◆ **sister-in-law** *n* belle-sœur *f.*

sit [sɪt] *pret, ptp* **sat** *vti* **(a) to ~ (down)** s'asseoir; **to be ~ting down** être assis; **~ down** assieds-toi; **to ~ back** *(in armchair)* se caler; *(to dog)* **~!** assis!; *(of bird)* **to be ~ting** être perché; **to ~ on eggs** couver des œufs; **to ~ through a play** assister à une pièce jusqu'au bout; *(of demonstrators)* **to ~ in** occuper un bureau *(etc);* **to ~ still** se tenir tranquille; **to ~ tight** ne pas bouger; **to ~ up** *(from lying)* s'asseoir; *(from slouching)* se redresser; **to be ~ting up** être assis; *(fig)* **to ~ up and take notice** se secouer; **to ~ up late** se coucher tard; **to ~ up with an invalid** veiller un malade; *(fig)* **to be ~ting pretty** tenir le bon bout*; *(fig)* **to ~ on sth*** *(keep secret)* garder qch pour soi. **(b)** *(for artist etc)* poser (*for* pour). **(c)** *(of committee)* être en séance. **to ~ on a committee** être membre d'un comité; **to ~ an exam** passer un examen; **to ~ in on a discussion** assister à une discussion sans y prendre part. ◆ **sit-in** *n (by demonstrators)* sit-in *m inv; (by workers)* grève *f* sur le tas. ◆ **sitter** *n (Art)* modèle *m.* ◆ **sitting** — **1** *n (of committee etc)* séance *f; (for portrait)* séance de pose; *(in canteen etc)* service *m.* — **2** *adj (tenant)* en possession des lieux; *(fig)* **~ duck*** victime *f* facile. ◆ **sitting room** *n* salon *m.*

sitcom* ['sɪtkɒm] *n (Radio, TV etc)* comédie *f* de situation.

site [saɪt] *n (gen)* emplacement *m; (Archaeology)* site *m;* (*building* **~**) chantier *m;* (*camp* **~**) camping *m.*

situated ['sɪtjʊeɪtɪd] *adj:* **to be ~** se trouver, être situé; *(fig)* **he is rather badly ~** il est en assez mauvaise posture.

situation [ˌsɪtjʊ'eɪʃən] *n* situation *f. (Press)* **'~s wanted'** 'demandes *fpl* d'emploi'.

six [sɪks] *adj, n* six *m inv.* **he is ~ (years old)** il a six ans; **~ of the girls** six des filles; **about ~** six environ; **all ~ of us left** nous sommes partis tous les six; **it is ~ o'clock** il est six heures; *(fig)* **it's ~ of one and half a dozen of the other** c'est du pareil au même*. ◆ **sixish** *adj, n:* **he is ~** il a dans les six ans; **he came at ~** il est venu vers six heures. ◆ **sixteen** *adj, n* seize *(m) inv.* ◆ **sixteenth** *adj, n* seizième *(mf); (fraction)* seizième *m.* ◆ **sixth** — **1** *adj* sixième *mf; (fraction)* sixième *m; (Music)* sixte *f.* **she was the ~ to arrive** elle est arrivée la sixième; **Charles the S ~** Charles Six; **the ~ of November, November the ~** le six novembre; *(fig)* **~ sense** sixième sens *m; (in school)* **the lower ~** ≃ la classe de première; **the upper ~** ≃ la classe terminale. — **2** *adv* **(a)** *(in race, exam)* en sixième place. **(b)** (**~***ly*) sixièmement. ◆ **sixtieth** *adj, n* soixantième *(mf); (fraction)* soixantième *m.* ◆ **sixty** *adj, n* soixante *(m) inv.* **about ~ books** une soixantaine de livres; **he is about ~** il a une soixantaine d'années; *(1960s etc)* **in the sixties** dans les années *fpl* soixante; **the temperature was in the sixties** ≃ il faisait entre quinze et vingt degrés; *(driver)* **to do ~*** ≃ faire du cent (à l'heure). ◆ **sixty-first** *adj, n* soixante et unième *(mf); (fraction)* soixante et unième *m.* ◆ **sixty-one** *adj, n* soixante et un *(m) inv.* ◆ **sixty-second** *adj, n* soixante-deuxième *(mf).* ◆ **sixty-two** *adj, n* soixante-deux *(m) inv.*

size¹ [saɪz] *n (for plaster etc)* colle *f.*

size² [saɪz] — **1** *n* **(a)** *(of person, animal)* taille *f; (of room, building, car, parcel)* dimensions *fpl; (of egg, fruit, jewel)* grosseur *f; (format)* format *m; (of sum)* montant *m; (of estate, country, difficulty)* étendue *f. (of product)* **the small ~** le petit modèle; **the ~ of the town** l'importance *f* de la ville; **it's the ~ of...** c'est grand comme...; **he's about your ~** il est à peu près de la même taille que vous; **to cut sth to ~** couper qch à la dimension voulue. **(b)** *(of garment)* taille *f; (of shoes, gloves)* pointure *f; (of shirt)* encolure *f.* **what ~ are you?, what ~ do you take?** quelle taille (*or* quelle pointure) faites-vous?; **hip ~** tour *m* de hanches; **I take ~ 5 shoes** ≃ je fais du 38. — **2** *vt:* **to ~ up** *(person)* juger; *(situation)* mesurer.

sizeable ['saɪzəbl] *adj (gen)* assez grand; *(egg, fruit, jewel)* assez gros (*f* grosse); *(sum, problem)* assez considérable.

sizzle ['sɪzl] *vi* grésiller.

skate¹ [skeɪt] *n (fish)* raie *f.*

skate² [skeɪt] — **1** *n* patin *m.* — **2** *vi* patiner. **to ~ across** *(etc)* traverser *(etc)* en patinant; **to go skating** *(ice)* faire du patin; *(roller)* faire du patin à roulettes. ◆ **skateboard** *n* planche *f* à roulettes. ◆ **skater** *n (ice)* patineur *m* (*f* -euse); *(roller)* personne *f* qui fait du skating. ◆ **skating** *n (ice)* patinage *m; (roller)* skating *m.* **~ rink** *(ice)* patinoire *f; (roller)* skating *m.*

skein [skeɪn] *n* écheveau *m.*

skeleton ['skelɪtn] — **1** *n (gen)* squelette *m; (of novel etc)* schéma *m. (fig)* **the ~ in the cupboard** la honte cachée de la famille — **2** *adj (army, staff)* squelettique. **~ key** passe-partout *m inv.*

skeptic ['skeptɪk] *(US)* = **sceptic.**

sketch [sketʃ] — **1** *n* **(a)** *(drawing)* croquis *m,* esquisse *f.* **a rough ~** une ébauche; **~(ing) pad** bloc *m* à dessins. **(b)** *(Theatre)* sketch *m.* — **2** *vti* faire une esquisse de; *(fig:* **~ out)** esquisser. ◆ **sketchy** *adj* incomplet (*f* -ète).

skewer ['skjʊəʳ] *n (for roast)* broche *f; (for kebabs)* brochette *f.*

ski [skiː] — **1** *n* ski *m (équipement).* — **2** *adj (school, clothes)* de ski. **~ binding** fixation *f;* **~ boot** chaussure *f* de ski; **~ lift** remonte-pente *m inv;* **~ pants** fuseau *m* de ski; **~ resort** station *f* de ski; **~ run** piste *f* de ski; **~ tow** téléski *m.* — **3** *vi* skier. **to go ~ing** faire du ski; *(as holiday)* partir aux sports d'hiver. ◆ **skier** *n* skieur *m* (*f* -euse). ◆ **skiing** *n* ski *m (sport).* **~ holiday** vacances *fpl* aux sports d'hiver. ◆ **skijumping** *n* saut *m* à skis.

skid [skɪd] — **1** *n* dérapage *m.* **to go into a ~** déraper; **to get out of a ~** redresser un dérapage. — **2** *vi* déraper. **to ~ into a tree** déraper et percuter un arbre. ◆ **skidmark** *n* trace *f* de dérapage.

skill [skɪl] *n* habileté *f* (*at* à). **a ~ that has to be learnt** une technique qui s'apprend. ◆ **skilful,** *(US)* **skillful** *adj* habile (*at doing* à faire). ◆ **skilled** *adj (gen)* adroit (*in or at doing* pour faire; *in or at sth* en qch); *(worker)* qualifié, *(work)* de spécialiste.

skillet ['skɪlɪt] *n* poêlon *m.*

skim [skɪm] *vti* **(a)** *(milk)* écrémer; *(soup)* écumer. **to ~ sth off** enlever qch; **~(med) milk** lait *m* écrémé. **(b)** *(stone)* faire ricocher (*across* sur); **to ~ across the water** raser l'eau.

skimp [skɪmp] *vti (also* **~ on:** *butter etc)* lésiner sur; *(work)* faire à la va-vite. ◆ **skimpy** *adj (gen)* insuffisant; *(dress)* étriqué.

skin [skɪn] — **1** *n (gen)* peau *f.* **~ disease** maladie *f* de la peau; **fair-~ned** à la peau claire; **next to the ~** à même la peau; **soaked to the ~** trempé jusqu'aux os; **potatoes in their ~s** pommes de terre *fpl* en robe des champs; *(fig)* **to escape by the ~ of one's teeth** l'échapper belle; **to have a thick ~** être insensible. — **2** *vt (animal)* écorcher; *(fruit, vegetable)* éplucher. ◆ **skin-deep** *adj* superficiel (*f* -ielle). ◆ **skindiver** *n* plongeur *m* (*f* -euse) sous-marin(e). ◆ **skinhead** *n* jeune voyou *m.* ◆ **skinny** *adj (person)* maigre, *(sweater)* moulant.

skip¹ [skɪp] — **1** *vi* sautiller; *(with rope)* sauter à la corde. *(fig)* **to ~ over a point** glisser sur un point; **to ~ from one subject to another** sauter d'un sujet à un autre. — **2** *vt (omit: page, class, meal)* sauter. **~ it!*** laisse tomber!*; **to ~ school** sécher les cours. ◆ **skipping** *n* saut *m* à la corde. **~ rope** corde *f* à sauter.

skip² [skɪp] *n (container)* benne *f.*

skipper ['skɪpəʳ] *n* capitaine *m.*

skirmish ['skɜːmɪʃ] *n* escarmouche *f.*

skirt [skɜːt] *n* jupe *f.*

skirting ['skɜːtɪŋ] *n* (**~ board**) *n* plinthe *f.*

skit [skɪt] *n* parodie *f* (*on* de).

skittles ['skɪtlz] *nsg (game)* jeu *m* de quilles *fpl.*

skive* [skaɪv] *vi* tirer au flanc*.

skulk [skʌlk] *vi* rôder furtivement.

skull [skʌl] *n* crâne *m.* **~ and crossbones** *(flag)* pavillon *m* à tête de mort.

skunk [skʌŋk] *n* mouffette *f.*

sky [skaɪ] *n* ciel *m.* **in the ~** dans le ciel; *(fig)* **the ~'s the limit*** tout est possible. ◆ **sky-blue** *adj* bleu ciel *inv.* ◆ **skydiving** *n* parachutisme *m* (en chute libre). ◆ **sky-high** *adj, adv* très haut. ◆ **skylark** *n* alouette *f.* ◆ **skylight** *n* lucarne *f.* ◆ **skyline** *n* ligne *f* d'horizon. ◆ **skyscraper** *n* gratte-ciel *m inv.* ◆ **skyway** *n (US)* route *f* surélevée.

slab [slæb] *n (of stone etc)* bloc *m; (flat)* plaque *f;* (*paving* **~**) dalle *f; (of chocolate)* tablette *f.*

slack [slæk] — **1** *adj:* **to be ~** *(rope etc)* avoir du mou; *(market)* être faible; *(student)* être peu consciencieux (*f* -ieuse); *(security etc)* être relâché; **the ~ season** la morte-saison. — **2** *vi:* **to ~ off*** *(in efforts)* se relâcher; *(of trade etc)* ralentir. ◆ **slacken** *vt (rope)* donner du mou à. **to ~ speed** ralentir.

slacks [slæks] *npl* pantalon *m.*

slag [slæg] *n:* **~ heap** terril *m.*

slain [sleɪn] *ptp of* **slay.**

slam [slæm] — **1** *vti (door, lid)* claquer. **to ~ on the brakes** freiner brutalement. — **2** *n (Bridge)* chelem *m.*

slander ['slɑːndəʳ] — **1** *n* calomnie *f; (Law)* diffamation *f.* — **2** *vt* calomnier; diffamer.

slang [slæŋ] *n* argot *m.* **in ~** en argot; **army ~** argot militaire; **~ word** mot d'argot.

slant [slɑːnt] — **1** *n* inclinaison *f; (point of view)* angle *m* (*on* sur). — **2** *vi* pencher. — **3** *vt (fig)* présenter avec parti-pris. ◆ **slanting** *adj (surface)* incliné; *(handwriting)* penché.

slap [slæp] — **1** *n (gen)* claque *f; (on bottom)* fessée *f; (in face)* gifle *f.* — **2** *adv* (*) **~ in the middle** en plein milieu. — **3** *vt (hit)* donner une claque à. **to ~ sb's face** gifler qn; *(fig)* **to ~ paint on a wall** flanquer* un coup de peinture sur un mur. ◆ **slapdash** *adj (work)* fait à la va-vite. ◆ **slapstick comedy** *n* grosse farce *f.*

slash [slæʃ] *vt (gen)* entailler; *(rope)* trancher; *(face)* balafrer; *(fig)* réduire radicalement; *(prices)* casser*.

slat [slæt] *n* lame *f; (blind)* lamelle *f.*

slate [sleɪt] — **1** *n* ardoise *f.* **~ roof** toit *m* en ardoise; **~ grey** gris ardoise *inv;* **~ quarry** ardoisière *f.* — **2** *vt (fig: criticize)* éreinter.

slaughter ['slɔːtəʳ] — **1** *n (of animals)* abattage *m; (of people)* carnage *m.* — **2** *vt (animal)* abattre; *(people)* massacrer. ◆ **slaughterhouse** *n* abattoir *m.*

Slav [slɑːv] — **1** *adj* slave. — **2** *n* Slave *mf.*

slave [sleɪv] — **1** *n* esclave *mf* (*to* de). — **2** *adj (fig)* **~ labour** travail *m* de forçat; **~ trade** commerce *m* des esclaves. — **3** *vi* travailler comme un nègre.

slaver ['slævəʳ] *vi (dribble)* baver.

slavery ['sleɪvərɪ] *n* esclavage *m.*

slay [sleɪ] *pret* **slew,** *ptp* **slain** *vt* tuer.

sleazy* ['sliːzɪ] *adj* minable.

sledge [sledʒ] *n* luge *f; (sleigh)* traîneau *m.*

sledgehammer ['sledʒ,hæməʳ] *n* marteau *m* de forgeron.

sleek [sliːk] *adj (hair, fur)* lisse et brillant; *(cat)* au poil soyeux.
sleep [sliːp] (*vb: pret, ptp* **slept**) — **1** *n* sommeil *m.* **to talk in one's ~** parler en dormant; **to sing a child to ~** chanter jusqu'à ce qu'un enfant s'endorme; **to get some ~** dormir; **to go to ~** s'endormir; **my leg has gone to ~** j'ai la jambe engourdie; **to put to ~** endormir; *(put down: cat)* faire piquer; **he didn't lose any ~ over it** il n'en a pas perdu le sommeil pour autant. — **2** *vti* **(a)** dormir. **to ~ in** faire la grasse matinée; *(oversleep)* ne pas se réveiller à temps; **to ~ like a log** dormir comme une souche; **~ tight!** dors bien!; **to ~ soundly** dormir profondément; *(without fear)* dormir sur ses deux oreilles; **to ~ sth off** dormir pour faire passer qch; **I'll have to ~ on it** il faut que j'attende demain pour décider. **(b)** *(spend night)* coucher. **he slept at his aunt's** il a couché chez sa tante; **to ~ with sb** coucher* avec qn. ◆ **sleeper** *n* **(a) to be a light ~** avoir le sommeil léger. **(b)** *(Rail: track)* traverse *f*; *(berth)* couchette *f*; *(train)* train-couchettes *m.* **(c)** *(earring)* clou *m.* ◆ **sleeping** *adj (person)* endormi. **~ bag** sac *m* de couchage; **the S~ Beauty** la Belle au bois dormant; **~ pill** somnifère *m.* ◆ **sleepless** *adj*: **to have a ~ night** ne pas dormir de la nuit. ◆ **sleeplessness** *n* insomnie *f.* ◆ **sleepwalking** *n* somnambulisme *f.* ◆ **sleepy** *adj (person)* qui a envie de dormir; *(voice, village)* endormi. **to be** *or* **feel ~** avoir sommeil.
sleet [sliːt] *n* neige *f* fondue.
sleeve [sliːv] *n (of garment)* manche *f*; *(of record)* pochette *f.* **long-~d** à manches longues; *(fig)* **he's got something up his ~** il a quelque chose en réserve.
sleigh [sleɪ] *n* traîneau *m.*
sleight [slaɪt] *n*: **~ of hand** tour *m* de passe-passe.
slender ['slendəʳ] *adj (person)* mince; *(stem, part of body)* fin; *(fig)* faible.
slept [slept] *pret, ptp of* **sleep.**
sleuth [sluːθ] *n* limier *m.*
slew [sluː] *pret of* **slay.**
slice [slaɪs] — **1** *n* **(a)** *(gen)* tranche *f*; *(fig)* partie *f.* **~ of bread and butter** tartine *f* (beurrée). **(b)** *(utensil)* truelle *f.* — **2** *vt* (*often:* **~ up**) couper (en tranches). **a ~d loaf** un pain en tranches; **to ~ through** couper net. ◆ **slicer** *n* coupe-jambon *m inv.*
slick [slɪk] — **1** *adj (gen)* facile; *(cunning)* rusé. — **2** *n* (*oil* **~**) nappe *f* de pétrole.
slide [slaɪd] (*vb: pret, ptp* **slid**) — **1** *n (prices)* baisse *f* (*in* de); *(in playground)* toboggan *m*; *(for microscope)* porte-objet *m*; (*hair* **~**) barrette *f*; *(Photo)* diapositive *f.* **~ rule** règle *f* à calcul. — **2** *vi (gen)* se glisser. **to ~ down** *(of person, car)* descendre en glissant; *(of object)* glisser; *(fig)* **to let things ~** laisser les choses aller à la dérive. — **3** *vt (small object)* glisser; *(large object)* faire glisser. ◆ **sliding** *adj (door)* coulissant; *(car: roof)* ouvrant. **~ scale** échelle *f* mobile.
slight [slaɪt] — **1** *adj (small)* petit *(before n)*; *(negligible)* insignifiant; *(person)* menu. **not the ~est danger** pas le moindre danger; **not in the ~est** pas le moins du monde. — **2** *vt* offenser. — **3** *n* affront *m.*
slightly ['slaɪtlɪ] *adv (gen)* un peu. **~ built** menu.
slim [slɪm] — **1** *adj* mince. — **2** *vi* maigrir. **to be ~ming** être au régime (pour maigrir). ◆ **slimmer** *n* personne *f* suivant un régime amaigrissant. ◆ **slimming** *adj (diet, pills)* pour maigrir; *(food)* qui ne fait pas grossir.
slime [slaɪm] *n (gen)* dépôt *m* visqueux; *(mud)* vase *f.* ◆ **slimy** *adj* visqueux (*f* -euse); couvert de vase.
sling [slɪŋ] (*vb: pret, ptp* **slung**) — **1** *n (catapult)* fronde *f*; *(child's)* lance-pierre *m inv.* *(Med)* **in a ~** en écharpe. — **2** *vt (throw)* lancer (*at sb* à qn; *at sth* sur qch); *(load etc)* hisser. **to ~ sth over one's shoulder** jeter qch par derrière l'épaule; **to ~ out*** se débarrasser de.
slip [slɪp] — **1** *n* **(a)** *(mistake)* erreur *f*; *(oversight)* oubli *m*; *(moral)* écart *m.* **~ of the tongue, ~ of the pen** lapsus *m*; **to give sb the ~** fausser compagnie à qn. **(b)** (*pillow***~**) taie *f* d'oreiller; *(underskirt)* combinaison *f.* **(c)** *(in filing system etc)* fiche *f.* **a ~ of paper** un bout de papier. — **2** *vi (slide)* glisser (*on* sur; *out of* de); *(of clutch)* patiner. *(move)* **to ~ into** se glisser dans; **to ~ into a dress** enfiler une robe; **to ~ back** revenir discrètement; **to ~ out for some cigarettes** sortir un instant chercher des cigarettes; **the words ~ped out** les mots lui *(etc)* ont échappé; **to let ~ an opportunity** laisser échapper une occasion; **he's ~ping*** il ne fait plus assez attention; **to ~ up*** gaffer. — **3** *vt* **(a)** *(slide)* glisser (*to sb* à qn; *into* dans). **he ~ped the gun out** il a sorti son revolver; **~ped disc** hernie *f* discale. **(b)** *(anchor)* filer; *(Knitting: stitch)* glisser. **to ~ sb's notice** échapper à qn. ◆ **slipcovers** *npl (US)* housses *fpl.* ◆ **slipknot** *n* nœud *m* coulant. ◆ **slippery** *adj* glissant. ◆ **slip-road** *n* bretelle *f* d'accès. ◆ **slipshod** *adj* négligé; *(worker)* négligent. ◆ **slip-up*** *n* gaffe* *f.* ◆ **slipway** *n* cale *f.*
slipper ['slɪpəʳ] *n* pantoufle *f*, *(warmer)* chausson *m.*
slit [slɪt] (*vb: pret, ptp* **slit**) — **1** *n* fente *f*; *(cut)* incision *f.* — **2** *vt* fendre, inciser; *(sb's throat)* trancher. **to ~ open** ouvrir.
slither ['slɪðəʳ] *vi* glisser.
slob* [slɒb] *n* rustaud(e) *m(f).*
slobber ['slɒbəʳ] *vi* baver.
sloe [sləʊ] *n* prunelle *f.*
slog [slɒg] — **1** *n (work)* long travail *m* pénible; *(effort)* gros effort *m.* — **2** *vt* donner un grand coup à. — **3** *vi (work)* travailler très dur. **to ~ away at sth** trimer* sur qch; **he ~ged up the hill** il a gravi la colline avec effort.
slogan ['sləʊgən] *n* slogan *m.*
slop [slɒp] — **1** *vt* répandre par mégarde. — **2** *vi* déborder (*onto* sur). — **3** *n*: **~s** eaux *fpl* sales.
slope [sləʊp] — **1** *n* pente *f.* **~ up** montée *f*; **~ down** descente *f*; *(of mountain)* **the southern ~s** le versant sud. — **2** *vi* être en pente; *(of handwriting)* pencher. **to ~ up** monter; **to ~ down** descendre. ◆ **sloping** *adj* en pente.
sloppy ['slɒpɪ] *adj (careless)* peu soigné; (*: *sentimental*) débordant de sensiblerie.
slot [slɒt] — **1** *n (for coin etc)* fente *f*; *(groove)* rainure *f*; *(fig: in timetable etc)* heure *f*; *(Radio, TV)* créneau *m.* **~ machine** *(selling)* distributeur *m* automatique; *(for amusement)* machine *f* à sous; **~ meter** compteur *m* à paiement préalable. — **2** *vt*: **to ~ sth in** insérer qch dans. — **3** *vi*: **to ~ in** s'insérer dans.
sloth [sləʊθ] *n* **(a)** paresse *f.* **(b)** *(animal)* paresseux *m.*
slouch [slaʊtʃ] *vi* ne pas se tenir droit. **to ~ in a chair** être affalé dans un fauteuil.

slovenly ['slʌvnlɪ] *adj (person)* débraillé; *(work)* qui manque de soin.
slow [sləʊ] — **1** *adj (gen)* lent; *(boring)* ennuyeux (*f* -euse); *(phlegmatic)* flegmatique; *(stupid)* lent. **a ~ train** un omnibus; **it's ~ going** on n'avance pas vite; **~ to decide** long à décider; **my watch is 10 minutes ~** ma montre retarde de 10 minutes; **in a ~ oven** à four doux; **in ~ motion** au ralenti. — **2** *adv* lentement. **to go ~** aller lentement; *(of watch)* prendre du retard; *(be cautious)* y aller doucement; **~-acting** *(etc)* à action *(etc)* lente. — **3** *vt* (**~ down, ~ up**) *(gen)* retarder; *(machine)* ralentir. — **4** *vi* (**~ down, ~ up**) ralentir. ◆ **slowcoach** *n (dawdler)* lambin(e) *m(f)*. ◆ **slowly** *adv* lentement; *(little by little)* peu à peu. **~ but surely** lentement mais sûrement. ◆ **slowness** *n* lenteur *f*.
sludge [slʌdʒ] *n* boue *f*.
slug [slʌg] *n* limace *f*.
sluggish ['slʌgɪʃ] *adj (gen)* lent; *(lazy)* paresseux (*f* -euse); *(engine)* peu nerveux (*f* -euse); *(market, business)* stagnant.
sluice [slu:s] — **1** *n* (**~** *way*) canal *m* (à vannes). — **2** *vt* laver à grande eau.
slum [slʌm] *n (house)* taudis *m*. **the ~s** les quartiers *mpl* pauvres; **~ area** quartier *m* pauvre; **~ clearance** aménagement *m* des quartiers insalubres.
slump [slʌmp] — **1** *n (gen)* baisse *f* soudaine (*in* de); *(economy)* crise *f* économique. — **2** *vi* (*also* **~ down**) s'effondrer (*into* dans; *onto* sur).
slung [slʌŋ] *pret, ptp of* **sling.**
slur [slɜ:ʳ] — **1** *n (stigma)* atteinte *f* (*on* à); *(insult)* affront *m*. — **2** *vt* mal articuler.
slush [slʌʃ] *n (snow)* neige *f* fondante; *(sentiment)* sentimentalité *f*. **~ fund** fonds *mpl* servant à des pots-de-vin.
slut [slʌt] *n (dirty)* souillon *f*; *(immoral)* salope* *f*.
sly [slaɪ] *adj (wily)* rusé; *(underhand)* sournois; *(mischievous)* espiègle. **on the ~** en cachette.
smack[1] [smæk] *vi:* **to ~ of sth** sentir qch.
smack[2] [smæk] — **1** *n* tape *f*, *(stronger)* claque *f*; *(on face)* gifle *f*. — **2** *vt* donner une tape (*or* une claque) à. **to ~ sb's face** gifler qn; **to ~ sb's bottom** donner la fessée à qn; **to ~ one's lips** se lécher les babines. — **3** *adv:* **~ in the middle** en plein milieu. ◆ **smacking** *n* fessée *f*.
small [smɔ:l] — **1** *adj (gen)* petit; *(audience, population)* peu nombreux (*f* -euse); *(waist)* mince. **to grow** *or* **get ~er** diminuer; **to make ~er** réduire; *(Typography)* **in ~ letters** en minuscules *fpl;* **to feel ~** se sentir tout honteux (*f* -euse); **~ ads** petites annonces *fpl;* **he's got plenty of ~ talk** il a de la conversation. — **2** *adv:* **to cut up ~** couper en tout petits morceaux. — **3** *n:* **the ~ of the back** le creux des reins, *(underwear)* **~s*** dessous *mpl*. ◆ **smallholding** *n* ≃ petite ferme *f*. ◆ **small-minded** *adj* mesquin. ◆ **smallness** *n (gen)* petitesse *f*; *(of person)* petite taille *f*. ◆ **small-scale** *adj* de peu d'importance. ◆ **small-town** *adj* provincial.
smallpox ['smɔ:l,pɒks] *n* variole *f*.
smart [smɑ:t] — **1** *adj* **(a)** chic *inv*, élégant. **(b)** *(clever)* intelligent, dégourdi*. **(c)** *(quick)* rapide. **look ~ about it!** remue-toi!* — **2** *vi (of cut, graze)* brûler; *(of iodine etc)* piquer; *(feel offended)* être piqué au vif. ◆ **smarten (up)** — **1** *vt (house)* bien arranger. — **2** *vi (of person)* se faire beau (*f* belle). ◆ **smartly** *adv (elegantly)* avec beaucoup de chic; *(cleverly)* astucieusement; *(quickly)* vivement.
smash [smæʃ] — **1** *n* **(a)** *(sound)* fracas *m*. **(b)** (*also* **~-up***) accident *m*. — **2** *adv* (*) **~ into a wall** en plein dans un mur. — **3** *vt (break)* briser; *(fig: sports record)* pulvériser. **to ~ sth to pieces** briser qch en mille morceaux; **to ~ up** *(gen)* fracasser; *(room)* tout casser dans; *(car)* bousiller*. — **4** *vi* se fracasser. ◆ **smash-and-grab (raid)** *n* cambriolage *m* (commis en brisant une devanture). ◆ **smasher*** *n:* **to be a ~** être sensationnel (*f* -elle).
smattering ['smætərɪŋ] *n:* **a ~ of** quelques connaissances *fpl* vagues en.
smear [smɪəʳ] — **1** *n* trace *f*, *(longer)* traînée *f*; *(dirty mark)* tache *f*; *(Med)* frottis *m*; *(insult)* calomnie *f*. **~ campaign** campagne *f* de diffamation. — **2** *vt (gen)* étaler (*on* sur); *(with dirt)* barbouiller (*with* de); *(wet paint)* faire une marque sur.
smell [smel] (*vb: pret, ptp* **smelled** *or* **smelt**) — **1** *n* (*sense of* **~**) odorat *m*; *(odour)* odeur *f*; *(stench)* mauvaise odeur. **to have a nice ~** sentir bon; **to have a nasty ~** sentir mauvais. — **2** *vti* sentir; *(of animal)* flairer. **he could ~ something burning** il sentait que quelque chose brûlait; **it doesn't ~ at all** ça n'a pas d'odeur; **these socks ~** ces chaussettes sentent mauvais; **that ~s like chocolate** ça sent le chocolat; **to ~ good** sentir bon. ◆ **smelling salts** *npl* sels *mpl*. ◆ **smelly** *adj* qui sent mauvais.
smelt [smelt] — **1** *pret, ptp of* **smell.** — **2** *vt (ore)* fondre; *(metal)* extraire par fusion. ◆ **smelting works** *npl* fonderie *f*.
smile [smaɪl] — **1** *n* sourire *m*. **to give sb a ~** faire un sourire à qn. — **2** *vi* sourire (*at or to sb* à qn; *at sth* de qch). **to keep smiling** garder le sourire. ◆ **smiling** *adj* souriant.
smith [smɪθ] *n (shoes horses)* maréchal-ferrant *m*; *(forges iron)* forgeron *m*.
smithereens [,smɪðə'ri:nz] *npl:* **smashed to** *or* **in ~** brisé en mille morceaux.
smithy ['smɪðɪ] *n* forge *f*.
smitten ['smɪtn] *adj:* **~ with** *(remorse)* pris de; *(terror)* frappé de; *(idea, sb's beauty)* enchanté par; *(*: in love)* toqué de*.
smock [smɒk] *n* blouse *f*.
smocking ['smɒkɪŋ] *n* smocks *mpl*.
smog [smɒg] *n* smog *m*.
smoke [sməʊk] — **1** *n* **(a)** fumée *f*. **~ bomb** bombe *f* fumigène; *(Mil)* **~ screen** rideau *m* de fumée; **to go up in ~** *(house)* brûler; *(plans)* partir en fumée. **(b) to have a ~** fumer une cigarette *(or* une pipe *etc)*. — **2** *vti* fumer. **'no smoking'** 'défense de fumer'; **'smoking can damage your health'** 'le tabac est nuisible à la santé'; **to give up smoking** arrêter de fumer; **~d salmon** saumon *m* fumé. ◆ **smokeless** *adj:* **~ fuel** combustible *m* non polluant; **~ zone** zone *f* où l'usage de combustibles solides est réglementé. ◆ **smoker** *n* fumeur *m* (*f* -euse). **heavy ~** grand fumeur. ◆ **smoky** *adj (room)* enfumé; *(glass)* fumé.
smooth [smu:ð] — **1** *adj* **(a)** *(gen)* lisse; *(sauce)* onctueux (*f* -ueuse); *(flavour)* moelleux (*f* -euse); *(voice)* doux (*f* douce); *(suave)* doucereux (*f* -euse). **(b)** *(movement etc)* sans à-coups; *(flight)* confortable. **~ running** bonne marche *f*. — **2** *vt* (**~ down:** *pillow, hair*) lisser; *(wood)* rendre lisse. **to ~ cream into one's skin** faire pénétrer la crème dans la peau; **to ~ out** défroisser; *(fig)* aplanir; *(fig)* **to ~ things over**

arranger les choses. ◆ **smoothly** *adv (easily)* facilement; *(gently)* doucement; *(move)* sans à-coups; *(talk)* doucereusement. **it went off ~** cela s'est bien passé.

smother ['smʌðəʳ] *vt (stifle)* étouffer; *(cover)* couvrir (*with, in* de).

smoulder ['sməʊldəʳ] *vi* couver.

smudge [smʌdʒ] — **1** *n* légère tache *f*. — **2** *vt (face)* salir; *(writing)* étaler accidentellement.

smug [smʌg] *adj (person)* suffisant; *(optimism, satisfaction)* béat. ◆ **smugly** *adv* avec suffisance.

smuggle ['smʌgl] *vt* passer en contrebande. **to ~ in** *(goods)* faire entrer en contrebande; *(letters, person)* faire entrer clandestinement. ◆ **smuggler** *n* contrebandier *m* (*f* -ière). ◆ **smuggling** *n* contrebande *f (action)*.

smut [smʌt] *n* petite saleté *f*; (*: *in conversation etc)* cochonneries* *fpl*.

snack [snæk] *n* casse-croûte *m inv*. ◆ **snack-bar** *n* snack *m*.

snag [snæg] *n* inconvénient *m*.

snail [sneɪl] *n* escargot *m*. **at a ~'s pace** à un pas de tortue.

snake [sneɪk] *n* serpent *m*. ◆ **snakebite** *n* morsure *f* de serpent. ◆ **snakes-and-ladders** *n* jeu *m* de l'oie.

snap [snæp] — **1** *n* **(a)** *(noise)* bruit *m* sec. *(weather)* **a cold ~** une brève vague de froid. **(b)** (*~shot*) photo *f* (d'amateur). **(c)** *(Cards)* jeu *m* de bataille. — **2** *adj (decision)* irréfléchi. — **3** *vti* (**~ off:** *break sth*) casser; *(be broken)* se casser. **to ~ one's fingers** faire claquer ses doigts; **to ~ sth shut** fermer qch d'un coup sec; **to ~ at sb** *(of dog)* essayer de mordre qn; *(of person)* parler à qn d'un ton brusque; **~ out of it*** secoue-toi!; **to ~ up a bargain** sauter sur une occasion. ◆ **snap-fastener** *n* pression *f*. ◆ **snapshot** *n* photo *f* (d'amateur).

snapdragon ['snæp,drægən] *n* gueule-de-loup *f*.

snare [snɛəʳ] *n* piège *m*.

snarl [snɑːl] — **1** *vi* **(a)** *(of dog)* gronder en montrant les dents; *(of person)* lancer un grondement (*at sb* à qn). **(b) to get ~ed up** *(of wool)* s'emmêler. — **2** *n* grondement *m* féroce.

snatch [snætʃ] — **1** *vti (grab: gen)* saisir; *(holiday etc)* réussir à avoir; *(steal)* voler (*from sb* à qn); *(kidnap)* enlever. **to ~ sth from sb** arracher qch à qn; **to ~ some sleep** réussir à dormir un peu; **to ~ at sth** essayer de saisir qch; **to ~ sth up** ramasser vivement qch. — **2** *n* **(a) there was a wages ~** des voleurs se sont emparés des salaires. **(b)** *(small piece)* fragment *m*.

sneak [sniːk] — **1** *n* (*: *talebearer*) rapporteur* *m* (*f* -euse*). — **2** *vti:* **to ~ in** *(etc)* entrer *(etc)* à la dérobée; **to ~ a look at sth** lancer un coup d'œil furtif à qch. ◆ **sneaker*** *n* chaussure *f* de tennis. ◆ **sneaking** *adj (preference)* secret (*f* -ète). **I had a ~ feeling that** je ne pouvais m'empêcher de penser que.

sneer [snɪəʳ] *vi* ricaner. **to ~ at sb** se moquer de qn. ◆ **sneering** *n* ricanements *mpl*, sarcasmes *mpl*.

sneeze [sniːz] — **1** *n* éternuement *m*. — **2** *vi* éternuer. *(fig)* **it is not to be ~d at** ce n'est pas à dédaigner.

snide [snaɪd] *adj* narquois.

sniff [snɪf] — **1** *n* reniflement *m*. — **2** *vti (gen)* renifler; *(suspiciously)* flairer; *(disdainfully)* faire la grimace. **it's not to be ~ed at** ce n'est pas à dédaigner.

sniffle ['snɪfl] — **1** *n (slight cold)* petit rhume *m* (de cerveau). — **2** *vi* renifler.

snigger ['snɪgəʳ] *vi* pouffer de rire. **to ~ at** se moquer de. ◆ **sniggering** *n* rires *mpl* en dessous.

snip [snɪp] — **1** *n (piece)* petit bout *m*; (*: *bargain*) bonne affaire *f*. — **2** *vt* couper.

snipe [snaɪp] *n (pl inv: bird)* bécassine *f*.

sniper ['snaɪpəʳ] *n* tireur *m* embusqué.

snippet ['snɪpɪt] *n (of cloth)* petit bout *m*; *(of conversation)* bribes *fpl*.

snivel ['snɪvl] *vi* pleurnicher.

snob [snɒb] *n* snob *mf*. ◆ **snobbery** *n* snobisme *m*. ◆ **snobbish** *adj* snob *inv*.

snooker ['snuːkəʳ] *n* ≃ jeu *m* de billard.

snoop [snuːp] *vi* se mêler des affaires des autres. **to ~ on sb** espionner qn. ◆ **snooper** *n* personne *f* qui fourre son nez* partout.

snooze* [snuːz] *n* petit somme *m*.

snore [snɔːʳ] — **1** *vi* ronfler *(en dormant)*. — **2** *n* ronflement *m*.

snorkel ['snɔːkl] *n (Sport)* tuba *m*.

snort [snɔːt] — **1** *vi (of horse etc)* s'ébrouer; *(of person)* grogner; *(laughing)* s'étrangler de rire. — **2** *n* ébrouement *m*; grognement *m*.

snot* [snɒt] *n* morve *f*. ◆ **snotty*** *adj (nose)* qui coule; *(child)* morveux (*f* -euse).

snout [snaʊt] *n* museau *m*.

snow [snəʊ] — **1** *n* neige *f*. **~ report** bulletin *m* d'enneigement. — **2** *vti* neiger. **~ed in** *or* **up** bloqué par la neige; *(fig)* **~ed under** submergé (*with* de). ◆ **snowball** — **1** *n* boule *f* de neige. — **2** *vi (fig: grow larger)* faire boule de neige. ◆ **snowbound** *adj (road)* complètement enneigé; *(village)* bloqué par la neige. ◆ **snowdrift** *n* congère *f*. ◆ **snowdrop** *n* perce-neige *m inv*. ◆ **snowfall** *n* chute *f* de neige. ◆ **snowflake** *n* flocon *m* de neige. ◆ **snowman** *n* bonhomme *m* de neige. **the abominable ~** l'abominable homme *m* des neiges. ◆ **snowplough** *n* chasse-neige *m inv*. ◆ **snowstorm** *n* tempête *f* de neige. ◆ **snow-white** *adj* blanc (*f* blanche) comme neige. ◆ **Snow White** *n* Blanche-Neige *f*. ◆ **snowy** *adj (weather)* neigeux (*f* -euse); *(hills)* enneigé; *(day etc)* de neige.

snub [snʌb] — **1** *n* rebuffade *f*. — **2** *vt* repousser. — **3** *adj (nose)* retroussé.

snuff [snʌf] *n* tabac *m* à priser. **to take ~** priser. ◆ **snuffbox** *n* tabatière *f*.

snug [snʌg] *adj (cosy)* douillet (*f* -ette); *(safe)* très sûr. **it's nice and ~ here** il fait bon ici; **~ in bed** bien au chaud dans son lit.

snuggle ['snʌgᵊl] *vi* (**~ down, ~ up**) se blottir (*into* dans; *beside* contre).

snugly ['snʌglɪ] *adv* douillettement. **to fit ~** *(object in box etc)* rentrer juste bien.

so [səʊ] — **1** *adv* **(a)** *(to such an extent)* **it's ~ big that...** c'est si grand *or* tellement grand que...; **he is not ~ clever as ...** il n'est pas aussi *or* pas si intelligent que ...; **it's not ~ big as all that!** ce n'est pas si grand que ça!; **~ as to do** pour faire; **~ that** *(in order that)* pour + *infin*, pour que + *subj*; *(with the result that)* si bien que + *indic*; **~ very tired** vraiment si fatigué; **~ much to do** tellement *or* tant de choses à faire. **(b)** *(thus)* ainsi. **just ~!, quite ~!** exactement!; **it ~ happened that** il s'est trouvé que; **~ I believe** c'est ce qu'il me semble; **is that ~?** vraiment?; **that is ~** c'est exact; **if ~** si oui; **perhaps ~** peut-être bien que oui; **I told you ~ yesterday** je vous l'ai dit hier; **I told you ~!** je vous l'avais bien dit!; **do ~**

faites-le ; **I think ~** je crois; **I hope ~** je l'espère bien; **...only more ~** ...mais encore plus; **~ do I!**, **~ have I!** moi aussi!; **~ he did!** *(or* **~ it is!** *etc)* en effet!; **20 or ~** environ 20, une vingtaine; **and ~ on (and ~ forth)** et ainsi de suite; **~ long!*** à bientôt! — **2** *conj* donc, alors. **he was late, ~ he missed the train** il est arrivé en retard, donc il a manqué le train; **~ there he is!** le voilà donc!; **the roads are busy, ~ be careful** il y a beaucoup de circulation, alors fais bien attention; **~ what?*** et alors? ◆ **so-and-so** *n* un tel, une telle. **an old ~*** un vieil imbécile. ◆ **so-called** *adj* soi-disant *inv (before n).* ◆ **so-so*** *adj* comme ci comme ça.

soak [səʊk] — **1** *vt* faire tremper (*in* dans). **~ed through, ~ing wet** trempé; **to ~ sth up** absorber qch. — **2** *vi* tremper (*in* dans).

soap [səʊp] — **1** *n* savon *m.* — **2** *vt* savonner. ◆ **soapflakes** *npl* paillettes *fpl* de savon. ◆ **soap-opera** *n* mélo* *m* à épisodes. ◆ **soap-powder** *n* lessive *f.* ◆ **soapy** *adj* savonneux (*f* -euse).

soar [sɔːʳ] *vi (gen)* monter en flèche; *(of morale etc)* remonter en flèche.

sob [sɒb] — **1** *vti* sangloter. **'no' she ~bed** 'non' dit-elle en sanglotant. — **2** *n* sanglot *m.* **~ story*** histoire *f* à fendre le cœur.

sober ['səʊbəʳ] — **1** *adj* **(a)** *(serious: gen)* sérieux (*f* -ieuse); *(occasion)* solennel (*f* -elle). **(b)** *(not drunk)* **he is ~** il n'est pas ivre. — **2** *vt:* **to ~ sb up** *(calm)* calmer qn; *(stop being drunk)* désenivrer qn. — **3** *vi:* **to ~ up** *(calm down)* se calmer; *(stop being drunk)* désenivrer.

soccer ['sɒkəʳ] — **1** *n* football *m.* — **2** *adj* du football. **~ player** footballeur *m.*

sociable ['səʊʃəbl] *adj (person)* sociable; *(evening)* amical. **I'm not feeling very ~** je n'ai pas envie de voir des gens.

social ['səʊʃəl] — **1** *adj* **(a)** social. **S~ Democrat Party** parti *m* social-démocrate; **~ security** aide *f* sociale; **to be on ~ security*** recevoir l'aide sociale; **the ~ services** les services *mpl* sociaux; **Department of S~ Services** ministère *m* des Affaires sociales; **~ welfare** sécurité *f* sociale; **~ work** assistance *f* sociale; **~ worker** assistant(e) *mf* social(e). **(b)** *(engagements, life)* mondain. **we've got no ~ life** nous ne sortons jamais. **(c)** *(gregarious)* sociable. **~ club** association *f* amicale. — **2** *n* fête *f.* ◆ **socially** *adv (acceptable)* en société. **I know him ~** nous nous rencontrons en société.

socialism ['səʊʃəlɪzəm] *n* socialisme *m.*

socialist ['səʊʃəlɪst] *adj, n* socialiste *(mf).*

society [sə'saɪətɪ] *n* **(a)** société *f.* **(b)** (*high* ~) haute société *f.* **~ wedding** mariage *m* mondain. **(c) in the ~ of** en compagnie de. **(d)** *(association)* association *f.* **dramatic ~** association théâtrale.

socio... ['səʊsɪəʊ] *pref* socio...

sociologist [,səʊsɪ'ɒlədʒɪst] *n* sociologue *mf.*

sociology [,səʊsɪ'ɒlədʒɪ] *n* sociologie *f.*

sock [sɒk] *n* **(a)** chaussette *f, (short)* socquette *f.* **(b) a ~ on the jaw*** un coup sur la figure.

socket ['sɒkɪt] *n (of eye)* orbite *f; (of tooth)* alvéole *f; (for light bulb)* douille *f; (power point)* prise *f* de courant *(femelle).*

soda ['səʊdə] *n* **(a)** soude *f;* (*washing* ~) cristaux *mpl* de soude. **(b)** (*~ water*) eau *f* de Seltz. **whisky and ~** whisky *m* soda. **(c)** *(US:* **~** *pop)* soda *m.* **~ fountain** buvette *f.*

sodden ['sɒdn] *adj* trempé.

sodium ['səʊdɪəm] *n* sodium *m.* **~ bicarbonate** bicarbonate *m* de soude.

sofa ['səʊfə] *n* sofa *m*, canapé *m.*

soft [sɒft] *adj (gen)* doux (*f* douce); *(unpleasantly so)* mou (*f* molle); *(snow, cheese)* mou; *(wood, stone, pencil, heart)* tendre; *(leather, brush)* souple; *(toy)* de peluche; *(landing)* en douceur; *(life, job)* facile; *(lenient)* indulgent (*on sb* envers qn); (*: *stupid*) stupide. **~ drinks** boissons *fpl* non alcoolisées; **~ drugs** drogues *fpl* douces; **~ fruit** ≃ fruits *mpl* rouges; **~ furnishings** tissus *mpl* d'ameublement; **~ palate** voile *m* du palais; **~ water** eau *f* qui n'est pas calcaire; **this sort of life makes you ~** ce genre de vie vous ramollit; *(fig)* **to have a ~ spot for** avoir un faible pour. ◆ **soft-boiled egg** *n* œuf *m* à la coque. ◆ **soften (up)** *vt (gen)* adoucir; *(butter, ground)* ramollir ; *(customer etc)* baratiner*; *(resistance)* amoindrir. *(fig)* **to ~ the blow** amortir le choc. ◆ **softener** *n (water ~)* adoucisseur *m;* (*fabric* ~) adoucissant *m.* ◆ **soft-hearted** *adj* au cœur tendre. ◆ **softly** *adv* doucement. ◆ **softness** *n* douceur *f.* ◆ **software** *n (Computers)* software *m.* logiciel *m.*

soggy ['sɒgɪ] *adj (ground)* détrempé; *(bread, pudding)* lourd.

soh [səʊ] *n (Music)* sol *m.*

soil [sɔɪl] — **1** *n* terre *f,* sol *m.* **rich ~** terre riche; **on French ~** sur le sol français. — **2** *vt (dirty)* salir. **~ed linen** linge *m* sale.

solar ['səʊləʳ] *adj* solaire.

sold [səʊld] *pret, ptp of* **sell.**

solder ['səʊldəʳ] *vt* souder.

soldier ['səʊldʒəʳ] — **1** *n* soldat *m.* **old ~** vétéran *m.* — **2** *vi (fig)* **to ~ on** persévérer (malgré tout).

sole [səʊl] — **1** *n* **(a)** *(pl inv: fish)* sole *f.* **(b)** *(of shoe)* semelle *f; (of foot)* plante *f.* — **2** *vt* ressemeler. — **3** *adj (only)* seul, unique *(before n); (exclusive: rights)* exclusif (*f* -ive). **~ agent** concessionnaire *mf* (*for* de). ◆ **solely** *adv (only)* uniquement; *(entirely)* entièrement.

solemn ['sɒləm] *adj* solennel (*f* -elle). ◆ **solemnly** *adv (promise)* solennellement; *(say, smile)* d'un air solennel.

sol-fa ['sɒl'fɑː] *n* solfège *m.*

solicit [sə'lɪsɪt] — **1** *vt* solliciter (*from* de). — **2** *vi (of prostitute)* racoler. ◆ **soliciting** *n* racolage *m.*

solicitor [sə'lɪsɪtəʳ] *n (Brit)* ≃ avocat *m; (US)* ≃ juriste *m* conseil.

solid ['sɒlɪd] — **1** *adj (gen)* solide; *(ball, tyre)* plein; *(crowd)* dense; *(row, line)* continu; *(vote)* unanime. **frozen ~** complètement gelé; **cut out of ~ rock** taillé à même la pierre; **in ~ gold** en or massif; **~ fuel** combustible *m* solide; **on ~ ground** sur la terre ferme; **a ~ worker** un travailleur sérieux; **a ~ hour** une heure entière; **2 ~ hours** 2 heures *fpl* d'affilée. — **2** *n (gen)* solide *m.* *(food)* **~s** aliments *mpl* solides. ◆ **solidify** *vi* se solidifier. ◆ **solidly** *adv (gen)* solidement; *(vote)* massivement.

solidarity [,sɒlɪ'dærɪtɪ] *n* solidarité *f.*

solitary ['sɒlɪtərɪ] *adj* **(a)** *(alone)* solitaire; *(lonely)* seul. *(Law)* **in ~ confinement** au régime cellulaire. **(b)** *(only one)* seul *(before n).*

solitude ['sɒlɪtjuːd] *n* solitude *f.*

solo ['səʊləʊ] — **1** *n* solo *m.* — **2** *adj (gen)* solo *inv; (flight etc)* en solitaire. ◆ **soloist** *n* soliste *mf.*

soluble ['sɒljʊbl] *adj* soluble.

solution [sə'luːʃən] *n* solution *f* (*to* de).

solve [sɒlv] *vt* résoudre.

solvent ['sɒlvənt] — **1** *adj (financially)* solvable. — **2** *n (chemical)* solvant *m.*

some [sʌm] — **1** *adj* **(a)** *(a certain amount or number of)* **~ tea** du thé; **~ ice** de la glace; **~ water** de l'eau; **~ cakes** des gâteaux; **~ more meat?** encore de la viande? **(b)** *(unspecified)* **~ woman was asking for her** il y avait une dame qui la demandait; **at ~ place** quelque part; **~ day** un de ces jours; **~ other day** un autre jour; **~ time last week** un jour la semaine dernière; **there must be ~ solution** il doit bien y avoir une solution quelconque. **(c)** *(contrasted with others)* **~ children like school** certains enfants aiment l'école, il y a des enfants qui aiment l'école. **(d)** *(quite a lot of)* **~ courage** un certain courage; **for ~ years** pendant quelques années. **(e)** *(emphatic: a little)* **we still have some money left** il nous reste quand même un peu d'argent. **(f)** *(intensive)* **that was ~ film!*** c'était un film formidable; **you're ~ help!*** tu parles* d'une aide! — **2** *pron:* **~ went this way and others went that** il y en a qui sont partis par ici et d'autres par là; **~ have been sold** certains ont été vendus; **~ of them** quelques-uns (d'entre eux); **~ of my friends** quelques-uns de mes amis; **I've got ~** *(plural, e.g. books)* j'en ai quelques-uns; *(sg., e.g. coffee)* j'en ai; **have ~!** prenez-en!; **have ~ of this cake** prenez un peu de ce gâteau; **~ of it has been eaten** on en a mangé; **~ of this work** une partie de ce travail; **~ of what you said** certaines choses que vous avez dites. — **3** *adv (about)* environ.

somebody ['sʌmbədɪ] *pron* quelqu'un. **~ else** quelqu'un d'autre; **~ French** un Français.

somehow ['sʌmhaʊ] *adv* **(a)** *(in some way)* **it must be done ~ (or other)** il faut que ce soit fait d'une façon ou d'une autre; **he did it ~** il l'a fait tant bien que mal. **(b)** *(for some reason)* pour une raison ou pour une autre.

someone ['sʌmwʌn] *pron* = **somebody.**

someplace ['sʌmpleɪs] *adv (US)* = **somewhere.**

somersault ['sʌməsɔːlt] *n (on ground; also accidental)* culbute *f; (by child)* galipette *f; (in air)* saut *m* périlleux; *(by car)* tonneau *m.*

something ['sʌmθɪŋ] *pron, adv* quelque chose. **~ unusual** quelque chose d'inhabituel; **~ to read** quelque chose à lire; **~ else to do** quelque chose d'autre à faire; **~ or other** quelque chose; *(fig)* **you've got ~ there!*** c'est vrai ce que tu dis là!; **that really is ~!*** c'est pas rien!*; **it is really ~* to find...** ça n'est pas rien* de trouver...; **that's always ~** c'est toujours ça; **or ~** ou quelque chose dans ce genre-là; **that's ~ like it!*** ça au moins, c'est bien!; **~ under £10** un peu moins de 10 livres.

sometime ['sʌmtaɪm] *adv:* **~ last month** au cours du mois dernier; **I'll do it ~** je le ferai un de ces jours; **~ soon** bientôt; **~ after...** après...

sometimes ['sʌmtaɪmz] *adv* **(a)** quelquefois, de temps en temps. **(b) ~ happy, ~ sad** tantôt gai, tantôt triste.

somewhat ['sʌmwɒt] *adv* assez.

somewhere ['sʌmwɛəʳ] *adv* **(a)** quelque part. **~ else** ailleurs. **(b)** *(approximately)* environ. **~ about 12** environ 12.

son [sʌn] *n* fils *m.* ◆ **son-in-law** *n* gendre *m*, beau-fils *m.*

sonar ['səʊnɑːʳ] *n* sonar *m.*

sonata [sə'nɑːtə] *n* sonate *f.*

song [sɒŋ] *n (gen)* chanson *f; (of birds)* chant *m. (fig)* **to make a ~ and dance*** faire toute une histoire* *(about* à propos de). ◆ **songbook** *n* recueil *m* de chansons. ◆ **songwriter** *n* compositeur *m* (*f* -trice) de chansons.

sonnet ['sɒnɪt] *n* sonnet *m.*

sonorous ['sɒnərəs] *adj* sonore.

soon [suːn] *adv* **(a)** *(before long)* bientôt; *(quickly)* vite. **we shall ~ be in Paris** nous serons bientôt à Paris; **he ~ changed his mind** il a vite changé d'avis; **see you ~!** à bientôt!; **very ~** très bientôt, très vite; **quite ~** assez vite; **~ afterwards** peu après; **as ~ as possible** aussitôt que possible; **let me know as ~ as you've finished** prévenez-moi dès que vous aurez fini; **the ~er the better** le plus tôt sera le mieux; **~er or later** tôt ou tard; **no ~er had he finished than...** à peine avait-il fini que... **(b)** *(early)* tôt. **why have you come so ~?** pourquoi êtes-vous venu si tôt?; **~er than** plus tôt que; **how ~?** dans combien de temps? **(c)** *(expressing preference)* **I'd as ~ do that** j'aimerais autant faire ça; **I'd ~er you didn't tell him** j'aimerais mieux *or* je préférerais que vous ne le lui disiez *(subj)* pas; **~er you than me!*** je n'aimerais pas être à ta place.

soot [sʊt] *n* suie *f.*

soothe [suːð] *vt* calmer.

sophisticated [sə'fɪstɪkeɪtɪd] *adj (person, tastes)* raffiné; *(book, discussion)* subtil; *(machine, method)* sophistiqué.

sophomore ['sɒfəmɔːʳ] *n (US)* étudiant(e) *m(f)* de seconde année.

soporific [,sɒpə'rɪfɪk] *adj* soporifique.

soppy* ['sɒpɪ] *adj* sentimental.

soprano [sə'prɑːnəʊ] *n* soprano *mf.*

sordid ['sɔːdɪd] *adj (gen)* sordide; *(deal, film)* ignoble.

sore [sɔːʳ] — **1** *adj* **(a)** *(painful)* douloureux (*f* -euse); *(inflamed)* irrité. **that's ~!** ça me fait mal!; **I'm ~ all over** j'ai mal partout; **I have a ~ finger** j'ai mal au doigt; *(fig)* **a ~ point** un point délicat. **(b)** (*: *offended*) en rogne*. **to get ~** râler*. — **2** *n (Med)* plaie *f.* ◆ **sorely** *adv:* **it is ~ needed** on en a grandement besoin.

sorrel ['sɒrəl] *n (plant)* oseille *f.*

sorrow ['sɒrəʊ] *n* peine *f*, chagrin *m; (stronger)* douleur *f.* ◆ **sorrowful** *adj* triste.

sorry ['sɒrɪ] *adj:* **~!** pardon!; **I'm very ~, I'm terribly ~** je suis vraiment désolé; **~ about the vase** excusez-moi pour le vase; **I'm ~ I'm late** excusez-moi d'être en retard; **I am ~ I cannot come** je suis désolé de ne pas pouvoir venir; **I'm ~ she cannot come** je suis désolé qu'elle ne puisse pas venir; **I am ~ to tell you that...** je regrette de vous dire que...; **you'll be ~ for this** vous le regretterez; **say you're ~** demande pardon; **I feel so ~ for her** elle me fait pitié; **to be** *or* **feel ~ for o.s.** s'apitoyer sur son propre sort; **in a ~ state** en piteux état.

sort [sɔːt — **1** *n (gen)* genre *m*, sorte *f; (brand: of car, coffee etc)* marque *f.* **this ~ of thing** ce genre de chose; **what ~ do you want?** vous en voulez de quelle sorte?; **what ~ of man is he?** quel genre d'homme est-ce?; **he's not that ~ of person** ce n'est pas son genre; **and all that ~ of thing** et tout ça*; **you know the ~ of thing I mean** vous voyez ce que je veux dire; **sth of the ~** qch de ce genre; **nothing of the ~!** pas le moins du monde!; **a painter of ~s** un peintre si l'on peut dire; *(fig)* **a good ~*** un brave type*, une brave fille; **it's ~ of* blue** c'est plutôt bleu. — **2** *vt* trier *(according to* selon);

(separate) séparer (*from* de); *(classify)* classer. **to ~ out** *(papers, clothes)* ranger; *(ideas)* mettre de l'ordre dans; *(problem)* régler; *(fix, arrange)* arranger; **we've got it all ~ed out** nous avons réglé la question; **I couldn't ~ out what had happened** je n'ai pas pu comprendre ce qui s'était passé. ◆ **sorting-office** *n* bureau *m* de tri.

soufflé ['su:fleɪ] *n* soufflé *m*. **cheese ~** soufflé au fromage.

sought [sɔ:t] *pret, ptp of* **seek.**

soul [səʊl] *n* âme *f*. **the ~ of discretion** la discrétion même; **I didn't see a (single** *or* **living) ~** je n'ai pas vu âme qui vive; **you poor ~!** mon (*or* ma) pauvre! ◆ **soul-destroying** *adj (boring)* abrutissant; *(depressing)* démoralisant. ◆ **soulful** *adj* attendrissant.

sound[1] [saʊnd] — **1** *n (gen)* son *m; (noise)* bruit *m*. **the speed of ~** la vitesse du son; **to the ~ of** au son de; **without a ~** sans bruit; **the ~ of voices** un bruit de voix; *(fig)* **I don't like the ~ of it** ça m'inquiète. — **2** *adj (recording, wave)* sonore. **~ archives** phonothèque *f;* **to break the ~ barrier** franchir le mur du son; **~ effects** bruitage *m;* **~ track** bande *f* sonore. — **3** *vi (gen)* retentir. **it ~s better if you read it slowly** ça sonne mieux si vous le lisez lentement; **it ~s empty** on dirait que c'est vide; **it ~ed as if sb were coming in** on aurait dit que qn entrait; **that ~s like Paul** ça doit être Paul; **she ~s tired** elle semble fatiguée; **you ~ like your mother** tu me rappelles ta mère; **how does it ~ to you?** qu'en penses-tu?; **it ~s like a good idea** ça semble être une bonne idée. — **4** *vt (bell, alarm)* sonner; *(trumpet, bugle)* sonner de; *(pronounce: a letter)* prononcer. **to ~ one's horn** klaxonner. ◆ **soundless** *adj* silencieux (*f* -ieuse). ◆ **soundproof** *vt* insonoriser.

sound[2] [saʊnd] — **1** *adj (gen)* sain; *(heart, institution, training)* solide; *(structure)* en bon état; *(investment)* sûr; *(sleep)* profond; *(sensible)* sensé; *(reasoning, judgment)* juste; *(player, worker etc)* compétent. **of ~ mind** sain d'esprit; **~ sense** bon sens *m*. — **2** *adv:* **~ asleep** profondément endormi.

sound[3] [saʊnd] *vt* (*also* **~ out**) sonder (*on, about* sur).

soup [su:p] *n* soupe *f; (thinner or sieved)* potage *m*. *(fig)* **in the ~*** dans le pétrin*; **~ plate** assiette *f* à soupe; **~ spoon** cuiller *f* à soupe. ◆ **souped-up*** *adj (engine)* gonflé*.

sour ['saʊəʳ] *adj (gen)* aigre; *(fruit, juice)* acide; *(milk)* tourné; *(fig)* acerbe. **~(ed) cream** ≃ crème *f* aigre; *(fig)* **it was ~ grapes** c'était du dépit.

source [sɔ:s] *n (gen)* source *f; (of infection)* foyer *m*. **I have it from a reliable ~ that...** je tiens de source sûre que...

south [saʊθ] — **1** *n* sud *m*. **to the ~ of** au sud de; **to live in the ~** habiter dans le sud; **the S~ of France** le Midi. — **2** *adj (gen)* sud *inv, (wind)* du sud. **~ Atlantic** Atlantique *m* Sud; **S~ Africa** Afrique *f* du Sud; **S~ African** *(n)* Sud Africain(e) *m(f); S~* **America** Amérique *f* du Sud; **S~ American** *(n)* Sud-Américain(e) *m(f); S~* **Sea Islands** Océanie *f;* **the S~ Seas** les Mers *fpl* du Sud. — **3** *adv (travel)* vers le sud. **~ of the border** au sud de la frontière. ◆ **southbound** *adj (traffic)* en direction du sud; *(carriageway)* sud *inv*. ◆ **south-east** — **1** *adj, n* sud-est *(m) inv;* **S~-East Asia** le Sud-Est asiatique. — **2** *adv* vers le sud-est. ◆ **south-eastern** *adj* sud-est *inv*. ◆ **southerly** *adj (wind)* du sud. **in a ~ direction** vers le sud. ◆ **southern** *adj* sud *inv*. **in ~ Spain** dans le Sud de l'Espagne. ◆ **southerner** *n* homme *m or* femme *f* du Sud; *(in France)* Méridional(e) *m(f)*. ◆ **southward** — **1** *adj* au sud. — **2** *adv* (*also* **southwards**) vers le sud. ◆ **southwest** — **1** *adj, n* sud-ouest *(m) inv*. — **2** *adv* vers le sud-ouest. ◆ **south-western** *adj* sud-ouest *inv*.

souvenir [,su:vəˈnɪəʳ] *n* souvenir *m (objet)*.

sovereign ['sɒvrɪn] — **1** *n* souverain(e) *m(f)*. — **2** *adj (gen)* souverain; *(rights)* de souveraineté. ◆ **sovereignty** *n* souveraineté *f*.

soviet ['səʊvɪət] *adj* soviétique. **the S~ Union** l'Union *f* soviétique.

sow[1] [saʊ] *n (pig)* truie *f*.

sow[2] [səʊ] *pret* **sowed,** *ptp* **sown** *or* **sowed** *vt* semer; *(field)* ensemencer (*with* en).

soya bean ['sɔɪəˈbi:n] *n* graine *f* de soja.

spa [spɑ:] *n* station *f* thermale.

space [speɪs] — **1** *n* **(a)** espace *m*. **~ and time** l'espace et le temps; **to stare into ~** regarder dans le vide. **(b)** *(room)* place *f*. **to clear a ~ for sth** faire de la place pour qch; **to take up a lot of ~** prendre beaucoup de place; **there isn't enough ~** il n'y a pas assez de place. **(c)** *(gap)* espace *m* (*between* entre). **in the ~ provided** dans la partie réservée à cet effet; **in an enclosed ~** dans un espace clos; **I'm looking for a ~ to park the car** je cherche une place pour me garer; **a ~ of 5 years** une période de 5 ans; **in the ~ of** en l'espace de; **a short ~ of time** un court laps de temps. — **2** *adj (research)* spatial. **~ flight** voyage *m* dans l'espace; **~ heater** radiateur *m;* **~ station** station *f* spatiale. — **3** *vt* (**~ out**) espacer (*over* sur). ◆ **space-age** *adj* de l'ère spatiale. ◆ **spacecraft** *or* ◆ **spaceship** *n* engin *m* spatial. ◆ **spaceman** *n* astronaute *m*, cosmonaute *m*. ◆ **spacesuit** *n* scaphandre *m* de cosmonaute. ◆ **spacing** *n* espacement *m*. **double ~** *(on typewriter)* interligne *m* double. ◆ **spacious** *adj* spacieux (*f* -ieuse).

spade [speɪd] *n* **(a)** bêche *f*, pelle *f; (child's)* pelle. *(fig)* **to call a ~ a ~** appeler un chat un chat, ne pas avoir peur des mots. **(b)** *(Cards)* pique *m*. **to play ~s** *or* **a ~** jouer pique. ◆ **spadework** *n (fig)* gros *m* du travail.

spaghetti [spəˈgetɪ] *n* spaghetti *mpl*. **~ junction** échangeur *m* à niveaux multiples.

Spain [speɪn] *n* Espagne *f*.

span [spæn] — **1** *n (of hands, arms, wings)* envergure *f; (of bridge)* travée *f; (of arch, roof)* portée *f; (of life)* durée *f*. — **2** *vt* enjamber.

Spaniard ['spænjəd] *n* Espagnol(e) *m(f)*.

spaniel ['spænjəl] *n* épagneul *m*.

Spanish ['spænɪʃ] — **1** *adj (gen)* espagnol; *(king, embassy, onion)* d'Espagne; *(teacher)* d'espagnol; *(omelette, rice)* à l'espagnole. — **2** *n* espagnol *m*. **the ~** les Espagnols *mpl*.

spank [spæŋk] *vt* donner une fessée à.

spanner ['spænəʳ] *n* clef *f* (à écrous).

spare [speəʳ] — **1** *adj (reserve)* de réserve; *(surplus)* en trop. **~ bed** lit *m* d'ami; **~ room** chambre *f* d'ami; **I have little ~ time** j'ai peu de temps libre; **in my ~ time** pendant mes moments de loisir; **~ part** pièce *f* de rechange *or* détachée; **~ wheel** roue *f* de secours. — **2** *vt* **(a)** *(do without)* **can you ~ it?** vous n'en avez pas besoin?; **can you ~ me £5?** est-ce que tu peux me passer 5 livres?; **I can ~ you 5 minutes** je peux vous accorder 5 minutes; **I can't ~ the time** je n'ai pas le temps; **with**

2 minutes to ~ avec 2 minutes d'avance. **(b)** *(sb's feelings, one's efforts)* ménager. **to ~ sb's life** épargner la vie à qn; **you could have ~d yourself the trouble** vous vous êtes donné du mal pour rien; **I'll ~ you the details** je vous fais grâce des détails; **'no expense ~d'** 'sans considération de frais'. ◆ **sparerib** *n* travers *m* de porc. ◆ **sparing** *adj* modéré.

spark [spɑːk] — **1** *n* étincelle *f.* — **2** *vi* jeter des étincelles. — **3** *vt* (**~ off**) déclencher. ◆ **spark(ing) plug** *n* bougie *f.*

sparkle ['spɑːkl] *vi (gen)* étinceler; *(of lake, diamond etc)* scintiller. ◆ **sparkling wine** *n* vin *m* mousseux.

sparrow ['spærəʊ] *n* moineau *m.*

sparse [spɑːs] *adj* clairsemé. ◆ **sparsely** *adv (furnished, populated)* peu.

spartan ['spɑːtən] *adj* spartiate.

spasm ['spæzəm] *n (of muscle)* spasme *m; (of coughing etc)* accès *m* (*of* de). ◆ **spasmodic** *adj* intermittent.

spastic ['spæstɪk] *adj, n* handicapé(e) *m(f)* moteur.

spat [spæt] *pret, ptp of* **spit¹**.

spate [speɪt] *n (of letters etc)* avalanche *f. (of river)* **in ~** en crue.

spatter ['spætəʳ] *vt:* **to ~ mud on sth, to ~ sth with mud** éclabousser qch de boue.

spatula ['spætjʊlə] *n* spatule *f.*

spawn [spɔːn] *n* frai *m,* œufs *mpl.*

spay [speɪ] *vt* châtrer.

speak [spiːk] *pret* **spoke,** *ptp* **spoken** *vti (gen)* parler (*to* à; *of, about, on* de; *with* avec). **to be on ~ing terms with sb** adresser la parole à qn; **so to ~** pour ainsi dire; **biologically ~ing** biologiquement parlant; **~ing of holidays** à propos de vacances; **~ing as a member of ...** en tant que membre de ...; *(Telephone)* **who's ~ing?** qui est à l'appareil?, *(passing on call)* c'est de la part de qui?; **~ing!** lui-même *or* elle-même!; **~ for yourself!*** parle pour toi!*; **it ~s for itself** c'est évident; **he has no money to ~ of** il n'a pour ainsi dire pas d'argent; **'English spoken'** 'ici on parle anglais'; **to ~ one's mind, to ~ out** dire ce que l'on pense; **to ~ out against sth** s'élever contre qch; **to ~ up for sb** parler en faveur de qn. ◆ **speaker** *n* **(a)** *(in dialogue)* interlocuteur *m* (*f* -trice); *(lecturer)* conférencier *m* (*f* -ière). **the previous ~** la personne qui a parlé la dernière; *(Parliament)* **the S~** le Président de la Chambre des Communes; **French ~** personne *f* qui parle français; *(as native or official language)* francophone *mf.* **(b)** *(loudspeaker)* haut-parleur *m.*

spear [spɪəʳ] *n* lance *f.* ◆ **spearhead** *vt (attack etc)* être le fer de lance de. ◆ **spearmint** *adj* à la menthe.

spec* [spek] *n:* **on ~** à tout hasard.

special ['speʃəl] *adj (gen)* spécial; *(attention, effort)* tout particulier (*f* -ière); *(occasion, case)* exceptionnel (*f* -elle); *(powers, legislation)* extraordinaire. **I've no ~ person in mind** je ne pense à personne en particulier; *(in shop)* **~ offer** réclame *f;* **a ~ day for me** une journée importante pour moi; **my ~ chair** mon fauteuil préféré; *(study)* **~ subject** option *f;* **what's so ~ about her?** qu'est-ce qu'elle a d'extraordinaire?; **~ agent** agent *m* secret; *(Press)* **~ correspondent** envoyé(e) *m(f)* spécial(e); *(Post)* **by ~ delivery** en exprès; *(Law)* **~ licence** dispense *f.* ◆ **specialist** — **1** *n* spécialiste *mf* (*in* de). — **2** *adj* spécial. ◆ **speciality** *n* spécialité *f.* ◆ **specialize** *vi* se spécialiser (*in* dans). ◆ **specially** *adv (design, choose)* spécialement; *(careful)* particulièrement; *(on purpose)* exprès.

species ['spiːʃiːz] *n, pl inv* espèce *f.*

specific [spə'sɪfɪk] *adj (gen)* précis; *(person)* explicite. ◆ **specifically** *adv (warm, state)* explicitement; *(design, intend)* particulièrement. **I told you quite ~** je vous l'avais bien précisé.

specification [ˌspesɪfɪ'keɪʃən] *n* spécification *f; (in contract)* stipulation *f.*

specify ['spesɪfaɪ] *vt* spécifier, préciser. **unless otherwise specified** sauf indication contraire.

specimen ['spesɪmɪn] *n (gen)* spécimen *m; (of blood)* prélèvement *m; (of urine)* échantillon *m; (example)* exemple *m* (*of* de). **~ copy** spécimen *m.*

speck [spek] *n (gen)* grain *m.* **a ~ of dust** une poussière; **a ~ on the horizon** un point noir à l'horizon.

speckled ['spekld] *adj* tacheté.

spectacle ['spektəkl] *n* spectacle *m.*

spectacles ['spektəklz] *npl* (*abbr* **specs***) lunettes *fpl.*

spectacular [spek'tækjʊləʳ] *adj* spectaculaire.

spectator [spek'teɪtəʳ] *n* spectateur *m* (*f* -trice). **~ sport** sport *m* qui attire un très grand nombre de spectateurs.

spectrum ['spektrəm] *n* spectre *m; (fig)* gamme *f.*

speculate ['spekjʊleɪt] *vi* s'interroger (*about, on* sur; *whether* pour savoir si); *(with money)* spéculer. ◆ **speculation** *n* conjectures *fpl* (*about* sur); *(money)* spéculation *f.*

sped [sped] *pret, ptp of* **speed.**

speech [spiːtʃ] *n* discours *m* (*on* sur); *(faculty)* parole *f; (language: of district or group)* parler *m.* **to make a ~** prononcer un discours; **his ~ was blurred** il parlait indistinctement; **to lose the power of ~** perdre l'usage de la parole; **freedom of ~** liberté *f* d'expression; *(Grammar)* **indirect ~** discours indirect; *(in school)* **~ day** distribution *f* des prix; **~ impediment** défaut *m* d'élocution; **~ therapy** orthophonie *f;* **~ training** leçons *fpl* d'élocution. ◆ **speechless** *adj* muet (*f* muette) (*with* de).

speed [spiːd] — **1** *n* **(a)** *(rate of movement)* vitesse *f; (rapidity)* rapidité *f; (promptness)* promptitude *f.* **typing ~s** nombre *m* de mots-minute en dactylo; **at a ~ of 80 km/h** à une vitesse de 80 km/h; **at a great ~, at top ~** à toute vitesse; **there's no ~ limit** il n'y a pas de limitation *f* de vitesse; **the ~ limit is 80 km/h** la vitesse maximale permise est 80 km/h; **3-~ gear** une boîte à 3 vitesses. **(b)** *(Photo: of film)* rapidité *f; (aperture)* degré *m* d'obturation. — **2** *vti* **(a)** *pret, ptp* **sped: to ~ along** *(etc)* aller *(etc)* à toute vitesse. **(b)** *pret, ptp* **speeded** *(drive too fast)* conduire trop vite. **(c) to ~ up** accélérer; **to ~ things up** activer les choses. ◆ **speedboat** *n* vedette *f (bateau).* ◆ **speedily** *adv (move, work)* vite; *(reply, return),* promptement; *(soon)* bientôt. ◆ **speeding** *n* excès *m* de vitesse. ◆ **speedometer** *n* indicateur *m* de vitesse. ◆ **speedway racing** *n* courses *fpl* de moto. ◆ **speedy** *adj* rapide.

spell¹ [spel] *n* charme *m; (words)* formule *f* magique. **an evil ~** un maléfice; **to cast a ~ on sb** jeter un sort à qn. ◆ **spellbound** *adj* envoûté.

spell² [spel] *n* **(a)** *(turn)* tour *m.* **~ of duty** tour de service. **(b)** *(brief period)* période *f.*

(weather) **cold ~s** périodes de froid; **for a short ~** pendant un petit moment.

spell³ [spel] *pret, ptp* **spelt** *or* **spelled** *vti (in writing)* écrire; *(aloud)* épeler. **how do you ~ it?** comment est-ce que cela s'écrit?; **he can't ~** il fait des fautes d'orthographe; *(fig)* **to ~ out** expliquer bien clairement (*for sb* à qn). ◆ **spelling** *n* orthographe *f*. **~ mistake** faute *f* d'orthographe.

spend [spend] *pret, ptp* **spent** *vt* **(a)** *(money)* dépenser. **to ~ £20 on food** dépenser 20 livres en nourriture; **to ~ £20 on the car** dépenser 20 livres pour la voiture; *(fig)* **to ~ a penny*** aller au petit coin*. **(b)** *(pass: period of time)* passer (*on sth* sur qch; *in doing* à faire); *(devote)* consacrer (*on sth* à qch; *doing* à faire). **to ~ the night** passer la nuit. ◆ **spending** *n* dépenses *fpl*. **~ money** argent *m* de poche; **~ power** pouvoir *m* d'achat; **to go on a ~ spree** faire des folies. ◆ **spendthrift** *n, adj* dépensier *m* (*f* -ière). ◆ **spent** *adj (match etc)* utilisé; *(supplies)* épuisé.

sperm [spɜːm] *n* sperme *m*. **~ whale** cachalot *m*.

sphere [sfɪəʳ] *n (gen)* sphère *f*. **~ of influence** sphère d'influence; **in many ~s** dans de nombreux domaines.

spice [spaɪs] — **1** *n* épice *f*. **mixed ~** épices mélangées. — **2** *vt* épicer (*with* de).

spick-and-span ['spɪkən'spæn] *adj* propre comme un sou neuf.

spicy ['spaɪsɪ] *adj* épicé.

spider ['spaɪdəʳ] *n* araignée *f*. **~'s web** toile *f* d'araignée.

spiel* [ʃpiːl] *n* baratin* *m* (*about* sur).

spike [spaɪk] *n (gen)* pointe *f*; *(on plant)* épi *m*. *(shoes)* **~s*** chaussures *fpl* à pointes. ◆ **spiky** *adj (branch)* hérissé de pointes; *(hair)* hérissé.

spill [spɪl] *pret, ptp* **spilt** *or* **spilled** — **1** *vt (gen)* renverser; *(blood)* verser. *(fig)* **to ~ the beans*** vendre la mèche*. — **2** *vi* (**~ out**) se répandre; (**~ over**) déborder (*into* dans).

spin [spɪn] (*vb: pret, ptp* **spun**) — **1** *vti* **(a)** *(wool)* filer (*into* en); *(of spider)* tisser. *(fig)* **to ~ a yarn** débiter une longue histoire (*about* sur); **to ~ sth out** faire durer qch. **(b) to ~ a top** lancer une toupie; **to ~ a coin** jouer à pile ou face; **to ~ round** *(gen)* tourner; *(of person)* se retourner vivement; *(of car wheel)* patiner; **to ~ round and round** tournoyer; **my head is ~ning** j'ai la tête qui tourne. — **2** *n (of plane)* **to go into a ~** tomber en vrille *f*; *(on washing machine)* **short ~** essorage *m* léger; *(Sport)* **to put a ~ on a ball** donner de l'effet à une balle; *(fig: person)* **to get into a ~*** paniquer*; *(ride)* **to go for a ~** faire un petit tour en voiture *(or* en vélo *etc)*. ◆ **spin-dry** *vt* essorer (à la machine). ◆ **spin-dryer** *n* essoreuse *f*. ◆ **spinning** *n (by hand)* filage *m*; *(by machine)* filature *f*. **~ mill** filature *f*; **~ wheel** rouet *m*. ◆ **spin-off** *n (gen)* avantage *m* inattendu; *(of discovery)* application *f* secondaire.

spinach ['spɪnɪdʒ] *n* épinards *mpl*.

spinal ['spaɪnl] *adj (column)* vertébral; *(injury)* à la colonne vertébrale. **~ cord** moelle *f* épinière.

spindly ['spɪndlɪ] *adj* grêle.

spine [spaɪn] *n (Anat)* colonne *f* vertébrale; *(fish)* épine *f*; *(hedgehog)* piquant *m*; *(Bot)* épine; *(book)* dos *m*; *(hill etc)* crête *f*. ◆ **spine-chilling** *adj* à vous glacer le sang.

spinster ['spɪnstəʳ] *n* célibataire *f (Admin)*, vieille fille *f (pejorative)*.

spiral ['spaɪərəl] — **1** *adj (gen)* en spirale. **~ staircase** escalier *m* en colimaçon. — **2** *n* spirale *f*. **in a ~** en spirale; **the inflationary ~** la spirale inflationniste.

spire ['spaɪəʳ] *n* flèche *f (d'église)*.

spirit ['spɪrɪt] — **1** *n* **(a)** *(gen)* esprit *m*. **evil ~** esprit malin; **he's got the right ~** il a l'attitude *f* qu'il faut; **in the right ~** en bonne part; **to enter into the ~ of it** y participer de bon cœur; **that's the ~!** voilà comment il faut réagir!; **community ~** civisme *m*; **in good ~s** de bonne humeur; **to keep one's ~s up** garder le moral; **he's got ~** il a du cran*. **(b)** alcool *m*. *(drink)* **~s** spiritueux *mpl*, alcool; **~ lamp** lampe *f*. — **2** *vt (fig)* **to ~ away** faire disparaître. ◆ **spirited** *adj* fougueux (*f* -euse). ◆ **spirit-level** *n* niveau *m* à bulle.

spiritual ['spɪrɪtjʊəl] — **1** *adj* spirituel (*f* -uelle) *(par opp à matériel)*. — **2** *n*: **Negro ~** negro-spiritual *m*. ◆ **spiritualism** *n* spiritisme *m*. ◆ **spiritualist** *adj, n* spirite *(mf)*.

spit¹ [spɪt] (*vb: pret, ptp* **spat**) — **1** *n* salive *f*. **~ and polish** astiquage *m*. — **2** *vti* cracher (*at* sur). **'~ting prohibited'** 'défense de cracher'; **it was ~ting with rain** il tombait quelques gouttes de pluie; **the ~ting image of sb*** le portrait craché de qn.

spit² [spɪt] *n (for meat)* broche *f*.

spite [spaɪt] *n* **(a) in ~ of** malgré; **in ~ of the fact that** bien que + *subj*. **(b)** *(ill-feeling)* rancune *f*. ◆ **spiteful** *adj* malveillant. ◆ **spitefully** *adv* par dépit.

spittle ['spɪtl] *n* crachat *m*; *(dribbled)* salive *f*.

spittoon [spɪ'tuːn] *n* crachoir *m*.

splash [splæʃ] — **1** *n (sound)* plouf *m*; *(series of sounds)* clapotement *m*; *(mark)* éclaboussure *f*; *(fig: colour)* tache *f*. *(fig)* **to make a ~*** faire sensation. — **2** *vt* éclabousser (*over* sur; *with* de). **to ~ cold water on one's face** s'asperger la figure d'eau froide. — **3** *vi (of mud etc)* faire des éclaboussures. *(in water)* **to ~ about** barboter (*in* dans); *(of spacecraft)* **to ~ down** amerrir; *(spending)* **to ~ out*** faire une folie. ◆ **splashdown** *n (Space)* amerrissage *m*.

spleen [spliːn] *n (in body)* rate *f*.

splendid ['splendɪd] *adj (gen)* splendide; *(excellent)* excellent.

splendour, *(US)* **-or** ['splendəʳ] *n* splendeur *f*.

splint [splɪnt] *n (Med)* éclisse *f*.

splinter ['splɪntəʳ] *n (gen)* éclat *m*; *(in finger etc)* écharde *f*. **~ group** groupe *m* dissident.

split [splɪt] (*vb: pret, ptp* **split**) — **1** *n* **(a)** *(gen)* fente *f*; *(Pol)* scission *f*. *(Dancing)* **to do the ~s** faire le grand écart. **(b) jam ~** brioche *f* fourrée. — **2** *adj*: **~ infinitive** *infinitif où un adverbe est intercalé entre 'to' et le verbe*; **~ peas** pois *mpl* cassés; **~ personality** double personnalité *f*; **in a ~ second** en un rien de temps. — **3** *vt* (*gen: often* **~ up**) fendre; *(the atom)* fissionner; *(fig: party etc)* diviser; *(share out)* partager (*between* entre). **to ~ sth open** ouvrir qch en le fendant; **to ~ one's head open** se fendre le crâne; **to ~ sth in two** couper qch en deux; **they ~ the work** ils se sont partagé le travail; *(fig)* **to ~ hairs** couper les cheveux en quatre; *(fig)* **to ~ one's sides (laughing)** se tordre de rire. — **4** *vi (gen)* se fendre; *(tear)* se déchirer; *(fig: party etc)* se diviser. **to ~ open** se fendre; **to ~ off** se détacher (*from* de); **to ~ up** *(of crowd)* se disperser; *(of friends, couple)* rompre. *(fig)* **my head is ~ting** j'ai atrocement mal à la tête. ◆ **split-cane** *adj* en osier. ◆ **split-level** *adj (cooker)* à plaques de cuisson et four indépendants; *(house)* à deux niveaux.

splutter ['splʌtəʳ] *vi (spit)* crachoter; *(stutter)* bafouiller*; *(of fire, fat)* crépiter.

spoil [spɔɪl] *pret, ptp* **spoiled** *or* **spoilt** — **1** *vt (damage: paint, dress)* abîmer; *(detract from: view, effect)* gâter; *(make less pleasant: holiday, occasion)* gâcher; *(pamper: a child)* gâter. **~t** *(child)* gâté; *(ballot paper)* nul; **to ~ one's appetite** se couper l'appétit. — **2** *vi (of food)* s'abîmer. — **3** *n:* **~s** butin *m.*

spoke[1] [spəʊk] *n* rayon *m.*

spoke[2], **spoken** ['spəʊk(ən)] *V* **speak.**

spokesman ['spəʊksmən] *n* porte-parole *m inv (for* de).

sponge [spʌndʒ] — **1** *n* éponge *f.* **~ bag** sac *m* de toilette; **~ cake** gâteau *m* de Savoie. — **2** *vt* éponger. **to ~ down** laver à l'éponge.

sponsor ['spɒnsəʳ] — **1** *n (gen: of appeal etc)* personne *f* qui accorde son patronage; *(Advertising)* organisme *m* qui assure le patronage; *(for fund-raising event)* donateur *m* (*f* -trice). — **2** *vt (appeal, programme)* patronner; *(fund-raising walker etc)* s'engager à rémunérer (en fonction de sa performance).

spontaneity [,spɒntə'neɪətɪ] *n* spontanéité *f.*

spontaneous [spɒn'teɪnɪəs] *adj* spontané.

spooky* ['spu:kɪ] *adj* qui donne le frisson.

spool [spu:l] *n* bobine *f.*

spoon [spu:n] *n* cuillère *f.* ◆ **spoonfeed** *vt (fig)* mâcher le travail à. ◆ **spoonful** *n* cuillerée *f.*

sporadic [spə'rædɪk] *adj* sporadique. **~ fighting** échauffourées *fpl.*

sport [spɔ:t] *n* **(a)** sport *m.* **good at ~** très sportif (*f* -ive). **(b)** (*: *person*) chic type* *m,* chic fille* *f.* **be a ~!** sois chic!* ◆ **sporting** *adj* chic* *inv.* ◆ **sports** — **1** *npl* le sport; (*school etc* **~**) réunion *f* sportive. — **2** *adj (gen)* de sport; *(clothes)* sport *inv.* **~ car** voiture *f* de sport; **~ ground** terrain *m* de sport. ◆ **sportsmanlike** *adj* sportif (*f* -ive).

spot [spɒt] — **1** *n* **(a)** *(gen)* tache *f* (*on* sur); *(polka dot)* pois *m; (on dice, domino)* point *m; (pimple)* bouton *m.* **a ~ of rain** quelques gouttes *fpl* de pluie; **to come out in ~s** avoir une éruption de boutons. **(b)** *(small amount)* **a ~ of** un peu de; **there's been a ~ of trouble** il y a eu un petit incident. **(c)** *(place: gen)* endroit *m.* **a tender ~ on the arm** un point sensible au bras; **to be on the ~** être sur place; **an on-the-~ report** un reportage sur place; **to decide on the ~** se décider sur le champ; *(trouble)* **in a tight ~*** dans le pétrin. **(d)** *(in show)* numéro *m; (advertisement)* spot *m.* — **2** *vt (notice)* apercevoir; *(mistake)* relever; *(bargain, winner)* découvrir. ◆ **spotless** *adj (clean)* reluisant de propreté. ◆ **spotlight** *n (Theatre: lamp)* projecteur *m.* **in the ~** sous le feu des projecteurs. ◆ **spotted** *adj (fabric)* à pois. ◆ **spotter** *n (as hobby)* **train ~** passionné(e) *m(f)* de trains. ◆ **spotty** *adj* boutonneux (*f* -euse)

spouse [spaʊz] *n* époux *m,* épouse *f.*

spout [spaʊt] *n (of teapot, hose etc)* bec *m.*

sprain [spreɪn] — **1** *n* entorse *f.* — **2** *vt:* **to ~ one's ankle** se donner une entorse à la cheville.

sprang [spræŋ] *pret of* **spring.**

sprawl [sprɔ:l] *vi (of person)* être affalé; *(of thing)* s'étaler (*over* dans).

spray [spreɪ] — **1** *n* **(a)** nuage *m* de gouttelettes *fpl; (from sea)* embruns *mpl; (from hose)* pluie *f.* **(b)** *(container: aerosol)* bombe *f; (for scent etc)* atomiseur *m; (refillable)* vaporisateur *m; (larger: for garden etc)* pulvérisateur *m.* **(c)** *(of flowers)* gerbe *f.* — **2** *adj (insecticide etc)* en bombe. **~ gun** pistolet *m (à peinture etc).* — **3** *vt* **(a)** *(plants)* faire des pulvérisations sur; *(room)* faire des pulvérisations dans; *(hair)* vaporiser (*with* de). **(b)** *(liquid: gen)* pulvériser (*on* sur); *(scent)* vaporiser.

spread [spred] (*vb: pret, ptp* **spread**) — **1** *vt* **(a)** (**~ out:** *gen*) étendre (*on* sur); *(fingers, arms)* écarter. **he was ~ out on the floor** il était étendu de tout son long par terre. **(b)** *(bread etc)* tartiner (*with* de); *(butter, glue)* étaler (*on* sur); *(sand etc)* répandre (*on, over* sur); (**~ out:** *objects, cards*) étaler (*on* sur); *(soldiers etc)* disperser (*along* le long de). **(c)** *(disease)* propager; *(rumours)* faire courir; *(news, panic)* répandre; (**~ out:** *payments, visits*) échelonner (*over* sur). — **2** *vi (increase: gen)* se répandre; *(of fire, disease, pain)* s'étendre (*into* jusqu'à). **to ~ out** se disperser. — **3** *n* **(a)** *(of fire, disease)* propagation *f; (of nuclear weapons)* prolifération *f; (of education)* progrès *m.* **he's got a middle-age ~** il a pris de l'embonpoint avec l'âge. **(b)** (*bed***~**) dessus-de-lit *m inv.* **(c)** pâte *f* à tartiner. **cheese ~** fromage *m* à tartiner. **(d)** (*: *meal*) festin *m.*

sprig [sprɪg] *n* rameau *m,* brin *m.*

sprightly ['spraɪtlɪ] *adj* alerte.

spring [sprɪŋ] (*vb: pret* **sprang,** *ptp* **sprung**) — **1** *n* **(a)** *(season)* printemps *m.* **in (the) ~** au printemps. **(b)** *(metal spiral)* ressort *m. (in car)* **the ~s** la suspension. **(c)** *(of water)* source *f.* **hot ~** source chaude. **(d)** *(leap)* bond *m.* — **2** *adj (weather, day, flowers)* printanier (*f* -ière). **~ onion** ciboule *f.* — **3** *vi* **(a)** *(leap)* bondir (*at* sur). **to ~ in** entrer d'un bond; **to ~ up** *(gen)* surgir; *(of person)* se lever d'un bond; **he sprang into action** il est passé à l'action; **to ~ to mind** venir à l'esprit; **the door sprang open** la porte s'est brusquement ouverte. **(b)** *(originate)* provenir (*from* de). — **4** *vt (trap)* faire jouer. *(fig)* **to ~ a surprise on sb** surprendre qn; **to ~ a question on sb** poser une question à qn de but en blanc. ◆ **springboard** *n* tremplin *m.* ◆ **spring-cleaning** *n* grand nettoyage *m.* ◆ **springtime** *n* printemps *m.*

sprinkle ['sprɪŋkl] *vt (with water)* asperger (*with* de); *(with sugar)* saupoudrer (*with* de). **to ~ sand on** répandre une légère couche de sable sur; **to ~ salt on** saler; **to ~ pepper on** poivrer. ◆ **sprinkler** *n (for lawn etc)* arroseur *m; (fire-fighting)* diffuseur *m* (d'extincteur automatique). ◆ **sprinkling** *n (fig)* **a ~ of young people** quelques jeunes çà et là.

sprint [sprɪnt] — **1** *n* sprint *m.* — **2** *vi* sprinter. **to ~ down the street** descendre la rue à toutes jambes. ◆ **sprinter** *n* sprinteur *m* (*f* -euse).

sprout [spraʊt] — **1** *n:* **(Brussels) ~s** choux *mpl* de Bruxelles. — **2** *vi* germer; *(fig: appear)* surgir.

spruce[1] [spru:s] *n (tree)* épicéa *m.*

spruce[2] [spru:s] *adj (neat)* pimpant.

sprung [sprʌŋ] (*ptp of* **spring**) *adj (mattress)* à ressorts. *(car)* **well-~** bien suspendu.

spry [spraɪ] *adj* alerte.

spud* [spʌd] *n* pomme *f* de terre.

spun [spʌn] *pret, ptp of* **spin.**

spur [spɜ:ʳ] — **1** *n* éperon *m.* *(fig)* **on the ~ of the moment** sous l'impulsion du moment; **~ road** route *f* d'accès. — **2** *vt* éperonner.

spurious ['spjʊərɪəs] *adj* faux (*f* fausse).

spurn [spɜ:n] *vt* rejeter avec mépris.

spurt [spɜ:t] — **1** *n* sursaut *m.* — **2** *vi* (**~ out**) jaillir (*from* de).

spy [spaɪ] — **1** *n (gen)* espion *m* (*f* -ionne). **police ~** indicateur *m* (*f* -trice) de police; **~ story** roman *m* d'espionnage. — **2** *vi* faire de l'espionnage (*for a country* au service d'un pays). **to ~ on** espionner. ◆ **spying** *n* espionnage *m*.

squabble ['skwɒbl] *vi* se chamailler* (*over sth* à propos de qch).

squad [skwɒd] *n* escouade *f*. *(Football)* **the England ~** le contingent anglais; *(Police)* **~ car** voiture *f* de police.

squadron ['skwɒdrən] *n (Army)* escadron *m*; *(Navy, Airforce)* escadrille *f*.

squalid ['skwɒlɪd] *adj* sordide.

squall [skwɔːl] — **1** *n (rain)* rafale *f*. — **2** *vi (of baby)* hurler.

squalor ['skwɒlə^r] *n* saleté *f*.

sqander ['skwɒndə^r] *vt* gaspiller.

square [skwɛə^r] — **1** *n* **(a)** *(gen)* carré *m*; *(on chessboard, crossword)* case *f*; *(on fabric)* carreau *m*; (*head~*) foulard *m*. *(fig)* **we're back to ~ one*** nous repartons à zéro*; **~ dance** quadrille *m*. **(b)** *(in town)* place *f*; *(with gardens)* square *m*. **4 is the ~ of 2** 4 est le carré de 2. — **2** *adj* carré. **~ metre** mètre *m* carré; **it's 6 metres ~** ça fait 6 mètres sur 6; **~ root** racine *f* carrée; *(fig)* **a ~ meal** un repas convenable; **to get ~ with sb** régler ses comptes avec qn; *(fig)* **to be all ~** être quitte; *(Sport)* être à égalité; **to get a ~ deal** être traité équitablement. — **3** *vti* **(a)** (*edges etc:* **~ off**) équarrir; *(shoulders)* redresser. **(b)** *(reconcile)* faire cadrer (*A with B* A avec B). **he ~d it with the boss** il s'est arrangé avec le patron; **to ~ up with sb** *(financially)* régler ses comptes avec qn. **(c)** *(number)* élever au carré.

squash [skwɒʃ] — **1** *n* **(a) orange ~** orangeade *f* (concentrée). **(b)** *(Sport: ~ rackets)* squash *m*. **~ court** terrain *m* de squash. — **2** *vti (gen)* écraser; *(snub)* remettre à sa place. **to ~ flat, to ~ up** écraser; **they were ~ed together** ils étaient serrés; **they ~ed into the lift** ils se sont entassés dans l'ascenseur.

squashy ['skwɒʃɪ] *adj* mou (*f* molle).

squat [skwɒt] — **1** *adj* petit et épais (*f* -aisse). — **2** *vi* **(a)** (**~ down**) s'accroupir. **to be ~ting** être accroupi. **(b)** *(of squatters)* faire du squattage*. ◆ **squatter** *n* squatter *m*.

squawk [skwɔːk] *vi (of hen)* pousser un gloussement; *(of baby)* brailler.

squeak [skwiːk] — **1** *vti (gen)* grincer; *(of person, animal)* glapir. — **2** *n* grincement *m*; craquement *m*; glapissement *m*. **not a ~*** pas un murmure.

squeal [skwiːl] *vi* pousser un cri aigu.

squeamish ['skwiːmɪʃ] *adj (fastidious)* dégoûté; *(queasy)* qui a mal au cœur.

squeeze [skwiːz] — **1** *n*: **a ~ of lemon** un peu de citron, **it was a tight ~** il y avait à peine la place; **credit ~** restrictions *fpl* de crédit. — **2** *vt (gen)* presser; *(doll, teddy bear)* appuyer sur; *(sb's hand, arm)* serrer; (*extract:* **~ out**) exprimer (*from, out of* de); *(information, money)* soutirer (*out of* à). **to ~ sth in** réussir à faire rentrer qch. — **3** *vi* se glisser (*under* sous; *into* dans). **they all ~d into the car** ils se sont entassés dans la voiture; **to ~ in** trouver une petite place. ◆ **squeezer** *n* presse-fruits *m inv*. **lemon ~** presse-citron *m inv*.

squib [skwɪb] *n* pétard *m*.

squid [skwɪd] *n* calmar *m*.

squiggle ['skwɪgl] *n* gribouillis *m*.

squint [skwɪnt] *n (quick glance)* coup *m* d'œil. *(Med)* **to have a ~** loucher.

squire ['skwaɪə^r] *n* ≃ châtelain *m*.

squirrel ['skwɪrəl] *n* écureuil *m*.

squirt [skwɜːt] *vti (water)* faire jaillir (*at, onto* sur); *(oil)* injecter; *(detergent)* verser une giclée de; *(sth in aerosol)* pulvériser. **the water ~ed into my eye** j'ai reçu une giclée d'eau dans l'œil.

stab [stæb] — **1** *n (with knife etc:* **~ wound**) coup *m* de couteau *(etc)*. *(fig)* **a ~ in the back** un coup déloyal. — **2** *vt*: **to ~ sb to death** tuer qn d'un coup de couteau *(etc)*; **~bing pain** douleur *f* lancinante.

stable[1] [steɪbl] *n (gen)* écurie *f*. **racing ~** écurie de courses; **riding ~s** manège *m*. ◆ **stablelad** *n* garçon *m* d'écurie.

stable[2] ['steɪbl] *adj (gen)* stable; *(relationship)* solide; *(person)* équilibré.

stability [stə'bɪlɪtɪ] *n* stabilité *f*.

stabilize ['steɪbəlaɪz] *vt* stabiliser. ◆ **stabilizer** *n (on car, ship)* stabilisateur *m*.

stack [stæk] — **1** *n (gen)* tas *m*; (*hay~*) meule *f*. **~s* of** énormément de. — **2** *vt* (**~ up**) empiler.

stadium ['steɪdɪəm] *n* stade *m (sportif)*.

staff [stɑːf] *n (gen)* personnel *m*; *(in college etc)* professeurs *mpl*; *(servants)* domestiques *mpl*; *(Mil)* état-major *m*. **to be on the ~** faire partie du personnel; *(Mil)* **~ college** école *f* supérieure de guerre; *(in school etc)* **~ meeting** conseil *m* des professeurs. ◆ **staffroom** *n (in school etc)* salle *f* des professeurs.

stag [stæg] *n* cerf *m*. **~ party*** réunion *f* entre hommes.

stage [steɪdʒ] — **1** *n* **(a)** *(platform: in theatre)* scène *f*; *(in hall)* estrade *f*. *(profession etc)* **the ~** le théâtre; **on ~** sur scène; **to come on ~** entrer en scène; **to go on the ~** monter sur les planches; **~ door** entrée *f* des artistes; **~ fright** trac* *m*; **~ manager** régisseur *m*. **(b)** *(point, part: of journey)* étape *f*; *(of road, pipeline)* section *f*; *(of rocket)* étage *m*; *(of process)* stade *m*. **fare ~** section *f*; **in ~s** *(travel)* par étapes; *(study)* par degrés; **at an early ~ in** vers le début de; **at this ~ in** à ce stade de; **he's going through a difficult ~** il passe par une période difficile. — **2** *vt (play)* monter. **to ~ a demonstration** manifester; **to ~ a strike** faire la grève; **that was ~d** *(not genuine)* c'était un coup monté. ◆ **stagehand** *n* machiniste *m*. ◆ **stage-manage** *vt* être régisseur pour; *(fig)* organiser. ◆ **stage-struck** *adj*: **to be ~** brûler d'envie de faire du théâtre.

stagger ['stægə^r] — **1** *vi* chanceler. **to ~ along** *(etc)* avancer *(etc)* en chancelant. — **2** *vt* **(a)** *(amaze)* renverser; *(upset)* bouleverser. **(b)** *(space out: visits, payments)* échelonner; *(working hours, holidays)* étaler.

stagnant ['stægnənt] *adj* stagnant.

stagnate [stæg'neɪt] *vi (fig)* stagner.

staid [steɪd] *adj* trop sérieux (*f* -ieuse).

stain [steɪn] — **1** *n* tache *f*. **grease ~** tache de graisse; **wood ~** couleur *f* pour bois; **~ remover** détachant *m*. — **2** *vt* **(a)** tacher (*with* de). **(b)** *(colour: wood)* teinter. **~ed-glass window** vitrail *m*. ◆ **stainless steel** *n* acier *m* inoxydable.

stair [stɛə^r] *n (step)* marche *f*; (*also* **stairs**) escalier *m*. **on the ~s** dans l'escalier; **~ carpet** tapis *m* d'escalier. ◆ **staircase** *or* ◆ **stairway** *n* escalier *m*.

stake [steɪk] — **1** *n* **(a)** *(gen)* pieu *m*; *(for plant)* tuteur *m*. **(b)** *(Betting)* enjeu *m*. *(fig)* **to be at ~** être en jeu; **he has got a lot at ~** il a gros à perdre; **to have a ~ in sth** avoir des intérêts dans qch. — **2** *vt (bet)* jouer (*on* sur). **to ~ one's claim to** établir son droit à.

stalactite [ˈstæləktaɪt] *n* stalactite *f*.

stalagmite [ˈstæləgmaɪt] *n* stalagmite *f*.

stale [steɪl] *adj (food: gen)* qui n'est plus frais (*f* fraîche); *(bread)* rassis; *(news)* déjà vieux (*f* vieille). **the room smells ~** cette pièce sent le renfermé. ◆ **stalemate** *n (Chess)* mat *m*; *(fig)* impasse *f*.

stalk[1] [stɔːk] *n (of plant)* tige *f*; *(of fruit)* queue *f*; *(of cabbage)* trognon *m*.

stalk[2] [stɔːk] — **1** *vt* traquer. — **2** *vi*: **to ~ in** *(etc)* entrer *(etc)* avec raideur.

stall [stɔːl] — **1** *n (in market)* éventaire *m*; *(in street: for papers, flowers)* kiosque *m*; *(in exhibition)* stand *m*; *(in stable)* stalle *f*. *(Theatre)* **the ~s** l'orchestre *m*; **station book~** librairie *f* de gare; **coffee ~** buvette *f*. — **2** *vti (of car)* caler. *(fig)* **I managed to ~ him** j'ai réussi à le tenir à distance.

stallion [ˈstæljən] *n* étalon *m (cheval)*.

stalwart [ˈstɔːlwət] *adj (supporter)* inconditionnel (*f* -elle).

stamina [ˈstæmɪnə] *n* résistance *f*.

stammer [ˈstæməʳ] — **1** *n* bégaiement *m*. — **2** *vti* bégayer.

stamp [stæmp] — **1** *n* timbre *m*. **postage ~** timbre-poste *m*; **savings ~** timbre-épargne *m*; **trading ~** timbre-prime *m*; **National Insurance ~** cotisation *f* à la Sécurité sociale; **rubber ~** timbre *m*; **~ album** album *m* de timbres-poste; **~ collection** collection *f* de timbres; **~ collector** philatéliste *mf*. — **2** *vti* **(a) to ~ one's foot** taper du pied; **to ~ one's feet** *(in rage)* trépigner; **to ~ on sth** piétiner qch; *(fig)* **to ~ out** mettre fin à. **(b)** *(stick a ~ on)* timbrer. **~ed addressed envelope** enveloppe timbrée pour la réponse. **(c)** (*mark with* ~) timbrer; *(passport, document)* viser; *(date)* apposer (*on* sur); *(metal)* poinçonner.

stampede [stæmˈpiːd] — **1** *n* débandade *f*; *(rush for sth)* ruée *f* (*for sth* pour obtenir qch; *for the door* vers la porte). — **2** *vti* s'enfuir à la débandade; *(fig: rush)* se ruer (*for sth* pour obtenir qch).

stance [stæns] *n* position *f*.

stand [stænd] (*vb: pret, ptp* **stood**) — **1** *n* **(a)** *(position)* position *f*; *(resistance)* résistance *f*. **to take a ~** prendre position (*against* contre). **(b)** (*taxi* ~) station *f* (de taxis). **(c)** *(for plant, bust etc)* guéridon *m*; *(for displaying goods)* étalage *m*; *(in street: for newspapers etc)* kiosque *m*; *(at trade fair)* stand *m*; *(market stall)* éventaire *m*; (*US: witness* ~) barre *f*; *(in sports stadium etc)* tribune *f*. **lamp ~** pied *m* de lampe; **music ~** pupitre *m* à musique; **newspaper ~** kiosque *m* à journaux.

— **2** *vt* **(a)** (*place:* ~ **up**) mettre, poser (*on* sur; *against* contre). **to ~ sth on its end** faire tenir qch debout. **(b)** *(bear)* supporter. **I can't ~ it any longer** je ne peux plus le supporter; **I can't ~ gin** je déteste le gin; **to ~ the strain** tenir le coup; **it won't ~ close examination** cela ne résiste pas à un examen serré. **(c)** *(pay for)* payer. **to ~ sb a drink** payer à boire à qn. **(d)** *(phrases)* **to ~ a chance** avoir une bonne chance (*of doing* de faire); **to ~ one's ground** tenir bon; **to ~ sb up** faire faux bond à qn.

— **3** *vi* **(a)** (*also:* ~ **up**) se lever. **(b)** *(be ~ing up)* être debout; *(stay ~ing)* rester debout. **~ up straight!** tiens-toi droit!; *(fig)* **to ~ on one's own feet** se débrouiller tout seul. **(c)** (~ *still: be*) se tenir debout; *(stay)* rester debout. **we stood talking** nous sommes restés là à parler; **he stood in the corner** il se tenait dans le coin; **the man ~ing over there** cet homme là-bas; **~ still!** ne bougez pas!; **to ~ about, to ~ around** rester là; **leave the liquid to ~** laissez reposer le liquide; **the offer still ~s** cette offre demeure; **let the matter ~ as it is** laissez les choses comme elles sont; **you're ~ing on my foot** tu me marches sur le pied. **(d)** *(be)* être. **the village ~s in a valley** le village se trouve dans une vallée; **the house ~s back from the road** la maison est en retrait par rapport à la route; **to ~ convicted of** être déclaré coupable de; *(have reached)* **to ~ at** *(clock etc)* indiquer; *(offer, record)* être à; **take it as it ~s** prenez-le tel quel; **as things ~** dans la situation actuelle; *(fig)* **I'd like to know where I ~** j'aimerais savoir où j'en suis; *(be likely)* **to ~ to win** avoir des chances de gagner. **(e)** *(move etc)* **to ~ aside** s'écarter (*from* de); **to ~ back** reculer (*from* de); **to ~ by** *(be ready)* se tenir prêt; *(troops)* se tenir en état d'alerte; **to ~ by a promise** tenir une promesse; **to ~ by a decision** accepter une décision; **to ~ by sb** ne pas abandonner qn; **to ~ down** *(of candidate)* se désister; **to ~ for** *(represent)* représenter; *(tolerate)* supporter; **to ~ for election** être candidat; **to ~ in for sb** remplacer qn; **to ~ out** ressortir (*against* sur); **to ~ out for sth** revendiquer qch; *(fig)* **to ~ out against sth** s'opposer fermement à qch; **to ~ over sb** surveiller qn; *(fig)* **to ~ up for sb** défendre qn; **to ~ up to sb** tenir tête à qn. ◆ **stand-by** — **1** *n*: **it's a useful ~** ça peut toujours être utile; **on ~** prêt à partir *(or* intervenir *etc)*. — **2** *adj (generator)* de secours; *(ticket, passenger)* sans garantie. ◆ **stand-in** *n* remplaçant(e) *m(f)*. ◆ **standoffish** *adj* distant. ◆ **standpoint** *n* point *m* de vue. ◆ **standstill** *n* arrêt *m*. **to come to a ~** s'arrêter. ◆ **stand-up** *adj (collar)* droit; *(meal etc)* (pris) debout; *(fight)* en règle.

standard [ˈstændəd] — **1** *n* **(a)** *(level of quality)* niveau *m* voulu; *(for weight, measure)* étalon *m*. **the gold ~** l'étalon or; *(fig)* **to come up to ~** *(person)* être à la hauteur; *(thing)* être de la qualité voulue; **to have high ~s** rechercher l'excellence; **to have high moral ~s** avoir un sens moral très développé; **high ~ of living** niveau de vie élevé. **(b)** *(flag)* étendard *m*; *(on ship)* pavillon *m*. **(c)** *(street light)* pylône *m* d'éclairage. — **2** *adj (gen)* normal; *(weight etc)* étalon *inv*; *(regular: model, size)* standard *inv*; *(pronunciation)* correct. **it is ~ practice** c'est courant; **~ time** l'heure *f* légale. ◆ **standardize** *vt (gen)* standardiser; *(product, terminology)* normaliser. ◆ **standard-lamp** *n* lampadaire *m*.

standing [ˈstændɪŋ] — **1** *adj (passenger)* debout *inv*; *(committee, invitation)* permanent; *(rule)* fixe. **a ~ joke** un sujet de plaisanterie continuel; *(Banking)* **~ order** virement *m* automatique; *(Mil)* **~ orders** règlement *m*. — **2** *n* **(a)** *(reputation)* réputation *f*. **(b)** *(duration: gen)* **of 10 years' ~** qui existe depuis 10 ans; *(doctor, teacher)* qui a 10 ans de métier; **of long ~** de longue date.

stank [stæŋk] *pret of* **stink.**

stanza ['stænzə] *n (of poem)* strophe *f*.
staple ['steɪpl] — **1** *adj* de base. **~ diet** nourriture *f* de base. — **2** *n (for papers)* agrafe *f*. — **3** *vt* agrafer. ◆ **stapler** *n* agrafeuse *f*.
star [stɑːʳ] — **1** *n* **(a)** étoile *f; (asterisk)* astérisque *m*. **the S~s and Stripes** la Bannière étoilée; **3-~ hotel** hôtel *m* 3 étoiles; **2-~ petrol** ordinaire *m;* **4-~ petrol** super⁺ *m; (fig)* **to see ~s*** voir trente-six chandelles; *(horoscope)* **the ~s** l'horoscope *m*. **(b)** *(Cinema, Sport etc)* vedette *f*. **the ~ turn** la vedette. — **2** *vti* être la vedette (*in a film* d'un film). **the film ~s Dirk Bogarde** Dirk Bogarde est la vedette du film; **~ring Glenda Jackson as...** avec Glenda Jackson dans le rôle de... ◆ **stardom** *n* célébrité *f*. ◆ **starfish** *n* étoile *f* de mer. ◆ **starlet** *n* starlette *f*. ◆ **starlight** *n*: **by ~** à la lumière des étoiles. ◆ **starry** *adj (sky)* étoilé. ◆ **starry-eyed** *adj (idealistic)* idéaliste; *(from love)* éperdument amoureux (*f* -euse).
starboard ['stɑːbəd] — **1** *n* tribord *m*. — **2** *adj* de tribord.
starch [stɑːtʃ] — **1** *n (gen)* amidon *m*. *(food)* **~es** féculents *mpl*. — **2** *vt* amidonner. ◆ **starch-reduced** *adj* de régime.
stare [stɛəʳ] — **1** *n* regard *m* (fixe). **curious ~** long regard curieux. — **2** *vti:* **to ~ at** regarder fixement; **to ~ into space** avoir le regard perdu dans le vague; *(fig)* **they're staring you in the face!** ils sont là devant ton nez!
stark [stɑːk] — **1** *adj* austère. — **2** *adv:* **~ naked** complètement nu.
starling ['stɑːlɪŋ] *n* étourneau *m*.
start [stɑːt] — **1** *n* **(a)** *(beginning: gen)* commencement *m*, début *m; (of race etc)* départ *m;* (**~***ing line)* point *m* de départ. **the ~ of the academic year** la rentrée universitaire et scolaire; **from the ~** dès le début; **for a ~** d'abord, **from ~ to finish** du début jusqu'à la fin; **to get off to a good ~** bien commencer; **to make a ~** commencer; **to make a fresh ~** recommencer. **(b)** *(advantage: Sport)* avance *f*. **to give sb 10 metres'~** donner 10 mètres d'avance à qn. **(c)** *(sudden movement)* sursaut *m*. **to wake with a ~** se réveiller en sursaut; **you gave me such a ~!** ce que vous m'avez fait peur!
— **2** *vti* **(a)** (*gen: often* **~ off, ~ up**) commencer (*sth* qch; *doing, to do* à faire, de faire; *with* par; *by doing* par faire); (*leave:* **~ off, ~ out**) partir (*from* de; *for* pour; *on a journey* en voyage). **~ing point** point *m* de départ; **to ~ life as** débuter dans la vie comme; *(fig)* **to ~ off as a clerk** débuter comme employé; **to ~ off as a Marxist** commencer par être marxiste; **to ~ again** *or* **afresh** recommencer; **to ~ (up) in business** se lancer dans les affaires; **~ing from Monday** à partir de lundi; **to ~ with, ...** d'abord, ...; **he ~ed out to say...** son intention était de dire... **(b)** (**~ off, ~ up:** *discussion)* commencer; *(series of events)* déclencher; *(fashion)* lancer; *(organization)* fonder. **to ~ a fire** *(accidentally)* provoquer un incendie. **(c)** (**~ up:** *of car, machine*) démarrer. **to ~ a car up, to get a car ~ed** mettre une voiture en marche; **to ~ sb (off) on a career** lancer qn dans une carrière; **to get ~ed on sth** commencer à faire qch; **let's get ~ed** allons-y. **(d)** *(jump nervously)* sursauter.
◆ **starter** *n* **(a)** *(sports official)* starter *m; (runner)* partant *m*. *(fig)* **it's a non-~*** ça ne vaut rien. **(b)** *(car)* démarreur *m; (on machine etc:* **~** *button)* bouton *m* de démarrage. **(c)** *(food)* **~s*** hors-d'œuvre *m inv*.
startle ['stɑːtl] *vt (of sound)* faire sursauter; *(of news)* alarmer. ◆ **startled** *adj* très surpris. ◆ **startling** *adj* surprenant.
starvation [stɑː'veɪʃən] *n* famine *f*, faim *f*.
starve [stɑːv] — **1** *vt* **(a)** *(of food)* affamer. **to ~ o.s.** se priver de nourriture. **(b)** *(deprive)* priver (*sb of sth* qn de qch). — **2** *vi* manquer de nourriture. **to ~ (to death)** mourir de faim.
state [steɪt] — **1** *n* **(a)** état *m*. **~ of health** état de santé; **to lie in ~** être exposé solennellement, *(fig)* **what's the ~ of play?** où en est-on?; **in a good ~ of repair** bien entretenu; **you're in no ~ to do it** vous n'êtes pas en état de le faire; **he got into a terrible ~ about it** ça l'a mis dans tous ses états. **(b)** *(Pol)* **the S~** l'État *m; (US)* **the S~s** les États-Unis *mpl*. — **2** *adj (business, secret)* d'État; *(security, control)* de l'État; *(medicine)* étatisé; *(Brit: school, education)* public (*f* -ique). **~ banquet** banquet *m* de gala; *(US)* **S~ Department** Département *m* d'État; *(US)* **~ trooper** ≃ CRS *m;* **to make a ~ visit to a country** se rendre en visite officielle dans un pays. — **3** *vt (gen)* déclarer (*that* que); *(the facts, problem)* exposer; *(time, place)* spécifier. **it is ~d that...** il est dit que...; **~d sum** somme *f* fixée; **at the time ~d** à l'heure dite; **to ~ one's case** présenter ses arguments. ◆ **state-controlled** *adj* étatisé. ◆ **state-enrolled nurse** *n (Brit)* infirmier *m* (*f* -ière) auxiliaire. ◆ **stateless** *adj* apatride. ◆ **stately** *adj* majestueux (*f* -ueuse). *(Brit)* **~ home** château *m*. ◆ **statement** *n* **(a)** déclaration *f; (Law)* déposition *f*. **(b)** *(bill)* facture *f*. **bank ~** relevé *m* de compte. ◆ **state-owned** *adj* étatisé. ◆ **state-registered nurse** *n (Brit)* infirmier *m* (*f* -ière) diplômé(e) d'État. ◆ **statesman** *n* homme *m* d'État.
static ['stætɪk] — **1** *adj* statique. — **2** *n (Radio etc)* parasites *mpl*.
station ['steɪʃən] — **1** *n (Rail)* gare *f; (underground)* station *f*. **bus ~, coach ~** gare routière, **~ master** chef *m* de gare; **fire ~** caserne *f* de pompiers; **police ~** commissariat *m* (de police), gendarmerie *f;* **radio ~** station de radio; *(Rel)* **the S~s of the Cross** le Chemin de Croix. — **2** *vt (gen)* placer; *(troops)* poster. **to ~ o.s.** se placer; *(Mil)* **~ed at** en garnison à.
stationary ['steɪʃnərɪ] *adj* stationnaire.
stationer ['steɪʃənəʳ] *n:* **~'s (shop)** papeterie *f*.
stationery ['steɪʃnərɪ] *n* papeterie *f (articles); (writing paper)* papier *m* à lettres. **the S~ Office** ≃ l'Imprimerie *f* nationale.
statistical [stə'tɪstɪkəl] *adj* statistique.
statistics [stə'tɪstɪks] *npl* statistique *f; (measurements)* statistiques *fpl*.
statue ['stætjuː] *n* statue *f*.
stature ['stætʃəʳ] *n* stature *f; (fig)* envergure *f*.
status ['steɪtəs] *n (gen)* situation *f; (Admin, Law)* statut *m*. **social ~** standing *m;* **official ~** position *f* officielle; **the ~ of the black population** la condition sociale de la population noire; **the job has a certain ~** le poste a un certain prestige; **~ symbol** signe *m* extérieur de richesse.
status quo ['steɪtəs'kwəʊ] *n* statu quo *m*.
statute ['stætjuːt] *n* loi *f*. **~ book** code *m*.
statutory ['stætjʊtərɪ] *adj (gen)* statutaire; *(holiday)* légal; *(offence)* défini par un article de loi.
staunch¹ [stɔːntʃ] *vt* arrêter.
staunch² [stɔːntʃ] *adj (defender)* résolu; *(friend)* fidèle.

stave [steɪv] — **1** *n (Music)* portée *f.* — **2** *vt:* **to ~ off** éviter.

stay [steɪ] — **1** *n* **(a)** séjour *m.* **(b)** *(Law)* **~ of execution** sursis *m* à l'exécution. — **2** *vti (remain)* rester. **to ~ still, to ~ put*** ne pas bouger; **to ~ to dinner** rester dîner; **he's here to ~** il est là pour de bon; **if it ~s fine** si le temps se maintient au beau; **to ~ away from a meeting** ne pas aller à une réunion; **to ~ behind** rester en arrière; **to ~ in** *(at home)* rester à la maison; *(in school)* rester en retenue; **to ~ out** *(outside)* rester dehors; *(on strike)* rester en grève; **to ~ out all night** ne pas rentrer de la nuit; *(fig)* **to ~ out of** éviter; **to ~ up** *(of person)* rester debout; *(of trousers)* tenir; **to ~ up late** se coucher tard; **she came to ~ for a few weeks** elle est venue passer quelques semaines; **I'm ~ing with my aunt** je loge chez ma tante; **to ~ in a hotel** descendre à l'hôtel; **he was ~ing in Paris** il séjournait à Paris; *(fig)* **to ~ the course** tenir bon; **~ing power** endurance *f.*

steadfast ['stedfəst] *adj* ferme.

steadily ['stedɪlɪ] *adv (walk)* d'un pas ferme; *(look)* longuement; *(improve, decrease)* régulièrement; *(rain, work, continue)* sans arrêt.

steady ['stedɪ] — **1** *adj (table, job, prices)* stable; *(hand)* sûr; *(nerves)* solide; *(demand, speed)* constant; *(progress)* régulier (*f* -ière). **he isn't very ~ on his feet** il n'est pas très solide sur ses jambes; **~ on!*** doucement!; **her ~ boyfriend** son petit ami. — **2** *adv:* **to go ~ with sb*** sortir avec qn. — **3** *vt (wobbling object)* assujettir; *(nervous person)* calmer. **to ~ one's nerves** se calmer.

steak [steɪk] *n (of beef)* bifteck *m*, steak *m*; *(of other meat, fish)* tranche *f.* **stewing ~** bœuf *m* à braiser; **~ and kidney pie** tourte *f* à la viande de bœuf et aux rognons. ◆ **steakhouse** *n* ≃ grill-room *m.*

steal [stiːl] *pret* **stole**, *ptp* **stolen** — **1** *vt (gen)* voler (*from sb* à qn; *from sth* dans qch). — **2** *vi:* **to ~ out** *(etc)* sortir *(etc)* à pas de loup. ◆ **stealing** *n* vol *m.*

stealthy ['stelθɪ] *adj* furtif (*f* -ive).

steam [stiːm] — **1** *n* vapeur *f.* **~ iron** fer *m* à vapeur; **~ engine** locomotive *f* à vapeur; *(on ship)* **full ~ ahead!** en avant toute!; *(fig)* **to run out of ~** s'essouffler *(fig)*; **under one's own ~** par ses propres moyens; **to let off ~*** *(energy)* se défouler*; *(anger)* épancher sa bile. — **2** *vt (cook)* cuire à la vapeur. — **3** *vi* fumer. **to ~ up** se couvrir de buée; *(fig)* **to get ~ed up*** se mettre dans tous ses états (*about* à propos de). ◆ **steamer** *n* **(a)** *(steamboat)* vapeur *m*; *(liner)* paquebot *m.* **(b)** *(pan)* ≃ couscoussier *m.* ◆ **steamroller** *n* rouleau *m* compresseur. ◆ **steamship** *n* paquebot *m.*

steel [stiːl] — **1** *n* acier *m.* *(fig)* **nerves of ~** nerfs *mpl* d'acier. — **2** *adj (knife, tool)* d'acier. **~ band** steel band *m*; **~ helmet** casque *m*; **~ wool** paille *f* de fer. — **3** *vt (fig)* **to ~ o.s. against** se cuirasser contre. ◆ **steelworker** *n* sidérurgiste *m.* ◆ **steelworks** *n* aciérie *f.*

steep [stiːp] — **1** *adj (slope, stairs)* raide; *(hill, road)* escarpé; (**fig: price*) trop élevé. — **2** *vt* tremper (*in* dans). *(fig)* **~ed in** imprégné de.

steeple ['stiːpl] *n* clocher *m*, flèche *f.*

steeplejack ['stiːpəl,dʒæk] *n* réparateur *m* de hautes cheminées *etc.*

steer [stɪəʳ] *vti (gen)* diriger (*towards* vers); *(car)* conduire. **to ~ clear of** éviter. ◆ **steering** *n* conduite *f.* *(on car)* **~ column** colonne *f* de direction; **~ wheel** volant *m.*

stem [stem] — **1** *n (of plant)* tige *f*; *(of glass)* pied *m*; *(of word)* radical *m.* — **2** *vti* **(a)** **to ~ from** provenir de. **(b)** **to ~ the tide of** endiguer.

stench [stentʃ] *n* puanteur *f.*

stencil ['stensl] — **1** *n (gen)* pochoir *m*; *(in typing etc)* stencil *m.* — **2** *vt (lettering)* marquer au pochoir; *(document)* polycopier.

stenographer [ste'nɒgrəfəʳ] *n* sténographe *mf.*

step [step] — **1** *n* **(a)** *(gen)* pas *m.* **to take a ~ back** faire un pas en arrière; **waltz ~** pas *m* de valse; *(fig)* **~ by ~** petit à petit; **a ~ in the right direction** un pas dans la bonne voie; **to take ~s** prendre des dispositions *fpl* (*to do* pour faire); **what's the next ~?** qu'est-ce qu'il faut faire maintenant?; **to keep in ~** marcher au pas. **(b)** *(stair)* marche *f*; (*door~*) seuil *m*; *(on bus etc)* marchepied *m.* **mind the ~** attention à la marche; **flight of ~s** *(indoors)* escalier *m*; *(outdoors)* perron *m*; **pair of ~s** escabeau *m.* — **2** *vi (gen)* aller. **~ this way** venez par ici; **to ~ off sth** descendre de qch; **to ~ aside** s'écarter; **to ~ back** reculer; **to ~ down** *(lit)* descendre (*from* de); *(give up)* se retirer; **to ~ forward** faire un pas en avant; **to ~ in** entrer; *(fig)* intervenir; **to ~ on sth** marcher sur qch; *(fig)* **~ on it!*** dépêche-toi!; *(fig)* **to ~ sth up** augmenter qch. ◆ **stepbrother** *n* demi-frère *m.* ◆ **stepdaughter** *n* belle-fille *f.* ◆ **stepfather** *n* beau-père *m.* ◆ **stepladder** *n* escabeau *m.* ◆ **stepmother** *n* belle-mère *f.* ◆ **stepsister** *n* demi-sœur *f.* ◆ **stepson** *n* beau-fils *m.*

stereo ['sterɪəʊ] — **1** *n (system)* stéréo *f*; *(record player)* chaîne *f* stéréo *inv.* **in ~** en stéréo. — **2** *adj (device)* stéréo *inv*; *(broadcast, recording)* en stéréo.

stereotype ['stɪərɪətaɪp] *n* stéréotype *m.*

sterile ['steraɪl] *adj* stérile. ◆ **sterility** *n* stérilité *f.* ◆ **sterilize** *vt* stériliser.

sterling ['stɜːlɪŋ] — **1** *n* livre *f* sterling *inv.* — **2** *adj (silver)* fin; *(pound, area)* sterling *inv*; *(fig)* à toute épreuve.

stern [stɜːn] — **1** *n (of ship)* arrière *m*, poupe *f.* — **2** *adj (gen)* sévère. **made of ~er stuff** d'une autre trempe.

steroid ['stɪərɔɪd] *n* stéroïde *m.*

stethoscope ['steθəskəʊp] *n* stéthoscope *m.*

stew [stjuː] — **1** *n* ragoût *m.* — **2** *vt (meat)* cuire en ragoût; *(fruit)* faire cuire. **~ed** *(meat)* en ragoût; *(fruit)* en compote; *(tea)* trop infusé. ◆ **stewpot** *n* cocotte *f.*

steward ['stjuːəd] *n (on estate etc)* intendant *m*; *(on ship, plane)* steward *m*; *(at meeting)* membre *m* du service d'ordre. **shop ~** délégué(e) *m(f)* syndical(e). ◆ **stewardess** *n* hôtesse *f.*

stick [stɪk] (*vb: pret, ptp* **stuck**) — **1** *n (gen)* bâton *m*; *(twig)* brindille *f*; (*walking ~*) canne *f*; *(Mil)* baguette *f*; *(piece: gen)* bâton; *(of chewing gum)* tablette *f*; *(of celery)* branche *f.* *(for fire)* **~s** du petit bois; **a few ~s of furniture** quelques pauvres meubles *mpl*; *(fig)* **to get hold of the wrong end of the ~** mal comprendre. — **2** *vti* **(a)** *(thrust: gen)* enfoncer (*into* dans). **to ~ a pin through sth** transpercer qch avec une épingle. **(b)** *(put: gen)* mettre (*on* sur; *under* sous; *into* dans). **he stuck his head out of the window** il a passé la tête par la fenêtre. **(c)** **to ~ out** *(gen)* sortir, dépasser (*from* de); *(of teeth)* avancer; **his ears ~ out** il a les oreilles décollées; **to ~ out of sth** dépasser de qch; **it ~s out a mile*** ça crève les

yeux; **to ~ it out** tenir le coup. **(d)** (*glue: often* **~ down, ~ on**) coller (*sth on sth* qch sur qch; *on the wall* au mur); (*of stamp, label etc*) être collé (*to* à); (*of sauce*) attacher (*to* à); (*of habit, name*) rester (*to sb* à qn). **it stuck to the table** c'est resté collé à la table; **they're stuck together** ils se sont collés ensemble. **(e)** (*tolerate*) supporter. **(f)** (*stay*) rester. **~ around!** ne t'en va pas!; **to ~ together** rester ensemble; (*fig*) se serrer les coudes; **to ~ to** (*promise*) tenir; (*principles*) rester fidèle à; (*subject*) ne pas s'éloigner de; **~ at it!** persévère!; **he stuck to his story** il a maintenu ce qu'il avait dit; **to ~ up for sb*** défendre qn. **(g)** (*also* **be** *or* **get stuck:** *gen*) être coincé (*between* entre); (*in mud, sand*) être enlisé; (*broken down*) être en panne. (*fig*) **to ~ at nothing** ne reculer devant rien; **he's stuck here** il est obligé de rester ici; (*in puzzle etc*) **I'm stuck*** je sèche*.
◆ **sticker** *n* auto-collant *m.* ◆ **sticking-plaster** *n* sparadrap *m.* ◆ **stick-on** *adj* adhésif (*f* -ive). ◆ **sticky** *adj* (*paste, paint, surface*) collant; (*label*) adhésif (*f* -ive); (*hands: sweaty*) moite; (*with jam etc*) poisseux (*f* -euse). **~ tape** ruban *m* adhésif; (*fig*) **to come to a ~ end** mal finir.

stiff [stɪf] *adj* **(a)** (*gen*) raide; (*lock, brush*) dur; (*dough, paste*) ferme; (*starched*) empesé. **to have a ~ neck** avoir le torticolis; **~ with cold** engourdi par le froid. **(b)** (*fig: person*) froid; (*resistance*) opiniâtre; (*exam, course, task*) difficile; (*climb, wind*) fort; (*price*) très élevé. **that's a bit ~!*** c'est un peu fort!*; **a ~ whisky** un grand verre de whisky. ◆ **stiffen (up)** — **1** *vt* raidir. — **2** *vi* (*gen*) devenir raide; (*fig: of person, attitude*) se raidir. ◆ **stiffly** *adv* avec raideur; (*fig*) froidement.

stifle ['staɪfl] — **1** *vt* étouffer, réprimer. — **2** *vi* étouffer. ◆ **stifling** *adj* (*fumes*) suffocant; (*heat*) étouffant.

stigma ['stɪgmə] *n, pl* (*gen*) **-s**, (*Rel*) **-mata** stigmate *m.*

stile [staɪl] *n* échalier *m.*

stiletto [stɪ'letəʊ] *n:* **~ heel** talon *m* aiguille.

still[1] [stɪl] — **1** *adv* **(a)** encore. **he is ~ in bed** il est encore *or* toujours au lit; **you ~ don't believe me** vous ne me croyez toujours pas; **~ better** encore mieux. **(b)** (*nonetheless*) quand même. — **2** *conj* (*nevertheless*) néanmoins.

still[2] [stɪl] — **1** *adj* (*motionless*) immobile; (*peaceful*) tranquille; (*quiet*) silencieux (*f* -ieuse); (*not fizzy*) non gazeux (*f* -euse). **keep ~!** reste tranquille!; (*Art*) **~ life** nature *f* morte. — **2** *adv* (*sit, hold*) sans bouger. — **3** *n* (*Cinema*) photo *f.* ◆ **stillborn** *adj* mort-né.

stilted ['stɪltɪd] *adj* guindé.

stilts [stɪlts] *npl* échasses *fpl.*

stimulate ['stɪmjʊleɪt] *vt* (*gen*) stimuler. **to ~ sb to do** inciter qn à faire. ◆ **stimulating** *adj* stimulant. ◆ **stimulus** *n, pl* **-li** (*fig*) stimulant *m.* **under the ~ of** stimulé par.

sting [stɪŋ] (*vb: pret, ptp* **stung**) — **1** *n* (*gen*) piqûre *f;* (*of iodine etc*) brûlure *f.* — **2** *vt* piquer; brûler. (*fig*) **to ~ sb into action** pousser qn à agir. — **3** *vi* (*of eyes*) piquer; (*of cut*) brûler. ◆ **stinging** *adj* (*remark*) cuisant. **~ nettle** ortie *f* brûlante.

stingy ['stɪndʒɪ] *adj* avare (*with* de).

stink [stɪŋk] (*vb: pret* **stank,** *ptp* **stunk**) — **1** *n* puanteur *f.* **what a ~!** ce que ça pue! — **2** *vi* puer (*of sth* qch); (**fig: of idea, coffee etc*) être infect; (*of person*) être dégueulasse*. **to have a ~ing cold*** avoir un rhume épouvantable. — **3** *vt:* **to ~ out** (*room etc*) empester.

stint [stɪnt] — **1** *n* (*share of work*) part *f* de travail. — **2** *vt:* **to ~ o.s.** se priver (*of* de).

stipend ['staɪpend] *n* (*Rel*) traitement *m.*

stipulate ['stɪpjʊleɪt] *vt* stipuler.

stir [stɜː'] — **1** *vt* **(a)** (*gen*) remuer. **to ~ up** (*fig: gen*) exciter; (*memories*) réveiller; (*trouble*) provoquer. **(b)** (*move etc: leaves*) agiter; (*person*) émouvoir. **to ~ o.s.*** se secouer; **to ~ sb to do sth** inciter qn à faire qch. — **2** *vi* (*of person*) bouger (*from* de); (*of leaves, curtains etc*) remuer. — **3** *n:* **to give sth a ~** remuer qch; **to cause a ~** faire sensation. ◆ **stirring** *adj* enthousiasmant.

stirrup ['stɪrəp] *n* étrier *m.*

stitch [stɪtʃ] — **1** *n* (*Sewing*) point *m;* (*Knitting*) maille *f;* (*Surgery*) point de suture; (*pain in side*) point de côté. (*fig*) **to be in ~es*** se tenir les côtes de rire. — **2** *vti* (*also* **~ on, ~ up**) coudre; (*on machine*) piquer; (*Med*) suturer.

stoat [stəʊt] *n* hermine *f* (*d'été*).

stock [stɒk] — **1** *n* **(a)** (*store*) réserve *f;* (*in shop*) stock *m;* (*of money*) réserve; (*of learning*) fonds *m.* **in ~** en stock; **out of ~** épuisé; **to lay in a ~ of** s'approvisionner en; (*fig*) **to take ~** faire le point. **(b)** (*cattle*) cheptel *m.* **(c)** (*food*) bouillon *m.* **(d) ~s and shares** valeurs *fpl* (mobilières). — **2** *adj* (*goods, size*) courant; (*excuse*) classique. **~ car** stock-car *m;* **~ cube** bouillon-cube *m;* **~ market** Bourse *f;* **~ phrase** expression *f* toute faite. — **3** *vt* (*shop, larder*) approvisionner (*with* en); (*river*) peupler (*with* de). **well-~ed** bien approvisionné; (*of shop*) **they don't ~ that** ils n'ont pas ça; **to ~ up with** s'approvisionner en. ◆ **stock-broker** *n* agent *m* de change. ◆ **stock exchange** *n* Bourse *f.* ◆ **stockist** *n* stockiste *mf.* ◆ **stockpile** *vt* stocker. ◆ **stock-still** *adv* immobile. ◆ **stocktaking** — **1** *n* inventaire *m.* — **2** *vi:* **to be ~** faire l'inventaire.

stockade [stɒ'keɪd] *n* palissade *f.*

stocking ['stɒkɪŋ] *n* bas *m.* **in one's ~ feet** sans chaussures.

stocky ['stɒkɪ] *adj* trapu.

stodgy ['stɒdʒɪ] *adj* bourratif (*f* -ive); (*: *dull*) sans imagination.

stoic(al) ['stəʊɪk(əl)] *adj* stoïque.

stoke [stəʊk] *vt* (**~ up**) (*furnace*) alimenter; (*engine*) chauffer. ◆ **stoker** *n* chauffeur *m* (*Marine etc*).

stole [stəʊl] *n* étole *f.*

stole(n) ['stəʊl(ən)] *V* **steal.**

stolid ['stɒlɪd] *adj* impassible.

stomach ['stʌmək] — **1** *n* (*gen*) ventre *m;* (*Anat*) estomac *m.* **to have ~ ache** avoir mal au ventre; **~ pump** pompe *f* stomacale. — **2** *vt* (*fig*) tolérer.

stone [stəʊn] — **1** *n* **(a)** (*gen*) pierre *f;* (*pebble*) caillou *m;* (*on beach etc*) galet *m;* (*in fruit*) noyau *m;* (*in kidney*) calcul *m.* **made of ~** de pierre; (*fig*) **within a ~'s throw of** à deux pas de. **(b)** (*Brit: weight*) = 6,348 kg. — **2** *vt* (*throw stones at*) lancer des pierres sur; (*take stones out of*) dénoyauter. ◆ **stone-cold** *adj* complètement froid. ◆ **stone-deaf** *adj* sourd comme un pot*. ◆ **stonemason** *n* tailleur *m* de pierre. ◆ **stoneware** *n* poterie *f* de grès. ◆ **stonework** *n* maçonnerie *f.* ◆ **stony** *adj* pierreux (*f* -euse); (*beach*) de galets; (*fig: person, heart*) dur; (*look, welcome*) froid.

stood [stʊd] *pret, ptp of* **stand.**

stool [stuːl] *n* tabouret *m,* (*folding*) pliant *m.*

stoolpigeon ['stʊːlpɪdʒən] *n* indicateur *m* (*f* -trice) *(de police).*

stoop [stuːp] *vi* (*have a* ~) avoir le dos voûté; (~ **down**) se courber; *(fig)* s'abaisser (*to doing* jusqu'à faire).

stop [stɒp] — **1** *n* **(a)** arrêt *m; (short)* halte *f.* **6 hours without a** ~ 6 heures *fpl* d'affilée; **a 5-minute** ~ 5 minutes d'arrêt; *(in road)* ~ **sign** stop *m (panneau);* **to be at a** ~ être à l'arrêt; **to come to a** ~ s'arrêter; **to put a** ~ **to sth** mettre fin à qch. **(b)** *(place: of bus, train)* arrêt *m; (of plane, ship)* escale *f.* **(c)** *(Punctuation)* point *m; (in telegrams)* stop *m.* — **2** *vt* **(a)** *(gen)* arrêter; *(activity, progress)* interrompre; *(allowance, leave)* supprimer; *(gas, electricity, water supply)* couper; *(cheque)* faire opposition à; *(pain, enjoyment)* mettre fin à. **to** ~ **sb short** arrêter qn net; **to** ~ **the milk** faire interrompre la livraison du lait. **(b)** *(cease)* arrêter, cesser (*doing* de faire). ~ **it!** ça suffit! **(c)** *(prevent)* empêcher (*sb from doing* qn de faire). **there's nothing to** ~ **you** rien ne vous en empêche. **(d)** (~ **up:** *gen*) boucher; *(tooth)* plomber. — **3** *vi* **(a)** *(halt: gen)* s'arrêter; *(end: gen)* cesser; *(of play, programme)* se terminer. ~ **thief!** au voleur!; **to** ~ **by*** s'arrêter en passant; **to** ~ **off, to** ~ **over** s'arrêter; **to** ~ **dead** s'arrêter net; **to** ~ **at nothing** ne reculer devant rien. **(b)** (*) *(remain)* rester.
◆ **stopcock** *n* robinet *m* d'arrêt. ◆ **stopgap** *adj* intérimaire. ◆ **stop-off** *n* arrêt *m.* ◆ **stoppage** *n (gen)* arrêt *m; (interruption)* interruption *f; (strike)* grève *f.* ◆ **stopper** *n* bouchon *m.* ◆ **stopping** *adj:* ~ **train** omnibus *m.* ◆ **stop-press** *n* nouvelles *fpl* de dernière heure. ◆ **stopwatch** *n* chronomètre *m.*

storage ['stɔːrɪdʒ] *n (of goods, fuel, food)* entreposage *m; (of heat, electricity)* accumulation *f; (Computers)* mise *f* en réserve. ~ **battery** accumulateur *m;* ~ **heater** radiateur *m* électrique par accumulation; ~ **space** espace *m* de rangement; *(for oil etc)* ~ **tank** réservoir *m* d'emmagasinage; ~ **unit** meuble *m* de rangement.

store [stɔːʳ] — **1** *n* **(a)** *(supply)* provision *f;* ~**s** provisions *fpl;* **to lay in a** ~ **of sth** faire provision de qch; *(fig)* **to set great** ~ **by sth** faire grand cas de qch. **(b)** *(depot, warehouse)* entrepôt *m;* (*furniture* ~) garde-meuble *m; (for ammunition etc)* dépôt *m;* (*in office, factory etc: also* ~**s**) service *m* des approvisionnements. **to keep sth in** ~ garder qch en réserve; *(fig)* **to have sth in** ~ **for sb** réserver qch à qn. **(c)** *(shop)* magasin *m; (large)* grand magasin; *(small)* boutique *f.* — **2** *vt* **(a)** (*keep, collect:* ~ **up**) mettre en réserve; *(electricity, heat)* accumuler. **(b)** (*place in* ~: ~ **away**) entreposer; *(furniture)* mettre au garde-meuble; *(Computers)* mettre en réserve. ◆ **storehouse** *n* entrepôt *m.* ◆ **storekeeper** *n* magasinier *m; (shopkeeper)* commerçant(e) *m(f).* ◆ **storeroom** *n* réserve *f.*

storey ['stɔːrɪ] *n* étage *m.* **on the 3rd** *or (US)* **4th** ~ au 3ᵉ étage.

stork [stɔːk] *n* cigogne *f.*

storm [stɔːm] — **1** *n* tempête *f;* (*thunder*~) orage *m.* ~ **cloud** nuage *m* orageux; *(Mil)* ~ **troops** troupes *fpl* d'assaut; *(fig)* **a** ~ **in a teacup** une tempête dans un verre d'eau. — **2** *vti* prendre d'assaut. **to** ~ **out** *(etc)* sortir *(etc)* comme un ouragan. ◆ **stormy** *adj (weather)* orageux (*f* -euse); *(sea)* démonté; *(meeting)* houleux (*f* -euse).

story¹ ['stɔːrɪ] *n* **(a)** *(gen)* histoire *f; (of play, film)* action *f.* **short** ~ nouvelle *f;* **it's a long** ~ c'est toute une histoire; **according to your** ~ d'après ce que vous dites; **or so the** ~ **goes** ou du moins c'est ce qu'on raconte. **(b)** *(Press: news)* nouvelle *f; (article)* article *m.* ◆ **storybook** *n* livre *m* de contes *or* d'histoires.

story² ['stɔːrɪ] *n (US)* = **storey.**

stout [staʊt] — **1** *adj* **(a)** *(fat)* corpulent. **(b)** *(strong)* solide. — **2** *n (beer)* bière *f* brune *(forte).* ◆ **stout-hearted** *adj* vaillant.

stove [stəʊv] *n* **(a)** *(heating)* poêle *m.* **(b)** *(cooking)* cuisinière *f; (small)* réchaud *m; (solid fuel)* fourneau *m.*

stow [stəʊ] — **1** *vt (put away)* ranger; *(hide)* cacher. — **2** *vi (on ship)* **to** ~ **away** s'embarquer clandestinement. ◆ **stowaway** *n* passager *m* (*f* -ère) clandestin(e).

straggle ['strægl] *vi:* **to** ~ **in** *(etc)* entrer *(etc)* par petits groupes détachés. ◆ **straggler** *n* traînard(e) *m(f).*

straight [streɪt] — **1** *adj* **(a)** *(gen: line, picture)* droit; *(route)* direct; *(hair)* raide; *(in order: room, books)* en ordre. **to set** ~ *(picture)* remettre droit; *(hat)* ajuster; *(house, accounts)* mettre de l'ordre dans; *(fig)* **to keep a** ~ **face** garder son sérieux; **let's get this** ~ entendons-nous bien sur ce point. **(b)** *(frank)* franc (*f* franche); *(honest)* honnête; *(refusal)* catégorique. ~ **talking** franc-parler *m.* **(c)** *(whisky etc)* sans eau; *(actor)* sérieux (*f* -ieuse). — **2** *n (of racecourse)* **the** ~ la ligne droite; *(material)* **on the** ~ droit fil; *(fig)* **to keep to the** ~ **and narrow** rester dans le droit chemin. — **3** *adv (walk, grow, stand)* droit; *(directly)* tout droit; *(immediately)* tout de suite. **to shoot** ~ tirer juste; **I can't see** ~* j'y vois trouble; ~ **above** juste au-dessus; ~ **ahead** *(go)* tout droit; *(look)* droit devant soi; *(of criminal)* **to go** ~ rester dans le droit chemin; ~ **away,** ~ **off** tout de suite; ~ **out,** ~ **off** carrément.
◆ **straighten** — **1** *vt* redresser; *(hair)* défriser; (~ **up:** *tie, hat*) ajuster; *(room)* mettre de l'ordre dans. — **2** *vi* (~ **up:** *of person*) se redresser. ◆ **straightforward** *adj (frank)* franc (*f* franche); *(uncomplicated)* simple.

strain¹ [streɪn] — **1** *n* **(a)** *(gen)* tension *f* (*on* de); *(overwork)* surmenage *m; (tiredness)* fatigue *f. (fig)* **to put a great** ~ **on** mettre à rude épreuve; **it's a great** ~ ça demande un grand effort; **the** ~ **of climbing the stairs** l'effort requis pour monter l'escalier. **(b)** *(Music)* **to the** ~**s of** aux accents *mpl* de. — **2** *vti* **(a)** *(rope, beam)* tendre excessivement; *(Med: muscle)* froisser; *(arm, ankle)* fouler; *(fig)* mettre à rude épreuve. **to** ~ **to do** peiner pour faire; **to** ~ **one's back** se donner un tour de reins; **to** ~ **one's heart** se fatiguer le cœur; **to** ~ **one's eyes** s'abîmer les yeux; **to** ~ **one's ears to hear sth** tendre l'oreille pour entendre qch; *(ironic)* **don't** ~ **yourself!** surtout ne te fatigue pas! **(b)** *(filter: liquid)* passer; *(vegetables)* égoutter; (~ **off:** *water*) vider. ◆ **strained** *adj* **(a)** *(ankle)* foulé; *(muscle)* froissé; *(eyes)* fatigué; *(relations, atmosphere)* tendu; *(style)* affecté. **(b)** *(baby food)* en purée. ◆ **strainer** *n* passoire *f.*

strain² [streɪn] *n* race *f. (fig)* **a** ~ **of madness** des tendances *fpl* à la folie.

strait [streɪt] *n (Geog: also* ~**s:** *gen)* détroit *m.* **the S~s of Dover** le Pas-de-Calais. ◆ **straitjacket** *n* camisole *f* de force. ◆ **strait-laced** *adj* collet monté *inv.*

strand [strænd] *n (gen)* brin *m; (of pearls)* rang *m; (in narrative etc)* fil *m.* **a ~ of hair** une mèche.
stranded ['strændɪd] *adj (ship)* échoué; *(fig: person)* en rade*.
strange [streɪndʒ] *adj* **(a)** *(unfamiliar: language, country)* inconnu; *(work)* inaccoutumé. **you'll feel rather ~** vous vous sentirez un peu dépaysé. **(b)** *(odd, unusual)* étrange. **it is ~ that** il est étrange que + *subj.* ◆ **strangely** *adv* étrangement. **~ enough, ...** chose curieuse, ... ◆ **stranger** *n (unknown)* inconnu(e) *m(f); (from another place)* étranger *m* (*f* -ère); **he's a ~ to me** il m'est inconnu; **I'm a ~ here** je ne suis pas d'ici.
strangle ['stræŋgl] *vt* étrangler *(also fig).* ◆ **strangler** *n* étrangleur *m* (*f* -euse).
strap [stræp] — **1** *n (gen)* courroie *f;* (*ankle* **~**) bride *f; (on garment)* bretelle *f; (on shoulder bag)* bandoulière *f;* (*watch* **~**) bracelet *m.* — **2** *vt* (**~ down** *etc*) attacher. ◆ **strapping** *adj* costaud* *f inv.*
stratagem ['strætɪdʒem] *n* stratagème *m.*
strategic [strə'ti:dʒɪk] *adj* stratégique.
strategy ['strætɪdʒɪ] *n* stratégie *f.*
stratum ['strɑ:təm] *n, pl* **-ta** couche *f.*
straw [strɔ:] — **1** *n* paille *f.* **to drink through a ~** boire avec une paille; *(fig)* **the last ~** la goutte d'eau qui fait déborder le vase. — **2** *adj* (*made of* **~**) de paille; (**~**-*coloured*) paille *inv.* **~ hat** chapeau *m* de paille.
strawberry ['strɔ:bərɪ] — **1** *n* fraise *f.* **wild ~** fraise des bois. — **2** *adj (jam)* de fraises; *(ice cream)* à la fraise; *(tart)* aux fraises.
stray [streɪ] — **1** *adj (dog, child, bullet)* perdu; *(sheep, cow)* égaré; *(taxi, shot etc)* isolé. **a few ~ cars** quelques rares voitures. — **2** *vi* s'égarer. **to ~ from** s'écarter de.
streak [stri:k] — **1** *n (line, band)* raie *f; (of light, blood)* filet *m.* **blond ~s** mèches *fpl* blondes; **a ~ of lightning** un éclair; **a ~ of jealousy** des tendances *fpl* à la jalousie. — **2** *vt* strier (*with* de). **hair ~ed with grey** cheveux qui commencent à grisonner. — **3** *vi* **(a) to ~ past** *(etc)* passer *(etc)* comme un éclair. **(b)** (*: *naked*) courir tout nu en public. ◆ **streaky** *adj (bacon)* pas trop maigre.
stream [stri:m] — **1** *n (brook)* ruisseau *m; (current)* courant *m; (flow: of light, cars etc)* flot *m; (of cold air)* courant *m; (in school)* classe *f* de niveau. — **2** *vi* ruisseler (*with* de). **his eyes were ~ing** il pleurait à chaudes larmes; **a ~ing cold** un gros rhume; **to ~ in** entrer à flots dans. — **3** *vt (pupils)* répartir par niveau. ◆ **streamer** *n* serpentin *m.* ◆ **streamlined** *adj (plane)* fuselé; *(car)* aérodynamique; *(fig)* rationalisé.
street [stri:t] *n* rue *f.* **in the ~** dans la rue; *(fig)* **the man in the ~** l'homme de la rue; **~ guide** répertoire *m* des rues; **~ lamp** réverbère *m;* **at ~ level** au rez-de-chaussée; **~ lighting** éclairage *m* des rues; **~ map** plan *m* des rues; **~ market** marché *m* à ciel ouvert; **~ musician** musicien *m* des rues; *(fig)* **right up my ~** tout à fait dans mes cordes. ◆ **streetcar** *n (US)* tramway *m.*
strength [streŋθ] *n (gen)* force *f; (of join, building)* solidité *f.* **to get one's ~ back** reprendre des forces; **~ of will** volonté *f; (army etc)* **fighting ~** effectif *m* mobilisable; **they were there in ~** ils étaient là en grand nombre. ◆ **strengthen** *vt (gen)* renforcer; *(person)* fortifier.
strenuous ['strenjʊəs] *adj (gen)* énergique; *(game, day)* fatigant.
stress [stres] — **1** *n* **(a)** *(psychological)* tension *f* nerveuse, stress *m.* **the ~es and strains of modern life** les agressions *fpl* de la vie moderne; **to be under ~** être sous tension. **(b)** *(emphasis)* insistance *f; (on word)* accent *m.* — **2** *vt (gen)* insister sur; *(word)* accentuer.
stretch [stretʃ] — **1** *vt* (*gen: often* **~ out**) tendre; *(legs)* allonger; *(elastic, shoe)* étirer; *(fig: rules)* tourner; *(meaning)* forcer. *(fig)* **to ~ a point** faire une concession. — **2** *vi* **(a)** *(of person, animal)* s'étirer. **he ~ed across** il a tendu la main. **(b)** *(of shoes, elastic)* s'étirer; *(lengthen)* s'allonger. **(c)** *(reach: of forest, influence)* s'étendre (*over* sur; *as far as* jusqu'à). — **3** *n:* **by a ~ of the imagination** en faisant un effort d'imagination; **there's a straight ~ of road** la route est toute droite; **a long ~ of time** longtemps; **for hours at a ~** pendant des heures d'affilée; *(Prison)* **a 10-year ~** 10 ans de prison. — **4** *adj (fabric, garment)* extensible.
stretcher ['stretʃə^r] *n* brancard *m.*
strew [stru:] *ptp* **strewed** *or* **strewn** *vt (gen)* répandre; *(objects)* éparpiller.
stricken ['strɪkən] *adj (person)* affligé; *(city)* dévasté. **~ with** pris de.
strict [strɪkt] *adj (gen)* strict *(after n); (absolute: secrecy etc)* strict *(before n).* **in the ~ sense of the word** au sens strict du mot. ◆ **strictly** *adv:* **~ speaking** à strictement parler; **~ prohibited** formellement interdit.
stride [straɪd] (*vb: pret* **strode,** *ptp* **stridden**) — **1** *n* grand pas *m; (of runner)* foulée *f.* *(fig)* **to make great ~s** faire de grands progrès; **to get into one's ~** prendre le rythme; **to take in one's ~** faire sans le moindre effort. — **2** *vi:* **to ~ along** avancer à grands pas; **to ~ up and down the room** arpenter la pièce.
strife [straɪf] *n* conflits *mpl.*
strike [straɪk] (*vb: pret, ptp* **struck**) — **1** *n* **(a)** grève *f* (*of, by* de). **electricity ~** grève des employés de l'électricité; **on ~** en grève (*for* pour obtenir; *against* pour protester contre); **to go on ~, to come out on ~** se mettre en grève. **(b)** *(Mil)* raid *m* aérien. **~ force** détachement *m* d'avions.
— **2** *adj (committee, fund)* de grève; *(leader)* des grévistes; *(pay)* de gréviste.
— **3** *vti* **(a)** *(hit: person, ball)* frapper; *(nail, table)* frapper sur; *(knock against)* heurter; *(match)* gratter; *(Mil: attack)* attaquer. **to ~ sth from sb's hand** faire tomber qch de la main de qn; **he struck his head against the table** il s'est cogné la tête contre la table; **to be struck by a bullet** recevoir une balle; **struck by lightning** frappé par la foudre; **within striking distance of** à portée de; *(retaliate)* **to ~ back** se venger; **to ~ sb down** terrasser qn; *(of doctor etc)* **to be struck off** être radié; **to ~ up a friendship** lier amitié (*with* avec); **the band struck up** l'orchestre a commencé à jouer; **to ~ sb dumb** rendre qn muet; **to ~ terror into sb** terroriser qn; *(fig)* **I was struck by his intelligence** j'ai été frappé par son intelligence; **that ~s me as...** cela me semble...; **it ~s me that...** j'ai l'impression que...; **how did the film ~ you?** qu'avez-vous pensé du film? **(b)** (*of workers: go on* **~**) faire grève (*for* pour obtenir; *against* pour protester contre). **(c)** *(fig: oil)* trouver; *(difficulty)* rencontrer; *(bargain)* conclure; *(of clock)* sonner (*3 o'clock*

3 heures). **to ~ a balance** trouver le juste milieu; **to ~ an attitude** poser. **(d)** *(camp)* lever; *(delete: from list)* rayer (*from* de); *(from professional register)* radier (*from* de).
◆ **striker** *n (Industry)* gréviste *mf; (Football)* buteur *m.* ◆ **striking** *adj* frappant.

string [strɪŋ] (*vb: pret, ptp* **strung**) — **1** *n* **(a)** *(gen)* ficelle *f; (of violin, bow, racket etc)* corde *f.* **a piece of ~** un bout de ficelle; **~ bag** filet *m* à provisions; **~ vest** tricot *m* de corps à grosses mailles; *(fig)* **there are no ~s attached** cela n'engage à rien; *(Music)* **the ~s** les cordes; **~ quartet** quatuor *m* à cordes. **(b)** *(of beads)* rang *m; (of excuses)* chapelet *m; (of people, vehicles)* file *f.* — **2** *vt (racket)* corder; *(beads)* enfiler; *(rope)* tendre (*between* entre); *(decorations)* suspendre; *(beans)* enlever les fils de. *(fig)* **to be strung up** être très tendu (*about* à la pensée de). ◆ **stringpulling** *n (fig)* piston* *m (fig).*

stringent ['strɪndʒənt] *adj* rigoureux (*f* -euse).

strip [strɪp] — **1** *n (piece: gen)* bande *f; (of water)* bras *m.* **comic ~, ~ cartoon** bande dessinée; **~ lighting** éclairage *m* au néon. — **2** *vt (person)* déshabiller; *(often* **~ down:** *room)* vider; *(engine)* démonter complètement; *(bed)* défaire complètement; *(often* **~ off:** *wallpaper)* enlever. **~ped pine furniture** meubles *mpl* anciens en pin; **to ~ a company of its assets** cannibaliser* une compagnie. — **3** *vi* se déshabiller; **to ~ off** se déshabiller complètement; **to ~ to the waist** se déshabiller jusqu'à la ceinture. ◆ **stripper** *n (paint-stripper)* décapant *m;* (*: *striptease*) strip-teaseuse *f.* ◆ **striptease** *n* strip-tease *m.*

stripe [straɪp] *n* rayure *f; (Mil)* galon *m.*

striped [straɪpt] *adj* rayé (*with* de).

strive [straɪv] *pret* **strove,** *ptp* **striven** *vi* s'efforcer (*to do* de faire).

strode [strəʊd] *pret of* **stride.**

stroke [strəʊk] — **1** *n* **(a)** *(movement, blow)* coup *m; (Swimming)* nage *f.* **at one ~** d'un seul coup; *(fig)* **to put sb off his ~** faire perdre tous ses moyens à qn; **he hasn't done a ~ of work** il n'a rien fait du tout; **~ of genius** trait *m* de génie; **~ of luck** coup de chance. **(b)** *(mark: of pen etc)* trait *m; (of brush)* touche *f.* **(c)** *(of bell, clock)* coup *m.* **on the ~ of 10** sur le coup de 10 heures. **(d)** *(Med)* **to have a ~** avoir une attaque. **(e) a two-~ engine** un moteur à deux temps. — **2** *vt* caresser.

stroll [strəʊl] — **1** *n* petite promenade *f.* — **2** *vi:* **to ~ in** *(etc)* entrer *(etc)* nonchalamment.

strong [strɒŋ] — **1** *adj (gen)* fort; *(solid: table, shoes, heart, nerves)* solide; *(candidate, contender)* sérieux (*f* -ieuse); *(emotion, interest)* vif (*f* vive); *(letter, protest, measures)* énergique. *(in circus)* **~ man** hercule *m;* **to be as ~ as an ox** *(healthy)* avoir une santé de fer; **she has never been very ~** elle a toujours eu une petite santé; **an army 500 ~** une armée de 500 hommes; **in a ~ position** bien placé (*to do* pour faire); **his ~ point** son fort; **he's got ~ feelings on this matter** cette affaire lui tient à cœur; **I am a ~ believer in** je crois fermement à; **~ verb** verbe *m* irrégulier; **~ drink** alcool *m;* **it has a ~ smell** ça sent fort. — **2** *adv:* **to be going ~** marcher toujours bien; *(of person)* être toujours solide.
◆ **strongbox** *n* coffre-fort *m.* ◆ **stronghold** *n (Mil)* forteresse *f; (fig)* bastion *m.* ◆ **strongly** *adv (attack, protest)* énergiquement; *(influence, remind)* vivement; *(feel, sense)* profondément; *(constructed)* solidement; *(smell)* fort. ◆ **strong-minded** *adj* qui sait ce qu'il veut. ◆ **strongroom** *n* chambre *f* forte. ◆ **strong-willed** *adj:* **to be ~** avoir de la volonté.

strove [strəʊv] *pret of* **strive.**

struck [strʌk] *pret, ptp of* **strike.**

structural ['strʌktʃərəl] *adj (gen)* structural; *(fault in building etc)* de construction.

structure ['strʌktʃəʳ] *n (gen)* structure *f; (of building etc)* ossature *f; (the building itself)* édifice *m.*

struggle ['strʌgl] — **1** *n* lutte *f* (*to do* pour faire). **to put up a ~** résister; **without a ~** sans résistance; *(without difficulty)* sans beaucoup de difficulté; **to have a ~ to do sth** avoir beaucoup de mal à faire qch. — **2** *vi (gen)* lutter (*against* contre); *(fight)* se battre; *(resist)* résister (*against sth* à qch); *(thrash around)* se débattre; *(try hard)* se démener (*to do* pour faire); *(have difficulty)* avoir du mal (*to do* à faire). ◆ **struggling** *adj (artist etc)* qui vit péniblement.

strung [strʌŋ] *pret, ptp of* **string.**

strut [strʌt] — **1** *vi:* **to ~ in** *etc* entrer *etc* d'un air important. — **2** *n (support)* étai *m.*

stub [stʌb] — **1** *n (gen)* bout *m* qui reste; *(of tree)* souche *f; (of cigarette)* mégot* *m; (of cheque)* talon *m.* — **2** *vt* **(a) to ~ one's toe** se cogner le doigt de pied. **(b)** (**~ out:** *cigarette*) écraser.

stubble ['stʌbl] *n (in field)* chaume *m; (on chin)* barbe *f* de plusieurs jours.

stubborn ['stʌbən] *adj (gen)* opiniâtre; *(person)* têtu.

stucco ['stʌkəʊ] *n* stuc *m.*

stuck [stʌk] *pret, ptp of* **stick.**

stud [stʌd] *n* **(a)** *(gen)* clou *m* à grosse tête; *(on boots)* crampon *m.* **collar ~** bouton *m* de col. **(b)** (**~** *farm*) haras *m.*

student ['stju:dənt] — **1** *n (gen)* étudiant(e) *m(f); (at school)* élève *mf.* **medical ~** étudiant(e) en médecine. — **2** *adj (life, unrest)* étudiant; *(residence, restaurant)* universitaire; *(opinions)* des étudiants. **~ teacher** élève *mf* professeur.

studio ['stju:dɪəʊ] *n* studio *m (de TV, d'artiste etc).* **~ couch** divan *m.*

studious ['stju:dɪəs] *adj* studieux (*f* -ieuse).

study ['stʌdɪ] — **1** *n (survey)* étude *f; (room)* bureau *m (particulier).* — **2** *vti (gen)* étudier; *(watch, observe)* observer. **to ~ hard** travailler dur; **to ~ for an exam** préparer un examen; **he is ~ing to be a teacher** il fait des études pour devenir professeur.

stuff [stʌf] — **1** *n:* **what's this ~ in this jar?** qu'est-ce que c'est que ça dans ce pot?; *(fig)* **there's some good ~ in it** il y a de bonnes choses là-dedans; **it's dangerous ~** c'est dangereux; **that's the ~!** bravo!; **~ and nonsense!*** balivernes!; **he knows his ~*** il s'y connaît; **do your ~!*** vas-y!; **put your ~ away** range tes affaires. — **2** *vt (fill)* bourrer (*with* de); *(Taxidermy)* empailler; *(in cooking)* farcir (*with* avec); *(cram: objects)* fourrer (*in, into* dans). **~ed toy** jouet *m* de peluche; **my nose is ~ed-up** j'ai le nez bouché. ◆ **stuffing** *n (gen)* rembourrage *m; (in cooking)* farce *f.* ◆ **stuffy** *adj* **(a)** *(room)* mal aéré. **it's ~ in here** on manque d'air ici. **(b)** *(person)* vieux jeu *inv.*

stumble ['stʌmbl] *vi* trébucher (*over* sur, contre). *(find)* **to ~ across sth** tomber sur qch. ◆ **stumbling block** *n* pierre *f* d'achoppement.

stump [stʌmp] — **1** *n (gen)* bout *m; (of tree)* souche *f; (of limb)* moignon *m; (of tooth)* chicot *m; (Cricket)* piquet *m.* — **2** *vti (Cricket)* mettre hors jeu. **to ~ in** *(etc)* entrer *(etc)* à pas lourds; **I'm ~ed*** je sèche*.

stun [stʌn] *vt* étourdir; *(fig: amaze)* stupéfier. ◆ **stunned** *adj* stupéfait (*by* de). ◆ **stunning** *adj* (*: *lovely*) sensationnel* (*f* -elle).

stung [stʌŋ] *pret, ptp of* **sting.**

stunk [stʌŋk] *ptp of* **stink.**

stunt [stʌnt] *n (feat)* tour *m* de force; *(plane, parachutist)* acrobatie *f; (trick)* truc* *m; (publicity ~)* truc* publicitaire. ◆ **stuntman** *n* cascadeur *m.*

stunted ['stʌntɪd] *adj* rabougri.

stupefy ['stju:pɪfaɪ] *vt (of drink, drugs)* abrutir; *(astound)* stupéfier.

stupendous [stju(:)'pendəs] *adj* fantastique.

stupid ['stju:pɪd] *adj* stupide, idiot. **I've done a ~ thing** j'ai fait une bêtise. ◆ **stupidity** *n* stupidité *f,* bêtise *f.* ◆ **stupidly** *adv* bêtement.

sturdy ['stɜ:dɪ] *adj* robuste.

sturgeon ['stɜ:dʒən] *n* esturgeon *m.*

stutter ['stʌtəʳ] — **1** *n* bégaiement *m.* — **2** *vti* bégayer.

sty [staɪ] *n (for pigs)* porcherie *f.*

sty(e) [staɪ] *n (in eye)* orgelet *m.*

style [staɪl] — **1** *n* **(a)** *(gen)* style *m; (sort, type)* genre *m; (Dress etc)* modèle *m; (Hairdressing)* coiffure *f. (fig)* **it's not my ~*** ce n'est pas mon genre; *(fashion)* **in the latest ~** à la dernière mode. **(b)** *(distinction)* allure *f,* style *m.* **to live in ~** vivre sur un grand pied; **he does things in ~** il fait bien les choses. — **2** *vt:* **to ~ sb's hair** créer une nouvelle coiffure pour qn. ◆ **styling** *n (Hairdressing)* coupe *f.* ◆ **stylish** *adj* chic *inv.* ◆ **stylist** *n (Hairdressing)* coiffeur *m* (*f* -euse).

stylus ['staɪləs] *n (of record player)* pointe *f* de lecture.

suave [swɑ:v] *adj* doucereux (*f* -euse).

sub... [sʌb] — **1** *pref* sous-. — **2** (*) *abbr of* **submarine, subscription.** ◆ **subcommittee** *n* sous-comité *m; (in local government)* sous-commission *f.* ◆ **subcontinent** *n* sous-continent *m.* ◆ **subcontract** *vt* sous-traiter. ◆ **subdivide** *vt* subdiviser (*into* en). ◆ **sub-editor** *n* secrétaire *mf* de rédaction. ◆ **subhead(ing)** *n* sous-titre *m.* ◆ **sublet** (*pret, ptp* **~let**) *vti* sous-louer. ◆ **submachine gun** *n* mitraillette *f.* ◆ **sub-post office** *n* petit bureau *m* de poste *(de quartier etc).* ◆ **substandard** *adj* de qualité inférieure. ◆ **subtitle** — **1** *n* sous-titre *m.* — **2** *vt* sous-titrer. ◆ **sub-zero** *adj* au-dessous de zéro.

subaltern ['sʌbltən] *n* lieutenant *m.*

subconscious ['sʌb'kɒnʃəs] *adj, n* inconscient *(m).*

subdue [səb'dju:] *vt* soumettre. ◆ **subdued** *adj (reaction)* faible; *(voice)* bas (*f* basse); *(conversation)* à voix basse. **she was very ~** elle avait perdu son entrain.

subject ['sʌbdʒɪkt] — **1** *n (gen)* sujet *m; (at school etc)* matière *f; (citizen)* sujet(te) *m(f).* **~ matter** sujet; **to get off the ~** sortir du sujet; **on the ~ of** au sujet de; **while we're on the ~ of...** à propos de... — **2** *adj:* **~ to** *(disease etc)* sujet (*f* -ette) à; *(flooding etc)* exposé à; *(the law)* soumis à; *(conditional upon)* sous réserve de. — **3** [səb'dʒekt] *vt* soumettre (*to* à). ◆ **subjective** *adj* subjectif (*f* -ive).

subjunctive [səb'dʒʌŋktɪv] *adj, n* subjonctif *m.* **in the ~** au subjonctif.

sublime [sə'blaɪm] *adj* sublime.

submarine [,sʌbmə'ri:n] *n* sous-marin *m.*

submerge [səb'mɜ:dʒ] — **1** *vt* submerger. **to ~ sth in sth** immerger qch dans qch. — **2** *vi* s'immerger.

submission [səb'mɪʃən] *n* soumission *f.*

submissive [səb'mɪsɪv] *adj* soumis.

submit [səb'mɪt] — **1** *vt* soumettre (*to* à). — **2** *vi* se soumettre (*to* à).

subordinate [sə'bɔ:dnɪt] *n* subordonné(e) *m(f).*

subpoena [səb'pi:nə] *n* assignation *f*

subscribe [səb'skraɪb] — **1** *vt (money)* donner (*to* à). — **2** *vi:* **to ~ to** souscrire à. ◆ **subscriber** *n* abonné(e) *m(f)* (*to* de). ◆ **subscription** *n* souscription *f; (for magazine etc)* abonnement *m; (to club)* cotisation *f.*

subsequent ['sʌbsɪkwənt] *adj (later)* ultérieur; *(next)* suivant.

subside [səb'saɪd] *vi (gen)* baisser; *(of land, building)* s'affaisser. ◆ **subsidence** *n* affaissement *m (de terrain).*

subsidiary [səb'sɪdɪərɪ] — **1** *adj* subsidiaire. — **2** *n* (**~** *company*) filiale *f.*

subsidize ['sʌbsɪdaɪz] *vt* subventionner.

subsidy ['sʌbsɪdɪ] *n* subvention *f.* **government ~** subvention de l'État.

subsist [səb'sɪst] *vi* subsister. **to ~ on sth** vivre de qch. ◆ **subsistence** *n* subsistance *f.* **~ allowance** frais *mpl* de subsistance; **~ wage** salaire *m* tout juste suffisant pour vivre.

substance ['sʌbstəns] *n (gen)* substance *f.* **a man of ~** un homme riche.

substantial [səb'stænʃəl] *adj (gen)* important; *(meal)* substantiel (*f* -ielle); *(house etc)* grand. ◆ **substantially** *adv (considerably)* considérablement; *(to a large extent)* en grande partie.

substitute ['sʌbstɪtju:t] — **1** *n (person)* remplaçant(e) *m(f)* (*for* de); *(thing)* produit *m* de remplacement (*for* de). — **2** *adj (player etc)* remplaçant. **~ coffee** succédané *m* de café. — **3** *vt* substituer (*for* à).

subtle ['sʌtl] *adj* subtil.

subtract [səb'trækt] *vt* soustraire (*from* de).

suburb ['sʌbɜ:b] *n* faubourg *m.* **the ~s** la banlieue; **in the ~s** en banlieue; **the outer ~s** la grande banlieue. ◆ **suburban** *adj* de banlieue. ◆ **suburbia** *n* la banlieue.

subversive [səb'vɜ:sɪv] *adj* subversif (*f* -ive).

subway ['sʌbweɪ] *n (underpass)* passage *m* souterrain; *(railway: esp US)* métro *m.*

succeed [sək'si:d] *vti* **(a)** *(be successful: gen)* réussir (*in sth* qch, dans qch; *in doing* à faire). **(b)** *(follow)* succéder (*sb* à qn; *to sth* à qch). **he was ~ed by his son** son fils lui a succédé. ◆ **succeeding** *adj (in past)* suivant; *(in future)* futur.

success [sək'ses] *n (gen)* succès *m,* réussite *f* (*in an exam* à un examen; *in maths* en maths; *in business* en affaires; *in one's career* dans sa carrière). **his ~ in doing sth** le fait qu'il ait réussi à faire qch; **without ~** sans succès; **to make a ~ of** réussir; **he was a great ~** il a eu beaucoup de succès; **it was a ~** c'était une réussite; **~ story** réussite *f.* ◆ **successful** *adj (application, deal)* couronné de succès; *(writer, book)* à succès; *(candidate: in exam)* reçu, *(in election)* élu; *(marriage)* heureux (*f* -euse); *(businessman)* prospère. **to be ~ in doing** réussir à faire. ◆ **successfully** *adv* avec succès.

succession [sək'seʃən] *n (gen)* succession *f.* **in ~** successivement; **4 times in ~** 4 fois de suite.

successive [sək'sesɪv] *adj* successif (*f* -ive); *(days, months)* consécutif (*f* -ive).
successor [sək'sesəʳ] *n* successeur *m* (*to* de).
succinct [sək'sɪŋkt] *adj* succinct.
succulent ['sʌkjʊlənt] — **1** *adj* succulent. — **2** *n:* ~s plantes *fpl* grasses.
succumb [sə'kʌm] *vi* succomber (*to* à).
such [sʌtʃ] — **1** *adj, pron* tel (*f* telle). ~ **books** de tels livres; **in ~ cases** en pareil cas; **there's no ~ thing!** ça n'existe pas!; **I said no ~ thing!** je n'ai jamais dit cela!; **have you ~ a thing as a penknife?** auriez-vous un canif par hasard?; **~ is life!** c'est la vie!; **~ writers as Molière** des écrivains tels que Molière; **he's not ~ a fool** il n'est pas si bête; **~ as?** comme quoi, par exemple?; **my car, ~ as it is** ma voiture pour ce qu'elle vaut; *(so much)* **~ a noise** tellement de bruit; **~ as I have** ceux que j'ai; **teachers as such...** les professeurs en tant que tels...; **there are no houses as ~** il n'y a pas de maisons à proprement parler. — **2** *adv* **(a)** *(so very)* si, tellement. **~ good coffee** un si bon café; **it was ~ a long time ago!** il y a si longtemps de ça!; **~ an expensive car that...** une voiture si *or* tellement chère que... **(b)** *(in comparisons)* aussi. **I have never had ~ good coffee** je n'ai jamais bu un aussi bon café. ◆ **such-and-such** *adj:* **in ~ a street** dans telle rue. ◆ **suchlike*** *adj* de la sorte.
suck [sʌk] *vti (gen)* sucer; *(of baby)* téter; (~ *up*) aspirer (*through* avec). **to ~ one's thumb** sucer son pouce; *(fig)* **to ~ up to sb*** lécher les bottes* de qn. ◆ **sucker** *n (pad)* ventouse *f;* (*: *person*) imbécile *mf.*
suckle ['sʌkl] — **1** *vt* allaiter. — **2** *vi* téter.
suction ['sʌkʃən] *n* succion *f.*
sudden ['sʌdn] *adj* soudain. **all of a ~** soudain, tout à coup. ◆ **suddenly** *adv (gen)* brusquement, soudain; *(die)* subitement.
suds [sʌdz] *npl (soap-~)* eau *f* savonneuse.
sue [su:] *vti (gen)* poursuivre en justice (*for sth* pour obtenir qch). **to ~ sb for damages** poursuivre qn en dommages-intérêts; **to ~ (sb) for divorce** entamer une procédure de divorce (contre qn).
suede [sweɪd] — **1** *n* daim *m (cuir).* — **2** *adj* de daim.
suet ['sʊɪt] *n* graisse *f* de rognon.
suffer ['sʌfəʳ] *vti* **(a)** *(gen)* souffrir (*from* de); *(undergo)* subir. **he ~ed for it** il en a souffert les conséquences; **to ~ from** *(gen)* souffrir de; *(a cold, pimples, bad memory)* avoir; **to be ~ing from shock** être commotionné; **to ~ from the effects of** subir le contrecoup de. **(b)** *(bear)* tolérer. ◆ **sufferer** *n (from illness)* malade *mf.* **diabetes ~s** diabétiques *mfpl.* ◆ **suffering** *n* souffrances *fpl.*
suffice [sə'faɪs] *vi* suffire.
sufficient [sə'fɪʃənt] *adj (enough)* assez de; *(big enough: number, quantity)* suffisant. **that's quite ~** cela suffit. ◆ **sufficiently** *adv* suffisamment, assez.
suffix ['sʌfɪks] *n* suffixe *m.*
suffocate ['sʌfəkeɪt] *vti* suffoquer. ◆ **suffocating** *adj* suffocant. *(fig)* **it's ~ in here** on étouffe ici.
suffrage ['sʌfrɪdʒ] *n* suffrage *m.* **universal ~** suffrage universel. ◆ **suffragette** *n* suffragette *f.*
sugar ['ʃʊgəʳ] — **1** *n* sucre *m.* **~ basin** sucrier *m;* **~ cane** canne *f* à sucre; **~ lump** morceau *m* de sucre. — **2** *vt* sucrer. ◆ **sugary** *adj* sucré.
suggest [sə'dʒest] *vt* suggérer *(sth to sb* qch à qn; *that* que + *subj).* **what are you ~ing?** que voulez-vous dire par là? ◆ **suggestion** *n (proposal)* suggestion *f; (insinuation)* allusion *f.*
suicidal [,sʊɪ'saɪdl] *adj* suicidaire.
suicide ['sʊɪsaɪd] *n* suicide *m.* **~ attempt** tentative *f* de suicide; **to commit ~** se suicider.
suit [su:t] — **1** *n* **(a)** *(man's)* complet *m; (woman's)* tailleur *m,* ensemble *m; (diver's, astronaut's etc)* combinaison *f.* **(b)** *(lawsuit)* procès *m.* **to bring a ~** intenter un procès (*against sb* à qn). **(c)** *(Cards)* couleur *f.* — **2** *vt (of plan, arrangement)* convenir à; *(of garment, colour, hairstyle)* aller à. **~ yourself!*** c'est comme vous voudrez!; **to be ~ed to sth** être fait pour qch.
suitability [,su:tə'bɪlɪtɪ] *n (of reply, example, choice)* à-propos *m.* **his ~ for the post** son aptitude *f* au poste.
suitable ['su:təbl] *adj (gen)* approprié (*to* à), qui convient. **it's quite ~** ça va très bien; **the most ~ man for the job** l'homme le plus apte à faire ce travail; **the film isn't ~ for children** ce n'est pas un film pour les enfants. ◆ **suitably** *adv (behave)* convenablement; *(impressed)* favorablement; *(quiet, large)* suffisamment.
suitcase ['su:tkeɪs] *n* valise *f.*
suitor ['su:təʳ] *n* soupirant *m.*
suite [swi:t] *n (gen)* suite *f; (furniture)* mobilier *m.*
sulk [sʌlk] *vi* bouder.
sulky ['sʌlkɪ] *adj* boudeur (*f* -euse).
sullen ['sʌlən] *adj* maussade.
sulphate ['sʌlfeɪt] *n* sulfate *m.*
sulphur, *(US)* **sulfur** ['sʌlfəʳ] *n* soufre *m.*
sultan ['sʌltən] *n* sultan *m.*
sultana [sʌl'tɑ:nə] *n* raisin *m* sec.
sultry ['sʌltrɪ] *adj (weather)* lourd; *(fig)* sensuel (*f* -uelle).
sum [sʌm] — **1** *n (amount, total)* somme *f* (*of* de). *(arithmetic)* **~s** le calcul; **~ total** somme *f* totale; *(money)* montant *m* global. — **2** *vti:* **to ~ up** *(summarize: gen)* résumer; *(facts, arguments)* récapituler; *(assess)* apprécier d'un coup d'œil. ◆ **summing-up** *n* résumé *m.*
summarize ['sʌməraɪz] *vt* résumer.
summary ['sʌmərɪ] — **1** *n* résumé *m.* **a ~ of the news** les nouvelles *fpl* en bref. — **2** *adj* sommaire.
summer ['sʌməʳ] *n* été *m.* **in ~ (time)** en été; **~ camp** colonie *f* de vacances; **~ day** jour *m* d'été; **~ holidays** grandes vacances *fpl;* **~ house** pavillon *m (dans un jardin);* **~ school** cours *mpl* de vacances; **~ time** heure *f* d'été.
summit ['sʌmɪt] *n* sommet *m.* *(Pol)* **~ meeting** rencontre *f* au sommet.
summon ['sʌmən] *vt (gen)* appeler; *(to meeting)* convoquer (*to* à); *(Law)* assigner (*as* comme); *(help, reinforcements)* requérir. **to ~ up** rassembler. ◆ **summons** *n* sommation *f; (Law)* assignation *f.*
sump [sʌmp] *n (on car)* carter *m.*
sumptuous ['sʌmptjʊəs] *adj* somptueux (*f* -ueuse).
sun [sʌn] — **1** *n* soleil *m.* **in the ~** au soleil; **the ~ is in my eyes** j'ai le soleil dans les yeux; **everything under the ~** tout ce qu'il est possible d'imaginer. — **2** *vt:* **to ~ o.s.** se chauffer au soleil; *(tan)* prendre un bain de soleil. — **3** *adj (oil, lotion)* solaire. **~ umbrella** parasol *m.* ◆ **sunbathe** *vi* prendre un bain de soleil. ◆ **sunbeam** *n* rayon *m* de soleil. ◆ **sunburn**

n coup *m* de soleil. ◆ **sunburnt** *adj (tanned)* bronzé; *(painfully)* brûlé par le soleil. **to get ~** prendre un coup de soleil. ◆ **sundial** *n* cadran *m* solaire. ◆ **sunflower** *n* tournesol *m*. ◆ **sunglasses** *npl* lunettes *fpl* de soleil. ◆ **sunlamp** *n* lampe *f* à rayons ultraviolets. ◆ **sunlight** *n* soleil *m*. **in the ~** au soleil. ◆ **sunlit** *adj* ensoleillé. ◆ **sunrise** *n* lever *m* du soleil. ◆ **sun-roof** *n* toit *m* ouvrant. ◆ **sunset** *n* coucher *m* du soleil. ◆ **sunshade** *n (for eyes)* visière *f*; *(in car)* pare-soleil *m inv*. ◆ **sunshine** *n* soleil *m*. **in the ~** au soleil. ◆ **sunstroke** *n* insolation *f*. ◆ **suntan** *n* bronzage *m*. **~ lotion** lotion *f* solaire. ◆ **suntanned** *adj* bronzé.

sundae ['sʌndeɪ] *n* dessert *m* à la glace et aux fruits.

Sunday ['sʌndɪ] *n* dimanche *m*. **in one's ~ best** en habits du dimanche; **~ school** ≃ catéchisme *m*; *for phrases V* **Saturday.**

sundry ['sʌndrɪ] *adj* divers. **all and ~** tout le monde.

sung [sʌŋ] *ptp of* **sing.**

sunk [sʌŋk] *ptp of* **sink**[1]. ◆ **sunken** *adj (eyes, cheeks)* creux (*f* creuse).

sunny ['sʌnɪ] *adj (gen)* ensoleillé; *(fig: person)* épanoui. **it is ~** il fait du soleil; *(fig)* **to see the ~ side of things** voir les choses du bon côté.

super* ['sʊ:pəʳ] *adj* formidable*.

super... ['su:pəʳ] *pref (gen)* super... **~power** superpuissance *f*; **~fine** surfin; **~-sensitive** hypersensible. ◆ **superhuman** *adj* surhumain. ◆ **superman** *n* surhomme *m*. ◆ **supermarket** *n* supermarché *m*. ◆ **supernatural** *adj* surnaturel (*f* -elle). ◆ **supersonic** *adj* supersonique. ◆ **supertanker** *n* pétrolier *m* géant.

superannuation [ˌsu:pəˌrænjʊ'eɪʃən] *n (pension)* pension *f* de retraite; *(contribution)* cotisations *fpl* pour la pension.

superb [su:'pɜ:b] *adj* superbe.

supercilious [ˌsu:pə'sɪlɪəs] *adj* hautain.

superficial [ˌsu:pə'fɪʃəl] *adj* superficiel (*f* -ielle).

superfluous [sʊ'pɜ:flʊəs] *adj* superflu.

superintend [ˌsu:pərɪn'tend] *vt (gen)* diriger; *(exam)* surveiller. ◆ **superintendent** *n (gen)* directeur *m* (*f* -trice); *(Police)* ≃ commissaire *m* (de police).

superior [sʊ'pɪərɪəʳ] — **1** *adj* supérieur (*to* à); *(product)* de qualité supérieure; *(smug)* suffisant. — **2** *n* supérieur(e) *m(f)*.

superlative [sʊ'pɜ:lətɪv] — **1** *adj* sans pareil (*f* -eille). — **2** *n* superlatif *m*. ◆ **superlatively** *adv* extrêmement.

supersede [ˌsu:pə'si:d] *vt* supplanter.

superstition [ˌsu:pə'stɪʃən] *n* superstition *f*.

superstitious [ˌsu:pə'stɪʃəs] *adj* superstitieux (*f* -ieuse).

supervise ['su:pəvaɪz] *vt* surveiller. ◆ **supervision** *n* surveillance *f*. ◆ **supervisor** *n (gen)* surveillant(e) *m(f)*; *(in shop)* chef *m* de rayon.

supper ['sʌpəʳ] *n (main meal)* dîner *m*; *(after theatre etc)* souper *m*; *(snack)* collation *f*. **to have ~** dîner (*or* souper); *(Rel)* **the Last S~** la Cène. **at ~time** au dîner.

supple ['sʌpl] *adj* souple.

supplement ['sʌplɪmənt] — **1** *n* supplément *m* (*to* à). — **2** [ˌsʌplɪ'ment] *vt* compléter. ◆ **supplementary** *adj* supplémentaire. **~ benefit** allocation *f* supplémentaire.

supplier [sə'plaɪəʳ] *n* fournisseur *m*.

supply [sə'plaɪ] — **1** *n (gen)* provision *f*; *(in shop etc)* stock *m*. **to get in a ~ of** faire des provisions de; **supplies** *(gen)* provisions; *(Mil)* approvisionnements *mpl*; *(equipment)* matériel *m*; **the electricity ~** l'alimentation *f* en électricité; **~ and demand** l'offre *f* et la demande; **~ teacher** remplaçant(e) *m(f)*. — **2** *vt (gen)* fournir (*sth to sb* qch à qn; *sb with goods* qn en marchandises; *sb with information* des renseignements à qn). **they kept us supplied with...** grâce à eux nous n'avons jamais manqué de...

support [sə'pɔ:t] — **1** *n (gen)* appui *m*; *(in building etc)* support *m*; *(fig: moral, financial etc)* soutien *m*. **to give ~ to sb** soutenir qn; *(fig)* **in ~ of the motion** en faveur de la motion; **in ~ of his theory** à l'appui de sa théorie; **~ troops** troupes *fpl* de soutien; **to give one's ~ to** prêter son appui à; **to stop work in ~** cesser le travail par solidarité; **he has no means of ~** il n'a pas de moyens d'existence; **he has been a great ~ to me** il a été pour moi un soutien précieux. — **2** *vt* **(a)** *(gen)* soutenir; *(to be in favour of)* être en faveur de; *(team)* être supporter de; *(family)* subvenir aux besoins de. **to ~ o.s.** subvenir à ses propres besoins. **(b)** *(endure)* supporter, tolérer. ◆ **supporter** *n (gen)* partisan *m*; *(Sport)* supporter *m*. ◆ **supporting** *adj (film)* qui passe en premier; *(role)* secondaire; *(actor)* qui a un rôle secondaire.

suppose [sə'pəʊz] *vt* **(a)** supposer (*that* que). *(suggestion)* **~** *or* **supposing we go for a walk?** et si nous allions nous promener?; **even supposing that** à supposer même que + *subj*; **what do you ~ he wants?** à votre avis, que peut-il bien vouloir?; **he is generally ~d to be rich** on dit qu'il est riche; **I don't ~ he'll agree** je suppose qu'il ne sera pas d'accord; **I ~ so** probablement; **I ~ not** probablement pas. **(b)** *(ought)* **to be ~d to do sth** être censé faire qch. ◆ **supposedly** *adv* soi-disant. ◆ **supposition** *n* supposition *f*.

suppress [sə'pres] *vt (feelings etc)* refouler; *(yawn)* étouffer; *(facts, truth)* dissimuler; *(publication)* interdire; *(revolt)* réprimer. ◆ **suppressor** *n* dispositif *m* antiparasite.

supremacy [sʊ'preməsɪ] *n* suprématie *f* (*over* sur).

supreme [sʊ'pri:m] *adj* suprême.

surcharge ['sɜ:tʃɑ:dʒ] *n* surcharge *f*.

sure [ʃʊəʳ] *adj* sûr (*of* de). **she is ~ to come** il est sûr qu'elle viendra; **she is not ~ to come** il n'est pas sûr qu'elle vienne; **it's ~ to rain** il va pleuvoir à coup sûr; **he's ~ of success** *or* **to succeed** il est sûr *or* certain de réussir; **to make ~ of sth** s'assurer de qch; **~ thing!*** oui, bien sûr!; **do you know for ~?** êtes-vous absolument certain?; **I'm not ~** je ne suis pas sûr (*that* que + *subj*); **I'm not ~ why** *etc* je ne sais pas très bien pourquoi *etc*; **I'm not ~ (if) he can** je ne suis pas sûr qu'il puisse; **~ of o.s.** sûr de soi; **and ~ enough he...** et en effet il...; **as ~ as fate** aussi sûr que deux et deux font quatre. ◆ **surely** *adv (assuredly)* sûrement; *(expressing incredulity)* tout de même. **~ not!** pas possible! ◆ **surety** *n (Law)* caution *f*.

surf [sɜ:f] — **1** *n (waves)* vague *f* déferlante; *(foam)* écume *f*. — **2** *vi*: **to go ~ing** surfer. ◆ **surfboard** *n* planche *f* de surf. ◆ **surfing** *n* surf *m*.

surface ['sɜ:fɪs] — **1** *n (gen)* surface *f*; *(side: of solid)* côté *m*. **to rise to the ~** remonter à la surface; *(fig)* **on the ~** à première vue; **the road ~** la chaussée. — **2** *vt (road)* revêtir (*with* de). — **3** *vi (of diver, whale)* remonter à la surface; *(of submarine)* faire surface.

surfeit ['sɜːfɪt] *n* excès *m* (*of* de).
surge [sɜːdʒ] *vi (of anger)* monter (*within sb* en qn). *(of crowd)* **to ~ in** *(etc)* entrer *(etc)* à flots; **to ~ forward** se lancer en avant.
surgeon ['sɜːdʒən] *n* chirurgien *m*.
surgery ['sɜːdʒərɪ] *n (gen)* chirurgie *f; (consulting room)* cabinet *m* de consultation; *(interview)* consultation *f*. **when is his ~?** à quelle heure sont ses consultations?; **~ hours** heures *fpl* de consultation.
surgical ['sɜːdʒɪkəl] *adj* chirurgical. **~ cotton** coton *m* hydrophile; **~ spirit** alcool *m* à 90 (degrés).
surly ['sɜːlɪ] *adj* revêche, maussade.
surmise ['sɜːmaɪz] — **1** *n* conjecture *f*. — **2** [sɜː'maɪz] *vt* conjecturer (*from* d'après).
surname ['sɜːneɪm] *n* nom *m* de famille.
surplus ['sɜːpləs] — **1** *n (gen)* surplus *m*. — **2** *adj* en surplus. **~ wheat** surplus de blé; **his ~ energy** son surcroît d'énergie; **~ store** magasin *m* de surplus.
surprise [sə'praɪz] — **1** *n* surprise *f*. **much to my ~** à ma grande surprise; **to take sb by ~** prendre qn au dépourvu; **a look of ~** un regard surpris; **to give sb a ~** faire une surprise à qn. — **2** *adj (gen)* inattendu; *(attack)* par surprise. — **3** *vt* surprendre. ◆ **surprised** *adj* surpris *(to hear that* que + *subj)*. **I shouldn't be ~ if...** cela ne m'étonnerait pas que + *subj*; **I'm ~ at it** ça me surprend; **I'm ~ at you!** cela me surprend de votre part! ◆ **surprising** *adj* surprenant, étonnant *(that* que + *subj)*. ◆ **surprisingly** *adv* étonnamment. **~ enough, he went** il y est allé, ce qui est étonnant.
surrealist [sə'rɪəlɪst] *adj, n* surréaliste *(mf)*.
surrender [sə'rendəʳ] — **1** *vi* se rendre (*to* à). **to ~ to the police** se livrer à la police. — **2** *vt* remettre, rendre (*to* à). — **3** *n (Mil etc)* reddition *f* (*to* à). **no ~!** on ne se rend pas!
surreptitious [,sʌrəp'tɪʃəs] *adj* furtif (*f* -ive).
surround [sə'raʊnd] — **1** *vt* entourer; *(totally)* encercler. **~ed by** entouré de; **the ~ing countryside** les environs *mpl*. — **2** *n* bordure *f*. ◆ **surroundings** *npl (setting)* cadre *m*.
surtax ['sɜːtæks] *n*: **to pay ~** ≃ être dans les tranches supérieures d'imposition.
surveillance [sɜː'veɪləns] *n* surveillance *f*.
survey ['sɜːveɪ] — **1** *n (comprehensive view)* vue *f* d'ensemble (*of* de); *(study)* enquête *f* (*of* sur); *(of land etc)* levé *m; (in house-buying)* expertise *f*. **~ of public opinion** sondage *m* d'opinion; **~ ship** bateau *m* hydrographique. — **2** [sɜː'veɪ] *vt (look at)* regarder; *(review)* passer en revue; *(land)* faire le levé de; *(building)* inspecter. ◆ **surveying** *n* arpentage *m*. ◆ **surveyor** *n (of buildings etc)* expert *m; (of land, site)* arpenteur *m* géomètre.
survival [sə'vaɪvəl] *n* survie *f*. **~ kit** kit *m* de survie.
survive [sə'vaɪv] — **1** *vi (gen)* survivre. — **2** *vt* survivre à. ◆ **survivor** *n* survivant(e) *m(f)*.
susceptible [sə'septəbl] *adj* susceptible. **to be ~ to** être sensible à.
suspect ['sʌspekt] — **1** *adj, n* suspect(e) *m(f)*. — **2** [səs'pekt] *vt (gen)* soupçonner (*that* que; *of* de; *of doing* d'avoir fait); *(have doubts about)* douter de. **I ~ed as much** je m'en doutais; **he'll come, I ~** il viendra, j'imagine.
suspend [səs'pend] *vt* **(a)** *(hang)* suspendre (*from* à). **(b)** *(stop: gen)* suspendre; *(licence)* retirer provisoirement; *(bus service)* interrompre provisoirement. *(Law)* **he received a ~ed sentence of 6 months** il a été condamné à 6 mois de prison avec sursis. ◆ **suspenders** *npl (Brit: for stockings)* jarretelles *fpl; (for socks)* fixe-chaussettes *mpl; (US)* bretelles *fpl*. — **2** *adj (Brit)* **suspender belt** porte-jarretelles *m inv*.
suspense [səs'pens] *n* incertitude *f; (in book, film etc)* suspense *m*. **to keep sb in ~** tenir qn en suspens.
suspension [səs'penʃən] *n* suspension *f*. **~ bridge** pont *m* suspendu.
suspicion [səs'pɪʃən] *n* soupçon *m*. **above ~** au-dessus de tout soupçon; **under ~** considéré comme suspect; **on ~ of murder** sur présomption de meurtre; **to have a ~ that...** soupçonner que...; **I had (my) ~s about that** j'avais mes doutes là-dessus.
suspicious [səs'pɪʃəs] *adj* **(a)** (*feeling* **~**) soupçonneux (*f* -euse). **to be ~ of** se méfier de. **(b)** (**~**-*looking: gen*) louche; *(person, vehicle)* suspect. ◆ **suspiciously** *adv (glance, ask etc)* avec méfiance; *(behave, run away etc)* d'une manière louche. **it sounds ~ as though...** ça m'a tout l'air de signifier que...
suss* [sʌs] *vt*: **to ~ out** découvrir.
sustain [səs'teɪn] *vt* **(a)** *(body)* donner des forces à; *(life)* maintenir. **(b)** *(suffer: attack, damage)* subir; *(loss)* éprouver; *(injury)* recevoir.
sustenance ['sʌstɪnəns] *n (food)* nourriture *f*. **there's not much ~ in it** cela n'est pas très nourrissant.
swab [swɒb] *n (cotton wool etc)* tampon *m; (specimen)* prélèvement *m* (*of* dans).
swagger ['swægəʳ] *vi*: **to ~ in** *(etc)* entrer *(etc)* d'un air fanfaron.
swallow¹ ['swɒləʊ] *n (bird)* hirondelle *f*.
swallow² ['swɒləʊ] *vti (gen)* avaler; *(one's pride)* ravaler. *(emotionally)* **he ~ed hard** sa gorge s'est serrée; **to ~ up** engloutir.
swam [swæm] *pret of* **swim**.
swamp [swɒmp] — **1** *n* marais *m*. — **2** *vt* inonder; *(fig)* submerger (*with* de).
swan [swɒn] *n* cygne *m*. *(fig)* **~ song** chant *m* du cygne.
swank* [swæŋk] *vi* chercher à en mettre plein la vue*.
swap* [swɒp] *vti* échanger (*for* contre; *with sb* avec qn). **let's ~ places** changeons de place (l'un avec l'autre); **I'll ~ you!** tu veux échanger avec moi?
swarm [swɔːm] — **1** *n (of bees)* essaim *m*. *(fig)* **in ~s** en masse. — **2** *vi (of people)* **to ~ in** *(etc)* entrer *(etc)* en masse; **to ~ with** grouiller de. — **3** *vt* (**~ up**) grimper à toute vitesse à.
swarthy ['swɔːðɪ] *adj* basané.
swastika ['swɒstɪkə] *n* swastika *m; (Nazi)* croix *f* gammée.
swat [swɒt] *n (fly* **~**) tapette *f*.
sway [sweɪ] — **1** *vi (gen)* osciller; *(of train)* tanguer; *(fig: vacillate)* balancer (*between* entre). — **2** *vt (influence)* influencer.
swear [swɛəʳ] *pret* **swore,** *ptp* **sworn** *vti* jurer (*on* sur; *that* que; *to do* de faire; *at* contre). **to ~ an oath** prêter serment; **to ~ sb to secrecy** faire jurer le secret à qn; **I wouldn't ~ to it** je n'en jurerais pas; *(fig)* **he ~s by vitamin C tablets** il ne jure que par les vitamines C. ◆ **swearword** *n* juron *m*.
sweat [swet] — **1** *n* sueur *f*. **to be dripping with ~** ruisseler de sueur; *(fig)* **to be in a cold ~*** avoir des sueurs froides. — **2** *vi* suer (*with* de). **~ed labour** main-d'œuvre *f* exploitée. ◆ **sweater** *n* pullover *m*, pull* *m*. ◆ **sweat-**

shirt *n* sweat-shirt *m*. ◆ **sweat-shop** *n* atelier *m* où les ouvriers sont exploités.
swede [swi:d] *n* rutabaga *m*.
Swede [swi:d] *n* Suédois(e) *m(f)*.
Sweden ['swi:dn] *n* Suède *f*.
Swedish ['swi:dɪʃ] *adj, n* suédois *(m)*.
sweep [swi:p] (*vb: pret, ptp* **swept**) — **1** *n (chimney* ~*)* ramoneur *m*. — **2** *vti* **(a)** (*gen: often* **~ away, ~ out, ~ up**) balayer; *(chimney)* ramoner; *(for mines: in sea)* draguer. *(fig)* **to ~ the board** remporter un succès complet. **(b)** (*of waves, wind: often* **~ off, ~ away, ~ along**) emporter. *(fig)* **to ~ sth aside** repousser qch; **to be swept off one's feet** *(lit)* perdre pied; *(fig)* être enthousiasmé (*by* par); **he swept the books off the table** d'un grand geste il a fait tomber les livres de la table; *(of person, vehicle)* **to ~ along** avancer rapidement; **panic swept through the city** la panique s'est emparée de la ville. ◆ **sweeper** *n (person)* balayeur *m; (machine)* balayeuse *f;* (*carpet* ~) balai *m* mécanique. ◆ **sweeping** *adj (gesture)* large; *(change, reduction)* considérable. **~ statement** généralisation *f* hâtive.
sweet [swi:t] — **1** *adj* **(a)** *(not sour: gen)* doux (*f* douce); *(with sugar added)* sucré. **to have a ~ tooth** aimer les sucreries *fpl;* **~ corn** maïs *m* doux; **~ herbs** fines herbes *fpl;* **~ potato** patate *f* douce. **(b)** *(pleasant etc: sound)* mélodieux (*f* -ieuse); *(smile, person)* gentil (*f* -ille); *(cute: dog, house)* mignon (*f* -onne). *(pej)* **~ talk** flagorneries *fpl;* **he carried on in his own ~ way** il a continué comme il l'entendait. — **2** *n (toffee etc)* bonbon *m; (dessert)* dessert *m*. ◆ **sweetbread** *n* ris *m* de veau. ◆ **sweeten** *vt (food etc)* sucrer; *(fig: person)* adoucir. ◆ **sweetener** *n* saccharine *f*. ◆ **sweetening** *n* édulcorant *m*. ◆ **sweetheart** *n* petit(e) ami(e) *m(f)*. **yes, ~** oui, mon ange. ◆ **sweetie*** *n* bonbon *m*. ◆ **sweetly** *adv (sing)* mélodieusement; *(answer)* gentiment. ◆ **sweet-natured** *adj* d'un naturel doux. ◆ **sweetpea** *n* pois *m* de senteur. ◆ **sweet-smelling** *adj* odorant. ◆ **sweetshop** *n* confiserie *f*. ◆ **sweet-william** *n* œillet *m* de poète.
swell [swel] (*vb: ptp souvent* **swollen**) — **1** *n (of sea)* houle *f*. — **2** *adj* (*) formidable*. — **3** *vi* (**~ up**) *(of part of body)* enfler; *(of wood)* gonfler; *(of river)* grossir; *(of numbers, membership)* augmenter. — **4** *vt (river)* grossir; *(number)* augmenter. ◆ **swelling** *n (Med)* enflure *f; (on tyre etc)* hernie *f*.
sweltering ['sweltərɪŋ] *adj* oppressant. **it's ~ in here** on étouffe de chaleur ici.
swept [swept] *pret, ptp of* **sweep**.
swerve [swɜ:v] *vi (gen)* dévier (*from* de); *(of vehicle)* faire une embardée; *(of driver)* donner un coup de volant.
swift [swɪft] — **1** *adj (gen)* rapide. **~ to do** prompt à faire. — **2** *n (bird)* martinet *m*.
swig* [swɪg] *n:* **to take a ~** boire un coup.
swill [swɪl] *vt* (**~ out**) laver.
swim [swɪm] (*vb: pret* **swam**, *ptp* **swum**) — **1** *n:* **to go for a ~, to have a ~** aller se baigner; **after a 2-km ~** après avoir fait 2 km à la nage; **I had a lovely ~** ça m'a fait du bien de nager comme ça; *(fig)* **to be in the ~** être dans le mouvement. — **2** *vti (gen)* nager; *(as sport)* faire de la natation. **to go ~ming** aller nager, aller se baigner; **to ~ away** *(etc)* s'éloigner *(etc)* à la nage; **to ~ 10 km** faire 10 km à la nage; **to ~ the Channel** traverser la Manche à la nage; **eyes ~ming with tears** yeux baignés de larmes; **his head was ~ming** la tête lui tournait. ◆ **swimmer** *n* nageur *m* (*f* -euse). ◆ **swimming** *n* natation *f*. **~ bath(s)** *or* **pool** piscine *f;* **~ cap** bonnet *m* de bain; **~ costume** maillot *m* de bain une pièce; **~ trunks** caleçon *m* de bain. ◆ **swimsuit** *n* maillot *m* de bain.
swindle ['swɪndl] — **1** *n* escroquerie *f*. — **2** *vt* escroquer (*sb out of sth* qch à qn). ◆ **swindler** *n* escroc *m*.
swine [swaɪn] *n, pl inv* pourceau *m;* (*: *person*) salaud* *m*.
swing [swɪŋ] (*vb: pret, ptp* **swung**) — **1** *n* **(a)** *(Boxing, Golf)* swing *m*. **to take a ~ at sb** décocher un coup de poing à qn; **the ~ of the pendulum** le mouvement du pendule; *(Pol)* **a ~ of 5% to the left** un revirement de 5% en faveur de la gauche; **~ doors** portes *fpl* battantes; *(fig)* **to go with a ~** très bien marcher; **to be in full ~** battre son plein; **to get into the ~ of things** se mettre dans le bain. **(b)** *(play equipment)* balançoire *f*. **(c)** (~ *music)* swing *m*. — **2** *vti (gen)* se balancer; *(of pendulum)* osciller; *(pivot)* tourner; *(of person)* se retourner. **to ~ sth** balancer qch; *(brandish)* brandir qch; **to ~ round** *(of person)* se retourner; *(of vehicle)* virer; *(after collision)* faire un tête-à-queue; **to ~ sth round** tourner qch; **to ~ o.s. up into the saddle** sauter en selle; **~ing by his hands** suspendu par les mains; **the door swung open** la porte s'est ouverte; *(fig)* **to ~ into action** passer à l'action; **the road ~s north** la route décrit une courbe vers le nord; *(Pol)* **to ~ to the right** virer à droite; *(fig)* **to ~* a decision** influencer une décision. ◆ **swinging** *adj (step)* rythmé; *(music)* entraînant; *(lively)* dynamique; *(fashionable etc)* dans le vent*; *(party)* du tonnerre*.
swipe* [swaɪp] — **1** *n (at ball etc)* grand coup *m; (slap)* gifle *f*. — **2** *vt* **(a)** *(hit)* frapper *or* gifler à toute volée. **(b)** *(steal)* voler (*from* à).
swirl [swɜ:l] *vi* tourbillonner.
Swiss [swɪs] — **1** *adj* suisse. *(cake)* **~ roll** gâteau *m* roulé. — **2** *n, pl inv* Suisse *m*, Suissesse *f*.
switch [swɪtʃ] — **1** *n* interrupteur *m*, commutateur *m*. **the ~ was on** c'était allumé; **the ~ was off** c'était éteint. — **2** *vti* **(a) to ~ sth on** *(gen)* allumer qch; *(engine, machine)* mettre qch en marche; **to ~ back on** rallumer; **to ~ on the light** allumer; **to ~ sth off** éteindre qch; **to ~ the heater to 'low'** mettre le radiateur à 'doux'; *(Radio, TV)* **to ~ on** allumer le poste; **to ~ to another programme, to ~ over** changer de programme; **to ~ (the programme) off** fermer le poste; *(of car)* **to ~ the engine off** arrêter le moteur; **the heating ~es on at 6** le chauffage s'allume à 6 heures. **(b)** *(transfer: one's support etc)* reporter (*from* de; *to* sur); *(change)* changer de; *(exchange)* échanger (*for* contre); (**~ over, ~ round:** *two objects etc*) intervertir; (*rearrange:* **~ round**) changer de place. *(fig)* **to ~ over to a new brand** adopter une nouvelle marque.
switchboard ['swɪtʃ,bɔ:d] *n (Telephone)* standard *m*. **~ operator** standardiste *mf*.
Switzerland ['swɪtsələnd] *n* Suisse *f*. **French-speaking ~** la Suisse romande.
swivel ['swɪvl] (**~ round**) — **1** *vi* pivoter. — **2** *vt* faire pivoter.
swollen ['swəʊlən] (*ptp of* **swell**) *adj (arm, face)* enflé; *(eyes, stomach)* gonflé (*with* de); *(river)* en crue. **to have ~ glands** avoir une inflammation des ganglions.

swoon [swuːn] *vi* se pâmer.
swoop [swuːp] — **1** *n (by police)* descente *f* (*on* dans). **at one fell ~** d'un seul coup. — **2** *vi* (**~ down:** *of bird*) fondre; *(of police etc)* faire une descente.
swop [swɒp] = **swap.**
sword [sɔːd] *n* épée *f.* **~ dance** danse *f* du sabre; **~ swallower** avaleur *m* de sabres. ◆ **swordfish** *n* espadon *m.*
swore [swɔːʳ], **sworn** [swɔːn] *V* **swear.**
swot* [swɒt] — **1** *n* bûcheur* *m* (*f* -euse*). — **2** *vti* bûcher*. **to ~ for an exam** bachoter.
swum [swʌm] *ptp of* **swim.**
swung [swʌŋ] *pret, ptp of* **swing.**
sycamore [ˈsɪkəmɔːʳ] *n* sycomore *m.*
syllable [ˈsɪləbl] *n* syllabe *f.*
syllabus [ˈsɪləbəs] *n* programme *m (scolaire etc).* **on the ~** au programme.
symbol [ˈsɪmbəl] *n* symbole *m.* ◆ **symbolic** *adj* symbolique. ◆ **symbolism** *n* symbolisme *m.* ◆ **symbolize** *vt* symboliser.
symmetrical [sɪˈmetrɪkəl] *adj* symétrique.
symmetry [ˈsɪmɪtrɪ] *n* symétrie *f.*
sympathetic [ˌsɪmpəˈθetɪk] *adj (showing pity)* compatissant (*towards* envers); *(kind)* bien disposé (*towards* envers). ◆ **sympathetically** *adv* avec compassion; avec bienveillance.
sympathize [ˈsɪmpəθaɪz] *vi (show sympathy)* témoigner sa sympathie. **I ~ with you** *(pity)* je vous plains; *(understand)* je comprends votre point de vue. ◆ **sympathizer** *n (Pol)* sympathisant(e) *m(f).*
sympathy [ˈsɪmpəθɪ] *n* **(a)** *(pity)* compassion *f.* **please accept my deepest ~** veuillez agréer mes condoléances; **to feel ~ for** éprouver de la compassion pour; **to show one's ~ for sb** témoigner sa sympathie à qn. **(b)** *(fellow feeling)* solidarité *f* (*for* avec). **I have no ~ with...** je n'ai aucune indulgence pour...; **in ~ with** *(suggestion)* en accord avec; *(strike)* en solidarité avec.
symphony [ˈsɪmfənɪ] — **1** *n* symphonie *f.* — **2** *adj (concert, orchestra)* symphonique.
symptom [ˈsɪmptəm] *n* symptôme *m.*
synagogue [ˈsɪnəgɒg] *n* synagogue *f.*
synchronize [ˈsɪŋkrənaɪz] *vt* synchroniser.
syndicate [ˈsɪndɪkɪt] *n* syndicat *m.*
syndrome [ˈsɪndrəʊm] *n* syndrome *m.*
synod [ˈsɪnəd] *n* synode *m.*
synonym [ˈsɪnənɪm] *n* synonyme *m.*
synonymous [sɪˈnɒnɪməs] *adj* synonyme (*with* de).
synopsis [sɪˈnɒpsɪs] *n, pl* **-ses** résumé *m.*
syntax [ˈsɪntæks] *n* syntaxe *f.*
synthesis [ˈsɪnθəsɪs] *n, pl* **-ses** synthèse *f.*
synthetic [sɪnˈθetɪk] *adj* synthétique.
syphilis [ˈsɪfɪlɪs] *n* syphilis *f.*
syphon [ˈsaɪfən] = **siphon.**
syringe [sɪˈrɪndʒ] *n* seringue *f.*
syrup [ˈsɪrəp] *n (gen)* sirop *m.* **golden ~** mélasse *f* raffinée.
system [ˈsɪstəm] *n (gen)* système *m.* **railway ~** réseau *m* de chemin de fer; **digestive ~** appareil *m* digestif; *(fig)* **to get sth out of one's ~** se purger de qch. ◆ **systematic** *adj* systématique. ◆ **systems analyst** *n* analyste-programmeur *mf.*

T

T, t [tiː] *n (letter)* T, t *m.* ◆ **T-junction** *n* intersection *f* en T. ◆ **T-shirt** *n* T-shirt *m.*
tab [tæb] *n (part of garment)* patte *f; (loop)* attache *f; (label)* étiquette *f; (café check)* addition *f.* **to keep ~s on*** surveiller.
tabby [ˈtæbɪ] *n (~ cat)* chat(te) *m(f)* tigré(e).
table [ˈteɪbl] — **1** *n* **(a)** table *f.* **at ~** à table; **to lay** *or* **set the ~** mettre la table, mettre le couvert; **he has good ~ manners** il sait se tenir à table; **~ napkin** serviette *f* de table; **~ lamp** lampe *f* de table; **~ salt** sel *m* fin. **(b)** *(Math, statistics)* table *f; (of prices)* liste *f;* (*Sport: league ~*) classement *m.* **~ of contents** table des matières; *(Math)* **the two-times ~** la table de deux. — **2** *vt (Brit: motion)* présenter. ◆ **tablecloth** *n* nappe *f.* ◆ **table d'hôte** *adj* à prix fixe. ◆ **tablemat** *n (of linen)* napperon *m; (heat-resistant)* dessous-de-plat *m inv.* ◆ **tablespoon** *n* cuiller *f* de service; *(measurement: ~ful)* cuillerée *f* à soupe. ◆ **table tennis** *n* ping-pong *m.*
tableau [ˈtæbləʊ] *n, pl* **-x** tableau *m* vivant.
tablet [ˈtæblɪt] *n (gen)* tablette *f; (stone: inscribed)* plaque *f* commémorative; *(pill)* comprimé *m; (for sucking)* pastille *f.* **~ of soap** savonnette *f.*
taboo, tabu [təˈbuː] *adj, n* tabou *(m).*
tabulate [ˈtæbjʊleɪt] *vt (gen)* mettre sous forme de table; *(Typing)* mettre en colonnes.
tacit [ˈtæsɪt] *adj* tacite.
taciturn [ˈtæsɪtɜːn] *adj* taciturne.
tack [tæk] — **1** *n (for wood, carpets)* broquette *f;* (*thumb~*) punaise *f; (Sewing)* point *m* de bâti; *(for horse)* sellerie *f.* *(fig)* **on the wrong ~** sur la mauvaise voie. — **2** *vt (Sewing)* bâtir. **~ing stitches** points *mpl* de bâti; *(fig)* **to ~ sth on** ajouter qch après coup (*to* à).
tackle [ˈtækl] — **1** *n* **(a)** *(ropes, pulleys)* appareil *m* de levage; *(gen: gear)* équipement *m.* **fishing ~** matériel *m* de pêche. **(b)** *(Sport)* plaquage *m.* — **2** *vt (Sport)* plaquer; *(thief, intruder)* saisir à bras le corps; *(task, problem)* s'attaquer à. **I'll ~ him about it** je vais lui en parler.
tacky [ˈtækɪ] *adj* collant.
tact [tækt] *n* tact *m.* ◆ **tactful** *adj (person, answer)* plein de tact; *(hint, inquiry)* discret (*f* -ète). **to be ~** avoir du tact. ◆ **tactfully** *adv*

avec tact. ◆ **tactless** *adj* qui manque de tact; indiscret (*f* -ète).

tactic ['tæktɪk] *n* tactique *f.* **~s** la tactique.

tadpole ['tædpəʊl] *n* têtard *m.*

taffeta ['tæfɪtə] *n* taffetas *m.*

tag [tæg] — **1** *n* **(a)** *(of shoelace etc)* ferret *m; (loop)* attache *f; (label)* étiquette *f.* **to play at ~** jouer au chat. **(b)** *(quotation)* citation *f.* **question ~** queue *f* de phrase interrogative. — **2** *vti (label)* étiqueter. **to ~ along** suivre le mouvement*.

tail [teɪl] — **1** *n (gen)* queue *f; (of shirt)* pan *m.* *(Dress)* **~s** queue de pie; **heads or ~s** pile ou face; **he was right on my ~** il me suivait de très près; **~ end** bout *m,* fin *f; (of car)* **~ light** feu *m* arrière *inv.* — **2** *vti* (*: *follow*) filer. **to ~ away, to ~ off** diminuer petit à petit. ◆ **tailback** *n* bouchon *m.* ◆ **tailwind** *n* vent *m* arrière *inv.*

tailor ['teɪləʳ] — **1** *n* tailleur *m.* **~'s chalk** craie *f* de tailleur; **~'s dummy** mannequin *m; (fig)* **it was ~-made for him** c'était fait pour lui. — **2** *vt (garment)* façonner; *(fig)* adapter (*to* à; *for* pour). **a ~ed skirt** une jupe ajustée.

tainted ['teɪntɪd] *adj (gen)* pollué; *(food)* gâté; *(money)* mal acquis.

take [teɪk] (*vb: pret* **took,** *ptp* **taken**) — **1** *n* *(Cinema)* prise *f* de vues; *(sound recording)* enregistrement *m.* — **2** *vti* **(a)** *(get: gen)* prendre (*from sth* dans qch; *from sb* à qn); *(prize, degree)* obtenir; *(a bet)* accepter; *(eat)* manger; *(drink)* boire. **to ~ sb's hand** prendre la main de qn; **he must be ~n alive** il faut le prendre vivant; **he ~s £500 a day** il se fait 500 livres de recettes par jour; **to ~ it upon o.s. to do** prendre sur soi de faire; **I can't ~ alcohol** je ne supporte pas l'alcool; **he won't ~ no for an answer** il n'acceptera pas de refus; **he won't ~ less than £50** il demande au moins 50 livres; **I can't ~ it any more** je n'en peux plus; **we can ~ it!** on ne se laissera pas abattre!; **I don't ~ maths** je ne fais pas de maths; **is this seat ~n?** est-ce que cette place est prise?; **to ~ the train** prendre le train; **~ the first on the left** prenez la première à gauche; **~ it from me!** croyez-moi!; **~ it or leave it** c'est à prendre ou à laisser; **I can ~ it or leave it** je l'aime, mais sans plus; *(fig)* **I am very ~n with it** ça me plaît énormément; **how did he ~ the news?** comment est-ce qu'il a réagi en apprenant la nouvelle?; **she took it well** elle s'est montrée calme; **she took it badly** elle a été très affectée; **to ~ things as they come** prendre les choses comme elles viennent; *(handing over)* **~ it from here** prenez la suite.

(b) *(carry: gen)* apporter; *(one's gloves, bag etc)* prendre; *(lead)* emmener, conduire; *(accompany)* accompagner. **he took her some flowers** il lui a apporté des fleurs; **~ his suitcase upstairs** montez sa valise; **he took her to the cinema** il l'a emmenée au cinéma; **to ~ sb home** ramener qn; **this road will ~ you to...** cette route vous mènera à...

(c) *(with preps etc)* **to ~ after sb** ressembler à qn; **to ~ along** *(person)* emmener; *(thing)* emporter; **to ~ sth apart** démonter qch; **to ~ aside** prendre à part; **to ~ away** enlever (*from sb* à qn; *from sth* de qch); *(Math)* **to ~ 6 away from 8** soustraire 6 de 8; **8 ~ away 7** 8 moins 7; **to ~ a child away from school** retirer un enfant de l'école; **it ~s away from its value** cela diminue sa valeur; **to ~ back** *(return)* rapporter (*to* à); *(accompany)* raccompagner (*to* à); **it ~s me back to my childhood** cela me rappelle mon enfance; **to ~ down** *(object from shelf)* descendre (*from, off* de); *(notice, poster)* enlever; *(building)* démolir; *(write notes)* prendre; **to ~ in** *(chairs)* rentrer; *(person)* faire entrer; *(friend)* recevoir; *(orphan)* recueillir; *(reduce: dress etc)* diminuer; *(include)* couvrir; *(understand)* comprendre; **to be ~n in by appearances** se laisser prendre aux apparences; **to ~ off** *(depart: of person)* partir (*for* pour); *(of plane)* décoller; *(remove: gen)* enlever; **to ~ £5 off** faire un rabais de 5 livres; *(imitate)* **to ~ sb off** imiter qn; **to ~ on** *(responsibility, bet)* accepter; *(employee, passenger)* prendre; *(form, qualities)* revêtir; **to ~ out** *(gen)* sortir (*from* de); *(insurance)* prendre; *(remove)* enlever; **he took her out to lunch** il l'a emmenée déjeuner; *(fig)* **that ~s it out of you*** c'est fatigant; **to ~ it out on sb** s'en prendre à qn; **to ~ over** *(of dictator etc)* prendre le pouvoir; **to ~ over from sb** prendre la relève de qn; **to ~ over a company** racheter une compagnie; **they took him over the factory** ils lui ont fait visiter l'usine; **to ~ to** *(person)* sympathiser avec; *(activity)* prendre goût à; **to ~ to drink** se mettre à boire; **to ~ to one's bed** s'aliter; **to ~ up** *(upstairs etc: person)* faire monter; *(object)* monter; *(carpet)* enlever; *(hem, skirt)* raccourcir; *(sport, method)* adopter; **to ~ up with sb** se lier avec qn; **to be ~n up with** ne penser qu'à; **I'll ~ that up with him** je lui en parlerai; **I'll ~ you up on it** je m'en souviendrai.

(d) *(require)* prendre. **it took me 2 hours to do it** ça m'a pris 2 heures; **~ your time** prenez votre temps; **it ~s courage** ça demande du courage; **it ~s some doing*** ce n'est pas facile (à faire); **it took 3 men to do it** il a fallu 3 hommes pour le faire; **to have what it ~s** être à la hauteur.

(e) *(negotiate: bend)* prendre; *(hill)* grimper; *(fence)* sauter; *(exam)* se présenter à.

(f) *(assume)* supposer. **I ~ it that...** je suppose que...; **what do you ~ me for?** pour qui me prenez-vous?; **taking one thing with another** tout bien considéré.

◆ **takeaway** — **1** *n* café *m* qui fait des plats à emporter. — **2** *adj (food)* à emporter. ◆ **take-home pay** *n* salaire *m* net. ◆ **takeoff** *n (plane)* décollage *m; (imitation)* pastiche *m.* ◆ **takeover** *n (of company)* absorption *f.* **~ bid** offre *f* publique d'achat. ◆ **taking** *n (capture)* prise *f.* ◆ **takings** *npl (money)* recette *f.*

talc [tælk] (*also* **talcum powder**) ['tælkəm,paʊdəʳ] *n* talc *m.*

tale [teɪl] *n (gen)* histoire *f; (story)* conte *m; (account)* récit *m.* **to tell ~s** rapporter, cafarder*.

talent ['tælənt] *n* talent *m.* **to have a ~ for drawing** être doué pour le dessin. ◆ **talented** *adj (person)* doué; *(work)* plein de talent.

talisman ['tælɪzmən] *n* talisman *m.*

talk [tɔːk] — **1** *n* **(a)** conversation *f; (formal)* entretien *m.* **to have a ~** parler (*with sb* avec qn; *about sth* de qch). **(b)** *(lecture)* exposé *m* (*on* sur); *(informal)* causerie *f* (*on* sur). **to give a ~** faire un exposé, donner une causerie; **to give a ~ on the radio** parler à la radio. **(c) there is some ~ of his returning** on dit qu'il va revenir; **it's common ~ that...** on dit partout que...; **it's just ~** ce ne sont que des racontars; **I've heard a lot of ~ about...** j'ai beaucoup entendu parler de...; **big ~** beaux discours *mpl;* **she's the ~ of the town** on ne parle que d'elle. — **2** *vti (gen)* parler (*to sb* à qn; *with sb* avec qn; *about or of sth* de qch; *of doing* de faire); *(chat)* bavarder (*with* avec); *(formally)* s'entretenir (*to, with* avec). **to ~ to o.s.** se parler tout seul; **~ing doll** poupée *f* parlante; **~ing point** sujet *m* de conversation; **now you're ~ing!*** voilà qui devient intéressant!; **look who's ~ing!*** tu peux toujours parler, toi!*; **he did all the ~ing** c'est lui qui a parlé tout le temps; **'no ~ing'** 'silence s'il vous plaît'; **don't ~ to me like that!** ne me parle pas sur ce ton!; **he knows what he's ~ing about** il s'y connaît; **~ing of films, have you seen...?** à propos de films, avez-vous vu...?; **~ about luck!*** tu parles d'une aubaine!*; **to ~ politics** parler politique; **to ~ sb into doing sth** persuader qn de faire qch *(à force de paroles);* **to ~ sb out of doing** dissuader qn de faire; *(fig)* **to ~ down to sb** parler à qn comme à un enfant; **to ~ sth over** discuter de qch.

talkative ['tɔːkətɪv] *adj* bavard.

talkies* ['tɔːkɪz] *npl* cinéma *m* parlant.

tall [tɔːl] *adj (person)* grand; *(building etc)* haut, élevé. **how ~ is it?** c'est de quelle hauteur?; **how ~ are you?** combien mesurez-vous?; **he is 6 feet ~** ≃ il mesure 1 mètre 80; *(fig)* **a ~ story** une histoire invraisemblable. ◆ **tallboy** *n* commode *f*.

tally ['tælɪ] *vi* correspondre (*with* à).

tame [teɪm] — **1** *adj* apprivoisé; *(fig)* insipide. — **2** *vt (gen)* apprivoiser; *(lion, tiger)* dompter. ◆ **tamely** *adv (agree)* docilement.

tamper ['tæmpəʳ] *vi:* **to ~ with** toucher à *(sans permission).*

tampon ['tæmpɒn] *n* tampon *m (hygiénique).*

tan [tæn] — **1** *n* (*sun~*) bronzage *m.* **to have a ~** être bronzé. — **2** *adj* brun roux *inv.* — **3** *vi (also to get ~ned)* bronzer. ◆ **tanned** *adj* bronzé; *(sailor etc)* basané.

tangent ['tændʒənt] *n* tangente *f*.

tangerine [,tændʒə'riːn] *n* mandarine *f*.

tangle ['tæŋgl] — **1** *n* enchevêtrement *m.* **to get into a ~** *(gen)* s'enchevêtrer; *(of hair)* s'emmêler; *(of person, accounts etc)* s'embrouiller. — **2** *vt* (**~ up**) enchevêtrer.

tank [tæŋk] *n* **(a)** *(for storing, transporting)* réservoir *m; (for fermenting, processing etc)* cuve *f; (for fish)* aquarium *m.* **fuel ~** réservoir à carburant. **(b)** *(Mil)* char *m* (de combat).

tankard ['tæŋkəd] *n* chope *f* (à bière).

tanker ['tæŋkəʳ] *n (truck)* camion-citerne *m; (ship)* pétrolier *m; (craft)* avion-ravitailleur *m; (Rail)* wagon-citerne *m.*

tannoy ['tænɔɪ] *n* R : **over the ~** par les haut-parleurs.

tantalizing ['tæntəlaɪzɪŋ] *adj (gen)* terriblement tentant; *(slowness etc)* désespérant.

tantamount ['tæntəmaʊnt] *adj:* **~ to** équivalent à.

tantrum ['tæntrəm] *n* crise *f* de colère.

tap¹ [tæp] — **1** *n (Brit)* robinet *m.* **~ water** eau *f* du robinet; **beer on ~** bière *f* en fût. — **2** *vt (telephone)* mettre sur écoute; *(resources)* exploiter.

tap² [tæp] — **1** *n:* **there was a ~ at the door** on a frappé doucement à la porte. — **2** *vti (gen)* frapper doucement. **he ~ped me on the shoulder** il m'a tapé sur l'épaule. ◆ **tap-dance** *n* claquettes *fpl.*

tape [teɪp] — **1** *n* **(a)** *(gen)* ruban *m; (sticky ~)* scotch *m* ®; *(Med)* sparadrap *m; (Sport)* fil *m* d'arrivée. **~ measure** mètre *m* ruban. **(b)** *(for recording)* bande *f* magnétique; *(cassette)* cassette *f.* **~ deck** platine *f* de magnétophone. — **2** *vt* **(a)** (**~ up**) coller avec du scotch. *(fig)* **I've got him ~d*** je sais exactement comment il est. **(b)** (*also* **~-record**) enregistrer. ◆ **tape-recorder** *n* magnétophone *m.* ◆ **tape-recording** *n* enregistrement *m.* ◆ **tapeworm** *n* ver *m* solitaire.

taper ['teɪpəʳ] *n* bougie *f* fine; *(in church)* cierge *m.* ◆ **tapering** *adj (column, fingers)* fuselé; *(trousers)* étroit du bas; *(structure etc)* en pointe.

tapestry ['tæpɪstrɪ] *n* tapisserie *f*.

tapioca [,tæpɪ'əʊkə] *n* tapioca *m.*

tar [tɑːʳ] — **1** *n* goudron *m.* — **2** *vt* goudronner.

target ['tɑːgɪt] *n (gen)* cible *f; (objective)* objectif *m.* **to be on ~** *(missile etc)* suivre la trajectoire prévue; *(in timing etc)* ne pas avoir de retard; **~ date** date *f* fixée; **~ practice** exercices *mpl* de tir.

tariff ['tærɪf] *n* tarif *m.*

tarmac ['tɑːmæk] ® *n* macadam *m* goudronné; *(runway)* piste *f*.

tarnish ['tɑːnɪʃ] — **1** *vt* ternir. — **2** *vi* se ternir.

tarpaulin [tɑː'pɔːlɪn] *n* bâche *f* (goudronnée).

tarragon ['tærəgən] *n* estragon *m.*

tart [tɑːt] — **1** *n* tarte *f; (small)* tartelette *f.* **apple ~** tarte aux pommes. — **2** *adj* âpre.

tartan ['tɑːtən] — **1** *n* tartan *m.* — **2** *adj* écossais. **~ rug** plaid *m.*

task [tɑːsk] *n* tâche *f.* **to take sb to ~** prendre qn à partie; *(Mil)* **~ force** corps *m* expéditionnaire.

tassel ['tæsəl] *n* gland *m (tapisserie).*

taste [teɪst] — **1** *n* goût *m. (fig)* **to have good ~** avoir du goût; **in bad ~** de mauvais goût; **would you like a ~?** voulez-vous y goûter?; **to be to sb's ~** plaire à qn; *(in recipe)* **sweeten to ~** sucrer à volonté; **there's no accounting for ~, ~s differ** chacun son goût. — **2** *vti* **(a)** *(perceive flavour of)* sentir le goût de. **I can't ~ the garlic** je ne sens pas l'ail. **(b)** *(sample)* goûter à; *(to test quality)* goûter; *(at wine-tasting etc)* déguster. **~ this!** goûtez à ça!; **I have never ~d snails** je n'ai jamais mangé d'escargots; **to ~ good** avoir bon goût; **to ~ of** *or* **like sth** avoir un goût de qch. ◆ **tasteful** *adj* de bon goût. ◆ **tasteless** *adj* qui n'a aucun goût; *(remark)* de mauvais goût.

tasty ['teɪstɪ] *adj* savoureux (*f* -euse).

ta-ta* ['tæ'tɑː] *excl (Brit)* salut!*

tattered ['tætəd] *adj* en lambeaux.

tattoo [tə'tuː] — **1** *vt* tatouer. — **2** *n* **(a)** *(on skin)* tatouage *m.* **(b)** *(Mil: show)* parade *f* militaire.

tatty* ['tætɪ] *adj* défraîchi.

taught [tɔːt] *pret, ptp of* **teach.**

taunt [tɔːnt] *vt* railler.

taut [tɔːt] *adj* tendu.

tawdry ['tɔːdrɪ] *adj* de camelote.

tawny ['tɔːnɪ] *adj* fauve *(couleur).*

tax [tæks] — **1** *n (on goods, services)* taxe *f,* impôt *m* (*on* sur); (*income ~*) impôts. **petrol ~** taxe sur l'essence; **~ evasion** fraude *f* fiscale; **~ form** feuille *f* d'impôts; **the ~ man** le percepteur; **for ~ purposes** pour des raisons fiscales. — **2** *vt (gen)* imposer; *(patience etc)* mettre à l'épreuve. **to ~ sb with doing** accuser qn de faire (*or* d'avoir fait). ◆ **taxation** *n* impôts *mpl.* ◆ **tax-deductible** *adj* sujet à dégrèvements (d'impôts). ◆ **tax-free** *adj* exempt d'impôts. ◆ **tax haven** *n* paradis fiscal. ◆ **taxpayer** *n* contribuable *mf.*

taxi ['tæksɪ] — **1** *n (also taxicab)* taxi *m*. **by ~** en taxi. — **2** *vi:* **to ~ along the runway** rouler lentement le long de la piste. ◆ **taxi-driver** *n* chauffeur *m* de taxi. ◆ **taxi-rank** *n* station *f* de taxis.

taxidermist ['tæksɪdɜːmɪst] *n* empailleur *m* (*f* -euse).

tea [tiː] *n* **(a)** thé *m*. **mint** *(etc)* **~** tisane *f* de menthe *(etc)*; **beef ~** bouillon *m* de viande. **(b)** *(meal)* thé *m*; *(for children)* ≃ goûter *m*. **to have ~** prendre le thé; *(children)* goûter. ◆ **tea-bag** *n* sachet *m* de thé. ◆ **tea-break** *n:* **to have a ~** faire la pause-thé. ◆ **tea-chest** *n* caisse *f* à thé. ◆ **teacloth** *n* *(for dishes)* torchon *m*; *(for table)* nappe *f*. ◆ **tea-cosy** *n* couvre-théière *m*. ◆ **teacup** *n* tasse *f* à thé. ◆ **tea-leaf** *n* feuille *f* de thé. ◆ **tea party** *n* thé *m (réception)*. ◆ **tea-plate** *n* petite assiette *f*. ◆ **teapot** *n* théière *f*. ◆ **tearoom** *n* salon *m* de thé. ◆ **teashop** *n* pâtisserie-salon de thé *f*. ◆ **teaspoon** *n* petite cuiller *f*. ◆ **teaspoonful** *n* cuillerée *f* à café. ◆ **teatime** *n* l'heure *f* du thé. ◆ **tea-towel** *n* torchon *m*.

teach [tiːtʃ] *pret, ptp* **taught** *vti* *(gen)* apprendre *(sb sth, sth to sb* qch à qn); *(in school, college etc)* enseigner *(sb sth, sth to sb* qch à qn). **to ~ sb (how) to do** apprendre à qn à faire; **he ~es French** il enseigne le français; **he had been ~ing all morning** il avait fait cours toute la matinée; **to ~ o.s. sth** apprendre qch tout seul; *(fig)* **that will ~ him a lesson!** ça lui apprendra!

teacher ['tiːtʃəʳ] *n (gen)* professeur *m*; *(primary school)* instituteur *m* (*f* -trice). **she is a maths ~** elle est professeur de maths; **~'s handbook** livre *m* du maître; **~(s') training college** ≃ école *f* normale; **~ training** formation *f* pédagogique.

teaching ['tiːtʃɪŋ] — **1** *n (gen)* enseignement *m* (*on, about* sur). — **2** *adj (staff)* enseignant; *(material)* pédagogique. **~ hospital** centre *m* hospitalo-universitaire; **the ~ profession** les enseignants *mpl*.

teak [tiːk] *n* teck *m*.

team [tiːm] — **1** *n* équipe *f*. **football ~** équipe de football; **~ games** jeux *mpl* d'équipe; **~ spirit** esprit *m* d'équipe. — **2** *vi:* **to ~ up** faire équipe (*with* avec). ◆ **team-mate** *n* coéquipier *m* (*f* -ière). ◆ **teamster** *n (US)* camionneur *m*. ◆ **teamwork** *n* collaboration *f* (d'équipe).

tear[1] [tɛəʳ] (*vb: pret* **tore,** *ptp* **torn**) — **1** *n* déchirure *f*. **it has a ~ in it** c'est déchiré. — **2** *vt* **(a)** (*gen: also* **~ up**) déchirer. **to ~ to pieces** déchirer en menus morceaux; *(fig: criticize)* éreinter; **to ~ open** ouvrir en vitesse; **to ~ one's hair** s'arracher les cheveux; **to be torn between...** balancer entre... **(b)** (*snatch: also* **~ away**) arracher (*from sb* à qn; *out of, off, from sth* de qch). *(fig)* **I couldn't ~ myself away** je n'arrivais pas à m'en arracher; **to ~ down** arracher, *(building)* démolir; **to ~ off, to ~ out** arracher (*from* de); *(cheque, ticket)* détacher (*from* de). — **3** *vi* **(a)** *(of cloth etc)* se déchirer. **(b)** *(rush)* **to ~ out** sortir *(etc)* à toute allure; **in a ~ing hurry*** terriblement pressé.

tear[2] [tɪəʳ] *n* larme *f*. **in ~s** en larmes; **close to ~s** au bord des larmes; **it brought ~s to his eyes** cela lui a fait venir les larmes aux yeux. ◆ **tearful** *adj* larmoyant. ◆ **teargas** *n* gaz *m* lacrymogène.

tease [tiːz] *vt (playfully)* taquiner; *(cruelly)* tourmenter. ◆ **teasing** — **1** *n* taquineries *fpl*. — **2** *adj* taquin.

teat [tiːt] *n (on bottle etc)* tétine *f*.

technical ['teknɪkəl] *adj* technique. **~ college** collège *m* technique; **~ hitch** incident *m* technique. ◆ **technicality** *n* détail *m* technique. ◆ **technically** *adv* techniquement; *(fig)* en principe.

technician [tek'nɪʃən] *n* technicien(ne) *m(f)*.

technique [tek'niːk] *n* technique *f*.

technological [,teknə'lɒdʒɪkəl] *adj* technologique.

technology [tek'nɒlədʒɪ] *n* technologie *f*.

teddy ['tedɪ] *n* (**~** *bear)* nounours *m (baby talk)*, ours *m* en peluche.

tedious ['tiːdɪəs] *adj* ennuyeux (*f* -euse).

teem [tiːm] *vi* grouiller (*with* de). **it was ~ing (with rain)** il pleuvait à verse.

teenage ['tiːneɪdʒ] *adj* adolescent *(de 13 à 19 ans)*; *(behaviour)* d'adolescent; *(fashions)* pour jeunes. ◆ **teenager** *n* jeune *mf*, adolescent(e) *m(f)*.

teens [tiːnz] *npl:* **still in his ~** encore adolescent.

teeny* ['tiːnɪ] *adj* tout petit.

tee-shirt ['tiːʃɜːt] *n* T-shirt *m*.

teeth [tiːθ] *npl of* **tooth.**

teethe [tiːð] *vi* faire ses dents. **teething ring** anneau *m (de bébé qui fait ses dents)*; *(fig)* **teething troubles** difficultés *fpl* initiales.

teetotal ['tiː'təʊtl] *adj* qui ne boit jamais d'alcool.

tele... ['telɪ] *pref* télé...

telecommunications ['telɪkə,mjuːnɪ'keɪʃənz] *npl* télécommunications *fpl*.

telegram ['telɪgræm] *n* télégramme *m*; *(Press etc)* dépêche *f*.

telegraph ['telɪgrɑːf] — **1** *n* télégraphe *m*. **~ pole** poteau *m* télégraphique. — **2** *vti* télégraphier.

telepathic [,telɪ'pæθɪk] *adj* télépathique.

telepathy [tɪ'lepəθɪ] *n* télépathie *f*.

telephone ['telɪfəʊn] — **1** *n* téléphone *m*. **on the ~** au téléphone; **~ directory** annuaire *m*; **~ booth, ~ box, ~ kiosk** cabine *f* téléphonique; **~ call** coup *m* de téléphone; **~ line** ligne *f* téléphonique; **~ message** message *m* téléphonique; **~ number** numéro *m* de téléphone. — **2** *vti* téléphoner (*sb* à qn).

telephoto ['telɪ'fəʊtəʊ] *adj:* **~ lens** téléobjectif *m*.

teleprinter ['telɪ,prɪntəʳ] *n* téléscripteur *m*.

telescope ['telɪskəʊp] *n* télescope *m*.

telescopic [,telɪs'kɒpɪk] *adj* télescopique; *(umbrella)* pliant.

televiewer ['telɪ,vjuːəʳ] *n* téléspectateur *m* (*f* -trice).

televise ['telɪvaɪz] *vt* téléviser.

television ['telɪ,vɪʒən] — **1** *n* télévision *f*. **~ set** téléviseur *m*; **on ~** à la télévision; **colour ~** télévision couleur. — **2** *adj (camera, studio)* de télévision; *(play, report)* télévisé.

telex ['teleks] — **1** *n* télex *m*. — **2** *vt* envoyer par télex.

tell [tel] *pret, ptp* **told** *vti* **(a)** *(gen)* dire (*sb sth* qch à qn; *sb to do* à qn de faire; *that* que); *(story)* raconter (*to* à); *(secret)* révéler (*to* à); *(the future)* prédire. **to ~ sb about sth** parler de qch à qn, raconter qch à qn; **I told him about what had happened** je lui ai dit ce qui était arrivé; **more than words can ~** plus qu'on ne peut dire; **I won't ~!** je ne le répéterai à personne!, **to ~ on sb*** rapporter sur qn; **to ~ sb off** gronder qn (*for doing* pour avoir fait); **I told him why** je lui ai dit pourquoi; **I told him**

the way to London je lui ai expliqué comment aller à Londres; **I told you so!** je te l'avais bien dit!; **do as you're told** fais ce qu'on te dit; **I ~ you what, let's go...** tiens, si on allait...; **you're ~ing me!*** à qui le dis-tu!; **can you ~ the time?** sais-tu lire l'heure?; **can you ~ me the time?** peux-tu me dire l'heure qu'il est?; **that ~s us a lot about...** cela nous en dit long sur... **(b)** *(distinguish)* distinguer (*sth from sth* qch de qch); *(know)* savoir. **I can't ~ them apart** je ne peux pas les distinguer l'un de l'autre; **you never can ~** on ne sait jamais; **you can't ~ from his letter** on ne peut pas savoir d'après sa lettre; **I can't ~ the difference** je ne vois pas la différence (*between* entre). **(c) 30 all told** 30 en tout. ◆ **teller** *n (Bank)* caissier *m* (*f* -ière). ◆ **telling** *adj (facts)* révélateur (*f* -trice); *(argument)* efficace. ◆ **telltale** — **1** *n* rapporteur *m* (*f* -euse). — **2** *adj (mark etc)* révélateur (*f* -trice).

telly* ['telɪ] *n* (*abbr of* **television**) télé* *f*.

temp* [temp] *n* (*abbr of* **temporary**) intérimaire *mf*.

temper ['tempəʳ] *n (nature)* caractère *m; (mood)* humeur *f;* (*bad* ~) colère *f*. **to be even-~ed** être d'un caractère égal; **to have a nasty ~** avoir un sale caractère; **in a good ~** de bonne humeur; **to lose one's ~** se mettre en colère; **to be in a ~** être en colère (*with* contre; *over, about* à propos de).

temperament ['tempərəmənt] *n (nature)* tempérament *m; (moodiness)* humeur *f*. ◆ **temperamental** *adj* capricieux (*f* -ieuse).

temperance ['tempərəns] — **1** *n (in drinking)* tempérance *f*. — **2** *adj (movement)* antialcoolique.

temperate ['tempərɪt] *adj* tempéré.

temperature ['temprɪtʃəʳ] *n* température *f*. **to have a ~** avoir de la température.

tempest ['tempɪst] *n* tempête *f*.

template ['templɪt] *n* patron *m (modèle)*.

temple ['templ] *n (building)* temple *m; (on face)* tempe *f*.

tempo ['tempəʊ] *n, pl* **-pi** tempo *m*.

temporary ['tempərərɪ] *adj (job, worker)* temporaire; *(secretary)* intérimaire; *(teacher)* suppléant; *(building, decision, powers)* provisoire; *(relief, improvement)* passager (*f* -ère).

tempt [tempt] *vt* tenter. **to ~ sb to do** donner à qn l'envie de faire; **I am very ~ed to accept** je suis très tenté d'accepter; **to ~ fate** tenter la Providence. ◆ **temptation** *n* tentation *f*. ◆ **tempting** *adj* tentant; *(food)* appétissant.

ten [ten] *adj, n* dix *(m) inv*. **about ~** une dizaine; **about ~ books** une dizaine de livres; *(fig)* **~ to one he won't come** je parie qu'il ne viendra pas; **they're ~ a penny** il y en a tant qu'on en veut; *for other phrases V* **six**. ◆ **tenth** *adj, n* dixième *(mf); (fraction)* dixième *m*.

tenacious [tɪ'neɪʃəs] *adj* tenace.

tenant ['tenənt] *n* locataire *mf*.

tend [tend] — **1** *vt (sheep, shop)* garder; *(invalid)* soigner; *(machine)* surveiller. — **2** *vi* avoir tendance (*to do* à faire). **that ~s to be the case with...** c'est en général le cas avec... ◆ **tendency** *n* tendance *f*. **to have a ~ to do** avoir tendance à faire.

tender¹ ['tendəʳ] — **1** *vt (gen)* offrir; *(resignation)* donner. — **2** *vi (for contract)* faire une soumission (*for sth* pour qch). — **3** *n* soumission *f* (*for sth* pour qch). *(of money)* **that is no longer legal ~** cela n'a plus cours.

tender² ['tendəʳ] *adj (gen)* tendre; *(spot, bruise)* sensible. ◆ **tender-hearted** *adj* sensible. ◆ **tenderloin** *n* filet *m*.

tendon ['tendən] *n* tendon *m*.

tenement ['tenɪmənt] *n* immeuble *m*.

tennis ['tenɪs] *n* tennis *m*. **a game of ~** une partie de tennis; **~ ball** balle *f* de tennis; **~ club** club *m* de tennis; **~ court** court *m* de tennis *m;* **~ elbow** synovite *f* du coude; **~ racket** raquette *f* de tennis.

tenor ['tenəʳ] — **1** *n (Music)* ténor *m*. — **2** *adj (voice)* de ténor; *(instrument)* ténor *inv*.

tense¹ [tens] *n (Grammar)* temps *m*. **in the present ~** au présent.

tense² [tens] *adj* tendu; *(period)* de tension. **~ with fear** crispé de peur. ◆ **tensely** *adv (say)* d'une voix tendue; *(wait)* dans l'anxiété.

tension ['tenʃən] *n* tension *f*.

tent [tent] *n* tente *f*. **~ peg** piquet *m* de tente.

tentacle ['tentəkl] *n* tentacule *m*.

tentative ['tentətɪv] *adj (gen)* hésitant; *(solution, plan)* provisoire.

tenterhooks ['tentəhʊks] *npl:* **on ~** sur des charbons ardents.

tenure ['tenjʊəʳ] *n* bail *m*.

tepid ['tepɪd] *adj* tiède.

term [tɜːm] — **1** *n* **(a)** *(period)* période *f*. **in the long ~** à long terme; **in the short ~** dans l'immédiat; **his ~ of office** la période où il exerçait ses fonctions. **(b)** *(of school, college etc)* trimestre *m; (Law)* session *f*. **autumn ~** premier trimestre; **in ~ time** pendant le trimestre; **~ exams** examens *mpl* trimestriels. **(c)** *(Math, Philo)* terme *m*. *(fig)* **in ~s of production** sur le plan de la production. **(d)** *(conditions)* **~s** *(gen)* conditions *fpl; (contract etc)* termes *mpl; (price)* tarif *m*. **name your own ~s** stipulez vos conditions; **on his own ~s** sans concessions de sa part; **to come to ~s with** *(person)* arriver à un accord avec; *(situation)* accepter; *(credit)* **on easy ~s** avec des facilités *fpl* de paiement. **(e)** *(relationship)* **on good ~s** en bons termes (*with* avec); **they're on friendly ~s** ils ont des rapports amicaux. **(f)** *(expression)* terme *m*. **in simple ~s** en termes clairs. — **2** *vt* appeler.

terminal ['tɜːmɪnl] — **1** *adj (stage)* terminal; *(illness)* dans sa phase terminale. — **2** *n* **(a)** *(Rail, Coach)* terminus *m inv*. **air ~** aérogare *f;* **container ~** terminus de containers; **oil ~** terminal *m* de conduites pétrolières. **(b)** *(Electricity)* borne *f*.

terminate ['tɜːmɪneɪt] — **1** *vt (gen)* terminer; *(contract)* résilier. — **2** *vi* se terminer (*in* en, par).

terminology [,tɜːmɪ'nɒlədʒɪ] *n* terminologie *f*.

terminus ['tɜːmɪnəs] *n, pl* **-ni** terminus *m*.

terrace ['terəs] *n (gen)* terrasse *f; (houses)* rangée *f* de maisons *(attenantes les unes aux autres)*. *(Sport)* **the ~s** les gradins *mpl*. ◆ **terraced** *adj (garden)* en terrasses; *(house)* attenant aux maisons voisines.

terracotta ['terə'kɒtə] *n* terre *f* cuite.

terrestrial [tɪ'restrɪəl] *adj* terrestre.

terrible ['terəbl] *adj (gen)* terrible; *(less strong: holiday, report)* épouvantable. ◆ **terribly** *adv (very)* terriblement; *(very badly)* affreusement mal.

terrier ['terɪəʳ] *n* terrier *m (chien)*.

terrific [tə'rɪfɪk] *adj (gen)* fantastique, terrible; *(very good)* formidable*. ◆ **terrifically*** *adv (extremely)* terriblement; *(very well)* formidablement bien*.

terrified ['terɪfaɪd] *adj* épouvanté.
terrify ['terɪfaɪ] *vt* terrifier. ◆ **terrifying** *adj* terrifiant.
territorial [,terɪ'tɔːrɪəl] — **1** *adj* territorial. — **2** *n*: **the T~s** l'armée *f* territoriale.
territory ['terɪtərɪ] *n* territoire *m*.
terror ['terəʳ] *n* terreur *f*. **to go in ~ of, to have a ~ of** avoir très peur de. ◆ **terrorism** *n* terrorisme *m*. ◆ **terrorist** *adj*, *n* terroriste *(mf)*. ◆ **terrorize** *vt* terroriser.
terry ['terɪ] *n* (~ *towelling*) tissu *m* éponge.
terse [tɜːs] *adj* laconique.
terylene ['terəliːn] *n* ® tergal *m* ®.
test [test] — **1** *n (of product)* essai *m*; *(of strength etc)* épreuve *f*; *(Med, chemical)* analyse *f*; *(of intelligence etc)* test *m*; *(in school)* interrogation *f* écrite (*or* orale); *(criterion)* critère *m*. **driving ~** permis *m* de conduire *(examen)*; **hearing ~** examen de l'ouïe; **to stand the ~ of time** résister au passage du temps. — **2** *adj (pilot, shot etc)* d'essai. *(TV)* **~ card** mire *f*; *(Law)* **~ case** affaire-test *f (destinée à faire jurisprudence)*; *(Sport)* **~ match** ≃ match *m* international; **~ tube** éprouvette *f*; **~-tube baby** bébé-éprouvette *m*. **3** *vti (product, machine)* mettre à l'essai; *(sample, water)* analyser; *(intelligence etc)* tester; *(sight, hearing)* examiner; *(person, nerves etc)* mettre à l'épreuve. **to ~ for a gas leak** faire des essais pour découvrir une fuite de gaz; **a ~ing time** une période éprouvante.
testament ['testəmənt] *n* testament *m*. **the Old T~** l'Ancien Testament; **the New T~** le Nouveau Testament.
testify ['testɪfaɪ] *vti* témoigner (*that* que). **to ~ to sth** témoigner de qch.
testimonial [,testɪ'məʊnɪəl] *n (reference)* recommandation *f*.
testimony ['testɪmənɪ] *n* témoignage *m*.
tetanus ['tetənəs] *n* tétanos *m*.
tetchy ['tetʃɪ] *adj* irritable.
tether ['teðəʳ] — **1** *n (fig)* **at the end of one's ~** à bout de forces *or* de nerfs. — **2** *vt* attacher (*to* à).
text [tekst] *n* texte *m*. ◆ **textbook** *n* manuel *m*. ◆ **textual** *adj* de texte.
textile ['tekstaɪl] *n* textile *m*.
texture ['tekstʃəʳ] *n (gen)* texture *f*; *(of skin, wood)* grain *m*.
thalidomide [θə'lɪdəʊmaɪd] *n* ® thalidomide *f* ®.
Thames [temz] *n* Tamise *f*.
than [ðæn, *weak form* ðən] *conj (gen)* que; *(with numerals)* de. **taller ~** plus grand que; **less ~ 20** moins de 20; **more ~ once** plus d'une fois.
thank [θæŋk] *vt* remercier (*sb for sth* qn de qch; *for doing* d'avoir fait). **~ you** merci; **~ you very much** merci beaucoup; **no ~ you** (non) merci; **~ goodness*, ~ heavens*** Dieu merci. ◆ **thankful** *adj* reconnaissant (*for* de); content *(that* que + *subj)*. ◆ **thanks** *npl* remerciements *mpl*. *(excl)* **~!*** merci!; **many ~** merci mille fois; **~ to you...** grâce à toi... ◆ **thanksgiving** *n* action *f* de grâces. *(Canada, US)* **T~ Day** fête *f* nationale.
that [ðæt, *weak form* ðət] — **1** *dem adj*, *pl* **those** ce (*before vowel or mute 'h'* cet), cette *f*, ces *mfpl*. **~ book** ce livre; *(as opposed to 'this one')* ce livre-là; **~ man** cet homme(-là); **~ car** cette voiture(-là); **those books** ces livres(-là); **~ hill over there** cette colline là-bas. — **2** *dem pron*, *pl* **those (a)** cela, ça; ce. **what's ~?** qu'est-ce que c'est que ça?; **who's ~?** qui est-ce?; **~'s what they've been told** c'est ce qu'on leur a dit; **those are my children** ce sont mes enfants, *(pointing out)* voilà mes enfants; **do you like ~?** vous aimez ça?; **~'s ~!** eh bien voilà!; **before ~** avant cela; **that's to say...** c'est-à-dire...; **friendship and all ~*** l'amitié et tout ça. **(b)** (~ *one*) celui-là *m*, celle-là *f*, ceux-là *mpl*, celles-là *fpl*. **I prefer this to ~** je préfère celui-ci à celui-là (*or* celle-ci à celle-là); **those are his** ceux-là sont à lui; **those who** ceux qui. — **3** *adv (so)* si. **it's ~ high** c'est haut comme ça; **it's not ~ cold!** il ne fait pas si froid que ça! — **4** *rel pron* **(a)** *(subject)* qui; *(object)* que; *(with prep)* lequel *m*, laquelle *f*, lesquels *mpl*, lesquelles *fpl*. **the man ~ is...** l'homme qui est...; **the letter ~ I sent** la lettre que j'ai envoyée; **the men ~ I was speaking to** les hommes auxquels je parlais; **the girl ~ I told you about** la jeune fille dont je vous ai parlé. **(b)** *(in expressions of time)* où. **the evening ~ he...** le soir où il... — **5** *conj* que. **he said ~ he...** il a dit qu'il...; **so big ~...** si grand que...; **so ~, in order ~** pour que + *subj*, afin que + *subj*.
thatch [θætʃ] *n* chaume *m*. ◆ **thatched cottage** *n* chaumière *f*.
thaw [θɔː] — **1** *n* dégel *m*; *(fig)* détente *f*. — **2** *vt* (~ **out**) dégeler. — **3** *vi (gen)* dégeler; *(of ice, snow)* fondre.
the [ðiː, *weak form* ðə] *def art* le, la *(before vowel or mute 'h')* l', les. **of ~, from ~** du, de la, de l', des; **to ~, at ~** au, à la, à l', aux; **50p ~ pound** 50 pence la livre; **Charles ~ First** Charles premier; **Charles ~ Second** Charles deux; **~ Browns** les Brown; **it's ~ book just now** c'est le livre à lire en ce moment; **he hasn't ~ sense to refuse** il n'a pas assez de bon sens pour refuser.
theatre, *(US)* **-er** ['θɪətəʳ] *n* **(a)** théâtre *m*. **to go to the ~** aller au théâtre; **~ company** troupe *f* de théâtre. **(b) lecture ~** amphithéâtre *m*; **operating ~** salle *f* d'opération; **~ of war** théâtre des hostilités. ◆ **theatregoer** *n* habitué(e) *m(f)* du théâtre. ◆ **theatrical** *adj* théâtral.
thee [ðiː] *pron (literary)* te; *(stressed)* toi.
theft [θeft] *n* vol *m*.
their [ðɛəʳ] *poss adj* leur *(f inv)*. ◆ **theirs** *poss pron* le leur, la leur, les leurs. **a friend of ~** un de leurs amis.
them [ðem, *weak form* ðəm] *pers pron pl* **(a)** *(direct)* les. **I see ~** je les vois; **I've met her, but I don't know ~** elle, je l'ai rencontrée, mais eux (*or* elles), je ne les connais pas. **(b)** *(indirect)* leur. **I give ~ the book** je leur donne le livre; **I'm speaking to ~** je leur parle. **(c)** *(after prep etc)* eux *mpl*, elles *fpl*. **without ~** sans eux, sans elles; **it's ~** ce sont eux; **younger than ~** plus jeune qu'eux. ◆ **themselves** *pers pron pl (reflexive)* se; *(emphatic)* eux-mêmes *mpl*, elles-mêmes *fpl*. **they've hurt ~** ils se sont blessés, elles se sont blessées; **they said to ~** ils (*or* elles) se sont dit; **they saw it ~** ils l'ont vu eux-mêmes (*or* elles-mêmes); **all by ~** tout seuls, toutes seules.
theme [θiːm] *n* thème *m*. **~ song** chanson *f* principale *(d'un film etc)*; *(fig)* refrain *m* habituel.
then [ðen] — **1** *adv (gen)* alors; *(afterwards, moreover)* puis. **I'll see him ~** je le verrai à ce moment-là; **from ~ on** dès ce moment-là; **before ~** avant cela; **until ~** jusqu'alors; **first to London, ~ to Paris** d'abord à Londres, puis à Paris *or* et ensuite à Paris; **~ it must be in**

the sitting room alors ça doit être au salon; **now ~...** alors... — **2** *adj:* **the ~ Prime Minister** le premier ministre de l'époque.

theological [θɪəˈlɒdʒɪkəl] *adj* théologique. **~ college** séminaire *m*.

theology [θɪˈɒlədʒɪ] *n* théologie *f*.

theoretical [θɪəˈretɪkəl] *adj* théorique.

theorist [ˈθɪərɪst] *n* théoricien(ne) *m(f)*.

theory [ˈθɪərɪ] *n* théorie *f*. **in ~** en théorie.

therapeutic [ˌθerəˈpjuːtɪk] *adj* thérapeutique.

therapist [ˈθerəpɪst] *n* thérapeute *mf*.

therapy [ˈθerəpɪ] *n* thérapie *f*.

there [ðɛəʳ] *adv* **(a)** *(place)* y, là. **we shall be ~** nous y serons, nous serons là; **we left ~** nous sommes partis de là; **on ~** là-dessus; **in ~** là-dedans; **back ~, down ~, over ~** là-bas; **here and ~** çà et là; **from ~** de là; **~ and then** sur-le-champ; **he's not all ~*** il est un peu demeuré. **(b) ~ is, ~ are** il y a; **~ are 3 apples left** il reste 3 pommes; **~ comes a time when...** il vient un moment où... **(c)** *(pointing out etc)* **~ is, ~ are** voilà; **~ he is!** le voilà!; **that man ~** cet homme-là; **~, what did I tell you?** alors, qu'est-ce que je t'avais dit?; **~, ~!** allons, allons! ◆ **thereabouts** *adv (place)* près de là. **£5 or ~** environ 5 livres. ◆ **thereafter** *adv* par la suite. ◆ **thereby** *adv* de cette façon. ◆ **therefore** *adv* donc, par conséquent. ◆ **thereupon** *adv* sur ce.

thermodynamic [ˈθɜːməʊdaɪˈnæmɪk] *adj* thermodynamique.

thermometer [θəˈmɒmɪtəʳ] *n* thermomètre *m*.

Thermos [ˈθɜːməs] *n* ® (**~** *flask*) thermos *f*.

thermostat [ˈθɜːməstæt] *n* thermostat *m*.

these [ðiːz] *pl of* **this**.

thesis [ˈθiːsɪs] *n, pl* **-ses** thèse *f*.

they [ðeɪ] *pers pron pl* **(a)** ils *mpl*, elles *fpl*. **~ have gone** ils sont partis, elles sont parties; **here ~ are!** les voici!; **they didn't do it, I did** ce ne sont pas eux qui l'ont fait, c'est moi. **(b)** *(people in general)* on. **~ say that...** on dit que...

thick [θɪk] — **1** *adj (gen)* épais (*f* -aisse); *(*: stupid)* bête. **wall 50 cm ~** mur de 50 cm d'épaisseur; *(full of)* **~ with** plein de; *(fig)* **that's a bit ~!*** ça, c'est un peu exagéré!; **they are as ~ as thieves** ils s'entendent comme larrons en foire. — **2** *adv (spread, lie)* en couche épaisse; *(cut)* en tranches épaisses. — **3** *n:* **in the ~ of** au plus fort de; **through ~ and thin** à travers toutes les épreuves. ◆ **thicken** *vt (sauce)* épaissir. ◆ **thick-knit** *adj* en grosse laine. ◆ **thickly** *adv (spread)* en une couche épaisse; *(cut)* en tranches épaisses; *(wooded, populated)* très. **the snow fell ~** la neige tombait dru. ◆ **thick-skinned** *adj (fig: person)* peu sensible.

thief [θiːf] *n, pl* **thieves** voleur *m* (*f* -euse). **stop ~!** au voleur! ◆ **thieve** *vti* voler.

thigh [θaɪ] *n* cuisse *f*. **~ boots** cuissardes *fpl*. ◆ **thighbone** *n* fémur *m*.

thimble [ˈθɪmbl] *n* dé *m* (à coudre).

thin [θɪn] — **1** *adj* **(a)** *(gen)* mince; *(glass, nose, leg)* fin. *(of person)* **to get ~(ner)** maigrir; **as ~ as a rake** maigre comme un clou. **(b)** *(gen)* peu épais (*f* -aisse); *(cream, honey)* liquide; *(voice)* grêle. **he's rather ~ on top*** il n'a plus beaucoup de cheveux; *(fig)* **to vanish into ~ air** se volatiliser. **(c)** *(profits)* maigre; *(excuse)* peu convaincant. — **2** *adv (spread)* en une couche mince; *(cut)* en tranches minces. — **3** *vti* (**~ down:** *liquid*) délayer; (**~ out:** *trees, hair*) éclaircir. **his hair is ~ning** il perd ses cheveux. ◆ **thinly** *adv (cut)* en tranches minces; *(spread)* en couche mince; *(wooded)* peu. ◆ **thinness** *n* minceur *f;* maigreur *f*. ◆ **thin-skinned** *adj (fig: person)* susceptible.

thine [ðaɪn] *poss pron, adj (literary)* ton, ta, tes; le tien *etc*.

thing [θɪŋ] *n* **(a)** *(gen)* chose *f*. **what's that ~?** qu'est-ce que c'est que cette chose-là?; **the ~ he loves most is...** ce qu'il aime le plus au monde c'est...; **as ~s are** dans l'état actuel des choses; **the best ~ would be...** le mieux serait...; **how are ~s with you?** et vous, comment ça va?; **the ~ is, she'd seen him** ce qu'il y a, c'est qu'elle l'avait vu; **for one ~..., and for another ~...** d'abord..., et en plus...; **it's just one of those ~s** ce sont des choses qui arrivent; **it's just one ~ after another** les embêtements se succèdent; **not a ~** strictement rien; **he's doing his own ~*** il fait ce qui lui plaît; **he has got a ~ about spiders*** il a horreur des araignées; **he has got a ~ about blondes*** il est obsédé par les blondes; **yoga is the ~ nowadays** le yoga c'est le truc* à la mode aujourd'hui; **the latest ~ in hats** un chapeau dernier cri. **(b)** *(belongings etc)* **~s** affaires *fpl;* **swimming ~s** affaires de bain; **the first-aid ~s** la trousse de secours. ◆ **thingumajig*** *or* ◆ **thingummy*** *n* machin* *m*, truc* *m*.

think [θɪŋk] (*vb: pret, ptp* **thought**) *vti* **(a)** *(gen)* penser (*of, about* à; *of, about doing* à faire); *(more carefully)* réfléchir (*of, about* à). **~ what you're doing** pense *or* réfléchis à ce que tu fais; **~ tank** groupe *m* d'experts; **to ~ carefully** bien réfléchir; **let me ~** laissez-moi réfléchir; **I'll ~ about it** j'y penserai; **what are you ~ing about?** à quoi pensez-vous?; **to ~ of** *or* **up** *(gen)* avoir l'idée de (*doing* faire); *(solution)* trouver; **what will he ~ of next?** qu'est-ce qu'il va encore inventer?; **I can't ~ of her name** je n'arrive pas à me rappeler son nom; **I wouldn't ~ of such a thing!** ça ne me viendrait jamais à l'idée!; **he ~s of nobody but himself** il ne pense qu'à lui; **he's got his children to ~ of** il faut qu'il pense à ses enfants; **to ~ back** essayer de se souvenir (*to* de); **to ~ out** *(problem)* étudier; *(answer)* préparer; **to ~ sth over** bien réfléchir à qch. **(b)** *(imagine)* imaginer. **~ what we could do** imagine ce que nous pourrions faire; **just ~!** imagine un peu!; **who would have thought it!** qui l'aurait dit!; **to ~ that she's only 10!** quand on pense qu'elle n'a que 10 ans! **(c)** *(believe)* penser (*of* de; *that* que), croire (*that* que). **I ~ so** je pense *or* crois que oui; **I ~ not** je pense *or* crois que non; **I thought as much!** je m'en doutais!; **she's pretty, don't you ~?** elle est jolie, tu ne trouves pas?; **I ~ that** je crois que + *indic;* **I don't ~ that** je ne crois pas que + *subj;* **you must ~ me very rude** vous devez me trouver très impoli; **he ~s he is intelligent** il se croit intelligent; **they are thought to be rich** ils passent pour être riches; **to ~ a lot of sb** avoir une haute opinion de qn; **I don't ~ much of that** cela ne me semble pas très bon; **he thought better of it** il a changé d'avis; **to my way of ~ing** à mon avis. ◆ **thinker** *n* penseur *m* (*f* -euse). ◆ **thinking** *n (thoughts)* opinions *fpl* (*on, about* sur). **I'll have to do some ~** il va falloir que je réfléchisse; **to put one's ~ cap on** réfléchir.

third [θɜːd] — **1** *adj* troisième. **~ person,** *(Law)* **~ party** tiers *m;* **~ party insurance** assurance *f* au tiers; **~ time lucky!** la troisième fois sera la bonne; **the ~ finger** le majeur; **the T~ World**

le Tiers-Monde. — **2** *n* troisième *mf; (fraction)* tiers *m; (Music)* tierce *f.* (~ *gear*) **in ~** en troisième; *for phrases V* **sixth.** — **3** *adv* troisièmement. ◆ **thirdly** *adv* troisièmement. ◆ **third-rate** *adj* de qualité très inférieure.

thirst [θɜːst] *n* soif *f* (*for* de).

thirsty [ˈθɜːstɪ] *adj:* **to be ~** avoir soif (*for* de); **it makes you ~** ça donne soif.

thirteen [θɜːˈtiːn] *adj, n* treize *(m) inv; for phrases V* **six.** ◆ **thirteenth** *adj, n* treizième *(mf).*

thirty [ˈθɜːtɪ] *adj, n* trente *(m) inv.* **about ~** une trentaine; **about ~ books** une trentaine de livres; *for other phrases V* **sixty.** ◆ **thirtieth** *adj, n* trentième *(mf); (fraction)* trentième *m.*

this [ðɪs] — **1** *dem adj, pl* **these** ce (*before vowel and mute 'h'* cet), cette *f,* ces *mfpl.* **~ book** ce livre; *(as opposed to 'that one')* ce livre-ci; **~ man** cet homme(-ci); **~ woman** cette femme(-ci); **these books** ces livres(-ci); **~ week** cette semaine; **~ coming week** la semaine prochaine; **~ chair over here** cette chaise-ci. — **2** *dem pron, pl* **these (a)** ceci, ce. **what is ~?** qu'est-ce que c'est?; **who's ~?** qui est-ce?; **~ is my son** *(in introduction)* je vous présente mon fils; *(in photo etc)* c'est mon fils; *(on phone)* **~ is Joe Brown** Joe Brown à l'appareil; **~ is what he showed me** voici ce qu'il m'a montré; **~ is where we live** c'est ici que nous habitons; **after ~** après ceci; **before ~** auparavant; **at ~** sur ce; **what's all ~ I hear about your new job?** qu'est-ce que j'apprends, vous avez un nouvel emploi? **(b)** (**~** *one*) celui-ci *m,* celle-ci *f,* ceux-ci *mpl,* celles-ci *fpl.* **I prefer that to ~** je préfère celui-là à celui-ci (*or* celle-là à celle-ci). — **3** *adv:* **~ long** aussi long que ça; **~ far** jusqu'ici.

thistle [ˈθɪsl] *n* chardon *m.*

tho' [ðəʊ] *abbr of* **though.**

thorax [ˈθɔːræks] *n* thorax *m.*

thorn [θɔːn] *n* épine *f.*

thorough [ˈθʌrə] *adj (work, worker)* consciencieux (*f* -ieuse); *(search, research)* minutieux (*f* -ieuse); *(knowledge, examination)* approfondi. ◆ **thoroughbred** *n* pur-sang *m inv.* ◆ **thoroughfare** *n (street)* rue *f; (public highway)* voie *f* publique. **'no ~'** 'passage *m* interdit'. ◆ **thoroughly** *adv (gen)* à fond; *(understand)* parfaitement; *(very)* tout à fait.

those [ðəʊz] *pl of* **that.**

thou [ðaʊ] *pers pron (literary)* tu; toi.

though [ðəʊ] — **1** *conj* (*also* **even ~**) bien que + *subj,* quoique + *subj.* **strange ~ it is** si *or* pour étrange que cela soit; **as ~** *(gen)* comme si; **it looks as ~** il semble que + *subj.* — **2** *adv* pourtant. **it's not easy ~** ce n'est pourtant pas facile.

thought [θɔːt] (*pret, ptp of* **think**) *n* pensée *f.* **after much ~** après mûre réflexion; **don't give it another ~** n'y pensez plus; **what a ~!*** imagine un peu!; **what a lovely ~!*** comme ça serait bien!; **that's a ~!*** tiens, mais c'est une idée; **the mere ~ of it** rien que d'y penser; **deep in ~** plongé dans ses pensées; **to give up all ~ of doing** renoncer à toute idée de faire; **it's the ~ that counts** c'est l'intention *f* qui compte. ◆ **thoughtful** *adj (pensive)* pensif (*f* -ive); *(serious)* sérieux (*f* -ieuse); *(considerate: person)* prévenant; *(act, invitation)* gentil (*f* -ille). ◆ **thoughtless** *adj (behaviour, words)* irréfléchi. **he's very ~** il se soucie fort peu des autres.

thousand [ˈθaʊzənd] *adj, n* mille *(m) inv.* **one ~** mille; **five ~** cinq mille; **about a ~ men** un millier d'hommes; **~s of** des milliers de.

thrash [θræʃ] *vt* donner une bonne correction à. *(fig)* **to ~ out** *(problem)* démêler; *(plan)* mettre au point.

thread [θred] — **1** *n* fil *m. (fig)* **to lose the ~ of what one is saying** perdre le fil de son discours. — **2** *vt (needle, beads)* enfiler; *(cotton)* faire passer (*through* à travers); *(film)* monter (*on to* sur). ◆ **threadbare** *adj* usé.

threat [θret] *n* menace *f* (*to* pour).

threaten [ˈθretn] *vti* menacer (*with* de; *to do* de faire). ◆ **threatening** *adj (gen)* menaçant; *(letter)* de menaces.

three [θriː] *adj, n* trois *(m) inv. (Sport)* **the best of ~** deux jeux et la belle; *for other phrases V* **six.** ◆ **three-legged** *adj (table)* à trois pieds; *(race)* de pieds liés. ◆ **three-piece suite** *n* salon *m (canapé et deux fauteuils).* ◆ **three-ply** *adj (wool)* à trois fils *inv.* ◆ **three-wheeler** *n (car)* voiture *f* à trois roues; *(tricycle)* tricycle *m.*

thresh [θreʃ] *vt (corn etc)* battre.

threshold [ˈθreʃhəʊld] *n* seuil *m.*

threw [θruː] *pret of* **throw.**

thrice [θraɪs] *adv* trois fois.

thrift [θrɪft] *n* économie *f.*

thrifty [ˈθrɪftɪ] *adj* économe.

thrill [θrɪl] — **1** *n (gen)* frisson *m.* **what a ~!** quelle émotion!; **to get a ~ out of doing sth** se procurer des sensations fortes en faisant qch. — **2** *vt* électriser. ◆ **thrilled** *adj* ravi. ◆ **thriller** *n* roman *m* (*or* film *m)* à suspense. ◆ **thrilling** *adj* excitant.

thrive [θraɪv] *vi* être florissant. **they ~ on it** cela leur réussit. ◆ **thriving** *adj* florissant.

throat [θrəʊt] *n* gorge *f.* **I have a sore ~** j'ai mal à la gorge; *(fig)* **that sticks in my ~** je n'arrive pas à accepter ça.

throb [θrɒb] *vi (gen)* battre; *(of engine)* vibrer. **my arm is ~bing** j'ai des élancements dans le bras.

throes [θrəʊz] *npl:* **in the ~ of** au beau milieu de; **death ~** agonie *f.*

throne [θrəʊn] *n* trône *m.* **to come to the ~** monter sur le trône.

throng [θrɒŋ] — **1** *n* foule *f.* — **2** *vi* se presser (*round* autour de).

throttle [ˈθrɒtl] — **1** *n (motorbike)* papillon *m* des gaz. — **2** *vt (strangle)* étrangler.

through [θruː] — **1** *adv (gen)* à travers. **just go ~** passez donc; **to let sb ~** laisser passer qn; *(in exam)* **did you get ~?** as-tu été reçu?; **a ~ train** un train direct; **all night ~** toute la nuit; **~ and ~** complètement; **read it right ~** lis-le jusqu'au bout; *(Telephone)* **you're ~ now** vous avez votre correspondant; **I'm ~*** *(I've finished)* ça y est, j'ai fini; **he told me we were ~*** il m'a dit que c'était fini entre nous. — **2** *prep* **(a)** *(place)* à travers. **to go ~** *(gen)* traverser; *(hedge)* passer au travers de; *(red light)* griller; *(fig: sb's luggage)* fouiller; **to look ~ a window** regarder par une fenêtre; **he has really been ~ it*** il en a vu de dures*; **I'm half-way ~ the book** j'en suis à la moitié du livre. **(b)** *(time)* pendant. **all ~ his life** pendant toute sa vie; *(US)* **Monday ~ Friday** de lundi à vendredi. **(c)** *(by, from)* par; *(because of)* à cause de. **~ the post** par la poste; **it was all ~ him that...** c'est à cause de lui que...; **I heard it ~ my sister** je l'ai appris par ma sœur. ◆ **throughout** *prep* **(a)** *(place)* partout dans. **(b)** *(time)* pendant. ◆ **throughway** *n (US)* autoroute *f* à péage.

throw [θrəʊ] (*vb: pret* **threw**, *ptp* **thrown**) — **1** *n (of ball etc)* jet *m; (in table games)* tour *m.* — **2** *vti (gen)* jeter (*to, at* à; *over* sur; *into* dans; *into jail* en prison); *(ball etc)* lancer; *(dice)* jeter; *(kiss)* envoyer (*to* à); *(pottery)* tourner; *(fig: responsibility etc)* rejeter (*on* sur); (*: *party*) organiser (*for sb* en l'honneur de qn); (*: *disconcert*) décontenancer. *(dice)* **to ~ a six** avoir un six; *(in accident)* **to be ~n clear of the car** être projeté hors de la voiture; **to ~ o.s. to the ground** se jeter à terre; **to be ~n about** être ballotté; *(fig)* **to ~ one's weight about** faire l'important; **to ~ away** *(rubbish)* jeter; *(one's life etc)* gâcher; **to ~ back** renvoyer (*to* à); *(one's head etc)* rejeter en arrière; **to ~ o.s. down** se jeter à terre; **to ~ in** *(into box)* jeter; *(fig: reference)* mentionner en passant; *(included)* **with meals ~n in** repas compris; **to ~ sth off** se débarrasser de qch; **to ~ on** *(clothes)* enfiler à la hâte; **to ~ out** *(rubbish)* jeter; *(person)* expulser; *(proposal)* repousser; *(make wrong: calculation etc)* fausser; **to ~ over** abandonner; **to ~ together** *(pack)* rassembler; *(make)* faire en vitesse; **to ~ up** *(ball)* lancer en l'air; *(arms)* lever; (*: *vomit*) vomir; (*: *give up*) abandonner; **to ~ open** ouvrir (tout grand); **to ~ sb into confusion** jeter la confusion dans l'esprit de qn; *(fig: disconcert)* **I was quite ~n* when...** je n'en revenais pas quand... ◆ **throwaway** *adj (packaging)* à jeter; *(remark)* qui n'a l'air de rien.

thru [θruː] *(US)* = **through.**

thrush [θrʌʃ] *n* **(a)** *(bird)* grive *f.* **(b)** *(Med)* muguet *m.*

thrust [θrʌst] (*vb: pret, ptp* **thrust**) — **1** *n* poussée *f;* (**fig: energy*) dynamisme *m.* — **2** *vt (push: gen)* pousser brusquement; *(finger, dagger)* enfoncer (*into* dans; *between* entre); *(sth into drawer etc)* fourrer* (*into* dans); *(fig: responsibility)* imposer (*upon sb* à qn). **to ~ aside** écarter brusquement.

thud [θʌd] — **1** *n* bruit *m* sourd. — **2** *vi* faire un bruit sourd (*against* en heurtant).

thug [θʌg] *n* voyou *m.*

thumb [θʌm] — **1** *n* pouce *m.* **~ index** répertoire *m* à onglets; *(fig)* **to be all ~s** être très maladroit. — **2** *vt (book)* feuilleter. **to ~ a lift to Paris** aller à Paris en stop*.

thump [θʌmp] — **1** *n (blow)* grand coup *m* de poing; *(sound)* bruit *m* lourd et sourd. **to fall with a ~** tomber lourdement. — **2** *vt (person)* assener un coup à; *(table)* taper sur. — **3** *vi* taper (*on* sur; *at* à); *(of heart)* battre fort.

thunder [ˈθʌndəʳ] — **1** *n* tonnerre *m; (fig: loud noise)* fracas *m.* — **2** *vi (weather)* tonner. **the train ~ed past** le train est passé dans un grondement de tonnerre. ◆ **thunderbolt** *n* coup *m* de foudre. ◆ **thunderstorm** *n* orage *m.* ◆ **thunderstruck** *adj* abasourdi.

Thursday [ˈθɜːzdɪ] *n* jeudi *m; for phrases V* **Saturday.**

thus [ðʌs] *adv* ainsi.

thwart [θwɔːt] *vt (plan)* contrecarrer. *(of person)* **to be ~ed** essuyer un échec.

thyme [taɪm] *n* thym *m.*

thyroid [ˈθaɪrɔɪd] *n (~ gland)* thyroïde *f.*

ti [tiː] *n (Music)* si *m.*

tiara [tɪˈɑːrə] *n* diadème *m.*

tick [tɪk] — **1** *n* **(a)** *(of clock)* tic-tac *m.* **just a ~!*** un instant! **(b)** *(mark)* coche *f.* **to put a ~ against sth** cocher qch; *(credit)* **on ~*** à crédit. **(c)** *(on body)* tique *f.* — **2** *vt* (*also* **~ off**) cocher; *(answer etc)* marquer juste; **to ~ sb off*** réprimander qn. — **3** *vi (of clock etc)* faire tic-tac. *(fig)* **I don't know what makes him ~*** il est un mystère pour moi; **to ~ over** *(of engine)* tourner au ralenti; *(fig: of business)* aller tout doux. ◆ **ticker-tape** *n* ≃ serpentin *m.* **to get a ~ welcome** être accueilli par une pluie de serpentins. ◆ **tick-tock** *n* tic-tac *m.*

ticket [ˈtɪkɪt] *n (gen)* billet *m* (*for* pour); *(bus, tube, cashdesk, cloakroom)* ticket *m; (for left-luggage)* bulletin *m; (for library)* carte *f; (label)* étiquette *f.* **coach ~** billet de car; **~ agency** agence *f* de spectacles; **~ collector** contrôleur *m;* **~ holder** personne *f* munie d'un billet; **~ office** guichet *m; (of driver)* **to get a ~ for parking** attraper une contravention pour stationnement *m* illégal.

tickle [ˈtɪkl] *vti (gen)* chatouiller. **to be ~d pink*** *(pleased)* être heureux (*f* -euse) comme tout; *(amused)* rire aux larmes. ◆ **ticklish** *adj (person)* chatouilleux (*f* -euse).

tiddlywinks [ˈtɪdlɪˌwɪŋks] *n* jeu *m* de puce.

tide [taɪd] — **1** *n* marée *f; (fig: of events)* cours *m.* **at high ~** à marée haute; **at low ~** à marée basse; *(fig)* **the ~ has turned** la chance a tourné; **to go against the ~** aller à contre-courant. — **2** *vt:* **to ~ sb over** dépanner* qn (*till* en attendant). ◆ **tidal** *adj (river)* qui a des marées. **~ wave** raz-de-marée *m inv.* ◆ **tidemark** *n* laisse *f* de haute mer; *(on bath)* ligne *f* de crasse.

tidily [ˈtaɪdɪlɪ] *adv* soigneusement, avec soin.

tidy [ˈtaɪdɪ] — **1** *adj* **(a)** *(objects, place)* bien rangé; *(dress, hair, work)* net (*f* nette); *(person: appearance)* soigné; *(character)* ordonné. **to have a ~ mind** avoir l'esprit méthodique. **(b)** (*) considérable. **a ~ sum** une jolie somme; **a ~ bit of his salary** une bonne partie de son salaire. — **2** *n (in car, cupboard etc)* vide-poches *m inv.* — **3** *vti* (**~ away, ~ out, ~ up**) ranger. **to ~ o.s. up** s'arranger.

tie [taɪ] — **1** *n* **(a)** (*neck~*) cravate *f; (on garment, curtain)* attache *f. (on invitation)* **black ~** smoking *m;* **white ~** habit *m;* **family ~s** *(links)* liens *mpl* de famille; *(responsibilities)* attaches *fpl* familiales. **(b)** *(Sport)* **the match ended in a ~** les deux équipes ont fait match nul; **there was a ~ for second place** il y avait deux ex æquo en seconde position; **cup ~** match *m* de coupe. — **2** *vt* (*fasten: also* **~ on, ~ down, ~ together**) attacher (*to* à); *(knot)* nouer (*to* à); *(shoes)* lacer; *(link)* lier (*to* à). **to ~ back** retenir en arrière; *(fig)* **to ~ sb down to sth** obliger qn à faire qch; *(fig)* **can you ~ it in with...?** pouvez-vous le combiner avec...?; **to ~ up** *(gen)* attacher (*to* à); *(fig: money)* immobiliser; *(conclude)* régler; *(fig)* **to be ~d up** *(linked)* être lié (*with* avec); *(busy)* être très pris; *(production etc)* être arrêté; *(fig)* **his hands are ~d** il a les mains liées; **to ~ a knot in sth** faire un nœud à qch; **to get ~d in knots** *(rope etc)* faire des nœuds; *(fig: person)* s'embrouiller; **are we ~d to this plan?** sommes-nous obligés de nous en tenir à ce projet? — **3** *vi (in match)* faire match nul; *(in race, competition)* être ex æquo. **they ~d for first place** ils ont été premiers ex æquo. ◆ **tie-breaker** *n (in quiz)* question *f* subsidiaire. ◆ **tiepin** *n* épingle *f* de cravate. ◆ **tie-up** *n* lien *m.*

tier [tɪəʳ] *n (in stadium etc)* gradin *m; (of cake)* étage *m.*

tiff [tɪf] *n* prise *f* de bec*.

tiger ['taɪgəʳ] *n* tigre *m.*

tight [taɪt] — **1** *adj (not loose: rope)* tendu; *(garment)* ajusté; *(too* ~) trop étroit; *(belt, shoes)* qui serre; *(tap, lid)* dur; *(credit, knot, knitting)* serré; *(budget)* juste; *(restrictions, control)* sévère; *(schedule)* très chargé; (*: *drunk*) soûl. **my shoes are too** ~ mes chaussures me serrent; **it will be** ~ **but we'll make it** ce sera juste, mais nous y arriverons; *(fig)* **in a** ~ **corner** dans une situation difficile; **money is very** ~ l'argent est rare. — **2** *adv (close, hold)* bien. ◆ **tighten** *vti* (~ **up:** *rope*) tendre; *(screw, wheel)* resserrer; *(restrictions)* renforcer. **to** ~ **one's belt** se serrer la ceinture; *(fig)* **to** ~ **up on sth** devenir plus strict en matière de qch. ◆ **tight-fisted** *adj* avare. ◆ **tightly** *adv (close, hold)* bien. ◆ **tightrope** *n* corde *f* raide. ~ **walker** funambule *mf.* ◆ **tights** *npl* collant *m.*

tile [taɪl] *n (on roof)* tuile *f; (on floor, wall)* carreau *m.* ◆ **tiled** *adj (roof)* en tuiles; *(floor etc)* carrelé.

till¹ [tɪl] = **until.**

till² [tɪl] *n (for cash)* caisse *f.*

till³ [tɪl] *vt (the soil)* labourer.

tiller ['tɪləʳ] *n* barre *f (gouvernail).*

tilt [tɪlt] — **1** *n (slope)* inclinaison *f. (speed)* **at full** ~ à toute vitesse. — **2** *vti* pencher.

timber ['tɪmbəʳ] — **1** *n* bois *m* de construction. — **2** *adj (fence etc)* en bois. ◆ **timber-merchant** *n* négociant *m* en bois. ◆ **timber-yard** *n* chantier *m* de bois.

time [taɪm] — **1** *n* **(a)** *(gen)* temps *m.* ~ **and space** le temps et l'espace; ~ **will tell if...** le temps dira si...; **with** ~, **in** ~, **as** ~ **goes by** avec le temps; **it takes** ~ ça prend du temps; *(fig)* **I've no** ~ **for that sort of thing** ce genre de chose m'agace; **I've enough** ~ **to go there** j'ai le temps d'y aller; **we've got plenty of** ~, **we've all the** ~ **in the world** nous avons tout notre temps; **in no** ~ **at all** en un rien de temps; **it took me a lot of** ~ **to do it** il m'a fallu pas mal de temps pour le faire; **for some of the** ~ pendant une partie du temps; **most of the** ~ la plupart du temps; **all the** ~ *(the whole* ~) tout le temps; *(from the start)* dès le début; **your** ~ **is up** *(in exam, visit etc)* c'est l'heure; ~ **off** temps libre; **in good** ~ **for** en avance pour; **all in good** ~! chaque chose en son temps!; **to be working against** ~ travailler d'arrache-pied; **for the** ~ **being** pour le moment. **(b)** *(period, length of* ~) **for a** ~ pendant un certain temps; **a long** ~ longtemps; **it's a long** ~ **since...** il y a bien longtemps que...; **a short** ~ peu de temps; **for a short** ~ (pendant) un moment; **in a short** ~ **they had...** quelques moments plus tard ils avaient...; **I waited for some** ~ j'ai attendu assez longtemps; **some** ~ **ago** il y a quelque temps; **it won't be ready for some** ~ ce ne sera pas prêt avant un certain temps; **in 2 weeks'** ~ dans 2 semaines; **to work full** ~ travailler à plein temps. **(c)** *(era: often pl)* époque *f.* **in Gladstone's** ~ à l'époque de Gladstone; **in former** ~**s** dans le temps, jadis; **before my** ~ *(before I was born)* avant ma naissance; *(before I came here)* avant mon arrivée; **to be behind the** ~**s** être vieux jeu *inv;* **at the best of** ~**s** déjà quand tout va bien; **to have a bad** ~ **(of it)** en voir de dures*; **to have a good** ~ bien s'amuser; **to have the** ~ **of one's life** s'amuser comme un fou; **a tense** ~ une période très tendue (*for* pour). **(d)** *(by clock)* heure *f.* **what is the** ~?, **what** ~ **is it?** quelle heure est-il?; **the right** ~ l'heure exacte; **the** ~ **is 10.30** il est 10.30; **what** ~ **is he arriving?** à quelle heure est-ce qu'il arrive?; **it keeps good** ~ c'est toujours à l'heure; **at this** ~ **of night** à cette heure de la nuit; **behind** ~ en retard; **just in** ~ juste à temps (*for sth* pour qch; *to do* pour faire); **on** ~ à l'heure; **it's** ~ c'est l'heure (*for sth* de qch; *to do* de faire); **it's** ~ **I was going** il est temps que je m'en aille; **it's high** ~ **that** il est grand temps que + *subj;* **and about** ~! et ce n'est pas trop tôt! **(e)** *(point of* ~) moment *m.* **at the** *or* **that** ~ à ce moment-là; **at the present** ~ en ce moment, actuellement; **at one** ~ à un moment donné; **at** ~**s** par moments; **at his** ~ **of life** à son âge; **at an inconvenient** ~ à un moment inopportun; **come at any** ~ venez n'importe quand; **at this** ~ **of year** à cette époque de l'année; **two at the same** ~ deux à la fois; **at the same** ~ **as** en même temps que; **this** ~ **next year** dans un an; **this** ~ **tomorrow** demain à cette heure-ci; **this** ~ **last week** il y a exactement huit jours; **in between** ~**s** entre-temps; **from** ~ **to** ~ de temps en temps; **from that** ~ *or* **this** ~ **on** (+ *past*) à partir de ce moment; (+ *future*) désormais; **now's the** ~ c'est le moment; **when the** ~ **comes** quand le moment viendra; **the** ~ **has come to do...** il est temps de faire... **(f)** *(occasion)* fois *f.* **this** ~ cette fois; **next** ~ **you come** la prochaine fois que vous viendrez; **each** ~ chaque fois; **at other** ~**s** d'autres fois; **many** ~**s** bien des fois; ~ **after** ~, ~ **and** ~ **again** maintes et maintes fois; **last** ~ la dernière fois; **some** ~ **or other** un jour ou l'autre; **I remember the** ~ **when** je me rappelle le jour où; **2 at a** ~ 2 par 2, *(stairs, steps)* 2 à 2; **for weeks at a** ~ pendant des semaines entières. **(g)** *(multiplying)* fois *f.* **2** ~**s 3 is 6** 2 fois 3 (font) 6; **10** ~**s as big** 10 fois plus grand (*as* que). **(h)** *(Music etc)* mesure *f.* **in** ~ en mesure (*to, with* avec); **to keep** ~ rester en mesure. — **2** *adj (bomb)* à retardement. ~ **exposure** pose *f;* **to set a** ~ **limit** fixer une limite de temps (*on, for* pour); **it's a great** ~**-saver** ça fait gagner beaucoup de temps; *(Radio)* ~ **signal** signal *m* horaire; ~ **switch** minuteur *m;* ~ **zone** fuseau *m* horaire. — **3** *vt* **(a)** *(choose* ~ *of: visit)* fixer (*for* à); *(remark)* choisir le moment de. **it was** ~**d to begin at...** le commencement était fixé pour... **(b)** *(count* ~ *of; worker etc)* chronométrer; *(piece of work)* calculer le temps de; *(egg)* minuter la cuisson de. ◆ **time and motion study** *n* étude *f* des cadences. ◆ **time-consuming** *adj* qui prend du temps. ◆ **time-lag** *n* décalage *m.* ◆ **timeless** *adj* éternel (*f* -elle). ◆ **timely** *adj* à propos. ◆ **timer** *n* compte-minutes *m inv; (with sand)* sablier *m; (on machine etc)* minuteur *m; (on car)* distributeur *m* d'allumage. ◆ **timetable** *n (Rail etc)* horaire *m; (in school)* emploi *m* du temps. ◆ **timing** *n (on car)* réglage *m* de l'allumage; *(of musician etc)* sens *m* du rythme; *(of actor)* minutage *m.* **the** ~ **of this demonstration** le moment choisi pour cette manifestation.

timid ['tɪmɪd] *adj (shy)* timide; *(unadventurous)* timoré.

timpani ['tɪmpənɪ] *npl* timbales *fpl.*

tin [tɪn] — **1** *n* **(a)** étain *m;* (~*plate*) fer-blanc *m.* **(b)** *(can)* boîte *f* en fer-blanc; *(mould)* moule *m; (dish)* plat *m.* — **2** *adj (made of* ~) en étain (*or* fer-blanc); *(soldier)* de plomb; *(mine)* d'étain. ~ **can** boîte *f* (en fer-blanc); ~ **hat** casque *m;* ~ **whistle** flûteau *m.* ◆ **tinfoil** *n* papier *m* d'aluminium. ◆ **tinned** *adj* en boîte, en conserve. ◆ **tin-opener** *n* ouvre-boîtes *m.*

tinge [tɪndʒ] *vt* teinter (*with* de).

tingle ['tɪŋgl] *vi* picoter; *(with excitement)* frissonner.

tinker ['tɪŋkəʳ] — **1** *n* romanichel(le) *m(f).* — **2** *vi* bricoler (*with sth* qch).

tinkle ['tɪŋkl] — **1** *vi* tinter. — **2** *n* tintement *m. (Telephone)* **to give sb a** ~* passer un coup de fil à qn.

tinsel ['tɪnsəl] *n* guirlandes *fpl* de Noël (argentées).

tint [tɪnt] *vt* teinter (*with* de). **to** ~ **one's hair** se faire un shampooing colorant.

tiny ['taɪnɪ] *adj* tout petit.

tip¹ [tɪp] *n (end: gen)* bout *m; (pointed)* pointe *f. (fig)* **it's on the** ~ **of my tongue** je l'ai sur le bout de la langue; *(fig)* **the** ~ **of the iceberg** la partie émergée de l'iceberg. ◆ **tipped** *adj (cigarettes)* filtre *inv.* ◆ **tiptoe** *n:* **on** ~ sur la pointe des pieds.

tip² [tɪp] — **1** *n* **(a)** *(gratuity)* pourboire *m.* **the** ~ **is included** le service est compris. **(b)** *(advice)* conseil *m; (information; also Racing)* tuyau* *m.* — **2** *vt* **(a)** donner un pourboire à. **to** ~ **sb 5 francs** donner 5 F de pourboire à qn. **(b)** *(horse)* pronostiquer la victoire de. *(fig)* **he was** ~**ped for the job** on avait pronostiqué qu'il serait nommé; **to** ~ **off** *(gen)* donner un tuyau* à (*about sth* sur qch); *(police)* prévenir. ◆ **tip-off** *n* tuyau* *m.*

tip³ [tɪp] — **1** *n (for rubbish)* décharge *f.* — **2** *vt* (~ **over,** ~ **up**) incliner; *(overturn)* renverser; (~ **out:** *liquid*) verser; *(solids)* déverser (*into* dans; *out of* de). — **3** *vi* pencher. **to** ~ **up** *(of seat)* se rabattre; *(of truck)* basculer. ◆ **tipping** *n:* **'no** ~**'** 'défense de déposer des ordures'.

tipsy ['tɪpsɪ] *adj* éméché.

tire¹ ['taɪəʳ] *n (US)* = **tyre.**

tire² ['taɪəʳ] — **1** *vt* fatiguer. **to** ~ **sb out** épuiser qn. — **2** *vi* se lasser (*of doing* de faire). ◆ **tired** *adj (person)* fatigué; *(weary)* las (*f* lasse). **to be** ~ **of** en avoir assez de. ◆ **tiredness** *n* fatigue *f.* ◆ **tiresome** *adj* ennuyeux (*f* -euse). ◆ **tiring** *adj* fatigant.

tissue ['tɪʃuː] *n* tissu *m; (handkerchief)* kleenex *m* ®. ~ **paper** papier *m* de soie.

tit [tɪt] *n* **(a)** *(bird:* ~*mouse)* mésange *f.* **(b)** ~ **for tat** un prêté pour un rendu.

titbit ['tɪtbɪt] *n (food)* friandise *f.*

title ['taɪtl] *n (gen)* titre *m; (claim)* titres *mpl* (*to* à). *(Cinema, TV)* ~**s** générique *m; (Sport)* ~ **holder** détenteur *m* (*f* -trice) du titre; ~ **page** page *f* de titre; *(Theatre)* ~ **role** ≃ rôle *m* principal. ◆ **titled** *adj (person)* titré.

titter ['tɪtəʳ] *vi* rire sottement (*at* de).

to [tuː, *weak form* tə] — **1** *prep (gen)* à. **to give sth** ~ **sb** donner qch à qn; **he went** ~ **the door** il est allé à la porte; **he was walking** ~ **the door** il marchait vers la porte; **to go** ~ **school** aller à l'école; **to go** ~ **town** aller en ville; **to go** ~ **France** aller en France; **to go** ~ **Canada** aller au Canada; **to go** ~ **London** aller à Londres; **the road** ~ **London** la route de Londres; **boats** ~ **Cherbourg** les bateaux à destination de Cherbourg; **to go** ~ **the doctor('s)** aller chez le docteur; **ambassador** ~ **France** ambassadeur *m* en France; **to count** ~ **20** compter jusqu'à 20; **it is 90 km** ~ **Paris** nous sommes à 90 km de Paris; **from town** ~ **town** de ville en ville; **50** ~ **60 people** de 50 à 60 personnes; **what's it** ~ **you?** qu'est-ce que ça peut vous faire?; **assistant** ~ **the manager** adjoint *m* du directeur; **20 (minutes)** ~ **2** 2 heures moins 20; **at quarter** ~ **4** à 4 heures moins le quart; **one person** ~ **a room** une personne par chambre; **here's** ~ **you!** à la vôtre!; **that's all there is** ~ **it** c'est aussi simple que ça; ~ **my delight** à ma grande joie. — **2** *particle (forming infin: shown in French by vb ending)* ~ **eat** manger; **I'll try** ~ j'essaierai. — **3** *adv:* **to go** ~ **and fro** *(person)* aller et venir; *(train, bus etc)* faire la navette (*between* entre).

toad [təʊd] *n* crapaud *m.* ◆ **toad-in-the-hole** *n saucisses cuites dans de la pâte à crêpes.* ◆ **toadstool** *n* champignon *m; (poisonous)* champignon vénéneux.

toast [təʊst] — **1** *n* **(a)** pain *m* grillé, toast *m.* **a piece of** ~ un toast; **sardines on** ~ sardines *fpl* sur canapé. **(b)** toast *m* (*to sb* à qn). — **2** *vt* **(a)** *(bread)* faire griller. **(b)** *(drink a* ~ *to)* porter un toast à. ◆ **toaster** *n* grille-pain *m inv (électrique).* ◆ **toast-rack** *n* porte-toast *m inv.*

tobacco [tə'bækəʊ] *n* tabac *m.* ◆ **tobacconist** *n:* ~**'s (shop)** bureau *m* de tabac.

toboggan [tə'bɒgən] *n* luge *f.*

today [tə'deɪ] *adv, n* aujourd'hui. **a week** ~ *(past)* il y a huit jours aujourd'hui; *(future)* aujourd'hui en huit; ~ **is Friday** aujourd'hui c'est vendredi; ~ **is wet** il pleut aujourd'hui.

toddler ['tɒdləʳ] *n* bambin *m.*

toddy ['tɒdɪ] *n* ≃ grog *m.*

toe [təʊ] — **1** *n* orteil *m; (of sock, shoe)* bout *m. (fig)* **to keep sb on his** ~**s** forcer qn à rester alerte. — **2** *vt (fig)* **to** ~ **the line** obéir. ◆ **toenail** *n* ongle *m* du pied.

toffee ['tɒfɪ] *n* caramel *m (au beurre).*

together [tə'geðəʳ] *adv (gen)* ensemble; *(simultaneously)* en même temps; *(sing etc)* à l'unisson. ~ **with** avec. ◆ **togetherness** *n* camaraderie *f.*

toil [tɔɪl] — **1** *n* labeur *m.* — **2** *vi* travailler dur.

toilet ['tɔɪlɪt] *n (lavatory)* toilettes *fpl,* waters* *mpl; (dressing etc)* toilette *f.* ~ **paper** papier *m* hygiénique; ~ **roll** rouleau *m* de papier hygiénique. ◆ **toiletries** *npl* articles *mpl* de toilette.

token ['təʊkən] — **1** *n (symbol)* marque *f; (disc: for telephone etc)* jeton *m; (voucher)* bon *m.* **gift** ~ bon-cadeau *m;* **book** ~ chèque-livre *m;* **record** ~ chèque-disque *m;* **in** ~ **of** en témoignage de. — **2** *adj* symbolique.

told [təʊld] *pret, ptp of* **tell.**

tolerable ['tɒlərəbl] *adj (bearable)* tolérable; *(fairly good)* passable. ◆ **tolerably** *adv (work etc)* passablement; *(sure etc)* à peu près.

tolerant ['tɒlərənt] *adj* tolérant.

tolerate ['tɒləreɪt] *vt* tolérer.

toll¹ [təʊl] *n (on motorway etc)* péage *m.* **the** ~ **of the disaster** le bilan *m* de la catastrophe; **the** ~ **of dead** le nombre des morts.

toll² [təʊl] *vi (of bell)* sonner.

tom ['tɒm] *n (*~ *cat)* matou *m.*

tomato [tə'mɑːtəʊ, *(US)* tə'meɪtəʊ] *n, pl* **-es** tomate *f.* ~ **juice** jus *m* de tomates; ~ **ketchup** ketchup *m;* ~ **sauce** sauce *f* tomate.

tomb [tuːm] *n* tombeau *m.*

tomboy ['tɒmbɔɪ] *n* garçon *m* manqué.

tombstone ['tuːm,stəʊn] *n* pierre *f* tombale.

tomorrow [tə'mɒrəʊ] *adv, n* demain. **a week** ~ *(past)* il y aura huit jours demain; *(future)* demain en huit; ~ **morning** demain matin; **see you ~!** à demain!; **the day after ~** après-demain; ~ **will be Saturday** demain ce sera samedi.

ton [tʌn] *n* tonne *f (Brit = 1016,06 kg).* **7-~ truck** camion *m* de 7 tonnes; *(fig)* **~s of*** des tas de*.

tone [təʊn] — **1** *n (gen)* ton *m; (of musical instrument)* sonorité *f; (radio, record player)* tonalité *f.* **in low ~s** à voix basse; **in angry ~s** sur le ton de la colère; **to be ~-deaf** ne pas avoir d'oreille; **two-~ car** voiture *f* de deux tons. — **2** *vti* (**~ in**) s'harmoniser (*with* avec). **to ~ down** adoucir.

tongs [tɒŋz] *npl (pair of ~)* pinces *fpl; (for coal)* pincettes *fpl;* (*curling* ~) fer *m* à friser.

tongue [tʌŋ] *n* langue *f.* ~ **in cheek** ironiquement. ◆ **tongue-tied** *adj* muet (*f* muette) *(fig).* ◆ **tongue-twister** *n* phrase *f* très difficile à prononcer.

tonic ['tɒnɪk] — **1** *adj* tonique. — **2** *n* tonique *m.* ~ **(water)** ≃ Schweppes *m* ®; **gin and ~** gin-tonic *m.*

tonight [tə'naɪt] *adv, n (before bed)* ce soir; *(during sleep)* cette nuit.

tonsil ['tɒnsl] *n* amygdale *f.* **to have one's ~s out** être opéré des amygdales. ◆ **tonsillitis** *n* angine *f; (formally)* amygdalite *f.*

too [tu:] *adv* **(a)** *(excessively)* trop. ~ **hard for me** trop difficile pour moi; ~ **hard for me to explain** trop difficile pour que je puisse vous l'expliquer; **I'm not ~ sure about that** je n'en suis pas très certain. **(b)** *(also)* aussi; *(moreover)* en plus.

took [tʊk] *pret of* **take.**

tool [tu:l] *n* outil *m.* ◆ **toolbag** *n* trousse *f* à outils. ◆ **toolbox** *n* boîte *f* à outils.

toot [tu:t] *vti* klaxonner.

tooth [tu:θ] *n, pl* **teeth** dent *f.* **front ~** dent de devant; **back ~** molaire *f;* **set of false teeth** dentier *m;* **to have a ~ out** se faire arracher une dent; *(fig)* **~ and nail** avec acharnement; *(fig)* **to get one's teeth into sth** se mettre à fond à qch. ◆ **toothache** *n:* **to have ~** avoir mal aux dents. ◆ **toothbrush** *n* brosse *f* à dents. ◆ **toothcomb** *n* peigne *m* fin. ◆ **toothpaste** *n* pâte *f* dentifrice. ◆ **toothpick** *n* cure-dent *m.*

top [tɒp] — **1** *n* **(a)** *(highest point: gen)* haut *m; (of tree, hill, head)* sommet *m; (of table, container)* dessus *m; (of list, table, queue)* tête *f; (surface)* surface *f; (roof: of car etc)* toit *m.* **at the ~ of** en haut de, au sommet de, en tête de; *(in school)* **to be ~ of the class** être premier de la classe; **~ of the milk** crème *f* du lait; **the men at the ~** ceux qui sont au pouvoir; **to sit at the ~ of the table** être assis à la place d'honneur; **the one on ~** celui qui est en dessus; *(fig)* **to come out on ~** avoir le dessus; *(career)* **to get to the ~** réussir; **on ~ of** *(on)* sur; *(as well as)* en plus de; **from ~ to toe** de la tête aux pieds; *(on bus)* **let's go up on ~** allons en haut; **from ~ to bottom** *(search etc)* de fond en comble; *(change: system etc)* tout entier; **in ~ gear** en quatrième; **he's the ~s*** il est champion*. **(b)** *(lid: gen)* couvercle *m; (of bottle)* bouchon *m; (of pen)* capuchon *m.* *(circus)* **big ~** grand chapiteau *m.* **(c)** *(of blouse etc)* haut *m; (of pyjamas)* veste *f.* **(d)** *(toy)* toupie *f.* — **2** *adj (highest: shelf, drawer)* du haut; *(note)* le plus haut; *(storey, step, layer)* dernier (*f* -ière); *(in rank etc)* premier (*f* -ière); *(best: score, mark etc)* meilleur; *(security, price)* maximum *f inv; (job)* prestigieux (*f* -ieuse). **the ~ right-hand corner** le coin en haut à droite; **at ~ speed** à toute vitesse; **~ in maths** premier en maths; *(songs)* **the ~ 20** les 20 premiers du hit-parade. — **3** *vt (exceed)* dépasser. *(fig)* **and to ~ it all...** et pour couronner le tout...; *(Theatre)* **to ~ the bill** être en tête d'affiche; **to ~ up a car with oil** remettre de l'huile dans une voiture; **can I ~ up your glass?** je vous en remets? ◆ **topcoat** *n* pardessus *m.* ◆ **top hat** *n* haut-de-forme *m.* ◆ **top-heavy** *adj* trop lourd du haut. ◆ **topless** *adj (costume)* sans haut; *(girl)* aux seins nus. ◆ **top-level** *adj* au sommet. ◆ **top-ranking** *adj* (très) haut placé. ◆ **top-secret** *adj* ultra-secret (*f* -ète).

topaz ['təʊpæz] *n* topaze *f.*

topic ['tɒpɪk] *n* sujet *m.*

topical ['tɒpɪkl] *adj* d'actualité.

topple ['tɒpl] — **1** *vi* tomber. — **2** *vt* faire tomber.

topside ['tɒp,saɪd] *n* gîte *m* à la noix.

topsy-turvy ['tɒpsɪ'tɜ:vɪ] *adj* sens dessus dessous.

torch [tɔ:tʃ] *n* torche *f* électrique. ◆ **torchlight procession** *n* retraite *f* aux flambeaux.

tore [tɔ:ʳ], **torn** [tɔ:n] *V* **tear**[1].

torment [tɔ:'ment] *vt* tourmenter.

tornado [tɔ:'neɪdəʊ] *n, pl* **-es** tornade *f.*

torpedo [tɔ:'pi:dəʊ] — **1** *n, pl* **-es** torpille *f.* — **2** *vt* torpiller.

torrent ['tɒrənt] *n* torrent *m.*

torso ['tɔ:səʊ] *n* torse *m.*

tortoise ['tɔ:təs] *n* tortue *f.*

tortoiseshell ['tɔ:təs,ʃel] *n* écaille *f.*

tortuous ['tɔ:tjʊəs] *adj* tortueux (*f* -ueuse).

torture ['tɔ:tʃəʳ] — **1** *n* torture *f; (fig)* supplice *m.* — **2** *vt* torturer.

toss [tɒs] — **1** *n:* **with a ~ of his head** d'un mouvement brusque de la tête; **to win the ~** gagner à pile ou face; *(before match)* gagner le tirage au sort. — **2** *vt (ball etc)* lancer (*to* à); *(pancake)* faire sauter; *(head, mane)* rejeter en arrière. **to ~ a coin** jouer à pile ou face; **I'll ~ you for it** on le joue à pile ou face; **~ed by the waves** ballotté par les vagues. — **3** *vi* **(a) to ~ and turn** se tourner et se retourner. **(b)** (**~ up**) jouer à pile ou face (*to decide* pour décider).

tot[1] [tɒt] *n* **(a)** **(tiny) ~** tout(e) petit(e) enfant *m(f).* **(b)** *(whisky)* petit verre *m.*

tot[2] [tɒt] *vt* (**~ up**) faire le total de.

total ['təʊtl] — **1** *adj* total. **the ~ losses** le total des ventes. — **2** *n* total *m.* **grand ~** somme *f* globale; **in ~** au total. — **3** *vt* (*add:* **~ up**) faire le total de; *(amount to)* s'élever à. ◆ **totalitarian** *adj, n* totalitaire *(mf).*

tote* [təʊt] *n (Betting)* pari *m* mutuel.

totter ['tɒtəʳ] *vi* chanceler.

touch [tʌtʃ] — **1** *n* **(a)** (*sense of ~*) toucher *m; (act of ~ing)* contact *m.* **soft to the ~** doux au toucher; **with the ~ of a finger** à la simple pression d'un doigt; **to put the finishing ~ to** mettre la dernière touche à; **the personal ~** la note personnelle. **(b)** *(small amount)* **a ~ of** un petit peu de. **(c) in ~ with** en contact avec; **to get in ~ with** se mettre en contact avec; **to keep in ~ with** rester en contact avec; **keep in ~!** ne nous oubliez pas!; **to have lost ~ with** *(person)* ne plus être en contact avec; *(developments etc)* ne plus être au courant de; *(Football)* **it is in ~** il y a touche. — **2** *vti (gen)* toucher (*with* de); *(brush lightly)* frôler; *(tamper with)* toucher à. **he ~ed her arm** il lui a touché le bras; **the ends ~ (each other)** les bouts se touchent; **don't ~ that!** n'y touchez pas!; **'do not ~'** 'défense de toucher'; **to ~ upon a subject** effleurer un sujet; **they can't ~ you if...** ils ne peuvent rien contre vous si...; **I never ~ onions** je ne mange jamais d'oignons; **we were very ~ed by your letter** nous avons été très touchés de votre lettre; **I ~ed him for £10*** je l'ai tapé* de 10 livres; *(of plane)* **to ~ down** atterrir; **to ~ sth off** déclencher qch; **to ~ up** retoucher. ◆ **touch-and-go** *adj:* **it's ~ whether...** il n'est pas du tout certain que + *subj.* ◆ **touching** — **1** *adj* touchant. — **2** *prep* concernant. ◆ **touchline** *n* ligne *f* de touche. ◆ **touch-type** *vi* taper au toucher. ◆ **touchy** *adj* susceptible.

tough [tʌf] *adj* **(a)** *(fabric etc)* solide; *(meat)* dur; *(difficult)* difficile; *(journey, work)* pénible; *(sport, conditions)* rude; *(regulations)* sévère. **(b)** *(physically strong)* robuste; *(resilient)* solide, endurant; *(hard: negotiator, gangster)* dur. **a ~ guy** un dur*; **that's ~*** c'est vache* (*on sb* pour qn); *(can't be helped)* tant pis; **to have a ~ time*** en voir de dures*. ◆ **toughen** *vt (substance)* renforcer; *(person)* endurcir.

tour [tʊəʳ] — **1** *n (journey)* voyage *m* (*of* dans, en); *(by team, musicians etc)* tournée *f; (of town, museum etc)* visite *f; (walking, cycling)* randonnée *f;* (*day* ~) excursion *f;* (*package* ~) voyage organisé. *(Theatre etc)* **on ~** en tournée; **~ of inspection** tournée d'inspection; **~ operator** tour-opérateur *m.* — **2** *vti (of tourist, visitor)* visiter; *(of team, actors)* être en tournée en *(or* dans *etc).* **to go ~ing** faire du tourisme; **~ing team** équipe *f* en tournée.

tourism ['tʊərɪzəm] *n* tourisme *m.*

tourist ['tʊərɪst] — **1** *n* touriste *mf.* — **2** *adj (class)* touriste *inv; (attraction, season)* touristique; *(industry)* du tourisme. **~ office** syndicat *m* d'initiative; **the ~ trade** le tourisme.

tournament ['tʊənəmənt] *n* tournoi *m.*

tourniquet ['tʊənɪkeɪ] *n* garrot *m.*

tousled ['taʊzld] *adj (person)* ébouriffé.

tout [taʊt] *n:* **ticket ~** revendeur *m* de billets *(au marché noir).*

tow [təʊ] — **1** *n:* **on ~** en remorque; **to give sb a ~** remorquer qn. — **2** *vt (car, boat)* remorquer; *(caravan)* tirer. *(of police)* **to ~ a car away** emmener une voiture en fourrière. ◆ **towrope** *n* câble *m* de remorque. ◆ **towpath** *n* chemin *m* de halage.

toward(s) [tə'wɔːd(z)] *prep (gen)* vers; *(of attitude)* envers, à l'égard de.

towel ['taʊəl] *n* serviette *f* (de toilette); (*dish* ~) torchon *m.* **~ rail** porte-serviettes *m inv.* ◆ **towelling** *n* tissu *m* éponge.

tower ['taʊəʳ] — **1** *n (gen)* tour *f; (of church)* clocher *m.* **~ block** tour *f* (d'habitation). — **2** *vi:* **to ~ over sth** dominer qch.

town [taʊn] — **1** *n* ville *f.* **in(to) ~** en ville; **in the ~** dans la ville; **he's out of ~** il est en déplacement; **a country ~** une ville de province; *(fig)* **to go out on the ~*** faire la bombe*; *(fig)* **he really went to ~ on it*** il y a mis le paquet*. — **2** *adj (centre)* de la ville; *(house)* en ville; *(life)* urbain. **~ clerk** ≃ secrétaire *m* de mairie; **~ council** conseil *m* municipal; **~ hall** ≃ mairie *f.* ◆ **town-and-country planning** *n* ≃ aménagement *m* du territoire. ◆ **town-planning** *n* urbanisme *m.* ◆ **townspeople** *npl* citadins *mpl.*

toxic ['tɒksɪk] *adj* toxique.

toy [tɔɪ] — **1** *n* jouet *m.* — **2** *adj (gen)* petit; *(house, railway)* miniature. — **3** *vi:* **to ~ with** jouer avec. ◆ **toybox** *n* coffre *m* à jouets. ◆ **toyshop** *n* magasin *m* de jouets.

trace [treɪs] — **1** *n* trace *f* (*of* de). **to vanish without ~** disparaître sans laisser de traces; **there is no ~ of it** il n'en reste plus trace. — **2** *vt* **(a)** *(draw)* tracer; *(with tracing paper etc)* décalquer. **(b)** *(locate)* retrouver; *(find out about)* retrouver la trace de; *(one's family)* faire remonter sa famille (*to* à). ◆ **tracing-paper** *n* papier-calque *m inv.*

track [træk] — **1** *n* **(a)** *(mark, trail)* trace *f; (on radar; of rocket etc)* trajectoire *f.* **to destroy everything in its ~** tout détruire sur son passage; **on sb's ~** sur la piste de qn; *(fig)* **on the right ~** sur la bonne voie; **to put sb off the ~** désorienter qn; **to keep ~ of** suivre; *(keep in touch with)* rester en contact avec; **to lose ~ of** perdre; *(fig: events)* ne plus être au courant de; *(lose touch with)* perdre tout contact avec. **(b)** *(path, racetrack)* piste *f.* **~ event** épreuve *f* sur piste; *(fig)* **to have a good ~ record** avoir eu de bons résultats. **(c)** *(Rail)* voie *f.* **to leave the ~s** dérailler. **(d)** *(of tape)* piste *f; (of record)* plage *f.* — **2** *vt (gen)* traquer; *(rocket)* suivre la trajectoire de. *(fig)* **to ~ sth down** finir par retrouver qch. ◆ **tracker** *n (Hunting)* traqueur *m; (gen)* poursuivant(e) *m(f).* **~ dog** chien *m* policier. ◆ **tracksuit** *n* survêtement *m.*

tract [trækt] *n* **(a)** *(of land, water)* étendue *f.* **(b)** *(pamphlet)* tract *m.*

traction ['trækʃən] *n* traction *f.*

tractor ['træktəʳ] *n* tracteur *m.*

trade [treɪd] — **1** *n* **(a)** commerce *m.* **overseas ~** commerce extérieur; *(Brit)* **Board of T~,** *(US)* **Department of T~** ministère *m* du Commerce. **(b)** *(job)* métier *m.* — **2** *adj (gen)* commercial; *(barriers)* douanier (*f* -ière); *(price)* de gros. **the T~ Descriptions Act** la loi de protection du consommateur; **~ name** marque *f* déposée; *(lit, fig)* **~ secret** secret *m* de fabrication; **~ wind** alizé *m.* — **3** *vi* faire le commerce (*in* de). *(fig)* **to ~ on** abuser de. — **4** *vt (exchange)* échanger (*for* contre). **to ~ sth in** faire reprendre qch. ◆ **trade-in** *adj (price)* à la reprise. ◆ **trademark** *n* marque *f* de fabrique. **registered ~** marque déposée. ◆ **trader** *n* marchand *m* (*in* en); (*street* ~) vendeur *m* (*f* -euse) de rue. ◆ **tradesman** *n* commerçant *m.* ◆ **trade union** *n* syndicat *m.* ◆ **trade unionist** *n* syndicaliste *mf.* ◆ **trading** *n* commerce *m.* **~ estate** zone *f* industrielle; **~ stamp** timbre-prime *m.*

tradition [trə'dɪʃən] *n* tradition *f.*

traditional [trə'dɪʃənl] *adj* traditionnel (*f* -elle) (*to do* de faire).

traffic ['træfɪk] (*vb: pret, ptp* **trafficked**) — **1** *n* **(a)** *(road)* circulation *f; (gen)* trafic *m.* **closed to heavy ~** interdit aux poids lourds; **build-up of ~** bouchon *m.* **(b)** *(trade)* trafic *m* (*in* de). — **2** *vi* faire le trafic (*in* de). — **3** *adj (road: regulations, policeman)* de la circulation; *(offence)* au code de la route. *(Aviation)* **~ controller** aiguilleur *m* du ciel; **~ jam** embouteillage *m;* **~ light** feu *m* (de signalisation); **~ sign** panneau *m* de signalisation; **~ warden** contractuel(le) *m(f).*

tragedy ['trædʒɪdɪ] *n* tragédie *f.*

tragic ['trædʒɪk] *adj* tragique.

trail [treɪl] — **1** *n* **(a)** *(of blood, smoke etc)* traînée *f; (tracks)* trace *f.* **to leave a ~ of**

destruction tout détruire sur son passage; **on the ~ of** sur la piste de. **(b)** *(path)* sentier *m*. — **2** *vt* **(a)** *(follow)* suivre la piste de. **(b)** *(tow)* traîner; *(caravan etc)* tirer. — **3** *vi (gen)* traîner. **to ~ along** *(wearily)* passer en traînant les pieds; **~ing plant** plante *f* rampante. ◆ **trailer** *n* **(a)** remorque *f*; *(caravan)* caravane *f*. **(b)** *(Cinema, TV)* film *m* publicitaire.

train [treɪn] — **1** *n* **(a)** *(Rail)* train *m*; *(in underground)* rame *f*. **fast ~** rapide *m*; **slow ~** omnibus *m*; **to go by ~** prendre le train; **to go to London by ~** aller à Londres par le train; **on the ~** dans le train; **the ~ service to London** les trains pour Londres; **~ set** train *m* électrique *(jouet)*. **(b)** *(of mules etc)* file *f*; *(of events etc)* suite *f*. **his ~ of thought** le fil de ses pensées. — **2** *vt* **(a)** *(instruct)* former; *(Sport)* entraîner; *(animal)* dresser (*to do* à faire); *(ear, mind)* exercer. **to ~ sb to do** apprendre à qn à faire; *(professionally)* former qn à faire; **to ~ o.s. to do** s'entraîner à faire. **(b)** *(direct: gun etc)* braquer (*on* sur); *(plant)* faire grimper. — **3** *vi (Sport)* s'entraîner (*for* pour). **to ~ as a teacher** recevoir une formation de professeur. ◆ **trained** *adj (professionally)* qualifié (*for* pour); *(engineer, nurse)* diplômé; *(animal)* dressé; *(eye, ear)* exercé. **well-~** *(child)* bien élevé; *(animal)* bien dressé. ◆ **trainee** *adj, n* stagiaire *(mf)*. ◆ **trainer** *n (Sport)* entraîneur *m*; *(in circus)* dresseur *m* (*f* -euse); *(shoe)* chaussure *f* de sport. ◆ **training** — **1** *n (for job)* formation *f*; *(Sport)* entraînement *m*. *(Sport)* **to be in ~** *(preparing o.s.)* être en cours d'entraînement; *(on form)* être en forme. — **2** *adj (scheme, centre)* de formation. **~ college** *(gen)* école *f* professionnelle; *(for teachers)* ≃ école normale. ◆ **train-spotting** *n*: **to go ~** observer les trains.

trait [treɪt] *n* trait *m (de caractère)*.

traitor ['treɪtəʳ] *n* traître *m*.

tramcar ['træmkɑːʳ] *n* tramway *m*.

tramp [træmp] — **1** *n* vagabond(e) *m(f)*, clochard(e) *m(f)*. **~ steamer** tramp *m*. — **2** *vi*: **to ~ along** marcher d'un pas lourd.

trample ['træmpl] *vti*: **to ~ on** piétiner; *(fig)* bafouer.

trampoline ['træmpəlɪn] *n* trampolino *m*.

trance [trɑːns] *n* transe *f*.

tranquillize ['træŋkwɪlaɪz], *(US)* **-ilize** *vt (Med)* mettre sous tranquillisants. ◆ **tranquil(l)izer** *n* tranquillisant *m*.

transatlantic [ˌtrænzət'læntɪk] *adj* transatlantique.

transaction [træn'zækʃən] *n* transaction *f*; *(in bank, shop)* opération *f*.

transcend [træn'send] *vt (gen)* transcender; *(excel over)* surpasser.

transcribe [træn'skraɪb] *vt* transcrire.

transcript ['trænskrɪpt] *n* transcription *f*.

transept ['trænsept] *n* transept *m*.

transfer [træns'fɜːʳ] — **1** *vt (gen)* transférer; *(power)* faire passer; *(drawing, affections)* reporter (*to* sur). *(Telephone)* **to ~ the charges** téléphoner en P.C.V.; **~red charge call** communication *f* en P.C.V. — **2** *vi* être transféré (*to* à; *from* de). — **3** ['trænsfɜːʳ] *n* **(a)** *(gen)* transfert *m* (*to* à; *from* de); *(of power)* passation *f*. **by bank ~** par virement *m* bancaire. **(b)** *(design etc: rub-on)* décalcomanie *f*; *(stick-on)* auto-collant *m*. ◆ **transferable** *adj* transmissible.

transform [træns'fɔːm] *vt* transformer (*into* en). **to be ~ed into** se transformer en. ◆ **transformer** *n* transformateur *m*.

transfusion [træns'fjuːʒən] *n (Med, fig)* transfusion *f*.

transgress [træns'gres] *vi* pécher.

transistor [træn'zɪstəʳ] *n* transistor *m*.

transit ['trænzɪt] *adj (goods, passengers)* en transit; *(visa, lounge)* de transit; *(Mil etc: camp)* volant.

transition [træn'zɪʃən] *n* transition *f* (*from* de; *to* à).

transitional [træn'zɪʃənəl] *adj* transitoire.

transitive ['trænzɪtɪv] *adj* transitif (*f* -ive).

translate [trænz'leɪt] *vti* traduire (*from* de; *into* en). ◆ **translation** *n* traduction *f* (*from* de; *into* en); *(as exercise)* version *f*. ◆ **translator** *n* traducteur *m* (*f* -trice).

transmit [trænz'mɪt] *vti (gen)* transmettre; *(Radio, TV)* émettre. ◆ **transmitter** *n* transmetteur *m*; *(Radio, TV)* émetteur *m*.

transparency [træns'pɛərənsɪ] *n (Photo)* diapositive *f*.

transparent [træns'pɛərənt] *adj* transparent.

transpire [træns'paɪəʳ] *vi (happen)* se passer. **it ~d that...** on a appris par la suite que...

transplant [træns'plɑːnt] — **1** *vt (gen)* transplanter; *(Med)* greffer; *(seedlings etc)* repiquer. — **2** ['trænsplɑːnt] *n*: **heart ~** greffe *f* du cœur.

transport ['trænspɔːt] — **1** *n* transport *m*. **road ~** transport par route; **Ministry of T~** ministère *m* des Transports; **have you got any ~?*** tu as une voiture?; **~ café** ≃ restaurant *m* de routiers. — **2** [træns'pɔːt] *vt* transporter. ◆ **transporter** *n (lorry)* camion *m* pour transport d'automobiles.

transpose [træns'pəʊz] *vt* transposer.

trap [træp] — **1** *n* **(a)** *(gen)* piège *m*; *(mouse~)* souricière *f*. **to set** *or* **lay a ~** tendre un piège (*for* à); **to catch in a ~** prendre au piège. **(b)** **~ (door)** trappe *f*. — **2** *vt (snare)* prendre au piège; *(catch, cut off)* bloquer; *(finger in door etc)* coincer. ◆ **trapper** *n* trappeur *m*.

trapeze [trə'piːz] *n* trapèze *m*.

trash [træʃ] *n (refuse)* ordures *fpl*; *(cheap goods)* camelote* *f*; *(nonsense)* bêtises *fpl*. **~ can** boîte *f* à ordures.

traumatic [trɔː'mætɪk] *adj* traumatisant.

travel ['trævl] — **1** *vi (journey)* voyager; *(move, go)* aller. **you were ~ling too fast** vous alliez trop vite; **to ~ at 80 km/h** faire du 80 km/h; **news ~s fast** les nouvelles circulent vite. — **2** *n*: **~s** voyages *mpl*. — **3** *adj (allowance)* de déplacement; *(organization)* de tourisme. **~ agency** agence *f* de voyages; **~ agent** agent *m* de voyages; **~ brochure** dépliant *m* touristique. ◆ **travelator** *n* tapis *m* roulant. ◆ **traveller,** *(US)* **traveler** *n* voyageur *m* (*f* -euse); *(commercial)* représentant *m* (de commerce) (*in* en). **~'s cheque** chèque *m* de voyage. ◆ **travel(l)ing** — **1** *n* voyages *mpl*. — **2** *adj* **(a)** *(circus, troupe)* ambulant. **~ salesman** représentant *m* de commerce. **(b)** *(bag, rug, clock, scholarship)* de voyage; *(expenses)* de déplacement. ◆ **travel-sickness** *n* mal *m* de la route *(etc)*.

travesty ['trævɪstɪ] *n (fig)* simulacre *m*.

trawler ['trɔːləʳ] *n* chalutier *m*.

tray [treɪ] *n* plateau *m*.

treacherous ['tretʃərəs] *adj* traître (*f* traîtresse).

treacle ['triːkl] *n* mélasse *f*.

tread [tred] (*vb: pret* **trod,** *ptp* **trodden**) — **1** *n* *(of tyre)* chape *f*. — **2** *vti* marcher. **to ~ on sth** marcher sur qch; *(deliberately)* écraser qch; **to ~ grapes** fouler du raisin; **to ~ water** nager en chien.

treason ['tri:zn] *n* trahison *f*.

treasure ['treʒəʳ] — **1** *n* trésor *m*. *(of helper etc)* **she's a real ~** c'est une perle; **~ hunt** chasse *f* au trésor. — **2** *vt (value)* attacher une grande valeur à; *(store away)* garder précieusement; *(memory)* chérir. ◆ **treasurer** *n* trésorier *m* (*f* -ière). ◆ **treasure-trove** *n* trésor *m* *(dont le propriétaire est inconnu)*.

Treasury ['treʒərɪ] *n* ministère *m* des Finances.

treat [tri:t] — **1** *vt* **(a)** traiter (*like* comme; *for* pour; *sth with sth* qch à qch). **to ~ sth with care** faire attention à qch; **he ~ed it as a joke** il a pris cela à la plaisanterie; **to ~ sb with penicillin** soigner qn à la pénicilline. **(b) to ~ sb to sth** offrir qch à qn; **to ~ o.s. to sth** se payer* qch. — **2** *n (outing)* sortie *f*; *(present)* cadeau *m*. **a ~ in store** un plaisir à venir; **to give sb a ~** faire plaisir à qn; **this is my ~** c'est moi qui paie*.

treatise ['tri:tɪz] *n* traité *m*.

treatment ['tri:tmənt] *n (gen)* traitement *m*. *(Med)* **to have ~ for sth** suivre un traitement pour qch.

treaty ['tri:tɪ] *n (Pol)* traité *m*.

treble ['trebl] — **1** *adj* **(a)** *(triple)* triple. **(b)** *(Music: voice)* de soprano *(enfant)*; *(clef)* de sol. — **2** *vti* tripler.

tree [tri:] *n* arbre *m*. ◆ **treetop** *n* cime *f* d'un arbre. ◆ **tree-trunk** *n* tronc *m* d'arbre.

trefoil ['trefɔɪl] *n* trèfle *m (plante)*.

trek [trek] *n* voyage *m* difficile. **it was quite a ~*** il y avait un bon bout de chemin.

trellis ['trelɪs] *n* treillis *m*.

tremble ['trembl] — **1** *vi (gen)* trembler (*with* de); *(of ship)* vibrer. — **2** *n* tremblement *m*. **to be all of a ~*** trembler de la tête aux pieds. ◆ **trembling** — **1** *adj* tremblant. — **2** *n* tremblement *m*.

tremendous [trə'mendəs] *adj (huge)* énorme; *(dreadful: storm, blow)* terrible; *(speed, success)* fou (*f* folle); (*: *excellent*) formidable*. ◆ **tremendously** *adv* extrêmement.

tremor ['treməʳ] *n* tremblement *m*.

trench [trentʃ] *n* tranchée *f*. ◆ **trenchcoat** *n* trench-coat *m*.

trend [trend] *n (tendency)* tendance *f* (*towards* à); *(of events)* cours *m*. **there is a ~ towards doing** on a tendance à faire. ◆ **trendsetter** *n* personne *f* qui donne le ton. ◆ **trendy*** *adj* *(clothes)* dernier cri *inv*; *(opinions, person)* dans le vent*.

trepidation [ˌtrepɪ'deɪʃən] *n* vive inquiétude *f*.

trespass ['trespəs] *vi* s'introduire sans permission (*on* dans). **'no ~ing'** 'entrée interdite'. ◆ **trespasser** *n* intrus(e) *m(f)*. **'~s will be prosecuted'** 'défense d'entrer sous peine de poursuites'.

trestle ['tresl] *n* tréteau *m*.

trial ['traɪəl] — **1** *n* **(a)** *(proceedings)* procès *m*. **at** *or* **during the ~** au cours du procès; **~ by jury** jugement *m* par jury; **to be on ~** passer en jugement. **(b)** *(test)* essai *m*. **~s** *(Sport)* match *m* (*or* épreuve *f*) de sélection; *(for sheepdogs, horses)* concours *m*; **~ of strength** épreuve *f* de force; **by ~ and error** par tâtonnements; **on ~** à l'essai. **(c)** *(hardship)* épreuve *f*. **~s and tribulations** tribulations *fpl*; **he is a ~ to her** il lui donne beaucoup de souci. — **2** *adj (flight, period etc)* d'essai; *(offer, marriage)* à l'essai. **~ run** essai *m*.

triangle ['traɪæŋgl] *n* triangle *m*.

tribe [traɪb] *n* tribu *f*.

tribunal [traɪ'bju:nl] *n* tribunal *m*. **~ of inquiry** commission *f* d'enquête.

tributary ['trɪbjʊtərɪ] *n* affluent *m*.

tribute ['trɪbju:t] *n* tribut *m*. **to pay ~ to** rendre hommage à.

trick [trɪk] — **1** *n* **(a)** *(gen)* tour *m*; *(ruse)* truc* *m*. **to play a ~ on** jouer un tour à; **a dirty ~** un sale tour; **~ photograph** photographie *f* truquée; **~ question** question-piège *f*; *(fig)* **to do the ~*** faire l'affaire. **(b)** *(habit)* manie *f* (*of doing* de faire); *(mannerism)* tic *m*. **(c)** *(Cards)* levée *f*. **to take a ~** faire une levée; *(fig)* **he never misses a ~** rien ne lui échappe. — **2** *vt* attraper. **to ~ sb into doing** amener qn à faire par la ruse; **to ~ sb out of sth** obtenir qch de qn par la ruse. ◆ **trickster** *n* filou *m*.

trickle ['trɪkl] — **1** *n* filet *m*. — **2** *vi*: **to ~ in** *(water)* couler goutte à goutte; *(people)* entrer les uns après les autres; *(letters)* arriver peu à peu.

tricky ['trɪkɪ] *adj (difficult)* difficile; *(scheming)* rusé.

tricycle ['traɪsɪkl] *n* tricycle *m*.

trifle ['traɪfl] *n* **(a)** *(object, sum of money)* bagatelle *f*. **a ~ difficult** un peu difficile. **(b)** *(dessert)* ≃ diplomate *m*. ◆ **trifling** *adj* insignifiant.

trigger ['trɪgəʳ] — **1** *n* détente *f*, gâchette *f*. — **2** *vt* (**~ off**) déclencher.

trim [trɪm] — **1** *adj (gen)* net (*f* nette). **~ figure** taille *f* svelte. — **2** *n* **(a) in ~** *(place, thing)* en bon état; *(person)* en forme; *(at hairdresser's)* **to have a ~** se faire rafraîchir les cheveux. **(b)** *(on garment)* garniture *f*. **car with blue interior ~** voiture à intérieur bleu. — **3** *vt* **(a)** *(hair)* rafraîchir; *(beard, hedge)* tailler légèrement; *(edges)* couper; *(wood, paper)* rogner. **(b)** *(decorate)* décorer (*with* de). ◆ **trimming** *n* *(on dress, food)* garniture *f*; *(fig: extra)* accessoire *m*.

trinity ['trɪnɪtɪ] *n* trinité *f*.

trinket ['trɪŋkɪt] *n (knick-knack)* bibelot *m*; *(jewellery)* colifichet *m*.

trio ['trɪəʊ] *n* trio *m*.

trip [trɪp] — **1** *n* **(a)** voyage *m*. **to take a ~** faire un voyage (*to* à, en); **he does 3 ~s to Scotland a week** il va en Écosse 3 fois par semaine; **day ~** excursion *f*. **(b)** *(Drugs sl)* trip *m*. — **2** *vti* (**~ up**) faire un faux pas. **to ~ over sth** trébucher contre qch; **to ~ sb up** faire trébucher qn. ◆ **tripper** *n* touriste *mf*; (*day* **~**) excursionniste *mf*.

tripe [traɪp] *n* tripes *fpl*; (*: *nonsense*) bêtises *fpl*.

triple ['trɪpl] — **1** *adj* triple. — **2** *vti* tripler.

triplets ['trɪplɪts] *npl* triplé(e)s *m(f)pl*.

triplicate ['trɪplɪkɪt] *n*: **in ~** en trois exemplaires.

tripod ['traɪpɒd] *n* trépied *m*.

trite [traɪt] *adj* banal.

triumph ['traɪʌmf] — **1** *n* triomphe *m*. — **2** *vi* triompher (*over* de). ◆ **triumphant** *adj* triomphant. ◆ **triumphantly** *adv* triomphalement.

trivial ['trɪvɪəl] *adj (gen)* sans importance; *(amount, reason)* insignifiant; *(film)* banal.

trod(den) ['trɒd(n)] *V* **tread.**

trolley ['trɒlɪ] *n (gen)* chariot *m*; *(two-wheeled)* diable *m*; (*tea* **~**) table *f* roulante; *(in office)* chariot à boissons.

troop [truːp] — **1** *n* troupe *f*. *(Mil)* **~s** troupes; **~ carrier** *(plane)* avion *m* de transport militaire; *(ship)* transport *m;* **~ train** train *m* militaire. — **2** *vi:* **to ~ past** passer en groupe; **~ing the colour** le salut au drapeau.

trophy ['trəʊfɪ] *n* trophée *m*.

tropic ['trɒpɪk] *n:* **T~ of Cancer** tropique *m* du cancer; **T~ of Capricorn** tropique du capricorne; **in the ~s** sous les tropiques. ◆ **tropical** *adj* tropical.

trot [trɒt] — **1** *n (pace)* trot *m*. **at a ~** au trot; **on the ~*** d'affilée. — **2** *vi* trotter. **to ~ in** entrer au trot.

trotters ['trɒtəz] *npl (pigs' ~)* pieds *mpl* de porc.

trouble ['trʌbl] — **1** *n* **(a)** *(difficulty)* ennui *m*. **what's the ~?** qu'est-ce qu'il y a?; **that's the ~!** c'est ça, l'ennui!; **the ~ is that...** l'ennui *or* le problème, c'est que...; **to be in ~** avoir des ennuis; **to get into ~** s'attirer des ennuis; **to get sb into ~** causer des ennuis à qn; **it's asking for ~** c'est se chercher des ennuis; **to cause ~ between** causer des désaccords entre; **I'm having ~ with him** il me cause des ennuis; **to have back ~** avoir des ennuis de dos; **engine ~** ennuis de moteur; **there is a lot of ~ in Africa** la situation est très tendue en Afrique; **~ spot** point *m* névralgique. **(b)** *(bother)* mal *m*. **it's no ~** cela ne me dérange pas; **it's not worth the ~** ça ne vaut pas la peine; **to go to** *or* **to take a lot of ~** se donner beaucoup de mal (*over* pour; *to do* pour faire). — **2** *vti (worry)* inquiéter; *(bother)* déranger; *(inconvenience)* gêner. **his eyes ~ him** ses yeux le font souffrir; **sorry to ~ you** désolé de vous déranger; **please don't ~** ne vous dérangez pas; **to ~ to do** se donner la peine de faire; **to be ~d about sth** s'inquiéter de qch; **in ~d times** à une époque agitée. ◆ **troublemaker** *n* provocateur *m* (*f* -trice). ◆ **troubleshooter** *n* expert *m; (in conflict)* conciliateur *m*. ◆ **troublesome** *adj (gen)* pénible; *(request, cough)* gênant.

trough [trɒf] *n* **(a)** *(dip)* creux *m; (fig)* point *m* bas. *(weather)* **~ of low pressure** zone *f* dépressionnaire. **(b)** (*drinking* **~**) abreuvoir *m;* (*feeding* **~**) auge *f*.

trounce [traʊns] *vt* battre à plates coutures.

troupe [truːp] *n* troupe *f (Theatre)*.

trousers ['traʊzəz] *npl:* **(pair of) ~** pantalon *m;* **short ~** culottes *fpl* courtes. ◆ **trouser-suit** *n* tailleur-pantalon *m*.

trout [traʊt] *n, pl inv* truite *f*.

trowel ['traʊəl] *n* truelle *f; (gardening)* déplantoir *m*.

truant ['trʊənt] *n* élève *mf* absent(e) sans autorisation. **to play ~** manquer les cours.

truce [truːs] *n* trêve *f*.

truck [trʌk] *n (lorry)* camion *m; (Rail)* truck *m*. ◆ **truckdriver** *n* camionneur *m*. ◆ **trucking** *n* camionnage *m*.

truculent ['trʌkjʊlənt] *adj* agressif (*f* -ive).

trudge [trʌdʒ] *vi* marcher péniblement.

true [truː] — **1** *adj* **(a)** *(gen)* vrai; *(description, figures)* exact. **to come ~** se réaliser; **what is the ~ situation?** quelle est la situation réelle? **(b)** *(faithful)* fidèle (*to* à). **~ to life** conforme à la réalité. — **2** *adv (aim, sing)* juste. ◆ **truly** *adv* vraiment. **well and ~** bel et bien; *(letter)* **yours ~** je vous prie d'agréer l'expression de mes sentiments respectueux.

truffle ['trʌfl] *n* truffe *f*.

trump [trʌmp] — **1** *n (also* **~** *card)* atout *m*. **spades are ~s** c'est atout pique; **no ~** sans atout; *(fig)* **to turn up ~s*** faire des merveilles. — **2** *vt* **(a)** *(Cards)* prendre avec l'atout. **(b) to ~ sth up** inventer qch de toutes pièces.

trumpet ['trʌmpɪt] *n* trompette *f*. ◆ **trumpeter** *n* trompette *m*. ◆ **trumpet-player** *n* trompettiste *mf*.

truncheon ['trʌntʃən] *n* matraque *f*.

trunk [trʌŋk] *n (of body, tree)* tronc *m; (of elephant)* trompe *f; (luggage)* malle *f; (US: of car)* coffre *m*. **swimming ~s** slip *m* de bain; *(Telephone)* **~ call** communication *f* interurbaine; **~ road** route *f* nationale.

truss [trʌs] — **1** *n (Med)* bandage *m* herniaire. — **2** *vt (chicken)* trousser; (**~ up:** *prisoner)* ligoter.

trust [trʌst] — **1** *n* **(a)** confiance *f* (*in* en). **you'll have to take it on ~** il vous faudra me *(etc)* croire sur parole. **(b)** *(Finance)* trust *m*. *(Law)* **~ fund** fonds *m* en fidéicommis. — **2** *vti (person)* avoir confiance en; *(method, promise)* se fier à; *(hope)* espérer (*that* que). **he is not to be ~ed** on ne peut pas lui faire confiance; **to ~ sb with sth, to ~ sth to sb** confier qch à qn; **to ~ sb to do** compter sur qn pour faire; **to ~ in sb** se fier à qn; **to ~ to luck** s'en remettre à la chance. ◆ **trustee** *n (of estate)* fidéicommissaire *m*. *(of institution)* **the ~s** le conseil d'administration. ◆ **trustworthy** *adj* digne de confiance.

truth [truːθ] *n* vérité *f*. **to tell the ~** dire la vérité; **to tell you the ~, he...** à vrai dire, il...; **there's some ~ in it** il y a du vrai là-dedans. ◆ **truthful** *adj (person)* qui dit la vérité; *(statement)* véridique. ◆ **truthfully** *adv* sincèrement.

try [traɪ] — **1** *n* essai *m*. **to have a ~** essayer (*at doing* de faire); **to give sth a ~** essayer qch. — **2** *vti* **(a)** *(gen)* essayer (*to do, doing* de faire; *for sth* d'obtenir); *(sb's patience)* mettre à l'épreuve. **to ~ one's best** faire de son mieux (*to do* pour faire); **to ~ one's luck** tenter sa chance; **well-tried** qui a fait ses preuves; **to ~ sth on** essayer qch; *(fig)* **don't ~ anything on!** ne fais pas le malin!, **to ~ sth out** mettre qch à l'essai. **(b)** *(Law)* juger (*for* pour). ◆ **trying** *adj* pénible. **to have a ~ time** passer des moments difficiles. ◆ **tryout** *n* essai *m*.

tub [tʌb] *n (gen)* cuve *f; (washing clothes)* baquet *m; (for flowers)* bac *m; (cream etc)* petit pot *m;* (*bath***~**) baignoire *f*.

tube [tjuːb] *n (gen)* tube *m; (of tyre)* chambre *f* à air. *(Brit)* **the ~** le métro; **to go by ~** prendre le métro; **~ station** station *f* de métro. ◆ **tubeless** *adj (tyre)* sans chambre à air.

tuberculosis [tjʊˌbɜːkjʊ'ləʊsɪs] (*abbr* **TB***) *n* tuberculose *f*.

tuck [tʌk] — **1** *n (Sewing etc)* rempli *m*. — **2** *vt (put)* mettre. **~ed away among the trees** caché parmi les arbres; **to ~ sth in** rentrer qch; *(in bed)* **to ~ in, to ~ up** border; *(fig)* **to ~ into a meal*** attaquer* un repas. ◆ **tuckbox** *n* boîte *f* à provisions. ◆ **tuck-shop** *n* boutique *f* à provisions.

Tuesday ['tjuːzdɪ] *n* mardi *m; for phrases V* **Saturday.**

tuft [tʌft] *n* touffe *f*.

tug [tʌg] — **1** *n* **(a) to give sth a ~** tirer sur qch. **(b)** *(~boat)* remorqueur *m*. — **2** *vti* tirer fort (*at, on* sur). **to ~ sth** tirer sur qch. ◆ **tug-of-war** *n* lutte *f* à la corde.

tuition [tjʊ'ɪʃən] *n* cours *mpl*. **private ~** cours particuliers (*in* de); **~ fee** frais *mpl* d'inscription.

tulip ['tjuːlɪp] *n* tulipe *f*.

tumble ['tʌmbl] *vi (fall)* tomber. **to ~ head over heels** faire la culbute; *(rush)* **they ~d out of the car** ils ont déboulé* de la voiture; *(of building)* **to be tumbling down** tomber en ruine; *(realize)* **to ~ to sth*** réaliser* qch. ◆ **tumbledown** *adj* délabré. ◆ **tumbledryer** *n* séchoir *m* à linge (à air chaud). ◆ **tumbler** *n (glass)* verre *m* droit; *(of plastic, metal)* gobelet *m*.

tummy* ['tʌmɪ] *n* ventre *m*. **~-ache** mal *m* de ventre.

tumour, *(US)* **-or** ['tju:mə^r] *n* tumeur *f*.

tumult ['tju:mʌlt] *n* tumulte *m*.

tuna ['tju:nə] *n* (**~** *fish*) thon *m*.

tune [tju:n] — **1** *n* air *m*. **to the ~ of** *(sing)* sur l'air de; **in ~** juste; **out of ~** faux; *(fig)* **to change one's ~** changer de ton; *(fig)* **in ~ with** en accord avec. — **2** *vti* **(a) to ~ in** se mettre à l'écoute (*to* de); **to be ~d to** être à l'écoute de. **(b)** *(piano)* accorder; *(engine)* régler. *(of orchestra)* **to ~ up** accorder ses instruments. ◆ **tuneful** *adj* mélodieux (*f* -ieuse). ◆ **tuning** *n (of engine)* réglage *m*. ◆ **tuning-fork** *n* diapason *m*. ◆ **tuning-knob** *n (of radio etc)* bouton *m* de réglage.

tunic ['tju:nɪk] *n* tunique *f*.

Tunisia [tju:'nɪzɪə] *n* Tunisie *f*.

tunnel ['tʌnl] — **1** *n (gen)* tunnel *m*; *(in mine)* galerie *f*. — **2** *vi* percer un tunnel (*into* dans; *under* sous).

tunny ['tʌnɪ] *n* thon *m*.

turbine ['tɜ:baɪn] *n* turbine *f*.

turbojet ['tɜ:bəʊ'dʒet] *n* turboréacteur *m*.

turbot ['tɜ:bət] *n* turbot *m*.

tureen [tə'ri:n] *n* soupière *f*.

turf [tɜ:f] — **1** *n* gazon *m*. *(Sport)* **the T~** le turf; **~ accountant** bookmaker *m*. — **2** *vt* **(a)** *(land)* gazonner. **(b) to ~ out*** *(person)* flanquer* à la porte; *(thing)* jeter.

Turkey ['tɜ:kɪ] *n* Turquie *f*.

turkey ['tɜ:kɪ] *n* dindon *m*, dinde *f*; *(food)* dinde.

Turkish ['tɜ:kɪʃ] — **1** *adj* turc (*f* turque). **~ bath** bain *m* turc; **~ delight** loukoum *m*. — **2** *n (language)* turc *m*.

turmoil ['tɜ:mɔɪl] *n* agitation *f*; *(emotional)* émoi *m*. **everything was in a ~** tout était bouleversé.

turn [tɜ:n] — **1** *n* **(a)** *(of wheel, handle etc)* tour *m*. *(food)* **done to a ~** à point. **(b)** *(bend: in road etc)* tournant *m*. **'no left ~'** 'défense de tourner à gauche'; **take the next left ~** prenez la prochaine route à gauche; **at the ~ of the century** à la fin du siècle; **to take a new ~** prendre une nouvelle tournure; **to take a ~ for the better** s'améliorer; **~ of mind** tournure *f* d'esprit; **~ of phrase** tournure *f*. **(c)** *(Med)* crise *f*. *(fig)* **it gave me quite a ~*** ça m'a fait un coup*. **(d) to do sb a good ~** rendre un service à qn; **his good ~ for the day** sa bonne action pour la journée. **(e)** *(Theatre etc: act)* numéro *m*. **(f)** *(in game, queue etc)* tour *m*. **it's your ~** c'est à vous (*to play* de jouer); **whose ~ is it?** c'est à qui le tour?; **in ~, and ~ about** à tour de rôle; **and he, in ~, said...** et lui, à son tour, a dit...; **to take it in ~s to do sth** faire qch à tour de rôle; *(fig)* **to speak out of ~** commettre une indiscrétion.

— **2** *vt* **(a)** (*gen:* **~ over**) tourner; *(mattress, steak)* retourner. **~ the key in the lock** ferme la porte à clef; **to ~ the corner** tourner le coin de la rue; **he has ~ed 40** il a 40 ans passés; *(fig)* **it ~s my stomach** cela me soulève le cœur. **(b) to ~ sb away** renvoyer qn; **to ~ back** *(bedclothes, collar)* rabattre; *(person, vehicle)* faire faire demi-tour à; *(fig)* **to ~ the clock back 50 years** revenir en arrière de 50 ans; **to ~ down** *(heat, music)* baisser; *(offer, suitor)* rejeter; **to ~ in** *(hand over: object)* rendre (*to* à); *(wanted man)* livrer à la police; **to ~ off** *(water, radio, tap)* fermer; *(light)* éteindre; *(at main)* couper; *(engine)* arrêter; **to ~ on** *(tap)* ouvrir; *(water)* faire couler; *(gas, radio etc)* allumer; *(at main)* brancher; *(machine)* mettre en marche; **to ~ out** *(light, gas)* éteindre; *(empty out)* vider (*of* de); *(clean)* nettoyer à fond; *(expel)* mettre à la porte; *(produce)* produire; *(fig)* **well ~ed out** élégant; **to ~ sb over to the police** livrer qn à la police; **to ~ round** *(gen)* tourner; *(vehicle)* faire faire demi-tour à; **to ~ up** *(collar, sleeve)* remonter; *(find)* dénicher; *(heat, television etc)* mettre plus fort; **~ed-up nose** nez *m* retroussé. **(c)** *(direct: gen)* diriger (*towards* vers); *(gun, telescope etc)* braquer (*on* sur); *(conversation)* détourner (*to* sur). **they ~ed hoses on them** ils les ont aspergés avec des lances d'incendie; **to ~ one's back on sb** tourner le dos à qn; **as soon as his back is ~ed** dès qu'il a le dos tourné; **without ~ing a hair** sans sourciller; *(fig)* **to ~ the other cheek** tendre l'autre joue; *(fig)* **to ~ the tables** renverser les rôles; *(fig)* **to ~ sb against sb** monter qn contre qn. **(d)** *(change)* transformer (*sth into sth* qch en qch), changer (*sb into sth* qn en qch); *(translate)* traduire (*into* en); **actor ~ed writer** acteur devenu écrivain; **to ~ a book into a film** adapter un livre pour l'écran; **to ~ a boat adrift** faire partir un bateau à la dérive.

— **3** *vi* **(a)** (*of handle, wheel etc:* **~ round**) tourner; (*of person:* **~ round, ~ over**) se tourner (*to, towards* vers); (**~** *right round*) se retourner; (*change course:* **~ off**) tourner (*into* dans; *towards* vers); (*reverse direction:* **~ round, ~ back**) faire demi-tour; *(of milk)* tourner; *(of tide)* changer de direction. **he ~ed to look at me** il s'est retourné pour me regarder; **~ to face me** tourne-toi vers moi; *(Mil)* **right ~!** à droite, droite!; **to ~ (to the) left** tourner à gauche; **to ~ tail** prendre ses jambes à son cou; **to ~ aside, to ~ away** se détourner (*from* de); **to ~ in** *(of car)* tourner (*to* dans); *(go to bed)* aller se coucher; **to ~ on sb** attaquer qn; **to ~ out** *(go out)* sortir; **it ~ed out that...** il s'est avéré que...; **he ~ed out to be...** il s'est révélé être...; **as it ~ed out** en l'occurrence; **to ~ over and over** faire des tours sur soi-même; *(in letter)* **please ~ over** tournez s'il vous plaît; **to ~ up** *(arrive)* arriver; *(be found)* être trouvé; **sth will ~ up** on va bien trouver qch; **~ing point** moment *m* décisif (*in* de); *(fig)* **he didn't know which way to ~** il ne savait plus où donner de la tête; **he ~ed to me for advice** il s'est tourné vers moi pour me demander conseil; **he ~ed to politics** il s'est tourné vers la politique. **(b)** *(become)* devenir. *(change)* **to ~ into sth** se changer en qch; *(weather)* **to ~ cold** tourner au froid.

◆ **turncoat** *n* renégat(e) *m(f)*. ◆ **turning** *n (side road)* route *f* (*or* rue *f*) latérale; *(bend)* coude *m*. **the second ~ on the left** la deuxième à gauche. ◆ **turnoff** *n (in road)* embranchement *m*. ◆ **turnout** *n*: **there was a good ~** beaucoup de gens sont venus. ◆ **turnover** *n (of stock, goods)* roulement *m*; *(total business)* chiffre *m* d'affaires; *(of staff)* changement *m* fréquent. ◆ **turnstile** *n* tourniquet *m (barrière)*.

◆ **turntable** *n (of record player)* platine *f*. ◆ **turn-up** *n (of trousers)* revers *m*.
turnip ['tɜːnɪp] *n* navet *m*.
turpentine ['tɜːpəntaɪn] *n* (*abbr* **turps***) térébenthine *f*.
turquoise ['tɜːkwɔɪz] *n (stone)* turquoise *f*; *(colour)* turquoise *m*.
turret ['tʌrɪt] *n* tourelle *f*.
turtle ['tɜːtl] *n* tortue *f* marine. ◆ **turtledove** *n* tourterelle *f*. ◆ **turtlenecked** *adj* à col montant.
tusk [tʌsk] *n* défense *f (d'éléphant)*.
tussle ['tʌsl] — **1** *n* lutte *f* (*for* pour). — **2** *vi* se battre.
tutor ['tjuːtə^r] *n (private teacher)* précepteur *m* (*f* -trice) (*in* de); *(Brit Univ)* ≃ directeur *m* (*f* -trice) d'études; *(US Univ)* ≃ assistant(e) *m(f) (en faculté)*. ◆ **tutorial** *n (University)* travaux *mpl* pratiques (*in* de).
tuxedo [tʌk'siːdəʊ] *n (US)* smoking *m*.
TV* [,tiː'viː] *n* (*abbr of* **television**) télé* *f*.
twee* [twiː] *adj* maniéré.
tweed [twiːd] *n* tweed *m*.
tweezers ['twiːzəz] *npl* pince *f* à épiler.
twelfth [twelfθ] *adj, n* douzième *(mf)*. **T~ Night** la fête des Rois.
twelve [twelv] *adj, n* douze *(m) inv; for phrases V* **six**.
twentieth ['twentɪɪθ] *adj, n* vingtième *(mf)*; *(fraction)* vingtième *m*.
twenty ['twentɪ] *adj, n* vingt *(m)*. **about ~ books** une vingtaine de livres; *for phrases V* **sixty**.
twice [twaɪs] *adv* deux fois. **~ as long as** deux fois plus long que; **~ a week** deux fois par semaine.
twig [twɪg] *n* brindille *f*.
twilight ['twaɪlaɪt] *n* crépuscule *m*.
twill [twɪl] *n* sergé *m*.
twin [twɪn] — **1** *n* jumeau *m* (*f* -elle). — **2** *adj (brother)* jumeau; *(sister)* jumelle; *(town)* jumelé. **~ beds** lits *mpl* jumeaux. ◆ **twin-engined** *adj* bimoteur. ◆ **twinning** *n* jumelage *m*.
twine [twaɪn] *n* ficelle *f*.
twinge [twɪndʒ] *n (of pain)* élancement *m*; *(of regret)* pincement *m* au cœur; *(of conscience)* petit remords *m*.
twinkle ['twɪŋkl] *vi (gen)* scintiller; *(of eyes)* pétiller.
twirl [twɜːl] — **1** *vi* tournoyer. — **2** *vt* faire tournoyer.
twist [twɪst] — **1** *n (in wire etc)* tortillon *m*. **a ~ of** *(paper)* un tortillon de; *(lemon)* un zeste de; **road full of ~s and turns** route qui fait des zigzags *mpl*; *(fig)* **to give a new ~ to sth** donner un tour nouveau à qch. — **2** *vt (gen)* tordre; (**~ together:** *strands*) entortiller; *(coil)* enrouler (*round* autour de); *(turn: knob)* tourner; *(distort: facts)* déformer. *(of rope etc)* **to get ~ed** s'entortiller; **to ~ one's ankle** se fouler la cheville; *(fig)* **to ~ sb's arm** forcer la main à qn. — **3** *vi (of rope etc)* s'enrouler (*round* autour de). **to ~ and turn** zigzaguer; *(of person)* **to ~ round** se retourner. ◆ **twisted** *adj (gen)* tordu; *(cord)* entortillé; *(ankle)* foulé; *(mind)* tordu.
twit [twɪt] — **1** *vt (tease)* taquiner. — **2** *n* (*) idiot(e) *m(f)*.
twitch [twɪtʃ] — **1** *n (nervous)* tic *m* (*in sth* à qch). — **2** *vi* avoir un tic; *(of muscle)* se convulser; *(of nose, ears)* remuer.
two [tuː] *adj, n* deux *(m) inv*. **in ~s and threes** *(sell)* deux ou trois à la fois; *(arrive)* par petits groupes; **they're ~ of a kind** ils se ressemblent; *(fig)* **to put ~ and ~ together** faire le rapport; *V* **one**, *and for other phrases V* **six**. ◆ **two-faced** *adj (fig)* hypocrite. ◆ **twofold** *adv* au double. ◆ **two-ply** *adj (wool)* à deux fils. ◆ **two-seater** *n* voiture *f* à deux places. ◆ **two-stroke** *n (engine)* deux-temps *m inv*; *(mixture)* mélange *m* pour deux-temps. ◆ **two-way** *adj (traffic)* dans les deux sens. **~ radio** émetteur-récepteur *m*. ◆ **two-wheeler** *n* deux-roues *m inv*.
tycoon [taɪ'kuːn] *n* gros homme *m* d'affaires. **oil ~** magnat *m* du pétrole.
type [taɪp] — **1** *n* **(a)** *(gen)* type *m*; *(sort)* genre *m*; *(make: of coffee etc)* marque *f*; *(of aircraft, car)* modèle *m*. **gruyère-~ cheese** fromage genre gruyère*; **he's not my ~*** il n'est pas mon genre*; **it's my ~ of film** c'est le genre de film que j'aime. **(b)** *(print)* caractères *mpl*. **in large ~** en gros caractères; **in italic ~** en italiques. — **2** *vti* (**~ out, ~ up**) taper à la machine. ◆ **typesetter** *n* compositeur *m* (*f* -trice). ◆ **typewriter** *n* machine *f* à écrire. ◆ **typewritten** *adj* tapé à la machine, dactylographié. ◆ **typing** — **1** *n (skill)* dactylo *f*. — **2** *adj (lesson, teacher)* de dactylo; *(paper)* machine *inv*. **~ error** faute *f* de frappe. ◆ **typist** *n* dactylo *mf*.
typhoid ['taɪfɔɪd] *n* typhoïde *f*.
typhoon [taɪ'fuːn] *n* typhon *m*.
typhus ['taɪfəs] *n* typhus *m*.
typical ['tɪpɪkəl] *adj (gen)* typique. **that's ~ of him!** c'est bien lui!
typify ['tɪpɪfaɪ] *vt* être caractéristique de.
tyranny ['tɪrənɪ] *n* tyrannie *f*.
tyrant ['taɪərənt] *n* tyran *m*.
tyre ['taɪə^r] *n* pneu *m*. **~ gauge** manomètre *m* (pour pneus); **~ pressure** pression *f* de gonflage.

U

U, u [juː] *n (letter)* U, u *m.* ◆ **U-turn** *n* demi-tour *m; (fig)* volte-face *f inv.*
udder [ˈʌdəʳ] *n* pis *m,* mamelle *f.*
ugh [ɜːh] *excl* pouah!
ugly [ˈʌglɪ] *adj (gen)* laid; *(custom, vice etc)* répugnant; *(situation)* moche*; *(war)* brutal; *(expression, look)* menaçant; *(wound, word)* vilain *(before n).*
ulcer [ˈʌlsəʳ] *n* ulcère *m.*
Ulster [ˈʌlstəʳ] *n* Ulster *m.*
ulterior [ʌlˈtɪərɪəʳ] *adj* ultérieur.
ultimate [ˈʌltɪmɪt] *adj (gen)* ultime; *(authority)* suprême. *(fig)* **the ~ (in) selfishness** le comble de l'égoïsme. ◆ **ultimately** *adv (at last)* finalement; *(eventually)* par la suite; *(in the last analysis)* en dernière analyse. ◆ **ultimatum** *n, pl* **-ta** ultimatum *m.*
ultrahigh [ˈʌltrəˈhaɪ] *adj* très haut.
ultramodern [ˈʌltrəˈmɒdən] *adj* ultramoderne.
ultraviolet [ˌʌltrəˈvaɪəlɪt] *adj* ultra-violet (*f* -ette).
umbilical [ˌʌmbɪˈlaɪkəl] *adj:* **~ cord** cordon *m* ombilical.
umbrella [ʌmˈbrelə] *n* parapluie *m.* **beach ~** parasol *m;* **~ stand** porte-parapluies *m inv.*
umpire [ˈʌmpaɪəʳ] *(Sport)* — **1** *n* arbitre *m.* — **2** *vt* arbitrer.
umpteen* [ˈʌmptiːn] *adj* je ne sais combien de. ◆ **umpteenth*** *adj* énième.
un... [ʌn] *pref* in..., non, peu. **undefeated** invaincu; **uncrossed** non barré; **uneconomical** peu économique; **uninspired** qui manque d'inspiration.
UN, UNO *n abbr* ONU *f.*
unable [ˈʌnˈeɪbl] *adj* incapable (*to do* de faire).
unabridged [ˈʌnəˈbrɪdʒd] *adj* intégral.
unaccompanied [ˈʌnəˈkʌmpənɪd] *adj (gen)* non accompagné; *(singing)* sans accompagnement.
unaccountably [ˈʌnəˈkaʊntəblɪ] *adv* inexplicablement.
unaccustomed [ˈʌnəˈkʌstəmd] *adj* inhabituel (*f* -uelle). **to be ~ to** ne pas avoir l'habitude de.
unadulterated [ˈʌnəˈdʌltəreɪtɪd] *adj* pur.
unafraid [ˈʌnəˈfreɪd] *adj* qui n'a pas peur (*of* de).
unaided [ˈʌnˈeɪdɪd] *adj* sans aide.
un-American [ˈʌnəˈmerɪkən] *adj* antiaméricain.
unanimous [juːˈnænɪməs] *adj* unanime (*in doing* à faire); *(vote)* à l'unanimité. ◆ **unanimously** *adv* à l'unanimité.
unarmed [ˈʌnˈɑːmd] *adj (person)* non armé; *(combat)* sans armes.
unasked [ˈʌnˈɑːskt] *adj (do)* spontanément; *(arrive)* sans y avoir été invité.
unassuming [ˈʌnəˈsjuːmɪŋ] *adj* modeste.
unattached [ˈʌnəˈtætʃt] *adj* sans attaches.
unattainable [ˈʌnəˈteɪnəbl] *adj* inaccessible.
unattended [ˈʌnəˈtendɪd] *adj* laissé sans surveillance.
unattractive [ˈʌnəˈtræktɪv] *adj (thing)* peu attrayant; *(person)* déplaisant.
unauthorized [ˈʌnˈɔːθəraɪzd] *adj* non autorisé.
unavoidable [ˌʌnəˈvɔɪdəbl] *adj* inévitable *(that* que + *subj).* ◆ **unavoidably** *adv (slow)* inévitablement; *(delayed)* malencontreusement.
unaware [ˈʌnəˈwɛəʳ] *adj:* **to be ~ of** ignorer. ◆ **unawares** *adv:* **to catch sb ~** prendre qn au dépourvu.
unbalanced [ˈʌnˈbælənst] *adj* déséquilibré.
unbearable [ʌnˈbɛərəbl] *adj* insupportable.
unbeatable [ˈʌnˈbiːtəbl] *adj* imbattable.
unbeaten [ˈʌnˈbiːtn] *adj* invaincu.
unbelievable [ˌʌnbɪˈliːvəbl] *adj* incroyable *(that* que + *subj).* ◆ **unbeliever** *n* incrédule *mf.* ◆ **unbelieving** *adj* incrédule.
unbias(s)ed [ˈʌnˈbaɪəst] *adj* impartial.
unblock [ˈʌnˈblɒk] *vt* déboucher.
unbolt [ʌnˈbəʊlt] *vt (door)* déverrouiller.
unborn [ˈʌnˈbɔːn] *adj (child)* qui n'est pas encore né; *(generation)* à venir.
unbreakable [ˈʌnˈbreɪkəbl] *adj* incassable.
unbroken [ˈʌnˈbrəʊkən] *adj (gen)* intact; *(line)* continu; *(series, sleep)* ininterrompu; *(record)* non battu.
unbutton [ˈʌnˈbʌtn] *vt* déboutonner.
uncalled-for [ʌnˈkɔːldfɔːʳ] *adj* injustifié.
uncanny [ʌnˈkænɪ] *adj* troublant.
uncertain [ʌnˈsɜːtn] *adj (gen)* incertain (*of, about* de); *(temper)* inégal. **it is ~ whether** on ne sait pas exactement si; **in no ~ terms** en des termes on ne peut plus clairs. ◆ **uncertainty** *n* incertitude *f.*
unchanged [ˈʌnˈtʃeɪndʒd] *adj* inchangé.
uncharitable [ʌnˈtʃærɪtəbl] *adj* peu charitable.
uncivilized [ˈʌnˈsɪvɪlaɪzd] *adj (gen)* barbare; *(fig)* impossible.
unclaimed [ˈʌnˈkleɪmd] *adj* non réclamé.
uncle [ˈʌŋkl] *n* oncle *m.* **yes, ~** oui, mon oncle.
uncomfortable [ʌnˈkʌmfətəbl] *adj (thing)* inconfortable; *(afternoon)* désagréable. **to feel ~** *(physically)* ne pas être à l'aise; *(uneasy)* être mal à l'aise (*about* au sujet de); **to make things ~ for sb** créer des ennuis à qn. ◆ **uncomfortably** *adv (hot)* désagréablement; *(seated, dressed)* inconfortablement; *(near, similar etc)* un peu trop.
uncommon [ʌnˈkɒmən] *adj* rare. ◆ **uncommonly** *adv (very)* extraordinairement.
uncommunicative [ˈʌnkəˈmjuːnɪkətɪv] *adj* peu communicatif (*f* -ive).
uncomplicated [ʌnˈkɒmplɪkeɪtɪd] *adj* simple.
uncompromising [ʌnˈkɒmprəmaɪzɪŋ] *adj* intransigeant.
unconcerned [ˈʌnkənˈsɜːnd] *adj* imperturbable; *(unaffected)* indifférent (*by* à).
unconditional [ˈʌnkənˈdɪʃənl] *adj* inconditionnel (*f* -elle); *(surrender)* sans condition.
unconfirmed [ˈʌnkənˈfɜːmd] *adj* non confirmé.
uncongenial [ˈʌnkənˈdʒiːnɪəl] *adj* peu agréable.
unconnected [ˈʌnkəˈnektɪd] *adj* sans rapport.
unconscious [ʌnˈkɒnʃəs] — **1** *adj* **(a)** *(Med)* sans connaissance. **knocked ~** assommé. **(b)** *(unaware)* inconscient (*of* de). — **2** *n* inconscient *m.*
uncontrollable [ˈʌnkənˈtrəʊləbl] *adj (animal)* indiscipliné; *(emotion)* irrésistible.

unconvinced ['ʌnkən'vɪnst] *adj:* **to be** *or* **remain ~** ne pas être convaincu (*of* de).
unconvincing ['ʌnkən'vɪnsɪŋ] *adj* peu convaincant.
uncooked ['ʌn'kʊkt] *adj* cru.
uncork ['ʌn'kɔːk] *vt* déboucher.
uncountable ['ʌn'kaʊntəbl] *adj* incalculable.
uncouth [ʌn'kuːθ] *adj* fruste.
uncover [ʌn'kʌvəʳ] *vt* découvrir.
uncut ['ʌn'kʌt] *adj (diamond)* brut; *(other gem)* non taillé.
undamaged [ʌn'dæmɪdʒd] *adj* non endommagé.
undated ['ʌn'deɪtɪd] *adj* non daté.
undaunted ['ʌn'dɔːntɪd] *adj:* **to carry on ~** continuer sans se laisser intimider.
undecided ['ʌndɪ'saɪdɪd] *adj:* **that is ~** cela n'a pas été décidé; **I am ~** je n'ai pas décidé.
undefeated ['ʌndɪ'fiːtɪd] *adj* invaincu.
undeniable [,ʌndɪ'naɪəbl] *adj* incontestable.
under ['ʌndəʳ] — **1** *adv* au-dessous. — **2** *prep* **(a)** *(beneath)* sous. **~ the table** sous la table; **it's ~ there** c'est là-dessous; **he sat ~ it** il s'est assis dessous; *(fig)* **~ the Tudors** sous les Tudors; **~ an assumed name** sous un faux nom. **(b)** *(less than)* moins de; *(in scale etc)* au-dessous de; **~ £10** moins de 10 livres; *(in age)* **the ~-10's** les moins *mpl* de 10 ans. **(c)** *(according to)* selon. **~ this law** selon cette loi. — **3** *(in compounds)* **(a)** *(insufficiently)* sous-. **~capitalized** sous-financé; **~cooked** pas assez cuit. **(b)** *(junior)* aide-, sous-. **~gardener** aide-jardinier *m*.
◆ **undercarriage** *n* train *m* d'atterrissage. ◆ **underclothes** *npl* sous-vêtements *mpl*. ◆ **undercoat** *n (of paint)* couche *f* de fond. ◆ **undercover** *adj* secret (*f* -ète). ◆ **undercut** *pret, ptp* **-cut** *vt* vendre moins cher que. ◆ **underdeveloped** *adj (country)* sous-développé. ◆ **underdog** *n:* **the ~** celui qui est desavantagé. ◆ **underdone** *adj* pas assez cuit; *(steak)* saignant. ◆ **underestimate** *vt* sous-estimer. ◆ **underexpose** *vt* sous-exposer. ◆ **underfelt** *n* thibaude *f*. ◆ **under-floor** *adj (heating)* par le sol. ◆ **underfoot** *adv* sous les pieds. ◆ **undergo** *pret* **-went,** *ptp* **-gone** *vt* subir. ◆ **undergraduate** *n* étudiant(e) *m(f)*. ◆ **underground** — **1** *adj (gen)* souterrain; *(organization)* secret (*f* -ète). — **2** *adv* sous terre. **to go ~** prendre le maquis. — **3** *n:* **the ~** *(railway)* le métro; *(Pol etc)* la résistance; **by ~** en métro. ◆ **undergrowth** *n* sous-bois *m inv*. ◆ **underhand** *adj* sournois. ◆ **underlie** *pret* **-lay,** *ptp* **-lain** *vt* être à la base de. ◆ **underline** *vt* souligner. ◆ **undermine** *vt (gen)* saper; *(effect)* amoindrir. ◆ **underneath** *see below*. ◆ **undernourish** *vt* sous-alimenter. ◆ **underpaid** *adj* sous-payé. ◆ **underpants** *npl* slip *m (pour homme)*. ◆ **underpass** *n (for cars)* passage *m* inférieur *(de l'autoroute)*; *(for pedestrians)* passage souterrain. ◆ **underprivileged** *adj* défavorisé. **the ~** les économiquement faibles *mpl*. ◆ **underrate** *vt* sous-estimer. ◆ **underseal** *vt* traiter contre la rouille. ◆ **undersecretary** *n* sous-secrétaire *m*. ◆ **underside** *n* dessous *m*. ◆ **undersigned** *adj* soussigné. ◆ **underskirt** *n* jupon *m*. ◆ **understand** *see below*. ◆ **understatement** *n:* **that's an ~** c'est peu dire. ◆ **understudy** *n* doublure *f*. ◆ **undertake** *see below*. ◆ **underwater** *adj* sous-marin. ◆ **underwear** *n* sous-vêtements *mpl*. ◆ **underworld** *n (hell)* enfers *mpl; (criminals)* milieu *m*. ◆ **underwriter** *n* souscripteur *m*.
underneath ['ʌndə'niːθ] — **1** *prep* sous, au-dessous de. — **2** *adv* dessous. — **3** *adj* d'en dessous.
understand [,ʌndə'stænd] *pret, ptp* **-stood** *vti* comprendre. **to make o.s. understood** se faire comprendre; **I can't ~ any of it** je n'y comprends rien; **I ~ you are leaving** si je comprends bien vous partez; **it's understood that** il est entendu que. ◆ **understandable** *adj* compréhensible. **that's ~** ça se comprend. ◆ **understanding** — **1** *adj* compréhensif (*f* -ive) (*about* à propos de). — **2** *n* **(a)** compréhension *f* (*of* de). **(b)** *(agreement)* accord *m; (arrangement)* arrangement *m*. **on the ~ that** à condition que + *subj*.
undertake [,ʌndə'teɪk] *pret* **-took,** *ptp* **-taken** *vt (gen)* entreprendre. **to ~ to do** s'engager à faire. ◆ **undertaker** *n* entrepreneur *m* de pompes funèbres. ◆ **undertaking** *n* **(a)** *(operation)* entreprise *f*. **(b)** *(promise)* engagement *m*. **to give an ~** promettre (*that* que; *to do* de faire).
undesirable ['ʌndɪ'zaɪərəbl] *adj* indésirable.
undetected ['ʌndɪ'tektɪd] *adj* inaperçu.
undies* ['ʌndɪz] *npl* lingerie *f*.
undignified [ʌn'dɪgnɪfaɪd] *adj* qui manque de dignité.
undiscriminating ['ʌndɪs'krɪmɪneɪtɪŋ] *adj* qui manque de discernement.
undisputed ['ʌndɪs'pjuːtɪd] *adj* incontesté.
undistinguished ['ʌndɪs'tɪŋgwɪʃt] *adj* médiocre, quelconque.
undisturbed ['ʌndɪs'tɜːbd] *adj (gen)* non dérangé; *(sleep)* paisible. *(unworried)* **he was ~ by the news** la nouvelle ne l'a pas inquiété.
undivided ['ʌndɪ'vaɪdɪd] *adj* entier (*f* -ière).
undo ['ʌn'duː] *pret* **-did,** *ptp* **-done** *vt (unfasten etc)* défaire; *(good effect)* annuler; *(wrong)* réparer. ◆ **undoing** *n:* **that was his ~** c'est ce qui l'a perdu. ◆ **undone** *adj* défait. **to come ~** se défaire; **to leave sth ~** ne pas faire qch.
undoubtedly [ʌn'daʊtɪdlɪ] *adv* indubitablement.
undress ['ʌn'dres] — **1** *vt* déshabiller. — **2** *vi* se déshabiller.
undrinkable ['ʌn'drɪŋkəbl] *adj (unpalatable)* imbuvable; *(poisonous)* non potable.
undulate ['ʌndjʊleɪt] *vi* onduler.
unduly [ʌn'djuːlɪ] *adv* trop.
unearned ['ʌn'ɜːnd] *adj:* **~ income** rentes *fpl*.
unearth ['ʌn'ɜːθ] *vt* déterrer.
unearthly [ʌn'ɜːθlɪ] *adj* surnaturel (*f* -elle). **~ hour*** heure *f* indue.
uneasy [ʌn'iːzɪ] *adj (ill-at-ease)* gêné; *(worried)* inquiet (*f* -ète); *(peace)* difficile.
uneatable ['ʌn'iːtəbl] *adj* immangeable.
uneducated ['ʌn'edjʊkeɪtɪd] *adj* sans éducation.
unemotional ['ʌnɪ'məʊʃənl] *adj* impassible.
unemployed ['ʌnɪm'plɔɪd] — **1** *adj* sans travail, en chômage. — **2** *npl:* **the ~** les chômeurs *mpl*. ◆ **unemployment** *n* chômage *m*. **~ benefit** allocation *f* de chômage.
unending [ʌn'endɪŋ] *adj* interminable.
unenthusiastic ['ʌnɪn,θuːzɪ'æstɪk] *adj* peu enthousiaste.
unequalled ['ʌn'iːkwəld] *adj* inégalé.
uneven ['ʌn'iːvən] *adj* inégal.
unexpected ['ʌnɪks'pektɪd] *adj* inattendu. **it was all very ~** on ne s'y attendait pas du tout. ◆ **unexpectedly** *adv (gen)* subitement; *(arrive)* inopinément.

unfailing [ʌn'feɪlɪŋ] *adj (supply)* inépuisable; *(optimism)* inébranlable; *(remedy)* infaillible.
unfair ['ʌn'fɛəʳ] *adj (gen)* injuste *(to* envers; *that* que + *subj); (competition, tactics)* déloyal. ◆ **unfairly** *adv* injustement; déloyalement.
unfaithful ['ʌn'feɪθfʊl] *adj* infidèle *(to* à).
unfamiliar ['ʌnfə'mɪljəʳ] *adj* peu familier (*f* -ière).
unfasten ['ʌn'fɑːsn] *vt* défaire.
unfavourable, *(US)* **-orable** ['ʌn'feɪvərəbl] *adj* défavorable.
unfeeling [ʌn'fiːlɪŋ] *adj* insensible.
unfinished ['ʌn'fɪnɪʃt] *adj (gen)* inachevé. **some ~ business** une affaire à régler.
unfit ['ʌn'fɪt] *adj (physically)* qui n'est pas en forme; *(incompetent)* inapte *(for* à; *to do* à faire); *(unworthy)* indigne *(to do* de faire). **he is ~ to be a teacher** il ne devrait pas enseigner; **he was ~ to drive** il n'était pas en état de conduire.
unfold [ʌn'fəʊld] — **1** *vt (gen)* déplier; *(wings)* déployer; *(arms)* décroiser. — **2** *vi (of plot)* se dérouler.
unforeseen ['ʌnfɔː'siːn] *adj* imprévu.
unforgettable ['ʌnfə'getəbl] *adj* inoubliable.
unforgivable ['ʌnfə'gɪvəbl] *adj* impardonnable.
unforthcoming ['ʌnfɔːθ'kʌmɪŋ] *adj* réticent.
unfortunate [ʌn'fɔːtʃnɪt] *adj (gen)* malheureux (*f* -euse) *(that* que + *subj); (event)* fâcheux (*f* -euse). **how ~!** quel dommage! ◆ **unfortunately** *adv* malheureusement.
unfounded ['ʌn'faʊndɪd] *adj* sans fondement.
unfreeze ['ʌn'friːz] *pret* **-froze,** *ptp* **-frozen** *vt* dégeler.
unfriendly ['ʌn'frendlɪ] *adj (person)* froid; *(attitude, remark)* inamical.
unfulfilled ['ʌnfʊl'fɪld] *adj (ambition)* non réalisé; *(condition)* non rempli; *(person)* frustré.
unfurnished ['ʌn'fɜːnɪʃt] *adj* non meublé.
ungainly [ʌn'geɪnlɪ] *adj* gauche.
ungrammatical ['ʌngrə'mætɪkəl] *adj* incorrect.
ungrateful [ʌn'greɪtfʊl] *adj* ingrat *(towards* envers).
unhappily [ʌn'hæpɪlɪ] *adv (unfortunately)* malheureusement.
unhappy [ʌn'hæpɪ] *adj (sad)* malheureux (*f* -euse); *(ill-pleased)* mécontent; *(worried)* inquiet (*f* -iète); *(unfortunate)* malchanceux (*f* -euse); *(situation)* regrettable. **I feel ~ about it** cela m'inquiète.
unharmed ['ʌn'hɑːmd] *adj* indemne.
unhealthy [ʌn'helθɪ] *adj (person)* maladif (*f* -ive); *(thing)* malsain.
unheard-of ['ʌn'hɜːdɒv] *adj* inouï.
unhelpful ['ʌn'helpfʊl] *adj (person)* peu obligeant; *(thing)* qui n'aide guère.
unhoped-for [ʌn'həʊptfɔːʳ] *adj* inespéré.
unhurried ['ʌn'hʌrɪd] *adj (movement)* lent; *(journey etc)* fait *(etc)* sans se presser.
unhurt ['ʌn'hɜːt] *adj* indemne.
unicorn ['juːnɪkɔːn] *n* licorne *f.*
uniform ['juːnɪfɔːm] — **1** *n* uniforme *m.* **in ~** en uniforme; **out of ~** en civil. — **2** *adj (length)* uniforme; *(colour)* uni; *(temperature)* constant. ◆ **uniformed** *adj* en uniforme.
unify ['juːnɪfaɪ] *vt* unifier.
unilateral ['juːnɪ'lætərəl] *adj* unilatéral.
unimpaired ['ʌnɪm'pɛəd] *adj* intact.
unimportant ['ʌnɪm'pɔːtənt] *adj* sans importance.
uninhabitable ['ʌnɪn'hæbɪtəbl] *adj* inhabitable.
uninhibited ['ʌnɪn'hɪbɪtɪd] *adj* sans inhibitions.
uninjured ['ʌn'ɪndʒəd] *adj* indemne.
unintentional ['ʌnɪn'tenʃənl] *adj* involontaire.
uninterested [ʌn'ɪntrɪstɪd] *adj* indifférent *(in* à).
uninvited ['ʌnɪn'vaɪtɪd] *adj (arrive)* sans invitation; *(do)* sans y avoir été invité.
union ['juːnjən] — **1** *n (gen)* union *f; (trade ~)* syndicat *m.* **U~ Jack** drapeau du Royaume-Uni. — **2** *adj (leader, movement)* syndical; *(headquarters)* du syndicat. **~ member** membre *m* du syndicat. ◆ **unionist** *n (Pol)* unioniste *mf.*
unique [juː'niːk] *adj* unique. ◆ **uniquely** *adv* exceptionnellement.
unisex ['juːnɪseks] *adj* unisexe.
unison ['juːnɪsn] *n:* **in ~** à l'unisson *m.*
unit ['juːnɪt] *n (gen)* unité *f; (section)* groupe *m; (of furniture)* élément *m.* **compressor ~** groupe compresseur; **kitchen ~** élément de cuisine; **~ trust** société *f* d'investissement.
unite [juː'naɪt] — **1** *vt (gen)* unir *(A with B* A à B); *(unify: country etc)* unifier. — **2** *vi* s'unir *(with* à; *in doing, to do* pour faire); *(of companies)* fusionner. ◆ **united** *adj (gen)* uni; *(unified)* unifié; *(efforts)* conjugué. **U~ Kingdom** Royaume-Uni *m;* **U~ States of America** États-Unis *mpl.*
unity ['juːnɪtɪ] *n* unité *f.*
universal [ˌjuːnɪ'vɜːsəl] *adj* universel (*f* -elle).
universe ['juːnɪvɜːs] *n* univers *m.*
university [ˌjuːnɪ'vɜːsɪtɪ] — **1** *n* université *f.* **at ~** à l'université. — **2** *adj (gen)* universitaire; *(professor, student)* d'université. **~ education** études *fpl* universitaires.
unjust ['ʌn'dʒʌst] *adj* injuste *(to* envers).
unkempt ['ʌn'kempt] *adj* débraillé.
unkind [ʌn'kaɪnd] *adj* pas gentil (*f* -ille) *(to sb* avec qn); *(stronger)* méchant *(to* avec).
unknown ['ʌn'nəʊn] — **1** *adj* inconnu *(to* de). **she did it quite ~ to him** elle l'a fait sans qu'il le sache; **~ quantity** inconnue *f.* — **2** *n:* **the ~** l'inconnu *m.*
unladen ['ʌn'leɪdn] *adj (weight)* à vide.
unless [ən'les] *conj* à moins que... (ne) + *subj,* à moins de + *infin.* **~ otherwise stated** sauf indication contraire.
unlicensed ['ʌn'laɪsənst] *adj (vehicle)* sans vignette; *(hotel etc)* non patenté pour la vente des spiritueux.
unlike ['ʌn'laɪk] *prep* à la différence de. **it's quite ~ him** ça ne lui ressemble pas.
unlikely [ʌn'laɪklɪ] *adj* peu probable *(that* que + *subj).* **to be ~ to succeed** avoir peu de chances de réussir.
unlimited [ʌn'lɪmɪtɪd] *adj* illimité.
unload ['ʌn'ləʊd] *vt (gen)* décharger; *(get rid of)* se débarrasser de. ◆ **unloading** *n* déchargement *m.*
unlock ['ʌn'lɒk] *vt* ouvrir.
unlucky [ʌn'lʌkɪ] *adj (person)* malchanceux (*f* -euse); *(choice)* malheureux (*f* -euse); *(day)* de malchance; *(number)* qui porte malheur. **he's ~** il n'a pas de chance; **it is ~ to do that** ça porte malheur de faire ça.
unmanageable [ʌn'mænɪdʒəbl] *adj (gen)* peu maniable; *(person)* impossible; *(hair)* rebelle.
unmarked ['ʌn'mɑːkt] *adj (gen)* sans marque; *(police car)* banalisé.
unmarried ['ʌn'mærɪd] *adj* célibataire.
unmentionable [ʌn'menʃnəbl] *adj* dont il ne faut pas parler.
unmerciful [ʌn'mɜːsɪfʊl] *adj* impitoyable *(towards* pour).

unmistakable ['ʌnmɪs'teɪkəbl] *adj (gen)* indubitable; *(voice, walk)* qu'on ne peut pas ne pas reconnaître. ◆ **unmistakably** *adv* manifestement.
unmitigated [ʌn'mɪtɪgeɪtɪd] *adj* absolu.
unmixed ['ʌn'mɪkst] *adj* pur.
unmoved ['ʌn'mu:vd] *adj* indifférent.
unnamed ['ʌn'neɪmd] *adj (person)* anonyme; *(thing)* innommé.
unnatural [ʌn'nætʃrəl] *adj* anormal; *(affected)* qui manque de naturel.
unnecessary [ʌn'nesɪsərɪ] *adj (useless)* inutile (*to do* de faire); *(superfluous)* superflu.
unnerve ['ʌn'nɜ:v] *vt* déconcerter.
unnoticed ['ʌn'nəʊtɪst] *adj* inaperçu.
unobtainable ['ʌnəb'teɪnəbl] *adj* impossible à obtenir.
unobtrusive ['ʌnəb'tru:sɪv] *adj* discret (*f* -ète).
unoccupied ['ʌn'ɒkjʊpaɪd] *adj (house)* inoccupé; *(seat, zone)* libre.
unofficial ['ʌnə'fɪʃəl] *adj (gen)* officieux (*f* -ieuse); *(visit)* privé. ~ **strike** grève *f* sauvage.
unpack ['ʌn'pæk] — **1** *vt (suitcase)* défaire; *(belongings)* déballer. **2** *vi* déballer ses affaires.
unpaid ['ʌn'peɪd] *adj (bill)* impayé; *(work, helper)* non rétribué; *(leave)* non payé.
unpalatable [ʌn'pælɪtəbl] *adj* désagréable.
unparalleled [ʌn'pærəleld] *adj* sans égal.
unpleasant [ʌn'pleznt] *adj (gen)* désagréable (*to* avec); *(place)* déplaisant.
unplug ['ʌn'plʌg] *vt* débrancher.
unpopular ['ʌn'pɒpjʊlə^r] *adj (gen)* impopulaire. ~ **with sb** *(of person)* impopulaire auprès de qn; *(of decision etc)* impopulaire chez qn.
unprecedented [ʌn'presɪdentɪd] *adj* sans précédent.
unpredictable ['ʌnprɪ'dɪktəbl] *adj* imprévisible.
unprepared ['ʌnprɪ'pɛəd] *adj (speech etc)* improvisé. **he was quite ~ for it** cela l'a pris au dépourvu.
unprepossessing ['ʌn,pri:pə'zesɪŋ] *adj* qui fait mauvaise impression.
unprintable ['ʌn'prɪntəbl] *adj (fig)* que l'on n'oserait pas répéter.
unprotected [,ʌnprə'tektɪd] *adj* sans défense.
unprovoked [,ʌnprə'vəʊkt] *adj* sans provocation.
unpublished [,ʌn'pʌblɪʃt] *adj* inédit.
unqualified ['ʌn'kwɒlɪfaɪd] *adj* **(a)** *(teacher etc)* non diplômé. **(b)** *(absolute)* inconditionnel (*f* -elle).
unquestionable [ʌn'kwestʃənəbl] *adj* incontestable.
unravel [ʌn'rævəl] — **1** *vt (knitting)* défaire; *(threads)* démêler; *(mystery)* débrouiller. — **2** *vi* s'effilocher.
unready ['ʌn'redɪ] *adj* mal préparé.
unreal ['ʌn'rɪəl] *adj* irréel.
unrealistic ['ʌnrɪə'lɪstɪk] *adj* peu réaliste.
unreasonable [ʌn'ri:znəbl] *adj (gen)* qui n'est pas raisonnable; *(demand, length)* excessif (*f* -ive); *(price)* exagéré.
unrecognizable ['ʌn'rekəgnaɪzəbl] *adj* méconnaissable.
unrelated ['ʌnrɪ'leɪtɪd] *adj:* **to be ~ to** *(of facts)* n'avoir aucun rapport avec; *(of person)* n'avoir aucun lien de parenté avec.
unreliable ['ʌnrɪ'laɪəbl] *adj (person)* sur qui on ne peut pas compter; *(thing)* peu fiable.
unrelieved ['ʌnrɪ'li:vd] *adj* constant.
unrepeatable ['ʌnrɪ'pi:təbl] *adj (offer)* exceptionnel (*f* -elle); *(comment)* que l'on n'ose pas répéter.
unrest [ʌn'rest] *n* agitation *f*.
unrestricted ['ʌnrɪ'strɪktɪd] *adj (power)* illimité; *(access)* libre.
unripe ['ʌn'raɪp] *adj* vert, pas mûr.
unroll ['ʌn'rəʊl] *vt* dérouler.
unruffled ['ʌn'rʌfld] *adj (fig)* calme.
unruled ['ʌn'ru:ld] *adj (paper)* uni.
unruly [ʌn'ru:lɪ] *adj* indiscipliné.
unsafe ['ʌn'seɪf] *adj* **(a)** *(dangerous)* dangereux (*f* -euse). **(b)** *(in danger)* en danger. **to feel ~** ne pas se sentir en sécurité.
unsaid ['ʌn'sed] *adj:* **to leave sth ~** passer qch sous silence.
unsatisfactory ['ʌn,sætɪs'fæktərɪ] *adj* peu satisfaisant, qui laisse à désirer.
unsavoury, *(US)* **-ory** ['ʌn'seɪvərɪ] *adj* plutôt répugnant.
unscathed ['ʌn'skeɪðd] *adj* indemne.
unscrew ['ʌn'skru:] *vt* dévisser.
unscripted ['ʌn'skrɪptɪd] *adj* improvisé.
unscrupulous [ʌn'skru:pjʊləs] *adj (person)* dénué de scrupules; *(act)* malhonnête.
unseemly [ʌn'si:mlɪ] *adj* inconvenant.
unseen ['ʌn'si:n] *adj* inaperçu. ~ **translation** version *f (sans préparation)*.
unselfish ['ʌn'selfɪʃ] *adj* généreux (*f* -euse).
unsettle ['ʌn'setl] *vt* perturber. ◆ **unsettled** *adj (person)* perturbé; *(weather)* incertain.
unshakeable ['ʌn'ʃeɪkəbl] *adj* inébranlable.
unshaven ['ʌn'ʃeɪvn] *adj* non rasé.
unsightly [ʌn'saɪtlɪ] *adj* laid.
unskilled ['ʌn'skɪld] *adj (work)* de manœuvre. ~ **worker** manœuvre *m*.
unsociable [ʌn'səʊʃəbl] *adj* insociable.
unsocial [ʌn'səʊʃəl] *adj:* ~ **hours** heures *fpl* de travail peu pratiques.
unsophisticated ['ʌnsə'fɪstɪkeɪtɪd] *adj* simple.
unsound ['ʌn'saʊnd] *adj (thing)* peu solide; *(decision, argument)* peu valable.
unspeakable [ʌn'spi:kəbl] *adj* indescriptible; *(bad)* innommable.
unspoken ['ʌn'spəʊkən] *adj* tacite.
unsporting ['ʌn'spɔ:tɪŋ] *adj* déloyal.
unsteady ['ʌn'stedɪ] *adj (ladder)* instable; *(hand)* tremblant; *(voice)* mal assuré.
unstick ['ʌn'stɪk] *pret, ptp* **-stuck** *vt* décoller. *(fig)* **to come unstuck*** avoir des problèmes.
unsuccessful ['ʌnsək'sesfʊl] *adj (negotiation, attempt)* infructueux (*f* -ueuse); *(candidate, marriage)* malheureux (*f* -euse); *(painter, book)* qui n'a pas de succès. **to be ~** ne pas réussir (*in doing* à faire); *(in school etc)* échouer (*in an exam* à un examen; *in maths* en maths). ◆ **unsuccessfully** *adv* en vain.
unsuitable ['ʌn'su:təbl] *adj (gen)* qui ne convient pas; *(colour, size)* qui ne va pas; *(action)* peu approprié.
unsure ['ʌn'ʃʊə^r] *adj* incertain (*of, about* de). **to be ~ of o.s.** manquer d'assurance.
unsuspecting ['ʌnsəs'pektɪŋ] *adj* qui ne se doute de rien.
unsweetened ['ʌn'swi:tnd] *adj* sans sucre.
unsympathetic ['ʌn,sɪmpə'θetɪk] *adj* indifférent (*to* à).
untangle ['ʌn'tæŋgl] *vt* démêler.
unthinkable [ʌn'θɪŋkəbl] *adj* impensable.
untidy [ʌn'taɪdɪ] *adj (clothes)* débraillé; *(hair)* mal peigné; *(person)* désordonné; *(room, desk)* en désordre.

untie ['ʌn'taɪ] *vt (string)* défaire; *(prisoner)* détacher.
until [ən'tɪl] — **1** *prep* jusqu'à. **~ now** jusqu'ici; **~ then** jusque-là; **not ~ tomorrow** pas avant demain. — **2** *conj (in future)* jusqu'à ce que + *subj; (in past)* avant que + ne + *subj*. **wait ~ I come** attendez que je vienne; **~ they build the new road** en attendant qu'ils fassent la nouvelle route.
untimely [ʌn'taɪmlɪ] *adj (death)* prématuré.
untold ['ʌn'təʊld] *adj (amount)* incalculable; *(agony, delight)* indescriptible.
untoward [,ʌntə'wɔːd] *adj* fâcheux (*f* -euse).
untranslatable ['ʌntrænz'leɪtəbl] *adj* intraduisible.
untrue ['ʌn'truː] *adj (gen)* faux (*f* fausse); *(unfaithful)* infidèle (*to* à).
unusable ['ʌn'juːzəbl] *adj* inutilisable.
unused ['ʌn'juːzd] *adj (new)* neuf (*f* neuve); *(not in use)* inutilisé.
unusual [ʌn'juːʒʊəl] *adj (gen)* étrange; *(talents, size)* exceptionnel (*f* -elle). **it is ~ for him to be ...** il est rare qu'il soit ...; **that's ~!** ça n'arrive pas souvent! ◆ **unusually** *adv* exceptionnellement.
unveil [ʌn'veɪl] *vt* dévoiler.
unveiling [ʌn'veɪlɪŋ] *n* inauguration *f*.
unwanted ['ʌn'wɒntɪd] *adj (clothing etc)* dont on n'a pas besoin; *(child)* non désiré; *(effect)* non recherché.
unwelcome [ʌn'welkəm] *adj (person)* importun; *(thing)* fâcheux (*f* -euse).
unwell ['ʌn'wel] *adj* souffrant. **to feel ~** ne pas se sentir très bien.
unwieldy [ʌn'wiːldɪ] *adj* difficile à manier.
unwilling ['ʌn'wɪlɪŋ] *adj:* **to be ~ to do** ne pas vouloir faire. ◆ **unwillingly** *adv* à contrecœur.
unwind ['ʌn'waɪnd] *pret, ptp* **-wound** — **1** *vt* dérouler. — **2** *vi* se détendre.
unwise ['ʌn'waɪz] *adj* imprudent.
unwitting [ʌn'wɪtɪŋ] *adj* involontaire.
unworthy [ʌn'wɜːðɪ] *adj* indigne (*of* de).
unwrap ['ʌn'ræp] *vt* défaire, ouvrir.
unzip ['ʌn'zɪp] *vt* ouvrir la fermeture éclair de.
up [ʌp] — **1** *adv* **(a)** *(gen)* en haut, en l'air; *(throw etc)* en l'air. **higher ~** plus haut; **~ there** là-haut; **~ on the hill** sur la colline; **~ on top of** sur; **~ above** au-dessus; **all the way ~** jusqu'en haut; **farther ~** plus haut; **close ~ to** tout près de; **~ against the wall** appuyé contre le mur; *(fig)* **to be ~ against** *(difficulties)* se heurter à; *(competitors)* avoir affaire à; **we're really ~ against it** nous allons avoir du mal à nous en sortir; **'this side ~'** 'haut'; **he's been rather ~ and down** il a eu des hauts et des bas. **(b)** *(out of bed)* **to be ~** être levé, être debout *inv;* **to get ~** se lever; **he was ~ all night** il ne s'est pas couché de la nuit; **~ and about** à l'ouvrage; **to be ~** *(of prices)* avoir augmenté (*by* de); *(of level, temperature)* avoir monté (*by* de); *(of standard)* être plus élevé. **(c)** *(fig)* **to be ~** *(of sun)* être levé; *(be finished)* être terminé; **when 3 days were ~** au bout de 3 jours; **time's ~!** c'est l'heure!; **it's all ~ with him*** il est fichu*; **the road is ~** la route est en travaux; **~ with Joe Bloggs!** vive Joe Bloggs!; **I'm ~ with him in maths** nous sommes au même niveau en maths; **I'm not very well ~ on it** je ne suis pas vraiment au fait; **~ in Scotland** en Écosse; **~ north** dans le nord; **to be one ~ on sb*** faire mieux que qn; **what's ~?*** qu'est-ce qu'il y a? **(d) ~ to** *(as far as)* jusqu'à; **~ to now, ~ to here** jusqu'ici; **~ to there** jusque-là; **we're ~ to page 3** nous en sommes à la page 3; **it's ~ to us to help him** c'est à nous de l'aider; **it's ~ to you** c'est à vous de décider (*whether* si); **what is he ~ to?** qu'est-ce qu'il peut bien faire?; **he's ~ to sth** il manigance qch; **he's not ~ to it** *(not good enough)* il n'est pas à la hauteur; *(not well enough)* il n'est pas en état de le faire; **it's not ~ to much** ça ne vaut pas grand-chose.
— **2** *prep:* **~ a ladder** sur une échelle; **to go ~** monter; **it's ~ that road** c'est dans cette rue; **just ~ the road** un peu plus haut dans la rue; **~ and down the country** un peu partout dans le pays; **further ~ the page** plus haut sur la même page.
— **3** *n (fig)* **~s and downs** hauts *mpl* et bas *mpl*.
◆ **up-and-coming** *adj* plein d'avenir. ◆ **upbringing** *n* éducation *f*. ◆ **update** *vt* mettre à jour. ◆ **upgrade** *vt (employee)* promouvoir; *(job, post)* revaloriser. ◆ **upheaval** *n* bouleversement *m*. ◆ **uphill** *adv, adj:* **to go ~** monter; **an ~ task** un travail pénible. ◆ **uphold** *pret, ptp* **-held** *vt (gen)* soutenir; *(law)* faire respecter; *(verdict)* confirmer. ◆ **upholster** *etc see below*. ◆ **upkeep** *n* entretien *m*. ◆ **upon** *prep* = **on 1.** ◆ **upper** *etc see below*. ◆ **upright** — **1** *adj, adv* droit. — **2** *n (piano)* piano *m* droit. ◆ **uprising** *n* insurrection *f* (*against* contre). ◆ **uproar** *n* tempête *f* de protestations. ◆ **uproarious** *adj* désopilant. ◆ **uproot** *vt* déraciner. ◆ **upset** *etc see below*. ◆ **upside down** *adv (hold etc)* à l'envers. **to turn ~** *(object)* retourner; *(cupboard)* mettre sens dessus dessous. ◆ **upstairs** *see below*. ◆ **upstream** *adv (be)* en amont (*from* de); *(swim)* contre le courant. ◆ **uptake** *n:* **to be quick on the ~** avoir l'esprit vif. ◆ **uptight*** *adj* crispé. ◆ **up-to-date** *adj (report, information)* très récent; *(building, person, ideas)* moderne. ◆ **upward** *see below*.
upholster [ʌp'həʊlstəʳ] *vt* rembourrer. ◆ **upholsterer** *n* tapissier *m*. ◆ **upholstery** *n* garniture *f*.
upper ['ʌpəʳ] *adj (gen)* supérieur; *(in place names)* haut. **the ~ classes** les couches *fpl* supérieures de la société; **the ~ middle class** la haute bourgeoisie; **the ~ school** les grandes classes *fpl*. ◆ **upper-class** *adj* aristocratique. ◆ **uppermost** *adj (highest)* le plus haut; *(on top)* en dessus.
upset [ʌp'set] *pret, ptp* **-set** — **1** *vt* renverser; *(plan, stomach)* déranger; *(grieve)* faire de la peine à; *(annoy)* contrarier; *(make ill)* rendre malade. — **2** *adj (offended)* vexé; *(grieved)* peiné; *(annoyed)* contrarié; *(ill)* souffrant; *(stomach)* dérangé. — **3** ['ʌpset] *n (in plans etc)* bouleversement *m* (*in* de); *(emotional)* chagrin *m*. **to have a stomach ~** avoir l'estomac dérangé.
upstairs ['ʌp'stɛəz] — **1** *adj, adv* en haut d'un escalier. **to go ~** monter; **the people ~** les gens *mpl* du dessus; **the room ~** la pièce d'en haut. — **2** *n* étage *m* (du dessus).
upward ['ʌpwəd] — **1** *adj (movement)* vers le haut; *(trend)* à la hausse. — **2** *adv* (*also* **upwards**) vers le haut. *(fig)* **from 10 francs ~s** à partir de 10 F.
uranium [jʊ'reɪnɪəm] *n* uranium *m*.
urban ['ɜːbən] *adj* urbain.
urchin ['ɜːtʃɪn] *n* polisson(ne) *m(f)*.

urge [ɜːdʒ] — **1** *n* forte envie *f* (*to do* de faire). — **2** *vt* conseiller vivement (*sb to do* à qn de faire).

urgent ['ɜːdʒənt] *adj (gen)* urgent; *(need, request)* pressant.

urinate ['jʊərɪneɪt] *vi* uriner.

urine ['jʊərɪn] *n* urine *f*.

urn [ɜːn] *n (gen)* urne *f*. **tea ~** fontaine *f* à thé.

us [ʌs] *pers pron* nous. **he hit ~** il nous a frappés; **give it to ~** donnez-le-nous; **in front of ~** devant nous; **let ~** *or* **let's go!** allons-y!; **younger than ~** plus jeune que nous; **he is one of ~** il est des nôtres.

use [juːs] — **1** *n* **(a)** emploi *m*, usage *m*. **for one's own ~** à son usage personnel; **for ~ in emergency** à utiliser en cas d'urgence; **ready for ~** prêt à l'emploi; **in ~** en usage; *(notice)* **'out of ~'** 'en dérangement'; **to make ~ of** se servir de; **to make good ~ of** tirer parti de; **I've no further ~ for it** je n'en ai plus besoin; *(fig)* **I've no ~ for that sort of thing!*** je n'ai rien à en faire! **(b)** *(usefulness)* **to be of ~** être utile (*for, to* à); **he gave me the ~ of his car** il m'a permis de me servir de sa voiture; **to lose the ~ of one's arm** perdre l'usage de son bras; **what's the ~ of doing...?** à quoi bon faire...?; **he's no ~** il est nul (*as* comme); **it's no ~** ça ne sert à rien.
— **2** [juːz] *vt* **(a)** *(gen)* se servir de, utiliser (*as* comme; *to do, for doing* pour faire); *(force, discretion)* user de; *(opportunity)* profiter de. **I ~ that as a table** ça me sert de table; **no longer ~d** qui ne sert plus; **~ your brains!** réfléchis un peu!; **~ your eyes!** ouvre l'œil!; **I've ~d it all** je l'ai fini; **to ~ up** *(finish: gen)* finir; *(left-overs)* utiliser; *(supplies)* épuiser; **it's all ~d up** il n'en reste plus. **(b)** *(treat) (person)* agir envers.
— **3** *aux vb (translated by imperfect tense)* **I ~d to see him** je le voyais.
◆ **used** [juːzd] *adj* **(a)** *(stamp)* oblitéré; *(car)* d'occasion. **(b)** [juːst] *(accustomed)* **to be ~ to (doing) sth** avoir l'habitude de (faire) qch; **to get ~ to** s'habituer à. ◆ **useful** *adj (gen)* utile. **to make o.s. ~** se rendre utile; **to come in ~** être utile. ◆ **useless** *adj* qui ne vaut rien. **shouting is ~** il est inutile de crier; **he's ~** il est nul (*as* comme). ◆ **user** *n* utilisateur *m* (*f* -trice); *(of public service, road)* usager *m*; **oil ~s** consommateurs *mpl* de mazout; **car ~s** automobilistes *mpl*.

usher ['ʌʃəʳ] — **1** *n (in court)* huissier *m*; *(in church)* placeur *m*. — **2** *vt*: **to ~ sb through** *(etc)* faire traverser *(etc)* qn. ◆ **usherette** *n* ouvreuse *f*.

usual ['juːʒʊəl] *adj (gen)* habituel (*f* -uelle); *(word)* usuel (*f* -uelle); *(remarks, conditions)* d'usage. **as ~** comme d'habitude; **more than ~** plus que d'habitude; **it's not ~ for him to be late** il est rare qu'il soit en retard; *(drink)* **the ~!*** comme d'habitude! ◆ **usually** *adv* d'habitude.

usurp [juː'zɜːp] *vt* usurper.

utensil [juː'tensl] *n* ustensile *m*.

utility [juː'tɪlɪtɪ] *n (use)* utilité *f*; (*public ~*) service *m* public. **~ room** *pièce réservée au repassage etc.*

utmost ['ʌtməʊst] — **1** *adj* **(a)** *(greatest)* le plus grand; *(danger)* extrême. **with the ~ speed** à toute vitesse; **of the ~ importance** extrêmement important. **(b)** *(furthest: place)* le plus éloigné. — **2** *n*: **to do one's ~** faire tout son possible (*to do* pour faire); **to the ~** au plus haut degré.

utter¹ ['ʌtəʳ] *adj (gen)* complet (*f* -ète); *(madness)* pur; *(fool)* fini. ◆ **utterly** *adv* complètement.

utter² ['ʌtəʳ] *vt (gen)* prononcer; *(cry)* pousser; *(threat)* proférer.

V

V, v [viː] *n (letter)* V, v *m*. ◆ **V-neck** *n* décolleté *m* en V.

vacancy ['veɪkənsɪ] *n (room)* chambre *f* à louer; *(job)* poste *m* vacant. **'no vacancies'** *(jobs)* 'pas d'embauche'; *(hotel)* 'complet'.

vacant ['veɪkənt] *adj (room, seat)* libre; *(stare)* vague; *(post)* vacant.

vacate [və'keɪt] *vt* quitter.

vacation [və'keɪʃən] *n* vacances *fpl*. **on ~** en vacances; **~ course** cours *mpl* de vacances.

vaccinate ['væksɪneɪt] *vt* vacciner. **to get ~d** se faire vacciner.

vacuum ['vækjʊm] — **1** *n* vide *m*. **~ cleaner** aspirateur *m*; **~ flask** bouteille *f* thermos ®. — **2** *vt (carpet)* passer à l'aspirateur. ◆ **vacuum-packed** *adj* emballé sous vide.

vagina [və'dʒaɪnə] *n* vagin *m*.

vagrant ['veɪgrənt] *n* vagabond(e) *m(f)*.

vague [veɪg] *adj (gen)* vague; *(outline, photograph)* flou; *(absent-minded)* distrait. **I haven't the ~st idea** je n'en ai pas la moindre idée.

vain [veɪn] *adj* **(a)** *(attempt, hope)* vain *(before n)*; *(promise)* vide. **in ~** en vain. **(b)** *(conceited)* vaniteux (*f* -euse). ◆ **vainly** *adv (in vain)* en vain.

valentine ['væləntaɪn] *n (~ card)* carte *f* de la Saint-Valentin *(gage d'amour)*.

valiant ['væljənt] *adj* vaillant.

valid ['vælɪd] *adj* valable (*for* pour).

valley ['vælɪ] *n* vallée *f*; *(small)* vallon *m*.

valour, *(US)* **-or** ['væləʳ] *n* bravoure *f*.

valuable ['væljʊəbl] — **1** *adj (object)* de valeur; *(advice, time)* précieux (*f* -ieuse). — **2** *npl*: **~s** objets *mpl* de valeur.

valuation [ˌvæljʊ'eɪʃən] *n* expertise *f*.

value ['vælju:] — **1** *n* valeur *f*. **of no ~** sans valeur; **to get good ~ for money** en avoir pour son argent; **it's the best ~** c'est le plus avantageux; **to the ~ of £100** d'une valeur de 100 livres; **~ judgment** jugement *m* de valeur. — **2** *vt (house, painting)* évaluer (*at* à); *(professionally)* expertiser; *(friendship, independence)* tenir à.
valve [vælv] *n (of machine)* soupape *f*; *(of tyre)* valve *f*; *(Electronics)* lampe *f*; *(of heart)* valvule *f*.
vampire ['væmpaɪəʳ] *n* vampire *m*.
van [væn] *n* camion *m*; *(smaller)* camionnette *f*; *(Rail)* fourgon *m*; *(caravan)* caravane *f*.
vandal ['vændəl] *n* vandale *mf*.
vandalism ['vændəlɪzəm] *n* vandalisme *m*.
vanguard ['vængɑ:d] *n* avant-garde *f*.
vanilla [və'nɪlə] *n* vanille *f*. **~ ice** glace *f* à la vanille.
vanish ['vænɪʃ] *vi* disparaître.
vanity ['vænɪtɪ] *n* vanité *f*. **~ case** sac *m* de toilette.
vapour, *(US)* **-or** ['veɪpəʳ] *n* vapeur *f*.
varicose ['værɪkəʊs] *adj*: **~ vein** varice *f*.
varnish ['vɑ:nɪʃ] — **1** *n* vernis *m*. **nail ~** vernis à ongles. — **2** *vt* vernir.
variable ['vɛərɪəbl] *adj* variable.
variance ['vɛərɪəns] *n*: **to be at ~** être en désaccord (*about* à propos de).
variety [və'raɪətɪ] *n* **(a)** *(gen)* variété *f*. **for a ~ of reasons** pour diverses raisons. **(b)** *(Theatre)* variétés *fpl*. **~ show** spectacle *m* de variétés.
various ['vɛərɪəs] *adj (gen)* divers *(before n)*. **at ~ times** *(different)* en diverses occasions; *(several)* à plusieurs reprises.
vary ['vɛərɪ] *vti (gen)* varier (*with* selon). **to ~ from** différer de.
vase [vɑ:z] *n* vase *m*. **flower ~** vase à fleurs.
vast [vɑ:st] *adj (gen)* vaste; *(success)* énorme; *(expense)* très grand *(before n)*. **a ~ amount of** énormément de. ◆ **vastly** *adv* extrêmement.
vat [væt] *n* cuve *f*.
Vatican ['vætɪkən] *n* Vatican *m*.
vault [vɔ:lt] — **1** *n (cellar)* cave *f*; *(tomb)* caveau *m*; *(in bank)* salle *f* des coffres. — **2** *vti (jump)* sauter.
veal [vi:l] *n* veau *m (viande)*.
veer [vɪəʳ] *vi* (**~ round**) tourner.
vegetable ['vedʒɪtəbl] *n* légume *m*. **~ dish** légumier *m*; **~ garden** potager *m*; **~ kingdom** règne *m* végétal; **~ knife** couteau *m* à éplucher; **~ oil** huile *f* végétale; **~ salad** macédoine *f* de légumes.
vegetarian [,vedʒɪ'tɛərɪən] *adj, n* végétarien(ne) *m(f)*.
vehement ['vi:ɪmənt] *adj* véhément.
vehicle ['vi:ɪkl] *n* véhicule *m*.
veil [veɪl] *n* voile *m*; *(on hat)* voilette *f*.
vein [veɪn] *n (gen)* veine *f*; *(in leaf)* nervure *f*. **in the same ~** dans le même esprit.
velour(s) [və'lʊəʳ] *n* velours *m* épais.
velvet ['velvɪt] *n* velours *m*. ◆ **velveteen** *n* velvet *m*. ◆ **velvety** *adj* velouté.
vending ['vendɪŋ] *n*: **~ machine** distributeur *m* automatique.
venerate ['venəreɪt] *vt* vénérer.
Venetian [vɪ'ni:ʃən] *adj*: **~ glass** cristal *m* de Venise; **~ blind** store *m* vénitien.
vengeance ['vendʒəns] *n* vengeance *f*. *(fig)* **with a ~** pour de bon*.
venison ['venɪsən] *n* venaison *f*.
venom ['venəm] *n* venin *m*.
vent [vent] *n (hole)* orifice *m*.
ventilate ['ventɪleɪt] *vt* ventiler.
ventilator ['ventɪleɪtəʳ] *n* ventilateur *m*; *(on car)* déflecteur *m*.
ventriloquist [ven'trɪləkwɪst] *n* ventriloque *mf*.
venture ['ventʃəʳ] — **1** *n* entreprise *f* (hasardeuse). **at a ~** au hasard; **business ~s** tentatives *fpl* commerciales; **a new ~ in ...** quelque chose de nouveau en matière de... — **2** *vt* risquer, hasarder. — **3** *vi*: **to ~ in** *(etc)* se risquer à entrer *(etc)*; **to ~ into town** s'aventurer dans la ville.
venue ['venju:] *n* lieu *m* (de rendez-vous).
veranda(h) [və'rændə] *n* véranda *f*.
verb [vɜ:b] *n* verbe *m*.
verbatim [vɜ:'beɪtɪm] *adj, adv* mot pour mot.
verdict ['vɜ:dɪkt] *n* verdict *m*.
verge [vɜ:dʒ] *n (of road)* accotement *m*. **on the ~ of** *(sth bad)* à deux doigts de; *(sth good)* à la veille de; *(tears)* au bord de; **on the ~ of doing** sur le point de faire.
verger ['vɜ:dʒəʳ] *n* bedeau *m*.
verify ['verɪfaɪ] *vt (gen)* vérifier; *(documents)* contrôler.
vermicelli [,vɜ:mɪ'selɪ] *n* vermicelle *m*.
vermin ['vɜ:mɪn] *n (animals)* animaux *mpl* nuisibles; *(insects)* vermine *f*.
vermouth ['vɜ:məθ] *n* vermouth *m*.
versatile ['vɜ:sətaɪl] *adj* aux talents variés.
verse [vɜ:s] *n* **(a)** *(poetry)* vers *mpl*. **in ~** en vers. **(b)** *(stanza: of poem)* strophe *f*; *(of song)* couplet *m*; *(of Bible)* verset *m*.
version ['vɜ:ʃən] *n (gen)* version *f*; *(of car etc)* modèle *m*.
versus ['vɜ:səs] *prep* contre.
vertical ['vɜ:tɪkəl] *adj* vertical.
vertigo ['vɜ:tɪgəʊ] *n* vertige *m*.
very ['verɪ] — **1** *adv* très. **~ well** très bien; **~ much** beaucoup; **~ last** tout dernier; **the ~ cleverest** de loin le plus intelligent; **at the ~ latest** au plus tard; **at the ~ most** tout au plus; **it's my ~ own** c'est à moi tout seul; **the ~ next shop** le magasin tout de suite après; **the ~ same day** le jour même; **the ~ same hat** exactement le même chapeau. — **2** *adj* **(a)** *(precise)* même. **his ~ words** ses propos mêmes; **the ~ man I need** tout à fait l'homme qu'il me faut. **(b)** *(extreme)* tout. **at the ~ end** *(of year)* tout à la fin; *(of road)* tout au bout; **to the ~ end** jusqu'au bout. **(c)** *(mere)* **the ~ word** rien que le mot.
vessel ['vesl] *n* vaisseau *m*.
vest [vest] *n* **(a)** *(Brit: man's)* tricot *m* de corps; *(woman's)* chemise *f* américaine. **(b)** *(US)* gilet *m*. **~ pocket** poche *f* de gilet.
vestry ['vestrɪ] *n* sacristie *f*.
vet [vet] — **1** *n* vétérinaire *mf*. — **2** *vt (gen)* examiner minutieusement; *(candidate)* se renseigner de façon approfondie sur. **it was ~ted by him** c'est lui qui l'a approuvé.
veteran ['vetərən] — **1** *n* vétéran *m*. **war ~** ancien combattant *m*. — **2** *adj (gen)* chevronné. **~ car** voiture *f* d'époque *(avant 1916)*.
veto ['vi:təʊ] — **1** *n, pl* **-es** veto *m*. — **2** *vt* opposer son veto à.
vex [veks] *vt* fâcher. ◆ **vexed** *adj* fâché (*with sb* contre qn); *(question)* controversé. **to get ~** se fâcher.
via ['vaɪə] *prep* par, via.
viaduct ['vaɪədʌkt] *n* viaduc *m*.
vibrate [vaɪ'breɪt] *vi* vibrer.
vicar ['vɪkəʳ] *n (C of E)* pasteur *m*; *(RC)* vicaire *m*. ◆ **vicarage** *n* presbytère *m (anglican)*.

vice [vaɪs] *n* **(a)** vice *m; (less strong)* défaut *m. (Police)* ~ **squad** brigade *f* des mœurs. **(b)** *(tool)* étau *m.*

vice- [vaɪs] *pref* vice-. ~**admiral** vice-amiral *m; (University)* ~**chancellor** recteur *m;* ~**president** vice-président(e) *m(f).*

vice versa ['vaɪsɪ'vɜːsə] *adv* vice versa.

vicinity [vɪ'sɪnɪtɪ] *n* environs *mpl.*

vicious ['vɪʃəs] *adj (remark, look)* méchant; *(kick, attack)* brutal; *(circle)* vicieux (*f* -ieuse).

victim ['vɪktɪm] *n* victime *f.*

victimize ['vɪktɪmaɪz] *vt (after strike etc)* exercer des représailles sur. **to be ~d** être victime de représailles.

Victorian [vɪk'tɔːrɪən] *adj* victorien (*f* -ienne). ◆ **Victoriana** *n* antiquités *fpl* victoriennes.

victory ['vɪktərɪ] *n* victoire *f.*

victorious [vɪk'tɔːrɪəs] *adj (gen)* victorieux (*f* -ieuse); *(shout)* de victoire.

video ['vɪdɪəʊ] — **1** *adj (system etc)* vidéo *inv.* ~ **cassette** vidéocassette *f;* ~ **recorder** magnétoscope *m;* ~ **recording** enregistrement *m* sur magnétoscope. — **2** *vt* enregistrer sur magnétoscope. — **3** *n* (*: *US*) télévision *f.*

vie [vaɪ] *vi* rivaliser (*in doing* pour faire).

view [vjuː] — **1** *n* **(a)** *(gen)* vue *f.* **in full ~ of** en plein devant; **to come into ~** apparaître; *(exhibit)* **on ~** exposé; **back ~ of the house** la maison vue de derrière; **a room with a ~** une chambre avec une belle vue; **to keep sth in ~** ne pas perdre qch de vue; **in ~ of** étant donné; **in ~ of the fact that** étant donné que; **with a ~ to doing** dans l'intention de faire. **(b)** *(opinion)* avis *m.* **in my ~** à mon avis; **to take the ~ that** penser que; **to take a dim ~ of sth** apprécier médiocrement qch; **point of ~** point *m* de vue. — **2** *vt (house etc)* visiter; *(prospect)* envisager. — **3** *vi (TV)* regarder la télévision. ◆ **viewer** *n* **(a)** *(TV)* téléspectateur *m* (*f* -trice). **(b)** *(for slides)* visionneuse *f.* ◆ **viewfinder** *n* viseur *m.* ◆ **viewpoint** *n* point *m* de vue.

vigil ['vɪdʒɪl] *n (gen)* veille *f; (by sickbed etc)* veillée *f; (Rel)* vigile *f.*

vigorous ['vɪgərəs] *adj* vigoureux (*f* -euse).

vigour, *(US)* **-or** ['vɪgəʳ] *n* vigueur *f.*

vile [vaɪl] *adj* ignoble; *(extremely bad)* exécrable; *(temper)* massacrant.

villa ['vɪlə] *n (in town)* pavillon *m (de banlieue); (in country)* maison *f* de campagne; *(by sea)* villa *f.*

village ['vɪlɪdʒ] *n* village *m.* **the ~ school** l'école *f* du village; **a ~ school** une école de campagne. ◆ **villager** *n* villageois(e) *m(f).*

villain ['vɪlən] *n (in play etc)* traître(sse) *m(f); (criminal)* bandit *m.*

vim* [vɪm] *n* entrain *m.*

vindicate ['vɪndɪkeɪt] *vt* justifier.

vindictive [vɪn'dɪktɪv] *adj* vindicatif (*f* -ive).

vine [vaɪn] *n* vigne *f.* ~**-grower** vigneron *m.*

vinegar ['vɪnɪgəʳ] *n* vinaigre *m.*

vineyard ['vɪnjəd] *n* vignoble *m.*

vintage ['vɪntɪdʒ] *n (year)* année *f.* **what ~ is it?** c'est de quelle année?; **~ wine** vin *m* grand cru; **the 1972 ~** le vin de 1972; **a ~ year** une bonne année (*for* pour); ~ **car** voiture *f* d'époque *(1917-1930).*

vinyl ['vaɪnɪl] *n* vinyle *m.*

viola [vɪ'əʊlə] *n* **(a)** *(Music)* alto *m.* **(b)** *(plant)* pensée *f.*

violate ['vaɪəleɪt] *vt* violer.

violence ['vaɪələns] *n* violence *f.* **an outbreak of ~** de violents incidents *mpl;* **racial ~** violents incidents raciaux.

violent ['vaɪələnt] *adj (gen)* violent; *(colour)* criard. **a ~ dislike** une vive aversion (*for* envers). ◆ **violently** *adv (gen)* violemment; *(severely: ill, angry)* terriblement.

violet ['vaɪəlɪt] — **1** *n (plant)* violette *f; (colour)* violet *m.* — **2** *adj* violet (*f* -ette).

violin [,vaɪə'lɪn] *n* violon *m.*

violinist [,vaɪə'lɪnɪst] *n* violoniste *mf.*

virgin ['vɜːdʒɪn] *n* vierge *f;* garçon *m* vierge. **the Blessed V~** la Sainte Vierge.

Virgo ['vɜːgəʊ] *n* la Vierge *(zodiaque).*

virile ['vɪraɪl] *adj* viril.

virtually ['vɜːtjʊəlɪ] *adv* pratiquement.

virtue ['vɜːtjuː] *n* vertu *f.* **by ~ of** en vertu de; **there is no ~ in doing that** il n'y a aucun mérite à faire cela.

virtuoso [,vɜːtjʊ'əʊzəʊ] *n* virtuose *mf.*

virtuous ['vɜːtjʊəs] *adj* vertueux (*f* -ueuse).

virus ['vaɪərəs] *n* virus *m.* ~ **disease** maladie *f* virale.

visa ['viːzə] *n* visa *m (de passeport).*

vis-à-vis ['viːzəviː] *prep* vis-à-vis de.

viscount ['vaɪkaʊnt] *n* vicomte *m.*

vise [vaɪs] *n (US)* étau *m.*

visible ['vɪzəbl] *adj (gen)* visible; *(obvious)* manifeste. ◆ **visibly** *adv* visiblement; manifestement.

vision ['vɪʒən] *n (gen)* vision *f; (eyesight)* vue *f.* **his ~ of the future** la façon dont il voit l'avenir; **she had ~s of being drowned** elle s'est vue noyée.

visit ['vɪzɪt] — **1** *n (call, tour)* visite *f; (stay)* séjour *m.* **to pay a ~ to** *(person)* rendre visite à; *(place)* aller à. **to be on a ~ to** *(person)* être en visite chez; *(place)* faire un séjour à; **on an official ~** en visite officielle. — **2** *vt (person)* aller voir; *(more formally)* rendre visite à; *(stay with)* faire un séjour chez; *(place)* aller à. ~**ing card** carte *f* de visite; ~**ing hours** *or* **time** heures *fpl* de visite; ~ **professor** professeur *m* associé; **the ~ing team** les visiteurs *mpl.* ◆ **visitor** *n (guest)* invité(e) *m(f); (in hotel)* client(e) *m(f); (tourist)* visiteur *m* (*f* -euse). ~**s' book** livre *m* d'or, *(in hotel)* registre *m.*

visor ['vaɪzəʳ] *n* visière *f.*

visual ['vɪzjʊəl] *adj* visuel (*f* -uelle). **to teach with ~ aids** enseigner par des méthodes visuelles. ◆ **visualize** *vt (imagine)* se représenter; *(foresee)* envisager.

vital ['vaɪtl] *adj (gen)* vital; *(importance)* capital; *(error)* fatal. ~ **statistics** *(population)* statistiques *fpl* démographiques; (*: *woman's*) mensurations *fpl;* ~ **to sth** indispensable pour qch. ◆ **vitally** *adv (gen)* extrêmement; *(necessary)* absolument.

vitamin ['vɪtəmɪn] *n* vitamine *f.*

viva voce ['vaɪvə'vəʊsɪ] *adv* de vive voix.

vivacious [vɪ'veɪʃəs] *adj* enjoué.

vivid ['vɪvɪd] *adj (colour, imagination)* vif (*f* vive); *(recollection)* très net (*f* nette); *(description)* vivant. ◆ **vividly** *adv (describe)* d'une manière vivante; *(imagine, remember)* très nettement.

vixen ['vɪksn] *n* renarde *f.*

viz [vɪz] *adv* c'est-à-dire.

vocabulary [vəʊ'kæbjʊlərɪ] *n (gen)* vocabulaire *m; (in textbook)* lexique *m.*

vocal ['vəʊkəl] *adj (gen)* vocal; *(voicing opinion: group)* qui se fait entendre. ◆ **vocalist** *n* chanteur *m* (*f* -euse) *(dans un groupe).*
vocation [vəʊ'keɪʃən] *n (Rel etc)* vocation *f.* ◆ **vocational** *adj* professionnel (*f* -elle).
vociferous [vəʊ'sɪfərəs] *adj* bruyant.
vodka ['vɒdkə] *n* vodka *f.*
vogue [vəʊg] *n* vogue *f.* **in ~** en vogue.
voice [vɔɪs] — **1** *n* voix *f.* **to lose one's ~** avoir une extinction de voix; **in a soft ~** d'une voix douce; **soft-~d** à voix douce; **at the top of his ~** à tue-tête; **with one ~** à l'unanimité. — **2** *vt (feelings etc)* exprimer; *(consonant)* voiser.
volatile ['vɒlətaɪl] *adj (fig: situation)* explosif (*f* -ive); *(person)* versatile.
volcano [vɒl'keɪnəʊ] *n* volcan *m.*
volley ['vɒlɪ] *n (gen)* volée *f; (of stones)* grêle *f.* ◆ **volleyball** *n* volley(-ball) *m.*
volt [vəʊlt] *n* volt *m.* ◆ **voltage** *n* voltage *m,* tension *f.*
volume ['vɒlju:m] *n (gen)* volume *m.* **in 6 ~s** en 6 volumes; **~ two** tome deux. ◆ **voluminous** *adj* volumineux (*f* -euse).
voluntary ['vɒləntərɪ] *adj (not forced)* volontaire; *(not paid)* bénévole.
volunteer [,vɒlən'tɪəʳ] — **1** *n* volontaire *mf.* — **2** *adj (army, group)* de volontaires; *(worker)* bénévole. — **3** *vt (gen)* offrir; *(suggestion, facts)* fournir spontanément. — **4** *vi* s'offrir (*for* pour; *to do* pour faire); *(Mil)* s'engager comme volontaire (*for* dans).
vomit ['vɒmɪt] *vti* vomir.
vomiting ['vɒmɪtɪŋ] *n* vomissements *mpl.*
vote [vəʊt] — **1** *n (gen)* vote *m.* **~s for women!** droit de vote pour les femmes!; **to take a ~** procéder au vote (*on* sur); **~ of thanks** discours *m* de remerciements; **to win ~s** gagner des voix; **the Labour ~** les voix travaillistes. — **2** *vti* voter (*for* pour; *against* contre); (*elect:* **~ in**) élire; *(fig)* proclamer (*sb sth* qn qch). **to ~ Socialist** voter socialiste; **to ~ on sth** mettre qch au vote; **I ~* we go** je propose qu'on y aille. ◆ **voter** *n* électeur *m* (*f* -trice). ◆ **voting** *n (process of voting)* scrutin *m; (result)* vote *m.*
vouch [vaʊtʃ] *vi:* **to ~ for** répondre de.
voucher ['vaʊtʃəʳ] *n* bon *m.*
vow [vaʊ] — **1** *n* vœu *m* (*to do* de faire). — **2** *vt* jurer (*to do* de faire; *that* que).
vowel ['vaʊəl] *n* voyelle *f.*
voyage ['vɔɪɪdʒ] *n* voyage *m* par mer. **~ of discovery** voyage d'exploration.
vulgar ['vʌlgəʳ] *adj (gen)* vulgaire; *(fraction)* ordinaire.
vulnerable ['vʌlnərəbl] *adj* vulnérable.
vulture ['vʌltʃəʳ] *n* vautour *m.*

W, w ['dʌblju:] *n (letter)* W, w *m.*
wad [wɒd] *n (gen)* tampon *m; (of putty, gum)* boulette *f; (of papers, notes)* liasse *f.*
waddle ['wɒdl] *vi* se dandiner.
wade [weɪd] *vi:* **to ~ through** *(lit)* patauger dans; (**fig: book etc*) venir péniblement à bout de.
wafer ['weɪfəʳ] *n* gaufrette *f; (Rel)* hostie *f.*
waffle ['wɒfl] — **1** *n* **(a)** *(food)* gaufre *f.* **(b)** *(words)* verbiage *m.* — **2** *vi* (*) parler interminablement.
wag [wæg] *vt (gen)* agiter; *(tail)* remuer.
wage [weɪdʒ] — **1** *n (also ~s)* salaire *m,* paye *f.* **his ~s are £75 per week** il touche 75 livres par semaine. — **2** *adj (rise)* de salaire; *(scale, freeze)* des salaires. **~ claim** demande *f* de révision de salaire; **~ earner** salarié(e) *m(f); (breadwinner)* soutien *m* de famille; **~ packet** paye *f.* — **3** *vt (campaign)* mener. **to ~ war** faire la guerre.
wager ['weɪdʒəʳ] *n* pari *m.*
waggle ['wægl] *vti* agiter.
wag(g)on ['wægən] *n (on road)* chariot *m; (Rail)* wagon *m; (tea trolley)* table *f* roulante; *(larger: for tea urn)* chariot. *(fig)* **to go on the ~*** ne plus boire d'alcool.
wail [weɪl] — **1** *vi* hurler. — **2** *n* hurlement *m.*
waist [weɪst] *n* taille *f.* **to put one's arm round sb's ~** prendre qn par la taille; **he was up to the ~ in water** l'eau lui arrivait à la ceinture; **~ measurement** tour *m* de taille. ◆ **waistband** *n* ceinture *f (de jupe etc).* ◆ **waistcoat** *n* gilet *m.* ◆ **waistline** *n* taille *f.*
wait [weɪt] — **1** *n* attente *f.* **a 3-hour ~** 3 heures d'attente; **to lie in ~ for sb** guetter qn. — **2** *vi* **(a)** attendre (*for sb* qn; *sth* qch; *for sb to do, until sb does* que qn fasse). **~ a moment!** un instant!; **~ till you're old enough** attends d'être assez grand; **to ~ behind** rester (*for sb* pour attendre qn); **to ~ up** ne pas se coucher (*for sb* avant que qn ne revienne); **don't ~ up for me** couchez-vous sans m'attendre; **~ and see** attends voir; **to keep sb ~ing** faire attendre qn; **'repairs while you ~'** 'réparations à la minute'; **I can't ~ to see him again** je meurs d'envie de le revoir. **(b)** *(of waiter)* servir (*on sb* qn). ◆ **waiter** *n* garçon *m* (de café). ◆ **waiting** *n* attente *f.* *(driving)* **'no ~'** 'stationnement strictement interdit'; **~ list** liste *f* d'attente; **~ room** salon *m* d'attente, *(in station etc)* salle *f* d'attente. ◆ **waitress** *n* serveuse *f.*
waive [weɪv] *vt* abandonner.
wake [weɪk] *pret* **woke,** *ptp* **woken, -d** — **1** *vi* (**~ up**) se réveiller (*from* de). **~ up!** réveille-toi!; *(fig)* secoue-toi!; *(fig)* **to ~ up to sth** prendre conscience de qch. — **2** *vt* (**~ up**) réveiller. — **3** *n* **(a)** *(over corpse)* veillée *f* mortuaire. **(b)** *(of ship)* sillage *m.* ◆ **wakeful** *adj* éveillé. ◆ **waken** *vti* = **wake.** ◆ **wakey-wakey*** *excl* réveillez-vous!

Wales [weɪlz] *n* pays *m* de Galles. **South ~** le Sud du pays de Galles.
walk [wɔːk] — **1** *n* **(a)** promenade *f;* (*~ing race*) épreuve *f* de marche; *(gait)* démarche *f.* **to go for a ~** se promener; *(shorter)* faire un tour; **to take sb for a ~** emmener qn se promener; **to take the dog for a ~** promener le chien; **10 minutes' ~ from here** à 10 minutes à pied d'ici; **it's only a short ~ to...** il n'y a pas loin à marcher jusqu'à...; **at a ~** sans courir. **(b)** *(path)* chemin *m; (in garden)* allée *f.* *(fig)* **from all ~s of life** de toutes conditions sociales. — **2** *vi (gen)* marcher; *(not run)* aller au pas; *(not ride or drive)* aller à pied; (*go for a ~*) se promener. **to ~ up and down** marcher de long en large; **to ~ about** *or* **around** aller et venir; **to ~ across** *(over bridge etc)* traverser; **to ~ across to sb** s'approcher de qn; **to ~ in** entrer; **to ~ away** *or* **off** s'éloigner (*from* de); *(fig)* **to ~ away** *or* **off with sth** *(take)* emporter qch en partant; *(win)* gagner qch haut la main; **to ~ out** *(go out)* sortir; *(go away)* partir; *(as protest)* partir en signe de protestation; *(strike)* se mettre en grève; **to ~ out of a discussion** quitter une séance de discussion; **to ~ out on sb*** laisser tomber qn*; **to ~ up to sb** s'approcher de qn; **to ~ home** rentrer à pied; **to ~ into** *(trap)* tomber dans; *(bump into)* se cogner à. — **3** *vt (distance)* faire à pied; *(town)* parcourir; *(dog)* promener. **to ~ all the way** faire tout le chemin à pied; **I ~ed him round Paris** je l'ai promené dans Paris; **I'll ~ you home** je vais vous raccompagner. ◆ **walkabout*** *n (of celebrity)* **to go on a ~** prendre un bain de foule. ◆ **walker** *n* **(a)** marcheur *m* (*f* -euse). **he's a fast ~** il marche vite. **(b)** *(frame)* déambulateur *m; (for babies)* trotte-bébé *m.* ◆ **walkie-talkie** *n* talkie-walkie *m.* ◆ **walking** *adj (shoes)* de marche; *(miracle)* ambulant. *(fig)* **a ~ encyclopedia** une encyclopédie vivante; **it is within ~ distance** on peut facilement y aller à pied; **~ stick** canne *f;* **to be on a ~ tour** faire une longue randonnée à pied; **~-on part** rôle *m* de figurant(e). ◆ **walkout** *n (gen)* départ *m* en signe de protestation; *(strike)* grève *f* surprise. ◆ **walkover** *n* victoire *f* facile.
wall [wɔːl] — **1** *n (gen)* mur *m; (as defence)* muraille *f; (of tunnel etc)* paroi *f; (of tyre)* flanc *m.* **the Berlin W~** le mur de Berlin; *(fig)* **he had his back to the ~** il était acculé; **to drive sb up the ~*** rendre qn dingue*. — **2** *adj (cupboard, clock)* mural. **~ light** applique *f (lampe).* ◆ **walled** *adj (garden)* clos; *(city)* fortifié. ◆ **wallflower** *n* giroflée *f.* *(fig)* **to be a ~** faire tapisserie. ◆ **wallpaper** *n* papier *m* peint. ◆ **wall-to-wall carpet** *n* moquette *f.*
wallet ['wɒlɪt] *n* portefeuille *m.*
Walloon [wɒ'luːn] *adj, n* wallon *(m).*
wallop* ['wɒləp] — **1** *n* (grand) coup *m; (sound)* fracas *m.* — **2** *vt* taper sur.
wallow ['wɒləʊ] *vi* se vautrer.
walnut ['wɔːlnʌt] — **1** *n* noix *f; (tree, wood)* noyer *m.* — **2** *adj (table etc)* en noyer; *(cake)* aux noix.
walrus ['wɔːlrəs] *n* morse *m (animal).*
waltz [wɔːlts] — **1** *n* valse *f.* — **2** *vi* valser.
wan [wɒn] *adj* pâle; *(sad)* triste.
wand [wɒnd] *n* baguette *f* (magique).
wander ['wɒndəʳ] *vi* (**~ about, ~ around:** *gen*) errer; *(idly)* flâner; *(stray)* s'écarter (*from* de); *(of thoughts)* vagabonder. **to ~ in** *(etc)* entrer *(etc)* sans se presser; *(from fever etc)* **his mind is ~ing** il divague. ◆ **wanderer** *n* vagabond(e) *m(f).*
wane [weɪn] *vi (gen)* décliner; *(of moon)* décroître.
wangle* ['wæŋgl] — **1** *n* combine *f.* — **2** *vt* se débrouiller pour obtenir (*from* de); *(without paying)* carotter* (*from* à).
want [wɒnt] — **1** *vti* **(a)** vouloir (*to do* faire; *sb to do* que qn fasse). **what does he ~ for it?** combien veut-il pour cela?; **I don't ~ to!** je n'en ai pas envie!; *(more definite)* je ne veux pas!; **I ~ it done** je veux qu'on le fasse; **I was ~ing to leave** j'avais envie de partir; **you're not ~ed here** on n'a pas besoin de vous ici; **he ~s you in his office** il veut vous voir dans son bureau; **you're ~ed on the phone** on vous demande au téléphone; **~ed by the police** recherché par la police; **the ~ed man** l'homme que la police recherche; **'articles ~ed'** 'articles demandés'; *(sexually)* **to ~ sb** désirer qn. **(b)** *(need)* avoir besoin de; (*: *ought*) devoir (*to do* faire); *(lack)* manquer. **we have all we ~** nous avons tout ce qu'il nous faut; **to ~ for sth** manquer de qch; **to be ~ing** manquer. — **2** *n (poverty)* besoin *m.* **for ~ of** faute de; **for ~ of anything better** faute de mieux; **it wasn't for ~ of trying** ce n'était pas faute d'avoir essayé; **to live in ~** être dans le besoin; *(needs)* **his ~s are few** il a peu de besoins.
wanton ['wɒntən] *adj (cruelty)* gratuit; *(woman)* dévergondé.
war [wɔːʳ] — **1** *n* guerre *f.* **at ~** en guerre; **to go to ~** entrer en guerre; **to make ~ on** faire la guerre à; **the Great W~** la guerre de 14-18; **the W~ Office** le ministère de la Guerre. — **2** *adj (gen: crime, wound, zone)* de guerre. *(board games)* **~ games** jeux *mpl* de stratégie militaire; **~ memorial** monument *m* aux morts. ◆ **warfare** *n* guerre *f (activité).* **class ~** lutte *f* des classes. ◆ **warhead** *n* ogive *f.* ◆ **warlike** *adj* guerrier (*f* -ière). ◆ **warpath** *n (fig)* **to be on the ~*** chercher la bagarre*. ◆ **warship** *n* navire *m* de guerre. ◆ **wartime** — **1** *n:* **in ~** en temps de guerre. — **2** *adj* de guerre.
warble ['wɔːbl] *vi* gazouiller.
ward [wɔːd] — **1** *n (in hospital)* salle *f; (section)* section *f* électorale; *(child)* pupille *mf.* **~ of court** pupille sous tutelle judiciaire. — **2** *vt:* **to ~ off** éviter.
warden ['wɔːdn] *n* (*traffic ~*) contractuel(le) *m(f); (of park, reserve)* gardien *m* (*f* -ienne); *(of institution)* directeur *m* (*f* -trice); *(of youth hostel)* père *m or* mère *f* aubergiste.
warder ['wɔːdəʳ] *n* gardien *m* (de prison).
wardrobe ['wɔːdrəʊb] *n (cupboard)* armoire *f; (clothes)* garde-robe *f; (Theatre)* costumes *mpl.*
warehouse ['wɛəhaʊs] *n* entrepôt *m.*
wares [wɛəz] *npl* marchandises *fpl.*
warm [wɔːm] — **1** *adj (gen)* assez chaud; *(iron oven)* moyen (*f* -enne); *(feelings, welcome, congratulations)* chaleureux (*f* -euse). **too ~** trop chaud; **I am ~** j'ai assez chaud; **this room is ~** il fait assez chaud dans cette pièce; **it's ~** *(weather)* il fait chaud; **it's nice and ~ in here** il fait bon ici; **in ~ weather** par temps chaud; **this coffee's only ~** ce café est tiède; **to get ~** *(person)* se réchauffer; *(thing)* chauffer; **to keep sth ~** tenir qch au chaud; **it keeps me ~** ça me tient chaud; **keep him ~** ne le laissez pas prendre froid; *(in letter)* **with ~est wishes** avec tous mes vœux les plus amicaux. — **2** *vt* réchauffer. **to ~ up** *(person, room)* réchauffer;

(water, food) chauffer; *(engine)* faire chauffer; *(audience)* mettre en train. — **3** *vi:* **to ~ up** *(of person, room, engine)* se réchauffer; *(of water, food)* chauffer; *(of dancer)* s'échauffer; *(of party)* commencer à être plein d'entrain; *(fig)* **to ~ to sth** commencer à aimer qch. ◆ **warm-hearted** *adj* chaleureux (*f* -euse). ◆ **warmly** *adv (clothe)* chaudement; *(welcome)* chaleureusement; *(thank)* vivement. ◆ **warmth** *n* chaleur *f.*

warn [wɔːn] *vt (gen)* prévenir, avertir (*of* de, *that* que; *not to do, against doing* qu'il ne faut pas faire); mettre en garde (*against* contre); *(authorities, police)* alerter. ◆ **warning** — **1** *n (gen)* avertissement *m; (letter, notice)* avis *m; (signal)* alerte *f.* **without ~** *(gen)* inopinément; *(without notifying)* sans prévenir; **gale ~** avis de grand vent. — **2** *adj (glance, cry)* d'avertissement; *(device)* d'alarme. **~ light** voyant *m* avertisseur; **~ shot** *(gen, Mil)* coup *m* tiré en guise d'avertissement; *(fig)* avertissement *m.*

warp [wɔːp] *vi* se voiler. ◆ **warped** *adj (door, mind)* tordu; *(humour)* morbide; *(account)* tendancieux (*f* -ieuse).

warrant ['wɒrənt] — **1** *n (for travel, payment)* bon *m; (Law, Police)* mandat *m. (Law)* **there is a ~ out for his arrest** on a émis un mandat d'arrêt contre lui; **~ officer** adjudant *m.* — **2** *vt* justifier.

warrior ['wɒrɪəʳ] *n* guerrier *m.*

wart [wɔːt] *n* verrue *f.*

wary ['wɛərɪ] *adj (gen)* prudent. **to be ~ of doing** hésiter beaucoup à faire.

wash [wɒʃ] — **1** *n* **(a)** **to give sth a ~** laver qch; **to have a ~** se laver; **to have a quick ~** se débarbouiller; **it needs a ~** cela a besoin d'être lavé; **to do a ~** faire la lessive; **in the ~** à la lessive; *(with paint)* **to give sth a blue ~** badigeonner qch en bleu. **(b)** *(of ship)* sillage *m.*

— **2** *vt* **(a)** *(gen)* laver. **to ~ o.s.** se laver, faire sa toilette; **to ~ away** *or* **off** *(stain etc)* faire partir; **to ~ down** *(deck, car)* laver à grande eau; *(wall)* lessiver; **to ~ out** *(cup etc)* laver; **the match was ~ed out** le match n'a pas eu lieu à cause de la pluie; *(tired)* **~ed out*** complètement lessivé*; **to ~ sth through** laver qch rapidement; **to ~ (up) the dishes** faire la vaisselle; **to ~ clothes** faire la lessive; **to ~ sth clean** bien nettoyer qch; *(fig)* **to ~ one's hands of sth** se laver les mains de qch. **(b)** **to ~ away** *(of river etc: object)* emporter; *(footprints)* effacer; **to ~ down** *(pill)* faire descendre; *(food)* arroser (*with* de); *(on shore)* **to ~ up** rejeter; **~ed out to sea** entraîné vers le large.

— **3** *vi* **(a)** *(have a ~)* se laver; *(do the washing)* faire la lessive. **to ~ off** *or* **out** partir au lavage (*or* à l'eau); **it won't ~ off** ça ne s'en va pas; **to ~ up** *(Brit: dishes)* faire la vaisselle; *(US: have a ~)* se débarbouiller; *(fig)* **~ed up*** fichu*; **it won't ~** ce n'est pas lavable; *(fig)* ça ne prend pas. **(b)** *(of waves etc)* **to ~ over sth** balayer qch.

◆ **washable** *adj* lavable. ◆ **wash-and-wear** *adj (on label)* 'ne pas repasser'. ◆ **washbasin** *or* ◆ **wash-hand basin** *n* lavabo *m.* ◆ **washer** *n (in tap etc)* rondelle *f; (machine)* machine *f* à laver; *(for windscreen)* lave-glace *m inv.* ◆ **washing** *n (clothes)* lessive *f.* **to do the ~** faire la lessive; **~ line** corde *f* à linge; **~ machine** machine *f* à laver; **~ powder** lessive *f;* **to do the ~-up** faire la vaisselle; **~-up bowl** bassine *f;* **~-up liquid** lave-vaisselle *m inv.* ◆ **wash-leather** *n* peau *f* de chamois. ◆ **wash-out*** *n* fiasco *m.* ◆ **washroom** *n* toilettes *fpl.*

wasp [wɒsp] *n* guêpe *f.*

wastage ['weɪstɪdʒ] *n (gen)* gaspillage *m; (rejects)* déchets *mpl; (through processing)* déperdition *f; (through pilfering)* coulage *m.*

waste [weɪst] — **1** *n* **(a)** *(gen)* gaspillage *m; (of time)* perte *f.* **to go to ~** être gaspillé; **it was a ~ of money** on a gaspillé de l'argent (*to do* en faisant); **a ~ of effort** un effort inutile; **it's a ~ of time** on perd son temps (*doing* à faire). **(b)** *(substance)* déchets *mpl; (water)* eaux *fpl* sales. **~ disposal unit** broyeur *m* d'ordures; **nuclear ~** déchets nucléaires. — **2** *adj (material)* de rebut; *(food)* inutilisé; *(water)* sale. **~ ground** *or* **land** terres *fpl* à l'abandon; *(in town)* terrain *m* vague; **~ paper** vieux papiers *mpl;* **~ products** déchets *mpl* de fabrication; **to lay ~** dévaster. — **3** *vti (gen)* gaspiller (*on* pour; *on doing* pour faire); *(time)* perdre; *(opportunity)* laisser passer. **to ~ one's breath** dépenser sa salive pour rien; **it is ~d on him** ça ne lui fait aucun effet; **~ not want not** l'économie protège du besoin; **to ~ away** dépérir. ◆ **wastebasket** *n* corbeille *f* (à papier). ◆ **wastebin** *n (basket)* corbeille *f* (à papier); *(in kitchen)* poubelle *f.* ◆ **wasted** *adj (gen)* gaspillé; *(effort)* inutile; *(life)* gâché; *(time)* perdu; *(body)* décharné. ◆ **wasteful** *adj (process)* peu rentable. ◆ **waste-paper basket** *n* corbeille *f* (à papier). ◆ **waste-pipe** *n* tuyau *m* de vidange.

watch [wɒtʃ] — **1** *n* **(a)** montre *f.* **~ strap** bracelet *m* de montre. **(b)** **to keep ~** faire le guet; **to keep ~ on** *or* **over** surveiller; **to be on the ~ for** guetter. **(c)** *(on ship)* quart *m.* **on ~** de quart. — **2** *vti (gen)* regarder (*sb doing sth* qn faire qch); *(keep an eye on: suspect, luggage, child, shop)* surveiller; *(expression, birds etc)* observer; *(notice board)* consulter régulièrement; *(developments)* suivre de près; *(pay attention)* faire attention; *(be careful of: money, sth dangerous)* faire attention à. **~ what I do** regarde-moi faire; **to ~ by sb's bedside** veiller au chevet de qn; **to ~ over** surveiller; **to ~ for** guetter; **to ~ an operation** assister à une opération; **we are being ~ed** on nous surveille; **~ tomorrow's paper** ne manquez pas de lire le journal de demain; **to ~ out** *(keep look-out)* guetter (*for sb* qn; *for sth* qch); *(take care)* faire attention (*for* à); **~ out!** attention!; **~ your head!** attention à votre tête!; **~ it!***, **~ your step!** attention!; **I must ~ the time** il faut que je surveille l'heure; **to ~ the clock** surveiller la pendule; **~ you don't burn yourself** attention, ne vous brûlez pas! ◆ **watchdog** *n* chien *m* de garde. ◆ **watcher** *n (observer)* observateur *m* (*f* -trice); *(hidden)* guetteur *m; (spectator)* spectateur *m* (*f* -trice). ◆ **watchful** *adj* vigilant. ◆ **watchmaker** *n* horloger *m* (*f* -ère). ◆ **watchman** *n* gardien *m; (night ~)* veilleur *m* de nuit. ◆ **watchtower** *n* tour *f* de guet. ◆ **watchword** *n* mot *m* d'ordre.

water ['wɔːtəʳ] — **1** *n* eau *f.* **hot and cold ~ in all rooms** eau courante chaude et froide dans toutes les chambres; **drinking ~** eau potable; **the road is under ~** la route est inondée; *(tide)* **at high ~** à marée haute; **it won't hold ~** *(container)* ça n'est pas étanche; *(excuse)* ça ne tient pas debout; **in French ~s** dans les eaux territoriales françaises. — **2** *adj (level, pipe, snake)* d'eau; *(mill, pistol)* à eau; *(plant, bird)* aquatique. **~ biscuit** craquelin *m;* **~**

diviner radiesthésiste *mf;* ~ **ice** sorbet *m;* ~ **main** conduite *f* principale d'eau; ~ **rate** taxe *f* sur l'eau; ~ **supply** *(town)* approvisionnement *m* en eau; *(house etc)* alimentation *f* en eau; *(traveller)* provision *f* d'eau; ~ **tank** réservoir *m* d'eau; ~ **tower** château *m* d'eau. — **3** *vi (of eyes)* pleurer. **his mouth ~ed** il a eu l'eau à la bouche; **it made his mouth ~** cela lui a fait venir l'eau à la bouche. — **4** *vt (garden)* arroser. **to ~ down** *(wine)* couper (d'eau); *(fig: story)* édulcorer. ◆ **watercolour** *n (painting)* aquarelle *f. (paints)* **~s** couleurs *fpl* pour aquarelle. ◆ **watercress** *n* cresson *m* (de fontaine). ◆ **waterfall** *n* chute *f* d'eau. ◆ **waterfront** *n (at docks etc)* quais *mpl.* ◆ **water-heater** *n* chauffe-eau *m inv.* ◆ **watering-can** *n* arrosoir *m.* ◆ **waterlily** *n* nénuphar *m.* ◆ **waterline** *n* ligne *f* de flottaison. ◆ **waterlogged** *adj* détrempé. ◆ **water-mark** *n (in paper)* filigrane *m.* ◆ **watermelon** *n* pastèque *f.* ◆ **waterproof** — **1** *adj (material)* imperméable; *(watch)* étanche. ~ **sheet** *(for bed)* alaise *f; (tarpaulin)* bâche *f.* — **2** *n* imperméable *m.* ◆ **watershed** *n (Geog)* ligne *f* de partage des eaux; *(fig)* grand tournant *m.* ◆ **water-skiing** *n* ski *m* nautique. ◆ **watertight** *adj (container)* étanche; *(excuse, plan)* inattaquable. ◆ **waterway** *n* voie *f* navigable. ◆ **water-wings** *npl* flotteurs *mpl* de natation. ◆ **waterworks** *n (place)* station *f* hydraulique. ◆ **watery** *adj (substance)* aqueux (*f* -euse); *(eyes)* larmoyant; *(coffee)* trop faible; *(soup)* trop liquide.

watt [wɒt] *n* watt *m.*

wave [weɪv] — **1** *n* vague *f; (in hair)* ondulation *f; (Physics, Radio)* onde *f. (Radio etc)* **long ~** grandes ondes; **with a ~ of his hand** d'un signe de la main. — **2** *vi (of person)* faire signe de la main; *(of hair, corn)* onduler. **to ~ to sb** *(greet)* saluer qn de la main; *(signal)* faire signe à qn. — **3** *vt* **(a)** *(gen)* agiter; *(threateningly)* brandir. **to ~ goodbye** dire au revoir de la main; **to ~ sb on** *(etc)* faire signe à qn d'avancer *(etc).* **(b)** *(hair)* onduler. ◆ **waveband** *n* bande *f* de fréquences. ◆ **wavelength** *n* longueur *f* d'ondes.

waver ['weɪvəʳ] *vi (gen)* vaciller; *(of person)* hésiter.

wavy ['weɪvɪ] *adj (gen)* ondulé; *(line)* onduleux (*f* -euse).

wax [wæks] — **1** *n (gen)* cire *f; (for skis)* fart *m; (in ear)* bouchon *m* de cire. ~ **paper** papier *m* paraffiné. — **2** *vt (gen)* cirer; *(car)* lustrer. — **3** *vi (of moon)* croître; *(become)* devenir. ◆ **waxworks** *n (museum)* musée *m* de cire.

way [weɪ] *n* **(a)** *(path, road)* chemin *m* (*to* de, vers). **the ~ across the fields** le chemin qui traverse les champs; **across the ~** en face; **can you tell me the ~ to...?** pouvez-vous m'indiquer le chemin de...?, **all the ~** pendant tout le chemin (*to* jusqu'à); **on the ~** en route; **on the ~ to the station** sur le chemin de la gare; **on your ~ home** en rentrant chez vous; **to go by ~ of Glasgow** passer par Glasgow; *(fig)* **by the ~, ...** à propos, ...; **out-of-the-~** *(village)* à l'écart; *(subject)* peu commun; *(fig)* **to go out of one's ~ to do** se donner du mal pour faire; **to lose one's ~** perdre son chemin; **to ask the ~** demander son chemin (*to* pour aller à); **I know my ~ to...** je sais comment aller à...; **to make one's ~ towards...** se diriger vers...; **the ~ back** le chemin du retour; **the ~ down** le chemin pour descendre; **the ~ in** l'entrée *f;* **the ~ out** la sortie; **on the ~ out** en sortant; *(fig)* **there is no ~ out of it** *or* **no ~ round it** il n'y a pas moyen de s'en sortir. **(b) to be in sb's ~** barrer le passage à qn; *(fig)* **am I in your ~?** est-ce que je vous gêne?; **it's out of the ~ over there** ça ne gêne pas là-bas; **to get out of the ~** s'écarter; **to get out of sb's ~** laisser passer qn; **to keep out of sb's ~** éviter qn; **to make ~ for** s'écarter pour laisser passer; **to push one's ~ through** se frayer un chemin à travers; **to give ~** *see* **give** c. **(c)** *(distance)* **it's a long ~** c'est loin (*from* de); **a long ~ off** loin; **a little ~ off** pas très loin; **it's a long ~ to London** ça fait loin pour aller à Londres*; **we've a long ~ to go** nous avons encore un grand bout de chemin à faire; *(fig)* **it should go a long ~ towards...** cela devrait considérablement... **(d)** *(direction)* direction *f.* sens *m.* **this ~** par ici; **this ~ and that** en tous sens; **are you going my ~?** est-ce que vous allez dans la même direction que moi?; *(fig)* **everything's going his ~*** tout lui sourit; **he went that ~** il est parti par là; **he looked the other ~** il a détourné les yeux; **down your ~** près de chez vous; **the right ~ round** à l'endroit; **the wrong ~ round** à l'envers, dans le mauvais sens; **the right ~ up** dans le bon sens; **the wrong ~ up** sens dessus dessous; **the other ~ round** dans l'autre sens; *(fig)* juste le contraire; **one-~ street** rue *f* à sens unique. **(e)** *(manner etc)* façon *f,* moyen *m* (*to do, of doing* de faire). **~s and means** moyens (*of doing* de faire); **~ of life** manière *f* de vivre; **(in) this ~** de cette façon; **no ~!*** pas question!*; **either ~** de toute façon; **in his own ~** à sa façon; **to get one's own ~** obtenir ce que l'on désire; **to my ~ of thinking** à mon avis; **her ~ of looking at it** son point de vue; **leave the room the ~ it is** laisse la pièce comme elle est; **the ~ things are going we...** du train où vont les choses nous...; **that's always the ~** c'est toujours comme ça; **to do sth the right ~** faire qch bien; **to be in a bad ~** *(gen)* aller mal; *(of car etc)* être en piteux état; **one ~ or another** d'une façon ou d'une autre; **you can't have it both ~s** il faut choisir; **his foreign ~s** ses habitudes *fpl* d'étranger; **it's not my ~** ce n'est pas mon genre (*to do* de faire); **he has a ~ with...** il sait s'y prendre avec...; **to get into** (*or* **out of**) **the ~ of** prendre (*or* perdre) l'habitude de; **in some ~s** à certains égards; **in many ~s** à bien des égards; **without in any ~ wishing to do so** sans vouloir le moins du monde le faire; **in one ~** dans un certain sens **(f) to be under ~** *(ship)* faire route; *(meeting)* être en cours; *(plans)* être en voie de réalisation.

waylay [weɪ'leɪ] *pret, ptp* **-laid** *vt (attack)* attaquer; *(speak to)* arrêter au passage.

wayside ['weɪ,saɪd] — **1** *n;* **by the ~** au bord de la route. — **2** *adj (café etc)* au bord de la route.

wayward ['weɪwəd] *adj* rebelle.

W.C. ['dʌblju(:)'siː] *n* W.-C. *mpl,* waters *mpl.*

we [wiː] *pers pron pl* nous. ~ **know** nous savons; *(stressed)* nous, nous savons; ~ **went to the pictures** nous sommes allés *or* on est allé* au cinéma; ~ **French** nous autres Français; ~ **all make mistakes** tout le monde peut se tromper.

weak [wiːk] *adj (gen)* faible; *(material)* peu solide; *(tea)* léger (*f* -ère); *(health)* fragile; *(eyesight)* mauvais. **to have a ~ heart** avoir le cœur malade; ~ **in maths** faible en maths; ~ **spot** point *m* faible. ◆ **weaken** — **1** *vi (gen)* faiblir; *(in health)* s'affaiblir; *(of influence)* baisser. — **2** *vt (gen)* affaiblir; *(structure)* enlever de la solidité à. ◆ **weakling** *n (physically)* mauviette *f; (morally etc)* faible *mf.* ◆ **weakness** *n* faiblesse *f; (fault)* point *m* faible. **to have a ~ for** avoir un faible pour.

wealth [welθ] *n (fact of being rich)* richesse *f; (money, possessions, resources)* richesses. *(fig)* **a ~ of** une profusion de. ◆ **wealthy** *adj* très riche.

wean [wi:n] *vt* sevrer.

weapon ['wepən] *n* arme *f.*

wear [wɛəʳ] (*vb: pret* **wore,** *ptp* **worn**) — **1** *n:* **evening ~** tenue *f* de soirée; **children's ~** vêtements *mpl* pour enfants; **sports ~** vêtements de sport; **it will stand up to a lot of ~** cela fera beaucoup d'usage; **~ and tear** usure *f* (*on* de); **to look the worse for ~** commencer à être fatigué. — **2** *vti (gen)* porter; *(smile, look)* avoir; *(scent, lipstick)* se mettre. **he was ~ing a hat** il portait un chapeau; **what shall I ~?** qu'est-ce que je vais mettre?; **I've nothing to ~** je n'ai rien à me mettre; **to ~ well** faire beaucoup d'usage; *(fig)* résister au temps; **to ~ a hole in** faire peu à peu un trou dans; **worn thin** râpé; **worn at the knees** usé aux genoux; **to ~ away, to ~ down** s'user; **to ~ sth** (*or* **sb**) **down** épuiser qch (*or* qn); **to ~ off** *(of mark)* s'effacer; *(of pain, excitement)* passer; **to ~ out** *(of garment)* s'user; *(of patience)* s'épuiser; **to ~ sb out** épuiser qn; **to be worn out** *(of clothes)* être complètement usé; *(of person)* être épuisé. ◆ **wearing** *adj* épuisant.

wearily ['wɪərɪlɪ] *adv (say, sigh)* avec lassitude; *(move)* péniblement.

weariness ['wɪərɪnɪs] *n* lassitude *f.*

weary ['wɪərɪ] — **1** *adj (gen)* las (*f* lasse) (*of* de; *of doing* de faire); *(sigh)* de lassitude; *(journey)* fatigant. **to grow ~ of** se lasser de. — **2** *vt* lasser.

weasel ['wi:zl] *n* belette *f.*

weather ['weðəʳ] — **1** *n* temps *m.* **~ permitting** si le temps le permet; **what's the ~ like?** quel temps fait-il?; **it's fine ~** il fait beau; **it's bad ~** il fait mauvais; **in hot ~** par temps chaud; **W~ Centre** Office *m* national de la météorologie; **~ conditions** conditions *fpl* atmosphériques; **~ forecast, ~ report** bulletin *m* météorologique, météo* *f; (fig)* **under the ~*** mal fichu*. — **2** *vt (crisis)* réchapper à; *(wood etc)* faire mûrir. ◆ **weather-beaten** *adj* tanné. ◆ **weatherboarding** *n* planches *fpl* de recouvrement. ◆ **weathercock** *or* ◆ **weathervane** *n* girouette *f.* ◆ **weatherman*** *n* météorologiste *m.*

weave [wi:v] *pret* **wove,** *ptp* **woven** *vti (gen)* tisser; *(strands)* entrelacer; *(basket)* tresser. *(fig)* **get weaving!*** remue-toi! ◆ **weaver** *n* tisserand(e) *m(f).*

web [web] *n (spider's)* toile *f.* ◆ **webbed** *adj (foot)* palmé. ◆ **webbing** *n (on chair)* sangles *fpl.*

wed [wed] — **1** *vt* épouser. — **2** *npl:* **the newly-~s** les jeunes mariés *mpl.*

wedding ['wedɪŋ] — **1** *n* mariage *m.* **to have a quiet ~** se marier dans l'intimité. — **2** *adj (gen)* de mariage; *(cake, night)* de noces; *(dress)* de mariée. **their ~ day** le jour de leur mariage; **~ ring** alliance *f.*

wedge [wedʒ] — **1** *n (under wheel etc)* cale *f; (for splitting sth)* coin *m; (piece: of cake etc)* part *f. (fig)* **the thin end of the ~** le commencement de la fin. — **2** *vt (fix)* caler; *(push)* enfoncer. **~d in** coincé (*between* entre). ◆ **wedge-heeled** *adj* à semelles compensées.

Wednesday ['wenzdeɪ] *n* mercredi *m; for phrases V* **Saturday.**

wee [wi:] *adj (Scottish)* tout petit.

weed [wi:d] — **1** *n* mauvaise herbe *f.* — **2** *vt* désherber. *(fig)* **to ~ out** éliminer (*from* de). ◆ **weed-killer** *n* désherbant *m.*

week [wi:k] *n* semaine *f.* **a ~ today** aujourd'hui en huit. ◆ **weekday** *n* jour *m* de semaine. **on ~s** en semaine. ◆ **weekend** *n* week-end *m.* **at ~s** pendant les week-ends; **at the ~** pendant le week-end; **to go away for the ~** partir en week-end; **~ cottage** maison *f* de campagne. ◆ **weekly** — **1** *adj, n* hebdomadaire *(m).* — **2** *adv* une fois par semaine. **twice ~** deux fois par semaine.

weep [wi:p] *pret, ptp* **wept** *vi* pleurer (*for joy* de joie; *for sb* qn; *over* sur). ◆ **weeping** — **1** *n* larmes *fpl.* — **2** *adj* qui pleure. **~ willow** saule *m* pleureur.

weewee* ['wi:wi:] *n* pipi* *m.*

weigh [weɪ] *vti* peser. **what do you ~?** combien est-ce que vous pesez?; *(fig)* **it ~s a ton** c'est du plomb; **to be ~ed down by** *(load)* plier sous le poids de; *(responsibilities)* être accablé de; **to ~ out** peser; **to ~ up** *(consider)* examiner; *(compare)* mettre en balance (*A against B* A et B); **to ~ up the pros and cons** peser le pour et le contre; **to ~ anchor** lever l'ancre; *(fig)* **it was ~ing on her mind** cela la tracassait. ◆ **weighbridge** *n* pont-bascule *m.* ◆ **weighing-machine** *n* balance *f.*

weight [weɪt] *n* poids *m.* **sold by ~** vendu au poids; **what is your ~?** combien pesez-vous?; **to put on ~** grossir; **to lose ~** maigrir; **it's a ~ off my mind** c'est un gros souci de moins. ◆ **weightlessness** *n* apesanteur *f.* ◆ **weight-lifting** *n* haltérophilie *f.* ◆ **weighty** *adj (gen)* lourd; *(matter)* de poids; *(problem)* grave.

weir [wɪəʳ] *n* barrage *m (de rivière).*

weird [wɪəd] *adj (eerie)* surnaturel (*f* -elle); *(odd)* bizarre.

welcome ['welkəm] — **1** *adj (reminder)* opportun; *(news, sight)* agréable. **to be ~** être le (*or* la) bienvenu(e); **~!** soyez le bienvenu *(etc);* **to make sb ~** faire bon accueil à qn; **thank you — you're ~** merci — il n'y a pas de quoi; **you're ~ to use my car** je vous en prie, prenez ma voiture si vous voulez; *(ironic)* **you're ~ to it** je vous souhaite bien du plaisir. — **2** *n* accueil *m.* — **3** *vt (gen)* accueillir; *(greet warmly)* accueillir chaleureusement; *(suggestion, change)* se réjouir de. **to ~ with open arms** accueillir à bras ouverts.

weld [weld] — **1** *n* soudure *f.* — **2** *vt* souder. ◆ **welder** *n* soudeur *m.* ◆ **welding** *n* soudure *f.*

welfare ['welfɛəʳ] *n (gen)* bien-être *m.* **public ~** bien *m* public; **physical ~** santé *f* physique; **child ~** protection *f* de l'enfance; **~ centre** centre *m* d'assistance sociale; **the W~ State** ≃ la Sécurité sociale; **~ work** travail *m* social.

well¹ [wel] *n (for water)* puits *m; (of staircase)* cage *f.*

well² [wel] — **1** *adv (gen)* bien. **very ~** très bien; *(agreeing)* d'accord; **~ done!** bravo!; **to do ~** *(in work etc)* bien réussir; *(do right thing)* bien faire (*to accept* d'accepter); *(of patient)* être en bonne voie; **to do as ~ as one can** faire de son mieux; **~ I know it!** je le sais bien!; **~ and truly** bel et bien; **~ over 100** bien plus de 100; **one might ~ ask why** on pourrait à juste

titre demander pourquoi; **he couldn't very ~ refuse** il ne pouvait guère refuser; **you might as ~ say** autant dire que; **just as ~!** tant mieux!; **it's just as ~ it's insured** heureusement que c'est assuré; **as ~** *(also)* aussi; *(on top of it all)* par-dessus le marché; **as ~ as that** en plus de ça. — **2** *excl (gen)* eh bien!; *(resignation)* enfin!; *(after interruption)* donc; *(hesitation)* c'est que...; *(surprise)* tiens!; **~ I never!** ça par exemple! — **3** *adj* bien. **all's ~** tout va bien; **all is not ~** il y a quelque chose qui ne va pas, **it's all very ~ to say...** c'est bien joli de dire ...; **I hope you're ~** j'espère que vous allez bien; **to feel ~** se sentir bien; **get ~ soon!** remets-toi vite!; **to think ~ of** penser du bien de; **to wish sb ~** souhaiter à qn de réussir; **to let** *or* **leave ~ alone** s'arrêter là. — **4** *pref:* **well-** bien; **~ -dressed** *(etc)* bien habillé *(etc)*.
◆ **well-behaved** *adj* sage, obéissant. ◆ **well-being** *n* bien-être *m*. ◆ **well-built** *adj* solide. ◆ **well-educated** *adj* qui a reçu une bonne éducation ◆ **well-heeled*** *adj* nanti. ◆ **well-kept** *adj (place)* bien tenu; *(secret)* bien gardé. ◆ **well-known** *adj* célèbre. ◆ **well-meaning** *adj* bien intentionné. ◆ **well-meant** *adj* fait avec les meilleures intentions. ◆ **well-off** *adj (rich)* riche; *(fortunate)* heureux (*f* -euse). ◆ **well-to-do** *adj* aisé. ◆ **well-wishers** *npl* amis *mpl; (unknown)* admirateurs *mpl* inconnus.

wellington ['welıŋtən] *n (~ boot)* botte *f* de caoutchouc.

Welsh [welʃ] — **1** *adj* gallois. **~ dresser** vaisselier *m*. — **2** *n* gallois *m*. *(people)* **the ~** les Gallois *mpl*. ◆ **Welshman** *n* Gallois *m*. ◆ **Welshwoman** *n* Galloise *f*.

wend [wend] *vt:* **to ~ one's way** aller son chemin (*to, towards* vers).

went [went] *pret of* **go.**

wept [wept] *pret, ptp of* **weep.**

were [wɜːʳ] *pret of* **be.**

west [west] — **1** *n* ouest *m*. *(Pol)* **the W~** l'Occident *m;* **to the ~ of** à l'ouest de; **to live in the ~** habiter dans l'Ouest. — **2** *adj (gen)* ouest *inv; (wind)* d'ouest. *(in London)* **the W~ End** *le quartier élégant de Londres;* **W~ Africa** Afrique *f* occidentale; **W~ Indies** Antilles *fpl;* **W~ Indian** Antillais(e) *m(f);* **the W~ Country** le sud-ouest de l'Angleterre. — **3** *adv (travel)* vers l'ouest. **~ of the border** à l'ouest de la frontière. ◆ **westbound** *adj* en direction de l'ouest. ◆ **westerly** *adj (wind)* d'ouest. **in a ~ direction** en direction de l'ouest. ◆ **western** — **1** *adj* ouest *inv*. **W~ France** l'Ouest *m* de la France; *(Pol)* **W~ countries** pays *mpl* de l'Ouest *or* occidentaux. — **2** *n (film)* western *m; (novel)* roman *m* de cowboys. ◆ **westernize** *vt* occidentaliser. ◆ **westward** — **1** *adj* à l'ouest. — **2** *adv* (*also* **westwards**) vers l'ouest.

wet [wet] — **1** *adj (gen)* mouillé; *(damp)* humide; (*soaking* ~) trempé; *(paint)* frais (*f* fraîche); *(weather)* pluvieux (*f* -ieuse); *(climate)* humide; *(day)* de pluie. **~ through** trempé; **to get ~** se mouiller; *(weather)* **it's ~** il pleut; *(fig)* **a ~ blanket*** un rabat-joie; **he's ~*** c'est une lavette*. — **2** *n (Pol)* **a W~** un modéré; **it got left out in the ~** c'est resté dehors sous la pluie. — **3** *vt* mouiller. ◆ **wet-suit** *n* combinaison *f* de plongée.

whack [wæk] *vt* donner un grand coup à; *(spank)* fesser. ◆ **whacked*** *adj (exhausted)* crevé*

whale [weıl] *n* baleine *f*. *(fig)* **we had a ~ of a time*** on s'est drôlement* bien amusé. ◆ **whaler** *n (ship)* baleinier *m*. ◆ **whaling** *n* pêche *f* à la baleine.

wharf [wɔːf] *n* quai *m*.

what [wɒt] — **1** *adj* quel (*f* quelle). **~ news?** quelles nouvelles?; **~ a man!** quel homme!; **~ a nuisance!** que c'est ennuyeux!; **~ a huge house!** quelle maison immense!; **~ little I had** le peu que j'avais.
— **2** *pron* **(a)** *(in questions: subject)* qu'est-ce qui; *(object)* que, qu'est-ce que; *(after prep)* quoi. **~'s happening?** qu'est-ce qui se passe?; **~ did you do?** qu'est-ce que vous avez fait?, qu'avez-vous fait?; **~ were you talking about?** de quoi parliez-vous?; **~ is that?** qu'est-ce que c'est que ça?; **~'s that book?** qu'est-ce que c'est que ce livre?; **~ is it for?** à quoi ça sert? **(b)** *(that which: subject)* ce qui; *(object)* ce que. **I wonder ~ will happen** je me demande ce qui va arriver; **he asked me ~ she'd told me** il m'a demandé ce qu'elle m'avait dit; **tell us ~ you're thinking about** dites-nous à quoi vous pensez; **I don't know ~ it is** je ne sais pas ce que c'est; **~ I need is ...** ce dont j'ai besoin c'est... . **(c) ~ about Robert?** et Robert?; **~ about writing that letter?** et si vous écriviez cette lettre?; **~ about it?** et alors?; **~ about a coffee?** si on prenait un café?; **~ for?** pourquoi?; **... and ~ have you*, ... and ~ not*** et je ne sais quoi encore; **and, ~ is worse...** et ce qui est pire, ...
— **3** *excl:* **~, no tea!** comment, pas de thé!
◆ **whatever** — **1** *adj, adv (any)* **~ book you choose** quel que soit le livre que vous choisissiez *(subj); (all)* **~ money you've got** tout ce que tu as comme argent; **nothing ~** absolument rien. — **2** *pron* **(a)** *(no matter what)* quoi que + *subj;* **~ happens** quoi qu'il arrive *(subj);* **I'll pay ~ it costs** je paierai ce que ça coûtera; **~ it costs, get it** achète-le quel qu'en soit le prix. **(b)** *(anything that)* tout ce que. **do ~ you please** faites ce que vous voulez. ◆ **what's-it*** *n* machin* *m*.. ◆ **whatsoever** = **whatever.**

wheat [wiːt] *n* blé *m*, froment *m*. **~meal** farine *f* brute *(à 80 %)*.

wheel [wiːl] — **1** *n (gen)* roue *f; (steering ~)* volant *m*. **at the ~** *(in car)* au volant; *(in ship)* au gouvernail. — **2** *vt* pousser, rouler. — **3** *vi:* **to ~ round** se retourner brusquement; *(of procession)* tourner. *(fig)* **~ing and dealing*** combines *fpl*. ◆ **wheelbarrow** *n* brouette *f*. ◆ **wheelchair** *n* fauteuil *m* roulant.

wheeze [wiːz] *vi* avoir du mal à respirer.

when [wen] — **1** *adv* quand. **~ is the best time** quel est le meilleur moment (*to do* pour faire). — **2** *conj* **(a)** *(gen)* quand, lorsque. **~ I was a child** quand *or* lorsque j'étais enfant; **let me know ~ she comes** faites-moi savoir quand elle arrivera; **on the day ~** le jour où; **at the very moment ~** juste au moment où; **there are times ~...** il y a des moments où...; *(drinks etc)* **say ~!*** vous m'arrêterez...; **he told me about ~ you...** il m'a raconté le jour où vous...; **that was ~ it started** c'est alors que ça a commencé; **~ you've read it** quand vous l'aurez lu; **~ they had left he...** après leur départ *or* après qu'ils furent partis, il...; **~ he'd been to Greece he...** après être allé en Grèce, il... **(b)** *(whereas)* alors que.

whenever [wen'evəʳ] *conj* **(a)** *(at whatever time)* quand. **~ you wish** quand vous voulez. **(b)**

(every time that) chaque fois que. **~ I see her** chaque fois que je la vois.

where [wɛəʳ] — **1** *adv* où. **~ are you going (to)?** où allez-vous?; **~ do you come from?** d'où êtes-vous? — **2** *conj* **(a)** *(gen)* où. **stay ~ you are** restez où vous êtes; **it's not ~ I left it** ce n'est plus là où je l'avais laissé; **the house ~ ...** la maison où...; **this is ~, that's ~** c'est là que. **(b)** *(whereas)* alors que. ◆ **whereabouts** — **1** *adv* où. — **2** *npl:* **to know sb's ~** savoir où est qn. ◆ **whereas** *conj* alors que. ◆ **whereupon** *conj* sur quoi.

wherever [wɛər'evəʳ] *conj* **(a)** *(no matter where)* où que + *subj.* **~ I am** où que je sois. **(b)** *(anywhere)* où. **~ you like** où vous voulez. **(c)** *(everywhere)* partout où.

whet [wet] *vt* aiguiser.

whether ['weðəʳ] *conj (gen)* si. **I don't know ~ to go or not** je ne sais pas si je dois y aller ou non; **I doubt ~** je doute que + *subj*; **~ you go or not** que tu y ailles ou non; **~ before or after** soit avant, soit après.

which [wɪtʃ] — **1** *adj (in questions etc)* quel (*f* quelle). **~ card?** quelle carte?; **~ one of you?** lequel (*or* laquelle) d'entre vous?; **in ~ case** auquel cas. — **2** *pron* **(a)** *(in questions etc)* lequel *m*, laquelle *f*. **~ have you taken?** lequel avez-vous pris?; **~ of your sisters?** laquelle de vos sœurs?; **~ are the best?** quels sont les meilleurs? **(b)** *(the one or ones that: subject)* celui *(or* celle *etc)* qui; *(object)* celui *etc* que. **I don't know ~ is ~** je ne peux pas les distinguer; **I don't mind ~** ça m'est égal. **(c)** *(that: subject)* qui; *(object)* que; *(after prep)* lequel *etc*. **the apple ~ you ate** la pomme que vous avez mangée; **in ~** dans lequel; **you're late, ~ reminds me...** vous êtes en retard, ce qui me fait penser...; **after ~** après quoi.

whichever [wɪtʃ'evəʳ] — **1** *adj:* **~ apple you want** la pomme que vous voulez; **~ book is left** quel que soit le livre qui reste *(subj)*; **~ dress you wear** quelle que soit la robe que tu portes *(subj)*. — **2** *pron:* **~ is left** celui qui reste; **~ you like** celui que vous voulez; **~ is easiest** le plus facile.

whiff [wɪf] *n* bouffée *f*.

while [waɪl] — **1** *conj* **(a)** *(when)* pendant que. **~ I was out of the room** pendant que j'étais hors de la pièce; **~ reading** en lisant; **~ you're away I'll go...** pendant que tu seras absent j'irai... **(b)** *(as long as)* tant que. **not ~ I'm here** pas tant que je serai là. **(c)** *(although)* bien que + *subj*. **~ there are people who...** bien qu'il y ait des gens qui... **(d)** *(whereas)* alors que. — **2** *n:* **a short ~, a little ~** un moment; **a long ~, a good ~** (assez) longtemps; **for a ~** pendant quelque temps; **once in a ~** une fois de temps en temps; **all the ~** pendant tout ce temps-là.

whilst [waɪlst] *conj* = **while 1.**

whim [wɪm] *n* caprice *m*.

whimper ['wɪmpəʳ] *vi (gen)* gémir faiblement; *(whine)* pleurnicher.

whimsical ['wɪmzɪkəl] *adj (person)* fantasque; *(book, idea)* bizarre.

whine [waɪn] *vi (gen)* gémir; *(complain)* se lamenter (*about* sur).

whinny ['wɪnɪ] *vi* hennir.

whip [wɪp] — **1** *n* **(a)** fouet *m*; (*riding* **~**) cravache *f*. **(b)** *(Parliament)* chef *m* de file *(d'un groupe parlementaire)*. **(c)** *(dessert)* **strawberry ~** mousse *f* instantanée à la fraise. — **2** *vti* **(a)** fouetter. **~ped cream** crème *f* fouettée; **~ping cream** crème fraîche (à fouetter); **to ~ up** *(cream)* battre au fouet; *(fig: interest)* stimuler; *(meal)* préparer en vitesse. **(b)** *(snatch)* **to ~ sth away** enlever qch brusquement; **he ~ped out a gun** il a brusquement sorti un revolver; *(turn)* **to ~ round** se retourner vivement. ◆ **whiplash** *n (blow from whip)* coup *m* de fouet; *(in accident)* coup du lapin*. ◆ **whip-round*** *n* collecte *f* (*for* pour).

whirl [wɜːl] — **1** *vi* (**~ round:** *gen*) tourbillonner; *(of wheel etc)* tourner. — **2** *vt* (**~ round**) faire tournoyer. — **3** *n* tourbillon *m*. **my head is in a ~** la tête me tourne; *(fig: try)* **to give sth a ~*** essayer qch. ◆ **whirlpool** *n* tourbillon *m*. ◆ **whirlwind** — **1** *n* tornade *f*. — **2** *adj* éclair* *inv*.

whirr [wɜːʳ] *vi* ronronner.

whisk [wɪsk] — **1** *n* fouet *m (de cuisine)*; *(rotary)* batteur *m* à œufs. — **2** *vt* **(a)** *(gen)* battre au fouet; *(egg whites)* battre en neige. **(b) to ~ sth away** emporter qch brusquement.

whiskers ['wɪskəz] *npl* (*side* **~**) favoris *mpl*; *(beard)* barbe *f*; *(moustache)* moustache *f*; *(animal's)* moustaches.

whisk(e)y ['wɪskɪ] *n* whisky *m*.

whisper ['wɪspəʳ] — **1** *vti (gen)* chuchoter (*to sb* à l'oreille de qn). — **2** *n* chuchotement *m*; *(fig: rumour)* bruit *m*. **in a ~** à voix basse.

whist [wɪst] *n* whist *m*. **~ drive** tournoi *m* de whist.

whistle ['wɪsl] — **1** *n (sound: gen)* sifflement *m*; (*made with a* **~**) coup *m* de sifflet; *(thing blown)* sifflet *m*. **~s** *(cheering)* sifflements d'admiration; *(booing)* sifflets. — **2** *vti (gen)* siffler (*at sb, for sb* qn); *(light-heartedly)* siffloter.

Whit [wɪt] *n* la Pentecôte.

white [waɪt] — **1** *adj (gen)* blanc (*f* blanche); *(pale)* pâle; *(from fear)* blême. **to go** *or* **turn ~** *(of person)* pâlir; *(from fear)* blêmir; *(of hair)* blanchir; **~ Christmas** Noël *m* sous la neige; **~-collar worker** employé(e) *m(f)* de bureau; *(fig)* **it's a ~ elephant** c'est tout à fait superflu; *(at sea)* **~ horses** moutons *mpl*; **the W~ House** la Maison Blanche; **a ~ lie** un pieux mensonge; **~ sauce** béchamel *f*; **~ wedding** mariage *m* en blanc; **a ~ man** un Blanc; **the ~ South Africans** les Blancs d'Afrique du Sud. — **2** *n (colour)* blanc *m*; *(person)* Blanc *m*, Blanche *f*. ◆ **whitebait** *n* petite friture *f*. ◆ **white-hot** *adj* chauffé à blanc. ◆ **whiteness** *n* blancheur *f*. ◆ **white spirit** *n* white-spirit *m*. ◆ **whitewash** — **1** *n* lait *m* de chaux. — **2** *vt* blanchir à la chaux; *(fig: person)* blanchir; *(episode)* peindre sous des traits anodins.

whiting ['waɪtɪŋ] *n (fish)* merlan *m*.

Whitsun ['wɪtsn] *n* la Pentecôte.

whittle ['wɪtl] *vt* tailler au couteau. **to ~ down** *(wood)* tailler; *(fig: costs)* amenuiser.

whiz(z) [wɪz] — **1** *vi:* **to ~ through the air** fendre l'air; **to ~ past** passer à toute vitesse. — **2** *adj:* **~ kid*** petit prodige *m*.

who [huː] *pron* qui. **~'s there?** qui est là?; **my aunt ~ lives in London** ma tante qui habite à Londres; **I don't know ~'s ~** je ne les connais pas très bien; **'W~'s W~'** ≃ 'Bottin *m* Mondain'. ◆ **whodunit*** *n* roman *m* policier. ◆ **whoever** *pron (anyone that)* quiconque. *(no matter who)* **~ you are** qui que vous soyez; **~ he marries** qui que ce soit qu'il épouse *(subj)*.

whole [həʊl] — **1** *adj* **(a)** *(entire)* entier (*f* -ière). **the ~ book** le livre entier, tout le livre; **3 ~ days** 3 jours entiers; **the ~ world** le monde entier; **swallowed ~** avalé tout entier; **the ~ truth** toute la vérité; **the ~ lot** le tout; **a ~ lot better** vraiment beaucoup mieux; **a ~ lot of** tout un tas de. **(b)** *(unbroken: gen)* intact; *(series, set)* complet (*f* -ète); *(number)* entier. — **2** *n* **(a)** *(all)* **the ~ of the book** tout le livre, le livre entier; **the ~ of France** la France tout entière; **as a ~** dans son ensemble; **on the ~** dans l'ensemble. **(b)** *(sum of parts)* tout *m*. ◆ **wholehearted** *adj* sans réserve. ◆ **wholeheartedly** *adv* de tout cœur. ◆ **wholemeal** *adj (bread)* ≃ complet. ◆ **wholesale** — **1** *n* (vente *f* en) gros *m*. — **2** *adj (price etc)* de gros; *(fig: destruction, dismissals)* en masse; *(acceptance)* en bloc. — **3** *adv (buy)* en gros; *(get)* au prix de gros. ◆ **wholesaler** *n* grossiste *mf*.

wholesome ['həʊlsəm] *adj* sain.

wholly ['həʊllɪ] *adv* entièrement.

whom [hu:m] *pron (in questions)* qui; *(that)* que; *(after prep)* qui. **those ~** ceux que; **to ~** à qui; **of ~** dont.

whoop [hu:p] *n* cri *m (de triomphe etc)*.

whoopee [wʊ'pi:] *excl* youpi!

whooping cough ['hu:pɪŋ,kɒf] *n* coqueluche *f*.

whopping* ['wɒpɪŋ] *adj* énorme.

whose [hu:z] *poss adj, pron* **(a)** *(in questions: gen)* de qui; *(ownership)* à qui. **~ is this?** à qui est ceci?; **I know ~ it is** je sais à qui c'est; **~ hat is this?** à qui est ce chapeau?; **~ son are you?** de qui êtes-vous le fils? **(b)** dont. **the man ~ hat I took** l'homme dont j'ai pris le chapeau.

why [waɪ] — **1** *adv, conj* pourquoi. **~ not?** pourquoi pas?; **the reason ~ he...** la raison pour laquelle il...; **there's no reason ~ you...** il n'y a pas de raison pour que tu + *subj;* **~ not phone her?** pourquoi ne pas lui téléphoner? — **2** *excl (surprise)* tiens!; *(explaining)* eh bien!

wick [wɪk] *n* mèche *f*.

wicked ['wɪkɪd] *adj (person)* méchant; *(system, act)* mauvais; *(waste)* scandaleux (*f* -euse); *(mischievous)* malicieux (*f* -ieuse).

wicker ['wɪkəʳ] *n* osier *m*. **~work** vannerie *f*.

wicket ['wɪkɪt] *n (Cricket)* guichet *m*. **~-keeper** gardien *m* de guichet.

wide [waɪd] — **1** *adj (gen)* large; *(margin, variety, knowledge)* grand. **how ~ is the room?** quelle est la largeur de la pièce?; **it is 5 metres ~** cela fait 5 mètres de large; **~-angle lens** objectif *m* grand-angulaire; **~ screen** écran *m* panoramique; **~ of the target** loin de la cible. — **2** *adv (shoot etc)* loin du but. **it went ~** c'est passé à côté; **~ apart** *(trees, houses)* largement espacés; *(eyes, legs)* très écartés; **~ awake** bien éveillé; **~ open** grand ouvert. ◆ **widely** *adv (scatter)* sur une grande étendue; *(travel)* beaucoup; *(different)* radicalement; *(believed etc)* généralement. **~ known for** connu partout pour. ◆ **widen** — **1** *vt* élargir. — **2** *vi* s'élargir. ◆ **wide-spread** *adj (arms)* en croix; *(wings)* déployés; *(belief)* très répandu.

widow ['wɪdəʊ] — **1** *n* veuve *f*. — **2** *vt:* **to be ~ed** devenir veuf (*f* veuve). ◆ **widower** *n* veuf *m*.

width [wɪdθ] *n* largeur *f*. **it is 5 metres in ~** cela fait 5 mètres de large.

wield [wi:ld] *vt (object)* manier; *(power etc)* exercer.

wife [waɪf] *n, pl* **wives** *(gen)* femme *f; (formal: in documents etc)* épouse *f*. **the farmer's ~** la fermière; **old wives' tale** conte *m* de bonne femme.

wig [wɪg] *n* perruque *f*.

wiggle ['wɪgl] *vt (pencil, stick)* agiter; *(toes)* remuer; *(sth loose)* faire jouer; *(hips)* tortiller.

wild [waɪld] — **1** *adj* **(a)** *(gen)* sauvage. **to grow ~** pousser à l'état sauvage. **(b)** *(wind)* furieux (*f* -ieuse); *(sea)* en furie; *(weather, night)* de tempête. **(c)** *(excited: gen)* fou (*f* folle); *(appearance, look)* farouche; *(evening)* mouvementé; (*: *angry*) furieux (*f* -ieuse). **to make a ~ guess** risquer à tout hasard une hypothèse; **to go ~** *(dog etc)* devenir comme fou; *(person)* ne plus se tenir (*with joy* de joie); **~ about** dingue* de; **to drive sb ~** rendre qn fou. — **2** *n:* **the call of the ~** l'appel *m* de la nature; **in the ~s of** au fin fond de. ◆ **wildcat** — **1** *n* chat *m* sauvage. — **2** *adj (strike)* sauvage. ◆ **wildlife** *n* la nature; *(more formally)* la flore et la faune. ◆ **wildly** *adv (behave)* de façon extravagante; *(gesticulate, talk)* comme un fou; *(applaud)* frénétiquement; *(shoot, guess)* au hasard; *(rush around)* dans tous les sens; (*: *very happy*) follement.

wilderness ['wɪldənɪs] *n (gen)* région *f* sauvage; *(Bible)* désert *m; (overgrown garden)* jungle *f*.

wilful ['wɪlfʊl] *adj (stubborn)* obstiné; *(deliberate: action)* délibéré; *(murder)* prémédité.

will [wɪl] — **1** *modal aux vb* **(a)** *(future tense)* **he ~** *or* **he'll speak** il parlera; *(very near future)* il va parler; **you won't lose it** tu ne le perdras pas. **(b)** *(requests)* **~ you please sit down** voulez-vous vous asseoir, s'il vous plaît; *(in commands)* **you ~ not go** tu n'iras pas; **~ you be quiet!** veux-tu bien te taire!; *(conjecture)* **that ~ be the postman** ça doit être le facteur; *(willingness)* **I ~ help you** je vous aiderai, je veux bien vous aider; **if you'll help me** si vous voulez bien m'aider; **won't you come?** tu ne veux pas venir?; **~ you have a coffee?** voulez-vous un café?; *(in marriage)* **I ~** oui; **it won't open** ça ne s'ouvre pas; *(characteristic)* **the car ~ do 150 km/h** la voiture fait 150 km/h; **he will talk all the time!** il ne peut pas s'empêcher de parler! — **2** *vt* vouloir *(sth* qch; *that* que + *subj)*. **you must ~ it** il faut le vouloir; **to ~ sb to do** prier intérieurement pour que qn fasse; **to ~ o.s. to do** faire un suprême effort pour faire. — **3** *n* **(a)** volonté *f*. **he has a ~ of his own** il est très volontaire; **the ~ to live** la volonté de survivre; **against one's ~** à contre-cœur; **with the best ~ in the world** avec la meilleure volonté du monde. **(b)** *(Law)* testament *m*.

willing ['wɪlɪŋ] — **1** *adj* **(a) I'm ~ to do it** je suis prêt à le faire; **God ~** si Dieu le veut. **(b)** *(help)* spontané; *(helper)* de bonne volonté. **he's very ~** il est plein de bonne volonté. — **2** *n:* **to show ~** faire preuve de bonne volonté. ◆ **willingly** *adv (with pleasure)* volontiers; *(voluntarily)* volontairement.

willow ['wɪləʊ] *n* saule *m*. **~ pattern** motif *m* chinois (bleu).

willpower ['wɪl,paʊəʳ] *n* volonté *f*.

willy-nilly ['wɪlɪ'nɪlɪ] *adv* bon gré mal gré.

wilt [wɪlt] *vi (of plant)* se faner; *(of person)* commencer à flancher*; *(of enthusiasm etc)* diminuer.

wily ['waɪlɪ] *adj* rusé, malin.

win [wɪn] *(vb: pret, ptp* **won**) — **1** *n* victoire *f*. **to have a ~** gagner. — **2** *vti (gen)* gagner; *(prize, victory)* remporter; *(fame)* trouver; *(sb's friendship, sympathy)* s'attirer; *(friends, reputation)* se faire (*as* en tant que). **to ~ sb's love** se faire aimer de qn; **to ~ back** *(gen)* reprendre (*from* à); *(girlfriend)* reconquérir; **to ~ out, to**

~ **through** y parvenir; **to ~ sb over** convaincre qn.

wince [wɪns] *vi* tressaillir.

winch [wɪntʃ] *n* treuil *m.*

wind[1] [wɪnd] — **1** *n* vent *m; (Med)* vents *mpl.* **high ~** grand vent; *(fig)* **there's sth in the ~** il y a qch dans l'air; **to get ~ of** avoir vent de; **to get the ~ up*** attraper la frousse* (*about* à propos de); *(of baby)* **to bring up ~** avoir un renvoi; *(Music)* **~ instrument** instrument *m* à vent. — **2** *vt:* **to be ~ed** avoir la respiration coupée. ◆ **windbreak** *n (trees etc)* abat-vent *m inv; (camping)* pare-vent *m inv.* ◆ **windcheater** *n* anorak *m* léger. ◆ **windfall** *n (money)* aubaine *f.* ◆ **windmill** *n* moulin *m* à vent. ◆ **windpipe** *n* trachée *f.* ◆ **windscreen** *or* ◆ **windshield** *n* pare-brise *m inv.* **~ wiper** essuie-glace *m inv.*

wind[2] [waɪnd] *pret, ptp* **wound** *vti (roll)* enrouler; *(clock, toy)* remonter; (*of river, path: also* **~ its way**) serpenter. **to ~ up** *(watch)* remonter; *(end)* terminer (*with* par); *(business)* liquider; **they wound up* in jail** ils se sont retrouvés en prison; **all wound up*** crispé; **to ~ down*** *(relax)* se détendre. ◆ **winding** *adj* qui serpente.

window ['wɪndəʊ] *n (gen)* fenêtre *f; (in vehicle)* vitre *f; (stained-glass)* vitrail *m; (in shop etc)* vitrine *f; (in post office etc: counter)* guichet *m.* **at the ~** à la fenêtre; *(of shop)* **in the ~** en vitrine; **out of the ~** par la fenêtre; **to break a ~** casser une vitre; **to clean the ~s** faire les vitres; **to go ~-shopping** faire du lèche-vitrine. ◆ **window-box** *n* jardinière *f (à plantes).* ◆ **window-cleaner** *n* laveur *m* (*f* -euse) de carreaux. ◆ **window-pane** *n* vitre *f.* ◆ **windowsill** *n (inside)* appui *m* de fenêtre; *(outside)* rebord *m* de fenêtre.

windy ['wɪndɪ] *adj (place)* exposé au vent; *(day)* de grand vent. **it's ~** il y a du vent.

wine [waɪn] — **1** *n* vin *m.* — **2** *adj (bottle, cellar)* à vin; *(vinegar)* de vin; *(colour)* lie-de-vin *inv.* **~ list** carte *f* des vins; **~ merchant** marchand(e) *m(f)* de vin; **~ waiter** sommelier *m.* ◆ **wineglass** *n* verre *m* à vin. ◆ **winegrower** *n* viticulteur *m* (*f* -trice). ◆ **winegrowing** *n* viticulture *f.* **~ region** région *f* viticole. ◆ **wine-tasting** *n* dégustation *f* de vins.

wing [wɪŋ] *n* aile *f. (Theatre)* **the ~s** les coulisses *fpl; (Pol)* **the left ~** la gauche; *(on car)* **~ mirror** rétroviseur *m* de côté. ◆ **winger** *n (Sport)* ailier *m.*

wink [wɪŋk] — **1** *n* clin *m* d'œil. **with a ~** en clignant de l'œil; **as quick as a ~** en un clin d'œil. — **2** *vi* faire un clin d'œil (*to, at* à); *(of light)* clignoter.

winkle ['wɪŋkl] *n* bigorneau *m.*

winner ['wɪnəʳ] *n (in fight, argument)* vainqueur *m; (in game, competition)* gagnant(e) *m(f). (fig)* **it's a ~*** c'est sensationnel.

winning ['wɪnɪŋ] *adj (team)* gagnant; *(goal etc)* décisif (*f* -ive); *(smile)* charmeur (*f* -euse). ◆ **winning-post** *n* poteau *m* d'arrivée. ◆ **winnings** *npl* gains *mpl.*

winter ['wɪntəʳ] *n* hiver *m.* **in ~** en hiver; **~ sports** sports *mpl* d'hiver. ◆ **wintertime** *n* hiver *m.* ◆ **wintry** *adj* hivernal.

wipe [waɪp] — **1** *n* coup *m* de torchon *(or* d'éponge *etc).* — **2** *vt (gen)* essuyer (*with* avec); *(blackboard)* effacer. **to ~ one's feet** s'essuyer les pieds; **to ~ one's nose** se moucher; **to ~ away** *(tears)* essuyer; **to ~ off** effacer; **to ~ out** *(clean)* bien essuyer; *(erase)* effacer; *(annihilate)* anéantir. ◆ **wiper** *n (on car)* essuie-glace *m inv.*

wire ['waɪəʳ] — **1** *n* fil *m* de fer; *(electric)* fil électrique; *(telegram)* télégramme *m.* **telephone ~s** fils téléphoniques; **~ brush** brosse *f* métallique; **~ cutters** cisaille *f.* — **2** *vt* (*also* **~ up**) brancher (*to* sur); *(house)* faire l'installation électrique de. ◆ **wireless** *see below.* ◆ **wire netting** *n* treillis *m* métallique. ◆ **wiretapping** *n* mise *f* sur écoute d'une ligne téléphonique.

wireless ['waɪəlɪs] — **1** *n* T.S.F. *f.* — **2** *adj (gen)* radiophonique. **~ message** radio *m;* **~ set** poste *m* de T.S.F.

wiring ['waɪərɪŋ] *n* installation *f* électrique.

wiry ['waɪərɪ] *adj* maigre et nerveux (*f* -euse).

wisdom ['wɪzdəm] *n* sagesse *f.* **~ tooth** dent *f* de sagesse.

wise [waɪz] *adj (person)* sage; *(action, advice)* judicieux (*f* -ieuse); *(prudent)* prudent. **a ~ man** un sage; **the W~ Men** les Rois mages; **I'm none the ~r** ça ne m'avance pas beaucoup; **~ guy*** gros malin* *m;* **~ to sth*** au courant de qch.

-wise [waɪz] *adv suffix:* **health~** du point de vue santé.

wish [wɪʃ] — **1** *vti (gen)* souhaiter (*sb sth* qch à qn; *for sth* qch); désirer (*to do* faire); *(make a ~)* faire un vœu. **what do you ~ him to do?** que désirez-vous qu'il fasse?; **I ~ I'd known** j'aurais bien voulu le savoir; **I ~ I hadn't said that** je regrette d'avoir dit cela; **I ~ I could!** si seulement je pouvais!; **he doesn't ~ her any harm** il ne lui veut aucun mal; *(fig)* **it was ~ed on to me*** je n'ai pas pu faire autrement que de l'accepter; **to ~ sb luck** souhaiter bonne chance à qn; **to ~ sb good-bye** dire au revoir à qn; **to ~ sb a happy birthday** souhaiter bon anniversaire à qn. — **2** *n (gen)* désir *m* (*to do* de faire). **he had no ~ to go** il n'avait pas envie d'y aller; **against my ~es** contre mon gré; **to make a ~** faire un vœu; **his ~ came true, he got his ~** son souhait s'est réalisé; **give him my best ~es** faites-lui mes amitiés; *(in letter)* transmettez-lui mes meilleures pensées; **best ~es** meilleurs vœux; *(in letter)* **with best ~es from Paul** bien amicalement, Paul. ◆ **wishbone** *n* bréchet *m.* ◆ **wishful** *adj:* **it's ~ thinking** c'est prendre ses désirs pour la réalité.

wisp [wɪsp] *n (of straw)* brin *m; (of hair)* fine mèche *f; (of smoke)* mince volute *f.*

wisteria [wɪs'tɪərɪə] *n* glycine *f.*

wistful ['wɪstfʊl] *adj* nostalgique.

wit [wɪt] *n (gen)* esprit *m; (witty person)* homme *m or* femme *f* d'esprit. **quick-~ted** à l'esprit vif; **use your ~s!** sers-toi de ton intelligence!; **he was at his ~s' end** il ne savait plus que faire.

witch [wɪtʃ] *n* sorcière *f.* ◆ **witchcraft** *n* sorcellerie *f.* ◆ **witch-hunt** *n (fig)* chasse *f* aux sorcières.

with [wɪð, wɪθ] *prep* **(a)** *(gen)* avec. **I was ~ her** j'étais avec elle; **she was staying ~ friends** elle était chez des amis; **I'll be ~ you in a minute** je suis à vous dans un instant; **I have no money ~ me** je n'ai pas d'argent sur moi; *(fig)* **I'm ~ you** *(agree)* je suis d'accord avec vous; *(support)* je suis avec vous; **I'm not ~ you*** *(don't understand)* je ne vous suis pas; *(up-to-date)* **to be ~ it*** être dans le vent. **(b)** *(having etc)* à. **the boy ~ brown eyes** le garçon aux yeux marron; **a room ~ a view of the sea** une chambre qui a vue sur la mer; **~ tears in her**

eyes les larmes aux yeux; **trembling ~ fear** tremblant de peur; **it's a habit ~ him** c'est une habitude chez lui; **what do you want ~ that book?** qu'est-ce que tu veux faire de ce livre?; **~ time** avec le temps; **~ that he left us** là-dessus il nous a quittés. **(c)** *(despite)* malgré.

withdraw [wɪθ'drɔː] *pret* **-drew**, *ptp* **-drawn** — **1** *vt (gen)* retirer (*from* de); *(statement)* rétracter. — **2** *vi (gen)* se retirer (*from* de); *(of candidate)* se désister. ◆ **withdrawal** *n (gen)* retrait *m; (Mil: retreat)* repli *m; (Med)* état *m* de manque. ◆ **withdrawn** *adj (person)* renfermé.

wither ['wɪðəʳ] *vi* se flétrir. ◆ **withered** *adj* flétri; *(limb)* atrophié; *(person)* tout desséché. ◆ **withering** *adj* cinglant.

withhold [wɪθ'həʊld] *pret, ptp* **-held** *vt (payment, decision)* remettre; *(one's taxes)* refuser de payer; *(consent, help, support)* refuser; *(facts)* cacher (*from sb* à qn).

within [wɪð'ɪn] *prep (inside)* à l'intérieur de. **~ the law** dans les limites de la légalité; **~ a kilometre of** à moins d'un kilomètre de; **~ an hour** en moins d'une heure; **~ a week of her visit** moins d'une semaine après (*or* avant) sa visite.

without [wɪð'aʊt] *prep* sans. **~ a coat** sans manteau; **~ any money** sans argent; **~ speaking** sans parler; **~ her knowing** sans qu'elle le sache.

withstand [wɪθ'stænd] *pret, ptp* **-stood** *vt* résister à.

witness ['wɪtnɪs] — **1** *n (person)* témoin *m*. **~ the case of** témoin le cas de; **~ box** *or* **stand** barre *f* des témoins; **in the ~ box** à la barre. — **2** *vt (event)* être témoin de; *(improvement)* remarquer; *(document)* attester l'authenticité de. **to ~ sb's signature** être témoin.

witticism ['wɪtɪsɪzəm] *n* mot *m* d'esprit.

witty ['wɪtɪ] *adj* plein d'esprit.

wives [waɪvz] *pl of* **wife.**

wizard ['wɪzəd] *n* enchanteur *m*.

wobble ['wɒbl] *vi* trembler; *(of cyclist etc)* osciller; *(of wheel)* avoir du jeu. ◆ **wobbly** *adj (voice)* tremblant; *(table, chair)* branlant; *(weak: person)* assez faible.

woe [wəʊ] *n* malheur *m*.

woeful ['wəʊfʊl] *adj* malheureux (*f* -euse).

woke(n) ['wəʊk(n)] *V* **wake.**

wolf [wʊlf] — **1** *n, pl* **wolves** loup *m*. — **2** *vt (eat)* engloutir.

woman ['wʊmən] *pl* **women** ['wɪmɪn] *n* femme *f*. **Women's Liberation Movement, Women's Lib*** mouvement *m* de libération de la femme; *(Press)* **the women's page** la page des lectrices; **a ~ teacher** un professeur femme; **women doctors** les femmes *fpl* médecins; **women drivers** les femmes au volant; **~ friend** amie *f*. ◆ **womanly** *adj* tout féminin.

womb [wuːm] *n* utérus *m*.

won [wʌn] *pret, ptp of* **win.**

wonder ['wʌndəʳ] — **1** *n* merveille *f; (feeling)* émerveillement *m*. **the ~s of science** les miracles de la science; **the Seven W~s of the World** les Sept Merveilles du monde; **it's a ~ that...** c'est extraordinaire que... + *subj;* **no ~ he...** ce n'est pas étonnant si il...; **no ~!** cela n'a rien d'étonnant! — **2** *vti* se demander (*if* si; *why* pourquoi); *(marvel)* s'étonner (*at* de; *that* que + *subj*). **it makes you ~** cela donne à penser; **I'm ~ing about going to the pictures** j'ai à moitié envie d'aller au cinéma; **I ~ what to do** je ne sais pas quoi faire. ◆ **wonderful** *adj* merveilleux (*f* -euse). ◆ **wonderfully** *adv (hot, quiet etc)* merveilleusement; *(manage etc)* à merveille.

wonky* ['wɒŋkɪ] *adj (chair)* bancal; *(machine)* détraqué.

won't [wəʊnt] = **will not;** *V* **will.**

woo [wuː] *vt (woman)* faire la cour à; *(fig)* chercher à plaire à.

wood [wʊd] *n* bois *m*. **touch ~!** touchons du bois!; **a pine ~** un bois de pins; **~ carving** sculpture *f* en bois; **~ pulp** pâte *f* à papier. ◆ **wooded** *adj* boisé. ◆ **wooden** *adj (gen)* en bois; *(leg)* de bois; *(acting)* sans expression. ◆ **woodland** *n* région *f* boisée. **~ flower** fleur *f* des bois. ◆ **woodlouse** *n, pl* **-lice** cloporte *m*. ◆ **woodpecker** *n* pic *m*. ◆ **woodpigeon** *n* ramier *m*. ◆ **woodwind** *npl* bois *mpl (musique)*. ◆ **woodwork** *n (subject)* menuiserie *f; (in house)* charpente *f*. ◆ **woodworm** *n* vers *mpl* de bois. ◆ **woody** *adj (stem etc)* ligneux (*f* -euse).

wool [wʊl] — **1** *n* laine *f*. **a ball of ~** une pelote de laine; **knitting ~** laine à tricoter; *(fig)* **to pull the ~ over sb's eyes** en faire accroire à qn. — **2** *adj (gen)* de laine; *(shop)* de laines. ◆ **woollen** *adj (gen)* de laine; *(industry)* lainier (*f* -ière); *(manufacturer)* de lainages. ◆ **woollens** *or* ◆ **woollies** *npl* lainages *mpl*. ◆ **woolly** — **1** *adj (gen)* laineux (*f* -euse); *(ideas)* confus. — **2** *n* tricot *m*.

word [wɜːd] — **1** *n (gen)* mot *m; (spoken)* mot, parole *f; (promise)* parole. *(of song etc)* **~s** paroles; **~ game** jeu *m* avec des mots; **~ for ~** *(repeat)* mot pour mot; *(translate)* mot à mot; **in other ~s** autrement dit; **in a ~** en un mot; **to put into ~s** exprimer; **too stupid for ~s** vraiment trop stupide; **in so many ~s** explicitement; **to have the last ~** avoir le dernier mot; *(fig)* **the last ~ in** ce qu'on fait de mieux en matière de; **to put in a (good) ~ for** glisser un mot en faveur de; **to have a ~ with sb** parler à qn; **he didn't say a ~ about it** il n'en a pas parlé; *(message)* **to leave ~** laisser un mot (*with sb* à qn); **to send ~ that** prévenir que; *(news)* **to have ~ from sb** avoir des nouvelles *fpl* de qn; *(promise)* **to keep one's ~** tenir sa parole; **to break one's ~** manquer à sa parole; **to take sb at his ~** prendre qn au mot; **I'll take your ~ for it** je vous crois sur parole. — **2** *vt* formuler. ◆ **word-blindness** *n* dyslexie *f*. ◆ **wording** *n* (choix *m* de) termes *mpl*. ◆ **word-processor** *n* système *m* de traitement des textes. ◆ **wordy** *adj* verbeux (*f* -euse).

wore [wɔːʳ] *pret of* **wear.**

work [wɜːk] — **1** *n* **(a)** *(gen)* travail *m*. **to start ~** se mettre au travail; **to set to ~** s'y mettre; **good ~!** bravo!; **a good piece of ~** du bon travail; **to put a lot of ~ into** passer beaucoup de temps sur; **~ has begun on the bridge** les travaux du pont ont commencé; **to be at ~** *(gen)* travailler (*on* sur); *(at work-place)* être au bureau *(or* à l'usine *etc);* **to go to ~** aller au bureau *(etc);* **out of ~** au chômage, sans emploi; **he's off ~** il n'est pas allé (*or* venu) travailler; **a day off ~** un jour de congé; **~ force** main-d'œuvre *f;* **~ permit** permis *m* de travail. **(b)** *(output: of writer, musician etc)* œuvre *f; (study)* ouvrage *m* (*on* sur); *(piece of sewing)* ouvrage. **good ~s** bonnes œuvres; **~ of art** œuvre d'art; **the complete ~s of** les œuvres complètes de; *(fig)* **a nasty piece of ~*** un sale type*; *see also* **works** *below.* — **2** *vi* **(a)** *(gen)* travailler (*at* à; *on* sur). **to ~**

hard travailler dur; **we're ~ing on it** on y travaille; **to ~ on the principle that...** partir du principe que...; **to ~ for sth** lutter pour qch; *(fig)* **to ~ towards sth** se diriger petit à petit vers qch; **to ~ one's way along** arriver petit à petit à avancer. **(b)** *(of machine, scheme)* marcher; *(of drug, spell)* agir; *(of brain)* fonctionner. **it ~s on oil** ça marche au mazout; *(fig)* **that ~s both ways** c'est à double tranchant; *(calculation)* **it ~s out at...** ça fait...; **things didn't ~ out** les choses ont plutôt mal tourné; **it will ~ out right in the end** ça finira par s'arranger.

— **3** *vt* **(a)** *(machine)* faire marcher; *(miracle)* faire; *(change)* apporter; *(mine, land)* exploiter; *(metal, dough)* travailler; *(object)* façonner; *(sew)* coudre. **to ~ sb too hard** exiger trop de qn; **to ~ one's way through college** travailler pour payer ses études. **(b)** *(fig)* **he has managed to ~ it** il y est arrivé; **can you ~ it* so that...** pouvez-vous faire en sorte que... + *subj;* **he ~ed it into his speech** il s'est arrangé pour l'introduire dans son discours; **to ~ off** *(weight)* éliminer; *(annoyance)* passer (*on* sur); *(energy)* dépenser son surplus de; **to ~ out** *(gen)* finir par découvrir (*why* pourquoi); *(understand)* comprendre; *(sum, problem)* résoudre; *(answer)* trouver; *(scheme)* mettre au point; **I'll have to ~ it out** il faut que je réfléchisse; **to ~ round** *or* **up to sth** préparer le terrain pour qch; **to ~ sth up** *(gen)* développer qch; **to ~ up an appetite** s'ouvrir l'appétit; **to ~ up enthusiasm for** s'enthousiasmer pour; **to get ~ed up** se mettre dans tous ses états.

◆ **workable** *adj (plan)* réalisable. ◆ **worker** *n* travailleur *m* (*f* -euse), ouvrier *m* (*f* -ière). **he's a good ~** il travaille bien; **management and ~s** patronat *m* et travailleurs; **office ~** employé(e) *m(f)* de bureau. ◆ **working** *etc see below.* ◆ **workman** *n, pl* **-men** ouvrier *m.* **he's a good ~** il travaille bien. ◆ **workmanship** *n (of craftsman)* habileté *f* professionnelle. **a superb piece of ~** un travail superbe. ◆ **workmate** *n* camarade *mf* de travail. ◆ **workroom** *n* salle *f* de travail. ◆ **works** *npl* **(a)** *(building etc)* travaux *mpl; (of machine)* mécanisme *m.* **road ~** travaux d'entretien de la route. **(b)** *(factory)* usine *f.* **gas ~** usine à gaz; **~ manager** chef *m* d'exploitation. ◆ **workshop** *n* atelier *m.*

working ['wɜːkɪŋ] *adj (clothes, week)* de travail; *(wife)* qui travaille; *(model)* qui marche; *(majority)* suffisant. **to be in ~ order** bien marcher; **the ~ class** la classe ouvrière; **~-class** ouvrier (*f* -ière); **~ man** ouvrier *m.* ◆ **workings** *npl (machine)* mécanisme *m; (fig)* rouages *mpl.*

world [wɜːld] — **1** *n* monde *m.* **all over the ~** dans le monde entier; **the next ~** l'au-delà *m;* **to bring a child into the ~** mettre un enfant au monde; *(fig)* **out of this ~** extraordinaire; **to think the ~ of sb** mettre qn sur un piédestal; **it did him a ~ of good** ça lui a fait énormément de bien; **the ~'s worst cook** la pire cuisinière qui soit; **a man of the ~** un homme d'expérience; **he has come down in the ~** il a connu des jours meilleurs; **what he wants most in all the ~** ce qu'il veut plus que tout au monde; **nowhere in the ~** nulle part au monde; **not for anything in the ~** pour rien au monde; **why in the ~?** pourquoi donc? — **2** *adj (power, war)* mondial; *(record, champion, tour)* du monde; *(language)* universel (*f* -elle). **the W~ Cup** la Coupe du monde; **W~ Health Organization** Organisation *f* mondiale de la santé. ◆ **world-famous** *adj* de renommée mondiale. ◆ **worldly** *adj (pleasures)* de ce monde; *(attitude)* matérialiste. ◆ **worldwide** *adj* mondial.

worm [wɜːm] — **1** *n* ver *m.* — **2** *vt:* **to ~ sth out of sb** faire dire qch à qn.

worn [wɔːn] (*ptp of* **wear**) *adj* usé. ◆ **worn-out** *adj (object)* complètement usé; *(person)* épuisé.

worried ['wʌrɪd] *adj* inquiet (*f* -ète) (*about* au sujet de).

worry ['wʌrɪ] — **1** *n* souci *m* (*to sb* pour qn). — **2** *vi* s'inquiéter (*about, over* au sujet de, pour). — **3** *vt (gen)* inquiéter *(that* que + *subj); (sheep)* harceler. ◆ **worrying** *adj* inquiétant.

worse [wɜːs] (*comp of* **bad, badly** *and* **ill**) — **1** *adj* pire, plus mauvais (*than* que). **it could have been ~** ç'aurait pu être pire; **to make matters** *or* **things ~** aggraver la situation; **to get ~** *(gen)* se détériorer; *(of health, rheumatism, smell etc)* empirer; *(of patient)* aller plus mal; **I feel ~** je me sens plus mal; **he's none the ~ for it** il ne s'en porte pas plus mal. — **2** *adv (sing etc)* plus mal (*than* que); *(more: rain etc)* plus (*than* que). **you could do ~** vous pourriez faire pire; **he's ~ off** sa situation est pire; *(financially)* il y a perdu. — **3** *n* pire *m.* **there's ~ to come** on n'a pas vu le pire; **change for the ~** *(gen)* détérioration *f; (Med)* aggravation *f.* ◆ **worsen** *vi* empirer.

worship ['wɜːʃɪp] — **1** *n (Rel)* culte *m.* **His W~** *(Mayor)* Monsieur le Maire; *(magistrate)* Monsieur le Juge. — **2** *vt (Rel)* adorer; *(person)* vénérer; *(money, success etc)* avoir le culte de. — **3** *vi (Rel)* faire ses dévotions. ◆ **worshipper** *n (in church)* **~s** fidèles *mpl.*

worst [wɜːst] (*superl of* **bad, badly** *and* **ill**) — **1** *adj* le (*or* la) plus mauvais(e), le (*or* la) pire. — **2** *adv* le plus mal. **~ off** le plus affecté; *(poorest)* le plus dans la gêne. — **3** *n* pire *m.* **at (the) ~** au pis aller; **to be at its ~** *(crisis, storm)* être à son point culminant; *(situation)* n'avoir jamais été aussi mauvais; **things were at their ~** les choses ne pouvaient pas aller plus mal; **the ~ of it is that...** le pire c'est que...; **if the ~ comes to the ~** en mettant les choses au pis; **to get the ~ of it** être le perdant.

worsted ['wʊstɪd] *n* laine *f* peignée.

worth [wɜːθ] — **1** *n (value)* valeur *f* (*in* en). **20 pence ~ of sweets** pour 20 pence de bonbons. — **2** *adj:* **to be ~** valoir; **what is it ~?** ça vaut combien?; **it's ~ a great deal** ça a beaucoup de valeur (*to me* pour moi); **it's ~ doing** ça vaut la peine de le faire; **it's ~ while, it's ~ it, it's ~ the effort** *etc* ça vaut la peine (*doing* de faire). ◆ **worthless** *adj* qui ne vaut rien. ◆ **worthwhile** *adj (activity)* qui en vaut la peine; *(book etc)* qui mérite d'être lu *(etc); (work, life)* utile; *(contribution)* très valable; *(cause)* louable. ◆ **worthy** ['wɜːðɪ] *adj (gen)* digne (*of* de; *to do* de faire); *(cause etc)* louable.

would [wʊd] *modal aux vb* **(a)** *(gen: use conditional tense in French; se traduit par le conditionnel)* **he ~ do it if you asked him** il le ferait si vous le lui demandiez; **he ~ have done it if you had asked him** il l'aurait fait si vous le lui aviez demandé. **(b)** *(want etc)* **he ~n't help me** il ne voulait pas m'aider, il n'a pas voulu m'aider; **the car ~n't start** la voiture n'a pas démarré; **~ you like some tea?** voulez-vous *or* voudriez-vous du thé?; **~ you please help me?** pourriez-vous m'aider, s'il vous plaît? **(c)** *(ha-*

bitually: use imperfect; se traduit par l'imparfait) **he ~ go every evening** il y allait chaque soir. ◆ **would-be** *adj* soi-disant.

wound¹ [wu:nd] — **1** *n* blessure *f*. **chest ~** blessure à la poitrine; **bullet ~** blessure par balle. — **2** *vt* blesser. **the ~ed** les blessés *mpl*.

wound² [waʊnd] *pret, ptp of* **wind²**.

wove(n) ['wəʊv(ən)] *V* **weave.**

wrangle ['ræŋgl] — **1** *n* dispute *f*. — **2** *vi* se disputer (*over* à propos de).

wrap [ræp] — **1** *n (shawl)* châle *m*; *(rug)* couverture *f*. — **2** *vt (also* **~ up:** *cover)* envelopper (*in* dans); *(pack)* emballer (*in* dans); *(wind)* enrouler (*round* autour de). **~ped bread** du pain pré-emballé; *(fig)* **~ped up in one's work** absorbé par son travail; **he had everything ~ped up** il avait tout arrangé. — **3** *vi (dress warmly)* **to ~ up** (**well**) s'habiller chaudement. ◆ **wrapover** *adj (skirt)* portefeuille *inv*. ◆ **wrapper** *n (of sweet, parcel)* papier *m*; *(of book)* jaquette *f*. ◆ **wrapping** *n (~ paper)* papier *m* d'emballage; *(gift-wrap)* papier cadeau.

wrath [rɒθ] *n* courroux *m*.

wreath [ri:θ] *n* couronne *f (de fleurs)*.

wreck [rek] — **1** *n (event)* naufrage *m*; (*~ed ship*) épave *f*; (*~ed car etc*) voiture *f (etc)* accidentée. *(fig)* **the car was a ~** la voiture était bonne à mettre à la ferraille; **he looks a ~** il a une mine de déterré. — **2** *vt (gen)* démolir; *(fig: marriage, career)* briser; *(plans, health)* ruiner; *(chances)* anéantir. ◆ **wreckage** *n (gen)* débris *mpl*; *(of building)* décombres *mpl*.

wren [ren] *n* roitelet *m*.

wrench [rentʃ] — **1** *n* **(a)** *(tug)* violente torsion *f*; *(fig)* déchirement *m*. **(b)** *(tool)* clé *f* (à écrous). — **2** *vt* tirer violemment sur. **to ~ off** *or* **out** arracher.

wrestle ['resl] *vi:* **to ~ with** *(gen)* lutter contre; *(fig: sums, device)* se débattre avec. ◆ **wrestling** *n* lutte *f*. **all-in ~** catch *m*; **~ match** rencontre *f* de catch (*or* de lutte).

wretched ['retʃɪd] *adj (very poor)* misérable; *(unhappy)* malheureux (*f* -euse); *(depressed)* déprimé; *(ill)* malade; *(bad)* lamentable. **that ~ dog*** ce maudit chien.

wriggle ['rɪgl] *vi* (**~ about:** *gen*) se tortiller; *(fidget)* remuer. *(of person)* **to ~ along** avancer en rampant; **to ~ through sth** se glisser dans qch.

wring [rɪŋ] *pret, ptp* **wrung** *vt (gen)* tordre; (**~ out:** *wet clothes)* essorer; *(water)* exprimer; *(fig)* arracher (*from sb* à qn). **~ing wet** trempé.

wrinkle ['rɪŋkl] — **1** *n (on skin)* ride *f*; *(in paper, cloth etc)* pli *m*. — **2** *vt* (**~ up:** *forehead*) plisser; *(nose)* froncer. — **3** *vi (of paper, cloth)* faire des plis. ◆ **wrinkled** *adj (skin, apple)* ridé; *(brow)* plissé.

wrist [rɪst] *n* poignet *m*. **~ watch** montre-bracelet *f*.

writ [rɪt] *n* acte *m* judiciaire. **to issue a ~ against sb** assigner qn en justice.

write [raɪt] *pret* **wrote,** *ptp* **written** *vti (gen)* écrire; *(cheque, list)* faire. *(advertisement)* **~ for our brochure** demandez notre brochure; **to ~ away** *or* **off for** *(form, details)* écrire pour demander; *(goods)* commander par lettre; **to ~ back** répondre; **to ~ down** écrire; *(note)* noter; **to ~ off** *(debt)* passer aux profits et pertes; *(operation)* mettre un terme à; *(smash up: car)* bousiller*; **to ~ out** *(gen)* écrire; *(cheque, list, bill)* faire; *(copy)* recopier; **to ~ up** *(notes, diary)* mettre à jour; *(experiment)* rédiger. ◆ **write-off** *n* perte *f* sèche. *(fig)* **the car was a ~** la voiture était bonne pour la ferraille. ◆ **writer** *n (of letter etc)* auteur *m*; *(as profession)* écrivain *m*. **thriller ~** auteur de romans policiers; **to be a good ~** écrire bien. ◆ **write-up** *n (account)* compte rendu *m*; *(review)* critique *f*.

writing ['raɪtɪŋ] *n (handwriting)* écriture *f*; *(sth written)* qch d'écrit. **in ~** par écrit; **in his ~s** dans ses écrits *mpl*; **~ pad** bloc *m* (de papier à lettres); **~ paper** papier *m* à lettres.

written ['rɪtn] (*ptp of* **write**) *adj:* **~ exam** écrit *m*

wrong [rɒŋ] — **1** *adj* **(a)** *(incorrect: gen)* faux (*f* fausse); *(not the right one: road, size etc)* mauvais. **to be ~** avoir tort (*to do* de faire), se tromper (*about* sur); **my watch is ~** ma montre n'est pas à l'heure; **to get sth ~** se tromper dans qch; **that's the ~ train** ce n'est pas le bon train; **I'm in the ~ job** ce n'est pas le travail qu'il me faut; **to say the ~ thing** dire ce qu'il ne fallait pas dire; **it's in the ~ place** ce n'est pas à sa place. **(b)** *(wicked)* mal (*to do* de faire); *(unfair)* injuste. **(c)** *(amiss)* **there's something ~** *(gen)* il y a quelque chose qui ne va pas; *(fishy)* il y a quelque chose qui cloche*; **something's ~ with my leg** j'ai quelque chose à la jambe; **something's ~ with my watch** ma montre ne marche pas comme il faut; **what's ~?** qu'est ce qui ne va pas?; **what's ~ with the car?** qu'est-ce qu'elle a, la voiture?; **what's ~ with saying...** quel mal y a-t-il à dire...; **there's nothing ~** tout va bien; **there's nothing ~ with it** *(gen)* c'est tout à fait bien; *(machine, car)* ça marche très bien; **there's nothing ~ with him** il va très bien. — **2** *adv* mal, incorrectement. **to go ~** *(gen)* se tromper; *(on road)* se tromper de route; *(plan)* mal tourner; *(machine)* tomber en panne; **you can't go ~** c'est très simple; **nothing can go ~** tout doit marcher comme sur des roulettes; **everything went ~** tout est allé de travers. — **3** *n (evil)* mal *m*; *(injustice)* injustice *f*. **to be in the ~** être dans son tort. — **4** *vt* faire tort à. ◆ **wrongful** *adj (arrest)* arbitraire; *(dismissal)* injustifié. ◆ **wrongfully** *adv* à tort. ◆ **wrongly** *adv (answer, do)* incorrectement; *(treat)* injustement; *(dismiss)* à tort.

wrote [rəʊt] *pret of* **write.**

wrought [rɔ:t] *adj:* **~ iron** fer *m* forgé.

wrung [rʌŋ] *pret, ptp of* **wring.**

wry [raɪ] *adj* désabusé.

X, x [eks] *n (letter)* X, x *m.* **X marks the spot** l'endroit est marqué d'une croix; **X-certificate film** film *m* interdit aux moins de 18 ans.

X-ray [eks'reɪ] — **1** *n* radiographie *f,* radio* *f; (actual ray)* rayon *m* X. **to have an ~** se faire faire une radio; **~ examination** examen *m* radioscopique; **~ treatment** radiothérapie *f.* — **2** *vt* radiographier.

Xerox ['zɪərɒks] ® — **1** *n* photocopie *f.* — **2** *vt* photocopier.

Xmas ['krɪsməs, 'eksməs] *n* Noël *m.*

xylophone ['zaɪləfəʊn] *n* xylophone *m.*

Y

Y, y [waɪ] *n (letter)* Y, y *m.* **Y-fronts** ® slip *m* (d'homme).

yacht [jɒt] *n* yacht *m.* **~ club** cercle *m* nautique. ◆ **yachting** *n* yachting *m,* navigation *f* de plaisance. ◆ **yachtsman** *n* plaisancier *m.*

yank [jæŋk] *vt* tirer d'un coup sec.

Yank* [jæŋk] *n (pejorative)* Amerloque* *mf.*

yap [jæp] *vi* japper.

yard [jɑːd] *n* **(a)** *(gen)* cour *f; (US: garden)* jardin *m; (builder's etc)* chantier *m; (for storage: coal etc)* dépôt *m.* **(b)** yard *m (91,44 cm),* ≃ mètre *m.* **about a ~ long** long d'un mètre; **by the ~** au mètre; *(fig)* **~s of*** des kilomètres de*. ◆ **yardstick** *n (fig)* mesure *f.*

yarn [jɑːn] *n* fil *m; (tale)* longue histoire *f.*

yawn [jɔːn] — **1** *vi (of person)* bâiller. — **2** *n* bâillement *m.* ◆ **yawning** *adj (chasm)* béant.

yeah* [jɛə] *particle* ouais*.

year [jɪəʳ] *n* an *m,* année *f; (of coin, wine)* année. **this ~** cette année; **next ~** l'an prochain, l'année prochaine; **3 times a ~** 3 fois par an; **in the ~ 1969** en 1969; **~ in, ~ out** année après année; **all the ~ round** d'un bout de l'année à l'autre; **a ~ ago** il y a un an; **~s ago** il y a des années; **for ~s** depuis des années; *(fig)* depuis une éternité; **he is 6 ~s old** il a 6 ans; **she was in my ~ at school** elle était de mon année au lycée; **in the second ~** *(University)* en deuxième année; *(school)* ≃ en cinquième. ◆ **yearly** — **1** *adj* annuel (*f* -uelle). — **2** *adv* annuellement. **twice ~** deux fois par an.

yearn [jɜːn] *vi* languir (*for sb* après qn), aspirer (*for sth* à qch; *to do* à faire). ◆ **yearning** *n* désir *m* ardent.

yeast [jiːst] *n* levure *f.*

yell [jel] — **1** *n (gen)* hurlement *m; (laughter)* grand éclat *m.* — **2** *vti* (**~ out**) hurler.

yellow ['jeləʊ] — **1** *adj* jaune; *(hair)* blond. *(Telephone)* **the ~ pages** les pages *fpl* jaunes de l'annuaire. — **2** *n* jaune *m.*

yelp [jelp] — **1** *n* jappement *m.* — **2** *vi* japper.

yep* [jep] *particle* ouais*.

yes [jes] *particle* oui; *(with neg question, contradicting)* si. **he's a ~-man** il dit amen à tout.

yesterday ['jestədeɪ] *adv, n* hier *(m).* **all (day) ~** toute la journée d'hier; **the day before ~** avant-hier *(m).*

yet [jet] — **1** *adv (as ~, still)* encore; *(till now)* jusqu'ici. **they haven't ~ returned** ils ne sont pas encore revenus; **no one has come ~** jusqu'ici, personne n'est venu; **~ more difficult** encore plus difficile; **I'll do it ~** je finirai bien par le faire; **has he arrived ~?** est-il déjà arrivé?; **I wonder if he's come ~** je me demande s'il est arrivé maintenant; **not (just) ~** pas encore; **I needn't go just ~** je n'ai pas besoin de partir tout de suite; **nor ~** ni. — **2** *conj* pourtant. **and ~ everyone liked her** et pourtant tout le monde l'aimait.

yew [juː] *n* if *m.*

Yiddish ['jɪdɪʃ] *n* yiddish *m.*

yield [jiːld] — **1** *vti* **(a)** *(produce etc: gen)* rendre; *(of mine, oil well)* débiter; *(sum of money)* rapporter; *(results)* produire. **(b)** *(surrender, give way)* céder (*to* devant); *(to temptation)* succomber (*to* à). — **2** *n (gen)* rendement *m; (minerals)* débit *m; (money)* rapport *m.*

yippee* [jɪ'piː] *excl* hourra!

yodel ['jəʊdl] *vi* faire des tyroliennes.

yoga ['jəʊgə] *n* yoga *m.*

yog(h)urt ['jəʊgət] *n* yaourt *m.*

yoke [jəʊk] *n* joug *m; (of dress)* empiècement *m.*

yolk [jəʊk] *n* jaune *m* (d'œuf).

yonder ['jɒndəʳ] *adv* là-bas.

you [juː] *pers pron* **(a)** *(subject)* tu, vous; *(object)* te, vous; *(stressed and after prep)* toi, vous. **~ are very kind** tu es très gentil, vous êtes très gentil(s); **I shall see ~ soon** je te *or* je vous verrai bientôt; **for ~** pour toi *or* vous; **younger than ~** plus jeune que toi *or* vous; **it's ~** c'est toi *or* vous. **(b)** *(one, anyone: subject)* on; *(object)* te, vous. **~ never know** on ne sait jamais.

young [jʌŋ] *adj (gen)* jeune; *(nation)* nouveau (*f* -elle); *(wine)* vert. **~ people, the ~** les jeunes *mpl*, les jeunes gens *mpl*; **~ lady** *(unmarried)* jeune fille *f*; *(married)* jeune femme *f*; **3 years ~er than you** plus jeune que vous de 3 ans; **~er brother** frère *m* cadet; **~er sister** sœur *f* cadette; **to get ~er** rajeunir; **if I were 10 years ~er** si j'avais 10 ans de moins; **the ~er generation** la jeune génération.
youngster ['jʌŋgstəʳ] *n* jeune *mf*.
your [jʊəʳ] *poss adj* **(a)** ton, ta, tes; votre, vos. **~ book** ton *or* votre livre; **give me ~ hand** donne-moi la main. **(b)** *(one's)* son, sa, ses; ton *etc*, votre *etc*. ◆ **yours** *poss pron* le tien, la tienne, les tiens, les tiennes; le vôtre, la vôtre, les vôtres. **this book is ~** ce livre est à toi *or* à vous, ce livre est le tien *or* le vôtre; **a cousin of ~** un de tes *or* vos cousins. ◆ **yourself** *pers pron*, *pl* **-selves** *(reflexive)* te, vous; *(after prep)* toi, vous; *(emphatic)* toi-même, vous-même. **have your hurt ~?** tu t'es fait mal?, vous vous êtes fait mal?; **you never speak of ~** tu ne parles jamais de toi, vous ne parlez jamais de vous; **you told me ~** tu me l'as dit toi-même, vous me l'avez dit vous-même; **all by ~** tout seul.
youth [ju:θ] *n* jeunesse *f*; *(young man)* jeune homme *m*. **~s** jeunes gens *mpl*; **~ club** centre *m* de jeunes; **~ leader** animateur *m* (*f* -trice) de groupes de jeunes; **~ movement** mouvement *m* de la jeunesse. ◆ **youthful** *adj (gen)* jeune; *(quality)* juvénile. ◆ **youthfulness** *n* jeunesse *f*.
yowl [jaʊl] *vi (person, dog)* hurler; *(cat)* miauler.
Yugoslavia ['ju:gəʊ'slɑ:vɪə] *n* Yougoslavie *f*.
yukky* ['jʌkɪ] *adj* dégoûtant.
Yule [ju:l] *n*: **~ log** bûche *f* de Noël.
yummy* ['jʌmɪ] *excl* miam, miam!*

Z

Z, z [zed, *(US)* zi:] *n (letter)* Z, z *m*.
zany ['zeɪnɪ] *adj* dingue*.
zeal [zi:l] *n* zèle *m*.
zealous ['zeləs] *adj* zélé.
zebra ['zi:brə] *n* zèbre *m*. **~ crossing** passage *m* pour piétons.
zero ['zɪərəʊ] — **1** *n*, *pl* **-s** *or* **-es** zéro *m*. — **2** *adj* zéro *inv*. **~ hour** l'heure H.
zest [zest] *n* entrain *m*; *(of lemon)* zeste *m*.
zigzag ['zɪgzæg] — **1** *n* zigzag *m*. — **2** *adj (path, line)* en zigzag; *(pattern)* à zigzags. — **3** *vi* zigzaguer.
zinc [zɪŋk] *n* zinc *m*.
Zionism ['zaɪənɪzəm] *n* sionisme *m*.
zip [zɪp] — **1** *n (also* **~** *fastener, zipper)* fermeture *f* éclair ®. *(US Post)* **~ code** code *m* postal. — **2** *vt* (**~ up**) fermer avec une fermeture éclair ®.
zither ['zɪðəʳ] *n* cithare *f*.
zodiac ['zəʊdɪæk] *n* zodiaque *m*.
zombie* ['zɒmbɪ] *n* automate *m*.
zone [zəʊn] *n* zone *f*; *(subdivision of town)* secteur *m*.
zoo [zu:] *n* zoo *m*.
zoological [,zəʊə'lɒdʒɪkəl] *adj* zoologique.
zoologist [,zəʊ'ɒlədʒɪst] *n* zoologiste *mf*.
zoology [zəʊ'ɒlədʒɪ] *n* zoologie *f*.
zoom [zu:m] *vi* vrombir. **to ~ off** démarrer en trombe; *(Cinema)* **to ~ in** faire un zoom (*on* sur); **~ lens** zoom *m*.

la conversation	**talking to people**
Bonjour Monsieur (ou Madame etc)	Good morning (or Good afternoon)
Bonjour — ça va ?	Hullo — how are you?
Ça va, merci — et toi ?	Fine, thanks — how are you?
Au revoir.	Goodbye.
Salut — à bientôt.	Cheerio - see you soon.
À plus tard.	See you later.
À demain.	See you tomorrow.
Il faut que je me sauve.	I've got to go now.
Dites-lui bien des choses de ma part.	Give him my best wishes.
Françoise te fait ses amitiés.	Lucy sends you her love.
N'oublie pas de le lui dire. — Je n'y manquerai pas.	Do remember to tell her. — I certainly will.
Je ferai la commission à Pierre.	I'll tell Joe you said so.
Je ne veux pas vous retenir.	Don't let me keep you.
Tu as des nouvelles de Jérôme ?	Have you any news of Bill?
Ça fait des siècles que je ne l'ai pas vu.	It's ages since I saw him.
Comment allez-vous ?	How are you keeping?
Je ne me sens pas très bien.	I don't feel too good.
Elle a été souffrante.	She's not been well.
Vous connaissez Georges Martin ?	Have you met Bill Johnson?
Non, je ne crois pas.	No, I don't think I have.
Henri, je te présente Georges Martin.	Jim, this is Bill Johnson.
Je me présente : je m'appelle Gilles Masson.	Let me introduce myself : my name is Andy Brown.
Je suis ravi de vous rencontrer.	How nice to meet you.
On m'a beaucoup parlé de vous.	I've heard so much about you.
Je ne sais pas.	I don't know.
Je n'en sais rien du tout.	I don't know anything about it.
Qu'est-ce que tu veux dire, au juste ?	What do you mean by that?
Je n'ai pas saisi.	I didn't catch that.
Ah, je vois ce que tu veux dire.	Oh, I see what you mean.
D'où tiens-tu cela ?	How do you know all this?
Mettez-vous à ma place.	Put yourself in my place.
Comme je vous comprends.	I know how you feel.
Et vous aussi.	And the same to you.
C'est bizarre, mais...	It's a funny thing, but...
À dire vrai...	Well, the thing is...
En fait...	Well, as a matter of fact...
Maintenant que j'y pense...	Come to think of it...
Tu sais, le livre que tu m'avais prêté...	You know, that book you lent me...
Tiens ! écoute-ça !	Hey! Listen to this!
D'accord !	All right!
Je n'ai pas beaucoup de temps.	I've only got a minute.
On en reparlera plus tard.	Let's talk about it later.
Moi, je crois que...	If you want my opinion, I think...
Moi, à ta place...	If I were you...
Je ne peux pas me le permettre.	I just can't afford it.
Je n'ai pas les moyens de l'acheter.	I can't afford to buy it.
C'est impossible..	It can't be done.
Je suis très pressé.	I'm in a rush.

les questions	**asking questions**
Quelqu'un sait-il parler français?	Does anyone here speak English?
Comment dit-on 'escargot' en anglais?	What's the French for 'snail'?
Je ne sais pas le dire en anglais.	I don't know how to say it in French.
Pourriez-vous me dire...	I wonder if you could tell me...
Pourriez-vous répéter ce que vous venez de dire?	Could you possibly repeat what you said?
Pourriez-vous le redire un peu plus lentement?	Could you please say that a bit more slowly?
Excusez-moi de vous déranger, mais...	I'm sorry to bother you, but...
Vous serait-il possible de me le prêter?	Could you possibly lend me it?
Je peux emprunter votre stylo?	Can I use your pen?
Vous permettez que j'ouvre la fenêtre?	Would you mind if I opened the window?
Ça vous dérange si je fume?	Do you mind if I smoke?
Pourriez-vous me passer le pain?	May I have the bread please?
Sois gentil, donne-moi mes lunettes.	Pass me my specs, there's a dear.
Seriez-vous assez aimable pour me l'écrire?	Could you please write that down for me?
Vous permettez que j'y jette un coup d'œil?	Would you let me have a look at it, please?
Vous pourriez baisser le son?	Could you turn the volume down please?
Est-ce que j'ai laissé mon manteau ici, par hasard?	Did I leave my coat here, by any chance?
Connaissez-vous quelqu'un qui peut...	Do you know anyone who can...
Tu lui diras quand tu le verras?	Could you tell him when you see him?
Comment va votre mère?	How's your mother?
Comment s'appelle ton frère?	What's your brother's name?
Est-ce que je peux vous aider?	Would you let me help?
Est-ce que je peux faire quelque chose d'autre pour vous?	Is there anything else I can do to help?
Désirez-vous reprendre du café?	Would you like some more coffee?
Puis-je prendre rendez-vous pour le rencontrer?	May I make an appointment to see him?
Comment fait-on pour aller chez toi?	How do I get to your place?
Ça prend combien de temps pour y aller?	How long will it take to get there?
Vous serez chez vous demain?	Will you be in tomorrow?
Pouvez-vous me dire comment on fait pour aller à l'hôtel?	Can you tell me how to get to the hotel?
Vous avez l'heure juste?	Have you got the right time?
C'est bien l'autobus pour...	Is this the right bus for...
Quand part le prochain train pour...	When's the next train to...
Qu'est-ce qu'il a?	What's the matter with him?
Qu'est-ce qu'elle a, ta voiture?	What's the matter with your car?
Il y a quelque chose qui ne va pas?	Is there anything wrong?
Ça coûte combien?	How much does it cost?
Tu t'y connais, en voitures?	Do you know anything about cars?
Qu'est-ce que tu en as fait?	What have you done with it?
Vous savez conduire?	Can you drive?

la correspondance	**writing letters**
Le 15 avril 1983	15th April 1983
Monsieur/Messieurs	Dear Sir/Dear Sirs
Cher Monsieur (ou Chère Madame etc)	Dear Mr (ou Mrs etc) Smith
Chère Carole,	Dear Jenny,
Je te remercie de ta lettre.	Thank you for your letter.
Merci de m'avoir écrit.	It was kind of you to write to me.
J'ai bien reçu ta gentille lettre.	I got your lovely letter.
J'ai l'honneur de vous informer que...	I am writing to inform you that...
Je vous écris pour confirmer notre conversation téléphonique.	I am writing to confirm my telephone call.
Suite à notre entretien téléphonique.	Following our telephone conversation...
Je suis désolé de ne pas avoir écrit plus tôt.	I'm sorry I haven't written before.
Je ne peux malheureusement pas accepter votre invitation.	I am sorry I cannot accept your invitation.
C'est avec grand plaisir que j'accepte votre invitation.	I am very happy to accept your invitation.
J'arriverai à 18 heures.	I shall be arriving at 6 p.m.
Nous vous attendrons à l'aéroport.	We'll be at the airport to meet you.
Dites-moi par quel train vous arriverez.	Let me know which train you'll be on.
Merci beaucoup d'avoir bien voulu me recevoir.	Thank you very much for having me to stay.
J'ai passé d'excellentes vacances.	I had a really good holiday.
Je joins une enveloppe timbrée à mon adresse.	I enclose a stamped addressed envelope.
Pourriez-vous nous le faire parvenir par retour du courrier?	Could you let us have it by return of post?
Transmettez mes amitiés à René.	Please give my best wishes to Tim.
Dis bonjour à Sandra de ma part.	Say Hullo to Nancy for me.
Bien des choses à Roland.	Tell Jamie I was asking after him.
Yves se joint à moi pour vous envoyer notre fidèle souvenir.	Jack and I send you our very best wishes.
Gérard me charge de vous dire que...	John has asked me to say that...
Embrassez le reste de la famille de ma part.	Give my love to the rest of the family.
J'arrête ici mon bavardage. *Grosses bises,* *Claire*	Must go now. Love from Pansy
Affectueusement, Henri.	Much love from Paul.
À dimanche, *Amitiés,* *Lucie*	See you on Sunday, Yours, Amanda
Veuillez agréer l'assurance de ma considération distinguée, *Norbert Lenoir*	Yours faithfully, Samuel Bloggs
Dans l'attente du plaisir de vous voir bientôt, je vous prie de croire à mes sentiments les meilleurs, *André Blond*	Looking forward to seeing you soon, Yours sincerely, Jack Austin

à la poste	**posting things**
Savez-vous y a une poste par ici?	Is there a post office around here?
Où est la plus proche boîte à lettres?	Where's the nearest postbox?
Où puis-je acheter des timbres?	Where can I buy some stamps?
C'est pour envoyer en Angleterre.	I want to post this to England.
Il faut mettre un timbre à combien pour la France?	How much is a stamp for a letter to France?
Au tarif normal ou au tarif réduit?	First- or second-class mail?
Je voudrais envoyer de l'argent par la poste.	I'd like to send some money by post.
Ça va prendre combien de temps pour arriver?	How long will it take to get there?
Quelle est l'heure de la dernière levée?	When does the last post go?
Y a-t-il du courrier pour moi?	Is there any mail for me?
Pourriez-vous le mettre à la poste pour moi?	Could you post it for me?
Pourriez-vous me faire suivre mon courrier?	Could you send on my mail?

au téléphone	**telephoning**
Où se trouve la cabine la plus proche?	Where is the nearest phone box?
Où sont les annuaires téléphoniques?	Where are the phone directories?
Je voudrais les renseignements.	I want Dictionary Enquiries.
Comment marche le téléphone?	How does the telephone work?
Je voudrais téléphoner en Angleterre.	I want to make a phone call to England.
Quel est l'indicatif de Paris?	What is the code for Paris?
Je désirerais le 643.27.80 à Glins.	Could you get me Glins 643.2780?
(six cent quarante-trois/vingt-sept/quatre-vingts)	(six four three/two seven eight o)
Pourrais-je avoir le poste 302?	Could I have extension 302?
Ne quittez pas.	Hold the line.
Ça sonne occupé.	It's engaged.
Je n'arrive pas à obtenir mon numéro.	I can't get through at all.
Ça ne sonne pas.	The number is not ringing.
J'ai fait un faux numéro.	I've got the wrong number.
Le téléphone est en dérangement.	The phone is out of order.
On a été coupé.	We were cut off.
Je ressaierai plus tard.	I'll try again later.
Pourrais-je parler à Monsieur Thomas?	Could I speak to Mr Jones?
Pourriez-vous me passer Bernard?	Could you put me through to Jim?
Qui est à l'appareil?	Who's speaking?
Monsieur Lefèvre? — Lui-même.	Mr Nelson? - Speaking.
Allo, Nadine à l'appareil.	Hullo, this is Anne speaking.
Je peux laisser un message?	Can I leave a message for him?

les remerciements	**saying thank you**
Merci beaucoup.	Thank you very much.
De rien.	Not at all.
Merci pour tout.	Thanks a lot for everything.
Merci pour le livre.	Thank you for the book.
Je vous remercie de nous avoir aidés.	Thank you for helping us.
Nous vous sommes très reconnaissants.	We are very grateful to you.
Merci quand même.	Thanks all the same.
Comment pourrais-je vous remercier ?	I can't thank you enough for it.
Il ne fallait pas vous déranger pour nous.	You shouldn't have gone to all this trouble.
Ça ne m'a pas du tout dérangé.	It was no trouble at all.
Remerciez Jean de ma part.	Will you please thank Bill for me.
C'était vraiment très gentil à vous.	It was very kind of you.
J'espère ne pas vous avoir trop dérangé.	I feel I've been a nuisance.
Quel cadeau magnifique.	What a marvellous present.
C'est juste ce que je voulais.	It's just what I wanted.
Je tiens à vous dire combien ça m'a plu.	I must say how much I liked it.
Ça me sera très utile.	It will come in very handy.

les excuses	**apologising**
Excusez-moi.	Excuse me.
Je vous demande pardon.	I'm sorry.
Je suis désolé de l'avoir oublié.	I'm sorry I forgot about it.
Je suis navré de ce qui s'est passé.	I'm sorry about what happened.
Je vous prie de m'excuser pour...	I want to apologise for...
J'ai fait une bêtise.	I've done a silly thing.
Je ne l'ai pas fait exprès.	I didn't mean to do that.
Je ne le referai plus.	I'll never do it again.
J'ai vraiment honte.	I'm really ashamed.
Je vous ai fait perdre votre temps.	I've wasted your time.
Malheureusement, c'est cassé.	I'm afraid it's broken.
Ne m'en veuillez pas.	Don't hold it against me.
Il m'a forcé à le faire.	He made me do it.
C'est la faute de Julien.	It was Mark's fault.
Ce n'était pas de ma faute.	It wasn't my fault.
Je n'ai pas pu faire autrement.	I couldn't help it.
Il y a eu un malentendu.	There's been a misunderstanding.
Un petit malheur est arrivé.	There's been a slight accident.
Ne vous en faites pas.	Don't worry about it.
Non, non, ne vous excusez pas.	Please don't apologise.
Ça n'a vraiment aucune importance.	It doesn't matter at all.
Ça ne fait rien.	It's quite O.K.
Ça peut arriver à tout le monde.	It could happen to anybody.
Il n'y a pas de mal.	There's no harm done.
On n'y peut rien.	It can't be helped now.
N'en parlons plus.	Let's forget about it.
Je ne l'avais même pas remarqué.	I hadn't even noticed.

numerals / nombres

nought	0	zéro	twelve	12	douze	forty	40	quarante
one	1	un	thirteen	13	treize	fifty	50	cinquante
two	2	deux	fourteen	14	quatorze	sixty	60	soixante
three	3	trois	fifteen	15	quinze	seventy	70	soixante-dix
four	4	quatre	sixteen	16	seize	seventy-one	71	soixante-et-onze
five	5	cinq	seventeen	17	dix-sept	eighty	80	quatre-vingts
six	6	six	eighteen	18	dix-huit	eighty-one	81	quatre-vingt-un
seven	7	sept	nineteen	19	dix-neuf	ninety	90	quatre-vingt-dix
eight	8	huit	twenty	20	vingt	one hundred	100	cent
nine	9	neuf	twenty-one	21	vingt-et-un	one hundred and one	101	cent un
ten	10	dix	twenty-two	22	vingt-deux	one thousand	1 000	mille
eleven	11	onze	thirty	30	trente	one million	1 000 000	un million

---

first	(1st)	premier	(1er)	third	(3rd)	troisième	(3e)
second	(2nd)	deuxième	(2e)	fourth	(4th) etc.	quatrième	(4e) etc.

linear measures / mesures de longueur

1 inch	(in)	= 2,54	centimètres
1 foot	(ft)	= 30,48	centimètres
1 yard	(yd)	= 91,44	centimètres
1 mile	(ml)	= 1609	mètres

1 centimètre	(cm)	= 0.39 inch
1 mètre	(m)	= 3.28 feet
1 mètre	(m)	= 1.09 yard
1 kilomètre	(km)	= 0.62 mile

1 nautical mile = 1852 mètres = 1 mille marin

measures of capacity and weight / mesures de capacité et de poids

1 pint	(pt)	=	Brit :	0,57 litre
			U.S. :	0,47 litre
1 quart	(qt)	=	Brit :	1,13 litre
			U.S. :	0,94 litre
1 gallon	(gal)	=	Brit :	4,54 litres
			U.S. :	3,78 litres

1 ounce	(oz)	= 28,35 grammes
1 pound	(lb)	= 453,6 grammes
1 stone	(st)	= 6,35 kilogrammes
1 ton	(t)	= Brit : 1016 kilogrammes
		U.S. : 907,18 kilogrammes

---

1 litre	(l)	=	Brit :	1.75 pint
			U.S. :	2.12 pints
1 litre	(l)	=	Brit :	0.22 gallon
			U.S. :	0.26 gallon

1 gramme (gr)	= 0.035 ounce
100 grammes	= 3.527 ounces
1 kilogramme (kg)	= 2.204 pounds
1 kilogramme (kg)	= 0.157 stone

temperatures / températures

$$59^{o}\ F = (59 - 32) \times \frac{5}{9} = 15^{o}\ C$$

$$20^{o}\ C = (20 \times \frac{9}{5}) + 32 = 68^{o}\ F$$

A rough-and-ready way of changing centigrade to Fahrenheit and vice versa: start from the fact that 10° C = 50° F; thereafter for every 5° C add 9° F. Thus:
15° C = (10 + 5) = (50 + 9) = 59° F
68° F = (50 + 9 + 9) = (10 + 5 + 5) = 20° C

Une manière rapide de convertir les centigrades en Fahrenheit et vice versa : en prenant pour base 10° C = 50° F, 5° C équivalent à 9° F. Ainsi
15° C = (10 + 5) = (50 + 9) = 59° F
68° F = (50 + 9 + 9) = (10 + 5 + 5) = 20° C